*BROADBENTs* WEINNOTIZEN

# *BROADBENT*ˢ WEIN-NOTIZEN

MICHAEL BROADBENT BESCHREIBT UND
BEWERTET GROSSE WEINE UND
JAHRGÄNGE AUS DREI JAHRHUNDERTEN

DEUTSCH VON BARBARA MÜLLER
FACHREDAKTION: HANSPETER REICHMUTH

HALLWAG VERLAG BERN UND STUTTGART
IN ZUSAMMENARBEIT MIT CHRISTIE'S LONDON

Die englische Originalausgabe ist erschienen
unter dem Titel GREAT VINTAGE WINE BOOK II
bei Reed Consumer Books Limited,
Michelin House, 81 Fulham Road,
London SW3 6RB.

Neuausgabe in deutscher Sprache
Redaktionsschluß: 15. Januar 1994
Alle Illustrationen wurden vom Autor selbst angefertigt.

© 1994 Hallwag AG, Bern

Lektorat: Urs Aregger
Umschlag und Gestaltung: Robert Buchmüller
Satz: Utesch Satztechnik GmbH, Hamburg

Printed and bound in Spain by
Cayfosa Industria Grafica, Barcelona

ISBN 3-444-10430-8

**Hallwag**

# Inhalt

*Die vorliegende Neuausgabe
ist allen Weinliebhabern gewidmet,
die den Wein von seiner besten Seite
kennen- und schätzenlernen
wollen.*

# Zum Geleit

Was für ein ganz und gar ungewöhnliches Buch! – Es enthält die Summe eines Lebens für den Wein, schriftlich festgehalten in Abertausenden von Degustationsnotizen zu allen großen Gewächsen der Welt – nun geordnet vorliegend, chronologisch zusammengefaßt und dadurch Entwicklungen erhellend, die in dieser Breite und Tiefe hier erstmals öffentlich werden. Es ist ein Buch über Lebensläufe großer Weine.

Michael Broadbent ist weder Önologe noch Winzer und somit auch nicht befaßt mit der Erziehung (élevage) edler Weine. Er ist Degustator, ihr Visitator sozusagen, der *Besucher* und *Sucher* nach den Eigenschaften und dem Potential der Zöglinge des Weinbauern. Und ihr aufmerksamer Begleiter ist er, von der Jugend bis ins Alter, geschmackssicher, zungenfertig und mit dem Gedächtnis des «elder» Weinfachmannes mit weltweitem Erfahrungshorizont. Seine Kommentare sind geprägt von Sachverstand und Fairneß. Und sie sind, selbstverständlich, persönlich gehalten und darum auch ergänzungsbedürftig, kritisierbar, eben subjektiv. Dieser Achillesferse ist er sich humorvoll bewußt, so etwa, wenn er sich zu einem 1979er LANGOA-BARTON nicht scheut anzumerken: «Echte Bordeaux-Nase (ich), Mottenkugeln und Lavendel (meine Frau)».

Als Direktor des Departementes Weinauktionen bei Christie's, London, läuft über sein Pult seit 1966 die Gegenwart und die Vergangenheit in Wein: Wetterberichte, Erntezahlen, Experimente, Erfolge und Probleme in Produktion und Handel – die Möglichkeiten des Auktionshauses mit versammeltem Expertenwissen aus weltweiten Beziehungen sind gefragt in guten wie in schlechten Zeiten. Und die Vergangenheit meldet sich in den Kellern alter Schlösser und Landhäuser, besonders in England, wo er des öftern schon Schätze entstaubte, ans Tageslicht und auf die Zunge brachte, sinnlich wahrnehmbare Zeugen des Rebbaus aus früheren Jahrhunderten. Hinzu kommen Kompetenz und Eloquenz als Moderator von horizontalen und vertikalen Weinproben, zu denen er immer wieder eingeladen wird vom Handel wie von privaten Weinsammlern, vorwiegend in Deutschland und Amerika seit Beginn der 80er Jahre (→ Verzeichnis im Anhang I).

Die große Anzahl großer Gewächse großer Jahrgänge in unterschiedlichen Reifestadien ist sicherlich das *quantitative* Fundament für das «Phänomen Broadbent». Weltruf aber genießt er heute dank seiner *Qualität* als Vermittler von Sinneseindrücken über und rund um den Wein. Und er lebt vor, wie Wissen und Genießen miteinander verknüpft werden müssen, wenn der Genuß beglückend und damit lebensdienlich sein soll.

Was er mit diesem Buch anbieten möchte ist, Methode und Spürsinn zu entwickeln für Profil und Potential eines Jahrganges und – bis zu einem gewissen Grad – gar für einzelne Hochgewächse, in denen sich ein Jahrgangscharakter am deutlichsten ausbildet. Ist dieser Anfang gemacht, geht er der tatsächlichen Entwicklung degustativ und über Jahre hinweg nach und kommt schließlich zu einer vernünftigen Prognose für die weitere Lebenserwartung. Als positives Beispiel für eine solche Beschreibung mag die Charakterisierung des 1945ers LA TÂCHE und anderer Burgunder dieses Jahrganges dienen oder auch jene für den 1961er aus den Rebgütern von LAFITE oder MARGAUX. Enttäuschung wird deutlich zum Beispiel in Kommentaren zu 74ern, wie «bräunlich und roh, Nase wie alte rote Bete auf einem Komposthaufen, schmackhaft, aber wie Erde, die an den Wurzeln klebt» (→ ROMANÉE-SAINT-VIVANT).

Immer wieder geben die Notizen Einblick in vielfältig ernsthafte wie auch heitere Früchte seiner Arbeit. Er sinniert über die Funktion des Trinkglases und seiner Form (→ 1970 NOVAL VINTAGE PORT), er zeigt auf, wie das Bukett gewisser Weine geduldig aus dem Glas herausgeschmeichelt werden will (→ 1969 MONTRACHET), er verrät, wie ein alter, müde gewordener Wein aufgefrischt werden kann (→ 1923 HEIDSIECK CHAMPAGNE), begründet, warum einer alten Portweinflasche der Hals abgeschlagen werden muß (→ 1908 DOW'S VINTAGE PORT) oder erzählt auch mal, wie – in Ermangelung geeigneter Geräte – ein Wein mit Depot auch durch den Seidenstrumpf einer Dame dekantiert werden kann (→ 1908 CROFT'S VINTAGE PORT).

Faszinierend sind die eingewobenen historischen Bezüge, die sich wie der berühmte rote Faden durch die Beschreibung älterer Gewächse hindurchziehen. So konnte er in der Weinbibliothek der *Madeira Wine Association* in Funchal den 1792er Madeira verkosten, der am 7. August 1815 nach St. Helena verfrachtet worden war, auf derselben *HMS Northumberland*, auf der sich auch Napoleon befand auf seinem Weg in die Verbannung. Wer das Portwein-Kapitel aufschlägt, liest ältere Weingeschichte, die ja stets auch Wirtschafts- und Sozialgeschichte ist. Und jüngere ist herauszuspüren aus den Notizen zu Weinen aus den letzten zwanzig Jahren, Kaliforniens beispielsweise, aber auch anderer aufstrebender Anbaugebiete, ein Bild ergebend von dem konzentrierten Einsatz von Kapital und Intelligenz auf dem Weg zum Welterfolg, der meist sein Waterloo auch kennt. Aber auch eine Abfüllung kann Geschichte schreiben und wird besonders aufschlußreich in der Folgerung, daß große Weinerlebnisse so wenig zurückzuholen sind wie die erste Liebe (→ 1961 DOM PÉRIGNON).

Michael Broadbent hat im Laufe seiner langen Karriere ein Begriffsverzeichnis entwickelt und erprobt, das Wahrnehmungen beim Sehen, Riechen und Schmecken von Wein auf eine Basis stellt, auf der man sich im allgemeinen gegenseitig verständigen kann (→ Glossar). Diesem darf man eine recht weitgehende Objektivität zubilligen. Die Wörter sind eher nüchtern, und ihr Verständnis setzt etwas Sachkenntnis voraus. Sie zimmern gewissermaßen den *Rahmen* eines Wein-Bildes. Den *Inhalt* aber – die Farben und Formen, die Stimmungen und Anregungen, Veränderungen und Überraschungen – das also, was die eigentliche Freude am Wein ausmacht, das übersetzt die mehr oder weniger facettenreiche Wahrnehmungsfähigkeit des Verkosters selbst. Und hier liegt das Einmalige in Broadbents Persönlichkeit. Denn wie die eines jeden erfahrenen Kommunikators ist auch seine Sprache bilderreich, einleuchtend, witzig und lebensnah. So erinnert ihn beispielsweise ein 83er CH. DU LYONNAT an Erdbeermarmelade, «nahezu streichfähig» – so dick im Körper; ein 53er CLOS VOUGEOT ist «so süß und kraftvoll, daß er kaum in seiner halben Flasche Platz fand», und ein CABERNET SAUVIGNON aus MARTHA'S VINEYARD von Joe Heitz ist so wuchtig, daß sich «der jugendliche Farbton gegen die Wand des Glases stemmte wie ein Ringrichter, der versucht, zwei Schwergewichte auseinanderzuhalten».

Und seine Liebe zur Musik drückt sich aus in Formulierungen wie «ein *Vino da tavola*, mit einem Namen wie eine Figur aus einer Mozartoper und einer Farbe wie ein Komödiant: hübsches Kirschrot; lebendige Nase, fruchtig und schlank» (→ 1983 CEPPARELLO. ISOLE E OLENA). Poetisch sind Anmerkungen zu einer Säure, so erfrischend «wie ein guter Gedanke hinterher» (→ 1988 CH. MALARTIC-LAGRAVIÈRE), märchenhaft dort, wo er bezweifelt, daß sich «dieser Frosch jemals in einen Prinzen verwandelt» (→ 1987 CH. LÉOVILLE-POYFERRÉ).

Durch alle Kommentare hindurch ist zu spüren der Respekt vor der Leistung des Winzers, und ist diese mal mißlungen, so ist die Ironie stets auch gewürzt mit einem tröstlichen Ausblick, wie etwa «eine köstliche Himbeernase, verbunden mit leichten Fäulnistönen. Paßte gut zu Knoblauchwürsten» (→ 1989 SAUMUR CHAMPIGNY) oder «ein Wein für wagnerische Rheintöchter» (→ 1975 FORSTER SCHNEPFENFLUG) oder der Ausdruck «Zweischluckwein» für ein Gewächs, dessen erster Schluck der Probe diente und der zweite der Feststellung, daß kein weiteres Interesse daran sei.

Aus diesen wenigen Beispielen ist zu sehen, daß mit dem Erwerb dieses Buches nur kleinen Gegenwert gewänne, wer es bloß als Nachschlagewerk benützen oder gar ein einzelnes Wort auf seinen Sinn befragen wollte. Es ist sehr viel mehr, ein stimmiges, lebenswarmes und vor allem ganzheitlich zu erfassendes Lesebuch, das sich fortsetzt von Jahrgang zu Jahrgang und damit lehrt, daß man nie ausgelernt hat. Es ist ein Buch der Toleranz mit unzähligen Versuchen, sich auszudrücken und dabei gleichzeitig offen zu lassen, daß andere Ausdrucksweisen zum selben Wein genauso treffend sein können wie die eigene. Broadbent hat in seinem weitverbreiteten, vor allem seine Methode und ihre Hintergründe beschreibenden Handbuch «Weine prüfen, kennen, genießen» schon gesagt, daß er den Wein zu sich sprechen lasse und er bloß die Übersetzung besorge. Diese unkomplizierte Haltung kann ein jeder einnehmen. Gewiß – ein jeder übersetzt Sinneseindrücke mit seinen Worten, auf dem Hintergrund seiner Bildung und Erfahrung. Broadbents Sprache ist geübt, erprobt, bestätigt. Sie ist jene des Chronisten, der seine Wertung ins Spiel bringt. Seine Vorlieben und Abneigungen sind nach etwas Lesen rasch herauszumerken. Vielleicht aber regen ihre Begründungen zur Auseinandersetzung an.

Ja, es *ist* ein sehr persönliches Buch. Sogar die Illustrationen stammen aus seinen Notizbüchern, sind dort herauskopiert worden und hier originalgetreu wiedergegeben. Entstanden sind sie spontan vor Ort, anläßlich von Besuchen bei Winzern und Schloßherren (eine Ausnahme bildet nur die Skizze auf Seite 287), vor oder nach einer Weinprobe, mit dem gleichen Schreibstift, mit dem er gleichentags seine Eindrücke festhielt; die Zeichnung vom Château d'Arlay im Arbois, beispielsweise, skizzierte er sitzend im Auto, weil es in Strömen goß. Er hat diese Bilder nie im Hinblick auf eine Veröffentlichung erstellt, sondern aus Freude am Zeichnen, das er in jungen Jahren in einem Architekturstudium erlernt hatte. Sie geben etwas von der besonderen Stimmung, vom besonderen «Geschmack» jenes Tages wieder und von seiner umfassenden Betrachtungsweise von Wein als Kunst, als Lebens-Kunst.

Schwyz, im Frühjahr 1994                                                      *Hanspeter Reichmuth*

# DANK

Ein solches Werk entsteht nur in guter Zusammenarbeit. So möchte
ich all jenen danken, die auf dem langen und manchmal recht
komplizierten Weg seiner Realisierung und besonders seiner
Aktualisierung mitgewirkt haben:
Frau Barbara Müller, München, für die Übersetzung eines
schwierigen und sehr persönlichen Textes; vom Hallwag Verlag
Herrn Dr. Hans-Beat Koelliker für seine Begeisterungsfähigkeit,
Herrn Dr. Urs Aregger für das überaus aufwendige Lektorat und
Herrn Robert Buchmüller für die einfühlsame Gestaltung.
Ein besonderer Dank geht an meinen Freund Hanspeter Reichmuth
für sein beschwingtes und kenntnisreiches Geleitwort und für die
Bearbeitung meiner englischen Weinsprache in ihr deutsches
Gegenstück, wozu er hervorragend qualifiziert ist. Hanspeter hat
schon mein mehrmals aufgelegtes Werk «Weine prüfen, kennen,
genießen» sowie 1983 «Das große Buch der Weinjahrgänge» betreut.
Wie ich liebt er die Musik und übt sie aus und versteht mein Verhältnis
zum Wort und zum Wein wie kein zweiter.

*Michael Broadbent*

# Einführung

Weine sind wie Menschen, unendlich vielfältig und immer wieder faszinierend: gewöhnlich und belanglos die einen, groß und merkwürdig die anderen. Wenn sich dieses Buch vor allem mit den herausragenden Gewächsen beschäftigt, dann nicht zuletzt deshalb, weil die großen und guten Weine nicht nur vielschichtiger und interessanter sind, sondern weil sie ihren Stil, ihre Qualität, ihren Zustand und ihre Trinkfähigkeit auch viel klarer zum Ausdruck bringen als die unbedeutenden.

Dieses Buch erhebt nicht den Anspruch, umfassend zu sein; die Beschreibungen decken das Thema bei weitem nicht ab, so daß man sicher nicht von einem Standardwerk sprechen kann, eine Bezeichnung, die ich ohnehin vermessen finde. Es ist kein Ratgeber für den Verbraucher, der nach den besten und günstigsten Weinen sucht. Aber auch eine mathematisch exakte Bewertung einzelner Weine wird der Leser vermissen.

Es geht um die Würdigung von Jahrgängen: Wie sie waren, wie sie *sind*, wie die Entwicklung verlief und welche Zukunftsaussichten sie haben.

Die einzelnen Beschreibungen haben verschiedene Aufgaben zu erfüllen: Sie sollen Stil und Trinkfähigkeit eines Weins übermitteln, so weit wie möglich seine Farbe, seinen Geruch und seinen Geschmack beschreiben und zusammengenommen ein Bild von der allgemeinen Beschaffenheit und den Nuancen des jeweiligen Jahrgangs geben.

Außerdem will ich mit dieser zweiten Ausgabe die Aufmerksamkeit auf einige große Weine der Neuen Welt, einige unbekanntere Klassiker und die Weine der *Nouvelle vague* lenken.

Im Vergleich mit dem Kapitel über roten Bordeaux fallen diese Beschreibungen recht skizzenhaft aus. Zum einen liegt das an dem beschränkten Platz, der zur Verfügung steht, zum anderen aber auch daran, daß ich trotz sehr vieler Verkostungen nicht für alle Weine ein Spezialist sein kann. Ich beurteile Qualität und Charakter und notiere Trends; und ich hoffe, daß man all das aus meinen Beschreibungen entnehmen kann.

## Quellenmaterial

Alle Degustationsbeschreibungen stammen, im wahrsten Sinne des Wortes, aus erster Hand. Meine Notizen trage ich immer handschriftlich – entweder während oder unmittelbar nach einer Verkostung – in eine Art Tagebuch ein. Praktisch erstelle ich damit ein genaues Verzeichnis aller Begleitumstände und Einzelheiten. Ich fülle diese Bücher bei Abendessen in Gesellschaft, egal ob ich Gast oder Gastgeber bin, bei Verkaufsdegustationen und bei den vielen, außerordentlich wertvollen horizontalen und vertikalen Verkostungen, an denen ich teilnehme. Einige Notizen sind notwendigerweise sehr kurz gehalten, andere – vor allem solche von stark strukturierten Degustationen – fallen recht ausführlich aus.

Das Material für diese Ausgabe wurde im wesentlichen aus über 60 000 Notizen, die ich in mittlerweile mehr als hundert Degustationsbüchern festgehalten habe, zusammengestellt. Alle Weinbeschreibungen, außer jene von den kleineren und den Jahrgangsverschnittweinen, wurden fotokopiert, anschließend ausgeschnitten und in alphabetischer Reihenfolge, je nach Weinart und Jahrgang, aneinandergeklebt. Das ist einer der Gründe, warum die neue Ausgabe dieses Werkes so lange auf sich hat warten lassen. Dies ist ein sehr zeitaufwendiges Vorgehen, wenn man sich, so wie ich in den letzten 42 Jahren, zu jedem verkosteten Wein Notizen gemacht hat. Der Vorteil besteht darin, daß die vorliegenden Beschreibungen tatsächlich die Notizen sind, die ich mir während der Degustationen gemacht habe, und nicht hinterher ausformulierte.

Als Leiter der Weinabteilung bei Christie's verbringe ich meine Zeit natürlich nicht nur mit Verkosten und Schreiben. Das ist nicht meine eigentliche Aufgabe. Ich nehme zwar jede sich mir bietende Gelegenheit wahr, kann aber gar nicht alle Degustationseinladungen annehmen. Anderseits war es mir vergönnt, eine außergewöhnlich große Bandbreite an feinen und seltenen Weinen probieren zu können. Auch habe ich an vielen herausragenden Degustationen teilgenommen; zum Teil habe ich sie selbst «moderiert»; in diesem Text beziehe ich mich vielfach darauf.

Seit der Zeit der ersten Ausgabe gibt es wesentlich mehr Weinkoster, Degustationsgremien, professionelle Weinautoren und -kritiker. Die Techniken der Verkostung, der Beschreibung und der Bewertung wurden immer mehr verfeinert. Es schmeichelt mir, daß dabei so viele meiner eigenen Methoden aufgegriffen worden sind.

Das Niveau der Degustationskommentare in den anerkannten Fachzeitschriften für Wein ist sehr hoch. Als ehemaliger Weinhändler bin ich jedoch der Meinung, daß die relativ junge Zunft der «Weinkritiker» den traditionellen Handel schwächt. Sie unterlaufen die Aufgaben des Brokers, des *Négociant*, des Importeurs, des Großhändlers (obwohl dieser ursprünglich nur die Bestellungen annahm) und des Einzelhändlers. Doch ich schätze insbesondere den Amerikaner Robert Parker und ziehe seine Beobachtungen bei weitem den Machwerken redaktioneller Weinvolontäre vor, denen man eine Kolumne eingeräumt hat, damit sie die Fehlleistungen ihrer platten Geschmacksknospen auch noch unter die Leute bringen können. Positiv an der ganzen Entwicklung ist sicherlich die Tatsache, daß es versierten Kritikern gelungen ist, einige schlechte und lustlose Produzenten aus ihrer schläfrigen Selbstzufriedenheit aufzurütteln. Außerdem wurden gute, aber relativ unbekannte Weine einer breiteren Öffentlichkeit vorgestellt.

## BEWERTUNG

Bei vergleichenden Weinproben arbeite ich häufig zusätzlich noch mit einem Punktesystem. Dabei gibt es bis zu zwanzig Punkte, normalerweise drei für Erscheinungsbild, sieben für die Nase und zehn für Geschmack und Gesamteindruck. Eine annähernde numerische Klassifikation dient mir als Gedächtnisstütze dafür, welchen Wein ich bei einem gegebenen Anlaß einem anderen vorgezogen habe. Wie alle erfahrenen Verkoster zugeben müssen, wird der gleiche Wein bei verschiedenen Degustationen oft recht unterschiedlich bewertet. Dafür gibt es viele Gründe. Es kann an den äußeren Umständen, an der Führung der Degustation oder auch an Ort und Zeit liegen; selbst der Luftdruck wirkt sich mitunter auf den Geschmack aus. Das Urteil hängt auch ab von der Verfassung des Verkosters, beispielsweise ob er gerade eine Erkältung auskuriert hat oder an einem Schnupfen leidet. Aus diesem Grund veröffentliche ich nur selten eine Zahlenbewertung und greife lieber auf das allgemeinere und flexiblere Sternesystem zurück:

★★★★★ Hervorragend (Jahrgang oder Wein)
★★★★ Sehr gut
★★★ Gut
★★ Ziemlich gut
★ Anständig, mittelmäßig, annehmbar
kein Stern Unzureichend, schwach (oder bei alten Weinen: *zu* alt).

Hinweise zur gegenwärtigen Trinkbarkeit und zu den Entwicklungsaussichten eines jungen Jahrgangs habe ich mit Hilfe von Klammern deutlich gemacht.

Beispiele:
★(★★★): Im Augenblick nur ein Stern, da der Wein noch unreif und nicht ausgebaut ist. Die zusätzlichen drei Sterne deuten jedoch an, daß sein Potential bei voller Reife «sehr gut» ist.

Ein Wein mit der Bewertung ★★★(★★) ist jetzt schon angenehm zu trinken, durch weitere Flaschenlagerung aber wird er «hervorragend».

Keine Bewertung kann jemals absolut bindenden Charakter haben. Zu den schwierigsten Aufgaben eines Weinkosters gehört die Beurteilung des Potentials von sehr jungen Weinen. Das ist eine Begabung, keine Wissenschaft. Nur wenige Weinkoster verfügen über diese Fähigkeit, und ohne sie ist es ein sehr heikles Geschäft, im Frühjahr nach der Ernte oder auch nach einem Jahr Faßlagerung eine Aussage über die Entwicklung eines Weins zu machen. Leichter ist die Beurteilung älterer Weine. Aber auch hier gibt es keine absolute Gewißheit; zu viel hängt ab von der Herkunft, der Art und dem Ort der Lagerung, dem Zustand des Korkens usw.

## Degustation

Bei einer Verkostung gilt es, der Art und dem Alter eines Weins Rechnung zu tragen. Zumeist wird das nicht genügend verstanden. Roter Burgunder und Bordeaux lassen sich weder im Aussehen noch im Duft oder im Geschmack miteinander vergleichen. Der Koster darf nicht an einen guten Pauillac denken, wenn er einen Côte de Nuits probiert; und wer mit kalifornischen Cabernets vertraut ist, muß sich auf einen roten Bordeaux ganz neu einstellen. Das gilt in noch weit höherem Maße für weißen Burgunder und Rheinweine. Der deutsche Winzer hat, einmal ganz abgesehen von Rebsorte, Boden und Klima, völlig andere Vorstellungen und Ziele als sein Kollege in Meursault. Ebenso darf man bei ganz jungen und ganz alten Weinen nicht die gleichen Maßstäbe anlegen. Deshalb habe ich in den Kapiteleinführungen immer meine Einstellung zu den jeweiligen Weinsorten dargelegt.

## Weinbegriffe

Viele der von mir verwendeten Weinbegriffe verstehen sich von alleine, andere sind Analogiebildungen, und einige – das gebe ich offen zu – lassen sich nicht ganz so einfach begreifen. Die Beurteilung von Qualität und Zustand eines Weins ist relativ einfach. Viel schwieriger gestaltet es sich, die korrekten Ausdrücke für Geruch und Geschmack zu finden – manchmal ist das so gut wie unmöglich. Ich hoffe, es sei mir dennoch gelungen, einen Eindruck des jeweiligen Weins zu vermitteln.

Aus Platzgründen ist das folgende Glossar recht kurz gehalten. In meinem Buch *Wine Tasting* (deutsche Ausgabe: «Weine prüfen, kennen, genießen», Hallwag Verlag, Bern und Stuttgart, 1993, 5. Auflage), das seit 1968 weltweit verlegt wird, habe ich mich eingehend mit dem Thema befaßt. Es enthält mehr als 250 Weinbegriffe und -ausdrücke, zudem die einschlägigen Bezeichnungen auf Französisch und Italienisch.

Einige Leser halten bestimmte Formulierungen für an den Haaren herbeigezogen. Schon mancher hat sich über Ausdrücke, wie «altes Stroh», «Linoleum» oder «Käserinde» lustig gemacht, dabei sind sie alles andere als skurril: Die physikalischen und chemischen Bestandteile, die den Geruch von Linoleum erzeugen, können durchaus auch im Wein vorhanden sein. Der Geruch nach Petroleum oder Kerosin (klassischer Riesling) liegt an den verschiedenen Terpenen, Merkaptane riechen nach Gummi, Buttersäure erzeugt einen süßen Geruch, freier Schwefel erinnert an abgebrannte Streichhölzer, Hexadienol an Gras (Sauvignon), und der Bananenduft ist auf Amyl- oder Isoamylacetat zurückzuführen.

Da ich aber kein ausgebildeter Önologe bin, beschreibe ich einen Geruch lieber mit Laienausdrücken. Bei meinen eher technisch orientierten australischen Winzerfreunden habe ich damit schon für viel Heiterkeit gesorgt. Ich halte mich zwar nicht für unwissend, schreibe aber doch als Weinliebhaber und nicht als Berufskritiker für ein Fachpublikum. Im übrigen bin ich aber auch der Meinung, daß man sich unter «kirschartig» viel mehr vorstellen kann als unter Zyanhydrin-Benzaldehyd, obwohl dies die korrekte Bezeichnung des Duftträgers wäre. Aus den gleichen Gründen sagt «pfirsichähnlich» mehr aus als Piperonal, läßt sich «Ananas» leichter identifizieren als Äthylcaprylat usw.

## VERKOSTUNG UND DEGUSTATIONSNOTIZEN

Bei einer Weinprobe gehe ich immer in der gleichen Reihenfolge vor: Sobald der Wein eingegossen wurde, schwenke ich ihn im Glas, damit seine Innenwand vollständig benetzt wird. Dadurch wird die Weinoberfläche maximal vergrößert und der Wein «geweckt». Anschließend notiere ich den ersten Eindruck und setze die Uhrzeit daneben. Ich lasse das Glas stehen und beurteile gegen einen weißen Untergrund die Farbtiefe. Dann fasse ich es am Stil und neige es so, daß ich die tatsächliche Tönung vom Mittelpunkt bis zum Rand erkennen kann. Bei Rotwein schätzt man so den Reifegrad ein. Nachdem ich mir meine Notizen dazu gemacht habe, rieche ich erneut an dem Wein. Ich schnüffle mehrmals ziemlich kräftig, um so viele Informationen wie nur möglich zu bekommen. Im übrigen schwenke ich den Wein dabei kein zweites Mal. Wiederum notiere ich die Zeit, denn besonders bei einem relativ jungen Spitzengewächs kann es zehn bis vierzig Minuten dauern, bis der Geruch sich voll entfaltet. Meist schreibe ich mir den ersten Geruchseindruck auf, dann den Duft, der im Glas entsteht, und nach etwa einer Stunde noch einmal die weitere Entwicklung. Es ist erstaunlich, was für herrliche Wandlungen ein guter Wein im Glas mitunter vollzieht.

Der Vorgang des Verkostens schlägt sich in den Notizen nieder. Bei der Beurteilung beachtet man nacheinander die folgenden drei wichtigsten Elemente: Erscheinungsbild

(Tiefe, Tönung), Nase (Aroma, Bukett, fehlerhafte Gerüche) und Geschmack (Trockenheit, Körper, Frucht, Tannin, Säure).

## CREDO

Ich glaube an die Kräfte im Wein. Ich glaube an seine gesundheitsfördernden Eigenschaften. Er ist das feinste aller Getränke. Ein guter Wein ist mehr als nur ein geschmacklicher Genuß. Er ist schön. Er erfüllt einen mit gespannter Vorfreude. Sein Duft ruft Erinnerungen wach und regt die Verdauungssäfte bereits im Mund an. Und dann der Geschmack ... Jeder Wein sollte gut schmecken, ein angenehmes Aroma haben, verführen und begeistern. Aber er hat auch eine Aufgabe zu erfüllen. Roter Bordeaux beispielsweise, zum Essen getrunken, reinigt den Gaumen für jeden neuen Bissen. Außerdem fördert er die Verdauung.

Vielleicht vermittelt dieses Buch den Eindruck, ich sei ein intellektueller Weinkoster. Tatsächlich trinke ich aber täglich zu allen Mahlzeiten Wein, außer zum Frühstück (und zum Salatlunch in der Kantine). Meine Freunde kennen mich indes auch als moderaten, vorsichtigen Trinker. Ein Glas trockener Sherry oder Champagner zum Aperitif und ein paar Gläser Wein zum Essen – mehr nicht. Und Mäßigkeit ist zwar keine besonders originelle, aber auch keine überflüssige Empfehlung.

# Editorische Vorbemerkungen

Die erste Ausgabe dieses Werkes erschien 1983 im Luzerner Raeber Verlag unter dem Titel *Das große Buch der Weinjahrgänge*. Sie beruhte auf gut 30 000 Weinbeurteilungen aus dem rund 50 Degustationsbändchen, die Michael Broadbent seit dem September 1952, als er einen Graacher von Deinhard verkostete, minutiös mit dem Eintrag seiner Eindrücke gefüllt hatte.

Seit den frühen fünfziger Jahren schrieb der Autor seine Probenotizen immer in der gleichen Art und Weise auf: Vom Gesichtssinn ausgehend über den Geruchs- zum Geschmackssinn fortschreitend hielt er bei allen Verkostungen oder unmittelbar danach alles Erinnernswerte kurz und prägnant fest (siehe auch Seiten 14 f.) Typographisch kommt dies durch die Gliederung mittels Semikola zum Ausdruck. Es ist wichtig, sich dieser besonderen Methodik bewußt zu sein, denn nur so bezieht der Leser, die Leserin geschilderte Sinneseindrücke korrekt auf das beteiligte Organ und wird auch durch bewußte Wortwiederholungen bei der Beurteilung des jeweiligen Weines nicht irritiert.

In den zehn Jahren seit der Erstausgabe erlebten die klassischen Weinregionen der Welt überaus dynamische Zeiten. Für den Autor wuchs die Aufgabe des Verkostens beinahe ins Unermeßliche: Große Jahrgänge entstanden, alte standen zur Neubeurteilung ihres Potentials und ihrer Trinkreife an. «Neue» Weinländer – vor allem Kalifornien, aber auch Australien, Neuseeland und Chile – drängten mit ihren Qualitätsprodukten auf den Weltmarkt und verlangten nach Beachtung. Traditionelle Weinländer wie Italien, Spanien und Portugal verbesserten ihre Produktion merklich. Der Umfang von Broadbents Weinnotizen (und damit auch die Zahl seiner Notizbücher) vergrößerte sich in einem einzigen Jahrzent auf mehr als das Doppelte. Davon legt das vorliegende neue Werk Zeugnis ab.

Diese deutschsprachige Neuausgabe unter dem Titel Broadbents Weinnotizen beruht im Kern auf der zweiten englischen Ausgabe von 1991, wurde vom Autor aber mit größtem Engagement auf den Stand von Mitte Januar 1994 gebracht. Gegen fünfhundert größere und über zweitausend kleine Nachträge und Aktualisierungen wurden dabei in das Werk eingefügt.

Die Weine sind im Grundsatz alphabetisch geordnet. Bei den Bordeaux ist jedoch zu beachten, daß im Sinne einer Referenz an die Tradition die *Premiers Grands Crus* (nach der Klassifikation von 1855, revidiert 1973) Lafite, Margaux, Latour, Mouton-Rothschild, Haut-Brion, Ausone, Cheval Blanc und Pétrus (in dieser Reihenfolge) den übrigen vorangestellt werden; beim Sauternes steht Château d'Yquem (1855 als erstes Gewächs der Region klassifiziert) jeweils zu Beginn jedes Jahrganges; und bei den roten Burgundern weist der Autor diese Vorrangstellung den Lagen in der Verantwortung der Domaine de la Romanée-Conti (DRC) zu, bei den weißen der Lage Le Montrachet.

Bern, im Juni 1994                                                                                                *Der Verlag*

# GLOSSAR

(Ein umfassendes Glossar ist zu finden in: «Weine prüfen, kennen, genießen», Hallwag Verlag, Bern und Stuttgart, 5. Auflage, 1993).

**Abgang** Der Endgeschmack. Ein guter, positiver Abgang ist ein wesentliches Qualitätsmerkmal für einen wohlausgewogenen Wein. Ein ungenügender Abgang hingegen ist ein Anzeichen für mangelnde Qualität, der Geschmack verflüchtigt sich schnell, es ist zuwenig Säure vorhanden.

**Adstringierend** Eine bittere, zusammenziehende Wirkung im Mund aufgrund von zuviel Tannin und Säure.

**Alkohol** Eine der Hauptkomponenten im Wein, die ihm Körper und Rückgrat gibt. Er hat an sich weder Eigengeruch noch -geschmack; in der Nase eines jungen Weins wirkt er «pfeffrig». Beim Schlucken hinterläßt er am Gaumen ein Gefühl von Gewicht, leichter Süße und Wärme. Der Alkoholgehalt von «leichten» Weinen liegt zwischen 10 und 13 Volumenprozent. Die Höhe hängt vom Zuckergehalt der Traube ab, der seinerseits von der Intensität der Sonnenbestrahlung beeinflußt wird. *Siehe auch* chaptalisieren.

**Alt** Bezeichnet geruchlich wie geschmacklich feststellbare Anzeichen, daß ein Wein überreif ist.

**Angesengt** Der Geruch von manchen Rotweinen aus Jahrgängen mit sehr intensiver Sonnenbestrahlung.

**Aroma** Geruchskomponenten, die von der Traubenfrucht herrühren.

**Beißend** Gelegentlich als Synonym für die natürliche Säure eines Weines verwendet. In meinem Buch hat es den Beigeschmack von Reizlosigkeit oder ist sogar ein Fehler.

**Bete, rote** *siehe* Rüben, rote.

**Bierig** Der an Bier und Hefe erinnernde Endgeschmack eines fehlerhaften Weins.

**Birnenbonbons** Geruch nach Azeton und Klebstoff. Ein Fehler, der vor allem in Weißweinen auftritt.

**Biß** Eine gutpassende Säure im Nachgeschmack, aber nur bei körperreichen Weinen akzeptabel.

**Bitter** Ein Fehler oder aber einem hohen Tanningehalt zuzuschreiben. Normalerweise schmeckt kein edler, reifer Wein bitter, obwohl ein Anflug davon bei einigen italienischen Rotweinen erwünscht ist.

**Bittermandel** Geruch nach Mandelkernen, oft mit Essigsäure vermischt. Geht auf mißlungene Schönung zurück. Ein Fehler.

**Blechern** Metallisch, säuerlich schmeckend am Zungenhintergrund. Ein Fehler, der jedoch häufig toleriert wird.

**Blumig** Erinnert in Geruch oder Geschmack an Blumen; wohlriechendes, frisches Aroma, entwickeltes Bukett.

**Böckser** Unangenehmer, gummiartiger Geruch nach altem Schwefel; meist bei sehr alten Weißweinen.

**Brandig** Uninteressantes, frisiertes Bukett, dem die klare Frucht abgeht. Häufig bei verschnittenen, aufgezuckerten Weinen. Allgemeiner Qualitätsmangel.

**Bukett** Damit bezeichnet man die Geruchselemente, die bei der Vinifikation und der darauffolgenden Faß- und Flaschenalterung entstehen. Wird im weiteren Sinn auch als Synonym für die Nase oder den allgemeinen Geruch eines Weins verwendet.

**Chaptalisieren** Aus dem Französischen. Aufzuckern. Bezeichnet die Zugabe von Zucker zum Traubenmost in Jahren mit schwachem natürlichen Traubenzuckergehalt. Wird bei Weinen mit wenig Alkohol angewendet. Hieraus entstehen unstabile Weine. Chaptalisierte Weine altern meist nicht gut, können aber in der Jugend durchaus reizvoll sein.

**Dünn** Mangelhaft, wässerig, zu wenig Körper. Normalerweise abwertend gebraucht, kein Synonym für leicht.

**Durchrieseln** Verkümmern der Fruchtansätze aufgrund des schlechten Wetters.

**Edelfäule** *Botrytis cinerea*. Eine gewollte Fäule, die sich im Spätherbst an den Traubenschalen in Sauternes und den deutschen Spitzenlagen bildet. Sie läßt die Trauben schrumpfen, entzieht ihnen Wasser und konzentriert so den Zuckergehalt. In Duft und Geschmack erinnern sie an Honig.

**Eiche** Der Geruch entwickelt sich durch die Lagerung in kleinen französischen Eichenfässern. Verleiht dem Wein einen bestimmten Charakter und Stil, kann aber auch aufdringlich sein.

**Eisenhaltig** Eine vom Boden aufgenommene Eigenschaft, äußert sich mehr im Geschmack als im Geruch. Oftmals bei Lafite und auch bei Cheval Blanc festzustellen. Bei ein oder zwei australischen und kalifornischen Weinen habe ich einen stark metallischen, tannin- und säurereichen Eisengeschmack registriert.

**Entwickelt** Wird normalerweise näher beschrieben, z.B. unentwickelt, d.h. noch unreif, aber mit Potential. *Siehe auch* vollentwickelt.

**Erdig** Beschreibt Geruch oder Geschmack, der an Erde erinnert. Normalerweise keine Beeinträchtigung. Ein roter Graves kann erdig schmecken, auf andere Weise auch manche australische und kalifornische Weine.

**Ester** Chemischer Vorgang: Gerüche werden von flüchtigen Estern und Aldehyden zu den Riechnerven in der Nase transportiert.

**Esterig** Birnenbonbons; ein fehlerhafter, chemischer Geruch.

**Extrakt** Reichtum an Mineralstoffen, Spurenelementen und allen anderen Stoffen im Wein außer Zucker, Wasser oder Alkohol.

**Faserig** Textile Beschreibung der Beschaffenheit: hager, dünn, unausgewogen.

**Fest** Solide Konstitution, positiv. Eine am Gaumen wünschenswerte Eigenschaft.

**Flach** Steigerung von schlaff. In Geruch und Geschmack völlig ausdruckslos; verrät einen Mangel an Säure. Oxydation.

**Flaschenalter** Schwierig zu beschreiben, aber mit etwas Übung leicht erkennbar: die mit der Nase wahrnehmbare, sich stets verbessernde, mildernde Wirkung des Alterns in der Flasche; ein Hauch von milder Süße, bei Weißweinen ein Honiggeruch.

**Fleischig** Bildlich gesprochen ein körperreicher Wein mit viel Extrakt (*siehe dort*); Eigenschaft und Struktur, als ob man ihn kauen oder beißen könnte.

**Flüchtige Säure** Ein normaler Bestandteil im Wein, im Übermaß unerwünscht. Gefahrenzeichen sind Essiggeruch und ein bitterer/saurer Endgeschmack. Zuviel flüchtige Säure kann nicht korrigiert werden.

**Fruchtig** Attraktive Weinqualität aus gesunden, reifen Trauben, aber nicht unbedingt mit Traubenaroma.

**Gebacken** Auch angesengt.

**Gehaltvoll** Nuancenreiche, «robuste» Nase, ein Geschmack, der zum Kauen verleitet.

**Geschmacksintensiv** Ganz ausgeprägter Eigengeschmack und stark im Abgang, besonders auf alte Madeiras, Tokajer und einige andere alte, alkoholverstärkte Weine zutreffend.

**Geschmeidig** Betrifft Beschaffenheit und Gleichgewicht; Verbindung von Kraft und Harmonie im Wein. Hocherwünschte Eigenschaft in roten Gewächsen.

**Gewicht** Eine Bezeichnung für den Körper. *Siehe* Alkohol.

**Gleichgewicht** Die Verbindung und lebhafte Beziehung aller Weinkomponenten.

**Grün** Unreif, rauh und jugendlich in der Nase und am Gaumen. Im engeren Sinne das Resultat von unreifen Trauben, im weiteren Sinne Bezeichnung für unausgereifte, säuerliche Weine.

**Halbsüß** Normalerweise zu süß für die Hauptgerichte eines Essens. Geeignet als leichter Dessertwein.

**Hart** Am Gaumen streng, wahrscheinlich von Tannin herrührend. Bei jungen Weinen kein Fehler.

**Hefig** Unerwünschter Geruch, meist zusammen mit einem unsauberen, bierigen Endgeschmack.

**Hochgetönt** Nase nur ausgeprägtem, aber leicht flüchtigem Charakter, oft verbunden mit bemerkenswertem Wohlgeruch. Kann aber an ziemlich hohe flüchtige Säure (*siehe dort*) grenzen und rührt wohl auch daher.

**Hohl** Ein hohler Wein vermittelt einen ersten Eindruck, weist auch einen gewissen Abgang auf, zeigt aber dazwischen keine Entwicklung.

**Hölzern** Abwertende Bezeichnung für Geruch oder Geschmack, im Gegensatz zum erwünschten Eichengeschmack (*siehe* Eiche) Resultat einer zu langen Lagerung im Holzfaß, besonders in einem mit verrotteten Dauben.

**Honigartig** Einige junge, natürlich-süße Dessertweine haben bei guter Qualität einen deutlichen Geruch nach Honig, der sich mit dem Alter noch verstärkt. Selbst trockene Weine aus guten Jahrgängen können in der Reife ein weiches, honigartiges Bukett entwickeln.

**Johannisbeere, schwarze** Geschmack und Geruch, die an schwarze Johannisbeeren erinnern, sind charakteristisch für Cabernet Sauvignon und Sauvignon Blanc.

**Kapsel** Meist aus Blei, manchmal auch ein Wachssiegel über dem Korken.

**Karamel** Süßlicher Geruch, der an Karamelbonbons erinnert. Bei alten Sauternes zeigt er manchmal einen noch akzeptablen Grad an Maderisierung an.

**Käsig,** auch **mit Käserindengeruch** Eine nicht unbedingt abfällige Bezeichnung für einige rote Bordeauxweine.

**Kernartig** Geruch und Geschmack nach Pfirsich oder Mandelkernen. Tritt gelegentlich bei Weißweinen auf; mir persönlich gefällt diese Eigenschaft nicht.

**Körper** Physikalische Komponente: das Gewicht eines Weines, Alkohol und Extraktstoffe. Unterschiedlich je nach Weintyp und Jahrgang. *Siehe auch* körperreich.

**Körperreich** Ein großer Wein mit hohem Alkohol- und Extraktgehalt; ein vollmundiger Tafel- oder ein kraftvoller junger Portwein.

**Lakritzenholz** Ein Geruch, der mich an diese Wurzel erinnert. Ist manchen Portweinen eigen.

**Lang** Bezieht sich auf die Länge des Geschmacks. Qualitätsmerkmal.

**Lebhaft** Guter Säuregehalt, vor allem bei trockenen Weißweinen.

**Leichtgewoben** Bezieht sich auf die Nase oder die geschmackliche Struktur eines ziemlich voll entwickelten Weins. Entgegenkommend, lose verwoben, lockere Struktur.

**Macération carbonique** Kohlensäuregärung - moderne Weinbereitungsmethode mit ganzen Traubenbündeln. Im besten Fall sind die Weine angenehm frisch und fruchtig, im schlechtesten Fall oberflächlich, dürftig und wertlos.

**Maderisiert** Schwerer, flacher, «brauner» Geruch und Geschmack überreifer, oxydierter Weine.

**Maître de Chai** Bordeleser Ausdruck für den Kellermeister, der für die Gärung und die Alterung der Weine verantwortlich ist. Der Maître de Chai reist auch zu anderen Kellereien und verkorkt dort die Weine alter Jahrgänge von seinem Château neu.

**Mastig** Bezeichnet die Kombination von Süße, Alkohol, hohem Extraktgehalt, eventuell auch Glyzerin; etwas zu wenig ausgleichende Säure vorhanden.

**Nachgeschmack** Der Geschmack, der nach dem Herunterschlucken eines besonders feinen Weins noch am Gaumen haften bleibt; ein duftendes «inneres Bukett».

**Milchig** Milchähnlicher Geruch, Milchsäure. Kein gutes Zeichen, aber nicht unbedingt ein schlechter und ungenießbarer Wein.

**Most** Noch nicht vergorener Traubensaft in Fässern oder Bottichen.

**Nussig** Geruch nach Haselnüssen (Tawny Port); außerdem eine ganz bestimmte, angenehme Eigenschaft, die ich mit Eiche und Chardonnay-Trauben sowie einigen alten Amontillado Sherrys verbinde.

**Ölig** Kann im Geruch wie in der Struktur auftreten. Eine hohe Viskosität bei Weißweinen wirkt ebenfalls ölig.

**Oxydiert** «Brauner» Geruch nach altem Stroh. Flacher, verbrauchter Geschmack eines Weins, der durch zu große Luftzufuhr im Faß oder in der Flasche aufgrund von fehlerhaften oder geschrumpften Korken verdorben ist.

**Perlenbildung am Glasrand** Eine Reihe von kleinen, verräterischen Bläschen am Glasrand; meiner Erfahrung nach ein Warnsignal dafür, daß ein alter Wein demnächst umschlägt. Nicht zu verwechseln mit spritzig (*siehe dort*).

**Pfauenrad** Bezeichnet die Art, wie sich der Geschmack von bestimmten großen Burgundern im Mund öffnen und auffächern kann.

**Pfeffrig** Wirkung eines alkoholreichen, jungen Weins, vor allem in Jahrgangsportweinen. In der Nase deutlich wahrzunehmen; feurige, pfeffrige Struktur.

**Pflaumig** Kann sich auf Farbe und Geschmack beziehen. Im Aussehen ein dickes Purpurrot; im Geschmack fruchtig, aber ungeschliffen; weist häufig auf ein Zwischenstadium im Reifeprozeß hin, manchmal auch Stilmerkmal.

**Pikant** Hochgetönte, überaus duftende, fruchtige Nase, die leicht zu Schärfe neigt und dann von einem übersäuerten Endgeschmack begleitet wird. Es kann sich trotzdem um einen erfrischenden und schmackhaften Wein handeln, der sich aber nicht lange hält.

**Rauchig** Geruch nach Rauch, normalerweise von Holz (besonders von Eichenscheiten), aber auch anderen Ursprungs. Für mich eine gefällige Art von Geruch, den ich mit guten Burgundern und einigen anderen Provenienzen verbinde.

**Reif** Geruch und Geschmack geben den Schmelz und die «Süße» reifer Trauben wieder.

**Robust** Bezeichnung für muskulöse Rotweine von eher grober Beschaffenheit.

**Rüben, rote / Bete, rote** Auch gekochte rote Rüben. Eine vergleichende Beschreibung des reifen Pinot-Aromas.

**Rund** Äußert sich im Geschmack eines kompletten, wohlausgewogenen, reifen Weins.

**Sahnebonbon** Duft nach Bonbons und Karamel. Möglicherweise ein erstes Anzeichen für Maderisierung, dennoch reizvoll.

**Samtig** Textile Beschreibung; seidig, weich, mit einer gewissen Fülle am Gaumen.

**Sauber** Frisch und fehlerfrei.

**Säure, sauer** Gesundes Traubengut enthält natürliche Säure, die dem Weine seine erfrischende Eigenschaft verleiht. Zuviel Säure bewirkt ein Kräuseln auf der Zunge, zuwenig davon ergibt eine fade Geschmacksempfindung. *Siehe auch* flüchtige Säure.

**Scharf** Säure in Nase und am Gaumen spürbar. In der Skala irgendwo zwischen pikant und stechend anzusiedeln (*siehe dort*). Für gewöhnlich ein Fehler.

**Schlaff** Weich, nichtssagend, es fehlt die Säure am Gaumen.

**Schlank** Der Begriff spricht für sich. Im Geschmack sehnig und fest. Oft das Zeichen für einen «Langstreckenläufer», d.h. für einen sehr langlebigen Wein.

**Schokoladig** Beschreibung für einen Geruchseindruck. Ich bezeichne damit hauptsächlich die süßeren, schwereren, meist verschnittenen, dabei nicht reizlosen Burgunder. Im Geschmack eher mächtig und robust.

**Schwefelig** Ein stechender Geruch wie von einem abgebrannten Streichholz; geht auf Schwefeldioxid zurück, ein übliches Konservierungsmittel für Weißweine. Kein Fehler, sollte aber nicht zu aufdringlich sein. Entweicht meist im Glas.

**Schwer** Überladen mit Alkohol, mehr als körperreich; plump, ohne Finesse.

**Sehnig** Am Gaumen schlank und muskulös. Normalerweise ein Wein mit guter Entwicklungsfähigkeit.

**Seidig** Bezieht sich nur auf die Struktur, z.B. die Textur eines reifen Pomerol.

**Sélection grains nobles (SGN)** Einzeln gepflückte, überreife, von der *Botrytis* befallene Trauben; entspricht in etwa der deutschen Beerenauslese.

**Sortentypisch** Ausgeprägtes Aroma in Nase und Gaumen, von der entsprechenden Rebsorte herrührend.

**Spitzig** Kräftiger, scharf in die Nase steigender Geruch, aufgrund eines hohen Anteils flüchtiger Säuren; beispielsweise in alten Madeiras zu finden.

**Spritzig** Zunächst als kleine Luftbläschen, die im Wein aufsteigen, wahrnehmbar. Im Geschmack ein lebhaftes Prickeln von frischer Kohlensäure.

**Spröde** Im Geschmack hart und rauh. Kein Fehler, wahrscheinlich noch nicht ausgereifter Wein, verweist auf Mangel an Fleisch und Reiz.

**Stechend, stichig** Deutlich schärfer als pikant. Beißender Essiggeruch; ein unheilbarer Fehler.

**Stielig** Nase und Geschmack. Nicht unbedingt ein Fehler, doch unerwünscht. Ordinär, keine Eigenschaft feiner Gewächse. Vermutlich auf unreifes Traubengut oder zu langen Kontakt des Gärmostes mit den Stielen zurückzuführen.

**Süß** Ein Wein mit einem hohen natürlichen oder beigefügten Zuckergehalt schmeckt süß. Eine Eigenschaft aller Dessertweine. Wein kann süß riechen, doch wird diese Eigenschaft in erster Linie am Gaumen entdeckt. Die Süße von Sauternes oder deutschen Beerenauslesen ist das Resultat aus der Vergärung von überreifen Trauben, die einen besonders hohen natürlichen Zuckergehalt aufweisen. Portwein wird durch Beigabe von Weinalkohol erzeugt, der die natürliche Gärung abstoppt und damit den erwünschten Grad von unvergorenem Zucker zurückläßt. Süßer Sherry entsteht durch Zugabe von Süßweinen.

**«Süß»** in Anführungszeichen weist auf eine nicht physikalische Süße hin, sondern auf einen hocherwünschten Reifegrad (der verarbeiteten Trauben oder des gelagerten Weines), der den Sinneseindruck weckt, den wir – in Ermangelung eines andern Wortes – mit «süß» bezeichnen. *Siehe auch* Flaschenalter, reif.

**Tannin** Gerbsäure. Trägt wesentlich zur Haltbarkeit bei und wird den Schalen blauer Trauben bei der Gärung entzogen; trocknet den Mund aus.

**Tête de Cuvée** Keine eindeutig festgelegte oder geschützte Bezeichnung. Variiert in der Bedeutung je nach Anbaugebiet, meint aber das beste Faß einer Kellerei.

**Tiefe** Wird jeweils im Zusammenhang gebraucht. Tiefe kann ein Wein beispielsweise in der Farbe haben oder auch in der Nase; dann steht er im Gegensatz zum oberflächlichen Wein, an dem man lange schnüffeln muß, bis er Frucht und auch Charakter zeigt. Geschmackstiefe bedeutet Nuancenreichtum und Komplexität.

**Tränen** Zähflüssige Tropfen, die sich nach dem Schwenken des Weines bilden und an der Glaswand herunterlaufen.

**Traubig** Meist Aroma und Geschmack von sehr reifen Riesling- und verschiedenen Muskatellertrauben.

**Trüb** Mehr als tiefe Farbe, denn ein trüber Wein strahlt nicht. Hauptsächlich ein Fehler in Rotweinen.

**Umgeschlagen** Ein verdorbener Wein, überreif, oxydiert.

**Unreif** Bezeichnet die Beschaffenheit eines Weins, der aus unreifem Traubengut erzeugt worden ist. Die nicht abgebaute Apfelsäure gibt dem Wein einen Geruch nach Kochäpfeln und einen harten, etwas sauren Endgeschmack. Im weiteren Sinn wird unreif manchmal als Synonym für unentwickelt verwendet.

**Vanille** Geruchsbeschreibung zur Charakterisierung gewisser in Eichenholz gereifter Gewächse.

**Verblassen** Drückt den Farbverlust und den allgemeinen Niedergang von Bukett und Geschmack bei einem altgewordenen Wein aus.

**Verblüht** Der etwas ungefällige Geruch eines überreifen oder fehlerhaften Weins.

**Verrieseln** Mangelhafte Befruchtung von Trauben, die zu ungleichmäßiger Entwicklung und geringer Ernte führt. Ist auf schlechte Witterungsverhältnisse während der Blüte zurückzuführen.

**Verschlossen** Wird normalerweise für einen unreifen, roten Qualitätswein verwendet, dessen Bukett noch unentwickelt ist. Manchmal kann dieses «schlafende Bukett» geweckt werden, indem man geduldig das Glas zwischen den Handflächen erwärmt.

**Vollentwickelt** Die einzelnen Bestandteile haben sich zusammengefügt; ein wünschenswerter Zustand voller Reife.

**Weinig** Ein angenehmer Geruch und Geschmack nach Wein, der aber keinen sortentypischen (*siehe dort*) Charakter aufweist.

**Zedernholz** Der würzige Zedernholzgeruch von Zigarrenschachteln ist ein Merkmal vieler feiner Bordeauxweine.

# ROTER BORDEAUX

Der rote Bordeaux dominiert in diesem Buch genauso wie bereits in der ersten Ausgabe, und ich meine, das auch nicht sonderlich rechtfertigen zu müssen. Das Bordelais ist eines der ältesten klassischen Weinbaugebiete und weist unter diesen die größte Anbaufläche und die höchsten Produktionszahlen auf. Seine Bedeutung gründet sowohl auf der weitgefächerten Geschmacks- wie auch auf der Qualitätsvielfalt, die einfache wie auch absolute Spitzengewächse umfaßt. Hier wurde früh schon und hoch die Meßlatte für Qualität für weite Teile der Alten Welt gelegt, die auch von den Ländern der Neuen Welt – Kalifornien, Australien und Neuseeland – übernommen worden ist.

Bereits in normannischer Zeit wurde roter Bordeaux nach England verschifft. Drei Jahrhunderte lang gehörte das Bordelais zur englischen Krone; in dieser Zeit war der Weinhandel der blühendste Zweig der englischen Wirtschaft. Der rote Bordeaux oder «Claret», wie ihn die Engländer nennen, dominiert nach wie vor den Markt der edlen Gewächse. «Fine Claret» war – wie ich zu meiner großen Genugtuung vermerkte – der erste Wein, der in einem Auktionskatalog von Christie's auftauchte, und zwar im Dezember 1766 mit dem Vermerk: «Aus dem Besitz eines verstorbenen Adeligen».

Was macht den Bordeaux *so* besonders? Ich behaupte: weder der Winzer noch die *Cépages,* sondern der Boden und das Meerklima. Vor allem die Wetterverhältnisse sind für die Besonderheiten und Unterschiede der einzelnen Jahrgänge verantwortlich, die ich in diesem Buch hier vorstelle. Für mich sind der Boden und der Weinstock wie Mutter und Vater eines Weins; der Winzer spielt dabei die Rolle des Geburtshelfers. Wie jedermann bekannt ist, entwickeln sich Geschwister ganz verschieden, auch wenn sie aus demselben Elternhaus stammen. Meiner Ansicht nach kommt den klimatischen Veränderungen die Aufgabe der Gene zu: Sie wirken auf jeden Jahrgang anders ein und erzeugen so die Unterschiede in Stil, Qualität und Lebenserwartung.

Über Bordeaux-Weine ist viel geschrieben worden. Ich empfehle in diesem Zusammenhang besonders Edmund Penning-Rowsells regelmäßig aktualisiertes Werk *The Wines of Bordeaux* (bisher nicht in deutscher Übersetzung erschienen) und David Peppercorns *Bordeaux* (deutsche Ausgabe: Hallwag Verlag, Bern und Stuttgart, 1994, 4. Auflage); an Hand von Hugh Johnsons *Neuem Weinatlas* (Hallwag Verlag, Bern und Stuttgart, 1994, 26. Auflage) lassen sich die einzelnen Châteaux genau lokalisieren.

Mein Ziel ist die Zusammenfassung der besonderen Charakteristika jedes Jahrgangs; dazu skizziere ich kurz die jeweiligen klimatischen Bedingungen. Im wesentlichen möchte ich aber mit den aktuellen Degustationsnotizen den Charakter, die Qualität, das Gewicht und den Zustand der Weine illustrieren. Und noch einmal weise ich meine Leser darauf hin, daß dieses Buch, trotz der vielen Jahrgänge und Weingüter, die darin Eingang gefunden haben, keinen Anspruch auf Vollständigkeit erfüllen will und kann. Es ist einfach ein Führer.

## 1771 ***

*Einer der frühesten nachweislich guten Jahrgänge. Der erste rote Bordeaux, der im März 1776 in einem Katalog von Christie's erwähnt wird: «Ausgezeichneter, wohlschmeckender roter Bordeaux aus dem Jahre 1771».*

CH. MARGAUX Zeitgenössische Flasche, gutes Füllniveau bis zur oberen Schulter. Langer, vom Alter geschwärzter Korken. Unglaublich tiefe Farbe im Dekantiergefäß, im Glas blasser: immer noch rot, mit einem breiten Bernsteinrand, nicht ganz hell. Geringer erster Eindruck an der Nase, aber keine offensichtlichen Fehler. Nach dreißig Minuten entwickelte sich ein leichter quittenähnlicher Duft, der nach weiteren fünfzig Minuten noch klar vorhanden war. Am Gaumen ausgesprochen «süß», mittlerer Körper, mit positivem Geschmack und bemerkenswert guter Säure.
*Der älteste Wein bei der Margaux-Degustation von Desai, Los Angeles, Mai 1987* **

## 1784 *****

*Der beste Jahrgang jener Zeit.*

CH. LAFITTE (sic) Schwund. Ausgesprochen dunkle Farbe, wie ein altmodischer brauner Sherry; ein verblüffender Duft nach reinem Balsamessig; immer noch «süß», intensiv, mit hohem Extraktgehalt. Aber leider nicht mehr trinkbar!
*Bei Flatts Lafite-Degustation, Oktober 1988.*

CH. MARGAUX Füllniveau: gerade unter der oberen Schulter. Überraschend langer, ganz schwarzer Korken. Ein herrlicher, gesund aussehender Wein mit orangefarbenem Rand mit einem Hauch von Bukett, dennoch reich und gehaltvoll; etwas oxydiert, aber voll, weitere Lebensdauer fragwürdig, noch trinkbar. Er muß großartig gewesen sein.
*Aus einer halben Flasche, unmittelbar vor dem Neuverkorken auf dem Château probiert, August 1987.*

## 1785 ***

*Ein Latour dieses Jahrgangs 1792 bei Christie's verkauft.*

## 1787 ****

*Kein Jahrgangsbericht.*

CH. LAFITTE (sic) Eine ganze, später eine halbe Flasche, von mir geöffnet jeweils vor der Analyse, die erste in München. Obwohl der Wein alt aussah,

so roch und sich auch so verkostete, wurde mir vom GSF-Labor nach längerer Zeit mitgeteilt, daß die Flasche eine unbestimmte Menge Wein jünger als 1962 enthalte. Wer wo und wann allerdings diese Auffrischung hätte vornehmen sollen, blieb unerfindlich. Die halbe Flasche dann, überbracht von ihrem Besitzer Hardy Rodenstock, und von mir entkorkt in einem Labor in Zürich im Oktober 1992, enthielt den Befunden von Dr. Bonani (in Zürich) und Prof. Edward Hall in Oxford) gemäß keinen Wein jüngeren Datums. Korken und Wein waren korrekt und stammten offensichtlich aus der Zeit. Die Farbe war von sehr herbstlichem Braun, ohne Rotspuren, der Bodensatz dunkelbraun/flockig; in der Nase zu Beginn scharf, Oxydation offensichtlich, öffnete sich im Glas aber nochmals ganz hübsch. Am Gaumen ein Hauch von Süße, der aber gleich wieder verschwand, leicht spitziger Abgang. Eher interessant als erfreulich, so als ob man Geschichte verkostete.

CH. MARGAUX Füllniveau: 4 cm unter dem verschrumpelten, schwarzen Korken. Im Dekantiergefäß schöne satte Farbe, im Glas überraschend tief. Nach dem Eingießen keine Nase, aber auch keine Fehler. Nach fünf Minuten an der Luft entfaltete sich das Bukett, «süß» und bisquitartig, mit großer Reichhaltigkeit und Tiefe. Eine Viertelstunde später war es voll entwickelt, käsig. Das leere Glas war noch nach einer Stunde von dem Parfum erfüllt. Ausgesprochen «süß» am Gaumen, mit einem sehr lebhaften, vollen Geschmack, perfekt in Gewicht, Länge und Abgang. Der Bodensatz war dick, sandig, braunrot.
*September 1987* *****

CH. BRANNE-MOUTON Im Dekantiergefäß zeigte der Wein eine satte, volle Bernsteinfarbe. Im Glas sah er relativ blaß aus. Die Nase war verschlossen, aber makellos – keine Spur von Oxydation oder Essigsäure. Nach zehn Minuten war sie aufgeblüht, voller geworden, wie dunkle Ingwerkekse mit einem Anklang von Kaffee und Karamel. Am Gaumen zeigte sich unter der Einwirkung von Luft eine leichte «Süße» und ein großer Wohlgeschmack. Komplett. Gute Säure. Köstlich. Nach einer Stunde enthielt das leere Glas immer noch ein perfektes Bukett, das mich an «Gesundheit und Vollkorn» erinnerte.
*Auf dem Château, 3. Juni 1986* *****

## 1791 ****

*Der Weinkatalog von Christie's bot am 23. Mai 1797 sechs Fässer erstklassigen roten Bordeaux aus dem Jahre 1791 an. Angepriesen wurde der Jahrgang als «der beste seit vielen Jahren in Frankreich».*

CH. MARGAUX Zeitgenössische Flasche mit geriffeltem Hals. Ein später angebrachtes Etikett «Claret Margaux». Ziemlich blaß, sehr wenig Rot, eine Spur von Orange; zartes, aber köstliches Bukett, das einen Duft entwickelte, der mich an eine Mischung aus Siegelwachs und Weinbrandrosinen erinnerte. Eigenartig und ätherisch. Am Gaumen etwas «süß» mit komplettem Geschmack und hervorragender Säure.
*Bei Desais Margaux-Degustation, Mai 1987* ★★★★★

## 1799 ★★★

*Lesebeginn am 5. Oktober, ziemlich hoher Ertrag.*

CH. LAFITE Aus Château-Beständen, 1953 neu verkorkt. Ausgesprochen lebhaft in der Farbe; duftend; verblüht am Gaumen und dennoch faszinierend.
*Bei Marvin Overtons Lafite-Degustation, Mai 1979* ★★★★★

## 1803 ★★★

*Lesebeginn am 25. September. Gute Weine.*

CH. LAFITE Warmer Bernsteinton; gesundes, wohlriechendes Bukett; trocken, schlank, solid.
*Degustation bei Marvin Overton, Mai 1979* ★★★

## 1806

CH. LAFITE Schlanke, elegante Flasche aus jener Zeit; einer von mehreren alten Lafite-Jahrgängen, die alle Mitte der 50er Jahre dieses Jahrhunderts auf dem Château neu verkorkt und an ausgewählte französische Nobelrestaurants verkauft worden waren. Diese Flasche hier wurde vom Restaurant Le Coq Hardi in Bougival 1980 via Christie's angeboten und von Lloyd Flatt erworben. Heller, warmer Bernsteinton mit orangefarbenen Lichtreflexen; liebliches, «süßes», volles Bukett mit einer Spur Stallgeruch und Firnis, im Glas fast drei Stunden wahrnehmbar; trocken, ziemlich leicht, schöne, lebhafte Säure, genügend Festigkeit, wohlriechender Abgang.
*Einer der schönsten Weine auf der hervorragenden Lafite-Degustation von Flatt, New Orleans, Oktober 1988* ★★★★★

## 1814

*Lesebeginn am 20. September. Kleine Ernte, gute Qualität.*

CH. LAFITE Aus Château-Beständen. Mitte der 50er Jahre dieses Jahrhunderts neu verkorkt. Ver-

blaßter orangefarbener Bernsteinton; trocken, leicht, fest, wenig Frucht. Schien nach zwei Stunden besser zu sein. Bei der Lafite-Degustation von Overton wurde ganz deutlich, daß alter roter Bordeaux, vor allem Lafite, sich bei viel Luftzufuhr verbesserte.
*Overton-Degustation, Mai 1979* ★★

## 1825 ★★★★

*Früher Lesebeginn am 11. September. Sehr gute, langlebige Weine.*

CH. LAFITE Auf dem Château neu verkorkt. Hübsche Farbe; hinreißendes Bukett und dementsprechender Geschmack.
*Overton-Degustation, Mai 1979* ★★★★★

## 1832 ★★★

*Heiß und trocken während dem Austrieb. Harte Weine.*

CH. LAFITE Zweimal probiert; die erste Flasche wurde im Juni 1987 von Maître Revelle auf dem Château neuverkorkt und drei Monate später auf der jährlichen Rodenstock-Degustation geöffnet: gute Farbe; die Nase zunächst ein bißchen hölzern, voll, entfaltete sich in attraktiver Weise; sehr «süß», stilvoll, wohlschmeckend – ein wunderbarer Wein. Im folgenden Herbst eine 1979 bei Christie's ersteigerte Flasche geöffnet: hübsche Farbe, warmer Pfirsichton; ganz gesund, leichter Vanille-Ton, zartes, fruchtiges Bukett; «mittelsüß», mittelschwerer Körper, gut, lang, positiv und kraftvoll, mit dem Geschmack nach angesengten Trauben, der den extrem heißen Sommer kennzeichnet. Kompletter Tannin- und Säuregehalt.
*Zuletzt bei Flatts Lafite-Degustation verkostet, Oktober 1988* ★★★★★

## 1844 ★★★★

*Lesebeginn am 8. Oktober. Galt damals als bester Jahrgang seit 1815. Geringer Ertrag. Hohe Preise.*

CH. LAFITE Im Oktober 1953 auf dem Château neu verkorkt. Volle, schöne Farbe; entsprechend volles Bukett, wohlriechend, reifer – fast überreifer – Hühnerhausduft; «süß», mittlerer Körper, sehr positiver und schöner Geschmack, große Länge, guter Tannin- und Säuregehalt.
*Anläßlich von Flatts Lafite-Degustation, Oktober 1988* ★★★★★

# Zwischen 1845 und 1848

*Zwei Weine sind hier erwähnenswert, obwohl ihr genauer Jahrgang nicht bekannt ist. Der erste erscheint hin und wieder auf Auktionen.*

CH. BEL-AIR-MARQUIS D'ALIGRE Mitte der 80er Jahre dreimal verkostet. Jede Flasche mit gutem Füllniveau, zwei mit ziemlich tiefer Farbe, eine mit bräunlichem Bernsteinton. Die beiden ersten hatten ein sehr gutes, altes Bukett, ein bißchen an Pflanzen und Firnis erinnernd, aber wohlriechend. Die dritte roch nach Pilzsuppe und war etwas ausgetrocknet. Die beiden besten waren trocken, leicht, verblaßt, dennoch elegant. *Zuletzt im September 1987 verkostet. Im besten Fall* ★★★

ROYAL MAIL STEAM PACKET COMPANY'S FIRST CLARET Durch Nathl Johnston & Sons, Bordeaux, verschifft. Drei Flaschen aus einem schottischen Keller. Das auf den Etiketten abgebildete Schiff war 1832 vom Stapel gelassen worden und verkehrte bis 1848 zwischen Plymouth und den Westindischen Inseln. Ich kaufte die drei Flaschen bei Christie's eigentlich nur wegen der Etiketten, doch der Wein erwies sich als köstlich. Die erste öffnete ich ohne besonderen Anlaß zusammen mit Colonel Norman Johnstone, einem entfernteren Verwandten der Johnstons aus Bordeaux, bei Christie's. Zu unserer Überraschung war der Wein fast komplett. Die zweite und dritte Flasche waren gleichgut. *Zuletzt im Juni 1984 verkostet* ★★★★

# 1846 ★★★★★

*Heißer Sommer. Mächtige Weine. Die besten davon mit guter Haltbarkeit.*

CH. LAFITE 1988 testete ich auf der Lafite-Degustation die erste Flasche mit dem Streifbandetikett «Harvey's Selection»: gutes Füllniveau, fabelhafte Farbe; delikates, wohlriechendes Bukett; leicht «süß», mittelschwer, weich, samtig, herrlicher Tannin- und Säuregehalt. Ein wunderbarer Tropfen und einer der besten Weine der ganzen Degustation. Vor kurzem: satte Altersfarbe; sehr gute, alte «Efeublatt»-Nase, die sich schön im Glas hielt. Immer noch recht stark, aber kein mächtiger Wein. Gute Länge. Hervorragend. *Zuletzt bei einem Essen auf Ch. Lafite verkostet, Juni 1989* ★★★★★

# 1847 ★★★★

*Eine Fülle an leichten, schmackhaften Weinen, die für den damaligen englischen Geschmack zu delikat waren. Die beiden verkosteten Spitzengewächse bestätigen dies allerdings kaum. Praktisch wurde der ganze 1847er Jahrgang nach Deutschland, Holland und in die USA verschifft.*

CH. MARGAUX Etikettaufschrift «Cruse Fils Frères, Bordeaux». Eine Magnum, Füllniveau obere Schulter: unglaublich tief, intensiv; herrlich «süßes», fruchtiges, fast marmeladiges Bukett; «süß», körperreich, kraftvoll. Fast zu gut, um wahr zu sein, den Prophezeiungen überhaupt nicht entsprechend. *Bei Desais Margaux-Degustation, Mai 1987* ★★★★★

CH. RAUZAN Gute Farbe für das Alter, aber verdächtige Perlen am Glasrand; außerordentlich reich, delikat, komplett, ausgewogenes, altes Bukett, das sich im Glas entfaltet; relativ trocken, mittelleicht. Ein zarter, ansprechender Wein, weich, parfümiert, mit guter Länge. *Aus den Privatkellern von Ch. Lafite, dort auch verkostet, März 1983* ★★★★

# 1848 ★★★★★

CH. LAFITE Eine erste, kurz zuvor auf dem Château neu verkorkte Flasche, bei der Lafite-Degustation von Overton im Jahre 1979 probiert: immer noch von satter Farbe, voll, tanninreich, außergewöhnlich. Eine weniger gute Flasche 1986 bei der Rodenstock-Degustation: ausgetrocknet, kraftlos geworden, mit einem sich verabschiedenden Geschmack. Vor kurzem auf Flatts Lafite-Marathon erneut verkostet – eine Flasche mit Etikett «R Galos Gérant» 1986 vom Maître de Chai neu verkorkt. Sehr sattes, ziegelrotes Zentrum, feiner, ausgereifter Rand; ein robustes, «süßes» Bukett fast zum Kauen, das sich im Glas entfaltete, ähnlich wie warmer, aromatischer Tee, ein Beiton von Sattelgeruch aus dem Tannin, aber tatsächlich fehlerlos; leicht «süß», ziemlich körperreich, gehaltvoll, immer noch tanningestützt, gute Länge, ein Hauch Bitterkeit (verbunden mit einer leichten Trübung; das Depot hatte sich noch nicht gut genug abgesetzt, um den Wein sauber dekantieren zu können). Ausgezeichnete Noten. *Zuletzt in New Orleans verkostet, Oktober 1988* ★★★★★

CH. MARGAUX Lesebeginn am 4. September. Produktion: 12 000 Kisten. Originalflasche. Mitteltiefe Farbe, sehr lebhaft, schöne Abstufung; erstaunlicher Duft nach «Efeublättern» und Siegelwachs, der im Glas noch an Vielfalt und Würze gewann; überraschender Körper für dieses Alter, köstlicher Geschmack, gut passende Säure. Ein

wunderbarer Tropfen. Die Flasche entstammte den Privatkellern von Ch. Lafite, wo sie auch neu verkorkt worden war.
*Bei Desais Margaux-Degustation, Mai 1987* ★★★★

# 1849 ★★

*Mittelmäßiges Jahr.*

CH. AUSONE Aus Château-Beständen, neu verkorkt. Schöne, herbstliche Farbe, sehr lebhaft, fast zu gut, um wahr zu sein; zart, etwas rauchig und rosinenartig, öffnete sich, hochgetönt; trocken, mittelleicht, etwas angesengter Geschmack, komplett, trotz Altersschwäche.
*September 1987* ★★★

# 1858 ★★★★★

*Hervorragender Jahrgang. Gesunde Ernte am Ende eines heißen Sommers. Guter Ertrag.*

CH. LAFITE Sieben Aufzeichnungen. Erste Notierung von 1967, eine frisch wirkende und wohlriechende Flasche aus dem Keller von Lord Rosebery. Eine sehr gute Flasche aus den Lafite-Kellern auf der Overton-Degustation 1979. In jüngerer Zeit eine Flasche mit Originaletikett: warme Orange-Bernstein-Tönung; zurückhaltendes, aber sehr gutes, delikates, leicht bisquitartiges Bukett; halbtrocken, eher leicht, wohlschmeckend, aber mit einem gewissen Säurespiel. Eine andere Flasche mit einem Löwenthal-Etikett, Füllhöhe obere Schulter, wahrscheinlich nicht neuverkorkt. In Farbtiefe, Duft und Gewicht ähnlich. Schönere Farbe, lebhaft und glanzhell; schöner, delikater, für Lafite typischer Zedernholzduft und -geschmack. Bukett nach zehn Minuten im Glas komplett, dann rasch verblassend. Etwas mager, aber sauber, mit gutem Tannin- und Säuregehalt.
*Zuletzt bei Flatts Lafite-Degustation verkostet, Oktober 1988* ★★★★★

CH. MOUTON-ROTHSCHILD Drei Flaschen, alle mit dem Etikett «Mouton, Bn de Rothschild, Proprietor 1858 R Galos, Gérant, Bordeaux» verkostet. Originalkorken. Alle mit guter Füllhöhe. Erste Verkostung auf dem Château: im Dekantiergefäß von beeindruckender Tiefe, im Glas altes Ziegelrot mit Bernsteinrand; absolut makellos, Vanille-Anklänge, harmonisches Bukett; leicht «süßer», voller, reicher, vollmundiger Geschmack, herrliche Säure. Die zweite Flasche ähnlich, aber mit stark adstringierendem Tannin. (Ich hielt sie für einen 1937er Latour!) Die letzte, bei einer Rodenstock-Degustation, hatte einen unbeschreiblich unangenehm teerigen Geruch. Diese nicht verkostet.

*Zuletzt im September 1987 verkostet. Im besten Fall* ★★★★

CH. RAUZAN Aus den Privatkellern von Ch. Lafite. Neuverkorkt – kurze, gewöhnliche Korken, ausgezeichnete Füllhöhe. Blasser, ziemlich ungesunder Bernsteinton, schwach, leichte Bläschenbildung am Rand; außerordentlich hochgetönter, Madeira-ähnlicher Duft, Anklänge an Linoleum und Gerstenzucker; erster Geschmackseindruck: relativ «süß», trockener Abgang. Leicht, verblaßt.
*Ch. Lafite, Juni 1986* ★ *– gerade noch.*

# 1861 ★★★★

*Dezimierte Ernte durch Frost Anfang Mai, dennoch tragende Stöcke ergaben sehr gute Weine.*

CH. LATOUR Etikett: «Café Voisin». Wurmstichiger, alter Korken, Füllhöhe obere Schulter. Ziemlich tief und braun; zartes, überraschend sauberes Bukett mit schöner, zarter Frucht, Ingwer- und Vollkornkekstönen; ausgesprochen trocken, eher leicht, sauber, frisch, gesund. Bemerkenswert.
*Bei Kerry Paynes Degustation zur Fête du Château Latour, Juni 1981* ★★★★

# 1863 ★★

*Geringe Ernte mittelmäßiger Qualität.*

# 1864 ★★★★★

*Ein herausragender Jahrgang mit großer Hitze zur Erntezeit. Der ausgewogenste aller großen Jahrgänge vor dem Einfall der Reblaus in die französischen Weinbaugebiete. Angeblich der kompletteste Lafite aller Zeiten.*

CH. LAFITE Fünf Aufzeichnungen zu britischen und zu Erzeugerabfüllungen, normale Flaschen und *Jéroboam*. In jüngerer Zeit: September 1987 eine Flasche, die etwas früher im gleichen Jahr neu verkorkt worden war: satte, gesunde Farbe; leichter Holzton, dennoch ein reiches, tiefgehendes und von Grund auf makelloses Bukett; eher «süß», ziemlich körperreich, schöner Geschmack, komplettes Gleichgewicht. Eine weitere Flasche, vom Maître de Chai 1986 neu verkorkt: satt, intensiv; reiche, pflaumige, malzige Nase, sich rasch entfaltende «Süße», Vanille-Ton, nach einer Viertelstunde ein warmes, rosinenartiges Bukett. Am Gaumen ähnlich «süß» und schwer wie die andere Flasche, leicht schokoladig, mit hohem Extrakt-, Tannin- und Säuregehalt.
*Zuletzt bei Flatts Lafite-Degustation verkostet, Oktober 1988* ★★★★

CH. MARGAUX Zweimal degustiert. Beides Cruse-Abfüllungen. Die erste Flasche bei einer Desai-Degustation: ziemlich tief; leichter Hefeton in der Nase, erinnerte mich an Malaga und Rosinen. Mittlere «Süße», mittelschwer, wohlschmeckend, aber mit leichtem Essigstich. Nach zwei Stunden zeigte sich jedoch ein herrlicher Geschmack nach schwarzen Johannisbeeren. Die zweite Flasche, mit Originalkorken und sehr guter Füllhöhe, hatte eine satte Farbe, aber einen Essigstich.
*Zuletzt bei der Rodenstock-Degustation verkostet, September 1987.*

CH. LATOUR Füllhöhe obere Schulter. Schöne, doch etwas blasse Farbe; vordringliche, fast unangenehme «Süße», spitzig, «Efeublatt»-Bukett; trocken, wohlschmeckend, aber …
*Bei Kerry Paynes Latour-Degustation, Juni 1981.*

## 1865 ★★★★★

*Ebenfalls ein großer Jahrgang. Ungewöhnlich frühe Ernte. Herrlich stabile Weine, bei entsprechender Lagerung bessere Voraussetzungen für Haltbarkeit als alle anderen Jahrgänge vor dem Reblausbefall.*

CH. LAFITE Bei sechs Gelegenheiten verkostet. Die ersten vier von Sir George Meyrick waren hervorragend erhalten. Die fünfte, 1987 im Château neu verkorkte Flasche, hatte zwar eine komplette tiefe, aber sehr ausgereifte Farbe; zurückhaltendes, dabei sehr gutes Bukett, «süß», fruchtig und gehaltvoll. Im September 1987 kraftvoll und hervorragend in Geschmack, Länge und Säure, mit festem Tannin. Die jüngst probierte Flasche ist 1974 durch Whitwham's neu verkorkt worden: blasses, rötliches Zentrum, bernsteinfarbener Rand; hochgetönt, etwas firnisartig; relativ «süß», eher leicht, wohlschmeckend, aber mit einer Spur spitzer Säure.
*Zuletzt bei Flatts Lafite-Degustation verkostet, Oktober 1981. Im besten Fall ★★★★★*

CH. MARGAUX Cruse-Etiketten. Bei der ersten Flasche Schwund bis zur Mitte der unteren Schulter. Etwas trüb. Wechselhaftes Bukett; Karamel, Erdbeeren, dann nach 15 Minuten eine sehr reiche Entwicklung, als nächstes Pilzsuppe, zum Schluß, nach fast zwei Stunden, war es herrlich. Gaumen: «süß», ziemlich voll, reich, bemerkenswerter Geschmack, guter Tannin- und Säuregehalt. Die zweite Flasche: Essig.
*Desai-Degustation, Mai 1987, Rodenstock-Degustation, September 1987. Im besten Fall ★★★*

CH. LATOUR Drei Notierungen. Die beiden ersten außerordentlich beeindruckend, doch durch zu viel flüchtige Säure verdorben. In jüngster Zeit, aus Château-Beständen, neu verkorkt. Starkfarben; reichhaltig, harmonisch, unglaubliche Weinigkeit; relativ trocken, körperreich, sagenhaft in Geschmack, Vielfalt und Ausgewogenheit, immer noch Tannin- und Säurepotential. Noch viele Jahre haltbar.
*Paynes Latour-Degustation, Juni 1981 ★★★★★*

CH. GRUAUD Aus einer großen Ladung, geborgen 1991 aus einem 1872 gesunkenen Schiff. Etliche Flaschen schrecklich, eine ganz gut, eine dritte ansprechend.
*In Arlberg, September 1993.*

CH. GISCOURS Aus den Privatkellern von Ch. Lafite, vor einiger Zeit neu verkorkt. Gut in der Füllhöhe, zerkrümelter Korken. Relativ blasse, aber warme Tönung: außergewöhnlicher Duft, warm, wohlriechend, trotz eines leichten Hauchs von Verfall. Gut erhalten. Ein leichter, relativ trockener Charmeur mit annehmbarer Säure im Abgang.
*Bei Christie's Vorverkaufsdegustation, Juni 1986 ★★★*

CH. LAROZE Ein Korken wie Kohle. Erstaunlich gute Farbe für sein Alter; hochgetöntes, altes Bukett, Eukalyptus; entsprechend würziger, vollmundiger Geschmack, Nelken.
*September 1987 ★★★★*

CH. RAUSAN-SÉGLA Füllhöhe: mittlere Schulter. Sagenhaft satte Farbe; seltsamer, medizinaler Duft nach Wundtinktur und Bandagen, hält sich länger als eine Stunde; ausgesprochen «süß», schönes Gewicht, sehr wohlschmeckend, aber mit dem gleichen eigenartigen, jodähnlichen Arzneiton im Nachgeschmack.
*Auf Ch. Lafite, März 1983 ★★★*

## 1867 ★★

*Kleine Ernte, schlechtes Qualität-Preis-Verhältnis.*

CH. MOUTON-ROTHSCHILD Aus den Privatkellern von Ch. Lafite, bei Christie's verkauft. Auf Ch. Lafite neuverkorkt. Heller Bernsteinton, die Farbe bleicht aus; zu Beginn ein Duft nach Erdbeeren und Bananen, zwanzig Minuten später sehr hochgetönt und malzig, nach einer Stunde wie Linoleum, kränklich; sehr trocken, mager und etwas spitz – dennoch sauber.
*Bei Flatts Mouton-Degustation, New Orleans, April 1986.*

CH. DUCRU-BEAUCAILLOU Zuletzt 1980 auf Ch. Lafite neu verkorkt. Lebhafte Farbe, rote Tönung, komplette Abstufung; herrlich, reif, reichhaltig – mit Ch. Lafite aufgefüllt?! Am Austrocknen, aber sauber.

*Bei Christie's gekauft und bei der Rodenstock-Degustation vorgestellt, September 1987* ★★★★

## 1868 ★★★

*Merkwürdige Bedingungen: zunächst Hitze, dann im August heftiger Regen, aber vor und während der ungewöhnlich frühen Ernte wieder sehr heiß. Ausgesprochen hohe Preise.*

CH. LAFITE Kapsel und Füllhöhe komplett in Ordnung, Originalkorken. Reich, warm, Farbe von Hagebutten; medizinaler erster Eindruck, bald danach reiche und kraftvolle Entfaltung. Nach einer Viertelstunde wiederum Sattel- und Arzneigeruch, dann Stabilisierung und Beständigkeit; trocken, mittelschwer, leichter Stil, sehr sauber, wohlschmeckend.
*Bei Flatts Lafite-Degustation, Oktober 1988* ★★★★

CH. MARGAUX Lesebeginn am 7. September. Produktion: 14000 Kisten. Ziemlich tief; nicht so harmonisch wie der 1870er, aber sehr sauber und entgegenkommend. Nach 45 Minuten ausgesprochen reichhaltig, etwas käsig, nach neunzig Minuten etwas abgebaut und schokoladig, aber noch in Ordnung. Voller, reicher Geschmack, hervorragender Tannin- und Säuregehalt. Trockener Abgang. Auf Ch. Lafite, März 1983. Vier Jahre später: zwei Flaschen mit neuen Château-Kapseln. Leichte Unterschiede. Beide satt und lebhaft; die eine roch nach ehrwürdigem Weinkeller, Stall und altem Cabernet Sauvignon, die andere etwas sauer und staubig, aber kraftvoll. Beide recht «süß» und wohlschmeckend, eine etwas pikant, die andere ganz vollendet, tanninbetont.
*Die beiden letzten bei Desais Margaux-Degustation, Mai 1987. Im besten Fall* ★★★★

CH. LATOUR Aus Château-Beständen, neuverkorkt. Gute Farbe, breiter, brauner Rand; hochgetönte, firnisartige Nase, Kombination aus Senf und Dung, ein Hauch flüchtiger Säure; trocken, würzig, Zitruston, unverwoben. Nicht schlecht.
*Bei Kerry Paynes Latour-Degustation, Juni 1981* ★

## 1869 ★★★★

*Ein außerordentlich guter, haltbarer Jahrgang nach einer idealen Vegetation. Einer der verläßlichsten Jahrgänge vor dem Reblausbefall, vorausgesetzt, die Weine wurden richtig gelagert.*

CH. LAFITE Eine großartige Magnumflasche. Als der glitschige, schwarze Originalkorken gezogen war, entfaltete sich ein unglaublicher Duft. Nach einem Jahrhundert war er noch reich, weich und melancholisch. 1978 eine weitere Flasche, die auf dem Château neu verkorkt worden war: rei-che, warme Farbe; außergewöhnliches Bukett, das mich flüchtig an Castrol-XL-Motoröl erinnerte (sorry!). Nach 15 Minuten reich, reif – um nicht zu sagen überreif; «süß», relativ voll, sehr schmackhaft, duftend und würzig.
*Zuletzt bei Flatts Lafite-Degustation verkostet, Oktober 1988* ★★★★

CH. MARGAUX Eine bei Christie's gekaufte Flasche des 1869ers war zum Neuverkorken auf das Château gesandt worden. Zufällig war ich gerade dort (um den 1784er neu zu verkorken). Füllhöhe mittlere Schulter. Trotz Schwund in bemerkenswert gutem Zustand. Etwas blaß, aber mit gesundem Schimmer; köstlich fruchtiges, ausgesprochen reizvolles Bukett; etwas «süß», relativ leicht und etwas verblassend, aber duftend, mit schönem Nachgeschmack. Die Flasche wurde mit etwas 1970er aufgefüllt, mit einem neuen, gezeichneten Korken versehen und mit einer Château-Kapsel versiegelt. Hokuspokus Fidibus!
*Auf Margaux, August 1977* ★★★

CH. MOUTON-ROTHSCHILD Drei Flaschen, aus den Privatkellern von Ch. Lafite und dort in den 80er Jahren neu verkorkt. Die beiden ersten 1983 verkostet, faszinierend, aber auch windungsreich. Eine unglaublich reich, malzig, überreif, mit Lackgeruch; am Gaumen reichhaltig, aber bereits abbauend. Die andere mit Schwund, einer schönen Farbe wie ein Darjeeling aus der Sommerernte; firnisartiger Geruch und Geschmack. Trocken, leicht, dekadent. Die dritte Flasche: sehr gutes Füllniveau; Farbe eher hell, aber lebhaft; eher schwach am Gaumen, jedoch komplett. Nach 25 Minuten war das Bukett «süß», erinnerte an Ananasschalen und Pfirsiche und hielt sich noch eine weitere Stunde; am Gaumen duftend, gute Länge, mit einem Endgeschmack, wie Äpfel vom Dachboden.
*Zuletzt bei Flatts Mouton-Degustation verkostet, April 1986* ★★★★

CARRUADES DE CH. LAFITE Zwei Flaschen: die erste mit relativ blassem, sehr reifem Erscheinungsbild; köstlich entgegenkommendes, reiches, wohlriechendes, nach Rosen duftendes Bukett; ausgesprochen «süß», aber wie eine verblühte alte Dame. Die zweite Flasche roter, Bukett nach geröstetem Kaffee; trocken, etwas zu säurebetont, würziger Abgang. Beide mit Wildgeschmack und leicht, ohne die Länge des *Grand vin*.
*Beide auf Ch. Lafite verkostet, Juni 1988* ★★★

CH. MARQUIS-DE-TERME Guter, langer Korken, hervorragende Füllhöhe. Relativ blasse, aber sehr gesunde rote Tönung; vorzüglich, ausgesprochen wohlriechend, «Alter-Efeu»-Bukett; ziemlich körperreich, reichhaltig, ausgezeichneter Geschmack, gute Säure.
*Auf Ch. Lafite, Juni 1986* ★★★★

# 1870 \*\*\*\*\*

*Einer der größten Jahrgänge vor dem Einfall der Reblaus, bei guter Lagerung nach wie vor groß-artige Weine. Durch Frühjahrsfröste verminderte Ernte, brennend heißer Sommer und frühe Lese – Beginn 10. September – unter guten Bedingun-gen. Das Ergebnis: starkfarbene, massive, kon-zentrierte und sehr haltbare Weine.*

CH. LAFITE Wer der Meinung ist, daß Lafite nur vergleichsweise blasse, leichte, delikate und femi-nine Weine produziere, hat noch nie etwas von den wuchtigen Lafite-«Knüllern» gehört, geschweige denn jemals einen davon getrunken. Ich besitze 13 Notizen. Der spektakulärste Wein war eine – von vierzig – Magnumflaschen von Glamis Castle. Der 13. Earl of Strathmore hatte die Coningham-Abfüllung erworben und beschrieb sie als tannin-betont und stark wie rote Tinte. Laut André Si-mon, der den Wein 1920 trank, brauchte er in der Tat fünfzig Jahre zur Abrundung. Dieser außerge-wöhnliche Bestand blieb bis zur großen Glamis-Castle-Versteigerung im Jahre 1971 bei Christie's unberührt. Eine Flasche wurde bei einem von Christie's veranstalteten Abendessen geöffnet, zu dem ungefähr zwölf der bekanntesten britischen Bordeaux-Experten geladen worden waren. Der Wein war fehlerlos. Eine weitere, durch Cruse abge-füllte und 1980 verkostete Flasche hatte, trotz niedrigem Füllniveau bis zur unteren Schulter, überlebt. Vor kurzem eine neuverkorkte Einzelfla-sche bei Flatts Lafite-Degustation, die ähnlich komplett war: das Erscheinungsbild nach wie vor satt, schön und reich; die Nase gleich nach dem Einschenken ziemlich käsig mit Sattelgeruch, doch das Bukett entfaltete sich rasch und hielt sich dann eine gute Stunde schön im Glas. Immer noch ein Hauch «Süße», nach wie vor ein körperreicher und tanninbetonter, reichhaltiger Wein zum Kauen. Beste Noten.
*Zuletzt im Oktober 1988 verkostet* \*\*\*\*\*

CH. MARGAUX Drei Verkostungen, zwei davon bei der Margaux-Degustation von Desai 1987. Eine Flasche hatte eine Wachskapsel mit der Prä-gung «Monkhouse & Andersons 1st growth cla-ret». Sie wies eine schöne, satte Farbe und ein ma-kelloses, wohlriechendes Bukett auf; relativ «süß», reich, von hervorragender Kraft. Die andere – wahrscheinlich auf dem Château neu verkorkt – gab sich ziemlich zurückhaltend und zeigte trotz Wohlgeschmack eine Spur von Verfall und kanti-ger Säure. Eine 1870er Flasche mit einem Sèze-Fils-Frères-Etikett war mit dem zuvor erwähnten 1869er auf Château Margaux zurückgeschickt worden. Diese Flasche, die aus einem anderen Be-stand stammte, hatte den Schwund bis zur mittle-ren Schulter nicht überlebt. Der Wein war zwar nach wie vor reich, aber oxydiert. Der Maître de Chai füllte sie mit dem 1970er Margaux auf, der für

den 1869er geöffnet worden war. Die Flasche erhielt einen einfachen Korken und keine neue Kapsel. (Ein gängiges Verfahren bei den großen Châteaux: bei einer unverkapselten Flasche mit ungebranntem Korken und guter Füllhöhe kann man mit ziemlicher Sicherheit davon ausgehen, daß es sich um einen aufgefüllten «oxydierten» Wein handelt.)
*Zuletzt im August 1987 verkostet. Im besten Fall* \*\*\*\*\*

CH. LATOUR Zwei hervorragende Bewertun-gen, einschließlich einer fehlerlosen schottischen Abfüllung: hohes Füllniveau; wunderbar satte, intensive Farbe; ein überaus herrliches, harmo-nisches Bukett; ausgesprochen «süß», ziemlich körperreich, dennoch weich, mit komplettem Gleichgewicht und Geschmack. Ein Nachge-schmack wie warmer Toast.
*Der beste Wein bei Paynes Latour-Degustation, Juni 1981* \*\*\*\*\*

CH. MOUTON-ROTHSCHILD Aus den Lafite-Kellern. Reiches, sattes, intensives Erscheinungs-bild: reiche, angesengte, teerige Nase, die sich im Glas herrlich entfaltete und wahrscheinlich nach vierzig Minuten ihren Höhepunkt erreicht hatte, danach verblaßte sie etwas, erholte sich aber noch einmal und hielt dann zwei Stunden lang ein unbe-schreiblich reiches, pikantes Bukett. Am Gaumen: trocken, dabei reichhaltig, mit gleichermaßen tee-rigem Geschmack. Würzig, mit Zimtnote, kraft-voll, nach wie vor guter Tannin- und Säuregehalt. Vorzüglicher Abgang.
*Zuletzt bei Flatts Mouton-Degustation, im April 1986* \*\*\*\*\*

CH. COS D'ESTOURNEL Herrliche Farbe wie Tawny-Rot mit intensivem, orangefarbenem Bernsteinrand; reichhaltiges, komplettes, harmo-nisches Bukett, mit einer Spur Zitrusfrucht und al-ter Eiche, nach einer Stunde im Glas immer noch hervorragend. Unbeschreiblich «süßer», reicher, massiver Stil und bis zum Abschied in perfektem Zustand. Immer noch recht tanninbetont.
*Auf Ch. Lafite, März 1983* \*\*\*\*\*

CH. GRUAUD-LAROSE Ebenfalls aus den Lafite-Kellern. Gutes Füllniveau (deutlich neu-verkorkt). Warmes Bernsteinrot; himmlisches Bu-kett, alter Efeu, Ingwer und Pfeilwurzel, verblieb mehr als zwei Stunden im Glas; entsprechender Geschmack. Relativ «süß», lang, leicht würzig, vollendet, ausgesprochen duftend. Ein wunder-barer Wein.
*Bei Christie's Vorverkaufsdegustation, Oktober 1985* \*\*\*\*\*

CH. MONTROSE Zweimal verkostet. Beide Fla-schen fehlerfrei. In jüngerer Zeit eine irgendwann neuverkorkte Flasche aus den Privatkellern von

Lafite: schöne Herbsttönung, aber nicht ganz glanzhell, wurde wahrscheinlich geschüttelt; sehr «süßes», reiches, makelloses Bukett, desgleichen auch der Geschmack. Alt, Eichenton, Cabernet-Charakter. Trockener Abgang.
*Zuletzt im Juni 1986 verkostet* ★★★★★

CUVÉE MARQUISE DE LA TOURETTE Durch Greenham & Co, Shanklin, Isle of Wight, abgefüllt. Jahrgangsetikett am Hals, kurzer Korken, Füllhöhe: obere Schulter. Etwas leichte Farbe, keine Rottöne mehr vorhanden; «süße», karamelartige Nase; guter Extraktgehalt, robust, fruchtig, weich und reich.
*September 1987* ★★

## 1871 ★★

*Kleine, ungleiche Ernte nach dem kältesten Winter seit 1829/30. Im Handel gering eingeschätzter Jahrgang, niedrige Preise.*

CH. LEÓVILLE-BARTON Originalkapsel und -korken. Füllhöhe obere Schulter. Sehr tiefe Farbe; makelloses Zedernholzbukett; trocken, mittelschwer, sauber, lebhaft, ausgezeichneter Tannin- und Säuregehalt. Am Austrocknen, mager, aber gut.
*Bei Rodenstocks jährlicher Weinveranstaltung, September 1987* ★★★

## 1872 ★

*Viel Regen zwischendurch verdarb eine sonst normal verlaufene Vegetation. Nur wenige Weine haben überlebt. Kuriositäten.*

CH. LAFITE Aus vier verschiedenen Kellern. Alle voll ausgebaut, relativ blaß, aber mit einem schönen Glanz; der geringste delikat, doch schon etwas kraftlos, leicht firnisartig, Geruch nach der Haut auf Reispudding und Geschmack nach alten Teeblättern. Der beste wohlriechend, mit Ingwernuance, wohlschmeckend. Alle sehr trocken. Verschiedene Säuregrade. Zusammengefaßt: «im Herbst ihres Lebens».
*Zuletzt bei Flatt im Oktober 1988 verkostet* ★ *bis* ★★

## 1873

*Schrecklicher Frost am 28. April zerstörte drei Viertel der Ernte. Gewöhnliche Qualität. Nicht degustiert.*

## 1874 ★★★★

*Hoher Ertrag qualitativ hochstehender Weine, mittlerweile der vielfältigste unter den großen Jahrgängen vor dem Reblausbefall.*

CH. LAFITE Seit 1967 dreizehnmal verkostet. Am besten ist er meiner Ansicht nach aus den sehr kalten englischen Kellern, aber nur bei guter Füllhöhe. Unter diesen Bedingungen kann er ein sehr anregender Wein sein. Die Farbe variiert von ziemlich blaß bis zu ziemlich tief. Bei den besten ist das Bukett reich, reif, nahezu überreif, und erinnert mich an den Geruch eines Hühnerhauses. Viel Luftzufuhr tut ihm sehr gut. Alle leicht «süß», einige sehr verblaßt und etwas abgebaut, dennoch wohlriechend, andere fest und wohlausgewogen. Im ganzen: auf des Messers Schneide.
*Zuletzt im Oktober 1988 bei Flatts verkostet. Im besten Fall* ★★★★

CH. LATOUR 1967 eine komplette Flasche aus dem Keller von Lord Rosebery; bei Kerry Paynes großer Latour-Degustation eine trotz guter Füllhöhe an der oberen Schulter unangenehme, «beißende» Flasche.
*Zuletzt im Juni 1981 verkostet. Im besten Fall* ★★★★★

CH. MOUTON-ROTHSCHILD Vier Bewertungen. Eine Flasche, auf Ch. Lafite, wies eine außergewöhnlich tiefe Farbe auf; reiche, schokoladige, aber teilweise oxydierte Nase; am Austrocknen, guter, aber abflauender Geschmack. Vor kurzem: eine auf Ch. Lafite neuverkorkte Flasche, mittlere Tiefe, rosige Tönung, glanzhell und lebhaft im Aussehen; reiches, reifes, sich wunderschön entfaltendes Bukett, «süß», erdbeerähnlich, nachhaltig, zart, wohlriechend, nach Tabak duftend; trocken, mager, aber wohlschmeckend. Bereits viel Substanz verloren. Etwas kantig.
*Zuletzt bei Flatts Lafite-Marathon verkostet, April 1986* ★★ *bis* ★★★

CH. GRUAUD-LAROSE Original-Kapsel und -korken. Halsetikett. Füllhöhe bis zur mittleren Schulter. Satte, zu braune Farbe, doch trotz einer gewissen Oxydation ein außergewöhnlich reiches Bukett. Einst ein großer Wein.
*Von Madame Teysonneau, September 1987* ★

CH. LÉOVILLE-BARTON Originalkapsel und -korken. Füllhöhe: obere Schulter. Satter, intensiver, rubinroter Glanz; malzige, gehaltvolle Nase, reich und rosinenartig. «Süß», relativ voll, gute Länge, hoher, aber akzeptabler Säuregehalt.
*September 1987* ★

CH. LÉOVILLE-POYFERRÉ Magnumflasche, Füllhöhe untere Schulter. Oxydiert.
*September 1987.*

CH. PICHON-BARON Originalkapsel und -korken. Ausgezeichnete Füllhöhe. Sehr tiefe, rubinrote Tönung; zurückhaltende, aber makellose Nase; ziemlich «süß» und voll, komplett in Geschmack, Extrakt und Gleichgewicht.
*September 1987* ★★★★

# 1875 ★★★★★

*Von allen herrlichen* Prä-Phylloxera-*Jahrgängen ist dieser der feinste. Zuverlässiger als der 1874er, ist er noch heute ein ganz wunderbarer Tropfen. Die Ernte fiel noch üppiger aus als im Vorjahr; die Statistik verzeichnet die höchsten Produktionszahlen vom Beginn der schriftlichen Aufzeichnung bis 1960. Damals galt der Wein als zu leicht und vergänglich, was aber nur beweist, daß roter Bordeaux (wie z.B. auch 1929 oder 1953) von der Wiege bis zum Grab sehr ansprechend sein kann.*

CH. LAFITE Fünf Degustationen, davon war nur eine Flasche aufgrund von Schwund und Maderisierung nicht köstlich. Vor kurzem eine von drei 1953 auf dem Château neu verkorkten Magnumflaschen: wunderbar warme, reiche, ziegelrote Farbe; sehr «süßes», würziges Bukett mit Zedernholztönen und einem Duft, der an Süßigkeiten erinnert. Nachhaltig. Alle Weine waren «süß», mittelschwer, aber geschmacksintensiv, herrlich fruchtig und wohlriechend. Einfach komplett. (Die nicht neuverkorkte Flasche aus dem Meyrick-Keller war mindestens genauso schön.)
*Zuletzt bei Flatts verkostet, Oktober 1988* ★★★★★

CH. MARGAUX Doppelmagnum, Schwund bis zur mittleren Schulter. Sattes, intensives Rubinrot; außergewöhnliche Nase nach kandierten Veilchen und sauberen Verbänden! Ziemlich «süß», körperreich und kraftvoll, hervorragender Geschmack, nach wie vor tanninbetont.
*September 1988* ★★★★★

CH. LATOUR Zwei auf dem Château 1980 neu verkorkte Magnumflaschen. Ziemlich braun; außergewöhnliches Bukett, das an Medizinalshampoo erinnerte. Eigenartiger Geschmack nach Himbeeren. Sehr trocken. Äußerst merkwürdig.
*Bei einer Degustation von ansonsten hervorragenden 1875er Spitzengewächsen, September 1988* ★★?

CH. MOUTON-ROTHSCHILD Drei Flaschen mit Schwund und trübem Aussehen an den Vorverkaufsdegustationen von Heublein Inc. 1979, 1980 und 1981. Außerdem zwei 1982 auf dem Château neuverkorkte Magnumflaschen bei der Rodenstock-Degustation von 1875er Weinen. Mitteltiefes, feines, ausgereiftes Aussehen; beide wiesen ein komplettes, «süßes», zartes und harmonisches Bukett auf, mit einem Hauch von Zimt und Birnen. Schöner Wein. «Süß», angenehmes Gewicht, perfekt in Geschmack und Ausgewogenheit. Nach 35 Minuten im Glas fing er an abzubauen.
*Zuletzt im Oktober 1993 verkostet* ★★★★★

CH. HAUT-BRION Zwei Magnumflaschen, beide mit Schwund bis zur mittleren Schulter. Fein, mitteltief, gut ausgereifter Rand; eine mit starkem Korkgeschmack, die andere «süß». Charakteristisches Bukett alter roter Graves nach «warmen Ziegeln»; leicht «süß», delikat, weich, mit dem typisch erdigen, fast schon schokoladeartigen Geschmack. Kurz davor, sauer zu werden.
*Bei der 1875er-Magnum-Degustation von Rodenstock, September 1988* ★★★

CH. DESMIRAIL Herkunft: Fernand Woltner, Paris. Erzeugerabfüllung, vor einiger Zeit auf dem Château neu verkorkt. Sehr gutes Füllniveau, trotz lockerem, krümeligem Korken. Sehr lebhaftes und schönes Hellrubinrot; «süßes», zartes Bukett, keine Minderung. Nach zehn Minuten ein himmlischer, ätherischer, leicht rauchiger Himbeerduft. Hauch von «Süße», etwas fett, sehr wohlschmeckend, pikant. Trotz leicht säuerlichen Anklängen absolut köstlich.
*März 1984* ★★★★★

CH. LÉOVILLE Bordeaux-Abfüllung. Originalkapsel und -korken. Füllhöhe: mittlere Schulter. Braun und beißend.
*September 1987.*

# 1876 ★

*Schlechte Witterungsverhältnisse. Geringer Ertrag, unausgeglichene Qualität bei den Weinen.*

CH. LAFITE In diesem Jahr trat bei Lafite die *Phylloxera* auf. Zwei Flaschen, eine mit eingedrücktem Korken; die andere, auf dem Château neu verkorkt, war bis hoch am Hals gefüllt. Blasse, warme aber sehr reife Farbe, etwas wolkig; ein unmittelbar entgegenkommendes, wohlriechendes Bukett, der erste Bananenton wird rasch durch Gardenie, dann Rose abgelöst – sehr blumiger, ansprechender Duft und Geschmack. «Süß», eher leicht, mit feinem, trockenem Abgang.
*Flatts Lafite-Degustation, Oktober 1988* ★★★

# 1877 ★★★★

*Die Reblausplage greift im Bordelais rasch um sich. Überdurchschnittliche Ernte leichter, aber ansprechender Weine. Können immer noch köstlich sein.*

**CH. LAFITE** 1967 eine herrliche Magnum aus Château-Beständen verkostet. Vor kurzem eine auf dem Château neu verkorkte Flasche: blaß, glanzhell, ansprechend; wunderbar duftende Nase, leicht rauchig, mit einem Hauch Mandarine, entfaltet sich herrlich; ein wunderbar «süßer» alter Wein mit genügend Tannin und Säure und einer sehr guten Länge.
*Bei Flatts Lafite-Degustation, Oktober 1988* ★★★★

**CH. LATOUR** Ähnliche Farbe wie der Lafite; ausgesprochen faszinierendes, intensives und schmackhaftes Bukett; etwas «süß», eher leicht und zart für einen Latour. Spuren von Zerfall und Überreife, aber schön.
*Bei Paynes Latour-Degustation, Juni 1981* ★★★★

**CH. AUSONE** Das erste Mal 1983 eine neuverkorkte Flasche probiert: relativ blaß, wunderschön, delikat, komplett in Gewicht, Struktur und Abgang. Vor kurzem eine ähnliche Flasche, mit himmlischer, Lafite-ähnlicher Delikatesse, in allerbestem Zustand.
*Zuletzt bei Flatts Ausone-Degustation im Oktober 1987 verkostet* ★★★★★

**CH. LA MISSION-HAUT-BRION** Gute Farbe; leicht angesengtes Mokka-Bukett; «süß», ziemlich körperreich, Geschmack, Frucht, Extrakt und Gleichgewicht gut.
*Der älteste Jahrgang bei Karl-Heinz Wolfs La-Mission-Degustation, Juni 1990* ★★★★

## 1878 ★★★★

*Allgemein wird dieser Jahrgang als der letzte vor dem Reblausbefall bezeichnet, doch das ist nicht korrekt. Die endemische Plage verbreitete sich bereits seit Anfang der 70er Jahre und währte bis ins 20. Jahrhundert hinein. In jedem Fall schloß aber der 1878er eine herausragende Ära im Bordelais ab.*

**CH. LAFITE** De-Luze-Etikett. Füllhöhe bis zur mittleren Schulter. Feine, reiche Mahagonitönung; nussige Nase mit Eichenton, überaus reich, aber mit Alterserscheinungen; leicht «süß», malzig, teilweise oxydiert, wohlschmeckend, aber mit unsauberem Abgang.
*Bei Flatts Lafite-Degustation, Oktober 1988.*

**CH. LATOUR** Originalkapsel mit eingraviertem Jahrgang. Füllhöhe bis zur mittleren Schulter; sattes, reiches Rubinrot; Nase und Geschmack entsprechen einander. Bukett von reifen Maulbeeren, ansprechender Geschmack, guter Extraktgehalt, wunderbarer Nachgeschmack.
*Bei der Rodenstock-Degustation, September 1987* ★★★★

**CH. MOUTON-ROTHSCHILD** 1978 und 1979 hatten mehrere Flaschen überlebt trotz niederem Füllniveau. Vor kurzem: Eine Magnum mit Schwund bis zur unteren Schulter zeigte, wie vorherzusehen war, eine maderisierte Nase, mit leichten Rosinenanklängen. Ein Hauch von «Süße», gute Länge und ein überraschend sauberer, trockener Abgang.
*Zuletzt bei Flatts Mouton-Degustation verkostet, April 1986.*

**CH. BRANAIRE-DUCRU** Duft nach verblühten Veilchen; Geschmack nach Arsen und alten Spitzen: süß-säuerlich.
*September 1993.*

**CH. COS D'ESTOURNEL** Ansprechendes Erscheinungsbild, doch mit schleppender, pilziger, medizinaler Nase. Eine verblaßte alte Dame.
*Bei Maurice Renauds Cercle-de-Vingt-Lunch, im Mai 1988* ★

**CH. GRUAUD-LAROSE** Gute Herkunft. Der Wein gab sich Mühe, trotz sehr tiefem Füllniveau und seiner Stichigkeit. Eine andere von de Luze abgefüllte Flasche mit Originalkapsel und -korken sowie ausgezeichneter Füllhöhe bis zur oberen Schulter: tiefer Rand, hochgetönt, körperreich, ein bißchen zu säurebetont und mit *rancio*.
*Zuletzt bei der Rodenstock-Degustation im September 1987 verkostet.*

**CH. LAROSE** Mit Brandenburg-Frères-Etikett. Schlechtes Füllniveau. Trocken, noch delikat, hängt am Leben. Sauber.
*Christie's Vorverkaufsdegustation, Chicago, im Februar 1987* ★★

**CH. LA MISSION-HAUT-BRION** 1978 neu verkorkt. Wirkt vom Erscheinungsbild her dick, dennoch delikater, wohlriechender Duft und Geschmack. «Süß», relativ leicht, Länge und Nachgeschmack gut.
*Bei Desais La-Mission-Degustation, Los Angeles, Februar 1985* ★★★

**CH. PONTET-CANET** Voll etikettiert, «Grand Vin», gute Füllhöhe für das Alter. Sehr blaß, kein Rot mehr, aber noch lebhaft; ein herrlich dekadentes, überreifes Bukett; delikat und köstlich.
*Bei Christie's, Chicago, Februar 1987* ★★★

**CH. RAUSAN-SÉGLA** 1977 eine reiche, wohlriechende Café-Voisin-Flasche probiert. Zudem eine tiefbraune, oxydierte Flasche bei einer Rodenstock-Degustation.
*Zuletzt im September 1986 verkostet.*

# 1879 **

*Trotz schlechter Wettermeldungen und geringer Ernte sind die überlebenden Weine delikat und ansprechend.*

CH. LAFITE Auf dem Château neu verkorkt. Ziemlich blaß, aber vorzügliche, glanzhelle Hagebuttenfarbe; «süßes», delikates Bukett von altem Efeu, das sich im Glas schön entfaltete; trocken, leicht, zart, wohlschmeckend, ausreichende Länge und duftender Nachgeschmack.
*Bei Flatts Lafite-Degustation, Oktober 1988* ***

CH. AUSONE Blasse Bernsteinfarbe, glanzhell; delikates, sich rasch entwickelndes, interessantes, reiches Bukett; Pilzsuppe, Rosinen, ein Hauch Ingwer. Leicht, dennoch üppig, weich, köstlich.
*Flatts Ausone-Degustation, Oktober 1987* ***

# 1880 *

*Wie auch 1879 führte ein schlechter Frühling mit ungleichmäßiger Blüte zu einer geringen Ernte mit ganz ansprechenden Weinen.*

CH. LAFITE Neuverkorkt. Ähnliches Erscheinungsbild wie im Vorjahr; sehr entgegenkommendes Eichenbukett mit rauchigen Anklängen, entsprechender Geschmack. Etwas «süßer» und in gewisser Hinsicht besser als der 1879er, am Ende allerdings ein bißchen verzogen.
*Bei Flatts Degustation, Oktober 1988* ***

CH. MOUTON-ROTHSCHILD Etikettierung «Alfred Morton & Co, Bordeaux». Mehrere Degustationen, alle aus dem Keller der Villa Ten Broeck. Alle mit ziemlich niedrigem Füllniveau bis zur unteren Schulter. Trüb, aber noch lebhaft; bemerkenswerte Nase für das Alter und den Schwund; weich, doch recht hoher Säuregehalt. Jedenfalls nicht schlecht.
*Zuletzt bei Heublein Inc. in Chicago degustiert, Mai 1980. Im besten Fall* **

# 1881 **

*Schwierige Wetterbedingungen. Heißer Sommer, frühe Lese. Geringer Ertrag sehr tanninreicher Weine.*

CH. LAFITE Alte Kapsel, wahrscheinlich neu verkorkt. Füllhöhe obere Schulter. Wunderbar reiches, warmes Herbstrot; überreife, schokoladige Nase mit Wildgeschmack; ziemlich «süß», relativ leicht, leidlich Frucht und Biß, trockene Rosinen im Abgang.
*Bei Flatts Lafite-Degustation, Oktober 1988* **

CH. LATOUR 1970 mehrere tieffarbene, makellose, aber etwas harte Flaschen aus dem Meyrick-Keller verkostet. Kürzlich eine Flasche aus Château-Beständen: beeindruckend satt; «süßes», fehlerfreies, altes Bukett; ein großer, trockener Wein mit hervorragendem Geschmack, wenn auch tanninbetont.
*Bei Paynes Latour-Degustation, Juni 1981* ***

CH. MOUTON-ROTHSCHILD Im Februar 1974 durch Whitwham's neu verkorkt. Schöne Farbe, reich, rötlich, intensiv; am Gaumen Anflug von Kohle und Teer, entfaltete sich nuancenreich mit einer Spur Zimt, verblaßte nach 90 Minuten; trocken, mittelschwer, hervorragender Geschmack, unerwartete Qualität und Länge. Reifes Tannin im Abgang.
*Bei Flatts Mouton-Degustation, April 1986* ****

CH. CANTENAC-BROWN Neu verkorkt; Nase nach altem Heidekraut; ausgetrocknet.
*Rodenstock-Degustation, September 1987* *

# 1882 *

*Die Phylloxera greift um sich, ebenso der Mehltau. Leichte Weine. Nur eine – leider schlechte – Flasche degustiert.*

CH. LAFITE Streifbandetikett am Hals. Alter Korken. Füllhöhe im unteren Bereich der mittleren Schulter. Warme Bernsteinfarbe, ein Hauch von Bananenschale, unsauberer Endgeschmack aufgrund des schlechten Korkens und des niedrigen Füllniveaus.
*Flatt-Degustation, Oktober 1988.*

# 1883

*Unbeständiges Wetter, durchschnittlicher Ertrag, leichte Weine.*

CH. LAFITE Auf dem Château neu verkorkt. Blaß, ohne ein Spur Rot; seltsamerweise sehr schönes Bukett, wie kandierte Ananas; am Gaumen trocken, ausgewaschen und sehr kurz.
*Bei Flatts Lafite-Degustation, Oktober 1988.*

# 1884 *

*Ein weiterer schlechter Jahrgang. Trotz eines guten Sommers wurden die Rebstöcke vom Mehltau befallen; die Reblausplage begann nachzulassen.*

# 1885

*Halber Ertrag wegen Mehltau und* Phylloxera.
*Gewöhnliche Weine. Keine Degustation.*

# 1886 ★★★

*Frühjahrsfröste und Mehltau verringerten die Ernte. Gutes «Spätlese»-Wetter.*

CH. LAFITE Kurze Originalkapsel und krümeliger -korken. Gutes Füllniveau an der oberen Schulter. Satte, gesunde, rosige Farbe; fabelhaft «süßes», würziges Vanille-Bukett; «mittelsüß», mittelschwerer Körper, gut in Geschmack und Ausgewogenheit, trockener Abgang. Ein überraschend schöner Tropfen.
*Flatt-Degustation, Oktober 1988* ★★★★

CH. MOUTON-ROTHSCHILD Vollständig geprägte Kapsel, Originalkorken. Füllhöhe mittlere Schulter. Relativ blasse, müde Bernsteinfarbe; seltsame, staubige Nase; verdorbener Geschmack.
*Bei Flatts Mouton-Degustation, April 1986.*

# 1887 ★★★

*Der beste Jahrgang zwischen 1878 und 1893 nach einem warmen Sommer und guten Lesebedingungen. Obwohl der Mehltau unter Kontrolle war, nur halbe Ernte.*

CH. LAFITE Drei Notierungen. 1976 und 1985 ähnlich: blasses, sehr reifes Erscheinungsbild; herrliche Nase nach altem Efeu und Steinkohleteer; etwas «süß» und weich, delikat, im Gegensatz dazu trockener Abgang. Außerdem eine oxidierte Flasche mit Füllhöhe bis zur mittleren Schulter bei Flatts Lafite-Degustation: zu braun, beißend und unsauber.
*Zuletzt im Oktober 1988 verkostet. Im besten Fall* ★★★

CH. MARGAUX 1971 zwei wohlriechende Flaschen von Glamis Castle und zwei weitere, neuverkorkte: die erste oxidiert und sauer, die zweite mit einer besseren, rubinroteren Farbe; makellose, aber zurückhaltende Nase; Hauch von «Süße», sehr wohlschmeckender, trockener Abgang.
*Die beiden letzten bei Desais Margaux-Degustation, Mai 1987. Im besten Fall* ★★★

CH. LATOUR Fein, satt, intensiv; ganz makellos, komplett, Nuancen von Vanille, Zedernholz und Mandarinenschale; am Anfang «süß», trockener, tanninbetonter Abgang. Gewicht und Struktur gut. Sehr schön ausgewogen.
*Abendessen auf Ch. Lafite, März 1983* ★★★★

CH. CHASSE-SPLEEN Bei Pierre Chabanneau, Bordeaux. Halbe Flasche. Kurzer Korken. Füllhöhe: obere Mittelschulter. Blaß, ohne eine Spur Rot, aber gesunder Schimmer und glanzhell; staubige alte Nase, duftend, aber außerordentlich flüchtig; warmer, angenehmer Karamelgeschmack. Überraschend hoher Alkoholgehalt. Leichter, trockener, säurebetonter Abgang.
*Juni 1988* ★

# 1888 ★★★

*Der deprimierend schlechte Sommer wurde durch einen herrlichen Herbst wettgemacht. Späte Lese. Große Ernte guter, eleganter Weine.*

CH. LAFITE Drei Notierungen. 1970 eine bezaubernde halbe Flasche aus einem schottischen Keller, zehn Jahre später eine leicht oxidierte Flasche. Die dritte, auf dem Château neu verkorkte, war blaß, klar, ohne eine Spur Rot; nach verbrannter Heide duftend; trocken, leicht, ausgezehrt, als hätte man dem Wein bei «lebendigem Leib die Haut abgezogen» oder ihn durch einen Kohlefilter laufen lassen.
*Zuletzt bei Flatts Degustation im Oktober 1988 verkostet.*

CH. LATOUR Sehr blaß, aber mit gesundem Glanz; wohlriechend, parfümiert. «Efeublatt», Bukett durch Mehltau beeinflußt; ansprechend, leicht und vorzüglich.
*Auf Ch. Lafite, März 1983* ★★★

CH. MOUTON-ROTHSCHILD 1980 durch Whitwham's neuverkorkt: satt, aber trüb; verblühter, aber noch würziger Geruch und Geschmack.
*Bei Flatts Degustation, September 1988* ★

CH. HAUT-BRION LA MISSION (sic) Aus den Woltner-Kellern. Gute Farbe; reiche, maderisierte, kaffeeähnliche Nase, die sich recht gut setzte; etwas «süß», relativ leicht, guter Geschmack, deutliche, aber passende Endsäure.
*Bei Wolfs La-Mission-Degustation, Juni 1990* ★★★

# 1889 ★★

*Später Lesebeginn aufgrund der späten Blüte. Gute Ernte. Elegante Weine.*

CH. LAFITE 1975 sehr zart, aber vorzüglich. Beim nächsten Mal eine Flasche mit kurzer Originalkapsel und sehr hohem Füllniveau: rosiger Glanz; Bukett und Geschmack duftend, außerordentlich wohlriechend, mittelschwer, recht griffig, trockener Abgang.
*Zuletzt bei Lloyd Flatts Degustation im Oktober 1988 verkostet* ★★★

## 1890 **

*Kalter Frühling, späte Blüte, späte Lese; herrlicher September.*

CH. LAFITE Aus einem Rothschild-Keller in Paris. Zwei Bewertungen: beide mit vorzüglicher Hagebuttenfarbe; wohlriechend; «mittelsüß», mittelschwer, ansprechend, weich, zum Kauen, guter Tannin- und Säuregehalt. Trockener Abgang. *Zuletzt im Oktober 1988 verkostet* ***

CH. LATOUR Zwei Notierungen: beide mitteltief, pflaumig, reif; zurückhaltende, alte Nase, «alter Efeu» und Muskatblüte, nachhaltig, erinnerte mich an Vollfettkäse; für Latour mäßige «Süße» und Schwere. Staubig, pappig, adstringierend am Gaumen, dennoch ein ordentlicher Tropfen. *Zuletzt im November 1990 verkostet* **

## 1891 *

*Sehr späte Lese unter guten Bedingungen nach einem nicht zufriedenstellenden Frühjahr und Sommer. Erträge durch das Auftreten des Traubenwicklers stark reduziert.*

CH. LAFITE Zweimal verkostet. Gleiche Herkunft aus einem Pariser Rothschild-Keller. 1957 neu verkorkt. Beide mit ausladender, offener, attraktiver Farbe und anziehendem Bukett; der eine erinnerte an Zedernholz und Tee, der andere war fruchtig, mit Erdbeer- und später Honigtönen; der eine Weine trocken und leicht, der andere «süßer» und voller, doch beide waren seidig, makellos und gefällig. *Zuletzt bei Flatts Lafite-Degustation im Oktober 1988 verkostet* ***

CH. LATOUR Zweimal verkostet, zuerst 1974. Beide Flaschen schlecht, die eine oxydiert, die andere mit Essigstich. *Zuletzt im Juni 1981 gerochen.*

## 1892 * bis ***

*Zwei strenge Frostperioden dezimierten den Behang, und der Rest wurde Mitte August durch einen 43° C heißen Schirokko ausgedörrt. Anschließend Hagelstürme. Ungleichmäßige Resultate.*

CH. LAFITE 1976 den ersten, 1957 neuverkorkten, leichten, eleganten und ansprechenden Wein aus einem Rothschild-Keller probiert. Die zweite Flasche war wahrscheinlich eine Bordeaux-Abfüllung, mit gutem Füllniveau bis zur oberen Schulter, ziemlich blaß, aber glanzhell; leichtes, altes aber überaus wohlriechendes Bukett, Geschmack

desgleichen. Etwas «süß», sehr feminin, langer, erfrischend säurebetonter Abgang. *Zuletzt bei Flatts Lafite-Degustation im Oktober 1988 verkostet* **

CH. MARGAUX Zweimal degustiert. Die erste Flasche mit Originalkorken: außerordentlich parfümierte Nase, aber leicht firnisartig. Die zweite hatte eine neue Kapsel vom Château und war wahrscheinlich neu verkorkt: glanzhelles, ansprechendes Erscheinungsbild; altes und staubiges Bukett, aber mit einer an Erdbeerpflanzen erinnernden Frucht; beide Flaschen eher «süß» und relativ leicht, die letztere war verblaßt, doch komplett. *Zuletzt auf der Desai-Degustation, Mai 1987* **

CH. LATOUR Aus Château-Beständen: unglaublich reich in Farbe, Bukett und Geschmack. In der Nase und am Gaumen «süß». *Bei Paynes Latour-Degustation, Juni 1981* ****

## 1893 ****

*Ein erfolgreicher Jahrgang mit sehr hohen Erträgen. Warmer Frühling, frühe Blüte. Ein brennend heißer Sommer und der früheste bekannte Lesebeginn am 15. August. Das Ergebnis waren üppige, reiche Weine. Doch aufgrund der großen Hitze und Ertragsfülle gab es auch einige Schwierigkeiten und Enttäuschungen.*

CH. LAFITE Acht Degustationen in den letzten zwanzig Jahren, manche Weine oxydiert (zwei mit schlechten Korken und Füllhöhen), andere köstlich. Drei Weine in den 80er Jahre verkostet. Der erste ziemlich tief; harmonisches Bukett, allerdings mit Geschmack nach abgehangenem Wild; «mittelsüß», reich, dabei delikat (1981). 1987 eine sagenhafte *Impériale* mit Originaletikett und -korken: vorzügliche Farbe; fehlerfreies, harmonisches Bukett, reich und lebhaft, perfekt in Gewicht und Ausgewogenheit, erfrischend trockener Abgang. Vor kurzem eine 1974 durch Whitwham's neu verkorkte Flasche: bläßliche aber warme Farbe; sehr reiches, käsiges Bukett mit einem Hauch flüchtiger Säure; «mittelsüß», mittelschwerer Körper, reich, fruchtig, hoher Extraktgehalt – die Säure aber zu aufdringlich. *Zuletzt im Oktober 1988 bei Flatts verkostet. Im Durchschnitt* *** *Im besten Fall* *****

CH. MARGAUX Neun Bewertungen seit 1971. Alle – außer einer – sehr gut. Die beste Flasche aus dem Keller von Sir John Thompson wurde 1976 bei Christie's verkauft: herrlich reichhaltig in Farbe, Bukett und Geschmack. Kandierte Veilchen, weich, sahnig. Die beiden nächsten Flaschen bei Desais Margaux-Degustation: eine hatte einen hervorstehenden Korken, eine tiefe, leblose Farbe und einen entsetzlichen Geruch. Die andere

stammte aus den Lafite-Kellern und war neuverkorkt. Ebenfalls tiefe, aber vielschichtige Farbe; ein Hauch von Verfall, der sich aber auflöste; leicht «süß», voll und reich mit positivem Geschmack, wenn auch etwas zu säurebetont. Vor kurzem (aus dem Thompson-Verkauf): hervorragende Füllhöhe, lebhaftes Rubinrot; wohlriechendes, perfektes Bukett; etwas «süß», mit Gewichtsverlust, aber dennoch vorzüglicher Geschmack und komplettes Gleichgewicht. Fehlerlos.
*Zuletzt bei David d'Ambrumenils Abendessen, November 1989* ★★★★★

**CH. LATOUR** Drei Beurteilungen, eine 1981 aus Château-Beständen bei der Latour-Degustation. Alle drei überraschend blaß, die erste mit rosafarbenen Nuancen, die beiden anderen in einer orangegetönten Tawny-Farbe. Der am intensivsten orange getönte Wein hatte eine pilzige Nase. Der erste und letzte delikat, hochgetönt, «süß» mit Wildgeschmack; am Gaumen allerdings ausgetrocknet, leicht, müde, aber noch wohlriechend und durchaus trinkbar.
*Zuletzt auf dem Château im Oktober 1981 verkostet* ★★★

**CH. MOUTON-ROTHSCHILD** 1971 und 1972 zwei üppige, hervorragende Flaschen probiert. Eine dritte hatte einen Schwund bis zur unteren Schulter überlebt und ist nach wie vor trinkbar.
*Zuletzt im Mai 1981 verkostet. Im besten Fall* ★★★★★

**CH. CHEVAL BLANC** Doppelmagnum. Unbeschreiblich tief, fast undurchsichtig; ganz außergewöhnliche Nase, *framboise*, nasse Pappe; nach einer Stunde ein herrlicher Vanille-Duft, «mittelsüß», körperreich, Geschmack nach wilden Kirschen.
*Mit Jacques Hébrard auf der Eigensatz-Degustation von 1893ern und 1929ern in Wiesbaden, Juni 1987. Sonderklasse.*

**CH. PÉTRUS** Doppelmagnum. Kurze Bleikapsel. Mitteltief, reich; erst an Kaffee, dann an Bratensoße erinnernd; ziemlich «süß», voll, robust, hoher Extraktgehalt, würziger, tanninbetonter Abgang. Herkunft der Flasche unbekannt, aber beeindruckend.
*Bei der Eigensatz-Degustation, Juni 1987.*

**CH. BRANE-CANTENAC** Relativ blaß, vorzüglich; beim ersten Eindruck sehr verschlossen, doch gute Entwicklung. «Süß», relativ leichtgewichtig, köstlicher, trockener Abgang.
*Bei Christie's Vorverkaufsdegustation, Oktober 1985* ★★★★

**CH. COS D'ESTOURNEL** Zwei neuverkorkte Magnumflaschen. Eine davon mit leichtem Korkgeschmack. Die andere mit lebhaftem Auftreten;

eher «süß», eine Kreuzung aus einem Rioja und einem 1888er mit Mehltau; die «Süße» eines heißen Jahrgangs, Wildgeschmack; schmeckt, als wäre er vor dem Neuverkorken mit einem Wein wie z.B. einem 1912er Ch. Lafite aufgefüllt worden. Ein vorzüglicher Tropfen.
*Rodenstock-Degustation, September 1987* ★★★★

**CH. DAUZAC** Erstaunlich tief; malzig, sauber, überraschend gut; süß, aber immer noch tanninhaltig. Bemerkenswert.
*Jéroboam, September 1993* ★★★

**CH. DUCRU-BEAUCAILLOU** Aus einem Rothschild-Keller. Gutes Füllniveau. Relativ blasse, aber schöne Farbe mit intensivem Bernsteinrand; unverwobenes, dennoch reiches Bukett; etwas «süß», lebhaft, lang, pikant.
*Bei Christie's Vorverkaufsdegustation, Oktober 1985* ★★★

**CH. MONTROSE** Originalkorken. Mitteltief, etwas wechselhaft; fehlerlos, wohlriechend, Nase nach Erdbeeren; nicht eigentlich «süß» und leicht, aber von angenehmer Frucht mit etwas Adstringenz.
*Beim Cercle de Vingt, Mai 1988* ★★

**CH. PICHON-LALANDE** Zwei Flaschen aus einem englischen Keller, die eine mit kohlrabenschwarzem Korken und oxidiert, die andere mit hervorragendem Füllniveau und makellosem, originalgebranntem Korken: reiche Mahagonitönung; weich, warm und wohlriechend trotz einiger Mißtöne; «mittelsüß», weich, gut strukturiert, trockener Abgang.
*Beide im August 1981 verkostet. Im besten Fall* ★★★

# 1894 ★

*Das Vorjahr hatte alles auf den Kopf gestellt. Durch die große Hitze im vorangegangenen Sommer war 1894 der Austrieb der Weinstöcke gehemmt. Durchrieseln und Regen führten zu Einbußen. Die geringe Ernte erfolgte erst spät.*

**CH. LAFITE** Auf dem Château neu verkorkt. Ziemlich blaß und schwach; delikates, wohlriechendes, spitzenartiges altes Bukett, angesengt; relativ trocken und leicht, sehr zart, verblaßt, wässerig, doch mit einem duftigen Endgeschmack.
*Bei Lloyd Flatt, Oktober 1988* ★★

**CH. AUSONE** 1977 mit Schwund und unsauber. Vor kurzem: blaß, glanzhell, Tawny-Rosa; sehr entgegenkommendes, würziges, leicht firnisartiges Bukett, am Gaumen klingen die gleichen Nuancen an. Himbeerähnlicher Geschmack.
*Zuletzt bei Flatts Ausone-Degustation, Oktober 1987* ★★

**Ch. Brown-Cantenac** (sic) Calvet-Kapsel, leider mit schlechtem, schmierigem Korken und Schwund. Maderisiert, verblaßt, hefig.
*November 1983.*

**Ch. Kirwan** Doppelmagnum, bei Christie's in Chicago erworben. Relativ tiefe Farbe mit rubinrotem Zentrum; schokoladig, gehaltvoll, mit Eichen- und Vanille-Tönen; trocken, voll, zum Kauen, aber sehr tanninbetont und mit kantiger Säure.
*Bei der Rodenstock-Degustation, im September 1988* ★

## 1895 *im besten Fall* ★★★★

*Schwierige Bedingungen in der Wachstumsphase. Nasses Wetter bis Ende Juli, im August und September zu trocken, gefährliche Hitze während der Lese.*

**Ch. Lafite** Zwei ganz hervorragende Flaschen degustiert, die eine 1975, die andere, durch den Maître de Chai von Ch. Lafite neuverkorkte, im Jahre 1987: wunderbar tiefe Farbe; «süße», lebhafte und doch kompakte, reiche Nase; etwas «süß», mittelschwer, reich, gute Frucht und schöne Länge.
*Zuletzt bei Flatt im Oktober 1988 verkostet* ★★★★

**Ch. Baret** Ein unklassifizierter Graves. Zwei Flaschen aus dem Baret-Verkauf bei Christie's. Die erste mit Bernsteintönung; alte, firnisartige Nase; trocken, verblaßt. Die andere zeigte eine Füllhöhe bis zur oberen Mittelschulter, gute Farbe für das Alter, ein bißchen hölzern, doch noch etwas Frucht und Wohlgeschmack waren vorhanden.
*Zuletzt im November 1984 verkostet* ★

**Ch. La Mission-Haut-Brion** 1978 eine Flasche, die 1950 neu verkorkt worden war, auf dem Château degustiert: duftend und sehr angenehm. Vor kurzem eine Flasche, ebenfalls aus dem Keller der Besitzerfamilie: breiter, etwas schwacher Rand; außerordentlich entgegenkommendes Bukett, stark parfümierte, fast künstliche Frucht; «süß», relativ leicht, stilvoll, sehr schmackhaft trotz einem leichten Linoleumton, sehr schön zu trinken.
*Zuletzt bei Wolfs La-Mission-Degustation, Juni 1990* ★★★

## 1896 ★★★★

*Üppige Ernte delikater, bemerkenswerter Weine. Nur die mit besten Anlagen haben überlebt.*

**Ch. Lafite** Notizen zu zwei Flaschen. 1976 die erste, aus einem Rothschild-Keller: ansprechend und pikant. Der zweite war durch den Maître de Chai neu verkorkt worden: sehr tiefe Farbe, reich, aber mit Neigung zur Brauntönung; malzige Nase; mittelschwer, zum Kauen, nach wie vor tanninbetont, etwas zu viel Säure.
*Zuletzt bei Flatts Lafite-Degustation, Oktober 1988.*

**Ch. Margaux** Neuverkorkt. Staubige alte Nase; unangenehm, firnisartig.
*Bei Desai, Mai 1987.*

**Ch. Latour** Zwei Bewertungen. 1971 eine delikate Flasche, die aber schnell auszehrte. Die andere mit Füllhöhe bis zur mittleren Schulter, zu braun und stumpf, dabei mit überraschend gutem alten Duft und Geschmack. Trocken. Ziemlich säurebetont.
*Zuletzt bei Paynes Latour-Degustation, Juni 1981.*

**Ch. Ausone** Schlechter Korken. Tawny, wolkig, oxydiert, beißend.
*Bei Flatt, Oktober 1987.*

**Ch. Brane-Cantenac** Das Bukett kam mühsam heraus, faszinierte dann und entwickelte einen Wohlgeruch nach Kaffee und Schokolade; trocken, eindimensional, aber trotzdem sehr wohlschmeckend, verbliebenes Tannin erhielt ihn immer noch am Leben.
*Bei Lafite, März 1983* ★★

**Ch. Giscours** In Bordeaux abgefüllt, im Korken Brandzeichen von de Luze. Einwandfreie Füllhöhe. Glanzhelle, lebhafte, wunderschöne Farbe; delikates, schön verwobenes und köstliches Bukett: trocken, relativ leicht, etwas verblaßt, aber makellos.
*Oktober 1981* ★★★

## 1897 ★

*Starke, salzige Meerwinde dörrten die Stöcke aus. Deswegen kleinste Ernte zwischen 1863 und 1910. Jahrgang durch gutes Wetter während der Lese gerettet.*

**Ch. Lafite** Schlechte Korken führten zu Schwund, wodurch einige Flaschen verdarben. 1976 eine verkostet, die 1957 auf dem Château neu verkorkt worden war: leichter, eleganter Wein. Vor kurzem eine weitere: «Arsen und Spitzenhäubchen», ziemlich farblos, verblaßt, etwas wässerig, aber ohne Fehler.
*Zuletzt bei Flatt im Oktober 1988 verkostet* ★★

**Ch. Latour** Zwei Flaschen. Eine belgische Abfüllung: völlig uncharakteristisch, die Nase ganz

untypisch für Latour, man erkennt nicht einmal die Herkunft Bordeaux; beißend. Die andere aus Château-Beständen, neuverkorkt: schöne Farbe, bläßlich, aber gesund; leichter Sattelgeruch, an Birnen erinnernde, dabei eigenartig attraktive Nase; trocken, leicht, delikat.
*Beide bei Kerry Paynes Latour-Degustation, Juni 1981 ★*

## 1898 ★★ bis ★★★★

*Unterschiedliche Qualität, halber Durchschnittsertrag, harte, tanningestützte Weine, von denen einige überlebt haben.*

CH. LAFITE Zwei neuverkorkte Flaschen, die erste 1976 verkostet. Gleiche Farbe; glühendes Tawny; leichtes, teeriges, aber hübsches Bukett; etwas gar leicht, dennoch mit etwas griffigem Tannin und gutem Geschmack; kurz.
*Zuletzt bei Flatts Lafite-Degustation, im Oktober 1988 ★★★*

CH. MARGAUX Neue Château-Kapsel, wahrscheinlich auch neu verkorkt. Blaß, Tawny-Tönung; nuancenreiche Nase mit Stallgeruch; trocken, rauh, immer noch tanninbetont.
*Bei der Desai-Degustation, Mai 1987 ★*

CH. LATOUR Vorzüglich, mit guter Farbtiefe; Nase am Verblühen, doch noch parfümiert, Zimttöne; ziemlich «süß», relativ leicht, weich und würzig, mit köstlichem Duft.
*Abendessen auf Ch. Lafite, Juli 1985 ★★★★*

CH. BRANE-CANTENAC Herbstliche Farbe; nuancenreiche, wohlriechende Nase, die mich an Geröstetes und an eine Buchsbaumhecke erinnerte, hielt sich ganz ausgezeichnet. Am Gaumen leicht, weich werdend und Abschied nehmend, doch wohlschmeckend.
*Auf Ch. Lafite, März 1983 ★★★★*

## 1899 ★★★★★

*Der erste der berühmten Zwillinge. Nahezu perfekter Jahrgang, der dem schwungvollen Lebensgefühl der Zeit entsprach: ertragreich, hervorragende Qualität.*

CH. LAFITE Achtmal verkostet. Verfügt nicht über den Körper und die Vitalität des nächsten Jahrgangs, kann im besten Fall aber herausragend sein. Auf der Overton-Degustation von 1979 eine Flasche mit unbeschreiblich schönem Bukett und Geschmack. 1981 eine *mise d'AG et E de Rothschild* mit Schwund, wolkig und völlig umgeschlagen. Eine weitere, durch Eschenauer abgefüllte Flasche, mit starken Firnistönen, auf der Lafite-

Degustation 1988. Vor kurzem eine ausgezeichnete, neuverkorkte Doppelmagnum: feminines, wohlriechendes Bukett mit einem Hauch Mandarine und entsprechendem Geschmack. Komplettes Gewicht, zart und schön ausgewogen.
*Zuletzt auf der Eigensatz-Degustation im Mai 1989 verkostet ★★★★★*

CH. MARGAUX Sechs Degustationen; zwei wohlriechende, faszinierende, aber verblassende Flaschen 1972 auf dem Château, zwei weitere bei Desais Margaux-Degustation im Mai 1987. Eine davon mit einem Pillet-Will-Etikett und neuer Château-Kapsel, wahrscheinlich auch auf Ch. Margaux neu verkorkt: blaß, mit einem ungesunden Orangestich; Nase mit Anklängen von Brühe und Firnis. Die andere mit einfacher Kapsel und überdrucktem Etikett, wahrscheinlich aus den Lafite-Kellern: lebhafte Farbe; wunderschönes Bukett, von delikater Frucht; «mittelsüß», relativ leichter Körper, feminin, wohlriechend, vorzüglich. Ein Margaux, wie er im Buche steht. Eine *Impériale* 1989, mit Originalkorken, reiche Farbabstufung, doch der orange-bernsteinfarbene Rand deutete auf einen gewissen Verfall, Tränen wie romanische Kirchenfenster. «Süßes», duftendes, bisquitartiges Bukett, das nach einer halben Stunde bereits seinen Höhepunkt überschritten hatte. Am Gaumen relativ «süß», mittelschwer, Tannin und Säure erkennbar. Ein vorzüglicher, reicher Tropfen, auch wenn er kurz vor dem Umschlagen steht.
*Zuletzt aus einer* Jéroboam, *im September 1993. Im besten Fall ★★★★★*

CH. LATOUR Viermal verkostet. Im besten Fall reich und weich. Eine Flasche aus Château-Beständen war 1981 noch sehr gut in Schuß: schöne Farbe; hochgetöntes, wohlriechendes Bukett; leicht «süß», delikat, vorzüglich. Außerdem eine sonderbare Flasche aus einem Stockholmer Keller, von F.H. Brown in Bordeaux abgefüllt. Schlechter Korken, bester Essig.
*Zuletzt im März 1987 verkostet. Im besten Fall ★★★★★*

CH. MOUTON-ROTHSCHILD Vier Bewertungen. Vor 1980 zwei Proben: seidig, verblassend, aber annehmbar. Eine nahezu perfekte, 1974 durch Whitwham's neu verkorkte Flasche, bei Flatts Mouton-Degustation 1986: vorzügliche, lebhafte, glutvolle Farbe; zartes, wohlriechendes Bukett, mit Kaffee- und Karameltönen, einem Hauch Minze und einem leichten Milchsäurestich; perfekt ausgewogenes Gleichgewicht, eine gewisse Milchigkeit, der Stil erinnerte mich an eine Kombination von einem 53er und einem 75er. Fester, trockener Abgang. Außerdem eine Doppelmagnum mit Originalkorken: üppiges Bukett mit Keks-, Fondant- und Schokoladetönen; trocken, lebhaft, gute Länge, relativ hohe Endsäure.

*Zuletzt bei der Eigensatz-Degustation, Mai 1989. Im besten Fall ★★★★*

CH. AUSONE Sehr reiches, rosinenartiges, leicht maderisiertes Bukett; gleiches gilt für den Geschmack. Ein Hauch «Süße», zum Kauen.
*Bei Flatts Ausone-Degustation, Oktober 1987* ★★

CH. LA MISSION-HAUT-BRION Zwei Bewertungen. Beide Flaschen aus den Woltner-Kellern. Neuverkorkt. Die erste bei Desais La-Mission-Degustation 1985: blaß, aber lebhaft; zartes, parfümiertes Bukett; trocken, leicht, delikat, pikant. Die zweite mit einer intensiveren Farbe, aber leicht oxydiert und säuerlich. Im Niedergang.
*Die letzte bei Wolfs La-Mission-Degustation im Juni 1990 verkostet. Im besten Fall* ★★★

CH. LÉOVILLE-BARTON Erstmals 1976 degustiert: liebenswürdig und attraktiv. Die nächste bei einem Abendessen auf Ch. Lafite im September 1982: weich, herrlich ausgewogen, mit Geschmack und Extrakt; ich vergab *sechs* Sterne. Im folgenden Jahr, ebenfalls auf Lafite: ziemlich satte, intensive Farbe, wunderschön, klar; sehr entgegenkommendes Bukett, reich, von fast pomadiger «Süße». Nach einer halben Stunde etwas kantig und blühte danach noch einmal auf: am Austrocknen, aber noch immer mit der 99er Delikatesse und Zartheit.
*Zuletzt im März 1983 verkostet* ★★★★★

AN DERSELBEN DEGUSTATION AUF CH. LAFITE VIER ANDERE GEWÄCHSE AUS BESTÄNDEN, DIE DIE CHÂTEAUX UNTER SICH AUSTAUSCHEN:

CH. BRANE-CANTENAC 1971 vorzüglich. Beim nächsten Mal, auf Ch. Lafite, ähnliche Farbe wie der Poyferré: zarte Tönung; am Gaumen härter, weniger Charme als Poyferré, anderer Charakter, tiefe Frucht; voller, fester, in Gewicht und Struktur schön, perfektes Gleichgewicht, komplett ★★★

CH. CANTENAC-BROWN Relativ blaß, lebhaft; delikates, schokoladiges Bukett, das sich wunderbar entfaltete; «süß», köstlich, gute Säure, perfekt ★★★★

CH. LÉOVILLE-POYFERRÉ Blasser und rosafarbener als der Barton; ähnlicher Duft wie ein Lafite, delikat, erblüht im Glas, kommt der Nase schon entgegen, nach einer Stunde im Glas voll entfaltet; ein Hauch von «Süße», wohlschmeckend, ledrig, trockener, leicht säurebetonter Abgang ★★★

CH. RAUSAN-SÉGLA Aus dem Keller von Madame Lawton: hervorragendes Füllniveau, relativ blaß, lebhaft; Bukett von «altem Efeu», zu Beginn etwas mühsam, dann aber ansprechend, bestand die große Prüfung und entwickelte sich zwei Stunden lang sehr schön; verblaßt, aber noch im

Gleichgewicht, gute Länge, Säure gerade noch unter Kontrolle.
*Bei einer Vorverkaufsdegustation, im Oktober 1981* ★★★★

## 1900 ★★★★★

*Vollkommene Witterungsverhältnisse. Ein überreicher Ertrag herausragender Weine.*

CH. LAFITE Fünf Bewertungen. 1979 bei der Overton-Degustation: üppig, köstlich, prachtvoll. Eine denkwürdige Flasche *Réserve du Château* bei einem ebenso denkwürdigen Abendessen, gegeben von Albert Reichmuth im Grand Hotel Dolder in Zürich, anläßlich der deutschen Erstausgabe dieses Buches «(Das große Buch der Weinjahrgänge)»: vorzügliche Farbe, mahagonifarbener Rand; überreifes Wildbukett, wie eine alte Zigarrenschachtel oder angesengtes Haar. Ein Hauch «Süße», in Gewicht und Stil noch relativ intakt, aber die Verabschiedung war absehbar, immer noch Tannin vorhanden. Hat den Höhepunkt bereits hinter sich, aber nach wie vor ein begeisternder Wein. Nach einer Stunde war er umgeschlagen. 1984 dann eine oxydierte Flasche mit Schwund und eine enttäuschende Flasche bei Flatts Lafite-Degustation: Brühwürfel und Pilzsuppe. Unsauberer Abgang.
*Oktober 1988. Im besten Fall* ★★★★★

CH. MARGAUX Sieben Bewertungen: Perfekt. Zwei Flaschen bei Desais Margaux-Degustation, eine mit Originalkapsel und «Pillet-Will»-Etikett, die andere mit einem überdruckten Etikett (wahrscheinlich aus den Lafite-Kellern). Beide makellos, «süß», weich, abgerundet. Zart und zurückhaltend; voll erblühter Duft, am Schlußbankett in Arlberg anno 1987. Ganz kürzlich aus einer Dop-

*Château Margaux*

38

pelmagnum, mit etwas trockenem Korken, aber gutem Füllniveau: opak; etwas hölzerne Nase, die sich wie Pudding öffnete; am Gaumen ausgetrocknet, noch immer Tannin, eigenartig.
*Zuletzt verkostet in Hamburg, Oktober 1993. Im besten Fall* ★★★★★

CH. LATOUR Drei Bewertungen, zwei davon vor 1980: herrliche Farbe, reif, wohlschmeckend, etwas spröde. Die größte Enttäuschung bei Kerry Paynes Latour-Degustation, oxydiert, hölzern.
*Zuletzt im Juni 1981 verkostet. Im besten Fall* ★★★

CH. MOUTON-ROTHSCHILD Fünfmal degustiert, dabei eine Flasche mit Essigstich. 1983 aus den Privatkellern von Ch. Lafite: sehr «süß», ziemlich körperreich, Tendenz zu Säuredominanz. 1986 bei Flatts Mouton-Degustation eine 1980 neuverkorkte Flasche: Austernschalenbukett und -geschmack. Die Nase entwickelte sich schön, reich und bisquitartig, aber im Gesamteindruck ein *vin passé*. Zwei Monate später ein unbeschreiblich reicher, dick aussehender Wein, etwas käsig, ausgesprochen «süß», voll, fett, zum Kauen.
*Zuletzt im Juni 1986 verkostet. Im besten Fall* ★★★★★

CH. AUSONE Trocken, reich, aber etwas mager. Wenig aufregend.
*Bei Flatts Ausone-Degustation, Oktober 1987* ★★

CH. PÉTRUS Schottische Abfüllung. Beeindruckendes, abgegriffenes Wachssiegel «1900 Pomerol … rtley, Leith»: relativ blaß ohne eine Spur Rot; trotz Zerfall und Spitzigkeit noch ein wohlriechendes Bukett; säurebetont, aber sauber, mit überraschend würzigem Nachgeschmack.
*Bei Hans-Peter Frericks Pétrus-Degustation, München, April 1986* ★★

CH. BRANAIRE-DUCRU Hält seine Frucht; im Abgang austrocknend.
*September 1993* ★★★

CH. BRANE-CANTENAC Schöne Herbstfarbe; schokoladiges, sich wunderschön entfaltendes Bukett; «süß», weich, delikat.
*Bei einer Vorverkaufsdegustation, Oktober 1985* ★★★★★

CH. FIGEAC Eine außergewöhnliche halbe Flasche im Burgunderstil aus einem englischen Landhaus, mit handgeschriebenem Streifbandetikett. Harter, hervorstehender Korken. Warmer Glanz, Rottönung; alt, wohlriechend, wie Granatapfel; sehr «süß», weich, verblaßt, aber vorzüglich. Verblühte Rosenblätter.
*Juni 1988* ★★★★

CH. GRUAUD-LAROSE Vielschichtige Farbe; trocken, relativ voll, pfeffrig, lebhaft.
*Oktober 1984* ★★★★★

CH. LA MISSION-HAUT-BRION Aus Woltner-Beständen. Füllhöhe obere Mittelschulter. Gesunde Röte, vielleicht etwas zu intensiv, signalisiert einen säurebetonten Geruch und Endgeschmack. Dennoch wohlschmeckend.
*Bei der Desai-Degustation, Februar 1985* ★★

CH. MOUTON D'ARMAILHACQ Klares Orangerosa; leichter Böcksergeschmack (alte Autoreifen), der sich aber auflöst, gerade noch trinkbar.
*Oktober 1985.*

CH. PICHON LALANDE Satt, reich; außerordentlicher Duft, eine Spur flüchtige Säure; ziemlich «süß» und voll, vielschichtig, aber mit scharfem, kantigem Abgang.
*September 1987* ★★★

CH. RAUSAN-SÉGLA 1976 eine komplette Flasche degustiert. Dann zwei Flaschen aus dem Keller von Madame Lawton. Der Korken der einen war auf dem Weg vom Bordelais nach innen gefallen. Essigstich. Die andere, 1953 durch Lalande neuverkorkt: feine, satte Farbe; ähnliche Nase wie der 1899er, doch kräftiger und gediegener. Eher hoher Säuregehalt, doch absolut annehmbar.
*Zuletzt am Tag des Verkaufs verkostet, Oktober 1981* ★★★

CH. TERTRE-DAUGAY Doppelmagnum: satt und pflaumig; weich, mild; delikat, wohlschmeckend.
*September 1987* ★★★

## 1901 ★

*Unausgeglichener Jahrgang aufgrund sehr ungünstiger Wetterverhältnisse.*

CH. LATOUR Relativ blasses Orange-Tawny; intensives Bukett mit Kaffeebohnen- und Efeutönen; trocken, für einen Latour recht leicht, positiver Geschmack. Verblaßt, aber nicht zerfallen.
*Bei Kerry Paynes Latour-Degustation, im Juni 1981* ★★

## 1902 ★

*Schwierige Wetterbedingungen, ähnlich wie 1901. Ziemlich großer Ertrag gewöhnlicher Weine.*

CH. LAFITE Zwei Bewertungen. Die erste Flasche mit einem kurzen Korken 1979 bei der Lafite-Degustation von Overton: exquisit, aber

blaß und flüchtig. Bei Lloyd Flatt eine sehr helle, aber rötliche Flasche; ausgesprochen wohlriechendes, würziges Bukett, aber trocken, leicht und dünn.
*Zuletzt im Oktober 1988 verkostet* ★★

CARRUADES DE CH. LAFITE Neuverkorkt. Viermal verkostet. Alle irgendwie zerfallen. Im besten Fall mit delikaten, würzigen Kräuternuancen im Bukett. Vordringlich trocken, durch und durch leicht, stichig, aber trinkbar.
*1981, 1982, 1984 und bei der Degustation von Flatt im Oktober 1988. Im besten Fall* ★★

## 1903

*Der dritte schlechte Jahrgang hintereinander. Aprilfröste. Verminderter Ertrag. Sonnenscheinarmer Sommer.*

CH. LAFITE Ins Glas eingraviertes Siegel. Leider braun und oxydiert.
*Bei Flatts Lafite-Degustation, Oktober 1988.*

CH. LATOUR 1977 blaß, verwelkt, scharf.

## 1904 ★★★★

*Hervorragende Wachstumsbedingungen. Reichlicher Ertrag. Mittlerweile eher ein «Aschenputtel»-Jahrgang, bei guter Lagerung aber noch gut zu trinken.*

CH. LAFITE Vier Degustationen, zwei Flaschen mit Schwund und verdorben, 1970 eine ziemlich blasse, aber wohlriechende Flasche. Ein gutes Exemplar bei Flatts Lafite-Degustation: eher bleiche, aber warme Farbe; sehr reiches, gehaltvolles Bukett; trocken, leicht, delikat, dabei mit guter Länge. Wohlriechend.
*Zuletzt im Oktober 1988 verkostet. Im besten Fall* ★★★

CH. LATOUR Noch besser als sein Ruf. Gutes Füllniveau, unbeschreiblich sattes und jugendliches Erscheinungsbild; makellose Zedernholznase; ziemlich «süß», füllig, mit Schmelz, tanningestützt.
*Beim Bordeaux-Club-Abendessen von Harry Waugh, April 1987* ★★★★

CH. BARET Neuverkorkt. Unterschwelliger, an Tabak erinnernder Graves-Charakter; trocken, vollmundig, trotz mangelnder Frucht. Für Alter und Kategorie gut.
*Aus Château-Beständen. Im April 1986 letztmals verkostet* ★★

CH. BRANE-CANTENAC Relativ blaß, Bernsteinrand; spitzer Geruch nach Kaffee und Schokolade, entwickelte den erkennbaren *Fermier*-Charakter von Brane-Cantenac, zeigte einen etwas fremdartigen Anflug von Birnenschale; ein Wein mit einiger Substanz, offen, weich, mit trockenem Abgang. Besser als es klingt, im Glas aber verblassend.
*Auf Ch. Lafite, März 1983* ★★

CH. D'ISSAN Aus dem Privatkeller von Fernand Woltner. Füllhöhe oberhalb der Mittelschulter; fester Korken ohne eingebranntes Zeichen; sehr tiefe Farbe; alt, staubig und ausgetrocknet.
*November 1986.*

CH. MALESCOT-ST-EXUPÉRY Tiefe Pflaumenfarbe; eigenartiges Bukett, würzig, bananenähnlich, Alter unverkennbar, Vanille, Käserinde; ziemlich «süßer», voller Körper, weich, ein bißchen kurz.
*Bei Rodenstocks Malescot-Degustation, September 1990* ★

CH. LA MISSION-HAUT-BRION Das erste Mal bei der Desai-Degustation 1985 verkostet: gesunder Glanz trotz Schwund; Nase zart, Vanille-Töne, schleppend und am Zerfallen, dennoch «süß» und wohlschmeckend. Vor kurzem: relativ blaß, ansprechend; wohlriechend, teeähnlich, entwickelte Bisquitduft; sehr trocken, ziemlich leicht, lebhaft, ausgesprochen wohlschmeckend, makellos trotz Säure im Abgang.
*Zuletzt bei Wolfs La-Mission-Degustation verkostet, Juni 1990* ★★★

MOULIN-RICHE Der Zweitwein von Léoville-Poyferré. Beim Lawton-Verkauf erworben. Etwa 1953 durch Lalande neuverkorkt. Blaß, aber lebhaft; schüttelte unter Lufteinfluß sein Alter ab und entwickelte ein sehr schönes Bukett. 1982 gut, überraschend gehaltvoll, obwohl etwas gebrechlich. Ein Charmeur.
*Zuletzt verkostet beim Bordeaux-Club-Essen bei Christie's, im Juni 1982* ★★★

## 1905 ★★★

*Sehr hoher Ertrag an leichten Weinen.*

CH. LAFITE Zwei Bewertungen. Die erste, 1976 neuverkorkte Flasche, mit Ingwer-Bukett und delikatem Geschmack. Die zweite wahrscheinlich aus demselben Familienkeller der Rothschilds: reich, angesengt, bisquitartig, sehr ansprechend; duftender Geschmack nach altem Zedernholz und leichter, trockener Abgang.
*Zuletzt bei der Degustation von Flatt verkostet, Oktober 1988* ★★★★

CH. MARGAUX 1969 einen wunderschönen, nachhaltigen Wein von seidiger Textur verkostet. Außerdem eine Flasche mit delikaterem Gleichgewicht, säurebetont, aber wohlschmeckend.
*Zuletzt im Oktober 1988 bei Flatts Degustation verkostet. Im besten Fall ★★★★*

CH. LATOUR Als erstes 1981 eine eigenartige Flasche mit dem Etikett «PR Vours, Le Bouscaut». Die Luft zwischen Korkboden und Füllniveau an der unteren Schulter hatte dem Wein nicht geschadet, denn die Nase war, obwohl leicht und bläßlich, sehr in Ordnung. Als nächstes eine neuverkorkte Flasche aus einem Landhaus im Staat New York, sehr ähnlich: alte Eiche, hübsche Frucht, früher körperreich, jetzt geschwächt, immer noch tanninbetont.
*Zuletzt im März 1985 verkostet ★★*

CH. MOUTON-ROTHSCHILD Zweimal degustiert, beide Flaschen mit Schwund bis zur mittleren Schulter. Eine hatte 1977 noch überlebt, war makellos und delikat. Die andere zeigte eine sagenhaft reiche Farbe, verlor ihren Geruch nach nassem Hund und entwickelte ein vorzügliches Bukett; am Gaumen allerdings trocken, dünn und etwas beißend.
*Zuletzt bei Flatts Mouton-Degustation, April 1986.*

CH. HAUT-BRION Eine halbe Flasche, die trotz niedrigem Füllniveau überlebt hat. Zwar etwas maderisiert, aber reich und sauber am Gaumen. Guter Abgang.
*April 1984 ★★*

CH. BRANE-CANTENAC Fortsetzung der Degustationen aus den privaten «Tauschbeständen» der Lafite-Keller. Relativ blaß, aber gleichmäßig abgestuft; sehr reiches Bauernhof- und Medizinalbukett, das einigen sehr gut gefällt; trocken, ziemlich leicht, lebhaft, wohlschmeckend, gut ausgewogen.
*März 1983 ★★★★*

CH. COS D'ESTOURNEL Aus Château-Beständen. 1983 neu verkorkt: durchgeschüttelt, wolkig, ohne jedes Rot, verblüht.
*Miami, Januar 1990.*

CH. FIGEAC Eine widersprüchliche Magnum: phantastische Farbe; zunächst Altersgeruch, Schokoladenton, dann sich öffnende Nase, malzig und Karamelton. Nach zwei Stunden roch der Wein wie ein Pineau des Charentes. Außergewöhnlicher Wohlgeschmack nach Vanille und Himbeeren.
*Bei Desais Figeac-Degustation im Le Taillevent, Dezember 1989. Schwer zu beurteilen.*

CH. GRUAUD-LAROSE Die erste Flasche etwas beißend, die nächste blaß, aber interessant, mit herrlich wohlriechendem Bukett und Geschmack. Trocken, leicht. Erfrischende Säure.
*Bei Heubleins Vorverkaufsdegustationen 1980 und 1981. Im besten Fall ★★*

## 1906 ★★★

*Ein guter Jahrgang. Verminderter Ertrag durch große Hitze und Dürre. Robuste Weine, mittlerweile ermüdet, aber immer noch in gutem Zustand und köstlich zu trinken.*

CH. LAFITE Drei positive Beurteilungen. Nach wie vor ein reizvoller Wein. Vor kurzem: helles, rötliches Bernstein; in der Nase und am Gaumen ziemlich süß, weich und schmackhaft. Fremdartig, muß nach dem Einschenken rasch getrunken werden.
*Zuletzt im Oktober 1988 bei Flatt verkostet ★★★*

CH. MARGAUX Im ganzen zehn Bewertungen, sechs seit einschließlich 1980, darunter leider drei verdorbene Flaschen mit Füllhöhe zwischen mittlerer und unterer Schulter. Anhand von drei Flaschen aus den Prunier-Kellern in Paris konnte man sehr schön die Auswirkung der Füllhöhe auf den Zustand des Weins erkennen: eine Flasche mit Schwund bis zur unteren Schulter war undurchsichtig und schmeckte flach. Die Flasche mit einer Füllhöhe bis zur mittleren Schulter wies einen oxidierten Flaschengeruch auf, der aber zurücktrat; im Geschmack war sie nicht so schlecht. Die dritte, bis zur oberen Schulter gefüllte Flasche zeigte die hellste Farbe mit schönen Abstufungen, ein «süßes» Bukett von altem Parfum und einen reichen, weichen, harmonischen Geschmack.
*Zuletzt im Juni 1985 verkostet. Im besten Fall ★★★*

CH. LATOUR Tiefe, edle, klassische Farbe; delikates, gehaltvolles, anhaltendes Bukett. Am Gaumen trocken und weit weniger beeindruckend. Essigsäure tritt immer mehr in den Vordergrund.
*Bei Kerry Paynes Latour-Degustation, Juni 1981 ★*

CH. MOUTON-ROTHSCHILD 1965 neuverkorkt. Sehr lebhaftes Rot; eigenartiges, medizinales, aber ansprechendes Bukett; relativ leicht, mit vorzüglichem Geschmack und Delikatesse, trockener, sauberer Abgang.
*Bei Lloyd Flatts Degustation im April 1986 schnitt dieser Wein in der Kategorie von 1905 bis 1909 ★★★ am besten ab.*

CH. HAUT-BRION Im besten Fall hervorragend.
*Zuletzt im November 1979 verkostet ★★★*

CH. AUSONE Trotz Schwund bis zur mittleren Schulter ansprechend, wohlriechend und wohlschmeckend, mit guter Länge.
*Bei Flatts Ausone-Degustation, Oktober 1982 ★★★*

CH. BARET Sehr gutes Füllniveau, Nase und Geschmack mit erdigem Graves-Charakter, verblaßt aber wohlriechend.
*Bei einer Vorverkaufsdegustation September 1983*
★★★

CH. BRANE-CANTENAC Drei Bewertungen, alle bemerkenswert gut, trotz Schwund bei zwei Flaschen bis zur unteren bzw. mittleren Schulter. Fazit: besser eine Flasche mit Schwund, die ein Menschenleben in einem kühlen Keller verbracht hat und im selben Haus verkostet wurde, als eine im gleichen Alter, aber mit gutem Füllniveau, die von einem Ort zum anderen gebracht wurde.
*Alle aus dem Prunier-Keller, Paris, Oktober, November, Dezember 1982. Im besten Fall* ★★

CH. FIGEAC Magnumflasche: relativ blasse Hagebuttenfarbe; beim ersten Eindruck zart, duftend, dann Entfaltung einer reichen Nase wie in einem Stall Vollblüter, aber sehr fragil und in weniger als zwei Stunden verblüht; trocken, leicht beißender Abgang, aber wohlschmeckend.
*Bei Desais Figeac-Degustation, Dezember 1989* ★★

CH. MARQUIS-DE-TERME Aus dem Keller von Fernand Woltner. Gutes Füllniveau, blasse aber gesunde Farbe und mit sehr starkem Bodensatz; beim Dekantieren schönes altes Bukett von «angesengtem Efeu», zerbrach an der Luft, wurde stielig, erholte sich schließlich nochmals kurz. Sparsam liebliche, reiche, aber halt verblühte alte Dame.
*März 1985* ★★

CH. LA MISSION-HAUT-BRION Eine Flasche mit starkem Schwund aus dem Woltner-Keller. Oxydiert, mit einem dekadenten Wohlgeruch; stichig, aber schmackhaft.
*Bei der La-Mission-Degustation, Februar 1985.*

# 1907 ★★

*Sehr großer Ertrag an leichten, ansprechenden Weinen, denen es an Durchhaltevermögen fehlte.*

CH. LAFITE Rosagetöntes Tawny; ein saurer Anflug vermochte Delikatesse und Wohlgeruch nicht zu vertreiben, aber trocken und kurz.
*Bei Flatts Lafite-Degustation, Oktober 1988* ★

CH. MARGAUX 1975 eine blumige Wiener Abfüllung, außerdem eine neuverkorkte Erzeugerabfüllung, blaß und hübsch im Aussehen, doch staubig und essigsauer am Gaumen.
*Zuletzt bei der Desai-Degustation im Mai 1987.*

CH. MOUTON-ROTHSCHILD Zwei Flaschen aus den privaten Lafite-Kellern, beide ähnlich blaß, offen, gesund; der erste Eindruck von Birnenschalen, Firnis und Pilzstengeln legte sich,

wurde weich und «süß»; trotz leichten Verfallserscheinungen ein guter Tropfen, allerdings sehr schlank und mild für einen Mouton.
*Im März 1983 und bei Flatt im April 1986 verkostet* ★★

CH. HAUT-BRION Tawny, mit schwachem Rand; dick, angesengt, erdig, mit charakteristischer Tabakblätternase, die sich zu einer erstaunlichen, schokoladigen Fülle entwickelte, mit Geruchsnuancen von kaltem Tee und Erbsensuppe. Trocken, leicht, kurz. Perfekter Säuregehalt. Ziemlich eigen, aber nach einer Gewöhnungszeit recht ansprechend.
*Auf Ch. Lafite, März 1983* ★

# 1908 ★★

*Durchschnittliches Jahr. Zum Teil haben sich Tannin und Farbtiefe erhalten, doch mittlerweile recht unterschiedlich und riskant.*

CH. LAFITE 1976 eine 1957 neu verkorkte Flasche degustiert: gut, aber kurz. Eine weitere: Bernsteinfarbe, maderisiert, stichig und trüb.
*Zuletzt bei Flatts Lafite-Degustation im Oktober 1988 verkostet. Im besten Fall* ★★★

CH. MARGAUX Zwei Flaschen bei Desais Margaux-Degustation, beide mit den originalen Château-Kapseln, eine mit Pillet-Will-Etikett, recht «süß» und ansprechend, die andere, wahrscheinlich aus einem Rothschild-Keller, mit sehr tiefer, reicher Farbe, aber unverwoben, mit merkwürdigen Obertönen und kantigem Abgang.
*Mai 1987. Im besten Fall* ★★★

CH. LATOUR Drei gute Bewertungen. Die erste 1974 aus den Beaumont-Kellern; die beiden anderen waren neuverkorkt, eine 1976 verkostet, sehr schön, die andere machte sich gut bei Paynes Latour-Degustation: bemerkenswert tief, reich und makellos, fest, wohlschmeckend und tanninbetont.
*Zuletzt im Juni 1981 verkostet* ★★★

CH. MOUTON-ROTHSCHILD Zwei Flaschen mit Originaletikett «Bn de Miollis», 1980 neuverkorkt. Schöne Herbstfarbe; leichter Altersgeruch legte sich, machte einem flüchtigen Eindruck von Fülle Platz, der dann nachließ. Beide Weine lebhaft und wohlschmeckend, aber mit einer versteckten Abgangssäure.
*1985 bei einer Vorverkaufsdegustation und bei Flatts Mouton-Degustation im Oktober 1988* ★★★ *Jetzt trinken!*

CH. HAUT-BRION Eine erdige, malzige *Impériale*.
*Dezember 1969.*

**CH. CHEVAL BLANC** In Magnumflaschen. Ziemlich tief, reich; eine alt, erdig, wohlriechend, die zweite mit einem Geruch von getrockneten Pilzen. Ziemlich «süß», mittelschwer, ausgesprochen positiver, langer, angesengter Geschmack und gut passende Säure.
*Auf dem Château, September 1986. Im besten Fall*
★★★★

**CH. PÉTRUS** Relativ blaß, aber lebhaft, rotgetönt; außergewöhnlich duftend, ländliches, medizinales Bukett; «süß», überreifer, dekadent üppiger Geschmack.
*Bei Frericks Pétrus-Degustation, April 1986* ★★★★

## 1909★

*Hagel und Stürme im August richteten schwere Schäden an der ansonsten gesunden Ernte an. Große Hitze Ende September machte einiges wieder wett. Durchschnittsertrag an leichten Weinen, haben ihren Höhepunkt bereits lange überschritten.*

**CH. LAFITE** Vier Bewertungen. Verblaßt und dünn.
*Zwischen 1955 und 1969 verkostet.*

**CH. MARGAUX** Neuverkorkt. Bernsteinfarbe; Geruch nach Ochsenblut. Verdorben.
*Im Mai 1987 auf der Degustation bei Desai.*

**CH. LATOUR** 1974 trocken, leicht und fruchtig. Vor kurzem, aus Château-Beständen, neuverkorkt: gute, reiche Farbe; alt, aber delikat und mild; relativ leicht, dennoch stabil. Trockener, uneinheitlicher Abgang.
*Zuletzt bei Kerry Paynes Latour-Degustation verkostet, Juni 1981* ★

**CH. MOUTON-ROTHSCHILD** Zwei Flaschen aus Lafite-Beständen, 1980 neu verkorkt. Beide ziemlich helles Rostrot; die erste, 1985 bei einer Vorverkaufsdegustation probiert: etwas staubige Nase, aber sehr angenehmer, «süßer», alter Geschmack. Die zweite am Abbauen. Malzige, angesengte Nase, die sich sehr unangenehm entwickelte, Geruch wie Limburger Käse; rauh, kurz, stichig.
*Zuletzt bei Flatt, im April 1986 verkostet.*

**CH. HAUT-BRION** Relativ sattes Tawny, aber hübsch; zunächst schwach, später reich und bisquitartig (Eric de Rothschild erinnerte der Wein an eine Sattelkammer), schließlich der typische Tabakgeruch eines Haut-Brion; «süß», reich, am Abbauen, aber noch schön zu genießen.
*Mittagessen auf Ch. Lafite, März 1983* ★★

## 1910

*Schlechte Witterungsbedingungen. Besserung erst zur späten Lese Mitte Oktober. Geringer Ertrag, substanzarme Weine.*

**CH. LAFITE** Wahrscheinlich neu verkorkt. Relativ blaß; überreif, Wildgeschmack; «süß», angesengt; ziemlich leicht, mager, verblaßt, aber wohlschmeckend. Pikanter, trockener Abgang.
*Bei Lloyd Flatt, Oktober 1988* ★★

**CH. HAUT-BRION** Zart, verblaßt; hängt am Leben.
*1971* ★★

## 1911★★★

*Trotz Stürmen, Mehltau und Seuchen, trotz großer Hitze im Sommer und Dürre ein guter Jahrgang mit geringem Ertrag. Einige noch recht schöne Gewächse, die Säure nimmt allerdings langsam überhand.*

**CH. LAFITE** 1987 durch den Maître de Chai neu verkorkt. Sehr schöner Glanz; köstlich «süßes» Bukett, fruchtig, mit Vanille-Tönen; trocken, zum Kauen, Geschmack nach angesengten Blättern, gutes Gewicht, ausreichend lang, Tannin und Säure weich. Ansprechend.
*Bei Lloyd Flatt, Oktober 1988* ★★★

**CH. MARGAUX** Vier Bewertungen. Alle ansprechend, trotz Überreife. Feminin, duftend, pikant.
*Zuletzt bei einer Vorverkaufsdegustation, im Oktober 1985* ★★★

**CH. LATOUR** Viermal degustiert. Unterschiedlich. Eine durch Berry Bros abgefüllte Flasche oxydiert und beißend. Eine andere, mit Originalkorken: lebhaftes Aussehen; hochgetönt, duftend; ausgesprochen trocken, leicht, kurz und wohlschmeckend – säuerliche Kanten.
*Zuletzt bei Paynes Fête du Ch. Latour, Juni 1981. Im besten Fall* ★

**CH. MOUTON-ROTHSCHILD** Vier Bewertungen. Zwei Weine ungenießbar. Ein weiterer blaß, mit einem Stich ins Orange; hochgetönt; verführerisch, aber beißend. Im besten Fall leicht, verblaßt, annehmbar.
*Zuletzt im September 1987 verkostet* ★ *Riskant.*

**CH. AUSONE** Etikett schwer zu entziffern: 1921 oder 1911. Wie es der Zufall so will, haben die beiden Jahrgänge einiges gemeinsam, und die Beurteilungen ähneln sich. Mittelschwer; «süß», «alter Efeu», würzig, gute Frucht, ausdauernd; schön entwickelt, schlank und lang.
*Bei Flatts Ausone-Degustation, Oktober 1987* ★★★

**CH. CHEVAL BLANC** Vier Bewertungen. Zuerst Mitte der 70er Jahre zwei normale Flaschen: eigenartig gehaltvolle Nase, reiche Struktur, beide mit Originalkorken. Außerdem noch zwei Magnumflaschen, mit Cruse-Kapseln: reich, angesengt, «süß» und füllig.
*Zuletzt im September 1987 verkostet* ★★★

**CH. FIGEAC** Gefällige Farbe; alte Bisquit-Nase, die sich zu einem reichen, würzigen, duftenden Bukett mit einem Anklang an rote Beeren entfaltete; eher leicht, mild, zart, seidige Struktur, zunehmende Säure.
*Von den Manoncourts zu Desais Figeac-Degustation in Paris mitgebracht, Dezember 1979* ★★★

**CH. GRUAUD-LAROSE** Offen, mit Orangetönen; voll entfaltet, aber schwach, mit zarter Frucht und Wohlgeruch. Verblaßt, ein Hauch Dekadenz, dennoch ansprechend.

**CH. LÉOVILLE-POYFERRÉ** Tiefer, roter Wein; «süß», duftend; relativ trocken, leicht, mild, durchaus angenehm, wenn auch etwas mangelhaft.
*Beide auf Ch. Lafite[1] verkostet, März 1983* ★★

**CH. LA MISSION-HAUT-BRION** Zwei Flaschen, eine mit Korkgeruch und Pilzton. Die andere sauberer, verbesserte sich im Glas; mittelgewichtig, gewisse Eleganz, lebhafter Abgang.
*Beide bei der Rodenstock-Degustation, September 1987. Im besten Fall* ★★★

**CH. RAUSAN-SÉGLA** Erstmals 1977 verkostet: wohlriechend. Vor kurzem eine neu verkorkte Flasche: herbstliche Farbe, fabelhaftes Bukett und herrlicher Geschmack. Relativ «süß», ausgezeichnete Länge. Sehr trinkbar.
*Zuletzt bei Christie's Vorverkaufsdegustation, Oktober 1985* ★★★★

1 Unter den führenden Châteaux war es üblich, die Weine auszutauschen. Mouton war damals noch ein *Deuxième Cru* und tauschte seine Weine mit anderen Gütern dieser Klassifizierungsstufe. Am höchsten wurden Rausan-Ségla, Brane-Cantenac, Léoville-Barton und Gruaud eingeschätzt. Auf Ch. Lafite wurden die Weine regelmäßig neu verkorkt.

## 1912 ★★

*Sehr wechselhafte Bedingungen: heißer Mai, unsicherer Juni, befriedigender Juli, kalter und nasser August, schöner, warmer September. Sehr großer Ertrag an leichten Weinen. Unter Umständen noch ganz herrlich.*

**CH. LAFITE** Seit 1969 sechsmal degustiert. Alle Flaschen auf dem Château neu verkorkt, durchaus in Ordnung. Warmer Bernsteinrand; wohlriechend, blumig, «Efeublatt». Leicht, lebhaft, wohl-schmeckend, mit angenehm trockenem, leicht säurebetontem Abgang. Ein Charmeur.
*Zuletzt bei Lloyd Flatt, Oktober 1988* ★★★

**CH. LATOUR** Originalkorken. Füllniveau: an der oberen Schultermitte. Relativ blaß; hochgetönt, käsig, im Duft ähnlich wie der 1912er von Ch. Lafite. Etwas «süß», ziemlich leicht, eine verblaßte alte Dame, dennoch wohlschmeckend.
*Bei Paynes Latour-Degustation, Juni 1981* ★★★

**CH. MOUTON-ROTHSCHILD** Originalkorken. Füllhöhe obere Schulter. Hell, verblaßt; harzig, Essigstich. Eine verdorbene Flasche.
*Bei Flatts Mouton-Degustation, April 1986.*

**CH. AUSONE** Obere Mittelschulter. Bernsteinfarben, ohne jedes Rot, doch mit gesundem Glanz; deutlicher Honig-Gelatine-Duft; ansprechend, aber über den Höhepunkt hinaus.
*Bei Flatts Ausone-Degustation, Oktober 1987* ★

## 1913

*Kalter Sommer. Seuchen und Krankheiten. Die Wetterverbesserung kam zu spät. Reicher Ertrag, zweitklassige Weine. Nur Seltenheitswert.*

**CH. LAFITE** Calvet-Streifbandetikett. Originalkorken. Relativ niedriges Füllniveau. Verdorben. Geschmack nach Pilzsuppe. Trocken. Rauh.
*Schlechte Flasche bei der Flatt-Degustation, im Oktober 1988.*

**CH. LATOUR** Zwei ähnliche Bewertungen, beide aus Château-Beständen, neuverkorkt. 1977 wohlriechend. Leicht, zart, mit «süßer» Note und etwas beißendem Abgang.
*Zuletzt im Juni 1981 verkostet* ★★

**CH. AUSONE** Füllhöhe obere Schulter, gute Farbe; Duft nach frisch gepflückten Pilzen; relativ «süß», verliert jedoch Frucht, schlank, doch wohlschmeckend.
*Bei Flatts Ausone-Degustation, Oktober 1989* ★

## 1914 ★★

*Verspätete Blüte, geringer Ertrag. Heißer August. Gute Lesebedingungen. Einige ausgezeichnete Gewächse haben überlebt; jetzt trinken.*

**CH. LAFITE** 1976 und 1977 zwei neu verkorkte Flaschen degustiert. Wohlriechend, ansprechend, doch mangelnde Länge. Außerdem eine halbe Flasche mit gutem Füllniveau. Bernsteinfarben, maderisiert. Kurz.
*Zuletzt bei Lloyd Flatt, Oktober 1988. Im besten Fall* ★★

CH. LATOUR Originalkorken. Füllhöhe obere Mittelschulter. Zu braun, fällt auseinander. *Paynes Latour-Degustation, Juni 1981.*

CH. MOUTON-ROTHSCHILD Füllniveau: obere Schulter. Vorzügliche Farbe; Nase und Geschmack zwar am Schwinden, aber noch duftend. Zart, aber ausgetrocknet. *Bei Flatts Mouton-Degustation, April 1986.*

CH. AUSONE Füllniveau: bis zur oberen Schulter. Relativ blaß; ausgesprochen duftig in Bukett und Geschmack. Ziemlich leicht, lebhafte Frucht, ansprechend. *Ausone-Degustation, Oktober 1987* ★★

CH. GRUAUD-LAROSE Durch Reid Bros & Kerr in der Pall Mall abgefüllt. Füllniveau: obere Schulter. Schönes Ziegelrot; zarter, gesunder Duft und Geschmack. Weiche Frucht. Ein Hauch Endsäure. *Aus einem Landhauskeller, bei einer Vorverkaufs-degustation, Juli 1980* ★★★

CH. LA MISSION-HAUT-BRION Das erste Mal 1985 bei einer Desai-Degustation verkostet: blaß; «süß»; ansprechend. Vor kurzem: relativ blaß, leichter Stich ins Orange; «süßes», sahniges, wohlriechendes Bukett; am Gaumen «süß», leichter, angesengter Graves-Geschmack, gefälliger Abgang. *Zuletzt bei Wolfs La-Mission-Degustation im Juni 1990 verkostet* ★★★

CH. PONTET-CANET In Großbritannien abgefüllt. Triste Farbe. «Süß» und sauer zugleich. *Vorverkaufsdegustation, Juli 1989.*

CH. SIRAN 1988 wiederverkorkt. Alt, ausgetrocknet. *Vorverkaufsdegustation, Oktober 1993.*

# 1915

*Krieg und Seuchen. Nasser Sommer, Mehltau, Schädlingsbefall, Arbeitskräftemangel. August und September schön, einige Weinberge jedoch verlassen. Nie degustiert.*

CH. LATOUR Deklassiert. Nur für den Hausgebrauch.

# 1916 ★★

*Durchschnittliche Ernte an guten, jedoch etwas harten Weinen. Aufgrund der starken Tannine wirkten sie in der Jugend zweifellos recht spröde, haben sich allerdings auch gehalten.*

CH. LAFITE Aus dem Privatkeller von Fernand Woltner. Originalkapsel, Füllniveau: obere Schulter. In Farbe, Duft und Geschmack vielfältig und nuancenreich ausgebildet. Überreife Nase. Gute Frucht. Bitterer, tanninreicher Abgang. *Degustation bei Flatt, Oktober 1988* ★

CH. LATOUR Seit 1974 fünfmal verkostet. Ein ziemlich kräftiges Gewächs. Fast alle Flaschen mit z.T. verschrumpelten, Originalkorken. Alle ziemlich tief in der Farbe; deutliche Alterstönung; verblassend, flach, doch zum Kauen. Nach wie vor tanninbetont. *Zuletzt im April 1987 verkostet* ★

CH. MOUTON-ROTHSCHILD Schwund bis zur mittleren Schulter; verwelkt, dürr, ausgetrocknet. *Bei Flatts Mouton-Degustation, April 1986.*

CH. AUSONE Füllhöhe obere Schulter. Ziemlich tief und reich; makellos, «süß», Duft nach reifen Pfirsichen und Ingwerstengeln. Zum Kauen, schokoladig, hervorragender Geschmack. *Bei Flatts Ausone-Degustation, Oktober 1987* ★★★

CH. CANTEMERLE Madame Binaud erzählte mir, daß sie ihrem Vater damals bei der Lese geholfen hatte – mit 16 Jahren. Zwei Flaschen aus ihrem Keller verkostet. Krümelnde Originalkorken, Füllniveau obere Schulter. Reif, aber noch lebhaft; würzig, mit Ingwertönen, komplex. Fragile, aber noch vorzügliche Struktur, delikat. *1983 im Mai und auf der Vorverkaufsdegustation im Juni verkostet* ★★★

CH. LÉOVILLE-POYFERRÉ Zwei Bewertungen. 1970 gut, aber adstringierend. Reich, gehaltvoll, alkoholbetont, köstlich. *Zuletzt im Oktober 1981 verkostet. Im besten Fall* ★★★★

CH. LE MARQUE Durch Reid Bros & Kerr Ltd, Albemarle Street, verschifft und abgefüllt. Ein zufälliger Glückskauf von einem Keller in Northumberland. Mehrere Beurteilungen. Überreif; faszinierender Geruch nach schwarzer Melasse, kaltem Teer, Grapefruit und Muskatblüte; ausgetrocknet, immer noch hoher Tannin- und Säuregehalt, dennoch köstlich. *Zuletzt im Dezember 1989 verkostet* ★★

CH. LA MISSION-HAUT-BRION Drei Bewertungen. 1978 kraftvoll und komplett. Bei Desai 1985: schöne Farbe, aber Korkgeruch. Sehr trocken, ledrig. Vor kurzem: reiche Farbnuancen; wohlriechende, tabakähnliche Nase, entfaltete sich sehr schön im Glas: ziemlich «süß», aber mittelleicht, reicher Geschmack nach Zedernholz und Tabak. Etwas kantig. *Zuletzt bei Wolfs La-Mission-Degustation im Juni 1990 verkostet. Im besten Fall* ★★★

‹LE PAVILLON – CHÂTEAU MARGAUX› Heute unter dem Namen Pavillon Rouge bekannt. Im Erscheinungsbild ziemlich intensiv und beeindruckend, ansonsten aber trocken, staubig, rauh.
*Bei Desais Ch.-Margaux-Degustation, Mai 1987.*

CH. RAUZAN-GASSIES Füllhöhe obere Schulter. Sehr tief, eigentlich zu tief, Alter macht sich bemerkbar. Feigenartige Nase.
*Dezember 1985.*

CH. SIRAN Blaß; übelriechend; reich, aber scharf.
*Vorverkaufsdegustation, Oktober 1993.*

## 1917 ★★

*Gute Blüte, heißer Juni, etwas kühlerer Juli und August. Frühe Lese, Arbeitskräftemangel. Durchschnittlicher Ertrag an weichen, angenehmen Weinen.*

CH. LAFITE 1976 einen ansprechenden Wein aus einem Pariser Keller verkostet. Bei der Flatt-Degustation eine Flasche mit Schwund bis zur unteren Schulter: Nase wie süßer Madeira und Geschmack wie ein rauchiger, trockener Sherry. Nicht gut.
*Zuletzt im Oktober 1988 verkostet. Im besten Fall ★★★*

CH. MARGAUX Zwei ähnliche Flaschen auf Desais Margaux-Degustation. Attraktiv, hochgetönt, Gewicht, Stil und Frucht sehr schön.
*Mai 1987 ★★★*

CH. LATOUR Sieben Bewertungen. Unterschiedliche Ergebnisse, von Flaschen mit Korkgeruch bis zu tiefen, reichen, fruchtigen und kraftvollen Tropfen. 1981 eine weiche Berry-Bros-Abfüllung.
*Zuletzt im März 1983 verkostet. Im besten Fall ★★★*

CH. PÉTRUS Tief, aber trüb; spitzig, überreif, opulent; wohlschmeckend, aber trüb.
*Bei Hans Peter Frericks Pétrus-Degustation, April 1986.*

## 1918 ★★★

*Schöner Frühling, warmer Sommer, günstige Regenfälle, gute Lesebedingungen bei Kriegsende Anfang Oktober. Gesunder, aber rauher Jahrgang. Kann noch sehr ansprechend sein.*

CH. LAFITE Die verschiedenen Bewertungen spiegeln die Unterschiede in den Lagerbedingungen wieder. Eine neuverkorkte Flasche bei Lloyd Flatt: vorzügliche Farbe; duftende, zarte Frucht, ein Anflug von Motoröl, wohlriechend. «Süß», relativ leicht, weich, mit einer Spur Säure.
*Zuletzt im Oktober 1988 verkostet. Im besten Fall ★★★*

CH. MARGAUX *Grand vin*. Schön und tief; verhalten, aber makellos; reich, mittelschwerer Körper, zum Kauen, attraktiv.
*Bei Desais Degustation im Mai 1987 ★★★*

CH. MARGAUX Zweitwein mit Pillet-Will-Etikett, zweimal verkostet: 1973 duftend und lebhaft, reifer aussehend als der *Grand vin*, ein Hauch Lakritze; trocken, relativ leicht, schlank, mit einem zarten Pinienton im Geschmack.
*Zuletzt bei der Degustation von Desai, Mai 1987 ★★*

CH. LATOUR Mehrmals degustiert. Unterschiedliche Ergebnisse. 1976 am besten, weich, im kompletten Gleichgewicht. Auf der Fête du Château Latour etwas zu rot und hochgetönt: spröd, rauh, kantig.
*Zuletzt im Juni 1981 verkostet. Im besten Fall ★★★*

CH. MOUTON-ROTHSCHILD Zwei Flaschen, beide neu verkorkt, die erste mit einem von Carlu entworfenen Etikett: wunderschöne, lebhafte Farbe mit rosa Tönen; zartes, reiches, fast unangenehm «süßes» Bukett; im Geschmack am Austrocknen, aber dennoch recht schön. Die andere RC (*Réserve du château*), mit dem alten Etikett «Hers. du Bon de Rothschild/Bn de Miolis, Gérant»: tristeres Aussehen; alte, rosinenartige, schokoladige Nase; trocken, hohl, kantige Säure.
*Beide bei Flatts Mouton-Degustation, April 1986. Im besten Fall ★★*

CH. AUSONE Magnumflasche aus dem Nicolas-Keller. Vor kurzem neu verkorkt. Reich; herrlich sich entfaltendes Bukett; relativ leicht, wohlschmeckend, hervorragend trotz zähnebeschlagendem Tannin und Säure. Duftender Nachgeschmack.
*Bei Flatts Ausone-Degustation, im Oktober 1987 ★★★★*

CH. CALON-SÉGUR Neuverkorkt. Mahagonibraun; trocken, delikat, verblaßt.
*Bei Christie's Vorverkaufsdegustation im Juni 1987 ★*

CH. LÉOVILLE-POYFERRÉ Zwei gute Bewertungen, die erste 1970. Orangegetöntes Mahagoni; makellose, reiche, medizinale Médoc-Nase; ausgesprochen wohlschmeckend, gute Länge.
*Zuletzt im Oktober 1981 verkostet ★★★★*

CH. LA MISSION-HAUT-BRION Drei Bewertungen. 1978 auf dem Château trocken und dünn; ähnlich strukturiert, wohlschmeckend, aber kurz

bei Desai 1985. Zudem eine, trotz ansprechender Farbe, säurebetonte Flasche mit Korkgeruch.
*Zuletzt bei einer Degustation von Wolf, Juni 1990.*

CH. PONTET-CANET Etikett Barton & Guestier. Glanzhell, farbintensiv; die Frucht bemerkbar zwischen Ersteindruck von Keller und Staub und einer abschließenden Pilznote. Für das Alter nicht schlecht, aber säurebetont.
*Mit D. Zivko, Chicago, Oktober 1982.*

CH. SIRAN Reich, gut für das Alter.
*Vorverkaufsdegustation im Oktober 1993* ★★

## 1919 ★★★

*Nach einem guten Frühjahr begünstigte ein feuchter Juli Krankheiten. Anschließend Trockenheit und dürre Trauben. Unterschiedlicher Ertrag, aber gute Qualität. Noch trinkbar, doch an der Grenze der Lebensdauer.*

CH. LAFITE Zwei Bewertungen. 1976 leicht und wohlschmeckend. Die zweite Flasche wahrscheinlich mit Originalkorken, obwohl mit deutlichem Schwund: sehr schöne Farbe; duftendes, reiches Bukett mit Ingwertönen; relativ trocken, mittelleicht in Gewicht und Stil. Etwas verblaßt, aber wohlriechend, mit lebhafter Endsäure.
*Zuletzt bei Flatt im Oktober 1988 verkostet* ★★★

CH. MARGAUX Füllhöhe: unterhalb Schultermitte. Relativ blaß, welkend, aber wohlriechend; «Süße» von gutabgehangenem Wild, leicht, verblassend, aber nach wie vor ein schöner Wein.
*Dezember 1980* ★★

CH. LATOUR Mehrere Bewertungen, einige verdorbene Flaschen, andere wie ein Vorgeschmack auf den 1920er Jahrgang. Blaß, hübsch; leichte Cabernet-Frucht; relativ «süß», leicht, aber mit Gehalt.
*Zuletzt auf der Fête du Ch. Latour verkostet, Juni 1981* ★★

CH. HAUT-BRION Wunderschöne Farbe; Geruch nach altem Weinkeller; köstlich, voll Geschmack und Frucht. Guter Extraktgehalt überdeckt die Säure. Sehr trocken.
*Zuletzt im September 1993* ★★★

CH. GRUAUD-LAROSE Drei Magnumflaschen: Gute Farbe, aber mit der Süße, die nach Alter und Zerfall riecht. Im Abgang ausgetrocknet.
*Zuletzt im September 1993 verkostet* ★★

CH. LA MISSION-HAUT-BRION Viermal degustiert. Eine oxydierte Flasche mit Schwund, eine andere ganz angenehm, wenn man den Geschmack abgehangener Fasane und von zerlaufendem Brie

mag. 1985 bei Desai eine Flasche mit hohem Füllniveau: relativ blaß, stumpf, mit Vanille-Nase. Trocken, leicht, wenig Geschmack und säurebetont. Vor kurzem eine Magnum: satte Farbe; rauchige, zitrusartige alte Nase; sehr «süß» und schmackhaft, aber mit leicht bitterer Note und deutlich bemerkbarer Säure.
*Zuletzt im Oktober 1992. Im besten Fall* ★★

CH. SIRAN Sehr süß, wohlschmeckend, attraktiv.
*Vorverkaufsdegustation im Oktober 1993* ★★★

## 1920 ★★★★★

*Spitzenjahrgang, der eines der besten Jahrzehnte in der Geschichte des Bordelais einleitete. Perfekte Blüte, Ertrag jedoch durch ausgesprochen kalten Juli und August sowie durch Fäulnis stark reduziert. Sonniger September rettet die Ernte. Relativ kleine Produktion, hohe Qualität. Gutgelagerte Weine haben überlebt.*

CH. LAFITE Zwei Bewertungen: «süßes» Bukett und insgesamt vorzüglicher, zarter Wohlgeruch. 1979 auf der Overton-Degustation ein überaus edler roter Bordeaux. Die zweite, neuverkorkte Flasche: nicht ganz in Ordnung, der attraktive Wohlgeruch überbot nur mit großer Anstrengung die pilzigen Obertöne; elegant, stilvoll, gute Länge – aber im Abgang Nuancen von alten Äpfeln.
*Bei Flatts Lafite-Degustation, Oktober 1988. Im besten Fall* ★★★★★

CH. MARGAUX Zwei Bewertungen: 1971 reichhaltig, doch spröde. Außerdem eine neuverkorkte Magnum: komplettes, delikates und etwas üppiges Bukett; mittelschwerer Körper, gute Länge, spröder, trockener Abgang.
*Zuletzt bei Desais Margaux-Degustation im Mai 1987 verkostet. Im Durchschnitt* ★★★ *Könnte besser sein.*

CH. LATOUR Fünf gleichbleibend gute Bewertungen rechtfertigen den Ruf als bestes Spitzengewächs von 1920. 1969 bei der Overton-Degustation, reich, herrlich, mit Zedernholztönen. 1971 zeigte sich der Wein von beeindruckend tiefer, reicher Farbe, die das Glas schier zu sprengen schien. Ein Jahrzehnt später: hervorragendes Bukett, für Pauillac typische Zedernholz- und Austernschalentöne und noch weitere Nuancen; wirkte bemerkenswert «süß», reich, mit wunderbarer Tiefe, Ausgewogenheit, Länge und schönem Nachgeschmack.
*Auf der Fête du Ch. Latour, Juni 1981* ★★★★★

CH. MOUTON-ROTHSCHILD Zweimal verkostet. 1972 herrlich; schönes, gebleichtes Ziegelrot; unmittelbar entgegenkommende Nase, wohlriechende alte Eiche, zusätzliche Duftentfaltung mit

Ingwertönen, überströmend und üppig. Nach neunzig Minuten wie aromatisierter Tee. Entsprechender Geschmack. Voll, reich, weich, Eichennuancen, komplette Länge, kompletter Tannin- und Säuregehalt.
*Zuletzt bei der vertikalen Mouton-Degustation von Flatt im April 1986* ★★★★★

CH. HAUT-BRION Aus einem französischen Keller. Originalkorken mit der Aufschrift «Heretiers Larrieu». Verhältnismäßig dunkel mit Orangetönen; altes Vanille; relativ voll, geschmeidig, leicht malzig.
*Bei Christie's Vorverkaufsdegustation, April 1987* ★★

CH. CHEVAL BLANC Drei Bewertungen. 1978 eine oxydierte, aber noch trinkbare Flasche. Als nächstes 1984 bei Rodenstock: sehr «süß», schöne Struktur, aber mit einem Hauch flüchtiger Säure. Als letztes eine Magnum: blaß, aber mit sagenhaftem Bukett und Geschmack, Nuancen von «angesengtem Efeu» entfalteten sich sehr schön. Ausgesprochen «süß», ziemlich körperreich, wunderbar duftend.
*Zuletzt bei einer Degustation auf dem Château, September 1986* ★★★★★

CH. BRANE-CANTENAC Zwei Bewertungen, die erste davon 1976. Beide mit hervorragendem Füllniveau; ansprechende rötliche Farbe; «süß», ausgesprochen fruchtig in Nase und Geschmack. Gute Säure.
*Zuletzt auf einer Vorverkaufsdegustation, Oktober 1985* ★★★

CH. GRUAUD-LAROSE Zweimal verkostet, einmal aus Château-Beständen, das zweitemal auf Ch. Lafite. Nuancenreiches, aber reifes Erscheinungsbild; reiche, käsige Zedernholznase, würzig; wohlschmeckend, aber am Umschlagen.
*Zuletzt im März 1983 verkostet* ★★

CH. LA MISSION-HAUT-BRION Geröstet und reich, 1978 aus Château-Beständen. 1985 bei der Desai-Degustation zwei Flaschen unterschiedlicher Herkunft: die erste mit Füllhöhe bis zur oberen Schulter, relativ blasses Rubinrot; frische «apfelige» Nase; ziemlich leicht, erfrischend, ein charmanter Wein. Die zweite Flasche satter und brauner; außerordentlich duftendes altes Bukett, reicher als im ersten Fall. Vor kurzem eine Doppelmagnum auf der Degustation von Wolf: offen, reif; vorzügliches, delikates Bukett, Wildgeschmack (wie alter Hühnerdung!); relativ «süß», schönes Gewicht, wunderbarer Geschmack mit Zitrusnuancen, am Umschlagen und Zerfallen, aber immer noch vorzüglich.
*Auf dem Dinner von La Mission in Wiesbaden, Juni 1990* ★★★★

CH. OLIVIER Auf den Etiketten ist das mit Türmchen versehene Château abgebildet, in dem der Schwarze Prinz [Anm. d. Üb.: Edward, Prinz von Wales, 1330 bis 1376, nach seiner schwarzen Rüstung benannt] geboren wurde. Mehrere Flaschen degustiert, alle von Schloß Aalholm, durch Joh. Fr. Schalburg abgefüllt: bei zweien Schwund bis zum Halsende, schöne, satte, nuancenreiche Farbe; Bukett von alter Eiche und Vanille, das sich im Glas schön entfaltete; bläßliche alte Damen, von mittlerem Geschmack, «süß», aber mit Fältchen. Zwei weitere Flaschen mit Füllhöhe bis zur oberen Schulter, duftend und charmant, schienen zunächst weicher, doch die Säure drang zunehmend in den Vordergrund. Eine Flasche mit leichtem Korkgeruch und Pilzton, dennoch «süß» und wohlschmeckend. Außerdem sechs gute, schmackhafte Flaschen, die aber alle nach einer Stunde deutlich scharf wurden.
*Zuletzt im Juli 1992 verkostet. Im besten Fall* ★★★

CH. PALMER 1973 tief, reich, voll und gepflegt; bei der Rodenstock-Degustation ähnliches Erscheinungsbild, aber mit überreifer Nase, sehr «süß», voll und burgunderartig. Kürzlich zweimal.
*Zuletzt im Oktober 1993. Im besten Fall* ★★★

CH. PICHON-LALANDE Innerhalb von acht Monaten dreimal verkostet. Alle Flaschen mit gutem Füllniveau und makellosen Korken. Relativ leichte, aber sehr schöne Farbe, weiches Granatrot; in Bukett und Geschmack zeigten sich vorzügliche, reichhaltige, delikate Töne von altem Zedernholz. Passendes Gewicht, erfrischend, Säure nicht dominierend.
*Alle 1980* ★★★★

CH. SIRAN Süß, charmantes Leichtgewicht.
*Im Oktober 1993* ★★★

# 1921 ★★★★

*Außergewöhnlich heißes Jahr wie 1893, 1895 und 1982. Nach einer wohlgelungenen Blüte ein heißer Sommer und ein früher Lesebeginn. Die Trauben waren wie gebacken, mit hohem Zuckergehalt; sie ergaben Weine mit viel Alkohol und Tannin. Auf einigen Châteaus gab es Probleme mit der Gärungskontrolle, vielen Winzern gelangen indes ganz außergewöhnliche Weine.*

CH. LAFITE Neuverkorkt. Mittlere Farbtiefe, lebhafter Glanz; diskrete Nase, Zitrustöne, angesengt; mittelschwer, ziemlich «süßer» und nachdrücklicher Geschmack. Makellos. Seidig, wildlederartiges Tannin.
*Bei Flatts Lafite-Degustation, Oktober 1988* ★★

## 1922

**CH. MARGAUX** Drei Bewertungen. Die erste 1970, reich, aber am Umschlagen. Die beiden anderen Flaschen waren ziemlich tief, lebhaft und doch ausgereift im Erscheinungsbild. Eine verkostete ich 1984. Sie zeigte eine fast Pétrus-artige Fruchtintensität und Reichhaltigkeit. Vor kurzem dann eine Magnumflasche mit einem Streifbandetikett von Eschenauer, jedoch mit Originalkapsel und -korken, Füllhöhe bis zur oberen Schulter; für 1921 typischer heißer, angesengter Charakter, «süß», reich, mit hervorragendem Bukett. Relativ voller, harmonischer Geschmack mit großer Länge und Finesse und einem anhaltenden Nachgeschmack.
*Zuletzt bei Desais Margaux-Degustation, Mai 1987* ★★★★★

**CH. LATOUR** Außergewöhnlich gutes Gewächs auf der Fête du Château Latour 1981. Tief, wohlriechend, schmackhaft, mit ausgesprochen trockenem Abgang, dennoch ein vorzüglicher Tropfen. Außerdem eine durchgeschüttelte Flasche, Füllhöhe bis zur Schultermitte, schlechter Korken. Schleppend. Nach dem Filtern weicher und angenehmer.
*Zuletzt auf einem Abendessen des Bordeaux Club getrunken, Mai 1986. Im besten Fall* ★★★★

**CH. MOUTON-ROTHSCHILD** Mehrere Bewertungen. Alle beeindruckend, wenn auch unterschiedlich. Anfang der 70er Jahre tief, alkoholstark, reich. Eine ganze und zwei halbe Flaschen auf Flatts Mouton-Degustation. Am besten war die ganze Flasche, mit Füllhöhe bis zur Mittelschulter: schöne Farbtiefe mit lebhaftem, rubinrotem Glanz; hochgetönte Nase, pfefferig, nach einer Stunde nachlassend; trotz hohem Tanningehalt überraschend delikat. Gute Länge, sauber und makellos. Die beiden halben Flaschen waren wohlriechend, trocken, schlank und fragiler.
*Zuletzt im April 1986 verkostet. Im besten Fall* ★★★★

**CH. HAUT-BRION** Zeigt sein Alter, aber reich.
*Dezember 1992* ★★

**CH. AUSONE** Zwei Flaschen. Eine hatte ein abgescheuertes Etikett, unklar ob 1921 oder 1911. Die zweite mit eindeutigem Etikett, hohem Füllniveau und wahrscheinlich neuverkorkt. Recht intensives Erscheinungsbild; merkwürdig scharfe, alkoholische Nase, die mich an Algen und Sportlerschweiß erinnerte (wirklich sehr gefällig), lebhaft, mit Apfelton. Ein wunderbar körperreicher, voller, fleischiger Wein mit hervorragender Länge und trockenem Abgang.
*Beide bei Flatts Ausone-Degustation, Oktober 1987* ★★★★

**CH. CHEVAL BLANC** Der Star des Jahrgangs. Der 47er der 20er Jahre. Zu fünf verschiedenen Gelegenheiten verkostet, stets vorzüglich. Zum ersten Mal anläßlich eines Abendessens bei John Avery; danach bei einem «Herrenessen» zu Ehren von George Reeces 70. Geburtstag in Los Angeles. Außerdem bei den Rodenstock-Degustationen in den Jahren 1984, 1985 und 1986. Einhellige Bewertung: nicht sehr tief, voll ausgereift, mit rosigem Glanz; wunderbar reiches, delikates Bukett, eine große alte Dame, reif; sehr «süß», nicht so körperreich, wie man von einem 21er vielleicht erwarten könnte. Reichhaltig, sehr wohlschmeckend, vorzügliche Struktur, große Länge. Ohne aufdringliche Endsäure. Einfach komplett.
*Zuletzt im September 1986* ★★★★★

**CH. PÉTRUS** Zweimal verkostet, zuerst bei Frericks Pétrus-Degustation: Füllhöhe obere Schulter, mitteltief, gesund; wunderbar fruchtiges Bukett, komplett; ausgesprochen «süß», ziemlich konzentriert, in Geschmack und Länge gleich schön. Die zweite Flasche bei einer Rodenstock-Degustation: Zurückhaltender, überreif, ebenfalls sehr «süß», aber mit mehr Säure. Bei der Blindprobe hielt ich den Wein für einen Cheval Blanc.
*Zuletzt verkostet im September 1986* ★★★★

**CH. GRUAUD-LAROSE** Sehr süß in der Nase und am Gaumen. Hübsch, gehaltvoll. Seidige Tannine.
*In Magnumflaschen, September 1993* ★★★

**CH. LA MISSION-HAUT-BRION** Drei sehr gute Bewertungen: die erste 1978, die zweite, eine Magnumflasche, bei Desais La-Mission-Degustation. Vor kurzem eine weitere Magnum: vielschichtige Tönung; duftend, angesengte Blätter, Tee, geschmacksintensiv; «süß», außerordentlich schmackhaft, gute Länge, schöner Tannin- und Säuregehalt.
*Bei Wolf, Juni 1990* ★★★★

**CH. VINCENT** Relativ blaß, mit Orangestich; angesengt, alte Eiche, reiche Entfaltung; weich, verblassender Margaux-Charme, Tanninrest.
*August 1989* ★★

**CH. SIRAN** Tief, reich, malzig; gute Länge, immer noch Tannin vorhanden.
*Vorverkaufsdegustation, im Oktober 1993* ★★

## 1922 ★

*Schönes Frühjahr, früher Sommer, Verluste durch kalten, nassen September. Bessere Qualität für diejenigen, die mit der Lese zugewartet hatten. Großer Ertrag, doch unterschiedliche Qualität. Heute einer der trockeneren Jahrgänge dieses hervorragenden Jahrzehnts. Bei guter Lagerung und hohem Füllniveau ein noch gut trinkbares und interessantes Gewächs.*

## 1923

**CH. LAFITE** Zwei Bewertungen, die erste vom Mai 1984: relativ blaß, aber vielschichtige Tönung, mit gesundem Glanz; in der Nase eine blasse alte Dame, leichte Pilztöne; verwelkte «Süße» und rauhe, säuerliche Kanten. Bei Flatts Degustation: relativ niedriges Füllniveau, trübe und oxydiert.
*Zuletzt im Oktober 1988. Im besten Fall ★★, aber riskant.*

**CH. LATOUR** Zweifellos späte Lese. Bestätigt, wie so oft, daß hier auch in schlechten Jahren gute Weine erzeugt werden. Dreimal verkostet: 1975, 1977 und auf der Fête du Château Latour. Einhellige Bewertung: vorzügliche Farbe; altes, aber duftendes Bukett; leicht, wohlschmeckend, mit Resttannin.
*Zuletzt im Juni 1981 ★★*

**CH. AUSONE** Zu braun; «Brühe», oxydiert; trüb.
*Bei Lloyd Flatt, Oktober 1987.*

**CH. PÉTRUS** Zwei Magnumflaschen mit Kressman-Kapseln. Beeindruckende Farbe; die eine Flasche mit außergewöhnlicher, schokoladiger Nase, die andere eher mit Vanille-Tönen; die eine ziemlich «süß», milchsauer, eigenartig, die andere wie Erdbeergelee, mit flüchtiger Säure.
*Bei der jährlichen Degustation von Rodenstock, September 1987.*

**CH. BEYCHEVELLE** Drei halbe Flaschen aus dem Keller eines Händlers in Bordeaux: die erste mit Schwund bis unter die untere Schulter, tot. Die nächste mit Füllhöhe bis zur mittleren Schulter, schlechter Korken, pilzige Nase, reichhaltig, aber am Kippen. Die dritte hatte zwar einen besseren Korken, aber pradoxerweise ein niedrigeres Füllniveau. Blasse Farbe mit Bernsteinrand: leicht, verblüht, etwas Frucht, aber beißend. Fazit: Von halben Flaschen aus alten und weniger guten Jahrgängen ist nicht viel zu erwarten.
*Zuletzt im Januar 1989 verkostet.*

**CH. SIRAN** Trocken, zerbrechlich, wohlschmeckend.
*Im Oktober 1993 ★★*

## 1923 ★★

*Kalter, nasser Frühling, warmer Sommer, späte Lese. Durchschnittliche Qualität, nicht ohne Reiz. Mittlerweile recht zerbrechlich, im besten Fall aber wohlriechend.*

**CH. LAFITE** Nur einmal verkostet, egenartige Flasche mit merkwürdiger Kapsel, Etikett mit Flecken von Kellerschmutz, Korken ohne Brand. Füllniveau obere Schulter; der Wein selbst überrascht angenehm. Warme, reiche Farbe; im Bukett zunächst Toast und Kokosnuss, dann angesengt, duftend; am Gaumen «süß», mittelgewichtig, gesund, gute Länge, Tannin- und Säuregehalt beachtlich.
*Flatt, Oktober 1988.*

**CH. MARGAUX** 1960 und 1970 verkostet: aromatisch, samtig. Außerdem vor kurzem mit einer neuen Château-Kapsel, hohem Füllniveau, wahrscheinlich neu verkorkt: überraschend lebhafte Farbe, in der Nase und am Gaumen makellos. Leicht, Arzneigeruch, duftend, aber verblassend; trocken, relativ leicht, kurz.
*Zuletzt auf der vertikalen Degustation von Margaux-Weinen bei Desai, Mai 1987 ★★★*

**CH. LATOUR** Drei gleichbleibende Bewertungen aus den Jahren 1960, 1970 und 1981: erstaunlich satte Farbe, undurchsichtig, Alterston in der Nase, mehr Pilz als Frucht, schokoladig, pflaumenartig; reich, robust, mangelnde Länge, trockener Abgang.
*Zuletzt auf der Fête du Ch. Latour, Juni 1981 ★★*

**CH. HAUT-BRION** 1969, 1976 und zweimal 1981 verkostet. Wie der Latour im Geschmack besser als in der Nase. Gute Korken, ausgezeichnete Füllhöhen. Reich, aber nicht tief; sehr «süßes» altes Bukett nach abgehangenem Wild. Am Gaumen «süß», relativ leicht, delikat, wohlschmeckend, aber etwas scharf.
*Die beiden letzten Male bei Will Dickens Haut-Brion-Degustation in Florida, Mai 1981 ★★*

**CH. AUSONE** Eine verdorbene Flasche, Schwund bis zur unteren Schulter, scharf und bierig.
*Bei Flatts Ausone-Degustation, Oktober 1987.*

**CH. CHEVAL BLANC** Magnumflasche: relativ blaß, wolkig; alt, aber wohlriechend, wenig Tiefe, aber noch kein Verfall; am Gaumen verhältnismäßig «süß», leicht, überraschend fest und gesund.
*Auf dem Château, September 1986 ★★★*

**CH. PÉTRUS** Etikettaufschrift: «1er grand cru… F Laporte fils succsr, Négociant». Relativ blaß, aber lebhaft; elegant, duftend, Anflug von rote Bete, überreif. Sehr trockener Abgang. Etwas blechern in der Nase und am Gaumen.
*Bei Frericks Pétrus-Degustation, April 1986 ★★*

**WEITERE BEWERTUNGEN:**

**CARRUADES DE CH. LAFITE** Zwei halbe Flaschen, beide mit Schwund bis zur mittleren Schulter: dumpfe, pilzige Nase; relativ leicht, leidlich gesund, kurz.
*Oktober 1988.*

## 1924

GRAND CRU DES CARRUADES, PRÈS CHÂTEAU LAFITE «Mise en bouteille authentique»! Eine Rarität. Getrübtes Herbstrot; geschmacklich nicht schlecht, aber säuerlich.
*April 1992.*

CH. DESMIRAIL Überreif, wenig Frucht, sauber, aber säurebetont.
*Mai 1982.*

CH. LAGRANGE St-Julien. Gute Farbe; ruhiges, gesundes, altes Zedernholzbukett; ausgetrocknet, mager und etwas scharf.
*November 1983.*

CH. LAROSE (sic) Auf Schloß Aalholm abgefüllt, gutes Füllniveau, vorzügliches, lebhaftes Aussehen; angesengte, alte Zedernholznase; «süß», relativ leicht, weich, sehr gefällig.
*Auf einer Vorverkaufsdegustation, im November 1989* **

CH. SIRAN Neutral; weich, recht attraktiv.
*Vorverkaufsdegustation, im Oktober 1993* **

# 1924***

*Bedingungen wie 1978: unschöner Frühling, nasser Sommer und dann ein rettender, wunderbarer September. Großer Ertrag. Inzwischen in bedenklichem Zustand, herrlich dekadent: das Alter wird immer deutlicher spürbar, dennoch mit viel Charme.*

CH. LAFITE Seit 1971 elfmal degustiert; unterschiedliche Bewertungen, doch immer attraktiv, im besten Fall köstlich. 1986 ein duftender, wohlschmeckender Tropfen, trotz krümeligem Korken und leichtem Schwund. Im Frühjahr 1988 eine verblaßte Magnum mit zarter Frucht und im Herbst desselben Jahres eine Flasche mit hohem Füllniveau und Originalkapsel: ansprechende Farbe, ausgeprochen wohlriechendes Bukett; «süß», komplettes Lafite-Gewicht, fruchtig mit Zitrustönen, leicht adstringierend – dennoch köstlich. Eine etwas spröde, neuverkorkte *Marie-Jeanne*, dann drei Normalflaschen, etwas unterschiedlich, aber alle leicht und delikat, mitgebracht von Eric de Rothschild an ein Mittagessen zur Feier der französischen Ausgabe dieses Buches.
*Zuletzt verkostet im November 1993. Im besten Fall* *****

CH. MARGAUX Vier Flaschen, bis auf eine oxydierte alle sehr charmant. Voll entfaltetes, ansprechendes Erscheinungsbild; zartes, herrlich warmes Bisquit-Bukett; sauber, wohlriechend, leichter Anklang von Säure.
*Zuletzt bei Desais Margaux-Degustation, Mai 1987. Im besten Fall* ****

CH. LATOUR Zwischen 1976 und 1981 sechs ziemlich gleichmäßig gute Bewertungen. Gute, reiche Farbe; feine Eichennase; vorzüglicher Geschmack, voll, lebhaft, trockener Abgang, guter Nachgeschmack.
*Zuletzt auf Ch. Latour verkostet, Oktober, 1991. Im besten Fall* *****

CH. MOUTON-ROTHSCHILD Zwei Bewertungen mit Höchstnoten; zuerst 1985 für eine *Jéroboam*-Flasche auf der jährlichen Degustation von Rodenstock: tief, perfekt in Bukett, «Reife», Gewicht und Geschmack. 1986 dann vorzügliche Farbe, herrlicher Glanz; delikates Bukett, harmonisch, zunächst zwar verschlossen, doch entfaltet sich schön im Glas, hielt sich dann mehrere Stunden lang sehr gut: ziemlich «süß», mittelgewichtig, grosszügig in Geschmack, Länge und Abgang. Vorzüglich.
*Zuletzt bei Flatts Mouton-Degustation, März 1986* *****

CH. HAUT-BRION Viermal verkostet. Zwei verdorbene Flaschen – eine davon eine Doppelmagnum mit geschrumpftem Korken auf der Rodenstock-Degustation: ein Anklang von Chlor in der Nase und ein Geschmack nach abgestandenem Tabak; außerdem zwei reife Weine aus dem Dillon-Keller. Nicht zu vergleichen mit dem 26er.
*Zuletzt im September 1986 verkostet. Im besten Fall* ***, *möglicherweise* ****

CH. AUSONE Doppelmagnum, 1980 auf dem Château neu verkorkt: komplette Farbe, zartes, reiches, würziges Bukett mit einer Spur Seegras – erinnert etwas an den medizinalen Geruch einiger Médoc-Weine; leicht «süß», relativ voll, angenehm voller Geschmack, trefflich in Länge, Tannin- und Säure.
*Bei Flatts Ausone-Marathon, Oktober 1987* ****

CH. BEYCHEVELLE Seit 1976 zwölf Bewertungen. Alles halbe Flaschen, Qualität unterschiedlich, je nach Füllniveau. Gesamteindruck: verblaßt, überreif, doch nicht ganz ohne Reiz.
*Zuletzt im März 1981 verkostet. Im besten Fall* ***

CH. BRANAIRE-DULUC-DUCRU Zwar wohlschmeckend, aber kurz.
*Im Oktober 1992* **

CH. DAUZAC Eine Doppelmagnum an einem Abendessen bei Rodenstock. Blässlich; Alterston in der Nase. Eine Spur Zwiebelschalen. Nachhaltiges Bukett. Eine parfümierte, aber halt alte Dame. Charmant. Gute Länge.
*September 1990* ***

**CH. DUCRU-BEAUCAILLOU** Tief; Geruch nach Austern; trocken, pilzig.
*Jéroboam, September 1993.*

**CH. FIGEAC** Relativ tief; außerordentlich reiches, aromatisches Bukett mit Kirschen- und Rote-Bete-Tönen; verhältnismäßig «süß» und leicht, zart, duftend. Trotz Alter gut erhalten.
*Bei Desais Figeac-Degustation im Le Taillevent, Dezember 1989* ★★★★

**CLOS FOURTET** Vier etwas unterschiedliche Flaschen aus Peter Wallenbergs Keller: eher blaß, aber noch mit Lebensglut; leicht; Wildbret, reifes, schokoladiges Bukett; trocken, leicht, gute Länge. Die Säure wird durch Speisen besänftigt.
*Zuletzt 1990 verkostet.*

**CH. GRUAUD-LAROSE** Mitteltief; wohlriechendes Bukett, überreif, entwickelte einen exotischen, leicht firnisartigen Duft; «süß», etwas zu reif, eigenartig aromatischer Geschmack mit Himbeernote im Abgang. Der Korken zerbrach; falls er erneuert worden ist, muß das bereits eine Weile zurückliegen. Ganz kürzlich: verblüht. Beide in *Jéroboams.*
*Zuletzt degustiert im September 1993. Im besten Fall* ★★

**CH. LAGRANGE** St-Julien. Sehr viele halbe Flaschen aus demselben Keller in Bordeaux wie die Beychevelle-Weine. Ganz unterschiedliche Qualität, von Dunkelbraun und verdorben bis hin zu wohlschmeckend und attraktiv.
*Zuletzt im September 1987 verkostet. Im besten Fall* ★★

**CH. LAROSE** Wie der 23er auf Schloß Aalholm in Dänemark abgefüllt und in den dortigen Kellern gelagert. Das erste Mal im August 1987 bei einem Mittagessen mit Baron Raben-Levetzau getrunken, danach bei einer Vorverkaufsdegustation; seitdem noch viele Male. Alle Flaschen mit gutem Füllniveau, trotz kurzem, krümeligem Korken. Alter und Säure sind zwar nahe daran zu dominieren, kann dennoch köstlich sein. Gute Farbe; reife alte Nase; hoher Extraktgehalt und schöne Frucht.
*Zuletzt im April 1992 verkostet* ★★

**CH. LÉOVILLE-LAS-CASES** Eine durch Whitwham neu verkorkte Magnum. Prächtige Farbe: herbstliches Tawny-Rot, Tränen; wunderbares Zedernholzbukett. Erfrischend leicht, geschmeidige Struktur. Vorzüglich.
*Bei einer Heublein-Inc.-Vorverkaufsdegustation, Mai 1980* ★★★★

**CH. LA MISSION-HAUT-BRION** 1978 eine herrliche Flasche aus dem Woltner-Keller. 1985 auf einer Desai-Degustation: satte Farbe, etwas zu braun, reiche, aber etwas überreife Nase (Hühnerhaus); etwas überdreht und käsig im Geschmack. Eine verschlossene, staubige Magnum: schwarze Melasse in der Nase, saure Sahne im Endgeschmack. Eine beeindruckendere Doppelmagnum: satte, lebhafte Farbe wie ein 62er; «süße», alte Nase und entsprechender Geschmack, gute Frucht; etwas hölzern.
*Die beiden letzten wurden von Karl-Heinz Wolf auf seiner bemerkenswerten La-Mission-Degustation mit Abendessen serviert, Juni 1990. Im besten Fall* ★★★

**CH. NENIN** Unterschiedlich, von oxydiert bis seidig und fest.
*Mai 1989.*

**CH. TALBOT** Aus einem französischen Keller. Ziemlich gutes Füllniveau, sehr ansprechende Farbe, mit einem leichten Stich ins Orange; merkwürdig hochgetöntes, doch zartes Bukett; trocken, sehr schmackhaft, gute Länge.
*Bei einer Vorverkaufsdegustation von Christie's, Juni 1980* ★★★

**CH. TERTRE-DAUGAY** Zwei Flaschen. Gutes Erscheinungsbild. Das Bukett entwickelte sich zunächst sehr vielfältig, verblaßte dann aber. Trocken, relativ leicht, zurückhaltend und etwas scharf.
*Beide auf Ch. Lafite, März 1983* ★★

# 1925

*Späte Lese, hoher Ertrag an wässerigen Weinen. Damals schon unbedeutend, mittlerweile ziemlich schlecht.*

**CH. LAFITE** Viermal verkostet. Eine Flasche mit Essigstich, die nächste leicht, aber doch recht schmackhaft. Die dritte wurde neuverkorkt (versehentlich wurden die Zahlen «1952» statt «1925» eingebrannt): beim ersten Eindruck eine rauchig-rußige Nase, dann eine Note wie alte Bandagen; trocken, zugeknöpft und beißend. Vor kurzem eine kratzende, oxydierte Flasche mit Füllhöhe bis zur mittleren Schulter.
*Zuletzt auf Flatts Lafite-Degustation, Oktober 1988. Nicht gerade mein bevorzugter Lafite-Jahrgang.*

**CH. LATOUR** Ansprechende Farbe; zurückhaltend, reich, makellos; trocken, sauber, etwas stielig, doch ganz ansprechend.
*Auf der Fête du Ch. Latour, Juni 1981* ★★

**CH. MOUTON-ROTHSCHILD** Zweimal verkostet. Relativ blasse, triste, nicht überzeugende Farbe. Untypische Nase für einen Mouton: staubig, auch wenn sich eine gewisse Vielfalt und ein leichter Wohlgeruch entwickelten. Am Gau-

men besser. Trocken, reich, aber faserig und pikant.
*Zuletzt bei Flatt auf der Vertikaldegustation von Mouton-Weinen verkostet, d. h. doch nicht verkostet, denn er war hoffnungslos oxydiert, April 1986.*

CH. AUSONE Eine Magnum aus einem Keller in Kopenhagen. Nase und Geschmack besser als erwartet. Zum Kauen, robust, gute Länge.
*Bei Flatts Ausone-Degustation, Oktober 1987* ★★

CH. CALON-SÉGUR Abfüllung des Bordeaux-Händlers Eschenbauer: überraschend angenehm, schmackhaft.
*Im Dezember 1992* ★★

# 1926 ★★★★★

*Kalter Frühling, schlechte Blüte und ein langer, heißer Sommer. Geringe Ernte, herausragende Qualität, hohe Preise. Unbeschreiblich reichhaltige Weine.*

CH. LAFITE Drei Bewertungen Mitte bis Ende der 70er Jahre: gehaltvoll in Farbe, Nase und Geschmack. Zedernholznote in Bukett und auch Geschmack. Säure nimmt überhand. Eine schlechte Flasche bei Lloyd Flatt, 1988. Kürzlich zwei Flaschen aus dem Keller von Eric de Rothschild offeriert anläßlich meiner Wahl zum «Mann des Jahres» in der Zeitschrift *Decanter*: Leicht unterschiedlich, aber beide köstlich zu trinken, trotz Alterserscheinungen. Wohlduftend. Schöner Nachgeschmack.
*Letzte Notiz März 1993. Im besten Fall* ★★★

CH. MARGAUX Drei Bewertungen, alle gut. Die beiden letzten Flaschen bei Desais Margaux-Degustation, eine davon neuverkorkt, die andere mit Originalkapsel und -korken. Reiche, lebhafte, voll entwickelte Farbe; makelloses Bukett, duftend, öffnete sich herrlich und war nach zwei Stunden immer noch sehr schön. «Süß», mittelgewichtig, himmlischer Geschmack, gute Länge, reich und delikat.
*Zuletzt im Mai 1987 verkostet* ★★★★★

CH. LATOUR Fünfmal verkostet, immer gut. Beeindruckend satte, Farbe; lebhaftes, wohlriechendes, sehr tiefes Bukett. Cabernet-Sauvignon-Aroma und leicht medizinaler Pauillac-Duft. Ziemlich «süß», relativ voll, robust. Viel Frucht, hoher Extraktgehalt. Immer noch tanninbetont, die deutliche Säure hebt noch den Geschmack.
*Zuletzt bei einem Abendessen auf dem Château verkostet, April 1990* ★★★★★

CH. MOUTON-ROTHSCHILD Traubenwickler-Befall reduzierte die Ernte um 75 Prozent. Drei gleiche Bewertungen: 1983 eine Flasche, 1985 eine

*Jéroboam* und vor kurzem eine Magnum. Sehr tief, im Zentrum undurchsichtig; reich, reif, Medizinalgeruch – Jod, entwickelte einen reifen Wohlgeruch. Bei der Flasche hatte ich notiert: ziemlich «süß», weich, verblassend, aber hübsch. Alle drei sehr schmackhaft und immer noch tanninbetont. Ein guter, reicher Wein.
*Zuletzt die Magnumflasche bei Flatts Mouton-Degustation im April 1986 verkostet* ★★★★★

CH. HAUT-BRION Viele Bewertungen. *Jéroboam*-, Magnum- und eine Reihe normaler Flaschen; alle ausgesprochen gut, vielschichtige Farbe, mit charakteristischem Haut-Brion-Bukett: Kaffee-Eiscreme, Rosinen, angesengte Farnblätter, etwas malzig, Vorgeschmack auf die charaktervolleren 28er und 29er Jahrgänge. Typischer Graves-Geruch und -Geschmack, der an Tabak erinnert. Hoher Extraktgehalt, sehr gesund, komplett, erfrischend.
*Zuletzt im Juni 1987 verkostet. Im besten Fall* ★★★★★

CH. AUSONE Zwei Flaschen. Füllniveau bei der einen bis zur Mitte der oberen Schulter, bei der anderen bis zur oberen Schulter. Beide ziemlich tief und vielschichtig in der Farbe, mit sehr reifem Rand; gesund, die eine alt und eichen, aber trotzdem mit einem sich geradlinig entwickelnden Bukett, der anderen, mit mehr Obertönen, entströmte ein herrlich würziges, aromatisches Veilchenbukett. Beide ziemlich «süß» und mittelgewichtig, weich, für Ausone recht füllig, komplett ausgebaut.
*Beide bei Flatts Ausone-Degustation, Oktober 1987* ★★★★

CH. CHEVAL BLANC Ein denkwürdiger Wein. In den vergangenen 25 Jahren sechsmal verkostet, gleichbleibende Bewertung: nicht sehr tief, aber vielschichtig in der Farbe; herrlich reiches, reifes Bukett mit Eichentönen und Nuancen von angesengten Blättern. Alle bis auf eine Flasche bemerkenswert «süß», mit einem phantastisch vollmundigen Geschmack. Die letzte, eine Magnumflasche, aus einem französischen Privatkeller, trockener und leichter. Delikat und verblassend, aber mit Finesse und großer Länge.
*Zuletzt im Mai 1987 verkostet. Ein kompletter roter Bordeaux* ★★★★★

CH. PÉTRUS Herrlich. Im April 1986 verkostet, außerdem eine Doppelmagnum 1987. Beide sagenhaft tief, reich und intensiv; in der Nase beide mit üppigen Nuancen von reifen Maulbeeren, Feigen und konzentriertem Moschus; beide Weine «süß», körperreich, mit würzigem, teeähnlichem Geschmack, stämmig, große Länge, immer noch tanninbetont.
*Letzte Bewertung vom Juni 1987* ★★★★★

## 1927

**CH. BEAUSÉJOUR** Geruch nach Balsamico-Essig.
*Eine Impériale, im September 1993. Uff!*

**CH. CALON-SÉGUR** Zwei Magnumflaschen, beide mit lockeren Korken, aber gutem Füllniveau. Undurchsichtig; überraschend gutes Bukett von altem Zedernholz; körperreich, robust, Tannin- und Säuregehalt nach wie vor sehr gut, kein Abbau. Wurde im Glas «süßer».
*Beide im Mai 1981 verkostet* ★★★★

**CH. CANTEMERLE** Eine neuverkorkte halbe Flasche, lohfarben, hochgetönt, am Auseinanderfallen.
*Juni 1983.*

**CH. COS D'ESTOURNEL** 1970 am Verblassen, aber noch schön. Als letztes eine Flasche mit krümeligem Korken, aber gutem Füllniveau, makellose, erfrischende Nase; ausgesprochen «süß», ein typisches Merkmal für einen 26er, komplett in Geschmack, Gleichgewicht und Abgang. Ausgezeichnet.
*Zuletzt im März 1982 verkostet* ★★★★★

**CH. DAUZAC** Doppelmagnum: attraktive, samtene Purpurfarbe; in der Nase zunächst ein vordrängender Alterston, dann folgt ein Hauch Seebrise aus dem Médoc, später abgehangenes Wild; «süß», danach trockener, tanninbetonter Abgang. Etwas kurz, aber duftend.
*Bei Rodenstocks Abschluß-Diner, September 1990* ★★★

**CH. DUHART-MILON** Tief und reich in Farbe, Nase und Geschmack. Ein Hauch Vanille und Leder, sehr gesund, trocken, massiver Extraktgehalt.
*Bei Christie's Vorverkaufsdegustation, November 1983* ★★★★

**CH. FIGEAC** Relativ satte, vorzügliche Farbe; Alter bemerkbar, dennoch wohlriechend, warm, keksartig, mit Frucht. Am Austrocknen, eine pikante Note, tanninreicher Abgang. In der Nase besser als am Gaumen.
*Bei Desais Figeac-Degustation, Dezember 1989* ★★

**CH. LÉOVILLE-POYFERRÉ** Eine *Impériale*: relativ blasse, offene vollreife Farbe; makellos, zart, leicht angesengtes Bukett; vorzügliches Gewicht, elegant, Geschmack und Gleichgewicht sehr schön. Nach vierzig Minuten ausgetrocknet.
*September 1990* ★★★★

**CH. LESCALLES** Ein seltenes Exemplar eines Médoc, in den Aalholm-Kellern abgefüllt und von dort aus verkauft. Dreimal verkostet, einmal davon im Keller, die beiden anderen Male vor Verkäufen. Sehr attraktiv duftend, köstlich.
*April bis September 1989.*

**CH. LA MISSION-HAUT-BRION** Vier Bewertungen. Alle von reicher, fülliger Erscheinung. 1973 und 1978 mit schönem Bukett und Geschmack. 1985 bei Desai fehlte es an dem dominanten La-Mission-Charakter. Vor kurzem eine Magnum aus dem Woltner-Keller: beeindruckend tief; wohlriechend, ohne Fehler. Zartes Bukett, das sich gut hielt und einen reichen, reifen Stallgeruch entfaltete; «süß», mittelschwer, guter Geschmack. Fiel aber ab am Gaumen, wurde sauer und kantig.
*Zuletzt bei Wolfs La-Mission-Degustation, Juni 1990. Im besten Fall* ★★★★

**CH. OLIVIER** Dänische Abfüllung, hübsche Farbe; gute Frucht, fest, tanninbetont, dennoch «süß». In bemerkenswertem Zustand.
*Aus dem Keller von Schloß Aalholm, Juli 1989* ★★★

**CH. RAUZAN-GASSIES** Überraschend gut, aber am Austrocknen.
*Juli 1993* ★★★

**CH. SIRAN** Süß, reich.
*Im Oktober 1993* ★★★

## 1927*

*Guter Jahresbeginn, heißer Juli, dann bis zu der späten Lese im September Kälte, Nässe und Wind. Nur wenige Weine gesehen.*

**CH. LATOUR** Drei Bewertungen, zwei davon überraschend gut. Diese Flaschen stammten von der Familie de Beaumont (Vorbesitzer) und aus den Kellern des Château. Auf der Fête du Château Latour eine blasse, firnisartige, trockene und magere Flasche.
*Zuletzt im Juni 1981 verkostet. Im besten Fall* ★★

**CARRUADES DE MOUTON-ROTHSCHILD** Aus verschiedenen Gründen gekauft: mein Geburtsjahr, die Einmaligkeit dieses Weines, das Jugendstiletikett und pure Neugier. In das Carruades-Terrain teilen sich Mouton und Lafite, obwohl der Name nur in Verbindung mit letzterem auftaucht. Baron Philippe deklassierte den 27er Mouton und verkaufte nur eine kleine Menge das erste und einzige Mal als Carruades. (1930, 1931 und 1932 kam der deklassierte Wein unter dem Etikett Mouton Cadet in den Handel.) Ich hatte auf einem früheren Eschenauer-Verkauf zwei Magnumflaschen erworben; eine davon zerbrach unterwegs. Die andere hatte einen Schwund bis zur unteren Schulter, so daß ich sie nie öffnete. Eines Tages entdeckte Baron Philippe sie im Schaukasten in meinem Büro, und leider gab ich sie ihm – leider. Einige Jahre später tauchten bei Christie's einige halbe Flaschen auf. Zwei davon öffnete ich. Beide hatten einen Schwund bis zu mittleren Schulter, waren aber überraschend gefällig. Die bislang letzte öffnete ich an meinem 63. Ge-

burtstag: gute Farbe; fragile, zedernholzartige, jedoch schöne alte Nase, etwas «süß», relativ leicht, weich, keine spürbaren Anzeichen von Zerfall oder Übersäuerung. Köstlich zu trinken, was wieder einmal zeigt, wie unwägbar ...
*Zuletzt im Mai 1990 verkostet* ★★★

**CH. DUCRU-BEAUCAILLOU** Magnumflasche. Keine Kapsel, ohne Etikett, einfacher Korken. Identifizierung nur aufgrund der Aufzeichnungen in einem Schweizer Privatkeller. Hervorragendes Füllniveau. Mitteltiefe, schöne Farbe; leicht rauchig, recht fruchtige Nase gleich nach dem Dekantieren. Mittelgewichtig, schlank, zitrusartige Säure, wohlschmeckend. Nicht genügend Länge, außerdem säurebetonter Abgang.
*Bei einem Mittagessen von Christie's, September 1990* ★

**CH. LA MISSION-HAUT-BRION** Überraschend tief und gesund; hochgetönte, farnkrautähnliche Graves-Nase; relativ trocken und eher leicht, wohlschmeckend, kurz. Eine Spur Säure, ansonsten unerwartet gut.
*Bei der Desai-Degustation, Februar 1985* ★★

## 1928 ★★★★★

*Ein ruhmvoller Jahrgang: gute Blüte, ein perfekter Sommer, auch wenn die große Hitze die Beerenhäute dicker machte. Gute Lesebedingungen. Außerordentlich gehaltvolle Weine mit viel Alkohol und hohem Tanningehalt. In St-Emilion und Pomerol gab es einige weiche, üppige Weine, die Médocs hingegen waren von unbändiger Härte. Viele haben sich dadurch sehr gut gehalten.*

**CH. LAFITE** Unter den Erwartungen, die der Jahrgang weckte. Mehrere Bewertungen, alle stellen die Farbe heraus. Ich zog den zerfallenden Wohlgeruch der Flaschen mit Originalkorken dem leicht angesengten, firnisartigen Duft vor, den die auf dem Château neuverkorkten aufwiesen. Trocken, relativ voller Körper, beladen mit Tannin und Säure.
*Letzte Bewertung von einer neuverkorkten Flasche, die sich auf Flatts Lafite-Degustation ganz gut machte, Oktober 1988. Im besten Fall* ★★★

**CH. MARGAUX** Sechs Bewertungen mit leichten Unterschieden, doch alle gut. Die letzten drei waren eine Magnum und zwei Normalflaschen mit gutem Füllniveau auf der Degustation von Desai. Alle wiesen eine schöne, tiefe Farbe auf; Zedernholztöne, angesengtes, wohlriechendes Bukett, üppige Entfaltung im Glas, Schokolade und Kaffee. Am Gaumen «süß», tanninbetont. Für diesen Wein prägte ich die Formulierung: »Eisenfaust im Samthandschuh«. Schlank, aber zum Kauen.
*Zuletzt im Mai 1987 verkostet* ★★★★

**CH. LATOUR** Zweifellos der große 28er. 50 Jahre lang wegen des hohen Tanningehalts nicht genießbar. Mitte der 80er Jahre erreichte er seinen Höhepunkt. Viele Bewertungen. Einige Unterschiede, aber keine schlechten Flaschen dabei. Überaus farbintensives Erscheinungsbild. Muß dekantiert werden und benötigt Zeit und Luft, damit das würzige Bukett nach Zimt und Zedernholz aufblühen kann. Für einen 28er sowohl überraschend «süß» wie auch trocken, hängt vom jeweiligen Zusammenhang und davon ab, ob der alkoholische Eindruck oder die Adstringenz des Gerbstoffes vorherrschen. In jedem Fall ein wuchtiger, männlicher Wein mit hohem Tanningehalt, dabei samtig, mit großer Konzentration und Länge. Lebt sicherlich noch weitere 50 Jahre.
*Zuletzt im Juni 1990 verkostet* ★★★★★

**CH. MOUTON-ROTHSCHILD** Viermal verkostet. 1967, 1972 und 1977 Rotbraun und ziemlich attraktiv, wenn auch säurebetont. Bei Lloyd Flatt eine schlechte, orangefarbene Flasche mit Essigstich.
*Zuletzt im April 1986 verkostet.*

**CH. HAUT-BRION** Zwischen 1926 und dem Kauf durch die Familie Dillon im Jahre 1935 wurden ein paar ganz besondere Weine produziert. Danach begann man erst 1945 wieder mit der Herstellung von wirklich klassischen Weinen. Den 28er verkostete ich bei vielen Gelegenheiten. Einige Flaschen kratzen, sind oxidiert, mit Korkgeruch und hölzern, andere hingegen eigenartig beeindruckend, dick und üppig. Undurchsichtig; Nase und Geschmack erinnerten an Feigen und getrocknete Blätter. Manche mögen so etwas – ich nicht.
*Zuletzt im Oktober 1987 verkostet. Im besten Fall* ★★★

**CH. AUSONE** 1983 auf der Peppercorn-Degustation zum ersten Mal verkostet. Als nächstes eine ganze und zwei halbe Flaschen bei Lloyd Flatt. Farbverlust; in der Nase reich, aber uneinheitlich, etwas oxidiert, malzige, pilzige Note; alle waren ein bißchen «süß», positiv, und doch fehlte ihnen etwas. Trockener, tanninbetonter Abgang. Keiner meiner Favoriten.
*Zuletzt im Oktober 1987 verkostet. Im besten Fall* ★★

**CH. CHEVAL BLANC** Fünf Bewertungen. 1955 praktisch ohne jedes Tannin. Dreißig Jahre später: immer noch tief; knorrige Eichennase; «süßer» Ersteindruck, für einen 28er ungewöhnlich weich und mit Fleisch. Trockener Abgang. Nicht zu vergleichen mit dem 29er. Eine wohlriechende, aber säurereiche halbe Flasche.
*Zuletzt im Januar 1992 verkostet* ★★★ *Gerade noch.*

## 1928

**CH. PÉTRUS** Außergewöhnlich reiches, hochgetöntes Bukett; «süß», marmeladig, erinnerte an einen Spätlese-Zinfandel. Gute Länge.
*Rodenstock-Degustation, Oktober 1984.*

**CH. BEYCHEVELLE** Drei gute Bewertungen: tief; etwas spitz; gut strukturiert. Reich, reif, ansprechend.
*Zuletzt im Mai 1986 verkostet* ★★★

**CH. BOUSCAUT** Zwei gute Bewertungen. Mahagoni, fast undurchdringlich; mächtig, männlich; sehr reich, erdig, immer noch tanninbetont.
*Zuletzt aus einem Pariser Keller, bei einer Vorverkaufsdegustation von Christie's, Februar 1984* ★★★

**CH. CALON-SÉGUR** Seit 1954 elfmal degustiert. Tiefes, reiches, purpur-braunes Zentrum, lebhafter, reifer Bernsteinrand; «süß», konzentriert, charaktervolle Nase; gehaltvoll, gute Länge, adstringierendes Tannin.
*Zuletzt im Dezember 1992 verkostet* ★★★★

**DOM. DE CHEVALIER** Undurchsichtig; ein alter, angesengter 28er, dennoch makellos; leicht «süß», mächtig, doch komplett, ausgewogen. Trockener Abgang.
*Abendessen mit Claude Ricard, März 1981* ★★★★

**CH. COS D'ESTOURNEL** Vier gute Bewertungen. Die beiden letzten waren belgische Abfüllungen. Makellos, fruchtig, Zitronat-Bukett; «süß», voll, köstlich.
*Zuletzt im Januar 1990 verkostet* ★★★★

**CH. LASCOMBES** Magnumflasche, Füllhöhe bis zur oberen Mittelschulter. Tiefes, pflaumiges Braun; altes Zedernholz und Käserinde in der Nase; trocken, spröde, tanninbetont.
*Aus einem guten Pariser Keller, Mai 1981* ★★

**CH. LÉOVILLE-LAS-CASES** 1955, bei der ersten Degustation war er für einen 28er fast lecker. Bis 1959 viele Bewertungen, dann über zwanzig Jahre lang keine einzige. Zwei Flaschen auf der gleichen Degustation. Die erste mit einem «süßen», wachsartigen Bukett; mittlerer Körper, elegant, lieblich, vorzüglich in Geschmack und Nachgeschmack. Die zweite deutlich tiefer, aber nicht so wohlriechend, mit mehr Biß, griffiger.
*Zuletzt im September 1981 verkostet. Im besten Fall* ★★★★★

**CH. MARQUIS-DE-TERME** Chr. Stausholm, der beste Weinhändler und Abfüller in Stockholm. Sehr tief, reich; herrlicher Duft nach Zedernholz und alten Pflaumen; ausgesprochen trocken und tanninbetont, spröde, schlank, aber gesund.
*Aus dem Keller von Schloß Aalholm, Mai 1988* ★★★

**CH. LA MISSION-HAUT-BRION** Acht unterschiedliche Bewertungen. Die besten Weine waren auf dem Château neu verkorkt worden. 1985 zwei Flaschen bei Desai verkostet. Die eine mit Schwund bis zur mittleren Schulter, sauer und oxydiert, die zweite mit lebhafter Farbe; zarte, gesunde Nase; «süß», eher füllig, reich, mit spürbarem Tannin und passender Säure. Kürzlich: mitteltief; reiche Nase, mit Stallgeruch, sich gut entfaltend, schöner alter Eichenton; «süß», ziemlich körperreich, guter Geschmack, griffig. Fehlerlos.
*Zuletzt bei der Degustation von Wolf verkostet, Juni 1988. Im besten Fall* ★★★★★

**CH. MONTROSE** Reich, ausgebaut; Jod und alte Eiche; trocken, leichter als erwartet, schlank, spröde, sehr viel Tannin und Säure. Morsch.
*September 1990* ★★

**CH. MOUTON D'ARMAILHACQ** Hervorragendes Füllniveau. Verliert an Farbe, Frucht und Gewicht. Weich. Köstlich.
*Bei einem Nachtessen im Mai 1993* ★★★

**CH. PALMER** 1973 reich, aber säurebetont. Danach noch eine neuverkorkte Flasche: tief; angesengte Nase; harter, trockener Abgang. Nichts mehr von dem Charme, den Penning-Rowsell Mitte der 50er Jahre noch notierte.
*Zuletzt im Mai 1981* ★★

**CH. LA TOUR-HAUT-BRION** Eindringliche Nase, eigenartig, käsig, später dann Veilchen; nicht zu «süß», mittelschwer, teeartiger Duft, seidige Tannine, zitrusartige Säure. Auf seine Art ansprechend.
*Bei Wolf, Juni 1990* ★★★

**CH. TROTANOY** Prächtiger Wein. Nicht sehr tief, aber strahlend, schöne Farbe; fruchtige, reiche Nase, entwickelte sich herrlich im Glas; köstlich, geschmeidig, fruchtig, guter Tanningehalt.
*Blind verkostet und für einen 21er oder 29er gehalten, September 1986* ★★★★★

### EINIGE WEITERE BEWERTUNGEN:

**CH. CANTEMERLE** «Süße» Nase (hatte sich am nächsten Tag sogar noch verbessert), wohlschmeckend, leicht adstringierend.
*Juni 1983.*

**CH. CHASSE-SPLEEN** Reich, hochgetönt, «süß», etwas beißend.
*Juni 1988.*

**CH. DUHART-MILON** Fest, spröd, gesund.
*November 1983.*

«MARGAUX» Erstaunlich gut für einen alten unklassifizierten Wein. Bukett und Geschmack reich, robust und tanninbetont.
*August 1989.*

CH. PAVEIL-DE-LUZE Stausholm-Abfüllung, vorzügliche Farbe; säuerliche alte Zedernholznote; «süß», weich, in Frucht, Geschmack und Länge gut.
*Juli 1989.*

CH. SEGONZAC Ebenfalls in Dänemark abgefüllt, wohlriechend, schmackhaft, erfrischend.
*Juli 1989.*

## 1929 ★★★★★

*Der Inbegriff von Eleganz. Wesentlich frühere Blüte als bei dem tanninreichen Jahrgang 1928. Kann bei guter Lagerung immer noch überragend sein. Juli, August und September waren heiß, vor der Lese gab es Mitte September willkommene Regenfälle. Das reduzierte Tannin, Alkohol und Säure, der Charme allerdings blieb erhalten.*

CH. LAFITE In den 70er Jahren vier schwache Flaschen verkostet, in den 80er Jahren dann sechs bessere von gut ausgebaut bis deutlich überreif. Die interessantesten Bewertungen stammen von einer fabelhaften Degustation, die Arthur Hallé 1987 in Memphis durchführte. Dabei standen *alle* 1er grands crus aus den Jahren 1929, 1945, 1961 und 1970 zur Beurteilung. Von jedem Wein wurden zwei verschiedene Flaschen verkostet, um Qualitätsschwankungen zu begegnen. Die erste Flasche des 29er Ch. Lafite war trotz des krümeligen Korken überraschend tief und intensiv; «süß», reich, wohlriechend, wie frischer Karton und Pudding, am Gaumen genauso «süß» und duftend. Die zweite Flasche zeigte sich etwas pikanter, nicht ganz so «süß» und kürzer. Die besten Bewertungen erhielt eine Alexis-Lichine-Abfüllung auf der Lafite-Degustation von Flatt im Jahre 1988: ein offen entgegenkommendes Bukett; «süß», ausgesprochen anziehende, zitrusartige Säure. Vor kurzem eine *Jéroboam* mit «süßer», aber malziger Nase, üppig, auf der Kippe. Nicht ganz in Ordnung.
*Zuletzt bei der Eigensatz-Degustation im Mai 1989 verkostet. Im besten Fall ★★★★, aber riskant.*

CH. MARGAUX Seit Anfang der 70er Jahre acht unterschiedliche Bewertungen. Qualitätsschwankungen aufgrund unterschiedlich guter Korken und Lagerbedingungen. So bei den zwei Flaschen auf der oben genannten Hallé-Degustation: Die eine war im Januar 1984 neu verkorkt worden: sehr tiefe Farbe mit leichter Brauntönung und nicht glanzhell; eigenartige Nase, Medizingeruch,

etwas hölzern, Apfel- und Birnengerüche; am Gaumen mit Schmelz, zum Kauen, aber etwas viel Säure. Die zweite Flasche war weniger tief, aber lebhafter im Erscheinungsbild; zartes, wohlriechendes Bukett mit der für Margaux charakteristischen Veilchennote, nach zwei Stunden immer noch vorzüglich. Am Gaumen ziemlich «süß», lebhaft, ansprechend, mit trockenem Abgang. Im Mai 1987 drei Flaschen auf der Margaux-Degustation von Desai. Die beiden ersten, mit kurzen Originalkapseln und Schwund bis zur oberen Schulter, sahen relativ blaß und voll ausgebaut aus; beide waren wohlriechend; delikat, bläßlich, «Arsen und Spitzenhäubchen». Beide Flaschen mit einem eigenartigen Geschmack, der fast an Mehltau erinnerte. Die dritte Flasche war neuverkorkt worden und ein bißchen oxydiert. Genau zwei Jahre später dann auf der Eigensatz-Degustation von Großformaten eine *Jéroboam* mit Füllhöhe bis zur oberen Schulter: sehr tief; würzig und wohlriechend, doch mit überhandnehmender flüchtiger Säure. Trocken – alle anderen 29er waren ziemlich «süß» – und bitter im Abgang.
*Zuletzt im Mai 1989 verkostet. Im besten Fall ★★★★★*

CH. LATOUR Lafite und Haut-Brion gelangten 1928 und 1929 nicht auf den ihnen möglichen Höhepunkt. Latour hingegen produzierte in beiden Jahrgängen Weine der Superlative. Im Gegensatz zu dem tanninreichen 28er, der erst Ende der 70er Jahre wirklich trinkbereit war, entwickelte sich der weichere und zugänglichere 29er wesentlich schneller. Mit nur zwei Ausnahmen – eine Flasche mit Schwund bis zur unteren Schulter und eine saure Flasche – erreichte dieses Château bei 15 Degustationen seit 1955 immer nur Bestnoten. Spitzenbewertung auch für eine neuverkorkte Flasche auf der Fête du Château Latour 1981. Eine *Jéroboam* bei Eigensatz – Perfektion, mit viel Zukunft. Kurz zusammengefaßt: Selbst für einen Latour beeindruckend tiefe Farbe, undurchsichtig im Zentrum, lebhaft; eine wahrhaft aufregende, reich duftende Nase, würzig, mit Nelken-, Eukalyptus- und Salbeitönen. Am Gaumen unendlich «süß» und reichhaltig für Médoc, für Latour. Rundum ausgekleidet mit Alkohol, Extrakt und Frucht. Samt. Ein herrlich geformter Körper, am Gaumen mit großer Länge und erneut aufregendem Nachgeschmack.
*Zuletzt im Mai 1989 verkostet ★★★★★ (Man ist wahrlich versucht, noch einen sechsten Stern hinzuzufügen.)*

CH. MOUTON-ROTHSCHILD Wie eine große Diva – weltberühmt, aber nicht ohne Makel. In der Jugend keine nähere Bekanntschaft. Erste Bewertung 1968, seitdem 18mal verkostet: überreif, dekadent, doch eine unerhörte Herausforderung an Nase und Gaumen. Auf seiner großen Mouton-Degustation im Jahre 1986 servierte Lloyd Flatt

eine normale Flasche (hervorragend), eine Magnum (leicht oxydiert) und eine *Jéroboam* (komplett). Im besten Fall: sehr tief und doch strahlend, mit feiner Farbabstufung; reif, füllig, bestechend, mit dem unnachahmlichen Cabernet-Sauvignon-Duft von Mouton, der im Glase auf- und abging und sich kaum verflüchtigte. Ausgesprochen «süß», konzentriert, würzig, vorzügliche Frucht, nachhaltig im Geschmack. Üppig. Subtil. Dennoch: Sammle die Rosenblätter, solang' sie noch duften!
*Zuletzt im Mai 1989 verkostet. Im besten Fall* ★★★★★★!

CH. HAUT-BRION Elf Bewertungen. Obwohl ich den Wein nicht mag, beeindruckt er mich durch seine Exzentrik. Er sieht überaus standfest aus und konzentriert, im Farbzentrum wie schwarze Kirschen. Die Nase variiert zwischen Sirup, Pfeffer, Eiche, von angesengter Heide zu Kaffee, Schokolade, Karamel und Melasse. Sehr «süß», ausgesprochen körperreich, beladen mit Frucht, zum Kauen, ein Geschmack nach schwarzem Zuckerdicksaft und doch ein sehr trockener, tanninbetonter Abgang. Kein Wein zu Speisen. Eher wie ein Portwein, kalifornischer «Port».
*Zuletzt im Mai 1989 verkostet. Im besten Fall* ★★★★ *Ausgesprochene Geschmackssache.*

CH. AUSONE Nur zweimal verkostet. Bei der Flatt-Degustation 1987 oxydiert. Später: eine eigenartig duftende *Impériale,* mit Bananenton und einem etwas unsauberen Abgang.
*Zuletzt auf der Eigensatz-Degustation verkostet, Mai 1989.*

CH. CHEVAL BLANC Einer der großen 29er. Ein Charmeur, 1971 zum ersten Mal verkostet. Hervorragende Flasche, Originalkorken, 1987 bei der Degustation von Arthur Hallé 2 ½ Stunden vor Beginn dekantiert. Zwei Jahre später eine verzügliche Eigensatz-*Impériale.* Keine tiefe Farbe, sondern eine reiches rosagetöntes Ziegelrot mit langen Tränen. In der Nase und am Gaumen «süß». Sehr tiefes Bukett, wohlriechend, nach Zedernholz duftend. Beide Weine, aus der Flasche wie aus der *Impériale,* entfalteten sich schön im Glas. Ein zarter, weicher, herrlicher Wein mit schönem Gewicht, guter Länge und wohl passender Säure. Komplett.
*Zuletzt im Mai 1989 verkostet* ★★★★★

CH. PÉTRUS Meine einzige Notiz bezieht sich auf eine *Impériale,* die bei Eigensatz entkorkt wurde: ziemlich tiefe Farbe mit einem vollentwickelten bernsteinfarbenen Rand; die Nase war etwas angesengt und schokoladig, verbesserte sich aber im Glas, zeigte Würze, später bittere Trüffeln. Ziemlich «süß» und körperreich, mit einem recht kräftigen, intensiven Geschmack und einem rauhen, tanninbetonten Abgang. «Wie ein Bauer mit Erdklumpen am Stiefel», bemerkte jemand. Relativ ungeschliffen und ungekünstelt im Vergleich zu den subtileren, vielschichtigeren Médocs.
*Im Mai 1989 verkostet* ★★

CH. BEYCHEVELLE Sehr reif, Orangespuren; süß, vanilleartig in der Nase und am Gaumen. Eine charmante alte Dame.
*Vorverkaufsdegustation bei Christie's, im Mai 1993* ★★★

CH. BRANE-CANTENAC 1954 auf dem Gipfel der Vollendung. Wirkte bei der letzten Verkostung uneinheitlich.
*April 1985.*

DOM. DE CHEVALIER Sehr renommiert. Eine ganz ausgezeichnete Magnum 1968 und eine gleichermaßen vorzügliche Flasche aus einem dänischen Keller. Wunderschöne Farbe; delikat und duftend; komplett in Ausgewogenheit, Länge und Nachgeschmack.
*Zuletzt im Oktober 1981 verkostet* ★★★★★

CH. FIGEAC Vier gleichbleibende Notizen seit 1969. Sehr tiefes, sattes Erscheinungsbild. 1975 reiche, gehaltvolle Nase. Bei der letzten Probe wie Roastbeef mit reicher Soße – dennoch herrlich! Füllig, geschmacksintensiv und tanninbetont. Trotz verborgener Säure hat er noch Zeit.
*Zuletzt bei Desai im Dezember 1989 verkostet* ★★★★

CLOS FOURTET Einer der besten Fourtets überhaupt. 1954 vorzüglich. 29 Jahre später: sehr gutes Füllniveau, relativ blaß, voll ausgebaut; Nase und Geschmack zart und ältelnd. Etwas «süß», eher leicht im Körper, positiv, köstlich.
*Zuletzt im Oktober 1983 verkostet* ★★★★

CH. GRUAUD-LAROSE 1969 reichhaltig, süß- und-sauer. Beim nächsten Mal trotz lockerem Korken und Füllniveau bei der oberen Schulter, eine herrliche Mahagoni-Farbe. Süß und sauer: süßer Eingang, trocken, säuerliche Kanten, ebenso im Abgang. Sehr reif, weich, wohlschmeckend. Reste der typischen 29er Überfülle.
*Zuletzt im November 1986 verkostet* ★★ *(Eine andere Flasche, mit dem Etikett «Gruaud-Larose-Sarget» und ähnlichem Füllniveau, aus einem amerikanischen Keller, größere Weinigkeit, ansonsten das gleiche wie oben, im November 1986* ★★★*)*

CH. HAUT-BAILLY Einige eigenartige Ähnlichkeiten mit Haut-Brion: zu tief, zu braun; reichhaltig, malzig, fast karamelisierte Sauternes-ähnliche Nase; sehr «süß», ziemlich voll, reich und dick. Erstaunlich.
*Im Juni 1988 verkostet* ★★★

CH. LARRIVET-HAUT-BRION Ebenfalls ein eigentümlicher roter Graves. Gutes Füllniveau,

aber übelriechender Korken. Tiefes, oxydiertes Aussehen; Virol-malzige Nase mit etwas Frucht; besserer Geschmack als Geruch. Körper und Säure gut. Paßte sehr gut zu Brie!
*Im Mai 1983 verkostet **?*

CH. LÉOVILLE-LAS-CASES Tief; staubige Vanille-Nase wie der Geruch von Fliegenspray; sehr «süß», voll und reich, füllig, dabei tanninbetont. (Ich hielt ihn für einen 47er Latour!)
*Im Oktober 1984 verkostet ***

CH. LÉOVILLE-POYFERRÉ Gilt als einer der allerbesten 29er und sicher als der feinste Poyferré seit Ende des 19. Jahrhunderts. Nie am Höhepunkt der Entwicklung verkostet. Eine Flasche mit Füllhöhe bis zur oberen Schulter war 1984 etwas zu dick und braun; die Nase zu Beginn hochgetönt, mit Wildgeruch, der sich aber zurückbildete, nachhaltig; schönes Gewicht, wohlschmeckend, aber zu alt und kantig. Die nächste Flasche war oxydiert.
*Zuletzt im Juli 1989 verkostet ** Bei guter Lagerung im besten Fall ****\**

CH. MARQUIS-DE-TERME Eine gute Flasche, gekauft aus dem Keller von Fernand Woltner: bemerkenswert tief und lebhaft; ausgesprochen gesunde Nase, entwickelte sich reich, eindringlich «süß», relativ voll, immer noch fruchtig. Ein sehr guter Tropfen. Eine weitere Flasche aus dem Keller eines Weinhändlers in Bordeaux, entwickelter, weich, köstlich, mehr als nur einfach gut, trotz Füllniveau an der unteren Schulter.
*Letzte Notiz von einer Vorverkaufsdegustation im Juli 1988. Im besten Fall ****

CH. LA MISSION-HAUT-BRION Einer der großen 29er und der reichhaltigste aller La-Mission-Weine. Acht Notizen. Bei der Hallé-Degustation hatte eine Flasche mit bröckelndem Korken eine außergewöhnliche Nase, süß, karamelisiert – wie der 37er Yquem. Zwei Stunden später wie weicher brauner Zucker; wohlschmeckend, aber mit Essigstich. Die besten stammten alle aus dem Keller der Familie Woltner. Zwei Flaschen in unterschiedlich gutem Zustand bei der Desai-La-Mission-Verkostung 1985. Eine braun, «süß», malzig, voll, sehr trocken – deutlich oxydiert. Die andere ohne Makel: immer tiefe Farbe; herrlich duftendes, ruhiges Bukett, reichhaltig, große Tiefe; ziemlich «süß», voll, aber nicht zu körperreich, ausgezeichnet in Frucht, Weinigkeit und Länge, mit sehr gutem Nachgeschmack. Man konnte ihn geradezu kauen. Vor kurzem eine Magnum bei Wolf's: undurchsichtig; zunächst dumpf, konzentriert, malzig, harmonisch; außerordentlich «süß», voll, sehr reichhaltig und gerundet, samtig, vollmundig, seidige Tannine. Herausragend.
*Zuletzt im Juni 1990 verkostet ****\**

CH. PONTET-CANET Ebenfalls renommiert. Erste Erfahrung mit einer ausgezeichneten Flasche im Jahre 1956. In jüngerer Zeit zwei etwas scharfen Flaschen, exportiert durch Gernon Desbaratz, in Schweden abgefüllt. Trotz ausgezeichneten Füllniveaus alt, zedernholzartig, ausgetrocknet. Nicht schlecht …
*Zuletzt im März 1987 verkostet. Im besten Fall ****\**

CH. RAUZAN-GASSIES Drei unterschiedliche Flaschen: die erste oxydiert, die zweite etwas staubig, am Gaumen besser, obwohl ein firnisartiger Geruch dominierte. Die dritte etwas blass, dennoch erfrischend und köstlich.
*Alle im Oktober 1980 verkostet. Im besten Fall ****

ZWEI AUSGEZEICHNETE WEINE, DURCH A. LALANDE BEZIEHUNGSWEISE J. CALVET EXPORTIERT, BEIDE IN KOPENHAGEN VON KJAER UND SOMMERFELDT ABGEFÜLLT; BEIDE AUS DEM EINWANDFREIEN KELLER VON SCHLOSS AALHOLM:

CH. DUPLESSIS Sehr tief; «süß», weich, vorzügliche Frucht, immer noch tanninbetont, eher wie ein 28er.
*Zuletzt im Juli 1989 verkostet ****

CH. L'ENCLOS Wunderschönes Hagebuttenrot; ebenfalls weich und sehr reichhaltig, fleischig, hoher Extraktstoffgehalt und pflaumen-feigenähnliche Frucht.
*Zuletzt im Juli 1989 verkostet ****

# 1930

*Der erste von drei fürchterlichen Jahrgängen, Mißernten aufgrund von Wetterunbilden. Sehr selten zu sehen. Selbst wer 1930 geboren wurde, sollte die Finger davon lassen.*

CH. LATOUR Der einzige verkostete 1930er. Für den Jahrgang und das Alter eine überraschend gute Farbe, aber mit einem wäßrig auslaufenden Rand; leicht würzige, medizinale Nase; trocken, ziemlich leicht und dünn, dennoch lebhaft und wohlschmeckend. 1983 säurebetonter, firnisartiger Abgang. Vor kurzem, als ich auf Château Latour zu Abend aß, fand ich ihn recht intensiv und von rubinroter Farbe; ziemlich pfeffrige, Eier-und-Kresse-Nase, die etwas an Gehalt hinzugewann, nach einer Stunde im Glas aber sauer wurde. Mehr zum Kauen und robuster als die erste Flasche.
*Zuletzt im November 1990 verkostet **

# 1931

*Mittelmäßige Ernte, immer noch nicht gut, aber doch besser als 1930. Selten zu sehen.*

CH. LAFITE Fast sicher neu verkorkt. Füllniveau bis an den Hals. Ziemlich blasses, dumpfes, dennoch warmes Aussehen; merkwürdig weiche, flaumige Nase, die sich überraschend schön entwickelte und Nuancen von Lakritze, Cabernet und Stengelingwer entwickelte; etwas «süß», leicht, schlank, aber wohlschmeckend. Rauhe Endsäure.
*Bei Flatts Lafite-Degustation, Oktober 1988* ★

CH. LATOUR Drei wenig begeisterte Notizen: eine saure Flasche mit Schwund auf der Overton-Degustation 1976. 1981 zunächst eine auf dem Château neu verkorkte Flasche, ziemlich blaß, braun, firnisartig, dürr. Später im Jahr eine merkwürdig tiefe, staubige, alte, unharmonische Flasche auf der Rodenstock-Degustation. Selbst Latour konnte aus einem Jahr wie 1931 nicht mehr viel herausholen.
*Zuletzt im September 1981 verkostet.*

CH. HAUT-BRION Fünf gleichbleibend merkwürdige Bewertungen. Vier halbe Flaschen in Abständen seit 1976 getrunken, außerdem eine ganze Flasche in Japan. Alle mit bemerkenswert tiefer Farbe, für ein derartig kleines Jahr wirklich beeindruckend, aber doch etwas zu braun; ausgesprochen reichhaltige, malzige Melasse-Nase. Trocken, ein Geschmack nach Farnkraut und schwarzem Zuckerdicksaft, trotzdem überraschend gut trinkbar, wenn man den ziemlich firnisartigen und säurebetonten Abgang ignoriert.
*Zuletzt beim Abendessen von Mutsuo Okabayashi im Hotel Imperial in Tokio verkostet, Juni 1989* ★

CH. LA MISSION-HAUT-BRION Ein Jahr, das den Graves begünstigte. Wie der Haut-Brion überraschend tief und konzentriert im Erscheinungsbild. Bei der Desai-Weinprobe 1985 von eigenartigem Reiz. Bukett und Geschmack einigermaßen gesund. Kürzlich: immer noch sehr tiefes, beeindruckendes Aussehen; ein zurückhaltendes, angesengtes Bukett, das an Schokolade erinnert; relativ «süßer» Ersteindruck führte zu einem sehr trockenen, kantigen Abgang. Doch dazwischen entfaltet sich ein voller, reicher Geschmack mit Tabaknuancen.
*Zuletzt bei der Degustation von Karl-Heinz Wolf im Juni 1980 verkostet* ★

CH. LA TOUR-FIGEAC Durch Eschenauer in Bordeaux abgefüllt. Füllhöhe bis zur mittleren Schulter, tief dunkelbraun in der Farbe, oxydiert, scharf, dennoch flackerte etwas Lebenskraft nochmals kurz auf.
*Vorverkaufsdegustation, Februar 1984.*

# 1932

*Die dritte dieser drei häuslichen Schwestern. Der winzige Ertrag wurde ohne Begeisterung zwischen dem 10. Oktober und dem 1. Dezember eingebracht.*

CH. LATOUR Erstmals 1977 verkostet. In jüngerer Zeit: überraschend tiefe Farbe, die aber zu einem wässerigen Rand hin ausläuft; hochgetönte Nase, etwas sauer und firnisartig, wie eingerollte Blätter im Herbst; ausgetrocknet, ziemlich leicht, etwas Frucht, beißend.
*Auf dem Château, November 1990.*

# 1933 ★★★

*Geringer Ertrag aufgrund der starken Winde während der Blüte. Reifes Traubengut. Schöne Weine. Können noch recht gefällig sein, auch wenn die Lebenserwartung mittlerweile nicht mehr hoch ist.*

CH. LAFITE Drei Bewertungen, alle delikat, schmackhaft, mit etwas Charme. Die dritte Flasche war neuverkorkt: warme, lebhafte, entwickelte Farbe; in der Nase zunächst kurz und ein unangenehmer Flaschengeruch, dann blühte das Bukett herrlich auf; reichhaltig, aber nicht gerade fett, mittlerer Körper, sehr wohlschmeckender Nachgeschmack.
*Zuletzt bei Flatts Lafite-Degustation, Oktober 1988. Im besten Fall* ★★★

CH. MARGAUX 1957 und 1966 komplett ★★★★

CH. LATOUR Sechsmal degustiert. Beständig, sehr schmackhaft und reif. Schönes Granatrot mit ausgebautem rotbraunem Rand; reiche, sehr würzige, hochgetönte Nase; relativ «süß», schönes Gewicht und gefällige Struktur. Üppig und doch schlank. Ein interessanter Wein, kurz vor dem Verderben.
*Zuletzt bei der Fête du Ch. Latour, San Francisco, Juni 1981* ★★★

CH. MOUTON-ROTHSCHILD Zwei halbe Flaschen bei der Degustation von Flatt in New Orleans. Die erste: strahlende Farbe; warmes, reiches, weiches Bukett mit Bisquit- und Wildtönen; «süßer», kantiger, überreifer, dennoch ansprechender Geschmack. Die zweite Flasche in ihrer Überreife bereits am Umschlagen.
*April 1986* ★★ *Größere Flaschen zweifellos besser.*

CH. LA MISSION-HAUT-BRION Vier Notizen. Einst ein sehr reicher Wein. Verliert nun Farbe. Braun; überreife, pikante, Kakao-ähnliche alte Nase. 1978 zwei schmackhafte Flaschen von brüchiger Struktur. 1985 bei Desai trocken, leicht,

zugeknöpft und kurz. In jüngerer Zeit eine Flasche aus den Woltner-Kellern: ziemlich schwaches Erscheinungsbild; offenes, ansprechendes Milch- und Frucht-Bukett; relativ «süß», ziemlich leicht, sehr wohlschmeckend, gewisse Eleganz und Kraft, aber etwas kantig.
*Zuletzt im Juni 1990 bei der Degustation von Wolf verkostet. Im besten Fall* ★★

## 1934 ★★★★

*Bester Jahrgang des Jahrzehnts. Guter, reichlicher Ertrag, früher Lesebeginn. Inzwischen deutlich überentwickelt, riskant. Gutgelagerte Weine können allerdings immer noch köstlich sein. Wenn man die 33er mit einem gut abgehangenen Fasan vergleichen will, dann entsprechen die 34er einem ebensolchen Wildhuhn.*

CH. LAFITE Sechs unterschiedliche Notizen. Eine Flasche wie Meerwasser und alter Klebstoff, eine stichige Doppelmagnum. Danach drei lebhafte, attraktive Flaschen und eine unausgewogen, mit Sattelgeruch. Schließlich auf der Lafite-Degustation von Flatt eine hervorragende Magnum, wahrscheinlich mit Originalkorken und Füllniveau bis zur oberen Schulter: tief, reichhaltig, helles Kirschenrot; leicht duftend, aber sehr reich, mit starkem Tannin, etwas Frucht, aber überreif. Ausgesprochen «süß» und ziemlich körperreich. Guter Geschmack und Zustand.
*Zuletzt im Oktober 1988. In seinem exotischen Bestzustand* ★★★★

CH. MARGAUX Mehr als ein Dutzend Bewertungen. 1954 eine gute Flasche. In den 60er und Mitte der 80er Jahre einige brüchige, säurebetonte Exemplare, andere wiederum duftend, elegant und schmackhaft. Vor nicht allzulanger Zeit zwei Flaschen aus einem französischen Privatkeller, Füllniveau bei der einen bis Mitte der oberen, bei der anderen bis zur oberen Schulter. Erwartungsgemäß ziemlich tiefe, reiche, vollreife Erscheinung. Beide Flaschen wiesen eine käsige Nase auf, die erste entwickelte sich üppig, die zweite war zwar nicht überreif, fand aber zu keiner Entfaltung im Glas. Etwas ausgetrocknet, leidlich im Körper, positiver, wenn auch überalteter Geschmack, Fruchtverlust und Überhandnehmen der Säure. Eine andere Flasche aus demselben Keller mit einem Stich ins Orange, aber einem vorzüglichen, weichen, reifen alten Bukett und Geschmack. Die Säure machte sich bemerkbar, lag aber noch im Toleranzbereich.
*Zuletzt im September 1989 verkostet. Im besten Fall* ★★★

CH. LATOUR Mitte der 50er Jahre komplett, in den 60er Jahren fein und immer noch tanninbetont, in den 70ern dann alt und müde. In den 80er

Jahren am Austrocknen, doch immer noch üppig. Reiches Mahagoni; verschiedene Analogien für das Bukett, beispielsweise Sellerie und gekochter Fenchel, gehaltvoll, angesengt; eine «Süße», wie sie der Verwesung vorausgeht, ziemlich körperreich und konzentriert, aber mit kantiger Säure. Der Wein steht auf der Kippe, gibt sich aber nur widerwillig geschlagen.
*Zuletzt im Juni 1981 verkostet. Im besten Fall* ★★★

CH. MOUTON-ROTHSCHILD Bei der ersten Degustation 1955 näherte sich der Wein seinem Höhepunkt. Ab Ende der 60er Jahre merkte man ihm sein Alter an. In den 70er Jahren ganz unterschiedliche Flaschen verkostet, vier davon waren scharf und zu säurebetont, eine duftend und wohlschmeckend, eine weitere vorzüglich. 1986 bei Flatts Mouton-Degustation deutliche Spuren von flüchtiger Säure, trotzdem wohlschmeckend. Vor kurzem auf einer Rodenstock-Degustation eine *Jéroboam, Réserve du Baron*, die 1953 neuverkorkt worden war: lebhafte, intensive Farbe; zurückhaltende doch harmonische Nase; «süß», relativ voll, komplett, schöne Frucht. Säure unter Kontrolle.
*Zuletzt im September 1987 verkostet. Riskant, durchschnittliche Bewertung* ★★★ *Im besten Fall* ★★★★★

CH. HAUT-BRION Sechs Bewertungen. 1955 phantastisch, 1972 attraktiv, 1979 eine tiefe, malzige Flasche aus dem New Yorker Keller der Dillons. Dann Anfang der 80er Jahre zwei Flaschen zusammen: tief, intensiv; in der Nase ein konzentrierter Duft nach angesengten Rosinen, so ähnlich wie die 28er und 29er Jahrgänge von Haut-Brion mit ihrem Charakter nach schwarzem Zuckerdicksaft. Beide waren trocken und körperreich, mit ledriger Struktur, in hervorragendem Zustand, aber eigen. Die zweite Flasche hatte ein Füllniveau bis zur oberen Schulter und schmeckte nach Feigensirup. Das Château war reif für einen Besitzerwechsel und eine neue Führung.
*Zuletzt im Mai 1981 verkostet. Im besten Fall* ★★★

CH. AUSONE Habe diesen Jahrgang nie auf dem Höhepunkt der Entwicklung erlebt. Zum ersten Mal 1983 verkostet: wunderschöne Farbe, außergewöhnlicher Duft, doch am Austrocknen und kantig. Als nächstes zwei Flaschen bei der Ausone-Degustation von Flatt, beide mit vielschichtiger Tönung und überreifen Bukett, das an trockenes Farnkraut und Sauermilchkäse erinnerte. Am Gaumen zeigte sich die «Süße» des Verwelkens und ein pappiger, zu säurebetonter, trockener Abgang.
*Zuletzt im Oktober 1987 verkostet. Im besten Fall* ★

CH. CHEVAL BLANC Einer der besten 34er. 1978 das erste Mal verkostet, ganz hervorragend;

eine dänische Abfüllung: das nächste Mal 1984: strahlendes Ziegelrot; delikat, entliess ein wohlriechendes, reifes Pfirsichbukett; «alte Efeublätter», die feste Struktur erinnerte mich an einen 71er, gute Länge. Anschließend eine Magnumflasche von ähnlich strahlender Farbe; reifes, angesenges Bukett mit Teeblattnuancen; verblaßt, aber noch nicht umgeschlagen; ganz leicht «süß» und schönes Gewicht, fest, gutgebaut, mit sehr gut passendem Tannin- und Säuregehalt.
*Zuletzt im September 1986 verkostet* ★★★★

**CH. PÉTRUS** Zweimal degustiert. Erstmals 1986: in Erscheinung, Geruch und Geschmack sehr tief und reichhaltig, als hätte man den Most konzentriert. «Süß», körperreich, vielschichtig, doch mit überhandnehmender Säure. Dann eine *Impériale*: ähnlich, doch besser ausgewogen, das komplette Bukett hielt sich über eine Stunde, vielschichtig, mit Biß.
*Zuletzt bei der Rodenstock-Degustation im September 1990 verkostet* ★★★★

**CH. L'ANGÉLUS** Eine hervorragende dänische Abfüllung von Kjaer und Sommerfeldt. Gutes Füllniveau. Schöne, frische Frucht. Attraktiv, nachhaltig, tanninbetont.
*Von Schloß Aalholm, Juli 1989* ★★★★

**CH. BEYCHEVELLE** Zum ersten Mal 1984 in Stockholm verkostet. Danach 1989 zwei Flaschen aus dem Aalholm-Keller; der Wein war durch de Luze verschifft und in Dänemark durch Stausholm abgefüllt worden. Alle drei Flaschen wiesen eine strahlende Farbe auf; Bukett delikat, anhaltend; weich, dabei etwas schlank, passende Säure, wohlduftend. Ein köstlicher Tropfen.
*Zuletzt im September 1989 verkostet* ★★★★

**CARRUADES DE CH. LAFITE** Nuancenreiche Farbe; in der Nase gut ausgebautes, reifes, schokoladiges Bukett; am Gaumen trockener, schlanker, spröder.
*Oktober 1988* ★★

**DOM. DE CHEVALIER** Ein weiterer vorzüglicher 34er. Zeigte 1981 ein herrlich aufblühendes Bukett. Zu einem späteren Zeitpunkt bei einem Abendessen mit Claude Ricard: relativ blaß, doch gut; Alter machte sich bemerkbar, reif, käsig, wohlriechend; etwas «süß», erinnerte mich an einen 47er. Gut im Gewicht, und in seinem altersreifen Geschmack. Etwas flaches Profil, dennoch ein komplettes Getränk.
*Zuletzt im Juni 1984 verkostet* ★★★★

**CH. COS D'ESTOURNEL** Mitte der 50er Jahre immer noch hart. Zehn Jahre später reif, doch immer noch irgendwie «grün» (erinnerte mich an die 37er); in den 70er Jahren dann zweimal als recht spröd empfunden. Bei der letzten Gelegenheit: Farbe, Nase und Geschmack tief und reich, doch etwas zuviel Holz/Kork, am Austrocknen.
*Zuletzt bei einem Abendessen mit Bruno Prats auf Ch. Marbuzet, Mai 1986* ★★

**CH. DUHART-MILON** Alte Zeder; verblüffend, aber anmutig.
*November 1992* ★★

**CH. FIGEAC** Eine Flasche auf einer Auktion in Lille erworben und 1986 auf dem Château getrunken: tiefe, intensive Farbe; in der Nase und am Gaumen sehr reich. Leicht welkendes, malziges Bukett. Mächtig, füllig, der essigsaure Abgang wird durch eine kräftige Frucht und einen hohen Extraktgehalt etwas maskiert. Bei der vertikalen Desai-Degustation von Figeac-Weinen in Paris eine ziemlich ähnliche Flasche; diese schmeckte allerdings kränklich in der Nase, auf dem absteigenden Ast und zu scharf.
*Zuletzt im Dezember 1989 verkostet. Im besten Fall* ★

**CH. GRUAUD-LAROSE** 1964 eine überraschend grobschlächtige Flasche. Danach eine, die lange in Adet Sewards Keller in Bordeaux gelagert war: kaum noch Rot vorhanden; Geruch nach alter Eiche und Vanille; müde.
*Zuletzt im Juli 1987 verkostet* ★ *Könnte eigentlich besser sein. Siehe unten.*

**CH. GRUAUD-LAROSE-FAURE** Durch de Luze verschifft, von Chr. Stausholm gut abgefüllt und einwandfrei auf Aalholm gelagert. Beeindruckend tiefe, reife, ausgebaute Farbe; zurückhaltende, aber gesunde Nase; nicht zu «süß», mittelschwer, vorzüglicher, vielfältiger Geschmack, guter Extrakt- und Tanningehalt.
*Juli 1989* ★★★

**CH. MARQUIS DE TERME** Durch Hans Andersen, Kopenhagen, importiert: sehr tiefe Farbe; Bukett mit Tee- und Malznuancen; trocken, tanninbetont, schlank.
*Aus den Aalholm-Kellern, Juli 1989.*

**CH. LA MISSION-HAUT-BRION** Eine sehr schöne Flasche auf der Woltnerschen Vorverkaufsdegustation im Jahre 1978. Auch 1985 auf der Desai-Degustation noch gut erhalten: tiefe, reiche Farbe; herrliche Frucht, schwarze Johannisbeeren und Glyzerin, weniger körperreich als erwartet, aber vielschichtig mit gewissem Charme. Außerdem eine Woltner-Magnum bei der Degustation von Wolf in Wiesbaden: undurchsichtig, intensiv, beeindruckend; vorzüglicher, reicher, reifer Zedernholzduft; ziemlich «süß», mittelschwer, dabei kraftvoll, kompletter, wunderbarer Geschmack und Abgang.
*Zuletzt im Juni 1990 verkostet* ★★★★★

**Ch. Palmer** Einmal degustiert. Relativ blaß mit rosa Tönung; zunächst hart, doch mit einiger Frucht; trocken, verblassend, doch durch Tannin und Säure abgestützt.
*Oktober 1984* ★★

**Ch. Rausan-Ségla** *Jéroboam*: sehr tiefe, noch pflaumige Farbe; leichter Alterston in der Nase, wie angesengtes braunes Papier, aber gute Frucht; «süß», ziemlich körperreich, duftend, hervorragender Geschmack, schön griffig, erfrischende Säure.
*Beim Abschlußessen von Rodenstock, September 1990* ★★★★

**Ch. Siran** Neuverkorkt 1988. Reiche Farbe; rauchiges Bukett; köstlicher Geschmack, gute Länge.
*Vorverkaufsdegustation im Oktober 1993* ★★★★

**Ch. Talbot** Erzeugerabfüllung, auf Aalholm eingekellert, von daher so gut, wie er nur sein kann. Schöne Farbe; charakteristisch hochgetöntes, sehr wohlriechendes, leicht medizinales Bukett; in Ersteindruck, Gewicht und Geschmack schön und reichhaltig. Leicht säurebetonter Abgang.
*Vorverkaufsdegustation, Mai 1988* ★★★

## 1935 ★

*Heißer, trockener Sommer, nasser September. Ertragreich, unregelmäßig. Nur wenige 35er gelangten in den Export, so daß sie auch nur selten auftauchten. Von den fünf degustierten Weinen dieses Jahrgangs sind nur drei einer Erwähnung wert.*

**Ch. Latour** Eine gute, wohlschmeckende, wenn auch etwas säurebetonte Flasche aus dem Haus der Comtesse de Beaumont in Brittany, auf der Vorverkaufsdegustation im Jahre 1974. Außerdem eine lebhaft aussehende, pikante, locker gewobene, sehr trockene Flasche auf der Fête du Château Latour.
*Zuletzt im Juni 1981 verkostet* ★

**Dom. de Chevalier** Ziemlich abgelebte Bernsteinfarbe; Nase erst neutral, dann malzig; trocken, leicht, verblaßt, kantig, dennoch interessant.
*Vorverkaufsdegustation, Juli 1987* ★

**Ch. La Mission-Haut-Brion** 1978 eine Flasche aus dem Woltner-Keller: trist und spröde. Eine bessere Flasche 1985 auf der Desai-Degustation: gesundes Vanillin, Puddingnase; gefällig, leicht doch robust. Eine weitere Woltner-Flasche: mitteltiefes, gutausgebautes Erscheinungsbild; ziemlich schwacher Apfelschalenduft; «süß», blumig, doch milchsauer.

*Zuletzt bei der Degustation von Wolf verkostet, Juni 1990. Im besten Fall* ★★★

## 1936 ★

*Nasser Sommer, schöner September, späte Lese. Wie der 35er von den meisten Händlern ignoriert. Nur selten gesehen, aber es gibt nach wie vor einige schmackhafte Weine aus diesem Jahr.*

**Ch. Latour** 1974 eine leidlich gute Flasche aus dem Keller der de Beaumonts, eine noch bessere auf der Fête du Château Latour: schöne, lebhafte Farbe; wohlriechende, gefällige Cabernet-Sauvignon-Nase; relativ leicht, aber wohlschmeckend und köstlich.
*Zuletzt im Juni 1981 verkostet. Im besten Fall* ★★★

**Ch. Mouton-Rothschild** 1981 eine ziemlich ausgetrocknete Flasche, bei der Mouton-Degustation von Flatt hingegen ein recht attraktives, wohlriechendes Exemplar. Ganz gute Länge. Duftend, aber verblaßt, Säure tritt hervor.
*Zuletzt im April 1986 verkostet. Im besten Fall* ★★

**Ch. Ausone** «Harvey Selection»-Streifbandetikett. Füllniveau obere Schulter. Positive Überraschung: ansprechend in Erscheinung, Bukett und Geschmack, zwar nicht tief, aber warm, entgegenkommend, delikat, relativ leicht und charmant. Etwas zu kurz.
*Bei Flatts Mouton-Degustation, Oktober 1987* ★★★

**Ch. Cheval Blanc** Tiefer, aber auch trister als der 34er. Voll ausgebautes, wohlriechendes, hochgetöntes Schokoladenbukett, das einen merkwürdigen Geruch wie ein auf Weinblättern gegrilltes Entrecôte entwickelte. Schmackhaft, aber nicht füllig genug, mit einer Säure, die ihn stark und trocken macht.
*Aus einer Magnumflasche, September 1986.*

**Ch. La Fleur-Pétrus** Schöne, tiefe, ausgebaute Farbe; trotz Alterstönen noch Frucht vorhanden; weich, recht füllig, überraschend wohlschmeckend. Nachhaltig.
*Auf der La-Fleur-Pétrus-Degustation bei Corney and Barrow, Dezember 1980* ★★★

**Ch. La Mission-Haut-Brion** Vier Bewertungen, zwei davon aus dem Jahre 1978. Etwas unausgewogen, aber ganz hübsch. Bei Desais La-Mission-Degustation 1985: gesundes Erscheinungsbild; reife Cheddar- und Cabernet-Nase; relativ leicht, weich, kurz, aber attraktiv. In jüngerer Zeit: verhältnismäßig tief und gut ausgebaut; in der Nase Ziegenkäse; brackig, reizlos.
*Zuletzt bei der Degustation von Wolf verkostet, Juni 1990. Im besten Fall* ★★

# 1937 **

*Ein eigenartiges Jahr. Kein Regen, aber von Mai bis Mitte September kühl, dann nützliche Platzregen. Gute Lesebedingungen. Größtenteils nach Kriegsbeginn abgefüllt: Weine viel zu tanninbetont zum Trinken. Im Nachkriegshandel hochbegehrt; ich persönlich habe sie nie gemocht. Beim Wein-Marathon von Hardy Rodenstock im September 1988 war ein Tag den 37ern gewidmet. Sein Festival dieses Jahrgangs wurde mit einer Degustation von sechzig Bordeaux, einschließlich aller Premiers grands crus eröffnet. Unterteilt waren sie nach Distrikten in acht Gruppen. Für mich war es wie ein Besuch im Reptilienhaus: faszinierend und abstoßend zugleich. Meine Bedenken vorweg von Herkunft, Korkenzustand und Füllniveau bestätigte die ungünstige Beurteilung des roten Bordeaux des Jahrgangs 1937. Doch bei einem Abendessen am gleichen Tag bestätigten sich auch die Spitzenqualitäten von rotem Burgunder und weißem Bordeaux aus dem gleichen Jahre.*

**CH. LAFITE** Die ersten Bewertungen von einer Reihe ermüdeter Magnumflaschen auf den Heublein-Inc.-Vorverkaufsdegustationen in den Jahren 1974 und 1975. 1987 und 1988 zwei unterschiedliche neuverkorkte Magnum. Die eine, mit neuem Château-Korken, war köstlich: attraktiver Geruch nach Zigarrenkistchen, wunderbar langer Geschmack «nach Efeu und alten Spitzen», allerdings in milder Form. Die letzten drei Flaschen: eine faserig und unangenehm, die nächste mit Schwund bis zur mittleren Schulter und erwartungsgemäß pilzig und rauh. Als drittes dann ein nahezu komplettes Exemplar: Füllniveau bis zu oberen Schulter, blasse, aber warme Farbe; «süßes», reifes Zedernholzbukett; am Gaumen recht «süß», doch mit der für Ch. Lafite typischen Delikatesse. Köstlich.
*Die beiden letzten bei einem Essen von Christie's, Oktober 1988. Im besten Fall ★★★*

**CH. MARGAUX** 1970 hübsch und gefällig, doch mit der für den 37er Jahrgang typischen Säure. Zwischen Mitte und Ende der 70er Jahre drei makellose Flaschen, zwei weitere in etwas unterschiedlicher Verfassung bei der Desai-Degustation 1987. Vor kurzem eine reichhaltige Magnum mit viel Tannin. Im besten Fall ziemlich tief, schön abgestufte Tönung; zartes Bukett mit Nuancen von Eiche und Zedernholz sowie einem Hauch Vanille und Gewürzen; etwas «süß», körperreicher als Lafite, zum Kauen, fruchtig, Tannin und Säure recht griffig.
*Zuletzt im September 1988 verkostet. Ein guter 37er ★★★*

**CH. LATOUR** 1955 «nicht spitz, aber mit Biß», ein Jahrzehnt später ermüdet und eine andere

Kurznotiz 1966 «gut, aber adstringierend». Bei elf Proben waren nur zwei braune, oxydierte Flasche dabei, doch ich habe den Wein nie gemocht. Die gelegentliche Fruchtvielfalt kann den beißenden, adstringierenden Charakter niemals wettmachen.
*Zuletzt im September 1988 verkostet. Im besten Fall ★*

**CH. MOUTON-ROTHSCHILD** Fünfmal degustiert: 1972 eine extrem saure Flasche, 1986 bei der Mouton-Degustation von Flatt ein oxydiertes Exemplar, 1988 dann eine ziemlich gute Magnum und eine *Jéroboam* mit Schwund bis zur mittleren Schulter; etwas unangenehme medizinale Nase, «Eisen und Austernschalen», volle Frucht, aber mit einem bitteren Abgang. Das beste an diesem Wein war seine Farbe.
*Zuletzt im Oktober 1993 verkostet.*

**CH. HAUT-BRION** Ein ziemlich guter 37er, im allgemeinen tiefe Farbe. 1975 ein Normalformat verkostet, 1988 eine Magnum: beide hatten ein eigenartiges Bukett, bei der einen erinnerte es an Tee, die andere war hochgetönt, mit Zitrus- und Feigennuancen, ziemlich exotisch. Beide zunächst adstringierend, doch der aus der Magnum wurde ein köstliches Getränk. Ende der 70er Jahre zwei unterschiedliche Flaschen aus dem Dillon-Keller: die eine konzentriert in Erscheinung, Nase und Geschmack, mit einer malzigen Note, die an den 34er erinnert, die andere zurückhaltender. Beide schmackhaft, mit guter Frucht.
*Zuletzt im September 1988 verkostet. Im besten Fall ★★★*

**CH. AUSONE** Wenn man von einer ziemlich oxydierten Flasche im Jahre 1975 absieht, gibt es aus den folgenden zwölf Jahren drei recht einhellige Bewertungen: schöne, vielschichtige Farbe; ein eigenartiges Bukett nach stark duftendem alten Stroh; entwickelte sich im Glas sehr vorteilhaft, würzig und hochgetönt; außergewöhnlicher Geschmack und Nachgeschmack mit Nuancen von Tabak und getrocknetem Farnkraut, die an einen Graves erinnern, allerdings nicht nachhaltig. Natürlich mit der für 1937 typischen Säure.
*Im September 1988 eine gute Magnum. Im besten Fall ★★★*

**CH. CHEVAL BLANC** 1960 gefällig, am Anfang und Ende ausgesprochen trocken, dazwischen weicher Geschmack. 1977 schien er ledrig zu sein, 1988 verkostete ich eine recht ansprechende Magnum. Wie stets von tiefer Farbe, der Duft erinnerte an Pudding und alten Stall. Sehr griffig. Ein guter 37er.
*Zuletzt im September 1988 verkostet ★★★*

**CH. PÉTRUS** Eine holzige, *bouchonnée*, körperreiche, doch beißende *Jéroboam*. Dann eine bessere Magnumflasche: ziemlich tiefe Farbe mit

Pflaumentönen; Bukett kühl und salzig wie eine Meeresbrise; relativ reif, mittelschwer, wohlschmeckend, für einen Pétrus recht schlank.
*Beide bei der Rodenstock-Degustation, September 1988. Im besten Fall ★★★*

CH. BATAILLEY 1978 ansprechend, wohlriechend, eher leicht, voll ausgebaut, duftend mit Wildtönen.
*Zuletzt im Mai 1981 verkostet ★★ mit Neigung zu ★★★*

CH. BEYCHEVELLE 1971 charmant, aber ledrig. Auf der Rodenstock-Degustation eine recht gute Magnum, mit Füllniveau bis zur oberen Schulter. Reichhaltig, wohlriechend, doch am Gaumen am Austrocknen und verblassend. Trotzdem ansprechend.
*Zuletzt im September 1988 verkostet ★★★*

CH. CALON-SÉGUR 1961 trocken ohne Mitte. 1978 dann eine spröde, säurebetonte Magnum, 1979 eine schmackhafte, für einen 37er gar nicht schlechte Flasche. Neun Jahre später auf der Rodenstock-Degustation von 37er Weinen: nach wie vor tiefe Farbe; ein Bukett von alten Eichen, das im Glas verblaßte. Am Gaumen recht trocken und voll, immer noch eichen, griffig, gut in Geschmack, Tannin und Säure. Nicht gerade aufregend, aber auch nicht schlecht.
*Zuletzt im September 1988 verkostet ★★*

CARRUADES DE CH. LAFITE Eine attraktive, 1981 auf dem Château neu verkorkte Magnum: wohlriechend, delikate Frucht- und Zedernholztöne. Außerdem eine weniger tiefe, etwas trübe, ausgetrocknete, aber akzeptable Normalflasche.
*Beide bei Flatts Lafite-Degustation, Oktober 1988. Im allerbesten Fall ★★★*

CH. COS D'ESTOURNEL 1970 weich und verblaßt, 1974 reichhaltig, ledrig, aber nicht ohne Reiz, außerdem fünf Notizen jüngeren Datums: gut, aber tanninbetont, eine schmackhafte Magnum, die aber bereits am Abbauen ist, eine gute dänische Abfüllung mit einer honigartigen Nase aus der Flaschenalterung, am Austrocknen, aber ehrlich und fest. Zuletzt ein Paar, eine Flasche davon ledrig und adstringierend, die andere besser, aber nach alten, trockenen Blättern schmeckend. Der Wein gibt sein Bestes, aber der Höhepunkt ist überschritten.
*Zuletzt im Januar 1990 verkostet. Im besten Fall ★★*

CH. FIGEAC 1988 auf der Rodenstock-Degustation von 1937er Weinen nach Toast riechend, scharf. Bei Desais Figeac-Probe besser: fruchtig, mit Tee-, Pfeffer- und Gewürztönen; trocken, relativ voll, reichhaltig, dennoch rauh.
*Zuletzt im Dezember 1989 verkostet ★*

CH. LA FLEUR-PÉTRUS Ziemlich hell, voll ausgebaut; «süßes», reifes Bukett, das sich gut hielt; trocken, relativ leicht, ausgesprochen wohlschmeckend, etwas pappige Säure, guter Nachgeschmack.
*Auf der Pétrus-Degustation von La Fleur, Dezember 1980 ★★★*

CH. GRUAUD-LAROSE 1976 zwei Bewertungen. Bei beiden Flaschen machte sich das Alter bemerkbar. Die eine war adstringierend, die andere reichhaltig, kurz und säuerlich. Danach eine Magnum mit Füllhöhe bis zur oberen Schulter bei der Degustation von Rodenstock: milchsauer und mit Essigstich.
*Zuletzt im September 1988 verkostet.*

CH. LÉOVILLE-BARTON Eine charmante und delikate Abfüllung von Corney & Barrow.
*1979 ★★*

CH. LÉOVILLE-LAS-CASES Eine annehmbare Flasche, die 1988 durch Whitwhams neu verkorkt worden ist: sauber, wohlschmeckend. Bei Rodenstock eine trübe Magnum.
*Zuletzt im September 1988 verkostet. Im besten Fall ★★*

CH. MARQUIS-DE-TERME 1976 vier Bewertungen, von kratzender, extrem hoher Säure bis zu «nicht schlecht». Vor kurzem eine schöne Flasche (aus einem guten französischen Keller) auf einer Vorverkaufsdegustation: vorzügliche Farbe, voll ausgebaut; kräftiges, gehaltvolles Alte-Eichen-Bukett, das sich vielfältig entwickelte; mittelschwer, guter, lebhafter Stil, warm und wohlschmeckend mit der typischen Säure eines 37ers. Einen Monat später eine Flasche mit Schwund: braun und oxydiert.
*Zuletzt im Juli 1988 verkostet. Im besten Fall ★★*

CH. LA MISSION-HAUT-BRION Vier Bewertungen. Ein eindrucksvoller Wein. 1973 gut, etwas kurz. Auf der Desai-Degustation 1985 eine dunkelfarbige Magnumflasche mit fruchtig-harmonischem Bukett und einer großen Fülle und Frucht am Gaumen. Zwei Jahre später eine ähnlich aussehende Magnum mit Originalkorken und hervorragendem Füllniveau: Geruch nach weichem, altem Leder, leichter Malzton, wuchtige Struktur. Eine weitere Magnum 1988 bei der Rodenstock-Degustation von 37er Weinen: Fruchtfülle, komplett, Säure und Tannin traten deutlich hervor, mit dem charakteristischen Endgeschmack nach Tabak. Vor kurzem eine weitere Magnum bei Wolfs La-Mission-Degustation: unbeschreiblich tiefes Erscheinungsbild; leichtes, aber wohlriechendes Bukett von «angesengten Blättern»; sehr «süß», ansonsten wie der bei Rodenstock degustierte Wein.
*Zuletzt im Juni 1990 verkostet ★★★★*

CH. MONTROSE 1955 mächtig, tiefdunkel, überladen mit Tannin. Am besten war die Nase. Zwanzig Jahre später ein vielschichtiges Farbenspiel und reifes Aussehen; wohlriechendes medizinales Bukett; ein guter 37er. Rauher Abgang. Außerdem eine Magnum: reiche, knorrige, alte Nase mit zuviel Säure; gute Frucht, gehaltvoll, immer noch mit einer Fülle an Tannin und Säure.
*Zuletzt bei Rodenstock im September 1988 verkostet* ★★

CH. MOUTON D'ARMAILHACQ 1969 feine, tiefe Farbe; gute, kräftige, ledrige Nase; weich, dabei stark und tanninbetont, auf seine Art ein ansprechender Wein. Außerdem eine trotz ihres guten Füllniveaus oxydierte Magnum auf einer Rodenstock-Degustation.
*Zuletzt im September 1988 verkostet. Im besten Fall* ★★

CH. PALMER 1976 zwei tiefe, reiche, wohlschmeckende halbe Flaschen degustiert. Vor kurzem eine Magnum mit Füllhöhe bis zur oberen Schulter: immer noch ziemlich tiefe Farbe, wobei der Rand ins Rost-Orange auslief; ausgesprochen reichhaltig und geschmacksintensiv; Nase und Gaumen «süß», aber verwelkt. Etwas schwach und scharf. Auf dem Rodenstock-Marathon einer der Weine des 37er Jahrgangs mit der geringsten Adstringenz.
*Zuletzt im September 1988 verkostet* ★★

CH. PICHON-LALANDE Hochgetönt; zerbrechlich, schmackhaft, viel Säure.
*Oktober 1992* ★★

CH. RAUSAN-SÉGLA 1979 eine annehmbare Abfüllung von Corney & Barrow: altersmild, mit festem Geschmack, etwas brenzlig. Vor kurzem zwei Flaschen mit Schwund bis zur mittleren Schulter: hochgetönte «Austernschalen»-Nase, trocken, mager, etwas beißend, aber nicht schlecht.
*Die letzte Flasche auf der Rodenstock-Degustation, September 1988* ★

DIE FOLGENDEN WEINE NUR AUF DEM RODENSTOCK-FESTIVAL DES JAHRGANGS 1937 IM SEPTEMBER 1988 VERKOSTET (DIE REIHENFOLGE DER NOTIZEN IST NACH DER FÜLLHÖHE DER NORMALFLASCHEN ODER MAGNUM SORTIERT):

ÜBER DER SCHULTER (VOLL):

CH. CANTENAC-BROWN Magnum, schlank, wohlschmeckend, durch flüchtige Säure verdorben.

CH. CANON Magnum, würziges Bukett mit Veilchentönen; «süß», lebhaft, fruchtig, elegant, seidiges Tannin. Ein hervorragender 37er.

CH. CANON LA GAFFELIÈRE Drei Flaschen, alle oxydiert.

DOM. DE CHEVALIER Magnum, duftend, attraktiv.

CH. CAP DE MOURLIN Etwas viel Säure.

CH. CARBONNIEUX Oxydiert.

CH. DAUZAC Magnum, reichhaltig, gar nicht schlecht.

CH. DUCRU-BEAUCAILLOU Magnum, köstlich.

CH. LA GAFFELIÈRE Magnum, fruchtig, aber scharf.

CH. D'ISSAN Magnum, oxydiert.

CH. LANESSAN Zwei Flaschen, recht gefällig, doch mit beißendem Abgang.

CH. LARCIS-DUCASSE Magnum, mager, kurz, zuviel Säure.

CH. LÉOVILLE-BARTON Magnum, mager, tanninbetont.

CH. PETIT FAURIE DE SOUTARD Drei recht gute Flaschen.

CH. PICHON-LALANDE Neuverkorkte Magnum, sehr wohlschmeckend, aber mit kantiger Säure.

CH. PONTAC-MONPLAISIR Magnum, nicht schlecht.

CH. SMITH HAUT-LAFITTE Zwei Flaschen, eine maderisiert, die andere fruchtig, aber etwas scharf.

CH. TALBOT Magnum, scharf.

CH. TROTANOY Magnum, zurückhaltend, köstliche Frucht, aber harter Abgang.

VIEUX CH. CERTAN Magnum, etwas flüchtig, aber guter Geschmack.

OBERE SCHULTER:

CH. BRANAIRE-DUCRU Zedernholztöne, schlank, etwas spitz.

CH. PICHON BARON Magnum, hervorragendes Bukett, gute Frucht, ausgesprochen tanninbetont.

CH. PONTET-CANET Magnum, klassisches Bukett; ansprechend, mit der typischen Säure des Jahrgangs 1937.

CH. PONTET-CLAUZURE Vier Flaschen, an Karton erinnernde Nuancen, reich, scharf.

MITTLERE SCHULTER:

CH. CHAPELLE MADELAINE Orangefarbene Tönung, Bananengeruch.

CH. GRAND-PUY-LACOSTE Magnum, am Abbauen.

CH. MAUCAILLOU Holzig.

CH. PAPE-CLÉMENT Magnum, schöne Farbe; duftend, aber bereits stark am Abbauen.

CH. PAVIE Magnum, tiefe, pflaumige Farbe; reichhaltige Nase mit Feigen- und Schokoladentönen; «süß», ziemlich voll, beträchtliche Frucht, nahm bereits etwas ab. Leicht adstringierender Abgang.

CH. PAVIE-MACQUIN Drei Flaschen, frisch, fruchtig, Hühnerhausbukett; rauh und beißend (1987 eine bessere Flasche).

MITTLERE SCHULTER (OXYDIERT):

CH. L'ANGÉLUS, CH. BRANE-CANTENAC Magnum, CH. CAMENSAC, CLOS FOURTET, CH. LA GARDE, CH. GRAND LA LAGUNE, CH. HAUT-BAILLY, CH. LÉOVILLE-POY-FERRÉ, CH. PAVIE-DECESSE, CH. HAUT-SIMARD.

## 1938 *

*Wenig Sonne, daher späte Lese. Unterdurch-schnittliche Quantität und Qualität. Bei Kriegs-ende weitgehend aufgebraucht.*

CH. LAFITE Einmal verkostet. Hellgrüne Flasche aus den Kriegsjahren. Gutes Füllniveau an der oberen Schulter. Relativ blaße, aber gesunde Farbe; «süßes» Vanille-Bukett mit deutlichen Nuancen von kandiertem Ingwer; trocken, passendes Gewicht, schlank, fest, sauber und gesund.
*Bei Flatts Lafite-Degustation, Oktober 1988* ★★★

CH. LATOUR Fünf Bewertungen: 1966 eine schlechte Flasche, drei ziemlich gute 1977 und 1978 mit schöner Farbe, reichhaltig, allerdings etwas zu säurebetont. Bei der Fête du Château Latour eine ungefärbte «Kriegsflasche» mit Füll-höhe bis zur oberen Schultermitte: Nase mit Al-terstönen, pilzig, aber wohlriechend; eher trocken

und leicht für einen Latour, gefällig, aber verblas-send. Trockener Abgang.
*Zuletzt im Juni 1981 verkostet* ★★

CH. MOUTON-ROTHSCHILD Füllniveau gute obere Schulter. Überraschend schöne Farbtiefe; mild, etwas milchsauer und leichte Mißtöne; über-reif, sehr trocken, kantige Säure.
*Bei Flatts Mouton-Degustation, April 1986* ★

CH. LA MISSION-HAUT-BRION Gleiches Gewicht wie der 36er. 1978 mit viel Säure. 1985 eine wesentlich bessere Flasche auf der Desai-De-gustation: lebhafte, attraktive Farbe; sehr fruchtig, deutliche Cabernet-Note, delikat. Gab sich etwas zugeknöpft, dennoch würzig; eher trocken, zum Kauen, mittelschwer, männlich, wie ein geringerer 48er. Ähnliche Beurteilung bei der jüngsten Probe. Überraschend gefällig und leicht zugänglich.
*Zuletzt bei Wolfs La-Mission-Degustation, Juni 1990* ★★★

## 1939 *

*Später Sommer, kalt und naß. Sehr später Lese-beginn. Hoher Ertrag an leichten, aber duften-den Weinen. Selten gesehen. Nur zu empfehlen, wenn Herkunft und Zustand makellos sind.*

CH. LAFITE Nur einmal verkostet. «Kriegs-flasche», einfache Kapsel. Füllhöhe an der obe-ren Schulter. Helle, voll entwickelte Farbe, braun am Rand; angenehm reiches Minzebukett, das sich schön entfaltete, würzig, mit Ingwertönen; relativ trocken und leicht, schlank, sehr schmack-haft.
*Bei Flatts Lafite-Degustation, Oktober 1988* ★★★

CH. LATOUR Viermal degustiert: alt, müde, kein schöner Geruch, schwach, hält sich aber dennoch, verfaulte Trauben, trotzdem gewisse Eleganz. Das letzte Mal eine Flasche aus ungefärbtem Glas, Füllhöhe bis zur mittleren Schulter, lebloses Braun, oxydiert.
*Zuletzt auf der Fête du Ch. Latour im Juni 1981 verkostet. Im besten Fall* ★

CH. MOUTON-ROTHSCHILD 1978 eine akzep-table, wenn auch säurebetonte Flasche. Ein Jahr-zehnt später aus einer «Kriegsflasche» mit Füll-höhe bis zur oberen Schulter: relativ blasse, aber gesunde Farbe; eine eigenartige, malzig-gehaltvol-le, käsige, überreife Nase; trocken, überreif, sauer.
*Zuletzt bei Flatts Mouton-Degustation, April 1988.*

CH. BARET Krümeliger Korken mit Spuren des Korkkäfers, Füllhöhe trotzdem bis zur oberen Schulter. «Süße» Nase, Sattelgeruch; duftend, aber verblaßt. Leichter Firniston.

*Aus Château-Beständen auf einer Vorverkaufs-degustation, September 1983* ★

**CH. FELLONEAU** Ein interessanter, attraktiver, aber verwelkender und selten gesehener Wein aus Macau.
*Zuletzt im September 1987 verkostet* ★

**CH. FIGEAC** Zwei Bewertungen. Das erste Mal eine grüne Kriegsflasche mit kurzer Kapsel und gutem Füllniveau: ziemlich tiefe Farbe; pilzig, dennoch «süß», gute Frucht an der Nase, doch es schwang auch ein Hauch von braunen Bananen mit, am Abbauen. Sehr «süßer», weicher Geschmack mit einer Säure wie ausgedrückte Zitronen, die den Mund austrocknet. Später im selben Jahr: ausgesprochen «süße», schokoladige Nase, etwas karamelisiert; völlig trocken, leicht, eine Spur kantiger Säure.
*Zuletzt bei Desais Figeac-Degustation, Dezember 1989* ★

**CH. LA MISSION-HAUT-BRION** 1985 bei Desai: voll ausgebaut; zartes, würziges Bukett; mitteltrocken und -leicht, würziger Cabernet-Geschmack, kurz, makellos, wenn auch verblassend. Eine ähnliche Flasche bei Wolfs La-Mission-Degustation, doch außerdem mit Vanille, einem Hauch Jod und Schokolade im Bukett; delikat, duftend, leichte Endsäure.
*Zuletzt im Juni 1990 verkostet* ★★

### 1940★★

*Ein recht guter Jahrgang, attraktive Weine mit vielschichtiger Tönung. Können bei richtiger Lagerung noch sehr gut sein.*

**CH. LAFITE** Einmal degustiert. Füllniveau an der oberen Schulter. Tiefes, reiches Rotbraun; besser als erwartet, zurückhaltend, aber harmonisch, mittelschwer, schmackhaft, ausgesprochen trockener Abgang.
*Bei Flatts Degustation, Oktober 1988* ★★

**CH. MARGAUX** Eine eigenartige halbe Flasche aus einem Bordeleser Keller, Füllhöhe an der oberen Schultermitte. Mitteltiefe Farbe; zunächst merkwürdig, dann schöne Duftentfaltung. Relativ leicht. Säure gewinnt die Oberhand.
*Vorverkaufsdegustation, Juni 1988* ★

**CH. LATOUR** Zwischen 1967 und 1975 acht Notizen, danach noch zwei weitere. In jedem Fall ein Wein von intensiver Farbe. Abgesehen von einer oxydierten Flasche immer ein reiches Bukett; lebhaft, fruchtig, aber nicht mild. Starker, klassischer Geschmack, ziemlich körperreich, mit gutem Biß. In meinen Bemerkungen taucht immer wieder das Wort «robust» auf. Wie ein 62er. Vor kurzem auf

einer Vorverkaufsdegustation von Christie's in Chicago: sehr tief; trocken, unnachgiebig, voller Frucht und Tannin.
*Zuletzt im September 1990 verkostet* ★★

**CH. MOUTON-ROTHSCHILD** Auf Flatts Mouton-Degustation drei Kriegsflaschen geöffnet, Füllhöhe bei einer bis zur mittleren, bei den beiden anderen bis zur oberen Schulter. Diese beiden wiesen eine gesunde, reiche, sehr schöne Farbe auf, mit einem wunderbar ausgebauten, bernsteinfarbenen Rand; herrlich entgegenkommendes Bukett, das für Mouton charakteristische Cabernet-Sauvignon-Aroma entfaltete sich würzig und hielt nachhaltig an. «Süß», weich, schön, mit einem lebhaften, sehr trockenen Abgang.
*Alle im April 1986 verkostet. Im besten Fall* ★★★, *möglicherweise je nach Alter und Lagerung auch* ★★★★

**CH. CHEVAL BLANC** Magnum. Ziemlich tief, rubinrote Tönung noch vorhanden, schöner, ausgebauter Rand, lange Tränen; wohlriechend, «süß», etwas käsig, gute Tiefe. Nach einer Stunde war das Bukett leicht, zart, sehr sauber. Am Gaumen leicht «süß», mittelschwerer Körper, mit hervorragendem, eindringlichem Geschmack, der an angesengte Tabakblätter erinnerte. Länge, Tannin und Säure sehr zufriedenstellend. Ein attraktiver Wein.
*Auf dem Château, September 1986* ★★★★

**CH. FLEUR-PÉTRUS** Relativ blasse, ausgebaute Farbe; hochgetönt, wohlriechend, delikat, leichter Anflug von Fäulnis; trocken, verhältnismäßig leicht, sehr fein in Geschmack, Weinigkeit und Gesamtzustand.
*Bei Corney & Barrow's, Dezember 1980* ★★★

**CH. LA MISSION-HAUT-BRION** 1978 auf der Vorverkaufsdegustation von Woltner wohlriechend und schmackhaft. 1985 bei Desai relativ blasse, schöne Farbe, allerdings ziemlich braun; dickes, staubiges, mit leichtem Korkgeschmack und dennoch reichhaltiges Bukett, das sich schön entfaltete; leicht «süß», mittelschwer, überraschend gefälliger, reicher Geschmack. Sehr komplett. Eine weitere sehr gute Flasche aus dem Woltner-Keller bei Christie's erworben und vor kurzem auf der La-Mission-Degustation von Woltner beurteilt. Hervorragendes Bukett. Schöner, fester Wein in nahezu komplettem Zustand.
*Zuletzt im Juni 1990* ★★★★

**CH. PONTET-CANET** Abfüllung in Bordeaux durch Sichel. Intensives, undurchsichtiges Farbzentrum; eher «abgestandener» Geruch und Geschmack nach Eiche und Leder. Trockener, tanninbetonter Abgang. Noch in Ordnung.
*Vorverkaufsdegustation, Chicago, April 1984* ★

**CH. LA TOUR-HAUT-BRION** Mitteltiefe Farbe; gute, entgegenkommende, schokoladige Nase; ausgesprochen «süß», trotzdem relativ leicht, duftend, wohlschmeckend, etwas kurz.
*Bei der Degustation von Wolf, Juni 1990* ★★★

## 1941 ★★

*Guter Sommer, schwierige, späte Lese. Jahrgang besser als sein Ruf. Selten gesehen, doch mehr als nur interessant.*

**CH. LAFITE** Füllhöhe: obere Schulter. Mitteltiefe, ausladende, voll entwickelte Farbe; erstaunlich gutes Bukett, würzig, mit einem Hauch «alter Efeu», herrliche Duftentfaltung; trocken, mittelschwer, sauber, lebhaft, mit Schmelz.
*Bei Flatts Lafite-Degustation, Oktober 1988* ★★★★

**CH. LATOUR** 1969 in gutem Zustand, aber streng. 1978 reichhaltige Nase, doch sehr spröde. Zuletzt eine Flasche mit tiefer Farbe und einem Geruch nach frisch geschälten Pilzen und Holzkisten in einem feuchten Keller; die «Süße» des Verwelkens, eher leicht, schmackhaft, durchaus charmant. Überraschend duftender Nachgeschmack.
*Zuletzt auf der Fête du Ch. Latour, Juni 1981. Im besten Fall* ★★

**CH. LA MISSION-HAUT-BRION** 1978 eine schmackhafte Flasche auf der Vorverkaufsdegustation von Woltner. Bei der Desai-Degustation 1985 reiche, pflaumige Farbe mit einem Stich ins Braun; sehr saubere Nase; eher trocken und leicht, gesund und schmackhaft trotz einer leichten Säure im Endgeschmack. Eine weitere Flasche von Woltner auf einer Degustation von Wolf mit ähnlicher Beurteilung; das Bukett bot sich schön entwickelnde Kaffee-Nuancen: Stallgeruch und brauner Zucker! Ziemlich schlank.
*Zuletzt im Juni 1990 verkostet* ★★

## 1942 ★★

*Guter Frühling und Sommer, schlechter September. Einige gefällige Weine, die größtenteils Mitte der 50er Jahre getrunken wurden. Einige haben sich gut gehalten.*

**CH. LAFITE** Vier Bewertungen. 1974, 1975 und 1976 machte sich das Alter zwar bemerkbar, die Weine waren dennoch in Ordnung. Auf der Lafite-Degustation von Flatt eine gute Flasche mit hohem Füllniveau: warme, gesunde Farbe; attraktives Bukett von Ingwer und Vanille, etwas pfeffrig, mit schöner Entfaltung; nicht zu «süß», mittelschwer, fruchtig, zum Kauen.
*Zuletzt im Oktober 1988 verkostet. Im besten Fall* ★★★★

**CH. LATOUR** 1964 undurchsichtig und überladen, 1976 trocken und kraftvoll. Auf der Fête du Château Latour: sehr tief, mit zedernholzrotem Rand; eine Nase wie Milchschokolade, mit Alterston, aber nachhaltig im Glas; am Gaumen trocken, kurz, reizlos.
*Zuletzt im Juni 1981 verkostet* ★

**CH. MOUTON-ROTHSCHILD** Überraschend tiefe und intensive Farbe, doch mit ungesunder Perlenbildung am Rand; nach dem Einschenken zurückhaltend, nach zwei Stunden entwickelte sich ein reichhaltiger Duft mit Nuancen, die an Vanille, Karamel und Bauernhof erinnern; relativ trocken, ziemlich körperreich, vielschichtig, sehr gut in Geschmack und Struktur, aber etwas kurz.
*Mittagessen auf Ch. Lafite (gekochte Eier und Toast!), März 1983* ★★★

**CH. AUSONE** Hervorragendes Füllniveau. Ausgesprochen attraktive, vielschichtige, ausgebaute Farbe; schönes, ein bißchen üppiges, entgegenkommendes, ausgesprochen harmonisches Bukett; trocken, mittelschwer, duftend, erfrischend, mit einem sehr befriedigenden Abgang.
*Bei Flatts Ausone-Degustation, Oktober 1987* ★★★★

**CH. CHEVAL BLANC** Hellgrüne Flasche, kurzer Korken, gutes Füllniveau bis zur oberen Schulter. Angenehm warme Farbe; etwas spitze Nase: ein Hauch von Banane, aber auch eine gewisse Frucht; der eigentlich gute Geschmack war durch einen zu säurebetonten Abgang verdorben.
*Von Douglas Logan-Kuhs geöffnet, Dezember 1987.*

**CH. FIGEAC** Mitteltiefe Farbe; Nase nicht ganz in Ordnung: stielig, Stallgeruch, doch mit lebhafter Frucht und würzig. Etwas «süß», mittelschwer, ganz hübsch, doch verblassender Geschmack. Guter Abgang.
*Bei Desais Figeac-Degustation, Dezember 1989* ★★

**CH. LA FLEUR-PÉTRUS** Mittelhelle Farbe; hochgetöntes, kresseähnliches Bukett, alt, aber gut; im ganzen mager und trocken, aber sehr schmackhaft.
*Bei Corney & Barrow's, Dezember 1980* ★★★

**CH. LASCOMBES** 1971 neu verkorkt. Sehr gute Farbe, glanzhell; in der Nase Alterung, dennoch Weichheit und Frucht vorhanden; die «Süße» eines voll ausgebauten Weins, relativ leichter, zusammensinkender Körper, uneinheitlich in der Säure. Trotzdem kein schlechter Wein.
*Bei einer vertikalen Degustation auf dem Château, im Februar 1985* ★★

**CH. LÉOVILLE-POYFERRÉ** Füllhöhe: mittlere Schulter. Tiefe Farbe, etwas zu braun, doch mit

einer recht schönen, alten Zedernholznase. Mittelschwer, etwas beißend, aber nicht schlecht.
*August 1989.*

CH. LA MISSION-HAUT-BRIONN Zum ersten Mal bei einer Desai-Degustation im Jahre 1985 verkostet: etwas bleich, aber hübsch, mit einem rosigen Glanz; leichter, zarter Duft, nicht viel Rückhalt, Spuren des Zerfalls; trocken, leicht, rauh, säurebetont. Auf der Degustation von Wolf eine Flasche mit ähnlichem Erscheinungsbild und Geruch, doch in besserem Zustand. Ein «süßerer», sehr gefälliger, leicht zugänglicher Wein.
*Zuletzt im Juni 1990 verkostet. Im besten Fall* ★★★

CH. PALMER Einfaches Etikett, Korken ohne Markenzeichen. Reiches Mahagonirot; angesengt; trocken, relativ leicht, scharf, dennoch trinkbar.
*Aus Château-Beständen, Vorverkaufsdegustation, Mai 1991* ★★

CH. PETIT-VILLAGE Undurchsichtiges Zentrum, gesunde Reife; sauberes, harmonisches Bukett mit Cabernet-Franc-Note und Reminiszenzen an Zedernholz und Tabak; gewisse Reife zu Beginn, trockener Abgang. Schöner stabiler Wein. Alter, aber gefälliger Eichengeschmack. Tanninbetont.
*Abendessen auf Ch. Marbuzet, Mai 1986* ★★★

# 1943 ★★★ *bis* ★★★★

*Gute Blüte, dann heißer, trockener Sommer. Der beste Kriegsjahrgang. Einige Weine so beeindruckend wie die 45er; alle jedoch mit einem eher kurzen, ungezierten Abgang. Es lohnt sich noch immer, nach diesem Jahrgang Ausschau zu halten.*

CH. LAFITE Einmal degustiert, sehr gutes Füllniveau: ausgesprochen gesunde Farbe; leichte, doch saubere Nase, die sich rasch zu einem schönen, delikaten Bukett entfaltete; trocken, mittelschwer, etwas zugeknöpft, aber sehr schmackhaft mit gutem Abgang.
*Bei Flatts Lafite-Degustation, Oktober 1988* ★★★

CH. MARGAUX Seit 1975 zehn ziemlich gleichbleibende Berwertungen. Recht tiefe, vielschichtig ausgereifte Farbe; generell gutes Bukett, unterschiedliche Beschreibungen, wie ausladend, Vanille-Ton, schöner Duft von «alten Ziegeln», gedämpft, leicht verwelkt, reichhaltig. Am Gaumen jedoch alle trocken, ziemlich geschmacksintensiv, allerdings beispielsweise auch «farnähnlich» und «alte Blätter». Ungeschliffener Abgang, schlank, die kantige Säure wird durch Speisen gezähmt. Ein ziemlich gutes, eigentlich immer interessantes Getränk.
*Zuletzt im Februar 1988. Im besten Fall* ★★★

CH. LATOUR Achtmal degustiert, zum ersten Mal 1954, als der Wein noch kraftvoll und hart war. Mitte der 60er Jahre dann reich entwickelt, aber noch weiter im Ausbau begriffen. Schöne, tiefe Herbstfarbe; kontinuierlich gutes Bukett: delikat und doch konzentriert, wohlriechend, pfeffrig, mit Zedernholztönen. Insgesamt trocken, mittelschwerer Körper, lebhaft, wohlschmeckend. Mehr Säure als Tannin. Reich, doch es mangelte etwas an Länge.
*Zuletzt im Juli 1981 verkostet. Im besten Fall* ★★★★

CH. MOUTON-ROTHSCHILD 1946 abgefüllt. Drei Bewertungen. Eine gute Flasche (auf Ch. Lafite), um zehn Uhr morgens dekantiert und um halb zwei Uhr serviert. Fabelhaft tiefe Farbe; beim Eingießen Alterston, doch um zwei Uhr hatte sich eine schöne Würze entwickelt, um halb vier Uhr war diese sanft verblaßt. Gutes Gewicht. Ausgesprochen wohlschmeckend. Trockener Abgang. Auf der Mouton-Degustation von Flatts dann eine Flasche mit rotglühender Farbe; deutliches *Cassis*-Bukett, das sich wohlriechend entfaltete, nach einer Stunde war es absolut komplett. Leicht «süß», mittelschwer, Frucht, Geschmack, Ausgewogenheit und Nachgeschmack hervorragend.
*Zuletzt im April 1986 verkostet. Im besten Fall* ★★★★

CH. CHEVAL BLANC Reich, reif; harmonisch; süß, vollkommen in Gewicht und Geschmack.
*Zum Mittagessen bei Berry Bros, September 1993* ★★★★★

CH. AUSONE Füllhöhe: obere Schulter. Reichhaltiges, lebhaftes, attraktives Erscheinungsbild; ungewöhnlich «süßes», reiches und anziehendes Bukett; ziemlich voll, gut, reich und rund. Trockener Abgang. Etwas kurz.
*Bei Flatts Ausone-Degustation, Oktober 1987* ★★★

CH. BEYCHEVELLE Blaß; frisch; trocken, leicht hölzern.
*Vorverkaufsdegustation, Mai 1993* ★

CH. COS D'ESTOURNEL 1974 eine interessante, aber nicht anregende Flasche. 1985 eine gute Flasche mit neuem Korken: reichhaltig und schön aussehend; zunächst eine Spur Kerosin in der Nase, doch Entwicklung positiv; kräuselnd, verblaßt. Vor kurzem eine Flasche mit sehr gutem Füllniveau, im Erscheinungsbild weniger gesund, doch mit einer besseren Nase als erwartet, Zedernholztöne, sehr ansprechend. Reichhaltig, etwas kantig.
*Zuletzt im Juni 1988 verkostet. Im besten Fall* ★★★

CH. FIGEAC Der erste von Thierry Manoncourt vinifizierte Jahrgang. Ansprechende, reiche Vanille-Nase, die eine fast unangenehme «Süße» entfaltete, sahnig, erdbeerähnlich. Relativ «süß»,

mittelschwer; Frucht, Geschmack und Ausgewogenheit gut.
*Von Manoncourt zu Desais Ausone-Degustation mitgebracht, Dezember 1989* ★★★

CH. LA FLEUR-PÉTRUS Leichtgewoben, überreifer Wildton, dennoch ansprechendes, kresseähnliches Bukett: voll, wohlschmeckend, doch sehr trocken, mit intensiver Säure.
*Bei Corney & Barrow's, Dezember 1980* ★

CH. GRUAUD-LAROSE Gehaltvoll, vegetal; frisch, recht gute Frucht bei eher rohem tanninbetontem Abgang.
*In Magnum, September 1993* ★★

CH. LA MISSION-HAUT-BRION 1985 bei Desai: wunderbar weiche, reiche Farbe; warmes, glühendes, leicht getoastetes Bukett; nicht zu «süß», mittelschwerer Körper, gute, lebhafte Frucht, hervorragender Geschmack in der Mitte, beachtliche Länge, komplett. Eine gleichermaßen gute Magnum auf der La-Mission-Degustation von Wolf: unbeschreiblich tiefe Farbe; ein Bukett wie «heiße Ziegel» und reife Maulbeeren; voll, «süß», reif und reich.
*Zuletzt im Juni 1990 verkostet* ★★★★

CH. SIRAN Wohlriechend in Bukett, Geschmack und Nachgeschmack.
*Im Oktober 1993* ★★★

# 1944 ★★

*Unterschiedliche Witterungsverhältnisse, der Sommer im wesentlichen günstig, wenn auch heiß und gewittrig. Gegen Ende der Lese Regen. Ziemlich hoher Ertrag an leichten Weinen unterschiedlicher Qualität. Im günstigsten Fall ein Charmeur.*

CH. LAFITE Einer dieser Charmeure, vor allem Mitte der 50er Jahre. 1968 trocken, eher leicht, fein, weich und seidig, mit trockenem Abgang. Auf der Lafite-Degustation von Flatt eine trotz hervorragendem Füllniveau enttäuschende Flasche: entgegenkommendes, aber etwas seifiges und parfümiertes Bukett, das sich trotzdem reich und mit Feigentönen entfaltete. Leicht malziger Geschmack. Trockener Abgang.
*Zuletzt im Oktober 1988 verkostet. Im besten Fall* ★★★

CH. LATOUR Vier Bewertungen in den 50er, 60er und 70er Jahren. Alle etwas unausgewogen, aber fruchtig, mit schön ausgebautem Geschmack und markanter Säure; die beste Flasche war 1976 neuverkorkt worden. Außerdem zwei Flaschen Anfang der 80er Jahre, eine mit Füllhöhe bis zur mittleren Schulter: Tawny, oxydiert, aber noch nicht völlig umgeschlagen. Ein deutlich leichterer Latour als sonst, pikant und gut schmeckend.
*Zuletzt im Juni 1983 verkostet. Im besten Fall* ★★

CH. MOUTON-ROTHSCHILD 1947 abgefüllt. Sehr gutes Füllniveau. Tieferes Aussehen als erwartet. Charakteristisches Mouton-Bukett: reich, hochgetönt, beerenähnlich, entwickelte eine elegante Würze im Glas. Am Gaumen «süß», mittelschwer, ausgesprochen wohlschmeckend, wenn auch eine leichte Härte und Rauheit nicht zu übersehen waren. Sehr trockener, würziger Abgang.
*Bei Flatts Mouton-Degustation im April 1986* ★★★

CH. HAUT-BRION 1979 zwei delikate, gesunde halbe Flaschen. Die erste mit hohem Füllniveau: nicht mehr sehr rot, aber lebhaft und glanzhell; wohlriechende, an frisch geschälte Pilze erinnernde Nase: etwas «süß», leicht, delikat, ein ansprechender Tropfen. Die andere Flasche mit Füllniveau etwas unterhalb der oberen Schulter, sah wie ein alter Tawny Port aus, wirkte aber ansonsten lebhafter und frischer und entwickelte sich gut.
*Zuletzt im Mai 1981 verkostet. Im besten Fall* ★★★

CH. LA MISSION-HAUT-BRION In den 70er Jahren interessant, aber mit einigen Vorbehalten. Auf der Degustation von Wolf eine delikate, attraktive Flasche, die zweifellos aus den Kellern der Familie Woltner stammte: relativ blaß; ansprechendes Bukett, allerdings mit fragwürdigen Obertönen; recht «süß», eher leicht, das Alter machte sich bemerkbar, kurz: dennoch ein schönes Gewächs.
*Zuletzt im Juni 1990 verkostet* ★

CH. PONTET-CANET Durch Cruse verschifft und von deren Londoner Agenten Rutherford, Osborne and Perkin abgefüllt. 1979 eine köstlich reife Flasche. 1989 ein Exemplar mit Füllniveau bis in den Hals, kurzer, etwas locker sitzender, aber ansonsten fester und gut leserlicher Originalkorken; sehr schöne rubin- und ziegelrote Farbe; «süß», relativ leicht, herrlicher Geschmack, gute Länge, leichter, seidiger und ledriger Tannin- und Säuregehalt. Ein Charmeur.
*Auf einer Dinnerparty, Mai 1989* ★★★★

# 1945 ★★★★★

*Ein ganz großer Jahrgang, der sich mit 1865 und 1870 messen kann, den beiden Spitzenjahrgängen vor der Invasion der Reblaus in Europa. Mächtige, überaus konzentrierte Weine, mit extrem hohem Tanningehalt, auf lange Lebensdauer angelegt. Nach einem angenehm zeitigen Frühling schädigten schwere Maifröste die Weinstöcke stark; Hagel und Krankheiten führten zu weiteren Dezimierungen. Anschließend folgte ein trockener, überaus heißer Sommer, der die Trauben-*

schalen dick werden und den Zuckergehalt ansteigen ließ. Früher Lesebeginn am 13. September mit einem geringen Ertrag an sehr reifen, konzentrierten Trauben.

Da man während des Kriegs und auch in den Jahren der Depression davor wenige Neubestockungen vorgenommen hatte, waren die Weinstöcke alle schon etwas bejahrt. So gelangen die Weine, erzeugt nach den traditionellen Methoden erfahrener Kellermeister (trotz gelegentlichen Fehlern), ganz hervorragend.

Viele 45er benötigen fünfzig Jahre, bis die überaus harten Tannine gemildert wein werden. Die besten Weine haben überlebt bis heute und werden immer noch besser. Die weniger gut bereiteten, mit geringerer Fülle, sind bereits ganz oder teilweise ausgetrocknet.

CH. LAFITE Seit 1967 27 Bewertungen von normalen Flaschen, Magnum- und Doppelmagnumflaschen. Überraschenderweise gibt es kaum Unterschiede, Charakter und Stil des Weins sind bemerkenswert beständig. Die Farbe ist nicht sehr tief, aber vorzüglich, lebhaft, intensiv, vielschichtig, gut entwickelt bis zum Rand. Zunächst eine zurückhaltende Nase, die jedoch im Glas erblühte und einen durchdringenden Wohlgeruch, mit fabelhaft würzigen, bisquitartigen, leicht zitrusartigen Nuancen verströmte. Am Gaumen deutlich «süß», kein Schwergewicht, sondern mittelgewichtig, elegant und stilvoll, schlank, doch konzentriert, mit großer Länge und einem trockenen Abgang. Im besten Fall einfach großartig.

*Eine perfekte Magnum, an der Eigensatz-Probe im Mai 1993* ***** *Zuletzt im Oktober 1993. Jetzt und bis über das Jahr 2000 hinaus zu trinken.*

CH. MARGAUX Seit 1971 20mal degustiert. Bis auf drei maderisierte Flaschen gleichbleibend gut. Im Aussehen tiefer als Lafite, reich und nach wie vor mit einer kräftigen Brombeertönung. Das Bukett entfaltet sich im Glas und enthüllt eine reiche, reife maulbeerähnliche Frucht, einen Duft nach Zigarrenkistchen und einen immensen und intensiven Wohlgeruch. Am Gaumen spürt man die reife Traubenfrucht und die «Süße» des hohen Alkoholgehalts, reicher, samtiger, immer noch tanninbetonter Geschmack, ziemlich schwer, ein herrlicher Wein, der noch viele Jahre zu leben hat.

*Zuletzt bei Eigensatz, im Mai 1993* ***** *Bis über das Jahr 2000 hinaus zu trinken.*

CH. LATOUR Großartig. Einer der besten Latours überhaupt. 1965 noch außerordentlich kräftig und jugendlich: «ein gutes, strammes Gewächs», «lebt noch weitere zehn Jahre» – eine damals zu niedrig angesetzte Angabe. Mitte der 60er Jahre war er milder geworden, weniger tief und dicht, aber nach wie vor lebhaft und reich, mit einem feinen, reifen Rand und einem vor Fruchttönen überbordenden Bukett. Mittlerweile ist er

entgegenkommender, voll ausgebaut, wohlriechend, mit würziger Cabernet-Sauvignon-Note und Nuancen von Zimt und Eukalyptus; im Glas benötigt er eine gewisse Zeit. Nach wie vor körperreich, voller Frucht, Extrakt und Fleisch. Große Länge. Die Tannine werden geschmeidiger, haben den Wein aber immer noch fest im Griff. In den letzten 25 Jahren 25 Flaschen degustiert, wovon nur eine verdorben war.

*Zuletzt bei einem Essen von Farr Vintner's im September 1993 verkostet* ***** *Jetzt und gut bis ins nächste Jahrhundert hinein zu trinken.*

CH. MOUTON-ROTHSCHILD Der größte Mouton aller Zeiten. Immer noch erstaunlich, immer noch ein «Churchill des Weins». Seit 1954 mehr als zwei Dutzendmal verkostet: «überladen mit allen guten Dingen»; «voller Kraft». Er hat noch kaum etwas von seiner brillanten Farbkonzentration verloren, intensiv, mit starkfarbenem Zentrum, scheint er das Glas sprengen zu wollen. Am Rand zeigt sich mittlerweile die Reife. Unglaubliches Bukett: unmittelbar entgegenkommend, mit kraftvollem Wohlgeruch, wie eine Essenz von Cabernet Sauvignon, würzig, mit Zimt- und Eukalyptusnuancen. Wie der Latour scheint er «süßer» geworden zu sein und ist dennoch körperreich geblieben, ausgesprochen reichhaltig, sehr konzentriert, vollmundig, würzig, wird immer noch von seinem Alkohol-, Säure- und Tanningehalt getragen, wobei die Gerbstoffe durchaus – etwas – geschmeidiger werden. Was für ein Wein – ich habe ihm häufig 21 von 20 Punkten und sechs Sterne verliehen!

*Zuletzt im Oktober 1993 verkostet* ***** *Jetzt und gut bis ins nächste Jahrhundert hinein zu trinken.*

CH. HAUT-BRION Ebenso ein großer Wein. Einer der besten Jahrgänge von Haut-Brion überhaupt. 25 hervorragende Bewertungen und nur eine schlechte Flasche. Der Wein scheint mit dem Alter wieder an Farbtiefe gewonnen zu haben, ist wieder fast undruchdringlich, doch mit einem reifen Bernsteinrand. In der Nase und am Gaumen unterscheidet er sich von den anderen Médoc-Weinen. Erdiger, doch nicht ungehobelt und mit Tabaknuancen im Geschmack. Das Bukett unterschiedlich beschrieben, zart und wohlriechend, «süß», mit Vanille- und Schokoladetönen, warm, würzig, komplett – immer bemerkenswert gut. Ziemlich körperreich und doch samtig, beladen mit Alkohol, der Gerbstoffgehalt wird durch die Reichhaltigkeit und die Extraktstoffe überdeckt. Große Länge und wunderbarer Nachgeschmack.

*Zuletzt im Oktober 1993 verkostet* ***** *Bis gut ins 21. Jahrhundert hinein zu trinken.*

CH. AUSONE Mitte der 50er Jahre mächtig und noch nicht fertig; 1974 adstringierend; 1975 und

auf einer Desai-Degustation 1986 mit einem Charakter von getrockneten Blättern, doch mit einer tiefen, intensiven, wunderschönen Farbe und einem kräftigen Geschmack. Trotz seiner Länge mangelte es ihm an Frucht und er war ausgetrocknet. Die Magnum bei Flatts Ausone-Degustation war zu braun und schlecht.
*Zuletzt im Oktober 1987 verkostet. Im besten Fall* ★★

**CH. CHEVAL BLANC** In den zehn Jahren nach 1977 degustiert. Völlig anders als der gigantische 47er und nicht so gut wie der 48er. Möglicherweise gab es bei der Vinifizierung Probleme: bei vier Flaschen ein Hauch von zu hoher flüchtiger Säure, eine weitere Flasche war am Verwelken. Am besten war eine von zwei Flaschen auf Arthur Hallés Degustation von Spitzengewächsen: kompletter Originalkorken, 2½ Stunden vor dem Servieren dekantiert; mitteltiefe Farbe, rosige Tönung, eine Spur orangefarbener Reife; wunderschönes Bukett, wohlriechend, mit großer Tiefe und herrlicher Entfaltung im Glas, nach weiteren drei Stunden war es voll erblüht, mit einer wunderbaren zedernholzartigen Weinigkeit. Ausgesprochen «süß», doch leicht verblaßt, elegant, mit vorzüglichem Geschmack und guter Länge. Eine schmackhafte, aber leicht säurebetonte Magnum an der großen Eigensatz-Degustation.
*Zuletzt im Mai 1993 verkostet. Im besten Fall* ★★★★
*Jetzt trinken.*

**CH. PÉTRUS** Ich haben diesen ausgesprochen seltenen und praktisch unbezahlbaren Wein bei neun Gelegenheiten degustiert. Kein Zweifel: ein ganz großer Wein. Zu Anfang der 80er Jahre starkfarben, mit einer nach wie vor überzeugenden Tiefe und Intensität und sehr lebhaftem Aussehen; weiche Milch- und Vanille-Töne in der Nase, doch komplett ausgebaut, ausgesprochen wohlriechend, voller Frucht. Am Gaumen ziemlich «süß», mittlerweile weniger mächtig, doch ein reicher, weicher, zum Kauen anregender Charmeur. Perfektes Gewicht, reichhaltig, gute Länge, mit einer gewissen, aufblitzenden Säure.
*Zuletzt im Mai 1993* ★★★★★ *Jetzt trinken.*

VIELE DER FOLGENDEN NOTIZEN STAMMEN VON DESAIS MAMMUT-DEGUSTATION MIT 45ER WEINEN IM FEBRUAR 1986:

**CH. BATAILLEY** Guter Wein: 1957 voll und fruchtig, 1972 reichhaltig mit schöner Tiefe. Außerdem zwei Flaschen mit guten Korken und Füllhöhen auf der Desai-Probe: prachtvolle Farbe; gesund, fleischig, herrliche Nase; ziemlich voll, mit schöner Frucht, angenehmer, trockener Abgang.
*Zuletzt im Februar 1986* ★★★★

**CH. BEYCHEVELLE** 1957 trocken und streng. Vier gute Bewertungen in den 60er und weitere vier in den 70er Jahren, davon drei schöne Flaschen, eine Abfüllung von Justerini & Brooks mit Essigstich. Auf der horizontalen Degustation von Desai zwei Flaschen mit gutem Füllniveau. Eine mit schwarzem Korken und Korkgeruch, die andere rubinrot, reich, wohlschmeckend, mit einer gewissen Eleganz, doch ein bißchen ungehobelt.
*Zuletzt im Februar 1986. Im Durchschnitt* ★★★

**CH. CALON-SÉGUR** Das erste Mal im November 1952 degustiert, mit folgender Bemerkung: «…schön gerundet. In jeder Hinsicht gefällig» doch «zu jung». Seitdem habe ich den Wein ein dutzendmal verkostet und getrunken. Während der 70er Jahre durch das ursprüngliche Tannin noch immer trocken und spröd. Die frühere Farbtiefe hat sich aufgehellt, doch immer noch herrlich reich. (Die Jahrgänge 1945 und 1961 weisen beide eine jahrganstypische Farbkonzentration auf). In der letzten Zeit drei Jahre lang fast identische Bewertungen: zwei Erzeugerabfüllungen, eine Magnum auf der 45er-Degustation von Desai, die letzte Notiz von einer durch Calvet verschifften und in Kopenhagen durch Carl Permins Vinhandel abgefüllten Flasche. Alle hatten ein lebhaftes, reifes, wohlriechendes Bukett mit klaren Zedernholztönen; alle Weine sind durch das Alter «süßer» geworden, der verbliebene Anteil an Resttannin zeigt sich in einem trockenen Abgang. Reichhaltig, konzentriert, fest. Gut.
*Zuletzt im Juli 1989 verkostet* ★★★

**CH. CANTEMERLE** Zwei Flaschen des 45ers aus verschiedenen Quellen, beide mit hervorragendem Füllniveau, auf der Degustation von Desai bewertet: starkfarbenes, intensives Aussehen, doch mit einem zarten, wohlriechenden, attraktiven Bukett, das sich, mit Erdbeertönen, im Glas entfaltete. Schönes Gewicht, wohlgeformt, nach wie vor mit üppigem Tannin- und Säuregehalt.
*Zuletzt im Februar 1986* ★★★★

**CH. LA CONSEILLANTE** 1977 zum ersten Mal verkostet: intensiv, schneidig. Zwei durch Harveys abgefüllte Flaschen: schöne Farbtiefe, reich und reif in Geruch und Geschmack, im Abgang allerdings etwas austrocknend. Als letztes eine phantastische Flasche aus den Aalholm-Kellern, durch Joh. Fr. Schalburg abgefüllt. Füllhöhe noch gut bis an den Hals. Voll ausgebaute, dabei warme und lebhafte Farbe; leichter Honigton im Bukett; «süß», verliert an Gewicht, doch nach wie vor weich, delikat und lebhaft.
*Zuletzt im Juli 1989 verkostet* ★★★★

**CH. COS D'ESTOURNEL** 1959 erstmals degustiert: Frucht und Ausgewogenheit, brauchte noch Zeit. 1968 immer noch etwas rauh, 1972 dann mehrschichtig entwickelt, wahrscheinlich auf dem Höhepunkt. Auf der Desai-Degustation zwei Flaschen: sagenhafte Farbe, zurückhaltendes, nur zart

parfümiertes Bukett, eine Spur «süß», kompletter in Geschmack, Struktur und Balance.
*Zuletzt im Februar 1986* ★★★★

CH. LA CROIX DE GAY Drei Notizen. Alles Abfüllungen von Harvey's. Zwei 1965: gute Mahagonifarbe, noch voller Frucht und Tannin, fast zwanzig Jahre später wurde das Bukett dann mild und zart und entwickelte einen teeähnlichen Wohlgeruch: stilvoll, Gewicht nimmt ab, Abgang etwas kantig.
*Zuletzt im Februar 1986 verkostet. Erreicht jetzt noch* ★★★

CH. CROIZET-BAGES Die vier Bewertungen aus den 60er Jahren haben einen gemeinsamen Nenner: «ein großer kleiner Wein» ... Vor kurzem: ganz reif und vielschichtig; schönes altes Zedernholzbukett; «süßer» Eingang, sehr trockener, leicht säurebetonter Abgang, Gewicht und Geschmack gut.
*Zuletzt im März 1992 verkostet* ★★★

CH. DUCRU-BEAUCAILLOU Der erste 45er, den ich degustierte, im September 1952, als ich meine Karriere im Weinhandel begonnen hatte. «Leicht erdige» Nase; «deutlich zu trocken und rauh». 1972 dann eine Doppelmagnum: nach wie vor starkfarben, mit pfeffriger, schnupftabakähnlicher Nase, gut, doch mehr als trocken. Mehr als zehn Jahre später auf der Desai-Degustation eine Magnum mit Füllhöhe bis zur mittleren Schulter: zu tief, etwas sauer. Außerdem noch eine hervorragende Flasche mit gutem Füllniveau: wohlriechendes, klassisches Bisquitbukett; schlank, wohlschmeckend, doch Tannin und Säure noch etwas rauh. Als letztes: ausgetrocknet doch reichhaltig. Gute Länge.
*Zuletzt im Dezember 1990 verkostet. Im besten Fall* ★★★

CH. LA DOMINIQUE Sehr feiner Wein. Achtmal degustiert. 1954 vollkommen untrinkbar; 1961 mächtig, aber unfertig; in den späten 70er Jahren dann weicher geworden. Als letztes: tief, roter als der 49er; ein reichhaltiger, aufregender Wein, durch den hohen Extraktgehalt, die Fülle und Üppigkeit wird durch die flüchtige Säure überdeckt.
*Ähnliche Bewertungen in den Jahren 1979, 1983 und zuletzt im Juli 1988* ★★★★, *allerdings auf der Kippe.*

CLOS L'EGLISE 1977 eine Abfüllung von Justerini & Brooks mit viel flüchtiger Säure; auf der Desai-Degustation dann eine in Bordeaux abgefüllte Magnum mit hervorragendem Füllniveau: nahezu undurchdringlich; harte, straffe Cabernet-Franc-Nase; deutlicher Sattelgeruch; eigenartig, flach im Geschmack. Reich, aber trüb.
*Zuletzt im Februar 1986 verkostet. Im besten Fall* ★★ *Riskant.*

CH. L'ENCLOS Der leichteste und trockenste Pomerol, der durch Cruse verschifft worden war; von Rutherford's abgefüllt, 1974 degustiert. Danach eine Flasche mit seidiger Struktur, reichhaltig, aber auch trocken und eine holzige, unsaubere Bordeaux-Abfüllung.
*Die beiden letzten auf der 45er-Degustation von Desai, Februar 1986. Im besten Fall* ★★★

CH. FIGEAC Nur eine Notiz. Tiefes, intensives, rubinrotes Zentrum; außergewöhnliches Bukett; «süß», kandierte Veilchen, fast wie ein Mouton; «süßer», voller, aber brackiger Geschmack mit Tabaktönen, überladen mit Tannin.
*Auf Desais Figeac-Degustation, im Dezember 1989.*

CH. LA FLEUR-GAZIN 1972 mahagonifarben, verschlossene Nase, aber vorzüglicher Geschmack und hervorragender Zustand. Eine einzelne Flasche auf der Desai-Degustation roch allerdings nach Roastbeef, ihr Duft und die seidige Pomerol-Struktur mühten sich vergebens, an die Oberfläche zu dringen.
*Zuletzt im Februar 1986 verkostet. Im besten Fall* ★★★

CLOS FOURTET Anfang der 70er Jahre zwei harte, stielige Flaschen. Danach zwei unterschiedliche Exemplare, beide mit hervorragendem Füllniveau und guter Frucht, die allerdings durch Rauheit und einen hohen Tanningehalt beeinträchtigt wurde. Unattraktiv.
*Zuletzt im Februar 1986 verkostet.*

CH. LE GAY 1978 zwei weiche, samtige Flaschen mit Füllniveau bis zur oberen Mittelschulter, am Ende etwas kantig und trocken. 1984 eine wunderbare Flasche mit Füllhöhe bis zur oberen Schulter und tiefer, lebhafter Farbe; nach dem Dekantieren reiches und reifes Bukett, ließ nach einer Stunde etwas nach, erholte sich dann noch einmal und verblühte langsam. Sagenhaft reicher Geschmack, große Konzentration, warme, alkoholische Entfaltung, lederiger, tanninbetonter Abgang wurde durch phantastischen Nachgeschmack ausgeglichen. Vor kurzem eine weitere Flasche: hatte überlebt trotz Füllniveau unterhalb der Schulter. Immer noch herrlich, trotz einem Anklang von Oxydation.
*Zuletzt im Juli 1990 verkostet. Im besten Fall* ★★★★★

CH. GAZIN Acht Notizen zwischen 1964 und 1974, von verschiedenen Abfüllern. Im besten Fall reich und herrlich. Noch immer von hübscher Farbe; süßes altes Zedernbukett; köstlich, noch immer von samtig-kräftiger Statur. Vollkommen.
*Zuletzt verkostet im November 1992* ★★★★★

CH. GRAND-PUY-LACOSTE Ein immer zuverlässig gut geführter Betrieb, in dem man auf tradi-

tionelle Art eindeutige Spitzenweine herstellt. Wenig Publizität, selten verkostet, zumeist unterbewertet. 1986 eine durch den Korken verdorbene Magnum, 1988 eine Flasche der Superlative: sehr tiefes, starkfarbenes Zentrum, intensiv; lebhafte, klassische Pauillac-Nase; ein Hauch anfänglicher «Süße», körperreich, konzentriert. In phantastisch gut erhaltenem Zustand – benötigt noch weitere 20 Jahre.
*Zuletzt im Juni 1988 verkostet* ★★★★(★)

CH. GRUAUD-LAROSE Elf Bewertungen. Angefangen 1954 mit einem schönen, gerade trinkbereit gewordenen Wein mit mächtiger Frucht, über die verschiedenen Stadien der Entwicklung in den 60er Jahren bis zu seiner vollen Blüte Mitte der 70er Jahre. In der zweiten Hälfte der 80er Jahre zur Harmonie gelangt. Auf der Desai-Degustation eine komplette Flasche aus Armeebeständen und vor kurzem zwei Magnumflaschen: eine nach wie vor tief und vielschichtig in der Farbe; zunächst mit Sattelgeruch und tanninbetont, doch mit der Zeit entwickelte sich ein reifes ingwerartiges Fruchtbukett; ausgesprochen «süß», fleischig, mit einer Fülle an Frucht und Tannin. Die andere rauh.
*Zuletzt im September 1993 verkostet* ★★★★(★)

CH. LANGOA-BARTON Drei Flaschen bewertet. Alle in Bordeaux durch Barton & Guestier abgefüllt. 1974 eine ansprechende Flasche, eine weitere reiche und intensive 1981. Bei der Degustation von Desai dann eine, trotz Flüssigkeitsschwund bis zur mittleren Schulter hervorragende Magnum: tief, komplett und vielschichtig in der Farbe; makelloses, wohlriechendes, medizinales Médoc-Bukett, das sich schön entfaltete; gute Frucht. Tannin und Säure sehr trocken und lebhaft.
*Zuletzt im Februar 1986 verkostet* ★★★★

CH. LÉOVILLE-BARTON 17 Notizen. 1954 rauh, tanninbetont, Trinbarkeit noch nicht in Sicht; 1957 hart, «Geschmack wie eine gute Zigarre». Wurde in den 60er Jahren weicher, 1971 eine elegante Abfüllung von Berry Bros und 1972 eine hervorragende Erzeugerabfüllung. 1985 aufregend, aber ziemlich adstringierend, auf der Desai-Degustation dann drei verschiedene Abfüllungen: die von Corney & Barrow's war eine echte Schönheit, jene eines unbekannten Abfüllers erwies sich als weniger gut und die von Cockburn & Campbell's war etwas scharf. Vor kurzem ein vorzüglicher, duftender, weicher Schloßabzug mit Zedernholztönen.
*Zuletzt auf dem Château im Juni 1992 verkostet. Im besten Fall* ★★★★★

CH. LÉOVILLE-LAS-CASES Zehn unterschiedliche Bewertungen. 1954 eine «weiche», eine andere «zu dünn». 1971 wohlschmeckend und elegant, 1972 tief, aber verblassend (eine Flasche aus einem Bordeleser Keller) auf einer Heublein Inc. Vorverkaufsdegustation, anschließend fünf im wesentlichen ausgezeichnete Notizen in den 80er Jahren: sagenhafte Farbe; makellose, reiche Nase, die sich sehr schön auffächerte; immer noch sehr tanninbetont. Zuletzt ein wunderbar reichhaltiger Wein von Schloß Aalholm, der durch Cruse verschifft und durch Kjaer & Sommerfeldt abgefüllt worden war.
*Zuletzt im März 1992 verkostet. Im besten Fall* ★★★★(★) *Bei guter Lagerung kann er sich noch weiter verbessern.*

CH. LÉOVILLE-POYFERRÉ 1954 widersprüchliche Beurteilungen, 1955 eine Abfüllung von Saccone & Speed einfach als «mächtiger Wein» bezeichnet. Mitte der 60er Jahre eine normale Flasche und eine Magnum, die trotz schönem Bukett spröde waren; ähnliche Anmerkungen zehn Jahre später zu einer Abfüllung von Cockburn & Campbell. Vor kurzem bestätigte ein Paar auf der Desai-Degustation die Tiefe und den Wohlgeruch des Weins, wies aber auch einen sehr spröden, tanninbetonten Abgang auf.
*Zuletzt im Februar 1986 verkostet. Erscheinungsbild und Nase* ★★★★★ *Am Gaumen widerwillig* ★★★★

CH. LYNCH-BAGES Mitte der 50er und zu Anfang der 60er Jahre vier wenig schmeichelhafte Notizen: die beste Eigenschaft war noch ein ziemlich überbetonter Cabernet-Sauvignon-Charakter. Auf der Desai-Degustation zwei Flaschen mit kurzen Originalkorken und guten Füllhöhen bis zur oberen Schulter; eine davon mit ausgesprochen tiefer Farbe, einer herrlichen, gut ausgebauten und würzigen Cabernet-Sauvignon- & Cassis-Nase, vollem Körper und Geschmack. Die andere roch nach Pilzen.
*Zuletzt im Februar 1986 verkostet. Für Aussehen und Bukett* ★★★ *Für den Geschmack* ★★★★

CH. MALESCOT-ST-EXUPÉRY 1955 eine überraschend weiche, dennoch charaktervolle halbe Flasche. Elf Jahre später dann zwei Flaschen mit Füllhöhe an der oberen Schulter, beide hervorragend: die übliche Farbtiefe des 45ers; stark duftendes, würziges Bukett mit Veilchen-, Cassis- und Ingwernuancen; wunderbar lebhafte Frucht, trockener, tanninbetonter Abgang.
*Zuletzt im Februar 1986 verkostet. Nase* ★★★★★ *Gaumen* ★★★★

CH. LA MISSION-HAUT-BRION Zusammen mit dem 29er einer der größten Jahrgänge von La Mission. Ab Mitte der 70er Jahre elf gleichbleibend hervorragende Flaschen. Eine geballte Ladung Farbe, rubinrot um ein fast schwarzes Herz herum; reifes, kräuterwürziges, ausgesprochen tiefes Bukett; schwer am Gaumen, männlich,

kraftvoll, sehr tanninbetont, mit der charakteristischen Tabaknote im Endgeschmack.
*Zuletzt im Juni 1990 verkostet ★★★★★ Jetzt, bis gut ins nächste Jahrhundert hinein zu trinken.*

CH. MONTROSE 1985 beeindruckend, wenn auch sehr stark und voller Gerbstoff. Im folgenden Jahr auf der Desai-Degustation ein Paar, die eine ausgetrocknet und scharf, die andere mit einem sehr hohen Füllniveau: strahlende Farbe; reiche, würzige Nase; hat eine schöne Weichheit erlangt, vollkommen gesund, aber etwas schlank, ledrig und tanninbetont.
*Zuletzt im Februar 1986 verkostet. Optimistisch ★★★(★), trocknet aber eventuell aus, bevor er ganz ausgebaut ist.*

CH. MOUTON D'ARMAILHACQ Sechs Bewertungen. In den 60er Jahren wohlschmeckend, doch nicht besonders ansprechend; 1977 wohlriechend und nicht ohne Delikatesse; auf der Desai-Degustation zwei Flaschen unterschiedlicher Abfüller. Beide gut, die erste mit einem ziemlich würzigen Abgang, der an einen Lynch-Bages erinnert; wie so viele ursprünglich sehr trockne 45er wurde er mit dem Alter «süß». Pikant, stilvoll, ausgesprochen schmackhaft. Die andere Flasche duftend und köstlich.
*Zuletzt im Februar 1986. Im besten Fall ★★★★*

MOUTON-CADET Ohne überheblich wirken zu wollen, käme ich normalerweise nicht auf den Gedanken, einen einfachen Markentafelwein hier aufzunehmen. Doch diese Flasche aus einem Keller in Los Angeles war voll ausgebaut, «süß», reichhaltig und ansprechend.
*Bei Christie's Vorverkaufsdegustation, Chicago, Juni 1985 ★★★*

CH. PALMER Fünf Notizen. 1971 voll, stark, klassisch. 1973 eine schlechte Londoner Abfüllung und ein herrlicher Schloßabzug. Auf der Desai-Degustation zwei Flaschen mit ausgezeichnetem Füllniveau; phantastische Farbe; diskretes Bukett, das aus sich herausging, zunächst stielig, dann mit Ingwertönen; lebhafte Frucht, doch nicht so üppig wie der 61er Jahrgang. Viel Gerbstoff.
*Zuletzt im Februar 1986 verkostet ★★★★*

CH. PICHON-LONGUEVILLE, BARON Schien Mitte der 70er Jahre etwas zu braun und in der Nase zu alt zu sein, war am Gaumen aber hervorragend. 1985 auf der Desai-Degustation eine reichhaltige und eindringliche, aber auch etwas ausgetrocknete und unfertige Flasche. Immer noch ziemlich tief, doch im Gegensatz zu den meisten anderen 45ern zeigt das Bukett nicht die besten Eigenschaften: fremd, angesengt, uneinheitlich.
*Zuletzt im Februar 1986. Im besten Fall ★★★*

CH. PONTET-CANET Mehr als ein Dutzend Bewertungen. Als erstes 1954 eine Bordeaux-Abfüllung (man füllte hier nie auf dem Château ab): ein Aroma wie gekochte rote Bete, voll, trüb und hart. 1961 immer noch hart und ebenso 1971. Ende der 70er Jahre begann der Wein milder zu werden; Mitte der 80er Jahre war er dann reichhaltig, «süß» und vorzüglich. Die einzelnen Flaschen sind allerdings unterschiedlich: am besten war 1986 eine Original Cruse-Abfüllung, drei weitere Flaschen auf derselben Weinprobe erwiesen sich als oxydiert, stechend und beißend. Andere wieder waren gut. Auch in der Farbe gab es Unterschiede. Die besten Buketts waren komplett, klassisch, leicht medizinal, belebend und bisquitartig. Vor kurzem eine komplette halbe Flasche.
*Zuletzt im Juni 1990 verkostet. Im besten Fall ★★★★*

CH. RAUSAN-SÉGLA Zehn Notizen. Wegen der unterschiedlichen englischen Abfüllungen in halbe, ganze und Magnumflaschen, schwer auf einen Nenner zu bringen. 1965 zum ersten Mal degustiert: jugendlich, ohne Mitte. Ende des 60er und in den 70er Jahren trat auf einmal eine «flüchtige Säure» zutage. Am besten waren drei auf dem Château abgefüllte Magnumflaschen in den Jahren 1975, 1977 und 1979: starkfarben; reichhaltiges, komplexes Bukett, in der Schwebe; sehr trocken, samtig und doch hart und spröde. Vor kurzem dann zwei Abfüllungen von Berry Bros, die eine hervorragend, in der Art fast wie ein 28er, die andere mit Füllhöhe bis zur mittleren Schulter, knorrig, tanninbetont, mit Endsäure.
*Zuletzt im Juli 1988 verkostet. Im besten Fall ★★★ Verbessert sich nicht mehr.*

CH. RAUZAN-GASSIES Fünf Bewertungen. Mitte der 50er Jahre wohlschmeckend, aber «grün», zu Anfang der 60er Jahre durch nicht abgebaute Säure verdorben. Auf der Desai-Degustation eine oxydierte Flasche, die beiden anderen tief, mit Perlen am Rand, die auf eventuelle Fehler hinwiesen. Verblüht, «süß», würzig, mit viel Säure.
*Zuletzt im Februar 1986 verkostet. Im besten Fall ★★*

CLOS RENÉ Durch Cruse im Faß verschifft und in London durch ihre Agenten abgefüllt. 1974 komplett, außerdem zwei weiche, schöne Flaschen auf der Desai-Degustation – allerdings mit der Schwäche der meisten Pomerol-Weine: die Nase ist zwar «süß» und reichhaltig, doch nicht von gleicher Subtilität und nicht mit dem Potential des Aufblühens, wie bei besten Médocs. Stattlicher Bauer mit roten Wangen.
*Zuletzt im Februar 1986 verkostet. Im besten Fall ★★★★*

CH. TALBOT 1976 trocken, reich, aber spröde. Bei Desai zwei Flaschen mit hervorragendem Füllniveau. Schwarze Kirschen; herrliche Frucht und

würziges Bukett (Zimt), das sich im Glas entfaltete; inzwischen «süß», konzentriert, alle Elemente in Fülle vorhanden. Ein sehr guter 45er.
*Zuletzt im Februar 1986 verkostet* ★★★★★

**CH. LA TOUR-HAUT-BRION** 1978 ziemlich gut, aber mit zuviel Säure. 1985 bei Desai ein eigenartiges Bukett mit Unkraut- und Fischhauttönen; mager, spröde, etwas scharf. Nicht zu vergleichen mit dem großen Bruder, La Mission. Auf der Degustation von Wolf eine rauhe Flasche.
*Zuletzt im Juni 1990 verkostet* ★

**CH. TROTANOY** Mitte der 70er Jahre eine unglaublich reiche, ölige Nase, die aber rasch zusammenbrach, am Gaumen dennoch kraftvoll und seidig. Zwei Flaschen bei Desai, beide auf dem Château abgefüllt, aus den Nicolas-Kellern in Paris: gute Füllhöhen; die eine seltsam parfümiert, weich und zum Kauen, die andere voll ausgebaut, ausgesprochen duftend, mit einem merkwürdigen Geruch nach Hustensirup. Ziemlich «süß», körperreich, vielschichtig und robust.
*Zuletzt im Februar 1986 verkostet. Im besten Fall* ★★★, *aber am Zerfallen?*

**VIEUX CH. CERTAN** Ein gigantischer Wein. Mitte der 70er Jahre phantastisch konzentriert und beeindruckend. Ein Jahrzehnt später immer noch starkfarben; unbeschreiblich «süße» Nase mit Sahnebonbon- und Schokoladetönen; enormer, melasseähnlicher Geschmack. Unfertig und tanninbetont. Inzwischen hat Oxydation das Zepter übernommen.
*Zuletzt im Februar 1986 verkostet?*

DIE FOLGENDEN WEINE NUR AUF BIPIN DESAIS MARATHON-DEGUSTATION DES 45ER JAHRGANGS IM FEBRUAR 1986 VERKOSTET:

**CH. BRANE-CANTENAC** Zwei Flaschen, beide mit hervorragendem Füllniveau, eine allerdings leicht sauer. Die andere Flasche gut: tief und vielschichtig in der Farbe; feiner Zedernholzduft; gute Frucht, aber sehr tanninbetont.
★★★★ *Bald trinken, bevor er austrocknet.*

**CH. BRANAIRE-DULUC-DUCRU** Schloßabzug aus einem dänischen Keller. Gutes Füllniveau, etwas trist, alt, müde und scharf.

**CH. CANTENAC-BROWN** Zwei Flaschen, Füllhöhe obere Schulter, eine etwas scharf, die andere «süßer».
*Im besten Fall* ★★

**DOM. DE CHEVALIER** Ein weiteres Paar; die eine Flasche mit Füllniveau bis in den Nacken; starkfarbenes Zentrum, recht intensiv; «süß», harmonisch, Bukett mit Schokolade-, Zedernholz- und Oliven-

tönen; nicht zu «süß», mittelschwer, herrlich seidige Struktur, trockener, tanninbetonter Abgang. Die andere bis zur oberen Schulter gefüllt, gut, schien mit aber weniger fruchtig zu sein.
*Im besten Fall* ★★★

**CH. LA FLEUR** Zwei Londoner Abfüllungen mit einwandfreien Füllhöhen bis zur oberen Schulter, beide schwarz wie die Nacht, Geruch nach Schweißfuss und Klebstoff, entwickelten aber einen gefälligeren Bauernhofduft. Beide reichhaltig, eine etwas rauh, die andere eleganter.
*Im besten Fall* ★★★

**CH. LA FLEUR-PÉTRUS** Magnum, sehr gutes Füllniveau. Tiefe, prächtige Farbe; eigenartiger, attraktiver Geruch und Geschmack nach Leinsamenöl und Minze. Das Bukett hatte sich nach einer Stunde im Glas komplett entfaltet. Ein trockener, kräftiger Wein mit Schmelz. Auf seine Art sehr gut ★★★

**CH. LA GAFFELIÈRE** Sehr schön: reiches, rubinrotes Zentrum; herrliche Frucht, die im Glas traumhaft aufblühte; nicht zu «süß», mittelschwerer Körper, reife Frucht, wunderbar trockener Abgang und Nachgeschmack. Komplett. ★★★★★

**CH. GRAND LA LAGUNE** Eine von Cockburn & Campbell abgefüllte Flasche war reich, zum Kauen, aber ohne Eleganz, eine andere wies einen fremden Geruch auf.
*Im besten Fall* ★★

**CH. HAUT-BAILLY** Magnum mit sehr hohem Füllniveau. Sagenhafte Farbe; reife, aromatische, erdige Graves-Nase und ein Geschmack, der an Tabak erinnert. Zu wenig Konzentration, aber stilvoll und mit gutem Nachgeschmack ★★★★

**CH. KIRWAN** Beide Flaschen in Bordeaux durch Schröder & Schyler abgefüllt. Reich; duftende Zedernholz- und Cabernet-Note; gut, lebhaft, ziemlich langer, trockener Abgang ★★★★

**CH. LAFON-ROCHET** Zwei Flaschen, aus verschiedene Quellen. Beide mit Füllniveau bis zur oberen Mittelschulter. Eine teakfarben; angesengte, weinige Nase, die nach einer Zeit wie ein alter Aschenbecher roch. Trocken, reichhaltig, aber verwelkt. Die andere Flasche am Austrocknen, dennoch etwas delikater.
*Im besten Fall* ★★

**CH. NENIN** Zwei Flaschen. Eine mit überreifem Geruch nach Schweinestall (Buttersäure) und rauh, die andere etwas besser.
*Im besten Fall* ★

**CH. LA POINTE** Sagenhafte Farbe; der anfängliche Bananenton in der Nase löste sich auf und gab eine phantastische Frucht frei, reich und delikat. Überaus weinig, schöne Struktur, gute Länge. **** *und wird sich noch weiter entwickeln.*

CH. PICHON-LONGUEVILLE, LALANDE Zwei Flaschen. Die eine *Selection Nicolas:* Füllhöhe obere Schulter, fabelhaft tiefe Farbe; reiches, vollausgebautes Mokkabukett; Geschmack nach gerösteten Kaffeebohnen, viel Gerbstoff. *Selection Raymond Baudouin:* Füllhöhe obere Schulter, reich, etwas tiefer, aber mit einem Hauch flüchtiger Säure.
*Im besten Fall* ***

CH. LA TOUR-CARNET Zwei Flaschen, die erste mit einem eigenartig ansprechenden, wohlriechenden Duft nach frischen schwarzen Johannisbeeren; etwas «süß», ziemlich voll, fruchtig, lebhaft und wohlschmeckend. Die zweite Flasche mit einem gefälligen Himbeeraroma ***

CH. LA TOUR-DE-MONS Magnum, hohes Füllniveau. Herrliche zedern- und rubinrote Farbe; sagenhaftes Bukett; voll, reich, mollig, komplett, gute Länge *****

# 1946

*Wurde früher eher als ein «merkwürdiger» denn als «schlechter» Jahrgang bezeichnet. Späte Blüte, Sommer zwar heiß genug, doch in der ersten Septemberhälfte sehr naß. Später Lesebeginn unter sehr warmer Oktobersonne.*

CH. LAFITE Ein einziges Mal auf der Lafite-Degustation von Flatt verkostet. Füllhöhe an der oberen Schulter. Tiefe, reiche, schön ausgebaute Farbe; «süßes», voll entwickeltes Vanille-Fondant-Bukett, weiche Frucht, dann Karamelton; etwas «süß», körperreicher als erwartet, mit Schmelz, tanninbetont, mangelnde Eleganz und Länge, ansonsten aber überraschend gut.
*Oktober 1988* ****

CH. LATOUR Mehrere Notizen. 1964 starkfarben, astringierend, hart, beeindruckend; Ende der 60er Jahre bis Mitte 1976 einige gute Flaschen verkostet, wenn ich auch eine Neigung zu anhaltender Säure feststellte. 1981 auf der Fête-du-Château-Latour-Degustation eine sehr gute, neuverkorkte Flasche aus Château-Beständen: komplett gesund, trockener Abgang und etwas kurz. Als letztes eine oxydierte Flasche.
*Zuletzt im März 1989 verkostet. Im besten Fall* ***

CH. MOUTON-ROTHSCHILD Auf keinen Fall der Geschmack eines schlechten Jahrgangs. 1971 tiefer und besser trinkbar als der 45er, 1976 lebhaft und sauber; 1986 auf der Mouton-Degustation von

Flatt eine hervorragende, wenn auch geringfügig spröde Flasche *Réserve du Château;* eine weitere auf der Latour-Mouton-Degustation in Wiesbaden mit nahezu identischer Bewertung. Tief, attraktiv, immer noch rot in der Farbe. Auf den beiden jüngsten Degustationen wurde die anfängliche Würze wohl durch einen Böckergeruch entstellt, doch bei beiden Flaschen verzog sich der Mißton, und sie entfalteten sich. Eine leicht «süßer» Anklang führte zu einem trockenen, doch würzigen Abgang. Reich. Zum Kauen. Ziemlich gute Frucht.
*Zuletzt im März 1989 verkostet* ****

CH. LASCOMBES Vielschichtige Farbe; faszinierend reiche Nase mit Zedernholz- und Fruchtnuancen; «süß», weich, ziemlich kiesiger alter Geschmack, Säure deutlich spürbar, aber gut.
*Auf der Vorverkaufsdegustation des Rouët-Kellers im März 1985* ***

CH. LA MISSION-HAUT-BRION Vier Notizen, die erste aus dem Jahre 1978, alle Flaschen aus den Kellern von Woltner. Wunderschöne Farbe mit rubinrotem Zentrum; staubige Vanille-Nase; trocken, schlank, schmackhaft, aber tanninbetont und mit zuviel Säure. In jüngster Zeit eine zu braune, trockene, reiche, doch oxydierte Flasche.
*Zuletzt im Juni 1990 verkostet. Im besten Fall* ***

# 1947 *****

*Ein Jahrgang des berühmten Nachkriegsttrios. Im Stil komplett anders als der konzentrierte 45er und der großartig elegante 49er. Berühmt für seine Reife, seinen Reichtum, seine Weichheit, doch die große Hitze dieses Jahres schaffte auch Probleme mit zuviel Säure. Die Lese begann am 19. September unter fast tropischen Bedingungen. Der außerordentlich hohe Zuckergehalt und fast überreifes Traubengut führten zu üppigen, alkoholstarken Weinen. Mitte der 50er Jahre köstlich zu trinken, bei guter Lagerung nach wie vor ein herrlicher Tropfen. Einige Produzenten meisterten das Jahrgangsrisiko besser als andere. Die Säure ihrer Weine zeigt sich von ihrer interessanten und erfrischenden Seite.*
*Zu meiner eigenen Überraschung die vollkommenste Serie an der Magnum-Probe der ersten Bordeaux-Hochgewächse, die Walter Eigensatz im Mai 1993 organisierte (siehe Anhang I).*

CH. LAFITE 15 ziemlich gleichbleibende Bewertungen. Ende der 50er Jahre ein sehr schöner, wohlausgewogener Wein. Farbe nicht eben tief, im Erscheinungsbild ausgereift. Mitte der 80er Jahre hatte sich das Bukett weiter entfaltet und entwickelte sich auch noch im Glas. Nuancen von Jod, Eisen, Vanille, medizinaler Pauillac-Ton, aber immer ausgesprochen wohlriechend. Ziemlich «süß», ein schmackhafter Wein, mit Eleganz und

Kraft und einer hervorragenden Säure. Am besten wahrscheinlich eine 1986 beim Abendessen der Marin County Wine & Food Society probierte Magnumflasche.

*Zuletzt im Mai 1993 verkostet ★★★★ bis ★★★★★ Voll ausgebaut.*

CH. MARGAUX Acht unterschiedliche Notizen. Ende der 50er Jahre sehr gut zu trinken; Mitte der 60er Jahre vermerkte ich indes zu zwei Flaschen: «ohne den femininen Charme eines Margaux», dann auch «überraschend mächtig und schroff». In den 70er Jahren durchgehend tief und reich getönt, eine Kombination aus Kraft und Eleganz. Auf der Margaux-Degustation von Desai eine Flasche mit einem leicht angesengten Bukett, das die Jahrgangshitze verriet, aber auch etwas malzig, außerdem noch eine ganz komplette Flasche. 1988 zwei durch Hankey Bannister abgefüllte Flaschen, die eine oxydiert, bei der anderen zwar erkennbares Alter, dennoch mild und attraktiv. 1990 eine belgische Abfüllung durch van der Meulen: Tawny; außergewöhnliche honigartige Frucht; sehr «süß», etwas «überzüchtet», aber in hervorragendem Zustand. Kürzlich eine großartige Magnum.

*Zuletzt im Oktober 1993 verkostet. Im besten Fall ★★★★★*

CH. LATOUR 13 Notizen: 1954 die kurze Bemerkung «sehr großer Wein»; in den 60er Jahren unterschiedlich, eine Flasche mit zuviel flüchtiger Säure; in der 70er Jahren drei unterschiedliche Flaschen, bei zweien wiederum eine sehr deutliche Säure. In den 80er Jahren bessere Bewertungen: gleichbleibend tiefes und reiches Erscheinungsbild, roter als der 45er; Nuancen von Ziegeln, knorriger Eiche und Käserinde im Bukett. Körperreich, nach wie vor kraftvoll, hervorragender Geschmack, in dem sich noch Gerbstoff und eine beträchtliche Säure bemerkbar machen. Eine tiefe stämmige, lebhafte Magnum an der Eigensatz-Degustation.

*Letztmals notiert im Mai 1993★★★★ Ein reicher «Achterbahn»-Wein, muß jetzt getrunken werden.*

CH. MOUTON-ROTHSCHILD Das erste Mal 1961 verkostet, damals noch sehr jugendlich. Danach zehn weitere Bewertungen, bis auf eine «angeschlagene» Flasche mit Korkgeruch alles sehr schätzenswerte Weine. Ziemlich tiefes, durchscheinendes Aussehen. Beste Eigenschaft: ein sagenhaft duftendes Mouton-Bukett. Am Gaumen leicht «süß», verliert an Gewicht, etwas fruchtig, die große Länge fehlt, doch der Nachgeschmack ist sehr gut.

*Eine herausragende Magnum notiert an der großen Eigensatz- Degustation, Mai 1993. Im besten Fall ★★★★*

CH. HAUT-BRION Wenige Bewertungen. 1957 «viel zu stark». 1971 dann beträchtlich ausgebaut,

stilvoll, dennoch hart. Kürzlich eine perfekte Magnum: tief; reich; glorioses, honigartiges Bukett; schöne, reintönige Frucht und Honiggeschmack, hervorragende Säure, fabelhafter Abgang.

*Zuletzt notiert an der Eigensatz-Degustation, Mai 1993. Im besten Fall ★★★★★*

CH. AUSONE 1976 eine schöne Magnum und auf der Ausone-Degustation von 1987 bei Flatt eine sehr attraktive Normalflasche. Niemals sehr tief gewesen, jetzt eher blaß, etwas breit, offen, mit einem Stich ins Orange; eigenartiges Bukett, das sich sehr schnell in seinem Wohlgeruch entfaltete und gut hielt. Erfrischende Säure, allerdings etwas zu viel.

*Zuletzt im Mai 1993 verkostet ★★★★ Austrinken.*

CH. CHEVAL BLANC Ich habe diesen imposanten Wein über zwei dutzendmal verkostet. Erstaunlicherweise bewundere ich ihn, aber zum Trinken gefällt er mir immer weniger. Ende der 50er Jahre war er einfach komplett und sehr reich. Mitte der 60er Jahre dann stellte er alle Spitzengewächse aus dem Médoc in den Schatten. Innerhalb von drei Jahrzehnten vier sehr gute Abfüllungen durch Harvey's, 1977 zwei belgische von J. van der Meulen, mehrere hervorragende auf dem Château abgefüllte Magnumflaschen und eine merkwürdige *Marie-Jeanne*. Immer noch fast gänzlich undurchsichtig; verhältnismäßig schnell aufblühende Nase mit Nuancen von reifen Maulbeeren, Lakritze, Feigen und gelegentlich Pilzen. Ein «süßer», voller, reicher und doch weicher Wein. Hoher Alkohol-, Extrakt-, Tannin- und Säuregehalt. Mich erinnert er mittlerweile zu sehr an Portwein. Von Zeit zu Zeit kam mir dieses Gewächs überbewertet vor und eher wie Portwein. Aber in Bestform ist er schlechthin herrlich. Vollkommen an der großen Eigensatz-Degustation aus Magnumflaschen; meine Maximalnoten erhielt er in Hamburg: ein Bukett zum Schwärmen; reife Farbe; frisch, seidig, makellos.

*Zuletzt im Oktober 1993 verkostet. Im besten Fall ★★★★★ Austrinken oder für die nächste Generation aufheben.*

CH. PÉTRUS 1971 zum ersten Mal getrunken: reicher, runder, fabelhafter Wein. 1977 dann eine trockenere und schlankere belgische Abfüllung. 1986 eine Magnum mit voller Punktzahl bei Fricks, desgleichen auch bei einer normalen Flasche, auf einer vertikalen Degustation in Stockholm und ganz kürzlich eine perfekte Magnum an der großen Eigensatz-Degustation. Sehr tiefe Farbe, mit ausgesprochen reifem Rand; reiche, entwickelte, leicht malzige Nase; sehr «süß», ausgesprochen körperreich, ungeheuer viel Alkohol, robust, beladen mit Tannin und Säure. Großartig.

*Zuletzt im Mai 1993 verkostet ★★★★★ Komplett. Hält sich noch.*

CH. BARET Ein unklassifizierter Graves. Zwei Schloßabzüge, eine mit Korkkäfer und etwas sauer, die andere tief, ausgebaut, mit kaffeeähnlicher Nase; weich, gefällig.
*Zuletzt im November 1983 verkostet* ★★★

CH. BATAILLEY 1955 völlig gleichgewichtig, ein Wein mit «großem Charakter»; 38 Jahre später immer noch tief, leicht schokoladig, mit reichem Extraktgehalt und viel Alkohol.
*Zuletzt im Oktober 1992 verkostet* ★★★★

CH. CALON-SÉGUR Sechs Bewertungen. 1954 ein «schöner großer Wein»; Mitte der 70er Jahre tief, «süß» und komplett; 1980 eine Flasche mit leichtem Schwund, bereits etwas verblüht. In jüngster Zeit zwei hervorragende Flaschen aus den Aalhom-Kellern, die durch Dourthe exportiert und durch Kjaer und Sommerfeldt abgefüllt worden waren. In Erscheinung, Nase und Geschmack tief und reichhaltig. Hervorragendes, getoastetes Bukett; ziemlich «süß», nach wie vor tanninbetont.
*Zuletzt im September 1989 verkostet* ★★★★

CH. CANTENAC-BROWN Eine lebhafte, schokoladige, reife, käsige Doppelmagnum auf einer Rodenstock-Degustation. Auf der Kippe.
*Zuletzt im September 1986 verkostet* ★★ *Riskant.*

CH. CANON Beständig gute Qualität. Ziemlich tiefes, warmes, voll entwickeltes, schokoladiges Bukett; «süß», weich, komplett.
*Juni 1989* ★★★★★

CH. DUCRU-BEAUCAILLOU Vier Notizen. Höhepunkt wahrscheinlich Mitte der 60er Jahre. 1973 etwas überreif und leicht säuerlich. Als letztes eine immer noch starkfarbene Magnum; leichter Alterston, aber mit attraktivem Zitrusbukett; herrlich «süß» und wohlschmeckend, 1959 mit gutem Gewicht, aber auch deutlicher Säure.
*Zuletzt im September 1982 auf dem Château getrunken* ★★★ *Über den Gipfel hinaus. Austrinken.*

CH. FIGEAC 1986 weich und schön; kürzlich auf der Figeac-Degustation von Desai eine gute Magnum aus Château-Beständen. Reiches, gehaltvolles, herrliches, geradezu überwältigendes Bukett. Ziemlich «süß» und körperreich, guter Tannin- und Säuregehalt. Sehr gut.
*Zuletzt im Dezember 1989 verkostet* ★★★★★

CH. LA FLEUR 1955 zum ersten Mal bewundert. 1974 dann eine reiche, aber leicht fragile Abfüllung von Harvey; anschließend eine voll ausgebaute und charmante Flasche, die durch Cruses Londoner Agenten abgefüllt worden war. 1977 eine trockenere, aber wohlausgewogene belgische, dann eine dänische Abfüllung der Spitzenklasse – durch Cruse verschifft, durch Schalburg abgefüllt – aus dem Aalholm-Keller: große Fülle für Auge, Nase und Gaumen. Ziemlich «süß», enormer Körper, hoher Extraktgehalt, immer noch tanninbetont. Komplett. Nicht verwunderlich, daß er Baron Rabens Lieblingswein ist. Eine aggressive Doppelmagnum (aus den Nicolas-Kellern), dann eine perfekte Magnum in Hamburg: tief, herrliches, ausgeprägtes Bukett; reichhaltig, noch immer tanninbetont.
*Zuletzt im Oktober 1993 verkostet* ★★★★★ *Hält sich noch.*

CH. LA FLEUR-PÉTRUS «Premier grand 1er cru, Haut Pomerol». Zwei Bewertungen. In Erscheinungsbild, Nase und Geschmack tief, schön, reich und ausgebaut. Ausgesprochen reif und füllig, dennoch fest.
*Zuletzt im Dezember 1980 verkostet* ★★★★

CH. HAUT-BAILLY Drei Flaschen bei einem Abendessen, alle mit Füllhöhe bis zur oberen Schulter, beständig. Kaum noch Rot vorhanden; zurückhaltendes Bukett, das den Geruch nach altem Stall und Keksen entfaltete, den ich mit gutem altem rotem Bordeaux verbinde. Am Ende bricht eine fast Mouton-artige Frucht hervor. Delikat, überaus «süß», gute Länge, schöne Säure.
*Bei Peter Wallenberg in Schweden, März 1987* ★★★★

CH. LA MISSION-HAUT-BRION Seit 1973 sechsmal degustiert, so viel ich weiß alle aus den Privatkellern von Woltner. Auf der Desai-Degustation eine fast undurchsichtige Magnum; reiches, reifes, stark duftendes Bukett; «süß», lebhaft, überaus schmackhaft. Ließ sich noch lange nach dem Öffnen schön trinken. Als letzes: tiefes Aussehen; verführerischer Zedernholz- und Tabakduft; füllig, mit guter Länge.
*Zuletzt auf der Degustation bei Wolf im Juni 1990 verkostet* ★★★★★

CH. MONTROSE Immer noch ziemlich tief; ansprechend, ausgebaut, wohlriechendes Bukett mit Anklängen von Meeresbrise und Leder; körperreich, mollig, feste Struktur, samtige Hülle. Wunderbar.
*Zuletzt im August 1984 verkostet* ★★★★

CH. PALMER Vier Notizen zwischen 1955 und 1966. Drei Abfüllungen durch Harveys, weich und fruchtig. Sie standen allerdings auf der Kippe. In jüngerer Zeit ein mutmaßlicher Schloßabzug: sehr schöne Farbe, zeigt immer noch ein leichtes Kirschenrot; himmlisches Bukett, reich, mehlig, hochgetönt, möglicherweise nahe am Zerfall; «süß», duftend, herrlich, die Spur 47er Säure verleiht ihm Auftrieb.
*Bei einem Weinwochende im Hotel Castle in Taunton verkostet, November 1985* ★★★★ *Austrinken.*

CH. PICHON-BARON 1955 ziemlich scharf, in den 70er Jahren zweimal adstringierend. Als letztes eine gute Flasche von Schloß Aalholm. Füllniveau bis zum Hals. In Erscheinung, Nase und Geschmack schön, tief und reichhaltig. Leicht schokoladig. Gute Länge. Passender Anklang von Säure und Tannin.
*Zuletzt im Juli 1989 verkostet. Im besten Fall* ★★★

CH. PONTET-CANET Keine Schloßabfüllungen. Stets durch die Cruses, die Besitzer, in Bordeaux abgefüllt oder im Faß verschifft. 1956 vorzügliche Pauillac-Nase, aber immer noch ziemlich «grün». 1973 eine sehr schöne, gut erhaltene, von Cruse abgefüllte *Jéroboam*. 1978 Überreife und Wohlgeruch notiert. Anfang der 80er Jahre lebhaftes Aussehen, «angesengt», reich, aber leicht beißend, außerdem eine ziemlich intensiv aussehende, reichhaltige, reif duftende Doppelmagnum, die durch etwas zuviel Holz beeinträchtigt war. Selbst mit reifem Brie konnte man die unverbundene Säure des Weins nicht zähmen.
*Zuletzt im Oktober 1992. Im besten Fall* ★★★

CH. RAUSAN-SÉGLA Ende der 70er Jahre zwei elegante, wohlschmeckende Flaschen. In jüngster Zeit: starkfarben, intensiv; stielig, flüchtige Säure; trocken, uneinheitlich.
*Zuletzt im Januar 1991 verkostet. Im besten Fall* ★★★★

CH. TALBOT Sieben Aufzeichnungen, die erste aus dem Jahr 1968 sehr attraktiv. Zwei weitere Flaschen, durch Cruse verschiffte und von deren Londoner Agenten abgefüllte, trotz einer Spur flüchtiger Säure ebenfalls sehr ansprechend. Drei Exemplare in jüngerer Zeit: eine superbe Schloßabfüllung auf der Vorverkaufsdegustation von Christie's in Chicago, voll ausgebaut und perfekt, außerdem zwei Flaschen von Aalhom, durch Cordier verschifft und von Carl Permins abgefüllt, beide mit hervorragendem Füllniveau, sehr reifem Erscheinungsbild, mit der für Talbot typischen, reifen Hühnerhaus-Nase; weich, gerade richtig und köstlich, eine Flasche allerdings mit einem leicht scharfen Endgeschmack.
*Zuletzt im September 1989 verkostet. Im besten Fall* ★★★★

WEITERE DEGUSTATIONSNOTIZEN NACH 1980:

CH. BEAUSÉJOUR-BÉCOT 1982 sehr tief; großartig, mächtig und füllig.

CH. HAUT-SARPE Fünf unterschiedliche Notizen, alle vom Anfang der 80er Jahre. Satte, reiche Jahrgangsfarbe, Bukett im besten Fall sahnig, reich, doch mit der Tendenz auseinanderzufallen.

Im wesentlichen «süß» und würzig, zum Teil schleppend und *passé*.
*Zuletzt im Juli 1983 verkostet. Im besten Fall* ★★★

CH. SIRAN Mittelblaß; reich, schokoladig; süß, weich, hübsch.
*Vorverkaufsdegustation im Oktober 1993* ★★★★

CH. SMITH-HAUT-LAFITTE Durch Eschenauer, den Besitzer, verschifft, von Schalberg abgefüllt. Hohes Füllniveau, perfekte Farbe; «süß», honigartig, nachhaltig in Bukett und Geschmack. Am Ende leicht überbetonte Säure.
*Juli 1989.*

CH. LA TOUR DU PIN-FIGEAC Satt, fruchtig, stilvoll, ansprechend.
*September 1983* ★★★

CH. TROTTEVIEILLE Vanille- und Lakritzebukett, würzig, doch etwas mager und über den Höhepunkt hinaus.
*Juni 1989* ★★

# 1948 ★★★

*Ein eigenartiger, niemals populärer Jahrgang. Schwierig vor allem wegen der großen Hitze im Mai, auf die ein miserabler nasser Juni folgte, der ein Durchrieseln verursachte. Der Juli begann kalt, wurde dann aber wärmer. Kalter, nasser August. Die Trauben begannen zu faulen. Der September war schön, warm und trocken.*

CH. LAFITE Zehn Bewertungen, angefangen mit der Bewertung «vorzüglicher Wein» im Jahre 1954, Ende der 50er Jahre dann mild, aber etwas kurz, in den 60er Jahren wohlschmeckend, Ende der 70er Jahre interessant und stilvoll, doch das Alter machte sich bemerkbar. 1985 ein hervorragendes *Marie-Jeanne-Dîner* auf Ch. Lafite und sehr gute Noten auf der Degustation von Flatt. Überraschend befriedigend. Nach wie vor schöne Farbe, voll ausgebaut; wunderbares Bukett, unterschiedliche Beschreibungen wie delikat, wohlriechend, Mandarinen- und auch Austernnuancen, entwickelte sich prächtig unter Lufteinwirkung; lebhaft, immer noch stark tanninbetont, durch und durch trocken. Geschmack wie ein roter Graves, farnkrautartig – dabei sehr attraktiv.
*Zuletzt auf einem Bordeaux-Club-Dinner im Christ's College in Cambridge, November 1989* ★★★★

CH. MARGAUX 1975 zum ersten Mal verkostet, reichhaltig, doch mit hohem Säuregehalt. Fünf Jahre später: sehr tiefes, rotgetöntes, reifes Erscheinungsbild; delikates, harmonisches Bukett;

trocken, sicherlich kein fleischiger 48er, bemerkenswert duftend, tanninbetont.
*Zuletzt im Februar 1980 verkostet* ★★★★

CH. LATOUR 1956 mächtig, dunkel und «grün», das nächste Mal erst 1971 degustiert. Unterschiedliche Bewertungen: würzig, deutliches Cabernet-Aroma, stark, spröde, mit Schwung, doch adstringierend. Zusammengefaßt ergeben die neun gleichmäßig über einen größeren Zeitraum verteilten Degustationen folgendes Bild: ein machtvoller, eindringlicher Wein, der die rauhe, tanninbetonte Seite des 48er Jahrgangs zum Ausdruck bringt.
*Zuletzt im März 1989 verkostet. Im besten Fall*
★★★★

CH. MOUTON-ROTHSCHILD Vier Aufzeichnungen. 1969 sagenhaft reiches Bukett, überraschend grün und unausgebaut. Auf der Mouton-Degustation von Flatt im Jahre 1986 eine gute Magnum mit besonders schön entwickelter Nase. Fast identische Bewertungen bei der Mouton-Latour-Degustation in Wiesbaden: immer noch satte, ansprechende Farbe; vorzügliches Mouton-Aroma, reichhaltig, aromatisch, Rosennuancen; mittelschwer, eindringlich, fruchtig, doch wie der 48er Lafite mit Anklängen von getrockneten Blättern, immer noch tanninbetont.
*Zuletzt im März 1989 verkostet* ★★★★

CH. CHEVAL BLANC 13mal degustiert. Anfang der 60er Jahre steif, unausgebaut, zwar gut, aber nicht sehr ansprechend. Mitte der 80er Jahre dann nahezu perfekt: fabelhaft satte Farbe, zitrusartiger Duft, überraschend «süß», körperreich, komplett in Geschmack, Reichhaltigkeit und Ausgewogenheit. 1986 eine Magnum mit einer spitzen Nase nach saurer Sahne und Melasse, ein Jahr später eine ausgefallene Avery-Abfüllung: Geruch nach angesengten Rosinen, der mich an einen australischen Muskat-Likörwein erinnerte, dick, Gerbstoffe durch den hohen Extraktgehalt überdeckt. Eher wie ein Portwein. Die letzten vier Flaschen waren dänische Abfüllungen durch K. Dorf Petersen, aus den Kellern von Schloß Aalhom. Baron Raben hatte in drei Kellern 182 Flaschen, alle mit perfekten Etiketten und Füllhöhen. Satte, reiche Farbe; weiche, zarte Nase, die sich zu einem erdbeerartigen Duft entfaltete; «süß», reichhaltig, weich, vorzüglicher Geschmack, Tannin- und Säuregehalt. Im Hamburg eine Magnum: Beginnt auszutrocknen, aber noch immer köstlich und stilvoll.
*Zuletzt im Oktober 1993 verkostet* ★★★★

CH. PÉTRUS Zum ersten Mal 1986 in München auf der Degustation von Frericks degustiert. Dunkle Pflaumenfarbe; angesengt; Sattelgeruch, fast unangenehm «süße» Nase; mächtig, stark, tanninbetont. Beeindruckend, aber ...
*Das nächste und letzte Mal auf der «Stockholm»-Vertikaldegustation im Mai 1990.*

CH. BARET Trotz Korkmotte und einem leicht reduziertem Füllniveau gute, reichhaltige Farbe und erdiger Graves-Charakter; «süßer» und milder als erwartet.
*September 1983.*

CH. BEYCHEVELLE Mahagonifarbe; hart; unnachgiebig.
*1993* ★

CH. CALON-SÉGUR Untrinkbar anno 1969. Noch immer tanninbetont, aber gut.
*Zuletzt verkostet im Dezember 1992* ★★

CH. DUCRU-BEAUCAILLOU Nur einmal degustiert: reiche, reife Farbe; wohlriechendes, überreifes, klassisches Bukett; trocken, schlank, ausgesprochen wohlschmeckend, aber unfertig. Ich hielt ihn für einen 34er Lafite.
*Oktober 1984* ★★★

CH. LÉOVILLE-BARTON Der brillanteste und vollkommenste 48er. Zweimal 1971 degustiert. Kürzlich dann: granatrot; herrliches Bukett, würzig, Eukalyptus, Mouton-ähnlich; süß, schöner Geschmack, perfekt in Gewicht, Tannin und Säure.
*Zum Mittagessen auf dem Château, Juni 1992* ★★★★★

CH. LA MISSION-HAUT-BRION Einer der Besten dieses Jahrgangs, obwohl mir auch eine oxydierte und eine spröde, ungenießbare Flasche besegnete. Vollkommener Wein dann zu Beginn der 60er Jahre, 1978 sagenhaft. 1990 unbeschreiblich satte Farbe; sehr feines, reiches Bukett mit Ingwertönen; charakteristisch erdiger Graves-Geschmack, trockener, duftender Nachgeschmack. Später noch eine eher positive, aber etwas spröde *Marie-Jeanne.*
*Zuletzt im Juni 1990 verkostet* ★★★★

CH. SIRAN Tief, reich; getoastet; immer noch tanninbetont.
*Im Oktober 1993* ★★★

## 1949 ★★★★★

*Ein durch und durch interessanter, großer, klassischer Jahrgang, der dritte im hervorragenden Nachkriegstrio. Teilweise ist das sicher auf vollreifes Rebholz und die traditionelle Weinbereitung durch erfahrene Kellermeister zurückzuführen. Januar und Februar waren die trockensten seit Beginn der Aufzeichnungen, Kälte und Regen während der Blüte verursachten ein katastrophales Durchrieseln, wobei das Wetter Ende Juni schön wurde; unglaublich heißer und trockener Juli, zu trockener August, stürmischer September. Ende September gute Lesebedingungen. Es wur-*

*den feine, geschmeidige, wohlausgewogene Weine erzeugt. Die besten darunter sind nach wie vor superb.*

CH. LAFITE Bei der ersten Probe leicht, mit mangelnder Frucht und enttäuschend; drei ähnliche Bewertungen im Jahre 1955. Dann ein Sprung bis 1970: eine 1968 auf Ch. Latour neuverkorkte Flasche. Wiederum enttäuschend, adstringierend. In den darauffolgenden Jahren über zwanzig Aufzeichnungen, von fast allen Flaschengrößen. Etwas zu häufig pikant und ein bißchen zu säurebetont, zeigte sich der Wein nicht immer in Bestform. Doch sechs der sieben Notizen in den 80er Jahren waren gut: mitteltiefes, vorzügliches, reifes Erscheinungsbild; delikate, konzentrierte Wohldüfte, manchmal fast burgunderartig, pflanzlich (Los Angeles, 1983), Aprikosen; am Gaumen im allgemeinen «süß», reif, delikat, mit weicher Struktur, reichhaltig, dabei etwas schlank. Natürlich sehr gute Noten 1988 bei der Lafite-Degustation von Flatt. Attraktive, aber verblühende Magnum an der kürzlichen Eigensatz-Degustation. Ein an- und aufregender 49er.
*Mai 1993. Im besten Fall* ★★★★★

CH. MARGAUX Elf Aufzeichnungen. Mitte der 50er Jahre weich und artig. 1970 eine brüchige Flasche, abgefüllt von Chalié Richard, 1986 eine sehr gute, elegante Abfüllung von Block, Grey and Block aus dem Keller eines Adeligen. Danach bei mehreren Anlässen: schöne Farbe, voll ausgebautes, wohlriechendes Bukett, ausgesprochen «süßer» Geschmack, große Länge und trockener Abgang.
*Zuletzt im Mai 1993 verkostet. Im besten Fall* ★★★★★ *– wie er sein sollte.*

CH. LATOUR Mehr als zwei Dutzend, größtenteils begeisterte Aufzeichnungen. 1954 ein dunkler, mächtiger, rauher Wein. Ende der 60er Jahre begann er aufzublühen, bekam eine seidige Struktur, zeigte Frucht, war aber noch überladen. Gegen Ende des folgenden Jahrzehnts dann mehrere, prächtige Magnumflaschen. Ein oder zwei unfertig und säurebetont (schlechte Lagerung?), eine andere zwar wohlriechend, doch hart und hölzern. Mitte der 80er Jahre vier gute Bewertungen: immer noch ziemlich satte, rubinrot getönte, für das Alter jugendliche Farbe; anregendes, oftmals ausgezeichnetes, reiches Cabernet-Bukett; körperreich, dabei voll ausgebaut, große Fruchtfülle, «süßer» Anfangsgeschmack, trockener, duftender Abgang. Eine Flasche auf der Latour-Mouton-Degustation war etwas maderisiert und spröde. Ganz kürzlich: Zeigt zwar sein Alter, aber sehr harmonisch; reich und komplett, ein rundum erfreulicher Mundvoll Wein.
*Zuletzt notiert am Farr-Vintner-Dinner, September 1993. Im besten Fall* ★★★★★

CH. MOUTON-ROTHSCHILD Von Anfang an bis jetzt ein überaus schöner Wein. 19 hervorragende Bewertungen, nur eine hölzerne Flasche im Jahre 1985. Hervorstechende Eigenschaften von Mitte der 50er bis in die 80er Jahre waren Wohlgeruch und Delikatesse. Ab Mitte der 70er Jahre bis jetzt und zweifellos noch länger auf dem Höhepunkt der Entwicklung. Notizen aus jüngerer Zeit: sehr tiefe, reiche, intensive Farbe mit schönem, reifem Rand; mustergültige Mouton-Nase, unmittelbar entgegenkommend, «süß», würzig, entfaltete einen ganz ungewöhnlichen Duft nach Tee und Rosenblättern. Am Gaumen leicht «süß», keinesfalls ein Schwergewicht, Verbindung von Weichheit, Delikatesse und Charme mit einer gewissen femininen Note. Kürzlich Magnumflaschen, exotisch, aber am Austrocknen.
*Zuletzt im September 1993 verkostet* ★★★★★

CH. HAUT-BRION Mehr als ein Dutzend recht unterschiedliche Aufzeichnungen. Mitte der 50er Jahre ausgesprochen grün und unfertig, in den 60er Jahren gefällig und erfrischend. In den 70er Jahren wurde das Bukett «süßer», im Geschmack sehr reichhaltig, vielschichtig, erdig, doch immer noch leicht adstringierend. 1985 befand sich Ch. Haut-Brion fünfzig Jahre in Besitz der Familie Dillon; anläßlich dieses Geburtstages fand eine Auktion bei Christie's statt, bei der sich dieser Wein sehr schön präsentierte. Bewertungen aus jüngerer Zeit: immer noch satte Farbe, mit einer Intensität fast wie ein 45er und einer Dichte wie ein 28er Haut-Brion; sehr wohlriechend erdiges Bukett, mit Nuancen von Tabakblättern und Kleehonig; am Gaumen ziemlich «süß», zum Kauen, konzentriert, mit dem für Graves charakteristischen Geschmack nach Farnkraut und Tabak, mit einer unvermuteten Säure dahinter.
*Zuletzt im Oktober 1987 verkostet. Im besten Fall* ★★★★ *Sollte getrunken werden.*

CH. AUSONE Mitte der 50er Jahre eine weiche, und doch tanninbetonte, klassische Flasche und eine weitere, zwar wohlschmeckend, aber säurebetont. Anfang der 70er Jahre ein seltsames, angesengtes, charaktervolles und sehr ansprechendes Gewächs; gut auch an der Ausone-Degustation von Flatt. Dieser eigenartigste aller *Premiers grands crus* hat mir vom Stil her nie entsprochen; es scheint von Anfang an alt und braun zu wirken, ist dabei aber oft von beeindruckender Tiefe. Seltsame alte Nase, offen, käsig, reichhaltig, mit würziger Entfaltung. Bei der letzten Gelegenheit relativ «süß», mit schönem Gewicht und auf seine Art komplettem Geschmack, weich, füllig, gut in Länge und Abgang.
*Zuletzt im Oktober 1987 verkostet* ★★★ *bis* ★★★★ *Fast eine Geschmacksfrage.*

CH. CHEVAL BLANC Über dreißig Aufzeichnungen. Ein prächtiger Wein. 1954 bei der ersten nungen.

Degustation notierte ich mir: «runder und ausgebauter als (der gute) 50er. Sehr teuer.» Im Januar 1959 dann als enttäuschender «Grünschnabel» bezeichnet, nur zehn Monate später allerdings als «wunderbar ausgewogen, einer der besten 49er». Diese Diskrepanz geht wohl eher auf mich als auf Flaschenunterschiede zurück. Englische Abfüllungen: eine scharfe Halbflasche von Harvey's, 1978 eine fabelhaft reiche Flasche von Justerini & Brooks und zwei hervorragende Corney & Barrows. Der Wein gewann mit dem Alter an Statur und schien, von ein oder zwei oxydierten Flaschen (Schloßabfüllungen) abgesehen, Mitte der 80er Jahre seinen Höhepunkt erreicht zu haben. Zusammenfassung der jüngsten Bewertungen: sehr reiche Farbe, ein herrliches, provenzalisches Ziegelrot mit faszinierenden Abstufungen; «süßes» Bukett mit Nuancen von duftendem Zedernholz, warmen Ziegeln und Trüffeln (eine *Jéroboam* auf dem Abendessen anläßlich des 50. Geburtstags von Overton). Entsprechender Geschmack. Ausgesprochen «süß», weich, harmonisch, *à point*. Ein großer 49er.
*Zuletzt im Mai 1993 verkostet. Im besten Fall* ★★★★★

CH. PÉTRUS Die erste meiner fünf Bewertungen machte ich 1986 auf Frericks Degustation. Dem 49er verlieh ich die besten Noten. Wirklich ein sehr großer Wein. Satte, beeindruckende Farbe; das Bukett mit reifer Maulbeernote. «Süß», voll, weich, samtig, dabei lebenserhaltend griffig. Vollkommen.
*Zuletzt im Mai 1993 verkostet* ★★★★★ *Hält sich.*

CH. BEYCHEVELLE Ein Wein, so elegant, wie er nur sein kann. Selbst im Aussehen ist er elegant, dabei niemals – auch nicht im Alter von zehn Jahren – von tiefer Farbe, trotz vollem Geschmack und jugendlichem Biß. 1965 ausgesprochen trinkfertig, eine hervorragende Magnum, im Jahr darauf dann eine etwas unausgewogene Flasche. Als letztes eine phantastische Berry-Bros-Abfüllung: feine, reife Farbe; vorzüglich in Bukett und Geschmack, Gewicht wie ein Ch. Lafite, zarter, trockener Abgang. Elegant, elegant und nochmals elegant.
*Zuletzt im März 1983 verkostet. Im besten Fall* ★★★★★ *Es lohnt sich, danach Ausschau zu halten.*

CH. BOUSCAUT Drei Aufzeichnungen. Auf eigenartige Weise ansprechend. Als letztes eine Flasche auf dem Château: sehr tiefe Farbe, mit ziegelrotem Rand; interessantes Bukett mit einer Spur Himbeeren und anschließend schwarzer Melasse; trockener, kiesiger Graves-Charakter, etwas ausgetrocknet, aber makellos.
*Zuletzt im September 1986 verkostet* ★★

CH. CANTEMERLE 1966, 1977 und 1983 stach als erstes die herrliche Farbe, ein relativ sattes Gra-

natrot, ins Auge. Der nächste Eindruck war dann das vornehme, parfümierte, blumige Bukett; am Gaumen elegant, wohlschmeckend und etwas dünn werdend, für mich aber der Inbegriff eines roten Bordeaux.
*Zuletzt im Mai 1983 verkostet* ★★★★

CH. CERTAN Ganz offensichtlich ein Pomerol-Jahr. 1974 weich und samtig. In jüngster Zeit ein durch Cruse verschiffter und von deren Londoner Agenten Rutherford abgefüllter Wein: Füllniveau obere Schulter; mitteltiefes, reiches, vollausgebautes Aussehen; Alter zunächst spürbar, doch schöne, nuancierte Entfaltung mit Anklängen von roter Bete; am Gaumen «süß», relativ leicht, rund, duftend. Ein Charmeur.
*Zuletzt im Januar 1989 verkostet* ★★★★

CH. LA CONSEILLANTE Zwei Bewertungen. Das erste Mal ein phantastisch schöner Wein, wie man es am liebsten erwartet. Danach dann eine eigenartig halboxydierte Flasche, zu braun, eine Nase wie Fleischextrakt, relativ «süß», mächtig, gerade noch trinkbar.
*Zuletzt im April 1982 verkostet. Im besten Fall* ★★★★

CH. COS D'ESTOURNEL 1954 vielversprechend. 1969/70 drei ansprechende, aber etwas säurebetonte Abfüllungen von Justerini & Brooks. In jüngerer Zeit: mitteltief, ausgebaut; reifes Bukett mit dem Anklang alter «Efeublätter», wie in seltener alter Beychevelle oder auch Lafite; delikat, gute Länge, nach wie vor mit der Unterstützung von Tannin und Säure, wobei letztere langsam überhand nimmt. Ein von mir hochgeschätztes Getränk.
*Zuletzt im März 1984 verkostet* ★★★★

CH. FIGEAC Sehr interessant. In den 50er Jahren zweimal bewertet: ein etwas dunkler, aber weicher Wein. Drei Notizen aus den 80er Jahren: immer noch fabelhaft satte Farbe, mit lebhafter, fast jugendlicher, rubinroter Tönung; eine Flasche (1986) war allerdings holzig und roch wie ein stehengelassener Aschenbecher. In jüngerer Zeit lebhafter, fruchtiger Duft und Geschmack. Letztlich wahrscheinlich der beste Wein auf der Figeac-Degustation in Paris. Opak, intensiv; vorzügliches, wohlriechendes Bukett mit würziger Cabernet-Sauvignon-Frucht; nicht zu «süß», mittelschwer, Geschmack nach Himbeeren und Sahne, perfekt ausgewogen, wunderbarer Nachgeschmack.
*Zuletzt im Dezember 1989 verkostet* ★★★★★ *Mit Zukunft.*

CH. GRAND-PUY-LACOSTE Wie Cantemerle damals ein hervorragend geführter Besitz. Satt, rubinrot, lebhaft; ausgezeichnete Frucht; trocken.
*Februar 1988* ★★★★

**Ch. Gruaud-Larose** Elf Bewertungen. Bereits 1952 weich und gefällig, 1953 ein bißchen wie ein Burgunder, 1974 köstlich und fruchtig. Zehn Jahre später eine vielschichtigere, sehr wohlschmeckende Magnum. Danach verschiedene Beschreibungen wie «elegant», «weich», «samtig», «vollkommen ausgewogen»; in den 80er Jahren nach wie vor keine einzige schlechte Flasche. Eine reife, füllige, immer noch elegante Schloßabfüllung mit Maulbeerton, außerdem zwei hervorragende Abfüllungen von Block, Grey und Block: immer noch satt, pflaumig, intensiv; wachs- und zedernholzartig, ohne Fehler; «süß», vollmundig, weich, vorzügliche Frucht. Ganz kürzlich: vollkommen.
*Zuletzt im September 1993 verkostet* ★★★★★

**Ch. Lynch-Bages** Mehrere Aufzeichnungen aus den vergangenen 25 Jahren. 1961 prächtig, aber immer noch etwas «grün». Mitte der 70er Jahre zum ersten Mal als der «Mouton des kleinen Mannes» beschrieben. In jüngerer Zeit zwei unterschiedliche Flaschen: die eine satt und lebhaft; mit Zitrusfruchtbukett; «süß», warm, würzig – ein vorzüglicher Wein. Die andere blasser, mit mehr Anzeichen von Reife und karamelisiert.
*Zuletzt im April 1987 verkostet. Im besten Fall* ★★★★

**Ch. La Mission-Haut-Brion** Ein großer 49er und nach Ansicht der Familie Woltner der beste La Mission aller Zeiten. Entspricht dem 29er. Acht Aufzeichnungen, die erste von 1971, alle Flaschen meiner Ansicht nach aus den Woltner-Kellern. Alle ausgezeichnet. Auf der Desai-Degustation 1985 eine phantastische Magnum: «süß», voll, füllig. Ein fast übertrieben feiner Graves-Geschmack, der an geröstetes Farnkraut, getrocknete Blätter und Tabak erinnert.
*Zuletzt im Juni 1990 verkostet* ★★★★★

**Ch. Montrose** In meinen Augen hatte dieser *2ème cru* aus St-Estèphe zu der Zeit eine sehr gute Phase. 1972 war er mächtig, großzügig, aber etwas spröd. Immer noch sehr tief und intensiv, mit dem Duft eines feinen, ausgebauten roten Bordeaux. Flaschenalter spürbar, doch ohne Fehler. «Süße», zarte Nase; auch am Gaumen «süß», glatt und reif. Seidige, ledrige Tannine, wunderbare Länge, würzig. Ein Vergnügen, diesen Wein zu trinken.
*Zuletzt im April 1985 verkostet* ★★★★

**Ch. Palmer** Bereits Anfang der 50er Jahre soweit ausgebaut, daß er schön zu trinken war. «Vorzüglich, relativ ‹süß›» hatte ich mir 1955 bei unserem ersten Besuch im Bordelais notiert. Bei der letzten Gelegenheit zwei Magnumflaschen, beide mit sehr gutem Füllniveau. Ziemlich tief; reich in Farbe, Nase und Geschmack. Voll ausgebautes Bukett, das an Wachs, Zigarrenkistchen aus Zedernholz sowie altes Leder erinnerte und später

säuerlich wurde. Wunderbar reif, doch bereits mit einem Anflug von Verfall.
*Zuletzt im November 1980 verkostet* ★★★★

**Ch. Rausan-Ségla** Erste kurze Notiz aus dem Jahr 1954. 1980 mehrere Flaschen bei einem großen Abendessen. An meinem Tisch war er ausgezeichnet: sehr tief, prächtige Farbe; Zedernholz- und Tabaknuancen, rauchig, Stallgeruch, etwas Käserinde (diese Gerüche hören sich zwar vielleicht nicht besonders appetitlich an, doch zusammengenommen ergeben sie ein herrlich entwickeltes Margaux-Bukett); weich, auf dem Höhepunkt. Trockener, ledrig tanninbetonter Abgang. An anderen Tischen gab es schlechtere Flaschen. Drei Jahre später zwei weitere Flaschen degustiert, eine davon war neu verkorkt worden, die andere wies immer noch eine intensive Farbe auf, das Bukett hatte sich entfaltet, doch trotz des guten Geschmacks ausgetrocknet und enttäuschend. Bei der jüngsten Gelegenheit: sehr tief, reif, ein Ausbund an Düften, relativ «süß», vorzüglich, elegant, aber tanninbetont.
*Zuletzt im Januar 1991 verkostet. Im besten Fall* ★★★★

**Ch. Siran** Tief, reich; gute Frucht; schön in Geschmack und Struktur, elegant, gute Länge.
*Oktober 1993* ★★★★

**Ch. Talbot** 1962 entwickeltes Erscheinungsbild, hochgetönt, seidig. Danach und Mitte der 70er Jahre eine gewisse Spröde und Adstringenz vermerkt. 1981 zwei exzellente, beeindruckend tiefe, ziemlich strenge und maskuline Flaschen aus den Cordier-Kellern; danach noch einmal degustiert: gewisser Alterston, etwas rauh, doch mit klassischer Cabernet-Nase.
*Zuletzt im Oktober 1984 verkostet. Im besten Fall* ★★★

## Ebenfalls in den 80er Jahren verkostet:

**Ch. Baret** Graves. Opak, reich, sehr schmackhaft, mit tannin- und säurebetontem Abgang.

**Ch. Duhart-Milon** Wohlriechend, seidige Struktur, schönes Gewicht und gute Ausgewogenheit, etwas schleppend, aber gut.

**Ch. Larcis-Ducasse** Dick, Tawny, «süß», doch bereits jenseits des Höhepunkts.

**Ch. La Tour-de-Grenet** Lussac St-Emilion. Ebenfalls eine dänische Abfüllung aus den Aalholm-Kellern. Trotz hervorragendem Füllniveau etwas merkwürdig. Nase schön entwickelt, doch etwas verblüht. Ein geringerer Wein, der zweifellos in den 50er Jahren am besten war.

# 1950**

*In den Jahren der Vorratsbewirtschaftung nach dem Krieg mit ihren Rationierungen und Beschränkungen kaufte der britische Handel von der reichlichen 1950er Produktion, was nur möglich war. Brauchbare Weine. Viele Aufzeichnungen aus dem Jahrzehnt, danach weniger.*

CH. LAFITE 1959 schöne Nase, relativ leicht, ansprechend, geschmeidig, ein guter Tropfen, 1962 zweimal ähnlich bewertet, 1965 dann pikante Säure. 1975 Bukett wie «kalter Tee», leicht, wohlschmeckend. In jüngerer Zeit eine Magnumflasche; mitteltief, ausgebaut; leicht, Alterston, danach wohlriechend und bisquitartig; Bukett entfaltete sich vollständig innerhalb einer Stunde; ansprechend, für Ch. Lafite typischer Körper und Geschmack. Trockener, leicht säurebetonter Abgang. Ein guter, erfrischender Wein, aber kein großer 50er.
*Zuletzt bei einem Mittagessen auf Ch. Lafite verkostet, Juni 1988 ★★★*

CH. MARGAUX Gilt zu Recht als einer der besten 50er. Zwölf Notizen, 1956 erstmals degustiert: relativ leicht, gut. Ein Schnellentwickler, Anfang der 60er Jahre Farbe im Ausbau, bereits wohlriechend, weich und ansprechend. Doch auch während der 70er Jahre gleichbleibend köstlich und mit schöner Entwicklung. Ich glaubte ihn 1973 auf dem Gipfel, doch eine Magnum bei Desais Margaux-Degustation belehrte mich eines Besseren. In der Farbe niemals tief, erster Geruchseindruck wie nasser Karton, etwas kantig, doch nach ein paar Minuten im Glas wurde er lebhaft und brachte den unvergleichlich zarten Margaux-Duft hervor. Ein eleganter, charmanter Wein. Vorzüglicher Geschmack. Hervorragender Nachgeschmack.
*Zuletzt im Mai 1987 verkostet ★★★★ Bald trinken.*

CH. LATOUR Erstmals 1960 verkostet: ziemlich körperreich und – was für einen Latour ungewöhnlich ist – bereits in diesem Stadium gut zu trinken. Während des ganzen Jahrzehnt kraftvoll, fein, pfeffrig. Anfang der 70er Jahre absolut befriedigend, seidig, perfekte Balance. Später dann erdiger und mit mehr Zedernholznuancen, gewisser Farbverlust. 1981 auf der Fête du Ch. Latour: hübsche Farbe, vielschichtige, wohlriechende Cabernet-Nase, durchaus «süß», schmackhaft, aber nicht sehr lang. Auf der Latour-Mouton-Degustation von Frericks/Wodarz reich, aber nicht tief; recht gutes zedernholzartiges Pauillac-Bukett, allerdings keine große Entwicklung; wohlschmeckend, mit leicht pfeffrigem, säurebetontem Abgang. Am Abbauen.
*Zuletzt im März 1989 verkostet. Jetzt trinken ★★*

CH. MOUTON-ROTHSCHILD 1956 erstmals verkostet: Cassis-Nase, «fast wie ein Malescot».

Ein Wein zum Trinken (nicht zum langen Einlagern). In den 70er Jahren gleichbleibend gute Nase, doch Gaumen am Austrocknen, dünn und spröd. Mitte der 80er Jahre immer noch hübsche, lebhaft rubinrote Farbe; eigenartige, pikante Cabernet-Nase, offen, ansprechend, gefällig, doch nach einer halben Stunde verblaßt. Am Gaumen makellos, etwas spröde, schlank, tanninbetont und zu kurz. Ansonsten ein guter Wein.
*Zuletzt bei Flatts Mouton-Degustation verkostet, April 1986 ★★★*

CH. HAUT-BRION Keine jüngeren Aufzeichnungen. 1975 reich und ansprechend.
*Wahrscheinlich noch recht schön.*

CH. AUSONE Nur zweimal, im Abstand von dreißig Jahren verkostet. 1957 wohlriechend, ein guter Wein, bei Flatts Ausone-Degustation eine lebhafte, dabei sehr ausgebaut wirkende Flasche aus Aalholm-Beständen. Eigenartig unharmonisches Bukett und merkwürdiger, relativ kurzer Geschmack, wobei sich Nase und Gaumen im Glas verbesserten.
*Zuletzt im Oktober 1987 verkostet ★*

CH. CHEVAL BLANC Zwanzig Aufzeichnungen. Schlechter Start mit einer hölzernen Abfüllung von Saccone & Speed 1954, doch im folgenden Jahr, trotz wenig Bukett gefällig. Ging offensichtlich durch eine lange Phase mit nur geringer Entwicklung, denn ich notierte in den 60er Jahren trotz eines ausgebauten Erscheinungsbildes verschiedentlich «grün» und «rauh». Unterschiedliche Bewertungen aus den 70er Jahren, zwei enttäuschende Schloßabfüllungen mit flüchtiger Säure, zwei andere, in Bordeaux abgefüllte Flaschen gefällig. Die Farbe erhielt sich, in den 80er Jahren «rot für das Alter», «gutes Rubinrot» und «überraschend tief» vermerkt. Im Bukett jedoch neben dem Duft ein Alterston. Abgesehen von Lagerungsbedingungen liegt die Schuld für einige der Schwächen in schlechten späten Abfüllungen. Eine firnisartige Abfüllung mit flüchtiger Säure von J. Lyons; eine leicht rauhe, schlanke von Harvey's, beide 1983 verkostet. Am besten war eine halbe Flasche von Corney & Barrow 1982: tiefe, glänzende Farbe; wohlriechend, elegant, vorzüglicher Geschmack, doch am Austrocknen. Bei der letzten Gelegenheit eine reiche, auf dem Château abgefüllte Magnum, sehr entgegenkommend, doch etwas überreif, weich, zugänglich, mit leichter Milchsäure.
*Zuletzt im September 1986 verkostet. Durchschnittlich ★★ Riskant.*

CH. PÉTRUS Guter Ruf von Anfang an. Nur einmal degustiert: feines, tiefes, pflaumiges, immer noch jugendliches Erscheinungsbild (blind verkostet hielt ich ihn für einen 48er); Tee- und Minzenoten im Bukett, in der Nase und am Gau-

men etwas pfeffrig. Ein sehr kraftvoller, würziger Wein.
*Auf der «Stockholm»-Degustation, April 1990*
★★★★

**CH. BEYCHEVELLE** Zweimal degustiert: 1954 leicht, fruchtig, gefällig und preisgünstig, 35 Jahre später bläßlich, mit überreifem orange-braunem Rand; wohlriechendes, medizinales Médoc-Bukett; leicht, zugänglich, mager, die ursprüngliche Fülle ist verloren gegangen, dennoch gute Länge.
*Zuletzt im April 1989 verkostet* ★★★

**CH. FIGEAC** Opak, beladen mit Frucht, nach 15 Jahren immer noch tanninbetont. Mitte der 80er Jahre dunkel; würzige, Latour-ähnliche Cabernet-Sauvignon-Nase; reich, malzig, aber tanninbetont. Bei der letzten Gelegenheit aus Château-Beständen: immer noch überraschend tiefes, ziemlich intensives Kirschenrot; pfeffrig, Cabernet-Nase, die einen lebhaften, brombeerartigen Wohlgeruch entfaltete; körperreich, aber ziemlich rauh und tanninbetont.
*Zuletzt bei der Degustation von Desai im Dezember 1989 verkostet. Im besten Fall* ★★★ *Am Austrocknen.*

**CH. LA FLEUR** Sehr tief; zurückhaltende und doch massive Nase; sehr süß, beladen mit Frucht, hoher Extrakt. Einer der mächtigsten Weine, die ich je verkostete, auch einer der seltensten. Erstaunlich.
*Eine Flasche vom Château, an der Degustation «Parker 100» in Hamburg, Oktober 1993. Als Wein, der Eindruck macht* ★★★★★, *für mich als Getränk nur* ★★

**CH. LA FLEUR-PÉTRUS** Überraschend tief; unverwobenes Bukett mit Alterston und am Vergehen, dennoch leicht «süßer», weicher und sehr gefälliger Geschmack. Eine Spur Bitterkeit.
*Dezember 1980* ★★

**CH. LE GAY** Als erstes 1972 eine Erzeugerabfüllung degustiert: kernig, delikat, ein Hauch flüchtige Säure, aber vorzüglicher Geschmack. Als letztes eine Avery-Abfüllung: relativ blaß, voll ausgebaut; zunächst ein Anklang von flüchtiger Säure, der jedoch verflog und einen vorzüglichen Wohlgeruch wie «warme Ziegel» enthüllte; «mittelsüß» und mittelschwer, makellos, ansprechend, schöne seidige Struktur.
*Dyrham Park, April 1984, zusammen mit Tony Mitchell* ★★★★

**CH. LA MISSION-HAUT-BRION** Einer der reichsten und besten 50er. Zehnmal degustiert, darunter zwei gute Abfüllungen von Harvey's 1960. Gleichbleibend satte Farbe, reich, erdig, Anfang der 70er Jahre «vom Kaliber eines *Premier cru*», gegen Ende des Jahrzehnts mit gewissem

Alterston. 1985 bei der Degustation von Desai eine überaus tiefe Magnum, «süß» in Bukett und Geschmack, reich, mit vorzüglicher Frucht, aber einem Fragezeichen am Ende. Als letztes eine Flasche aus den Woltner-Kellern: immer noch sehr tiefe Farbe; zurückhaltende, aber makellose, pfeffrige Cabernet-Nase; «süß» und überraschend mollig, füllig und rund. Viel besser als der Haut-Brion.
*Zuletzt in Wiesbaden verkostet, Juni 1990* ★★★★

**CH. PALMER** Sieben unterschiedliche Aufzeichnungen. 1955 und 1956 leicht pikante, tanninbetonte Abfüllungen von Harvey's, 1970 eine nicht gerade umwerfende Schloßabfüllung. In den 80er Jahren vier Flaschen von unbekannten Abfüllern, alle durch Sichel & Co vertrieben. Sämtliche Weine jenseits ihres Höhepunkts, am Austrocknen, aber schmackhaft.
*Zuletzt im September 1987 verkostet* ★

**CH. PAVIE** Voll, roh, tanninbetont.
*Eine* Impériale *im Oktober 1992* ★

**CH. SIRAN** Besserer Geschmack als Nase. Reichtum und Charme.
*Im Oktober 1993* ★★

# 1951

*Schrecklich. Der schlechteste Nachkriegsjahrgang und einer der schlimmsten überhaupt. Unfreundliches Wetter: kalter, nasser Frühling, schlechter Juni, heißer, aber gewittriger Juli, sehr kalter August, im September ein paar heiße Tage, doch die kalten Nächte ließen die Trauben nicht ausreifen. Dünne, dürftige, säuerliche Weine.*

**CH. LAFITE** Nur zwei Bewertungen aus den 80er Jahren. Ziemlich blaß, glanzhell, rötlich; leicht medizinales Bukett, «getrocknete Blätter», dennoch trotz der dünnen, zusammenziehenden Säure wohlriechend und schmackhaft.
*Zuletzt bei Flatts Degustation, Oktober 1988.*

**CH. LATOUR** Acht nicht gerade schmeichelhafte Aufzeichnungen. 1955 rauh, in den 60er Jahren dumpf, in den 70er Jahren zwei spröde, aber nicht schlechte Flaschen. Drei völlig oxydierte Exemplare, eine davon mit einem Geruch nach verfaulten Trauben. Einfach fürchterlich.
*Zuletzt im März 1989 daran gerochen, aber nicht verkostet. Ein Minus-Stern.*

**CH. MOUTON-ROTHSCHILD** Dreimal bewertet: 1983 grün und rauh, außerdem eine ganz passable Flasche mit Füllniveau bis zur oberen Schulter und überraschend guter Farbe; zurückhaltende, makellose, wohlriechende, ingwerartige Nase; gewisse «Süße», leicht, guter Geschmack,

dennoch schlank, zu kurz und mit deutlichem Tannin- und Säuregehalt.
*Zuletzt bei Flatts Mouton-Degustation verkostet, April 1986.*

CH. LA MISSION-HAUT-BRION Relativ blaß, schwacher Rand; leichte, delikate Vanille-Nase; trocken, leicht und säurebetont. Bei dem entsetzlichen Wetter waren selbst Henri Woltner die Hände gebunden.
*Bei Desai, Februar 1985.*

CH. BARET Ein unklassifizierter roter Graves, besser, als zu erwarten war. Trotz kurzem Korken und Spuren der Korkmotte in der Farbe besser als der 52er; wenig Frucht, aber gewisser Wohlgeruch, auch wenn er an feuchten Karton erinnerte. Trocken, leicht, schlank, überraschend wohlschmeckend.
*Vier Bewertungen, die letzte vom Oktober 1992* **

## 1952 ** *bis* ****

*Zu Beginn vielversprechend, aber die tanninbetonten Médoc-Weine behielten, trotz guter Frucht, ihre Härte, währenddem einige vorzügliche St-Emilions und Pomerols erzeugt wurden, die überlebt haben. Ein warmer, verheißungsvoller Frühling, mit außergewöhnlich guten Blütebedingungen, gefolgt von einem heißen Sommer. Der September war jedoch kalt, und die Lese ab Mitte des Monats fand unter ungünstigen Verhältnissen statt. In diesem Jahrgang gab es beträchtliche Unterschiede in Qualität, Stil und Zustand. Abgesehen vom La Mission und den besseren Weinen vom rechten Ufer kein besonders aufregender Jahrgang.*

CH. LAFITE Ein enttäuschender Wein, wobei meine Aufzeichnungen aus der Mitte der 60er Jahre durchaus günstig sind: gute Qualität, Frucht und Ausgewogenheit, sehr blumig, wobei sich gegen Ende des Jahrzehnts bereits Bewertungen wie «adstringierend» und «erdig» einschleichen. Aus den 70er Jahren unterschiedliche Notizen. 1980 eine reiche Magnumflasche mit reif riechender Nase, bei Lloyd Flatt spröde und später dann, auf einer Vorverkaufsdegustation in Chicago, mit einer eigenartigen medizinalen Nase, die mich an schlechten Atem erinnerte; trocken und verblaßt.
*Zuletzt im Februar 1989 verkostet. Im besten Fall*
*** Austrinken.*

CH. MARGAUX Ebenfalls ohne den Charme des 53ers. Acht im wesentlichen kritische Aufzeichnungen. Ende der 60er Jahre streng und wenig entgegenkommend, in den 70er Jahren «zusammengepreßt, zurückhaltend». Bei Desais Margaux-Degustation eine Magnum mit reicher Farbtönung, schnell aufblühender, bisquitartiger Duft, der dann verblaßte, sehr griffig und tanninbetont. Schließlich eine überraschend schöne Flasche, wenn man bedenkt, daß sie durch so viele Hände gegangen ist: importiert und abgefüllt durch Lorentz Peterson an einen dänischen Kunden verkauft, durch Whitwhams zur Maison Portier in New York exportiert, schließlich mit einem bekannten japanischen Feinschmecker im Hotel

*Pauillac*

Imperial in Tokio getrunken. Zeigte jedoch Alterston (der Wein – nicht der Japaner).
*Zuletzt im Juni 1989 verkostet ★★ Austrinken.*

CH. LATOUR 20 Aufzeichnungen. Bei der ersten Degustation 1962 etwas rauh und unfertig, Mitte bis Ende der 60er Jahre trotz des Tanningehalts «überraschend trinkbereit», Mitte der 70er Jahre tauchen dann in den Bewertungen Eigenschaften wie spröde und schroff auf. Bei der Fête du Ch. Latour 1981 zwei schlechte Flaschen, die eine oxydiert, die andere zu säurebetont, Grund dafür waren zweifellos schlechte Lagerbedingungen. Von den sechs zuletzt verkosteten Flaschen waren zwei weich, reich und würzig, eine andere war sauer geworden. Jetzt reiche, ausgebaute Erscheinung. Ganz kürzlich, in Magnum, gute Entwicklung festgestellt: vollreifes Bukett; süß, sehr gehaltvoll, aber tanninbetont.
*Zuletzt verkostet im September 1993. Im besten Fall ★★★★. Jetzt trinken bis 2000.*

CH. MOUTON-ROTHSCHILD Sechs Notizen, alle interessant. Mitte der 60er Jahre beladen mit Frucht, doch hart, in den 70er Jahren seidig-ledrige Struktur, tief und schmackhaft. 1986 bei Flatts Mouton-Degustation: phantastische Farbe, tiefes, intensives Rubinrot; faszinierendes Bukett, milchig, eine ingwerartige Cabernet-Sauvingon-Note «in den Startlöchern», nach zehn Minuten etwas zurückhaltend, dann wohlriechend und aromatisch. Ein feiner, fester, maskuliner Wein, immer noch tanninbetont.
*Zuletzt im April 1986 verkostet ★★★★ Hat noch einen zeitlichen Spielraum.*

CH. HAUT-BRION Sechsmal degustiert. Mitte der 60er Jahre ausgeprägter und typischer Erdigkeit, zehn Jahre später dann Anzeichen des Umschlagens, sehr trocken und tanninbetont. Charaktervoll, doch kein Vergleich mit dem 52er La Mission.
*Zuletzt im Februar 1987 verkostet ★★ Austrinken.*

CH. AUSONE Daß der 52er Jahrgang in St-Emilion viel erfolgreicher war als im Médoc, läßt sich sogar an dem Außenseiter Ausone erkennen. 1953 galt er als leichter, gefälliger Frühentwickler, eine Einschätzung, die ich an meiner ersten Degustation im Mai 1960 bestätigen konnte. Trotz der merkwürdig blassen, fast braunen Farbe als Ergebnis aus überreifen Trauben, denen es an Farbpigmentierung der Schale fehlte, war er Anfang der 60er Jahre ein wirklich angenehmer Wein. 1977 zwei exzellente belgische Abfüllungen; die eine von Decannière war fest, wohlausgewogen, doch mit der typisch eigenen Ausone-Nase, «mehr Wurzeln als Früchte», die andere von van der Meulen erwies sich als makellos. Anfang der 80er Jahre begann der Wein brüchig zu werden. Eine gute, wohlschmeckende, aber kantige halbe Flasche von Har-

vey und eine verblüht aussehende Magnumflasche von Avery, mit firnisartiger, alter Frucht, überreif, weich, doch mit körniger Struktur. Schließlich noch bei Flatts Ausone-Degustation eine oxydierte Abfüllung von van der Meulen und eine Schloßabfüllung mit Füllhöhe bis zur oberen Schulter: reiches, gesundes Erscheinungsbild, trotz des voll ausgebauten, braunen Rands; Nase zunächst etwas brackig, doch dann entfaltete sich ein reiches, warmes, altes Bukett. Trocken, recht scharf, körperreicher als erwartet. Ein Überlebender.
*Zuletzt im Oktober 1987 verkostet. Im besten Fall ★★*

CH. CHEVAL BLANC Einer der besten 52er. Mehr als ein Dutzend Aufzeichnungen: 1954 sehr verschlossen, Anfang der 60er Jahre eine bemerkenswert feine und trinkbare Gloag-Abfüllung (Perth), auch bei den Abfüllungen von Harvey eine seidige Struktur vermerkt. Entwicklungshöhepunkt Ende der 60er Jahre, in den 70er Jahren beständig gut und ohne Eile. 1987 eine komplette Flasche, sehr tief, relativ «süß», lebhaft und wiederum seidig. Eine oxydierte Flasche, die nach braunem Zucker und Virol roch, am Gaumen brandig und portweinartig. Bei der letzten Gelegenheit eine hervorragende Flasche mit Füllniveau bis zur oberen Schulter und gutem, langem Korken. Reich, pflaumig, rotes Zentrum, voll ausgebauter Rand; schön nachhaltiges Bukett; immer noch ziemlich «süß» und voll, Extraktstoffe zum Kauen. Ein sehr gutes Getränk.
*Zuletzt bei einem Mittagessen im Sitzungssaal von Christie's verkostet, April 1990 ★★★★ Wird sich wahrscheinlich nicht mehr verbessern, hält sich aber noch.*

CH. PÉTRUS Sechs Aufzeichnungen: Mitte der 70er Jahre fein strukturiert, weich und doch kraftvoll; eine sehr schöne Flasche bei Harry Waughs Bordeaux-Club-Dinner im April 1987: feines, tiefes Kirschenrot; harmonisch, wohlriechend; ziemlich «süß», hoher Alkoholgehalt, dabei weich und füllig. In jüngerer Zeit eine etwas zu dicke und trübe Flasche auf der Pétrus-Degustation der Stockholm-Gruppe, oxydiert und am Umschlagen.
*Zuletzt im April 1990 verkostet. Im besten Fall ★★★★★*

CH. L'ANGÉLUS Ein überaus gefälliger Wein, der durch Calvet im Faß verschifft, durch Kjaer & Sommerfeldt abgefüllt und auf Schloß Aalholm perfekt eingelagert wurde. Ausgebaut, relativ «süß», in Gewicht und Balance gleichermaßen komplett, ein erneuter Beweis dafür, wie gut die 52er St-Emilions sein können, wie zuverlässig die Abfüllungen der Kopenhagener Händler sind und wie gut sich hervorragende Lagerbedingungen auswirken.
*Vorverkaufsdegustation, Juli 1989 ★★★★*

**CH. BEYCHEVELLE** Eine Spitzenphase für dieses Château. Tiefe Farbe; zurückhaltendes, aber harmonisches altes Bukett, am besten unmittelbar nach dem Eingießen; relativ «süß», körperreich, reichhaltig, doch mit trockenem Abgang.
*Im Mai 1986 ein köstlicher Tropfen* ★★★★

**CH. CANTEMERLE** Einer meiner Lieblingsweine aus dieser Zeit, doch nur zwei Notizen: 1971 etwas spröde, wesentlich später dann eine gute Flasche, hervorragendes Füllniveau, relativ blaß, zartes, ausgebautes Erscheinungsbild; «süß», reif, leicht käsiges, aber festes Bukett, wurde mit der Zeit leichter und weicher und im Glas sehr schön rund.
*Zu Hause, September 1984* ★★★

**DOM. DE CHEVALIER** Ein guter 52er: erdig, sehr griffig. Im Aussehen wie ein 61er, mit der Säure eines 62ers, ziemlich voll, zum Kauen und pfeffrig.
*Zuletzt bei einem Abendessen auf dem Château verkostet, März 1981* ★★★ *Wahrscheinlich mittlerweile* ★★★★ *Leider nur geringe Produktion, doch der Wein müßte gut sein, wenn man ihn noch irgendwo findet.*

**CH. FIGEAC** Anfang der 60er Jahre wirkte er mit seiner gut ausgebauten Nase zwar wie ein Schnellentwickler, zeigte sich aber dennoch reich, tanninbetont. Bei Desai dann eine Flasche aus Château-Beständen: immer noch relativ volle, jugendliche Farbe; zartes, harmonisches, ausladendes Zitrusbukett, wirkte nach dem 53er und dem 55er jedoch etwas dumpf. Sehr trocken, relativ voll, leicht malzig, angesengter Geschmack und überaus griffig.
*Zuletzt im Dezember 1989 verkostet* ★★★ *Hält sich noch.*

**CH. LANGOA-BARTON** Schöner Wein. In der Jugend tanninbetont. 1974 eine vorzügliche, zedernholzartige Abfüllung von Justerini & Brooks. Zuletzt eine von Barton & Guestier abgefüllte Magnumflasche: gute Farbe, tanninbetont, maskulin.
*Zuletzt im November 1989 verkostet* ★★★ *Hält sich noch.*

**CH. LÉOVILLE-LAS-CASES** Von Beginn an eigenartig, ziemlich dürftig und leicht. 1958 immer noch verschlossen. Die Aufzeichnungen von Mitte der 60er bis Mitte der 70er Jahre fielen je nach Abfüllung etwas unterschiedlich aus: einige immer noch sehr stark; eine Flasche der British Transport Hotels mit seltsamem Bukett und leicht bitterem Abgang; eine sehr ansprechende, wenn auch adstringierende Avery-Abfüllung. Schließlich noch eine Flasche aus den Beständen von Schloß Aalhom, abgefüllt durch K. Dorph-Petersen: hohes Füllniveau, mitteltiefe Farbe; vorzügliche Abstufung; warmes, tiefes, klassisches Zedernholzbukett; überraschend weich und füllig, schönes

Gewicht, gute, aber nicht zu aufdringliche Tannine.
*Zuletzt im Juli 1989 verkostet. Im besten Fall* ★★★★

**CH. LÉOVILLE-POYFERRÉ** Acht zurückhaltende Aufzeichnungen. Selbst der Maître de Chai bevorzugte seinen 50er. Doch große Teile der Rebfläche waren neu bestockt worden, und aus jungen Stöcken gewinnt man nun einmal keine qualitätvollen, tiefen Weine. 1956 hielt ich ihn für wohlausgewogen; eine belanglose, schlechte (in England abgefüllte?) Flasche Mitte der 60er Jahre wurde 1973 durch eine tiefe, zedernholzartige, starke, aber reiche Avery-Abfüllung und zwei gute Schloßabfüllungen ausgeglichen. Ab Mitte der 70er Jahre begann er etwas brüchig zu werden. Ein Jahrzehnt später: tief, mit braunem Rand; Bukett wie getrocknete Blätter, trocken, immer noch relativ voller Körper, doch rauh und tanninbetont. Weder Frucht noch Charme.
*Zuletzt im Oktober 1985 verkostet* ★

**CH. LA MISSION-HAUT-BRION** Einer der besten 52er, auch wenn ich ihn erst nach mehr als dreißig Jahren degustierte. Vier Aufzeichnungen, 1985 zwei etwas unterschiedliche Flaschen bei der Degustation von Desai: eine mit hartem, tanninbetontem, starkem Erdcharakter, die andere weicher und seidiger. 1988 trocken, mit ausgeprägtem Tabakblattgeschmack. Bei der letzten Gelegenheit: sehr tiefes Erscheinungsbild; «süß», leicht schokoladige Nase, mit guter Frucht, entwickelte ein überaus extraktreiches, feigenartiges Bukett und entfaltete sich herrlich. Ich fand den Wein «süß», ziemlich körperreich, wohlausgewogen, mit einem zum Bukett passenden Geschmack. Die beiden letzten Flaschen stammten aus den Kellern der Familie Woltner.
*Zuletzt bei Wolfs La-Mission-Degustation verkostet, Juni 1990. Im besten Fall* ★★★★★ *Jetzt und bis zum Jahr 2000 zu trinken.*

**CH. MONTROSE** Ein stets mächtiger, beeindruckender Wein. Mitte der 70er Jahre tief, dabei kraftvoll und ohne Braunfärbung, in der Nase entsprechend tief und frisch, überraschend elegant und harmonisch. Später: immer noch sehr tiefe Farbe; Bukett entfaltet sich im Glas; für einen Montrose und einen 52er überraschend «süß», reif, integriertes Tannin, dennoch adstringierend.
*Zuletzt bei einem Abendessen des Saintsbury Clubs, Oktober 1986* ★★★★ *Jetzt und bis über das Jahr 2000 hinaus zu trinken.*

**CH. PICHON-LONGUEVILLE, BARON** Nur zwei Notizen: 1968 eine ziemlich strenge, tanninbetonte Abfüllung von Chalié Richards und eine immer noch tanninbetonte, aber dennoch attraktive Justerini-Abfüllung: Füllniveau obere Schulter; vorzüglich reiche, zedernholzrote, ausgebaute Farbe; sehr gutes, reiches, leicht käsiges Bukett mit

leichtem Flaschenton; mittlerweile eher leicht, dabei weich, füllig, schön, zart, trotz des trockenen, tanninbetonten Abgangs.
*Vorverkaufsdegustation, Mai 1987 ★★★ Jetzt und bis zum Jahr 2000 zu trinken.*

CH. SIRAN Reich, sehr schön, angesengt; fest, noch immer Tannin.
*Im Oktober 1993 ★★★*

CH. PICHON, LALANDE Wohlduftend; frische Frucht, sehr viel Tannin.
*Aus Magnum, Oktober 1992 ★★★*

WEITERE, IN DEN 80ER JAHREN VERKOSTETE 52ER:

CH. BARET Unterschiedlich, von stark, tanninbetont und malzig bis zu recht gut.
*1989.*

CH. BATAILLEY Tief, gefällig.
*1980.*

CH. CROIZET-BAGES Erscheinungsbild und Bukett erinnerten im Mai 1986 an alte Eichen, dennoch makellos, voll, reich und am Gaumen überraschend «süß».

# 1953 ★★★★★

*Ohne Frage mein bevorzugter Jahrgang für roten Bordeaux. Charmante, stilvolle, elegante Weine, die sich auch ohne Speisen wunderbar trinken lassen. Zum Glück ein bedeutender Jahrgang zu Beginn meiner Laufbahn als Weinhändler; das ist einer der Gründe, warum ich über mehr als fünfhundert Degustationsnotizen verfüge. Viele Weine sind immer noch unglaublich schön. Nach dem zeitigen Frühjahr folgten zwei Monate mit Nachtfrösten. Die Blüte begann gut, doch Kälte und Regen verursachten ein gewisses Durchrieseln. Später wurde es jedoch heiß und gewitterhaft. Der August zählt zu den schönsten überhaupt. Mitte September wurde die Ernte durch Regenfälle verzögert. Abwarten zahlte sich aus. Die Lese konnte ab 2. Oktober bei besten Witterungsverhältnissen beginnen.*

CH. LAFITE Ein unendlich delikater und charmanter Wein, der niemals robust war, sich aber als «süßer» Überlebenskünstler auszeichnet. Erstmals 1960 bewertet. Kurzfristig in einem Restaurant bestellt, nicht dekantiert, gab er sich verschlossen, ziemlich grün und gerade so zu trinken. Damals wußte ich noch nicht, daß ein guter roter Bordeaux, vor allem ein Ch. Lafite, ausreichend Luft zum Atmen benötigt. Ab Mitte der 60er Jahre vorzüglich, in den 70er und 80er Jahren außerordentlich wohlriechend. In England, Frankreich und den USA diverse Flaschen im Magnum- und *Jéroboam*-Format verkostet und getrunken. Unter den 35 Aufzeichnungen nur eine einzige nicht ganz befriedigende. Während der 80er Jahre überraschend tief (für den Jahrgang und das Alter), von lebhafter Erscheinung. Gleichbleibend schönes Bukett, das sich wohlriechend öffnete, nach dreißig Minuten im Glas voll entfaltet war und sich nachhaltig hielt: Zedernholztöne, manchmal leichte Anklänge an Schokolade, delikat. Auch am Gaumen immer die gleiche zarte «Süße» vermerkt: ideal in Gewicht und Ausgewogenheit, vorzüglich in Geschmack, Charme und Länge. Einfach komplett.
*Zuletzt notiert an der großen Eigensatz-Degustation (Magnumflaschen) im Mai 1993 ★★★★★ Trotz seiner Reife und Köstlichkeit wird er überleben, wie der 1875er.*

CH. MARGAUX Ein weiterer phantastischer 53er. Anfang der 60er Jahre noch komprimiert und unfertig, dann ziemlich rascher Ausbau und Anfang der 70er Jahre bereits «reich, tief und samtig». Die 14 Bewertungen seit 1979 – davon sechs Magnumflaschen – sind bis auf eine merkwürdige halbe Flasche allesamt überschwenglich: großartig, blumig, sehr feminin, überaus lang, phantastischer Nachgeschmack. Mehrmals tiefer als erwartet, trotz reifem Aussehen. Eine Spur Jod oder Austernschale in der Nase, woraus sich ein reiner Rosenduft entfaltete; ziemlich «süß», reich, dabei delikat, wie Spitzen.
*Zuletzt an der Eigensatz-Degustation im Mai 1993 verkostet ★★★★★*

CH. LATOUR Aus dem einen oder andern Grund war der Außenseiter von 1953 im Vorjahr und besonders 1955 besser. 1955 erstmals degustiert, unfertig. Gegen Ende der 60er Jahre tief und im Herzen stark, Anfang der 70er Jahre vollmundig köstlich und üppig. Danach werden die Aufzeichnungen kritischer: «gefällig, aber...», «vierschrötig», «unelegant». In den 80er Jahren immer noch tief und intensiv, mit lebhafter Rottönung; überaus brillantes Eukalyptusaroma, mit Austern- und sogar Muschelnuancen – zweifellos ein medizinaler Pauillac-Duft. Im Gegensatz zum Ch. Lafite und Margaux gleichbleibend trocken, relativ voll, mit einer Art rauher Frucht, gelegentlich mager, schmackhaft, doch nichts Aufregendes.
*Zuletzt im Mai 1993 verkostet. Jetzt im besten Fall ★★★★*

CH. MOUTON-ROTHSCHILD Ein köstlicher Wein, fast eine Karikatur seiner selbst. 17 Aufzeichnungen. Anfang der 60er Jahre vorzüglich, wenn auch ledrig. In den 70ern herrlich, mit würzigem, ingwerartigem Cabernet-Sauvignon-Aroma. «Süß», nach schwarzen Johannisbeeren duftend; füllig anregend, mit dem Herzen auf der Zunge: der Tschaikowsky unter den roten Bordeaux. Mitte der 80er Jahre begann eine gewisse

Säure durchzublitzen, doch kann dies nach wie vor ein strahlender, herrlicher, überaus anregender Tropfen sein.
*Zuletzt im September 1993 verkostet. Im besten Fall ★★★★★ Wird weiterhin begeistern.*

CH. HAUT-BRION Erstmals im Sommer 1955 bei meiner ersten Bordeaux-Reise aus dem Faß probiert. Hervorragend, doch in der Art und im Geschmack völlig anders als die ersten Médoc-Hochgewächse. Mitte der 60er Jahre seidig, sehr weinig, im Geschmack erdig. In den 70er Jahren siebenmal degustiert: auf dem Gipfel der Vollkommenheit. In den 80er: mitteltief, lebhaftes Zentrum, doch fast bernsteinfarbener Rand; eigenartiger, einmaliger Haut-Brion-Duft nach Kaffee, Schokolade, Erde und warmen Kieselsteinen; ausgesprochen «süß», mit angesengtem, erdigem, farnkraut- und tabakähnlichem Geschmack, vorzüglicher Struktur, Eleganz und Länge. Später: wunderbare Nase, scheint aber am Austrocknen zu sein.
*Zuletzt verkostet im Mai 1993 ★★★★ Austrinken.*

CH. AUSONE Vor allem in der Jugend gut. Anfang der 70er Jahre recht bissig, außerdem eine verblühte Magnum. Kann durchaus ansprechend sein: weiche, reiche Nase wie brauner Zuckersirup; lebhaft und wohlschmeckend. Zuletzt bei Flatts Ausone-Degustation: gute Farbe und schönes Bukett, aber extrem trocken.
*Oktober 1987 ★★★*

CH. CHEVAL BLANC 1956 mehrere Proben verschiedener Exporthäuser probiert, alle mit gutem Potential. Anfang der 60er Jahre gut entwickelter Duft und seidige Struktur. In den 70ern viele herausragende Schloßabfüllungen. In den 80er Jahren drei ziemlich aufgemöbelte Harvey-Abfüllungen: Karamelton in der Nase, «süßer» Gaumen, fast wie Portwein. Auf dem Château abgefüllte halbe Flaschen ebenfalls etwas überreif, «süß», mit Stall-

geruch, schöner Struktur, doch im Geschmack wie Rosenkohl. 1987 eine Harvey-Abfüllung in absoluter Perfektion. Weich, füllig, reif und in hervorragendem Zustand. Eine exzellente Magnum an der kürzlichen Eigensatz-Degustation.
*Zuletzt im Mai 1993 verkostet. Unterschiedlich. Im besten Fall ★★★★★*

CH. PÉTRUS 19 Aufzeichnungen, die erste von 1956. Nicht der übliche tiefsamtige Pétrus, vergleichsweise leicht, dabei um 1960 herum sehr ansprechend. Unbedeutende Säure-Instabilität in den 70er Jahren, dennoch wohlriechend, weich und reich. Gut die Hälfte meiner Notizen habe ich nach 1980 gemacht; hauptsächlich Schloßabfüllungen, von denen fast die Hälfte nicht gerade begeisternd war. Dazu gehörte auch eine schlechte Harvey-Abfüllung, mit einer Nase wie Rindfleischbrühe und Gelatine. Im besten Fall war das Bukett zedernholzartig, mit Fenchel-, Kaffee- und Schokoladenanklängen, eher Médoc als ein Merlot, um eine etwas riskante Analogie zu gebrauchen. 1986 dann jedoch eine fabelhaft vollmundige Magnum bei der Degustation von Frerick in München und danach noch bei der «Stockholm»-Degustation: hübsche, ausgebaute Farbe; sehr gefälliges, wohlriechendes Bukett, leicht medizinal (so in München), würzig, doch mit einem eigenartigen Oberton, der an einen nassen Hund erinnerte; wie immer ziemlich «süß», fest, charmant, doch im Abgang etwas bissig. Eine vollkommene Magnum an der großen Eigensatz-Degustation.
*Zuletzt im Mai 1993 verkostet. Im besten Fall ★★★★ Bald trinken.*

CH. BATAILLEY Ein paar Aufzeichnungen ab 1960, als er wohl auf dem Höhepunkt war. Deutlicher Cabernet-Charakter, schmackhaft, erfrischend, köstlich, doch mit zunehmend betonter Säure.
*Zuletzt im Juni 1989 verkostet ★★★ Austrinken.*

*Château Cantemerle*

## 1953

**CH. BEYCHEVELLE** Seit jeher einer meiner Favoriten unter den 53ern, elegant und gefällig, seit er im Faß war. 12 Notizen bis 1972, als ich seine samtige Bestform für erreicht hielt. Seither nur noch einmal verkostet: warm, an Zedern erinnernd, leicht schokoladig, noch immer gefällig.
*Vorverkaufsdegustation im Mai 1993 **** Bald trinken.*

**CH. BRANAIRE** Fünf Nicolas-Abfüllungen. Einfache und ziemlich rissige Korken, daher leicht unterschiedliche Füllhöhen, alle 1984 degustiert: sanftes Ziegelrot; mit dem inzwischen vergehenden Charme und dem fülligen Vergnügen eines guten 53er Médoc. Eine ähnliche Schloßabfüllung.
*Zuletzt im Mai 1985 verkostet *** Austrinken.*

**CH. CALON-SÉGUR** Zu der Zeit sehr beliebt. Mehrere Notizen zwischen 1955 und 1960 gemacht, im wesentlichen englische Abfüllungen: die Weichheit und Frucht des 53er Jahrgangs verhüllten die gewöhnlich festen Tannine. 1980 eine gute, auf dem Château abgefüllte Magnum, gefolgt von einer weiteren, genau zwei Jahre später: für einen 53er sehr tief, starkfarbenes Zentrum, mahagonifarbener Rand; phantastisches altes Zedernholzbukett, klassischer Médoc; relativ voll, samtig, komplett, trotz seiner Dimensionen harmonisch.
*Zuletzt im Oktober 1992 ***** Bald trinken.*

**CH. CANTEMERLE** Einer meiner bevorzugten 53er. Mehr als zwanzigmal bewertet. Von Beginn an vorzüglich. 1959 überaus trinkbar, Mitte der 60er Jahre komplett, schien ein Jahrzehnt später auf dem Höhepunkt der Entwicklung. Die besten Bewertungen erhielten eine Wine-Society-Abfüllung und zwei hervorragende holländische Abfüllungen. 1981 zwei auf dem Château abgefüllte Magnumflaschen, beide immer noch charmant. Ab Mitte der 80er Jahre begann sich das Alter bemerkbar zu machen: Farbverlust, relativ blasses, aber gesundes Ziegelrot; der Duft erinnerte an warme Ziegel, delikat, wohlriechend, wenn auch am Verblassen; überreife «Süße», relativ leicht. Immer noch ein Charmeur.
*Zuletzt bei Dr. Maliner verkostet, Februar 1983 **** Austrinken.*

**CH. CERTAN DU MAY** Ebenfalls ein vorzüglicher 53er. Wie viele Pomerols am Gaumen besser als in der Nase. 1956 erstmals degustiert, 1959 ein schöner Wein. Zuletzt eine Abfüllung von Harveys aus Bristol mit sehr gutem, langem Korken: schön ausgebaute Farbe; sehr delikates, wohlriechendes Bukett, das im Glas aufblühte, allerdings eine Spur zu viel flüchtige Säure. Relativ «süß», mittelschwer, sehr wohlschmeckend, duftend und edel, wenn auch etwas zu wenig Fülle und Länge.
*Zuletzt bei einem Abendessen des Bordeaux Clubs im Christ's College, Cambridge, Juni 1987 **** Austrinken.*

**CH. LA CONSEILLANTE** Zwei Aufzeichnungen: 1969 eine «süß» und vortrefflich, Schloßabfüllung, außerdem eine halbe Flasche, von Avery abgefüllt: lebhaft, wohlschmeckend.
*Zuletzt auf einer Vorverkaufsdegustation, September 1983 *** Jetzt trinken.*

**CH. COS D'ESTOURNEL** In dieser Zeit bereitete man hier weniger strukturierte und kurzlebigere Weine als auf Ch. Montrose. Mitte der 70er Jahre voll ausgebaut, doch mit ersten Altersanzeichen. Ein Jahrzehnt später unterschiedlich.
*Zuletzt im Februar 1985 verkostet. Im besten Fall *** Hängt von der Lagerung ab.*

**CH. DUCRU-BEAUCAILLOU** 1967 erstmals aus einem *Hogshead* [Anm. d. Übers.: großes Faß], das ein guter Freund, John Snell, importiert und abgefüllt hatte. Mitte der 70er Jahre eine Schloßabfüllung: tief, das Bukett erinnerte an eine Zigarrenschachtel aus Zedernholz; elegant und nachhaltig. Zehn Jahre später eine ganz ähnliche Beschreibung. Alle Elemente vorhanden, doch etwas kurz.
*Zuletzt im Februar 1989 verkostet **** Müßte immer noch gut sein.*

**CH. FIGEAC** Drei Aufzeichnungen. 1962 relativ «süß», fett und vorzüglich, 1986 komplett. Bei der letzten Gelegenheit: immer noch ziemlich tief, voll ausgebaut; unmittelbarer, weicher, warmer, erdiger Duft, der schön erblühte. Nach fast zwei Stunden roch der Rest im Glas immer noch vorzüglich. Relativ trocken, mittelschwer, lebhaft, dabei durchaus weich, mit hervorragendem kernigem Geschmack sowie sehr gutem Tannin- und Säuregehalt.
*Zuletzt eine Flasche aus Château-Beständen bei der Degustation von Desai verkostet, Dezember 1989 **** Jetzt komplett.*

**CH. LA FLEUR-PÉTRUS** Tief, vorzüglich; eine vollbusige Schönheit, trinkbereit, mit trockenem Abgang.
*Im Dezember 1980 zweimal bewertet **** Bald trinken.*

**CH. GISCOURS** Zwei Aufzeichnungen: 1975 komplett. Ziemlich tief; stilvolles Bukett, das sich schön entfaltete und nach etwa einer Stunde mit Luftzufuhr den klassischen, ausgebauten Médoc-Duft aufwies, der an warme Vollkorn-Ingwerkekse erinnert; relativ «süß» und voll, reif, dabei kernig und trocken. Gute Länge.
*Zuletzt im März 1981 verkostet **** Zweifellos immer noch gut.*

**CH. GRAND-PUY-LACOSTE** Anfang der 70er Jahre zum ersten Mal degustiert, bis Mitte der 80er Jahre dann eine Reihe «perfekter» Notizen: schöne Farbe, reich, ausgebaut; «süß», Zedernholz- und Vanille-Nase, Minze-Nuancen, große Tiefe; am

Gaumen ebenfalls reich, dabei trocken. Delikat, duftend, perfekter Stil, gute Säure.
*Zuletzt im Februar 1985 verkostet ***** Bis 2000 und länger.*

**CH. GRUAUD-LAROSE** 1958 erstmals degustiert, 1961 dann eine weiche, charmante, trinkbereite Magnum. Darauf mehrere, gleichbleibend gute Notizen. Bestechende Erscheinung, warmes Ziegelrot, gute Abstufung und schöner Glanz; glorioses Bukett mit Nuancen von Ziegeln und Zedernholz, würzig, ingwerartig; relativ «süß», reich, rund, perfekt in Gewicht und Ausgewogenheit.
*Zuletzt im September 1983 aus einer* Impériale *verkostet ***** Jetzt und bis 2000 trinken.*

**CH. LANGOA-BARTON** 1956 erstmals verkostet: leicht, aber mit tanninbetonter Trockenheit. Bis in die Mitte der 60er Jahre schmackhaft und wohlausgewogen. Alle Abfüllungen von Harvey, drei Flaschen mit Füllhöhe bis zur oberen Schulter, eine bis zur oberen Mittelschulter und eine bis zur mittleren Schulter. Alle hatten überlebt und waren sehr gut zu trinken. Inzwischen eher «süß», mit guten Zedernholztönen in der Nase und am Gaumen, aber am Verblassen.
*Zuletzt im Dezember 1983 verkostet *** Bald trinken.*

**CH. LÉOVILLE-BARTON** 1956 zusammen mit dem Langoa als erstes eine Harvey-Abfüllung degustiert. Ein guter, attraktiver Wein. Der Léoville-Barton wurde nur in geringer Menge auf dem Château selbst abgefüllt, und ich habe eine solche Flasche nur einmal, 1962, degustiert. Wies einen gewissen Alterston auf. Mitte der 70er Jahre dann eine ganze Reihe exzellenter Berry-Bros-Abfüllungen, zuletzt dann noch eine weitere von Harvey: einwandfreies Füllniveau bis an den Hals, kurzer, aber perfekter Korken. Relativ blasse, doch herrlich strahlende Hagebuttenfarbe; weiches, wohlriechendes Bukett, das dem Glas eine Stunde lang entströmte. Am Gaumen der «süße» Ersteindruck eines vollkommen ausgebauten, alten Weins, relativ zarter, feiner Geschmack, inzwischen überentwickelt, doch delikat und köstlich.
*Zuletzt im Juli 1988 verkostet **** Austrinken.*

**CH. LÉOVILLE-LAS-CASES** Im Februar 1955 zum ersten Mal bewertet. Gutes Potential. 1964 hatte er sich bereits schön entwickelt, aber noch Zeit vor sich. Ein oder zwei recht gute Londoner Abfüllungen, dann Anfang der 70er Jahre zwei perfekte Schloßabfüllungen: weich, samtig, auf dem Höhepunkt und mit köstlichem Schmelz für einen Las-Cases. Nach wie vor fabelhaft reiches, zedernholzartiges, würziges Bukett; weich, samtig, vielschichtig – je mehr man daran riecht und davon kostet, um so mehr Nuancen enthüllen sich.
*Zuletzt im Juli 1988 verkostet *****

**CH. LA MISSION-HAUT-BRION** 1955 vermerkte ich nur kurz: «relativ voll, gut gemacht». Danach 17 gleichbleibend gute Bewertungen. Im Geschmack besser als in der Nase, besonders wenn man eine Vorliebe für den eigenen La-Mission-Geschmack hat, der an «rauchige Zweige», Torf oder Tabak erinnert. Schien ab Mitte der 70er Jahre komplett zu sein. Bei der Degustation von Desai eine sagenhafte, nach Teer duftende Magnum; bei der kürzlichen Präsentation in Wiesbaden eine Flasche aus dem Woltner-Keller, die in der Nase allerdings vergleichsweise zurückhaltend war, ansonsten aber sehr elegant war und ebenfalls den torf- und tabakartigen Geschmack aufwies.
*Zuletzt im Juni 1990 verkostet **** Mit Zukunft.*

**CH. MOUTON D'ARMAILHACQ** Hübsche alte Zedernnase. Fest, aber delikat. Beginnt auszutrocknen.
*November 1992 *** Austrinken.*

**CH. PALMER** 1955 zweimal aus dem Faß probiert: ungewöhnlicher, blumiger Stil. In den 60er Jahren vermerkte ich bei Harvey- und Schloßfüllungen Fülle, Wohlgeruch und einen deutlichen Cabernet-Charakter. Mitte der 70er Jahre sehr reich, fruchtig, schmackhaft und ein Jahrzehnt später eine wohlriechende, attraktive, aber ermüdende und etwas kurze Doppelmagnum.
*Zuletzt bei der Rodenstock-Degustation auf Ch. d'Yquem verkostet, September 1986. Es gibt bessere Weine von Palmer *** Austrinken.*

**CH. PICHON-LONGUEVILLE, LALANDE** Ein ausgezeichneter 53er. 1972 erstmals verkostet: klassisch, elegant, stilvoll. 1978 eine *Marie-Jeanne* mit seidiger Struktur. 1980 ein «perfekter Wein zum Abendessen». Zwei Nicolas-Abfüllungen: eine vorzüglich, die andere, mit brüchigem Korken, trockener und säurebetonter. Als letztes eine ebenfalls köstliche *Marie-Jeanne*: vorzügliches, warmes Ziegelrot; «altes Zedernholz», medizinales Pauillac-Bukett, das sich herrlich entfaltete; «mittelsüß», mittelschwer, seidig, inzwischen schlank, aber gut gekleidet. Trockener, aber duftender Abgang.
*Zuletzt auf Ch. Yquem verkostet, September 1986 **** Jetzt oder bei guter Lagerung bis über das Jahr 2000 hinaus zu trinken.*

**CH. RAUSAN-SÉGLA** Drei Notizen, keine Schloßabfüllung. 1968 eine sehr reiche, fette David-Sandeman-Abfüllung, überaus weinig. 1975 eine völlig andere Flasche von einem unbekannten Londoner Abfüller: außergewöhnlich trocken, «grün» und hart. Als letztes eine Avery-Abfüllung, die in etwa dazwischen lag: hohes Füllniveau bis an den Hals; überraschend tief, reich, geradezu dick; vorzügliche, bisquitartige Nase, die zweieinhalb Stunden anhielt. Trocken, leichterer Körper,

als das Erscheinungsbild vermuten ließ, pikanter, zitrusartiger Geschmack, gute Länge.
*Zuletzt im Oktober 1988 verkostet. Im besten Fall*
*★★★ Bald trinken.*

**CH. RAUZAN-GASSIES** Obwohl der 53er einen recht guten Ruf hat, degustierte ich ihn nur einmal: ziemlich tief, voll ausgebauter, bernsteinfarbener Rand; «süß», harmonisch, doch mit einem leichten Pilzton.
*Vorverkaufsdegustation, September 1989 ★★ Bald trinken.*

**CH. SIRAN** Neuverkorkt 1988. Gut entwickelt, sehr süß, weich.
*Oktober 1993 ★★★*

**CH. TALBOT** Ansprechend, lebhaft, doch ohne den üblichen 53er Charme. Anfang 1956 zu stark und fleischig. Zu Beginn der 60er Jahre weicher geworden, aber immer noch grün; in den 70ern tief, reich und geschmacksintensiv, darunter auch eine ansprechende Avery-Abfüllung. 1983 eine perfekte *Impériale* und als letztes eine sehr schöne Doppelmagnum: vorzügliche, lebhafte Farbe; gut ausgebautes, ziegel- und zedernholzartiges Bukett und entsprechender Geschmack; durch und durch trocken, ausgezeichnete Länge, duftender Nachgeschmack.
*Zuletzt beim Mittagessen bei einem der denkwürdigen Weinwochenenden von Rodenstock, im September 1987 ★★★★ Jetzt und bis über das Jahr 2000 hinaus zu trinken.*

EBENFALLS 1980 VERKOSTET:

**CH. BARET** Ein schlanker, eleganter, schmackhafter, unklassifizierter Graves.
*November 1983.*

**CH. CARBONNIEUX** Wie ein viel älterer Wein, rauh, ohne Charme.
*April 1991.*

**CH. PRIEURÉ-LICHINE** Reife Erscheinung; «süßes», weiches, wohlriechendes und harmonisches Bukett; am Gaumen ziemlich «süß», mittelschwer, reich, wohlschmeckend, lang.
*Oktober 1988.*

**VIEUX CH. CERTAN** Mitteltiefe Farbe, aufgrund von Kohlensäure leichte Perlenbildung am Glasrand; harmonisches Bukett, Nuancen von Vanille und Honig, später dann von gerösteten Kokosnüssen; relativ trocken, seidig, bezaubernd und nach wie vor komplett.
*April 1984.*

# 1954 ★

*Ein geringer Jahrgang, der durch seine Stellung zwischen 1953 und 1955 vom Handel auch nicht sehr begehrt war. Man kann sich darüber wundern, daß überhaupt ein einigermaßen trinkbarer Wein erzeugt wurde. Einer der kältesten Sommer überhaupt. Jene Winzer, die zuwarteten, konnten die Lese am 11. Oktober bei perfekten Witterungsverhältnissen beginnen. Dank diesen Spätlesern endete der Jahrgang nicht in einem völligen Desaster. Natürlich mußte der Most stark aufgezuckert werden (was auch offiziell bekannt gegeben wurde). Einige Kellermeister kamen mit diesen Bedingungen besser zurecht als andere. Heute kaum mehr von Interesse.*

**CH. LAFITE** Als erstes im Juli 1955 aus dem Faß probiert: besser als der Mouton, mehr Gehalt, aber zu säurebetont. Ein Jahrzehnt später mehrere Aufzeichnungen: deutliches Cabernet-Aroma, ein leichter, ansprechender Tropfen. Gutes Füllniveau, ziemlich blaß, sehr reifes Erscheinungsbild; recht schönes, «süßes», ingwerartiges Bukett – über den Geschmack habe ich nichts vermerkt.
*Zuletzt bei Rodenstock verkostet, Oktober 1992 ★*

**CH. MARGAUX** Nicht sehr gut. Drei Notizen: im Faß nicht beeindruckend, aufgezuckert, trocken, dumpf.
*Seit 1976 nicht mehr verkostet.*

**CH. LATOUR** Zehn Aufzeichnungen: im Faß ziemlich entgegenkommend, in den 60er Jahren einnehmend, außerdem fünf Bewertungen aus den 70er Jahren, in denen der Wein wahrscheinlich am besten war. Immer noch recht tief, intensiv und rot; pfeffrige Nase und ebensolcher Abgang. Karamel-, fondantartige Nase, fruchtig, robust, schlicht.
*Zuletzt auf der Mouton-Latour-Degustation in Wiesbaden verkostet, März 1989 ★*

**CH. MOUTON-ROTHSCHILD** Im Faß hager. 1983 eine wohlriechende, schmackhafte Flasche aus Château-Beständen. Weich, zum Kauen, trinkbar bei der Degustation von Flatt: überraschend gute Farbe, reich, ausgebaut; medizinale Töne und Nuancen von altem Strauh in der Nase; ziemlich leicht, wohlschmeckend, ausgetrocknet und kurz. Bei der letzten Gelegenheit auf der Mouton-Latour-Degustation oxydiert.
*Zuletzt im März 1989 verkostet. Im besten Fall ★*

**CH. HAUT-BRION** Nicht gut. Im Faß gering. Zwanzig Jahre später voll ausgebaut, spröde, wenig Frucht.
*Seit 1963 nicht verkostet.*

**CH. AUSONE** Nur einmal degustiert: gutes Füllniveau; sehr gesunde Farbe; medizinales Bukett

mit Kaffee- und Schokolade-Nuancen; eher leicht, schmackhaft, zum Kauen, annehmbare Länge, trockener Abgang.
*Recht gut bei Flatts Ausone-Degustation, Oktober 1987* ★★

CH. CHEVAL BLANC Im März 1956 «interessant». Mitte der 70er Jahre zweimal bewertet. Recht gute, sehr entwickelte Farbe; reife, käsige Nase und ebensolcher Geschmack, außerdem erdig und intensive Eisennote.
*Bei der letzten Degustation 1976 immer noch interessant* ★ *Allerdings damals bereits zum Austrinken empfohlen.*

DOM. DE CHEVALIER «Süßes», verbindliches, hübsches Bukett; 1969 sehr wohlschmeckend, attraktiv und nachhaltig. In jüngerer Zeit eine Flasche mit Füllniveau bis zur unteren Schulter, unangenehmes Braun, tot. Beide Flaschen durch Cruse verschifft, die erste von Grierson abgefüllt, die zweite in Kopenhagen. Der Abfüller enttäuschte mit dem Korken.
*Zuletzt im März 1990 verkostet. Im besten Fall* ★★

CH. L'EVANGILE Ziemlich saubere alte Nase; relativ leicht, ohne Frucht, beißender Abgang.
*Bei Malcolm Forbes verkostet, New York, Februar 1986.*

CH. LA MISSION-HAUT-BRION Eine Aufzeichnung. Dank der Woltnerschen Fähigkeiten ein reizvoller Wein, von attraktiver Erscheinung. Bukett erinnerte an Seemuscheln, Lakritze und Karamel. Leicht «süß», zugänglich, etwas bitterer Abgang.
*Bei Desais La-Mission-Degustation, Februar 1985* ★★

# 1955 ★★★★

*Seinerzeit ein bedeutender Jahrgang. Nach den kräftigen 52er Weinen und den vorzüglichen Gewächsen, von 1953, die beide ziemlich rasch zu günstigen Preisen vom Handel erworben waren, kamen die 55er trotz der leicht höheren Einkaufspreise gerade recht. Man schrieb ihnen keine lange Lebensdauer zu, und sie wurden im wesentlichen in den 60er Jahren konsumiert. Ich habe Hunderte von Aufzeichnungen, wobei die meisten vor 1970 entstanden sind. In den 80er Jahren habe ich nur mehr ein paar Dutzend Châteaux bewertet.*
*Februar mit frühlingshaften Temperaturen, März kalt und frostig, gute Witterungsbedingungen während der Blüte, danach erst Regen, anschließend Sonne. Heißer, trockener August. Der willkommene Septemberregen ließ die Trauben anschwellen; gute Lesebedingungen.*
*Ein überdurchschnittlicher, aber weitgehend*

*vergessener Jahrgang. Die besten und am besten gelagerten Weine sind nach wie vor vorzüglich.*

CH. LAFITE In meiner Anfangszeit im Weinhandel wurde ich von meiner Firma nicht nach Bordeaux gesandt, und meine Frau und ich verbrachten unseren Sommerurlaub, der immer auch mit Geschäftlichem verbunden war, jedes Jahr in einem anderen europäischen Weingebiet. Faßproben von Spitzengewächsen waren nicht meine Sache, und so stammen meine ersten Aufzeichnungen von dem 55er Lafite aus dem Jahre 1961. In der Farbe zwar ziemlich tief, doch mit ersten Entwicklungsanzeichen: «bräunliche Tönung». Das Bukett entfaltete sich, und der Geschmack war vorzüglich; damals gab ich dem Wein allerdings nur eine mittlere Lebenserwartung. Fast dreißig Jahre später – meine unerfahrenen Prognosen hatten sich als sehr ungenau erwiesen – zeigte der Wein ein gutes Aussehen, war vorzüglich und stilvoll. Während der 70er Jahre leicht adstringierend, wobei das Bukett wohlriechender wurde und sich ein schöner Nachgeschmack entwickelte. Unter den mehr als zwanzig Aufzeichnungen (die Hälfte davon nach 1980 erstellt) befand sich keine einzige schlechte Flasche, halbe Flasche, Magnum oder *Impériale.* Die ausführlichste Bewertung stammte von einem Abendessen des Bordeaux Club, das ich 1986 gab. Die Flasche war bereits weit herumgekommen: durch Berent-Vandervoort & Co, San Francisco, importiert, an einen Herrn in Los Angeles verkauft, von dem ich sie erwarb und eigenhändig zurück nach London brachte. Trotzdem war der Wein köstlich, und das delikate, leicht medizinale Pauillac-Bukett entwickelte sich mehr als zwei Stunden lang ganz herrlich, zunächst im Dekantiergefäß, dann im Glas. Trotz einem gewissen Farbverlust überraschend tief, reich, sogar intensiv. Das Bukett nach wie vor sehr entgegenkommend und duftend; relativ trocken, perfektes Gewicht, lebhafter, leicht zitrusartiger Geschmack, gute Länge. Eine Schönheit.
*Zuletzt im August 1989 verkostet* ★★★★★ *Jetzt und bis 2000 zu trinken.*

CH. MARGAUX Ebenfalls 1961 zum ersten Mal degustiert. Damals in vieler Hinsicht ähnlich wie der Ch. Lafite, wobei ich ihn als voll, seidig und tanninbetonter einschätzte. Mitte der 60er Jahre war er bereits blasser und schmeckte voll ausgebaut. In den Aufzeichnungen tauchte immer wieder «duftend», «elegant» und «komplettes Gewicht» auf. Endsäure zwar vorhanden, doch lenkte sie nicht von den anderen guten Eigenschaften ab.
*Zuletzt im April 1989 verkostet. Im Durchschnitt* ★★★★ *Jetzt und bis 2000 zu trinken.*

CH. LATOUR In Gewicht und Stil bei der ersten Probe 1961 völlig anders als der Margaux. Größere

Lebenserwartung vorhergesagt; tiefer Purpur, mächtige, verschlossene, konzentrierte Nase und am Gaumen voll Frucht, Tannin und Säure. Viele gute Aufzeichnungen. Blieb in den 60er und 70er Jahren tief, reich getönt und kraftvoll, wobei sich das Bukett während der Flaschenlagerung immer noch weiter entwickelte. Nach wie vor ziemlich tief, mit vorzüglicher Farbabstufung bis zum ausgebauten Rand; zedernholzartiges Bukett, das man aus dem Glas herausschmeicheln muß, ursprünglich trocken, scheint jetzt «süßer», da die Tannine reifer geworden sind. Immer noch körperreich, füllig, würzig, mit festem Rückgrat. Ein Spitzen-Latour, besser als der 52er und 53er Jahrgang.

*Aufsehenerregend vorzüglich bei der letzten Degustation auf einer* Wine Course Master Class *von Christie's, Dezember 1990* ***** *Jetzt sehr schön, wird sich aber noch bis ins 21. Jahrhundert weiter gut ausbauen.*

**CH. MOUTON-ROTHSCHILD** Der große Reiz des Mouton besteht in dem unmittelbar attraktiven, hochgetönten Cabernet-Sauvignon-Aroma. 1961 bei der Degustation ähnlich wie der 55er Latour: jugendlich tiefes Erscheinungsbild, voll, fruchtig, beladen. 1968 gab ich dem Wein eine Lebensdauer von zwanzig Jahren, wobei ich ihn anfänglich unterschätzt hatte. Von Anfang bis Mitte der 70er Jahre zwölf Aufzeichnungen: tief, doch im Ausbau; fabelhaft reiches, bisquitartiges Bukett mit Nuancen von schwarzen Johannisbeeren; fester, später delikater und überaus ansprechender Geschmack. In den 80er Jahren dreimal degustiert: nach wie vor phantastische Farbe, tief, durchscheinend; üppige *Cassis*-Nase und erstaunlicher Geschmack. Ein bißchen schlank, außerdem guter, fester Tannin- und Säuregehalt.

*Zuletzt im September 1993* *****

**CH. HAUT-BRION** Zehn Bewertungen zwischen 1961 und 1979, danach noch zwei halbe Flaschen degustiert. Niemals sehr tief, dabei reich, mit rubinrotem Zentrum. Nase unverändert erdig, mit vorzüglicher, reifer, weicher und zarter Weiterentwicklung. Der Haut-Brion unterscheidet sich im Geschmack immer sehr stark von den anderen Spitzengewächsen im Médoc: erdig, Tabaknuancen, manchmal verkohlt, wie Farnkraut oder Teer, doch seit dem letzten Krieg von gleichbleibend guter Qualität und Eleganz. Ein feiner Wein, allerdings etwas spröder als seine Nachbarn.

*Seit Oktober 1983 nicht mehr verkostet* ***(*)? Schwer zu beurteilen, wann er sich auf dem Höhepunkt befindet. Wahrscheinlich baut er sich noch weiter aus.*

**CH. CHEVAL BLANC** Ich gebe zu, daß ich eine Schwäche für dieses Gewächs habe. Seit Anfang des Jahrhunderts ist das Qualitätsniveau bemerkenswert gleich geblieben und hat sich hin und wieder – wie 1921, 1929 und 1947 – zu unbe-

schreiblichen Höhen aufgeschwungen. Bis 1962 wurde jedoch nur ein Teil des Weins direkt auf dem Château abgefüllt. Von den zwanzig verkosteten 55ern waren mehr als die Hälfte englische Abfüllungen. Da es sich dabei um alle Größen von halben bis zu Doppelmagnum-Flaschen handelte, fielen meine Bewertungen verständlicherweise unterschiedlich aus, von knorrig, verdreht, flach, braun und schwach bis zu weich und vorzüglich. Beim Cheval Blanc tritt häufig ein deutlich eisenartiger Charakter auf, der meiner Ansicht nach aus dem Boden stammt. Die letzten paar Aufzeichnungen – darunter vier Schloßabfüllungen – waren voller Lob: immer noch tief, mit reifem, mahagonifarbenem Rand; sehr offenes, wohlriechendes Bukett; durch und durch «süß», vollkommen gerundet, trefflich in Ausgewogenheit und Struktur, genau richtig. Die zuletzt verkosteten Flaschen waren Berry-Bros-Abfüllungen. Es gab Unterschiede, doch die besten hatten ein vorzügliches, «süßes», weiniges, harmonisches Bukett und waren in Geschmack und Balance gleichermaßen vorzüglich.

*Zuletzt im Mai 1986 verkostet. Im besten Fall* ***** *Jetzt trinken.*

**CH. PÉTRUS** 1967 eine überaus tanninbetonte Magnum. In den 70er Jahren zehn weitere Aufzeichnungen, jedesmal trocken (tanninbetont), mächtig, dabei samtig. Damals habe ich auch die Bezeichnung «Eisenfaust in Samthandschuh» gewählt. 1975 charakteristisch tief, hervorragend, mit einer Struktur wie Wildleder. Danach fünf Bewertungen: 1983 «phantastisch, doch kein Médoc», mit zu wenig Schwung, dann eine schlanke, tanninbetonte halbe Flasche, außerdem eine ebenfalls schlanke, doch reife, duftende und erfrischende Magnum auf der Degustation von Frericks in München. Eine enttäuschende Flasche 1990: starkfarben, gehaltvoll, malzig, «süß», weich, reich, doch am Umschlagen.

*Eine gute kraftvolle Flasche bei John Jenkins Bordeaux Club Dinner im Mai 1993. Im besten Fall* ****

**CH. BEAUSÉJOUR** 1956 eine leichte und delikate Calvet-Probe, außerdem eine weiche, voll ausgebaute Flasche auf einer Vorverkaufsdegustation, mit sehr «süßer» und fruchtiger, portweinartiger Nase. Köstlich.

*Zuletzt im Juli 1983 verkostet* ****

**CH. BEL-AIR-MARQUIS-D'ALIGRE** 1967 als relativ «guter Wein zum Mittagessen» bewertet, 1979 stilvoll, elegant, sehr Margaux-typisch, schön entwickelt. Zwei Jahre später ansprechend ausgebautes Ziegel-Granatrot; harmonisches Bukett; etwas am Austrocknen, leicht, angenehm.

*Seit Januar 1981 nicht mehr verkostet. Damals* ***

CH. BEYCHEVELLE 1959 gefällig, relativ leicht, schön, 1968 eine delikate, doch fragwürdige Londoner Abfüllung, außerdem 1986 eine überaus ansprechende, tiefe, weiche und schmackhafte Flasche. Kürzlich: reich, Milchschokolade-Bukett; attraktiv.
*Zuletzt im Mai 1993 verkostet. Im besten Fall ★★★★*

CH. CALON-SÉGUR Ein guter 55er, Ende der 50er Jahre voll, fruchtig und überraschenderweise nicht zu tanninbetont; wahrscheinlich Mitte der 60er bis Anfang der 70er Jahre auf dem Höhepunkt. 1978 allerdings als «zedernholzartig, sehr schmackhaft, doch mit einer Spur Pikanz» vermerkt. Bei der letzten Gelegenheit eine schlechte, säurebetonte englische Abfüllung.
*Zuletzt im Juli 1985 verkostet. Im besten Fall ★★★*

CARRUADES DE CH. LAFITE Roh, tanninbetont.
*Eine Impériale im Oktober 1992.*

DOM. DE CHEVALIER Zwei Aufzeichnungen. 1961 weich, delikat und gut. Zwanzig Jahre später immer noch schöne Farbe; offene, attraktive Nase; etwas «süß», schönes Gewicht, geschmeidig und zugänglich, trefflich in Geschmack, Länge und Nachgeschmack.
*Zuletzt im März 1981 verkostet ★★★★ Zweifellos immer noch attraktiv.*

CH. COS D'ESTOURNEL Drei Notizen: 1972 eine vorzügliche und eine hölzerne Flasche. Danach noch eine sehr ansprechend aussehende Flasche, schön entwickelt, trockener Abgang. Muß getrunken werden.
*Zuletzt im März 1981 verkostet ★★★ Austrinken.*

CH. FIGEAC Bereits als Faßprobe 1956 vorzüglich. In den 60er Jahren leicht, seidig, mit deutlichem Cabernet-Sauvignon-Geschmack, duftend und überaus anziehend. Zwanzig Jahre später: eine exzellente Magnum aus Château-Beständen; relativ tiefes, aber sehr abgebautes Farbbild; reich, starkfarben, delikat, wohlriechendes Bukett mit Veilchentönen. Relativ trocken, schön in Gewicht, Geschmack und Struktur.
*Zuletzt bei Desais Figeac-Degustation verkostet, Dezember 1989 ★★★★*

CH. GRUAUD-LAROSE Kontinuierlich gut. Anfang der 60er Jahre relativ «süß» und sehr trinkbereit, obwohl in Erscheinung und Körper ziemlich tief. 1964 eine gute Harvey-Abfüllung und fast ein Jahrzehnt später eine ähnlich ansprechende von Dolamore. Mittlerweile gewisser Farbverlust, ausgebaut; sehr positiv und duftend, klassisch, zedernholzartig, sehr schön erblüht; mittelschwer, füllig, geradezu samtig, 1981 ein «kompletter roter Bordeaux», doch 1986 etwas am Verblassen. Kürzlich eine schreckliche Dop-pelmagnum, überreife Nase, eigenartiger Geschmack.
*Zuletzt verkostet im September 1993. Im besten Fall ★★★★*

CH. LAGRANGE St-Julien. In den 60er Jahren streng, mit einer Spur Bitterkeit, 1973 trocken, aber ansprechend. Außerdem zwei Abfüllungen von L. Lyons, eine gefällige 1967, fast ein Jahrzehnt später eine auseinanderfallende.
*Zuletzt im Juli 1986 verkostet ★ Vermeiden.*

CH. LANGOA-BARTON Mehrere Aufzeichnungen, verschiedene Abfüllungen, vor allem von Barton & Guestier, Bordeaux. Als voll, ziemlich «grün», kurz und teuer beschrieben; Mitte der 60er Jahre ein paar schöne Harvey-Abfüllungen. Zuletzt B & G: perfekte Farbe; wohlriechende Nase; sehr schmackhaft.
*Zuletzt bei einer Vorverkaufsdegustation in Chicago verkostet, März 1985 ★★★*

CH. LASCOMBES Ab 1958 sieben gleichbleibend gute Bewertungen. Mitte der 70er Jahre schien er voll ausgebaut, war aber auch 1982 noch erfreulich und im Gleichgewicht, wobei der Abstieg abzusehen war. Jetzt voll entwickelt, «süß», weich, relativ leicht, abgebautes Tannin und verblassende Frucht – dennoch elegant.
*Zuletzt im Februar 1985 verkostet. Im besten Fall ★★★★, jetzt ★★ oder ★★★ je nach Lagerung.*

CH. LÉOVILLE-BARTON Mitte der 60er Jahre eine Birminghamer und eine Schloßabfüllung, beide nicht besonders reizvoll, danach eine tadellose Londoner Abfüllung sowie eine gute Magnum. Zuletzt aus Château-Beständen: überraschend tief; «süß», reich, leicht schokoladig, Vanille-Töne, Alterston im Bukett durch die Flaschenlagerung; ziemlich «süß» und voll. Gefälliger, robuster Wein.
*Zuletzt auf dem Barton-Abendessen bei Brook's, November 1989. Im besten Fall ★★★*

CH. LA MISSION-HAUT-BRION Zehn Aufzeichnungen. Große Weinigkeit und schönes Potential, doch bis Mitte der 70er Jahre mit tanninbetonter Bitterkeit. 1978 war das Bukett perfekt mit deutlichen Jod- und Eisennuancen. Ertaunlich tief und intensiv bei der Desai-Degustation 1985; 1986 phantastisch, mit dem eigenen Tabakgeschmack, bei der La-Mission-Degustation von Wolf sehr gute Punktzahl: in jeder Hinsicht ein vorzüglicher, lebhafter, ganz und gar entfalteter Wein. Tannine mittlerweile abgebaut. «Süß» und reif. Ganz kürzlich, eine hervorragende Flasche, eine andere (neuverkorkte), aber mit schwachem Abgang.
*Zuletzt verkostet im Oktober 1993. Im besten Fall ★★★★★ Mit Zukunft.*

**CH. MOUTON D'ARMAILHACQ** In den 60er Jahren gefällig, doch etwas klobig. 18 Jahre später und mit dem Etikett «Baron Philippe»: für einen 55er tiefe Farbe; aromatisch, überreif; sehr schmackhaft.
*Zuletzt im Januar 1993 verkostet* ★★ *Muß getrunken werden.*

**CH. NENIN** Im Faß «süß» und reich, zudem eine ausgesprochen aromatische Harvey-Abfüllung von 1957. Einige weitere Bewertungen, darunter 1968 eine Abfüllung von Justerini & Brooks, zwar seidig, aber mit bitterem Ende. Außerdem eine recht schöne Schloßabfüllung: relativ tief, ausgebaut, «süß», gesund, hübsche Pomerol-Struktur.
*Zuletzt im Juni 1984 verkostet* ★★

**CH. LES ORMES-DE-PEZ** 1958 «süß», aber tanninbetont, in den frühen 60er Jahren voller Frucht, Tannin und Säure. Nach einem weiteren Vierteljahrhundert immer noch sehr tief, aber voll ausgebaut; Bukett und Gaumen hochgetönt, lebhaft, fruchtig, voll entwickelt, mit einer Spur Säure.
*Zuletzt im Mai 1986 verkostet. Austrinken.*

**CH. PALMER** Kein großer Palmer. Anfang der 60er Jahre mit ersten Altersanzeichen, dennoch in der Nase und am Gaumen recht reich. Mitte der 70er Jahre zwei kritische Beurteilungen und ein Jahrzehnt später: delikat, aromatisch, pflanzliche Nase; relativ leicht, durchaus elegant, trockener Abgang.
*Zuletzt im November 1985 verkostet* ★★ *Am Abbauen.*

**CH. DE PEZ** Schön gemacht; 1980 am besten (eine Magnum) und in jüngerer Zeit eine gute, wenn auch nicht aufregende Flasche.
*Zuletzt im Juli 1988 verkostet* ★★ *Verläßlich.*

**CH. PICHON-BARON** 1974 zwei ziemlich gute Notizen, drei vielversprechende Einträge Mitte der 80er Jahre. Immer noch feine, tiefe Farbe; reich, schlank, zum Kauen, ein bißchen wie der 62er.
*Zuletzt im April 1985 verkostet* ★★★

**CH. PICHON, LALANDE** Eine neuverkorkte *Marie-Jeanne.* Seltsame Vanille-Nase, entwickelte sich gut; frisch, fruchtig. Gut ausgewogen.
*September 1993* ★★★★

**CH. RAUSAN-SÉGLA** Anfang der 60er Jahre wohlriechend, doch noch unfertig, 1978 eine scharfe holländische Abfüllung. In jüngerer Zeit eine Flasche mit gezeichnetem Korken, merkwürdig überreifem Bukett; trocken, ziemlich leicht, weich, recht schön fruchtig, tanninbetont.
*Zuletzt im Januar 1989 verkostet* ★★

**CH. SIRAN** Süß, weich, hübsch im Gewicht, vorzüglich.
*Oktober 1993* ★★★★

**CH. TROTANOY** Ein etwas widersprüchlicher, aber duftender und erfrischender Wein: schöne Farbe; harmonisch und wohlriechend; trocken, schlank, elegant.
*Zuletzt in Monsieur Jacques Rouëts Keller in Paris verkostet, Juli 1984* ★★★

**VIEUX CH. CERTAN** Eine perfekte Magnum.
*Februar 1989* ★★★★

IN DEN 80ER JAHREN DEGUSTIERT:

**CH. BARET** Dieser kleine, unklassierte Graves erwies sich trotz Anzeichen von Korkmotten als gleichbleibend gut: vorzügliche Farbe, duftend, schmackhaft. ★★★

**CH. GONTIER** Côtes de Blaye. Von Justerini & Brooks abgefüllt: 1964 bemerkenswert weich und schön; 25 Jahre nach der Lese noch immer lebendig. ★★

**CH. RIPEAU** Am Austrocknen, zu wenig Stil.

# 1956

*Entsetzlich strenger Winter, beispiellos schlechter Frühling, der die Weinstöcke zerstörte, kalter August, außerordentlich nasser September, ab Mitte Oktober eine kurze Unterbrechung für die Lese. In meinen wenigen Notizen zu diesem Jahrgang taucht sehr häufig das Wort «überraschend» (schön) auf. Dennoch dürftig und dünn; nur mehr von geringstem Interesse.*

**CH. LATOUR** Typisch für die Fähigkeit von Latour in einem schlechten Jahr dennoch einen recht guten Wein zu produzieren. 1970 ausgesprochen beeindruckend in Farbe, Nase und Geschmack, wenn auch kurz. Mitte bis Ende der 70er Jahre etwas beißend, dennoch wohlschmeckend. Bei der großen Latour-Degustation 1981 reicher und roter als der 63er, aber auch etwas rauh. Zuletzt bei der Latour-Mouton-Degustation in Wiesbaden; mitteltief, immer noch rot und durchaus intensiv; schwache, aber recht gute Nase, die ursprüngliche Cabernet-Frucht hatte sich zedernholzartig entwickelt. Am Austrocknen, relativ leicht, doch mit Körper, säurebetonter Abgang.
*Zuletzt aus einer Jéroboam im Oktober 1992 verkostet* ★

**CH. MOUTON-ROTHSCHILD** Für einen so schlechten Jahrgang ebenfalls tief, 1973 medizinale Note, sehr wohlschmeckend und pikant. 1986 bei Flatts Mouton-Degustation ähnliches Erschei-

nungsbild: Erdbeerduft, relativ «süß», schlank, wohlschmeckend, aber abgeflaut. Und bei der Degustation von Wolf überraschend gut in Farbe, Bukett und Geschmack. Leichte, wohlriechende, würzige Cabernet-Nase. Relativ leicht, weich, sehr schmackhaft, mit trockenem, säurebetontem Abgang.
*Zuletzt im März 1989 verkostet* ★

**CH. AUSONE** 1976 überraschend tief, käsig, gesund, trocken, etwas spröde. Auf Flatts Ausone-Degustation mit Farbverlust, aber von ansprechender Erscheinung; unerwartet gute Nase, die sich reich entfaltete; eher leicht, kurz, mit trockenem Abgang.
*Zuletzt im Oktober 1987 verkostet* ★★

**CH. LYNCH-BAGES** Tiefer als erwartet, aber sehr braun; «süße», medizinale Pauillac-Nase; trocken, leicht, ganz ausgebaut, kein schlechter Abgang.
*März 1985* ★

**CH. LA MISSION-HAUT-BRION** Zwei sehr unterschiedliche Bewertungen. 1985 bei der Desai-Degustation: sehr entwickeltes Aussehen; leichte, offene, käsige Nase; trocken, relativ leicht, schlank und kurz. Auf der jüngsten Wolf-Degustation: überraschend tiefes, beeindruckendes Erscheinungsbild; überaus ungewöhnliche Nase, wie in einem Wäschegeschäft, Sattelgeruch, aufgezuckert. Durchaus «süß» und mehr Körper, überraschend reich und zum Kauen. (Die Flasche war über Christie's aus den Woltner-Kellern zu der Verkostung gelangt.)
*Zuletzt im Juni 1990 verkostet. Im besten Fall ein guter 56er, fast* ★★★ *Austrinken.*

**CH. RESPIDE** Schröder & Schÿler. «Süß», leicht, schaffte es, zugleich fade und säurebetont zu sein.
*März 1991.*

# 1957 ★

*Einer der Jahrgänge, die ich am wenigsten mag, auch wenn er niemals als schlecht galt. Selbst auf dem Höhepunkt ihrer Entwicklung, Mitte der 60er Jahre, waren die Weine immer zu säurebetont.*
*Eigenartige Bedingungen während der Wachstumsphase: sehr milder Februar, unglaublich warmer März; im April Fröste, harter Mai, schlechte Blüte, kältester August überhaupt. Geringe, unreife Ernte, Lesebeginn ab 1. Oktober bei heißen Rekordtemperaturen.*

**CH. LAFITE** Neun Aufzeichnungen. In der Nase besser als am Gaumen. Im Faß ansprechende *Cassis*-Note. Mitte der 70er Jahre dreimal degustiert: in der Nase reif und elegant, ansonsten aber spür-

bar rauh und säurebetont. Anfang der 80er Jahre schien es entschieden: Mandarinennote, auseinanderbrechend vor lauter Entwicklung, am Austrocknen, etwas dürftig. 1984 bei einem Sonntagmittagessen auf Ch. Lafite zu Austern und Wurst. Kurz mit annehmbarer, wenn auch pikanter Säure.
*Zuletzt im März 1990 verkostet* ★

**CH. MARGAUX** Aus dem Faß und von einer Faßprobe degustiert, zurückhaltend, aber nicht attraktiv. Bemühte sich Mitte der 70er Jahre sehr um Wohlgeruch, war aber immer etwas beißend und «zugeknöpft». Im ganzen trocken, rauh, nicht sehr ausgewogen, auf Desais Margaux-Degustation jedoch eine anständige Magnum: sehr hohes Füllniveau; eine Spur Kirschenrubinrot; recht ansprechende, erfrischende Nase; schönes Gewicht, erfrischender, wenn auch säurebetonter Abgang.
*Zuletzt im Mai 1987 verkostet* ★★

**CH. LATOUR** Gar kein so schlechter Anfang: im Faß ein mächtiger, schwarzer Wein, fruchtig, mit einer Fülle an Tannin. Schien Mitte der 60er Jahre auf dem Höhepunkt zu sein, danach einer der Latour-Jahrgänge, den ich am wenigsten leiden kann. Diese Meinung konnte auch durch zwei Flaschen in jüngerer Zeit nicht korrigiert werden: die eine war rauh und beißend, die andere, auf der Wolf-Degustation, oxydiert.
*Zuletzt im März 1989 verkostet.*

**CH. MOUTON-ROTHSCHILD** 1961 erstmals degustiert: ein tiefer, vorzüglich fruchtiger, nach Cabernet schmeckender Wein; danach noch sechs weitere Aufzeichnungen. Immer noch recht tief und rot; entgegenkommendes Aroma, das an nasses Hundefell erinnerte und die für Mouton typische würzige Cabernet-Sauvignon-Note aufwies. Sehr wohlschmeckend, durchaus reizvoll, trotz der rauhen 57er Säure.
*Zuletzt im März 1989 verkostet* ★★

**CH. HAUT-BRION** Als erstes aus dem Faß probiert. Recht schmackhaft, schön ausgewogen. Anfang bis Mitte der 60er Jahre: gute, wenn auch zurückhaltende Nase und ein guter, tiefer, erdiger Geschmack. Säure spürbar, aber von eher seidiger Struktur. Mitte der 70er Jahre sehr entwickelt, locker gewoben, unbeeindruckend. Ein Jahrzehnt später voll ausgebautes, reifes Bukett; würzig, wohlschmeckend, aber rauh.
*Zuletzt im Mai 1985 verkostet* ★

**CH. AUSONE** 1958 aus dem Faß und von einer Faßprobe degustiert: weich, schokoladig, eigenartig, bereits am Braunwerden. In den 60er Jahren nicht so fortgeschritten, wie die Farbe vermuten ließ. 1971 Pikant, wohlschmeckend. In jüngerer Zeit eine Flasche aus Château-Beständen bei der Degustation von Flatt: ziemlich tief, dick und ir-

gendwie mitgenommen; Nase zunächst gedämpft, versuchte dann aber zu gefallen; trocken, schmackhaft, angemessene Länge, eine Spur 57er Säure.
*Zuletzt im Oktober 1987 verkostet* ★

CH. BEYCHEVELLE Zwei Abfüllungen der Army & Navy Stores 1987, beide mit aromatischen, wohlriechenden, hochgetönten Cabernet-Nasen und einer Spur flüchtiger Säure; trocken, elegant, wohlschmeckend, gut passende Säure. Kürzlich, aus dem Château-Keller: eine Nase wie heiße Schokolade; die 57er Säure, leicht hölzern, aber doch ansprechend.
*Vorverkaufsdegustation im Mai 1993* ★★

CLOS FOURTET Eine subtile, schlanke *Jéroboam*, mit Tannin.
*Im Oktober 1992* ★★

CH. BEYCHVELLE Fremd; ausgetrocknet.
*Im Mai 1993.*

CH. GRUAUD-LAROSE Als erstes im September 1958 aus dem Faß probiert. Tief, reich, voller Frucht, Tannin und Säure. Anfang der 70er Jahre zwei scharfe Flaschen, abgefüllt von David Sandeman und British Transport Hotels. 1983 eine beeindruckend tiefe, auf dem Château abgefüllte Magnum, immer noch fruchtig, reich, robust, doch mit Alterston, spürbarer Säure und einer Spur Bitterkeit.
*Zuletzt im Mai 1983 verkostet* ★★

CH. LÉOVILLE-BARTON Mitte der 60er Jahre zwei ganz ansprechende englische Abfüllungen, danach noch eine weitere Aufzeichnung: recht reiches Erscheinungsbild, aber nicht tief; alte Zedernholznase, etwas schleppend; trocken, im Geschmack besser als im Geruch, 57er Säure, mangelnder Charme, doch kein schlechter Tropfen. Unverändert.
*Zuletzt auch aus Magnumflaschen im September 1993 verkostet* ★★

CH. LÉOVILLE-LAS-CASES Ein Dutzend Bewertungen, angefangen von einer ansprechenden Faßprobe über verschiedene Abfüllungen bis zu einer tiefen, staubigen, trockenen, rauhen, aber sehr schmackhaften Erzeugerabfüllung. Spürbare, aber akzeptable Säure. Zwar niemals ganz befriedigend, aber dennoch ein relativ guter 57er.
*Zuletzt im Oktober 1985 verkostet. Im besten Fall* ★★

CH. LYNCH-BAGES Aus dem Faß probiert, viele Aufzeichnungen von vielen Abfüllungen. Ein recht attraktiver Wein. Mitte der 60er Jahre auf dem Höhepunkt, zwei gute Abfüllungen, von Harvey und vom Schloß: ein schönes Gewächs, wobei die für Lynch-Bages typische Cabernet-Würzigkeit Anfang der 70er Jahre am besten her-

auskam. In jüngerer Zeit: mitteltief, reich, mit Stich ins Orange; ausgeprägte *Cassis*-Nase, etwas «süß», schönes Gewicht, weich, «warm», Geschmack durch die vorhandene flüchtige Säure verstärkt und nicht zerstört.
*Zuletzt im September 1987 verkostet. Im besten Fall* ★★★ *aber riskant.*

CH. LA MISSION-HAUT-BRION Einer der allerbesten 57er. 1978 dreimal verkostet, alle drei Flaschen aus den Woltner-Kellern. Übereinstimmende Bewertungen: tief, fast so undurchsichtig wie ein 61er; attraktives Bukett – ruhige See, heiße Kiesel, Sackleinen und Jod. Liest sich merkwürdig, aber die gleiche Beschreibung gilt auch für den Geschmack. Gut auf der Desai-Degustation 1985 und auf der jüngsten Degustation von Wolf (ebenfalls Woltner-Bestand) eine tiefe, ziemlich intensive Magnum; stark, pfeffrig, reiches altes Eichenbukett; etwas «süß», verhältnismäßig körperreich, reiche Frucht, seidig-ledrige Tannine.
*Zuletzt im Juni 1990 verkostet* ★★★★ *Hält sich noch.*

CH. PICHON-BARON Aus dem Faß «grün», aber wohlschmeckend, elf Jahre später recht schön, wenn auch spröde. Inzwischen voll ausgebaut; reif, käsig, überraschend ansprechendes Bukett; schlank, wohlschmeckend, trocken, erfrischend, dabei nicht zu säurebetont.
*Zuletzt im November 1983 verkostet. Im besten Fall* ★★★

## EBENFALLS IN DEN 80ER JAHREN DEGUSTIERT:

CH. BEAUSÉJOUR St-Emilion. Reich getönt, wohlschmeckend, «Süße» überdeckt Säure. ★★

CH. BELAIR St-Emilion. Auf Ch. Ausone aus dem Faß probiert, nicht beeindruckend. 1989 pappig und säurebetont.

CH. CROIZET-BAGES Pikant.

CH. PIQUE-CAILLOU Mérignac, Graves. Reich, käsig, leicht «süß», weich, warm und gefällig. Am Ende ganz leichte Spur flüchtiger Säure. ★★

## EIN SCHLECHTER 57ER:

CH. MARQUIS D'ALESME-BECKER Säurebetont und durch Böcksergeschmack verdorben.

# 1958 ★★

*Ein weicher, zugänglicher, ansprechender Jahrgang, der zwischen den vielgekauften Produkten des Jahres 1957 und den anlageträchtigen Erzeugnissen von 1959 etwas zu kurz kam. Einige der führenden englischen Weinkenner schätzten*

## 1958

jedoch die unterbewerteten 58er Weine, als sie Mitte bis Ende der 60er Jahre auf dem Höhepunkt ihrer Entwicklung waren, um ihres Charmes und ihres günstigen Preises willen. Grundsätzlich ohne Fehler, doch kurz und nicht sehr kraftvoll. Milder Februar, im März kalt und Schneefälle, im wesentlichen kalter und nasser April. Gute Blüte im Juni. Warmer, trockener Sommer, dennoch späte Lese.

CH. LAFITE Vier Aufzeichnungen, die erste recht gut, schmackhaft und sauber, im Abgang allerdings etwas bitter. 1975 eine zarte, feminine und attraktive Flasche. 1985: sehr reifes Aussehen; reifes, wenn auch dünnes und medizinales Bukett; am Gaumen leicht, dabei stilvoll. Zuletzt eine beeindruckende *Impériale*, die von Lloyd Flatt für das Mittagessen zwischen den langen Lafite-Degustationssitzungen offeriert worden war: ziemlich tief, reich, ausgebaut; volles, fruchtiges Bukett, das sich sehr wohlriechend entfaltete; ziemlich «süß», herrlich reiche Frucht, doch sandige Struktur, vermischt mit einem gewissen Tannin- und Säuregehalt. Zweifellos sehr trinkbar.
*Zuletzt im Oktober 1988 verkostet. Im besten Fall ★★★ Austrinken.*

CH. MARGAUX Mitte der 60er Jahre eine Spur Bitterkeit. Wird dem *Grand-vin*-Anspruch nicht gerecht. 1971 eine gefällige, aber nicht besondere Flasche und ein Jahrzehnt später eine, die trotz guter, voll ausgereifter Farbe am Austrocken und etwas faserig war.
*Zuletzt im Mai 1981 verkostet. Im besten Fall ★★*

CH. LATOUR Viele Aufzeichnungen: in der Jugend dumpf, schwerfällig, belanglos, spröde. 1986 dann vorzüglich und würzig, aber kurz. Bei der jüngsten Latour-Mouton-Degustation von Frericks/Wodarz war die ursprüngliche Farbtiefe verloren gegangen; Nase hart, wenn auch wohlriechend, etwas firnisartig, keine schlechte Frucht, doch mit spürbarer Säure. Nicht eben interessant.
*Zuletzt im März 1989 verkostet ★★*

CH. MOUTON-ROTHSCHILD Ende der 70er Jahre tief, reich, aufregend. 1986 bei Flatts Lafite-Degustation eine ansprechende Flasche, wohlriechend, doch mit einer Tendenz zu unangenehmen Gerüchen, reich, aber kurz. Bei Wolf voll ausgebautes Erscheinungsbild; weich, makellos, teeähnliches Bukett, das etwas verblaßte; hohl, kurz, trockener Abgang, doch zuwenig Säure.
*Zuletzt im März 1989 verkostet ★ Am Verblühen.*

CH. HAUT-BRION Etwas bitter, wollige Nase, komplett, aber dumpf – ein Adjektiv, das Mitte der 60er Jahre viermal auftaucht. In den 70er Jahren weiterentwickelt: weich, gefällig, erdiger Geschmack, aber ohne die klassische Ausgewogen-

heit. Als letztes: erdig, reif, hochgetönt; trocken, relativ leicht, in gewisser Hinsicht rauh.
*Zuletzt aus einer* Jéroboam *im Oktober 1992 verkostet ★★ Am Abbauen.*

CH. AUSONE Leidliche Faßprobe. In den 70er Jahren dreimal degustiert: locker gewoben, nichts Besonderes. Bei Flatts Ausone-Degustation dann in der eigentlichen Qualität: zwar voll ausgebaut, mit einer Spur Kohlensäure, aber ein sehr entgegenkommendes, himmlisches, reiches Bukett; eher trocken und leicht, schlank, aber schmackhaft.
*Zuletzt im Oktober 1987 verkostet. Im besten Fall ★★★*

CH. CHEVAL BLANC Ursprünglich ziemlich dumpf, doch in den 70er und bis in die 80er Jahre hinein ausreichend gefällig. Danach eine bemerkenswert ansprechende Magnum, immer noch rubinrot, mit reichen «Tränen»; gutes, aromatisiertes, zedernholzartiges Bukett; ziemlich «süß».
*Zuletzt im Januar 1993. Im besten Fall ★★★*

CH. PÉTRUS Zweimal degustiert. 1973: ziemlich tief, samtig; kleine Nase; reich, weich, flaumig, «wie betäubt», stumm, uninteressant, zurückhaltend. Zuletzt bei der Degustation der «Stockholm»-Gruppe: mitteltief, ausgebaut, nicht glanzhell; Alterston, leicht medizinal, danach bisquitartig; sehr «süß», mittelschwerer Körper, fruchtig, aber kantig.
*Zuletzt im April 1990 verkostet ★★ Wird sich nicht mehr verbessern.*

CH. L'ARROSÉE Erste Verkostung eines erst in jüngerer Zeit bekannt gewordenen Weinguts im St-Emilion. Allerdings kein sehr beeindruckender Beginn; Anfang bis Mitte der 80er Jahre dreimal degustiert: pflaumenfarben, doch voll ausgebaut; undefinierbare Nase.
*Zuletzt im März 1984 verkostet. Im besten Fall ★★*

CLOS FOURTET Eine subtile schlanke *Jéroboam*, mit Tannin.
*Im Oktober 1992 ★★*

CH. COS D'ESTOURNEL Mitte der 70er Jahre zweimal weich und schmackhaft, ein Jahrzehnt später eine Flasche mit Schwund, verblaßt und nichtssagend.
*Zuletzt im Juni 1983 verkostet. Im besten Fall wahrscheinlich ★★*

CH. GRUAUD-LAROSE Ab 1969 fünfmal degustiert. Ein gesunder, zugänglicher, zedernholzartiger Wein, wohlriechend, weich, kurz und jetzt am Verblühen.
*Zuletzt im Juni 1984 verkostet. Im besten Fall ★★★ Austrinken.*

CH. LA MISSION-HAUT-BRION Bemerkenswert gut. Drei gleichlautende Bewertungen Mitte bis Ende der 70er Jahre: sehr tiefes, reiches und reifes Erscheinungsbild; fabelhaftes, fast marmeladig reiches, erdiges Graves-Bukett; mächtig, dabei weich, Eisennote, trocken. Bei der Desai-Degustation 1985 ein zugänglicher, wenn auch rasch erlahmender Charmeur. Zuletzt bei Wolf: für einen 58er immer noch überraschend tief; eigenartige, gehaltvolle, Mokka-artige Nase; gefällige Zitrussäure, zu kurz.
*Zuletzt im Juni 1990 verkostet* ★★★

CH. MONTROSE Im Alter von zehn Jahren eine Entwicklung und ein Bukett, die fast zu gut waren, um wahr zu sein; wie immer gut gemacht und etwas hart, fruchtig, kurz. Im Alter von 23 Jahren relativ blaß, sehr ausgebaut; «süßes», harmonisches Vanille-Bukett; schönes Gewicht, köstlicher Geschmack.
*Zuletzt im Dezember 1981 verkostet* ★★★

EBENFALLS IN DEN 80ER JAHREN DEGUSTIERT:

CH. BARET Graves. Reich, ausgebaut; reife, erdige Nase; gefällig, schmackhaft, kurz.

CH. BEAUSÉJOUR St-Emilion. Orangentöne, alt, dünn und kantig.

CH. MALESCOT-ST-EXUPÉRY Charakteristisch übertriebener Cabernet-Sauvignon-Duft und -Geschmack; trocken; wohlschmeckend.

CH. PAVIE Überraschend tief, doch eine Spur holzig.

# 1959 ★★★★★

*Ein großartiger Jahrgang. Mit ihm geht eine Phase von abwechselnd guten und schlechten, aber selten aufsehenerregenden Jahrgängen zu Ende. 1959 wurde als erstes (aber nicht als letztes) Jahr zum «Jahrhundertjahrgang» hochstilisiert. Die Einschränkungen folgten jedoch (genau wie beim 82er): dem 59er, so hieß es, fehlte es an Säure. Man produzierte große Weine, doch wie auch 1982 und 1947 bereitete die große Hitze einigen Kellermeistern Probleme. Obwohl es tatsächlich ein großer Jahrgang war, hatten doch die meisten kleineren Weine ihren Höhepunkt bereits innerhalb von zehn Jahren erreicht.*
*Im Februar und März war das Wetter ungewöhnlich schön und sonnig gewesen, der April unterschiedlich, im Mai wurde es besser, der Juni war schön, der Juli fast zu heiß, August warm und schön, der September heiß, ab dem 13. dann sehr naß. Lesebeginn am 23. September unter guten Bedingungen. Durchschnittlicher Ertrag, hohe*

*Qualität. Die besten Weine sind immer noch phantastisch.*

CH. LAFITE Seit 1975 28 Notizen. Zweifellos ein großer Wein. Sehr reich, wohlriechend und elegant, stämmig für einen Ch. Lafite. Ausgesprochen lebhaft. Gute Bewertungen ab Mitte der 70er bis in die 80er Jahre, mit Ausnahme einer ziemlich «scharfen», leicht säuerlichen Flasche auf dem Degustationsmarathon von Flatt. 1989 präsentierte Walter Eigensatz Normalflaschen, Magnumflaschen, eine Doppelmagnum, eine *Jéroboam* und eine *Impériale*, die in willkürlicher Reihenfolge blind verkostet wurden. Die *Impériale* bewertete ich als «fest» mit «großer Länge» und «benötigt noch Zeit». Die *Jéroboam* war perfekt und schien dem Glas geradezu entsteigen zu wollen. Die Doppelmagnum wirkte am geschmeidigsten und am stärksten ausgebaut; die Magnumflaschen waren hervorragend, die normalen etwas unterschiedlich.
Zusammengefaßt verfügt der 59er Lafite über ein tiefes, lebhaftes Erscheinungsbild; das rubinrote Zentrum verläuft zu einem schönen, reifen Rand; wohlriechendes Bukett, mit Anklängen an Vanille, Zedernholz, Zitrusfrüchte und Gewürze, im Glas entfaltet es sich sehr nachhaltig. Deutlich «süß» – reife Trauben, Alkohol und Extraktstoffe wirken angemessen zusammen. Ziemlich körperreich, fest und doch füllig, wunderbarer Geschmack und große Länge. Zuletzt eine gloriose *Impériale* verkostet.
*Bei Avery's Dinner zur Zweihundertjahrfeier in Bristol, Mai 1993* ★★★★★

CH. MARGAUX Ebenfalls ein hervorragender und relativ kräftiger 59er. Bereits nach fünf Jahren sehr schön. Zu Anfang der 70er Jahre immer noch fast undurchsichtig, mit herrlich klassischem Bukett und Geschmack. Mitte der 70er Jahre: «‹Süß›, charmant, weich und samtig», bei einer Vorverkaufsdegustation von Heublein Inc. allerdings zwei spröde Flaschen. Unter fast dreißig Notizen aus dem letzten Vierteljahrhundert fanden sich sechs enttäuschende, wahrscheinlich als Ergebnis unterschiedlicher Lagerung. Obgleich ich den Wein häufig als samtig bezeichnet habe, findet sich kein Vermerk «elegant». Zusammengefaßt: inzwischen mitteltiefes, voll ausgebautes Erscheinungsbild; hübsche, frische, minzige Nase, alte Eiche und Zedernholz; leicht «süß» (obwohl einige auch etwas austrocknen), ziemlich körperreich, herrlicher Geschmack; reichhaltig, weich, gut ausgewogen, große Länge, immer noch tanninbetont.
*Zuletzt im Juli 1993 verkostet* ★★★★★ *Bald zu trinken.*

CH. LATOUR Über drei Dutzend Notizen. Abgesehen von einer «hölzernen» Flasche auf der Degustation von Frericks/Wodarz, war der Wein

immer in ausgezeichnetem Zustand. Er ist sozusagen immer in Bestform. 1963: schwarz; bis obenhin beladen mit Frucht und Tannin. Farbtiefe während der 60er und 70er Jahre unverändert. Launisch und prachtvoll wie Jane Russell. Füllt den Mund. In den 80er Jahren mächtig und männlich. Nach wie vor sehr tief mit starkfarbenem Zentrum und reifendem Rand; irreführend zarte Zedernholznase mit dem Maulbeercharakter des intensiven, reifen Cabernet Sauvignon. Körperreich, vielschichtig, doch immer noch sehr tanninbetont.
*Mai 1993 ****(*) Wird sich noch gut ins nächste Jahrhundert hinein weiterentwickeln.*

**CH. MOUTON-ROTHSCHILD** Alle Herrlichkeit auf Erden. Bis auf eine ziemlich malzige, oxydierte Flasche auf der Mouton-Degustation von Flatt im Jahre 1986 war der Wein stets auf Höchstniveau. Ab März 1963 eine schier endlose Anzahl von Bewertungen. Immer sehr tief, doch nicht mit der Undurchsichtigkeit eines Latour; das hervorstechendste Merkmal ist in allen Fällen die sagenhaft duftige, exotisch reiche und würzige Cabernet-Sauvignon-Nase: ausgewogen, mit Schichten von Zedernholz, Zimt und Eukalyptus. Am Gaumen etwas «süß», offen, füllig, nach wie vor mit großer Frucht und Länge sowie einem wunderbaren Nachgeschmack.
*Zuletzt im September 1993 ***** Wird sich noch bis über das Jahr 2000 weiter ausbauen.*

**CH. HAUT-BRION** Ebenfalls einer der ganz Großen. Unter mehr als dreißig Beurteilungen nur *eine* etwas enttäuschende Flasche, eine zweite Flasche auf derselben Degustation war gut. Am Anfang nicht so tief und intensiv wie die bereits erwähnten *Premiers*, doch bereits 1963 ließ sich ein reifer, brauntöniger Rand erkennen; am Gaumen ist er überraschend weich und gutentwickelt. In der Nase blieb er aber noch Mitte der 70er Jahre relativ verschlossen und unentwickelt. Noch überraschender aber ist, daß er mit den Jahren nicht nur an Gestalt, sondern auch an Tiefe und Intensität des Erscheinungsbildes hinzugewonnen hat; das wunderbar duftende Bukett verströmt das «Markenzeichen» von Haut-Brion: Tabak. Mitte der 80er Jahre war der Wein auf der Höhe der Entwicklung. Inzwischen mitteltief; erstklassig in Bukett und Geschmack, gut ausgebaut und harmonisch. Etwas «süß», mittelschwerer Körper, verbindlich, elegant. Kürzlich eine «ausgetrocknete, herbstliche» Magnum.
*Zuletzt im Mai 1993. Im besten Fall **** Bald trinken.*

**CH. AUSONE** Zweimal verkostet, zuerst 1971: Auf seine Art zweifellos gut. Zuletzt: schön und vielschichtig in Farbe, Nase und Geschmack. Sehr angenehmes, aber nicht besonders entgegenkommendes Bukett. Gehaltvoll, zum Kauen, griffig, aber ohne die üppige Fülle der großen 59er.

*Zuletzt bei Flatts Ausone-Degustation im Oktober 1987 verkostet ***

**CH. CHEVAL BLANC** Zu Anfang der 70er Jahre «süß», reich und gerundet. Gegen Ende der 70er Jahre komplett. Kürzlich eine Magnum: orangespurig; faszinierend-würziges Bukett; frisch, eine Spur Säure, aufregend.
*Zuletzt notiert an der Eigensatz-Degustation von ersten Hochgewächsen aus Magnumflaschen im Mai 1993 **** Bald trinken.*

**CH. PÉTRUS** 1972 bei der ersten Degustation ein voller, «süßer», fülliger Wein; danach in Magnum- und *Jéroboam*-Abfüllungen. Gleichbleibende Bewertungen: schöne, lebhafte Farbe; herrlich reifes, wohlriechendes Bukett, mit Nuancen von Lakritze und Minze; voller Frucht, Geschmack, Extrakt und Tannin. Dennoch eher ein etwas auffälliger Wein, dem die subtilen Nuancen der großen Médocs fehlen.
*Zuletzt im Mai 1993 ***** Noch viele Lebensjahre zu erwarten.*

**CH. BARET** Meiner Meinung nach sind die geringer klassifizierten roten Graves meist sehr schön zu trinken und – wenn sie jung sind – haben ein gutes Qualität-Preis-Verhältnis. Der 59er Baret zeigte zwei und drei Jahre nach der Abfüllung eine gute Entwicklung. Identische Bewertungen: in der Nase «süß, reiner Honig»; beide mit ansprechendem Geschmack, der erste noch etwas grün, ein Jahr später war er dann lebhaft und gefällig. Mitte der 80er Jahre drei Bewertungen: ein freundlicher, weicher, erdiger Wein mit trockenem Abgang.
*Zuletzt bei einer Vorverkaufsdegustation im März 1985 verkostet *** Austrinken.*

**CH. BATAILLEY** Als erstes 1961 eine Abfüllung von Harvey's verkostet: «attraktiv, nicht groß». Schien Ende der 60er Jahre (bei einer Schloßabfüllung) auf dem Höhepunkt der Entwicklung zu sein und wies den typischen Pflaumenton auf. Mitte der 70er Jahre nicht schlecht; ein Jahrzehnt später: relativ hell, sehr reif; die Nase immer noch fruchtig und attraktiv; mangelnde Länge, aber gefällig.
*Zuletzt im Juni 1983 verkostet ** Bald zu trinken.*

**CH. BEYCHEVELLE** Ein aufregender Wein, 1963 tief, voll und weich. Dann Mitte der 60er Jahre zwei hervorragende, nahezu komplette britische Abfüllungen durch J. Lyons und British Transport Hotels. 1983 eine außergewöhnliche Abfüllung von Army & Navy: wunderbar tief und intensiv; stämmiges, gehaltvolles, dabei harmonisches Bukett; ein mächtiger, samtiger Wein. Etwas später im selben Jahr eine voll ausgebaute, wohlriechende, etwas überreife Schloßabfüllung mit Wohlgeschmack und Charme – muß allerdings getrunken werden.
*Zuletzt im Mai 1993 verkostet *** Austrinken.*

CH. CALON-SÉGUR Ende der 60er Jahre vier verschiedene britische Abfüllungen, alle stämmig und gut. 14 Jahre später eine ausgesprochen «süße», robust, etwas verblühte Schloßabfüllung. *Zuletzt im November 1983 verkostet ** Austrinken.*

CH. CANON Kontinuierlich gehaltvoll. Das erste Mal im Jahre 1967 eine Abfüllung von J. Lyons degustiert, mit einer Nase nach gebratenem Speck. In den 80er Jahren zwei Schloßabfüllungen. Mittlerweile voll ausgebaut mit schöner Farbe; «süßes», herrliches Bukett; etwas am Austrocknen, gepflegt, keine große Länge, aber guter Nachgeschmack. Eines der verläßlichsten Châteaus. *Zuletzt im Oktober 1985 verkostet **** Austrinken.*

CARRUADES DE CH. LAFITE Ich gestehe, daß mir der leichte, feminine Stil des Carruades immer gut gefallen hat. Sieben durchweg gute Bewertungen: Ende der 60er Jahre ein eleganter, seidiger Wein. Während der ganzen 70er Jahre gleichbleibend wohlriechend und attraktiv. Bei der letzten Degustation immer noch mit guter Farbe; stilvoll, Vier-Sterne-Bukett mit Zedernholztönen; ein wunderbarer Wein mit guter Frucht und schönem Geschmack, trockener Abgang, hält sich gut. *Zuletzt im November 1982 verkostet ****

DOM. DE CHEVALIER Tief, würzig, trocken, relativ volle, lebhafte Frucht; stilvoll, untypischer Graves, noch gute Lebensaussichten. *Zuletzt im Januar 1983 verkostet ****

CH. CISSAC Trotz der großen Frostschäden aus dem Jahre 1956, nach denen 75 Prozent der Cabernet-Sauvignon-Reben neu gepflanzt werden mußten, konnte man 1959 eine kleine Menge hervorragenden Weins herstellen. Eine von Dr. Snell in Cheshire abgefüllte Magnum war 1967 immer noch grün, dennoch attraktiv. Anfang der 80er Jahre eine superbe Schloßabfüllung: prächtige Erscheinung; tiefes, reichhaltiges, klassisches Bukett; körperreich und doch weich, schön, fruchtig und komplett, das vorhandene Tannin läßt auf eine gute Lebenserwartung schließen. *Zuletzt im April 1983 verkostet ****

CH. COS D'ESTOURNEL Ein hervorragender 59er. Bei der ersten Degustation im Jahre 1965 war die gelungene Vinifikation bereits erkennbar, doch er brauchte noch Zeit. Anfang der 70er Jahre notierte ich mir: «Große Tanninfülle, große Lebenserwartung». Danach ein Sprung von zwölf Jahren und anschließend mehrere Bewertungen. Auf der Degustation von Desai mit 59er Weinen, erwies er sich als besonders gut, mit Charme und Biß. Als letztes: Farbe nicht mehr tief, sondern schönes Ziegelrot; voll ausgebautes, überreifes Bukett mit deutlicher Fasannote; «süßer» Ersteindruck und die schöne Vollmundigkeit verdecken das für Cos sonst übliche Tanninkleid. *Zuletzt im Januar 1990 verkostet **** Höhepunkt überschritten, aber gut.*

CH. DUCRU-BEAUCAILLOU Bei sechs von sieben meiner Notizen taucht das Wort «klassisch» auf. Es wundert mich, daß ich den Wein eines so angesehenen Châteaus erst nach neun Jahren verkostet habe: eine exzellente Abfüllung durch Berry Bros war zu Anfang der 70er Jahre wohlausgewogen. Die anderen, vom Ende der 60er bis Ende der 70er Jahre verkosteten Flaschen waren gepflegte, «klassische» Schloßabfüllungen. Bei zwei Anlässen Anfang der 80er Jahre immer noch überraschend tief, ausgesprochen wohlschmeckend, wenn auch pfeffrig; weist die Fülle und «Süße» auf, die nur in einem heißen Jahrgang mit reifem Traubengut erreicht werden kann. Als letztes eine ausgezeichnete Berry-Bros-Abfüllung: mitteltiefes, schön ausgebautes Erscheinungsbild; sehr saubere Nase, reich, harmonisch, doch zurückhaltend. Entsprechend im Geschmack. Durch die Fülle an Extraktstoffen, Tannin und Säure ist der Abgang sehr trocken. *Zuletzt im September 1990 verkostet **** Bei richtiger Lagerung immer noch ein schönes Gewächs.*

CH. GRAND-PUY-LACOSTE Ein kompromißloser, maskuliner Pauillac, mit großer Frucht- und Tanninfülle und Neigung zu Adstringenz. Vom Ende der 60er bis zur Mitte der 70er Jahre attraktiv, etwas hart. 1983, auf der Desai-Degustation von 59er Weinen, lebhaft und pfeffrig. Als letztes eine *Impériale:* sehr tiefes, intensives, lebhaftes Erscheinungsbild, mit langen Tränen; reichhaltiges, reifes, sehr fruchtiges Bukett, nach zwanzig Minuten komplette Entfaltung, eine Stunde später mit herrlichen Ingwertönen. Körperreich, ausgezeichnete Qualität und Länge. Ausgesprochen tanninbetonter, ziemlich pfeffriger Abgang. *Zuletzt im September 1987 verkostet **** Hält sich noch.*

CH. GRUAUD-LAROSE Viele Bewertungen, mehr als die Hälfte von englischen Abfüllungen durch J. Lyons, Dolamore, Saccone & Speed, British Transport Hotels, Godfrey & Duchene und die immer zuverlässigen Army & Navy Stores. Alle gut, was beweist, daß die Engländer damals viel vom Abfüllen verstanden. Ab Mitte der 60er Jahre ein fruchtiger, ansprechender Wein. Zu Anfang der 80er Jahre zwei oxydierte Flaschen und eine mit Böcksergeschmack, alle drei Schloßabfüllungen. Die kompletteste Flasche, eine Abfüllung der Army & Navy Stores, im Jahre 1983: nach wie vor sehr tief, Bukett entfaltet sich zwar langsam, doch es lohnt die Wartezeit; sehr reich und fruchtig. Ein überaus attraktives Gewächs. 1987 eine *Impériale:* überdimensionierte, üppige Nase mit Minzetönen;

voll, füllig, mit viel Alkohol, die Extraktstoffe überdecken den Tanningehalt. Kürzlich drei Magnumflaschen, eine neuverkorkt.
*Letztmals notiert im September 1993. Im besten Fall ★★★★ Immer noch schön.*

CH. D'ISSAN 1962 starkfarben und rauh, Ende der 70er Jahre immer noch nicht fertig, aber doch gut ausgewogen. 1986 eine hervorragende Abfüllung von Harvey's: «süßes», wohlriechendes Bukett; wohlgeformt. Als letztes auf dem Château abgefüllte Magnumflaschen: tief, samtig: duftend; «süß», relativ voll, weich, rund. Muß getrunken werden.
*Zuletzt im April 1991 verkostet ★★★(★)*

CH. LAGRANGE St-Julien. In der Jugend recht hübsch, doch unterschiedliche Beurteilungen. In den 60er Jahren hing die Bewertung von der Abfüllung ab. Zwanzig Jahre später reiche Erscheinung, ansonsten aber «soso, lala». Als letztes eine ziemlich kantige Abfüllung von Justerini & Brooks.
*Zuletzt im November 1983 verkostet ★ Vermeiden.*

CH. LA LAGUNE Nur einmal verkostet: schöne Farbe; weinige, elegante Nase mit reichen Maulbeertönen; «süß», schöne Struktur, Frucht und Schwere. «Jetzt komplett».
*Auf der Desai-Degustation der 59er Weine, im November 1983 ★★★★*

CH. LANGOA-BARTON Ein guter 59er. 1970 ein hervorragender Wein; auf der Desai-Degustation eine duftende Flasche und etwas später im selben Monat eine voll ausgebaute, genauso wohlriechende Abfüllung von Justerini & Brooks.
*Zuletzt im November 1983 verkostet ★★★*

CH. LASCOMBES Mitte der 60er Jahre recht attraktiv: beim letzten Mal zu schmeichlerisch (ist es möglich, daß ein 59er aufgezuckert wurde?), Überreife, Vanille-Nase mit Milchsäureton, etwas kratzender Abgang.
*Zuletzt im November 1983 verkostet. Im besten Fall ★★★ Wahrscheinlich besser vermeiden.*

CH. LÉOVILLE-BARTON Von Anfang an ein schöner Wein. Gut bereitet, gleichgewichtig, bereits 1963 nahezu fertig und doch mit großer Lebenserwartung. Bis auf eine umgeschlagene Tylers-Abfüllung in den frühen 70er Jahren, nur außergewöhnlich gute Bewertungen, die sich im Verlauf der Jahre noch verbesserten. Farbe orange und amber, «süßes» zedernholzartiges, wohlriechendes klassisches Bukett; am Gaumen ausgesprochen «süß», mittelschwer, schöne Struktur, herrlich reich und tief. Bis zum Ende «süß». Ein Charmeur.
*Zuletzt bei einem Mittagessen von Langoa verkostet, Juni 1992 ★★★★★*

CH. LÉOVILLE-LAS-CASES Die meisten meiner mehr als zehn Notizen beziehen sich auf Schloßabfüllungen; es sind aber auch ein paar englische und eine belgische darunter. Alle sind gut. Ein klassisches, samtiges, tanninbetontes «Weltergewicht» war in den 70er Jahren besonders gut. Immer noch ziemlich tief, mit einer schönen, reichen, alten Zedernholznase. Mitte der 80er Jahre als «ein roter Bordeaux in Höchstform» bezeichnet.
*Zuletzt im Juni 1984 verkostet ★★★★ Hält sich noch.*

CH. LÉOVILLE-POYFERRÉ Die ersten sechs Bewertungen stammen aus den Jahren zwischen 1967 und 1970 und bezogen sich im wesentlichen auf verschiedene englische Händlerabfüllungen; bis auf eine Flasche aus unbekannter Abfüllung, ein «Klassiker mit weiteren zehn bis zwanzig Jahren Lebenserwartung», waren sie alle nicht besonders bewundernswert. In den 70er und 80er Jahren schmeichelhafte Notizen zu einer Reihe von Schloßabfüllungen. Einnehmend reichhaltiges Erscheinungsbild; schönes, «süßes», harmonisches Bukett; ziemlich «süßer», vollmundiger Geschmack, weich, rund – ein «phantastischer 59er».
*Zuletzt im November 1986 verkostet ★★★★*

CH. LYNCH-BAGES Fast zehn Jahre lang nicht trinkbereit; um 1970 herum trat wohl der Umschwung ein: eine schöne Abfüllung von Berry Bros, eine perfekte von IECWS und eine weniger gute von Marshall Taplow. Als letztes eine ausgetrocknete und hagere Doppelmagnum. Inzwischen mitteltief; würziges Vanille-Puddingbukett; gute Frucht, reich, bei verschiedenen Gelegenheiten dennoch eine pikante Säure notiert. Über den Höhepunkt hinaus.
*Zuletzt im September 1987. Im besten Fall ★★★★*

CH. MALARTIC-LAGRAVIÈRE Abgefüllt von Christophers. Tief, aufregend, köstlich herauskommend. Lebt gefährlich.
*Bei Peter Noble, Januar 1992 ★★★★*

CH. MALESCOT-ST-EXUPÉRY Tief; klassisch; reife Süße, voll, fruchtig, guter Auftritt.
*Aus Impériale im Oktober 1992 ★★★★*

CH. LA MISSION-HAUT-BRION Kurz gesagt ein hervorragendes Jahrzehnt für die Woltners. Anfang bis Mitte der 70er Jahre ausgesprochen trocken, körperreich, samtig und doch beladen mit Tannin. Bis Mitte der 80er Jahre ist er reif geworden. 1985 auf der Degustation von Desai ein beeindruckend stämmiger Wein. 1990 eine Magnum verkostet, auf einer umfassenden Vertikaldegustation bei Wolf: nach wie vor sehr tiefes, dickes und reichhaltiges Aussehen; sehr «süße», ziemlich entwickelte, schöne, reiche Nase mit feigenartiger Frucht; relativ «süß» und rund, noch sehr viel Tannin und Säure und gute Länge. In Hamburg eine fabelhafte Magnum mit Maximalnoten.

*Zuletzt im Oktober 1991 verkostet* ★★★★★ *Noch viele Jahre Lebenserwartung.*

CH. MONTROSE Ein Jahrgang wie für Montrose geschaffen. Sehr tief, stämmig und auf lange Lebensdauer angelegt. In den 70er Jahren einige englische Abfüllungen degustiert; die von Justerini war besonders gut. «Eisenfaust in Samthandschuh» und «breitschultrig» als Beschreibungen für eine prachtvolle, 1979 verkostete Schloßabfüllung; 1983 dann «wie ein Fels in der Brandung»! Nach wie vor ein wuchtiger, robuster, dennoch herrlich ausgewogener Wein.
*Zuletzt im November 1983 verkostet* ★★★★(★) *Kann weitere Flaschenalterung gut vertragen.*

CH. MOUTON-BARON PHILIPPE Anfang der 70er Jahre zwei sehr tiefe und reiche Abfüllungen, von Green's und S.H.Day. Auf der Horizontaldegustation von Desai kam eine weitere Green's-Abfüllung gut heraus. Mitte der 80er Jahre sehr reifes Aussehen; lebhaftes Bukett mit etwas zu viel Säure, doch ausgesprochen attraktiv; entsprechender Geschmack. Jedoch schlank und ein bißchen zu pikant.
*Zuletzt im November 1983 verkostet* ★★ *Höhepunkt überschritten.*

CH. PALMER Die ersten paar Notizen zwischen 1969 und 1975 bezogen sich alle auf sehr gehaltvolle englische Abfüllungen. 1979 und 1980 zwei tiefe, beeindruckende Magnumflaschen; danach sechs weitere Beurteilungen. Erscheinungsbild verweist ausnahmslos auf einen großen Jahrgang, rubinrotes Zentrum, der Rand gewinnt jetzt allerdings seine Reife; reifes, würziges und wohlriechendes Bukett mit Maulbeer- und Zedernholztönen; «süß» im Zungenvordergrund, ein mächtiger, robuster, fülliger Wein mit maskulinem Körper, doch samtiger Struktur. Sehr schöner Endgeschmack.
*Zuletzt im November 1985 eine Magnum bei einem Abendessen verkostet* ★★★★★

CH. PAPE-CLÉMENT Ende der 60er Jahre zwei elegante, feine, geschmeidige und trinkbereite Abfüllungen der British Transport Hotels. 1972 eine charmante Erzeugerabfüllung. Nie eine tiefe Farbe, 1983 bei der Desai-Degustation von 59er Weinen ein helles Ziegelrot; aufreizend wohlriechendes Bukett mit Zigaretten- und Zedernholztönen, aber auch einem Hauch flüchtiger Säure; weich, mittelschwer, mäßige Länge und sehr trockener Abgang. Danach eine stielige, hölzerne Flasche.
Zuletzt im Dezember 1984 verkostet.
*Im besten Fall* ★★★ *Am Verblassen.*

CH. PHÉLAN-SÉGUR Zwischen 1965 und 1973 drei unterschiedliche, aber im großen und ganzen nicht besonders beeindruckende Flaschen, adstringierend, doch nicht schlecht. Bei der Desai-Degustation von 59er Weinen guter Geschmack, doch rauh.
*Zuletzt im November 1983 verkostet. Vermeiden.*

CH. PICHON-BARON Von Anfang an beeindruckend tiefe Farbe. 1983 immer noch starkfarben. Prächtige, wenn auch etwas pikante Cabernet-Sauvignon-Nase mit entsprechendem Geschmack Anfang der 70er Jahre. Große Klasse, mächtig, wie ein Montrose und eher wie ein 45er; erhielt auf der Desai-Degustation sehr gute Bewertungen. Immer noch intensiv, auch wenn er beginnt braun zu werden; reifes, reiches Bukett mit Anzeichen des Abbaus. Dick, tanninbetont, zum Kauen, aber am Austrocknen.
*Zuletzt im Februar 1992 verkostet. Im besten Fall* ★★★★

CH. PICHON-LALANDE Nach einem guten Start 1966 zurückhaltend, 1969 drei schlechte Charles-Kinloch-Abfüllungen; in den 70er Jahren zu mehreren Gelegenheiten adäquat, aber unfertig. Nie so tief wie der Baron; reiches, wohlriechendes Bukett; leicht «süß» und mit schönem Gewicht, füllig, weich, attraktiv, Alter jedoch spürbar.
*Zuletzt im Juni 1987 verkostet* ★★★

CH. PONTET-CANET Zehn Bewertungen, fast nur englische Abfüllungen, einschließlich dreier überraschend enttäuschender, durch die normalerweise sehr zuverlässigen Army & Navy Stores. 1970 eine gute Abfüllung von Berry and Rutherford, außerdem 1984 eine reiche und runde, von unbekanntem Abfüller.
*Zuletzt im Februar 1987 verkostet. Im besten Fall* ★★★★, *jedoch unterschiedlich.*

CH. RAUSAN-SÉGLA Mitte der 60er Jahre grün und verschlossen; Anfang der 70er Jahre ein paar gute Bewertungen. Als letztes: immer noch tiefe Farbe, sehr reich, angesengt, leicht malzig und ausgesprochen tanninbetont.
*Zuletzt im November 1983 verkostet* ★★

CH. RAUZAN-GASSIES Viele Bewertungen, alle mit Einschränkungen: 1963 «zu wenig Balance und Charakter», Ende der 60er und 70er Jahre Spuren flüchtiger Säure. Ausgebaut mit Stich ins Orange; wohlriechende, doch erschöpfte Nase, etwas besserer Geschmack. Kurz.
*Zuletzt im November 1983 verkostet* ★ *Vermeiden.*

CH. TALBOT Mehr als ein Dutzend Notizen, darunter gleichbleibend gute englische Abfüllungen und – aufgrund der Lagerbedingungen – etwas unterschiedliche Schloßabfüllungen. Gegen Ende der 70er, Anfang der 80er Jahre wahrscheinlich auf dem Höhepunkt und beeindruckend reichhaltig. Im großen und ganzen ein schöner 59er, doch etwas am Austrocknen.

*Zuletzt im September 1987 verkostet. Im besten Fall ★★★ Es lohnt sich, danach Ausschau zu halten.*

CH. LA TOUR-HAUT-BRION Seit 1978 viermal aus Woltner-Beständen degustiert. Gleichbleibend tief, stämmig, tanninbetont und positiv. Zuletzt auf der Degustation von Karl-Heinz Wolf: tief, aber weniger deutlich im Charakter als der von La Mission; wohlriechende, parfümierte, angesengte Graves-Nase; mitteltrocken, relativ körperreich, schöne Frucht und Säure, gutes Tannin.
*Zuletzt im Juni 1990 verkostet ★★★ Hält sich noch.*

VIEUX CH. CERTAN Sechs Bewertungen, als erstes 1967 eine gute, aber noch nicht fertige Berry-Bros-Abfüllung. Mitte der 70er Jahre Zedernholznase und samtige Struktur, gelegentlich allerdings zuviel Säure. Seit Anfang der 80er Jahre nicht mehr probiert, damals nach wie vor tief in der Farbe, mit reicher, außergewöhnlich guter Nase und entsprechendem Geschmack, relativ voll, weich, wohlausgewogen.
*Zuletzt im Januar 1982 verkostet ★★★★*

IN DEN 80ER JAHREN VERKOSTETE WEINE:

CH. L'ANGÉLUS «Süß», gut ausgebaut, ein Hauch Bitterkeit.

CH. BEAU SÉJOUR BÉCOT Trocken, etwas mager, Alter erkennbar.

CH. BLISSA Ein unmittelbar ansprechender, nach wie vor tanninbetonter Côtes de Bourg.

CH. LA CLOTTE Ende der 60er Jahre ganz ausgebaut und elegant; zwei neuere Bewertungen: eine Flasche makellos, aber langweilig, eine andere hölzern.

CH. FRANC-MAILLET Pomerol. Justerini & Brooks, trocken, hart, unangenehm.

CH. GISCOURS Für einen 59er relativ blaß und ausgebaut; vor kurzem noch eine schlechte Flasche.

CH. GUADET-ST-JULIEN Bernsteinrand, robust, makellos, aber uninteressant.

CH. LAUJAC Eine schöne, tiefe, gesunde Abfüllung der Army & Navy Stores, allerdings am Austrocknen.

CH. NEXON-LEMOYNE Ludon. Eine schöne, sehr tiefe und reiche Abfüllung von Corney & Barrow.

# 1960★

*Etwa von gleicher Bedeutung, aber nicht so ansprechend wie 1958. Im besten Fall gute Weine als Begleiter zum Essen: wohlschmeckend und erfrischend. Bis auf die allerbesten sollten fast alle Weine bereits Ende der 60er und Anfang der 70er Jahre getrunken worden sein. Vom Handel als Lückenbüßer zwischen dem 59er und dem 61er gekauft. Trotz Frost im April und Mai war die Blüte vollkommen. Warmer und trockener Juni, doch im Juli und August naßkaltes Wetter. September unterschiedlich, später Lesebeginn Mitte Oktober.*

CH. LAFITE 15 Notizen. Mitte der 60er Jahre stielig, gab nicht viel her. Von Mitte bis Ende der 70er Jahre ein durchaus passabler Wein zum Essen. Zehn Jahre später verlieh ihm das Alter mehr Wohlgeruch und -geschmack, dennoch: blaß, eher Orange als Rot; «süß», leichter Karamelton; weich, leicht, recht gefällig, aber deutlich nicht von der Qualität eines *Grand vin* und ohne Zukunftsaussichten.
*Zuletzt in einer Impériale, im September 1990 verkostet ★*

CH. MARGAUX Zwischen 1964 und 1971 eigenartig und adstringierend, gewann, wie auch der Ch. Lafite, durch die Flaschenalterung an Reiz. Mitte der 80er Jahre zarte, duftige Zuckernuancen in Nase und Geschmack. Relativ leicht. Trockener Abgang.
*Zuletzt im Juli 1984 verkostet ★★*

CH. LATOUR Duftende, pikante Cabernet-Note in Aroma und Geschmack; bis Ende der 60er, Anfang der 70er Jahre kurz und unentwickelt. Ein Jahrzehnt später für Jahrgang und Alter ziemlich tiefe Farbe; Zedernholznase; etwas scharf, lebhaft und völlig trocken.
*Zuletzt im März 1989 verkostet ★★ Am Absteigen.*

CH. MOUTON-ROTHSCHILD In den 70er Jahren nur gute Bewertungen. Sehr betontes und pikantes Cabernet-Sauvignon-Aroma; ein «prima» Wein. In den 80er Jahren vier recht gute Notizen: schöne Farbe; offenes, verführerisches, ansprechendes Bukett mit Nuancen von angesengtem Ingwer; etwas «süß», leicht, wohlschmeckend, kurz, mit Endsäure.
*Zuletzt im März 1989 verkostet ★★ Austrinken.*

CH. HAUT-BRION 1964 weich, leicht, gutentwickelt; Anfang der 70er Jahre dann verbindlich, aber auch blechern und bereits gealtert; danach 14 Jahre nicht degustiert. Leicht, doch makellos, wohlschmeckend, trockener Abgang.
*Zuletzt im Mai 1985 verkostet ★★*

**CH. CHEVAL BLANC** Ende der 60er Jahre blasses, voll ausgebautes Erscheinungsbild, doch in der Nase und im Geschmack noch unbestimmt. 1976 eine trockene Flasche mit Altersgeschmack; ein Jahrzehnt später dann eine Flasche mit Bernsteinrand und herbstlich anmutender Nase, dabei schlank und wohlschmeckend.
*Zuletzt im September 1986 verkostet* ★

**CH. BEYCHEVELLE** Blaß, leicht, deutlich jenseits des Höhepunktes.
*Magnum, Vorverkaufsdegustation im Mai 1993.*

**CH. DUCRU-BEAUCAILLOU** Mitte bis Ende der 60er Jahre schon trinkbereit und weich, wenn auch kurz und mit einer leicht bitteren Nuance. In den 70er und frühen 80er Jahren wird der ansonsten recht stilvolle Wein durch eine pikante, etwas ungehobelte Note beeinträchtigt.
*Zuletzt im Februar 1980 verkostet* ★ *Jetzt trinken.*

**CH. FIGEAC** 1965 Geschmack mit Erdbeernote, 1975 eine schlechte Flasche und zehn Jahre später eine tiefe, braune, oxydierte.
*Zuletzt im März 1985 verkostet. Zweifellos riskant.*

**CH. LAFON-ROCHET** 1978 relativ hell, leicht, aber köstlich. Bei der letzten Degustation gesund, leicht «süß», mit wenig Charakter und kurz.
*Juli 1985* ★

**CH. LA LAGUNE** Ganz außergewöhnlich: 1974 leicht und sehr angenehm. Danach noch eine einmalig «süße», volle, füllige und wohlausgewogene Flasche.
*Zuletzt im Mai 1985 verkostet* ★★★

**CH. LYNCH-BAGES** Mehrere Notizen. Ziemlich gekünstelte, verdrehte Karikatur des Cabernet-Cassis-Stils von Lynch-Bages. Überraschend gesunde Farbe, aber eine verblassende, sich auflösende Nase; ausgesprochen positiv und wohlschmeckend, doch zu säurebetont.
*Zuletzt im September 1982* ★

**CH. MALESCOT-ST-EXUPÉRY** 1967 pikant und wohlschmeckend; vor kurzem eine sehr überraschende Flasche; ich hielt den Wein für einen 59er: beeindruckend tief, mit reifem, braunem Rand; in der Nase und am Gaumen «süß», ausgesprochen wohlschmeckend, Alter ist erkennbar, doch sehr schöner Wein.
*Zuletzt im September 1990* ★★★

**CH. LA MISSION-HAUT-BRION** Ein guter 1960er. Geröstete, erdige Nuancen in Nase und Geschmack. 1970 auf dem Höhepunkt der Entwicklung. Auf der La-Mission-Degustation von Desai im Jahr 1985: «süßer», aufgezuckerter, eigenartiger Geschmack; kurz, aber angenehm, auf

der Degustation von Wolf: «süße», schokoladige Nase; am Gaumen ausgesprochen «süß», ziemlich leicht, doch gut, zugänglich, charmant.
*Zuletzt im Juni 1990 verkostet* ★★★

**WEITERE, IN DEN 80ER JAHREN VERKOSTETE WEINE:**

**CH. BARET** Trocken, schlank, recht gefällig.

**CH. CISSAC** Überraschend tief, makellos, recht hübsch, etwas rauh.

**CH. LA CONSEILLANTE** Stich ins Orange; unverwoben, aber interessant, sehr schmackhaft.

# 1961 ★★★★★

*Ein großartiger Jahrgang, der mit dem 45er um den Rang des Besten seit dem Zweiten Weltkrieg wetteifert. Welcher Bedingungen bedarf es, daß derart intensive und reichhaltige Weine erzeugt werden können? Zunächst einmal war der zu erwartende Ertrag durch schlechtes Wetter während der Blütezeit beträchtlich dezimiert worden. Der Ende Juli einsetzende Regen kam zu früh, um den verbliebenen Trauben Fülle zu verleihen; der August war dann sehr trocken. Alle Nährstoffe des Bodens konzentrierten sich in einer reduzierten Anzahl kleinerer Trauben. Ein sonniger September ließ diese dann voll ausreifen; die Beerenhäute wurden dicker. Die hohe Zuckerkonzentration wurde in einen entsprechend hohen Alkoholgehalt umgewandelt, die dicken, sonnenverbrannten Schalen enthielten Farbe und Tannin. Ich habe über 900 Notizen zum 61er Jahrgang, von nur ungefähr 200 Weingütern. Diese unglaublich fülligen und fruchtigen Weine mit dem hohen Alkohol- und Tanningehalt benötigten allerdings Zeit – manche bis zu zwanzig Jahre – bis sie angenehm zu trinken waren. Weine, die in der Jugend wenig Konzentration aufgewiesen hatten und eher schlank waren, sind mittlerweile ausgetrocknet und bitter; sie werden sich nicht mehr erholen. Die besten allerdings sind Spitzenexemplare der schönsten Rotweine der Welt.*

**CH. LAFITE** Ich hatte mich bei Christie's bereits gut eingearbeitet, als ich zum ersten Mal einen 61er Lafite verkostete: 1975 war er trocken, fein, lang und elegant. Auf der epochemachenden, horizontalen Degustation von 61er Weinen bei Dr. Taams im Jahre 1978 probiere ich zwei ziemlich hölzerne, dürre Flaschen. Danach noch über dreißig Bewertungen: Im Mittelpunkt steht der Wohlgeruch, doch ein Ch. Lafite benötigt meist eine gewisse Zeit, bis er sich öffnet. Wenn er von Kritikern mit dem sofort aufsehenerregenden Mouton, dem tief beeindruckenden Latour, dem köstlichen Schmelz eines Pétrus und den unmittelbar entgegenkommenden großen Cabernet Sauvignons aus dem Napa Valley verglichen wird, fällt das Urteil für den Lafite zumeist ungünstig aus.

Ich gestehe, daß ich bei schönen, alten Weinen recht vorsichtig bin und sie so spät wie möglich dekantiere, denn ich ziehe es vor, daß sie sich mit der Luft im Glas entfalten. Einmal jedoch, als Gastgeber bei einem Abendessen des Bordeaux Clubs im April 1984, dekantierte ich eine Flasche, die bereits mehrere Tage aufrecht gestanden hatte, schon abends um zehn vor sieben in eine offene Karaffe. Die Nase zeigte auf dieser Stufe einen reichen, leicht erdigen und medizinalen Wohlgeruch. Um halb neun Uhr wurde der Wein serviert, und bis um neun Uhr hatte sich das Bukett unglaublich vielfältig entwickelt. Um zehn vor zehn war es dann voll entfaltet, würzig, mit Bisquitnuancen. Die unglaubliche Duftintensität blieb noch eine weitere Stunde im Glas erhalten. Am Gaumen war der Wein trocken, mittelschwer, reich, ausgesprochen wohlschmeckend, mit guter Säure und Länge und schönem Nachgeschmack. Wie die Nase wirkte auch der Geschmack nach einer Weile im Glas «süßer» und wärmer.
*Zuletzt im Mai 1993 verkostet. Im besten Fall ★★★★★ Bis gut in das nächste Jahrhundert hinein zu trinken.*

CH. MARGAUX Das ganze unsinnige Gerede über die Besitzverhältnisse (vor und nach Mentzelopous) sollte man am besten schnell vergessen. Der 61er Margaux ist ein großer Wein. 1964, bei der ersten Probe, hatte er bereits einen feinen Geschmack, auch wenn er noch nicht fertig war. 1967 sehr reichhaltig, gutgebaut, mit großer Länge. 30 Bewertungen ohne eine einzige schlechte Flasche. Das Erkennungszeichen diese Weins ist sein unglaublicher Duft: Veilchen, reife Maulbeeren und Zedernholz. Ursprünglich ziemlich tief, doch überhaupt nicht starkfarben; mittlerweile ist die Farbe weich und herbstlich, ein mildes Ziegelrot mit warmem Bernsteinrand. Wie der Ch. Lafite benötigt auch dieser Wein eine Zeit in Dekantiergefäß und Glas, bis er aus seiner Reserve tritt. Die Nase ist zu Beginn eventuell etwas staubig. Bei meiner letzten Degustation dieses Jahrgangs, einer köstlichen Magnum, hatte das Bukett eine Frucht, die an Walderdbeeren erinnerte und sich herrlich «süß» und unbeschreiblich reich entfaltete. Die urspüngliche, jugendlich tanninbetonte Trockenheit hat sich gemildert und ist weicher geworden, doch hat sich der Wein immer noch gut im Griff.
*Zuletzt im Mai 1993 verkostet ★★★★★ Jetzt sehr schön. Kann noch Jahrzehnte weiterleben.*

CH. LATOUR Nicht überraschend, daß der Wein in der Jugend unwahrscheinlich tief, mit starkfarbenem Zentrum war. Doch er hat sich auch eine beträchtliche Farbtiefe erhalten, mittlerweile zwar weniger intensiv und mit schönem, reifem Rand.

Ende der 60er Jahre war die Nase ziemlich trist und streng, hat sich aber natürlich entwickelt. Doch noch zwei Jahrzehnte später wirkte sie verschlossen und zurückhaltend, auch wenn sich dank Lufteinfluß ein Wohlgeruch mit Nuancen von Ingwer, Zedernholz und Feigen entfaltete. Ein mächtiger, praller, fülliger, etwas spröder, aber herrlicher Wein mit hohem Alkohol- und Tanningehalt. Fast zum Kauen. Von dem 61er Jahrgang habe ich den Latour am häufigsten degustiert und verfüge über mehr als dreißig Notizen. Meiner Ansicht nach braucht er wie der 28er ein volles halbes Jahrhundert, bis er rund ist.
*Zuletzt im Oktober 1993 ★★★(★★) Unfertig. Ab dem Jahr 2000 und später zu trinken.*

*Château Latour*

CH. MOUTON-ROTHSCHILD 1963 zum ersten Mal verkostet: tief, verschlossen und pfeffrig, aber vollgepackt mit Frucht. Das opake, intensive Erscheinungsbild hat nie nachgelassen, doch die lebhafte, reiche Cabernet-Sauvignon-Nase hat sich gebildet. Anfang der 80er Jahre manchmal etwas spitz und mit einer leichten Spargelnote, doch nach kurzer Zeit im Glas erschien der klassische Stil von Mouton. Ursprünglich trocken und tanninbetont, jetzt mit deutlich introvertierter «Süße», immer noch körperreich, dabei weich und üppig. Ein herrlicher Wein.

*Zuletzt im Mai 1993 verkostet* ***** *Jetzt und gut bis ins 21. Jahrhundert hinein zu trinken.*

CH. HAUT-BRION In der Zeit der Abfüllung stielig und spröd, doch nach nur einem Jahr Flaschenlagerung wirkte er schon relativ weich und sich gut entwickelnd. Viele Notizen. Wie immer ein komplett anderer Stil und Geschmack als die Verwandten im Médoc. Doch wie jene mit einer unmißverständlichen Farbtiefe, genauso wie der 45er. Angesengter Duft mit Nuancen von Tabak und Teeblättern, harmonisch – ganz ohne harte Kanten –, selbstbewußt, elegant und auf seine unnachahmliche Art superb. Elegante, seidige Struktur im Gegensatz zu dem eher rustikalen und kräftigen La Mission. Niemals sehr trocken und mittlerweile angenehm «süß», perfekt passende Gerbstoffe und Säure, komplett in Gleichgewicht und Länge. Wunderbar.
*Zuletzt im Mai 1993 verkostet* ***** *Jetzt und noch viele Jahre zu trinken.*

CH. AUSONE Bisher sechs Bewertungen. 1971: «…nicht so groß wie die meisten anderen 61er Médocs, doch eine stilvollere, leichtere und elegantere Version des 59er Ausone». 1983 nicht überzeugend, leicht hölzern und spröde, 1984 dann weitaus beeindruckender und 1987 eine imponierende *Impériale* auf der Degustation von Walter Eigensatz in Wiesbaden. Ein mächtiger, robuster Wein, dabei immer noch mit einer Spur bitteren Tannins. Später im selben Herbst: tiefes, sehr reiches Erscheinungsbild, mit reifem Rand; schönes, «süßes», harmonisches Bukett; trocken, mittelschwerer Körper, markanter, für Ausone typischer Geschmack nach getrockneten Blättern. Nicht mein Geschmack.
*Zuletzt bei Flatts Ausone-Degustation im Mai 1993 verkostet. Schwer einzuordnen. Vielleicht* ***(*)

CH. CHEVAL BLANC Kontinuierliche Erzeugung hoher Qualität, um auch den Status eines *Premier Grand Cru Classé* zu rechtfertigen. In vielen Notizen festgehalten. In der Jugend tief, reich und samtig, aber mit einer Spur Adstringenz; inzwischen ausgebaut. 1983 starkfarben, intensiv und von unauslotbarer Tiefe. Die Nase erinnerte mich an Fonseca-Portwein und Lakritze, dann an Pflaumen und Rosinen. Doch im Endgeschmack bestätigte sich ein Hauch flüchtiger Säure. Ein ausgesprochen «süßer», ziemlich körperreicher, weicher, leicht zugänglicher, gefälliger Wein, voll ausgebaut. Nach wie vor unbeschreiblich tief; das aufsehenerregende Bukett habe ich als blumig, medizinal (ein Cheval Blanc zeigt oft eine Spur Eisen), reich usw. beschrieben. Gleichbleibend «süß», perfektes Gewicht, schöner Geschmack, doch manchmal mit leichter Zitrusnote. Trotzdem mag ich ihn.
*Zuletzt im Mai 1993 verkostet* ***** *Jetzt trinken.*

CH. PÉTRUS Ungeachtet dessen, daß dieses Château zu den allerteuersten Stars im internationalen Handel gehört, ist dieser Wein hier einfach sehr schön. «Reich» ist das Stichwort in über einem Dutzend Notizen seit 1967; noch nach 18 Jahren Flaschenlagerung «schwarz wie die Nacht»: herrlich üppig in Nase und Geschmack. Seither: beständig tiefes und samtiges Erscheinungsbild, auch wenn sich mittlerweile die Anzeichen der Reife bemerkbar machen; ein unbeschreibliches Bukett, regelmäßig mit den «reichen, reifen Maulbeertönen der Merlot-Traube», die auch nach einer Zeit im Glas noch vorhanden sind, duftig, würzig, pflanzliche Note, Vollkornmehl, danach eine Art teeriger Zimt. Sehr «süß», immens körperreich, fest und doch füllig und samtig, mit einem hohen Extraktgehalt, der das Tannin überdeckt, schöne Struktur, leicht schokoladig, bis oben beladen mit Frucht. Jeden Pfennig wert…
*Zuletzt im Oktober 1993 verkostet* ***** *Jetzt phantastisch und noch kein Ende abzusehen.*

CH. BATAILLEY Ich frage mich, ob englische Weinhändler im Jahr 1963 vergessen haben, wie man einen Jahrgang wie den 61er abfüllt: Hawkers aus Plymoth unausgewogen und zu säurebetont; Saccone & Speed nicht sehr interessant; Justerini & Brooks vor nicht allzu langer Zeit verkostet, eher wie ein 62er, hochgetönt, zu wenig Fülle. Einige beschrieb ich als hohl, andere wiederum, vor allem Schloßabfüllungen, sind wesentlich besser. Als letztes eine tiefe, reife, lebhafte, immer noch tanninbetonte Flasche.
*Zuletzt im Februar 1992 verkostet. Im besten Fall* ***

CH. BEYCHEVELLE Das erste Mal im Juli 1963 degustiert: attraktiv, doch ungeachet des Tannin- und Säuregehalts möglicherweise ein Frühentwickler. Nach zehn Jahre sehr gut entwickelt und im Alter von 15 einfach nur schön: tief, weich, fest, samtig. 1978 bei zwei Gelegenheiten konzentrierter. Eine davon war die Degustation von 61er Weinen bei Dr. Taams (dabei 19 von 20 Punkten); 1981 hervorragend reich und reif, fast schon wie ein Burgunder und vollgepackt mit Frucht, wobei nicht ganz klar ist, wann er seinen Höhepunkt erreicht hat. In jüngerer Zeit ein gewisser Farbverlust, inzwischen vollreife Erscheinung; duftend, doch gelegentlich macht sich das Alter bemerkbar. «Süß», relativ voll, rund und reichhaltig. Diese drei Bewertungen alle von Berry-Bros-Abfüllungen; zedernholzartig, köstlich, weich und ansprechend, dabei schlank. Ein kompletter Begleiter zum Essen. Kürzlich fünf Notizen von Schloßabfüllungen, reich, sehr tanninhaltig.
*Zuletzt verkostet im Mai 1993* *** *Austrinken.*

CH. BRANAIRE-DUCRU Unterschiedlich, die besten Bewertungen aus dem Jahr 1979, Schloßabfüllungen, in New York und bei den Aarons.

Würzig, angesengt, köstlich, aber nicht groß. Jetzt säurereich.
*Zuletzt im Februar 1992 verkostet* ★★

CH. BRANE-CANTENAC Sechs im wesentlichen unbefriedigende Bewertungen. Wahrscheinlich der schwächste *Deuxième Cru Classé* in diesem Jahrgang. Anfang der 80er Jahre voll ausgebaut. 1986 eine sehr reif aussehende Magnum, mit Kartongeruch in der Nase und bitterem Abgang. Eine weitere Magnum, weich, attraktiv.
*Zuletzt verkostet im Februar 1992. Im Bestfall* ★★★

CH. CALON-SÉGUR Seit 1967 22 Bewertungen, verteilt über 21 Jahre, die Hälfte davon zu Beginn der 80er Jahre. Trotz der erwarteten Tannine entwickelte er sich ziemlich schnell und wurde, wie bei einer guten Ehe, mit der Zeit immer besser. 1985 eine ausgezeichnete Abfüllung durch Gloag's in Perth und 1986 eine besonders ansprechende Schloßabfüllung: tiefer, wunderbarer, harmonischer, teeähnlicher Duft; durchaus auch «süß», körperreich, gepflegt und sehnig. Tanninbetoner Abgang.
*Zuletzt im Februar 1992 verkostet. Im besten Fall* ★★★★ *Hält sich noch.*

CH. CANTEMERLE Fünf gute Bewertungen: wohlriechend, mit Delikatesse und großem Charme (1981 und 1986).
*Zuletzt im Februar 1992 verkostet. Im besten Fall* ★★★★

CH. CHASSE-SPLEEN Einige frühe Notizen. Drei reiche unterschiedliche englische Abfüllungen; in den 80er Jahren zwei Schloßabfüllungen aus einem Landhauskeller in Northumberland, von recht eindrücklicher Farb- und Bukettiefe, lebhaft, fruchtig, mit Nuancen von alter Eiche (majestätische englische Bäume, keine alten Fässer). Voll, dabei weich und ausgesprochen tanninbetont. Ein mächtiger Wein zum Kauen.
*Zuletzt im Juli 1986 verkostet* ★★★(★)

DOM. DE CHEVALIER Seit 1981 sechs Notizen. Immer tiefe Farbe, lebhaft und attraktiv; zartes, harmonisches Bukett, das sich im Glas entfaltete, reichhaltig, mit großer Komplexität, Honig-, Tabak- und Gewürztönen. Vollkommen trocken, perfekte Ausstattung.
*Zuletzt im Februar 1992 verkostet* ★★★★

CH. COS D'ESTOURNEL Herrlich, sehr tanninbetont. Bereits Mitte und Ende der 70er Jahre ein langes Leben vorhergesagt. Die ursprüngliche Farbtiefe hat sich in ein klares Rubinrot gewandelt, und bis Mitte der 80er Jahre war das Bukett sehr schön entwickelt. Angesengter, gerösteter Charakter und Geschmack eines heißen Jahres, dabei komplett in Wohlgeruch, Konzentration,

Struktur und Nachgeschmack. Immer noch tanninbetont.
*Zuletzt im Februar 1992 verkostet* ★★★★(★)

CH. CROIZET-BAGES Reichhaltig, eigenartig; 1968 vermerkt: «nochmals probieren». Zu Anfang der 80er Jahre ziemlich gut entwickelt. Niemals sehr tief, jetzt von reifem, schönem Granatrot; für Pauillac typische Würze und Frucht; ganz leicht «süß», schöne Geschmacksentfaltung, etwas tanninbetont.
*Zuletzt im Februar 1992 verkostet. Im besten Fall* ★★★★

CH. DUCRU-BEAUCAILLOU Mehr als dreißig Notizen, gut verteilt über 22 Jahre, und jede einzelne hervorragend. Besonders gute Bewertung 1978 bei der 61er Degustation von Dr. Taams und 1986 auf der Degustation von klassifizierten Gewächsen aus dem Jahr 61 bei Dr. Skinner, nur einen halben Punkt hinter Palmer und Pichon-Lalande. In den 70er Jahren ein vorzügliches, stilvolles Gewächs, in den 80er Jahren wird die Farbe blasser und reifer, das Bukett entwickelte sich klassisch, mit Zedernholznuancen. Der Gesamteindruck ist der eines trockenen Weins, doch das Alter läßt die Tannine weicher werden und macht ihn «süßer». Sehr schöner Wein mit ausgezeichneter Struktur.
*Zuletzt im November 1989 verkostet* ★★★★★ *Entwickelt sich aber nicht mehr weiter nach oben.*

CH. L'EVANGILE Sechs Bewertungen. Sehr schöner Wein: immer noch starkfarben und intensiv; kräuterwürzig, «süß», voller Frucht, vorzügliche Struktur. Ein reicher Wein.
*Zuletzt im Februar 1992 verkostet* ★★★★

CH. FIGEAC Ende der 60er Jahre war der für Figeac ungewöhnlich hohe Anteil an Cabernet Sauvignon deutlich spürbar. Bis in die frühen 80er Jahre hatte er sich dann zusammen mit einer entgegenkommenden, burgunderartigen Üppigkeit tief und reich entwickelt, mit Anklägen an gekochte Brombeeren und Vanille. Nach wie vor beeindruckend tiefes, intensives und überraschend jugendliches Erscheinungsbild, am Gaumen mittlerweile sehr «süß»: weich, elegant, fruchtig, wobei die Reichhaltigkeit das lebenserhaltende Tannin überdeckt. Zu diesem Wein bedarf es keines Essens.
*Zuletzt im Februar 1992 verkostet* ★★★★★ *Wahrscheinlich bis in die ersten Jahrzehnte des 21. Jahrhunderts komplett.*

CLOS FOURTET Ein ziemlich untypischer St-Emilion und ein schlechter 61er. 1975 tief, aber nicht sehr reizvoll. 1981, 1986 und danach nur mehr durch zu hohe Säure verdorbene Flaschen.
*Zuletzt im Februar 1992 verkostet. Etwas beißend: vermeiden.*

**CH. LA GAFFELIÈRE** Bei diesem Wein wirkt die Säure geschmacksfördernd. Anfang der 70er Jahre rund und fertig, inzwischen trotz bevorstehender Überreife eine herrliche Farbe (wiederum Säure); sehr hochgetöntes, wohlriechendes Bukett; «süß», fruchtig, schmackhaft.
*Zuletzt im Juni 1989 verkostet* ★★★ *Auf der Kippe.*

**CH. LE GAY** In den Anfangsjahren unausgeglichen und unbestimmt, streng und mit hoher Säure, dennoch eine superbe Flasche bei einem Abendessen des Bordeaux Clubs. Reich, kirschenrot, doch ausgebaut; sehr «süße» Nase, dabei delikat, harmonisch, Entfaltung im Glas und zwei Stunden lang nachhaltiger Wohlgeruch; seidig, glatt, wildledrig. Wenige Obertöne, aber vorzüglich.
*Zuletzt im April 1984 verkostet. Im besten Fall* ★★★★

**CH. GAZIN** Viele Aufzeichnungen unterschiedlicher Abfüllungen zwischen 1964 und 1986. Mit Ausnahme einer tiefen, wuchtigen, unfertigen Flasche 1981 verschiedentlich als leichtgewichtigen 61er beschrieben, zugänglich, wohlschmeckend, aber auch dumpf. Bei der Degustation von Dr. Skinner zusätzlich «offener Endgeschmack, ziemlich schwach».
*Zuletzt im Februar 1986 verkostet* ★ *Vermeiden.*

**CH. GISCOURS** Schien in der Jugend vortrefflich. Seit 1981 leichte Rohheit und Säure vermerkt. Eigenartigerweise stellte sich eine Flasche mit lockerem Korken, der nach innen fiel, trotz einer Autofahrt und nur einer Stunde Ruhezeit vor dem Dekantieren als recht reicher, schmackhafter Wein heraus. Kürzlich zwei weitere Flaschen.
*Zuletzt im Februar 1992 verkostet. Jetzt nur* ★★ *Nicht sehr zu empfehlen.*

**CH. GLORIA** Fünf herrliche Aufzeichnungen. Tief, wohlriechend, ausgewogen.
*Zwar seit Februar 1981 nicht mehr verkostet, dennoch rechne ich mit mindestens* ★★★

**CH. GRAND-PUY-LACOSTE** In den ersten Jahren verschiedene gute Abfüllungen. Fünf hervorragende Bewertungen seit 1980, vier Erzeuger- und eine Berry-Bros-Abfüllung. Immer noch ziemlich tiefe Farbe, rubinrotes Zentrum und feiner, ausgebauter Rand; köstliches Bukett, immer noch mit festem, straffem Cabernet-Sauvignon-Aroma; voll, fruchtig, lebhaft, mit verhältnismäßig viel Tannin und Säure.
*Hohe Punktzahlen bei Dr. Skinners zweiter Degustation von 61er Spitzengewächsen, Februar 1992* ★★★(★)

**CH. GRUAUD-LAROSE** Mehrere Bewertungen. Immer noch ziemlich tiefe Farbe; herrliche Frucht; ein verhältnismäßig «süßer» Wein, trotz des trockenen Abgangs. Relativ voll, weich, reich, reif und füllig.
*Zuletzt im September 1993 verkostet* ★★★★★ *Jetzt vorzüglich und noch kein Ende in Sicht.*

**CH. HAUT-BATAILLEY** Ende der 60er Jahre einige englische Abfüllungen unter Niveau, doch in den jüngeren Aufzeichnungen – alles Schloßabfüllungen – herausfordernd attraktiv. Intensiver, fast übertriebener Cassis-Duft. Lebhaft, seidig, mit gutem Nachgeschmack.
*Bei Dr. Skinners zweiter Degustation ziemlich gute Bewertungen, Februar 1992* ★★★ *Jetzt trinken.*

**CH. D'ISSAN** Ende der 60er Jahre fein, gut strukturiert, aber unfertig. Danach ein Sprung zu einem Trio phantastisch reicher, klassischer Margaux-Flaschen in den Jahren 1981, 1982 und 1983. Gute Ausgewogenheit und Länge.
*Zuletzt im September 1983 verkostet* ★★★★

**CH. KIRWAN** Eine Abfüllung von Schröder & Schyler, den Besitzern, und eine durch deren Londoner Agenten. Die letztgenannte 1969 probiert: aufregend und vielversprechend; die erstere reich, robust, wohlschmeckend, doch mit einer gewissen Schärfe im Abgang.
*Zuletzt im September 1982 verkostet* ★★

**CH. LAFON-ROCHET** In den 70er Jahren zwei gefällige englische und zwei reiche Schloßabfüllungen. Außerdem in neuerer Zeit: tief, fest und wohlschmeckend, bei zwei Gelegenheiten deutlich angesengte Kaffee- und Farnkrautnuancen in der Nase, mit adstringierendem, tanninbetontem Abgang.
*Zuletzt, ohne Begeisterung, im Februar 1986 verkostet* ★

**CH. LAGRANGE** St-Julien. Zwischen 1968 und 1977 relativ gute Bewertungen, in den 80er Jahren dann unbeeindruckend. Etwas rauh und kurz. Später wohlriechend, aber leicht stielig, trocken, schlank. Außerdem eine Flasche mit Korkgeruch.
*Zuletzt im Februar 1992 verkostet* ★

**CH. LANGOA-BARTON** Sechs Aufzeichnungen seit 1981, leider drei ziemlich schlechte Flaschen, die andern ganz schön. Zuletzt eine Magnum mit lebhafter rosafarbener Tönung; «süße» Nase, die an Zigarrenschachteln erinnert; wohlschmeckend, relativ leicht, lebhafte zitrusartige Frucht und Säure.
*Zuletzt im Februar 1986 verkostet* ★★

**CH. LASCOMBES** Zu Anfang der 70er Jahre erstmals verkostet: von feiner Qualität, «ein phantastisches Gewächs». 1978 und 1979 zwei reiche, robuste Flaschen, doch andere, zur gleichen Zeit verkostete, zeigten zuviel Säure, ein Eindruck, der sich Anfang der 80er Jahre immer mehr verstärkte.

1984 dann allerdings eine Justerini-Abfüllung mit deutlichem Essigstich. Immerhin eine gute, reiche, fleischige Flasche bei Hugh Johnson.
*Zuletzt probiert im Juli 1993. Im besten Fall ★★★★ Bald trinken.*

**CH. LATOUR À POMEROL** Drei ausgezeichnete Notizen. Ein Pomerol wie er im Buche steht: tiefes Rubinrot; herrlich erhebende Frucht; «süß», füllig. Ein fabelhaftes Gewächs.
*Zuletzt im Februar 1992 verkostet ★★★★★*

**CH. LÉOVILLE-BARTON** 13 gute Bewertungen, drei davon Mitte bis Ende der 70er Jahre. Elegant, schöne Struktur. Sieben Aufzeichnungen aus den 80er Jahren, im allgemeinen fest und korrekt, doch darunter auch zwei schlechte Flaschen; die Betonung lag auf «schlank». Schönes Gewicht. Bei der letzten Gelegenheit: tief; weich, «süße» Zedernholztöne; relativ voll, zum Kauen, extraktreich, Zitrusnote.
*Zuletzt im Februar 1992 verkostet. Im besten Fall ★★★★*

**CH. LÉOVILLE-LAS-CASES** Zwischen 1967 und 1978 fast nur bewundernde Aufzeichnungen, deutlicher noch nach 1980. Immer noch feines, tiefes, intensives Erscheinungsbild, dabei ausgebaut; Bukett zunächst verschlossen, manchmal verhüllt

*Château Léoville-Las-Cases*

und staubig, doch jedesmal entfaltete sich rasch ein vorzüglich klassischer, zedernholzartiger Wohlgeruch. Positiv, wohlgeformt, immer noch beträchtlich viel Tannin und Säure.
*Zuletzt im Februar 1992 verkostet ★★★★(★)*

**CH. LÉOVILLE-POYFERRÉ** Unterschiedliche Abfüllungen, schöner Wein. Alle neun Aufzeichnungen nach 1980 von ausnahmslos guten Schloßabfüllungen. Mir erschien er zwischen 1983 und 1985 am duftendsten, ein 61er mit Finesse trotz des Tanningehalts und besonders der Endsäure, die immer stärker spürbar wurde.
*Zuletzt im Februar 1992 verkostet ★★★ Attraktiv, aber wahrscheinlich am Austrocknen.*

**CH. LYNCH-BAGES** Verschiedene und unterschiedliche Abfüllungen. Im besten Fall mit der typischen, Mouton-artigen Cassis-Nase, ingwerartig, durch und durch würzig. Sechs Erzeugerabfüllungen in den 80er Jahren, allesamt gut, außerdem eine essigartige IECWS-Abfüllung und eine hervorragende Berry-Bros-Abfüllung. Sehr reich, sehr schmackhaft.
*Zuletzt im Februar 1992 verkostet ★★★★*

**CH. MAGDELAINE** Weich, reizvoll und vorzüglich in den 70er Jahren. 1981 ein paar schlechte Flaschen. Bei der letzten Gelegenheit: feines, tiefes, strahlendes Rubinrot; wunderbar entwickeltes und harmonisches Bukett; «süß», voll, reich, zum Kauen. Sollte bekannter sein. Zweifellos von der Qualität eines Canon.
*Zuletzt im Februar 1992 verkostet. Im besten Fall ★★★★*

**CH. MALESCOT-ST-EXUPÉRY** Mehr als dreißigmal degustiert. Pikant, wohlschmeckend. Tief, konzentriert, Cabernet Sauvignon. Attraktiv, doch geringere Anklänge von schwarzen Johannisbeeren als gewöhnlich, sehr schmackhaft, aber trügerisch. 1986 vier Bewertungen: füllig, würzig, zunehmende Säure. Zwei Aufzeichnungen von 1990, eine von einer *Marie-Jeanne*: immer noch ziemlich tief; getoastete, würzige, vierschrötige Nase; guter Geschmack, aber schlank und ziemlich tanninbetonter Biß.
*Zuletzt im Februar 1992 verkostet ★★*

**CH. LA MISSION-HAUT-BRION** Zum ersten Mal fast zwanzig Jahre nach der Vinifikation degustiert. 15 Aufzeichnungen nach 1981, als der Wein undurchsichtig war, mit überaus vielschichtigem Bukett, «süß», komplett, sehr ausgeprägter Tabakgeschmack. Auf eine einschüchternde Art ungeheuer beeindruckend, mit einer leicht rauhen Note. Ansonsten gleichbleibend gute Bewertungen. Eine Magnum: immer noch unbeschreiblich tief; zurückhaltendes, doch harmonisches, kaffeeartiges Bukett; am Gaumen nach wie vor sehr «süß», körperreich, füllig, mit fabelhaftem Geschmack.

Maskulin. Nur einen Punkt hinter dem reifen, verbindlichen Haut-Brion.
*Zuletzt bei der Degustation von Wolf verkostet, Oktober 1993* ★★★★★ *Hält sich noch.*

CH. MONTROSE Ein mustergültiger Montrose, in der Jugend trocken, roh und streng, im Alter von zwanzig Jahren *immer noch* unfertig, doch sehr beeindruckend. Mitte der 80er Jahre nahm er langsam seine eigentliche Gestalt an, doch nach wie vor mit dem tiefen Erscheinungsbild des 61ers, außerdem hervorragende Frucht und ein wunderbarer Duft, den man aus dem Glas herausschmeicheln muß. Weich, füllig, dabei mit einer Spur sehniger Schlankheit, immer noch pfeffrig vor Alkohol und mit einem langen, etwas adstringierenden, trockenen, tanninbetonten Abgang.
*Zuletzt im Februar 1992 verkostet* ★★★★ *Entwickelt sich noch weiter.*

CH. MOUTON-BARON-PHILIPPE Gewöhnlich lebhaft, oft delikat, sehr schmackhaft und trotz der anfänglichen Farbtiefe im Stil ein leichterer 61er. Mitte der 80er Jahre sehr hübsch, dabei im Aussehen voll entwickelt; zartes, wohlriechendes Cabernet-Aroma mit Erdbeer- und Gardenien-Nuancen; leichter Stil, schlank, wohlschmeckend, nicht lang genug. Ein gefälliger, erfrischender Tropfen.
*Zuletzt aus einer Magnum verkostet, Februar 1992* ★★★ *Wird sich mit dem Alter wohl kaum mehr verbessern.*

CH. PALMER Einer der am wenigsten umstrittenen großen 61er. Bei der ersten Begegnung 1972 eine ziemlich zurückhaltende Berry-Bros-Abfüllung. Gegen Ende der 70er Jahre unbarmherzige Entfaltung zu burgundisch anmutender Reichhaltigkeit. In den 80er Jahren 15 eindeutig bewundernswerte Flaschen sowie eine phantastische Magnum, 1990 mehrere Flaschen und eine Magnum. Nach wie vor tiefes, samtiges, wenn auch mittlerweile ausgebautes Erscheinungsbild. Sehr tiefes Bukett, füllig und wohlriechend, reife Maulbeernuancen, wobei die weiteren Eindrücke kaum mehr in Worte zu fassen sind – «herrlich» wäre noch zu gering. «Süß», vollmundig in Frucht und Geschmack, üppig-sinnlich, vielschichtig. Einfach superb.
*Zuletzt im April 1993* ★★★★★ *Große Zukunft.*

CH. PAPE-CLÉMENT Sieben Aufzeichnungen seit 1978, vier davon relativ neu. Sehr tief, mahagonifarben; für einen roten Graves charakteristischer Geruch und Geschmack nach Tabak. Fest; duftend, elegant, recht «süß», vorzügliche Struktur, trotz des Abbaus immer noch tanninbetont.
*Zuletzt im Februar 1992 verkostet* ★★★★

CH. PAVIE Bei der Abfüllung ziemlich unbeeindruckend, danach ein paar unterschiedliche Vorstellungen, darunter Anfang der 70er Jahre zwei säurebetonte Grants-Abfüllungen. 1978 und 1981 direkte, aber recht dumpfe Schloßabfüllungen, gefolgt von zwei malzigen, oxydierten Flaschen, eine davon verschlossen, trocken, angesengt. In jüngerer Zeit etwas spröde und zu kurz, wobei die beiden letzten Flaschen durchaus recht schön war. Jedoch kein großer Pavie und auch kein besonders guter 61er.
*Zuletzt im Februar 1992 verkostet. Durchschnittlich* ★★

CH. PHÉLAN-SÉGUR Zwischen 1968 und 1975 sieben Aufzeichnungen, alles recht gute englische Abfüllungen. In den 80er Jahren drei Schloßabfüllungen, tief, zedernholzartig, mit medizinaler Médoc-Nase. Locker gewoben, nicht schlecht. Kürzlich zwei Flaschen.
*Zuletzt im Februar 1992 verkostet* ★★

CH. PICHON-LONGUEVILLE, BARON Zwischen 1968 und 1976 drei passable englische Abfüllungen und sechs schlechte Beispiele von Schloßabfüllungen, wobei der ansonsten schmackhafte Wein jedesmal durch hohe flüchtige Säure verdorben war.
*Zuletzt im Februar 1992 verkostet. Vermeiden.*

CH. PICHON-LONGUEVILLE, LALANDE Unendlich viel besser als der Baron. Wiederum stammen meine ersten Aufzeichnungen alle von englischen Abfüllungen, die meist eher in den Handel kommen als die Schloßabfüllungen. Von diesen nach 1981 dann acht Flaschen degustiert. Alle köstlich. In der Nase Vanille-Töne und Frucht. Weich, reich, wohlriechend, gute Länge und schöner Abgang. Eine Flasche oxydiert.
*Bei Dr. Skinners zweiten Degustation von 61er Weinen im Februar 1992. Im besten Fall* ★★★★ *Inzwischen vollkommen ausgebaut.*

CH. PONTET-CANET Die ersten zehn Aufzeichnungen zwischen 1967 und 1975 alle von englischen Abfüllungen. Am schlechtesten war J. Lyons, da der Wein zu lange im Holz belassen worden war; am besten kamen die Army & Navy Stores heraus. Zwischen 1979 und 1986 fünf Flaschen verkostet, die durch Cruse, die Besitzer, in Bordeaux abgefüllt worden waren (der Pontet-Canet wurde zu der Zeit niemals auf dem Château abgefüllt): gleichbleibend gut; sehr reich, fast so konzentriert wie ein Latour. Beeindruckend, doch mangelnder Charme.
*Zuletzt im Februar 1989 verkostet. Könnte sogar* ★★★★★ *erreichen.*

CH. RAUSAN-SÉGLA In der Jugend recht vielversprechend. Am besten 1981 eine Schloßabfüllung aus einem Keller in Northumberland. Trug nach dem Dekantieren das reiche 61er Gewand, den «ach so wunderbaren» Duft stolz zur Schau

und zeigte einen weichen, reifen Margaux-Charakter. Danach eine Flasche mit durchdringendem Bukett, Zedernholz- und Vanille-Tönen, würzig; sehr alkoholstark, reich, lang, «käsig», tanninbetont.
*Zuletzt im Februar 1992 verkostet* **** *Gute Lebenserwartung.*

**CH. RAUZAN-GASSIES** Getoastet, schlank, rauh, zu kurz.
*Zuletzt im März 1983 verkostet.*

**CH. SIRAN** Tief, intensiv, hübsches, reiches Biskuit-ähnliches Bukett; süß und körperreich, gut in Geschmack, Tannin und Säure. Vielleicht nicht ganz mit der Länge, wie sie die 61er sonst haben.
*Vorverkaufsdegustation Oktober 1993* ****

**CH. TALBOT** Schnellere Entwicklung als erwartet. Inzwischen sehr reif, anziehend, wohlriechend, ein Hauch Fenchel und ein ganz leichter Verfallston. Dennoch schön.
*Zuletzt im Februar 1992 verkostet* ****

**CH. LA TOUR-HAUT-BRION** Eigenartig, aber ansprechend. «Süß», robust, zum Kauen.
*Juni 1990* ***

**CH. LA TOUR-DE-MONS** Ein gut gemachter roter Bordeaux, ein *Cru bourgeois* wie aus dem Bilderbuch; nach einem Jahrzehnt vorzüglich, doch ohne den Stammbaum eines *Cru classé*, der vor allem mit dem *terroir* zusammenhängt, wie die Franzosen sagen, und die guten Entwicklungs- und Alterungsqualitäten gewährleistet. Ein halbes Dutzend Aufzeichnungen nach 1986. Allesamt reif, bis zu einem gewissen Punkt gut, doch dann geraten sie aus den Fugen.
*Zuletzt im April 1990 verkostet. Jetzt* **

**CH. TROTANOY** Acht Aufzeichnungen, drei davon aus den 80er Jahren. Ein herausragend tieffarbener Wein; entwickelte ein facettenreiches Bukett, erregend reich, schwarzer Zuckerdicksaft; reich, dabei tanninbetont, schlank, elegant, zum Kauen. Phantastische Struktur.
*Zuletzt im Februar 1992 verkostet* ***** *Wird sich halten.*

VORWIEGEND IN DEN 80ER JAHREN VERKOSTET:

**CH. L'ANGÉLUS** Schöne Struktur, aber am Austrocknen.

**CH. BARET** Graves. Siebenmal degustiert, immer tief, reich, für seine Klasse gut.

**CH. BEAU SÉJOUR BÉCOT** Sehr tief, pflaumig, füllig und kernig.

**CH. BEAUSÉJOUR-FAGUET** Weich, samtig, würzig.
*Mai 1992.*

**CH. BELAIR** St-Emilion. Wunderschöne Farbe, duftend, charmant, muß getrunken werden.

**CARRUADES DE CH. LAFITE** Fruchtig, wohlschmeckend, schönes Gewicht. Austrinken.

**CH. CISSAC** Beladen mit Frucht, doch am Austrocknen.

**CH. CITRAN** Für einen 61er blaß, deutlich über den Höhepunkt hinaus.

**CH. FERRIÈRE** Duftend und schmackhaft.

**CH. LA GRÂCE-DIEU** Reich, zum Kauen, zart.

**CH. GRAND-PUY-DUCASSE** Roh und unbeeindruckend.

**CH. LYNCH-MOUSSAS** (Berry Bros). Sagenhafte Farbe und Nase, schlank, sehr trocken, aber fruchtig.

**CH. DE MIRAIL** Graves. Ein kleinerer Charmeur, mit Minzetönen.

**CH. MONBOUSQUET** Mehrere Aufzeichnungen: reich, robust, muß getrunken werden.

**CH. MOULINET** Am Vergehen.

**CH. PETIT-VILLAGE** Weich, direkt. Sicher kein Schwergewicht. Muß getrunken werden.

**CH. LA TOUR-DU-PIN** Vorzügliche Farbe, lebhaft, fruchtig, guter Gehalt.

**CH. VILLEMAURINE** Vorzüglich in Geschmack und Struktur.

# 1962 ****

*Ein sehr guter Jahrgang, der unverdientermaßen nicht Beachtung fand. Die 62er Weine stehen im Schatten der großen, konzentrierten 61er, können aber nichtsdestoweniger aufregend, wohlschmeckend und rassig sein. Im großen und ganzen sind sie schlank, dabei aber elegant und stilvoll. Eine ausgeprägte Rottönung verrät den ziemlich hohen Gehalt an gebundener Säure, die einzige Schwäche dieses Jahrgangs, doch kann diese sich, im besten Fall, positiv auswirken. Köstlich zu Speisen. Es ist ausgesprochen lohnenswert, nach den Spitzenweinen noch Ausschau zu halten.*

*Bis Ende Mai kaltes, feuchtes Wetter. Gute Blüte Mitte Juni, sehr heißer Sommer und will-*

*kommene Regenfälle im Herbst. Späte Lese ab 9. Oktober bei guten Witterungsverhältnissen. Von den in jüngerer Zeit verkosteten 190 Châteaux geben die folgenden Aufzeichnungen einen repräsentativen Überblick.*

**CH. LAFITE** 24 Notizen. Vom Anfang der 70er Jahre an ein stilvoller, feiner, eleganter Wein. Die Farbtiefe hat sich kaum gewandelt. Nach wie vor lebhaft rotes Zentrum, das in einen breiten reifen Rand übergeht; «süßes», ingwerartiges, wohlriechendes Bukett; relativ leichter, aber fester Stil, schlank, sehr schmackhaft, würzig, lebhafter, trockener Abgang.
*Zuletzt im Juli 1992* ★★★★

**CH. MARGAUX** Als erstes aus dem Faß probiert. Wie der Ch. Lafite sehr lebhaft und stilvoll, wobei er aufgrund des 62er Säuregehalts fast zwanzig Jahre lang unfertig war. Immer noch ziemlich tief und pflaumenfarben; ansprechendes Bukett, Veilchentöne, phantastischer Wohlgeruch noch im leeren Glas; schönes Gewicht, fruchtig, schlank, elegant, ohne die Länge eines großen Jahrgangs. Sehr trockener Abgang. Säure unter Kontrolle.
*Zuletzt im Juni 1993 verkostet, gerade noch* ★★★★

**CH. LATOUR** 1965 zum ersten Mal degustiert: tiefer Purpur, beladen mit Frucht, etwas kantig, führt zu einem harten, tannin- und säurebetonten Abgang. Ansonsten sehr beeindruckend. 1989 dann auf der Latour-Mouton-Degustation: tiefes, intensives Rot; feine Zedernholz- und Fruchtnuancen; voll, fest, lebhaft.
*Zuletzt im März 1992 verkostet* ★★★★

**CH. MOUTON-ROTHSCHILD** 1965 zum ersten Mal verkostet. Das frische Cabernet-Sauvignon-Aroma hat sich erhalten und nach einer pfeffrigen Phase Mitte der 70er Jahre zu einer weichen, ausladenden Reichhaltigkeit entfaltet. Tiefe und Intensität scheinen fast unverändert, das Rot hat seine jugendliche Tönung beibehalten. Ziemlich körperreich, mit vorzüglichem Geschmack, großartiges Bukett, tanninbetont, dabei delikat, schlank, passende Säure.
*Zuletzt im September 1993* ★★★★★ *Schwer eine Prognose zu geben, doch keinerlei Anzeichen von Schwäche.*

**CH. HAUT-BRION** Im Faß natürlich adstringierend, aber nach fünf bis zehn Jahren bereits weich, reich und ansprechend. 1971 zum ersten Mal die samtige Struktur vermerkt. Immer noch sehr tief, feines Rubinrot; wohlriechendes, aber anfänglich zurückhaltendes Bukett, das sich im Glas entfaltete; ziemlich «süß» und körperreich, vorzügliche Frucht, für Haut-Brion typische Eleganz und ausgeprägter Graves-Geschmack.
*Zuletzt im September 1993 verkostet* ★★★★ *Müßte sich noch zehn bis zwanzig Jahre weiterentwickeln.*

**CH. AUSONE** Anfang bis Mitte der 70er Jahre ziemlich blasse, frühreife Erscheinung, gefällige Nase. In den 80er Jahren vier gute Bewertungen. Zuletzt bei Flatts Ausone-Degustation: lebhaft, attraktiv, mitteltief; leicht, delikat, wohlriechend, leicht angesengtes Bukett; relativ trocken und leicht, zugänglich, dabei lebhaft, voll ausgebaut, gute Länge und schöner Abgang. Einer der ansprechendsten Ausones, den ich je degustiert habe.
*Zuletzt im Oktober 1987 verkostet. Großzügige* ★★★★★ *Jetzt trinken.*

**CH. CHEVAL BLANC** Viele Notizen ab Mitte der 60er Jahre. Mitteltief, weniger aggressives Rot als die Médoc-Weine. Inzwischen herrliches Ziegelrot; im besten Fall vorzügliches, leicht tabakartiges Bukett; weich, zart, nervig. Die letzten acht Aufzeichnungen lassen Flaschenunterschiede erkennen, darunter auch eine hölzerne Flasche; einige sind besser entwickelt, manche härter, andere mit mehr Säure.
*Zuletzt im September 1987 verkostet. Im besten Fall* ★★★

**CH. PÉTRUS** Zehn sehr einheitliche Notizen, ab 1967 über die Jahre gleichmäßig verteilt. Von Beginn an ein tiefer, «süßer», reicher Wein. Inzwischen mitteltiefes, ausgebautes Erscheinungsbild; sehr wohlriechendes Bukett, mit Nuancen von Minze, Veilchen, reifen Maulbeeren; ein ausgesprochen «süßer», üppiger Wein, gut in Frucht, Extrakt und Länge, perfekter Tannin- und Säuregehalt.
*Zuletzt im September 1990 verkostet* ★★★★★ *Dieser Wein wird uns alle überleben.*

**CH. BATAILLEY** Im Alter von vier Jahren eine fruchtige, aber etwas schroffe Harvey-Abfüllung. 1974 eine säurebetonte von Berry Bros, außerdem auf der Rodenstock-Degustation der 62er Weine eine ziemlich tiefe, zedernholzartige, robuste, reiche und fruchtige Schloßabfüllung.
*Zuletzt im September 1987 verkostet. Im besten Fall* ★★★

**CH. BELAIR** St-Emilion. Voll ausgebaut, mit Stich ins Orange; eigener Charakter, der an trockene Blätter erinnerte und sich wohlriechend entfaltete. Schönes Gewicht, elegant und zugänglich.
*Zuletzt im September 1987 verkostet* ★★★

**CH. BEYCHEVELLE** In der Jugend relativ leicht und ziemlich entwickelt, schien sich dann Anfang bis Mitte der 80er Jahre auf sein eigentliches Niveau zu besinnen. Tiefe Farbe; reich und würzig in Nase und Geschmack, herrlich im Nachgeschmack. Großer Stil. Fast 61er Qualität. 1985 eine gute Berry-Bros-Abfüllung; tief, ausgebaut, weich, sehr gefällig. Zwei süße, weiche Château-Abfüllungen.
*Zuletzt verkostet im Mai 1993. Im Bestfall* ★★★★

CH. BRANE-CANTENAC Typisch reife, gehaltvolle Nase, 1969 etwas dumpf, aber fortgeschritten. Danach bei dem 62er-Marathon von Rodenstock: bläßlich, leichte Orangetönung; eigenartig reiches Bukett, aber auf seine Art sehr ansprechend; trocken, schlank, durchaus mit Niveau.
*Zuletzt im September 1987 verkostet ✴✴ Austrinken.*

CH. CALON-SÉGUR Mehr als ein Dutzend Notizen. Eine jugendlich adstringierende Harvey-Abfüllung, Mitte der 70er Jahre zwei besonders wohlschmeckende Abfüllungen von Justerini & Brooks, mit einer Spur Säure, dazwischen fruchtige Schloßabfüllungen. In den 80er Jahren eine ansprechende, recht gut entwickelte Abfüllung von Hedges & Butler, eine schön ausgebaute, schlanke, fruchtige Schloßabfüllung und 1989 eine sehr gute *Impériale*: tief, immer noch jugendlich, fruchtig, vorzügliches Bukett, mitteltrocken und -voll, machte sich gut.
*Zuletzt bei der Degustation von Rodenstock verkostet, Oktober 1992 ✴✴✴✴ Wird sich noch weiter entwickeln.*

CH. CANON 1967 zwei Bilderbuchbewertungen. Ein fester, reicher, wohlschmeckender, vollmundiger Wein. Lebhaft, tief, kirschenrotes Zentrum, voll entwickelt.
*Zuletzt eine Jéroboam, September 1987 ✴✴✴✴ Jetzt vorzüglich. Hält sich noch.*

CARRUADES DE CH. LAFITE Sechs Aufzeichnungen ab 1969. Ein relativ leichter, köstlicher Frühentwickler, Ende der 70er Jahre auf dem Höhepunkt, doch weiterhin wohlriechend, mit Zitrusnuancen. Gute halbe Flaschen bei Flatt. Sehr «süß», reich, voll ausgebaut in Bukett und Geschmack.
*Zuletzt im Oktober 1988 verkostet ✴✴✴*

CH. LA CONSEILLANTE 1966 eine frühe und ermutigende Notiz, durch zwei jüngere Bewertungen in der hohen Qualität bestätigt. Bei der 62er-Degustation von Rodenstock eine sehr schöne Magnum auf dem Gipfel ihrer Entwicklung; ein Jahr später weiches Granatrot, mit einem leichten Stich ins Kirschrot; gleichermaßen warmes, weiches Bukett; weich, sehr schmackhaft.
*Zuletzt im Juli 1988 verkostet ✴✴✴✴ Jetzt komplett, wird sich auch noch halten.*

CH. COS D'ESTOURNEL In den 80er Jahren siebenmal degustiert: alle Exemplare, bis auf zwei braune und oxydierte Magnumflaschen auf der Rodenstock-Degustation, sehr gut, darunter auch eine tiefe, vorzügliche, außergewöhnlich duftende, weiche und füllige Abfüllung von Justerini & Brooks.
*Zuletzt im September 1987 verkostet. Im besten Fall ✴✴✴*

CH. DUCRU-BEAUCAILLOU 15 hauptsächlich gute Bewertungen, verschiedene Abfüller, Berry Bros war 1988 genau so gut wie 1971. Bei derselben Degustation eine vorzügliche Schloßabfüllung: gefällig in Gewicht, Farbe und Körper; ein herrlich nuanciertes, würziges Bukett; etwas «süß», lebhaft in Geschmack und Säure.
*Zuletzt im Juni 1988 verkostet. Im besten Fall ✴✴✴✴ Inzwischen auf des Messers Schneide.*

CH. FIGEAC Mehrere Notizen, vor 1978 einige gute englische Abfüllungen degustiert. Doppelmagnum mit reicher, zedernholzartiger Menthol- und Vanille-Nase bei der 62er-Degustation von Rodenstock, elegant, schlank, wohlschmeckend, bei der Figeac-Degustation von Desai eine nahezu identisch bewertete Flasche: mitteltief, offen, ausgebaut; ebenfalls Vanille-Töne, berückende Bukettentfaltung; ausgesprochen «süß», weich, zum Kauen, fruchtig. Trockener Abgang.
*Zuletzt im Dezember 1989 verkostet ✴✴✴✴ Reif.*

CH. LA FLEUR-PÉTRUS 1974 attraktiv, 1980 voll entwickelt. Ein paar Jahre später: reiche Farbe, reife Erscheinung mit Stich ins Orange; ziemlich eigene, maulbeerartige Nase; «süß», fruchtig, weich, doch tanninbetont.
*Zuletzt bei Rodenstocks 62er Degustation verkostet, September 1987 ✴✴✴*

CH. LA GAFFELIÈRE-NAUDES (Heute läßt man das Naudes im Namen weg.) Vor 1980 verschiedene gute Abfüllungen, danach hatte der Wein aber nichts mehr zu bieten. Ansprechend, schmackhaft, doch scharf und mit sauren Kanten.
*Zuletzt eine Magnum bei Rodenstock, September 1987 ✴✴ Austrinken.*

CH. GAZIN Zehn Aufzeichnungen, hauptsächlich von Schloßabfüllungen, im wesentlichen gut. 1980 noch genauso gefällig zu trinken wie 1971. Danach noch bei Rodenstock: offen, wohlriechend, ein Hauch Pilzsuppe, sehr schmackhaft leicht blecherner Abgang.
*Zuletzt im September 1987 verkostet ✴✴✴ Am Abflauen.*

CH. GISCOURS Zwischen 1962 und 1979 sechs gute Beurteilungen, danach begann die Säure überhand zu nehmen. In den 80er Jahren einmal degustiert: reiche Farbe, voll ausgebaut; zurückhaltendes, eher unbewegliches, aber klassisches Bukett; trocken, hochgetönter Geschmack, in der Nase positiver. Erfrischend.
*Zuletzt bei der Rodenstock-Degustation, September 1987 ✴✴ Austrinken.*

CH. GRAND-PUY-LACOSTE Vor 1980 unterschiedliche Abfüller, danach ausschließlich Schloßabfüllungen. Anfang der 80er Jahre lebhaft, hochgetönt, schmackhaft. Bei Rodenstock eine

Magnumflasche: reich, pflaumenfarben, Stich ins Rosa; sehr wohlriechend; trocken, mittleres Gewicht, schlank, klassisch, gute Frucht. *Zuletzt im September 1987 verkostet* ★★★

CH. GRUAUD-LAROSE Viele Aufzeichnungen seit 1966. Allesamt gut. Mehrere jüngere Bewertungen. Immer noch tief und lebhaft; herrlich entfaltetes, reiches, teeriges Bukett; relativ voll, inzwischen etwas schlank, aber mit guter Länge und trockenem Abgang. Nach wie vor ein sehr feines Gewächs. *Zuletzt im September 1993 verkostet* ★★★★

CH. HAUT-BATAILLEY Zwei gute Aufzeichnungen. 1973 zedernholzartig und vielschichtig. Inzwischen voll ausgebaut, leichter Stich ins Orange; sehr wohlriechende, würzige Nase, etwas «süß», relativ voll, schmackhaft, gewisse Fülle, ansonsten aber schlank. Gute Länge. *Zuletzt im September 1987 verkostet* ★★★★

CH. KIRWAN In den 60er Jahren mehrere ziemlich rauhe und stielige Abfüllungen. Dann ein Sprung von 18 Jahren, als der Wein unbefangen zu Kaviar, Langusten und schwarzen Trüffeln serviert wurde. *Bei einem von Grands-Crus begleiteten Dinner auf Château Haut-Brion, Juni 1987* ★★★ *Danach kann er eigentlich alles überleben.*

CLOS DES JACOBINS 1975 Gefällig und wohlschmeckend. Schön ausgebaut, würzig, wohlriechend, weich, köstlich und originell. Schön gebaut. *Zuletzt im Oktober 1983 verkostet* ★★★ *Lebt zweifellos weiter.*

CH. LANGOA-BARTON 1969 eine charmante, gefällige Abfüllung von Barton & Guestier, ein Jahr darauf eine hervorragende, aber noch unfertige Magnum von Berry Bros. Zuletzt auf dem Château abgefüllte Magnumflaschen: ausgesprochen wohlriechend, deutliche Cabernet-Nase; etwas «süß», schönes Gewicht, lebhaft und wohlschmeckend. *Zuletzt bei Brooks Barton-Abendessen verkostet, November 1989* ★★★

CH. LASCOMBES 1970 fruchtig, robust und tanninbetont. In den 80er Jahren drei gleichbleibende Aufzeichnungen: kirschenrot; wohlriechend, wohlgeformt, ohne harte Kanten; überraschend «süß», doch mit der erfrischenden Säure des 62er Jahrgangs, schöne Frucht. Komplett. *Zuletzt im September 1987 verkostet* ★★★ *Hat wohl noch mehr zu bieten.*

CH. LÉOVILLE-BARTON Zwischen 1969 und 1975 gute, leicht spröde Schloß- und Berry-Bros-Abfüllungen. Gut bei der 62er-Degustation von Rodenstock: reiche Farbe und Nase; klassisch, wohlriechend, Nuancen von Zedernholz und Teeblättern. Schlank, elegant, schönes Gewicht, etwas zu kurz, durch und durch trocken. *Zuletzt im September 1987 verkostet* ★★★ *Wird überleben.*

CH. LÉOVILLE-LAS-CASES Viele Aufzeichnungen, allesamt gut, bis auf zwei Flaschen mit Korkgeruch 1986, die dritte in diesem Jahr war hervorragend, ein «kompletter roter Bordeaux». Danach: tiefes, reiches, samtiges Erscheinungsbild; geschmeidig, harmonisch, reiche, zedernholzartige, gehaltvolle Nase mit sehr viel Substanz; kräftig, füllig, gut in Frucht, Länge und Nachgeschmack. *Zuletzt im Februar 1993 verkostet* ★★★★★ *Wird sich weiterentwickeln.*

CH. LÉOVILLE-POYFERRÉ Nicht auf demselben Niveau wie Las-Cases und mit weniger Schwung als der Léoville-Barton. Trotzdem in der Magnum von ähnlicher Tiefe und Gewicht wie der Barton, weniger Rot, entwickelteres Aussehen; das Bukett zwar nicht sehr verwoben, jedoch schön entfaltet; trocken, leichter Stil, zugänglicher Charme. *Zuletzt im September 1987 verkostet. Etwa* ★★★, *doch nicht sehr überzeugend.*

CH. LYNCH-BAGES Ein maßgeschneiderter Jahrgang für Lynch-Bages, der den charakteristischen Cabernet-Duft und -Geschmack überschwenglich zur Geltung bringt. Viele Aufzeichnungen, unterschiedliche Abfüllungen, bis Ende der 70er Jahre alle sehr günstig, danach schien die Säure überhand zu nehmen. War wohl 1980 mit einer fabelhaft wohlschmeckenden Flasche auf dem Höhepunkt, 1983 eine reiche, würzige Abfüllung von Corney & Barrow, doch bei der Rodenstock-Degustation dann enttäuschend, mit mehr als nur einem Hauch flüchtiger Säure und einem käsigen, milchsauren Geschmack. *Zuletzt im September 1987 verkostet. Inzwischen riskant* ★★, *im besten Fall* ★★★

CH. MAGDELAINE Ich habe immer schon eine Schwäche für diesen viel zu wenig bekannten Wein gehabt. Gute Bewertungen. In den 70er Jahren reich und samtig. Dann eine Reihe halber Flaschen, immer noch mit guter Frucht, seidigen Tanninen, schönem Gewicht. *Zuletzt im Mai 1991 verkostet* ★★★

CH. MALESCOT-MARGAUX (identisch mit St-Exupéry). Müßte ja eigentlich St-Exuberant (Überschwang) heißen: überaus wohlschmeckend, manchmal fast so unerhört stark wie Lynch-Bages, aber doch ein bißchen gröber und ohne den glänzenden Stil von letzterem. 1987 schmackhaft, aber zu säurebetont. In jüngerer Zeit eine *Marie-Jeanne*, mit ziemlich wenig Charakter, dabei noch tanninbetont. *Zuletzt im September 1990 verkostet* ★★

CH. MEYNEY Vier Aufzeichnungen, nur eine aus jüngerer Zeit: lebhaftes Rot; pfeffrig, sauber; relativ leicht, schlank, wohlschmeckend, trockener Abgang.
*Zuletzt eine Doppelmagnum, September 1987* ★★

CH. LA MISSION-HAUT-BRION 13 Aufzeichnungen. Beeindruckend, doch irgendwie nicht ganz befriedigend. Mehrere jüngere Notizen, praktisch alle aus den Woltner-Kellern, darunter einige Magnumflaschen. Immer noch recht tiefes, lebhaftes Aussehen; sehr entgegenkommend und wohlriechend, aber eigenartiger Charakter von getrockneten alten Blättern; ziemlich «süß» und körperreich, ein reicher, kraftvoller Wein, mit gutem Alkoholgehalt, aber vielleicht etwas zuviel Säure.
*Zuletzt im Juli 1992* ★★★ *Für alle, die das Risiko lieben.*

CH. MONTROSE Mehrere Notizen zwischen 1968 und 1975, darunter zwei gute Abfüllungen von Justerini & Brooks. Spröde, aber attraktiv. Zwölf Jahre später bei der Rodenstock-Degustation: vorzüglich, wohlschmeckend, schlank, mit trockenem Abgang.
*Zuletzt im September 1987 verkostet* ★★(★) *Alter Montrose-Stil. Benötigt lange Flaschenlagerung.*

CH. MOUTON-BARON PHILIPPE Lebhaft, wohlriechend; gefällige, zugängliche Frucht, gerade genügend Fleisch, gute Länge.
*Zuletzt im September 1987 verkostet* ★★★

CH. PALMER Ab 1965 gute Bewertungen. Am beeindruckendsten vielleicht eine *Impériale* 1984 auf dem «Treffen» des Saintsbury Clubs, als der Wein fast die Tiefe und füllige Reife eines 61ers erreichte. Ähnlich reiche und fruchtige Magnumflaschen bei Rodenstock. In jüngerer Zeit: gewisser Farbverlust, aber vorzüglich; ziegelwarme, harmonische Maulbeernase, die sich köstlich öffnete; leicht «süß», mittelschwerer Körper, füllig, mit schwächer werdendem, leicht säurebetontem Abgang, ansonsten ein komplettes Gewächs.
*Zuletzt im Juni 1988 verkostet* ★★★★

CH. PAPE-CLÉMENT Viele Notizen, doch nach 1977 nur einmal verkostet. Einer meiner bevorzugten 62er. Inzwischen voll ausgebaut, reich, aber mit einem leichten Stich ins Orange; außergewöhnlicher, offener, Lafite-artiger Wohlgeruch; etwas «süß», leichter Médoc-Stil, wohlschmeckend und charmant.
*Zuletzt bei Rodenstock verkostet, September 1987* ★★★★

CH. PAVIE Nach einem rauhen Beginn schien der Wein in den 80er Jahren ein befriedigendes Niveau erreicht zu haben. Reiches, reifes Bauernhofbukett und ebensolcher Geschmack. Weich, attraktive Struktur, schlank, aber wohlschmeckend, lebhafte Säure.
*Zuletzt im September 1987 verkostet* ★★★

CH. PICHON-BARON Sechs ziemlich halbherzige Aufzeichnungen zwischen 1969 und 1975. Dann eine recht schöne Flasche: tief, reich, doch mit einem pikanten, trockenen Abgang.
*Zuletzt im Mai 1981 verkostet. Ohne Gefahr* ★★

CH. PICHON-LALANDE Ebenfalls zu Beginn langsam, doch Mitte der 70er Jahre dann attraktiv. Bei der Rodenstock-Degustation eine reich und dick aussehende *Impériale*, im Geschmack besser als in der Nase, auch wenn diese üppig und recht «süß» war.
*Zuletzt im September 1987 verkostet* ★★

CH. LA POINTE Drei typisch seidige Pomerols aus englischer Abfüllung in den 60er Jahren, eine weitere gute Flasche 1973, machte sich auch bei Rodenstock ganz gut. Leuchtende Farbe; warme, reiche, stämmige Nase; ziemlich süß und voll, ziemlich reicher Frucht- und Extraktgehalt. Für mich einer der besten La Pointes, den ich kenne.
*Zuletzt im September 1987 verkostet* ★★★★ *Jetzt vorzüglich.*

CH. PONTET-CANET Sehr viele Aufzeichnungen, Bordeleser und englische Abfüllungen, unterschiedlich. Nur einmal seit den 70er Jahren verkostet, bei der Rodenstock-Präsentation von 62er Weinen. Hochgetönte, aber ansprechende Nase. Süß, relativ voll, würzig, Geschmack wird durch den säurebetonten Abgang verstärkt.
*Zuletzt aus einer Doppelmagnum verkostet, September 1987* ★★

CH. RAUSAN-SÉGLA Viele Aufzeichnungen zwischen 1964 und 1975, darin taucht die Bewertung «grün» recht häufig auf. Mit dem Alter etwas weicher geworden. Voll ausgebautes Bukett mit gewisser Delikatesse. Recht stilvoll. Schöne Säure.
*Zuletzt im September 1987 verkostet* ★★

CH. RAUZAN-GASSIES Nur drei Notizen. 1968 recht schön. 1987 bei Rodenstock eine Doppelmagnum: gute Farbe; marmeladig, Nase nach starker Aufzuckerung; relativ voll, dick, fruchtig, zuwenig Länge. In jüngerer Zeit sehr reife Erscheinung; in der Nase ein Hauch Marzipan; etwas rauh.
*Zuletzt im September 1990 verkostet* ★

CLOS RENÉ Bis Anfang der 70er Jahre mehrere wertvolle Harvey-Abfüllungen degustiert, außerdem 1968 eine herrlich seidige Schloßabfüllung. Immer noch ziemlich tief; «süße», hochgetönte, puddingartige Nase; reich, gehaltvoll, geradezu erdig. Zitrusartige Endsäure.
*Zuletzt im September 1987 verkostet* ★★★ *Deutlich ein Pomerol-Jahr, obwohl alle, bis auf die Spitzen-*

weine, den Gipfel inzwischen hinter sich gelassen haben.

**Ch. de Sales** In den 60er Jahren drei schöne, seidige und gutentwickelte Harvey-Abfüllungen, außerdem mehrere Flaschen mit unterschiedlichen Füllhöhen; die besten davon vorzüglich, desgleichen eine Doppelmagnum etwas später im Jahr: mitteltief, ausgebaut; zurückhaltend, aber schöne Frucht und gewisse Tiefe; wiederum «süß und zugänglich», ansprechend, leichter Stil.
*Zuletzt im September 1987 verkostet* ★★★

**Ch. Talbot** Viele Notizen, unterschiedliche Abfüllungen, alle gut. Die beiden letzten in Kopenhagen durch Kjaer & Sommerfeldt: warm, reich, weinig, köstlich.
*Zuletzt aus einer Doppelmagnum im Oktober 1992* ★★★★ *Überaus lebhaft und anregend.*

**Vieux Ch. Certan** Zwei Notizen: 1973 relativ voll, weich, samtig und schön griffig. Merkwürdig alkoholbetonte Nase, fast wie Cognac, verhältnismäßig voller, aber schlanker, trockener Abgang.
*Zuletzt im September 1987 verkostet* ★★

**Weitere 62er, zuletzt in den 80er Jahren verkostet:**

**Ch. L'Arrosée** Lebhaft, ansprechend, aber etwas dünn und scharf.

**Ch. Baret** Überraschend guter, klassischer Graves-Charakter, wohlschmeckend, aber am Austrocknen.

**Ch. Beauregard** Pomerol. Wohlriechend, gefällig, schlank und doch mit Schmelz.

**Ch. Beau Séjour Bécot** Fest, fruchtig.

**Ch. Belgrave** Fruchtige, dabei ziemlich weiche, pilzige *Jéroboam*.

**Ch. Bouscaut** Eigenartige Magnum, Bonbon-Geschmack, sehr schmackhaft, verblaßt.

**Ch. Chasse-Spleen** Trocken, rauh und tanninbetont.

**Ch. Cissac** Zweimal degustiert: harte Nase, doch sehr wohlschmeckend, reich, zum Kauen.

**Ch. Coufran** Magnum, voll ausgebaut, köstlich wenn auch etwas ausgetrocknet.

**Ch. Croizet-Bages** Köstlich.

**Ch. L'Evangile** Wohlriechend, schmackhaft, mit Zitrusnote in der Nase und am Gaumen. Voll ausgebaut.

**Ch. Fombrauge** Robust, fruchtig, aber grob, schlank, nicht aufregend.

**Ch. Gloria** Als «Bürgergewächs» ein Klassiker.

**Ch. Latour à Pomerol** Schönes Gewicht, medizinal, reif.

**Ch. Marquis-de-Terme** Reich, fruchtig, wohlriechend, mit eigenartigem Geruch nach Kaldaunen; etwas hohl, aber schmackhaft.

**Ch. Les Ormes-de-Pez** Reich, ebenfalls sehr schmackhaft, aber brüchig.

**Ch. Prieuré-Lichine** Pflaumig; Zedernholz und Frucht; gefällig schwungvoller Stil, schlank, trockener Abgang.

**Ch. Smith-Haut-Lafitte** Tief, intensiv, wohlriechend, vorzügliche Weinigkeit und Struktur, vollmundig und elegant.

**Ch. Soutard** Voll ausgebaut; Duft wie die Haut von Brathühnchen; weich, schmackhaft, zugänglich. Muß getrunken werden.

**Ch. du Taillan** Gehaltvoll, nachhaltig.

**Ch. Taillefer** Beißend.

**Ch. Tertre-Daugay** Zitrusartig, blechern, «süß», dabei scharf.

**Ch. Trottevieille** Fruchtig, ohne Finesse.

## 1963

*Schlechter, unbedeutender Jahrgang. Eingeklemmt zwischen dem vielgekauften 62er und dem allgemein beliebten 64er. Der Handel konnte es sich leisten, den 63er zu übergehen, daher wurde er auch verhältnismäßig selten degustiert.*

*Selbst der geschickteste Kellermeister vermochte nicht viel herauszuholen, nachdem das Jahr mit schlechten Blütebedingungen begonnen hatte und der naßkalte Sommer die Trauben faulen ließ. Die späte Sonne konnte die geringe Ernte nicht mehr retten. Im wesentlichen leicht und säurebetont; einige ganz passable, schmackhafte und pikante Weine gelangen trotzdem.*

**Ch. Lafite** 1967 dünn. Fünf neuere Aufzeichnungen, sämtliche von Vorverkaufsdegustationen. Hagebuttenrosa, blaß, mit wäßrigem Rand; überraschend wohlriechendes, wenn auch zerbrechliches Bukett. Trotz starker Aufzuckerung und nur einigen ausgewählten Fässern war es kurzsich-

tig, dieses Gewächs als *Grand vin* auf den Markt zu bringen.
*Zuletzt im Oktober 1988 verkostet* ★

**CH. MOUTON-ROTHSCHILD** Im Faß nicht unattraktiv. Zwei ziemlich junge Aufzeichnungen, beide von großen vertikalen Degustationen: blaß, mit einem Stich ins Orange; delikat, aber verwelkend, mit schokoladigem, aufgezuckertem Charakter; überraschend «süß», leicht, etwas mager und blechern, zurückhaltend; außerdem eine wohlriechende, aber verblaßte, leicht säurebetonte und alt schmeckende Doppelmagnum.
*Zuletzt im September 1990 verkostet* ★

**CH. LA MISSION-HAUT-BRION** Vier Aufzeichnungen, zwei davon aus jüngerer Zeit: unerwartet gute Farbe; sehr süß, brandig, schokoladig, medizinale Nase (Austernschalen), verbesserte sich im Glas; ziemlich trocken, pikant, aufgezuckert, Tabak- und Fruchtgeschmack. Leicht bitterer Abgang.
*Zuletzt bei der Degustation von Wolf verkostet, Juni 1980* ★ *(knapp).*

**CH. MONTROSE** Vier Notizen. Die jüngste: lebhafte Farbe, nicht schlecht; leichte, etwas apfelsaure, aber recht attraktive Nase; ziemlich leicht, schmackhaft, säurebetont, könnte aber schlimmer sein.
*Zuletzt im September 1987 verkostet* ★

ZULETZT HAUPTSÄCHLICH MITTE DER 70ER BIS 80ER JAHRE VERKOSTET:

**CH. MARGAUX** Fünf Aufzeichnungen. Recht schön, aber kein Margaux.

**CH. LATOUR** Überraschend tiefe Farbe und schöne Nase für einen 63er; trocken, kurz, nicht schlecht.

**CH. HAUT-BRION** Zweifellos inzwischen dünn und verblaßt.

**CH. BEYCHEVELLE** Am Braunwerden, brandige Nase, gewisse Reichhaltigkeit, aber rauh und kurz.

**CH. CALON-SÉGUR** Zu früh gealtert.

**CH. COS D'ESTOURNEL** Unverändert einer der besten 63er.

**CH. DUCRU-BEAUCAILLOU** Relativ reich, aber rauh.

**CH. PONTET-CANET** Blaß, hübsch, pikant, recht schmackhaft.

# 1964 ★★ *bis* ★★★★

*In der Jugend verdientermaßen sehr beliebt, mittlerweile – wie der 62er – jedoch vergessen. Es wurden jedoch nicht nur viele attraktive Weine hergestellt, einige sind auch jetzt noch sehr schön zu trinken. Außerdem sind sie auf Auktionen zu einem einmalig günstigen Qualität-Preis-Verhältnis zu haben (im übrigen wahrscheinlich der einzige Ort, wo man sie überhaupt noch erhält). Die ewigen «Besserwisser» betonen die heftigen Regenfälle, die in Teilen des Médocs niedergegangen sind und unterscheiden bei der Ernte des Jahrgangs die Perioden vor und nach dem Regen – als ob das Schicksal eines ganzen Jahrgangs davon abhinge.*

*Die Wachstumsperiode war günstig und problemlos bis auf die schweren Regenfälle während der Erntezeit in Teilen des Médocs. Milder, nasser Winter, angenehm warmer Frühling, hervorragende Blütebedingungen. Der heiße, trockene Sommer versprach makellos reife Trauben für Mitte September. Es heißt, daß anhaltende, sintflutartige Regenfälle die Ernte aufteilten. Bis zu einem gewissen Grad ist das richtig. Fast überall wurde mit der Lese Ende September begonnen, und der Regen setzte am 8. Oktober ein. Die frühreife Merlot-Traube war bereits gepflückt, was sich besonders für Pomerol und St-Emilion günstig auswirkte. Auch ein Großteil des Cabernet Sauvignon war zu diesem Zeitpunkt bereits eingebracht. Dort, wo man allerdings die Cabernet-Lese noch verzögert hatte, um die Traubenreife noch etwas voranzubringen, richtete das Wetter großen Schaden an. Die Lesedaten für Médoc sind, wo bekannt, angegeben. In Graves war man von den Regengüssen kaum, in Pomerol und St-Emilion praktisch überhaupt nicht betroffen.*

**CH. LAFITE** Lese vom 26. September bis zum 16. Oktober. Mitten drin setzte der Regen ein; die Folgen waren spürbar. In den acht Notizen seit 1980 beschreibe ich den Wein als wohlschmeckend, aber kurz und hager. Auf der großen Lafite-Degustation von Flatt 1988 in New Orleans verkostete ich allerdings eine Normalflasche und eine *Jéroboam*, die nicht schlecht waren. Die Flasche war von reicher, tiefer Farbe, mit frischem Erdbeerduft, wohlschmeckend, sogar zum Kauen, doch mit einem leicht bitteren Abgang. Der zum Mittagessen servierte Wein aus der *Jéroboam* war überraschend tief im Aussehen und relativ körperreich und tanninbetont. Hatte man für die großvolumigen Flaschen ein besonderes Faß beiseite gestellt, oder war der Wein beim Neuverkorken auf dem Château aufgefrischt worden? Meine letzte Bewertung fällt sogar noch vorteilhafter aus: mitteltiefe Farbe, trotz mahagonifarbenem Rand immer noch jugendlich; «süßes», reifes Bukett, das sich harmonisch setzte; leicht «süßer» Anklang am

Gaumen, relativ leichtgewichtig, schöner Geschmack, trockener Abgang – als hätte er noch einmal tief Luft geholt.
*Zuletzt im Juli 1990 verkostet ** Keine große Zukunft, aber auch keine Anzeichen von Umschlagen.*

**CH. MARGAUX** Lese zwischen 19. September und 15. Oktober. Im Faß und in der Jugend attraktiv. Deutlich besser als der 64er Ch. Lafite Drei Notizen aus den 80er Jahren. Als letzte davon 1987 eine Magnum bei Desai: mitteltief; wohlriechend, dabei pfeffrig, leichtgewobene, voll entwickelte Nase; am mittleren Gaumen etwas hart und anmaßend. Der Anklang von Endsäure gibt dem Wein ein trockenen, nicht gerade erstklassigen Abgang. Danach noch eine tieffarbige *Jéroboam* mit wohlriechender, wenn auch stieliger Nase, guter Frucht, unnachgiebig und tanninbetont, benötigt noch Zeit.
*Zuletzt im September 1990 verkostet ***

**CH. LATOUR** Lesebeginn am 25. September, einen Tag vor dem Regen, beendet. Folglich ein weitaus besserer Wein, der gepflegteste aller 64er aus dem Médoc. Viele Bewertungen, 15 allein seit 1980. Praktisch immer noch undurchsichtig; vorzüglicher Duft, würzig, veilchenartig, lebhaft, dabei reif; «süß», ziemlich körperreich, vielschichtig, samtig, mit gutem Fruchtgehalt und schön ausgewogen.
*Zuletzt im September 1993 ***** Hält sich noch.*

**CH. MOUTON-ROTHSCHILD** Späte Lese vom 1. bis 16. Oktober, zwar nicht ohne Reiz, doch nur ein Schatten seiner normalen Form. In den fünf Bewertungen der 80er Jahre kommt überall die fehlende Länge heraus. Die Farbe ist zwar ziemlich blaß, doch recht lebhaft und ansprechend; weiche, zarte Erdbeer- und Ingwernase, ganz anders als die gewöhnlich starke Cabernet-Sauvignon-Betonung. Leicht, wohlschmeckend, aber nicht überzeugend.
*Zuletzt bei der Latour- und Mouton-Degustation von Frericks/Wodarz verkostet, März 1989. Im besten Fall ***

**CH. HAUT-BRION** In Graves deutlich weniger Probleme. Mehrere Bewertungen Anfang bis Mitte der 80er Jahre. Ziemlich tief, lebhaft; verführerisch, rauchig, Bukett mit Pechkiefer- und Vanille-Tönen; perfekter Geschmack, wenn auch mit der charakteristischen Tabaknote, wohlausgewogen. Geschmeidig, durchaus noch mit Tannin, aber schön ausgebaut. Jetzt komplett, wird sich aber auch noch gut halten.
*Zuletzt im Februar 1993 verkostet ****

**CH. AUSONE** Fünf Notizen aus jüngerer Zeit. Wie immer sehr eigen, aber ein guter Wein. 1987 bei der Ausone-Degustation von Flatt: ansprechend reife Farbe; reiches, geröstetes, ausladendes, voll eröffnetes Bukett; Geschmack nach getrockneten Blättern und Tabak (in einer früheren Bewertung: Holzkohle). Ganz und gar trocken. Beim letzten Mal karamelartige «süße» Nase, überraschend schön und mit Charme.
*Zuletzt auf einem Premier-Grand-Cru-Abendessen mit Weinen aus St-Emilion auf Ch. Cheval Blanc im Juni 1989 ***

**CH. CHEVAL BLANC** Ein vorzüglicher Wein und sicherlich einer der besten 64er. Viele Bewertungen: im Faß bereits attraktiv, ziemlich rasch reifend. Seit Ende der 60er Jahre und sicher noch ein gutes Stück in die Zukunft von gleichbleibend köstlicher Qualität. Ein Wein mit «Kirchenfenstern» am Glas, einem herrlich reichen Bukett, ziemlich «süß», recht körperreich, reife Frucht, weich, vielschichtig, erfrischend.
*Zuletzt im Juni 1989 verkostet. Möglicherweise sind ***** etwas zu großzügig.*

**CH. PÉTRUS** 1964 erwarb Moueix die halbe Beteiligung. Meine ursprünglich überschwenglichen Bewertungen aus den Jahren zwischen 1976 und 1978 müssen sicherlich etwas modifiziert werden. 1986, auf der Vertikaldegustation bei Frericks, lauter Magnumflaschen: neulich tiefes Kirschenrot; eigenartig verführerisches, teeartiges Bukett, das beim ersten Eindruck alles anderes als harmonisch wirkt, auch wenn es sich gesetzt hat; relativ voll, rund, robust, sehr fruchtig und wohlschmeckend, recht wuchtig, aber niemals in der Spitzenriege der Nachkriegsjahrgänge. 1987 eine gefällige, weiche, füllige Flasche. Danach auf der «Stockholm»-Degustation: tief, reich, lebhaft, dem 61er nicht unähnlich, doch etwas zu rot, kündigt die zu erwartende Säure an; ebenfalls Tee-artig, leicht pfeffrig, wohlriechend, aber mit deutlicher flüchtiger Säure, die meiner Ansicht nach den Abgang verdirbt. Als letztes dann jedoch eine tiefe, «süße», reiche und abgerundete Flasche mit gutem Abgang.
*Zuletzt im November 1990 verkostet. Im besten Fall ****

**CH. BATAILLEY** Lese zwischen 22. September und 12. Oktober. Leicht «süß», schlank und würzig.
*Im Juni 1987 verkostet ***

**CH. BEYCHEVELLE** 1982 eine reiche, aber leicht säurebetonte *Impériale*. Mitte der 80er Jahre zwei Bewertungen, eher robust als elegant. In jüngster Zeit: gute Farbe; zurückhaltender, aber gefälliger Duft; bemerkenswert «süß», weich, geschmeidig, nachhaltig, trockener Abgang.
*Zuletzt im Mai 1993 verkostet. Im besten Fall ****

**CH. CANON** Vorzüglicher Wein. 1981 zwei Bewertungen; in jüngerer Zeit ein Normalformat

und eine Magnum. Reiche, rubinrote, reife Farbe; sehr harmonisches Bukett, weich, dabei lebhaft. Vollkommen ausgebaut und sehr schön tief; «süß», relativ voll, reich, füllig, nach wie vor tanninbetont.
*Zuletzt im April 1989* **** *Hält sich noch.*

CARRUADES DE CH. LAFITE Tiefer als der *Grand vin.* 1984 gut bewertet, als duftend und charmant, bei der Lafite-Degustation von Flatt etwas kritischer: zu starke Nase, grob und etwas schokoladig.
*Zuletzt im Oktober 1988* *

DOM. DE CHEVALIER Sehr schöner Wein. Sechsmal degustiert. Die beste Bewertung 1986 bei einem Mittagessen auf dem Weingut: sehr tiefes, aber voll ausgebautes Erscheinungsbild. Um 12.30 Uhr dekantiert, um 15.00 zum ersten Mal eingeschenkt: harmonisches Bukett mit Anklängen von süßen Pilzen, das nach zwanzig Minuten wirkte, als wäre es von der Müdigkeit und der späten Stunde überwältigt worden. Doch nach weiteren zwanzig Minuten hatte es sein Gleichgewicht wiedergewonnen, war zart, würzig, bisquitartig. Am Gaumen perfekt gebaut, «süß», weich, mit Schmelz. Gut gebaut. Ein kompletter Wein. Ein Jahr später, auf einer großen Dinnerparty am selben Ort, etwas unterschiedliche Flaschen, die eine ein bißchen kantig, eine andere reich und erdig, eine dritte perfekt: glatt, hervorragend in Balance und Gewicht.
*Zuletzt im Juni 1987 verkostet. Im besten Fall* ****

CH. CROIZET-BAGES Lese zwischen 28. September und 13. Oktober. Reich, reif, vorzüglich.
*Bei der letzten Degustation auf dem Gipfel, März 1986* ***

CH. FIGEAC Wie eine Concorde: unruhiger Start, steiler Aufstieg, dann Überschallgeschwindigkeit, erreichte die Reiseflughöhe Mitte der 70er Jahre. Meine drei letzten Bewertungen von einer *Impériale,* einer Doppelmagnum sowie einer Magnum. Die erste 1980 auf Gravetye Manor: Vier Stunden vor dem Servieren in acht Dekantiergefäße gefüllt: starkfarben, stämmig, eine Spur Eisen, solide und komplett. 1981 die gleichermaßen starkfarbene Doppelmagnum, ebenfalls mit Eisenton (aus dem Boden), ein sanfter Riese. Als letztes dann die Magnum auf der Vertikaldegustation mit Figeac-Weinen von Desai: für das Alter nach wie vor intensives und jugendliches Aussehen; Bukett voller Frucht, erst etwas zurückhaltend, dann Entfaltung; leicht «süß», körperreich, sehr reicher, feigenähnlicher Geschmack, abgerundet, vorzüglich.
*Zuletzt im Dezember 1989 verkostet* **** *Noch sehr gute Lebenserwartungen.*

CH. GAZIN Mehrere Notizen, alle gut, doch nur eine davon nach 1976. Weist jetzt eine deutliche Reife auf; das Bukett erinnerte mich an reiches, altes, poliertes Mahagoni; zum Kauen, wohlschmeckend, Anklang von flüchtiger Säure.
*Zuletzt im Dezember 1985 verkostet* *** *Muß allerdings getrunken werden.*

CH. GRUAUD-LAROSE Lese zwischen 24. September und 17. Oktober. Von den zwanzig degustierten Flaschen war die Hälfte englische Abfüllungen gewesen. Selbst wenn man von Schwankungen absieht, nicht ganz und gar befriedigend. Schien zwischen 1976 und 1983 auf dem Höhepunkt zu sein und wollte getrunken werden. 1983 eine vorzügliche, reiche, fruchtige Erzeugerabfüllung und eine Flasche aus unbekannter englischer Abfüllung in tadellosem Zustand. 1988 dann eine weitere erstklassige Abfüllung aus England; im darauffolgenden Jahr zwei wohlschmeckende, aber scharfe Flaschen.
*Zuletzt im Februar 1989 verkostet. Ein bißchen Glücksspiel. Im besten Fall* ***

CH. LANGOA-BARTON Mehrere Notizen. Ein ziemlich plumper Wein, spröde, am Umschlagen.
*Zuletzt im Dezember 1985 verkostet* *

CH. LÉOVILLE-LAS-CASES Lese zwischen 24. September und 9. Oktober. In der Jugend ein guter 64er, ab Mitte der 70er Jahre dann unterschiedliche Qualität. Sechs Notizen aus den 80er Jahren. Im besten Fall mit einem klassischen Zedernholzbukett; weich, füllig. In jüngerer Zeit zwei ganz schöne englische Abfüllungen; die letzte, von Berry Bros, tiefes, dabei ausgebautes Erscheinungsbild, ziemlich zurückhaltende Nase, körperreich, gute Frucht, etwas ledrig.
*Zuletzt im April 1989 verkostet. Im besten Fall* ***

CH. LÉOVILLE-POYFERRÉ Vor 1980 ein Dutzend unterschiedliche Bewertungen, danach nur mehr eine: gute Farbe, korrekte Nase, mittlere «Süße», mittelschwer. Weich, trinkbereit und abwartend.
*Zuletzt im Februar 1986 verkostet* **

CH. MALESCOT-ST-EXUPÉRY Ein eigenartig überschwenglicher Wein. Nur zweimal nach 1976 degustiert. Immer noch recht tief; harte, würzige, medizinale Nase, nach einer Weile mit Nuancen von Brombeeren und schwarzen Johannisbeeren; ungewöhnlicher Geschmack, etwas hohl und kurz, schlank, fast dürr, doch mit einem «süßen», fruchtigen beerenartigen Abgang. Sehr trinkbar.
*Zuletzt aus einer* Marie-Jeanne *verkostet, September 1990* **

CH. LA MISSION-HAUT-BRION In den 80er Jahren siebenmal degustiert, in letzter Zeit immer aus den Woltner-Kellern. Ein tiefer, schokoladiger

Wein zum Kauen, voller Frucht, ein tanninbetonter Spätentwickler, allerdings mit einem Hauch flüchtiger Säure, die dem lebhaften, geschmacksintensiven Abgang eine etwas säurereiche Kantigkeit verleiht. Wenn überhaupt, wird sich dies in Zukunft aber lediglich zur Geschmackverstärkung auswirken.
*Zuletzt auf der Degustation von Wolf im Juni 1990 verkostet* **** *Recht reifer, wilder Charakter.*

CH. MONTROSE Lese zwischen 21. September und 2. Oktober. Bis Mitte, Ende der 80er Jahre viele Male aus dem Faß degustiert. Die Auswirkungen der frühen Lese sind spürbar. Mächiger Wein: ein kräftiger Montrose, wie er nicht besser sein könnte. 1985 zwei hervorragende Abfüllungen von Berry Bros. Bei der letzten Degustation eine Schlossabfüllung: unbeschreiblich tiefes und jugendliches Aussehen; treffliches, klassisches, harmonisches Bukett, aber mit einem ledrigen, tanninbetonten Charakter; durch und durch trocken, ziemlich körperreich, robust, überaus lebhaft mit sehr viel Tannin.
*Zuletzt im April 1987 verkostet* ***(**) *Eine große Zukunft, wenn einem unnachgiebige, kompromißlose Weine gefallen. Wird um das Jahr 2010 perfekt ausgebaut sein.*

CH. PALMER Lese zwischen 21. September und 8. Oktober. Ein enttäuschender Palmer, obwohl alle Trauben bereits gelesen waren, als das Médoc von den Regengüssen überflutet wurde. Im Faß degustiert, wo von allem ein bißchen wenig vorhanden war. Dieser Eindruck bestätigte sich in meinen folgenden, ziemlich unterschiedlichen Bewertungen. Im besten Fall ein recht robuster Tropfen, dem man das Alter bereits anmerkt.
*Zuletzt 1981 verkostet* **

CH. PAPE-CLÉMENTT Vor 1980 unterschiedliche Flaschen. Als letztes eine Schloßabfüllung: relativ tief; etwas malzige Nase; sehr «süß», deutlicher Graves-Geschmack nach Tabak und altem Farn. Etwas grob. Nicht zu vergleichen mit dem 62er.
*Zuletzt im Oktober 1989 verkostet* *

CH. PAVIE Viele Bewertungen, darunter zwei rauhe Grants-Abfüllungen mit flüchtiger Säure. Im ganzen aber schnellentwickelt und gefällig, trinkbereit, «süß», weich, zart gerundet und köstlich.
*Zuletzt 1981 verkostet. Damals* ***, *bei guter Lagerung zweifellos noch attraktiv.*

CH. PICHON-LALANDE Lese zwischen 23. September und 12. Oktober. Guter Wein, allerdings nur einmal nach 1978 degustiert. Inzwischen mittelschwer, Farbe, Nase und Geschmack ganz ausgebaut. Volles, «süßes», üppiges Bukett; ebensolcher Geschmack.

*Zuletzt im Mai 1986 verkostet* *** *Wird noch längere Zeit gefallen.*

CH. ROUGET Mehrere Notizen über einen Zeitraum von zehn Jahren verteilt. Mitte der 80er Jahre immer noch von tiefer, vielschichtiger Farbe; ausladendes, harmonisches Bukett; etwas «süß», mittelschwerer Körper, weich, reichhaltig, abgerundet und voll ausgebaut.
*Zuletzt im Juli 1984 verkostet* *** *Jetzt wahrscheinlich ein recht gefälliger Wein.*

CH. DE SALES 1965 ein hölzernes Exemplar. 1979 eine gute Abfüllung von Harvey's. In jüngerer Zeit: ziemlich tief und jugendlich für sein Alter; sehr gute, leichtgewobene Frucht; vorzüglicher Geschmack und Nachgeschmack, aber kurz und tanninbetont.
*Zuletzt bei Vinton's verkostet, aus Beständen des Skinner-Kellers, Januar 1983* ***

CH. TALBOT Lese zwischen 24. September und 17. Oktober. Mehrere Notizen von verschiedenen Abfüllungen vor 1980, danach noch drei weitere. Für gewöhnlich weniger reichhaltig und maskuliner als ein Gruaud, immer noch mitteltiefe, lebhafte Farbe mit bemerkenswertem Rotton; lebhaft, festverwoben, kirschenähnliche Frucht, wohlriechend, duftig. Trocken, fruchtig. Schöner Wein.
*Zuletzt im April 1989 verkostet* ***

CH. LA TOUR-HAUT-BRION Immer noch ziemlich tief, pfeffrig, relativ «süß», robust wohlschmeckend, allerdings mit einem Hauch flüchtiger Säure.
*Zuletzt im Juni 1990 verkostet* **

CH. TROTANOY 1972 und 1977 interessant, aber eigenartig. Nach wie vor tiefes, rotgetöntes, jedoch überreifes Erscheinungsbild; fruchtig, doch mit pfeffrigem Alkohol und einer Spur flüchtiger Säure in der Nase und am Gaumen. Voll, robust, rauhes Tannin, Eisenton und ein leicht blecherner Abgang. Von einem 64er Trotanoy hatte ich mehr erwartet.
*Zuletzt im September 1987 verkostet* *

WEITERE, IN DEN 80ER JAHREN VERKOSTETE 64ER:

CH. BEAU SÉJOUR BÉCOT Robust, aber verblaßt. Trocken, doch von aufgezuckertem Charakter und einer Säure fast wie ein 69er.

CH. BEAUSÉJOUR-FAGUET Gepflegt, reich, ausgebaut, gute Länge.

CH. BOYD-CANTENAC Ausgebaut, vierschrötig und unelegant, aber gut.

CH. CANTEMERLEE Reichhaltig, pflaumig, gewisse «Süße», robust, ohne den ansonsten für Cantemerle typischen eleganten Charme.

CH. CAPBERN-GASQUETON Weich, fruchtig.

CH. CARBONNIEUX Merkwürdige Mischung aus Reichhaltigkeit und dem leichten, trockenen Carbonnieux-Stil.

CH. CISSAC Sehr attraktiv.

CH. COUFRAN Weich, ausladend, köstlich, wohlausgewogen.

CH. LA FLEUR-PÉTRUS Seit 1980 nicht mehr degustiert: gute, reife Farbe; Sahnekäse-Nase; «süß», wohlschmeckend, recht füllig, doch kurzer, säurebetonter Abgang.

CH. GRAND-PUY-LACOSTE Gewöhnlich tief, ziemlich hart, kompromißloser Stil, doch gut und haltbar.

CH. D'ISSAN Mehrere Notizen. War wohl Mitte der 80er Jahre am besten. Leichter Mangel an Charakter, die Säure wird jetzt spürbar.

CH. LAFON-ROCHET Überraschend gut. Mehrere Bewertungen. Ein guter, reifer Jahrgang, reich und durchaus mit Charme.

CH. LANESSAN Leicht, stilvoll, schlank, lebhaft.

CH. LASCOMBES Anfang der 80er Jahre voll ausgebaut. Ein recht guter, robuster 64er.

CH. LÉOVILLE-BARTON Ungleichmäßige Qualität; nur eine befriedigende Abfüllung von Henekey im Jahre 1982: erstaunlich tiefe Farbe, schöne Nase, reich, reif, etwas kantig.

CH. DU TERTRE 1985 ziemlich tief, wohlriechend und köstlich.

CH. LA TOUR-CARNET Entgegenkommendes, rauchiges, würziges, überreifes, aber interessantes Bukett; «süß», etwas scharf, doch ansprechend.

CH. LA TOUR-DE-MONS Komplett ausgebaut, reif, reich, anziehend.

VIEUX CH. CERTAN Überraschend tief, gut, recht verbindlich, ausladende, gehaltvolle Pomerol-Nase; weich, robust, komplett und wohlausgewogen.

# 1965

*Konkurriert mit dem 63er um den Rang des schlechtesten Jahrgangs des Jahrzehnts. Vom Handel mit Recht übergangen; es gab noch ein Übermaß an 64er Weinen, und der 66er kündigte sich bereits an. Das Wetter gab selbst dem begabtesten Kellermeister kaum eine Chance. Ungleichmäßige und in die Länge gezogene Blüte, den ganzen Sommer lang starke Regenfälle; der September naß und feucht, wodurch die Trauben faulten, später allerdings Wetterbesserung. Geringer Ertrag an unterschiedlich reifem Traubengut. Die meisten Weine dünn und säurebetont, einige wohlschmeckend, aber schmächtig.*

CH. LAFITE Kaum ein *Grand vin;* Mitte der 70er Jahre als passabler Wein zum Essen eingestuft. Sechs jüngere Notizen, alle aus demselben englischen Rothschild-Keller, wie die Flaschen des 63ers. Blasses Hagebutten-Tawny; delikat, medizinal, aber ordentlich wohlriechend; leicht, ein bißchen fruchtig, etwas säurebetont. Etwas besser als der 63er.
*Zuletzt auf einer Vorverkaufsdegustation im Juli 1988 verkostet ★ (knapp).*

CH. MOUTON-ROTHSCHILD Auf der Degustation von Flatt blaß, aber hübsch; schwache Nase; trocken, leicht, nichts Besonderes, aber hält sich gut. In jüngerer Zeit eine ähnliche Flasche. Etwas unangenehm riechende Nase, trotz der milden Würze – muß sich sehr anstrengen, um als Mouton gelten zu können. Lebhaft, etwas sauer und natürlich kurz.
*Zuletzt auf der Latour- und Mouton-Degustation von Frericks/Wodarz, März 1989. Wenn man großzügig ist ★*

CH. HAUT-BRION Überraschend gute Farbe, tiefer als der 64er; vollentwickelte, wenn auch schmächtige, käsige Nase; trocken, leicht, nicht unangenehm, passable Säure.
*Zwei Flaschen, die letzte im Mai 1985 verkostet ★*

CH. LA MISSION-HAUT-BRION Überraschende Farbtiefe, sowohl 1985 auf der Desai-Degustation als auch in jüngerer Zeit bei Wolf. Eigenartig pikante, wohlriechende, aber flüchtige Nase mit fischigen Austernschalentönen; beide Weine als «süß» bewertet, mit reichem, aufgezuckertem Geschmack, etwas metallisch, am Abflauen. In jüngster Zeit auf dem Weinwochenende von Rodenstock: überraschend wohlriechende und fruchtige Nase; ansprechender Geschmack.
*Zuletzt im September 1990 verkostet ★★*

Ch. Latour *, Ch. Beychevelle **, Ch. Montrose *

## 1966 ****

*Ein bedeutender und doch irgendwie etwas unterbewerteter Jahrgang. Der Grund dafür mag im wesentlichen in seiner großen Schlankheit und der Zeit liegen, die er zum Abrunden benötigt – in vielen Fällen sind das volle zwanzig Jahre. Mir hat dieser Jahrgang immer sehr gut gefallen, erscheint er mir doch als Prototyp für den Stil eines klassischen roten Bordeaux.*

*Milder Winter, zeitiges Frühjahr, schönes Wetter in der entscheidenden Blüteperiode. Der Sommer überdurchschnittlich kühl und trocken, der Juli allerdings recht naß. Der sonnenarme August wurde wettgemacht durch sehr heißes Wetter in der kritischen Reifephase im September. Gegen Ende etwas veränderlich, doch die makellosen Trauben konnten unter perfekten Witterungsverhältnissen ab dem 6. Oktober gelesen werden.*

*Am rechten Gironde-Ufer war die Qualität der Weine einheitlicher; die besten sind superb und jetzt sehr schön zu trinken. Im Médoc gab es ein paar schwache Glieder in der Qualitätskette, vor allem in dem von mir als Hinterland bezeichneten Gebiet, beispielsweise Listrac oder Moulis. Die besten sind jedoch auch hier ganz herrlich und stehen noch nicht am Ende ihrer Entwicklung.*

**Ch. Lafite** Viele Bewertungen. Ich beschränke mich auf zwei davon. Zunächst eine Flasche, die um 18.45 dekantiert und um 20.30 eingeschenkt worden war. In dieser Zeit hatte sich das Bukett entfalten können. Es war bereits sehr entgegenkommend, wohlriechend, komplex, mit Spuren von Eisen und Salbei, schließlich wurde es weich, «warm» und bisquitartig. Im Mund leicht «süß», gefälliges Gewicht, weder zu schwer noch zu leicht, köstlicher, zedernholzartiger, fester Geschmack mit trockenem Abgang. Bei einem derartigen Tannin- und Säuregehalt fühlt sich der Mund hinterher sauber und trocken an, und man freut sich auf den nächsten Schluck. Auf der Degustation von Flatt zum zweihundertjährigen Bestehen von Ch. Lafite, im Herbst 1988 in New Orleans: mitteltiefes Erscheinungsbild, die feine Farbabstufung verläuft in einen wunderbar reifen Rand; um 10.26 Uhr – die unmittelbar vorher gefüllten Gläser des bereits früher dekantierten Weins werden vor die Koster gestellt – war das Bukett schon entgegenkommend, reich und stilvoll. Um 10.32 Uhr hatte sich bereits die feine, klassische Zedernholznase entfaltet; der tiefe Geruchseindruck versprach noch weitere Entwicklung. In dieser Phase nahm

ich den ersten Schluck. Um 10.46 war das Bukett erblüht, eine Stunde später gab es sich einfach exquisit. Der Geschmack am Gaumen war gut und lebhaft, mit einer Spur Eisen, schlank und erfrischend, ganz hervorragender Nachgeschmack – wird sich noch weiterentwickeln.
*Zuletzt im Februar 1992 verkostet ****(*) Weiterer Ausbau durch die Flaschenalterung.*

**Ch. Margaux** Neun jüngere Notizen. Der Margaux, der oft das gleiche Gewicht, aber unterschiedliche Eigenschaften wie der Ch. Lafite aufweist, gewinnt ebenfalls durch achtsames Dekantieren und Zeit im Glas. Ebenso elegant wie Ch. Lafite, manchmal, wie auch bei diesem 66er, etwas fülliger und samtiger. 1987, bei der ausgiebigen vertikalen Margaux-Degustation von Desai in Los Angeles, als Magnum: ziemlich tiefe Farbe; austernschalenartiger Wohlgeruch, entfaltet sich «süß». Reif und elegant. Nicht zu «süß» am Gaumen, ziemlich körperreich, gut strukturiert, schöne Fülle, große Länge. Im Januar 1990 auf einem Abendessen der Miami Wine & Food Society: lebhaftes Kirschrot, im Zentrum nahezu undurchsichtige lebhafte, beerenähnliche Frucht entwickelte über eine Stunde einen großen Wohlgeruch im Glas, hochgetönt, Minznote; immer noch ziemlich schlank und tanninbetont, dabei überaus köstlich. Ganz kürzlich eine schwache neuverkorkte Flasche vom Château.
*Zuletzt im März 1993 verkostet. Im besten Fall ****(*) Verträgt gut noch weitere zwanzig Jahre Flaschenalterung und benötigt viel Dekantierzeit.*

**Ch. Latour** Wahrscheinlich der am wenigsten trinkbereite und langsamste Entwickler von allen 66er Weinen. 22 Notizen seit 1980; von beharrlicher Unergiebigkeit. Die ursprünglich undurchsichtige Farbe ist mittlerweile zwar etwas abgetönt, pflaumig und langsam zeigt sich erste Reife; Nase zunächst hart, öffnet sich aber dann vielschichtig und schön, mit fester Frucht, würzig, zedernholzartig; die Spur ausgereifter «Süße» im Geschmack wird sehr schnell von der trockenen, ledrigen Gerbsäure überdeckt. Mächtig; fleischig; sehnig; voller Frucht. Große Länge; nicht fertig.
*Zuletzt im Oktober 1993 verkostet **(***) Braucht noch mindestens zehn Jahre und hält dann sicher noch ein halbes Jahrhundert.*

**Ch. Mouton-Rothschild** Mehrere Notizen aus jüngerer Zeit, drei davon von größeren Degustationen: 1986 auf der Vertikaldegustation von Flatt und im gleichen Jahr bei einer monumentalen Horizontaldegustation von 66er Weinen, die die Commanderie de Bordeaux in San Diego organisiert hatte, außerdem auf der vergleichenden Degustation von Frericks/Wodarz mit Mouton- und Latour-Weinen. Gesamteindruck: ziemlich tief, mäßig intensiv; schöne, lebhafte Cabernet-Sauvignon-Nase, weitere Duftentwicklung, wür-

zig, nachhaltig; ziemlich trocken, mittelschwerer Körper, lebhaft, dabei füllig, gute Frucht, lang und schlank.
*Zuletzt im September 1993 verkostet ★★★★(★) Wird sich noch gut bis ins 21. Jahrhundert hinein weiterentwickeln.*

**CH. HAUT-BRION** Zum ersten Mal 1967 bei einer Faßprobe degustiert, danach zwanzig weitere Bewertungen. Ein hervorragender 66er. Zeigte sich auf der Gruppendegustation von Wolf mit Weinen von La Mission und La Tour-Haut-Brion von seiner schönsten Seite. Immer noch sehr tief, ausgesprochen beeindruckend, fast undurchsichtig, doch mit reifem Rand; «süßes», fast schokoladiges Bukett, vielschichtig, alkoholreich, entfaltete sich herrlich im Glas; ziemlich «süß» und körperreich (doch nicht so «süß» und voll wie der La Mission), vortrefflich in Gleichgewicht und Frucht. Kraft, verbunden mit Eleganz.
*Zuletzt im Februar 1993 verkostet ★★★★★ Jetzt hervorragend. Noch viele Jahre Lebenserwartung.*

**CH. AUSONE** In seiner ganz eigenen Art ein sehr guter Ausone. Mitte der 70er Jahre hübsch, gutentwickelt und wohlschmeckend, mittlerweile scheint er ausgetrocknet zu sein. Drei neuere Bewertungen, am besten zeigte er sich bei Flatts Ausone-Degustation: mitteltief, vielschichtig getönt, ausgebaut; delikate, medizinale Nase, die sich reichhaltig und wohlriechend entfaltet; trocken, mittelschwer, mit dem eigenartig schlanken Geschmack von getrockneten Blättern, der fast an einen Graves erinnert. Dabei wohlschmeckend, mit guter Weinigkeit und Länge.
*Zuletzt im Oktober 1987 verkostet ★★★★*

**CH. CHEVAL BLANC** Der Inbegriff von Eleganz. Ich ziehe diesen Wein dem berühmten 47er bei weitem vor. Acht Bewertungen aus der letzten Zeit, in einer Magnum auf dem Château und zu anderen Gelegenheiten: herrlich tief und strahlend; mehrmals das «wunderbare» Bukett festgehalten, entgegenkommend, parfümiert – Milchschokolade und Geruch nach Sägemühle – getoastet, mit Zimtnote ... kurz gesagt, wohlriechend. Am Gaumen deutlich «süßer» Anklang, mittelschwerer Körper, perfekt in Gewicht, Ausgewogenheit, Gestalt und Länge. Seidig und elegant, dabei mit gutem Tannin- und Säuregehalt.
*Zuletzt im Mai 1992 verkostet ★★★★★ Hält sich bei guter Lagerung noch 25 Jahre.*

**CH. PÉTRUS** 1967 eine kernige Faßprobe, dann ein Sprung bis 1984, «Eisenfaust im Samthandschuh», danach drei faszinierende Degustationen: 1986 Frericks Vertikaldegustation von Magnumflaschen, dann die umfassende 66er Horizontaldegustation in San Diego und als letztes bei Johann Bürklund in London. Zusammengefaßt: sehr tiefes, dickes, aber reifes Erscheinungsbild; reich,

verströmende Frucht, fast kaffeeartig und malzig, doch jederzeit mit der Entfaltung eines sagenhaften Wohlgeruchs; «süß», körperreich, robust, dabei weich, mit hohem Extraktgehalt, beladen mit Frucht, gute Länge, reif, doch immer noch tanninbetont.
*Zuletzt im April 1990 verkostet ★★★★(★) Jetzt vorzüglich, hält sich noch lange ...*

## VON DEN VIELEN WEITEREN 66ER WEINEN, ZULETZT IN DEN 80ER JAHREN VERKOSTET:

**CH. L'ANGÉLUS** Mitte der 70er Jahre auf dem Höhepunkt der Entwicklung. Nichtsdestoweniger immer noch entgegenkommend, mit himbeerartigem Wohlgeruch und -geschmack. Leicht «süß», schönes Gewicht, voll ausgebaut.
*Zuletzt im November 1986 verkostet ★★ Muß getrunken werden.*

**CH. BATAILLEY** Immer zuverlässig, wobei der 66er vielleicht eleganter und feiner ist als gewöhnlich. Schönes Gewicht, verliert Tannin, guter Geschmack.
*Zuletzt im Juni 1989 verkostet ★★★ Fertig.*

**CH. BEYCHEVELLE** Im Faß beeindruckend, seitdem in regelmäßigen Abständen 13 Bewertungen, alle positiv. Von Anfang an bis jetzt ein sehr tiefes, intensives und reiches Erscheinungsbild. Schien bereits nach acht, neun Jahren seinen weichen, samtigen Höhepunkt erreicht zu haben, doch ist er inzwischen noch «süßer» und – für einen 66er – fülliger geworden. Attraktiv.
*Zuletzt im Mai 1993 verkostet ★★★★*

**CH. BOYD-CANTENAC** «Süß», schönes Gewicht, gefällig, leicht zugänglich, etwas kurz.
*November 1986 ★★★*

**CH. BRANAIRE-DUCRU** Mitteltief, ausgebaut; überaus ansprechendes, zedernholzartiges, parfümiertes, würziges Bukett; relativ «süß», sehr fruchtig, mit erfrischender Säure.
*Zuletzt im November 1986 verkostet. Möglicherweise sind ★★★★ zu großzügig. Jetzt vorzüglich.*

**CH. BRANE-CANTENAC** Verwirrend. Bis 1980 mehrere zugängliche und ansprechende Flaschen. Mitte der 80er Jahre fünf überreife bis oxydierte Flaschen. In jüngster Zeit zwei magere, überentwickelte Exemplare.
*Zuletzt im November 1986.*

**CH. CALON-SÉGUR** Viele Notizen. Zunächst ziemlich grob und tanninbetont, daher ein sich langsam entwickelnder Wein. 1975 hatte er ein passables Zwischenstadium erreicht und sich von da an immer weiter entwickelt. Elegant, vollendet und überraschend «süß», wobei nach wie vor ein trockener, tanninbetonter Abgang vorherrscht.

*Zuletzt im Juni 1987 verkostet ★★★(★) Verbessert sich noch weiter.*

**CH. CANON** Ich bin ein großer Bewunderer von Canon. Seine übliche Fülle und Frucht bieten einen perfekten Hintergrund für diesen eher schlanken Jahrgang. 1975 «süß» und gefällig, mehr noch ein Jahrzehnt später. Sehr entgegenkommend, wohlriechend, voll ausgebaut in Nase und Geschmack mit Brombeerfrucht. Robust, dennoch elegant. Große Länge.
*Zuletzt im November 1986 verkostet ★★★★★ Superb. Hält sich noch.*

**CH. CANON-LA-GAFFELIÈRE** Ein schnell reifender, zugänglicher Wein, 1970 und in jüngerer Zeit in bestem Zustand, allerdings mit leichten Schwankungen bei den einzelnen Flaschen.
*Zuletzt im November 1986 verkostet ★★ Austrinken.*

**CH. CANTEMERLE** Obwohl sich eine IECWS-Abfüllung 1975 als gut erwies, schließt fast jede spätere Bewertung mit «nicht fertig», «braucht noch Zeit» und «fast fertig» ab; dabei unveränderlich wohlriechende Nase. Ein schöner, lebhafter, trockener, wohlschmeckender Wein.
*Zuletzt im November 1986 verkostet ★★★(★) Ein roter Bordeaux für Liebhaber. Es lohnt sich zu warten.*

**CH. CANTENAC-BROWN** Eine ganze Reihe von Notizen seit 1971. Mit Ausnahme einer oxidierten Flasche in jüngerer Zeit, alle überaus wohlschmeckend.
*Zuletzt im November 1986 verkostet ★★★ Austrinken.*

**CARRUADES DE CH. LAFITE** Mehr wegen seines schlanken Reizes als wegen der Langlebigkeit erwähnt; 1978 sehr gefällig, Mitte der 80er Jahre voll ausgebaut, aber auch schon über den Höhepunkt hinaus und am Austrocknen.
*Zuletzt im November 1986 verkostet ★★ Austrinken.*

**DOM. DE CHEVALIER** 1986 eine stämmige Berry-Bros-Abfüllung, mit guter Struktur und Ausgewogenheit, außerdem zu einer Gelegenheit zwei Schloßabfüllungen. Immer noch tief, wohlriechend, klassisch, geschmacksintensiv und tanninbetont.
*Zuletzt im Oktober 1989 verkostet ★★★(★)*

**CH. LA CONSEILLANTE** Schöner Wein, jetzt sehr reif, mit reicher, himbeerartiger Frucht; stilvoll, seidige Tannine, bemerkenswerter Nachgeschmack.
*Zuletzt im Mai 1991 verkostet ★★★★ Jetzt trinken.*

**CH. COS D'ESTOURNEL** Zunächst im Faß und dann über die Jahre verteilt 14mal degustiert. Bis auf eine oxidierte Flasche hielt der Wein sein Versprechen. In der Farbe ist er milder geworden, am Gaumen «süßer». Vorzügliche, klassische, zedernholzartige Nase; schönes Gewicht und gute Struktur, schlank, doch nicht mager, mit einer Spur Lakritze.
*Zuletzt im Januar 1990 verkostet ★★★★ Hält sich noch.*

**CH. CROIZET-BAGES** Seit 1969 verschiedene Abfüllungen degustiert. Ein gutgebauter Wein, mittlerweile komplett ausgebaut und trinkbereit: warme Cabernet-Nase; robust, fruchtig.
*Zuletzt im November 1986 verkostet ★★★ Bald zu trinken.*

**CH. DAUZAC** Mehrere Notizen. Fest, würzig. Bestes Alter mit zehn Jahren, mit zwanzig ein Hauch von Säure erkennbar, doch immer noch sehr wohlschmeckend.
*Zuletzt im November 1986 verkostet ★★★ Austrinken.*

**CH. DUCRU-BEAUCAILLOU** Eine Fülle an Bewertungen. In der Jugend mit viel Biß. Nach 15 Jahren immer noch unnachgiebig. In der Farbe niemals sehr tief; gleichbleibend trocken. Weinig, zedernholzartig, seidig, dabei schlank.
*Zuletzt im Februar 1992 verkostet ★★★(★)*

**CH. DUHART-MILON** Ende der 70er Jahre noch etwas unverbunden, dann plötzlich ein großer Entwicklungsschub. Mittlerweile ziemlich «süß», weich, reif, gefällig.
*Zuletzt im November 1989 verkostet ★★★ Bald trinken.*

**CH. L'EVANGILE** 1975 tief und fruchtig, 1986 immer noch starkfarben und intensiv; sehr schöne Frucht; sehr gehaltvoll, gut strukturiert, spröde.
*Zuletzt in Spencer House verkostet, Mai 1991 ★★★(★)*

**CH. FIGEAC** Bereits im Faß und während der 70er Jahre «süß», weich und ansprechend. Inzwischen voll ausgebaut in Farbe, Bukett und Geschmack. Ein zedernholzartiges Vollblut, bei dem der ungewöhnlich hohe Anteil an Cabernet Sauvignon prägend auffällt. Ziemlich «süß», wohlgeformt, sehr schön.
*Zuletzt bei der Degustation von Desai im Dezember 1989 verkostet ★★★★★*

**LES FORTS DE LATOUR** Anfang der 70er Jahre ein sehr gefälliger Wein. Hat eine vorzügliche, tiefe, fruchtige Nase entwickelt; schlank, aber schmackhaft; eine gewisse Unebenheit verrät die jungen Weinstöcke.
*Zuletzt im November 1986 verkostet ★★★ Bald zu trinken.*

CH. FOURCAS-HOSTEN Nur um zu zeigen, daß nicht alle 66er gelungen sind, ein Médoc aus dem «Hinterland»: ab 1975 sechs ziemlich trostlose Bewertungen. Spröde, stielig, kantig, sauer.
*Zuletzt im Juli 1988 verkostet.*

CLOS FOURTET Keineswegs schlecht, aber auch nicht mitreißend: schöne Farbe, reiche, schokoladige Nase; anständiger Geschmack, schlanker, sehr trockener Abgang.
*Zuletzt im November 1986 verkostet* ★★

CH. LA GAFFELIÈRE Der Name steht für einen charakteristischen Geschmack, der durch ziemlich hohen Säuregehalt verstärkt oder doch zumindest gestützt wird. Im Faß und danach fast ein dutzendmal degustiert; unterschiedlich, von oxydierten «alten Socken» und stielig bis zu zitrusartiger Frucht. Oftmals ansprechend, aber gewöhnlich mit Einschränkungen. Die Nase entfaltet sich interessant und ist mittlerweile weich, reich und vollendet. Zuletzt im November 1986 verkostet.
*Im besten Fall* ★★★, *aber riskant.*

CH. GAZIN Im Faß wohlriechend, aber etwas mager. 1976 gut in Geschmack und Struktur. Zehn Jahre später sehr schönes Bukett, gute Tiefe und Länge. Als letztes eine Doppelmagnum: Farbe und Bukett erinnern an Kirschen, rasche Duftentfaltung. Gute Tiefe und Länge. Tannin und Säure nach wie vor vorhanden.
*Zuletzt im November 1986 verkostet* ★★★(★)

CH. GISCOURS Einer der 66er Weine, die nie ganz aus sich herauskommen werden. Schön; in den fünf letzten Bewertungen wird er allerdings immer als «mager», etwas unnachgiebig und mit medizinaler Médoc-Nase beschrieben. Voller Frucht, doch auch ein bißchen grün.
*Zuletzt im November 1986 verkostet* ★★(★)?

CH. GLORIA Schöne Frucht und Ausgewogenheit. Mangelnde Länge.
*Zuletzt im November 1986 verkostet* ★★★

CH. GRAND-PUY-LACOSTE Viele Notizen. Ein gutes, kompromißlos erzeugtes Hochgewächs aus Pauillac in einem kompromißlos guten Jahrgang. Unter Lufteinwirkung entfaltet sich ein sehr schönes Bukett. Trocken, fest, schlank, sehnig, lang, klassisch.
*Zuletzt im April 1993 verkostet* ★★★★ *Möglicherweise im nächsten Jahrhundert* ★★★★★

CH. GRUAUD-LAROSE Zwanzig Bewertungen, darunter zwei englische Abfüllungen: alle gut. Voll und fruchtig, ein ansprechender Wein, dem es dennoch an Anmut und Finesse fehlt. 1990 zwei Doppelmagnumflaschen, die erste aus dem Keller von Dr. Robert Charpie: immer noch tief; beladen mit Frucht, recht würzig; ein sehr zufriedenstellender Wein. Die zweite auf dem Château. Benötigt aber noch Zeit.
*Zuletzt im Juni 1991 verkostet* ★★★(★) *Entwickelt sich noch weiter.*

CH. HAUT-BAILLY In den 70er Jahren ein weicher, erdiger, samtiger Charmeur. Sehr «süß», duftend.
*Zuletzt im November 1986 verkostet* ★★★★

CH. HAUT-BATAILLEY Fruchtig, zedernholzartig, Käserindengeruch, duftend. Elegant, gute Länge.
*Zuletzt im November 1986 verkostet* ★★★(★)

CH. D'ISSAN Zum ersten Mal 1983 bei einem Mittagessen auf dem Château degustiert: tief, reich, weich, füllig und verbindlich. 1984 eine Kiste von Christie's: köstlich; schön in Farbe und Beschaffenheit, gute Länge. Eine unbekannte Abfüllung aus Bordeaux war ein bißchen am Umschlagen. In jüngster Zeit zwei Berry-Bros-Abfüllungen, eine parfümiert, aber scharf, die anderen duftend. Zuletzt im April 1991 verkostet.
*Im besten Fall* ★★★★ *Reif.*

CH. LAFON-ROCHET Pflaumig, rauchig, würzig, recht gut.
*Zuletzt im November 1986 verkostet* ★★

CH. LAGRANGE St-Emilion. Frühere Bewertungen nicht besonders günstig. Die beiden letzten trotz hoher Säure recht ansprechend.
*Zuletzt im April 1987 verkostet. Im besten Fall* ★★ *Vermeiden.*

CH. LA LAGUNE Ein vollkommen untypischer Médoc. Fünf Bewertungen, vier davon seit 1985. Ein eigenartiger, dabei vollmundiger und wohlschmeckender Wein. Zuletzt: ausgesprochen «süße» Nase, fruchtig, überaus duftender Geschmack und Nachgeschmack mit Eichenton.
*Zuletzt im Februar 1989 verkostet. Im besten Fall* ★★★ *Versuchen.*

CH. LANESSAN Viele Notizen, von Brombeerton bis ausdrucksarm alles vorhanden. Recht schön füllig.
*Zuletzt im November 1986 verkostet* ★★ *Jetzt trinken.*

CH. LANGOA-BARTON Leichte Unterschiede bei den einzelnen Flaschen. Schlank, erfrischend, gute Länge.
*Zuletzt im November 1986 verkostet. Im besten Fall* ★★★

CH. LASCOMBES In den 80er Jahren sechs Bewertungen. Beeindruckend tiefe und vibrierende Farbe; Nase erinnert an eine Molkerei: Vanille, Käserinde, leicht sauer. Am Gaumen besser, doch

ein rechtes Durcheinander; 1985 allerdings eine sehr schöne Flasche.
*Zuletzt im November 1986 verkostet* ★★

CH. LÉOVILLE-BARTON Ein Bilderbuch-66er. Von mir ursprünglich als sehniger Langstreckenläufer eingestuft. Klassisch, duftend, elegant.
*Zuletzt im November 1989 verkostet* ★★★★

CH. LÉOVILLE-LAS-CASES Das erste Mal im Faß probiert, danach noch viele weitere Male. Mit Ausnahme von zwei merkwürdig säurebetonten Abfüllungen der Army & Navy Stores Ende der 70er Jahre einige ausgesprochen gute Bewertungen. Auf keinen Fall ein Schwergewicht, gertenschlank, gute Frucht und Ausgewogenheit. Trockener Abgang.
*Zuletzt im Februar 1992 verkostet* ★★★★(★)? *Trotz des guten Stammbaums etwas ungewisse Zukunft.*

CH. LÉOVILLE-POYFERRÉ Ansprechend, ausgebaut; Nase hinter dem klassischen Wohlgeruch etwas hart und stielig. Wohlschmeckend, gute Länge, trockener Abgang.
*Zuletzt im Oktober 1992 verkostet. Im besten Fall* ★★★

CH. LA LOUVIÈRE 1975 voller Kraft, jetzt köstlich: Farbe, Bukett und Geschmack vorzüglich. Überraschend «süß», schönes Gewicht, elegant.
*Zuletzt im März 1987 verkostet* ★★★★

CH. LYNCH-BAGES Ungleichmäßige Bewertungen in den 70er Jahren. Ende der 80er Jahre dreimal degustiert, dabei eine Magnum: köstlich würzig, ausgesprochen wohlriechend und exotisch, sehr gut zu trinken.
*Zuletzt im Mai 1989 verkostet. Im besten Fall* ★★★★

CH. MAGDELAINE Ein reicher, überlanger Wein. In jüngster Zeit zwei hervorragende Bewertungen: lebhaft, strahlend; herrliches Bukett; leicht «süß», sehr griffig, perfektes Gewicht, kompletter Geschmack. Harmonisch. Elegant. Gute Lebenserwartung.
*Zuletzt im Juni 1989 verkostet* ★★★★ *Weckt noch Erwartungen.*

CH. MALESCOT-ST-EXUPÉRY Oberflächlich, vordergründig attraktiv. Mangelnde Länge.
*November 1986* ★★

CH. MARQUIS-DE-TERME Ursprünglich pikant und ansprechend, 1980 und 1986 aber drei schrecklich verblühte Flaschen. 1987 dann wieder eine tiefe, reiche, «süße» und robuste Flasche.
*Zuletzt im Januar 1987 verkostet. Im besten Fall* ★★

CH. LA MISSION-HAUT-BRION Woltners «problemloser» Wein. (Mit dem *vin de presse* von 1966 haben sie die Struktur des 65ers verstärkt!). Viele Bewertungen, 12 davon seit 1984. Insgesamt: beeindruckend tiefe, intensive Erscheinung; außergewöhnliche Nase, kräftig, hochgetönt, aber nicht vollständig verwoben und mit einer deutlichen Spur flüchtiger Säure, einem 70er La Mission nicht unähnlich. Ein aufregender Mundvoll Wein. Sehr «süß», körperreich, füllig und fruchtig. Leicht metallischer Abgang. Nach der Degustation von Karl-Heinz Wolf im Jahre 1986 wurde zum Abendessen eine *Impériale* serviert: komplett.
*Zuletzt im Mai 1993. Im besten Fall* ★★★★★ *Quicklebendig.*

CH. MONTROSE Im Februar 1967 eine vorzeitige Probe aus dem Faß. Entwickelte sich gut in den 70er Jahren, mit einer großen Frucht- und Tanninfülle. Immer noch tief und tanninbetont; es lohnt sich zu warten.
*Zuletzt im Februar 1988 verkostet* ★★(★★)

CH. MOUTON-BARON PHILIPPE Angenehm Mitte der 70er Jahre, ein Jahrzehnt später ein Charmeur. Schöne Farbe; Bukett wie Weinbrandrosinen; leichter Stil.
*Zuletzt im November 1986 verkostet* ★★★

CH. NÉNIN Im besten Fall elegant, stilvoll und inzwischen voll ausgebaut.
*Zuletzt im November 1986 verkostet* ★★★★ *Austrinken.*

CH. PALMER Viele gleichbleibend gute Bewertungen: mitteltief; schöne reife Maulbeerfrucht, reich, füllig; ein «süßer», herrlich ausgewogener, vollmundiger Wein.
*Zuletzt im Juni 1991 verkostet* ★★★★ *Entwickelt sich noch weiter.*

CH. PAPE-CLÉMENT Immer noch von tiefer Farbe; lebhafte Frucht; eine Spur des für Graves typischen erdigen, tabakartigen Geschmacks, schlank, Spuren von «Arthritis».
*Zuletzt aus einer Magnum, November 1986* ★★ *Austrinken.*

CH. PAVIE Frühreif, voll ausgebaut, leichtgewichtig, aber ansprechend.
*Zuletzt im Februar 1987 verkostet* ★★

CH. PICHON-BARON Tief, intensiv; konzentrierte Nase; ein mächtiger, alkoholbetonter Wein.
*Zuletzt im November 1986* ★★★(★) *Beeindruckend. Ich hoffe, er entwickelt sich noch weiter.*

CH. PICHON-LALANDE Lebhaft; «warmer», zedernholzartiger Duft; weich, Frucht, Ausgewogenheit und Nachgeschmack vorzüglich.
*Zuletzt im November 1986 verkostet* ★★★★ *Jetzt vorzüglich; wird sich noch halten.*

CH. PONTET-CANET Ein delikater Wein mit Finesse. In jüngster Zeit eine Berry-Bros-Abfüllung mit einem unmittelbaren und nachhaltigen Wohlgeruch; Alter zwar spürbar, dennoch sehr attraktiv.
*Zuletzt im April 1990 verkostet* ⋆⋆⋆ *Entwickelt sich kaum noch weiter.*

CH. RAUSAN-SÉGLA Vom Faß bis zur Reife ein befriedigender, gleichgewichtiger Wein. Inzwischen voll ausgebaut, vollkommener Körper, elegant, sauber umrissene Struktur. Köstlich.
*Zuletzt im November 1986 verkostet* ⋆⋆⋆⋆ *Hält sich noch.*

CH. RAUZAN-GASSIES Trocken, schlank, spröde, mit stark adstringierendem Tannin.
*Zuletzt im November 1986 verkostet* ⋆

CH. TALBOT In den 70er Jahren mager und spröde. Mitte der 80er Jahre weicher geworden. Relativ tief; vorzüglich; «süß», reich und trinkbereit.
*Zuletzt im Dezember 1990 verkostet* ⋆⋆⋆⋆

CH. LA TOUR-HAUT-BRION 1978 zum ersten Mal verkostet, reif, würzig. Ein Jahrzehnt später, «süß», robust, reichhaltig. In letzter Zeit: tief, ansprechend; weit weniger körperreich als der La Mission oder der Haut-Brion, aber «süß» und weich, mit einem eigenartigen Jod- und Austernschalenton in Nase und Geschmack; auf seine Art sehr anziehend.
*Zuletzt im Juni 1990 verkostet* ⋆⋆⋆ *Bis zum Jahr 2000 zu trinken.*

CH. TROTANOY Die drei letzten Bewertungen Mitte der 80er Jahre: tief, reich; vorzügliches Bukett, elegant, würzig, reich, kernig, weitet sich im Glas; ziemlich körperreich, komplett, recht trockener, tanninbetonter Abgang, aber duftender Nachgeschmack.
*Zuletzt auf der jährlichen Degustation von Rodenstock, September 1987* ⋆⋆⋆⋆ *Jetzt trinken; hält sich noch.*

SEIT 1980 NUR EINMAL VERKOSTETE, ABER GUT ERHALTENE WEINE:

Ch. Balestard-La-Tonelle, Ch. Baret, Ch. Beauregard, Ch. Beau Séjour Bécot, Ch. Beauséjour Duffau-Lagarosse, Ch. Belgrave St-Laurent, Ch. Bouscaut, Ch. de Camensac, Ch. Carbonnieux, Ch. Chasse-Spleen, Ch. Cissac, Ch. La Croix-de-Gay, Ch. La Fleur, Ch. La Fleur-Pétrus, Ch. La Garde, Ch. Le Gay (Berry Bros), Ch. Haut-Bages-Averous, Ch. Lagrange Pomerol, Ch. Latour à Pomerol, Ch. Les Ormes-de-Pez, Ch. Petit-Village, Ch. Prieuré-Lichine, Ch. de Sales, Ch. La Serre, Ch. du Tertre, Ch. La Tour-Figeac, Ch. La Tour-de-Mons, Ch. Trottevieille, Vieux Ch. Certan, Ch. La Violette.

UNTERSCHIEDLICH ODER MITTELMÄSSIG IN DEN 80ER JAHREN:

Ch. Belair St-Emilion, Ch. Durfort-Vivens, Ch. Ferrière, Ch. Grand-Pontet, Ch. Haut-Bages-Monpelou, Ch. Livran, Ch. Marquis d'Alesme-Becker, Ch. Monbousquet, Ch. Phélan-Ségur, Ch. Siran, Ch. La Tour-Carnet, Ch. La Tour-Martillac, Ch. Villegeorge, Ch. Yon-Figeac .

SCHLECHTE FLASCHEN IN JÜNGSTER ZEIT:

Ch. Cos Labory, Ch. Curé-Bon-La Madeleine, Ch. Grand-Puy-Ducasse, Ch. Lestage, Ch. Pédesclaux.

# 1967 ⋆

*Im großen und ganzen hatten die 67er Weine ihren Höhepunkt Mitte der 70er Jahre erreicht; die meisten waren in den 80er Jahren umgeschlagen. Späte Blüte, heißer und trockener Sommer; während der entscheidenden Reifeperiode war es kalt und naß; heißes Wetter in der letzten Septemberwoche. Anfang Oktober kühl und feucht, dann Wetterbesserung, doch unterbrochen von heftigen Regenfällen. Ungleichmäßiger Ertrag in relativ unreifen Trauben. Vor allem im Médoc wurden die Weine stark aufgezuckert. Dadurch waren sie zwar rasch attraktiv, doch der Schein trog, denn sie entwickelten sich weder weiter, noch hielten sie durch. Den zeitiger gelesenen Merlots in Pomerol schien es besser ergangen zu sein.*

CH. LAFITE Mitte der 70er Jahre gewisser Wohlgeruch und Charme. Ein Jahrzehnt später ziemlich blaßes, sehr reifes Erscheinungsbild mit wässrigem Rand; in der Nase Alterston, mit Nuancen von getrockneten Blättern; eine Flasche sauer und hölzern, eine andere unverwoben und mit flüchtiger Säure. Auf der Degustation von Flatt jedoch relativ hell und schlank, recht wohlschmeckend und mit überraschender Länge.
*Zuletzt im Oktober 1988 verkostet* ⋆⋆ *Austrinken.*

CH. MARGAUX Acht Notizen. Mitte der 70er Jahre ebenfalls recht hübsch, seitdem aber am Absteigen. Keine schlechte Farbe; parfümierte, aber zurückhaltende Nase, die im Glas verblühte; gewisse Frucht, doch unverbunden, säurebetont, kein Abgang.
*Zuletzt im Mai 1987 verkostet* ⋆ *Zum Essen nicht schlecht. Austrinken.*

CH. LATOUR Ab 1969 mehrere Bewertungen; trotz seiner Farbtiefe (Mitte der 70er Jahre immer noch undurchsichtig) war er überraschend weich und gehaltvoll. Anfang der 80er Jahre unverbunden, mit mangelnder Finesse. Inzwischen mittel-

tief und pflaumenfarben; leicht parfümiert und wohlriechende Frucht- und Ingwertöne; mittelschwerer Körper, weiche Frucht, robust, kurz.
*Zuletzt auf der Degustation von Frericks/Wodarz im März 1989 verkostet ★★ Einer der besten 67er, dennoch austrinken.*

CH. MOUTON-ROTHSCHILD Ab 1974 eine Reihe ähnliche Bewertungen, gefällig und nichts Außergewöhnliches, doch mit mangelnder Länge; gegen Ende des Jahrzehnts auch scharf und bitter. Übereinstimmungen bei der Mouton-Degustation von Flatt 1986 und der Mouton-Latour-Degustation in Deutschland: bläßlich, aber attraktive, offene, reife Erscheinung; «süße», entsprechend attraktive Nase, pikanter Cabernet-Ton, doch ohne Tiefgang; relativ leicht, einnehmend, durch und durch trocken, fehlende Ausgewogenheit.
*Zuletzt im März 1989 in Wiesbaden verkostet ★★*

CH. HAUT-BRION Vier Notizen, keine aus jüngerer Zeit: erdig, ganz hübsch.
*Auf einem Abendessen des III Form Club, Januar 1979 ★★ Zweifellos inzwischen schlechter geworden.*

CH. AUSONE Zwei Notizen. 1971 ausdrucksarm und trinkbar, auf der Degustation von Flatt: blaß, mit dem reifsten Erscheinungsbild von allen; schokoladige, aufgezuckerte Nase; trocken, leicht, fehlende Mitte, doch überraschend gefälliger, wenn auch milchsaurer Geschmack.
*Zuletzt im Oktober 1987 verkostet ★ Austrinken.*

CH. CHEVAL BLANC Viele Notizen aus den 70er Jahren. Gelegentlich «enttäuschend», meist «angenehm», doch ohne Zukunft. Immer noch recht kräftige Farbe; Nase mit deutlichem Sattelgeruch; weich, trinkbar, doch im Hintergrund lauert die tanninbetonte Säure.
*Zuletzt im Februar 1992 verkostet ★★ Hält sich nicht.*

CH. PÉTRUS 1978 samtig, reichhaltig, doch formlos. Fehlender Zusammenhalt, auf der Degustation von Frericks im Jahre 1986 allerdings eine gute Flasche. In jüngster Zeit: mitteltiefe, reiche Farbe; eingeschränkte, aber hübsche Frucht, eine Spur flüchtiger Säure; anfänglich «süß», gewisser Körper, aber kurz und kantig.
*Zuletzt auf der «Stockholm»-Degustation, April 1990 ★★*

CH. BRANE-CANTENAC In den 70er Jahren locker verwoben, weich, aber ziemlich säurebetont. Drei Notizen aus neuerer Zeit beschreiben ein blasse, reife Farbe; Nase mit Sattelgeruch; relativ «süß», eher leicht, recht annehmbarer Geschmack, aber kurz und mit der für einen 67er typischen Säure.
*Zuletzt im Mai 1987 ★★ Nicht schlecht. Austrinken.*

CH. CALON-SÉGUR Trocken, schlank, lebhaft, kurz.
*Zuletzt im Mai 1992 verkostet ★*

CH. DUCRU-BEAUCAILLOU Ein recht guter 67er, strahlend, trocken, lebhaft, ganz wohlschmeckend.
*Zuletzt im September 1987 verkostet ★★*

LES FORTS DE LATOUR Bei seinem Erscheinen auf dem Markt 1972 beeindruckender als der 66er. Später spröde und reizlos. Wahrscheinlich um 1980 herum auf dem Höhepunkt der Entwicklung. Grün, schlank, kurz. Aber kein schlechter 67er.
*Zuletzt im November 1981 verkostet ★★ Austrinken.*

CH. MALESCOT-ST-EXUPÉRY 1977 zwei Bewertungen, wohlschmeckend, aber grün und hart. In jüngster Zeit eine auf ihre Art recht ansprechende *Impériale*. Schlank, lebhaft, angenehm zu trinken, sollte aber nicht mehr weiter gelagert werden.
*Zuletzt im September 1990 verkostet ★★*

CH. LA MISSION-HAUT-BRION Einer der besten 67er. Mitte bis Ende der 70er Jahre tief, robust, fruchtig, erdig, ein guter Wein. Ein Jahrzehnt später auf der Desai-Degustation mit leicht saurem Endgeschmack; drei Notizen später dann: mitteltief, aber mit offener, attraktiver Farbe; schön ausgebaute, «süße», tabakartige Graves-Nase; guter Geschmack, etwas «süß», mittelschwer; zu Speisen fällt die kantige Säure wahrscheinlich gar nicht auf.
*Zuletzt auf der Degustation von Wolf im Juni 1990 verkostet ★★*

CH. MONTROSE Viele Bewertungen. Mitte der 70er Jahre gefällig, aber unverwoben. 1981 rauh und plump. 1985 eine gute Berry-Bros-Magnum, allerdings «ohne Zukunft». 1986 eine *Jéroboam*, erneut rauh, mit einer Chinon- oder Bourgueilartigen, pikanten Frucht und Säure. Als letztes eine tiefe *Jéroboam* mit lederiger Struktur, voll und fruchtig.
*Zuletzt im Mai 1992 verkostet. Im besten Fall ★★*

CH. PALMER In der Jugend wohlschmeckend und duftend. Drei scharfe englische Abfüllungen in den 70er Jahren. 1990 eine ausgesprochen beeindruckende und angenehme Flasche auf dem Château: tief, aber voll ausgebaut: weiche, parfümierte Nase; sehr «süß», relativ voll, samtig, wohlausgewogen.
*Zuletzt auf einer Vorverkaufsdegustation im Juni 1991 verkostet ★★★ Im besten Fall ein ansprechender 67er.*

CH. PRIEURÉ-LICHINE Recht gute Farbe; lebhafte, tanninbetonte Cabernet-Nase; überra-

schend «süß» und wohlschmeckend. Säure ganz annehmbar. Ein guter 67er.
*Zuletzt im Oktober 1988 verkostet* ★★

CH. RAUSAN-SÉGLA In den 70er Jahren hochgetönt, nicht ohne Charme, ansonsten wenig beeindruckend. Inzwischen sehr hell, voll ausgebaut; verblühte Nase; am Gaumen allerdings «süß», pikant, recht wohlschmeckend. Ein Wein, dem man die Füllung entnommen hat.
*Zuletzt im April 1989 verkostet* ★

VON DEN VIELEN, IN DEN 80ER JAHREN VERKOSTETEN 67ER WEINEN WAREN DIE FOLGENDEN RECHT GUT; ALLERDINGS SPÜRTE MAN FAST AUSNAHMSLOS EINE KANTIGE SÄURE:

Ch. Baret, Ch. Boyd-Cantenac, Ch. Branaire-Ducru, Ch. Canon, Carruades de Ch. Lafite, Clos L'Eglise, Ch. La Fleur-Pétrus, Ch. Haut-Bailly, Ch. d'Issan, Ch. de Lamarque, Ch. Lascombes, Ch. Léoville-Barton, Ch. Léoville-Poyferré, Ch. Malartic-Lagravière, Ch. Magdelaine, Ch. Pape-Clément, Ch. Pavie, Ch. Rauzan-Gassies, Ch. Talbot, Ch. La Tour-Haut-Brion.

WENIGER GUT, MAGER, SÄUREBETONT IN DEN 80ER JAHREN:

Ch. Belair St-Emilion, Ch. Belgrave St-Laurent, Ch. de Camensac, Ch. Canon-La-Gaffelière, Ch. Cissac, Ch. Courant, Ch. Croizet-Bages, Ch. Larrivet Haut-Brion, Ch. Pichon-Lalande, Ch. La Tour-Carnet.

# 1968

*Ein entsetzlicher Jahrgang. Kalter Frühling, ungleichmäßige Blüte, der Sommer – bis auf den Juli – besonders sonnenarm, kältester und nässester August seit Jahren. Die zaghafte Septembersonne konnte den ziemlich hohen Ertrag an Trauben nicht zur Reife bringen. Früher Lesebeginn, Ernte Mitte Oktober abgeschlossen. Vermeiden.*

CH. LAFITE Kein *Grand vin*, vielmehr ein *petit vin*. Von Anfang an sehr hell, fast rosé. Mittlerweile ein schwach schimmerndes Bernstein; seichte Vanille-und Ingwernase, trocken, leicht, wohlschmeckend, aber kurz.
*Zuletzt bei Flatts Lafite-Degustation im Oktober 1988* ★ *Skelettartig, aber trinkbar.*

CH. LATOUR Im Faß dünn, kurz und bitter. 1989 auf der Degustation von Frericks/Wodarz: bessere Farbe als der Mouton, doch mit unverwobener, undeutlicher Nase; gewisse Frucht, recht ansprechender, wenn auch kurzer und uneinheitlicher

Geschmack. In jüngster Zeit eine Magnum: wirkte recht duftend und klassisch; trocken, mit lebhaftem, fruchtigem Geschmack. Mager, mit offenliegendem Tannin.
*Zuletzt im September 1990 verkostet* ★★

CH. MOUTON-ROTHSCHILD Mitte der 70er Jahre dünn, scharf, aber wohlschmeckend. 1986 auf der Degustation von Flatt ähnlich, kaum mehr ein Lebenszeichen zu erkennen. Auf der Latour- und Mouton-Degustation von Frericks/Wodarz: schokoladige, karamelartige, aufgezuckerte, aber nicht unattraktive Nase, am Gaumen allerdings schwach, medizinal und kurz.
*Zuletzt im März 1989 verkostet* ★

CH. HAUT-BRION 1974 nicht schlecht, 1984 mit überraschend tiefer und lebhafter Farbe; eigenartige, harte und verschlossene Nase; stielig, aber für einen 68er nicht schlecht.
*Zuletzt im Mai 1985 verkostet* ★

CH. CHEVAL BLANC Deklassiert.

CH. PÉTRUS Vier Bewertungen seit 1979. In jüngerer Zeit: gewisse Reichhaltigkeit, doch mit orange-braunem, reifem Rand; Nase erinnert an gekochten Tee und alte Blätter, ausgesprochen vegetabil, öffnet sich aber und erinnert dann an einen nassen Labrador! Am Gaumen ganz überraschend «süß», stark, aber gut aufgezuckert, schönes Gewicht, Pomerol-Struktur, Lakritzegeschmack. Beweist, was die Lese zur rechten Zeit und eine sorgfältige Auswahl des Merlot vermögen.
*Zuletzt auf der «Stockholm»-Degustation, April 1990* ★★

CH. CANTEMERLE Brandig, unverbunden.
*Juni 1982.*

CH. DUCRU-BEAUCAILLOU Anfang bis Mitte der 70er Jahre nicht schlecht, aber kratzend. Schwache Teefarbe; «süße», annehmbare, aufgezuckerte Nase; zwar kurz, aber für einen 68er gut.
*Zuletzt im Juni 1982 verkostet, damals großzügige* ★★ *Zweifellos verblaßt.*

CH. GRUAUD-LAROSE Drei Notizen seit 1976. Gewisse Farbe; Nase nicht schlecht, wenigstens entwickelt sie sich; unverbunden, doch weich und wohlschmeckend.
*Zuletzt im Oktober 1983 verkostet* ★★

CH. LA LAGUNE Dreimal degustiert. «Süß», karamelartig, Frucht wie aus einer Kohlensäuregärung. Aufgezuckert, leicht und dünn.
*Zuletzt im März 1985 verkostet.*

CH. LA MISSION-HAUT-BRION Blaß, leichtgewoben; schwach duftend: rosinenartiger Sherry,

Vanille, dann Schokolade; «süßer», leichter, eigenartig pappiger Geschmack, kurz.
*Zuletzt auf der Wolf-Degustation im Juni 1990* ★

CH. LA TOUR-HAUT-BRION Für einen 68er tief und recht reichhaltig: leicht, zugänglich, recht schön.
*November 1986* ★★

# 1969 ★

*Die Jahrgänge 1967, 1968 und 1969 erinnern mich an das sprichwörtliche Sandwich der britischen Eisenbahngesellschaft: außen trocken, innen spärlich. Die 69er Weine waren von Anfang an mager und säurebetont, in der Jugend aber gar nicht unattraktiv; sie entwickelten sich zu schnell und verblaßten rasch. Trotz seines zweifelhaften Starts war der 69er, angeheizt durch eine inflationäre Nachfrage und eine geringe Ernte, rasch ausverkauft.*

*Einer schlechten Blüte unter ungünstigen Witterungsverhältnissen und einem kalten Juni folgten ein ganz annehmbarer Juli und August. Regen im September behinderte das Ausreifen der Trauben, anschließend allerdings eine Schönwetterperiode bis zur Ernte Anfang Oktober.*

*Ganz klar ein Jahrgang, den man meiden sollte. Dennoch kann eine vereinzelt gute Flasche zum Lunch recht erbaulich wirken.*

CH. LAFITE Mitte der 70er Jahre nicht ohne einen gewissen pikanten Charme. Auf der Degustation mit zehn Jahre alten Spitzengewächsen von Edmund Penning-Rowsell interessant, durchaus komplex, aber auch etwas dünn. Neun Jahre später die letzte von drei weiteren Proben, bei Flatts Lafite-Degustation: mitteltief, komplett ausgebauter Rand; leicht medizinales und schokoladiges, aber recht angenehmes Bukett; trocken, schönes Gewicht, überraschend ansprechender Geschmack, 69er Säure ganz erfrischend.
*Zuletzt im Oktober 1988 verkostet* ★★ *Sicherlich besser als der 67er, aber ohne Zukunft.*

CH. MARGAUX Anfang der 70er Jahre adstringierend und reizlos. Seit der Zehnjahresdegustation von Penning-Rowsell nicht mehr degustiert: mitteltief; geringes Bukett, abweisend und anziehend zugleich; trocken, eher leicht, pikant und kurz. Gleichzeitig aber auch flach und säurebetont.
*Zuletzt im März 1979 verkostet* ★ *Mager, hat sich wohl kaum noch weiterentwickelt.*

CH. LATOUR 1970 wuchtig und roh. Während des ganzen Jahrzehnts scharf, pfeffrig, spröde, mit einer Spur Bitter Lemon. 1979 von allen Spitzengewächsen jenes mit dem tiefsten und frischesten Aussehen, noch immer ein mächtiger Wein, aber

dumpf. Zwei Jahre später auf der Fête-du-Château-Latour-Degustation unverworren und rauh. Schließlich auf der Latour- und Mouton-Degustation von Frericks/Wodarz: Erscheinungsbild fast so tief wie der 70er. In der Nase uneinheitlich, pfeffrig und pikant, es entwickelte sich aber ein interessanter Duft nach Zedernholz und Ziegelstaub, nach zwanzig Minuten so etwas wie Wohlgeruch. Für einen Latour mittelschwer, eigenartiger, stieliger Geschmack mit Sattelgeruch, tanninbetonte Struktur und rauhe Säure.
*Zuletzt im März 1989 verkostet. Unattraktiv, verbessert sich kaum noch.*

CH. MOUTON-ROTHSCHILD In den 70er Jahren fruchtig und gutentwickelt, jedoch ohne die charakteristische Würzigkeit des Cabernet Sauvignon. Auf der Degustation von Penning-Rowsell milchige, für Mouton untypische Nase, mit grünem, schlingerndem Abgang. Sieben Jahre später auf Flatts Mouton-Degustation: reiferes Aussehen, weniger lebhaft als der 67er, recht ansprechendes, leichtes, wohlriechendes Bukett, dem aber irgendetwas fehlt; am Gaumen leicht und weich, doch mit scharfem Endgeschmack. Danach noch zwei Notizen, die letzte von der Frericks-Wodarz-Degustation: relativ blaß, voll entwickelt; entgegenkommendes, aber oberflächlich parfümiertes Aroma; sehr trocken, ziemlich leicht, schlank, medizinaler Geschmack, säurebetont.
*Zuletzt im März 1989 verkostet* ★ *Erfrischend, aber ohne Zukunft.*

CH. HAUT-BRION Im Faß trocken und pfeffrig. 1979 bei Penning-Rowsell: gewisse Farbtiefe, in der Nase ein Spur eisenartiger Erdigkeit und «Süße» und ein Anflug von Fett und Weichheit als Gegengewicht zu seiner Kargheit. Seitdem nur einmal verkostet. Verschlossenes Bukett; trocken, recht wohlschmeckend, akzeptable 69er Säure, ziemlich kurz.
*Auf einer Vorverkaufsdegustation, Mai 1985* ★ *Nicht schlecht, aber ohne Zukunft.*

CH. AUSONE Nur vier Notizen: Mitte der 70er Jahre wohlschmeckend und pikant; auf der Degustation von Flatt überraschend gefällige Farbe, wenn auch mit langweiligem Rand; recht wohlriechend und schön ausgebaut; trocken, ziemlich leicht und schlank, aber wohlschmeckend.
*Zuletzt im Februar 1993 verkostet* ★★

CH. PÉTRUS Sechs Bewertungen. Langsame Entwicklung im Bukett, scheinbar wohlschmeckend Mitte der 70er Jahre; 1979 der kompletteste und abgerundetste Wein aller Erstklassifizierten; 1984 füllig, aber eindimensional. Danach in München eine Magnum auf der Degustation von Frericks: mitteltief, reif, schwacher Rand; kalte, pudrige Lakritznase; am Gaumen überraschend «süß» und

gefällig, im Abgang allerdings mit einer Spur bitterer Säure. Ansprechend, aber schwach.
*Zuletzt im April 1986 verkostet ★★ Hält sich wahrscheinlich noch, doch ohne weitere Verbesserung.*

**CH. GRUAUD-LAROSE** Der Wein kam gleich zu Beginn gut an, war im Faß außergewöhnlich reich und ist nach wie vor schwungvoll. Mitte der 70er Jahre mit gewisser Frucht, wohlschmeckend, aber etwas hart. Immer noch recht tiefes und reichhaltiges Erscheinungsbild, mit bernsteinfarbenem, reifem Rand; fruchtige, pikante Nase mit Vanille-Ton; überraschend «süß», schöner Körper und Geschmack trotz der 69er Säure.
*Zuletzt im November 1989 verkostet ★★*

**CH. LÉOVILLE-LAS-CASES** Ebenfalls guter Start, im Faß recht beeindruckend, doch im Verlauf des Jahrzehnts bis auf eine gute Bewertung nur «trocken», «hart», «uninteressant» und auch «hager». Zehn Jahre später dann: mitteltief, mit einem ziemlich schwachen, reifen Rand; weiche Vanille-Nase; am Gaumen dem Gruaud-Larose nicht unähnlich. Passende Säure.
*Zuletzt im November 1989 verkostet ★★*

**CH. MAGDELAINE** Mehrere Notizen, zwei davon Mitte der 80er Jahre. Gute Farbe, immer noch etwas Kirschrot; leichtes, aber wohlriechendes Bukett; gut gebaut, durch und durch trocken, wohlschmeckend, akzeptable Säure.
*Zuletzt im März 1985 verkostet ★★ Wahrscheinlich immer noch trinkbar.*

**CH. LA MISSION-HAUT-BRION** Über die letzten zwölf Jahre verteilt drei Bewertungen. Keine große Entwicklung: alle mitteltief, mit reifem Aussehen; die beste Eigenschaft ist das Bukett mit einem gewissen Wohlgeruch; alle Flaschen mit scharfem, säurebetontem Abgang. In jüngster Zeit wies der Wein eine recht ansprechende, erfrischende Note wie eine Meeresbrise auf. Trocken, ziemlich leichtgewichtig, kein schlechter Geschmack, doch mager, säurebetont, unbedeutend.
*Zuletzt auf der La-Mission-Degustation von Wolf verkostet, Juni 1990. Unter Niveau, wird sich nicht mehr entwickeln.*

**CH. MOUTON-BARON PHILIPPE** Zwei Bewertungen: 1977 heranreifend, unverwoben, aufgezuckert, tatsächlich ansprechender als der große Bruder Mouton-Rothschild 1984 ziemlich blaß und schwach; voll ausgedehntes Bukett, doch wie bei einem dünnen Gummi besteht die Gefahr des Reißens; nicht unappetitlich, aber «gibt wenig her».
*Zuletzt auf einer Vorverkaufsdegustation in Chicago verkostet, September 1985 ★ Austrinken.*

IN DEN 80ER JAHREN NOCH EINIGERMASSEN GUT:

Ch. Baret, Ch. Batailley, Ch. Beau Séjour Bécot, Ch. Branaire-Ducru, Ch. Cissac, Ch. Dauzac, Ch. Gaffelière-Naudes, Ch. La Tour-Haut-Brion, Ch. Lascombes, Ch. Montrose, Ch. Pichon-Lalande, Ch. Rauzan-Gassies.

IN DEN 80ER JAHREN NICHT MEHR GUT:

Ch. Beychevelle, Ch. de Camensac, Ch. Cantenac-Brown, Ch. Les Forts de Latour, Ch. La Lagune, Ch. Malartic-Lagravière, Ch. Nenin, Ch. Pavie, Ch. du Tertre.

## 1970 ★★★★

*Der Wendepunkt. Nach dem Auf und Nieder der 60er Jahre baute sich der 70er Jahrgang mächtig und kühn auf, als wollte er eine Renaissance verkünden und die Herausforderungen des gewachsenden internationalen Marktes annehmen. Der Jahrgang war gar in zweifacher Hinsicht befriedigend, indem er den kommerziellen Erfolg sowohl dank großer Quantität und wie auch hoher Qualität sicherstellte. 1970 war eines der seltenen Jahre, in denen alle wesentlichen Rebsorten, Cabernet Sauvignon, Cabernet Franc, Merlot und Petit Verdot, voll ausreiften. Die Wachstumsperiode begann mit einem späten Frühling, gefolgt von einer Blüte unter günstigen Witterungsverhältnissen, was für die Höhe des Ertrags von Bedeutung ist. Der Juli war sehr heiß und trocken, der August bedrohlich kalt und stürmisch. Während der ganzen Lese, die Anfang Oktober begann, schien die Sonne sehr heiß.*

*Trotz einiger Enttäuschungen ist dies im großen und ganzen ein beeindruckender Jahrgang. Die besten St-Emilions sind jetzt vorzüglich, der Eindruck der Pomerol-Gewächse etwas gemischt. Die roten Graves zeigen sich ziemlich ausgeglichen und gut. Die besten Médocs sind hervorragend, aber einige benötigen noch Zeit in der Flasche; einige der geringer klassifizierten Gewächse sind schön zu trinken, andere mager und reizlos. Etwa hundert Châteaux bewertet, darunter etliche jüngst degustiert.*

**CH. LAFITE** Im Faß fein, tief und elegant, in den 70er Jahren mit charakteristischer Länge und einem unschreiblichen Nachgeschmack. 15 Bewertungen aus den 80er Jahren. Die ursprünglich beträchtlich tiefe Farbe hat sich aufgehellt. Die gut entwickelte Nase öffnet sich im Glas wohlriechend, mit einem Hauch Vanille. Der erste Schluck läßt die «Süße» der Reife und der Flaschenalterung spüren, ziemlich körperreich, seidig, delikat, dabei vollmundig, große Länge, wunderschöner Nachgeschmack, mit einem lebensverlängernden Tannin- und Säuregehalt.
*Zuletzt aus einer Impériale, Februar 1993 ★★★(★) Jetzt trinken oder für die Kinder aufheben.*

*Château Lafite*

**CH. MARGAUX** Ein tiefer, robuster Margaux, im Stil eher wie ein 59er als wie 53er. Seit 1974 mehr als ein Dutzend Bewertungen. Ein reicher, komplexer Wein. Immer noch ziemlich dickes und intensives Erscheinungsbild; verschlossene Nase, trotzdem der Eindruck von großer Fruchttiefe. Ziemlich trocken und körperreich, vierschrötig, reichhaltig, gehaltvoll, gute Länge. Immer noch tanninbetont.
*Zuletzt im August 1987 verkostet ★★★(★) Zu gegebener Zeit hoffentlich ★★★★★*

**CH. LATOUR** Ein «Knüller». Im Faß starkfarben und überaus vollbeladen. Paradoxerweise gefiel mir der Wein in seiner Jugendzeit Ende der 70er Jahre ausgesprochen gut; von den 19 nach 1980 verkosteten Flaschen waren vier entweder hölzern, oxydiert oder wiesen einen Korkgeruch auf. Das ist, selbst wenn man unterschiedliche Lagerbedingungen miteinbezieht, ein unbefriedigendes Ergebnis. Im besten Fall war der Wein in jünster Zeit nach wie vor beeindruckend tief; herrlich milde und beruhigende Nase, angesengt, fruchtig, zedernholzartig, dann in Wellen schokoladenartige und würzige Nuancen; «süßer» Anfangsge-schmack, massiv, ein wunderbar reichhaltiger, gewaltiger Wein, in dem alle guten Eigenschaften angelegt sind.
*Zuletzt im September 1993 verkostet ★★★(★★) Zwischen 2010 und 2020 voll ausgebaut.*

**CH. MOUTON-ROTHSCHILD** Mitte der 70er Jahre kraftvoll, aber spröde. Der höchstgetönte unter den Spitzengewächsen. In den 80er Jahren waren Spuren von Magerkeit und Säure «im Schlepptau» des Tannins zu erkennen. Auf der Mouton-Degustation von Flatt: wohlschmeckend, kantig und mit mangelndem Charme. Immer noch ziemlich tief, doch mit Anzeichen von Reife und weniger intensiv als erwartet; weiche, zurückhaltende Frucht mit dem für Pauillac recht typischen medizinalen Duft und dem Aroma der Cabernet Sauvignon. «Süßer» Eingang, trockener, tanninbetonter Abgang. Einigermaßen körperreich, fruchtig, wohlschmeckend, doch zu schlank und ohne Charme. Nicht so beeindruckend, wie er sein könnte.
*Zuletzt im September 1993 verkostet ★★★? Schwer zu empfehlen.*

## 1970

CH. HAUT-BRION Merkwürdigerweise scheint der Wein an Farbtiefe zugenommen zu haben. Jetzt allerdings zeigt er, trotz Vielschichtigkeit und gewisser Intensität, auch Anzeichen von Reife. Duft und Geschmack eines Haut-Brion unterscheiden sich von denen der anderen Médoc-Weine, gemeinsam mit den anderen Hochgewächsen sind aber Qualität, Stil und Finesse. Verschiedene Beschreibungen des Buketts: kiesig, scharfer Pfeffer und Jod, Tabak, aber auch Kaffee und Tee! Am Gaumen gleichförmiger: Der Anklang reifer «Süße» führt schließlich zu einem trockenen, immer noch tanninbetonten Abgang. Mittelschwerer Körper, etwas mager, hübsche seidige Struktur, elegant und komplett.
*Zuletzt im Februar 1993 verkostet ****(\*) Jetzt trinken, wenn man einen charaktervollen Tropfen schätzt, oder noch zehn bis zwanzig Jahre warten.*

CH. AUSONE Wie gewöhnlich wesentlich weniger Notizen. Zweimal 1976, zweimal 1986 und 1987 auf der Ausone-Degustation von Flatt probiert: mitteltief, attraktive Tönung mit Rosareflexen, reifes Erscheinungsbild; wohlriechendes Bukett, eine Spur Kaffee, reichhaltige, ingwerartige Frucht, Vanille- und Erdbeertöne; ziemlich trocken, mittelschwer, ein weicher Wein zum Kauen, leicht angesengt im Geschmack, gerundet, komplett, trotz etwas fehlender Länge. Ein sehr guter Wein, wobei Ausone nicht jedermanns Geschmack ist.
*Zuletzt im Oktober 1987 verkostet **** Bis ins Jahr 2010 und darüber hinaus zu trinken.*

CH. CHEVAL BLANC Im Faß gut und vielversprechend für ein langes Leben. Langsame Entwicklung, gehaltvoll und elegant. In den 80er Jahren acht gleichbleibend bewundernde Notizen. Mein Spitzenwein bei einer Blindprobe des Jahrgangs 1970, im September 1986 in Bordeaux: reiches Erscheinungsbild; herrliches Bukett, vielschichtige, zedernholzartige und reife Frucht; «süß», voll, reichhaltig, weich und fleischig. Kurz gesagt: komplett. Und das ist er nach wie vor.
*Zuletzt im Februar 1993 verkostet ***** Jetzt vorzüglich, hält sich noch.*

CH. PÉTRUS Aus dem Faß probiert, ein angenehmer, konzentrierter Mundvoll Wein. 1976 in der Nase zwar etwas verschlossen, aber schon sehr trinkbar. Mehrere Notizen aus den vergangenen zehn Jahren. Anfang bis Mitte der 80er Jahre fand ich ihn am besten: tief, reichhaltig, mit Schmelz, mit einem erstaunlichen Geschmack nach reifen Maulbeeren. 1986, auf der Degustation von Frericks, eine sagenhafte Magnum, in jüngerer Zeit aber fast schon unangenehm «süß». Gut ausgebaut auf der «Stockholm»-Degustation: Nase zunächst beschränkt und etwas hölzern, entwickelte sich dann zu einem leichten, aber schönen Wohlgeruch; ausgesprochen «süß», für einen Pétrus recht leicht und schlank, etwas mangelnde Frucht, trockene, leichte Schärfe im Abgang.
*Zuletzt Februar 1993 **** Vielleicht zu kritisch. Mit der Zeit wird man sehen.*

CH. L'ANGÉLUS 1975 Stich ins Violette, feminin und zart. Ein Jahrzehnt später mittelblasse, mahagonigetönte, reife Farbe; in der Nase «süß», fruchtig und gefällig; nicht zu trocken und schwer, guter Geschmack und schön ausgewogen, mit unaufdringlichem Tannin- und Säuregehalt.
*Zuletzt auf einer Vorverkaufsdegustation im Oktober 1985 verkostet *** Müßte jetzt vorzüglich sein.*

CH. D'ANGLUDET 1976 zweimal degustiert – ein schöner Wein. Ein Jahrzehn später: gute Farbe; in der Nase und am Gaumen «süß». Gehaltvoll. Robust.
*Zuletzt auf einer Vorverkaufsdegustation im März 1986 verkostet *** Müßte jetzt sehr schön sein; hält sich noch.*

CH. BATAILLEY Seit 1975 eine ganze Anzahl von Bewertungen, darunter englische Abfüllungen, eine gute von Berry Bros und vor kurzem ein magere, hölzerne von Davies & Son. Eine auf dem Château abgefüllte Magnum zeigte ebenfalls einen Alterston. In allen sechs Notizen nach 1983 zu viel Säure. Trotzdem wohlschmeckend.
*Zuletzt im Februar 1993. Im besten Fall *** Lohnt sich nicht aufzuheben.*

CH. BEAU SÉJOUR BÉCOT Dreimal degustiert. 1982 komplett ausgebaut. Schöne Frucht, ordentliche Länge.
*Zuletzt im Januar 1988 verkostet *** Bald trinken.*

CH. BEL-AIR-MARQUIS-D'ALIGRE Tief, beeindruckend; wohlriechend, reif; ein guter Wein mit Schmelz.
*Im Herbst 1985 zweimal verkostet *** Bald trinken.*

CH. BELGRAVE Ziemlich normaler *Médoc 5ème Cru classé.* Mitte bis Ende der 70er Jahre unverwoben und stielig, inzwischen leicht besser. Bemerkenswerteste Eigenschaft ist die tiefe, reiche Farbe, aber selbst die hat eine leicht orangefarbene, reife Tönung; stämmiger, portweinähnlicher Geschmack. Sehr tanninbetont.
*Zuletzt im Oktober 1988 verkostet ** Noch nicht voll ausgebaut, aber ich würde nicht warten.*

CH. BEYCHEVELLE Im Faß tief, fruchtig und stilvoll. 1978 schon recht gut zu trinken. Ein Jahrzehnt später immer noch bemerkenswert tiefe Farbe; ziemlich staubige, käsige Nase, süß, voll, aber nicht schwer, ansprechend, geht aber in Richtung Überreife. Eher ein robuster als ein eleganter Beychevelle. Immer noch tanninbetont.

*Zuletzt im Mai 1993 verkostet ★★★(★) Jetzt oder innerhalb der nächsten zehn Jahre trinken.*

CH. BOYD-CANTENAC Vor und nach 1980 tief, ziemlich körperreich, etwas rauh und unfertig. Inzwischen reifend; ganz gut entwickeltes «medizinales» Médoc-Bukett; wohlschmeckend und attraktiv.
*Zuletzt bei einer Vorverkaufsdegustation im Oktober 1987 verkostet ★★ Weitere Flaschenlagerung bekommt ihm wahrscheinlich gut.*

CH. BRANAIRE-DUCRU Im Faß weich und schokoladig. Vier Bewertungen aus jüngerer Zeit: tadellose Farbe; «süß», eine Spur Milchsäure, aber wohlriechend; ein leicht schmelzender Charmeur, von etwas Säure behindert.
*Zuletzt im Februar 1993 verkostet ★ Keine große Zukunft.*

CH. BRANE-CANTENAC Viele Notizen, beginnend mit einer pflaumenfarbenen Faßprobe. Um das Jahr 1980 war er wohl am besten. Spätere Bewertungen heben vor allem die sehr ausgeprägte, überreife Nase hervor, mit Nuancen, die an Bauernhof erinnern: Mist, Schweinestall und Hühnerdung. Manche Leute schätzen das – ich gehöre nicht dazu. Nichtsdestoweniger ein schmackhafter Wein mit guter, weicher Frucht und akzeptabler Länge, auch wenn er sich etwas verabschiedet.
*Zuletzt im Februar 1993 verkostet ★★★*

CH. CALON-SÉGUR Im Faß wohlriechend, entwickelte sich konsequent. Zum Kauen, fleischig, in der Struktur und Weinigkeit eher an Pomerol erinnernd als an St-Estèphe. Attraktives, schön entwickeltes Bukett.
*Zuletzt im Februar 1993 verkostet ★★★ Zwar immer noch tanninbetont, trotzdem wohl am besten bald zu trinken.*

CH. CANON Gleichbleibend zuverlässig. zwanzig Jahre lang gute Bewertungen des 70ers. Immer noch ziemlich tief, lebhaft; reiches, harmonisches Bukett, pflaumenähnliche Frucht, erinnert etwas an ein abgebranntes Feuerwerk; leicht «süß», schönes Gewicht, hervorragend in Geschmack und Ausgewogenheit, robust, aber nicht grob.
*Zuletzt im Februar 1993 verkostet ★★★★ Jetzt vorzüglich. Hält sich.*

CH. CANON-LA-GAFFELIÈRE Etwas zuckerig. Muß getrunken werden.
*Zuletzt im Mai 1986 ★★*

CH. CANTEMERLE Ein Jahrgang wie der 70er paßt nicht gut zum Stil von Cantemerle. 1973 verschlossen, aber vollmundig. Anfang der 80er Jahre etwas spröde, aber auch elegant. In jüngster Zeit: schöne, gesunde Farbe; «süße», tanninbetonte

Nase; mittelschwer, recht schöne Frucht, etwas blecherner, trockener, tanninbetonter Abgang.
*Zuletzt im Februar 1993 verkostet ★★(★) Ich prognostiziere keine große Verbesserung.*

CH. CANTENAC-BROWN Als erstes im Faß, zusammen mit dem 71er probiert. Fetter, vollendeter. Fünf gute Bewertungen von Mitte bis Ende der 70er Jahre. Ein Jahrzehnt später: mitteltiefes, reifes Erscheinungsbild; schöne, reiche, typisch schokoladige Nase; trocken, relativ voll, komplett, immer noch tanninbetont.
*Zuletzt im Februar 1993 verkostet ★★(★)*

CH. CARBONNIEUX Anfang der 70er Jahre spröde, Anfang der 80er Jahre trocken, schlank, robust. In jüngster Zeit: weich, harmonisch, relativ voll, fleischig, sehr tanninbetont, leicht hölzern.
*Zuletzt im Februar 1993 verkostet ★★★ Gerade noch.*

DOM. DE CHEVALIER Mehrmals innerhalb von zehn Jahren verkostet. Wundervoll wohlriechendes Bukett, mit Himbeernuancen, dem für Graves typischen Geruch nach «warmen Ziegeln» und dem Duft nach Zigarrenkisten, entwickelte sich nach einer Stunde im Glas noch köstlicher. Reife «Süße», ziemlich körperreich, würzig, elegant. Vorzüglich.
*Zuletzt im Februar 1993 verkostet ★★★★ In Perfektion.*

CH. CISSAC 1977 zum ersten Mal verkostet, danach bei etwa einem Dutzend weiterer Gelegenheiten. Unterschiedlich. Flüchtige Säure machte ihn zwar verdächtig, trotzdem waren die meisten Flaschen sehr gut. Erstaunlich «süße» Nase; zum Kauen, robust, immer noch tanninbetont.
*Zuletzt eine Flasche aus Château-Beständen verkostet, Oktober 1990. Im besten Fall ★★(★)*

CH. COS D'ESTOURNEL Der erste Jahrgang von Bruno Prats. Der Wein war kompromißlos maskulin und beladen mit St-Estèphe-Tannin. Ein altmodischer Cos. In jüngster Zeit: lebhafte, rubinrote Farbe; trockene Frucht und würzig, öffnet sich sehr schön im Glas; gut, lebhaft, fruchtig, vollmundig.
*Zuletzt im März 1993 verkostet ★★★★ Aufbewahren lohnt sich.*

CH. CROIZET-BAGES Lebhaft und fruchtig.
*Zuletzt im Februar 1993 verkostet ★★*

CH. DUCRU-BEAUCAILLOU Viele Notizen in nützlichen Abständen. Zunächst im Frühjahr 1972 eine konzentrierte, draufgängerische Probe aus dem Faß, nach 1983 gut über ein Dutzend gute Bewertungen. Wie der Cos ein tieffarbener, vollmundiger, maskuliner Wein. Reiches Granatrot mit rubinroten Reflexen; das Bukett ist in den vergange-

nen fünf Jahren weicher geworden, hat sich aus seiner Schale gelöst, reif, harmonisch, mit Maulbeer- und Zedernholztönen; mächtig, aber ausgewogen. Reichhaltig und befriedigend bis zu einem gewissen Grad, denn er ist immer noch sehr tanninbetont; Frucht, Extrakt und Gleichgewicht garantieren ein langes Leben. In jüngster Zeit: herrliche Farbe, klassische Nase, reich und kraftvoll.
*Zuletzt im Mai 1993 ****(*) Scheint immer besser zu werden.*

**CH. DURFORT-VIVENS** Ziemlich überreif und mit kantiger Säure.
*Zuletzt im April 1988 verkostet ***

**CH. DUHART-MILON** Fruchtig, aber roh; Säure.
*März 1992 **

**CH. L'EVANGILE** Ab 1976 sieben unterschiedliche Bewertungen. Stets tanninbetont. In jüngster Zeit: tief, vorzüglich, aromatisch, Mandarinennote; reich, zum Kauen, robust. Ohne den Charme eines Pomerol.
*Zuletzt im Mai 1991 verkostet **(*)*

**CH. DE FIEUZAL** Als ich diesen Wein 1973 zum ersten Mal probierte, fand ich ihn nicht gerade umwerfend, doch kurze Zeit später entdeckte ich seinen Reiz. Immer noch tief, wohlriechend, lebhafte Frucht, schönes Gewicht.
*Zuletzt im Oktober 1989 ***(*)*

**CH. FIGEAC** Ein herrlicher 70er, der mit der einladenden Trinkbarkeit seinen großen Rivalen Cheval Blanc herausforderte, obwohl er einen deutlich anderen Stil aufweist. Mehr als 15 Notizen, in allen außer zweien (scharf; Korkgeschmack) wird er hochgelobt. In jüngster Zeit auf der Figeac-Degustation von Desai: vorzüglich, lebhaft, immer noch relativ jung aussehend; der begeisternde Wohlgeruch ist gewürzt mit erdbeerähnlicher Frucht; ausgesprochen «süß» und reif, ziemlich körperreich, kraftvoll, gut passende Säure, überaus attraktiv.
*Zuletzt im Februar 1993 verkostet **** Jetzt sehr interessant, doch ohne die Rundheit und das Durchhaltevermögen des Cheval Blanc.*

**CH. LA FLEUR-PÉTRUS** Traubensatz aus gleichen Teilen Merlot und Cabernet Franc. Entspricht nicht ganz seinem guten Ruf. Die Bewertungen von 1983 und 1986 alle mit gewissen Einschränkungen: unverwoben, Spuren von zu hoher flüchtiger Säure, eigenartig; vielleicht von mir zu kleinlich beurteilt, denn auf der anderen Seite ein wohlriechender, sehr ansprechender, stilvoller Wein, mit einer deutlich seidigen Pomerol-Struktur.
*Zuletzt im September 1986 verkostet. **** vertretbar. Ein Wein für reiche Männer, die eine Herausforderung lieben.*

**LES FORTS DE LATOUR** Purpurrot, stielig und rauh bei der Faßprobe im Januar 1971. «Interessant, die Entwicklung zu verfolgen» notierte ich damals. Immer noch intensives Rubinrot; unter Luftzufuhr wohlriechendes Bukett mit Vanille- und Zedernholztönen. Mit der Zeit immer «süßer» geworden, jetzt ein köstlich würziger, fast eukalyptusartiger Geschmack. Ein sehr schöner Wein, Tannin spürbar, aber nicht zu aufdringlich.
*Zuletzt im November verkostet **(*) Im Augenblick trinkfertiger als der Grand vin, wird sich allerdings nicht ganz gleich weiterentwickeln.*

**CH. GAZIN** Nicht mächtig, aber recht reichhaltig und ziemlich marmeladig.
*Zuletzt im Februar 1993 verkostet ***

**CH. GISCOURS** Im Faß beeindruckend, sein starkfarbenes, reichhaltiges, intensives Erscheinungsbild hat sich kaum verändert; harmonisches Bukett, voller Frucht, pflaumig, feigenartig. «Süße», hoher Alkoholgehalt, Extrakte, Frucht und Fülle können die starken Tannine kaum in Schach halten. Eher wie ein Portwein! 14 gleichbleibende Bewertungen seit 1982.
*Zuletzt im Februar 1993 verkostet ***(*) Lohnt sich aufzubewahren.*

**CH. GLORIA** Ungefähr zu dieser Zeit begründete der verstorbene Henri Martin den Ruf von Gloria. Entwicklungshöhepunkt um 1980 herum. Würzige, fast stachelbeerartige Frucht. Immer noch «süß», mit Schmelz und attraktiv.
*Zuletzt im November 1990 verkostet *** Bald trinken.*

**CH. GRAND-PUY-LACOSTE** 1972 eine konzentrierte, beeindruckende Faßprobe, dann eine Reihe von Bewertungen aus dem Jahre 1979, wohlriechend und fest; sechs Notizen in den 80er Jahren. Ein klassischer, langsam reifender Lacoste, immer noch sehr tief in der Farbe und kräftig; charakteristisch lebhafte beerenartige Nase und ebensolcher Geschmack, mit würziger Cabernet-Frucht, gute Länge, nach wie vor tanninbetont.
*Zuletzt Februar 1993. Leichte Unterschiede von Flasche zu Flasche, doch ich gebe ***(**) Wird in zwanzig Jahren unvergleichlich sein.*

**CH. GRUAUD-LAROSE** Bei einem 70er wie diesem fragt man sich, ob die Médocs dieses Jahrgangs sich jemals abrunden würden. Nach 23 Aufzeichnungen in einem Zeitraum von 17 Jahren habe ich immer noch Vorbehalte. Abgesehen von einer Flasche mit Korkgeruch und vier oxydierten, wirft eine mit Körper und Tannin verbundene Schärfe Fragen auf. Im besten Fall zeigt er ein tiefes, ansprechendes, leuchtendes Rot; Nase und Gaumen mit lebhafter Frucht. Aber streng.
*Zuletzt im September 1993 verkostet **(*)?*

## 1970

CH. HAUT-BAILLY Hat den Vorteil lange schon erprobter Böden, obwohl ich erst auf Ch. Loudenne, durch den verstorbenen Martin Bamford, auf den 70er von Haut-Bailly aufmerksam wurde. Die erste Faßprobe wies den typischen, geradlinigen, erdigen Graves-Charakter auf, der noch immer spürbar ist. Ein «dicker», kräftiger, reicher Wein. *Bei der letzten Degustation Mitte der 80er Jahre sehr schön entwickelt. Zweifellos jetzt noch vorzüglicher ★★★★*

CH. HAUT-BATAILLEY Schlanker und eleganter als der benachbarte und ähnlich klassizierte Batailley. Der 70er ist ein Spätentwickler. Inzwischen mitteltief, reich, ziemlich ausgebaut im Erscheinungsbild; entsprechend reiches Bukett, geröstet, mit schöner Tiefe und weiterem Potential; mit dem Flaschenalter deutlich «süß» und weicher geworden, Gewicht und Geschmack schön. *Zuletzt im Februar 1993 verkostet ★★★ Jetzt genießen.*

CH. LAFON-ROCHET Trotz der Nähe zu Cos und von Lafite nur durch einen kleinen Graben getrennt, fehlt es dem Wein häufig an Klasse und deutlich an Charme. Der 70er ist allerdings ausreichend wohlriechend, mit recht hübscher Frucht und Länge. Immer noch tanninbetont. *Zuletzt im Februar 1993 verkostet ★★(★)*

CH. LAGRANGE St-Julien. 13 Notizen. Recht schön und fruchtig bei der Bewertung Mitte der 70er Jahre, doch mehr hat er nie geschafft. Trockene Frucht, etwas kantig. *Zuletzt im Februar 1993 verkostet ★(★)*

CH. LA LAGUNE Ungewöhnlich, daß dieser «burgunderartigste» aller klassifizierten Hochgewächse im Médoc in diesem Jahrgang nur langsam in Schwung kam. Ein paar Aufzeichnungen von einer schön strukturierten Faßprobe, doch dann über zehn Jahre lang tief, verschlossen, voll und unfertig. Plötzlich 1983 zwei gefällige Bewertungen, maulbeerartige Reichhaltigkeit, danach dann eine vorzüglich weiche, fruchtige Abfüllung von Grants of St.James. Reich, pflaumig, ansprechend. Benötigt Dekantierzeit. *Zuletzt im September 1993 verkostet ★★★(★) Jetzt schön, wird sich aber noch weiter öffnen.*

CH. LANGOA-BARTON Schöner Wein. In jüngerer Zeit eine Magnum aus Château-Beständen: Bei Kerzenlicht sehr tief; klassische, «medizinale» Médoc-Nase, ein Hauch Grüne Minze; erfrischend, aber noch nicht wirklich reif. Schien im Normalformat weiter entwickelt, mit vorzüglichem, leicht parfümiertem, zedernholzartigem Bukett; schönes Gewicht, mit Rasse, leicht tanninbetonter Abgang. *Zuletzt im Februar 1993 ★★★(★)*

CH. LASCOMBES Nur vier gute, übereinstimmende Notizen, über einen Zeitraum von fast zehn Jahren verteilt. Tiefe, klassische Bordeaux-Nase; etwas «süß», ziemlich körperreich, fleischig, alle Komponenten richtig verteilt. *Zuletzt im November 1986 verkostet. Jetzt wahrscheinlich ★★★(★) Ein befriedigender Wein mit Potential.*

CH. LATOUR À POMEROL Nur eine Aufzeichnung. Tief, reich; gute Nase; trockener und tanninbetonter als erwartet. *April 1987 ★★★(★)*

CH. LÉOVILLE-BARTON Mehrere Aufzeichnungen. Ende der 70er Jahre spröde. Anfang bis Mitte der 80er Jahre viermal als stielig und mit «altes Holz» bewertet. In jüngster Zeit: schöne Farbe; klassisch, bisquitartig; trocken, schlank, schmackhaft, doch unterschiedliche Flaschen. *Zuletzt im Februar 1993 verkostet. ★★ Austrinken.*

CH. LÉOVILLE-LAS-CASES Im Faß spröde, doch bis 1976 hatte sich eine schöne Nase entwickelt, trocken, fein, elegant. In den 80er Jahren zwölfmal degustiert. Ein hervorragender Wein, immer noch ziemlich tief und reich, mit Anzeichen erster Reife. Weiches, harmonisches, sich langsam entfaltendes, dabei zedernholzartiges, wohlriechend rauchiges Bukett; voll, reich, fleischig, doch immer noch tanninbetont. *Zuletzt im Februar 1993 verkostet ★★★(★★) Müßte sich gut entwickeln.*

CH. LÉOVILLE-POYFERRÉ Fremdartig, süße Kaffee-Schokoladen-Nase, im Geschmack ebenso. Schwacher Abgang. *Februar 1993. Nicht gerade gut. Austrinken.*

CH. LYNCH-BAGES Ein phantastischer Wein. Im Faß starkfarben und konzentriert, mit dem unverkennbaren lebhaften Aroma von schwarzen Johannisbeeren (siebzig Prozent Cabernet Sauvignon), wie es für Lynch-Bages so typisch ist. Der bei weitem tiefste und intensivste Wein 1984 bei einer vertikalen Degustation mit Jahrgängen von 1970 bis 1983. Lebhaft, voll, fleischig, voller Geschmack und Schwung. *Zuletzt im Februar 1993 verkostet ★★★(★) Mit aufregendem Zukunftspotential.*

CH. MAGDELAINE Hübsche Farbe; herrliches Bukett; süß, köstlich. *Februar 1993 ★★★★ Jetzt gut.*

CH. MALESCOT-ST-EXUPÉRY Nur zwei Notizen. 1977 eine gute holländische Abfüllung und in jüngerer Zeit eine *Impériale* bei Rodenstocks Malescot-Degustation: beeindruckend tief; ausladend, offen, fruchtig, ein Hauch Mandarine; relativ «süß», körperreich, Extrakt und Frucht in

schöner Struktur, die starken Tannine und der ziemlich hohe Säuregehalt machen den Wein ohne Speisen ungenießbar.
*Zuletzt im September 1990 verkostet. Mit Speisen ★★★*

**CH. LA MISSION-HAUT-BRION** Ganz phantastisch und außergewöhnlich konzentriert im Faß. Ein Wein mit großen Dimensionen, in den 70er Jahren wuchtig und tanninbetont, doch seit Anfang der 80er Jahre mit erkennbarer flüchtiger Säure. Zwar wird dadurch bis zu einem gewissen Grad das Bukett verstärkt, doch gleichzeitig entsteht ein rauher, säurebetonter Abgang. Reich, zum Kauen, schmackhaft, aber aggressiv. Unglaublich beeindruckend, doch brüchig werdend.
*Zuletzt aus einer Magnum im Februar 1993 verkostet ★★ Die Säure wird er nie mehr verlieren, doch davon sollte man sich nicht abhalten lassen.*

**CH. MONTROSE** Abgesehen von einer schrecklichen Abfüllung der British Transport Hotels im Jahre 1976 ganz hervorragend. Ein archetypischer, wuchtiger, langlebiger, altmodischer Montrose. Starkfarben, intensiv; erstaunlich reiche, angesengte Nase mit ledrigen Tanninnuancen und stark alkoholbetont. Am Gaumen reifer Ersteindruck. Latour-ähnlich in Körper, Kraft und Länge. Ein vorzüglicher, reicher Mundvoll Wein.
*Zuletzt im Februar 1993 verkostet ★★★(★★)*

**CH. MOUTON-BARON PHILIPPE** Zwar mächtiger als gewöhnlich, doch wie immer ein Charmeur. 14 Notizen in 19 Jahren. Recht schön entwickelt, reich schmackhaft. Nur eine Spur Säure.
*Zuletzt im Februar 1993 verkostet. Damals fertig ★★ Bald trinken.*

**CH. PALMER** In den ersten Jahren nicht degustiert, doch über einen Zeitraum von 14 Jahren mehrmals verkostet. Immer noch unbeschreiblich tief und intensiv; ein Bukett, das auf der Lauer zu liegen scheint, zunächst hart, aber dann deutlich heraustretend, bisquitartig, würzig, mit Lakritzenote und reicher Frucht; Geschmacksexplosion im Mund. Reiche Konsistenz, zum Kauen, fleischig, beeindruckend.
*Zuletzt im Februar 1993 verkostet ★★★★(★) Jetzt ein vorzügliches Gewächs, wird sich noch gut bis ins nächste Jahrhundert weiterentwickeln.*

**CH. DE PEZ** Ermutigt durch Martin Bamford vergor der Besitzer 1970 seine vier Rebsorten getrennt. Zunächst im Faß, dann in der Flasche verkostet; waren die einzelnen Sorten zwar interessant, doch nicht so befriedigend wie die fertige – klassische – Komposition. Gute Frucht, schöne Ausgewogenheit, immer noch tanninbetont.
*Zuletzt im Januar 1987 verkostet. Jetzt wahrscheinlich ★★★(★) Wird niemals mehr als für seine Klasse sehr gut sein.*

**CH. PHÉLAN-SÉGUR** Gleiche Klassifizierung, gleiches Gebiet, doch in keiner Weise so gut wie der Pez.
*Zuletzt im Februar 1993 verkostet ★ Am besten vergessen.*

**CH. PICHON-BARON** Enttäuschend. Etwas grob.
*Zuletzt im Februar 1993 verkostet ★ Erneut verkosten.*

**CH. PICHON-LALANDE** Unendlich viel besser als der Wein vom Nachbarn auf der anderen Straßenseite. Bereits im Faß entgegenkommend, bis gut in die 70er Jahre hinein pfeffriges Cabernet-Sauvignon-Aroma. Ein Jahrzehnt später zwar beeindruckend, aber noch etwas spröde. Jetzt reif, schön entwickeltes, reiches, lebhaftes Zedernholzbukett; fruchtig, in Gewicht und Stil vorzüglich.
*Zuletzt im Februar 1993 verkostet ★★★★ Jetzt köstlich, müßte auch noch etwa weitere zehn Jahre unvermindert so bleiben.*

**CH. PONTET-CANET** Mehrere Notizen über die letzten zwanzig Jahre, keine erhebend. Eher gewöhnlich, nicht viel Charakter. Unterschiedlich.
*Zuletzt notiert im Februar 1993 ★ Meiden.*

**CH. RAUSAN-SÉGLA** Wunderbare Farbe; reiches, wenn auch nicht überwältigendes Bukett; mollig, fleischig, viel Tannin, gute Säure.
*Zuletzt im Februar 1993 verkostet ★★(★)*

**CH. ST-PIERRE (BONTEMPS ET SEVAISTRE)** Zehn Aufzeichnungen. Trotz beeindruckender Farbtiefe ein Frühentwickler. Vorzügliches Bukett; weich, reif, mit Schmelz, samtig.
*Zuletzt im Mai 1985 verkostet ★★★ Damals komplett entwickelt und jetzt wahrscheinlich köstlich.*

**CH. DE SALES** Im Faß und in den 70er Jahren köstlich. 1982 weich, gefällig, völlig reif. Inzwischen etwas blaß, sehr reife Erscheinung; weiches, zartes Bukett; «süß», für einen 70er eher leicht.
*Zuletzt im März 1991 verkostet ★★ Austrinken.*

**CH. TALBOT** Ab 1974 neunmal degustiert. Direkt. Wie gewöhnlich schlanker als der Gruaud. Anfang der 80er Jahre einige Male als «verschlossen» und «staubig» beurteilt. Immer noch pflaumig; reifer geworden – «süße», reiche Nase; wirkte am Gaumen «süßer», ziemlich körperreich, mit gutem Tannin- und Säuregehalt.
*Zuletzt im Februar 1993 verkostet ★★★*

**CH. LA TOUR-CARNET** Eines der nicht gar so eindrücklichen klassifizierten Gewächse. Etwas vierschrötig, schlank, medizinal.
*Zuletzt im Juni 1988 verkostet ★*

**CH. LA TOUR-HAUT-BRION** Wenn man die Entwicklung mit der des La Mission vergleicht, war der dieser im Faß stieliger und rauher, entfaltete sich stufenweise. Mitte der 80er Jahre dann reich, fruchtig und attraktiv. Ein sehr merkwürdiges Bukett, wie der angesengte obere Teil eines Reispuddings oder ein nasser Hund. Trocken, schmackhaft, doch zu säurebetont.
*Zuletzt im Februar 1993 verkostet. Vermeiden.*

**CH. TROTANOY** Tief, reich, beladen mit Frucht.
*Bei Bob Paul, im Februar 1993 ***** Jetzt bis 2000 und länger.*

EINIGE WEITERE, ZULETZT PROBIERTE 70ER, DIE SICH BEI DEGUSTATIONEN IN DEN 80ER JAHREN GUT MACHTEN:

Ch. Beauregard Pomerol, Ch. Coufran, Ch. La Dominique, Ch. Fombrauge, Ch. Fourcas-Hosten, Clos des Jacobins, Ch. La Louvière, Ch. Loudenne, Clos du Marquis, Ch. Nenin, Ch. Pibran, Ch. Pomies-Agassac, Ch. Prieuré-Lichine, Ch. La Tour-de-Mons, Ch. Tronquoy-Lalande, Ch. Yon-Figeac.

IN DEN 80ER JAHREN VERKOSTETE, MITTELMÄSSIGE ODER UNTERSCHIEDLICHE WEINE:

Ch. Baret, Ch. La Gaffelière, Ch. Haut-Beychevelle-Gloria, Ch. de Lamarque, Ch. Meyney.

IN DEN 80ER JAHREN VERKOSTET, SCHLECHT:

Ch. Croque-Michotte, Ch. Pavie-Decesse.

## 1971 ****

*Beim ersten Marktauftritt überteuert und danach unterbewertet. Ein durch und durch erfreulicher Jahrgang, der immer noch recht befriedigend ist, vor allem die erfolgreichen Weine aus Pomerol, St-Emilion und Graves. Tatsächlich habe ich seit der letzten Ausgabe dieses Buches aufgrund meiner nach 1980 gemachten Aufzeichnungen den Jahrgang höher gestuft. Er verfügt zwar nicht über die Langstreckenqualitäten der feinsten 70er Gewächse, doch bieten die besten 71er viel Genuß.*

*Vegetation: kalter, nasser Frühling, desgleichen auch Mai und Juni. Warmer, angenehmer Sommer, mit leichten Regenfällen, die die Trauben anschwellen ließen. Ein beachtlicher Reifemonat, anschließend eine kleine Ernte bei gutem Wetter ab Anfang Oktober. Etwa halb so große Produktion wie 1970 und ein überhitzter Markt führten zu hohen Preisen. Mit dem 72er Jahrgang kam dann der Preissturz.*

*Viele Aufzeichnungen, von denen die folgenden einen repräsentativen Querschnitt geben;*

*einige der jüngsten stammen von einer Degustation mit 71er Weinen, die Farr Vintners organisiert hatte.*

**CH. LAFITE** Elf Aufzeichnungen. Von Anfang an am Rand eher schwach als intensiv, immer ein verräterisches Zeichen; nach etwa acht Jahren war der Wein ziemlich leicht und zugänglich und in den letzten acht Jahren auf dem Höhepunkt seiner Entwicklung. Bei Lloyd Flatt im Oktober 1988 machte er sich gut. In jüngster Zeit: etwas blaß, offen, sehr wenig Rot; entgegenkommende, fast exotisch duftende Nase, mit Nuancen von Erdbeeren und Veilchen; etwas «süß», mit leichtem Gewicht und Stil. Zugänglich, wohlriechend. Trockener Abgang. Auf besondere Art attraktiv.
*Zuletzt auf dem Château verkostet, im Juni 1992 *** Austrinken.*

**CH. MARGAUX** Lesebeginn am 28. September. 16000 Kisten Produktion. Nach acht Jahren überraschend tiefes und immer noch recht jugendliches Erscheinungsbild, dabei voll ausgebaut, mit köstlich reichem und wohlriechendem Bukett; 1987 bei Desai ein lebhafter, fruchtiger Charmeur. In jüngster Zeit relativ blaß, hübsch, ausgebaut; süß, wohlriechend, fruchtig, aber unverwoben; trockener, lebhafter, fruchtiger Geschmack. Eher etwas rauh. Ein guter Wein, aber am Austrocknen.
*Zuletzt im November 1990 verkostet *** Bald trinken.*

**CH. LATOUR** Ab der Faßprobe über die Jahre verteilt 15 Notizen. Von Beginn an tief, reich, mit einer Dichte fast wie ein 70er, inzwischen milder geworden, doch immer noch recht intensiv. Gute Nase. Reich, gehaltvoll, dabei von einer gewissen Härte, die auf ein weiteres Potential schließen läßt. Vierschrötig, voll robuster Frucht und Weinigkeit, weitaus weniger Charme und Wohlgeruch als Ch. Lafite, Margaux oder Mouton, doch besser ausgewogen als diese drei.
*Zuletzt verkostet im Juni 1992 ***(*) Lohnt sich aufzuheben.*

**CH. MOUTON-ROTHSCHILD** Über diesen 71er habe ich mehr Aufzeichnungen als über jeden anderen. Ziemlich tief, mehr Kirschrot und immer noch von lebhafter, jugendlicher Pflaumenfarbe. Nach dem Dekantieren bemühte er sich sehr mit einer eher enttäuschend rauhen Frucht Wohlgeruch zu zeigen, benötigte für die Entfaltung etwa eine Stunde, erwies sich dann schließlich als köstlich und würzig; überraschend «süß», schlank, schmackhaft, mit guter Länge. Im Abgang eine Spur Bitterkeit.
*Zuletzt im November 1990 verkostet ***(*) Benötigt Zeit und Luft.*

**CH. HAUT-BRION** Mehrere Notizen. So tief wie der 70er, aber pikanter. «Süße», wohlriechen-

de, ziemlich karamel- und kaffeeartige Nase und eindringlicher Kiesel-Tabak-Geschmack. Leicht «süßer» erster Geschmackseindruck, fleischig, elegant, mittelgewichtig, seidig, fruchtig, etwas rauh, sehr trockener Abgang. In jüngster Zeit eine vorzügliche, elegante Doppelmagnum.
*Zuletzt auf dem Haut-Brion-Essen von Brooks verkostet, März 1991* ★★★★

CH. AUSONE Nur viermal degustiert, zunächst aus dem Faß, dann nach drei Jahren in der Flasche und als nächstes elf Jahre später – bei den beiden letzten Aufzeichnungen eine größere Farbtiefe als beim 70er vermerkt. In jüngster Zeit: recht gutes Bukett, leicht pflanzlich, entgegenkommende Lakritznote; relativ trocken, mittelschwer, eindringlich, eigener Geschmack, schöne Struktur – seidig, austrocknende Tannine. Flaut etwas ab.
*Zuletzt bei Farr Vintners verkostet, November 1990* ★★★ *Merkwürdiger Charakter. Wird sich halten.*

CH. CHEVAL BLANC Im Faß sehr tief und würzig. Mehr als ein halbes dutzendmal «wohlausgewogen» vermerkt. Tief, attraktiv, hübsche Farbabstufung; herrliches Bukett, harmonisch, aufblühend, immer noch würzig – Eukalyptus; leicht «süß», komplettes Gewicht, ein eleganter, feiner, zeitlich gut entwickelter Wein, mit mehr Fülle als die Médocs. In jüngster Zeit mit fortgeschrittener Reife; «süßes», wohlriechendes Bukett; seidige Struktur. Vorzüglich.
*Zuletzt im September 1993 verkostet* ★★★★ *Bis zum Jahr 2000 trinken.*

CH. PÉTRUS Im Faß starkfarben, mit trefflicher Pomerol-Struktur, mollig, doch tanninbetont. Entfaltete sich schön, war Mitte der 80er Jahre wunderbar fleischig und wohlriechend. Vom Faß und danach noch mehr als sechsmal degustiert. Inzwischen Farbverlust und voll ausgebaut, dabei immer noch lebhaft; «süß», Sattelgeruch, Tannin, marmeladige Frucht, ein Hauch Salbeibukett; ziemlich «süß» und körperreich, robust, recht malzig, gut passende Struktur, mit einem Tanningehalt fast wie ein 75er.
*Zuletzt bei Farr Vintners verkostet, November 1990* ★★★★(★) *Lange Lebenserwartung.*

CH. BATAILLEY Nur ein paar Aufzeichnungen, darunter eine gefällige Abfüllung von Berry Bros 1985. Die Pflaumenfarbe der frühen 80er Jahre ist mittlerweile bleich geworden, voll ausgebaut; «süße», aber nicht außergewöhnliche Nase; gefällig, mit ausreichend Körper und Frucht. Sehr gut zu trinken, wenn auch mit wenig Finesse.
*Zuletzt im Juli 1989 verkostet* ★★ *Bald trinken.*

CH. BEYCHEVELLE Zwischen 1976 und 1983 mehrmals degustiert, danach nur zwei weitere Aufzeichnungen. Gleichbleibend gute Bewertun-

gen: inzwischen vollreifes Erscheinungsbild, mit einem Stich ins Orange; weiniges, zedernholzartiges Bukett; schönes Gewicht, elegant, gut abgerundet, weich, doch etwas mehr Säure als erwartet, mit Speisen bemerkt man das nicht.
*Zuletzt im Mai 1993 verkostet* ★★★ *Bis 1998.*

CH. BRANAIRE-DUCRU Mitteltief, ausgebaut, Stich ins Orange; voll entwickeltes, ziemlich ungewöhnliches, sehr ausgeprägtes Bukett, mit Nuancen von Veilchen und Lakritze; geschmacksintensiv, reich, zum Kauen, gut verdecktes Tannin. Schöne Gestalt.
*Zuletzt im November 1990 verkostet* ★★★ *Bis 1996.*

CH. BRANE-CANTENAC Einigen gefällt dieser Wein, mit der medizinalen Médoc-Note und dem Geruch nach Bauernhof, und auf seine Art ist er auch ansprechend. Zu meiner Überraschung fand ich ihn sehr gefällig, mit vorzüglichem Duft; seidig, zart, wohlriechend, trinkbereit.
*Zuletzt im November 1990 verkostet* ★★★ *Bis 1995.*

CH. CALON-SÉGUR Vier Aufzeichnungen. Ein attraktiver Wein, eine guter 71er und ein guter Calon. Gewicht, Geschmack und Länge schön.
*Zuletzt im Januar 1986 verkostet* ★★★ *Jetzt trinken.*

CH. CANON Im Alter von zehn Jahren hervorragend und immer noch sehr attraktiv. Inzwischen eher blaß als mitteltief, offen, ausgebaut, dabei von reicher Tönung; leichtgewobenes, wohlriechendes Bukett, das sich im Glas «süß» entfaltete; ausgesprochen duftend, mit tanzender Säure, für einen Canon schlank. Trockener Abgang.
*Zuletzt im November 1990 verkostet* ★★★★ *Bis 1998.*

CH. CANON-LA-GAFFELIÈRE Acht Notizen, über die 80er Jahre verteilt. Niemals besonders tief, inzwischen ziemlich blaß und mit der Orangetönung des Ausbaus. Doch trotz dem und einer einnehmend «süßen» Nase ein gefälliges Gewächs, weich, leicht, schmackhaft.
*Zuletzt im Juni 1979 verkostet* ★★ *Austrinken.*

CH. CANTEMERLE Eine Rückkehr zur Eleganz bereits im Faß feststellbar. 1982 wohlriechend und schmackhaft. In jüngster Zeit: tief, reif; außerordentlich entgegenkommendes Bukett, überschwenglich, mit einer Duftmischung von Achselhöhle und Veilchen! Facettenreich und exotisch. «Mittelsüß», mittelschwerer Körper, sehr reich, Geschmack und Abgang vorzüglich. Mit weiterer Lebenserwartung.
*Zuletzt im November 1990 verkostet* ★★★★ *Bis 2000.*

CH. CERTAN-GUIRAUD Relativ blasses, stark ausgebautes Erscheinungsbild; wohlriechendes, angesengtes, kaffeeartiges, ansprechendes, aber

unverwobenes Bukett; sehr «süß». Reich. Vorzüglicher Wein.
*Zuletzt im November 1990 verkostet* **** *Bis 1998.*

CH. CERTAN-DE-MAY All diese Certans sind an sich schon verwirrend genug, und um die Konfusion komplett zu machen, wurde dieser hier auf Château L'Evangile vinifiziert. Tief, reich; Virolnase (Malz), die schon fast übertrieben reich wirkt; relativ «süß», körperreich, mit einer Fülle an Frucht und Fleisch, schön lang und guter, trockener Abgang.
*Zuletzt im November 1990 verkostet* **** *Bis 2000.*

DOM. DE CHEVALIER 1980 voll ausgebaut. In jüngster Zeit: leichtgewoben, mit einem Stich ins Orange; weiches, vollentwickeltes Bukett, Tee, Schokolade, verblassende Veilchennuancen; gleichbleibend trocken, mittelschwer in Stil und Gewicht, sehr schmackhaft, aber schlank. Stützender Tannin- und Säuregehalt.
*Zuletzt im November 1990 verkostet* *** *Bis 2000.*

CH. CISSAC Nach einer frühen Faßprobe viele weitere Bewertungen. Ein gutes Beispiel für einen zuverlässigen und nie zu teuren *Cru bourgeois.* Inzwischen ausgebaut. Recht elegant und wohlgeformt.
*Zuletzt im November 1990 verkostet* ** *Bald trinken.*

CH. LA CONSEILLANTE Ein Frühentwickler. Mitte der 80er Jahre schön und füllig. In jüngster Zeit mitteltief, ausgebaut; «süßes», sehr ansprechendes und recht tiefes Bukett; trocken, relativ voll, perfekt ausgewogen.
*Zuletzt im November 1990 verkostet* **** *Bis über das Jahr 2000 hinaus.*

CH. COS D'ESTOURNEL Deutlich schlanker als der 70er. 1980 reif, aber nicht sehr bemerkenswert. Ein Jahrzehnt später: ansprechendes, leichtgewobenes Bukett; von Anfang bis Ende sehr trocken. Zuwenig Fülle.
*Zuletzt im November 1990 verkostet* ** *Nicht aufregend. Wird durch weitere Flaschenlagerung kaum mehr viel gewinnen.*

CH. LA DOMINIQUE Nur eine Aufzeichnung: relativ tiefe, schöne Farbe; wohlriechend, sehr reich, beträchtliche Tiefe, eine Spur seidige Textur; trocken, körperreich, gute Länge, sehr tanninbetont.
*November 1990* ***(*) *Bis über das Jahr 2000 hinaus.*

CH. DUCRU-BEAUCAILLOU In den 70er Jahren gute Bewertungen. In den 80er Jahren immer noch ziemlich tief, rot, schmackhaft, aber trocken und nicht sehr substantiell. In jüngster Zeit bei Farr Vintners war ich ganz anderer Meinung als die meisten anderen Verkoster: ich fand die Nase überreif und mit Sattelgeruch, den Wein trocken, relativ voll, mit einem recht bitter-pflanzlichen Fermier-Geschmack. Auch war mit der Abgang etwas rauh. Deutlich eine Frage des Geschmacks.
*Zuletzt im November 1990* **?

CH. L'ENCLOS Tief, reich, ausgebaut; reiche, schokoladige Nase, die im Glas wuchs, sehr «süß» und wohlriechend; entsprechender Geschmack. Ein sehr eindringlicher Wein, tannin- und erdbetont.
*November 1990* **** *Bis 2000.*

CH. L'EVANGILE Ziemlich tief, ausgebaut; zunächst eigenartig, mit der Sattelgeruch der Tannine und unverwoben, doch Luftzufuhr machte ihn weicher, reicher; auch am Gaumen ein reicher Wein, mit pikanter Frucht und einer Fülle an Tannin. Es lohnt sich eine längere Flaschenlagerung zu riskieren.
*November 1990* **(**) *Bis 2000?*

CH. FIGEAC Seit 1976 acht Bewertungen dieses Weins, der an Dr. Jekyll und Mr. Hyde erinnert. Spät gelesen. Einer der Lieblingsweine von Thierry Manoncourt. Manchmal mit Anzeichen von Überreife und Kraftverlust. 1989 bei Desais Figeac-Degustation üppig reiches, entgegenkommendes Bukett, mit Vanille-Nuancen, das einen starken Marmeladeduft im Glas hinterließ. Sehr «süß», geschmacksintensiv, ein warmer, ansprechender Wein, mit würzigem Nachgeschmack. Bei der Degustation von Farr Vintner in der Nase positiv exotisch, am Gaumen aber eher spröde.
*Zuletzt im November 1990 verkostet* **** *Bald trinken.*

CH. LA FLEUR-PÉTRUS Fünf Notizen. Ein attraktiver, gut gebauter Wein, 1980 wohlriechend und sehr gefällig. Ein Jahrzehnt später: immer noch tiefe Farbe; fülliges, harmonisches Bukett; eine Spur reifer «Süße», voller Körper und Geschmack, gut Frucht und sehr griffig.
*Zuletzt im November 1990 verkostet* **** *Bis über das Jahr 2000 hinaus.*

LES FORTS DE LATOUR 1979 erstmals verkostet, in der Nase ansprechend und gefällig in Gewicht, Geschmack und Ausgewogenheit. Ein paar Jahre später fand ich die Nase ausdrucksarm; weich, gefällig, etwas leer; mußte getrunken werden. In jüngster Zeit: ziemlich tief, reich, ausgebaut; in der Nase und am Gaumen offen, ansprechend, aromatisch. Etwas schlank. Gewiß kein Schwergewicht.
*Zuletzt im November 1990 verkostet* *** *Bis 1996.*

CH. LA GAFFELIÈRE Ein gefälliger Schnellentwickler, doch Mitte der 8oer Jahre immer noch weich und köstlich.
*Zuletzt im November 1986 verkostet* ★★★ *Bald trinken.*

CH. LE GAY Sehr tief in Farbe, Nase und Gaumen. Ein schöner, körperreicher Wein.
*März 1985* ★★★★ *Wird sich halten.*

CH. GISCOURS Außergewöhnlich. Ursprünglich undurchsichtig, immer noch überaus tief, mit einem Zentrum wie schwarze Kirschen; kräftig, voller Frucht, wohlriechend; ein wirklich mächtiger Wein, reich, fleischig, weich, doch tanninbetont.
*Zuletzt im Juli 1989 verkostet* ★★★(★) *Jetzt beeindruckend. Wird sich halten.*

CH. GRAND-PUY-LACOSTE In den 7oer Jahren mehrere Aufzeichnungen: reich, stilvoll, etwas «grün». 1980 fest und schmackhaft. Ein Jahrzehnt später: mitteltief, ausgebaut; lebhafte Frucht, harmonisches Bukett; etwas «süß», mittelschwerer Körper; gut und geradlinig im Geschmack, auch in Länge und Abgang. Schlank, aber stilvoll.
*Zuletzt im November 1990 verkostet* ★★★(★) *Bis 2000 und länger.*

CH. LA GRAVE TRIGANT-DE-BOISSET Moueixs' Kauf von La Grave im Jahre 1971 fiel, zeitlich betrachtet, nicht sehr günstig. Die Rebstöcke waren durch Hagel so stark beschädigt worden, daß sich das auf den Geschmack des Weins auswirkte. In der Verzweiflung füllte man ihn erst nach drei Jahren ab. Inzwischen ist er aufsehenerregend attraktiv: mitteltiefe, ausgebaute Farbe; unmittelbarer Wohlgeruch, der sich im Glas sehr schön entfaltete; «süß», voll, fleischig, ein herrlicher Wein. Überschwengliches Lob bei Farr Vintner.
*November 1990* ★★★★★ *Jetzt trinken.*

CH. GRUAUD-LAROSE Viele übereinstimmende Notizen: gut, fruchtig, eher zurückhaltend, mangelnde Finesse. Immer noch ziemlich tief, reich, ausgebautes Erscheinungsbild; «süß», verhältnismäßig gehaltvoll, «Medizinal»-Nase und Geschmack, schlank, lebhaft, trocken, leicht metallischer, tanninbetonter Abgang, aber mit Stil.
*Zuletzt im September 1993 verkostet* ★★★ *Müßte sich gut halten, wird aber seine Art kaum mehr verändern.*

CH. HAUT-BAILLY Zu der Zeit ein Traubensatz aus 34 % Cabernet Sauvignon, 16 % Cabernet Franc und 26 % Merlot. 24 % alte Rebstöcke. Mitte der 8oer Jahre harmonisches, schokoladiges Graves-Bukett; wohlgeformt, gefällig in Gewicht und Geschmack, tanninbetonter Abgang. In jüngster Zeit: schöne Farbe, reif; reiches, entgegenkommendes, exotisches Bukett; samtig, eine Spur von dem schokoladigen, erdigen Charakter eines roten Graves, guter Abgang.
*Zuletzt im November 1990 verkostet* ★★★★ *Jetzt vorzüglich, wird sich halten.*

CH. HAUT-BATAILLEY So entwaffnend leichtverständlich und schmackhaft er Mitte der 7oer Jahre auch war, man konnte doch kaum Raum für eine weitere Entwicklung erkennen. Doch weil er so gut gemacht und wohlausgewogen ist, scheint er sich ständig «auf dem Gipfel» zu befinden, und das wird zweifellos auch noch etwas bleiben. Elegant. Schön.
*Zuletzt im Dezember 1989 verkostet* ★★★, *wenn man großzügig ist auch* ★★★★

CH. HAUT-BEYCHEVELLE-GLORIA Weich, leicht, ansprechend.
*Zuletzt im Dezember 1987 verkostet* ★★ *Austrinken.*

CH. LA LAGUNE Anfänglich langsame Reife. Mitte der 8oer Jahre pflaumenfarben; pfeffrige, würzige, fast spitze, nichtsortentypische Fruchtnase; trocken, schlank, schmackhaft, aber etwas rauh. In jüngster Zeit: immer noch tiefe Farbe, ausgesprochen gehaltvoll, ziemlich eigenartige Nase, die mich an Kalbsfußgelatine erinnerte, reich; mäßig gut, etwas schroff. Ein 71er von mittlerer Qualität.
*Zuletzt im November 1990 verkostet. Gerade noch* ★★★ *Austrinken.*

CH. LANGOA-BARTON Nur Anfang der 8oer Jahre degustiert, gleichbleibende Bewertungen: überaus ansprechend, ausgebaut; warm, reif und gefällig in Bukett und Geschmack. Schöne Struktur. Charmant.
*Zuletzt im Juli 1984 verkostet* ★★★ *Müßte nach wie vor sehr gut sein.*

CH. LATOUR À POMEROL Überraschenderweise nicht tief, ausgebaut; lebhaft wohlriechendes Bukett, das sich reich entfaltete; vollerer Körper, als das Erscheinungsbild vermuten ließ, gut und weich am mittleren Gaumen, attraktiv.
*November 1990* ★★★★ *Bis 1998.*

CH. LÉOVILLE-BARTON Ein wohlriechender Frühentwickler, immer noch charmant, mit seidiger Struktur, schön in Gewicht und Geschmack. Trockener Abgang. Ein Wein mit Klasse und Stil.
*Zuletzt im September 1989 verkostet* ★★★★ *Jetzt trinken, wird sich noch halten.*

CH. LÉOVILLE-LAS-CASES In der Jugend ziemlich spröde; meine letzten sieben Notizen dokumentieren die zunehmende Reife. Noch immer ziemlich tief; «klassisch» und «Zedernholz» scheinen die Schlüsselbegriffe zu sein, später sehr

«süße» und bisquitartige Nase. Gut in Geschmack und Struktur.
*Zuletzt im März 1992 verkostet* ★★★(★)

CH. LYNCH-BAGES Etwas wenig substantiell und mittlerweile voll ausgebaut; eigenartig hochgetönte Nase, leichter Arzneigeruch, dabei reich und schmackhaft. Auf seine Art gefällig.
*Zuletzt im November 1986 verkostet* ★★

CH. MAGDELAINE Relativ blaß, ausgebaut; zunächst zurückhaltend, entfaltete dann in der Nase eine eigenartig reiche Fleischigkeit; ausgesprochen «süß», voller Körper als das Erscheinungsbild hätte vermuten lassen, reich, schokoladig, leicht angesengt. Mir persönlich gefiel er.
*November 1990* ★★★ *Bis 1998 trinken.*

CH. MALESCOT-ST-EXUPÉRY Weiche, reiche Farbe; leichtgewoben, «süß», ansprechendes Bukett; wohlschmeckend, fruchtig, um den tanninbetonten Abgang etwas rauh. Lies sich aus einer *Marie-Jeanne* gut trinken, zwei Monate später bei einer Degustation etwas rauhe Tannine.
*Zuletzt im November 1990 verkostet. Gerade noch* ★★★ *Bis 1998 trinken.*

CH. MARQUIS D'ALESME-BECKER Eine Spur Eisen. Ausreichend gefällig.
*August 1986* ★★

CH. LA MISSION-HAUT-BRION Im Faß und auch danach reich und schmackhaft. Durchs Band positive Bewertungen. Noch immer sehr tief; unmittelbarer Wohlgeruch, harmonisch, zitrusartige Frucht, angereichert durch Kaffee und Jod; ausgesprochen «süß», ziemlich körperreich, komplett, Tabakgeschmack, große Länge. Mir gefällt er weitaus besser als der 70er.
*Zuletzt im November 1990 verkostet* ★★★★ *Jetzt vorzüglich, wird sich halten.*

CH. MONTROSE Viele Aufzeichnungen. Guter Wein. Mit Ausnahme einer hölzernen Flasche Anfang der 80er Jahre mit herrlicher Frucht, wenn auch tanninbetont. Mitte der 80er Jahre «klar umrissen» und «nicht so hart wie erwartet». Zwei jüngere Aufzeichnungen: zwar immer noch ziemlich tief, dennoch stark ausgebautes Erscheinungsbild; typische Médoc-Nase, mit Nuancen von Jod und Austernschalen; trocken, schlank, zuwenig Länge und Charme, auch wenn letztere Eigenschaft, im Gegensatz zur Männlichkeit, ohnehin kein Charakteristikum für einen Montrose ist. Etwas enttäuschend.
*Zuletzt im September und November 1990 verkostet* ★★(★) *Lohnt sich zurückzulegen ...*

CH. PALMER Ein Spätentwickler, der in den 70er und Anfang der 80er Jahre insgeheim mit sich zu ringen schien. Immer noch ziemlich tief, reiches

Rubinrot, doch mit einigen Anzeichen der Entwicklung; vorzügliches, «süßes», reiches, zedernholzartiges Bukett, das an die Stelle der früheren pflaumigen Frucht trat; etwas «süß» und fleischig, weich, reich, komplett, attraktiv. Benötigt Luft.
*Zuletzt im November 1989 verkostet* ★★★★ *Jetzt auf der besten Entwicklungshöhe, müßte sich noch halten.*

CH. PAPE-CLÉMENT Seinerzeit nicht überall hoch eingeschätzt, doch meine Aufzeichnungen des 71er sind gut. Vor allem um das Jahr 1980 herum bewertete ich den Wein als stilvoll, mit hervorragend erdigem Graves-Geschmack und sehr schön in Ausgewogenheit und Länge. 1986 fein, etwas schlank. In jüngster Zeit: vorzüglich ausgebaute Farbe; reich, gehaltvoll, dabei relativ zurückhaltende, klassische Nase; sehr ausgeprägter, für Graves typischer Tabakgeschmack. Trockener Abgang.
*Zuletzt im November 1990 verkostet* ★★★★ *Bis 2000.*

CH. PAVIE Vor 1980 nicht degustiert, in den 80er Jahren allerdings viele Aufzeichnungen. Gefällig, elegant, mit schöner Struktur, wenn es auch etwas an Fett mangelte. Deutlich ein Wein, der sich gut trinken läßt; 1985 ein Hauch «Tee» und vor kurzem «Schokolade und Kaffee»!
*Zuletzt im November 1990 verkostet* ★★★ *Bald trinken. Wohl am Austrocknen.*

CH. PHÉLAN-SÉGUR Zehn Notizen in einem Zeitraum von zwölf Jahren, darunter keine einzige lobende. Ein stark aufgezuckerter, ziemlich unangenehm riechender Wein, rauh und irgendwie künstlich, wobei er mir zum Essen gerade noch geschmeckt hat.
*Zuletzt im Februar 1988 verkostet* ★ *Ich erwähne ihn nur zur Warnung.*

CH. PICHON-BARON Im Alter von fünf Jahren deutete die Farbe auf einen sich rasch entwickelnden Wein hin, wobei der sehr trockene, adstringierende Gaumen zu denken gab. In jüngster Zeit; tief, lebhaft, ziemlich intensiv; eigenartige, ziemlich kraftvolle Nase mit Vanille-Tönen; relativ voll, pikante Frucht, eindringlich und sehr tanninbetont.
*Zuletzt im November 1990 verkostet* ★★(★)? *Schwer zu sagen, wie er sich entwickeln wird.*

CH. PICHON-LALANDE Erstmals Mitte der 80er Jahre verkostet und zweimal als voll ausgebaut beurteilt; «süß», mit ziemlich zuckeriger Nase; etwas schlank, schmackhaft, aber ausreichend gefällig. In jüngster Zeit ähnliche Kommentare. Voll entwickelt, leicht gewoben, aufgezuckert, aber ansprechend. Keiner der 71er Pichons ist groß.
*Zuletzt im November 1990 verkostet* ★★ *Bald trinken.*

CH. RAUSAN-SÉGLA Tiefer als erwartet; zeigte Anzeichen von Reife und Flaschenalter, erinnerte an braunen Toast, herbstlich, speziell; trotz einer deutlichen Säure fand ich ihn köstlich, seidig, trinkfertig.
*Auf dem Château, September 1986 ★★ Austrinken.*

CH. DE SALES Immer ein leicht zugänglicher Wein, der in einem Jahrgang wie dem 71er am besten herauskommt. Früh ausgebaut, im Alter von sieben Jahren sehr ansprechend; sieben Jahre später immer noch weich, rund und gefällig.
*Zuletzt im Oktober 1984 verkostet ★★ Wahrscheinlich immer noch sehr gefällig.*

CH. TALBOT Die Roten von Cordier schienen 1971 nicht ganz gelungen. Der für gewöhnlich männliche Talbot ist ziemlich tief und würzig, aber Mitte der 8oer Jahre vermerkte ich zweimal «rauh». Unnachgiebig, außer man ißt ein gutes Stück Rindfleisch dazu. In jüngster Zeit: schöne reiche Farbe, mit ersten Anzeichen der Entwicklung; klassische Zedernholznase, wohlriechend; schlank, aber kraftvoll, immer noch ziemlich tanninbetont.
*Zuletzt im November 1990 verkostet ★★(★★) Man sollte ihm noch Zeit lassen.*

CH. LA TOUR-HAUT-BRION Reich und schmackhaft, aber ohne die Länge seines älteren Bruders und etwas rauh. In jüngster Zeit: immer noch tiefes Rubinrot, mit einer außergewöhnlichen Nase, zunächst Jod, dann sehr reich, bisquitartig, wohlriechend – was das beste Merkmal ist. Trocken und schlank.
*Zuletzt im November 1990 verkostet ★★(★) Bis 2000.*

CH. LA TOUR-DU-PIN-FIGEAC Auf der Pomerol-Seite von St-Emilion und eher wie eine aufgezuckerte Version des ersteren. Sehr reif. Ziemlich alter, ledriger Geschmack. Nur erwähnt als Beispiel dafür, daß die weniger großen St-Emilions selbst in einem Jahrgang wie 1971 nicht viel besser sind als die entsprechenden Médocs.
*Zuletzt im September 1986 verkostet ★*

CH. TROTANOY Mehrere Aufzeichnungen Mitte der 7oer Jahre und eine Mitte der 8oer Jahre lassen klar erkennen, daß es sich um einen bemerkenswerten Wein handelt. Bis dahin fast undurchsichtig, reich, pflaumiges Merlot – ähnlich Pétrus; voll, reich, samtig. Inzwischen reif; hochgetöntes, wohlriechendes, sehr tiefes Bukett; immer noch ziemlich «süß», ein reicher, fleischiger Wein, Geschmack und Struktur vorzüglich.
*Zuletzt im November 1990 verkostet ★★★★ Bis über das Jahr 2000 hinaus.*

VIEUX CH. CERTAN Ein weicher, geschmeidiger Wein, 1985 Farbtiefe, vorzügliche Struktur und ebensolcher Geschmack vermerkt. In jüngster Zeit: reiches, sich entwickelndes Erscheinungsbild, Bukett mit Frucht- und Walnußnuancen, zunächst etwas hart, doch dann Entfaltung; reicher, schokoladiger Geschmack, wenn auch im Stil etwas leicht. Seidiger, tanninbetonter Abgang.
*Zuletzt im November 1990 verkostet ★★★(★) Bis über das Jahr 2000 hinaus trinken.*

DIE FOLGENDEN WEINE MACHTEN SICH ANFANG BIS MITTE DER 8OER JAHRE GUT:

Ch. Beauregard Pomerol, Ch. Beau Séjour Bécot, Ch. Cantenac-Brown, Ch. Carbonnieux, Ch. Duhart-Milon, Dom. de L'Eglise, Clos Fourtet, Ch. Haut-Sarpe, Ch. Lascombes, Ch. Moulinet, Ch. Mouton-Baron Philippe, Ch. Petit-Village, Ch. Plince, Ch. Prieuré-Lichine, Ch. Ripeau, Ch. La Tour-de-Mons, Ch. Troplong-Mondot.

IN DEN 8OER JAHREN GEFÄLLIGE GERINGERE WEINE:

Ch. d'Arcins, Ch. Baret, Ch. Bel-Orme-Tronquoy-de-Lalande, Ch. La Clotte, Ch. Fombrauge, Ch. de Lamarque, Ch. Lynch-Moussas, Ch. Magnan-La-Gaffelière, Ch. Petit-Faurie-de-Souchard, Ch. Pontet-Clauzure, Ch. Roquetaillade-La-Grange, Ch. Trottevieille, Ch. Yon-Figeac.

IN DEN 8OER JAHREN NICHT GUT:

Ch. Boyd-Cantenac, Ch. Croizet-Bages, Ch. Gressier-Grand-Poujeaux, Ch. Pomys, Ch. Pontet-Canet.

# 1972

*Nicht ganz so schlecht wie trostlos. Wenige Weine waren, selbst in ihrer Jugend, auch nur entfernt gut. Die Schloßbesitzer und der Handel im Bordelais, angestachelt durch die weltweite Nachfrage, trieben die Preise über jedes vernünftige Maß hinaus. Torheit und Habgier zusammen beherrschten einen überhitzten Markt. Der Zusammenbruch kündigte sich an.*
*Kalter Frühling, späte Blüte. Abgesehen von einem warmen Juli ein miserabler Sommer mit schweren Regenfällen im August. September und Oktober waren schön und trocken. Aufgrund der späten Blüte zögerte sich die Lese lange hinaus. Große, ungleichmäßige Ernte an relativ unreifen Trauben. Mitte bis Ende der 7oer Jahre habe ich eine große Anzahl an Weine degustiert. In diesem frühen Stadium waren einige recht hübsch, aber fast alle frühreif und machten fast ausnahmslos Anstalten, sich zu verabschieden. Mit Hilfe einer sorgfältigen Chaptalisierung konnten dennoch einige trinkbare Weine hergestellt werden. Doch mit dem Aufzuckern verhält es sich wie mit den*

## 1972

*Wasserstoffblondinen, die sich nicht rechtzeitig nachfärben. Die meisten 72er sind bereits getrunken. Die wenigen Verbleibenden erzielen verdientermaßen auf dem freien Markt nur geringe Preise. Dadurch kann man einige Spitzengewächse zu einem recht passablen Qualität-Preis-Verhältnis erwerben.*

CH. LAFITE Von der Qualität her natürlich kein *Grand vin*, aber zweifellos nicht so schlecht wie die 63er, 65er oder 68er. Nach einem Jahr in der Flasche zeigte er die ersten Anzeichen des Ausbaus, war wohlriechend und überraschend hübsch. Vier Aufzeichnungen aus jüngerer Zeit dokumentieren einen akzeptabel schmackhaften Wein, dessen rauhe Endsäure zusammen mit Speisen gemildert wird. Farbe nicht schlecht. Voll ausgebaut. Ziemlich durchschnittliche, unverwobene Nase, doch bei jeder Gelegenheit war auch der unnachahmliche Lafite-Duft an die Oberfläche durchgedrungen, wenn der Wein nur genügend Zeit im Dekantiergefäß und im Glas verbracht hatte. Bei Flatts Lafite-Degustation bewertete ich ihn sogar als «üppig». In jedem Fall preiswert genug.
*Zuletzt eine halbe Flasche, die bei Brooks dekantiert wurde, verkostet, im Juni 1990 ★★ Zum gelegentlichen Konsum, nicht zur ernsthaften Einlagerung.*

CH. MARGAUX Nur fünf Aufzeichnungen, die beiden ersten im Herbst nach der Abfüllung, damals einer der tiefsten 72er, aber bitter. 1983 eine interessante Doppelmagnum, relativ tief; in der Nase unmittelbarer Eindruck von Qualität und Stil, am Gaumen allerdings weniger interessant. In jüngerer Zeit eine Flasche von positiver, wenn auch nicht stark ausgebauter Farbe; angesengtes, gehaltvolles Bukett, gewisser Wohlgeruch; trocken, relativ leicht, makellos. Mit einigem Qualitätsanspruch.
*Zuletzt im Januar 1986 verkostet ★★*

CH. LATOUR Einige Aufzeichnungen; in der Jugend pflaumenfarben, hart und stielig, zu Anfang der 80er Jahre immer noch etwas rauh und zugeknöpft. Undeutliche Nase, die sich merkwürdig und unverwoben entfaltete. Trocken, kurz, gewöhnlich.
*Zuletzt bei der Latour- und Mouton-Degustation von Frericks/Wodarz, März 1989 ★*

CH. MOUTON-ROTHSCHILD Eine Karikatur von einem Wein: im Faß rauh, doch mit einer gewissen charakteristischen, schlummernden Cabernet-Sauvignon-Note, die sich erstaunlicherweise gehalten hat. Hübsches, aber ziemlich schwaches, orangegetöntes Rot; leichtes, dabei lebhaftes und recht ansprechendes Bukett, trocken, unausgewogen, doch mit deutlichem Geschmack von schwarzen Johannisbeeren und ebensolcher Säure.

*Zuletzt zusammen mit dem Latour verkostet, März 1989 ★★*

CH. HAUT-BRION Einmal verkostet. Einer der blassesten 72er; Anzeichen von Wohlgeruch kämpften mit der Säure aus der unreifen Traube; trocken, ziemlich leicht, unbeeindruckend, wenn auch auf seine Art wohlschmeckend.
*Mai 1985 ★*

CH. AUSONE Ebenfalls nur eine einzige Notiz. Eigenartigerweise ähnliche Farbtiefe wie der 70er, wenn auch im Aussehen stärker Orange, relativ blaß, hell. Zurückhaltende Vanille-Note in Nase und Geschmack; relativ trocken, eher leicht, gewisse Frucht, mit Endsäure.
*Bei Flatts Ausone-Degustation, Oktober 1987 ★*

CH. CHEVAL BLANC Als einer der besten 72er bewertet, doch seit 1975 nicht mehr verkostet.

CH. PÉTRUS Bei einer ausgiebigen Degustation von 72er Weinen im Jahre 1975 wurde der Pétrus nicht sehr hoch bewertet. 1986 bei Frericks eine für einen Pétrus recht dünne Magnumflasche, aufgezuckert, mit einem Geruch nach roter Bete und getrockneten Teeblättern. Im folgenden Jahr relativ blasse, reife Erscheinung, fruchtigere Nase; nicht schlecht, aber kurz.
*Zuletzt bei einer Vorverkaufsdegustation in Chicago verkostet, April 1987 ★ Ideal für Etikettensammler ohne viel Geschmacksempfinden.*

CH. BEYCHEVELLE Viele Aufzeichnungen aus den 80er Jahren, mindestens zehn von Vorverkaufsdegustationen. In jüngerer Zeit eine Flasche mit lebhafter, rosagetönter Bordeauxfarbe; «süße», völlig aufgezuckerte Nase; trocken, etwas rauh – nur ein ganz schwacher Anklang des für Beychevelle typischen Dufts und Charmes.
*Zuletzt im Mai 1993 verkostet ★*

CH. CALON-SÉGUR Vier Notizen Mitte der 80er Jahre. Blaß, reife Orangetönung, bernsteingrüner Rand; chaptalisierte Nase: brauner Zucker, angesengtes Packpapier. Nicht so schlecht, wie er aussieht. Trocken, leicht, pikanter Geschmack.
*Zuletzt im Mai 1986 verkostet.*

CH. DUCRU-BEAUCAILLOU Nicht schlecht. In der Jugend durchaus mit gewissem Wohlgeruch und -geschmack. In den 80er Jahren sechs übereinstimmende Aufzeichnungen. Passables Bukett, «süß», weich, medizinal; schmackhaft, nicht zu leicht oder dünn, aber mit etwas blechernem Abgang.
*Zuletzt im Mai 1987 verkostet ★★*

CH. GRUAUD-LAROSE Mischung von guter Frucht und ungehobelter Säure.
*Eine Jéroboam im September 1993 ★*

**Ch. La Lagune** 1975 ziemlich marmeladige Frucht. In jüngerer Zeit: relativ blaß, aber reichhaltig und mit einem Stich ins Orange; «süße», recht ansprechende, aufgezuckerte Kaffee-und-Schokolade-Nase; am Gaumen «süßer» als die meisten anderen, robust, aber mit bitterem, säurebetontem Abgang, der die Zähne beschlägt.
*Zuletzt im September 1989 verkostet. Sollte man mit Würsten probieren.*

**Ch. Malescot-St-Exupéry** Im Alter von drei Jahren relativ blaß, fortgeschritten, pfeffrig und locker verwoben, eine Art marmeladiger Cabernet-Sauvignon-Charakter drückte Ende der 70er Jahre durch. In jüngster Zeit eine *Impériale* bei Rodenstocks Malescot-Degustation: mitteltief; offene, aufgezuckerte Nase, ein Hauch fauler Trauben; mitteltrocken und -schwer und überhaupt nicht schlecht zu trinken. Gewisse Frucht. Etwas rauh.
*Zuletzt im September 1990 verkostet* ★★

**Ch. La Mission-Haut-Brion** Mitte bis Ende der 70er Jahre stielig und rauh. Vier jüngere Aufzeichnungen. Die für einen 72er typische Orangetönung; ebenfalls stark aufgezuckert, mit vollentwickelter Kaffe- und Schokoladenase und einem Geschmack nach braunem Zucker, eingehüllt in Packpapier. Schroff, kurz, mit bitterem Abgang.
*Zuletzt bei der Degustation von Wolf verkostet, Juni 1990.*

**Ch. Montrose** Käsige, wohlriechende, aber unverwobene Nase; trocken, schlank, etwas rauh.
*Zuletzt im Oktober 1985 verkostet.*

**Ch. Palmer** Neun Aufzeichnungen seit 1975. Am besten etwa 1980. Unverwoben, aber nicht schlecht. Brauner Rand; stark aufgezuckert, Nase wie gekochtes Obst. Ein eigenartiger, robuster Wein mit einem Abgang wie alte Äpfel und getrocknete Blätter.
*Zuletzt im Oktober 1984 verkostet.*

**Ch. Talbot** Eine Aufzeichnung. Nase wie rote Bete, die an Burgunder erinnerte. Trocken, leicht, fruchtig. Nicht schlecht.
*März 1984* ★

**Ch. La Tour-Haut-Brion** Eine Notiz. Ansprechender als der La Mission. Überraschend schmackhaft.
*November 1986* ★★

**Anfang bis Mitte der 80er Jahre nicht schlecht:**

Ch. Baret, Ch. Beau Séjour Bécot, Ch. Bernard-Raymond, Ch. Branaire-Ducru, Ch. Brane-Cantenac, Ch. Canon-La-Gaffelière, Ch. Citran, Ch. Gazin, Ch. Gloria, Ch. Haut-Batailley, Ch. Lascombes, Ch. Latour à Pomerol, Ch. Lynch-Bages, Ch. Les Ormes-de-Pez, Ch. Rausan-Ségla, Ch. Smith-Haut-Lafitte, Ch. La Tour-de-Mons, Ch. Trotanoy, Ch. Verdignan.

**Anfang der 80er Jahre selbst für den 72er Standard mittelmässig:**

Ch. Batailley, Ch. Boyd-Cantenac, Ch. de Camensac, Ch. Cissac, Ch. Fourcas-Hosten, Les Forts de Latour, Ch. Léoville-Poyferré, Ch. Marquis d'Alesme-Becker, Ch. Mouton-Baron Philippe, Ch. Trottevieille .

**Anfang der 80er Jahre schlecht:**

Ch. Fourcas-Dupré, Ch. Pavie, Ch. Phélan-Ségur.

# 1973 ★★

*Es war, als hätte man den Rebstöcken erlaubt sich «ohne Erziehung» auszutoben. Trotzdem wies dieser Jahrgang im Vergleich zu dem schlimmen 72er und dem reizlosen 74er wenigstens einen gewissen Charme auf. Einige der gewissenhaften Schloßbesitzer schienen sowohl bei den Trauben (siehe Pétrus) als auch bei der Fassung streng selektioniert zu haben. Viele bereiteten gefällige, leicht zugängliche Weine zum baldigen Konsum. Einige können noch überraschend schön sein, und da sie nicht gefragt sind, erhält man sie zu einem recht günstigen Preis.*

*Wachstumsbedingungen: warmer Frühling bis in den Juni hinein, regnerischer Juli, heißer August und im Oktober wiederum etwas Regen. Große, gesunde, aber stark verwässerte Ernte.*

**Ch. Lafite** Mehrere Aufzeichnungen. 1977 vorzüglich. Im Alter von zehn Jahren wohlriechend, doch etwas rauh strukturiert. 1988 schmackhaft, nahezu ein perfekter Wein zu einem späten Abendessen nach dem Theater. In der Farbe niemals sehr tief, inzwischen relativ blaß, völlig reif aussehend. Zweifellos sind der Lafite-Duft und das charakteristische Erblühen im Glas vorhanden. «Mittelsüß», mittelleicht, ohne die Länge und Tiefe eines wirklich guten Jahrgangs, dennoch wohlschmeckend. Eine Flasche aus Château-Beständen.
*Zuletzt im September 1989 verkostet* ★★ *Jetzt genießen, hält sich aber noch etwa zehn Jahre.*

**Ch. Margaux** Zwei Notizen. 1978 ein frühreifer, charmanter Wein. Bei der nächsten Gelegenheit tiefer als erwartet; wohlriechend, doch auch etwas stielig und mit flüchtiger Säure. Leicht in Gewicht und Stil. Schöne Struktur. Wenig gehaltvoll, durch und durch trocken. Die schönste Eigenschaft ist das Bukett.

*Zuletzt bei Edmund Penning-Rowsell eine Flasche verkostet, die Mitte der 70er Jahre eingelagert worden waren, März 1984 ★★ Angenehm, wird sich aber kaum mehr verbessert haben.*

CH. LATOUR Ein charmanter junger Latour ist etwas ungewöhnliches. 1977 wies der 73er diese Eigenschaft auf, 1979 zeigte er jedoch eine gewisse Unausgewogenheit. Nach wie vor ein Wein mit der Latour-üblichen reichen Farbe und Intensität, inzwischen allerdings voll ausgebaut. Bukett wie altes Zedernholz und Minze. Beim ersten Schluck deutlich «süß», aber mit ziemlich rauher Endsäure. Zuwenig Frucht, für einen Latour leicht und zugänglich.
*Zuletzt im Dezember 1990 verkostet ★★ Verbesserung unwahrscheinlich.*

CH. MOUTON-ROTHSCHILD Durchaus fein und mit schönem Geschmack, doch 1977 und 1984 blecherne Säure notiert. Hübsche Farbe, wenn auch mit schwachem Rand; voll ausgebautes, duftendes, doch für Mouton recht untypisches Aroma, wahrscheinlich durch das Aufzuckern ausdrucksarm, dennoch ein relativ «süßer», leichter, kurzer, aber angenehm zugänglicher Wein.
*Zuletzt bei der Degustation von Frericks/Wodarz verkostet, März 1989 ★★ Jetzt genießen.*

CH. HAUT-BRION Zwei Notizen. Ich setzte diesen Wein 1984 bei Pennig-Rowsells Degustation von 73er Spitzengewächsen auf Platz zwei. Lebhafte Erscheinung und mit dem ganz eigenen Duft und Geschmack von Haut-Brion. Ein Hauch Kaffeebohnen und «Smarties», weinig, entwickelte sich schön. Mitteltrocken, voller Körper als erwartet, weich, doch kraftvoll, Geschmack mit Nuancen von Eisen und Tabak, Struktur und Nachgeschmack gut.
*Zuletzt im Juli 1987 verkostet ★★★ Gewisse Entwicklung noch möglich.*

CH. AUSONE Relativ blaß, etwas braun und dumpf; rauchiges, fruchtiges Bukett, ziemlich wohlriechend, entfaltete sich etwas: Nuancen von Ingwer und Erdbeeren. Eher leicht, weich am mittleren Gaumen, im Gesamteindruck trocken und etwas säurebetont.
*Bei Flatts Ausone-Degustation, Oktober 1987 ★*

CH. CHEVAL BLANC Zwei Notizen aus der Mitte der 80er Jahre. Gute Farbe; erster Geruchseindruck wie frischgepflückte Pilze, mild, wohlriechend – meine Frau notierte sich «Lavendel». Gewisse «Süße», schönes Gewicht, weiche, zarte Struktur, guter Geschmack und Abgang.
*Zuletzt eine Magnumflasche, bei einem Essen auf dem Château verkostet, September 1986 ★★★ Jetzt vorzüglich. Wird sich halten.*

CH. PÉTRUS Vinifikation von stark selektiertem Traubengut in der Absicht, die gewohnte Fülle zu erreichen. 1974 eine purpurrote, körperreiche, aber flaumige, lockergewobene und bittere Faßprobe. Ein Jahrzehnt später immer noch intensive Farbe, mit entsprechender Tiefe. Allerdings etwas vierschrötig und nicht aufregend. In jüngster Zeit immer noch farbintensiv, rubinrot, mit langen Tränen; etwas hölzernes, zurückhaltendes Bukett, schwierig genau zu bestimmen. Entfaltete sich nicht in dem Maß wie ein Médoc. «Süß», mittelschwer, gewisse Kraft, ausreichend gefällig, doch keine große Länge.
*Zuletzt bei der «Stockholm»-Degustation verkostet, April 1990 ★★*

CH. L'ARROSÉE Blaß, ausgebaut, geschmortes Obst, gesund, aber ohne Substanz.
*Juli 1985 ★*

CH. BATAILLEY Gewöhnlich recht zuverlässig, ziemlich deutlich aufgezuckerte Nase, Grenzen erkennbar (Säure).
*Juli 1987 ★*

CH. BEL-ORME-TRONQUOY-DE-LALANDE Der Gaumen ist kürzer als der Name. Aufzeichnungen aus den Jahren 1976 («nichts Besonderes») bis 1986. Lange nicht so gefällig wie einige geringere 72er und 74er.
*Zuletzt im März 1986 verkostet ★*

CH. BEYCHEVELLE Zehn unterschiedliche Notizen aus einem Zeitraum von 19 Jahren, beginnend mit einer stieligen Faßprobe. Als nächstes hohl, alte Socken; eine deutliche oxydierte Flasche, eine weitere recht schön und 1983 «so gut, wie er nur sein kann» vermerkt. Schwer zu beschreiben.
*Zuletzt im Mai 1993 verkostet. Im besten Fall ★*

CH. BRANAIRE-DUCRU Im Gegensatz zu Beychevelles elegantem «Kühlergrill» kam der eher bodenständige Branaire 1973 besser heraus. Gutes Kirschenrot; gefälliger, relativ leicher, schmackhafter Wein.
*Zuletzt im Mai 1984 verkostet, wahrscheinlich aber genau richtig zu trinken ★★*

CH. BRANE-CANTENAC Wenn der Branaire «bodenständig» ist, dann müßte man den Brane als bäurisch bezeichnen. Bei der großen Gault-Millau-Degustation 1976 in Paris wirkte der 73er frühzeitig gealtert, entwickelte eine ziemlich ölige, alte Nase. 1980 «ausgebaut» und «Dünger» vermerkt. Inzwischen orangetönt, mit einer käsigen, aufgezuckerten, leichten, medizinalen Nase; dabei recht schmackhaft, wenn auch etwas zu säurebetont.
*Zuletzt aus einer Magnum verkostet, März 1990. Im besten Fall ★*

**CH. CALON-SÉGUR** Recht gefällig, wohlriechend und schön strukturiert ein Jahr nach der Flaschenabfüllung; etwa fünf Jahre nach der Ernte machte er sich gut. Sechs Aufzeichnungen, beginnend mit einer weichen, abgerundeten Magnumflasche 1980, danach ein recht gleichmäßig verlaufender Ausbau. In den 80er Jahren mehrere Flaschen. Überreif, orangefarbener Rand, etwas verblühtes Bukett; relativ leicht, recht ansprechend, aber zerfallend.
*Zuletzt im Juni 1987 verkostet. Lohnt sich jetzt nicht mehr zu kaufen.*

**CH. CANON-LA-GAFFELIÈRE** Zwei Aufzeichnungen aus neuerer Zeit: blaß, kein Rot mehr vorhanden; «süß», duftend, hochgetönt; leicht, zugänglich, nicht unangenehm.
*Zuletzt bei einer Vorverkaufsdegustation im Juli 1979 verkostet* ★

**CH. COS D'ESTOURNEL** Leicht und zugänglich, allerdings Ende der 70er Jahre etwas adstringierend. Inzwischen relativ blasse, vollreife Erscheinung; ziemlich ansprechende «Efeublatt»-Nase, zart, würzig, fast wie ein Graves; gewisse «Süße», trotz einer prickelnden Endsäure ein leichter, zugänglicher, gefälliger Tropfen.
*Zuletzt bei der Hollywood Wine Society verkostet, Januar 1990* ★★

**CH. CROIZET-BAGES** Farbe und Nase weisen Anzeichen der Ermüdung auf. Am Gaumen besser. Ziemlich stilvoll, doch abflauend.
*Zuletzt im März 1986 verkostet* ★

**CH. DUCRU-BEAUCAILLOU** Langsamer Anfang. Ungleichmäßig. Wahrscheinlich am besten zu Anfang der 80er Jahre. Bukett bemühte sich sehr, mit Nuancen von Zedernholz, Zimt und Vollkornkeksen; recht ansprechend, aber nicht genug Fülle.
*Zuletzt im September 1993 verkostet. Im besten Fall* ★★

**CH. GRUAUD-LAROSE** 1973 ziemlich tief, kräftig und tanninbetont. Bei der Gault-Millau-Degustation der 73er Weine auf Platz sieben; am besten wahrscheinlich Anfang der 80er Jahre. Für einen 73er immer noch sehr tiefe Farbe, gewisse Frucht, fleischig, aber etwas dumpf.
*Zuletzt im Januar 1990 verkostet* ★★

**CH. D'ISSAN** Im Faß leicht, aber mit angemessener Frucht. Ausgesprochen direkt. Ein zugänglicher, ansprechender Mittagswein.
*Zuletzt im Juni 1985 verkostet* ★★

**CH. LA LAGUNE** 1974 eine «süße», weiche und fruchtige Faßprobe, danach noch sechs gute Bewertungen. Am besten um das Jahr 1980, fast burgunderartige Reichhaltigkeit, schmackhaft,

einnehmend. In jüngerer Zeit: relativ blaß, ohne eine Spur Rot; sehr «süße», schokoladige, aufgezuckerte Nase, blumig. Nicht schlecht.
*Zuletzt im Januar 1987 verkostet* ★★ *Muß getrunken werden.*

**CH. LASCOMBES** In der Jugend ziemlich tief und relativ konzentriert, nahm jedoch innerhalb von fünf Jahren eine starke Brauntönung an und zeigte sich in der Nase und am Gaumen deutlich unverwoben. Die Farbe entwickelte ein warnendes Prickeln; eigenartige, wenn auch fast üppige Nase; sehr «süß», interessante Struktur, übermäßig und schmackhaft, doch auf der Kippe.
*Zuletzt im April 1988 verkostet* ★ *Austrinken.*

**CH. LÉOVILLE-LAS-CASES** Anfang bis Mitte der 80er Jahre fünfmal verkostet. Für einen 73er tief; oberflächliches, aufgezuckertes Bukett; leicht bitterer Abgang.
*Zuletzt im Dezember 1984 verkostet.*

**CH. LÉOVILLE-POYFERRÉ** In der Jugend weder schlecht noch gut. Alterston, trocken, leicht, lebhaft, nicht aufregend.
*Zuletzt im Januar 1984 verkostet* ★

**CH. LYNCH-BAGES** In der Jugend tief, aber unnachgiebig und ziemlich dumpf. Vier jüngere Notizen: für einen 73er immer noch recht gute Farbe; «süßes» Bukett, gewisser Charme, mit ziemlich medizinaler Pauillac-Nase und ebensolchem Geschmack. Pikant. Überhaupt nicht schlecht.
*Zuletzt im April 1987 verkostet* ★★

**CH. MALESCOT-ST-EXUPÉRY** 1980 ziemlich blasses, augebautes Erscheinungsbild, mit nichtssagender, zuckeriger Nase. Trocken. Leicht. Gefällig. Ein Jahrzehnt später eine *Impériale*: relativ blaß und hübsch; zarte, gehaltvolle, malzige Nase, offen und weinig, recht ansprechend; «süß», verhältnismäßig leicht, gut aufgezuckert, ein sehr gefälliger Wein.
*Zuletzt bei dem Rodenstock-Malescot-Essen verkostet, September 1990* ★★★

**CH. LA MISSION-HAUT-BRION** «Schmackhaft» ist in der Bewertung von Beginn an das häufigste Adjektiv. Ab Mitte der 80er Jahre kam «wohlriechend» für das Bukett hinzu: «süß», überraschend würzig, Tabakblätter. Inzwischen mittelblaß, ausgebaut; Bukett mit einem Hauch Bienenwaben und Wundtinktur; «mittelsüß», für einen La Mission eher leicht, gefälliger, zugänglicher Geschmack. Kurz.
*Zuletzt bei Karl-Heinz Wolf verkostet, Juni 1990* ★★ *Jetzt trinken.*

**CH. MONTROSE** Eine Spur Orange am Rand, schokoladig, aufgezuckert, mit einer eigenartigen,

leichten Note wie Metallfolie in Geruch und Geschmack. Nicht wie sonst ein Wein mit Zukunft. Mittelmäßig.
*April 1988* ⋆

CH. PALMER Neben einer einzelnen mit Holzton und einer ausgetrockneten Flasche ein ansprechender, schmackhafter Wein, vom Ende der 70er Jahre bis zu seinem Höhepunkt in den frühen 80er Jahren. Mitte der 80er ziemlich blaß und gehaltlos; harmlose Nase, aber ein delikater Hauch von Frucht; etwas «süß», leicht, gewisser Charme. In jüngster Zeit eine gefällige Flasche aus Château-Beständen.
*Vorverkaufsdegustation, Mai 1991* ⋆⋆ *Austrinken.*

CH. PHÉLAN-SÉGUR Als der Wein jung, war hielt ich überhaupt nichts von ihm, doch er sammelte sich. Nach wie vor überraschend «süße» Nase, marmeladig, doch wenig Ausdruck. Ein recht gefälliger Tropfen.
*Zuletzt im Juli 1979 verkostet* ⋆⋆

CH. PIBRAN Orangegetönt; Vanille; schlank, hager, Geschmack nach Algen, säurebetont. Aus nichts wird nichts.
*Mai 1989.*

CH. PICHON-BARON Hübsche Farbe; delikates, dabei voll entwickeltes und gefälliges Bukett; recht schmackhaft und ansprechend.
*Zuletzt im April 1988 verkostet* ⋆⋆ *Jetzt schön, langsam am Verblassen.*

CH. PRIEURÉ-LICHINE Ein einnehmender Charmeur. Wohlriechender, ansprechender und pikanter Duft nach schwarzen Johannisbeeren; etwas «süß», leicht, schmackhaft, mit erfrischender Säure.
*Zuletzt im Oktober 1988 verkostet* ⋆⋆

CH. RAUSAN-SÉGLA Die Faßprobe signalisierte eine rasche, aber gefällige Entwicklung. Ende der 70er Jahre befriedigend, acht Jahre später recht schön. Relativ blaß, voll ausgebaut; eine gewisse Frucht; trocken, etwas rauh, aber schmackhaft.
*Zuletzt im Mai 1986 verkostet* ⋆⋆

CH. SMITH-HAUT-LAFITTE Trotz rauher Jugendlichkeit wohlriechend, fruchtig und stilvoll. Eine etwas neuere Notiz: Farbe ein bißchen wie rote Bete, schwacher Rand; auch in der Nase Nuancen von roter Bete, pflanzlich, aufgezuckert; ein seidiger Charmeur.
*Zuletzt im Oktober 1987 verkostet. Beinahe* ⋆⋆⋆

CH. TAILLEFER Harmlos, reizlos, nicht fruchtig, hart.
*Juli 1985.*

CH. TALBOT Pflaumenfarbe, nach der Abfüllung etwas mager und kurz. Bald darauf begann sich das Niveau zu zeigen. Am besten Anfang der 80er Jahre. Blasser und im Erscheinungsbild wesentlich stärker ausgebaut als die ältere Schwester, Gruaud; «süß», wohlriechend; offener, zugänglicher und merkwürdiger Geschmack. Pikant.
*Zuletzt im Juni 1991 verkostet* ⋆⋆ *Austrinken.*

CH. LA TOUR-HAUT-BRION Zwei ziemlich neue Aufzeichnungen: im November 1986 aus Woltner-Beständen, für einen 73er reiches Erscheinungsbild, wohlriechend, schmackhaft, mit gewisser Länge. Im folgenden Frühling alte braune Tönung vermerkt und eine eigenartige zedernholzartige Graves-Nase, die sich nichtsdestoweniger im Glas schön entfaltete. Ziemlich eindringlicher, erdiger Tabakgeschmack, ausreichend Körper, sehr trockener Abgang – paßte gut zu Camembert!
*Zuletzt im April 1987 verkostet* ⋆⋆⋆ *Müßte immer noch schön zu trinken sein.*

ZU ANFANG DER 80ER JAHRE GEFÄLLIGE WEINE:

Ch. Beau Séjour Bécot, Ch. Canon, Ch. Cantemerle, Ch. Cantenac-Brown, Ch. Cissac, Ch. Cos Labory, Ch. Coufran, Dom. de L'Eglise, Ch. La Fleur-Pétrus, Les Forts de Latour, Clos Fourtet, Ch. Gazin, Ch. Grand-Puy-Lacoste, Ch. Pape-Clément, Ch. Pavie, Ch. Pavie-Decesse, Ch. Simard, Ch. La Tour-Bicheau.

ZU ANFANG DER 80ER JAHRE MITTELMÄSSIG:

Ch. du Glana, Ch. Haut-Bages-Libéral, Ch. Lagrange St-Julien, Ch. Langoa-Barton, Ch. Léoville Barton, Ch. Marquis-de-Terme, Ch. Mouton-Baron Philippe, Ch. Puy-Blanquet, Ch. Rauzan-Gassies, Ch. La Rose-Trintaudon, Ch. La Tour-St-Bonnet.

# 1974

*Unausgewogene Weine, rauh, ganz ohne Charme und Anmut. In der Jugend wenig Potential, die wenigen noch verbliebenen Weine sind nicht gerade sehr anziehend. Die Sache wurde noch schlimmer durch die ungeheuren Mengen an Wein – man machte sich ernsthafte Sorgen, daß die Schwemme an unerwünschten 72ern, 73ern und 74ern vom Markt niemals aufgenommen werden könnte.*

*Die wesentliche Ursache für die Misere lag beim Wetter. Zwar war der Anfang mit guter Blüte (die den potentiellen Ertrag bestimmt) ermutigend und auch der Sommer schön, warm und trocken, doch im September störten Regenfälle die Traubenreife, ließen sie bloß anschwel-*

len. Das kalte und nasse Wetter hielt bis zur Lese im Oktober an.

*Viele 74er habe ich Mitte bis Ende der 70er Jahre verkostet und in diese Auswahl meiner Notizen nicht mehr aufgenommen. Weine, die Anfang bis Mitte der 80er Jahre nicht gut waren, sind es sicherlich jetzt auch nicht.*

CH. LAFITE Ab 1985 18 Aufzeichnungen. Am Lafite gefällt mir besonders gut die Fähigkeit des Buketts, sich wohlriechend zu entfalten. Bei der ersten Gelegenheit diesen Wein zu verkosten, konnte ich dieses Mal nach neunzig Minuten im Glas nur «Chlor» vermerken und fügte dann noch «üppig, aber verdorben» hinzu. Drei Jahre später bei Lloyd Flatt hatten Nase und Geschmack eine fischige, metallische Note, und ich vergab nur wenige Punkte. Mittlerweile ist er blaß, vollreif in der Farbe, und ich stelle nach wie vor einen blechernen, überreifen Charakter und einen Mangel an Länge fest. Er ist hohl, aber in eigenartiger Weise, doch schmackhaft.
*Zuletzt im Oktober 1988 verkostet. Man sollte sich von dieser Notiz nicht abschrecken lassen. Der Wein ist durchaus trinkbar.*

CH. MARGAUX Zwei Aufzeichnungen. Zunächst zurückhaltend, dann entfaltete sich ein zarter Margaux-Duft. Trocken, mittelschwer, positiv, mit kurzem, sauberem, lebhaftem, tanninbetontem Abgang. Gewisser Charme, recht schmackhaft.
*Zuletzt bei Penning-Rowsells Degustation verkostet, März 1985* ★★

CH. LATOUR Ab 1976 viele Aufzeichnungen. Tiefer, pflaumiger Purpur, etwas brandig und kurz. Anfang der 80er Jahre mager, rauh. 1985 im Vergleich mit den anderen Hochgewächsen keinesfalls schlecht, mit gutem, wenn auch nicht überzeugendem Geschmack und mit der besten Zukunft von allen. In jüngerer Zeit immer noch ziemlich tief, rotgetönt; gewisse Weinigkeit, kompakter und tiefer als der Mouton. Mitteltrocken, mittelschwerer Körper, annehmbarer Geschmack. Tanninbetont. Kurz.
*Zuletzt bei der Latour-Mouton-Degustation von Frericks/Wodarz verkostet, März 1989* ★

CH. MOUTON-ROTHSCHILD Ende der 70er Jahre ansprechend, wenn auch rauh. Bei Penning-Rowsell ähnliche Bewertung wie der Latour, doch bei Flatts Mouton-Degustation im folgenden Jahr eine sehr kritische Notiz: eine Art metallische, fischige Note in Nase und Geschmack. Dennoch gleichbleibend gute Farbe. Brüchiges Cabernet-Sauvignon-Aroma, mangelnde Tiefe; trocken, eher leicht und mit dem zuvor vermerkten blechernen, medizinalen Geschmack.
*Zuletzt auf der Latour-Mouton-Degustation verkostet, März 1989* ★

CH. HAUT-BRION 1976 kein schlechter Beginn. 1985 bei Penning-Rowsell überraschend tief: warme Ziegel und Lakritze, Graves-Nase, die an Schokoladenlikör erinnerte. Trocken und hart am Gaumen, unmißverständliche Haut-Brion-Tabaknote. Nicht ganz so gut wie der Margaux. Drei Aufzeichnungen später: gewisse Reife erkennbar; die Nase erinnerte mich stark an Schokoladeneis. «Mittelsüß» und mittelschwer. Seidige Tannine. Zugänglich.
*Zuletzt im Juni 1990 verkostet* ★★

CH. AUSONE 1978 recht gute Bewertung, auch wenn fortgeschrittene Reife deutlich erkennbar war, danach orangegetönt, später eine Spur Braun. In der Nase – abgesehen von der Fruchtnote – ziemlich angesengter Charakter, rauchig, staubig; am Gaumen am Austrocknen, doch mit gewissem Gewicht. Gesamteindruck: Laub, Farn.
*Zuletzt bei Flatts Ausone-Degustation verkostet, Oktober 1987. Deutlich wenig Reiz.*

CH. CHEVAL BLANC Nur eine Notiz, bei Penning-Rowsell: mitteltief; Nase zunächst eigenartig, entwickelte jedoch einen interessanten Maiglöckchenduft mit einer Spur Fäulnis. Leicht «süß», schöner, fester Geschmack, aber etwas hohl. Trockener, tanninbetonter Abgang. Gewisser Charme. Dem Haut-Brion und den Hochgewächsen des Médoc vorzuziehen.
*März 1985* ★★

CH. PÉTRUS Zwei Notizen. Erstmals 1985 bei Penning-Rowsell: sehr tief; recht gute, kräuterwürzige Nase, Vanille, ledriges Tannin; ziemlich «süß» und voll, reicher als alle anderen *Premiers Crus*, käsig, hübsche Frucht, trockener Abgang. Danach in einer Magnum mit einem entschieden anderen Charakter, weniger tiefe Farbe, sehr leicht, in der Nase etwas pilzartig, verbesserte sich im Glas, wohlriechend, teeartig. Am Gaumen leichter, schlanker, tanninbetont. Der Anlaß war eine Vertikaldegustation, bei der der Wein zwischen dem 73er und dem 75er verkostet wurde.
*Zuletzt bei Frericks Pétrus-Abend verkostet, April 1986* ★

CH. BEYCHEVELLE Eher leicht, aber nicht schlecht: reife Vanille-Nase, relativ trocken.
*Zuletzt im Mai 1993 verkostet* ★

CH. BRANE-CANTENAC Orangegetönt; Böckser; schlecht.
*Vorverkaufsdegustation, Amsterdam, im Oktober 1985.*

CH. CALON-SÉGUR Mehrere Aufzeichnungen. Recht ansprechende Farbe; «süß», eichen, erfrischendes Bukett; trocken, recht gefällig, erinnert irgendwie an ein «weiches Rauhbein». Kurz.
*Zuletzt im Juni 1987 verkostet* ★

## 1974

CH. CANTEMERLE 1981 in der Concorde – bevor ich an einer British-Airways-internen Kostprobe teilnahm. Käsige Nase, die an alte Socken erinnerte, trocken, kurz, dumpf. Bestätigte sich noch bei einigen späteren Anlässen; «käsig» tauchte dabei wiederholt auf, dabei durchaus auch wohlriechend und fruchtig. Dennoch rauh.
*Zuletzt im November 1984 verkostet.*

CH. LA CONSEILLANTE Relativ blaß, mit einem Stich ins Orange. Positiver Geschmack, gewisse Länge.
*Vorverkaufsdegustation in Amsterdam im Oktober 1985* **

CH. COUFRAN Ziemlich rauh und dumpf.
*Zuletzt im Juli 1986 verkostet.*

CH. DUCRU-BEAUCAILLOU 1976, 1979 und bei Vorverkaufsdegustationen in Amsterdam verkostet. Ziemlich leicht, robust, tanninbetont, nicht anregend.
*Zuletzt im Oktober 1985 verkostet* *

CH. DUHART-MILON Inzwischen ziemlich blaß, stark reifes Erscheinungsbild, orangefarbener Rand; seltsame, Fondant-artige Nase; sehr «süß», ganz merkwürdiger Geschmack – wie verbranntes Papier. Trocken, etwas scharf.
*Zuletzt im Oktober 1989 verkostet.*

CH. FIGEAC Zwei Notizen, kein unattraktiver 74er. In der Nase lebhaft pikante Frucht. Leicht «süß», nicht sehr gut verwoben, aber ein gefälliger Wein.
*Zuletzt in Amsterdam verkostet, Oktober 1985* **

LES FORTS DE LATOUR Mehrere Aufzeichnungen. Ziemlich tief, wenig Bukett, ausreichender Körper, gewisse Frucht und Fülle. Immer noch etwas rauh.
*Zuletzt im April 1987 verkostet* *

CH. GAZIN In der Jugend nicht sehr beeindruckend, mit etwas Frucht, schlank und tanninbetont.
*Zuletzt in Amsterdam verkostet, Oktober 1985* *

CH. LA GRAVE-TRIGANT-DE-BOISSET Rubinrot und reich; Nase und Geschmack übereinstimmend, Marron und Gewürze, gewisse Fülle. Ein guter 74er.
*November 1985* ***

CH. GRUAUD-LAROSE Feste, fruchtige Faßprobe. Erwies sich 1983 und danach als recht gut. Etwas verschlossenes Bukett, aber gefälliger Geschmack. Eine Spur scharf, aber ein akzeptabler 74er.
*Zuletzt bei einer Vorverkaufsdegustation verkostet, Oktober 1988* **

CH. LÉOVILLE-LAS-CASES Bei den ersten Notizen liegt die Betonung auf mangelnder Ausgewogenheit, locker gewoben und rauh; doch wenigstens lebhafte Farbe und eine Spur Frucht in der Nase. Trocken, ziemlich leicht und schlank.
*Zuletzt im Oktober 1985 verkostet* *

CH. LÉOVILLE-POYFERRÉ Erstmals 1980 bei einer Mittelmeerkreuzfahrt verkostet. Der Wein wurde in dem heißen Vorratsraum gelagert. Kein Wunder, daß er brandig und nach Karton roch. Doch auch bei guter Lagerung nicht viel besser; bei der Amsterdamer Degustation doch annehmbar schmackhaft.
*Zuletzt im Oktober 1985 verkostet. Gerade noch* *

CH. LYNCH-BAGES Eine Reihe von Aufzeichnungen ab 1978; bei jeder liegt die Betonung auf der noch intensiveren medizinalen Pauillac-Nase als sonst: roch nach zerzupfter Leinwand, Verbänden und Jod. Schlechter Geschmack und entsetzlicher Endgeschmack. Nachdem ich bei Peynaud nachgelesen hatte, nahm ich an, daß die Ursache bei der Graufäule lag.
*Zuletzt im November 1985 ausgespuckt – pfui!*

CH. MALESCOT-ST-EXUPÉRY Ziemlich tiefe Erscheinung, doch mit hölzerner Nase, am Gaumen ganz unverwoben. Diese einzelne schlechte Bewertung wurde ein Jahrzehnt später bestätigt: eine *Marie-Jeanne*, inzwischen recht blaß, Nase reines Jod, sehr trocken, rauh – einfach schrecklich.
*Zuletzt im September 1990 verkostet. Vermeiden.*

CH. LA MISSION-HAUT-BRION Über einen Zeitraum von zwölf Jahren gleichbleibende, recht gute Notizen. In der Jugend eine Fülle an Frucht, wenn auch mit einer eigenartigen Chlornote und einem Hauch Mandarinen. Machte sich 1985 bei Desai recht gut, zum Kauen, fleischig. In jüngster Zeit: immer noch sehr tiefes, intensives und relativ unreifes Erscheinungsbild; lebhaft; angespanntes, zurückhaltendes Bukett; «mittelsüß», relativ voll im Körper. Frucht. Eigenartiger Ozon- und Austernschalengeschmack. Grob, aber doch sehr trinkbar.
*Zuletzt bei Wolfs Degustation verkostet, Juni 1990* **

CH. MONTROSE Pflaumenfarben; Bukett wie saure Sahne, gewisse Frucht, aber scharf; sehr trocken, unnachgiebig und irgendwie abstoßend.
*Zuletzt in Amsterdam verkostet, Oktober 1985* *
*Ist inzwischen möglicherweise etwas weicher geworden.*

CH. SMITH-HAUT-LAFITTE Wohlriechend, wildbretartige Frucht; für einen 74er außergewöhnlich schmackhaft und würzig, als ob er mit Kohlensäuregärung hergestellt und in neuer Eiche ausgebaut worden wäre.

*Zuletzt im Oktober und November 1986 verkostet*
★★

CH. TALBOT Im Faß recht ansprechend. Wurde schließlich ein Begleiter der guten alten British Airways. Immer noch ziemlich tief, mittelschwer, gewisse Frucht.
*Zuletzt mit Überschallgeschwindigkeit in fast 200000m Höhe verkostet (fälschlicherweise als 76er geführt), Januar 1986* ★★

CH. LA TOUR-HAUT-BRION Ziemlich tief; gut, «süß», wenn auch etwas unfertig; deutlich medizinaler Geruch und Geschmack, unharmonisch, aber fruchtig und eigentlich ein ganz gutes Getränk.
*Zuletzt im November 1986 verkostet* ★★

ZU ANFANG DER 80ER JAHRE SEHR TRINK-BAR:

Ch. Beau Séjour Bécot, Ch. Citran, Ch. La Fleur-Pétrus, Ch. La Lagune, Ch. Langoa-Barton, Ch. Lascombes, Ch. Latour à Pomerol, Ch. Léoville-Barton, Ch. Meyney, Ch. Pichon-Lalande, Ch. Sociando-Mallet, Ch. Soutard, Ch. du Tertre, Ch. Trotanoy.

ZU ANFANG DER 80ER JAHRE UNVERWOBEN, RAUH, SCHMACKHAFT, TRINKBAR:

Ch. L'Angélus, Ch. Canon, Ch. Chasse-Spleen, Ch. Cissac, Ch. Fourcas-Dupré, Ch. Grand-Puy-Lacoste, Ch. Haut-Bages-Monpelou, Ch. Mouton-Baron Philippe, Ch. Patâche d'Aux, Ch. Pavie, Ch. Rausan-Ségla, Ch. St-Pierre-Bontemps-et-Sevaistre, Ch. La Tour-Carnet, Ch. Verdignan.

ZU ANFANG DER 80ER JAHRE SCHLECHT:

Ch. Bellefont-Belcier, Ch. St-Bonnet, Ch. Han-teillan, Ch. Puy-Blanquet.

# 1975 ★ *bis* ★★★★

*Ein Rätsel. Von der Weinszene in Bordeaux zum Vin de garde deklariert und nach den drei trostlosen Vorgängern eine deutliche Wende zum Besseren. Fiel auch mit dem Ende des Preissturzes für Bordeaux-Weine zusammen. Vor 1980 notierte ich mir Tiefe, Reichhaltigkeit und Farbintensität, die durch den am Gaumen nur allzugut spürbaren hohen Extraktgehalt verstärkt wurde. Dazu voll Frucht. Doch das Tannin – extrem hoch. Abgesehen von einigen wenigen, wirklich gut strukturierten Weinen wird die Mehrzahl rostig werden und das nicht nur im übertragenen Sinn. Das Tannin läßt die Farbe gelblich abstumpfen und frühzeitig eine Orangetönung annehmen statt einer feinen Abstufung hin zu einem reifen,*

*rotbraunen Rand. Die besseren Weine werden durch ihren Extrakt- und Fruchtgehalt gerettet.*
*Milder, nasser Winter; warmer Frühlingsbeginn mit Kälteeinbrüchen und Frost; günstige Blüte, die einen beträchlichen Ertrag versprach, doch ab Mai bis Mitte September heiß und trocken. Dadurch konnten die Beeren wenig Fleisch ansetzen, auch wenn es vor dem Lesebeginn um den 26. September etwas regnete. Die Hitze des Sonnenscheins ließ die Schalen dick werden und war für die tiefe Farbe, die stämmigen Tannine und den hohen Alkoholgehalt verantwortlich. Die weitere Entwicklung wird sich erst herausstellen.*

CH. LAFITE Ein vorzüglicher Wein im Faß, der sich auch bei drei größeren Degustationen 1979, trotz Neigung zu Schlankheit und Tannin, gut machte. Die tanninbetonte Trockenheit wurde in der Folgezeit immer offensichtlicher, auch wenn sie gegenwärtig noch durch eine gute Frucht überdeckt wird. Nach wie vor ziemlich tiefe Farbe; «süße», reiche, sehr wohlriechende Nase, wobei ich mir bei Penning-Rowsells Degustation von 75er Hochgewächsen notierte, daß sie nach gut einer Stunde wie Möbelpolitur (einer guten Qualität!) roch. Am Gaumen zunächst ziemlich «süß», schönes Gewicht – für einen Ch. Lafite recht körperreich, Struktur, Frucht und Extraktstoffe gut. Aber ...?
*Zuletzt bei der Degustation von Flatt im Oktober 1988 verkostet* ★★★ *(?) Jetzt trinken oder in der Hoffnung aufheben, daß er sich bis zum Ende des Jahrhunderts öffnen und weicher werden wird.*

CH. MARGAUX Vier Aufzeichnungen. Die ursprüngliche Farbtiefe blieb auch nach dem Ausbau erhalten. Sattelgeruch und Tannin in der Nase, aber auch gute Frucht; nach einer Spur «Süße» am Gaumen zu einem sehr trockenen Abgang. Reichhaltig, eine Spur Eisen, schmackhaft, recht gute Länge.
*Zuletzt im April 1989 verkostet* ★★(★★) *Bis 2000 und darüber hinaus zu trinken.*

CH. LATOUR 19 Aufzeichnungen. Im Faß erwartungsgemäß starkfarben und wuchtig. Zwar beeindruckend, doch spürbar adstringierend. Bei Sotheby's Degustation von 75er Weinen im Jahre 1984 eine «Spur alter Stiefel». Machte sich im Vergleich mit den anderen *Premiers* 1986 bei Penning-Rowsell gut: herrlich tiefe Farbe; klassisch, am besten ausgewogen, gut verhüllte Tannine. Bei der Degustation von Frericks/Wodarz aus einer Normalflasche, einer Magnum und einer *Jéroboam* – letztere war weitaus weniger entwickelt als erstere. Die Magnumflasche aus Château-Beständen zeigte ein sehr gefällig duftendes Bukett, war aber trotz der seidigen Struktur extrem tanninbetont. Komplett, fruchtig und fleischlich.
*Zuletzt im September 1993 verkostet* ★★★(★)

## 1975

CH. MOUTON-ROTHSCHILD Schlank, launisch und phantastisch. Große Farbtiefe; beladen mit Frucht, überaus eindrucksvolles Bukett. Allerdings tanninbetont. 1989 bei der Degustation Frericks/Wodarz aus der Flasche und aus einer *Jéroboam* verkostet: immer noch tief, mit einem Zentrum wie schwarze Kirschen, reifender Rand; lebhafte Cabernet-Nase, zunächst scheu, doch dann entfaltete sich ein ansprechender, tabak- und farnartiger Duft, fast wie ein Graves, tief, angesengt; ziemlich «süß», voll Alkohol, Extrakt, Frucht und Geschmack. Trotz der Seidigkeit mit zähnebeschlagendem Tannin. In jüngster Zeit: sehr reiche, medizinale Nase; trocken, fruchtig. Metallische Tannine.
*Zuletzt im Juni 1991 verkostet ★★(★)? 1995 bis 2000?*

CH. HAUT-BRION Aufzeichnungen über einen Zeitraum von 14 Jahren gut verteilt. Nie so tief wie die Hochgewächse aus dem Médoc, aber reich, samtig, mit breiterem, stärker entwickeltem Rand; Nase zurückhaltend, dicht, leicht. Warm, erdig, scharf, pfeffrig, Mandelöl, danach Entfaltung eines feigenartigen Cabernet-Wohlgeruchs. Für Haut-Brion typischer tabakartiger Geschmack, fest und doch weich, fruchtig, doch trockene Tannine. Bei Penning-Rowsells Degustation der 75er Hochgewächse etwa gleich wie der Ch. Lafite. Im Vergleich zum La Mission beeindruckend, aber etwas grob. Bemerkenswerte Intensität und Länge. Inzwischen ziegel-orangefarbener, reifer Rand; herrlich reiches, erdiges Bukett; «süß», eindringlich, Tendenz zu einer spitzen Note.
*Zuletzt im Juni 1991 verkostet ★★★(★) Bis 2000.*

CH. AUSONE Wie gewöhnlich nicht oft verkostet; einer der wenigen größeren Jahrgänge, der bei Flatts Ausone-Degustation fehlte. Gute, «süße» Nase, doch im Alter von dreieinhalb Jahren streng. Bei der Sotheby-Degustation 1984: ziemlich tief, lebhaft, kirschfarben; Bukett entfaltete sich reich, feigenartig; mit Körper, Kraft, Rückgrat und einem angesengten Geschmack. Gesamteindruck sowohl reich als auch rauh.
*Seit Mai 1984 nicht mehr verkostet ★★(★★)?*

CH. CHEVAL BLANC Sechs Notizen. Immer noch beeindruckend tief, aber brauner als die ersten Hochgewächse des Médoc; leicht medizinaler, eisenartiger, erdiger, aber warmer Duft; ausgesprochen «süß», ziemlich körperreich, fleischig, lebhaft, fruchtig, verbindlich, für einen 75er elegant, mit guter Länge. Tanninbetont, aber nicht so auffällig wie bei den anderen.
*Zuletzt im Juni 1988 verkostet ★★★(★) Jetzt trinken, müßte aber kurz nach 2000 noch milder werden.*

CH. PÉTRUS Acht Aufzeichnungen, fünf davon nach Mitte der 80er Jahre. Im großen und ganzen ein höchst eindrücklicher Wein. Weich, fleischig, wohlriechend und bei Penning-Rowsell trotz der eigenartigen, bitteren Tannine vor allem am Gaumen gut. 1990 tief, reich, intensiv und leicht unreif in der Farbe; zurückhaltende, ziemlich pfeffrige Nase, ein Hauch altes Holz, Fruchttiefe, doch das Bukett ist wie so oft nicht das interessanteste Merkmal eines Pétrus. Am Gaumen sehr «süß», voll, mit Schmelz. Eine Fülle an Frucht, Extrakt und Tannin, wie Leder von Seide umhüllt. Eine «explosive» fleischige Doppelmagnum.
*Zuletzt verkostet im April 1993 ★★★(★★) Langlebig.*

CH. BATAILLEY Tief; reich, «süß», fruchtig; ein ziemlich körperreicher, fleischiger, robuster Wein. Nicht zu aufdringliche Tannine und gut, wenn auch etwas langweilig.
*Zuletzt im Mai 1990 verkostet ★★★ Jetzt und bis über das Jahr 2000 trinken.*

CH. BEYCHEVELLE Sechs Aufzeichnungen in den 80er Jahren, eine danach. Reiche, dicke Farbe; «süße», ledrige, tanninbetonte Nase, zedernholzartig, stilvoll; mehr Körper und «breiter» als gewöhnlich und ohne den sonst üblichen Charme eines Beychevelle. Fleischig, sehr fruchtig und tanninreich.
*Zuletzt im Mai 1993 verkostet ★★(★)*

CH. BRANAIRE-DUCRU Reich getönt, wenn auch mittlerweile weniger tief und mit einem Stich ins Orange; sehr reifes, wohlriechendes Bukett; reich am Gaumen, recht ansprechend, doch mit viel Gerbstoff.
*Zuletzt im Juni 1993 verkostet ★ Austrinken.*

CH. BRANE-CANTENAC Von Anfang an eigentlich eine Karikatur seiner selbst. Starke, unangenehm riechende Faßprobe, unelegant, von einem Kollegen in der Zunft der *Master of Wine* passend als «getrockneter Dung» bezeichnet, in der Nase gleichbleibend eigenartig: ölig, doch unverwoben, «süß», wie zu stark aufgezuckert, möglicherweise Böcksergeruch. Schmackhaft, aber rauh.
*Zuletzt im Januar 1989 verkostet ★*

CH. CANON Ziemlich gute Farbe, mit gleichmäßiger Abstufung bis zum verhältnismäßig reifen Rand; zunächst ziemlich rauh und unverwoben, doch dann blühte das Bukett auf; sehr positiver erster Eindruck, guter Mittelgeschmack, relativ voller Körper, rundlich, tanninbetont.
*Zuletzt im November 1989 verkostet ★★★ Wahrscheinlich vor 2000 am besten.*

CH. CANTEMERLE Originell. Tiefes, aber etwas reduziertes Purpur; fruchtig, lebhaft, immer noch unreif, Bukett und Geschmack hochgetönt. Stilvoll.
*Zuletzt im Juni 1987 verkostet ★★(★★) Müßte sich recht gut entwickeln.*

**CH. CANTENAC-BROWN** Viele Aufzeichnungen aus den 80er Jahren. Erscheinungsbild zu Beginn nicht tief, ziemlich schwacher Rand; charakteristisch schokoladige Nase, etwas unverwoben, aber ziemlich reich, käsig, ingwerartig; mitteltrocken und -schwer, zugänglich. Etwas scharfer Abgang.
*Zuletzt im Oktober 1989 verkostet ★★ Austrinken.*

**DOM. DE CHEVALIER** Sieben übereinstimmende Aufzeichnungen: rauh, tanninbetont, scharf, schlank. Doch auch gewisser Körper und recht ansprechender Geschmack.
*Zuletzt im Oktober 1989 verkostet ★★ Enttäuschend; wird sich nicht mehr verbessern.*

**CH. CISSAC** Die halbe Ernte 1975 ging durch Hagel verloren. Ab 1983 zehn Notizen. Immer noch ziemlich tief; ledrig, weinige Nase; körperreich, gewisse Fülle, schmackhaft, aber sehr tanninbetont.
*1987 ★(★)*

**CH. COS D'ESTOURNEL** Traubensatz: 65% Cabernet Sauvignon, 35% Merlot, dessen Ertrag als Folge von Durchrieseln reduziert worden war; 40% neue Eichenfässer. Im Faß beeindruckend, wenn auch ziemlich tanninbetont. Inzwischen mitteltief, gute, lebhafte Farbe, Entwicklung eines orangefarbenen Randes; ansprechendes Bukett, «süß», wohlriechend, angesengt, pikant, fruchtig; ziemlich «süß», sehr schmackhaft, eine Spur Lakritze, gute Länge, extrem tanninbetont. Ein guter 75er, doch Gleichgewicht fraglich.
*Zuletzt im Juni 1993 verkostet ★★★ Bis etwa 2000 trinken.*

**CH. COS LABORY** Ab der nichtssagenden Faßprobe gleichbleibend unbeeindruckend. Stich ins Orange; Geruch nach Schweißfüßen; trocken, Geschmack durch flüchtige Säure verstärkt.
*Zuletzt im Januar 1988 verkostet.*

**CH. DUCRU-BEAUCAILLOU** Mehr als ein Dutzend Notizen nach den recht beeindruckenden Faßproben 1976 und 1977. Immer noch ziemlich tief, braun werdend; gleichbleibend zurückhaltende Nase, mit gewisser Frucht und Weinigkeit und einem Hauch Würze, der die Oberhand gewinnen möchte. Trocken, gewisse Substanz, Fleisch und Frucht, aber etwas eindimensional, adstringierend und mit den Mund austrocknenden Tanninen.
*Zuletzt im Juni 1993 verkostet ★★ Ich denke, daß er sich aus dem festen Griff des Tannins nicht befreien wird.*

**CH. DUHART-MILON** Ganz außergewöhnlich: 1975 der Pétrus von Pauillac! Reich getönt, leicht orangefarbener Rand; vorzügliche Frucht mit Nuancen von Erdbeeren, Himbeeren, exotisch reifen Maulbeeren – zu gut, um wahr zu sein; sehr «süß», voll, fleischig, weich, gutentwickelt. Zweifellos überaus reife Trauben. Nachgeschmack wie ein La Tâche.
*1984 ★★★★*

**CH. L'EVANGILE** Starkfarben, voller Frucht, Extrakt und Alkohol. Beladen mit Tannin. Beeindruckend, aber etwas rauh.
*Bei der Spencer-House-Degustation, Mai 1991 ★★(★)?*

**CH. FIGEAC** Die späte Lese begann nach leichten Regenfällen am 25. September. Geringer Ertrag, hoher Extraktgehalt. 1979 bei der Gault-Millau-Degustation deutlich ein wohlriechender und schmackhafter Sonderling, 1989 eine gleichermaßen köstliche Flasche. 1988 lieferte das Château 36 ausgesprochen hölzerne Flaschen zu einem Tagungsessen nach Frankfurt, zwei Monate später jedoch eine «süße», volle, wenn auch tanninbetonte Flasche. Aus Château-Beständen bei Desais Figeac-Degustation: merkwürdige, stielige Nase; trocken, Geschmack nach Jod und alten Muscheln – entsetzlich. Dann eine *Impériale* mit Korkengeschmack, mächtig, tanninbetont.
*Zuletzt verkostet im September 1993. Trotzdem meiden.*

**CH. LA FLEUR** Sehr tief, orangespurig; «Seegras», trocken, roh, mächtig, aber nicht attraktiv. Vielleicht ein «Parker 100», aber nicht für mich.
*Oktober 1993 ★★ Austrinken.*

**CH. LA FLEUR-PÉTRUS** Tief, herrliche Nase; lang, trocken, «kühl». Sehr tanninbetont.
*Dezember 1993 ★★★ Jetzt bis 2000.*

**LES FORTS DE LATOUR** Tief, beeindruckend, ausgebauter, orangefarbener Rand; recht gute, sich langsam entwickelnde Nase; etwas «süß», robust, zuwenig Mittelgeschmack, sehr tanninbetont, aber sehr trinkbar.
*Zuletzt im Juni 1993 verkostet ★★(★) Wird sich halten, aber nicht mehr verbessern.*

**CH. GISCOURS** Seit 1979 viele Aufzeichnungen. Immer noch sehr tief, wenn auch mit braunem Rand; medizinal, teeartig, geschmortes Obst, ein bißchen schwunglos; am Gaumen besser: «süß», voller Alkohol, Extrakt und Frucht. Fleischig, schmackhaft, aber zuviel Tannin.
*Zuletzt im September 1993 verkostet ★★★ Ein recht vollmundiger Wein. Wird wohl noch weicher werden und sich verbessern. Etwa 2000.*

**CH. GRAND-PUY-LACOSTE** In der Jugend ein beeindruckend fruchtiger Wein. Immer noch reich getönt, entwickelt aber den für 1975 typisch rostigen, orangefarbenen, reifen Rand. Recht würzig, wohlriechend, Pauillac-Cabernet-Frucht sowie Zedernholztöne; schönes Gewicht, gute Frucht,

reich, sehr tanninbetont, aber befriedigend. Leicht unterschiedliche Flaschen, die eine etwas milder, leichter und kürzer.
*Zuletzt im Juni 1993 verkostet ★★(★★) 1995 bis 2015 trinken.*

**CH. GRUAUD-LAROSE** Starkfarben, festgewoben und konzentriert im Faß. Ein Jahrzehnt später immer noch tief; verhältnismäßig wenig aussagendes Bukett, Frucht vorhanden, doch mit hartem Herz; ein mächtiger, straffer, tanninbetonter Wein. Hübsche Struktur.
*Zuletzt im September 1993 verkostet ★★(★) Unfertig, lohnt sich aber im Auge zu behalten. Etwa 1995 bis 2015 trinken.*

**CH. KIRWAN** Mehrere Aufzeichnungen, weder schlecht noch begeisternd. Gradlinig, recht schön gemacht, schlank, sehr tanninhaltig.
*Zuletzt im Januar 1991 verkostet ★★ Wahrscheinlich noch mit gewissem Entwicklungspotential.*

**CH. LAGRANGE** St-Julien. Zurückhaltend, aber recht harmonisch; mittlerer Körper, gerundet, Extraktstoffe. Zugänglicher, schmackhafter Stil.
*Zuletzt im Juni 1993 verkostet ★★ Bald trinken.*

**CH. LANGOA-BARTON** Inzwischen sehr reife Erscheinung; ursprüngliche Härte gemildert, recht gefälliges, lebhaftes, reiches Bukett, doch mit ausgeprägtem, irgendwie überreifen Geschmack, der an einen verschwitzten Sattel erinnert. Angemessene Länge, schlank, interessant.
*Zuletzt im Februar 1992 verkostet ★★ Jetzt trinken.*

**CH. LASCOMBES** Zu Anfang der 80er Jahre überhaupt nicht fertig, 1984 bei der Sotheby-Degustation etwas zu viel Säure vermerkt, bei den beiden letzten Gelegenheiten ausgeprägt hohe, flüchtige Säure. Immer noch reich getönt; zitrusartige Lorbeerblattnase; Fruchtfülle, aber nicht elegant. Im Mund zusammenziehend.
*Zuletzt im April 1987 verkostet. Kein großes Verlangen auf eine erneute Verkostung.*

**CH. LATOUR À POMEROL** Zwei ziemlich neue Aufzeichnungen. «Süßes», harmonisches Vanille-Bukett, das sich eher zurückzog als entwickelte, ein nicht untypisches Charakteristikum für Pomerol; erster Schluck faszinierend, zitrusartige Frucht und Säure, seidig, aber viel Gerbstoff.
*Juni 1988 ★★(★) Ich bin gespannt, wie sich der Wein weiterentwickelt.*

**CH. LÉOVILLE-BARTON** 13 Aufzeichnungen, die beiden ersten bewundernd, doch ab 1982 in der einen oder anderen Weise kritisch. Recht tiefe, ansprechende Farbe, gewissermaßen Jugendlichkeit mit Altersorange verbindend; reif, Sattelgeruch, ledrige Nase; trocken, pikante Frucht und Säure. Griffig, tanninbetont.

*Zuletzt im Oktober 1993 verkostet ★(★) Schwer zu erkennen, wie er sich nun weiterentwickeln wird; sicherlich nicht anmutig.*

**CH. LÉOVILLE-LAS-CASES** Gegen Ende der 70er Jahre sehr ansprechend. Die 14 folgenden Aufzeichnungen bestätigen die Qualität. «Süß», leichte Vanille-Note, außerordentlich reiches und tiefes Bukett; leicht «süß», beladen mit Alkohol, Extrakt und Frucht. Phantastisch am mittleren Gaumen, immer noch sehr tanninbetont.
*Zuletzt im Dezember 1993 verkostet ★★★(★) Jetzt bis 2010.*

**CH. LÉOVILLE-POYFERRÉ** 1976 eigenartige Faßprobe, Anfang der 80er Jahre jedoch wohlriechend und recht ansprechend. Eröffnungswein bei der Sotheby-Degustation von 75ern im Jahre 1984: mittelmäßiger Médoc. In jüngerer Zeit gewisse Anzeichen des Ausbaus in der Farbe und in der Nase. Reich, fruchtig, ziemlich vollmundig, aber sehr tanninbetont.
*Zuletzt im Juni 1993 verkostet ★★(★) Bescheidener Gipfel um 1995.*

**CH. LYNCH-BAGES** Ein merkwürdiger Wein. In den späten 70er Jahren nicht beeindruckend: stielig, gewöhnliche Nase, dabei schmackhaft. Spätere Aufzeichnungen sind schmeichelhafter: das tiefe, intensive Erscheinungsbild blieb erhalten; kraftvolles Bukett, Brombeeren, Kirschkerne, Vanille, Eiche und Zedernholz und das für Cabernet Sauvignon charakteristische medizinale Aroma; deutlich «süß», fast burgunderartig, mit einer Fülle an Frucht. Lebhaft, alkoholbetont, mit sehr viel Säure und Tannin.
*Zuletzt im Juni 1993 verkostet ★★*

**CH. MALESCOT-ST-EXUPÉRY** 1979 würzig, aber zuwenig Fülle. Ab 1984 sieben Notizen, die das mehr oder weniger bestätigen. Ganz untypische Malescot-Nase, ohne das gewöhnlich durchdringende Cabernet-Aroma, doch mit einem ziemlich offenen, karamelisierten Geruch, als wäre der Wein stark aufgezuckert worden, später dann Nuancen von Vanille und Tee. Irgendwie künstlicher Geschmack, mit zuwenig Frucht, eher leicht. Weich, dabei tanninbetont.
*Zuletzt im Juni 1993 verkostet ★ Nicht beeindruckend.*

**CH. LA MISSION-HAUT-BRION** Erstmals 1978 auf dem Château verkostet. Enorm beeindruckend, tiefer und molliger als der Haut-Brion, fühlte sich im Mund jedoch wie kalte Kiesel an. «Zugeknöpft» hatte ich mir 1980 in Kalifornien bei der Vintners-Club-Degustation aufgeschrieben. Bei verschiedenen Gelegenheiten bewertet, etwa 1984 bei Sotheby's, 1985 bei Desais La-Mission-Degustation und 1986 bei der Vorverkaufsdegustation von Woltner. 1990 zusammen mit dem

Haut-Brion und dem La Tour-Haut-Brion bei der umfassenden Wolf-Degustation. Immer noch sehr tief, dick, intensiv: außergewöhnliches, medizinales Bukett, Wundtinktur und Verbände, wobei sich diese Note zum Glück beruhigte. Früher hatte ich mir neben «eingelegte Pfirsiche» auch Jod notiert. Ein voller, fleischiger Wein. Gute Länge, aber relativ hohe Säure und bittere Tannine. Mahler mit einem Schuß Bartok. Niemals Mozart!
*Zuletzt im Oktober 1993 verkostet ★(★★★) Es bedarf schon eines exotischen Geschmacks und einer guten Konstitution. Wahrscheinlich hervorragend zu Wildschwein.*

**CH. MONTROSE** Eine trockene, harte, strenge Faßprobe, danach sehr langsame Entfaltung. 1984 ließen sich erste Anzeichen der Entwicklung erkennen. Nie so tieffarben wie erwartet, Reifung kommt langsam in Gang; wenig betonte Nase, klassisch, kühl wie eine Meeresbrise, beachtliche Tiefe und latente Frucht. Beladen mit allen wesentlichen Weinkomponenten. Solid, köstlich, benötigt aber viele Jahre Flaschenalterung.
*Zuletzt im Juni 1993 verkostet und bewertet ★(★★★) 2000 bis etwa 2030 trinken.*

**CH. MOUTON-BARON-PHILIPPE** Ein vergleichsweise frühentwickelter, zugänglicher, eleganter Charmeur, doch die Tannine überflügeln die Frucht. Mitteltiefe Farbe; wohlriechende, lebhafte, fruchtige Nase, doch am Gaumen sehr trocken und ziemlich rauh. Stilvoll, aber mit einer Spur Bitterkeit. Nicht appetitlich.
*Zuletzt im Dezember 1993 verkostet ★★ Bald trinken.*

**CH. PALMER** Fruchtfülle, vom Tannin unterdrückt. Früher Zimtnote vermerkt; Mitte der 80er Jahre würzig, pfeffrig, damals schrieb ich «meine Sorgen wegen der 75er Weine beginnen sich zu bestätigen». Inzwischen relativ blaß, vollreif, orangefarben, alte Eiche und Jod; trocken, rauh, tanninbetont, scharf.
*Zuletzt im Juni 1993 verkostet ★ Vermeiden.*

**CH. PAPE-CLÉMENT** «Der Médoc-ähnlichste Graves», so 1978 und 1984 notiert. Eine andere Aufzeichnung aus der Mitte der 80er Jahre: samtig, perfekt ausgewogen. In jüngster Zeit: immer noch sehr tief; Tannin; trocken, relativ voll, spröde.
*Zuletzt im Mai 1991 verkostet ★★★ Auf dem Abstieg?*

**CH. PAVIE** Beeindruckende, tiefe, lebhafte, reiche Faßprobe und stetige Entwicklung. Mitte der 80er Jahre ließ die Farbtiefe langsam nach und der Rand wurde schwächer, in jüngerer Zeit zeigte sich eine Spur reifen Oranges, der für die 75er charakteristisch ist. Offenes, gutentwickeltes Bukett, Vanille-Nuancen, lebhafte Frucht. Leicht «süß», gefällig, mittelschwer, trotz der stämmigen Tanni-

ne beim Trinken zugänglich. Wahrscheinlich noch leichte Verbesserung möglich, doch die Tannine werden die Frucht überdauern.
*Zuletzt im September 1988 verkostet ★★(★)*

**CH. PAVIE-DÉCESSE** Am besten zu Anfang der 80er Jahre. Inzwischen voll entwickelt; rustikal; dick, zum Kauen.
*Zuletzt im November 1990 verkostet ★★ Austrinken.*

**CH. PICHON-BARON** Zu Anfang der 80er Jahre ließ sein Aussehen auf einen zugänglichen, rasch ausgebauten Wein schließen, dennoch etwas unverwoben und ziemlich rauh strukturiert. Gewisser Wohlgeruch, aber nicht sehr gut; durch und durch trocken, zum Kauen, etwas rauh, eine Spur Bitterkeit.
*Zuletzt im Juni 1993 verkostet ★★*

**CH. PICHON-LALANDE** Von Anfang an dem Baron deutlich überlegen. Viele Aufzeichnungen: Immer noch ziemlich tief; klassische Pauillac-Nase; sehr trocken, körperreich, ziemlich konzentriert, guter Fruchtgehalt und sehr tanninbetont. Essen bei Lord Paget 1984 und eine Probe aus seinem exzellenten Keller.
*Zuletzt bei einer Vorverkaufsdegustation, im Juni 1993 ★★(★★) Noch ein bißchen hart. Etwa 1995 bis 2010.*

**CH. PONTET-CANET** Brauchte zehn Jahre, bis sich Reife zeigte. Immer noch recht reich und tief, ein Schimmer Orange; ziemlich unnachgiebige, klassische Nase; Eisen, ledrige Tannine; eine Spur «süß» und weich. Gewisse Frucht, klassischer Einschlag und ausreichend gefälliger Wein trotz des Tanningehalts.
*Zuletzt im März 1987 verkostet ★★(★) Höheres Flaschenalter müßte sich gut auswirken, etwa ab 1995 trinken.*

**CH. PRIEURÉ-LICHINE** Drei Aufzeichnungen. 1984 verführerisch duftend, sehr «süß», schmackhaft, aber nicht ganz überzeugend. In jüngerer Zeit: ein Stich ins Orange: zurückhaltende, medizinale Nase, immer noch «süß», recht attraktiv. Ziemlich blecherner, tanninbetonter Abgang.
*Zuletzt im Juni 1993 verkostet ★★ Austrinken.*

**CH. RAUSAN-SÉGLA** Um 1980 sehr gefällig, mit besonders ansprechendem Nachgeschmack. 1984 bei Sotheby's eine «frisierte», brandige, oxydierte Flasche, danach noch eine Aufzeichnung: vollreif, bernsteinorangefarbener Rand; interessante Nase, keine harten Kanten. Ein Hauch Paraffin. Recht schön bekleidet, reich, ansehnlicher Extrakt, robuste Frucht, Tannin. Rätselhaft.
*Zuletzt im September 1986 verkostet ★★ Große Zukunft unwahrscheinlich.*

## 1976

CLOS RENÉ Drei Aufzeichnungen. Reichhaltige Farbe, doch inzwischen Orange; glatte, «süße», ziemlich gehaltvolle Nase; ausgesprochen «süß», recht vollmundig, seidige Pomerol-Struktur, sehr tanninbetont.
*Zuletzt im Juni 1988 verkostet ★★(★) Wahrscheinlich jetzt auf dem Höhepunkt. Entwickelt sich eventuell noch weiter.*

CH. DE SALES Viele Notizen in einem Zeitraum von elf Jahren. Zeigt mittlerweile einen reifen Stich ins Orange; gleichbleibend gefällige, wenn auch keine große Nase, «süß», robust; am Gaumen gleichermaßen «süß» und robust. Weich, fruchtig, überaus trinkbar.
*Zuletzt im Februar 1990 verkostet ★★★ Jetzt trinken.*

CH. ST-PIERRE-BONTEMPS-ET-SEVAISTRE Vier gute Notizen. Tief, sehr intensiv; reich, vielschichtig, gefällige Frucht; sehr positiv, pflaumig, fleischig, schmackhaft, komplett.
*Zuletzt verkostet im Juni 1993 ★★★*

CH. SMITH-HAUT-LAFITTE Leicht, stilvoll, elegant. Entfaltete rasch einen sehr «süßen» Duft, der an frische Sahne und belgische Schokolade erinnerte. Doch trotz des Wohlgeruchs nicht lange haltbar.
*1984 ★★*

CH. DU TERTRE Reich, sehr schmackhaft.
*1981 ★★(★)*

CH. TERTRE-DAUGAY Eigenartige Nase; breiter, schokoladeartiger Geschmack. Sehr trockener, tanninbetonter Abgang.
*1984 ★(★)*

CH. TALBOT Im Faß weniger undurchsichtig, mit pikanterer Frucht als der Gruaud. Gegen Ende der 70er Jahre fest, streng, dabei elegant. Meine besten Aufzeichnungen stammen aus dem Jahr 1984. Immer noch tief, intensiv; typisch reife Talbot-Nase; trocken, stilvoll, attraktiv, schlank. Beträchtlicher Tannin- und Säuregehalt.
*Zuletzt im Juni 1993 verkostet ★★(★) 1997 sollte man ihn nochmals probieren. Ob er sich bis dann entspannter zeigt?*

CH. LA TOUR-HAUT-BRION Von 1978 bis 1986 vor allem die phantastische Frucht vermerkt. Für einen 75er und La Tour überraschend weich, zugänglich, fast elegant. Weitaus reifere Erscheinung als die La Mission. «Süße», irgendwie schokoladige Nase, später im Glas wie Fondant; leicht karamellartiger Geschmack, weiche Tannine.
*Zuletzt im Juni 1990 verkostet ★★★ Jetzt schön, wird sich aber auch noch halten.*

CH. TROTANOY Außergewöhnliche, 15 bis 16 Tage während Gärung. Machte sich Ende der 70er Jahre gut. Ausgesprochen reife Nase, mit Nuancen von Bananen und Rosinen; 1984 dick und robust. 1990 tief, pflaumenfarben, ausgebaut; feigenartig, fast malzig; reich, zum Kauen, tanninbetont.
*Eine großartige Doppelmagnum, im April 1993 ★★★★*

KÜRZLICH VERKOSTETE 1975ER, MITTELMÄSSIG BIS SCHWACH:

Ch. Boyd-Cantenacac, Ch. Calon-Ségur★★, Ch. de Camensac★★, Ch. Croizet-Bages★, Ch. d'Issan★★, Ch. Pouget★★, Ch. Rauzan-Gassies★★, Ch. La Tour-Carnet.

ZU ANFANG BIS MITTE DER 80ER JAHRE GUT, WENN AUCH TANNINBETONT:

Ch. Beau Séjour Bécot, Ch. Bel-Orme-Tronquoy-de-Lalande, Ch. La Conseillante, Ch. La Dominique, Ch. l'Eglise, Ch. La Gaffelière, Ch. du Glana, Ch. Haut-Bailly, Ch. Haut-Sarpe, Clos des Jacobins, Ch. La Lagune, Ch. Lanessan, Ch. Larcis-Ducasse, Ch. La Louvière, Ch. Magdelaine, Ch. Malartic-Lagravière, Ch. Marquis d'Alesme-Becker, Clos du Marquis, Ch. Meyney, Ch. Les Ormes-de-Pez, Ch. Patâche d'Aux, Ch. de Pez, Vieux Ch. Certan.

MITTE DER 80ER JAHRE MÄSSIG GUT, MÖGLICHERWEISE ZUWENIG AUSGEWOGEN:

Ch. Cormey-Figeac, Ch. Durfort-Vivens, Ch. Fourcas-Dupré, Clos Fourtet, Ch. Gazin, Ch. Haut-Bages-Libéral, Ch. Lafon-Rochet, Ch. Lynch-Moussas, Ch. Trottevieille.

ZU ANFANG BIS MITTE DER 80ER JAHRE SCHLECHT:

Ch. Belgrave St-Laurent, Ch. Canon-La-Gaffelière, Ch. Chasse-Spleen, Ch. Gloria, Ch. Grand-Puy-Ducasse, Ch. Livran, Ch. Loudenne.

# 1976 ★★ *bis* ★★★★

*Ein charmanter, zugänglicher, attraktiver Jahrgang, doch wie ein hübsches Mädchen, dem die Grundanlage fehlt, um sich zu einer schönen Frau zu entwickeln. Ein völliger Gegensatz zum 75er. Der 76er war schon trinkbereit, als der 75er Vin de garde noch im Keller schlummerte.*

*In Nordeuropa ein außerordentlich heißes und sehr dürres Jahr. Im September schlug das Wetter um und unterbrach die Lese, die am 15. September begonnen hatte. Eine große Anzahl an Weinen verkostet, viele davon bis Anfang der 80er Jahre, etliche davon seither nicht mehr. Die gerin-*

geren Weine waren rasch und gut verkauft und getrunken. Die meisten davon sind hier nicht erwähnt. Die überwiegende Mehrzahl sollte bald getrunken werden.

CH. LAFITE Im ersten Herbst nach der Abfüllung absolut köstlich; hat sich in den vergangenen zehn Jahren stabiler entwickelt, als ich vermutet hatte. Erwies sich Mitte der 80er Jahre als besonders gut. Bei Penning-Rowsells Degustation von 76er Spitzengewächsen (einschließlich Pétrus, Ausone und Cheval Blanc) wurde ihm einstimmig der zweite Platz zugewiesen. Anderswo als gut bewertet, doch keinesfalls groß und ohne den unverwechselbaren Lafite-Stil. Viele Aufzeichnungen. In jüngerer Zeit eine überaus attraktive Magnum, strahlend und ansprechend; Nase zunächst verhalten, doch dann Entfaltung im Glas, sehr wohlriechend, minzig; trocken, gewisse Delikatesse, erfrischend. Kürzlich eine Jéroboam, eine Doppelmagnum und zwei Flaschen probiert: jetzt vollreif, trocken, elegant und schlank, aber schmackhaft.
*Zuletzt im September 1993 verkostet ★★★ Bald trinken.*

CH. MARGAUX Vier Aufzeichnungen. Auf Platz sieben von acht *Premiers crus* bei Penning-Rowsells Degustation im März 1987. Obwohl leicht zu trinken, mangelte es an Kraft, er zeigte sich nicht. Eine Magnum bei Desais Degustation 1984 hatte einen ähnlich schwachen Rand; zunächst zurückhaltende Nase, die sich jedoch etwas öffnete, ein Hauch Paraffin, offensichtlich aufgezuckerter Charakter. Dennoch ein Charmeur, wenn auch mit einem etwas kurzen, rauhen Abgang.
*Zuletzt bei Desais Margaux-Degustation verkostet, Mai 1987 ★★ Austrinken.*

CH. LATOUR 18 Notizen: im Faß starkfarben und rauh, doch für einen Latour relativ rasch entwickelt. Anfang der 80er Jahre überraschend gefällig zu trinken. Trotzdem gelangte er 1987 bei Penning-Rowsells Degustation unter den ersten Hochgewächsen einmütig nur auf Platz sechs. Etwas dumpf. In jüngerer Zeit: inzwischen hübsche, offene, reife, mitteltiefe Farbe; reiches Bukett, schöne Frucht, ein Hauch Ingwer, harmonisch, gute Weinigkeit, zeigte eine völlig offene Blume; wirkte ausgesprochen «süß», relativ voll, dabei mit einem zugänglichen, weichen, leicht karamelartigen Geschmack.
*Zuletzt aus einer* Jéroboam *im September 1993 ★★★(★) Jetzt trinken. Wird sich halten und noch weicher werden.*

CH. MOUTON-ROTHSCHILD Beste Eigenschaft ist die Nase mit einer erfrischend duftenden, feinwürzigen Cabernet-Sauvignon-Note. In den 80er Jahren am Gaumen etwas «süß» und sehr schmackhaft, doch eine Spur Adstringenz, zuwe-

nig Länge und ein schwacher Abgang ließen die Bewertung von sehr gut auf nur recht gut sinken. In jüngster Zeit: relativ tief, durchscheinend; in bezug auf Frucht und Extraktstoffe schmackhaft. *Zuletzt im September 1993 verkostet ★★★ Bald trinken.*

CH. HAUT-BRION Zwölf Aufzeichnungen. Faßprobe: Frucht und Geschmack gut. Mitte der 80er Jahre gefällig entwickelt: herrliche Magnumflaschen und zwei Flaschen mit dem Graves-Charakter von warmen Ziegeln, schön entwickelt, phantastischer Nachgeschmack. Bei Penning-Rowsells 76er-Dinner von mir auf Platz drei gesetzt. Immer noch tief, fest, ausgebaut; überaus entgegenkommendes, wohlriechendes, bisquitartiges Bukett; «mittelsüß» und mittelschwer, gutentwickelt, harmonisch. Sehr trockener Abgang.
*Zuletzt bei Karl-Heinz Wolfs Degustation, Juni 1990 ★★★★ Jetzt vorzüglich, wird sich halten.*

CH. AUSONE Nach einer schlechten Phase eine Renaissance: Pascal Delbecks erster Jahrgang als Kellermeister. 1978 eine beeindruckende, wenn auch sehr spröde Probe aus dem Schloßkeller. Danach erst Mitte der 80er Jahre erneut verkostet, zuletzt bei Flatts Ausone-Degustation: mitteltief, reich, attraktives Erscheinungsbild; unmittelbar entgegenkommendes Bukett, ziemlich «süß», würzig – Salbei, reiche Entfaltung im Glas; mittelgewichtig, lebhaft, straff, zum Kauen, robust.
*Seit Oktober 1985 nicht mehr verkostet ★★★(★) Wahrscheinlich jetzt am besten, müßte sich aber noch halten und weiterentwickeln.*

CH. CHEVAL BLANC Erstmals im April 1987 verkostet. Eisen, erdiger Charakter. Machte sich in den frühen 80er Jahren sehr gut und wurde 1984 bei Penning-Rowsell auf Platz eins gesetzt (Ausone war als einziger aus der Gruppe der ersten Hochgewächse nicht präsentiert.). Damals tief und jugendlich, inzwischen mitteltief und mit gewissen Anzeichen der Reife; zarter, rauchiger, zedernholz- und beerenartiger Wohlgeruch; immer ausgesprochen «süß», mehr als einmal «trefflich strukturiert» festgehalten. Zugänglicher, überaus attraktiver Wein.
*Zuletzt im Juni 1992 verkostet ★★★★ Jetzt vorzüglich. Wird sich halten.*

CH. PÉTRUS Erstmals 1980 verkostet, tiefe, reiche Maulbeernote (Merlot), danach noch sechsmal. 1983 nicht ganz so einheitlich, eine eher reizlose, enttäuschende Magnum bei der Degustation von Frericks 1986 und 1987 dann gut, behäbig, schön vinifiziert, aber nur auf Platz fünf von sieben Erstklassifizierten gesetzt. In jüngster Zeit: inzwischen mitteltief, voll entwickelt; ziemlich kühle, verschlossene, leicht pfeffrige Nase, ein Hauch Würze tauchte auf; «mittelsüß», mittel-

voller Körper. Charakteristisch seidige Pomerol-Struktur, leicht ledriger, tanninbetonter Abgang.
*Zuletzt bei der «Stockholm»-Degustation im Juni 1990 verkostet **(*) Ein guter Wein, doch die gegenwärtig dafür bezahlten Preise nicht wert.*

CH. BEYCHEVELLE Zehn Notizen bis 1984, seither nur noch eine. Ungewöhnlich schlank und tanninhaltig.
*Zuletzt verkostet im Mai 1993 ** Bald trinken.*

CH. BRANAIRE-DUCRU Mehr als ein Dutzend gleichbleibende Notizen, beginnend mit einer gefälligen, robusten Faßprobe 1977. Durchweg gute Farbe, fruchtige, hochgetönte, gut aufgezuckerte Nase; immer leicht «süß», gefälliges Gewicht, weich, fleischig. Absolut trinkreif.
*Zuletzt im Januar 1989 verkostet *** Jetzt trinken.*

CH. CALON-SÉGUR In einem Monat zwei Aufzeichnungen. Reif; ziemlich hochgetönt, aber angenehm in Frucht und Geschmack. Ein Leichtgewicht, etwas verblaßt und kurz. Nicht zu vergleichen mit dem 75er.
*Zuletzt im Juni 1987 verkostet ** Austrinken.*

CH. DE CAMENSAC Ende der 70er Jahre mit etwas grünen Kanten, schien zu Anfang der 80er Jahre seinen maßvollen Höhepunkt erreicht zu haben, schmackhaft, zugänglich. Inzwischen relativ blaß, vollreif. Jüngst eine etwas hölzerne und schwache Flasche.
*Zuletzt im Juli 1990 verkostet * Austrinken.*

CH. CANTEMERLE Machte sich am besten 1980 bei der *Master-of-Wine*-Degustation von 76er Gewächsen, weich, delikat, harmonisch. Später, abgesehen von einer Flasche mit zuviel Holz und einer mit Korkengeschmack, als gefälliges Getränk bewertet. In jüngster Zeit: immer noch attraktive Farbe, reiches, rubinrotes Zentrum, reifer Rand; zurückhaltende Nase; am Gaumen sehr «süß», schönes Gewicht, angenehm zu trinken, doch mit einer Spur Säure.
*Zuletzt im April 1990 verkostet ** Austrinken.*

CH. CHASSE-SPLEEN Viele Aufzeichnungen ab 1980. (Eine Zeitlang unser Alltagswein zu Hause.) Wahrscheinlich zu Anfang der 80er Jahre am besten, damals groß in Klasse und Stil, «lecker und köstlich». 1984 eine recht fremd anmutende, überaus tiefe, alkoholstarke, eisenbeladene *Jéroboam*, die sicherlich für eine lange Lagerung bestimmt war. Inzwischen voll entwickelt; reifes, käsiges, wohlriechendes Bukett; leicht «süß», schönes Gewicht, sehr attraktiv, aber auch mit einem Anflug von Schärfe.
*Zuletzt im April 1990 verkostet. Jetzt ** Austrinken.*

CH. CISSAC Am besten Mitte der 80er Jahre. Elegant, zugänglich. Ziemlich unauffällige, aber harmonische Nase; trocken, schlank, ganz hübsch.
*Zuletzt im September 1988 verkostet ** Austrinken.*

CH. LA CLOTTE Ich war fast wieder versucht, diesen Wein zu kaufen – so ein schöner Name. Ein eigenartig «süßer», gezuckerter, leicht schokoladiger, für einen roten Bordeaux untypischer Wein.
*Mai 1988 * Diesen und die meisten anderen kleineren 76er St-Emilions jetzt trinken.*

CH. COS D'ESTOURNEL Ein guter 76er. Selbst im Faß bereits mit gewisser Eleganz, deutlich dafür bestimmt, sich schneller als der 75er zu entwickeln, doch schließlich bis in die frühen 80er Jahre zurückhaltend. Schaut inzwischen reif aus, Nase schwer zu fassen, doch angenehm in Gewicht und Geschmack.
*Zuletzt im Juni 1988 verkostet *** Bald trinken.*

*Château Cos d'Estournel*

CH. COS LABORY Bei einer Handelsdegustation 1978 rauh und kurz. 1980 schlank, aber nicht zu schlecht. Inzwischen ziemlich blaß, mit alter, käsiger Nase. In der Rubrik für den Geschmack vermerkte ich «schrecklich».
*Zuletzt im Juli 1987 verkostet. Nicht zu empfehlen.*

**CH. LA DAUPHINE** Weine aus Fronsac sind gut-mütig, ehrlich und halten sich gut. Bei der ersten Degustation 1982 zwar nicht übermäßig beein-druckend, aber ich ließ mich nicht abhalten und trank mehr als eine gefährlich reif aussehende Fla-sche. Im besten Fall ein zugänglicher, ansprechen-der Tropfen, weich und mit schönem Gewicht. Doch deutlich über den Gipfel hinaus. Schmack-haft, aber am Verblassen.
*Zuletzt im Mai 1992 verkostet* ★

**CH. DUCRU-BEAUCAILLOU** Widersprüchli-che Aufzeichnungen, selbst von Faßproben mit nur einem Monat Abstand im Frühjahr 1977. Dabei muß man bedenken, daß die dem Faß entnommenen Proben, die über einen *Négociant* in Bordeaux nach London zur Präsentation bei einer Handelsdegustation gebracht werden, schnell schlecht werden können. Ich würde nach einer solchen Präsentation – auf der Grundlage einer einzelnen Faßprobe – bestimmt keinen Wein kaufen, sondern sie nur als Hinweis gelten lassen. Im April 1978 aus dem Faß probiert, hielt ich den Wein für stilvoll und fruchtig. 1979 ein charmanter Frühentwickler. 1980 dann rauh und sogar hart, 1985 fest und 1987 relativ blaß, aus-gebaut, zugänglich und gefällig. Danach eine entgegengesetzte Notiz: «überraschend tief, pflaumenfarben, ziemlich intensiv, fast wie ein 75er; pfeffrig, reich, schöne ‹bisquitartige› Ent-wicklung; ziemlich körperreich, vollmundig, fruchtig, etwas grobe Beschaffenheit, überra-schend tanninbetont».
*Die letzte Aufzeichnung bei einem Essen der Wi-ne and Food Society in Puerto Rico, Februar 1988. Wahrscheinlich* ★★★ *Trinkbereit.*

**CH. DUHART-MILON-ROTHSCHILD** Sechs übereinstimmende Aufzeichnungen. Hübsche Farbe; wohlriechend, kresseartig; trocken, leicht, erfrischend pikant.
*Zuletzt im November 1986 verkostet* ★★★ *Nicht zur Lagerung empfohlen.*

**CH. FIGEAC** Erstmals im Jahr der Flaschenabfül-lung verkostet, danach noch achtmal. Zu Beginn fand ich ihn ziemlich streng, mit beeindruckend intensiver Farbe, wie ein Ruby Port. Anfang bis Mitte der 80er Jahre begann er jedoch schön zu reifen. Meine besten Aufzeichnungen stammen aus den Jahren 1984 und 1985: herrliche Frucht, wohlriechend, würzig, seidige Struktur, mit einem Geschmack, der sich im Mund wie reicher Bur-gunder entfaltete, im Abgang sauber und trocken. Danach, bei einem Essen auf Ch. Figeac, schien er mir zu stark für einen 76er; doch er mußte auch mit köstlichem, frisch geerntetem Spargel konkur-rieren. 1989: mitteltief, «süßes», stark entfaltetes, attraktives Bukett und ebensolcher Geschmack. Trocken, mittelschwer, eine Spur zu einfach. Ganz kürzlich in Doppelmagnum: sehr entgegenkom-mend, attraktiv, vollentwickelt; mit außergewöhn-lichem Geschmack.
*Zuletzt verkostet im September 1993* ★★★★ *Bald trinken.*

**LES FORTS DE LATOUR** Sechs Aufzeichnun-gen. 1981 etwas zurückhaltend, schöne Struktur, aber kurz. Wurde nach der Mitte der 80er Jahre weicher. Bei einer Degustation für die British Air-ways 1988 recht guter, klassischer Geschmack, doch in über 17 000 m Höhe fand ich ihn spröde, mit wenig Eleganz und Stil. Den anderen Passagie-ren hingegen schmeckte er. Immer noch tief und lebhaft, fruchtig, aber etwas rauh.
*Zuletzt im März 1989 verkostet* ★★ *Ein kräftiger roter Bordeaux. Mehr Alter wird nicht mehr Qua-lität bringen.*

**CH. GISCOURS** Da wir gerade von einem kräfti-gen roten Bordeaux sprechen – dieser hier ist einer der tiefsten, robustesten, tanninbeladensten 76er überhaupt. Ursprünglich sehr hart, immer noch fest. Viel Frucht und Fleisch. 1982 am besten zu trinken.
*Zuletzt im März 1988 verkostet. Im besten Fall* ★★★ *Wird sich wahrscheinlich halten.*

**CH. LA GRÂCE-DIEU** Ein relativ kleiner, aber sehr gefälliger St-Emilion, mit reifer, pflanzlicher, fast burgunderartiger Nase. «süß», weich, erdig.
*Bei einem Jurade-de-St-Emilion-Essen im Hotel Black Swan, Helmsley, November 1988* ★★★

**CH. GRAND-PUY-DUCASSE** Reifer, orange-brauner Rand, wie bei einigen 75ern. «Süß», reif, etwas auf der Kippe, aber ansprechend.
*Zweimal bei Vorverkaufsdegustationen verkostet, Juli 1989* ★★

**CH. GRAND-PUY-LACOSTE** Viele Aufzeich-nungen, beginnend 1978. Ein fester, kompromiß-loser Pauillac, selbst in einem Jahrgang wie 1976. Zunächst etwas hart. Lebhaftes, jugendliches Kirschrot; Nuancen von Vanille, Zedernholz, schwarzen Johannisbeeren; lebhaft, fruchtig, stil-voll, mit Tannin und Säure.
*Zuletzt im Januar 1992 verkostet* ★★★★ *Jetzt voll-endet.*

**CH. GRUAUD-LAROSE** Viele Aufzeichnungen über einen Zeitraum von zwölf Jahren. Ein lebhaf-ter, schmackhafter Wein. Doch zwischen 1978 und 1990 tauchen immer wieder die Wörter «hölzern» und «stielig» auf, ganz abgesehen von zwei Fla-schen mit Korkgeruch. Mitte der 80er Jahre schön zu trinken. Recht guter Fruchtgehalt, doch für Gruaud etwas schlank.
*Zuletzt im Mai 1990 verkostet. Schwer zu bewer-ten, gerade noch* ★★★ *Wahrscheinlich am besten bald zu trinken.*

CH. LABÉGORCE Ein zuverlässiger Dourthe-Monopolwein. Ausgebaut. Schöne Nase, weich, eine Spur Eisen, etwas Holz, aber sonst ansprechend.
*Juni 1986* ★★

CH. LA LAGUNE «Robust, fruchtig» bei der Faßprobe, nach der Flaschenabfüllung und zwölfmal in den 80er Jahren notiert. Trotz eines gewissen Tanningehalts bei vergleichenden Degustationen von 76er Weinen in den Jahren 1982, 1984 und 1988 hohe Punktzahlen. Immer noch schöne Farbe; reiche, pflaumige Nase, fast wie Portwein; eine Spur reifer «Süße», ziemlich körperreich; fleischig, fruchtig, weich, sehr gefällig.
*Zuletzt aus einer Doppelmagnum im September 1993 verkostet* ★★★(*) *Jetzt vorzüglich, wird sich noch weiter entwickeln.*

CH. DE LAMARQUE Ein geringerer, leicht zu trinkender Wein. Aufgezuckerte Nase; relativ «süß», eher leicht.
*Zuletzt im Dezember 1989 verkostet* ★★ *Austrinken.*

CH. LANGOA-BARTON Seit 1980 17mal verkostet. Ein robusterer Wein als Léoville, entfaltete ein besonders reifes, reiches, honig- und zedernholzartiges Bukett. 1986 komplett ausgebaut, 1987 notierte ich mir «muß getrunken werden». Mittlerweile völlig reife Farbe, mit einem Stich ins Orange; parfümiert, wohlriechend, fast überreif; reich und «süß» am mittleren Gaumen, etwas zuwenig Länge und eine Spur Endsäure.
*Zuletzt im Januar 1992 verkostet* ★★★ *Austrinken.*

CH. LASCOMBES Pikantes, mundwässerndes Bukett; weich, reif, «süß», fruchtig. Mehr Säure als Tannin. In der Nase ein Hauch Mandarine, am Gaumen Lorbeerblätter. Zu Speisen erfrischend und schmackhaft.
*Zuletzt im Februar 1985 verkostet* ★★ *Austrinken.*

CH. LÉOVILLE-BARTON Duftend, Zedern und Frucht, angenehm, erfrischend, hübsches Gewicht.
*Zuletzt verkostet im März 1992* ★★★ *Jetzt trinken.*

CH. LÉOVILLE-LAS-CASES Durchgehend gute Bewertungen seit 1984, trotz einer etwas enttäuschenden Doppelmagnum kürzlich. Fest, noch immer tanninbetont, hübsches weiches Rubinrot. Sehr gut zum Essen.
*Zuletzt verkostet im September 1993* ★★★(*)

CH. LÉOVILLE-POYFERRÉ Eher überreife Nase; recht schmackhaft, aber trockener und weniger ansprechend als der Langoa und ohne die Länge eines Las-Cases.
*Zuletzt im November 1986 verkostet* ★★

CH. LYNCH-BAGES Im Faß trat das charakteristische Cabernet-Sauvingon-Aroma zwar deutlich hervor, doch später nahm ich es nicht mehr wahr. Etwas rauher, lebhafter, fruchtiger Wohlgeruch. Ausgesprochen «süß», mit seidiger Struktur. Relativ leicht, schön in Gewicht und Stil. Im besten Fall ein Charmeur, wenn auch die Endsäure etwas markant auftritt.
*Zuletzt im Juli 1989 verkostet* ★★

CH. MAGDELAINE Im Frühjahr 1978 notierte ich bei der Faßprobe eine unterschwellige Weichheit, eine seitdem anhaltende Eigenschaft. Schöne Farbe, reich, lebhaft; herrlich offene, «süße», maulbeerartige Nase; am Gaumen ausgeprochen «süß», vollmundiger Körper und Geschmack. Orangenschalennote im Abgang. Einige Flaschen aus einem etwas zu warmen, trockenen Keller waren entwickelter, brauner, schmeckten flach, mit einer Spur Anis.
*Zuletzt im Juli 1987 verkostet. Im besten Fall* ★★★★ *Jetzt trinken, wird sich aber halten.*

CH. MALARTIC-LAGRAVIÈRE Eigenartig künstlich in seiner Frucht, sowohl in der Nase wie am Gaumen. Duftend. Sehr trocken.
*Dezember 1993* ★★ *Austrinken.*

CH. MEYNEY Ziemlich tief, aber reif; Lakritze, Würze, recht schön; Frucht, trocken, mittelschwerer Körper, fest, tanninbetont.
*Zuletzt im Januar 1989 verkostet* ★★ *Nicht sehr aufregend; es lohnt nicht zu warten, bis die Tannine weicher werden.*

CH. LA MISSION-HAUT-BRION 1980 bei der *Master-of-Wine*-Degustation von 76er Weinen überaus eindrücklich. Danach sechs lobende Aufzeichnungen. 1985 bei Desai wohlriechend und charmant. In jüngster Zeit: immer noch tief, mit reifem, braunem Rand; Nase zunächst zurückhaltend, entfaltete dann aber eine ansprechende Cabernet-Frucht und ein Bukett mit Tabaknuancen; «mittelsüß» und mittelschwer. Im Geschmack sehr gefällig, etwas zuwenig Länge, mit eigenartigem Abgang wie bitterer Tee, aber duftendem Nachgeschmack.
*Zuletzt bei Wolfs Degustation im Juni 1990 verkostet* ★★★(*) *Ein guter Wein, vielleicht hat er noch etwas mehr zu bieten.*

CH. MONTROSE Im Faß fest. Gut gemacht. Schön griffig. Gutes, tiefes Rubinrot. Nase etwas käsig, gute Frucht. Schönes Gewicht, lebhaft, robust, trocken, weiche Tannine im Abgang.
*Zuletzt im Januar 1993 verkostet* ★★(*)

CH. PALMER Niemals sehr tief, obwohl sehr farbhaltig. Im Alter von vier Jahren sehr originelle Nase: faszinierende Kombination von Fruchtnuancen und dem Geruch des *Chai*. Lebhaft und würzig. Erblühte im Glas und verbesserte sich auch am Gaumen. Im ganzen ausgesprochen «süß», nicht sehr körperreich, weich, gewisse Säure, aber nicht viel Tannin. Köstlich.
*Zuletzt im Oktober 1986 verkostet. Bukett ★★★★ Gaumen ★★★ Bald trinken.*

CH. PAPE-CLÉMENT Reife Maulbeernote, weich, in der Jugend attraktiv. Schien rasch zu altern, denn Mitte der 80er Jahre war er bereits eher blaß und sah sehr reif aus. Auch in der Nase Alterston und etwas wenig Kraft; relativ trocken, eher leicht, mit ausgesprochenem Graves-Geschmack, recht schön ausgewogen, doch kantig. Keine große Zukunft.
*Zuletzt im Oktober 1986 verkostet ★★ Austrinken.*

CH. PETIT-VILLAGE Im Frühjahr 1977 strenge und tanninbetonte Faßprobe. Öffnete sich recht schnell, mit einem «süßen», köstlichen Wohlgeruch und Geschmack zu Anfang der 80er Jahre. Mitte der 80er Jahre immer noch recht tief, zunächst leichter Sattelgeruch in der Nase, danach reiche Entfaltung; weicher Ersteindruck, fleischig, sogar etwas fett, gutes Gewicht, aber trocken, mit leicht bitterem, tanninbetontem Abgang. Kürzlich in Doppelmagnum: elegant, vollentwickelt, mit der Weichheit des Merlot, gut strukturiert.
*Zuletzt verkostet im September 1993 ★★★ Jetzt auf dem Höhepunkt.*

CH. PICHON-LALANDE Ein paar Aufzeichnungen. Überraschend schnelle Entwicklung. Ab 1980 köstlich zu trinken: harmonisch, stilvoll. 1985 ein «überaus betörender roter Bordeaux». Schien «süßer» geworden zu sein. Vollmundig, aber nicht schwer, mit anregender Säure, schönem Gewicht, wohlausgewogen.
*Zuletzt im Juni 1986 verkostet ★★★★ Wahrscheinlich damals auf dem Höhepunkt, aber zweifellos immer noch charmant.*

CH. DE SALES Reife Farbe mit Orangereflexen; weich, gehaltvoll; eher leicht, zugänglich, etwas schokoladig, trinkbereit.
*Zuletzt im März 1992 verkostet ★★ Jetzt trinken.*

CH. TALBOT Sechs gute Aufzeichnungen. «Süßes», würziges Bukett, ein bißchen wie der Léoville-Barton. Bei derselben Degustation dem Gruaud leicht vorgezogen. Gut reifend, entwickelte Nase, schön in Gewicht, Stil und Weichheit. Trockener Abgang.
*Zuletzt im Februar 1986 verkostet ★★★(★) Jetzt gut zu trinken, hat wahrscheinlich noch Potential.*

CH. LA TOUR-HAUT-BRION Nur eine Notiz. Voll ausgebaut. Locker gewoben, aufgezuckert, aber schöner Geschmack. Kurz.
*November 1986 ★★ Bald trinken.*

CH. TROPLONG-MONDOT Ein typischer St-Emilion: immer zuverlässig, doch selten groß. Ziemlich tiefe Farbe. Weich, zum Kauen, sehr gefällig.
*März 1985 ★★★ Bald trinken.*

CH. TROTANOY Ein beeindruckendes Beispiel aus dem Schloßkeller, mit mehr Fülle und einem besseren Abgang als der La Fleur. Immer noch tief, dick, reich. Bei einer Flasche «Sulfid» notiert. Mir kam der Wein aufgezuckert vor, aber wahrscheinlich lag das eher am natürlichen Reichtum und seinen Extraktstoffen.
*Zuletzt im September 1985 verkostet ★★★ Wahrscheinlich jetzt auf dem Höhepunkt.*

KURZE ZUSAMMENFASSUNG ANDERER WEINE, DIE ICH ANFANG BIS MITTE DER 80ER JAHRE VERKOSTET HABE:

CH. L'ANGÉLUS Tiefe Farbe für einen 76er. Schön entwickelt, robust; rund.
*1986 ★★★*

CH. BATAILLEY Recht reich und schmackhaft. Frucht. Schönes Gewicht.
*1985 ★★★*

CH. BEAU SÉJOUR BÉCOT Weich, komplett, köstlicher Stil. Zum baldigen Genuß bestimmt.
*1984 ★★★*

CH. BELAIR St-Emilion. Lebhaft, attraktiv.
*1983 ★★★*

CH. BRANE-CANTENAC Nicht sehr tief. Im Ausbau. Relativ leichtgewichtig, aber gefällig. Länge und Nachgeschmack gut.
*1984 ★★★*

CH. CANON-LA-GAFFELIÈRE Überaus ansprechende Farbe; sehr «süße» Nase; relativ leicht, fruchtig, sehr gefällig.
*1982 ★★★*

CH. CANTENAC-BROWN Stielige und säurebetonte Faßprobe. 1980 zwei unterschiedliche Flaschen, eine oxydiert, die andere trocken und säurebetont; die letzte hölzern. Vermeiden.
*1982.*

CH. CARBONNIEUX Relativ blaß und rosa; ziemlich leichter, oberflächlicher Stil, parfümiert, lebhaft. In der Jugend am besten.
*1982 ★★*

## 1976

DOM. DE CHEVALIER Relativ blaß. Reif. Keine harten Kanten, schöne Frucht. Trocken, in Gewicht und Stil leicht. Elegant. Erfrischend.
*1985* ★★★

CH. CROIZET-BAGES Reiche, würzige Nase; schmackhaft, stilvoll, aber eine Spur Holz.
*1986* ★★

CH. L'EVANGILE Ziemlich tief, aber überraschend braun; reich, doch unverwoben und zuwenig Frucht. Trocken, etwas rauher Abgang.
*1982* ★

CH. LA FLEUR-PÉTRUS Wohlriechend; sehr zugänglich und attraktiv. Erfrischend trockener Abgang.
*1980* ★★(★★)

CLOS FOURTET Ziemlich marmeladige Nase; zum Kauen, schmackhaft, fleischiger als gewöhnlich, aber leicht bitterer Abgang. Gefällige Frucht, doch in einem recht harten, stieligen Kleid.
*1983* ★(★)

CH. GAZIN Zunächst sehr hart, wurde jedoch bald weicher. Hübsche Frucht, sehr wohlriechend und entgegenkommend für einen jungen Pomerol. Mitteltrocken und -gewichtig. Reich, reif, guter Abgang. Wahrscheinlich auf dem Höhepunkt.
*1983* ★★★

CH. HAUT-BAILLY In der Jugend einmal verkostet; beeindruckend war die für Graves typische Tabaknote in der Nase und die erdige Beschaffenheit – wie reicher Humus. Auch am Gaumen reich, sehr attraktiv, gewisse Finesse und ein guter Nachgeschmack.
*1980* ★★★

CH. HAUT-BATAILLEY Recht gute Farbtiefe; Nase, Geschmack und Ausgewogenheit gut.
*1982* ★★★

CH. D'ISSAN Tiefes Mahagony; Nase schien alle Bordeaux-Cépages auszudrücken, entwickelte sich gut; weich, karamelartig, ein Hauch Zitrone und Zucker; in Stil und Gewicht relativ leicht. Der deutliche Tannin- und Säuregehalt trocknete einen sich ansonsten gut entfaltenden Geschmack aus.
*1983* ★★★

CH. KIRWAN Zwei nicht sehr interessante Flaschen.
*1980.*

CH. LAFON-ROCHET Recht schöne Nase; fest, fleischig, zugänglicher Stil, aber nicht viel Charme. Harter, trockener Abgang.
*1985* ★★

CH. LAGRANGE St-Julien. Ziemlich schwach, doch recht gefällig. Wenig Charakter.
*1985* ★★

CH. MALESCOT-ST-EXUPÉRY Hübsche Farbe; wohlriechende und gefällige Nase; leichter Stil, zugänglich. Ein überaus charmanter und femininer Malescot, doch nicht zur Lagerung gedacht.
*1982* ★★

CH. MOUTON-BARON-PHILIPPE Relativ blaß, leicht, zugänglich, wenn auch mit etwas Biß. Wenig Potential. Nicht zur Lagerung geeignet.
*1982* ★★

CH. PAVIE Ein etwas «häßliches Entlein». Anfang der 80er Jahre gewisser Wohlgeruch, hochgetönt; eher leicht und trocken. Etwas mangelhaft, aber gefällig zu trinken. Nicht zur langen Lagerung.
*1982* ★★

CH. PICHON-BARON Nur eine Aufzeichnung: köstlich.
*1980* ★★★

CH. LA POINTE Gute Weinigkeit; eine Spur Eisen in der Nase und am Gaumen, «süßer» Ersteindruck, tanninbetonter Abgang, mit schön erdigem Mittelgeschmack und guter Pomerol-Struktur.
*1984* ★★★

CH. PONTET-CANET Ein fester, fruchtiger Wein mit der für Pauillac typischen Frische. Mehrere Aufzeichnungen, zuletzt 1980, als er sich gut machte, mit bemerkenswert nachhaltigem Geschmack. Wird wahrscheinlich immer noch attraktiv sein.
*1980* ★★★

CH. RAUSAN-SÉGLA Keine jüngeren Notizen. War recht fortgeschritten, mit einnehmend «süßer», hochgetönter Nase und ebensolchem Geschmack. Dann ein köstlicher Tropfen, aber keine lange Lebenserwartung.
*1980* ★★

CH. RAUZAN-GASSIES Stich ins Rubinrote; medizinal, schokoladig; trocken, etwas mager und rauh.
*1984* ★

GERINGERE WEINE, DIE ANFANG BIS MITTE DER 80ER JAHRE GUT SCHMECKTEN:

Ch. Grand-Barrail-Lamarzelle-Figeac, Ch. Bel-Orme-Tronquoy-de-Lalande, Ch. Cap-de-Mourlin, Ch. La Cardonne, Clos du Clocher, Ch. Coufran, Ch. Fonroque, Ch. Haut-Bages-Averous, Ch. Moulinet.

ANFANG BIS MITTE DER 80ER JAHRE AUS-
REICHEND GEFÄLLIG:

Ch. Citran, Ch. Closerie, Ch. Fourcas-Hosten,
Ch. Larrivet-Haut-Brion, Ch. Marquis d'Alesme-
Becker, Ch. du Tertre, Ch. La Tour-Martillac,
Ch. La Tour-de-Mons.

ANFANG BIS MITTE DER 80ER JAHRE
SCHLECHT:

Ch. Larose-Trintaudon, Ch. Smith-Haut-Lafitte.

# 1977

*Ein Jahr mit katastrophalen Wachstumsbedin-
gungen. Strenge Fröste im Frühjahr beeinträch-
tigten einige Weinberge stark; kaum einer blieb
völlig unberührt. Späte Blüte. Kalter, nasser
Juni, extrem nasser Juli, die erste Augusthälfte
heiß und trocken, danach kühles, feuchtes Wetter. Trockenster September seit 1851; ziemlich
späte, sonnige Lese, die Anfang Oktober im
Médoc begann und – was ungewöhnlich ist – in
St-Emilion erst später einsetzte. Die Herbstsonne rettete, was zu retten war, aber in den
meisten Fällen war der Schaden bereits angerichtet. Zum baldigen Genuß waren die Weine gar
nicht so schlecht gewesen – ich habe tatsächlich
nur wenige Aufzeichnungen aus späterer Zeit –,
doch der Handel hatte sich stark mit dem eindrücklichen 75er und dem charmanten 76er
Jahrgang eingedeckt, so daß der 77er praktisch
übergangen wurde.*

**CH. LAFITE** Zum ersten Mal 1987 bei einer der
jährlichen Degustationen von Spitzengewächsen
bei Penning-Rowsell verkostet. 1988 auf der Lafite-Degustation von Flatt recht attraktiv; 1989
eine Magnumflasche aus Château-Beständen.
Gleichbleibende Bewertungen: ein überraschend
sattes, dabei reifes Rubinrot – wesentlich reicher
und lebhafter als beim Latour oder Margaux.
Lebhaftes, zurückhaltendes Bukett, das einen
schönen Wohlgeruch entfaltete. Trocken, leicht,
schlank, recht wohlschmeckend, aber etwas
scharf.
*Zuletzt im September 1989 verkostet ★ Austrin-
ken.*

**CH. MARGAUX** Ebenfalls in der Jugend nicht
probiert. Geschmack 1983 «eher wie ein 1975er La
Tâche» empfunden; auf der Margaux-Degustation
von Desai 1987 dann «wie ein Domaine de la Romanée Conti, mit einem wurzelartigen, erdigen
Geschmack». 1987 bei Penning-Rowsell duftend,
auch delikat und griffig. Zwei Jahre später zwei
Bewertungen. Inzwischen ziemlich blaß, voll ausgebaut, mit einem Stich ins Orange; «süße», aufgezuckerte Nase, die sich entfaltete und in ihrer

Würzigkeit zwei Stunden anhielt. Mitteltrocken,
relativ leicht, wohlschmeckend, doch mit leicht
säurebetontem Abgang.
*Zuletzt im September 1989 verkostet ★ Austrinken.*

**CH. LATOUR** Sechs Aufzeichnungen nach 1981.
Ursprünglich ziemlich tief, jetzt gebleicht, röter
als der Mouton. Mit seiner intensiven Frucht und
dem schön abgerundeten, zedernholzartigen
Geschmack ging der Latour 1987 bei Penning-
Rowsells Degustation als bester von sieben erstklassigen Hochgewächsen hervor. Eigenartige,
etwas «süße» Nase – ein gut aufgezuckerter Wein.
Für einen Latour mittelleicht, etwas spröde, aber
recht gefällig.
*Zuletzt im September 1989 verkostet ★ Austrinken.*

**CH. MOUTON-ROTHSCHILD** Sechs Bewertungen. Im Jahr 1983 eine leichte und wohlschmeckende Flasche mit Sattelgeruch. 1986 bei
der Mouton-Degustation von Flatt recht ansprechend in Farbe, Geruch und Geschmack, wenn
auch etwas zu kurz und mit einer Spur Bitterkeit.
1987 erreichte er den dritten Platz unter den Erstklassifizierten, erwies sich allerdings als der flei-
schigste und gehaltvollste. Mittlerweile ziemlich
blaß, mit einem sehr reifen Rand; leichte, ober-
flächliche Nase, mit Sattelgeruch und verwässerter
Frucht, die sich dennoch entfaltete. Mitteltrocken,
leicht, unkompliziert, kurz.
*Zuletzt auf der Latour-Mouton-Degustation von
Frericks/Wodarz im März 1989 verkostet ★ Austrinken.*

**CH. HAUT-BRION** Nur einmal verkostet.
Überraschend satte und intensive Farbe, dick,
rubinrot, mit einer Spur Kohlensäure; «süße»,
entgegenkommende, käsige Nase; am Gaumen
ziemlich «süß», etwas Fleisch, im Abgang jedoch
schlank. Rauchiger, zigarettenartiger Geschmack
nach Tabak und Herbstblättern. Kurzer, leicht bitterer Abgang – mit Käse besser.
*Zuletzt auf dem Abendessen mit den Spitzen-
gewächsen bei Penning-Rowsell verkostet, im
Dezember 1987 ★ Austrinken.*

**CH. AUSONE** Zwar voll ausgebaut, aber noch
überraschend satte Farbe, mit leicht orangetöntem
Rand. Eigenartig warme, flaumige Nase, mit
schokoladigen und medizinalen Nuancen; mitteltrocken, mittelleicht, weich, zugänglich, kurz, mit
pudrigem Abgang.
*Bei Flatts Ausone-Degustation im Oktober 1987 ★
Austrinken.*

**CH. CHEVAL BLANC** Belegte 1987 bei Penning-
Rowsells Abendessen den zweiten Platz unter den
Erstklassifizierten. Gefällige, offene Erscheinung;
«süße», aufgezuckerte Nase, die an rote Bete erinnerte, zitrusartiger Wohlgeruch; leicht «süß», mittelschwerer Körper, etwas schokoladig, recht

wohlschmeckend. In jüngster Zeit bei einem Abendessen auf dem Château: gut, wohlschmeckend, aber am Austrocknen.
*Zuletzt im April 1991 verkostet ★★ Austrinken.*

CH. PÉTRUS Erstmals 1986 in einer Magnumflasche bei Frericks probiert: überraschend satt; reichhaltige Nase, doch am Gaumen trocken und mager. 1987 bei Penning-Rowsell eine Flasche mit Kork- und Holzgeschmack. Bei der letzten Gelegenheit immer noch satte, attraktive Erscheinung; sehr reichhaltige, pflaumenartige, fast zu «süße» Nase; am Gaumen wiederum trocken, für einen 77er ziemlich körperreich, kiesiger, ausgesprochen tanninbetonter Abgang.
*Zuletzt bei der jährlichen Degustation von Rodenstock verkostet, September 1988 ★ Kann sich noch halten, doch ohne Weiterentwicklung.*

CH. BEYCHEVELLE Aufgezuckerte Nase, Toast; trocken, scharf.
*Zuletzt verkostet im Mai 1993.*

CH. DUCRU-BEAUCAILLOU Erste Probe aus dem Faß: überraschend satt; in der Nase und am Gaumen mit gewisser Frucht. Leicht. Kurz. Im Mai 1978 eine Faßprobe von de Luze. Robust. Trockener Abgang. In jünster Zeit: sehr reifes Erscheinungsbild mit einem Stich ins Orange; etwas pflanzliche Nase, unverwoben, doch mit gewisser Frucht; recht guter Geschmack. Nicht schlecht.
*September 1990 ★ Austrinken.*

CH. GLORIA Relativ blasse, orangefarbene, reife Farbe; unangenehmer erster Geruchseindruck nach Schwefelwasserstoff, Hühnerexkrementen und Jod, danach Verbesserung, lebhaft, um Wohlgeruch bemüht; trocken, leicht, mager und wohlschmeckend.
*September 1990 ★*

CH. GRUAUD-LAROSE Mitteltief, reif, mit schwachem Rand; recht gute, gehaltvolle Nase; trocken, schlank und tanninbetont. Kurz.
*Zuletzt im September 1993 verkostet ★★ Aufbewahren ist nicht sinnvoll.*

CH. LÉOVILLE-POYFERRÉ Guter, langer, fleckiger Korken von besserer Qualität, als es der Jahrgang verlangt hätte. Ziemlich blasse, reife Farbe; leichte, aber wohlriechende, medizinale Cabernet-Sauvignon-Nase; leicht, wohlschmeckend, trockener Abgang, akzeptable Säure.
*Zwei Bewertungen aus dem Jahre 1986 ★★*

CH. MEYNEY Relativ blaß mit Stich ins Orange; schokoladig, aufgezuckert, unverwoben, aber nicht schlecht; «süß», leicht, weich, kurz. Flüchtig.
*September 1990.*

CH. LA MISSION-HAUT-BRION Sechs Bewertungen, alle Flaschen aus den Kellern der Besitzerfamilie Woltner. 1981 ziemlich satt, mit einer leichten, marmeladigen, gezuckerten Nase, einem weichen Geschmackseindruck am mittleren Gaumen und einem harten, bitteren Abgang. 1985 auf der Desai-Degustation ziemlich parfümiert, pikant, schlank und wohlschmeckend. 1986 und 1988 ebenfalls degustiert. In jüngster Zeit: vollreife Farbe; parfümiertes, zitrusartiges Cabernet-Bukett, das an weichen, braunen Zucker erinnert; für einen La Mission relativ leicht, kurzer, recht schöner «Efeublatt»-Geschmack. Gegenwärtig recht angenehm – wahrscheinlich im Augenblick der am besten zu trinkende 77er.
*Zuletzt bei Karl-Heinz Wolfs La-Mission-Degustation im Juni 1990 verkostet ★★★*

CH. PICHON-LONGUEVILLE, BARON Vier Aufzeichnungen aus vier aufeinanderfolgenden Jahren. Die beiden ersten Bewertungen: relativ blasses Aussehen mit braunem Rand; eher verschlossene Nase; verfaulte Trauben, aufgezuckert – dennoch ein leichter, zugänglicher Wein zum Essen. Die beiden letzten Bewertungen: «überraschend» satte Farbe; ziemlich uneinheitlich in der Nase, lebhaft und hart; würzig, tanninbetont, annehmbare Säure.
*Zuletzt im April 1987 verkostet ★*

CH. LA TOUR-HAUT-BRION Zum ersten Mal im September 1978 auf La Mission aus dem Faß verkostet. Fruchtig, pikant, leicht bitter. 1981 deutliche Farbveränderung, ziemlich blaß, mit schwachem Rand; in der Nase und am Gaumen rauh, dünn, aber wohlschmeckend. 1986 ähnliches Erscheinungsbild; gewisser Wohlgeruch; trocken, leicht, wohlschmeckend, kurz.
*Zuletzt im November 1986 verkostet ★★*

PASSABLE WEINE, ZULETZT ANFANG BIS MITTE DER 80ER JAHRE VERKOSTET:

CH. BEAU SÉJOUR BÉCOT Ziemlich blaß; unbestimmter Geruch; relativ leicht, weich, doch mit rauhem Abgang.
*1982.*

CH. BRANE-CANTENAC Bläßlich, mit schwachem Rand; 1982 offen und erblüht, käsig, aufgezuckert. Unangenehmer Geruch. Trocken.
*1985.*

CH. CANTEMERLE Ansprechende Farbe; pikant, leicht im Geschmack, besser als in der Nase, aber rauh.
*1982 ★*

CH. CHASSE-SPLEEN Überraschend tief, süß, fruchtig, kurz mit trockenen und säuerlichem Abgang.
*Im Januar 1993* ⋆

CH. FIGEAC Gut ausgebaute Farbe, deutlich brauner Rand; eindimensionale Nase, Sattelgeruch, wenig Frucht; leichte, auf der Zunge beißende Säure.
*1984* ⋆

LES FORTS DE LATOUR Überraschend gute, kirschrote Farbe; starker Cabernet-Sauvignon-Ton, Vanille; bemerkenswert attraktiv, lebhaft, fruchtig, trocken, etwas rauher, bitterer Abgang.
*1983.*

CLOS FOURTET Hochgetönt, pfeffrig; Geschmack und Struktur gut. Schön verbunden.
*1982* ⋆⋆

CH. LANGOA-BARTON Gutes Wetter während der Lese, kein faules Traubengut; ziemlich tiefe, feste Farbe; «süße», gefällige, aufgezuckerte Nase, etwas Frucht, Lakritzton; weich am mittleren Gaumen, leicht, ganz hübsch.
*1982* ⋆

CH. LASCOMBES Ziemlich schwach; stielige, geringe Nase; leicht, rauh, kurz.
*1982.*

CH. LÉOVILLE-BARTON Überraschend tiefes und jugendliches Aussehen; geringe Nase; trocken, mager, rauh, nicht schlecht.
*1984* ⋆

CH. LÉOVILLE-LAS-CASES 1978 eine satte, sehr wohlschmeckende, tanninbetonte Probe aus dem Faß, 1979 reif und fruchtig. 1982 auf dem Château überraschenderweise tiefer in der Farbe als der 76er, mit weicher Merlot-Nase, am Gaumen stärker Cabernet-betont. Ein Jahr später immer noch gute Farbe, doch muffige, fast kränkliche Nase; ausgesprochen «süß», dabei rauh, später mager und seicht.
*1983.*

CH. LYNCH-BAGES Trotz schnellem Ausbau überraschend satte Farbe; deutliches Cabernet-Sauvignon-Aroma – 95 % des Traubensatzes, da der Merlot verdorben war; wohlschmeckend, aber rauh.
*1982.*

CH. MOUTON-BARON-PHILIPPE Gut aufgezuckert; trocken, weich, zugänglich.
*1982.*

CH. PICHON-LONGUEVILLE, LALANDE Im Frühjahr 1978 eine fruchtige, gefällige Faßprobe.

Farbe nicht schlecht; «süße», fruchtige, ansprechende Nase; trockener, pikanter Cabernet-Geschmack. Etwas dünn.
*1985.*

# 1978 ⋆⋆⋆

*Bedeutender, doch keinesfalls großer Jahrgang. Unschöner Frühling, schlechte Blüte und noch schlimmerer Sommer – Mitte August hatten die Winzer deswegen alle Hoffnung aufgegeben. Doch das Wetter besserte sich und der warme, sonnige September ließ die überlebenden Trauben voll ausreifen. Bei der Durchsicht meiner Notizen scheinen mir die Weine aus Pomerol bei weitem am besten abzuschneiden; einige Médocs sind recht hager, andere wiederum ermutigend attraktiv. Ein Jahrgang, der jetzt sowohl im Handel wie auch zum Trinken gefragt ist. Allerdings läßt sich über ihn nur beschränkt verallgemeinernd reden, da jeder Wein individuell ist in Herkunft, Anlage und Pflege.*

*Zusätzlich zu den wichtigen Vertikaldegustationen der Erstklassifizierten gab es auch zwei horizontale Degustationen; eine davon fand 1985 bei Sotheby's statt. Bei der andern präsentierte drei Jahre später Robert Paul, ein führender Rechtsanwalt aus Miami, anläßlich der Zehnjahresfeier des Jahrgangs eine besonders aufschlußreiche Bandbreite an Weinen. Diese Verkostung wurde mit den sechs Spitzengewächsen aus St-Estèphes eröffnet, darauf folgten 16 St-Juliens, sieben rote Graves, elf St-Emilions und neun Pomerols. Am nächsten Tag gab es elf Weine aus Margaux und zwölf aus Pauillac. Das mag etwas strapaziös klingen, aber es war eine verkraftbare, wohlorganisierte Degustation. Alle wesentlichen Weine dieses – nach Worten von Harry Waugh – «Wunderjahrs» konnten hier ein Jahrzehnt später miteinander verglichen werden. Im großen und ganzen haben die meisten ihren Höhepunkt mittlerweile überschritten, doch einige wenige können sich durchaus noch lange halten. Austrinken.*

CH. LAFITE Zahlreiche Aufzeichnungen. Durchs Band als «weich» und «duftend» beschrieben, auch wenn es fünf Jahre dauerte, bis der Wein aus sich heraus ging. Bei einer Degustation im Jahre 1985 und 1988 auf dem Abendessen bei Penning-Rowsell mit den Spitzengewächsen, identische Bewertung und Punktzahl: positiv, eindringlich, mit guter Länge und schönem Nachgeschmack. Auf der spektakulären Lafite-Degustation von Flatt war der Wein reich und duftend, etwas später im selben Jahr erhielt er allerdings schlechtere Noten; möglicherweise lag das aber an den Umständen. In jüngster Zeit: inzwischen mitteltiefe, ziemlich reife Farbe; in der Nase unmittelbar entgegenkommend, «süß», erst

etwas malzig, danach bisquitartig. In allen Aufzeichnungen leicht «süß», mittelschwer, weich, wohlschmeckend, elegant, mit schlankem, trockenem Abgang.
*Zuletzt im September 1993 verkostet ★★★ Bis zum Jahr 2000 zu trinken.*

CH. MARGAUX Viele Notizen, wahrscheinlich weil hier ein Markstein gesetzt worden war: der erste Jahrgang unter neuer Leitung und dem neuen Besitzer Mentzelopoulos. Im April 1979 ein Merlot-Ensemble aus dem Faß probiert: sehr tief, dabei trotz seiner Jugend weich und geschmeidig; als nächstes dann bei Harvey's En-primeur-Degustation im Januar 1980. 1982 machte sich der Wein auf einer *Master-of-Wine*-Degustation mit 78er Weinen sehr gut, vorzüglich in Geschmack und Länge. 1987 bei der Margaux-Degustation von Desai: lebhafte Würzigkeit, die an Salbei und Zwiebeln erinnerte, seidige, ledrige Tanninstruktur. Bei Penning-Rowsells Dinner mit zehn Jahre alten Hochgewächsen nach wie vor satte, intensive Farbe und lebhaft in der Nase und am Gaumen. In jüngster Zeit: frisch, intensiv; weich, wohlriechend, trotz statischer, beerenartiger Nase. Am Austrocknen, verliert an Gehalt. Rauher Abgang.
*Zuletzt verkostet im März 1993 ★★ Bald trinken.*

CH. LATOUR Erstmals im Januar 1980 probiert: starkfarben, verschlossen, pfeffrig, intensiv, konzentriert und tanninbetont. Kurz gesagt, ein Latour. Neun Aufzeichnungen in sinnvollen Abständen. Bei der Degustation im Jahre 1985 gleiche Bewertung wie der Ch. Lafite, auch wenn er in Stil und Entwicklung völlig anders war; 1988 bei Penning-Rowsell schnitt er um einen Bruchteil besser ab. Nach wie vor beeindruckend tief; lebhaftes, fruchtiges Bukett. 1990 zweimal in der Meisterklasse von *Christie's Wine Course*: im wesentlichen gleiche Beurteilung wie bisher, doch trotz Tiefe nicht intensiv. Der Wein, zwar reich und mit Zedernholztönen, fehlt jedoch die reife «Süße» und Entfaltung im Glas, die einen wirklich großen Jahrgang ausmacht. Ein eindrücklich fleischiger Wein, der aber im Vergleich mit dem 82er und dem 75er nicht ganz überzeugt. In jüngster Zeit: teerige, staubige Nase, ausgesprochen tanninbetont.
*Zuletzt im Juni 1991 verkostet ★★★(★) Trinkbar von 1994 an. Größere Lebenserwartung als die meisten 78er.*

CH. MOUTON-ROTHSCHILD Viele Notizen, die erste vom Frühjahr 1982. Viel pflaumigere und weniger entschiedene Farbe als die der Gleichklassifizierten; schneller reifend. Mittelmäßige Bewertung bei der vertikalen Mouton-Degustation von Flatt 1986, etwas später im selben Herbst eine eher muffige Doppelmagnum bei Rodenstock. 1988 bei Penning-Rowsell etwas enttäuschende Nase; robust, käsig, schöne Frucht, aber nicht eben interessant. Zuletzt: zwar satte, reife Farbe, doch am Rand etwas schwach; zurückhaltende, zerfallende Brombeerfrucht; eher «süß», mittelschwer, weich, zugänglich, gefällig, aber ohne große Zukunft.
*Zuletzt im September 1993 ★★★ Schön zu trinken, aber kein großer Wein.*

CH. HAUT-BRION Bei Harveys En-primeur-Degustation im Januar 1980 in der Nase gefällig und entgegenkommend, am Gaumen ein «Frühentwickler», teurer als der Margaux. 1982 den starken, eigenartigen, für Haut-Brion und Graves typischen Tabakgeschmack notiert. Mitte der 80er Jahre hatte sich eine seidige Struktur und ein reiches Bukett entwickelt: Pflaumen, reife Maulbeeren und Nelken. Neun Bewertungen später, bei Penning-Rowsell im Jahre 1988, wirkte der Wein schon reich ausgebaut. Die «süße», Fondantartige Nase erinnerte mich an Bassett's Liquorice Allsorts (ein Vergleich, der für Nicht-Engländer allerdings wenig hilfreich ist). Am Gaumen zart, mit Zitrusnote und dem unnachahmlichen, erdigen Tabakblätter-Endgeschmack, der nur einem Graves eigen ist. Etwas «süß», schönes Gewicht und sehr wohlschmeckend. Zwei übereinstimmende Bewertungen aus jüngerer Zeit. Auf dem alle zwei Jahre stattfindenden Abendessen des *Institute of Masters of Wine* im März 1990 sehr gut zu trinken, drei Monate später harmonisch, wohlriechend, elegant und attraktiv.
*Zuletzt im Juni 1990 verkostet ★★★ Gut, aber nicht groß.*

CH. AUSONE Für Ausone war dies eine Zeit der Renaissance. 1982 zum ersten Mal verkostet, 1985 noch deutlich tanninbetont. 1987 auf der Ausone-Degustation von Flatt kirschrote Farbe, reich in der Nase, kein Schwergewicht, guter Geschmack, aber schlank. Im Februar 1988 auf der Mammut-Degustation mit roten 78ern von Robert Paul ausgesprochen tanninbetont, mit einem Geschmack nach alten Blättern, der fast an Graves erinnert. Drei Monate später bei Penning-Rowsell: ziemlich satte, lebhafte, ansprechende Farbe; Nase zunächst wie Fleischbrühe, öffnet sich dann, wurde elegant, lieblich, mit Bisquit-Nuancen – wie zartes Konfekt. Zunächst am Gaumen eher trocken, frische Frucht, lebhaft, recht griffig, schön gerundet, mit guter Länge. «Elliptisch» fiel mir ein.
*Zuletzt im Mai 1988 verkostet ★★★ Jetzt schön; wird sich noch weiter entwickeln.*

CH. CHEVAL BLANC Erstmals 1982 auf der *Master-of-Wine*-Degustation verkostet, einen Monat später dann auf einer Vorverkaufsdegustation. Ein reicher, robuster, fruchtiger Wein. Mitte der 80er Jahre erdige, eisenhaltige Nase mit Nuancen von Farn und Veilchen, außerdem sehr gute Noten für die Farbe. «Süß», überaus fruchtig, fleischig und würzig. Zwei Aufzeichnungen vom Februar 1988: bei Bob Paul schön, «süß», weich und reichhaltig, desgleichen drei Monate später bei Penning-

Rowsell. Immer noch tief, doch mit Anzeichen von Reife; entgegenkommendes Bukett, mit leichtem Vanille-Ton und etwas kräuterwürzig, voll ausgebaut; treffliche Struktur, am Gaumen ebenfalls «elliptisch»: deutlicher Ersteindruck, schwillt an, schließt ebenso deutlich ab. Sehr gute Bewertungen.
*Zuletzt im Januar 1993 verkostet **** Jetzt vorzüglich, wird weiterhin entzücken.*

CH. PÉTRUS Sechs Notizen. Mitte der 80er Jahre in schöner Entwicklung. 1986 bei der Vertikaldegustation von Frericks eine recht eigenartige Magnum: Himbeere und Pilzsuppe im Bukett, weich, wohlschmeckend. Kein großer Wein. Bei Bob Pauls Degustation im Jahre 1988 ziemlich malzige Nase, robust und mit einem Abgang, der nicht überzeugte. Ganz klar nicht auf Spitzenniveau. Drei Monate später bei Penning-Rowsell: köstliches, maulbeerfruchtiges Bukett, verbunden mit dem seltsamen Geschmack nach Roastbeef; ziemlich «süß», fleischig, etwas streng. In jüngster Zeit: mitteltief, offen, ziemlich reif; sehr entgegenkommende Nase, wohlriechend, auf ihre Art schön, gegen Ende mit reichen Kaffee- und Teenuancen. Inzwischen ausgesprochen «süß», vollmundig, aber nicht schwergewichtig. Weich. Duftender Abgang. Recht gut, aber kein großer Pétrus.
*Zuletzt im Dezember 1993 *** Müßte sich bis ins 21. Jahrhundert weiterentwickeln.*

CH. L'ANGÉLUS Zwei übereinstimmende Bewertungen, die erste davon 1985. Nicht sehr tief in der Farbe, aber reich, dick, gleichmäßig und im Ausbau. Lange Tränen. Am Anfang ziemlich unverwobene Nase, doch mit nachdrücklicher, erdbeerartiger Frucht. Mäßig «süß» und mittelschwer. Guter Geschmack und feine, seidige Struktur. Stilvoll.
*Zuletzt bei Bob Pauls Degustation im Februar 1988 verkostet. Kontroverse Bewertungen *** Bald trinken.*

CH. d'ANGLUDET Zum ersten Mal im Januar 1980 bei Harvey's degustiert. Durchaus gefällig, wenn auch mit mangelndem Nachgeschmack. 1981 vermerkte ich für die Nase «südliche Rhône», das heißt einen eigenartigen, würzigen Charakter, der zweifellos auf den Boden zurückzuführen ist. Angludet ist von ganz eigener Art. Zu Anfang der 80er Jahre etwas stielig und rauh, danach gewisse Entwicklung. Eine Magnum bei der Degustation von Bob Paul: sattes, intensives, immer noch jugendliche Farbe; ähnlich unreife, ledrige (tanninbetonte) Nase, die nach kurzem eine außergewöhnliche Würze verströmte, danach etwas verblaßte, aber lebhaft und wohlriechend blieb. Ein ausgesprochen trockener Wein. Nach wie vor unfertig, kompromißlos, tanninbetont, doch duftend.

*Zuletzt im Februar 1988 verkostet **(*) Schwer zu sagen, wann und ob er vor dem Austrocknen weicher wird.*

CH. BATAILLEY Viele Aufzeichnungen, da ich den Wein in meinem Keller habe. Immer zuverlässig, auch wenn er nur selten zu einem großen Gewächs aufsteigt. Bei Bob Pauls Degustation machte er sich gut, war voll ausgebaut, elegant, eher schlank. Inzwischen zeigt er seine Talbotartige, reife Nase mit Stallgeruch; ziemlich trocken, schön in Körper und Gleichgewicht, trockener Abgang.
*Ein anständiger Wein für ein Sonntagsessen. Zuletzt im November 1990 verkostet *** Jetzt trinken, bevor er austrocknet.*

CH. BEYCHEVELLE Mitte bis Ende der 80er Jahre unterschiedlich bewertet. Ausgesprochen fremd in der Nase, am Gaumen sehr hart und metallisch. Zwei Flaschen auf der Degustation von Bob Paul. Eine war pikant, locker verwoben, schroff, die andere wohlriechender, zugänglicher, dabei tanninbetont.
*Zuletzt im Mai 1993 verkostet ** Unterschiedlich. Nicht zum Lagern.*

CH. BOYD-CANTENAC Überraschend satt, immer noch rubinrot; reicher Wohlgeruch, vielschichtige Nase; mitteltief und -schwer, köstlicher Geschmack und schöne Frucht, Länge, Tannin- und Säure sehr gut.
*Zuletzt im Januar 1987 verkostet *** Kein großer Wein, aber gefällig. Bis zum Jahr 2000 zu trinken.*

CH. BRANAIRE-DUCRU Zwischen 1983 und 1985 begann die ursprünglich tief rubinrote Farbe zu reifen. Ziemlich oberflächliches, aber ansprechendes Bukett, das im Glas würzig aufblühte. Ein relativ leichtes, sehr gefälliges Getränk.
*Zuletzt getrunken bei einem Staatsbankett im Buckingham Palast, April 1993 *** Jetzt bis 1995.*

CH. BRANE-CANTENAC Bei der Degustation von Harvey's im Januar 1980 gefielen mir Nase und Geschmack, den Abgang empfand ich jedoch als ziemlich schwach und leicht scharf. 1985 war der charakteristische Hühnerhofgeruch ziemlich hochgetönt feststellbar, daneben war der Wein sehr «süß», fleischig, samtig, doch schlank. Bei Bob Paul zeigte die Nase zunächst einen etwas unangenehmen Geruch, entfaltete dann aber ein zartes, getoastetes Bukett. Am Gaumen wiederum ziemlich «süß», weich, zum Kauen, reif, mit tanninbetontem, eisenhaltigem Abgang, doch mit viel Charakter und Leben. Zeigt jetzt langsam Orangetöne als Zeichen der Reife.
*Zuletzt im März 1990 verkostet *** Auf seine Art gut. Jetzt trinken.*

## 1978

**CH. CALON-SÉGUR** Etwas matt. Mitte der 80er Jahre: wahrscheinlich zu stark chaptalisiert, mager, mangelnde Substanz, eher wie ein tanninbetonter 77er. Fruchtige Nase, doch etwas hohl. Danach bei der Degustation von Bob Paul: gut entwickelte Farbe; Nase zunächst verschlossen und tanninbetont, dann etwas karamelartig, «süße», erdbeerartige Entfaltung; reichhaltig, doch mit einer durch das Chaptalisieren bedingten Spur Fäulnis. Sehr trockener Abgang.
*Zuletzt im Februar 1988 verkostet ★ Lohnt nicht, sich darum zu bemühen.*

**CH. DE CAMENSAC** Zwei Bewertungen. 1988 immer noch satte, unreife Farbe. Zurückhaltende Nase, gewisser Wohlgeruch; körperreich, wohlschmeckend, dabei mit maskuliner «Süße», tanninbetont, eisenhaltig.
*Zuletzt bei Bob Paul im Februar 1988 ★ Ich zweifle, ob sich zu warten lohnt, bis die Härte verschwindet.*

**CH. CANON** Als erstes bei Harvey's im Januar 1980 verkostet. Da schon ein guter Wein. Machte sich bei der letzten Degustation Mitte der 80er Jahre sehr gut: Farbe ziemlich satt, dick (Extraktstoffe), reich, reifend; kühles, zartes, wohlriechendes Bukett; etwas «süß», vollmundig, reich, nachhaltig, Tannine sorgen für Haltbarkeit, die Säure wirkt belebend. Wie immer gut gemacht.
*Zuletzt im Mai 1985 verkostet. Damals ★★★(★) Inzwischen sicher vorzüglich und mit Zukunft.*

**CH. CANON-LA-GAFFELIÈRE** Niemals satte, früh reifende Farbe; gleichbleibend «süße» Nase, reich, komplett; auch am Gaumen «süß», mit reichem, erdigem Geschmack. Gefällig, mit Stil und Form.
*Zuletzt im Juli 1989 verkostet ★★★ Bis 1995.*

**CH. CANTEMERLE** Einige gute Aufzeichnungen zwischen 1982 und 1985: köstlich, klassisch. 1986 aus gleichem Bestand, dann eine stielige, magere und eine oxydierte Flasche. Möglicherweise schlecht gelagert. In den 50er Jahren war ich ein außerordentlicher Bewunderer des Stils von Cantemerle, doch die Dinge haben sich verschoben. Dennoch – im Zweifelsfall entscheide ich mich für den Wein.
*Zuletzt im Juni 1986 verkostet. Nochmals degustieren.*

**CH. CERTAN-DE-MAY** Auf Weinproben zwischen 1985 und 1988 seltsam ungleichmäßige Ergebnisse. Bei den beiden ersten Flaschen war die eine fremd und schmeckte nach Karton, die andere war herrlich gehaltvoll, zum Kauen und trotz der Tannine sehr gut. Bei Bob Paul war eine Flasche unsauber und hatte Korkgeruch, die zweite war «warm» und bisquitartig. Ein vorzüglicher Wein.

*Zuletzt im Februar 1988 verkostet. Im besten Fall ★★★★*

**DOM. DE CHEVALIER** 1985 noch kirschrot und unreif, pfeffrig und ein bißchen rauh. Schöne Entwicklung Ende der 80er Jahre. Zeigt jetzt eine gewisse Reife; bemerkenswertes, reiches, parfümiertes Bukett; schönes Gewicht, gefälliger Stil, etwas von der schlanken Erdigkeit eines Graves, duftender Nachgeschmack.
*Zuletzt aus einer Magnum im September 1992 verkostet ★★★ Bis 1998.*

**CH. CISSAC** Besitz unter gleichbleibend guter Leitung, mit vernünftigen Preisen für die Weine. Mehrere Aufzeichnungen, alle gut. Besonders gute Nase; gefälliger Geschmack, schönes Gewicht, angenehmer Abgang.
*Zuletzt im Oktober 1988 verkostet ★★★ Bis 1998.*

**CH. CLERC-MILON-MONDON** Zu Anfang der 80er Jahre gute Farbe und Frucht, aber rauh. In jüngerer Zeit überraschend «süß», fleischig und zum Kauen, aber mit bitterem, tanninbetonten Abgang.
*Zuletzt im September 1989 verkostet ★★ Gewinnt wahrscheinlich durch weitere Flaschenlagerung nicht mehr.*

**CH. LA CONSEILLANTE** 1985 wohl auf dem Höhepunkt: satt, beeindruckend; reiche, vorzügliche Frucht. Danach schien er auszutrocknen. Auch 1988 bei der Degustation von Bob Paul hatte der Wein trotz seines Reichtums etwas zu viel flüchtige Säure, war pikant und schlank. 1989 reife Farbe, fruchtig, aber mit sehr trockenem Abgang. Sechs Bewertungen.
*Zuletzt im Februar 1990 verkostet. Jetzt enttäuschende ★★*

**CH. COS D'ESTOURNEL** Ein weiterer 78er von Harvey's Einkaufsliste. Im Januar 1980 satteres, intensiveres Purpurrot als der Montrose; frische, fast himbeerartige Nase; sehr attraktiv. Immer noch lebhaft und jugendlich, reich und harmonisch, wohlriechend und sehr trinkbar 1988 bei Bob Pauls Weinprobe. Vor kurzem wurde er von Bruno Prats bei einem Essen bei Brocks präsentiert: reiferes Aussehen, duftend, aber etwas wenig Charme. 1976 bestand der Traubensatz aus 60 % Cabernet Sauvignon und 40 % Merlot. 30 % der Eichenfässer waren erneuert worden.
*Zuletzt im März 1993 verkostet ★★★ Bald trinken.*

**CH. COS LABORY** Bläßlich, hübsch, aufgezuckert, trocken, mager. 1983 eine hölzerne Flasche. Geringfügig, eigentlich nicht von der Qualität eines klassifizierten Gewächses.
*Zuletzt im Mai 1987 verkostet ★*

**CH. COUFRAN** Mehrere Aufzeichnungen. Im Juni 1988 hatte ich die große Ehre, *Président* der jährlichen Fête de la Fleur der Commanderie du Médoc et des Graves auf Ch. Coufran sein zu dürfen, und war Gast des Eigentümers Jean Miailhe. Einer der dabei servierten und für gut befundenen Weine war der 78er des Hausherrn. Zwei Bewertungen aus jüngster Zeit: eine mit zu viel Holz, stielig, die andere vollreif; «süß», «alte Eiche»; schönes Gewicht, würzig, tanninbetont.
*Zuletzt im Juni 1991 verkostet. Im besten Fall ✶✶✶ Hält sich noch, doch kommt wahrscheinlich keine weitere Verbesserung mehr zustande.*

**CH. CROIZET-BAGES** Gewöhnlich ein sehr fruchtiger Wein, mit fast zu stark betontem Cabernet-Sauvignon-Charakter und nur wenig Finesse. Wohlschmeckend, abgerundet, ziemlich kurz, tanninbetont.
*Zuletzt im Februar 1988 verkostet ✶✶*

**CH. CURÉ-BON-LA-MADELEINE** Zwei Notizen. Relativ blaß, reif, etwas schwacher Rand; eher pflanzliche, burgunderartige Nase, die einen sehr gefälligen Duft entfaltete. «Mittelsüß» und mittelschwer. Frische Frucht. Ganz attraktiv.
*Zuletzt bei der Degustation von Bob Paul im Februar 1988 verkostet ✶✶ Austrinken.*

**CH. DAUZAC** Am besten 1984: glanzhell, köstlich, rund. Auf einer Degustation im Jahre 1985 zwei hölzerne Flaschen mit Korkgeruch. Voll ausgebaut, duftend, aber verblaßt; muß getrunken werden.
*Zuletzt bei Bob Paul, Februar 1988 ✶ Austrinken.*

**CH. DUCRU-BEAUCAILLOU** 13 Notizen, beginnend mit einem reichen, klassischen Beispiel aus den Kellern von Kressman im Juni 1979. Meine detaillierteste Aufzeichnung machte ich 1986 im Banker's Club in San Juan. Ich leitete dort eine Degustation für die *Confraria Puertorriqueña del Vino.* Der Wein war gut. Später bei Bob Paul eine duftende, stilvolle Flasche. Immer noch schöne, reiche Farbe, Ziegel- und Kirschrot; sehr harmonisches Bukett, keine harten Kanten, «süß», fruchtig – Gleiches gilt für den Geschmack. Köstlich, ohne die Länge eines großen Jahrgangs und mit Endsäure.
*Zwei jüngere Aufzeichnungen, Februar 1989 ✶✶✶ Bald zu trinken.*

*Château Coufran*

## 1978

**CH. DUHART-MILON-ROTHSCHILD** Zwei Bewertungen. Recht schöner Pauillac-Charakter, robust, zum Kauen, unreifes Tannin. Nicht spektakulär.
*Zuletzt im Februar 1988 verkostet ★★ Bis 1995 zu trinken.*

**CH. DURFORT-VIVENS** Anfang der 80er Jahre reiner Duft von schwarzen Johannisbeeren und sehr wohlschmeckend. Voll ausgebaute Farbe; überraschend entgegenkommendes Aroma, würzig, «süß», Lakritze. Sehr geschmackvoll, vorzüglich strukturiert, außerordentlich in Frucht und Würze. Tanninbetont.
*Zuletzt im September 1986 verkostet, kann eine weitere Degustation kaum erwarten. Fast zu gut, um wahr zu sein.*

**CH. L'EVANGILE** Früher verwechselte ich etwa L'Evangile und L'Angélus – beides klingt himmlisch. Ein sehr guter Wein. Bei zwei Bewertungen 1982 duftend und attraktiv, Mitte der 80er Jahre stilvoll, auch auf der Degustation von Bob Paul. Sehr tief, reichhaltig; faszinierendes, parfümiertes Bukett; «süß», fleischig, lebhaft, leicht pikant.
*Zuletzt im Mai 1991 verkostet ★★★★ Jetzt vorzüglich. Bald zu trinken.*

**CH. FIGEAC** Acht Tage nach der *Soutirage* aus dem Faß probiert, war er wie ein Beaujolais Nouveau. Mitte der 80er Jahre entwickelte er sich schön, mit dem für Figeac charakteristisch explosiven Bukett, recht wohlriechend, erdbeerähnlich. Ziemlich «süß», fruchtig, mit einer Zitrusnote im trockenen Abgang.
*Schön bei Bob Paul. Desgleichen bei Desais Figeac-Degustation, Dezember 1989 ★★★ Jetzt attraktiv, wird sich noch weitere zehn Jahre in aufregender Weise verströmen.*

**CH. LA FLEUR-GAZIN** Relativ blaß, schmächtig, leicht, zugänglich, kurz.
*Mai 1989 ★*

**LES FORTS DE LATOUR** Eine dickstämmige Art von Wein. Anfang der 80er Jahre mit dem gleich pflaumigen Aussehen wie der Grand vin. Sehr schön 1985 auf der Degustation von Sotheby's mit 78er Weinen, allerdings nicht sehr viel Charme. Dazwischen eine schlechte, hölzerne Flasche. Jetzt immer unkomplizierter werdend, mit schöner Frucht.
*Zuletzt im Oktober 1991 verkostet ★★*

**CLOS FOURTET** 1981 bemerkenswert weich und reif. Auf einer Degustation 1985 eine ansprechende und eine stark nach Kork riechende Flasche. Jetzt pflaumige Farbe; reiche Nase mit Ingwertönen; robust, doch schlank, fruchtig, wohlschmeckend, mit zitrusartiger Säure, die Bukett und Geschmack verdeutlicht und belebt.

*Zuletzt bei Bob Pauls Degustation verkostet, Februar 1988 ★★ Gerade noch; um großzügig zu sein, vielleicht ★★★ Bald zu trinken.*

**CH. LE GAY** Tief, reich; «süß», saftige Frucht; sehr ansprechend.
*April 1988 ★★★★*

**CH. GAZIN** Gute Bewertungen. Tiefe, reiche, ausgebaute Farbe; entsprechend tiefes Bukett, würzige Frucht von schwarzen Johannisbeeren; «süß», mitteltief, fleischig, Geschmack nach Veilchen, samtige Tannine.
*Zuletzt auf der Degustation von Bob Paul, im Februar 1988 ★★★★ Jetzt bis zum Jahr 2000.*

**CH. GISCOURS** Viele Aufzeichnungen. Ein Außenseiter. Außerordentlich satte Farbe, dichtes Zentrum; reich ausstaffiert mit Frucht und Extrakt, sich im Bukett schön entfaltend; reich, voll, fleischig. Buchstäblich zum Kauen. Fast so mächtig wie ein Latour. Eindrücklich, aber nicht gerade ein Ausbund an Charme und Finesse.
*Zuletzt im April 1988 verkostet ★★★(★), wenn man einen derartigen «Knüller» schätzt.*

**CH. GLORIA** Zunächst schlank und faserig, schien er doch etwas fülliger zu werden. Ziemlich weich und zugänglich.
*Zuletzt im Februar 1988 verkostet ★★ Jetzt trinken.*

**CH. GRAND-PUY-DUCASSE** Drei Bewertungen seit 1985. Lebhaft, schlank, aber langweilig.
*Zuletzt im Juli 1989 verkostet ★*

**CH. GRAND-PUY-LACOSTE** Viele Aufzeichnungen. Bereits nach vier Jahren zum Essen lebhaft, klassisch, elegant. Dabei enthält er beträchtliche Gerbstoffe. Immer noch satte Farbe, intensiv, wie von schwarzen Kirschen; harmonische Nase, im ersten Eindruck allerdings schwach, danach Entfaltung eines trefflichen Cabernet-Wohlgeruchs. Geschmeidig, elegante, schöne Frucht, lebhaft, immer noch etwas hart.
*Zuletzt im Februar 1989 verkostet ★★★(★) Jetzt trinken oder aufbewahren.*

**CH. GRUAUD-LAROSE** Seit Anfang der 80er Jahre 18 Aufzeichnungen. Drei davon starkfarben, medizinal. Immer noch ziemlich satte Farbe mit reifem Rand, beim letzten Dekantieren recht viel Depot; charakteristische, hochgetönte Nase im Cordier-Stil; trocken, ein guter Mundvoll Wein, mit Frucht, aber etwas mager und rauh. In jüngster Zeit fünf ähnliche Bewertungen.
*Zuletzt im September 1993 verkostet ★★★ Trinken, solange noch fruchtig und wohlschmeckend.*

**CH. HAUT-BAILLY** Wie viele mittelklassige Graves entwickelt er sich rasch: nach nur zwei Jahren Flaschenlagerung war der 78er bereits gefällig.

Gute, reiche Farbe, «süße», ansprechende Nase; «mittelsüß», mittelschwer, von entsprechend guter, reicher Beschaffenheit, anständige Länge, schöner Nachhall.
*Zuletzt an einem Abendessen in Paris im März 1988 verkostet ★★★ Jetzt und wohl noch mindestens zehn Jahre sehr gefällig.*

CH. HAUT-BATAILLEY Wie immer im Stil völlig anders als das benachbarte und ähnlich eingestufte Ch. Batailley. Im Juni 1979 eine gefällige Probe aus dem Schloßkeller; im Januar des nächsten Jahres eine hübsche, etwas zu leicht befundene Probe von Harvey's En-primeur-Liste. Schlanker als der Batailley, konnte er Mitte der 80er Jahre zulegen und erhielt Kommentare wie «angenehm» und «fruchtig». Auf der Weinprobe von Bob Paul wirkte er etwas zögerlich, zwar wohlschmeckend, doch irgendwie gering. Einige Tage später zeigten sich jedoch beste Flaschen aus dem Schloßkeller von ihrer guten Seite auf der Präsentation von Xavier Borie mit Weinen von Ducru, Haut-Batailley und Grand-Puy-Lacoste in Hollywood, Florida. Sternenklar; wohlschmeckend; durch und durch «süß», weich und vorzüglich.
*Zuletzt im Februar 1989 verkostet ★★★ Jetzt trinken.*

CH. D'ISSAN Bei der Faßprobe im Frühjahr 1980 fleischig und nicht zu tanninbetont. Mitte der 80er Jahre weinig, sehnig, sehr wohlschmeckend und anregend. In jüngerer Zeit: pflaumig, lange Tränen; «süße», lebhafte Cabernet-Nase, sehr stilvoll; «mittelsüß» und mittelschwer. Weich, geschmeidig und elegant.
*Zuletzt bei Bob Paul im Februar 1988 verkostet ★★★ Jetzt schön. Wahrscheinlich vor dem Jahr 2000 auf dem Höhepunkt.*

CLOS DES JACOBINS Zwei Bewertungen aus jüngerer Zeit: sattes, jugendliches Kirschrubinrot; gute Nase, lebhafte, gute Frucht und Weinigkeit; ziemlich körperreich, guter, erdiger Geschmack, gut eingebettet, doch etwas streng. Sehr trockener, tanninbetonter Abgang.
*Zuletzt bei Bob Paul im Februar 1988 verkostet ★★(★) Geben Sie ihm noch weitere fünf Jahre.*

CH. KIRWAN Pflaumig, nicht überzeugend; gekochtes Obst und Vanille; etwas Weichheit und Gehalt.
*Zuletzt im Dezember 1990 verkostet ★★*

CH. LAFON-ROCHET Mitteltief, immer noch jugendlich; pfeffrige Frucht, Ausbund an Wohlgeruch; leichter, frischer, fruchtiger Stil. Schlank. Sehr trockener, tannin- und säurebetonter Abgang.
*Zuletzt im Februar 1988 verkostet ★(★) Trocknet wahrscheinlich aus.*

CH. LAGRANGE St-Julien. Sechs Bewertungen. Anfang der 80er Jahre «süße», gute Frucht, doch nur geringe Weiterentwicklung. Wahrscheinlich Mitte der 80er Jahre auf dem Höhepunkt. Zuletzt: rosagetönt; ziemlich ansprechende, zitrusartige Frucht; wohlschmeckend, aber mager. Sehr trockener, tannin- und säurebetonter Abgang.
*Zuletzt im November 1989 verkostet ★*

CH. LA LAGUNE Im Juni 1979 «süße», robuste Faßprobe, danach gleichmäßig verteilt zehn weitere Aufzeichnungen. Die erste Bewertung traf auch weiterhin zu. Immer noch reichhaltige, wenn auch weniger satte Farbe; Bukett entfaltet sich im Glas; weniger fleischig, lebhafter und schlank. Angenehm.
*Zuletzt im Februar 1989 verkostet ★★★ Bis zum Jahr 2000 zu trinken.*

CH. LANGOA-BARTON Eine ganze Reihe von Aufzeichnungen seit 1981, die alle die Attraktivität des Weins bestätigen. Die Nase behält nach wie vor ihr jugendliches Cabernet-Sauvignon-Aroma, Erdbeer- und Vanille-Nuancen, nach zwei Stunden im Glas aromatische, kräuterwürzige, fast blumige Entfaltung. Etwas «süß», guter Körper, gefälliger, zugänglicher Stil.
*Zuletzt bei der Degustation von Bob Paul im Februar 1988 verkostet ★★★ Trinkbereit, hält sich aber noch mindestens zehn Jahre.*

CH. LASCOMBES Sieben Notizen. Im Alter von vier Jahren ließ die Entwicklung schon nach, beginnender Abbau. Drei Jahre später beruhigend harmonische, wenn auch zurückhaltende Nase. Tanninbetont, doch durchaus fesch und charmant. Danach eine Bewertung als «Mittelstreckenläufer, gut in fünf Jahren». Diese Voraussage hat sich bewahrheitet, ein robuster Wein mit Schokoladetönen in Nase und Geschmack, nach wie vor mit Tannin.
*Zuletzt im Januar 1988 verkostet ★★ Bis zum Jahr 2000 zu trinken.*

CH. LÉOVILLE-BARTON Viele Aufzeichnungen. Zum ersten Mal im Juli 1981 verkostet: schön verwoben. Anfang der 80er Jahre vorzüglicher Geschmack, doch mit gewisser Spröde, ja Schärfe. Diese zitrusartige Säure hat sich gehalten, doch verdeutlicht sie im Wein nun Nase und auch Geschmack. Klassisches, zedernholzartiges, für Médoc typisch medizinales Bukett, mit wohlriechender Entfaltung. Im Februar 1988 zweimal verkostet, das eine Mal bei der Degustation von Bob Paul. Ein perfekter, mittelgewichtiger roter Bordeaux, der dem englischen Geschmack entgegenkommt. Etwas später allerdings noch eine Flasche mit ziemlich harten Kanten, was auf Austrocknen hindeutet. Der Wein benötigt viel Luft.
*Zuletzt im März 1992 verkostet ★★★ Jetzt trinken.*

## 1978

CH. LÉOVILLE-LAS-CASES Elf Aufzeichnungen. Eindrücklich vom Faß im Juni 1979. Im Januar 1980, auf der *En-primeur*-Degustation von Harvey's schöne Farbtiefe, markant in Nase, Intensität und Nachgeschmack, besser als der Ducru. Beständige Entwicklung. Bei Bob Paul: immer noch tief, reich, ziemlich jugendlich; sublime Nase – reich, tief, Cabernet Sauvignon, großer Charakter; etwas «süß», ziemlich körperreich, Extrakte, Schmelz. Großzügig, trockener Abgang. Eine Glanzleistung.
*In jüngster Zeit attraktiv; ein vorzügliches Gewächs. Zuletzt im Februar 1991 verkostet* ★★★★

CH. LÉOVILLE-POYFERRÉ Zweimal degustiert. Reife Erscheinung; entgegenkommend, wohlriechend; «mittelsüß» und mittelgewichtig. Weich, recht stilvoll. Mit Schmiß dank zitrusartiger Frucht.
*Zuletzt auf der Degustation von Bob Paul im Dezember 1993 verkostet* ★★ *Bald trinken.*

CH. LYNCH-BAGES 1982 weicher und robuster als der Wein vom benachbarten Ch. Haut-Batailley. Bei drei Gelegenheiten hartes, stieliges Holz notiert. Wohlschmeckend und ziemlich fruchtig, aber kein typischer oder besonders guter Lynch-Bages. Tanninbetont.
*Zuletzt im Februar 1988 verkostet* ★★

CH. LYNCH-MOUSSAS Überraschend fruchtig und ansprechend.
*Oktober 1988* ★★

CH. MAGDELAINE Einer meiner bevorzugten Weine aus St-Emilion. Ein guter 78er. Immer noch satt und lebhaft; herrliches Bukett, das sich im Dekantiergefäß und im Glas reich entfaltete; ausgesprochen «süß», gehaltvoll, reife Frucht; Tannin als Rückgrat, hervorragender Nachgeschmack.
*Zuletzt im Februar 1988 verkostet* ★★★★ *Jetzt ein ausgezeichneter Wein. Mit Zukunft.*

CH. MALARTIC-LAGRAVIÈRE Ein zweitrangiger, aber gleichmäßig guter Graves. Reifes Rubinrot; gefälliges Bukett mit Ziegelnuancen; schönes Gewicht, recht wohlschmeckend.
*Juli 1989* ★★

CH. MALESCOT-ST-EXUPÉRY Im Faß voller Frucht und Tannin. 1985 attraktiv, schlank, aber nach wie vor tanninbetont. In jüngerer Zeit eine *Impériale* aus Château-Beständen: sattes Rubinrot; vollreife Frucht, danach würzige Anklänge; trocken, mittelschwer, schlank und überraschend aggressiv.
*Zuletzt auf der Rodenstock-Degustation im September 1990 verkostet* ★(★) *Trocknet wahrscheinlich aus, bevor er voll ausgebaut ist.*

CH. MEYNEY Ziemlich tief; reichhaltig; «käsige» Frucht; recht fleischig, mit gewissem Frucht- und Tanningehalt.
*Zuletzt im Mai 1991 verkostet* ★★★

CH. LA MISSION-HAUT-BRION Sieben Aufzeichnungen ab 1984, die letzten alle aus den Woltner-Kellern. Schien 1985/86 am besten in «seidiger» Verfassung, doch bei den beiden jüngsten Degustationen fand ich den Abgang bedenklich. Immer noch sattes, vergleichsweise jugendliches Rubinrot; beste Eigenschaft ist das «süße», wohlriechende Bukett; am Gaumen leicht «süß», kraftvoll, ansprechend, doch mit hartem, etwas bitterem Abgang. Verglichen mit dem 78er Haut-Brion ist der La Mission ziemlich rauh und grob. Zuletzt im November 1990 verkostet.
*In meinen Augen* ★★★ *Wenn man den groben Stil schätzt* ★★★★ *Ab jetzt bis zum Jahr 2000 zu trinken.*

CH. MONTROSE Zehn Notizen seit Anfang der 80er Jahre. Mitteltief, reifend; Nase zunächst verschlossen, doch dann aus der Tiefe aufsteigende Fruchtnuancen. Ziemlich gehaltvoll, gut gebaut. Klasse. Langer, trockener, tanninbetonter Abgang.
*Zuletzt im März 1991 verkostet* ★★★(★) *Der mögliche vierte Punkt ist zwar riskant bei einem 78er Wein, doch der Montrose ist immer ein Spätentwickler, und für gewöhnlich lohnt sich das Warten.*

CH. MOUTON-BARONNE-PHILIPPE Stets ein Wein von leichtem Stil, zugänglich. Das hat sich von 1982 bis heute nicht geändert. Ansprechend, dabei schlank und fesch.
*Letzte Degustation aus einer Magnumflasche im Oktober 1989* ★★★ *Ein attraktives Getränk.*

CH. PALMER 1980 notierte ich bei diesem Wein: sehr gut komponiert, wohlgerundet, mit expansivem, maulbeerartigem Aroma. 1985 vermerkte ich dann, daß diesem Wein trotz seiner Attraktivität wohl keine große Lebenserwartung beschieden sein würde. In der Tat war er wahrscheinlich mit zehn Jahren auf seinem Höhepunkt: herrlicher Duft, pikante Frucht, Vanille-Töne, köstliche Entfaltung zu einer fast überwältigenden Komposition von Himbeer-, Brombeer- und Veilchennuancen. Recht «süß», wohlschmeckend, weich, fleischig, nach wie vor mit passendem Tannin- und Säuregehalt. Erwies sich 1988 bei der Degustation von Bob Paul und vor kurzem auf dem Château bei einer Blindprobe als gleichermaßen gut.
*Zuletzt im April 1992 verkostet* ★★★★ *Jetzt vorzüglich.*

CH. PATÂCHE D'AUX Großartig bis aufdringlich. 1982 auf der Vorverkaufsdegustation von Christie's zum ersten Mal verkostet: rosa, glanzhell, würzig, zugänglich und ansprechend. Immer noch recht schwache Farbe, Chaptalisierung mitt-

lerweile deutlich spürbar, dennoch ausreichend gefällig.
*Zuletzt im Mai 1989 verkostet ★ Austrinken.*

CH. PAVIE Sehr ansprechender 78er. Zwei sehr gute Bewertungen, die erste davon 1985. Inzwischen satte, lebhafte, ausgebaute Farbe; lebhafte, sich überaus wohlriechend entfaltende Frucht mit Nuancen von Rosenpastillen und Tabakblättern. Ausgesprochen «süßer» Ersteindruck, ziemlich körperreich, voller Frucht und ingwerartiger Würze. Köstlich.
*Zuletzt bei der Degustation von Bob Paul im Februar 1988 verkostet ★★★★ Bis zum Jahr 2000 zu trinken.*

CH. PAVIE-DÉCESSE Faszinierender Wohlgeruch; urwüchsiger Geschmack, relativ «süß», gut im Fleisch, weich, attraktiv.
*Zuletzt im November 1990 verkostet ★★★ Jetzt trinken.*

CH. PÉDESCLAUX Ein Fußgänger. Ziemlich unangenehm riechende, aufgezuckerte Nase mit Anklängen von Sattelgeruch, Kaffee, Rum und Schokolade. Zu «süß». Ziemlich kurz.
*Februar 1988.*

CH. DE PEZ Der Eröffnungswein auf Bob Pauls Degustation von 78er Weinen nach ihren ersten zehn Jahren im Hotel Biltmore, Coral Gables. Er war noch genauso tanninbetont wie bei meiner ersten Verkostung im Jahre 1980. Kurzes Aufblühen des Wohlgeruchs. Recht schön, am besten bei einem Essen zu genießen – so 1986 notiert.
*Zuletzt im Februar 1988 verkostet ★★*

CH. PICHON-LONGUEVILLE, BARON Nur zweimal verkostet, doch sehr gute Bewertungen. 1985 bei der Degustation von Sotheby's mit 78er Weinen, 1986 bei einer kleineren Weinprobe mit 78er Weinen, die von einer dänischen Zeitschrift auf Ch. Langoa organisiert worden war. In jedem Fall bemerkenswert satte, intensive Farbe; herrlich aufregendes Fünf-Sterne-Bukett; «mittelsüß» und körperreich. Ein kraftvoller, würziger Wein mit guter Fülle und Frucht. Alle Komponenten perfekt ausgebildet, doch vielleicht eine Spur grob.
*Zuletzt im September 1986 verkostet. Damals ★★★(★) Ich hoffe, ihn noch einmal probieren zu können.*

CH. PICHON-LONGUEVILLE, COMTESSE DE LALANDE Die Nennung des vollen Namens hängt mit der Übernahme der Leitung durch Mme de Lencquesaing von ihrem Bruder Alain Miailhe zusammen. 1982 und 1984 war der Wein fast so tieffarbig wie ein Giscours und machte sich gut, wobei ich Mitte der 80er Jahre auch einen deutlichen Eindruck von Aufzuckerung hatte. Später gut und gefällig, so beispielsweise auf Bob Pauls

Degustation mit 78er Weinen, mit der unbezähmbaren May de Lencquesaing in vorderster Reihe: immer noch satt und pflaumig; reiche, fruchtige, füllige Nase, die sich üppig entfaltete. Ziemlich «süß» und körperreich, brombeerartige Frucht und Würze aus den neuen Eichenfässern – Zimt und Nelken. Gute Länge und schöner Nachgeschmack. Ein Spitzen-78er.
*Zuletzt im Oktober 1992 verkostet ★★★★ Jetzt vorzüglich. Mit Zukunft.*

CH. PONTET-CANET Ab Mitte der 80er Jahre vier nicht sehr beeindruckende Aufzeichnungen. Etwas stielig und rauh. Roch eher nach altem Holz als nach neuer Eiche.
*Zuletzt im Januar 1989 verkostet ★ Vermeiden.*

CH. PRIEURÉ-LICHINE Reicher, reifer Duft und Geschmack. Ansprechend. Gute Länge und schöner Abgang.
*Zuletzt im Oktober 1988 verkostet ★★★ Bald zu trinken.*

CH. RAUSAN-SÉGLA Seit 1985 vier Notizen. Mitteltiefe, voll ausgebaute Farbe; in der Nase «süße» Cabernet-Frucht-Nuancen und Vanille-Töne, die sich ansprechend entfalteten; ziemlich trocken, relativ leicht in Gewicht und Stil. Schlank, wohlschmeckend, tanninbetont.
*Zuletzt auf der Degustation von Bob Paul im Februar 1988 verkostet ★(★) Jetzt trinken. Trocknet wahrscheinlich aus.*

CH. RAUZAN-GASSIES Vier Bewertungen von mittelmäßig bis langweilig. In der Substanz schlecht gemacht. Anklänge von flüchtiger Säure, alten Socken, stielig. Verwirrende Geschmacksnuancen. Gewisse Frucht, trüber Abgang.
*Zuletzt im April 1989 verkostet. Vermeiden.*

CLOS RENÉ Zwei Flaschen 1988 auf der Degustation von Bob Paul: die eine unsauber, «süß» schmeckend, aber stielig, die andere in hervorragendem Zustand, sauber, schöne Frucht, köstlich. Jetzt vollreif.
*Zuletzt im Dezember 1993 verkostet. Im besten Fall ★★★ Bald trinken.*

CH. DE SALES Erstmals 1982 im Restaurant Jean Ramet in Bordeaux getrunken. Paßte sehr gut zu Leber in Himbeeressig. 1985 recht einnehmend – ein häufiges Charakteristikum für de Sales –, mit schönem, «teerigem» Geschmack, gleich gut auch auf der Degustation von Bob Paul. Er scheint sich immer rasch zu entwickeln und sieht mittlerweile sehr reif aus; ausreichend schöne Nase; «süß», relativ leicht, erdig. Eine Spur Säure. Ein einfacher, aber gefälliger Wein.
*Zuletzt im Februar 1988 verkostet ★★ Austrinken.*

**CH. SMITH-HAUT-LAFITTE** Neun Aufzeichnungen. Anfang bis Mitte der 80er Jahre recht schön, aber nicht aufregend. Weich, zugänglich, mit der für Graves typischen Erdigkeit. Gute Ausgewogenheit.
*Zuletzt im Januar 1989 verkostet ★★★ Jetzt trinken.*

**CH. TALBOT** Ausführliche Bewertungen aus dem Jahre 1983. Immer noch recht satte Farbe. Die charakteristisch reife, fast überreife, entfernt an einen (sauberen) Schweinestall erinnernde Nase entwickelte sich zu beträchtlicher, brombeerartiger Frucht. Auf seine Art sehr attraktiv. Wahrscheinlich Mitte bis Ende der 80er Jahre auf dem Höhepunkt. Ein populärer Geschmack, dem ich allerdings wenig Reiz abgewinnen kann und der mich häufig an Bauernhof und rostige Nägel erinnert.
*Zuletzt im Januar 1993 verkostet. Für mich ★★ Für andere ★★★★ Hält sich nicht bis ins nächste Jahrhundert.*

**CH. LA TOUR-CARNET** Nicht zum ersten Mal, daß dieser Wein seiner Klassifikation nicht gerecht wird. Doch nicht schlecht.
*Zuletzt im Juni 1988 verkostet ★★*

**CH. LA TOUR-HAUT-BRION** Gefällig. 1982 schöne Struktur und guter Geschmack. Schien an Statur zu gewinnen. Satt, reich, gut.
*Zuletzt im Oktober 1986 verkostet ★★★ Bis zum Jahr 2000.*

**CH. LA TOUR-MARTILLAC** Im Faß nicht sehr beeindruckend. Vier Bewertungen; zehn Jahre später zwar blaß und leicht, aber recht schön zu trinken.
*Zuletzt im Oktober 1989 verkostet ★★ Austrinken.*

**CH. LA TOUR-DE-MONS** Tief; zum Kauen, ganz hübsch, seltsam säuerlicher Abgang.
*Im Mai 1992 ★★?*

**CH. TROTANOY** Ein phantastischer 78er. 1985 sehr viel Charme ausstrahlend, auf der Degustation von Bob Paul satte, reiche, ausgebaute Farbe; aufregende Frucht in der Nase, reichhaltig, milchig, wie ein Erdbeer-Brombeer-Milchshake. Seidig. «Süße», vollmundige Extraktstoffe. Reich, abgerundet, köstlich.
*Zuletzt im Mai 1991 verkostet ★★★★★ Jetzt komplett. Hält sich zweifellos bis nach 2020.*

**CH. VERDIGNAN** 1984 ein gefälliger, zugänglicher Wein. Scheint etwas «süßer» geworden zu sein. Sehr angenehm und gutes Qualität-Preis-Verhältnis, ohne jedoch ein besonderes Interesse zu wecken.
*Zuletzt im September 1990 verkostet ★★*

**VIEUX CH. CERTAN** Ebenfalls ein guter 78er Pomerol. Sehr tiefes, pflaumiges, immer noch jugendliches Erscheinungsbild; das Bukett braucht Zeit zur Entfaltung, wohlriechend. «Süß», ziemlich körperreich, mit guter Struktur, abgerundet, anständige Länge, schöne Säure.
*Zuletzt im Februar 1988 verkostet ★★★ Jetzt und mindestens bis zum Jahr 2000 zu trinken.*

MITTE DER 80ER JAHRE GUTE, SCHÖN ZU TRINKENDE WEINE:

Ch. Beau Séjour Bécot, Ch. Le Bon-Pasteur, Ch. La Cardonne, Ch. Chasse-Spleen, Ch. Couvent-des-Jacobins, Clos L'Eglise, Ch. Haut-Bages-Averous, Ch. Petit-Village, Ch. St-Pierre-Sevaistre, Ch. La Tour-de-Mons, Ch. La Tour-du-Pin-Figeac.

MITTE DER 80ER JAHRE AUSREICHEND GUTE, SCHÖN ZU TRINKENDE WEINE:

Ch. Carbonnieux, Ch. Chambert-Marbuzet, Ch. Citran, Ch. La Fleur-Pétrus, Ch. La Gaffelière, Ch. La Louvière, Ch. Monbousquet, Ch. Moulinet, Ch. Nenin, Ch. Les-Ormes-de-Pez, Ch. Plince, Ch. Tertre-Daugay, Ch. La Tour-Figeac, Ch. Troplong-Mondot, Ch. Villemaurine.

KLEINE WEINE, MITTE DER 80ER JAHRE RECHT GUT:

Ch. Caronne-Ste-Gemme, Ch. Fombrauge, Ch. La Garde, Ch. Les Grandes-Murailles, Ch. Haut-Sarpe, Ch. Labégorce-Zédé, Ch. Lalande-Borie, Ch. Lanessan, Ch. Larcis-Ducasse, Ch. Marquis d'Alesme-Becker, Ch. Maucaillou, Ch. Phélan-Ségur, Ch. Verdignan.

MITTE DER 80ER JAHRE DURCHSCHNITTLICHE ODER UNAUSGEWOGENEN WEINE:

Ch. Belair St-Emilion, Ch. Bel-Orme-Tronquoy-de-Lalande, Ch. Bouscaut, Ch. Cap-de-Mourlin, Ch. Larose-Trintaudon, Clos l'Oratoire, Ch. Pibran, Ch. du Tertre.

# 1979 ★★

*Der 79er Jahrgang kam auf einen Markt, der mit 75er, 76er und vor allem 78er Weinen gesättigt war. Auf den ersten Degustationen des Handels, nachstehend häufig erwähnt, zeigten sich die Weine von beeindruckend tiefer Farbe und stark tanninbetont. Diese 79er Weine blieben bis Mitte der 80er Jahre Mauerblümchen. Dann allerdings wurden sie entdeckt, denn sie hatten mittlerweile eine gewisse Reife erlangt und dabei ein günstiges Qualität-Preis-Verhältnis behalten.*

*Langer nasser Winter, feuchter Frühling, in St-Emilion gute Blüte, doch zur selben Zeit im Médoc Ertragsminderung durch Stürme. Trockener, aber nicht heißer Juli, ebenso trockener und ungewöhnlich kalter August. September etwas besser. Im ganzen eine riesige Ernte – die größte im Bordelais seit 1934 – an kleinen, gesunden Trauben, denen es an Fülle und Reife fehlte. Die Folgen davon spiegeln sich in meinen Aufzeichnungen. Ganz offensichtlich haben sich viele Weine aus dem Graves und vom rechten Ufer, besonders aus Pomerol, gut entwickelt. Nur die besten, die über genügend Fleisch verfügen, werden sich noch halten und weiter entwickeln. Bei vielen andern wird nach einer weiteren Flaschenalterung nur mehr die magere, dürftige, tanninbetonte Hülle eines Weins übrigbleiben.*

CH. LAFITE Zum ersten Mal im September 1980 degustiert, im Vorfeld des Lafite-Rothschild-Abendessens in Boulestin. Es überraschte nicht, daß der Wein eine unreife purpurrote Farbe zeigte und zwar eindrücklich, aber sehr tanninbetont war. Die nächste Gelegenheit zur Verkostung bot sich auf einer von Eric de Rothschild geleiteten Lafite-Degustation auf der «California Wine Experience» im Herbst 1983. Mittlerweile lebendiges Rubinrot; zurückhaltende, ziemlich harte Nase, die eine Stunde zur Entfaltung benötigte; trocken, rauh, beladen mit Gerbstoff, frisch, gute Länge. 1984 bei der *Master-of-Wine*-Degustation mit 79er Weinen: lang, aber mager. Immer noch sehr tief; eigenartig untypisches Bukett; reiche Weinigkeit und fast Pétrus-artige Fülle. Bei Flatts Lafite-Degustation 1988 trocken, voll, vierschrötig und tanninbetont. Im folgenden Februar bei Penning-Rowsells Abendessen mit zehn Jahre alten Spitzengewächsen begannen sich Nase und Geschmack zu zeigen; hochgetönt, wohlriechend, ausgebaut, elegant, mit Zitrusnote. Am Gaumen ziemlich medizinal, ausgesprochen wohlschmeckend, trocken, mit deutlicher Säure. Doppelmagnumflaschen 1989: starkfarben, massiv, tanninbetont, unfertig. Ganz hübsch in der Magnum: Gute Länge, aber keine Finesse.
*Zuletzt verkostet, im Juni 1993 ★★(★) Jetzt bis 2000 und länger?*

CH. MARGAUX Zehn Bewertungen, die erste vom Oktober 1981: starkfarben, wohlriechend, voller Frucht. Gleichbleibend intensiv; sagenhafte Farbe, aber zurückhaltende Nase, die sich nur unter sehr viel Luftzufuhr entfaltete. Reich, schön in Textur und Struktur, duftend. Tanninbetont. 1987 bei Desais Margaux-Degustation hatte eine Flasche Korkgeruch, der Inhalt der anderen war verschlossen, trocken, tanninbetont und ohne die von einem Spitzengewächs erwartete Länge. 1988 in Puerto Rico viel zu kalt serviert, wodurch der Wein noch rauher und gerbstoffhaltiger wirkte. In jüngerer Zeit, zusammen mit sieben anderen 79er

Spitzengewächsen (einschließlich Pétrus): immer noch sehr tiefes, intensives und jugendliches Aussehen; leicht, im ersten Eindruck wohlriechend, vorübergehend dann Öffnung hin zu einer guten, abgerundeten Frucht. Trocken, fest, lebhaft und vorzüglich im Geschmack. Zuwenig Fleisch und Länge.
*Zuletzt im Februar 1989 verkostet ★★(★) Im besten Fall ein wohlriechender, aber schlanker Wein.*

CH. LATOUR Zum ersten Mal im Juni 1981 probiert. Satt, voll, sehr eindrücklich, aber rauh. Im folgenden ziemlich schlechte Noten: alte Socken, ausgesprochen unangenehmer Geruch, rauh und leicht bitter. 1984 bei der Master-of-Wine-Degustation von 79er Weinen: außergewöhnlich überreife Nase, käsig, Schweißfüße. 1987 sehr tanninbetont. Auch bei Penning-Rowsell kein besonders guter Eindruck: starkfarben; Geruch nach tierischem Fett, Schweinefleisch und Stiefelwichse; robust, jedoch geschmacksarm. In jüngerer Zeit: immer noch sehr tiefes und jugendliches Kirschrot; eher abstoßendes und höchst ungewöhnliches Bukett, sehr käsig, Verbände, Dung. Zum Glück Geschmack besser als Nase. Etwas «süßer» geworden, aber immer noch tanninbetont, robust, mit Reminiszenzen an einen Bauernhof im Nachgeschmack.
*Zuletzt auf der Latour-Mouton-Degustation von Frericks/Wodarz, März 1989. Bewertung? Ein paar Flaschen bis 2030 aufheben oder verzichten.*

CH. MOUTON-ROTHSCHILD 1983 erstmals degustiert. Trotz Jugendlichkeit stilvoll und weinig. Seitdem elf Verkostungen. Attraktiv, schlank, aber mit guter Fülle und schöner Frucht. Vorzügliche Nase und sehr gute Punktzahl bei Penning-Rowsells Abendessen mit den Erstklassifizierten. In jüngster Zeit immer noch recht tief, aber reifend; ziemlich scharfe, würzige, alkoholstarke, reichhaltige Nase, allerdings mit mehr Schokoladen- als Fruchttönen; verhältnismäßig körperreich. Etwas rauh, sehr tanninbetont.
*Zuletzt im Oktober 1990 verkostet ★★(★) Wird das Tannin überhandnehmen? Wahrscheinlich zwischen 1995 und 2000 gut zu trinken.*

CH. HAUT-BRION Mehr als ein Dutzend Bewertungen nach der ersten 79er-Probe des Handels, veranstaltet von den *French Wine Farmers* im April 1980 in London. Nicht sehr tief. Trocken. Tannin. 1984 vermerkte ich eine würzige, feine Nase, allerdings überlagert durch den Tanningehalt. Dennoch eine eindrückliche Mischung aus Weichheit, Tannin und Duft. 1989 bei Penning-Rowsell immer noch gute, tief rubinrote Farbe; erste Wahrnehmung teerig, öffnete sich dann aber herrlich; sehr trocken, ziemlich körperreich, charakteristischer Geschmack nach Ziegelstaub und Tabak, etwas mager. In jüngster Zeit vorzügliche Farbe, zurückhaltender, aber harmo-

nischer als der La Mission, gute Frucht, weiche, seidige Tannine.
*Zuletzt im März 1991 verkostet* ★★★(*) *1995 bis 2010.*

**CH. AUSONE** Vier weitgehend übereinstimmende Bewertungen. Vollkommen verschieden von den andern Premiers crus: ziemlich blaß, mit Rosatönung; unmittelbar attraktive Nase, «süß», reich, Nuancen von Erdbeeren und Schokolade; mitteltrocken, mittelgewichtig, lebhafte Frucht, seidige, tanninbetonte Struktur.
*Zuletzt im Mai 1993 verkostet* ★★★(*) *Bis zum Jahr 2000 zu trinken.*

**CH. CHEVAL BLANC** Mit Abstand der ansprechendste Wein auf der umfangreichen *Master-of-Wine*-Degustation der 79er Weine 1984. In jüngerer Zeit: ziemlich satte Farbe, reiche Tränen; wunderschön entwickeltes Bukett, mit Nuancen von Nelken, Zimt und Honig; eher «süß», elegant, grazil. Origineller Geschmack.
*Zuletzt bei Penning-Rowsell im Februar 1989 verkostet* ★★★★ *Jetzt bis über das Jahr 2000 hinaus zu trinken.*

**CH. PÉTRUS** Zehn Aufzeichnungen. In der Jugend sehr eindrücklich: starkfarben, intensiv; «süß», überaus griffig. Sehr deutlicher Tanningehalt bei der *Master-of-Wine*-Degustation 1984. Als nächstes 1986 aus Magnumflaschen bei Frericks Vertikaldegustation: etwas hart, pfeffrig und stielig in der Nase; «süß», ziemlich rauhe Struktur, Säure wiederum deutlich spürbar. In jüngster Zeit: weniger Farbtiefe und erste Anzeichen von Reife; wohlriechende, dabei immer noch pfeffrige Nase, teeartiger Duft; am Austrocknen, mittelschwer, nach wie vor tanninbetont, Säure zieht sich hindurch wie ein roter Faden.
*Zuletzt im Februar 1993 auf der «Stockholm»-Degustation verkostet* ★★★ *Kein Spitzenjahrgang für Pétrus, eher schon am Verblühen, als daß er sich noch verbessern würde. Bis zum Jahr 2000 zu trinken.*

**CH. BATAILLEY** Gutes, sattes Rubinrot; geradlinig; ziemlich trocken, mittlere Fülle, tanninbetont, fruchtig, ohne Finesse, nicht sehr lang, doch ein gefälliger Wein.
*Zuletzt im Juni 1986 verkostet* ★★ *Bis zum Jahr 2000.*

**CH. BEYCHEVELLE** Im Faß wohlschmeckend, Ausbau im Laufe der 80er Jahren. Immer noch tief; reich, zedernholzartig; relativ «süß», körperreich, Fleisch, Tannin, Eisen.
*Zuletzt im Mai 1993 verkostet* ★★★ *Bis 1998?*

**CH. BRANAIRE-DUCRU** Ziemlich sattes Rubinrot; wohlriechend; lebhaft, fruchtig, angenehm trockene Gerbstoffe. Attraktiv.

*Zuletzt im Oktober 1989 verkostet* ★★★ *Bis zum Jahr 2000 zu trinken.*

**CH. BRANE-CANTENAC** Immer noch sehr tief, doch mit ersten Anzeichen der Reife; überaus deutlicher und charakteristisch reifer, ranziger, bukolischer Duft und Geschmack. Für einen 79er weich und reich, dabei nicht zu tanninbetont.
*Zuletzt im Januar 1988 verkostet* ★★★ *Bis zum Jahr 1995 zu trinken.*

**CH. CALON-SÉGUR** Bei der ersten Probe im Frühjahr 1980 überaus sattes Rubinrot, gut ausgestattet mit Frucht, Alkohol und Tannin. Immer noch tiefe Pflaumenfarbe, gleichbleibend «süße», fruchtige Nase. «Süß» an der Zungenspitze, trockener und etwas astringierender Abgang. Recht körperreich, schöne Struktur, doch auch etwas mager und in der Mitte ein bißchen dürftig.
*Zuletzt im Februar 1990 verkostet* ★★(*) *Jetzt trinken, entwickelt sich eventuell noch weiter.*

**CH. CANON** Immer noch sehr tief und intensiv; Nase bei der Faßprobe pfeffrig und vielschichtig, jetzt durch und durch fruchtig und würzig. In der Jugend gut gebaut, jetzt «süß» und relativ voll, fleischig, wie eben die 79er so sind, mit Nuancen von Nelken und Zimt, die von der Verwendung neuer Eichenfässer herrühren. Sehr gut.
*Zuletzt im November 1988 verkostet* ★★★★ *Bis über das Jahr 2000 hinaus zu trinken.*

**CH. CANON-LA-GAFFELIÈRE** Mitteltief, reife Erscheinung; «süße», gefällige Nase mit Vanille- und Erdbeeranklängen; trocken, mittelgewichtig, sehnig, seidig.
*Zuletzt im Juli 1989 verkostet* ★★★ *Bis 1995 zu trinken.*

**CH. CANTEMERLE** 1985 recht säurebetont, 1987 dann besser: satte, immer noch jugendliche Farbe; ziemlich dickfruchtige Nase; weich, füllig, recht schön, aber nicht vergleichbar mit den charmanten Cantemerle Mitte der 50er Jahre.
*Zuletzt im März 1987 verkostet* ★★ *Wahrscheinlich baut er sich nicht mehr weiter aus.*

**CH. CHASSE-SPLEEN** Drei gute Bewertungen aus der Mitte der 80er Jahre. Sattes Kirschrot; sehr gute Nase, lebhaft, fruchtig; zweifellos trocken und tanninbetont, aber auch fleischig und fruchtig. Am besten als Begleiter beim Essen, wird in Begleitung von Käse weicher.
*Zuletzt im Februar 1989 verkostet* ★★(*) *Entwickelt sich wahrscheinlich noch etwas weiter, aber es hat auch bei den Spitzenweinen dieser Klasse keinen Sinn, sie länger als 15 Jahre aufzuheben.*

**DOM. DE CHEVALIER** Die meisten Aufzeichnungen gehen auf Mitte der 80er Jahre zurück. Tief, intensiv; die Nase benötig Zeit zur Entfal-

tung. Meinen Sohn erinnerte der Geruch an einen Aschenbecher – keine typische Eigenschaft eines Graves. Am Gaumen positiver. Gut strukturiert, reich, aber etwas rauh.
*Zuletzt im September 1993 verkostet.* ★ *Austrinken.*

CH. CLARKE Aufwendige Rothschild-Investitionen in einen Médoc *Cru bourgeois.* Zum ersten Mal 1985 zusammen mit den begeisterten jungen Mitgliedern der Sommelier Society von Palm Beach verkostet. Recht schön, aber blaß und untypisch für einen 79er. Zuletzt: offenes, ziemlich entgegenkommendes, bisquitartiges Bukett; zwar immer noch ziemlich blaß und mit Anzeichen der Reife, doch machen sich auch die recht strengen Tannine des 79er Jahrgangs bemerkbar.
*Zuletzt im Juli 1989 verkostet* ★★ *Austrinken.*

CH. COS D'ESTOURNEL Ein heftiger Sturm während der Blütezeit verringerte die Ernte auf Cos. Traubensatz: 55 % Cabernet Sauvignon, 45 % Merlot. Erstmals 1980 verkostet: sogar noch tiefer und stärker als der Montrose. Später eine Farbveränderung von pflaumigem Purpur zu einem lebhaften Kirschrubinrot vermerkt, langsame Reifung. Gleichbleibend zurückhaltende Nase, die aus dem Glas herausgelockt werden muß, in jüngster Zeit Nuancen von Tee und Lakritze. Trotz noch vorhandener Tanninbetonung scheint er etwas «süßer» geworden zu sein. Lebhafte Frucht. Schönes Gewicht.
*Zuletzt auf der Cos-Degustation der Wine Society von Hollywood verkostet, Januar 1990* ★★★ *Kann jetzt getrunken werden und hält sich noch weiter.*

CH. DASSAULT Ein ebenfalls aufwendig ausgestattetes Anwesen, in St-Emilion gelegen. Zwei Bewertungen: sehr tiefes, immer noch jugendliches Aussehen; ausgeprägte Nuancen von Vanille, Pudding und neuen Eichenfässern; sehr «süß», voll, reich, fruchtig, tanninbetont. Zweifellos erfolgreicher als Ch. Clarke, doch die 79er vom rechten Ufer sind weniger streng als die aus dem Médoc.
*Zuletzt im November 1988 verkostet* ★★★ *Bald trinken.*

CH. DUCRU-BEAUCAILLOU Verschlossene, trockene, spröde, aber gradlinige Faßprobe. Mitte der 80er Jahre gefällige Frucht, gute Struktur, doch streng und mit adstringierendem Tannin. Die drei letzten Aufzeichnungen zeigen ein tiefes, aber reifendes Aussehen, haben eine gleichbleibend stielige, fast hölzerne Nase und einen sehr trockenen, spröden Geschmack.
*Zuletzt im Februar 1989 verkostet* ★(★) *Wird wegen mangelnder Fülle und Frucht wahrscheinlich nicht mehr weicher.*

CH. FIGEAC Riesiger Ertrag. Eine noch «gärende», grüne, stielige, leicht umwerfende Probe aus dem Faß im April 1980. 1984 dann bemerkenswert ausgebaut auf der Master-of-Wine-Degustation von 79er Weinen. Köstlich, anregend, mit Zukunft. Gute Bewertungen: 1987 und 1988 «herrliches, aber unverwobenes» Bukett, «süß», pikant, wohlschmeckend. Auf Desais Figeac-Degustation hingegen recht kühle Beurteilung. Immer noch ziemlich tiefe Farbe. Plausibel.
*Zuletzt im Dezember 1989 verkostet* ★★★ *Bis zum Jahr 2000 zu trinken.*

LES FORTS DE LATOUR Zum ersten Mal im Dezember 1981 in London, in der Hauptgeschäftsstelle von Ch. Latour in Millbank Towers degustiert. Starkfarben und rauh, aber angefüllt mit junger Frucht. Seitdem viele weitere Bewertungen. Trotz des kompromißlosen Tanningehalts fand ich den Wein überraschend schön, mit einer schönen, satten, rubinroten Farbe, einer sehr «süßen», wohlriechenden Nase, einem vollen Geschmack, guter Fülle und mit seidiger Struktur. Unendlich attraktiver als der *Grand vin.*
*Zuletzt im Mai 1989 verkostet* ★★(★) *Bis 2000 und länger.*

CH. FOURCAS-HOSTEN Mitte der 80er Jahre überraschend gefällig und etwas später immer noch sehr tief in der Farbe, körperreich, mit gutem Fleisch, wodurch bis zu einem gewissen Grad der hohe Tanningehalt ausgeglichen wird.
*Zuletzt im Juni 1988 verkostet* ★★(★) *Bis 1995 zu trinken.*

CH. LA GAFFELIÈRE Gefällige Farbe, doch bereits ausgereift, leichter Stich ins Orange; trocken, relativ leicht, mit einem zugänglichen Stil, etwas aufgezuckert.
*Januar 1988* ★★ *Bald trinken.*

CH. LE GAY Pomerol nimmt mehr oder weniger Gestalt an und orientiert sich dabei mehr an der Strenge des Médoc als an dem rustikalen Charakter von St-Emilion. Feine, satte Farbe, im Ausbau; leichtes, beerenartiges Aroma; «süßer» Ersteindruck, sehr trockener, «scharfer», tanninbetonter und adstringierender Abgang. Dazwischen gute Frucht.
*Juli 1988* ★(★★) *Etwa 1995 bis 2010.*

CH. GISCOURS Alle Aufzeichnungen über Giscours aus der Mitte der 80er Jahre. Ein interessanter Wein, reichhaltig, zum Kauen und trotz seiner Eindringlichkeit elegant. Braucht Pflege im Glas und noch weitere Flaschenlagerung.
*Zuletzt im Januar 1985 verkostet* ★★(★★) *Bis gut über das Jahr 2000 hinaus.*

## 1979

CH. GLORIA Recht schön. Ab 1982 angenehm, viel Frucht, gut in Geschmack und Ausgewogenheit. Immer noch tief; ziemlich außergewöhnliche Nase, reif, fruchtig, würzig, pudriger Wohlgeruch; etwas «süß», ziemlich körperreich, wohlschmeckend.
*Zuletzt im Januar 1988 verkostet ★★(★) Bis zum Jahr 2000 zu trinken.*

CH. GRAND-PUY-DUCASSE Schwacher Rand; «süße», aufgezuckerte Nase; trocken, ziemlich flach, schwach und wässerig für einen 79er.
*Zuletzt im Juli 1989 verkostet ★*

CH. GRAND-PUY-LACOSTE Außerordentlich minzige Nase, ungewöhnlicher Geschmack und guter Nachgeschmack bei der Faßprobe im Frühjahr 1980. Machte sich 1984 auf der *Masters-of-Wine*-Degustation gut, mit seidigen Tanninen, Frucht und schöner Länge. Ein paar Jahre später immer noch von tiefem, unreifem Rubinrot; attraktiv, würzig, Nuancen von schwarzen Johannisbeeren, weiches Fruchtaroma; trocken, ziemlich körperreich, gute Länge, etwas spröde. Ein Wein der Spitzenklasse, der jetzt ausreichend Dekantierzeit, Luft und ein Umwerben im Glas benötigt und dem man noch eine weitere Flaschenlagerung zugestehen sollte.
*Zuletzt im Juni 1988 verkostet ★(★★★) Sollte sich bis über das Jahr 2010 hinaus halten und weiterentwickeln.*

CH. GRUAUD-LAROSE Viele Aufzeichnungen. Ein mächtiger, robuster, fruchtiger Wein. Immer noch sehr tief und pflaumig; kühle Nase, mit den für Médoc typischen Anklängen von Austernschalen und Jod, entfaltet sich nach kurzer Zeit zu einem reich und reif duftenden Wein; trocken und tanninbetont, mit einer Ladung an mundfüllender Frucht.
*Zuletzt im September 1993 verkostet ★★★(★) Jetzt und gut über das Jahr 2000 hinaus zu trinken.*

CH. HAUT-BAILLY Gleichbleibende Notizen: reiche Weinigkeit, Anklänge von Lakritze und Vanille; ein leicht «süßer», weicher, fleischiger, wohlriechender und attraktiver Wein.
*Zuletzt im Juni 1987 verkostet. Wahrscheinlich ★★★ Trinkbereit.*

CLOS DES JACOBINS Interessanter Traubensatz: 8% Cabernet Sauvignon, 47% Merlot und 45% Cabernet Franc. Wohlriechend, mit einem Hauch Himbeeren; trocken, relativ voll, lebhaft, wohlschmeckend.
*Zuletzt im Juli 1987 verkostet ★★★ Bald trinken.*

CH. LAGRANGE St-Julien. Ziemlich tief; ansprechende, lebhafte, fruchtige Nase; recht schöner Geschmack, mit einer Art von gleitend-ledrigen Tanninen. Etwas eingezwängt.

*Juli 1988 ★(★) Lohnt sich kaum, danach Ausschau zu halten. Jetzt bis 1998.*

CH. LA LAGUNE Rubinrot; würzig; angenehm und zugänglich in seinem Tannin-Eisen-Charakter.
*Januar 1993 ★★★ Jetzt bis 1998.*

CH. LANGOA-BARTON In der Jugend würzig, nelkenartig, ansprechend. Mitte der 80er Jahre mehrere Aufzeichnungen. «Echte Bordeaux-Nase» (ich), «Mottenkugeln und Lavendel» (meine Frau). Zweifellos gut bereitet, aber etwas hart. In jüngerer Zeit öffnete er sich ein bißchen, vorzügliche Nase, schlank, dabei reichhaltig und gut geformt.
*Zuletzt im Juni 1988 verkostet ★★(★) Wahrscheinlich jetzt bis 2010 am besten.*

CH. LASCOMBES Ab 1982 mehrere, recht unterschiedliche Aufzeichnungen. Beeindruckend tiefe, reiche Farbe; etwas zurückhaltende Nase; gewisse Reife und «Süße», positive, ansehnliche Frucht, adstringierendes Tannin.
*Zuletzt im April 1992 verkostet ★(★) Leidlich im Gleichgewicht: jetzt bis 1998?*

CH. LÉOVILLE-BARTON Kein tieffarbiger oder stämmiger 79er. Rubinrot; nach einer Zeit im Glas entfalten sich Delikatesse und Wohlgeruch; ziemlich trocken, schlank, doch mit gewisser Fülle. Mangelnde Frucht. Erfrischende, zitrusartige Säure.
*Januar 1990 ★★★ Bis zum Jahr 2000.*

CH. LÉOVILLE-LAS-CASES 17 Notizen. Machte sich im April 1980 bei der Degustation der *French Wine Farmers* und auch später gut. Im Juni 1982 faszinierende Faßprobe der Weine der einzelnen Rebsorten. Zwei Jahre auf einer Degustation von *Christie's Wine Course* die fertige Komposition (63% Cabernet Sauvignon, 12% Cabernet Franc, 20% Merlot, 5% Petit Verdot) bewertet: intensives Purpurrosa; ziemlich reifes Aroma; durch und durch trocken, aber beeindruckend. In jüngster Zeit: immer noch tief, doch mit Anzeichen von Reife; erdige, tanninbetonte, zedernholzartige Nase, nach 1988 weitaus weniger ansprechend als Anfang bis Mitte der 80er Jahre. Mittelschwerer Körper, recht schöne Frucht, Tannine werden weicher, dennoch etwas mager und faserig. Wohlschmeckend.
*Zuletzt im April 1990 verkostet ★★★ Auf einer Degustation des Weinkomitees der British Airways «flugtauglich» befunden. Jetzt bis 1995 zu trinken.*

CH. LÉOVILLE-POYFERRÉ Die für den 79er Jahrgang charakteristische Farbtiefe. Recht gut 1986 auf dem *Wine Course* von Christie's. Traubensatz: 65% Cabernet Sauvignon, 5% Cabernet Franc, 30% Merlot. Ziemlich schokoladige Nase, positiv, recht weich und seidig, nicht zu tannin-betont, gefällig.

*Zuletzt im März 1989 verkostet ★★★ Bis 1996 zu trinken.*

**CH. LA LOUVIÈRE** Viele Aufzeichnungen, im wesentlichen aus der Mitte der 80er Jahre, war bei mehreren Sitzungen von *Christie's Wine Course* Repräsentant für roten Graves. Traubensatz: 80% Cabernet Sauvignon, 20% Merlot, wobei die Cabernet-Note in der Nase deutlich zum Tragen kommt, Nuancen von schwarzen Johannis- und Erdbeeren, nach einiger Zeit im Glas honigartig, komplett, schwarzer Rübensirup und Ingwer. Anregende Säure und eine Spur Bitterkeit aus den Tanninen. Schlank. Schöne Struktur. Unfertig, doch fraglich, ob er sich noch groß verbessert.

*Zuletzt im Juni 1987 verkostet ★★(★)? Bis 1998 trinken.*

**CH. LYNCH-BAGES** Viele Aufzeichnungen, angefangen mit einer Faßprobe im Frühjahr 1980. Zunächst zurückhaltende Nase, ab Mitte der 80er Jahre ein lebhaftes Cabernet-Sauvignon-Aroma deutlicher wahrnehmbar. Ursprüngliche Tiefe und Intensität verbesserten sich. Etwas rauh, nervig und streng, dennoch ziemlich körperreich und mit lebhafter Frucht. In jüngerer Zeit nicht degustiert, aber kein Spitzen-Lynch-Bages.

*Zuletzt im Juli 1987 verkostet ★(★★) Trinken, solange er noch frisch ist.*

**CH. LA MISSION-HAUT-BRION** Ab 1984 elf Notizen, im wesentlichen aus Château-Beständen; hauptsächlich Vorverkaufs- und zwei große Vertikaldegustationen, zunächst 1985 bei Desai in Los Angeles, in jüngster Zeit bei Wolf in Wiesbaden. Völlig übereinstimmende Bewertungen: tiefe Farbe, Nase zunächst zurückhaltend, dann ein Aufbrechen der charakteristischen Graves-Nuancen nach Teer und Tabak, schließlich – unter mehr Lufteinwirkung – reich, lebhaft, bisquitartig. Am Gaumen mitteltrocken und -schwer, ziemlich fleischig, schöne Frucht, beeindruckend, wenn auch nicht so wuchtig, wie man vielleicht erwarten würde. Ein Spur Bitterkeit im tanninbetonten Abgang.

*Zuletzt im Juni 1990 verkostet ★★(★) Jetzt bis 2010.*

**CH. MONTROSE** Neun Aufzeichnungen, angefangen mit einer verschlossenen, festgewobenen, tanninbetonten Faßprobe. Danach Mitte der 80er Jahre trotz des Tanningehalts fruchtig und charmant. Später dann war die Nase etwas weniger interessant, erinnerte an nassen Karton und wies den für das Médoc typischen Jodgeruch auf, darunter aber lag die Frucht, die unter Lufteinwirkung an die Oberfläche kam; irreführender Hauch von «Süße», Gewicht und Ausgewogenheit schön, angemessene Länge, ganz leicht bitter, doch für einen tanninbetonten 79er St-Estèphe überraschend trinkbereit.

*Zuletzt im April 1988 verkostet ★★★(★) Bis 2000 und länger.*

**CH. PALMER** Ab Mitte der 80er Jahre fünfmal degustiert. Sehr individualistischer Wein: herrliche Farbe; füllige, maulbeerartige Frucht in der Nase; voll ausgebaut und – für einen 79er – überraschend «süß» und fleischig am Gaumen. Gehalt (zum Kauen) und Schmackhaftigkeit überdecken Tannin und Säure.

*Zuletzt auf dem Château verkostet, Juni 1991 ★★★(★) Noch gewisse weitere Entwicklung, doch nicht zur langen Lagerung geeignet.*

**CH. PAVIE-DÉCESSE** Tiefe, gute Frucht, schlank, ledrig, würzig.

*Zuletzt im November 1989 verkostet ★(★★) Bis 1998.*

**PAVILLON ROUGE DE CH. MARGAUX** Viele Aufzeichnungen aus der Mitte der 80er Jahre. Als zweiter Mentzelopoulos-Jahrgang besonders interessant. Traubensatz: 75% Cabernet-Sauvignon, 20% Merlot, 5% Petit Verdot. Jugendliches Rubinrot; wohlriechende, aber harte Nase; nicht annähernd fertig, rauh, mit deutlicher, mandarinenartiger Säure, dennoch ansprechend und kräftig. Versuchte sich dann zu entwickeln, war würzig, wohlriechend, schlank, dennoch ansprechend. Ein überbewerteter Heranwachsender.

*Zuletzt im November 1990 verkostet ★★ Bald trinken.*

**CH. PICHON-LONGUEVILLE, BARON** Sieben Aufzeichnungen. Zu Anfang der 80er Jahre erwartungsgemäß starkfarben, fest, nicht sehr interessant. Immer noch ziemlich tief, zurückhaltende Nase, hart, tanninbetont; lebhafte Frucht, recht ansprechend, gute Länge, aber streng.

*Zuletzt im Oktober 1988 verkostet ★(★) Schwer vorstellbar, daß die weitere Flaschentwicklung für eine lange Einlagerung ausreicht.*

**CH. PICHON-LONGUEVILLE, LALANDE** Zehn Notizen. Faßprobe im April 1980, lebhaft frische Frucht und guter Nachgeschmack; ähnliche Eigenschaften 1984 bei einer *Masters-of-Wine*-Degustation von 79er Weinen, dazu kam eine vorzügliche Struktur. 1987 in Boston brillant, mit Nuancen von Fasan und Kalbsbratwurst, «garniert» mit Shitake und Basilikum. In jüngster Zeit immer noch herrlich tiefes Rubinrot; Nuancen von Pfeffer und Zedernholz, mit einer Frucht, die sich im Glas sehr wohlriechend entfaltete; ziemlich körperreich, weich, seidig-ledrige Stuktur, trockener Abgang.

*Zuletzt im Oktober 1992 verkostet ★★★(★) Bis 2010.*

**CH. DE SALES** Nach nur einem Jahr in der Flasche entgegenkommend, weich und zugänglich,

zum Teil aufgrund der 66% Merlot, aber auch wegen des Bodens. Die ursprünglich etwas biedere Frucht in der Nase entwickelte sich zu einem faszinierenden Mischmasch. Am Gaumen besser, wie Fruchtsalat.
*Zuletzt im Oktober 1986 verkostet ** Austrinken.*

**CH. TALBOT** Tief; reif, Sattelgeruch der Tannine, mit recht ausgeprägter Cabernet-Frucht in der Nase und am Gaumen. Trocken. Ziemlich beeindruckend.
*Zuletzt im Februar 1989 verkostet **(*) Jetzt trinken, vermutlich noch Potential, hält sich.*

**CH. LA TOUR-CARNET** Mitte der 80er Jahre mit der für einen 79er normalen Farbtiefe, danach starker Abfall zur Orangetönung des ausgebauten Weins. Wenig Bukett; schönes Gewicht, ledrige, tanninbetonte Struktur, mäßige Länge und Qualität.
*Zuletzt im April 1988 verkostet **

**CH. LA TOUR-HAUT-BRION** Mehrere Notizen. Sehr tiefes, intensives Kirschrot, Mitte der 80er Jahre, immer noch tief; ziemlich eigenartige Nase, Arzneigeruch, mit einer Spur Karamel und Orangenschalen, doch rasche und ansprechende Entwicklung im Glas. Durch und durch trocken; die ursprüngliche Härte und Sprödigkeit gewandelt in lebhafte Frucht.
*Zuletzt bei der Degustation von Wolf verkostet, Juni 1990 **(*) Bis 2000 und länger.*

**CH. TROTANOY** Sieben Aufzeichnungen. Faßprobe mit beträchtlichem Potential, 1982 eine tiefpurpurrote Flasche mit reicher Struktur, 1984 bei der *Masters-of-Wine*-Degustation elegant, doch schlank. In jüngerer Zeit reiches, ausgesprochen «süßes», entgegenkommendes Bukett; am Anfang etwas «süß» und reich im Geschmack, doch sehr tanninbetonter Abgang.
*Zuletzt im Dezember 1993 verkostet ***(*) Jetzt bis 2010 zu trinken.*

**CH. YON-FIGEAC** Mehrere Aufzeichnungen aus jüngerer Zeit. Recht guter, reicher, fruchtiger Wein.
*Zuletzt im März 1989 verkostet ** Jetzt trinken.*

## SEIT 1985 VERKOSTETE 79ER:

**CH. BEL-ORME-TRONQUOY-DE-LALANDE** Sehr tief, stark, tanninbetont.

**CH. DE CAMENSAC** Tief, doch ausgebaut, ziemlich «süß», gute Frucht, annehmbarer Tanningehalt.

**CH. CROIZET-BAGES** Tiefe, sich schön entwickelnde Nase; sehr ansprechender, fruchtiger Geschmack, ausreichende Länge, trockener Abgang.

**CH. LA FLEUR-GAZIN** Gut abgestufte Farbe, von Kirschrot bis zum reifenden Rand; zunächst eine Spur Karamel, harmonische Entwicklung im Glas; vorzügliche Pomerol-Struktur, trotz leicht bitterem, tanninbetontem Abgang. Sehr gefällig.

**CH. LANESSAN** Starkfarben, ausgebauter Rand; klassische Käserinden-Nase; trocken, gute Substanz, adstringierende Tannine.

**CH. LA LOUVIÈRE** Viele Notizen. Beeindruckend tief; gutes, pfeffriges Cabernet-Aroma; seidige Struktur, gewisse Extraktstoffe überdecken teilweise das Tannin, anregende Säure.

**CH. MARBUZET** 50% Cabernet Sauvignon, 10% Cabernet Franc, 40% Merlot. Immer noch purpurgetönt; lebhafte Frucht, Himbeeren; interessanter Geschmack, zähnebeschlagendes Tannin, schlank.

**CH. MARQUIS-DE-TERME** Trocken, rauh, tanninbetont.
*April 1986.*

**CH. MOUTON-BARONNE-PHILIPPE** Erstmals 1982 verkostet, damals nicht sehr tief, rasche Entwicklung; ganz leicht duftendes Bukett; schlank, zugänglich. Ein anständiger Mittagswein.

**CH. LA POINTE** Erscheinungsbild und Geschmack beeindruckend. Weiche, harmonische Nase, die Nuancen von Honig, Ingwer und Zimt entfaltete; seidige Struktur, Fülle, Tannin und Säure angemessen.

**CH. POTENSAC** Gesund, aber unfertig.

## GERINGERE, RECHT GUTE WEINE, MITTE DER 80ER JAHRE VERKOSTET:

Ch. du Calvaire, Ch. Canon-Fronsac, Ch. Caronne-Ste-Gemme, Ch. Cissac, Ch. Couvent-des-Jacobins, Ch. Potensac, Ch. Pouget, Ch. La Rose-Trintaudon.

## RAUHE, TANNINBETONTE GERINGERE WEINE, MITTE DER 80ER JAHRE VERKOSTET:

Ch. Caillou.

## WEINE, DIE ANFANG BIS MITTE DER 80ER JAHRE GUTE FIGUR MACHTEN:

Ch. d'Angludet, Ch. Beau Séjour Bécot, Ch. Belair St-Emilion, Ch. Bouscaut, Ch. Cap-de-Mourlin, Ch. Croque-Michotte, Ch. La Dominique, Ch. L'Enclos, Ch. Faurie-de-Souchard, Ch. La Fleur-Pétrus, Ch. La Grave Trignant, Ch. Haut-Bages-Averous, Ch. Haut-Batailley, Ch. Haut-Marbuzet, Ch. Haut-Pontet, Ch. Haut-Sarpe, Ch. Latour à Pomerol, Ch. Magdelaine, Ch. Malartic-

Lagravière, Ch. Malescasse, Ch. Maucaillou, Ch. Moulinet, Ch. Nenin, Ch. Les Ormes-de-Pez, Ch. Petit-Village, Ch. St-Pierre-Sevaistre, Ch. La Tour-Martillac.

WEINE, DIE ANFANG BIS MITTE DER 80ER JAHRE ZIEMLICH GUT WAREN:

Ch. L'Angelus, Ch. Balestard-La-Tonnelle, Ch. Brame-les-Tours, Ch. Cadet-Piola, Ch. Canon-de-Brem, Ch. Carbonnieux, Ch. Clerc-Milon-Mourlin, Ch. La Clusière, Ch. Coufran, Ch. Duhart-Milon-Rothschild, Ch. d'Issan, Ch. Larmande, Ch. Millet, Ch. Olivier, Clos de l'Oratoire, Ch. Pavie, Ch. Petit-Faurie-de-Soutard, Ch. Pique-Caillou, Ch. Prieuré-Lichine, Ch. Rauzan-Gassies, Ch. Rouet, Ch. Smith-Haut-Lafitte, Clos St-Martin, Ch. Troplong-Mondot.

WEINE, DIE ANFANG BIS MITTE DER 80ER JAHRE NICHT GUT GENUG WAREN:

Ch. Barreyres, Ch. Beaumont Cussac, Ch. Cantenac-Brown, Ch. Kirwan, Ch. Lafon-Rochet, Moulin des Carruades, Ch. Pape-Clément.

ANFANG BIS MITTE DER 80ER JAHRE ZU TANNINBETONT UND UNAUSGEWOGEN:

Ch. Les Grandes-Murailles.

# 1980

*Das vorzügliche Jahrzehnt der 80er Jahre begann – ähnlich wie das der 60er Jahre – recht zögerlich. Der rote Bordeaux von 1980 hat tatsächlich einiges gemein mit dem von 1960. Beide sind sie etwas dünn und säurebetont. Gelungene Produktionen eignen sich gut als gefällige, leichte Begleiter zum Mittagessen. Am besten waren sie zweifellos in ihrer violetten Jugendlichkeit. Die Geschmacksvertiefung und der Wertzuwachs, im Normalfall die Folgen einer sorgsamen Lagerung, blieben aus.*

*Der Frühling war kühl, die Blütezeit ausgedehnt und ungleichmäßig, der Sommer kalt und naß, aber mit einem heißen August. Der September war zwar warm, doch mit wenig Sonne, wodurch das Ausreifen der Trauben verzögert wurde. Anfang Oktober regnete es sehr viel, danach Wetterbesserung zur sehr späten Lese mit geringen Erträgen.*

CH. LAFITE Aus verschiedenen Gründen habe ich den 80er in seinen Entwicklungsjahren nicht degustiert. Die erste Aufzeichnung machte ich bei einer Vorverkaufsdegustation von Christie's im Juni 1988, die nächste vier Monate später auf der großangelegten Lafite-Degustation von Flatt in New Orleans. Genau ein Jahr danach verkostete ich dann bei einem Sitzungsessen eine Flasche aus Château-Beständen; ein weiterer Anlaß in letzter Zeit war das jährliche Abendessen mit ersten Hochgewächsen bei Penning-Rowsell. Bei Flatt wirkte die Farbe im Vergleich der Weine von 1980 bis 1985 überraschend tief. Gleichbleibende Bewertung der Nase; frisch, fruchtig, wohlriechend, attraktiv, mit Anklängen von Austern oder Jod. Ziemlich trocken, eher leicht, schlank, aber mit schöner Frucht, ohne die Länge eines Spitzenjahrgangs und im Abgang etwas adstringierend.
*Zuletzt im März 1990 verkostet ★★(★) Ein leichter Wein zum Mittagessen, der sich nur mehr geringfügig verbessern wird. Jetzt bis 1995 zu trinken.*

CH. MARGAUX Erstmals im Oktober 1981 aus dem Faß probiert: tiefer als erwartet, mit gewissem Wohlgeruch. Als nächstes bei Schaefer: Nase nach gekochten Früchten, leicht bitterer, säurebetonter Abgang. Danach im September 1984 zusammen mit Emile Peynaud auf dem Château. Er erzählte uns, daß die Trauben ab dem 17. Oktober gelesen worden waren – der späteste Erntebeginn des Jahrhunderts. Der Wein schien sich bereits im Ausbau zu befinden, denn er zeigte eine gewisse Weichheit und Würze. Recht gut auf der Degustation von Desai 1987. Entgegenkommend, wohlriechend; ansprechender, heidelbeerartiger Geschmack; zugänglich, trinkbereit. Als letztes dann bei Penning-Rowsells Zehn-Jahres-Dinner: sattes, ziemlich intensives Rubinrot; zunächst verschlossen und pfeffrig, dann schöne Entfaltung, «süßer», würziger Duft, wie Weinbrandrosinen; mitteltrocken, mittelgewichtig, wohlschmeckend, seidige Tannine, lebhaft, kurz.
*Zuletzt im Juli 1993 verkostet ★★(★) Ein sehr gefälliger, leichter Wein zum Mittag- oder einem späten Abendessen, ohne Zukunft. Bis 1995 zu trinken.*

CH. LATOUR Drei Aufzeichnungen: die erste bei der vertikalen Latour-Mouton-Degustation von Frericks/Wodarz im März 1989, die nächste bei der bereits erwähnten Weinprobe von Penning-Rowsell. Ziemlich satte, gute Farbe. Eigenartige Nase, zunächst verschlossen, doch mit dahinterliegender Frucht. Bei jeder Gelegenheit entwickelte sich das Bukett nach zehn Minuten im Glas reichhaltig, mit Nuancen von roten Beten und dem Sattelgeruch des Tannins; mitteltrocken und -gewichtig, ein recht guter, fruchtiger Wein. Ganz kürzlich: im Abgang etwas adstringierend, mit Tannin- und Eisennote.
*Zuletzt im Oktober 1991 verkostet ★★(★)? Nicht gerade ansprechend. Kann sich noch etwas verbessern.*

CH. MOUTON ROTHSCHILD Viele Aufzeichnungen. Die erste im März 1983 von einer Flasche aus Château-Beständen, die ich für eine Beschreibung des Etiketten-Ausstellungskatalogs verkostete. Ich fand den Wein nach weniger als einem

Jahr Flaschenlagerung leicht verständlich und trinkbereit. (Die Abfüllung war im Juni 1982 erfolgt). Bei der ausgiebigen Degustation von Flatt 1986: ein ziemlich blasser Schnellentwickler, gefällige Nase, etwas «süß», mangelnde Länge, doch ein attraktives Getränk. Nahezu gleiche Bewertung 1989 bei der Latour-Mouton-Degustation von Frericks/Wodarz und 1990 bei Penning-Rowsell: Farbe gehalten, am Rand als Zeichen des geringeren Jahrgangs allerdings etwas schwach und wässerig. Nase zunächst zurückhaltend, dann gehaltvolle, fruchtige Entfaltung mit Ingwertönen. Trinkbar, recht schöne Frucht, etwas rauh, mit körnig strukturierten Gerbstoffen.
*Zuletzt im März 1990 verkostet ★★ Trinken, solange noch Frucht vorhanden.*

CH. HAUT-BRION Erstmals 1983 mit dem Duc de Mouchy und Jean Delmas auf dem Château verkostet. Im Vergleich mit einer kleinen Bandbreite von Weinen aus den Jahren 1978 bis 1982 kam er nicht übermäßig gut heraus, wobei die Farbe besser ausfiel als erwartet. Im Mai 1985 gradlinig, relativ leicht, kurz, ein «Mittagswein»; dann im Alter von zehn Jahren bei Penning-Rowsell: mitteltiefes, rubinrot getöntes, lebhaftes Erscheinungsbild. Um 19 Uhr dekantiert, um 20 Uhr 15 eingeschenkt, hatte die Nase genügend Zeit zur Entfaltung gehabt und enthüllte einen sehr entgegenkommenden, wohlriechenden, «süßen» und attraktiven Graves-Charakter. Eher leicht, mit dem charakteristischen, an Ziegel und Tabak erinnernden Geschmack. Etwas kurzer Abgang mit einem Endgeschmack wie verbranntes Packpapier. Immer wesentlich gefälliger zu trinken als zu beschreiben.
*Zuletzt im März 1990 verkostet ★★(★) Bis 1995 zu trinken.*

CH. AUSONE Zwei etwas widersprüchliche Bewertungen. 1987 bei der Vertikaldegustation von Flatt notierte ich: in der Nase und am Gaumen dünn, minzeartig, blechern und unverwoben, außerdem kurz. Bei Penning-Rowsells vergleichender Degustation der ersten Hochgewächse entwickelte sich das anfänglich staubige und wachsartige Bukett recht gefällig, mit teeähnlichen Nuancen; «süßer» und nicht zu mager wie bei Flatt. Locker gebaut, doch ohne Bitterkeit.
*Zuletzt im März 1990 verkostet ★ Austrinken.*

CH. CHEVAL BLANC Zum ersten Mal im September 1982 aus dem Faß probiert: überraschend gute Farbe. Dann fast acht Jahre später bei Penning-Rowsell: immer noch gute Farbe; eigenartige Nase, zunächst wie saurer Kohl, dann wohlriechende Entfaltung mit deutlichem «Eisen»-Charakter; diesen verbinde ich stark mit Cheval Blanc – vermutlich geht er auf den Boden zurück. Später dann ausgeprägt pflanzliche Nuancen. Am Gaumen allerdings überaus attraktiv. «Süß», schö-

nes Gewicht, seidige Struktur, sehr wohlschmeckend, elegant, trockener Abgang. An diesem Abend der beste unter den Spitzengewächsen von 1980.
*Zuletzt im März 1990 verkostet ★★★ Bald trinken, bevor der Charme nachläßt.*

CH. PÉTRUS Die beiden ersten Bewertungen bei Hans-Peter Frericks Pétrus-Degustation in München: in der Magnumflasche ein schönes Kirschrot; zögerliches Bukett, öffnete sich langsam. Nach einer Stunde im Glas war es «süß», erinnerte an Erdbeeren und zeigte eine schnupftabakartige Würze. Am Gaumen eine einnehmende, aufgezuckerte «Süße». Ansprechender Wein. Man sollte ihn – wie wir – aus der *Impériale* mit großen Mengen an Kaviar probieren. Christian Moueix fand den Beluga auch hervorragend, doch für den Pétrus hatte er nichts übrig! In jüngerer Zeit dann bei der Degustation von Penning-Rowsell: fischartige, kräuterwürzige Nase, ohne Erdbeertöne, aber mit dem Duft reifer Maulbeeren, leicht malzig. Ein bestechender Wein.
*Zuletzt im Juni 1991 verkostet ★★★ Bis zum Jahr 2000 zu trinken.*

CH. BEYCHEVELLE Vollentwickelt, süß, kurz.
*Mai 1993 ★ Austrinken.*

CH. BRANE-CANTENAC Recht gute, reiche Nase, in seiner Buttersäure-artigen Art, die an Hühnerdung erinnert; leicht und wohlschmeckend.
*Zuletzt im Oktober 1986 verkostet. Einer weiteren Degustation abgeneigt.*

CH. CALON-SÉGUR Als erstes eine Faßprobe im Oktober 1981. Sehr wohlschmeckend, alles andere als schlecht. Ein paar Jahre später blasser geworden; «süßes», hochgetöntes, leicht medizinales und recht ansprechendes Bukett; relativ leicht, weich, zugänglich.
*Zuletzt im Juni 1987 verkostet ★★ Jetzt trinken.*

CH. CERTAN-DE-MAY Etikettenaufschrift: «Ch Certan, De May de Certan». Überraschend tiefe und jugendliche Farbe; gute, frische Cabernet-Franc-Nase; trocken, mittelgewichtig, gute Frucht, tanninbetont. Ein Anteil 79er in der Komposition?
*Vorverkaufsdegustation im April 1988 ★★ Bis 1996 zu trinken.*

DOM. DE CHEVALIER Einmal degustiert. Stark ausgebaut, reif, mit orangegetöntem Rand; schokoladenartige, erdige Graves-Nase, «süß», Vanille-Töne; recht schön. Aufgezuckerter, kiesiger, erdiger Abgang, mit trockenen Tannat- und Eisentönen.
*Im Mai 1986 auf dem Château ★★ Bis 1995 zu trinken.*

CH. CROIZET-BAGES Relativ blaß, reif; Nase und Geschmack «süß» und aufgezuckert. Ziemlich rauhbeinig.
*Oktober 1987* ★

CH. DUHART-MILON-ROTHSCHILD Bläßlich, ausgebaut; «süß», gehaltvoll; recht schöner Geschmack, kurz, trocken, leicht säurebetonter Abgang.
*Aus Château-Beständen, Oktober 1989* ★

CH. LA FLEUR Gute Farbe, reif; «süße», lakritzeartige, aufgezuckerte Pomerol-Nase; trocken, leichter, als er aussieht. Nicht schlecht.
*April 1987* ★(★) *Bald trinken.*

LES FORTS DE LATOUR Mehrere Aufzeichnungen. Recht schöne Farbe, bei der letzten Gelegenheit meinte ich allerdings ein gewisses vorzeitiges Altern in der Nase und am Gaumen zu spüren. Brandige Frucht. Etwas bitter.
*Zuletzt im August 1987 verkostet. Nicht sehr begeistert von diesem Wein.*

CH. GRAND-PUY-LACOSTE Satt, trocken, wohlschmeckend, doch mager, rauh, und mit harten Tanninen.
*November 1986* ★

CH. LAGRANGE St-Julien. Mitteltief, durchscheinend, deutlich frühreife Orange-Tönung; zurückhaltende Nase, schwer zu definieren; etwas «süß», eher leicht. Ein schöner, zugänglicher, weicher, aufgezuckerter Wein. Kurz.
*Bei einer Decanter-Degustation, Juli 1988* ★★ *Bald trinken.*

CH. LANGOA-BARTON Erstmals im September 1982 degustiert: ein ziemlich oberflächlicher, leichter, zugänglicher Wein. Vier Jahre später: ausgebaut; leicht fruchtige Nase. Ein ansprechender, wohlschmeckender Wein zum Mittagessen.
*Zuletzt im Juni 1992 verkostet* ★★ *Bald trinken.*

CH. LÉOVILLE-BARTON Orange, müde, am Austrocknen.
*Juni 1992* ★

CH. LÉOVILLE-LAS-CASES Mehrere Aufzeichnungen. Bei der ersten Probe im September 1982 auf dem Château weich, geschmeidig und zugänglich. Einer der besten 8oer, wie er damals auch einer der besten 6oer gewesen war, und auch ansonsten recht ähnlich. Bei der letzten Gelegenheit vielschichtige Farbe, zwar nicht unansprechend, aber in der ersten Jugendblüte doch gefälliger.
*Zuletzt im November 1986 verkostet* ★★ *Austrinken.*

CH. LÉOVILLE-POYFERRÉ Ein paar Aufzeichnungen. Reifend; harte, pfeffrige, geringe Nase; trocken, mangelhafter Charakter, kurz.
*Zuletzt im Oktober 1986 verkostet. Austrinken.*

CH. LYNCH-BAGES Im September 1982 auf dem Château: rauh. 1984: flüchtiger Geschmack, mehr säure- als tanninbetont, aber trinkbar. In jüngerer Zeit: immer noch ziemlich tief für einen 8oer, lebhaftes Kirschrot; ein ansprechender, leicht fruchtiger Mittagswein.
*Zuletzt im Januar 1987 verkostet* ★★ *Bald trinken.*

CH. LA MISSION-HAUT-BRION Zum ersten Mal im Februar 1985 bei der Degustation von Desai probiert: überraschend tief, genauso wie der 81er; zurückhaltend; trocken, ziemlich rauh und tanninbetont. Nase schien 1986 entwickelter, dabei ausgesprochen tanninbetont. In jüngerer Zeit auf Wolfs ausgiebiger Degustation von Woltner-Weinen: gewisser Farbverlust, reif; in der Nase fruchtig, pfeffrig, Tee-Nuancen, keine Entwicklung. Trocken, leicht, spröde, käsig. Nicht schlecht, aber auch nicht sehr ansprechend.
*Zuletzt im Juni 1990 verkostet* ★ *Lohnt sich nicht aufzubewahren.*

CH. MONTROSE Relativ blaß, mit schwachem Rand; «süße», erdige, leicht spitzige Frucht; leicht, trotz des eisenartigen Tannins. Nicht schlecht.
*Vorverkaufsdegustation, Juli 1986* ★ *Bald trinken.*

CH. MOUTON-BARONNE-PHILIPPE Ab Mitte der 8oer Jahre viele Notizen. Inzwischen blaß, voll ausgebaut, nur mehr wenig Rot vorhanden; leichte, ziemlich medizinale, brandig-fruchtige Nase; trocken, leicht, dünn, kurz, dabei mit gewisser Delikatesse und durchaus nicht ohne Geschmack.
*Zuletzt im April 1988 verkostet* ★ *Austrinken.*

CH. PALMER Der 6oer und der 8oer Jahrgang waren bei Palmer, wie auch bei Léoville-Las-Cases, bemerkenswert gut. «Süße», füllige Nase, die einen erdbeerartigen Duft enfaltete; auch am Gaumen ausgesprochen «süß», schöner, robuster Geschmack. Saftig. Etwas grobe Textur.
*Zuletzt im August 1987 verkostet* ★★★ *Bis 1995 zu trinken.*

PAVILLON ROUGE DE CH. MARGAUX 1985 duftend und wohlschmeckend. 1987 kam er mir dann allerdings etwas grün und stielig, rauh und kurz vor. In jüngster Zeit schien er «süßer», relativ leicht und fertig.
*Zuletzt im November 1990 verkostet* ★ *Austrinken.*

CH. PICHON-LONGUEVILLE, LALANDE Bei der Faßprobe im Juli 1981 ausgesprochen rauh. Nach einem Jahr in der Flasche recht gefällig,

trocken, leicht, fast ein Charmeur. Immer noch mit guter, satter Farbe; «süße», medizinale Pauillac-Nase; wohlschmeckend, pikant.
*Zuletzt im September 1986 verkostet* ★★ *Austrinken.*

**CH. PONTET-CANET** Mittelblaß, im Ausbau; «süße», marmeladige Nase; leicht, trocken, scharfer Abgang. Kaum ein Mittagswein.
*Januar 1989. Austrinken.*

**CH. LA TOUR-DU-PIN-FIGEAC** Nur aufgenommen um zu zeigen, daß man einen Wein dieses Kalibers und eines solchen Jahrgangs am besten jung trinkt. 1983 satte, intensive Farbe, mit einem gewissen jugendlichen Reiz, recht schön fruchtig und wohlschmeckend. 1989 Anzeichen von vorzeitiger Alterung in der Nase, kurz und etwas trist.
*Zuletzt im März 1989 verkostet. Austrinken.*

**VIEUX CH. CERTAN** Relativ blaß, reif; «süße», aufgezuckerte Nase. Unterschiedliche Flaschen, ein Exemplar wirkte am Gaumen etwas faulig, die andere trockener, frischer und fruchtiger.
*Februar 1989* ★★?

RECHT GUTE, WAHRSCHEINLICH NOCH TRINKBARE WEINE:

Ch. Cantemerle, Ch. La Cardonne, Ch. Clos St-Martin, Ch. Croque-Michotte, Ch. Dauzac, Ch. La Dominique, Ch. Grand-Puy-Ducasse, Ch. Guadet-St-Julien, Ch. Meyney, Ch. Les Ormes-de-Pez, Ch. Le Pin, Ch. Prieuré-Lichine, Ch. La Serre, Ch. Siran, Ch. Troplong-Mondot.

# 1981 ★★ *bis* ★★★★

*Auf dem freien Markt unterbewertet und zweifellos auch zu billig gehandelt. Die Weine sind zumeist schlank, wodurch der Jahrgang nicht so unmittelbar ansprach wie beispielsweise der 76er.*
*Von den auffälligeren und vielschichtigeren 82er Gewächsen wurden die 81er völlig in den Hintergrund gedrängt. Hervorstechendes Merkmal des Jahrgangs ist die Eleganz. Allerdings – es gibt deutliche Unterschiede. Die mageren Weine, im Gegensatz zu den schlanken, eleganten, lohnt es sich nicht anzuschaffen. Aus der Fülle an schön gebauten Weinen sind mittlerweile viele köstlich, und einige benötigen noch eine weitere Flaschenalterung.*
*Der Frühling bot perfekte Bedingungen für die Blüte. Danach wurde das Wetter kalt und naß. Ab August bis zum Lesebeginn Ende September, schien die Sonne. Heftige Regenfälle unterbrachen die Erntearbeit für mehrere Tage. Dies hatte in einigen Fällen eine gewisse Verwässerung zur Folge, aber allgemein war kein Schaden angerichtet worden.*

**CH. LAFITE** Sieben relativ neue Bewertungen. Recht gut auf Flatts Lafite-Degustation 1988, lebhaft, fruchtig, schlank. 1989 immer noch ziemlich jugendlich; hartes und würziges Bukett, dabei durchaus tief und wohlriechend; etwas «süß», einigermaßen gute Länge, tanninbetont, zu wenig Fleisch und Extraktstoffe, aber trotzdem ganz schön. In jüngster Zeit guter Ausbau; weich, zart duftend; Frucht, Geschmack und Struktur gut.
*Zuletzt im September 1993* ★★(★) *1997 bis 2007.*

**CH. MARGAUX** Als erstes eine Faßprobe im September 1982: starkfarben, gute Frucht, Tannine und Substanz, im darauffolgenden Mai dann aus der *Barrique*. Der Duft des jungen Weins wurde von dem aufdringlichen Zementgeruch des neuen, zwei Jahre alten Kellers fast überdeckt. Wesentlich trockener und schlanker als der 82er. Als nächstes im September 1984, ein Jahr nach der Flaschenabfüllung. Immer noch intensiv; schön verwobene, wenn auch zurückhaltende Nase. Genauso tanninbetont wie der 82er, aber sehniger. Erinnerte mich an den 66er. Auf Desais Margaux-Degustation 1987 eine ziemlich grüne, schlanke Flasche und mit leichtem Holzton. In jüngerer Zeit: immer noch satte, jugendliche Farbe; gute, frische Frucht, öffnete sich schön; trocken, guter Gehalt, schlank, rauh, aber wohlschmeckend.
*Zuletzt bei der Degustation von Penning-Rowsell im Juni 1991 verkostet* ★★(★) *1996 bis 2010.*

**CH. LATOUR** Nicht so mächtig und dunkel wie erwartet. Mitte der 80er Jahre wohlriechend, aber unverwoben, wenn auch mit frischer Frucht. Unterschiedliche Flaschen bei der Latour-Mouton-Degustation von Frericks/Wodarz im Mai 1989; eine war ziemlich hölzern und stielig, die andere reifer. Ordentlich körperreich, mit mehr Extrakt als der Mouton. Als letztes: tief; bisquitartig, wohlriechend, Töne von Zedernholz und Cabernet Sauvignon; trocken, vorzüglicher Geschmack, saubere Frucht, ohne die Länge eines großen Jahrgangs, kraftvoll tanninbetonter Abgang.
*Zuletzt im Juni 1991 verkostet* ★(★★)? *Etwa 1996 bis 2015.*

**CH. MOUTON ROTHSCHILD** Sechs Aufzeichnungen. 1986 auf Flatts Mouton-Degustation recht schön: überzeugende, gute, klassische Nase und ebensolcher Geschmack. Trotz der Schlankheit des 81er Jahrgangs überraschend weich und füllig. Auf der Degustation von Frericks/Wodarz: nur mäßige Farbtiefe, scheinbar ziemlich ausgebaut; jugendliche Brombeerfrucht, Vanille-Duft; wohlschmeckend, aber etwas spröde. Als letztes schöne frische Farbe; nach dem Dekantieren zunächst verschlossen, doch gute Entfaltung, köstlich, «süß» und würzig; trocken, lebhafter Fruchtgeschmack, recht füllig, Anklänge von tanninbetonter Bitterkeit. Eine Kreuzung zwischen einem 71er und einem 66er.

*Zuletzt auf der Degustation von Penning-Rowsell im Juni 1991 verkostet* ★★★(★) *Bis 2010.*

**CH. HAUT-BRION** Acht Aufzeichnungen. Erstmals im Mai 1983 verkostet: geringe Nase, fest, elegant. Im folgenden Frühjahr bei der Degustation von roten Graves des 81er Jahrgangs: gute Farbtiefe, komplett andere Nase als der La Mission, zedernholzartiger, harmonischer, weniger aufsehenerregend; vorzüglich am mittleren Gaumen und sehr elegant. Mitte der 80er Jahre wirkte er zurückhaltend, 1988 recht ausgebaut, ein Jahr später etwas malzig in der Nase und am Gaumen. Bei der letzten Gelegenheit: mitteltiefe, reiche, ziemlich ausgebaute Farbe; herrliche Weinigkeit, kühl, hochgetönt, schöne Entfaltung; etwas «süß», mittelschwerer Körper, schlank, aber mit guter Struktur. Charakteristischer Geschmack nach Ziegelstaub und Tabak.
*Zuletzt bei Penning-Rowsell im Juni 1991 verkostet* ★★(★) *Bis 2015.*

**CH. AUSONE** Nur zwei Bewertungen, die erste bei Flatts erschöpfender Vertikaldegustation: mitteltiefes Rubinrot; zweistimmige Nase, leicht «süß» sowie pflanzlich; mitteltrocken und mittelgewichtig; schlank, aber fruchtig. Bei Penning-Rowsell: schöne Farbe, immer noch jugendlich; zunächst malzig, danach Tabak, Farn und Frucht; ziemlich erdiger Graves-artiger Geschmack, ungewöhnlich. Ich lernte ihn schätzen.
*Zuletzt im Juni 1991 verkostet* ★★(★) *Bis 2005.*

**CH. CHEVAL BLANC** Sechs Aufzeichnungen. Erstmals im September 1982 degustiert: sehr tief; ausgezeichnete Nase; mundfüllend. Mehr Säure als die Weine aus Pomerol. Mitte bis Ende der 80er Jahre immer «süß». Als letztes: satte Farbe, sehr attraktiv, duftende, gut ausgebaute Nase; kraftvoll, anziehend.
*Zuletzt im Juni 1991 verkostet* ★★★(★) *Bis 2010.*

**CH. PÉTRUS** Fünfmal degustiert. Sehr dunkel; verschlossen, verborgene Fruchttiefe; voll, fleischig, reich, komplett – 1982 mit einer Art Babyspeck. Als nächstes 1986 bei Frericks Pétrus-Degustation aus einer Magnumflasche: mitteltief, pflaumig, sich enfaltendes, würziges Bukett, gehaltvoll, erinnerte an Gelatine. 1990 bei der vertikalen Blindprobe der «Stockholm»-Gruppe einer der wenigen Jahrgänge, den ich richtig erkannte. Reifend; zunächst etwas hart, doch dann Entfaltung, frische Frucht; ziemlich ledrige Struktur, merklich Säure. Zuletzt: im Büro dekantiert, verkostet, dann zur Degustation von Penning-Rowsell mitgenommen. Vier Stunden später üppige, maulbeerartige Frucht; wirkte «süßer», voller Fruchtgeschmack, wenn auch ungeschliffen.
*Zuletzt im Juni 1991 verkostet* ★★★(★) *Bis 2005 zu trinken.*

**CH. L'ANGÉLUS** Drei Notizen aus jüngerer Zeit. Ziemlich tief, beginnt jetzt zu reifen; ansprechende, reiche, sehr «süße» Nase; auch am Gaumen «süß», mittelschwer, aber alkoholbetont, ungewöhnlich weiche brombeerartige Frucht. Für einen einen 81er weich und füllig. Schöner Tannin- und Säuregehalt.
*Zuletzt im Juli 1990 verkostet* ★★★ *Bis 2000 und länger.*

**CH. BEAUREGARD** Pomerol. Unbestimmte Farbe; eine stielige, rauhe, kurze Flasche mit Holzton. Zwei Monate später eine andere aus dem gleichen Bestand: reife, nicht sehr eindrucksvolle Farbe; leichte, harte Nase, die sich etwas entfaltete und dann verblaßte; relativ trocken, mager, kurz. Ganz kürzlich: mager, hölzern.
*Zuletzt im Oktober 1993 verkostet. Austrinken.*

**CH. BEYCHEVELLE** Als erstes eine Faßprobe bei einer Londoner Handelsdegustation von de Luze im April 1982: tief, ausgesprochen wohlriechend, würzige neue Eiche. Im Januar 1988: ziemlich tief, wenn auch trüb, reifend; fast künstlicher Duft und Geschmack. Trocken; hohl. Als letztes: voll ausgebaut; angesengt, unmittelbar würzig; Geschmack nicht schlecht, wenn auch mit eigenartig bitterem Abgang.
*Zuletzt im Mai 1993 verkostet* ★★ *Austrinken.*

**CH. BOUSCAUT** Fünf Aufzeichnungen. Im März 1984 «dumpf», 1985 «langweilig», «dumpf» und «abflauend». Kürzlich bei einer Degustation von 81er Weinen: «unbedeutend und mager, mit flachem, trockenem Ende». Zwar nicht völlig gehaltlos, aber sicher nicht mein bevorzugter roter Graves des Jahres 1981.
*Zuletzt im Juli 1989 verkostet* ★

**CH. BRANAIRE-DUCRU** Traubensatz: 75 % Cabernet Sauvignon, 20 % Merlot, 5 % Petit Verdot. Ab April 1984 sehr viele Notizen. Glanzhelles, gesundes, aber nicht sehr tiefes Kirschrot; ein Hauch Mandarinenschale; ein leichter, erfrischender, ansprechender junger Wein. 1987: vorzüglicher Wohlgeruch, Himbeer- und Zedernholz-Nuancen, anregend; zart und seidig, mit lebhaftem, trockenem Abgang. Inzwischen ziemlich ausgebaut, am Rand etwas schwach; recht reife, kleine Nase; schöne, lebhafte Frucht. Leichter, zugänglicher Stil. Mehr Säure als Tannin.
*Zuletzt im Oktober 1993 verkostet* ★★ *Bis 1996 zu trinken.*

**CH. BRANE-CANTENAC** Fünf Notizen jüngeren Datums. Trotz einer gewissen Reichhaltigkeit keine tiefe Farbe, im ganzen sogar etwas schwach mit einem Stich ins Orange; außergewöhnliches Bukett; am Gaumen besser als Farbe und Nase hätten vermuten lassen. Fruchtig, stoffig, griffig. Nicht mein Weinstil, aber interessant.

*Zuletzt im September 1990 verkostet, auf seine Art*
★★★ *Bis 1996 zu trinken.*

CH. CALON-SÉGUR Im Frühjahr 1982 Faßprobe bei de Luze: wohlschmeckend, aber etwas
mangelhaft, eine Bewertung, die 1987 und später
immer noch zutraf. Ansprechende, mitteltiefe,
stark ausgebaute Farbe; mittelmäßige Nase; mager,
zu wenig Umfang, sehr trockener, tanninbetonter
Abgang.
*Zuletzt im September 1990 verkostet* ★ *Keine große
Zukunft abzusehen.*

CH. CANON Guter Wein, Farbentwicklung nach
wie vor zurückhaltend; wohlriechend, ausgeprägt
in Nase und Geschmack. Etwas «süß», leichte
Tannine, erfrischende Säure.
*Juli 1989* ★★★ *Bis 2000.*

CH. CANON-FRONSAC Ein eher kleineres Gewächs, das jetzt Moueix gehört. Hat nichts mit den
Canons in St-Emilion zu tun – Fronsac ist der
Orts- und Gemeindename. Zur Verwirrung trägt
auch bei, daß Canon-Fronsac sowohl als Bezeichnung für die lokale Klassifikation dient (höher als
Fronsac) und gleichzeitig der Name des Weingutes
ist. Leichter und weniger dicht als die 81er Pomerols. Leichte Frucht. Gefällig.
*Juni 1988* ★★ *Jetzt trinken.*

CH. CANON-LA-GAFFELIÈRE Fünf Notizen
aus jüngerer Zeit. Mitteltiefe Farbe, im Ausbau;
leichtes, aber entgegenkommendes, recht gefälliges Bukett; etwas «süß», Anklänge von Lakritze,
schlank, wohlschmeckend.
*Zuletzt im Januar 1991 verkostet* ★★ *Bald trinken.*

CH. CANTEMERLE Fünf Notizen. Niemals tiefe
Farbe, doch immer noch eine jugendliche, kirschrote Tönung. Bukett oder besser gesagt Geruch
nach Kutteln und Zwiebeln; 1985 mangelnde
Frucht und eine gewisse Bitterkeit im Endgeschmack. Schlank, lebhaft, etwas wenig Substanz.
*Zuletzt im September 1988 verkostet* ★(★) *Keine
große Zukunft.*

CH. CANTENAC-BROWN Pflaumig; zurückhaltend, doch wohlriechend; im April 1982 im Stil
üppige, aber unfertige Probe aus dem Faß. 1986
ähnliches Erscheinungsbild, kleine Nase, relativ
leicht, weich, ausreichend gefällig. In jüngerer Zeit
immer noch etwas unreifes Aussehen; «süße»,
marmeladige Frucht in der Nase, für einen 81er
relativ robust.
*Zuletzt im Januar 1988 verkostet* ★★ *Bis etwa 1996.*

CH. CARBONNIEUX Zum ersten Mal im März
1984 degustiert. Jugendliches Rubinrot; charmant,
etwas Frucht; trotz bitterer Tannine auf einen
künftig hübschen, erfrischenden, zugänglichen Stil
getippt. 1988 kirschrot; Nase schien sich ver-

schlossen zu haben; kompromißlos schlank, dabei
aber gute Länge. Drei Notizen aus jüngerer Zeit:
inzwischen blasser, in der Farbe entwickelter;
Nase jetzt voll entfaltet, «süß», marmeladig, schokoladig; eher leicht, lockere, erfrischende Frucht,
mehr Säure als Tannin.
*Zuletzt im Januar 1991 verkostet* ★★ *Bald trinken.*

CH. LA CARDONNE Zum ersten Mal im Mai
1984 in Bremen bei einer Degustation unter meiner Leitung probiert; drei weitere Notizen aus
demselben Jahr. Weiche, fruchtige Nase, sehr gefällig, zugänglich, keine große Länge. Würzige
Nase, zum Kauen, nicht so mager wie andere 81er.
*Zuletzt im Januar 1985 verkostet* ★★ *Jetzt trinken.*

CH. CHASSE-SPLEEN Mehrere Aufzeichnungen von der Mitte bis zum Ende der 80er Jahre.
Ursprünglich tief und intensiv, jetzt heller, vielschichtig, im Ausbau. Nase und Geschmack ausreichend gefällig. Mittelgewichtig, dabei vom Stil
her lebhaft und leicht. Attraktiv.
*Zuletzt im April 1990 verkostet* ★★★ *Bis 1996 zu
trinken.*

DOM. DE CHEVALIER Im Frühjahr 1984 fand
ich diesen Wein würzig, duftend und köstlich. Ein
Jahr später bewertete ich ihn als nicht-aggressiven
Graves, mit mittlerer Lebenserwartung, auch ein
wenig mager. In jüngerer Zeit drei Aufzeichnungen: immer noch tiefe und jugendliche Farbe;
eigenartig «süße», hochgetönte Nase, weinig, Duft
nach schwarzer Melasse; mitteltrocken und mittleres Gewicht, reich in Geschmack, Frucht und
Struktur. Leicht bitterer, tanninbetonter Abgang.
*Zuletzt im September 1990 verkostet* ★★★(★) *Bis
zum Jahr 2000 und darüber hinaus zu trinken.*

CH. CISSAC Ich habe immer schon eine Schwäche für diesen ziemlich harten Wein gehabt. Zuverlässig gemacht, niemals überteuert. Im September
1984 eine ziemlich trockene, strenge, unfertige
Flasche probiert, danach in regelmäßigen Abständen 14 weitere Degustationen. Immer noch tief,
doch am Rand Anzeichen der Reife; gute, geradlinige, ledrig tanninbetonte Médoc-Nase; durch
und durch trocken, anständiger Körper, gute Länge für die Klasse und den Jahrgang. Ein guter Wein
zum Essen.
*Zuletzt im Mai 1989 verkostet* ★★ *Bald trinken.*

CH. COS D'ESTOURNEL 1981 70% Cabernet
Sauvignon, 30% Merlot; und 30% neue Eichenfässer verwendet. Auf der Degustation von de Luze im April 1982 eine wohlriechende Probe aus
dem Faß mit vorzüglichem Geschmack. Entwikkelte sich schön in der Mitte der 80er Jahre. Michèle Prats berichtete von einem heftigen Regensturm
während der Lese, der für eine gewisse Schwäche
in der Konzentration und im Charme verantwortlich ist. Ansonsten aber ein gefälliger Wein, im

Ausbau, zartes Bukett, Zedernholztöne, mitteltief. Relativ trocken und leicht, für einen 81er weich. Ein ansprechendes Gewächs.
*Zuletzt im März 1993 verkostet ★★★ Bis 2000 zu trinken.*

**CH. COUFRAN** Ein anderer meiner roten Lieblings-Bordeaux aus der *Bourgeois*-Klasse, wenn auch 1981 nicht völlig zufriedenstellend. Nicht so schlank wie einige andere 81er, nicht so füllig wie der 82er oder auch der 79er. Inzwischen voll ausgebaut; seltsame, Fondant-artige, angesengte Nase; ziemlich trocken, angemessener Körper, desgleichen auch die Struktur. Nicht gerade aufregend.
*Zuletzt im Juli 1988 verkostet ★★ Bald trinken.*

**CH. CROIZET-BAGES** Zwei Bewertungen aus jüngerer Zeit. Lebhaft, im Ausbau; frisch und fruchtig, pikant in Duft und Geschmack. Bukett entfaltete sich schön im Glas.
*Zuletzt im Juli 1990 verkostet ★★★ Bis 1996 zu trinken.*

**CH. LA CROIX-TOULIFAUT** Ein Pomerol Nouvelle vague. Viele neuere Bewertungen. Eher tief; wohlriechend, hochgetönt, wie Apfelsauce; relativ «süß», schöne Textur, Frucht zum Kauen, im Abgang eine Spur teerigen Tannins und etwas rauh. Ansprechend.
*Zuletzt im Februar 1993 verkostet ★★(★) Bis 1998 zu trinken.*

**CH. LA DAUPHINE** Ein Wein, fast immer so elegant wie das Château selbst; ein Fronsac, der sich sehr darum bemüht ein Pomerol zu sein. 65 % Merlot, 35 % Cabernet Franc. Ausführliche Notizen von den sechs Degustationen Mitte bis Ende der 80er Jahre. Selbst bei einem so mehrdeutigen Jahrgang wie dem 81er werden Farbe, Nase und Gaumen jedesmal mit «gut» bewertet. Alle Fronsac-Merkmale sehr deutlich ausgeprägt: herrlich kirschrote Farbe, gesunde Frucht, fest, gutes Qualität-Preis-Verhältnis. Wohlriechend, leichte Honigwabentöne in der Nase; trocken, relativ voll, fest, fruchtig, gute Ausgewogenheit und Länge. Leicht bitteres Tannin im Abgang.
*Zuletzt im Mai 1988 verkostet ★★(★) Wahrscheinlich jetzt bis 1998 zu trinken.*

**CH. DUCRU-BEAUCAILLOU** Im April 1982 sehr spröde Faßprobe. Im Herbst desselben Jahres auf dem Château aus dem Faß degustiert: fest, schön griffig, tanninbetont, aber nicht überladen. 1987 mehrere Aufzeichnungen: weiches, dunkles Kirschrot; gesunde, harmonische Nase, die sich unter dem Einfluß der Luft entfaltete; schlank, alles andere als ein Schwergewicht, erfrischende Frucht und Säure. Ein roter Bordeaux, wie ihn die Engländer schätzen, zurückhaltend.
*Zuletzt im März 1992 ★★★ Jetzt bis 2000.*

**CH. DUHART-MILON** Drei neuere Notizen: ziemlich tief, pflaumig; gutes Bukett; Zedernholz, Tee, Honig; durch und durch trocken, aber mit etwas Fleisch. Schön gemacht. Wohlschmeckend.
*Zuletzt im Oktober 1993 verkostet ★★(★) Bis 2000 und länger zu trinken.*

**CH. L'EVANGILE** Ziemlich tief, aber mit reifem Rand; «süße» Nase, recht gute Frucht, entgegenkommend, stilvoll, verblaßte allerdings nach einer Stunde; am Gaumen deutlich «süße» Note, sehr ausgeprägter, abgerundeter Pomerol-Stil, mit Extraktstoffen. Eichenholztöne im Nachgeschmack.
*Zuletzt im September 1989 verkostet ★★★ Bis 2000.*

**CH. FIGEAC** Sieben Bewertungen seit Mitte der 80er Jahre. Die erste stielig und hart, zwei mit schlechter Nase, eine stielige und mit Holz, aber trotzdem wohlschmeckende und auf derselben Degustation noch eine mit Korkgeruch. Drei bessere Flaschen: vielschichtige Farbe, fast wie ein 82er, Bildung eines rostfarbenen, reifen Randes; voll ausgebautes, entgegenkommendes Bukett, reich, pfeffrig, Lakritze- und Tabaknuancen; leicht «süßer» erster Geschmackseindruck, sehr wohlschmeckend, trocken, ledrig, etwas tanninbetonter Abgang.
*Zuletzt im Januar 1991 verkostet. Im besten Fall ★★★ Bald trinken.*

**LES FORTS DE LATOUR** Tief, unreif; voller Frucht, aber unnachgiebig. Wuchtig, rauh, mit tannin- und säurebetontem Abgang. Ich glaube nicht, daß dieser Wein sich noch abrundet. Für Masochisten.
*Zuletzt im Januar 1988 verkostet (★★)*

**CLOS FOURTET** Mitteltiefe, reife Farbe; tiefe, etwas brandige, ziemlich unangenehm riechende, käsige Nase; am Gaumen ausgesprochen «süß», weiche, schokoladige Frucht, etwas flach und tanninbetont.
*Zuletzt im September 1990 verkostet ★ Bis 1995.*

**CH. LA GAFFELIÈRE** Mehrere Aufzeichnungen aus jüngerer Zeit: mitteltiefes, reiches, reifes Aussehen; warmes, weiches, fruchtiges Bukett; etwas «süß», Gewicht, Geschmack und Länge schön. Sauberer, duftender, trockener Abgang.
*Zuletzt im Januar 1993 verkostet ★★★ Bis 2000.*

**CH. GAZIN** Von de Luze im April zusammen mit andern Faßproben vorgestellt. Ich fand den Wein köstlich: delikate, außergewöhnliche Nase mit Nuancen von kandierten Veilchen, am Gaumen «süß». Doch ich hatte mich durch den jugendlichen Charme täuschen lassen, denn 1986 war er zwar gut, benötigte aber deutlich noch Zeit. Interessanterweise vermerkte ich auch 1989 wieder «Veilchenduft», 1990 dann gute Struktur, Frucht und Biß. Eine Magnum, die sieben Jahre

in einem kühlen, feuchten englischen Keller gelegen hatte, entwickelte sich jedoch nur langsam. Mitteltiefes, reiches, irreführend reif wirkendes Erscheinungsbild; weich Nase mit Zedernholz- und Eisentönen; auch am Gaumen weich, fruchtig und füllig, aber mit einem trockenen, tanninbetonten, eisenartigen Abgang. Noch nicht ganz fertig.
*Zuletzt im Oktober 1990 verkostet ★★(★) Wahrscheinlich ★★★★ Jetzt bis 2000 und länger.*

**CH. GRAND-PUY-LACOSTE** Als erstes eine Faßprobe mit den Bories im April 1982. Zurückhaltendes, klassisches, für Pauillac typisches Cabernet-Sauvignon-Aroma; trocken, straff, spröde. 1988 immer noch recht jugendliches Aussehen, die Nase hatte sich allerdings bereits harmonisch geöffnet; langsames Herauskommen aus der Schale, wohlschmeckend, dabei schlank und immer noch trockener Abgang. Lohnt sich aufzubewahren und zu umsorgen.
*Zuletzt im November 1993 verkostet ★(★★★) Jetzt bis 2010.*

**CH. LA GRAVE TRIGANT DE BOISSET** Zum ersten Mal im September 1982 zusammen mit Jean-Pierre Moueix degustiert anläßlich einer eindrücklichen Präsentation von 79er und 81er Pomerols. Mitte der 80er Jahre pflaumig und mollig aussehend, zum Kauen und reich trotz des Tanningehalts. Später vorzügliches Bukett, leicht angesengte Frucht; ziemlich «süß», guter Körper, eigenartiger trockener Brombeergeschmack. Wurde unter Luftzufuhr und der Handwärme weicher. Paradoxerweise schmeckte er für mich eher wie ein Graves als wie ein Pomerol.
*Zuletzt im Juni 1988 verkostet ★★★(★) Bis 2000 und länger.*

**CH. GRUAUD-LAROSE** Häufig degustiert. Immer noch ziemlich satte, intensive Farbe; große Fruchtfülle, reich, brombeerartig; überraschend «süß», gehaltvoll, reich, zum Kauen, robust, weich und fleischig für einen 81er. Rostig-rustikaler Nachgeschmack. Auf seine Art außerordentlich gut.
*Zuletzt im Dezember 1993 verkostet ★★★(★) Bis 2010.*

**CH. HAUT-BAILLY** Im März 1984 duftend und würzig, immer noch nahezu undurchsichtig, würzige Nase, mit sehr erfrischendem Geschmack.
*Zuletzt im Oktober 1989 verkostet ★★★ Bis 2000.*

**CH. d'ISSAN** Erstmals im Dezember 1982 verkostet auf der Vorverkaufsdegustation der *Vente aux Enchères de Vins de Bordeaux en Primeur*, einer unabhängigen Veranstaltung, die in Paris stattgefunden hatte und mit Christie's telefonisch verbunden war. 1988 hatte die gute Frucht vielerlei Facetten entwickelt: elegant, parfümiert und mit

dem für Médoc typischen medizinalen Duft; überraschend «süß», mit Klasse, mit einem vorzüglichen, festen, intensiver werdenden Geschmack und einem guten Abgang mit weichem Tannin. Durch zwei spätere Bewertungen bestätigt. Immer noch sehr tiefe Farbe, für einen 81er recht fleischig. Sehr gefällig.
*Zuletzt im April 1989 verkostet ★★★(★) Bis 2000 und länger.*

**CLOS DE JACOBINS** Zum ersten Mal 1986 degustiert. Unerwartet satte Farbe, doch mit ersten Anzeichen der Reife. Als nächstes etwas schwach und pflaumig; unbestimmte Nase, verschlossen, pfeffrig, angespannt, Anklänge von Minze und Fisch; rauhe Kanten, Tannin wie rostige Nägel. 1987 deutlich besser. Als letztes: im Ausbau, leichte Frucht, relativ leichter Körper und Stil. Ein eher kleiner Wein.
*Zuletzt im Dezember 1988 verkostet ★★ Austrinken.*

**CH. KIRWAN** Auf der Londoner Degustation von Schröder & Schÿler im Mai 1984: etwas hart; nicht schlecht. 1989 immer noch leicht rosagetönt; zurückhaltend; geradlinig, aber nicht besonders aufregend. In jüngster Zeit erste Blässe, Anzeichen von Reife; leichte, fruchtige Nase; überraschend «süßer» Ersteindruck, ziemlich leichtgewichtig, etwas beschränkt und schlank. Zu wenig Frucht oder Extraktstoffe als Ausgleich für den Tanningehalt.
*Zuletzt im Januar 1991 verkostet ★★ Austrinken.*

**CH. LAFON-ROCHET** Die besten Weine dieses Gutes sind immer trocken und schlank. Das gilt in jedem Fall auch für den 81er.
*Auf einer Vorverkaufsdegustation von Christie's verkostet, November 1989 ★*

**CH. LAGRANGE** St-Julien. Vier neuere Bewertungen. Nicht sehr tief, aber hübsch; etwas milchsauer, mit Honignote; ausgesprochen «süß», am Gaumen relativ leicht und zugänglich. Erfrischende Säure. Recht ansprechend.
*Zuletzt im September 1990 verkostet ★★ Jetzt trinken.*

**CH. LA LAGUNE** Faßprobe im April 1982: satt; eine Spur Kampfer, dennoch wohlriechend; eigenartiger Geschmack, robuste, rauhe Struktur. Drei jüngere Bewertungen. Immer noch ziemlich tiefes, pflaumiges Rot, ausgebaut; frische, hochgetönte Frucht in der Nase und am Gaumen. Flüchtige Säure, erkennbar an der ausgesprochen roten Farbe, in der Nase und im Abgang. Dennoch ein ansprechendes Gewächs.
*Zuletzt im Juli 1990 verkostet ★★ Austrinken.*

**CH. LANESSAN** Sattes Kastanienrot, hübsch abgestuft; guter, geradliniger Duft eines roten Bor-

deaux, leichter Jodton. In «Süße», Gewicht, Frucht, Tannin und Säure gefällig.
*Januar 1989 ★★(★) Bis 2000.*

**CH. LASCOMBES** Erstmals im August 1982 aus dem Faß probiert: eindrückliches Purpurrot, ausgesprochen wohlriechend, gute Frucht. 1985 dann zwei Aufzeichnungen: das ursprüngliche Purpur jetzt ein lebhaftes Rubinrot; zurückhaltende Nase, etwas hart, recht schöne, junge, marmeladige Frucht; überraschend «süßer» und zarter Eingangsgeschmack, Fruchtfülle, trockener, tanninbetonter Abgang. Leicht, aber gut gebaut. Als letzte eine fruchtige, tanninbetonte Flasche.
*Zuletzt im Januar 1992 verkostet. Im besten Fall ★★★ Bald trinken.*

**CH. LÉOVILLE-BARTON** Bei den Faßproben im Juni und September 1982 satt, hart, fest, aber wohlschmeckend. Im März 1983 zusammmen mit Anthony Barton erneut degustiert. Noch nicht die fertige Komposition. Herrlich satte Farbe; in der Nase malzartige Reichhaltigkeit, mit einer weichen Reife, die mich trotz des Tannins an einen 53er oder 59er erinnerte. Vielleicht hatte ich mich von der Jugendlichkeit oder der Umgebung irreführen lassen, denn 1989 fand ich den Wein zurückhaltend und spröde. Bei der letzten Gelegenheit mager und unnachgiebig.

*Château Lascombes*

*Zuletzt im März 1991 verkostet. Benötigt wahrscheinlich noch etwas Zeit.*

**CH. LÉOVILLE-LAS-CASES** Erstmals im September 1982 mit M. Delon aus dem Faß probiert: intensives Purpurrot, deutliche St-Julien-Zedernholznase; mittelgewichtig, überraschend delikater Geschmack. 1985 wunderbares Rubin-Kirschrot, nach wie vor intensiv, mit jugendlichem, karmesinrotem Rand; zurückhaltende, vornehm-ruhige, klassische Nase; gute Frucht und Säure, sehr ansprechend, könnte allerdings mehr Schwung haben. 1986 zurückhaltend, aber gefällig, elegant, doch mit trockenem, leicht «grünem» Abgang. 1987 mehrmals degustiert, eine sehr ausführliche Bewertung: klassische Zedernholz-Bleistift-Nase, komplett, keine harten Kanten; schöne Qualität, wohlschmeckend, erfrischend, fülliger als der Ducru, mit einer großen Fruchtentfaltung am hinteren Gaumen. Zuletzt immer noch recht satt; gute Frucht in der Nase und am Gaumen, recht kräftig. Ein guter 81er.
*Zuletzt im Dezember 1993 verkostet ★★(★★) Bis 2000 und länger.*

**CH. LÉOVILLE-POYFERRÉ** Nicht sehr tief; würziges Cabernet-Sauvignon-Aroma; spröder, zitrusartiger, säurebetonter Abgang bei der Faßprobe von de Luze im April 1982. Öffnete sich Mitte der 80er Jahre in der Nase, blieb aber mager, hager und blechern; später dann gute, lebhafte Frucht vermerkt. In jüngerer Zeit immer noch unreif, aber auch etwas schwach; feste, sich schön entfaltende Frucht in der Nase. Schien «süßer» geworden, doch nach wie vor mit adstringierendem Tannin und säurebetont.
*Zuletzt im Juli 1989 verkostet ★(★) Ich bezweifle, daß er sich noch weiter entwickelt.*

**CH. LA LOUVIÈRE** Drei ausführliche Bewertungen aus der zweiten Hälfte der 80er Jahre. Weiches, reifendes Rot; gleichbleibend gefällige Nase, «süße», weiche Frucht, harmonisch; durch und durch trocken, angenehme Frucht, abgerundet, dabei kurz, mit ziemlich sprödem, tanninbetontem Abgang, der sich mittlerweile sicher etwas beruhigt hat.
*Zuletzt im Mai 1988 verkostet ★★(★) Bis 1998.*

**CH. LYNCH-BAGES** Ausgesprochen viele Notizen von sehr wohlriechenden und -schmeckenden Faßproben im April 1982 und im Herbst desselben Jahres auf dem Château. Mitte der 80er Jahre modifizierte Bewertungen: weniger beeindruckend, als die wunderschöne Farbe vermuten ließ, dennoch nicht ohne Eleganz und mit lebhafter Frucht. Leicht bitter. Zu wenig Länge. Schien sich auszudehnen, weiche Frucht in der Nase ergänzte den Farbverlust und war als Reifemerkmal zu werten. Von Anfang an mit «süßem» Eingangsgeschmack, mittelgewichtigen Körper und wohl-

schmeckend. Tannine mittlerweile weniger ungeschliffen.
*Zuletzt im Oktober 1988 verkostet ★★(★) Kann sich durchaus noch weiterentwickeln und einen zusätzlichen Stern verdienen. Bis etwa 2000.*

CH. MAUCAILLOU Viele Aufzeichnungen. Begann ab 1985 reif zu werden, mit schöner Frucht und einer Spur tanninbetonter Bitterkeit. In jüngster Zeit: ansprechende Farbe; eigenartige Frucht, Erdbeeren, Minze und Eisen, zarte, honigartige Entfaltung; schönes Gewicht. Trocken, ein gefälliger Tropfen.
*Zuletzt im Juni 1991 verkostet ★★(★) Bis 1998.*

CH. LA MISSION-HAUT-BRION Erstmals im März 1984 verkostet, bei einer großen Degustation von 81er Graves anläßlich einer Wohltätigkeitsauktion von Weinen im Hotel Savoy: herrliche Frucht, Cabernet und Eukalyptus; am Gaumen aggressiv. 1985 bei Desai schlank, trocken, sehnig; 1986 und 1988 identische Beurteilungen, allerdings wieder mit guter Frucht. 1989 eine spröde Flasche mit Holz; danach auf der Degustation von Wolf: immer noch ziemlich satt; «süße», Maulbeer-reife, fruchtige Nase. (Jean Delmas notierte «Trüffel»). Schönes Gewicht, guter, lebhafter Geschmack, zitrusartige Säure und eine Spur tanninbetonter Bitterkeit.
*Zuletzt im Dezember 1993 verkostet ★★(★) Bis 2000 und länger.*

CH. MONTROSE In letzter Zeit nicht degustiert, doch im April 1982 eine vorzüglich riechende Faßprobe. Die beiden andern Aufzeichnungen vom April 1985. Zunächst auf einer Degustation für Len Evans im Bulletin Place, Sydney, danach bei der «View Australia '85 Commemorative International Judging». Für einen Montrose stark rosagetönter Rand und ein uncharakteristisch frühentwickeltes Aussehen; zurückhaltende, dabei harmonische Nase; auch der Stil ist für einen Montrose leicht, mild und zugänglich.
*Bei der letzten Degustation in Melbourne im Mai 1985 wirkte der Wein wie mit einem klinisch weißen Kittel bekleidet. Müßte jetzt trinkbereit sein.*

CH. MOUTON-BARONNE-PHILIPPE Da dieser Wein selbst in üppigen Jahren niemals mollig ist, fiel der 81er natürlich recht schlank aus. Dennoch hat er etwas Fleisch. Mitte der 80er Jahre sechsmal degustiert. Recht tiefe Farbe; fruchtige Nase, doch auch Sattelgeruch aus den Gerbstoffen; durch und durch trocken, lebhaft, fruchtig.
*Zuletzt im August 1987 verkostet. Damals völlig unausgebaut, mittlerweile zweifellos etwas weiter entwickelt. Optimistisch ★(★★) Bis 1998.*

CH. NENIN 1985 durchscheinend, seidig, wohlriechend, ein leichtgewichtiger Charmeur, mit kraftvollem, tanninbetontem Abgang. 1989 fast unangenehm «süßer» Geruch und Geschmack, eigenartig und kurz; allerdings war der Korken sehr trocken gewesen. In jüngerer Zeit: voll ausgebaut, «süße», leicht schokoladige Nase; am Gaumen immer noch ziemlich «süß», wohlschmeckend, etwas kantig.
*Zuletzt im Oktober 1993 verkostet ★★ Bald trinken.*

CH. LES ORMES-DE-PEZ Im Faß würzig, recht schön. Gute Entwicklung. Sehr wohlschmeckend. Zuletzt: mitteltiefe, reiche Farbe; mitteltrocken und -schwer. Weich, dabei doch griffig.
*Zuletzt im Juli 1988 verkostet ★★(★) Bis 1998.*

CH. PALMER Im Januar 1983 wohlriechend und würzig, rasche Entwicklung. 1985: reife Maulbeerfrucht – ein Markenzeichen von Palmer. Am Gaumen «süß» und füllig, dabei kein mächtiger Wein. Sehr gefällig. 1986 schönes Aufblühen der Frucht im Mund, annehmbare Länge und durchaus charmant; 1987 attraktiv, fleischig. Als letztes: reifer werdend; entgegenkommende, «süße», fast marmeladige Nase; ansprechend, wohlschmeckend, relativ leicht und köstlich.
*Zuletzt im Juni 1991 verkostet ★★★★ Bis 1998.*

CH. PAPE-CLÉMENT Geschmack besser als die Nase: 1984 hölzern, 1989 etwas kreidige Zedernholznote, in jüngerer Zeit ein bißchen an Karton erinnernd. Leicht «süßer», zugänglicher, recht schöner Geschmack und gute Länge. Schlank. Etwas mehr Säure als Tannin.
*Zuletzt im Dezember 1990 verkostet ★(★) Bald trinken.*

CH. PAVIE Im April 1982 wohlriechende Faßprobe, auch bei zwei der drei jüngsten Bewertungen «wohlriechend» notiert. Schöner Wein, vorzüglicher Geschmack, leicht »süß«, seidig, gute Frucht und Länge, schöner Nachgeschmack.
*Zuletzt im September 1990 verkostet ★★★ Bis 1998.*

CH. PHÉLAN-SÉGUR Gewisse Frucht, trocken, schlank, lebhaft, rauh.
*Zuletzt im Januar 1991 verkostet ★★*

CH. PICHON-LONGUEVILLE, BARON Ebenfalls im April 1984 auf der Londoner Faßproben-Degustation von de Luze verkostet: deutlich anders als der Comtesse, offener, in der Nase marmeladig, weicher und kürzer. Gut entwickeltes Bukett; elegant. Ein Jahr später ziemlich «grün», mit himbeerartiger Frucht in der Nase, ziemlich hoher Säuregehalt; ansprechend; beständige Entwicklung. Zehn nahezu übereinstimmende Aufzeichnungen, jedesmal als ansprechend, aber etwas zu kurz bewertet. Säure spürbar, doch sie dient dazu, den Geschmack herauszubringen. In der Nase und am Gaumen leicht «süß».
*Zuletzt im Juli 1990 verkostet ★★★ Bis 1998.*

**CH. PICHON-LONGUEVILLE, COMTESSE (FRÜHER) LALANDE** Im April 1982 sattere Farbe, wohlriechendere Cabernet-Sauvignon-Nase als der Baron, mit straffem, würzigem Eukalyptus-Geschmack und hervorragendem Nachgeschmack. Danach sieben weitere Bewertungen. Mitte der 80er Jahre rubinrote Farbe, wie Portwein; hochgetönte, würzige Nase; stilvoll, aber tanninbetont. In jüngerer Zeit: erste Anzeichen der Reife; «süßes», schön entwickeltes Bukett; vorzüglicher Geschmack und ausgezeichnete Frucht, samtiger Tannin- und Säuregehalt. Ein Spitzen-81er.
*Zuletzt im Oktober 1992 verkostet ★★★(★) Bis 2000 und länger.*

**CH. PONTET-CANET** Zwei ziemlich junge Aufzeichnungen. Tief; recht gute, honigartige, würzige Nase; weich, reich, relativ voll, schöne Frucht, gute Säure.
*Zuletzt im Juli 1989 verkostet ★★★ Bis 2000.*

**CH. PRIEURÉ-LICHINE** Erstmals im September 1983 auf dem Château degustiert: eher roséals purpurfarben, fest verwoben und schlank. 1988 lockerer geworden. Leichter, zugänglicher Weinstil. Als letztes: nicht sehr tiefes, inzwischen reifes Erscheinungsbild; entgegenkommende Nase, Vanille-Töne, zunächst etwas stielig, danach Entfaltung einer marmeladigen Frucht. Einnehmender und ansprechender Geschmack. Aufgezuckerte Frucht. Recht gefällig.
*Zuletzt im Dezember 1993 verkostet ★★ Bald trinken.*

**CLOS RENÉ** Zwei Aufzeichnungen aus neuerer Zeit. Schöne Farbe sowie gute Frucht in der Nase und am Gaumen. Relativ voll; fest; tanninbetont.
*Zuletzt im September 1990 verkostet ★★★ Bis 2000.*

**CH. SIRAN** Überraschend tief; trocken, etwas medizinal, aber ein schöner Wein.
*April 1990 ★★ Bis 1996.*

**CH. TALBOT** Ab 1985 elfmal degustiert. Gleichbleibend satte Farbe. Gleichfalls unverändert der für Talbot charakteristisch reife Geruch nach Bauernhof. Am Gaumen eine recht widersprüchliche Mischung: weich, dabei sehr tanninbetont; reichhaltig, doch schlank und wohlschmeckend. Erdiger, eisenartiger, trockener Abgang. Mir gefällt dieser Weinstil immer weniger; bildet geradezu das Gegenstück zu einem zurückhaltend vornehmen St-Julien. Allerdings ist er sehr beliebt.
*Zuletzt im Oktober 1993 verkostet ★(★★) 1994 bis 2000.*

**CH. LA TOUR-DE-MONS** Drei ziemlich neue Aufzeichnungen. Interessante Duftzusammenstellung, teeartig, sehr «süß», Sattelgeruch aus dem Tannin; schöne Frucht; trocken, etwas säurebetont.
*Zuletzt im Januar 1991 verkostet ★★ Bald trinken.*

**CH. LA TOUR-DU-PIN-FIGEAC** Vier neuere Aufzeichnungen. Ziemlich tief, trotzdem ausgereift; aufgezuckerte Nase. Eine Flasche mit Holz. Leichter, zugänglicher Stil. Kurz.
*Zuletzt im Januar 1991 verkostet ★ Austrinken.*

WEITERE, ZULETZT MITTE DER 80ER JAHRE VERKOSTETE 81ER, AUSSERDEM EINMALIGE AUFZEICHNUNGEN VON GERINGEREN WEINEN:

**L'AMIRAL DE BEYCHEVELLE** Zweitwein. Schöne Fülle. Sehr ansprechend.
*1987.*

**CH. BEAUMONT** Gut für Klasse und Jahrgang.
*1985.*

**CH. BEAU SÉJOUR-BÉCOT** Mehrere Bewertungen. Im Faß gut. Schöne Nase; relativ voll, fleischig, ansprechend.
*1985.*

**CH. BELGRAVE** Recht schöne Frucht.
*1986.*

**CH. BEL-ORME** Schön gefügt, schlank, stilvoll.
*1986.*

**CH. CITRAN** Würzig, füllig, fest, tanninbetont.
*1984.*

**CH. CLARKE** Herrlich satte Farbe; gute Frucht, schön in Fleisch, sehr tanninbetont, attraktiv.
*1987.*

**CH. COS LABORY** Für diesen Jahrgang neue Eichenfässer verwendet. Recht schöne Frucht; straff; wohlschmeckend. Duftender Nachgeschmack.
*1984.*

**CH. COUVENT-DES-JACOBINS** Honigartige, weinige Nase; seidig, dabei schlank. Eine Spur Lakritze. Lang, ziemlich harter Abgang.
*1986.*

**CH. DAUZAC** Nicht sehr tief; lebhafte Frucht; stilvoll, schöne Struktur, zugänglich.
*1986.*

**CH. L'EGLISE-CLINET** Satt; mächtiger Wein, gute Frucht. Köstlich.
*1985.*

**CH. DE FIEUZAL** «Süß», schokoladig und würzig; trocken, gute Frucht, tanninbetont.
*1984.*

CH. LA FLEUR-PÉTRUS Nur aus dem Faß probiert, doch ein bedeutender Wein, «süß», ansprechend, ein Frühentwickler.
*1982.*

CH. FOURCAS-DUPRÉ In der Nase ansprechend «süß» und fruchtig, am Gaumen jedoch trocken, mager und etwas dürftig.
*1988.*

CH. GISCOURS Intensives Cabernet-Aroma; sehr «süß», voll, reich, robust.
*1986.*

CH. GRAND-BARRAIL-LAMARZELLE-FIGEAC Nicht so groß wie der Name. Nichtssagende Farbe, abflauend; marmeladige Note in der Nase und im Endgeschmack. Bitter, wie Aspirin.
*1980.*

CH. GRAND-PONTET «Süß», schöne Frucht, zugänglicher Stil.
*1985.*

CH. GRESSIER-GRAND-POUJEAUX Sattelgeruch in der Nase; trocken, tanninbetont, relativ voll, rauh.
*1987.*

CH. HAUT-BAGES-AVEROUS Im Faß stielig, doch später köstlich.
*1985.*

CH. HAUT-BATAILLEY Im Herbst 1982 und an Neujahr 1983 «ansprechend und fruchtig», mit bemerkenswertem Nachgeschmack. Möchte ich gerne noch einmal probieren.
*1983.*

CH. DE LAMARQUE Gute Tiefe; Aroma von schwarzen Johannisbeeren; gefällig, wenn auch etwas streng.
*1985.*

CH. LAROSE-TRINTAUDON Medizinale und Hühnerdung-Nuancen in der Nase und im Nachgeschmack, am Gaumen jedoch weich, mit schöner Frucht. Trockener Abgang.
*1989.*

CH. LATOUR-POMEROL Unglaublich beeindruckend.
*1982.*

CH. MALARTIC-LAGRAVIÈRE Sehr ansprechend.
*1984.*

CH. MALESCOT ST-EXUPÉRY Relativ blaß, pikant, wohlschmeckend, tanninbetont.
*1986.*

CH. DE MARBUZET Hoher Merlot-Anteil (56 %) für einen St-Estèphe. Recht schöne Frucht. Zitrusartige Säure. Etwas spröde.
*1987.*

CH. MARQUIS D'ALESME-BECKER Starkfarbenes, immer noch unreifes Erscheinungsbild; verschlossen, noch pfeffrig; ein kompromißlos trockener, mächtiger, vollmundiger Wein.
*1988.*

CH. MEYNEY Frucht im Cordier-Stil, rauh, tanninbetont, aber nicht schlecht.
*1988.*

CH. PALMIER Nicht zu verwechseln mit Palmer. Fleischig, relativ voll, gefällig.
*1987.*

PAVILLON ROUGE DE CH. MARGAUX Gute Farbtiefe; fischiges Cabernet-Aroma, wohlriechend; schöne Fülle, lebhafte Frucht, dem *Grand vin* vorzuziehen.
*1987.*

CH. PETIT-VILLAGE «Süße», reife, rustikale Nase; zum Kauen, robust, etwas Eisen im Abgang.
*1986.*

CH. DE PEZ Wunderschöne Farbe; wohlriechende, anregende Nase; eindringlich, pfeffrig, gute, dabei rauhe Frucht. Ziemlich grobe Textur.
*1988.*

CH. PIBRAN Zurückhaltend, trocken, schlank, eine Spur mandarinenartiger Säure.
*1989.*

CH. LE PIN Starkfarben; medizinale, sich schön entfaltende Nase; vorzüglicher Geschmack trotz der bitteren Gerbstoffe, die mittlerweile milder geworden sein müßten.
*1984.*

CH. LA POINTE Gute, füllige Pomerol-Nase; voller Frucht und Tannin.
*1985.*

CH. POTENSAC Schmeichelhafte Bewertung in New York im Februar 1986. Drei Monate später auf dem Château verkostet: tiefer als der 83er; zunächst pfeffrig und verschlossen, im Glas dann ein bißchen offener. Trocken; etwas rauh; sehr tanninbetont.
*1986.*

CH. RAUSAN-SÉGLA Kleine, fruchtige Nase; adstringierende Gerbstoffe, zurückhaltend, seicht, ausgeglichen, dabei genügend wohlschmeckend für einen anständigen Restaurant-Wein.
*1986.*

CH. LA RIVIÈRE Sehr tiefe Farbe; gedämpfte Maulbeer-Nase; trocken, relativ voll, aber neutral. *1989.*

CH. ST-PIERRE-SEVAISTRE Beeindruckend tief; Geruch nach Sattel und Leder, wie ein 79er. Pflaumig, zum Kauen, maskulin, ohne Finesse oder Eleganz, doch ausreichend gefällig. *1985.*

CH. LA TOUR-CARNET Vielschichtige Farbe; eigenartige Frucht in der Nase; trocken, fest, recht schöner Geschmack und ebensolche Struktur. *1986.*

CH. LA TOUR-HAUT-BRION Rubinrot; gute, wenn auch tanninbetonte Nase; mitteltrocken und mittelschwer; wohlschmeckend. *1986.*

CH. TROTANOY Beeindruckend. Wahrscheinlich langlebig. *1982.*

CH. VERDIGNAN Trockener, leichtgewichtiger Mittagswein; harte Tannine, fruchtig, doch hohl. *1987.*

VIEUX CH. CERTAN Reich, im Ausbau; in der Nase und am Gaumen hochgetönt und ein bißchen stielig. Relativ voll, etwas Fleisch, und doch irgendwie hohl. *1987.*

CH. LA VIOLETTE Relativ blaß, sehr reif; ziemlich verblüht, schokoladig, aufgezuckert. Leicht und zugänglich. *1988.*

# 1982 *****

*Ein außerordentlich ebenmäßiger und sehr bedeutender Jahrgang. Es ist durchaus berechtigt, auf die Ähnlichkeit mit den kalifornischen Cabernet Sauvignons zu verweisen. Zunächst war man des Lobes übervoll für die 82er Weine, dann stellten sich Zweifel ein, inwiefern sie mit dieser «Süße», Fruchtintensität und unmittelbaren Trinkbarkeit auch eine große Zukunft haben könnten. Auch gab es Bedenken, daß der auf Langlebigkeit hindeutende hohe Tanningehalt möglicherweise dominiere, wenn die Frucht zurückginge, und die Weine dann nur mehr stark und trocken wären.*

*Der Ertrag war sehr hoch, die Trauben ungewöhnlich reif. Nach einem milden, trockenen Frühjahr ohne Fröste begann die Blüte zeitig und unter hervorragenden Bedingungen. Zu diesem Zeitpunkt konnten der frühe Lesebeginn und die hohen Erträge bereits vorausgesagt werden.*

*Heißer Juli. Gegen Ende des Monats gab es leichte Regenfälle, und auch während des kühleren, aber schönen Augusts regnete es immer wieder. Der September war dann außerordentlich heiß und trocken, wodurch der Reifeprozeß vorangetrieben wurde und man so früh wie selten in den letzten Jahren mit der Lese beginnen konnte. Doch nicht die ganze Erntezeit im Bordelais war von dem überaus heißen und trockenen Wetter bestimmt. Der Merlot wurde wie gewöhnlich zuerst gelesen – in Pomerol und St-Emilion ungefähr vom 9. September an. Im Freien und in den Fässern ballte sich die Hitze. In den größeren Weinbergen des Médoc erntete man in den beiden letzten Septemberwochen den Cabernet Sauvignon; es herrschte zwar sehr warmes, schönes Wetter, aber von subtropischer Hitze konnte man auf keinen Fall sprechen.*

*Im Februar 1989 veranstaltete Robert Paul, ein angesehener Rechtsanwalt aus Miami mit einem beträchtlichen Privatkeller, eine ausgesprochen sinnvolle Weinprobe mit 82ern vom rechten Gironde-Ufer. 35 Gäste, darunter die Besitzer der Ch. Ausone, Canon, Figeac, Gazin und Pavie nahmen an dieser Wochenendveranstaltung teil. Am Samstag wurden in vier Sitzungen 48 Weine aus Pomerol degustiert, am Sonntag waren es 47 St-Emilions. Interessanterweise kamen dabei kaum Probleme zum Vorschein, die man auf die heißen Wetterbedingungen hätte zurückführen können. Vor kurzem hatte die Zeitschrift Wine eine vergleichende Degustation von 82er und 83er Margaux-Weinen organisiert. Derartige Anlässe sind von hohem Wert, wenn es um die Einschätzung von Qualität, Zustand und Entwicklung geht.*

CH. LAFITE Erstmals 1985 degustiert. Schöne, kirschrote Farbe, aber nicht so satt wie Margaux oder Latour; überaus tiefe Nase, am Gaumen unmittelbar entgegenkommend. Vollmundiger Geschmack, langer, harter, tanninbetonter Abgang und bemerkenswert guter Nachgeschmack. Aus den nächsten acht Aufzeichnungen fällt die Farbintensität auf, wobei sich der ursprünglich purpurrote Rand nach etwa fünf Jahren Flaschenlagerung zu einem weicheren Rot mit ersten Anzeichen der Reife veränderte. Das Bukett gewann in dieser Zeit an Eigenart. 1989 fanden zwei Degustationen im Abstand von einem halben Jahr in Tokio statt: überraschend entgegenkommende, «süße» Nase, mit vorzüglicher, erdbeerartiger Frucht, danach würzige Nuancen (Zimt), harmonisch, wohlriechend, nachhaltig. Am Gaumen ein weicher, reicher Ersteindruck (Merkmal aller Weine, die aus sehr reifen Trauben bereitet werden und viel Alkohol enthalten, eine Eigenheit, die sonst eher auf die großen kalifornischen Cabernets zutrifft). Ziemlich körperreich, dabei femininer Stil. Vorzüglicher Geschmack am mittleren Gaumen, gute Länge, hoher Tanningehalt, der allerdings durch

Frucht und Extraktstoffe ausgewogen wird. Ein edler, klassischer Wein.
*Zuletzt im Oktober 1993 verkostet* ★★(★★★) *Müßte seine beste Zeit kurz nach der Jahrhundertwende erreichen. Voraussichtlich sehr langlebig.*

### CH. MARGAUX

13 Aufzeichnungen. Im Mai 1983 den *Grand vin* erstmals im Faß probiert: ziemlich starkfarben, mit strahlendem Purpurrand, sehr «süße», füllige Nase, doch am Gaumen übertönten die Gerbstoffe die Fülle. Im September 1984, zwei Monate vor der Flaschenabfüllung, noch eine weitere Faßprobe: reife, reiche Maulbeerfrucht, sagenhaft vollmundig. Hervorragend 1985 in Chicago. Auf Bipin Desais Margaux-Degustation 1987 zunächst verschlossene, staubige Nase, die aber reich aufblühte; trotz Tanningehalt betörend weich am Gaumen. 1989 auf der Shibata-Degustation in Tokio hatte er von allen Spitzengewächsen die unreifste Farbe und war auch am Gaumen deutlich unreif. In der Nase aber minzeartig, pfeffrig vom hohen Alkoholgehalt, ledrig von den Gerbstoffen, dabei mit einem Cabernet-Sauvignon-Duft, der im Glas aufging und sich schier endlos verströmte. Frischer Cabernet-Geschmack, vorzüglich in Struktur und Gleichgewicht, aber noch recht unreif. Vor kurzem, bei einer Blindprobe mit 82er und 83er Weinen aus dem Margaux-Gebiet, war der 82er Ch. Margaux für mich mit Abstand der beste, besser noch als der für gewöhnlich höher bewertete 83er. Kaffeenuancen im Bukett und durch und durch würzig. «Süß», samtig, überaus tief.
*Zuletzt im Oktober 1992 verkostet* ★(★★★★) *Aufbewahren. Es wäre voreilig, ihn vor dem Jahr 2000 zu trinken. Wohl am besten zwischen 2010 und 2030.*

### CH. LATOUR

Viele Aufzeichnungen. Zum ersten Mal auf dem Château im September 1984 in der Zeit der Flaschenabfüllung degustiert: erwartungsgemäß starkfarben, verschlossene Nase, massives Tannin. 1985 auf der Schaefer-Christie's-Degustation: herrliche Nase, wundervoll weinig, dabei pfeffrig und tanninbetont. Ein riesiger, fleischiger Wein, «süß», fruchtig, große Länge. Im Frühjahr 1989 auf der Mouton-Latour-Degustation von Frericks/Wodarz zwar tiefe, doch entwickeltere Farbe als beim Mouton. Hochgetönte, zedernholzartige Nase, gute Frucht, öffnete sich schön. Ein mächtiger, robuster Wein mit einer Spur Eisen im spröden Abgang. In jüngster Zeit: immer noch sehr satt und intensiv, mit einer Farbe wie dunkle Kirschen, doch am Rand bereits Anzeichen der Reife; schön verwoben. Beladen mit Frucht, wie an einem Erntedankfest; «süß», vollmundig, doch fehlte es an einem gewissen Charme und an Finesse. Tanninbetont.
*Zuletzt im September 1993 verkostet* (★★★★★) *2010 bis 2040.*

### CH. MOUTON-ROTSCHILD

Ab 1985 13mal degustiert. Ein phantastischer Wein. Höchste Bewertung im April 1986 bei Flatts Mouton bis Degustation: wunderbar intensive Farbe, herrlich tiefe Nase; «süß», reich, drall, füllig wie eine Rubens-Figur, maulbeerartiger Cabernet-Sauvignon-Geschmack. Doch der Wein wird auch von einem leicht metallischen, sehr tanninbetonten Element in Schach gehalten. Immer noch sehr tiefe, für den 82er charakteristisch dicke Farbe; brombeerartige, würzige Nase, Alkohol spürbar; ein mächtiger Wein, mit trockenem, duftendem Abgang. Benötigt Zeit in der Flasche, im Dekantiergefäß und im Glas.
*Zuletzt im Oktober 1993 verkostet* (★★★★★) *2010 bis ungefähr 2030.*

### CH. HAUT-BRION

Vollkommen anderer Traubensatz als die Erstklassifizierten im Médoc: in etwa zu gleichen Teilen Cabernet und Merlot. Viele Notizen. Erstmals im Mai 1983 in ziemlicher Eile zusammen mit dem Duc de Mouchy und Jean Delmas aus dem Faß probiert. Beeindruckend satte Farbe. Füllig. Danach im September desselben Jahres, wobei ich erfuhr, daß der Wein den höchsten Tanningehalt aller Zeiten dieses Rebgutes aufwies. Die Nase erinnerte an eine Zigarrenschachtel, am Gaumen sehr tanninbetont und eisenartig. Flaschenabfüllung im November 1984. Nach nur zwei Jahren in der Flasche hatte sich der Wein sehr schön entwickelt, obwohl er noch immer ein intensives Purpurrot aufwies: herrlich reife Maulbeerfrucht und Würze aus den neuen Eichenfässern; reich, kraftvoll. 1986 vermerkte ich den charakteristischen Geschmack nach warmen Ziegeln und Tabak. Im Sommer 1989 hatte sich die Farbe verändert: weicher, pflaumiger. Ausgesprochen «süße» Nase, mit Nuancen von Kaffee, Schokolade, Zedernholz und Jod, entfaltete sich mit reichen Bisquit-Tönen. Sehr nachdrücklicher Geschmack eines roten Graves, mit Reminiszenzen von Herbstblättern. Immer noch tief; harmonisch; «süßer» Eingangsgeschmack, voll, alkoholbetont, reif, samtig, doch sehr tanninbetont.
*Zuletzt im Oktober 1992 verkostet* ★★(★★★) *1997 bis 2025.*

### CH. AUSONE

(50 % Cabernet Franc, 50 % Merlot). St-Emilion präsentierte sich mit vollkommen verschiedenen 82ern. Große Hitze, enorm hoher Zuckergehalt in den Trauben und sehr wenig Säure. Im *Wine Spectator* war zu lesen, daß Pascal Delbeck – der Kellermeister, dem Ausone einen Großteil seiner Renaissance verdankt – dem Wein einen «winzige» Menge Weinsäure zufügte, nachdem die weineigene Säure «zusammengebrochen» war. Meine erste Degustation machte ich im Mai 1983 aus dem Faß. Er wirkte fest und gut in Geschmack, Länge und Abgang. Im Herbst 1986 fand ich seine Art ziemlich durchlässig und erdig. Als nächstes, 1987, bei Flatts Ausone-Degustation: mitteltiefes,

lebhaftes Rubin-Kirschrot; zunächst ziemlich zurückhaltende Nase, doch dann schöne Fruchtentfaltung. Ein mächtiger, wohlschmeckender Wein, doch nicht so dick und extraktstoffreich, wie ich erwartet hatte. Als letztes: pflaumige Farbe, immer noch etwas unreifes Erscheinungsbild; kräuterbetontes, duftendes, würziges Bukett; am Gaumen sehr eigenartiger Charakter, der einen Geschmack von getrocknetem Farnkraut und Tabak hervorzaubert. Ehrlich gesagt kein Wein nach meinem Geschmack.
*Zuletzt bei Penning-Rowsells Degustation mit 82er* Premiers Crus *im Juli 1992* ★★★★

CH. CHEVAL BLANC (60% Cabernet Franc, 34% Merlot, 1% Cabernet Sauvignon, 5% Malbec). Zum ersten Mal zusammen mit Jacques Hébrard im Mai 1983 aus dem Faß verkostet: ausladende, würzige, getoastete Nase und ebensolcher Geschmack, gute Länge und schöner Nachgeschmack. Als nächstes auf der Schaefer-Christie's-Degustation im Mai 1985: «Süße», leicht karamelartige Nase mit Ingwernuancen. Ein Charmeur, wohlriechend, würzig, Nelken und Zimt, keinesfalls ein Schwergewicht, vorzüglicher Nachgeschmack. Etwas später im selben Herbst eine herrlich aromatische Magnum, mit fabelhaftem Geschmack und natürlich tanninbetont. Höchste Noten bei Robert Pauls Degustation von 82er Weinen im Februar 1989: sehr «süß», gut abgerundet. In Tokio 1990 etwas tiefer als der Haut-Brion, aber ansonsten ähnliche Farbe; vorzügliche Abstufung, lange Tränen, die an romanische Kirchenfenster erinnerten; weiches, wohlriechendes, harmonisches Bukett; «süß», weich; sehr gefälliges Gewicht, zu gut zum Ausspucken. Vorzüglicher Wein.
*Zuletzt im Oktober 1993 verkostet* ★★★★(★) *Bis 2020 zu trinken.*

CH. PÉTRUS Zum ersten Mal im Juni 1985 bei einer Blindprobe der Kellerei Simi im Sonoma Valley, zusammen mit deren «regulärem» Cabernet Sauvignon verkostet. Ich bewertete den Pétrus einen halben Punkt besser als den Simi, aber ein gutes Stück schlechter als den 82er Mouton. Im folgenden Frühjahr eine Magnum bei der Vertikaldegustation von Frericks. Tief. Lange Tränen. Zitrusartige Nase, die sich herrlich entfaltete. Füllig, große Fruchttiefe, komplett, aber hart. 1990 bei einer Weinprobe der «Stockholm»-Gruppe: tief, reichhaltig, intensiv, im Ausbau; etwas staubige Nase mit Minzetönen. Ganz kürzlich eine Magnum von eigenartiger Dicke, kieselig und ölig, keineswegs Bordeaux-typischer Geruch: sehr süß, voll Frucht, lecker, aber mit austrocknendem Abgang. Seidige, ledrige Textur, sehr tanninbetont. Ein beeindruckender Wein, doch ohne die Eleganz eines Cheval Blanc und der – man muß es einfach sagen – interessanteren ersten Hochgewächse des Médoc. Benötigt sehr viel Zeit.
*Zuletzt im Oktober 1993* ★★★(★)?

CH. BATAILLEY Pflaumenfarben; leicht «süßer», mittelschwerer Körper, reich, robust, köstlich. Ein Frühentwickler.
*September 1987* ★★(★) *Bis 2000.*

CH. BEYCHEVELLE Im Mai 1983 zum ersten Mal aus dem Faß probiert: starkfarben, wohlriechend, schön gebaut. Im Juni 1987 auf der vom Duke und von der Duchess of York präsidierten jährlichen *Fête de la Fleur*. Zeigt mittlerweile erste Anzeichen der Reife; außergewöhnliche Fruchtentwicklung in der Nase und am Gaumen, dabei trocken, lebhaft, etwas medizinal, füllig, tanninbetont. In einem Zwischenstadium, so wie einige andere Médoc-Weine auch.
*Zuletzt im Dezember 1993* ★★(★) *Schwer vorauszusagen.*

CH. BOYD-CANTENAC Im Faß rauh und robust. Immer noch ziemlich tief; sehr ansprechendes, reiches Bukett nach geröstetem Kaffee; relativ voll, robust, fruchtig, guter, tanninbetonter Abgang.
*Zuletzt im August 1990 verkostet* ★★(★) *Bis 2010.*

CH. BRANAIRE-DUCRU Bereits nach einem Jahr im Faß weich, stilvoll und ansprechend. Immer noch tiefes, reiches Erscheinungsbild; schönes Bukett; «süß», gefällig, trotzdem tanninbetont.
*Zuletzt im November 1988 verkostet* ★★(★) *Bis 2000.*

CH. BRANE-CANTENAC Lebhaftes Aussehen, die üblichen Bauernhofgerüche, recht weich und füllig – nach einem Jahr im Faß wirkte er etwas zu offen und weich. 1986 schien er trotz der Gerbstoffe ein Frühentwickler zu sein. Danach fünf Aufzeichnungen: auf dem Weg zu einem orangegetönten Rand, staubige Nase nach geröstetem Kaffee, auf seine Art reich. Trotz der Tanninbetonung ein recht voller, fleischiger, wohlschmeckender Wein. Ehrlich gesagt, werde ich mir über Brane-Cantenac nie richtig klar.
*Zuletzt im Juni 1991 verkostet* ★★(★) *Bis 2000. Ausgesprochen eine Frage des persönlichen Geschmacks.*

CH. CALON-SÉGUR Erstmals im Mai 1983 aus dem Faß probiert: überraschend entgegenkommende Nase, doch mit Sattel- und Käserindengeruch aus dem Tannin; robust, reich. Sechs Monate später honigartige Qualität. Ein guter Calon. Nach drei Jahren Flaschenlagerung ziemlich konzentrierte Frucht, reich, zum Kauen. In jüngerer Zeit immer noch fast undurchsichtig, mit einem Zentrum wie dunkle Kirschen und attraktiver, durchscheinender Abstufung; weinige Nase mit Zedernholz- und Vanille-Tönen, dabei immer noch etwas hart und unnachgiebig. Gute Frucht und seidige, ledrige Tannine. Sehr trockener Abgang.
*Zuletzt im September 1992* ★(★★★) *1995 bis 2020.*

**CH. DE CAMENSAC** Nach dem ersten Faßjahr unverwoben und rauh. Ende der 80er Jahre recht gewöhnliche Nase wie ein Rhonewein, doch ganz gute Frucht. Als letztes tief, aber in der Entwicklung, ziemlich «kühle» Nase; etwas «süß», mittelgewichtig, hübsch und zugänglich, gewisser Tanningehalt. Eigentlich nicht ganz auf dem Niveau der klassifizierten Gewächse.
*Zuletzt im Mai 1990 verkostet ** Bald trinken.*

**CH. CANON** Sechs Notizen. Erstmals 1983 aus dem Faß probiert: starkfarben, intensiv; verschlossene, fest verwobene Nase, aber voller, weicher, vorzüglicher Wohlgeschmack nach reifen Maulbeeren und Gewürzen. Mitte der 80er Jahre beginn der Entfaltung; ein zurückhaltender, aber selbstbewußter Wein, zunächst keine spektakulären Geruchseindrücke, doch voller Frucht und Fleisch. Tanninbetont. Immer noch sattes, sehr reiches Aussehen, im Ausbau; ungewöhnlicher, ausgesprochen origineller, reicher, pfirsichartiger, sehr tiefer Wohlgeruch; etwas «süß», vollmundig, reich, abgerundet.
*Zuletzt im Februar 1989 **(**) Ich bin versucht, noch einen weiteren Stern hinzuzufügen. 1995 bis 2030.*

**CH. CANTEMERLE** Im September 1983 zusammen mit dem Maître de Chai aus dem Faß verkostet. Der Wein war von herrlicher Intensität und Frucht, die Tannine verströmten einen Sattelgeruch, und das Gewächs erinnerte an Pflaumen. Beachtliche Reichhaltigkeit und Länge. Ein paar Monate später ganz ähnliche Eindrücke, danach fünf Jahre lang nicht mehr degustiert. «Süß», gehaltvoll, Vanille-Töne, harmonische Nase, ohne harten Kanten; reich und zum Kauen. Guter Wein.
*Zuletzt im Dezember 1993 verkostet ***(*) Bis 2010.*

**CH. CANTENAC-BROWN** Zum ersten Mal auf der Degustation von de Luze im Mai 1983 verkostet. Von zwanzig Weinen des 82er Jahrgangs der hellste, am wenigsten beeindruckend, wirkte leer und hatte einen bierigen Abgang. 1990 relativ blaß, ausgebaut; entgegenkommendes, «süßes», recht ansprechendes Bukett mit dem für Cantenac-Brown typischen Schokoladeton.
*Zuletzt im Oktober 1993 verkostet *(*) Kein Spitzen-82er. Bis 1996 trinken.*

**CH. CAPBERN-GASQUETON** Früher nur unter dem Namen Capbern bekannt. Mitte der 80er Jahre dreimal degustiert. Tief, jugendlich; schöne Frucht in der Nase und am Gaumen.
*Zuletzt im Juni 1987 verkostet *(**) Etwa 1995 bis 2010.*

**CH. CERTAN-DE-MAY** Guter Eindruck auf der Degustation von Paul. In jüngerer Zeit tief, samtig; gute Frucht, füllig, körperreich. Leicht bittere

Tannine durch ein gutes Boeuf Wellington gemildert.
*Auf einem Abendessen des Bordeaux-Clubs, August 1990 **(**) 1995 bis 2015.*

**CH. CHASSE-SPLEEN** Sehr beständig einer der besten Médoc *Cru bourgeois*. Mehrere Aufzeichnungen, alle gut. Schön ausgebildete Komponenten, gut zusammengefügt. Fleisch, Fülle und Frucht. Trotz Tanninbetonung ein guter Wein. Benötigt Luft.
*Zuletzt im August 1988 verkostet ***(*) Bis 2000.*

**DOM. DE CHEVALIER** In der Nase außerordentlich füllig und fruchtig, mit «süßer», würziger Zimtentfaltung; entsprechender Geschmack. Voll, für einen Chevalier fast fett. Sehr trockener Abgang.
*Zuletzt im Juni 1988 verkostet *(***) 1995 bis 2020.*

**CH. CISSAC** Ein ebenfalls zuverlässiger, im Preis immmer günstiger *Cru bourgeois exceptionnel*. Als erstes aus dem Faß probiert: intensiv, Eichentöne, vorzüglicher Stil. Immer noch tiefe, harmonische, wenn auch tanninbetonte Nase; leicht «süß», füllig.
*Zuletzt im Januar 1988 verkostet **(*) Bis 2010 zu trinken.*

**CONNETABLE TALBOT** Der Zweitwein von Cordiers Cru Classé gleichen Namens. Die große Anzahl an Zweitweinen in den 80er Jahren ist in jedem Fall beruhigend, denn sie ist der Beweis für eine sorgfältige Auslese; die besten Fässer wurden für den *Grand vin* reserviert, in diesem Fall für den Ch. Talbot. Die aus den jüngeren Rebstöcken bereiteten Zweitweine sind für gewöhnlich gut und vor allem immer günstig. Ziegelrot, «süß», bisquitartig, fast marmeladige Nase; sehr tanninbetont, voller Frucht- und Extraktstoffe, etwas spröde. Sollte zum Essen genossen werden.
*Januar 1988 (**) Bis 1998.*

**CH. LA CONSEILLANTE** Schon lange bevor die Familie Moueix ihren Namen praktisch als Synonym für Pomerol bekanntmachte, bereitete man auf diesem Château hervorragende Weine. Außerordentlich gute Bewertung 1989 bei der Degustation von Bob Paul, bemerkenswert vor allem der feine Wohlgeruch und der wunderbare Geschmack, herrlich in Länge und Nachgeschmack. Inzwischen schön ausgebaut; «süß», weich, vorzüglich.
*Zuletzt im November 1993 verkostet ****(*) Bis 2010.*

**CH. COS D'ESTOURNEL** Zum ersten Mal im Mai 1983 auf der Degustation von de Luze verkostet: in der Nase völlig anders als der Montrose oder Calon; trotz der Jugend fast alarmierend zu-

gänglicher Geschmack. Sechs Monate später ähnliche Bewertung gegenüber Montrose. In der Flasche wurde er dann jedoch dichter, zeigte aber nach wie vor ein eigentümliches Bukett. 1985 fest, schlank und straff; 1986 Entwicklung der klassischen Zedernholznase; 1988 wohlriechend. Zuletzt bei einem Dinner des Brooks-Clubs: immer noch ziemlich tief, mit der für den 82er typischen Dicke, Extraktstoffe, teerige Nase; «süß» körperreich, reichhaltig, ziemlich bittere Tannine, besser mit Speisen.
*Zuletzt im März 1993 verkostet ★★★(★) 1995 bis 2010.*

CH. COUFRAN Familie Miailhe. Fast 90 % Merlot im Traubensatz sind für einen St-Estèphe *Cru bourgeois* untypisch. Vor kurzem einen ungewöhnlichen, leichten, kristallinen Niederschlag bemerkt; reiches Rubinrot, Farbe in Entwicklung. Relativ voller Körper, zum Kauen, robust.
*Zuletzt im Mai 1993 verkostet ★★(★) Bis 2010.*

CH. CROIZET-BAGES Zuerst aus dem Faß probiert, November 1983. 1986 eindrücklich in Frucht und Geschmack. Als letztes: reiche, satte Farbe, «süße», maulbeerreife Cabernet-Sauvignon-Nase; am Gaumen recht «süß», körperreich, würziges Tannin, neue Eiche – Nelken und Zimt. Vollgepackt mit Frucht, schön zu trinken.
*Zuletzt im Juni 1989 verkostet ★★★(★) Bis über das Jahr 2000 hinaus.*

CH. LA DAUPHINE In diesem Jahrgang besonders gut. Füllig, harmonisch, vollmundig, mit viel Alkohol und immer noch tanninbetont.
*Oktober 1985 ★★★(★) Wahrscheinlich jetzt bis 2000 gut zu trinken.*

CH. DAUZAC 1986 zwei sehr gute Bewertungen: weich, füllig, gut umhüllt. Inzwischen entwickelt, der Babyspeck hat sich verflüchtigt. Schöner Wein.
*Zuletzt bei einer Blindprobe im Juni 1992 ★★★ Bis 2000 zu trinken.*

CH. DESMIRAIL Ein selten gesehener Troisième Cru, im November 1983 erstmals aus dem Faß verkostet: nicht sehr tief, rauh und stielig, dabei am Gaumen weich und wohlschmeckend. Zuletzt bei einer Blindprobe: mittlerweile relativ blasses und voll augebautes Erscheinungsbild, Nase «süßer» geworden, recht wohlriechend. Relativ trocken, schlank, zitrusartige Säure. Recht ansprechend.
*Zuletzt im August 1990 verkostet ★★ Bald trinken.*

CH. DUCRU-BEAUCAILLOU Am 21. September, sechs Tage nach Lesebeginn, hatte ich das Château besucht. Der Merlot wies ein überaus hohes Mostgewicht auf, nach Aussage von Jean-Eugène Borie entsprach es dem 47er Jahrgang. Zuerst als Faßprobe im Mai 1983 degustiert. Tief, intensiv, gute Länge und schöner Nachhall. Als nächstes

1985 bei der Schaefer-Christie's-Degustation mit 82er Weinen. Wunderbare Zedernholz- und Vanillin-Nase, weiche Tannine, großes Potential. Seitdem noch mehrere gute Bewertungen: immer noch unreife Farbe, obgleich die jugendliche Tiefe bereits vergangen war; sehr harmonisches Vanille-Bukett; «süß» und für einen Ducru ziemlich körperreich, volle robuste Frucht, mundtrocknendes Tannin.
*Zuletzt im März 1992 verkostet ★★(★★★) 1995 bis 2020.*

CH. DUHART-MILON «Süß», käsig, robust, tanninbetont.
*Januar 1989 ★★(★) Bis 2000.*

CH. DURFORT-VIVENS Eines der weniger bemerkenswerten Zweitklassifizierten. Als erstes im November 1983 aus dem Faß probiert: nicht sehr tief, marmeladig, locker verwoben. 1985 recht schöne Farbe, seidige Struktur, doch schwacher Abgang. Auf der Degustation der British Airways im Mai 1990 besser bewertet: ansprechend, doch das gewisse Etwas fehlte. Als letztes auf der Blindprobe mit 82er und 83er Margaux von *Wine*: bläßlich, offen, etwas schwach auf den Beinen.
*Zuletzt im August 1990 verkostet ★★ Bald trinken.*

CH. L'EVANGILE Im Februar 1989 auf Bob Pauls Degustation mit 82er Weinen außerordentlich gut: immer noch starkfarben, intensiv; dicht, aber wohlriechend, aromatisch, öffnete sich sehr schön; reich, mächtig, seidige Tannine, gute Länge, trockener Abgang.
*Zuletzt auf der Spencer House-Degustation im Mai 1991 verkostet ★★★(★★) Bis 2010.*

CH. FERRIÈRE Relativ blaß, voll ausgebaut, schwacher Rand; gutentwickeltes Bukett, wohlriechend; schlank, kernig, recht gute Länge, tanninbetont.
*Im August 1990 verkostet ★(★) Bald trinken, bevor die Frucht verblaßt und nur mehr die trockenen Gerbstoffe übrigläßt.*

CH. FIGEAC Eine der besten unter allen Faßproben, die im Mai 1983 durch de Luze vorgestellt wurden. Damals, und auch später immer wieder auffallend, der für einen St-Emilion ungewöhnlich hohe Anteil an Cabernet Sauvignon. Sehr eigener Stil. 1988 herrliche Nase und fast übertrieben geschmacksintensiv; im Februar 1989 noch zweimal ähnlich bewertet. Bei der Degustation von Bob Paul und bei Desai im Dezember desselben Jahres außerordentlich gute Punktzahl. Als letztes: klares Rot; intensives Beerenaroma, sehr wohlriechend, ansprechend, mit einer Spur Karamel und Lakritze; die Würze aus den neuen Eichenfässern fast zu aufdringlich, «süß», reich, abgerundet, dabei sehr griffig. Seidiger, lebhafter, tanninbetonter Abgang. Ein aufregender Wein.

*Zuletzt im Februar 1991 verkostet ★★★(★) Eventuell ★★★★ Bis 2010 trinken.*

## CH. LA FLEUR St-Emilion. Ein zugänglicher, recht ansprechender Wein.
*1987 drei Bewertungen ★★ Bald trinken.*

## CH. LA FLEUR-PÉTRUS Immer Spitzenklasse. Beeindruckend tief; «süß», reich, wohlriechend, Schokolade und Veilchen; ungewöhnlicher, im Mund anschwellender Geschmack von Lakritze, seidiger, trockener Abgang. Nur etwas stielig und streng.
*Bei Robert Paul, Februar 1989 ★★(★★) Bis 2000 und länger.*

## CH. FOMBRAUGE Eher kleiner, zuverlässig gemachter und preislich recht günstiger St-Emilion. Mehrere Aufzeichnungen. Schönes Gewicht, fleischig, tanninbetont.
*Zuletzt auf einer Vorverkaufsdegustation im November 1989 verkostet ★(★) Bald trinken.*

## CH. GISCOURS Im Faß zwar nicht sehr tief, aber überaus wohlriechend und würzig. Inzwischen in der Nase und am Gaumen «süß». Frucht, Tannin und Säure gut, reich und reif. Sehr attraktiv.
*Zuletzt im Juni 1991 verkostet ★★★(★) Bis 2010.*

## CH. GLORIA Mitte der 80er Jahre zweimal degustiert. Gute Frucht, sehr wohlschmeckend, tanninbetont.
*Zuletzt im September 1987 verkostet ★★(★) Bis 2000.*

## CH. GRAND-PUY-DUCASSE Ebenfalls nur Mitte der 80er Jahre degustiert. Sehr tief; ziemlich körperreich, fleischig, weich, dabei aber sehr tanninhaltig.
*Zuletzt im März 1987 verkostet ★(★) 1995 bis 2000.*

## CH. GRAND-PUY-LACOSTE Im Mai 1983 beeindruckende Faßprobe. Starkfarben, sehr wohlriechend. Im Herbst desselben Jahren nelkenartige Würze aus den neuen Eichenfässern vermerkt. Ein Spätentwickler. Zwei neuere Aufzeichnungen: auffallende Intensität in Farbe, Nase und Geschmack. Tiefe Farbe und Aroma von schwarzen Johannisbeeren. Herrlich frische Frucht. Komplett. Immer noch tanninbetont.
*Zuletzt im Oktober 1993 verkostet ★(★★★) 1995 bis 2020.*

## CH. GRUAUD-LAROSE 1983 Faßprobe, «süß», bis obenhin voll mit Frucht und Tannin. Mitte der 80er Jahre immer noch außerordentlich tief, Fülle und Frucht dominiert von Alkohol und Tannin. Mehrere Aufzeichnungen aus neuerer Zeit: immer noch intensiv, pflaumig; herrlich reich, fruchtig, teerig, medizinal; «süß», voller Geschmack, zum Kauen, reich, deutliche, wenn auch seidige Tannine.

*Zuletzt im Dezember 1993 verkostet ★★★(★) 1995 bis 2015.*

## CH. HAUT-BAILLY Zahlreiche neue Bewertungen. Mitteltief, in Entwicklung; eigenwillig, reich, erdig; «süß», tabakartig, tanninbetont.
*Zuletzt im Dezember 1993 verkostet ★★★★ Bis 2000.*

## CH. HAUT-BATAILLEY Im Mai und im November vom Faß probiert. Nicht sehr klar umrissen, etwas rauh, enttäuschend. In jüngerer Zeit zusammen mit den anderen Gewächsen von Borie, Ducru und Grand-Puy-Lacoste: blasser und schlanker als die beiden anderen, in Farbe und Nase entwickelter, stilvoll, aber immer noch etwas enttäuschend.
*Zuletzt im Februar 1989 verkostet ★★(★) Bis 1996.*

## CH. D'ISSAN 1945 beim Kauf des Besitzes durch die Familie Cruse fast vollständig neu bestockt. Jetzt stehen 33 ha unter Reben. Zu Anfang der 80er Jahre wurden zwölf neue Edelstahltanks installiert und einige stilvolle Weine bereitet. Den 82er probierte ich zum ersten Mal im September 1983 kurz nach der *Soutirage* (er war wie ein Mensch nach der Kur: schlanker, aber auch fitter!): Nuancen von Pflaumen und Walnüssen. Würzig. Stilvoll. 1988 schöne Frucht notiert. Als letztes: mitteltiefe Farbe, ausgebaut; reiche, sehr «süße», kaffeeähnliche Nase; sehr gefälliger, lebhafter Zitrusgeschmack, relativ gute Länge, tanninbetont.
*Zuletzt im September 1993 verkostet ★★(★) Bis 1998.*

## CH. KIRWAN 1985 erstmals verkostet. Fetter und fülliger als gewöhnlich. Zwei Bewertungen aus jüngerer Zeit: Farbverlust; sehr «süß», geröstete Kaffeebohnen und Karamelnuancen in Bukett und Geschmack. Dicke 82er Struktur. Eigenartig weicher, dabei trockener und tanninhaltiger Abgang.
*Zuletzt im August 1990 verkostet ★★(★) Bis 2000 und länger zu trinken.*

## CH. LABÉGORCE-ZÉDÉ Gute, reichhaltige Farbe; reiche, schöne, kernige Frucht, sehr tanninbetont.
*Zuletzt im August 1990 probiert ★★(★). 1995 bis 2000.*

## CH. LAFON-ROCHET Im Faß ledrig, fest und fruchtig. Vier Jahre später immer noch sehr tiefe, unreife Farbe. Herrliche Cabernet-Sauvignon-Nase mit Blaubeertönen; trocken, sehr tanninbetont, für einen 82er schlank.
*★(★★) 1995 bis 2000.*

## CH. LAGRANGE St-Julien. Zwei Aufzeichnungen: ausgesprochen tief mit ersten Anzeichen der Entwicklung; zunächst zurückhaltend, doch volle

Frucht, entfaltete Wohlgeruch; etwas «süß», ziemlich körperreich, Geschmack nach Lakritze; seidige Tannine.
*Zuletzt im Mai 1990 verkostet ★★(★) Bis 2000 und länger.*

**CH. LA LAGUNE** Viele Aufzeichnungen, im Mai 1983 Faßprobe, im September desselben Jahres zweimal aus dem Faß verkostet. In diesem Enwicklungszustand war der Wein erwartungsgemäß ziemlich starkfarben; Würze an den neuen Eichenfässern; Fruchtfülle. Auf einer Degustation im Juni 1985 mit klassifizierten 82er Weinen war er aufregend: mächtiges Bukett, fruchtig und würzig. In jüngerer Zeit eine harzige Flasche. Inzwischen pflaumig tiefe Farbe; sagenhaft reiches, pflanzliches Bukett; sehr «süß» für einen Médoc, wohlschmeckend. Noch würzig, gute Frucht.
*Zuletzt im Juni 1991 verkostet ★★★(★) Bis 2000.*

**CH. LANESSAN** Drei gute Bewertungen. Tiefe, gute Frucht, köstlich.
*Zuletzt im März 1989 verkostet ★★★ Bis 2000.*

**CH. LANGOA-BARTON** Zum ersten Mal im September 1983 zusammen mit Anthony Barton degustiert. Starkfarben, verschlossen, mehr Fülle als gewöhnlich. Immer noch tief und vielschichtig; reiche, wohlriechende, tanninbetonte Nase: eher trocken, schönes Gewicht, robuste Frucht.
*Zuletzt im September 1993 verkostet ★★(★) Bis 2010.*

**CH. LASCOMBES** Erstmals 1985 auf dem Château verkostet. Überaus beeindruckend. Sehr viel reife Maulbeerfrucht, fleischig, dabei voller Tannin, Extraktstoffe und Alkohol. Als letztes: mitteltief, voll ausgebaut; Hauch Kaffee, fruchtige Nase; immer noch etwas «süß», gefälliges Gewicht, schöne zitrusartige Nuancen in Frucht, Geschmack und Abgang. Guter Tannin- und Säuregehalt.
*Zuletzt im Januar 1992 verkostet ★★★(★) Bis 2010.*

**CH. LÉOVILLE-BARTON** Im Herbst 1983 dreimal degustiert, das erste Mal zusammen mit dem 82er Langoa auf dem Château. Pfeffriger als dieser, recht unterschiedlich. In Fülle, Geschmack und Länge vorzüglich, doch von eher schlanker Struktur und sehr tanninbetont. Mitte der 80er Jahre ähnlich bewertet. Immer noch feine, satte Farbe, juwelenartiges Rubinrot; klassische Zedernholznase, sehr gefällig, ohne harten Kanten, wenn auch etwas unnachgiebig. Trocken. Etwas prüde, aber mit guter Frucht und Struktur. Nachhaltiger Geschmack im Mund.
*Zuletzt im September 1990 verkostet ★★(★★) 1995 bis 2015.*

**CH. LÉOVILLE-LAS-CASES** Eine acht Tage alte Probe aus dem Faß No. 8 zeigte ein kräftiges Purpurrot und roch nach Frucht, Alkohol, Bananen und Nagellack – sehr hoher Säuregehalt. Ein Jahr später immer noch starkfarben und intensiv. Außergewöhnlich dimensionierte Nase. Klassisch. Tanninbetont. Drei ausführliche Aufzeichnungen aus der Mitte der 80er Jahre. Als letztes: tief, mit ersten Zeichen der Entwicklung; ziemlich unnachgiebige Nase. Sehr hoher Alkoholgehalt, tanninbetont, doch mit schöner Fruchtfülle am mittleren Gaumen. Langlebig.
*Zuletzt im Oktober 1993 verkostet ★★(★★) Zu gegebener Zeit wahrscheinlich ★★★★★, etwa 1995 bis 2020.*

**CH. LÉOVILLE-POYFERRÉ** Zum ersten Mal im Mai 1983 auf der Faßproben-Degustation von de Luze verkostet. Recht schöne Frucht, doch zu wenig Tiefe. Im September desselben Jahres fand ich ihn im gleichen Sinn gut und mangelhaft, doch fallen die nachfolgenden Bewertungen ziemlich schmeichelhaft aus. Immer noch satte Farbe; ziemlich medizinale, tanninbetonte und leicht stielige Nase; relativ trocken und voll, verhältnismäßig viel Frucht.
*Zuletzt im Juli 1992 verkostet ★(★★) Bald trinken.*

**CH. LA LOUVIÈRE** Graves. 1987 bei einer vertikalen Degustation auf dem Château verkostet. «Süße» Nase, wie neues Leder. Robust. Fruchtig. Tanninbetont. Sehr gut. In jüngerer Zeit: tief, aber im Ausbau, ziemlich «wollige» Nase; Pomerolartige, seidige, tanninbetonte Struktur.
*Zuletzt im April 1989 verkostet ★★(★) Bis 2000.*

**CH. LYNCH-BAGES** Im Mai 1983 ansprechende, fruchtige Faßprobe, danach noch zehnmal degustiert. Bemerkenswert vor allem das sehr ausgeprägte Bukett: Arzneigeruch, Austernschalen, Pfeffer, viel Frucht und eine Spur Vanille verbinden sich zu einem dem Glas entströmenden Wohlgeruch. Von Anfang an trotz der 82er Tannine weich und füllig. Überaus viel Frucht und Extraktstoffe. Robust mit einem leichten Anklang von Jod. Sehr guter Wein.
*Zuletzt im September 1990 verkostet ★★(★★) Bis 2010.*

**CH. MALESCOT-ST-EXUPÉRY** Zum ersten Mal im November 1983 verkostet. Schöner, fruchtiger Wein. In jüngerer Zeit eine *Impériale* auf der Malescot-Degustation von Rodenstock: tief, pflaumig; zunächst pfeffrig. Nach zehn Minuten öffnete er sich, nach zwanzig Minuten wies er eine reiche, fast etwas vordrängelnde Frucht auf. Abermals nach zehn Minuten wieder völlig verändert. Ein vollmundiger, würziger, tanningestützter Wein mit guten Extraktstoffen, schön zu trinken.
*Zuletzt im September 1990 verkostet ★★(★★) Bis 2010.*

CLOS DU MARQUIS Zweitwein von Léoville-Las-Cases und – was kaum überrascht – besser als so mancher klassifizierte *Grand vin:* sehr tief, ansprechende, brombeerartige Frucht. Geschmacksintensiv, zum Kauen, tanninbetont.
*Zuletzt im Mai 1988 verkostet* ★★(★) *Bis 2000.*

CH. MARQUIS D'ALESME Sehr «süße», reiche, tanninbetonte Nase; körperreich, gute Frucht, Zitrusnote, recht schöne Länge.
*August 1990* ★★(★) *Bis 2000.*

CH. MARQUIS-DE-TERME Hart, fast stielig, dabei wohlriechend. Trocken, schlank, lebhafte Frucht und tanninbetont.
*August 1990* ★(★) *Bis 2000.*

CH. LA MISSION-HAUT-BRION Neun Aufzeichnungen. Im September 1984, zwei Monate nach der Flaschenabfüllung, zum ersten Mal degustiert. Gehaltvoll, vollmundig. Gut auf der Degustation von Desai ein Jahr später: zum Kauen, füllig, gut passender Tannin- und Säuregehalt. Die folgenden Bewertungen heben die treffliche Textur, die Fülle und Länge hervor. Bei einer Degustation 1987 dem Haut-Brion vorgezogen. Schöne Farbe, immer noch ziemlich tief, reich, im Ausbau; «süße», zunächst zurückhaltende Nase. Nach einer Stunde erinnerte mich der Duft an frische Walnüsse. Mitteltrocken, ziemlich körperreich, gute Extraktstoffe und Frucht, sehr viel Tannin. Großer Wein mit guter Zukunft.
*Zuletzt im Februar 1992 verkostet* ★★★(★★) *Bis 2020.*

CH. MONTROSE Auf der Degustation von de Luze im Mai 1983 gut, mit erwartetem Tannin. Im September desselben Jahres bei einer Degustation von Tastet & Lawton in Bordeaux eine gute, reiche, fleischige, frisch gezogene Faßprobe. Mitte der 8oer Jahre entwickelte sich das Bukett gut, mit viel Geschmack, Frucht und Griff. In jüngerer Zeit: immer noch tief, doch im Ausbau; attraktiver, harmonischer Duft und Geschmack. Für einen Montrose ungewöhnlich «süß», schöne Struktur, leicht adstringierender Abgang.
*Zuletzt im Februar 1992 verkostet* ★(★★★★) *1995 bis 2030, wenn man solange warten kann.*

CH. LES ORMES-DE-PEZ Tief, reich; ziemlich überschwenglicher Hühnerhausduft, darunter gute Frucht; leicht «süß», mittelgewichtig, weich, fruchtig, doch im Abgang mit leicht bitterem, stieligem Tannin.
*Zuletzt im Juli 1988 verkostet* ★★(★) *Bis 2005.*

CH. PALMER Erstmals am 19. Mai 1983 aus dem Faß zusammen mit Franck Mähler-Besse degustiert; nach seiner Information hatte die *Assemblage* Anfang April stattgefunden. Die Proben wurden aus neuen (lebhafter und adstringierender) und alten Fässern «(süßer» und weicher) entnommen. Schön reife, maulbeerartige Frucht, fleischig, doch weniger eindrücklich als erwartet. Zwei weitere Faßproben im November 1983; ich notierte: «dieses Mal wirklich ein *Troisième Cru*», das heißt nicht wie der unnachamliche 61er ein *Supersecond* von Spitzenqualität. 1985 füllige Nase, doch schwer faßbar, etwas wäßrig und mangelhaft. 1985 bessere Bewertungen; eine Aufzeichnung von einer besonders interessanten Degustation mit 82er Spitzenweinen aus dem Bordelais und aus Kalifornien, die vom *Wine Spectator* organisiert worden war. Eingeordnet zwischen dem Château Margaux und dem Inglenook Cask Reserve; schöner Wohlgeruch, warm, weich, fruchtig, aber etwas kurz. Zum baldigen Genuß! In jüngster Zeit: relativ blaß, voll ausgebaut, «süßes», reiches, ingwerartiges Bukett; zum Kauen, guter Geschmack, tanninbetont. Befriedigend, aber kein Spitzen-82er.
*Zuletzt im Juni 1991 auf dem Château verkostet* ★★(★) *Bis 2000.*

CH. PAPE-CLÉMENT Zwei Aufzeichnungen aus neuerer Zeit. Etwas harte Nase. Kernig, schlank, dabei guter Geschmack, mit Biß.
*Zuletzt im Februar 1988 verkostet* (★★★) *1995 bis 2005.*

PAVILLON ROUGE DE CH. MARGAUX Im Juni 1984 auf Flaschen gezogen, im September desselben Jahres zum ersten Mal degustiert. Sattes Kirschrot; verschlossene Nase; ziemlich rauh. 1987 dichtere Farbe als der *Grand vin*, am Gaumen allerdings schlanker; ein Jahr später überraschend «süß» und seidige Textur. Danach: Lakritze, ein mundfüllender Wein. Auf der Degustation von 82er und 83er Gewächsen aus Margaux, organisiert von der Zeitschrift *Wine*: mitteltief; ausgesprochen wohlriechende, würzige Nase; schlank, duftend, trockener Abgang.
*Zuletzt im August 1990 verkostet* ★★(★) *Bis 2000.*

CH. PICHON-LONGUEVILLE, BARON Drei neuere Bewertungen. Sehr tiefe Farbe, doch mit Anzeichen der Reife; kühl, ungewöhnlich «süß», füllig, gerundet, dennoch stark tanninbetont.
*Zuletzt im Juni 1992 verkostet* ★★(★) *1998 bis 2005.*

CH. PICHON-LONGUEVILLE, LALANDE Hervorragende Faßprobe im Mai 1983 auf der Degustation von de Luze. Etwas später im selben Monat mit dem Maître de Chai aus dem Faß probiert: herrliche Frucht, reich, würzig. Im gleichen Herbst noch eine, genauso scheichelhafte Faßprobe. Mitte der 8oer Jahre guter Ausbau. Jetzt reif, reich, «süß».
*Zuletzt im Oktober 1993 verkostet. Mittlerweile zweifellos* ★★★★ *Jetzt bis 2010.*

CH. PONTET-CANET Verständlicherweise im Faß tanninbetont, eher apfelartige Nase, Zitrusgeschmack. Bei der letzten Degustation gute Frucht, aber hart, fest, immer noch unentwickelt. *Zuletzt im Mai 1988 verkostet ★(★) Muß erneut degustiert werden.*

CH. POUGET Ziemlich eigenartiger *4ème Cru classé* Margaux. Im Faß etwas holz- und sehr tanninbetont. Bei der Blindprobe der Zeitschrift *Wine*: satte, sehr eindrückliche Farbe; ausgesprochen reich, aber leicht stielig, «Tannin-Nase» mit Sattelgeruch; «süß», voll, reich, dabei sehnig, mit ziemlich metallischem, tanninbetontem Abgang. *Zuletzt im August 1990 verkostet ★(★) Bis 2000.*

CH. PICHON-LONGUEVILLE, COMTESSE Abendessen auf Prieuré am 23. September 1982, zusammen mit Alexis Lichine. Die Merlot-Lese hatte am Montag begonnen und war bereits eingebracht, der Cabernet Sauvignon unterwegs. Genau ein Jahr später im Faß probiert, danach im November 1983. Ein schöner Wein, schlank wie sonst auch, obwohl die 82er Trauben sehr reichhaltig waren. 1986 eine ziemlich verdorbene Flasche mit Kork- und Gummigeruch; 1988 robust, aber noch unfertig. Mittlerweile verliert sich die Farbe, die Entwicklung schreitet voran, Kaffee und Frucht, relativ «süß», zugänglicher, attraktiver Geschmack, Tannin vergleichsweise unaufdringlich, erfrischende Säure. *Zuletzt im Dezember 1992 verkostet ★★★ Bis 1998.*

CH. RAUSAN-SÉGLA November 1983 im Faß trocken, sehr würzig, schlank und tanninbetont. Als nächstes im Oktober 1985: gefällig, nichtaggressiv, dabei tanninbetont und mit harter Nase, die sich erst nach einer gewissen Zeit im Glas entfaltete. Zum Kauen, robust, rauh, bittere Gerbstoffe, unentwickelt. Ein Jahr später immer noch die Adstringenz der Unreife; im darauffolgenden Frühjahr: beträchtliche Länge, schlank, männlich, eine Spur bittere Aloen. Mehrere Bewertungen in jüngerer Zeit: Orange-getönte, ausgebaute Farbe; Zedernholz, Vanille, Kaffee und Frucht, eine Spur flüchtiger Säure. Immer trockener werdend, gleichbleibend schlank, kernig, tanninbetont, mit pikanter Endsäure. *Zuletzt im Mai 1991 verkostet. Am Austrocknen? ★(★★) Vorhersage schwierig.*

CH. RAUZAN-GASSIES Tief, pflaumig; Aroma von schwarzen Johannisbeeren; geradlinig, tanninbetont, ziemlich rauh, ohne große Länge, im November 1983 zweimal aus dem Faß probiert. Nichts Besonderes. *Zuletzt im Dezember 1993 verkostet ★★ Bald trinken.*

CH. SIRAN Mitteltief, attraktiv, ausgebaut; «süße», reife, tanninbetonte Nase; mitteltrocken und -schwer. Kernig. Sehr tanninbetonter Abgang. *August 1990 ★(★) Bis 1998.*

CH. SMITH-HAUT-LAFITTE Nicht sehr tiefes, ausgebautes Erscheinungsbild; gute Frucht, Vanille- und Erdbeernuancen in der Nase; ansprechender, zugänglicher, stilvoller Wein mit schöner Struktur. *Nur einmal verkostet, Mai 1988 ★★★ Bald trinken.*

CH. TALBOT Im Faß starkfarben, gute Frucht, würzig, tanninbetont. Mehrere neuere Aufzeichnungen: immer noch fast undurchsichtig; «süß», Sattelgeruch, für Talbot typischer Hauch von Scheunenhof und reifer Frucht; voll, fleischig, weich, reich, aber tanninbetont. Der Wein wird wohl immer stark, aber auch beliebt sein. *Zuletzt im April 1992 verkostet ★★★(★)? Bis 2010.*

CH. DU TERTRE Seit vielen Jahren eines der unbedeutenderen klassifizierten Gewächse im Médoc. Nicht sehr tief; eigenartig, in der Nase rauh, doch am Gaumen bei der Faßprobe ein Jahr nach der Lese recht ansprechend. Inzwischen ziemlich blaß und vollreif; kaffeeartige Nase; schlank, Zitrusnote in Geschmack und Säure. Kein besonders typischer oder erfolgreicher 82er. *Zuletzt im August 1990 verkostet ★ Austrinken.*

CH. LA TOUR-CARNET Ein weiteres, nicht eben überzeugendes klassifiziertes Gewächs. Nur zwei Bewertungen, die erste aus dem Jahr 1984: verschlossen; tanninbetont und mit zu wenig ausgleichendem Fleisch. Ein paar Jahre später: warme, fruchtige, doch nicht voll entwickelte Nase; recht schöne Frucht, etwas eingeklemmt zwischen dem weichen Ersteindruck und dem adstringierenden Abgang. Eine weitere Flaschenlagerung wird meiner Meinung nach kaum noch etwas verbessern. *Zuletzt im April 1987 verkostet ★(★) Bis 1995.*

CH. LA TOUR-HAUT-BRION Erstmals im September 1984, zwei Monate nach der Flaschenabfüllung, verkostet. Geruch nach Schokoladekuchen. Würzig. Tanninbetont. Zwei Jahre später: sattes Rubinrot; sehr «süße» Nase; ein reicher, fruchtiger Wein. *Zuletzt im November 1988 verkostet. Wahrscheinlich ★★(★) Bis 2000.*

CH. TROTANOY Als ich den Keller am 22. September 1982 besuchte, konnte ich mir anhand der Beschriftungen auf den Fässern ein Bild von der außergewöhnlichen Hitze zur Lesezeit machen. Am 16. September betrug die Temperatur im Faß morgens 33°C, am Nachmittag 27°C; am 17. 21°, am 18. 21° und 23°, am 19. 23°, am 20. 23°, am 21. stieg sie am Morgen auf 25°, am Nachmittag auf 26° und am Tag meines Besuchs lag sie schließlich bei 29°. Doch der Wein hatte diese tropische Hitze unbeschadet überstanden, denn auf der Degustation von Robert Paul schnitt er gut ab und erhielt hohe Bewertungen: tief, noch jugendlich, am wenigsten entwickelt unter allen vorgestellten Wei-

nen – von Gazin bis zu Pétrus. Klassische, wohlgeformte, aber unbestimmbare Nase; ziemlich «süß» und körperreich, reichhaltig, fleischig, dabei mit seidigen Tanninen. Gute Länge.
*Zuletzt verkostet im Februar 1989* ★★(★★) *Wahrscheinlich* ★★★★★ *Bis 2015 zu trinken.*

WEITERE 82ER WEINE AUS POMEROL UND ST-EMILION, DIE ICH NUR GERADE EINMAL ODER ZULETZT IM FEBRUAR 1989 BEI ROBERT PAUL VERKOSTETE:

CH. L'ANGÉLUS Bereits recht entwickeltes Aussehen mit leichtem Stich ins Orange; in der Nase und am Gaumen «süß». Reiches, schokoladiges Bukett. Robust, Eichennote, tanninbetont, im Abgang leichte Reminiszenz an Lakritze.
★★(★) *Bald trinken.*

CH. L'ARROSÉE Auf einer Verkaufsdegustation im April 1984 verkostet: offener, zugänglicher Stil, «süß», doch mit blechernen Tanninen. Bei Bob Paul: immer noch jugendliche Tönung; wohlriechend und fruchtig; weich, zum Kauen, recht schöner Wein.
★★★ *Bald trinken.*

CH. BALESTARD-LA-TONNELLE Sattes, warmes Ziegelrot mit orangefarbenen Reflexen; reiche, leicht angesengte Nase; «süß», mittelschwer, weich, trockener Abgang.
★★ *Jetzt trinken.*

CH. BEAUREGARD Erstmals 1988 verkostet. Attraktiv; vorzügliche, wohlriechende, himbeerartige Frucht; gefällig; zum Kauen, «warm» und einladend.
★★★ *Bis 1995 zu trinken.*

CH. BEAU SÉJOUR BÉCOT Ziemlich tief, aber reif; sehr «süß», ziemlich eigenartiger Geschmack, gute Länge, aber etwas rauh.
★(★★) *Bald trinken.*

CH. BEAUSÉJOUR-DUFFAU-LAGARROSSE Sehr tiefes, intensives Kirschrot; reiche, aber unentwickelte, pfeffrige Vanille-Nase; frische Frucht, etwas stielig, trockener, tanninbetonter Abgang.
★(★★) *1995 bis 2005.*

CH. BELAIR Tief, pflaumig; hochgetöntes, würziges Bukett und ebensolcher Geschmack. Nicht sehr lang. Säurebetont.
★(★) *Bald trinken.*

CH. LE BON-PASTEUR 1985 ausgesprochen rauh und spröde. Nach wie vor überraschend tief, mit lebhaftem, elegantem Eukalyptus-Bukett; ziemlich «süß», voll, Reichhaltigkeit überdeckt Tannin.
★★(★★) *Bis 2020.*

CH. BOURGNEUF-VAYRON Reich, weich, samtig, trotz eisenartig tanninbetontem Abgang.
★(★) *Bis 2000.*

CH. CADET-PIOLA Tief, doch im Ausbau; eindringlich, dick, mit Frucht und Tannin in der Nase und am Gaumen. 1989 zweimal bewertet.
★(★★) *Bis 2000.*

CH. CAP-DE-MOURLIN Jacques. Ein geteilter Besitz, der von den zwei Familien gleichen Namens geführt wird. Tief, reich, ausgebaut; eindringlich, leichter Anklang von Sauerrahmkäse, doch mit zarter Frucht. Relativ «süßer», geschmacksintensiver Abgang.
★★★ *Bald trinken.*

CH. CAP-DE-MOURLIN Jean. Weniger bestimmte Farbe; sehr «süßes», ansprechendes Bukett, das nach zwanzig Minuten an Ingwerbisquits mit Schokolade erinnerte. Auch am Gaumen «süß», ziemlich rauhe Textur, schöne Frucht.
★★★ *Bald trinken.*

CH. CERTAN-GIRAUD Kleiner Weinberg, aus dem man einen reichen, würzigen Wein gewinnt. «Süßer» Abgang.
★★★ *Bald trinken.*

CH. CLINET Etwas zu braun; leicht oxydiert; sehr «süß» und weich, Holzton, bitter. Verdorbene Flasche?

CLOS DU CLOCHER Winziger, sechs Hektar großer Weinberg. Schön entwickelt, lebhaft, wohlschmeckend, kurz.
★★ *Austrinken.*

CH. LA CLUSIÈRE Minzeartig, wohlriechend; «mittelsüß», mittelschwer, guter Geschmack am mittleren Gaumen, etwas abflauend.
★★ *Austrinken.*

CH. COUVENT-DES-JACOBINS Weich, füllig, mit gutem Tanningehalt.
*Juli 1989* ★★★ *Bald trinken.*

CH. LA CROIX Im Ausbau, am Rand etwas rostfarben, Nase und Gaumen «süß» und füllig. Gute Frucht und Länge.
★★★ *Bis 2000.*

CH. LA CROIX DU CASSE Ziemlich schwacher Rand. Erwähnt, obwohl mehr flüchtige Säure als *casse.*
*Vermeiden.*

CH. LA CROIX DE GAY 1985 mit Stich ins Orange, 1989 noch viel ausgeprägter, sehr viel Eisentannat und beide Male mit Anzeichen von

Oxydation. Fehler in der Weinbereitung, wahrscheinlich überhitzer Most.

**CH. LA CROIX ST-GEORGES** Ansprechend in Farbe, Bukett und Geschmack.
*Januar 1988 ⋆⋆⋆ Bald trinken.*

**CH. LA CROIX-TOULIFAUT** (100% Merlot). Ein ziemlich moderner Wein, 1985 zum ersten Mal verkostet: zugänglich, gut entwickelt. Auf der Degustation von Paul zeigten beide Flaschen rostige Kanten und waren etwas hölzern. Noch einmal versuchen.

**CH. CROQUE-MICHOTTE** Vielschichtiges Brombeerrot; Nase zunächst pfeffrig, mit einer Note von Frucht und Chlor, danach jedoch schöne Entfaltung; «süß», weich, füllig. Mangelnde Finesse.
*⋆⋆⋆ Jetzt trinken.*

**CH. CURÉ-BON-LA-MADELEINE** Schokoladig, hohl; sehr «süß», eigenartiger Geschmack, etwas oxydiert. Wahrscheinlich Fehler in der Weinbereitung.

**CH. DASSAULT** Nach wie vor unreifes Aussehen, doch sehr eindringliches, entgegenkommendes, wenn auch unfertiges Fruchtaroma; pikant, schlank, trockener Abgang. Junge Rebstöcke?
*⋆(⋆) Späteren Jahrgang versuchen.*

**CH. LA DOMINIQUE** Würziger Eichenton in der Nase und im Geschmack. «Süße», interessante Struktur.
*⋆⋆(⋆) Bis 2000.*

**CLOS L'EGLISE** Voll ausgebaut, mit Stich ins Orange; gefälliges, wohlriechendes Orangenblütenbukett; «süß», leicht karamelartig, köstlich, Zukunft jedoch bedenklich.
*⋆⋆ Austrinken.*

**CH. L'EGLISE-CLINET** Wunderschöne, strahlende Farbe; eher Médoc-ähnliche Nase; ein reicher Wein, wildlederartige Tannine, gut strukturiert. Benötigt in der Flasche und im Glas Zeit.
*Zwei gute Bewertungen, beide Februar 1989 ⋆⋆(⋆) 1995 bis 2020.*

**CH. L'ENCLOS** Ansprechende, himbeerartige Frucht; «süß», relativ voll, reiche Frucht, gute Länge und schöner Nachgeschmack.
*⋆⋆⋆(⋆) Bis 2010.*

**CH. L'ENCLOS HAUT-MAZEYRES** Gute Farbe; ungewöhnlich frische Nase, wenig entgegenkommend, Lakritzeton (aus der Malbec-Traube); robust, zum Kauen, ziemlich grobe Struktur, sehr trockener, tanninbetonter Abgang.
*(⋆⋆) Ungewisse Zukunft.*

**CH. FEYTIT-CLINET** In Erscheinungsbild, Nase und Gaumen vollreif. Sehr «süße», marmeladige Frucht. Einnehmend und ansprechend.
*⋆⋆⋆ Jetzt trinken.*

**CH. LA FLEUR** Ziemlich tief, ansprechend, in Entwicklung; gute, reiche Käserinden-Nase, «süß», fruchtig; Geschmack nach Schokolade und Lakritze, mit seidigen, ledrigen Tanninen.
*⋆⋆(⋆⋆) Bis 2010.*

**CH. LA FLEUR-GAZIN** Ziemlich ausgebaut; wohlriechendes Bukett mit Himbeernuancen; ansprechend zugänglicher Wein, mit zitrusartiger Säure. Mangelnde Länge.
*⋆⋆(⋆) Bis 2000.*

**CH. LA FLEUR-DU-ROY** Voll ausgebaut; gute Frucht; rauh und kurz. Nicht schlecht. Kleiner Wein.
*⋆ Austrinken.*

**CH. FONPLÉGADE** 1986 Geruch nach Frucht und schlechten Zähnen, aber wohlschmeckend. Etwas später im selben Jahr eine bessere Note, doch leider mit unangenehm riechender, überreifer Hühnerdung-Nase und schrecklichem Nachgeschmack. Bei der Degustation von Bob Paul dumpfer, flacher Geschmack nach nassem Karton.

**CH. FONROQUE** Immer noch jugendliches Kirschrot; pfeffrig; rauh, säurebetont, unentwickelt.
*Vermeiden.*

**CLOS FOURTET** Als erstes im Mai 1983 aus dem Faß probiert. Bereits da entgegenkommende Nase, schöne Struktur. Starke Verbesserung gegenüber einigen früheren Jahrgängen. Bei Bob Paul: entgegenkommende, reiche, ingwerartige, fruchtige Nase; untypisch «süß» für einen Fourtet und eher leicht. Offensichtlich wurden viele neue Eichenfässer verwendet, erkennbar an den Nelken- und Zimtnuancen im Geschmack.
*⋆⋆⋆ Bis 1995 zu trinken.*

**CH. LA GAFFELIÈRE** Faßprobe ziemlich säurebetont; bei Bob Paul Säure immer noch deutlich spürbar. Fruchtiges, unverwobenes Bukett; weich, abgerundet, fruchtig, doch nicht so gut, wie er sein könnte.
*⋆⋆ Bald trinken.*

**CH. LE GAY** Vorzügliches, dunkles Kirschrot; zurückhaltende Nase mit einem Hauch Veilchen und einer Spur Lakritze; wohlschmeckend, aber hart, gute Frucht, sehr tanninbetont.
*Zuletzt im Mai 1989 verkostet (⋆⋆⋆) wahrscheinlich ⋆⋆⋆⋆ Etwa 1995 bis 2015.*

CH. GAZIN Reiches, entwickeltes Erscheinungsbild; leichter, ziemlich verhaltener Erdbeerduft; «süß», relativ voll, weich, abgerundet. Tanninbetonter, eisenartiger Abgang.
**(**) *Bis 2010.*

CH. GOMBAUDE-GUILLOT Nicht sehr entgegenkommend. Hart, ausgesprochen tanninbetont. Nicht besonders interessant *

CH. GRAND-BARRAIL-LAMARZELLE-FIGEAC Etwas locker in Aussehen, Nase und Geschmack. Sehr «süß», ziemlich leichtgewichtig.
** *Jetzt trinken.*

CH. LES GRANDES-MURAILLES Tiefe, reiche Farbe; recht gefällige Frucht und ziemlich «süß», aber mit markantem Tabakton im Geschmack und einem ziemlich blechernen, trockenen Abgang. Nicht schlecht.
** *Bald trinken.*

CH. GRAND-PONTET Pflaumig, zum Kauen, robust. Unverblümt.
*(*) *Bald trinken.*

CH. LA GRAVE TRIGANT DE BOISSET Attraktive Erscheinung, ebensolcher Geschmack. Bukett erinnerte an Walnüsse, fruchtig; «süß», guter Körper, Reichhaltigkeit übertönt den sehr trockenen, tanninbetonten Abgang.
**(**) *Bis 2010.*

CH. HAUT-SARPE 1985 und auf der Degustation von Bob Paul sehr schön: tief, lebhaft, im Ausbau; Eichentöne, würzig; gute, robuste Frucht, gut passendes Tannin.
*** *Bis 2000.*

CLOS DES JACOBINS 1986 außerordentlich gut bewertet, dunkles Kirschrot; füllige, harmonische Nase; herrlich reife Frucht, gutes Gewicht. Genauso gut auf der Degustation von Paul. Ausgesprochen entgegenkommende, aufblühende Nase, mit Nuancen von Rosen und Erdbeeren, fast schon zu einnehmend; robuste Frucht, Veilchen, Würze.
*** *Bis 2000.*

CH. LAGRANGE Pomerol. Ziemlich tief, aber voll ausgebaut; eigenartiger Wohlgeruch mit Walnußkomponente, Fruchtfülle; sehr «süß», weich, ansprechend, zugänglich.
*** *Bis 2000.*

CH. LARCIS-DUCASSE Gemischte Gefühle bei der Faßprobe, Schnellentwickler, doch etwas hart. Inzwischen trotz ziemlicher Tiefe deutlich ausgebaut, Stich ins Orange; erster Geruchseindruck wie Chlor, danach erdbeerartige Frucht; trotz marmeladigem Geschmack ziemlich hart und flach.
*Wahrscheinlich besser vermeiden.*

CH. LARMANDE Reich, pflaumig; lebhafte, hochgetönte, gute Frucht; ziemlich «süß», guter Körper, würziger Geschmack nach neuen Eichenfässern, tanninbetonter Abgang. «Der Figeac für den armen Mann», notierte ich mir.
**(*) *Bis 2000.*

CH. LATOUR À POMEROL Tiefe Farbe und Frucht. Wohlriechend. Trockener, kraftvoller, feigenartiger Geschmack, sehr tanninbetont, gute Länge.
**(**) *Bis 2015.*

CLOS LA MADELEINE Attraktiv, im Ausbau; entgegenkommendes Bukett, Vanille- und Fruchtnuancen; interessanter Geschmack, leicht.
*** *Bis 2000.*

CH. MAGDELAINE Reich, reif; feste Nase, zunächst frisch und pfeffrig, dann schöne Entfaltung; «süß», voll, abgerundet, Körper verdeckt Tannin. Ein weiterer hervorragender Besitz von Moueix.
***(*) *Bis 2010.*

CH. MATRAS Ausgebaut; eigenartige Note von Kaffee und Chlor, wobei sich letztere auflöst; leicht gewoben, trocken, Geschmack nach gedörrten Blättern.
* *Austrinken.*

CH. MOULINET Sandiger Boden. Schön entwickelt, erfrischend fruchtiger Duft und Geschmack. Weinig. Seidige Struktur. Gute Länge.
**(**) *Bis 2005.*

CH. NENIN Vollreifes, gefälliges Erscheinungsbild; wohlriechende Nase, weinig, honigartig, harmonisch. Eher leicht, würzig, elegant, guter, trockener Abgang.
*** *Bis 2000.*

CLOS DE L'ORATOIRE Ausgebaut. Kaum mehr Rot vorhanden; Korkgeruch, Holzton, leicht oxydiert in Nase und Geschmack. Kurz. Schlechte Flasche oder schlechter Wein?

CH. PAVIE Im Mai 1983 zwei hervorragende Faßproben, sehr gut auch bei der Degustation von Bob Paul 1989. Starkes Depot. Hochgetönt, kräuterwürzig, Kresse- und Fruchttöne in der Nase, vorzüglich, lebhaft, würzig; leicht «süß», so wie er als junger Wein war, guter Körper, zum Kauen, Vanille-Schoten und Frucht, gute Länge.
***(*) *Bis 2010.*

CH. PAVIE-DÉCESSE Immer noch unentwickeltes Aussehen; wohlriechendes, frisches, beerenartiges Aroma; gefällig, trocken.
**(*) *Bis 2000.*

CH. PAVIE-MACQUIN Ausgesprochen wohlriechend, gefällige Frucht, eigenartiger Stil in der Nase; ungewöhnliche Frucht, gut am Gaumen. Mangelnde Länge.
** *Bis 1995.*

CH. PETIT-VILLAGE Reifes Aussehen; Entfaltung eines fabelhaften Mokka-Buketts; 1986 ausgeprägter, getoasteter, würziger Geschmack. Bei Bob Paul: Braunwerden des Randes; tiefe, reiche, erdige Eichennase; gediegener Wein, Extraktstoffe verdecken das Tannin, dennoch ziemlich harter, trockener Abgang. Recht vielschichtig.
*** *Bis 2000.*

CH. LE PIN Richard Walford schickte mir im November 1983 eine halbe Flasche zur Probe. Wirklich sehr beeindruckend. Im darauffolgenden Frühjahr eine weitere Probe: reicher, reifer, würziger Merlot. Dann 1989 bei Bob Paul: immer noch tief, doch im Ausbau; herrliches Bukett, reich, fruchtig; ziemlich «süß», voller Körper, Frucht, Lakritze, sehr viel Tannin, samtige Struktur. Hohe Punktzahl.
**(**) *Bis 2010.*

CH. PLINCE Nicht sehr tief, offen, ausgebaut; Nase entfaltete sich schön im Glas, reich, ansprechend: «süßer», eigenartiger, leicht rußiger Geschmack, Vanille- und Tabaknuancen im Nachgeschmack.
** *Bald trinken.*

CH. RIPEAU Pflaumig, frische Frucht; wohlschmeckend, positiv, guter Abgang. Unterschiedliche Flaschen.
*Im besten Fall etwa* *** *Bis 1996.*

CH. LA ROSE-FIGEAC Ziemlich tief, anziehend; lebhaft, fruchtig, würzig; «mittelsüß», mittelschwer. Zum Kauen, robust, ansprechend. Geringerer Wein. Schwacher, leicht wäßriger Abgang.
** *Bald trinken.*

CH. ROUGET Voll entwickelte Farbe; leicht firnisartige Nase; ganz hübsch, etwas dumpf, kurz, ledriger, tanninbetonter Abgang.
*(*) *Bald trinken.*

CH. DE SALES Größter Weinberg in Pomerol. Für gewöhnlich ein zugänglicher Wein, so auch im Mai 1983 bei der Eröffnung der Faßproben-Degustation von de Luze. Auf der Weinprobe von Bob Paul in jeder Hinsicht gefällig: Farbe, Nase und Geschmack gut ausgebaut. Seidige Pomerol-Struktur. Mäßige Länge.
*** *Bald trinken.*

CH. SOUTARD Sattes, immer noch unreifes Erscheinungsbild; zurückhaltende, verschlossene Nase mit Minze- und Kresse-Nuancen; «süß», recht schönes Gewicht, ausladender Fruchtgeschmack. Tanninbetont.
**(*) *Bis 1998.*

CH. TAILLEFER Reift gut; frisches, zitrusfruchtiges Aroma; unverwoben, aber ansprechend; eisenartige Tannine, ziemlich säurebetonter, dabei wäßriger Abgang.
* *Austrinken.*

CH. TERTRE-ROTEBOEUF Ebenfalls ein Château, das in der letzten Zeit in Mode gekommen ist; 1987 einen eindeutig köstlichen Wein probiert: «süß», weich, leichter Anklang von tanninbetonter Bitterkeit.
**(*) *Bis 1998.*

CH. LA TOUR-FIGEAC Ein Jahr nach der Lese wenig entgegenkommend, 1989 jedoch gut entwickelt. Reiches, ausgebautes Erscheinungsbild; erdiger Duft und Geschmack; «mittelsüß», mittelschwer, weich, abgerundet, guter Tannin- und Säuregehalt.
*** *Bis 1998.*

CH. LA TOUR-DU-PIN-FIGEAC (Moueix) Ausgesprochen verwirrend: zwei Eigentümer, beide mit Anteilen am selben Weinberg, Moueix gehören 9 ha, Belivier 10,5 ha. Überraschenderweise war der Moueix hochgetönt, schlank, faserig und ziemlich säurebetont.

CH. TRIMOULET Ziemlich ausgebaut. Starkes Depot. «Süß», weich, recht wohlriechend; leichter Stil, wohlschmeckend, mangelnde Länge.
** *Austrinken.*

CH. TROPLONG-MONDOT Staubige, gedämpfte Nase, Entfaltung eines leichten Mandarinentons. Relativ «süß», abgerundet, direkt.
** *Bald trinken.*

CH. TROTTEVIEILLE Erstmals 1983 verkostet: recht gute Frucht, hübsch, aber nichts Aufregendes. Etwas gewöhnlich. Bei Robert Paul eine Flasche mit Korkgeruch, die zweite überraschend tief, mit guter Nase, weich und ausreichend gefällig.
*** *Bald trinken.*

CH. VIEUX-FERRAND Winziger, 3 ha großer Weinberg. Voll ausgebaute Farbe, überraschend interessante Nase, die sich gut entfaltete; relativ leicht, schlank, lebhaft, wohlschmeckend.
*** *Jetzt trinken.*

CH. VIEUX-SARPE Feine, satte Farbe; erdig, zurückhaltend; «mittelsüß», körperreich, leicht harter Anklang. Interessant, aber nicht ansprechend.
*(*) *Bis 1998?*

**CH. Villemaurine** Sehr tief, unentwickelt; ansprechende Nase und einnehmender Geschmack. «Süß», weich, dennoch trocken und tanninbetont, brackiger Abgang.
** *Bald trinken.*

**CH. La Violette** Ob ich es mir nur eingebildet habe, oder nicht: ich roch tatsächlich Veilchen! Ansprechend, frisch, neue Eiche. Ziemlich «süß», recht körperreich, robust, käsig, grob.
*(*) *Bis 1998.*

**CH. Yon-Figeac** Sehr tief, mit ersten Anzeichen der Entwicklung; «süße», recht gefällige Frucht; trocken, schlank, direkt, etwas kurz.
*(*) *Bald trinken.*

Kurze Notizen zu einigen anderen 82ern, mit Angabe der letzten Verkostung:

**CH. d'Agassac** Gefällig, tanninreich, fruchtig.
**(*) *1987.*

**CH. de Barbe** Für Bourg weich und reif.
** *1989.*

**CH. Beaumont** Käsig; «süß», zugänglich.
** *1991.*

**CH. Bouscaut** Unentwickelt, ziemlich stämmig.
*(*) *1989.*

**CH. Carbonnieux** Für einen 82er leicht und schlank. Tanninbetont.
** *1985.*

**CH. La Cardonne** Sehr tief; käsig; gute Frucht.
*(*) *1988.*

**CH. Certan-de-May** Hübsch, aber schlanker als erwartet.
*Februar 1992* ***

**Les Forts de Latour** Tief; enttäuschend, leichter und säurehaltiger als der *Grand vin*.
*Zuletzt verkostet im Oktober 1992* **

**CH. Fourcas-Hosten** Direkt, trocken, tanninbetont.
*(*) *1988.*

**CH. du Gaby** Canon-Fronsac. Geruch nach Algen; «süß», weich, recht hübsch.
* *1989.*

**CH. La Gurgue** Metallische, unverwobene Nase; trocken, schlank, gering.
*1990.*

**CH. Haut-Bages-Averous** Starkfarben; voller Frucht und Charme.
**(*) *1986.*

**CH. Haut-Bages-Libéral** Tief, reich, würzig; weich, doch tanninbetont.
**(*) *1987.*

**CH. Haut-Bailly** Tief, weich, reich, füllig. Tanninbetont.
***(*) *1990.*

**CH. Haut-Beychevelle-Gloria** Sattelgeruch, tanninbetont, trocken, medizinal.
*(*) *1988.*

**CH. Haut-Marbuzet** Starkfarben; reich, füllig.
**(*) *1985.*

**CH. Larose-Trintaudon** Reich, Sattelgeruch, Lakritze; relativ voll, weich, fruchtig.
** *1988.*

**CH. Larrivet-Haut-Brion** Vorzüglich; weich, «süß»; ausgesprochen origineller Geschmack.
*** *1991.*

**CH. Lestage** Sehr tanninbetont, aber ausreichend gefällig.
*(**) *1990.*

**CH. Malartic-Lagravière** Entgegenkommend, wohlriechend, Zitrusnote; sehr wohlschmeckend, fescher Stil, aber für einen 82er recht schlank.
*** *1989.*

**CH. Malescasse** Sehr tief. Reich, tanninbetont, wenig Reiz.
*(*) *1986.*

**CH. de Marbuzet** Voll, reich, zum Kauen, tanninbetont.
*(**) *1986.*

**CH. Meyney** Sehr tief; stark; reich, zum Kauen, recht stilvoll, tanninbetonter Abgang mit Eisennote.
(**) *1988.*

**CH. Millet** Graves. Hübsche Struktur, aber stielig und gewöhnlich.
* *1986.*

**CH. Monbousquet** Tief, reich, im Ausbau; zurückhaltend; breit, zugänglich, schokoladig, Extraktstoffe verhüllen Tannin.
*** *1990.*

CH. PATÂCHE D'AUX Intensives, dunkles Kirschrot; wohlschmeckend, hervorragendes Qualität-Preis-Verhältnis.
** *1988.*

CH. PAVEIL-DE-LUZE Kommt in einem Jahrgang wie dem 82er gut zur Geltung: «süße» Nase mit Anklängen an braunen Zucker; am Gaumen sehr «süß», köstlich, fruchtig, weiche Tannine, zum baldigen Genuß.
*1987.*

CH. PIBRAN Tief, samtig; «süß», voll, reich, füllig, Extrakt- und Tanningehalt.
**(*) *1989.*

CH. RIPEAU Tief; verschlossen; relativ voll, reich, gute Struktur und schöner Extraktgehalt.
*** *1988.*

CH. POTENSAC Starkfarben; verschlossen; ein mächtiger, fülliger, kraftvoller Wein, kurzer, sehr trockener Abgang.
(**) *1986.*

CH. LA SERRE Starkfarben; herrliche Frucht, trocken, körperreich; beladen mit Frucht, tanninbetont.
**(*) *1988.*

CH. SOCIANDO-MALLET Ein attraktives Gewächs!
*Juni 1992* ***.

CH. LA TOUR-ST-BONNET Tief, reich; robust, rustikal, recht wohlschmeckend.
** *1989.*

CH. VERDIGNAN Tiefes Rubinrot; schönes Gewicht, köstlicher Geschmack, guter Tanningehalt.
*(**) *1988.*

# 1983 ***

*Nach dem ermutigenden, aber ungleichmäßigen Beginn des Jahrzehnts schien das Jahr 1983 eine Periode der Normalität und Ruhe einzuleiten. Allerdings ist es fraglich, ob es im Bordelais jemals so etwas wie einen «normalen» Jahrgang geben kann. Tatsache ist, daß nach den Exzessen von 1982 das Pendel wieder etwas zurückschlug: 1983 ist ein brauchbarer Jahrgang zu günstigen Preisen, der einige sehr ansprechende Weine für den mittelfristigen Konsum hervorgebracht hat. Möglicherweise nicht so gut gebaut oder ausgewogen wie die 85er.*

*Milder Winter, kalter, nasser Frühling, langsamer Beginn der Vegetation. Erste Junihälfte schön und trocken, so daß sich die Blütezeit gut anließ, durch das folgende kühlere Wetter kam es zu einem gewissen Verrieseln. Juli und August außergewöhnlich heiß, durchzogen mit sommerlichen Unwettern, so daß die Winzer aus dem Spritzen nicht herauskamen. Die zweite Augusthälfte war trockener, später auch kühler, der September schön, mit guten Lesebedingungen zu Anfang Oktober.*

*Außer zwei frühen Verkaufsdegustationen in London hatte ich zum ersten Mal bei Christie's in größerem Umfang mit dem Jahrgang zu tun. Bei dieser Verkostung wurden 46 Châteaux – alles führende Weine, aber nicht die erstklassifizierten Hochgewächse – vorgestellt. Man kann mittlerweile nachlesen, daß die Weine des «Großraums Margaux» (meine Beschreibung) 1983 besonders erfolgreich gewesen seien. Diese Betrachtungsweise war das Ergebnis einer von der Zeitschrift Wine organisierten Blindprobe der Jahrgänge '82 und '83 im August 1990. Ein ausgezeichneter Jahrgang für sofortigen Genuß.*

CH. LAFITE Außerordentlich gut auf der Lafite-Degustation von Flatt im Oktober 1988. Ich gab

*Château Paveil-de-Luze*

dabei dem 83er und dem 85er dieselbe Gesamtpunktzahl. Ziemlich tief, fein, leicht violetter Rand; in der Nase sehr ansprechende Frucht, robust, «dicker» als der 85er, Veilchennuancen; leicht «süß», mittelgewichtiger Körper, vorzügliche Frucht, ziemlich tanninbetonter Abgang. Drei Monate später ähnlich bewertet. Als letztes: wohlriechendes Zedernholzbukett, aber noch immer trockener Abgang. Besser mit Essen.
*Zuletzt im Oktober 1993 verkostet ★★(★★) 1995 bis 2015.*

CH. MARGAUX Lesebeginn am 29. September. Als erstes im September 1984 im Faß probiert: starkfarben; attraktiv, jugendliche Frucht; ziemlich körperreich, beladen mit Frucht und Tannin, sehr lang und außerordentlich wohlschmeckend. Sehr schön auch auf der vertikalen Margaux-Degustation von Desai im Mai 1987: immer noch starkfarben; zunächst zurückhaltend, doch Entfaltung im Glas. Sehr gut in Frucht und Gleichgewicht. Als nächstes im Frühjahr 1988 auf dem Château. Das Bukett benötigte zur Öffnung unglaublich lang. Ziemlich unfertig, doch im selben Sommer noch eine entwickeltere Flasche; sattes Kirschrot; «süß», wohlriechend, mit phantastischer Fruchttiefe. Im August 1990 Reichhaltigkeit in Bukett und Geschmack, «fast schokoladig». Immer noch überraschend tief und jugendlich; Vanille-Töne in der Nase, sehr wohlriechend; für einen Rotwein auch überraschend «süß», sehr gute Frucht. Tanninbetont. Auf den beiden Degustationen 1990 war ich allerdings vom 82er mehr beeindruckt. Kürzlich bei einem Kurs von Christie's Meisterklasse: wohlschmeckend, lebhaft, komplett.
*Zuletzt im Juni 1993 ★★★(★★) 1995 bis 2015.*

CH. LATOUR Erstmals im September 1984 im *Chai* verkostet. Tief, aber nicht starkfarben, intensives Purpurrot; köstlich junge Frucht und Weinigkeit, dabei immer noch rauh; trocken, ziemlich körperreich, schlank, schöne Struktur. Als letztes auf der Latour-Mouton-Degustation von Frericks/Wodarz in Wiesbaden: reich, reifere Farbe als der Mouton; Zedernholz, eine Spur «Linoleum», gute, robuste Frucht – von der Art her völlig anders als der Mouton; mitteltrocken, kein Schwergewicht, aber reich, fleischig, fein. Sehr ansprechend.
*Zuletzt im Juli 1992 verkostet ★★★(★★) 1995 bis 2020.*

CH. MOUTON ROTHSCHILD Im September 1984 Faßprobe mit dem legendären Maître de Chai Raoul Blondin (die Abfüllung des 82er Jahrgangs war gerade abgeschlossen). Schöne lebhafte Farbe, aber nicht sehr tief. 18 Monate später auf der Mouton-Degustation von Flatt: vorzügliche Farbe; schlank, sehr lebhaft, fruchtige Nase, die im Glas wunderbar aufblühte; ziemlich körperreich, leich-

ter gewoben und weniger füllig als der dichte 82er. Gute Länge. Immer noch rauh und tanninbetont. Sehr gute Bewertung, doch zwei Punkte unter dem Vorjahr. In jüngerer Zeit auf der Latour-Mouton-Degustation in Wiesbaden: immer noch unreifes Aussehen; überaus ansprechender, lebhafter, kirschartiger Wohlgeruch, herrliche Entfaltung, beträchtliche Fruchttiefe; vorzüglich in Geschmack und Gewicht, schön ausgewogen. Sehr reich.
*Zuletzt im Juni 1993 verkostet ★★★(★) 1995 bis 2020.*

CH. HAUT-BRION Zuerst auf dem Château, zusammen mit La Mission und La Tour-Haut-Brion verkostet: sehr tief; zurückhaltend, harmonisch, mit einer Nuance, die mich an einen Vollblutrennstall erinnerte; mitteltrocken, ziemlich körperreich, gut am mittleren Gaumen, gut strukturiert, gute Länge. Jetzt weich, reich.
*Oktober 1993 ★★★★ Gut zu trinken.*

CH. AUSONE Nur zweimal auf Ausone-Degustationen von Flatt verkostet: ziemlich tiefes und reiches Aussehen, doch von der Art des Erscheinungsbildes her anders als der 82er; auch in der Nase deutlich verschieden, elegant, reich, eher im Stil eines Pomerol. Mittelschwer, seidige Struktur, schöne Länge, gutes Potential.
*Zuletzt im Juni 1993 verkostet ★★★(★) Bis 2000 und länger.*

CH. CHEVAL BLANC 1985 intensiv, fleischig, tanninbetont. In jüngerer Zeit: ausgebaut; «süß», wie weicher, brauner Zucker; auch am Gaumen «süß», mittelschwer, seidige Tannine, gefälliger Wein auch ohne Speisen.
*Zuletzt auf Penning-Rowsells Degustation von 83ern verkostet im Juni 1993 ★★★★*

CH. PÉTRUS Hohe Punktzahl mit einer Magnumflasche bei der Degustation von Frericks in München, April 1986: sehr sattes, intensives Rubinrot; ausgesprochen «süß», robust, in der Nase fast marmeladeartige Frucht, dabei am Gaumen immer noch hart, sehr körperreich, lebhaft, würziger Mittelgaumen, trockener Abgang mit einer Spur Eisen im Tannin. Genau vier Jahre später eine Flasche: inzwischen mitteltief und im Ausbau; vorzügliches, reiches Bisquit-Bukett, dann gedämpfter, ziemlich schokoladig, nach nur 15 Minuten jedoch «süß», komplett; am Gaumen ebenfalls ziemlich «süß», doch nicht so wuchtig, wie die 1986 degustierte Magnum. Zum Kauen, schokoladig, im Ausbau.
*Zuletzt auf Penning-Rowsells Degustation im Juni 1993 verkostet. ★★★(★★) Bis 2010.*

CH. L'ANGÉLUS Ansprechende Faßprobe in London im Frühjahr 1984 bei der Verkaufsdegustation mit 83er Weinen von Nathl. Johnston: sehr

tief; eigenartiges, krustiges Himbeeraroma; «süß», reich, vorzüglicher Geschmack. Danach im Oktober bei einer großangelegten Degustation der 83er *Grand-cru*-Weine von Christie's: verblüfft durch den Wohlgeruch, die Frucht und die Würze des Weins. Vier Jahre später bei einer Degustation der British Airways wiederum vier Sterne, diesmal für Wohlgeschmack, vorzügliche Frucht und Struktur. 16 Monate später deutlicher Farbverlust, breiter, offener und recht gut entwickelt. In der Nase etwas zu «süß»; zugänglich, trinkbereit.
*Zuletzt im Mai 1990 verkostet* ★★★ *Bald trinken.*

CH. D'ANGLUDET Fünf Aufzeichnungen aus jüngerer Zeit, drei davon bei Abendessen der *Distillers' Livery* und eine bei der Blindprobe der Zeitschrift Wine mit 82er und 83er Weinen aus Margaux. Recht gute, reiche, wohlentwickelte Farbe. Wohlschmeckend, wenn auch mit einer Spur rauhem Tannin.
*Zuletzt im Mansion House verkostet, im Oktober 1993* ★★★(★) *Bis 1996.*

CH. BATAILLEY Mehrere Bewertungen. Pflaumig, gutentwickelt; medizinale Pauillac-Nase; für einen Batailley schlank, doch mit gewisser Frucht. Nicht sehr aufregend.
*Zuletzt im September 1993 verkostet* ★★ *Bald trinken.*

CH. BEAU SÉJOUR-BÉCOT 1985 reiches Rubinrot, nur drei Jahre später voll ausgebautes Erscheinungsbild; füllige Merlot-Frucht, wie ein 82er; leicht «süß», reich, würzig, wohlschmeckend, gute Länge. Mehr Säure als Tannin.
*Zuletzt im November 1988 verkostet* ★★★ *Bald trinken.*

CH. BEYCHEVELLE Tief, ziemlich körperreich, würzig, sehr tanninbetont. Als letztes: überraschenderweise immer noch tief; reiche pflanzliche Nase; zum Kauen, dennoch schlank. Köstlich.
*Zuletzt im Mai 1993 verkostet* ★★★ *Bald trinken.*

CH. BOYD-CANTENAC Nur eine – blinde – Degustation. Ziemlich tief, im Ausbau; eigenartig gefälliges, aromatisches Bukett; mitteltrocken und -schwer; schöne Struktur, geschmeidig, guter, trockener Abgang.
*August 1990* ★★★ *Bis 2000.*

CH. BRANAIRE-DUCRU «Süß», füllig, sehr gefällig, rasch im Ausbau. Für das Alter blaß. Ansprechend, aber nicht beeindruckend.
*Zuletzt im Dezember 1993 verkostet* ★★ *Bald trinken.*

CH. BRANE-CANTENAC Im April 1984 eine irgendwie bierige, unfertige Faßprobe – es ist nun einmal riskant, zu zeitig im Frühjahr die Faßproben nach London zu bringen. Auf der *Grand-*

*cru*-Degustation im Oktober dann wohlriechend und köstlich. 1990 voll ausgebaut, reiches, kaffeeartiges, einnehmendes Bukett; «süß», relativ voll, reich, gute Länge. Zuletzt reif, aber mit rauhem Abgang.
*Zuletzt im April 1991 verkostet* ★★★ *Bald trinken.*

CH. CALON-SÉGUR Im Frühjahr 1984 eine trockene, schlanke, unbeeindruckende Faßprobe. In jüngster Zeit: entwickeltes Erscheinungsbild; vegetale, grasige Nase; recht guter Geschmack, aber roh. Nicht gerade ein guter 83er.
*Zuletzt degustiert im Dezember 1993* ★ *Austrinken.*

CH. CARONNE-STE-GEMME Sechs Bewertungen von einem brauchbaren Mittagswein der *Livery Company*. Fortgeschritten, wohlschmeckend, mit einer Spur metallischer Bitterkeit.
*Zuletzt im Mai 1990 verkostet* ★★ *Austrinken.*

CH. CHASSE-SPLEEN Man kann sich darauf verlassen, daß hier aus den jeweiligen Bedingungen eines Jahrgangs immer das Beste gemacht wird. Tief, reiche Farbe und Frucht. Guter Extraktgehalt für das Jahr. Tanninbetont.
*Februar 1988* ★(★★) *Bis 1998.*

DOM. DE CHEVALIER Im Mai 1984 hübsche, kirschrote Probe aus dem Faß, ansprechend und duftend. Stil, Gestalt und Länge gut. Nachhaltige Farbtiefe und Jugendlichkeit; sehr gefällige Frucht; vorzüglicher Geschmack, elegant, gut zu trinken.
*Zuletzt im Juni 1993* ★★★★ *Bis 2000 und länger.*

CH. CISSAC Gut, ziemlich tief, ansprechend, im Ausbau; ausgesprochen wohlriechend; gute Fülle und Ausgewogenheit. Ein reicher, kleiner Wein.
*Zuletzt im März 1989 verkostet* ★★★ *Bis 1996.*

CLOS DU CLOCHER Vorzügliche Farbe, im Ausbau; zunächst etwas gedämpft, doch dann feigenartige Fruchtentfaltung, würzig, gefällig; leicht «süß», mittelschwer, gute Frucht, Zimt und Nelken, trockener Abgang.
*Zuletzt im November 1989 verkostet* ★★

CONNETABLE TALBOT Zweitwein von Ch. Talbot. Mehrere Bewertungen aus neuerer Zeit. Ziemlich tief, zedernholzartige Farbe; harmonisch, gefällige Frucht, schönes Gewicht, gute Säure, adstringierende Tannine.
*Zuletzt im Oktober 1990 verkostet* ★★ *Bis 1995.*

CH. COS D'ESTOURNEL Mehrere Notizen. Trotz des Tanningehalts überraschend «süß», mittelschwer, gute Frucht. Im Geschmack besser als in der Nase.
*Zuletzt im Dezember 1993 verkostet. Auf seine Art* ★★★ *Jetzt bis 2000.*

**CH. COUFRAN** Ansprechende, weiche Merlot-Nase, die anfänglich rauhen Tannine sind weicher geworden. Schöne Frucht. Zugänglich.
*Zuletzt im Februar 1988 verkostet* ★★ *Bald trinken.*

**CH. CURÉ-BON-LA-MADELEINE** Relativ blaß, fortgeschritten; gefällig, «süß», ziemlich leicht, weich und wohlschmeckend.
*Juli 1990* ★★ *Bald trinken.*

**CH. DAUZAC** Einer der blassesten 83er auf der ausgiebigen *Grand-cru*-Degustation 1984, in der Nase und im Geschmack «süß», offen und gefällig. Mäßige Qualität. Sechs Jahre später: keine wesentlichen Veränderungen in Farbe, Nase und Geschmack. Gut aufgezuckert. Auf seine Art ansprechend.
*Zuletzt auf der Degustation der Zeitschrift* Wine *mit 83er Margaux-Weinen, August 1990* ★★ *Bald trinken.*

**CH. DESMIRAIL** Auf der 83er Margaux-Degustation: «süß», harmonisches Bukett; wohlschmeckend, elegant, gut passender Tannin- und Säuregehalt.
*August 1990* ★★★ *Bis 1998.*

**CH. DUCRU-BEAUCAILLOU** Im April 1984 eine intensiv purpurrote Faßprobe mit guter Frucht und sehr tanninbetont; im Oktober desselben Jahres nelkenartige Würze aus den neuen Eichenfässern und gute Länge vermerkt. Gleichbleibend sattes und reiches Erscheinungsbild, wie ein 82er; klassische Nase, gute Frucht und Fülle. Schöner Wein.
*Zuletzt im Dezember 1993 verkostet* ★★★ *Bis 2000.*

**CH. DUHART-MILON** Vier relativ neue Bewertungen. Gute Farbe, deutlich entwickelter als beim 85er; ansprechende, wohlriechende, fruchtige Nase und ebensolcher Geschmack. Mittelschwer, leichter Stil.
*Zuletzt im November 1993 verkostet* ★★★ *Bis 1998.*

**CH. DURFORT-VIVENS** Auf der *Grand-cru*-Degustation von Christie's im Oktober 1984 keine besonders tiefe Farbe, doch mit sehr ansprechender Nase, auf «einer tiefen, tanninbetonten Unterlage»; «süß», mittelschwer, wohlschmeckend, nicht sehr lang, aber hübsch». Diese Beschreibungen trafen auch sechs Jahre später noch zu, wobei das Aussehen jetzt voll entwickelt war und die Nase einen reichen, robusten, getoasteten, kaffeeartigen Duft angenommen hatte. Stich ins Orange und immer noch tanninbetont – als ob er rosten würde.
*Zuletzt auf der Degustation der Zeitschrift* Wine *im August 1990 verkostet* ★★★ *Bis 1995 zu trinken.*

**CH. L'EVANGILE** Starkfarben, intensiv; ungewöhnlich tiefe, scharfe Frucht; «süß», dennoch sehr tanninbetont. Wie Portwein ohne Zucker.
*Zuletzt im Mai 1993 verkostet* ★★(★★)? *Bis 2000.*

**CH. FERRIÈRE** Nur selten gesehen, doch eine Bestätigung für den Erfolg des 83er Jahrgangs in Margaux. Vollreife Erscheinung; «süße», gut aufgezuckerte Nase; «mittelsüß» und mittelgewichtig, leichte Tannine, flotter Anklang zitrusfruchtiger Säure. Sehr ansprechend.
*Im August 1990 verkostet* ★★★ *Bis 1995 zu trinken.*

**CH. DE FIEUZAL** Diese Sorte roter Graves habe ich immer geschätzt und betrachte den 83er Fieuzal als einen Charmeur. Als erstes im Mai 1984 bei einer Degustation von Thornton Hunt: lebhaft und duftend. Danach im Oktober desselben Jahres bei Christie's: Feigen- und Schwarzdornnuancen in der Nase, doch im Vergleich mit den 46 anderen 83er Weinen mit «nicht gefällig genug» bewertet. Mangelnde Länge. In jüngerer Zeit: blassere Farbe, Sattelgeruch in der Nase, tanninbetont, Entfaltung eines erdbeerähnlichen Wohlgeruchs. Leicht, charmant, «ein hübsches, kleines Ding», mit leicht bitterem, nachhaltig adstringierendem Tannin.
*Zuletzt im Oktober 1991 verkostet* ★★★ *Bis 1996.*

**CH. FIGEAC** Sechs ziemlich neue Bewertungen: ganz deutlich ein ausgesprochen wohlriechender, überaus ansprechender Wein: Jetzt vollreif; aufregende, reiche, würzige, sehr entgegenkommende Nase; sehr wohlschmeckender Wein, würzig, Eichennuancen, eine Spur Eisen, tanninbetonte Bitterkeit, doch herrlicher Nachgeschmack.
*Zuletzt im Oktober 1993* ★★★★ *Bis 1998.*

**LES FORTS DE LATOUR** Drei Bewertungen aus neuerer Zeit. Reif, voll ausgebaut; relativ «süß», weich, zugänglich, kurz.
*Zuletzt auf Ch. Latour verkostet, November 1990* ★★ *Jetzt trinken.*

**CH. FOURCAS-HOSTEN** Überraschend reich, dennoch im Ausbau; relativ leicht, mit lebhafter, gefälliger Frucht und leichtem, tanninbetontem Abgang.
*Juli 1990* ★★★ *Bis 1996 zu trinken.*

**CH. LA GAFFELIÈRE** Schlechte Faßprobe bei Nathl. Johnstons Verkaufsdegustation im April 1984. Wahrscheinlich wurden die Proben überstürzt nach London gebracht, um de Luze zuvorzukommen. In jedem Fall hätte man die schlechte Flasche markieren und entfernen müssen. Zwei Bewertungen 1989, in denen die nelkenartige Würze von den neuen Eichenfässern hervorgehoben wird; ansprechender und ungewöhnlicher Geschmack.
*Zuletzt im Oktober 1993 verkostet* ★★★ *Bald trinken.*

**CH. GISCOURS** Sicherlich kein «Knüller»; auf der *Grand-cru*-Degustation im Oktober 1984 sogar auffallend wenig tief, dennoch köstlich und durchaus delikat und frühreif. Sieben neuere Auf-

zeichnungen. Inzwischen relativ blaß, sehr entwickelt; «süße», aufgezuckerte Nase.
*Zuletzt im Juni 1991 verkostet* ★★★ *Bald trinken.*

**CH. DU GLANA** Durch Berry Bros abgefüllt. Tief, pflaumig; reiche, gehaltvolle Nase; recht «süß», mittelschwerer Körper, robust, fruchtig.
*Zuletzt im November 1989 verkostet* ★★ *Bald trinken.*

**CH. GLORIA** Schöner Farbausbau, «süß», fast so robust wie ein 82er, Tannin, Vanille. Ein ansprechender Mittagswein, womöglich mit einer Spur Gallussäure? Bitterkeit betont den trockenen Abgang.
*Januar 1990* ★★ *Bis 1995.*

**CH. GRAND-PUY-LACOSTE** Viele Aufzeichnungen, darunter von den Faßproben bei vier Verkaufsdegustation 1984: reiche Farbe, fruchtig, würzig, schlank und mit der üblichen klassischen Note. Zusammenfassung von vier neueren Bewertungen: immer noch recht tief, ebenfalls typisch, daß der jugendliche Glanz nur langsam vergeht; reich, vorzügliche Frucht; ganz leicht «süß», mittelschwer, wohlschmeckend, mit lebhaftem, trockenem Abgang. Unterbewertet.
*Zuletzt im Dezember 1993 verkostet* ★★★(★) *Bis 2000 und länger.*

**CH. GRUAUD-LAROSE** Auf der *Grand-cru*-Degustation im Herbst 1984 unmittelbar entgegenkommende, wohlriechende, pikante Cabernet-Sauvignon-Frucht, etwas unverwoben, doch mit langem, trockenem Abgang. Danach noch mehrere, ausführliche Aufzeichnungen. 1985 bei einer *Wine-Course-Sessions* von Christie's gab es eine Vertikaldegustation von Gruaud, wobei der 83er ein beträchtliches Potential aufwies. 1987 zart, entspannter und harmonischer als der 81er, doch am Gaumen mit Schmelz. In jüngerer Zeit immer noch satt und im Ausbau, doch vermerkte ich auch eine harte Kante in der Frucht und eine deutlicher medizinale Note in der Nase; nach wie vor sehr wohlschmeckend. Wie ein pausbäckiges Kind, das herangewachsen ist und eine Orientierung sucht.
*Zuletzt im Dezember 1993 verkostet* ★★★ *Jetzt bis 2000.*

**CH. D'ISSAN** Anfangs tiefe Farbe und eigenartig hochgetönte, an Bauernhof erinnernde Note in Geruch und Geschmack, im Oktober 1984 «süß», aber rauh. Genau drei Jahre später eine sehr detaillierte, aber offen gestanden wenig überzeugende Aufzeichnung; auf der Blindprobe von Margaux-Weinen nicht beeindruckend. Medizinale Hühnerdung-Nase; schlank, leichter Tannin- und Säuregehalt. Ziemlich enttäuschend.
*Zuletzt im August 1990 verkostet* ★(★) *Bis 1998?*

**CH. KIRWAN** Der Kirwan kam mir häufig ziemlich dumpf vor. Der 83er ist zum Glück ansprechend. Recht schön auf der Hall-and-Bramley-Degustation mit dem Angebot von Schröder & Schÿler; «S & S» sind sowohl Weinhändler in Bordeaux als auch die Besitzer von Ch. Kirwan. Auch auf der Degustation der Zeitschrift *Wine* mit 83er Weinen aus Margaux recht gut: tiefe, reiche, hervorragende Farbe; genauso reiche und «süße», aber auch tanninbetonte Nase; am Gaumen «süß», schöne Frucht, zum Kauen, attraktiv.
*Zuletzt im Januar 1993 verkostet* ★★★ *Bis 1998.*

**CH. LABÉGORCE-ZÉDÉ** Beeindruckende frühe Faßprobe, tieffarbig, mit reicher, reifer Frucht, aber noch sehr tanninbetont. Auf einer kürzlichen Margaux-Degustation immer noch tief und reich, doch mit Anzeichen der Reife; gut in Frucht und Wohlgeruch; trocken, mittelschwerer Körper, etwas schlank, aber ausgesprochen wohlschmeckend, gute Länge, trockener, tanninbetonter Abgang. Für die Nase vergab ich eine sehr hohe Punktzahl. Ich werde mir einen Ruck geben und einen zusätzlichen Stern verleihen.
*Zuletzt im Januar 1993 verkostet* ★★★(★) *Bis 2000.*

**CH. LAGRANGE** Pomerol. Vier Aufzeichnungen aus der zweiten Hälfte der 80er Jahre. Vorzügliches, lebhaftes, strahlendes Rot; «süße», erdbeerartige Frucht in der Nase; artig und selbstbewußt. Schöner Wein.
*Zuletzt im November 1987 verkostet* ★★★ *Bis 1998 zu trinken.*

**CH. LAGRANGE** St-Julien. Drei gute, relativ neue Bewertungen. Keine harten Kanten; ein relativ «süßer», ansprechender, zugänglicher, fruchtiger Wein, mit angemessenem Tannin- und Säuregehalt.
*Zuletzt im Juli 1988 verkostet* ★★★ *Bis 1998.*

**CH. LA LAGUNE** Wie gewöhnlich recht eigen: dicke, pflaumige Farbe; würzig, leichtgewobener, fast Rhone-artiger, fruchtiger Charakter, doch bei den beiden Faßproben im Frühjahr 1984 noch rauh und stielig. Inzwischen schöne Entwicklung, mit einer zum Kauen einladenden Dichte, die fast einem 82er gleichkommt; reiche, reife Frucht in der Nase und am Gaumen. Sehr trinkbar.
*Zuletzt im August 1993 verkostet* ★★★ *Bis 1996.*

**CH. LANGOA-BARTON** Voll ausgebaut; sehr süß, aromatisch, ein Hauch Minze, Lakritze; relativ trocken; ziemlich leicht in Stil und Gewicht, schlank, trockener, etwas schroffer Abgang.
*November 1990* ★★ *Bis 1998.*

**CH. LASCOMBES** Noch im Februar 1985 aus dem Faß probiert. Feines, intensives Magenta; gefällige, junge, lebhafte Cabernet-Frucht, Vanillin-Nuancen, Tannin. Vom Stil her eher ein konven-

tioneller roter Bordeaux als der gleichzeitig verkostete 82er. Schönes Gewicht. Passende Säure. Auf der Degustation mit 83er Margaux-Weinen gab ich ihm eine ziemlich hohe Punktzahl! Mittlerweile mitteltiefes, recht reifes Aussehen; «süß», reich, Kaffee- und Schokoladetöne in der Nase; «süß», ziemlich körperreich, sehr attraktive Frucht, schöne Länge, griffig.
*Zuletzt im Januar 1992 verkostet* ★★★(★) *Bis 2000.*

**CH. LÉOVILLE-BARTON** 1985 fest gewoben, lebhaft, schlank, würzig und tanninbetont. Drei neuere Bewertungen: mitteltiefe, vorzügliche Farbe; lebhaft, hochgetönt, wohlriechend; trocken, schlank, trotz guter Weinigkeit im Abgang etwas rauh.
*Zuletzt im März 1991 verkostet* ★★(★) *Bis 2000.*

**CH. LÉOVILLE-LAS-CASES** Eine satte, kernige, sehr tanninbetonte und beeindruckende Probe aus dem Faß. Danach erst wieder Mitte der 80er Jahre verkostet: erwartungsgemäß unausgebaut, dabei positiv, schön umhüllt und mit guter Frucht. In jüngerer Zeit: immer noch jugendliches Erscheinungsbild; gute Frucht; überaus viel Tannin, Extrakt und Frucht. Ein vielschichtiger 83er.
*Zuletzt im Oktober 1993 verkostet* ★★(★★) *1995 bis gut über das Jahr 2000 hinaus.*

**CH. LÉOVILLE-POYFERRÉ** Reich, aber überraschend tanninbetont.
*Oktober 1993* ★★(★) *Jetzt bis 1998.*

**CH. LYNCH-BAGES** 1984 viermal degustiert, darunter im April und im Mai auf zwei Verkaufsdegustationen in London: ausgesprochen entgegenkommend, wohlschmeckend; ein zugänglicher, ansprechender, fruchtiger Wein. Desgleichen auch im Juli bei Christie's Weinseminar für Fortgeschrittene und auf der *Grand-cru*-Degustation im Oktober. In der Folge noch mehrere Aufzeichnungen. Das ursprünglich *Cassis*-artige Aroma veränderte sich, war aber noch deutlich und «süß»; am Gaumen ebenfalls «süß», mit einer reichen, aber unkomplizierten und reizvollen Art, gut passendes Tannin.
*Zuletzt im Oktober 1993 verkostet* ★★★ *Bis 2000.*

**CH. MALARTIC-LAGRAVIÈRE** Im Mai 1982 eine köstliche Faßprobe mit zitrusfruchtigem Geschmack. Mit dem Namen Malartic verbinde ich immer die Erwartung von relativ hoher flüchtiger Säure, und auch beim 83er war diese in der Nase und am Gaumen feststellbar. (Eine Spur flüchtiger Säure unterstützt die Duftnote und bringt bis zu einem gewissen Grad auch den Geschmack heraus.) Schlank, wohlschmeckend, mit leicht kiesiger Struktur.
*Zuletzt im Dezember 1993 verkostet* ★★★ *Bald trinken.*

**CH. MALESCOT ST-EXUPÉRY** Drei neuere Bewertungen. Außergewöhnlich reife, fast zu offenkundig einnehmend «süße» Frucht in der Nase, dabei zweifellos wohlriechend; recht charmante, lebhafte, beerenartige Frucht am Gaumen, im Abgang eine Spur Säure und eine leichte Bitterkeit.
*Zuletzt auf einer Malescot-Sitzung bei einem Weinwochenende von Rodenstock. Zum Abendessen wurde eine* Impériale *serviert, September 1990* ★★(★) *Etwas schwankend. Bis 1998.*

**CH. DE MARBUZET** Ein zuverlässiger St-Estèphe aus dem «Gestüt» von Prats. Mitte der 80er Jahre ziemlich schlank und spröde; in jüngerer Zeit jedoch abgerundete Nase, fast zu gefällig, mit vorzüglicher, weicher, aber doch anregender Frucht. Füllig, schönes Gewicht und gute Struktur. Im Abgang eine Spur Adstringenz. Sehr angenehm.
*Zuletzt im November 1989 verkostet* ★★★ *Bis 1998.*

**CH. MARQUIS D'ALESME-BECKER** Von diesem und dem folgendem Jahrgang nur jeweils eine Aufzeichnung, beide auf der Margaux-Degustation probiert. Dieser hier schien mir der geringere Wein von beiden: medizinal, unverwoben, trocken, relativ leicht, schlank.
*August 1990* ★ *Mäßige Zukunft.*

**CH. MARQUIS-DE-TERME** Tief, im Ausbau; reich, fruchtig, tanninbetont; «mittelsüß», Extrakt fast wie ein 82er.
*August 1990* ★(★★) *Bis 2000.*

**CH. MEYNEY** Tiefes, beeindruckendes dunkles Kirschrot; zurückhaltend, aber «süß» und gefällig, mit einem gewissen Cassis-Ton vom Cabernet und sogar etwas sahnig – aber auch nasse Windeln! Sehr viel Frucht, gute Länge, sehr tanninbetont.
*Juni 1990* ★(★★) *Bis 1998.*

**CH. LA MISSION-HAUT-BRION** Erstmals im September 1984 auf Haut-Brion, zusammen mit Jean Delmas probiert: intensives Purpurrot; phantastisch würziger Duft und Geschmack. Eiche. Tannin. In jüngster Zeit bei der Degustation von Wolf: immer noch tief und rubinrot getönt; sehr ansprechender, lebhafter Cabernet-Sauvignon-Ton in der Nase und im Geschmack. Ziemlich körperreich. Zu wenig Gerbstoffe.
*Zuletzt im Juni 1990 verkostet* ★(★★★) *1994 bis 2000 und länger.*

**CH. MONTROSE** Leicht «süße», vorzügliche, würzige, ausgeprochen tanninbetonte Faßprobe im April 1984. Drei neuere Aufzeichnungen: immer noch ziemlich tief, aber im Ausbau; eigenartiger Käserindenton in der Nase und im Geschmack. Immer noch leicht «süß», würzige Frucht, bitteres Tannin im Abgang. Wie gewöhnlich im Vergleich zu andern ein Spätentwickler.

Meiner Ansicht nach benötigt er noch sehr viel Flaschenlagerung.
*Zuletzt im Dezember 1989 verkostet ★(★★)? Wahrscheinlich zur rechten Zeit ★★★★ 1995 bis 2000 und länger.*

CH. PALMER Zum ersten Mal im März 1986 auf dem schwedischen Weinfest in Malmö degustiert, mit einem Traubensatz aus 45 % Cabernet Sauvignon, 35 % Merlot, 5 % Cabernet Franc und ungewöhnlich hohen 15 % Petit Verdot. Starkfarbenes Zentrum, dunkles Kirschrot, übergehend in den purpurroten Rand, die Träne bildeten gotische Spitzbögen. Tanninbetonte, harte, stielige, mundwässernde Nase, die sich dennoch über eine Stunde lang im Glas herrlich öffnete. «Süße», gefällige Frucht, doch rauhe, adstringierende Tannine. Auf der Margaux-Degustation der Zeitschrift *Wine* nicht gerade mein Favorit, doch ich bewertete ihn als reich getönt und schön entwickelt, gut in Länge, Tannin und Säure. In jüngster Zeit bei einer vertikalen Degustation auf dem Château gefiel er mir immer weniger, je öfter ich ihn probierte.
*Zuletzt im Juni 1991 verkostet ★★(★)??*

PAVILLON ROUGE DE CH. MARGAUX Sattes Kirschrot; «süße», sehr ansprechende Nase, fruchtig, mit schöner Entfaltung; ziemlich trocken, reich, dabei schlank, etwas stielig, mit guter Frucht und tanninbetont. Auf der 83er Margaux-Degustation bewertete ich ihn sogar einen halben Punkt besser als den *Grand vin.*
*Zuletzt im August 1990 verkostet ★★(★★) Bis 1998.*

CH. PICHON-LONGUEVILLE, BARON Sehr schön bei einer der frühen Faßproben: schöne Frucht und sehr wohlschmeckend. Im Mai 1988 fand ich ihn ebenfalls ansprechend, wenn auch etwas kurz, genauso sechs Monate später: mitteltiefes Kirschrot; Fruchtnote in der Nase und am Gaumen, trocken, relativ voll.
*Zuletzt im November 1988 verkostet ★★(★) Bis 1998.*

CH. PICHON-LONGUEVILLE, LALANDE Zunächst im April 1984, dann im Herbst desselben Jahres bei der *Grand-cru*-Degustation verkostet: tiefe Farbe, fast so reich wie ein 82er; wohlriechend, reife Maulbeerfrucht, doch tanninbetont; trocken, eine gewisse Schlankheit, die zum 83er Jahrgang gehört, dabei von interessanter Gestalt, lebhaft, köstlich und mit guter Länge. In jüngerer Zeit: deutlich «dicker» und fülliger als der Baron, reich, doch immer noch tanninbetont und mit den erwarteten zusätzlichen Dimensionen.
*Zuletzt im Oktober 1993 verkostet ★★(★★) Bis 2000 und länger.*

CH. LE PIN Im April 1984 war eine sensationell gute halbe Flasche in den Degustationsraum von Christie's gebracht worden; tiefes Purpurrot;

außergewöhnlich würzig mit Nuancen von Nelken und Zimt, erinnerte stark an die exotischen Spitzenleistungen von Mouton-Rothschild. Entsprechender Geschmack. Duftender Nachgeschmack. Acht Monate später eine weitere Probe, diesmal vom Erzeuger, verkostet: Rief ähnliche Reaktionen hervor, der Rand erschien mir allerdings schwächer als beim Le Gay, einem andern Pomerol. Die Nase zeigte jedoch sehr reiche, reife Maulbeernuancen aus dem Merlot, der Gaumen war verblüffend reich, mit würzigen Eichentönen und einem trockenen Abgang. Nicht schlecht!
*Zuletzt im April 1988 verkostet ★★★★ Bis 2000.*

CH. PONTET-CANET 1986 zum ersten Mal degustiert: wohlschmeckend, duftig. Schön gestaltet. Gute Länge. Wiederum mit erdbeerartigem Duft, blumig, vielleicht etwas zu schlank. In jüngerer Zeit: lebhaftes Bukett, nicht zu trocken, mittelschwer, zitrusartige, erfrischende Säure, sehr wohlschmeckend.
*Zuletzt im Mai 1988 verkostet ★★★(★) Der vierte mögliche Stern noch ohne Begründung, allerdings möchte ich den Wein noch einmal probieren. Bis etwa 1998.*

CH. PRIEURÉ-LICHINE Alle vier Aufzeichnungen wenig begeisternd. Zunächst im Oktober 1984 auf der großen *Grand-cru*-Degustation eine Faßprobe, die sehr an Karton erinnerte; die drei andern Bewertungen aus jüngerer Zeit. Farbe mittlerweile ausgebaut; ziemlich brandige Nase mit Sattelgeruch; trocken, schlank – eine häufige Eigenschaft -, deutlich zu wenig Fleisch, sogar etwas rauh. Enttäuschend.
*Zuletzt im August 1990 verkostet ★ Austrinken.*

CH. RAUSAN-SÉGLA Als ich den Wein 1986 zum ersten Mal verkostete, hatte er bereits eine gewisse Zeit hinter sich; ich fand ihn köstlich, im Stil ähnlich wie der 85er, wenn auch mit zurückhaltenderer Nase. Ansprechende Frucht und große Anlagen. Zwei Aufzeichnungen aus jüngerer Zeit: vorzügliche Frucht und Griffigkeit, mitteltief, herrliche Nase trotz der immer noch im Hintergrund lauernden Tannine. Gute Frucht, körperreich, kernig, sehr tanninbetont. Benötigt Zeit.
*Zuletzt im August 1990 verkostet ★★(★★) Bis 2000 und länger.*

CH. RAUZAN-GASSIES Nur einmal degustiert. Reiche Farbe, doch holzige, möglicherweise auch erdige Nase. Die zweite Flasche roch unangenehm nach Körpergeruch. Am Gaumen besser. Durchaus weich und reich. Eine Spur Eisentannat. Könnte sich noch verbessern.
*Auf der Wine-Degustation mit 82er und 83er Margaux-Weinen, August 1990 ★(★)?*

SARGET DE GRUAUD-LAROSE Unverkennbar aus dem Hause Cordier. Medizinal, reiche, mar-

meladige Frucht; reif und rustikal. Trockener Abgang. Tanninbetonte Bitterkeit. Außergewöhnlicher Nachgeschmack.
*Zwei jüngere Bewertungen, die letzte vom Januar 1990 ★(★) oder ★★(★) individuell verschieden. Bis 1996.*

**Ch. Siran** Als erstes eine Faßprobe bei der Thorman-Hunt-Degustation im Mai 1984. Zwei Drittel der verwendeten Eichenfässer waren neu; mehr als zwanzig Jahre hatte der berühmte Emile Peynaud beratend zur Seite gestanden. Er beschrieb den Wein als körperreich *(corsé)* und tanninbetont, ausgesprochen gehaltvoll *(charpenté)* und härter als der 82er, doch würde er im Anschluß an die Nachgärung wahrscheinlich mehr dem 78er ähneln. Der Wein zeigte eine gewisse Farbtiefe; in der Nase fruchtig und elegant; trocken, vorzüglicher Geschmack nach schwarzen Johannisbeeren und Zimt. Sechs Jahre später auf der Blindprobe von 83er Weinen aus Margaux war er in der Farbe voll ausgebaut; das Bukett «süß», einnehmend, aufgrund der Gerbstoffe etwas unangenehm riechend. Trocken, zum Kauen, robust, mit leicht bitterem, tanninbetontem Abgang. Recht schön. Ich möchte ihn gerne einmal direkt mit einem 78er vergleichen.
*Zuletzt im August 1990 verkostet ★★(★) Knapp. Zwischen jetzt und wahrscheinlich etwa 1998.*

**Ch. Talbot** Im April 1984 eine recht kraftvolle, fruchtige Faßprobe, im Oktober desselben Jahres die übliche Bauernhofnote festgestellt. Sehr reich. In jüngster Zeit: immer noch überraschend tief; rustikale, fruchtige Nase; tanninbetont. Nicht mein Geschmack.
*Zuletzt im Oktober 1993 verkostet ★★ Bald trinken.*

**Kürzere Aufzeichnungen zu 83er Weinen:**

**Ch. Belair** St-Emilion. Ausgebaut, «süß», erdig.
*1990* ★★★

**Ch. Belgrave** St-Laurent. Leicht, lebhaft, hart, ganz passable Frucht.
*1990* ★★

**Ch. Bel-Orme-Tronquoy-de-Lalande** Schönes Gewicht, leicht bitterer Abgang.
*1989* ★★

**Ch. Bourgneuf** Reife Erscheinung, doch tanninbetont und schroff.
*1988* (★★)

**Ch. de Camensac** Einnehmend «süß».
*1988* ★★

**Ch. Cantemerle** Robuste Frucht, wenig Charme.
*1988* ★★

**Ch. La Cardonne** Ausreichend gefällig.
*1993* ★★

**Ch. Clarke** Attraktiv. Trinkbereit.
*1991* ★★★

**Ch. Fombrauge** Ein zugänglicher Charmeur.
*1987* ★★

**Ch. Le Gay** Ungewöhnliche Frucht, reich, weich, doch tanninbetont.
*1988* ★★★(★)?

**Ch. La Grâce-Dieu** Rauhe Frucht.
*1988* ★★

**Ch. La Gurgue** Im Stil so eigenartig wie der Name. Streng.
*1990* ★

**Ch. Haut-Bages-Libéral** Rustikal, lebhaft, füllig.
*1987* ★★

**Ch. Haut-Bages-Monpelou** «Süße» Nase, leicht, doch ledrig.
*1989* ★

**Ch. Lanessan** Stielige Frucht, bittere Tannine.
*1987* ★

**Ch. Latille-Camelon** Der Geschmack paßt gut zum Namen, «süß», weich, einnehmend.
*1989* ★★

**Ch. La Louvière** In der Jugend beachtlicher Eichenton. Gefällige Frucht, duftend.
*1987* ★★★

**Ch. du Lyonnat** Erdbeermarmelade. Nahezu streichfähig.
*1988* ★★

**Clos du Marquis** Gute Frucht, doch leicht adstringierend.
*1988* ★★

**Ch. Mayne-Vieil** Gute Frucht. Schöne Entwicklung.
*1989* ★★★

**Ch. Olivier** Gute Frucht, unbefriedigender Abgang.
*1988* ★

**Ch. Patâche d'Aux** Sehr attraktiv.
*1993* ★★★

**CH. PAVIE-DÉCESSE** Lebhaft, «süß», ansprechend.
*1988* ★★★

**CH. DE PEZ** «Süß» und zugänglich.
*1989* ★★★

**CH. RESPIDE** Relativ blaß, leicht, erfrischend.
*1990* ★★

**CLOS DU ROCHER** Ansprechend, schöne Frucht, seidige Tannine.
*1989* ★★★

**CH. ROUET** Trocken, leicht, gefällig.
*1989* ★★★

**CH. DU TERTRE** Voll entwickelt, bestechend.
*1990* ★★★

**CH. LA TOUR-CARNET** Im Faß ansprechend. Voll ausgebaut, ausreichend gefällig.
*1988* ★★

**CH. TROPLONG-MONDOT** Trocken, voll, tanninbetont.
*1988* ★★(★)

SEIT 1986 NICHT MEHR VERKOSTET, DAMALS GUT:

Ch. Couvent-des-Jacobins, Ch. Haut-Bages-Averous, Clos de L'Oratoire, Ch. Pavie, Ch. Petit-Village.

NACH ANFÄNGLICHEN FASSPROBEN NICHT MEHR VERKOSTETE, ABER VIELVERSPRECHENDE 83ER:

Ch. Andron-Blanquet, Ch. L'Arrosée, Ch. Beauregard, Pomerol, Ch. Canon, Ch. Carbonnieux, Ch. L'Enclos, Ch. Haut-Bailly, Ch. Haut-Batailley, Ch. La Tour-Haut-Brion, Ch. La Tour-Martillac.

IM FASS NICHT BESONDERS GUT:

Ch. Balestard-La-Tonelle, Ch. Cantenac-Brown, Ch. Cos Labory, Ch. Ferrande, Ch. Grand-Puy-Ducasse, Ch. Pique-Caillou, Ch. La Tour-Haut-Vignoble, Ch. Villemaurine.

# 1984 ★

*In mehrerer Hinsicht ein unbefriedigender Jahrgang, wobei die Ursachen dafür in den extremen Wetterverhältnissen zu suchen sind und in der Tatsache, daß im ganzen Bordelais der Merlot mißlang. Am stärksten waren davon Gebiete wie St-Emilion und Pomerol betroffen, in denen man sich normalerweise auf einen hohen Merlot-Anteil verläßt. Im Médoc waren die Auswirkungen nicht so gravierend, doch der anfallende, ungewöhnlich hohe Prozentsatz Cabernet Sauvignon in der Komposition beeinträchtigte das Gleichgewicht der Weine, machte sie rauh und hart. Kurz gesagt, ein schwieriges Jahr.*

*Die Probleme begannen mit einem warmen April und einem zu wüchsigen Klima. Sintflutartige Regenfälle im Mai brachten die Entwicklung der Rebstöcke zum Stillstand. Der Juni war sehr heiß, und die zu rasche Blüte führte zu einem starken Durchrieseln, wovon vor allem der Merlot betroffen war. Juli und August trocken und warm. Im September, der entscheidenden Reifezeit, verschlechterte sich das Wetter wieder. Orkanartige Regengüsse. Lesebeginn Ende September bis Anfang Oktober. Der Wirbelsturm «Hortensia» am 5. Oktober richtete noch zusätzlichen Schaden an.*

*Nicht viele Weine verkostet. Einige waren tief und rauh, andere schwach und ebenfalls recht rauh. In beiden Fällen erwiesen sie sich im wesentlichen als unausgewogen, unverwoben,*

*Château Rouet*

*reizlos und ohne Haltbarkeit. Nur die Besten können von einer weiteren Flaschenalterung noch profitieren. Hauptvorteil: jetzt preisgünstig. Austrinken.*

**CH. LAFITE** Auf der Lafite-Degustation von Flatt im Oktober 1988 überraschend dick und pflaumenfarben, mit lebhaftem, ausgeprägtem Cabernet-Sauvignon-Aroma; trocken, mittelschwer, ziemlich rauh und tanninbetont. Zwölf Monate später eine Magnumflasche aus Château-Beständen: immer noch unentwickelt; gewisser Duft; überraschend weiche, seidige Struktur, wohlschmeckend, leichter Stil, staubtrocken. Als letztes: genauso tief wie der 85er, doch weiter ausgebaut und mit schwächerem Rand; Bukett zunächst zurückhaltend, hart und pfeffrig, dann wohlriechende Entfaltung. Besser als erwartet.
*Zuletzt im Oktober 1992 verkostet (\*\*) Keine lange Haltbarkeit, eine weitere Flaschenlagerung kann sich indes noch positiv auswirken.*

**CH. MARGAUX** Lesebeginn am 1. Oktober; 90 % Cabernet Sauvignon. Nur zweimal verkostet; als erstes auf der Vertikaldegustation von Desai 1987: tief, ziemlich intensiv, unentwickelter Rand; junger, rauher Geruch nach dem *chai*, Eichenton, unverwoben, sogar mit einer Spur flüchtiger Säure. Robust, fruchtig, dabei sehr tanninbetont. In jüngerer Zeit: mitteltief, Anzeichen von Entwicklung; in der Nase und am Gaumen Vanille- und Fruchttöne, Tannin verbergend.
*Zuletzt im Oktober 1992 verkostet \*\*\* Bald trinken.*

**CH. LATOUR** Erstmals im September 1986 degustiert: verschlossene, tanninbetonte Nase; trotz des rauhen, tanninbetonten Abgangs einigermaßen fleischig. 1989: tiefer, im Aussehen entwickelter als der Mouton, doch mit schwächerem Rand; eigenartige Nase, überraschend entgegenkommend, schöne Entfaltung im Glas, doch unverwoben; ziemlich körperreich, abgerundeter als der Mouton. Lebhafter Cabernet-Geschmack, leicht bitterer Abgang.
*Zuletzt bei einem Dinner des Bordeaux Club, Mai 1993 (\*) Wahrscheinlich durchaus wert, gelagert zu werden, wird jedoch niemals ein großer Wein.*

**CH. MOUTON ROTHSCHILD** Im April 1986 eine Faßprobe bei der Vertikaldegustation von Mouton-Weinen von Flatt: ziemlich tief, aber nicht sehr intensiv; recht schöne Frucht; trocken, mittelschwer, viel Frucht, aber rauh. Drei Jahre später auf der Latour-Mouton-Degustation: tief, lebhaft; unmittelbar ansprechende, für Mouton typische Cabernet-Sauvignon-Nase, doch auch «Kalbfleisch»- und Brombeertöne und nach einer halben Stunde Sattelgeruch von den Tanninen. Sehr trocken, relativ voll, lebhaft, hart, wohlschmeckend, aber ungelenk und kurz. Wenn man

bedenkt, daß der Mouton das Urbild eines Cabernet Sauvignon-betonten roten Bordeaux darstellt, wird deutlich, daß es mit dieser Rebe allein nicht getan ist. Genauso wichtig sind ein förderliches Wachstum bis zur Fruchtreife.
*Zuletzt im Oktober 1992 verkostet \*\*(\*) Wird durch Flaschenalterung wahrscheinlich etwas weicher.*

**CH. HAUT-BRION** Anrüchig zu Beginn, dann reich; schmackhaft, dann rauh. Am besten zu vermeiden.
*Oktober 1992 \**

**CH. CHEVAL BLANC** Ziemlich tiefes, ansprechendes Rubinrot; in der Nase keine besonderen Nuancen. Etwas «süß», am mittleren Gaumen nicht schlecht, aber mit tanninbetontem, bitterem Abgang.
*Zuletzt im Oktober 1992 verkostet. \*\**

**CH. PÉTRUS** Als ich im Frühherbst 1984 durch den Weinberg spaziert bin, waren kaum Trauben zu sehen, die Büschel hingen weit verstreut auseinander, und die Rebstöcke sahen eher wie ein Stoppelfeld aus. Die geringe Menge Wein, die bereitet wurde, ging ausnahmslos in die USA. Nur einmal verkostet: überraschend wohlriechend, frisch.
*Zuletzt im Oktober 1992 \*\* verkostet \*\**

**CH. d'ANGLUDET** Im Ausbau; schlank, metallische Nuancen in der Nase und am Gaumen. Trocken. Ziemlich rauh.
*April 1989.*

**CH. BEYCHEVELLE** Etwa 8 % Merlot konnten gewonnen werden. Mitteltief, im Ausbau; recht wohlschmeckend, doch ohne große Zukunft.
*Vier Aufzeichnungen, die letzte vom April 1993 \**

**CH. CISSAC** Bei der ersten Probe 1987 reiner Cabernet, recht wohlschmeckend, doch mit leicht bitterem Abgang. Seitdem jedes Jahr dieselben Bewertungen. In jüngerer Zeit auf einer Cissac-Degustation recht ansehnlich: mitteltiefe, pflaumige Farbe; indifferente Nase; mitteltrocken und -schwer, keine schlechte Frucht, doch rauh.
*Zuletzt im Oktober 1990 verkostet \**

**CH. DUHART-MILON** Magnumflasche. Ziemlich tiefes, dunkles Kirschrot, erste Anzeichen des Ausbaus; eigenartiger Geruch nach Fisch, Austernschalen und Metall; mitteltrocken, ziemlich körperreich, kernig, aber schlicht, mit recht schöner, robuster Frucht und einem nicht übermäßig trockenen Abgang. Zusammen mit Speisen jedoch merkwürdig rauh.
*Zuletzt im Oktober 1988 verkostet \**

**CH. L'EGLISE-CLINET** Wenn man bedenkt, daß der Traubensatz normalerweise zu 80 % aus

Merlot besteht, ist der Wein recht befriedigend gelungen. «Süße», ziemlich marmeladige Nase, auch am Gaumen etwas «süß», recht leichtgewichtig, ausladender, aufgezuckerter Geschmack. Frühentwickler.
*Juli 1987 ★★ Austrinken.*

CH. L'EVANGILE Relativ blaß, entwickelt; weich, «süß», Karton und Erdbeeren; leicht, trocken, zusammengewürfelter Abgang. Etwas beißend.
*Mai 1991 ★*

CH. FIGEAC Mitteltief, fortgeschrittene Entwicklung; ziemlich flache, aufgezuckerte Nase mit Eisennuancen; mittelschwer, keine schlechte Frucht, trockener Abgang. Für St-Emilion ist die Cabernet-Sauvignon-Bestockung von Figeac ungewöhnlich hoch, der Merlot macht nur 30% aus.
*Zuletzt im Oktober 1992 verkostet ★★*

LES FORTS DE LATOUR Lebhafte Frucht; überraschend weich.
*November 1990 ★★ Austrinken.*

CH. DU GLANA Zwei Aufzeichnungen aus jüngerer Zeit. Jedenfalls nicht schlecht. Durchaus reichhaltig. Tanninbetont.
*Zuletzt im September 1989 verkostet ★*

CH. LASCOMBES Selektive späte Lese und sorgfältige Traubenauswahl erhöhten die Kosten um 50%, wobei die geringe Produktion in der Qualität durchaus annehmbar ausfiel. Im Faß zweifellos beeindruckend: intensives Rubinrot; eindringliches Cabernet-Sauvignon-Aroma und ebensolcher Geschmack; trocken, tanninbetont, klar umrissen, aber rauh. Nach der Flaschenabfüllung sehr tiefe, eindrückliche Farbe, in der Nase und am Gaumen sehr würzig. Trocken, körperreich.
*Zuletzt im November 1986 verkostet. Muß noch einmal degustiert werden.*

CH. LÉOVILLE-LAS-CASES Wie immer relativ füllig und gut strukturiert. Seit Mitte der 80er Jahre dreimal bewertet: sehr tief, intensiv, jugendlich; herrliche Frucht, der beste 84er, den ich verkostet habe; deutlich feiner als die meisten andern.
*Zuletzt im Oktober 1992 verkostet ★★★*

CH. LYNCH-BAGES Im Faß starkfarben, verschlossen, aber tief, reich und fruchtig. Ein Jahr später fand ich ihn in der Nase recht gewöhnlich und stielig, trocken, ziemlich körperreich, aber rauh und kurz. Zwei Jahre später offener und entwickelter, doch ziemlich unangenehm riechend und mit rauher Textur. Sollte mit reifem Weichkäse getrunken werden.
*Zuletzt im Oktober 1992 verkostet (★)*

CH. MALESCOT-ST-EXUPÉRY Relativ blaß, voll ausgebaut; leichte, wohlriechende Nase, doch trocken, leichtgewichtig und kurz.
*Januar 1989 ★ Austrinken.*

CH. MEYNEY Vier verhältnismäßig neue Aufzeichnungen. Tief, beeindruckend, im Ausbau; kirschartige Frucht; körperreich, tanninbetont, an Erde und Jod erinnernd. Als gewöhnlicher Wein schön zu trinken.
*Zuletzt im Juni 1991 verkostet ★★*

CH. LA MISSION-HAUT-BRION Tief, pflaumig; recht gute Nase, aromatisch, ein Hauch Limonen; fülliger als erwartet. Gewisses Maß an reifer Frucht, doch zu kurz.
*Zuletzt im Oktober 1992 verkostet ★★(★) Bis 1998.*

CH. MONTROSE Der schwächste aus einer kleinen Auswahl von 84er Médoc-Weinen auf der VinExpo im Juni 1985. Ohne die übliche Tiefe eines Montrose; merkwürdige Obertöne, pfeffrig, Nelken; flaumig, unbestimmt, kurz, ziemlich bitter.
*Zuletzt im Juli 1987 verkostet (★)*

MOULIN DES CARRUADES Zwei relativ neue Bewertungen. Recht ansprechendes, weiches Rubinrot; annehmbar wohlriechende Nase und entsprechender Geschmack. Sehr tanninbetont. Mit Speisen wirkt er recht erfrischend, und die rauhe Note kommt nicht so zur Geltung.
*Zuletzt im Oktober 1989 verkostet ★*

CH. LES ORMES-DE-PEZ Sehr tief; eigenartige, harte, stielige Nase; recht schöne Frucht, ausgesprochen positiv, aber ziemlich durchschnittlich, fast schon gewöhnlich.
*Zuletzt im Oktober 1986 verkostet ★*

CH. PALMER Mitteltief, dumpf und pflaumig; ganz gute Frucht in der Nase und am Gaumen; im April 1989 nicht begeisternd. Zwei Jahre später auf dem Château: relativ blaß mit Stich ins Orange; gefällige, doch unreife Frucht; leicht, kurz, ziemlich rauher und bitterer Abgang. Nicht schlecht.
*Zuletzt im Oktober 1993 verkostet ★*

CH. PICHON-LONGUEVILLE, BARON Relativ blaß, im Ausbau; neutrale Nase; trockener, lebhafter Cabernet-Sauvignon-Geschmack. Ziemlich rauh.
*Oktober 1988 ★(★)*

CH. PICHON-LONGUEVILLE, LALANDE Mitteltief, zeigt langsam gewisse Reife; Sattelgeruch und Tannin in der Nase und am Gaumen.
*Zuletzt verkostet im Oktober 1992 ★★★*

**Ch. Prieuré-Lichine** Relativ blaß, Schnellentwickler; etwas brandige Nase; harte Frucht, erwartungsgemäß rauh und kurz.
*In einer Magnum, Oktober 1988* ★

**Ch. Rausan-Ségla** Sehr tief, pflaumig, jugendliche Erscheinung; entgegenkommende Nase, lebhafte, brombeerartige Frucht in Duft und Geschmack. Tanninbetont.
*Mai 1988* ★★(★) *Bis 1998.*

**Ch. La Tour-Carnet** Mittelblaß, ganz leicht pflaumig, mit schwachem Rand; eigenartige, ziemlich künstliche, pikante Frucht, die sich recht wohlriechend entfaltete; trocken, verhältnismäßig leicht, zugänglich, wohlschmeckend. Kurz und würzig.
*Zuletzt im Juni 1988 verkostet* ★★

**Ch. La Tour-Haut-Brion** Nur eine, nicht ganz neue Bewertung. Überraschend blaß; rauhe Frucht in der Nase; unverhüllter Austernschalengeschmack mit metallischen und fruchtigen Nuancen, ziemlich hohl.
*Juli 1988* ★

### Kurze Notizen einiger anderer 84er:

**L'Amiral de Beychevelle** Rubinrot; stark aromatisiert; sehr viel neue Eiche, rauh, ausgesprochen tanninbetont.
*1988* ★

**Ch. Cantenac-Brown** Ziemlich tief, körperreich, verhältnismäßig reich, zum Kauen.
*1986* ★★

**Dom. de Chevalier** Mehr als 80% Cabernet Sauvignon. Ziemlich tief; gedämpft, dabei einiger Wohlgeruch; nicht schlecht, mit hoher Tanninkonzentration.
*1992* ★★

**Ch. Cos d'Estournel** Pikante, stielige Cabernet-Frucht, sehr trocken, rauh, tanninbetont.
*1992* (★)

**Ch. Cos Labory** Relativ blaß, mit schwachem Rand; zuckeriger Duft; leicht, zugänglich, wohlschmeckend. Muß getrunken werden.
*1986* ★

**Ch. Giscours** Charakteristische Tiefe; sehr eigenartige, dabei fruchtige Nase, unverwoben; voll, wohlschmeckend, zum Kauen, tanninbetont.
*1986* ★(★)

**Ch. Gloria** Mäßige Frucht; trocken, zum Kauen, dumpf.
*1987* ★

**Ch. Haut-Bages-Averous** Sehr tief, stielig; trocken, relativ voll, etwas füllig und fruchtig, aber rauh.
*1986* ★

**Ch. La Lagune** Tief, pflaumig; seltsam ansprechende Frucht in der Nase und am Gaumen. Ausgesprochen wohlschmeckend.
*1987* ★★

**Ch. Petit-Village** Geringer Ertrag, doch es gelangen 50% Merlot. Duftend, trocken, leicht säurebetont, kurz, aber sehr wohlschmeckend.
*1986* ★★

**Ch. Pibran** Gut entwickelte Farbe, ausgebaut, mit Stich ins Orange; zurückhaltend, Kaffeenuancen; trocken, ziemlich blechern.
*1989.*

## 1985 ★★★★★

*Es scheint weltweit in sehr guter Jahrgang zu sein, sicherlich aber in Europa: hervorragende toskanische Weine, die besten roten Burgunder, gewiß auch gelungenste Vintage Ports der 80er Jahre – und natürlich ein herrlich roter gleichgewichtiger Bordeaux. Meiner Ansicht nach wird dieser Jahrgang so hinreißend werden wie der 53er.*

*Im Januar richteten die Winterfröste großen Schaden an. Das Frühjahr war naß, mit heftigen Stürmen; in manchen Gegenden gab es im Mai und Juni verheerende Hagelfälle. Während der kritischen Blütezeit war das Wetter allerdings gut, gefolgt von einem heißen Juli, mit etwas Regen. Der August zeigte sich kühler, trocken und ziemlich trüb. Der trockenste September seit Beginn schriftlicher Aufzeichnungen war zudem auch sehr heiß; die Temperaturen übertrafen noch die Rekordzahlen aus den Jahren 1959, 1964, 1975 und 1982, nur 1961 blieb ungeschlagen. Zum Teil begann die Lese um den 22. September; die Geduldigeren wurden allerdings mit hervorragenden Erntebedingungen im Oktober belohnt.*

*Neben den Verkostungen direkt aus dem Faß und den Faßproben in London waren die ersten wirklich aussagekräftigen Vergleiche die* Grand-cru-*Degustation von 69 85ern bei Christie's im April 1987 sowie zwei große Blindproben der Zeitschrift* Decanter *mit Spitzengewächsen aus dem Médoc und von Pomerols 1992. Nur selten habe ich so viele gleichbleibend gute Beurteilungen von einer so breiten Palette an Weinen abgegeben. Es hat den Anschein, als ob nachgerade jeder und in allen Distrikten trefflich ausgewogene Weine hergestellt hätte. Keine «Knüller», sondern roter Bordeaux, wie er im Buche steht.*

**CH. LAFITE** Sechs jüngere Bewertungen: ziemlich tief, hübsches Kirschrot; die Nase, wie so oft, zunächst unterschwellig, doch fein und edel und mit sehr guter Frucht, entfaltete sich schön im Glas, getoastet, elegant, großes Potential; mitteltrocken, mittelschwerer Körper, sehr guter Frucht-, Tannin- und Säuregehalt. Lang, etwas schlank. Vor kurzem: komplettes Gewicht, wunderbar ausgewogen. Dürfte ein perfekter Bordeaux von vornehmer Zurückhaltung werden.
*Zuletzt bei einer Degustation von Christie's Master Class verkostet, im März 1992* ★★★(★★) *1995 bis 2015.*

**CH. MARGAUX** Als erstes im Juni 1987 aus dem Faß probiert. Zwar tief, aber nicht so intensiv wie der ein Jahr alte 86er, dagegen offener, wohlriechender und deutlich fülliger. Zwei Monate später erneut verkostet, als ich auf dem Château Marvin Shankens halbe Flasche des 1784ers neu verkorkte. Bei dem sich immer noch im Faß befindenden 85er fiel mir die «süße» junge Frucht und der würzige Duft der neuen Eiche auf. Ein reicher, vollmundiger Wein, trotz des jugendlichen Tannins mit weicher Frucht. Danach drei weitere Bewertungen 1990. Eine etwas spröde Flasche mit leichtem Korkgeruch, eine andere «süß», harmonisch, samtig und elegant. Kein femininer Margaux. Mundfüllend.
*Zuletzt im August 1993 verkostet* ★★★(★★) *Jetzt bis 2020.*

**CH. LATOUR** Neun Aufzeichnungen. Erstmals im September 1986 unmittelbar vor dem Schönen im Keller probiert. Intensives Purpurrot; hochgetönt, mit Zitrusnote; voll, fleischig, faszinierend, mit deutlichem Geschmack nach schwarzen Johannisbeeren. Sechs spätere Bewertungen; auf der Latour-Mouton-Degustation in Wiesbaden, März 1989: mitteltief, entwickelter als der 86er; gehaltvoll, gut gebaute Nase, die sich im Glas reichhaltig entfaltete; ansprechend in Frucht, Länge und Nachgeschmack. Sehr stilvoll. In zwei Meisterklassen von Christie's Weinseminarien: ansprechende Farbe, nicht so tief wie erwartet; wunderbares, gut entwickeltes Bukett, «süß», Schokoladen-Fondant, doch mit einer harten Unterlage, am Gaumen wunderbar «süß» und fruchtig. Körperreich, dabei abgerundet. Geschmack nach Pistazien. Alle Elemente vorhanden. Betörend. Bereits jetzt vorzüglich zu trinken, doch mit großer Zukunft.
*Zuletzt im September 1990 verkostet* ★★(★★★) *Bald bis 2010 oder länger.*

**CH. MOUTON-ROTHSCHILD** Erstmals im Juni 1986 aus dem Faß probiert: phantastisch tiefe, reiche, doch undurchsichtige Farbe; herrliche Frucht, wenn auch – wie beim Latour – die Unterlage hart ist; voll, fleischig, doch auch ein bißchen schlank. 1989 zweimal degustiert: die Nase erinnerte mich an Brombeeren und Veilchen, klassisch, fein, aber etwas streng. Und auf der Latour-Mouton-Degustation von Frericks/Wodarz: tief, dabei weit entwickelter als der 86er; gefällige jugendliche Würze und Frucht, gehaltvoll – erinnerte an Kalbfleisch – und alkoholstark. In der Nase weniger spektakulär als der 86er. Mitteltrocken, ziemlich körperreich; trotz der Fülle und Frucht etwas spröde. Tanninbetont. In jüngerer Zeit: herrliche Nase; elegant, vorzügliche Struktur und wunderbarer Nachgeschmack. Meine beste Bewertung auf der *Decanter*-Blindprobe von 85er Médoc-Weinen.
*Zuletzt im Dezember 1990 verkostet* ★★(★★★) *1998 bis 2015.*

**CH. AUSONE** Nur einmal, auf Flatts Vertikaldegustation mit Ausone-Weinen, verkostet: mitteltief, lebhaft, unentwickelt; vorzügliche, köstliche, junge Frucht, gut verständlich, attraktiv, tanninbetonte, fast unangenehm «süße» Nase; am Gaumen voll, fruchtig, mit guter Länge. Attraktiv.
*Oktober 1987* ★★(★★) *Bis etwa 2005.*

**CH. CHEVAL BLANC** Im Faß: tief und purpurn; eigenartige, irgendwie angespannte, zurückhaltende Nase; schönes Gewicht, hübsche Gestalt und sehr gute Frucht. In jüngerer Zeit: reich, im Ausbau; zunächst Eisen-, Klee- und Minzenuancen, reichhaltige, fast drängende Entfaltung; «süß», voller Frucht und Extrakt, hervorragende Länge und Augewogenheit. Vorzüglich.
*Zuletzt im März 1991 verkostet* ★★★(★★) *Bis 2010.*

**CH. PÉTRUS** Machte sich gut auf Johann Bjürklunds Pétrus-Degustation: mitteltief, sehr ausgeprägtes Rubinrot; ausgesprochen entgegenkommende Nase, wirkte unmittelbar nach dem Einschenken voll entwickelt, reich, «süß» und schokoladig, dann hielt sie sich etwas zurück, nach einer Stunde öffnete sie sich voll und nach zwei Stunden im Glas zeigte sich schließlich ein herrlich reifes Maulbeeraroma. Am Gaumen «mittelsüß» und mittlerer Körper, mit schöner Frucht, feinem Geschmack, komplett in Gleichgewicht, Tannin und Säure.
*April 1990* ★★★(★★) *Bis 2020.*

**CH. L'ANGÉLUS** Erstmals auf Nathl. Johnstons Faßprobenpräsentation im Mai 1986 degustiert: reich, stilvoll. Auf der *Grand-cru*-Degustation von Christie's im April 1987 ebenfalls gut. Ein eleganter, wohlgeformter Wein. Zwei Jahre später: «süße», gefällige, harmonische Nase; auch am Gaumen «süß», sehr ansprechend in Geschmack, Frucht, Tannin und mit erfrischender Säure.
*Zuletzt im April 1989 verkostet* ★★★ *Bis 1998 zu trinken.*

**CH. D'ANGLUDET** Sechs Aufzeichnungen aus jüngerer Zeit: gute Farbe, tief, reich, immer noch ziemlich jugendlich; ausgeprägte Nase, reif, eigen-

artig aromatisch, würzig; bemerkenswert weicher, köstlicher Geschmack, guter, trockener, tanninbetonter Abgang und lebhafte Säure.
*Zuletzt im April 1993 verkostet* ★★★★

**CH. BATAILLEY** Zehn Bewertungen jüngeren Datums: ansprechend pflaumige Farbe; weiche, «süße», gefällige Nase, vorzügliche Frucht, ohne harte Kanten; der Gaumen der Nase entsprechend: «süßer», anregender Geschmack, schönes Gewicht, beträchtliche Länge mit weichem Tannin. Ein typischer Batailley, mit mehr Frucht als Finesse. Ein gefälliger Wein.
*Zuletzt im Mai 1993 verkostet* ★★★ *Bis über das Jahr 2000.*

**CH. BELGRAVE** Zwei Notizen: recht schöne Frucht, aber nichts Besonderes. «Süß», ausdrucksarm. Wenn der Wein in einem Jahrgang wie 1985 seinem Status als *Cinquième Cru* nicht gerecht werden kann, um wieviel weniger dann erst in andern Jahren.
*Zuletzt im Dezember 1990 verkostet* ★★

**CH. BEYCHEVELLE** Drei unterschiedliche und wenig aussagekräftige Proben aus dem Faß bei Nathl. Johnstons erster Verkaufsdegustation des 85er Jahrgangs. Als nächstes im August 1987, einen Monat nach Beendigung der Flaschenabfüllung, bewertet: in der Nase zwar immer noch hart, am Gaumen jedoch überraschend weich und zugänglich. Gut im Januar und im Dezember 1989. Zwölf Monate später fast identische Beurteilungen: satte, pflaumige Farbe; ansprechende, wohlriechende, brombeerartige Zitrusnase; ziemlich «süß», schön in Gewicht, Fülle, Weinigkeit und Struktur. Weiche Tannine. Ansprechend.
*Zuletzt im Mai 1993 verkostet* ★★★(★) *Bis 2000 und länger.*

**CH. BOYD-CANTENAC** Ein attraktiver, zugänglicher, weicher Wein auf der *Grand-cru*-Degustation im April 1987. Als nächstes im Januar 1989: wenig Farbveränderung, interessantes, pfeffriges, kerzenwachsartiges Bukett, mit recht guter Tiefe; mitteltrocken und -schwer, gefällige Struktur, gute Länge. Bei der letzten Gelegenheit eine schlechte Flasche mit zuviel Holz. *Zuletzt im Dezember 1990 verkostet.*
*Im besten Fall* ★★(★) *Bis 2000.*

**CH. BRANAIRE-DUCRU** Im April 1987 ziemlich schwacher Rand: relativ «süße» Nase, sehr schöne Frucht; trocken, dabei schlank, pfeffrig und mit zu wenig Fleisch. Später leicht rosagetönt, in der Nase immer noch «süß», weinig, wohlriechend. Trocken, schönes Gewicht, recht gefällig. Erfrischende Säure. Ausreichend angenehm, doch keine Spitzenklasse.
*Zuletzt im Oktober 1991 verkostet* ★★★ *Bis 1998.*

**CH. BRANE-CANTENAC** Die gewohnte, überreife und verschwitzte Landgut-Nase; deutlich «süß» am Gaumen, körperreich, recht voll im Geschmack, reich, würzig – großartig in der üppigländlichen Art.
*Zuletzt im Dezember 1990 verkostet* ★★★ *Bis 1998.*

**CH. CALON-SÉGUR** Die Probe aus dem Faß im Mai 1986 schien mir etwas künstlich; im September desselben Jahres eine wesentlich bessere Faßprobe auf dem Château: sehr schön tief und fruchtig. Im April 1987 war der Wein ausgesprochen «süß», wobei der Körper und die Frucht den Tanningehalt überdeckten. Im Januar 1989 immer noch tief, doch gutentwickelt; geradlinig, jung, pfeffrig und fruchtig in der Nase; körperreich, schöne Textur, guter Tannin- und Säuregehalt. Bei der letzten Gelegenheit weniger eindrücklich; ich empfand die verkostete Flasche in der Nase ziemlich unangenehm, mit Sattelgeruch, außerdem etwas kurz.
*Zuletzt im März 1992 verkostet* ★★(★)?? *1995 bis 2010.*

**CH. DE CAMENSAC** Neun neuere Aufzeichnungen. Schöner Wein, gut für eine Veränderung in seiner Einstufung als klassifiziertes Gewächs: mitteltief, sehr attraktiv, lebhafte Cabernet-Nase; leicht «süß», weich, zugänglich.
*Zuletzt im Januar 1992 verkostet* ★★★ *Bis 2000.*

**CH. CANON-LA-GAFFELIÈRE** Im April 1987 fruchtig und ansprechend. Genau zwei Jahre später: ziemlich tief, immer noch jugendlich; weiche, «süße», fruchtige Nase und ebensolcher Geschmack. Jetzt komplett.
*Zuletzt im Dezember 1990 verkostet* ★★★ *Bis 1998.*

**CH. CANTEMERLE** Drei gleichlautende und nicht allzubegeisterte Aufzeichnungen. Im April 1987 hart, zum Kauen, tanninbetont. Auf den beiden *Decanter*-Degustationen tief und ziemlich intensiv, dabei im Ausbau; zurückhaltend, leicht malzig, etwas unangenehm riechend, am Gaumen «süß», recht reichhaltig und fruchtig. Dennoch kein Spitzen-85er und sicher nicht das Beste, das Cantemerle zu leisten imstande ist.
*Zuletzt im Dezember 1990 verkostet* ★★ *Bis 1996.*

**CH. CANTENAC-BROWN** Drei ziemlich neue Aufzeichnungen: sehr tief, pflaumig, immer noch unentwickelt; «süß», stämmig, vegetabil in der Nase, die sich im Glas als Vanille-, Erdbeer- und Bienenwabenwohlgeruch entfalten; relativ «süß», intensiv wohlschmeckend, mit schöner Struktur. Attraktiv, nicht groß.
*Zuletzt im Januar 1989 verkostet* ★★★ *Bis 1996.*

**CH. LA CARDONNE** Erscheint in einem Jahrgang wie dem 85er in seiner schönsten Form. Gute Frucht. Ein ausgewogener, köstlicher Tropfen.
*Zuletzt im November 1992 verkostet* ★★★ *Bis 1995.*

**CH. CHASSE-SPLEEN** Im Mai 1986 eine hervorragende Faßprobe: sehr gut in Frucht und Würze. Ein Jahr später: wohlriechende Zedernholznase, bemerkenswerte Länge, guter Nachgeschmack. Bei der nächsten Gelegenheit: immer noch ziemlich dickes, dunkles Kirschrot; zunächt zurückhaltend und tanninbetont, doch mit viel Frucht; gefällige, johannisbeerartige, reichhaltige Frucht, genügend Fleisch, leicht bittere Tannine und gute Säure. Qualifizierte sich als guter Mittelstreckenläufer.
*Zuletzt im Februar 1988 verkostet ★★★(★) Bis 1998.*

**DOM. DE CHEVALIER** Erstmals im Mai 1986 auf dem Château verkostet. Mäßige Produktion von 4500 Kisten. Sattes Purpurrot, sehr entgegenkommende Nase, voller Frucht, Würze, Jod; relativ voll, schlank und wohlriechend. Ein Jahr später eine reiche, tanninbetonte Nase mit Sattelgeruch; sehr gut in Geschmack und Gleichgewicht. Etwas später: immer noch tief und jugendlich; ein schöner, fruchtiger Wein. Durch und durch trokken.
*Zuletzt im September 1993 verkostet ★★(★★) 1996 etwa 2005.*

**CH. CLERC-MILON-MONDON** Bei einer Probe aus dem Faß im April 1987 leichtes Kohlensäureprickeln, doch ausgesprochen betörende Nase. Auf den beiden *Decanter*-Degustation fast identische Bewertung: immer noch sehr tief, doch im Ausbau; wohlriechende, geradezu üppig reife Nase; schön in Geschmack, Gewicht und Tannin, deutliche Säure.
*Zuletzt im Januar 1993 verkostet ★★★ Bis 1998.*

**CH. CLINET** Sehr guter Wein. Im April 1987 reich, füllig und köstlich. Zwei Jahre später: tief, jugendlich; schöne Frucht; ausgesprochen «süß», guter Extrakt und Geschmack.
*Zuletzt beim Mittagessen auf Ch. Canon verkostet, April 1989 ★★★(★) Bis 2000 und länger.*

**CH. LA CONSEILLANTE** Tief, eindrucksvoll; reich, klassisch; süß, frisch, herrliche Frucht.
*Zuletzt verkostet im Juni 1992 ★★★(★) Jetzt bis 2000 und länger.*

**CH. COS D'ESTOURNEL** Erste Probe aus dem Faß auf dem Château: elegant, zedernholzartig, fruchtig, würzig. Sehr schön im Januar 1989: Brombeernuancen in Duft und Geschmack. Großes Potential. Zwölf Monate später bei der Degustation der Hollywood Wine Society: immer noch ein sattes, reiches Rubinrot; vorzüglich, «süß», harmonisch, zedernholzartiger Duft mit leichten Anklängen von Teer; komplett in Ausgewogenheit und Länge. Gute Entwicklung.
*Zuletzt im Dezember 1990 verkostet ★★★(★) Bis 2010.*

**CH. COS LABORY** Tiefes, doch relativ fortgeschrittenes Aussehen. Bei der Degustation im Januar 1989 fand ich die Nase überraschend offen und entwickelt. Auf der letzten Verkostung dann weit weniger, dennoch mit schöner Frucht. Sehr gefälliger Geschmack. Seidige Tannine.
*Zuletzt im Mai 1993 verkostet ★★★ Jetzt bis 2000.*

**CH. CROIZET-BAGES** Schien sich zu schnell zu entwickeln; «süß», einnehmender Duft und Geschmack. Zu zugänglich.
*Januar 1989 ★★ Bis 1995.*

**CH. DAUZAC** Tief; «süße», entgegenkommende Nase, etwas ungleichmäßig; mittelschwerer Körper, von einiger Konzentration, doch insgesamt ein zugänglicher, eleganter Stil, Eichennote, tanninbetont.
*Zuletzt im Juni 1992 verkostet, gerade noch ★★★ Bis 1996 zu trinken.*

**CH. DESMIRAIL** Am Anfang jugendlich und intensiv; gleichbleibend wohlriechendes Bukett, lebhaft, schön entfaltet, mit Veilchennuancen. Entsprechender Geschmack. Mittelgewichtig und ansprechend.
*Zuletzt im Dezember 1990 verkostet ★★★ Bis 2000.*

**CH. DUCRU-BEAUCAILLOU** Im Mai 1986 trocken, mit guter Struktur und mäßiger Länge. Ein Jahr später verschlossene, tanninbetonte Nase mit Sattelgeruch; reich; relativ voll, am Gaumen tanninbetont, recht guter Nachgeschmack. Auf der *Decanter*-Degustation im Januar 1989 kam mir der Wein etwas stielig und zu kurz vor, doch als er einen Monat später von Xavier Borie auf einer Degustation präsentiert wurde, machte er sich recht gut: tief, pflaumig, intensiv, hell; ziemlich medizinale Nase, Eisen- und Vanille-Töne, doch nach einer Weile im Glas entwickelte sich ein gefälliger Duft; lebhafte Frucht. Geradlinig.
*Zuletzt im Dezember 1990 verkostet ★★(★★) 1995 bis 2010.*

**CH. DUHART-MILON** Vier Aufzeichnungen aus jüngerer Zeit: tiefes, minzeartiges, reiches Cabernet-Sauvignon-Aroma; gefällig in «Süße» und Gewicht, weiche Frucht, beträchtliche Extraktstoffe, sehr ansprechender Geschmack.
*Zuletzt im Mai 1991 verkostet ★★★ Bis 1998.*

**CH. DURFORT-VIVENS** Recht gut auf der *Grand-cru*-Verkostung und den beiden *Decanter*-Degustationen: satte Farbe; klassisches, recht tiefes Bukett; ziemlich körperreich, lebhaft, mit reifer Frucht, Extraktstoffen, Tannin- und Säuregehalt. Wird jetzt milder.
*Zuletzt im Dezember 1990 verkostet ★★(★) Bis 2000.*

DOM. DE L'EGLISE Pomerol. Mitteltief, samtig, im Ausbau, offen, am Rand bereits bräunlich; vorzüglich in Frucht und Fülle. Im Duft fast wie ein Graves. Nach 15 Minuten Malz-, später Honigtöne. Am Gaumen ausgesprochen «süß». Reiche Frucht. Interessante Struktur. Ein sehr schöner, aber widersprüchlicher Wein.
*Zuletzt im Juni 1992 verkostet* ★★★★ *Aber bald trinken!*

CH. L'EVANGILE Herrlich tief; schöne Frucht; sehr fein im Geschmack, seidige Tannine, gute Länge. Ein Charmeur.
*Spencer House, Mai 1991* ★★★(★) *Bis 2000.*

CH. FERRIÈRE Mitteltief, lebhaft, jugendlich; schön entwickelt, bisquitartig, ausgesprochen wohlriechend; vorzüglicher Geschmack und ebensolche Struktur, tanninbetonter Abgang.
*Januar 1989* ★★★ *Bis 2000.*

CH. DE FIEUZAL Im Mai 1986 gut, auf der *Grand-cru*-Degustation im April 1987 sehr ansprechend: recht «süß», harmonisch, lebhafte Frucht, tanninbetont.
*Zuletzt im April 1991 verkostet* ★★★ *Bis 2000.*

CH. FIGEAC Erstmals im Mai 1986 auf dem Château aus dem Faß probiert. Vortrefflicher Wein, voller Frucht. Auf Desais Figeac-Degustation: ziemlich tief, pflaumig; sehr wohlriechend; ausgesprochen wohlschmeckend, weich, doch schön griffig, Verbindung von Frucht- und Eichentönen. Sehr attraktiv.
*Zuletzt im Dezember 1989 verkostet* ★★★★ *Bis 2000.*

LES FORTS DE LATOUR Satte, pflaumige Farbe; gute Frucht, Vanille-Töne, tief; relativ voll, überraschend weich.
*Zuletzt auf Ch. Latour verkostet, im Juni 1992* ★★★ *Bis 2000.*

CH. GAZIN Reich, eindrucksvoll, fleischig, gutes Tannin, gute Säure.
*Juni 1992* ★★★(★) *Jetzt bis 2000 und länger.*

CH. GISCOURS Wohlriechend, doch mit deutlicher «Virol»-Malzigkeit, die mich an den 28er Haut-Brion erinnerte. Im Januar 1989 eigenartige, sehr tanninbetonte Flaschen. Jetzt im Ausbau; leicht malzige, aufgezuckerte Brombeernase; am Gaumen «süß», ziemlich körperreich, fruchtig und griffig, dennoch schlicht. Ohne den Charme eines 85ers. Auf der jüngsten *Decanter*-Zusammenstellung jedoch sehr reifes Erscheinungsbild, im Geschmack «süß» und schlicht.
*Zuletzt im Dezember 1990 verkostet* ★★? *Bis 2000.*

CH. GRAND-PUY-DUCASSE Auf der Degustation von H. Sichel im Mai 1986 eine wohlriechende, würzige und anprechende Probe aus dem Faß.

Im Januar 1989: immer noch tief und jugendlich; «süß», wohlriechend, brombeerartig, doch unverwoben; am Gaumen ebenfalls ziemlich «süß». Leicht medizinaler, tanninbetonter Abgang. Ein recht schönes, elegantes Gewächs, doch in gewisser Weise zurückhaltend. Ein guter Ducasse.
*Zuletzt im Dezember 1990 verkostet* ★★(★) *Bis 1998.*

CH. GRAND-PUY-LACOSTE Eine hervorragende, kernige, würzige Probe aus dem Faß bei der Degustation von Nathl. Johnston im Mai 1986. Im April 1987 eine starkfarbene, klassische, ehrliche Flasche. Bei der ersten *Decanter*-Degustation im Januar 1989 und einen Monat später bei der Borie-Probe in Hollywood (Florida) durchlief der Wein gerade eine ziemlich schwierige Phase. Nach wie vor tief, pflaumig; klassisch, doch zurückhaltend; hervorragende Zukunft.
*Zuletzt im Oktober 1993 verkostet* ★★(★★★) *1995 bis 2015, je länger man ihn ruhen läßt, desto besser.*

CH. GRUAUD-LAROSE Sechs neuere Bewertungen: immer noch beeindruckend tief und intensiv; wohlriechende, lebhafte, harmonische Nase; leicht «süß», ansprechend in Gewicht, Geschmack und Stil. Gefällige Frucht, Fülle und Länge.
*Zuletzt im September 1993 verkostet* ★★★(★★) *Bis 2005.*

CH. HAUT-BAGES-LIBÉRAL Im Mai 1986 eine hefige, bittere, unfertige Probe aus dem Faß – warum werden Weine in diesem Zustand bereits dem Handel vorgestellt? Im Januar 1989 Nase zunächst stämmig, hart und alkoholbetont, entfaltete sich jedoch wohlriechend; Geschmack, Struktur, Tannin und Säure gut. Bemerkenswert gute Noten auf der jüngsten Degustation: beeindruckend tief, im Ausbau; reichhaltig entfaltete, reife, fruchtige Nase; «süß», körperreich, weich, fleischig. Ein vorzüglicher Wein.
*Zuletzt im Dezember 1990 verkostet* ★★(★★) *Jetzt bis 2000.*

CH. HAUT-BAILLY Gute, füllige Faßprobe im Mai 1986. 1987 würzig. Inzwischen mitteltief; «süße» Nase; außergewöhnlich reich, rustikal, eindringlich.
*Zuletzt im Mai 1993 verkostet* ★★★(★) *Bis 2000 und länger.*

CH. HAUT-BATAILLEY Köstliche Faßprobe im Mai 1986. Im nächsten Frühjahr elegant und ansprechend auf der *Grand-cru*-Degustation. Bei der ersten *Decanter*-Degustation zwei unausgeglichene Flaschen, die eine davon leicht stielig, beide trocken und faserig. Auf der Degustation von Xavier Borie bereits etwas entwickelt, doch wiederum leicht stielig – nasses Strauch mit einem Hauch Cabernet Sauvignon. Drei Monate später wieder stielige Nase; «süßer», recht eigenartiger Ge-

schmack. Auf der jüngsten *Decanter*-Degustation: starkfarben, doch im Ausbau, zunächst verschlossen und staubig, dann wohlriechend; schönes Gewicht, elegant. Vielleicht etwas kurz.
*Zuletzt im September 1993 verkostet ★★(★)? Bis 1998 trinkbar.*

CH. D'ISSAN Fünf Bewertungen. Im April 1987 wohlriechend, hochgetönt, etwas schlank, aber stilvoll. Danach im Januar 1989: mitteltief; Veilchenduft, gute Fruchttiefe, mittelschwer, wohlschmekkend, immer noch ziemlich unverwoben, tanninbetonter Abgang. Als letztes: auch blind degustiert, «süß», weich, harmonisches Bukett und ebensolcher Geschmack. Vorzüglicher Wein.
*Zuletzt im Januar 1993 verkostet ★★★★ Bis 2000.*

CH. KIRWAN Ebenfalls auf der *Grand-cru*-Degustation und auf den beiden *Decanter*-Blindproben verkostet. In der Nase herrlich reiche Frucht, in der Jugend mit interessanter und ungewöhnlicher Zitrusnote am Gaumen. Nach wie vor tief; «süßes», harmonisches, entgegenkommendes Bukett, ebenfalls – wie d'Issan – mit Veilchennuancen; locker gewoben, dennoch voll, fleischig und wohlschmeckend.
*Zuletzt im Dezember 1990 verkostet ★★★ Bis 2000.*

CH. LAFON-ROCHET Selbst in einem Jahrgang wie 1985 ein tanninbetonter, ziemlich strenger, kompromißloser Wein. Auf der *Grand-cru*- und den beiden *Decanter*-Degustationen bewertet. Immer noch sehr tief, mit ersten Anzeichen des Ausbaus; verschlossene, staubige Nase, pflaumige Frucht; mitteltrocken und -schwer, gut zusamengefügt, doch auffallend tanninbetont.
*Zuletzt im Dezember 1990 verkostet ★(★★) 1995 bis 2005.*

CH. LAGRANGE St-Julien. Vier neuere Bewertungen: beeindruckend tief; Nase nicht sehr klar umrissen, aber weinig, mit Zedernholznuancen; ausgesprochen «süß», ziemlich körperreich, mit schöner, zugänglicher, pflaumiger Frucht sowie angemessenem Tannin- und Säuregehalt. Gute Punktzahl bei einer Blindprobe in jüngerer Zeit: Nase wie Portwein und Kaffee; weich, reich, füllig.
*Zuletzt im Dezember 1990 verkostet ★★★★ Bis 2000.*

CH. LA LAGUNE Bei Nathl. Johnstons Degustation im Mai 1986 gut, reich und sehr würzig, desgleichen auch auf der ersten *Decanter*-Probe: tief; herrliche Nase mit fruchtigen und würzigen Nuancen; ziemlich «süß», reich, schönes Gewicht, betörende Eichennote, gute Tannine. Sehr gefällig.
*Zuletzt im Januar 1989 verkostet ★★★(★) Bis 2000 und länger.*

CH. DE LAMARQUE Im April 1987 bei Christie's schöne Farbe; eigenartige, hochgetönte, pfeffrige Nase, dabei wohlschmeckend und charmant. Trotz Duftentfaltung immer noch mit Sattelgeruch und etwas enttäuschend, wenn auch recht schön «süß», mittelleicht, weich und ganz hübsch.
*Zuletzt im Dezember 1989 verkostet ★★ Bis 1996.*

CH. LANGOA-BARTON Auf der *Grand-cru*-Degustation 1987: vielschichtige Farbe, gute Frucht; schlank, trocken, tanninbetont. Im Januar 1989 auf der ersten *Decanter*-Degustation: immer noch etwas rauhe Frucht, dennoch ein ansprechender, zugänglicher Wein. Als letztes: elegant, doch mit einer Spur Stieligkeit.
*Zuletzt im Dezember 1990 verkostet ★★★ Bis 2000 und länger.*

CH. LASCOMBES Im April 1987 ziemlich harmonisch und befriedigend. Auf der *Decanter*-Degustation im Januar 1989: immer noch sattes, intensives, jugendliches Erscheinungsbild; leicht karamelartige, gut entwickelte Nase; «süß», mittelschwer, reich, harmonisch, schöne Struktur, gute Tannine. Ganz ähnliche Bewertungen auf den jüngsten Weinproben. Im Abgang vielleicht eine Spur zu schwach.
*Zuletzt im Januar 1992 verkostet ★★(★) Jetzt bis 2005.*

CH. LATOUR À POMEROL Unterschiedlich, eine hölzern, stielig, die andere süß und weich.
*Im Juni 1992. Im besten Fall ★★★(★) Jetzt bis 2000.*

CH. LÉOVILLE-BARTON Auf der Degustation von H. Sichel im Mai 1986 glaubte Anthony Barton, daß seine Probe aus dem Faß nicht in Ordnung wäre, doch sie erwies sich als würzig und relativ weich. Im folgenden Frühling: sehr lebhaft, fruchtig und tanninbetont. Vorzüglich in Geschmack und Struktur. Ganz kürzlich gefällig in Gewicht und Geschmack. Trinkt sich gut.
*Zuletzt verkostet im April 1993 ★★★(★) Jetzt bis 2000 und länger.*

CH. LÉOVILLE-LAS-CASES M. Delon läßt sich nur selten dazu bewegen, Probeflaschen aus dem Faß zu ziehen. Erfahrungsgemäß eine ganz vernünftige Haltung. Wie es der Zufall aber wollte, konnte ich im Mai 1986 den 85er aus dem Faß probieren. In der Nase zwar zurückhaltend, doch dahinter versteckte sich eine herrliche Frucht und Weinigkeit; am Gaumen ein voller, reicher, klassischer junger Wein. Colin Parnell mußte wohl seine ganzen verlegerischen Überredungskünste eingesetzt haben, um zu Faßproben zu kommen, denn in beiden 85er-Listen der Zeitschrift *Decanter* waren Las-Cases-Flaschen vertreten. Immer noch sehr tief, intensiv und jugendlich; feine, klassische Nase. Kernig. Wohlschmeckend. Ein Star steht auf Abruf bereit.
*Zuletzt im Dezember 1990 verkostet ★★(★★★) 1995 bis 2015.*

CH. LÉOVILLE-POYFERRÉ Im Mai 1986 attraktiv, doch leichter im Stil als der Nachbar Ducru-Beaucaillou. Im Januar 1989; «süße», gehaltvolle Nase; ziemlich körperreich, gut in Frucht und Struktur. Bei der letzten Gelegenheit: tief, Brombeerfrucht; schöner Wein.
*Zuletzt im Oktober 1993 verkostet* \*\*\* *Bis 2000.*

CH. LYNCH-BAGES Auf den beiden Londoner Verkaufsdegustationen im Mai 1986 gute Proben aus dem Faß: starkfarben, intensiv; vorzüglich feste Frucht, fleischig, würzig, «medizinaler» Médoc-Duft. Im folgenden April ähnliche Bewertung, etwas schlank, dabei von gutem, kernigem Fleisch, mit Ingwertönen. Im Herbst 1988 reich und pflaumig, vorzüglich in Frucht, Länge, Tannin und Potential. Im Januar 1989 immer noch jugendliche Farbe; ausgesprochen origineller Duft und Geschmack, seidige Struktur. Gutes Gewicht. Schöner Nachgeschmack. Ein guter, reicher, wohlschmeckender Wein.
*Zuletzt im Dezember 1990 verkostet* \*\*\*(\*\*) *Bis 2005.*

CH. LYNCH-MOUSSAS Bei der *Grand-cru*-Degustation 1987 ansprechend, aber etwas oberflächlich. Auf der jüngsten *Decanter*-Weinprobe wohlriechend, schmackhaft und zugänglich.
*Zuletzt im Dezember 1990 verkostet* \*\* *Bis 1996.*

CH. MALESCOT-ST-EXUPÉRY Vier Aufzeichnungen aus neuerer Zeit. Am besten eine *Impériale* auf der Malescot-Degustation zum Abendessen von Rodenstock: reich, fruchtig, lebhaft, mitteltrocken, ziemlich körperreich, reif, würzig. Eine Spur Eisen im tanninbetonten Abgang. Eine recht schöne, sehr fruchtige Flasche auf der jüngsten *Decanter*-Degustation. In der Nase besser als am Gaumen.
*Zuletzt im Dezember 1990 verkostet* \*\*\* *Bis 2000.*

CH. DE MARBUZET Erstmals auf Cos im Mai 1986 verkostet: starkfarben; würzig, staubige, feigenartige Frucht; trocken, lebhaft. In jüngster Zeit: immer noch ziemlich tief; gefällige, hochgetönte Nase; wie ich vermerkte, wiederum «staubig», fruchtig; voll, fleischig, gefällig.
*Zuletzt im März 1993 verkostet* \*\*\* *Bis 2000.*

CH. MARQUIS D'ALESME-BECKER Zwei Bewertungen, beide von den *Decanter*-Blindproben. Tanninbetont, ziemlich stielig, apfelartige Nase; trocken, körperreich, tanninbetont und streng im Januar 1989. Eindrücklich, aber nicht attraktiv.
*Zuletzt im Dezember 1990 verkostet* (\*) *Ungewisse Zukunft.*

CH. MARQUIS-DE-TERME Diese «Aristokraten» aus Margaux sind etwas verwirrend. Drei Bewertungen aus jüngerer Zeit: eigentümliche,

feigenartige, portweinähnliche Nase im Januar 1989 auf den beiden *Decanter*-Degustationen, wohlschmeckend, unverwoben, dabei durch und durch ansprechend. Recht gut auf einer Vorverkaufsdegustation im Juli 1989: tief, immer noch jugendlich; attraktives Cabernet-Sauvignon-Aroma; leicht «süß», mittelschwerer Körper, reich, verbindlich, ausreichend gefällig, ziemlich tanninbetont. Bei der letzten Probe gewisse Eleganz und Verbindlichkeit.
*Zuletzt im Dezember 1990 verkostet* \*\*(\*) *Jetzt bis 2005.*

CLOS DU MARQUIS Dieser Marquis ist der Zweitwein des *Deuxième Cru* Las-Cases. Erstmals im Mai 1986 als Probe aus dem Faß verkostet, im selben Monat dann noch einmal auf dem Château. Zunächst etwas rauh, doch mit guter Frucht. Frisch vom Faß wirkte die Nase etwas jung und stielig, am Gaumen war der Wein jedoch weicher. Später dann bei einer Degustation der *Food & Wine Society*: immer noch bemerkenswert sattes, pflaumiges Purpurrot; eine Nase wie gekochte Brombeeren oder wie Brombeer- und Apfelkuchen! Sattelgeruch von den Tanninen. Trocken, körperreich, reichhaltig, zum Kauen, trockener, tanninbetonter Abgang. Ein empfehlenswertes Auftreten für einen Zweitwein.
*Zuletzt im November 1989 verkostet* \*(\*\*) *Jetzt bis 2000 und länger.*

CH. LA MISSION-HAUT-BRION Nur einmal degustiert: tief, lebhaft; schöne, reife, maulbeerartige Frucht, die sich herrlich entfaltete; mitteltrocken, vorzüglich in Frucht, Gewicht, Ausgewogenheit, Tannin- und Säuregehalt. Hervorragend.
*Auf der La-Mission-Degustation von Wolf im Juni 1990 verkostet* \*\*\*(\*\*) *1995 bis 2020.*

CH. MONTROSE Im April 1987 auf der *Grand-cru*-Degustation eine körperreiche, reichhaltige, sehr überzeugende Flasche. Im Januar 1989 relativ unentwickelt; ziemlich hart, gute Länge, mit Frucht und allen Elementen, die ein langes Leben garantieren. Immer noch sehr tief; reiche Nase; «süß», verbindlich und elegant für so einen verhältnismäßig jungen Montrose.
*Zuletzt im Dezember 1990 verkostet* \*\*(\*\*) *1995 bis 2010.*

CH. MOUTON-BARONNE PHILIPPE Vier jüngere Aufzeichnungen: recht gute Frucht; schönes Gewicht.
*Zuletzt im Dezember 1993 verkostet* \*\*\* *Jetzt bis 2000.*

CH. PALMER Fünf ziemlich neue Bewertungen: starkfarben, intensiv; herrlich «süße», lebhafte, wohlriechende, fruchtige Nase; reif, reich, weiche Frucht am mittleren Gaumen, doch tanninbetonter Abgang. Vorzüglicher Wein. Im Ausbau.

*Zuletzt im Juni 1991 verkostet ★★★(★★) 1995 bis 2015.*

CH. PAPE-CLÉMENT Ein bedeutender Jahrgang. Neue Leitung. Berater Ribereau-Gayon. Inzwischen 50% Merlot. Im Mai 1986 eine Probe aus dem Faß: reiche Frucht, fleischig, hoher Extraktgehalt, neue Eiche. Frühjahr 1987: voll, zum Kauen, medizinal. In jüngerer Zeit: starkfarbenes Zentrum, pflaumig; vorzüglich, «süß», Frucht, Tannine; am Gaumen ebenfalls «süß», vorzügliche Weinigkeit, eine Spur Teer und der für Graves typische Tabakgeschmack.

*Zuletzt im April 1991 verkostet ★★★(★) Jetzt bis 2000 und länger.*

CH. PAVIE Im Mai 1986 gute Probe aus dem Faß: ziemlich «süß», schöne Frucht, doch sehr tanninbetont. Aus irgendwelchen Gründen fand ich den Wein etwas untypisch für Pavie. Im folgenden Frühjahr wirkte er sogar noch «süßer». In jüngerer Zeit beeindruckende Farbe; phantastisches Gleichgewicht zwischen Vanillin- und Erdbeernuancen; am Gaumen ausgesprochen «süß», mit weicher Frucht und ausgezeichneter Fülle, schönes Gewicht, gute Struktur und Länge.

*Zuletzt auf einer Jurade-de-St-Emilion-Degustation in New York verkostet, November 1988 ★★★(★) Bis 2005.*

CH. PÉDESCLAUX Drei neuere Aufzeichnungen. Vorletztes Mal im Januar 1989: sehr tief, pflaumig; reiche, etwas malzige, marmeladeartige Nase; leicht «süß», ziemlich körperreich, schöner Geschmack, anständige Länge, weiche Tannine. Als ich den Wein jedoch auf der jüngsten Degustation blind und ziemlich rasch verkostete, war ich weniger beeindruckt und fand auch den Endgeschmack etwas eigenartig.

*Zuletzt im Dezember 1990 verkostet ★(★)? Bis 1998.*

CH. PETITE-VILLAGE Tief; reich, entwickelt; weich, fleischig, köstlich.

*Zuletzt im Juni 1992 ★★★★ Jetzt bis 2000 und länger.*

CH. PICHON-LONGUEVILLE, BARON Sieben Bewertungen in letzter Zeit: tief, intensiv; reichhaltige Nase, mit Nuancen von Brombeeren und wilden Kirschen, leicht medizinal; mittelgewichtig, lebhaft, dabei zum Kauen, fleischig, würzige Tannine.

*Zuletzt im November 1993 verkostet ★★(★) 1996 bis 2000.*

CH. PICHON-LONGUEVILLE, LALANDE Im Mai 1986 eine eindrückliche Probe aus dem Faß. Auf der Grand-cru-Degustation im folgenden

Frühjahr kam mir die Nase etwas schlank, firnisartig, wenig entgegenkommend und mit Eichentönen vor, am Gaumen ansprechend, dennoch nicht gerade ein «Super Deuxième cru». Bei der ersten Decanter-Degustation war die Nase entwickelter, reich, brombeer- und schokoladeartig, alkoholbetont; ziemlich körperreich, mit duftendem Cabernet-Geschmack. Auf der jüngsten Degustation ähnlich bewertet. Reich. Fleischig. Gut, aber nicht groß.

*Zuletzt im Dezember 1990 verkostet ★★★(★) Bis 2005.*

CH. LA POINTE Zwei neuere Notizen: mittelblaß, rasch reifend; «süßer» Duft und Geschmack. In der Nase Schokolade-, Frucht- und Walnußtöne. Weich. Zugänglich. Ansprechend.

*Zuletzt im Juni 1992 verkostet ★★★ Bis 1996.*

CH. PONTET-CANET Interessanterweise auf der Faßproben-Degustation von 85er Weinen im Mai 1986 bei Nathl. Johnston nur halb so teuer wie der Beychevelle und nur ein Bruchteil von dem Preis eines Ducru oder Pichon Lalande. Schien voller Frucht zu sein. Natürlich tanninbetont. Bei Christie's im April 1987 vermerkte ich dann eine eigenartig «grüne», hochgetönte Nase über den Nuancen aus neuer Eiche; am Gaumen reichhaltig und körperreich, mit intensiven Eichentönen und viel Tannin. Auf den beiden Decanter-Degustation immer noch ziemlich tief; unmittelbar entgegenkommende, hochgetönte, vielschichtige Nase: gehaltvoll, Sattel- und Käserindengeruch von den Tanninen, Frucht und eine Geruchsnote, die an Verbände erinnert (Jod und Scharpie); kühler, kerniger, fruchtiger, zitrusartiger Geschmack, recht elegant, interessante Struktur und ledriges Tannin, wenig überzeugender Abgang. Interessant zu beobachten, wie die Entwicklung weitergeht.

*Zuletzt im Dezember 1990 verkostet ★★(★) Bis 2000.*

CH. PRIEURÉ-LICHINE Im April 1987 erfrischende, aber unverwobene Nase, schlank und sehr wohlschmeckend. Hatte sich im Oktober 1988 entfaltet. Danach vier gleichbleibende Bewertungen: sehr hübsches, strahlendes Kirschrot; ansprechendes, wohlriechendes, pikantes, aber noch nicht völlig harmonisches Bukett; fruchtig, schlank, kernig erfrischend. Ziemlich oberflächlich, aber sehr wohlschmeckend. Schöne Struktur. Gute Länge.

*Zuletzt im Januar 1991 verkostet ★★★ Bis 1998.*

CH. RAUSAN-SÉGLA Sieben Aufzeichnungen. Als erstes im September 1986 in halbe Flaschen abgefüllte Faßproben degustiert: zurückhaltendes, unentwickeltes Cabernet-Sauvignon-Aroma, dicht verwoben mit der Würze aus den neuen Eichenfässern. Trotz seiner Jugend ein «süßes junges Ding», mit Nuancen von Nelken und Zimt, nicht zu

tanninbetont. Gute Frucht, doch im folgenden Frühling als recht schlank empfunden. Zwölf Monate später hatte sich das Bukett schön entwickelt und erinnerte an Maulbeeren und eine Spur Teer; relativ voll, wohlgeformt, seidig, gute Länge. Drei jüngere Bewertungen: immer noch ziemlich tief; reich, wohlriechendes Bukett und duftender Geschmack. Angenehm «süß» und schönes Gewicht. Fleischig. Gefälliger Nachgeschmack.
*Zuletzt im September 1993 verkostet ★★★(★) Bis 2000.*

CH. RAUZAN-GASSIES Drei Notizen. Weniger tief und entwickelter als der Ségla; «süße», leicht malzige, karamelartige Nase. «Süß», schönes Gewicht, mangelnder Charme und etwas hohl, aber recht ansprechend, für einen Gassies gut.
*Zuletzt im Dezember 1990 verkostet ★★★ Bis 2000.*

CH. DE SALES Beständiger Stil, zugänglich, mäßiges Gewicht, recht gefällige, lebhaft fruchtige Nase und ebensolcher Geschmack.
*Zuletzt im Juni 1992 verkostet ★★ Bis 1998.*

CH. ST-PIERRE-SEVAISTRE Zwei übereinstimmende Bewertungen. Die erste vom Januar 1989: tief, ziemlich intensiv; weinig, medizinal, mit überreifem rustikalem Charakter in der Nase und am Gaumen, besonders auffallend im Nachgeschmack. Doch auf seine eigene Art «süß», fruchtig und wohlschmeckend. Nahezu identische Beurteilung auf den beiden *Decanter*-Blindproben. Nicht mein Geschmack.
*Zuletzt im Dezember 1990 verkostet ★★ Bis 1998.*

CH. TALBOT Machte auf der *Grand-cru*-Degustation im April 1987 einen guten Eindruck: lebhafte, zitrusduftende Nase; vorzügliche Frucht, fleischig, würzige Nuancen von der neuen Eiche und guter Nachgeschmack. Im Januar 1989 blind degustiert: wohlriechend, aber mit Sattelgeruch, Tannin-, Vanille- und Fruchttöne; schöne Struktur, trockener Eisen-Tannat-Abgang bei der ersten *Decanter*-Degustation. Bei der nächsten Gelegenheit tief, doch mit ersten Anzeichen des Ausbaus; entwickelte den charakteristischen medizinalen, stark profilierten Geruch und Geschmack, den ich damals recht unsanft als «Rinderwahnsinn» bezeichnete. Dabei «süß», weich und schmackhaft. Mir gefällt allerdings diese Art so wenig wie «Pfirsichkerne» beim Weißwein.
*Zuletzt im Dezember 1990 verkostet, auf seine Art ★★★ Wird sicher eine Zeitlang ein reifer, wohlschmeckender, zweifellos beliebter Tropfen sein.*

CH. DU TERTRE Im Mai 1987 in der Nase etwas grün, am Gaumen jedoch recht zugänglich. Etwas später dann gemischte Gefühle, was die Nase betrifft, doch gefälliger Geschmack: ein lebhafter, köstlicher Schnellentwickler.
*Zuletzt im Januar 1989 verkostet ★★ Bis 1998.*

CH. LA TOUR-CARNET Geruch und Geschmack erinnerten mich im April 1987 an nasses Sägemehl: angenehme, ausreichend gefällige Frucht. Bei der ersten *Decanter*-Degustation (bei der zweiten nicht vorgestellt), wirkte er für Auge, Nase und Gaumen ziemlich stämmig, recht gute Frucht, aber nichts Aufregendes.
*Zuletzt im Januar 1989 verkostet ★★ Bis 1998.*

EINIGE ANDERE, IN JÜNGERER ZEIT VERKOSTETE 85ER:

CH. CISSAC Gute Verbindung von Frucht und Tannin. Schönes Gewicht.
*Januar 1993 ★★★*

CH. DE CLAIREFONT Zweitwein von Prieuré-Lichine: kirschrot; lebhafte, anregende Frucht; sehr ansprechend, wohlschmeckend, etwas rauh, angemessener Tanningehalt.
*November 1989 ★★*

CH. COUFRAN Sehr tief, mit der Dichte eines 82ers; ziemlich körperreich, vorzügliche Frucht, doch sehr tanninbetont.
*Juli 1988 ★★(★)*

CLOS L'EGLISE Große Tiefe; weich und reich.
*Juni 1992 ★★★*

LES FIEFS DE LAGRANGE Zweitwein von Ch. Lagrange: gut, fruchtig, würzig, weinig.
*Juli 1988 ★★★*

CH. FOMBRAUGE Recht schöne Frucht, nicht sehr lang, tanninbetont.
*Oktober 1991 ★★*

CH. DU GLANA Fruchtig, schönes Gewicht, gefällig.
*Mai 1991 ★★★*

CH. GRAND-PONTET Hübsch; Karamelnuancen; zugänglich, ansprechend, schlank.
*Februar 1991 ★★★*

CH. HANTEILLAN «Süß», tanninbetont; eigenartig, fleischig und doch spröde.
*September 1989 ★(★)*

CH. LABÉGORCE Schnellentwickler; leichtgewoben; schlank, «mild und bitter».
*April 1988 ★★*

CH. LAMOTHE-CISSAC Ansprechende Frucht, lebhaft, trocken.
*Januar 1988 ★★*

CH. LAROSE-TRINTAUDON Ziemlich ölige Nase; recht schön, doch verkohlter Endgeschmack.
*Juli 1988 ★*

**CH. MAUCAILLOU** Sehr tanninbetont, doch voller Frucht.
*September 1988* ★(★★)

**CH. MEYNEY** Tief; hart, tanninbetont, nicht aufregend.
*September 1990* ★★

**CH. MILLET** Leicht. Ausreichend gefällig.
*Juli 1988* ★★

**CH. OLIVIER** Dunkle Kirschen; reich, Eichentöne; guter Geschmack, fruchtig, mit schönem Extraktgehalt. Tanninbetont.
*Oktober 1989* ★★(★)

**PAVILLON ROUGE DE CH. MARGAUX** Gute Nase; zum Kauen, robust, lebhaft, fruchtig, tanninbetont.
*November 1990* ★★★

**CH. DE PEZ** Ungewöhnliche Weinigkeit, schöne Struktur.
*Januar 1992* ★★★

**CH. PIQUE-CAILLOU** Durchgehend gut.
*März 1991* ★★★

**CH. PUGET MARGAUX** . Reiche Farbe und vielschichtige Nase. Trocken, gutes Gewicht und schöne Weinigkeit.
*Dezember 1990* ★★★

**CH. DU ROCHER** Brillantes Rubinrot; reiche Frucht; vorzügliche Fülle und Frucht, ledrige Struktur.
*November 1988* ★★★(★)

**CH. LA SERRE** Tief, jugendlich; einnehmend, lebhaft, Zitrusanklänge; schönes Gewicht, würziger Abgang und Nachgeschmack.
*November 1988* ★★★

**CH. LA TOUR-DE-MONS** Rubinrot; «süß», harmonisch; fruchtig, tanninbetont, unfertig.
*November 1990* ★★(★★)

**CH. TRONQUOY-LALANDE** Rubinrot; lebhaft, tanninbetont, gefällig.
*Januar 1988* ★★(★)

**CH. VERDIGNAN** Eigenartig parfümierte Vanillin-Note; leicht und zugänglich.
*Juli 1988* ★★

**VIEUX CH. CERTAN** Tief, voll, weich, fleischig.
*Juni 1992* ★★★(★) *Jetzt bis 2000 und länger.*

HAUPTSÄCHLICH DIE FASSPROBEN BEI CHRISTIE'S IM FRÜHJAHR 1987 BEWERTET:

HERVORRAGEND, GROSSE ZUKUNFT:
Ch. Canon

ANSPRECHEND, GUTE ZUKUNFT:
Ch. L'Arrosée, Ch. Balestard-La-Tonnelle, Ch. Beaumont, Ch. Haut-Bages-Averous, Ch. La Louvière, Ch. Les Ormes-de-Pez.

ANSPRECHEND, MITTELFRISTIG TRINKREIF:
Ch. Cap-de-Mourlin, Ch. Carbonnieux, Ch. Clarke, Ch. Fourcas-Dupré, Clos Fourtet, Ch. Labégorce-Zédé, Ch. Nenin, Ch. Siran, Ch. Troplong-Mondot.

LEICHT, GEFÄLLIG, RASCH TRINKBEREIT:
Ch. Larrivet-Haut-Brion, Ch. Malartic-Lagravière, Ch. La Tour-Martillac.

GERINGERE, DOCH GEFÄLLIGE WEINE:
Ch. Fonplégade, Ch. Greyssac.

GERINGERE, AUSREICHEND GEFÄLLIGE WEINE:
Ch. Fonroque, Ch. Hortevie, Ch. Haut-Bergey.

WENIGER GUT, SCHWACH:
Chevalier de Védrines, Ch. Côte-Baleau, Ch. Loudenne, Ch. Malescasse, Ch. Ripeau.

# 1986 ★★★★

*Ein bedeutender und in gewisser Hinsicht widersprüchlicher Jahrgang, seinerzeit zu euphorisch beurteilt. Dabei von einigen bedeutenden Kapazitäten immer noch sehr geschätzt. Klar ist, daß der 86er rote Bordeaux insgesamt gesehen ein fester, fruchtiger, aber auch strenger und tanninbetonter Wein ist. Im besten Fall ist er ein schlanker Langstreckenläufer; er hat etwas von der Stahligkeit eines 66er Médoc, von der Lebhaftigkeit und dem Gewicht eines 62ers und der machohaften Männlichkeit des 75ers. Weine mit ungenügend Extraktstoffen und zuwenig Fülle zur Unterstützung der Frucht können so dünn werden, daß nurmehr ein hoher und trockener Gehalt an harten Tanninen verbleibt.*

*Wie immer waren die Wachstumsbedingungen in den einzelnen Gebieten nicht ganz gleich. Der Winter 1985/86 war zwar ziemlich streng, doch es kam nicht zu solchen Frostschäden wie Anfang 1985. Der kalte und nasse Frühling hemmte das Wachstum. Mai und Juni zeigten sich schön und warm, so daß die Pflanzen viel nachholen konnten und ideale Blütebedingungen hatten. Vor allem für den Merlot kündigte sich erneut eine Rekordernte an. Bis Mitte September hatte man den heißesten und trocken-*

sten Sommer seit zwanzig Jahren, dann folgte eine Reihe von Regentagen. Weniger willkommen war ein heftiger Sturm am 23. September, mit 10 cm Niederschlägen über Bordeaux und den angrenzenden Gebieten Süd-Médoc und Graves. Doch der Himmel hatte noch einmal ein Einsehen, und am 29. September begann die Ernte. Zunächst der Merlot und dann der Cabernet Sauvignon konnten bei herrlichem Oktoberwetter eingebracht werden. Die Ernte mit den größten Erträge seit dem Krieg war überaus vielversprechend.

Die für mich erste umfassende Degustation von 86er Weinen wurde von Peter Vinding für die Union des Grand Crus ausgerichtet und im Mai 1988 bei Christie's durchgeführt. Der letzte Anlaß war die vom Institute of Masters of Wine (MW) im November 1990 in London veranstaltete Verkostung. Zu diesen Bewertungen kamen natürlich noch diverse Weinproben zunächst aus dem Faß und später aus Flaschen.

Gegenwärtig habe ich den Eindruck, daß die besten Weine, wie der Mouton, hervorragend sind und – wenn auch erst in vielen Jahren – ganz phantastisch herauskommen werden. Die weniger guten vermeidet man am besten: Ich kann keine großen Entwicklungen absehen. Man sollte sich die besten kaufen, sie im eigenen Keller lagern – es kommt viel zu teuer, sie lange in den Kellern der Händler zu lassen – und sie dann für mindestens 15 Jahre vergessen.

CH. LAFITE Drei neuere Aufzeichnungen, die erste von der Master-of-Wine-Degustation mit 86er Weinen: schöne, tiefe, unentwickelte Farbe; minze- und zedernholzartiger Duft, mit gewisser Fruchttiefe. Ziemlich körperreich, gute Furcht am mittleren Gaumen, lebhaft, zitrusartig, sehr wohlschmeckend, nicht überladen, doch mit festem Tannin- und Säuregerüst. Lang, schlank und straff, dabei voller Frucht. Ein Wein für die Zukunft.
Zuletzt im März 1992 verkostet ★(★★★★) Bis 2000 und länger.

CH. MARGAUX Dreimal auf dem Château aus dem Faß probiert, erstmals im Juni 1987, danach im August desselben Jahres: vorzügliche Farbe, reiches, sattes, intensives Purpurrot; erregende Frucht und Fülle, würzig; ausgesprochen schlank, straff und männlich, hervorragende Länge. Als nächstes im folgenden April; sehr wohlriechende Nase, mit den Zimtnuancen der neuen Eiche, ziemlich trocken, mittelschwerer Körper, mit gutem Fleisch an den Knochen. Sehr tanninbetont. Zwei jüngere Aufzeichnungen, die erste davon bei der MW-Degustation: beeindruckend tief, intensiv, immer noch unentwickelt; ausgeprägte Nase, veilchenartiger Wohlgeruch, aber hart; ziemlich körperreich, vorzüglicher Geschmack, die recht «süße» Frucht führte zu einem lebhaften, tannin-

und säurebetonten Abgang und einem bemerkenswert guten Nachgeschmack.
Zuletzt beim Château-Margaux-Abend von Lay & Wheeler, November 1990 (★★★★) 2010 bis 2025.

CH. LATOUR Als erstes im September 1987 von einer Probe aus dem Faß probiert: vorzügliche Frucht; ziemlich körperreich, nervig, doch nicht ohne Fleisch und mit einer sehr langen Wartezeit, bis er sich voll entwickelt hat (in der Trinkbarkeit wie im Preis). Als nächstes bei der Latour-Mouton-Degustation von Frericks/Wodarz im März 1989 verkostet. Überraschenderweise weniger tief und leichter gewoben als der Mouton, unentwickelt, schwere Tränen. «Süße», stämmige Nase. Nach zwanzig Minuten schön würzige, ingwerartige Entfaltung, reichhaltig und mit Brombeernuancen. Ziemlich trocken, körperreich, guter, lebhafter Geschmack, spröde, bittere Tannine. Auf der MW-Degustation in der Farbe entwickelter als der Mouton; unverwobene Nase, doch gewisse Frucht – eine Art getoasteter Cabernet Sauvignon. Ziemlich körperreich, sehr wohlschmeckend, zitrusartige Pikantheit, gute Struktur. Beladen mit Tannin. Schlank. Lebhafte Frucht. Gute Länge. Beträchtliches Potential.
Zuletzt auf dem Château verkostet, Juni 1992 (★★★★) 2010 bis 2030.

CH. MOUTON-ROTHSCHILD Ein spektakulärer Wein und sicherlich ein Spitzen-86er. Herausragend auf der Latour-Mouton-Degustation im März 1989: starkfarbenes Zentrum, intensives, unentwickeltes Purpurrot; rauhe junge Frucht und Würze, reiches, fast dickes Aroma von schwarzen Johannisbeeren, das sich ohne Ermüdungserscheinungen verströmte, «süß», mit beträchtlicher Tiefe; fabelhafter Geschmack, bis oben angefüllt mit Frucht, sehr tanninbetonter, duftender Nachgeschmack. Auf der MW-Degustation von 1990: herrlichste Farbtiefe; völlig anders im Stil als der Lafite und mit einer «getoasteten» Cabernet-Frucht wie der Latour, nur kompletter und intensiver. Am Gaumen vorzügliche Frucht. Lebhaft. Sehr wohlschmeckend. Ausgesprochen viel Tannin und Säure.
Zuletzt im Oktober 1993 verkostet (★★★★★) Lange Wartezeit.

CH. HAUT-BRION Sehr tiefe, herrliche Farbe; ausgesprochen tanninbetonte Nase mit Sattelgeruch, eine Spur Schokolade; körperreich, deutlich zum Kauen, eine Fülle an Tannin. Adstringierend.
Zuletzt mit Jean Delmas auf Ch. La Mission verkostet, November 1990 (★★★★) Ein Wein für die Zukunft.

**CH. CHEVAL BLANC** Mitteltief; «süß», beträchtliche Frucht, gewisse Tiefe; für einen Cheval Blanc schlank, ziemlich rauher, trockener Abgang. *Auf der MW-Degustation, November 1990 (★★★)? Etwa 1998 bis 2010?*

**CH. PÉTRUS** Frische, lebendige, rubinrote Farbe; unmittelbares, «süßes», reiches Aroma, leicht ingwerartige Nase, sehr schön, dann Bisquit-Nuancen. Nach gut einer Stunde im Glas vorzüglich. Sehr «süß» und körperreich, reichhaltig, fleischig, mit einem Geschmack und Nachgeschmack, die an Karamel und Fondant erinnern. *Auf der «Stockholm»-Degustation im April 1990 verkostet (★★★★★) 1996 bis 2016.*

**CH. L'ANGÉLUS** Erstmals auf der *Grand-cru*-Degustation im Mai 1988 verkostet: gute Farbe; Nase ziemlich tanninbetont, mit Sattelgeruch, durchaus weich und mit Extraktstoffen. Etwas zu hart, um sich ernsthaft damit auseinanderzusetzen, im folgenden Frühjahr ähnlich beurteilt. Zuletzt: beeindruckend tief; ziemlich kühle, introvertierte Nase; «süß», füllig, doch adstringierend. *Zuletzt im Mai 1990 verkostet (★★) 1996 bis 2006.*

**CH. D'ANGLUDET** Mitteltief; wohlriechend, ziemlich eigene Nase; relativ leichter Stil, sehr ansprechend, schöne Frucht auf der Degustation im Mai 1988. Weiche rote Farbe; wohlriechend, reif und rustikal; Frucht und Eisen. *Zuletzt im Juni 1991 verkostet ★★(★) Jetzt bis 2000.*

**CH. BATAILLEY** Tiefe und lebhaft in Farbe, Nase und Gaumen. Gute Frucht. Würzig. Wohlschmeckend. Gute Länge. *Zuletzt im September 1993 verkostet ★★(★) Jetzt bis 2000.*

**CH. BEYCHEVELLE** Erstmals im August 1987 in dem tiefen Steinkeller für das erste Jahr verkostet: weniger intensiv, leichtgewobener und kürzer als der Ch. Margaux, den ich tags zuvor probiert hatte. Sehr tanninbetont. Als nächstes auf der *Grand-cru*-Degustation im Mai 1988: ausgesprochen wohlriechend, medizinale Töne, würzige Nuancen aus der neuen Eiche, schlank und sehnig. Genau zwei Jahre später pflaumenfarben, lebhafte Frucht, trotz der Adstringenz etwas «süß». Auf der MW-Degustation 1990: mitteltief, merklicher Farbverlust, aber immer noch reich; sehr eigenartige Jod-Nase, wohlschmeckend, doch mit sehr trockenem, bitterem Abgang. Von mir am niedrigsten von allen neun klassifizierten Gewächsen aus St-Julien bewertet. *Zuletzt im September 1993 verkostet (★★)? Mit der Zeit wird man sehen.*

**CH. CANON** Im Mai 1988 wunderschöne Farbe; reiche, würzige Nase, wenn auch etwas verschlossen; mitteltrocken, hervorragend in Gewicht, Frucht, Extrakt und Geschmack. Auf der MW-Degustation: mitteltiefe, vorzügliche Farbe, mit ersten Anzeichen von Entwicklung; etwas stielig, doch in der Nase und am Gaumen gute Fruchttiefe. Ansprechender, würziger Geschmack, für einen Canon allerdings schlank und sehr tanninbetont. Müßte letztendlich einen guten Wein ergeben. *Zuletzt im November 1990 verkostet ★★(★★) 1996 bis 2000 und länger.*

**CH. CANTEMERLE** Dreimal degustiert. Im Mai 1988 überraschend «süß» und entgegenkommend, aber mit einem «scharfen», bitteren Abgang. Mai 1990: pflaumig; eher vegetabiles Bukett; offen, locker gewoben und – sechs Monate später – bei weitem nicht so tief wie die meisten andern 86er Médocs, erste Anzeichen der Reife; «süß», ein Hauch Erdbeeren in der Nase, aber auch eine Spur Stieligkeit; der erste Schluck immer noch «süß», doch im Mund eine sehr trockenes Empfinden hinterlassend. Mittelschwer, schlank, doch durchaus auch zum Kauen. Ohne den alten Cantemerle-Charme. *Zuletzt auf der MW-Degustation im November 1990 verkostet (★★) Zukunft nicht voraussehbar.*

**CH. CANTENAC-BROWN** Mitteltiefes, wenig überzeugendes Erscheinungsbild; recht ansprechende Nase, aufflackernder Wohlgeruch. Gewisse Frucht, doch ansonsten uninteressant, rauh, tanninbetont. *Im November 1990 verkostet (★★) Mittelfristig zu trinken.*

**CARRUADES DE CH. LAFITE** Mitteltief; bereit, seine Jugendlichkeit zu verströmen; attraktive Frucht und Würze, gefälliger Wohlgeruch; wohlschmeckend, aber schlank, hart und trocken. Wie ein *Haute-couture*-Modell. *Im November 1990 verkostet (★★★)?*

**CH. CHASSE-SPLEEN** Wieder einmal war zu sehen, was Intelligenz und fachliches Können aus einem *Cru bourgeois* herauszuholen vermögen. Erstmals auf der Degustation im Mai 1988 verkostet: ausgesprochen leichter Stil, in der Farbe fast wie ein guter junger Fleurie; unmittelbar entgegenkommende Nase, mit Vanille- und Zedernholztönen, schöne Frucht. Stilvoll. Elegant. Guter, langer Geschmack. Auf der MW-Degustation: gefällige Frucht mit hartem Hintergrund; die Tannine werden durch eine gewisse «Süße» und Fülle ausgeglichen. *Zuletzt im November 1990 verkostet ★★(★) Jetzt bis 1998.*

**DOM. DE CHEVALIER** Die französischen Winzer sind häufig die ersten, die ihre Faßproben nach London bringen. Bereits im März 1987 stellten sie eine ganze Reihe 86er Weine vor, darunter auch einen rauhen, tanninbetonten, aber stilvollen Dom. de Chevalier. Zwei Monate später fand die

Kressman-Degustation statt: tief; zurückhaltend, komplett; gute, lebhafte Frucht. Im Mai 1988 gewisser Farbverlust; immer noch zurückhaltend, doch sehr wohlriechend: schlank, elegant, unterbewertet. Auf der MW-Degustation: rubinrot; Nase enthüllte sich reich, mit einem Duft nach neuem Leder; stilvoll, sehr männlich und immer noch außerordentlich tanninbetont.
*Zuletzt im November 1990 verkostet (★★★) 1996 bis 2000 und länger.*

**CH. CLERC-MILON** Beeindruckend tief; weiche Frucht und Tannine in der Nase; relativ «süß», zum Kauen, fruchtig, attraktiv und sehr tanninbetont.
*Auf der MW-Degustation verkostet, November 1990 (★★★) 1996 bis 2000 und länger.*

**CH. LA CONSEILLANTE** Mitteltief, im Ausbau; sehr deutlicher Sattelgeruch aus dem Tannin in der Nase, aber gute Frucht; «mittelsüß» und mittelschwer, gute Struktur, stilvoll. Eine Spur Bitterkeit im Abgang.
*November 1990 ★★★(★) Müßte sich gut entwickeln, etwa 1995 bis 2000.*

**CH. COS D'ESTOURNEL** 68 % Cabernet Sauvignon, dreißig Prozent Merlot, zwei Prozent Cabernet Franc; der erste Jahrgang mit Cabernet-Franc-Trauben; neunzig Prozent neue Eichenfässer. Bei der Präsentation von Michèle Prats im Januar 1990: Vanille-Ton von den neuen Eichenfässern deutlich spürbar. Ein feiner, gediegener Wein, doch so schlank wie ein 66er. Gute Frucht, gute Länge. Zehn Monate später ähnliche Bewertung. Ziemlich tiefe und intensive Farbe; lebhafter, kirschartiger Duft und Geschmack, Säure. Tannin zwar vorhanden, aber nicht zu dominieren.
*Zuletzt im März 1993 verkostet ★(★★★) Etwa von 1998 bis 2010 wahrscheinlich ein attraktiver, kerniger Wein.*

**CH. COUFRAN** Drei jüngere Bewertungen. Tief, reichhaltig, starkfarbenes Zentrum; hübsche, reiche Frucht und würzige Töne aus der neuen Eiche in der Nase. Trocken, ziemlich körperreich, mit einer Fülle an Frucht und sehr griffig. Ausgesprochen tanninbetont. Am Samstagabend geöffnet, schmeckt er besser am Sonntag zum Mittagessen.
*Zuletzt im Oktober 1990 verkostet ★★(★) Wenn man einen kräftigen Wein bevorzugt, jetzt trinken, ansonsten bis zum Jahr 2000.*

**CH. DAUZAC** Sehr gute Bewertung bei der *Grand-cru*-Degustation im Mai 1988: bemerkenswert «süß» und fruchtig. Zwei Jahre später immer noch tief, unentwickelt; wohlriechend, tanninbetonte Nase, die sich im Glas schön entfaltete. Mittelgewichtig, schön in Frucht und Fleisch, obwohl ein eher schlanker 86er mit adstringierenden Tanninen.

*Zuletzt auf dem Château im Juni 1992 verkostet ★★(★) Bis 2000.*

**CH. LA DOMINIQUE** Sehr gute Bewertung bei Eduard Kressmans Faßproben-Degustation im Mai 1987: harmonisch, «süß», gute Frucht. Immer noch tief, doch mit ersten Anzeichen der Entwicklung; ziemlich burgunderartige Nase; seidiger, zugänglicher, doch tanninbetonter Stil.
*Zuletzt im Mai 1990 verkostet ★(★★) Ein ansprechendes Gewächs, mittelfristig zu trinken. Jetzt bis 2000.*

**CH. DUCRU-BEAUCAILLOU** Nur eine Aufzeichnung. Sehr tief, intensiv, unentwickelt; entgegenkommende Nase, gute Frucht und Tiefe, doch etwas stielig; ungewöhnlich «süß», beachtlich in Gewicht, Frucht, Geschmack, Extrakt, Tannin und Säure. Beeindruckend.
*Im November 1990 verkostet ★★(★★) 1996 bis 2010.*

**CH. DUHART-MILON** Machte sich gut auf der Degustation von Percy Fox im Januar 1989: sehr ausgeprägtes Aroma von schwarzen Johannisbeeren aus dem Cabernet Sauvignon; überraschend «süß» und voller Frucht, dabei schlank und tanninbetont. Immer noch beeindruckend jugendlich-tief; duftendes, brombeerartiges Aroma; gefällige «Süße» und Schwere, angemessene Fülle, attraktive Frucht. Guter Wein, mittelfristig haltbar.
*Zuletzt im November 1990 verkostet (★★★) Jetzt bis 1998.*

**CH. L'EVANGILE** Schönes Ziegelrot; «süß», fruchtig wie ein kalifornischer Wein; trocken; schlank, ledrige Tannine.
*Zuletzt im September 1993 verkostet ★★(★★) 1996 bis 2010.*

**CH. DE FIEUZAL** Ich habe eine Schwäche für diese Art roten Graves. Meist hat sie die angenehme Eigenschaft, sich bereits in der Jugend gut trinken zu lassen und trotzdem lagerfähig zu sein. 1987, 1988 und 1989 habe ich sehr gute Aufzeichnungen gemacht. Ursprünglich intensives Rot, mit Stich in den Purpur, mittlerweile tiefes Rubinrot; von Beginn an schöne Frucht, reicher, maulbeerartiger Charakter; «süß», mittelschwer, fülliger und vielschichtiger als die meisten andern 86er Graves. Köstlich.
*Zuletzt im April 1989 verkostet ★★★ Bis 1996.*

**CH. FIGEAC** Im Mai 1987 und 1988 war neben dem lebhaften, ausgeprägten, orientalischen Cabernet-Sauvignon-Aroma immer auch eine leichte Stieligkeit zu verspüren. «Süß», ansprechend, gute Länge. Auf der Desai-Degustation im Dezember 1989 wirkte er ein bißchen wie ein Schnellentwickler. Dennoch war er in der Nase härter und zurückhaltender und am Gaumen schlanker und

trockener als die 83er und 85er Weine. Doch auch die Cabernet-Sauvignon-Frucht trat klar zutage. Im Stil wie ein 66er. Ein Jahr später: mitteltiefe Farbe, reifend; erdbeerartige Frucht, eine Spur Minze und Tannin, nicht ganz verwoben; ziemlich «süßer» und relativ voller Körper, gute Frucht, Länge, Säure; Tannin natürlich vorhanden. Ergibt wie so oft einen wohlschmeckenden, etwas «dramatisierenden» Wein.
*Zuletzt im November 1990 verkostet ★★(★★) Bis 2000.*

LES FORTS DE LATOUR Auf der MW-Degustation: nicht so tief wie erwartet; etwas Frucht, aber ziemlich rauh und sehr tanninbetont. Später im selben Monat: intensiv; leicht firnisartig trotz lebhafter Frucht in der Nase und am Gaumen.
*Zuletzt auf Ch. Latour verkostet, November 1990 (★★) 1996 bis 2010.*

CH. GISCOURS Im Mai 1988 starkfarben, mit reicher, portweinartiger Nase, die an Pflaumen und Maulbeeren erinnert; «süß», körperreich, mit eigenartigem Geschmack nach gekochten Früchten. Fast Pétrus-artige Substanz und Frucht. Im Dezember 1989 immer noch reich, aber nicht mehr so tief; eigenartige Nase, wohlriechend, reich, mit Stallgeruch. Zum Kauen. Tanninbetont. Ein Jahr später eine ganz entsprechende Bewertung: wiederum «Maulbeertöne» sowie «Süße» und reiche Frucht. Ein außergewöhnlicher Wein, immer noch tanninbetont.
*Zuletzt im Oktober 1992 verkostet ★★(★★) Für alle Liebhaber eines kräftigen Weins. Etwa 1998 bis 2005.*

CH. GRAND-PUY-LACOSTE Im Mai 1987 starkfarben; voller Frucht und Würze, guter Extraktgehalt, dabei schlank. Im folgenden Jahr aus dem Faß probiert; intensiv, tanninbetont, beeindruckend. Als letzes auf der MW-Degustation: ziemlich tiefes, immer noch unausgebautes, attraktives Aussehen; lebhaftes Cabernet-Sauvigon-Aroma mit Zitrusnuancen, würzig, beträchtliche Fruchttiefe; ziemlich körperreich, gute Frucht, von charakteristischer Geschmeidigkeit, sehr tanninbetont. Ein sehniger Langstreckenläufer.
*Zuletzt im November 1990 verkostet (★★★★) Bis 2000 und länger.*

CH. GRUAUD-LAROSE Machte sich gut auf der *Grand-cru*-Degustation im Mai 1988: starkfarben, voller Frucht, reich, abgerundet. Genau zwei Jahre später eine fast identische Bewertung. Bei der letzten Gelegenheit: immer noch beindruckend tief; Nase inzwischen weit entgegenkommender, reif, kräuterwürziger; am Gaumen ausgesprochen «süß». Eine gute, reiche, fruchtige *Jéroboam* mit Extraktstoffen, die das schwere Tannin verhüllen.
*Zuletzt im September 1993 verkostet ★★(★★) 1995 bis 2005.*

CH. HAUT-BAGES-LIBÉRAL Erscheinungsbild, Nase und Gaumen im Mai 1988 und bei der MW-Degustation 1990 gleich bewertet. Inzwischen sehr ansprechende Farbe; leichtgewobene, fruchtige Nase; sehr wohlschmeckend, lebhafte Frucht, zugänglicher Stil.
*Zuletzt im März 1993 verkostet ★★(★) Bis 1998.*

CH. HAUT-BAILLY Vier Aufzeichnungen aus jüngerer Zeit. Ziemlich tief, pflaumig, die ursprüngliche Jugendlichkeit verliert sich gerade; ausgesprochen «süße», sehr wohlriechende Nase; gute Frucht. Ein zugänglicher, ansprechender Wein mit dem richtigen Tannin- und Säuregehalt.
*Zuletzt im April 1992 verkostet ★★★ Bis 1998.*

CH. HAUT-BATAILLEY Im Mai 1987 intensiv satte Farbe; gute Frucht und straffer Stil. Immer noch ziemlich tiefe, sehr ansprechende, schön abgestufte Farbe; tanninbetont, trotz der Frucht stielig; sehr eindringlicher Geschmack.
*Zuletzt im November 1990 verkostet ★(★★) 1996 bis 2005.*

CH. LAGRANGE St-Julien. Drei Bewertungen. Im Juli 1988 war eine halbe Flasche deutlich zurückhaltender und rauher als eine ganze. Später dann eine sehr entgegenkommende, weich-fruchtige Nase vermerkt. Trocken, relativ voll, schlank, aber gut bekleidet, annehmbares, schön eingebundenes Tannin.
*Zuletzt im November 1990 verkostet ★★(★) 1996 bis 2000.*

CH. LA LAGUNE Im Faß tief, reich, «dicker» Extraktgehalt; «süß», lang, fruchtig. Ausgesprochen wohlriechend, fruchtig und lebhaft, aber trotzdem einer der härtesten und tanninbetontesten La Lagunes, an den ich mich erinnern kann.
*Zuletzt im Dezember 1989 verkostet ★(★★★) 1997 bis 2000 und länger.*

CH. LANESSAN Sechs Aufzeichnungen, von einer bierigen, unfertigen Faßprobe im März 1987 bis zu einer pflaumenfarbenen, seidigen Flasche mit karamelartiger Nase. Die Bewertungen dazwischen lauten beispielsweise «rauh», «so lala», «leicht schroff» oder «zugeknöpft».
*Zuletzt im Juni 1991 verkostet (★)*

CH. LANGOA-BARTON Sehr tief, unfertig; gute Frucht, sehr würzige Töne aus der neuen Eiche; relativ leichter Stil, schlank, ansprechend, etwas kurz. Diese Bewertungen stammen von der *Grand-cru*-Degustation im Mai 1988. Mittlerweile weniger tief; Nase und Geschmack attraktiv, aber nicht voll eingebunden. Gute Frucht. Trokken. Ein schlaksiger, etwas grobknochiger Jugendlicher. Im mittleren Alter wahrscheinlich immer noch schlaksig, etwas eigensinnig, aber verläßlich.

*Zuletzt im November 1990 verkostet (★★★) 1996 bis 2010.*

**CH. LÉOVILLE-BARTON** Im Mai 1988 eine intensive Faßprobe, mit schöner Frucht, würziger Eichennote, stilvoll, gut umhüllte Tannine. Inzwischen mitteltief; gute Frucht- und Tannintiefe in der Nase und am Gaumen. Kernig, männlich, schöne Länge, sehr trocken.
*Zuletzt im November 1990 verkostet (★★★) 1996 bis 2010.*

**CH. LÉOVILLE-LAS-CASES** Nur einmal, auf der MW-Degustation, verkostet. Herrliche Farbe, beeindruckend tief und intensiv; entgegenkommende und harmonische Nase, guter Frucht- und Tanningehalt. Mitteltrocken, relativ voller Körper, fleischiger als die meisten andern, gut in Länge, Tannin und Säure.
*November 1990 (★★★★) 1996 bis 2015.*

**CH. LÉOVILLE-POYFERRÉ** Seit dem Mai 1987 jährlich verkostet, beim ersten Mal erschien er mir am besten. 1988 eine Kombination aus Duft, Sattelgeruch der Tannine und grobem Geschmack. 1989 unverwoben, wenn auch mit kerniger Frucht. Bei der letzten Gelegenheit ein ziemlich sattes Kirschrot; entgegenkommende und zunächst ansprechende Frucht in der Nase, doch auch stielig und mit Tanninen, die an Schweißfüße erinnerten. Trockener, nicht sehr körperreicher, recht ansprechender Geschmack, dabei sehr schlank, mit einer Fülle an Tannin und Säure.
*Zuletzt im November 1990 verkostet (★★) 1995 bis 2000.*

**CH. LYNCH-BAGES** Vorzüglicher Wein. Im Mai 1987 gute, fruchtige Faßprobe. Bei der *Grand-cru*-Degustation im Mai 1988 duftender Wohlgeruch, Gaumen und Nachgeschmack; im Herbst desselben Jahres sehr geschmacksintensiv. Auf der jüngsten MW-Degustation herrliche Farbe; reiche, harmonische Nase; leicht «süß», ziemlich körperreich und positiver, ausgesprochen individueller Geschmack. Tannin und lebhafte Säure.
*Zuletzt im November 1990 verkostet ★★★(★) 1996 bis 2015.*

**CH. MALESCOT-ST-EXUPÉRY** Drei neuere Bewertungen. Die erste und die letzte Probe aus der Flasche: Farbe nicht sehr tief; sehr «süße», gefällige, wohlriechende Cabernet-Sauvignon-Nase und entsprechender Geschmack. Dazwischen eine *Impériale*: pfeffrig, spröde und ungenießbar tanninreich.
*Zuletzt im November 1990 verkostet ★(★★) 1996 bis 2000 und länger.*

**CH. LA MISSION-HAUT-BRION** Immer noch praktisch undurchsichtig, die Farbe schien sich geradezu gegen das Glas zu drücken; «süße» und überraschend unverhüllte Nase mit einem Hauch Karamel und deutlichem Cabernet-Sauvignon-Aroma. Ich wertete den Geruch eine Stunde später noch auf, nachdem sich eine reiche, maulbeerartige Frucht entwickelt hatte. Am Gaumen trocken, ziemlich körperreich, lebhaft fruchtig, in der Schlankheit ein bißchen wie ein 66er. Gutes Potential.
*Im November 1990 verkostet (★★★★) 1996 bis 2015.*

**CH. MONTROSE** Faßproben im März und im Mai 1987, als nächstes dann zwölf Monate später auf der *Grand-cru*-Degustation. Unverändert tief, verschlossen, eichen und angefüllt mit Tannin, aber gute Frucht und Länge. Immer noch ziemlich tief, reich; im ersten Schluck gefällig «süß», guter Körper. Die bemerkenswerte Frucht war in der letzten Zeit vom Tanningehalt unterdrückt. Mit der Zeit wird alles deutlich. Ein klassischer Montrose, der eine sehr lange Flaschenlagerung benötigt.
*Zuletzt im November 1990 verkostet (★★★★) 1998 bis 2020.*

**CH. MOUTON-BARONNE PHILIPPE** Sehr tief, immer noch unentwickelt; hart, schlank, zurückhaltende Nase mit lebhafter Frucht und entsprechender Geschmack. Durchaus ansprechend und mit einem duftenden Nachgeschmack, wenn man die Tannine hinter sich gelassen hat.
*Zuletzt im November 1990 verkostet ★★(★) 1996 bis 2005.*

**CH. PALMER** Erstmals bei der *Grand-cru*-Degustation von Christie's im Mai 1988 verkostet: gedämpfte Frucht, gute Länge, sehr tanninbetont. 1990: immer noch beeindruckend satte Farbe wie dunkle Kirschen; entgegenkommende, maulbeerartige Frucht; ledrige Tannine, genügend Fleisch. Als letztes: nach wie vor tief; ausgesprochen wohlriechend; köstlich, wohlgestaltet, tanninbetont, gute Zukunft. Benötigt sehr viel Zeit.
*Zuletzt auf dem Château verkostet, Juni 1991 (★★★★★) 1998 bis 2010.*

**CH. PAPE-CLÉMENT** Neue Gärbehälter. Die Zementbottiche wurden durch Edelstahltanks ersetzt. Im Mai 1988 sehr tief, reich, intensiv; in der Nase recht gute Frucht, außerdem ein erdiger Graves-Charakter. Trotz des Tanningehalts überraschend weich und fleischig. Inzwischen weniger tief, aber immer noch sehr reiches Aussehen; Nase etwas hart und stielig; «süß», gutes Gewicht, recht schöne Frucht. Schlank und tanninbetont.
*Zuletzt im November 1988 verkostet ★(★★) 1996 bis 2000.*

**CH. PAVIE** Bei der ersten Verkostung im Mai 1988 gefiel mir der Wein sehr gut. Danach noch drei ähnliche Bewertungen. Die jugendliche Intensität ist mittlerweile weniger tief und an einem

Wendepunkt; gefällige, wenn auch nicht völlig eingebundene Nase, «süß», leichte Erdbeernuancen; schöne Fülle und Frucht, unverhüllter Charakter, etwas rauh, doch das müßte sich noch bessern.
*Zuletzt im März 1993 verkostet* ★★★(★) *1995 bis 2000.*

CH. DE PEZ Im Mai 1988 lebhaft und tanninbetont. Keine großen Veränderungen. Schwefel in der Nase. Für einen 86er St-Estèphe leicht, aber wohlschmeckend.
*Zuletzt im Mai 1993 verkostet* ★★(★) *Bis 1998.*

CH. PICHON-LONGUEVILLE, BARON Sechs Bewertungen, als erstes im April 1987 eine ansprechende, würzige Faßprobe mit Eichennuancen. Danach im Mai 1988 wohlschmeckend, doch schlank und tanninbetont, außerdem kurz nach der Flaschenabfüllung. Im Dezember 1989 weiche Frucht und Würze, was meiner ersten Aufzeichnung entsprach, im folgenden Mai jedoch stielige Adstringenz. Bei der letzten Gelegenheit auf der MW-Degustation weniger tief, aber reich und nicht mehr jungfräulich; «süße» Nase, etwas gedämpft und mit Sattelgeruch; schöne Struktur, recht guter Geschmack, trotzdem fehlte es an echter Qualität und wirklichem Stil.
*Zuletzt im November 1990 verkostet* (★★) *1995 bis 2000.*

CH. PICHON-LONGUEVILLE, LALANDE Zwei jüngere Aufzeichnungen. Weniger tief als erwartet, dabei immer noch unentwickelt; in der Nase und am Gaumen lebhafte, zitrusartige Frucht, hochgetönter als der Baron; leicht «süß», mittelschwerer Körper, gute Länge, schlank, aber wohlschmeckend. Wie immer ein besonderer Wein.
*Zuletzt im November 1990 verkostet* ★★(★★) *1996 bis 2010.*

CH. RAUSAN-SÉGLA Machte sich gut auf der *Grand-cru*-Degustation im Mai 1988: starkfarben; elegantes, blaubeerartiges Aroma; vorzüglicher Fruchtgeschmack und ausgezeichnetes Gewicht. Zwei neuere Aufzeichnungen: immer noch intensiv, überraschend tief und reich; unverwechselbare Nase, mit ausgeprägtem Margaux-Veilchenduft, hart, dennoch fruchtig. Befindet sich in einem rauhen Zwischenstadium mit bitteren Tanninen. Sehnig. Benötigt viel Flaschenalterung.
*Zuletzt im November 1990 verkostet. Optimistisch betrachtet* (★★★) *1998 bis 2015.*

CH. SIRAN Im April 1987 eine sehr tiefe, schlanke, dabei wohlgeformte und ausgesprochen tanninbetonte Faßprobe. In jüngerer Zeit: mitteltiefe, lebhafte Farbe; lebhafter Lindenblütenduft; relativ voller Körper, ganz gute Fülle und Frucht, dennoch nicht besonders aufregend. Säure und Tannin im Gleichgewicht.
*Zuletzt im Mai 1990 verkostet* ★★(★) *Jetzt bis 2000.*

CH. SMITH-HAUT-LAFITTE Erwies sich im Mai 1988 als mittelmäßig gut, in der Nase «süße», ziemlich marmeladige Frucht, mittlerweile an Erdbeeren erinnernden Duft. Niemals sehr tief, inzwischen relativ leicht und gutentwickelt für einen 86er, desgleichen auch am Gaumen. «Süß», zugänglich, erfrischend.
*Zuletzt im November 1990 verkostet* ★★★ *Bis 1998.*

CH. TALBOT Seit der Degustation im Mai 1988 gleichbleibende Bewertungen; kaum Entwicklung; wenn überhaupt, dann eher am Sich-Verschließen. Das ursprüngliche Purpurrot täuscht eine Andeutung von Ausbau an; der sehr ausgeprägte teerige, medizinale Bauernhofgeruch verdeckt sehr wirkungsvoll die Frucht, so wie auch die rauhen Tannine überhand nehmen. Ausgesprochen wohlschmeckend. Erinnert mich an den 79er. Ein Draufgänger.
*Zuletzt im November 1990 verkostet* (★★★) *1996 bis 2010.*

CH. LA TOUR-DE-BY Mein Alltagswein, den ich eine Zeitlang zu Hause getrunken habe. Erstmals im April 1987 bei einer Verkaufsdegustation von Thorman Hunt verkostet. Ich fand ihn gefällig und häte ihn dann gleich vom Keller weg kaufen sollen. Er war und ist ein Beispiel für einen kräftigen jungen Wein: eine betörende Kombination aus guter Frucht und den würzigen Nuancen der neuen Eiche. Auf diese Art geringer eingestuften Médoc mit gutem Qualität-Preis-Verhältnis sollte man achten, doch sollte man selbst von einem gut gemachten Bordeaux *Cru bourgeois* nicht erwarten, daß er mit dem Alter vielschichtiger und verbindlicher wird. Trotzdem werde ich ein paar Flaschen aufheben.
*Zuletzt im Juni 1990 verkostet* ★(★) *Bis 1998.*

CH. LA TOUR-MARTILLAC Im Mai 1987 holzig und rauh. 1988 dann auch Frucht und Fülle, aber immer noch rauh. Tief; trocken, relativ voll, leicht bitter.
*Zuletzt im März 1991 verkostet* ★(★)? *Jetzt bis 1997.*

CH. TROTTEVIEILLE Zwar mit dem Etikett «1er grand cru classé» versehen, aber eigentlich die St-Emilion-Entsprechung zu dem La Tour-de-By Médoc. Im Erscheinungsbild, in der Nase und am Gaumen allerdings weicher. Rubinrot, «süße» Nase, eigenartig flaumige Struktur, neue Eiche deutlich spürbar.
*Zuletzt im Juni 1991 verkostet* ★★

WEITERE, IN LETZTER ZEIT VERKOSTETE 86ER:

CH. LA CARDONNE «Süße» Nase, aber ungewöhnlich streng und tanninbetont.
*Zuletzt im Januar 1989 verkostet* ★(★★)

**Ch. Cissac** Tief; wohlriechend; frisch sehr tanninbetont.
*September 1993* (★★★)

**Ch. Clarke** Tief, samtig; ansprechende Frucht und Nuancen der neuen Eiche in der Nase und am Gaumen.
*Juni 1991* (★★★)

**Ch. Clinet** Würzig, reich, robuste Frucht.
*Zuletzt im April 1989 verkostet* ★★(★★)?

**Ch. Coufran** Vier Aufzeichnungen, die erste von 1988. Immer noch tief, unentwickelt; gute Frucht; reich, tanninbetont.
*Zuletzt im Juni 1991 verkostet* (★★★)

**Ch. Hanteillan** Hart, robust, uninteressant.
*Zuletzt im Juni 1991 verkostet* (★★)

**Ch. Haut-Bages-Monpelou** Recht attraktiv.
*April 1991* ★★(★)

**Ch. Larose-Trintaudon** Im Ausbau; gute Frucht; reich, anständige Länge, attraktiv.
*Juni 1991* ★★(★)

**Ch. Olivier** Unentwickelt; eigenartig, medizinal; merkwürdig, aber wohlschmeckend, schönes Gewicht.
*Juni 1991* (★★)

**Ch. Roquetaillade-La-Grange** Reich, bisquitartig; «süß», ansprechend.
*Mai 1991* ★★

**Ch. Roudier** Montagne-St-Emilion. Tief, «süß», einnehmend, preisgünstig.
*Juni 1991* ★★

**Ch. La Tour-St-Bonnet** Reife Frucht, rauhe Tannine.
*Zuletzt im Februar 1991 verkostet* ★(★)

**Ch. Verdignan** Starkfarben; hart, tanninbetont, nicht ansprechend.
*Zuletzt im Juni 1991 verkostet* (★)?

Seit der Grand-cru-Degustation im Mai 1988 nicht mehr verkostet:

Schön, klassisch, mit guter Zukunft:
Ch. Lascombes, Ch. Prieuré-Lichine.

Schön, mittelfristig trinkbar:
Ch. Balestard-La-Tonnelle, Ch. Branaire-Ducru, Ch. Carbonnieux, Ch. d'Issan, Ch. Lafon-Rochet, Ch. La Pointe, Ch. Poujeaux, Ch. du Tertre.

Schön, schnell trinkbar:
Ch. La Cabanne, Ch. Cap-de-Mourlin, Ch. Canon-La-Gaffelière, Ch. de France, Ch. Greysac, Ch. Larmande, Ch. La Louvière, Ch. Malartic-Lagravière, Ch. Malescasse.

Mässig gut, bald trinken:
Ch. Fourcas-Dupré, Ch. Haut-Bergey, Ch. Larrivet-Haut-Brion, Ch. Monbrison, Ch. Olivier, Ch. Troplong-Mondot.

Enttäuschend:
Clos Fourtet.

Ziemlich schroff, gewöhnlich:
Ch. Beaumont, Ch. Fonréaud.

# 1987 ★★

*Was man auch über diesen Jahrgang sagen mag, es klingt immer etwas herablassend. Wenn er schon genaugenommen kein guter Jahrgang ist, so ist er gewiß auch kein schlechter. Im großen und ganzen haben die Weine keine besondere Zukunft; sie eignen sich nicht zur langen Kellerlagerung, und für eine Anlage ist die Qualität nicht gut genug.*

*Trotzdem ist der Jahrgang besser und gefälliger als der 84er, und er läßt sich ganz schön trinken, während man darauf wartet, daß sich der 88er abrundet.*

*Die Witterungsverhältnisse: auf den langen, kalten Winter (im Januar sank die Temperatur bis auf −22°C) und Frühling folgte im kalten, nassen Juni eine schlechte, ausgedehnte Blütezeit. Juli und August waren gemischt, im wesentlichen aber kühl und sonnenarm, der September wurde dann außerordentlich heiß. Anfang August begann das Wetter unbeständig zu werden, und während der Erntezeit setzten Regenfälle ein. Die erste umfassende Degustation des 87er Jahrgangs war von Peter Vinding für die* Union des Grands Crus *im Mai 1989 bei Christie's organisiert worden; viele der folgenden Aufzeichnungen stammen von dieser Veranstaltung.*

**Ch. Lafite** Überraschend tief, aber erwartungsgemäß entwickelter als der 88er. Die erste Flasche mit leichtem Korkgeruch, die zweite mit harmonischer, zurückhaltender Vanille-Nase, die sich mit einem Hauch Lakritze-artiger Frucht entfaltete und dann in einen warmen, getoasteten Duft überging; schönes Gewicht, etwas hart, leichter Holzton. Trotz des trockenen, tanninbetonten Abgangs ein Frühentwickler.
*Im November 1990 verkostet* ★(★) *Bis etwa 1998.*

## 1987

CH. MARGAUX Im April 1988 aus dem Faß verkostet: ziemlich tief; junge, unfertige Frucht in der Nase; auch am Gaumen trocken, schlank und unfertig. Zwei Monate später, ebenfalls aus dem Faß: es fehlte zwar an Mitte, dennoch müßte es einen gefälligen, eher bescheidenen Margaux ergeben. Im April 1989 noch einmal aus dem Faß: mitteltief, pflaumenfarben; dank Faßlagerung würzige Nuancen von Zimt und Nelken. Etwas «süß», schlank, wohlschmeckend, nicht ohne Charme, aber immer noch spröde. Bei der letzten Gelegenheit: mitteltief, offen, jugendlich – hübsches Rubinrot; zurückhaltende, aber blumige Nase mit einem Hauch Lindenblüten, weinig; am Gaumen unglaublich «süß», gefälliges Gewicht, würzig, schön griffig, wenn auch etwas zu kurz. Ein angenehmer Wein von mittlerer Haltbarkeit.
*Zuletzt vier Monate nach der Flaschenabfüllung verkostet, Juli 1992 *(**) Bis 2000.*

CH. LATOUR Im Mai 1989 abgefüllt und im April 1990 erstmals verkostet: mitteltief, rascher Ausbau; «süße», doch zurückhaltende Nase, Ingwer- und Fondant-Töne; trocken, mittelschwer, schlank, wohlschmeckend. Sieben Monate später auf dem Château: ähnliche Bewertung, leichte Frucht in der Nase und am Gaumen, ein Frühentwickler.
*Zuletzt im November 1990 verkostet *(**) Müßte bis 2000 gut zu trinken sein.*

CH. MOUTON-ROTHSCHILD Tief; «süß», ausgesprochen wohlriechend, leichtgewobene Frucht; am Gaumen sehr «süß», mittelgewichtig, reich, zum Kauen, sehr fortgeschrittener, guter Geschmack. Attraktives Gewächs mit mittellanger Zukunft.
*Im November 1990 verkostet *(**) Jetzt bis 1999.*

CH. HAUT-BRION Mitteltief, ziemlich gut entwickelt; «süße», entgegenkommende Vanille-Nase, ziemlich unverwobener, brotkrustenartiger Duft; «mittelsüß» und mittelschwer, ausladend; offen, tabakähnlicher Geschmack. Guter Wein für mittelfristige Lagerung.
*Im November 1990 verkostet *(**) Bis 1998.*

CH. AUSONE Nicht degustiert.

CH. CHEVAL BLANC 1989 auf dem Château verkostet. Nicht sehr tief; ausgesprochen wohlriechende und gefällige Nase; relativ «süß», ziemlich leicht, zugänglich. Ein angenehmer Frühentwickler.
*Mai 1989 ** Bis 1995.*

CH. PÉTRUS Nicht degustiert.

CH. BEYCHEVELLE 1989 eine sehr eigenartige Flasche. In jüngerer Zeit: pflaumig; zurückhalten-

de Frucht, Nelkenöl; zum Kauen, wohlschmeckend, würzig.
*Zuletzt im April 1993 verkostet ** Jetzt trinken.*

CH. BRANAIRE-DUCRU Sehr «süßer», gut verständlicher Wein mit Erdbeerduft. Griffiger Tannin- und Säuregehalt.
*Im Mai 1989 verkostet *(*) Bald trinken.*

CH. BRANE-CANTENAC «Süße» einnehmende Frucht und sehr wohlschmeckend. Mehr Säure als Tannin. Wirklich sehr gefällig.
*Im Mai 1989 verkostet **(*) Trinken bis 1996.*

CH. CANON Pflaumig; wohlriechend; trocken, mittelschwerer Körper, hervorragende Frucht.
*Im Mai 1989 verkostet *** Bis 1996.*

CH. CANON-LA-GAFFELIÈRE Mitteltief; «süße», ansprechende Nase; kernig, gut gemacht.
*Im Mai 1989 verkostet *** Bis 1996.*

CH. CANTEMERLE Eigenartige, ansprechende, leichte, aufgezuckerte Nase, mit einer Spur Teer; ziemlich «süß», eher leicht, offen, weiche Frucht, mangelnde Länge, aber gefällig.
*Zuletzt im Mai 1990 verkostet ** Bis 1996.*

CH. CANTENAC-BROWN Nicht sehr tief; Nase und Gaumen identisch. Relativ leicht, Frucht ausreichend gefällig, kurz.
*Im Mai 1989 verkostet ** Trinken.*

DOM. DE CHEVALIER Sehr gefällige, maulbeerartige Frucht in der Nase und am Gaumen. Mitteltrocken und -schwer. Ein guter 87er.
*Juni 1992 *** Bald trinken.*

CH. CLINET Sehr tief; eigenartig gefällige Nase, mit Eichen- und Feigentönen, erinnerte an einen Rhonewein. «Süß» und füllig, aber mit rauhem Abgang. Fremd. Gewiß nicht mein Geschmack.
*Zwei Aufzeichnungen vom April 1989.*

CH. LA CONSEILLANTE Im April 1989 «süß», gute Frucht, aber stielig. Ein Jahr später gesetzter und offener: sehr wohlriechend, erdbeerartige Nase; ein ausgesprochen «süßer», zugänglicher Wein.
*Zuletzt im Mai 1990 verkostet *** Bald trinken.*

CH. COS D'ESTOURNEL Tief; «kalte», stielige, fast hölzerne Nase und ebensolcher Geschmack. Gewisser Extraktgehalt, aber rauh.
*Im Mai 1990 verkostet. Erneut degustieren.*

CH. LA CROIX DE GAY Ziemlich tief; reiche, feigenartige Frucht; mittelschwerer Körper, reich, fast malzig, hoher Extraktgehalt. Vermutlich wurden dafür die reifsten Merlot-Trauben ausgewählt; in einem kleinen Pomerol-Weinberg geht das wesentlich einfacher als auf den großen Gütern im

Médoc. Trotzdem: ein 87er bleibt ein 87er. Der Wein kann nur so gut sein, wie es die Bedingungen während der Vegetation erlauben.
*Im April 1989 verkostet ★★ Jetzt bis 1997.*

**CH. DUHART-MILON** Mitteltief, entwickelter als der 88er; zurückhaltende, dabei füllige Nase, die sich im Glas schön entfaltete, weich, mit Vanille-Tönen; eher trocken, schönes Gewicht, ein gefälliger, relativ zugänglicher, fruchtiger Wein, mit einer Spur Bitterkeit im Abgang.
*Im November 1990 auf Ch. Lafite verkostet ★(★) Bald trinken.*

**CH. DURFORT-VIVENS** Attraktive Farbe; sehr gefällige Nase, fruchtig, mit Nuancen nach neuer Eiche; «süß», mittelgewichtig, positiver Geschmack, griffig, eine Spur zitrusartiger Säure.
*Im Mai 1989 verkostet ★★(★) Bis 1997.*

**CH. DE FIEUZAL** Zwischen April und November 1989 viermal verkostet. Ein interessanter roter Graves, den man im Auge behalten sollte. Ansprechendes Kirschrot; ausgesprochen «süße», gefällige, erdbeerartige Nase, mit Karameltönen. Auf den beiden letzten Degustationen nach einer Stunde jeweils sehr schöne Entfaltung im Glas. Trocken, mittelleichter Körper und Stil. Gefällig fruchtiger Ersteindruck, positiver Geschmack, trotz der fehlenden Intensität. Angenehm.
*Zuletzt im November 1990 verkostet ★★ Bald trinken.*

**CH. FIGEAC** Nur einmal degustiert. Mitteltief; «süße», aufgezuckerte, unverwobene, aber ansprechende, sich rasch entwickelnde Nase; mittelleicht, sehr gefälliger, zugänglicher Wein. Keine große Zukunft.
*Abendessen auf dem Château, April 1989 ★★ Bald trinken.*

**LES FORTS DE LATOUR** Mitteltief, jugendlich, doch rasch im Ausbau; offene, ansprechende Nase; mittleres Leichtgewicht, geradlinig, etwas neutral, zugänglich, kurz.
*Zuletzt auf Ch. Latour verkostet, November 1990 ★★ Trinken bis 1995.*

**CH. GISCOURS** Blasser als gewöhnlich, unentwickelt. «Süße», fast marmeladige Nase, füllig, medizinal, fruchtig und würzig; mitteltrocken und -schwer, lebhaft, duftend, fruchtig, guter Abgang mit zitrusartiger Säure und bittern Tanninen. Gibt sich Mühe.
*Zuletzt im Dezember 1989 verkostet (★★) Lohnt sich zu beobachten. Etwa bis 1998 zu trinken.*

**CH. GRUAUD-LAROSE** Tief, unreif, lange Tränen; zunächst zurückhaltend und leicht stielig, doch im Glas entwickelte sich der kühle, klassische Wohlgeruch; etwas «süß», mittelschwer, seidige

Struktur, locker gewoben und zugänglich. Durchaus mit Stil.
*Im Mai 1990 verkostet ★★(★) Trinken bis 1998.*

**CH. HAUT-BAILLY** Fortgeschritten; leichte, fruchtige Nase; relativ «süß», leichter Stil, gefällig, zugänglich. Rasch trinkbereit.
*Im Mai 1989 verkostet ★★ Bis 1996.*

**CH. D'ISSAN** Relativ blaß; «süße», zugängliche, gefällige Nase und ebensolcher Geschmack. Rascher Ausbau.
*Im Mai 1989 verkostet ★★ Bis 1997.*

**CH. KIRWAN** Mitteltief; gedämpfte, leicht käsige Nase; robust, zum Kauen, kurz.
*Im Mai 1989 verkostet ★★ Trinken.*

**CH. LAFON-ROCHET** Sehr positive Frucht in der Nase; überraschend «süß», weich und zugänglich am Gaumen. Kurz. Weniger spröde als sonst.
*Im Mai 1989 verkostet ★★ Trinken, bevor sich der «Babyspeck» verliert.*

**CH. LAGRANGE** St-Julien. Neun Monate nach der Lese: beeindruckend tief, starkfarben, purpurn; wohlriechend, allerdings mit unreifer Stieligkeit und Eichentönen; trocken, wohlschmeckend, natürlich immer noch rauh. Nicht sehr lang.
*Auf der Decanter-Degustation, Juli 1988 (★★) Trinken bis 1997.*

**CH. LA LAGUNE** Mittelblasses Kirschrot; «süße», würzige, sehr ansprechende Nase; «mittelsüß», mittelleicht, zum Kauen, robust, sehr wohlschmeckend, einnehmend, würzige Nuancen von der neuen Eiche.
*Im Dezember 1989 verkostet ★★(★) Trinken bis 1996.*

**CH. LANGOA-BARTON** Mitteltief; überraschend «süße», weiche, harmonische Nase mit Vanille-Tönen; am Gaumen ebenfalls «süß», zum Kauen, fruchtig, angemessener Tanningehalt, sehr attraktiv.
*Im September 1993 verkostet ★★(★) Trinken bis 1997.*

**CH. LARRIVET-HAUT-BRION** Mitteltief; sehr gefällige Nase mit Frucht- und Eichennuancen; ein «süßer», weicher, reicher, schön abgerundeter Wein.
*Im Mai 1989 verkostet ★★★ Jetzt trinken.*

**CH. LASCOMBES** Pflaumig; ziemlich unangenehm riechende Nase, ausladend, fruchtig, Karameltöne; am Gaumen durchschnittlich und nichtssagend. Ziemlich rauh.
*Im Mai 1989 verkostet (★)?*

## 1987

**CH. LÉOVILLE-BARTON** Mitteltief, ziemlich entwickelt; sehr gute Nase, «süß», reich; entsprechend im Körper, positiv, stilvoll, gute Länge für einen 87er.
*Im Mai 1989 verkostet *(**) Bis 2000. Es lohnt sich, danach Ausschau zu halten.*

**CH. LÉOVILLE-LAS-CASES** Vielversprechend tiefes, pflaumiges Erscheinungsbild, doch die Nase erinnerte mich im ersten Anflug an ein Feld mit verfaulendem Kohl; nach 15 Minuten im Glas entfaltete sich allerdings ein wesentlich annehmbarerer Wohlgeruch; durchaus mit Körper, Fülle und Tannin. Nicht schlecht, aber auch nichts Besonderes.
*Im September 1991 verkostet **

**CH. LÉOVILLE-POYFERRÉ** Mitteltiefes Rubinrot; ausgesprochen tanninbetonte Nase mit Sattelgeruch; adstringierender Säure- und Tanningehalt. Ich bezweifle, daß sich dieser Frosch jemals in einen Prinzen verwandelt.
*Zuletzt im Mai 1989 verkostet. Erneut degustieren?*

**CH. LYNCH-BAGES** Erstmals im Oktober 1988 auf der Londoner Degustation von Jean-Michel Cazes probiert: feine, tiefe, jugendliche Erscheinung; attraktive junge Frucht und würzige Nuancen aus neuen Eichenfässern; schönes Gewicht, robust, mäßige Länge, tanninbetont. Sieben Monate später eine Faßprobe auf der *Grand-cru*-Degustation von Christie's: immer noch sehr tief; herrliche Frucht in der Nase; trocken, positiver Geschmack, festgewobener Tannin- und Säuregehalt.
*Zuletzt im September 1992 verkostet ** Bis 2000.*

**CH. LA MISSION-HAUT-BRION** Mitteltief, etwas unbestimmt zum Rand hin auslaufend; medizinale Nase – Jod, Ozon, Wundtinktur –, entfaltete sich rasch im Glas; für einen La Mission ziemlich leicht und zugänglich. Ausgeprägter Nachgeschmack. Ein Frühentwickler.
*Im Juni 1990 verkostet **(*) Bis 1997.*

**CH. PALMER** Im Mai 1989: mitteltief; leicht, fruchtig. Ein zugänglicher, ziemlich «grüner», aber ansprechender 87er.
*Zuletzt im September 1992 verkostet (**) Bis 1997.*

**CH. PAPE-CLÉMENT** 50% neue Eiche. Mitteltief, mit Stich in den Purpur; in der Nase und am Gaumen eigenartig reich, mit Feigen- und Portweinanklängen. Ziemlich merkwürdig. Muß erneut verkostet werden.
*Faßprobe im Mai 1989?*

**CH. PICHON-BARON** Ziemlich tief; «süße», entgegenkommende, fruchtige, ansprechende Nase; entsprechender Geschmack. Robust. Neue Eiche. Ein gefälliger 87er. Gleichbleibende Bewertungen.
*Zuletzt im Mai 1989 verkostet **(*) Bis 2000.*

**CH. PICHON LALANDE** Tief für einen 87er. Etwas Extrakt, nicht schlecht, nicht aufregend.
*Im Juli 1992 * Austrinken.*

**CH. PONTET-CANET** Im Mai 1989: mitteltiefe Farbe, mittelschwerer Körper. Eigenartige, ziemlich gewöhnliche, leicht malzige, stielige Nase; trocken, passabel, aber nicht aufregend. In jüngerer Zeit bei einer Blindprobe: immer noch unentwickelt; recht fremde Nase, die an Scharpie erinnerte; teeriger Geschmack.
*Zuletzt im Juni 1991 verkostet.?*

**CH. PRIEURÉ-LICHINE** Erstmals bei Harvey's im Oktober 1988 verkostet: relativ tiefer, ansprechender, fruchtiger Wein mit «süßer» Nase. Faßprobe bei der *Grand-cru*-Degustation im Mai 1989: nicht ganz so gut, etwas hohl, mit stieligen Tanninen und schlank. Bei einer späteren Gelegenheit: pflaumenfarben; ausgesprochen «süße», fast marmeladige Frucht; relativ leicht, durchaus mit Stil, im Abgang eine Spur Bitterkeit. Eignet sich als gefälliger, erfrischender Mittagswein.
*Zuletzt im Juli 1990 verkostet ** Bis 1997.*

**CH. RAUSAN-SÉGLA** Interessanterweise wurde dieser Wein deklassiert.

**CH. TALBOT** Mitteltief; sehr wohlriechend, fruchtig, mit Stil und Tiefe; trocken, guter positiver Charakter und Geschmack.
*Eine der besten 87er Faßproben bei der Grand-cru-Degustation im Mai 1989 **(**)*

**VIEUX CH. CERTAN** Tief; zurückhaltende, leicht malzige Nase; trocken, gutes Gewicht und schöner Geschmack, annehmbarer Tannin- und Säuregehalt. Recht eindrücklich.
*Im Juni 1992 verkostet ** Bis 1997.*

**WEITERE, IN JÜNGSTER ZEIT VERKOSTETE 87ER:**

**CH. BATAILLEY** Schwacher Rand; recht schöne Frucht.
*Juni 1991 ***

**CH. BEAUMONT** Pflaumige, leicht stielige, passable Faßprobe. Danach zwei Flaschen, eine mit Korkgeruch, die andere ein ansprechender, kleiner Médoc.
*Zuletzt im Juni 1991 verkostet ***

**CH. CISSAC** Trocken, ziemlich rauh und säurebetont.
*Oktober 1990 **

**Ch. L'Evangile** Weiche, aufgezuckerte Nase; «süß», zugänglich, trinkfertig.
*Mai 1991* ★★

**Ch. Maucamps** Tief; «süß», voll, füllig, gute Frucht.
*Juni 1991, für seine Klasse* ★★★

**Ch. Meyney** Im Ausbau; überraschend gute Frucht, gefällig, zum Kauen.
*Zuletzt im September 1993 verkostet* ★★★

**Ch. Tertre-Roteboeuf** Gehaltvolle Nase; weich, leicht, sehr trinkbar.
*August 1990* ★★

**Ch. La Tour-de-By** Mehrere Aufzeichnungen. Gut gemacht. Pflaumig. Schönes Gewicht, gefällig, wenn auch tanninbetont.
*Zuletzt im Juni 1991 verkostet* ★(★)

Nur oder zuletzt im Mai 1989 auf der Grand-cru-Degustation verkostete 87er:

GUT:
Ch. L'Angélus, Ch. Bouscaut, Ch. de France, Ch. Gazin, Ch. La Louvière, Ch. Les-Ormes-de-Pez, Ch. Pavie-Decesse, Ch. Villemaurine.

Ausreichend gefällig:
Ch. Beauregard, Pomerol, Ch. Cap-de-Mourlin (Jacques), Ch. Coufran, Ch. Dauzac, Ch. Fonplégade, Ch. Fonréaud, Ch. Fourcas-Dupré, Ch. Fourcas-Hosten, Ch. Greysac, Ch. Haut-Bergey, Ch. Monbrison, Ch. Pique-Caillou, Ch. de Lamoureux.

Gewöhnlich:
Ch. Balestard-La-Tonnelle, Ch. Cos Labory, Ch. Lanessan, Ch. Poujeaux, Ch. Troplong-Mondot.

Fraglich – erneut verkosten?
Clos Fourtet, Ch. Malescasse, Ch. Siran.

# 1988 ★★★★

*Zweifellos sehr gut. Ich habe eine große, repräsentative Auswahl an 88er und 89er Weinen verkostet und bin von der Qualität und dem sich gegenseitig ergänzenden Stil der beiden Jahrgänge sehr beeindruckt. Der gleiche Boden, der gleiche Traubensatz, die gleiche Rebenbehandlung, die gleichen Vinifizierungsmethoden und doch zwei ganz verschiedene Weine. Entscheidend sind dabei die feinen Unterschiede in den Witterungsbedingungen während der Wachstumszeit gewesen. Die 88er sind kernig, männlich, gut gebaut und mit hoher Lebenserwartung. Auch die 89er haben eine gute Struktur, aber sie sind geschmeidiger, charmanter und werden rascher ausgebaut sein. Eine Zeitlang wird es ein Kopf-an-Kopf-Rennen zwischen diesen beiden Weinen geben. In der Dekade der 80er Jahre steht der 89er im gleichen Verhältnis zum 88er wie der 85er zum 86er. Das letztgenannte Paar erinnert mich, auch wenn es nicht so aufsehenerregend ist, an die Konstellation von 1928 und 1929. Doch auch hier wird die Zeit das letzte Wort haben.*

*Winter und Frühjahr 1988 waren nässer als gewöhnlich. Zwar gab es keine Frühjahrsfröste, doch waren auch die Blütebedingungen später nicht ideal: Juli bis September trockener als sonst, doch die Monatstemperaturen lagen im Durchschnitt. Der Oktober ähnelte etwas jenem von 1985. Eine wesentliche Rolle spielte die ungleichmäßige Traubenreife der einzelnen Rebsorten. Die Winzer hatten vor allem mit dem Cabernet Sauvignon im Médoc ihre Probleme. Weniger schwierig war es in Graves, besonders in St-Emilion und Pomerol. Die Bewertungen der Weine, außer den Spitzengewächsen, wurden im wesentlichen auf zwei Degustationen gemacht. Die erste fand im April 1989 im Bordelais statt. Auf Ch. d'Issan in St-Julien wurde eine große Auswahl an Margaux-Weinen vorgestellt, auf Ch. Langoa in Pomerol gab es Pauillacs, die St-Emilions präsentierte man auf Ch. Canon und die Graves sowie die Sauternes auf Ch. Carbonnieux. Nicht überall gab es gleich gute Vorraussetzungen für die Verkostungen, zum Teil war es zu kalt, zum Teil der Platz zu beschränkt. Zum Glück wurde genau ein Jahr später eine fast gleiche Auswahl den Händlern und Weinjournalisten bei der* Livery Company Hall *in London vorgestellt, was für die Bestätigung der Eindrücke eine große Hilfe bedeutete. Auffallend war die deutliche Veränderung der Farbe nach zwölf weiteren Monaten Faßlagerung. Fast bei allen Weinen hatte sich das ursprünglich undurchsichtige Purpurrot zu einem weniger tiefen, pflaumigeren Farbton gewandelt. Wichtiger aber ist die bemerkenswerte Qaulitätsbeständigkeit. Ein Jahrgang zum Kaufen und Einlagern.*

**Ch. Lafite** Erstmals im April 1989 in den kalten Lafite-Kellern und aus eiskalten Gläsern probiert. Nicht verwunderlich, daß sich die Nase nicht erschloß. Doch mit der Erwärmung in der Hand und ein bißchen Schmeichelei entstieg dem Glas ein Duft nach frisch gespitzten Bleistiften, kandierten Veilchen und die Würze der neuen Eichenfässer. Ziemlich körperreich, außergewöhnlicher Brombeer-Fruchtgeschmack, gute Länge, sehr tanninbetont. Zwölf Monate später zusammen mit dem 89er: mitteltief; minzige, wohlriechende Nase; schöne Fülle und guter Geschmack, doch mir schien der 89er um einiges länger. Im Juli 1990 wurde der Wein auf Flaschen gezogen, und meine nächsten Aufzeichnungen machte ich in dem hellen, neuen Degustationsraum auf dem Château. Vorzügliche Farbe; Nase zunächst verschlossen, doch nach einer Viertelstunde im Glas entfaltete sie sich vorzüglich, kernig und würzig. Ein eindringlicher, recht kraftvoller Wein. Gute Frucht. Immer noch hart.

*Zuletzt im Oktober 1992 verkostet (★★★★) Ein guter, recht ausdauernder Langstreckenläufer. Etwa 2000 bis 2020.*

**CH. MARGAUX** Als erstes im April 1989 auf dem Château verkostet. Paul Pontallier erklärte uns, daß die Reben ab Juli 1988 wetterbedingt unter Streß gestanden hätten, wodurch sich der Reifeprozeß verlangsamt habe. Die Probe aus dem Faß war praktisch undurchsichtig; sehr wohlriechende Nase, mit dem würzigen, betörenden Duft der neuen Eiche; etwas «süß», mittelschwerer Körper, lebhaft, schlank, männlich, sehr tanninbetont. Ende August bis Anfang September 1990 wurde der Wein abgefüllt, und ich verkostete ihn das nächste Mal ungefähr sechs Wochen später: immer noch tief, mit schönem, intensivem, purpurrotem Rand; faszinierender, pudriger Duft, der an türkischen Honig erinnerte, gute Frucht, nach etwa zehn Minuten im Glas ausgesprochen wohlriechende Entfaltung. Wirkte sehr «süß», mit guter Fülle und Länge. Im Nachgeschmack Veilchentöne. Die Würzigkeit der neuen Eiche war in diesem Stadium offenkundig, doch sie wird sich noch etwas beruhigen. Vorzüglicher Wein.

*Zuletzt auf dem Château verkostet, November 1990 (★★★★) Große Zukunft.*

**CH. LATOUR** Bei der *Grand-cru*-Tour im April 1989 nicht verkostet. Ich probierte den Wein zum ersten Mal im darauffolgenden April auf dem Château, obwohl er erst kurz zuvor geschönt worden war. Als nächstes im September 1990, nicht lange nach der Flaschenabfüllung degustiert. Sehr tief, im Zentrum maulbeerfarben, am Rand Purpur; Nase noch schwankend, aber voller Frucht; sehr kraftvoll, selbst am Gaumen aggressiv, ausgesprochen gut, aber adstringierend trocken. Zwei Monate später bei einer faszinierenden Präsentation der letzten Latour-Jahrgänge: Farbe wie Kirsch-Brandy, deutlich intensiver als der 89er; gutes, lebhaftes aromatisches Zedernholz- und Cabernet-Sauvignon-Aroma; körperreich, gute Frucht und Fülle. Ein ausgesprochen tanninbetonter Wein. Die Zukunft wird es weisen.

*Zuletzt im September 1993 verkostet (★★★★) Ein sehr charakteristischer, altmodischer Latour, der sehr viel Flaschenalterung und Geduld benötigt.*

**CH. MOUTON-ROTHSCHILD** Im Juni und Juli 1990 abgefüllt. Nur einmal degustiert: feiner, tiefer, intensiver, pflaumenfarbener Wein, der jünger aussah als der 89er. Angesengte, gehaltvolle Brombeerfrucht in der Nase, die aber dem Glas nicht entstieg. Überraschend «süß», körperreich, sehr kernig und tanninbetont, aber fülliger, als ich erwartet hatte.

*Im November 1990 auf dem Château verkostet (★★★★) Ebenfalls ein klassischer Wein mit Zukunft.*

**CH. HAUT-BRION** Sehr tiefes, intensives Purpurrot; ausgeprägt fruchtiges Cabernet-Aroma, große Tiefe; etwas «süß», körperreich, sehr reiche Frucht und Extraktstoffe, samtig, tanninbetont. Ab dem 26. November 1990 sollte der Wein abgefüllt werden, und drei Tage davor habe ich ihn degustiert. Ganz kürzlich noch immer sehr tief; zurückhaltendes und doch starkes Bukett nach schwarzen Johannisbeeren; sehr tanninbetont, größer als der 89er. Braucht Zeit.

*Zuletzt im Juni 1992 (★★★★) 2000 bis 2020?*

**CH. CHEVAL BLANC** Sehr tief. Praktisch undurchsichtig; trotz seiner Jugend sehr entgegenkommend, hervorragende Frucht, markantes Qualitätsniveau eines ersten Hochgewächses; ziemlich körperreich, sehr reich, voller Frucht, hoher Extraktgehalt, leichte Nuancen von Tabak und neuer Eiche im Geschmack, würzig, gute Länge. Müßte sich gut entwickeln.

*Im Juni 1992 auf dem Château verkostet (★★★★) 2000 bis 2020.*

**CH. L'ANGÉLUS** Drei Aufzeichnungen. Im April 1989 zweimal degustiert: sehr tief, gute Frucht, deutliche Eichentöne. Zwölf Monate später: die ursprüngliche Farbtiefe hat sich verloren, dennoch sehr reiches Erscheinungsbild; ausgesprochen entgegenkommende Nase mit einem Hauch Schokolade und Karamel; ausnehmend «süß», mittelgewichtig, gute Frucht, angemessener Tannin- und Säuregehalt. Überraschend attraktiv.

*Zuletzt auf der Grand-cru-Degustation in Merchant Taylors Hall verkostet, April 1990 ★(★★★) Ziemlich früh trinkbereit, etwa 1994 bis 2000.*

**CH. D'ANGLUDET** Tief, ziemlich intensiv. Individueller, ausgeprägter und ziemlich außergewöhnlicher Charakter, vor allem in der Nase, die mich häufig an einen Rhonewein, in diesem Fall hier an einen duftenden Hermitage erinnerte. Gute Fülle und Frucht. Weiche Tannine. Beeindruckend. Ein Jahr später geringfügig bessere Punktzahl. Mittlerweile pflaumiges Purpurrot; wiederum sehr ausgeprägter Duft und Geschmack, fruchtig, lebhaft, «süß» und ansprechend. Guter Nachgeschmack.

*Zuletzt im April 1990 verkostet, für seine Klasse ★(★★★) 1996 bis gut über das Jahr 2000 hinaus.*

**CH. BEYCHEVELLE** Ursprünglich sehr ausgeprägte, zedern- und eichenholzartige Würze in der Nase und im Geschmack. «Süß», aber tanninbetont. Ein Jahr später: mitteltief, pflaumig; die Nase entfaltete sich mit Nuancen von grünem Tee und Eukalyptus; wirkte am Gaumen unbeschreiblich «süß», zum Kauen, fruchtig, recht schöne Länge, guter Tannin- und Säuregehalt.

*Zuletzt im September 1993 verkostet (★★★★) 1996 bis 2000 und länger.*

**CH. BRANAIRE-DUCRU** Anfänglich starkfarben; verschlossen; eigenartiger Geschmack und Stil, mit leicht hefigen Anklängen. Zwölf Monate später weniger tief, pflaumiger, doch natürlich immer noch unentwickelt. In der Nase Frucht und Tannin erkennbar; am Gaumen sehr «süß», mit ansprechender, zugänglicher Frucht trotz des Tannin- und Säuregehalts. Einen Monat danach eine weitere Aufzeichnung. Zwischenstadium.
*Zuletzt im Januar 1991 verkostet (★★★) Gut, aber selten mehr als gut. Müßte einen gefälligen Wein von mittellanger Haltbarkeit ergeben, etwa 1997 bis 2010.*

**CH. BRANE-CANTENAC** Im April 1989 tief, reich; unverwobene, aber lebhafte Frucht; zugänglich, offen, aber Hefeton. Ein Jahr später entwickeltere Farbe; sehr «süße», würzige Nase und ebensolcher Geschmack. Ein Schnellentwickler.
*Zuletzt im Januar 1991 verkostet ★★(★) Bis 2000.*

**CH. CALON-SÉGUR** Ein sehr guter Calon, obwohl ich ihn 1989 bei der Präsentation von 88er Weinen auf Ch. Langoa nicht ganz befriedigend fand. Auf der Degustation in London: beeindruckend tiefes, undurchsichtiges Zentrum, intensiver Rand; «süße», wohlausgewogene Nase; für einen Calon-Ségur «süß» im Geschmack, relativ voll, vorzügliche Frucht und Struktur.
*Zuletzt im Januar 1991 verkostet (★★★★) 1995 bis 2020.*

**CH. CANON** April 1989: starkfarben; eigenartige, fleischige Nase, unterstützt von einer reichen Cassis-artigen Frucht; ein stämmiger, sehr tanninbetonter Wein. Ein Jahr später weniger tiefe, aber reichhaltige Erscheinung; Nase noch verhüllt, aber mit guter Frucht und Tiefe; «süß», robust, schöner Frucht-Säure-Endgeschmack. Gute Aussichten.
*Zuletzt im April 1990 verkostet ★★(★★) Jetzt bis 2010.*

**CH. CANON-LA-GAFFELIÈRE** Starkfarben, intensiv; unentwickelte, aber «süße» Nase mit guter Frucht; trocken, gepflegte Struktur und feiner Geschmack. Bittere Tannine. Beträchtliche Entfaltung nach einem weiteren Jahr im Faß; sehr reich; in der Nase verbinden sich Frucht- und Eichennuancen; «süßer» werdender Gaumen, schönes Gewicht, köstlicher Geschmack. Eine Fülle an Frucht sowie ausreichend Tannin und Säure. Ein einschneidender Wandel in der Weinbereitung; dieses Château sollte man im Auge behalten.
*Zuletzt im April 1990 verkostet ★★(★★) Bis 2000 und länger.*

**CH. CANTEMERLE** Tief; stielig; hübsche Textur.
*Im Januar 1992 (★★★)*

**CH. CANTENAC-BROWN** April 1989: sehr tief, intensiv; einer der entwickeltsten Weine unter den Hochgewächsen aus Margaux; Sattelgeruch, würzig, eichen, attraktiv. Ein Jahr später fast identische Bewertung. Reiche Nase; ziemlich «süß», schönes Gewicht, reich, lebhaft. Trockener Abgang.
*April 1990 ★★(★) Bis 2000 und länger.*

**CH. CARBONNIEUX** Sehr beständige Beurteilungen, im April 1989 ohne Fehler, doch auch keine sehr ausgeprägte Nase, schwer einzuschätzen. Ein Jahr später identische Bewertung. Etwas «süß», der übliche, ziemlich leichte und schlanke Stil, ansprechend, wohlschmeckend, pikant. Ein erfrischender, gut gemachter, unprätentiöser Wein.
*Zuletzt im April 1990 verkostet ★★(★) Bis 1998.*

**CARRUADES DE CH. LAFITE** Erstmals auf Ch. Lafite unter eisigen Bedingungen verkostet. Lebhaftes Purpurrot; kalt, verschlossen, hart, tanninbetont. In London dann stärker entwickelt: leichte, aber lebhafte, würzige Nase; schönes Gewicht, offen gewoben, zum Kauen, schmackhaft. Ernsthafter und weniger charmant als die Carruades in den 50er und 60er Jahren, aber vielleicht liegt das auch in der Natur des 88er Jahrgangs.
*Zuletzt im April 1990 verkostet ★★(★) Jetzt bis 2000 und länger.*

**CH. CHASSE-SPLEEN** Machte sich auf den Degustationen im April 1989 und 1990 gleichermaßen gut. Sehr schmackhaft, mit der ausgeprägten Würze der neuen Eichenfässer. Der beste Wein in seiner Klasse, den man in absehbarer Zeit trinken und jedenfalls nicht für die Enkel aufheben sollte.
*Zuletzt im April 1990 verkostet ★★(★) Bis 1998.*

**DOM. DE CHEVALIER** Nur eine frühe Bewertung. Wohlriechend, lebhaft, Eichennuancen; kernig, eher schlank, aber mit angemessener Fülle, vorzüglicher Frucht, guter Ausgewogenheit, tanninbetont. Gute Zukunft.
*Im April 1989 verkostet ★★(★★) 1995 bis 2015.*

**CH. CLINET** Bei der Bewertung von 88er Weinen im April 1989 auf Ch. Canon schieden sich die Geister beim Clinet beträchtlich. Ich stand ziemlich alleine damit, daß ich eine starke Apfelnote in der Nase empfand, mit einem fremden Geschmack wie gewöhnlicher Côte du Rhône. Eine Woche später auf einer Verkaufsdegustation in London schrieb ich – ohne daß ich meine früheren Notizen noch einmal angesehen hätte – daß er eine Nase wie gekochte Äpfel und Nelken habe, rauh und sehr tanninbetont sei, mit «einem eigenartigen, stieligen Rhone-Geschmack. Zwölf Monate später fand ich ihn *immer noch* merkwürdig, nach Kresse und Gewürzen riechend, dabei sehr eindringlich

und mit ansprechenden Brombeergeschmack. Ich warte darauf, ihn nach einer gewissen Zeit der Flaschenlagerung erneut zu degustieren.
*Zuletzt im April 1990 verkostet ★★?*

**CH. COS D'ESTOURNEL** Im Januar 1990 stellte Michèle Prats auf einer Cos-Degustation in Florida eine Probe aus dem Faß vor, die noch nicht vom endgültigen Traubensatz stammte: starkfarben, intensiver, purpurroter Rand; jugendliche, kräftige Frucht, sehr ansprechend; die leichte «Süße» am Gaumen trifft auf einen trockenen Abgang. Schön ausgewogen. Schöne Frucht, ziemlich körperreich, frisch. Robust, dabei ausgesprochen tanninbetont. Gute Zukunft.
*Zuletzt im März 1993 verkostet (★★★★) 1998 bis 2020.*

**CH. LA CROIX DE GAY** Bei den beiden April-Degustationen sehr gut bewertet. Mitteltief, reiche Farbe; vorzügliche Frucht, lebhafter Eindruck von Kirsch- und Himbeernuancen, mit würziger Note aus den neuen Eichenfässern und großer Tiefe. Beim ersten Schluck ziemlich «süß», gefälliges Gewicht, überaus attraktiv. Frische neue Eiche. Tanninbetont.
*Zuletzt im April 1990 verkostet ★★(★★) Bis über das Jahr 2000 hinaus.*

**CH. DAUZAC** Tief; gute Frucht, griffiges Tannin.
*Zuletzt probiert im Juni 1992 (★★★) 1997 bis 2010.*

**CH. DUCRU-BEAUCAILLOU** April 1989: starkfarben; verschlossen, unnachgiebig; trocken, relativ voll, fest, Eichentöne und bittere Tannine; dennoch ein klassischer, zurückhaltender Ducru. Im Jahr darauf immer noch feines, tiefes Purpurrot; etwas stielig und hart. Sogar adstringierend. Benötigt recht viel Flaschenalterung, damit er sich abrundet.
*Zuletzt im Januar 1991 verkostet. In Anbetracht von Form und Jahrgang (★★★★) Man wird sehen, doch es dauert sicher noch zehn Jahre, bis er weicher geworden ist.*

**CH. DURFORT-VIVENS** Zwei Degustationen: im April 1989 sehr tief, intensiv; im April 1990 mitteltief, reiches Erscheinungsbild; lebhaft würzige Frucht – bei beiden Verkostungen gleiche Beschreibung und Bewertung; am Gaumen ansprechende Frucht, aber ziemlich rauher, tannin- und säurebetonter Abgang. Benötigt Zeit.
*Zuletzt im April 1990 verkostet (★★★) 1998 bis über das Jahr 2000 hinaus.*

**CH. DUHART-MILON** Im April 1989 gute brombeerartige Frucht; lebhaft, zum Kauen. Bei der letzten Gelegenheit auf Ch. Lafite: immer noch sattes Purpurrot; zunächst verschlossen, hart und staubig. Benötigte 45 Minuten, um sich zu öffnen und milder zu werden. Schönes Gewicht und

guter Geschmack, dennoch hart und zurückhaltend. Benötigt sehr lange Flaschenlagerung.
*Zuletzt im Januar 1991 verkostet (★★★) 1998 bis gut über das Jahr 2000 hinaus.*

**CH. L'EVANGILE** Wies im April 1989 ein beträchtliches Potential auf. Bei der letzten Gelegenheit: gute Farbe; «süßer», entgegenkommender Duft; guter, positiver Geschmack, Länge, Struktur, Ausgewogenheit und Tannin lassen auf gute Haltbarkeit schließen.
*Zuletzt im Mai 1991 verkostet ★(★★★) Wahrscheinlich 1996 bis 2015.*

**CH. DE FIEUZAL** Im April 1989 im Bordelais und in London degustiert: starkfarben; Wohlgeruch, neue Eiche; deutlich etwas «süß», gute Frucht, würzig, tanninbetont. Zwölf Monate später immer noch beeindruckend tief; relativ hochgetönte, sehr lebhafte, fruchtige Nase; fast zu bestechende Würze und Eichennuancen – ein Hauch Nelken. Aber sehr ansprechend. Mir gefällt diese Klasse roter Graves ausnehmend gut, und sie verdienten es bekannter zu sein.
*Zuletzt im September 1993 verkostet ★★(★) Bis 2000.*

**CH. FIGEAC** Mehrere Aufzeichnungen. Ein herrlicher Wein. Starkfarben; verschlossen, aber konzentriert; bei der Probe im April 1989 schon eindrücklich, aber bei der Londoner Verkaufsdegustation einen Monat später wirkte er reicher parfümiert; gehaltvoll, schöne Struktur. Bei Desais Figeac-Degustation im Dezember desselben Jahres zeigte er in der Nase und am Gaumen ein vorzügliche Kombination aus würziger neuer Eiche und Cabernet Sauvignon. Im folgenden Frühjahr in London war die Farbe weicher geworden, und der Wein wies trotz des recht hohen Tanningehalts erste Anzeichen des Ausbaus auf. Gute Länge. Attraktiv.
*Zuletzt im April 1990 verkostet ★★(★★) Bis über das Jahr 2000 hinaus.*

**CLOS FOURTET** Im April 1989 überaus eindrücklich, starkfarbene Erscheinung, doch mit einer seltsamen Nase wie ein braunes Apfelkernhaus, süß, leicht karamelartig, tanninbetont; am Gaumen «süß», relativ voll, mit guter Frucht und würzigen Nuancen aus neuer Eiche im Geschmack. Ein Jahr später in der Farbe ruhiger geworden, die Nase offener, doch immer noch mit Sattelgeruch aus den Tanninen. Auch als überraschend «süß» und bestechend attraktiv bewertet.
*Zuletzt im April 1990 verkostet ★★(★) Bis über das Jahr 2000 hinaus.*

**CH. LA GAFFELIÈRE** Tief, pflaumenfarben; minzige Nase; eigenartiger Geschmack, wie Tabak und trockenes Farnkraut, eher wie ein Graves als mit der sonst üblichen Überfrucht. Auch adstrin-

gierend. Ich muß ihn noch einmal probieren. Benötigt Flaschenalterung.
*Zuletzt im April 1990 verkostet (★★)?*

CH. GAZIN Einhellige Bewertungen auf den beiden April-Degustation 1989 und 1990. Beeindruckend reiches Erscheinungsbild; in der Nase und am Gaumen stilvoll, mit guter Frucht. Leicht «süß», ziemlich körperreich, schöne Struktur, mit guten, weichen Tanninen.
*Zuletzt im April 1990 verkostet ★(★★★) 1995 bis etwa 2015.*

CH. GISCOURS April 1989: beim Betrachten das Bild von Schneefall an Weihnachten, «tief, frisch und gleichmäßig». Nach weitern zwölf Monaten im Faß allerdings deutlich weniger tief. Nase anfänglich gedämpft, doch mit Fruchtfülle, die sich ein Jahr später «süß» geöffnet hatte. Sehr viel Geschmack, Extraktstoffe überdecken Tanningehalt, gute Länge. Sehr komplett und scheinbar «zugänglicher» Giscours in einem Jahrgang mit recht viel Substanz. Müßte sich ziemlich gut entwickeln.
*Zuletzt im Januar 1991 verkostet ★★(★) 1998 bis 2020.*

CH. GRAND-PUY-LACOSTE Wie immer ein feiner, aber kompromißloser Wein, der zu keinerlei Konzessionen an irgendwelche Geschmackmoden bereit ist. Ein Wein für den Professorenkeller in Cambridge, von wo er dann irgendwann mal im *Senior Common Room* auftauchen und Lobreden auslösen wird. Mit einem Jahr Abstand zwei nahezu gleichlautende Bewertungen. Sehr tief; verschlossene, aber eigentlich sehr reiche, festgewobene Brombeernase, immer noch mit einer unreifen und alkoholbetonten Pfeffrigkeit. Mittelschwerer Körper, eher kräftig als wuchtig. Sehnig, tanninbetont.
*Zuletzt im Juni 1992 verkostet (★★★★) 2000 bis 2020.*

CH. GRUAUD-LAROSE Beeindruckend tief, wenn auch ansonsten im April 1989 noch schwer zu ergründen. Verschlossene Nase. Tanninbetont. Bitter. Ein Jahr später war er ein Stück gewachsen, die Nase erinnerte mich an Beychevelles «grünen Tee», zeigte aber auch den für Cordier typischen Stil reifer Frucht. Wirkte auch «süßer», relativ voll, robust, fruchtig, mit anständiger Länge und gutem Tanningehalt. Fleischig, reif, hübsch.
*Zuletzt aus einer* Impériale *im September 1993 verkostet (★★★★) 1998 bis 2020.*

CH. HAUT-BATAILLEY Tief; frische Frucht, tanninbetont; gute Länge und Ausgewogenheit, lebhafter, tanninbetonter Abgang. Kernig, gut gemacht. Gute Zukunft.
*Zuletzt im Januar 1991 verkostet, mindestens (★★★) Etwa 1998 bis 2015.*

CH. D'ISSAN Vorzüglicher Wein. Auf der ersten Degustation frische, pfeffrige Frucht, wohlriechend – mich erinnerte der Duft an eine frisch geöffnete Schachtel Zigaretten (Virginia, nicht Gauloises!). Trefflich in Frucht und Fleisch, Anklänge aus neuer Eiche, gute Länge. Eine Schönheit. Ein Jahr später vermerkte ich die positive Farbentwicklung, für den Gaumen aber gab ich eine noch höhere Punktzahl. Relativ «süß», schönes Gewicht, reiche Frucht.
*Zuletzt im Januar 1991 verkostet ★★(★★) 1995 bis 2010 und länger.*

CH. KIRWAN Selten ein besonders aufregender Wein, doch ein ausreichend gefälliger 88er. Nicht sehr tief. Sieht aus wie ein Frühentwickler. Beim ersten Probieren waren die Eichentöne und das Tannin vorherrschend, wobei sich der Wein im Glas dann «süß» entfaltete. Schönes Gewicht. Für einen 88er relativ leichtgewoben, weich und gefällig. Trotz der Tannine leichter, zugänglicher Stil.
*Zuletzt im April 1990 verkostet. Mit etwas Zögern ★★(★) Jetzt bis 2000 und länger. Interessant zu beobachten, wie er sich entwickeln wird.*

CH. LAFON-ROCHET Ich empfinde den Wein als spröde, ernst und tanninbetont. Gut gekleidet, aber mit einem steifen Kragen, so erschien mir der 88er bei der ersten Probe. Starkfarben. Würzig, mit Eichentönen. Ein Jahr später zurückhaltend, recht gute Frucht, aber hart. Wird langsam etwas «süß». Benötigt Zeit.
*Zuletzt im April 1990 verkostet. Zur gegebenen Zeit hoffnungsvolle (★★★)*

CH. LANESSAN Im April 1989 hart und stumm. Bei der letzten Gelegenheit: sehr tief, intensiv; medizinal, unentwickelt; schönes Gewicht, gute Struktur, ansprechende Frucht.
*Zuletzt im Juni 1991 verkostet (★★★)*

CH. LANGOA-BARTON In Gesellschaft der andere *Grand crus* entfaltete der Wein in dem neuen Empfangs- und Degustationsraum auf Ch. Langoa seine gewohnte, noch ziemlich rauhe und tanninbetonte Männlichkeit. Im folgenden Frühjahr in London wirkte er dick, mit robuster Frucht und Extraktstoffen, in der Seele eine Spur Eisen – und schlank wie sein Besitzer. Ein guter roter Bordeaux von mittlerer bis langer Haltbarkeit.
*Zuletzt im April 1990 verkostet (★★★) 1998 bis 2020.*

CH. LASCOMBES Weniger tief und entwickelt als die meisten andern, im April 1988 verkosteten Weine. Recht ansprechend, doch mir schien es ihm an Überzeugung und Länge zu fehlen. Ein Jahr später deutlich ohne die Farbe des 88er Jahrgangs; die Nase war hart trotz Frucht.
*Zuletzt im Januar 1992 bewertet ★(★★)*

CH. LÉOVILLE-BARTON Starkfarben, intensiv; verschlossen, aber fest; etwas «süß», mittelschwerer Körper, vorzüglich in Frucht, Geschmack und Duft, mit Eichennuancen im Nachgeschmack. Ein Jahr und drei Jahre später fast identische Beurteilungen und Punktzahl. Ein zurückhaltender Klassiker.
*Zuletzt im Juni 1992 verkostet (★★★★) 1998 bis 2020 und länger.*

CH. LÉOVILLE-LAS-CASES Mit Frucht und Fleisch, aber etwas spröde, tanninbetont.
*Januar 1991 ★(★★★)?*

CH. LÉOVILLE-POYFERRÉ Im April 1989 zweimal degustiert. Sehr tief; pikant, leicht stielig und rauh. Ein Jahr später mitteltief, pflaumenfarben; zurückhaltend, fruchtig, aber unverwoben; immer noch stielig und rauh. Hoher Säure- und Tanningehalt. Es wird dauern, bis die Gerbstoffe gemildert sind. Kein fesselnder Wein.
*Zuletzt im April 1990 verkostet (★★)? Unsichere Zukunft. Nach einer gewissen Flaschenalterung erneut degustieren.*

CH. LYNCH-BAGES Machte sich im April 1989 gut: starkfarben; sehr fruchtig, toastig, würzig in der Nase und am Gaumen. Im folgenden April die Nase etwas verschlossen, sehr dicht am Gaumen, sehr schmackhaft. Einen Monat später intensiv satte Farbe; Nase zunächst zurückhaltend, doch nach einer Weile im Glas entfaltete sich eine maulbeerartige Frucht. Der Wein wirkte bei jedem neuen Probieren «süßer», mit sagenhaft vollmundigem Geschmack, wobei die Reichhaltigkeit die Adstringenz maskiert. Wird nach entsprechender Flaschenalterung wohl einen phantastischen Wein ergeben.
*Zuletzt im Januar 1991 verkostet (★★★★) 1996 bis 2020.*

CH. LYNCH-MOUSSAS Überraschend guter Wein. Im April 1989: tief; entgegenkommendes Cabernet-Sauvignon-Aroma und ein «süßer» Geschmack, fast ausschließlich mit Nuancen von schwarzen Johannisbeeren. Zwölf Monate später etwas ruhiger geworden, dabei recht entwickelte Nase, zum Kauen, fruchtig und ansprechend.
*Zuletzt im Januar 1991 verkostet (★★★) 1995 bis 2000.*

CH. MALARTIC-LAGRAVIÈRE Einen Malartic verbinde ich im allgemeinen mit Pikanterie und meist hoher flüchtiger Säure, aber mit Wohlgeschmack. Wie so viele rote Graves seiner Klasse ist auch dieses Gewächs in den letzten Jahren immer besser geworden. Und der 88er ist gut. Im April 1989 in den kalten Kellern von Ch. Carbonnieux eine geradlinige, fruchtige, wenn auch nicht gerade aufregende Faßprobe degustiert. Mehr Verkoster, aber glücklicherweise auch mehr Platz in der Mer-

chant Taylors Hall. Die ursprüngliche Farbtiefe begann sich wie bei vielen andern Graves auch zu verlieren. Dies ist etwas irreführend, denn die Weine sind zwar rascher ausgebaut als die Médocs, doch sie halten sich gut. Der Malartic war «süß» und köstlich, mit einer Spur erfrischender Säure, fast wie ein guter Gedanke hinterher.
*Zuletzt im April 1990 verkostet ★★(★) Bis 2010.*

CH. LA MISSION-HAUT-BRION Im September 1990 auf Flaschen gezogen, dabei hübsches, ziemlich intensives Rubinrot; im ersten Geruchseindruck zurückhaltend und etwas rauh, mit einer Spur Lakritze und Eisen, nach einer Stunde im Glas schöne Fruchtentfaltung und am Gaumen «süß». Körperreich, zum Kauen, mit adstringierenden Tanninen. Immer noch hart. Benötigt Zeit, bis sich seine Qualitäten zeigen.
*Auf dem Château im Juni 1992 verkostet (★★★★) 1998 bis etwa 2020.*

CH. MONTROSE Ein guter Wein. Tief. Vorzügliche Fülle und Frucht, unterlegt von Tannin. Gute Länge. Ein Jahr später entsprechende Eindrücke. Benötigt wie immer Zeit.
*Zuletzt im Januar 1992 verkostet (★★★★) 1998 bis 2020.*

CH. PALMER Gilt zwar allgemein als phantastischer «Super-Second», aber er trifft lange nicht so regelmäßig ins Schwarze wie der La Mission oder auch der Las-Cases. Der 88er ist gut, aber nicht groß. Bei der Degustation im April 1989 zeigte er sich in Form: reiche, toastige Nase, mit guten, «süßen» Fruchtuntertönen. Reich, füllig, mit duftendem Nachgeschmack. Im folgenden April eine Spur Stieligkeit vermerkt, dennoch sehr ansprechend am Gaumen. Im November 1990: reiche, offene Nase; relativ voll, fest, frischer Geschmack. Kürzlich: wunderbare Frucht.
*Zuletzt im Juni 1991 verkostet ★★(★★)*

CH. PAPE-CLÉMENT Auf den beiden April-Degustation bewertet. 1989 starkfarben; wohlriechende Nase, voller Frucht, würzige Nuancen aus neuer Eiche. Kraftvoll. Sehr tanninbetont. Ein Jahr später mitteltief, reichhaltige Farbtönung; in der Nase und am Gaumen weicher und «süßer» geworden. Weniger vordringliche Tannine.
*Zuletzt im April 1990 verkostet (★★★) 1996 bis 2015 oder länger.*

CH. PAVIE 80% neue Eiche. Mitteltief; zurückhaltend, aber gute, frische Frucht. Schlank. Tanninbetont. Im folgenden April hatte sich die Nase gut entwickelt, mit reicher Frucht; «süßer» geworden, schönes Gewicht, gute Ausgewogenheit, köstlicher Geschmack.
*Zuletzt im April 1990 verkostet (★★★★) 1996 bis 2015.*

CH. PAVIE-DECESSE (Auch hier ist Jean-Paul Valette Besitzer und Kellermeister.) Im April 1989 intensiv purpurrote Faßprobe; warm, toastig; fruchtiger Duft und Geschmack. Reich. Weiche Tannine. Hohe Punktzahl bei der Bewertung 1990. Attraktive «Süße», gute, frische, kernige Frucht und schöne Länge.
*Zuletzt im April 1990 verkostet (★★★★) 1995 bis 2015.*

CH. PICHON-LONGUEVILLE, BARON Bei der Degustation im April 1989 auf Ch. Langoa enorm tiefes, lebhafte Purpurrot. In der Nase festgewobene Frucht. Voll, frisch, eindrücklich. Im folgenden April in London: Entfaltung der Nase; am Gaumen «süß», würziger, betörender Geschmack mit Eichennuancen. Gleiche Bewertung einen Monat später; «süß», körperreich, füllig, voller Frucht, wohlausgewogen.
*Zuletzt im Januar 1991 verkostet ★★(★★) 1998 bis 2020 und länger.*

CH. PICHON-LONGUEVILLE, LALANDE Starkfarben; gute Frucht, aber verschlossen; relativ voll, elegant, doch in meinen Augen bei der Eröffnungsdegustation irgendwie mangelhaft. Im folgenden April erinnerte mich die Frucht an den überladenen Stil von Brane-Cantenac. Bei einer weiteren Probe zwei Monate später war die Farbe zweifellos beeindruckend tief; würzige Nase, zunächst mit Eichentönen, später eine Art pappige Vanille vermerkt; durchaus weich, füllig und körperreich. Robust. Gut. Ob er jedoch am Baron von der andern Straßenseite vorbeiziehen wird, muß sich erst noch zeigen.
*Zuletzt im Oktober 1991 verkostet ★★(★★) 1996 bis 2015?*

CH. LA POINTE Bei den zwei April-Degustationen bewertet. Schlanker, lebhafter und tanninbetonter als sonst, kündigt aber immer noch die gewohnte frühe Entwicklung an. Schöner Wein.
*Zuletzt im April 1990 verkostet ★★(★) Bis 2005.*

CH. PONTET-CANET Für mich war dies der eigenartigste Wein unter all den klassifizierten 88er Gewächsen bei der Degustation im April 1989 auf Ch. Langoa. Gutes Erscheinungsbild: sehr tief; Nase ebenfalls nicht schlecht, fruchtig, Eichentöne, aber mit Sattelgeruch und tanninbetonten Obertönen. Am merkwürdigsten aber war der Gaumen, mit einem Geschmack nach abgestandenem Tabak und exzessivem Tanningehalt. Leider wurde diese erste Beurteilung ein Jahr später auf der Londoner Degustation bestätigt. Farbe und Nase machten keine Probleme, aber der Geschmack erinnerte an Kreosot. Vor kurzem las ich, daß Emile Peynaud beratend zur Seite gestanden hatte; möglicherweise erhebt sich der Wein ja noch wie der Phönix aus der Asche. Und er stieg auf! Gloriose Frucht; schöne Länge und guter Nachgeschmack.

Ein Lichtpunkt in einer großen Probe von 88ern.
*Januar 1991 (★★★★)?*

CH. PRIEURÉ-LICHINE Schöne Frucht, ingwerartig, neue Eiche, ansprechend. Gefällig in Fleisch und Frucht. Guter Nachgeschmack. Zwei Monate später aus dem Faß erneut verkostet. Zedernholzartige Nase, langer, tanninbetonter Abgang. Gute Zukunft, ein sehr schöner Prieuré.
*Zuletzt im Januar 1991 verkostet (★★★) 1996 bis 2010 und länger.*

CH. TALBOT Sehr guter Wein. Im April 1989 und 1990 übereinstimmend hohe Punktzahlen. Feine frische Frucht. Ausreichend Fleisch. Interessanter Geschmack. Gute Zukunft.
*Zuletzt im Januar 1991 verkostet (★★★★) 1998 bis 2020.*

WEITERE, IN JÜNGERER ZEIT VERKOSTETE 88ER:

CH. BATAILLEY Attraktiv ★★(★★)

CH. BEAUMONT Eine stielige Flasche mit Korkgeruch, eine andere sehr ansprechend.
*Juni 1991 ★(★★)*

CH. BELGRAVE Mittelmäßig (★★)

CH. DE CAMENSAC Hart, trocken (★★)

CH. LA CARDONNE Pflaumig, unreif, trocken. Nicht mit dem gewöhnlichen, zugänglichen Reiz.
*Juni 1991 (★★)*

CH. CISSAC Lebhaft; gute Frucht; relativ voll, wohlausgewogen.
*November 1990 ★(★★)*

CH. CLERC-MILON Intensiv, schlank, tanninbetont (★★)?

CH. COS LABORY Anrüchig, schrecklich.

CH. DESMIRAIL Schöne Frucht; süß, fleischig, herrlich ★★★(★)

CH. DURFORT-VIVENS Sehr reiche Frucht; attraktiv in Geschmack, Länge, Nachgeschmack ★★(★★)

CH. FOURCAS-HOSTEN Im April 1989 zedernholzartig, wohlschmeckend, wenn auch mit leichtem Hefeton. Mittlerweile im Ausbau, auch wenn die Frucht immer noch unentwickelt ist, ziemlich voll und reich. Ausreichend gut, nichts Aufregendes.
*Zuletzt im Juni 1991 verkostet (★★)*

CH. GRAND-PUY-DUCASSE Markant, tanninbetont (★★★)?

CH. HAUT-BAGES-LIBÉRAL Beladen mit Frucht ★★(★★)

CH. LA LAGUNE Frische Frucht, Tannin ★(★★)

CH. LALANDE-BORIE Sehr tief, unentwickelt; leicht stielig, tanninbetont.
*Juni 1991* (★★)

CH. LA TOUR-CARNET Frische Frucht ★★(★)

CH. LA TOUR-DE-BY Kräftig, verläßlich.
*April 1991* (★★)

CH. LIVERSAN Gute Frucht, sehr viel Tannin ★★(★)

CH. MALESCOT-ST-EXUPÉRY Schön in Frucht und Fleisch ★★(★★)

CH. MARQUIS D'ALESME-BECKER Fruchtig, schlank, tanninbetont (★★★)

CH. MARQUIS-DE-TERME Tief; füllig, reiche Frucht, weiche Textur, hübsch ★★★(★)

CH. MOUTON BARONNE PHILIPPE Spröde, tanninbetont (★★)?

CH. ST-PIERRE Bescheiden ★(★★)?

CH. TROPLONG-MONDOT Intensiv, tanninbetont (★★)

CH. TROTTEVIEILLE Weiche Frucht, dennoch stielig; streng tanninbetont.
*Januar 1991* (★★)

ANDERE, IM APRIL 1989 UND 1990 VERKOSTETE 88ER:

RECHT GUT, ABER RAUH UND TANNINBETONT:
Ch. Balestard-La-Tonnelle (★★), Ch. La Tour-Martillac (★★★)

ERNEUT ZU VERKOSTEN:
Ch. Cap-de-Mourlin, Ch. Villemaurine.

NUR EINMAL, IM APRIL 1989 VERKOSTETE 88ER:

GUTE ZUKUNFT:
Les Forts-de-Latour (★★★), Ch. Haut-Bailly (★★★★), Ch. Larmande (★★★), Ch. Larrivet-Haut-Brion (★★★), Ch. La Louvière (★★★), Ch. Olivier (★★★), Ch. Les Ormes-de-Pez (★★★), Ch. Rausan-Ségla (★★★★), Ch. Siran (★★★), Ch. Smith-Haut-Lafitte.

RECHT GUT, TANNINBETONT:
Ch. Beaumont (★★), Ch. de Chantegrive (★★), Ch. Citran (★★★), Ch. Coufran (★★★), Ch. de Lamarque (★★), Ch. Monbrison (★★)

LEICHTERER STIL, RASCHER TRINKBEREIT:
Ch. Dassault (★★), Ch. Ferrande ★★, Ch. Fombrauge (★★★), Ch. Fonplégade (★★★), Ch. Fourcas-Dupré (★★), Ch. Méaume (★★), Ch. Notton(★★), Ch. Pique-Caillou (★★)

WENIG BEEINDRUCKEND:
Ch. Bouscaut, Ch. de France, Ch. Greyssac, Ch. Haut-Bergey.

ERNEUT ZU VERKOSTEN (WAHRSCHEINLICH SCHLECHTE FASSPROBE):
Ch. Boyd-Cantenac, Ch. Croizet-Bages, Ch. Fonréaud, Clos des Jacobins, Ch. Lagrange (St-Julien), Ch. Larcis-Ducasse, Ch. Malescasse, Ch. Nenin, Ch. Pouget, Ch. Poujeaux.

## 1989 ★★★★★

*Ein überaus ansprechender Jahrgang, der den festeren, etwas strengeren 88er perfekt ergänzt. Durch und durch ansprechende Weine, mit einer flotten Note, gut ausgewogener Frucht, im Extraktgehalt nicht so «dick» wie der 88er, sowie mit den drei wesentlichen Elementen, die einem Wein Gehalt, Leben und Dauerhaftigkeit verleihen: Alkohol, Tannin und Säure. In mancher Hinsicht wie ein 85er. Wer klug genug war, sich mit einem Vorrat von diesem Jahrgang einzudecken, der wird zehn bis zwanzig Jahre lang herrliche Weine mit vielen guten Eigenschaften genießen können.*

*Ein heißes Jahr. Durch die überdurchschnittlich hohen Temperaturen im Mai war das Pflanzenwachstum drei Wochen auf den normalen Zyklus voraus. Die frühe Blüte fand unter besten Bedingungen statt, was einen hohen Ernteertrag ergab. Im Juni war es unglaublich heiß, desgleichen im Juli und August. Die Durchschnittstemperaturen lagen so hoch wie 1945. Bis dahin war es nur 1949 noch heißer gewesen. Zwar gab es viele örtlich begrenzte Regengüsse, aber diese erfrischten die erhitzten Trauben nur und machten die Beeren prall. Frühester Lesebeginn seit 1893.*

*Die Mehrheit der folgenden Notizen wurde während vier Tagen in Bordeaux im November 1990 gemacht sowie an einer großen Masters-of-Wine-Probe im November 1993. Offengestanden war ich anno 1990 mehr beeindruckt. Qualität und Stil der Weine zeigten sich drei Jahre später weniger einheitlich. Trotzdem: Die besten sind superb – und kommen mir geschmacklich sehr entgegen.*

**CH. LAFITE** Ermals im Frühjahr und Herbst 1990 auf dem Château verkostet. Wie bei diesem guten Jahrgang zu erwarten anfänglich undurchsichtig und intensiv, das lebhafte Purpurrot schien das Glas fast sprengen zu wollen; straffe, etwas unnachgiebige Nase; die «Süße» reifer Trauben, körperreich, festes Fleisch. Gut in Struktur, Länge, Tannin- und Säuregehalt. Im April 1991: Nase zunächst zurückhaltend, doch nach zwanzig Minuten entfaltete sich ein sehr schön würziger und fruchtiger Duft. Bereits ein Teil des potentiellen 89er Charmes erkennbar. «Süß», große Länge. Ein attraktiver, archetypischer Lafite, in dem sich Kraft und Eleganz verbinden.
*Zuletzt im November 1993 verkostet (★★★★) 2005 bis 2025, aber auch vorher und nachher gut zu trinken.*

**CH. MARGAUX** Fünf Notizen. Erstmals im April 1990 zusammen mit Paul Pontallier verkostet. Von ihm erfuhr ich den Traubensatz des 89er *Grand vin*: 77 bis 78 % Cabernet Sauvignon, etwa 15 % Merlot, fünf Prozent Petit Verdot und zwei bis drei Prozent Cabernet Franc. Mittlerer Alkoholgehalt: 12,8 %. Gute Tiefe, aber nicht undurchsichtig. Sehr entgegenkommende, würzig-reife Frucht, eine Spur Himbeeren und ein Hauch neue Eiche. Ziemlich «süß». Weiche Tannine, so wurde mir erklärt, machen den Wein «süßer» und verringern die Säure. Bereits köstlich, vorzüglich, füllig. Im November 1990 ein betörender Duft, mehr als fruchtig-parfümiert; Fülle und Babyspeck. Ähnliches Gewicht wie der 90er, aber gute seidige Textur. Müßte sich sehr schön entwickeln.
*Zuletzt im November 1993 verkostet (★★★★★) Etwa 2000 bis 2025.*

**CH. LATOUR** Zuerst mit andern neueren Jahrgängen, einschließlich dem Forts de Latour im Frühjahr und Herbst 1990 verkostet. Die Farbe und die Tiefe des Weins in diesem Entwicklungszustand konnte man sich im voraus schon vorstellen; in Nase und Gaumen entfaltete sich Frucht und Fülle. Körperreich, die reine Verwendung von neuen Eichenfässern sorgte für einen sehr würzigen Nachgeschmack. Bei der letzten Gelegenheit: fabelhaftes Zedernholz- und Cabernet-Aroma; trefflich in Frucht und Struktur. Im Frühstadium wird man diesen überaus vielversprechenden roten Bordeaux nur selten zugänglich finden.
*Zuletzt im November 1993 verkostet (★★★★★) 2005 bis 2030.*

**CH. MOUTON-ROTHSCHILD** Im April 1990: intensives Purpurrot; festgewoben, herrliche Frucht, würzig, charakteristisches *Cassis*-artiges Cabernet-Sauvignon-Aroma; ziemlich trocken, körperreich, kraftvoll, große Länge, würziger Nachgeschmack. Im November notierte ich mir «Brillanz»; Nase bereits harmonisch, wunderbare Fülle und Fruchttiefe, dann eine Spur Ingwer und jugendliche Pfeffrigkeit; vollmundige, leicht bittere Tannine, kräftig. Im nächsten Frühjahr dann tiefer als der 90er, mit exotischer Nase, ein enorm duftender Mouton, wie er im Buche steht. «Süß», große Länge. Ganz kürzlich: eine außergewöhnliche, Tee-ähnliche Würze, bittere Tannine. Braucht Zeit.
*Zuletzt probiert im November 1993 (★★★★★) 2000 und länger.*

**CH. HAUT-BRION** Erstmals im November 1990 mit Jean Delmas auf La Mission verkostet. Starkfarben, aber mit weniger intensiver Purpurtönung als der La Mission. Zurückhaltende Nase, die sich aber nach einer Viertelstunde reich und würzig entfaltete, mit Nuancen von Veilchen und neuer Eiche. Am Gaumen ausgesprochen «süß», voll, fleischig, sehr gut ausgestattet mit reifer Frucht. Als letztes zum Vergleich mit La Mission degustiert. Superb. Große Zukunft.
*Zuletzt im Juni 1992 verkostet (★★★★★) 2000 bis 2025.*

**CH. AUSONE** Auf der 89er-Degustation in St-Emilion: sehr tief, mit nachhaltigen Eichentönen in der Nase, guter Frucht und Würze. Entsprechender Geschmack. Eine Spur der 89er Weichheit und guter Nachgeschmack. Müßte sich gut entwickeln.
*Im November 1990 verkostet (★★★★) 1995 bis 2015.*

**CH. CHEVAL BLANC** Am 23. November, drei Tage vor dem Schönen, degustiert. Tiefe Farbe; zurückhaltend, aber wohlriechend, neue Eiche, große Tiefe. Im Vergleich mit den andern *1er Grand cru classés* aus St-Emilion wies er fraglos eine Extradimension auf. «Mittelsüß», mittler Körper – bei weitem nicht das Gewicht der Spitzengewächse aus dem Médoc. Weich, mit Schmelz, eindrücklich in Stil, Eleganz, Länge. Anklänge aus neuer Eiche im Nachgeschmack. Eine Schönheit. Auf der von Jean-Paul Valette für mich organisierten Degustation der *Maison du Vin* in St-Emilion verkostet.
*November 1990 (★★★★★) 1998 bis 2020.*

**CH. PÉTRUS** Im November 1990: starkfarben, intensiv, purpurrot; fest, hart, unnachgiebig, aber mit guter Frucht; beladen mit Alkohol, Extraktstoffen und Geschmack. Mehr als fest. Strenger Brombeergeschmack. Höchst beeindruckend. In der Substanz und im Gewicht ähnlich wie der Latour, doch mit der unnachahmlichen Fülle des Pétrus. Diese Konzentration ist das Ergebnis der «grünen Ernte»: der Behang wird rigoros ausgedünnt, so daß sich die ganze Kraft der Natur in den verbleibenden Trauben konzentriert. Bei der letzten Gelegenheit: «süß», voll, sehr tanninbetont, große Länge.
*Zuletzt aus dem Faß verkostet, Juni 1991 (★★★★★) Nach 2000.*

## 1989

CH. BATAILLEY Gute Frucht; leicht «süß», relativ voller Körper, schöner, würziger Abgang. Für gewöhnlich ein guter verläßlicher Wein, 1989 jedoch in Bestform.
*Zuletzt im November 1993 verkostet* (★★★★) *1996 bis 2015.*

CH. BEYCHEVELLE 1990 starkfarben; sehr starke Eichennuancen, geradezu bestechend würzig: weich, füllig, auch am Gaumen Frucht und Würze. Sich mildernd.
*Zuletzt im November 1993 verkostet* (★★★) *1999 bis 2020.*

CH. LE BON-PASTEUR Mitteltiefe, doch reichgetönte Farbe; deutlich anders als die durchschnittlichen Weine aus Pomerol: gehaltvoll, feigenartig; körperreich, ziemlich kraftvoll, sehr gut mit Frucht und Extraktstoffen ausgestattet. Gute Länge. Bestätigte seinen Ruf als Bijou.
*Im November 1990 verkostet* (★★★★) *1997 bis 2015.*

CH. BRANAIRE-DUCRU 1990 sehr tief; fruchtig und würzig. Intensive Nuancen aus neuer Eiche. Trocken, mittelschwer, robuste Tannine. Recht gefällig.
*Im November 1993 verkostet* (★★★) *1996 bis 2006.*

CH. CANON Nach dem Cheval Blanc sehr beständig der beste der *1er Cru classés* von St-Emilion. Jahrgang für Jahrgang herausragende Qualität. Tief, ziemlich intensiv; zurückhaltende Frucht und Eichentöne, rasche Duftentfaltung, eine Spur Lakritze. «Mittelsüß», relativ voller Körper, vorzügliche Frucht, im Mund formvollendet: überzeugender Auftritt, elliptische Geschmacksanschwellung, kerniger Abgang.
*Zuletzt im November 1993 verkostet* (★★★★★) *1997 bis 2020.*

CH. CANON-LA-GAFFELIÈRE Seit der Betrieb von dem jungen Grafen de Neipperg und seiner Frau, die auch auf dem Château leben, geleitet wird, hat sich die Qualität der Weinbereitung merklich verbessert. Der 89er ist im Zentrum starkfarben, am Rand intensiv purpur-pflaumenfarben; sehr «süß», feigenartige Frucht und Eichentöne in der Nase; am Gaumen ziemlich «süß», gutes Gewicht, schöne Struktur. Wird sich zu einem attraktiven Wein entwickeln.
*Im November 1990 verkostet* (★★★★) *1995 bis 2005.*

CH. CANTEMERLE Tief, intensiv; Frucht, Tannin, Eiche, Würze; perfektes Gewicht, gute Struktur, schöner Tannin- und Säuregehalt, im Niveau – wenn auch nicht in Charme und Stil – wie die Weine aus der Mitte der 50er Jahre.
*Zuletzt im November 1993 verkostet* (★★★★) *1998 bis 2015.*

CH. CANTENAC-BROWN Tief, aber leichtgewoben; zurückhaltend, doch wohlriechend, entfaltete eine eigenartig käsige Note; mitteltrocken und -schwer, mit dem gewohnten ausladenden, schokoladigen Charakter und Geschmack. Nicht ganz überzeugend.
*Im November 1990 verkostet* (★★)? *1996 bis 2006.*

CARRUADES DE CH. LAFITE Wirkte im November 1990 im neuen Degustationsraum wesentlich besser als im Frühjahr im eiskalten Keller. Mitteltief, kündigt baldigen Ausbau an; offene Nase, blumig, dann zedernholzartig, nach etwa dreißig Minuten elegant und vorzüglich; gutes Gewicht und schöner Stil. Wohlriechend. Ein Charmeur. In einem Jahrgang wie dem 89er kommt der Carruades ideal heraus.
*Zuletzt im April 1991 verkostet* (★★★★) *1995 bis 2010.*

DOM. DE CHEVALIER Olivier Bernard, der im November 1990 die Degustation von roten und weißen Graves für mich organisierte, erklärte mir, daß sein diesjähriger Merlot einen außergewöhnlich hohen Tanningehalt hervorgebracht habe. Ich habe eigentlich kein Übermaß feststellen können, auch wenn der Wein tanninbetont und deutlich auf lange Lebensdauer angelegt war. Tiefes, ziemlich intensives Erscheinungsbild; zunächst zurückhaltend, dabei honigartig, dann rasche Entfaltung, wobei die Weinigkeit und der Stil der Domaine hervorragend zum Ausdruck kamen. Ein robuster, hübscher Wein zum Kauen. Gute Frucht – und Zukunft.
*Zuletzt im November 1993 verkostet* (★★★★★) *1998 bis 2020.*

CH. CLERC-MILON Im April 1990 verschlossen, aber füllig, mit eichenen Tanninen. Ein Jahr später: tief, samtig; üppig, mit Maulbeer- und Veilchentönen; «süß», voller Frucht, sehr tanninbetont.
*Zuletzt im November 1993 verkostet* (★★★) *1995 bis 2005.*

CH. COS D'ESTOURNEL Tief, samtig; hübsche Frucht; weich und fleischig. Gehalt dominiert Tannin.
*Zuletzt verkostet im November 1993* (★★★★) *1997 bis 2020.*

CH. LA DOMINIQUE Ausgesprochen gut bei der Präsentation von St-Emilion-Weinen, wahrscheinlich nach Cheval Blanc und Canon an dritter Stelle. Starkfarben; zurückhaltende Nase, dabei mit schön konzentrierter Frucht; durchaus «süß», relativ voller Körper, gut ausgestattet und fleischig. Weiche Struktur. Eichentöne im Nachgeschmack.
*November 1990* (★★★★) *1997 bis 2015.*

CH. DUCRU-BEAUCAILLOU 1990: starkfarben; harmonische Nase, zedernholzartig, kernig, zurückhaltend, aber gut; relativ trocken, mittelschwerer Körper, gute Frucht, weich und abgerundet, doch mit ausgleichendem Tannin- und Säuregehalt. Ein klassischer Ducru mit guter Zukunft.
*Zuletzt im November 1993 verkostet (★★★★) 1999 bis 2020.*

CH. DUHART-MILON Vier Aufzeichnungen. Erstmals im April 1990 in den Kellern von Ch. Lafite verkostet. Verblüffend helles Purpurrot; ausgesprochen «unterkühlte» Nase, aber gute Frucht und Länge. Schöne Entfaltung nach sieben weiteren Monaten im Faß. In einer ruhigeren Atmosphäre und einem gut beleuchteten Raum verkostet waren die positiven Eigenschaften des Weins besser zu würdigen. Mittlerweile sehr ansprechende Frucht in der Nase, betörend, fast marmeladig; «süß», gutes Gewicht und schöner Geschmack. Tanninbetont, robust, köstlich.
*Zuletzt im November 1993 verkostet (★★★) 1996 bis 2010.*

CH. L'EVANGILE Im November 1990 nachdrücklich, relativ «süß», elegant. Im April 1991 reichhaltig und tanninbetont. Weniger intensiv als der 90er; eigenartige Pfefferminznase; wirkte trockener, zweifellos aufgrund der neuen Eiche und der Tannine. Schlank. Schöner Geschmack.
*Zuletzt im Mai 1991 verkostet. Erwartungsvolle (★★★★) 1996 bis 2010.*

CH. FIGEAC Sehr gut, sehr markant. Und wie so oft mit einer fischigen Nase, reiche, wohlriechende Brombeerfrucht, die in einer zarten, harmonischen, fast karamelartigen «Süße» ausklingt. Auch am Gaumen ausgesprochen «süß». Vollmundige Frucht und ebensolcher Geschmack. Lebhaft, geschmeidig, reizvoll. Würziger, trockener Abgang.
*Zuletzt im November 1993 (★★★★) 1995 bis 2015.*

CH. LA FLEUR In diesem kleinen, kompakten Pomerol-Bezirk gibt es eine Fülle ähnlich klingender Weinberge. La Fleur ohne irgendwelche Zusätze ist ein Moueix-Wein. Starkfarben, intensiv. Sehr reiche Nase mit der typischen, konzentrierten feigenartigen Frucht; ziemlich «süß» und körperreich, natürlich voller Frucht, Extrakt und Geschmack. Große Fleischesfülle, zum Glück mehr im Stil eines Renoir als eines Rubens.
*November 1990 (★★★★) 1997 bis 2015.*

CH. LA FLEUR-DE-GAY Ein winziger Weinberg zwischen Vieux Ch. Certan und Pétrus. Jahresproduktion höchstens 2000 Kisten. 100% Merlot. Gut, aber nicht außergewöhnlich. Trotzdem ein Kultwein.
*Mit einer ganzen Reihe anderer Pomerols auf Ch. Jonqueyres verkostet, November 1990 (★★★★) 1997 bis 2015.*

CH. LA FLEUR-PÉTRUS Einer der Spitzenweine in Pomerol, dabei ziemlich zurückhaltend, mit diskretem Profil. Trocken, mittelschwerer Körper, ziemlich schlank und sehr tanninbetont.
*November 1990 (★★★★) Benötigt Zeit, etwa 1999 bis 2020.*

LES FORTS DE LATOUR 40% neuen Eichenfässer verwendet. Bei der ersten Degustation im Frühjahr 1990 wirkte der Wein in der Farbe sogar tiefer als der *Grand vin*, wobei er trotz seiner Kraft sicherlich nicht so gut ist. Bei der Herbstdegustation 1990 immer noch intensives Purpurrot; Nase offenbarte eine schöne, junge Frucht, die anfängliche leichte Stieligkeit machte sich nun als ein etwas firnisartiger Eichenton bemerkbar. Recht körperreich, mit guter Frucht, lebhaftem Tannin- und Säuregehalt. Bei der letzten Gelegenheit gutes Erscheinungsbild; sehr schöne Frucht, Zedernholz- und Maulbeernuancen; «süß», vorzüglich in Geschmack und Struktur. Zweifellos beeindruckend.
*Zuletzt im November 1993 (★★★★) 1995 bis 2000.*

CLOS FOURTET Bei der ersten Präsentation im April sehr tief, relativ voll, weiche Frucht, gefällig. Im Aussehen einer der tiefsten bei der November-Degustation 1990: pflaumenfarbenes Purpurrot; entgegenkommende, leicht stielige, aber reiche Frucht und duftige Eichentöne. Wiederum weiche Frucht vermerkt, angemessener Tannin- und Säuregehalt. Würziger Abgang.
*Zuletzt im November 1993 verkostet (★★★) 1995 bis 2010.*

CH. LA GAFFELIÈRE Sehr tiefer Purpur; ausgeprägte und sehr wohlriechende Nase; mitteltrocken und -schwer, ungewöhnlicher Stil, lockere, zitrusartige Säure, sehr wohlschmeckend, guter Abgang. Im Gegensatz zum Clos Fourtet, dem es ständig am gewissen Etwas zu mangeln scheint, verfügt La Gaffelière ganz natürlich darüber, auch wenn die Ausdrucksform nicht immer die beste ist. Beim 89er jedenfalls stimmt sie.
*Im November 1990 verkostet (★★★★) 1995 bis 2005.*

CH. GAZIN Ebenfalls 1989 ganz hervorragend. Frische, reiche Brombeerfrucht. Pfeffrige neue Eiche. Ziemlich körperreich. Tanninbetont. Attraktiv.
*November 1990 (★★★★) 1996 bis 2010.*

CH. GRAND-PUY-LACOSTE Stets ein Gewinner und ein Klassiker. Hübsche Farbe, zurückhaltende, lebhafte Frucht, die sich im Glas entfaltete und den reichen Cabernet-Charakter aus Pauillac enthüllte. Körperreich, beladen mit guter, frischer Frucht, Tannin und Säure. Lange Lebenserwartung.
*Zuletzt im November 1993 verkostet (★★★★) 2000 bis 2025.*

**Ch. La Grave Trigant-de-Boisset** Die Nase des La Grave erinnert mehr an einen Wein von der Rhone als an ein Gewächs vom linken Gironde-Ufer. Zweifellos harmonisch, aber ich kann nicht absehen, daß sich Bukett und Geschmack schließlich auflösen oder die Finesse erreichen, zu der ein Médoc in einem guten Jahrgang kommt. Dennoch hat er wie alle Spitzen-Pomerols einen unmittelbaren Reiz, und ich verstehe schon, warum diese Weine so beliebt sind.
*November 1990 verkostet. Widerwillig (★★★★★) 1996 bis 2010.*

**Ch. Gruaud-Larose** Tief, intensives Rubinrot; typische Fruchtfülle in der Nase und am Gaumen. Ziemlich körperreich. Ein sehr guter Wein.
*Zuletzt im November 1993 (★★★★) 2000 bis 2025.*

**Ch. Haut-Bailly** Tief, völlig geradlinig, weiche Frucht und Eichentöne. Könnte als verläßlicher Graves nicht besser sein.
*Im November 1993 verkostet (★★★★) 1997 bis 2015.*

**Ch. Haut-Batailley** Ein eleganter, mittelschwerer Pauillac. Wohlriechend und stilvoll.
*November 1993 (★★★) 1996 bis 2015.*

**Ch. d'Issan** Vorzügliche tiefe Struktur und Farbe; Frucht, Gewicht und Geschmack gut. Deutliche Eichentöne. Tanninbetont. Elegant.
*November 1993 (★★★★) 1997 bis 2015.*

**Ch. La Lagune** Eindringlich, Frucht, neue Eiche; attraktiv trotz leichter Bitterkeit.
*Im November 1993 (★★★)? 1997 bis 2010.*

**Ch. Langoa-Barton** 1990 starkfarben; wohlriechende, würzige Zedernholznase: trocken, mittelschwer, gut, lebhaft, kernig. Entwickelt sich gut. Schöne Frucht.
*Zuletzt verkostet im November 1993 (★★★★) 1998 bis 2010 und länger.*

**Ch. Latour à Pomerol** Die feigenartige Fruchtkonzentration dieser Pomerols von Moueix machen es wert, daß man nach ihnen Ausschau hält. Tief, füllig, tanninbetont.
*November 1990 (★★★★) 1997 bis 2015.*

**Ch. Léoville-Barton** Hervorragend, mit Weite und gleichzeitig einer unterspielten Männlichkeit. Tief, intensiv; unmittelbare zedernholzartige und würzige Nuancen, dannach eine weiche «Süße» in der Nase, die trotz der leichten Zurückhaltung einfach nur sehr schön ist. Mitteltrocken und -schwer, lebhafte Frucht, gute Struktur und alle die andern Eigenschaften, die der Engländer so sehr am roten Bordeaux schätzt.
*November 1993 (★★★★★) 1999 bis über das Jahr 2020 hinaus.*

**Ch. Léoville-Las-Cases** Tief, schwarze Kirschen; Zeder, Eiche, große Tiefe; komplett, herrlich. Ein potentiell großer Wein.
*Im November 1993 (★★★★★) 2000 bis 2025 und länger.*

**Ch. Léoville-Poyferré** Ein Poyferré wie vor 1930. Starkfarben, intensiv; ziemlich kultivierte neue Eiche in der Nase, doch auch frische Frucht und nach einer Zeit im Glas ein schöner Duft; trocken, starke Eichentöne, gute Frucht. Tanninbetont.
*November 1990 (★★★★) 2000 bis 2020 und länger.*

**Ch. Lynch-Bages** Ebenfalls sehr gut, sicher das Beste, was aus diesem Wein herauszuholen ist. Tief, intensiv; phantastisch reiche, Cassis-artige Cabernet-Frucht in der Nase; voller Körper, Frucht und Extraktstoffen. Ziemlich ungewöhnlicher, fleischiger Charakter. Gute Länge und schöner Tannin- und Säuregehalt.
*November 1993 (★★★★★) 1998 bis über das Jahr 2020 hinaus.*

**Ch. Magdelaine** Sehr tief, reich; zurückhaltender, aber pflaumenartiger Fruchtreichtum; ziemlich «süß», körperreich, fleischig, konzentriert, wohlgeformt.
*Im November 1993 zwei gute Bewertungen ★(★★★) 1995 bis 2005.*

**Ch. La Mission-Haut-Brion** Starkfarben, intensiv; offener und fruchtiger als der 88er, doch weniger von diesen Eigenschaften als der 89er Haut-Brion. Duft nach Teer und Schokolade. Am Gaumen «süß», körperreich, reichhaltig, fruchtig und sehr tanninbetont. Noch immer opak; süß, reich, harmonisch in Nase und am Gaumen. Voll, weich, reife Tannine. Große Zukunft.
*Zuletzt verkostet auf dem Château im Juni 1992 (★★★★★) 1998 bis 2025.*

**Ch. Montrose** Tief, reich, intensiv; fruchtiger Duft mit Zedernholz- und Eichentönen. Ziemlich körperreich, beladen mit Frucht, Fleisch, Tannin und Säure. Ein hervorragender klassischer Wein, der sehr viel Flaschenalterung benötigt.
*November 1993 (★★★★) 2000 bis 2030.*

**Ch. Mouton-Baronne Philippe** Im April 1990: rubinrot; gefällige, frische Nase mit Eichentönen; trocken, mittelschwerer Körper, leichter Stil, dabei festgewoben. Nach einem Jahr schöne Entwicklung, wirkte «süßer», fruchtiger.
*Zuletzt im November 1993 verkostet (★★★) 1995 bis 2005.*

**Ch. Palmer** Erstmals bei der Präsentation von 89er Weinen auf Ch. Langoa und Ch. Palmer verkostet. Sehr tief, reich; in den Kellern kalt und verschlossen, bei der Degustation dann wärmer und

großzügiger; Nuancen von Zedernholz und neuer Eiche in der Nase, schöne Entfaltung im Glas, mit der maulbeerartigen Frucht, die die Spitzenweine von Palmer auszeichnet. Überraschend «süß», mittelschwerer Körper, weich, füllig, abgerundet. Als letztes: tief; vorzüglich; seidige Tannine.
*Zuletzt im November 1993 verkostet* (★★★★★) *1998 bis 2020.*

CH. PAPE-CLÉMENT Deutlich spürbare Verbesserungen in den letzten Jahren. Tief; vorzüglich duftende Nase mit Frucht- und Eichennuancen; entsprechender Geschmack. Relativ voll, elegant.
*November 1993* (★★★★) *1998 bis 2020.*

CH. PAVIE Tief; leichtgewobene, fruchtige Nase; zitrusartige Frucht und Säure, ein wohlschmeckender, sich relativ rasch entwickelnder Wein.
*November 1993* (★★★★) *1996 bis 2010.*

CH. PAVIE-DECESSE Sehr tief, frisch, purpurrot; sehr gefällige Frucht, «süß», mittelgewichtig, schmackhaft, ansprechend.
*November 1990* (★★★) *1995 bis 2005.*

CH. PICHON-LONGUEVILLE, BARON Starkfarben, intensiv; tiefe, geradlinig klassische Nase, Zedernholz-, Frucht- und Eichentöne; schwerer Körper, gute Frucht und Extraktstoffe. Beeindruckend. Die neue Leitung macht sich bemerkbar.
*November 1993* (★★★★) *1999 bis 2020.*

CH. PICHON-LONGUEVILLE, LALANDE Sehr tief; ziemlich übertriebene, überreife Nase. Ausgesprochen enttäuschend. Deutlich nicht gut. Zeigte sich nicht gut im November 1990. Kürzlich: hübsche Farbe, aber seltsam aufgezuckerter (?) Geruch; offen, leicht, gewisse Attraktivität – völliger Gegensatz zu «Baron».
*Zuletzt verkostet im November 1993* (★★★) *1996 bis 2006?*

CH. PONTET-CANET Wie schon den 88er fand ich diesen Wein im November 1990 sehr fremd und gar nicht nach meinem Geschmack. Seltsam hölzerner Geruch. Nach zwei Jahren deutliche Verbesserung: attraktive Farbe; schmackhaft; frische Frucht, sehr tanninbetont.
*Zuletzt verkostet im November 1993* (★★★) *1999 bis 2015?*

CH. PRIEURÉ-LICHINE Im November 1990: schöne Farbe; weiche, offene, fruchtige Nase, etwas stielig; eher «süß», sehr zugänglich, mit passendem Tannin- und Säuregehalt.
*Zuletzt im Juni 1991 verkostet* (★★★) *Bis 2003.*

CH. RAUSAN-SÉGLA Tief, intensiv; fruchtig, weinig, elegant; mittelschwerer Körper, fest, frische Frucht. Schöner Wein.
*November 1993* (★★★★) *1998 bis 2010.*

CH. RAUZAN-GASSIES Mitteltiefe, unverhüllte Erscheinung; «süß» und ziemlich fortgeschritten in der Nase; entfaltete ein merkwürdiges, brombeerartiges Aroma; wohlschmeckend, leichtgewoben. Nicht schlecht, aber wie so oft nicht auf dem Niveau eines *2ème cru.*
*November 1990* (★★) *1994 bis 2000.*

CH. SIRAN Niemals groß, aber im Stil beständig, schlank, im besten Fall elegant. Sehr tiefes, samtiges Erscheinungsbild; wohlriechende, zedernholzartige Nase; trocken, ledrige Tannine, grazil.
*Im April und November 1990 verkostet* (★★★) *1996 bis 2016.*

CH. TALBOT 1990 starkfarben, intensiv; sehr eigenartiger, feigenähnlicher Geruch.

CH. TROTANOY Tiefe, schon fortgeschrittene Farbe; Nase zunächst fest und pfeffrig, entfaltete dann aber eine duftige Frucht; ziemlich körperreich, doch mit schlanker Eleganz und seidiger Struktur. Guter Tanningehalt. Ein vorzüglicher Wein.
*November 1990* (★★★★★) *1997 bis 2020.*

89ER GEWÄCHSE MIT EINER NOTIZ VON DER «MASTERS-OF-WINE»-PROBE IM NOVEMBER 1993:

CH. BELGRAVE Schmackhaft. Tanninbetont (★★★)

CH. BOYD-CANTENAC Eichen, tanninbetont (★★★)

CH. CAMENSAC Stielig, mittelmäßig (★★)

CH. CARBONNIEUX Zwei Notizen: trocken, frisch, attraktiv (★★★)

CH. DAUZAC Süß, reich, gewinnend (★★★)

CH. FIEUZAL Schmackhaft. Tannin (★★★)

CH. GISCOURS Süß, leichtverständlich, ein Frühentwickler? (★★★)

CH. GRAND-PUY-DUCASSE Ganz gut trotz roher Frucht (★★★)

CH. KIRWAN Hart, schlank, bitter (★★)

CH. LAFON-ROCHET Rubinrot; frische Frucht, Tannin (★★★★)

CH. LAGRANGE (ST-JULIEN) Zuviel neue Eiche. Sehr tanninbetont, aber attraktiv (★★★★)

CH. LASCOMBES Attraktiv, aber etwas mager (★★★)

CH. LA LOUVIÈRE Zweifelhaft bei der ersten Probe. Sehr süß, attraktiv, viel neue Eiche (★★)?

CH. LYNCH-MOUSSAS Zu leicht, langweilig (★)

CH. MALARTIC-LAGRAVIÈRE Leicht im Stil (★★)

CH. OLIVIER Frisch. Ausgesprochen tanninbetont (★★★)

CH. SMITH-HAUT-LAFITTE Besser am Gaumen als in der Nase (★★★★)?

CH. ST-PIERRE Zuviel Eiche, aber attraktiv (★★★★)

WEITERE, NUR IM NOVEMBER 1990 VERKOSTETE 89ER WEINE. DIE STERNE GEBEN EINE UNGEFÄHRE EINSCHÄTZUNG DER ZU ERWARTENDEN QUALITÄT UND ZUKUNFT.

Ch. Andron-Blanquet (★★), Ch. L'Angélus (★★★), Ch. d'Angludet (★★★), Ch. Balestard-La-Tonnelle (★★★), Ch. Beau Séjour Bécot (★★★★), Ch. Beauséjour (Duffau-Lagarosse) (★★★★), Ch. Beau Site (★★), Ch. Bourgneuf (★★★), Ch. La Cabanne (★★★), Ch. Canon-de-Brem (★★★), Ch. Cap de Mourlin (★★), Ch. de Carles (★★★), Ch. Certan de May (★★★★), Ch. Clinet (★★★★), Clos du Clocher (★★★), Ch. Cos Labory (★★)?, Ch. Couvent-des-Jacobins (★★), Ch. La Croix (★★★★), Ch. La Croix du Casse (★★★), Ch. La Croix de Gay (★★★★), Ch. La Croix-St-Vincent (★★★), Ch. La Dauphine (★★★), Clos L'Eglise (★★★), Dom. de L'Eglise (★★★★), Ch. L'Enclos (★★★), Ch. Feytit-Clinet (★★★), Ch. Fonroque (★★★), Ch. Fourcas-Dupré (★★★), Ch. Fourcas-Hosten (★★), Ch. de France (★★★)?, Ch. Haut-Bergey (★★★), Clos des Jacobins (★★), Ch. La Fleur-Gazin (mindestens ★★), Ch. Lagrange, Pomerol (★★★), Ch. Larrivet-Haut-Brion (★★?, erneut verkosten), Ch. Mazeris (★★★), Moulin du Cadet (Drittwein von Ch. Lafite) (★★), Moulin de Duhart (Zweitwein von Duhart-Milon) (★★), Ch. Moulinet (★★★), Ch. Olivier (★★★), Les Ormes-de-Pez (erneut verkosten), Ch. Patâche d'Aux (★★), Ch. Petit-Village (★★★★), Ch. Plince (★★), Ch. Rahoul (★★★), Ch. Siaurac (★★), Ch. Taillefer (★★), Ch. La Tour-de-By (★★), Ch. La Tour-Martillac (★ erneut verkosten), Ch. Trottevieille (★★★), Ch. Yon-Figeac (★★★).

# 1990 ★★★★★

*Sind die Jahrgänge 1989 und 1990 wieder einmal ein denkwürdiges Zwillingspaar? Sicherlich ähnliche Wetterverhältnisse: beide Jahre waren ungewöhnlich heiß (1990 im Durchschnitt 18,7° C, 1989 18,6° C) mit geringen Niederschlägen (80 mm bzw. 136 mm).*

*Januar bis März waren ungewöhnlich warm und sonnig, am 24. Februar stiegen die Temperaturen bis auf 25° C und kündigten ein zeitiges Frühjahr an. Im April nutzbringende Regenfälle. Sehr heißer, trockener und sonniger Mai. Anfang Juni war die Blüte abgeschlossen. Der Juli war so heiß (dreißig Tage lang Temperaturen über 30° C, am 21. Juni 38,8° C), daß die Pflanzensäfte kaum mehr stiegen und der Reifeprozeß behindert wurde. Warmer, trockener August. Lese ab Mitte September. Es gab Bedenken, daß die Weine zu viel Tannin und zu wenig Säure enthielten; doch wenn ein Wein über ausreichend Frucht, Alkohol, Extraktstoffe und Tannin verfügt, benötigt er keine entsprechend hohe Säure.*

*Bis auf die Spitzengewächse wurden die meisten der folgenden Aufzeichnungen alle im April 1991 auf Ch. L'Angélus (St-Emilions und Pomerols), auf Ch. de Fieuzal (Graves) und auf Ch. Prieuré-Lichine (Margaux) gemacht. Die Degustationen waren von der Union des Grand Crus organisiert worden. Leider konnte ich an der wichtigen Verkostung der Weine aus Pauillac und St-Julien nicht teilnehmen. Deutlich einer der großen Jahrgänge mit langer Entwicklungszeit, mit dem Charme und Fleisch der 89er und mit der Festigkeit und dem Charakter der 88er.*

*Einen Jahrgang im Frühjahr nach der Ernte zu beurteilen, ist riskant. Nach einer so kurzen Zeit im Holz kann die «süße», junge Frucht betörend sein, und es gibt noch kaum Hinweise auf die Veränderungen durch den Ausbau in neuen oder teilweise neuen Eichenfässern.*

CH. LAFITE Starkfarben, purpurn; verschlossen, zedernholzartig, rauchig; «süß», mittelschwer, überraschend weich und zugänglich. Gefügige Tannine. Ansprechend, doch im Schatten des 89ers. *Zuletzt im Oktober 1992 verkostet* (★★★★★)

CH. MARGAUX 1986 führte man erstmals auf Margaux das Beschneiden der Reben durch, um den Ertrag zu verringern. 1988 und 1989 wendete man aufgrund der zu erwartenden Ernte dieses Verfahren besonders intensiv an, 1990 dann in noch stärkerem Maße. Dreißig Prozent der Trauben der neuen Stöcke wurden ausgelesen. Anfänglich sehr tiefes, intensives Purpurrot; zurückhaltende, aber wohlriechende Nase, deutliche Eichentöne; mittelgewichtig, schlank, stilvoll, geschmeidig, gute Frucht. Keine übermäßigen Tannine. Zwei Jahre später; sehr schöne Reife, gerundet, Brombeeren und Himbeeren; die Süße reifer Trauben, Alkohol. Elegant. Eindrücklich. *Zuletzt probiert in der Château-Margaux-Meisterklasse bei Christie's im März 1993* (★★★★★) *2010 bis 2025.*

CH. LATOUR Erstmals auf dem Schloß im Frühjahr 1990 verkostet: fabelhafte Farbtiefe; Nase schwierig zu definieren, noch verschlossen; streng,

kraftvoll, zum Kauen, sehr guter Geschmack, aber viel Tannin. Später: herrlich.
*Zuletzt probiert beim Farr Vintner's Dinner, September 1993 (★★★★★) 2010 bis 2030.*

**CH. MOUTON-ROTHSCHILD** Fein, tief; zurückhaltend, unverwobene Frucht und Eichentöne; «süß», relativ voll, gute Frucht, austrocknende Tannine.
*Zuletzt im Oktober 1992 verkostet (★★★★★)*

**CH. HAUT-BRION** Starkfarben; hart, Zedernholz- und Veilchentöne, fruchtig; relativ trocken, körperreich, füllig, fruchtig und elegant, guter Tannin- und Säuregehalt.
*Zuletzt im Oktober 1992 verkostet (★★★★) Langlebig.*

**CH. AUSONE** Aus zwei Fässern probiert. Sagenhaftes, brillantes Purpurrot; die erste Probe mit vorzüglichem Fruchtaroma, die andere zurückhaltender; am Gaumen beide ziemlich «süß», körperreich, füllig, vorzüglich. Aus dem *Demtos*-Faß fester und tanninbetonter. Wird sich sicher zu einem der besten Ausones entwickeln.
*Im Keller, mit Pascal Delbeck, April 1991 (★★★★★)*

**CH. CHEVAL BLANC** Nicht sehr tief; entgegenkommend, wohlriechend; «süß», relativ voll, zum Kauen, ansprechend im Geschmack.
*Zuletzt auf dem Château, im Juni 1992 (★★★★★)*

**CH. PÉTRUS** Aus dem Faß im Juni 1991: starkfarben; fruchtig und bereits mit Eichennuancen; ziemlich «süß», relativ voll, füllig, vorzügliche Frucht, weniger Tannine als der 89er.
*Zuletzt eine Woche vor der Abfüllung, im Juni 1992, verkostet (★★★★★) 2000 bis 2025.*

**CH. L'ANGÉLUS** Tief; eindringlich, himbeerartig, relativ voll, reich.
*Zuletzt im April 1993 verkostet (★★★)*

**CH. d'ANGLUDET** Sehr tief; ausgeprägt, wohlriechende Veilchennuancen, gute Verbindung von Frucht und neuer Eiche; weich, wohlschmeckend, zitrusartige Fruchtsäure. Köstlich.
*April 1991 (★★★★)*

**CH. BOUSCAUT** Starkfarben, intensiv; verschlossen, neue Eiche; körperreich, hoher Extraktgehalt, fruchtig, tanninbetont. Wohlgeformt, aber nicht lang.
*April 1991 (★★★)*

**CH. CANON** Die erste Probe aus dem Faß war völlig falsch: ziemlich blaß; viel zu üppig; wohlriechend, aber eigenartig. Die zweite Probe tief, reich; fruchtig, mit der typischen Canon-Fülle; ziemlich «süß», relativ voll, parfümierter Nachgeschmack.
*April 1991 (★★★★★)*

**CH. CANON-LA-GAFFELIÈRE** Starkfarben, samtiger Glanz, reiche Tränen; mächtig, Brombeeren, Eichentöne, wie Sägemehl, dann reich, maulbeerartig und teerig; gute Frucht, Ausgewogenheit und Länge.
*April 1991 (★★★★)*

**CH. CANTEMERLE** Weiche Frucht; sehr ausgeprägt, offen, ein Frühentwickler.
*April 1991 (★★★)*

**CH. CANTENAC-BROWN** Lebhafter Purpur; entgegenkommend, Sattel- und Stallgeruch; relativ «süß», zum Kauen, charakteristischer Schokoladegeschmack, tanninbetont.
*April 1991 (★★★★)*

**CH. CARBONNIEUX** Tief, aber nicht intensiv; sehr «süß», entgegenkommend, vorzügliche Frucht; sehr ansprechend, zugänglich, ein Frühentwickler.
*April 1991 (★★★)*

**CARRUADES DE CH. LAFITE** Ein Anflug von Stieligkeit; gut im Gewicht, aber weniger Charme als erwartet.
*Zuletzt probiert im Juni 1992 (★★★)? 1997 bis 2005.*

**DOM. DE CHEVALIER** Cabernet Sauvignon besser als 1988 und 1989, Merlot hingegen schlechter. Geringerer Alkoholgehalt als 1989. Starkfarben; verschlossene, dennoch gute Frucht; «mittelsüß», relativ voll, reich, zum Kauen, leicht sandige Struktur, kluger Einsatz der neuen Eichenfässer, zusätzliche Dimensionen im Vergleich zu den meisten andern roten Graves.
*April 1991 (★★★★)*

**CH. CLERC-MILON** Herrlich, würzig, maulbeerartige, reife Cabernet-Sauvignon-Nase und ebensolcher Geschmack. «Süß», schönes Gewicht, lebhaft.
*Juni 1992 (★★★★)*

**CH. CLINET** Intensive, sehr dunkle Farbe; malzig, brombeerartige Frucht; sehr reich, pflaumig.
*April 1991 (★★★★)*

**CH. LA CONSEILLANTE** Starkfarben; harmonische Frucht; «süß», reich, hoher Alkoholgehalt(?), abgerundet, klassisch.
*April 1991 (★★★★)*

**CH. COS D'ESTOURNEL** Ziemlich tief, reich, weich; harmonisch; reiche Frucht, tanninbetont.
*Im März 1993 (★★★★) Gute Zukunft. Bis über 2010.*

**CH. DAUZAC** Intensives Purpurrot; gute Frucht, Tannine mit Sattelgeruch; weicher und runder als erwartet. Gute Frucht.
*Zuletzt im Juni 1992 verkostet (★★★)*

**CH. Duhart-Milon** Verschlossen, strohartig; relativ «süß», leichtgewoben, aber schön ausgewogene, weiche Tannine.
*Zuletzt im Juni 1992 verkostet (★★★) 1996 bis 2005.*

**CH. L'Evangile** Herrlich tief, reich; reif, maulbeerartig; ziemlich «süß», köstliche Frucht, neue Eiche, im Nachgeschmack Nelken. Unglaublich dick – man kann ihn fast auf das Brot streichen.
*Im April 1991 auf Ch. Lafite und im Mai in Spencer House verkostet (★★★★★)*

**CH. de Fieuzal** Intensives Purpurrot; sehr ausgeprägter Stil, rauchig, Eichentöne, gute Frucht und Länge.
*April 1991 (★★★★)*

**CH. Figeac** Tiefes, pflaumiges Purpurrot; köstliche Frucht, sehr trocken, tanninbetont, eisenartiger Abgang.
*April 1991 (★★★★★)*

**Les Forts de Latour** Starkfarben, beeindruckend; zurückhaltende, schöne Frucht; sehr «süß», ziemlich körperreich, sehr guter Geschmack.
*Zuletzt im Juni 1992 verkostet (★★★★)*

**Clos Fourtet** Sehr tief; verschlossen, dann klassische Frucht, die sich schön entfaltete; geradlinig.
*April 1991 (★★★ möglicherweise ★★★★)*

**CH. Gazin** Starkfarben; zunächst stielig, doch dann mit guter Fruchtentfaltung; sehr tanninbetont.
*April 1991 (★★★)?*

**CH. Giscours** Starkfarben, enorm tief; reich, hoher Alkoholgehalt, Feigensirup; «süß», dick, beeindruckend, aber seltsam. Weiche Tannine.
*April 1991 (★★★)*

**CH. Haut-Bailly** Als erstes eine abgefüllte Faßprobe, danach direkt aus dem Faß probiert. Intensive, vorzügliche Farbe; außergewöhnlicher Duft, gute Frucht, Vanille-Töne; reich, relativ voll, gute Frucht und Länge, straff, tanninbetont.
*Zuletzt auf dem Château verkostet, April 1991 (★★★★)*

**CH. d'Issan** Starkfarben, intensiv; zurückhaltend, aber gut, feigenartige Reichhaltigkeit; «süß», vorzüglich in Geschmack, Struktur und Ausgewogenheit, ein typischer Margaux, charmant, mit Veilchennuancen.
*April 1991 (★★★★)*

**CH. Kirwan** Tief; zunächst leicht, fruchtig, tanninbetont, unverwoben; «süß», weich, recht gute Frucht.
*April 1991 (★★★)*

**CH. Lafon-Rochet** Gute Frucht, aber hart und roh.
*Im September 1993 (★★★) 1998 bis 2010.*

**CH. Lascombes** Starkfarben; Veilchen und zersägtes Holz; relativ «süß», weich, leichtgewoben.
*April 1991 (★★★)*

**CH. Léoville-Barton** Hübsche Farbe; reichhaltig, tanninbetont, tief; viel Potential. Würziger Abgang.
*Zuletzt verkostet im April 1993 (★★★★) 2000 und länger.*

**CH. Léoville-Las-Cases** Tief; mächtig verschlossen; süße Frucht, Extrakt, Eiche.
*Auf dem Schloß im Juni 1992 (★★★★) 2000 bis 2020.*

**CH. Léoville-Poyferré** Sehr tief; zuviel Eiche. Sehr tanninbetont.
*Im April 1993 (★★)??*

**CH. La Louvière** Starkfarben; unverhüllt, reich, leicht käsig, dann fast karamelartig, «süß», voller Frucht. Entsprechender Geschmack. «Süß», weiche Tannine, ein zugänglicher Frühentwickler. Vielleicht etwas zu wenig Säure.
*April 1991 (★★)*

**CH. Malartic-Lagravière** Leichtgewoben; leichte, entwickelte Frucht; trocken, in Stil und Gewicht relativ leicht, zugänglich, mangelnde Länge. Ein Frühentwickler.
*April 1991 (★★)*

**CH. Malescot-St-Exupéry** Starkfarben; entgegenkommend, hochgetönt, unverwoben, aber wohlriechend; «süß», lebhafte Frucht, wohlschmeckend, doch etwas hohl. Tanninbetont.
*April 1991 (★★ wahrscheinlich ★★★)?*

**CH. La Mission-Haut-Brion** Starkfarben; vorzügliche Frucht und Tiefe; trocken, mittelschwerer Körper, lebhaft, sehr gute Länge und Tannine.
*Zuletzt auf dem Château verkostet, im Juni 1992 (★★★★)*

**CH. Mouton-Baronne Philippe** Im Zentrum dunkelkirschrot, rubinroter Rand; zurückhaltend, Veilchentöne; «süß», sehr gefällige Frucht, weiche Tannine, fast zu zugänglich, doch mit guter Länge.
*April 1991 (★★★)*

CH. PALMER Machte sich im April gut. Sehr tief; gute, lebhafte, maulbeerartige Frucht, ausgesprochen «süß», mittelschwerer Körper, weiche Frucht, gute Länge, trockener, tanninbetonter Abgang. Attraktiv. Gutes Potential.
*Zuletzt auf dem Château verkostet, Juni 1991* (★★★★)

CH. PAPE-CLÉMENT Interessante neue Entwicklungen. 1990 unregelmäßige Reife, große Auswahl notwendig. Leckende Gärbehälter, 12 % Saft entfernt. 75 % neue Eichenfässer. Starkfarben; weich, Vanillin, eigenartig schlank, leichtgewoben, würzige Eichentöne, dann pflanzliche Nuancen; «süß», mittelschwerer Körper, weich, zum Kauen, in Geschmack und Art ein überaus typischer Médoc, eine Spur Austernschalen, Jod. Im Nachgeschmack würzige Anklänge der neuen Eichenfässer. Tanninbetont.
*April 1991* (★★★★)

CH. PAVIE Starkfarben; zurückhaltend, reife Frucht; relativ voll, wohlausgewogen, positiver Abgang.
*April 1991* (★★★★)

CH. PICHON-LONGUEVILLE, LALANDE Opak; herrlich reife Trauben und gut im Fleisch.
*Aus dem Faß, Oktober 1991* (★★★★)

CH. PRIEURÉ-LICHINE Lebhafter Purpur; lebhafte Frucht, am Gaumen besser als in der Nase. Leder und Gewürze.
*April 1991* (★★★ *vielleicht* ★★★★)

CH. RAUSAN-SÉGLA Starkfarben; sehr reiche brombeerartige Frucht; «süß«, relativ voll, fest, elegant, gute Struktur.
*April 1991* (★★★★)

CH. RAUZAN-GASSIES Tief, doch mit schwachem, purpurfarbenem Rand; unverhüllt, unverwoben; sehr «süß», weiche Frucht, recht schön und zugänglich.
*April 1991* (★★★)

CH. SMITH-HAUT-LAFITTE Nicht gerade tief; mitteltrocken, mittlerer Körper, gut in Frucht, Geschmack, Gleichgewicht. Eichen.
*Zuletzt probiert im Juni 1992* (★★★) *1995 bis 2000.*

WEITERE, IM APRIL 1991 VERKOSTETE 90ER:

CH. BAHANS-HAUT-BRION Überraschend «süß», doch mit tanninbetonter Bitterkeit (★★)

CH. BALESTARD-LA-TONNELLE Nase wie Lebertran und schwarze Melasse; spröde, sehr tanninbetont (★★)

CH. BEAUREGARD Pomerol. Eigenartig, unverwoben, stielig, zugänglich (★★)

CH. LA CABANNE Merkwürdig; leicht, ansprechend (★★)

CH. CAP DE MOURLIN (JACQUES) . Starkfarben; gute Frucht, hochgetönt, Frühentwickler (★★)

CH. LA CARDONNE Weich, «süß», köstlich (★★★)

CH. CHASSE-SPLEEN Starkfarben; lebhafte, junge Frucht; relativ voll, fest, tanninbetont (★★★★)

CH. CITRAN Starkfarben; Brombeeren, reichhaltig; relativ voll, zum Kauen, fruchtig (★★★)

CH. CLARKE Intensiver Purpur; gute, junge Frucht, etwas kurz (★★)

CH. LA CROIX DE GAY Unnachgiebige Nase; relativ «süß», füllig, gute Frucht, Ausgewogenheit und Länge (★★★★)

CH. DASSAULT Gut, fruchtig, Eichentöne, enorm tanninbetont (★★)?

CH. FONPLÉGADE Tief, verschlossen, verborgene Frucht, schlank, kurz (★★★)

CH. FONRÉAUD Pflaumig; weich, kurz (★)

CH. FOURCAS-DUPRÉ Purpurn; erinnerte an Beton, dann an Feigen; weich, nicht sehr viel Geschmack, kurz (★)

CH. FOURCAS-HOSTEN Starkfarben; «süße» Zedernholz- und Fruchttöne; weich, fruchtig, sehr tanninbetont (★★)

CH. DE FRANCE Starkfarben, intensiv, reiche Tränen; «süß», sehr ansprechende Frucht und Nuancen der neuen Eichenfässer. Frühentwickler (★★★)

CH. LABÉGORCE Mandarinennote; weiche Frucht, durchaus Fett und Substanz, aber trügerisch (★★)?

CH. LARCIS-DUCASSE Hochgetönt, firnisartig; relativ leicht, nicht viel Frucht oder Fleisch (★)

CH. LARMANDE Unverwoben; weiche Frucht, zum Kauen, sehr tanninbetont (★★)

CH. LARRIVET-HAUT-BRION Aromastark; eigen in Geschmack und Struktur, Eisentöne im Abgang. Erneut verkosten (★★)?

CH. MALESCASSE Intensiv, samtig; brombeerartig, locker gewoben: lebhaft, trocken (★★)

**CH. MARTINENS** Pflaumig; außergewöhnlich in Aroma und Geschmack, Ingwer, Brombeer, Mandarine. Lebhaft, tanninbetont (★★★)

**CH. MAUCAILLOU** Sehr deutliche Minze- und Himbeertöne in der Nase und im Geschmack. Mangelnde Säure und Länge. Frühentwickler (★★)

**CH. MONBRISON** Weiche Frucht und Tannine. Wohlgeformt. Durchaus reizvoll (★★★)

**CH. NENIN** Recht schöne Frucht und Ausgewogenheit. Frühentwickler (★★)

**CH. OLIVIER** Starkfarben; trocken, voll, reiche Frucht, guter Extrakt, tanninbetont (★★★)

**CH. PAVIE-DECESSE** Festgewoben, Brombeeren; ansprechende Frucht, guter Tannin- und Säuregehalt. Frühentwickler? (★★★)

**CH. PETIT-VILLAGE** Wohlriechend, ausgeprägt, recht gute Länge (★★★)

**CH. PIQUE-CAILLOU** Intensiv, feigenartig; gute Frucht, Länge, fast teeriger Geschmack, metallische Tannine (★★★)

**CH. LA POINTE** Gehaltvoll; lebhaft, fruchtig, zugänglich (★★)

**CH. SMITH-HAUT-LAFITTE** Tief; erdig; weiche Frucht, tanninbetont, mangelnde Länge (★★)

**CH. LA TOUR-HAUT-BRION** Tiefer Purpur; voll, füllig, Brombeeren und schwarze Johannisbeeren; «süß», relativ voll, weiche Tannine (★★★)

**CH. LA TOUR-MARTILLAC** Eindrucksvolle Farbe und Nase, leicht aromatisiert; körperreich, Fruchtfülle, sehr tanninbetont, duftender Eichenton im Nachgeschmack (★★★)

**CH. TROPLANG-MONDOT** Starkfarben, intensiv, reich; brombeerartig; «süß», weich, zum Kauen, zugänglich, angemessener Tannin- und Säuregehalt (★★★★)

**CH. VILLEMAURINE** Eichentöne, Firnistöne in Nase und Geschmack. Benötigt Zeit (★★?)

**VIEUX CH. CERTAN** Pflaumig; wohlriechend; direkt (★★★)

WEITERE GEWÄCHSE, PROBIERT IM JUNI 1992:

**CH. D'ARMAILHAC** (früher Mouton Baron Philippe) Leuchtend; unreife Frucht; überraschend süß, weich, reich, gerundet. (★★★) *1996 bis 2005.*

**CH. LA DAUPHINE** In Farbe, Nase und Geschmack reich und gehaltvoll. Ein Schnellentwickler. ★(★★) *Jetzt bis 1998.*

**CH. LA FLEUR-PÉTRUS** Attraktive, jugendliche Frucht; süß, eigentümlicher Stil, köstlicher Geschmack. *Bei Moueix* (★★★★) *1996 bis 2010.*

**CH. LA GRAVE TRIGANT** Reife Nase, nach Eisen und Meerwasser; reif, rural, markant. (★★★★)? *1996 bis 2000 und länger.*

**CH. LANGOA-BARTON** Gute Frucht und neue Eiche; weicher, fleischiger als Léoville. (★★★) *1997 bis 2005 und länger.*

**CH. MAGDELAINE** Pflaumig in Farbe und Aroma. Sehr markanter Charakter. Frische Frucht. Gute Länge. (★★★★) *1997 bis 2010.*

## 1991 ★★ *bis* ★★★

*Ein Jahrgang mit unterschiedlichen Ergebnissen. Aufgrund von Frühjahrsfrösten fiel der Ertrag gering aus; auch Regenfälle hatten Einfluß auf die Qualität. Ein nasser Winter leitete die Wachstumsphase der Reben ein. Der Januar war sehr trocken, mit zahlreichen Frost- und Schneetagen. Im Februar blieb es ebenfalls ziemlich trocken, es schneite. Von März bis Mitte April folgte eine trockene milde Periode, die das frühzeitige Pflanzenwachstum förderte. Ein strenger Frost, verursacht durch den plötzlichen Temperatursturz in der Nacht vom 20. zum 21. April (bis – 8° C) richtete Schäden an den Rebstöcken an und vernichtete die neuen Triebe, was zu einer starken Reduktion des Erntepotentials führte. Die darauffolgende Periode war von unbeständigem Wetter geprägt; die Blüte setzte spät ein, dauerte lang und verlief unterschiedlich. Nach einem heißen und trockenen Juli, der Fäulnisprobleme verursachte, gab es den heißesten August seit 1926. Die Hitze setzte sich im September fort und begünstigte den Reifeprozeß, aber auch die Fäulnisbildung. Acht Regentage vor Lesebeginn machten schließlich alle Hoffnungen auf eine zwar geringe, aber an das Niveau des 1961er Jahrganges heranreichende Ernte zunichte. Eine strenge Auslesearbeit war erforderlich; das verbleibende Traubenmaterial war jedoch völlig ausgereift, mit weichem Tannin und exzellentem Säuregehalt.*

*Die meisten der folgenden 91er habe ich auf den betreffenden Châteaux im Juni 1992 aus dem Faß verkostet. Meine Schlußfolgerungen sind noch mit Vorsicht zu genießen. Die Weine müssen neu verkostet werden, frühestens sechs Monate nach ihrer Abfüllung in die Flasche.*

CH. LAFITE Tief intensiv; verschlossen; schlanke Frucht, eine gewisse Konzentration, sehr viel Tannin.

CH. MARGAUX Ein Monat vor dem Flaschenabzug: opak, schwarze Kirschen; zweidimensional; rohes Cabernet-Merlot-Fleisch; unverwoben, relativ schlank.

CH. LATOUR Tief, reich; verschlossen, Eiche; süß, kraftvoll, fleischig, viel Eiche. Eindrucksvoll.

CH. MOUTON-ROTHSCHILD Mitteltief, Purpur mit Aufhellung zum Rand; gute würzige Mouton-Frucht, auch im Aroma. Sehr trockener Abgang.

CH. HAUT-BRION Ihm fehlt die Tiefe und Intensität des 90ers; gute jugendliche Frucht, pfeffrig, neue Eiche; trocken, schlank, tanninbetont.

CH. D'ARMAILHAC Produktion 40% unter dem Mittelmaß. Tiefer als der 90er; duftend, würzig (60% neue Eiche); trocken, bittere Tannine.

CH. BEYCHEVELLE Randenfarbe, scheint aber ein Frühentwickler zu sein; viel würzige neue Eiche in der Nase und am Gaumen; süßer und weicher als erwartet.
*Im April 1993 (**) 1996 bis 2000.*

CARRUADES DE CH. LAFITE Recht gut in Frucht und Fleisch. Schöner trockener Abgang. Für frühen Konsum.

CH. CLERC-MILON Schöne Frucht, würzig, weich, süß, gefällig. Frühentwickler.

CH. COS D'ESTOURNEL Überraschend tief, pflaumig; noch unverwoben, schmackhaft, neue Eiche; gut in Textur und Frucht. Attraktiv.
*Im März 1993 (***) 1997 bis 2007.*

CH. DAUZAC (40% Merlot) Ein bißchen roh, aber fruchtig.

CH. DUHART-MILON Pikant, würzig; weicher am Gaumen, Geschmack nach Lakritze. Attraktiv, für frühen bis mittelfristigen Konsum.

LES FORTS DE LATOUR Überraschend tief und intensiv; auch überraschend harmonische Nase; süßer, reicher, fleischiger als erwartet. Erzeugt aus 70% jungen Latour-Reben. Sehr eindrucksvoll.

CH. LANGOA-BARTON Gute junge Frucht, trocken, schlank, hübsches Gewicht.

CH. LÉOVILLE-BARTON Gute Fruchttiefe, Zedern; sehr tanninbetont.

CH. LÉOVILLE-LAS-CASES Sehr tief; hart, dichte Nase; trockener, tanninbetonter Abgang.

CH. LA MISSION-HAUT-BRION Tief; duftend-junges Fruchtaroma; überraschend hübsch, trocken, es fehlt etwas an Länge.

## 1992 ★

*Wie der kluge und erfahrene Peter A. Sichel bemerkte, «wäre vor dreißig Jahren der 1992er ein Desaster gewesen». Fäulnisbekämpfung, die kostspielige und zeitraubende Sönderung der unreifen und ungesunden Trauben, sorgfältige Auswahl der Fässer und die jüngsten technischen Neuerungen im Weinbau ermöglichten wenigstens den Top-Châteaux die Erzeugung eines trinkbaren Weines, trotz einer katastrophal verlaufenen Vegetations- und Leseperiode. Der feuchteste Sommer seit mehr als fünfzig Jahren, Regenfälle – ungefähr doppelt so viel wie sonst (deutlich mehr als in den nassen Jahren 1987 und 1984) – und die wenigsten Sonnenstunden seit 1980. Die Fäulnis breitete sich zeitig aus. Die schweren Juni-Regenfälle verzögerten und verlängerten die Blütephase und bewirkten endgültig eine sehr ungleich verlaufende Traubenreife. Zu guter letzt war die Witterung während der Lesezeit deutlich schlechter als im Durchschnitt der Jahre, der Boden war durchtränkt, die Trauben aufgeschwemmt und von unterschiedlicher Reife. Der Merlot litt am wenigsten, der Cabernet Sauvignon am meisten. Die Gesamtproduktion im Bordelais fiel höher aus als im bisherigen Rekordjahr 1990. Aber damit ist mit den Vergleichen Schluß. Die Weine sind für frühen Konsum geeignet. Ganz sicher also kein Jahr für lagerfähige Weine, obwohl, wie schon oft, die tüchtigen – und vermögenden – Güter es trotzdem geschafft haben, recht eindrucksvolle Gewächse zu erzeugen.*

*Da junge Weine nicht mein Fachgebiet sind, habe ich bisher sehr wenige verkostet.*

CH. BEYCHEVELLE Faßprobe: mittlere Farbtiefe, Purpur; gutes jugendliches Aroma; trocken, fruchtig, eichen und besser als erwartet.
*Im April 1993 (***) Möglicherweise 1998 bis 2010.*

CH. COS D'ESTOURNEL Opak, purpurn; jugendliche Frucht; unverwoben, überraschend reich und fruchtig, aber roh, bitterer Abgang.
*Im März 1993 (**)? 1998 bis 2005?*

# 1993 ★★?

Nach der großartigen Triade der 88er, 89er und 90er nun (auch) zum dritten Mal hintereinander ein nicht überzeugender, eigentlich voraussehbar enttäuschender Jahrgang. Eine Fortsetzung jener großen Jahrgänge hätte wohl dem Gesetz der Wahrscheinlichkeit widersprochen. Und nach dem Mittelwertgesetz könnte uns wieder eine Situation wie in der Dekade der 30er Jahre bevorstehen, mit nur zwei oder drei überdurchschnittlichen und drei, ja vielleicht vier unterdurchschnittlichen Jahrgängen. Es werden aber trotzdem einige angenehme und kommerziell erfolgreiche Weine zu vernünftigen Preisen produziert werden, so wie 1992.

Dessen ungeachtet möchte ich Liebhabern (und Händlern) klassischer Bordeaux sehr ans Herz legen, keine Gelegenheit auszulassen, sich einen Vorrat aus den vielen schönen Weinen anzulegen, die zwischen 1982 und 1990 erzeugt worden waren, bevor es zu spät ist.

Zu den Wetterbedingungen: Die Monate nach der 92er-Lese waren trüb und naß, der Winter trocken und sonnig. Die Januartemperaturen lagen über dem Durchschnitt, der Februar war kalt. Im Frühjahr überdurchschnittliche Wärme, was die Knospen zum vorzeitigen Sprießen brachte und eine schöne, kurze Blüte zwischen Ende Mai und Anfang Juni ermöglichte. Es blieb weiterhin warm, aber später fiel die doppelte Regenmenge im Monatsdurchschnitt, und etwas Hagel überraschte den nördlichen Teil des Médoc. Der Juli präsentierte sich als das Gegenteil des Juni, der August warm, mit idealen Bedingungen bis September. Von 8. September bis in den Oktober hinein blieb dann die Sonne aus, es wurde kalt, und es fielen Rekordmengen an Regen. Um den 20. September begann die Lesezeit, die durchschnittliche Erträge brachte.

Dank Fäulnisbekämpfung, Selektion und verbesserter Weinbautechniken dürfte dieser Jahrgang zu guter letzt mit ein paar charmanten Rotweinen für den baldigen Konsum aufwarten, ungefähr so wie die durchaus brauchbaren Weine aus dem Jahr 1987. Zu früh für Proben zur Zeit, als dieses Buch in Druck ging.

# Trockener weisser Bordeaux

Ich habe in dieser Ausgabe dem trockenen weißen und dem süßen weißen Bordeaux jeweils ein eigenes Kapitel eingeräumt, da sie von der Art her grundverschieden sind und zu ganz anderen Gelegenheiten getrunken werden.

Die Nachkriegsgeschichte des süßen weißen Bordeaux ist geprägt von wirtschaftlichen und von Fragen des Geschmacks. Es mag genügen zu sagen, daß die Entwicklung des letzten Jahrzehnts in beiden Bereichen zugunsten des Sauternes verlaufen ist. Doch im Gegensatz zu den trockenen Weißen wird die Produktion des Sauternes im wesentlichen von den Witterungsbedingungen diktiert: glücklich ist die Verbindung von Sonnenschein, der die Trauben reifen läßt und ihnen ihre Süße verleiht, und den Morgennebeln, durch die die Edelfäule *(Botrytis)* hervorgerufen wird. Kälte und Regen können sich indes verhängnisvoll auswirken. In den vergangenen Jahren sind wirtschaftliche und klimatische Bedingungen außergewöhnlich günstig gewesen. Der andere große Unterschied zwischen den trockenen und den süßen Weinen besteht darin, daß die letzteren nicht nur gut zu lagern sind, sondern sich mit zunehmendem Flaschenalter auch noch verbessern.

Trockener weißer Bordeaux wird, wie die meisten anderen trockenen Weißweine, zum baldigen Genuß bereitet. Von ein paar Ausnahmen abgesehen eignet er sich auch nicht zur Flaschenlagerung. Nur bei Graves der Spitzenqualität ist Alterung notwendig und zahlt sich auch aus. Graves ist im Bordelais der bekannteste Distrikt für trockene Weiße. Früher, genauer gesagt bis weit in die 50er Jahre hinein, waren diese Weißweine häufig gelb, mit schwefeliger Nase, vierschrötig und eher trist. Eine deutliche, wenn auch nicht endgültige Verbesserung dieser Situation zeichnete sich ab, als man zum einen auf modernere Weinbereitungsmethoden umstellte und andererseits anstelle der eher gesetzten Sémillon-Traube mehr und mehr den schwungvolleren und säurebetonteren Sauvignon Blanc anbaute. Allerdings ist man mittlerweile der Meinung, daß der gegenwärtige Trend zu leichten, sehr trockenen Weinen mit viel Säure zu sehr ins andere Extrem gehe. In meinen Augen kann auch kein Zweifel daran bestehen, daß der traditionelle Traubensatz aus Sémillon *und* Sauvignon Blanc bei guter Bereitung Weine von guter Art ergibt. Wenn ich einen Sancerre-artigen Wein genießen möchte, dann trinke ich einen Sancerre. Und ein weiterer vergleichsweise junger Trend ist zu bemerken: Man läßt den Sauvignon Blanc eine gewisse Zeit in neuen Eichenfässern, wodurch er eine den Sortencharakter maskierende Würze erhält. Meinem Empfinden nach sind neue Eiche und Sauvignon Blanc kein gutes Gespann, wenn nicht gar völlig unvereinbar, es sei denn, der Wein verfüge über ein beträchtliches Maß an Frucht und Extrakt.

Die beiden großen weißen Graves, Haut-Brion und Laville-Haut-Brion, dicht gefolgt von der Domaine de Chevalier, sind im großen und ganzen die einzigen trockenen weißen Bordeauxweine, die von der Flaschenalterung profitieren, hauptsächlich in den besseren Jahrgängen. Nur Haut-Brion bräuchte die Flaschenlagerung eigentlich immer, auch wenn man sie nur selten gewährt, denn die geringe Produktion ist im Nu verkauft und wird dann viel zu rasch getrunken. Außerhalb von Graves sind die beiden bekanntesten trockenen weißen Bordeaux der «Y» (Ygrec) von Lur-Saluces auf Ch. d'Yquem und im

Médoc der Pavillon Blanc de Château Margaux. Sie unterscheiden sich sehr deutlich voneinander. In letzter Zeit haben etliche Château-Besitzer in Sauternes und Barsac mit der Herstellung von trockenem Wein begonnen, doch scheinen sie mir wie Buchmacher, die keine Wetten mehr annehmen. Der Grund liegt wahrscheinlich in einer Absicherung für den Fall, daß die Wetterbedingungen die Bereitung eines süßen Weines nicht erlauben. Ironie des Schicksals, daß dies ausgerechnet in eine Periode fiel, in der die klimatischen und kommerziellen Umstände für die Produktion von klassischen Sauternes besonders günstig waren. Ehrlich gesagt, ich finde die meisten trockenen Sauternes nicht sehr beeindruckend.

Wie bei fast allen anderen Weinen auch lohnt es sich, nur die Besten aufzuheben; nur wenige schaffen es, schlechte Lagerbedingungen zu überleben.

## 1926 ★★★★

*Sehr guter Jahrgang. Nur noch sehr selten zu finden.*

PAVILLON BLANC DE CH. MARGAUX Zur Erinnerung: Pavillon Blanc ist keine Mentzelopoulos-Erfindung. Füllniveau bis zur oberen Schulter; Bernsteinorange mit goldenen Reflexen, leicht wolkig; entgegenkommendes, wächsernes Bukett mit einer Reminiszenz an alte Kater; mitteltrocken, vorzüglich reicher, lebhafter Geschmack, einem alten trockenen Vouvray nicht unähnlich. Fester, trockener Abgang.
*Mai 1987 ★★★*

## 1928 ★★★★★

*Hervorragend. Der beste Jahrgang für trockenen Weißen in den 20er Jahren und wohl der befriedigenste und langlebigste des ganzen Jahrhunderts. Fest, körperreich, gut bestückt mit allen notwendigen Komponenten, einschließlich der lebenserhaltenden Säure.*

CH. HAUT-BRION Ein großer klassischer Wein in seiner besten Ausformung. Nur zwei Flaschen degustiert, eine davon mit Holzton und Korkgeruch. Die andere: hübsche Bernsteinfarbe; altes, wachsartiges Bukett, das sich reich entfaltete, mit Stallgeruch, Stroh- und Lanolinnuancen; mitteltrocken, am Gaumen von hervorragender Beschaffenheit und Textur. Leicht maderisiert, aber sonst sauber und gesund.
*Bei einem gemeinsamen Abendessen von Christie's und der Chicago Wine Company, April 1982 ★★★*

CH. LAVILLE-HAUT-BRION Ziemliche tiefe, reiche Farbe; kraftvolles Bukett, wie alte Aprikosen und Äpfel auf einem Speicher; trocken, ziemlich körperreich, spröde. Maderisiert wie ein alter

Sauternes, aber mit einer qualitativ schönen Grundlage.
*Aus den Woltner-Kellern, bei Karl-Heinz Wolfs La-Mission-Degustation in Wiesbaden, Juni 1990.*

CH. BOUSCAUT «Extra dry». Überraschend reiche, orangegoldene Farbe, hell; ein Hauch von altem Lanolin, Linoleum und Pilzhaut, entfaltete aber ein weiches, honigartiges Bukett; trocken, fest, leicht honigartiger, eindimensionaler Geschmack, gute Säure.
*September 1986 ★★*

PAVILLON BLANC DE CH. MARGAUX Reines Gelbgold; zurückhaltende, teigartige Nase; trocken, relativ voll, sehr gute Länge, exzellente Säure. Gerstenzucker, Flaschenaltergeschmack. Eine ähnliche Flasche kürzlich getrunken. Ich füge vom selben Rebgut Wein aus dem Jahr 1986 bei, halb und halb. Das Resultat war superb!
*Zuletzt gekostet im Brook's Club, Mai 1993 ★★★*

## 1929 ★★★★

*Guter Jahrgang. Reife Weine, weniger fest als die 28er. Bei perfekten Lagerungsbedingungen mehr als nur einfach interessant.*

CH. LAVILLE-HAUT-BRION Lebhaftes Orangegold; ohne Fehler: vorzügliches, harmonisches Bukett, honigartiges Flaschenalter, reife Aprikosen; ziemlich trocken, Geschmack, Fülle und Ausgewogenheit hervorragend. Überraschend gute, lebenserhaltende Säure.
*Aus den Woltner-Kellern, Juni 1990 ★★★★★*

PAVILLON BLANC DE CH. MARGAUX Orangegold, eher wie ein alter Cognac; zunächst leichte Pilztöne, doch Entfaltung einer rauchigen, honigartigen Flaschenalternase, auf seine Art gut; gehaltvoll und ein bißchen maderisiert, doch mit

gefälligem Gerstenzuckergeschmack und guter Säure.
*Auf der jährlichen Rodenstock-Degustation, September 1990* ★★★

## 1933 ★★★

CH. LAVILLE-HAUT-BRION Schönes helles Gold; getoasteter Sémillon, schöne Frucht: trocken, eher leicht. Ausgeprägter Mandelkerngeschmack, säurebetont.
*Bei der Degustation von Wolf, Juni 1990* ★★

CH. LA LOUVIÈRE Füllniveau bis zur oberen Mittelschulter; vorzügliches Goldgelb; leicht, aber wohlriechend, gefälliges, wachsartiges altes Sémillon-Bukett; trocken, relativ leicht, schlank, kernartiger Geschmack, gute Säure. Eine schöne Überraschung.
*Juni 1988* ★★

## 1934 ★★★★

*Außerordentlich guter Jahrgang.*

CH. LAVILLE-HAUT-BRION Goldener Glanz, herrliches, praktisch fehlerloses, honigartiges Flaschenalterbukett; ziemlich trocken, schönes Gewicht, fest, fülliger als der 33er, guter Abgang.
*Juni 1990* ★★★★

CH. LAFITE Etikettiert als «Vin de Château Lafite 1934» mit Carruades-Korken. Trocken und ansprechend, aber mangelnde Vielschichtigkeit.
*März 1978* ★★★

## 1935 ★★★

CH. LAVILLE-HAUT-BRION Die Farbe von sagen wir mal einem Climens gleichen Alters; vorzügliches Bukett, Honig, Orangenblüten, eine Spur Karamel; trocken, relativ voll, fest, Gerstenzucker-Nachgeschmack. In ganz ausgezeichnetem Zustand.
*Ein weiterer Woltner-Wolf-Wein, Juni 1990* ★★★★

## 1936 ★★

CH. LAVILLE-HAUT-BRION Zitronengold; ziemlich rauh, aber ansprechend, säuerliches Lindenblütenbukett; sehr trocken, leicht, stahlig; sauber, aber mit einer Säure, die einem den Mund zusammenzieht.
*Woltner-Wolf-Degustation, Juni 1990* ★★

## 1937 ★★★★★

*Ein hervorragender Jahrgang für weißen Bordeaux. Die außerordentliche Säure, die den Roten eine starke Adstringenz verlieh, belebte die Weißen. Inzwischen scheint die Säure allerdings überhand zu nehmen und die trockenen Weißen sind nicht so gut wie die 28er und die Jahrgänge unmittelbar nach dem Krieg. Und aus verständlichen Gründen sind die nirgendwo so gut wie bei den noch immer fabelhaften Sauternes.*

CH. HAUT-BRION Vorzügliches Goldgelb; «süße», zarte, harmonische Nase, eine Spur Zitrone, honigartige Vanille; trocken, ziemlich rauh und ausgesprochen säurebetont.
*September 1988* ★★

CH. LAVILLE-HAUT-BRION Exzellentes Füllniveau; relativ tiefer, warmer Goldton; weich, lanolinartiges Bukett, das sich schön öffnete, *Crème caramel*, Honig und Milchfondant; austrocknend, relativ voll, harmonisch. Fehlerlos: in der Tat ein kompletter, aber kein aufregender Geschmack.
*März 1987* ★★★★

CH. BOUSCAUT Bernsteingold; weich, sahnig, honigartig; ganz leicht «süß», wachs- und honigartiger Vanille-Geschmack, ausgezeichnete Säure, aber etwas kurz, mit einer Spur Bitterkeit.
*Zweimal auf dem Château verkostet, 1988 und im Juni 1992* ★★★★

CH. CARBONNIEUX Strohgold; pudrig, pilzartig; sehr trocken, zu beißend.
*September 1988.*

LA PERLE BLANCHE Ein Monopol (Markenwein) von Mähler-Besse. Tiefer Goldton; «süße», honigartige, Barsac-ähnliche Nase; «mittelsüß», reicher, honigartiger Flaschenaltergeschmack, makellos, aber kurz.
*Von der Familie Mähler-Besse auf Ch. Palmer serviert, November 1990* ★★★

## 1938 ★★

CH. LAVILLE-HAUT-BRION Farbe wie alte Gold- oder Messingknöpfe die poliert werden müßten; Geruch nach alter Pfirsichhaut, Bisquits; trocken, männlich, gute Länge, ziemlich hohe feste Säure. Gut für Alter und Jahrgang.
*Juni 1990* ★★

## 1939 **

CH. LAVILLE-HAUT-BRION Am besten sind Farbe und Bukett: ziemlich tiefe Goldfarbe und duftendes Bukett. Am Gaumen trocken, relativ leicht, stahlig, ziemlich sauer.
*Juni 1990* *

## 1940 ***

CH. LAVILLE-HAUT-BRION Reiches Bernsteingold; wachsartige Chenin-Blanc-Nase mit einem Hauch Zitronenlikör; mitteltrocken und mittelschwerer Körper, fest, hervorragender Zustand.
*Woltner-Wolf-Degustation, Juni 1990* ***

## 1941 **

CH. LAVILLE-HAUT-BRION Goldorange; rauh, säurebetont, aber mit gewisser Tiefe und honigartigem Flaschenalter; trocken, fest, schlank, harter, säurebetonter Abgang. In ausgezeichnetem Zustand.
*Juni 1990* **

## 1942 ***

CH. LAVILLE-HAUT-BRION Gelbgold, blaß für das Alter; «süßes», ansprechendes, pappiges Vanille-Bukett; mitteltrocken, mittelschwerer Körper, gut ausgewogen und in hervorragendem Zustand.
*Juni 1990* ***

## 1943 *****

*Besserer Jahrgang für Weißwein als für Rotwein, doch es gibt nur mehr wenige davon, denn der Großteil wurde unmittelbar nach dem Krieg konsumiert.*

CH. HAUT-BRION Füllhöhe obere Mittelschulter, schmieriger Korken. Leichter Bodensatz. Sehr gute Farbe, relativ blasses Bernstein; erster Dufthauch alt, aber «süß» und karamelartig, dann schüttelte er die durch den Schwund entstandene Schalheit ab und öffnete sich im Glas reich, mit Nuancen von alten Pfirsichen und Honig. Nach drei Stunden fabelhaft. «Süß», körperreich, guter, alter, wachsartiger Geschmack, trockener Abgang.
*1986 gekauft und bei einem Abendessen des Bordeaux Clubs bei Christie's serviert, April 1990* ***

CH. LAVILLE-HAUT-BRION Herrlich strahlende Erscheinung; makellose, aber eher wenig entgegenkommende Nase; trocken und ziemlich körperreich, feste Säure. Etwas schroff bei der Degustation nach dem 45er und dem 49er.
*Juni 1990* **

CH. CARBONNIEUX Bersteingold; Gerstenzucker, Sauternes-artiges Bukett; knochentrocken, wachsartiger Sémillion-Geschmack, fest und gesund.
*Mai 1986* ***

## 1945 *****

*Guter Jahrgang. Unter richtigen Lagerbedingungen immer noch haltbar. Es lohnt sich nach den Besten Ausschau zu halten. Selten und teuer.*

CH. LAVILLE-HAUT-BRION Phantastischer Wein. Erstmals 1978 auf La Mission verkostet. In jüngerer Zeit eine Flasche aus den Kellern der Familie Woltner, die durch Christie's verkauft wurde: mittelhelles Goldgelb; fabelhaftes Bukett, das mich an die Orangenblüten von Yquem erinnerte, mit dem Kleehonigduft des Flaschenalters; überraschend trocken nach der Reichhaltigkeit des Buketts, schlank, fest, stahlig, gute Länge, exzellente Säure.
*Zuletzt bei der Degustation von Karl-Heinz Wolf verkostet, Juni 1990* *****

CH. DE VALOUX Trotz des guten Füllniveaus und richter Lagerung mit Essigstich. Kleiner Wein, nicht für eine lange Lebensdauer erzeugt.
*April 1981.*

## 1946 *

CH. LAVILLE-HAUT-BRION Stich ins Orange; «süß», schokoladig, säurebetont; trocken, guter Körper und Geschmack, aber etwas schroff, mit pappiger Endsäure.
*Juni 1990* **

## 1947 ****

*Ein weicheres, reiferes Jahr als 1945. Kann noch gut sein.*

CH. LAVILLE-HAUT-BRION Wunderbar warmes Bernsteingold; fabelhaftes, reines Bienenwabenbukett, das im Glas erblühte; trocken, ziemlich körperreich, eindringlich, vorzüglich reicher Geschmack, aber mit wenig aufregendem Abgang.
*Zuletzt im Juni 1990 verkostet* ****

Anfang der 80er Jahre zwei geringere Weine verkostet, beide aus einem Pariser Privatkeller:

**Dom. de Jaussans** Cérons. Gute Nase, aber etwas am Austrocknen und kurz ★★

**Blanc de Susbielle** Graves Supérieur. Goldgelb; honigartiges Flaschenalter; eher «süß» und perfekt ausgewogen ★★★

## 1948 ★★★

*Ein guter, fester, trockener Jahrgang.*

**Ch. Laville-Haut-Brion** «Süß», wohlriechend, «Caramac»-Nase (weiches, fondantartiges Karamel); trocken, schlank, eine Spur Pfirsichkerne, relativ hohe Säure, guter Nachgeschmack. *Juni 1990* ★★

**Ch. Laville-Haut-Brion** Crème de Tête. Helles Bernstein; hübsch, honigartig, harmonisch, leicht «angesengtes» Bukett; mitteltrocken und -voll, aber unsauberer Endgeschmack. *September 1988* ★

**Pavillon Blanc de Ch. Margaux** Füllhöhe und Korken gut. Butteriges Gold; alte, honigartige Sémillon-Nase; trocken, fest, schönes Säurerückgrat, in hervorragendem Zustand. *Vorverkaufsdegustation, November 1981* ★★★

## 1949 ★★★★

*Die trockenen Nachkriegsweißen wurden sofort von den Händlern aufgekauft und sehr schnell an die Kunden weitergegeben und konsumiert. Es lohnt sich nach den Besten Ausschau zu halten.*

**Ch. Laville-Haut-Brion** Mehrere Aufzeichnungen, darunter von einigen unterschiedlichen Flaschen bei einem Abendessen 1979. In jüngerer Zeit: Goldgelb, blaß für das Alter; vorzüglich reife, wachsartige Sémillon-Nase, lebhaft, mit einem Hauch Limonen (Säure) und Gerstenzucker (Flaschenalter). Trocken, relativ leicht, delikat, gute Länge und duftender Nachgeschmack. Trotz ziemlich hoher Säure vorzüglich. *Zuletzt bei der Degustation von Wolf verkostet, Juni 1990* ★★★★

**Ch. Le Pape** Preignac. Relativ blasses Gelb; schöne, honigartige Sémillon-Nase; trocken, honigartiger Nachgeschmack. Sehr gefällig. *Bei einer Vorverkaufsdegustation, November 1988* ★★★

## 1950 ★★

**Ch. Laville-Haut-Brion** Alter Goldschimmer; milchige, leicht rauchige Nase, die sich rasch öffnete und einen angenehmen Duft verströmte. Trocken, relativ voll, eindringlich, karamelisierter Geschmack und Nachgeschmack. *Juni 1990* ★★

## 1951

*Schreckliches Jahr. Keinen Wein verkostet.*

## 1952 ★★★

*Ein guter, fester Jahrgang. Der fünf Jahre alte Haut-Brion war phantastisch und bei kühler und ruhiger Lagerung wird er das wahrscheinlich immer noch sein. In der letzten Zeit nur den Laville degustiert.*

**Ch. Laville-Haut-Brion** Relativ blaß mit schwachem Rand; eigenartige Nase mit Nuancen von Ziegenkäse und Leder; trocken, mittelschwer, männlich, spröde. *Juni 1990* ★★

## 1953 ★★★

*Ein ansprechender Jahrgang.*

**Ch. Laville-Haut-Brion** Mitteltief, Gelb und wie der 52er mit wässrigem Rand; zurückhaltende, aber lebhafte, honigartige Nase, Walnüsse; trocken, mittelschwerer Körper, vierschrötig, zu wenig Länge, Charme und Säure, doch mit recht duftigem Gerstenzucker-Nachgeschmack. *Juni 1990* ★★

**Graves «Royale»** Gutes Beispiel für ein Monopol von einem Händler aus Bordeaux (de Luze). Zunächst blaß, doch nach mehr als 25 Jahren Flaschenlagerung Verwandlung in ein Butterblumengelb; Bukett in erster Linie mit wachs- und honigartiger Sémillon-Note, das an einen alten Chenin Blanc erinnerte; mitteltrocken und -schwer, sehr ansprechend, aber mangelnde Länge und Finesse. *Zwei übereinstimmende Aufzeichnungen. Zuletzt im Dezember 1982 verkostet* ★★★

## 1954

*Trotz des fürchterlich nassen Sommers wurden einige ganz passable Graves hergestellt.*

**Ch. Laville-Haut-Brion** 1970 überraschend schön und lebhaft. 1990 angenehm ent-

gegenkommendes Bukett mit Nuancen von Honig und kaltem Tee; ziemlich trocken, schönes Gewicht, gute Säure.
*Zuletzt im Juni 1990 verkostet* ★★★

## 1955 ★★★★

*Der beste Jahrgang aus der Mitte der 50er Jahre.*

CH. HAUT-BRION Schlechter Korken. Bernsteingold mit Stich ins Orange; Geruch nach schwerem, altem Stroh; trocken, relativ voll, geschmacksintensiv, Extrakt und Säure gut, etwas maderisiert.
*Oktober 1988* ★

CH. LAVILLE-HAUT-BRION Fünf praktisch perfekte Bewertungen zwischen 1977 und 1979. 1982 ebenfalls gut. In jüngerer Zeit: reines Goldgelb; sehr ausgeprägte und eindringliche Nase: Schaffell, Ziegenkäse, Rinde von Camembert; mitteltrocken, weich, leicht bitterer Abgang. Dürfte eigentlich besser sein.
*Zuletzt im Juni 1990 verkostet. Im besten Fall* ★★★★

CH. CARBONNIEUX Gutes Füllniveau, aber zu intensives Bernstein; Sherry-artige Nase; trocken, apfelartig, maderisiert. Ein Carbonnieux scheint selten Durchhaltevermögen zu besitzen.
*Oktober 1981.*

## 1956

*Schrecklicher Ruf. Keinen Wein verkostet.*

## 1957 ★★

*Trocken, säurebetont.*

CH. LAVILLE-HAUT-BRION Ziemlich dumpfe, orangegetönte Farbe; wohlriechend, blumig, erfrischende Nase; trocken, Gewicht und Geschmack schön. Gute Säure.
*Juni 1990* ★★

## 1958 ★

*Wenig interessant.*

CH. LAVILLE-HAUT-BRION Relativ blasses Zitronengold, schwacher Rand; geringe Nase trotz einer leichten Honignuance im Hintergrund. Gibt noch nicht auf. Relativ trocken, mit einer Spur Holzton im Abgang.
*Juni 1990* ★

## 1959 ★★★★★

*Ein großer Jahrgang für roten, süßen und trockenen weißen Bordeaux. Der außergewöhnlich heiße Sommer brachte Trauben mit hohem Zuckergehalt, Alkohol und Extrakt hervor. Doch den trockenen Weißen mangelte es möglicherweise etwas an dem Gegengewicht der erfrischenden Weinsäure; wie bei allen heißen Jahrgängen besteht auch die Gefahr hoher flüchtiger Säure.*

CH. LAVILLE-HAUT-BRION Hübsch glänzendes Gold; deutlich eine Spur Edelfäule sowie honigartiges Flaschenalter; mitteltrocken, ziemlich körperreich, Geschmack, Ausgewogenheit und Nachgeschmack sehr schön.
*Juni 1990* ★★★★

VIN BLANC DE LAFITE Bei zwei Gelegenheiten auf dem Château getrunken, zum ersten Mal 1984. Gleichbleibende Bewertungen: für das Alter blaß, wahrscheinlich wegen des relativ hohen Schwefeldioxidgehalts in der Nase, ansonsten milder Honigton. Relativ trocken, etwas vierschrötig trotz einer gewissen Reichhaltigkeit. Ein bißchen kurz, mit einer Spur flüchtiger Säure im Abgang.
*Zuletzt im Juni 1988 verkostet* ★★

YGREC Reiches Goldgelb; herrliches Bukett, «süß», honigartig, fast wie der Yquem, mit relativ hoher flüchtiger Säure; eher «süßer», voller, sehr reicher, fabelhafter Geschmack, große Länge.
*Der älteste und einer der besten Ygrecs bei der vertikalen Degustation dieses Weins auf Ch. d'Yquem, September 1986* ★★★★★

## 1960 ★

*Nicht sehr gut.*

CH. LAVILLE-HAUT-BRION Erstmals 1978 verkostet, damals fand ich ihn wohlriechend, aber pikant. 1986 identische Bewertung. Als nächstes beim Eröffnungsabendessen von Rodenstocks neunter Raritäten Weinprobe. Sechs Flaschen, alle makellos. Auf unserem Tisch: strahlendes Gelb; gedämpfte Nase, eine Spur scharf und pfeffrig; relativ trocken, überraschend guter Geschmack, aber eine Säure, daß einem die Zähne wackeln. Bei der jüngsten Gelegenheit eine rahngewordene Flasche.
*Zuletzt im Juni 1990 verkostet. Im besten Fall* ★

YGREC Zwei Aufzeichnungen: ziemlich tiefe Farbe; «grün», kernartig, eine Spur «Kerosin»; trocken, schlank und mit mehr Körper als erwartet. Ölige Reichhaltigkeit, dennoch sehnig und schlank. Nicht sehr ansprechend.
*Zuletzt verkostet auf Yquem, September 1988* ★

## 1961 ★★★★

*Sehr gut. Es gibt immer noch herausragende Flaschen zu entdecken.*

CH. HAUT-BRION Überraschend blaß für das Alter; am Gaumen trocken, ziemlich spröde, mit recht deutlicher Endsäure. Doch im Glas entwickelte er sich schön, wurde sogar «süßer».
*Zuletzt im Februar 1982 verkostet ★★*

CH. LAVILLE-HAUT-BRION Unterschiedlich. Im Alter von vier Jahren war der Wein herrlich. Ich hielt ihn für den feinsten Graves, den ich jemals probiert hatte. In den 70er Jahren gute Bewertungen und bei Le Grand Véfour 1982 wurde mir eine superbe Flasche gegeben, positives Gelb, das sich nach 21 Jahren immer noch eine jugendliche Grüntönung bewahrt hatte; harmonisches, wachs- und honigartiges Bukett; trocken, gewisse Molligkeit, Geschmack, Länge und Säure vorzüglich. In jüngerer Zeit zwei schlechte Flaschen. bei Wolfs Degustation trist und unsauber, alter Schwefel, rauh, aggressiv und gummiartig.
*Zuletzt im September 1990 verkostet. Im besten Fall ★★★★*

DOM. DE CHEVALIER Erstmals auf dem Château im Oktober 1981 degustiert. Trotz des Sémillon-Charakters gab Monsieur Claude Ricard mir 60 % Sauvignon Blanc an, erklärte aber auch, daß der Bodenton dominiere. Noch ziemlich hell für das Alter; Nase entfaltete sich überraschend würzig und spitzig; trocken, mittelschwer, sehr gut, aber etwas ausdrucksarm.
*Zuletzt im Februar 1986 verkostet ★★★ Muß getrunken werden.*

CH. FIEUZAL Relativ blasses Gold; schön sauberer, fester, ziemlich trockener Wein mit leicht honigartigem Flaschenalter, wachsartiger Sémillon-Geschmack und sehr gut passender Säure.
*August 1984 ★★★★*

PAVILLON BLANC DE CH. MARGAUX Goldgelb; wohlriechendes Bukett, «süß», honigartig, beträchtliche Tiefe; trocken, Geschmack nach Gerstenzucker, ausgezeichnete Säure.
*Mehrere Bewertungen. Zuletzt im Mai 1987 verkostet ★★★★*

## 1962 ★★★★

*Sehr guter Jahrgang. Ansprechende Weine, immer noch gut.*

CH. HAUT-BRION Sechs Flaschen. In den meisten Fällen strohfarben, zum Teil mit einem Stich ins Orange; ausgeprägte Sémillon-Nase, die sich im Glas verbesserte, relativ trocken, voll, reich, nussig und mit Alterston. Andere Flaschen deutlich blasser, mit Zitronenfrische in der Nase und am Gaumen, duftiger.
*Alle im September 1988 verkostet ★★ bis ★★★*

CH. LAVILLE-HAUT-BRION Sechs bemerkenswert übereinstimmende Aufzeichnungen zwischen 1967 und 1982, alle betonen die Weichheit und Delikatesse; mild und zugänglich. Allerdings eine ziemlich widersprechende jüngere Bewertung: honigartig, aber hart, mit einer Spur des von mit nicht geschätzen Kerntons in der Nase und am Gaumen. Dennoch gute goldene Farbe. Trocken, mit leicht «scharfem», säurebetontem Abgang.
*Zuletzt auf der Degustation von Wolf verkostet, Juni 1990. Im besten Fall ★★★ Entweder am Ermüden oder die Flaschen entwickeln sich nun unterschiedlich.*

YGREC Nase zunächst verschlossen, dann entwickelte sich Weinigkeit und ein herrlich würziger Wohlgeruch; ziemlich trocken, elegant, wohlgeformt, wunderbar gealtert.
*Auf Yquem, September 1986 ★★★(★)*

## 1963

*Bodenlos.*

CH. LAVILLE-HAUT-BRION Blasses Zitronengelb; eine kräftige Dosis Schwefel kam der Nase nicht gerade zugute; leicht, dumpf. 1968 bereits schlecht. Jetzt wahrscheinlich kaum mehr trinkbar.

## 1964

*Nicht im mindesten so gut wie die roten Graves. Dumpf und trostlos.*

CH. HAUT-BRION Seit 1976 nicht mehr degustiert ★★★

CH. LAVILLE-HAUT-BRION Zwischen 1968 und 1978 mehrere wenig begeisterte Notizen. Als letztes ein merkwürdiges Paar, dumpfes Gelb, scharfe Nase und eigenartiger Geschmack.
*Zuletzt im Oktober 1980 verkostet.*

CH. LAVILLE-HAUT-BRION *Crème de Tête.* Deutlich besser, wenn auch Ende der 70er Jahre unbestimmt; 1988 eine Flasche in schlechtem Zustand und in jüngerer Zeit eine von relativ blaßgoldener Farbe; recht ansprechendes blumiges, honigartiges Bukett; mitteltrocken und mittelschwerer Körper, weich, reicher Geschmack, aber mangelnde Länge.
*Zuletzt im Juni 1990 verkostet. Im besten Fall ★★*

**DOM. DE CHEVALIER** Für das Alter relativ blaß und in der Nase frisch, aber eine Spur Bitterkeit im Abgang.
*September 1984.*

**YGREC** Nachdem der Sauternes nicht bereitet werden konnte gelang Yquem wenigstens der trockene Weiße. Zurückhaltende Vanille-Nase, erinnerte mich an eine Scheibe kalten Fisch; trocken, schlank, aber wohlschmeckend.
*September 1986* ★

# 1965

*Genauso dünn und säurebetont wie die Roten.*

**CH. LAVILLE-HAUT-BRION** Zwei Aufzeichnungen. 1978 trocken und rauh. Inzwischen relativ blasses Goldgelb; überraschend gute Nase mit Zitronen- und Honignuancen; trocken, fest, kurz, ziemlich schwach, leicht bitter und säurebetont.
*Zuletzt im Juni 1990 verkostet.*

**YGREC** Zitronengelb. unterschiedliche Flaschen, eine roch nach Keller, die andere mit Honigduft; relativ trocken, überraschend eindringlich, schmackhaft, aber mit hoher Säure.
*Auf dem Château, September 1986.*

# 1966 ★★★

*Guter Jahrgang, mit festen, gutgebauten Weinen. Bei richtiger Lagerung immer noch sehr ansprechend – wenn man trockene Weiße mit Flaschenalter schätzt.*

**CH. HAUT-BRION** Erstmals 1971 degustiert. 1980 etwas zu tiefe Farbe; unterschiedliche Flaschen: eine schlecht, die andere nussig, mit Alterston; beide recht kraftvoll. Müßte viel besser sein.
*Zuletzt in Mexico City verkostet, April 1980* ★★

**CH. LAVILLE-HAUT-BRION** Von der ersten bis zur letzten Flasche beeindruckend. Ab 1971 mehrere gute Aufzeichnungen. Inzwischen helles Gelb; hervorragende Weinigkeit; mitteltrocken, guter Körper, weich, honigartig, mit Pfirsich- und Vanille-Geschmack, schön ausgewogen und guter Nachgeschmack.
*Zuletzt im Juni 1990 verkostet* ★★★★

**DOM. DE CHEVALIER** Mehrere Notizen seit 1984. Mittlerweile ausgeprägtes Gelb; gut, weich, sahnig, etwas Sauternes-ähnliche Nase; trocken, mittelschwer, ein wachsartiger, ziemlich vierschrötiger Wein, abgesehen von der ziemlich hohen festen (Wein)säure. Nachhaltig.
*Zuletzt auf Ch. Latour verkostet, November 1990* ★★★

**GRAND VIN SEC DE CH. DOISY-DAËNE** Die geringeren Châteaux von Sauternes taten sich in dieser Zeit recht schwer und Doisy-Daëne kam mit einem trockenen Weißen auf den Markt. Reiche, toastartige alte Sémillon-Nase; trocken, gefällig, nachhaltig.
*März 1986* ★★★

**YGREC** Trotz unterschiedlicher Flaschen – die eine mit leichtem Pilzton, die andere honigartig und blumig – einer der besten Weine aus einer leider sehr ungleichen Auswahl auf dem Château 1986. In jüngerer Zeit: helles Goldgelb; vorzügliche, duftige, honigartige Nase, ziemlich trocken, Gerstenzuckergeschmack, Gestalt und Länge gut.
*Zuletzt im September 1990 verkostet* ★★★

# 1967 ★

*Die Trauben von Ch. d'Yquem waren so ausgezeichnet, daß man keine Zeit für die Bereitung des Ygrec verschwendete. Die Säure dieses Jahrgangs wäre eigentlich für trockene Weiße sehr günstig gewesen, doch unterm Strich sind die Ergebnisse unbefriedigend.*

**CH. HAUT-BRION** Mehrere Aufzeichnungen seit 1971: unverändert blaß; kernartige Graves-Nase; ziemlich deutliche Säure.
*Zuletzt im September 1989 verkostet* ★

**CH. LAVILLE-HAUT-BRION** Unterschiedlich, erstmals 1972 degustiert und im Ganzen enttäuschend. Säure von der Nase wie ausgepreßter Zitronensaft bis zum knochentrockenen Abgang spürbar. Alle Flaschen mit Mandelkerngeschmack. In jüngster Zeit: wässriger Rand; Nase wie frisch geschälte Pilze, schaffte es gleichzeitig fett, flach und säurebetont zu sein.
*Zuletzt im Juni 1990 verkostet.*

**CH. COUHINS-LURTON** Frische, würzige, duftige Nase, doch im Mund etwas kratzend und schroff. War nie für eine Lagerung gedacht.
*Oktober 1989.*

**CH. LA LOUVIÈRE** Blaß für das Alter, sehr hell; eine Spur Zitrone, wie ein Hermitage-Blanc; trocken, exzellent, leicht wachsartiger Geschmack. Bemerkenswert gut.
*In Magnumflaschen bei La Fête de La Fleur auf Ch. Louvière, Juni 1991* ★★★★

# 1968

*Ein entsetzliches Jahr für roten wie für weißen Bordeaux: kalt, naß, sonnenlos.*

CH. LAVILLE-HAUT-BRION 1978 tolerierbar. Inzwischen hellgelb; überraschend gute, wachsartige Sémillon- und Kirschkernnase; aggressiv trocken.
*Zuletzt im Juni 1990 verkostet ★*

YGREC Der Ch. d'Yquem kam überhaupt nicht auf den Markt und selbst der Ygrec konnte den Ansprüchen nicht genügen: trockener, rauher Wein.
*Auf Yquem, September 1986.*

## 1969 ★

*Ziemlich säurebetonte Weine. Geringere Châteaux sollten schon bald getrunken worden sein.*

CH. HAUT-BRION 1978 faszinierend, aber säurebetont. 1982 mit rauhen Kanten. 1985: relativ tiefes Goldgelb; herrlich reiches, nussiges Bukett und ebensolcher Geschmack. Trocken, verhältnismäßig voller Körper, Haltbarkeit durch die Säure.
*Zuletzt im Mai 1985 verkostet. Damals ★★★ aber wahrscheinlich am Vergehen.*

CH. LAVILLE-HAUT-BRION Acht Aufzeichnungen, die erste von 1978. Schien Mitte der 80er Jahre am besten zu sein. Blaß, stark glänzend, Stich ins Zitronengelb; rauchige, honigartige Sémillon- und Pfirsichkernnase, die sich im Glas schön entfaltete; ziemlich milder Ersteindruck, aber durch und durch trocken und stahlig, wie ein feiner Chablis. Gute Länge. Ein exzellenter 69er.
*Zuletzt im Juni 1990 verkostet ★★★*

YGREC Lebhaftes Zitronengold; zurückhaltende, aber wohlriechende «Linoleum»-Nase; trocken, eindringlich, mit einem harten Säurerückgrat.
*Auf Ch. d'Yquem, September 1986 ★*

## 1970 ★★★

*Ein gutes Jahr. Reife Trauben mit hohem Zuckergehalt ergaben Weine mit großzügigem Alkoholgehalt und weniger Säure. Die besten haben sich jedoch gut gehalten.*

CH. LAVILLE-HAUT-BRION Ein kraftvoller, alkoholstarker Wein bei der ersten Degustation 1978. Schöne Farbe; reiche, duftige, intensive und vielschichtige Nase; ziemlich trocken, vollmundig, mit lebhafter Säure.
*November 1986 ★★★(★)*

DOM. DE CHEVALIER Ein paar Aufzeichnungen ab 1973. Gute Farbe; harmonisch, mit einer Art von Nase, die mich an einen Chenin Blanc erinnert; mitteltrocken und -schwer, wachsartiger Geschmack, gut in Struktur und Gleichgewicht.
*Zuletzt im Juli 1988 verkostet ★★★(★)*

## 1971 ★★★★

*Ein vorzüglicher Jahrgang, der beste dieses Jahrzehnts, eine Verbindung aus Fülle und Festigkeit, Eleganz und Länge. Die Spitzenweine sind immer noch hervorragend und werden sich halten.*

CH. LAVILLE-HAUT-BRION Zwei identische Bewertungen 1978 und 1986: unglaubliche Farbe, reiches Gelb; Barsac-ähnliches Bukett; körperreich, phantastisch. In letzter Zeit: fabelhaftes Bersteingold; ganz hervorragend, reich, voll, Honig und Minzeblätter; mitteltrocken, superbe Länge, duftender Nachgeschmack.
*Zuletzt im Juni 1990 verkostet ★★★★★*

DOM. DE CHEVALIER Sehr gelb; nussig, harmonisch. Nach 15 Minuten entfaltete sich ein Wohlgeruch, nach 35 Minuten «süße» Komplettheit und nach einer Stunde im Hauch Anissamen; relativ trocken, mild, geschmeidig. Ein Wein im perfekten Gleichgewicht.
*Mai 1985 ★★★★*

YGREC Honiggoldene Farbe; gleiche Honignote auch in dem herrlich vollen, reichen Bukett; mitteltrocken, relativ voll, fest, elegant.
*Auf Ch. d'Yquem verkostet, September 1986 ★★★★*

## 1972

*Genauso trübselig wie der rote Bordeaux.*

CH. LAVILLE-HAUT-BRION Drei neuere, übereinstimmende Aufzeichnungen: relativ blasses Gelb; Geruch nach altem Honig und Pfirsichen; verhältnismäßig trocken, weich, zugänglich, kurz.
*Der Eröffnungswein bei der Degustation von Karl-Heinz Wolf, Juni 1990 ★*

YGREC Ein Stich ins Strohgelb; außergewöhnlicher, kerosinartiger Geruch. Trocken, rauh, sehr eigen.
*Auf Ch. d'Yquem, September 1986.*

## 1973 ★★

*Einige recht gefällige und harmlose Weine. Austrinken.*

CH. LAVILLE-HAUT-BRION Drei verhältnismäßig junge Aufzeichnungen. Buttergelbe Farbe; Sémillon-Bienenwaben-Nase; knochentrocken, frisch, säurebetont, angemessene Länge.
*Zuletzt im Oktober 1988 verkostet ★★*

YGREC Vorzügliche goldene Farbe, Stich ins Orange; honig- und pfirsichartig, weich; trocken, fest, etwas kurz, aber gefällig.
*September 1986* ★★

# 1974

*Wenig anmutig, so wie die Roten.*

CH. LAVILLE-HAUT-BRION Drei Aufzeichnungen: bei der ersten Degustation 1978 trüb und rauh. 1988: honigartiges Flaschenalter, pikante Nase, säurebetonte Sauvignon-Blanc-Note am hervorstechendsten. Trocken, etwas kurz.
*Zuletzt im Oktober 1988 verkostet.*

# 1975 ★★★★

*Ein guter Jahrgang, zweifellos besser als bei den zu tanninbetonten Roten. Jetzt schön, doch die besten werden sich noch weiterentwickeln.*

CH. HAUT-BRION Blaß; zitronen- und Vanille-artige Chardonnay-ähnliche Nase; trocken, fest. 1982/83 «mehr Zeit in der Flasche» notiert. ★★★(★)? *Wahrscheinlich inzwischen köstlich.*

CH. LAVILLE-HAUT-BRION Drei Aufzeichnungen, alle von Weinen aus Woltnerbeständen. 1982 vorzüglich, 1986 herrlich. Ansprechendes, relativ blasses Gelb; weiche, reife Sémillon-Nase und ebensolcher Geschmack; mitteltrocken, mit der Reichhaltigkeit reifer Trauben, Kraft und gute Länge.
*Zuletzt im Oktober 1988 verkostet* ★★★(★)

DOM. DE CHEVALIER Vaselinartige Sémillon-Nase; mitteltrocken, voller Körper und reicher, kernartiger Geschmack. Etwas hart.
*Mai 1985* ★★(★)

LA PERLE BLANCHE Monopol. Wachsartige, sahnige Sémillon-Note; mitteltrocken, schön rauchiger Geschmack. Eine Spur Pfirsichkerne (siehe auch 1937).
*Mit der Familie Mähler-Besse auf Ch. Palmer, November 1990* ★★

# 1976 ★★★★

*Ein sehr gefälliger Jahrgang. Wie die Sauternes (und – zufällig – auch wie die 76er Rheinweine) zunächst höher eingeschätzt als die 75er Weine. Austrinken.*

CH. HAUT-BRION 50% Sémillon, 50% Sauvignon Blanc. 1979 vielschichtig und eindringlich. Herrliches, honigartiges Bukett, phantastische Frucht, eine Spur Ananas; trocken, mittelschwerer Körper, vorzüglicher Geschmack, weich. Angemessene Säure.
*Zuletzt im Mai 1985 verkostet* ★★★★ *Wahrscheinlich jetzt auf dem Höhepunkt.*

CH. LAVILLE-HAUT-BRION Sieben übereinstimmende Aufzeichnungen auf 1978. Zunächst Blaßgelb, jetzt Zitronengold; fast überwältigende Nase, herrliche Bienenwabennote; trocken, kraftvoll, doch nicht körperreich, stilvoll und bemerkenswert, am Gaumen aber nicht lang.
*Zuletzt im Oktober 1988 verkostet* ★★★★ *Jetzt auf dem Gipfel.*

DOM. DE CHEVALIER Relativ blasses Gelb; «süß», gefällige Vanille-Nase ohne große Tiefe. Ziemlich statisch. Gut, geradlinig, eher wertvoll als inspirierend. Recht schöne Säure.
*Zuletzt im September 1990 verkostet* ★★

# 1977

*Die schlechtesten Wachstumsbedingungen des ganzen Jahrzehnts. Die Kellermeister hatten kaum eine Chance. Vermeiden.*

CH. LAVILLE-HAUT-BRION Erstmals aus dem Faß verkostet. Danach noch drei Aufzeichnungen: relativ blasses Gelb; voll ausgebaute, sehr betont wachs- und kernartige Sémillon-Nase; relativ trocken, dumpf, kurz, aber nicht schlecht.
*Zuletzt im Oktober 1988 verkostet* ★

YGREC 1986 zwei Flaschen auf dem Château, beiden mit einer merkwürdigen wacholderartigen Nase; ziemlich verblüffender Geschmack, mit Nuancen von Linoleum, Kerosin und Mandelkernen. In jüngerer Zeit recht tristes Olivgrün; Nase besser als erwartet; verhältnismäßig trocken.
*Zuletzt im September 1990 verkostet.*

# 1978 ★★★★

*Ein überaus ansprechender Jahrgang, doch bei den trockenen weißen Bordeaux lohnt es sich nur die besten Châteaux aufzubewahren; bei den übrigen gilt es auszuprobieren.*

CH. HAUT-BRION Zwei Aufzeichnungen; 1985 eine mit Holzton, ansonsten aber beeindruckende Flasche. 1987 dann komplett. Vanille-Puddingnase; Geschmack, Länge und Säure vorzüglich. Große Lebenserwartung.
*Zuletzt im Juni 1987 verkostet* ★★★★(★)

CH. LAVILLE-HAUT-BRION Zweimal degustiert. Blaß; duftend; trocken, schlank, schöne Säure. Dazu kommt eine vorzügliche, butterige

Vanille-Nase und ein weicher, reicher, sehr schöner Geschmack und Nachgeschmack.
*Zuletzt im April 1990 verkostet ★★★(★)*

CH. CARBONNIEUX Blaß, unausgebaut, schwefelig im April 1980. In jüngerer Zeit: gute Farbe für das Alter; zartes, wachsartiges Bukett, honigartiges Flaschenalter und Zitronentöne; trocken, fest, Sémillon dominierend, dabei gute Säure.
*Zuletzt bei einem Abendessen auf dem Château degustiert, April 1991 ★★★*

DOM. DE CHEVALIER Weich, zugänglich und ansprechend.
*Beim Mittagessen mit Jean-Pierre Moueix, September 1982. Hat sich zweifellos gut entwickelt ★★★ oder ★★★★?*

PAVILLON BLANC DE CH. MARGAUX Der erste trockene Weiße von Mentzelopoulos. Trocken, relativ leicht, aber fest, lebhaft und überraschend ansprechend im Mai 1981. Der Reiz und das jugendliche Aussehen, blaß, mit einem Stich ins Grüne, sind geblieben, doch mit dem Flaschenalter sind zusätzliche Dimensionen dazugekommen. Das Bukett erinnerte mich manchmal an einen Chenin Blanc, an einen guten Napa-Chardonnay oder an einen feinen weißen Burgunder mit Eichenton. Trocken, mittelschwerer Körper, fest, harmonisch, hervorragende Säure. Der Pavillon Blanc scheint von Jahrgang zu Jahrgang jeweils eine andere Art an den Tag zu legen. Für mich ist dieser hier nach wie vor der beste.
*Zuletzt auf einem Château-Margaux-Abendessen im Brooks Club, April 1988 ★★★★*

«R» RIEUSSEC SEC Drei Beispiele, zum Teil mit, zum Teil ohne Eichennote, trocken bis mitteltrocken. Ohne Holz voll ausgebaut: Vanille- und Honigduft, der «süßeste», vollste und reichste mit gefälligem, normal kernartigem Geschmack.
*Mit Eric de Rothschild und Professor Peynaud auf Ch. Rieussec, September 1984 ★★*

YGREC 50% Sémillon, 50% Sauvignon Blanc. 100% neue Eiche. Im März 1981 abgefüllt. Sechs Aufzeichnungen. Erstmals 1982 degustiert, damals verhältnismäßig unfertig. 1987 hatte sich eine eindrucksvolle Farbe entwickelt; reiche Lanolin- und Marzipannase; relativ trocken, eindringlicher Geschmack, gute Länge. 1988 attraktiver, kernartiger Geschmack, später habe ich dann noch «Kerosin» festgestellt.
*Zuletzt im September 1990 verkostet.*

# 1979 ★★★

*Guter Jahrgang. Feste Weine, nachhaltig und mit schöner Entwicklung.*

CH. HAUT-BRION Leicht würzig; trocken, ziemlich merkwürdiger pfirsich- und kernartiger Geschmack. Müßte sich inzwischen gut entwickelt haben.
*Im Mai 1985 verkostet ★★★*

CH. LAVILLE-HAUT-BRION Fünf unterschiedliche Aufzeichnungen. Blaß; erster Eindruck wie die Rinde von unreifem Brie, Vanille, Pfirsichkerne; ausgesprochen trocken, seltsamer Geschmack nach Sätteln und Käserinde, kraftvoll, stahlig. Faszinierend. In jüngerer Zeit Geruch nach Pfirsichhaut und etwas hölzern.
*Zuletzt im Juni 1990 verkostet ★★★ mit Vorbehalt.*

CH. CARBONNIEUX Drei Aufzeichnungen ab 1983. Erdige, fruchtige Nase; trockener, exzellenter Geschmack. Die ursprünglich adstringierenden, säurebetonten Kanten sind weicher geworden.
*Zuletzt in Casa de Campo in der Dominikanischen Republik verkostet, Februar 1989 ★★★*

DOM. DE CHEVALIER 1985: Hartnäckig verschleiert; sahnige Vanille-Nase; abgerundet, vollmundig. In jüngerer Zeit sehr blaß, limonenfarben, hell; zunächst kaum eine Nase vorhanden, dann leichte Öffnung, seifig und würzig; fester, guter Geschmack, angemessene Länge.
*Zuletzt im September 1990 verkostet ★★★ Jetzt trinken.*

PAVILLON BLANC DE CH. MARGAUX Vier Aufzeichnungen. Glanzhell; leicht pflanzliche, minzeartige, anregende Nase; trocken, erfrischende Säure. Ansprechend.
*Zuletzt vor dem Mittagessen auf dem Château verkostet, Juni 1987 ★★★*

YGREC 1983 unfertig und zu scharf. 1986 zwei sich langsam entwickelnde Flaschen. Ausgeprägtes Gelb; ziemlich rauhe Nase, Zitronen und Ananasschalen; trocken, lebhaft, vollmundig, guter Abgang.
*Zuletzt im September 1987 verkostet ★★★*

# 1980 ★

*Substanzlos, lohnt sich nicht zu kaufen.*

CH. HAUT-BRION 1985: leicht, wohlriechend, nussig; trocken, ziemlich gewöhnliche und ohne Länge. In jüngerer Zeit Nase wie Linoleum. Unattraktiv.
*Zuletzt im Februar 1989 verkostet.*

CH. LAVILLE-HAUT-BRION Grünreflexe; hart, wenig Frucht, trocken, leicht, nussiger Geschmack, kurz.
*Oktober und November 1988 ★*

CH. CARBONNIEUX 75% Sauvignon Blanc. Mitte der 80er Jahre dreimal degustiert. Hell, gelb, ansprechend; anregendes Aroma von roten Johannisbeeren; trocken, eine Spur Zitronensäure. Erfrischend.
*Zuletzt im März 1985 verkostet* ★★

YGREC Blaß; unverwobene Nase: Honig, Kerne, Veilchen; seltsamer Veilchenpastillengeschmack.
*Auf Yquem, September 1986* ★

## 1981 ★★ *bis* ★★★

Assez bien: *ausreichend gut, wahrscheinlich Mitte der 80er Jahre auf dem Höhepunkt, doch die Spitzenweine werden sich mit dem Flaschenalter weiterentwickelt haben.*

CH. LAVILLE-HAUT-BRION Drei Notizen: trocken, relativ voll, nussig.
*Zuletzt im Oktober 1988 verkostet* ★★(★)

DOM. DE CHEVALIER Zwei gute Bewertungen. Trocken, mild, stilvoll, elegant.
*Zuletzt im Mai 1985 verkostet* ★★★

PAVILLON BLANC DE CH. MARGAUX Relativ blaß, hell; rauchig, fruchtig und wohlriechend; mitteltrocken und -schwer, rauchiger Geschmack mit Eichennuancen. Gute Säure.
*Zuletzt im November 1990 verkostet* ★★★

WEITERE TROCKENE WEISSE:

CH. BOUSCAUT Blaß; duftend; trocken, recht schön.

CH. DOISY-DAËNE Sec. Frische Vanille; trocken, weich, zart.

CH. LYNCH-BAGES Blaß; leichter Sattelgeruch; relativ trocken, ausreichend gefällig.

CH. MALARTIC-LAGRAVIÈRE Angemessen.

CH. OLIVIER Relativ tiefes Gelb; wachsartig, harmonisch; ziemlich trocken, schöner, reifer Geschmack.

CH. RAHOUL Trocken, lebhaft, fruchtig, erfrischend.

REVERDON (der trockene Weiße von Ch. Coutet). Honigartig, guter Körper und Geschmack, aber mangelnde Säure.

«R» RIEUSSEC SEC Relativ trocken, weich, «Kerosin»-Geschmack.

## 1982 ★★★

*Ein durch und durch reifer Jahrgang. Schön gebaute Weine, die geringeren waren zum raschen Konsum bestimmt, die Spitzen-Châteaux gewannen durch die Flaschenalterung.*

CH. HAUT-BRION Ein kraftvoller Wein, erstmals bei einem Abendessen auf dem Château, im Mai 1983 degustiert. Wie ein Montrachet mit Eichennote, eindrücklich, aber frühreif. Immer noch blaß, glanzhell; schön entfaltetes Bukett, wachsartige Sémillon-Note, Frucht- und Vanille-Töne, passender Geschmack.
*Zuletzt im November 1990 verkostet* ★★★(★) *Jetzt ein phantastischer Wein. Wird sich weiter entwickeln. Bis etwa 2000.*

CH. LAVILLE-HAUT-BRION Im Frühling 1984 erstmals degustiert. Blaß; Nase wie Brotkruste; lebhaft, gute Länge. Nimmt mittlerweile Farbe an; kraftvolle, rauchige Vanillinnote in Nase und Geschmack.
*Zuletzt im Juni 1990 verkostet* ★★★(★) *Bis 1997.*

CH. LAVILLE-HAUT-BRION *Crème de Tête.* Relativ blaß; schwere, wachsartige Sémillon-Nase; trocken, ziemlich körperreich, verhältnismäßig spröde, hart. Benötigt mehr Zeit in der Flasche.
*Oktober 1988* ★★(★★)? *Bis 2000.*

DOM. DE CHEVALIER Sehr kleine Produktion, nur 200 Kisten. Aprikosen- und Ananasduft; kräftig, voller Frucht, gute Säure. Ausgezeichnet, lohnt sich, danach Ausschau zu halten.
*Mai 1985* ★★★(★★)

CH. CARBONNIEUX 65% Sauvignon Blanc, 35% Sémillon. Sieben Aufzeichnungen. 1983 unfertig und pikant. Schien 1986 besser zu sein, gelbere Farbe; in der Nase reife Trauben und Flaschenalter, eine Spur Bienenwaben und Vanille; durch und durch trocken, für einen Carbonnieux allerdings stämmig und nicht so schwungvoll wie in leichteren Jahrgängen.
*Zuletzt im Dezember 1987 verkostet* ★★★

PAVILLON BLANC DE CH. MARGAUX 100% Sauvignon Blanc; 12% Alkohol. Die Lese begann am 10. September, der Wein blieb bis zum Mai 1983 im Holz und wurde nach einem Jahr Flaschenalterung auf den Markt gebracht. 1984 Minzetöne, frisch und nervig. Positive Farbe; oberflächlich wachsartige und harmonische Nase, doch mit dem wilden «Kater»-Geruch des Sauvignon dahinter; mitteltrocken und -schwer. Ein schön fülliger Wein.
*Bei der letzten Degustation, dem Château-Margaux-Abendessen bei Brooks, als Aperitif serviert, hätte aber besser zum Fisch gepaßt, April 1988* ★★★(★)

CH. RIEUSSEC SEC Mit dem relativ neuen trockenen «Sauternes» wurde viel experimentiert. Zunächst einen, der sechs Monate im Faß gelegen hatte: außergewöhnlich spitzige, kernartige Nase mit Aprikosentönen; schmeckte wie billiger Sherry. Danach einen mit drei Monaten Faßlagerung: leichter Eichenton; geradlinig, komplett, aber etwas gummiartiger Nachgeschmack. Zwei Beispiele ohne Ausbau im Holz, davon eine Flasche wohlriechend, trocken, mit einer Art losgelöster Säure und Mandelkerngeschmack, die andere tiefer, voller, fetter und runder. Ziemlich eigenartig. Außerdem eine mit reicher Farbe; deutlich «süßer», schwerer, mit einem merkwürdigen Geschmack wie nasses Stroh.
*Auf dem Château, mit Eric de Rothschild und Emile Peynaud, September 1984.*

## 1983 ★★★★

*Außerordentlich guter, wohlausgewogener Jahrgang. Körper, Frucht und Säure gut. Schwungvoller als der 82er. Jetzt vorzüglich.*

CH. HAUT-BRION Mitte der 80er Jahre dreimal degustiert. Blaß; verkohlte Eichennase, merkwürdige Würze, mit einer Spur Zitrone; trocken, sehr ausgeprägter, fester Zitronen- und Vanille-Geschmack; stilvoll, mit würzigem Eichenabgang. Große Zukunft.
*Zuletzt im Juni 1985 verkostet ★★★(★★)?*

CH. LAVILLE-HAUT-BRION Im Faß: wachsartige Schuhwichse-Nase, Vanille- und Ananastöne; durch und durch trocken, gute Säure – und Zukunft.
*Sechs Wochen vor der Flaschenabfüllung im September 1984 verkostet. Wahrscheinlich ★★★(★)*

CH. CARBONNIEUX Fünf Aufzeichnungen. Ausgeprägtes Gelb; Minzetöne; trocken, positiv, wohlausgewogen, exzellente Säure. Wahrscheinlich der beste weiße Carbonnieux, den ich je degustiert habe.
*Zuletzt im Oktober 1989 verkostet ★★★*

DOISY-DAËNE SEC Sehr hell; frisch wie eine Meeresbrise; leicht aromatischer Geschmack, fast wie Gewürztraminer.
*Juni 1988 ★★★*

PAVILLON BLANC DE CH. MARGAUX 100% Sauvignon Blanc, in neuer Eiche vergoren und gealtert. Vier Aufzeichnungen. Mittlerweile wachsartiges Gelbgrün; ungewöhnliche, duftende, fruchtige, Vanille- und Minzeblätternase, erinnerte mich an Lorbeer und Heu; mitteltrocken, eher leicht, weich und reif, dabei mit lebhafter, zitronenartiger Säure. Überaus ansprechend, aber zu wenig Länge und keine lange Haltbarkeit.

*Zuletzt im November 1990 verkostet ★★★ Bald trinken.*

CH. RIEUSSEC SEC Blaß; frisch, «grün»; trocken, relativ leicht, schöne Frucht, pikante Säure.
*Zuerst auf dem Château verkostet, danach auf der Einführungsdegustation für Broker auf Ch. Lafite, September 1984.*

## 1984

*Wenig anmutig und ziemlich säurebetont.*

### Alle 1986 und 1987 verkostet:

CH. CARBONNIEUX Sehr glänzendes, anregendes Erscheinungsbild; erfrischend säurebetontes Aroma, durch und durch trocken, gute Länge, ziemlich ausgeprägte Säure, dennoch ein schöner Wein (mehrere Aufzeichnungen).

DOM. DE CHEVALIER Eichentöne, würzig, spröde; geschmacksintensiv wie ein junger Bâtard-Montrachet.

CH. DE FIEUZAL 60% Sauvignon, 40% Sémillon. Pikant. Geruch nach nassen Windeln und Mandelkerngeschmack. Ein recht substantieller Wein mit guter Säure.

CH. REYNON Gefälliges Aroma von schwarzen Johannisbeeren; wenig subtil, aber schön gemacht.

CH. DE ROCHEMORIN 100% Sauvignon Blanc. Mundwässernd, rote Johannisbeeren und Katergeruch; trocken, leicht, reinigende Säure. Drei übereinstimmende Notizen. Nicht schlecht.

## 1985 ★★★ bis ★★★★★

*Ein potentiell gutes Jahr, doch extreme Unterschiede zwischen den Spitzen-Châteaux und den kleineren Weingütern. Letztere sollten rasch getrunken werden, die anderen profitierten stark von der Flaschenalterung.*

CH. HAUT-BRION Als erstes vorzeitig im Juni 1987 eine *Impériale* degustiert: vorzüglich, hell, positive Farbe; unverwoben, hart, eine Spur Vanille, dennoch reich; ziemlich trocken, körperreich. In jüngster Zeit: wachsartig, Zitronennuancen, Entfaltung im Glas; zwar schon recht weich und fett, benötigt aber noch Flaschenalterung. Beträchtliches Potential.
*Zuletzt im März 1991 verkostet ★★(★★) Bis 2010.*

CH. LAVILLE-HAUT-BRION Blaß, aber reich; ausgesprochen wohlriechend, delikat, vorzüglicher Duft; trocken, relativ voll, fest, Vanille-

Geschmack, hartes, säurebetontes Rückgrat. Für ein langes Leben bestimmt.
*September 1990 ★★(★★★) Bis über das Jahr 2000 hinaus.*

**DOM. DE CHEVALIER** Als erstes aus dem Faß probiert. Wie ein altkluges Kind, ungeduldig und immer bemüht im Mittelpunkt zu stehen. Ananas-, Aprikosen- und Pfirsicharoma und Würze der neuen Eiche. Immer noch sehr blaß; ausgesprochen wohlriechendes Bukett; mitteltrocken, Gewicht und Ausgewogenheit ideal, vorzüglicher Geschmack.
*Zuletzt im September 1990 verkostet ★★★(★) Bis 1998.*

**PAVILLON BLANC DE CH. MARGAUX** Zwei jüngere Aufzeichnungen. Sehr blaß, Limonenton; überaus ausgeprägtes Aroma von Katern, Grüner Minze und Achselschweiß; ziemlich trocken, leicht, schlank, aromatisch, traubig und säurebetont. Wenigstens aufregend.
*Zuletzt im September 1990 verkostet ★★ Bald trinken.*

**YGREC** Erstmals im September 1986 verkostet. Zitronenton; frisch, wenig bemerkenswertes Sauvignon-Blanc-Aroma; am Gaumen zugänglich. 1989 Reichhaltigkeit und Fett schön durch die Säure konturiert, gut zu trinken. Zwei jüngere Aufzeichnungen: Farbintensivierung, gelber; leichte, aber wohlriechende Kleehonignase; mitteltrocken und -gewichtig, gut ausgewogen, schöner Geschmack, dabei mit einer Hauch «Noisette», wie ich es nenne. Zweifellos ein guter Ygrec.
*Zuletzt im Oktober 1990 verkostet ★★★ Bis 1995.*

# 1986 ★★★★

*Unterschiedlich. Der Haut-Brion kam nicht auf den Markt, da der Ernteertrag zu hoch gewesen und damit verwässert war und man keine Auslese traf.*

**CH. CARBONNIEUX** Seifig in seiner Jugend. Trocken, geradlinig, wenig aufregend.
*Letztmals verkostet im Februar 1992 ★*

**«R» RIEUSSEC BLANC** Inzwischen unter der Schirmherrschaft der Domaine Barons de Rothschild. Zugegebenermaßen nur einmal degustiert, eine vereinzelte halbe Flasche; sehr blaß; Geruch nach Apfelschalen und Kerosin und ein schrecklicher Geschmack.
*Oktober 1990.*

**«Y» YGREC** In der Nase eine Spur Linoleum; trocken, mittelschwer, säurebetont.
*Zuletzt im September 1992 verkostet ★*

**WEITERE 86ER, 1988 UND 1989 VERKOSTET:**

**CH. BARET** Blaß, leicht und trocken.

**CH. BONNET** Ein gutgemachter Lurton-Wein, glanzhell; frische Traubigkeit und anregende Säure.

**CH. DE CHANTEGRIVE** Vanille, Sauvignon-Lebhaftigkeit, leicht.

**CH. LARRIVET-HAUT-BRION** 60% Sauvignon, 40% Sémillon. Sehr blaß, Grünreflexe; sauber, frisch, wohlriechend, mit der wachs- und honigartigen Sémillon-Note und der anregenden Säure des Sauvignon Blanc. Abgang etwas bitter.

**CH. LA LOUVIÈRE** Ebenfalls ein Wein der Familie Lurton; blaß, frisch, lebhaft fruchtig und ansprechend; trocken, wohlriechend.

**CH. MALARTIC-LAGRAVIÈRE** Positives, freilich übertriebenes Aroma; Geschmack und Säure schön.

**CH. OLIVIER** Zu blaß, ziemlich gewöhnlich.

**CH. RAHOUL** Eigenartiger Duft nach gekochten Süßigkeiten, recht attraktiv.

**CH. SMITH-HAUT-LAFITTE** Zu duftend und schmackhaft, wirkt fast schon künstlich.

**CH. LA TOUR-MARTILLAC** Eigenartig, ebenfalls mit dem künstlichen Geruch gekochter Süßigkeiten, aber recht wohlschmeckend.

# 1987 ★★

*Besserer Jahrgang für Weißweine als für Rotweine. Ausreichend gefällige, erfrischende trockene Weiße, im wesentlichen zum baldigen Verbrauch. Deutlich ist die Verwendung neuer Eichenfässer.*

**CH. HAUT-BRION** Sehr geringe Ernte. Kühl, nussig, mit Kresse- und Minzearoma, merkwürdig, erinnerte mich nach 30 Minuten im Glas an Milchschokolade; mitteltrocken und -gewichtig, weich, offener Geschmack. Leichte Endsäure.
*Auf La Mission, November 1990 ★★ Nicht zur Lagerung geeignet.*

**CH. LAVILLE-HAUT-BRION** Relativ blaß; wachsartiges, butteriges Sémillon-Aroma; ähnlich trocken und schwer wie der Haut-Brion, aber mit üppigem Pfirsichkerngeschmack. Weicher Abgang.
*Ebenfalls auf La Mission verkostet, November 1990 ★★ Bald trinken.*

**DOM. DE CHEVALIER** Gewisse gelbe Pigmentierung; zurückhaltend; trocken, mittelschwerer Körper, fest, gute Länge.
*Mai 1989 ★★(★)*

**CH. COUHINS-LURTON** Zwei neuere Bewertungen. Gutgemacht. Gefällige Farbe; wohlriechendes Aroma; trocken, leicht. Frucht und Eiche, keines von beiden übertrieben.
*November 1990 ★★*

**CH. LA LOUVIÈRE** Mehrere Notizen. Aroma von schwarzen Johannisbeeren. Trocken, leicht, kurz und scharf. Erfrischend.
*Zuletzt im April 1991 verkostet ★★*

**CH. PAPE-CLÉMENT** Relativ blaß; Nase fast unangenehm «süß»; mitteltrocken, sehr eindringlicher, wachsartiger Geschmack und adstringierende Säure.
*Beim Mittagessen auf dem Château, November 1990 ★*

**GEFÄLLIGE, WENN AUCH ZIEMLICH EICHENBETONTE TROCKENE WEISSE:**

**CH. FIEUZAL**

**CH. RAHOUL**

**CH. LA TOUR-MALARTIC** Sehr blaß, frisch, würzig, ansprechend.

**WEITERE 87ER:**

**CH. BOUSCAUT** Wohlriechend, aber kurz.

**CH. DE CHANTEGRIVE** Annehmbar.

**CH. LARRIVET-HAUT-BRION** Blaß; seifig; Vanille.

**CH. SMITH-HAUT-LAFITTE** Wenig Nase oder Geschmack. Trocken, schlank, gute Säure.

## 1988 ★★★

*Der Jahrgang erwies sich als potentiell sehr gut, als ich im April 1989 eine breite Auswahl an Graves Blancs im Chai von Ch. Carbonnieux degustierte. Viele waren jedoch «würdelos» und etwas seifig. Ich stellte auch fest, daß viel neue Eiche verwendet worden war und mir fiel zum ersten Mal auf, daß Eiche und Sauvignon Blanc möglicherweise gar nicht so ideal zusammenpassen. Doch man wird sehen. Ich habe seitdem noch mehrere verkostet.*

**CH. HAUT-BRION** Blaß, leicht grünspurig; zurückhaltende, kresseartige Nase, die nach zehn Minuten im Glas einen frischen Minzeblattduft annahm; ziemlich trocken und körperreich, schlank, aber fruchtig. Sehr lebhafte Säure. Guter Wein. Benötigt Flaschenalter.
*Im November 1990 verkostet (★★★★) Bis über das Jahr 2000 hinaus.*

**CH. LAVILLE-HAUT-BRION** Blaß; delikate Sémillon-Note, unausgebaute zitronenartige Säure; ganz leichte Spur von Karamel und Minze; mitteltrocken, perfektes Gewicht, Geschmack, Säure und Abgang gut und lebhaft.
*Ebenfalls im November 1990 verkostet (★★★★) Bis 2000.*

**VIN SEC DE CH. COUTET** Minzeartig, duftend, Sauvingon-Blanc-Aroma und -Geschmack. Trocken. Eine Spur Mandelkerne im Endgeschmack.
*Oktober 1990 ★★*

**CH. DOISY-DAËNE** *Grand Vin Sec*. Mehr *sec* als *grand*. Sehr blaß; unverwoben, lebhafte, jugendliche Frucht; trocken, relativ leicht, wenig Charakter. Ausreichend gute Säure.
*Oktober 1990 ★★*

**CH. FIEUZAL** Im März 1989 hochgetönt, Katergeruch; wohlschmeckend, duftend. Nachdem er sich beruhigt hat: Zitrone und Melone; mitteltrocken, köstlicher Geschmack, Säure sowie Nachgeschmack gut.
*Zuletzt im April 1991 verkostet ★★★*

**TROCKENE WEISSE GRAVES, IM FRÜHJAHR 1989 GUT UND MIT VIEL POTENTIAL:**

**CH. CARBONNIEUX** Zwar nicht hell, aber attraktive Grüne-Minze-Nase, Geschmack, Duft und Länge gut, würziger Nachgeschmack.

**DOM. DE CHEVALIER** Frucht, Duft und Geschmack gut, eine Spur «seifige» Eiche, aber reich und verspricht eine attraktive Zukunft.

**CH. SMITH-HAUT-LAFITTE** Exotischer Duft, fast wie ein Muskateller, lebhaft, sehr schmackhaft.

## 1989 ★★★★★

*Insgesamt ein außergewöhnliches Jahr. Durch die intensive Hitze während der Sommermonate wurden die Trauben früh reif, zu früh und zu reif für trockene Weine. Um eine Überreife zu vermeiden, fand die Lese bereits im August und Anfang September statt.*
*Monsieur Olivier Bernard lud freundlicherweise im November 1990 zu einer Degustation mit Faßproben weißer Graves auf der Domaine de Chevalier ein. Meine Aufzeichnungen stammen alle, mit den angegebenen Ausnahmen, von*

dieser Gelegenheit. Außerdem war im Oktober 1990 von der Zeitschrift Wine eine Blindprobe trockener Weine auf verschiedenen Châteaux in Barsac und Sauternes veranstaltet worden. In meinen Augen waren sie fast durchgehend eine einzige Katastrophe.

**CH. HAUT-BRION** Geringe Ernte und sehr geringer Ertrag, Lese Anfang August. Im November 1990 zum ersten Mal degustiert: deutliche Gelbtönung, tiefste Farbe bei der Gruppe der letzten Jahrgänge von Haut-Brion und Laville. «Kühle» Nase mit Vanille- und Ananasnuancen, die sich fabelhaft entfaltete; «mittelsüß», körperreich, eindringlich, reich, voller Frucht. Würzig, Nelken, neue Eiche in Geschmack und Nachgeschmack. Gut zwei Monate nach der Flaschenabfüllung erneut verkostet. Große Qualität bestätigt. Phantastische Frucht, nachhaltiger Geschmack. *Zuletzt im April 1991 verkostet (*****) 1995 bis 2010.*

**CH. LAVILLE-HAUT-BRION** Erstmals im November 1990 auf La Mission degustiert: mittelblasses Gelb; würzig, fruchtig, Eichen- und Ananastöne. Stil und Art erinnerten mich an reichen Australischen Chardonnay! Mitteltrocken und -schwer, mit vorzüglichem, ausladendem, sehr würzigem Geschmack. Trockener Abgang. In jüngster Zeit: in jeder Hinsicht herrlich. Wunderbare Weinigkeit. Aromatisch. Der beste Laville überhaupt. *Zuletzt im April 1991 verkostet (*****) Bis 2010.*

**DOM. DE CHEVALIER** Vorzügliche Frucht- und Eichentöne in der Nase; Vanille- und Buttergeschmack. Gute Länge, beträchtliche Tiefe. Trockener Abgang. *Auf dem Château, November 1990 (****)*

**CH. PAPE-CLÉMENT** 15% Muscadelle, der Rest zu mehr oder weniger gleichen Teilen Sémillon und Sauvignon Blanc. In Eichenfässern vergoren, zehn bis zwölf Monate in *Barriques* gelagert. Unreifes, gedämpftes Ananas- und Stachelbeeraroma; trocken, ziemlich spröde und säurebetont. Erfrischend. Müßte sich recht gut entwickeln. *Auf dem Château, November 1990 (***)*

**PAVILLON BLANC DE CH. MARGAUX** Attraktiv, aber wenig markant. *Zuletzt verkostet im Mai 1992 ****

**WEITERE 89ER GRAVES BLANCS, IM NOVEMBER 1990 VERKOSTET:**

**CH. BOUSCAUT** 70% Sémillon, Eichentöne in der Nase, trocken, direkt. Gute Länge **(*)

**CH. CARBONNIEUX** Sehr leicht, etwas eichene Nase; guter Geschmack, weich, reif, zugänglich. Zum baldigen Genuß ***

**CH. CHANTEGRIVE** Hauptsächlich Sauvignon. Leicht, pfirsich- und firnisartig, katerartiges Sauvignonaroma; guter, positiver Geschmack, schöne Verwendung der Eiche **

**CH. DE FIEUZAL** Noch auf dem Bodensatz. Nicht hell. Rauh. Noch nicht zu verkosten.

**CH. LARRIVET-HAUT-BRION** Merkwürdiger, leichter, firnisartiger Duft; relativ trocken und voll, weich, ausladend. Zum raschen Genuß *

**CH. LA LOUVIÈRE** Sehr gefällige Kombination von Sémillon- und Sauvignonaroma (85%). Guter Geschmack **(*)

**CH. MALARTIC-LAGRAVIÈRE** 100% Sauvignon Blanc und das merkt man auch. Durchdringendes Kateraroma und ebensolcher Geschmack. Trocken, hohl, dünn *

**CH. OLIVIER** 70% Sémillon. Außerordentlich blaß; unreifer Geruch von Pfirsichen und Apfelkernen; trocken, leicht, spröde **

**CH. RAHOUL** 100% Sémillon. Gutes, leichtes, reifes Ananasaroma; weich, schöne Frucht- und Eichentöne. Immer noch etwas rauh *(*)

**CH. SMITH-HAUT-LAFITTE** Ansprechende Vanille- und Ananastöne in der Nase und im Geschmack. Trocken, lebhaft, frisch **(*)

**CH. LA TOUR-MARTILLAC** Leichte, nussige, unfertige Nase; ziemlich trocken, mittelschwerer Körper, sehr direkter Geschmack, eine Spur Eiche **(*)

**TROCKENE WEINE, AUF CHÂTEAUX IN BARSAC UND SAUTERNES HERGESTELLT, IM OKTOBER 1990 BLIND VERKOSTET:**

**CH. CAILLOU SEC** Sehr blaß; unreife, esterige Nase; ziemlich trocken, weich, seifig, etwas flach.

**CH. DOISY-DAËNE** Gute Farbe; viel Eiche und schöne Frucht; ziemlich trocken, schönes Gewicht, weich, seifig, Eichengeschmack. Zu wenig Säure **

**«G» CH. GUIRAUD SEC** Gelb; ungewöhnlich, wohlriechend; ausreichend trocken. Schwer festzulegen. Angesäuert? Trockener Abgang.

CORDIER BRUT DE LAFAURIE Passender wäre *Cordier brute.* Apfelartige, Tokaij-ähnliche Nase; trocken, ziemlich leicht, Mandelkerne, langweilig. Nicht schlecht.

CH. DE MALLE SEC Nach der Nase zu urteilen mit hohem Anteil Sauvignon Blanc. Der Geschmack ist nur ein schwacher Abklatsch des ausgeprägten Aromas. Flach.

LE SEC DE RAYNE-VIGNEAU Zu blaß; weder klar noch sauber; relativ trocken, «warm», «mehlig», dumpf.

## 1990 ★★★★

*Ein weiterer heißer Sommer mit reifen Trauben und einer frühen Lese. Als erstes begann man auf Ch. Pape-Clément in Pessac mit der Ernte. Die weißen Trauben enthalten wenig Säure und dem zuerst gelesenen Sauvignon Blanc fehlt es wahrscheinlich an klaren sortentypischen Aroma und Geschmack. Ab Mitte September brachte man Sémillon und den kleineren Ertrag an Muscadelle ein. Im April 1991 eine Auswahl zusammen mit den Rotweinen degustiert. Zu früh für eine Beurteilung, denn viele Weine «arbeiten» noch. Mit Ausnahme der wenigen Spitzengewächse sind alle zum raschen Genuß gedacht.*

CH. HAUT-BRION Vorzügliche Farbe; jugendliche Ananasnote, leicht honigartige Frucht; trocken, relativ voll, fest, säurebetont. *Zuletzt auf dem Château im Juni 1992 verkostet* ★★(★★) *1996 bis 2010?*

CH. LAVILLE-HAUT-BRION Goldgelb; zart duftende Ananas- und Eichentöne; «mittelsüß», Vanille-Geschmack. *Zuletzt im Juni 1992 verkostet* ★★★(★) *1995 bis 2010.*

BLANC DE CH. LYNCH-BAGES Vanille, Katzenpipi, Stachelbeeren und neue Eiche; ziemlich trocken, mild, attraktiver würzig-fruchtiger Geschmack. *Im Dezember 1991* ★★

WEITERE 90ER, IM APRIL 1991 AUF CHÂTEAU FIEUZAL VERKOSTET:

CH. BOUSCAUT Trüb; trocken, schöne Frucht, gute Säure (★★★)

CH. CARBONNIEUX Trüb; ansprechende Frucht; ziemlich trocken und leicht, zugänglich, duftender Nachgeschmack (★★★)

CH. CHANTEGRIVE Unfertig. Leichter, zugänglicher Stil (★★)

DOM. DE CHEVALIER Relativ blaß, hell; vorzüglich, entgegenkommend, gute Frucht; trocken, mittelschwer, gute Ausgewogenheit (★★★★)

CH. DE FIEUZAL Sehr gelb; Sauvingon Blanc vordrängend; Ananas, Grapefruit; lebhafte Frucht und Säure. Schmackhaft (★★★)

CH. LA LOUVIÈRE Goldgelb; weich, leichte Seifigkeit in der Nase und im Geschmack, aber lebhafte Frucht (★★★)?

CH. OLIVIER Unfertig; traubig; trocken, schlank, kurz, aber gute Säure (★★)?

CH. RAHOUL Weiches Gelb; einnehmend, recht schöne Frucht (★★)

CH. SMITH-HAUT-LAFITTE Wolkig; ausreichend duftig; eindringlich, mitteltrocken (★★★)?

CH. LA TOUR-MARTILLAC Blaß, dunstig; leichter Minzeton; trocken, seifig (★★)?

## 1991 ★★

*Frühjahrsfrost, Sommerhitze und Fäulnis setzten der Qualität der Trauben für die trockenen Weißweine zu. Die Lese – mengenmäßig unterdurchschnittlich – begann am 15. September. Die frühzeitig, vor den Regenfällen, gelesenen Trauben brachten die besten Ergebnisse.*

## 1992 ★★

*Glücklicherweise ist der Sauvignon Blanc eine frühreifende Sorte. Dem heutigen Trend entsprechend ergibt sie einen trockenen, leichten und frischen sowie säurebetonten Wein. Das ist einer der wenigen Lichtblicke in diesem ansonsten mageren Jahrgang. Zum frühen und nicht allzu ernsten Genuß geeignet.*

## 1993 ★

*Hinsichtlich der Wetterbedingungen, siehe Roter Bordeaux. Bei den Weißen lag die Menge erheblich unter dem 92er Niveau. Die Lese wurde zügig ab dem 10. September vorangetrieben. Die besten Weine werden einen angenehmen, ziemlich ausgewogenen Charakter haben und zum baldigen Genuß geeignet sein.*

# SAUTERNES

## 1747

CH. D'YQUEM Eine plumpe, mundgeblasene, bernsteingrüne Flasche mit geraden Seiten aus der Mitte des 18.Jahrhunderts. Handgeschriebenes Etikett, außerdem zwei Streifbandetiketten «Château d'Yquem», «circa 1740» und «1747 Sauternes de Sauvage». Brüchiger Originalkorken. Oxydierter Wein: tiefes Bernsteinbraun mit tawnyfarbenem Rand; eigenartige, leichte, hochgetönte Bananenschalennase; immer noch etwas Süße und Körper vorhanden, doch schlank, scharf und mit hefigem Abgang. Eine Kuriosität unbekannter Herkunft, doch der Inhalt ist deutlich genauso alt wie die Flasche.
*Bei Hardy Rodenstocks Raritäten-Wein-Probe, September 1987.*

*Sauternes de Sauvage*

## 1784 *****

*Der erste gut dokumentierte wichtige Sauternes-Jahrgang. Brief von Thomas Jefferson, dem damaligen amerikanischen Gesandten in Paris, an Monsieur Diquem (sic) aus dem Jahr 1787: «Mir ist bekannt, daß Ihr Cru einer der besten Sauternes-Weine ist», dazu eine Bestellung «direkt bei Ihnen» über 250 Flaschen der «Spitzenqualität des Jahres 1784».*

CH. D'YQUEM[1] Im Januar 1788 abgefüllt. Zeitgenössische mundgeblasene Flasche mit tiefem Boden, Rädchengravierung aus dem 18.Jahrhundert «Ch d'Yquem ThJ 1784». Im Dekantiergefäß tiefes Bernsteingold, im Glas blasseres Bernstein,

hell und lebhaft; duftende Vanille- und Puddingnuancen; immer noch süß, Gewicht und Säure komplett. Geschmack nach Pfirsichen und Sahne, trockener Abgang.
*Rodenstock-Degustation, Wiesbaden, Oktober 1985* *****

## 1811 *****

*Der berühmte «Kometen»-Jahrgang.*

CH. YQUEM Mundgeblasene Flasche in Burgunderform mit geriffeltem Hals. Korken wie schwarze, polierte Eiche. Etikettenaufschrift: «Chateau Yquem, Marquis AM de Lur-Saluces 1811 Grand Vin Sauternes». Schöne Farbe, warmes, leuchtendes Bernstein; Geruch nach alten Kellern, Rosinen und Sätteln; immer noch süß, relativ voller Körper, rosinenartiger Geschmack, pappige Säure.
*Auf Ch. d'Yquem, September 1986* *** *(für das Alter).*

### ANFANG BIS MITTE DES 19. JAHRHUNDERTS:

*Edelflasche von Ch. d'Yquem*

CH. YQUEM Die schönste Flasche, die ich je gesehen habe: schlanke, zylindrische «Club»-Form, blaues Glas, wahrscheinlich aus Rußland, mit eingraviertem Wappenschild der Familie Sauvage und aufgesetztem Blumenschmuck aus Glas und Email. Schwarzkantiger Original-

---

[1] Von 1789 bis 1855 lautete der Name Ch. Yquem; davor und danach d'Yquem.

korken; ziemlich tiefe Farbe, warmes Rotbraun, wie Tee, mit Bernsteingrünem Rand; in der Nase eine Mischung aus angesengten Rosinen und altem Malzwhisky, entfaltete sich im Glas spitzig, pflaumenartig und mit altem Stallgeruch. Immer noch süß und überraschend reich, mit positivem Geschmack. Hardy Rodenstock hatte diese Flasche in Leningrad gefunden. Der russische Hof und Adel hatten über lange Zeit den feinsten Sauternes sehr geschätzt und ihn viel gekauft.
*In Gegenwart des Comte de Lur-Saluces auf Ch. d'Yquem geöffnet, September 1986.*

## 1825 ★★★★

CH. YQUEM Durch Chabeau in Bordeaux abgefüllt, Füllniveau bis zur oberen Mittelschulter. Grünspuriges Bernstein-Tawny; wunderbarer Duft, unglaublicher Wohlgeruch: nach einer Stunde wie himmlischer Fruchtsalat. Am Gaumen süß, relativ voll, konzentriert, mit feigenartigem Geschmack, Säure und Nachgeschmack phantastisch.
*Der Höhepunkt von Bud Moons Yquem-Degustation in Chicago, Februar 1988* ★★★★★

## 1847 ★★★★★

*Der berühmteste Jahrgang zwischen 1811 und 1921.*

CH. YQUEM Etikettenaufschrift «Château Yquem, Lur-Saluces, 1847, Sauternes». Tiefes, altes Bernstein mit apfelgrünem Rand; reiches, rosinenartiges Bukett, verblüffende Kraft, Vanille-Duft, Pfirsiche und Sahne; immer noch süß, körperreich, eindeutig dick, sehr intensiv, konzentriert, große Länge. Einer der größten Weine, den ich je verkostet habe.
*Dreimal im April und September 1986 verkostet* ★★★★★

Außerdem eine Flasche mit Cruse-Etikett, Füllniveau bis zur oberen Schulter: überraschend blaß für Alter und Jahrgang; spitzige, pfeffrige Nase, erinnerte an abgestorbenes Farnkraut; beißend und bitter.
*Die größte Enttäuschung auf der Moon-Degustation, Februar 1988.*

## 1848 ★★★★

CH. YQUEM Erstmals 1987 auf dem Château degustiert: *L Tampier Bordeaux,* auf Etikett und Kapsel. Originalkorken, hervorragendes Füllniveau. Mitteltiefes Bernstein, grüner Rand; sehr süßes, sahniges Vanille-Bukett, honigartige große Tiefe, Orangenblüten; halbsüß, mittelschwerer Körper, sehr eindringlicher Geschmack, aber etwas hart, mit einem Rückgrat aus Säure.
*Auf dem Château, September 1987* ★★★
Als nächstes eine Erzeugerabfüllung: Füllhöhe bis in den Hals. Überraschend blaß für das Alter, ansprechendes Buttergelb; zartes, weiches, sahniges Bukett; immer noch süß, mittelschwer, sehr gute Säure.
*Zuletzt bei der Degustation von Bud Moon verkostet, Februar 1988* ★★★★

## 1858 ★★★★

CH. D'YQUEM 1981 eine halbe Flasche mit dem Etikett «Ch Yquem Sauternes, Keyl & Co, Bordeaux». Kapsel von K & C. Originalkorken mit der Aufschrift «1858 Yquem». Füllniveau untere Schulter. Düsteres Bernsteingold mit hellem, zitronenfarbenem Rand; süße, alte Sémillon-Nase, leicht oxydiert; ziemlich ausgetrocknet, Geschmack nicht schlecht, aber heftiger Nachgeschmack. Als nächstes aus einem schottischen Keller, auf dem Glassiegel an der Schulter eingraviert «CHATEAU YQUEM HAUT SAUTERNES, GRAND CRU» und Streifbandetikett. Korken leicht geschrumpft. 3,8 cm Schwund. Gute Farbe, wenn auch leicht wolkig, mit tiefem, bernsteinfarbenem Rand; Nase wie alte Tokajer-Essenz, reiches, honig- und sahnebonbonartiges Bukett, nachhaltig und mit guter Entfaltung; sehr süß, reich, konzentriert, Säure, Länge und Nachgeschmack hervorragend.
*Zuletzt auf Yquem verkostet, September 1986. Im besten Fall* ★★★★

## 1859 ★★★

CH. RIEUSSEC Etikett «P Mayé Prop». Originalkapsel, -etikett und -korken. Sehr gutes Füllniveau für das Alter. Farbe wie brauner Sherry, starkfarbenes Zentrum, bernsteingrüner Rand; erstaunlich kraftvolles, reiches und tiefes Bukett, mit Nuancen von Vanille und schwarzem Zuckerdicksaft; sehr süß, kraftvoll, die sehr hohe Säure wird durch den Körper und die Extraktstoffe überdeckt.
*September 1987* ★★★★★

## 1861 ★★★

CH. D'YQUEM Sehr tiefes Bernstein mit einem Stich ins Tawny; unglaublich kraftvoll und konzentriert, Feigen und Rosinen; außerordentlich süß, konzentriert, fabelhaft angesengte *Crème brûlée.*
*Rodenstock-Degustation, Oktober 1985* ★★★★★

## 1864 *****

CH. D'YQUEM Kapsel, Etikett und Korken von Cruse et Fils Frères. Hervorragendes Füllniveau, obwohl der Korken hineingefallen war. Sehr tiefe Farbe, Abstufung von Bernsteinbraun zu einem deutlichen Bernstein am Rand; verhältnismäßig zurückhaltendes, dabei komplettes Bukett, honigartig, Minzeblätter; hohe Säure, die durch Traubenzucker und Extrakstoffe im Zaum gehalten wird, reich, fett.
*Auf Yquem, September 1987* ****(*)!

## 1865 *****

CH. D'YQUEM Identisches Etikett und ähnlich tiefe Farbe wie der 1864er. Hervorragendes Füllniveau. Bukett deutlich weniger eindringlich, gut entwickelt, weich, Gerstenzucker; süß, weich, delikat, komplett.
*Auf Yquem, September 1987* *****

## 1867 **

CH. D'YQUEM Eine zu drei Vierteln volle Flasche. Tiefes, altes Bernstein; maderisiert, dennoch lebhaft – tief, karamelartig, dabei sauber. Hoher Zuckergehalt, Alkohol und Säure halten ihn am Leben.
*Juni 1972* **

## 1868 *

CH. D'YQUEM Ausgetrocknet.
*Juni 1971.*

CH. COUTET Pfungst & Co. Wohlriechend. Sehr gut.
*Zweimal 1977* ****

## 1869 *****

CH. D'YQUEM Sensationell gute Magnum, 1969 zusammen mit Peter Palumbo in Bougival, 1984 eine Flasche bei der Rodenstock-Degustation und eine weitere mit Cruse-Etikett bei *Le Cercle de Vingt* in der *Fondation Cartier*. Alle in ziemlich tiefem, warmem Bernsteinton, mit einem Stich ins Orange und gelbgrünem Rand; sehr süßes Bukett, mit Nuancen von Vanille, Apfelstrudel, Pfirsich und *Crème brûlée*; die beiden letzten Flaschen waren süß, reich, dabei mit einer schlanken, flotten Note und einem kraftvollen Puddinggeschmack.
*Zuletzt im Mai 1988 verkostet* *****

CH. LA TOUR BLANCHE Unglaublich tiefe Farbe. Sah im Kerzenlicht wie Rotwein aus; intensive, reiche, Vanille-Fondant-Nase; immer noch süß, relativ voll, sehr reicher Geschmack, wie die Karamelschicht der *Crème brûlée*, Extrakt, Säure und Nachgeschmack sagenhaft.
*Abendessen auf Ch. Lafite, September 1982* *****

## 1871 ****

CH. D'YQUEM Schloßabfüllung. Hohes Füllniveau bis in den oberen Hals. Dunkles Tawny; reiches, aber leicht scharfes Bukett, alter, satter Honig, nachhaltig; süßer, eindringlicher, in gewisser Hinsicht pappiger Geschmack, Säurerückgrat.
*Februar 1988* *
Danach: Füllhöhe obere Schulter. Hell, mitteltiefes Bernstein; reiches, getoastetes Bukett, angesengter Gerstenzucker und Aprikosen; immer noch sehr süß, kraftvoll, konzentriert, reicher, doch trockener Abgang.
*Bei Bud Moons Degustation, Chicago, Februar 1989* ****

## 1872

*Ein schlechter Jahrgang. Wahrscheinlich mußte die Familie Lur-Saluces Kapital freisetzen, denn «der ganze Bestand aus den Kellern des Marquis de Lur-Saluces» ging für eine «Riesensumme» an Monsieur Jules Clavelle. Es handelte sich dabei um 240 Barriques 1871er Yquem, 440 Barriques 1870er und 20 Barriques 1865er, 40 Barriques 1868er Coutet und 32 Barriques 1861er Coutet (in Flaschen) außerdem um 28 Barriques 1865er Filhot (in Flaschen). (Nach einem Bericht in Ridley's Weinmagazin vom Juni 1872)*

## 1874 ****

CH. D'YQUEM Unterschiedlich, je nach Füllniveau, von Feigensirup bis *Crème brûlée*.
*Zuletzt 1975 verkostet.*

## 1875 *****

CH. D'YQUEM Abgefüllt durch Brandenburg Frères. In Anbetracht der niederen Füllhöhe im Mai 1978 ausgezeichnet. In jüngerer Zeit noch zweimal degustiert, Etiketten jeweils von Cruse. Die erste Flasche von tiefer Farbe; perfektes Bukett, reich, harmonisch, große Tiefe; süß, voll, reich, phantastische Struktur. Bei der zweiten Flasche Füllniveau bis zur oberen Mittelschulter; teefarben; alt, schleppend, sauer, ausgetrocknet.
*Zuletzt im September 1988 verkostet. Im besten Fall* *****

# 1876 **

CH. COUTET Lur-Saluces. Originalkapsel, -etikett und -korken. Füllniveau an der mittleren Schulter. Reines Bernstein, wie ein alter Sercial, mit limonenfarbenem Rand; erinnere mich beim Dekantieren an Kalbsfußgelatine, entfaltete sich aber, mit Nuancen von Vanille, Pudding und Gerstenzucker; etwas am Austrocknen und überhandnehmende Säure, leicht malziger Geschmack, eine Spur Bitterkeit. Für Alter und Füllhöhe gut.
*Von Bob Paul zu Neujahr 1988 mitgebracht* **

CH. LA TOUR BLANCHE September 1987 neu verkorkt. Helles Bernstein; brauner Zucker und herber Honig, darunter Karamel; vollkommen ausgetrocknet und verblaßt, doch mit sauberer Säure.
*Mit Le Cercle de Vingt, Mai 1988* *

# 1878 *****

CH. FILHOT Braun, ausgetrocknet, dünn, säurebetont.
*Mai 1976.*

# 1880

CH. FILHOT Lur-Saluces. Originalkapsel, -etikett und -korken. Hervorragendes Füllniveau. Relativ tiefe, dabei herrliche Farbe, warmes Bernsteinorange, grüner Rand; honigartiger, reicher Sémillon-Charakter, Gerstenzucker; ausgetrocknet, pappige Endsäure.
*September 1987* *

# 1881

CH. D'ARCHE Eine halbe Flasche mit dem Etikett «mis en bouteille special (sic) Novembre 1886, Paul Paris … Imported by Robert Steel, Philadelphia». Erzeugerkapsel, Drahtglasflasche. Ziemlich tiefes, altes Bernstein; alter Honig, *Crème brûlée*, am Austrocknen, Geschmack nach schwarzem Zuckerdicksaft
*Juni 1983* *

# 1884 **

CH. D'YQUEM Füllniveau obere Mittelschulter. Orangereflexe; ganz ungewöhnliches Bukett, leicht karamelartig, schien umgeschlagen zu sein, war aber erstaunlich nachhaltig; überaus ansprechender Geschmack, Mandarinen.
*Oktober 1984* ***

CH. DE RAYNE-VIGNEAU Vorzüglich, aber etwas kurz.
*Mai 1976.*

# 1887

«CHÂTEAU SAUTERNES» Brandenburg Frères, Bordeaux, Füllniveau obere Schulter. Kurzer harter Korken. Sehr gute Farbe; alt, süße Caramelcreme, Edelfäule; noch immer süß, guter Geschmack, trockener Abgang.
*Eine erstaunliche halbe Flasche an einer Vorverkaufsprobe in Chicago, im Februar 1992* ***

# 1888 **

CH. D'YQUEM Am Austrocknen, Ziemlich spröde.
*Februar 1977.*

# 1890 **

CH. D'YQUEM Alte Aufzeichnungen, unterschiedliche Füllhöhen. Im besten Fall (1975) weich und vorzüglich.

# 1891

CH. D'YQUEM Neuverkorkt 1988. Bernsteingold; sehr reich, malzig; völlig ausgetrocknet, spröde, unsauberer Abgang.
*Der älteste Jahrgang bei Manfred Wagners Yquem-Probe in Zürich, im Januar 1992.*

# 1892 *

CH. D'YQUEM 1975 recht gut, trockener Abgang. Danach 1984 auf Schloß Johannisberg, mitteltief, warmer Bernsteinton; gute, makellose, klassische Nase; halbsüß und mittelschwerer Körper, sehr guter, lebhafter, positiver Geschmack, trockener Abgang. Zuletzt eine schlechte Flasche, wolkig; alt, trüb, Sherry-artig; Geschmack nicht so schlecht wie die Nase.
*Zuletzt im Februar 1988 verkostet. Im besten Fall* ***

# 1893 ***

CLOS HAUT-PEYRAGUEY Erzeugerkapsel, gestempelter Korken. Vorzügliches warmes Bernstein; alt, *Crème brûlée*; immer noch etwas süß, reich, sehr guter Geschmack, exzellente Säure.
*Bei einem Abendessen des Bordeaux Clubs, Oktober 1981* ****

CH. SUDUIRAUT Füllhöhe bis zur mittleren Schulter. Bernstein-Tawny; *Crème brûlée*, eine Spur Zitrone und Vanille, Entfaltung von Orangenblütenduft; halbsüß, Geschmack und Zustand hervorragend.
*September 1985* ★★★★

# 1895

CH. D'YQUEM Füllhöhe mittlere Schulter. Relativ blasses Bernstein; hochgetönt, Nagellack; ausgetrocknet, säurebetont, hefiger Abgang.
*März 1981.*

# 1896 ★★★★

CH. D'YQUEM Tiefes, reiches, warmes Bernstein; ausgezeichnete, klassische Nase, aber etwas ölig; süß, relativ voll, reich, fest in Geschmack, Ausgewogenheit und Säure.
*Spitzenbewertung auf Schloß Johannisberg, März 1986* ★★★★★

CH. FILHOT Am Verblassen, aber immer noch interessant.
*April und Juni 1975* ★

CH. SIGALAS-RABAUD Reich, geschmacksintensiv.
*April 1975* ★★★

# 1899 ★★★★

CH. D'YQUEM Dreimal verkostet. 1973 alt, aber interessant. 1984 bei der Degustation auf Schloß Johannisberg: relativ blaß, warmes Bernstein; leicht, duftendes Farnkraut, sahnig, nach 30 Minuten dann komplett; halbsüß, relativ leicht in Stil und Gewicht, zarter, aber lebhafter Geschmack, viel Charme. Zuletzt eine Flasche mit sehr viel Schwund, karamelisiert, ausgetrocknet.
*Zuletzt im März 1985 verkostet. Im besten Fall* ★★★★

CH. SUDUIRANT Zwei Aufzeichnungen. 1981: tiefes Oloroso-Bernstein; hervorragender Zustand, Karamel-Sahne; immer noch süß, voll, reich. Danach: Füllhöhe bis zur oberen Schulter, perfekte Farbe, orangespurig, Gold; herrliche Orangenblütennase; relativ süß, mittelschwer, weich, etwas wenig Länge, aber mit warm glänzendem Nachgeschmack.
*Zuletzt zusammen mit D. Logan-Kuhs bei Christie's, September 1985* ★★★★

CH. LA TOUR BLANCHE Ungestempelter Korken. Sehr gutes Füllniveau. Leicht pudriges Depot. Dekantiert: helles, warmes Bernsteingold; zurück-haltende, wachsartige Sémillon-Nase; halbsüß, gewisser Körper, durchaus fett, guter Zustand.
*Aus dem Keller von Madame Lawton, Juli 1981* ★★★

# 1900 ★★★★

CH. D'YQUEM 1972 eine sehr schöne Flasche. 1984 eine Flasche mit Füllhöhe bis zur unteren Schulter, tief; maderisierte Nase; immer noch süß und überlebend. Als drittes eine in Bordeaux durch H. Wulffe abgefüllte Flasche. Füllniveau in die obere Schulter. Warme Oloroso-Farbe; Bukett erinnerte an Muskatnuß, alten Honig, sehr reich; ziemlich süß, körperreich, konzentriert, aber etwas wenig Länge.
*Zuletzt bei Bud Moon verkostet, Februar 1988* ★★★

CH. LA TOUR BLANC (sic) Füllhöhe mittlere Schulter, leichtes Depot, ansonsten helles Buttergold; reine Sémillonnote, honigartig, Lanolin; immer noch ziemlich süß und recht kraftvoll, gute Säure.
*Eine Merkürdigkeit aus den Kellern von Schloß Aalholm, Juli 1989* ★★★

# 1904 ★★★★

*Ein hervorragender Jahrgang.*

CH. COUTET Brüchiger Korken. Tiefe Farbe, ganz wie ein 21er; vorzügliches, wohlriechendes *Crème-brûlée*-Bukett, halbsüß, dabei sehr reich. Kompletter Zustand.
*Dezember 1979* ★★★★

CH. FILHOT Tiefes Bernstein; ausgezeichnetes Gerstenzuckerbukett, Entfaltung von Orangenblütenduft, nachhaltig; halbsüß, körperreich, karamelisiert, aber köstlich.
*April 1987* ★★★★

CH. DE RAYNE-VIGNEAU 1976 sehr gut. Danach eine neu verkorkte Flasche. Sehr hohes Füllniveau. Warmes Bernsteingold, mit blassem, apfelgrünem Rand; vorzügliches Bukett, Gerstenzucker-Flaschenalterton, herrlich. Halbsüß und mittelschwer, dabei hoher Extraktgehalt, reich, mit trockenem Abgang.
*Aus den Kellern auf Lafite, Dezember 1986* ★★★★★

CH. LA TOUR BLANCHE Gesundes Tawny-Bernstein; weich, sahnig, alte *Crème brûlée*, eine Spur Mandarine; am Austrocknen, kraftvoll, geschmacksintensiv, sehr gute Säure.
*Aus dem Keller von Madame Lawton, Oktober 1985* ★★★

# 1905

HAUT-SAUTERNES Barton & Guestier. Füllhöhe obere Schulter. Reiches Altgold in der Farbe, entsprechend in Nase und Geschmack.
*Vorverkausdegustation, Chicago, Februar 1987*
★★★

# 1906 ★★★★

*Ein klassischer Sauternes-Jahrgang.*

CH. D'YQUEM Ziemlich tief, Amoroso-ähnliche Farbe, mit deutlichem, apfelgrünem Rand; intensives, reiches, hochgetöntes, ätherisches Bukett, mit einer Spur Nagellack, gehaltvoll, dennoch köstlich duftend und beträchtlich tief; immer noch ziemlich süß, körperreich, reichhaltig, seidige Struktur, Säure, große Länge, trockener Abgang.
*September 1985* ★★★★★

CH. D'ARCHE Starkfarben, intensiv; Feigensirup, malzig, Jod; süß, zum Kauen. Oxydiert, aber interessant.
*September 1985.*

CH. LAFAURIE-PEYRAGUEY Fabelhaftes Bukett; sehr reich.
*Aus Château-Beständen, Mai 1976* ★★★★

# 1909 ★★★★

CH. D'YQUEM Tiefes, reiches, warmes Bernstein; stämmiges Bukett, das etwas unangenehm an *Crème brûlée* erinnerte; halbsüß, körperreich und sehr reichhaltig, positive Säure, Geschmack nach Maronenglasur.
*Auf Schloß Johannisberg, November 1984* ★★★★

CH. LAFAURIE-PEYRAGUEY Wunderbarer Wein.
*Aus Château-Beständen, September 1976* ★★★★

# 1911 ★★★

CH. D'YQUEM Gutes Füllniveau – obere Schulter. Hochgetönt, fremd; ausgetrocknet, nicht fett, aber sauberer Abgang.
*Im Januar 1992.*

CH. FILHOT Füllhöhe obere Schulter. Sehr helles Bernsteingold, für das Alter blaß; überraschend jugendliches, wohlriechendes Bukett, honigartiges Flaschenalter, eine Spur Mandelkerne; am Austrocknen und Verblassen, doch nach wie vor makellos, mit langem, zartem Karamelgeschmack.
*September 1984* ★★★

# 1912

CH. D'YQUEM Sehr helles, mittelblasses Gelb; ein Hauch Vanille und Pfirsiche, jugendlich; trocken, rauh, mit unsauberem Abgang.
*Bei Bud Moons Degustation, Februar 1988.*

HAUT-SAUTERNES Barton & Guestier. Sehr gute Farbe, mitteltiefes Gold; himmlisches, honigartiges Flaschenalterbukett; halbsüß, mittelgewichtig, makellos, aber kurz.
*Aus einem alten Keller in Ohio, April 1984* ★★★

CH. LAFAURIE-PEYRAGUEY «Fred. Grédy, Proprietor». Originalkorken. Füllhöhe obere Schulter. Ziemlich tief, leuchtende Oloroso-Farbe; karamelisiert, leichte Zitrusnote; relativ süß, Geschmack nach altem Gerstenzucker, gute Säure, trockener Abgang.
*April 1985* ★★

# 1913 ★★

CH. D'YQUEM Füllhöhe obere Schulter. Sehr blaß für das Alter, wie ein alter Fino, grünlicher Rand; zunächst für einen Sauternes recht untypische Nase, entfaltete sich aber schön nach eininhalb Stunden, zart, Vanille-Töne; völlig ausgetrocknet, aber sauber.
*Bei der Moon-Degustation, Februar 1988* ★

CH. LAFAURIE-PEYRAGUEY Vorzügliches Bukett; halbsüß, relativ leicht, schwungvoll.
*Aus Château-Beständen, September 1976* ★★★

# 1914 ★★★

CH. D'YQUEM Etwas am Austrocknen, aber fein, reich.
*1969 und 1973 verkostet* ★★★★

CH. CAILLOU Barsac. Füllniveau obere Schulter. Hübsches, reiches Lanolin-Gelb; zurückhaltend, aber makellos, alte Honig- und Minzetöne; halbsüß, relativ leicht, weich, sauber, trockener Abgang.
*Aus einem Pariser Keller, November 1988* ★★★

STE CROIX-DU-MONT Hervorragendes Füllniveau. Butterblumengelb; alte, fast wachsartige Sémillon-Nase; halbsüß, relativ leicht, ausgezeichneter Geschmack, gefällige, wenn auch pappige Säure. Bemerkenswert für Klasse und Alter.
*Bei Christie's erworben, getrunken bei einem Avery-Abendessen, Bristol, Juli 1981* ★★★

CH. FILHOT Tiefes Bernsteinbraun; alt, angesengt, voll, reich, aber maderisiert; dabei immer noch süß und überraschend reich. Machte sich gut

nach einem 45er Yquem, auch wenn er nicht im besten Zustand war.
*Oktober 1984* ★★

CH. LAFAURIE-PEYRAGUEY Topas; wunderbares Bukett; exzellent.
*Aus Château-Beständen, September 1976* ★★★★

CH. DE RAYNE-VIGNEAU Gut.
*Mai 1975* ★★★

## 1915 ★★

CH. LAFAURIE-PEYRAGUEY Zwei halbe Flaschen, eine ausgetrocknet, die andere schön.
*1976 verkostet. Im besten Fall* ★★

## 1917

CH. LAFAURIE-PEYRAGUEY Am Austrocknen. Kurz.
*Aus Château-Beständen, September 1976* ★

## 1918 ★★

CH. D'ARCHE Im besten Fall gefällig und nachhaltig.
*1974 mehrmals degustiert* ★★

CH. CLIMENS Füllniveau, Korken und Farbe gut für das Alter; leicht, sahnig, etwas käsige, hochgetönte Nase; relativ süßer, reicher Geschmack, der an Lanolin, Vaseline und Zitronentorte erinnerte, mit trockenem, lebhaftem, leicht säurebetontem Abgang.
*Februar 1984* ★★

CH. LAFAURIE-PEYRAGUEY Vorzügliches Bernstein mit Limonentönen; wunderbares, reiches Gerstenzuckerbukett und ebensolcher Geschmack. Immer noch süß, weich, gute Länge und duftender Nachgeschmack.
*September 1990* ★★★★

## 1919 ★★

*Lesebeginn in Sauternes am 20. September.*

CH. D'YQUEM Gute Füllhöhe. Unerwartet blasses Zitronengelb, hell aber fad; leichte, wachsartige, pudrige Vanille-Nase; halbsüß und mittelschwer, leichter Karamelgeschmack, aber gute Säure.
*Bei Bud Moons Degustation, Februar 1988* ★

CH. DE RAYNE-VIGNEAU Schöne Farbe, lebhaftes Bernsteingelb; sehr reich, ausgebaut, *Crème brûlée*; halbsüß, vorzüglich weicher, lanolinartiger Geschmack mit zarter Säure.
*Vorverkausdegustation, November 1983* ★★★★

## 1920 ★★★

*Ein guter Sauternes-Jahrgang, der im Schatten des 21ers blieb. Lesebeginn am 15. September.*

CH. D'YQUEM Anschein von Qualität, ging bergab, aber trinkbar.
*Einmal verkostet, 1955* ★

CH. DOISY-DUBROCA Bernstein; reich, wohlriechend; süß, reich, eine Spur Karamel, gute Frucht und hervorragende Säure.
*Halbe Flaschen von Prunier's bei Vorverkaufsdegustationen, Oktober und Dezember 1982* ★★★

CH. DE RAYNE-VIGNEAU Gute, helle Farbe; vorzügliches und lebhaftes Bukett, ein Hauch Karamel; ziemlich süß, mittelschwer, exzellenter Geschmack, schwungvolle Säure.
*November 1983* ★★★★

## 1921 ★★★★★

*In allen europäischen Weingegenden ein bemerkenswerter Weißweinjahrgang. Nach einem außergewöhnlich heißen Sommer begann die Lese am 14. September.*

*Bei guter Herkunft und Lagerung besteht kein Grund, warum diese 21er nicht nach wie vor herrlich zu trinken sein und sich nicht bis ins nächste Jahrhundert halten sollten.*

CH. D'YQUEM Gilt als der größte Yquem seit 1847, alle Komponenten unglaublich gut ausgebildet, besonders der hohe Zucker- und Extraktgehalt, die dem Wein ungewöhnliche Farbtiefe, Gewicht und Kraft verleihen. Ich hatte die Ehre, diesen Wein in den vergangenen 25 Jahren über 20mal degustieren zu dürfen. 1983 und 1984 (eine mit Korkgeruch und am Austrocknen) je zweimal verkostet. 1984 eines der interessantesten Beispiele: in der Schweiz abgefüllt (1921 war der letzte Jahrgang, der von Lur-Saluces in Fässern aus dem Haus ging), grüne Schweizer Glasflasche, malerisches Etikett und kurzer Korken. Ziemlich tiefe Farbe, hell, aber mit Weinsteinkristallen; klassisches *Crème-brûlée*-Bukett; süß, körperreich, sehr reichhaltig, perfekter Geschmack, im Abgang am Austrocknen. Außerdem 1986, 1987 in Magnumflaschen und zuletzt bei Bud Moons Yquem-Degustation in Chicago. Leichte Unterschiede, je nach Provenienz und Zustand: sehr tiefe Farbe, Bernsteinorange, Hagebutten und Bual Madeira;

*Château d'Yquem*

alle Weine mit herrlichem Bukett, sehr reich, honigartig, angesengte Rosinen, Pfirsiche und Orangenblüten, manchmal wie Vanille und Orangeat, manchmal etwas schokoladig und Bual-ähnlich; zwischen halbsüß und sehr süß, immer körperreich, konzentriert, eindringlich, mit phantastischer Intensität und perfekt ausgleichender Säure – eine einzigartige Kombination aus Kraft und Schönheit.
*Zuletzt im Oktober 1993 verkostet. Im besten Fall* ★★★★★

CH. CLIMENS 1977 hatte es den Anschein, als würde diesem Wein die Reichhaltigkeit des 21er Jahrgangs fehlen. In jüngerer Zeit eine *Jéroboam*: ziemlich tiefes Bersteinbraun; schwer, reich, krustige Karameltöne; immer noch süß, ziemlich körperreich, gehaltvoll, karamelisierter Geschmack, mit gerade ausreichender Säure.
*Zuletzt im Februar 1985 verkostet* ★★★

CH. LAFAURIE-PEYRAGUEY Ziemlich tief, aber lebhaft. Gesunde Orangetönung und limonenfarbener Rand; angesengt, Tokajer-ähnlich, rosinenartig, reiche Aprikosennase; halbsüß, körperreich, reichhaltig, geschmacksintensiv, gebrannter Kaffeegeschmack und gute zähneputzende Säure.
*September 1990* ★★★★

CH. DE RICAUD Loupiac. Bukett entfaltete sich schön im Glas; halbsüß und mittelschwer, Geschmack und Ausgewogenheit sehr gut, trockener Abgang.
*Oktober 1982* ★★★★

CH. LA TOUR BLANCHE Erstmals im Februar 1987 verkostet, Füllhöhe obere Schulter, bei alten Sauternes selten problematisch: schönes Altgold; herrliches Bukett, Pfirsiche und Gerstenzucker; ziemlich süß. Komplett. Außerdem drei weitere Flaschen, eine mit Kork- und trübem, gedämpftem Pilzgeruch, ausgetrocknet. Die beiden anderen sehr gut.
*Zuletzt im September 1987 verkostet. Im besten Fall* ★★★★★

1922 ★

*Großer Ertrag, leichte Weine, die nicht reich ausgestattet waren. Die Lese begann zu früh am 12. September.*

CH. D'YQUEM Am Austrocknen. Nicht schlecht.
*Zuletzt 1976 verkostet* ★

CH. DE MYRAT Barsac. Eine halbe Flasche, Füllhöhe in der Mitte der unteren Schulter. Relativ blasses Bernstein, apfelgrüner Rand; überraschend reiche, krustige Karamelnase; relativ süß, ziemlich leicht, aber sauber, schmackhaft, mit guter Säure. Ein unerwartetes Vergnügen.
*Juni 1988* **

## 1923 ***

*Nicht schlecht. Lesebeginn am 27. September.*

CH. D'YQUEM Fester Geschmack, lebhaft, am Austrocknen.
*Zuletzt 1977 verkostet* ***

CH. D'ARCHE PUGNEAU Drei Aufzeichnungen. Herrliches, lebhaftes Altgold; Gerstenzucker und Karamel; immer noch süß, relativ voll, reich, karamelisiert. Eine Flasche mit ziemlich hoher Säure.
*Zuletzt im März 1992 verkostet. Im besten Fall* ****

CH. GUITERONDE 2ème cru «Haut Barsac». Gute Füllhöhen. Vorzügliche Farbe, Orange, mit einem Stich ins Gold; zunächst zurückhaltende Nase, doch dann entfaltete sich ein süßer, pudriger Duft, der an das Parfum «Joy» erinnerte! Nach wie vor süßer, klassischer Geschmack, gute Länge, eine Flasche mit leicht bitterem Abgang.
*Zwei überraschend attraktive halbe Flaschen aus Pruniers Keller, Paris, Oktober und Dezember 1982* ****

## 1924 ***

*Lesebeginn am 16. September.*

CH. D'YQUEM 1977 köstlich. Eine Flasche in nicht so gutem Zustand 1984 auf Schloß Johannisberg: leicht wolkig, ein anfänglicher Geruch von Bierhefe, der verflog; im Geschmack besser als in der Nase, reicher als der 26er. Danach eine Flasche mit Füllhöhe bis zur oberen Schulter: schönes Altgold, mit leichtem, aber wahrnehmbarem Orangeton (fällt bei allen diesen 24ern auf); herrliches Bukett von Gerstenzucker und Orangenblüten; weich, Gewicht, Geschmack und Nachgeschmack perfekt.
*Bei Christie's Vorverkausdegustation in Chicago, November 1986. Im besten Fall* *****

CH. GUIRAUD Halbe Flasche, Füllhöhe obere Schulter, annehmbarer Korken. Helles Bernstein, apfelgrüner Rand; vorzügliches, süßes, honigartiges, karamelisiertes Bukett; halbsüß und mittelschwer, reich, guter Gerstenzuckergeschmack, angemessene Länge, deutliche, aber nicht vordringliche Säure.
*Zuletzt im September 1988 verkostet* ****

CH. GUITERONDE Kapseln, Etiketten und Füllhöhen gut. Jahrgangsbezeichnung nicht auf den Etiketten, sondern in die Korken gestempelt. Reicher Goldton; eine Flasche mit eigenartiger, würziger Minzeblättnase, die anderen süß, wohlriechend und wachsartiger Vanille-Note; halbsüß, relativ leicht, eine Flasche hochgetönt und lebhaft säurebetont, mit besserer Nase.
*Halbe Flaschen von Prunier, Oktober und Dezember 1982* ** *bis* ***

CH. RABAUD-PROMIS Sehr gutes Füllniveau, aber hineingedrückter Korken. Butteriges Goldgelb; vorzügliche, süße, klassische Nase; halbsüß und mittlschwer, guter Geschmack, recht kraftvoll, Säure und Gesamtzustand exzellent.
*Ebenfalls von Prunier, Vorverkausdegustation, Februar 1993* ****

CH. DE RAYNE-VIGNEAU Blaß für sein Alter, Lanolin; mittelsüß, schön in Geschmack und Säure.
*Mit Bob Paul im Dezember 1993* ****

## 1925 **

*Lesebeginn am 27. September. Ursprünglich recht gut, inzwischen unterschiedlich.*

CH. D'YQUEM Taucht relativ häufig auf Auktionen auf, doch nachdem ich im Februar 1968 eine ausgetrocknete und bitter schmeckende Flasche probiert habe, würde ich keinen hohen Preis mehr dafür bezahlen. Vielleicht habe ich aber nur Pech gehabt.

CH. LAFAURIE-PEYRAGUEY Voll und fett.
*April 1976* ***

## 1926 ****

*Lesebeginn am 22. September. Sehr gut, jetzt am Austrocknen.*

CH. D'YQUEM Leichte Unterschiede. 1975 sehr gut: relativ tiefes, warmes Bernstein; honigartige, leicht pfeffrige Nase; dominierende Sémillon-Note im Geschmack. 1984 auf Schloß Johannisberg ziemlich streng und mit wenig Wohlgeruch. Im November 1986 eine Flasche mit bemerkenswert hoher Säure und zuletzt eine mit ansprechender Farbe; der eigenartige Geruch erinnerte zunächst an ein Hallenbad, nach einer Stunde an Minze. Am Austrocknen, dennoch reich, mit

pappigem Vanille-Karamel-Geschmack und guter Säure.
*Zuletzt im Februar 1988 verkostet ★★ bis ★★★*

CH. FILHOT 1976 stellte ich einen Chlorgeruch fest, eine Beschreibung, die zufällig mit dem Yquem dieses Jahrgangs übereinstimmte. Eine weitere, befriedigendere halbe Flasche: relativ blaß, mit Zitronen- und Goldtönen; reiche, wachs- und honigartige, alte Sémillon-Nase; ausgetrocknet, verblassend, schlank, aber schmackhaft, sauber.
*Juni 1988 ★★*

CH. DE RAYNE-VIGNEAU Tiefes Goldorange, *Crème brûlée*; reich, aber am Austrocknen. Karamelisiert, aber sauber, duftend, Säure und Nachgeschmack sehr gut.
*November 1990 ★★★★*

CH. ST-AMAND Preignac. Gute Füllhöhen. Bukett fast unangenehm süß; süßer «Lemon-curd»-Geschmack, reich, sauber, ansprechend.
*Zuletzt im Februar 1993 verkostet ★★★*

## 1927 ★★

*Lesebeginn am 20. September. Der rote Bordeaux fiel buchstäblich ins Wasser, doch in Sauternes waren die Bedingungen für eine späte Ernte offensichtlich besser.*

CH. DOISY-VÉDRINES Ziemlich tiefes Bernstein mit sehr ausgeprägtem, grünem Rand; außerordentlich gut, reich, makellos, *Crème brûlée*; halbsüß, mittelgewichtiger Körper. Endsäure wirksam überdeckt durch den bemerkenswert reichen, alten Geschmack.
*Auf Ch. Latour, Oktober 1981 ★★★★*

CH. FILHOT Goldgelb; Pfirsichkerne; ausgetrocknet.
*Wurde auch mit Himbeer-Vacherin nicht besser, Juli 1981.*

CH. DE RAYNE-VIGNEAU Zwei Aufzeichnungen aus jüngerer Zeit: Füllniveau obere Schulter, für das Alter ausgezeichnet; mitteltief, Bernsteinorange; Bukett von Pfirsichen, Aprikosen, Honig und Gewürzen; etwas am Austrocknen, aber immer noch reich, kraftvoll, gute Länge, wenn auch abrupter Abgang. Vorzüglicher Gerstenzuckernachgeschmack.
*Zuletzt im Mai 1990 verkostet ★★★★*

CH. LA TOUR BLANCHE 1927 ist mein Geburtsjahr und ich haben diesen Wein daher sechs Mal degustiert und getrunken, gleichbleibend gut. Zuletzt: gute Füllhöhe trotz brüchigem Korken; Relativ tiefes Bernstein, grüner Rand; vorzügliche

alte *Crème-brûlée*-Nase; immer noch süß, mittelvoll, reich, leicht karamelisierter Geschmack, gute Säure.
*Februar 1984 ★★★★*

## 1928 ★★★★

*Lesebeginn am 18. September. Kontrastreich im Stil zu dem köstlicheren 29er. Hält sich gut.*

CH. D'YQUEM Ein Dutzendmal degustiert. Farbunterschiede von Zitronengold zu reichem, warmem Bernstein, mindestens eine Flasche mit leicht bräunlichem Depot; intensives Bukett, getoastet, *Crème brûlée*, Vanille, Spuren von Zitrone, Pfirsich und Orangenblüten, ätherisch, allerdings manchmal etwas hart; halbsüß (für einen Yquem), reich, eindringlich, mit lebhafter Säure, die dem Wein einen trockenen Abgang verleiht.
*Zuletzt im Oktober 1985 verkostet ★★★★★*

CH. CLIMENS Acht, ziemlich übereinstimmende Aufzeichnungen. 1980 eine beruhigend gute halbe Flasche. In jüngerer Zeit: mitteltiefes Bernsteingold, limonenfarbener Rand; würzig, Orangenblüten. «Lemon curd», beständige Entfaltung des Buketts, wunderbarer Duft; halbsüß – etwas am Austrocknen, lebhaft, wohlriechend, exzellente Säure und Länge.
*Zuletzt im Mai 1988 verkostet ★★★★*

CH. FILHOT Mehrere Aufzeichnungen. Bernstein, Karamelton in Nase und Geschmack. Im besten Fall lebhaft und wohlschmeckend.
*Zuletzt im September 1990 verkostet ★★*

CH. DE RAYNE-VIGNEAU Hübsches, helles Altgold; Orangen, Pfirsich, *Crème brûlée*; am Austrocknen, aber gut, vollkommen in Gewicht, Ausgewogenheit und Säure. Hinterläßt einen aromatisierten Mund.
*Dezember 1985 ★★★★*

CH. SUDUIRAUT Zwei Notizen, beide gut: herrliche Farbe, Bernsteingold mit Orangereflexen; Bukett von getrockneten Aprikosen und Gerstenzucker, intensiv und tief; immer noch ziemlich süß, relativ voll, reich, Geschmack und Nase entsprechen sich. Wunderbarer Nachgeschmack.
*Juni 1984 und 1988 ★★★★★*

## 1929 *****

*Lesebeginn am 23. September. Ein herrlicher Jahrgang. Besser ausgewogen, süßer und weicher als der 21er oder 37er. Bei guten Lagerbedingungen immer noch komplett. Die 29er Weine, und unter ihnen vor allem Yquem, sind sehr tieffarbig. Wer dieses Jahrgangsmerkmal nicht kennt, könnte – unzutreffend – vermuten, der Wein sei madeirisiert worden.*

CH. D'YQUEM Bei mehreren Gelegenheiten mit wohliger Befriedigung beurteilt. Tiefes, reiches Bernstein, gewisse rosagetönte Tawny-Nuancen, immer sehr schöne Farbe; die auffallendste Eigenschaft des Bukett ist wohl «Sahne», Pfirsiche, Aprikosen, geschälte Sultaninen, reich, leicht getoastet; immer süß, voller Körper, viel Extrakt und Geschmack, konzentriert, mit großer Länge und exquisitem Nachgeschmack.
*Zuletzt im Januar 1991 verkostet ***** Weitere 50 Jahre Lebenserwartung.*

CH. CLIMENS Ich bin ein großer Bewunderer von Climens und dies scheint mir sein größter Jahrgang. Ein herrliches, relativ tiefes Bernsteingold mit grünem Rand; weiches, phantastisches Bukett, viel mehr *Crème* und viel weniger *brûlée* als bei den meisten alten Dessertweinen, ein Hauch Minzeblätter; gleichbleibend süß, reich und fett, doch weder stämmig noch ölig, mit einer Säure, die als diskreter Begleiter auftritt. Komplett.
*Meine letzte Aufzeichnung stammt vom März 1983, doch in der Erinnerung durchlebe ich den Genuß immer wieder *****

CH. FILHOT Mehrere übereinstimmende Notizen. Reiches, gehaltvolles Bukett; mitteltief, weder süß noch trocken, aber körperreich, weich und reichhaltig. Gute Länge. Trockener Abgang.
*Zuletzt im September 1990 verkostet ***

CH. GUIRAUD Füllhöhe mittlere Schulter. Ziemlich tiefes strohfarbenes Bernstein; exzellente Nase, hat Charakter, Qualität und Kondition. Reiche *Crème-brûlée*-Note; halbsüß, mittelgewichtiger Körper, weich, reif, reich. Sicher einer der besten Guirauds überhaupt.
*Februar 1981 *****

CH. LAVILLE Preignac. (Nicht zu verwechseln mit Ch. Laville Haut-Brion.) Einfache Kapseln, in Bordeaux durch Eschenauer abgefüllt. Füllhöhe 3,8 cm unterhalb des Korkens, der hineinfiel. Fabelhafte Farbe, warmes Altgold, eine Spur Orange; vorzüglich sahniges, honigartiges Flaschenalter und Edelfäule-Bukett, das sich mehr als zwei Stunden perfekt hielt; halbsüß, mittelschwer, Geschmack und Ausgewogenheit komplett, vorzügliche Säure, immer noch sehr frisch.

*Bordeaux-Club-Abendessen bei Christie's, April 1984 *****

CH. DE RICAUD Loupiac. Drei halbe Flaschen, zwei davon 1982 probiert. Wunderbare Farbe; perfekter Pflanzenduft; immer noch sehr süß, ziemlich kraftvoll, vollkommen bis auf die für einen Wein von geringerer Herkunft verständliche mangelnde Länge.
*Alle aus dem Prunier-Keller, Paris. Zuletzt im November 1986 verkostet ****

## 1930

*Katastrophales Jahr. Yquem kam nicht in den Handel.*

## 1931

*Lesebeginn am 21. September. Kein bemerkenswertes Jahr. Depression, deprimierend. Schlechtwetter sowohl am Himmel wie am Markt.*

CH. D'YQUEM Fünfmal getrunken. Eine schlechte Flasche, Füllhöhe untere Schulter, hineingefallen Korken. Maderisiert, apfelartig, hohe Säure. Die anderen alle nicht schlecht, gleichbleibende Bewertungen. Bei der letzten Gelegenheit: Kapsel und Korken voll geprägt, Flaschenetikett, Streifbandetikett von Eschenauer und Halsetikett von Julius Wile (Händler, beziehungsweise amerikanischer Importeur), Füllhöhe obere Schulter. Tiefes Bernstein – wirkte im Dekantiergefäß fast wie ein Rotwein; fast unangenehm süße Nase, reine Karamelnote, leicht malzig; halbsüß, mittelschwer, karamelisierter Geschmack, immer noch reich, mit gutem, trockenem, säurebetontem Abgang.
*Zuletzt am Silvesterabend 1989 verkostet. Im besten Fall ***

## 1932

*Keine Sonne; kaum Traubenzucker, praktisch kein Alkohol.*

## 1933 *

*Lesebeginn am 20. September. Nicht gerade erfolgreich.*

CH. D'YQUEM Zweimal verkostet. Beim ersten Mal: Der Korken fiel hinein. Altgoldene, dabei helle Farbe; Nase wie alter Pudding; immer noch ziemlich süß, in Anbetracht von Jahrgang und Zustand nicht schlecht, gute Säure hält ihn über Wasser. Sauberer Abgang.

Zweites Mal: ausgetrocknet. Unsauberer Abgang.
*Zuletzt im Januar 1992 verkostet.*

CH. LAFAURIE-PEYRAGUEY Unterschiedlich, selbst aus Château-Beständen; eine Flasche ölig, eine andere durchaus reich und mit gutem Geschmack.
*Zuletzt im Juli 1976 verkostet. Im besten Fall* ★★

## 1934 ★★★★

*Lesebeginn am 17. September. Das beste Sauternes-Jahr zwischen 1929 und 1937.*

CH. D'YQUEM Mitteltiefes, warmes Erscheinungsbild; sehr gesunde, klassische Nase, leicht karamelartig, wohlriechend, Orangenblüten, reich und vorzüglich nach einer Stunde im Glas; ziemlich süß und voll, guter, reicher Geschmack, lebhaft, hervorragend ausgewogen.
*Zuletzt im Juni 1992 verkostet* ★★★★★

CH. COUTET Komplette Farbe, mitteltiefes Goldgelb, perfekte Nase, süß, vorzüglich weich, lanolinartig; halbsüß, mittelschwerer Körper, sehr lebhaft, stilvoll, Geschmack, Länge und Säure gut.
*November 1983* ★★★★★

CH. FILHOT Blaßgelb, Orangereflexe; lebhaft, wohlriechend; am Austrocknen, Gerstenzuckergeschmack. Schön, aber zweitrangig.
*Mai 1987* ★★★

CH. LAFAURIE-PEYRAGUEY Mehrere hervorragende halbe Flaschen.
*1977 und 1978* ★★★★

CH. DE TASTES Ste-Croix-du-Mont. Bernstein; karamelartig; halbsüß, ansprechend rauchiger Lanolingeschmack, relativ hohe, lebhafte Säure. Drei Aufzeichnungen.
*Zuletzt im Februar 1982 verkostet* ★★

## 1935 ★★

*Lesebeginn am 25. September. Kurz vor Kriegsbeginn abgefüllt. Selten.*

CH. D'YQUEM Mehrere Male seit 1979 degustiert. Abgesehen von der eigenartigen, relativ blassen Farbe unterschiedlich. Ein Wein mit ansprechend delikater Nase, pfirsichartig, ein Hauch Ananas; halbsüß, relativ leichter Körper und Stil, elegant, zurückhaltend, aber fest, delikat, dabei komplett im Jahre 1986. Bei der Moon-Degustation eine merkwürdige Flasche mit unangenehmem Sattelgeruch.
*Zuletzt im Februar 1988 verkostet. Im besten Fall* ★★★

## 1936 ★★

*Lesebeginn am 2. Oktober. Mittelmäßiges Jahr.*

CH. D'YQUEM Füllhöhe bis in den Hals. Mitteltief, leichte Orangetönung, sehr hell; eigenartiges Bukett, leicht pfeffrig, erinnerte mich irgendwie an Lachs, zum Teil auch an wilde Kirschen; halbsüß, mittelschwer, recht schmackhaft, schlank, sauber, gute Säure.
*Bei der Degustation von Moon, Februar 1988* ★

CH. D'ARCHE Acht ziemlich gleichbleibende Aufzeichnungen: vorzügliches, orangegetöntes Bernsteingold; harmonisches Honig- und Vanille-Bukett; halbsüß, mittelgewichtig, attraktive, an Zitronen erinnernde Sémillon-Note, Gerstenzuckergeschmack. Für Alter, Jahrgang und Klasse gut.
*Zuletzt im September 1985 verkostet* ★★★

## 1937 ★★★★★

*Lesebeginn am 20. September. Wie 1921 ein berühmter Jahrgang für Weißwein, weniger für Rotwein. Große Sauternes, die besten sind bei guter Lagerung nach wie vor phantastisch.*

CH. D'YQUEM Bei vielen Gelegenheiten degustiert, in den 80er Jahren mindestens neunmal. Ziemlich gleichbleibend, die leichten Unterschiede waren zweifellos das Ergebnis weniger guter Lagerung. Dazu gehörte auch eine Flasche von zu tiefer, bräunlicher Bernsteinfarbe, mit annehmbarer, doch maderisierter, malziger Nase. Normalerweise und im besten Fall relativ tiefes Bernsteingold, mit einer Spur Orange (niemals so tief wie der 29er oder 21er); komplettes Bukett (wie läßt sich Komplettheit in Worten ausdrücken?): honigartig, wohlriechend, Orangenblüten, eine endlose Duftfolge von schier unauslotbarer Tiefe. Am Gaumen süß, körperreich, reichhaltig, konzentriert, köstlicher Gerstenzucker, Länge, Säure und Nachgeschmack wunderbar. In jüngerer Zeit eine Magnum: explosives Bukett und fast unanständig schmackhaft.
*Zuletzt im Januar 1992 verkostet* ★★★★★

CH. CLIMENS Sechsmal degustiert. Zuletzt: mitteltiefes, warmes Bernstein; reiches, aber hochgetöntes, minzeartiges Bukett; süß, sahnig reicher Geschmack, ziemlich hohe Säure, aber vorzüglich.
*September 1988* ★★★★

CH. COUTET Mehrere Aufzeichnungen. In der Farbe tiefer als erwartet. Altgold, bernsteingrüner Rand; zurückhaltende, karamelisierte Nase; am Austrocknen, aber reicher *Crème-brûlée*-Geschmack, exzellente Säure.
*Bei Lloyd Flatt in New Orleans, Mai 1981* ★★★★

CH. GILETTE *Crème de Tête*. Reiches Gelb, Spitzbogentränen; Honig und Stroh, leichte Vanille-Note und minzeartiges Bukett, das im Glas weicher und süßer wurde; sehr süß, voll, reich, sahnig, lebhaft, hohe Säure verleiht einen trockenen Abgang.
*September 1988* ★★★★

CH. LAFAURIE-PEYRAGUEY Nur gute Bewertungen. Schönes Bernsteingold; reich, honigartig, Gerstenzuckerbukett; voller Geschmack, wachs- und honigartig, hervorragende Säure. Am Austrocknen.
*Zuletzt im September 1988 verkostet* ★★★★

CH. DE RICAUD Loupiac. Zum Teil als *«crème de tête»*, als *«vin de tête»* oder als *«tête de cuvée»* deklariert. Vorzügliche Farbe, Topas, Orangegold, leicht pudriges Depot; perfektes Honigbukett; halbsüß, mittelschwer, durchaus fett, aber immer noch erfrischender Geschmack. Trockener Abgang.
*Zuletzt im November 1979 verkostet* ★★★★

CH. SUDUIRAUT Altgold; eine Flasche mit beschmutztem, altem Korken, eine zweite sauberer, zwar ansprechend, aber am Austrocknen. Müßte eigentlich besser sein.
*In San Francisco, Mai 1980. Im besten Fall* ★★

CH. LA TOUR BLANCHE Sehr helles, warmes Bernsteinorange; sehr süßes, pudriges Bukett, das im Glas rasch ermüdete; sehr süß, ziemlich voll und reich, doch mit ausgesprochen hoher, geschmacksbetonender Säure.
*September 1988* ★

CH. VOIGNY Preignac. Verblüffend helles Gelb, durchzogen mit goldenen Nuancen; zarte, wachs- und honigartige Sémillon-Nase; halbsüß, relativ leicht, wohlriechend, charmant, erfrischende Säure.
*November 1983* ★★★★

# 1938 ★★

*Lesebeginn am 26. September. Kein Bemerkenswerter Sauternes-Jahrgang. Selten gesehen. Ch. Lafaurie-Peyraguey und Ch. de Rayne-Vigneau waren jedoch beide recht gut, als ich sie in den 70er Jahren verkostete.*

# 1939 ★★★

*Lesebeginn am 20. September. Am Austrocknen, inzwischen unterschiedlich.*

CH. D'YQUEM Vier leicht unterschiedliche Aufzeichnungen von Flaschen mit ungleichen Füllhöhen. Im besten Fall, 1983, überraschend gut, ziemlich tiefes Bernsteingold; sehr reiche Crème-brûlée-Nase, in der das Flaschenalter und die Edelfäule deutlich herauskamen; fett, reich, Länge, Leben und Nachgeschmack gut. In jüngerer Zeit eine Flasche mit Füllhöhe bis zur oberen Schulter; ziemlich eigenartige, medizinale, karamelartige Nase; verhältnismäßig süß und voll, mit eindringlichem Geschmack wie angesengte Rosinen. Etwas zu säurebetont und kurz.
*Zuletzt im Februar 1988 verkostet* ★ *bis* ★★★★

# 1940 ★

*Lesebeginn am 25. September. Mittelmäßig.*

CH. D'YQUEM Gutes Füllniveau; gute Farbe, mitteltiefes Bernsteinorange; merkwürdige, hochgetönte, karamel- und honigartige Nase; halbsüß, leicht angesengter, reicher Geschmack, recht ansprechend.
*Bei Bud Moons Degustation, Februar 1988* ★★

CH. CLIMENS Am Austrocknen.
*1976.*

# 1941

*Lesebeginn am 30. September. Schlechter Jahrgang.*

CH. D'YQUEM Völlig ausgetrocknet.
*Zuletzt im Januar 1992 verkostet.*

CH. DE MAYNE Haut Barsac. Belgische Abfüllung. Für das Alter blaß. Am Austrocknen, aber weich und gefällig. In gutem Zustand,
*November 1980* ★

# 1942 ★★★★

*Lesebeginn am 30. September. Ein feiner, reicher Jahrgang.*

CH. D'YQUEM Zwei sehr gute Bewertungen. Ziemlich tief; warmes Orange, grüner Rand; zurückhaltend, zart, wohlriechend, schöne Entfaltung und nachhaltig; halbsüß, körperreich, mehr Kraft als die Nase erwarten ließ, guter, trockener, säurebetonter Abgang.
*Zuletzt auf Schloß Johannisberg verkostet, November 1984* ★★★★

CH. CLIMENS Gefällig.
*1971* ★★★

CH. COUTET Drei gute Notizen. Hell, lebhaftes Gold, limonenfarbener Rand; reiches Bukett; süß, reich, lebhafte Säure. Sehr schön.
*Zuletzt im Juni 1988 verkostet* ★★★★

CH. LAFAURIE-PEYRAGUEY Herrlich reiche Goldfarbe; reiche, stämmige Nase mit Nuancen von Honig und Gerstenzucker; ziemlich süß, körperreich, sehr reichhaltig, ausgezeichnete Säure. *Oktober 1987* ★★★★

## 1943 ★★★★

*Lesebeginn am 15. September. Der beste Kriegsjahrgang. Kraftvolle Weine, jetzt etwas am Austrocknen.*

CH. D'YQUEM Drei gleichbleibend gute Aufzeichnungen. Warmes Bernsteinorange; klassisches Bukett, sehr entgegenkommend, ziemlich kraftvoll, Säure und Alkohol bemerkenswert; halbsüß, am Austrocknen, dennoch warm, reich und positiv, relativ hohe flüchtige Säure, hochgetönt. Nachgeschmack wie die Glasur von *Crème caramel*. *Zuletzt im November 1984 verkostet* ★★★★★

CH. GUIRAUD Markante Farbtiefe; sehr geringes Bukett, minze- und firnisartig; am Austrocknen, schlank und ledrig. *Januar 1983* ★

CH. SUAU Gelb; austrocknend. Enttäuschend. *Im Dezember 1992* ★

## 1944 ★★★

*Lesebeginn am 24. September. Recht gut. Jetzt unterschiedlich.*

CH. D'YQUEM Zwei gute Aufzeichnungen. Mitteltief, hell, Bernsteinorange, mit leuchtend apfelgrünem Rand; bemerkenswert attraktives, frisches Bukett mit Nuancen von *Crème brûlée*, Lanolin und Honig; halbsüß, mittelgewichtig, ziemlich eindringlicher Geschmack, gute Säure. *Zuletzt im Februar 1988 verkostet* ★★★★

CLOS HAUT-PEYRAGUEY «1er cru Sauternes». Gutes Füllniveau. Wunderbare Farbe; vorzügliche, klassische Nase; süß, Geschmack, Ausgewogenheit und Zustand hervorragend. *Januar 1981* ★★★★

## 1945 ★★★★★

*Lesebeginn am 10. September. Der erstaunliche erste Nachkriegsjahrgang. Höchste Qualität, edel, konzentriert. Hält sich gut.*

CH. D'YQUEM Ein sehr großer Wein, den ich bei vielen Gelegenheiten verkosten durfte. Sieben übereinstimmende Aufzeichnungen seit 1983: reines Gold, bernsteinfarbene Glanzlichter, Orangespuren. Perfektes Bukett, das im Glas erblühte, blumig, pfirsichartig, Apfelstrudel! Immer noch ziemlich süß, intensiv, konzentriert, große Kraft, Eindringlichkeit und Länge, Nachgeschmack von Orangenblüten. Phantastisch. *Zuletzt im Januar 1991 verkostet* ★★★★★ *Wird sich gut bis ins 21. Jahrhundert weiterentwickeln.*

CH. FILHOT Warme, lebhafte Bernsteinfarbe; karamelisierter Gerstenzucker, doch zu wenig Schwung; am Austrocknen – aber immer noch füllig, mit hohem Extrakt und sehr guter Säure. *Bei Belle und Bernard Rhodes, April 1986* ★★★★

*Château d'Yquem*

CH. LAFAURIE-PEYRAGUEY Fabelhafte Farbe, tiefes Bernsteinorange, zitronenfarbener Rand; wohlriechend, hochgetönt, leicht zitrusartig; süß, reich, kraftvoll, aber nicht schwer – mit Rasse. Herrliche Säure.
*Zuletzt im Mai 1984 verkostet* ★★★★★

CH. LA TOUR BLANCHE Hervorragend, konzentriert.
*1978* ★★★★★

# 1946

*Lesebeginn am 30. September. Nach Regen und Fäulnis wurde der Jahrgang durch extrem heißes Wetter gerettet. Dennoch kaum von Interesse.*

CH. D'YQUEM Füllhöhe zwischen mittlerer und oberer Schulter. Wolkig. Trübe Bernsteinfarbe. Erster Geruchseindruck stechend und oxydiert, unterlegt jedoch mit einem gewissen Gehalt. Nach einer Stunde: Schokolade und Kaffeefondant. Immer noch süß. Geschmack von angesengter Lakritze. Eine schlechte Flasche und im besten Fall kaum mehr als interessant.
*Februar 1988.*

# 1947 ★★★★★

*Lesebeginn am 15. September. Ein sehr großer, reicher, reifer Jahrgang. Herrlich. Auf die Säure ist achtzugeben.*

CH. D'YQUEM Dreizehnmal seit 1954 verkostet. Völlig übereinstimmende Aufzeichnungen. Herrliche Farbe: warmes Bernsteinorange, leicht pudriges Depot (allein wegen der schönen Farbe lohnt sich das Dekantieren); einfach komplettes Bukett; *Orange Pekoe*, Pfirsich und Orangenblüten; weich, harmonisch; immer noch sehr süß, mittelgewichtiger Körper, weich, mollig, fleischig, wodurch die flüchtige Säure überdeckt wird, die während einer Gärung unter sehr heißen Bedingungen entsteht.
*Zuletzt im Januar 1992 verkostet* ★★★★★ *Auf dem Gipfel.*

CH. CLIMENS Einer der allerbesten Jahrgänge von Climens, dem 29er ebenbürtig. Zehn hervorragende Bewertungen, fünf davon nach 1980. mitteltiefe Farbe, leuchtendes Altgold; perfektes Bukett, immer süß, reich, klassische *Crème brûlée*, Minzeblätter, Aprikosen. Am Gaumen zwischen ziemlich süß bis zu sehr süß, weich, sahnig, Gerstenzuckergeschmack, große Länge, großartiger Nachgeschmack.
*Zuletzt im Januar 1988 verkostet* ★★★★★ *Noch viel Leben vorhanden.*

CH. COUTET Mehrere Aufzeichnungen. Überaus attraktiv. 1990 eine Londoner Abfüllung von Lebègue, mit Korken ohne Einbrand. Ziemlich tiefes Bernsteinorange; köstlich karamelisierte Nase; ziemlich süß und voll, reich, fett, weich, mit trockenem, etwas säurebetontem Abgang. Ganz kürzlich: Pfirsiche, Honig, aber am Austrocknen.
*Zuletzt im September 1993 verkostet. Im besten Fall* ★★★★

CH. GILETTE Wachsartiges Gelb; grasig, Senf und Kresse, Pfirsichkernnase; sehr süß, körperreich, ölig, eindringlich. Enttäuschend.
*September 1990* ★★

DOM. DE JAUSSANS Cérons. Relativ blaß; honigartig; am Austrocknen, kurz, saure Kanten, dennoch lohnt es sich immer noch, nach den geringeren Weinen eines großen Jahrgangs Ausschau zu halten.
*Dezember 1980.*

CH. DE MAYNE Barsac. Bernsteinorange; hervorragende Nase, Mandarinen, Orangenblüten; süß, relativ voll, herrlich frischer, honigartiger Geschmack. Ausgezeichnete Säure.
*September 1987* ★★★★

CH. LA TOUR BLANCHE Leuchtendes Goldgelb; reiches Bukett mit Vanille- und Gerstenzuckernuancen; süß, ziemlich körperreich, herrlicher Geschmack, seidige Struktur, füllig, gute Säure.
*September 1990* ★★★★

# 1948 ★★

*Lesebeginn am 22. September. Ein recht guter Jahrgang, mit eher schlanken Weinen.*

CH. D'YQUEM Mehrere Aufzeichnungen. Anfang der 60er Jahre perfekt. In jüngster Zeit: schöner warmer Goldton; honigartiges Bukett; ziemlich süß, weich, füllig, annehmbare stützende Säure. Für einen großen Jahrgang zu wenig Länge und Nachgeschmack.
*Zuletzt im Oktober 1987 verkostet* ★★★ *Bald trinken.*

CH. CLIMENS Ziemlich tiefe, in Rosafarben gehende Aprikosenfarbe; glatt, harmonisch, süß, aber eine Spur firnisartiger Alterston; immer noch ziemlich süß, schlank, Säure nimmt überhand.
*1981 und im Februar 1986 halbe Flaschen verkostet* ★★ *Austrinken.*

# 1949 *****

*Lesebeginn am 27. September, die Ernte zog sich durch den ganzen Oktober hin, einem der trockensten seit Menschengedenken.*

CH. D'YQUEM Elf Notizen, alle dokumentieren eine gleichbleibende Qualität und einwandfreie Entwicklung. Zuletzt: hübsche Bernsteinfarbe, schwache Orangetönung und limonenfarbener Rand; perfektes Bukett, wohlriechend, erblühte im Glas mit Aprikosen-, Orangen- und Honignuancen; halbsüß, ohne das Fett des 47er und die Konzentration des 45er Jahrgangs, dennoch geschmeidig, lebhaft, leicht angesengter Charakter, trockener Abgang.
*Zuletzt im Januar 1992 verkostet *****

CH. CLIMENS Gleichbleibend gut.
*Zuletzt 1977 verkostet *****

CH. COUTET Mehrere Aufzeichnungen, alle gut. Zuletzt eine halbe Flasche: wunderbar reiches Bernsteingold; perfektes, harmonisches, honigartiges Bukett; halbsüß und mittelschwer, Geschmack und Säure exzellent.
*Zuletzt im Juli 1983 verkostet *****

CH. DE FARGUES Sehr starkes, pudriges Depot; kraftvolle, getoastete Gerstenzuckernase; ziemlich süß, körperreich, eindringlich. Scharfer, bittere Abgang.
*September 1986 *

CH. DE RAYNE-VIGNEAU Vorzügliche Farbe; Nase und Geschmack perfekt.
*Februar 1987 *****

CH. RIEUSSEC Mitteltiefer Goldton; Birnen, Kerosin, Sahnebonbons; halbsüß, hochgetönt, trockener Abgang. Enttäuschend. Schlechte Flasche?
*September 1989.*

# 1950 **

*Lesebeginn am 17. September. Die feuchte Witterung wurde durch den Altweibersommer ausgeglichen. Einige gute Weine.*

CH. D'YQUEM Der Comte de Lur-Saluces und ich stimmen in der Beurteilung dieses Yquem nicht überein. Ich mag einfach den Mandelkerngeruch nicht, auch wenn ich zugeben muß, daß er nach etwa einer Stunde im Glas verschwindet. Gute Farbe, relativ tiefes, reines, strahlendes Bernstein. Bei der bemerkenswerten Degustation 1984 auf Schloß Johanninberg beschrieb Monsieur de Lur-Saluces den Wein als großen Klassiker, doch in meinen Augen war er etwas am Austrocknen,

wenn auch reich, der innere Duft wurde von einer bitteren Note übertönt. In jüngerer Zeit: süß, voller, positiv, Gerstenzuckergeschmack und guter Abgang.
*Neun Aufzeichnungen. Zuletzt im Februar 1988 verkostet ** bis **** je nach Zustand und persönlichem Geschmack.*

CH. COUTET Ein Dutzend Aufzeichnungen. Zu Beginn sehr hoher Alkohol- und Zuckergehalt. Bei einem Abendessen 1981 stellte David Peppercorn eine Flasche vor, die in Margate durch sein Familienunternehmen Osborne & Co abgefüllt worden war. Etwas am Austrocknen, doch ansonsten sehr gut, mit Vanille-Sahne-Geschmack und hervorragender Säure. Zwei Jahre später eine Erzeugerabfüllung: schönes warmes Bernsteingold; perfektes, reiches, honigartiges *Crème-brûlée*-Bukett; immer noch ziemlich süß, gefällige Frische steht im Gleichklang mit Gehalt und Fett.
*Zuletzt im Januar 1983 verkostet ****

CH. GILETTE *Crème de Tête.* Lagert mindestens zwanzig Jahre in Tanks oder Fässern – dabei wird kein Holz eingesetzt! Eigen, aber ausgezeichnet. Ziemlich tiefe Farbe; Pfirsich- und Minzebukett; ziemlich süß, reich und fett.
*Juni 1984 **** Noch viele Jahre Lebenserwartung.*

# 1951

*Lesebeginn am 4. Oktober. Kein Yquem erzeugt. Kein 51er Sauternes degustiert.*

# 1952 ***

*Die Lese begann am 17. September, außer auf Yquem. Dort waren die Trauben durch Hagel vernichtet worden und man konnte keinen Wein bereiten. Die anderen Sauternes waren Weine von Substanz, trocknen mittlerweile jedoch aus. Es lohnt sich noch immer danach Ausschau zu halten.*

CH. CLIMENS In der Jugend blaß und wenig eindrücklich. Seitdem ein dutzendmal degustiert, wahrscheinlich Mitte der 70er Jahre auf dem Höhepunkt. Zuletzt eine Abfüllung, die wahrscheinlich aus England stammt, mit Weinsteinkristallen, unverwobener Nase, klarer Geschmack, gefällige Sauvignon-Blanc- und reiche, wachsartige Sémillon-Note, relativ süß, weich, dabei gewisse Frische.
*März 1982 *** Keine große Zukunft.*

CH. DE ROLLAND Barsac, *Cru bourgeois.* Keine Jahrgangsangabe auf dem Etikett. Korkenaufschrift: «Sauternes 1952». Helle Butterblumen- und Vaselinefarbe; reife Nase; ziemlich süß, reich,

hervorragender Geschmack sowie wachs- und honigartiger Nachgeschmack. Eine schöne Überraschung.
*Juli 1988* ★★★★

## 1953 ★★★★

*Ein guter Sauternes-Jahrgang. Sonniger August, nasser September, Lesebeginn am 28. September bei trockenem Wetter. Inzwischen voll ausgebaut, die besten Weine sind immer noch vorzüglich.*

CH. D'YQUEM Einer meiner bevorzugten Yquems. Eher stilvoll als ein «Knüller», dennoch von Anfang an voll und reich. Keineswegs tiefe Farbe, doch schöne Orangetönung; weiches, zartes, harmonisches Bukett, sahnig. Ziemlich süß, mittelgewichtig, wunderbar frischer Geschmack. Ein Charmeur. Kürzlich eine schwache Flasche.
*Zuletzt im Januar 1992 verkostet. Im besten Fall ★★★★ Trotz der vergleichsweise delikaten Eleganz wird er bis ins nächste Jahrhundert halten.*

CH. DOISY-DAËNE Gute Farbe, reiches Goldgelb; perfekte Nase, mit Nuancen von Pfirsich, Sahne und geschmolzenem Gerstenzucker; Stil und Gewicht relativ leicht, etwas am Austrocknen. Köstlich.
*Oktober 1986 ★★★★ Möglicherweise mit zu wenig weiterer Durchhaltekraft.*

CH. GILETTE Eine spät abgefüllte *Crème de Tête*, wahrscheinlich aufgrund der Lagerung in Edelstahl bei der Degustation 1983 immer noch jugendlich. Eine weitere Flasche, mit dem Vermerk «Doux»: blaß für das Alter, mit fabelhaftem, wenn auch ungewöhnlichem Bukett, sehr fruchtig, mit himbeerartiger Pikanz; halbsüß, mittelleicht, charmant, pfirsichartiger Endgeschmack.
*April 1987* ★★★★

## 1954

*Schlechter Jahrgang mit später Ernte, in Sauternes ein Mißerfolg. Mir ist nicht klar, wie Yquem erzeugt werden konnte. Ansonsten keinen Wein verkostet.*

CH. D'YQUEM Abgesehen von der bemerkenswert tiefen Farbe zwei entgegengesetzte Aufzeichnungen. 1971 unverwoben und säurebetont, in jüngerer Zeit in der Nase und am Gaumen sehr reich, mit schönem Geschmack sowie guter Länge und Säure.
*Zuletzt im Juni 1983 verkostet. Im besten Fall ★★★*

## 1955 ★★★★★

*Ein nahezu perfekter Sauternes-Jahrgang. Alle Witterungsbedingungen wirkten günstig zusammen und ergaben sowohl Qualität wie Quantität. Lese ab 21. September bis in den schönen, trockenen Oktober hinein. Die besten Weine sind immer noch gut und – auch wenn sie nachlassen – mit noch etlichen Jahren Lebenserwartung.*

CH. D'YQUEM 13 Aufzeichnungen. Im Faß beeindruckend, wunderbar gleichmäßige Entwicklung in den 70er und bis in die 80er Jahre hinein. Zusammenfassung jüngerer Notizen: erstaunliches, orangegetöntes Hagebutten-Bernstein, mit blaßem, zitronenfarbenem Rand; intensiv und alkoholstark duftendes, blumiges Bukett. Immer noch sehr süß und körperreich, mit klassischem Gerstenzuckergeschmack und genau richtiger Ausgewogenheit, gute Länge, die Säure wird deutlicher, vorzüglicher Nachgeschmack.
*Zuletzt im Januar 1992 verkostet* ★★★★★ *Phantastischer Wein. Trotz, oder vielleicht wegen der Säure, mit langer Lebenserwartung.*

CH. CLIMENS Relativ sattes Bernsteingold; wohlriechend, entgegenkommend, würzig. Nach zwanzig Minuten vollkommen harmonisch. Nach einer Stunde im Glas Nuancen wie Grüne Minze in Sahnekaramel; süß, relativ voll, fett. Leicht pfeffriges Ende.
*Zuletzt im Mai 1988 verkostet* ★★★★

CH. GILETTE *Crème de Tête*. 25 Jahre im glasausgekleideten Zementtank. Erstmals fünf Jahre nach der Flaschenabfüllung degustiert: herrlich reiche Goldfarbe; sehr wohlriechend, sahnig, frisches Bukett; ziemlich süß, mittlerer Körper, reich, eine Spur Karamel und honigartiger Nachgeschmack. Inzwischen glänzendes Wachsgelb; Vanille und Grüne Minze in der Nase, doch im Glas praktisch keine Weiterentwicklung; kraftvoll, ziemlich harter Abgang. Ein Hauch flüchtiger Säure. Gefiel mir weniger.
*Zuletzt im Juni 1990 verkostet* ★★★★

CH. RABAUD-SIGALAS Relativ tiefes Bernstein; reiche, voll entwickelte Nase, Lanolin, Honig und Minze; guter Geschmack, doch zuwenig Fett und etwas am Austrocknen.
*Zuletzt bei den Kreegers in New Orleans verkostet, Mai 1981* ★★★

## 1956

*Überall ein schlechter Jahrgang. Mittels einer sorgfältigen späten Lese konnte man auf Yquem etwas Wein herstellen. Keine weiteren Sauternes verkostet. Eine Rarität.*

CH. D'YQUEM Vier Aufzeichnungen. Erstmals aus dem Faß probiert, blaß, fruchtig. Inzwischen tiefere Farbe hin zu einem Bernsteinorange; ausgeprägte *Botrytis*-Nase, nicht schlecht, aber verblaßt; relativ süßer Geschmack, aber etwas rauh und kurz.
*Zuletzt im Februar 1988 verkostet. Gerade noch* *

## 1957 ***

*In dem Jahrgang ging es sowohl mit den Wachstumsbedingungen, wie auch mit den Resultaten daraus auf und ab. Warmer Frühling, außerordentlich kalter Sommer, späte Ernte bei großer Hitze. Tendenz zu säurebetonten Weinen. Bereits über den Höhepunkt hinaus.*

CH. D'YQUEM Niemals ein Spitzen-Yquem. Inzwischen relativ tiefes Bernstein; ölig, leicher Böcksergeruch, der jedoch verflog, süß, reich, Vanille-Note; sehr süß, relativ voll, stark sahnebonbonartiger Geschmack, verhältnismäßig hohe Säure, kurz.
*Zuletzt im Februar 1988 verkostet* *

NOTIZEN VOR 1980:

SUDUIRAUT, RIEUSSEC und RABAUD-SIGALAS gut; COUTET und DOISY-DAËNE erfrischend, wahrscheinlich Überhandnahme der Säure; LAFAURIE-PEYRAGUEY dünn.

## 1958 **

*Guter Sommer, späte Lese ab 7. Oktober. Ein durch und durch gefälliger Jahrgang, doch nicht für eine lange Lebensdauer bestimmt.*

CH. D'YQUEM Von Beginn an süß und reif. Immer noch sehr süß, positiver, eindringlicher Geschmack, besser als die Nase, die ich zunächst etwas ölig und käsig fand, dann aber eher cremig wurde.
*Zuletzt im Februar 1988 verkostet* **

CH. SUDUIRAUT Sechs Aufzeichnungen. Entwicklungshöhepunkt Anfang der 70er Jahre. Alterston in Farbe und Nase, aber immer noch ziemlich süß, mit weichem, recht reichem Geschmack, allerdings pappige Endsäure.
*Zuletzt im Juni 1983 verkostet* **

NOTIZEN VOR 1980:

CLIMENS und COUTET ansprechend; DOISY-VÉDRINES recht gut.

## 1959 *****

*Ein großer Sauternes-Jahrgang. Langer, heißer Sommer, Mitte September einige Regenfälle, doch zur relativ frühen Lese ab 21. September war es wieder schön. Die besten Weine müßten noch hervorragend sein und sich bis gut ins nächste Jahrhundert halten.*

CH. D'YQUEM Phantastisch. Sehr hoher Zukker- und Extraktstoffgehalt. Von der ersten Degustation im Jahre 1964 bis zur letzten süß und überaus reich. Die letzten sieben Aufzeichnungen waren unverändert. Ziemlich tiefes Bernsteingold, sehr hell; wunderbares Bukett, Nuancen unterschiedlich – himmlische *Crème brûlée*, Vanille, Enteneiercreme! Sahnig, honigartig, ein Hauch Cox-Orange-Pippinsapfel und verkohlte Eiche, mit enormer Tiefe und noch mehr versprechend. Immer süß, körperreich, kraftvoll, männlich (im Gegensatz zu dem eher weiblichen 53er), eine Spur Karamel und schwarzer Rübensirup, köstlich, doch eine weitere Flaschenlagerung könnte noch mehr hervorbringen.
*Zuletzt im Januar 1991 verkostet* *****(*) *Ja: fünf Sterne und noch einen zusätzlich.*

CLOS HAUT-PEYRAGUEY Blumig, Aprikosen; süß, eindringlich, reich.
*Im September 1993* ****

CH. RIEUSSEC Sechs Aufzeichnungen. 1985 zwei halbe Flaschen, beide durch Sichel verschifft und durch Saccone & Speed abgefüllt, eine Firma, für die ich von 1953 bis 1955 gearbeitet habe. Die erste halbe Flasche 1984 bei einem Bordeaux-Club-Abendessen zu Gänseleber: einwandfreies Füllniveau, recht tiefe Farbe; Bukett, Geschmack und Ausgewogenheit komplett; immer noch süß, körperreich, «noch weitere 25 Jahre Lebenserwartung». Die andere Flasche von vorzüglich warmer Bernsteinfarbe; süß, reich, voll, hervorragende Säure. Ganz kürzlich (eine Schloßabfüllung). Superb; Gerstenzuckerbukett; sehr süß, herrlich reich, perfekt im Gleichgewicht.
*Letztmals verkostet an meinem Bordeaux-Club-Dinner im Juli 1992* *****

CH. SIGALAS-RABAUD Schöne Bernsteinfarbe; perfektes Bukett: *Crème brûlée*, Orangenblüten, Vanille; süß, Geschmack entsprechend der Nase, treffliche Säure.
*Mai 1986* ****

CH. SUDUIRAUT Acht gleichbleibend gute Notizen. 1978 ausgeprägt gelbe Farbe, mit dem Flaschenalter inzwischen satter geworden, bis zu einem mitteltiefen Bernsteingold, mit leichtem Depot; herrlich reiche, reife, honigartige, harmonische Nase. Sehr süß, voll, duftig. Komplett.

*Die letzten drei Aufzeichnungen 1980, 1982 und Juni 1988* ★★★★★

NOTIZEN VOR 1980:

CLIMENS phantastisch; COUTET betörend schön; neun unterschiedliche Aufzeichnungen von Guiraud; LAFAURIE-PEYRAGUEY wie eine Beerenauslese.

## 1960 ★

*Wenig Vergangenheit, Gegenwart oder Zukunft. Nur interessant. Das Manko lag im kalten, nassen Sommer.*

CH. D'YQUEM Bernsteinorange; recht gute, klassische Nase und ebensolcher Geschmack. Wohlriechend, würzig; halbsüß und mittelschwer. Zitrusartig.
*Zuletzt im Februar 1988 verkostet* ★★

CH. COUTET Krümeliger Korken. Ziemlich tiefe und zu stark orangefarbene Tönung; *Crème brûlée,* doch nicht ganz in Ordnung; halbsüß, relativ leicht, weich, ledrig, Abgang erinnerte an Karamelbonbons.
*Aus einem amerikanischen Privatkeller, Oktober 1982.*

## 1961 ★★★

*Es ist ein verbreiteter Irrtum zu glauben, daß 1961 für Sauternes ein ebenso großes Jahr war wie für roten Bordeaux. Der Ertrag war gering und die Bedingungen nicht ideal. Gut, aber überbewertet.*

CH. D'YQUEM Mehrere Notizen. Farbe inzwischen relativ tiefes, orangetöntes Bernsteingold; weich, Nase wie Karamelfondant; ziemlich süß, recht kraftvoll, im Abgang am Austrocknen. Kein großer Yquem.
*Zuletzt im September 1993 verkostet* ★★★

CH. CLIMENS Seit 1967 neun gleichbleibend gute Notizen. Mittlerweile reiches Bernstein; ansprechendes, reifes *Botrytis*-Bukett, mit Nuancen von Gerstenzucker und sahnigem Flaschenalter; süß, ziemlich stämmig, reich, perfekte Säure.
*Zuletzt im September 1993 verkostet. Auf dem Höhepunkt* ★★★★

CH. COUTET Acht gleichbleibende Notizen seit 1964. Reiches, sahniges, schön verwobenes Lanolinbukett; süß, reich, vorzüglich, gute Säure.
*Zuletzt im August 1980 verkostet* ★★★

CH. DOISY-VÉDRINES Zwei Aufzeichnungen. Beide Flaschen durch Averys abgefüllt. Ausreichend gefällige Weine. Relativ blasses Gelb; Pudding, Pfirsiche und Sahne; süß, verhältnismäßig leicht. Zustand und Entwicklungsstufe 1986 komplett.
*Zuletzt im November 1989 verkostet* ★★★

CH. LAFAURIE-PEYRAGUEY Relativ tiefes Gold; lebhafte, honigartige Nase, aber Edelfäule kaum erkennbar; süß, relativ voll, reich, reif, wachs- und honigartiger Geschmack, mit einer Spur Bitterkeit.
*Zuletzt im April 1983 verkostet* ★★★

CH. LA TOUR BLANCHE Drei ziemlich junge Aufzeichnungen. Schöne Farbe; weiches, süßes, honigartiges Bukett; halbsüß und mittelschwerer Körper, reich, eine Spur Karamel, trockener Abgang.
*Zuletzt im Mai 1987 verkostet* ★★★

## 1962 ★★★★

*Viel günstigere Bedingungen als 1961. Heißer Sommer, späte Lese, Kein Schwergewicht wie der 59er, sondern geschmeidig, elegant, von strafferer Frische. Ein Sauternes zum Lagern und Trinken.*

CH. D'YQUEM Ich kann mich glücklich schätzen, diesen Wein seit 1980 bei 15 Gelegenheiten degustiert zu haben. Gleichbleibend gut. Inzwischen relativ tiefes Bernstein; phantastische Frucht, unterschiedliche Nuancen: Mandarinen, reife Pfirsiche, Honig und Orangenblüten; nicht überwältigend süß, schönes Gewicht, intensiv, elegant, gute Säure.
*Zuletzt im Juni 1988 verkostet* ★★★★ *Bis 1995 trinken.*

CH. CLIMENS Viele Aufzeichnungen, von 1964 bis zur letzten Degustation gleichbleibend gut. Mittlerweile Butterblumengelb; perfektes, harmonisches, sahniges Bukett; süß, relativ voll, Aprikosen, Säure und Nachgeschmack wunderbar.
*Zuletzt im Januar 1993 verkostet* ★★★★ *Wird sich bis über das Jahr 2000 halten.*

CH. COUTET Ebenfalls unverändert gute Bewertungen. Farbe, Nase und Geschmack vorzüglich. Weniger süß, lebhafter als der Climens, viel eher wie ein Barsac. Trockener Abgang. Hervorragender Nachgeschmack. Eine Flasche mit Holzton.
*Zuletzt im September 1990 verkostet* ★★★

CH. GUIRAUD Leicht unterschiedliche Aufzeichnungen. Reif, süß, eine Spur Öligkeit (?), dabei guter Geschmack.
*Seit Juni 1982 nicht mehr verkostet* ★★★

CH. RIEUSSEC Blaß für das Alter, leichter Barsac-ähnlicher Stil, duftend, aber zuwenig Mitte.
*Seit Februar 1982 nicht mehr verkostet* **★★**

CH. SIGALAS-RABAUD Herrliches Goldgelb; gleichermaßen herrlich wachsartige, harmonische Nase und ebensolcher Geschmack. Ziemlich süß, sehr reich, Gerstenzuckergeschmack.
*Zuletzt im April 1990 verkostet* **★★★★**

CH. SUDUIRAUT Schönes helles Goldgelb; Bukett und Geschmack hervorragend. Süß, reich, etwas fett, aber nicht zu stämmig. Gute Säure.
*Fünf Aufzeichnungen, allerdings seit 1982 nicht mehr verkostet* **★★★★** *Noch viele Jahre Lebenserwartung.*

# 1963

*Von Anfang (schlechte Blüte) bis Ende trübe Witterungsverhältnisse.*

CH. D'YQUEM Durch sehr vorsichtige Lese konnte etwas Wein bereitet werden, doch man hätte ihn niemals auf den Markt bringen sollen. 1975 war er zu tief und braun; reich, dabei blechern und käsig; säurebetont und kurz.
*Keine neueren Notizen, lohnt sich nicht.*

# 1964

*Ein vielversprechender Sommer wurde durch sintflutartige Regenfälle völlig verdorben. Ein fast gänzlicher Mißerfolg in Sauternes. Kein Ch. d'Yquem hergestellt.*

CH. CLIMENS Mehrere Aufzeichnungen. Gute Farbe; unverwobene Nase, oberflächlich reich und wachsartig, aber grün und etwas rauh; gewisse Süße und Reichhaltigkeit, etwas Körper. Leichter, trockener Abgang.
*Bei einem Bordeaux-Club-Abendessen in Culham Court, Mai 1984.*

CH. GUIRAUD Goldspurig, eigenartig ansprechende Nase; relativ süß, lebhaft, mit einer Spur Bitterkeit. Für ein mittelmäßiges Jahr gut.
*Seit Februar 1982 nicht mehr verkostet.*

CH. SIGALAS-RABAUD Orange-Gold; karamelisiert; nicht schlecht.
*Dezember 1992* **★**

# 1965

*Der dritte schlechte Sauternes-Jahrgang nacheinander. Starke Regenfälle. Fäulniserregende Feuchtigkeit. Die Château-Besitzer müssen verzweifelt gewesen sein. Selbst wenn sie gute Weine hätten herstellen können, wäre der Markt für süßen Wein sehr schlecht gewesen.*

CH. D'YQUEM Zitronengold; ölige Nase – ich degustierte den Wein erst gar nicht. Die zweite Flasche verblaßt und ausgetrocknet.
*Februar 1988.*

CH. SUDUIRAUT Dank einer sehr ausgewählten Lese und einem erfahrenen Kellermeister nicht schlecht, mit Süße und Charakter.
*1978.*

# 1966 **★★★**

*Ein guter, aber nicht voll befriedigender Sauternes-Jahrgang. Ohne das Fleisch und die Fülle eines großen Jahres; schlanke, sehnige Weine, mit überdurchschnittlich hoher Säure, die für eine gute Haltbarkeit sorgen müßte.*

CH. D'YQUEM Als erstes aus dem Faß probiert, seit 1986 sieben Aufzeichnungen. Warme, orangegetönte Goldfarbe; Bukett gleichbleibend gut, tief, reich, Karamelbonbons, ebenso unverändert gute Süße. Ein eindringlicher Wein. Voll, reich, dabei mit einem schlanken, langen, duftenden, aber auch leicht säurebetonten Abgang.
*Zuletzt im Dezember 1991 verkostet* **★★★★**

CH. BASTOR-LAMONTAGNE Viele Aufzeichnungen, nur von halben Flaschen. Nuancen von Lanolin und Pfirischkernen in der Nase. Ziemlich süß. Befriedigend.
*Zuletzt im Januar 1987 verkostet* **★★**

CH. CLIMENS Vier Notizen. 1970 ziemlich blaß und mager. In jüngerer Zeit helles Gelb; zusätzliche Dimensionen, doch auch etwas hart. Süß, reich, wohlschmeckend. Im Abgang eine Spur Bitterkeit.
*Zuletzt auf dem Château verkostet, Juni 1982* **★★★**

CH. GUIRAUD Farbe, Nase und Geschmack gut. Harmonisch, wachsartig, edelfaul. Süß. Wohlausgewogen.
*Juni 1982* **★★★**

CH. LAFAURIE-PEYRAGUEY Für das Alter blaß, grünspurig; gefälliges Bukett, wachsartige Sémillon-Note, honigartiges Flaschenalter; halbsüß, mittelschwerer Körper, durchaus füllig.
*Zuletzt im Mai 1983 verkostet* **★★★**

CH. SUDUIRAUT Bernsteingold; harmonisch, Pfirsichnase, Gerstenzuckerbukett und -geschmack. Süß, Geschmack, Ausgewogenheit und Säure vorzüglich. In dieser Zeit sehr gute, altmodische Methoden der Weinbereitung.
*Zuletzt im Juli 1985 verkostet* ★★★★

## 1967 ★★★★★

*Ein großer Sauternes-Jahrgang. Späte Blüte, heißer, trockener Sommer, die Septemberregen machten dann jedoch einer lauen, sonnigen Periode für die Lese ab 28. September Platz.*

CH. d'YQUEM Ich scheue mich fast zuzugeben, daß ich diesen Wein seit 1973 bei gut über vierzig Gelegenheiten getrunken habe, fast die Hälfte der Anlässe lag nach 1980. Mit Ausnahme einer Flasche mit leichtem Holzton und einer anderen, die meiner Meinung nach durch schlechte Lagerung rahn geworden war, ein großer Wein, wie auch der Besitzer, Alexandre de Lur-Saluces bei aller Bescheidenheit zugesteht. Ich habe leichte Farbunterschiede festgestellt, von einem blassen, reinen Goldgelb, bis zu einem reichen, glänzenden Altgold; manchmal schien er sehr süß, andere Male eher halbsüß, mit relativ trockenem Abgang. Zweifellos spielt der Zusammenhang eine Rolle – der Ort, die Gesellschaft und vor allem die dazu gereichten Speisen beeinflussen unser Sensorium. Doch es *ist* ein außergewöhnlicher Yquem. Mehr als einmal habe ich einfach aus Neugierde auf die Uhr geschaut, wie die Nase im Glas erblühte: zunächst sehr positiv, butterig. Nach zehn Minuten vorzügliche Frucht, Ananas; nach 35 Minuten süß, köstliches Fruchtgeleekonfekt; siebzig Minuten später herrlich; nach neunzig Minuten komplett; nach vier Stunden begann der Duft sich teeartig zu verändern. Am Gaumen eindringlich, dabei betörend, mit schwungvoller Säure. Im Gewicht einem 53er ähnlicher als einem 59er.
*Zuletzt im Januar 1992 verkostet* ★★★★★ *Noch viele Jahre Lebenserwartung.*

CH. COUTET 15, leicht unterschiedliche Notizen. Eine enttäuschende Anzahl unwesentlicher halber Flaschen, doch im besten Fall vorzüglich, honigartig, ziemlich süß. Nicht groß.
*Seit Juni 1983 nicht mehr verkostet* ★★ *bis* ★★★

CH. DE FARGUES Ein weiterer, sehr alter Besitz der Familie Lur-Saluces. Erstmals 1974 vor dem Asher-Story-Verkauf verkostet: angenehme Überraschung. In jüngerer Zeit: goldfarben; in der Nase und am Gaumen recht kraftvoll; etwas am Austrocknen, relativ hohe Säure, aber überaus ansprechend.
*Zuletzt im Dezember 1985 verkostet* ★★★

CH. GILETTE CRÈME DE TÊTE Butterblumengelb; minzeartig; halbsüß, sehr eindringlicher Geschmack, etwas fett, hartes Ende.
*Oktober 1990* ★★(★)?

CH. GUIRAUD Mehrere Aufzeichnungen. Ziemlich tiefes, orangegetöntes Bernstein; vorzüglich reifes Bukett, Honignote durch Flaschenalter und Edelfäule, harmonisch, mit einer Spur frischer Minze; süß, relativ voll, reich, karamelartig, gute Säure. Ein beruhigend guter, wenn auch kein großer Guiraud.
*Zuletzt im August 1990 verkostet* ★★★★

CH. LIOT Barsac. Blaß und glanzlos.
*Zuletzt im April 1984 verkostet* ★

CH. RIEUSSEC Ein feiner, klassischer Sauternes, süß, reich, lang.
*Zuletzt auf dem Château verkostet, April 1984* ★★★★

CH. SIGALAS-RABAUD Gute Farbe; Ananas und Passionsfrucht; halbsüß und mittelschwer, Geschmack, Ausgewogenheit und Abgang hervorragend.
*Zuletzt im November 1992 verkostet* ★★★

CH. SUDUIRAUT 15 gleichbleibend gute Bewertungen seit 1974, die Hälfte davon nach 1980. Vorzüglich heller, warmer Goldton; zweimal als «himmlisch» bezeichnet, Gerstenzucker und Marmelade. Ganz hübsch süß, relativ voll, reiche, hervorragende Edelfäule, duftender Nachgeschmack. In diesem Jahrgang eine Konkurrenz für den Yquem.
*Zuletzt im Mai 1991 verkostet* ★★★★(★)

CH. LA TOUR BLANCHE Londoner Abfüllung durch Dolamore. Reines Goldgelb; leichtes, wachsartiges Bukett – mit einer Nuance, die mich an Austernschalen erinnerte (!), relativ leichtes Gewicht. Muß getrunken werden.
*Im Juli 1986 verkostet* ★★

## 1968

*Schrecklicher Jahrgang wegen des schlechten Wetters, keine Sonne, kalter, nasser Sommer, unreife Trauben.*

CH. d'YQUEM 1973 noch aus dem Faß verkostet. Bei Bud Moons Yquem-Degustation in Chicago tauchte eine Flasche auf. Mahagonifarben, mußte dekantiert werden; harte, medizinale, karamelisierte Nase; trocken, aber merkwürdig reich. Angesengter, brackiger Geschmack.
*Zuletzt im Februar 1988 verkostet.*

# 1969 ★ bis ★★★

*Wiederum ein Weinjahr, das alles andere als voll-
kommen ausfiel. Die Sauternes wurden durch
den Altweibersommer gerettet. Die Weine können schmackhaft und attraktiv sein, aber es fehlt
ihnen an Harmonie und Ausgewogenheit. Eher
hohe Säure, noch annehmbar, da sie durch den
Restzucker verdeckt wird.*

CH. D'YQUEM Erstmals 1973 aus dem Faß probiert. Deutliche Säure bei dieser und den folgenden Gelegenheiten vermerkt. Mittelblaß; Lanolin
mit einem Hauch Zitrone; relativ «süß», frisch,
hohe, aber akzeptable Säure.
*Zuletzt im Februar 1988 verkostet* ★★

CH. CÉRONS, GRAND ENCLOS DU Blaß, hell;
frisch, pikant; halbsüß, schmackhaft, 69er Säure.
*Juni 1982* ★★

CH. CLIMENS Erstmals 1973 verkostet. Seitdem
mehrere übereinstimmende Notizen. Wie beim
Yquem wächserne Lanolinnase, relativ süß, sehr
schmackhaft, aber zuwenig Fülle, mit pappigem,
leicht blechernem, pikantem Abgang.
*Zuletzt im Januar 1984 verkostet* ★★

CH. FILHOT Exzellentes Erscheinungsbild; gute
Nase; süßer Gerstenzuckergeschmack, guter Ab-
gang.
*Juni 1986* ★★★

CH. GUIRAUD Anfang bis Mitte der 80er Jahre
vier leicht unterschiedliche Notizen. Bernsteingold, mit Grünreflexen, wie *Changeant*-Seide;
recht gute Balance zwischen dem wachsartigen
Sémillon, dem säurebetonten Sauvignon Blanc und
der Edelfäule; süß, herrlicher Geschmack, wunderbare Länge, trockener Abgang.
*Zuletzt im Mai 1984 verkostet* ★★★

CH. LAFAURIE-PEYRAGUEY Mittlerweile
Bernsteingold; stämmige, honigartige Nase, Mandel-
paste; Süße zeitweise durch *Mousseline* aus
Mandeln zerstört, kam aber wieder hoch.
*Zuletzt im März 1986 verkostet* ★★

CH. RIEUSSEC Goldgelb, für einen Rieussec
blaß; herrlich reiches, käsiges Bukett; mächtig,
schmackhaft, etwas übertrieben.
*Zuletzt im November 1986 verkostet* ★★★

CH. SIGALAS-RABAUD Gelb; wohlriechende,
würzige, anregende Nase; halbsüß und mittelschwer, wachsartiger Geschmack durch den Sémillon (75%), ausgleichend für einen sauberen,
säurebetonten Abgang wirkt der Sauvignon Blanc.
*Zuletzt im März 1985 verkostet* ★★

CH. SUDUIRAUT Bernsteingold; harmonische,
klassische Sauternes Nase; halbsüß – etwas am
Austrocknen. Altmodischer Stil, Sahnebonbons
und alte Äpfel.
*Zuletzt im Juni 1988 verkostet* ★★★

# 1970 ★★★

*So wie sich die 61er Sauternes im Glanz der Ro-
ten sonnten, so geht es auch mit den 70ern. Gute
Wachstumsbedingungen, doch dem langen, heißen Herbst fehlte es an Feuchtigkeit zur Bildung
von Edelfäule. reife, süße Weine, aber ohne besondere Akzente und Finesse.*

CH. D'YQUEM Zehn Notizen. Im April 1973 aus
dem Faß, blaß und zitronenspurig, leicht bitterer
Abgang. Mit dem Alter Farbvertiefung; Nase wurde harmonischer, Vanille-Nuancen, *Botrytis* fehlte.
Inzwischen mitteltiefes Goldgelb; ziemlich stämmig, Aprikosen- und Vanille-Nase, gewann honigartiges Flaschenalter. Gleichbleibend süß, ziemlich
kraftvoll, Gerstenzuckergeschmack, beachtliche
Länge. Gut, aber uninspiriert.
*Zuletzt im Januar 1990 verkostet* ★★★★

CH. BASTOR-LAMONTAGNE Ziemlich süß,
direkt, immer gutes Qualität-Preis-Verhältnis.
*Januar 1981* ★★

CH. CLIMENS Relativ blaß; saubere, süße Nase;
am Gaumen halbtrocken, zuwenig fett, aber gefällig. Wenn Climens keinen herausragenden Wein
zustande bringt, gelingt er auch sonst niemandem.
Bestätigt den Jahrgang.
*Vier Notizen, doch seit 1982 keine mehr* ★★★?

CH. COUTET Sechs übereinstimmende Aufzeichnungen. Ein sehr gefälliger Wein. Relativ
blasses, helles Gelb; leicht parfümiertes und angesengtes, kresseartiges Bukett; süß, mittel in Gewicht und Stil, lebhaft, wohlausgewogen. Jetzt gut.
*Zuletzt im Februar 1986 verkostet* ★★★

CH. DE RAYNE-VIGNEAU Drei leicht unterschiedliche Notizen. Für das Alter eher blaß; lebhaft, wachsartig, Nase wie weiße Johannisbeeren,
Kerosin und Mandelkerne; ziemlich süß, kein
Schwergewicht, im besten Fall ausreichend gefällig, aber nicht auf dem alten, klassischen Niveau.
*Zuletzt im Juli 1984 verkostet* ★

CH. RIEUSSEC Überraschend blaß; süße, cremige Nase mit Nuancen von Grüner Minze; halbsüß, mittelschwerer Körper, schöner, reicher
Geschmack, gute Säure.
*Zuletzt aus Magnumflaschen im Mai 1993 ver-
kostet* ★★★

CH. ROUMIEU-LACOSTE Gelb; wächsern, grasig; süß, fett, sahnig, kraftvoll.
*März 1983* ★★

CH. SUDUIRAUT Sechs Aufzeichnungen: nicht groß, aber gut. Süß, doch ohne *Botrytis*. Bukett relativ zurückhaltend, aber wohlriechend, mit Nuancen von Pfirsichen und Gerstenzucker; ziemlich süß, leicht kernartig, vierschrötig.
*Zuletzt im November 1990 verkostet* ★★★

## 1971 ★★★★★

*Ein sehr guter Jahrgang mit weiterem Entwicklungspotential. Geschmeidiger und feiner als die 70er. Ziemlich normale Wachstumsbedingungen, mit deutlich mehr Edelfäule beim Lesebeginn Anfang Oktober.*

CH. D'YQUEM Ausgeprägtes Goldgelb; sehr schönes Bukett, klassisch, die ursprünglichen Ananas- und Honignuancen sind mittlerweile blumig, pfirsichartig und harmonisch; sehr süß, relativ voller Körper, sehr positiver Geschmack, reich, gute Länge und schöner Nachgeschmack. Der beste Yquem zwischen 1967 und 1975. Jetzt vorzüglich, wird sich aber halten und noch weiterentwickeln.
*Zuletzt im Januar 1992 verkostet* ★★★★★ *Jetzt trinken, bis daß der Tod uns scheidet.*

CH. CLIMENS Sieben Aufzeichnungen in den 80er Jahren. Komplett. Ein Climens, wie er im Buche steht. Inzwischen herrlich butteriger Goldton; vorzüglich klassisches *Botrytis*-Bukett, gewann zusätzliche Dimensionen durch das Flaschenalter. Karamelsahne. Süß, keinesfalls stämmig, reich, dabei elegant, weich, glatt, hervorragende, lebensspendende Säure.
*Zuletzt im Dezember 1991 verkostet* ★★★★(★) *Jetzt und gut bis ins nächste Jahrhundert zu trinken.*

CH. COUTET Sieben gute Notizen. Relativ blaß, reines Gold; minziges, honigartiges Bukett; ziemlich süß, mittelgewichtig, sehr stilvoll, gute Säure.
*Zuletzt im September 1986 verkostet* ★★★★ *Bis 2000 trinken.*

CH. COUTET «Cuvée Madame». Die hervorragendste Cuvée, die nur in großen Jahren bereitet wird. Reines Gold; herrliche Nuancen von süßen, reifen Pfirsichen, die aus dem Glas verströmten; süß, wonnevoll, groß in Stil, Länge und Nachgeschmack.
*Zuletzt im März 1992 verkostet* ★★★★★ *Jetzt und bis in alle Ewigkeit zu trinken.*

CH. LIOT Relativ blaß; gute Nase; süß, Geschmack und Ausgewogenheit schön. Liot ist für gewöhnlich ansprechend, immer gutes Qualität-Preis-Verhältnis.
*Juli 1981* ★★★

CH. SIGALAS-RABAUD Relativ blaß, eine Spur Grün; zurückhaltend, aber harmonisch, halbsüß. Nussiger, kernartiger Geruch und Geschmack.
*Mai 1982* ★★ *Austrinken.*

CH. RIEUSSEC Sehr helles Goldgelb; überaus ansprechend in Bukett und Geschmack; reich, honigartig; süß, nicht schwer, stilvoll, wohlausgewogen.
*Drei Notizen, doch seit September 1984 nicht mehr verkostet* ★★★★

CH. SUDUIRAUT Relativ blaß; ansprechend; für Suduiraut halbsüß, gefällig, aber nicht so gut wie erwartet.
*Seit März 1980 nicht mehr verkostet* ★★★?

## 1972 ★

*Schwankende Wetterverhältnisse, mit ungünstigen Wachstumsbedingungen. Ein schlechter, reizloser Jahrgang. Viele Weine deklassiert. Yquem wurde nicht erzeugt. Doch nicht alle ganz schlecht. Eignet sich nicht zur Lagerung.*

CH. CLIMENS Sechs Aufzeichnungen. Ursprünglich blaß, inzwischen relativ blasses Goldgelb; zunächst etwas spitzig, vielleicht zuviel Schwefel, ansonsten recht anständige Nase und im Geschmack sogar noch besser. Leicht pappiger, säurebetonter Abgang.
*Zuletzt im Oktober 1989 verkostet* ★

CH. SUDUIRAUT Ebenfalls sechs Aufzeichnungen, vor allem von Vorverkaufdegustationen. Relativ blasses, helles Gelb, leichte, dabei überraschend ansprechende Nase trotz der eigenartigen Klebstoffnote; halbsüß und mittelschwer, schlank, aber positiv, Gerstenzuckergeschmack. Keineswegs schlecht.
*Zuletzt im Juni 1988 verkostet* ★★

## 1973 ★★

*Relativ leichter, mittelmäßiger – geradezu bescheidener –, aber nicht schlechter Jahrgang. Jetzt ziemlich gut zu trinken, doch nicht für das nächste Jahrhundert bestimmt.*

*Château d'Yquem*

**CH. D'YQUEM** Drei Aufzeichnungen. Vorzügliche Farbe: Bernstein mit goldenen Reflexen; ansprechendes Bukett, Orangenblüten, immer noch jugendlich, Vanille-Nuancen, entfaltete sich im Glas; halbsüß und mittelschwer, überraschend reich und schmackhaft, elegant, mit Schwung. Lebhafter, säurebetonter Abgang.
*Zuletzt im Februar 1988 verkostet* ★★★ *Bis 2000 trinken.*

**CH. CAILLOU** Blaß; leicht, schlanker Stil, aber süß und schmackhaft.
*September 1982* ★★

**CH. CLIMENS** Sieben Aufzeichnungen. Wächsernes Gelb; wohlriechendes, sahniges Bukett; ziemlich süß, leichter und schlanker als ein klassischer Climens-Jahrgang, pappige Säure, aber attraktiv.
*Zuletzt im April 1991 verkostet, gerade noch* ★★★
*Bis 1995 trinken.*

**CH. COUTET** Gefälliges und positives Gelb; gleichermaßen gefällige, reife Sémillon-Nase; süß, mehr Kraft als erwartet. 73er Säure.
*April 1981* ★★ *Bald trinken.*

**CH. DOISY-DUBROCA** Unverwobene Nase, wächserne Sémillon- und pfirsichkernartige, säurebetonte Sauvingon-Blanc-Note. Relativ süß und leicht. Schmackhaft, wenn auch bescheiden.
*August 1982* ★★

**CH. FILHOT** Zwei Aufzeichnungen. Blaßgold, ganz leichtes Depot; grasige Sauvignon-Note, pikante Säure; ziemlich süß, aber eher leicht. Gewisse Frucht und Säure.
*Seit November 1983 nicht mehr verkostet* ★★

**CH. NAIRAC** Zwei Aufzeichnungen. Recht schön in Bukett und Geschmack, aber ohne jede Finesse.
*Seit Mai 1982 nicht mehr verkostet* ★★

**CH. DE RAYNE-VIGNEAU** Drei etwas unterschiedliche Notizen. Butteriger Goldton; harte Nase, wenn auch reife Sémillon-Note; süß, relativ leicht, ausreichend gefällig. Trockener Abgang.
*Alle 1981 verkostet* ★★

# 1974

*Kalter, feuchter und trostloser Jahrgang. Der schlechteste des ganzen Jahrzehnts – bis dann 1977 kam. Doch den führenden Spitzen-Château des Barsac gelang ein wohlschmeckender Wein. Kein d'Yquem.*

**CH. CLIMENS** Blaß, etwas wässriger Rand; honigsüße Nase, die die grüne Säure und die Härte überdeckt. Ziemlich süß, vollmundig, mit kräuterwürzigem Bienenwabengeschmack.
*Für einen 74er gut. 1987 viermal degustiert* ★★

**CH. COUTET** Hell, zitronengetönt; reiche, grasige, strohähnliche Nase; halbsüß, schwerfällig, trockener Abgang.
*Drei Notizen, doch seit August 1982 nicht mehr verkostet* ★

# 1975 ★★★★★

*Ein bedeutendes Jahr. Meine zweite Einschätzung war besser als die ersten Eindrücke, vor allem aufgrund der Entwicklung, die die Weine in der Flasche nahmen. Doch ganz offensichtlich konnten nur die Spitzengüter, die den Wein auf traditionelle Art zubereiten, die diesem Jahrgang innewohnende Qualität voll ausschöpfen.*

**CH. D'YQUEM** Anfang der 80er Jahre reich, beeindruckend, aber fast rohe Unreife. Neun Aufzeichnungen später: vorzüglich, glanzhell, aber immer noch relativ blaß; ansprechendes, sahniges Bukett, harmonisch, wohlriechend, im Glas entfalteten sich Nuancen von Honig und Gersten-

zucker: Orangen- und Pfirsichblüten; sehr süß, reichhaltig, körperreich, dabei mit sehr schöner, ausgleichender Säure. Weicher, fülliger, pfirsichartiger Geschmack. Große Klasse, große Zukunft.
*Zuletzt im Januar 1992 verkostet ★★★★(★) Jetzt schon vorzüglich, müßte sich aber in den nächsten fünfzig Jahren noch phantastischer weiterentwickeln.*

CH. D'ARCHE Für das Alter tief; halbsüß. Schön. Nichts besonderes.
*Juli 1982 ★★*

CH. CLIMENS Sieben gute Aufzeichnungen. Immer noch relativ blasses Gold; fabelhaft harmonisches Bukett, Honig, Aprikosen, süß, voll, fett, dabei mit erfrischender Säure, lebhafter Frucht. Köstlich.
*Zuletzt im Dezember 1991 verkostet ★★★★★ Jetzt und gut bis ins nächste Jahrhundert hinein vorzüglich.*

CH. COUTET 1978 erstmals verkostet. Reiche, aber grasige Nase, geschmacksintensiv, unfertig. Immer noch relativ blaß; Lanolin, Honig und Kresse; ziemlich süß, mittel in Gewicht und Stil, gefällig, schöner Abgang.
*Seit einem denkwürdigen Essen mit Ihrer Majestät der Königinmutter im Sitzungssaal von Christie's nicht mehr verkostet, Februar 1982 ★★★★*

CH. DOISY-DAËNE Blaß; grasig, gewisse Frucht und Edelfäule; süß, leichter Stil, aber reich und sehr attraktiv.
*Zuletzt im April 1986 verkostet ★★(★) Bis 2000.*

CH. DOISY-VÉDRINES Im Stil ganz anders als der Daëne, tiefer, schwerer. Spübare *Botrytis.* Halbsüß; positiv, stilvoll. Bitterer Nachgeschmack.
*Zuletzt im September 1982 verkostet ★★★★ Jetzt und gut bis ins 21. Jahrhundert zu trinken.*

CH. DE FARGUES Blaßgold; Ananas, hochgetönt; halbsüß und mittelschwer, vorzüglich positiver Geschmack, ziemlich spitze Säure. Müßte mittlerweile abgerundeter sein.
*Oktober 1983 ★★★? Bis 2000.*

CH. FILHOT 1978 blaß und ziemlich unbeeindruckend. Vier Jahre später, immer noch zu blaß, grünspurig; frischer, dabei leicht fruchtiger, grasiger Stil. Halbsüß. Ich kann mir nicht vorstellen, daß er sich noch zu einem wirklich guten Sauternes entwickelt.
*Seit dem September 1982 nicht mehr verkostet ★★ Bis 1995.*

CH. GUIRAUD 1978 eigenartig, pikant. Gelb; wohlriechend, aber eine Sauvignon-Nase mit einem gewissen «Katergeruch»; halbsüß und mittel-

schwer, etwas fett, grasiger Stil, dabei ansprechend. Ist mittlerweile möglicherweise ausgebaut und breiter.
*Seit der Decanter-Degustation im September 1982 nicht mehr verkostet ★★★? Bis 1995.*

CH. GUITERONDE Zwei Aufzeichnungen Anfang der 80er Jahre. Damals unverwoben, schwefelige Nase; süß, ziemlich fett und reich, fast ölig. Brauchte Zeit sich zu setzen.
*Zuletzt im März 1983 verkostet ★★? Jetzt versuchen.*

CH. LAFAURIE-PEYRAGUEY Relativ blaß; Kresse; süß, kraftvoll, wächsern.
*Mai 1991 ★★★★*

CH. LIOT Fünf Aufzeichnungen: gefällig grasige Sémillon-Nase. Inzwischen reich, dabei zart honigartig, krustig, Lanolin; ziemlich süß, Vanille, Pfirsiche, Gerstenzucker. Bemühte sich sehr klassisch zu sein und 1975 schien das nahezu gelungen.
*Zuletzt im September 1989 verkostet ★★★ Bis 2000 schön.*

CH. RABAUD-PROMIS Relativ tiefes Gelb; sehr süß in Nase und Geschmack. Minze, Rosinen, Feigensirup. Ansprechend, aber Kopfweh verursachend.
*Mai 1987 ★★★★*

CH. DE RAYNE-VIGNEAU Drei Notizen: 1978 gefällig, aber unterentwickelt. Bukett entfaltete sich recht gut. Süß, mittelgewichtig, einnehmender Stil. Müßte sich befriedigend weiterentwickeln.
*Seit September 1982 nicht mehr verkostet ★★★*

CH. RIEUSSEC Sieben Aufzeichnungen, beginnend 1978. Ausgeprägt tiefes Altgold, orangespurig; eigenartig gefälliger Wohlgeruch, würzige Aprikosennote; süß, geschmacksintensiv, konzentriert. Einer Beerenauslese sehr ähnlich. Eigen. Auf seine Art sehr gut.
*Zuletzt im Mai 1991 verkostet ★★★★ Jetzt, bis 2000 und länger zu trinken.*

CH. SIGALAS-RABAUD 1978 blaß, unausgebaut. Vier Jahre später immer noch Grünreflexe, mit roher Nase, am Gaumen allerdings süß und gefällig.
*Zuletzt bei der Decanter-Degustation im September 1982 verkostet ★★★*

CH. SUAU Ein in England selten gesehener Barsac, ein Umstand, der durchaus nachvollziehbar ist. Anfang der 80er Jahre dreimal degustiert. Relativ blaß; grasig; ziemlich süß, kirschähnlicher Geschmack. Könnte vielleicht mehr Reife, mehr Edelfäule und vielleicht auch mehr neue Eiche vertragen.
*Zuletzt im April 1983 verkostet ★(★)?*

**CH. SUDUIRAUT** Fünf Aufzeichnungen. April 1978 im Faß beeindruckend: tiefe Farbe, reich. In jüngerer Zeit: herrlich wohlriechende Nase, mit Nuancen von Pfirsichen, Orangenblüten, Edelfäule und Honig; süß, voll, klassischer Geschmack, gute Länge. Müßte sich noch weiter entwickeln. *Zuletzt im Juni 1988 verkostet* ★★★★(★)? *1995 bis Mitte des 21. Jahrhunderts.*

**CH. LA TOUR-BLANCHE** Sieben Aufzeichnungen. Erstmals 1976 aus dem Faß probiert. Anfang der 80er Jahre etwas stielig und wenig beeindruckend. in jüngerer Zeit: ausgeprägtes Blaßgelb; etwas rauh, dabei gewisse Edelfäule- und Honignuancen. Ziemlich süß, mittelschwer, ansprechend, fest, etwas hart. Ich stehe dem Wein mit etwas gemischten Gefühlen gegenüber, möchte ihn aber in fünf Jahren noch einmal probieren. *Zuletzt im April 1987 verkostet* ★★(★)?

GERINGERE GEWÄCHSE AUS BARSAC UND SAUTERNES, IM SEPTEMBER 1982 BEI DER DECANTER-DEGUSTATION VON 75ER WEINEN VERKOSTET:

**CLOS HAUT-PEYRAGUEY** Tief, reich ★★★

**LES JUSTICES** Geradlinig ★★

**CH. DE MALLE** Zu blaß; schwefelig; süß, reich ★★★

**CH. NAIRAC** Wie ein süßer Graves ★

**CH. ROMER-DU-HAYOT** Schmackhafter Wein, braucht Zeit ★★(★)

# 1976 ★★★★

*Ein unmittelbarer beeindruckender Jahrgang. Auf Yquem über einen Zeitraum von drei Wochen perfekte Lesebedingungen. Im Faß unglaublich schön. Köstlich. Wie ein frühreifes Kind, beispielsweise Shirley Temple, das schließlich zur Normalität findet. Ungezwungen, bestechend.*

**CH. D'YQUEM** Fünf Aufzeichnungen, erstmals 1983 zusammen mit Alexandre de Lur-Saluces verkostet. 1986 eine Flasche mit Korkgeruch. In jüngerer Zeit: mitteltiefes Goldgelb; Bukett erblühte im Glas: zunächst zitrus- und melonenartig, reich, würzig, Pfirsiche, Aprikosen, Honig; sehr süß, kraftvoll, intensiv, typisch hohe flüchtige Säure (in einer Höhe, die z.B. die Qualitätskontrolleure der *Québec Liquor Board* unannehmbar finden würden), wunderbare Länge, trockener, schwungvoller Abgang. *Zuletzt im September 1988 verkostet* ★★★★(★) *Jetzt nur trinken, wenn es sein muß. Wird sich noch weiter entwickeln.*

**CH. BASTOR-LAMONTAGNE** Ich kaufte eine Kiste halber Flaschen und machte Anfang bis Mitte der 80er Jahre viele Aufzeichnungen. Ausreichend gefällig. *Zuletzt im Februar 1984 verkostet* ★★

**CH. CLIMENS** Ein ebenfalls erstaunlicher Wein, sogar noch süßer als der 75er. Goldgelb, mit Tränen in der Form von gotischen Bögen; herrlich reiche, honigartige Nase; ziemlich voller Körper, Alkohol- und Extraktgehalt. Phantastisch reich, dabei lebhaft. *Zuletzt im Oktober 1989 verkostet* ★★★★

**CH. COUTET** Leicht enttäuschend. Zarte, unverwobene, grasige Nase, mit einem Hauch Pfirsichkerne, der mir nie gefällt; halbsüß, mittelschwerer Körper, dabei leicht im Stil. Ziemlich hohe Säure und harter Abgang. *Zuletzt im Januar 1990 verkostet* ★★

**CH. DOISY-VÉDRINES** Gute Farbe; etwas eintönig; mittelsüß, weich, Gerstenzuckergeschmack. Ziemlich hohe Säure. *Letztmals probiert im Juli 1992* ★★★

**CH. DE FARGUES** Lur-Saluces füllte diesen Wein in alte Yquem-Fässer. Goldene Farbe; kraftvolle, hochgetönte Nase; Süße und Körper überdecken die hohe Säure. Exzellenter Geschmack. *April 1985* ★★★★

**CH. FILHOT** Im Faß sehr gefällig (Mai 1977), doch Anfang der 80er Jahre weniger beeindruckend; relativ blaß; wohlriechende, aber grasige Nase, zuwenig Tiefe; halbsüß und mittelgewichtig, etwas plump. Geradlinig. *Zuletzt im Mai 1983 verkostet* ★★★?

**CH. GUIRAUD** Relativ tiefes Bernsteingold; Aprikosen; süß, voll, reich. Etwas fleischiger, karamelartiger Stil. *Nur einmal, im November 1984 verkostet* ★★

**CH. NAIRAC** Ich bewundere die Anstrengungen, die man für diesen Barsac *2ème cru* unternommen hat, aber ich finde den 76er süßlich, alkoholstark, dabei schlank und etwas hart, mit gewaltigem Abgang. *September 1989* ★

**CH. RIEUSSEC** Erstmals 1982 aus einer beeindruckenden halben Flasche degustiert. Danach neun Aufzeichnungen: fabelhafte Farbe, relativ tiefes Orangegold, ein Markenzeichen von Rieussec; herrliches Bukett von reifen Pfirsichen und Sahne, Honig und einem Hauch Sahnebonbon; ziemlich süß und voll. Reich, weich, dabei fest. Vorzüglicher Geschmack, gute Säure. *Zuletzt im März 1992 verkostet* ★★★★★

CH. SUDUIRAUT Im Faß (April 1978) enorm ansprechend und beeindruckend. In jüngerer Zeit bei einer Suduiraut-Degustation in London war Madame Frouin der Ansicht, daß er auf dem Gipfel sei und ihr 75er am besten abschneiden würde. Sie hatte recht. Nichtsdestotrotz ist der 76er ein vorzüglicher Wein: leuchtendes Bernsteingold; sahnig, minzig, schokoladig, reiches, dabei erfrischendes Bukett; ziemlich süß, mit wunderschönem Gerstenzuckergeschmack und trockenem Abgang.
*Zuletzt im Juni 1988 verkostet* ★★★★

ANDERE, ANFANG DER 80ER JAHRE VERKOSTETE WEINE:

CH. LA BRIE Ein Sauternes-artiger Wein aus Monbazillac. Grasig, karamelartig reich, etwas schroff. CH. LIOT ★★ CH. MENOTA Sehr tief, reich ★★★ CH. PADOUEN ★★★ CH. ROMER-DU-HAYOT ★★★ CH. SIGALAS-RABAUD ★★★(★) CH. TRILLON Farblösemittel.

# 1977

*Schlechtes Wetter. Selbst die sehr späte Lese bei geringem Ertrag brachte nicht viel. Erstaunlich, daß sie überhaupt trinkbar sind.*

CH. D'YQUEM Überraschend positive Farbe; ausladend, wächsern, eine Spur grün, mit unreifem und leicht firnisartigem Unterbau; süß, mehr Körper als erwartet, reich, aber rauh, schmackhaft, aber immer noch hart. Unterschiedlich.
*Auf dem Château verkostet, September 1983* ★

CH. CLIMENS Relativ blaß, leicht grün; Nase wirkte zunächst etwas brandig, aber dann wurde sie harmonisch; süß, gewiß nicht schlecht, annehmbare Säure. Vor einer Werbe-Weinauktion von Climens und später im selben Jahr noch einmal verkostet.
*Zuletzt im Mai 1987 verkostet* ★

# 1978 ★★

*Eine trostlose Vegetationszeit wurde durch einen anhaltenden Altweibersommer gerettet. Die Trauben konnte noch reifen, aber wie 1970 war eine Bildung von Edelfäule nicht möglich. Zunächst leicht überbewertet – mittlerweile setze ich ihn gerade etwas über den Durchschnitt. Vielleicht holt eine nachhaltige Flaschenalterung – wie der Altweibersommer – aus den Besten noch einiges heraus. In jedem Fall zuwenig verkostet, um sich eine feste Meinung zu bilden.*

CH. D'YQUEM Bei der ersten Degustation 1983 auf dem Château war er der blasseste in einer vertikalen Reihe, dabei positiv, mit zitronenartiger Säure. Fünf Jahre später hatte er eine Farbe wie Butterblumen entwickelt; merkwürdige, süße, fast seifige Nase; halbsüß und mittelgewichtig, ziemlich scharf, immer noch recht rauh, zuwenig Länge.
*Zuletzt im Februar 1988 verkostet* ★★

CH. BROUSTET Blaß; parfümiert; süß, angemessen.
*Mai 1991* ★

CH. CLIMENS Blaß, grünspurig; ursprünglich wohlriechend und blumig, dann etwas gedämpfter; süß, relativ voll, ansprechender, zugänglicher Geschmack. Etwas kurz.
*Bei den Climens-Degustationen, Januar und Mai 1987* ★★★

CH. COUTET Relativ blaß; zurückhaltender, warmkrustiger Geruch, Lanolin und Bienenwaben; süß, sauber, schöne Frucht, Gerstenzuckergeschmack, lebhafte Säure. Benötigt mehr Zeit, aber ermutigend.
*Nur einmal verkostet, Oktober 1984* ★★★?

CH. LA RAME Ste-Croix-du-Mont. Blaß; halbsüß, relativ leicht, frisch, schöne Säure. Nur eingefügt um zu zeigen, daß ein verhältnismäßig kleiner Wein gut zu Gänseleber passen kann.
*Bei Dr. Louis Skinner in Florida, Januar 1987* ★★

CH. SUDUIRAUT Ab Mitte der 80er Jahre vier Aufzeichnungen. Zuletzt: relativ blasses Strohgelb, immer noch grünspurig; Schwefeldioxyd verflüchtigte sich, zwar ansprechend, aber die 80 % Sémillon und die 20 % Sauvignon Blanc hatten sich noch nicht ganz vermählt. Nichtsdestotrotz reich, honigartig, Spargelnote, pikant, Johannisbeeren, Vanille und Nektarinen – ein rechter Cocktail in der Nase; ziemlich süß, Lanolin und Honig, zwar schmackhaft, aber auch mit einer Spur Pfirsichkerne, eine Note, die ich nicht schätze. Zuwenig Länge.
*Zuletzt im Juni 1984 verkostet* ★★★ *Nicht für das 21. Jahrhundert.*

GERINGERE WEINE, ANFANG DER 80ER JAHRE VERKOSTET:

CH. COULLAC Ste-Croix du Mont. Süß, kurz.

CH. GUITERONDE Grasig, süß, leicht, kernartig ★★

CH. DE LA JAUBERTIE Ein wohlriechender, gutgemachter Monbazillac ★★★

CH. LOUPIAC-GAUDIET Süß, honigartig, gefällig ★★★

CH. PADOUEN Eigenartige Nase, zuviel Eiche und Schwefel. Süße und Säure. Hat sich möglicherweise inzwischen beruhigt ★(★)?

CH. DE VAYRES In seiner Klasse gut ★★★

# 1979 ★★★

*Ebenfalls eine späte Lese, doch diesmal mit Edelfäule. Im Charakter so anders als der 78er, wie auch bei den Médoc-Weinen dieser beiden Jahrgänge. Ausreichend guter Jahrgang, mehr aber nicht. Das Flaschenalter wird gewiß noch etwas nachhelfen.*

CH. D'YQUEM Charmanter, fetter und eindringlicher als der 78er. Beim Eingießen Nase zunächst zurückhaltend, wuchs dann im Glas. Süß, relativ voll; ausreichende Länge. Karamelartige Mürbegebäcknote in Geschmack und Endgeschmack. Immer noch etwas hart.
*Zuletzt im Januar 1990 verkostet* ★★(★)

CH. CLIMENS Reiches Goldgelb; wachsige Sémillon-Note, grasig, kräuterwürzig; süß, ziemlich kraftvoll, Pfirsichkerngeschmack und -abgang in allen Aufzeichnungen. Für einen Climens ziemlich schwerfällig.
*Zuletzt im November 1989 verkostet* ★★★

CH. COUTET Stark glänzendes Erscheinungsbild; Bienenwabenwachs (80% Sémillon), wohlriechend, fruchtig – Aprikosen, Ananas – anregend (20% Sauvignon Blanc plus eine Spur Muscadelle); süß, sehr ansprechend, am Gaumen ausreichend lang.
*Zuletzt im Mai 1988 verkostet* ★★★(★)

CH. COUSTET (Man beachte das «S». Ein kleiner Barsac). Vanille; relativ süß und leicht, gefällig.
*Januar 1986* ★★

CH. DE FARGUES Gelb; der Geruch erinnerte mich an Enteneiercreme; süß, relativ voll, reich, positiv. Mit Gänseleberpastete zum Mittagessen nach einer Degustation auf Yquem.
*September 1983* ★★★

CH. FILHOT (65% Semillon, 33% Sauvignon Blanc, 2% Muscadelle). Relativ blasses Gelb; Honig, Wachs, lebhaft säurebetont, Muscadelle-Geschmack wahrnehmbar; ziemlich süß, füllig, fruchtig, schön kribbelnde Säure.
*Zuletzt im März 1989 verkostet* ★★★(★)

CH. GUIRAUD Ziemlich intensiv und in einem altmodischen Stil, fast schokoladig bei der ersten Degustation 1983. Fünf Aufzeichnungen später: inzwischen mitteltiefes Bernsteingold; gut, reich, leicht karamelartig in Nase und Geschmack. Aus-reichend süß und gefällig. Zitronen-Vanille-Geschmack, guter Nachgeschmack.
*Zuletzt im Januar 1991 verkostet* ★★★

CH. LAFAURIE-PEYRAGUEY Schwerfällige Edelfäulenase; süß, Geschmack und Fülle schön. Gute Länge. Nach mehreren Jahren mit gutgemachten, aber ziemlich leichten Weinen wies der 79er etwas mehr Stil auf.
*Juni 1987* ★★★(★)

CH. LARRIVAT Ste-Croix-du-Mont. Blaß; ölig, minzig; ziemlich süß, sehr gefällig in Geschmack und Gewicht. Gute Säure.
*Januar 1990* ★★★

CH. DE MALLE Blaß, hell; süß, aber in der Nase wie Klebstoff; süß, schmackhaft, merkwürdig interessant.
*Zuletzt im Juli 1986 verkostet* ★(★)

CH. RAYMOND-LAFON Leicht honigartig; süß, schön mollig, gute Länge, Nachgeschmack wie Veilchen und Pfirsichkerne.
*Zuletzt im April 1987 verkostet* ★★

CH. DE RAYNE-VIGNEAU Relativ blasses Gelb; grasige, honigartige, reiche Nase; ziemlich süß, lebhaft, wiederum Pfirsichkerne (mir wurde gesagt, daß dies in Ordnung sei, also wohl eine Geschmacksfrage). Ich denke dabei immer an ungeeignete Schönungshilfen.
*Juli 1985* ★

CH. RIEUSSEC Vier übereinstimmende, vielleicht überkritische Notizen. Helles Gold; reich, eindringlich, aber unverwoben; ziemlich süß, relativ voll, fett, zuwenig Finesse, Länge und Abgang.
*Zuletzt im Oktober 1991 verkostet* ★★

CH. SUDUIRAUT Ziemlich blaß, wie ein Lafaurie; das Bukett schien ungewiß und am Kämpfen; ziemlich süß und voll, reich, recht auffallend, immer noch etwas hart. Trockener Abgang. Man muß ihm Zeit geben.
*Zuletzt im Juni 1988 verkostet* ★(★★)?

DREI GERINGERE WEINE, ANFANG DER 80ER JAHRE VERKOSTET:

CH. LOUPIAC-GAUDIET Goldgelb; ziemlich süß, fruchtig, sehr ansprechend und hervorragendes Qualität-Preis-Verhältnis ★★★

CH. PADOUEN Süß, honigartig ★★

CH. ST-AMAND Süß und recht stilvoll ★★(★)

# 1980**

*Schlimmer Frühling und früher Sommer führten zu einer schlechten, ausgedehnten Blüte. Kalter und nasser Juli, heißer August, September wiederum kalt und naß. Sauternes durch eine sonnige und trockene «Nachsaison» Ende Oktober, Anfang November gerettet.*

*Ein leichter, nicht zu gewichtiger Sauternes-Jahrgang, doch man bereitete einige recht schöne Weine. In der Flasche werden sie sich noch verbessern, sind aber nicht für eine lange Lagerung geeignet.*

CH. D'YQUEM Helles Gelb; minzig, Quitten, Pfirsiche, Gerstenzucker, Vanille und eine Spur Karamel – entsprechender Geschmack. Ziemlich süß und reicher als erwartet.
*Zuletzt im April 1991 verkostet* **

CH. CLIMENS Goldgrün, tiefer als der 82er und der 83er; entgegenkommende, fast üppige Nase von gewisser Tiefe. Meine Aufzeichnungen reichen von halbsüß bis sehr süß, was den jeweiligen Degustationskontext widerspiegelt. Entgegenkommender und reicher als man von einem 80er erwarten würde. Ausreichend lang, lebhafte Säure.
*Zuletzt im November 1988 verkostet* **(*)

CH. DE FARGUES Überraschend ansprechend in Nase und Geschmack. Süß. Leicht.
*Februar 1990* **

CH. FILHOT Blaß; grasige, kräuterwürzige Nase, lebhaft, honigartig; geradlinig, ausreichend süß (Filhot ist niemals klebrig), recht ansprechender Geschmack, wachsig, lebhaft. Doch ich erwarte keine große Zukunft.
*Nur einmal, im Oktober 1984 verkostet* **

CH. GUIRAUD Gelb; Minze; relativ süß und leicht, eine Spur Karamel, kurz und eine Idee zuviel Endsäure.
*Dezember 1989* *

CH. PADOUEN Mit diesem zehn Hektar großen Weingut experimentiert man viel und unternahm einige Anstrengungen. Die Lese begann am 5. Oktober, geringer Ertrag, recht viel Edelfäule. Man sortierte die Traubenbüschel und entrappte sie, aus den «grünen» Trauben bereitete man Bordeaux Blanc. Man versuchte es mit Nevers- und Limousin-Eiche. Degustationsnotiz: relativ blaß; grasig; halbsüß, ziemlich leicht, schöner Geschmack, kurz. Kein sehr ermutigender Jahrgang, doch es wird interessant sein zu verfolgen, wie sich dieser und bedeutendere Jahrgänge des Padouen entwickeln werden.
*Oktober 1982* *(*)

CH. DE RAYNE-VIGNEAU Wie ein hochstehendes Gewächs so abstürzen kann. Selbst in Anbetracht des Jahrgangs sehr blaß; schwefelig, «verblüht»; relativ süß, eher leicht, kein Abgang. Gibt nicht viel her.
*April 1985.*

CH. RIEUSSEC CRÈME DE TÊTE. Ziemlich hart, staubig, ein Hauch Nagellack in der Nase; halbsüß, reich, recht schöner Geschmack, aber ein bißchen wie ein Tritt von hinten. Leicht rohe Säure. Siehe unten.
*September 1984* **?

CH. RIEUSSEC Zweitwein. Zurückhaltender, wachsartiger als der *Crème de Tête*. Paradoxerweise süßer und reicher, mit schöner Säure. Bei weitem vorgezogen.
*Beide auf dem Château mit Eric de Rothschild und Professor Peynaud verkostet. Die Domaines Rothschild haben einen größeren Anteil an Rieussec erworben, September 1984.*

CH. SUDUIRAUT Die pikante Sauvignon- und die wächserne Sémillon-Note verbinden sich gerade erst in der Nase; süß, gefälliger Geschmack und besser ausgewogen als erwartet.
*Nur einmal verkostet, März 1984* *(**)?

# 1981**

*Infolge des heißen Sommers lag der Zuckergehalt sehr hoch. Gut entwickelte Edelfäule und gute späte Lese. Wie die Rotweine eher etwas schlank und auf keinen Fall groß. Mittelfristig – etwa zwischen 1995 und 2010 – sehr befriedigend.*

CH. D'YQUEM Sehr hell, grünspuriges Gold; außergewöhnliche Nase: Zitronen- und Lanolinnuancen, kräuterwürzig, parfümiert, würzig; süß, mittelgewichtiger Körper, würziger Geschmack, gute Länge, ziemlich hohe Endsäure.
*Zuletzt im Januar 1992 verkostet* **(*)?

CH. CLIMENS Fünf Notizen. Übereinstimmende Hinweise auf die vorzügliche Struktur. Relativ blaß; entgegenkommende, grasige Nase, doch nach dreißig Minuten im Glas komplett, reich; halbsüß, schöne Anklänge von Molligkeit; gute Frucht und Säure. Ansprechend.
*Zuletzt im April 1991 verkostet* **(**)

CH. COUTET Sehr ansprechende Nase; vorzüglicher Geschmack. Sogar besser als der Climens.
*Juli 1989* ***(*)

CH. FILHOT Relativ blaß; verhältnismäßig süß, leicht, recht schön.
*Mai 1989* **

CH. GUIRAUD Grasige Note in Nase und Geschmack. Ziemlich süß und mittelschwerer Körper. 1983 fand ich ihn weich, doch vier Jahre später etwas hart und mit leicht bitterem Ende. Ich muß ihn noch einmal probieren.
*Zuletzt im Juli 1987 verkostet ★★?*

CH. LAFAURIE-PEYRAGUEY Drei Aufzeichnungen. Immer noch ziemlich blaß und grünspurig; entgegenkommende, sahnige Nase, dabei mit lebhaft säurebetonten Gerstenzucker- und Ananasnuancen; süß, durchaus füllig und fett, grasig, erfrischende Säure.
*Zuletzt im Juli 1990 verkostet ★★(★)*

CH. DE MALLE Schön wächsernes Zitronengold; honigartig, aber auch kernartig und schwefelig; süß, reich, fett, in meinen Augen durch den Pfirsichkernendgeschmack etwas verdorben.
*Juli 1990 ★★*

CH. DE RAYNE-VIGNEAU Blaß; Nase erinnerte mich an Brunnenkresse. Ausreichend gefällig.
*Oktober 1989 ★(★★)?*

CH. RIEUSSEC Sechs jüngere Aufzeichnungen. Reines Gold; in der Nase lebhafte Senf- und Kressenote mit einer Reminiszenz an Sellerie; süß, relativ voll, reich, leicht kernartig, honigartige *Pourriture,* wächserne Sémillon-, lebhafte Sauvignon-Note.
*Zuletzt im Mai 1991 verkostet ★★★(★)*

CH. ROMER-DU-HAYOT Zwei jüngere Aufzeichnungen. Spuren von Kohlendioxyd, relativ warmer Goldton; Honig und Kresse, halbsüß, ziemlich leicht, eigenartig umgekippter Geschmack, scharf, leicht bitterer, säurebetonter Abgang.
*Zuletzt im Juli 1990 verkostet ★*

# 1982 ★★★

*Juni und Juli waren angenehm warm, die große Hitze von August bis Mitte September nährte die Trauben mit einem sehr hohen Zuckergehalt. Danach änderte sich das Wetter und ermöglichte die Bildung von* Botrytis. *Die Hoffnungen auf einen großen Sauternes-Jahrgang wurden jedoch durch sintflutartige Regenfälle, die die Edelfäule abwuschen, zerschlagen. Unter schlechten Witterungsverhältnissen wurden süße, aber durchnäßte Trauben gelesen. Einige Winzer lasen vor dem Regen, andere warteten noch eine ganze Weile ab. Es wurden ein paar ganz gehaltvolle Weine bereitet, doch allen fehlt der Charakter aus der Edelfäule.*

CH. D'YQUEM Wegen der Reife und des hohen Zuckergehalts begann auf Yquem die Lese am 16. September, doch nach dem 24. d.M. wurde das Wetter so schlecht, daß die später gelesenen Trauben nicht verwendet werden konnten. Der Wein lag dreieinhalb Jahren in neuen Eichenfässern. Reiche, verführerische Goldfarbe; honigartige, aber nicht sehr klar umrissene Nase, mit Nuancen von Vanille und Pfirsichen; süß, ziemlich körperreich, beträchtlich fett und schwer, gute Länge, relativ hohe Säure. Braucht Zeit.
*Zuletzt im September 1988 verkostet ★★(★★)*

CH. CLIMENS Schöne Farbe, reines Gelb; eher etwas stämmig, wenn auch mit schöner Honig- und Fruchtstütze. Entfaltung eines lakritzeähnlichen Wohlgeruchs. Süß, relativ voll, guter, solider, vierschrötiger Charakter, dabei reich, mit guter Fülle und Länge. Eine Spur Karamel und eine harte Kante. Braucht Zeit, wird aber niemals mit dem 83er mithalten können.
*Zuletzt im Mai 1987 verkostet ★★(★★)* Etwa 1995 bis 2000 und länger.

CH. GUIRAUD Wirkte bei der Degustation aus dem Faß ansprechend.
*September 1983.*

CH. LAFAURIE-PEYRAGUEY Eine gefällige Halbflasche bald nach der Flaschenabfüllung getrunken. Zuckersüß, fett, aber plumper als der 83er. Trockener Abgang.
*Dezember 1985 ★★(★)*

CH. LAMOTHE Blaß; unverwoben; süß, recht kraftvoll, gute Länge.
*Juli 1986 ★★(★)*

CH. NAIRAC Goldfarbig; hohl, grasig; ziemlich süß, eindringlich und mittelmäßig.
*Im Juli 1992 ★*

CH. RAYMOND-LAFON Süß, voll, sehr alkoholbetont.
*Juli 1986 ★(★★)*

CH. RIEUSSEC Wachsartige Nase; ziemlich süß, stämmig, reich, weich, zart, mit einem Geschmack nach Karamel und Pfirsichkernen.
*Zuletzt im Mai 1991 verkostet ★★★*

CH. ST-AMAND Relativ blaß; Gerstenzuckernase; süß, ziemlich kraftvoll, gefällig.
*Juni 1986 ★★(★)*

CH. SUDUIRAUT Geschmorte Trauben, außerordentlich früh gelesen (16. September). 14% Alkoholgehalt. Süß, stämmig, Geschmack von Minzeblättern und Zimt, gute Länge und Säure.
*Juni 1988 ★★(★)*

CH. SUDUIRAUT «Cuvée Madame». Die Trauben wurden gegen Ende dieser frühen Ernte, am

26. September, gelesen. Reichere, harmonischere Nase als bei den Standard-*Cuvées;* süß, reich, kraftvoll. Sehr gut in Geschmack und Länge.
*November 1992* ★★★★

# 1983 ★★★★★

*Perfekte Wetterverhältnisse, mit einem Altweibersommer, der bis Mitte November dauerte. Einige Châteaux, wie beispielsweise Suduiraut, konnten dadurch ihre Weinberge bis zu sechsmal durchkämmen und die Trauben auswählen, die sich in einem fortgeschrittenen Stadium von Botrytis befanden.*

*Ohne Frage ein phantastischer Sauternes-Jahrgang: der beste zwischen 1975 und 1988. Voll von Geschmack, Frucht und Finesse. Reich, lebensprühend, langlebig.*

CH. D'YQUEM Der jüngste Jahrgang bei Bud Moons bemerkenswerter vertikalen Yquem-Degustation im Februar 1988: sehr helles Butterblumengelb; Lanolin und Vanille, reich, wohlriechend, honigartiger *Botrytis*-Charakter; süß, aber nicht übersüß, mittelgewichtig, lebhafter Orangenblütengeschmack. In jüngster Zeit: herrlich pfirsichartiges Bukett; hervorragende Länge, komplett.
*Zuletzt bei einem Essen, das Tony Terlato von Paterno Imports in Chicago gegeben hatte, im Februar 1990* ★★★★★ *Noch viele Jahre Lebenserwartung.*

CH. CLIMENS Seit 1984 sieben Aufzeichnungen. Immer noch ziemlich blaß; süße, sahnige Nase, vorzüglich, fruchtig, leicht würzig (neue Eiche), auf positivem und kraftvollem Fundament. Entfaltete sich sehr schön im Glas. Süß, aber nicht im Übermaß. Trotz hohem Alkohol gut in Gewicht und Gefühl.
*Zuletzt im Dezember 1991 verkostet* ★★★(★)

CH. DOISY-DAËNE Blaß; tropische Früchte; süß, leicht im Stil, frisch.
*Im Februar 1993* ★★★ *Jetzt bis 1998.*

CH. DOISY-VÉDRINES Relativ blasses Goldgelb; leicht, schwefelig, bis dahin unverwoben; mäßig süß, schöner Geschmack, ziemlich scharfer, säurebetonter Abgang.
*Oktober 1984* ★(★★)

CH. FILHOT Goldgelb; süß, mit dem Duft nach schwarzen Johannisbeeren der Sauvignon-Rebe und der zarten, honig- und wachsartigen Note des Sémillon; am Gaumen süß, relativ voll, schöne im Fleisch, frisch in Geschmack und Nachgeschmack. Ein wirklich guter Filhot (fast hätte ich noch beigefügt: endlich einmal …)
*März 1987* ★★★(★)

CH. GUIRAUD Blaß; grasig, etwas gewöhnlich und künstlich, schwefelig, wie von verbrannten Streichhölzern; süß, relativ voll, eindringlich, gute Länge. Am Gaumen besser. Braucht Zeit sich zu setzen.
*Zuletzt im Oktober 1987 verkostet* ★(★★)?

CLOS HAUT-PEYRAGUEY Ziemlich reich, weich, süß und grasig (Senf und Kresse) im Geschmack.
*Mai 1987* ★★

CH. LES JUSTICES Relativ süß. Schöne Säure.
*Juni 1987* ★★(★)

CLOS LABÈRE Der Zweitwein von Rieussec. Sehr gut in Farbe, Nase und Geschmack. Doch weder Länge noch Abgang eines *Grand vin.*
*Im Juni 1987 verkostet* ★★

CH. LAFAURIE-PEYRAGUEY Nase wie geröstete Eibischbonbons; ziemlich süß und voll, schön lebhaft in Stil und Länge.
*Zuletzt im Februar 1992 verkostet* ★★★(★)

CH. DE MALLE Fett, wächsern, unverwoben; halbsüß, ungewöhnlicher, pappiger, pudriger Geschmack. Ein Hauch Bitterkeit.
*Zuletzt im April 1991 verkostet* ★

CH. NAIRAC Relativ blaß; wohlriechend, Pfirsichkerne; relativ süß, für einen 83er leicht, lebhaft, Mandelnote im Abgang.
*April 1991* ★★

CH. RABAUD-PROMIS Zwei jüngere Aufzeichnungen. Ansprechend. Ziemlich tiefes Goldgelb; gefällige Gerstenzuckernase; ziemlich süß, reich, gute Säure.
*Zuletzt im September 1989 verkostet* ★★★

CH. DE RAYNE-VIGNEAU Fünf Notizen. Wohlriechend; ziemlich süß, recht kraftvoll, vorzüglicher Geschmack, Länge und Nachgeschmack gut.
*Zuletzt im Juli 1992 verkostet* ★★★ *Braucht Zeit.*

CH. RIEUSSEC Im Herbst 1984 viermal degustiert: zwei recht unterschiedliche *Cuvées* auf dem Château. Eine hatte eine ziemlich gewöhnliche Nase, markiert von Schwefel und würziger neuer Eiche; sehr süß, positiv, ansprechend. Die «Speziellere» war von tieferer Farbe mit mehr Orange; hart, alkoholbetont, nicht ganz so süß, lebhaft, kraftvoll, mit einem Geschmack wie Bonbons. Dann bei einem Essen auf Lafite trotz seiner Jugend köstlich. 1990 herrliche Nase wie Enteneiercreme; füllig, in der Mitte immer noch hart, mit einer Spur Mandarine im Abgang. 1991: Orange; Alterston, fast wie eine Tokajer; stämmig, Gerstenzucker. Kürzlich drei exzellente Flaschen:

goldfarben; glorios in Bukett und Geschmack. Sehr süß. Perfektion.
*Letztmals serviert an einem Abendessen beim Earl von Suffolk, im Dezember 1993* ★★★★

**CH. ROMER-DU-HAYOT** Wächsern glänzendes Goldgelb; genauso glatte, wachsartige Struktur. Ansprechendes Bukett, wenn auch eine Spur Pfirsichkerne und Kerosin; süß, lebhafte Säure.
*Oktober 1989* ★★(★)

**CH. SUDUIRAUT** Die Lese begann wegen des hohen natürlichen Zuckergehalts (306 g/l) verhältnismäßig früh, am 26. September. Relativ blasses Gold; frisches, honigartiges, nussiges Bukett; süß, eindringlich, eine Spur Mandelcreme im Geschmack, gute Länge, trockener Abgang. Benötigt Zeit.
*Zuletzt im September 1988 verkostet* ★★(★★) *1995 bis 2025.*

# 1984 ★★

*Dies war das Jahr, in dem der Merlot ausfiel, Sémillon und Sauvignon Blanc indes nicht. Bevor ich meine Notizen zusammenstellte war mir gar nicht klar gewesen, daß der 84er Jahrgang besser ausfiel, als ich erwartet hatte. Kein Klassiker, nicht zur langen Lagerung, aber mittelfristig ein gefälliger Wein.*

**CH. D'YQUEM**[1] Reiche, leicht minzige, honigartige und harmonische Nase; süß, relativ voll, würzig rauh.
*Zuletzt im Oktober 1992 verkostet* ★★ *Bald trinken.*

[1] Ab 1984 erhielten die Etiketten als Schutz gegen Fälschungen und Betrug eine getüpfelte Wasserzeichenmarkierung, die man nur unter ultraviolettem Licht erkennen kann.

**LES CYPRES DE CLIMENS** Relativ blaß; wachsartig; süß, fest, recht schöner Biß.
*Mai 1987* ★★(★) *Bis 2000.*

**CH. DE FARGUES** Relativ blaß, schön; sehr leichte, wachs- und honigartige Nase; süß, mittelschwerer Körper, sehr attraktiv, gut passende Säure.
*Juni 1989* ★★(★) *Bis 2000.*

**CH. LAFAURIE-PEYRAGUEY** Relativ blasses Goldgelb, wäßriger Rand; süß, reich, gewisse honigartige *Botrytis*-Note, Karamelbonbons, kräuterwürzig; süß, relativ voll, gewisses Fett, doch leicht holziger Geschmack und jugendliche Säure.
*Aus einer halben Probeflasche, Dezember 1985. Schwer zu beurteilen. Wahrscheinlich* ★★(★) *wie die anderen.*

**CH. DE RAYNE-VIGNEAU** Vanille; mittelsüß, scharf und schrecklich.
*Im Juli 1992.*

**CH. SUDUIRAUT** Relativ blaß; lebhaft, «grün», minzig; ziemlich süß und körperreich, trockener Minzeblattgeschmack.
*Juni 1988* ★★(★)

**CH. LA TOUR-BLANCHE** Ziemlich blecherne, hohle Nase; ein Hauch Bitterkeit, der sich wahrscheinlich verflüchtigen wird. Nicht besonders beeindruckend. Erneut versuchen.
*Oktober 1986.*

# 1985 ★★★

*Paradoxerweise war das Wetter zu gut; für Sauternes zweifellos zu trocken, die fehlende Feuchtigkeit verhinderte die Ausbildung der Edelfäule bis Oktober.*

**CH. D'YQUEM** 1989 bereits harmonisch, sahnig, pfirsichartig; süß, mittelschwer, sehr guter Geschmack, gute Säure und trockener Abgang.
*Januar 1992* ★★(★★)

**CH. BROUSTET** Blaß, leicht grünspurig; ziemlich neutrale Nase; mäßig süß und voll, weich, mit interessantem Minzeschokoladegeschmack.
*April 1987* ★★

**CH. FRANCOYE** Loupiac. Ich bin diesem Wein bislang noch nie begegnet, doch wurde er durch oder für Anthony Barton abgefüllt und gelangte über *The Wine Society* in den Handel, was mir Beruhigung genug war. Sehr blaß; leichte, etwas minzige Nase; süß, relativ leicht, mit sehr gefälligem, ein bißchen parfümiertem Geschmack und einer duftenden Vanille-Note im Abgang.
*Bei einem IW & FS-Dinner bei Vinton, Coral Gables, Januar 1990* ★★★

**CH. GUIRAUD** Goldfarben; Lanolin und Minze; süßer, minziger, fruchtiger und voller Geschmack, lebhafte Säure.
*Zuletzt im Juli 1992 verkostet* ★★★

**CH. DE RAYNE-VIGNEAU** Mittelblaß; leichtes und recht ansprechend minziges «Kater»-Aroma (Sauvignon); sehr süß.
*April 1987* ★(★★)

**CH. RIEUSSEC** Walnuß und Gerstenzucker, gewisse Tiefe; ziemlich süß, reich, Struktur und Säure schön, mit Pfirsichkernnote in Geschmack und Nachgeschmack.
*Dezember 1991* ★★★

CH. SUDUIRAUT Blaß; grasig; halbsüß und mittelschwerer Körper.
*Juli 1992* ★

# 1986 ★★★★

*Im Gegensatz zu 1985 waren die Bedingungen im Herbst 1986 ideal: die morgendlichen Nebel sorgten für die Bildung von Edelfäule, und am Nachmittag schien die Sonne.*
*Die meisten neueren Notizen wurden auf einer Blindprobe der Zeitschrift* Wine *im Oktober 1990 gemacht. Ein sehr zufriedenstellender Jahrgang. Benötigt Zeit, obschon alle Weine schon jetzt mit Vergnügen getrunken werden können.*

CH. D'YQUEM Reiches Goldgelb; cremig und minzig; süß, körperreich (14°), frisch, mächtiger trockener Abgang.
*Im Juni 1992* ★★★(★) *1996 bis 2020.*

CH. D'ARCHE Bläßlich; Wachs, Zitrone, Gerstenzucker; süß, honigartig.
*Zuletzt verkostet im Juli 1992* ★★(★)

CH. BROUSTET Viele übereinstimmende Aufzeichnungen. Butterblumengelb; süße, honigartige Frucht, immer noch etwas unverwoben; süß, relativ voll, eindringlich, in gewisser Weise pikant. Für seine Klasse gut.
*Zuletzt im März 1993 verkostet* ★★★

CH. CLIMENS Unterschiedliche Flaschen, eine nicht ganz in Ordnung, die zweite mit schwerer, honigartiger Nase; süß, eindringlich. Eine herrliche Flasche dann 1991, die aber noch Zeit brauchte. Kürzlich: fremdartige Pfirsich- und Kerosinnase.
*Zuletzt im April 1993* ★★(★★) *Prognose schwierig.*

CH. COUTET Grasige, kresseartige Nase, dabei stämmig, mit Honignuancen unterlegt; für einen Coutet sehr süß, ziemlich körperreich, etwas fett, lebhaft, nicht die erwartete Länge und ziemlich harter, säurebetonter Abgang.
*Oktober 1990* ★(★★) *Verbessert sich wahrscheinlich mit dem Flaschenalter.*

CH. DOISY-DAËNE Drei jüngere Aufzeichnungen. Blaß, leicht grünspurig, wäßriger Rand; Honig und Frucht, gewisse Tiefe, aber unverwoben; halbsüß, leichter in Gewicht und Stil, zarter Frucht- und Kressegeschmack, eine Spur Säure. Abflauend.
*Zuletzt im Juni 1991 verkostet* ★★

CH. DOISY-VÉDRINES Zwei jüngere Aufzeichnungen: gut, ziemlich «scharfe», alkoholbetonte Nase, sublimierte Honignote, gewisse Tiefe; süß, schönes Gewicht, gut, lebhaft und minzig in Geschmack, Säure und Länge. Schöner Wein.
*Zuletzt im Oktober 1990 verkostet* ★★★(★)

CH. LE DRAGON Drei Notizen: gute gelbe Farbe; entgegenkommende, minzige Nase; süß, ansprechender Geschmack von Minzeblättern und Bienenwaben.
*Zuletzt im September 1989 verkostet* ★★(★)

CH. FILHOT Sehr grasig und kräuterwürzig in Nase und Geschmack. Ich hielt ihn für einen Lafaurie. Doch gute Tiefe, honigartige *Botrytis*-Note, anständiger Abgang.
*Zuletzt im Juli 1992 verkostet* ★★(★)

CH. GUIRAUD Ziemlich gleichbleibende Notizen. Weiches Gelb; feiner blumiger Wohlgeruch, frisch, honigartig, delikat, ein Hauch Muskateller; entsprechender Geschmack. Süß, delikat ausgewogener, trockener Geschmack.
*Zuletzt im Dezember 1991 verkostet* ★★★(★)

CH. LAFAURIE-PEYRAGUEY Klassisches, harmonisches, wächsernes Bukett von gewisser Tiefe, das sich weiterentwickelt, wenn es Zeit bekommt; sehr süß, voll Körper (14,5 %) und Geschmack, fett und reich – große Verbesserung gegenüber dem leichten, grasigen Stil früherer Jahrgänge. Gerstenzuckergeschmack, Länge und Nachgeschmack. Von mir bei einer Blindprobe von 24 86er Weinen aus Sauternes und Barsac der Zeitschrift *Wine* am besten bewertet. Höchstnote in der Blindprobe des *Wine-Magazine* vom Oktober 1990. Ganz kürzlich: bemerkenswert süß, kraftvoll federnd, köstlich. Einer der allerbesten Lafauries.
*Letztmals verkostet im Dezember 1991* ★★★★(★)
*Langes Leben.*

CH. DE MALLE Im April 1987 eine ansprechende Faßprobe: vorzüglicher Geschmack, gute Länge und Säure. Zwei jüngere Aufzeichnungen: lebhafte, minzige, teeähnliche Nase. Ziemlich süßer, klassischer, wachs- und honigartiger Geschmack, aber etwas rauh. Im Abgang nicht gerade bleibend. Ich nehme an, daß es das Werk eines neuen Kellermeisters war. Wird interessant sein zu sehen, wie sich dieser Stil mit der Flaschenalterung verträgt und ob die nächsten Jahrgänge besser werden.
*Zuletzt im Oktober 1990 verkostet* ★(★)

CH. NAIRAC Im Mai 1988 nicht sehr beeindruckend: in der Nase Honig und Schwefel; ziemlich künstlicher Geschmack nach Bonbons. Zwei Notizen von 1990 bestätigen meine Zurückhaltung. Ungewöhnliche, apfelartige, leicht holzige Nase, überhaupt nicht wie ein Barsac; eine Flasche deutlicher Holzton, eine andere frischer. Geschmack nicht schlecht.
*Zuletzt im April 1993* ★ *Bald trinken.*

CH. DE RAYNE-VIGNEAU Bereits die Faßprobe war vorzüglich zu trinken. Im Mai 1988 vermerkte ich eine klassisch süße Sémillon-Sauvignon-Nase, kräuterwürzig; sehr süß, ein stämmiger, ziemlich auffallender Wein. Bei der jüngsten Blindprobe fand ich die Nase eigenartig, mit kerosinartiger Öligkeit, dabei allerings mit ansprechendem Gerstenzuckergeschmack. Leider nicht überzeugend. Ich muß ihn noch einmal degustieren.
*Zuletzt im Oktober 1990 verkostet. Wahrscheinlich ★★★*

CH. RIEUSSEC Zwar sehr süß, reich und körperschwer, aber ich entdeckte auch eine Öligkeit in der Nase und eine Spur Pfirsichkern-Stieligkeit am Gaumen.
*Zuletzt verkostet im Mai 1993 ★★(★)*

CH. SUDUIRAUT Im Sommer 1988 zwei bewundernde Notizen: relativ blaß und etwas schlank im Stil für Suduiraut, sehr wohlriechend, blumig, Tee und Minze; süß, lebhaft, honigartig. In jüngster Zeit: mehr Farbe; sehr ausgeprägt weiches Pfirsich- und Aprikosenbukett, mit entsprechendem Geschmack. Füllig, dabei delikat. Gute Länge. Trockener Abgang.
*Zuletzt im Dezember 1991 verkostet ★★★(★)*

ANDERE WEINE, NUR EINMAL, IM OKTOBER 1990 VERKOSTET:

CH. CAILLOU Blaßgelb; kräuterwürzig, unverwoben; süß, weich, recht gefällig ★★

CH. DOISY-DUBROCA Sehr ausgeprägte Nase, reich, honigartig; süß, ein reicher, eindringlicher Wein, gute Länge, Karamelbonbonnachgeschmack. Für seine Klasse gut, verdiente einen höheren Bekanntheitsgrad ★★★

CLOS HAUT-PEYRAGUEY Leicht kräuterwürziger Stil, süß, weich, etwas kurz und flach ★

CH. LAMOTHE-GUIGNARD Sehr deutsche Nase, eher wie ein Riesling; süß, leicht, weich, recht schön. Ziemlich harter, säurebetonter Abgang ★(★)

CH. RABAUD-PROMIS Weich, harmonisch, Kleehonigduft; ziemlich süß, delikater Geschmack, leichter Stil, guter Abgang. Sehr gefällig ★★★(★)

CH. ROMER-DU-HAYOT Süß, ausladend, strahlendes Bukett von gewisser Tiefe; süß, mittelvoll, sehr schmackhaft, Länge und Abgang gut ★★★★

CH. SUAU Relativ blasses Gelb; zurückhaltende, wachs- und honigartige Karamelbonbonnase; süß, weich, gefälliger Geschmack, ausreichende Länge, gute Säure. Im Abgang etwas hart ★★★

CH. LA TOUR-BLANCHE Mir schien es, als würde ich in der süßen Nase mit Honig- und Ananasnuancen auch einen Böcksergeruch entdecken; sehr süß, ziemlich dumpf und fett. Braucht mehr Flaschenalterung ★★(★)

## 1987 ★★

*Ungünstige Wetterbedingungen, kein guter Sauternes-Jahrgang.*

CH. D'YQUEM Goldgelb; reich, wächsern, grasig; süß, weich, gute Säure, nicht genug Länge.
*Im Juni 1992 ★★ Bald trinken.*

CH. D'ARCHE Bleiches Gold; wohlduftend; halbsüß, leicht im Stil, kurz. Nicht schlecht.
*Im Juli 1992 ★★*

SAUTERNES, BARON PHILIPPE Blaß; pfirsichartig, gefällig; ziemlich süß, relativ leicht, Geschmack, Ausgewogenheit und Säure gut. Für mich neu und überraschend.
*Dezember 1989 ★★*

## 1988 ★★★★★

*Ein heißer, trockener Sommer und ein früher Herbst sorgten für voll ausgereifte Trauben mit hohem Zuckergehalt. Die Feuchtigkeit Anfang Oktober trug zur Bildung der Edelfäule bei; im milden Altweibersommer konnten die Winzer komplette Trauben lesen für einen großen, klassischen Sauternes. Im April 1989 eine ziemliche Bandbreite an Weinen degustiert. Für einige von ihnen war das etwas zu früh, doch der Jahrgang hat sich als hervorragend bestätigt.*

CH. D'YQUEM Ersmals probiert im Juni 1992, gerade nach der Flaschenfüllung. Wachsgelb; süß, pfirsichähnlich; süß, mittlerer Körper (13,5°), herrliches Fleisch, weicher, reicher Abgang.
*Bei Farr Vintners Doppelmagnum-Dinner im April 1993 ★★(★★★) 1995 bis 2020.*

CH. BROUSTET Im April 1989 eine sehr süße, dabei bittere Faßprobe. Ein Jahr später: immer noch ziemlich blaß und grünspurig; zarte, honigartige Nase; kraftvoll, hart und pfeffrig. Braucht Zeit.
*Zuletzt im April 1990 verkostet ★★★ Bis 2000.*

CH. CLIMENS Beeindruckend tief, stark glänzend, Goldgelb; ein Schwergewicht: stämmige, butterige Nase, honigartig, ausgeprägter Pfirsichduft; sehr süß, körperreich, reichhaltig, Gerstenzuckergeschmack, Intensität, Länge und Nachgeschmack groß.
*April 1989 ★★★★★*

CH. DOISY-DUBROCA Gute Faßprobe im April 1989. Relativ blaß, hell; wohlriechend, minzig; sehr süß, relativ voll, für diese Klasse eines Barsac fett, lebhaft, fest, honigartig, relativ trockener, dabei blumiger Abgang. Frucht, Länge und Potential gut.
*Zuletzt im April 1990 verkostet* ★★★★ *Jetzt bis 1988.*

CH. GUIRAUD Die Faßprobe im April 1989 war zwar nicht hell, die Nase jedoch herrlich, der Geschmack extrem süß und der Körper wies ein großes Potential auf. Ein Jahr später folgte die Bestätigung: Honig, *Botrytis,* Ananas, Kraft. Ein Wein zum Kaufen und Aufheben.
*Zuletzt im April 1990 verkostet* ★★★★ *Wahrscheinlich fünf Sterne. Bis 2010.*

CH. LAFAURIE-PEYRAGUEY Wohlriechend, honigartig, aber unverwoben; sehr süß, lebhaft voller Geschmack, etwas Fett, süßer Abgang.
*April 1989* ★★★★ *Bis 2010.*

CH. DE MALLE Immer noch etwas wolkig; sehr gut, doch etwas zuwenig Länge.
*Bei der Degustation im Frühjahr 1989 noch nicht bereit.*

CH. NAIRAC Unfertige Faßprobe. In jüngster Zeit: Blaßgold; geringe Nase; halbsüß, ziemlich leichter Körper und Stil. Gute, frische Säure. Ausreichend gefälliger Wein für den mittelfristigen Konsum.
*Zuletzt im April 1990 verkostet* (★★) *Bis 1997.*

CH. DE RAYNE-VIGNEAU Enorm beeindruckende Faßprobe; relativ tiefes Goldgelb; vorzüglich honigartige Edelfäule, pfirsichartig; ebenfalls sehr süßer, voller, reicher, herrlicher Geschmack, mit Nuancen von Ananas und Honig, hoher Extraktgehalt, Fett, Säure. Zwölf Monate später bestätigt. Kraftvoll. Würzig.
*Zuletzt im April 1990 verkostet* (★★★★★) *1995 bis 2020.*

CH. SUDUIRAUT Drei Aufzeichnungen. Leicht wolkige und bittere Faßprobe, doch zweifellos ein überaus eindrücklicher Wein. Ein Jahr später: ausgeprägte Goldtönung; entgegenkommendes, exzellentes Honig- und Minzenbukett, das sich in alle Richtungen verströmte. Süß, überaus griffig. Braucht sehr viel Flaschenalter. In jüngster Zeit bestätigt.
*Zuletzt im Juni 1991 verkostet* (★★★★★) *1995 bis 2030.*

# 1989 ★★★★

*Ein weiteres außergewöhnliches Jahr. Die Hitzewelle des Sommers konzentrierte den Zuckergehalt und Frühmorgennebel im September bilde-*

*ten die idealen Bedingungen für die Entwicklung der Botrytis. Diejenigen, die frühzeitig mit der Lese begonnen hatten, weil sie das Risiko eines Wetterumschwungs nicht eingehen wollten, konnten gute, reiche Weine bereiten. Die anderen jedoch, die noch gewartet hatten, bereiteten außerordentlich reiche Weine, reicher noch als die hervorragenden 88er. Die meisten sind noch hart, benötigen Flaschenalterung.*

*Die folgenden Notizen stammen von drei Degustation aus jüngerer Zeit: als erstes eine Auswahl, präsentiert von Justerini & Brooks, mit der grundsätzlichen Analyse für jeden Wein (Alkoholgehalt, Säure, Restzucker), danach eine Degustation der* Union des Grands Crus *in Bordeaux und als drittes zwei Veranstaltungen, die im März, beziehungsweise Juni 1991 von der Hungerford Wine Company verantaltet worden waren.*

CH. D'ARCHE Mitteltiefes Gelb; hart, kresseartig; halbsüß, relativ leicht in Gewicht und Stil, gute Säure.
*Bei der Hungerford-Wine-Degustation, Juni 1991* (★★★) *Bis 1998. Jetzt trinken!*

CH. BASTOR-LAMONTAGNE Relativ blaß, leicht grünspurig; reif, sahnig, Kleehonig; süß, relativ voll, sehr fruchtig, Nuancen von Aprikosen und jugendliche Ananastöne.
*Zuletzt im Juni 1991 verkostet* (★★★★) *Jetzt bis 2000.*

CH. BROUSTET Blaß; zurückhaltend, grasig; ziemlich süß, relativ voll, ausgeprägt, duftend. Etwas kurz.
*Zuletzt im Juni 1991 verkostet* (★★★) *Bis 1999.*

CH. CLIMENS Vier Aufzeichnungen: auf dem gewohnten Niveau. Blasser als erwartet, aber schön und schimmernd; köstlich, honigartig, fett, harmonisch; sehr süß, reich an Körper, Extraktstoffen und Geschmack (14,1 % Alkohol, 5,10 g/l Säure, 112 g/l Restzucker). Geschmack von Aprikosen, reifen Pfirsichen, Karamelbonbons, eindringlich, große Länge, Struktur und Nachgeschmack vorzüglich.
*Zuletzt im April 1993 verkostet* (★★★★★) *1995 bis 2010.*

CH. COUTET Gelbgrün; entgegenkommend, Melone, Grapefruit, Hong; sehr süß, relativ voll, trefflich in Geschmack und Fülle, pfirsichartig, gute Länge und schöner Nachgeschmack (13,5 %, 4,60, 102).
*März 1991* (★★★★★) *1995 bis 2010.*

CH. DOISY-DAËNE Relativ blaß; lebhafte Frucht und *Botrytis;* sehr süß, relativ voll, schmackhaft, Gerstenzucker.
*Juni 1991* (★★★★) *Bis über das Jahr 2000 hinaus.*

CH. DOISY-VÉDRINES Blumig, Lanolin, Pfirsiche, Honig; sehr süß, voll, köstlich, hervorragend in Ausgewogenheit, Frucht und Säure. Wohlriechend.
*Zuletzt im Juli 1992 verkostet ★★(★★) Bis 2010.*

CH. FILHOT Relativ blaß; Kresse, leichte Pfirsichkernnote; halbsüß, schlank, lebhaft.
*Juni 1991 (★★) Bis 1998.*

CH. GUIRAUD Hochgetönt, *fraise du bois*, blumig, Kleehonig; süß, ziemlich körperreich, gute Länge und Säure.
*Zuletzt im Juni 1991 verkostet (★★★) Bis 2000.*

CH. LAFAURIE-PEYRAGUEY Halbflaschenprobe von J & B. Einer der tiefsten Weine: Goldgelb, wohlriechend, kräuterwürzig, leicht rauchig, tief; sehr süß, kraftvoll, stämmig, vierschrötig, geröstete Eichennuancen im Nachgeschmack (15,5 %, 3,90, 106).
*Zuletzt im April 1991 verkostet (★★★★)? 1996 bis 2010 und länger.*

CH. LAMOTHE-GUIGNARD Parfümiert; süß, relativ voll.
*Juni 1991 (★★★) Bis 1998.*

CH. LIOT Reich, grasige Sauvignon-Blanc-Note; halbsüß, im Geschmack besser als in der Nase. Gewisse Schroffheit.
*Juni 1991 (★★) Bis 1998.*

CH. DE MALLE Drei Aufzeichnungen. Relativ blaß; minzig, ungewöhnlicher Duft, reife Melone, frische Minzeblätter, übertriebene *Botrytis*-Note; ziemlich süß, voll, reich wächsern. Scharfer Abgang.
*Zuletzt im Juni 1991 verkostet (★★★) Bis 2000.*

CH. NAIRAC Sehr parfümiert, Hyazinthe und Melone; süß, außergewöhnlich, unklassisch, ansprechend, aber verflachend.
*Zuletzt im April 1993 verkostet (★★★)? Bis 1998.*

CH. RABAUD-PROMIS Relativ blaß; leicht honigartig, Vanille; süß, relativ leicht, lebhafte Frucht, zuwenig tief und überzeugend (13,8 %, 4,00, 110).
*März 1991 (★★) Bis 1998.*

CH. DE RAYNE-VIGNEAU Leicht trüb; verschlossen, Pfirsiche, dann Milchschokolade; ziemlich süß, relativ voll, delikater Geschmack, gute Länge.
*April 1991 (★★★) Bis 2000 und länger.*

CH. RIEUSSEC Gelb; süß, kräuterwürzig, ganz leicht «grün»; süß, relativ voll, reich, gute Länge und Säure (15,4 %, 4,10, 101).
*Zuletzt im Juni 1991 verkostet (★★★★) Bis 2010.*

CH. SIGALAS-RABAUD Sehr wohlriechende, honigartige *Botrytis*, ziemlich süß, lebhaft.
*Juni 1991 (★★★) Bis 2000 und länger.*

CH. SUDUIRAUT Wächsernes Gelb; vorzüglich, honigartig, Pfirsiche, klassisch; sehr süß, körperreich und fett, dabei elegant, Länge und Abgang gut.
*Zuletzt im Juni 1991 verkostet (★★★★★) 1995 bis 2010 und länger.*

## 1990 ★★★★★

*Seit 1928/29 gab es keinen derartigen Zwillingsjahrgang mehr, wie diesen und den 89er. Der heiße, trockene Sommer konzentrierte den Zuckergehalt, der Regen im August begünstigte die Botrytis. Höchster Zuckergehalt seit 1929. Meine Aufzeichnungen stammen von zwei Degustationen, die erste war von der* Union des Grands Crus *im April 1991 auf Ch. de Malle organisiert worden, die zwei im Juni desselben Jahrs von der* Hungerford Wine Company.

CH. D'YQUEM Leider genehmigt der Comte de Lur-Saluces keine Faßproben mehr.

CH. D'ARCHE Reich, hell; harmonisch, wachsartige Sémillon-Note; süß, relativ voll, reich, lebhaft.
*Juni 1991 (★★★★) 1995 bis 2005.*

CH. BASTOR-LAMONTAGNE Relativ blaß; blumig, harmonisch, *Botrytis*; sehr süß, voll, intensiv, reich.
*Juni 1991 (★★★★) 1995 bis 2010.*

CH. BROUSTET Mitteltiefes Gelb; honigartig, reich, parfümiert; sehr süß, relativ leichter Stil, lebhaft, köstlich.
*Zuletzt im Juni 1991 verkostet (★★★★) Bis 2010.*

CH. CLIMENS Leider noch nicht zur Degustation bereit.

CH. COUTET Nicht selbst verkostet, aber gute Berichte.

CH. DOISY-DAËNE Reich getönt; zurückhaltend, etwas seifig; süß, kraftvoll Länge und Nachgeschmack gut. Beeindruckend, doch mangelnde Finesse.
*Juni 1991 ★★★★ 1995 bis 2010.*

CH. DOISY-VÉDRINES Relativ blaß; wohlriechend, lebhaft, grasig, vor allem Sauvignon Blanc; halbsüß und mittelgewichtig, Geschmack, gute Säure.
*Zuletzt im Juni 1991 verkostet (★★★★) Bis 2000 und länger.*

**CH. FILHOT** Relativ blaß, grünspurig; grasig, Sauvignon Blanc; halbsüß, relativ voll, schlank, schmackhaft, Länge und Nachgeschmack gut.
*Juni 1991 (★★★) Bis 2000.*

**CH. GUIRAUD** Unfertig, im Frühjahr 1991 hart, dabei reich, mitteltiefes Gelb; inzwischen sehr reich, leicht schokoladig, tief; sehr süßer, kraftvoller Wein.
*Zuletzt im Juni 1991 verkostet (★★★★) 1995 bis 2010.*

**CH. LAFAURIE-PEYRAGUEY** Tiefes Goldgelb, phantastischer Glanz; hochgetönt, blumig, wohlriechend; überaus süß, voll, alkoholstark, eindringlich, beeindruckend. Völlig anders als der leichte, grasige Stil vom Vorjahr.
*April 1991 (★★★★★) 1996 bis 2010.*

**CH. LAMOTHE-GUIGNARD** Reich getönt; leicht, getoastete Sémillon-Note; sehr süß, kraftvoll.
*Juni 1991 (★★★★) Bis über das Jahr 2000 hinaus.*

**CH. LIOT** Relativ blaß, Kresse; halbsüß.
*Juni 1991 (★★) Bis 1997.*

**CH. DE MALLE** Ziemlich tiefes Goldgrün; köstlich reich, honigartig, Aprikosen; sehr süß, fett, füllig, eindringlich, schmackhaft. Der beste Malle aller Zeiten?
*Zuletzt im Juni 1991 verkostet (★★★★) Bis 2010.*

**CH. NAIRAC** Ananas, Honig, Bonbons; ziemlich süß, lebhaft, schmackhaft.
*Zuletzt im Juni 1991 verkostet (★★★) Bis 2000.*

**CH. DE RAYNE-VIGNEAU** Im April 1991 zurückhaltend, Geruch wie die Haut von Reispudding; voll, alkoholbetont, kräuterwürzig, mangelnder Charme. Ganz kürzlich: leicht, duftend, sehr süß, Wachs-Honig-Geschmack. Eher hohe Säure.
*Im Juli 1992 (★★★)? 1995 bis 2000.*

**CH. RIEUSSEC** Zur Abwechslung blaß; reich, reif; süß, lebhaft, schmackhaft.
*Juni 1991 (★★★★) Bis 2000 und länger.*

**CH. SIGALAS-RABAUD** Relativ blaß, grünspurig; eigenartig, Bonbons; sehr süß, reich, kraftvoll.
*Juni 1991 (★★★) Bis 2000.*

**CH. SUDUIRAUT** Butteriger Goldton; zunächst verschlossen, dann Minzeblätter, Honig, parfümiert, Lilien; ziemlich süß, körperreich, positiv, benötigt Zeit.
*Zuletzt im Juni 1991 verkostet (★★★★★) 1996 bis 2010 und länger.*

**CH. LA TOUR-BLANCHE** Relativ blaß; grasig, hart, sehr süß, voll, eindringlich, gute Säure.
*Juni 1991 (★★★★) 1995 bis 2010.*

## 1991 ★

*In Sauternes wirkte sich der strenge Aprilfrost besonders nachteilig aus. Der Sommer in diesem Weinbaugebiet, das im südlichen Bordelais gelegen ist, war naß; der September verlief besser, mit einem außergewöhnlichen Wärmehöhepunkt am 21. Innerhalb einer Woche sank jedoch die Temperatur auf 10° C ab. Früheste Lese der letzten Jahre. Die Schwierigkeit bestand darin, die von der Grünfäule befallenen Trauben von denen mit Botrytis zu trennen. Sehr geringe Weinproduktion von mittelmäßiger Qualität.*

**CH. D'YQUEM** Kleine Produktion: 90000 Flaschen. Zur Kostprobe noch nicht freigegeben.

*Château de Malle*

# 1992

*Leider war die Fäulnis, die am Ende einer ver-heerenden Regenzeit einsetzte, alles andere als «edel». Ständige Regenfälle, viel zu wenig Sonne und niedrige Temperaturen dünnten den Ertrag aus, unterbanden die Zuckerbildung und verhinderten auch das Entstehen der Edelfäule (Botrytis).*

CH. D'YQUEM Es wurden nur sechzig *Barriques* Wein erzeugt, die aber *nicht* unter dem Château-namen in den Verkauf kommen werden.

# 1993 ★★★?

*Sauternes ist anders. Da hier fast zwingend später gelesen wird, folgt dieses Gebiet seinen eigenen Gesetzen. 1993 macht diesbezüglich keine Aus-nahme. Dank der guten Bedingungen im Spät-herbst konnten einige ausgezeichnete Weine er-zeugt werden; dennoch ist die Produktionsmenge gering. Das wird bestimmt die Nachfrage nach den außerordentlich guten Weinen der Jahrgänge 1988, 1989 und 1990 – ganz zu schweigen von den noch früheren – nach oben treiben.*

# ROTER BURGUNDER

Burgund ist ein Minenfeld: unvorhersehbar, ärgerlich, herausfordernd, oftmals enttäuschend und noch öfter mißverstanden. Wenn ein rotes Spitzengewächs aus dem Bordelais den Intellekt anspricht, so zielt der Burgunder auf das Herz. Ich glaube, daß man dieser Provenienz sehr viel Offenheit entgegenbringen muß, sie nicht an Bordeaux messen soll noch mit den Pinot Noirs aus anderen Anbaugebieten. Der Pinot Noir gehört zu den schwierigsten und launenhaftesten unter den sogenannt «noblen» Rebsorten. Hinzu kommt, daß die Boden- und Klimaverhältnisse völlig andere Voraussetzungen schaffen als in Bordeaux, Kalifornien oder Oregon. Überdies ist der bäuerlich verwurzelte Burgunderwinzer konventionell geprägt, gibt trotz allen technischen Fortschritten die Traditionen weiter von einer Generation zur andern. Die Reblagen sind klein, manchmal bestehen sie gar nur aus ein paar Reihen Rebstöcken, wovon jede Reihe einem anderen gehört. Die Reben des einen Besitzers, beispielsweise, sind älter, wachsen auf einem anderen Unterboden, aus dem das Wasser besser abläuft als beim Nachbarn; er pflegt seine Reben auf seine Art, liest und vergärt sie wie und wann er es für richtig hält. Vielleicht bereitet und verkauft er seinen Wein selbst, vielleicht gibt er die Trauben, vielleicht den frisch vergorenen Jungwein an einen Händler. Die Spielarten sind unendlich. Und gerade deswegen ist es so schwierig, Burgunder wirklich zu verstehen, selbst wenn man seit Generationen in dieser Gegend lebt. So ist es recht gewagt, einen Wein ohne vorherige Probe zu empfehlen, denn einen allgemeingültigen Führer durch die Weinlandschaft Burgunds gibt es nicht.

## WIE MAN BURGUNDER DEGUSTIERT

Die wohl am häufigsten mißverstandene Eigenheit von rotem Burgunder ist seine Farbe, oder genauer gesagt, der nicht seltene Mangel an Farbe. Gelegentlich, wie etwa bei einigen 82ern, scheint die Bezeichnung «*roter* Burgunder» gar nur halbwegs zuzutreffen. Wenn man davon ausgeht, daß jeder Rotwein seine Farbe aus den Schalen der blauen Trauben bezieht, dann muß die relativ blasse Farbe des Burgunders in erster Linie an der Rebsorte liegen. Der Pinot Noir, und hierbei besonders einige moderne Klone, ist relativ dünnhäutig. Dazu kommt eine besondere Anfälligkeit für Fäulnis, die auch die Pigmentierung in Mitleidenschaft zieht. Durch eine schnelle Gärung verringert sich zudem die Dauer der Farbstoffextrahierung. Die tieffarbenen Weine der Vergangenheit wurden nicht unbedingt länger vergoren, sondern man gab ihnen etwas robusteren und farbintensiveren Wein von der Rhone oder aus anderen Gegenden bei. Auch die hohen Erträge einiger jüngerer Jahrgänge wirkten sich verdünnend aus. Wenn man an roten Bordeaux und die Cabernet Sauvignons der Neuen Welt gewöhnt ist, wirken die blasse Farbe und der wäßrige Rand wenig überzeugend, vielleicht gar abstoßend. Doch kann diese Blässe in die Irre führen, denn der Wein hat unter Umständen einen bemerkenswert hohen Alkohol- und Extraktstoffgehalt. Man darf somit von einem roten Burgunder kein tiefes oder sehr rotes Erscheinungsbild erwarten. Dazu noch ein praktischer Tip: man sollte auch Größe und

Form des Glases in Betracht ziehen. *Jeder* Rotwein sieht in dem traditionell bauchigen Burgunderglas relativ blaß und eher durchscheinend aus.

Dann zur Nase. Der Geruch ist häufig schwer einzufangen, im Glas entfaltet er sich nicht so ohne weiteres. Zwar hat der Pinot Noir häufig ein deutlicher erkennbares Aroma als der Cabernet Sauvignon, doch seine schönste Ausformung – lebhaft, intensiv duftend, erdig, dabei fein – erreicht er vielleicht nur bei Hochgewächsen wie z. B. La Tâche, genauso wie die *Cassis*-artige Cabernet-Note ihre schönste Ausformung in einem roten Bordeaux der Spitzenklasse, wie etwa Mouton-Rothschild, annimmt. Ein ausgeprägtes Pinot-Noir-Aroma sollte man nicht erwarten: der Geruch von Burgunder ist manchmal weder fruchtig noch blumig; viel häufiger ist er erdig, wie rote Bete, pflanzlicher, erinnert an Dickicht, Brombeeren und Weißdorn.

Meiner Erfahrung nach ist der hervorstechendste Charakterzug von rotem Burgunder sein Geschmack, besonders seine Eigenart, sich im Mund auszudehnen, jeden Teil des Gaumens auszufüllen und nach dem Hinunterschlucken einen wohlschmeckenden Nachhall zu hinterlassen. Er ist «süßer» als roter Bordeaux, was zum Teil in der Natur der Pinot-Noir-Rebe liegt, zum Teil auf Aufzuckerung zurückzuführen ist, im wesentlichen aber durch den hohen Alkoholgehalt (Äthylalkohol ist süß) verursacht wird. In seiner schönsten Ausprägung ist Burgunder hochfein, sublim. Die Suche danach hört nie auf und lohnt sich. In den folgenden Notizen bewerte ich den Entwicklungsstand des jeweiligen Jahrgangs, in dem ich die wesentlichen Eigenschaften und den Zustand der einzelnen Weine beschreibe. Dieses Buch enthält eine Auswahl und keinesfalls eine allesumfassende Auflistung.

### Anfang 19. Jahrhundert

*Die folgende Aufzeichnung macht zwei Dinge klar: roter Burgunder lagert gut und dann mit dem besten Resultat, wenn man ihn nie von seinem ersten Platz in einem kühlen, dunklen Keller wegbringt. Und zweitens: solcherart gelagerter Wein muß von Beginn an von allererster Qualität sein.*

**Richebourg** Zeitgenössische, mundgeblasene Burgunderflasche, mit gerifeltem Hals, reliefiertem Glassiegel und wulstförmigen Ausgußlippen. Überbleibsel der Flaschenanhänger, «Richebourg» kaum zu entziffern, ohne Jahrgangsangabe. Original Lageretikett: «3 DOZEN RICHEBOURG», ebenfalls ohne Vermerk des Jahrgangs. Einer von einer ganzen Anzahl alter Weine und Liköre in einem Teil der ausgedehnten Keller unter Badminton House. Von meiner Frau und mir eingepackt und im Dezember 1989 bei Christie's verkauft. Zwölf der Flaschen mit dem geringsten Schwund, erworben von Hardy Rodenstock, wurden zum Abschlußdinner bei einem seiner jährlichen Wochenenden mit seltenen Weinen geöffnet. Die Hälfte davon war in schlechtem Zustand, die anderen erwiesen sich als bemerkenswert trinkbar. Ich öffnete die erste Flasche. Füllhöhe mehr als 6 cm unter dem Korken, für das Alter sehr gut. Als ich die alte Wachskapsel im Rundschnitt löste und abhob, kam der verschrumpelte Korken gleich mit. Zum allgemeinen Erstaunen sah der Wein im Dekantiergefäß beeindruckend tief aus und zeigte im Glas eine gute Farbe. Der erste Geruchseindruck erinnerte mich an den italienischen Likör Amarone, dann an Kalbsfußgelatine, schließlich trat ein reicher, reifer, rosinenartiger Pinot-Noir- und Walnußduft zutage, der sich bis spät am Abend im Glas hielt. Am Gaumen war er deutlich «süß», mit gehaltvollem Körper, gutem Geschmack, griffig und tatsächlich völlig ohne Verfallsanzeichen. Der Jahrgang ist zwar nicht zu identifizieren, muß aber zwischen 1806 und spätestens 1825 liegen. Sicher der älteste Burgunder, den ich je verkostet habe. *In Arlberg, September 1990* ★★★

## Etwa 1860

**Bourgogne** Alte formgeblasene Flasche mit Wachssiegel, auf dem «Bourgogne» eingeprägt war. Vom Alter schwarz gewordener Korken, außen und am Boden wie Kohle. Immer noch gutes, tiefes, an Mahagoni erinnerndes Rotbraun; reiche Nase, ziemlich medizinal, erinnerte mich an Scharpie und Verbände; hohe Säure, aber schmackhaft. Sauberer Abgang. *Oktober 1985.*

## 1861 ★★★

ROMANÉE-ST-VIVANT BOUCHARD PERE ET FILS. Der erste in einer Reihe von Jahrgängen aus den 60er Jahren des vorigen Jahrhunderts aus den Kellern vom Ch. de Beaune. Alle waren kühl und dunkel gelagert, sowie in regelmäßigen Abständen neu verkorkt worden. Gelegentlich wurde auf den verschiedenen Heublein-Auktionen mit seltenen Weinen, die ich zwischen 1969 und 1982 in den USA leitete, eine Flasche verkauft. Lloyd Flatt erwarb fast alle und lagerte sie in New Orleans ein. Hohes Füllniveau. Flockiges Depot. Farbe des Weins ein relativ blasses Tawny, doch mit gesundem Glanz; völlig gesund, leicht fleischige Nase; am Gaumen ausgesprochen «süß», leicht, delikat, aber keineswegs verblaßt. Elegant, Pinot-Noir-Geschmack und hübscher Nachgeschmack. Nicht so mächtig und abgerundet wie die 1865er, aber ein wunderbarer Wein.
*Bei einem Essen in New Orleans. Gastgeber Lloyd Flatt, Mai 1981* ★★★★★

## 1864 ★★★★

BEAUNE, CLOS DE LA MOUSSE BOUCHARD PERE ET FILS. Bei drei Gelegenheiten verkostet, als erstes bei Heubleins Degustation vor der Auktion im Mai 1974. Als nächstes, ebenfalls bei einer Vorverkaufsdegustation, anläßlich der 250-Jahr-Feier von Bouchard 1981. Eine Flasche von Lloyd Flatt erworben und sechs Jahre später bei einem Essen serviert. Von den drei verkosteten Flaschen war die erste etwas beißend, doch immer noch attraktiv, die beiden anderen bemerkenswert makellos: beide hatten eine für das Alter tiefe Farbe; vorzügliches altes Pinot-Bukett; beiden waren etwas am Austrocknen und nicht gerade füllig, doch ansonsten fehlerlos.
*Zuletzt im Oktober 1987 verkostet* ★★★★

## 1865 ★★★★★

*Ein phantastischer Jahrgang. Tiefe, feste, schmackhafte Weine.*

BEAUNE, PREMIÈRE CUVÉE, GRIZOT BOUCHARD PERE ET FILS. Viermal verkostet, zunächst bei drei Vorverkausfdegustationen von Heublein Inc. in den Jahren 1977, 1978 und 1981. Alle gut, schönes, umfassendes, weiches Herbstrot; lebhaftes, dabei delikates, leicht rauchiges Bukett; reich, nach wie vor gute Frucht, überaus schmackhaft, Abgang immer noch trocken und tanninbetont, Länge und Nachgeschmack gut.
*Zuletzt bei einem Essen mit Lloyd Flatt in New Orleans verkostet, Oktober 1987* ★★★★★

LA ROMANÉE BOUCHARD PERE ET FILS. Gute Farbe; «süßes», wohlriechendes Bukett; glatt, weich, dabei komplett in Tannin- und Säuregehalt. Noch etliche Jahre Lebenserwartung. Ein herrlicher Wein.
*Bei Heubleins Vorverkaufsdegustation, Mai 1981* ★★★★★

VOLNAY, SANTENOTS BOUCHARD PERE ET FILS. Zwei Aufzeichnungen, beide von Heublein-Degustationen. Sehr gute, rauchige Pinot-Nase; guter, leichter Volnay-Charakter.
*Zuletzt im Mai 1981 verkostet* ★★★★

*Château Vougeot*

CLOS VOUGEOT BOUCHARD PERE. Drei Notizen, alle von Heubleins Vorverkausfdegustationen. Wurde kurz vor der Aufteilung des Clos in kleine Parzellen bereitet. 1960 zum letzten Mal neu verkorkt. Sehr schöne Farbe, immer noch tief; «süße» Nase, keine Verfallszeichen, komplett; am Gaumen eine Spur reifer «Süße», eindringlicher, doch schwüler Geschmack; charaktervoll, alle Komponenten – Frucht, Extrakt, Alkohol und Säure – für eine lange Lebensdauer vorhanden.
*Zuletzt im Mai 1981 verkostet* ★★★★★

## 1893

POMEROL Eine halbe Flasche aus den Keller des Herzogs von Beaufort in Badminton House. Noch immer von guter Farbe, süß in der Nase und am Gaumen. Bemerkenswert trinkbar.
*Verkostet neben dem 1787er Lafitte in München, im August 1992* ★★★

## 1898 ★★★

BONNES MARES FAIVELEY. Anfang der 80er Jahre drei Flaschen verkostet. Alle mit guten Füllhöhen, guter, bemerkenswert tiefer Farbe, natürlich voll ausgebaut; «süßes», makelloses Bukett; etwas «süß», körperreich, hoher Alkohol- und Extraktgehalt, gehaltvoll, angesengt, runder Geschmack, trockener Abgang.
*Zuletzt im August 1981 verkostet* ★★★★

## 1904 ★★★★

*Der erste wirklich außergewöhnliche Jahrgang nach 1887. Heißer, trockener Sommer, angemessene Regenfälle Ende August, die die Beeren anschwellen ließen. Frühe Lese ab 15. September.*

CHAMBERTIN JULES REGNIER. Hervorragendes Füllniveau, lebhafte, wenn auch sehr ausgebaute Farbe, nur mehr wenig Rot vorhanden; gealterte, aber ansprechende Nase; am Verblassen, aber schmackhaft.
*Bei Christie's, Vorverkaufsdegustation, Chicago, Juni 1984 ★★★*

GRAND-MUSIGNY FAIVELEY. Bei einer Auktion gekauft und bei mehreren Dinner Partys serviert. Gute Füllhöhen (5 cm Schwund), aber schlechte Korken. Ziemlich blaß, sehr ausgebaut; jedesmal ziemlich staubig und zunächst mit erkennbarem Alter, doch dann klärte sich die Nase, ein Hauch Vanille kam zum Vorschein, überreif, Pinot kaum zu erkennen, aber faszinierend. Am Gaumen weitaus besser. Ausgesprochen «süß», leichter, eleganter Stil, dabei reich, duftend, delikat. Überraschend wohlausgewogen.
*Zuletzt im Juli 1981 verkostet ★★★*

RICHEBOURG In der Kapsel J. CALVERELL eingraviert. Füllhöhe mehr als 6 cm unter dem festen, ungestempelten Korken. Phantastische Farbe, rosagetönt, reicher Rand; Nase zunächst etwas firnisartig, doch dann etwickelte sich ein reicher, angesengter alter Pinot-Duft; süß, ziemlich körperreich, hervorragender, rote-Bete-artiger Pinot-Noir-Geschmack. Seidig und perfekt.
*Mit dem Käufer, Douglas Logan-Kuhs bei Christie's verkostet, Mai 1986.*

## 1906 ★★★★★

*Großer Jahrgang. Ideale Wachstumsbedingungen, der heiße Sommer erhöhte den Zuckergehalt, verringerte aber den Ertrag. Konzentrierter Traubenmost. Frühe Ernte.*

ROMANÉE-ST-VIVANT DUFOULEUR. Eine erstaunliche gute halbe Flasche. Hervorragendes Füllniveau, 2,5 cm unter dem makellosen, gut bedruckten Korken. Tönung von Hagebutten-Tawny, mit blaßgelbem Rand; vorzügliches, wohlriechend, altes Pinot-Bukett, wie rote Bete, das sich im Glas entfaltete, «süß», herrlich, maulbeerähnliche Frucht; «süßer», wunderbar rauchiger Geschmack, gute Länge und Intensität, exzellenter Abgang. Aus einer Eingebung des Augenblicks geöffnet und undekantiert eingeschenkt.
*Zum Abendessen mit unseren Wochenendgästen Belle und Bernard Rhodes, beide große Weinliebhaber, April 1990 ★★★★*

## 1911 ★★★★★

*Ein großer, klassischer Burgunder-Jahrgang. Ähnliche Wetterverhältnisse wie 1906.*

CHAMBERTIN, CLOS DE BÈZE GUICHARD PROTHEROT ET FILS. Trotz des beträchtlichen Schwundes überraschend gut. Ziemlich blaß; pilzige alte Nase; fest, Körper und Länge gut. Komplett.
*Oktober 1981 ★★*

CORTON, CLOS DU ROY (sic). Füllhöhe etwa 5,5 cm unter dem festen, ungestempelten Korken. Blasses, orangegetöntes Bernstein; «süßes» und zartes Bukett, verblaßt, aber schön; am Gaumen erstaunlich kraftvoller Wein, beladen mit «Süße» und Alkohol.
*Eine Probeflasche aus Lady Birleys Keller in Sussex, November 1980 ★★★*

VOUGEOT 1ER CRU «Grand vin 1er cuvée», Winzer und Händler unbekannt. Einfache Bleikapsel, sehr gutes Füllniveau. Ziemlich blasses Bernsteinorange; maderisierte, nussige Nase, Mandeln, Bananenschalen. Trocken, mit einem Geschmack wie ein alter Amontillado. Überraschend gute Säure.
*Mai 1986.*

CLOS DE VOUGEOT LUPE-CHOLET. Voll gravierte Lupé-Cholet-Kapsel, Flaschenetikett und Jahrgangetikett am Hals. Krümeliger Korken. Für das Alter gute Füllhöhe. Herbstliche Farbe, mahagonifarbenes Zentrum, bernsteinfarbener Rand; feine, rauchige, alte Pinot-Nase – rote Bete und kalter Tee – die drei Stunden weiterduftete. Trocken. Relativ voll. Feiner, reicher, alter Geschmack. Gute Klasse. Makellos.
*Aus einem Keller in der Nähe von Biarritz, im November 1987 verkostet ★★★★*

## 1914 ★★★

*Selten gesehener Kriegsjahrgang.*

CLOS DE TART BOUCHARD PERE. Durch Bouchard neu verkorkt. Mitteltief, immer noch sehr reich getönt, mit bernsteinbraunem Rand; alter Bauernhofgeruch, dann weiches Leder; sehr «süßer», guter, alter, rauchiger Pinot-Geschmack und -Nachgeschmack. Schön griffig, doch am Rande schlägt die Säure durch. Eine seltene Einzelflasche, bei Patrice Noyelle von der Firma Mommessin gefunden.
*Auf Clos de Tart verkostet, Oktober 1990 ★★*

## 1915 ★★★★★

*Es ist einfach, sich die großen Burgunderjahrgän-ge zu merken: 1906, 1911, 1914 und 1919, dann folgt geradezu eine Schwemme in den 20er Jah-ren. 1915 war das Wetter während der ganzen Vegetation gut mit dem Resultat eines großen Ertrages an sehr früh gelesenen Trauben.*

ALOXE-CORTON In Holland abgefüllt. Eigen-artig plumpe Flaschen. Die höllandische Einkelle-rung hat er nicht überlebt.
*November 1980.*

CORTON Unbekannter Winzer. Kurzer Kriegs-zeitenkorken. Überlebte ebenfalls nicht, obwohl das Erscheinungsbild tief und intensiv war. Malzig und säurebetont.
*Mai 1986.*

MUSIGNY Unbekannter Händler, aber aus einem guten englischen Keller. Hohes Füllniveau und gu-ter, langer, unmarkierter Korken. Relativ blaß, nur mehr wenig Rot, aber sehr gesunder Glanz. Zu-nächst ziemlich leicht, delikat und in der Nase und am Gaumen verblaßt, holte jedoch noch einmal tief Luft und entfaltete sich reichhaltig im Glas. Am Gaumen lebhaft, sauber und erfrischend. Trockener, leicht säurebetonter, Abgang.
*Aus Lady Birleys Keller bei einer Vorverkaufs-degustation, Oktober 1980* ★★

## 1916 ★★★

*Wetterverhältnisse ähnlich wie in Bordeaux. Gute Qualität. Inzwischen verblaßt und müde.*

GEVREY-CHAMBERTIN Unbekannte Quelle, sehr wahrscheinlich in Burgund abgefüllt. Relativ blaß, sehr ausgebautes Erscheinungsbild; «süß», reiche, alte, geröstete Pinot-Note in der Nase und am Gaumen. Alter macht sich bemerkbar, aber überhaupt nicht schlecht.
*Vorverkaufsdegustation, Christie's, Amsterdam, Oktober 1980* ★★★

NUITS-ST-GEORGES Französische Abfüllung. Gutes Füllniveau, ziemlich blaß; reich, fast unan-genehm riechendes Bukett, aber recht guter Ge-schmack.
*Aus demselben holländischen Keller, Oktober 1980* ★★

## 1919 ★★★★★

*Großer Jahrgang. Perfekte Vegetationsbedingun-gen, wenn auch etwas mehr Regen während des trockenen, heißen Sommers den Trauben mehr Fülle verliehen hätte. Unterdurchschnittliche Produktion von herrlich reifen Weinen. Mehr als zwei Dutzend Aufzeichnungen, dabei nur eine seit 1980.*

BEAUNE, CLOS DES AVAUX DOM. DU CH. BEAUNE. Schönes, umfassendes, ausgebautes Er-scheinungsbild; die Nase erinnerte mich zunächst an kaltes Meerwasser, das «kühl» blieb zwar, aber es entfaltete sich ein frischer Wohlgeruch; leicht «süß», Geschmack und Säure sehr schön. Kom-plett.
*Bei Lloyd Flatt, New Orleans, Oktober 1987* ★★★★★

CHAMBOLLE-MUSIGNY BAROLET. Die Notiz ist zwar alt, aber es lohnt sich den Wein zu erwäh-nen, denn er war einer der schönsten Barolet-Bur-gunder, die ich kenne.
*Zuletzt 1970 verkostet* ★★★★★

HOSPICES DE BEAUNE (sic). CALVET. Aus Madame Teysonneaus «Keller junger Weine» in Bordeaux. Ihr Onkel war ein Calvet und der Keller war angefüllt mit Calvet-Burgundern der Jahre 1919 bis 1929 in völlig unverdorbenem Zustand. 1979 eine komplette Flasche. Im folgenden Jahr eine Flasche von sehr guter, tiefer Farbe; Alterston in der Nase, reich, an Wilbret erinnernd, mit angesengtem Pinot-Charakter; reich und samtig am Gaumen. Gute Qualität. Fest, trocken, leicht säurebetonter Abgang.
*Zuletzt bei einem Essen mit Peter Palumbo verko-stet, Februar 1980* ★★★★

NUITS-ST-GEORGES FAIVELEY. Dunkelfarbi-ger, nicht eingebrannter Korken, mit schrumpeli-gem Boden, besetzt mit Weinsteinkristallen. Mit-teltiefe Farbe, natürlich voll ausgebaut; leicht alte, pilzige Nase, die sich im Glas reich entfaltete; «mittelsüß» und mittelgewichtig. Wie so oft mit hohem Alkoholgehalt, doch leicht im Stil. Elegant, glatt, guter, trockener Abgang.
*Abendessen in Houston House bei Edinburgh, Mai 1982* ★★★★

RICHEBOURG CALVET. Mehr als 6 cm Schwund, doch das ist für einen Burgunder dieses Alters nor-mal. Reich, schwere «Tränen»; die «süße» Note des Verfalls von einem gutabgehangenen Fasan. Schöner, alter Geschmack. Sauberer Abgang. Ebenfalls ein Wein aus dem Teysonneau-Keller.
*März 1980* ★★★

## 1920 ****

*Ein guter Start in das beste Burgunderjahrzehnt aller Zeiten. Im Juli und August zuwenig Sonne, was die sonst gute Vegetation verlangsamte. Lese Ende September unter idealen Bedingungen. Geringe Produktion.*

CHAMBERTIN, HÉRITIERS LATOUR Mittelblaß, aber mit glänzender, schöner Farbe; ein Hauch der «fischigen» Pinot-Note, die ich mit Chambertin verbinde, leicht rauchiges, wächsernes Bukett, groß in Stil und Qualität; mitteltrocken, sehr lebhaft, schmackhaft, mit einem schlanken, sehnigen Charakter. Komplett.
*Beim Verkauf von Fernand Woltners Pariser Keller bei Christie's erworben, Oktober 1980, und zum Abendessen im Juni 1981 serviert* *****

CHARMES-CHAMBERTIN Korken mit einem unleserlichen Restaurantnamen gezeichnet. Ich brach mit der burgundischen Tradition und dekantierte den Wein vier Stunden vor dem Servieren. Schöne warme Farbe, «süßes», weiches Bukett, das nach einer Stunde im Glas noch weicher geworden schien. Ein köstlicher Wein.
*Zu Hause, Oktober 1980* *****

## 1921 ***

*Außergewöhnlich heißer Sommer. Frühe Ernte.*

CORTON Selbe Herkunft wie der Charmes-Chambertin von 1920. Guter, harter Korken, gezeichnet «Restaurant Foy…» (?) Hervorragendes Füllniveau, tiefes, warmes, Orange-Tawny; ziemlich pilzige Nase; am Gaumen besser, «süß», reich wenn auch zuwenig Länge.
*November 1980* **

CLOS DE LA ROCHE BAROLET. Drei riesige Gewölbe, mehr als 2000 Flaschen, gab es allein von diesem Wein, so daß man beträchtliche Unterschiede erwarten konnte. Dazu kommt, daß nach Christie's Einführungsauktion für den neuen Besitzer, de Villamont, von diesem eine unbekannte Anzahl neu verkorkt worden war. Alle Flaschen tragen das Etikett «Collection du Dr Barolet». Ich verkostete den 21er Clos de la Roche als erstes zusammen mit Harry Waugh bei unserer ersten Prüfung im Jahre 1969. Als nächstes bei der Vorverkaufsdegustation und danach noch mehrere Male, einige Flaschen waren sehr gut, andere oxydiert. Zwei Notizen aus der Mitte der 80er Jahre verdeutlichen die Unterschiede: zunächst eine von de Villamont neu verkorkte Flasche, blaß, mit leichter Rosatönung; sehr wohlriechendes Bukett mit einem Hauch Himbeeren; trocken, ziemlich leichtgewichtig, ausreichend gefällig (April 1985). Die zweite Flasche mit Originalkorken hatte ein auslau-

dendes, ausgedehntes Burgunder-Erscheinungsbild, voll ausgebaut, mit langen, reichen «Tränen»; erster Eindruck war ein schokoladiger Stil, hoher Alkoholgehalt, kräuterwürzig, Weißdorncharakter, der im Glas spürbar alterte, schließlich ein Graves-ähnlicher Tabakgeruch, spitzig, geschmacksintensiv. Am Gaumen ein Spur «süß», ziemlich körperreich, mit angesengtem, altem Geschmack. Am Austrocken, aber kraftvoll.
*Zuletzt bei einem Dinner der Wine & Food Society, Gastgeber war Professor Nils Sternby in Malmö, Februar 1986. Im besten Fall* ***

## 1923 ****

*Kalter, nasser Frühling, trockener Juni und Juli, extrem heißer und trockener August, zum Glück Regenfälle im September. Geringe Ernte, hohe Qualität.*

BEAUNE BAROLET. Harry Waugh und ich hielten diesen Wein, vom Namen her ein einfacher «Dorfwein», für nicht gut genug, um bei Christie's 1969 verkauft zu werden. Dennoch habe ich seitdem wieder verkostet, vor allem Flaschen, die durch de Villamont auf den Markt gelangten. Gesunder, rötlicher Glanz; makellose, aber leicht stielige Nase; ausgesprochen «süß». Recht schön für Alter und Klasse.
*Zuletzt im Januar 1981 verkostet* **

HOSPICES DE BEAUNE, SANTENAY-VOLNAY (CUVÉE GAUVIN) (sic). Nach dem Originaletikett von Berry Bros & Rudd zu urteilen muß der Wein in der Restriktionszeit kurz nach dem Zweiten Weltkrieg importiert worden sein. Ziemlich blasse, aber sehr lebhafte Farbe; zurückhaltende Nase, zunächst ein ganz leichter Pilzton; bemüht sich «süß» zu sein, ist aber am Austrocknen. Nach einer kleinen Weile an der Luft zeigte er sich von seiner charmanten Seite.
*Eine halbe Flasche gegen Ende eines bemerkenswerten Essens mit großen Weinen, Gastgeber war Mutsuo Okabayashi im Hotel Imperial, Tokio, Juni 1989* ***

MUSIGNY CALVET. Drei Notizen, alle Flaschen aus dem Keller von Madame Teysonneau, alle gut. Schöne Farbe; Alterston in der Nase, Wildnote; noch besser am Gaumen: relativ «süß»,lebhaft, mit der dem Musigny eigenen gewissen Femininität und Eleganz, gut beschaffen.
*Zuletzt im Januar 1981 verkostet* ***

ROMANÉE, LA TÂCHE BERRY BROS. Krümeliger Originalkorken. 5 cm Schwund, ein gutes Füllniveau für das Alter. Relativ blaß, aber mit gutem rötlichem Schimmer; ein Hauch Vanille und «süße» alte Eiche, wohlriechend, aber mit Anklang von Verfall; «süß», schönes Gewicht, hoher Ex-

traktgehalt, sehr positiver Geschmack, sauberer, aber etwas roher, trockener Abgang.
*August 1984* ★★★★

WEITERE 23ER, 1980 VERKOSTET:

NUITS-ST-GEORGES Unbekannte französische Abfüllung aus einem holländischen Keller: tiefe Farbe; gehaltvolle, fast malzige Nase; «süß», reich, Maulbeermarmeladegeschmack ★★

UNBEKANNT Korkenstempel «Chauvenet» und Jahrgang. Tief, reiches Erscheinungsbild; «süße», rauchige Nase; sehr reicher, robuster Geschmack.
*Aus Lady Birleys Keller* ★★★

## 1924 ★★★

Trotz ungenügender Sommersonne und schlechtem Wetter während der Ernte wurden einige gefällige Weine bereitet. Mehrere davon degustiert, doch keinen mehr in den 80er Jahren.

## 1925 ★

Den Ruf als kleiner und relativ schlechter Jahrgang, mit ziemlich harten, adstringierenden Weinen konnte ich mit den vier von mir verkosteten Weinen nicht bestätigen, seit 1980 habe ich allerdings nur mehr einen probiert.

CHAMBERTIN, HÉRITIERS LATOUR Hervorragendes Füllniveau. Relativ blaß, weicher, ausgebaut brauner Rand; zunächst staubig und etwas käsig, danach reiche, wohlriechend angesengte, sehr tiefe Pinot-Nase; gutes Gewicht, lebhaft, einwandfrei. Überraschend schöner Wein.
*Bei einem Essen zusammen mit den Burgundern der Jahre 1898 und 1904, die bereits erwähnt wurden, getrunken, Juli 1981* ★★★

## 1926 ★★★★

Kaltes Wetter während der Blüte und eine lange Dürreperiode im Sommer reduzierte den Ertrag, doch es wurden einige hervorragende Weine bereitet. Unterschiedlich, manche säurebetont, andere gut; in den 60er und 70er Jahren verkostet, in jüngerer Zeit nur mehr vereinzelt.

CORTON J. DROUHIN. Trotz krümeligem Korken sehr gutes Füllniveau; ursprünglich sehr tief und reich; altes, angesengtes Bukett und ebensolcher Geschmack. Für Corton charakeristisch in Stil und Gewicht. Für das Alter gut.
*Aus einem New Yorker Keller, bei Christie's in Chicago, Juni 1984* ★★

## 1927

Kalter, nasser Sommer, schlechte Erntebedingungen. Der schlechteste Jahrgang des Jahrzehnts.

GEVREY-CHAMBERTIN FAIVELEY. Mehrere Flaschen Anfang der 80er Jahre gekauft und getrunken. Gleichbleibend gute Farbe, tief, lebhaft – seine beste Eigenschaft. Nase variiert von schleppend, aber sauber bis zu Essigstich; Geschmack von gefällig und schmackhaft bis zu beißend.
*Zuletzt im Oktober 1981 verkostet. Im besten Fall* ★

## 1928 ★★★★

Heißer Sommer, aber nicht ohne Launen, besonders Hagel. Man bereitete gute, fest strukturierte Weine. Bei guter Lagerung sind sie immer noch gut. (Insgesamt der beste Barolet-Jahrgang, wenn auch von diesen Weinen seit den 70er Jahren keinen mehr verkostet.)

BEAUNE MARCILLY. Im April/Mai 1929 abgefüllt und durch Shaw & Co, New York, importiert. Eine einzelne halbe Flasche, mit gut 5,5 cm Schwund. Tief, reich, mit schwachem, rotem Schimmer; zweifellos oxydiert, mit gehaltvoller, alter Sherry-Nase und Stallgeruch; trocken, ziemlich körperreich, zum Kauen und überraschend sauber und trinkbar.
*Verkostet am Sonntag nach der Auktion in Chicago bei Schaefers, Shokie, März 1985* ★★

BONNES MARES EDOUARD BELORGEY. Ziemlich tief; «süß», reich, Fasannote in der Nase; dazu passender Geschmack. Ehrwürdig.
*Beim Abendessen nach Arthur Hallés denkwürdiger Degustation von Spitzengewächsen, Memphis, Tennessee, April 1987* ★★★

ROMANÉE-ST-VIVANT CALVET. Zwei Flaschen, eine mit 7,5 cm Schwund, recht guter Farbe und Nase, schmackhaft, aber ausgetrocknet, die andere mit Füllhöhe bis zur mittleren Schulter (eine ziemlich vage Beschreibung angesichts der Burgunderflaschenform) und hoffnungslos oxydiert.
*Zuletzt im Januar 1981 verkostet. Im besten Fall* ★

VOSNE-ROMANÉE C. MAREY LIGER BELAIR. «Käsig»; süß, guter Körper, trockener Abgang.
*Im Februar 1993* ★★

# 1929 *****

*Seltene Kombination von hohem Ertrag und gro-
ßer Qualität. Hervorragende Wetterverhältnisse,
heißer Sommer, mit Regen Ende September, der
die Trauben anschwellen ließ. Zwar gelten die
29er Burgunder allgemein als weiche, elegante
Weine, doch ich fand einige recht mächtig und
lange anhaltend.*

BEAUNE, CLOS DE ROY (sic). BOUCHARD PE-
RE. Fabelhafte Tiefe; immer noch Kirsch-Rubin-
rot; wuchtige Nase, beladen mit Alkohol und
brombeerartiger Frucht; «süß», sehr körperreich
(14°), kraftvoll, intensiv, sehr tanninbetont. Leicht
bitterer Abgang.
*Beim Dinner von Flatts großer Ausone-Degusta-
tion, Oktober 1987* *****

BOURGOGNE, VIEILLES VIGNES BOUCHARD
AINE. Zwei Flaschen. Voll ausgebaut, doch noch
etwas Rot vorhanden; die erste Flasche roch nach
nassem Holz; etwas «süß», im Geschmack besser
als in der Nase, schokoladig, durch die Fülle zusammengehalten. Die andere schlanker, aber
wohlriechender.
*Bei der Fondation Cartier, Mai 1988* **

CORTON CALVET. Gute, wenn auch relativ blasse
Farbe; alte, «süße», angesengte Nase, die sich innerhalb von zwei Stunden sehr schön entfaltete;
am Gaumen sehr «süß», schönes Gewicht, voll,
flotter Geschmack. Ein sehr reicher Wein.
*Der jüngste von drei Calvet-Burgundern, den es
bei einem Familienessen zu Hause gab, Januar
1981* ****

CORTON PASQUIER-DESVIGNES. Gutes Füllniveau. In Erscheinung und Nase alt, doch auf
seine Art reif und anziehend.
*Essen bei Brooks, Juli 1984* **

GEVREY-CHAMBERTIN BAROLET. Vorzüg-
liches Granatrot; in phantastischem Zustand, zartes
Bukett, Walnüsse, nachhaltig; sehr «süß», körperreich, wunderbar ausgewogen.
*Bei dem großartigen Essen von Christie's/Schaefer
in Chicago serviert, Oktober 1983* *****

VOLNAY, CHAMPANS (Unbekannte Herkunft).
Fabelhafte Farbe; herrliches Bukett, himmlische
Nuancen von roter Bete; Geschmack von angesengter Heide, hervorragende Länge, immer noch
tanninbetont.
*Essen bei Becky Wasserman, Bouilland, September
1988* *****

VOSNE-ROMANÉE, BEAUMONT DR. BARO-
LET. Der Wein aus den Originalflaschen, verkostet
vor der großen Barolet-Auktion bei Christie's anno 1969 war exzellent. Später neuverkorkte Fla-

schen hingegen schwach. Kürzlich: sauer, malzig;
Geschmack nach Teer.
*Letztmals notiert im Februar 1992. (Original-
flaschen ****)*

CLOS VOUGEOT BAROLET. Hohe flüchtige Säure, aber fruchtig, lebhaft und schmackhaft.
*Dezember 1984* **

# 1930 bis 1932

*Drei katastrophale Jahrgänge. Selbst Dr. Barolet
konnte aus dem 30er oder 31er kaum mehr was
herausholen. Den 32er habe ich nie verkostet.*

# 1933 ****

*Ein kleiner, aber sehr guter Jahrgang. Vom 34er
übertrumpft, meiner Meinung nach vor allem
deswegen, weil dieser in Bordeaux besser war als
der 33er und dies seinen Einfluß auf andere Anbaugebiete hat. Vor 1980 mehrere sehr gute Weine verkostet, danach nur mehr ein müdes Beispiel.*

MAZIS-CHAMBERTIN LEROY. Tief, braun und
trüb; angesengte, schokoladige Nase; hält sich
hartnäckig am Leben fest, ist aber eigentlich zu
müde, trocken und säurebetont.
*Der älteste Wein bei einer bemerkenswerten De-
gustation von Mazis, Gevrey-Chambertin und
Cazetiers, präsentiert von Madame Bize-Leroy
auf der Domaine d'Auvernay, September 1984.*

# 1934 ****

*Fast zu perfekte Wachstumsbedingungen. Ein
Übermaß an reifen und verdientermaßen beliebten Weinen. Die Hitze während der Lese verursachte Probleme, manche Weine waren schnell –
und sind es noch – verblüht und zu stark säurebetont. Die besten jedoch sind herrlich.*

*Von den frühen 50er Jahren an viele 34er ver-
kostet, mehrere Dutzend ab 1966. Die folgenden
Notizen stammen aus den 80er Jahren.*

LA TÂCHE Neu verkorkt. Nicht mehr viel Rot
vorhanden; zunächst ein Hauch Kerosin, doch
nach dreißig Minuten herrliche Entfaltung, wirklich würzig; «süß», mächtig, vollmundig, fast zum
Kauen, mit dem typischen Wohlgeruch eines La
Tâche.
*Zusammen mit Fritz Hatton in dem ausgedehnten
Keller eines Landhauses im Staat New York verkostet, März 1985* ***

CHAMBOLLE-MUSIGNY DR. BAROLET. Die
originalen 34er Barolet-Weine waren alle hervorragend. Später verkostete, vermutlich neuver-

korkte, dagegen schwach: orange, mit Korkengeschmack.
*Letzmals verkostet im Februar 1992. Im besten Fall ★★★★*

CHAMBOLLE-MUSIGNY A. &. R. BARRIERES FRERES. Kurzer Originalkorken, gute Füllhöhe. Blaß, aber lebhaft; Pilz- und Walnußnase, am Gaumen aber viel besser: ziemlich «süß», vorzüglicher Geschmack, gute Säure.
*April 1985 ★★★*

CHAMBOLLE-MUSIGNY LABAUME AINE. Streifbandetikett «A Fougères & Co Beaune and imported by Zaphiro, Fantizzi & Trucco, Chicago». Erkennbar Nach-Prohibition, mehr nicht. Für das Alter überraschend tief, «süß», weich und ansprechend. Guter alter ZFT!
*Passend zu Christie's Vorverkaufsdegustation in Chicago, April 1987 ★★★*

GRANDS-ECHÉZEAUX BAROLET. Sehr attraktive Farbe; warme, angesengte, brandige Pinot-Nase, etwas medizinal – ein bißchen umgeschlagen; ziemlich «süß», guter Geschmack, schöner, trockener Abgang.
*Essen bei den Rhodes nach der Napa Valley Weinauktion, Juni 1986 ★★★*

CLOS DES LAMBRAYS Phantastisch: sehr reiches, reifes, üppiges Bukett und ebensolcher Geschmack. Struktur, Länge und Abgang vorzüglich.
*Juli 1981 ★★★★★*

MUSIGNY «Süße» Kaffee- und Schokoladenase, zurückhaltend, gewisser Verfall; zum Kauen, schmackhaft, sauberer, frischer Geschmack. Sehr trockener Abgang.
*Der älteste Wein bei Tawfig Khourys de-Vogüé-Degustation in San Diego, Oktober 1984 ★★★★*

VOLNAY, CAILLERETS, ANCIENNE CUVÉE CARNOT BOUCHARD PERE. Ziemlich tief, reich; gutes, rauchiges Pinot-Bukett; «mittelsüß», mittelschwer, reich, Geschmack wie Sahnebonbons und Kaffee.
*Bei der Vorverkaufsdegustation der Flatt-Kollektion, September 1990 ★★★★*

VOLNAY, POUSSE D'OR SAVIN ET FILS. Blaß, aber gut.
*Juni 1983 ★★★*

# 1935 ★★★★

*Ein sehr guter Jahrgang, doch nur wenig davon gelangte nach Großbritannien, da die Lager der Händler noch mit dem beliebten 34er gefüllt waren.*

GRANDS-ECHÉZEAUX Ein überaus originelles Etikett mit einem italienisierten Château, unter dem Namen des Weins in kleinen Buchstaben «du Domaine de la Romanée-Conti», darunter groß «George Thienpont à Etichove». Guter, langer, fester Korken. Tiefe, lebhafte Farbe; makelloses, attraktives Bukett mit leichter Zitrusnote; relativ «süß», ziemlich körperreich, reichhaltig, aber etwas wenig subtil, mit alkoholischem Abgang.
*Abendessen bei Arnaud, New Orleans, April 1986 ★★★★*

# 1936 ★

*Kühler, feuchter Sommer. Geringe Ernte. Keinen verkostet.*

# 1937 ★★★★★

*Ein großer Jahrgang, die besten Weine suchen ihresgleichen. Nahezu vollkommene Wachstumsbedingungen, von Mai bis September warm, mit Regenfällen, die die voll ausgereiften Trauben erfrischten und anschwellen ließen. Die Lese begann um den 27. September bei hervorragendem Wetter. Über die Jahre sehr viele Weine verkostet. Die Spitzenerzeugnisse können bei richtiger Lagerung immer noch wunderbar sein. Im folgenden einige meiner jüngeren Aufzeichnungen.*

ROMANÉE-CONTI Phantastisch. Vier gute Bewertungen, als letztes eine Magnum: mitteltiefe, herrlich warme, ausladend herbstliche Farbe, mit schöner Abstufung zu einem ausgebauten, mahagonitgetönten Rand; reifes, reiches, klassisches Bukett, mit den Pinot-Nuancen von roter Bete, zart, wohlriechend, nachhaltig; sehr «süß», ziemlich körperreich, fleischig, vorzüglicher Geschmack. Schien im Glas noch reicher zu werden. Perfekter Tannin- und Säuregehalt.
*Zuletzt im September 1988 verkostet ★★★★★ Hardy Rodenstock reichte eine Magnum des Romanée-Conti und des DRC Richebourg (siehe unten) am Ende einer langen Reihe von über sechzig roten Bordeaux des 37er Jahrgangs, darunter allen Spitzengewächsen (in Magnumflaschen). Es war eine Offenbarung. Die 37er Bordeaux wurden von den phantastischen Burgundern völlig an die Wand gedrückt.*

LA TÂCHE Wunderbar tiefes, fast sirupartig reiches Erscheinungsbild; großartiges Bukett, das sich im Glas wohlriechend auffächerte. Reich, intensiv, ziemlich hohe Säure, dabei geschmeidige Textur. Fabelhafter Geschmack.
*Zuletzt im April 1980 verkostet ★★★★★*

GEVREY-CHAMBERTIN LEROY. Attraktive Farbe; feines «süßes», reifes, altes Bukett und ebensolcher Geschmack. Vorzüglich, elegant.
*Bei Lalou Bizes Degustation, September 1984* ★★★★

GEVREY-CHAMBERTIN L. TRAMIER. Weiches Rot; mild, reif, recht guter, reicher Geschmack, mit deutlicher, aber akzeptabler Säure.
*September 1988* ★★★

CLOS DES LAMBRAYS Zwei gute Bewertungen, die erste von 1981. Danach: mittelblaß, doch immer noch mit einer gesunden Rottönung; reiche, reife, wenn auch gedämpfte alte Pinot-Noir-Nase und ebensolcher Geschmack. Gutentwickelt, lebhaft, aromatisch.
*Zuletzt im September 1988 verkostet* ★★★★

MAZIS-CHAMBERTIN LEROY. Vorzügliche Farbe, herbstlich, Mahagoni; in der Nase eine Spur Verfall, aber, wie es so oft der Fall ist bei Spitzenburgundern, am Gaumen noch bei guter Gesundheit. Schöner Geschmack, weicher, trockener Abgang.
*März 1980* ★★★★

MUSIGNY DE VOGÜÉ. Keine Erzeugerabfüllung. Tief, lebhaft; «süße», angesengte, sehr medizinale Nase – wie bestimmte Desinfektionsmittel; körperreich, hochgetönt, voller Kraft, etwas zu streng.
*Bei Khourys de-Vogüé-Degustation, San Diego, Oktober 1984* ★★

NUITS-ST-GEORGES, 1ER CRU THOMAS-BASSOT. Vorzüglich reicher, roter Schimmer; unverkennbar rauchiges Pinot-Noir-Bukett; «süß», körperreich, Geschmack und Länge sehr gut.
*September 1988* ★★★★

POMMARD, 1ER CRU (RUGIENS) CAMILLE GIROUD. Aufgefüllt und neu verkorkt. Gesundes Erscheinungsbild; duftende Pinot-Note, ein Hauch Vanille; weich, gefällig.
*Dezember 1980* ★★★

RICHEBOURG DRC. Magnum. Phantastische Farbtiefe, reich, üppige Tränen; feines Bukett, das sich im Glas reich entfaltete; sehr «süß», körperreich, große Geschmackstiefe, fest, griffiger als der Romanée-Conti. Ein großer Wein.
*Beim Rodenstock-Essen, September 1988* ★★★★★

CLOS DE LA ROCHE MOREY (Keine nähere Bezeichnung). Hohes Füllniveau, fabelhafte Farbe, schönes rauchiges *Gouges*-Stil-Bukett; wirklich schmackhaft.
*Vorverkaufsdegustation, Juni 1984* ★★★★

ROMANÉE-ST-VIVANT SAVIN. Sehr blaß; parfümierte Pinot-Note; «süß», dabei leicht und köstlich.
*Vorverkaufsdegustation, Chicago, Juni 1983* ★★★

VOLNAY, HOSPICES, CUVÉE BLONDEAU C. GIROUD. Phantastisches Bukett, hervorragender Geschmack, weich, wohlriechend, trockener Abgang.
*Dezember 1980* ★★★★

## 1938 ★★

*Unterschiedliche Wetterverhältnisse, im Frühjahr Frost und Hagel, im Sommer schwere Hagelschauer. Die Reben konnten nur langsam reifen. Lesebeginn am 4. Oktober. Wer zuwartete, profitierte von der Herbstsonne. Während des Krieges abgefüllt.*

LA TÂCHE Sicherlich spät gelesen. Warme, umfassende, herbstliche Reife; außergewöhnlich schokoladige Nase; am Gaumen ausgesprochen «süß», exquisiter, strahlender, nachhaltiger Geschmack.
*Im La Pyramide, Wien, dank James Halliday an einem Nachbartisch, September 1984* ★★★★★

CLOS DES LAMBRAYS Relativ blaß, völlig reife, aber lebhafte Farbe. Zu lebhaft: knisternd vor flüchtiger Säure.
*Juli 1981*

## 1939 ★★

*Mäßige Quantität, bescheidene Qualität. In jüngerer Zeit keinen verkostet.*

## 1940 ★★

*Die gute Vegetation wurde durch Mehltau verdorben. Der Domaine de la Romanée Conti gelangen einige recht gute Weine. In jüngerer Zeit keinen verkostet.*

## 1941 ★★?

*Schlechter Ruf, doch nach den beiden von mir verkosteten Weinen zu urteilen – einen davon vor nicht allzu langer Zeit – kann er sehr gut sein. Trotz erneutem Auftreten von Mehltau waren die Rebstöcke gesund, doch verhinderte der kalte, feuchte Herbst das Ausreifen.*

CHAMBOLLE-MUSIGNY J. DROUHIN. Magnum. «Süß», weich, würzig, sehr wohlriechend. Überaus ansprechend und nachhaltig.
*Zum Essen mit Parry de Winton, Drouhins Londoner Agenten, Februar 1983* ★★★★

# 1942 ***

Zweifellos ein guter, sehr früher Jahrgang. Der Lesebeginn fiel in der Côte de Beaune mit Hagelschauern zusammen. Diese unberechenbaren Stürme können unsäglichen Schaden anrichten, angefangen von angeschlagenen Reben bis zu völlig abgebeerten Trauben. La Tâche und Richebourg DRC waren in den 70er Jahren beide gut.

RUCHOTTES-CHAMBERTIN THOMAS-BASSOT.
Braun, leider oxydiert.
*Mai 1981.*

CLOS VOUGEOT, TÊTE THOMAS-BASSOT.
Erstmals 1981 bei einer Vorverkaufsdegustation von Heublein Inc. verkostet. In jüngster Zeit: gleichbleibende Aufzeichnungen: relativ blaß, sehr ausgebaute, aber gesunde Farbe; ansprechendes Bukett, das an schwelende Blätter erinnerte; trocken, schmackhaft, weich, doch mit einer Spur Säure.
*Zuletzt im September 1990 ★★★*

# 1943 ****

Sehr guter Jahrgang. Nahezu perfekter Frühling, Sommer und Herbst, allerdings war der Ertrag durch Maifröste und Hagel im Juli reduziert worden. Vollkommen ausgereifte Trauben. Gut gelagerte Weine sind nach wie vor sehr schön zu trinken.

LA TÂCHE Zwei Aufzeichnungen, die erste aus dem Jahr 1977. Mitteltiefe Farbe; ansprechend; reich, reif, parfümiert, fast schon die Karikatur der Pinot-Nuancen von roter Bete; sehr duftender, pikanter Geschmack, sehr trockener, ziemlich säurebetonter Abgang. Ein aufregender Wein.
*Zuletzt im Mai 1983 verkostet ★★★*

CHAMBOLLE-MUSIGNY, 1ER CRU THOMAS-BASSOT. Bei zwei Vorverkaufsdegustationen verkostet, bei Heublein Inc. im Mai 1971 und bei Christie's in Chicago. Der Bestand, der ursprünglich vom Maxim's in Paris stammte, wurde von Lloyd Flatt erworben und die verbliebenen Flaschen bildeten einen Teil seiner Kollektion, die vor kurzem verkauft wurde. Der Wein hat sich gut gehalten, relativ blasse, aber gesunde Farbe; wohlriechender, würziger alter Pinot; trocken, etwas verblassend, aber in gutem Zustand.
*Zuletzt im September 1990 ★★★*

CLOS ST-DENIS THOMAS-BASSOT. Hochgetönt, würzig, wohlriechend. Bei zwei Heublein-Degustationen bewertet.
*Zuletzt im Mai 1981 verkostet ★★★*

# 1944 *

Ein weiterer guter Wachstumsverlauf mit schlechtem Resultat wegen schwerer Regenfälle während der Ernte. Leichte, ziemlich verwaschene Weine. Nur einmal, 1959, einen wäßrigen Romanée-Conti, degustiert.

# 1945 *****

Fraglos ein großer Jahrgang. Wie in Bordeaux sorgte die Natur für den Rebschnitt und eine altmodische Weinbereitung für den Rest. Frühlingsfröste, gefolgt von einer bemerkenswert frühen und raschen Blüte und ein heißer Sommer mit wenig Regen sorgten für einen geringen Ertrag an hochkonzentrierten, reifen Trauben. Die besten und am besten gelagerten Weine sind immer noch großartig.

LA TÂCHE Zwei denkwürdige Degustationen, die erste 1961. Danach: der letzte und fraglos der größte von 26 La-Tâche-Jahrgängen bei einer Präsentation auf der Domaine für John Arlott, Christopher Fielden und mich. Die Konzentration aufgrund des geringen Ertrags konnte man sehen, riechen und schmecken: erstaunliche Farbtiefe, immer noch rot; außergewöhnlicher Maulbeerreicher Wohlgeruch, große Tiefe, nach 45 Minuten im Glas verströmte e eine unglaubliche Kraft; «süß», die Süße von reifen Trauben und hohem, gut integriertem Alkohol. Körperreich, doch nicht schwer. Wohlausgestattete Struktur. Beladen mit Geschmack. Immer noch perfekt ausgewogener Tannin- und Säuregehalt. Große Länge und der unnachahmliche Nachgeschmack von La Tâche.
*Zuletzt im Mai 1983 verkostet ★★★★★★ Ja, sechs Sterne!*

CHAMBOLLE-MUSIGNY FAIVELEY. Ziemlich tief, intensiv, immer noch rot; ein außergewöhnliches Bukett, ziemlich medizinal und reif, ein sehr wohlriechendes, harmonisches Kraftwerk an Düften; ziemlich «süß», seidig, stilvoll, hervorragende Länge.
*In Dr. Norman Burrows «Höhle» unterhalb von Devonshire Place, August 1985 ★★★★★*

CHARMES-CHAMBERTIN CAMILLE GIROUD. In Girouds Kellereien dekantiert und neu verkorkt. Feine Farbe; «süße», leicht fischige, medizinale Pinot-Nase, wie sie für Chambertin typisch ist; hochgetönt, schmackhaft, zuwenig Fülle und leicht metallischer Abgang.
*Dezember 1980 ★★*

GEVREY-CHAMBERTIN LEROY. Mitteltief; feine, reiche Farbe; sehr «süße», angesengte, fast schokoladige Nase; sehr elegant und vollendet, wenn auch nicht so lang wie erwartet. Ein vorzüglicher Wein.

*Bei der Bize-Leroy-Degustation, September 1984*
****

CLOS DES LAMBRAYS Drei ziemlich überschwengliche Notizen. Erstmals 1981, danach 1983: fabelhaftes Erscheinungsbild, große Reichhaltigkeit und Tiefe, starkfarben, immer noch rotgetönt und lebhaft; wuchtige Nase, angesengte Pinot-Note, Walnüsse, Pfeffrigkeit eines hohen Alkoholgehalts, erinnerte an einen 47er Pétrus; unglaublich «süß», süßer als Port (1887er Sandeman), mächtig, weich, abgerundet, kompletter Zustand. Bei der letzten Gelegenheit: tief, reich, kraftvoll.
*Zuletzt bei einer Vorverkaufsdegustation im Oktober 1987 verkostet* *****

MAZIS-CHAMBERTIN ROUSSEAU. Erstmals bei einem Essen mit paarweise vorgestellten Weinen im Le Taillevent degustiert. Mein Gast war Georges Prade. Die erste Paarung bestand aus Leflaives 77er Pucelles und Chevalier-Montrachet, die zweite aus zwei Jahrgängen – 1945 und 1937 – von Rousseaus Mazis. Der 45er war sehr gut. Trotz eines zerbrochenen Korkens und mehr als 6 cm Schwund war er von schier grenzenloser Farbe; reiche, pfeffrige Note in Bukett und Geschmack, mit einer Spur Säure. Danach eine hochgetönte, reife, blumig duftende Flasche mit dem oben erwähnten Chambolle von Faiveley. Weich, wird etwas kantig.
*Zuletzt bei Dr. Burrows Essen verkostet, August 1985* ****

MUSIGNY DE VOGÜÉ. Magnum: tief, lebhaft – die unverwechselbare Farbtiefe eines 45ers. Nase zunächst zurückhaltend, entfaltete sich langsam im Glas, mit dem flüchtigen Duft von Bratäpfeln, die mit Nelken gespickt wurden, nach 90 Minuten im Glas immer noch voll entwickelt; fester, immer noch jugendlicher, würziger Geschmack, mit trockenem, tannin- und säurebetontem Abgang. Noch viele Jahre Lebenserwartung.
*Bei Khourys De-Vogüé-Degustation verkostet, Oktober 1984* *****

MUSIGNY, VIEILLES VIGNES DE VOGÜÉ. Phantastische, exquisite, seidige Magnum 1958 und Flasche 1961. Bei der letzten Gelegenheit eine schlecht verkorkte Flasche, mit einem Geruch wie alter Gummi und dem Tanningehalt der 45er Weine, ein Schatten seines früheren Selbst.
*Zuletzt im März 1985 verkostet. Im besten Fall* *****

NUITS-ST-GEORGES, CLOS DES FORÊTS JULES BELIN. Sehr guter Originalkorken. Mitteltiefe, völlig ausgebaute Farbe; wächserne, angesengte, rauchige Nuancen wie Steinkohleteer in Bukett und Geschmack. Kraftvoll. Trocken.
*Februar 1989* ***

VOSNE-ROMANÉE NOELLAT. Relativ blaß, Tawny, wenig Rot; zurückhaltend, aber sauber; trocken, verblassend und etwas zugeknöpft.
*April 1984* *

VOSNE-ROMANÉE, BEAUMONTS NOELLAT. Rötlich getöntes Tawny; zartes, wohlriechendes, getoastetes Bukett; trocken, relativ leicht, am Ausdünnen, aber schmackhaft und sauber.
*April 1984* ***

VOUGEOT In Burgund abgefüllt. Etikett «Avery selection». Tiefe, aber reife Brauntönung; phantastische Nase, üppig, entgegenkommend, gekochte rote Rüben; reifer, angesengter Pinot-Geschmack eines heißen Jahrgangs, hoher Akoholgehalt, «süß», aber mit ziemlich abrupt endendem Abgang. Muß getrunken werden.
*Januar 1981* ***

ANDERE NOTIZEN:

CHARMES-CHAMBERTIN ROUSSEAU. 7,5 cm Schwund, relativ tief, aber nur mehr wenig Rot, bernsteinfarbener Rand. Oxydiert. Eine enttäuschende Flasche aus dem Darroze-Keller.
*März 1981.*

MÂCON ROUGE PATRIARCHE. In Kopenhagen abgefüllt. Tief, starkes Depot; «süß», reich, bemerkenswert gut, wenn man sich nicht an einer Spur scharzem Rübensirup stört.
*Juli 1989* **

# 1946 *

*Dem roten Bordeaux-Jahrgang überaus ähnlich, vom Handel vernachlässigt, aber nicht schlecht. Annehmbar gute Wachstumsbedingungen, sonnig, reicher Behang bis zum Hagel im August, danach folgte eine kalte Regenperiode. Letzte Septemberhälfte warm. Mittlere Ernte.*

CHAMBERTIN THOMAS-BASSOT. Zwar zu braun, aber überraschend gut, mit tiefer, reicher, geradezu «fischiger» Chambertin-Pinot-Nase.
*Bei einer Heublein-Vorverkaufsdegustation, Mai 1981* **

# 1947 ****

*Ein herrlich reicher Jahrgang nach einem idealen Wachstum: warmer Sommer, frühe Lese voll ausgereifter Trauben ab 16. September. Trotz der Probleme, die es mit sich zieht, wenn man die Trauben bei großer Wärme liest und vergärt, scheinen die 47er Burgunder im Nachhinein stabiler als die Weine aus Bordeaux.*

*Ich hatte das Glück meine Karriere als Weinhändler Anfang der 50er Jahre zu beginnen, gerade als diese 47er, zumeist in Barriques, verschifft wurden. Die Qualität der Weine und die Fähigkeiten britischer Abfüller waren so gut, daß dort wie hier durch «Strecken» etwas hinzugewonnen werden konnte.*

LA TÂCHE Mittelblaß; wohlriechendes, angesengtes, leicht malziges Bukett; sehr «süß». Ein Wein mit sehr viel Kraft und Länge.
*Oktober 1987* ★★★★

BEAUNE, MARCONNETS BOUCHARD PERE. Mitteltief; vorzügliche, reife, leicht rauchige alte Pinot-Nase; sehr «süß», voll, reich und nachhaltig.
*In Memphis, April 1987* ★★★★

CHASSAGNE-MONTRACHET BOUCHARD PERE. Reich in Farbe, Bukett und Geschmack. Sehr «süß». Eine Spur Sahnebonbons.
*Bei der Vorverkaufsdegustation der Flatt-Kollektion, September 1990* ★★★★

CORTON C. GIROUD. Tief; sehr «süß», weich, voll, abgerundet.
*Dezember 1980* ★★★★

CLOS DES LAMBRAYS Sehr tief, überaus reich; eigenartig, hochgetönt, stielig, leicht malzig; weich, reif, Fruchtgeschmack und Säure zitrusartig.
*Juli 1981* ★★

MAZIS-CHAMBERTIN Durch Avery in Bristol abgefüllt. Warm, üppig, angesengt, pflanzlich, Alterston; ziemlich körperreich, Walnußgeschmack, «scharf», alkoholbetont, gute Säure.
*Abendessen mit Len Evans im Hunter Valley, März 1985* ★★★

MUSIGNY DE VOGÜÉ. Mehrere Aufzeichnungen. Gegen Ende eines Essens bei Layton blind serviert, als ich Portwein erwartete. Ich dachte, daß Farbe und Nase doch nicht stimmen könnten, doch der Geschmack brachte mich dann auf die richtige Fährte. Aufgrund des starken Depots war er dekantiert worden. Perfekte Farbe. Sehr ausgeprägtes, rauchiges Bukett, mit einem Hauch charmanter Altersschwäche, die mich an den Lafite Jahrgang 1912 erinnerte. Phantastischer Geschmack. Reich. Immer noch sehr tanninbetont. Das war 1982. Zwei Jahre später: eine oxidierte Flasche mit niedrigem Füllniveau und eine herrlich reiche, reife Flasche bei Khourys De-Vogüé-Degustation. Fragiles Bukett, Arsen und alte Spitzen. Fabelhaft warm und lang.
*Zuletzt im Oktober 1984 verkostet. Im besten Fall* ★★★★★

EINIGE ANDERE 47ER, IN DEN 80ER JAHREN VERKOSTET:

BEAUJOLAIS Abgefüllt durch Williams Standring aus Lady Birleys Keller: schöne Farbe; rauchige, alte Gamay-Note, ausgebautem Pinot Noir immer ähnlicher werdend; weich, relativ leicht, schmackhaft.
*November 1980* ★★★

BEAUNE, CLOS DES MOUCHES J. DROUHIN. Leider oxidiert.
*März 1981.*

CHAMBERTIN CAMUS. Maxims Auswahl. Eine Flasche mit Korkgeruch, eine andere vorzüglich.
*Heublein Inc., Mai 1980. Im besten Fall* ★★★

CORTON J. DROUHIN. Unterschiedlich. Im besten Fall trocken, relativ voll, gut.
*April 1988* ★★★

GRANDS-ECHÉZEAUX MORIN. Unterschiedlich, im besten Fall ziemlich tief; hübsches, getoastetes Bukett; weich, reif, guter Nachgeschmack.
*Mai 1981* ★★★

POMMARD, GRANDS EPENOTS LOUIS POIRIER, *Sélection Raymond Baudouin.* Tief, etwas zu braun; reich, aber malzig in Nase und Geschmack. Mangelnde Eleganz und am Umschlagen.
*Juli 1983.*

## 1948 ★★

*Wie in Bordeaux ziemlich gute, recht eigene Weine und beim Handel, der sich klugerweise auf die 47er und 49er konzentrierte, auch genauso unpopulär. Unterschiedliche Witterungsverhältnisse, der späte Frühling und der zeitige Sommer waren zu kalt und naß, ab Mitte August wurde es dann schön, und das Wetter hielt bis zur Ernte Anfang Oktober an. Nur wenige in jüngerer Zeit verkostet. Unterschiedlich: von müde bis sehr gut.*

LA TÂCHE Im Alter von zehn Jahren beeindruckend, aber noch unfertig, später komplett.
*Mai 1980* ★★★★

RICHEBOURG DRC. Nach zehn Jahren zum ersten Mal degustiert. Wuchtig und großartig. Leider war die Farbe bei der einzigen weiteren Gelegenheit wie verbrannter Bernstein, deutlich oxidiert.
*Zuletzt im März 1981 verkostet. Unterschiedlich.*

CLOS VOUGEOT L. GROS. Mitteltief, mit kupferfarbenem Einschlag. Gutes, reifes Bukett, 1980 «süß» und erfrischend. Bei der nächsten Heublein-Degustation erinnerte die Nase an Ovomaltine. Am Ermüden, aber trinkbar.
*Zuletzt im Mai 1981 verkostet* ★★

## 1949 *****

*Einer der schönsten und von mir am meisten geschätzten Burgunderjahrgänge. Während der Blüte verlief das Wetter beängstigend unsicher und regnerisch. Danach wurde es anhaltend schön. Wärme und Trockenheit ließen die Trauben ausreifen und sich konzentrieren, vor der Lese ab dem 27. September gab es ausreichend Regen, so daß die Trauben anschwellen konnten. Elegante, wohlausgewogene Weine, die besten sind der Inbegriff eines Burgunders. Der 49er Jahrgang füllte die britischen Keller wie auch die Lager der Händler.*

BONNES MARES DE VOGÜÉ. Magnum: reiche rote Farbe, mit orange-rosafarbener Tönung; gewisser Alterston und am Austrocknen, verblaßte Frucht, ziemlich säurebetonter Abgang. Enttäuschend.
*Bei Khourys De-Vogüé-Degustation, Oktober 1984.*

CHAMBERTIN LEROY. Schöne Farbe; Nase mit gewissem Alterston, Brombeerfrucht, rauchige Pinot-Note. Nach etwa zehn Minuten formte sich zitternd nochmals ein wohlriechendes Parfum, dann gab sie (die Nase) den Geist auf. Am Gaumen überraschend kraftvoll, etwas scharf, doch duftender Nachgeschmack.
*Cercle de Vingt, Mai 1988* ***

CHAMBOLLE-MUSIGNY, LES CHARMES DOUDET-NAUDIN. Gute Farbe; Bukett wie eingelegte Walnüsse und nasses Stroh; «süß», schönes Gewicht, köstlicher Geschmack, gute Länge. Die «Kenner» rümpfen ihre Nase über Doudet-Naudins Weine, aber obwohl es diesen im allgemeinen an Finesse mangelt, fand ich sie doch immer zuverlässig und selten sind mir Jahrgänge begegnet, auch keine alten, die bereits hinüber waren.
*Juli 1988* ***

CHARMES-CHAMBERTIN In Paris bei Prunier abgefüllt. Eine halbe Flasche mit Wachskapsel: ziemlich mächtiger Wein, immer noch etwas hart. Ein Monat später bei einer Vorverkaufsdegustation: sehr reife Erscheinung; eine Nase, die Oz Clarke an Rettich erinnerte; im Geschmack besser. Ansprechend.
*Zuletzt im Dezember 1982 verkostet* **

CORTON L. JADOT. Sehr tiefe Farbe; gehaltvolle Nase, erdig, fast wie Vulkangestein, glockenrein; sehr «süß», körperreich, hoher Extrakt- und Alkoholgehalt und ziemlich hohe Säure. Beeindruckend.
*Essen mit Pierre-Henry und André Gagey in der eleganten Hostellerie de Levernois, Oktober 1990* ****

GEVREY-CHAMBERTIN, LES CAZETIERS LEROY. Sehr tief, aber mit Alterston; «süßes», schokoladiges Bukett, mit einem Hauch flüchtiger Säure; deutlich «süß», reich, warm, elegant, mit beträchtlicher Länge. Im Abgang eine Spur Bitterkeit, ansonsten groß.
*Bei der Bize-Leroy-Degustation, September 1984* ****

MAZIS-CHAMBERTIN LEROY. Starkfarbenes Zentrum, völlig ausgereifter, brauner Rand; tiefes, angesengtes Bukett eines heißen Jahrgangs; ebenfalls sehr «süß», ein wuchtiger Wein, tanninbetont, große Länge, aber das Alter macht sich bemerkbar.
*Ebenfalls bei Lalou Bize-Leroy, September 1984* ****

MUSIGNY DE VOGÜÉ. 1972 stellte er die Verkörperung all dessen dar, was ich von einem großen Jahrgang und einer großen Domaine erwartete. Damals komplett. Phantastische Zukunft. Zwölf Jahre später wurde diese Einschätzung vollauf bestätigt: immer noch reiches Rot; scharfe, alkoholbetonte, medizinale Nase, die sich schön entfaltete und hielt; «süß», ziemlich körperreich, köstlich, wohlriechende Pinot-Frucht, nachhaltigster Geschmack und Nachgeschmack von allen.
*Für mich war er der Star von Tawfiq Khourys De-Vogüé-Degustation im Oktober 1984* ***** *Bis 2000.*

NUITS-ST-GEORGES CHARLES NOELLAT. Relativ blaß, aber gesund; wohlriechend, rauchige Pinot-Note; etwas «süß», leichter Stil, charmant, duftend und schmackhaft.
*April 1984* ****

RICHEBOURG LEROY. Bemerkenswert tiefes Rotbraun; verständlicherweise keine Spur eines Sortenaromas, nur mehr ein hübsches, altes Bukett. Positiver Geschmack, weich, doch mit trockenem Abgang. Zwar liegen die besten Zeiten schon eine Weile zurück und der Wein beginnt brüchig zu werden, aber dennoch gut.
*April 1985* ***

VOLNAY, SANTENOTS CAMILLE GIROUD. Gute Farbe, wenn auch sehr reif, mit bernsteinfarbenem Rand; leicht angesengtes, schokoladiges, köstlich reifes *Gibier*-Bukett; «süß», immer noch kraftvoller, vorzüglicher Wein. Trockener Abgang.
*Von Becky Wasserman zum abschließenden Burgunderessen des Weinwochendes der Hollywood (Florida) Wine Society mitgebracht, Januar 1990* ****

CLOS VOUGEOT NOELLAT. Gesunder, rosiger Schimmer; Vanille, angesengt; «süß», schönes Gewicht, vorzüglicher Geschmack, fest, immer noch tanninbetont, guter Abgang.
*April 1984* ****

## 1950 *

*Burgund scheint für Hagelschauer im Sommer anfällig zu sein. Sie richten nicht nur mengenmäßig, sondern auch qualitativ Schaden an, indem verhagelte Trauben dem Wein einen Mäuselgeschmack mitteilen können. 1950 hagelte es im Juli, August und September, die beiden letzten Monate waren naß. Sehr hoher Ertrag an ziemlich schwachen Früchten, die in der zweiten Septemberhälfte gelesen wurden. Der englische Handel, der es gewohnt ist, die Weine genau auszuwählen, entschied sich gegen den 50er Jahrgang, so daß ich ihn nur selten verkostet habe.*

VOLNAY, HOSPICES, CUVÉE JEHAN DE MASSOL Aus den Kellern der Familie Quancard, von Russell Hone fast schon im wörtlichen Sinn ausgegraben, nach London verschifft und als Teil der bemerkenswerten «Quancard Collection» in den 70er Jahren verkauft. Zwei Flaschen mit Schwund später verkostet. Bei der einen waren es 5 cm unter dem Korken, was nicht übermäßig viel ist. Sie wies eine ansprechende Farbe wie Zwiebelschalen auf; leichtes, etwas nach Vanille duftendes Pinot-Bukett; leicht, gute Länge und Säure. Die andere, mit 7,5 cm Schwund, war blasser und mehr Tawny; leicht oxydiert, ausgetrocknet, aber absolut trinkbar. Wäre der Jahrgang robuster gewesen, hätte es keine oder nur geringe Probleme gegeben. *Mai 1989. Im besten Fall* ***

VOUGEOT, CLOS DU PRIEURÉ PIERRE PONNELLE. Zwei Aufzeichnungen. Mitteltief, ausgebaut; zart, reich, leichte Vanille-Nase, die sich im Glas entfaltete und ihren Duft über lange Zeit hielt; mitteltrocken und -schwer, weich, ziemlich kurz, aber guter Geschmack und guter Zustand. *Zuletzt im Oktober 1984 verkostet* ***

ÄLTERE NOTIZ:

LA TÂCHE Der einzige DRC des Jahrgangs 1950, den ich verkostet habe. 1963 braun und müde, sehr unwahrscheinlich, daß er überlebt hat. Doch … siehe 1951.

## 1951

*Ein trostloser Sommer und späte Ernte, vom britischen Handel geächtet. Doch unter den etwa sechs verkosteten Weinen gab es einige Überraschungen.*

LA TÂCHE Mittelblaß, lebhaft, rosig – bessere Farbe als der 82er Clos de Tart; ziemlich harte Nase, wie rote Bete, sauber; trocken, leichter, dabei positiver Geschmack. Lebhaft, frisch. Eine echte Überraschung. *Oktober 1985* **

GRANDS-ECHÉZEAUX POULET PÈRE. Recht gute Farbe, bemerkenswerte Tränen; schönes, klar umrissenes Pinot-Noir-Aroma, das sich gut hielt; «süß», reich, weich und vorzüglich, mit hervorragender Säure. Bernard Rhodes erzählte mir, daß der Wein aus deklassierten Trauben von neu gepflanzten Reben der Romanée-Conti bereitet worden war. *Bei einem denkwürdigen Essen der Rhodes im Napa Valley, Juni 1986* ***

CLOS DES LAMBRAYS Ziemlich blaß; bemerkenswert ansprechende, getoastete, schokoladige Pinot-Nase. Zur Abwechslung in der Nase besser als im Geschmack. Trotz mangelnder Länge und relativ hoher Säure nicht schlecht. *Juli 1981* **

## 1952 ****

*Ein Spitzenjahrgang. Robust, oft wuchtig und einer der verläßlichsten aller Burgunderjahrgänge. Die Kraft und Konzentration beruhen auf der Trockenheit im Juni und dem sehr heißen Wetter mit gelegentlichen Regenfällen im Juli und August. Der September war nicht ausreichend warm, die Lese begann am 7. Oktober.*

ROMANÉE-CONTI Mehrere Notizen. Ein großer Wein. In den 60er Jahren in der Entfaltung, Anfang der 70er Jahre komplett. Ein Jahrzehnt später eine Magnum: vorzüglich mitteltiefe Farbe, perfekt gereift; unbeschreiblich großes und sehr vielschichtiges Bukett und überwältigender Wohlgeruch: verführerische Mischung aus Nuancen von Himbeeren und roter Bete, die dem Glas etwa eine Stunde entströmte und zweifellos die ganze Nacht angehalten hätte; «süßer», reifer Ersteindruck, mächtig, doch nicht schwer, samtig, dabei fest. Üppig. Eine Spur Bitterkeit in dem tanninbetonten Abgang. *Zuletzt bei einem phantastischen Wein-Dinner von Richel und Tawfig Khoury. Obwohl ich zwischen zwei stark parfümierten Damen saß, überwog der Duft des Weins. In San Diego, Oktober 1982* ***** *Bis 2000.*

MUSIGNY DE VOGÜÉ. Herrliche Farbe. Keine Anzeichen des Alters; trotz des lebhaften Wohlgeruchs zurückhaltend; ausgesprochen unweiblich: ein wuchtiger Wein, geschmeidig, dabei sehr trocken und tanninbetont. *Bei Khourys De-Vogüé-Degustation, Oktober 1984* ***(**) *Bis 2000.*

NUITS-ST-GEORGES, CLOS DES PORRETS HENRI GOUGES. Unbeschreiblich tief; Bukett wie Trüffel und frisch geschälte Pilze; körperreich, schön strukturiert, fest, immer noch mit Tannin beladen.

*Auf der Domaine verkostet, September 1981*
★★★(★★) *Bis 2000.*

RICHEBOURG LEBEGUE-BICHOT. *Jéroboam.*
Breite, umfassende Erscheinung – wie der Gastgeber; reiches, überreifes Bukett; «süß», relativ voll, sehr komplett, exzellentes Gleichgewicht.
*Bei Marvin Overtons großem Dinner zu seinem 50. Geburtstag geschickt zwischen dem 57er Mouton und dem 53er Lafite plaziert, Fort Worth, Februar 1985* ★★★★

ANDERE, IN JÜNGERER ZEIT VERKOSTETE 52ER:

Kein großer Jahrgang für Dr. Barolets Burgunder. Ich vermerkte allerdings nach den 40er Jahren ein Absinken der Qualität, und die folgenden Weine (mit Villamont-Etiketten) waren ziemlich enttäuschend:

ALOXE-CORTON Trocken, schmackhaft, aber mager.
*Im September 1990 verkostet.*

BEAUNE Käsige Nase, Geschmack nach saurer Sahne.
*Im September 1990 verkostet.*

CHAMBOLLE-MUSIGNY Ein Jahrzehnt früher gefällig.
*Im April 1980 verkostet.*

# 1953 ★★★★

*Herrlich reife, geschmeidige Weine, manche wie Sternschnuppen, andere betörend und verführerisch, wie es nur große Burgunder sein können, mit langer Lebenserwartung. Die Qualität entsteht während der letzten Reifemonate: 1953 bestätigte sich das wieder einmal. Nach einem angenehm milden, ermutigenden Frühling waren Juni und Juli kalt und naß. Zum Glück wurden der August und September warm und trocken, mit der relativ problemlosen Lese wurde am 29. September begonnen. Beliebte Weine, zumeist inzwischen getrunken. Einige verblassen, doch die besten sind immer noch superb.*

LA TÂCHE Ein Paradebeispiel. In der Jugend relativ blaß und alles andere als robust. 1966 dann vollreife Farbe; unglaublich wohlriechend; trocken, delikater Geschmack, gute Länge, scheinbar bereits auf dem Gipfel. Doch 17 Jahre später hat er sich unverdrossen weiterentwickelt, elegant, wunderschön, vorzügliche Farbe, leuchtend, ausgebaut; archetypischer La-Tâche-Wohlgeruch, völlig harmonisch; etwas «süß», leichter Stil, dabei vollmundiger Geschmack, mit zartem, lebenserhaltendem Tannin- und Säuregehalt.

*Zuletzt auf der Domaine verkostet, Mai 1983*
★★★★★ *Müßte immer noch komplett sein und wird uns zweifellos bis ins 21. Jahrhundert begleiten.*

BEAUNE, CLOS DES MOUCHES J. DROUHIN.
Ziemlich blaß, aber gesunder Glanz; gute, reiche Nase; schmackhaft.
*Vorverkaufsdegustation, Dezember 1980* ★★★

CHAMBERTIN REMOISSENET. Gute Farbe; wohlriechende Brombeernase; sehr «süß», voll, reich, schokoladig, mit gewisser Eleganz.
*Dinner bei Avery, Mai 1987* ★★★

CHAMBERTIN, HÉRITIERS LATOUR «Süß», weich, vortrefflicher Geschmack und Endgeschmack.
*Bei einer Vorverkaufsdegustation, Juni 1984* ★★★★

MAZIS-CHAMBERTIN LEROY. Ziemlich blaß, aber attraktiv; «süße» Vanille-Schokolade-Nase. Die Fähigkeit des Burgunders, im Stil leicht und doch kraftvoll und alkoholstark zu sein, ist eines der Geheimnisse des Lebens. Guter Wein.
*Bei der Bize-Leroy-Degustation, September 1984* ★★★★

MUSIGNY DE VOGÜÉ. Zwei Flaschen aus einem amerikanischen Keller, bei der ersten etwas niedrigeres Füllniveau als erwartet, relativ blaß, Tawny, dünn, aber schmackhaft, trotz der Säure elegant. Die zweite hatte Schwund bis zur unteren Schulter, war malzig und maderisiert.
*Eine, oder vielmehr zwei Enttäuschungen bei Khourys De-Vogüé-Degustation, Oktober 1984.*

MUSIGNY, VIEILLES VIGNES DE VOGÜÉ. Zufälligerweise ebenfalls aus einem amerikanischen Keller. Langer, aber trockener Korken, der beim Herausziehen zerbrach. Malzige Nase; «süß», gehaltvoll – nicht schlecht, aber auch nicht in Ordnung. Entweder zu heiß oder zu trocken gelagert, oder auch beides.
*Februar 1989.*

ROMANÉE-ST-VIVANT, LES QUATRE JOURNAUX L. LATOUR. Zwei Aufzeichnungen. Mitteltief, aber kaum mehr eine Spur Rot; reif, ausgebaut, Wohlgeruch wie rote Bete; sehr «süß», voll, reich, fast wie Portwein, mit hervorragendem Nachgeschmack. Zuletzt konnte er sich nach einer ganzen Reihe von Magnumflaschen – Margaux, Lafite, Latour, Mouton, La Mission, Haut-Brion, Ausone, Cheval Blanc und Pétrus – behaupten, doch durch einen Brie de Meaux wurde er fast zerstört.
*Bei einem umwerfenden Essen mit Magnumflaschen der 53er Spitzengewächse, organisiert von der Marin County Chapter der International Wine & Food Society im Four Seasons Clift, San Francisco, Juni 1985* ★★★★

Einige weitere 53er, in den 80er Jahren verkostet:

**Gevrey-Chambertin** LEROY. Gummiartige Nase und ein Hauch flüchtige Säure, trocken und am Ausdünnen.
*September 1984.*

**Vosne-Romanée, Beaumont** Unbekannten Ursprungs. So süß und kraftvoll, daß er kaum in einer halben Flasche Platz hatte.
*August 1988* ★★★★

**Clos Vougeot** L. LATOUR. Relativ blaß, voll ausgebaut; ein Hauch alter Stiefel, Alterston, Tannine; ausreichend schmackhaft.
*Juni 1984* ★★

Zwei grosse Weine, zuletzt in den 70er Jahren verkostet:

**Romanée-Conti** 1975 komplett.

**Grands-Echézeaux** DRC. 1979 einfach hinreißend.

# 1954 ★★★

*Unverdientermaßen ein übergangener Jahrgang. Die Ursache dafür lag darin, daß Händler und Verbraucher sich mit dem 52er und 53er eingedeckt hatten und die Qualität des 55er bekannt war, bevor der 54er abgefüllt wurde. Vom Wetter her sicher nicht perfekt, denn der Frühling war zwar angenehm und die Blüte erfolgreich, der Sommer jedoch naß. Gerettet wurde der Jahrgang durch den warmen, sonnigen Herbst, die große Ernte ab dem 7. Oktober eingebracht. Selten gesehen, doch ein Wagnis wert.*

**Richebourg** DRC. Orangefarben; fremd, süß, überreif, aber attraktiv.
*Im Oktober 1991* ★★★

**La Tâche** Die Domaine de la Romanée-Conti deklassierte alle Gewächse bis auf den Romanée-Conti und den La Tâche. Letztgenannten habe ich zweimal verkostet. Tiefer als der 56er und selbst der 75er, rötlich, am Rand eine Spur Orange; außergewöhnlicher Duft, erstaunliche Tiefe, pikante, himbeerartige Frucht; ausgesprochen «süß», voller, reicher, vollendeter und länger als erwartet.
*Zuletzt auf der Domaine verkostet, Mai 1983* ★★★

# 1955 ★★★

*In Harveys Weinliste vom Herbst 1957 als «ganz und gar unregelmäßiger Jahrgang» beschrieben, doch 1959 war dann die «Laying-Down»-Liste (d. h. zur Lagerung geeignet) dem 55er Jahrgang gewidmet. Bis auf einen kalten Juni mit verzögerter Blüte war das Wetter gut. Die Lese fand Anfang Oktober unter den besten Bedingungen seit zwanzig Jahren statt.*

*Meine mehrere hundert Notizen von Burgundern dieses Jahrgangs wurden fast alle vor 1966 gemacht. Sie waren unterschiedlich, doch die guten Weine, die überlebt haben, sind jetzt fabelhaft und erbärmlich unterbewertet. Es ist unwahrscheinlich, daß man noch Flaschen der genau gleichen Provenienzen findet, wie ich sie beschrieben habe. Doch meine Notizen geben einen Eindruck von den verschiedenen Stilen und Reifegraden.*

**Bonnes Mares** DE VOGÜÉ. Sehr reich getönt und viel tiefer als erwartet, wenn auch mit einem ausgeprägt orangefarbenen Rand; phantastisch harmonisch, weinig und duftend; «süß», relativ voll, mit fabelhaftem Geschmack und Nachgeschmack.
*Bei Khourys De-Vogüé-Degustation, im Oktober 1984* ★★★★★ *Jetzt, bis 1996 oder länger.*

**Chambertin, Clos de Bèze** LEROY. Mitteltief; würzige, harmonische Nase, die im Glas noch reicher zu werden schien und sich entfaltete; «süß», fast zu «süß», doch rund und schwer zu kritisieren.
*Februar 1989* ★★★★ *Bis 1995.*

**Chambolle-Musigny** L. LATOUR. Ich weiß nicht genau seit wann Latour wegen der Pasteurisierung von Rotweinen kritisiert wird, doch dieser Wein hier ist untadelig: elegant, stilvoll, mit vorzüglicher Struktur und Länge.
*Nach dem 66er und zusammen mit dem Corton-Grancey bei einem Essen des Gidleigh-Park-Weinwochenendes, Januar 1984* ★★★★ *Bis 1996.*

**Charmes-Chambertin** CAMUS/HASENKLEVER. Überraschend tief – nach dem Probieren allerdings nicht so überraschend. Ein guter, altmodischer, «frisierter» Wein.
*Bei einer Vorverkaufsdegustation, Juni 1984* ★ *Austrinken.*

**Ch. Corton-Grancey** LATOUR. Der Chambolle ist feminin, der Corton muskulös männlich und es ist zu erwarten, daß er auch viel tiefer als ersterer ist, fast mit 59er Format. Dazu ein starkes Depot. Tiefe, angesengt stämmige Corton-Nase und ebensolches Gewicht. «Süß», gehaltvoll, hervorragende Säure. Feiner Wein in der Jugend, aber bestens dafür gebaut alt zu werden.
*In Gidleigh Park, im Januarschnee von 1984* ★★★★ *Bis 2000.*

GEVREY-CHAMBERTIN, CAZETIERS LEROY. Starkfarben, pflaumig, starkes Depot; weit offen, brombeerartig, mit einem gewissen Geruch nach Fleischbrühwürfel, der mich an den 29er Haut-Brion erinnerte; überraschend trocken, wuchtig. Ich hielt ihn für ein 59er Schwergewicht. *Bei der Degustation von Leroy, September 1984* **

MAZIS-CHAMBERTIN LEROY. Erstmals bei der Leroy-Degustation bewertet. Ganz anders als der Cazetiers; mittelblaß, ausgebaut; «süß», schokoladig, Nase wie verbranntes Farnkraut; weder trocken, noch «süß», mittelschwer. Trockener, gebackener Geschmack. Drei Monate später zu Hause gefiel er mir besser, ich fand ihn glatt, doch fest und wohlausgewogen. *Zuletzt im Dezember 1984 verkostet* *** *Jetzt trinken.*

NUITS-ST-GEORGES, LA RICHEMONE (Winzer oder Händler nicht angeführt). Tiefer als erwartet; sehr wohlriechende, rauchige Pinot-Nase; «mittelsüß» und mittelgewichtig. Recht deutliche Säure. *Beim 99. Treffen des Saintsbury Club in der Vintners Hall, Oktober 1981* *** *Austrinken.*

LA ROMANÉE, TASTEVINAGE CAVES DE LA BUSSEROLLE. Ausgebaut; wohlriechend, angesengte Pinot-Nase; relativ «süß», weich, sehr schmackhaft. *Februar 1986* ***

VOLNAY, SANTENOTS LEROY. Vorzügliche Farbe; «süß», leicht angesengte, erdige, Corton-artige Nase; etwas «süß», schönes Gewicht, Pinot-Geschmack, gehaltvoll, Tannin und Säure. Guter Wert, wenn auch nicht beflügelnd. *September 1985* *** *Bald trinken.*

EINIGE WEITERE 55ER, IN DEN 80ER JAHREN VERKOSTET:

CHAMBERTIN AVERY. Rötlich, Hagebuttenfarbe; «süße», schokoladige, Vanille- und Karamelnase; «mittelsüß» und mittelschwerer Körper, gehaltvoll, mit bemerkenswert lebenserhaltender Säure. Ein guter Wein, aber kein großer Chambertin. *Mai 1989* *** *Bis 2000.*

LATRICIÈRES-CHAMBERTIN (Ursprung unbekannt). Tief, parfümiert und mit der Betonung auf der «Süße» und dem Gewicht des Jahrgangs. *Mai 1984* ***

POMMARD, MÉTHODE ANCIENNE BELTOUR ET FILS. Ich denke, sie meinten damit «brandig», denn so riecht der Wein. Mittelmäßig. *März 1980.*

# 1956

*Ein katastrophaler Jahrgang, der schlechteste der vergangenen Jahre, was ausschließlich an den Unbilden des Wetters lag. Der schlechte Frühling verzögerte das Wachstum um einen Monat; im Juli und August kalt und Dauerregen, begleitet von Seuchen und Krankheiten. Die Septembersonne kam zu spät, um die ohnehin schon hinausgezögerte Ernte noch zu retten. Geringer Ertrag. Dünne, ungenügende Weine.*

LA TÂCHE Ironischerweise habe ich keine einzige Notiz von einem 55er DRC, doch gleich drei von dem 56er La Tâche. Erstmals 1981 auf der Domaine verkostet. Unterschiedliche Flaschen. Beide ziemlich blaß, eine stärker orangegetönt; die zweite reicher und harmonischer, doch mit gewissen Verfallsanzeichen außerdem vollendeter, auch wenn beide Flaschen sehr kurz waren. Zwei Jahre später bei der vertikalen La Tâche-Degustation: etwas zu braun und dick im Aussehen; unergiebige Nase, wiederum Geruch nach Traubenfäule; schlank, der Geschmack erinnerte an trockene Blätter, mit kantiger Säure. Man hätte ihn niemals unter dem Etikett der DRC abfüllen dürfen. *Zuletzt auf der Domaine verkostet, Mai 1983.*

GEVREY-CHAMBERTIN, CAZETIERS LEROY. Der blasseste Wein bei der Degustation, rosagetönt; in der Nase und am Gaumen überreif und faulige Note. *Bei der Bize-Leroy-Degustation, September 1984.*

# 1957 ***

*Attraktive Weine, die durch die ziemlich hohe Säure auf den Weg gebracht und unterhalten wurden. Dabei ist sie wesentlich mehr Teil der Gesamtstruktur und darin besser integriert als bei den roten Bordeaux dieses Jahrgangs. Die erste Hälfte der Vegetation verlief gut, mit einer Hitzewelle Ende Juni und Anfang Juli. Danach war das Wetter unterschiedlich, zu trüb, kühl und regnerisch. Ziemlich große Ernte im Oktober, mit einem Ungleichgewicht von Zucker und Säure. Einige gute Weine wurden erzeugt. In den 60er Jahren habe ich viele davon degustiert, in jüngerer Zeit nur mehr wenige. Ein paar schöne Überraschungen.*

LA TÂCHE Die DRC-Weine fallen dadurch auf, daß sie bei der ersten Vorstellung für den Handel oft entwaffnend und irreführend blaß und leicht wirken, dabei durchaus köstlich und wohlriechend sind, aber mit wenig Hinweisen auf ihr Entwicklungspotential. Der La Tâche war nach drei Jahren im Stil leicht, sehr reif, wohlriechend, «süß» und bereits trinkbereit. Ein Vierteljahrhundert später in einer *Jéroboam*: immer noch ziemlich

blaß, vollreife Farbe; vorzüglich reifer Pinot-Duft, wie rote Bete, fast schon zu exotisch; er war etwas ausgetrocknet, hatte aber einen wunderbar offenen, voll entwickelten, hinreißenden Geschmack, mit pikanter 57er Säure.
*Zuletzt bei Marvin Overtons Geburtstagsessen verkostet, Februar 1985* ★★★★

**GEVREY-CHAMBERTIN** LEROY. In der Nase und am Gaumen eine Spur Härte. Trocken. Schlank. Kurz.
*Bei der Bize-Leroy-Degustation, im September 1984* ★

**MUSIGNY** ROUMIER. Relativ blaß, ausgebaut; köstlich «süßes», reiches Pinot-Bukett; trocken, relativ leicht, sehr schmackhaft.
*Mai 1980* ★★★

**MUSIGNY, VIEILLES VIGNES** DE VOGÜÉ. Sehr schöne Farbe, doch eigenartige, angesengte Nase, etwas schal und verdreht im April 1984. Ich dachte, daß es vielleicht an dieser einen schlechten Flasche oder an unzureichender Lagerung gelegen hatte. Sechs Monate später: durchschnittliche, zurückhaltende Käserinden-Nase; ziemlich trocken, relativ leicht, gewisse Kraft, doch am Verblassen.
*Zuletzt bei Khourys De-Vogüé-Degustation verkostet, Oktober 1984.*

**CLOS DE TART** Erstmals 1962 verkostet: hochgetönte, schwungvolle Säure, duftender Nachgeschmack. Fast dreißig Jahre später: relativ blaß, ziemlich schwacher Rand; zurückhaltend; reifer Ersteindruck, guter Geschmack, beträchtliche Länge, trockener Abgang.
*Zuletzt im März 1990 verkostet* ★★★

**EINIGE WEITERE 57ER, IN DEN 80ER JAHREN VERKOSTET:**

**CHAMBERTIN, CLOS DE BÈZE** GRIVELET. Ziemlich medizinal, trocken, eigenartig, aber wohlriechend ★★

**CUVÉE BRUNET** Sehr schmackhaft, mit zitrusartiger Säure ★★★

**VOLNAY, CUVÉE GÉNÉRAL MUTEAU** HOSPICES DE BEAUNE. «Süß» und köstlich.

## 1958 ★★

*Galt damals beim britischen Handel als schlechter Jahrgang. Tatsächlich war er gar nicht so schlecht, er hatte nur das Pech, zwischen dem zuviel eingekauften 57er und dem «Jahrhundertjahrgang» 1959 eingeklemmt zu sein. Das Wetter war ausreichend gut, der Juni unterschiedlich, doch die Blüte gut, warmer Juli, anschließend* starke Regenfälle. Der September war im wesentlichen schön, doch Regen gegen Monatsende verzögerte die Lese, zum Glück muß man sagen, denn Anfang Oktober wurde es warm und sonnig. Merkwürdigerweise habe ich nur einen 58er verkostet.

**LA TÂCHE** Sehr ansprechende, warme, gut abgestufte rötliche Farbe. Nicht tief, aber tiefer als der 53er. Gleichermaßen ansprechende Nase, sehr «süß», leicht karamelartig; Gaumen entsprechend zu Erscheinungsbild und Bukett. Meiner Meinung nach war er stark, aber gut aufgezuckert worden, wobei die Spur Säure im sauberen, trockenen Abgang überdeckt wurde.
*Bei der vertikalen La-Tâche-Degustation, Mai 1983* ★★

## 1959 ★★★★★

*Ein Gigant von einem Jahrgang, für mich auch gleichzeitig das Ende einer Ära markierend. Perfekte Blüte, die eine frühe und reichliche Ernte versprach. Im Juli und August trocken, wodurch der Ertrag konzentriert wurde, dabei zur Lesezeit ab dem 14. September bei warmem Wetter auch ausreichend Regen, so daß die Trauben anschwellen konnten. Rekordernte an Weinen mit hoher Qualität und entsprechend große Ausbeute an Notizen, von denen die meisten in den 60er Jahren entstanden. Herrliche Gewächse, die nach wie vor viel Vergnügen bereiten, wenn ihre Anlagen in der Jugend und die Lagerung gut waren. Wahrscheinlich der zuverlässigste ältere Jahrgang, dicht gefolgt von dem 52er.*

**LA TÂCHE** Erstmals im Mai 1980 in einer *Jéroboam* verkostet. Phantastisch, auch wenn ich fand, daß ihm die Rasse eines 62ers fehlte und er eher vierschrötig war. Als nächstes 1983 bei einer Degustation auf der Domaine: beeindruckend tief, für einen La Tâche mächtig und mit «weiteren dreißig Jahren Lebenserwartung». Zwei Jahre später in einer Magnum: überaus tief, reich, mit trefflicher Farbabstufung; sehr wohlriechende, würzige, pfeffrige Nase; sehr «süß», voller Alkohol, Extrakt und Geschmack. Mächtig und doch samtig. Ein großer Wein.
*Zuletzt im Februar 1985 verkostet* ★★★★★ *Jetzt und bis gut über das Jahr 2000 hinaus zu trinken.*

**BEAUNE, HOSPICES, AVAUX** Lebègue-Abfüllung: 1964 immer noch pfeffrig, aber exzellent, 1972 wiederum gut. Als nächstes mit Avery-Etikett: etwas zu braun; voll entwickelte Nase, wohlriechend, aber mit einer Rhone-artigen Stieligkeit; ziemlich «süß», wuchtig, Verbindung von hohem Alkoholgehalt und (für einen 59er unüblich) sehr viel Säure.
*Zuletzt im April 1984 verkostet. Im besten Fall* ★★★

**BEAUNE, HOSPICES, BÉTAULT** DOUDET-NAUDIN. Tief, lebhaft; zurückhaltende Kaffee- und Schokoladenote in Nase und Geschmack. Wuchtig, doch wohlausgewogen.
*April 1984* ★★ *Wird die Jahrhundertwende zweifellos überleben.*

**BEAUNE, HOSPICES, NICOLAS ROLIN** F. PROTHEAU. Reich in Farbe, Nase und Geschmack. Angesengte Pinot-Note, schöne Frucht, «süß», weich, sehr attraktiv.
*März 1990* ★★★★ *Bis über das Jahr 2000 hinaus.*

**BEAUNE, HOSPICES, ROUSSEAU-DESLANDES** BERRY BROS. Magnum: ziemlich tief, lebhaft, aber ausgebaut; reiche, gehaltvolle Nase; trocken, körperreich, kraftvoll, aber enorm spröd. «Noch zwanzig Jahre gut».
*Oktober 1988* ★★★(★) *1995 bis gut über das Jahr 2000 hinaus.*

**BEAUNE, GRÈVES** P. PONNELLE. «Süß», 59er Reichhaltigkeit in der Nase und am Gaumen. Robust, schön gemacht, gewisse Komplexität, aber schlicht.
*November 1980* ★★★

**BONNES MARES** AVERY. Brauner und ausgebauter in der Farbe als der von De-Vogüé. Fabelhaft wohlriechendes Bukett, würzig, entfaltete einen vorzüglichen Duft nach Vollkornmehl und Ingwerplätzchen. Entsprechender Geschmack. Ziemlich körperreich. Im Abgang eine Spur Bitterkeit.
*Eine einzelne Flasche bei der De-Vogüé-Degustation, Oktober 1984* ★★★★ *Bald trinken.*

**BONNES MARES** DE VOGÜÉ. Rosafarbener als der Wein von Avery, aber leider nicht in «Hochform»; Holzton, wie Karton, bereits am Abbauen. Trocken. Beißend.
*In San Diego, Oktober 1984.*

**CHAMBOLLE-MUSIGNY** BAROLET, DE VILLAMONT. Gute Farbe; reiche, rauchige Nase und entsprechender Geschmack. Ein guter, wenn auch nicht gerade «umwerfender» Wein.
*September 1990* ★★★

**CORTON** DOUDET-NAUDIN. Ergebnis der Verbindung von Corton, 1959 und Doudet-Naudin wie erwartet: tiefe Farbe; Nase wie geröstete Eibischbonbons, reich, Vanille und Eiche, Brandy und Schokolade; ziemlich «süß», körperreich, solider Eindruck. Ich hatte das Gefühl, daß man den Wein fast wie Kuchen schneiden könnte.
*Essen mit Joan und Sid Cross in Vancouver, im Oktober 1983* ★★★ *Wird ewig halten.*

**CORTON, BRESSANDES** LEROY. «Süßes», reiches Vanille-Bukett, etwas malzig; sehr stark, zum Kauen, reicher Wein.
*September 1985* ★★★ *Bis 2000.*

**GEVREY-CHAMBERTIN** LEROY. Tiefes, ausgebautes Erscheinungsbild; hart und verschlossen; trockener als erwartet, aber körperreich, mit einer Fülle an Lebenskraft.
*Bei der Bize-Leroy-Degustation, September 1984* ★★(★) *Bis über das Jahr 2000 hinaus.*

**MAZIS-CHAMBERTIN** LEROY. Tief, beeindruckend, mit braunem Rand; «süßes», leicht angesengtes Bukett; voll, fest, überaus griffig.
*Bei der Degustation im September 1984* ★★(★★) *1995 bis über 2000 hinaus.*

**MAZIS-CHAMBERTIN** MARQUIS DE VILLERANGES. Ziemlich tief, vorzügliche Farbe; trocken, immer noch tanninbetont, geschmacksintensiv.
*Mit den Sampsons, August 1989* ★★(★★) *Noch sehr lange Lebenserwartung, doch ist die Freude getrübt, wenn es die einzige Flasche ist!*

**MUSIGNY, TASTEVINÉ** FAIVELEY. Tief, lebhaft, erdig, reich, sehr gut.
*Oktober 1987* ★★★★

**MUSIGNY, VIEILLES VIGNES** DE VOGÜÉ. Bemerkenswerte Farbe, fabelhaft tief und intensiv; herrliches, warmes, köstliches Bukett, das noch nach einer Stunde aus dem Glas verströmte; ziemlich «süß», für einen Musigny körperreich, aber mit einem Geschmack und Nachgeschmack wie Lavendel und alte Spitzen. Gute Ausgewogenheit und Länge. Ein großer Klassiker.
*Einer der Spitzenweine von de Vogüé bei Tawfiq Khourys Degustation in San Diego, Oktober 1984* ★★★★★ *Jetzt und bis über das Jahr 2000 hinaus.*

**NUITS-ST-GEORGES** Sehr gute, reiche, wunderschön ausgewogene Avery-Abfüllung.
*August 1986* ★★★★

**NUITS-ST-GEORGES, CH. GRIS** LUPE-CHOLET. Ein weiteres Beispiel dafür, wie ein Spitzenburgunder in der Jugend blaß aussehen kann, aber dennoch über den Gehalt und die Vitalität für ein langes Leben verfügt. 1970 war er vorzüglich, aber ich fand ihn doch leicht, in der Nase pikant und schon fast am Verblassen. Fünfzehn Jahre später dann von feiner, tiefer 59er Farbe; reich, reifer, fischiger Pinot-Duft; geschmacksintensiv, dabei etwas schlank, die früher bemerkte pikante Note hat sich zu einem erfrischenden, leicht zitronenartigen, trockenen Abgang entwickelt.
*Zuletzt im Dezember 1984 verkostet* ★★★★ *Bis 1999.*

POMMARD, EPENOTS L. LATOUR. Angesengter, reicher, ausgebauter Geruch eines heißen Jahrgangs; ausgesprochen «süß», reichhaltiger Geschmack, trotz des hohen Alkoholgehalts wohlausgewogen. Wie so häufig fälschlich zu Käse serviert. Dies bewirkt bei einem «süßen» Wein, daß er noch «süßer» wirkt und in meinen Augen wirkt das eher zerstörend als verstärkend auf den Geschmack.
*Bei einem Gidleigh-Park-Weinwochenende im Januar 1983 *** Bis 2000.*

RICHEBOURG LEROY. Reich, voll ausgebaut, mit Orange-Reflexen; Nase zunächst pflanzlich und mit Alterston, doch nach zwanzig Minuten öffnete sie sich sehr schön. Kraftvoll, sehr eindringlich, sehr tanninbetont. Beeindruckend, aber zuwenig Fülle, Charme und Länge.
*Mai 1988 **(*) Wird sich halten und hoffentlich noch weicher werden.*

RICHEBOURG VIENOT. Tief, ausgebaut; gut, körperreich, weich, reichhaltiger Geschmack.
*Bei einer Vorverkaufsdegustation, Mai 1980 *** Bis 2000.*

ROMANÉE-ST-VIVANT VIENOT. Mittelblaß, voll ausgebaut; «süß», sehr duftend, ein Hauch Vanille; vorzüglich, warm, reich, stilvoller Wein.
*Januar 1984 **** Bis 2000.*

VOLNAY BOUCHARD PERE. Mit dreizehn Jahren war der Wein leicht, hübsch, wohlriechend und «zur weiteren Lagerung nicht geeignet». Vierzehn Jahre später eine halbe Flasche: immer noch ziemlich blaß, sehr ausgebaut, doch mit positiv «süßer» und schokoladiger Note in Nase und Geschmack.
*Zuletzt bei einer Vorverkaufsdegustation verkostet, Chicago, April 1986 ***

VOLNAY LEROY. Ein Jahrgang wie 1959 kann untypische Weine hervorbringen, beispielsweise unweibliche Chambolles und stämmige Volnays wie diesen hier. Tief, mächtig. Gut, aber mangelnde Finesse.
*September 1988 *** Jetzt trinken.*

VOLNAY, CAILLERETS BOUCHARD PERE. Magnum: tief, lebhaft; vorzügliches, lebhaftes, erfrischendes Zitrusbukett; ausgesprochen «süß», mittelgewichtiger Körper, trotz seines Gehalts ein echter eleganter Volnay, mit ausgesprochen duftendem Nachgeschmack.
*Oktober 1987 **** Jetzt vorzüglich.*

VOLNAY, CHAMPANS MONTHELIE-DOUHAIRET. 1983 durch den Winzer aufgefüllt und neu verkorkt. In der Nase kein Alterston, aber ausgetrocknet und etwas beißend.
*Bei Becky Wasserman, September 1988.*

CLOS VOUGEOT CLAIR-DAÜ. Herrlich leuchtende Farbe, doch nicht so tief wie erwartet, angesengte, Corton-artige Nase und Flaschenalter. Sehr schön ausgewogen, anziehend «süß», dabei mit guter, lebhafter Säure, im Abgang trocken. Ein vorzüglicher Wein.
*Januar 1981 ***** Müßte immer noch komplett sein.*

EINIGE ANDERE HERVORRAGENDE 59ER, ZULETZT IN DEN 70ER JAHREN VERKOSTET:

ECHÉZEAUX DRC. Zweifellos einer der besten überhaupt. 1964 und 1977 vorzüglich und entwaffnend reif. Müßte immer noch ein phantastischer Wein sein.

GRANDS-ECHÉZEAUX DRC. 1964 ebenfalls überaus eindrücklich, danach noch mehrere Notizen, die letzte leider von 1979. Herausragend.

ROMANÉE-CONTI Erstmals 1964 bei der Eröffnungsdegustation von Lebègue; erstaunlich reich und konzentriert. 1979 immer noch völlig unfertig. Man muß sehen, wie er sich bis 1999 gemacht hat!

# 1960

*Wieder ein Jahrzehnt, das mit einem «Schmarotzer»-Jahrgang begann. Kein Mensch kaufte ihn aus den bekannten Gründen – es war ein schlechtes Jahr und man hatte sich mit dem 59er eingedeckt. Darauf folgte der vielversprechende 61er.*

*Das Wachstum begann recht gut mit einer befriedigenden Blüte. Der Juli war zu kalt, im August und September bildete sich Fäule, was einige Winzer zu einer vorgezogenen Lese veranlaßte. Großer Ertrag an ungleichmäßigen, matten, unreifen und säurebetonten Weinen. Vor 1980 nur einmal verkostet.*

BEAUNE, VIGNES FRANCHES Durch Jadot verschifft und von Grants of St James abgefüllt. Innerhalb eines Monats zweimal degustiert: ziemlich blasse, ausgebaute Farbe; brandige Vanille-Nase; leichtgewoben, weich, etwas medizinal und beißend.
*Zuletzt im April 1980 verkostet **

# 1961 ***

*Kam begleitet von großen Erwartungen auf den Markt und in gewisser Weise fiel auch etwas von dem berechtigt guten Ruf des roten Bordeaux für den Burgunder ab. Zwar habe ich den Jahrgang ursprünglich mit vier Sternen versehen und einige Weine verdienen sie sich nach wie vor, doch bei der Durchsicht meiner Notizen scheint mir die Degradierung vertretbar.*

## 1961

*Das Wachstum begann äußerst ermutigend. Warmer Frühling und im Mai war der Pflanzenwuchs bereits überdurchschnittlich entwickelt. Doch die empfindliche Blüte im Juni war unterschiedlichen Witterungsverhältnissen ausgesetzt, meist war es kühler als gewöhnlich. Im August erst kam Wärme auf, aber sie blieb ein unsicherer Begleiter. Zum Glück folgte ein schöner, warmer September. Die Lese begann am 25. des Monats unter guten Bedingungen. Der geringe Ertrag und der verfrüht übertrieben gute Ruf resultierten in einer hohen Nachfrage. Die Winzer konnten fünfzig Prozent mehr verlangen, als sie für den 59er bekommen hatten. Über die Jahre hinweg hat sich gezeigt, was von den 59er und den 61er Weinen zu erwarten ist.*

LA TÂCHE Bei der Lebègue-Degustation 1964 beschrieb ich den Wein als «etwas mager und grün». Acht Jahre später war er reich, doch mit spürbarer Säure. Im Alter von 22 Jahren wirkte der Wein voll ausgebaut, mittel – weder tief noch blaß; reich, fruchtig, aber mit etwas gedämpfter Nase, eigenartig, hochgetönt, wie nasser Farn; trocken, mittelschwer, weich, schwammig, mit rohem, spitzem Abgang. Kein Vergleich mit dem 62er und zweifellos den auf der Auktion bezahlten Preis nicht wert.
*Zuletzt bei der vertikalen La-Tâche-Degustation, Mai 1983 * Austrinken.*

BEAUNE, GRÈVES, VIGNE DE L'ENFANT JÉSUS BOUCHARD PERE ET FILS. Zwei Notizen, beide von Magnumflaschen. Feine, reiche Farbe, voll ausgebaut; vorzüglich weiche, reife Pinot-Nase, die im Glas erblühte, überaus üppig; ausgeprägt «süße» Note, mit ansprechend angesengtem, verkohltem Geschmack, im Abgang eine Spur harter Säure. Ich fand ihn so komplett, wie er nur sein kann.
*Zuletzt im September 1982 verkostet ****

BONNES MARES DE VOGÜÉ. Samtig, elegant und voll ausgebaut im Alter von zehn Jahren. 18 Jahre später mehr als nur ein Überlebender: mitteltief, ausgebaut; «süßes», harmonisches Bukett von beträchtlicher Tiefe; gehaltvoll, gut geformt, vollendet.
*September 1989 ****

CHAMBERTIN JABOULET-VERCHERRE. «Erzeugerabfüllung» auf dem Etikett. Erstmals 1982 verkostet. Ein gefälliger, duftender schmackhafter Wein. Ein paar Jahre später bei einer Vorverkaufsdegustation: ziemlich blaß, vollreife Farbe; dieselbe leichte, aber wohlriechende Pinot-Nase; fest, ansprechend, gute Säure.
*Zuletzt im April 1984 verkostet ***

CHAMBERTIN PIERRE PONNELLE. In Belgien durch Gondrand abgefüllt. Gute, gehaltvolle Pinot-Note in Nase und Geschmack. Aus einem guten Privatkeller südlich von Brüssel.
*Juli 1984 ***

LE CHAMBERTIN ARMAND ROUX (Ein Zweitname von Bichot, einer von vielen). Undeutliche Nase wie Pappe; sehr «süß», reich, robust. Trockener Abgang. Ein ausreichend guter Wein, für einen Chambertin aber nicht gut genug.
*Bei einem ausgedehnten Essen in Chicago ließ er die Flügel ziemlich hängen, Oktober 1983 **

CHAMBERTIN, CLOS DE BÈZE J. Drouhin *Récolte du Domaine.* Erstmals 1971 verkostet, «unendlich samtig», 1973 ein Kraftwerk. Mit 19 Jahren immer noch phantastisch tiefe Farbe, unglaublich reiche, reife, aber irgendwie unfertige Nase; ein enormer Wein von hoher Qualität.
*Le Gavroche nach Drouhins Degustation von 78ern, Juni 1980. Damals ***(**) Jetzt zweifellos auf dem Gipfel.*

CHAMBOLLE-MUSIGNY PASQUIER-DESVIGNES. Relativ blasse Hagebuttenfarbe; sehr «süß», pflanzlicher Pinot-Geschmack.
*März 1991 **

CHARMES-CHAMBERTIN DOUDET-NAUDIN. Charakteristischer schokoladeartiger Stil, jedoch elegant.
*Bei einem Saintsbury-Club-Essen, im Oktober 1983 **

LE CORTON BOUCHARD PERE. Tief; reich, marmeladig; mächtig, aber bekömmlich, wuchtige Männlichkeit, schön gefügt.
*Bei einem anderen Saintsbury-Club-Essen, Oktober 1981 **** Zweifellos noch viele Jahre Lebenserwartung.*

CORTON VIENOT. Erstmals 1972 verkostet: brandige Pinot-Note, schmackhaft, «wenn auch nicht oberste Kategorie». Mit zwanzig Jahren immer noch tief; überladen mit Alkohol und «Süße», schwarze johannisbeerartige Frucht; ebenfalls ein stämmiger Wein. Reich. Trockener Abgang.
*August 1981 *** Wahrscheinlich im «Gipfelsturm»*

GEVREY-CHAMBERTIN LEROY. Mittelblaß; fest; «süß», fast unangenehm «süß», doch mit der für Gevrey so typischen fischigen Pinot-Nase. Am Austrocknen, leicht stielig, hart und tanninbetont.
*Bei der Bize-Leroy-Degustation, September 1984 **

GRANDS-ECHÉZEAUX Durch die Wine Society abgefüllt (IECWS). Die erste Flasche, mit hohem Füllniveau, hatte eine vorzügliche Farbe; ebenfalls schöne, rauchige, alte Pinot-Nase; leicht «süß», sehr gut in Geschmack und Länge, aber spürbare Säure. Die zweite Flasche wies eine Füllhöhe etwa

bis zur mittleren Schulter auf, wirkte ausgebauter im Erscheinungsbild, die Nase war weniger klar umrissen und etwas rauh.
*Bei den Sampsons, Februar 1990. Im besten Fall ★★★*

**LATRICIÈRES-CHAMBERTIN** DOUDET-NAUDIN. Rötlich; schokoladig; etwas spröde.
*März 1991 ★*

**MUSIGNY** LEROY. Zurückhaltende Kaffee- und Schokoladenase, die sich im Glas schön entfaltete. Trocken, fest, hoher Alkoholgehalt, etwas spröde.
*März 1982 ★★★ Wahrscheinlich jetzt am Höhepunkt.*

**MUSIGNY, TASTEVINÉ** FAIVELEY. Blasser und rosafarbener als erwartet; guter, reifer, ziemlich marmeladiger Charakter «süß», stilvoll, charmant und zugänglich.
*April 1983 ★★★ Austrinken.*

**MUSIGNY, VIEILLES VIGNES** DE VOGÜE. Unterschiedliche Flaschen: die erste tief, sehr reich, sehr lebhaftes Rot; wohlriechend, harmonisch, entfaltete einen würzigen Parfümduft im Glas (erinnerte an Fresien); durch und durch trocken, fest, etwas zu spröde. Die zweite war noch härter und mit leichtem Holzton.
*Bei Khourys De-Vogüé-Degustation, Oktober 1984 ★★?*

**CLOS DE LA ROCHE** PIERRE PONNELLE. Ein wirklich vorzüglicher Wein: strahlend, sehr schöne Farbabstufung; gute, lebhafte, fruchtige Nase, die nach einer Stunde im Glas herrlich erblühte; sehr «süß», ziemlich körperreich, guter, voller, fruchtiger Geschmack und schöne Länge.
*Beim Abschlußessen eines Wochenendes der Hollywood Wine Society. Januar 1990 ★★★★*

**ROMANÉE SAINT-VIVANT** DOMAINE MAREY-MONGE (mit Averys Schulteretikett). Orangefarben; fischig/malzig, aber weich, seidig, attraktiv am Gaumen.
*Im Februar 1992 ★★★*

**VOLNAY, CAILLERETS** JABOULET-VERCHERRE. Relativ blaß, aber ansprechend, verkohlte Pinot-Note, puddingartige Vanille-Nase; überraschend voll im Geschmack und tanninbetont. Sehr gut erhalten.
*Bei Schaefer, Skokie, Juni 1984 ★★★ Bald trinken.*

**CLOS VOUGEOT** NOELLAT. Relativ blaß, glänzend, herbstlich; sehr schönes Bukett; mittelschwerer Körper, warmer, lebhafter Geschmack und duftender Nachgeschmack. Elegant.
*Januar 1984 ★★★★ Bald trinken.*

**EINIGE ANDERE 61ER, IN DEN 80ER JAHREN VERKOSTET:**

**BEAUNE, MARCONNETS** ARMY & NAVY STORES (Abfüller). Guter alter Unermüdlicher ★★★

**BONNES MARES** GONDRAND (Belgische Abfüllung). Pikant, schmackhaft ★

**CHASSAGNE-MONTRACHET** GONDRAND. Zum Kauen ★

**LATRICIÈRES-CHAMBERTIN** FAIVELEY. Relativ blaß, reich, ansprechend ★★★

**VOSNE-ROMANÉE, SUCHOTS** CHAUVENET. Überreif und eine Spur säurebetont ★

**CLOS VOUGEOT** GONDRAND. Von der Oxydation berührt und säurebetont. Ziemlich gut.

**ANDERE VERKOSTETE DRCs:**

**GRANDS-ECHÉZEAUX** 1964, 1967 und 1972 verkostet. Weniger beeindruckend als der Richebourg, faserig, rauh, grün, nicht zu vergleichen mit dem 62er.

**RICHEBOURG** 1964 war er am besten, beeindruckend, 1967 irreführend blaß, 1972 dann reichhaltig, bemerkenswert in Stil und Qualität. Wahrscheinlich inzwischen hervorragend.

# 1962 ★★★★

*Dem 61er überlegen. Im besten Fall fünf Sterne.*
*April und Mai kühles Wetter, doch im Juni zur Blüte günstig. Recht guter Juli. August schön und warm, bis zur späten Lese ab 8. Oktober immer wieder willkommene Regenfälle. Gesundes, voll ausgereiftes Traubengut. Zur Bestürzung der Händler blieben die Preise fest. Rückblickend erweisen sie sich natürlich von hervorragendem Qualität-Preis-Verhältnis und ohne das «61er Anhängsel» als eher unterbewertet. Lohnt sich, danach Ausschau zu halten.*

**ROMANÉE-CONTI** Wie zurückhaltend ich auch gegenüber den 61er DRC-Weinen war – und immer noch bin – 1962 zeigte sich «die Domaine» von einer phantastischen Seite. Im Oktober 1964 wurden die Weine erstmals in London dem Handel vorgestellt. Der Romanée-Conti war schwierig zu degustieren: trocken, rauh, tanninbetont, verschlossen; praktisch nicht zu trinken. Nach 15 Jahren immer noch hart und keinesfalls voll entwickelt. Zuletzt in einer *Jéroboam* verkostet (in Burgund von der Größe einer Doppelmagnum), fast genau ein Vierteljahrhundert, nachdem die Trauben gelesen worden waren. Inzwischen mitteltief,

## 1962

reichhaltige Farbe, ausgebaut. Unmittelbar nach dem Einschenken war die Nase verschlossen und eher unergiebig. Es dauerte im Glas zwanzig Minuten, bis sie sich öffnete. Nach dreißig Minuten war sie reich und toastartig. Mitteltrocken, körperreich, ein kraftvoller, eindringlicher Wein, mit Spuren von Lakritze, Stechpalme und Walnüssen. Große Länge. Vollmundig.
*Zuletzt bei einem Essen von Hardy Rodenstock, das den großen Weinen des 62er Jahrgangs gewidmet war, September 1987 ★★★(★★) Am besten nach 2000.*

LA TÂCHE Bei der Lebègue-Degustation 1964 ebenfalls völlig unausgebaut und keinesfalls deutlich erkennbar, doch bis 1972 hatte er sich schön entwickelt. Im folgenden Jahr wirkte er tiefer und «süßer», üppig und samtig. Bei einem Nachmitternachtsessen am Ende von Marvin Overtons großer Latour-Degustation 1976 füllte er den ganzen Raum mit seinem Parfum. Zwei weitere Notizen, 1983 und ein paar Jahre später: sehr feines, dabei ausgebautes Erscheinungsbild; harte Nase, zurückhaltend, entfaltete sich langsam, dann aber phantastisch, unbeschreiblich üppig, pflanzlich. Am Gaumen «explodierend», eine Spur reifer «Süße», ziemlich körperreich, konzentriert, sehr schöne Struktur, vollmundiges Aroma, mit dem sprichwörtlichen Pfauenrad vielschichtiger Geschmacksnuancen.
*Zuletzt bei der Vorverkaufsdegustation der Bresciani Kollektion, Chicago, Oktober 1987 ★★★★★(★)! Bis gut über das Jahr 2000 hinaus.*

RICHEBOURG DRC. Immer wieder fasziniert mich der Stilkontrast zwischen dem La Tâche und dem DRC Richebourg. Er führt die Argumente der Vertreter einer «Reben-und-Kellermeister»-Theorie ad absurdum und betont stark die Bedeutung des *terroir,* wie es die Franzosen nennen: der wesentliche Unterschiede liegt hier im Boden, im Unterboden, im Wasserabfluß und in der Sonnenbestrahlung und nicht bei der Rebsorte oder dem Kellermeister, denn diese sind gleich hier wie dort. Darüberhinaus zeigen diese Weine auch, wie leicht ihre Beurteilung in der Jugend in die Irre führt, wie schwierig sie für einen unerfahrenen Verkoster zu bewerten sind. Der Richebourg wurde von mir und anderen Kollegen bei der Einführungsdegustation 1964 für «eigenartig trocken, leicht und dünn» gehalten, drei Jahre später dann lauten meine Notizen allerdings «reich und gute Entwicklung». Danach zwanzig Jahre nicht mehr verkostet: eine *Jéroboam* zusammen mit dem Romanée-Conti, tiefer und roter als letzterer, unmittelbarer im Wohlgeruch, dann etwas pflaumenartige Frucht. Wirkte zunächst trockener, doch es gelang ihm im Glas «süßer» und weicher zu werden. Ein guter Wein.
*Zuletzt in Arlberg verkostet, September 1987 ★★★★(★) Bis über 2000.*

GRANDS-ECHÉZEAUX DRC. Zusammen mit dem Romanée-Conti 1964 verkostet; wirkte vollkommen anders, schön, einfacher zu erfassen, schien fortgeschrittener; der Eindruck bestätigte sich drei Jahre später bei einer anderen Lebègue-Degustation. 1972 tiefe, reiche Farbe; «süß», perfekt ausgewogen. 1972 bei den Khourys: wiederum reiche, vielschichtige, «fischige» Pinot-Nase. Fabelhafter Geschmack, weich, Safran, Nelken, komplett. In jüngerer Zeit immer noch unverändert. Ein vorzüglicher, «süßer», sehr griffiger Wein.
*Zuletzt im September 1986 verkostet ★★★★★ Bis über 2000.*

MUSIGNY, VIEILLES VIGNES DE VOGÜÉ. Ebenfalls hier außerhalb der Reihe angeführt, vor allem wegen der Qualität, zum Teil auch wegen der Verbindung zu Khoury. Eine Magnum, immer noch tief und rot; vollentwickeltes, unmittelbar wohlriechendes Bukett, leicht angesengt und schokoladig, aber vollkommen reine Pinot-Note, nach zwei Stunden im Glas vorzüglich; eine Spur «Süße», ein warmer, duftender, gehaltvoller Wein zum Kauen. Geschmack und Länge sehr fein. Immer noch tanninbetont.
*Bei Khourys De-Vogüé-Degustation, Oktober 1984 ★★★★★ Bis 2000.*

CHAMBERTIN, CLOS DE BÈZE CLAIR-DAÜ. Eine vorzügliche halbe Flasche «selected by Colony Wines & Spirits, New York», von Dr. Angus Neary, der den Wein bei der Chicago Wine Company gekauft hatte, aus Neufundland zu Christie's gebracht. Der sehr gute, lange Korken hat dazu beigetragen, diesen vielgereisten Pinot zu erhalten. Er hatte eine sehr schöne Farbe, ziemlich stark ins Tawny gehend; sehr «süß», fast schon unangenehm, leicht marmeladig, rauchige Nase wie gekochte rote Bete; am Gaumen gleichermaßen «süß», im Stil aber ziemlich leicht, mit erdbeerartigem Fruchtgeschmack und guter Länge.
*Mai 1989 ★★★★*

GEVREY-CHAMBERTIN, CAZETIERS LEROY. Mitteltief, Kirschrot mit rubinrotem Einschlag, dabei schön im Ausbau (rot scheint die vorherrschende Tönung bei den meisten 62ern zu sein). «Süßes» Bukett, reif, guter, fischiger Pinot-Charakter, der so vielen Weinen gemein ist. Am Gaumen gleichermaßen reif, vorzüglich reiche Struktur und Länge, trockener Abgang.
*Bei Bize-Leroys vertikalen Degustation mit Weinen von Gevrey und Mazis-Chambertin, September 1984 ★★★ Bis 2000.*

MAZIS-CHAMBERTIN Nicht sehr tief, aber glanzvoll, dabei mit sehr «süßer», schokoladiger Nase, trefflichem Geschmack, voll ausgebaut.
*Bei derselben Degustation, September 1984 ★★★★ Bald trinken.*

**NUITS-ST-GEORGES** PIERRE PONNELLE. Relativ blaß, ausgebaut; ausreichend gefällige, duftende Pinot-Nase; trocken, gefällig. Für die 62er mittlerer Qualität wahrscheinlich sehr repräsentativ. *April 1987* ** *Bald trinken.*

**VOLNAY, HOSPICES, CUVÉE GÉNÉRAL MUTEAU** Durch Berry Bros abgefüllt. Erstmals 1972 als reich, duftend und stilvoll bewertet, aber «kein leichtgewichtiger» Volnay. Nach zehn Jahren war er schlechter geworden, ein Umstand, den ich nicht sofort auf die Lagerung schieben würde, da er nach der Abfüllung nur einmal den Platz gewechselt hat und die ganze Zeit in den Kellern von Vintners Hall gelegen war. Selbst in einem großen Glas wirkte er starkfarben, auch wenn man bei Kerzenlicht Abstriche machen muß; reiche, schokoladige Nase, Virol und Melasse; ein mächtiger, robuster Tropfen, ohne Eleganz und Charme. *Bei einem Essen des Saintsbury Club, Oktober 1982* *

# 1963 *

*Ein vielversprechender Beginn und eine späte – manche meinten vielversprechende – Ernte. Dazwischen muß etwas schief gelaufen sein. Der Juli war zu kalt, der August zu naß. Die Trauben fingen erst in der zweiten Septemberhälfte richtig zu reifen an; die sehr späte Lese zog sich durch den ganzen Oktober hin und endete schließlich Anfang November mit Sonnenschein. Übermäßiger Ertrag an ziemlich dünnen, säurebetonten Weinen, die der britische Handel überging. Nur eine Degustation in jüngerer Zeit.*

**LA TÂCHE** Erstmals 1974 bei der Romanée-Conti-Degustation in Quaglino verkostet. Brauner und tiefer als der 65er, recht schöne Nase, Ausgewogenheit und Struktur. Als nächstes im Mai 1983 und danach im folgenden Herbst. Gute Farbe für Jahrgang und Alter; weiche, schokoladige, aufgezuckerte Nase, leicht parfümiert; eine Spur Vanille, darunter «grüne», unreife Frucht; ziemlich trocken, relativ leicht, schlank, aber recht schöne Frucht und ein interessanter Geschmack. Für einen zwanzig Jahre alten «schlechten» Jahrgang durchaus nicht schlecht. *Zuletzt im Oktober 1983 verkostet* **

# 1964 ****

*Ein guter, mächtiger Jahrgang, der in Gewicht und Gehalt dem 59er gleichkommt, doch, obwohl im Stil vollkommen anders, in der Qualität eher dem 62er gleicht.*

*Perfekte Blüte, außerordentlich heißer und trockener Sommer, wenn auch mit einigen Regenfällen im August. Im September hervorragendes*

*Wetter zum Aureifen der Trauben, warm, sonnig, mit gelegentlichen Regenschauern. Der Ernteertrag war durch die Dürre im Sommer reduziert worden, doch ab 18. September konnten die feinen, reifen Trauben unter guten Wetterbedingungen gelesen werden.*

*Bei Händlern und Verbrauchern ein verdientermaßen beliebter Jahrgang. Von den 64er Weinen habe ich mehr Notizen als von jedem anderen Burgunderjahrgang, die meisten davon entstanden Ende der 60er bis Mitte der 70er Jahre. Jüngere Aufzeichnungen folgen. Die besten Weine sind reich und abgerundet und lassen sich nach wie vor sehr schön trinken.*

**LA TÂCHE** Wiedereinmal ein gutes Beispiel für einen DRC, der in der Jugend beunruhigend blaß aussah, doch mit dem Flaschenalter an Farbe und Charakter gewann. Bei der Lebègue-Präsentation 1967 war er eigentümlich schwach in der Farbe und in der Nase, dabei «süß» und sehr schön im Geschmack. Danach 1972 bei einer Romanée-Conti-Degustation bei Christie's unterschiedliche Flaschen: eine dumpf und rauh, die andere voller Geschmack und recht mundfüllend. 1982 zwei etwas verschiedene Magums: beide wiesen eine lebhafte, plaumenfarbene Tönung auf; das Bukett war zunächst enttäuschend, entwickelte sich aber schön; leicht «süß», ziemlich locker gewoben, guter Geschmack und Abgang, eine schien über mehr Wucht zu verfügen. Im darauffolgenden Jahr auf der Domaine war die Farbe mitteltief, ein festes, gefälliges Rot; sehr entgegenkommende Nase, elegant, wohlriechend, erdbeerähnlich. Ziemlich körperreich, im Charakter anders als der 62er, würzig, lebhaft, fest, mit trockenem Abgang. *Zuletzt im Mai 1983 verkostet. Ein schwierig zu bewertender Wein, aber im Gleichgewicht* **** *Wahrscheinlich in nächster Zeit am besten zu trinken.*

**ALOXE-CORTON, VIEILLES VIGNES** MICHEL COUVREUR SELECTION. Eigentlich ein Thévenot-Wein, bereitet aus zwanzig Jahre alten Reben, 1972 in Bouze-les-Beaune zum ersten Mal degustiert. Noch immer ein sehr gefälliger Wein, lebhaft, mit leichter Rosétönung; schönes Gewicht, gute Griffigkeit. *Zuletzt im September 1990 verkostet* *** *Bis 2000.*

**CHAPELLE-CHAMBERTIN** LEROY. Mitteltief, lebhaft; rauchiges Bukett; vorzüglicher Geschmack, immer noch tanninbetont. *Domaine d'Auvernay, September 1988* *** *Bis 2000.*

**CORTON, RENARDES** LEROY. Ähnlich rauchige Pinot-Nase; körperreich, eine Spur Überreife. *Oktober 1984* ** *Austrinken.*

GEVREY-CHAMBERTIN, COMBOTTES PIER-RE PONNELLE. Immer noch tief, mit einem Hauch Karmesinrot; vorzügliches, leicht angesengtes Bukett; «süß», weich, überaus attraktiv.
*Von Becky Wasserman bei einer ausgedehnten Degustation mit Weinen aus der Gemeinde Gevrey-Chambertin der Hollywood Wine Society vorgestellt, Februar 1989 ★★★★*

GRANDS-ECHÉZEAUX DRC. Gute, reiche Nase; fest, reich, attraktiv.
*Oktober 1991 ★★★★*

MAZIS-CHAMBERTIN LEROY. Phantastisch.
*Oktober 1984 ★★★★★*

MUSIGNY Eine Magnum aus Pierre Ponnelles Privatbestand. Feine, tiefe Farbe; vorzüglich, «süß», rauchige Pinot-Note eines heißen Jahrgangs, wie geröstete Eibischbonbons; «süß», relativ voll, weich, samtig.
*Essen zu Hause bei Juan Morales in Mexico City, März 1982 ★★★★ Schien damals auf dem Gipfel zu sein, ist wahrscheinlich aber immer noch köstlich.*

MUSIGNY AVERY. Magnum: schöne reiche, rötliche Farbe, die gegen das Glas zu drücken schien; weiches, umfassendes, harmonisches Bukett von vorzüglicher Pinot-Wärme; ziemlich trocken, mit kraftvollem, vollmundigem Geschmack, immer noch recht hart und tanninbetont. Nach zwanzig Jahren noch ohne Anzeichen des Alters.
*In Khourys De-Vogüé-Degustation hineingerutscht, Oktober 1984 ★★★★ Zweifellos immer noch ein guter Wein.*

MUSIGNY, VIEILLES VIGNES DE VOGÜÉ. Mittelblaß, leicht verschwommen; reiches Bukett, Feigen, Pflaumen; «mittelsüß» und -schwer, gerundet, gewisse Eleganz, aber ziemlich enttäuschend.
*Mit dem multiprofessionellen Ray Healy, den es nie lange an einem Ort hält, Juli 1988 ★★*

NUITS-ST-GEORGES, CLOS DES PORRETS ST-GEORGES HENRI GOUGES. Fabelhafte Farbtiefe; außergewöhnliches Bukett, weder sortentypisch noch fruchtig oder erdig – ich dachte dabei an einen Stechpalmenbusch; ziemlich «süß», außerordentlich schmackhaft, «scharfe» Alkohol- und Säurenote.
*Bei einem Burgunderessen im Hotel Castle, Taunton, November 1983 ★★★★ Dürfte immer noch gut sein.*

ROMANÉE-ST-VIVANT L. LATOUR. Ziemlich tief. Lebhafte Farbe und Nase, wenn auch mit gewissem Alterston. «Süß», voll, reich, kraftvoll.
*Essen bei Parrot's, dem Londoner Agenten von Latour, August 1989 ★★★★*

VOLNAY, CAILLERETS POUSSE D'OR. Vorzüglich, relativ blaß, strahlend; wohlriechend, ein Hauch Lakritze; «mittelsüß» und -schwer, echter fischiger Pinot-Geschmack, perfekt zu trinken.
*September 1988 ★★★★*

EINIGE WEITERE 64ER, IN DEN 80ER JAHREN VERKOSTET:

CHAMBERTIN, CLOS DE BÈZE DAMOY. Anämisch farblos und verblaßt.

CHARMES-CHAMBERTIN PATRIARCHE. Gefällig, ganz ausgebaut, «süßer», weicher Wein.

NUITS-ST-GEORGES JAFFELIN. Sattelgeruch.

CLOS VOUGEOT JAFFELIN. Ähnlich wie der Nuits-St-Georges, doch säurebetonter.

VOSNE-ROMANÉE JAFFELIN. Vorzüglich.

POMMARD, EPENOTS LEROY. Trocken, spröde.

ZWEI ROPITEAU-WEINE:

POMMARD, CHANLAINS «Süß», angesengt.

VOLNAY, CLOS DES CHÊNES Mehrere relativ blasse, voll ausgebaut aussehende, reife, verhältnismäßig leichte und ausreichend gefällige Flaschen. Sie sagen, daß die Rebsorte die Würze des Lebens sei. Zweifellos bewahrt einen das von jeder Verallgemeinerung in der Beurteilung der Burgunder.

# 1965

*Ein verwaschener Jahrgang, im direkten, wie im übertragenen Sinn. Die Winzern und Kellermeister trifft keine Schuld: schlimme Bedingungen, mit den niedrigsten Temperaturen und wenigsten Stunden Sonnenschein seit 1910. Am 8. September war der schrecklichste Strum seit Menschengedenken. Übernacht standen die Weinberge unter Wasser, bei allen Hanglagen wurde die Erde weggespült. Die Ernte hatte sich aufgrund des vorausgegangenen schlechten Wetters ohnehin schon um einen Monat verzögert. Sie begann am 12. Oktober bei unbeständiger Witterung und zu spätem Sonnenschein. Unerwünscht, kaum gesehen und Gott sei Dank vergessen.*

LA TÂCHE Zwar nicht unansprechend, aber für die Domaine ist ein Wein aus einem derartigen Jahrgang kein Aushängeschild. Erstmals 1972 verkostet: schon ziemlich blaß, doch die Nase war recht ansprechend, wenn auch pikant. Auch «süß», aber rauh und kurz. Er wurde als leichter, erfrischender Mittagswein nach einer DRC-Degustation serviert. Danach tauchte er 1974 bei einer

anderen DRC-Degustation in Quaglino auf: minzige, grasige Nase; ziemlich rauh und säurebetont. Als nächstes auf der Domaine degustiert: merkwürdigerweise schien er etwas an Farbe gewonnen zu haben, recht ansprechend, wenn auch eine Idee zu braun. Eigenartiger, delikater Wohlgeruch, wie leicht faulende Blätter. Am Gaumen ziemlich leicht, lebhaft, wohlschmeckend, mit kurzem, trockenem Abgang.
*Zuletzt im Mai 1983 verkostet ★*

## 1966 ★★★★

*1962, 64 und 66: drei leicht zu merkende Jahrgänge, doch ganz allgemein gesagt auch drei verschiedene Burgunderstile. Die 66er Weine ähneln mehr den 62ern, sind schlanker und eleganter als die 64er. Im besten Fall hervorragend und fünf Sterne. Im allgemeinen zuverlässig und, wenn sie von Haus aus gut waren, auch jetzt noch phantastisch zu trinken.*

*Bis Ende August verlief die Vegetation nicht gerade beispielhaft, der wesentliche Reifemonat September jedoch war sonnig, mit gelegentlichen Regenschauern. Die Lese begann Ende des Monats unter sehr guten Bedingungen.*

ROMANÉE-CONTI Zweifellos hat Romanée-Conti besondere Dimensionen. Bei Lebègues Eröffnungs-Degustation im Oktober 1967 – der zeitigsten DRC-Präsentation, an die ich mich nicht erinnern kann – war er reicher und mächtiger als der Rest des «Teams». 1977 gewisser Farbverlust und reiferes Erscheinungsbild, dabei reich und recht wuchtig. Die beiden letzten Aufzeichnungen bei Christie's Vorverkaufsdegustation in Chicago: im Oktober 1984 wunderbar weiche Pinot-Nase mit den klassischen Nuancen von roter Bete; genau drei Jahre später immer noch mittelblaß und voll ausgebaut, dabei vollmundig, mit großer Länge.
*Zuletzt im Oktober 1987 verkostet ★★★★★ Ein gut strukturierter Wein mit noch vielen Jahren Lebenserwartung.*

LA TÂCHE In der Jugend oft eindringlicher und unmittelbarer ansprechend als andere DRC-Weine; im Herbst nach der Vinifikation zweifellos aromatisch und aufregend. Außergewöhnlich attraktiv bei der DRC-Degustation von Christie's 1972. Mitte der 70er Jahre tief, fast zu üppig zu trinken; bei einer DRC-Degustation 1977 stellte ich eine tiefere, reichere Farbe als bei den anderen 66er Weinen fest. Kernig. Große Lebenskraft. Im Mai 1983 bei der vertikalen La Tâche-Degustation auf der Domaine machte er sich gut. Immer noch tiefe Farbe; lebhaft, sehr entgegenkommendes, wohlriechendes Bukett; trocken, ziemlich körperreich, mit perfekt ausgewogenem, reichem, pflanzlichen Geschmack, der an rote Bete erinnerte. Spä-

ter im selben Herbst ziemlich reifer Rand; erstaunlich reicher und reifer Duft nach rote Bete, der aus dem Glas emporstieg und sich eine gewisse Zeit hielt; unglaublich reicher, blumiger Geschmack, das unnachahmliche «Pfauenrad» öffnete sich am Gaumen und war noch da, als der Nachgeschmack hochstieg. Ein brillanter Wein.
*Zuletzt im Februar 1992 verkostet ★★★★★ Jetzt komplett und zweifellos bis über das Jahr 2000 hinaus perfekt.*

CHAMBERTIN ARMAND ROUSSEAU. Rousseau und sein Chambertin, wie sie besser nicht sein könnten. Gute Farbe, herrliches Bukett; ein Wein von großer Kraft und sehr schönem Charakter.
*Oktober 1987 ★★★★(★)*

CHAMBOLLE-MUSIGNY L. LATOUR. Ziemlich tief; «süß», mt gewissem Sattelgeruch und marmeladig. Nicht viel Bukettentwicklung. «Süß», reich, robust. Doch es fehlen der Stil und die Eleganz, die ich von einem Chambolle und dem 66er Jahrgang erwarten würde.
*Januar 1984 ★★*

CHAMBOLLE-MUSIGNY LEROY. Ansprechende rubinrote Farbe; erster Eindruck Frucht und Walnüsse. Entfaltete sich wohlriechend und war nachhaltig. Ausgeprägt «süßer» Eingang, lebhaft, fruchtig, schmackhaft, vorzügliche Säure.
*Januar 1984 ★★★★*

CHARMES-CHAMBERTIN PIERRE PONNELLE. Reichhaltig, rotbraun, schöner Glanz; zarter Wohlgeruch, ein Hauch Teer und Kaffeebohnen; hervorragendes Gleichgewicht.
*Februar 1989 ★★★*

CORTON, CLOS DE LA VIGNE AU SAINT L. LATOUR. Mit zwölf Jahren ein vorzüglich weicher «Weltergewicht»-Corton. «Wird sich halten» notiert. Elf Jahre später gewisser Farbverlust, dennoch schön, mit leichtem Stich ins Orange; reifes Pinot-Bukett; etwas «süß», weich, sehr gefälliges Gewicht. Schöne Beschaffenheit.
*Zuletzt im August 1989 verkostet ★★★★ Jetzt komplett, wird sich aber noch halten.*

CORTON, BRESSANDES REMOISSENET. 1974 bei Avery reich, gehaltvoll und teuer. Sechs Jahre später immer noch überraschend tief und von intensiver Farbe. Angesengte, parfümierte Schokoladekuchennase; vom ersten Eindruck bis zum Abgang «süß». Ein beeindruckend schwergewichtiger Corton.
*Zuletzt im August 1982 verkostet ★★★★ Jetzt bis 2000.*

CH. CORTON-GRANCEY L. LATOUR. Ein tiefer, stämmig aussehender Wein. In der Nase und

am Gaumen eine Spur Eisen. «Süßer», voller, reicher Pinot-Geschmack.
*März 1982* **** *Wird sich halten.*

## GEVREY-CHAMBERTIN, CAZETIERS LEROY.
Starkfarben, wenn auch am Rand im Ausbau; reiche, schokoladige Brombeernase; überaus eigenartige Struktur, tanninbetont. Ohne die 66er Eleganz.
*Bei der Bize-Leroy-Degustation, September 1984* **

## MAZIS-CHAMBERTIN LEROY.
Relativ volle, kirschfarbene Tönung; schön reife, brombeerartige Pinot-Nase; voll von Alkohol, Frucht und Tannin. Sehr trockener Abgang.
*September 1984* **(*)

## MUSIGNY, VIEILLES VIGNES DE VOGÜÉ.
Herrliche reiche Farbe, rotgetönte Tiefe; himmlisches Bukett, sehr entgegenkommend, dabei vollkommen harmonisch, in der absteigenden Jahrgangsordnung vom 79er ausgehend scheint er mit der erste De-Vogüé-Wein mit wirklich klassischer Nase. Geschmack, Ausgewogenheit und Länge schön. Etwas schlanke Note, wie viele 66er, aber von wirklicher Klasse.
*Bei Khourys De-Vogüé-Degustation, Oktober 1984* ***** *Jetzt komplett und wird sich schön über seinen dreißigsten Geburtstag hinaus entwickeln.*

## NUITS-ST-GEORGES, LES ST-GEORGES
J. DROUHIN. Feine, tiefe Farbe; ziemlich angesengt und schokoladig; «süß», voll, zum Kauen, abgerundet. Gut, aber im Stil eher wie ein Corton und im Gewicht wie ein 59er, nicht zu vergleichem mit dem ein Jahrzehnt früher verkosteten Wein von Henri Gouges.
*März 1985* ***

## RICHEBOURG DRC.
1967 einfach «reich» notiert. 1972 sehr ansprechende Farbe, wenn auch nicht tief; reicher, eindringlicher Geschmack und Nachgeschmack. Zwölf Jahre später voll erwecktes Bukett, reich, «gekochte rote Bete». Trocken, voll, aber schlank, mit fabelhaftem Duft und positivem Geschmack.
*Zuletzt im September 1984 verkostet* ***** *Bis über 2000 hinaus.*

## ROMANÉE-ST-VIVANT, MAREY MONGE
Erstmals 1973 verkostet: vorzüglich. 1975 tief, fabelhaft wohlriechend und schmackhaft. Neun Jahre später reif, reich, weich. Hochgetönt. Stil und Klasse groß.
*Zuletzt im Juni 1984 verkostet* ***** *Bis über 1996 hinaus.*

## CLOS DES VOUGEOT CHARLES NOELLAT.
Ziemlich tiefes, umfassendes Erscheinungsbild;

hervorragend reife Pinot-Nase mit Nuancen von roter Bete; «süßer», reifer Ersteindruck am Gaumen, ausgesprochen trockener Abgang. Gut gebaut. Geschmack und Griffigkeit ebenfalls gut.
*Dezember 1984* ***(*) *Bis 2000.*

## EINIGE ANDERE 66ER, IN DEN 80ER JAHREN VERKOSTET:

## ALOXE-CORTON, BOUTIÈRES
Durch Berry Bros abgefüllt und mit seinem eigenartig gehaltvollen Charakter wohl ein Doudet-Naudin-Wein. «Süß», schmackhaft, eigen, nachhaltig.
*Juli 1987* ** *Wird sich ohne große Verbesserung halten.*

## BEAUNE, HOSPICES, NICOLAS ROLIN
Durch Avery abgefüllt. Ziemlich tief, positiv, sehr wohlriechend und schmackhaft, kraftvoll, dabei mit Stil.
*Oktober 1980* ***(*)

## ECHÉZEAUX GOUROUX.
Ziemlich blaß; rauchig, zurückhaltend, aber reich, ausgebaut. Trokken, mittelleicht, dabei mit ziemlich «scharfem», alkoholbetontem Abgang.
*Oktober 1981* **(*)

## MUSIGNY
Mehr Berry-Bros-Abfüllungen. Ziemlich gute Nase; leicht «süß», ein Hauch Eleganz.
*1983 und 1988 verkostet* ***

## RICHEBOURG MOREAU-FONTAINE.
Durch Hatch Mansfield abgefüllt, ganz ausgebaut, orangespurig, trocken, gut, fest.
*Oktober 1985* ***

## VOSNE-ROMANÉE, BEAUMONTS NOELLAT.
Wolkig, Böcksergeruch in der Nase.
*Februar 1984.*

# 1967 **

*Ein ungleichmäßiger Jahrgang. Zur Abwechslung lag der Grund eher bei Winzern und Kellermeistern als beim Wetter. Die von ihm geschaffenen Voraussetzungen wurden nur von wenigen Winzern genutzt. Weitverbreitete Fröste während dem empfindlichen Austrieb Anfang Mai, was zu weniger Trauben führte: natürliche Auslese. Der Sommer war warm und sonnig, so daß etliche sich nicht um die normale Rebenprophylaxe kümmerten. Dies stellte sich als ein Sparen am falschen Ort heraus, denn im September regnete es zehn Tage ununterbrochen. Zum Glück kam rechtzeitig vor der Lese Anfang Oktober die Sonne wieder durch. Einige Trauben ergaben ein hohes Mostgewicht, andere waren krank. Am schlimmsten aber war das allgemeine Empfinden von Achtlosigkeit, von Schnellschüssen und ra-*

schen Gärungen, die auf zugängliche Weine zu raschem Verkauf und Konsum abzielten. Es kündigte sich eine Periode der Kurzsichtigkeit an, die dem Ruf des Burgunders schadete.

LA TÂCHE Nur zwei Aufzeichnungen: blaß, rosa Reflexe; unmittelbarer Dufteindruck; nach fünf Jahren trocken, leicht, schmackhaft, pikant, nach sechzehn Jahren kaum verändert, das Rosa ist etwas ins Orange übergegangen, «süße» Nase, weich, aber oberflächlich. Schlank, sauber, fest, drahtig.
*Zuletzt auf der Domaine verkostet, Mai 1983 ★★ Kaum Veränderung oder Zukunft abzusehen.*

CHAMBERTIN LEROY. Relativ blaß, voll ausgebaut, herbstliches Braun; sehr reich, sehr gehaltvoll; weicher Eingang, spröder Abgang. Guter Geschmack, aber mangelnde Länge und Finesse.
*April 1985 ★★*

MAZIS-CHAMBERTIN LEROY. Mitteltief, reich, erste Anzeichen des Ausbaus; gutes, offenes, reifes Pinot-Bukett von gewisser Eleganz; fest, lebhaft, Geschmack, Länge und Nachgeschmack gut. Ein qualitätvoller 67er.
*Bei der Bize-Leroy-Degustation, September 1984 ★★★*

VOSNE-ROMANÉE JEAN GRIVOT. Mein erster Besuch in den Kellern von Grivot in Vosne erweiterte meinen Gaumen für eine weitere Facette des echten Pinot-Geschmacks. Der Wein zeigte eine schöne Farbe, einen einnehmenden, ruhigen Wohlgeruch und ein Pinot-Aroma von «roter Bete», unterlegt mit einem, für einen 67er, Charakter von reifen Trauben. Der Wein war sehr «süß», sehr schmackhaft, samtig in der Struktur, gut in Tannin und Säure.
*In der Kellerei, September 1984 ★★★★*

VOSNE-ROMANÉE, TASTEVINÉ CLERGET. Erstmals 1972 verkostet: wohlriechend, leicht, ziemlich schlank, köstlich. Die Besitzer versicherten mir, daß er «noch gut zehn Jahre Lebenserwartung hätte» und sie sollten recht behalten. Zwar war er relativ blaß und wirkte sehr ausgebaut, doch er hatte ein leicht nach Vanille duftendes Bukett, das sich schön entwickelte, war etwas «süß», im Abgang auch ganz leicht bitter, aber ansonsten gut. Ich denke nicht, daß er noch einmal zehn Jahre hatte, aber überlebt hat er wohl.
*Zuletzt im August 1983 verkostet ★★★ Bald trinken.*

NOCH EIN PAAR 67ER, IN DEN 80ER JAHREN VERKOSTET:

BEAUNE, CLOS DES URSULES JADOT. Köstlich.
*April 1989 ★★★*

CH. CORTON-GRANCEY 1980 voll ausgebaut in Aussehen, Geruch und Geschmack, leicht «süß», weich, wenig Tannin, gerade genug Säure ★★

LATRICIÈRES-CHAMBERTIN FAIVELEY. Tief, angesengt, schokoladig und leicht oxydiert.
*Februar 1986.*

ROMANÉE-ST-VIVANT DRC. Sehr schöne Farbe, aber leider mit Korkgeruch!

## 1968

*Ein schlechter Jahrgang, wobei man dieses Mal den Wetterunbilden die Schuld geben darf. Guter Vegetationsbeginn: schönes Frühjahr ohne Hagel oder Frost, der Juni vielleicht zu heiß, doch Juli und August schlecht, ohne Sonne und naß. Der September war nicht so übel, die Ernte kam ab dem 30, unter leidlichen Bedingungen, in den Keller, aber der Schaden war angerichtet, denn die Trauben hatten nicht ausreifen können. Die Hospices de Beaune sagten die Auktion ab, was nur selten vorkommt. Da der 68er Bordeaux ähnlich katastrophal ausfiel und sich die beiden Weingebiete stets gegenseitig beeinflussen, wurde der 68er Burgunder vom Handel übergangen. Von mageren, blechernen Beaujolais einmal abgesehen habe ich Mitte der 80er Jahre nur drei Weine – einen davon zweimal – verkostet.*

VOSNE-ROMANÉE, BEAUMONTS P. PONNELLE. Blaß, mit orange-tawnyfarbener Tönung. Eine Spur aufgezuckerter «Süße», mangelnder Körper, aber recht schmackhaft. Eine Spur Bitterkeit.
*Im Februar 1983 zweimal degustiert ★*

## 1969 ★★★★

*Ich vermute, daß viele der Menschen, die in den doch sehr ländlichen Dörfern des Burgunds leben und arbeiten, wenig Ahnung haben vom weitgespannten Rahmen, in dem ihre Weine beurteilt werden. Und aus Berichten über das Bordeauxjahr nähren Handel und Konsumenten in Großbritannien allzu oft falsche Vorstellungen über ein Burgunderjahr. Auf jeden Fall trifft das für den 69er Jahrgang zu. In Bordeaux fielen die Roten mager und säurebetont aus; in Burgund hingegen waren die besten sehr fein. Eine gewisse Tendenz geht zu Schlankheit und Säurebetonung, wobei letztere dem Wein Schwung und Geschmack verleiht.*

*Da das Klima sowohl in den Côtes de Nuits wie in der Côte de Beaune etwa gleich verlief, sind die Unterschiede durch den Boden und die Art der Weinbereitung bedingt.*

*Die Reben blühten spät, doch wurde der Rückstand durch das schöne, warme Wetter im Juli*

und August bis zu einem gewissen Grad wettgemacht. Der naßkalte September war für einige
nicht ganz ausgereifte Trauben und zum Teil
auch für die deutlich Säure verantwortlich. Viele
69er Weine verkostet. Im folgenden ein Querschnitt durch die besseren Aufzeichnungen.

ROMANÉE-CONTI Nicht zum ersten Mal eine
irreführend blasse Farbe. Wie kann ein Rotwein
mit so wenig Farbe so viel Rasse und Klasse haben? Man darf sich nicht täuschen lassen, dieser
Wein ist phantastisch: ein unmittelbar herrliches
Bukett; große Kraft und Länge. Mit Worten kann
ich ihm gar nicht gerecht werden.
*September 1986 ***** Bis 2000.*

LA TÂCHE Sechs Aufzeichnungen. Bei der Vorstellung durch Lebègue 1972 strafte das Erscheinungsbild seine Fülle und Reichhaltigkeit Lügen.
Machte sich 1974 gut, dabei hatte die Farbe,
obgleich tiefer als beim 70er, schon einen reifen
braunen Rand. 1977 gab ein verwirrter amerikanischer Kunde eine Flasche zurück. Ich sah warum. Als nächstes 1983 auf dem Gut bei einer
La-Tâche-Präsentation: fest, schmackhaft, etwas
schlank, aber schön ausgewogen. Später im selben
Herbst gewann er nicht als Begleiter zu *fond d'ar-
tichaut*, es fehlten meiner Ansicht nach das Flair
und die Intensität eines 62ers oder selbst eines
66ers. In jüngster Zeit vermerkte ich die fabelhafte,
fast übertriebene Pinot-Frucht; mitteltrocken und
-gewichtig, fest, schmackhaft, schlanker geworden. Ein aufregender Wein.
*Zuletzt im September 1990 verkostet ***** Jetzt
und bis gut über das Jahr 2000 hinaus.*

BEAUNE, HOSPICES, CLOS DES AVAUX Wer
auch immer diesen Wein abgefüllt hat, er hat seine
Arbeit verstanden. Schöne Farbe, würziges Bukett, sehr «süß». Fast zu sehr mit Alkohol ausgestattet, doch mit einem delikat reichen, klassischen
Geschmack.
*Bei einem von Dr. Norman Burrows kleinen Mit-
tagessen, Juli 1986 ****

BONNES-MARES CLAIR-DAÜ. Aus Magnumflaschen: eine oxydiert, die andere reich, Anflug
von Minze; weich, attraktiv, aber auseinanderfal-
lend nach etwas Zeit im Glas.
*Beide in Boston (USA), im März 1992. Im besten
Fall ***

CHAMBERTIN LEROY. Mitteltief, intensiv, Ka-
stanientönung; ich fand der Geruch zunächst
etwas unangenehm (Flaschengeruch?), dann aber
reich und erdig. Daphne, meine Frau, beurteilte
ihn als blumig und sehr schön, und sie ist eine zu-
verlässige Verkosterin. Gewiß ein «süßer», reicher,
bodenständiger Wein. Alle Komponenten vorhanden und ausgewogen. Köstlich.
*Februar 1989 **** Jetzt gut und bis nach 2000.*

CHAMBERTIN TRAPET. Gute Farbe; reiche, au-
thentische Pinot-Nase mit dem typischen Duft
nach roter Bete; feiner reicher, würziger Geschmack.
*Februar 1989 **** Jetzt gut und bis nach 2000.*

CHARMES-CHAMBERTIN CHANSON. Zu-
nächst ziemlich herablassend als «gute Handels-
ware» bewertet. Tatsächlich war er sehr duftig,
trocken, reizvoll. Bestätigte sich ein Jahr später.
*Zuletzt im April 1981 verkostet *** Läßt sich
zweifellos noch immer angenehm trinken.*

ECHÉZEAUX DRC. 1982 nahm ich die reiche Pi-
not-Identität wahr, die ich immer ungeschminkt
als Nuance von «gekochter roter Bete» vermerke.
Lebhaft, schlanker als der La Tâche, gut passende
Säure. Im folgenden Jahr voll reife Erscheinung,
mit einem Pinot-Aroma, wie es im Buche steht,
ausgesprochen «süß» und wohlriechend, mit guter
Länge. Als nächstes auch die verschiedenen Etiketten notiert: Halsetikett von Lebègue (den Londoner Agenten), *«Interdiction d'Exporter aux
USA»*, vermutlich, um das Exklusivrecht der amerikanischen Agenten der Domaine zu schützen;
noch faszinierender das rückwärtige, in Schwarz
und Grau gedruckte Etikett mit der Aufschrift
*«Très Grande Année»* (bei den *«Très Bonnes
Années»* waren die Farben schwarz und kastanienbraun). Mitte der 80er Jahre leichte Orangetönung am Rand, reiches, wohlriechendes Bukett,
ziemlich straffer Charakter und trotz eines
«Geschmacks nach rostigem Wasser» ziemlich
ansprechend, mit guter Länge und Säure.
*Zuletzt im März 1983 verkostet. Im besten Fall
***** Bald trinken.*

CHEVREY-CHAMBERTIN LEROY. Relativ blaß,
etwas schwächliche Farbe; fischiger Pinot-Duft;
etwas locker gewoben, doch ganz elegant. Ich hielt
ihn für den 67er.
*Bei der Bize-Leroy-Degustation, September 1984
***

GEVREY-CHAMBERTIN, CAZETIERS LEROY.
Bessere Farbe, Kirschtönung, würzig, stilvoll, ele-
gant, gute Länge und Säure.
*September 1984 ***

GEVREY-CHAMBERTIN, CLOS ST-JACQUES
CLAIR-DAÜ. Mehrere Aufzeichnungen aus der
Mitte der 80er Jahre. Ziemlich tief; gute Nase, sehr
positive Frucht, die mich manchmal an Brombeeren, an Himbeeren und – was nicht weiter überrascht – an Pinot erinnerte. Attraktiv.
*Zuletzt im September 1985 verkostet *** Müßte
jetzt schön sein.*

GEVREY-CHAMBERTIN, CLOS ST-JACQUES
FERNAND PERNOT. 1977 unbeschreiblich tief,
komplex, wohlriechend, mit Schwung und Biß.

1984 eine Magnum: beeindruckend, mit sehr ausgeprägter Nase. In jüngster Zeit immer noch ziemlich tief; zunächst zurückhaltend, leicht pfeffrig, aber wohlriechend, schöne Entfaltung im Glas; ausgesprochen «süß», weich, trotz des vollen Tannin- und Säuregehalts. Köstlich.
*Zuletzt bei einem Abendessen mit den Peppercorns verkostet, Januar 1990* **** *Bis 2000.*

MUSIGNY, VIEILLES VIGNES DE VOGÜÉ. Gilt als Monsieur le Comtes Lieblingswein. Bei der Khoury-Degustation 1984 zeigte er allerdings sein Alter: warmes, orangespuriges Granatrot, markant, käsig, würzig, Nelken und Pinot; elegant, beträchtliche Länge, doch eine Spur scharf. Drei Jahre später vermerkte ich eine tiefe Farbe, Eleganz, eine vorzügliche Struktur und Länge. Bei der letzten Degustation wieder dieser ausgebaute orangefarbene Rand, honigartiges Bukett, doch mit Alterston.
*Zuletzt im September 1989 verkostet. Offen für weitere Beurteilungen.*

RICHEBOURG DRC. Langsamer Entwicklungsbeginn. 1977 kraftvoll, aber zurückhaltend. 1986 mittelblasses, sehr ausgebautes Erscheinungsbild, Nase und Geschmack voll entwickelt. Herrliches, positiv exotisches Bukett und unglaubliches Aroma am Gaumen. Einige Monate später durch eine weitere Flasche bestätigt.
*Zuletzt im September 1986 verkostet* **** *Bis 1996, wahrscheinlich noch länger.*

CLOS DE LA ROCHE DUJAC. Ziemlich tief; reiche, eindrückliche Pinot-Nase; trocken, mittelschwerer Körper, fest, lebhaft, mit einem Nachgeschmack, der mich an Feigen erinnerte. Ein gutes Beispiel für die klar umrissenen, klassischen Pinot Noirs dieser relativ jungen Kellerei.
*Essen mit Jacques Seysses, September 1981* **** *Bald trinken.*

ROMANÉE-ST-VIVANT Für Avery (durch Remoissenet?) abgefüllt. Glanzhell, lebhaft; gefällig duftende Pinot-Note; guter Geschmack, fest.
*März 1982* ***

CLOS VOUGEOT FELIX CLERGET. Tief; «süß», Vanille-Schokolade-Nase; Gewicht und Geschmack schön.
*Februar 1986* ***

CLOS VOUGEOT JEAN GRIVOT. Ein bedeutender Einzelbesitzer im berühmten Clos, mit über einem Hektar Boden. Für ein Abendessen mehrere Flaschen geöffnet und wegen des schwierigen Depots zweimal dekantiert. Nase nicht sehr intensiv, aber gut; etwas am Austrocknen, aber immer noch kraftvoll und mit guter Länge. Grivots Weine bestechen nicht mit einem großen Auftritt, haben aber viel Persönlichkeit. Ohne das Pfauenrad eines

der besten DRCs, aber ein geschmacklich solider, überzeugender Wein.
*Februar 1989* *** *Man muß auf das Depot achten, der Wein aber wird sich noch halten.*

CLOS VOUGEOT HENRI LAMARCHE. Besitzer vom Plot No 1 und zwei anderen schmalen Rebstreifen oben, in der Mitte und unten von dem Clos, im ganzen auch etwa ein Hektar. Im Alter von 15 Jahren blaß mit einer verständlicherweise reifen Farbe; leichter, aber wohlriechender Pinot-Duft nach roter Bete; trocken, schmackhaft, mit nur gerade einer Spur Bitterkeit im Abgang.
*Vorverkaufsdegustation, Februar 1984* ***

CLOS VOUGEOT MUGNERET. Zwei Mitglieder der Familie besitzen kleine Parzellen im Clos. Ich denke dieser hier war von Jean. Anders als Grivot oder Lamarche. Sehr schöne Farbe; in Bukett und Geschmack die Erdigkeit und der Duft von Lakritze. Ausgesprochen «süß», eindringlich, hervorragende Länge und trockener Abgang.
*Dezember 1987* **** *Bis 2000.*

## 1970 ***

*Ich war dazu geneigt, den 70er Jahrgang auf zwei Sterne zu degradieren, denn meine Notizen lasen sich nicht erbaulich. Das Wetter war gut, die Ernte groß, die Preise hoch. «1970» war für einen überhitzten Markt gerade recht. Was war falsch gelaufen? Zu hoher Ertrag? Eine schnellere Vergärung?*

*Zunächst zu den Wachstumsbedingungen: schlechter Frühling, aber während der Blüte im Juni schönes Wetter, mit der Aussicht auf eine große Ernte. Sonniger Juli und, bis auf ein kühles Intermezzo, ein warmer August. Der September war heiß, auch noch bei Lesebeginn Ende des Monats und in den Oktober hinein. Beim Verkauf der Hospices de Beaune, einem genauen Marktbarometer, brachen die Preise sämtliche Rekorde.*

*Von Anfang an fehlte es den Weinen an der Festigkeit und dem Stil der 66er oder 69er. Sie sind leichter gewoben und geschmeidiger, eher wie die 64er, aber nicht so gut wie diese. Die meisten waren blaß und schienen den Höhepunkt ihrer Reife innerhalb von fünf Jahren erreicht zu haben. Nur wenige waren in den 80er Jahren noch Spitzenklasse, wobei es auch da einige rühmliche Ausnahmen gab, denen es sich aber kaum nachzugehen lohnt. Austrinken.*

LA TÂCHE Wirkte sehr blaß, als er 1974 dem Handel vorgestellt wurde, dennoch schmackhaft, mit einer Spur jugendlicher Säure. Als nächstes 1983 auf der Domaine degustiert, dabei den charakteristischen Wohlgeruch festgestellt, doch auch eine dahinterliegende Härte, wirkte auch trockener. Sieben Jahre später eine Magnum: gutes Bu-

kett, mächtiger als die Farbe ahnen ließ, wachsende Reichhaltigkeit und Komplexität, mit einem eindringlichen Geschmack und guter Länge. In jüngster Zeit schöne Farbe; weich, parfümiert, harmonisches Bukett; immer noch tanninbetont. Vielleicht etwas schwunglos.
*Zuletzt im Januar 1994 verkostet* ★★★(★) *Wird sich noch etwas weiten.*

**Bonnes Mares** DE VOGÜÉ. Ansprechend, mit Biß, wobei ich Mitte bis Ende der 70er Jahre etwas den gewohnten Stil und die typische Eleganz vermißte. Relativ blaß, weich und komplett ausgebaut bei der letzten Degustation.
*April 1980* ★★★ *Austrinken.*

**Chambolle-Musigny, Amoureuses** DE VOUGÜÉ. Ich nehme an, daß Tawfig Khoury für seine De-Vogüé-Degustation keinen Bonnes Mares oder Musigny bekommen konnte. Der Amoureuses der Domaine erwies sich als enttäuschender Ersatz, mit einem ziemlich übertriebenen Aroma, das meine Frau mit Fischleim und Paraffin beschrieb. Zart, aber kurz.
*Oktober 1984* ★★

**Chapelle-Chambertin** BOUCHARD PERE. In einem Zeitraum von zehn Jahren mehrmals verkostet. Ziemlich blaß, mittlerweile mit Orange-Reflexen. Nase unterschiedlich, wie käsiger Yoghurt und ein bißchen wie feuchter Karton. Trocken, wenig Geschmack, nicht schlecht, doch auch nicht gut genug.
*Zuletzt im Januar 1990 verkostet* ★

**Corton, Clos du Roi** PIERRE PONNELLE. Gefällig, reif, angesengte Pinot-Note in Nase und Geschmack. Trocken. Ausreichende Qualität.
*Mai 1986* ★★

**Corton, Maréchaudes** MERODE. Vier Aufzeichnungen. 1979 zwar recht blaß und mit sehr ausgebauter Farbe, dennoch duftig und saftig. Schien jedoch bald zu verblassen, verlor nach seinem 15. Geburtstag jede Spur von Rot, die letzte Flasche hatte eine ölige, überreife Nase und einen hefigen Abgang.
*Zuletzt im Mai 1986 verkostet.*

**Corton, Pougets** L. JADOT. Mit sieben Jahren reich und kraftvoll. Zwölf Jahre später blasser, mit süßem Bukett und köstlichem Geschmack.
*Zuletzt im April 1989 verkostet* ★★★

**Chevrey-Chambertin** L. LATOUR. Nach dem gleichen Muster; 1977 voll ausgebaut und leichtgewoben, geringe Nase, trocken, bei der letzten Degustation kaum interessant.
*April 1988* ★★

**Chevrey-Chambertin** LEROY. So blaß, daß ich ihn für einen 77er gehalten habe. Sehr irreführend, denn die Nase wies einen parfümierten Eichencharakter auf, der sich schön entwickelte. Trocken, leichtgewoben, wie die meisten 70er, dabei fest und von guter Länge.
*September 1984* ★★★

**Gevrey-Chambertin, La Combe aux Moines** FAIVELEY. Orangespurig; Nase fast unangenehm «süß»; auch am Gaumen «süß», doch mit etwas Tannin. Gut in Geschmack und Körper.
*September 1988* ★★★ *Jetzt gut zu trinken.*

**Grands-Echézeaux** DRC. Ziemlich tief; würzige Pinot-Nase; am Gaumen beeindruckend, wirkt da wie ein Wein aus einem großen Jahrgang.
*Essen mit Angel del Valle in San Juan, Januar 1990* ★★★(★) *Bis 2000 trinken.*

**Morey St-Denis** L. LATOUR. 1977 als gut und fest mit Entwicklungsmöglichkeiten beurteilt. Mehrere jüngere Aufzeichnungen. Inzwischen weich, doch zusammengehalten von ausreichend Tannin und Säure. Nicht umwerfend, aber ansprechend und schön zu trinken.
*Zuletzt im August 1990 verkostet* ★★

**Musigny, Vieilles Vignes** Ebenfalls ein Ersatzwein bei der De-Vogüé-Degustation, eine Flasche mit Avery-Etikett. Vorzügliche Farbe, leicht rosa angehaucht; «süß», schokoladig, parfümiertes Bukett; schien auszutrocknen, doch vorzüglicher Geschmack. Für einen 70er immer noch etwas hart.
*Oktober 1984* ★★★(★) *Wahrscheinlich noch weitere Entwicklung.*

**Vougeot, Clos Perrière** BERTAGNA. Gefällig, relativ blaß, rosig; zurückhaltend, trocken, ein Leichtgewicht. Recht hübsch.
*November 1986* ★★

**Einige weitere 70er, in den 80er Jahren verkostet:**

**Beaune, Clos de la Féguine** CALVET. Reich, reif, schmackhaft ★★

**Beaune, Hospices, Rolin** AVERY. «Süß», weich und vorzüglich ★★★★

**Beaune, Marconnets** CHANSON. Hübsch; wohlriechend; schmackhaft ★

**Chambertin, Clos de Bèze** M. DUROCHE. Das einzige Mal, daß ich von dem kleinen Besitz (ein Drittel Hektar) innnerhalb dieses großen Weinbergs Wein verkostet habe. Leider roch er nach aufgeweichtem Karton. Am Gaumen besser: «süß», zum Kauen, recht hübscher Geschmack.
*1982* ★★

CHAMBOLLE-MUSIGNY JADOT. Fast karottenfarben, mit einer brandigen Pinot-Nase, dabei trocken, recht lebhaft und sehr gefällig zu trinken **

CHARMES-CHAMBERTIN CHANSON. Brandig und verschlossen.

CHASSAGNE-MONTRACHET ALBERIC MATHIEU. Blasse, orangebraune Farbe, Nase wie feuchte Pappe, sehr trocken und dumpf.

CORTON CHANSON. Sehr blasses Tawny, brandige, parfümierte Nase, im Geschmack besser.

CORTON, BRESSANDES AVERY. Weich, im Mund anschwellender Geschmack, gute Länge ***

NUITS-ST-GEORGES, LES PORRETS THOMAS FRERES. Schwacher Rand, Nase wie frisch gepflückte Pilze, recht kraftvoll **

POMMARD, EPENOTS DE COURCEL. Verblühte Nase, trocken und rauh.

## 1971 *****

*Ein phantastischer Jahrgang: reiche, makellos strukturierte Weine mit langer Lebenserwartung. Doch ziemlich rasch meldeten sich in Burgund Stimmen zu Wort, daß die Weine zu mächtig seien, in gewisser Hinsicht untypisch. Zumindest teilweise sollten sie recht behalten. Der Jahrgang ist untypisch.*

*Vom Frühling bis gut über die Erntezeit hinaus war das Wetter, von ein oder zwei Störungen abgesehen, ruhig und im allgemeinen günstig. Während der Blüte gab es ein paar Unregelmäßigkeiten und im August hagelte es, danach war das Wetter eine Woche schlecht. Die warme Sonne im September machte das glücklicherweise wieder wett. Geringer Ertrag an reifen, konzentrierten Trauben, die früh – ab 15. September – gelesen wurden. Nach dem wenig begeisternden 70er Jahrgang nun die erfreulichen 71er Weine. Immer noch lohnenswert. Wie die meisten reifen Burgunder unterbewertet und mittlerweile unter ihrem Preis im Handel.*

*Da ich einen ganzen Satz Notizen über die phantastischen DRCs habe, werden diese, nach Rang (und Preis) geordnet, als erste angeführt.*

ROMANÉE-CONTI Auf der großen Degustation von der Domaine und Lebègue 1974 schien der Wein bereits bemerkenswert weit entwickelt. Dies war natürlich irreführend. Nach drei Jahren hatte die Farbe zugelegt, und im Alter von zwölf Jahren war sie tief geworden. In der Nase sicherlich der reichste und «süßeste» der 71er DRCs, nach nur wenigen Minuten im Glas üppig, hielt sich noch gut eineinhalb Stunden – zweifellos hätte sich der Duft noch länger verströmt, wären die Gläser nicht abgeräumt worden. Am Gaumen ausgesprochen «süß», voll, mit reichem Geschmack. Ein weiter, kompletter Wein, überaus fruchtig, mit großer Länge und blumigem Nachgeschmack. *Zuletzt auf der Domaine verkostet, Mai 1983 ***** Müßte jetzt phantastisch sein und wird sich auch noch halten.*

LA TÂCHE Neun Aufzeichnungen, darunter drei *Jéroboam*-Flaschen. 1974 rosafarben, hochgetönt, 1977 trocken und zurückhaltend, doch im zehnten Jahr öffnete er sich eindringlich und wohlriechend. 1982, bei einem großen Essen von Christie's und der Chicago Wine Company, zeigte sich das unnachahmliche Bukett «ambrosischer roter Bete» von seiner Glanzseite. In Magnumflaschen serviert. Phantastisch in Geschmack und Reichhaltigkeit, aber immer noch tanninbetont. Ich gab ihm weitere zwanzig Jahre. Zwölf Monate später auf der Domaine bei der vertikalen Degustation in einer Reihe mit vielen weiteren Jahrgängen und bei der horizontalen Verkostung mit anderen 71er DRCs wirkte er vergleichsweise verhalten. In jüngerer Zeit wiederum aus Doppel-Magnumflaschen mitteltief; wunderbar wohlriechend; wirkte «süßer», aber immer noch tanninbetont. *Zuletzt bei der Bacchus-Gesellschaft in Boston, im März 1992, verkostet ****(*) 1995 bis 2010.*

RICHEBOURG DRC. Richebourg steht zu La Tâche im gleichen Verhältnis wie Latour zu Ch. Margaux. Für gewöhnlich ist er vierschrötiger, gehaltvoller und lebt länger. 1974 notierte ich mir eine Röstnote, 1977 war er erdig, abgerundet. Im Mai 1983 auf der Domaine zeigte er eine deutlich tiefere Farbe, war von allen 71ern am dunkelsten und intensivsten. Umfassende, ausgedehnte, leicht pflanzliche Nase, doch mit einem Chambertin-artigen, «fischigen» Pinot-Aroma. Phantastische Frucht. Nachhaltig. Körperreich, stoffig, fest mit trockenem Abgang. Zuletzt eine Magnum: reiches, ausgebautes Erscheinungsbild; herrliches Bukett mit der «Süße» aus Alkohol und reifen Trauben, Veilchengeschmck, große Länge. *Zuletzt im September 1990 verkostet ****(*) Bis gut über das Jahr 2000 hinaus.*

GRANDS-ECHÉZEAUX DRC. 1974 kostete er gerade halb so viel wie der Romanée-Conti und wirkte entwaffnend entwickelt und leichtgewoben. Drei Jahre später trat er auf die Stelle, schien sogar unreif; 1980 drängte er dann vorwärts: vorzüglich in Geschmack und Struktur. Schien perfekt. Bei der horizontalen Degustation im Mai 1983 stellte ich eine recht gute Farbtiefe fest, auch wenn der Rand eine leichte Brauntönung zeigte; feines, festes, lebhaftes Bukett. Stilvoll, elegant. Immer noch tanninbetont. Bei der letzten Degustation die gleichen Notizen. Himmlisches Bukett.

Ein Abbild von Raffinesse, dabei noch weiteres Potential.
*Zuletzt im Februar 1988 verkostet* ★★★★(★) *Jetzt und bis über das Jahr 2000 hinaus.*

ROMANÉE-ST-VIVANT DRC. Das alte Gut von Général Marey Monge wird jetzt von der Domaine de La Romanée-Conti verwaltet, die auch die Weine erzeugt. Wurde immer zu einem hohen Preis in den Handel gegeben (der 71er kostete genauso viel wie der Richebourg), doch damit konnte er sich auf dem offenen Markt nicht behaupten und hat deswegen ein besseres Qualität-Preis-Verhältnis als seine Kollegen. 1974 köstlich, im Mai 1983 mit tiefem Duft und von großer Eleganz. Bei der letzten Degustation: sehr ausgebautes Erscheinungsbild; herrliches Bukett; etwas «süß», fest, sogar eindringlich, gute Frucht. Obwohl es nicht so scheint, verfügt er dennoch über ein gewisses Maß an Tannin und Säure, die ihm noch eine gute Lebenserwartung verleihen. Ein sehr stilvoller Wein.
*Zuletzt im Oktober 1991 verkostet* ★★★★(★) *Bis nach 2000.*

ECHÉZEAUX DRC. Vom Preis und vom Qualität-Preis-Verhältnis her gesehen genau das Gegenteil zum St-Vivant. Von der Domaine angemessener und niedriger angesetzt, erzielt er auf Auktionen nicht selten fast genauso viel wie der weitaus höher stehende Grands-Echézeaux. 1974 ausreichend gefällig, aber nicht sehr beeindruckend; nach zwölf Jahren voll ausgebaut. Immer noch glanzhell und reizvoll, orangefarbener Rand mit einem Stich ins Tawny; offene, weinige Nase mit leichtem Alterston. Trocken, ziemlich vollmundig, im Abgang fest.
*Zuletzt im Mai 1983 verkostet* ★★★ *Austrinken.*

EINIGE WEITERE GUTE 71ER:

BEAUNE, GRÈVES, VIGNE DE L'ENFANT JÉSUS BOUCHARD PÈRE. Ein vorzüglicher Wein. 1977 maulbeerreiche Frucht. Ein Jahrzehnt später: gute Farbe; reife Nase; hervorragend vollmundiger Geschmack. Bei der letzten Degustation machte er sich immer noch gut.
*Zuletzt im September 1990 verkostet* ★★★★ *Bis 2000.*

BEAUNE, HOSPICES NICOLAS ROLIN. In Beaune für Hedges & Butler abgefüllt: reiche Farbe, überaus anregendes Bukett; phantastisch in Geschmack, Eleganz und Länge.
*Seit 1980 nicht mehr verkostet, müßte aber noch* ★★★★★ *haben.*

BEAUNE, VIGNES FRANCHES L. LATOUR. 1977 zart und weich, doch mit lebenserhaltendem Rückgrat. Mittlerweile blaß, tawnyfarben; «süßes», wohlriechendes Bukett; sehr schmackhaft.
*Zuletzt im April 1989 verkostet* ★★★ *Bald trinken.*

BONNES MARES L. JADOT. Röstnote; reich, weich, dabei tanninbetont. Sehr duftiger Nachgeschmack.
*März 1985* ★★★★★ *Bis 2000.*

BONNES MARES DE VOGÜÉ. Tief, sehr reich, mahagonifarben; Nase zunächst zurückhaltend, entwickelte sich dann aber gut; ein gehaltvoller Wein. Mehr Fleisch und Lakritze als Eleganz, aber beeindruckend.
*Bei Khoury's De-Vogüé-Degustation, Oktober 1984* ★★★(★) *Bis 2000.*

BONNES MARES, VIEILLES VIGNES CLAIR-DAÜ. Großartig: vortreffliches, breites, offenes, reifes Erscheinungsbild; Nase erdig und blumig, mit pflanzlichen Nuancen und Veilchennote; zwei Stunden herrlich parfümiert; ziemlich «süß», relativ voll, weich, dabei eindringlich, reicher, doch trockener Abgang.
*Bei Peppercorns, Januar 1990* ★★★★(★) *Bis 2000.*

CHAMBERTIN, CLOS DE BÈZE J. DROUHIN. Reich, rubinrot; warmer, angesengter Duft eines heißen Jahrgangs, nachhaltig; «mittelsüß», körperreich, herrlicher Geschmack, der sich aufblätterte und anschwoll. Hervorragende Länge. Komplett.
*November 1985* ★★★★★ *Bis nach 2000.*

CHAMBOLLE-MUSIGNY, AMOUREUSES DE VOGÜÉ. Schöne Farbe; herrliches Pinot-Aroma, dabei gehaltvoll und reich, fast wie ein Corton; trocken, körperreich, sicherlich kein «femininer» Chambolle, mit parfümiertem Abgang.
*Bei Khourys Degustation, Oktober 1984* ★★★★ *Bis 2000.*

CHARMES-CHAMBERTIN A. ROUSSEAU. Relativ blasses, voll ausgebautes Erscheinungsbild; reifes, üppiges Bukett; «süß», schönes Gewicht, sehr guter Geschmack und Nachgeschmack.
*Juli 1982* ★★★★ *Zweifellos immer noch sehr gut.*

LE CORTON BOUCHARD PÈRE. Erstmals 1973 verkostet. 1976 voll, schmackhaft, immer noch tanninbetont. Bei der letzten Degustation: guter, reicher, angesengter Corton-Charakter, mit einem Hauch Karamel; vorzüglich warmer, abgerundeter Geschmack und gute Länge. Dennoch eine Tendenz zum Ausdünnen und eine leichte Spur Endsäure.
*Zuletzt im Juli 1984 verkostet* ★★★ *Meine ursprüngliche Einschätzung der Trinkbarkeit bis 1995 stimmt wohl noch. Doch am besten ist er sicher jetzt.*

CORTON, HOSPICES, CHARLOTTE DUMAY UND DR. PESTE BOUCHARD PÈRE (beide Flaschen). Beide blaß, mit völlig reifer Farbe, dabei reich und duftig.

*Beide zuletzt im September 1990 verkostet* ★★★★
*Bald trinken.*

ECHÉZEAUX J. DROUHIN. Lebhaft, fest, schönes
Gewicht, gut in Länge, Duft und Eleganz.
*November 1985* ★★★★ *Bis 2000.*

CHEVREY-CHAMBERTIN L. TRAPET. Magnum:
wohlriechend, parfümiert, Bukett öffnete sich attraktiv; ausgesprochen «süß», reich, robust, guter,
trockener Abgang und Nachgeschmack.
*November 1983* ★★★★ *Bis 1995.*

MUSIGNY, VIEILLES VIGNES DE VOGÜÉ. Verhaltene, elegante, reife Pinot-Nase; ein warmer,
prächtiger Wein, lang und voll.
*Bei Khourys Degustation, Oktober 1984* ★★★(*) *Bis
2000.*

RICHEBOURG In Burgund für Avery abgefüllt.
Wunderschöne Farbe; perfekt in Gewicht und
Ausgewogenheit. Elegant.
*März 1985* ★★★★ *Bis 2000.*

RICHEBOURG J. DROUHIN. Feines, klassisches
Bukett und ebensolcher Geschmack.
*September 1985* ★★★★ *Bis 2000.*

CLOS DE TART Auf dem Kopf gelagert; selbst
nach mehreren Tagen andersherum blieb das Depot am Korken haften und der Wein hartnäckig
trüb; etwas gehaltvoller Pinot-Charakter, der an
gekochte rote Bete erinnert, mit einer fast Port-
wein-artigen Reichhaltigkeit, wenn auch am Gaumen ziemlich hart und ein bißchen rauh.
*Im Hotel Castle, Taunton, November 1984* ★★

CLOS VOUGEOT HUDELOT. Herrliche Farbe;
tiefe, reiche, ausgebaute Pinot-Nase mit Röstnote;
«süß», körperreich, kraftvoller Geschmack nach
Holzkohle. Trotz seines Gewichts und seiner Eindringlichkeit durch und durch harmonisch.
*Von Becky Wasserman für den Burgunderabend
der Hollywood Wine Society zur Verfügung gestellt, Januar 1990* ★★★★ *Bis 2000.*

EINIGE WEITERE 71ER, VOR ALLEM ANFANG
BIS MITTE DER 80ER JAHRE VERKOSTET:

BEAUNE, GRÈVES AVERY. Für einen 14 Jahre alten Wein jugendlich, pflaumenartige Nase, nicht
aufregend ★★

BEAUNE, HOSPICES AVAUX. Ziemlich überreif.
Zu deutliche Säure ★

CHAMBERTIN, CLOS DE BÈZE DR MARION.
Herausragend ★★★★★

CHAMBOLLE-MUSIGNY, 1ER CRU, TASTE-
VINAGE FAIVELEY. Sehr ansprechend ★★★

CHAPELLE-CHAMBERTIN THORIN. Kurzer
Korken; ausgetrocknet.

CORTON, CLOS DES CORTONS FAIVELEY.
Gleichbleibend gut, tief, beeindruckend, reich,
perfekt ausgewogen.

ECHÉZEAUX AMANCE. Wohlschmeckend ★★★

ECHÉZEAUX JABOULET-VERCHERRE. Glänzendes Rot, schmackhaft, doch mit zu hoher flüchtiger Säure.

CHEVREY-CHAMBERTIN DOUDET-NAUDIN.
Ein guter, reicher Tropfen, anständig zu trinken,
Magnum ★★

GEVREY-CHAMBERTIN, CAZETIERS LEROY.
Reiche Farbe, doch überentwickelt, leicht bitter.

GEVREY-CHAMBERTIN, LAVAUX AVERY.
Französische Abfüllung (zweifellos durch Remoissenet). Lebhaft und vorzüglich, gute Frucht
und schön griffig ★★★

LATRICIÈRES REMY. Relativ blaß, voll ausgebaut, kastanienfarben, zarte Nase mit Nuancen
von roter Bete und Lakritze. «Mittelsüß», gute
Länge, tanninbetont ★★(*)

NUITS-ST-GEORGES, CLOS DE LA MARÉ-
CHALE FAIVELEY. Ausgesprochen wohlriechend,
aber fast zu «süß» und reich – erinnerte mich an
Portwein. Sehr gut, daher ★★★★

NUITS-ST-GEORGES, LES ST-GEORGES RE-
MOISSENET. Nach zehn Jahren sehr enttäuschend,
mit hartem, alkoholischen Unterton.

CLOS ST-JACQUES ROUSSEAU. Wunderschön
blumiges Bukett und ebensolcher Geschmack.
Fest ★★★★

VOLNAY, CLOS DES CHÊNES LOUIS LESAN-
GLIER. Schwacher Rand; leichte, medizinale Nase,
dabei «süßer», robuster Geschmack ★★

VOSNE-ROMANÉE JADOT. Erdig, überraschend
robust. Ein Langstreckenläufer ★★★(*)

VOSNE-ROMANÉE, SUCHOTS LOUIS LESAN-
GLIER. Ähnlich robust, doch nicht so «süß». Recht
gute Säure ★★

CLOS DE VOUGEOT RAYMOND-ROBLOT. Fortgeschritten, hochgetönt, reich ★★★

## 1972 ★★

*Die meisten Fachleute in Burgund bestehen darauf, daß es ein guter Jahrgang war. Ende der 70er Jahre war ich geneigt, dieser Einschätzung zuzustimmen; im Vergleich mit den ausgesprochen schlechten, ungnädigen roten Bordeaux dieses Jahrgangs stimmt sie in jedem Fall. Doch der anfängliche Reiz, beeinträchtigt durch gelegentliche Bitterkeit, ist verflogen. Das Wetter war ungünstig. Abgesehen von dem Vorteil eines frühen Austriebs war der Sommer ungewöhnlich kühl und trocken mit einem heißen September.*

LA TÂCHE Fünf Aufzeichnungen. Erstmals im September 1975 in den Kellern der Domaine verkostet, danach einen Monat später in London. Reich und kraftvoll. 1980 war die Nase sogar noch entgegenkommender als beim 71er, delikat in Reichtum und Struktur. Gute Frucht und Tiefe Mitte der 80er Jahre. Bei der letzten Degustation: mitteltiefe, reife Farbe; auffallend «süß», für La Tâche typischer unnachahmlicher Pinot-Duft.
*Zuletzt im September 1989 verkostet ★★★(★) Gut und mit weiterem Potential: jetzt bis nach 2000.*

BONNES MARES DE VOGÜÉ. Ausladend, im Ausbau, doch am Rand etwas schwach; angesengt, reich, fast wie ein Corton, erinnerte mich aber an einen Pinot Noir von Eyrie Vineyard's in Oregon; mächtiger, warmer, leicht «käsiger» Geschmack, etwas weich und «süß» und ohne eine Spur der 72er Bitterkeit.
*Bei Khourys De-Vogüé-Degustation, Oktober 1984 ★★★ Bis 1995.*

CH. CORTON-GRANCEY L. LATOUR. 1975 gut, reich, aber etwas spröde, etwas später dann eine vollkommen oxydierte Flasche.
*Zuletzt im Mai 1986 verkostet. Müßte im besten Fall ★★★ wert sein. Jetzt trinkbar.*

CHEVREY-CHAMBERTIN LABOURE-ROI. Relativ blaß, sehr ausgebaut; weich, füllig, ansprechend.
*September 1988 ★★★*

GEVREY-CHAMBERTIN, CAZETIERS LEROY. Gute Farbe; reiches Bukett, schokoladig, ausgeprägtes Chambertin-Pinot-Aroma; trocken, gut in Gewicht, Geschmack und Ausgewogenheit.
*Bei der Bize-Leroy-Degustation, September 1984 ★★*

GRANDS-ECHÉZEAUX ENGEL. Sehr ausgebautes Erscheinungsbild; Nase und Geschmack recht gut, schlank, anregend.
*März 1985 ★★*

MAZIS-CHAMBERTIN LEROY. Rosafarben und hübsch; gutes Pinot-Aroma, «süß», angesengt, Vanille-Töne; trocken, vorzüglicher Geschmack, schöne Säure, guter Abgang. Überraschend stilvoll.
*Bei der Bize-Leroy-Degustation, September 1984 ★★★*

MUSIGNY, VIEILLES VIGNES DE VOGÜÉ. Zwei Notizen Mitte der 80er Jahre, beide gut, mit reichem Bukett und Geschmack, etwas kurz, aber schöner trockener Abgang bei der Degustation von Khoury. In jüngster Zeit: gute Farbe; ansprechendes, parfümiertes, ausgeprägtes Pinot-Aroma. Trocken, relativ voll, lebhaft, fruchtig. Griffigkeit, Säure und Nachgeschmack gut.
*Zuletzt im Januar 1990 verkostet ★★★ Bis 1996.*

NUITS-ST-GEORGES, BOUDOTS J. GRIVOT. Reich bekleidet; «süße» Nase, Feigen und schwarze Melasse, im Geschmack dazu noch rote Bete. Sehr tanninbetont. Korrekt, aber sehr eigen.
*In der Kellerei, September 1984. Auf seine Art ★★★ Wahrscheinlich jetzt auf dem Gipfel.*

LA ROMANÉE DOM. DE LA ROMANEE. (Nicht zu verwechseln mit DRC). Bukett entfaltete sich schön, etwas marmeladig; durch und durch trocken, gute Länge und Säure. Schöner Wein.
*Dezember 1987 ★★★ Bald trinken.*

ROMANÉE-ST-VIVANT MAREY MONGE (DRC). Vier Aufzeichnungen, zwei davon von 1975: ziemlich blaß, aber mit kraftvollem Rückgrat, gute Länge. 1980 reiche und elegante Farbe. Zuletzt mitteltiefes, voll ausgebautes Erscheinungsbild und schön entwickelte Pinot-Nase.
*Zuletzt im September 1989 verkostet ★★★★*

EINIGE WEITERE 72ER, IN LETZTER ZEIT VERKOSTET:

CORTON, RENARDES GEISWEILER. Sehr blaß, geringe Nase, aber trinkbar.

ECHÉZEAUX MONGEARD-MUGNERET. Orange-Reflexe; schal, Pilze und rote Bete – nicht sehr gut.

ECHÉZEAUX, TASTEVINAGE GEISWEILER. Oxydiert.

MAZIS-CHAMBERTIN FAIVELEY. Bukett erinnerte mich an Haselnüsse; «süß», schmackhaft, eine Spur Veilchen, auf dem Höhepunkt.

VOSNE-ROMANÉE JADOT. Wohlriechend, schmackhaft, ziemlich säurebetont.

CLOS VOUGEOT DROUHIN. Süß, reich, abgerundet, schön.
*Im Januar 1993 ★★★★*

Einige weitere 72er, die Anfang der 8oer Jahre gut waren:

Auxey-Duresses Leroy; Bonnes Mares L. Jadot; Charmes-Chambertin J. Drouhin; Corton, Hospices, Charlotte Dumay Lesanglier; Echézeaux J. Drouhin; Gevrey-Chambertin Drouhin-Laroze; Richebourg DRC; Clos St-Denis Dujac.

Anfang der 8oer Jahre nicht gut oder ausgesprochen schlecht:

Beaune, Marconnets Bichot; Corton Bichot; Clos de Tart.

## 1973 *

*Auffallend ähnlich wie in Bordeaux: Überproduktion, offenbar wenig aufmerksame und kurzsichtige Weinbereitung; sowohl Wetter, wie Markt waren entmutigend. Auf der Grundlage jüngerer und früherer Notizen habe ich den Jahrgang zurückgestuft.*
*Die Wachstumssaison begann unproblematisch: gute Blüte und bis Mitte Juli trocken – der trockenste Sommer seit 1945. Danach starke Regenfälle. Unfreundlicher September, verschleppte, regenerische Ernte vom 22. September bis zum 18. Oktober. Überhoher Ertrag an wäßrigen Trauben mit mangelnder Reife und Säure.*

La Tâche 1977 unbeeindruckend, mit jugendlicher Bitterkeit; nach nur drei Monaten in der Flasche jedoch ein bemerkenswertes Aufblühen. Doch im ganzen ziemlich frühreif, deutliche Braunfärbung verzeichnet. Im Alter von zehn Jahren ziemlich schlank, sehr trocken. Im Geschmack besser als in der Nase; das Aufblühen war sehr kurz.
*Zuletzt im Mai 1983 auf der Domaine verkostet. Damals ** Wäre interessant zu sehen, wie es weitergegangen ist.*

Beaune, Vignes Franches L. Latour. 1975 zwei Aufzeichnungen, eine 1977: blaß, schnell entwickelt, ausreichend gefällig. Danach: immer noch blaß, schlank, schmackhaft, aber von allen Komponenten zu wenig.
*Zuletzt im April 1989 verkostet **

Beaune, Theurons Jadot. Lebhaft, «süß», überraschend eindringlich.
*April 1989 ***

Einige 73er, die Anfang bis Mitte der 8oer Jahre ganz gut waren:

Chambertin, Clos de Bèze Dr. Marion; Corton, Bressandes Tollot-Beaut; Romanée-St-Vivant DRC.

Recht ansprechend, doch ohne Zukunft:

Beaune, Hospices, Brunet Bouchard Ainé; Chambertin Trapet; Chambertin, Clos de Bèze L. Jadot; Volnay, Santenots, Hospices, Gauvin Thorin.

Bei der letzten Degustation Anfang bis Mitte der 8oer Jahre schlecht:

Corton, Renardes Lebegue; Clos des Lambrays Bichot; Musigny Clair-Daü.

Andere 73er der DRC, seit den 7oer Jahren nicht mehr verkostet:

Romanée-Conti Sehr bemüht, «Pfauenrad» mit ein paar fehlenden Federn.

Richebourg Blaß und rosafarben, für einen Richebourg recht maßvoll eingestuft.

Grands-Echézeaux Schwach und wäßrig.

## 1974 *

*Ein trostloser Jahrgang mit einer geschichtsträchtigen Kombination aus schlechtem Wetter, geringen Weinen und düsterer Wirtschaftslage. Schwierige Blüte, im Juli und August sonnig und warm, doch die wesentlicher Reifephase wurde durch Regen beeinträchtigt; die Trauben wurden bei kaltem, nassem und stürmischem Wetter eingebracht. Rasch ausgebaute Weine zum baldigen Verkauf und Konsum. Talfahrt der Preise. Ein oder zwei recht hübsche Weine. Wenige exportiert.*

La Tâche Drei übereinstimmende Notizen aus den frühen 8oer Jahren. Eigenartige, dabei wohlriechende Nase, etwas brandig, zu wenig Frucht; eine Spur aufgezuckerter «Süße» als Gegengewicht zu dem rohen, säurebetonten Abgang. Schmackhaft, doch mit pappiger Struktur.
*Zuletzt im Mai 1983 auf der Domaine verkostet *
*Interessant zu sehen, ob und wie sich dieser Wein weiterentwickelt hat.*

Clos de Tart Eine einzelne Flasche aus Neugierde bei Patrice Noyelle von Mommessin aufgemacht nach der Degustation einer Reihe von jungen Jahrgängen. Mitteltief mit bräunlichem Rand; erdige, pflanzliche Nase, die sich unter dem Einfluß der Luft rasch veränderte: Irish Stew und Malzmilch! Am Gaumen überraschend «süß», eindringlich, relativ voll, malzig und säurebetont. *Auf der Domaine, Oktober 1990.*

VON MEINEN RELATIV WENIGEN AUF-ZEICHNUNGEN STAMMEN DIE FOLGENDEN AUS DEN FRÜHEN 80ER JAHREN:

BEAUNE, CENT VIGNES JESSIAUME. Orange-Tawny; eigenartige Röstnase; recht hübscher, angesengter Geschmack ✱

BEAUNE, GRÈVES LEBEGUE. Dumpf, holzig.

CHAMBERTIN, CLOS DE BÈZE ROPITEAU. Parfümierte Pinot-Note, weich, elegant, wohlaus-gewogen ✱✱✱

ECHÉZEAUX DRC. Zuwenig Frucht und Charme, aber sauber ✱

CHEVREY-CHAMBERTIN LEROY. Schön ent-wickelt, Vanille-Nase; leichter Stil, schmackhaft, aber mit roher Säure ✱

GRANDS-ECHÉZEAUX DRC. Gutes Pinot-Aro-ma und sehr schmackhaft, aber rauh und säure-betont ✱✱?

POMMARD MARC GARAUDET. Nase erinnerte an Pappe, spröde, am Gaumen faserig.

POMMARD, CLOS DE LA PLATIÈRE MERODE. Sehr ansprechend: fabelhaft reiche Pinot-Note in Nase und Geschmack ✱✱✱ Zweifellos in der Zwi-schenzeit verblüht.

RICHEBOURG DRC. Duftige Nase, schöne Wei-nigkeit ✱✱✱

CLOS DE LA ROCHE Ropiteau. Recht gute Frucht, erfrischende Säure ✱✱

ROMANÉE-ST-VIVANT DRC. Bei der ersten De-gustation bräunlich und rauh, im Alter von zehn Jahren eine Nase wie alte rote Bete auf einem Komposthaufen, schmackhaft, aber wie Erde, die an den Wurzeln klebt. Mein Gastgeber leerte ein-fach eine Magnum in zehn große Gläser, trübes Depot, das war alles.

CLOS DE VOUGEOT DOM. DU CH. DE LA TOUR. Vorzügliche Farbe; «süße», hochgetönte Nase wie durchweichte Trauben mit einer Spur Firnis. Auf-richtig, aber gering und kurz.

# 1975

*Keine glückliche Zeit in Burgund: 1972, 1973, 1974 und schließlich auch noch 1975 ein trostloser Jahrgang. Das Jahr begann gut mit einem groß-artigen Frühling und frühen Sommer. Juli und August waren gemischt: Hitze, aber auch Hagel. Gegen Ende August war es naß und feucht und die Trauben begannen zu faulen; das setzte sich bis Anfang September fort, danach war es kühl und trocken. Geringer Ertrag an faulen, unreifen Trauben, Lese ab 25. September. Kein Markt für diese Weine, die Preise stürzten noch tiefer. Einer der schlechtesten Jahrgänge nach dem Krieg, auf alle Fälle seit 1968. Keine Weine, nach denen es sich lohnt Ausschau zu halten.*

*Die gegensätzlichen DRC-Weine werden zu-erst angeführt. Wie gewöhnlich ernteten sie die überlebenden Trauben spät und wählten sehr sorgfältig aus. Die Betriebsleiter erklärten mir, daß man 1974 erstmals gegen die Fäule gesprüht hätte.*

ROMANÉE-CONTI Nur einmal verkostet, auf der Londoner Degustation der Domaine. Ziemlich blaß, frühreife Orangetönung; die Note von gerö-steten Kokosnüssen in der Nase fand ich recht ansprechend und der Wein war wie immer recht zupackend. Aber auch sein Ruf vermochte ihn nicht zu retten.
*Im März 1980 verkostet (?)*

LA TÂCHE Bei der Eröffnungsdegustation zu wenig fest und griffig. Im folgenden Herbst hatte der Wein eine erkennbare La-Tâche-Nase, erin-nerte mich aber an feuchtes Farnkraut, ziem-lich verblühte Pinot-Note und Lakritze. Nicht schlecht, aber kurz. Im Alter von acht Jahren rela-tiv blaß, glanzhell; zurückhaltende, pflanzliche, brandige Pinot-Nase, der typische La-Tâche-Duft kam kaum durch; «süß», leicht, sehr schmackhaft, aber kurz.
*Zuletzt auf der Domaine verkostet, Mai 1983 ✱*

RICHEBOURG DRC. Offene Nase; gewisse Reichhaltigkeit. Mit Richebourg-Note, aber zu-wenig Körper, Festigkeit und, offen gesagt, auch Qualität. Trotz seiner bekannten Fähigkeit sich zu erholen, wird das kaum viel bewirken.
*März 1980 ✱*

GRANDS-ECHÉZEAUX DRC. Gewisse Farbtiefe, wie ein 76er; gedämpfte Nase, dahinter etwas Frucht; leichtgewoben. Kantige Säure.
*Ich prophezeite einen kleinen Entwicklungsschub, habe den Wein aber seit März 1980 nicht mehr ver-kostet (✱✱)?*

ROMANÉE-ST-VIVANT DRC. 1980 «süß», un-verhüllt und ebenfalls «kantig» (säurebetont); 1982 war die reiche Farbe jedoch aufgrund unsorgfälti-

ger Behandlung getrübt. Überraschend «süße», reich entwickelte und harmonische Pinot-Nase mit den Nuancen von gekochter roter Bete, höherer Alkoholgehalt als erwartet – stark aufgezuckert, nehme ich an. Schmackhaft und stilvoll. Trockener, leicht bitterer Abgang.
*Zuletzt im August 1982 verkostet* ★★

ECHÉZEAUX Das Schlußlicht der DRC-Palette, leichtgewoben, hohl, aber duftig.
*März 1980 ?*

VOUGEOT 1ER CRU BERTAGNA. 1982 brandig, gasig, kurz und scharf. Im Alter von elf Jahren dann voll ausgebaut, orangegetönt; alte, schokoladige Nase und ebensolcher Geschmack. Trocken. Fleischig.
*Zuletzt im April 1986 verkostet.*

MEINE RESTLICHEN NOTIZEN MACHTE ICH ZWISCHEN NOVEMBER 1981 UND JULI 1982:

BEAUNE, HOSPICES, BRUNET J. PRIEUR. Unbeeindruckendes Erscheinungsbild; brandige, grasige Note in Geruch und Geschmack, dabei «süß» und recht reich ★★

BEAUNE, CLOS DU ROI LEBEGUE. Annehmbar.

CHAMBERTIN, CLOS DE BÈZE DOM. MARION. Blaß, orangegetönt; eigenartig ungleichmäßiges Buket, das sich bei näherer Betrachtung verbesserte; «süß», leicht schmackhaft, aber säurebetont ★

GEVREY-CHAMBERTIN, LAVAUX ST-JACQUES LEBEGUE. Unangenehm.

VOSNE-ROMANÉE LEBEGUE. Ohne Frucht und grasig.

VOSNE-ROMANÉE, BEAUMONT BERTAGNA. Eigenartig parfümiert, pikant, rauh und bitter.

VOUGEOT, CLOS DE LA PERRIÈRE BERTAGNA. Medizinal; trocken, leicht, pikant, schmackhaft, aber rauh.

CORTON LEBEGUE. Verblüht und bitter.

## 1976 ★★★(★)?

*Ein bedeutender Jahrgang, der von den Händlern begierig aufgegriffen wurde nach der Reihe von schlechten Jahren in Qualität und Handel. Ich gestehe, daß ich, bevor ich meine Notizen durchsah, geglaubt habe, mir hätte der Jahrgang gefallen. Die Weine waren praktisch mit allem üppig ausgestattet: Farbe, Frucht, Alkohol und Extraktstoffen. Aber es gab, und gibt immer noch, einen Haken: zuviel Tannin. Die Weine waren und sind sehr hart, Grund zur Sorge, ob diese harten Tannine mit der Zeit weicher werden (schließlich geschah das beim roten Bordeaux 1928) oder ob die Härte die Frucht übertönen würde.*

*Heiße, trockene Vegetationsbedingungen. Hitzewelle und Trockenheit, die in England am 31. August abrupt abbrach, auf dem europäischen Festland aber fortdauerte. Dies ergab Trauben mit dicken, sonnenverbrannten Schalen, einem hohen Zuckergehalt und mit wenig feuchtem Fruchtfleisch. Aus den Schalen wurden bei der Gärung dunkle Farbpigmente und bittere Tanninstoffe entzogen.*

*Zweifellos fanden in England Händler, Restaurantbesitzer und Konsumenten gleichermaßen diese Weine weitgehend eigenartig, fremd und ungefällig hart und ziemlich viele kamen wieder auf den Markt. Ich denke jedoch, daß die besten bei guter Lagerung um die Jahrtausendwende eine schöne Überraschung bieten können.*

ROMANÉE-CONTI Bereits im März 1979, bei der privaten Vorabdegustation im Ritz in London, intensiv und durchdringend reich. 1982 der tiefste DRC-Wein, unnachgiebig, beeindruckend, alkoholstark mit guter Länge. Als nächstes im Oktober 1987 bei der Vorverkaufsdegustation von Christie's in Chicago: kraftvoll, sehnig, schmackhaft. In jüngster Zeit: himmlischer Duft, ätherische Note von roter Bete – der unnachahmlichste, geradezu theatralische Pinot-Duft der DRC. Am Gaumen «süß», vollmundiger Geschmack, immer noch hart.
*Zuletzt im Februar 1992 verkostet* ★★★(★★) *Ich erwarte ein volles Erblühen ab 1996.*

LA TÂCHE Acht Aufzeichnungen, beginnend mit der Degustation bei den Londoner Agenten im März 1980. Im Stil irreführend leicht und elegant, dabei mit großer Fruchtfülle und einer eher scharfen Endnote. Im folgenden Herbst notiert, daß die Farbe nicht so tief war wie beim 78er, doch ohne Anzeichen von Reife. Hart. Tannin und Säure dominant. 1982 passende Farbe zu dem beeindruckend tiefen Auftreten mit dem außergewöhnlichen Aroma, das sich seinen Weg aus dem Glas bahnte. Kraftvoll. Hinterließ ein trockenes und parfümiertes Empfinden im Mund. Als nächstes bei der vertikalen La-Tâche-Degustation auf der Domaine im Mai 1983; im Frühjahr 1985 entfaltete er dann sein ätherisches Pfauenrad. Gute zwei Jahre später hatte die Farbe an Tiefe verloren; unmittelbar entgegenkommendes Buket; phantastisch schmackhaft, aber schlank.
*Zuletzt im Februar 1992 verkostet* ★★★(★) *Möglicherweise* ★★★★★ *wenn er seine harten Kanten abschütteln kann.*

**BEAUNE, GRÈVES** LEROY. Mitteltief, ausgebaut; recht gute, wohlriechende Pinot-Nase; trocken, fest, guter Abgang. Sauber, nicht aufsehenerregend. Ob sich eine weitere Flaschenlagerung lohnt?
*Februar 1986* ★★(★)?

**BEAUNE, VIGNES FRANCHES** L. LATOUR. Im November 1979 relativ blaß und hübsch, trug eine blumige Vanille-Nase, einen guten Geschmack, eine schöne Struktur und eine anständige Länge zur Schau. 1983 immer noch purpurfarben und unausgebaut; Nase und Geschmack mit marmeladiger Frucht, doch mit harter Kante. Bei der letzten Degustation immer noch marmeladig, doch mit Flaschenalter. Sehr auffallendes Tannin. Wird er das Tannin integrieren können und weicher werden oder austrocknen?
*Zuletzt im April 1989 verkostet* ★★(★)?

**BONNES MARES** DE VOGÜE. Nur einmal verkostet, bei Khourys großer Degustation in San Diego. Ziemlich intensives Rubinrot; reiche Pinot-Brombeernote; trocken, körperreich, angefüllt mit hartem Tannin und Weinsäure. Gute Länge, aber streng. Benötigt Zeit – und die Zeit wird es auch zeigen.
*Oktober 1984* (★★★)??

**BROUILLY** CH. DE LA CHAIZE. Einen Beaujolais sollte man wirklich jung und frisch trinken. Doch in heißen Jahren, wie 1947, 1959, 1964 und 1976, und wenn er auf eine altmodische Art hergestellt wird, kann er sich entwickeln und gut halten – ein himmelweiter Unterschied zu den leichten, blechernen *Macération-carbonique*-Weinen, die gelegentlich unsere Tische verunzieren. Eine neun Jahre alte Magnum getrunken: gute Farbe, immer noch recht jugendlich; exzellente marmeladige Gamay-Frucht in der Nase und am Gaumen. Auf seine Art komplett.
*Mai 1985* ★★★

**CORTON, HOSPICES, CHARLOTTE DUMAY** Nach zweieinhalb Jahren Faßlagerung von André Gagey in Magnumflaschen abgefüllt. Immer noch tanninbetont, doch mit einer weichen, harmonischen Vanille-Nase und reich am Gaumen. Ein sehr guter Wein – einer der wenigen Burgunder, der zu Käse paßt.
*Januar 1990* ★★★(★)

**CORTON, RENARDES** DELARCHE. «Süß» und wohlriechend in der Nase und im Geschmack. Trockener Abgang. Schöner Wein.
*Februar 1989* ★★★

**DEZIZE-LÈS-MARANGES** B. BACHELET. Ein für mich neuer Côte de Beaune mit einem hübschen Namen, doch da er der Auswahl Robert Haas entstammte, mußte er mehr als nur interessant sein.

Parfümierte Himbeerbuschnase; leichter Stil, ein geringerer Wein, ich denke etwa einem anständigen roten Bordeaux *bourgeois* entsprechend.
*Februar 1986* ★★

**ECHÉZEAUX** DRC. Im März 1979 im Ritz unausgebaut, tanninbetont. Im folgenden Frühjahr hatte er eine rasche Entwicklung durchgemacht: sehr entgegenkommende Nase mit Nuancen von Pflaumen und Rhabarber; unmittelbarer Geschmackseindruck, doch meiner Ansicht nach mit zuwenig Substanz. Zwei Jahre später befand sich die Purpurtönung im Ausbau; lebhaftes, wohlriechendes Bukett, schmackhaft.
*Zuletzt bei einer Subskriptions-Degustation des Oxford University Wine Circle im New College, Januar 1982* ★★★

**ECHÉZEAUX** MOILLARD. Nur zur Erinnerung: Der DRC gehören nur 11,5 Hektar des gute vierzig Hektar großen Lage Echézeaux. Der jeweilige Weinstil hängt vom Besitzer, dem Alter und der Pflege der Rebstöcke, der Lesezeit, dem Grad der Auslese, der Weinbereitung, dem Ausbau in neuen oder alten Fässern und dem Zeitpunkt der Abfüllung ab. Kurz gesagt, es gibt zahlreiche Varianten. Der Wein von Moillard hat eine reiche Farbe, ist sehr schmackhaft mit einer Fülle an 76er Tannin.
*April 1988* ★★(★)

**ECHÉZEAUX** MONGEARD-MUGNERET. 1987 ebenfalls als gute Bob Haas Auswahl bewertet. Zwei Jahre später: mitteltief, verbindlich, doch mit Sattelgeruch (Tannine). Interessante Zukunft.
*Zuletzt im September 1989 verkostet* ★★★(★)?

**GEVREY-CHAMBERTIN, CLOS VAROILLES** DOM. DE VAROILLES. Rasch in Tanks gefüllt, bevor das Tannin die Frucht völlig beherrschte. Nach neun Jahren mitteltiefes, doch sehr ausgebautes Erscheinungsbild. Vorzüglich, «süß», Pinot-Röstnote. Andere Verkoster bemerkten Kakao, Pflaumen und Teer. Trocken, ziemlich alkoholbetont, sehr reich, dabei rauh, mit einem leicht stieligen, holzigen Charakter.
*Februar 1985* ★★(★)?

**GRANDS-ECHÉZEAUX** DRC. Tief, reich, gehaltvoller und positiver als die Echézeaux, bei der DRC-Degustation 1980. Zwei Jahre später waren die Tiefe und Farbintensität ganz offenkundig; herrliche Nase, reifes Pinot-Aroma, phantastisches Fruchtherz. Positiver Eingang, guter Mittelgeschmack, Tannin- und Säurerückgrat. Ziemlich unnachgiebig.
*Zuletzt im Januar 1982 verkostet. Damals* ★★★(★★) *Seitdem nicht mehr verkostet, müßte aber ein auffallend guter Wein geworden sein.*

**MAZIS-CHAMBERTIN** JABOULET-VERCHERRE. Mitte der 80er Jahre mehrmals verkostet. Ausge-

sprochen rot, kann als Signal für die in der Nase wahrnehmbare flüchtige Säure gelten. Dazu stielig, kantig und trotz des leichtgewichtigen Stils rauh.
*Zuletzt im Oktober 1986 verkostet.*

MOREY-ST-DENIS DUJAC. Jacques Seysses sucht unermüdlich nach Qualitätverbesserungen, ist dabei ständig am Experimentieren – der Bob Mondavi der Côtes! Er öffnete zwei Flaschen Wein von derselben *Cuvée*, wobei der eine ein Jahr, der andere zwei Jahre in der *Barrique* verbracht hatte. Letzterer war in der Farbe feiner und reicher; der erste zeigte eine reiche, käsige Nase mit pikanter Frucht unterlegt, der später abgefüllte Wein war duftiger. Erinnerte mich auch an Kutteln! Der zuerst abgefüllte Wein hatte einen kurzen, gefälligen Geschmack und einen trockenen Abgang, der andere war üppiger und reicher strukturiert.
*Auf der Domaine verkostet, September 1981* ** *beziehungsweise* ***(*). *Ich wette, daß der zweite jetzt besser ist.*

MUSIGNY J. DROUHIN. Vorzügliche, tiefe Farbe; zurückhaltendes, aber reiches, elegantes Bukett; fabelhaft, eindringlich, gute Länge, trockener Abgang.
*Oktober 1990* ***(*) *Bis 2000.*

MUSIGNY, VIEILLES VIGNES DE VOGÜÉ. Umfassendes Erscheinungsbild, doch mit orangebraunem, ausgebautem Rand; duftiges und delikates Bukett, doch gleichzeitig etwas hart; trocken, Körper, Länge und Abgang gut. Stilvoll, aber tanninbetont.
*Bei Khourys De-Vogüé-Degustation, Oktober 1984. Damals* *(**) *Ich würde jetzt gerne einen Stern hinzufügen können.*

POMMARD, CHANIÈRE THEVENIN. Ziemlich blaß und stark tawnyfarben; leichte, schokoladige Nase; relativ trocken, schönes Gewicht, 76er Tannin, dennoch ein gefälliger Wein.
*Dezember 1987* **

RICHEBOURG DRC. Deutlich nicht tief in der Farbe, und mit der reinsten Farbe der 76er DRCs bei der Präsentation für den Handel im März 1980. Doch ein guter, anhaltender Geschmack. 1982 eine gewisse Dicke in der Farbe und Reichhaltigkeit vermerkt. Die ursprünglich ziemlich verschlossene Nase hatte sich herrlich entfaltet, «süß», in jeder Hinsicht sehr schön; auch am Gaumen «süß». Ein phantastischer Wein, mit Alkohol, Tannin und Säure gut ausgestattet. Ein Jahrzehnt später: vollreif, eher bleich; süß, duftendes Bukett; weich am Mittelgaumen, sehr tanninbetonter Abgang.
*Letzmals probiert im Februar 1992* ***(*)? *Das Fragezeichen hängt mit dem Abbau von Tannin zusammen.*

CLOS DE LA ROCHE PONSOT. Mitteltief; irgendwie unverwoben, firnisartig, staubig; tanninbetont und nicht sehr reizvoll. Zugegebenermaßen verkostete ich ihn rasch, weil nicht viel Zeit war, aber ich verstehe, warum einige der 76er nicht beliebt sind. Man ist oft wenig geneigt zu warten, bis die Weine durch die Flaschenalterung weicher geworden sind.
*Bei Christie's Vorverkaufsdegustation in Chicago, September 1989* *(*)?

ROMANÉE-ST-VIVANT DRC. Im März 1980 ausgesprochen trocken und eindringlich. Ich vermutete, daß er zwischen 1984 und 1998 zu trinken sein müßte. Neujahr 1982 hatte er sich schön entwickelt, «süßer» Eingang, guter Mittelgaumen, ausgeprägt seidige Struktur. Elegant, aber mit einem etwas unvermittelten, adstringierenden Abgang. 18 Monate später vorzügliche Farbe; reiche, sehr schöne, wohlriechende, pflanzliche Pinot-Nase und ebensolcher Geschmack. Schönes Gewicht. Tanninbetonter Abgang.
*Zuletzt im Februar 1992 verkostet* ***(*) *Ich sehe keinen Grund, meine erste Voraussage zu ändern und hoffe, daß die harten Tannine noch vor dem Jahr 2000 milder geworden sind und einer üppigen, samtigen Frucht Raum geben.*

SANTENAY, GRAVIÈRES, CH. DE LA CHARRIÈRE DOM. GIRARDIN. Die dicken Schalen machen sich bemerkbar, ziemlich tiefe Farbe, wenn auch im Ausbau; recht brandige, pflanzliche Nase, eine Spur Eisen; schöner, robuster Wein, gute Frucht. Tannin und Säure unter Kontrolle. Ganz leichter Lakritzgeschmack. Aus der südlichsten Gemeinde der Côte de Beaune, für gewöhnlich zuverlässig und mit gutem Qualität-Preis-Verhältnis.
*Februar 1985* ***

CLOS DE TART Ich fand diesen Wein häufig recht wunderlich. Meine zwei Aufzeichnungen aus dem Jahre 1980 ließen mich den Namen des Guts als besonders passend empfinden [A. d. Ü.: «tart» heißt im englischen «beißend»], da der Wein seine hohe flüchtige Säure durch die rote Farbe und die hochgetönte Zitrusnase anzeigte. Wohlschmeckend, aber blechern. 1983 gleiche Bemerkungen und 1985 wies der Wein (Magnum) eine pflaumenfarbene Tönung und einen marmeladigen Stil auf. Weich, dabei rauh, leichte Tannin- und Eisennote, ein bißchen oxydiert. In jüngster Zeit dann tiefe, lebhafte Farbe, wobei die Lebhaftigkeit zum Teil durch die immer vorhandene flüchtige Säure erhalten wurde, die im besten Fall das Bukett anhebt und den Geschmack verstärkt. Ich gebe zu, ich genoß ihn. Ein schöner, lebhafter Wein, aber sehr tanninbetont.
*Zuletzt im Oktober 1990 verkostet. Im besten Fall* **

VOLNAY, CHAMPANS D'ANGERVILLE. Ein eleganter Wein: «süß», gute Frucht; am Gaumen trocken, sehr gefällig im Alter von gerade drei Jahren. Mit zehn Jahren: mir schien die Farbe tiefer, sicherlich war er eindringlicher, für einen femininen Volnay sogar kraftvoll in der Nase und am Gaumen. Recht hoher Alkoholgehalt, tanninbetont. *Zuletzt im September 1986 verkostet ★★(★) Ich frage mich, wie würdevoll sich dieser Aristokrat zurückziehen wird?*

VOSNE-ROMANÉE, SUCHOTS GERARD MUGNERET. Tief, mit leicht bröckeligem Depot; fabelhaftes Bukett, würzig, mit Brombeer- und Haselnußnuancen und üppig reifer Pinot-Note; vollmundiger Geschmack, lang, doch mit extrem tanninbetontem Abgang. Wird er austrocknen oder wird die reiche Frucht das Tannin überdauern? Ich fürchte nein, doch, wie immer, die Zeit wird es an den Tag bringen. *Juni 1988 ★★★*

VOUGEOT, CLOS BERTAGNA Einer von mehreren 76er Bertagnas, die ich Anfang bis Mitte der 80er Jahre verkostet habe. Offen gesagt nichts Aufregendes. Nase etwas neutral. Gehaltvoll, anständige Länge, aber hart. *Zuletzt im April 1986 ★(★)*

EINE AUSWAHL ANDERER 76ER, ANFANG BIS MITTE DER 80ER JAHRE VERKOSTET, OHNE GENAUE DATUMSANGABEN, DA IN DIESER KURZEN ZEIT KAUM VERÄNDERUNGEN EINGETRETEN SIND:

ALOXE-CORTON LABAUME. Brandig, hart, säurebetont.

ALOXE-CORTON LATOUR. Robust, tanninbetont, kurz ★

BEAUNE, EPENOTS DE GRAMONT Lebhaft, etwas fruchtig, aber hart ★(★)

BEAUNE, CLOS DES MOUCHES DROUHIN. Normalerweise einer meiner bevorzugten Roten von Drouhin, gehaltvoll, etwas stielig, hoher Tannin- und Säuregehalt ★?

CHAMBOLLE-MUSIGNY CLERGET. Gute Farbe; guter, reifer, pflanzlicher Pinot-Charakter, etwas «süß», guter Geschmack, aber bitterer Abgang (★★)

CHAMBOLLE-MUSIGNY, AMOUREUSES DROUHIN. Vorzüglich, schön entfaltet, wohlriechend, aber mit deutlichem Säure- (pH-Wert 3,20) und Tanningehalt ★★(★)

CHAMBOLLE-MUSIGNY, COMBE D'ORVAUX. JEAN GRIVOT Phantastische Farbe, ziemlich körperreich, sehr fruchtig, doch anscheinend nicht lang genug, mit trockenem Zwiebelhautabgang ★★(★)

CHASSAGNE-MONTRACHET COLOMB-MARECHALE. Rauhe, harte und alkoholische Nase; holzig und beißend am Gaumen.

CORTON BONNEAU DU MATRAY Ansprechend, rubinrot; Frucht und Vanille; «süß», schönes Gewicht, sehr schmackhaft und attraktiv ★★★

CORTON, BRESSANDES CHANDON DE BRIAILLES. Tiefe, reiche Farbe; sehr reich duftende Pinot-Note; trocken, körperreich, guter Geschmack, aber hart ★★(★★)

CORTON, CLOS DES CORTONS FAIVELEY. Beeindruckend tief, aber Holzton in der Nase, reich, aber unsauber.

CH. CORTON-GRANCEY L. LATOUR. Tiefe, reiche Farbe; vorzügliche Frucht; trocken, relativ voll, fest, große Geschmacks- und Charaktertiefe. Gute Struktur, aber beladen mit Tannin und Säure ★★(★★)

CHEVREY-CHAMBERTIN L. LATOUR. Schön gemacht, aber zuwenig Charakter ★★

CHEVREY-CHAMBERTIN ARMAND ROUSSEAU. Rosafarbener Rand, weich, gefällig; potentiell gute Nase; gut gebaut, schöne Frucht, trocken, doch weniger tanninbetont als erwartet ★★(★)

NUITS-ST-GEORGES H. GOUGES. Überraschend käsige Nase, ähnlich wie ein Bordeaux. Trocken. Ausgeprägt ★★(★)

NUITS-ST-GEORGES, CLOS ST-MARC VIENOT. Beste Eigenschaft ist das lebhafte Erscheinungsbild. Nase erinnert an Karton. Trocken. Nicht schlecht ★

## 1977

*Schlechter Jahrgang. Es wurden tatsächlich einige trinkbare Weine hergestellt, aber auch ganz entsetzliche. Die folgenden Notizen stammen von der Eröffnungsdegustation der Domaine de la Romanée-Conti (DRC), im Juli 1980 in der Vintners Hall.*

*Im Frühjahr ideales Wetter. Kein Frost. Die Rebstöcke konnten unter perfekten Bedingungen blühen, kein Durchrieseln, so daß man eine gehaltvolle Ernte erwartete. Doch das Wetter verschlechterte sich: im Juli und August war es außerordentlich naß und es mußte sehr oft gegen die Fäulnis gesprüht werden (bei der DRC 13 Mal, 1976 waren es dagegen nur siebenmal gewesen). Gegen Ende August begann man sich ernsthafte Sorgen um die Ausreifung und die Gesundheit des Erntegutes zu machen. Das Wetter verbesserte sich mit einem trockenen September und wenig Regen im Oktober. Die Domaine wartete bis zum 20. Oktober, um «voll ausgreifte Trauben ohne Krankheit oder Fäulnis zu lesen». Die Ernte dauerte zehn Tage und die Trauben wurden in kleinen Kisten zur Presse transportiert, damit sie nicht durch ihr eigenes Gewicht zerdrückt wurden. Die langsame Gärung dauerte drei Wochen. Nach dem biologischen Säureabbau im Dezember verschwand die hohe Säure.*

ROMANÉE-CONTI Nur einmal verkostet. Nase und Geschmack etwas verblüht, ziemlich hohl, mit einem eigenartig trockenen, flachen Abgang. Kohlensäure vorhanden, müßte sich aber wahrscheinlich legen.
*Juli 1980 ??*

LA TÂCHE Erster Eindruck im Juli 1980: brandige Nase; trocken, hart, aber mit gutem Nachgeschmack; 14 Monate später auf der Domaine flaumiger, leichter kiefernartiger Geruch, der sich im Glas überraschend entwickelte. Weicher und besser entwickelt als der 78er, relativ leicht, rauh und unvollendet. Bei der vertikalen La-Tâche-Degustation ähnliche Farbe wie der 75er, etwas roter; ebenfalls ähnliche Nase. Weicher, erdiger, pflanzlicher Geschmack. Keine Länge.
*Zuletzt im Mai 1983 verkostet* ★

DIE ANDEREN 77ER DOMAINE DE LA ROMANEE-CONTI IM JULI 1980 IN DER VINTERS HALL VERKOSTET:

RICHEBOURG Zunächst verschlossen, aber durchaus etwas reich, tief und gewisses Potential; überraschend reichhaltig und kraftvoll, mit gutem Nachgeschmack ★★

ROMANÉE-ST-VIVANT, GÉNÉRAL MAREY-MONGE Blaß; leichtgewoben, etwas stielig, eine Spur Veilchen; trocken, elegant, schmackhaft, aber kurz, abflauend ★

GRANDS-ECHÉZEAUX Gefällig «süße», stilvolle Nase; trocken, mittelschwerer Körper, guter Geschmack, hart, mit beträchtlichem Nachhall ★★

ECHÉZEAUX Leichte, marmeladige Frucht; auch ein Leichtgewicht, doch mit sonderbarer Schlagkraft. Sehr trockener Abgang.

*Man kann die Domaine sicherlich nicht beschuldigen, nicht ihr Möglichstes getan zu haben. In einem Jahr wie 1977 ein anstrengendes und teures Unterfangen. Man kann ja nie wissen, vielleicht erlebt man doch noch einige*

*Überraschungen, man denke an den 51er oder 54er La Tâche.*

*Für Armand Rousseau, einen bedeutenden Gutsbesitzer, Winzer und Erzeuger in der Gemeinde Gevrey-Chambertin, war 1977 eine Katastrophe. Ein führender Londoner Händler importierte, eher unangebracht, eine große Menge Wein zu recht hohem Preis. Obwohl er sie über einen längeren Zeitraum sehr günstig anbot, fanden sich nur wenige Käufer.*

ZWISCHEN 1982 UND 1985 MEHRMALS VERKOSTETE ROUSSEAU-WEINE:

CHAMBERTIN Leicht trüb; recht gute Pinot-Note in der Nase und am Gaumen. Flaumiger, würziger, nelkenähnlicher Geschmack und Nachgeschmack. Im Abgang etwas hefig.

CHAMBERTIN, CLOS ST-JACQUES Schwacher Rand, pfeffrige Pinot-Note; schmackhaft, aber rauh und bitter.

CHARMES-CHAMBERTIN Trübe; Geruch nach abgeschälten Rüben, Schweinestall und leeren Austernschalen. Stielig und beißend.

CHEVREY-CHAMBERTIN Ziemlich schönes, aber überentwickeltes Pinot-Aroma. Pikant und in schlechtem Zustand.

GEVREY-CHAMBERTIN, CLOS ST-JACQUES Zwischen 1983 und 1988 vier Aufzeichnungen: unterschiedlich, einige glanzhell, andere trüb und braun; zwei parfümierte Flaschen, zwei verblühte mit hoher flüchtiger Säure.

GEVREY-CHAMBERTIN, LAVAUX ST-JACQUES Sieben Notizen, alle schrecklich: trüb, hefig, stichig.

MAZY-CHAMBERTIN Relativ blaß, trübe, recht gut, litt aber unter einer zweiten Gärung in der Flasche.

CLOS DE LA ROCHE Schwache Farbe, orangespurig, nachklingende Kohlensäure, eine Flasche trüb. Wohlriechendes, wenn auch unverwobenes Aroma; schlank, pikant, über den Höhepunkt hinaus.

RUCHOTTES-CHAMBERTIN Wolkig; brandige Pinot-Nase; schmackhaft, doch mindestens eine Flasche mit Essigstich.

Eine mitleiderregende Ansammlung grosser Namen in erschreckendem Zustand. Und ein bitteres und teures Geschäft für Winzer, Händler und Verkäufer gleichermassen. Hatte irgendein Hersteller einen guten 77er zu bieten? Keiner, aber einige Weine waren nicht schlecht:

Corton, Clos de la Vigne au Saint Von Marcel Amance hergestellt aus einer Parzelle der Familie Bouchard ★★

Gevrey-Chambertin, Cazetiers Leroy ★★

Grands-Echézeaux, Tastevine Barrault-Lucotte ★★

Grands-Echézeaux, Tastevine Mongeard-Mugneret

Morey St-Denis, Clos Bussière G. Roumier ★★

Nuits-St-Georges, Boudots J. Grivot ★

Richebourg J. Gros ★★

Volnay, Cailleret Clerget ★

Volnay, Champans d'Angerville ★

Volnay, Clos de Verseuil Clerget ★★

Vosne-Romanée, Les Beaux-Monts Bertagna ★

Vougeot, 1er Cru Bertagna ★★

Vougeot, Clos de la Perrière Bertagna ★★

# 1978 ★★★★★

*Ein sehr guter Jahrgang, der beste zwischen 1971 und 1985. Der Beginn war nicht gerade vielversprechend; der Frühling und die erste Hälfte des Sommers waren kalt, Austrieb, Blüte und Entwicklung verzögerten sich. Ab dem 20. August änderte sich das Wetter und, wie in Bordeaux, wurde die Ernte durch eine langanhaltende Schönwetterphase gerettet. Die Trauben konnten bis zur späten Lese um den 11. Oktober voll ausreifen.*

*Trotz der Unregelmäßigkeiten des Wetters sind die Weine schön ausgewogen. Meiner Ansicht nach sind sie besser ausgefallen als in Bordeaux; die Spitzenprodukte müßten sich noch weiter entwickeln und gut halten.*

Romanée-Conti Erstmals im Mai 1983 auf der Domaine verkostet, zwei Flaschen, die eine von ihnen mit Kellertemperatur. Ziemlich tief; harmonisch, aber verhalten, mit einem merkwürdig staubigen Charakter, aber unterlegt mit Frucht. Ein wuchtig gebauter Wein. Reich. Fest. Irreführend fortgeschritten für das Alter. Lang und mit hervorragender Säure. Die kühlere Flasche schien mehr Vanillin in der Nase zu haben, war trockener und würzig. Zwei Jahre später: für einen Burgunder tiefe Farbe. Läßt den La Tâche daneben vollreif aussehen. Großes Bukett, leicht erdig, pflanzlich, reich, geschmacksintensiv, beladen mit Frucht. Phantastisch, aber unfertig. Komplett. Wohlriechend, benötigt aber mindestens zehn weitere Jahre Flaschenalterung.
*Zuletzt im April 1985 verkostet. Damals ★★★(★★) 1995 bis 2020.*

La Tâche Mit drei Jahren lebhaftes Purpurrot; bereits üppige Nase; Fruchtfülle, reich, dabei elegant. Hervorragendes Potential. Zwei Flaschen im Mai 1983, wohlriechende Nase, parfümiert, aber immer noch etwas hart; gut gebaut, schlank, blumig, aber fest. Guter Tannin- und Säuregehalt. Ein Jahrzehnt später: fabelhaft reifes Bukett nach roter Bete; ziemlich süß und voll, reich, leicht bitterer Abgang.
*Letztmals notiert während eines Abendessens auf Schloß Ramholz, im Dezember 1993 ★★★★*

## Verschiedene jüngere Notizen:

Beaune, Cent Vignes Ch. de Meursault. Lebhaftes Aussehen; sehr würzige Nase mit den Nuancen der neuen Eiche; trocken, füllig, dabei schlank und immer noch tanninbetont.
*Dezember 1989 ★★(★)*

Beaune, Cent Vignes Prosper Maufaux. Voll ausgebaut, relativ «süß», aber ziemlich säurebetont ★★

Chambolle-Musigny, Charmes Remoissenet. Überraschend tief, reich, intensiv, mit ausgebautem Rand; ziemlich marmeladige «Süße», herrliche Frucht, harmonisch; zum Kauen, gehaltvoll, kraftvoll. Ziemlich altmodisch und ein bißchen zu leichtverständlich, dennoch ein attraktiver Wein.
*Bei einem Burgunderessen im Grand Bay Hotel, Coconut Grove, Januar 1990 ★★★ Bis 2000.*

Charmes-Chambertin Camus. Ebenfalls ziemlich tief, intensiv, ausgebaut; gute Frucht, blumig, Walnüsse; «süßer» Geschmack, der an rote Bete erinnert, schön verwoben, gute Länge, köstlich.
*Februar 1989 ★★★ Bis 1996.*

**CH. CORTON-GRANCEY** L. LATOUR'S ‹GRAND PREMIER CRU›. Bei der Eröffnungsdegustation für den Handel 1981: schöne rauchige Nase; kraftvoll, exzellentes Gleichgewicht – mit Zukunft, was durch die jüngste Degustation bestätigt wurde. Trotz Farbverlust – relativ blaß, aber mit rosafarbener Tönung – eine warme, ausgeprägte Pinot-Nase, dabei völlig anders als der 79er; relativ voll, fest, immer noch mit trockenem, tanninbetontem Abgang.
*Zuletzt im Oktober 1990 verkostet ★★★(★) Bis nach 2000.*

**ECHÉZEAUX** MONGEARD-MUGNERET. Außerordentlich wohlriechend, überaus schmackhaft – oder andersherum: mit deutlicher, aber lebhafter und erfrischender Säure.
*September 1989 ★★★★*

**GEVREY-CHAMBERTIN, 1ER CRU** BOURREE. Tief, intensiv; zurückhaltendes, aber weiniges und schönes Bukett; trocken, voll, reich, immer noch tanninbetont. Ein wirklich beeindruckender Wein von einem altmodischen Kellermeister.
*Februar 1989 ★★★ Bis 2000.*

**NUITS-ST-GEORGES, VAUCRAINS** BOUCHARD PERE. Relativ blaß, ausgebaut, weich und «süß».
*Juli 1988 ★★*

**POMMARD, LA CHANIÈRE** R. THEVENIN. Relativ blasse Rosétönung; eigenartige, eichene Nase wie Portwein; 1982 trocken und rauh. Inzwischen voll ausgebaut; mittelmäßiges Bukett; schmackhaft, aber beißend.
*Zuletzt im Mai 1988 verkostet.*

**POMMARD, VIGNOTS** RENE MONNIER. 1986 wohlriechend; Geschmack, Länge und Nachgeschmack gut. Ein paar Jahre später recht unbestimmte Farbe; sehr «süß» und reich in Bukett und Geschmack. Ein hübscher Wein.
*Zuletzt im Mai 1989 verkostet ★★★ Bald trinken.*

**RICHEBOURG** J. DROUHIN. Tiefes, reiches, rotbraunes Zentrum, mit Farbabstufung bis zum ausgebauten, bernsteinfarbenen Rand; erster Eindruck Vanille, doch mit sehr tiefer, reicher Pinot-Nase, die sich im Glas ausdehnte; typisch reife Burgundersüße, kraftvoll, vollmundiger Geschmack, gute Länge, sehr schön zu trinken, wenn auch immer noch tanninbetont.
*Bei einer Degustation für Wine Japan vor einem eifrigen, überfüllten Haus, Tokio, Mai 1990 ★★★★(★) Bis 2010.*

**ROMANÉE-ST-VIVANT, QUATRE JOURNAUX** L. LATOUR. Im Oktober eine eindrückliche Probe dem Faß entnommen: ein sehr tiefer Wein mit dem delikaten Maulbeeraroma der reifen Trauben. Sehr reich. Große Zukunft. In jüngerer Zeit immer noch tief, «süß» und mit schöner Entwicklung.
*Zuletzt im Oktober 1987 verkostet ★★★★ Bis nach 2000.*

**CLOS DE TART** MOMMESSIN (einziger Besitzer). 1987 mitteltiefe Farbe, üppig. In jüngster Zeit: reich, überraschend gutentwickelte Farbe, brauner Rand; schöne, entgegenkommende Nase mit reifen Pinot-Nuancen und einer Note, die an Grillwürstchen erinnerte, entfaltete im Glas einen exotischen Duft; «süß», relativ voll, reiche, reife Frucht, große Länge, angemessener Tanningehalt. Ein attraktiver, draller, stark parfümierter Tart.
*Zuletzt im März 1992 verkostet ★★★★ Bis 2000.*

**VOLNAY, CAILLERETS** POUSSE D'OR. Mittelblaß, ausgebaut, gutgeformt, schöne Tränen; vollendetes, harmonisches Bukett; herrlicher Geschmack, sehr duftig, dabei mit schlanker, tanninbetonter Note und ziemlich hoher Säure.
*Januar 1990 ★★★(★) Bis 1996.*

**VOLNAY, CLOS DES CHÊNES** LAFARGE. Deutlich ein Familienbetrieb. Ziemlich tiefes Erscheinungsbild; Nase mit Frucht- und Weißdornnuancen, die im Glas aufblühte; mittelgewichtiger Körper, sehr tanninbetont – kein leichter, femininer Volnay, doch das liegt am Jahrgang. Große Klasse.
*Auf der Domaine zusammen mit Becky Wasserman verkostet, September 1989 ★★(★★) Bis 2000.*

**VOSNE-ROMANÉE** LABOURE-ROI. Etwas brandig und unangenehm riechend, im Geschmack jedoch besser, tanninbetont.
*September 1988 ★★*

**VOSNE-ROMANÉE** ALBERT PONNELLE. Sehr reifes Erscheinungsbild, schokoladig und zum Kauen.
*Januar 1990 ★★*

**VOSNE-ROMANÉE, BEAUMONTS** JEAN GRIVOT. War im Faß vorzüglich, wenn auch verschlossen. Vater und Sohn Grivot teilten mir mit, daß er in den vergangenen zwei Jahren in der Flasche hervorragend gewesen sei und daß sich ihr 85er wohl ähnlich entwickeln würde. Zweifellos gute Farbe; erster Geruchseindruck wie beim 82er, warme Frucht mit nussigem (Haselnuß) Unterton; ein reicher, vollmundiger Wein, sehr lang und seidige, nussige Tannine.
*Zuletzt im Keller verkostet, September 1989 ★★★(★) Bis nach 2000.*

**VOSNE-ROMANÉE, BEAUX MONTS** DANIEL RION. Ein Beispiel für die eigenartige Schreibweisen in Burgund (ein anderes Beispiel: Epenots, Epenottes, Epeneaux). Derselbe *1er-Cru*-Weinberg, doch ein anderer Bereich und ein anderer

Besitzer. Gute Pinot-Nase, doch für mich durch ein Tannat mit eisenartiger Bitterkeit verdorben. *Februar 1988 ★(★★)? Schwer zu sagen, ob man ihn austrinken oder noch zehn Jahre warten soll.*

CLOS VOUGEOT NOELLAT. Gute Farbe, reiche Nase, hervorragend fester Geschmack. *Zeigte im Juli 1984 ein gewisses Potential, jetzt ★★★★*

EINE AUSWAHL DER VIELEN 78ER, DIE ICH MITTE DER 80ER JAHRE VERKOSTET HABE:

BEAUNE, CLOS DU ROI TOLLOT-BEAUT. Überraschend tief; wohlriechend; fruchtig, doch mit bitteren Tanninen ★(★★) *Wahrscheinlich inzwischen weicher geworden.*

CHASSAGNE-MONTRACHET LEROY. Sehr schöne Farbe; gute Pinot-Qualität; sehr tanninbetont ★(★★)

CHASSAGNE-MONTRACHET, CLOS DE LA BOUDRIOTTE BACHELET-RAMONET. Nur mehr wenig Rot vorhanden; etwas unklar; weich, duftend, aber nicht für eine lange Lagerung ★★

CORTON, PERRIÈRES DUBRENIL-FONTAINE. Köstliche, harmonische Pinot-Nase und zarter, reicher Geschmack, der den hohen Alkoholgehalt und die stützenden Tannine verdeckt ★★★(★)

ECHÉZEAUX DRC. Rubinrote Kirschtönung; reich, pflaumig; Erd- und Fruchtaroma, ausladend und von unmittelbarem Reiz; trocken, relativ voll, fest, leicht bittere Tannine, dennoch duftend und nachhaltig ★★(★)?

GRANDS-ECHÉZEAUX DRC. Ziemlich tief und pflaumenfarben; wohlriechend, raffiniert, vorzügliche Frucht; fabelhaft «süßer» Eingang und Mittelgaumen. Vollmundiger Geschmack, fest, große Länge und Zukunft ★★★(★★)

GRANDS-ECHÉZEAUX H. LAMARCHE. Orangegetönt; Nase und Geschmack reif ★★★ *Austrinken.*

LATRICIÈRES-CHAMBERTIN TRAPET. Relativ blaß; hochgetönt, wohlriechend, ausgebaut ★★★ *Austrinken.*

MAZIS-CHAMBERTIN LEROY. Sehr tief, nach sechs Jahren immer noch pflaumenfarbenes Purpurrot; frisch, stilvoll, ansprechende Vanille-Nase; fabelhafter Geschmack, sehr viel Frucht, Tannin und Säure ★★(★★) *Müßte jetzt hervorragend sein.*

MOREY ST-DENIS DUJAC. Tief und dennoch ausgebaut; fabelhaft reicher Duft, Schokolade, Va-

nille; ziemlich «süß», relativ voll, tanninbetont Endgeschmack mit Eisennote ★★★

MUSIGNY, VIEILLES VIGNES DE VOGÜÉ. Nicht mit der Größe eines 59ers oder 49ers, aber elegant, gut gefügt und schön bei Khourys De-Vogüé-Degustation ★★★(★) *Wahrscheinlich jetzt auf dem Gipfel.*

NUITS-ST-GEORGES, PORRETS ST-GEORGES H. GOUGES. Ansprechende Farbe; Zitrus- und Walnußnuancen; kirschartige Frucht, Geschmack erinnerte mich an Heide. Schöner Wein. Reif ★★★

RICHEBOURG DRC. Mitteltief, pflaumenfarben, intensiv; Nase auf breiter Grundlage, hervorragende Basis an reicher, pflaumenartiger Frucht; vollmundig, alle Weinkomponenten in hohem Maß vorhanden (★★★★)

ROMANÉE-ST-VIVANT DRC. Beeindruckend tief, intensiv (1993); verhaltene Nase, pfeffrig und unnachgiebig, entfaltete sich aber in der Flasche; im Ganzen trocken und lebhaft ★★★(★★)

VON DEN VIELEN 78ER WEINEN, DIE ICH NUR ANFANG DER 80ER JAHRE VERKOSTET HABE, ZEIGTEN DIE FOLGENDEN EIN SEHR GUTES POTENTIAL:

BEAUNE, CLOS DES MOUCHES J. DROUHIN; Beaune, Vignes Franches L. LATOUR; Bonnes Mares J. DROUHIN; Chambertin HERITIERS LATOUR; Chambolle-Musigny, Amoureuses J. DROUHIN; Chassagne-Montrachet, Boudriottes DELAGRANGE-BACHELET; Corton, Bressandes CHANDON DE BRIAILLES; Grands-Echézeaux J. DROUHIN; Griottes-Chambertin J. DROUHIN; Morey St-Denis, Mont Luisant MOILLARD; Musigny J. DROUHIN; Pernand-Vergelesses, Iles de Vergelesses CHANDON DE BRIAILLES; Vosne-Romanée, Beaumonts J. DROUHIN.

## 1979 ★★★

*Guter, brauchbarer, reichlicher Jahrgang. Ebenfalls später Beginn, da der kalte Frühling den Austrieb der Reben verzögerte: Anfang Mai fielen die Knospenbildung und Fröste zusammen; mäßiger Sommer mit Hagelstürmen, ein recht heftiger jagte im Juni durch einen Teil der Côte de Nuits. Ende September Ernte gesunder Trauben.*

*Mit den üblichen Unterschieden, doch im ganzen angemessene Qualität, weniger ausgewogen, sicher auch weniger tanninbetont als die 78er Weine. Die meisten, wenn nicht sogar alle, lassen sich jetzt gut trinken; die besten werden sich halten.*

LA TÂCHE Es tut mir leid und ich war überrascht, als ich feststellte, daß ich nur einen roten
DRC, nämlich den La Tâche, verkostet habe. Im
September 1981, drei Monate nach der Flaschenabfüllung, war er im Duft unmittelbar entgegenkommend, wenn auch begleitet vom vorüberge-
henden, normalen Flaschengeruch. Bei der großen
Vertikaldegustation machte er sich gut: glänzend,
eine Spur Kirschrot; würzig, fruchtig, Brombeeren
und Nelken; «mittelsüß», relativ voll, sehr
schmackhaft und attraktiv. Gute Zukunft.
*Zuletzt im Mai 1983 verkostet. Jetzt wahrschein-
lich ★★★(★) Sehr gute Lebenserwartung.*

VERSCHIEDENE 79ER, SEIT MITTE DER 80ER
JAHRE VERKOSTET:

BEAUNE, GRÈVES AVERY. Reich, ausgebaut; delikat in Nase und Geschmack, Frucht, Gewicht
und Struktur gut.
*Dezember 1990 ★★★★ Bis 1995 trinken.*

BEAUNE, CLOS DES MOUCHES J. DROUHIN.
Erstmals im September 1981 verkostet: trotz unreifem Aussehen keine tiefe Farbe; zurückhaltende
Pinot-Nase mit den Nuancen von roter Bete; leichter, zugänglicher Stil; mir schien er etwas zu kurz.
Neun Jahre später nur mehr wenig Rot vorhanden;
gutentwickeltes Bukett; «süß», wirkte körperreicher, reichhaltig, fruchtig und trinkbereit.
*Zuletzt im Oktober 1990 verkostet ★★★ Bald trin-
ken.*

BEAUNE, CLOS DES URSULES L. JADOT. Gute,
reife Pinot-Nase; schönes Gewicht, etwas schlank,
ansprechend.
*April 1991 ★★★*

CHAMBERTIN, CLOS DE BÈZE DAMOY. Sehr
ausgebautes Erscheinungsbild mit Kohlensäure-
perlen am Rand; zurückhaltende, angesengte Nase
und brandiger Pinot-Geschmack. Sehr enttäuschender Wein des größten Besitzers von Chambertin und Clos de Bèze.
*November 1987 ★*

CHAMBOLLE-MUSIGNY REMOISSENET. Sehr
reifes Erscheinungsbild; Alterston in der Nase,
Minze und Milch. Leidlich.
*Dezember 1990 ★ Austrinken.*

CHAMBOLLE-MUSIGNY G. ROUMIER. Relativ
blaß, ausgebaut; sehr parfümierte Pinot-Note.
Recht ansprechend.
*Februar 1989 ★★ Bald trinken.*

CHAMBOLLE-MUSIGNY, CHARMES L. JA-
DOT. Ziemlich tief, feine, ausgebaute Farbe; kernige, reiche, gehaltvolle Nase, gute Frucht. Entsprechender Geschmack. Immer noch tanninbetont.
*März 1989 ★★★ Bis 1995.*

CHASSAGNE-MONTRACHET GAGNARD DE-
LAGRANGE. Recht schöne Frucht; trocken, schö-
ne Qualität, etwas Tannin, leicht säurebetont.
*September 1990 ★★(★) Bis 1996.*

CH. CORTON-GRANCEY Viele Aufzeichnun-
gen. Fest, leicht stielige Nase, trocken, rauh aber
schmackhaft im Oktober 1980. Bei der Degustation von Louis Latour im folgenden Herbst und
dann 1983 nicht sehr beeindruckend. 1987 bei
einem Essen der Bostoner Abteilung der Wine
& Food Society hatte er sich geöffnet, wirkte aber
auch durch das «Sortiment an Bauernkäse aus
New England» weicher. In jüngster Zeit machte er
sich gut bei einer vertikalen Degustation von Corton-Grancey, mittelblaß, voll ausgebaut; herrlich
reifer, voll entwickelter Pinot-Duft; «süß», mittelschwer, weich, würzig, reiche Frucht. Im Abgang
eine leicht bittere Note.
*Zuletzt im Oktober 1990 verkostet ★★★★ Auf dem
Gipfel, bald trinken.*

FIXIN, CLOS D'ENTRE DEUX VELLES MOIL-
LARD. Die Vorstädte von Dijon wachsen rasch bis
zum Gemeindegebiet von Fixin, am oberen Ende
der Côte de Nuits. Es wäre eine Schande, wenn
man auf diesem *clos* mit dem malerischen Namen
einen Supermarkt bauen würde. Ansprechender,
fruchtiger Geschmack. Genau richtig und mit gewissem Stil.
*Juni 1986 ★★★*

MAZIS-CHAMBERTIN FRANÇOIS FAIVELEY.
Vorzügliche Farbe; delikat, etwas zurückgezogen,
leicht stielig; trocken, recht flach, ausgetrocknet,
zu kurz, doch tanninbetont.
*Februar 1989 ★*

MAZIS-CHAMBERTIN, HOSPICES, CUVÉE
MADELEINE-COLLIGNON JABOULET-VER-
CHERRE (Abfüller). Warm, reich, ausgebaut; ein
Hauch Kerosin, Teer, schokoladige Pinot-Note;
schmackhaft, leicht bitterer Abgang, aber duften-
der Nachgeschmack. Zweifellos interessant.
*Januar 1990 ★★?*

CH. DE POMMARD JEAN-LOUIS LEPLANCHE.
Für mich neu und köstlich. Ruhige, ausladende,
gefällige Farbe; erdige Pinot-Nase, öffnete sich
herrlich, begann aber nach 25 Minuten im Glas zu
verblassen; sehr «süß», würzig, vollmundig, ausgedehntes Pfauenrad. Länge und Nachgeschmack
gut
*Auf dem Svensk Vin Festival, Malmö, Februar
1986 ★★★★ Müßte immer noch vorzüglich sein.*

CLOS DE LA ROCHE DUJAC. 1981 ziemlich voll
und reich mit würzigem Endgeschmack. 1985 in
der Nase eine gewisse Moschusnote und Anklänge
von getrockneten Pflaumen, leicht bitterer Abgang. In jüngster Zeit eine Flasche aus meinem

eigenen Keller: nicht sehr glanzhell, obwohl sie einen Tag aufrecht gestanden hatte, orangegetönt; fabelhaft reicher, gehaltvoller Pinot-Duft, voller Geschmack, doch etwas von einem bitteren, tanninbetonten, eisenartigen Abgang überdeckt. In einem klassischen Burgunderglas von Riedel schien er voller und länger. Im ganzen bin ich von John Seysses 79ern nicht allzu angetan.
*Zuletzt im November 1990 verkostet* **

CLOS DE LA ROCHE PONSOT. Sehr tief; zurückhaltende Nase; 1985 phantastisch reich. Als nächstes: zwar immer noch verschlossen, doch «süß», relativ voll mit vorzüglicher Struktur, in der sich Üppigkeit und Eleganz verbinden.
*Zuletzt im November 1987 verkostet* ****

SAVIGNY-LÈS-BEAUNE DOM. DU CH. DE BEAUNE. Ziemlich blaß, aber mit sehr lebhafter und ansprechender Nase und einem entsprechenden Geschmack, gefälliges Gewicht und gute Länge.
*Januar 1987* ***

CLOS DE TART Ähnlich tief wie der 78er, aber etwas roter; zurückhaltende, pflanzliche Nase, die sich duftend und fruchtig entfaltete; ausgesprochen «süß», gefällig, harmonisch, ansprechend.
*Auf der Domaine, Oktober 1990* *** Bis 1996.

VOLNAY, 1ER CRU HUBERT DE MONTILLE. Ein Rechtsanwalt mit einem beachtlichen Ruf für seine Weinbereitung. Ich bedaure, daß ich nicht mehr Weine von ihm kenne, dieser hier war ein stilvoller Bilderbuch-Volnay, relativ blaß, doch im Alter von sechseinhalb Jahren immer noch mit jugendlichem Erscheinungsbild. Gefälliges Pinot-Aroma. Relativ trocken, schön gemacht.
*Zum Mittagessen im Waterside Inn an dem Tag, als Albert und Michel Roux und ich die französische Auszeichnung «Personnalité de l'Année» verliehen bekamen, April 1986* ***

EINIGE WEITERE 79ER, DIE SICH ANFANG DER 8OER JAHRE VIELVERSPRECHEND ZEIGTEN:

Aloxe-Corton TOLLOT-BEAUT; Beaune, Cent Vignes CH. DE MEURSAULT; Beaune, Hospices, Nicolas Rolin EMILE CHANDESAIS (Abfüller); Beaune, Vignes Franches FRANÇOIS GERMAIN; Chambertin A. ROUSSEAU; Chapelle-Chambertin DROUHIN-LAROZE; Charmes-Chambertin. HENRI RICHARD; Chorey-Lès-Beaune J. DROUHIN; Corton, Bressandes TOLLOT-BEAUT; Morey St-Denis, Mont-Luisants MOILLARD, Nuits-St-Georges, Ch. Gris LUPE-CHOLET; Pommard, Epenots L. LATOUR; Clos de la Roche CHANSON; Volnay, Clos des Chênes CH. DE MEURSAULT; Vosne-Romanée, Suchots L. LATOUR; Clos Vougeot HUDELOT NOELLAT.

EINIGE ENTTÄUSCHENDE 79ER:

Beaune, Vignes Franches L. LATOUR; Bonnes Mares DE VOGÜÉ; Chassagne-Montrachet AUDIFFRED; Morey St-Denis DUJAC.

## 1980 ** *bis* ***

*Ungleichmäßige Qualität, doch viel besser als ihr ziemlich mäßiger Ruf. Einige gute Weine erzeugt.*

*Ungünstiger Frühling: späte Blattbildung, ausgedehnte, ungleichmäßige Blüte, schlechte Befruchtung. Juni kalt und regnerisch, doch überdurchschnittliche Temperaturen im August und September. Kurz vor der Ernte etwas Regen.*

*Der Markt befand sich in einer Rezessionsphase. Bei der Auktion der Hospices de Beaune registrierte man einen Preisrückgang um 17 % durchschnittlich; es war bereits der zweite hintereinander.*

*Man verglich den Jahrgang je nachdem mit dem 62er, dem 70er und dem 74er. Meiner Ansicht nach kam Rousseau mit seiner Einschätzung den Tatsachen am nächsten. Als ich auf der Domaine Proben aus dem Faß verkostete, sagte mir Monsieur Charles Rousseau, daß die 80er Weine seiner Ansicht nach wie die 72er seien; auch ich kann die Übereinstimmung erkennen: guter Geschmack, aber im Abgang leicht bitter.*

*Mit diesem Jahrgang eröffnete man die beiden vertikalen Degustationen des Jahrzehnts. Bei J. Drouhin wurden die Weine vom Clos des Mouches in Beaune verkostet, bei de Vogüé die Musigny-Gewächse. Aufgrund dieser Vergleiche ließen sich Qualität, Stil und Zustand der 80er Weine besser einschätzen.*

LA TÂCHE Erstmals im September 1981 aus dem Faß probiert: glänzende, natürlich noch unreife Farbe, doch mit einer «süßen», schokoladigen – aufgezuckerten – Nase, anständiger Körper, recht gute Länge. Als nächstes bei der vertikalen La-Tâche-Degustation: relativ blasse rosafarbene Tönung, eine Art mazerierte Frucht, im Stil irreführend leicht und mit einer Säure, fast wie bei einem Beaujolais. Doch die jungen DRC-Weine sind fast immer irreführend, man kann also optimistischerweise davon ausgehen, daß der Wein inzwischen köstlich und duftend geworden ist.
*Leider seit Mai 1983 nicht mehr verkostet??*

AUSGEWÄHLTE 8OER WEINE, AB 1985 VERKOSTET:

BEAUNE, CLOS DES MOUCHES J. DROUHIN. Alkohol 12,4 %, Gesamtsäure 3,6. Mitteltief, ausgebaut; voll entwickelte, wohlriechende Pinot-Nase, wie gekochte rote Bete, die ich nach zehn Minuten im Glas etwas verblüht fand, doch nach einer Stunde hatte sie sich sehr schön geöffnet. Am

Gaumen ein mittlerer Körper, fest, etwas hart, gute Säure, trockener Abgang.
*Zuletzt in Drouhins Degustationsraum verkostet, Oktober 1990 *** Bis 1995.*

BONNES MARES VAROILLES. Mitteltief; reich, ungleichmäßig, Bonbongeruch; «süß», recht reich und zum Kauen. Etwas Tannin. Wohlschmeckend.
*Bei einer Vorverkaufsdegustation, April 1988 ** Bis 1995.*

CHAMBERTIN, CLOS DE BÈZE JACQUES PRIEUR. Vorzügliches Rubinrot; nussig, Brombeerbuschton, Nase im Grivot-Stil, die sich entfaltete, «süßer», marmeladiger und duftender im Glas; trocken, mittelschwer, lebhafte Säure, leicht bitterer Abgang. Geschmack und Struktur wurden durch Stilton und andere Blauschimmelkäse verdorben.
*Bei einem Galadiner der Wine & Food Society im Hilton, San Juan, März 1986 ***

GEVREY-CHAMBERTIN, CAZETIERS PHILIPPE LECLERC. Überraschend tief und intensiv; «süß», wohlriechend, würzig, Walnüsse, leicht schokoladige Nase, sehr schöne Tiefe; lebhafte Frucht, sehr schmackhaft, pikante Säure, etwas Tannin, trockener Abgang.
*Februar 1989 *** Bald trinken.*

GEVREY-CHAMBERTIN, CAZETIERS G. SERAFIN. Mitteltief, offen, im Ausbau; vorzüglich in Duft und Tiefe; «süß», weich, ausgeprägter Pinot-Geschmack, schön griffig.
*Februar 1989 *** Bis 1996.*

MOREY ST-DENIS, CLOS DES ORMES FAIVELEY. Reiche, ziemlich marmeladige Pinot-Note.
*März 1988 ***

MUSIGNY DE VOGÜÉ. Gute Farbe; sehr «süß», Erdbeerpuddingduft, weich, leicht fleischige Nase, nach 50 Minuten entwickelte sich ein vorzügliches Ingwerkeksbukett mit einer Spur Paprika; Gewicht und Frucht schön. Weicher Unterbau, doch recht guter Tannin- und Säuregehalt. Am Gaumen ansprechend, doch nicht spektakulär und mit einem leichten, trockenen, leicht bitteren Abgang.
*Auf der Domaine, Oktober 1989, gerade noch *** Bis 1995.*

NUITS-ST-GEORGES, PRULIERS H. GOUGES. Erstmals im September 1981 aus dem Faß probiert. Mittelblasse, hübsche Farbe; gefälliges, zugängliches, delikat duftendes Bukett mit einer Spur Härte darunter; leichter Stil, ansprechend, aber etwas hohl, schöne Säure, trocken, mit leicht bitterem Abgang.
*Zuletzt im Mai 1986 verkostet ** Bald trinken.*

ROMANÉE-ST-VIVANT C. NOELLAT. Mitteltief, ausgebaut, ziemlich schwacher, wäßriger Rand; reif, brandiger Pinot-Stil, der an alte Socken erinnert! Doch die Frucht kam durch. Unverwoben. Gehaltvoll, kernig, mit sehr hartem, trockenem Abgang.
*Juli 1988 ***

CLOS VOUGEOT, CH. DE LA TOUR MORIN. Mitteltief; wohlriechend, feigenartig; sehr gefällig.
*Januar 1986 ***

AUSGEWÄHLTE 80ER, IN DER ERSTEN HÄLFTE DES JAHRZEHNTS VERKOSTET:

ALOXE-CORTON TOLLOT-BEAUT. Sehr ansprechend, parfümierte Pinot-Note in Nase und Geschmack. Köstlicher Nachgeschmack ***

BEAUNE, CLOS DU ROI TOLLOT-BEAUT. Überraschend tief und immer noch mit etwas Purpur; wohlriechendes Sortenaroma; mittelschwer, recht gute Frucht, leicht bitterer Endgeschmack **

BEAUNE, GRÈVES A. MOREY. Ansprechende Nase, die an den Geruch von Bäumen erinnert; aufgezuckerte «Süße» überdeckt die unreife Traubensäure. Schmackhaft. Plausibel **

BEAUNE, GRÈVES, VIGNE DE L'ENFANT JÉSUS BOUCHARD PERE. Tief; geringe Nase; neutraler Geschmack, hohe Säure *

CHAMBERTIN CALVET. Unspektakulär, aber ansprechend in Nase und Geschmack, ziemlich körperreich, recht schön ausgewogen **

CHAMBERTIN, CLOS DE BÈZE CHANSON. Wohlschmeckend, aber nichts besonderes **

CHASSAGNE-MONTRACHET ALBERT MOREY. Frisch, leichte Frucht, Duft und Geschmack wie ein Beaujolais. Ansprechend **

PERNAND-VERGELESSES, ILE DE VERGELESSES DUBREUIL-FONTAINE. Sehr ausgeprägtes, erdiges Pinot-Aroma; sehr schmackhaft, aber etwas rauh. Guter Nachgeschmack **

POMMARD F. CHAUVENET. Eigenartiger Duft nach schwarzen Johannisbeerbonbons; außergewöhnlicher Geschmack, auf seine Art ansprechend, mit erfrischender Säure *?

VOLNAY, CAILLERETS POUSSE D'OR. Kirschrot; unverhüllt, wohlriechend, leicht pflanzlich; relativ «süß», überraschend hoher Alkoholgehalt, griffig und starke Säure. Ansprechend, aber unausgewogen **

VOLNAY, CHAMPANS D'ANGERVILLE. Relativ blaß, pink; neutrale Nase; glatt, relativ leicht, trockener Abgang. Enntäuschend und nicht zum Aufbewahren *

VOSNE-ROMANÉE, CROS-PARANTOUX HENRI JAYER. Das erste und einzige Mal, daß ich einen Wein aus dieser Lage probiert habe. Jayer hat einen sehr guten Ruf, und dieser 80er gewann 1981 in Mâcon eine Goldmedaille. Ziemlich tiefer, maulbeerfarbener Purpur; wohlriechend, fruchtig, ein «süßer» Pinot mit Himbeernuancen; «mitteltrockener» Eingang, sehr trockener Abgang. Dazwischen guter Geschmack, beträchtliche Länge, schöne Säure ★★★

IM SEPTEMBER 1981 AUF DER DOMAINE DE LA ROMANEE-CONTI AUS DEM FASS VERKOSTET:

ECHÉZEAUX Pflaumenfarben; verschlossen; ausgesprochen «süß», leicht, fruchtig und würzig – benötigte einen zweiten Winter im Faß.

ROMANÉE-ST-VIVANT Relativ blaß, jugendlicher Mauveton; in der Nase und am Gaumen fetter und fruchtiger. Gute Ausgewogenheit. Würziger Nachgeschmack.

IM SEPTEMBER 1981 AUF DER DOMAINE ARMAND ROUSSEAU AUS DEM FASS VERKOSTET:

CLOS DE BÈZE Breitschultrig, beladen mit Frucht, gute Länge und schöner Nachgeschmack, trocken.

CHAMBERTIN Beeindruckend voll, reich, konzentriert.

CHARMES-CHAMBERTIN Feine, tiefe Farbe; lebhafte Frucht, hervorragender Geschmack, beträchtliche Länge, desgleichen der Tannin- und Säuregehalt.

CHEVREY-CHAMBERTIN Glänzende, gute Farbe; gute junge Frucht; recht kraftvoller Geschmack und Biß, obwohl er erst eine Woche davor abgezogen worden war. Der *Premier Cru* aus seinem Weinberg an den Hängen oberhalb der Ortschaft war beeindruckend, trocken, mit vollem Geschmack, elegant. Nach der Ansicht von Monsieur Charles Rousseau ist 1980 ein Jahrgang für einen *vin de garde,* und nicht, wie die meisten Leute in Burgund annehmen, ein Jahr der leichten Weine. Er füllt seine leichteren Weine immer im Mai (im zweiten Jahr nach der Ernte) ab, die schwereren hingegen erst im September.

GEVREY-CHAMBERTIN, CLOS ST-JACQUES Von diesem sechs Hektar großen Weinberg gehö-

ren zweieinhalb Rousseau. Glänzende, gute Farbe «die sich nach dem Abziehen aufgrund der Oxydation vertiefen wird». Trocken, ziemlich hart.

CLOS DE LA ROCHE Einmal im Februar und einmal im September abgezogen, um 1982 mit Eischnee geschönt und schließlich endgültig abgezogen und in Flaschen gefüllt zu werden. Sehr schöne Farbe; «süß», wohlriechend, fruchtig. Durch und durch trocken. In Stil und Gewicht femininer als die verschiedenen Chambertins.

CLOS DE RUCHOTTES MONOPOLE Vor dem Abzug, «süß», reich, phantastischer Geschmack.

IM SEPTEMBER 1981 AUF DER DOMAINE DUJAC ZUSAMMEN MIT JACQUES SEYSSES AUS DEM FASS VERKOSTET:

GEVREY-CHAMBERTIN, COMBOTTES Im ganzen drei Hektar, 1,15 davon gehören Seysses: glänzend; reiches Pinot-Aroma, entfaltete sich im Glas würzig; sehr gute Frucht, anregend trockener Abgang, lebhafte Säure.

MOREY-ST-DENIS Biologischer Säureabbau im Januar, letztes Schönen mit Eischnee im August 1981. Relativ blaß, sehr glänzend; gute, direkte Fruchtnote in Nase und Geschmack. Mäßige Länge, gewisser Charme, sehr trockener Abgang.

CLOS DE LA ROCHE Ausgesprochen wohlriechend; reicher Eingang, trockener Abgang, Frucht, Länge und Tannin gut.

AUF DER DOMAINE HENRI GOUGES IN NUITS ST-GEORGES:

CLOS DES PORRETS Glanzvoll; jugendliche Nase mit Birnennuancen, die ein schönes Parfum entwickelte; «süß», schönes Gewicht, lebhaft, sehr fruchtig, hervorragende Säure.

LES VAUCRAINS Überaus glänzend, wie stark poliert; Eichen- und Apfelnuancen, verschlossen, doch offensichtlich mit guter Tiefe; fest, direkt. Guter Tannin- und Säuregehalt.

# 1981 ★★

*Mittelmäßige und eher wenig beeindruckende, indifferent strukturierte Weine mit relativ niedrigem Alkoholgehalt. Der warme Frühling begünstigte den Austrieb. Die Blätter waren schon gutentwickelt, als strenge Fröste die Weinberge schädigten, wobei die Grand- und Premier-Cru-Lagen relativ unversehrt blieben. Gute Blüte, doch im Juli kalt und naß, zwischen 10. und 31. August mehrere Hagelstürme; ansonsten war der August herrlich und das gute Wetter hielt bis*

*Mitte September an. Ab da immer wieder Regen, auch während der Ernte ab 24. September bis etwa 5. Oktober. Geringer Ertrag, mittelmäßige Qualität. Trotz der anhaltenden Rezession stiegen die Preise auf dem Markt wieder aufgrund des niedrigen Ernteertrags und dem Inflationsdruck auf die Produktionskosten. Vor allem in jüngerer Zeit relativ wenige Weine verkostet. Vermeiden oder sehr genau auswählen. Bald trinken.*

**BEAUNE, CLOS DES MOUCHES** J. DROUHIN. 12 % Alkohol, Gesamtsäure 3,6 g/l. Mitteltief, voll ausgebaut, ziemlich schwacher, wäßriger Rand; «süße», aber eigenartig gedämpfte Nase mit Stallgeruch. Nach einer Stunde im Glas malzig. Trocken, mittelleicht, im Geschmack nicht schlecht, doch kurz, mit hartem, leicht säurebetontem Abgang.
*Bei Drouhin, Oktober 1990 * Jetzt trinken.*

**CHAMBOLLE-MUSIGNY** CORON. Ziemlich blaß, unbestimmt, mit ersten Anzeichen des Ausbaus; Nase und Gaumen fruchtig. Ein ausreichend ansprechender Wein.
*Bei einer Vorverkaufsdegustation, Juli 1986 ***

**CHARMES-CHAMBERTIN** BERNARD BACHELET. Mitteltiefes, gefälliges Rubinrot; reiche, rustikale, erdige Nase mit Stallgeruch, eigenartig fleischig; ziemlich «süß», relativ voller Körper, weich, sehr gefällig zu trinken trotz des Charakters von mazerierten ganzen Früchten und einer Spur Bitterkeit im Abgang.
*März 1986 ****

**CHASSAGNE-MONTRACHET, CLOS DE LA BOUDRIOTTE** BACHELET-RAMONET. Recht blaß; «süße» brandige Pinot-Note in Aroma und Geschmack. Körperreicher, als das Aussehen vermuten ließe. Duftend.
*Januar 1981 ****

**CÔTE DE BEAUNE VILLAGES** CLAVELIER. Eigenartig parfümierte Nase; trocken, relativ leicht, schmackhaft, aber beißend. Bekanntermaßen ein eher kleiner Wein.
*März 1986 * Nicht interessant.*

**CHEVREY-CHAMBERTIN** A. ROUSSEAU. Mittelblaß, rötlich, im Ausbau; ziemlich schöne, wohlriechende, erdbeerartige Frucht. Mitteltrocken und -schwer. Ansprechend, auch wenn die Säure etwas hoch ist.
*April 1987 ****

**MOREY ST-DENIS** L. JADOT. Recht pflanzliche Nase mit Sattelgeruch; ganz hübsch, nussiger Geschmack, trockener Abgang.
*Juni 1990 * Bis 1995.*

**MUSIGNY** DE VOGÜÉ. Mitteltief, im Ausbau; unmittelbar entgegenkommende, voll entwickelte, aber empfindliche Nase, hochgetönt, himbeerartige Frucht, die im Glas überraschend wohlriechend wurde; etwas «süß», mittelschwer, weich, dabei schlank, schmackhaft, ziemlich kurz, etwas Tannin.
*Auf der Domaine, Oktober 1990 ** Austrinken.*

### VOR 1986 VERKOSTET:

**ALOXE-CORTON** TOLLOT-BEAUT. Sehr wohlriechend; herausragend, schöne Eichennote im Geschmack ***

**BEAUNE, CLOS DES FÈVES** CHANSON. Brandige Frucht; recht gut in Geschmack, Fülle und Qualität **

**BEAUNE, MARCONNETS** CHANSON. Blasser, mit schächerem Rand, doch ansprechendem Duft, in Gewicht und Stil relativ leicht, gefälliger Geschmack **

**CH. CORTON-GRANCEY** L. LATOUR. Relativ blaß, unausgebaut, ziemlich schwaches Erscheinungsbild; wohlriechende, marmeladige Pinot-Note mit leicht säurebetonter Erdbeerunterlage; trocken, etwas rauh – vielleicht zu früh nach der Abfüllung verkostet *

**POMMARD, CLOS DES EPENOTS** CH. DE MEURSAULT. Erbeer- und Strohnuancen in der Nase, «grün», unreif; sehr trocken, verschlossen.

**SAVIGNY-LÈS-BEAUNE** L. LATOUR. Relativ blaß, rasch ausgebaut, schwach; leichtes, aber «süßes» Brombeerfruchtaroma; leicht, sehr schmackhaft, erfrischende Säure, leicht bitterer Abgang **

### DIE VOLLE DRC-PALETTE ZULETZT IM NOVEMBER 1985 BEI PERCY FOXS LONDONER DEGUSTATION VERKOSTET:

**ROMANEE-CONTI** Zurückhaltende, pflanzliche Nase; weich, schmackhaft, Tannin und deutliche Säure (**)

**LA TÂCHE** Der jüngste Jahrgang bei der vertikalen Degustation auf der Domaine im Mai 1983: frischer, leichter Stil. Bei der Degustation von Percy Fox etwas tiefer als der 82er, stärker entwickelt; sehr entgegenkommende, erdige Frucht; mitteltrocken, weich, leichtgewoben, rascher Ausbau **

**RICHEBOURG** Schwacher Rand; zurückhaltende Nase, auch wenn sie sich im Glas entwickelte; ansprechend, doch nicht mit dem üblichen breitschultrigen Ausdruck. Allerdings auch nicht hohl. Etwas Tannin, deutliche Säure *

ROMANÉE-ST-VIVANT Ziemlich blaß; «süße», erdige, eindimensionale Nase; mitteltrocken, offen, leichtgewoben.

GRANDS-ECHÉZEAUX Mittelblaß, recht fortgeschritten; zurückhaltend; mittelschwerer Körper, sehr schmackhaft, scharfer Abgang ★★

ECHÉZEAUX Würzig – Nelken und Zimt – recht gutentwickelt in Nase und Geschmack. Etwas leicht, ein bißchen bitterer Abgang (★)

## 1982 ★★ *bis* ★★★

*Bei weitem nicht so eindrücklich wie Bordeaux. Rückblickend unterschiedlich, weder ganz gute noch ganz schlechte Weine, doch im großen und ganzen kann Burgund keinen Staat machen mit diesem Jahrgang. Wie die Aufzeichnungen zeigen werden fehlt es zu vielen Weinen an Farbe, auch wenn man die Eigenschaften der Pinot-Rebe berücksichtigt, so wie sie im Eingangskapitel über das Verkosten von Burgunderweinen beschrieben sind. Durch die sorgfältige Auswahl und die späte Lese scheinen der Domaine de La Romanée-Conti einige überdurchschnittliche Weine gelungen zu sein.*

*Ein großartiger Frühling ließ die Reben noch vor der ersten Juniwoche blühen. Guter Sommer, Regenfälle im August, phantastisches Erntewetter, Anfang Oktober war die Lese vollständig abgeschlossen. Sehr großer Ertrag.*

*Viele Weine werden mittlerweile bereits konsumiert sein, die meisten verbliebenen sollte man bald trinken, nur bei wenigen lohnt sich eine weitere Lagerung.*

BEAUNE MICHEL GAUNOUX. Bläßlicher, wäßriger Rand; zurückhaltend, weich, «warm», leicht angesengt und schokoladig; ziemlich «süß» und, was nicht ungewöhnlich ist, körperreicher als die Farbtiefe vermuten ließ, Geschmack und Frucht recht schön, trockener, aber nicht tanninbetonter Abgang.
*Dezember 1988 ★★ Bald trinken.*

BEAUNE, CLOS DES MOUCHES J. DROUHIN. Zwei jüngere Aufzeichnungen. Das erste Mal passend zu *pigeonneau en salmis*, das zweite Mal neun Monate später unter sachlicheren und kritischen Umständen; mittelblaß, voll ausgebaut, schwacher Rand; reife, verführerische, voll entwickelte Pinot-Nase, die sich rasch setzte, weich, harmonisch und nachhaltig eine Stunde im Glas verblieb und dann einen erdbeerartigen Duft angenommen zu haben schien; «mittelsüß» und mittelschwer (12,8 % Alkohol), weich, trinkbereit, etwas Tannin und mäßig Säure (3,5 g/l).
*Oktober 1990 ★★ Vielleicht ist diese Bewertung nicht großzügig. Jetzt gefällig zu trinken.*

BEAUNE, CLOS DES URSULES L. JADOT. 1984 relativ blaß, Kirschrot, trocken, komplett, guter, würziger Geschmack. Drei Jahre später gute Entwicklung; sehr schöne Pinot-Nase; klassisch, stilvoll.
*Zuletzt im Januar 1987 verkostet ★★★ Wahrscheinlich jetzt auf dem Gipfel.*

*Hospices de Beaune*

BEAUNE, HOSPICES, CLOS DES AVAUX Unbekannter Abfüller. Mitteltiefes, vollkommen ausgebaues Erscheinungsbild; sehr «süße», leicht rosinenartige Vanille-Nase; schönes Gewicht, ansprechend, wenn auch mit einem leicht künstlich wirkenden Geschmack.
*Dezember 1990 ★★ Bald trinken.*

BEAUNE, MARCONNETS REMOISSENET. Voll ausgebaute offene Farbe; oberflächlich ansprechend, aber etwas verblüht, mit leichter Zitrusnote in der Frucht; recht gut.
*Dezember 1990 ★★ Bald trinken.*

BEAUNE, TEURONS (sic) BOUCHARD PERE. Zwei praktisch identische Notizen: recht gute Nase, ausreichend gefällig.
*Zuletzt im Oktober 1988 verkostet ★★ Bald trinken.*

BONNES MARES L. JADOT. Relativ blaß; pflanzlich; nicht eben außergewöhnlich trotz des Namens und des Preises.
*Juli 1990 ★★*

CHAMBERTIN, CLOS DE BÈZE A. ROUSSEAU. «Süße», reiche Pinot-Nase und herrlicher, würziger Geschmack und Nachgeschmack mit Eichennuancen.
*Juni 1987. Damals ★★★(★) Inzwischen fraglos voll ausgebaut und sollte auch getrunken werden.*

CHAPELLE-CHAMBERTIN TRAPET. Nach der Durchsicht so vieler Notizen zu dem 82er Jahrgang fällt mir auf, daß dieser Wein nicht unter den führenden Burgundern figuriert. Von den zwei

Flaschen, die mir vor kurzem zum Verkosten gebracht wurden, waren beide blaß, hatte die eine schwache Rottönung, die andere wies keine Spur Farbe auf. Eine Flasche war süß, weich, mit brandiger Pinot-Nase, die andere mehr schokoladig. Die eine «süß», weich, kurz, die andere hatte etwas mehr Biß. Nicht in einem schlechten Zustand, einfach nur enttäuschend.
*Februar 1991.*

**CORTON, BRESSANDES** BOUZEREAU. Parfümierte Pinot-Note; sehr gefälliger Körper, Geschmack und Abgang.
*März 1989 *** Jetzt schön.*

**CORTON, CLOS DE LA VIGNE AU SAINT** AMANCE. Recht gute Pinot-Note in Nase und Geschmack, lebhafter als erwartet.
*Juni 1991 ****

**CH. CORTON-GRANCEY** L. LATOUR. Relativ blaß, offen; leichte, etwas fleischige, brandige Pinot-Nase; «süß», weich, mittelschwer, etwas bitter.
*Oktober 1990 **(*)*

**CHEVREY-CHAMBERTIN** CHAUVENET. Nach drei Jahren kirschwangige Jugendlichkeit; Aroma weder fruchtig noch pflanzlich, eher wie ein Brombeerbusch; mit gutem, festem Geschmack, komplett, benötigt Zeit. In jüngerer Zeit relativ blaß, immer noch rosaspurig; «süß», leichte Himbeernase; «mittelsüß» und mittelschwer, geradlinig, vielleicht nicht lang genug.
*März 1989 ** Bald trinken.*

**CHEVREY-CHAMBERTIN** A. ROUSSEAU. Ziemlich blaß, voll ausgebaut, fast zwiebelschalenfarben; geringe Nase, nur eine leichte, staubige, alte Pinot-Note; schwache Fruchtnuance, brandiger Geschmack, trockener Abgang. Diese Art Wein läßt einen am Burgunder verzweifeln.
*Januar 1991 **

**MAZY-CHAMBERTIN** FAIVELEY. Harmonische Nase, wenn auch mit Alterston; ausreichend gefällige «Süße», desgleichen Gewicht und Geschmack. Trockener Abgang.
*Juni 1990 ****

**MUSIGNY** DE VOGÜÉ. Mitteltief, im Ausbau; eigenartig fleischige, unangenehm riechende Nase mit einem Hauch Bananen und Anis. Blieb auch im Glas zurückhaltend und fleischig. Mitteltrocken und mittelschwerer Körper, käsiger Geschmack, ohne die Eleganz und die Finesse, die man von einem Musigny der Spitzenklasse erwarten dürfte. Trockener Abgang.
*Auf der Domaine, Oktober 1990 * Austrinken.*

**NUITS-ST-GEORGES** L. JADOT. Pflanzlich, verschwitzt – wie die meisten Verkoster; sehr «süß», reich, breite Grundlage, leicht säurebetont.
*Bei einer Jadot-Probe im berstend vollen, heißen Savoy Hotel, Juni 1990 ** Trinkbereit.*

**NUITS-ST-GEORGES** DANIEL RION. Blaß, eher wie ein dreißig Jahre alter Tawny Port; sehr reife Pinot-Note in Nase und Geschmack; mit trockenem, eichenem Endgeschmack.
*April 1989 *** Bis 1995.*

**NUITS-ST-GEORGES, VAUCRAINS** H. GOUGES. Mitteltief, immer noch ein Hauch Rubinrot; ausgesprochen fischige Pinot-Note, Brombeerbuschfrucht; hoher Alkoholgehalt, voller Geschmack, trockener Abgang.
*Juni 1988 *** Bis 1996.*

**POMMARD, RUGIENS** MOILLARD. Mitteltiefes, gutes, lebhaftes Erscheinungsbild; «süß», reich, leicht angesengte, gehaltvolle Nase, die sich mit Fondantnuancen entfaltet; am Gaumen sehr «süß», kernig, alkoholstark, zum Kauen, ein Händlerwein mit einer Spur Eisen im Abgang.
*Februar 1988 *** Bis 1995.*

**ROMANÉE-ST-VIVANT** DRC. Im Herbst 1985 blasses, unausgebautes Purpurrot; sehr wohlriechendes Frucht- und Wurzelaroma mit würziger Tiefe. Sehr eindringlicher Geschmack, Länge, Tannin und Säure gut. Neujahr 1990: immer noch ziemlich tief, «süß» und voll. Bei der letzten Gelegenheit gewisser Farbverlust, reif; ein attraktiver, ziemlich erdiger St-Vivant und sehr gut zu trinken.
*Zuletzt im Januar 1991 verkostet ***(*) Bis 1996.*

**SAVIGNY-LÈS-BEAUNE** CHANDON DE BRIAILLES. Köstlich. Im Frühjahr nach der Ernte zwar nicht sehr tief und, nach Bordeaux-Maßstäben gemessen, bereits recht ausgebaut wirkend, doch mit sehr entgegenkommender Nase und einem köstlichen, ziemlich erdigen Geschmack. Sechs Jahre später blumiges Bukett, sehr schmackhaft. Das sind die Geheimnisse – und gelegentlich die Freuden – des Burgunders.
*Zuletzt im April 1989 verkostet *** Jetzt trinken.*

**SAVIGNY-LÈS-BEAUNE, LES GUETTES** SIMON BIZE. Ein aufstrebender Winzer mit hervorragendem Ruf. Nur einmal verkostet; mittelblaß, deutlich am Braunwerden; weiche Nase, zurückhaltend, erdig, angesengt. Nach dreißig Minuten im Glas hatte sich ein großartiger Duft entwickelt. Mitteltrocken, mittelgewichtiger Körper – zweifellos mehr Alkohol und Kraft, als das Aussehen vermuten läßt. Sehr guter Geschmack. Pfeffriger Abgang.
*Januar 1987. Benötigte damals noch Zeit, jetzt wahrscheinlich auf dem Gipfel. Vorsichtige *** Bald trinken.*

CLOS DE TART Im Oktober 1985 relativ blaß, pinkfarben mit schwachem Rand, nicht beeindruckend; zarte Nase, gewisse Frucht, recht wohlriechend, mit anregender Pikanz; ausgesprochen «süß», mit dem für Burgund typischen Gegensatz zwischen leichtem Stil und Alkoholschwere. Ausreichend fest. Gewisser Charme. In jüngster Zeit: gutentwickeltes, offenes Erscheinungsbild mit irreführend leichter, weicher, recht unaufdringlicher Nase, die einen nicht auf einen Wein vorbereitet, mit relativ vollem Geschmack und überraschendem Gewicht und Biß sowie einem ziemlich adstringierenden Abgang.
*Zuletzt auf der Domaine verkostet, Oktober 1990*
*★★ Jetzt trinken, oder auf was Besseres hoffen?*

VOLNAY H. DE MONTILLE. Es interessierte mich, was dieser begabte Hersteller wohl mit dem 82er machen würde. Die übliche blasse Farbe des Jahrgangs, im Ausbau, doch ohne Braunfärbung und mit schönen Reflexen; nussige Nase mit Nuancen von Pflanzenstengeln und Weißdorn, ziemlich hart, doch mit honigartiger Qaulität darunter. Wieder einmal straft die Farbe die gelungene Balance zwischen Alkohol und Geschmack Lügen. Deutlicher Tannin- und Säuregehalt.
*Erfrischend, benötigte aber im April 1987 noch mehr Flaschenalter. Mindestens ★★★ Bis 1996.*

VOLNAY, CAILLERETS, CLOS DES 60 OUVRÉES, MONOPOLE Einzellage ganz im Besitz von La Pousse d'Or. Relativ blaß, jugendlich, schwacher Rand; sehr «süße», ansprechende, leicht karamelartige Nase; bekannte Verbindung von alkoholischem Körper und leichtem Stil. Gefälliger Geschmack.
*April 1987 ★★★ Bald trinken.*

VOSNE-ROMANÉE, BEAUMONTS J. GRIVOT. Gewisse Farbintensität; reiche, warme Cassis- und Haselnußnase, ebensolcher Geschmack. «Süß», ziemlich körperreich. Attraktiv. Tannin und gute Säure.
*Auf der Domaine, September 1988 ★★★(★) Bis 1998.*

CLOS VOUGEOT CH. DE LA TOUR. Drei Aufzeichnungen. Unverändert brandige, marmeladige Nase; schmackhaft, aber kurz.
*Zuletzt im Juni 1986 verkostet ★*

EINIGE WEITERE 82ER, SEIT 1986 VERKOSTET:

BONNES MARES ARLAUT. Mir bislang unbekannt. Nase nicht gut, Geschmack nicht schlecht.

CORTON, POUGETS L. JADOT. Tiefes Erscheinungsbild, kernig, dumpf.

MOREY-ST-DENIS ROPITEAU Ziemlich blaß, brandige Pinot-Nase; schmackhaft, aber etwas hohl ★★

NUITS-ST-GEORGES ROBERT DU BOIS. Ein weiterer mir unbekannter Winzer. Relativ blaß, pink; stoffig und brandig; trocken, leichter Stil, ausreichend schmackhaft ★

CLOS VOUGEOT ROUMIER. Mitteltiefe Rosatönung, wäßriger Rand; «süß», Vanille-Nase; trocken, schlank, erdbeerartige Frucht ★★

EINIGE WEITERE 82ER, DIE SICH MITTE DER 80ER JAHRE GANZ GUT MACHTEN:

BEAUNE, BOUCHEROTTES L. JADOT. Immer noch hart ★★

BEAUNE, GRÈVES LAFARGE. Gute Frucht, abgerundet ★★
*Wahrscheinlich jetzt auf dem Gipfel.*

CHAMBOLLE-MUSIGNY, 1ER CRU J. DROUHIN. Wohlriechend und reizvoll ★★

CORTON, HOSPICES, CUVÉE DR. PESTE Von Avery auf der Auktion des Hospices 1982 gekauft, bei Jaffelin abgefüllt. «Süß». Hoher Alkoholgehalt. Hart, aber duftend ★★★

CHEVREY-CHAMBERTIN R. THEVENIN. Gut in Frucht, Geschmack, Länge und Nachgeschmack ★★★

CHEVREY-CHAMBERTIN TRAPET. Relativ blaß, pink und glänzend; Nase wie Senf und Kresse; sehr schmackhaft ★★

MOREY-ST-DENIS JEAN-CLAUDE BOISSET. Ziemlich tief und unausgebaut; leichte, parfümierte Nase; recht ansprechend ★★

NUITS-ST-GEORGES JACQUELINE JAYER. Vinifiziert von Etienne Grivot: vorzügliche Frucht und Würze, «süß», relativ voll, sehr guter Geschmack ★★

NUITS-ST-GEORGES, BOUDOTS JEAN GRIVOT. Aus sechzig Jahre alten Rebstöcken erzeugt. Trocken, kraftvoll, Eichennote, fruchtig, würzig ★★★

POMMARD, CLOS DES EPENOTS JAFFELIN. «Süß», gefällig in Nase und Geschmack. Guter Nachgeschmack ★★

SAVIGNY-LÈS-BEAUNE TOLLOT-BEAUT. Gute Frucht, lebhaft und trotz der Braunfärbung am Rand immer noch ziemlich hart ★

VOLNAY, 1ER CRU UND CLOS DES CHÊNES LAFARGE. Beide gut, wobei der *Premier Cru* länger war, der Chênes hingegen mehr Fruchtkonzentration aufwies und sehr komplett war. Beide benötigten mehr Flaschen-alterung ★★★

VOLNAY, CHAMPANS LAFON. Von sechzig Jahre alten Rebstöcken, sehr fruchtig, ausgeprägte Himbeernote, irreführend leichter Stil, dabei eindringlich ★★★

CLOS VOUGEOT JEAN GRIVOT. Bis zur malolaktischen Gärung ausschließlich in neuen Eichenfässern, danach nur mehr zur Hälfte. Gute Farbe; sensationeller Geschmackseindruck, kraftvoll, konzentrierte Frucht, Tanninbetonung, ausgedehnter Nachgeschmack ★★★

DIE DRC-WEINE, VOR ALLEM BEI DER DEGUSTATION VON PERCY FOX IN LONDON IM NOVEMBER 1985 VERKOSTET:

ROMANÉE-CONTI Positive, unreife Farbe, schien aber einen schwächeren Rand zu haben als der 81er, doch mit außergewöhnlich reicher, parfümierter, überaus tiefer Nase; ein kraftvoller Wein, lang, mit Tannin und Säure und einem durchdringenden Nachgeschmack. Zweifellos beeindruckend, unter den besten 82ern und ganz sicher besser als der 81er der DRC.
(★★★★) Bis 2000?

LA TÂCHE Mittelblaß, lebhaft, unausgebaut; würziges Pinot-Aroma, große Tiefe; trocken, schlank, fest, lebhaft und bereits mit vorzüglichem Nachgeschmack. Ein Jahr später: sehr duftendes, harmonisches Bukett; schien etwas «süßer» geworden – wahrscheinlich machte das der Zusammenhang aus. Pinot-Geschmack mit Wurzel- und Erdnuancen, gute Säure.
Zuletzt im Dezember 1986 verkostet ★★★ – mindestens.

RICHEBOURG Reich, lebhaft, unreif; «süße», würzige Bisquitnase; robust, aromatisch ★★★

ROMANÉE-ST-VIVANT Siehe S. 370.

GRANDS-ECHÉZEAUX Jugendlich; zurückhaltende, lebhafte, unreife Frucht; kraftvoller, würziger Geschmack, hervorragende Länge. Ein Jahr später rubinrote Farbe; harmonische Pinot-Nase; etwas «süß», gefälliges Gewicht, gute Frucht und duftender Nachgeschmack.
Zuletzt im Dezember 1986 verkostet ★★★

ECHÉZEAUX Positives, strahlendes, jugendliches Erscheinungsbild; pflanzlicher (Pinot-)Charakter mit Nuancen von roter Bete, fruchtig, wohlriechend; eindringlicher Geschmack, recht deutlicher Tannin- und Säuregehalt ★★

## 1983 ★★ bis ★★★★

*Ein bedeutender, aber widersprüchlicher Jahrgang. Kühler, nasser, trostloser Frühling; örtlich begrenzte Hagelschauer im Mai, wobei Chambolle-Musigny und Vosne-Romanée stark betroffen waren und dreißig Prozent ihrer potentiellen Ernte verloren, doch im allgemeinen verlief die anschließende Blüte erfolgreich. Juni und Juli außerordentlich heiß, wodurch das Wachstum beschleunigt, die Schalen der Trauben verdickt und das Fruchtfleisch konzentriert wurden. Das trübe Wetter von Ende August bis Mitte September brachte allerdings die Gefahr von Fäulnis. Die Ernte fand unter unterschiedlichen Bedingungen statt; diejenigen die spät lasen und rigoros sönderten, brachten beste Trauben in die Kelter.*

*Ich erinnere mich gut an den Schock der ersten Degustation im Frühjahr nach der Ernte; Robert Drouhin hatte eine Auswahl an Weinen mitgebracht: ungewöhnlich tief, purpurfarben und bis oben hin beladen mit Tannin. Farbe und Tannin tauchen in der Tat recht oft auch in späteren Degustationsnotizen auf, nach wenigen Jahren Flaschenlagerung verlor sich die Farbintensität jedoch rapide. Es ist normal für einen Burgunder, nach einer kurzen Zeit – für die Verhältnisse in Bordelais unglaublich kurz – bereits relativ reif auszusehen: weich, rosig, mit Orange-Reflexen und Tawny-Rand. Wenn man die Weine dann aber schließlich probierte, traten zwei Jahrgangscharakteristika deutlich zutage: Fäulnis und harte Tannine bedrängten einen sonst hervorragenden Jahrgang. Wein kann durch faulige Trauben für immer verdorben sein. Gelingt es einem Wein dagegen, seine Tanninjacke abzulegen, vermag er sich auf lange Sicht gesehen schön zu entwickeln. Die besten unter ihnen werden in der zweiten Hälfte der 90er Jahre duftend und schmackhaft sein und sich gut bis ins 21. Jahrhundert halten.*

### DOMAINE DE LA ROMANEE-CONTI
*Aufgrund des hohen Tanningehalts wurden die DRC-Weine spät abgefüllt, zwischen März und Mai 1986. Nach dem Export in die USA und dort wurden sie, einmal in die Regalen der Einzelhändler, von einem führenden Weinjournal innerhalb von nur wenigen Monaten genauso schnell verkostet, wie anschließend verdammt. Aufgrund der daraufhin entstandenen Debatte wurde ich von dem US-Importeur eingeladen, eine Reihe von 83er DRC-Weinen zu degustieren; nach meiner Rückkehr setzten die Londoner Agenten eine weitere Probe an, dieses Mal unter der Leitung von Oz Clarke und Clive Coates. Die folgenden Aufzeichnungen stammen von diesen Degustationen im November und Dezember 1986, hinzugefügt habe ich weitere Notizen von Rommanée-Conti, St-Vivant, Grands-Echézeaux und Echézeaux.*

ROMANÉE-CONTI Am 2. November 1986: von allen Weinen jener mit der tiefsten Farbe und dem intensivsten Rubinrot im Zentrum und am Rand; tiefe, reiche, klassische Pinot-Nase mit den charakteristischen Nuancen von roter Bete, nach dreißig Minuten entfaltete sich ein üppiges Brombeeraroma; wuchtig, konzentriert und tanninbetont, dabei gleichzeitig weich, reich und zum Kauen. Einen Monat später in London; feines, sehr intensives Erscheinungsbild; wuchtige, doch verhaltene Nase, reich, latente Kraft. Wie zuvor «mittelsüß», körperreich, ausladend, samtig und angefüllt mit Frucht, die Tannin und Säure überdeckte. Großes Potential. In jüngster Zeit: in meinem Büro um 12 Uhr 30 dekantiert, da das Mittagessen im Sitzungssaal war und ich das Depot nicht durchschütteln wollte. Mitteltief, warm, rötlich, nicht mehr viel Rot vorhanden. Nach dem Dekantieren gedämpftes, aber reiches Pinot-Aroma; sehr trocken, wuchtig, mit frischem Rote-Bete-Geschmack. Um 13 Uhr 20 serviert. Ein riesiger, tanninbetonter Wein, hart, aber mit sehr duftendem Nachgeschmack. Drei Stunden nach dem Dekantieren ein erstaunlich reiches Bukett, leicht angesengt und überaus tief. Hart. Zeigt sich erst Stunden nach dem Dekantieren und war zweifellos noch ganz und gar unreif.
*Zuletzt aus einer Magnum verkostet, März 1991* **(★★★) *Nach 2000.*

LA TÂCHE Bei beiden Degustationen: mitteltief, reich, warm, durchscheinend; unmittelbar entgegenkommendes Bukett, doch mit harten Kanten. Reich, würzig, entfaltete sich im Glas noch herrlicher; lebhaft, wohlriechend, schlank und doch mit durchdringendem Geschmack, der sich im Mund weitete. Immer noch hart, tanninbetont, benötigt Flaschenalterung.
*Zuletzt im Dezember 1986 verkostet* (★★★★) *1996 bis nach 2000.*

RICHEBOURG Bei der Degustation in San Francisco schien er mir weiter entwickelt; «süße», schokoladige Nase, etwas verblüht; «mittelsüß», ziemlich körperreich, mit einem ausladenden, würzigen Geschmack und einer Zimtnote im Nachgeschmack. Bei der Londoner Degustation zwei Flaschen, eine schien tiefer und brauner (DRC-Weine werden aus einzelnen Fässern abgefüllt und können daher unterschiedlich sein); ähnlich angesengte, schokoladige Nase, mit reicher Frucht unterlegt, dabei im Glas fast eine Stunde lang von trotziger Verschlossenheit. Ein mächtiger Wein. Sehr trocken, massives Tannin.
*Zuletzt im Dezember 1986 verkostet* (★★★)?

GRANDS-ECHÉZEAUX Bei beiden früheren Degustationen etwas tiefer und intensiver als der Echézeaux. Klassisches, reiches Pinot-Aroma wie gekochte rote Rüben. Gutes Gewicht, fest, größere Länge und Intensität als der Echézeaux, guter

Geschmack, würziger, tanninbetonter Abgang. Etwa drei Jahre später: gute Farbe, Reifeanzeichen am Rand; sehr gutes Bukett; «süß», gutenwickelt, vorzügliche Weinigkeit, schön ausgewogen, reich und attraktiv.
*Zuletzt im April 1992 verkostet* ★★★★ *Bis 2000.*

ROMANÉE-ST-VIVANT Erstmals im Dezember 1986 verkostet: Schöne, klare, mitteltiefe Farbe, reich, doch der Rand zeigte bereits eine beträchtliche Entwicklung; delikat, kräuterwürzig, hochgetönt und wohlriechend; elegant, aber fest und völlig unfertig, mit hohem Tannin- und Säuregehalt. Ich nahm mein altes Bild vom «Samthandschuh in der Eisenfaust» für diesen Wein zurück. In jüngster Zeit: deutlicher Farbverlust, mittlerweile mittelblasses, ausgebautes Erscheinungsbild; sehr gutes Bukett; inzwischen «süßer» und weicher, schönes Gewicht, sehr ansprechender Geschmack und Nachgeschmack. Im Abgang eine bittere Note.
*Zuletzt im April 1992 verkostet* ★★★(★) *Bis 2000.*

ECHÉZEAUX Bei der Degustation im November 1986: mitteltief, leicht pinkspurig, mit dem schwächsten Rand von allen; leichtgewoben, pflanzliches Aroma; ziemlich voller Geschmack, Nuancen von kaltem Tee, im Nachgeschmack angesengte Blätter. Das zweite Glas schien schokoladiger, flüchtig und säurebetont. Einen Monat später machte ich mir mehr oder weniger dieselben Notizen: entgegenkommende, leicht brandige Pinot-Note; mit einer recht scharfen Kante. Tanninbetont. In jüngster Zeit zwei unterschiedliche Flaschen. Beide mittelblaß mit reifer Farbe; beide wohlriechend, doch bei der einen eine stärkere Vanille-Note; beide schmackhaft, doch mit Vorbehalten – eine Art Holzton, vielleicht eine Spur Fäule. Deutlich unter Niveau.
*Zuletzt im April 1992 verkostet* ★★

BEAUNE, CLOS DES MOUCHES J. DROUHIN. Zuerst bei Drouhins Vorschau-Präsentation im April 1984: mitteltief, purpurne Reflexe; zurückhaltende, etwas rauhe Nase, mit schöner Frucht, bereit ins Freie zu treten; trocken, mittelschwerer Körper, hübsch, aber unfertig, unreifer Eichen-Pinot-Geschmack und Nachgeschmack. In jüngster Zeit: inzwischen mittelblasses, voll ausgebautes Rotbraun; beim ersten Einschenken ein leichter, offener Erdbeer- und Lakritzduft, nach zwanzig Minuten harmonisch, sehr gefällig und nach einer Stunde eine ruhige, gute, pflanzliche Nase; «süß», ziemlich körperreich, eindringlich, gute Frucht, Geschmack durch Tannin und gute Säure geprägt. Einer der besten des Jahrzehnts.
*Zuletzt bei Drouhin, Oktober 1990* ★★★(★) *Bis nach 2000.*

BEAUNE, TOUSSAINTS RENE MONNIER. Mitteltief; Pinot-Aroma nach gekochten roten Rüben;

guter Körper, Extrakt- und Fruchtgehalt. Ziemlich harter, tanninbetonter Abgang.
*März 1990 ★★★(★) Bis 2000.*

**BEAUNE, CLOS DES URSULES** L. JADOT. Tiefe, dabei vollreife Farbe; zeigte zunächst sein Alter, weich, angesengt, mit dem Sattelgeruch des Tannins, doch innerhalb von Minuten wohlriechende Entfaltung, fruchtig, frische Walnüsse. Angefüllt mit Frucht, Extraktstoffen und samtigem Tannin. Guter Wein.
*Mit André Gagey bei Jadot, Oktober 1990 ★★★(★) Bis nach 2000.*

**CHAMBERTIN, CLOS DE BÈZE** DAMOY. Mittelblaß, im Ausbau; «süß», ziemlich unangenehmer Geruch nach alten roten Beten – Tannin und überreife Pinot-Note; «süß», relativ voller Körper, trockener. ledriger, tanninbetonter Abgang.
*Februar 1990 ★★(★) Schwer zu sagen, ob die Frucht das Tannin überleben wird.*

**CHAMBERTIN, CLOS DE BÈZE** L. JADOT. Mitteltief, ausgebaut; zurückhaltend, dabei reich, Sattelgeruch des Tannins wie alte Socken – verbesserte sich stark unter Lufteinfluß; trocken, ziemlich körperreich, mit dem sehr ausgeprägten, «fischigen» Pinot-Geschmack von Chambertin, starker Tannin- und Säuregehalt. Mir schien er irgendwie hohl.
*Oktober 1990 ★★(★)*

**CHASSAGNE-MONTRACHET, MORGEOTS** LABOURE-ROI. Mitteltief, immer noch rubinrot; keine große Nase; «süßer», weicher, angesengter Geschmack, ziemlich leichter Stil, doch reichlich alkoholstark. Kein Übermaß an hartem 83er Tannin.
*Wilton, September 1989 ★★★ Bis 1995.*

**CH. CORTON-GRANCEY** Faßprobe, erstmals im Oktober 1985 auf der Degustation von Louis Latour verkostet: gute Farbtiefe; verschlossene Nase, eher Weißdorn als fruchtiger oder erdiger Charakter; ein mächtiger Wein zum Kauen. Vier Jahre später: beträchtliche Farbveränderung, jetzt mittelblaß, ausgebaut, Hagebuttentönung; voll entwickeltes, reiches, angesengtes Pinot-Bukett; sehr «süß», relativ voller Körper, guter, reicher Geschmack, eine Spur Lakritze. Auffallend tanninbetont.
*Zuletzt im November 1989 verkostet ★★(★)*

**CHEVREY-CHAMBERTIN** FAIVELEY. Im März 1986 gute Farbe, doch bereits reifes Erscheinungsbild: sehr positiv in Nase und Geschmack, recht gute Frucht. Genau drei Jahre später: mittelblaß, lebhaft, doch am ausgebauten Rand nun Orange-Reflexe; Nase nicht schlecht, ein Hauch von alten Socken, Pinot, Tannin; «mittelsüß» und ziemlich körperreich. Ausreichender Gehalt und recht gute Frucht, aber blecherner, tanninbetonter Abgang.
*Zuletzt im März 1989 verkostet ★★ Ich erwarte keine Verbesserung.*

**GEVREY-CHAMBERTIN, CAZETIERS** L. LATOUR. Faßprobe: Weißdorn- und Brombeercharakter, aber wohlriechend und mit gewisser Tiefe. Trocken, gute Länge im Oktober 1985. Vier Jahre später: mehr Flaschenalter, Farbverlust, jetzt relativ blasses, warmes Tawny. Ich notierte mir «süß», mit gutem Geschmack, deutlichem Tannin und guter Säure.
*Zuletzt im November 1989 verkostet ★★(★) Das Tannin wird für Haltbarkeit sorgen, aber ob er sich noch verbessert?*

**GEVREY-CHAMBERTIN, CAZETIERS** PHILIPPE LECLERC. Ziemlich tief, mehr Rot als jener von Magniens und mit ersten Anzeichen von Reife; «süß», medizinal, fast Pauillac-artige Austernschalennase; «süß», weich, füllig, fruchtig, köstlich. Trockener Abgang.
*Februar 1989 ★★★(★) Bis 1998.*

**GEVREY-CHAMBERTIN, CAZETIERS** H. MAGNIEN. Bekannt für Sprödigkeit und lange Gärung. Mittelblaß, schönes Ziegelrot; zart, blumig, Walnüsse und getrocknete Rosinen in der Nase, mit einer gewissen Erdigkeit; kraftvoll, gute Länge, extrem tanninbetont.
*Februar 1989 ★★(★★) Interessante Zukunft.*

**GEVREY-CHAMBERTIN, ESTOURNELLES ST-JACQUES** CLAIR-DAÜ. Mittelblaß, ausgebaut; Geruch wie eine verbrannte Fußmatte; «süß», zum Kauen, recht schmackhaft, mit bitterem, tanninbetontem Abgang.
*Januar 1990 ★*

**NUITS-ST-GEORGES, CLOS ST-MARC** DOM. DU CLOS ST MARC. BOUCHARD PERE. Mitteltief, sehr orangespurig; «süß», vollkommen reif; reich, guter, langer Geschmack, sehr tanninbetont.
*Oktober 1988 ★★★(★) Bis 1996.*

**POMMARD** THOMAS-BASSOT. Mittelblaß, rosagetönt; ziemlich hart, brandige Pinot-Note in Nase und Geschmack. Leicht malzig, sehr trockener, tanninbetonter Abgang.
*Januar 1990. Nicht eben reizvoll.*

**POMMARD, EPENOTS** L. LATOUR. Mittelblasse, bereits reif aussehende Faßprobe; verschlossene, harte Nase; mächtig, kraftvoll, ausgezeichnete Länge, sehr tanninbetont. Vier Jahre später ein zarter, rosiger Glanz; reifes Bukett; «süß», weniger mächtig, schöner Geschmack, weich, trotz Tannin und Säure.
*Zuletzt im November 1989 ★★(★) Bis 1996.*

ROMANÉE-ST-VIVANT, QUATRE JOURNAUX
L. LATOUR. Trockene, elegante Faßprobe, Weinigkeit, Länge, Nachgeschmack und Zukunft gut.
Vier Jahre später: schönes, strahlendes, aber sehr
reifes Erscheinungsbild; wohlriechend; «süß»,
ziemlich körperreich, vorzüglicher Geschmack,
wiederum elegant und mit guter Länge.
*Zuletzt im Oktober 1992 verkostet* ★★★(★) *Bis
1998.*

CLOS DE TART Mitteltiefe, lebhafte Farbe;
wohlriechendes, kirschartiges Aroma, eindringlich, dann ein merkwürdiger Geruch, der mich an
Kerosin und bleifreies Benzin erinnerte – eine Folge des Hagels, sagte man mir. Voller Körper und
Geschmack, aber sehr adstringierend, mit einem
aggressiv stieligen, tanninbetonten Abgang.
*Auf der Domaine, Oktober 1990* ★(★)

VOSNE-ROMANÉE JEAN GRIVOT. Ziemlich
blaß; Brombeerbuschnote des Pinot, die sich im
Glas gefällig entfaltete; mitteltrocken, ziemlich
körperreich, Geschmack von roter Bete, gute Länge, tanninbetont, aber nicht aggressiv.
*Le Gavroche, Februar 1990* ★★★(★) *Bis 1996.*

VOSNE-ROMANÉE, ORVEAUX MONGEARD-
MUGNERET. Mitteltiefes, doch bereits voll ausgebautes Erscheinungsbild; gutes, pflanzliches
Pinot-Aroma, das unter dem Einfluß der Luft
glatter und reicher wurde. Entsprechender Geschmack. Trotz der reifen Farbe ziemlich hoher
Alkoholgehalt. Weitere Flaschenlagerung wäre
vorteilhaft.
*Februar 1988* ★★★(★) *Bis 1998.*

EINIGE WEITERE 83ER, SEIT 1987 VERKO-
STET:

ALOXE-CORTON, FOURNIÈRES GUYON. Zunächst ziemlich neutral und an Pappe erinnernd,
doch dann Enfaltung von Pfirsichtönen ★★

BEAUNE, TEURONS DOM. DE CH. DE BEAUNE.
Relativ blaß, leicht bräunlich; offene, etwas brandige Pinot-Nase; in jeder Hinsicht mittelmäßig,
mit ledrigem Tannin ★★

CHAMBOLLE-MUSIGNY EDUARD DELAUNAY.
Erdige Pinot-Note in Aroma und Geschmack.
Auf seine Art recht gut, mit duftendem Nach-
geschmack ★★

NUITS-ST-GEORGES, LES ST-GEORGES RO-
BERT DUBOIS. Relativ blaß, aber rötlich; blumig,
ziemlich künstlich und hart; relativ «süß», eindringlich, schmackhaft, aber mit extrem hohem
Tannin- und Säuregehalt ★(★)

POMMARD, JAROLLIÈRES DOM. DE LA POUSSE
D'OR. Mittelblaß, glänzend, rubinfarben; wohl-

riechend; würzig, leicht nussig und mit einem
Hauch Lakritz; trocken, lebhaft, hart, etwas bitter,
unfertig (★★★)

VOLNAY, FREMIETS, CLOS DE LA ROU-
GEOTTE DOM. DU CH. DE BEAUNE. Orangespurig; warmes, offenes Bukett, dennoch trocken,
schlank und sehr tanninbetont. Wird das Tannin
kaum mehr überwinden (★★)

EINIGE WEITERE 83ER, IN IHREN FRÜHEN
JAHREN VERKOSTET:

ABBAYE DE MORGEOT, CLOS DE LA CHA-
PELLE DUC DE MAGENTA. Tief, hell, voll, reich,
eine Spur Eiche, ansprechend ★★★

ALOXE-CORTON, CHAILLOTS UND BEAU-
NE, VIGNES FRANCHES L. LATOUR. Unbeeindruckende Faßproben.

CHAMBERTIN, CUVÉE HERITIERS LATOUR
Eher wie Portwein, als wie Burgunder.

CHAMBOLLE-MUSIGNY, LES HAUTS-DOIX
SERGE GROFFIER. Gute Farbe, doch Geruch nach
Kohl: Fäulnis oder Hagel? Trocken, robust.

CHASSAGNE-MONTRACHET J. DROUHIN. Relativ blaß, geringe Nase, entwaffnend leicht und
dennoch mit gutem Schwung ★★(★)

CHOREY-LÈS-BEAUNE TOLLOT-BEAUT. Rubinrot; Himbeer- und Vanille-Töne in der Nase,
am Gaumen hart und tanninbetont. Doch sehr
schmackhaft ★(★★)

CHEVREY-CHAMBERTIN FAIVELEY. Trotz der
tanninbetonten Bitterkeit ansprechend ★(★★)

CHEVREY-CHAMBERTIN VIENOT. Rauh und
schrecklich.

GEVREY-CHAMBERTIN, CLOS DE LA JUSTI-
CE PIERRE BOURREE. Wunderschöne Farbe;
honigartig, reif, üppiges Bukett; «süß», glatt, duftend und elegant. Tannin vorhanden, aber nicht
dominierend ★★★(★)

GRIOTTE-CHAMBERTIN J. DROUHIN. Überwältigend tanninbetont, rauh, sogar holzig, doch
nach dieser Faßprobe nie mehr verkostet.

CLOS DES LAMBRAYS Schönes, ausladendes Erscheinungsbild; «süße», gehaltvolle, alkoholstarke
Nase; verführerisch «süß» und weich, dabei kraftvoll ★★(★)

MOREY-ST-DENIS J. C. BOISSET. Etwas duftend,
aber schlank und beißend.

MUSIGNY DE VOGÜÉ. Faßprobe. Gute Farbe, tiefer als der Bonnes Mares; zurückhaltend, dabei reichhaltiger; vorzüglicher Geschmack, Eichentöne, tanninbetont. Mußte wegen der Hagelschäden rasch vinifiziert werden, so daß er nicht die Kraft einiger anderer 83er aufweisen wird ★★★

VOLNAY, CHAMPANS LAFON. Außergewöhnlicher Wein, verblüffend fruchtig. Kirsch-Rubinfarbe im Faß, mit außerordentlich wohlriechender Nase, hinterließ im Glas einen Duft nach Erdbeermarmelade; fest, lebhaft ★★★

VOLNAY, SANTENOTS LAFON. Fabelhaft intensives Rubinrot; tiefe, warme, nussige Nase; gute Frucht, tanninbetonter Abgang. Im Faß (★★★)

VOLNAY, SANTENOTS L. LATOUR. Ebenfalls gut. Eindringlich. Geschmack, Länge, Tannin- und Säuregehalt gut (★★★)

VOSNE-ROMANÉE, BEAUMONTS L. LATOUR. Bereits orangegetönt, füllig, dabei kraftvoll. Faßprobe.
*Oktober 1985.*

VOSNE-ROMANÉE, BEAUMONTS GRIVOT. Immer noch in Fässern aus neuer Eiche: mittelblasses Rubinrot, «süß», aber etwas gasig – erwartete einen weiteren Abstich. Sehr lebhaft, würzige Nelkentöne aus der neuen Eiche im Geschmack. Hervorragender Nachgeschmack. Interessante Zukunft (★★★★)

VOSNE-ROMANÉE, SUCHOTS Im Faß ziemlich blaß, obwohl mir Monsieur Grivot sagte, daß er noch an Farbe gewinnen würde; «süß», aber rauh, kraftvoll, sehr tanninbetont (★★★)

# 1984 ★

*Viele Übereinstimmungen mit Bordeaux: ungleichmäßige Wachstumsbedingungen, Grund für fehlende Anmut in den Weinen. Bei den Burgundern kam das in Form mangelnder Rasse und Klasse zum Ausruck und mit einer zu starken Säurebetonung. Auf den schlechten Frühling folgte eine späte Blüte mit Verrieseln. Schöner, heißer Juli, stürmischer August, nasser September, einer der schlechtesten seit Menschengedenken. Späte Ernte unter entmutigenden Bedingungen. Wenige in jüngerer Zeit verkostet, aber ohne Bedauern. Kein lohnender Jahrgang.*

LA TÂCHE Mittelblaß, ausgebaut, orangefarbener Rand; voll entwickelt, reich, leicht schokoladige Nase; ziemlich «süß», mittelschwer, recht schön griffig, fruchtiger Geschmack. Eine Fülle an Tannin. Ohne das Flair, die betörende Frucht und Eleganz, die den großartigen La Tâche eigentlich

auszeichnen, doch immer noch ein recht eindrücklicher Wein.
*Bei der DRC-Degustation von Percy Fox, April 1992 ★★ Bis 1998.*

BEAUNE, CLOS DES MOUCHES J. DROUHIN. 12,3 % Alkohol, 3,8 g/l Gesamtsäure. Mittelblaß, ausgebaut, schwacher, wäßriger Rand; leichte, offene, blumige, minzige Nase, die sich recht hübsch entfaltete; trocken, rohe Frucht und säurebetont. Nach dem 81er der am wenigsten zufriedenstellende Clos des Mouches des Jahrzehnts.
*Bei Drouhin verkostet, Oktober 1990 ★*

LE CORTON LOUIS MAX. Mitteltief, reich, ausgebaut; sehr «süß», kernig, Vanille-duftend; gute Frucht und Länge, aber geschwächt und zu säurebetont.
*Dezember 1990 ★*

CHEVREY-CHAMBERTIN TRAPET. Realtiv blaß mit rosa Reflexen; unverwoben; eigenartiger, pikanter Geschmack nach roter Bete.
*März 1990.*

MUSIGNY DE VOGÜÉ. Mittelblaß, leichtgewoben, der bisher am weitesten fortgeschrittene des Jahrzehnts; «süß», pflanzlich, etwas hochgetönte und medizinale Nase, grüne Untertöne vermerkt, nach dreißig Minuten jedoch sehr duftig und überraschend schön; mittelgewichtiger Körper, nicht schlecht, erdig, leichter Lakritzgeschmack.
*Auf der Domaine, Oktober 1990 ★★*

ROMANÉE-ST-VIVANT DRC. Mittelblaß mit orangebraunem Rand; angesengte, schokoladige, aufgezuckerte Pinot-Nase; «mittelsüß» und mittelschwerer Körper, schmackhaft, robust, angenehm.
*April 1992 ★★ Am besten bald trinken.*

VOSNE-ROMANÉE GERARD MUGNERET. Hagebutten-Tawny; milde Rote-Bete-Nase; trocken, etwas griffig, aber unbeeindruckend.
*April 1990 ★*

CLOS VOUGEOT ROPITEAU Zwei neuere Aufzeichnungen: mittelblaß mit weicher Rottönung; unverwoben, schwer zu beschreiben – eine Spur Himbeer und Vanille. Schlank, mangelnde Frucht, extrem trockener, tannin- und säurebetonter Abgang.
*Zuletzt im Juli 1989 verkostet.*

CLOS VOUGEOT CH. DE LA TOUR. Recht ansprechende Farbe und brandige Fruchtnase; leicht «süß», für einen 84er nicht schlecht.
*Dezember 1990 ★★*

EINIGE WEITERE 84ER, ZWISCHEN 1985 UND 1988 VERKOSTET:

ALOXE-CORTON, LES CHAILLOTS L. LA-TOUR. Sehr blasse, wässrige Faßprobe; unbeeindruckende Nase; trocken, pikant, schmackhaft, annehmbare Säure ★

BEAUNE 1ER CRU J. DROUHIN. Frühreifes Orange; abweisend; locker gewoben, kurz.

CHAMBOLLE-MUSIGNY, 1ER CRU J. DROUHIN. Offen, entspannt, am Rand wäßrig; leicht, aber wohlriechend; durch und durch trocken, überraschend ansprechende Frucht, wohlgestaltet, elegant ★★

CHASSAGNE-MONTRACHET MOMMESSIN. Kirschenduft; sehr schmackhaft, aber pikant und leicht bitter ★

CHOREY-LÈS-BEAUNE DOM. DE TERREGELESSES. Angesengt, verblüht, auch ohne eine Spur Oxydation, mittelmäßig.

CHEVREY-CHAMBERTIN J. DROUHIN. Frühreif; «süße», leicht malzige Nase; trocken, mild, aber ziemlich rauh.

GRANDS-ECHÉZEAUX Der beste 84er von Drouhin ★★

GRIOTTE-CHAMBERTIN J. DROUHIN. Gute Farbe; jugendliche, aber wohlriechende Nase; hart und tanninbetont, paßte aber zu einem feinen, mit Trüffeln garniertem elsässischem Gericht ★★

NUITS-ST-GEORGES REINE-PEDAUQUE. Rosig, hart, nicht attraktiv, aber scharf.

NUITS-ST-GEORGES J. DROUHIN. Ganz leichte Veilchentönung, schwacher Rand; Geruch nach Schweißfüßen; trocken, schlank.

VOLNAY, SANTENOTS L. LATOUR. Relativ blaß, unausgebaut; merkwürdige, würzige, stielige Nase; ziemlich trocken, Eichennote, schmackhaft, hart, mit säurebetonten Kanten.

## 1985 ★★★★★

*Zweifellos einer der attraktivsten Jahrgänge der Dekade. Nach vier unterschiedlichen Jahren ein unkompliziertes, herrlich ausgewogenes Jahr – reizvolle Weine mit Charme, Stil und Klasse, die trotz ihrer Zugänglichkeit auch halten werden. In den tiefer gelegenen Weinbergen der Côte de Nuits verzeichnete man im Januar beispiellos niedrige Temperaturen (–25° C). Junge wie alte Rebstöcke wurden beschädigt. Ein weiterer Kälteeinbruch im Februar, gefolgt von heftigen Schneefällen. Die verzögerte Blüte war von den Spätfrösten nicht mehr betroffen, fand aber unter feuchten Bedingungen statt. Juni und Juli normal, ab der ersten Augustwoche dann Trockenheit. Im August und September fiel nur 1 cm Regen. Burgund wurde von häufigen Hagelstürmen heimgesucht: am 14. August in einigen Gemeinden, vor allem in Aloxe-Corton, ein Viertel der Ernte zerstört. Ab 1. September tagsüber beständiger Sonnenschein, dazu milde Nächte, so daß sich die etwas zurückgebliebenen Trauben zu einer reifen, gesunden Ernte ausbilden konnten. Keine Fäulnis. Einer der zufriedenstellendsten Jahrgänge, soweit sich die Winzer erinnern können.*

*Im ganzen mit die am besten ausgewogenen Burgunder der letzten Jahre, sicherlich aber seit 1978. Die zur Erzeugung von Spitzenweinen fähigen Weingüter taten es auch. Meinen vielen Aufzeichnungen nach zu urteilen gibt es weniger Abweichungen als in den meisten anderen Jahrgängen. Sehr lohnenswert zu kaufen, zu trinken und aufzubewahren.*

LA TÂCHE Tief, reich und ziemlich intensiv, mit gewissen Anzeichen von Reife; unnachahmlich, wie er nur sein kann und mit Worten kaum zu beschreiben, der erste, wie es schien, merkwürdige Geruchseindruck wies Nuancen von Jod, Fischschuppen und Austernschalen auf, lebhaft, öffnete sich, zeigte nach einer Viertelstunde eine wunderschöne Brombeerfrucht; etwas «süß», reife Trauben und Alkohol, langer, eindringlicher Geschmack, der zu einem festen, trockenen Abgang führte. Unfertig.
*Auf der Domaine verkostet, Oktober 1990 ★(★★★★) 1995 bis 2020.*

BEAUNE, BRESSANDES ALBERT MOROT. Schöne Farbe, saftige Tränen; fast schon die Karikatur eines Pinot Noir, wohlriechend; reich, eine Spur Eisen in dem trockenen Abgang.
*Bei der Burgundersitzung der Hollywood Wine Society, Januar 1990 ★(★★★) Bis 2010.*

BEAUNE, CLOS DES MOUCHES J. DROUHIN. 13,2 % Alkohol, 3,7 g/l Gesamtsäure. Unreife Purpurtönung, dicht; unfertige, aber füllige Nase, im März 1986 deutlich mit Frucht und Wohlgeruch. Fünf Jahre nach der Ernte: mitteltiefe, ziemlich reiche Farbe, schön im Ausbau; erster Eindruck gekochte Pinot-Note, öffnete sich reich und zeigte nach einer Stunde einen sehr schön «geformten» Duft; relativ voller Körper, reich, abgerundet, vorzüglicher Geschmack, gute Säure.
*Zuletzt bei Drouhin im Oktober 1990 verkostet ★★★★(★) Bis nach 2000.*

BEAUNE, CLOS DES URSULES L. JADOT. Gute Farbe; «süß», weich und mit himbeerartigem Wohlgeruch; Gewicht, Ausgewogenheit und Geschmack schön.
*Zuletzt im Oktober 1990 verkostet ★★★★ Bis 1996.*

BONNES MARES GEORGES ROUMIER. Mitteltiefes Granatrot; glorioses Bukett; «süßer», kraftvoller, köstlicher Geschmack.
*Juli 1992* ★★★(*) *Bis 1998.*

CHAMBERTIN HERITIERS DE LATOUR. Ziemlich tief; sehr «süß», vorzüglich, ein Hauch Himbeeren; relativ voll, seidig, samtig, sinnlich. Perfektes Gleichgewicht. Jetzt vorzüglich.
*Mai 1991* ★★★★★ *Bis 1998.*

CHAMBERTIN A. ROUSSEAU. Sehr reich, intensiv, erste Anzeichen von Reife; unglaublich kraftvolles und tiefes Bukett, das aus dem Glas hervorquoll, immer aromatischer wurde; «süß», vollmundig, vorzüglicher Nachgeschmack. Nach einigen kaum bemerkenswerten Weinen zeigt sich Rousseau damit in Spitzenform. Allein für diesen Wein lohnte es sich nach Tokio zu fliegen.
*Bei einem Degustationsvortrag über Burgunderwein bei Wine Japan, Mai 1990* ★★★★★ *Bis nach 2000.*

CHAMBOLLE-MUSIGNY, 1ER CRU J. DROUHIN. Im Frühjahr 1986 sehr tief, purpurfarben; unreife, aber gute Frucht; «süß», weich, Eichentöne. Vier Jahre nach der Ernte: Farbe, Nase und Geschmack gut. Korrekt, schmackhaft, ein Bilderbuchwein. Etwas hart, rät zu einer weiteren Flaschenlagerung.
*In dem preisgekrönten Restaurant Plume, Hongkong, Oktober 1989* ★★★★(*) *Bis 2000.*

LE CORTON DOM. DU CH. DE BEAUNE. Relativ blaß, fast hagebuttenfarben; zurückhaltend; «süß», reich, robust, kraftvoll tanninbetont.
*Februar 1991* ★★(★★)

CORTON, RENARDES REINE PEDAUQUE. Ein köstlicher Wein mit einer Goldmedaille, entspricht aber nicht meiner Vorstellung von einem reichen, gehaltvollen Corton. Mitteltief, rosaspurig; parfümierte Frucht, Himbeeren, ansprechendes Konfekt; interessant, starker Pinot-Geschmack, bittere Tannine im Abgang.
*Bei Wine Japan, Mai 1990* ★★(*) *Bis 1996.*

CH. CORTON-GRANCEY Ziemlich tief, immer noch jugendlich; reich, verhaltene, unreife Frucht mit leichter Brombeernote; hervorragend nussiger – Walnußgeschmack, Länge, Nachgeschmack, Tannin und Säure gut.
*Der feinste Wein einer interessanten Auswahl bei einer Degustation von Louis Latour, Oktober 1990* ★★★(★★) *Bis nach 2000.*

GEVREY-CHAMBERTIN, CLOS-ST-JACQUES L. JADOT. Nase und Geschmack sehr tief und lang. Herrlich füllig und fruchtig.
*Februar 1993* ★★★★ *Bis 2000.*

ECHÉZEAUX J. DROUHIN. Der am vollendetsten Entwickelte der sieben 85er Spitzenweine beim Burgunderseminar von Wine Japan, im Ausbau, orangespuriger Rand; getoastete, geröstete Rum-Zucker-Nase von ausladend reichem Charakter, die nach 25 Minuten im Glas wie angesengte Haare roch; «süß», zitrusartige Säure, leichte Spur tanninbetonter Bitterkeit, ansonsten ein guter, reicher Wein.
*In Tokio, Mai 1990* ★★★★(*) *Bis 1998?*

GRANDS-ECHÉZEAUX DRC. Tief, lebhaft, immer noch jugendlich; gute Frucht, doch trotz der Delikatesse unfertig; überzeugender, ansprechender Ersteindruck am Gaumen, gute Länge, großer Stil, seidige Tannin und Säure.
*Zum Mittagessen auf der Domaine, Oktober 1990* ★★★★(*) *Bis nach 2000.*

MUSIGNY J.-F. MUGNIER. Erstmals im September 1988 auf dem Ch. de Chambolle-Musigny verkostet: gute Farbtiefe; warme, reiche Nase; «süß», alkoholstark, ziemlich konzentriert mit würzigen Nuancen der neuen Eiche. Als nächstes bei der Degustation von Wine Japan: mitteltief, reich hübsches Rot mit Anzeichen von Reife; delikat, zurückhaltend, aber sehr wohlriechend. Gute, kirschartige Frucht. Wurde nach einer Stunde «süßer» und offensichtlich tiefer; am Gaumen etwas «süß», mit einer irreführend leichten, femininen Musigny-Note. Dabei recht stark und eindringlich. Wohlschmeckend, guter Endgeschmack, höchster Säuregehalt dieser Gruppe.
*Zuletzt in Tokio verkostet, Mai 1990* ★★★(*) *Bis 1998.*

MUSIGNY DE VOGÜÉ. Mitteltief, ziemlich intensiv, immer noch recht unreif; willkommen «süßes», reifes Pinot-Aroma. Nach 15 Minuten stellte ich Reichhaltigkeit und hohen Extraktstoffgehalt fest, nach einer halben Stunde dann einen vorzüglichen, weichen, brombeerartigen Duft und einen Hauch Zimt – neue Eiche; herrlich reich, beladen mit Frucht, *crème de cassis*, feste Tannine und Säure. Feiner Wein. Hervorragende Zukunft.
*Auf der Domaine, Oktober 1990* ★★★(★★) *Bis 2010.*

NUITS-ST-GEORGES, PORRETS ST-GEORGES H. GOUGES. Relativ blaß, ausgebaut; unmittelbarer Duft; sehr «süß» und schmackhaft.
*August 1991* ★★★★ *Bis 1998.*

NUITS-ST-GEORGES, PRULIERS H. GOUGES. Zwei neuere Notizen: hübsche Farbe; sehr entgegenkommend, rauchig, pflanzlich; feste, lebhafte Frucht und tanninbetonter als erwartet.
*Zuletzt im August 1991 verkostet* ★★★(*) *Bis 2000.*

NUITS-ST-GEORGES, LES ST-GEORGES H. GOUGES. Reiche Farbe; pflanzlicher Duft; sehr «süß» und fruchtig. Großartiger Nachgeschmack.
*August 1991* ★★★(*) *Bis 2000.*

**POMMARD, HOSPICES, CUVÉE BILLARDET**
BOISSET. Tief, reich; gleichermaßen reiche, kernige
Vanille- und Fruchtnase; viel Körper und Ge-
schmack, angefüllt mit Frucht und sehr tannin-
betont.
*Dezember 1990* ★★(★★) *1995 bis 2015.*

**CLOS DE LA ROCHE** DUJAC. Mitteltief, im
Ausbau; kirschartiges Pinot-Aroma, das dem Glas
entströmt, anregend. Nach vierzig Minuten einfacher wunderschöner Duft, mit einem Hauch
Minzeblätter; unmittelbarer Geschmackseindruck
am Gaumen, «süße», reife Frucht, irreführend
leichter Stil, delikater Duft, Säure und bittere Tannine. Vibrierend. Köstlich.
*Mai 1990* ★★★★(★) *Bis 2000.*

**ROMANÉE SAINT-VIVANT, LES QUATRE
JOURNAUX** L. LATOUR. Voll Frucht und Tannin,
gute Länge, guter Abgang.
*Im Oktober 1992* ★★★(★) *Jetzt 2000.*

**CLOS DE TART** Mitteltief, immer noch jugendlich; schön, offene Frucht, die sich nach zehn
Minuten im Glas herrlich entfaltete; «süß», mittelschwerer Körper, vortreffliche Frucht, perfekte
Ausgewogenheit.
*Auf der Domaine mit Patrice Noyelle von Mom-
messin, März 1992* ★★★★(★) *Bis nach 2000.*

**VOSNE-ROMANÉE, SUCHOTS** J. DROUHIN.
Tiefe, sehr hübsche Farbe mit langen, gutgeform-
ten Tränen; sehr starker Eindruck, herrliches
Pinot-Aroma, «süß», fast marmeladig in seiner
Reichhaltigkeit; «süß», schön füllig und fruchtig,
sehr gute Struktur, dabei ausgesprochen tannin-
betont.
*Bei Becky Wassermans Seminar in Hollywood,
Florida, Januar 1990* ★★★★(★) *Bis 2000.*

**CLOS VOUGEOT** J. DROUHIN. 13,2 % Alkohol,
3,4 g/l Gesamtsäure. Mitteltief, purpurfarben,
doch am Rand etwas schwach; mit der Würze der
neuen Eichenfässer und jugendlichem Schwung,
dabei durchaus «süß» und weich am Gaumen.
So im Frühling nach der Ernte. Vier Jahre später,
wiederum schwacher Rand, in der Nase und am
Gaumen jedoch alles andere als schwach. Verhaltene, aber kraftvolle Nase, öffnete sich «süß» und
reich, mit fischigem Pinot-Aroma; ein eindrücklicher, gut strukturierter Wein, der prickelnde
Abgang beweist die Notwendigkeit weiterer
Flaschenlagerung.
*Zuletzt im Mai 1990 verkostet* ★★★(★★) *Bis nach
2000.*

**KÜRZERE NOTIZEN ÜBER EINIGE WEITERE,
IN JÜNGERER ZEIT VERKOSTETE 85ER:**

**BEAUNE, TEURONS** CHANSON. Reich, weich,
würzig.
*Oktober 1990* ★★★

**BEAUNE, CENT VIGNES** RENE MONNIER. Guter Pinot-Geschmack.
*Februar 1990* ★★★

**BEAUNE, CHOUACHEAUX** L. JADOT. Gut in
Geschmack und Ausgewogenheit.
*Januar 1990* ★★★(★)

**BONNES MARES** JADOT. Vanille-Schokolade-
Nase; phantastisch reich und zum Kauen.
*Januar 1993* ★★★★

**CHASSAGNE-MONTRACHET** MARC COLIN.
Relativ blaß, rosafarben; «süß», leichter Stil, fruch-
tig.
*Dezember 1990* ★★★

**CHAMBERTIN, CLOS DE BÈZE** A. ROUSSEAU.
Reich, «fischiger» Pinot; sehr schmackhaft, Eiche,
braucht Zeit.
*Im Januar 1993* ★★(★★) *1997 bis 2005.*

**GEVREY-CHAMBERTIN, CAZETIERS** A. ROUS-
SEAU. Wohlriechend, gute Frucht und Ausgewo-
genheit.
*Januar 1993* ★★★

**MOREY-ST-DENIS** DUJAC. Wohlriechend, fast
zu stark parfümiert; schlank, lebhaft, fruchtig, sehr
schmackhaft, eine Spur bitter am Ende.
*Zuletzt im Juli 1989 verkostet* ★★★

**NUITS-ST-GEORGES, CLOS DE LA MARÉ-
CHALE** FAIVELEY. Süß, füllig und reich, frisch,
tanninbetont.
*Januar 1993* ★★★(★)

**SANTENAY, CLOS DE TAVENNES** REMOISSE-
NET. Relativ blaß, aber alkoholstark, zugänglich
zu trinken, dabei mit deutlichem Tannin- und
Säuregehalt.
*November 1989* ★★★

**VOSNE-ROMANÉE, BEAUMONTS** AVERY.
Gewicht, Frucht und Geschmack schön.
*Dezember 1990* ★★★(★)

**EINIGE WEITERE 85ER, VOR 1989 VERKO-
STET, VIELVERSPRECHEND:**

**BEAUNE, LES SCEAUX** BOUCHARD AINE. Von
15 Jahre alten Rebstöcken bereitet, zur Hälfte in
neuen Eichenfässern gealtert *(chêne d'Alsace)*, eine
Flasche leicht oxydiert, eine andere jedoch lebhaft,
würzig, köstlich.
*Im besten Fall* ★★★

**BEAUNE, TEURONS** BOUCHARD PERE. Geröstete Kokosnuß in der Nase, Geschmack, Länge
und Nachgeschmack vorzüglich ★★★(★)

BEAUNE, TOUSSAINTS RENE MONNIER. Hochgetönt, starke Eichennote, schlank, aber ansprechend (★★★)

CHAMBERTIN, CLOS DE BÈZE BOUCHARD AINE (DOM. MARION). 75 % neue Limousin-Eiche; Kirschrot; nussig; kraftvoll ★(★★★)

CHAMBERTIN, CLOS DE BÈZE DAMOY. Fruchtig und nussig; große Länge (★★★★★)

CHAMBOLLE-MUSIGNY, 1ER CRU J.-F. MUGNIER. Eine Komposition aus den Weinbergen Fué und Plantes: «süß», Struktur und Komponenten vorzüglich (★★★★)

CHOREY-LÈS-BEAUNE TOLLOT-BEAUT. Parfümiert, lebhaft, schlank, ansprechend. Zuverläßlich und mit gutem Qualität-Preis-Verhältnis ★★(★)

CHEVREY-CHAMBERTIN J. DROUHIN, L. LATOUR, ALAIN BOURGUET, L. JADOT, ROSSIGNOL. Alle gut bis sehr gut.

GRANDS-ECHÉZEAUX J. DROUHIN. Würzig (★★★★)

MOREY-ST-DENIS J. DROUHIN. Lebhaft. Herrlich (★★★★★)

MUSIGNY J. DROUHIN ★★(★★)

MUSIGNY J.-F. MUGNIER. Tief, füllig, Eichennote, sinnlich ★(★★★)

NUITS-ST-GEORGES, ARGILLIÈRES CHARTRON & TREBUCHET. Pflaumen- und Himbeeraroma; schöne neue Eiche, Zimt, schlank, schmackhaft ★★(★★)

NUITS, CLOS ST-MARC BOUCHARD PERE. Lebhaft, fruchtig, gute Länge, tanninbetont ★(★★★)

POMMARD, CLOS DES EPENAUX COMTE ARMAND. Vorzüglich in Geschmack, Stil, Struktur und Griffigkeit (★★★★)

VOLNAY, CAILLERETS, ANCIENNE CUVÉE CARNOT DOM. DU CH. DE BEAUNE. Hübsche Röstnase; «süß», sehr attraktiv ★★(★★)

VOLNAY, CLOS DE LA BOUSSE D'OR DOM. DE LA POUSSE D'OR. Schlank, eichen, ansprechend (★★★)

VOSNE-ROMANÉE, BEAUMONTS J. GRIVOT. Länge Gärung, um den Tanningehalt zu erhöhen, Anfang September 1987 abgefüllt: warm, fruchtig, Haselnußnase, die im Glas «süßer» wurde; guter, reicher, nussiger Geschmack, sehr deutliches Tannin (★★★★)

## 1986 ★★★★

*Trotz teilweise haarsträubender Vegetationsbedingungen wurden einige extrem gute Weine erzeugt; gilt als erfolgreicher unter den Spitzengewächsen der Côte de Nuits. Ziemlich hart, weniger Charme, höherer Tanningehalt als die 85er. Bis Anfang Juni trüber, kalter, regnerischer Frühling. Späte, aber nahezu perfekte Blüte. Regen und Gewitter Ende August und Mitte September bewirkten die Ausbreitung der Rohfäule. Einige Winzer begannen trotz Regen am 24. September mit der Lese, kurz danach änderte sich das Wetter auf geradezu wundersame Weise durch ein Hochdruckgebiet, so daß die Grand-Cru-Besitzer eine späte Ernte unter idealen Bedingungen einbringen konnten. Großer Ertrag. In der Côte de Nuits besser als im restlichen Burgund.*

*Beim Durchlesen meiner Notizen fällt mir die relative Beständigkeit in Stil und Qualität auf. Vielleicht habe ich hauptsächlich die besseren Gewächse verkostet. Es scheint so, daß die besseren 86er, außer sie verlieren an Frucht und trocknen aus, sich zur Lagerung eignen.*

LA TÂCHE Zwei jüngere Notizen: mitteltief, jetzt mit einigen Anzeichen der Reife; sehr guter, reicher, recht konzentrierter, pflanzlicher Wohlgeruch; eine Spur reifer «Süße», voller Körper und Geschmack, beladen mit Frucht, im Abgang eine Spur bitteren Tannins, mit Säure und einem unnachahmlichen Nachgeschmack. Langes Leben. *Zuletzt im Januar 1991 verkostet* ★(★★★★) *1995 bis 2010.*

BEAUNE, CLOS DES MOUCHES 12,6 % Alkohol, Gesamtsäure 4,0 g/l. Mitteltief, rosiger Schimmer, leicht rosafarbene, unreife Tönung; entgegenkommender, offener, «süßer» Pinot-Charakter, eine Spur Marmelade und Lakritze, hielt sich lebhaft und duftend im Glas; sehr ausgeprägt, sogar eindringlich, mit hohem Tanningehalt. *Machte sich auf der vertikalen Clos-des-Mouches-Degustation bei Drouhin gut, Oktober 1990* (★★★★) *1995 bis 2010 oder länger.*

BEAUNE, HOSPICES, CUVÉE HUGUES ET L. BÉTHAULT Firnisartig; trocken, schlank, pikant. CUVÉE M. DROUHIN Ähnlich, mehr Eleganz. *Beide verkostet im September 1991* ★★

BEAUNE, TEURONS DOM. DU CH. DE BEAUNE. Im Oktober 1988 mittelblaß mit jugendlicher Note. Zwei Jahre später: kaum mehr Rot vorhanden; Nase etwas unangenehm riechend. In jüngster Zeit: rosige Tönung; brandig; bei allen Gelegenheiten bemerkenswert «süß» und ansprechend, mit mehr Kraft und Biß als erwartet. *Zuletzt im Februar 1991 verkostet* ★★★(★) *Bis 1998? Schwer zu sagen.*

**BEAUNE, CLOS DES URSULES** L. JADOT. Mitteltief, schien im Ausbau, doch der Önologe meinte, er würde noch an Farbe gewinnen – das sind die Eigentümlichkeiten des Pinot Noir – weiche, parfümierte Nase, pudrig, Himbeerpudding, mit sehr viel Frucht darunter; ziemlich trocken, schönes Gewicht, fruchtig, relativ leichter Stil, unterstützt durch Tannin und Säure.
*Oktober 1990 ★(★★★) Bis 2000.*

**BONNES MARES** L. JADOT. Überraschend blaß, schien im Aussehen wie in der «süßen», angesengten Nase einen Alterston zu zeigen. Dennoch tanninbetont und unfertig.
*Juni 1990. Ein verwirrender Wein (★★★)? Bis?*

**LE CORTON** DOM. DE CH. DE BEAUNE. Tief; lebhaft, hübsch und nussig in der Nase und am Gaumen im Oktober 1988, sehr tanninbetont, große Lebenserwartung. Nach zwei Jahren deutlich Farbänderung – weniger tief, entwickelter; ziemlich pudrige Vanille-Nase, die sich im Glas reich entfaltete; recht körperreich, guter Mittelgaumen, sehr gefällig.
*Zuletzt im Dezember 1990 verkostet ★(★★) Wahrscheinlich ★★★★ Bis 2009.*

**LE CORTON** LIONEL BRUCK. Mitteltiefe, voll entwickelte Farbe; unverwoben, Zitronella, auf seine Art ansprechend, eine Spur Holz; trocken, relativ voll, fruchtig, lebhaft.
*Dezember 1990 ★(★★) Bis 1998.*

**CORTON, CLOS DES CORTONS** FAIVELEY. Relativ blaß, rosagetönt; nussige Nase, die sich an der Luft verbesserte; Gewicht und Geschmack schön, auch wenn ich das Gefühl hatte, es fehle noch ein bißchen was.
*Dezember 1990 ★(★★) Bis 1998.*

**CORTON, CLOS DU ROI** MÉRODE. Frucht dominiert durch das Tannin.
*Im Februar 1992 (★★★)??*

**GEVREY-CHAMBERTIN, CAZETIERS** J. DROUHIN. Ziemlich schwacher Rand; staubig, brandig, Vanille-Note in Nase und Geschmack. Nicht ganz überzeugend.
*Dezember 1990 ★★ Bis 1995.*

**GEVREY-CHAMBERTIN, CLOS ST-JACQUES** L. JADOT. Rubinrot; sehr «süß», wie Fondant, duftend; guter, lebhafter Geschmack und Abgang. Immer noch tanninreich.
*Februar 1993 ★★★(★)*

**GEVREY-CHAMBERTIN, VIEILLES VIGNES** ALAIN BURGUET. Relativ blaß, pinkfarben; «süße», erdbeerartige Nase, zart, nachhaltig. Geradlinig, ansprechend.
*Februar 1989 ★★(★) Bis 1998.*

**GRANDS-ECHÉZEAUX** DRC. Lebhaft, ausgesprochen «süß», reich und tanninbetont im Februar 1990. Ziemlich tief, dennoch entwickelte sich ein deutlich brauner Rand; harmonisch, reich, weich, angesengte Nase; ziemlich körperreich, erdiger Pinot-Geschmack, immer noch sehr tanninbetont.
*Zuletzt im Januar 1991 verkostet (★★★★) Bis 2010.*

**MAZIS-CHAMBERTIN** FAIVELEY. Relativ blasses Rosarot, durchscheinend, ziemlich wäßrig; herrlich würzige Nase, die sich fabelhaft entfaltete; schlank, dabei kraftvoll, viel Eiche.
*Februar 1989 ★(★★★) Bis 2000?*

**MUSIGNY** DE VOGÜÉ. Mittelblaß, in Entwicklung; wohlriechend, würzig, immer noch etwas hart, sehr parfümiert – wie ein Pinot Noir aus Oregon! – sich lebhaft entfaltende Brombeernase; trocken, mittelschwerer Körper, schlank, ziemlich pfeffrig, würzig, guter Nachgeschmack.
*Auf der Domaine, Oktober 1990 ★(★★★) Bis nach 2000.*

**NUITS-ST-GEORGES, DAMODES** CHANTAL LESCURE. Tief; fruchtig, nussig, Vanille; gute Struktur, Frucht, tanninbetont. Braucht Zeit.
*Dezember 1990 ★(★★) Bis 1998.*

**NUITS-ST-GEORGES, CLOS DE LA MARÉCHALE** FAIVELEY. Gute Nase; ziemlich «süß», robust; volle Frucht, gute Länge.
*Dezember 1990 ★★(★★) Bis 1998.*

**NUITS-ST-GEORGES, PORRETS ST-GEORGES** H. GOUGES. Wohlriechend, gute Tiefe; trocken, voll, fest.
*August 1991 ★★★(★) Bis 2000.*

**NUITS-ST-GEORGES, PRULIERS** H. GOUGES. Wohlriechend, aber unverwoben; trocken, relativ voll, hart, leicht bitterer Abgang.
*August 1991 (★★★) Bis 2000?*

**NUITS-ST-GEORGES, LES ST-GEORGES** H. GOUGES. Ziemlich tief; ein kerniger, fruchtiger Wein, überaus griffig.
*August 1991 (★★★★) 1995 bis nach 2000.*

**RICHEBOURG** DRC. Irreführend blaß; interessante Nase, Walnüsse und tiefe Pinot-Noir-Frucht; sehr kraftvoll, beladen mit Tannin. Elf Monate später weiches, herbstliches Rotbraun; schöne zarte, offene Nase; seidige, ledrige Tannine.
*Zuletzt im Januar 1990 verkostet ★(★★★) Bis nach 2000.*

**ROMANÉE-ST-VIVANT** DRC. Völlig anderer Stil als der Richebourg, warme Kaffee- und Schokoladenase, Trüffeln; eindringlich, große Länge, tanninbetont. Bei der zweiten Degustation sogar

noch bräunlicher als der Grands-Echézeaux. Weiche, sehr erdige Pinot-Note in Nase und Geschmack. Trotzdem ziemlich tanninbetont und recht ungnädig, sogar rauh. Benötigt Flaschenalterung.
*Zuletzt im Januar 1990 verkostet (★★★★) 1996 bis gut nach 2000.*

CLOS DE TART Drei neuere Aufzeichnungen: immer noch unreife Erscheinung; festgewoben, rauchig, Brombeerfrucht; mittelschwerer Körper, fest, guter Geschmack, tanninbetont. Benötigt Zeit.
*Zuletzt im März 1992 verkostet ★★(★★) Bis 2000.*

VOLNAY, HOSPICES, CUVÉE BLONDEAU AVERY. Sehr «süß» in Nase und Gaumen, sehr wohlriechend, viel Geschmack, reich, sehr gute Säure – vielleicht etwas zu scharf.
*Dezember 1990 ★(★★) Bis 1996.*

CLOS VOUGEOT CHANTAL-LESCURE. Sehr tief, ziemlich intensiv; erstaunliche Frucht; «süß»; voller Körper und Geschmack. Tanninbetont.
*Dezember 1990 ★★(★★) Bis 2000.*

CLOS VOUGEOT, MUSIGNI (sic). GROS FRERES. Schön im Geschmack.
*Im Januar 1993 ★★★★ Jetzt perfekt. Hält sich gut.*

EINE AUSWAHL WEITERER 86ER:

CÔTE DE BEAUNE-VILLAGES Obwohl er von der Domaine A. Chopin stammt und von R. Mendelsohn importiert wird, ein überaus unmusikalischer, unverwobener Wein.
*Januar 1990.*

MONTHÉLIE, LES DURESSES ROGER VERGE. Mager und säuerlich.
*November 1989 (★)*

NUITS-ST-GEORGES, PORRETS BOUCHARD PERE. Brandig, kernig, sehr tanninbetont mit zitrusartiger Säure.
*Dezember 1990 (★★)*

SANTENAY, CLOS TAVENNES DOM. DE LA POUSSE D'OR. Starkfarben, intensiv; malzige Nase; voller Körper und Frucht, doch merkwürdiger Geschmack, zu tanninbetont.
*November 1990 (★★)*

SAVIGNY-LÈS-BEAUNE, MARCONNETS SIMON BIZE. Lebhaft, rot, lebhaft; gleichmaßen lebhafte Nase; trocken, schlank, schmackhaft, erfrischend. Leichte Holznote.
*Oktober 1990 ★★(★)*

EINIGE 86ER, IM HERBST 1988 VERKOSTET, VIELVERSPRECHEND:

BEAUNE, GRÈVES LAFARGE. «Süß», voll, reich, Eichentöne, würzig (★★★★)

BEAUNE, GRÈVES, VIGNES DE L'ENFANT JÉSUS BOUCHARD PERE. «Süß», vorzüglich, gute Frucht; trocken, voller Geschmack (★★★★)

BEAUNE, MONTREVENOTS ANDRE MUSSY. «Süß»; leicht malzige Nase und ebensolcher Geschmack, kraftvoll (★★★)

CHAMBOLLE-MUSIGNY GEORGE ROUMIER. Kernig, vollmundig (★★★)

CHAMBOLLE-MUSIGNY, AMOUREUSES J.-F. MUGNIER. Überaus originelle malzige, fruchtige Nase; ziemlich kraftvoll, jugendliches Tannin, wie ein Bordeaux (★★★)

CHAMBOLLE-MUSIGNY, FUÉS J.-F. MUGNIER. Wunderschöner Duft; vorzüglich, Eichentöne, tanninbetont (★★★)

CHARMES-CHAMBERTIN OLIVIER LEFLAIVE. Sehr attraktiver Duft; vorzüglicher Geschmack, gut, aber zu starke Eichentöne (★★★★)

LE MUSIGNY J.-F. MUGNIER. Drei Aufzeichnungen: zunächst ein merkwürdiger Wein, der in seinem Aroma an einen Italiener erinnert, kernig, tanninbetont. Kurz darauf zwei Flaschen: bei der ersten hatte der Most zehn Tage an den Schalen gelegen, tief, außergewöhnlich reich; die zweite Flasche stammte aus einer anderen *Cuvée*, von alten Rebstöcken, leicht blasser, sehr duftend, reiche Struktur, würzig, aromatisch.
*Im besten Fall (★★★★)*

NUITS, CLOS ST-MARC BOUCHARD PERE. Parfümiert, guter Geschmack nach schwarzen Johannisbeeren, ledrige Tannine (★★★★)

POMMARD, CHANLINS MONTHELIE-DOUHAIRET. Walnüsse und Frucht; trocken, schlank, tanninbetont (★★★)

VOLNAY MONTHELIE-DOUHAIRET. Vorzügliches Rubinrot; Kirsch- und Pflaumenaroma; körperreich (13,3 % Alkohol), zum Kauen (★★★)

VOLNAY, CLOS AU CH. DES DUCS LAFARGE. Vorzügliche Walnußnase und ebensolcher Geschmack, stilvoll (★★★★)

VOLNAY, FREMIETS BOUCHARD PERE. Guter, langer Geschmack, aber sehr tanninbetont (★★★)

VOSNE-ROMANÉE, AUX RAIGNOTS DOM. DU CH. DE VOSNE-ROMANÉE. Nussig, schlank, sehr tanninbetont (★★★)

# 1987 ★★★

*Auf keinen Fall schlecht. Ein brauchbarer Jahrgang zum baldigen bis mittelfristigen Konsum. Wachstumsbedingungen: relativ früher Austrieb, doch starke Regenfälle im Mai und Juni und außergewöhnlich kaltes Wetter während der Blüte verursachten Schäden. Die Folge waren ein schlechter Fruchtansatz, Verrieseln und daher ein geringer Ertrag. Nach einem wechselhaften Sommer ausgesprochen warmer Septemberbeginn, wodurch der geringe Behang verhältnismäßig gut reifen konnte. Die Ernte begann spät, um den 5. Oktober und fand bei herrlichem Sonnenschein statt. Gesunde Trauben. Der gegenüber dem Fruchtfleisch relativ hohe Schalenanteil ergab Weine von beträchtlicher Farbtiefe.*
*Die Weine der Domaine de la Romanée-Conti habe ich an den Anfang gesetzt, da ich verhältnismäßig junge Aufzeichnungen über sie besitze. Wenn man bedenkt, daß sie traditionell spät und mit sehr sorgfältiger Auswahl ernten und die Trauben von dem herrlichen Altweibersommer profitieren konnten, ist ein gewisser Optimismus hinsichtlicher der zu erwartenden Qualität durchaus gerechtfertigt.*

ROMANÉE-CONTI Nur eine Notiz von der ersten der beiden DRC-Degustationen von Percy Fox: wie so oft vermittelte die blasse Farbe den Eindruck, daß es sich um einen weichen, milden und sich rasch entwickelnden Wein handelt. Zurückhaltend und wahrhaft vielschichtig, mit reicher Fruchttiefe; kraftvoll, eindringlich am Gaumen, beträchtliche Länge, Tannine und Säure. *Februar 1990* ★★(★★) *Entwickelt sich zweifellos gut, doch der Zeitraum ist schwer vorherzusagen.*

LA TÂCHE Im Februar 1990: zurückhaltend, raffiniert, wohlriechend; «süß», schlank, lang und schmackhaft bei der ersten Degustation. Nicht sehr reiche Farbe, aber auch nicht tief, eindringlicher und tanninbetonter als erwartet, mit der unnachahmlichen Geschmacksausweitung im Mund und beim Nachhall. *Zuletzt im April 1992 verkostet* ★★★(★)?

RICHEBOURG DRC. Der Stilkontrast zwischen La Tâche und Richebourg hat mich schon immer fasziniert. Zunächst blasser als erwartet; nussige, unentwickelte Nase. Die zweite Flaschen schien wohlriechender, dabei hart. Beide waren körperreich und trocken, auch wenn der Extraktstoffgehalt die Strenge des Tannins überdeckte. Ein Jahr später mit deutlicher rosigem Schimmer als der 86er; es hatte sich eine weiche, angesengte, erdige Nase entwickelt; schien auch am Gaumen «süßer», schmackhaft, länger und duftender im Nachgeschmack, als ich erwartet hätte. *Zuletzt im April 1992 verkostet* ★★★(★) *1996 bis gut nach 2000.*

ROMANÉE-ST-VIVANT DRC. Der Wein stammt natürlich von der alten Domaine Général Marey-Monge. Im Februar 1990 ziemlich unbestimmtes Erscheinungsbild; zurückhaltende, pflanzliche Nase. Ich weiß nicht, ob ich mir dies einbildete, aber ich fand die zweite Flasche gehaltvoller, intensiver, nach Kaffee duftend; ausgesprochen «süß», schönes Gewicht, mit der für St-Vivant typischen Eleganz, sehr griffig und guter Nachgeschmack. In jüngster Zeit: ausladendes, ausgebautes Erscheinungsbild; sehr weiche, ziemlich schokoladige Nase; am Gaumen «süß» und weich, von vorn bis hinten sehr schmackhaft. Ein Wein, wie ich ihn schätze. *Zuletzt im April 1992 verkostet* ★★★(★) *Bis nach 2000.*

GRANDS-ECHÉZEAUX DRC. Zurückhaltende Nase mit recht deutlichem Sattelgeruch des Tannins; beträchtlich mehr Kraft als der Echézeaux. Typischer Pinot-Geschmack nach roten Beten. Bittere Tannine. Bei der Degustation im folgenden Jahr: relativ blaß, offen, strahlend; weiche, leicht schokoladige, gekochte Pinot-Nase; «mittelsüß» und mittelschwerer Körper, weiche Frucht, angemessener Tannin- und Säuregehalt, schien aber eher ein Schnellentwickler zu sein. *Zuletzt im Januar 1991 verkostet* ★(★★★) *Bis 1998.*

ECHÉZEAUX DRC. Parfümiertes Pinot-Aroma, bei der zweiten Flasche sogar noch intensiver; relativ leichter Stil, köstlicher Geschmack, wenn auch mit trockenem, tanninbetontem Abgang. Ein Jahr später relativ blasse Pflaumenfarbe, mit einer reiferen, brauneren Tönung; hübscher, weicher Fruchtduft, wie zerdrückte Erdbeeren; ziemlich schlank, trocken und tanninbetont. *Zuletzt im April 1992 verkostet* ★★★ *Bis etwa 2005.*

WEITERE AUSGEWÄHLTE 87ER, IN LETZTER ZEIT VERKOSTET:

BEAUNE, BOUCHEROTTES L. JADOT. Offen, ansprechend, aber unverwoben; «süß», schönes Gewicht, eine Spur bitter. *Juni 1991* ★ *Bald trinken.*

BEAUNE, GRÈVES, VIGNE DE L'ENFANT JÉSUS BOUCHARD PERE. Ziemlich schwacher Rand, unverwoben, reich, angesengte Vanille-Nase; recht schmackhaft, aber leicht und etwas wenig überzeugend. Mehr Säure als Tannin. *Dezember 1990* ★(★) *Bis 1995.*

BEAUNE, CLOS DES MOUCHES J. DROUHIN. 13,1 % Alkohol, 3,8 g/l Säure – besser als der 86er. Rosig; lebhafte, sehr ansprechende, hochgetönte, würzige Nase, die sich im Glas schön öffnete. Recht gefällig in «Süße», Gewicht und Geschmack. Mehr Säure als Tannin. Robert Drouhin erzählte mir, daß er die 87er Roten den

86ern vorziehe, selbst bei den Weinen aus der Côte de Nuits.
*In Drouhins Degustationsraum, Oktober 1990*
★★★ *Bis 1996.*

**CHAMBERTIN, CLOS DE BÈZE** L. JADOT. Ziemlich tiefe Farbe; «süß», voll entwickelt, recht marmeladig; trocken, ziemlich körperreich, aggressiv – Frucht und Tannin stammen aus einer 26-Tage-Mazeration.
*Bei Jadot, Oktober 1990* (★★★) *Bis 1998.*

**CHAMBOLLE-MUSIGNY** J.-F. MUGNIER. Gefällige Farbe; leicht marmeladige Note in Nase und Geschmack, dabei schön ausgewogen und schmackhaft.
*Januar 1990* ★★★ *Bis 1996.*

**CHAMBOLLE-MUSIGNY, SENTIERS** ROBERT GROFFIER. Zurückhaltende Pinot-Nase; am Gaumen weitaus eindrücklicher: köstlich, würzig, gute Länge, leicht bitterer Abgang.
*April 1990* ★★★ *Bis 1995.*

**CHASSAGNE-MONTRACHET 1ER CRU** FONTAINE-GAGNARD. Pflaumenfarben; sehr reiche, marmeladige Frucht, ungewöhnlicher und ausgeprägter Geruch, wie Roastbeef; viel Frucht, kraftvoll, sehr tanninbetont.
*Zuletzt im Oktober 1990 verkostet* ★★(★) *Bis 1998.*

**CORTON, BRESSANDES** CHANDON DE BRIAILLES. Sehr ausgeprägtes, klassisches Pinot-Aroma; kraftvoll, tanninbetont.
*Dezember 1990* ★★★(★) *Bis 2000.*

**CORTON, CLOS DES CORTON** FAIVELEY. Tief; voll Frucht und Alkohol, leicht parfümiert und staubig zunächst, doch dann reiche Entfaltung; «süß», voll, robust, guter Tannin- und Säuregehalt.
*Dezember 1990* ★★★(★) *Bis 2000.*

**GEVREY-CHAMBERTIN, CAZETIERS** FAIVELEY. Rosafarben; merkwürdig ansprechender, erdbeerartiger Duft; schmackhaft, schlank, trockener Abgang. Benötigt Zeit.
*Dezember 1990* ★★★ *Bis 1998.*

**GEVREY-CHAMBERTIN, CLOS ST-JACQUES** L. JADOT. Offen, schokoladig, weich, zum Kauen, recht gute Frucht und Säure.
*Juni 1991* ★★ *Bald trinken.*

**MOREY-ST-DENIS, CLOS DES ORMES** J. DROUHIN. Brandig, erdig; sehr schmackhaft, schöne Frucht, gute Säure.
*Dezember 1990* ★★★ *Bis 1998.*

**MUSIGNY** DE VOGÜÉ. Im Aussehen wie ein Frühentwickler; weit offene Pinot-Nase, wie die Weine aus Oregon – nur besser! Wirkte nach zwanzig Minuten ungleichmäßig, mit einer Spur Karamel, beruhigte sich aber. Eine Stunde nach dem Einschenken zeigte sich ein gefälliges Ingwerbukett; ziemlich schlank, wäßrig und kurz. Dabei ein trockener, zugänglicher Stil. Kein *vin de garde*.
*Auf der Domaine, Oktober 1990* ★★ *Bis 1995.*

**CLOS DE LA ROCHE** DUJAC. Voll ausgebaute Farbe; «süße», dabei feste, schön entwickelte, harmonische Nase; «süßer», guter Körper, sehr hübscher, reicher Geschmack, im Abgang eine Spur tanninbetonter Bitterkeit, aber guter Nachgeschmack.
*Auf der Domaine, Oktober 1990* ★★★ *Bis 1996.*

**SAVIGNY-LÈS-BEAUNE, SERPENTIÈRES** ECARD. Mehrere Aufzeichnungen: weiche, milde, Hagebuttenfarbe; warmer, erdige Nase, ein Hauch Vanille, entwickelte sich schön im Glas; Ingwer, Zimt, Schokolade; Geschmack und Länge gut, etwas grün und hart im Abgang.
*Zuletzt im Juni 1991 verkostet* ★★ *Jetzt trinken.*

**CLOS DE TART** Blaß; gekocht; Rote-Bete-Geschmack. Sehr trockener Abgang.
*Im März 1992* ★

**VOSNE-ROMANÉE** DANIEL RION. Heute unter der Leitung des jungen Patrice Rion. Rubinrot; gutes Pinot-Aroma; trocken, kraftvoll, überaus fruchtig. Ein guter Wein, allerdings noch hart.
*Januar 1990* ★★(★★) *Bis 1998.*

**CLOS VOUGEOT** J. DROUHIN. Sehr duftendes Sortenaroma; gut, aber hart.
*Dezember 1990* ★★(★) *Bis 2010.*

## EINIGE WEITERE 87ER:

**AUXEY-DURESSES, LES EXUSSEAUX** HENRI & GILLES BUISSON. Tief, samtig; «süß», eindringlich, ziemlich gute Länge, eine Spur Bitterkeit.
*Oktober 1990* ★(★)

**BEAUNE, HOSPICES, CUVÉE CYROT CHAUDRON** *Elevé*, aber nicht sehr gut, durch NOËMI VERNAUX. Schmackhaft aber flüchtig.
*September 1990.*

**BEAUNE, CLOS DES URSULES** L. JADOT. Man denkt an unreife Trauben, schlank, aber schmackhaft.
*Oktober 1990* (★★)

**BONNES MARES** L. JADOT. Gut.
*Juni 1990* (★★★)

**ECHÉZEAUX** LOUIS MAX. Stielig, holzig.
*Dezember 1990.*

CHEVREY-CHAMBERTIN ALAIN BURGUET. Aus sechzig bis achtzig Jahre alten Rebstöcken, im Dezember 1988 abgefüllt: blasses Scharlachrot; lebhaft, intensiv, beerenartiger Duft und Geschmack. Sehr würzig, sehr trocken, harte Tannine.
*Februar 1989 (★★★)*

CLOS DES LAMBRAYS Unangenehm riechend, wie weggeworfener Kohl; ausgetrocknet, bitter.
*Dezember 1990.*

SAVIGNY-LÈS-BEAUNE CHANDON DE BRIAILLES. Orangerot; milde, zart, eher weinig als sortentypisch; weich, doch mit tanninbetontem Abgang.
*Januar 1990 (★★)*

IM SEPTEMBER 1988 GUT BEI EINER PROBE AUS DEM FASS:

Chambolle-Musigny, Amoureuses J.-F. MUGNIER; Chambolle-Musigny, Fués J.-F. MUGNIER; Corton BOUCHARD PERE; Musigny J.-F. MUGNIER; Nuits-St-Georges, Boudots J. GRIVOT; Nuits-St-Georges, Roncières J. GRIVOT; Pommard, Bertins CHANTAL LESCURE; Richebourg. J. GRIVOT; Vosne-Romanée, Beaumonts J. GRIVOT; Vosne-Romanée, Les Rouges JACQUELINE JAYER, vinifiziert von GRIVOT; Clos Vougeot. J. GRIVOT.

# 1988 ★★★★★

*Ein hervorragender Jahrgang; stabile, gutgebaute Weine mit Durchhaltevermögen. In der Jugend nicht so einschmeichelnd zugänglich zu verkosten wie die 85er, aber deutlich beeindruckend, die besten phantastisch. Einige, leider, nicht gut genug.*

*Dem milden Winter folgte ein langer, nasser Frühling. Das Wetter blieb kühl und feucht, doch Blüte und Fruchansatz waren zufriedenstellend. Der gute Jahrgang wurde erst durch den langen, sonnigen Sommer besiegelt; drei Monate Hitze und Trockenheit bis in den Oktober hinein, zum Glück hin und wieder von Regenschauern unterbrochen. Der gute Ertrag an gesunden, reifen Trauben konnte geerntet werden, bevor die spätherbstlichen Regenfälle einsetzten. Hitze und Trockenheit erzeugen einen hohen Zuckergehalt und eine Konzentration des Fruchtfleisches, was eine Fülle an Alkohol und Extraktstoffen nach sich zieht. Alles in allem das Rezept für tiefe, reiche, gutstrukturierte Weine mit schönen Alterungsqualitäten.*

*Meine brauchbarsten Notizen, aus denen Stil und Qualität der Weine hervorgehen, machte ich bei der Berkmann-Degustation im Juli 1990 in London und im März 1991 bei einer Bin-Club-Degustation in Wickwar. Daneben stehen die Aufzeichnungen von den vertikalen Verkostungen einzelner Domainen, vor allem bei Joseph Drouhin und Comte George de Vogüé, im Oktober 1990. Ich werde jedoch mit der Auswahl beginnen, die ich im Oktober 1990 auf der Domaine de La Romanée-Conti verkostet habe, danach bei der DRC-Degustation von Percy Fox in London im Januar 1991 und ein drittes Mal im März.*

ROMANÉE-CONTI Auf der Domaine: sehr tiefe, üppige Farbe; immens reiche Nase, überaus fruchtig, danach ein kaffeeartiger Duft, das allesdurchdringende Aroma hielt sich über eine Stunde. «Mittelsüß», körperreich, mit reichhaltigem, abgerundetem Geschmack, sehr viel Frucht, hohem Extraktstoffgehalt, der die starken Tannine überdeckt. Ähnlich in London: mit der Veilchenfarbe und der Brombeerfrucht völlig anders als der La Tâche. Ein energiegeladener Wein mit viel Zukunft. In jüngster Zeit: unbeschreiblich «süß» und vollmundig.
*Zuletzt bei der Bin-Club-Degustation im März 1991 verkostet (★★★★★) 1996 bis 2030.*

LA TÂCHE Im Oktober 1990 tief, recht intensiv; lebhafte, brombeerartige Frucht, fest, hart; reich, geschmacksintensiv, elegant, mit großer Länge und seidigen Tanninen. Im Januar glänzendes Kirschrot mit pflaumenfarbenem Purpurrand; lebhaft, Weißdornnote, wohlriechend; kraftvoll, konzentriert, würzig, sehr tanninbetont. In jüngster Zeit überaus intensiv und lang.
*Zuletzt bei der Bin-Club-Degustation im März 1991 (★★★★★) 1998 bis 2030.*

RICHEBOURG DRC. Tief, ziemlich intensiv; ausladende Brombeernase, gute Weinigkeit; voll, robuste Frucht, sehr tanninbetont. Im Januar und März: weniger tief als der St-Vivant; reiches Pinot-Aroma; trocken, kraftvoll, gute Länge, seidig strukturierte Tannine und wohlriechender Nachgeschmack. Wie gewöhnlich vierschrötiger, weniger auffallend als der La Tâche. Große Zukunft.
*Zuletzt im März 1991 verkostet (★★★★★) 1996 bis 2025.*

ROMANÉE-ST-VIVANT DRC. «Süße», zarte, würzige Nase, treffliche Frucht, enorme Weinigkeit, harmonisch, entwickelte sich gut im Glas; «mittelsüß», reich, abgerundet, schlankerer Stil als der Grands-Echézeaux, mit deutlichem Tannin- und Säuregehalt. Bei den beiden nächsten Degustationen: rötlich, kirschfarben, unausgebaut; für die DRC übliches, reiches Pinot-Aroma, durchdringend, sehr tief; kraftvoll, dabei elegant, hervorragende Frucht, gute Länge, fest, würzig.
*Zuletzt im Januar 1991 verkostet (★★★★★) 1996 bis 2025.*

GRANDS-ECHÉZEAUX DRC. Ziemlich tief, purpurfarbener Rand; lebhafte, feste Frucht, zunächst

etwas stielig, pfeffrig und würzig, beruhigte sich aber im Glas, elegant; mitteltrocken, eindringlich, kraftvoll, schöne Frucht, große Länge, seidige Tannine und Säure. Wirkte im Januar verschlossen und hart, dabei würzig; schien auch trockener, dabei beladen mit Frucht. Zwei Monate später: wunderbarer Wohlgeruch; griffig, lang, phantastischer Stil und Nachgeschmack.
*Zuletzt bei der Bin-Club-Degustation im März 1991 (★★★★) 1996 bis 2020.*

ECHÉZEAUX DRC. Mitteltief, pflaumenfarben und etwas trüb auf der Domaine; kraftvolles, an rote Bete erinnerndes Pinot-Aroma, sehr entgegenkommend, wurde «süß» und erdbeerartig; trocken, körperreich, lebhaft, mit frischem, beerenartigem Geschmack, tanninbetont. In London: rosafarben; lebhaft; gute Länge, sehr tanninbetont. Fest und hart. Benötigt Zeit.
*Zuletzt im Oktober verkostet (★★★★) 1996 bis 2016.*

WEITERE 88ER:

ALOXE-CORTON TOLLOT-BEAUT. Mittelblaß; fruchtig; köstlicher Geschmack, gute Säure, leicht bitterer Abgang. Normalerweise gut und mit anständigem Qualität-Preis-Verhältnis, wurde der 88er aufgrund der mangelnden Länge und Qualität seinem Preis nicht gerecht.
*Zuletzt im November 1990 verkostet (★★) Bis 2000.*

BEAUNE, MONTREVENOTS JEAN-MARC BOILLOT. Sehr gute Farbe; tief, reich, parfümiert; kraftvoll, gut zusammengefügt, relativ hoher Tannin- und Säuregehalt.
*Juli 1990 (★★★★) Bis 2000.*

BEAUNE, CLOS DES MOUCHES J. DROUHIN. 13,3 % Alkohol, 3,8 g/l Gesamtsäure. Ziemlich tief, unreif; sehr «süße», schon fast unangenehme, erdbeerähnliche Nase, Sattelgeruch des Tannins; trocken, fest, fruchtig, gute Länge und schönes Potential. Sehr tanninbetont.
*Oktober 1990 (★★★★) Bis 2000.*

BEAUNE, CLOS DES URSULES Im Juni 1990 in Flaschen abgefüllt und im selben Monat in London verkostet: fruchtig, wohlriechend; sehr guter Geschmack und schön griffig. Fast drei Monate später: unreif, minzige, aber kraftvolle Nase; trocken, körperreich, fest, eichen, Länge und Nachgeschmack gut. Tanninbetont.
*Zuletzt im Beaune im Oktober 1990 verkostet (★★★★) Bis nach 2000.*

BEAUNE, VIGNES FRANCHES L. LATOUR. Gute Frucht, neue Eiche; ziemlich «süß», relativ voll und fleischig.
*Oktober 1990 (★★★★) Bis 2000.*

BONNES MARES DE VOGÜÉ. Faszinierende Nase, eine Mischung aus Fleisch, Frucht und Veilchen; gute, lebhafte Frucht und Säure, mit weichen Tanninen. Attraktiv.
*September 1990 (★★★★★) Bis 2000.*

CHAMBERTIN LOUIS TRAPET. Zwei Aufzeichnungen: tief, unreif; trocken, kraftvoll, spröde, sehr tanninbetont.
*Zuletzt im März 1991 verkostet (★★★)*

CHAMBERTIN, CLOS DE BÈZE BOUCHARD PERE. Wohlriechend; eindringlich, kraftvoll, tanninbetont.
*März 1991 (★★★★) 1995 bis 2000.*

CHAMBERTIN, CLOS DE BÈZE L. JADOT. Im Juni 1990 abgefüllt. Tief; starker Geruch nach Austern und Jod (aus den Anthozyaninen, rein pflanzliches Aroma, sehr typisch für den Pinot aus Chambertin); trocken, kraftvoll, viel Frucht, große Länge, etwas metallisches Tannin.
*Bei Jadot, Oktober 1991 (★★★★★) 1996 bis 2020?*

CHAMBERTIN, VIEILLES VIGNES TRAPET. Ähnlich, mehr Fruchtfülle, lang, mit duftendem Nachgeschmack.
*Im Juli 1990 verkostet (★★★★★) Bis 2000.*

CHAMBOLLE-MUSIGNY ALAIN HUDELOT-NOELLAT. «Süß», leicht, ein wenig Tannin. Gewisser Reiz, aber ohne echte Qualität.
*Juli 1990 (★★★) Bis 1995.*

CHAMBOLLE-MUSIGNY DE VOGÜÉ. Nicht sehr tief; zurückhaltende, sahnige Nase; deutlicher Tannin- und Säuregehalt.
*September 1990 (★★★) Bis 1998.*

CHAMBOLLE-MUSIGNY, LES BANDES J. DROUHIN. Lebhafte, himbeerartige Frucht, schön griffig.
*Mai 1991 (★★★) Bis 1998.*

CHAMBOLLE-MUSIGNY, HAUTS DOITS J. DROUHIN. Lebhafte Frucht; kraftvoll, Tannin und Säure.
*Mai 1991 (★★★) Bis 2000.*

CHAMBOLLE-MUSIGNY, CLOS DU VILLAGE A. GUYON. Wohlriechendes Pinot-Aroma; hervorragender Geschmack, zart und doch kraftvoll.
*März 1991 ★★(★★) Bis 2000.*

LE CORTON DOM. DE CH. DE BEAUNE. Ziemlich tiefes Purpur, doch schwacher Rand; harmonisch; etwas «süß», voller Körper, fest, gute Länge, tanninbetont.
*Zuletzt im März 1991 verkostet (★★★★) 1995 bis 2010.*

CORTON, BRESSANDES TOLLOT-BEAUT. Für Corton und 1988 blaß; zurückhaltende Nase, die an italienischen Wein erinnert, weder fruchtig, noch erdig, noch blumig: Weißdorngestrüpp; leicht «süß», reich, zum Kauen, angemessener Tanningehalt.
*Juli 1990 (★★★) Bis 2000.*

CORTON, CLOS DU ROI CHANDON DE BRIAILLES. Stark parfümierte Nase; «süß», zum Kauen, reicher Corton-Geschmack und -Körper, Extraktstoffe, Tannin und Säure gut. Sehr schöner Wein.
*Zuletzt im März 1991 verkostet (★★★★★) 1996 bis 2015.*

CH. CORTON-GRANCEY Erstmals bei der Latour-Degustation im Oktober 1990 verkostet: ich hatte eine viel tiefere Farbe erwartet, schöne, leichte Frucht; «süß», mittelschwerer Körper, weich, gefällig aber zuwenig Gehalt. In jüngster Zeit: entwickelt, parfümiert, gefällig.
*Zuletzt im März 1991 verkostet ★★★ Bald trinken.*

CHEVREY-CHAMBERTIN ROLAND DA-GENEAU. Zugänglich, ansprechend (★★)

CHEVREY-CHAMBERTIN PH. ROSSIGNOL. Frucht, Geschmack, Körper gut, sehr tanninbetont.
*Juli 1990 (★★★★)*

CHEVREY-CHAMBERTIN LOUIS TRAPET. Relativ blaß; hübsch, parfümiert; guter Geschmack und Biß.
*Zuletzt im März 1991 verkostet ★★(★) Bis 1998.*

GEVREY-CHAMBERTIN, CLOS DU FONTENY BRUNO CLAIR. Tief; einnehmend eichene Nase und ebensolcher Geschmack.
*März 1991 ★(★★) Bis 1998.*

GEVREY-CHAMBERTIN, LE FONTENAY RE-NE JACQUESSON. Reich, nussig, Frucht- und Eichennuancen.
*März 1991 ★(★★) Bis 1998.*

GEVREY-CHAMBERTIN, CLOS ST-JACQUES L. JADOT. Fest, nussig, wohlriechend; überraschend weich und füllig. Seidige Tannine.
*Juni 1991 ★★(★★) Bis 1998.*

CLOS DE LAMBRAYS F. & L. SAIER. Relativ «süß», vorzüglicher Wein, gutgeformt, mit Klasse.
*März 1991 (★★★★) Bis 2000.*

LATRICIÈRES-CHANBERTIN L. TRAPET. Machte sich gut bei Berkmanns Degustation: reiche, sehr entgegenkommende Nase; «süß», geschmacksintensiv, weich, doch tanninbetont. Bei der Bin-Club-Degustation weniger beeindruckend.
*Zuletzt im März 1991 verkostet (★★★★)? Bis 2000.*

MUSIGNY JACQUES PRIEUR. Tiefe, Gewicht, Geschmack und Augewogenheit gut.
*März 1991 (★★★★) Bis 2000.*

LE MUSIGNY DE VOGÜE. Im Mai 1990 abgefüllt. Starke 13%–13,5% Alkohol. Mitteltief, jugendliches Kirschrot; überraschend «süße», leicht tabakähnliche Nase, harter Unterton, doch schöne Entwicklung; nach 15 Minuten angesengt, Kleehonig, nach einer halben Stunde wunderbar entwickelt; am Gaumen reife Frucht, voller Geschmack, körperreich, dabei nicht schwer, konzentrierte Frucht, sehr tanninbetont, guter Nachgeschmack.
*Auf der Domaine, Oktober 1990 (★★★★★) 1995 bis 2015.*

NUITS-ST-GEORGES ALAIN MICHELOT. Zwei Aufzeichnungen: lebhafte Frucht, fabelhafter Geschmack, eine Fülle an Eichennuancen und Tannin im Juli 1990. Danach: sehr «süß», würzig, sehr tanninbetont, guter Nachgeschmack.
*Zuletzt im Oktober 1990 verkostet (★★★★) Bis 2000 und länger.*

NUITS-ST-GEORGES, CAILLES A. MICHELOT. Lebhafte Frucht; sehr «süß», dabei sehr tanninbetont. Beeindruckend.
*Juli 1990 (★★★★) 1996 bis 2000 und länger.*

NUITS-ST-GEORGES, CHAIGNOTS A. MICHELOT. Ziemlich tief, jugendlich; sehr reich, sehr wohlriechend; ein phantastischer, reicher, tanninbetonter Wein.
*Juli 1990 (★★★★★) 1996 bis 2000 und länger.*

NUITS-ST-GEORGES, MURGERS HUDELOT-NOELLAT. Brandige, marmeladige Nase; ziemlich «süß», weich, recht ansprechend.
*Im Juli und Oktober 1990 (★★★) Bis 1996.*

NUITS-ST-GEORGES, PORRETS ST-GEOR-GES H. GOUGES. Zwei Aufzeichnungen: tief, jugendlich, violett; lebhafte, faszinierende Frucht; fest, körperreich, hart und tanninbetont.
*Zuletzt im August 1991 verkostet (★★★★) 1996 bis nach 2000.*

NUITS-ST-GEORGES, PRULIERS H. GOUGES. Rubinrot; gute Frucht; trocken, voll, fest, lebhaft, lang.
*Zuletzt im August 1991 verkostet (★★★★) 1995 bis 2005.*

NUITS-ST-GEORGES, LES ST-GEORGES H. GOUGES. Zwei Aufzeichnungen: tief, sehr typisch, verführerisch, beide Male «Veilchen» vermerkt; trocken, vorzüglich lebhafte Frucht, immer noch spröde und schlank.
*Zuletzt im August 1991 verkostet (★★★★) 1996 bis 2010.*

NUITS-ST-GEORGES, VAUCRAINS H. GOUGES. Vorzüglich lebhafte, jugendliche Frucht.
*August 1991 (★★★★) Bis 2000.*

PERNAND, ILE DE VERGELESSES CHANDON DE BRIAILLES. Farbe, Nase und Geschmack gut. Leicht «süß». Etwas griffig. Anständiger Abgang.
*Faßprobe Juli 1990 (★★★) Bis 1996.*

CH. DE POMMARD LA PLANCHE. Wohlriechend, köstlich, tanninbetont.
*März 1991 (★★★) Bis 1998.*

POMMARD, EPENOTS CH. DE MEURSAULT. Jugendlich; reich, schmackhaft, recht kraftvoll.
*März 1991 (★★★★) Bis 2000.*

POMMARD, SAUSSILES JEAN-MARC BOILLOT. Gute Farbe; vorzügliche Frucht- und Eichennuancen; «süß», reich, tanninbetont.
*Juli 1990 (★★★★) Bis 1998.*

CLOS DE LA ROCHE DUJAC. Wunderschönes Aroma, vorzügliche Frucht, mehr Potential; eindringlich, parfümiert, sehr tanninbetont.
*Oktober 1990 (★★★★) Bis 2000.*

CLOS DE TART Mitteltief, unreif; leicht parfümiertes Pinot-Aroma; schlank, schmackhaft, pikant bei Mommessins Londoner Degustation im März 1990. Später im Herbst dieses Jahres: festgewobenes Kirschrot; ein Hauch Öl und Nelken; leicht «süß», ziemlich körperreich, gute Frucht und Griffigkeit. Komplett. Mit Gehalt und Zukunft.
*Zuletzt verkostet im März 1992 (★★★) Wahrscheinlich ★★★★ Bis 1998.*

VOLNAY, 1ER CRU LAFARGE. Gute Farbe; nussig, hart, verschlossene Nase; etwas «süß», füllig und kraftvoll für einen Volnay. Wird sich gut entwickeln.
*Juli 1990 (★★★) Bis 1998.*

VOLNAY, CLOS DES CHÊNES CH. DE MEURSAULT. Sehr guter Geschmack, intensiv und nachhaltig.
*März 1991 (★★★★) Bis 2000.*

VOLNAY, HOSPICES, JÉHAN DE MASSOL BOUCHARD PERE. Tiefe Frucht, Kraft und Länge.
*März 1991 (★★★★) Bis 2000.*

VOSNE-ROMANÉE, BEAUX MONTS BAS BERTAGNA. Sehr wohlriechend, aber unverwoben; lebhaft, Eichennuancen, Pinot-Geschmack. Tanninbetont.
*März 1991 (★★★★) Bis nach 2000.*

CLOS VOUGEOT HUDELOT-NOELLAT. Nicht sehr tief; Frucht, Gewicht, Geschmack und Länge gut. «Süß». Eichennote im Nachgeschmack.
*Juli 1990 (★★★) Bis 1998.*

KÜRZERE NOTIZEN ZU EINIGEN WEITEREN 88ERN:

ALOXE-CORTON, CHAILLOTS L. LATOUR. Frucht, Körper, Eichentöne und Tannin gut.
*Oktober 1990 (★★★)*

CORTON, CH. DE BLIGNY ROPITEAU. Trocken, stabil, tanninbetont.
*Dezember 1990 (★★★)*

CORTON L. LATOUR. Blasser als erwartet, dennoch «süß», voll, füllig und tanninbetont.
*Oktober 1990 (★★★)*

NUITS, PRULIERS ROPITEAU. Schale Nase, die an Pappe erinnerte, aber guter, direkter Körper und Geschmack.
*Dezember 1990 (★★)*

SANTENAY, CLOS DE LA CONFRÉRIE VINCENT GIRARDIN. Gute Farbe; sehr «süß», reich, Nase und Geschmack entgegenkommend. Gutes Qualität-Preis-Verhältnis. Für baldigen Konsum.
*Juli 1990 (★★)*

VOLNAY, CLOS DES CHÊNES R. CAILLOT. Sehr tief; unangenehmer Geruch; eigenartig, sehr tanninbetont.
*November 1990.*

CLOS VOUGEOT BOISSET. Künstliche, aber ansprechende Nase; trocken, wenig überzeugend.
*Dezember 1990 (★★)*

EINIGE WEITERE 88ER, BEI DER BIN-CLUB-DEGUSTATION IM MÄRZ 1991 MÄSSIG GUT:

Aloxe-Corton, Fournières A. GUYON; Beaune, Bressandes CHANSON; Beaune, Grèves, Vignes de l'Enfant Jésus BOUCHARD PERE; Chambertin JACQUES PRIEUR; Chambolle-Musigny, Hauts Doix J. DROUHIN; Corton, Bressandes CHANDON DE BRIAILLES; Corton, Renardes PARENT; Nuits-St-Georges, Procès ARNOUX; Pommard, Bertin LESURE; Pommard, Chanlains PARENT; Pommard, Epenots PARENT; Pommard, Rugiens PARENT; Clos de la Roche BOUCHARD PERE; Volnay, Caillerets CH. DE BEAUNE, BOUCHARD PERE; Volnay, Frémiets PARENT; Volnay, Verseuil Y. CLERGET; Vosne-Romanée, Malconsorts Clos FRANTIN (BICHOT); Vosne-Romanée, Réas JEAN GROS; Vosne-Romanée, Reignots CH. DE VOSNE-ROMANEE.

Relativ leicht, zugänglich und annehmbar bei der Bin-Club-Degustation, März 1991:

Beaune, Clos du Roi CHANSON; Beaune, Ste-
Desirée, Clos de l'Hermitage VIRELY-ROUGEOT;
Gevrey-Chambertin, Lavaux St-Jacques BICHOT;
Nuits-St-Georges, Clos de l'Arlot DOM. D'AR-
LOT; Volnay, Champans DELAGRANGE.

Unter dem Niveau des Namens, Bin
Club, März 1991:

Bonnes Mares L. BRUCK; Chambertin, Clos de
Bèze L. BRUCK; Echézeaux RENE VOGEL.

## 1989 ★★★★

*Ein weiteres sehr gutes Jahr. Meinem ersten Ein-
druck nach waren die Weine weniger robust und
tanninbetont als die exzellenten 88er, aber ausgewogen und charmant, sowie sicherlich schneller
in ihrer Entwicklung. Ein überaus empfehlens-
werter Jahrgang für den baldigen oder mittelfristigen Konsum. Unmittelbar zu trinken ist der
köstliche Beaujolais.*

*Nach einem milden Winter konnten die Stök-
ke in einem ebenfalls milden Frühling zeitig aus-
treiben. Der Sommer war außergewöhnlich heiß
und sonnig, so daß die reifen, gesunden Trauben
früh gelesen werden konnten. Reife, füllige Weine mit einem natürlichen hohen Alkoholgehalt
und niedrigerer Säure sowie weicheren Gerbstoffen als bei den 88ern.*

*Bei den letzten Verkaufsdegustationen interes-
sierte mich besonders der Vergleich zwischen den
88er und 89er Weinen und ich bewertete sie immer paarweise. Wie auch schon bei früheren Jahrgängen dieses Jahrzehnts zeichnete sich ein klares
Bild des Jahres durch die vertikalen Degustationen der Erzeuger ab. Wiederum werde ich jedoch
mit den Weinen der Domaine de La Romanée-
Conti beginnen, die ich erstmals im Herbst 1990
zusammen mit Lalou Bize-Leroy, Aubert de
Vilaine und dessen Vater degustiert habe. Neuverkostung Mitte 1992. Verkostet wurden sie in
alphabetischer Folge, von Echézeaux bis Romanée-Conti, und nicht in der «Rangordnung», in
der sie unten aufgeführt sind.*

ROMANÉE-CONTI Tiefes, samtener Purpur;
sehr gute, «dicke», reiche Nase; wirkt trocken,
aber mit viel Körper, Frucht und Extrakt. Zeifellos
großes Potential.
*Zuletzt im Juni 1992 verkostet (★★★★★)*

LA TÂCHE Gute Farbe; «süße», leicht käsige,
deutlich tanninbetonte Nase; fruchtig, tanninbetonter Abgang.
*Juni 1992 (★★★★★)*

RICHEBOURG DRC. Tiefes, reiches Erscheinungsbild; gleichermaßen reiche Nase, weich,
gehaltvoll, eine Spur Schokolade und Vanille;
«mittelsüß», voller Alkohol, Frucht und Extrakt.
Trockener, tanninbetonter Abgang.
*Zuletzt verkostet im Oktober 1992. Mindestens*
★★(★★)

ROMANÉE-ST-VIVANT DRC. Ziemlich tief; Nase bereits «süß» und weich; «Süße» und Gewicht
perfekt. Ich gestehe meine große Vorliebe für den
Stil von Marey-Monge. Ein eleganter Wein.
*Zuletzt verkostet im Juni 1992 ★★(★★★) Etwa 1998
bis 2010.*

GRANDS-ECHÉZEAUX DRC. Mitteltief; hart,
würzig, junges Pinot-Aroma; «süß», zum Kauen,
Fruchtfülle.
*Zuletzt verkostet im Juni 1992 ★★★(★) Etwa 1998
bis 2010.*

ECHÉZEAUX DRC. Reich, strahlend; gutes, duftendes, jugendliches brombeerähnliches Aroma;
ausgesprochen «süß», sehr reich und tanninbetont.
Gelegentlich liegt der DRC Echézeaux weit hinter
dem Grands-Echézeaux, doch beim 89er war für
meinen Gaumen kein Unterschied spürbar.
*Zuletzt verkostet im Juni 1992 ★★★(★) Etwa 1998
bis 2010.*

### AUSGEWÄHLTE 89ER:

BEAUNE, CLOS DES MOUCHES J. DROUHIN.
Faßprobe erstmals bei der Drouhin-Degustation
im September 1990 bewertet; wirkte ziemlich blaß
und roséfarben, war aber in der Nase und am Gau-
men herrlich, jugendlich und fruchtig. «Süß».
Relativ voll. Eichentöne. Einen Monat später bei
einer vertikalen Degustation von Weinen der 8oer
Jahre schien er tiefer, mit leichter, jugendlicher
Purpurtönung. Bei dieser Gelegenheit «prächtige»
Nase: wirklich vorzügliches, junges Aroma, mit
entsprechendem Geschmack. Gute Frucht. Wird
ein Charmeur werden. Aus dem Faß abgezogene
Probe.
*Im Degustationsraum von Drouhin bewertet,
Oktober 1990 (★★★★) Bis wahrscheinlich 2000.*

BEAUNE, CLOS DES URSULES L. JADOT. Tief;
angesengte Nase mit starken Eichennuancen; trokken, schönes Gewicht, duftend, mit der nelkenartigen Würze der neuen Eiche. Bereits deutlich
charmant. Eine kurz davor abgezogene Faßprobe.
Abfüllung im Frühjahr 1991.
*In Beaune verkostet, zusammen mit André Gagey,
Oktober 1990 (★★★★) Bis 2000.*

BONNES MARES DE VOGÜÉ. Wird als der
«Großonkel» in der Weinfamilie des Comte Georges de Vogüé bezeichnet. Je nach Jahrgang verwendet man 40% bis 50% neue Eichenfässer, für den

Bonnes Mares die starke Nevers-Eiche, für den Musigny die aus Allier. Gute Farbe; Geruch nach reifen Trauben, kirschartig, würzig, trocken, körperreich, sehr fruchtig – zu Beginn kirschartig, im Abgang wie Blaubeeren. Üppiger Tannin- und Säuregehalt. Müßte sich phantastisch entwickeln. *Aus dem Faß verkostet, Oktober 1990 (★★★★★) Schätzungsweise 1996 bis 2015.*

CHAMBERTIN, CLOS DE BÈZE L. JADOT. Sehr tief; sehr reich, mit reifem Himbeeraroma und dem Vanillin der neuen Eichenfässer; am Gaumen leicht «süß», mittelschwerer Körper, schöne Frucht, 89er Charme und duftender Nachgeschmack. *Aus dem Faß, bei Jadot, Oktober 1990 (★★★★★) 1995 bis 2015.*

CHAMBERTIN CUVEE HERITIERS LATOUR. Brillantes Kirschrot; gute, aber zurückhaltende Nase, recht viele Eichennuancen; reifer Ersteindruck am Gaumen, körperreich, dabei weich und fruchtig. Die Bitterkeit der Tannine wird sich legen. *Bei Louis Latours Degustation in London, Oktober 1990 (★★★★★) 1995 bis 2015.*

CHAMBOLLE-MUSIGNY, AMOUREUSES DE VOGÜÉ. Ein Jahrgang, der zum Namen des Weinbergs paßt. Mitteltief, Kirschrot; lebhaft, vorzügliche Frucht, Walnüsse; schönes Gewicht, fest, schlank, aber geschmeidig, gut ausgewogen. Ein ausgeglichener Wein. *In der Kellerei, Oktober 1990 (★★★★) Bis 2000.*

CHAMBOLLE-MUSIGNY, BAUDES J. DROUHIN. Relativ blaß, vorzüglich im September 1990. Zarte, kirschähnliche Frucht. Ein schöner Wein. *Zuletzt im Mai 1991 verkostet ★★(★) Bis 1998.*

CHAMBOLLE-MUSIGNY, HAUTS-DOIX J. DROUHIN. Zwischen Amoureuses und Charmes. Zwei Aufzeichnungen: relativ tiefes Kirschrot; reiche Brombeerfrucht in der Nase und am Gaumen. Länge und Tannine gut. *Zuletzt im März 1991 verkostet (★★★★) Bis 2000.*

LE CORTON DOM. DE CH. DE BEAUNE. Ziemlich tiefer Purpur; reife, maulbeerähnliche Frucht, Eichentöne. Verhältnismäßig körperreich, zum Kauen, weich. Angemessener Tanningehalt, eine Spur Bitterkeit im Abgang. *Faßprobe, Oktober 1990 (★★★★) 1995 bis 2000.*

CH. CORTON-GRANCEY Mitteltief, jugendliche Purpurtönung; reich, wohlriechend, nussig, Brombeeren; «süß», relativ voll, reich, köstlicher Geschmack und guter Nachgeschmack. *Faßprobe bei der Degustation von Louis Latour in London, Oktober 1990 (★★★★★) Bis 2000.*

GEVREY-CHAMBERTIN, CHAMPEAUX J. DROUHIN. Kirschähnlich in Farbe, Nase und Geschmack. Guter Nachgeschmack. *Mai 1991 (★★★) Bis 1998.*

GEVREY-CHAMBERTIN, COMBOTTES J. DROUHIN. Blumiger, «süßer», lang, schlank. *Mai 1991 (★★★) Bis 1998.*

GEVREY-CHAMBERTIN, CLOS ST-JACQUES L. JADOT. Weiche Frucht, doch mit seidigen Tanninen. *Februar 1993 ★★★ Bis 1998.*

LE MUSIGNY DE VOGÜÉ. Der jüngste Jahrgang bei der aufschlußreichen Präsentation von 80er Musigny-Jahrgängen. Vorzügliche Farbe; wunderbare Frucht, weich, wohlriechend, zarte Würze; trocken, schönes Gewicht, schlank, geschmeidig, elegant. *Aus dem Faß gezogen, Oktober 1990 (★★★★★) Bis über das Jahr 2000 hinaus.*

NUITS-ST-GEORGES, CLOS DES CORVÉES L. JADOT. In der Nase und am Gaumen zurückhaltend, aber duftend und nussig. Mittelleicht, gute Länge. *Juni 1990 (★★★)*

CLOS DE LA ROCHE DUJAC. Mitteltiefe, strahlende Farbe; «süß», weich, reif, brombeerartiges Pinot-Aroma; am Gaumen «süß», voller Frucht und Würze. Gute Länge, schmackhaft, charmant. Leicht bittere Tannine, die sich legen werden. Ich denke, daß die Weine von Jacques Seysses am besten in der vollen Kraft ihrer Jugend getrunken werden sollten. *Aus dem Faß, Oktober 1990 (★★★★) Etwa bis 1998.*

CLOS DE TART 100% neue Eiche (Allier). Vorzügliches Rubinrot; gute Frucht, kirschartig, Eichentöne, duftige Entfaltung im Glas; ziemlich trocken, mittelschwerer Körper, sehr lebhafter fruchtiger Geschmack. Gute Säure. Stilvoll. *Zuletzt verkostet im März 1992 ★★(★★) Bis 1998.*

VOSNE-ROMANÉE, AUX RAIGNOTS DOM. DU CH. DE VOSNE ROMANEE. Herrliche Fruchttiefe, wohlriechend; «süß», sehr eindringlich, aber nicht aggressiv, mit der nelkenartigen Würze der neuen Eiche, die sich mit der Zeit beruhigen wird. *Bei der Bouchard-Père-Degustation, Oktober 1990 (★★★★) Bis 1998.*

CLOS VOUGEOT L. JADOT. Beide Flaschen hart, eichen, fast hölzern in der Nase und am Gaumen. Körperreich. Würzig. *Juni 1991 (★★★)? 1995 bis ?*

Kürzere Notizen von zwei Verkaufs-

**Kürzere Notizen von zwei Verkaufs-
degustationen im Oktober 1990:**

**Bouchard Père et Fils:**

**Beaune, Teurons** Gute Frucht, «süß», duftend; sehr weich, Eichentöne, trockener Abgang (★★★)

**Nuits-St-Georges, Argillières** Wohlriechend, neue Eiche – Walnüsse; eindringlich, dabei «warm» und weich. «Süß», mit ledrigen Tanninen (★★★★)

**Pommard, 1er Cru** Mitteltief, ziemlich intensiv; sehr gute Eichennuancen im Duft; eindringlich, fest, gute Frucht und Tannine (★★★★)

**Savigny-lès-Beaune Lavières** Leicht, weich, fruchtig, zugänglich, zum baldigen Genuß (★★★)

**Volnay, Caillerets, Ancienne Cuvée Carnot** Reich, gute Frucht (★★★★)

**Volnay, Fremiets, Clos de la Rougeotte** Gute Frucht, lebhaft, gute Säure (★★★)

**Vosne-Romanée** Intensiver Purpur; «süß», reich, wahrscheinlich zu stämmig? (★★)

**J. Drouhin:**

**Beaune, Champimonts** Gute Frucht, tanninbetont (★★★)

**Beaune, Epenottes** Vorzüglich, gehaltvoll, reich (★★★★)

**Beaune, Grèves** Wohlriechend, würzig, tanninbetont (★★★)

**Chambolle, Feusselottes** Zurückhaltend, Eichentöne, trocken, tanninbetont (★★★)

**Chambolle, Sentiers** Tief, «süß», sehr schmackhaft, etwas zu starke Eichennuancen und Würze (★★)?

**Chambolles-Musigny, Amoureuses** Tief, gute Frucht, voll, reich (★★★★)

**Zuletzt einige hervorragende Beaujolais von einzelnen Domainen, bei der Degustation von Mommessin im März 1990:**

**Chénas** dom. de chantegrive. Überraschend tief; vorzüglich frisches, reiches, fruchtiges Gamay-Aroma; relativ leicht, duftend. Zum baldigen Genuß ★★★

**Fleurie** dom. de la presle. Gute, tanninbetonte Griffigkeit. Benötigt Flaschenalterung (★★★) *Wahrscheinlich am besten zwischen Jetzt und 1995.*

**Juliénas** dom. de conseillere. Sehr wohlriechend, fest, stilvoll. Jetzt schön. Hält sich ★★★(★)

**Juliénas** dom. du vieux cerisier. Lebhaft fruchtiges Aroma; weich, vorzüglich. Bald trinken (★★★)

**Morgon** dom. de lathevalle. Sehr tief; lebhaft; relativ voll, Frucht und Ausgewogenheit hervorragend. Wird sich weiter entwickeln ★★★(★)

*Moulin-à-Vent*

**Moulin-à-Vent** dom. de champ de cour. Ziemlich tief; gute, feste Frucht; reich, jetzt herrlich, wird sich mit dem Flaschenalter noch weiter entwickeln ★★★(★)

## 1990 ★★★★★

*Ein großartiger Jahrgang.*
    *Im Winter und Frühjahr überdurchschnittliche Temperaturen – in Südburgund wurden 24° C verzeichnet – bewirkten einen frühen Austrieb. April, Mai und Juni waren weniger günstig, kühler und nasser als gewöhnlich, mit gelegentlichen Stürmen und Hagelschauern. Nach der ausgiebigen Blüte war das Wetter von Juli bis Anfang September heiß, sehr sonnig und trocken. Vor dem frühen Lesebeginn am 17. September in der Côte de Beaune und zwei Tage später in der Nuits gab es ein paar willkommene Regenfälle. Eine spätere Lese wurde durch herrlichen Sonnenschein gegen Ende des Monats begünstigt.*

*Alles in allem ein guter Ertrag an reifen, gesunden Trauben. Die Weine scheinen allgemein über einen höheren Extrakt- und Tanningehalt als die 89er zu verfügen.*

**BEAUNE, CLOS DES MOUCHES** J. DROUHIN. Erstmals im Oktober 1990 verkostet. Frisch aus dem Faß sehr duftig. Wegen ihres natürlichen Tanningehalts hatte man die Trauben entrappt und laut Robert Drouhin wurden keine neuen Eichenfässer verwendet. Zwei Jahre später; reich, wohlriechend, vorzüglich.
*Zuletzt im September 1992* ★★★(★)

**BEAUNE, EPENOTS** J. DROUHIN. Sehr tiefes Purpur. Trocken, kraftvoll, würzig.

**CORTON, POUGETS** L. JADOT. Ziemlich tief; vorzügliche Frucht; sehr «süß», reich, voll, intensive Eichennuancen. Köstlich.
*Zuletzt verkostet im Juni 1992* (★★★★) *Bis 2005.*

**MOREY ST-DENIS** J. DROUHIN. Aus gekauften Trauben bereitet: starkfarben, brombeerartige Frucht, trocken, schlank, tanninbetont – dabei selbst in diesem Kindergartenalter schon elegant. *Oktober 1990.*

**AUS DEN 39 90ER WEINEN, NOTIERT AN DER PROBE DES «BIN CLUB» IM JUNI 1992:**

HERVORRAGEND: Bonnes-Mares, DROUHIN-LAROZE, Clos de Tart, Chambolle-Musigny, Amoureuses J. DROUHIN, Musigny J. DROUHIN, Mazis-Chambertin J. DROUHIN, Griotte-Chambertin J. DROUHIN, Chambertin J. DROUHIN, Clos de Vougeot, Le Grand Maupertuis ANNE & FRANÇOIS GROS, Clos Vougeot R. ARNOUX, Vosne-Romanée, Suchots LABOURÉ-ROI, Echézeaux HAEGELIN-JAYER, Grands-Echézeaux, R. ENGEL.

SEHR GUT: Beaune, Clos des Mouches, J. DROUHIN, Pommard, Epenots J. DROUHIN, Pommard, Rugiens PARENTS, Ch. de Pommard LAPLANCHE, Aloxe-Corton, Les Fournières A. GUYON, Corton-Bressandes A. GUYON, Corton, Pougets L. JADOT, Le Corton BOUCHARD PERE, Nuits-St-Georges, Damodes CHANTAL LESCURE.

ENTTÄUSCHEND: Chambertin, Clos de Bèze, BRUNO CLAIR, Vougeot, Les Petits Vougeot BERTAGNA, Clos de Vougeot LABOURÉ-ROI, Clos Vougeot, DROUHIN-LAROZE.

**AUS EINER HERRLICHEN AUSWAHL VON 90ERN, PRÄSENTIERT VON JUSTERINI & BROOKS IM JANUAR 1992, DIE BESTEN:**

**VOSNE-ROMANÉE, CLOS PARANTOUX** EMANUEL ROUGET. Sehr duftend; fabelhaft reicher Geschmack und ebensolcher Charakter ★(★★★)

**ECHÉZEAUX** GEORGE UND HENRI JAYER. Herrliche Farbe; süß, reif, körperreich, schöner Geschmack, Kraft und Länge (★★★★★)

**NUITS-ST-GEORGES, LES GRANDES VIGNES** DANIEL RION. Ziemlich tief; glorioses Bukett; süß, voll, schöne Frucht.
*Zuletzt verkostet im März 1993* (★★★★) *1996 bis 2010.*

**HERAUSRAGENDE WEINE, NOTIERT AN DER VON HAYNES, HANSON & CLARK ORGANISIERTEN PROBE IM SEPTEMBER 1990:**

**CHAMBOLLE-MUSIGNY, LES FUÉES** F. MUGNIER. Prächtiges Aroma; große Länge, glorioser Abgang (★★★★)

**CORTON-BRESSANDES** CHANDON DE BRIAILLES. Sehr tanninbetont. Fabelhafter Nachgeschmack (★★★★)

**CORTON-MARÉCHAUDES** CHANDON DE BRIAILLES. Kraftvoll und doch elegant. Schöner Nachgeschmack (★★★★)

**FIXIN, EN TABELLION** PHILIPPE ROSSIGNOL. Tief, eindringlich, Port-ähnlicher Reichtum.

**MUSIGNY** F. MUGNIER. Prächtiges Aroma; große Länge, glorioser Abgang (★★★★★)

**NUITS-ST-GEORGES, LES PRULIERS** JEAN GRIVOT. Wie immer in der Nase zurückhaltend, aber süß, voll, weich und reich am Gaumen ★(★★★)

**VOSNE-ROMANÉE, LES BOSSIÈRES** J. GRIVOT. Trocken, spröde, tanninbetont (★★★)?

# 1991 ★★ *bis* ★★★

*Ein Jahrgang von unterschiedlicher Qualität, der völlig überschattet vom großartigen 1990er vielleicht etwas unterbewertet wird. Sicher sind die Weinbauern, die mit äußerst ungünstigen Wetterbedingungen fertig werden mußten, nicht schuld daran. An der Côte d'Or war der April warm, mit frühzeitig einsetzendem Austrieb. Der Mai verlief kälter, und der Frost hinderte das weitere Wachstum bis in den Juni, wodurch auch die Blüte verzögert wurde; coulure und millerandage bewirkten weitere Ertragseinbußen. Es folgte ein heißer Sommer; am 22. August richtete ein heftiger Hagel in den Weingärten der nördliche Côte de Nuits schweren Schaden an. Gegen Ende September, gerade als die Lesezeit hätte beginnen sollen, fielen 51 mm Regen auf die gut gereiften Trauben. Ein paar Tage nach Lesebeginn folgte nochmals schwerer Regen, so daß die Trauben sich mit Wasser vollsogen und Fäulnis entstand.*

Das richtige Lesetiming wurde zur strategischen Waffe. Einige Winzer erwischten den richtigen Zeitpunkt. Die Weine dieses Jahres sollten größtenteils jung getrunken werden. Das Beaujolais war am meisten begünstigt, dank einem der heißesten Sommer dieses Jahrhunderts, der an Sonnenglut sogar 1947 überbot.

CHAMBOLLE-MUSIGNY DE VOGÜÉ. Tief; eigenartiger, etwas muffiger, gekochter Pinot in Nase und Geschmack.
Oktober 1993 ★★?

BEAUNE, CLOS DES MOUCHES J. DROUHIN. Blaß, violettspurig; markant, Brombeere; mittlerer Körper, kirschenähnlicher Geschmack, trockener Abgang. Fehlt etwas?
Oktober 1993 ★★(★)? Für frühen Konsum.

ECHÉZEAUX J. DROUHIN. Verschlossen, unverwoben, trockener Abgang.
Oktober 1993 (★★)?

GRANDS-ECHÉZEAUX J. DROUHIN. Kirschrot; hübsche Frucht; reich, eichen, sehr tanninbetont.
Oktober 1993 ★(★★★) Braucht noch Zeit.

BONNES-MARES DE VOGÜÉ. Tief; überraschend malzig, reich; gekocht, sehr eigenartig.
Oktober 1993 ?? Nochmals verkosten.

MUSIGNY DE VOGÜÉ. Sehr tief; intensiver Purpur; reich, tanninbetont. Keine Eleganz, nicht feminin. Braucht Zeit.
Oktober 1993 (★★)?? Nochmals verkosten.

## 1992 ★★★★

Im Vergleich zum Bordelais und anderen Weinbaugebieten Frankreichs ein überzeugender Jahrgang. Der Wetterverlauf: ein außerordentlich milder Winter und Frühling, ein normaler Austrieb und Blüte zum richtigen Zeitpunkt, obwohl einige Regenfälle coulure und millerandage hervorriefen – was nicht immer schlecht sein muß, sozusagen als natürliche Ausdünnung. Kluge Weinbauern trugen aber auch selber im Juli zur Ertragsreduzierung duch einen guten Schnitt bei. Dank der Hitze im August und eines relativ sonnigen Septembers, trotz des Platzregens am 22., konnten die umsichtigeren unter den Winzern Weine von überdurchschnittlicher Qualität erzeugen, während die anderen, die später gelesen haben, doppelt bestraft wurden: durch zu hohe Erträge und den Regen. Aufgrund der schlechten wirtschaftlichen Lage gaben die Preise auf der Auktion des Hospices de Beaune um 23 % weiter nach – der dritte signifikante Preissturz in diesem Jahr.
Sehr wenige 92er degustiert.

CHAMBERTIN, CLOS DE BÈZE L. JADOT. Gute Farbe: Erdbeere und Rubin; gute Frucht, viel neue Eiche; trocken, eindringlich, tanninbetont.
Bei der Jadot-Probe im Februar 1993 (★★★)?

## 1993 ★★ bis ★★★

Es könnte auch einige Vier-Sterne-Weine geben. Ein nervenaufreibendes Weinjahr für Winzer und Händler gleichermaßen, für die ersteren aufgrund der ziemlich schwankenden Wetterbedingungen, für die letzteren wegen der Marktsituation, die durch wirtschaftliche Probleme und Weine unterschiedlicher Qualität charakterisiert ist. Die Weinbauern freuten sich über einen schönen Frühling mit frühzeitiger Knospenbildung und einer kurzen, aber ziemlich zufriedenstellenden Blüte Anfang Juni. Es gab einige Hagelstürme am 19. und 27. Mai, die einen Teil der Côte d'Or heimsuchten. Das letzte Junidrittel und der Juli waren feuchter und weniger sonnig als gewohnt und begünstigten dadurch den Mehltaubefall. Der übrige Sommer gab sich wiederum warm und sonnig, aber die Hoffnungen auf einen außerordentlichen Jahrgang wurden durch den Regen zunichte gemacht, der viele Winzer zu einer vorgezogenen Lese Mitte September bewog. Schwere Regenfälle um den 22. September erschwerten ihre Arbeit und verursachten starke Bodenerosion. Trotzdem zeigen Zuckergehalt, Farbe und Bukett bessere Werte als erwartet – aber nur bei den Weinen jener Winzer, die sich eine strenge Ertragsbeschränkung auferlegten. Unter den Weinen dieses Jahrgangs könnten sich sehr angenehme Überraschungen finden; die Käufer werden aber gut daran tun, bei der Auswahl sorgfältiger als bisher vorzugehen. Die roten Sorten aus dem südlichen Burgund, dem Mâconnais, haben unter den Sommerhagelstürmen, dem Mehltau und dem Oïdium gelitten. Im Beaujolais haben die Winzer vor Einsetzen des Regens geerntet und die daraus resultierenden Weine sind in einem guten Gleichgewicht.

# Weisser Burgunder

Einer der großen klassischen trockenen Weißweine der Welt. Die feinsten, sie stammen hauptsächlich aus der Côte de Beaune, tragen den Namen der Ortschaft (Gemeinde) *und* jenen des Weinbergs im Etikett. Nicht verzeichnet hingegen ist die Rebsorte, aus der sie ausschließlich erzeugt sind: Chardonnay. Wie auch beim roten Burgunder sind die Namen des Winzers, der Domaine und des Händlers für die Qualität von überragender Bedeutung.[1]

Ein oder zwei weiße Spitzenburgunder werden auch in der Côte de Nuits produziert, und gefällige Weine in dem von mir einfach als «Südburgund» bezeichneten Gebiet, speziell aus dem Mâconnais. Aus dieser Gegend sind nur jene erwähnt, die etwas Aufmerksamkeit verdienen.

## Wann trinkt man weissen Burgunder und wie wird er verkostet?

Auch der weiße Burgunder wird, wie die meisten trocken Weißen der Welt, am besten jung und frisch getrunken. Doch im Gegensatz zu fast allen anderen trockenen Weißweinen können die feinsten aus diesem Anbaugebiet nicht nur gelagert werden, sondern gewinnen durch ein gewisses Flaschenalter an Qualität. Die optimale Lagerzeit hängt vom jeweiligen Wachstum und dem Jahrgang ab. Ich hoffe, daß die folgenden Jahrgangsnotizen einigermaßen klare Hinweise auf Zustand oder Potential der Weine bieten. Die Farbe ist hier verhältnismäßig unwichtig. Junge Wein sind meist Blaßgelb mit grünlicher Tönung. In bestimmten «großen» Jahrgängen weisen einige Spitzengewächse, vor allem Meursault und Le Montrachet, manchmal eine deutlich buttergelbe Färbung auf. Mit dem Alter vertieft sich die Farbe, nimmt einen goldenen Ton an. Alle sollten sie glanzhell sein.

Die Nase ist oft schwer zu erfassen. Man darf nicht den etwas übertriebenen, wachsartigen, butterigen, betonten und duftenden Geruch eines australischen Chardonnay erwarten; vielmehr offenbart sich einem ein zurückhaltender, leicht brotartiger, machmal getoasteter Duft, der sich im besten Fall im Glas entfaltet. Die meisten weißen Burgunder werden zu kalt serviert. Weine der Spitzenqualität sollten nicht gekühlt auf den Tisch kommen. Ihr Duft und Geruch entfaltet sich am schönsten bei nahezu Zimmertemperatur (siehe Le Montrachet DRC 1969, S. 403).

Der Gaumen ist für gewöhnlich ausgeprägter als die Nase. Beim ersten Schluck, «am Eingang», wird der Eindruck zwischen sehr trocken und halbtrocken liegen, niemals indes süß sein. Im Alkohol liegen sie oft überraschend hoch. Im Geschmack stellt man Nuancen fest von Nüssen, Eiche, Toast und – nach der Flaschenalterung – von Honig. Die Säure sollte erfrischend sein, aber nicht scharf. Die Qualität mißt man an der langen Präsenz des Geschmacks und an der Art und Weise wie er sich im Mund ausbreitet.

---

[1] Ein hilfreicher Führer über Händler und Winzer ist Serena Suttcliffes Taschenführer «Burgund» (Hallwag, 3. Auflage, 1993).

## 1864 *****

LE MONTRACHET BOUCHARD PERE ET FILS. Ungewöhnlich, wenn nicht sogar einzigartig ist der Bestand an alten Weinen der Familie Bouchard. Die Flaschen werden tief unten im Keller gelagert, unterhalb einer der Bastionen der mittelalterlichen Stadtmauer von Beaune. Sie werden regelmäßig neu verkorkt. In einem Zeitraum von zehn bis 15 Jahren werden geringe Mengen, manchmal auch nur einzelne Flaschen, bei den jährlich stattfindenden Heublein-Auktionen für feine und seltene Weine zum Verkauf angeboten. Die ersten 13 dieser Verkäufe habe ich geleitet, außerdem die Beschreibungen derjenigen Flaschen verfaßt, die auf den speziellen Vorverkaufsdegustationen geöffnet worden waren. Viele davon von Lloyd Flatt erworben, der sie dann von Zeit zu Zeit bei seinen diversen Degustationen und Abendessen geöffnet hat.

Erstmals bei einer Vorverkaufsdegustation von Heublein Inc. im Mai 1981 verkostet, sechs Jahre später eine weitere Flasche. Beide Aufzeichnungen sind praktisch identisch; schöne helle, warme, strohgoldene Farbe mit einem Stich ins Orange; keine Fehler, immer noch fruchtig, Bukettentfaltung im Glas, getoastet; trocken, stämmig – wahrscheinlich maximaler Alkoholgehalt von etwa 14 % –, aber sehr schön. Voller Geschmack, «süßes», honigartiges Flaschenalter, gute Säure.

*Zuletzt verkostet vor dem Abendessen nach Flatts Ausone-Degustation in New Orleans, Oktober 1987* *****

## 1865 *****

MEURSAULT BOUCHARD PERE. Warme Strohfarbe, mit leicht flockigem Depot – orangegoldene Kristalle wie Kupferscherben; unverwobenes Bukett, eine Mischung aus altem, feuchtem Stroh und einem *Vin jaune d'Arbois*, firnisartiger Alterston, dabei mit außerordentlich viel Kraft und Tiefe; trocken, pfirsichartiger Geschmack, neigt dazu spitzig zu werden, mit ziemlich hoher Säure.

*Bei Lloyd Flatt, Oktober 1987* **

MEURSAULT, CHARMES BOUCHARD PERE. Bemerkenswert helles Buttergold; rauchige, butterige Chardonnay-Nase; trocken, doch schien Restzucker vorhanden – wahrscheinlich Alkohol und alte, reife Trauben – sauber wie ein Flötenton. Köstlicher, leicht rauchiger Geschmack.

*Bei Heubleins Vorverkaufsdegustation, Mai 1981* *****

## 1888

CHABLIS BOUCHARD PERE. Goldgelb, eine Spur Ocker, hell; Nase leicht firnisartig; trocken, fest, für Anbaugebiet und Alter noch bemerkenswert gesund. Geradlinig in Geschmack und Säure.

*Bei Heubleins Vorverkaufsdegustation, Mai 1981* **

## 1906 ****

LE MONTRACHET Von Russell Hone im Weinkeller aufgestöbert und 1978 bei Christie's unter der Bezeichnung «The Quancard Collection» verkauft. Erstmals vor der Erfassung für den Katalog verkostet. Drei Jahre später: Korken und Füllhöhe gut; gelbe Strohfarbe; exzellent, reich, tief, nussig und rauchig in Bukett und Geschmack. Bemerkenswert gut.

*Picknick-Abendessen in einer Loge der Albert Hall bei einem Wettkampf von Peter (inzwischen Lord) Palumbo, Februar 1981* *****

## 1919 ****

## 1921 *****

## 1923 ****

*Die Weine dieser drei sehr guten Jahrgänge seit 1980 nicht mehr degustiert.*

## 1928 *****

*Ein hervorragender, fester, sich lange haltender Jahrgang für weißen Burgunder.*

MEURSAULT CUVEE RESERVEE AU RESTAURANT LES FEVRIERS. Aus dem Keller der Baronesse Guillaume in La Bretèche, Mitte der 70er Jahre bei Christie's verkauft. Erstmals in Paris bei einem Mittagessen mit Peter Palumbo verkostet, danach in New Orleans. Unterschiedliche Eindrücke: «alte Äpfel und Tokajer», «nussig, gebeizte Eiche», ein herrliches Trinkvergnügen. Bei der letzten Gelegenheit: Altgold, aber strahlend; in der Nase und im Geschmack duftend, aber rosinenartig. Trocken, sauber, trotz des leicht maderisierten Charakters nach altem Sherry.

*Zuletzt im Mai 1981 verkostet. Im besten Fall* ****

## 1929 ★★★★

BEAUNE, 1ER CRU, MONTÉE ROUGE LEON VIOLAND. Hellgelb, mit einer Spur Strohgelb; sehr gutes getoastetes, krustiges, altes Bukett; mitteltrocken, mittelschwerer Körper, breiter fleischiger Stil, gute Länge.
*Bei Hardy Rodenstocks fünfter Raritäten-Weinprobe im Fuente, Mülheim, Oktober 1984 ★★★*

## 1933 ★★★

*Eigentlich ein guter Jahrgang, war in den 50er Jahren noch schön, in der letzten Zeit enttäuschende Flaschen.*

CHASSAGNE-MONTRACHET CHANSON. Alte Bernsteinfarbe; gehaltvoll, oxydierte Nase mit Rindfleischgeruch; ziemlich sauer.
*März 1985.*

## 1934 ★★★★

*Ein zuverlässiger Jahrgang. Die besten und am besten gelagerten Weine können noch sehr attraktiv sein.*

MÂCON VIRÉ, CLOS DU CHAPITRE JACQUES DEPAGNEUX. Originalkorken, leichter Schwund, dekantiert. Sehr hell, mitteltiefes Altgold; nicht viel Nase, doch das Wenige war nachhaltig; ziemlich trocken, Geschmack erinnerte an altes Stroh und Sherry, eine Spur Honig, gute Säure.
*Im La Pyramide in Wien aus Neugier bestellt und mit gedämpftem Vergnügen getrunken, September 1984 ★*

MEURSAULT BAROLET. 1969 bei der ursprünglichen Vorverkaufsdegustation gut, desgleichen auch noch 1981: helles Altgold; makellose Nase; mittelschwerer Körper, Geschmack und Säure sehr gut, leichte Nußnuancen.
*Abendessen mit Lloyd Flatt, Mai 1981 ★★★*

MEURSAULT, CHARMES BAROLET. Fast ein Dutzend Aufzeichnungen seit der ersten Degustation im Oktober 1969 mit Harry Waugh im Hof über den Barolet-Kellern. Leichte Unterschiede, aber alle recht gut zu trinken. Bei der letzten Gelegenheit: sehr gutes Füllniveau, pudriges Depot, mußte dekantiert werden, strohgelbes Gold; Geruch nach alten Äpfeln im Speicher; ziemlich trocken, die beste Zeit liegt schon eine Weile zurück, doch noch von der Säure zusammengehalten.
*Zuletzt bei Jancis Robinsons Wine-Programm-Degustation, Dezember 1982. Im besten Fall ★★★*

MEURSAULT, PERRIÈRES LEROY. Farbe, Geruch und Geschmack von altem Stroh, aber sehr gute Säure.
*Bei Gil Nickel's, San Francisco, September 1984 ★*

## 1935 ★★★

*Guter Jahrgang. Im großen und ganzen vom britischen Handel nicht importiert und selten gesehen.*

LE MONTRACHET RESERVE PRIVEE COMTES LAFON MEURSAULT. Sehr gutes Erscheinungsbild für das Alter: mitteltiefes, reiches Gold, bemerkenswerte Tränen; wachsartige Nase, eher wie ein Chenin Blanc als wie ein Chardonnay, aber in sehr gutem Zustand, deutlicher Vanille-Duft nachdem der Wein «aufgetaut» war; mitteltrocken, körperreich – hoher Alkohol, fett, mit sehr eindringlichem, reichem Eichengeschmack. Eine Spur Härte, doch etwas wenig Säure.
*Beim großen Dîner, gegeben von Albert Reichmuth, Zürich, zur Vorstellung der Erstausgabe dieses Werkes («Das Große Buch der Weinjahrgänge»), Oktober 1983 ★★★★*

## 1937 ★★★★

*Ein sehr guter Jahrgang, doch wegen des Kriegs nur selten gesehen. Zwar überlebten viele hervorragende rote Burgunder, die in den ersten Nachkriegsjahren exportiert wurden, doch die Weißen sind größtenteils von den Franzosen und zweifellos der deutschen Besatzung getrunken worden. In jedem Fall bemühten sich die Händler damals um jüngere und frischere Jahrgänge.*

PULIGNY-MONTRACHET, COMBETTES LEFLAIVE. Durch Bellows & Co, New York, importiert. Bernsteinorange, mit zu starker Tawny-Tönung. Zurückhaltende, aber interessante Nase. Nach 15 Minuten erinnerte sie mich an Cointreau, später an alte Birnen, eine halbe Stunde nach dem Öffnen trat dann überraschenderweise ein sehr guter Duft zutage; knochentrocken, körperreich, sauber, gute Länge und sehr gute Säure.
*Beim Abendessen an einem Weinwochenendes von Rodenstock, Arlberg, September 1990 ★★★★*

## 1938 ★

CORTON-CHARLEMAGNE L. LATOUR. Sehr tiefe, aber helle Goldfarbe; schönes altes Bukett mit Nuancen von Kohle und Rauch; trocken, hoher Alkoholgehalt, sehr nussiger Geschmack, gute Länge und Säure.
*Mit James Halliday im La Pyramide, September 1984 ★★★*

## 1941 ★★

*Ein guter Jahrgang, wobei es anscheinend nur dem findigen Dr. Barolet gelang einen Vorrat davon zu behalten.*

MEURSAULT BAROLET. Mehrere Aufzeichnungen. Ein ziemlich zuverlässiger Wein. Überraschend blaß für das Alter; volle, wohlriechende, leicht Vanille-artige Nase mit Nuancen von Eichenspänen; durch und durch trocken, Geschmack nach Lanolin, durch die zitronenartige Säure am Leben erhalten.
*Zuletzt im September 1987 verkostet* ★★

## 1943 ★★★

*Der beste Jahrgang für weißen Burgunder zwischen 1937 und 1945. Eine Anzahl an Weinen – Chablis und Chablis Grand Cru – von Barolet gelangten auf den Markt und wurden erstmals bei der großen Auktion von Christie's im Jahre 1969 verkauft. Viele Aufzeichnungen, verhältnismäßig gut, wenn auch schlicht und kurz.*

MONTAGNY ‹QUANCARD COLLECTION›. Mehrere, leicht unterschiedliche Aufzeichnungen. In jüngerer Zeit zwei Flaschen blind verkostet: die eine mit altgoldener Farbe; harmonische Orangenblüten- und Vanille-Nase, allerdings auch leicht apfelartig; sehr trocken, fest, kurz. Die andere blasser und heller; irgendwie malziger, aber nachhaltig, nach 90 Minuten im Glas sahnig; sehr gute Säure.
*Für Alter und Gegend wirklich bemerkenswert gut. Zuletzt im Februar 1986 verkostet* ★★

## 1945 ★★★★

*Sehr guter Jahrgang, geringer Ertrag. Überraschend selten nach England exportiert.*

MEURSAULT, HOSPICES, CUVÉE JEHAN HUMBLOT Von Claridge's, Paris, importiert durch IECWS. Ende der 70er Jahre wurde eine Anzahl davon bei Christie's verkauft. Vor dem Verkauf degustiert und seitdem noch achtmal. Leichte Unterschiede, Farbe von vorzüglichem Goldgelb bis zu tieferem Bernsteingold. Mußte dekantiert werden. Sehr schönes Bukett, reich, lanolinartig, nussig, die schlechteste Flasche war wie altes Stroh. Durch und durch trocken, dabei reich, mollig, fest, würzig, mit duftendem Nachgeschmack. Im wesentlichen hervorragend.
*Zuletzt im März 1982 verkostet. Im besten Fall* ★★★★

MEURSAULT, PERRIÈRES LEROY. Für das Alter blaß. Trocken. Fest.
*Oktober 1984* ★★★

## 1947 ★★★★

*Reiche, runde, gute Weine. Weniger fest als die 45er. Früh ausgebaut und im wesentlich jung getrunken. Alle in der letzten Zeit bewerteten 47er wurden zu Speisen gereicht und nicht bei Degustationen präsentiert.*

BÂTARD-MONTRACHET, CUVÉE EXCEPTIONNELLE AVERY. Goldgelb; erster Geruchseindruck honigartiges Flaschenalter, danach tief, weinig, nussig, geröstete Kokosnuß. Entwickelte sich gut, sehr reich, mit Eichentönen. Leicht «süß», reich, eichen, vierschrötig, gehaltvoll, dabei eher spröde.
*Bei John Avery's, Mai 1984* ★★★★

CHASSAGNE-MONTRACHET BAROLET. Mittelblaß; leicht duftend, sehr sauber; trocken, sehr starker Geschmack, fest, viel Kraft, gute Säure.
*Bei Lloyd Flatt, Mai 1981* ★★★

CORTON-CHARLEMAGNE LEON VIOLAND. Neu verkorkt. Erstaunliche Farbe, aber blaß; zurückhaltend, toastig und ohne Alterston in der Nase. Eigentlich zu gut um wahr zu sein. Aufgefrischt? Trocken, schlank, nussig, mit guter Säure, auch wenn der Wein zusammen mit Fisch ziemlich blechern schmeckte.
*Oktober 1985* ★★★★

MÂCON VIRÉ, CLOS DU CHAPITRE, MOELLEUX JACQUES DEPAGNEUX. Interessanterweise war 1947 ein phantastischer Jahrgang in Beaujolais und im Mâconnais. Dieser Wein ist wohl aus außerordentlich reifen Trauben, wahrscheinlich mit leichter Edelfäule gemacht worden. Reine Goldfarbe; weiche, wachsartige Nase; «mittelsüßer», sehr gefälliger Geschmack, zeigt Flaschenalter, doch von der sehr guten Säure zusammengehalten.
*Mit James Halliday im La Pyramide, Wien, September 1984* ★★★

MEURSAULT DOM. DAMBREME. Gute altgoldene Farbe; gehaltvoll, leicht firnisartig, honigartiges Flaschenalter; mitteltrocken und -schwer, rund, schmackhaft, gut passende Säure.
*Abendessen mit Mutsuo Okabayashi, Tokio, Juni 1989* ★★★

MEURSAULT, 1ER CRU «QUANDCARD COLLECTION». Korkeinbrand «Ets Vanier, Beaujeu, Bourgogne». Fabelhafte Farbe, Butterblumengelb; sahnige Nase, die sich bei Zimmertemperatur entfaltete: Vanille-Eier-Creme mit einem Hauch Ananas; «mittelsüß», voll und fett, mit reichem Vanille-Geschmack und pappiger Säure. Mit Scampi und Froschschenkeln.
*Im Brennans, New Orleans, April 1980* ★★★

MEURSAULT, CHARMES LEROY. Zwei, leicht unterschiedliche Flaschen, die eine Goldgelb, die andere mit einem Stich ins Orange. Die zweite harmonisch, sahnig, makellos. Sehr eindringlicher Geschmack nach verbrannter Heide, Minze und Gewürzen, hervorragende Säure. Eine Flasche mit etwas unsauberem Abgang.
*Bei Stephen Kaplan, Chicago, September 1990* **

POUILLY-FUISSÉ In London durch Williams Standring abgefüllt. Reiche, butterige Goldfarbe; zurückhaltendes, rauchiges Vanille-Bukett; gewisse Nussigkeit, durch und durch trocken und fest für Alter, Klasse und Jahrgang. Sauber. Gut abgefüllt und gelagert.
*Aus Lady Birleys Keller, Sussex, November 1980* **

## 1948 **

*Nur einen weißen 48er Burgunder verkostet. Wenige, wenn überhaupt, kamen nach England und bei meiner früheren Firma Saccone & Speed Anfang der 50er Jahre nicht in den Listen geführt.*

CHEVALIER-MONTRACHET BOUCHARD PERE. Sehr gute Farbe; leichte Pfirsichkernnote in der Nase; mitteltrocken, sehr reicher, kraft- und gehaltvoller Vanille-Geschmack.
*Bei der Flatt Collection Vorverkaufsdegustation, Chicago, September 1990* ***

## 1949 ****

*Sehr guter Jahrgang. Nach dem Import allzu rasch verkauft und konsumiert. Nur einmal, in jüngerer Zeit verkostet.*

CORTON-CHARLEMAGNE, ANCIEN DOM. DE CH. GRANCEY In London durch Dolamore abgefüllt. Warmer Goldton; Bukett von duftender, gerösteter Kokosnuß; mitteltrocken, körperreich, phantastischer Geschmack, hervorragende Säure.
*Bei Jack Plumbs Bordeaux-Club-Abendessen, Christ's College, Cambridge, November 1989* *****

## 1950 ***

*Guter Jahrgang. Mitte der 50er Jahre importiert, verkauft und konsumiert. Kann immer noch exzellent sein. In jüngerer Zeit nicht degustiert.*

## 1952 ****

*Sehr gute, feste Weine. Die wenig verbliebenen können hervorragend sein: Laguiches Le Montrachet war 1969 perfekt. Nur eine jüngere Aufzeichnung.*

CORTON-CHARLEMAGNE JEAN-MARIE GARNIER. Relativ blasses Gelb, leicht grünspurig, für das Alter bemerkenswert; saubere, nussige Nase, immer noch etwas hart; trocken, fest, sowohl stahlig als auch nussig. Sehr gute Säure. Vielleicht etwas zu kurz.
*Abendessen bei Crockford, Januar 1987* ***

## 1953 ****

*Überaus attraktiv und zugänglicher, aber weicher und weniger fest strukturiert als die 52er Weine. Mitte bis Ende der 50er Jahre viele degustiert und getrunken, ein paar auch noch in den 60ern. Nur eine neuere Aufzeichnung.*

MEURSAULT, GENEVRIÈRES Französische Abfüllung für Avery. Im März 1986 zwei Flaschen in Brüssel, eine davon mit Korkgeruch. Eigenartigerweise war die Flasche mit Schwund die bessere, mit Butterton in der Farbe und Nase. Weich und trinkbar. Drei Monate später zufällig eine weitere Flasche bei einem Abendessen von Belle und Barney Rhodes; mitteltiefes Gelb mit einer Spur Grün; sahnige, leicht rauchige Chardonnay-Nase, nachhaltig; mitteltrocken, leicht malziger, kernartiger Geschmack, der abflaute.
*Zuletzt verkostet in Bella Oaks, Napa, Juni 1986. Im besten Fall* **

## 1954 *

*Nicht schlecht. Kaum im Handel. Zweimal degustiert, allerdings nicht in jüngerer Zeit.*

## 1955 ****

*Halbzeit in einem recht geglückten Jahrzehnt für weißen Burgunder. Gute Weine. Schön ausgewogen. Ein verdientermaßen beliebter Jahrgang, der seinerzeit auch im Preis recht günstig war. Häufig exportiert und vom Frühjahr 1956 bis Mitte der 60er Jahre oftmals degustiert, danach nur mehr selten. Einige außerordentlich gute Flaschen in den 70er und 80er Jahren. Nur eine Aufzeichnung aus jüngerer Zeit.*

BÂTARD-MONTRACHET L. POIRIER. Selection Avery, in Burgund abgefüllt. Sehr gelb, eine Spur Grün; reich und ausgesprochen munter, Lanolin- und Zitronennuancen, ein Hauch Vanille; mittel-

trockener «Eingang», sehr reich, fast ölig, doch ausgewogen durch einen lebhaften, trockenen, säurebetonten Abgang. Gute Länge.
*Mai 1984* ★★★

## 1956

*Schlechte, dünne, säurebetonte Weine. Wenige verkostet, seit 1962 keinen mehr.*

## 1957 ★★★

*Die natürliche hohe Säure des Jahrgangs paßte gut zum Charakter der jungen, frischen weißen Burgunder. Strenge Fröste im Mai dezimierten den Chablis. Ansonsten feste, schmackhafte Weine, die im wesentlichen in den ersten fünf Jahren verkauft und konsumiert wurden. Seit 1977 nicht mehr verkostet.*

## 1958 ★

*Kleine Weine. Kaum exportiert, nur eine jüngere Notiz.*

MEURSAULT, GENEVRIÈRES, CUVÉE BAU-DOT Durch Leroy abgefüllt. Gelb, duftende, kräuterwürzige, leicht ölige Nase; trocken, schönes Gewicht, Eichentöne im Geschmack, gute Säure.
*Bei den Rhodes, Napa, Juni 1986* ★★★

## 1959 ★★★

*Guter, aber untypischer Jahrgang. Zu heißer Sommer, zu reife Trauben, mit hohem Zuckergehalt, wodurch der Alkohol- und Extraktstoffgehalt der Weine entsprechend hoch lag und es die üblichen Probleme mit zu tiefer Säure gab. Man versuchte ihnen mit einer frühen Lese des Chardonnay zu begegnen. Plumpe Weine, denen es an Schwung mangelte, im wesentlichen Mitte der 60er Jahre konsumiert. Weine mit mehr Substanz, wie Le Montrachet und Corton-Charlemagne, können bei guter Lagerung noch hervorragend sein. Oft degustiert, doch in jüngerer Zeit kaum mehr.*

LE MONTRACHET BOUCHARD PERE. Zwei Flaschen: die erste mit mitteltiefer, goldgelber Farbe; reiches, breites, honigartiges Bukett, später «süß», wie Fondant; am Gaumen leicht «süß», ein mächtiger, voller Wein, mit kraftvollen 14% Alkohol, sehr beeindruckend, trotz des leichten Holztons im Geschmack. Bei der zweiten Flasche deutlichere Zitronennuancen in der Nase, am Gaumen fester.

*Im Hotel Castle, Taunton, Weinwochenende, November 1985* ★★★★

CHABLIS, LES CLOS LONG-DEPAQUIT. Für das Alter blaß; rauchig, getoastet, durch das heiße Jahr ziemlich untypisches Chablis-Bukett; trocken, ausreichend Säure, doch mit Alterston. Kein Wein, der sich in der Flasche verbessert.
*Juni 1984* ★

MEURSAULT PAUL DARGENT. Helles Butterblumengelb; wachsartige Nase, die mich mehr an alten Sémillon oder sogar Chenin Blanc erinnerte; sehr trocken, jenseits des Gipfels, aber trinkbar. Weder die Klasse noch die Qualität, die von einer Flaschenalterung profitieren würden.
*Februar 1981* ★

MEURSAULT, HOSPICES, JEHAN HUMBLOT Unterschiedlich: zwei Flaschen Mitte der 80er Jahre, eine mit einer Farbe wie Amoroso, oxydiert, bierig, die andere Goldgelb, kräftig, gehaltvoll. In jüngerer Zeit vier Flaschen geöffnet, zwei davon mit alter Bernsteinfarbe und angesengter, maderisierter Nase, die beiden anderen schön getönt; sahnige, makellose Nase mit dem Honiggeruch des Flaschenalters; sehr trocken, fest, etwas spröde.
*Zuletzt im März 1988 verkostet. Im besten Fall* ★★

PERNAND-VERGELESSES, BLANC P. PONNELLE. Farbe wie alter Fino Sherry; sehr gute, wachsartige, weinige Nase; trocken, lebhaft für Alter und Jahrgang.
*August 1983* ★★★

PULIGNY-MONTRACHET, LES PUCELLES P. PONNELLE. Dreimal Mitte der 80er Jahre degustiert: gleichbleibend ansprechend, helles, blasses, Goldgelb; rauchige Nase mit Eichentönen; hübsches Gewicht, gute Frische, verkohlter Geschmack, trockener Abgang.
*Zuletzt im September 1985 verkostet* ★★★

## 1960

*Schlechte, dünne Weine, wenn auch damals besser als die Roten. Heutzutage kaum mehr zu sehen. In jüngerer Zeit keinen mehr verkostet.*

## 1961 ★★★★

*Attraktive Weine, von denen die meisten Mitte der 60er Jahre am besten waren. Die Spitzengewächse waren Anfang der 70er Jahre auf dem Höhepunkt ihrer Entwicklung. Die besten können immer noch sehr gut sein. Dennoch unterschiedlich, wie einige meiner jüngeren Notizen zeigen.*

BÂTARD-MONTRACHET HENRI CLERC. Mittelblasses Goldgelb; schönes, reiches Bukett wie geröstete Kokosnüsse; mitteltrocken, mittelschwerer Körper, weich, dabei nussig. Etwas zu wenig Säure, dennoch ein herrlicher Wein.
*Mit den Rhodes, 47 Park Street, Oktober 1987* ★★★★

BEAUNE, CLOS DES MOUCHES J. DROUHIN. Zwei Flaschen: die erste ziemlich gelb; etwas ölig und verblüht; relativ trocken, verhältnismäßig fett und dumpf. Die zweite gelber, aber heller, trockener und besser.
*Beim Mittagessen nach der Drouhin-Degustation von 78er Weinen, Juni 1980.*

CHASSAGNE-MONTRACHET, LE CHÂTEAU MOILLARD. Teigiger Geruch; ziemlich unbestimmbar.
*Januar 1984.*

CHASSAGNE-MONTRACHET, CH. DE LA MALTROYE PICARD. Für das Alter gute Farbe, leichter Stich ins Zitronengelb; «süsses», mehliges, verkohltes Bukett; mitteltrocken, weich und reich, mit einer Spur zitronenartiger Säure. In hervorragendem Zustand.
*Vorverkaufsdegustation, Oktober 1982* ★★★★

CORTON-CHARLEMAGNE BERRY BROS & RUDD. Langer Korken ohne Einbrand. Relativ blasses Gold; rauchige Chardonnay Nase, nussig, altes Stroh nach 15 Minuten, dann reiche Nuancen von alten Äpfeln. Knochentrocken. Mittelschwerer Körper. Stahliger, aber verhältnismäßig neutraler Geschmack. Makellos, aber wenig Charakter.
*Bei dem Eröffnungsabendessen von Rodenstocks Weinwochenende, September 1990* ★★★

CORTON-CHARLEMAGNE L. LATOUR. 1970 fein, immer noch jugendlich. Zwölf Jahre später: glattes, wachsartiges, harmonisches, sahniges Vanille-Bukett mit einer Spur zitronenartiger Säure; reich, füllig, dabei fest. Gute Säure. Eichenartiger Nachgeschmack.
*Einer von mehreren phantastischen Weinen bei einem Abendessen mit den Khourys in San Diego. Zuletzt im Oktober 1982 verkostet* ★★★★★

MEURSAULT, CHEVALIÈRES JEAN MONNIER, DOLAMORE ETIKETT. Eigenartige Farbe, grün- und braunspurig; sehr geringe Nase, leicht maderisiert. Trocken, dumpf, Apfelgeschmack.
*Bei einem Aquitaine-Society-Abendessen, März 1982.*

MEURSAULT, PERRIÈRES BOUCHARD AINE. Tiefe, strohgoldene Farbe; Alterston, wie der Geruch von alten Apfelkerngehäusen; am Gaumen besser: guter, reicher Geschmack. Hervorragende Säure hält zusammen.
*April 1983* ★★

## 1962 ★★★★★

*Ein herrlicher Jahrgang für weißen wie für roten Burgunder. Schön in Körper und Säure, wurden diese Weine gerne ab Mitte bis Ende der 60er Jahre getrunken, die verbliebenen Spitzengewächse waren noch die ganze 70er-Dekade hervorragend. Zu meiner Überraschung habe ich seit 1980 nur mehr eine Aufzeichnung, aber ich kann ohne zu zögern empfehlen, nach den besten und am besten gelagerten Weinen noch Ausschau zu halten.*

CORTON-CHARLEMAGNE L. LATOUR. Louis Latour bereitet in den Augen vieler geradezu einen Bilderbuch-Corton-Charlemagne. Sein 62er ist ein Spitzenjahrgang und war zweifellos der beste bei einer vertikalen Degustation 1970. Ein Jahrzehnt später ist er immer noch superb: vorzügliches Buttergelb; gleichermaßen butterige Nase – reiche Chardonnay-Note, wie sie früher für die kalifornischen Weine typisch war – entfaltete sich phantastisch im Glas (die ‹Nasen› der Neuen Welt sind statischer), «süß», toastartig; am Gaumen etwas «süß», reichhaltig, mit einem wunderschönen, nussigen, rauchigen Geschmack. Keineswegs ein Schwergewicht, aber auch nicht schlank.
*Zuletzt verkostet bei dem 97. Treffen (Abendessen) des Saintsbury Clubs in der Vintners Hall, Oktober 1980* ★★★★★ *Müßte immer noch gut sein.*

## 1963 ★★

*Weißweine wesentlich besser als Rotweine, doch aus zwei offensichtlichen Gründen weder im Handel noch beim Verbraucher sonderlich beliebt: die 63er hatten ganz allgemein in Frankreich keinen guten Ruf, außerdem waren zwei gute Jahre vorausgegangen und während des ersten Jahrs der Verkaufskampagne war das Wetter für den nächsten Jahrgang bereits vielversprechend. In den 70er Jahren mehrere überraschend gut zu trinkende 63er verkostet, in den 80er Jahren allerdings nur mehr einmal probiert.*

MEURSAULT, HOSPICES, CUVÉE JEHAN HUMBLOT RAOUL CLERGET. Gelb; ölige Chardonnay-Note; trocken, durchaus fleischig, fast mollig, im Geschmack nicht schlecht, aber mit roher Endsäure.
*Mai 1984* ★

## 1964 ★★★

*Ein ähnlicher Jahrgang wie 1959, mit dem gleichen Problem: der Sommer war zu heiß, die Trauben enthielten viel Zucker und wenig Säure. Untypische weiße Burgunder, mit zu wenig Geschmeidigkeit, Finesse und Schwung. Dennoch beliebt. Aufgrund der mangelnden Säure fehlte es ihnen an Durchhaltekraft. Jetzt riskant. Im Gegensatz zu meiner sonstigen Empfehlung sollte man diese 64er gut gekühlt servieren.*

LE MONTRACHET LAGUICHE. Leider nicht gut: 1968 dumpfes Gelb, teilweise oxydiert, 1972 dumpf und schlaff und zugegebenermaßen 26 Jahre nach der Traubenlese ein überraschend blasses Gelb, wenn auch nicht hell; «süße», aber maderisierte Nase, als hätte man Sattelgeruch und alte Birnen mit einem Tokay Szamorodni gekreuzt. Trocken, relativ voller Körper, Geschmack wie alter Fino Sherry.
*Zuletzt im September 1990 verkostet.*

BÂTARD-MONTRACHET CAMILLE GIROUD. Dem alten Giroud sagte man nach, daß er seine Weine horten würde. Dieser hier hatte eine Farbe wie Tutenchamon-Gold; zurückhaltendes Bukett, das sich im Glas zusehends entfaltete; mitteltrocken, ziemlich körperreich, gut strukturiert, gute Länge, etwas ölig. Ungewöhnlich. Interessant.
*Von Becky Wassermann bei Dr. Maliners Weinwochenende vorgestellt, Januar 1990* ★★★

BÂTARD-MONTRACHET CHAUVENET. Gute Farbe; rauchige Chardonnay-Note in Nase und Geschmack, Eichentöne im Nachgeschmack. Trocken, nachhaltig.
*November 1983* ★★★

CORTON-CHARLEMAGNE CHAUVENET. Gute Farbe; rauchige Chardonnay-Nase und ebensolcher Geschmack, eichener Nachgeschmack. Trocken. Hält sich gut.
*November 1983* ★★★

CORTON-CHARLEMAGNE L. LATOUR. 1970: wuchtig, ohne Finesse. 12 Jahre später: wenig Farbe für das Alter, verblassend; eigenartige Pilzstengelnase, die zwar zunächst verging, aber am Ende des Essens wieder auftauchte. Schlaff und insgesamt mangelhaft.
*Zuletzt im Oktober 1982 verkostet* ★

CORTON-CHARLEMAGNE H. SICHEL. Ausgebaut, nachhaltig. Rauchig. Mitteltrocken, mittelschwerer Körper, zu wenig Länge und Säure, aber sehr trinkbar.
*Juli 1984* ★★

PULIGNY-MONTRACHET, COMBETTES DE MOUCHERON. Tiefe Farbe; altes Stroh, trocken, maderisiert, aber trinkbar.
*März 1982.*

SAVIGNY-LÈS-BEAUNE, REDESCUL DOUDET-NAUDIN. Orangespuriges Strohgelb, leichtes Depot, nicht hell; überraschend gute Nase wie geröstete Marshmallows; trocken, hübscher Körper, leicht nussiger Geschmack, zu wenig Länge. Am besten in der Nase.
*Oktober 1983* ★★

## 1965

*Witterung für roten und weißen Burgunder gleichermaßen schlecht. Dünne, hagere, schwache, säurebetonte Weine. Nur einmal, vor 15 Jahren, verkostet.*

## 1966 ★★★★

*Der 66er ist wie der 85er einer meiner Lieblingsjahrgänge – in fast allen Anbaugebieten. Es gibt einen trefflichen gemeinsamen Nenner, den ich zusammenfassen kann unter den Begriffen: Zuverlässigkeit, Ausgewogenheit, häufig unterbewertet, dabei korrekt, geschmeidig, fest, lange haltbar.*

*Die Bewertungen in den überaus vielen Aufzeichnungen zu den weißen Burgundern des 66er Jahrgangs liegen im Durchschnitt hoch – ja, eigentlich höher als bei fast jedem anderen Jahrgang. Dies trifft vor allem auf die Notizen aus den 70er Jahren zu, als sich die meisten Weine auf dem Gipfel ihrer Entwicklung befanden. Leider habe ich in jüngerer Zeit kaum mehr welche degustiert, doch die Weine der Spitzenerzeuger müßten nach wie vor zuverlässig schön sein.*

LE MONTRACHET DRC. Einer der am spektakulärsten, wohlgelungenen weißen Burgunder, den ich je verkostet habe. Erstmals bei einem Bordeaux-Club-Abendessen mit Gastgeber Michael Behrens im Jahre 1976. Kraft, Wohlgeruch und Zukunft fabelhaft. Als nächstes vier Jahre später in Houston eine elegante und hervorragende Flasche zusammen mit Herbert Allen, der für seinen Schraubspindel-Korkenzieher berühmt wurde. Sein gut eingerichteter Keller mit Klimaanlage befindet sich ganz in der Nähe der Werkstätten, wo er den Prototyp seines Original-Screwpull entwickelte und herstellte, desgleichen auch die Weiterentwicklungen zum Thema Korkenzieher. Danach bei einem Mittagessen mit Lalou Bize, Aubert de Vilaine und seinem Vater nach einer phantastischen Vertikaldegustation von La Tâche. Wunderbar klares Goldgelb; reiche, leicht vanilleartige Nase, die sich mit Honig- und Nußtönen

entfaltete; ziemlich trocken, mittlerer Körper, sub-stantiell, aber keinesfalls schwer. Reich. Intensiv. Außergewöhnlich war vor allem die Art und Wei-se, wie sich der Geschmack ausdehnte und sich die einzelnen Nuancen immer deutlicher erkennen ließen, wie er immer «süßer» wurde, bis er fast einem Dessertwein gleichkam. Dieser 66er war der erste auf der Domaine erzeugte Wein, bei dem man auch Trauben aus dem ehemaligen De-Mouche-ron-Besitz im Montrachet-Weinberg kelterte. Zweifellos einer der besten Montrachets, den die DRC jemals produziert hat.
*Zuletzt verkostet – schlückchenweise genossen und getrunken – im Mai 1983 ****** (ja, sechs Sterne!)*

LE MONTRACHET LAGUICHE. Die Familie des Marquis de Laguiche verkauft ihren Most (Trau-bensaft) an J.Drouhin, der den Wein vinifiziert und abfüllt. Leider erreichte der 66er nicht das er-wartete hohe Niveau: 1971 gut, aber nicht groß, 1975 delikat, aber nicht eindringlich. Fünf Jahre später trotz guter Farbe im Ganzen leicht enttäu-schend.
*Zuletzt im Juli 1980 verkostet. Im besten Fall ****

MONTRACHET LEROY. Blaßgold; sehr gutes sah-niges, nussiges, getoastetes Bukett; trocken, posi-tiv und kraftvoll. Gute Säure.
*In Wiesbaden, Oktober 1985 *****

MEURSAULT, CHARMES, HOSPICES, GRI-VAULT Helles Bernsteingold – zu tiefe Farbe, als daß sie allein aus der Flaschenalterung stammen könnte; Überreife bestätigte sich in der Nase, Al-terston, aber reich, Vanille-Nuancen; ausreichend fest, schmackhaft.
*Zum Mittagessen bei der International Wine and Food Society of Chicago, April 1982 ***

MEURSAULT, PERRIÈRES POUPON. Blaßgold; leicht, honigartig, nicht sehr eindrücklich. Keine Entwicklung. Trocken, anständig, aber spröde.
*Bei einem Abendessen des Saintsbury Clubs, April 1982 ***

# 1967 ****

*Ein sehr guter Jahrgang für weißen Burgunder, doch nicht mit den Problemen wie 59 und 64. Kurz gesagt: schlanker und deutlich säurebeton-ter. Niemals so beliebt oder «in» wie die 66er Wei-ne. Orientiert man sich an den vielen Aufzeich-nungen mit drei oder vier Sternen, dann waren die Weine Anfang bis Mitte der 70er Jahre auf dem Höhepunkt. In jüngerer Zeit kaum ver-kostet, aber ich denke, daß es sich immer noch lohnt nach ihnen Ausschau zu halten; gelegent-liche Enttäuschungen werden sicherlich durch gelegentliche Überraschungen wettgemacht.*

MONTRACHET BOUCHARD PERE. Nicht zu tie-fes, aber positives Gelb; gefällige, leichte, wachs-artige Nase; am Gaumen eindringlicher. Gewicht und Geschmack schön, gute Säure.
*Mittagessen mit dem Bouchard-«Groupie» Lloyd Flatt, zwischen dessen Mammutproben mit Mou-ton, April 1986 ***

CHASSAGNE-MONTRACHET, CH. DE LA MALTROYE PICARD. Außerordentlich gut. Vie-le Notizen, alle sehr positiv, zwischen 1970 und 1975, als ich ihn auf seinem Höhe-punkt vermutete. Doch kein Aufgeben auch neun Jahre später: das Bukett entließ Wellen von Honig und Wachs, Frucht, herrlicher Weinig-keit; trocken, schön am mittleren Gaumen und im Endgeschmack, leicht pappige Säure. Ist offenbar entschlossen, seinen Geist nicht aufzu-geben.
*Zuletzt im Februar 1989 verkostet. Im besten Fall *****

MEURSAULT, CLOS DE LA BARRE R. CAVIN. Im Alter von 17 Jahren noch genauso frisch wie mit sieben. Gelb; zurückhaltend, leicht würzig, Fruchtentfaltung, Honig- und Ananasnuancen; trocken, klar umrissen, eine Spur zitronenartiger Säure. Sehr gefälliger Wein.
*Zuletzt im Juli 1984 verkostet ***

MEURSAULT, HOSPICES, GOUREAU In Bur-gund für Avery abgefüllt. Relativ blasses Gelb, gut für das Alter; frischer Minzeduft; trocken, der Geschmack öffnete sich im Mund und führte zu einem schlanken, schwächer werdenden, zitronen-säureartigen Abgang.
*Juli 1988 ***

CH. POUILLY Im Alter von fast zwanzig Jahren läßt sich das Charakterbild eines Pouilly-Fuissé erkennen: sehr gutes, ziemlich blasses Erschei-nungsbild; Nase zunächst neutral, doch schließlich schwache Zitronennuancen und geschmorte Bir-nen; trocken, verhältnismäßig leicht, fest, köstlich. Beweist, daß sich auch gut gemachte Weine aus einer Gegend halten, die nicht den Ruf der Langle-bigkeit haben.
*November 1986 ***

# 1968

*Die Witterungsverhältnisse sorgten für eine schlechte, unreife Ernte, zusammen mit 1965 die schlechtesten Jahre des Jahrzehnts. In Großbri-tannien kaum importiert, nur zweimal seit 1980 verkostet.*

CHEVALIER-MONTRACHET BOUCHARD PERE. Altgold – zu tief; nicht schlecht, zwei-fellos nicht oxydiert; trocken, schlank, über-

raschend trinkbar, wenn auch ziemlich säurebetont.
*Bei Lloyd Flatt, April 1986* ★

## MEURSAULT, HOSPICES, JEHAN HUMBLOT

Hellgelb, eine Spur Säure evozierendes Grün; gefällige, leicht Vanille-artige Nase; relativ trocken, leicht in Gewicht und Stil, schmackhaft.
*Februar 1983* ★★

## 1969 ★★★★

*Ein sehr guter Jahrgang für weißen Burgunder. Feste, gut gebaute Weine, mit lebensprühender, konservierender Säure. Hohe Bewertungen zum Abschluß des Jahrzehnts. In den 70er Jahren eine Unmenge nahezu einheitlich guter Aufzeichnungen; die robusteren Weine benötigten zum vollständigen Ausbau volle zehn Jahre. Aus meinen Notizen geht klar hervor, das es ein überaus befriedigendes Jahr war für die schweren Geschütze: Montrachet, Bâtard und Corton-Charlemagne. Die feinsten unter ihnen sind immer noch phantastisch und es lohnt sich sehr, nach ihnen zu suchen.*

## LE MONTRACHET DRC.

Gute, nicht zu tiefe Farbe. Unmittelbar nach dem Einschenken – der Wein war gekühlt – lebhaft und erfrischend, doch mit zunehmender Raumtemperatur entfaltete sich auch das Bukett. Ich behielt etwas in meinem Glas, und nach einer Stunde war er völlig verändert; «süß», entgegenkommend, Rauch und Eiche, schließlich eine ruhige Karamelnuance; am Gaumen trocken, fest, voll, dabei delikat. Hervorragende Säure. Bei dieser Gelegenheit wurde eindeutig klar, wie falsch es ist, einen weißen Spitzenburgunder zu kalt zu servieren. Michael Behrens und seine Gäste hatten ihre Gläser geleert, bevor sich Bukett und Geschmack voll entwickeln konnten. Ich reichte mein Glas herum und alle erkannten, was ihnen entgangen war.
*Culham Court, April 1981* ★★★★★ *Bis 2000.*

## LE MONTRACHET, DOM. RENÉE PIERROT

FLEUROT-LAROSE. Butterige Bernsteinfarbe; reiche, ziemlich bejahrte, nachhaltige Chardonnay-Nase mit Eichentönen; gute Gestalt, ganz leicht «süß», gutes Gewicht, toastartiger Geschmack, eine Spur Säure.
*Juli 1981* ★★★★

## BEAUNE, CLOS DES MOUCHES J. DROUHIN.

Hervorragende Farbe; wohlriechend, rauchig, fruchtig – Ananas. Trocken, schönes Gewicht, fest, wohlausgewogen, ausgezeichnete Weinigkeit, ein leichter Hauch Bitterkeit – Raum zur Ausdehnung.
*März 1981* ★★★★ *Müßte noch gut sein.*

## BÂTARD-MONTRACHET DELAGRANGE- BACHELET.

Leicht unterschiedliche Flaschen. Die erste von tiefer Farbe wie altes Stroh; herrliche geröstete Marshmallow-Töne in Nase und Geschmack. Trocken. Mittelschwerer Körper. Die zweite etwas blasser, schlanker, spröder. Gute Säure.
*Dezember 1985. Im besten Fall* ★★★★

## BÂTARD-MONTRACHET LEFLAIVE.

Fabelhaftes Goldgelb; hervorragende Chardonnay-Nase mit Eichennuancen und Untertönen von frischer, leicht ananasartiger Frucht; trocken, voll, fest, ausgezeichnete Säure und große Lebenserwartung.
*In Peter Palumbos Farnworth-Haus (Mies Van der Rohes «Glashaus») am, oder praktisch im, Fox River, Illinois, Juni 1984* ★★★★★ *Bis 2000.*

## BÂTARD-MONTRACHET ANDRE RAMONET.

Weiches, getoastetes Bukett, im Glas etwas seifig und beeinträchtigt; trocken, kraftvoll, toastartig, klar konturiert.
*Oktober 1985* ★★★★ *Allerdings auf der Kippe.*

## BÂTARD-MONTRACHET RAMONET-PRUDHON.

Für sein Alter blaß; rauchig, Eichen-, Honig- und Zitronennuancen; trocken, beladen mit Alkohol, Extraktstoffen und Geschmack. Toast. Herrliche Säure.
*Juni 1985* ★★★★★ *Bis 2000.*

## CHABLIS, LES CLOS A. PIC.

Gute Farbe, wenn auch mit Alterston; deutlicher Geruch und Geschmack nach Mandelkernen. Trocken. Spröde. Selbst ein Chablis *Grand Cru* eines guten Jahrgangs sollte besser zwischen etwa drei und fünf Jahren getrunken werden.
*Januar 1981* ★

## CORTON-CHARLEMAGNE L. JADOT.

Unglaubliches Erscheinungsbild: sehr hell, stark glänzend, Farbe wie «Lemon curd», mit grünen Reflexen; anfänglich zitronen- und wachsartige Nase, dann, nach 30 Minuten, vorzüglich, weich, Vaseline-artig, mit einem Hauch pudrigem Gerstenzucker und nach einer Stunde im Glas Nuancen von Minze, Vanille und Orangenblüten; «warm», butterig, eine Wein mit viel Kraft, öffnete sich im Mund, durch und durch trocken, mit hervorragender Säure. Ein aufsehenerregender Wein.
*Im Christ's College, Cambridge, zu Gast bei Jack Plumb, Juni 1987* ★★★★★ *Bis 2000.*

## CORTON-CHARLEMAGNE L. LATOUR.

Unterschiedliche Flaschen. Beide überraschend blaß, die erste mehr Gelbgrün; gut entwickelte, nuß- und eichenartige Nase, mit einem Spritzer Zitrone; mitteltrocken, herrlich entfalteter, offener Geschmack, mit schlanker, lebhafter Säure. Die zweite Flasche etwas tiefer in der Farbe; frische, säurebetonte Walnußnase; trockener, wirkte in Gewicht und Stil leichter, dünner und schärfer.

Beide bei einem Gidleigh-Park-Weinwochenende, Januar 1984. Im besten Fall ★★★★

**MEURSAULT, CHARMES** LEROY. 1977 erstmals verkostet, als Eröffnungswein bei einem Tutorenkurs in Sydney: gut, «recht mundfüllend», wird sich halten. 1988: Das ursprüngliche Blaßgelb inzwischen tiefer und mit leichtem Stich ins Orange; «süß», mit honigartigem Flaschenalter, etwas verblüht; relativ trocken und voll, breitschultrig, ansprechend, guter Abgang, doch den Gipfel bereits erreicht.
Zuletzt bei Lalou Bizes jährlicher Degustation verkostet, September 1988 ★★★

**MEURSAULT, CHARMES, HOSPICES, GRIVAULT** LEROY. Grobes Depot; «süße» Puddingnase – etwa wie Vanille-Eis; mitteltrocken, relativ voll, eindringlich, eigenartiger Geschmack.
Bei der Leroy-Degustation, September 1988 ★★

**MEURSAULT, GOUTTE D'OR** LEROY. Gute Farbe, Geruch nach Hühnerdung. Schrecklich.
September 1988.

**MEURSAULT, CLOS DE MAZERAY** JACQUES PRIEUR. Sehr helles Gelb; ansprechendes Honig- und Ananasbukett; trocken, gefällig, leicht weicher Abgang.
November 1983 ★★★

**MEURSAULT, LES NARVAUX** LEROY. Eigenartige, aber wohlriechende, blumige, honigartige Nase; körperreich, eindringlicher, merkwürdiger Geschmack, wie Bonbons.
September 1988. Im besten Fall ★★

**MEURSAULT, PERRIÈRES** LEROY. Außergewöhnlicher Geruch nach verkohlten Zweigen und Fischhaut; sehr trocken, schlank.
September 1988. Im besten Fall ★★

# 1970 ★★★

Im ganzen gute Weine, aber weich und mit zu wenig Säure. Ohne dieses Rückgrat überlebten nur wenige bis in die 80er Jahre. Die meisten wurden zu Recht, innerhalb der ersten fünf Jahre konsumiert. Nur bei den Allerbesten lohnt sich noch ein Kauf. Gekühlt serviert erscheinen sie etwas lebhafter.

**LE MONTRACHET** DRC. Drei Aufzeichnungen, die erste von 1977. Ein Jahr später, phantastisch, mit einem Bukett nach «gelöschter Kerze» und herrlichem Geschmack. Nach weiteren vier Jahren immer noch recht blaß, doch mit leichtem Depot; unglaubliches, offengewobenes, wachs- und honigartiges Bukett, fleischig, Vanille-Töne, üppig – doch am Gaumen enttäuschend, bisquitartig, eine Spur Pfirsichkerne, lockere Endsäure und nahe am Oxydieren.
Zuletzt verkostet und beschrieben bei John Harts Fine-Wine-Abendessen in Chicago, November 1982. Im besten Fall ★★★★

**LE MONTRACHET** LAGUICHE. Relativ blaß, hell; Vanille-Schoten, gewisse Frucht, alles andere als überwältigend – keine Entwicklung; trocken, relativ voller Körper, weich, ohne Schwung. Enttäuschend.
Magnum beim Abendessen anläßlich Jack Plumbs 80. Geburtstag, Juni 1991 ★★

**BÂTARD-MONTRACHET** Die Trauben stammen von Bernard Clerget, die Weinbereitung besorgte Remoissenet, Flaschenfüllung nach 15 Monaten im Eichenfaß. Ausgeprägtes Gelb; Flaschenalter in der Nase mit Wachs-, Eichen- und Honignuancen; mitteltrocken, ziemlich körperreich, harmonisch, doch nicht aufregend, im Mai 1985. Wahrscheinlich der gleiche Wein mit Avery-Etikett; Nase und Geschmack wie geröstete Kokonuß und Enteneiercreme. Säure und Nachgeschmack recht gut.
Zuletzt im Juli 1988 verkostet ★★★ Bis 1995.

**CHABLIS, BOUGROTS** A. PIC. Blaß, trocken, geradlinig im Alter von fünf Jahren, mit zwölf dann müde, ziemlich kernartiger Geschmack, spröde.
Zuletzt im August 1982 verkostet ★★ Austrinken.

**CHABLIS, LES CLOS** MARCEL SERVIN. Blaß, aber mit Alterston in der Nase und am Gaumen: trocken, dumpf, schlaff.
Ein schlechter Start für ein sonst großartiges Wein-Abendessen im Boodle's, Juli 1984.

**CHASSAGNE-MONTRACHET, CAILLERETS** ALBERT MOREY. Hell, immer noch forsch und grünspurig, aber in der Nase und am Gaumen wie geschmort, enttäuschend.
November 1980.

**CHASSAGNE-MONTRACHET, CH. DE LA MALTROVE** Unverändert ein Lieblingswein von mir, der aber immer der Flaschenalterung bedarf. Bei der ersten Degustation 1972 gut, aber unfertig, neun Jahre später voll entwickelt: vorzügliche, rauchige, leicht teerige Nase mit Eichennuancen; Geschmack und Ausgewogenheit sehr schön. Weicher werdend, aber immer noch fest genug. Interessanterweise bei Zimmertemperatur serviert.
Juni 1981. Damals ★★★ aber inzwischen zweifellos über den Höhepunkt hinaus.

**CORTON-CHARLEMAGNE** MIGNON. 1975 blaß und sehr duftig. Zehn Jahre später mit mehr Farbe, deutlich gelb; erster Geruchseindruck sehr exotisch, eigenartig, Vaselinetöne, verflog dann aber und ließ Vanille- und Eichennuancen hervortreten; trocken, fest, gute Säure.

*Zuletzt im August 1985 verkostet ★★★ Wahrscheinlich noch gut.*

MEURSAULT, LES NARVAUX LEROY. Sehr gelb; merkwürdig, stark gewürzt, eine Spur Pfirsichkerne in der Nase und am Gaumen, aber gut, mit honigartigem Flaschenaltergeschmack und fester Säure.
*September 1984 ★★*

MEURSAULT, PERRIÈRES LEROY. Wachsartige, butterige Nase; mitteltrocken, ausladend, offen, leichter Holzton und mit mangelnder Säure.
*Juni 1984. Damals ★★*

PERNAND-VERGELESSES L. LATOUR. Relativ blaß, leichte Orangetönung; angesengtes, ausgebautes Bukett; etwas «süß», schmackhaft.
*Juni 1987 ★★*

PULIGNY-MONTRACHET, DOM. COMTESSE DE MONTIVAULT PIAT. Buttergelb; in der Nase Eichen- und Karameltöne; sehr ausgeprägter Mandelkerngeschmack, relativ hohe Säure.
*Februar 1985. Schlecht.*

# 1971 ★★★★

*Seinerzeit zu Recht hoch eingeschätzt. Zweifellos feine, gut gebaute Weine, die bis zum 78er mit den 69ern um den Rang des besten Jahrgangs wetteiferten. Spitzengewächse von verläßlicher Qualität. Besonders erfolgreich waren die Chablis – viele verkostet, doch nur wenige in jüngerer Zeit – und die Meursaults, desgleichen aber auch die Montrachets. Aufgrund ihrer Struktur, insbesondere ihrer Festigkeit und Säure lassen sich die besten immer noch gut trinken.*

LE MONTRACHET DOM. DU CH. DE PULIGNY-MONTRACHET. Strohgelb; Vanille-Töne, Entfaltung einer guten, wohlriechenden Chardonnay-Nase; reif, reich, vollmundig, dabei delikat und duftig.
*November 1980 ★★★★*

BÂTARD-MONTRACHET P.A. ANDRE. Helles Goldgelb; zunächst unverwoben, zitronenartig, pflanzlich, doch nach 15 Minuten schöne Entfaltung, der unangenehme, pilzartige Flaschengeruch fiel weg, reich, ansprechend; relativ voll, sehr lebhaft, Eichengeschmack. Im Abgang am Austrocknen.
*September 1990 ★★ Hält sich nur noch gerade so.*

BÂTARD-MONTRACHET DELAGRANGE-BACHELET. Tief, butterig; erstaunlich, Zitronentorte, Pudding; ziemlich «süß» und voll, hoher Extraktgehalt, sehr konzentriert.
*Oktober 1988 ★★★★★*

CHABLIS, LES CLOS TESTAT LAROCHE. Für das Alter blaß, guter Körper. Nur ein Chablis *Grand Cru* aus einem festen Jahrgang wie dem 71er scheint überleben zu können, auch wenn das Flaschenalter wenig dazu beiträgt.
*Dezember 1984 ★★*

CORTON-CHARLEMANGE (sic). AVERY. John Avery war etwas verlegen, als ich ihm dieses Etikett zeigte, Beweis eines jugendlichen Rechtschreibfehlers! Der Wein – in einer halben Flasche – litt nicht an Räude [engl. *mange*], wenn auch der erste Geruchseindruck leicht oxydiert wirkte. Ziemlich hart und stielig. Als Briefmarke wäre das Etikett sicher ein seltener und kostbarer «Fehldruck». Ich habe es für alle Fälle aufgehoben.
*Im Juni 1984 verkostet ★*

CORTON-CHARLEMAGNE DOM. DE LA JUVINIERE. Schöne gelbe Farbe; leicht honigartige Nase, Spuren von Kerosin und Steinpilz, entfaltete dann einen Duft, der eher an Schokolade und Schmoräpfel erinnerte; trocken, fest, stahlig, kurz.
*September 1990 ★★*

CORTON-CHARLEMAGNE L. LATOUR. 1976 und 1978 fabelhaft. Dann zwei Notizen aus den frühen 8oer Jahren. Ruhige, harmonische Nase, die mich an feuchten Filz erinnerte. Entwickelte sich schön im Glas, leicht rauchig, sehr wohlriechend, mit einem Hauch Zitrone; mitteltrocken, dabei reich, mit rauchigem, fast salzigem Geschmack. Trotz des Gewichts noch mit Delikatesse. Guter Abgang, vorzüglicher Nachgeschmack.
*Zuletzt im November 1982 verkostet ★★★★ Zweifellos immer noch sehr gut.*

MEURSAULT, CHARMES, HOSPICES, PHILIPPE LE BON P.A. ANDRE. Leicht unterschiedliche Flaschen. Die erste relativ blasses Gelb; butterig und nussig in der Nase und im Geschmack, fast wie ein Corton. Die andere Orangegold, reich, gehaltvoll, mit einer Nase wie Sahnebonbons; Alterston, alte Äpfel, maderisiert.
*Beide im September 1990 verkostet. Im besten Fall ★★★*

MEURSAULT, CHEVALIÈRES RENEE MONNIER. Strohgelb, mit ausgeprägter, reifer Meursault-Geschmeidigkeit; Bilderbuchwein; feines, schön ausgebautes, rauchiges Bukett mit Eichennuancen; reife «Süße», Gewicht und Ausgewogenheit schön, vorzüglicher Geschmack, eine Spur fett.
*März 1982 ★★★★ Zweifellos immer noch hervorragend.*

MEURSAULT, LES TESSONS, CLOS DE MON PLAISIR GUY ROULOT. Sehr reifes Meursault-Gelb; vorzügliches, wohlriechendes Eichenbukett, kraftvoll und durchdringend. Mitteltrocken, hervorragende Eichentöne in Geschmack und Ab-

gang – vielleicht sind sie etwas zu stark und verleihen eine Spur roher Würze. Gute Länge. Im ganzen sehr gefällig, selbst noch mit 13 Jahren.
*Oktober 1984* ★★★★

EINIGE WEITERE 71ER, IN DEN 80ER JAHREN VERKOSTET:

CHASSAGNE-MONTRACHET LAGUICHE. Zu tief, wie ein reicher Sauternes; feine Rauch- und Eichennuancen in der Nase und im Geschmack, bedeckt mit Karameltönen. Maderisiert, säurebetont. Schlechte Lagerung.
*In New York, Februar 1986.*

CHEVALIER-MONTRACHET BOUCHARD PÈRE. Gute Farbe; wohlriechende, doch kernartige Nase; Geschmack und Säure fest und gut.
*September 1990* ★★

MEURSAULT, CHARMES AMPEAU. Gute gelbe Farbe; Eichen-, Vanille- und Zitronentöne in der Nase; sehr schmackhaft, altmodischer Stil, ganz leicht blecherner Abgang.
*März 1984* ★★★

# 1972 ★★

*Uneinheitlich, abhängig vom Erfolg der Chaptalisierung und vom Säuregehalt. Seinerzeit brauchbare, doch wenig anmutige Weine. Anfang bis Mitte der 80er Jahre mehrmals verkostet. Inzwischen kaum mehr interessant.*

BIENVENUE BÂTARD-MONTRACHET HENRI CLERC. Einer der besseren 72er. Im Alter von elf Jahren reiches Erscheinungsbild, Blaßgold, mit guten «Tränen»; Bukett wie gerösteter Gerstenzucker und alte, auf einem Speicher gelagerte Äpfel; eine Spur «süß», rauchige Chardonnay-Note, hervorragende Länge und reicher Abgang.
*Castle Hotel, Taunton, Burgunder-Abendessen, November 1983* ★★★

PULIGNY-MONTRACHET, COMBETTES ROBERT AMPEAU. Für das Alter blaß; «süßes», reiches, gesundes Bukett; mitteltrocken und -schwer, weich, etwas wenig Säure, aber gefällig.
*November 1988* ★★

# 1973 ★★★★

*Ein überaus ansprechender, wenn auch uneinheitlicher Jahrgang. Die Delikatesse und der Wohlgeruch, die die besten Weine so attraktiv machen, stehen einer langen Haltbarkeit entgegen. Einige wiesen zuviel Säure auf. Die «schweren Geschütze», wie Montrachet oder Corton-Charlemagne, haben die besten Überlebenschancen.*

LE MONTRACHET LAGUICHE/DROUHIN. Sehr gute Farbe; honigartige Nase mit starken Bisquitnuancen; mitteltrocken, schönes Gewicht, weich, mit einem trockenen, nussigen Abgang.
*September 1989* ★★★★

LE MONTRACHET THENARD. 1974 rauh und unfertig, 1979 herrlich vollmundig. Drei Jahre später reines Goldgelb, das im Dekantiergefäß zauberhaft aussehen müßte; rauchige Nase, die sich im Glas reich und würzig entfaltete; mitteltrocken, schönes Gewicht – nicht zu leicht, aber sicher auch nicht zu stämmig, klassischer, eleganter, vorzüglicher Nachgeschmack.
*Zuletzt beim Dinner zum 80. Geburtstag von Penning-Rowsell im April 1993 verkostet* ★★★★

LE MONTRACHET REMOISSENET. Mitteltiefes Gelb; Eichentöne in Bukett und Geschmack; ziemlich kräftig für einen 73er, reiche, gute Säure.
*Juli 1987* ★★★★

BOURGOGNE BLANC BARON THENARD. Soll ein deklassierter Montrachet sein, wahrscheinlich weil die Erträge 1973 das erlaubte Maß überschritten haben. Blaßgelb; duftende Nase, Hauch von Vanille; trocken, relativ leichter Stil, weich, schöne delikate Eichen- und Vollkornmehlnuancen im Geschmack. Etwas wenig Säure.
*Von Avery für ein Burgunder-Abendessen im Castle Hotel in Taunton, November 1982* ★★★

BIENVENUE, BÂTARD-MONTRACHET ROLAND THEVENIN. Sechs Aufzeichnungen. Ich probierte diesen Kauf 1979 bei einem jährlichen Abendessen. Er war trocken und stahlig, wie versengt. Die Hälfte der Teilnehmer hielt die Entwicklung des Weins für abgeschlossen, die andere Hälfte war der Ansicht, daß er sich verbessern und weicher werden würde. Ein Jahr später war er immer noch säurebetont; mit zehn Jahren zeigte er dann eine buttergelbe Farbe, die Nase war wie geröstete Kokosnüsse, aber noch mit einer starken, wie versengten Säure, mangelnde Ausgewogenheit.
*Zuletzt im Juli 1983 verkostet* ★ *Leider bezweifle ich, daß sich die Säure je mildern wird.*

BÂTARD-MONTRACHET ROLAND THEVENIN. Eine erfolgreichere «Auswahl» durch Thevenin. Positives Gelb; ansprechendes Flaschenalterbukett mit Butter- und Eichennuancen; reich, schmackhaft, gute Säure.
*April 1988* ★★★

CHEVALIER-MONTRACHET REMOISSENET. Leichte, Vanille-artige, krustige Puddingnase; bestechend charmant.
*Januar 1983* ★★★

### CHEVALIER-MONTRACHET, DEMOISELLES

L. LATOUR. Unglaublich schön bei der Eröffnungsdegustation 1975. 1980 tiefere Farbe; leichte, aber hochgetönte, duftende Nase; trocken, relativ leicht, delikat, dabei mit wunderbarem Geschmack und nussigem Nachgeschmack. Im Alter von zehn Jahren gut: herrliche Weinigkeit und Frucht, die sich im Glas sehr schön entfalteten. Vollmundiger Geschmack mit Rauch- und Eichennuancen, fabelhafter Nachgeschmack.
*Zuletzt im Januar 1983 verkostet ***** Müßte immer noch prächtig sein.*

### CRIOTS-BÂTARD-MONTRACHET DELAGRAN-GE-BACHELET.

Herrlich. Erstmals 1979 bei einem Benedicts-Abendessen degustiert. Zwei Jahre später: blaß, glanzhell; feine Nase, leicht rauchig, entfaltete ein fabelhaftes, getoastetes Bukett; im Stil relativ leicht, sicherlich kein mächtiger Wein, aber elegant, mit einer flotten Note. Vorzüglich.
*Zuletzt im Januar 1981 verkostet ***** Müßte immer noch hervorragend sein.*

### CORTON-CHARLEMAGNE

L. LATOUR. Sechs Aufzeichnungen. Ziemlich dominant bei der Handelsdegustation von Latour 1975, später in den 70er Jahren ausgeprägtes Gelb und reich entwickelte Nase. 1983 eine superbe Magnum, mit einer Nase wie Brotkruste, fabelhaft vollmundig und im folgenden Jahr zwar nicht tief, aber deutlich Gelb, immer noch mit einem Stich ins Grün; sich enthüllendes und weicher werdendes Bukett, klassisch, butterig; schönes Gewicht, hervorragende Lebhaftigkeit, Geschmack wie angesengte Eiche, gute Säure.
*Zuletzt im Januar 1984 verkostet **** Müßte immer noch sehr gut sein.*

### MEURSAULT, GENEVRIÈRES, HOSPICES, CUVÉE BAUDOT

Nase wie Zitrone und Linoleum; schöner, angesengter Chardonnay-Geschmack.
*Juli 1982 ***

DIE FOLGENDEN WEINE WURDEN AUF DER MEURSAULT-DEGUSTATION VON BIZE-LE-ROY IM SEPTEMBER 1988 VERKOSTET:

### CHARMES

Relativ blasses Gelb; vorzügliches Bukett, Eichentöne, leicht «fischig», Walnüsse; fester, rauchiger Chardonnay-Geschmack, trockener Abgang ***

### LES NARVAUX, RÉSERVE PERSONNELLE

Goldgelb; wachsartiges, gehaltvolles Bukett; ziemlich körperreich, gute Säure, etwas hart ***(*)?

### PERRIÈRES

Eigenartige Nase, deutlicher Walnußton, d.h. nussig, bitter; trocken, relativ voll, eine Spur Zitrone, gut, aber spröde, vielleicht etwas zu kurz **(*)

### PORUSOTS, RÉSERVE PERSONNELLE

Wachsartiges, harmonisches Bukett; vorzüglicher Eichengeschmack und hervorragende Säure ****

### PORUZOT, HOSPICES, JÉHAN HUMBLOT

Warme, eichenartige Nase, aber spröde, flach, dabei säurebetont und zu hart *(**)

## 1974 *

*Kein guter Jahrgang, aber es wurden einige interessante, eher sonderbare Weine hergestellt. Die Verbindung von schlechtem Wetter, leichtem Konjunkturrückgang und mangelnder Qualität ließ die Weine kaum auf den Markt gelangen. Inzwischen nur mehr von geringfügigem Interesse.*

### LE MONTRACHET BOUCHARD PERE.

Blasser als erwartet, leichter Stich ins Zitronengelb; sehr entgegenkommend, gehaltvoll, aber mit einem leichten Mandelkernhauch. Verschlechterte sich nach einer Zeit im Glas, wurde «braun» und verblühte; leicht «süß», reich, weich, am Gaumen besser als in der Nase.
*März 1982 * Wird inzwischen weit über dem Gipfel sein.*

### LE MONTRACHET COMTE LAFON.

Paradoxerweise erzählte mir die Familie Lafon, daß sie alle von ihren 74er Weinen begeistert seien. Das Geheimnis: sechs Monate dauert es, bis Zucker in Alkohol umgewandelt ist, dann folgen zwei Jahre im Faß! Recht gute Farbe; erstaunliche Nase: Anissamen, Lakritze – wie der Duft einer Buchsbaumhecke – tritt ganz offensichtlich bei einem reifen Jahrgang niemals auf; mitteltrockener Geschmack, führte zu einem warmen, trockenen Abgang mit Fenchelnuancen.
*Auf der Domaine, September 1984. Auf seine Art ****

### BIENVENUES-BÂTARD-MONTRACHET LE-FLAIVE.

Sehr helles Butterblumengelb; wachs- und honigartige Flaschenalternase, die sich im Glas reich entfaltete, wie Pudding; ganz leicht «süß», schönes Gewicht, reicher, gehaltvoller, malziger, lanolinartiger Geschmack, mit einer Spur Pfirsichkerne.
*Bei einem Abendessen der Marin County Wine & Food Society, San Francisco, Juni 1986 ***

### CORTON-CHARLEMAGNE BONNEAU DE MARTRAY.

Zuerst bei einem Essen «Krug Awards for Excellence» im Banqueting House, Whitehall – dabei war der Wein nicht gerade ein «Clou». Im folgenden Jahr: gelbe Farbe wie altes Stroh; recht gute, wohlriechende, nussige Nase; weich, ziemlich wohlschmeckend, aber zu wenig Säure. Eigener Charakter: «Etwas vorlaut».
*Zuletzt im Januar 1981 verkostet ***

MUSIGNY BLANC DE VOGÜÉ. Farbe wie Apfelsaft mit leichter Goldtönung; erstaunliche Nase, würzige Ananasnote, mit kräuterwürziger, butteriger Unterlage; trocken, relativ voll, Geschmack nach Birnen, Äpfeln und Firnis. Gutes Säurerückgrat.
*Mittagessen mit Mats Hanszon, Stockholm, März 1984* ★★★

# 1975

*Für weißen Burgunder zwar weniger verheerend als für den roten, aber dennoch ein trübseliger Jahrgang. Kaum exportiert, relativ selten verkostet. Nur sechs Aufzeichnungen aus den 80er Jahren.*

CHABLIS J. B. REYNIER. Hellgelb; Mandelkerne, voller Geschmack, aber *passé*.
*Bei einem Mittagessen der City Livery Company serviert, Januar 1988. Eine Zumutung für die Gäste.*

CHABLIS, GRENOUILLES LOUIS MICHEL. 1983 zurückhaltend, recht guter Geschmack, aber mit sehr betonter Säure. In jüngerer Zeit zu starker Eichenton in der Nase, ansonsten aber noch recht schmackhaft. Annehmbare Länge.
*Bei einem Abendessen des Saintsbury Clubs, April 1990. Wir hatten alle das Gefühl, ihn von seinem Leiden zu erlösen.*

# 1976 ★★★★

*Ein brauchbarer, aktueller Jahrgang, der allerdings nicht an die Qualität der Roten herankommt. Seinerzeit überbewertet, doch die Härte, die auch bei den Rotweinen zutage tritt, kann sich bei den überlebenden Weinen als ausgesprochen hilfreich herausstellen.*

*Häufig verkostet, vor allem in den späten 70er Jahren. In Stil und Qualität überraschend unterschiedlich. Einige kurz, einige zu hart, andere nussig oder stahlig. In den 80er Jahren seltener verkostet, die folgenden Aufzeichnungen bieten einen Querschnitt davon. Die Weine der Spitzenproduzenten können bis in die 90er Jahre durchaus gut zu trinken sein.*

LE MONTRACHET DRC. Erstmals 1979 verkostet. Wohlriechend, aber imme noch hart. 1983 hatte sich die Farbe von Zitronengelb zu Goldgelb vertieft; zurückhaltend, leicht Vanille-artig, nussig und wohlriechend, Entfaltung eines «süßen» Weizenmehlbuketts; ein mächtiger Wein, zurückhaltend. Zwei Jahre später eine zögernde Doppelmagnum: mußte aus dem Trinkglas herausgeschmeichelt werden. Sehr trocken, fest. Meiner Ansicht nach benötigte der Wein noch weitere

zehn Jahre. In jüngerer Zeit eine weitere Doppelmagnum; wesentlich zugänglicher, delikater, rauchiger, eichenartiger Wohlgeruch, aber auch immer noch hart; ziemlich hoher Alkoholgehalt, dabei schlank, mit zitronenartiger Säure.
*Zuletzt bei der Eigensatz-Degustation in Wiesbaden verkostet, Juni 1987* ★★(★★) Bis 2000.

BÂTARD-MONTRACHET JEAN BACHELET. Gute, nussige, angesengte Nase und ebensolcher Geschmack.
*Februar 1987* ★★★★

BÂTARD-MONTRACHET RAMONET-PRUDHON. Magnum. Klassisch, entfaltete ein vorzüglich blumiges Bukett; trocken, wirkte irreführend leicht, der delikate, dabei feste rauch- und eichenartige Geschmack dehnte sich im Mund aus. Perfekte Säure.
*November 1983* ★★★★(★) *Müßte immer noch hervorragend sein.*

CHASSAGNE-MONTRACHET, LA ROMANÉE JEAN BACHELET. Vorzüglich reiche, angesengt riechende Nase und ebensolcher Geschmack. Ziemlich trocken, noch hart.
*Vorverkaufsdegustation, Chicago, Februar 1987* ★★★(★) *Bis 1996.*

CHEVALIER-MONTRACHET GEORGE DELEGER. Ausgeprägtes Gelb; butterige Nase; mitteltrocken, kraftvoll, beeindruckend.
*September 1989* ★★★★ *Bis 1995.*

CHEVALIER-MONTRACHET L. LATOUR. Nase zunächst verschlossen, dann eine Spur Melone und Wachs; kraftvoll, gute Struktur.
*August 1989* ★★★(★) *Bis 2000.*

CORTON-CHARLEMAGNE L. LATOUR. Sechs Notizen ab Herbst 1977. Gefällige Jugend. Langsame Entwicklung, dabei immer ansprechend; 1980 nussig und wohlriechend, 1986 ausgesprochen eindringlicher Geschmack und im folgenden Jahr ganz und gar offen: immer noch überraschend blaß, leicht zitronengelbe Tönung; auch im Geruchseindruck als erstes Zitronentöne, dann Harmonie und honigartiges Flaschenalter. Niemals bemerkenswert trocken, schien aber am Gaumen noch «süßer» und voller geworden zu sein, mit herrlich vollmundiger Note im Geschmack und Nachgeschmack.
*Zuletzt verkostet im September 1987* ★★★★(★) *Bis 2000.*

CORTON-CHARLEMAGNE BONNEAU DE MARTRAY. 1979 schöne Farbe und schmackhaft, aber zuwenig Fülle und Länge; vier Jahre später eine enttäuschende Magnum: Nase mit Minze-, Fenchel- und Fleischtönen in der Nase; zu wenig Körper, Geschmack nach Klebstift und Mandel-

kernen. Ein angesehener Erzeuger, doch entspricht der Wein nicht meinen Vorstellungen von einem gelungenen Corton-Charlemagne.
*Zuletzt im November 1983 verkostet* ★

MEURSAULT L. LATOUR. Fünf Aufzeichnungen. Zwischen 1977 und 1980 gefällig und positiv. 1982 lebhaft, noch hart, 1983 spröde und ohne Anzeichen von Entwicklung. Auch nachdem er mehr Farbe – sehr Gelb – und Flaschenaltergeruch gewonnen hat, ist er immer noch nichts besonderes: trocken, kurz, dumpf, mangelhaft.
*Zuletzt im September 1989 verkostet* ★★ *Austrinken.*

POUILLY-FUISSÉ, CUVÉE HORS CLASSÉ J.-A. FERRET. Ein außerordentlicher Wein: ausgeprägtes Goldgelb; starker, honig- und brombeerartiger Duft; «mittelsüß», ziemlich körperreich, reichhaltig, fast fettig. Wahrscheinlich aus Trauben mit Edelfäule hergestellt.
*September 1984, auf seine Art* ★★★★

PULIGNY-MONTRACHET, FOLATIÈRES DOM. DE CH. DE PULIGNY-MONTRACHET Blaß; klassisches, nach Toast und Eiche duftendes Bukett; mitteltrocken, mittelschwerer Körper, guter, weicher, toastartiger Charakter, sehr gute Säure, eichenartiger Nachgeschmack.
*Juli 1987* ★★★★ *Bis 1995 trinken.*

PULIGNY-MONTRACHET, PUCELLES LEFLAIVE. 1978 vorzüglicher Geschmack und großes Potential. Ein paar Jahre später: blaß, grünliche Reflexe, glanzhell; immer noch frisch, mit leicht angesengtem Eichenbukett; trocken, stahlig, passende Säure.
*Zuletzt im Oktober 1983 verkostet. Damals* ★★★(★) *Wahrscheinlich immer noch fest und schön.*

DIE FOLGENDEN WEINE WURDEN ALLE AUF DER MEURSAULT-DEGUSTATION VON BIZE-LEROY IM SEPTEMBER 1988 VERKOSTET:

CHARMES Relativ blasses Gelb; eigenartige Austernschalennase; sehr trocken, schlank, zu spröde, aber gute Länge ★(★★)

GENEVRIÈRES Leichte Orangetönung; zurückhaltend, Lakritze; trocken, ziemlich dumpf, leicht bitterer Abgang ★★

GENEVRIÈRES, HOSPICES, PHILIPPE LE BON Trocken, kraftvoll, noch hart ★★(★)

LES NARVAUX Goldgelb; vorzügliches Bukett mit Eichen- und Rauchnuancen; sehr trocken, schlank, lebhaft, köstlicher Geschmack und Nachgeschmack ★★★(★)

PERRIÈRES, RÉSERVE PERSONNELLE Oxydiert: altgoldene Farbe; Geruch und Geschmack von halbgegessenen und liegengelassenen Äpfeln; ziemlich unsauberer Nachgeschmack.

EINIGE WEITERE 76ER, ANFANG DER 80ER JAHRE VERKOSTET:

LE MONTRACHET LAGUICHE/DROUHIN. Blaß; ein enttäuschendes Bukett, eher milchig als mit Eichentönen, keine Entwicklung; gut, aber nicht gut genug. Hätte vielleicht mehr Zeit benötigt.
*Juli 1981* ★★(★)?

LE MONTRACHET BARON THENARD. Durch Remoissenet exportiert. Leichte Zitronennote in der Farbe, in der Nase und am Gaumen. Gute Frucht, köstlicher Geschmack, gute Länge.
*Juli 1981* ★★★★

BIENVENUES-BÂTARD-MONTRACHET ANDRE RAMONET. Sehr eindrückliches Gelb; Nase von guter Qualität, rauchiger Geschmack, aber immer noch hart.
*September 1981* ★★(★★)

PULIGNY-MONTRACHET, COMBETTES ETIENNE SAUZET. Fabelhaftes Bukett, hervorragender Geschmack, außergewöhnlich.
*Juni 1981* ★★★★

PULIGNY-MONTRACHET, FOLATIÈRES BOUCHARD PERE. Recht gut.
*Januar 1981* ★★

PULIGNY-MONTRACHET, FOLATIÈRES L. LATOUR. Wies 1978 ein großes Potential auf und zeigte bei der letzten Degustation eine herrliche Konstitution, mit Eichentönen und viel Kraft.
*Mai 1982* ★★(★★) *Wahrscheinlich jetzt auf dem Höhepunkt.*

CLOS BLANC DE VOUGEOT (VERMUTLICH VON) MERAT. Sehr hart und spröde.
*März 1983* ★(★★)?

# 1977 ★

*Schlecht, hätte aber noch schlimmer ausfallen können. Im wesentlichen schlecht konstituiert, mager und säuerlich. Seinerzeit überhöhte Preise. Vermeiden.*

LE MONTRACHET DRC. Im April 1979 abgefüllt. Erstmals im Juli 1980 verkostet. Strohfarben; Nase und Geschmack leicht, etwas malzig, mit Vanillinanklängen. Recht guter Geschmack. Schwer zu beurteilen, benötigte aber deutlich Flaschenreifung. Im Alter von zehn Jahren: mitteltiefes Gelb; ziemlich unverwoben, zwiespältige Nase,

Vanille und Ananas; am Gaumen blumig, aber säurebetont.
*Zuletzt verkostet bei einer Vorverkaufsdegustation in Chicago, Oktober 1987 ** Austrinken.*

**Le Montrachet** Jean Milan. Ein mir unbekannter Name. Hell; leichte, harte, malzige Nase; trocken, Länge und Abgang gut.
*Vorverkaufsdegustation, Chicago, September 1985* **

**Meursault, Perrières** Guy Roullot. Gelb; reiche, sahnige, sehr attraktive Chardonnay-Nase; trocken, herrlich nuß- und toastartiger Duft. Erfrischende Säure.
*Oktober 1985* **

**Musigny, Blanc** de Vogüé. Blaßgelb; Zitronen- und Vanille-Nase; relativ leicht, dabei fest und schmackhaft. Eichentöne. Durch und durch trocken, mit der typischen Säure eines 77ers. Ein «Flüstern» von Stil und Eleganz.
*März 1982* **

**Einige weitere 77er, Anfang der 80er Jahre verkostet:**

**Bâtard-Montrachet** Leflaive. Ausgeprägtes Gelb; Nase mit Nuß-, Eichen- und Rauchnuancen; wohlschmeckend, trocken, hart. Für den Jahrgang gut **

**Chablis, Valmur** Maurice Fevre. Geruch nach nassem Hund. Trocken. Kaum noch zu tolerieren.

**Chevalier-Montrachet** Leflaive. Nussig und ansprechend, doch ohne große Zukunft **

**Meursault, Goutte d'Or** Javillier. Hellgelb; fette, wachsartige Nase; relativ leicht, weich, mild, doch säurebetont *

**Puligny-Montrachet, Pucelles** Leflaive. Sehr gefällig, aber fehlender Nachhall **

## 1978 ****

*Ein bedeutender Jahrgang. Sehr feste, gutgebaute Weine, mit schönem Alkohol-, Extrakt-, Frucht- und Säuregehalt: lebhafte, trockene, säurebetonte Chablis, fabelhaft stahlige Pulignys, ausladende Meursaults und substantielle, stämmige Corton-Charlemagnes. Auch köstliche kleinere Gewächse. Variationen zum Thema im Überfluß vorhanden. Nicht alle Weine erlangten Spitzenqualität, einige waren zu schlank und hart. Zweifellos der beste Jahrgang seit 1971 und auch einer der stabilsten. Die feinsten sind gerade erst in ihre besten Jahre gekommen.*

**Le Montrachet** DRC. Einer der Höhepunkte bei der DRC-Leroy-Degustation, die für Emerald Wines in Melbourne durchgeführt wurde: Goldgelb; phantastischer Reichtum in der Nase, mit rauchigen und eichenartigen Nuancen, Honig- und Butterduft, wie getoastet; voller Geschmack, sowie Alkohol- und Extraktgehalt, reich, dabei mit herrlich mundreinigender Säure. Fabelhafter Nachgeschmack. Ein fast zu mächtiger Wein, um ihn nach dem Abendessen zu trinken.
*Zuletzt verkostet im April 1985 ****(*) Bis 2000 trinken.*

**Le Montrachet** Laguiche. 13,2 Volumenprozent Alkohol, 29,0 g/l Extraktstoffe, 4,4 g/l Gesamtsäure, 0,52 g/l flüchtige Säure. Erstmals bei einer Spezialdegustation von Drouhin mit 78er Weinen im Juni 1980 verkostet. Blaß, trocken, nussig und intensiv.
*Seitdem nicht mehr verkostet, müßte jetzt aber großartig sein *****

**Le Montrachet** L. Latour. 1985 zum ersten Mal degustiert: in der Nase wie Brot – sowohl Teig als auch Kruste; trocken, groß, exzellente Säure, noch viele Jahre Lebenserwartung. In jüngerer Zeit: für das Alter blaß; wie getoastet, ein Hauch Zitrone, herrliche Bukettentfaltung im Glas; kraftvoll, vollmundig, wunderbarer Geschmack, ananasartige Säure.
*Zuletzt im August 1989 verkostet ***(**) Bis 2000.*

**Le Montrachet** Baron Thenard. Relativ blasse, aber positive Farbe; butterige Nase; ziemlich «süß», voll, sehr reich, guter Nachgeschmack.
*September 1989 ****(*) Bis 2000.*

**Cuvée de Baron** In Burgund für Avery abgefüllt. Soll der deklassierte Montrachet von Thénard sein. Mitte der 80er Jahre zwei gute Bewertungen. Ansprechendes Gelb; sehr duftendes, rauchiges Eichenbukett, mit intensiven Vanille- und Zitronentönen; mitteltrocken, ziemlich körperreich, stilvoll, elegant, rauchiger Geschmack, hervorragende Säure.
*Zuletzt im März 1986 verkostet. Damals ***(*) Bis 1998 trinken.*

**Bâtard-Montrachet** Bachelet-Ramonet. Bukett mit Toastnuancen, große Weinigkeit; trocken, kraftvoll.
*September 1985 ****(*) Bis 1998.*

**Bâtard-Montrachet** J. Drouhin. 13,1 Volumenprozent Alkohol, 24 g/l Extraktstoffe, 4,4 g/l Gesamtsäure, 0,49 g/l flüchtige Säure. Wunderbar nussig, lebhaft und intensiv bei der Eröffnungsdegustation in London, im Juni 1980.
*Seitdem nicht mehr verkostet. Zweifellos jetzt ***** vorzüglich.*

BÂTARD-MONTRACHET LEFLAIVE. Überschäumende Kraft bei 13,5 Volumenprozent Alkohol. Vier Aufzeichnungen: helles, gefälliges, mundwässerndes Erscheinungsbild, dazu mit einem Geschmack, der sich im Mund, wie ein La Tâche, in der Art eines «Pfauenrads» entfaltet. Im Januar 1982 immer noch hart. 1987 eine Magnum: schönes Goldgelb; Eichentöne in der Nase, die nach vierzig Minuten den «süßen» Duft von Kokosnuß aufwies; nussiger, rauchiger Geschmack, kraftvoll, große Länge. Im folgenden Jahr eine Freudenquelle: reiche, butterige Nase, feiner weicher Eichengeschmack. In jüngerer Zeit: reines Gold; sehr entgegenkommendes Bukett, reich, gehaltvoll, mit Nuancen von Vaseline und Kleehonig. Wirkte unglaublich «süß», nussig und reif. Große Länge. *Zuletzt verkostet bei einem Mittagessen mit Vincent Leflaive und dessen Tochter, die mittlerweile die Domaine leitet, Oktober 1990 ***** Bis über das Jahr 2000 hinaus.*

BEAUNE, CLOS DES MOUCHES J. DROUHIN. Zwei Aufzeichnungen aus den frühen 80er Jahren. Blaß; rauchige, toastartige, würzige Nase; trocken, für einen 78er mittelleicht in Gewicht und Stil, lebhaft, ansprechend. Wahrscheinlich etwas zu kurz. *Zuletzt im Februar 1983 verkostet ****

CHABLIS:

Viele Aufzeichnungen, verschiedene *Crus*, unterschiedliche Winzer und beträchtliche Variationen in Stil und Qualität, dabei mit typischer Festigkeit und Säure. Am besten trinkt man diese Weine jung, wenn sie lebhaft, frisch und säurebetont sind. Tatsächlich ist das auch geschehen. Von den Weinen, die ich verkostet habe und die Anfang bis Mitte der 80er Jahre auf ihrem Höhepunkt waren, würde ich folgende auswählen: Blanchots JACQUES LAMBLIN, Fourchaume JACQUES LAMBLIN und Vaulorent DOM. DE LA MALADIERE.

CHASSAGNE-MONTRACHET:

LA BOUDRIOTTE GAGNARD. Ein Jahrgang, wie maßgeschneidert für den Chassagne. Dieser hier ist komplett.
LAGUICHE. Superb, «ein weißer Burgunder, wie er im Buche steht», vermerkte ich 1981.

CHEVALIER-MONTRACHET L. LATOUR. Relativ blasses Gelb, ein Schimmer Gold, vorzügliche, leicht eichenartige Nase; perfektes Gewicht, ausgezeichneter, langer Geschmack des Chardonnay. Ein Wein von großem Stil. *Abendessen bei David d'Ambrumenil, November 1989 **** Bis 1998.*

CORTON-CHARLEMAGNE BONNEAU DE MARTRAY. Blasses Goldgelb; wohlriechend, duftig; frisch, fruchtig, Mitte der 80er Jahre noch mit Zeit vor sich. Noch blaß; wachs- und honigartiges Bukett, zarte Weinigkeit, tief und nachhaltig; trocken, nussig, eindringlich, gute Länge, ziemlich hohe Säure. *Zuletzt im Juli 1990 verkostet **** Bis 1995.*

CORTON-CHARLEMAGNE L. LATOUR. Attraktives Gelb; außerordentlich reiche, fast ölige Nase, Vanillin; sehr geschmacksintensiv. *März 1987 **** Bis 1998.*

WEITERE CORTON-CHARLEMAGNES, MITTE DER 80ER JAHRE VERKOSTET:

BICHOT. Wohlriechend und schmackhaft ***
JADOT. Vorzüglich ****
GARNIER. (Ein Zweitname von Reine Pédauque) In der Nase Schwefel, dennoch gutes, klassisches, rauchiges, eichenartige Bukett; gute Länge, schlank, leicht säurebetont **
MOILLARD. Herrlich schmackhaft ***

HOSPICES, CUVÉE FRANÇOIS DE SALINS F. PROTHEAU. Schöne Goldfarbe; fabelhaft rauchige Chardonnay-Nase; Körper, Geschmack und Säure sehr gut. *Zuletzt im Mai 1985 verkostet ****(*)*

MEURSAULT:

L. LATOUR Haselnußnase; Zitronenton, positiv und aufregend ***

CROMIN BERNARD MOREY. Sahnig, schöne Qualität, gut, etwas hohe Säure **

GENEVRIÈRES L. LATOUR. Feine Qualität, reich, guter Nachgeschmack ****

UNTERSCHIEDLICHE MEURSAULTS, VOR ALLEM ANFANG DER 80ER JAHRE VERKOSTET:

CAMILLE GIROUD. Pikant, würzig, relativ hohe Säure **

JADOT. Attraktiv ***

L. LATOUR. Bei der ersten Bewertung 1980 nur wenig besser als ein Mâcon blanc, wurde jedoch Jahr für Jahr interessanter **

MATROT. «Verblüht» und kernartig, besser war sein Blagny **

MUSIGNY BLANC DE VOGÜE. *Jéroboam*: mittelblasses Goldgelb; honigartiges Bukett, durch einen sauren Strohgeruch und eine Spur Malzigkeit leicht verdorben, nach einer Zeit im Glas wie ein Ch. Chalon oder ein alter Raya Sherry. Trocken, relativ voll, aber mit kantiger Säure. Deutlich in ungutem Zustand.

*Bei einem Rodenstock-Abendessen, September 1987.*

### PULIGNY-MONTRACHET  Viele und unterschiedliche:

LEFLAIVES trocken, fest, gut, stahlig ★★★ REMOISSENETS *Réserve numerotée* butterig und mit zu starken Eichentönen ★★ THEVENINS ziemlich ölig und enttäuschend, weder stahlig, noch nussig.

### PULIGNY-MONTRACHET, CLAVOILLON LE-

FLAIVE. Herausragend: lebhaft, stahlig, rauchig, mit guter Länge und Ausgewogenheit, sowie schönem Nachgeschmack bei der ersten Degustation 1981. Immer noch ziemlich blasses Grüngold; vorzüglich duftendes Bukett; knochentrocken, sehr edel.
*Zuletzt im März 1992 verkostet* ★★★★

### PULIGNY-MONTRACHET, COMBETTES ETIEN-

NE SAUZET. Eigenartige Nase, realtiv hohe Säure, 1982 enttäuschend. Bei der letzen Degustation voll entwickelte Nase, dennoch schlanker und säurebetonter als erwartet, mit eigenartigem, leicht künstlichem Geschmack.
*Juni 1988* ★★

### PULIGNY-MONTRACHET, FOLATIÈRES R.

THEVENIN. Acht Aufzeichnungen seit 1982. Das zunächst jugendlich blasse Grün ist mittlerweile zu einem ausgeprägten Gelb geworden; Vanillin- und Zitronennase inzwischen reich und wachsartig; weniger fest, doch mit guter Länge. Alter macht sich bemerkbar.
*Zuletzt im April 1991 verkostet* ★★★ *Jetzt trinken.*

### PULIGNY-MONTRACHET, PUCELLES LEFLAI-

VE. Ansprechendes Wachsgelb; ruhige, weiche Nase und ebensolcher Geschmack; täuschend mild, mit guter Länge und sehr guter Säure.
*November 1990* ★★★★ *Bis 1996.*

### WEITERE IN DER MITTE DER 80ER JAHRE VERKOSTETE PULIGNY-MONTRACHETS:

### CLOS DE LA GARENNE THEVENIN. Gelb,

stämmig, gute Zukunft ★★★(★)

### CLOS DE LA MOUCHÈRE HENRI BOILLOT.

Gut in Geschmack, Ausgewogenheit und Länge. Stahlig.
*März 1984* ★★★(★)

### COMBOTTES CH. DES HERBEUX. Gasig, schlecht,

kurz.

### EINIGE WEITERE 78ER:

### AUXEY-DURESSES DUC DE MAGENTA. Reines

Zitronengelb; wachsartig, honigartiges Flaschenalter; trocken, guter Geschmack, kurz, aber gefällig.
*März 1985* ★★★

### BÂTARD-MONTRACHET REMOISSENET. Reich,

aber delikat und duftend; substantiell, der Geschmack schwoll im Mund an, gute Länge und Säure, rauchiger Nachgeschmack.
*November 1982* ★(★★★)

### CLOS DU CHÂTEAUX CH. DE MEURSAULT Ein

unklassierter, ummauerter Weinberg vor dem Château. Gute Nase, relativ leicht, weich, sehr ansprechend.
*Juli 1983* ★★★

### MEURSAULT, CHEVALIERS LEROY. Butterig,

mit Honig- und Vanille-Nuancen; trocken, vollmundig, bemerkenswert frisch, fest – kann dem Le Montrachet die Stirn bieten.
*Im April 1985 verkostet* ★★★

### PERNAND-VERGELESSES GUYON. Tatsächlich

sehr gut.
*August 1982* ★★★

# 1979 ★★★★

*1978 und 1979 sind schöne, aber keine eineiigen Zwillinge. Die 79er wiesen einen unmittelbaren, zugänglichen Charme auf und galten deshalb weniger als die härteren, festeren 78er. Ich denke, daß die 79er jetzt am besten zu trinken sind und sich noch bis in die 90er Jahre hinein als gut erweisen werden, doch die Spitzen-78er werden ihnen letztendlich den Rang ablaufen. Man wird sehen.*

### LE MONTRACHET DRC. Blasses Goldgelb;

wunderbar reich, getoastet, butterig, sahnige Bukettentfaltung; mitteltrocken, voller Geschmack, nussig, großartig in Länge und Nachgeschmack. Unmittelbar schön, mit der für ein langes Leben notwendigen Frucht und Ausgewogenheit.
*Oktober 1983* ★★★★★ *Bis 2000.*

### LE MONTRACHET LAGUICHE. 13,4 Prozent

vol. 4,25 g/l Gesamtsäure, 0,3 g/l flüchtige Säure. Probeflasche bei Drouhins Einführungsdegustation im Juni 1980 nicht gut, apfelartig, maderisiert. Im zweiten Herbst nach der Lese zurückhaltend, reich, dabei delikat; trocken, Länge und Nachgeschmack gut. In gewisser Hinsicht mangelhaft, doch seit dem September 1981 nicht mehr degustiert. Muß erneut verkostet werden.

### MONTRACHET L. LATOUR. Relativ blaß; getoa-

stet; fest, trocken, ziemlich körperreich, aber nicht schwer. Geschmack wie geröstete Eichenspäne, sehr gute Säure, vorzüglicher Nachgeschmack.
April 1983.
*Damals* ★★★★(★) *Bis etwa 1999 zweifellos vorzüglich.*

ALOXE-CORTON, PINOT GRIS SENARD. Ein überaus ungewöhnlicher und verblüffender Wein (Blindprobe): Buttergelb; ziemlich exotische Nase, mit einem Hauch Ananas, trocken, mittelschwer, vierschrötig, aber wohlschmeckend. Trockener, abrupter Abgang.
*Professor Nils Sternbys Geheimniswein, verkostet in Miami, Februar 1981* ★★★

BÂTARD-MONTRACHET BACHELET-RAMONET. Zwei jüngere Aufzeichnungen: mittelblasses Gelb; herrlich, rauchige Eiche, ein Hauch Limone, geröstete Kokosnüsse und Marshmallows; ganz leicht «süß», körperreich, eindringlich, Fruchtfülle. Vollmundiger Geschmack und duftender Nachgeschmack.
*Zuletzt im September 1990 verkostet* ★★★★★ *Bis 2000 superb.*

BEAUNE, CLOS DES MOUCHES J. DROUHIN. Fünf Notizen. Ansprechend, fruchtig, ziemlich hohe Säure im September 1981. 1983 schöne Entwicklung, guter Nachgeschmack, 1986 sehr gefällig entfaltet, 1988 mit etwas mehr Farbe, weicherer Nase, butterig und wachsartig. Bei der letzten Gelegenheit: ein leichter Flaschenmuff verflog, Eichen-, Frucht- und Vanille-Töne traten hervor; erster Geschmackseindruck reif, leicht «süß», sehr positiver, recht eindringlicher Geschmack, mit trockenem, etwas hartem, säurebetontem Abgang.
*Zuletzt in Drouhins Degustationsraum verkostet, Oktober 1990, war der älteste Jahrgang bei einer vertikalen Präsentation von Clos des Mouches. Ich genoß ihn von Anfang an: schwierig zu erkennen, wie viel er sich noch weiterentwickeln wird. Möglicherweise erlebt er gerade einen zweiten Höhepunkt* ★★★(★) *Bis 1998?*

BIENVENUES-BÂTARD-MONTRACHET LEFLAIVE. Schöne Farbe; Bukett und Geschmack sehr gut, rauchig, nussig. Ausgesprochen trockener Abgang mit Vanille-Nuancen.
*Februar 1989* ★★★★ *Bis 2000.*

BIENVENUE-BÂTARD-MONTRACHET ANDRE RAMONET. Prächtiges, zitronenfarbenes Gelb; Nase wie Toastbrot, Vanille. Nach einer Stunde harmonisch, sahnig – dann verblühend. Relativ voll, dabei fest, stämmig und doch delikat. Eichentöne. Gute Länge. Immer noch etwas hart.
*September 1988* ★★★(★) *Bis 2000.*

CORTON-CHARLEMAGNE L. LATOUR. Machte sich gut bei der ersten Latour-Degustation in London, im Oktober 1980; erstaunlich nussiger Nachgeschmack. Sieben Jahre später bei dem *New York Wine Experience Gala Dinner* in New York: mattes Goldgelb; maderisierte Nase; schlechter Zustand, wenn nicht sogar untrinkbar. Ich dachte, es wäre nur die Flasche an unserem Tisch, doch ich ging zu anderen und alle Flaschen waren «hin-über». Als erstes vermutete ich eine schlechte Lagerung, aber sie waren eigens für diesen Anlaß eingeflogen worden.
*Zuletzt im November 1987 verkostet ?*

CORTON-CHARLEMAGNE LEON VIOLLAND. Blaß; sahnige, Vanille-artige Chardonnay-Nase; trocken, entwaffnend schlank und lang, mit einer Spur Zitrone.
*Oktober 1985* ★★★

MEURSAULT, CLOS DE LA BARRE LAFON. Interessante Demonstration der Vorteile einer späten Flaschenabfüllung. Eine im April 1982 abgefüllte Flasche: relativ blasses Zitronengelb; warme, brotige Nase, «süß», leichter Karamelton, schöne Entwicklung, mit einer Art pikanten Frucht wie weiße Johannisbeeren; mitteltrocken und mittelschwerer Körper, frischer Stil. Eine andere, im Mai 1981 abgefüllte Flasche: tiefere Farbe, mehr ins Orange gehend; warmes, honigartiges Bukett, das schwer im Glas lag und sich unerwarteterweise nicht entwickelte; am Gaumen paradoxerweise mehr und nicht weniger eichen und mit größerer Kraft.
*Auf der Domaine verkostet, September 1984* ★★★
*Es wird interessant sein zu beobachten, ob die Flaschenalterung diese Charakteristik wieder in ihr Gegenteil verkehrt.*

MEURSAULT, CHARMES, HOSPICES, CUVÉE ALBERT GRIVAULT AMANCE. Fünf jüngere Bewertungen von Flaschen und Magnumflaschen. Helles, gesundes Zitronengelb; herrliche Bukettentfaltung, ursprünglich Rauch-, Eichen- und Vanille-Töne mit einer Spur zitronenartiger Säure, dann ein teigartiger Chardonnay-Duft und, fast eine Stunde nach dem Einschenken, ein fabelhafter, warmer, bisquitartiger Duft, schließlich dann frische Brotkruste! Am Gaumen immer noch sehr jugendlich, Gentleman-artig, zurückhaltend, durch und durch trocken, stilvoll.
*Zuletzt im Mai 1989 verkostet* ★★★★ *Bis 1999.*

MEURSAULT CH. DE MEURSAULT, DE MOUCHERON. 1984 himmlisch, komplett. Danach vorzüglich frisches, rauchiges Eichenbukett, leicht zitrusartig; Geschmack, Säure und Nachgeschmack trocken, edel, gut und klassisch.
*Februar 1986* ★★★★★ *Bis 1996.*

MEURSAULT. DIE FOLGENDEN WEINE WURDEN ALLE BEI DER DEGUSTATION VON BIZE-LEROY IM SEPTEMBER 1988 VERKOSTET:

CHARMES, RÉSERVE PERSONNELLE Reines Gold; weiches, rauchiges Bukett; überraschend trocken, spröde, aber mit vollem Geschmack und sehr guter Säure ★★★

GENEVRIÈRES Relativ blaß; vorzüglich, blumig, frisch wie eine Meeresbrise; trocken, sehr eichenartiger Vanille-Geschmack, lang, schlank und immer noch jugendlich, mit einer Spur Mandeln ★★★

**GENEVRIÈRES, HOSPICES, PHILIPPE LE BON** Goldgelb; sehr gehaltvoll, gefällig; relativ trocken, ziemlich körperreich, gute Säure ★★★

**LES NARVAUX** Gelb; sehr ausgeprägtes Bukett, fruchtig, Veilchentöne; trocken, körperreich, unnachgiebig, etwas ungeschliffen ★★(★)

**PERRIÈRES, RÉSERVE PERSONNELLE** Warmes Goldgelb; «süß», butterig, Pinot-artig, Vanille; trocken, relativ voll, spröde ★★(★★)

**PULIGNY-MONTRACHET, COMBETTES** LE-FLAIVE. Sehr blaß, grünspurig; schlank, leichte Zitronentönung; irreführend leicht, Geschmack dehnte sich im Mund aus, sauber, vorzüglich. *Oktober 1985* ★★★★ *Bis 1996.*

**PULIGNY-MONTRACHET, COMBETTES** SAU-ZET. Vier Aufzeichnungen, die erste vom Juni 1981, tief, komplex, aber etwas plump. Einige Monate später wohlriechend, doch immer noch fehlte etwas. 1982 enttäuschend. Drei Jahre später mit mehr Farbe; teigartige Nase; gewisse Weichheit, Vanille- und Eichentöne. *Zuletzt im Oktober 1985 verkostet* ★★

**PULIGNY-MONTRACHET, PUCELLES** LEFLAI-VE. Drei Aufzeichnungen. Fast die Karikatur eines Chardonnay, honigartig, mit herrlichem Geschmack, stahliger Festigkeit und lebhafter Säure im Frühjahr 1985. Inzwischen ausgeprägte Gelbtönung, die jugendliche Grünfärbung hat sich verloren; wachs- und honigartig, butterig, Vanille, leicht rauchig, würzig, fabelhafte Entfaltung im Glas; trocken, relativ voll, fest, lebhaft in Länge und Säure, nussiger Nachgeschmack. *Zuletzt im März 1990 verkostet* ★★★★ *Jetzt vorzüglich, wird sich halten.*

**EINIGE WEITERE 79ER, NUR ANFANG DER 80ER JAHRE VERKOSTET:**

**BÂTARD-MONTRACHET** BLAIN-GAGNARD. Weich, reich, vorzüglich ★★★★

**BÂTARD-MONTRACHET** L. LATOUR. Vorzüglich, toastartig; geschmacksintensiv ★★★★

**BÂTARD-MONTRACHET** E. SAUZET. Ausladender Stil, müßte etwas lebhafter sein, aber ansonsten geschmeidig, Eichentöne, das Bukett erinnerte nach einer Zeit im Glas an die Haut von Reispudding. Guter Nachgeschmack. Mehrere Aufzeichnungen ★★★

**CHASSAGNE-MONTRACHET** LAGUICHE. Große Länge, aber spröde. ?

**CHASSAGNE-MONTRACHET** MALTROYE. Trocken, direkt. Benötigt wie Flaschenalter ★★(★)

**CHASSAGNE-MONTRACHET, BOUDRIOTTE** GAGNARD-DELAGRANGE. Vier Aufzeichnungen, wohlriechend, schmackhaft, doch nicht so gut wie der 78er.

**CHASSAGNE-MONTRACHET, RUCHOTTES** BACHELET-RAMONET. Chablis-artig, durchdringende Säure ★★

**CHEVALIER-MONTRACHET** LEFLAIVE. Delikat, Bukett und Geschmack geschmeidig, gute Länge ★★★(★)

**NUITS-ST-GEORGES, CLOS DE L'ARLOT** BELIN. Farbe wie Butter; gute, wachsartige Nase; fest, dabei füllig, mit Zitronen-Vanille-Säure ★★★

**CHABLIS:**

Enorme Unterschiede in Stil und Qualität. Da die meisten Weine jung zu trinken sind, macht es wenig Sinn, die Aufzeichnungen hier nochmal wiederzugeben. Zu den wenigen, die mir am besten gefallen haben, gehörten: Les Clos R. DAUVISSAT und J. MOREAU, Mont de Milieu SIMONET FEBVRE, Montée de Tonnerre J. FORGEOT, Les Preuses J. FORGEOT und Vaudésir J. DROUHIN.

## 1980 ★★

*Nicht brillant und auch nicht schlecht, obwohl die Säure die Oberhand hatte. Wie so häufig spielte der Chablis, wetterbedingt, eine Sonderrolle. Der Distrikt hatte besonders unter einem naßkalten Juni und Juli zu leiden, die Blüte dauerte fünf Wochen, anstatt zwei. August und September waren zwar nicht schlecht, doch es fehlten die warmen Temperaturen der etwa 160 Kilometer südlich gelegenen Côte de Nuits. Nur wenige 1980er Weine gesehen und in jüngerer Zeit nur ein paar verkostet. Alle sollten bald getrunken werden.*

**LE MONTRACHET** LAGUICHE. Alkoholgehalt 12,9% vol., Gesamtsäure 4,1 g/l. Mittelblasses Gelb, leicht wäßriger Rand; wohlriechend, Minzeblätter und Vanille, duftende Weiterentwicklung, wurde «süßer», mit einem Hauch Eiche, nach einer Stunde im Glas weich, sehr «süß», Vanille; mitteltrocken, mittelschwerer Körper, gefälliger, positiver Geschmack, gute Länge und Säure. *Bei Drouhin, Oktober 1990* ★★★ *Bis 1995 trinken.*

**LE MONTRACHET** DOM. JACQUES PRIEUR. Recht reiche Nase, wohlriechend, doch mit Pfirsichkernnote; deutlich «süß», ganz guter Geschmack, aber kurz. *September 1989* ★★ *Bald trinken.*

BEAUNE, CLOS DES MOUCHES Alkohol 12,6 %, Säure 4,3 g/l. Mittelblaß; erster Eindruck «süß», eichene Château-Note, würzig, säurebetont, interessant, wenn auch leicht grün, später kam ein rauchiger Eichencharakter durch, schließlich am Ende der Degustation, nach 80 Minuten Wohlgeruch und Säure; am Gaumen trocken, mittelschwer, lebhaft, wohlschmeckend, mit ziemlich pappiger Säure im Abgang.
*Bei Drouhin, Oktober 1990 ★★ Bald trinken. Verbesserung unwahrscheinlich.*

CHASSAGNE-MONTRACHET A. MOREY. Zwei ziemlich neue Aufzeichnungen. 1987 blaß; leicht «süße» Vanillinnase; mitteltrocken, aufgezuckert, dadurch in gewisser Weise dick und schwer, Eichentöne. Genau zwei Jahre später ähnliche Beschreibung. Ein recht anständiger Wein.
*Zuletzt im Januar 1989 verkostet ★★ Muß getrunken werden.*

MEURSAULT GUY ROULLOT. Gelb; butterige Vanille-Nase; ganz hübsch.
*März 1988 ★★*

# 1981 ★

*Mittelmäßig. Fröste an der Yonne reduzierten die Chablis-Ernte um annähernd 30 %.*

LE MONTRACHET LAGUICHE. Mit 12,4 % vol. der niedrigste Alkohol- und mit 4,3 g/l Gesamtsäure der höchste Säuregehalt in diesem Jahrzehnt. Relativ blasses Erscheinungsbild, schwacher, wässriger Rand; Holzton und unsaubere Nase, Gesamtgeruchseindruck «grün»; trocken, mager, schwach und holzig. Könnte die eine Flasche gewesen sein, doch deutlich ein schlechter Wein.
*Bei Drouhin, Oktober 1988. Vermeiden. Wenn man noch Flaschen davon besitzt, austrinken.*

BÂTARD-MONTRACHET LEFLAIVE. Magnum: blaß; leichte Eichennase, die sich recht gut entwickelte. Entsprechender Geschmack. Leicht parfümiert. Zitronig-kantige Säure.
*Februar 1989 ★ Austrinken.*

BEAUNE, CLOS DES MOUCHES 12,7 % Alkohol, 4,3 g/l Säure. Relativ blaß, grünspurig; erster Eindruck von einer «scharfen», «verblühten» Nase, mit einer Spur Karamel und Vanille, dreißig Minuten später nicht schlecht, schließlich ein Hauch Mandelkerne; am Gaumen «süß», aufgezuckert, einigermaßen guter Körper, weich, ausreichend gefällig, aber ohne Zukunft.
*Bei Drouhin, Oktober 1988 ★ Austrinken.*

CORTON-CHARLEMAGNE J. DROUHIN. Ziemlich helles, positives Gelb; belanglose Nase; trocken, ziemlich voll und reich, leicht ölig und kernartig, mit nussigem, säurebetontem Abgang.
*Februar 1987 ★ Austrinken.*

MEURSAULT, GENEVRIÈRES L. LATOUR. Relativ blaß; keine Nase, leicht fischig; Eichentöne, die fast schon holzig waren, ziemlich eindringlich, gute Säure. Wurde besser, als die Kühlung nachließ und er sich im Glas erwärmte.
*Januar 1987 ★ Austrinken.*

MEURSAULT, 1ER CRU J.M. GARNIER. Helles Zitronengelb; recht reichhaltig, starke Vanille-Note in Duft und Geschmack. Trocken, sauber, Pfirsichkernanklänge im Abgang.
*Juli 1988 ★ Austrinken.*

MUSIGNY BLANC DE VOGÜÉ. *Jéroboam.* Gutes, helles Goldgelb; im ersten Geruchseindruck Ananas, Pudding und Vanille sowie ein leicht kränkelnder Geruch, der aber verschwand, darnach wie gebackenes Brot; ziemlich trocken, lebhaft, wohlschmeckend, Länge und Nachgeschmack angemessen. Nicht brillant, aber ein guter 81er.
*Beim Abendessen von Rodenstocks Weinwochenende, September 1987 ★★ Austrinken.*

PULIGNY-MONTRACHET LEFLAIVE. Ziemlich blaß; leichte, rauchige Nase und intensiver rauchiger Geschmack. Trocken. Mangelnde Länge.
*August 1990 ★★ Austrinken.*

EINIGE WEITERE 81ER, ANFANG DER 80ER JAHRE VERKOSTET:

CHABLIS, BLANCHOTS LAMBLIN. Sahnige Chardonnay-Nase, recht schön, aber kurz.
*November 1983 ★*

CHABLIS, FOURCHAUME LAMBLIN. Ananas und Austernschalen, stahlig, sauber.
*November 1983 ★*

CHABLIS, FOURCHAUME A. PIC. Ähnliche Nase wie der Wein von Lamblin, aber etwas holzig. Ich mochte ihn nicht.
*September 1986.*

CHABLIS, VALMUR LONG-DEPAQUIT. Grünspurig; staubig, Geschmack und Säure wie Sauvignon Blanc, nicht schlecht.
*1984 ★★*

CHASSAGNE-MONTRACHET J. DROUHIN. Überraschend gefällig, zurückhaltend und Gentleman-artig.
*April 1985 ★★★*

CHASSAGNE-MONTRACHET L. LATOUR. Lebhaft, gut.
*Oktober 1984 ★★★*

CHASSAGNE-MONTRACHET, CAILLERETS DELAGRANGE-BACHELET. Interessant, aber nicht auf dem gewohnten Niveau, recht gut ausstaffiert, mit ziemlich hoher Säure.
*April 1985* ★★

CORTON-CHARLEMAGNE L. LATOUR. Leichterer Stil als gewöhnlich, aber mit schöner Eichennote in Nase und Geschmack.
*Februar 1985* ★★★

MEURSAULT, CHARMES L. LATOUR. Deutlich Gelb; weiches, zartes, harmonisches Bukett und ebensolcher Geschmack, eine Spur zitronenartiger Säure.
*Oktober 1984* ★★★

MEURSAULT, CLOS DE LA BARRE LAFON. Im Februar 1984 abgefüllt, Zitronengold; schön in Geschmack und Nachgeschmack.
*Oktober 1984* ★★★

MEURSAULT, PERRIÈRES JACQUES PRIEUR. Vanille und Zitrone; schlank, sehr schmackhaft, säurebetont.
*Februar 1986* ★★

PULIGNY-MONTRACHET E. SAUZET. Recht schön ausgewogen.
*Juli 1984* ★★

PULIGNY-MONTRACHET, FOLATIÈRES L. LATOUR. Spröde, Eichennuancen, gute Säure, schön gemacht, aber zuwenig Charakter.
*November 1984* ★★

## 1982 ★★ bis ★★★★

*Gemischte Gefühle bei diesem Jahrgang. Die guten Weine sind überaus gut, die schlechten jedoch entsetzlich. Reife, schmackhafte Weine, doch da es ihnen an einem festen Säurerückgrat mangelte, erreichten die meisten zwischen 1985 und 1988 den Höhepunkt ihrer Entwicklung. Louis Latour beschrieb in der Zeitschrift* Decanter *seinen 82er als «tollen Erfolg». In derselben Ausgabe berichtet ein anderer burgundischer Weinfachmann, das dieser Jahrgang «in Chablis noch wesentlich besser» ausgefallen sei. Angesichts dieser zweiten Aussage kann ich nur vermuten, daß ich weder genügend, noch ausreichend gute Weine degustiert habe, denn in meinen Aufzeichnungen erscheint neben «neutral», «sauber», «kurz», und «mangelnder Säure» keine einzige lobende Beschreibung. Und ein im Januar 1991 bei einem jährlichen Abendessen servierter Chablis Montmain war ölig, schlaff und ermüdet. Mein Rat: austrinken.*

LE MONTRACHET BOUCHARD PERE. Drall wirkendes Goldgelb; fette, butterige, wachsartige Nase, zunächst mit einem Hauch Schwefeldioxyd, aber wohlriechend; mitteltrocken, körperreich – ein stämmiger Wein mit etwa 14% Alkohol. Beeindruckend, aber mit zuwenig Schwung.
*Gut, nicht groß.*
*März 1988* ★★★★ *Bald trinken.*

LE MONTRACHET COMTES LAFON. Erstmals im zweiten Herbst nach dem Jahrgang verkostet; «warm», Nase und Geschmack krustig, gute Frucht, ausreichend frisch; schön, könnte aber länger sein. In jüngerer Zeit relativ blasses, strohfarbenes Gold; herrliches Bukett, voll entwickelt, sehr sahnig, fast wie Eiercreme, Eichentöne schlagen durch, doch nach dreißig Minuten «süß», weich, duftend; mitteltrocken, voll, fett, rund, butterig, Eichengeschmack, leicht bitterer Abgang. Beeindruckend.
*Zuletzt auf der Domaine verkostet, September 1989* ★★★★ *Bis 2000.*

LE MONTRACHET DRC. Überraschend blaß, reines Gold, mit einer Spur Zitronengelb; außergewöhnliche Nase, Brotnuancen – wie Teig, brauner Toast, brauner Zucker und alte Eiche; mitteltrocken, körperreich, ein mächtiger, nussiger, würziger Wein.
*Bei einer frühen Handelsdegustation der DRC, November 1985* ★★★★ *Müßte ein ziemlich üppiger Tropfen sein. Bis 1998.*

LE MONTRACHET JACQUES PRIEUR. Ziemlich blasses Limonengelb; entgegenkommend, Schwefel bemerkt, mehlig und nach zwanzig Minuten ein Duft wie italienisches Vanille-Eis; zwischen «süß» und trocken, weich, dabei gut ausstaffiert, zuwenig Säure, doch von einer gewissen Spröde.
*Bei einem Abendessen an einem Weinwochenende von Rodenstock, September 1990* ★★★ *Bis 2000.*

LE MONTRACHET LAGUICHE. 13,5% Alkohol, 3,8g/l Säure. Ziemlich blaß; leicht ölig, hochgetönt, wachsartige Frucht, Ananas, attraktive Entfaltung, bei einem erneuten Riechen am Glas nach fast zwei Stunden immer noch schöne Duftentwicklung; am Gaumen leicht «süß»; ziemlich körperreich, doch nicht so stämmig, wie der Alkoholgehalt vermuten ließe, faszinierender Geschmack, gute Länge und Säure.
*Bei Drouhin, Oktober 1990* ★★★★ *Bis 1998 trinken.*

BÂTARD-MONTRACHET E. SAUZET. Relativ blaß; butteriges, wachsartiges Bukett; mitteltrocken, verhältnismäßig voller Körper, reichhaltiger Geschmack, leicht bitterer Abgang.
*Mittagessen bei Christie's, Oktober 1990* ★★★★ *Bis 1998.*

**Beaune, Clos des Mouches** J. Drouhin.
13,3 % Alkohol, 3,9 g/l Säure. Relativ blaß; «süße»,
reiche, sehr entgegenkommende Nase, Butter- und
Vanille-Töne, nach ein paar Minuten ein außergewöhnlicher Duftcharakter im Glas; ziemlich
körperreich, positiv, doch mit einem trockenen,
harten Abgang, eine Spur Pfirsichkerne – Fragezeichen. Trotz der exotisch reichen Nase bewerte
ich den Wein nicht hoch.
*Bei Drouhin, Oktober 1990* ★★?

**Bienvenue-Bâtard-Montrachet** André
Ramonet. Blasses, delikates Erscheinungsbild;
fabelhaftes Bukett, Ananasnuancen, nach einer
Stunde voll entfaltet, wohlriechend und harmonisch; mitteltrocken, mittelschwerer Körper,
weich, doch ausreichend lebhaft, angemessene
Säure und recht guter Nachgeschmack, schien
jedoch abzuflauen.
*September 1986* ★★★★? *Bald trinken?*

**Chassagne-Montrachet** J. Drouhin.
Nase zunächst etwas zurückhaltend, doch dann
schöne Entfaltung; voll, trocken, weich – der Wein
wurde mir immer lieber.
*Februar 1986* ★★★

**Chassagne-Montrachet** L. Jadot. Hervorragend.
*Juni 1987* ★★★★

**Chassagne-Montrachet, Embrazées**
Prieur-Bonnet. Relativ blaß; kühl, verhalten;
mitteltrocken, leichter Holzton, angemessene
Säure. Zuwenig Charakter.
*Januar 1989* ★★

**Chassagne-Montrachet, Morgeot,
Tastevine** Ch. de Maltroye. Gute Farbe;
reich, nussig, Nase und Geschmack leicht kernartig.
*April 1987* ★★★ *Bis 1998.*

**Chevalier-Montrachet** Leflaive. Zurückhaltende, schwefelige Nase, entfaltete sich nur
langsam. Am Gaumen positiver, doch relativ leicht
und weich.
*Seit September 1986 nicht mehr verkostet. Damals*
★★★ *Fraglich, ob er sich entwickelt hat oder verblaßt ist.*

**Corton-Charlemagne, Hospices,
Cuvée François de Salins** Jaboulet-
Vercherre. Ziemlich tief, gelb, grünspurig; reiche, wachsartige, butterige Chardonnay-Note,
mit deutlichem Geruchs- und Geschmackseindruck von Mandelkernen. Länge und Abgang
mäßig.
*Januar 1990* ★★ *Austrinken.*

**Meursault, Blagny** L. Jadot. Blaß; Alter
nicht spürbar. Etwas spröde. Kleiner, überteuerter
Wein.
*Juni 1990* ★★ *Bald trinken.*

**Meursault, Genevrières** Bouchard Père. Zwei Aufzeichnungen aus jüngerer Zeit.
Wachsartig, Gelb, mit Stich ins Grün; nussig,
Eichen- und Vanille-Töne in der Nase; «mittelsüß», relativ voll, reich, eichenartig – eher wie ein
altmodischer kalifornischer Chardonnay – sehr
ansprechender Geschmack und Nachgeschmack.
*Zuletzt im September 1990 verkostet* ★★★★ *Bis
1996.*

**Puligny-Montrachet, Folatières** L. Jadot. Relativ blaß; ausreichend gute Nase; etwas
schlank, doch mit recht gefälligem Eichengeschmack und angemessener Länge.
*März 1988* ★★ *Bis 1995.*

**Puligny-Montrachet, Perrières** A.
Ponnelle. Helles Vaselinegelb; unterschiedlich:
wachsartig, honigartiges Flaschenalter, etwas holzig. Nicht aufregend.
*Zuletzt im Mai 1991 verkostet* ★ *Austrinken oder
vermeiden.*

## Einige weitere 82er, Mitte der 80er Jahre verkostet:

**Auxey-Duresses** Leroy. Sehr ansprechend
bei der ersten Degustation Anfang 1985: schöne
Frucht, schmackhaft, gute Länge, doch trotz einer
angenehmen Zitronen- und Ananasnase doch eher
gewöhnlich. Immer noch ein billiger, ausreichend
gefälliger Wein, der jung deutlich am besten zu
trinken war.
*Zuletzt im Dezember 1987 verkostet* ★★

**Bâtard-Montrachet** L. Latour. Vorzüglich nussige, eichenartige Nase und hervorragender Geschmack.
*Oktober 1983* (★★★★) *Leider seitdem nicht mehr
verkostet. Sicherlich noch immer sehr gut.*

**Corton-Charlemagne** Chanson. Guter
Geschmack, schöne Säure.
*Mai 1984* ★★★

**Corton-Charlemagne** J. Drouhin. Blaß;
sehr wohlriechend, mit breiter, nussiger, eichenartiger Nase und ebensolchem Geschmack; lebhaft, mit guter Länge, bei der letzten Degustation
benötigte er noch mehr Zeit.
*Februar 1986* ★★(★★)

**Corton-Charlemagne** L. Latour. Eine
Faßprobe war sehr gut ★★★

MÂCON CLESSÉ JEAN THEVENET. Eichenartig; überaus ansprechend, weich, ein köstlicher Tropfen.
*1985 *** Nach drei bis fünf Jahren ist diese Art Wein am besten zu trinken.*

MÂCON LUGNY, GENIÈVRES L. LATOUR. Für seine Klasse hervorragend, ebenfalls auf dem Höhepunkt der Entwicklung.
*1985 ***

VON DEN SEHR VIELEN, ZWISCHEN 1983 UND 1986 VERKOSTETEN MEURSAULTS WAREN DIE FOLGENDEN ALLE GUT:

CLOS DE LA BARRE LAFON. Zitronengetönter Chardonnay, ansprechend. Alle Weine von Lafon werden von Hand abgefüllt – zwei Fässer pro Tag – und nicht gefiltert ***

BLAGNY, SOUS LE DOS D'ANE HENRI CLERC. Gute Gelbtönung; frisch, anregend, Vanille und Gewürze; klassischer Geschmack – im Mai 1985, wahrscheinlich von da an bis 1988 auf dem Höhepunkt.

CHARMES LAFON. Herrliche Nase; vollmundiger Geschmack, vorzüglich reinigende Säure (sie lassen ihre Weine an der Hefe, was sie nährt und reinigt) ***

CHARMES PIERRE MOREY. Positiver Geschmack, im Abgang Nuancen von angesengter Eiche, gute Länge ***

CLOS DU CHÂTEAU CH. DE MEURSAULT. Erstaunlicher Duft; schlank, aber geschmeidig ***

CH. DE MEURSAULT Aus Trauben von den Lagen Perrières und Charmes erzeugt. Reiner Chardonnay; hervorragender Geschmack und Nachgeschmack ****

LAFARGE Im November 1983 abgefüllt, ein Jahr später verkostet: weich, geschmeidig, mit schöner Frucht, doch ein Frühentwickler ***

PERRIÈRES LAFON. Reich, Ananas- und Eichentöne; ziemlich trocken, weich, artig ***

TASTEVINE DENIS BOUSSEY. Ein mir bislang unbekannter Winzer: im Frühjahr 1986 guter Geschmack, würzig und mit perfekter Säure ***

WEINE AUS PULIGNY-MONTRACHET, MITTE DER 80ER JAHRE VERKOSTET UND GETRUNKEN:

CHALUMEAUX MATROT. Weich, aber vollmundig.

CHAMP-CANET ETIENNE SAUZET. Reich und schmackhaft.

FOLATIÈRES J. DROUHIN. Weich, reich, sehr ansprechend.

PUCELLES J. DROUHIN. Im Stil schlanker und leichter als der Folatières, mit rauchigem Eichengeschmack.

JABOULET VERCHERRE. Sehr schlecht, kartonartig.

## 1983 ****

*Ein charakter- und qualitätvoller Jahrgang. Die besten Weine kombinieren einen hohen Alkoholgehalt mit reifer Frucht und guter Säure. Für mich sind sie sehr viel aufregender als die 82er.*

*Bei weißem wie bei rotem Burgunder zeigen sich auch in diesem Jahrgang wieder große Stil- und Qualitätsunterschiede, wie der folgende Querschnitt meiner Aufzeichnungen – wenigstens teilweise – zeigen wird.*

*Die kleineren Provenienzen, wie St-Aubin, Montagny und St-Véran waren in der Jugend überaus ansprechend; die meisten von ihnen sind bereits getrunken oder sollten es zumindest sein, daher habe ich die entsprechenden Notizen auch weggelassen. Die Spitzengewächse der Côte de Beaune sind nach wie vor prächtig und werden sich noch halten.*

MONTRACHET DRC. Schönes Bukett, Pfefferminze, Vanille; ein mächtiger, nussiger Wein.
*Oktober 1991 ****(*)*

MONTRACHET LAGUICHE. Mit 14,1 % vol. bemerkenswert hoher Alkoholgehalt, ein Grad mehr als der mächtige 78er; 3,7 g/l Gesamtsäure, das sind genauso viel wie 1986 und 1987, aber merkwürdigerweise um ein Geringes weniger als 1982. Hübsch ausgeprägtes Gelb; beim ersten Eingießen tiefe reiche Nase, würzig, mit einem Hauch Karamel – ein Schwergewicht. Nach zehn Minuten öffnete sich das Bukett voll, positiv butterig und nach fast zwei Stunden im Glas war es duftend und würzig; am Gaumen ausgesprochen «süß», körperreich und reichhaltig. Ein vorzüglicher Wein. Sehr schöner Nachgeschmack. Reif.
*Bei Drouhin, Oktober 1990 ***** Bis 2000.*

BÂTARD-MONTRACHET LEFLAIVE. Relativ blasses Goldgelb; unter einem lebhaften, jugendlichen Zitronen-Vanille-«Deckel», darunter sehr reichhaltig; ziemlich körperreich, eindringlich, mit großer Lebenserwartung.
*Mit anderen weißen Burgundern der Superlative bei einem Rodenstock-Weinessen im Restaurant «Die Ente» vom Lehel in Wiesbaden, Oktober*

*1985. Damals ★★(★★★) Müßte jetzt bis 1998 groß-artig sein.*

**BEAUNE, CLOS DES MOUCHES** J. DROUHIN. Höchster Alkoholgehalt in diesem Jahrzehnt: 13,7 % Alkohol, 3,8 g/l Säure. Als erstes eine Faß-probe verkostet, bei Drouhins Eröffnungsdegu-station von 83er Weinen im April 1984 in London: sehr blaß; zurückhaltende, krustige Nase, mit ei-nem jugendlichen Hauch von Nagellack; trocken, eichenartiger Geschmack, der sich ausbreitete und einen vorzüglichen Nachgeschmack hinterließ. In jüngerer Zeit: tiefer, inzwischen deutlicheres Gelb; zunächst ziemlich ölige Nase mit pappigen Vanil-le-Tönen, doch bereits nach zehn Minuten ent-faltete sie Honignuancen und zeigte ihre Tiefe; mitteltrocken, der hohe Alkoholgehalt wurde durch den sehr gefälligen Geschmack und die Aus-gewogenheit überdeckt. Im Abgang recht fett und eichenbetont.
*Zuletzt bei Drouhin in Beaune verkostet, Oktober 1990 ★★★★ Bis 2000.*

**BIENVENUE-BÂTARD-MONTRACHET** CLERC. Relativ blaß, mit grünlicher Tönung; zurückhal-tend, aber butterig, unterstützt von guter Frucht-tiefe; sehr guter, positiver Geschmack, weich, Va-nille- und Chardonnay-Nuancen, doch mit leb-hafter Säure.
*Bei der Degustation von Christie's/Len Evans in Sydney, April 1985. Damals ★★(★★) Müßte jetzt perfekt sein.*

**BIENVENUES** (sic)-**BÂTARD-MONTRACHET** LEFLAIVE. Mittelblaß, noch grünspurig; zart, leicht parfümiert; sehr hoher Alkoholgehalt von etwa 14 % und zweifellos kraftvoller, als Erschei-nungsbild und Nase vermuten ließen. Reich, schö-ne Gestalt im Mund, «süß», vollmundig.
*Im Restaurant Le Montrachet in Puligny, zusam-men mit Vincent Leflaive und seiner Tochter, Oktober 1990 ★★★★(★) Bis 2000.*

**BIENVENUES-BÂTARD-MONTRACHET** A. RA-MONET. Hübsche Nase, eichen; körperreich, alt-modisch in seinem Flaschenalter.
*Juni 1992 ★★★★ Jetzt bis 1998.*

**CHABLIS, MONT DE MILIEU** A. PIC. Der Leser ist mittlerweile vielleicht wohl zu der Ansicht ge-kommen, daß ich entweder nur wenig Chablis kennengelernt habe oder ihn nicht genügend schätze. Beides ist nicht ganz richtig. Einige sind mir zu mandelkernartig und in letzter Zeit zu Chardonnay-artig oder sie erinnern mich an Sauvignon Blanc. Dieser Wein hier war im Alter von fünfeinhalb Jahren in der Nase blumig und grasig, trocken, mit schöner, lebhafter Frucht, positiv, köstlich.
*April 1989 ★★★ Jetzt trinken.*

**CHASSAGNE-MONTRACHET** J. DROUHIN. Vorzüglicher Geschmack, hübsche Eichennote.
*Mai 1991 ★★★*

**CHASSAGNE-MONTRACHET, BAUDINES** BER-NARD MOREY. Ein selten verkosteter *Premier Cru*. Positives Gelb; Vanille, eine Spur Malz; deut-lich trocken, relativ voller Körper, ziemlich harter Abgang.
*November 1990 ★★(★) Benötigt wahrscheinlich noch mehr Flaschenalter.*

**CHASSAGNE-MONTRACHET, MORGEOT** L. JADOT. Nase wie Ananasschalen; ziemlich fett, schroffer Stil.
*Januar 1988 ★★*

**CHEVALIER-MONTRACHET** LEFLAIVE. Mit-telblasses Gelb mit wachsartigem goldenen Schim-mer; harmonisch und weinig, edel, mit deutlicher Eichennote; mitteltrocken, relativ voll, mit vor-züglichem, langem, zitronenartigem Geschmack. Großer Wein. Lange Lebenserwartung.
*Abendessen auf der Domaine de Chevalier Gra-ves, Juni 1987 ★★★★★ Bis 2000.*

**CORTON-CHARLEMAGNE** L. JADOT. Sehr po-sitives Gelb; leicht pfeffrige, wachsartige, Minze-nase, die sich mit Nuancen von herrlicher Eier-creme entfaltete! Ziemlich «süß», ausgesprochen körperreich, reichhaltig, mit vorzüglicher Frucht und Weinigkeit.
*Bei Jadot, Oktober 1990 ★★★★★ Bis 2000.*

**CORTON-CHARLEMAGNE** L. LATOUR. Ein ausgeprägtes, strahlendes Traubengrün; vorzüg-liches Bukett wie geröstete Kokosnüsse und Zitro-nen-*Baiser*; voll, reich, nussig, aber mit einem sehr trockenen Abgang.
*März 1992 ★★★★(★) Bis 2000.*

**MÂCON-VILLAGES, CLESSÉ, CUVÉE SPÉ-CIALE, BOTRYTIS** THEVENOT-WICART. Ein etwas ungewöhnlicher Wein. Zwischen dem 6. Oktober und dem 17. November vergoren. Ansprechendes Zitronengold; «süß», Kleehonig, sehr ausgeprägte *Botrytis*-Nase, aber auch eine Spur «grüne» Frucht; «mittelsüß», reich, mit aus-gleichender Säure. Köstlich.
*Zuletzt im Juni 1991 verkostet ★★★ Jetzt trinken.*

**MEURSAULT, CHARMES, HOSPICES, BA-HÈZRES DE LANLAY** Dies ist zweifellos einer der besten unter den vielen 83er Meursaults. Leider habe ich mir den Namen des Abfüllers nicht no-tiert. Wunderbar ausgeprägtes, reifes Meursault-Gelb; Nase und Geschmack herrlich, weiche Vanille und Eiche, mit reichem Nachgeschmack.
*Februar 1990 ★★★★ Bis 1998.*

**MEURSAULT, CHEVALIERS** JEAN-PAUL GAUF-FROY. Helles Butterblumengelb, mit Goldreflexen; weich, wachsartig, geröstete Kokosnuß, Bienenwaben. Wurde im Glas «süßer». Wie eine Makrone. Stämmig, dabei fest und lebhaft. Gute Länge.
*Zuletzt im April 1987 verkostet ★★★(★) Bis 1998.*

**MEURSAULT, CLOS DE BOUCHE CHÈRES** Hervorragende Farbe; reich; vorzüglicher Wein. In gewisser Hinsicht fett. In einem anderen Zusammenhang hätte ich den Wein als einen australischen Spitzenchardonnay eingestuft.
*Mit Armand und Louis Cottin von Labouré Roi in Nuits-St-Georges (Philippe Cottin von Mouton ist ihr Bruder), September 1988 ★★★★ Jetzt trinken.*

**MUSIGNY, BLANC** DE VOGÜÉ. Sehr gute, strohgoldene Farbe; im Alter von vier Jahren immer noch jugendlich, mit frischem Ananasduft, aber kraftvoller Entfaltung; zweifellos nicht trocken, ziemlich körperreich, «warm», zum Kauen, gute Länge und Säure.
*September 1987. Damals ★★(★★) Wahrscheinlich jetzt auf dem Höhepunkt, wird sich aber noch halten.*

**POUILLY-FUISSÉ, VIEILLES VIGNES** VINCENT. Blaßgelb; herrliches Bukett, mitteltrocken und mittlerer Körper, fabelhaft mundfüllender Geschmack. Eine Freude zu trinken in seinem zehnten Jahr.
*Zuletzt verkostet im Januar 1993 ★★★★*

**PULIGNY-MONTRACHET** L. JADOT. Ein außergewöhnlicher Wein. Erstaunliche 14,6 % Alkohol, mit 4,6 g/l ebenfalls hohe Säure. Deutliche Gelbtönung; sehr reiches Bukett, das mich an einen großen Jahrgang des Laville-Haut-Brion, wie 1971 oder 1989, erinnerte. Ein K.o.-Wein! Süße sehr reifer Trauben und hoher Alkoholgehalt, für einen Puligny stämmig und mollig – deutlich kein Wein der stahligen Sorte.
*Mit André Gagey, Oktober 1990 ★★★★★, wenn man diesen Weinstil schätzt. Ich tue es. Bis 2000 trinken.*

**PULIGNY-MONTRACHET, CLAVOILLON** LEFLAIVE. Sehr blaß; vorzüglich, wie getoastet; deutliche 83er Süße, reich, schmeichlerisch. Schöner Geschmack und eichenartiger Nachgeschmack.
*Zuletzt im März 1992 verkostet ★★★★ Jetzt perfekt.*

**PULIGNY-MONTRACHET, FOLATIÈRES** H. CLERC. Buttergelb; Eichentöne, doch fast Sancerre-artige Frucht und Säure; mitteltrocken, vollmundiger Geschmack, gute Länge, lebhaft.
*April 1985 ★★★★*

**PULIGNY-MONTRACHET, MOUCHÈRES** HENRI BOILLOT. Leicht brandige Nase, Eichengeschmack, mittelmäßig.
*März 1988 ★*

**PULIGNY-MONTRACHET, PERRIÈRES** E. SAUZET. Sehr blaß, leichter Stich ins Zitronengelb; duftendes Eichenbukett, das sich im Glas sehr schön entfaltete; mitteltrocken, schlank, schneidig, hervorragende Säure.
*April 1992 ★★★★ Bis 1998.*

**PULIGNY-MONTRACHET, REFERTS** L. JADOT. Warmer, reicher Duft; fest, lebhaft, wohlschmeckend, gute Eichennote und Säure.
*Juli 1987 ★★★*

**EINIGE WEITERE 83ER, HAUPTSÄCHLICH MITTE BIS ENDE DER 80ER JAHRE VERKOSTET:**

**CHABLIS, CLOS DES HOSPICES** J. MOREAU. Nur einer von mehreren Chablis, die selbst in der Jugend größtenteils durchschnittlich bis schlecht und Ende der 80er Jahre flach waren.
*Zu alt, ohne Schwung. Februar 1988.*

**CHASSAGNE-MONTRACHET** ROPITEAU. Ganz leicht oxydiert, trocken, schlecht.
*September 1985.*

**CHEVALIER-MONTRACHET** L. JADOT. Eichennote und gefällig.
*Dezember 1989 ★★★*

**CORTON-CHARLEMAGNE** BONNEAU DU MARTRAY. Hellgelb; fruchtig, honigartig, schöne Entfaltung.
*Januar 1987 ★★★★*

**CORTON-CHARLEMAGNE** CHANSON. Relativ blaß; Schwefel und Zitrone, grasig, pikant; frischer, aber kernartiger Geschmack.
*April 1988 ★★*

**EINIGE WEITERE MEURSAULTS:**

FRANÇOIS JOBARD. Weich, brotähnlich, weder Frucht- noch Eichennuancen; im Geschmack besser als in der Nase, schöner Wein, mit einem recht kraftvollen, spröden Abgang.
*1986 ★(★★★)*

BERTRAND DE MONCENY. Relativ blaß; ansprechend; ziemlich leichter Stil, trocken.
*1987 ★★★*

**CH. DE BLAGNY** L. LATOUR. Zitronengetönt; krustig, gehaltvoll; wohlschmeckend, aber kurz.
*1987.*

CHARMES DOM. CHARLES JOBARD. Durch Robert Chenevoy, einem *Négociant* in Meursault, abgefüllt: unangenehm riechende Nase, schrecklicher Geschmack.
*Juli 1989.*

LES GRANDS CHARRONS PHILIPPE BOUZE-REAU. Butteriges Gold; herrlich reiches, angesengtes Lanolinbukett; ein kraftvoller Wein mit hohem Säuregehalt.
*1988 **(**)*

TILLETS JAVILLIER. Ziemlich ausgeprägtes Gelb; faszinierende, vielschichtige, leicht malzige Nase; kraftvoll, eindringlich, gute Frucht und Säure.
*Zuletzt 1986 verkostet. Damals **(**)*

## 1984 ★

*Für Weißwein wohl besser als für Rotwein. Wenn der Most aus den unreifen Trauben fachmännisch aufgezuckert wurde, konnten sich ganz passable, gelegentlich auch bloß säurebetonte Weine ergeben. Beim Durchsehen meiner Notizen fiel mir auf, daß die Weine der Négociants verhältnismäßig besser waren als jene der Propriétaires. Wahrscheinlich waren die großen Handelshäuser einfach geübter als manche der kleinen Winzer. Außerdem ist zu bemerken, daß es einige ausreichend gefällige weiße Burgunder aus den geringer eingestuften Anbaugebieten gab, die hauptsächlich 1986 und 1987 mit Befriedigung zu trinken waren.*

*Nur bei den besten lohnt es sich jetzt noch, sich damit zu beschäftigen. Ich habe immer noch ein oder zwei 84er mit großen Namen. Sie bieten zwar guten Trinkgenuß, sind aber wenig charaktervoll und werden sich mit einer weiteren Flaschenlagerung nicht mehr verbessern.*

LE MONTRACHET LAGUICHE. 13,2 % Alkohol, 4,2 g/l Gesamtsäure, aus gesunden, aber nicht sehr reifen Trauben bereitet, daher der hohe Säuregehalt. Mittelblaß; erster Geruchseindruck wie Bonbons, durchaus «süß», mit Vanille- und Eichennuancen. Eine gewisse Künstlichkeit hielt an, auch wenn das Bukett nach fast zwei Stunden an der Luft recht schön war; trocken, mittelschwer; positiv, wenn auch ziemlich hart, säurebetont und etwas rauh am Gaumen, mit eigenartigem, parfümiertem Nachgeschmack.
*Bei Drouhin, Oktober 1990 ** Nicht schlecht. Keine große Zukunft.*

LE MONTRACHET DOM. RAMONET. Relativ blasses Gold mit einem Stich ins Zitronengelb; lebhaft, säurebetont, Zitronen- und Eichennuancen in der Nase, leicht minzeartig, etwas hohl und blechern, dabei nicht unattraktiv; trocken, weich, zwar stahlig und säurebetont, aber dennoch recht zarter, feiner Geschmack.

*Einer der ersten Weine bei einem typischen 40-Weine-Abendessen eines Rodenstock-Weinwochenendes in Arlberg, 1988. Ein schweres Leben! **

BÂTARD-MONTRACHET LEFLAIVE. Relativ blaß, mit einem Stich ins Zitronengelb; viel zu kalt serviert, doch das Bukett entfaltete sich, als der Wein im Glas wärmer wurde – schön, Vanille; trocken, etwas spröde, recht gute Länge. Eine Spur Bitterkeit.
*Bei einem französischen Bankett im Hotel Hilton, Singapur, Oktober 1984 *** Ausreichend gut. Bald trinken.*

BEAUNE, CLOS DES MOUCHES 13,6% Alkohol, 3,9g/l Gesamtsäure, pH-Wert 3,34, 0,9g/l Weinsäure, 0,44g/l flüchtige Säure. «Süße», jugendliche Ananasnase; trocken, fest, sehr schmackhaft. Dabei handelte es sich allerdings um eine Faßprobe. Der einzige Jahrgang dieses Jahrzehnts, der im Oktober 1990 für die Degustation nicht erhältlich war.
*Bei der Drouhin-Degustation in London, März 1986.*

CHABLIS Eigenartigerweise besitze ich mehr übereinstimmende, gleichbleibende Aufzeichnungen vom 84er Chablis als von vielen anderen, weit besseren Jahrgängen. Die meisten habe ich 1986 und 1987 verkostet; in den Bewertungen taucht immer wieder «säuerlich» und «kurz» auf, egal ob es sich eine einfache AC, einen *1er Cru* oder einen *Grand Cru* handelte. Inzwischen sollten sie alle getrunken sein.

CHASSAGNE-MONTRACHET L. LATOUR. Brandig, Zitrone, Vanille, mittelmäßig.
*März 1991 ★*

CHASSAGNE-MONTRACHET, MORGEOT GAGNARD-DELAGRANGE. Butterblumengelb; Zitrone und Vanille, recht reicher Extraktgehalt, aber noch ziemlich hart.
*Oktober 1989 ** Ich erwarte keine Verbesserung.*

CORTON-CHARLEMAGNE BOUCHARD PERE. Leicht dumpfes Strohgelb; reife, wachsartige, dabei plumpe Nase; reicher, vollmundiger Wein, mit Eichennuancen und akzeptabler Säure.
*Juni 1989 ***

MEURSAULT, CHARMES L. JADOT. Recht guter, nussiger, eichenartiger Geschmack.
*Zuletzt im April 1989 verkostet ***

MEURSAULT, CHARMES PIERRE MOREY. Viele Aufzeichnungen ab 1986. Ursprünglich ziemlich Blaßgelb, doch Entwicklung zu einem durchdringenderen Gelbton; in der Jugend Zitronen- und Minzenuancen in der Nase, danach Entwicklung

eines weicheren, «süßeren» Buketts mit Rauch- und Eichennuancen; ausgesprochen trocken, mittelschwer, in der Jugend eine Spur Zitrone und Ananas, dann weiche Frucht, etwas schlank und spröde. Ohne die Länge, die ein besserer Jahrgang verleiht.
*Zuletzt im Juli 1992 verkostet* ** *Wird sich nicht verbessern.*

PULIGNY-MONTRACHET LEFLAIVE. Relativ blaß; zu kalt serviert, verschlossene Nase, leichte Vanille-Töne, langsame Entfaltung; trocken, eindringlich, gute Länge, honigartiger Endgeschmack. Wie gewöhnlich macht Leflaive das beste aus einem nicht so guten Jahrgang.
*Im Chao Zhou Garden, Hongkong, Oktober 1989* *** *Jetzt.*

PULIGNY-MONTRACHET, FOLATIÈRES L. JADOT. Tiefes Gold; ausgesprochen fette, dabei ausreichend harmonische, nach Vanille duftende Nase. Der Most war erhitzt und der Wein stark aufgezuckert worden. Der rohe Eindruck geht mehr auf die unreifen Trauben als auf eine überhöhte Säure zurück.
*Mit André Gagey, Oktober 1990* * *Austrinken.*

EINIGE WEITERE 84ER, ZWISCHEN 1987 UND 1989 VERKOSTET:

CORTON-CHARLEMAGNE CHANSON * CORTON BLANC CHANDON DE BRIAILLES ** MEURSAULT J. DROUHIN ** MEURSAULT L. JADOT *** MEURSAULT L. LATOUR ** MEURSAULT BLAGNY L. LATOUR *** MEURSAULT CHEVALIÈRES PRIEUR-BRUNET * MEURSAULT CLOS CROMIN MICHELOT ** PULIGNY-MONTRACHET L. LATOUR ** PULIGNY-MONTRACHET CHANSON * PULIGNY-MONTRACHET, FOLATIÈRES J. DROUHIN **

# 1985 ***

*Ein gutes Jahr. Das nördlich gelegene Chablis hatte unter einem kalten Winter und Frösten zu leiden, aber die Trauben blieben gesund und entwickelten sich gut. In der Côte de Beaune konnte aufgrund der späten Blüte das Traubengut auch erst spät gelesen werden.*

LE MONTRACHET CHARTRON & TREBUCHET. Charakteristisch für die weißen Burgunder dieser Gesellschaft sind – in meinen Augen – Schlankheit, Stahligkeit und eine gewisse Spröde, wobei das bei dem 85er Le Montrachet nicht voll zum Tragen kommt: Blaßgelb, wächserner Glanz; Nase zunächst minzeartig, danach Entfaltung eines vorzüglichen, würzigen, rauchigen Vanille-Bukets; trocken, ziemlich körperreich, starke Eichennuancen im Geschmack, gute Länge, noch etwas spröde.

*Juli 1990* ***(*) *Muß sich noch bewähren. Bis 1998 zu trinken.*

LE MONTRACHET LAGUICHE. 13,3 % Alkohol, 3,4 g/l Gesamtsäure. Erstmals bei der eröffnenden Drouhin-Degustation im März 1986 in London verkostet. Sehr blaß; unverwobene Nase, jugendliche Frucht, Nagellack, Ananas; sehr starke Eichennote in Geschmack und Nachgeschmack. Als nächstes das ganze Spektrum der Montrachets der 80er Jahre degustiert. Die erste Flasche war peinlich schlecht: holzig, ohne Frucht. Eine Reserveflasche war glücklicherweise besser, mit duftender Nase und vorzüglichem Geschmack. Schließlich, wie um die Sache zu entscheiden, präsentierte Robert Drouhin zum Mittagessen nach der Degustation noch eine weitere Flasche. Sie war phantastisch: schönes, helles, positives Gelb; delikater Eichengeschmack, der sich nachhaltig im Glas hielt; deutlich etwas «süß», komplettes Gewicht, reicher, butteriger Geschmack und gefälliger Abgang.
*Zuletzt bei Drouhin verkostet, Oktober 1990* ***** *Bis 1998.*

LE MONTRACHET THENARD. Im zweiten Herbst nach dem Jahrgang eine *Jéroboam*: immer noch blaß; leichte, schlanke, rauchige Zitronennase, die im Glas erblühte, schöne jugendliche Frucht, schließlich nussig, dabei lebhaft. Lang, sehr würzig, ziemlich kraftvoll, doch elegant.
*September 1987. Damals* ***(**) *Zweifellos jetzt bis 1998 hervorragend.*

BEAUNE, CLOS DES MOUCHES J. DROUHIN. 13,3 % Alkohol, 3,7 g/l Gesamtsäure. Erstmals bei Drouhins Eröffnungsdegustation im März 1986 und danach noch dreimal verkostet. Milde, gefällig junge Nase, gute Frucht, Ananas; trocken, sehr schmackhaft, Eichentöne, Länge und Nachgeschmack bemerkenswert. 1987 die Art und Weise vermerkt, wie der Geschmack im Mund anschwillt. In jüngerer Zeit in einer recht nüchternen Umgebung: mittelblaß; anfänglich lebhafte Frucht, Eichentöne und eine Spur Zitrone in der Nase, nach 15 Minuten entfaltete sich ein vorzüglicher, breiter, pfirsichartiger Duft, schließlich eine weiche, dezente Vanille-Note; die «Süße» der guten, makellosen, fruchtigen und reifen Trauben ist spürbar, ziemlich körperreich, am Gaumen weich, doch mit recht kraftvollem Abgang. Benötigt Zeit.
*Zuletzt im Oktober 1990 verkostet* ***(*) *Bis 1998.*

CHABLIS, 1ER CRU A. PIC. Sehr blaß; durchschnittliche Nase; trocken leicht, etwas pfirsichkernartiger Geschmack. Ein ziemlich gewöhnlicher Wein in einer auffälligen Designer-Flasche.
*Bei einem Kantoneser Abendessen in Hongkong, Oktober 1989* *

CHABLIS, MONT DE MILIEU A. PIC. Inzwischen im Besitz von Ladoucette von Ch. du Nozet. Gute Farbe; sehr gute, ziemlich wachsartige Nase; trocken, Körper, Weinigkeit und Struktur gut, wenn auch mit einer Spur Pfirschkernen, die ich so wenig schätze. Wahrscheinlich fehlt es aufgrund der sehr reifen Trauben an der erwarteten Säure.
*Oktober 1990* ★★

CHASSAGNE-MONTRACHET:

CHAMPS-GAINS JEAN-MARC MOREY. Nase und Geschmack gut, ziemlich reich; Eichennote, eine Spur Bitterkeit, benötigt Zeit.
*März 1989* ★★(★)
LOUIS JADOT. Relativ blasses Gelbgrün; eigenartige Nase, irgendwie künstlich; Eichentöne, Verbesserung im Glas; positiver Geschmack.
*Januar 1989* ★★
LEFLAIVE. Relativ blaß, sehr glänzend, trocken, gut, komplett.
*Juli 1989* ★★

MORGEOT OLIVIER LEFLAIVE. Fabelhafte Farbe; minzeartige, grasige Nase, Entfaltung von Rauch- und Eichennuancen; positiver und ansprechender Geschmack, doch im Abgang scharf, wahrscheinlich aufgrund der Säure.
*Juni 1987* ★★★

LA ROMANÉE PAUL PILLOT. Strohgelb, wächserner Schimmer; wachsartige Nase, butterig, wie ein australischer Chardonnay; reich, relativ voll, sehr starke Eichennote. Auf seine Art ansprechend.
*November 1990* ★★★

CHEVALIER-MONTRACHET DOM. CHARTRON. Stark glänzendes, grünspuriges Gelb; warmes, reiches, unverhülltes Bukett, mit einer einem leicht grasigen Einschlag, honigartig; ziemlich trocken, reich, dabei ziemlich schlank, nussiger Geschmack, gute Säure.
*Zuletzt im Oktober 1990 verkostet* ★★★(★) *Bis 1998.*

CHEVALIER-MONTRACHET L. LATOUR. Zwei gute Bewertungen vom Herbst 1987: blaß, exzellente toastartige Nase; sehr guter Eichengeschmack, elegant und, in meinen Augen, mit guter Zukunft. Doch bei der letzten Degustation war die Nase deutlich zu bescheiden; zugegebenermaßen hatte man den Wein, wie so häufig, zu kalt serviert. Schließlich entwickelte sich ein «süßer», malziger Charakter; ziemlich trocken, guter Geschmack, aber irgendwie mit zuwenig Schwung.
*Zuletzt im September 1989 verkostet* ★★ *Bis 1995.*

CHEVALIER-MONTRACHET LEFLAIVE. Blaß; Vanille; ziemlich voll und reich; es fehlt jedoch die erwartete Finesse.
*Juli 1992* ★★★ *Bald trinken.*

CORTON-CHARLEMAGNE BONNEAU DE MARTRAY. Glanzhelle Farbe; reich, fast fleischig im Körper.
*November 1993* ★★★

CORTON-CHARLEMAGNE J. DROUHIN. Strohgelbe Farbe; rauchig, fleischig; massiv (14°), trocken, spröde. Eher Gußeisen als Stahl.
*Februar 1993* (★★★★) *1998 bis 2015.*

CORTON-CHARLEMAGNE L. JADOT. Reich butterig; schon in Geschmack und Säure.
*Juni 1992* ★★★★

CORTON-CHARLEMAGNE L. LATOUR. Blaßgelb; zurückhaltende Vanille und Limone; guter nussiger Geschmack. Ich hätte mir etwas mehr Säure gewünscht, aber sehr guter Abgang.
*Mai 1993* ★★★★

PULIGNY-MONTRACHET, TRUFFIÈRES L. LATOUR. Sehr gute Vanille-Nase; köstlich im Alter von fünf Jahren, jetzt schön. Reich. Exzellenter Geschmack.
*Zuletzt verkostet im Juli 1992* ★★★★ *Jetzt trinken, auf dem Höhepunkt.*

EIN QUERSCHNITT AUS DEN VIELEN, 1989 UND 1990 VERKOSTETEN MEURSAULTS:

LABOURÉ-ROI Zwei Aufzeichnungen, trocken, wohlriechend, nicht aufsehenerregend ★★

BLAGNY, LA GENNELOTTE MARASLAVAC-TREMAU. Eigenartige, brotähnliche Nase, zuwenig Charakter und Eindeutigkeit; trocken, spröde ★(★)

CASSE-TÊTES R. THEVENIN. Trocken, rauh, flach.

CHARMES OLIVIER LEFLAIVE. Ziemlich blaß; vorzüglich lebhaft in Nase und Geschmack; trocken, köstlich ★★★★

CHARMES R. MONNIER. Nicht ganz klar, gewisse Eichentöne, angemessene Säure ★★

GENEVRIÈRES LEROY. Lange, schlanke Ananasnase; sehr blumig, ansprechend, beträchtliche Länge, nussiger Abgang ★★★(★)

LES NARVAUX LEROY. Würzig; trocken, voll, sehr spröde, eindringlich, benötigt Zeit ★(★★)

LES ORMEAUX BOYER-MARTENOT. Trocken, sauber, Vanille-Töne im Nachgeschmack ★★★

MUSIGNY BLANC DE VOGÜÉ. *Jéroboam.* Sehr blaß, limonengetöntes Gelb; leicht duftende, lebhafte Nase, die sich mit Spuren von Kreuzkümmel

(Anissamen) und Vanille entfaltete. Erblühte nach zwanzig Minuten im Glas sehr schön und zeigte nach einer Stunde ein vorzügliches, unverhülltes, wachsartiges Bukett; ziemlich trocken, schönes Gewicht, feiner Geschmack, lebhaft, delikat ausgewogen. Wer außer Hardy Rodenstock würde einen solchen Wein in *Jéroboam*-Flaschen servieren?
*Im Arlberg-Hospiz, September 1990 ***(*) Bis 1998.*

### EINE AUSWAHL DER 1989 UND 1990 VERKOSTETEN PULIGNY-MONTRACHETS:

CHANSON. Rauh, unverwoben; schlank, relativ leicht, kurz *
L. JADOT. Gut, positiv, Eichennote, lebhaft ***
R. MONNIER. Etwas mangelhaft *
PROSPER MAUFOUX. Recht gut **

FOLATIÈRES J. DROUHIN. Nussig, sehr duftig; ausgesprochen trocken, schönes Gewicht, stahlig **(*)

FOLATIÈRES L. JADOT. Jadot gehört ein Drittel Hektar der Lage Les Folatières, einem nach Osten ausgerichteten Weinberg, mit leichtem, steinigem Boden und kalkhaltigem Untergrund. Die Trauben wurden Anfang Oktober gelesen, der Saft blieb einen Tag an der Maische, wurde zu 20 % in neuer Eiche vergoren, der Wein lagerte dann 14 Monate in kleinen *barriques*, die Schönung erfolgte mit entrahmter Milch. 1988 das Ergebnis erstmals degustiert: blasses, aber reines Goldgelb; reiche, eichenartige, rauchige, butterige Chardonnay-Nase; trocken, kraftvoll, fest, benötigt Flaschenalter. 1989 duftendes Eichenbukett, das sich im Glas entfaltete, positiv, attraktiv, noch etwas rauh.
*Zuletzt im März 1992 verkostet. Will getrunken werden.*

REFERTS L. JADOT. Gut ***

REUCHAUX ROGER VERGE. Trocken, schlank, sauber, säurebetont.

CLOS BLANC DE VOUGEOT L'HERITIER-GUYOT. Farbe eines reifen australischen Chardonnay; überaus ungewöhnliche Nase, sehr ausgeprägt, wachsartig, eine Spur Vanille; mitteltrocken, in Körper und Stil ein deutliches Schwergewicht. Gute Länge und Säure. Nur einmal, im April 1987, verkostet.
*Damals **(**) Müßte jetzt, bis etwa 1998 gut zu trinken sein.*

### EINIGE WEITERE 85ER, DIE SICH BEI DEN DEGUSTATIONEN IN DEN JAHREN 1987 UND 1988 ALS VIELVERSPRECHEND ERWIESEN:

CHASSAGNE-MONTRACHET OLIVIER LEFLAIVE

MEURSAULT, 1ER CRU, RÉSERVE PERSONNELLE LEROY UND PERRIÈRES JADOT

PULIGNY-MONTRACHET, COMBETTES UND FOLATIÈRES REMOISSENET

PULIGNY, FOLATIÈRES UND PUCELLE CHARTRON & TREBUCHET

## 1986 ****

*Schöne, feste, gut gebaute, lebhafte, säurebetonte Weine. Vollkommener Gegensatz zu den weichen, reifen und geschmeidigen 85ern. Mustergültige Pulignys.*
*Sicher wird es interessant, den Wettlauf dieser beiden Jahrgänge zu beobachten: die 85er verfügen über eine schöne Frucht, aber es mangelt ihnen möglicherweise etwas an Rückgrat; die 86er haben zwar Rückgrat, sind aber etwas schlank. Die erstgenannten lassen mit dem Flaschenalter eventuell nach, die letzeren überdauern möglicherweise Frucht und Wohlgeschmack. Ein Beispiel, wie schwierig Voraussagen zur Entwicklung sind und wie faszinierend deshalb das begleitende Verkosten die Jahre hindurch ist.*
*Die folgenden Aufzeichnungen sind eine Auswahl von 1990 probierten Weinen. Danach folgen eine Reihe kürzerer Notizen in der alphabetischen Folge der Gemeinden; sie zeigen die Qualitäts- und Stilunterschiede der einzelnen Erzeuger- und Händlerweine auf.*
*Ein Wort zum Chablis. Er muß stets gesondert betrachtet werden, weil er oft – um eine alte Redensart aufzugreifen – nichts Besonderes ist. Das Risiko dieses Distrikts ist die Frostanfälligkeit, und es gibt dort weit mehr «Unjahre» als anderswo. Die 86er Weine sind, einer Vielzahl von Notizen zufolge, im großen und ganzen recht gut, trotz der späten Lese Anfang Oktober. Ich stelle aber auch den vermehrten Einsatz neuer Eichenfässer fest. Für mich muß ein Chablis trocken sein, blitzsauber, klar konturiert am Gaumen, mit einem lebhaften, säurebetonten Abgang. Mehr Eiche bedeutet auch mehr Geschmack: ein butteriger, eichenbetonter Chablis mag bestechen, aber ist es noch ein klassischer Chablis?*

MONTRACHET LAGUICHE. 13,3 % Alkohol, 3,7g/l Gesamtsäure. Gute Farbe; zurückhaltende, leicht hölzerne Nase, mit Vanille- und Eichentönen – wie eine schwer beladene Boeing 747 beim Versuch abzuheben – selbst nach einer Stunde lag das Bukett noch nicht in der Luft, eine Spur grüne Minze, stumm, hart, Flaschenalter notwendig. Mitteltrocken, mittelgewichtiger Körper, geradlinig, gute Länge, die Zähne beschlagende Säure. Unfertig.

*Bei Drouhin, Oktober 1990 ★(★★★)? 1995 bis über das Jahr 2000 hinaus.*

**AUXEY-DURESSES** BERNARD BATTAULT. Relativ blaß; zitronenartig; leicht «süß», in Gewicht und Stil Mittellage, Vanille- und Eichennuancen.
*Februar 1990 ★★★ Bald trinken.*

**BÂTARD-MONTRACHET** L. JADOT. Feiner Geruch nach Creme und Toast; körperreich, frisch.
*Februar 1993 ★★★(★) Jetzt bis 2000.*

**BÂTARD-MONTRACHET** PIERRE MOREY. Derselbe Monsieur Morey, der das Lafon-Gut bewirtschaftete und nun Kellermeister bei Olivier Leflaive ist. Relativ blaß, leicht grünspurig; nussig, eichen- und Vanille-artig, jugendliche Ananasnote – ein vorzüglicher Chardonnay-Gesamteindruck; trocken, mittelschwer, lebhaft, fest, wohlriechend. Stahligkeit und Stil, wie man es von (Vincent) Leflaive kennt. Gute Länge.
*Januar 1990 ★★★(★) Bis 2000.*

**BEAUNE, CLOS DES MOUCHES** J. DROUHIN. 13,5 % Alkohol, 3,9 g/l Säure. Erstmals im Januar 1988 verkostet. Hugh Johnson, Colin Anderson und ich setzten alle drei diesen Wein auf Platz eins einer Reihe von 26 weißen Burgundern der Klassifikationen *Grand Cru* und *Premier Cru.* Tief, eichenartig, köstlich. Im folgenden Dezember flog das Weinkomitee der British Airways für eine erneute Degustation mit einer Concorde nach Barbados. Zwar wies die Farbe ein schönes helles Buttergelb auf, doch am Gaumen war er mir etwas zu eichenbetont, aber dennoch ansprechend. In jüngerer Zeit in einer erdverbundeneren Umgebung: schwere, eindringliche, harte und würzige Nase, herausströmende Kraft, Minze und «Efeu», immer noch unausgebaut; sehr vollmundig, mit Länge und duftendem Nachgeschmack. Von allen weißen Mouches der Jahre 1979 bis 1989 bewertete ich diesen hier am höchsten.
*Zuletzt in Drouhins Degustationsraum verkostet, Oktober 1990 (★★★★★) Bis über das Jahr 2000 hinaus.*

**BIENVENUES-BÂTARD-MONTRACHET** JAFFELIN. Gelb; weich, seifig, rauchig; leicht malzig.
*Februar 1993 ★★ Bald trinken.*

**BIENVENUES-BÂTARD-MONTRACHET** LEFLAIVE. Bläßlich, leichte Grünspuren; Limone, Wachs und Rauch; mitteltrocken, hoher Alkohol und trotzdem elegant, hübsche Textur.
*Letztmals verkostet im Februar 1993 ★★★(★★) Jetzt bis 2005.*

**CHABLIS, MONT DE MILIEU** A. PIC. Gute Farbe; reich, gute Frucht und Weinigkeit. Eine Spur Mandelkerne in der Nase und am Gaumen. Knochentrocken, lebhaft, sehr duftig, mit blumigem Nachgeschmack.
*Oktober 1990 ★★★*

**CHABLIS, LES PREUSES** DOM. DE LA MALADIERE. Erstmals im Januar 1988 verkostet, blaß; jugendliche «grüne», zitronenartige Nase; schlank, eichenbetonter Nachgeschmack. Als nächstes in der Concorde degustiert: Nase wie ein Sauvignon Blanc, positiver Geschmack, doch bei einem Flug in 12.000 m Höhe schien er im Glas etwas tiefer zu werden, die Nase wirkte parfümiert und der Geschmack sogar noch deutlicher eichen- und säurebetont. Zwei Monate später übertönte der Eichen- und Vanille-Geschmack alles andere, selbst starkgewürzte Würste! Eigenartig attraktiv.
*Zuletzt im Januar 1989 verkostet ★★★ für seinen anmaßenden Auftritt. Austrinken.*

VOR ALLEM 1988 EINE GROSSE ANZAHL AN CHABLIS VERKOSTET, ZUVIELE NOTIZEN, UM SIE WIEDERZUGEBEN; EHRLICH GESAGT KANN MAN DIE MEISTEN, AUCH TROTZ DES GUTEN RUFS DIESES JAHRGANGS, VERGESSEN.

**CHASSAGNE-MONTRACHET, MORGEOT** OLIVIER LEFLAIVE. Zitronengelb; sehr reiche Nase, «Lemon curd», säurebetonte Ananas- und Pfirsichkernnote; zu trocken, guter Körper, positiver, gehaltvoller, minzeartiger Geschmack. Schöner Wein.
*Im Winzerkeller, Oktober 1990 ★★★(★) Bis 1998.*

**CHASSAGNE-MONTRACHET, MORGEOT** JEAN-NOEL GAGNARD. Blaß; trocken, ziemlich körperreich, nussiger Geschmack, gute Länge.
*Dezember 1990 ★★★(★) Bis 1998.*

**CHASSAGNE-MONTRACHET, MORGEOT CLOS CHAPELLE** DUC DE MAGENTA. Lebhaft, parfümiert; fest, immer noch hart. Gute Säure.
*Jadot-Degustation, Juni 1991 ★★(★★) Bis 2000.*

**CHEVALIER-MONTRACHET** LEFLAIVE. Frisch und elegant.
*Juli 1992 ★★★★ Jetzt bis 1998.*

**CHEVALIER-MONTRACHET, LES DEMOISELLES** HER. L. JADOT. Zitronenspuren; herrlich, blumig, fabelhafte Entwicklung; elegant, große Länge.
*Letztmals probiert im Februar 1993 ★★★★(★) Jetzt bis 2005.*

**CORTON-CHARLEMAGNE** BONNEAU DE MARTRAY. Etwas gewöhnlich; voll, schmackhaft, aber hohe Säure.
*Juli 1993 ★★*

CORTON-CHARLEMAGNE L. LATOUR. der 10 ha große Weinberg war von Louis Latours Großvater angelegt worden, der ihn im späten 19. Jh. mit Chardonnay bepflanzte. Eher blaß; eichin rauchig, öffnet sich energisch, dann cremig; halbsüß, voll, reich, nussiger Geschmack. Klassisch.
*Januar 1993 ★★★★(★) Jetzt bis 2005.*

CORTON-CHARLEMAGNE OLIVIER LEFLAIVE. Zunächst tief, reich, vanille- und kernartig, nach einigen Minuten explosiv, die Nase füllend – recht großzügiger Einsatz neuer Eichenfässer; nach einer Stunde dann fabelhaft volles, reiches Bukett; mitteltrocken, körperreich, kraftvoll, dabei sehr wohlriechend, mit erfrischender, limonenartiger Säure.
*Eine Jéroboam bei einem Rodenstock-Abendessen, September 1990 ★★★(★★) Bis 2000.*

MEURSAULT J.-P. GAUFFROY. Relativ blaß; schwerere, teigartige, leicht malzige Nase, mit gewisser Frucht; mitteltrocken, offen, zum Kauen, recht schön. Der einzige 86er bei einer ausgiebigen Degustation von Layton. Ich notierte mir «ausverkauft».
*April 1990 ★★★ Bald trinken.*

MEURSAULT FRANÇOIS JOBARD. Klares Blaßgelb; zunächst Honig- und Butternuancen, wurde im Glas «süßer», wie geröstete *marshmallows*; sehr positiv, wenn auch nicht eindringlich, mittelgewichtiger Körper, stilvoll, durch und durch trocken, gute Säure und eichenbetonter Abgang. Ich hielte diesen Wein gerne für einen typischen 86er Meursault, doch es gibt Schwankungen.
*Januar 1990 ★★★ Bis 1996.*

MEURSAULT, CHARMES H. BOUZEREAU GREURE. Ausgesprochen Gelb; reich, Vanille, Pudding; recht körperreich, wachs- und eichenartiger Geschmack, fest, trocken, säurebetonter Abgang.
*Februar 1990 ★★★ Bald trinken.*

MEURSAULT, CLOS DU CROMIN P. JAVILLIER. Gute Farbe; frisch, Vanille-Ton; fest, köstlich, unaufdringliche Eichennote, gute Länge.
*Februar 1991 ★★★★*

PERNAND-VERGELESSES LALEURE-PIOT. Schöne Farbe, Goldgelb; reich, würzige Nase; mitteltrocken, kraftvoll, eindringlich, lang, gute Säure.
*Februar 1990 ★★★*

PULIGNY-MONTRACHET ETIENNE SAUZET. Relativ blasse Nase, weder positiv, noch interessant; trocken, mit wenig Charakter und nicht viel Stil. Nach einem Neuseeländer Chardonnay (dem 87er Kumeu River) einfach langweilig.
*Bei dem zweijährlichen Abendessen des Institute of Masters of Wine, März 1990 ★★ Bald trinken.*

PULIGNY-MONTRACHET, CHAMPS CANET SAUZET. Nussig und eichen; reicher, butteriger Geschmack, gute Säure.
*Januar 1993 ★★★ Jetzt bis 1998.*

PULIGNY-MONTRACHET CLAVOILLONS LEFLAIVE. Sehr blaß; Anflug von Limone; ziemlich trocken, schlank und doch fleischig, gute Länge und Säure.
*Januar 1993 ★★★(★) Jetzt bis 2000.*

PULIGNY-MONTRACHET, FOLATIÈRES BOUCHARD PERE. 1988 jugendlich, mit Ananasnote. Inzwischen voll, reich, lang, nussig.
*Zuletzt im Februar 1991 verkostet ★★★*

PULIGNY-MONTRACHET, FOLATIÈRES L. JADOT. Weicher und «süßer» als erwartet.
*Juni 1991 ★★★★ Jetzt köstlich.*

PULIGNY-MONTRACHET, PERRIÈRES LEFLAIVE. Relativ blaß, hell; eine Spur Zitronen; nicht zu trocken oder voll, Struktur und Geschmack hervorragend. Bilderbuchwein.
*Mit Lloyd Flatt im Mosimann, Juni 1990 ★★★★ Bis 1996.*

EINIGE WEITERE, 1988 UND 1989 VERKOSTETE 86ER:

AUXEY-DURESSES OLIVIER LEFLAIVE. Schön gerundet ★★★

CHABLIS:

DOM. STE CLAIRE. Sehr blaß; Sancerre-artig; blumig ★★★

1ER CRU CH. DE MALIGNY DURUP. Ein Anfang der 70er Jahre neu bestockter Weinberg; Blaßgelb; zunächst schwefelartig und grün, danach Entfaltung eines gefälligen, honigartigen Buketts; trocken, wohlriechend, der 100prozentige biologische Säureabbau machte den Wein weniger aggressiv ★★★

LES BUTTEAUX Gute Frucht, sehr gefälliger Geschmack, nicht zu trocken, leicht säurebetont ★★★

LES CLOS MOREAU. Rauh und stielig.

LA FORET VOCORET. Überraschend wachsartiges Gelb; ebenfalls fast Sauvignon-Blanc-artige Frucht und Säure, eine Spur Lorbeer; trocken; ausladender, kernartiger Geschmack, schwach säurebetonter Abgang ★★★

FOURCHAUME HENRI DUPAS. Wohlriechend; gefällig, gute Säure ★★★

VAUDÉSIR J. DROUHIN. Ausreichend gefällig ★★★

VAUDÉSIR MOREAU. Grasig, mit Sauvignon-Blanc-artigem Aroma; trocken, sauber, geradlinig ★★★

VAUDEVAY LAROCHE. Vollmundig, gute Länge und Säure ★★★

## CHASSAGNE-MONTRACHET:

BOUDRIOTTE GAGNARD-DELAGRANGE. Trokken, rund, klassisch ★★★★

MALTROIE FONTAINE-GAGNARD. Voll, gute Länge, wohlriechender, eichenbetonter Abgang und Nachgeschmack ★★★★

CLOS ST-MARC A. RODET. Wachsartige Nase mit Stachelbeernote, wurde im Glas «süßer»; recht gefälliger Geschmack, im Abgang ziemlich schwach ★★

VIEILLES VIGNES BERNARD MOREY. Blaß; ausgeprägte Nase; gute Länge, sehr gefällig duftender Geschmack; gute Qualität ★★★

VIGNE BLANCHE CH. DE LA MALTROYE von der Dom. A. Cournat. Sehr wohlriechende, lebhafte Frucht; trocken, schlank ★★★

LES CHAMPS-GAIN CHARTRON & TREBUCHET. Sehr trocken, typisch fest und stahlig ★★★

MORGEOT BOUCHARD PERE. Sehr ansprechende, jugendliche, «süße», eichenbetonte Nase, die sich herrlich, mit Pfirsichnuancen, entfaltete; körperreich, dabei weich, reichhaltig, mit Eichennuancen im Nachgeschmack ★★★★ GAGNARD-DELAGRANGE. Trocken, relativ voll, aber schlank. Gute Säure ★★★ LABOURE-ROI. Ziemlich tiefes Strohgelb; reich duftend und würzig ★★★

CHEVALIER-MONTRACHET BOUCHARD PERE. Minzeartig; «warm», nussig; gute Länge ★★★★ DOM. CHARTRON. Reiche, honigartige Nase; trocken, schlank, kraftvoll, dabei elegant, hervorragende Länge und Säure ★★★★

CORTON-CHARLEMAGNE CHARTRON & TREBUCHET. Trocken, schlank, mit Vanille-Tönen und eichenartigem Zimtgeschmack, gute Länge und Säure, doch die Eichennote ist etwas trügerisch, denn für eine lange Lagerung fehlt es an Fülle und Frucht ★★★

## MEURSAULTS:

Unter den vielen verkosteten Weinen fielen die folgenden besonders auf: VIRELY-ROUGEOT ★★★★ THEVENOT-MACHAL ★★★★ BOYER-MARTENOT ★★★★ CHARTRON & TREBUCHET. Gut, aber ohne Eichennote ★★★ LABOURE-ROI ★★★

CHARMES DOM. ROUGEOT. Gut. B. VIREL ★★★

CHEVALIÈRES GAUFFROY ★★★. CHARLES JOBARD ★★. R. MONNIER. Eigenartig würzig und eichenbetont ★★

PERRIÈRES BOYER-MARTENOT ★★★★. J. DROUHIN ★★★ PORUSOTS DOM. GAUFFROY ★★★★

## PULIGNY-MONTRACHET:

CHARTRON & TREBUCHET. Walnußnase, langer Eichengeschmack ★★★

CHARMES THEVENOT-MACHAL. Honigartig; vorzüglich ★★★★

FOLATIÈRES DROUHIN. Elegant, schlank, stahlig, schneidige Säure ★★★★ L. JADOT ★★★ A. RODET ★★★ DOM. CHARTRON Hart ★★

CLOS DE LA MOUCHÈRE BOILLOT. Hart, säurebetont ★

CLOS DE LA PUCELLE DOM. CHARTRON. Hart, säurebetont ★

CH. DE PULIGNY-MONTRACHET Eichenartig, würzig ★★★

LES REFERTS BOUCHARD PERE. Weich, leicht schokoladig ★★. Vollkommen anders der von CHARTRON & TREBUCHET. Sehr trocken, eichenartig, würzig, säurebetont ★★(★)

TRUFFIÈRE L. LATOUR. Goldgelb, entfaltete sich schön ★★

## 1987 ★★★

*Recht ansprechender, brauchbarer Jahrgang. Bereits gut entwickelt.*

LE MONTRACHET LAGUICHE. 13,4 % Alkohol, 3,7 g/l Säure – überraschend ähnlich dem 86er. Mitteltiefes Gelb, mit einem leichten Stich ins Gold; Ingwer, Ananas, gute Weinigkeit, rasche Entfaltung, feiner, teerartiger Duft; mitteltrocken, vollmundig, rund, recht gute Endsäure, vielleicht etwas zu kurz.
*Bei Drouhin, Oktober 1990 ★★★ Bald trinken, zwischen jetzt und etwa 1997.*

BEAUNE, CLOS DES MOUCHES J. DROUHIN. 13,6 % Alkohol, 4,1 g/l Gesamtsäure. Erstmals im August 1989 verkostet: relativ blasses Gelb; leichte Frucht- und Eichennuancen; zu kalt serviert und wirkte daher ausgesprochen trocken und fest, doch nachdem sich der Wein erwärmt hatte entfaltete sich auch der Geschmack. Bei der letzten

Gelegenheit in Drouhins Degustationsraum schien er gelber geworden zu sein, aber vielleicht kam mir das nur im Zusammenhang mit den anderen Jahrgängen so vor; in der Nase überwogen zunächst Vanille-Nuancen und Würze, dann entfaltete sich eine sehr gute Frucht; mitteltrocken, mittelschwerer Körper, schön ausgewogen, rund, köstlich.
*Zuletzt im Oktober 1990 verkostet *** Bis 1997.*

CHABLIS, GRAND CRU DOM. MALADIERE. Frisch, gefällig, mit einer Spur Würze und Ananasnuancen; fest, eindringlich, Eichentöne im Geschmack, gute Länge, schlank, lebhaft und erfrischend. Fast zu reich und eichenbetont, aber sehr attraktiv.
*Vom Mai 1989 bis Oktober 1990 ***

CHABLIS, 1ER CRU, MONT DE MILIEU A. PIC. Mitte Oktober bei Regen geerntet, weich, kernartig.
*Oktober 1990 ★*

WEITERE, 1988 BIS 1989 VERKOSTETE CHABLIS:

BEAUROY LAMBLIN. Sauber, etwas kurz ★★

BLANCHOTS LAROCHE. In der Nase rauh, wie ein Sauvignon Blanc, aber am Gaumen weich ★★

BOUGROS COLOMBIERES. Hochgetönt, etwas apfelartig, gute Länge ★★★

CHABLIS JEAN DURUP. Sehr blaß; köstlich, trocken, voller Frucht ★★★

CHABLIS ROLAND THEVENIN. Brandige, unbeschreibliche Nase; sehr trocken, gewöhnlicher Geschmack, säurebetont ★

CHABLIS GRAND CRU LOUIS LATOUR. Brandig, seifig und teuer.

LES CLOS LAROCHE. Hell, blasser Goldton; Vanille und Zitrone, sich schön entfaltende Nase; sehr trocken, eine Spur Honig und Wachs, gute, von der Frucht überdeckte Säure ★★★

LES CLOS MOREAU Rohe Nase, im Geschmack nicht schlecht ★★

FOURCHAUME DOM. DU COLOMBIER. Reich, säurebetont ★★

FOURCHAUME HENRI DUPAS. Recht ansprechend, flaute etwas ab ★★

LES PREUSES HENRI DUPAS. Grasige, hohle Nase; trocken, lang, aber unbedeutend und sehr säurebetont.

VAILLONS LAROCHE. Sehr trocken, nichts besonderes ★

VALMUR MOREAU. Sehr duftende, entgegenkommende, säurebetonte Nase, doch am Gaumen leicht, nichts besonderes ★★

VAU DE VAY (sic) MOREAU. Pfirsichartig, parfümiert; positiver Geschmack, minzeartig, leicht «grün» und mit kernartigem Endgeschmack. Mangelnde Länge ★

VAUDEVAY LAROCHE. Positiv, frisch, eichenartig ★★

CHASSAGNE-MONTRACHET FONTAINE-GAGNARD, DOM. RICHARD. Getoastete, fruchtige Nase; sehr kraftvoll, eindringlich, zuwenig elegant, benötigt Zeit.
*April 1990 ★★(★)*

CHASSAGNE-MONTRACHET OLIVIER LEFLAIVE. Wohlriechend, würzig, aber etwas hohl und hefig bei der ersten Degustation im September 1988; bei der letzten Gelegenheit allerdings mit gefälliger Eichennote im Geschmack.
*Mai 1990 ***

CHASSAGNE-MONTRACHET CHARLES MONCAUT. Minzeartig, fruchtig; geradlinig.
*Juni 1989 ★★*

CHASSAGNE-MONTRACHET, BOUDRIOTTE GAGNARD DELAGRANGE. Minzeartig, feine Eichen- und Fruchtnote; trocken, Geschmack und Länge gut, elegant, duftender Nachgeschmack.
*Oktober 1990 ***

CHASSAGNE-MONTRACHET, MORGEOT OLIVIER LEFLAIVE. Sehr positiver Geschmack, leicht «scharfer», säurebetonter Abgang, ganz hübsch.
*Oktober 1990 ★★*

CHASSAGNE-MONTRACHET, MORGEOT, CLOS CHAPELLE DUC DE MAGENTA. Voll ausgebaut; breit, offen, säurebetont.
*Juni 1991 ★★*

CHASSAGNE-MONTRACHET CHAMPS-GAIN ROPITEAU. Eindringlicher, doch neutraler Geschmack, sehr trockener und nicht sehr sauberer Abgang.
*Juni 1989.*

CHEVALIER-MONTRACHET CHARTRON & TREBUCHET. Hochgetönte Obstsalat-Nase; kraftvoll, eindringlich, männlich, vollmundig, scharfer, säurebetonter Abgang.
*September 1989 ★★(★)*

CHEVALIER-MONTRACHET, FOLATIÈRES J. DROUHIN. Goldgelb; vorzügliche Nase, weich, wachsartig, Frucht- und Eichennuancen; trocken, mittelschwerer Körper, gewisse Stahligkeit, klassischer Geschmack. Gleichbleibend gut.
*Zuletzt im Juli 1990 verkostet* ★★★★

CORTON-CHARLEMAGNE L. JADOT. Überraschend weit entwickelt, reiche Nase; weniger gut im Gaumen. Etwas zuviel Säure.
*Juni 1992* ★★

MEURSAULT BOYER-MARTENOT. Mehrere gleichbleibend gute Aufzeichnungen: vorzüglich, glanzhell, reicher, aber blasser Goldton; blumig, attraktiv, eine Spur Bienenwaben, entfaltete sich schön im Glas; trocken, mittelschwerer Körper, Zähne beschlagende Säure, gute Länge.
*Zuletzt im November 1990 verkostet* ★★★

MEURSAULT, BLAGNY, 1ER CRU Blasse, rauchige Nase, die sich herrlich entfaltete; trocken, sehr schmackhaft, aber immer noch hart.
*Juni 1990* ★★(★)

MEURSAULT, PORUSOTS J.-P. GAUFFROY. Gelb; blumig, würzig – ziemlich eigene, individuelle Minzeblattnote in Nase, Geschmack und Nachgeschmack. Voll und reich.
*Zuletzt im Oktober 1990 verkostet* ★★★

MEURSAULT, PERRIÈRES Y.-B. MARTENOT. Sehr ansprechend, vollmundig, würzige Eichennote.
*März 1990* ★★★

PULIGNY-MONTRACHET CHANSON. «Grün», wohlriechend; gefällig, etwas schlank und kurz.
*Januar 1989* ★★

PULIGNY-MONTRACHET L. JADOT. Lange an der Hefe, dadurch ein herrlich reicher, ziemlich pudriger Duft; mitteltrocken, sehr gefälliger, leicht apfelartiger Geschmack, ausreichende Länge.
*Oktober 1990* ★★★

PULIGNY-MONTRACHET CHARLES MONCAUT. Duftend, traubig; trocken, fest, stahlig – Abgang etwas hefig.
*Juni 1989* ★★

PULIGNY-MONTRACHET, LES REFERTS SAUZET. Gute Farbe; weich, Hauch von Vanille, ziemlich trocken, hübsch im Gewicht, Geschmack und Säure.
*Januar 1993* ★★★ *Bald trinken.*

## 1988 ★★★

*Im wesentlichen sehr hübsche Weine, reif und frisch, mit gut ausgewogenem Frucht- und Säuregehalt. Doch die Erträge waren hoch, zum Teil extrem hoch, weil Traubenbüschel und -beeren ungewöhnlich groß wurden. Der Mangel an Konzentration war unvermeidlich.*

*Anläßlich einer ganzen Reihe von Handelsdegustationen in London und zum Teil auch in Burgund habe ich eine große Bandbreite an Weinen verkostet. Am anschaulichsten war für mich im März 1991 die Bin-Club-Degustation in Gloucestershire, mit 30 1er und Grand Cru Côte de Beaune.*

LE MONTRACHET DRC. Relativ blasses Gelb; reich, rund, teigartige Nase, mit Frucht, darunter eine Spur Ananas und Vanille: ausgesprochen «süß», ziemlich körperreich, Fülle, gute Frucht und Säure. Bereits ein ansprechender Wein, wird sich aber noch entwickeln.
*Auf der Domaine, Oktober 1990* ★★★(★) *Bis 1998.*

LE MONTRACHET LAGUICHE. Relativ blaß, leicht grünspurig; intensive Eichen-, Frucht- und Vanille-Nuancen, nach zehn Minuten im Glas zunehmend schöner, nach einer Stunde perfekte Entfaltung im Glas; trocken, mittelgewichtig, leichter Stil, sehr duftig, gute Länge, vorzüglicher Nachgeschmack.
*März 1991* ★★★(★) *Bis 1998.*

LE MONTRACHET THENARD Eine herrliche Doppelmagnum bei Farr Vintner's im April 1993. Und eine *Jéroboam* bei Rodenstock: blaßgelb; eichener, würziger, minziger Geruch, der im Glas aufblühte; trocken, körperreich, fest, Anflug von Vanille. Vielleicht etwas zuviel Eiche. Harter Abgang. Braucht Zeit.
*Zuletzt verkostet im September 1993* ★★(★★★)

BÂTARD-MONTRACHET:

BOUCHARD PERE. Leichte, ziemlich durchschnittliche Nase; trocken, starke Eichennote, aber nicht überzeugend.
*März 1990* ★(★)?
LIONEL BRUCK. Sehr blaß; malzige Mandelkernnase und ebensolcher Geschmack. Teuer und schlecht.
*März 1991.*
GAGNARD. Blumig; sehr trocken, schlank und doch machtvoll.
*Oktober 1992* ★★(★★)

L. LATOUR Vorzügliches, warmes, krustiges, reiches, wohlriechendes Bukett; trocken, duftiger und fruchtiger Geschmack, nussiger Nachgeschmack.
*März 1991* ★★(★★)

LEFLAIVE. Relativ blaß, wohlriechend, am Gaumen recht mächtig, reich, aber noch jugendlich.
*Oktober 1992 ★★(★★)*
RAMONET. Fabelhaft, nussig; eichen, mundfüllend.
*Oktober 1992 ★(★★★★)*

### BEAUNE, CLOS DES MOUCHES 13,6% Alkohol, 4,0g/l Gesamtsäure.
Blaß; unausgebautes Ananasaroma, gute Frucht, wenn auch relativ zurückhaltend, gewisse Eichennote; mitteltrocken, weich, gefällige Säure. Benötigt Zeit, dennoch nicht allzu beeindruckend.
*Bei Drouhin, Oktober 1990 (★★★)? Bis etwa 1997.*

### CHASSAGNE-MONTRACHET, BOUDRIOTTE
GAGNARD DELAGRANGE. Blaß, leichte Grüntönung; zurückhaltende, jugendliche Chardonnaynote, Vanille- und Anissamentöne entfalteten sich wohlriechend im Glas; ziemlich trocken, relativ voller Körper, schöne klassische Note in Geschmack und Länge. Fest, immer noch etwas hart, gute Säure.
*Zuletzt im Juni 1991 verkostet ★★(★★)*

### LA MALTROYE RICHARD FONTAINE-GAGNARD.
Sehr helles Gelbgrün: offen, duftend, Frucht- und Eichentöne; mitteltrocken, körperreich, schöner reicher Eichengeschmack, Länge und Abgang gut.
*Zuletzt im April 1993 verkostet ★★(★★)*

### WEITERE, 1990 VERKOSTETE CHASSAGNE-MONTRACHETS:

CHATRON & TREBUCHET. Trocken, eindringlich – geradezu aggressiv, hart. Benötigt Zeit ★★★
OLIVIER LEFLAIVE. Blaß, limonenfarben; sehr duftend, würzig, Eichen- und Vanille-Töne; mitteltrocken, körperreich, sehr positiv, vorzüglicher Geschmack, lebhafter, trockener Abgang ★★(★★)

### MORGEOT L. LATOUR.
Leicht, etwas nussige Vanille-Nuancen; trocken, relativ voll, fest, gute Säure ★★(★)

### CHEVALIER-MONTRACHET BOUCHARD PERE.
Gute Nase, leicht minzeartig, tief; mitteltrocken, vollmundig, Reichhaltigkeit, Ausgewogenheit, Eichentöne und Länge schön.
*Oktober 1990 ★★★(★) Bis 1998.*

### CHEVALIER-MONTRACHET, DEMOISELLES
L. JADOT. Gelb; vielleicht etwas zuviel Eiche. Fest.
*September 1993 ★★(★)*

### CORTON-CHARLEMAGNE BOUCHARD PERE.
Reiche, kernartige Nase; trocken, körperreich, fest, gute Säure. Ziemlich spröde.
*März 1991 ★★(★★)*

### CORTON-CHARLEMAGNE L. BRUCK.
Brandige Nase; Mandelkerngeschmack.
*März 1991.*

### CORTON-CHARLEMAGNE L. JADOT.
Eichen; trocken, körperreich, nussiger Geschmack.
*Februar 1993 ★★★(★) Jetzt bis 2005.*

### CORTON-CHARLEMAGNE LABOURE-ROI.
Saubere, recht gute Nase; trocken, eichenbetont, leicht hölzern.
*März 1991 ★(★★)*

### CORTON-CHARLEMAGNE L. LATOUR.
Blaß; vorzügliche, nussige, duftende Nase mit Nuancen von Vanille und neuer Eiche; trocken, relativ voll, weich, dabei würzig, mit guter Säure.
*Zuletzt im März 1991 verkostet ★★★(★★)*

### CORTON-CHARLEMAGNE OLIVIER LEFLAIVE.
Duftend, Limone und Vanille; voll, würzig, Zimt und Nelken – neue Eiche.
*Oktober 1993 ★★(★)?*

### MEURSAULT:

BOYER-MARTENOT. Relativ blaß, glanzhell; Wohlgeruch in Wellen, lebhaft, würzige Nelken- und Fruchtnuancen; mitteltrocken, mittelschwerer Körper, sehr schmackhaft, nussig, eichenbetont und etwas spröde.
*Zuletzt im März 1991 verkostet ★★★(★)*

J. DROUHIN. Blaß; duftende Birnen- und Ananasnuancen; vorzügliche Frucht und Säure.
*September 1990 ★★(★)*

CH. DE MEURSAULT. Unverhüllter, brotartiger Duft; trocken, mild jugendliche Ananasnote, duftend.
*März 1991 ★★(★)*

### BLAGNY CH. DE BLAGNY (L. LATOUR).
Sehr blaß; wohlriechend, unverwoben; trocken, leicht apfelartiger Geschmack, leicht, eichenbetont, Vanille-Note.
*März 1991 ★(★★)*

### CHARMES BOUCHARD PERE.
Sehr blaß; breit, fruchtig, Kresse- und Minzetöne; mitteltrocken, sehr schmackhaft und duftend.
*März 1991 ★★★(★)*

### CHARMES L. LATOUR.
Sehr blaß; wohlriechend, parfümiert, aber bislang unverwoben; gefällige Jugendlichkeit, recht kraftvoll, man wird sehen.
*März 1991 ★(★★)?*

### CHEVALIER Y. CLERGET.
Vier Aufzeichnungen. Im Januar 1990 verschlossen, aber sauber und

korrekt. Am Gaumen trocken, eindringlich, gute Säure.
*Zuletzt im Juni 1991 verkostet* ★★(★)

CLOS DES CORVÉES, DE CÎTEAUX BOUCHARD PERE. Blaß; geringe Nase; relativ trocken und voll, eindringlich, leicht bitterer Abgang.
*Oktober 1990* ★(★★)?

GENEVRIÈRES BALLOT-MILLOT. Blaß; Nuancen von Brotkruste und Pfirsichkernen; sehr trocken, spröde.
*März 1991* (★★)

GENEVRIÈRES BOUCHARD PERE. Leicht unterschiedliche Notizen; im Oktober 1990 entgegenkommender, im Februar und März 1991 etwas verschlossen, zurückhaltende Nase, ein Hauch Walnuß; ziemlich trocken, eichenbetont, eine Flasche fast hölzern, vierschrötig.
*Zuletzt im März 1991 verkostet* ★(★★)?

GENEVRIÈRES L. LATOUR. Blaß; leicht; relativ trocken, Geschmack und Länge gut.
*März 1991* ★★★

GENEVRIÈRES MICHELOT-BUISSON. Sehr blaß; alte Socken; mittelmäßig.
*März 1991.*

GENEVRIÈRES, HOSPICES, CUVÉE BAUDOT F. PROTHEAU. Phantastisch; wohlriechend, vorzüglich.
*März 1991* ★★★(★★)

GOUTTE D'OR L. MAX. Attraktiv, nussig; Geschmack, Gewicht und Ausgewogenheit hervorragend.
*März 1991* ★★★(★)

PERRIÈRES BOYER-MARTENOT. Wohlriechend, unreif, leichte Nagellacknote; mitteltrocken, körperreich, vorzüglich reicher Geschmack, gute Länge, Zähne beschlagende Säure.
*Oktober 1990* ★(★★★)

PERRIÈRES J. DROUHIN. Enttäuschend: brandige Nase; trocken, leicht hölzern, mangelnde Länge.
*März 1991* ?

PORUZOT RENE MANUEL. Gute Weinigkeit, wohlriechend, eichenbetont, tief; nussig, sehr duftiger Geschmack und Nachgeschmack.
*März 1991* ★★(★★)

PORUZOTS (sic) J.P. GAUFFROY. Sehr schön tiefe Frucht- und Eichennuancen, leicht honigartig; aggressiv trocken, eindringlicher Geschmack, gute Länge, Säure, hart. Benötigt Zeit.
*Oktober 1990* ★(★★)

PULIGNY-MONTRACHET:

L. JADOT. Im März 1990 abgefüllt. Gefällig, offen, Vanille; trocken, relativ voll, ziemlich hart, stahlig, aggressiv.
*Oktober 1990* ★(★★)
LEFLAIVE. Am 27. September gelesen; Grüne Minze, traubig, Ananas; relativ voll, weich, dennoch fest, eine Spur Pfirschkerne.
*September 1993* ★★

COMBETTES JACQUES PRIEUR. Schöne Frucht; etwas zu wenig.
*März 1991* ★★

CLOS DE LA GARENNE J. DROUHIN. Blaß; vorzügliche, wohlriechende Nase; trocken, lebhaft, schlank, eichenbetont, köstlich.
*März 1991* ★★★(★)

FOLATIÈRES BOUCHARD PERE. Zurückhaltend; trocken, fest, stahlig.
*Oktober 1990* ★(★)

FOLATIÈRES L. LATOUR. Relativ blaß; honigartige Frucht, gute Tiefe, eine Spur Walnuß; trocken, duftend.
*März 1991* ★★(★)

FOLATIÈRES THEVENOT-MACHAL. Gute Farbe; zurückhaltend, ein Hauch Vanille, unnachgiebig; trocken, voll, eindringlich, doch zu wenig nachhaltig, spröde.
*Oktober 1990* ★(★★)

PUCELLES BOUCHARD PERE. Blaß; durchschnittliche Nase; ziemlich gewöhnlich.
*März 1991* ★★

PUCELLES LEFLAIVE. Sehr blaß; wohlriechend, Grüne Minze; leicht «süß», mittelschwerer Körper, guter Geschmack, sehr fruchtig, schöne Säure.
*September 1993* ★★★★

CLOS DU VIEUX CHÂTEAU MAROSLAVAC. Im Geschmack besser als in der Nase; körperreich; gute Säure.
*März 1991* ★(★★)

## 1989 *Im besten Fall* ★★★★★

*Ein unmittelbar attraktiver Jahrgang. Vorausgegangen waren gute Wachstumsbedingungen und eine frühe Lese des gesunden, reifen Traubenguts. Die Blüte setzte zwar früh ein, dauerte aber einen Monat lang (1988 nur eine Woche). Der August war trocken, gegen Ende des Monats fiel genügend Regen, um die Trauben ausreichend anschwellen zu lassen. Warmer Septemberbeginn. Kleine, konzentrierte Beeren,*

*Lesebeginn am 15. des Monats. Das einzige, worauf man zu achten hat, ist der Säuregehalt. Zweifellos gefällige Weine. Die kleineren Gewächse, d. h. die Weine aus dem Mâconnais und aus Chablis, sind zum baldigen Genuß gedacht. Die Weine der mittleren und oberen Kategorie erreichen ihren Höhepunkt, mit immer noch vollem, verlockendem Fruchtgehalt, bis sechs Jahre nach der Lese. Über Weichheit und Reife muß man sich nicht allzu viele Gedanken machen, denn die Spitzengewächse verfügen über ausreichend Frucht, Extrakstoffe und Alkohol für eine ziemlich lange Lebensdauer.*

*Zuerst hauptsächlich Faßproben, die dem Handel im Frühherbst 1990 in London vorgestellt wurden, außerdem degustierte ich einige direkt aus dem Faß Mitte Oktober 1990 in Burgund.*

*Enttäuschungen sind allerdings nicht auszuschließen. Im Juni 1992, anläßlich einer umfassenden Probe, waren etliche sehr geringe Meursaults und Pulignys zu verzeichnen: zu weich, seifig, malzig, Bittermandeln. Man kaufe wirklich erst auf eine zufriedenstellende Vorprobe hin!*

LE MONTRACHET DRC. Produktionsumfang und Preis sind unmittelbar verständlich, wenn man die Kellerei besucht: Zehn kleine Barriques mit Nektar. Zwölf Monate nach der Lese: ausgeprägtes Limonengelb; überhaupt nicht zurückhaltend: genauso ausgeprägte wachsartige, würzige Vanille- und Eichennuancen, die sich fabelhaft mit einem Duft nach frisch gemahlenem Kaffee entfalteten; etwas «süß», ziemlich körperreich, Duft und Säure vorzüglich. Wird sicherlich eine Schönheit.
*Aus dem Faß verkostet, Oktober 1990 (*****) Etwa 1995 bis 2010.*

LE MONTRACHET LAGUICHE. Gut in der Farbe; vorzügliche, wohlriechende Nase, Vanille-, Eichen- und Fruchttöne, «mittelsüß», mittelschwerer Körper, Geschmack, Länge und Nachgeschmack vorzüglich.
*Zuletzt im September 1993 verkostet (*****) 1995 bis 2010.*

LE MONTRACHET BOUCHARD PERE. Schöne, wohlriechende, eichenbetonte Nase; «mittelsüß», ziemlich körperreich, reichhaltig, weich, lebhaft, mit eichenbetontem Abgang.
*Zuletzt aus dem Faß probiert, Juni 1992 **(**) 1995 bis 2005.*

LE MONTRACHET L. JADOT. Malzig, gering.
*Juni 1992.*

LE MONTRACHET L. LATOUR. Vanille, kräftiger Geschmack.
*Juni 1992 **??*

BÂTARD-MONTRACHET L. LATOUR. «Süße», nussige, eichenbetonte und würzige Nase; weich trocken, körperreich, kraftvoll, sehr lang.
*Faßprobe, Oktober 1990 (*****) 1995 bis 2010.*

BÂTARD-MONTRACHET DOM. LEFLAIVE. Mittelblaß; zurückhaltende Frucht- und Eichennote; mitteltrocken, körperreich, reichhaltig, trockener Abgang, duftender Nachgeschmack. Am 9. Juli abgezogen.
*Aus dem Faß verkostet, Oktober 1990 (*****) 1995 bis 2010.*

BÂTARD-MONTRACHET OLIVIER LEFLAIVE. Gerade sechs Barriques. Reicher Eingang, vollmundiger Geschmack nach Ananas und Vanille, fest, trockener Abgang, sehr schön griffig.
*Aus dem Faß verkostet, Oktober 1990 (*****) 1995 bis 2005?*

BEAUNE, CLOS DES MOUCHES J. DROUHIN. Faßprobe, Mitte September 1990 in London degustiert: eher unterspielte Nase, leicht «süß», mit vorzüglicher Frucht und Eichennote, entgegenkommend und lebhaft. Einen Monat später in Beaune schien der Wein immer noch zu «arbeiten», mit leichter, jugendlicher Ananas- und Vanille-Nase, etwas apfelartig. Mittelschwer, recht leichter Stil, weicher Mittelgaumen, eichenbetont.
*Zuletzt aus dem Faß probiert, Oktober 1990. Wird sich zweifellos gut entwickeln. Bis etwa 1998.*

BIENVENUES-BÂTARD-MONTRACHET DOM. LEVLAIVE. Vorzüglich, stilvoll, mit hellem Limonenrand; mitteltrocken und ebenso im Gewicht, gute Länge. Braucht Zeit.
*September 1993 ***(*)?*

CHABLIS, VIEILLES VIGNES LA CHABLISIENNE. Gefällige Frucht, trocken, direkt. Vielleicht etwas zu weich. Zum Chablis paßt so eine gewisse Sprödigkeit wie beim 88er besser.
*Im August 1990 verkostet *** Wenn man von den Eigenschaften des Jahrgangs ausgeht, darf man gefällig fruchtige Weine erwarten, die zum schnellen Genuß gedacht sind.*

CHASSAGNE-MONTRACHET JEAN NOËL GAGNARD. Sehr trocken, schlank, gute Länge, aber säuerlich.
*September 1993 *(**) Bis 1996.*

CHASSAGNE-MONTRACHET, LA MALTROYE FONTAINE-GAGNARD. Blaß, schöne Frucht, delikat; trocken, elegant und mit guter Säure.
*November 1992 **** Jetzt bis 2000.*

CHASSAGNE-MONTRACHET, MORGEOT OLIVIER LEFLAIVE. Blaß, mit einem Stich ins

Limonengelb; ausgesprochen parfümiertes Aroma nach Äpfeln, Birnen und Pfirsichen; ein reifer Wein, duftend, relativ voll, mit Charme.
*Aus dem Faß, Oktober 1990 (★★★★) Bis 1996.*

CHASSAGNE-MONTRACHET, MORGEOT, CLOS CHAPELLE MAGENTA. Blaß; vorzüglich, viel Eiche.
*Juni 1991 ★(★★★★)*

CHEVALIER-MONTRACHET BOUCHARD PERE. Sehr ansprechend, würzig, eichenbetont.
*Zuletzt im Juni 1992 verkostet ★★(★★)*

CHEVALIER-MONTRACHET LEFLAIVE. Leicht minzeartige Nase; «süß», relativ voll, würzig. Sollte Anfang Dezember geschönt und im Februar auf Flaschen abgefüllt werden. Anspruchsvoll, mächtig.
*Zuletzt im Oktober 1992 verkostet ★★(★)*

CORTON-CHARLEMAGNE L. LATOUR. Etwas mehr Farbe als der 88er; breit, offen, weichere Nase als der 88er, gute Frucht und Weinigkeit; mitteltrocken, ziemlich körperreich, schöne Frucht, weich, verlockend, mit warmem, eichenbetontem Nachgeschmack.
*Faßprobe in London, Oktober 1990 (★★★★) Bis 2000.*

CORTON-CHARLEMAGNE L. JADOT. Trocken, überraschend fest, gute Säure.
*Juni 1992 ★★(★★)*

CORTON-CHARLEMAGNE O. LEFLAIVE. Ein körperreicher, eindringlicher Wein mit guter Säure – und gut im Geschmack.
*September 1993 ★★(★★) 1995 bis 2000.*

CORTON-CHARLEMAGNE L. VIOLLAND. Klassisch, voll, exzellent.
*Juni 1992 ★★(★★★)*

MEURSAULT, GENEVRIÈRES L. LATOUR. Sehr gelb; weich, ölig, Beiton nach Pfirsichkernen; mittelmäßig, etwas kraftlos. Muß getrunken werden.
*Zuletzt verkostet September 1993 ★? Austrinken.*

MEURSAULT, CLOS DES CORVÉES DE CÎTEAUX BOUCHARD PERE. Blaß; weich, nahezu pfirsichartig, ein Spur einer jugendlichen Nagellacknote; mitteltrocken und -schwer, weich, zugänglich, mit erfrischend säurebetontem Abgang.
*Faßprobe im Oktober 1990 verkostet (★★★★) Bis 1996.*

PULIGNY-MONTRACHET, CLOS DU CAILLERET DOM. CHARTRON. Sehr entgegenkommende, junge, apfelartige Nase, mit wohlriechenden Frucht- und Eichennuancen; gefällig in «Süße» und Körper, weich, reich – fast ein Widerspruch zu den schlanken, stahligen Pulignys von Chartron & Trebuchet. Schwerer und eichenbetonter im Stil. Guter Nachgeschmack.
*Oktober 1989 (★★★★) Bis 1998.*

PULIGNY-MONTRACHET, CLAVOILLONS LEFLAIVE. Gelb; volle, butterige Nase, mit Nuancen von reifer Ananas und Mandarinen; «süß», vorzüglich pfirsichartiger Geschmack, deutliche Säure.
*Aus dem Faß, Oktober 1990 (★★★★★) Bis 1996.*

PULIGNY-MONTRACHET, FOLATIÈRES L. LATOUR. Eine mit Korkengeschmack, die andere gut, aber unverwoben, obwohl sich die Blume im Glase öffnete. Voll. Weich.
*Zuletzt im September 1993 ★★ Austrinken.*

PULIGNY-MONTRACHET, LA PUE AUX VACHES ADRIEN BELLAND. Einer von mehreren attraktiven 90ern, vorgestellt an einer Probe bei Justerini & Brooks. Sehr attraktive Frucht, gut in Geschmack und Abgang.
*Januar 1992 ★(★★★) Bald trinken.*

PULIGNY-MONTRACHET, PUCELLES LEFLAIVE. Gelb; für seine Jugend überraschend harmonisch, leicht würzig, eichenbetont; «süß», mittelschwer, reich, feiner Geschmack, Vanille-Töne, pappige Endsäure. Befand sich bis zum Ende des biologischen Säureabbaus im April (1990) in Eichenfässern, danach in Stahltanks.
*Aus dem Tank verkostet, Oktober 1990 (★★★★) Bis 1998.*

WEITERE VERKOSTETE PULIGNY-MONTRACHETS:

FOLATIÈRES BOUCHARD PERE. Blaß; jugendliches, frisches Ananasaroma; leicht «süß», weich, eichenbetont. Immer noch etwas hefig und unfertig – vielleicht lag es auch an der Faßprobe.
*Oktober 1990.*

FOLATIÈRES DOM. CHARTRON. Relativ blaß; reiche, offene, übertriebene, eichenbetonte, honigartige Nase; trocken, körperreich, ziemlich unnachgiebig, männlich und kraftvoll. Faßprobe.
*Dezember 1993.*

FOLATIÈRES L. JADOT. Blaß; mitteltrocken, relativ voll, gute Länge, nussig, ziemlich harter Abgang.
*Juni 1992.*

FOLATIÈRES L. LATOUR. Blaß, hell; offene, jugendliche Vanille- und Fruchtnase, gewisse Tiefe; relativ trocken, schöne Frucht.
*Juni 1992.*

FOLATIÈRES OLIVIER LEFLAIVE. Leicht wolkig; «mittelsüß» und mittelschwerer Körper, reich,

sogar fett, eichenbetonter Ananasgeschmack und gute Länge. Aus dem Faß verkostet.
*Oktober 1990.*

PUCELLE DOM. CHARTRON. Reich, aber bitter.
*Dezember 1993.*

## 1990

*Wahrscheinlich – der Meinung einiger geachteter Domainen nach – ein Fünf-Sterne-Jahrgang. Ähnliche Wachstumsbedingungen wie 1989, milder Frühling, fortgeschrittene Vegetation, lange, ungleichmäßige Blüte, trockener Sommer, gefolgt von Regen Anfang September. Überraschend große Ernte, hoher Zuckergehalt, wenig Säure. Unterm Strich eine ziemlich hohe Anzahl an weichen, fruchtigen Weinen, die bald getrunken werden sollten. Wie immer wird man auch hier mit der Zeit sehen.*

LE MONTRACHET LAGUICHE. Minzeartig, traubig; ziemlich «süß», kraftvoll. Interessantes Potential.
*In den Kellern von Drouhin, Oktober 1990 (★★★★)*

LE MONTRACHET THÉNARD. Gelb; mächtig, eindrucksvoll. Braucht Zeit.
*September 1990 (★★★★)*

BEAUNE, CLOS DES MOUCHES DROUHIN. Ananasnote; «süß», lebhaft, Fruchtfülle.
*Im Produzentenkeller, Oktober 1990.*

BIENVENUES-BÂTARD-MONTRACHET L. CARILLON. Getoastet, mit Rauchgeruch, positiv, klassisch, schlank.
*September 1993 (★★★★)*

CHASSAGNE-MONTRACHET JEAN NOËL GAGNARD. Malzige Nase; Geruch von alten Äpfeln.
*September 1993 ★ Nochmals verkosten.*

CHASSAGNE-MONTRACHET, MORGEOT, CLOS CHAPELLE MAGENTA. Sehr blaß; jugendlich, ananasartig, ansprechend; mitteltrocken, weich, dabei voller Körper und Geschmack, Länge und Potential gut.
*Bei der Degustation von Jadot, Juni 1991.*

## 1991 ★

*Wie bei den Roten unterschiedliche Qualitäten, die eher jung getrunken werden sollten. Der Frost war in Chablis besonders streng, aber die Betriebe schafften es, ihre Spitzenlagen durchzubringen. Trotzdem fiel die Menge auf ein Drittel des gewohnten Ertrages.*

MONTRACHET LAQUICHE/DROUHIN. Tief, Toast und Vanille; körperreich, eindringlich, gute Länge.
*Bei einer Drouhin-Probe in London im Oktober 1993 ★★(★★)*

CORTON-CHARLEMAGNE J. DROUHIN. Blaß; trocken, voll, nussig.
*Oktober 1993 ★★(★★)*

CHASSAGNE-MONTRACHET LAQUICHE/DROUHIN. Geröstete Nase; trocken, viel Eiche.
*Oktober 1993 ★(★★)?*

CHABLIS, VAUDÉSIR J. DROUHIN. Milde und doch markant eichene Nase; reich und eichen – kein traditionell stahliger Chablis, aber attraktiv.
*Oktober 1993 ★★(★)*

BEAUNE, CLOS DES MOUCHES DROUHIN. Sehr duftend, Vanille; attraktiv, junger Ananas- und Vanillegeschmack, mit Eiche im Abgang. Gute Säure.
*Oktober 1993 ★★★(★)*

## 1992 ★★★

*Von Anfang an waren die Burgunderspezialisten von den 92er Weißweinen beeindruckt, und die lokalen Erzeuger und Händler beschrieben sie (natürlich nicht ganz unparteiisch) als «Weine mit einer feinen Komplexität an Fruchtaromen, sehr füllig und abgerundet» – woraus zu schließen war, daß der Säuregehalt niedrig lag. In der Tat ließ man 1992 die Säureanreicherung zu. Unter diesem Aspekt kann man sagen, daß es sowohl charmante, schnellreifende wie auch lagerfähige Weine gibt. Wie immer beim Burgunder sind das Können und das Stilgefühl des Erzeugers entscheidend.*

## 1993 ★★

*Der schöne Frühling und der zeitige Sommeranfang hatten einen günstigen Einfluß, wenn man von den schweren Regenfällen am 30. April (40 bis 80mm wurden in Chablis gemessen) absieht. Juni und Juli waren besonders regenreich, schlimme Hagelschläge gab es Anfang Juni, sie zerstörten einige Premier-Cru-Lagen in Meursault und Teile des Puligny-Montrachet. Das Gesamtergebnis ist recht unterschiedlich.*

# Rhone

## Rotweine

Aus gutem Grund gilt das Rhonetal als ältestes großes Weinbaugebiet Frankreichs. Bereits in römischer Zeit wurde der Fluß als eine Art Hauptverkehrsstraße in den Norden benützt. Die Rotweine waren berühmt für ihre Qualität und hatten unter Ortsansässigen wie auch unter Parisern stets viele Anhänger. In den vergangenen zwei Jahrhunderten hat man sie allerdings schamlos auch als Verschnittweine mißbraucht: Beste rote Hermitages dienten dazu, sogar roten Spitzengewächsen aus dem Bordelais Kraft und Gleichgewicht zu geben. Und bis zum Inkrafttreten des Gesetzes über die Appellation Contrôlée für diese Region im Jahre 1971 waren rote Rhoneweine aus stilistischen (Farbgeber) und kommerziellen (Mengenerweiterung) Gründen dem roten Burgunder beigegeben worden.

Auf den Listen der britischen Weinhändler standen zwar immer Rhoneweine, selten jedoch waren sie unter dem Namen des Winzers angeboten, eher schon unter einer Gebietsbezeichnung, unter der man verschiedene Weine bei verschiedenen Erzeugern aufkaufte und zusammenstellte. Als Pionier für diesen Wein in England muß der Zahnarzt Robin Yapp gelten. Ende der 60er Jahre entdeckte er die damals sehr preiswerten Provenienzen von Winzern wie Auguste Clape, Robert Jasmin und Gérard Chave, um nur drei der heute illustren Namen zu nennen. Zweifellos hat sich aber auch seit Mitte der 50er Jahre das Qualitätsniveau gehoben. Und um dem Ganzen die Krone aufzusetzen, ist das Rhonegebiet in der letzten Zeit mit drei hervorragenden Jahrgängen gesegnet worden: 1988, 1989 und 1990.

Die Aufteilung des Tales in ein nördliches und ein südliches hat nicht nur einen geografischen Bezug. Auch die Weine sind im Stil sehr unterschiedlich. Im Norden produziert man an den steilen Hängen der Côte Rôtie – genauso schwierig und kostspielig zu bearbeiten wie die Wehlener Sonnenuhr an der Mittleren Mosel – Wein von explosiver Kraft und Finesse. Der Hermitage ist elegant, kommt einem Bordeaux in Stil und Gewicht am nächsten. Im Süden ergibt sich ein ganz anderes Bild: hier liegt das weite Tal und die ebeneren Weinberge von Châteauneuf-du-Pape. Der «Boden» besteht hier aus großen Steinen, die nachts, wie ein Wärmespeicher, die tagsüber aufgenommenen Sonnenstrahlen wieder abgeben. Kein Wunder, daß die Weine farbintensiv, reich und alkoholstark ausfallen.

Die Weine der einzelnen Regionen müssen unterschiedlich angegangen werden. Ein roter Rhone aus den besten Jahrgängen sollte in der Jugend nahezu undurchsichtig sein und mit der Zeit dann in ein tiefes Rubinrot übergehen; das gilt vor allem für die beiden «Grenzweine», den Côte Rôtie und den Châteauneuf. Das Bukett eines Côte Rôtie und Hermitage ist meist wesentlich ausgeprägter als das eines Châteauneuf. Das liegt vor allem daran, daß die Provenienz nur aus einer Rebsorte, der Syrah, gewonnen wird. Der Côte Rôtie von Guigal beispielsweise ist beladen mit Frucht, Jaboulets Hermitage ist geschmeidig. In Châteauneuf dagegen werden bis zu 13 Rebsorten verwendet; zusammen mit der Wärme und dem Alkoholgehalt erscheint das Aroma dadurch etwas «verschleiert». Meiner Ansicht nach spielt die Nase bei den Weinen von der südlichen Rhone eine untergeordnete Rolle. Es kommt mehr auf den Gaumen an: auf die Süße der reifen Trauben und den hohen Alkoholgehalt, auf Rundung und Fülle. Am besten trinkt man diese Weine nach etwa drei bis sechs Jahren; die feineren roten Hermitage aus den nördlicheren Gebieten hingegen verfügen über mehr Finesse und gewinnen durch eine Flaschenalterung. Meine Aufzeichnungen sollen eine Vorstellung geben von der Qualität eines Jahrgangs und dessen gegenwärtigen Zustand. Im Rhonetal ist es heiß und die Winzer hier sind mit mehr reifen Jahrgängen gesegnet als die meisten anderen; das erklärt die relativ vielen hohen Bewertungen.

## 1825

LANERTHE (sic, heute Ch. de la Nerte). Dieser und der nächste Wein stammten aus einem alten französischen Keller in der Nähe von Lyon; ausgegraben wurden sie von Sandy McNally, die die jährlichen Weinauktionen von Heublein Inc. glänzend organisiert und katalogisiert hat. Nach Livingstone-Learmonth and Master war der La Nerte der erste Châteauneuf-du-Pape, der in Flaschen abgefüllt und nicht direkt aus dem Faß verkauft wurde (das war im Jahre 1785). Erstmals 150 Jahre später in San Francisco verkostet. Eine Flasche scharf, die andere bemerkenswert sauber: trocken, voll und würzig. Zwei Jahre später: altes Tawny, gesund, aber kaum mehr Rot vorhanden; sehr reich, gehaltvoll, leicht oxydierte Nase; ein Hauch Süße, immer noch etwas Frucht und sehr viel Körper. Kantige Säure, trockener Abgang.
*Zuletzt bei der Vorverkaufsdegustation von Heublein Inc. verkostet, New Orleans, Mai 1981.*

## 1832

ERMITAGE (sic). Gleiche Herkunft wie der oben genannte Lanerthe, alle bei der ersten Vorverkaufsdegustation von Heublein Inc. im Mai 1977 verkostet und beschrieben. Im Mai 1979 fünf Flaschen geöffnet, Füllhöhen und Zustand unterschiedlich. Zwei Jahre später ein weiteres Paar: die erste Flasche war voll bis in den Hals. Obwohl der Korken nach innen fiel, ließ sich der Wein gut dekantieren, zeigte eine fabelhafte Farbe. Saure Nase, doch dahinter Frucht. Am Gaumen besser. Die zweite Flasche: für das Alter sehr gute Farbe, altes Tawny mit rosigem Hauch; eine Spur Süße, sauber.
*Beide Mai 1981 ★*

## Etwa 1870

HERMITAGE Aus einem Keller mit altem Wein in Northampton. Zeitgenössische Burgunderflasche, Original-Wachssiegel. Unetikettiert. Trotz geschrumpftem Korken seht gutes Füllniveau. Tawny, schwach bernsteingrüner Rand; interessante Nase, wie viktorianischer Milchpunsch, würzig, duftend, hochgetönt; leicht harziger Lavendelölgeschmack.
*Bei Christie's auf einer Degustation mit Weinen vor dem Reblausbefall für die Wine & Food Society, April 1986 ★★*

## 1871

HERMITAGE Überraschend tief, pflaumig; angesengt, schokoladig, verschlechterte sich im Glas; sehr «süß», aber mit einem harten, alten, holzigen Abgang.
*September 1990 ★*

## 1929 ★★★★★

*Zurück zur Wirklichkeit. Ein hervorragender Jahrgang.*

HERMITAGE CHAVE. Schönes weiches Rot, mit reifem, bernsteinorangefarbenem Rand; «süße» alte Nase, Walnüsse; eine Spur Süße führt zu einem sehr trockenen, säurebetonten Abgang. Der Geschmack erinnert an eine knorrige alte Eiche, über den Höhepunkt hinaus, aber sauber.
*Bei einer bemerkenswerten Degustation von Chave-Jahrgängen, vorgestellt von Robin Yapp, dem Spezialisten für Weine von der Rhone und von der Loire, im Garrick Club, März 1984 ★★★*

## 1933 ★★★★

*In der nördlichen Rhone sehr gut.*

## 1934 ★★★★

*In der südlichen Rhone sehr gut.*

## 1937 ★★★★

*Die Weine, wie beispielsweise Chapoutiers «Grand Hermitage», waren Mitte der 50er Jahre auf einem phantastischen Höhepunkt.*

CHÂTEAUNEUF-DU-PAPE ST-MARC ET SANDERS, BARSAC. Tiefe Farbe; hochgetönt, zitrusartig, Walnüsse, würzig, «Friar's Balsam»; ziemlich körperreich, in sehr guter Form. Schien «süßer» zu werden.
*Essen in Saling Hall mit Hugh Johnson, August 1986 ★★★*

## 1942 ★★★

HERMITAGE CHAVE. Lebhaft und hübsch; etwas am Verblassen, leichte Anzeichen von Abbau; schlanke, ledrige Struktur, kurz, aber «süß». Leichter, trockener, säurebetonter Endgeschmack.
*Bei der Chave-Degustation, März 1984 ★★★*

## 1943 ★★★★

*Sehr gut an der nördlichen Rhone. Seit 1973 keinen Wein mehr verkostet.*

## 1944 ★★★

*Gut an der südlichen Rhone.*

## 1945 ★★★★★

*Wie in allen europäischen Weinbaugebieten hervorragend, besonders für den Hermitage. Jaboulets La Chapelle war 1973 herrlich.*

CHÂTEAUNEUF-DU-PAPE, TÊTE DE CUVÉE, GRANDE RÉSERVE J. VIDAL FLEURY. Große Farbintensität; «süße», leicht unangenehme Nase; am Gaumen «süß», mittelschwer, «warmer», angesengter Geschmack.
*Aus einem Privatkeller in Holland, April 1984 ★★★*

GIGONDAS PIERRE AMADIEU. Abgefüllt in Belgien. Eigenartiges Bernsteinorange; «süß», rauchig; angesengte alte Nase; alt, aber mit Geschmack.
*April 1984 ★*

## 1947 ★★★★

*Heißer Jahrgang. Reiche, alkoholische, sinnliche Weine. Doch vor allem an der nördlichen Rhone immer noch eine Phase der Depression. Preise für den Côte Rôtie so niedrig, daß die Erzeugung unrentabel war.*

CHÂTEAUNEUF-DU-PAPE ARMAND ESTABLET, PROPRIETAIRE ET NEGOCIANT A CHATEAUNEUF. Durch Kjaer & Sommerfeldt importiert, einem führenden Kopenhagener Weinhändler. Feiner, bernsteinorangener Rand; «süß», gehaltvoll, kernig, stämmig. Wahrscheinlich für den dänischen Markt «frisiert».
*Aus den Kellern von Schloß Aalholm, Juli 1989 ★★*

HERMITAGE, ROCHEFINE JABOULET-VERCHERRE. Immer noch schönes Rubinrot; «süß», Himbeernuancen, ohne Alterston in der Nase und am Gaumen. Mild, perfekte in Gewicht, Charme und Zustand.
*Mit Alistair Sampson, August 1989 ★★★*

## 1949 ★★★★★

*In der ganzen Region ein hervorragender Jahrgang.*

HERMITAGE, LA CHAPELLE P. JABOULET AINE. Mitteltief; reife, reiche Nase, wie ein feiner Burgunder; Süße und Gewicht gefällig, mit warmem Toastgeschmack, perfekt in Gleichgewicht und Zustand.
*Mai 1985 ★★★★★*

## 1952 ★★★★★

*Ebenfalls hervorragend.*

HERMITAGE CHAVE. Relativ blaß, sehr ausgebaut; reich, Geruch wie alter Dünger, Tannin immer noch versteckt; ziemlich «süß», weich, reich, vorzüglich.
*März 1984 ★★★★*

## 1953 ★★★★

*Außergewöhnlich erfolgreich für die nördliche Rhone. Die meisten, aus diesem Jahrgang verkosteten Rhoneweine wurden durch Harvey's abgefüllt, eine Ausnahme bildete 1960 der «merkwürdige und interessante» Ch. Fortia.*

HERMITAGE, LA CHAPELLE P. JABOULET AINE. Im September 1954 abgefüllt. Außerordentlich eindrücklich, reich und jugendlich bei der ersten Degustation 1960. In jüngerer Zeit tief, intensiv, mit ausgebautem Rand; Nase mit Kork- und Holzgeruch, verschlechterte sich im Glas, fischig. Leider schrecklich. Hoffentlich nur eine schlechte Flasche.
*Zuletzt auf Burg Windeck, Mai 1983.*

## 1955 ★★★★

*Sehr guter Jahrgang, an der nördlichen und an der südlichen Rhone voll ausgebaut.*

CHÂTEAUNEUF-DU-PAPE DOM. DE BEAURENARD. Ein knapp dreißig Hektar großer Weinberg nördlich von Châteauneuf. Ganz besonders feine, tiefe Farbe; wunderschön würzige Nase; sehr reich, beeindruckend, weich, vielleicht etwas zu wenig Länge und Abgang.
*März 1980 ★★★*

## 1956

*Anfang der 60er Jahre merkwürdig und unbeeindruckend.*

## 1957 ★★★★

*Sehr gutes Jahr. War wohl nach zehn bis zwölf Jahren am besten. Keine jüngeren Aufzeichnungen.*

## 1959 ★★★★★

*Hervorragender Jahrgang, vor allem für die nördlichen Weinberge. Anfang der 60er Jahre sehr viele Weine, vor allem Chapoutiers, verkostet. Der 1960 zum ersten Mal beurteilte La Chapelle war von der Konzentration und Kraft her wie ein 45er Mouton.*

## 1960 ★

*Mittelmäßiger Jahrgang. Selbst Anfang der 60er Jahre dumpf. Heute kaum interessant.*

CÔTE RÔTIE, LES JUMELLES P. JABOULET AINE. Die sogenannten Zwillinge sind zwei nebeneinanderliegende Hügellagen, Côtes Brune und Côtes Blonde. 1973 fein und reich. In jüngerer Zeit lebhaftes Rubinrot; etwas Frucht und Wohlgeruch, erinnert aber an Pappe; am Austrocknen, etwas dünn, ganz leicht sauer und kurz.
*Auf Schloß Thornbury, September 1982.*

## 1961 ★★★★★

*An der ganzen Rhone ein phantastischer Jahrgang, der Hermitage gilt, zusammen mit dem 29er, als einer der besten des Jahrhunderts, der beste Châteauneuf nach 1945, nur der 78er kann mit ihm konkurrieren.*

CÔTE RÔTIE J. VIDAL FLEURY. 1781 gegründet, das älteste *Maison du Vin* der nördlichen Côtes du Rhone. Noch nach zwanzig Jahren starkfarben; zunächst geringe Nase, entfaltete dann eine erdbeerartige Frucht und einen tabakähnlichen Duft; trocken, wuchtig, unfertig.
*Essen bei der Wine and Food Society in Miami, Februar 1981. Damals ★(★★★) 1990 bis 2000.*

CÔTIE (sic) RÔTIE P. JABOULET AINE. Londoner Abfüllung (daher die falsche Schreibweise). Überaus tief, Tönung wie schwarze Johannisbeeren; sehr wohlriechend, wie ein Spitzen-Pauillac. Trocken, wuchtig, großartig. Weitere 25 Jahre Lebenserwartung.
*Bei Hugh Johnson, Januar 1981 ★(★★★★) 1990 bis über das Jahr 2000 hinaus.*

HERMITAGE, LA CHAPELLE P. JABOULET AINE. Erstmals 1967 verkostet: «ein schöner stämmiger Wein». 1983 immer noch starkfarben, «süß», voller Frucht. Im Alter von über dreißig Jahren immer noch sehr tief; Maulbeer- und Pflaumennase, die reiche Fülle erinnerte mich an den 61er Pétrus oder einen Trotanoy; am Gaumen sehr «süß», körperreich, weich, samtig, teeriger Geschmack. Phantastisch. Eine Flasche auf dem Höhepunkt im Oktober 1993.
*Eine meiner Höchstbenotungen an der großen Probe «Parker 100» in Hamburg, Oktober 1993 ★★★★★ Jetzt bis über das Jahr 2000 hinaus.*

## 1962 ★★★★

*Ein sehr gutes Jahr, wobei die Qualität der Weine von den großen 61ern überschattet wurde.*

HERMITAGE VIDAL FLEURY. Eigenartige Feigennase, die sich im Glas verbesserte; relativ voll, gewisse Eleganz.
*Februar 1981 ★★★ Wahrscheinlich jetzt über die besten Jahre hinaus.*

## 1964 ★★★★

*Im Hermitage anhaltendes Tannin, besonders fein der La Chapelle; sehr gute, aber begrenzte Produktion in Châteauneuf. Ende der 60er und Anfang der 70er Jahre viele Weine verkostet, als die meisten auf dem Höhepunkt ihrer Entwicklung waren.*

## 1966 ★★★★

*Sehr gutes Jahr. Jetzt am besten.*

CHÂTEAUNEUF-DE-GADAGNE DOM. DE LA CHAPELLE. Ein alter Côtes-du-Rhone-Besitz, unmittelbar östlich von Avignon. Mitteltiefes Rot, sehr ausgebaut; Bukett wie ein alter Burgunder; mitteltrocken und -schwer, vorzüglich in Geschmack und Struktur.
*Juli 1981 ★★★★*

CHÂTEAUNEUF-DU-PAPE, LES CÈDRES, ‹LA GRAPPE DES PAPES› P. JABOULET AINE. Tief, reich; ein relativ «süßer», kerniger Wein, samtig, aber kraftvoll. Leicht bitterer Nachgeschmack.
*Weihnachtssen, Dezember 1984 ★★★*

CÔTE RÔTIE, LES JUMELLES P. JABOULET AINE. Ziemlich tiefe, feine Farbe; sehr reich, hochgetönt, faszinierend – Erdbeermarmelade und Geruch des Weinkellers; schien im Glas «süßer» zu werden, Geschmack und Ausgewogenheit exzellent.
*März 1980. Damals ★★★*

## 1967 ★★★★

*An der ganzen Rhone sehr gut, besonders aber in Châteauneuf; die dortigen Weine werden heute mit den 78ern auf eine Stufe gestellt.*

CHÂTEAUNEUF-DU-PAPE, CH. FORTIA Ziemlich tief, reich, ausgebauter Rand; reif, leichter Alterston; am Gaumen «süß», guter Geschmack, aber sehr trocken, hart und mit säurebetontem Abgang.
*August 1982 ★★*

CÔTE RÔTIE, BRUNE ET BLONDE GUIGAL. Gute Farbe, nicht sehr ausgeprägt. Wenig beeindruckend.
*Vorverkaufsdegustation, Chicago, Oktober 1983 ★★*

CÔTE RÔTIE, LES JUMELLES P. JABOULET AINE. Mehrere Aufzeichnungen aus den frühen 80er Jahren. Immer noch ziemlich tief, violetter Rand; sehr entgegenkommende Nase; vorzügliche Struktur, elegant.

*Wahrscheinlich am besten bei der letzten Degustation im Dezember 1984 ★★★★ Jetzt zweifellos am Verblühen.*

HERMITAGE P. JABOULET AINE. Fein, tief; maulbeerartige Frucht in der Nase und am Gaumen. Ziemlich voll, weich.
*Seit November 1979 nicht mehr verkostet. Damals ★★★*

## 1968

*Schlechter Jahrgang. Keinen Wein verkostet.*

## 1969 ★★★ bis ★★★★

*In Châteauneuf gut bis sehr gut, in Hermitage besser, kleine, aber vorzügliche Ernte in der Côte Rôtie.*

CHÂTEAUNEUF-DU-PAPE, CH. DE RAYAS 1978 wuchtig und herrlich. Zwei Jahre später: beeindruckend schöne Farbe; reiche, würzige Nase; «süß», körperreich, vorzüglicher Geschmack und Abgang.
*Seit März 1980 nicht mehr verkostet. Damals ★★★★ Müßte immer noch vorzüglich sein.*

HERMITAGE CHAVE. Mitteltiefe, reiche Farbe; tiefe, lebhafte, wohlriechende Nase, reiche Tannin- und Fruchtunterlage; phantastischer Geschmack, schlank, würzig, sehr langer, trockener, tanninbetonter Abgang.
*März 1984. Damals ★★★(★★) Bis über 2000 hinaus.*

HERMITAGE GUIGAL. Tief; außerordentlich reiche, alkoholstarke Nase; trocken, mächtig, tanninbetont.
*September 1986 ★★★(★★) Bis nach 2000.*

HERMITAGE CAVE CO-OP DE VINS FINS. Mittelblaß; Alterston in der Nase, aber weich, lang und schön am Gaumen.
*September 1986 ★★★ Jetzt trinken.*

HERMITAGE, LA CHAPELLE P. JABOULET AINE. Weinig, stämmige Frucht; seidig, aber schon mit Alterstönen.
*Mai 1992 ★★★*

## 1970 ★★★ bis ★★★★★

*Im Süden exzellent, im Norden sehr gut. In jüngerer Zeit nur einen Wein verkostet.*

HERMITAGE, LA CHAPELLE P. JABOULET AINE. Erstmals im November 1972 verkostet: groß und stark. In jüngster Zeit aus Magnum-

flaschen: tief, vorzüglich; wohlriechend, herrliche Fruchtentfaltung; relativ trocken, mittelschwerer Körper, sehr gut in Geschmack, Struktur und Ausgewogenheit. Elegant.
*Zuletzt bei der Masters-of-Wine-Verkostung von Grange und La Chapelle, im Mai 1992* ★★★★

## 1971 ★★★★ *bis* ★★★★★

*Sehr gut bis ausgezeichnet. Alle wahrscheinlich jetzt auf dem Höhepunkt.*

CHÂTEAUNEUF-DU-PAPE, CLOS DES PAPES PAUL AVRIL. Mitteltief, ausgebaut, schokoladig; reich, weich, doch noch tanninbetont.
*März 1985* ★★★(★)

CHÂTEAUNEUF-DU-PAPE, CH. DE RAYAS Sehr tief; sahnige, honigartige Frucht; ziemlich «süß», ein herrlicher Wein, seidig, große Weinigkeit, gute Zukunft bei der letzten Degustation.
*Oktober 1981. Damals* ★★★(★★) *Wahrscheinlich jetzt perfekt.*

CÔTE RÔTIE, LES JUMELLES P. JABOULET AINE. Überraschend reicher, würziger Wein.
*März 1984* ★★★★(★)

CÔTE RÔTIE, TÊTE DE CUVÉE J. VIDAL-FLEURY. Fein, tief; reich, fest, duftig.
*Vorverkaufsdegustation, April 1986* ★★★

HERMITAGE CHAVE. Goldmedaille, *Concours Agricole Paris.* Gute Farbe; herrlich reifer Duft; leicht «süß», körperreich und erdig, dabei etwas leicht, sehr reich, gute Länge, duftiger Nachgeschmack.
*Januar 1984* ★★★★(★)

HERMITAGE, LA CHAPELLE P. JABOULET AINE. Erstmals 1975 verkostet. Reich, und mit 32 Pfund pro Dutzend teuer. Im Alter von zehn Jahren: tief; herrliches Bukett; Geschmack, Ausgewogenheit und Abgang fein. Elegant, aber immer noch nicht ganz fertig bei der letzten Degustation.
*Dezember 1981. Damals* ★★★★(★) *Zweifellos jetzt perfekt.*

## 1972 ★ *bis* ★★★★

*In Châteauneuf gut, in Cornas und Hermitage waren die besten Weine hervorragend (La Chapelle 1974 tief und «süß»); in der Côte Rôtie mittelmäßig. Jetzt trinken.*

CHÂTEAUNEUF-DU-PAPE, DOM. DE DAUCASTEL Starkfarben; pfeffrig, alkoholbetont und unfertig im Alter von sieben Jahren.

*Seit Dezember 1979 nicht verkostet. Damals* (★★★) *Jetzt zweifellos reif.*

CORNAS P. JABOULET AINE. Ein guter junger Wein. Mit acht Jahren: herrliche Farbtiefe, Anzeichen des Ausbaus; Bukett erblühte im Glas mit duftiger, Bordeaux-artiger Frucht; Länge, Tannin, Säure, Duft gut. Ein glänzender Wein.
*Zuletzt im April 1980 verkostet* ★★★(★) *Jetzt zweifellos hervorragend.*

HERMITAGE CHAVE. Sehr tief; 1984 Nase wie Senf und Kresse, würzig, sehr schmackhaft. In jüngster Zeit: jetzt relativ blaß, weiches, warmes Ziegelrot; außergewöhnliche Frucht; «süßer», mittelschwer, weicher origineller Geschmack, erfrischende Säure.
*Zuletzt im Dezember 1990 verkostet* ★★★★ *Bis 1996.*

HERMITAGE, LA CHAPELLE P. JABOULET AINE. Sehr kleine Ernte. Gebleichte Farbe, vollreif; kräuterwürzig; überraschend attraktiv.
*Zuletzt verkostet Mai 1992* ★★★

## 1973 ★ *bis* ★★★

*In der ganzen Region sehr hohe Erträge. Unterschiedliche Qualität.*

CHÂTEAUNEUF-DU-PAPE, DOM. DE LA PETITE BASTIDE Tief, reich; sehr alkoholisch, wohlriechend, ungewöhnlich, wie Pflaumen in Wodka; außergewöhnlicher Geschmack, reich, intensiv, tanninbetont. Leicht bitterer, medizinaler Abgang.
*März 1986* ★

## 1974 ★ *bis* ★★★

*Im Süden mäßig, im Norden reichlich und mittelmäßig.*

HERMITAGE CHAVE. Zurückhaltend, nichts Besonderes; trocken, zum Kauen, kurz.
*Bei einer Chave-Vertikaldegustation, März 1984* ★★

HERMITAGE, MONIER DE LA SIZERANNE CHAPOUTIER. Malzig, marmeladig, stielig, trocken.
*April 1989* ★

## 1975 ★ *bis* ★★

*In der ganzen Region mittelmäßig bis schlecht, Cornas noch am besten. In jüngster Zeit keinen Wein verkostet.*

# 1976 ★★ bis ★★★★

*In Châteauneuf unterschiedlich, vor allem wegen des Regens während der Lese; sehr gut in Cornas, Hermitage und der Côte Rôtie.*

CORNAS CLAPE. Fein, tief; herrliche Nase, pfeffrig, gute Frucht, ungewöhnlich; trocken, voller Alkohol und Frucht, hervorragend in Gleichgewicht, Länge und Säure. Sehr schmackhaft.
*September 1981* ★★★(★)

CORNAS P. JABOULET AINE. Purpurfarben; Nase deutlicher als bei dem von Clape, voll entwickelt; gewisse Süße, robust, guter Mittelgaumen, aber nicht mit der Länge und dem Nachgeschmack jenes von Clape.
*September 1981. Damals* ★★(★)

CÔTE RÔTIE DELAPINE. Reich, warm; Sahnebonbons; weich.
*Bei der Verkostung im März 1980 fertig* ★★

HERMITAGE CHAVE. Tiefe, lebhafte Farbe; herrliches Bukett, würzig, mit einer Intensität und einem Wohlgeruch, fast wie ein La Tâche; etwas «süß», gefälliges Gewicht, konzentriert, doch unaufdringlich, herrlich in Frucht, Geschmack, Länge und Nachgeschmack.
*Flasche und Magnum, März 1984* ★★★★

HERMITAGE DELAPINE. Relativ blaß; Nase und Geschmack wie gekochtes Obst.
*März 1981* ★

HERMITAGE, LA CHAPELLE P. JABOULET AINE. Reif; fremd, malzig; süß, seidig, gute Länge.
*Mai 1992* ★★★

# 1977 ★ bis ★★

*Leicht, mittelmäßig, im Süden wie im Norden.*

CHÂTEAUNEUF-DU-PAPE, LA BERNADINE CHAPOUTIER. Sehr «süß», im Abgang jedoch austrocknend.
*Im April 1980 fertig* ★★

CHÂTEAUNEUF-DU-PAPE, DOM. DE NALYS Blaß; wachsartig, kernartig; ziemlich holzig.
*Dezember 1986* ★

HERMITAGE CHAVE. Holzig.
*März 1984.*

HERMITAGE GAMBERT. Vorzügliche Nase, aber schlank und scharf.
*April 1989* ★

HERMITAGE P. JABOULET AINE. Tief; medizinal, reich, dabei trocken, tanninbetont.
*April 1989* ★★

VACQUEYRAS, DOM. DES LAMBOURTINS Gekochtes Obst, «verblühte» Nase; relativ «süß», leicht, schmackhaft, aber leicht bitter.
*November 1985.*

# 1978 ★★★★★

*Hervorragend. Bester Jahrgang seit 1911.*

CHÂTEAUNEUF-DU-PAPE, DOM. DE BEAURENARD PAUL COULON. Mitteltiefe, ansprechende Farbe; Nase und Gaumen «süß» und voller Frucht. Körperreich. Köstlich.
*Februar 1988* ★★★★ *Bis 1998.*

CORNAS P. JABOULET AINE. Tiefer Purpur; Nase schwierig zu erkennen; relativ voll, phantastischer Stil, aber rauh und kratzend im Alter von fünf Jahren.
*Juli 1983. Damals* ★(★★★) *Etwa 1993 bis über das Jahr 2000 hinaus.*

CÔTE RÔTIE, BRUNE ET BLONDE EMILE CHAMPET. Sehr tief, mächtig und tanninbetont Mitte der 80er Jahre. In jüngerer Zeit weniger tief, schöne Farbe; außergewöhnliche Nase, Früchte, Beerensträucher, Zitrusnuance; reifer Ersteindruck, sehr trockener, tanninbetonter Abgang, erdiger, pflanzlicher Geschmack. Kraftvoll.
*Zuletzt im Oktober 1988 verkostet* ★★★★(★) *Bis nach 2000.*

CÔTE RÔTIE, BRUNE ET BLONDE GUIGAL. Im Alter von fünf Jahren schien die Hitze der Côtes förmlich in der Nase zu sieden, Reichhaltigkeit und Gewicht von überaus reifen Trauben. Unfertig. Fünf Jahre später immer noch sehr tief; reiche, gehaltvolle, angesengte Nase; ausgesprochen «süß», körperreich, wunderbar sich ausdehnender Geschmack, gute Länge und superber Nachgeschmack.
*Zuletzt im November 1988 verkostet* ★★★(★★) *Bis über das Jahr 2000 hinaus.*

CÔTE RÔTIE, LA MOULINE GUIGAL. Starkfarben, der Brune et Blonde sah schwach aus dagegen! Dichtgewobene, harmonische, reiche, fast malzige Nase; «mittelsüß», körperreich, vielschichtig und konzentriert, Tannin- und Säurefülle. Herrlich.
*November 1988* ★★★(★★) *Bis gut über das Jahr 2000 hinaus.*

CÔTE RÔTIE, LA LANDONNE GUIGAL. Nach der Zusammenlegung des Landonne Weinbergs brachte Guigal 1978 seinen neuen Côte Brune auf den Markt. Der erste Jahrgang war unglaublich

eindrücklich: starkfarben; in der Nase und am Gaumen anders als der Mouline: reich, sehr tanninbetont. Stark in Gewicht, Kraft, Extrakt und Alkohol. Wuchtig. Lebhaft. Im Alter von zehn Jahren noch ziemlich unfertig.
*November 1988 (★★★★★) 1998 bis 2020.*

CROZES-HERMITAGE JABOULET-ISNARD. Nach drei Jahren starkfarben. Ein mächtiger, flaumiger Wein. Mitte der 8oer Jahre vorzügliches, samtiges Rubinrot; hochgetöntes Bukett; relativ voll, schöne Frucht, eine Spur Säure.
*Zuletzt im Januar 1984 verkostet ★★★ Wahrscheinlich jetzt auf dem Gipfel.*

CROZES-HERMITAGE VIDAL-FLEURY. Mitteltief; lebhaft, beerenartige Frucht; Walnußgeschmack, guter Tannin- und Säuregehalt. Noch viele Jahre Lebenserwartung.
*Februar 1989 ★★★(★) Bis 2000.*

HERMITAGE CHAVE. Tief, fein, reich, reif: zunächst zurückhaltend, dann reich, bisquitartig, sehr wohlriechend, fabelhaft; ziemlich trocken, relativ voll, perfekte Frucht, Reichhaltigkeit und Ausgewogenheit.
*Auf der Chave-Vertikaldegustation, März 1984. Damals ★★★(★★) Bis über das Jahr 2000 hinaus.*

HERMITAGE, LA CHAPELLE P. JABOULET AINE. So wuchtig, daß er ein weiteres Jahr im Faß blieb. Zuerst im Alter von drei Jahren verkostet: starkfarben, Purpur; jugendlich pfeffrig; beladen mit Frucht. Tanninbetont. Jetzt perfekt.
*Zuletzt verkostet Mai 1992 ★★★★★*

ST-JOSEPH, LA GRANDE POMÉE P. JABOULET AINE. Die 1956 geschaffene Appellation St-Joseph liegt gegenüber von Tain auf der anderen Seite des Flusses. 1963 als ersten Jahrgang den 61er verkostet. Die Roten werden wie beim Hermitage hauptsächlich aus Syrah-Trauben bereitet. Mitteltief; zurückhaltend, dabei wohlriechend; trocken, schlank, geschmeidig, attraktiv.
*Zuletzt im Februar 1988 verkostet ★★★ Bis 1996 trinken.*

# 1979 ★★ *bis* ★★★★

*Mäßig gut. Leichter Stil. Einigen Weinen mangelt es an Säure.*

CHÂTEAUNEUF-DU-PAPE, DOM. DE MONPERTUIS Rubinrot; Walnüsse; ungewöhnlicher Geschmack, sehr trocken.
*Juli 1984.*

CHÂTEAUNEUF-DU-PAPE, DOM. TOUR ST-MICHEL Sattelgeruch, stielig; zu «süß».
*Mai 1986 ★*

CHÂTEAUNEUF-DU-PAPE, RÉSERVE DES PAPES SALAVERT. Tief; rauh, stielig, wie rote Tinte.
*Januar 1982 (★★)? Inzwischen zweifellos weicher geworden.*

CORNAS DELAS. Rubinrot; stilvoll; trocken, fest, hervorragender Geschmack.
*März 1984 ★★(★)*

CÔTE RÔTIE, BRUNE ET BLONDE GUIGAL. Viele Aufzeichnungen. Im Alter von neun Jahren immer noch tief, pflaumig, erste Anzeichen der Reife; massiv, harmonisch, feigenartige Frucht; «süßer» Eingang, trockener, tanninbetonter Abgang. Füllig, fast exotisch, dabei lebhaft. Gute Struktur. Herrlicher Wein.
*Zuletzt im November 1988 verkostet ★★★(★) Bis über das Jahr 2000 hinaus.*

CÔTE RÔTIE, BRUNE ET BLONDE VIDAL FLEURY. Fein, tief; herrliche Nase; tief, reich, langer, trockener Abgang.
*April 1986 ★★★*

CÔTE RÔTIE, LES JUMELLES P. JABOULET AINE. Sehr gut, fruchtig und gutentwickelt.
*Mai 1983 ★★★*

CÔTE RÔTIE, CUVÉE BEAUFORT CHAPOUTIER. Eher dumpf.
*Juni 1983 ★★?*

CROZES-HERMITAGE VIDAL-FLEURY. Lebhaft, rubinrot; sehr «süße» Nase; relativ voll, eindringlich, schokoladig.
*Februar 1989 ★★★ Jetzt trinken.*

HERMITAGE CHAVE. Tiefes Rubinrot; Sattelgeruch in der Nase; außergewöhnlich, reich, dabei raffiniert. Lebhaft.
*Zuletzt im September 1984 verkostet ★★(★★)*

HERMITAGE GUIGAL. Beeindruckend tief, dunkles Kirschrot; kernige Frucht, pflaumig, feigenartig – wie ein Ruby Port; reif, alkoholbetont, konzentrierter Mittelgaumen, rauher, tanninbetonter Abgang.
*November 1985 ★★(★★)*

HERMITAGE GRIPPAT. Trocken, relativ voll, frisch, sauber.
*Seit April 1982 nicht verkostet (★★★)*

HERMITAGE, LA CHAPELLE P. JABOULET AINE. Duftend, leichtgewoben; sehnig, trocken, leicht säuerlich.
*Mai 1992 ★★★ Austrinken.*

## 1980 ** bis ***

*Größte Ernte seit Menschengedenken. Im allgemeinen ziemlich gut.*

CHÂTEAUNEUF-DU-PAPE, DOM. DE MONT REDON Mitteltief, immer noch unreif; neutrale Nase; trocken, nichts besonderes.
*März 1985 *(*)*

CORNAS P. JABOULET AINE. Fein, tief; hübsches junges Fruchtaroma; ziemlich trocken, relativ voll, sehr schmackhaft, eine Spur Eisen und Zitrone.
*Dezember 1986 **(*) Bis 1995 trinken.*

CÔTE RÔTIE CHAMPET. Eigenartig, unverwoben, medizinal; köstlicher Geschmack, interessanter Charakter.
*April 1989 ****

CÔTE RÔTIE CHAPOUTIER. Malzig, brandig, leicht oxydiert.
*April 1989.*

CÔTE RÔTIE DELAPIN. Sehr trocken, sehr fruchtig.
*März 1984 *(**)*

CÔTE RÔTIE GUIGAL. Sehr tief, dabei ausgebaut; zurückhaltend, schokoladig, Alterston; leicht «süß», positiv, schmackhaft, mäßige Länge.
*November 1988 ** Bald trinken.*

HERMITAGE CHAVE. Pflaumig; «süß», reif, erdig, aber trocken und etwas scharf am Gaumen.
*Seit März 1984 nicht verkostet (**)?*

HERMITAGE GUIGAL. Sehr tief; körperreich, schwungvoll, sehr tanninbetont – benötigt Begleitung durch Speisen und weitere Flaschenlagerung.
*Oktober 1987 *(**)*

HERMITAGE, LA CHAPELLE P. JABOULET AINE. Tief; medizinal; gefällige Entwicklung; trocken, mittelschwer, eine Spur Bitterkeit.
*Dezember 1984 **(*)*

## 1981 **

*Mäßig. Sommerliche Trockenheit im Süden, Regen während der Ernte im Norden. Einige besser als andere, je nach den Fähigkeiten des Kellermeisters.*

CHÂTEAUNEUF-DU-PAPE, CH. DE BEAUCASTEL Zwei neuere Notizen. Überraschend tief, starkfarbenes Zentrum, intensiv; Frucht und metallischer Charakter; ziemlich körperreich, vollmundig, bittere Tannine.
*Zuletzt im Oktober 1989 verkostet **(*) Bis 1998.*

CHÂTEAUNEUF-DU-PAPE, DOM. DU PÈRE CABOCHE Kirschrot; «süß», himbeerartige Frucht; sehr schmackhaft, gute Struktur, erfrischende Säure, leicht bitterer Abgang.
*August 1987 **(*) Bis 1996.*

CORNAS P. JABOULET AINE. Tief; «süße» Nase, trockener Gaumen. Duftiger Geschmack.
*Seit Juli 1983 nicht mehr verkostet *(*)*

CÔTE RÔTIE, BRUNE ET BLONDE CHAMPY. Recht deutlicher Sattel- und Arzneigeruch, ebensolcher Geschmack.
*Juni 1986 **(*) Vielleicht eine weitere Flaschenalterung notwendig.*

CÔTE RÔTIE, BRUNE ET BLONDE GUIGAL. Immer noch ziemlich tief und jugendlich, aber mit leichtem Holzgeschmack.
*November 1988.*

CÔTE RÔTIE, LA MOULINE GUIGAL. Weitaus reiferes Erscheinungsbild, mit einer vorzüglichen, voll entwickelten, angesengten Nase, reich, wie Feigensirup; «süß», voll, reich, zum Kauen. Köstlich.
*November 1988 *****

HERMITAGE CHAVE. Gutentwickelt; «süß», reiche Frucht; erstaunlich in Biß und Geschmack, pikant und köstlich.
*Seit März 1984 nicht verkostet. Damals (****)*

HERMITAGE, LA CHAPELLE JABOULET. Beeindruckend tief, wunderschöne Farbe; harmonisch, gut gefügt, stilvoll in der Nase und am Gaumen. Trockener Abgang, nicht sehr tanninbetont.
*Februar 1986 **(**)*

## 1982 ****

*Selbst für das Rhonetal übermäßige Sommerhitze und zu wenig Regen. Die hohen Temperaturen hielten auch über die Ernte an, was die Überwachung der Gärung – außer in den moderneren Kellern – schwierig machte. Einige Weine sind verdorben. Trotz allem ein hoher Ertrag.*

CHÂTEAUNEUF-DU-PAPE, DOM. DU VIEUX TÉLÉGRAPHE Trotz ihres wunderlichen Namens eine sehr moderne und effiziente Kellerei. Monsieur Brunier's Wein hat eine tiefe Farbe; bei der Nase notiert: «ausreichend für den Kurs» (Christie's Weinkurs), doch nach einer Stunde entstieg dem Glas ein überraschend schöner Duft; köstlich, weich und «süß», mit einer bitteren Spitze im Abgang, wie bei einigen italienischen Weinen.
*April 1985 **(**) Bis 2000.*

**CÔTE RÔTIE, BRUNE ET BLONDE** GUIGAL. Tief; sehr reich, wohlriechend, gehaltvoll; ziemlich «süß», hervorragende Frucht, voll, zum Kauen. 1986 als «perfekt» notiert.
*Zuletzt im November 1986* ★★★(★★) *Bis über das Jahr 2000 hinaus.*

**CÔTE RÔTIE, LES JUMELLES** P. JABOULET AINE. Nicht so tief wie erwartet; köstlich «süße» Nase, eine Frucht wie Erdbeermarmelade; trockener, leichter und schlanker als der von Guigal.
*Zuletzt bei einer Vorverkaufsdegustation im November 1987 verkostet* ★★(★) *Bis 1997.*

**CROZES-HERMITAGE, DOM. DU THALABERT** P. JABOULET AINE. Crozes erreicht selten die Hermitage-Qualität, doch der Preis liegt auf demselben Niveau. Fest. Tanninbetont.
*Zuletzt im Dezember 1984 verkostet* ★(★★★)

**CROZES-HERMITAGE** MOILLARD. Unreif, trocken, rauh.
*März 1985* (★★)

**GIGONDAS, DOM. ST-GAYAN** Normalerweise wird ein Gigondas nicht für ganz voll genommen. Im besten Fall ist er fruchtig und trinkbar, ohne Alterungspotential. Roger Meffre aber bereitet einen vorzüglichen Wein. Im Alter von fünf Jahren: rubinrot; reichhaltig, Dörrobst; reicher Mittelgaumen, vorzüglich in Geschmack und Länge, zitrusartiger, trockener Abgang.
*September 1987* ★★★(★) *Bis 1995.*

**HERMITAGE** CHAVE. Gutes Potential.
*März 1984* (★★★)

**HERMITAGE** GUIGAL. Ziemlich tief; sehr schön gemacht, harmonisch, gute Weinigkeit; am Gaumen von allem ein bißchen.
*Zuletzt im April 1987 verkostet* ★★(★★)

**HERMITAGE, LA CHAPELLE** P. JABOULET AINE. Beeindruckend tief; sehr reich, fruchtig, schöne Entfaltung im Glas; relativ voll, fleischig, vollmundig.
*Zuletzt im Mai 1992 verkostet* ★★★(★)

**HERMITAGE, CUVÉE MARQUIS DE LA TOURETTE** DELAS. Tief, intensiv; sehr schön, feigenartige Frucht, Wärme ausstrahlend; reich, körperreich, Geschmack schwillt im Mund an, aber immer noch bittere Tannine. Mehrere übereinstimmende Notizen aus jüngerer Zeit.
*Zuletzt im Januar 1989 verkostet* ★★★(★) *Bis 2000.*

# 1983 ★★★★★

*Schlechte Blüte beim Grenache reduzierte die Erträge, doch der Sommer war phantastisch, einer der heißesten und trockensten seit Menschengedenken.*

**CHÂTEAUNEUF-DU-PAPE, LA BERNADINE** CHAPOUTIER. Körperreich, sehr tanninbetont, benötigt mehr Flaschenalter.
*Februar 1990* ★(★★★)

**CHÂTEAUNEUF-DU-PAPE, CHANTE CIGALE** CHRISTIAN FAVIER. Überraschenderweise nicht tief, reifend; zunächst wie ein italienischer Wein, dann entwickelte sich ein Duft von Zigarren und angesengten Sultaninen; reich, «warm», geschmacksintensiv.
*August 1987* ★★★

**CHÂTEAUNEUF-DU-PAPE, CHÂTEAU RAYAS** Mehrere Aufzeichnungen. Tiefe, lebhafte Farbe, lange Tränen; sehr wohlriechend, harmonisch; relativ «süße», erdbeerartige Frucht, vorzüglicher Geschmack, der im Mund anschwoll, im Abgang eine Spur Teer. Vibrierend!
*Zuletzt im April 1991 verkostet* ★★★★

**CHÂTEAUNEUF-DU-PAPE, DOM. DU VIEUX TÉLÉGRAPHE** Reich, sehr fruchtig, köstlich.
*Januar 1985. Damals* ★(★★★) *Jetzt zweifellos schön.*

**CÔTE RÔTIE, CÔTE BRUNE** E. CHAMPY. Pflaumig; ausgesprochen medizinal; sehr «süß», reif, eigenartig.
*Juni 1986* ★★?

**CÔTE RÔTIE, BRUNE ET BLONDE** GUIGAL. Sehr tief, immer noch jugendlich; verschlossen, aber tief, wohlriechend, feigenartig; körperreich, kraftvoll, dabei seidig, füllig, gute Länge. Herrlich.
*Zuletzt im November 1988 verkostet* ★★★(★★) *Bis über das Jahr 2000 hinaus.*

**HERMITAGE** CHAVE. Nur als jungen Wein verkostet. Intensives Purpurrot; bereits vorzüglicher Duft, würzig, der La Tâche von der Rhone; reich, lebhaft, tanninbetont.
*März 1984* (★★★★★) *Müßte jetzt und bis über das Jahr 2000 hinaus hervorragend sein.*

**HERMITAGE** GUIGAL. Immer noch violetter Rand; Nase wie ein Stechpalmenbusch, immer noch hart; am Gaumen dagegen ziemlich «süß», die Süße einer reifen Frucht und eines hohen Alkoholgehalts, gut in Charakter, Geschmack, Struktur und Gestalt. Lebhafte Frucht. Schön verklingender Abgang.
*Januar 1988* ★(★★★★) *Bis über das Jahr 2000 hinaus.*

**HERMITAGE, LA CHAPELLE** P. JABOULET AINE. Intensiv, beeindruckend; scharfe, alkoholische Nase, dennoch verbindlich; schöne Frucht, Geschmack nach Feigen, Pflaumen, Schokolade, lebhaft, tanninbetont. Ausgezeichnet. Trocken. Stramm.
*Mai 1992 ★★★(★)*

**HERMITAGE, MONIER DE LA SIZERANNE** CHAPOUTIER. Mitteltiefes, dickes Erscheinungsbild; ungewöhnlich, noch unverwoben, feigenartige Frucht; «süß», zum Kauen, schmackhaft, sehr tanninbetont.
*Zuletzt im April 1989 verkostet ★★(★★)? Bis 2000.*

**HERMITAGE, MARQUIS DE LA TOURETTE** DELAS. Starkfarben; massiv scharfe, alkoholische Nase; «süß», körperreich, Geschmack nach Brombeeren, benötigt Flaschenalter.
*Mai 1988 ★★(★★) 1993 bis 2000.*

## 1984 ★★

*Mittelmäßiger Jahrgang. Drei Wochen Regen im September dämpfte die Erwartungen wie auch die Ernte. Dennoch einige gefällige Weine, doch ohne große Lebenserwartung.*

**CHÂTEAUNEUF-DU-PAPE, LES CÈDRES** P. JABOULET AINE. Mitteltiefe Farbe, nicht zu trocken, nicht zu schwer. Zum Kauen.
*Februar 1987 ★(★) Bald trinken.*

**CHÂTEAUNEUF-DU-PAPE, DOM. DE MARCOUX** Tief; feste Frucht, mächtig, gehaltvoll, tanninbetont.
*Mai 1987 ★(★★) Bis 1997.*

**CÔTE RÔTIE, BRUNE ET BLONDE** GUIGAL. Tief, pflaumig; ziemlich süß, voll, fruchtig, ein Hauch Seide, würzig.
*Zuletzt im November 1988 verkostet ★(★★)*

**CÔTE RÔTIE, LES JUMELLES** P. JABOULET AINE. Gute Farbe; marmeladige Frucht; sehr tanninbetont.
*Februar 1987 ★(★★) 1993 bis 2000.*

**HERMITAGE** GUIGAL. Tief; positiv, kraftvoll, gute Frucht, griffig.
*Januar 1988 ★(★★)*

**HERMITAGE, LA CHAPELLE** P. JABOULET AINE. Wenig; mittelschwer, reich, beträchtliche Länge, tanninbetont.
*Zuletzt im Oktober 1992 ★★★ Jetzt bis 2000.*

**MUSCAT DE BEAUMES DE VENISE, DOM. DE COYEUX** Zwar fällt dieser *vin doux naturel*, ein Dessertwein, hier aus dem Rahmen, doch ich erwähne ihn, weil Monsieur Yves Nativelle, der Besitzer dieser Kellerei, einer der wenigen ortsansässigen Winzer ist, der sich auf Muscat konzentriert; die meisten anderen haben wesentlich größere Weinberge, aus denen der Côtes du Rhone Villages stammt. Dazu kommt, daß nur wenige Beaumes de Venise als Jahrgangswein in den Handel gelangen. Der größte Teil dieser Trauben geht in die Produktion der großen Kooperativen. Der 84er ist überraschend blaß; delikate Muscat-Traubigkeit; «mittelsüß», sauber, leicht, beschwingt. Außergewöhnlich schmackhaft. Ganz ohne die Strohfarbe und die Schwerfälligkeit der gewöhnlicheren Muscats.
*September 1986. Damals ★★★ sollte jetzt getrunken sein.*

**TAVEL ROSÉ** J. VIDAL-FLEURY. Der Tavel, einst der einzige Rosé, den ein ernsthafter Weinliebhaber akzeptieren konnte, ist heute eher langweilig. Dieser war rosafarben; geringe Nase, leichte, eher unbestimmbare Frucht; ziemlich trocken, eine Spur Bitterkeit im Abgang.
*Februar 1989 ★*

## 1985 ★★★★★

*Ein herausragender Jahrgang. Frost im Januar und Februar, bis in den März und April hinein kalt. Späte Blüte. Herrlicher Sommer, im Süden bis nach der Ernte kein Regen; die geringen Niederschläge im August an der mittleren Rhone genügten bereits, die Trauben anschwellen zu lassen.*

**CHÂTEAUNEUF-DU-PAPE,      BEAUCASTEL** Völlig undurchsichtig, intensiv; üppig, erdig; sehr eigenartig, kernige Reife, immenser Gehalt an Alkohol, Extraktstoffen, Frucht, seidige Tannine.
*November 1988 (★★★★★) 1995 bis 2015.*

**CHÂTEAUNEUF-DU-PAPE, LA BERNADINE** CHAPOUTIER. Mitteltief, duftig; «süß», ausreichend gefällig.
*September 1990 ★★(★)*

**CHÂTEAUNEUF-DU-PAPE, LE BOSQUET DES PAPES** Ein kleiner Weinberg; Monsieur Borion teilt sich die Abfüllanlagen und Lagerräume mit neun anderen Winzern; das ganze läuft unter der Bezeichnung «Prestige et Tradition». Überraschend gut entwickelt; gehaltvoll, «süß», relativ voll, robust, rund.
*November 1988 ★★(★★) Bis 2000.*

**CHÂTEAUNEUF-DU-PAPE, LES CÈDRES** P. JABOULET AINE. Wohlriechend; lebhaft, tanninbetont, gute Zukunft.
*Februar 1987 (★★★★) 1993 bis nach 2000.*

CORNAS A. CLAPE. Der beste und bekannteste Winzer dieser kleinen Appellation. Sein 85er zeigte in der Jugend ein herrliches Kirschrot; wunderbarer, hochgetönter, «süßer», himbeerartiger Duft; leicht «süß», weich, reife Frucht, dabei frisch und fest, gute Tannine und vorzüglicher Nachgeschmack.
*August 1987. Damals (★★★★★) Bis 2000.*

CORNAS P. JABOULET AINE. Tief; herrliche Frucht; sehr gefällig.
*Februar 1987 (★★★★) Bis 2000.*

CORNAS, LA GEYNALE ROBERT MICHEL. Ein Angehöriger einer der beiden ältesten Familien dieser Gegend. Zunächst praktisch undurchsichtig, mittlerweile mitteltief, immer noch jugendlich, Kirschrot; zurückhaltend, «süß»; füllige Frucht, keine harten Kanten; ziemlich körperreich, vorzüglich in Geschmack und Struktur. Trockener, tanninbetonter Abgang. Ein sehr schöner Wein.
*Zuletzt im Januar 1990 verkostet ★★★(★★) 1993 bis nach 2000.*

CÔTE RÔTIE EMILE CHAMPET. Tiefe Tönung mit purpurfarbenem Rand; herrliche Frucht, doch ein Anklang wie Himbeeressig, dann Mirabellen; relativ voll, weich, warm, lebhafte Frucht, sehr viel Tannin und Säure.
*Juli 1987. Damals (★★★★★) Etwa 1995 bis 2010, zu gegebener Zeit vielleicht ★★★★★*

CÔTE RÔTIE ROBERT JASMIN. Rubinrot, purpurfarbener Rand; zurückhaltender als der Champet, pflanzlicher, lebhaft, Veilchennuancen; weicher, ausladender, gute Extraktstoffgehalt, sehr viel Alkohol, Geschmack dehnt sich im Mund aus, explodiert geradezu. Im Alter von zwei Jahren vorzüglich. Müßte zu gegebener Zeit umwerfend sein.
*Juli 1987 (★★★★★) 1995 bis 2000.*

CÔTE RÔTIE, BRUNE ET BLONDE GUIGAL. Sehr tief, in Entwicklung; herrliches Bukett, füllig, feigenartige Frucht, würzig, große Tiefe; großer Eindruck, vollmundig, gehaltvoll und doch erfrischend. Hervorragender Geschmack. Benötigt mehr Flaschenalterung.
*Zuletzt im November 1989 verkostet ★★★(★★) 1993 bis 2010.*

CÔTE RÔTIE, CHANTILLONNE VIDAL-FLEURY. Ein Einzellagenwein aus der Côte Blonde: sehr entgegenkommend, öffnet sich immer weiter, mit einer Üppigkeit und Würze wie ein Mouton-Rothschild; vorzügliche Frucht, mittelschwerer Körper, sehnig, lang, duftig.
*November 1988 ★★★(★★) 1993 bis 2010.*

CÔTE RÔTIE, LA LANDONNE GUIGAL. Hochentwickelt, schön gezeichnet, wohlschmeckend.
*Oktober 1993 ★★★(★) Jetzt bis 2005.*

*Châteauneuf-du-Pape*

CÔTE RÔTIE, LA MOULINE GUIGAL. Opak; harmonisch, gesetzt; sehr süß, voll, schöne Frucht, seidige Textur, Länge.
*An der «Parker-100»-Probe in Hamburg, Oktober 1993 ****(*)*

CÔTE RÔTIE, LA TURQUE GUIGAL. Prächtig. Opak, versengte, fleischige Syrah-Nase; süß, körperreich, hübsche Textur, mächtig und doch elegant.
*Oktober 1993 ****(*) 1995 bis 2020.*

CÔTE RÔTIE, LES JUMELLES P. JABOULET AINE. Sehr tief; voll, sehr gute Frucht; teuer.
*Bei Loebs Einführungsdegustation, Februar 1987 (*****) 1995 bis 2010.*

CÔTES DU RHONE, CH. DE FONSALETTE Im Besitz der Reynauds von Château Rayas. Ein attraktiver Wein: brillantes Rubinrot, wie dunkle Kirschen; in der Nase etwas stielig, aber sehr «süß», Fruchtfülle, lebhaft.
*November 1988 *** Bis 1995.*

CROZES HERMITAGE, DOM. THALABERT P. JABOULET AINE. Der knapp 35 Hektar große Weinberg ergibt eine durchschnittliche Produktion von 9000 Kisten. Tiefes Kirschrot; ausgeprägter Stil, reich; pflaumenartige Frucht; vorzüglich in Geschmack, Struktur und Länge, ausreichend Tannin, erfrischende Säure, sehr wohlriechend. Wohl noch ein paar Jahre lang der beste Crozes.
*November 1988 *(***) Bis 2000.*

HERMITAGE CHAVE. Immer noch rubinrot; «warm», medizinal, zunächst fast wie ein Bordeaux, nach einer Stunde dann «süß», leicht karamelisiert: trocken, angesengt, frische Beerenfrucht, langer, trockener Abgang.
*Dezember 1989 ***(*) 1993 bis 2015.*

HERMITAGE, LA CHAPELLE P. JABOULET AINE. Drei Wochen mazeriert. Kein Einsatz von neuem Holz: zwölf bis 18 Monate Lagerung in zwei bis drei Jahre alten Burgunder-*barriques*; 1987 würzig, tanninbetont, große Länge und Zukunft. Einige Zeit danach, feine, tiefe Farbe; zurückhaltende, gehaltvolle Nase, danach eine Spur Lakritze; voll, warm, füllig, schöner reicher Geschmack.
*Zuletzt im Mai 1992 verkostet ***(*) Jetzt bis 2010.*

HERMITAGE, MONIER DE LA SIZERANNE CHAPOUTIER. Mitteltief, im Ausbau; tiefe Nase mit Sattelgeruch; «süß», reich, fruchtig.
*September 1990 ***(*) 1991 bis 2000.*

# 1986 ** bis ****

*Schwieriger Sommer. Bis zum 24. August heiß, ohne Regenfälle, danach bis Mitte September trüb, eine Woche Regen ab dem 20. September verzögerte die Ernte. Im Norden begann die Lese am 1. Oktober, im Süden am 6. Oktober.*

CHÂTEAUNEUF-DU-PAPE, DOM. DE MONT REDON Undeutliche Nase, leicht stielig, jugendlich, tanninbetont.
*Juli 1987 (**)*

CHÂTEAUNEUF-DU-PAPE, DOM. DU VIEUX TÉLÉGRAPHE Tiefes Krischrot; sehr wohlriechend, würzig; ziemlich «süß», körperreich, lebhaft, fruchtig, gute Länge, sehr tanninbetont.
*November 1988 (***) Bis 2000.*

CORNAS VERSET. Drei Hektar von 120 Hektar Gesamtfläche dieser Appellation. Hundert Prozent Syrah. Tief, unreif; erstaunliche Nase, lebhaft, Veilchen, erinnerte mich an Apfelwein aus der Normandie; trocken, frisch, sehr schmackhaft.
*November 1988 (***)*

CORNAS P. JABOULET AINE. Ziemlich brandige Frucht; trocken, zum Kauen, weiche Tannine.
*Februar 1991 *(*)*

CÔTE RÔTIE CHAPOUTIER. Zurückhaltende Frucht; trocken, vergleichsweise leicht.
*September 1990 *(*)*

CÔTE RÔTIE, LES JUMELLES P. JABOULET AINE. Weiche, reife Farbe; feigenartige Frucht; Brombeergeschmack, eindringlich, tanninbetont.
*Februar 1991 *(**) 1995 bis 2000.*

CÔTE RÔTIE, LA MOULINE GUIGAL. Mitteltiefe, vielschichte Farbe; leicht stielige Nase, Stroh, Walnüsse; «mittelsüß», mittelschwerer Körper, lebhaft, schöne Brombeerfrucht, ausgesprochen tanninbetont.
*Auf der Degustation der französischen Winzer, Oktober 1990 **(**)*

CÔTE RÔTIE, LA LANDONNE GUIGAL. Tief, reif; kernig, reich, Geruch nach Roast Beef; sehr reichhaltig, vollmundig, beladen mit Frucht, Alkohol und Tannin.
*Oktober 1990 *(***)*

CÔTE RÔTIE, LA TURQUE GUIGAL. Früher ein Weinberg von Vidal-Fleury in der Côte Brune; starkfarben, intensiv; außerordentlich reich, harmonisch, entwickelte weiche Vanille- und Erdbeerduftnuancen; körperreich, schöner Eichengeschmack, tanninbetont. Ein massiver Wein.
*Auf der Degustation der französischen Winzer, Oktober 1990 **(***) 1996 bis 2030.*

CROZES-HERMITAGE, THALABERT P. JABOU-
LET AINE. Tiefes, intensives, dunkles Rubinrot;
kraftvolle und doch weiche Nase, reich, portartig;
gehaltvoller Wein, verbindlich, dabei sehr tanninbetont. Ein gutes Gewächs.
*Zuletzt im November 1990 verkostet ★(★★) Jetzt
bis 2000.*

HERMITAGE, LA CHAPELLE P. JABOULET
AINE. Noch verschlossen und sehr tanninhaltig,
aber frisch und schmackhaft.
*An einer Masters-of-Wine-Probe, im Mai 1992
★★(★★)*

## 1987 ★ *bis* ★★★

*Schlechtestes Wetter im ganzen Jahrzent. Nörd-
liche Rhone: nasses Frühjahr, gute Blüte, Anfang
bis Mitte des Sommers häufige Regenschauer, im
August Dauerregen. Späte Ernte Mitte Oktober.
Im Süden noch schlechter: nach der befriedigenden Blüte Regen, Stürme, wieder Regen und eine
Raupenplage. Eine Woche Nebel, der die Fäulnis
förderte, dann wieder Regen.*

CHÂTEAUNEUF-DU-PAPE Am schlimmsten
betroffen. JABOULETS CEDRES nicht erzeugt. Immerhin DOM. MONT-CEDON: Ganz gut; harmonisch; seidige Textur. Trinkt sich gut.
*An einer Probe bei Harrod's, März 1992 ★★★ Jetzt
trinken.*

CORNAS P. JABOULET AINE. Im Mai 1990 gekochte Pflaumen und Malzextrakt, schlechter
Korken. In jüngster Zeit: mitteltiefe Farbe, Brombeerfrucht, tanninbetont. Innerhalb von neun
Monaten stieg der Preis um fünfzig Prozent.
*Zuletzt im Februar 1991 verkostet ★(★) Zum baldi-
gen Genuß.*

CÔTE RÔTIE GUIGAL. Tief; reiche, tanninbetonte Nase mit Sattelgeruch; mittelschwerer Körper,
weich, dabei würzige Eichennuancen, Tannine, gut
gemacht und vernünftig im Preis.
*Oktober 1990 (★★★) Bis 1996.*

HERMITAGE GUIGAL. Unreif; herrlich «süß»,
reich, Sahnebonbons; ziemlich trocken, relativ
voller Körper, weich. Gute Tannine und Frucht.
*Oktober 1990 (★★★) Bis 1996.*

HERMITAGE, LA CHAPELLE P. JABOULET
AINE. Bei der ersten Degustation im Januar 1990
etwas stielig, extrem tanninbetont, eine «Osso-
Buco-Wein». Im Mai reich, aber etwas malzig.
In jüngster Zeit: weniger tiefe, weichere Farbe;
brandige Nase, eigenartiger Geschmack.
*Zuletzt in Eile verkostet, Februar 1991 ★(★)? Bis
1995.*

## 1988 ★★★★

*Ein hervorragender Jahrgang. Vor allem an der
nördlichen Rhone mächtige Weine mit hohem
Extraktstoffgehalt und guter Zukunft. Die Weinberge der Côte Rôtie wurden während der Blüte
von zwei Hagelstürmen schwer getroffen, was
die Menge verringerte und die Qualität konzentrierte. An der südlichen Rhone konnte man den
durch Feuchtigkeit aufkommenden Problemen
durch rechtzeitiges Spritzen beikommen. Regenfälle im August ließen die Trauben anschwellen.
Durch die frühe Lese konnten die später folgenden starken Regenfälle keinen Schaden anrichten.*

CHÂTEAUNEUF-DU-PAPE GUIGAL. Ansprechendes, überraschend gut entwickeltes Erscheinungsbild; lebhafte Frucht; «süß», mittelschwer,
weich, zum Kauen, eine Spur Eisen.
*Oktober 1990 (★★★)*

CHÂTEAUNEUF-DU-PAPE, CH. DE BEAU-
CASTEL PERRIN. Rubinrot; hart, pfeffrig; gute
Frucht. Tanninbetont.
*Letztmals verkostet aus einer Doppelmagnum,
September 1993 (★★★)*

CHÂTEAUNEUF-DU-PAPE, DOM. DE BEAU-
RENARD Tiefe, unreife Farbe; eigenartig attraktiv;
trocken, relativ voll, dabei schlank, gute Frucht,
Länge und Säure.
*Mai 1990 (★★★★)*

CHÂTEAUNEUF-DU-PAPE, CLOS DE BRUS-
QUIÈRES Im Ausbau; bestechend, Bonbons;
elegant, hübsche Struktur und Fülle, eine Spur
Bitterkeit. Ein Frühentwickler.
*Mai 1990 ★(★★)*

CHÂTEAUNEUF-DU-PAPE, PETITE CUVÉE
CHAPOUTIER. Irgendwie künstliche, parfümierte,
zuckerige Nase; «süß», für einen Châteauneuf mittelschwer, zugänglich, ebenfalls ein Frühentwickler.
*Mai 1990 (★★)*

CHÂTEAUNEUF-DU-PAPE, DOM. DE MONT
REDON Sehr gute, tiefe Farbe; Médoc-artige
Austernschalennase, gewisse Tiefe; relativ «süßer»
Anfangsgeschmack, doch etwas adstringierender
Abgang, relativ voll, würzig.
*Mai 1990 (★★★★)*

CHÂTEAUNEUF-DU-PAPE, CH. DE VAUDIEU
Neben Ch. Rayas gelegen. Ziemlich tief, unreif;
Nase erinnert sowohl an Burgunder wie an italienische Weine, rote Rüben und Brombeergestrüpp;
gute Frucht, relativ voller Körper, sehr tanninbetont.
*Mai 1990 (★★★) 1995 bis 2010.*

CÔTE RÔTIE, LA LANDONNE GUIGAL. Opak; eigentümliche Nase, würzige neue Eiche; sehr süß, körperreich; frisch, eindrücklich, attraktiv.
*Oktober 1993 **(**) 1996 bis 2020.*

CÔTE RÔTIE, LA MOULINE GUIGAL. Würzige Nase; süß, elegant, neue Eiche, rohe Tannine. Spröde.
*Bei der «Parker-100»-Probe in Hamburg, Oktober 1993 (***) 1998 bis 2010.*

CÔTE RÔTIE, LA TURQUE GUIGAL. Sehr tief, intensiv; süß, reich, sehr schmackhaft. Ganz spezifisch würzige neue Eiche.
*Oktober 1993 *(***) 1997 bis 2030.*

CROZES-HERMITAGE, LA PETITE RUCHE CHAPOUTIER. «Süß», Sattelgeruch; ziemlich blecherne Frucht, bittere Tannine und recht säurebetont.
*Mai 1990 (**)?*

GIGONDAS, CH. RASPAIL GABRIEL MEFFRE. Meffre gehört auch das Ch. Vaudieu (oben). Gute Farbe und Frucht, aber etwas holzig und sehr tanninbetont. So einen Wein sollte man trinken, wenn er jung und schwungvoll ist.
*Mai 1990 ***

HERMITAGE, MONIER DE LA SIZERANNE CHAPOUTIER. Schlank, etwas hohl, doch ganz gute Frucht in der Nase und am Gaumen. Mitteltrocken und -schwer, schlank, guter Tannin- und Säuregehalt.
*Mai 1990 (***)*

HERMITAGE, LA CHAPELLE P. JABOULET AINE. Eine Flasche hölzern, klein, die andere reich, würzig, aber sehr trocken. Gutes Tanningerüst.
*Mai 1992 (***)*

## 1989****

*Ein sehr trockenes Jahr. Schwierig für junge Rebstöcke und Weinberge mit geringen Wasserreserven; besser bei älteren Weinstöcken mit tieferen Wurzeln auf schwereren Böden; die besten Weine sind hervorragend, vor allem von der Côte Rôtie. Châteauneuf war ebenfall erfolgreich, man stellte reiche und komplette Rote her. Im Süden erfolgte die Lese zwei Wochen früher als gewöhnlich, einige frühreife Sorten wurden bereits Ende August geerntet.*

CHÂTEAUNEUF-DU-PAPE, CH. DE BEAUCASTEL PERRIN. Opak; ziemlich süß, voll, köstliche Frucht, elegant trotz Tannin.
*Zuletzt verkostet Oktober 1993 **(**)*

CHÂTEAUNEUF-DU-PAPE, LA BERNADINE CHAPOUTIER. Ziemlich tief, in Farbe und Nase natürlich unentwickelt; gute Frucht; sehr «süß», zum Kauen, eichen mit hervorragendem Nachgeschmack. Nach einigen relativ enttäuschenden Chapoutier-Weinen ein Schritt in die richtige Richtung.
*September 1990 (****)*

CHÂTEAUNEUF-DU-PAPE, LES CÈDRES P. JABOULET AINE. Ähnliches Erscheinungsbild; sehr «süße» Nase, Fruchtfülle; tanninbetont. Wird vorzüglich sein.
*Februar 1991 (****) Etwa 1995 bis 2005.*

CORNAS P. JABOULET AINE. Gute Frucht elegant, schöne Struktur, guter Geschmack.
*Februar 1991 ***(*) Bis 2000.*

CÔTES DU RHONE-VILLAGE, VINSOBRES Eine verschlafene provenzalische Ortschaft mit einem bedeutsamen Namen; die ältere der beiden Genossenschaftskellereien, die *Vinsobraise* bereitete einen ungewöhnlich ansprechenden 89er, vermarktet wurde er durch die Cellier des Dauphins. Fruchtfülle; «süß», vorzügliche Struktur, überaus trinkbar.
*Mai 1990 *** Jetzt trinken.*

CÔTE RÔTIE CHAPOUTIER. Faßprobe: tief; «süß», sehr würzig, scharf und tanninbetont.
*September 1990 (****)*

CÔTE RÔTIE, LES JUMELLES P. JABOULET AINE. Sehr tief; Frucht, Körper, Geschmack und Länge sehr gut.
*Februar 1991 ***(*) 1996 bis 2005.*

CROZES-HERMITAGE, DOM. DE THALABERT P. JABOULET AINE. Starkfarbene Faßprobe im Mai 1990, außergewöhnliches Aroma, einem Gamay recht ähnlich mit vollfruchtigem Duft; voll und schmackhaft. In jüngster Zeit würzig; weich gefällig, wenn auch etwas stielig. Schönes Gewicht.
*Zuletzt im Februar 1991 verkostet *** Bis 1998.*

HERMITAGE CHAPOUTIER. Sehr tief; unreife würzige Nase und ebensolcher Geschmack; trokken, schlank, relativ voll.
*September 1990 ***(*)*

HERMITAGE, LA CHAPELLE Nase und Geschmack ausgeprägt, reich, tanninbetont.
*Februar 1991 ***(*) 1996 bis 2010.*

# 1990 ★★★★★

Milder Frühling und überhaupt mildes Wetter mit früher Blüte bedingten eine zeitige Lese. Dazwischen ein heißer, trockener Sommer. Das Ergebnis war eine gute, gesunde Ernte mit ziemlich kleinen, konzentrierten Trauben. Sorgfältige Winzer konnten Spitzenprodukte erzeugen. Die besten davon werden sich die fünf Sterne sicher verdienen.

Zur Zeit, da ich diese Notizen redigiere, waren Guigals 90er Weine noch nicht freigegeben.

CHÂTEAUNEUF-DU-PAPE, CH. DE BEAUCASTEL PERRIN. Opak; reichhaltig, seidige Tannine, gute Frucht.
*Aus Magnum, im September 1993 (★★★★) 1996 bis 2010.*

CORNAS A. CALPE. Tief; sehr duftend; süß, schöne Frucht, weiche Tannine.
*Juli 1992 ★(★★★) 1995 bis 2005.*

CÔTE RÔTIE R. JASMIN. Intensiver Purpur; Geruch nach Feigensirup, sehr süß, mächtig. Wie Portwein.
*An einer Probe bei Yapp's, Juli 1992 (★★★★★) 1997 bis 2015.*

ST-JOSEPH GRIPPAT. Zarte Frucht; trocken, stilvoll, gute Säure.
*Juli 1992 ★★(★) Jetzt bis 1998.*

# 1991 ★★

Unausgeglichener Jahrgang, wechselhafter Klimaverlauf, Weine von unterschiedlicher Qualität. Der Winter verlief ungewöhnlich kalt, der März hingegen mild und feucht. April und Mai zeigten sich kühler als sonst – aber ohne Frost. Der Austrieb setzte trotzdem spät ein, die Blüte dauerte lang. Im Süden waren die Grenache-Reben von der Coulure besonders betroffen. Juli und August brachten die ersehnte Wärme und Trockenheit. Unglücklicherweise machten die starken Regenfälle Mitte September alle Hoffnungen auf eine erstklassige Ernte im nördlichen Rhonegebiet zunichte. Die Gewächse von Hermitage und Côte Rôtie können geradezu als Mittelstreckenläufer bezeichnet werden. Die im Süden verschont gebliebenen Grenache-Trauben hatten gegen Reifeprobleme zu kämpfen. Spätsommerliche Stürme und ein feuchter September begünstigten die Fäulnisbildung. In Châteauneuf-du-Pape fiel die Erntemenge überall gering aus und brachte zumeist leichte, frühreife Weine.

# 1992 ★★

Normale Winterregenfälle, ein heißer Mai, eine günstig verlaufende Blüte, auf die sechs feuchte Wochen folgten, die einige Probleme verursachten. Danach ein heißer August, ein wiederum feuchter und stürmischer Septemberbeginn und ungefähr zur Erntezeit, gegen Ende des Monats, Einsetzen der Fäulnisbildung. Im südlichen Rhonegebiet hatte eine Überschwemmung katastrophale Folgen, eine Flutwelle am 22. September richtete schwere Schäden in den Côtes-du-Rhône-Weingärten an. Im Norden fiel der Ertrag um ein Viertel geringer aus. Trotzdem zeigen die Rotweine, sowohl im Süden wie im Norden, eine schöne Farbe und gute Extraktwerte, bei geringerem Alkoholgehalt als 1988 oder 1989, aber besser als beim 91er. Die Weine sollten eher jung getrunken werden.

# 1993 ★★

So wie im nördlicher gelegenen Burgund herrschten auch hier im Frühling und zu Sommerbeginn günstige Bedingungen. Das gesamte Rhonetal profitierte zudem von einem ziemlich warmen und sonnigen Sommer, aber die Hoffnungen auf einen großen Jahrgang wurden durch die schweren Regenfälle Mitte September und die daraus resultierenden Überflutungen im Süden buchstäblich weggespült. Die Rotweine von der nördlichen Rhone, der Côte-Rôtie und Hermitage (von Hagel betroffen) werden leicht sein und früh reifen. Die Winzer im südlichen Châteauneuf-du-Pape, die früher gelesen haben, behaupten, daß ihre Weine besser seien als 1991 oder 1992. Wir werden sehen…

# Weissweine

Robin Yapp hat als erster in seinen großartigen jährlichen Weinlisten herausgearbeitet, daß die Weißen von der Rhone und jene von der Loire völlig gegensätzliche Gewächse sind. Bei Rhoneweinen denkt man nur an die Roten, und in der Tat ist die Weißweinproduktion auch verhältnismäßig klein. Die Weißen unterscheiden sich stark von den leichten, säurebetonten Loire-Weinen. Im Gewicht und bis zu einem gewissen Grad auch im Stil ähneln die weißen Rhoneweine, besonders der Hermitage, einem guten weißen Graves. Die besten weißen Hermitage können phantastisch sein und haben gute Alterungsqualitäten. Sie zeigen einen ausgeprägten Charakter und sind doch schwer zu beschreiben; immer wieder tauchen die Worte «nussig» und «zitronengetönt» auf. Ihre Lebenserwartung entspricht in etwa der eines trockenen weißen Bordeaux: Die meisten trinkt man am besten jung, etwa zwei bis vier Jahre nach der Ernte, doch die feinsten, vergleichbar etwa einem Haut-Brion, bedürfen einer Flaschenalterung.

## 1929 *****

*Ein großer Jahrgang, für die Weißen ebenso wie für die Roten.*

HERMITAGE BLANC CHAVE. Im Alter von 55 Jahren schöne goldgelbe Bernsteinfarbe; Bukett wie geröstete Kokosnuß; miteltrocken, weich, zarter Nußgeschmack, gute Länge. Bemerkenswerter Zustand.
*Bei Yapps Chave-Degustation im Garrick Club, März 1984* ★★★★

## 1952 *****

HERMITAGE BLANC CHAVE. Strohfarben; fabelhaftes, ausgebautes, rauchiges Honig- und Lederbukett; trocken, mittelschwerer Körper, phantastisch in Geschmack und Länge, schöne Säure.
*März 1984* ★★★★★

## 1957 ****

CHÂTEAUNEUF-DU-PAPE, CH. RAYAS ‹1er Grand Cru Réserve› «ein bemerkenswertes Jahr» für Rayas (Masters and Learmonth). Blaßgold; sahnige Nase, die sich an der Luft und mit Temperatur gut entwickelte; sehr trocken, relativ voll, Geschmack nach altem Stroh, nussiger Abgang.
*Oktober 1981* ★★★

## 1962 ***

HERMITAGE, CHEVALIER DE STERIMBERG P. JABOULET AINE. Jaboulets Weißer ist nach Gaspard de Sterimberg benannt, einem Ritter aus dem 13. Jahrhundert, der verwundet von einem Kreuzzug heimkehrte und dabei am Hermitage-Hügel vorbeikam. Von der friedlichen Umgebung entzückt, baute er eine Einsiedelei, die berühmte Chapelle. Der 62er ist immer noch bemerkenswert frisch: würziges Zimtaroma, Ananas und Zitrone – ich verbinde mit einem weißen Hermitage immer den Duft nach Zitronen; knochentrocken, sehr fest, fast spröde (wie der Einsiedler), hervorragende Säure.
*Mai 1981* ★★★★

## 1967 *****

HERMITAGE BLANC CHAVE. Delikate, fruchtige Nase, Honigtöne; mitteltrocken, sauber, aber schon mehr als nussig, mit dem von mir nicht geschätzten Geschmack nach Mandelkernen.
*März 1984* ★

## 1969 ***

HERMITAGE, STERIMBERG P. JABOULET AINE. Zwei Magnumflaschen, eine dumpf und unsauber, die andere helles Blaßgelb; Nase schwer zu beschreiben, nicht sortentypisch, Flaschenalterung nicht spürbar, ein Hauch Zitrone; trocken, vierschrötig, gute Säure.

*Bei einem Gidleigh-Park-Weinwochenende, im November 1980. Im besten Fall ★★ Jetzt zweifellos am Ermüden.*

## 1970 ★★★

HERMITAGE, CHANTE ALOUETTE CHAPOU-TIER. Sehr helle, gute Farbe; zurückhaltende, wachsartige Nase, eine Spur Zitrone; trocken, mittelschwer, weich, doch ausreichend fest. Nicht aufregend.
*Oktober 1982 ★★ Nicht zum Aufbewahren.*

## 1971 ★★★★★

CHÂTEAU-GRILLET, CUVÉE RENAISSANCE Ein winziger, gut dreieinhalb Hektar großer Weinberg, seit 1820 im Besitz der Familie Neyret-Gachet. Ich kann nicht widerstehen zu erzählen, daß 1829 James Christie, Haushofmeister von König Georg IV., zwei Kisten mit 72 Flaschen in den St-James-Palast bestellte. Die Nachfrage war immer größer als das Angebot, mit dem Ergebnis, daß die hohen Preise nicht immer der tatsächlichen Qualität entsprachen. Viele Aufzeichnungen von älteren Jahrgängen, in letzter Zeit nur wenige. Stil und Qualität schienen stark zu schwanken, doch der 71er ist exzellent: gute Farbe; weiches, duftiges Pfirsich-Bukett; mitteltrocken und mittelschwerer Körper, dabei leichter Stil. Guter Mittelgaumen, hervorragende Säure.
*Februar 1982 ★★★★*

CHÂTEAUNEUF-DU-PAPE, CH. DE RAYAS BLANC Gute Farbe, relativ blasses Zitronengelb; weinige, nicht sortentypische Nase; trocken, komplettes Gewicht, rauchig, eichen, eine Spur Zitrone. Absolut köstlich.
*November 1980 ★★★★ Wahrscheinlich immer noch gut.*

HERMITAGE BLANC CHAVE. Strohgelb; eigenartiger, individueller Duft, wie Brot, sehr gute Frucht, tief; mitteltrocken, große Länge, hervorragende Säure.
*März 1984 ★★★★*

## 1972 ★★★

*Gilt als sehr guter Jahrgang für weiße Rhoneweine, doch ich bin ihnen kaum begegnet. Vernay's Condrieu fehlte es selbst in der Jugend (1974) an Reiz. Nach etwas mehr als zehn Jahren:*

HERMITAGE BLANC CHAPOUTIER. Blaß; schlecht, flach, schwefelig; trocken und fade.
*Oktober 1983.*

HERMITAGE BLANC CHAVE. Farbe wie altes Stroh. *Passé.*
*März 1984.*

## 1973 ★★★

CHÂTEAU-GRILLET Zitronengelb; «süß», Vanille, ein Hauch Karamel; Geschmack nach Vanille und Walnüssen. Phantastischer Nachgeschmack.
*Februar 1988 ★★★★*

## 1976 ★★★

*Guter, reifer Jahrgang, reiche Weine, doch mit zuwenig Säure.*

CONDRIEU, CH. DE ROZAY Im Besitz von Paul Multier, doch damals von Georges Vernet vinifiziert. Bereits ohne Flaschenalterung ein gefälliges Goldgelb; Duft der Viognier-Rebe, Bratäpfel und Nelken; mitteltrocken, gehaltvoll. Die Reichhaltigkeit alter Weinstöcke und eines guten Jahrgangs – soll trotzdem am besten zwei bis vier Jahre nach der Ernte sein.
*November 1979 ★★★★*

HERMITAGE BLANC CHAVE. Interessant, vielschichtig, gute Länge und angemessene Säure.
*März 1984 ★★★★ Wahrscheinlich auf dem Höhpunkt.*

HERMITAGE BLANC, CHANTE ALOUETTE CHAPOUTIER. 1981 ausgeprägte Gelbtönung, gut in Geschmack und Ausgewogenheit, 1985 in der Nase honigartiges Flaschenalter und gute Struktur, danach etwas dumpf und nussig.
*Zuletzt im Oktober 1987 verkostet. Im besten Fall ★★★ Jetzt über den Höhepunkt hinaus.*

## 1977 ★

*Gegenteil des 76er Jahrgangs, zu säurebetont.*

HERMITAGE BLANC CHAVE. Außergewöhnlich reiche Nase; mitteltrocken, schmackhaft, deutliche, doch zulässige Säure.
*Im März 1984 auf dem Gipfel ★★*

## 1978 ★★★★★

*Ein hervorragender Jahrgang.*

CHÂTEAUNEUF-DU-PAPE BLANC CLOS DE L'ORATOIRE. Gelb; sehr schöne Nase; mitteltrocken, gut ausgestatteter Körper, herrlich in Geschmack und Länge.
*Zum Nachtessen bei den Sampsons, im März 1992 ★★★★*

## 1979 ★★★

*Guter Jahrgang, hauptsächlich Mitte der 80er Jahre konsumiert.*

CHÂTEAU-GRILLET Helles Gelb; Bukett dehnte sich im Glas aus, «süß», Eiche, Vanille; mitteltrocken, guter, langer, warmer Geschmack, leicht bisquitartiger Abgang. Sehr gute Säure.
*Mai 1988* ★★★

HERMITAGE BLANC CHAPOUTIER. Helles Blaßgelb; fruchtig, Zitrone, Mandelkerne in der Nase und am Gaumen, etwas «süß», schroffe Struktur.
*März 1983* ★★

HERMITAGE BLANC, STERIMBERG P. JABOULET AINE. Ansprechendes Gelb; positiv, ziemlich öliger und kernartiger Geschmack.
*März 1990* ★★

## 1980 ★★

*Mittelmäßig. Zum baldigen Genuß.*

CHÂTEAU-GRILLET Der ertragreichste Jahrgang der Neyret-Gachets überhaupt: 116 Hektoliter. Ziemlich blaß, grünspurig; schöne, saubere Nase; trocken, fest, Körper, Ausgewogenheit und Länge angemessen.
*Juli 1983* ★★★

CONDRIEU, CH. DE ROZAY Ausgeprägtes Strohgelb; eigenartige Nase, feuchtes Stroh und Brunnenkresse; trocken, relativ voll, fest.
*Zuletzt im August 1983 verkostet* ★★

HERMITAGE BLANC CHAVE. Wohlriechende Nase mit Nuancen von Äpfeln und Ananas; gut gebaut, trockener Abgang.
*März 1984* ★★

## 1981 ★★★

CHÂTEAUNEUF-DU-PAPE, DOM. DE NALYS BLANC Gilt als der beste weiße Châteauneuf, aus einem vielfältigen Traubensatz, angeführt von Grenache Blanc und Clairette, am besten innerhalb von drei Jahren zu trinken. Zurückhaltend, ein Hauch Schwefel, wachsartig, eine Spur Honig; überraschend trocken – weiße Châteauneuf können ausgesprochen «süß» sein – ziemlich neutraler Geschmack, aber guter Abgang.
*November 1984* ★★★

HERMITAGE BLANC CHAVE. Zurückhaltend, aber harmonisch, «süße» Nase; ziemlich enttäuschender, gewöhnlicher Geschmack, leidlicher Abgang.
*März 1984* ★

HERMITAGE, VIN DE PAILLE CHAPOUTIER. Man bekommt ihn zwar nur selten zu Gesicht, aber gelegentlich macht Chapoutier, das älteste und größte *Maison du Vin* in Tain in Familienbesitz, noch einen Strohwein. Ziemlich hoher Alkoholgehalt, beim 81er 15,2 %, mit 35 g/l Restzucker. Butterblumengelb; sehr ungewöhnliche Nase, erinnerte mich an die Färbearbeiten meiner Großmutter, ein Hauch Chlor, nussig; «mittelsüß», ziemlich körperreich, reichhaltig, kraftvoll, gute Länge.
*Mai 1988. In seiner besonderen Art* ★★★★ *doch etwas anerzogener Geschmack.*

## 1982 ★★★★

CONDRIEU GEORGES VERNAY. Leicht zitronenfarbig; eine Spur Zitrone, frische Walnüsse; trocken, duftig, guter Geschmack und schöne Länge. Öffnete und verbesserte sich im Glas.
*Dezember 1984. Damals* ★★★(★)

HERMITAGE BLANC CHAVE. Geruch von Vanille, Marshmallows und Fondant; leicht «süß», mittelschwer, weich, dabei griffig und mit adäquater Säure.
*März 1984* ★★★

HERMITAGE BLANC VIDAL-FLEURY. Bei meiner ersten Degustation blaß, rauh und mit Mandelkernnote. Eine Zeit später: Strohgolden, Alter im Erscheinungsbild erkennbar; trocken, würzig, eine Spur Lakritze. Faszinierend.
*Zuletzt beim Essen der Wine & Food Society von Miami, Februar 1989* ★★★

HERMITAGE, ‹VELOURS› CHAPOUTIER. «Vin de Marsanne Passerillé sur Pied» – das letzte Jahr, in dem die Trauben an den Reben trockneten, anstatt auf Stroh. Butterblumengelb, eigenartige Note in Bukett und Geschmack, wie ein Tokaji Aszú: wachs- und honigartig, medizinal, «mittelsüß», weich, traubig, gute Länge und schöner Nachgeschmack. Selten. Ungewöhnlich.
*Mai 1991* ★★★★

## 1983 ★★★

CONDRIEU J. PINCHON. Gelb; jugendlicher Duft, Walnüsse; vorzüglicher Geschmack, weich, gerade genug Säure.
*Januar 1985* ★★★

CONDRIEU GEORGE VERNAY. Helles Buttergelb; sahnig, ein Hauch Walnüsse, entwickelte sich gut; leicht «süß», fest, glatt, komplett in Gewicht und Ausgewogenheit, zarter Abgang.
*Zuletzt im Dezember 1985 verkostet* ★★★★

CROZES-HERMITAGE, MULE BLANCHE P. JABOULET AINE. Blaß; Betont; relativ trocken, hübscher Stil, doch mit dem Geschmack nach Pfirsich- oder Mandelkernen, der mir mißfällt.
*April 1986. Auf seine Art* ★★★

HERMITAGE BLANC CHAVE. Erstmals im Frühjahr nach der Ernte verkostet: blasses Strohgelb; ein Hauch jugendliche Ananasnote, pudriger, apfelartiger Duft; leicht «süß», weich, sehr gefälliger Geschmack zum Kauen, leichte Säure. Zwei Jahre später überraschend flach und dumpf.
*Zuletzt im April 1986 verkostet. Auf seinem jugendlichen Höhepunkt* ★★★

HERMITAGE BLANC, STERIMBERG P. JABOULET AINE. Relativ tiefes Wachsgelb; starke Pfirsichkernnote in der Nase und im Geschmack, gute, glatte Struktur, körperreich.
*Februar 1991* ★★★

# 1984 ★

CONDRIEU, CH. DU ROZAY Zitronengelb; trockener, ungewöhnlicher Geschmack, mild, köstlich, vielleicht etwas zu wenig Säure.
*Februar 1989* ★★

# 1985 ★★★★

CHÂTEAUNEUF-DU-PAPE BLANC, CH. DE BEAUCASTEL Überraschend blaß; leichte, nussige Nase; trocken, eindringlich, sehr griffig, nussiger Geschmack mit einer leichten Pfirsichkernnote.
*Januar 1990* ★★★

CONDRIEU A. CUILLERON. Wachsgelb; sehr ungewöhnliche Nase mit Nuancen von Minze und *Lemon Curd*; trocken, recht kraftvoll, Geschmack erinnerte mich an Wacholder.
*Juni 1988* ★★(★)

CONDRIEU, VIOGNIER G. VERNAY. Da in dieser kleinen AC-Gemeinde ohnehin nur die Viognier-Rebe gestattet ist, braucht sie auf dem Etikett nicht aufgeführt werden. Ausgesprochen enttäuschend. Mittelblasses Gelb, ganz leicht grünspurig; Nase mit Nuancen von Wachs und Zitrone, ein Hauch Kerosin, Eiche, etwas Fleisch; mitteltrocken, ziemlich kernig, reich, Geschmack nach Walnüssen und deutlich Mandelkernen. Hatte ich den Wein zu lange aufbewahrt? Oder entspricht er einfach nicht meinem Ge-

schmack? Nach zwei Schlucken kippte ich ihn weg.
*April 1991 ?*

HERMITAGE BLANC CHAVE. Sehr blaß; verkohlte Zitrone; mitteltrocken, relativ voller Geschmack, schwer einzuordnen, eichen, gute Säure und Länge, schöner Abgang.
*Januar 1990* ★★★

HERMITAGE BLANC, STERIMBERG P. JABOULET AINE. Schwefelgeruch; im Februar 1987 trocken, fest. In jüngerer Zeit unterschiedliche Flaschen: blaß, eine rauh mit starkem Mandelgeschmack, die andere mit gleicher Note, aber weicher, besser ausgewogen.
*Zuletzt im Mai 1991 ?*

# 1986 ★★★

CHÂTEAUNEUF-DU-PAPE BLANC DE LAUZE. Der einzige Wein des Comte de Lauze, den ich verkostet habe. Blasses Zitronengelb; unreife Nase mit leichtem Ananasgeruch; trocken, mittelschwerer Körper, interessanter und ungewöhnlicher Geschmack, prägnanter, jugendlicher, säurebetonter Abgang.
*November 1987. Damals* (★★★) *Wahrscheinlich jetzt köstlich.*

HERMITAGE, STERIMBERG P. JABOULET AINE. Praktisch farblos; unentwickelt, ananasartig, wohlriechend; trocken, fest – so wie jeder andere junge Weißwein auch. Guter Abgang.
*Februar 1987. Damals* (★★★) *Macht sich jetzt wahrscheinlich gut.*

HERMITAGE, VIN DE PAILLE J.-L. CHAVE. Eine große Rarität. Strohgold; honigartig, Karamel; halbsüß, mächtig (16° Alkohol), harmonisch, gute Textur und Säure. Eher wie ein *Vin santo* als ein *Vin jaune*.
*Von Bob Paul, Dezember 1991* ★★★(★)

HERMITAGE BLANC G. CHAVE. Blaß; trocken, gefällig, geradlinig.
*Juli 1992* ★★ *Bald trinken.*

# 1988 ★★★★

*Guter Jahrgang, feste Weine. Möglichkeit eines langen Lebens.*

HERMITAGE BLANC GUIGAL. Mittelblasses Gelb; vorzügliche, verführerische, würzige Nase; trocken, mittelschwerer Körper, fest, guter Geschmack, benötigt Zeit.
*November 1990* ★(★★★) *Bis etwa 1996.*

CONDRIEUX, CÔTEAUX DE VERNON GEORGES VERNAY. Blaß; gute Frucht, guter Geschmack. *Letztmals probiert Juli 1992* ★★★

HERMITAGE BLANC, STERIMBERG P. JABOULET AINE. Mitteltiefes Gelb; immer noch jugendliche Apfelnase; trocken, nussig, eichen. *Februar 1991* ★★(★★)

## 1989 ★★★★★

*Herrlicher Jahrgang. Phantastisch in Gehalt und Frucht. Wahrscheinlich im Alter zwischen vier und acht Jahren am besten.*

CONDRIEU GUIGAL. Blaß; vorzügliche, reiche, nussige, eichene Nase – phantastisch nach einer Reihe spröder Chablis; mitteltrocken und mittelschwerer Körper, vorzüglicher Geschmack, warmer, würziger Abgang. War ausverkauft, bevor ich ihn bestellen konnte! *November 1990* ★★(★★) *Wahrscheinlich* ★★★★★ *Bis etwa 1997.*

HERMITAGE BLANC, STERIMBERG P. JABOULET AINE. Blaß; ein Hauch des erkennbaren Zitronentons des Hermitage; außergewöhnlich, pudrig, duftiger Geschmack. Attraktiv. *Februar 1991* ★★(★★) *Bis 1996.*

## 1990 ★★★★

*Wieder ein sehr guter Jahrgang im ganzen Rhonegebiet.*

CONDRIEU GUIGAL. Relativ blasses Gelb; jugendlich, blumig; ziemlich trocken, scheinbar mild, irreführend kraftvoll. Gute Säure. Braucht Flaschenalter. *Mai 1991* ★★(★★) *Bis 1998.*

CONDRIEU, CH. DU ROZAY J. Y. MULTIER. Sehr blaß; knochentrocken, spröde, ja dumpf. Viele Notizen. *Zuletzt Oktober 1993* ★★

CONDRIEU G. VERNAY. Blaß; jugendlich; trocken, gute Säure, leicht cremiger Geschmack. *Dezember 1993* ★★★ *In seiner jugendlichen Frische zu trinken.*

CH. GRILLET NEYRET-GACHET. Blaß; nasser Karton und Brotkruste in Nase und Geschmack. Trocken, sehr eigenwillig. Noch immer hart. *Juli 1992* ★★(★)??

## 1991 ★

*Gute Qualität haben jene Weine südlich wie nördlich der Rhone erreicht, deren Trauben vor Einsetzen des Regens gelesen wurden.*

## 1992 ★★★

*Obwohl insgesamt eher unterschiedlich, sind die Weißweine aus dem Norden eigentlich doch zufriedenstellend. Hermitage blanc ist extraktreich, wohingegen der Condrieu eine überdurchschnittliche Säure aufweist, die noch einige Zeit zum Abbau braucht.*

## 1993 ★★

*Die Weißweine aus früh gelesenen Trauben werden sich wahrscheinlich besser als die Roten entwickeln. Die Condrieu-Weine sind zwar weniger fruchtig, aber von guter Säurestruktur. Zum baldigen Genuß bestimmt.*

# LOIRE

Die Loire-Weine werden hauptsächlich jung und frisch getrunken. Die knochentrockenen Muscadets und Sancerres, ideale Begleiter zu Schalentieren, gehören zum festen Bestand der Restaurants, wobei immer die neuesten Jahrgänge aufgetischt werden. Das gleiche gilt für die ansprechenden halbtrockenen bis trockenen Rosés aus dem Anjou. Neben den festen, zuverlässigen, manchmal spröden Savennières gilt mein Interesse – und das spiegelt sich auch in diesem notwendigerweise kurzen Kapitel wider – den wenigen *Demic-sec-* und *Doux*-Weinen der Spitzenklasse von der mittleren Loire: Vouvray, Coteaux du Layon und Quarts de Chaume. Gewisse Jahrgänge sind herrlich, benötigen eine Flaschenalterung und halten sich gut.

Das Weinbaugebiet Loire liegt verhältnismäßig nördlich, gen Westen macht sich bereits das Seeklima bemerkbar; das Wetter kann also sehr veränderlich sein – ein krasser Gegensatz zu dem Kontinentalklima des Elsaß oder der südlichen Wärme des Rhonetals. Der Jahrgangsverlauf ist für Engländer leicht vorherzusagen. Wenn es in Südengland eine Hitzewelle gibt, wird man an der Loire eine gute Ernte haben! Bei einem feucht-kalten Sommer in England, fallen die Loire-Weine wahrscheinlich dünn und noch säuerlicher aus als sonst.

Die folgenden Notizen behandeln fast ausschließlich die süßeren Weine der Spitzenklasse, eine Ausnahme bilden nur die jüngsten Jahrgänge. Die handelsüblichen trockenen Weißen aus den Jahren vor 1988 sind entweder *passé* oder nicht mehr erhältlich oder auch beides.

Wie man die Loire-Weine verkostet und wann man sie trinkt:

Die *Demi-Sec-* und Dessertweine haben vieles mit ihren deutschen Kollegen gemein; man trinkt sie am besten ohne Speisen als köstliche Sommerweine. Eine Ausnahme bildet der leicht süße Vouvray, den man traditionellerweise – und das ist eine hervorragende Kombination – zu Seezunge genießt.

## VOR 1928

*Ein oder zwei der alteingesessenen Winzer von der mittleren Loire haben in ihren Kellern noch Weine aus dem 19. Jahrhundert liegen. Es sind dieselben guten Jahrgänge wie für andere Weißweine aus Gegenden, die auf einem ähnlichen oder nördlicheren Breitengrad liegen: die Côte d'Or, die Champagne, das Elsaß, das Rheintal, bis hinüber nach Ungarn. Zweifellos muß 1811 der größte Jahrgang gewesen sein, doch ich habe noch keinen Loire-Wein dieses Alters getrunken; ähnlich groß waren die Jahre 1865, 1874, 1900 und die brennend heißen Sommer 1893 und 1921.*

*Anfang bis Mitte der 70er Jahre habe ich mir einige Notizen über die 21er Weine gemacht. Marc Brédifs Vouvray Liquoreux: Bernstein-*

*gold, nach wie vor köstlich. Fast genauso gut war Alfred Arraults Saché (AC Azay-le-Rideau), ein Demi-Sec. Kurz gesagt, die besten Weine können, wenn sie aus kühlen Kellern stammen, eine wahre Offenbarung sein.*

## 1928 ★★★★

*Bester Jahrgang zwischen 1921 und 1937.*

ANJOU, RABLAY Abgefüllt von Prunier's, Paris. 1982 erhielt ich Nachricht von Madame Prunier, daß sie über einen übergroßen Bestand an alten Weinen verfüge. Ich besuchte das Restaurant Prunier Traktir, dessen Keller sich von der Nähe der L'Etoile an ein langes Stück unter ihrer Straßenseite erstrecken. Neben anderen Weinen, vor allem alten Sauternes, fand ich in einem Verschlag etwa hundert Dutzend Flaschen 28er Anjou und noch einmal die gleiche Anzahl an halben Flaschen. Monsieur Barnagaud-Prunier lud mich zum Mittagessen ein, und ich bat angesichts der großen Menge darum, eine halbe Flasche Anjou probieren zu dürfen. Er brachte eine ganze. Der Wein war köstlich. Ich trank sie fast leer.

Die Geschichte dieses Weins spiegelt den Wandel von Konsumentengeschmack und Wirtschaft wider. Als berühmtes Fischrestaurant wies die Weinkarte des Prunier eine große Auswahl an Weißen auf. Der alte Monsieur Prunier war gut unterrichtet und besuchte auf seinen jährlichen Einkaufsreisen auch die Loire. Der 28er Jahrgang genoß einen ungewöhnlich guten Ruf und bei seinem Besuch im Frühjahr 1929 erwarb er eine schöne Menge Wein, die er sich im Faß anliefern ließ und in seinen Kellern selbst abfüllte. Doch dies fiel in die Zeit der Wirtschaftskrise, anschließend kam der Krieg. Die Keller wurden zugemauert. Nach dem Krieg aber waren halbsüße Weine aus der Mode gekommen. Man bevorzugte, wie auch heute noch, Muscadet- und Sancerre-Weine. Dazu kommt, daß die Franzosen nicht gerne alte Weine trinken. Das war das Problem.

Als Lösung bot sich an, den ganzen Bestand auf einmal bei Christie's in die Auktion zu geben. Dank der Degustationsnotizen und makelloser Probeflaschen konnte alles verkauft werden. Ich erwarb einige Flaschen für Christie's und einige für mich selbst. So verfüge ich über fast 40 Aufzeichnungen von 1982 bis heute. Ein oder zwei halbe Flaschen waren etwas müde, ansonsten allesamt herrliche Wein: Farbe wie poliertes Gold (sieht so im Dekantiergefäß aus); himmlische, wachsartige, lanolinähnliche Chenin-Blanc-Nase mit honigartigem Flaschenalter; weder ganz süß, noch ganz trocken (paßt hervorragend zu jedem Fischgericht); mittelschwer, herrlicher Geschmack und komplette Säure. Nur etwas kurz. Trockener Abgang.
*Zuletzt bei einem Sitzungsessen, in Paris, im November 1993* ★★★★ *Wie immer eine Offenbarung.*

MOULIN TOUCHAIS Zweifellos der berühmteste süße Loire-Weiße. Ein Chenin Blanc aus dem Anjou, hergestellt – und gehortet – von der Familie Touchais. Die Weine wurden Ende der 70er Jahre schlagartig berühmt. Ich lernte sie zum ersten Mal bei einer Degustation von sieben Jahrgängen kennen, darunter auch diesem, die Dr. John Jenkins organisiert hatte. Sehr schönes Gelb, wie Satin, mit goldenen Reflexen; leichter Alterston in der Nase, dabei reich, vollendet – ein Geruch wie in einem Vollblüterstall! Halbsüß, reich, die phantastische Säure gibt dem Wein Zusammenhalt und einen schönen, trockenen Abgang. Spröde, aber gut.
*Bei einer Degustation im Senior Common Romm am Imperial College, Januar 1981* ★★★★

## 1933 ★★★

BONNEZEAUX, CH. DE FESLES Reiches, strahlendes, grünspuriges Bernstein; halbsüß, am Austrocknen, aber guter Geschmack und mehr Kraft als der Touchais. Trockener Abgang.
*Juni 1982* ★★★

MOULIN TOUCHAIS Mehrere Aufzeichnungen aus den frühen 80er Jahren. Eine Flasche holzig, rauh, säurebetont. Im Stil leichter, für das Alter blaß; im besten Fall sehr gute, klassische, ausgebaute Chenin-Blanc-Nase; halbsüß.
*Zuletzt im Juni 1982 verkostet* ★★★

## 1934 ★★★★

VOUVRAY, CLOS BAUDOIN Das Gut gehört seit 1918 der Familie von Fürst Poniatowski. Für das Alter bemerkenswert blaß; weiches, leicht pfirsichartiges, wächsernes, harmonisches Bukett mit einem Schuß zitronenartiger Säure. Trocken, in Stil und Gewicht relativ leicht, Geschmack wie Walnußöl.
*Bei einem Abendessen mit Janet und Freddie Price, August 1983* ★★★★

## 1937 ★★★★★

*Einer der erfolgreichsten Jahrgänge für Weißweine des Jahrhunderts. Arraults Saché 1977 zweimal verkostet, hervorragend.*

MOULIN TOUCHAIS Zwei Aufzeichnungen. Farbe und Geruch wie *Golden Syrup* von Tate and Lyle. Vorzüglich, honigartig: *pourriture* und Flaschenalter; halbsüß (eine Flasche etwas am Austrocknen), reich, vielschichtig, erfrischend. Hervorragende 37er Säure.
*Zuletzt im Februar 1982 verkostet* ★★★★

## 1945 ★★★★

*Sehr guter Jahrgang. Schöne, feste Weine. Die besten sind immer noch gut.*

CH. DE BREUIL Unterschiedliche Flaschen, eine tawnyfarben, maderisiert, die andere goldgelbe Bernsteinfarbe; Duft nach *Crème brûlée*; ziemlich süß, reich, hervorragender Geschmack, gute Länge und Säure.
*Oktober 1982* ★★★★

COTEAUX DU LAYON MAURICE BOUGRIER. Bernsteingold; wachsartig, Vanille, leicht apfelartige Nase wie ein Tokajer; halbsüß, hervorragende Säure.
*Dezember 1972* ★★★

**MOULIN TOUCHAIS** Wunderbare Farbe wie reines Gold; Nase zunächst zurückhaltend, erblühte jedoch im Glas; süßer, eindringlicher Mittelgeschmack. Austrocknende Endsäure. Fehlerlos.
*Januar 1981* ★★★★★

## 1947 ★★★★★

*Der erfolgreichste und köstlichste Nachkriegsjahrgang und die besten Weinen sind garantiert noch hervorragend.*

**BONNEZEAUX, CH. DE FESLES** Herrliche Farbe, reiches, strahlendes Bernstein mit grünem Rand; hervorragendes Bukett, weich, süß; am Gaumen süß, voller Körper und Geschmack, eine Spur Holz, ausgezeichnete Säure.
*Juni 1982* ★★★★

**BONNEZEAUX, CH. DES GAULIERS** FOURLINE-BOIVIN. Wie alle alten Weine dekantierte ich auch diesen. Phantastisch tiefe Bernsteinfarbe, im Glas mit apfelgrünem Rand; ein Hauch «Vaseline», ölige Reichhaltigkeit und eine Spur Mandarine, dann fleischig, wie gebratener Speck, schließlich süß, Gerstenzucker, Flaschenalter und *Botrytis*-Note im Bukett; halbsüß (am Austrocknen), schöne Geschmackskonzentration, geschmacksintensive Säure.
*Mai 1991* ★★★★

**MOULIN TOUCHAIS** Tiefes Butterblumengelb; Nase wie eine Beerenauslese; ziemlich süß, vorzüglicher Geschmack, lebhafter Abgang.
*Februar 1982* ★★★★

**VOUVRAY** BREDIF. Von der Familie Brédif 1893 gekauft – ein guter Jahrgang für den Beginn. 1965 von Marc Brédif an seinen Schwiegersohn übergeben, der in der Folge an die de Ladoucette verkaufte. Zwei Aufzeichnungen: goldfarben; klassisch wachs- und honigartige Chenin-Nase; halbsüß, etwas vierschrötiger als der Foreau, doch mit allen nötigen Elementen ausgestattet.
*Zuletzt im Juni 1982 verkostet* ★★★★

**VOUVRAY DOUX** FOREAU. Mehrere Notizen, die erste aus dem Jahr 1979. Inzwischen mitteltiefes Goldorange; zurückhaltende, dabei pikante Nase, Nuancen von Pfirsich und Honig; halbsüß, frisch, relativ leichter Stil, zarter, guter Geschmack, im besten Fall perfekt ausgewogen, eine Flasche mit etwas pappiger Säure.
*Zuletzt im Juni 1986 verkostet* ★★★★

## 1949 ★★★★★

*Nicht so köstlich saftig wie die 47er, komplette Frucht und Struktur mit besserer und festerer Säure.*

**COTEAUX DU LAYON, CHAUME, CH. GUIMONIÈRE** Chaume ist der beste der sieben festgelegten Coteaux-Distrikte mit Ertragsbeschrän-

*Château de Chenonceau*

kungen wie in Sauternes. Phantastisches Bernsteingold; leicht parfümiert, klassische *Botrytis*- und Flaschenalternase, Fünf-Sterne-Bukett; halbsüß und mittelschwer, ein bißchen zum Kauen, aufregender Geschmack, hervorragende Säure.
*Juni 1982* ★★★★

MOULIN TOUCHAIS Mehrere Notizen aus den frühen 8oer Jahren. Eine Flasche mit leicht unangenehm riechender Nase und einem Hauch Ananas, dabei perfekt in Gewicht und Geschmack. Mittelblaß, grünspurig; klassisch; ziemlich süßer, eindringlicher Geschmack, zurückhaltend, kann aber sehr gut sein.
*Zuletzt im Juni 1982 verkostet. Im besten Fall* ★★★★

## 1953 ★★★

*Guter Jahrgang, in letzter Zeit allerdings nicht mehr verkostet.*

VOUVRAY, CLOS PARADIS DEMI-SEC Machte sich gut.
*1972.*

## 1955 ★★

*Guter Sommer, doch nicht heiß genug, um saftige Weine zu ergeben.*

COTEAUX DU LAYON, CHAUME, CH. GUIMONIÈRE Sauber, lebhaft, sehr gutes Bukett; nahezu perfekter Geschmack, ziemlich harter, säurebetonter, trockener Abgang.
*Juni 1982* ★★★★

MOULIN TOUCHAIS Nur einmal verkostet, möglicherweise eine nicht mehr ganz gute Flasche. Angesengte Nase, ein bißchen wie ein Oloroso; halbsüß, die lebhafte Säure hielt das Gewicht in Schach.
*Januar 1981* ★★

VOUVRAY BREDIF. Mitteltiefes Gelb; wächserne, leicht ölige Nase; trocken, lebhaft, ziemlich spröde.
*Juni 1983* ★★★

## 1959 ★★★★★

*Phantastischer Jahrgang, der beste seit 1947, in Gewicht und Konzentration unübertroffen.*

COTEAUX DU LAYON, CHAUME, CH. GUIMONIÈRE Bukett und Geschmack komplett, aber überraschend spröde, schlanker als erwartet. Gute Griffigkeit, benötigte aber wohl noch mehr Flaschenalter.
*Juni 1982* ★★★(★)

MOULIN TOUCHAIS Der jüngste und in vieler Hinsicht beeindruckendste Jahrgang bei der Degustation im Imperial College 1981. Weitere fünf Aufzeichnungen, die früheren vermerken eine weniger tiefe Farbe als erwartet, in den jüngeren wird sie als Bernsteingold beschrieben; außergewöhnliche Nase, reich, minzig, Kerzenwachs, «firnisartig», «Möbelpolitur», «Zelluloid» notiert; süß, kraftvoll, doch nicht schwer, eindringlich, gute Länge, Geschmack nach Vanille und Karamelbonbons, hervorragender Nachgeschmack.
*Zuletzt im Oktober 1987 verkostet. Eigenartig, verdient aber* ★★★★★ *Noch etliche Jahre Lebenserwartung.*

VOUVRAY BREDIF. Ziemlich tiefes Gelb; dralle, wachsartige Cheninnote in Nase und Geschmack. Halbsüß, etwas Vanille, schmackhaft.
*Juni 1982* ★★★★

VOUVRAY FOREAU. Mattes Gelb; sehr gute honigartige Nase, das Aroma erinnerte mich an einen weichen, reifen Sémillon. Halbtrocken, sehr guter Geschmack. Noch zehn bis 15 Jahre Lebenserwartung.
*Oktober 1982* ★★★★

VOUVRAY, CLOS NAUDIN, MOELLEUX FOREAU. Für Alter und Stil sehr blaß; ruhige, wächserne Nase, wie eine ausgelöschte Kerze; leicht süß, zart, reich: vollkommen ausgewogen.
*November 1983* ★★★★

## 1961 ★★ *bis* ★★★

*Bei den Süßweinen lange nicht so gut wie der 59er Jahrgang, obgleich die trockenen Weine – inzwischen sind sie zu alt – lebhaft und erfrischend ausgefallen waren.*

MOULIN TOUCHAIS Starkes Gelb; in Nase und Geschmack recht deutliche Pfirsich-Mandelkernnote. Halbsüß.
*Februar 1982* ★★

## 1962 ★★★★

*Gute Frucht, Ausgewogenheit und Säure.*

MOULIN TOUCHAIS Beeindruckend buttergelbe Farbe; kernige, butterige Nase; halbsüß, ziemlich körperreich, überraschend lebhafte Säure.
*Februar 1982* ★★★★

## 1964 *****

*Heißer Sommer, für die halbsüßen und süßen Weine der Loire bester Jahrgang des Jahrzehnts. Den trockenen Weißen fehlte es allerdings an Säure, einige waren recht schlaff. Viele Weine verkostet, die meisten davon vor 1980.*

BONNEZEAUX, CH. DE FESLES Erstmals 1972 verkostet, Etikettenaufschrift: «1er grand cru» und «médaille d'Or, Concours du Comité Interprofessionel des Vins d'Anjou et de Saumur 1965». Ein Hauch Anissamen und Ananasschalen; vorzüglicher Geschmack. Ein Jahrzehnt später: delikater als der 47er, wohlriechend; süß, ziemlich körperreich, schmackhaft, fett, aber mit guter, erfrischender Endsäure.
*Zuletzt im Januar 1982 verkostet* ****

BONNEZEAUX, CH. DES GAULIERS Mehrere Aufzeichnungen aus den 70er Jahren. Ich erwarb 1973 ein paar Flaschen und verkostete den Wein im folgenden Jahr mehrmals. Ansprechendes Gelb, hell und lebhaft; zurückhaltende, wachsartige Chenin-Blanc-Nase; halbsüß, schien im Mund süßer zu werden, raffiniert, wohlausgewogen, nicht groß, aber befriedigend.
*Zuletzt im November 1980 verkostet* **** *Zweifellos immer noch gut.*

COTEAUX DU LAYON, CH. GUIMONIÈRE Klassische Honig-*Botrytis*-Nase; halbsüß, mittelschwerer Körper, gewisse 64er Fettheit, trockener Abgang. Schön gemacht.
*Juni 1982* ****

MOULIN TOUCHAIS Mehrere Notizen vom Anfang bis Mitte der 80er Jahre. Feine hellgoldene Farbe; außergewöhnliche Nase, hochgetönt, Linoleum, aber erstaunlich wohlriechend und erfrischend; ziemlich süß, mollig, doch gutgeformt, leicht firnisartiger Geschmack, sehr gut in Säure und Abgang.
*Zuletzt im November 1984 verkostet* **** *Eigenartig attraktiv.*

## 1966 ***

*Wohlausgewogene Weine, die trockenen waren hervorragend, die süßen weniger erfolgreich.*

BONNEZEAUX, CH. DE FESLES Zarte Wachsnase; ziemlich trocken, ziemlich dumpf.
*Juni 1982* **

## 1969 ***

*Guter Jahrgang. Die süßeren Weine hielten sich besser.*

BONNEZEAUX, CH. DE FESLES Ziemlich blaß; schön verwoben, honigartige Nase; halbsüß, etwas fett, wohlausgewogen.
*Juni 1982* ***

COTEAUX DU LAYON, CH. GUIMONIÈRE Blaß; wohlriechend; ziemlich rauh, leicht bitterer Abgang.
*Juni 1982* *

MOULIN TOUCHAIS Offen, ölig; süß, reich, gehaltvoll, gute Säure.
*Juni 1982* ***

VOUVRAY DEMI-SEC BREDIF. Gelb; ruhige, wachsartige, harmonische Nase; viel trockener als erwartet, gut gemacht, ansprechend, gute Säure.
*November 1980* *** *Wahrscheinlich mittlerweile ausgetrocknet.*

## 1970 **

*Eher für die große Ertagsfülle als für die Qualität bekannt geworden. Ausreichend gefällige Weine. Reife Trauben, aber kein Jahr für Dessertweine.*

VOUVRAY SEC BREDIF. Sehr gute Nase. Wirklich trocken.
*Januar 1983* ***

VOUVRAY DEMI-SEC FOREAU. Ziemlich trocken, wie ein deutscher halbtrockener Wein, weich, relativ neutraler Geschmack.
*Mai 1980* **

## 1971 ***

*Stilvoll, elegant, wohlausgewogen. Immer noch gut. Säurebetont.*

QUARTS DE CHAUME DOM. BAUMARD. Überraschend blaß und jugendlich für das Alter; schöne wachsartige Vanille-Nase (wieder einmal erinnerte mich der Chenin Blanc an einen Sémillon), entsprechender Geschmack. Halbsüß, gute Säure. Perfekter Zustand.
*Eine ungewöhnliche* Marie-Jeanne, *von Hugo Dunn-Meynell zu einem Essen der Wine & Food Society mitgebracht, August 1989* ****

VOUVRAY BREDIF. Vorzüglich, blaß, halbtrocken, schlank und lebhaft. Für einen elf Jahre alten Wein phantastisch. Hält sich bei dieser Art Jahrgang besser als ein guter trockener Weißer von der Rhone.
*Juni 1982* ***

VOUVRAY, PÉTILLANT, DEMI-SEC FOREAU. Hier zwar etwas fehl am Platz, habe ich den Wein

doch aufgenommen, um zu zeigen, wie gut diese Vouvray-Schaumweine sein können und wie schön sie sich halten. Im Alter von 15 Jahren vorzügliche Goldfarbe und träge Schaumbildung; halbsüß, reiner Chenin-Geschmack, gute Säure. Köstlich.
*November 1986* ★★★

## 1973 ★★

*Gefällig, etwas wenig beachtet. Besser für trockene Weiße. Brédifs Vouvray war 1978 sehr gut.*

QUARTS DE CHAUME DOM. BAUMARD. Sehr zuverlässiger Winzer. Sehr blaß; wohlriechendes Bukett, gute Tiefe; halbsüß, leicht malziger Abgang.
*April 1989* ★★

## 1975 ★★★

*Überraschend gut. Die reicheren Weine werden auch weiterhin noch gefallen.*

MOULIN TOUCHAIS Mit der gewohnt reichen, leicht nach Ziegen riechenden, öligen außergewöhnlichen Nase; süß, voll, sehr reich. Ein kraftvoller Wein, Länge und Nachgeschmack gut.
*Juni 1982* ★★★ *Vier Sterne, wenn ich großzügiger wäre. Zweifellos immer noch kraftvoll.*

QUARTS DE CHAUME DOM. BAUMARD. Blaß; sahnig, Himbeernuancen, gute Tiefe; halbsüß, relativ leicht, lebhaft, hervorragende Säure.
*August 1985* ★★★

## 1976 ★★★★

*Ein sehr guter Jahrgang. In England außergewöhnlich heiß und trocken, ab 31. August Dauerregen. Auf dem europäischen Festland besseres Wetter. Sonne und Wärme hielten an. Das Ergebnis: herrlich reife Trauben. Zu meiner Überraschung habe ich bislang kaum Weine verkostet.*

JASNIÈRES JEAN-BAPTISTE PINON. Jasnières ist ein Weiler, der seinen Namen einem ziemlich selten gewordenen Wein aus Chenin Blanc verliehen hat, der mit sehr beschränkten Erträgen innerhalb der größeren AC Coteaux du Loir (sic, ein Nebenfluß der Loire mit diesem verwirrend ähnlichen Namen) wächst. Erstmals 1980 verkostet, sehr trocken, einem Savennières sehr ähnlich. Ich erhielt dann eine Flasche vom Marquis de Goulaine, einem bekannten Muscadet-Winzer, der mir die Alterungsqualitäten des Jasnières vorführen wollte. Der 76er ließ den 83er, den ich zum Vergleich verkostete, zweifellos rauh und unentwickelt erscheinen. Die Farbe hatte sich zu einem wachsartigen Goldgelb vertieft, die Nase ein nussiges, honigartiges Flaschenalter erreicht; wirkte weniger trocken, vorzüglicher Geschmack, perfekt ausgewogen.
*Zuletzt im Juli 1987 verkostet* ★★★★

SAUMUR CHAMPIGNY DOM. FILLIATREAU. Eine relativ alte Aufzeichnung, hier eingefügt um aufzuzeigen, daß die roten Loire-Weine meiner Ansicht nach nur in wirklich guten Jahrgängen, wie dem 59er, dem 64er, dem 76er und zweifellos dem 89er, annehmbar sind. In einem schlechten Jahrgang sind sie dünn, rauh und säuerlich. Die wesentlichen Roten, Chinon, Bourgueil, St-Nicolas-de-Bourgueil, werden alle aus Cabernet Franc

*Blick auf Chinon*

bereitet. Gewöhnlich gute Farbe, purpurgetönt in der Jugend, wie bei diesem hier, mit einer leicht marmeladigen Himbeerfrucht; ziemlich trocken, mittelschwer, gefällige Frucht und nicht zu säurebetont.
*November 1980* ★★★

VOUVRAY, AIGLE BLANC, DEMI-SEC PONIATOWSKI. Buttergelb; leichter Geranienton läßt auf Ascorbinsäure schließen, außerdem eigenartiger Geschmack. Halbsüß. Etwas enttäuschend.
*Oktober 1989.*

## 1978 ★★★ bis ★★★★

*Besonders gut für Sancerre und Pouilly sowie die trockenen Weißen von der mittleren Loire. Anfang der 80er Jahre waren Roblins schnittiger Sancerre und zwei Savennières, der Coulée de Serrant von Madame Joly und der La Roche aux Moines von Baron Brincard, besonders bemerkenswert.*

## 1979 ★★★

*Ein ansprechender Jahrgang, der zum baldigen Genuß bestimmt war. 1981 und 1983 erwiesen sich praktisch alle verkosteten Weine als gut: mehrere Muscadets, Pouilly Blanc Fumé, einschließlich du Nozet, knochentrockene Sancerres und annehmbar trinkbare halbsüße Weine mit prickelnder Säure aus Bonnezeaux und Coteaux du Layon.*

## 1980 ★★

*Der beste Vorfrühling und der schlimmste Sommer dieser Zeit. Sechs Wochen ununterbrochene Regenfälle verzögerten die Blüte und dehnten sie aus, der Frühherbst war allerdings warm und sonnig. Späte Lese in der zweiten Oktoberwoche, aus Vouvray, Quarts de Chaume und Bonnezeaux wurden Schneefälle gemeldet. Trotz allem einige überraschend gefällige Weine, einschließlich attraktiv halbsüßer Weine aus Quarts de Chaume, von Ch. Bellerive und der Domaine des Baumard, beide sehr blaß, grasig und leicht; der Ch. de Fesles aus Bonnezeaux wies mehr Farbe und Körper auf. Alle zwischen 1983 und 1986 verkostet. Nur eine jüngere Aufzeichnung:*

VOUVRAY (WAHRSCHEINLICH DEMI-SEC) BREDIF. Relativ blasses Wachsgelb; gefällige Chenin-Blanc-Note in Nase und Geschmack. Etwas süß, eher leicht, gute Säure. Immer noch frisch und hell.
*Oktober 1989* ★★★

## 1981 ★★

*Allgemein geringer Ertrag an mittelmäßigen Weinen, die meisten wurden bereits im Jahr nach der Ernte getrunken. Merkwürdigerweise vermerkte ich bei zwei Savennières, dem Clos de la Coulée de Serrant und dem Ch. de Chamboureau, und einem Sancerre, dem Les Romans, einen Mangel an Säure. Die Vouvrays hingegen wiesen eine gute Säure auf, besonders Poniatowskis Aigle Blanc und der Clos de la Meslèrie.*

## 1982 ★★★

*Nahezu ideale Witterungsverhältnisse während der Wachstumssaison: warmer Frühling, heißer Sommer, ausreichend Regen, allerdings auch einige heftige Stürme während der Lese. Allgemein große und zufriedenstellende Ernte. Einige Pouilly-Fumé Weine molliger als gewöhnlich; vor allem der von Michel Redde hatte eine fast sahnige Nase und nicht das übliche Sauvignon-Blanc-Aroma, am Gaumen war er sehr gefällig. Zwischen 1984 und 1986, als ich meine Notizen machte, sehr gut zu trinken. Keine Weine zum Aufbewahren.*

## 1983 ★★

*Ideale Blüte, dann heiß. Im Juli und August warm und sehr feucht mit häufigen Stürmen und gelegentlichen Hagelschauern. Es mußte öfter gesprüht werden. Ab Mitte September starke Regenfälle und unterschiedliche Temperaturen. Die trockenen Weine waren zum baldigen Genuß bestimmt, wesentliches Merkmal war eine lebhafte Säure. Nicht zur Lagerung geeignet. Keine süßeren Weine verkostet.*

## 1984 ★

*Sehr trockene, säurebetonte Weine ohne individuelle Note. In der Jugend ausreichend erfrischend, einige zu dünn und scharf. Zurecht bereits fast vollständig konsumiert. Es lohnt sich nicht, danach Ausschau zu halten.*

POUILLY-FUMÉ, LES MOULINS À VENT Auf eine leichte, fruchtige Art ansprechend.
*1988.*

SAUMUR CHAMPIGNY DOM. FILLIATREAU. Eine köstliche Himbeernase verbunden mit leichten Fäulnistönen. Paßte gut zu Knoblauchwürsten.
*1987.*

## 1985 ★★★★

*Allgemein gute Bedingungen. An der mittleren Loire, im Anjou und in Vouvray profitierte man von einer seltenen trockenen Wärmeperiode ab der dritten Augustwoche bis Anfang November. Besonders bemerkenswert fielen die Roten und die süßen Weißen aus.*

*Azay-le-Rideau*

**AZAY-LE-RIDEAU, TOURAINE SEC** G. PAVY. Praktisch farblos; jugendlich, kräuterwürzig; sehr trocken, schlank, ziemlich kratzend.
*August 1987* ★

**‹BOUQUET›** ALBERT BRESCOMBES. Eine neue AC, Anjou-Villages, erstmals auf einer Handelsdegustation im Januar 1988 verkostet. Niedrige Erträge, 90 % Cabernet Franc, zehn Prozent Cabernet Sauvignon: unreifes Purpurrot, erfrischend, doch nicht zu säurebetont. Immer noch jugendlich; herrliche Frucht, die sich aus dem Glas verströmte; trocken, relativ leicht, ausgeprägter beerenartiger Geschmack, Eichentöne erkennbar, tanninbetont, gute Säure. Ein anregender Wein.
*Zuletzt im September 1990 verkostet* ★★(★)

**BOURGUEIL, DOM. DE OUCHES** PAUL GAMBIER. *‹Cuvée Assemblage›* – mitteltiefes Rot; Nase und Geschmack eigenartig, nicht fruchtig, ziemlich stielig. Eine andere Cuvée, Gewinner einer *Medaille d'Or, Mâcon, en barrique*, zeigte das charakteristische pikante Himbeeraroma, war nicht zu trocken, ziemlich leicht und überraschend weich und zugänglich. Ein weiterer Tropfen, der eine Goldmedaille in Paris gewonnen hatte, zeigte eine ähnliche Nase, war aber am Gaumen griffiger und mit mehr Biß. Zu welcher Gelegenheit soll man sie trinken? Mittagessen im Sommer, Picknicks, Nachtessen nach dem Theater – am besten mit einer würzigen Speise.
*Bei einer Thorman-Hunt-Degustation, April 1987. Von ★ bis ★★(★).*

**COTEAUX DU LAYON, CHAUME** CH. DE LA ROULERIE. Relativ blasses Wachsgelb; parfümierte, honigartige Chenin-Nase und ebensolcher Geschmack. Halbsüß, gute Säure.
*Juni 1991* ★★★★

**SANCERRE, CLOS DES ROMAINS** VACHERON. Die hiesigen Roten werden aus Pinot Noir bereitet. 1985 schien ein förderlicher Jahrgang gewesen zu sein. Pflaumiges Rubinrot; süß, ausgeprägtes Pinot-Aroma, weicher, weniger rauh als der Cabernet Franc; deutlich süßer Einschlag, sehr gefälliger Geschmack – viel weicher als der Kollege von Bourgueil.
*Juli 1987* ★★★

## 1986 ★★★★

*Ideal für trockene Weißweine. Viele Aufzeichnungen von leichten, trockenen, lebhaft säurebetonten Weinen, hauptsächlich aus Sancerre und Pouilly-Fumé, letztere gelten als die besten des Jahrzehnts.*

**VIN D'ORLÉANS, AUVERNAT BLANC** ROGER MONTIGNY. Ein für mich neuer VDQS, von dem unternehmungslustigen Weinhändler von Mere, Robin Yapp. *Auvernat* ist die lokale Bezeichnung für den Chardonnay. Blasses Limonengelb; erstaunlich volle, parfümierte Nase, die dem Glas entstieg, Geißblatt, Ananas; halbtrocken, jugendlich duftiger Geschmack, leicht in Stil und Gewicht, Loire-Säure, trockener Abgang.
*September 1987* ★★★

## 1987 ★

*Muscadet wohl am erfolgreichsten, da frühere Blüte und Ernte als weiter oben im Tal. Nichtsdestotrotz von Hersteller zu Hersteller verschieden. Desgleichen beim Pouilly-Fumé. Mein Rat: sorgfältig auswählen, rasch trinken. Von Mitte Juli bis Anfang September gab es viel Sonnenschein, doch der Monat endete mit Regen. Am besten waren hier und in Touraine die Winzer dran, die früh gelesen hatten. Die roten Trauben von Chinon, Bourgueil und Saumur waren vom Regen aufgeschwemmt, das Resultat eine große Produktion an Weinen mit mangelnder Säure.*

**MUSCADET CH. DE LA GALISSONIÈRE** Sehr gewöhnlich, trocken, dumpf, stielig.
*Juli 1989.*

MUSCADET CH. DES MONTYS MARQUIS DE GOULAINE. Wesentlich fruchtiger, lebhaft, gute Länge. Eine Säure, die an Sancerre erinnert. *September 1988.*

MUSCADET, CUVÉE DU MILLENAIRE MARQUIS DE GOULAINE. Schwefelig, sehr trocken, sehr säurebetont. *September 1988.*

POUILLY-FUMÉ DOM. PABIOT. Blaß, ausgeprägter grüner Rand; Aroma von rauhen schwarzen Johannisbeeren, Minze, anregende Säure; trocken, leicht, doch voller Geschmack. Blumiger Mittelgaumen, nachhaltige Säure. *November 1989* ★★★

POUILLY-FUMÉ LES CHAMPS DES PLANTES B. PLANCHET. Sehr blaß; hohl, grasig; trocken, spröde, unattraktiv. *März 1989.*

SANCERRE Mehrere Winzer, ebenfalls unterschiedlich, zu blaß, «Nagellack», dazu stachelbeerartige, säurebetonte Frucht, meist mager und eher beißend. Im besten Fall erfrischend. Austrinken.

SAVENNIÈRES MME. JOLY. Der ansprechendste 87er. *Im Oktober 1989 verkostet* ★★

## 1988 ★★★★

*Ein sehr zufriedenstellender Jahrgang für trockene Weiße, Rote und süße Weiße. Gute Wachstumssaison, warmer Sommer, Lese zwei Wochen früher als gewöhnlich. Jetzt gut zu trinken. Die Demi-Sec und Moelleux werden sich halten.*

BARON DE ‹L› Ladoucettes Spitzenwein. Sehr blaß, fast farblos; grasige Nase; trocken, duftig, geschmacksintensiv, hohe Säure. *Bei einem chinesischen Bankett in Hongkong, Oktober 1989* ★★★

QUARTS DE CHAUME DOM. DES BAUMARD. Blaß; wohlriechend; halbsüß, leichter Stil, fast spritzig. Zu Pudding hoffnungslos. *April 1991* ★★★

SANCERRE, DOM. DE MONTIGNY HENRI NATTER. Limonenfarbe, eine Tönung, die einem das Wasser im Mund zusammenlaufen läßt; stachelbeerartige Fruchtsäure – eine Spur Katergeruch; trocken, leicht, erfrischend. Ein Sancerre, wie er sein sollte. *Januar 1990* ★★★

SAVENNIÈRES, CLOS DES PAPILLONS DOM. BAUMARD. Trocken, gefälliges Gewicht, sehr

guter, fester Geschmack und ebensolche Säure. Archetypisch. *Im Restaurant Markwitz, Bristol, April 1991* ★★★

VOUVRAY DEMI-SEC, LE PEU DE LA MORIETTE JEAN-CLAUDE PICHOT. Mehr Chenin-Blanc-Aroma, leicht honigartige Nase, zwar schlank und sauber, aber mehr *sec* als *demi*. *April 1990* ★★ *bis* ★★★ *Zum baldigen Genuß.*

VOUVRAY MOELLEUX, LE PEU DE LA MORIETTE JEAN-CLAUDE PICHOT. Grasige, minzige Nase; ebenfalls trockener als erwartet, aber sehr ansprechender Geschmack und schön ausgewogen. *April 1990* ★★ *bis* ★★★ *Zum baldigen Genuß.*

VOUVRAY SEC, COTEAUX DE LA BICHE CHRISTOPHE PICHOT. Blaß; trocken, grasig, schmackhaft. *April 1990* ★★ *bis* ★★★ *Zum baldigen Genuß.*

## 1989 ★★★★★

*Zweifellos ist das der Jahrgang für halbsüße und süße Weine. Wie bei den Sauternes ein glückliches Zwillingspaar mit dem 88er; im Stil anders waren die 89er weicher und saftiger. Die von der Sonne angereicherten Trauben lieferten, wie 1959 und 1964, untypische trockene Weißweine: molliger, reifer und weniger säurebetont als in einem normalen Loire-Jahr, vor allem bei den beiden Gegensätzen, dem Muscadet und dem Zwillingspaar Sancerre und Pouilly. Viele Weine verkostet. Ganz deutlich ein Chenin-Blanc-Jahrgang; die Qualität und die Reichhaltigkeit der besten Produkte können sich mit dem legendären 47er Jahrgang messen. Auch mit den deutschen Dessertweinen haben sie einiges gemein, wenngleich sie einen höheren Alkoholgehalt aufweisen.*

BONNEZEAUX, LA MONTAGNE DOM. DE PETIT VAL. Blaß, grünspurig; leicht, grasiges Traubenaroma, säurebetont, gewisse Tiefe; halbsüß (Restzucker 73 g/l), irreführend leichter Stil trotz bemerkenswert hohem Alkoholgehalt (14,2 %), lebhafte Frucht, erfrischende Säure (4,9 g/l). Wohlriechend. *Mai 1991* ★★★(★) *Bis 2000.*

COTEAUX DY LAYON, BEAULIEU, CLOS DES ORTINIÈRES DOM. D'AMBINOS. Zitronengelb; blumig, wachsartig, Honig, Nelken, Schwefel (der sich verzog); halbsüß, weich, vorzüglich, dazu eine hervorragende Säure. *Mai 1991* ★★★★ *Bis 2000.*

MONTLOUIS MOELLEUX CAVE CO-OP DE MONTLOUIS. Der Montlouis wird meist vom Fleck weg getrunken oder aber in Paris. Zweifellos

steht der Distrikt im Schatten seines Nachbarn Vouvray. Dieser Wein gewann eine Goldmedaille, und mir ist klar warum: halbsüß, ein leichter Charmeur mit lebhafter, erfrischender Säure.
*Mai 1990* ★★★

## QUARTS DE CHAUME, CH. DE BELLERIVE

Mittelblasses Wachsgelb; reich, parfümiert, ausgeprägt, minzig, ganz leicht stielig; halbsüß (Restzucker 82 g/l), relativ voller Körper (14 % Alkohol), positiver, wachsartiger Chenin-Geschmack, reich, leichte Spur Pfirsichkerne, gute Säure (4,9 g/l), immer noch ziemlich hart. Braucht Zeit.
*Mai 1991* ★★(★★) *Bis nach 2000.*

## SANCERRE PIERRE DEZAT.

Viele Sancerres verkostet. Dieser hier, ebenfalls ein Goldmedaillengewinner in Paris, war sehr blaß; harte, säurebetonte Nase; trocken, schlank; erreichte eine lebhafte, wohlriechende Säure trotz der ungewöhnlich reifen Trauben.
*April 1990* ★★★

## SANCERRE, CHAVIGNOL VINCENT DELAPORTE.

Mehrere Aufzeichnungen: sehr blaß, ausgeprägt grünlicher Rand; frisch, mit dem typischen Duft des Sauvignon Blanc nach rauhen Johannisbeeren und Kater, kräuterwürzig, ein Schuß Zitrone; sehr trocken, relativ leicht, gute Länge, schmackhaft, passende Säure.
*Zuletzt im Februar 1991 verkostet* ★★★ *Jetzt trinken.*

## VOUVRAY, CLOS DU BOURG MOELLEUX

HUET. Mitteltiefes Gelb; zurückhaltende Nase; halbsüß (Restzucker 64 g/l), guter Körper (13,65 % Alkohol), sehr positiver und fester Geschmack, gute Länge, Säure (5,7 g/l) und Nachgeschmack hervorragend. Braucht Zeit.
*April 1991* ★★★(★★) *Bis 2000 und länger.*

## VOUVRAY, CUVÉE CONSTANCE MOELLEUX

HUET. Umwerfend! Rabelais verglich Vouvray mit Taft. Ich kann das verstehen. Aus ausgewählten Trauben mit Edelfäule bereitet, die von Huets drei Gütern, Le Haut Lieu, Le Mont und Le Clos du Bourg, stammen. Der Hektarertrag lag bei nur fünf Hektolitern. Der Traubensaft enthielt pro Liter 390 g natürlichen Zucker, mittels einer langen Gärung im Faß erreichte man 10,9 % Alkohol, übrig blieben 162 g/l Restzucker. Das Ergebnis ist ein köstlich süßer Wein mit einer phantastischen Säure (6,05 g/l) als Gegengewicht. Bereits mitteltiefe goldgelbe Farbe; weiche, reiche, wachs- und honigartige *Botrytis*-Nase, ein Hauch «Vaseline»; voller, köstlicher, Pfirsich-Honig-Geschmack, gute Länge, perfekte Säure. Alle Voraussetzungen für mindestens fünfzig Jahre Lebenserwartung.
*Mai 1991* ★★★★(★★)! *Jetzt vorzüglich, auf dem Höhepunkt zwischen jetzt und 2020, wird sich aber auch darüber hinaus noch halten.*

## VOUVRAY, LE MARIGNY, *DEMI-SEC, 2ME TRIE* J.-C. PICHOT.

Gutes, positives Chenin-Blanc-Aroma; halbtrocken, deutlich mehr auf der demi-Seite als der 88er.
*April 1990* ★★(★)

## VOUVRAY, LE HAUT-LIEU, *1ER TRIE* SA. HUET.

Schönes wächsernes Gelbgrün; harmonische, honigartige *Botrytis*-Nase; halbsüß (Restzucker 100 g/l), gefälliges Gewicht (12,9 % Alkohol), lebhaft, honigartiger Geschmack und hervorragende Säure (5,7 g/l). Immer noch ein bißchen hart.
*Mai 1991* ★★★(★) *Bis 2000.*

## VOUVRAY MOELLEUX, VIELLES VIGNES, *2ME TRIE* C. PICHOT.

Gelbgrün; leicht, traubig, leicht honigartig Note in Nase und Geschmack. Halbsüß. Stilvoll.
*April 1990* ★★★(★)

## VOUVRAY, VIEILLES VIGNES, *MOELLEUX, 3ME TRIE* C. PICHOT.

Junge, apfelartige Note in Duft und Geschmack. Halbsüß.
*April 1990* ★★(★★)

## 1990 ★★★★★

*Noch ein weiterer* Annus mirabilis. *Zeitlich günstig auch für die ehemaligen Aschenputtel der Weinwelt, Vouvray und Coteaux du Layon. Diese sind leicht zu trinken, aber manchmal schwierig den Speisen zuzuordnen (die süßeren auf keinen Fall zu Pudding reichen, das wäre reine Verschwendung; Käse kann gehen, aber am besten trinkt man sie «pur»). Alle Weine – trockene, halbtrockene, süße und rote – müßten einen vergnüglichen Trinkgenuß bieten.*

## CHINON (ERZEUGER UNBEKANNT).

Ein perfekter Jahrgang für rote Loire-Weine. Erdbeerähnliches Aroma; trocken, eher leicht, frisch, sehr attraktiv.
*Oktober 1992* ★★★ *Jetzt bis 1998.*

## QUARTS DE CHAUME CH. DE L'ECHARDERIE.

Viele Notizen. Bleich; halbsüß, attraktiv, frisch und gute Länge.
*Zuletzt im Dezember 1993* ★★(★)

## COTEAU DU LAYON, CH. DE LA ROULERIE

LES HUNIS, CUVÉE LOUIS. Viele Notizen, alle von halben Flaschen: hübsches reiches Gelbgold; schöner honigartiger *Botrytis*-Geschmack, sehr süß, glorios, Limone und Honig.
*Zuletzt verkostet Dezember 1993* ★★★★(★)

## SANCERRE, CHAVIGNOL VINCENT DELAPORTE.

Sehr blaß, grünspurig; anregendes, stachelbeerartiges Aroma; knochentrocken, duftige

Frucht, hohe Säure – diese Art Wein trinkt man am besten jung und frisch.
*Zuletzt im Juni 1991 verkostet* ★★★

## 1991 ★

*Eine geringe Menge an unterdurchschnittlichen Weinen ist das Ergebnis eines – klimatisch gesehen – katastrophalen Jahres. Zu Beginn der Wachstumsphase war es mild, aber der strengste Frost von allen französischen Weinbaugebieten dezimierte in der Loire-Region die bereits gutentwickelten Triebe und vernichtete praktisch die Chinon- und Bourgeuil-Ernte zur Gänze. Der Blüteverlauf im späten Juni wurde ebenfalls durch die Kälte behindert, Coulure und Millerandage trugen weiter zur Ertragsreduzierung bei. Der heiße, trockene Sommer ließ Hoffnungen aufkommen, die aber durch den Regen und die fäulnisbegünstigende Feuchtigkeit Ende September endgültig begraben wurden. Geblieben sind eine geringe Menge leichter und säurebetonter trockener Weißweine, die früh getrunken werden sollten, sowie – aus selektionierten Trauben – eine bescheidene Menge des süßen Quart de Chaumes.*

## 1992 ★★

*Kein schlechtes und auf jeden Fall ein recht ergiebiges Jahr. In der Tat müßte etwas gegen die Überproduktion unternommen werden – Selektion hieße die Devise. Die Entwicklungsperiode der Trauben begann mit einer frühen, aber erfolgreichen Blüte nach einem ungewöhnlich heißen Frühling. Die Reifezeit im August und September zeigte einen unterschiedlichen Verlauf, mit einigen Regenperioden und hoher Feuchtigkeit, so daß die Beeren aufquollen und Fäulnisgefahr entstand. Die trockenen Weißweine sind zufriedenstellen, und im Anjou und der Touraine wurden einige Süßweine aus erst Anfang November gelesenen Trauben erzeugt. Den Chinon-Rotweinen kann man gute Qualität attestieren, die Bourgeuils präsentieren sich hingegen weniger attraktiv, und es bedurfte einiger Verschnittarbeit, um Farbe und Struktur zu konzentrieren.*

## 1993 ★ bis ★★★

*Das Wetter im südlichen Loire-Gebiet verlief anders als in den übrigen Weinregionen Frankreichs und ermöglichte den Ausbau recht zufriedenstellender Gewächse. Dies gilt vor allem für die frühgelesenen weißen Trauben, zum Beispiel Muscadet. Wie im restlichen Frankreich begann die Vegetation mit früher Knospenbildung, aber eine Kaltwetterperiode verzögerte dann die Blüte bis Mitte Juni. Die Muscadet-Ernte begann am 15. September vor Einsatz des Regens, der Pouilly und Sancerre heimsuchte und nur einen geringeren Ertrag ab dem 8. Oktober zuließ. Regen und Fäulnis hatten keinen guten Einfluß auf die Produktion der Süßweine. Im allgemeinen handelt es sich bei diesem Jahrgang um Weine in bescheidener Qualität, die bald zu trinken sind und in späteren Ausgaben dieses Buches wohl kaum Beachtung finden werden.*

*Einige süße Côteaux du Layon aus edelfaulen Beeren wurden erzeugt.*

# ELSASS

Das Elsaß läßt sich schwerlich mit irgendeinem andern Weinbaugebiet der Welt vergleichen, allein schon was die Zuverlässigkeit und das gute Qualität-Preis-Verhältnis betrifft. Hier ist nicht der Platz, um auf die wechselvolle Geschichte dieses Landstrichs einzugehen, der mal zu Deutschland gehörte und im nächsten Augenblick wieder zu Frankreich. Es genügt zu erwähnen, daß nach dem Ersten Weltkrieg entschlossene Winzer systematisch damit begonnen haben, Reben besserer Qualität anzubauen; die Resultate sind nicht zu übersehen.

Die Weine werden nach der Rebsorte benannt: die sogenannten «noblen» Sorten Riesling und der Gewurztraminer[1], beides Reben, aus denen sich Bilderbuchweine bereiten lassen, der Tokay, den man Tokay d'Alsace (oder Tokay Pinot Gris) nennt, um eine Verwechslung mit dem ungarischen Wein zu vermeiden, und der sehr eigene Muscat. Zweitrangige Trauben, wie etwa der Sylvaner, tauchen inzwischen immer weniger häufig auf; diese Weine mit eher wenig Charakter spielen in den folgenden Notizen denn auch kaum eine Rolle. Immer mehr setzen sich individuelle Weinbergnamen durch, wie beispielsweise Sporen und die *Grands-Crus*-Weinberge Kitterlé, Rangen und Brand. Am wichtigsten in allen diesen Bezeichnungen ist jedoch der Name des Erzeugers. Bei meinen Notizen scheint die Familie Hugel am häufigsten vertreten zu sein. Das liegt daran, daß sie schon zwischen den Weltkriegen in der ersten Reihe der Pioniere standen und sich seither auch als unermüdliche Exporteure einen Namen gemacht haben. Zunächst war es Jean, dann folgte ihm sein Sohn Johnny, die mit ihren regelmäßigen Besuchen in England «Hugel» und «Elsaß» praktisch zu Synonymen haben werden lassen. Viele der größten Elsässer Weine, die ich verkostet habe, stammten von Hugel; eine ganze Reihe davon probierte ich anläßlich ihres 350jährigen Firmenjubiläums in Riquewihr, im Juni 1989. Doch es gibt noch viele andere hervorragende Hersteller.

1 Im Elsaß läßt man die Umlaute weg.

## 1865 ★★★★★

*In Nordeuropa ein großer Jahrgang, außerdem einer der beweist – falls ein derartiger Beweis überhaupt nötig ist –, daß Weine, die von Anfang an gut sind, sich gut halten, vorausgesetzt man läßt sie kühl und ungestört lagern.*

TOKAY D'ALSACE HUGEL. Eine der wenigen verbliebenen Flaschen in den Familienkellern, von Jean und André Hugel in Riquewihr nach der bemerkenswerten Degustation alter Weine auf Burg Windeck geöffnet. Tiefes, warmes Bernstein-Tawny und – der Wein wurde spontan und ohne Vorbereitungen aus dem Keller geholt – nicht ganz hell; süßes, honigartiges Traubenbukett, keine Anzeichen von Verfall, Oxydation oder Übersäuerung in der Nase und im Geschmack. Süß – die Hugels waren der Ansicht, daß er mehr als 200° Öchsle gehabt haben muß – reich, immer noch Reste eines fetten Charakters, perfekt in Geschmack und Säure. Bemerkenswert.
*Mai 1983* ★★★★★

## 1900 ★★★★★

RIESLING HUGEL. Mittelblasses Bernsteinbraun mit ziemlich starkem Bröckchensediment; gute alte Riesling-Nase, duftend, nicht oxydiert; ziemlich trocken, hatte jedoch Schwung und Säure verloren.
*Beim Dinner in der Auberge de l'Ill anläßlich des 350jährigen Jubiläums von Hugel, Juni 1989.*

SÉLECTION GRAINS NOBLES[1] HUGEL. Dekantiert, aber immer noch wolkig, bernsteinfarben; sehr reiche, alte Nase mit Stallgeruch, intensiv, auf seine Art phantastisch; trocken, hohe Säure, reich, aber nicht reizvoll.
*September 1985* ★★

1 Im folgenden wird für Sélection Grains Nobles die bekannte Abkürzung SGN verwendet.

## 1921 ★★★★★

*Großer Jahrgang. Keinen Wein verkostet.*

## 1928 ★★★★

RIESLING ALBERT SCHOER. Als Herkunft den Weinberg Kaefferkopf vermutet. Exzellente Farbe, tiefes Goldgelb; zart, doch sehr wohlriechend, ein Hauch Muscat; halbtrocken, wunderbar ruhiger, ebenmäßiger Geschmack, einem alten Chenin Blanc nicht unähnlich. Reich. Gute Säure erhält ihn munter.
*Zum Essen mit Madame Teysonneau in Bordeaux. Es war der jüngste Weißwein in ihrem Keller! April 1979* ★★★★

## 1934 ★★★★

*Einer der besten Zwischenkriegsjahrgänge. Mehrmals verkostet, dreimal in jüngerer Zeit.*

RIESLING MITTELBERGHEIM STEIN E. BOECKEL. Fast 6,5 cm Schwund. Schöne Farbe, Honig, Bernstein; geröstete Nase; trocken, aber reich in Qualität und Länge.
*Vorverkaufsdegustation, März 1985* ★★

TRAMINER RÉSERVE EXCEPTIONELLE HUGEL. Die heutige Etikettierung würde lauten «Gewurztraminer, Sélection Grains Nobles» oder *SGN*. Aus edelfaulen Trauben vom Weinberg Sporen hergestellt. Der Gesamtalkohol lag bei der Ernte bei 18,6%, das Mostgewicht bei 190° Öchsle und der Restzucker bei 55 g/l. Zwei übereinstimmende Aufzeichnungen, die erste aus der Mitte der 8oer Jahre. Schönes Altgold; außergewöhnliches Bukett, süß, pfirsichartig, alter Gerstenzucker und Karamelbonbons – wie ein alter Yquem; ziemlich süß, deutlich hoher Zuckergehalt, doch etwas am Austrocknen, immer noch reich und kraftvoll, weich, phantastische Säure. Komplett.
*Zuletzt bei Hugels 350jährigem Jubiläum verkostet, Juni 1989* ★★★★★

## 1937 ★★★★★

*Wie in jedem anderen europäischen Weinbaugebiet ein hervorragendes Weißweinjahr. Die Säure geht allerdings über die rein belebende Wirkung hinaus.*

TOKAY D'ALSACE, GRANDE RÉSERVE CAMILLE PREISS. Eindringlich, doch mit Alterston, eher wie sein berühmter ungarischer Namensvetter; sehr trocken, hohe Säure. Leider abstoßend!
*September 1988.*

## 1943 ★★★

*Der beste Kriegsjahrgang, doch Schwierigkeiten durch die deutsche Besatzung.*

GEWURZTRAMINER CAVES JACOBERT. Trotz des guten Füllniveaus ziemlich trübe Farbe wie altes Stroh; alte, apfelige Nase; trocken, ermüdet.
*Bei einer Vorverkaufsdegustation, Chicago, im Februar 1986.*

## 1945 ★★★★★

*Wie überall ein großer Jahrgang, für Rote und Weiße gleichermaßen.*

GEWURZTRAMINER, SGN Hagebuttenfarbenes Tawny; sehr gut, rosinenartig, Bukett wie grüner Tee, einer Tokajier Essenz recht ähnlich; halbsüß, das heißt er ist am Austrocknen, körperreich, Geschmack von getrockneten Rosinen, hervorragende Säure.
*Bei Hugels 350jährigem Jubiläum, Juni 1989* ★★★★

## 1947 ★★★★

## 1948 ★★★

## 1949 ★★★★

## 1950 ★★★

## 1952 ★★★★

*Galt als herausragend. Sollte jung getrunken werden, was auch geschah. Ich habe keine Aufzeichnungen aus jüngerer Zeit.*

## 1953 ★★★

*Ein attraktiver Jahrgang. Reife Weine, denen es aber etwas an Säure mangelt. Mitte bis Ende der 50er Jahre sehr oft verkostet. Häufig taucht der Vermerk «schlaff» auf. Die besten Weine können immer noch phantastisch sein.*

RIESLING, VENDANGE TARDIVE HUGEL. Bei spätgelesenen Weinen besteht immer das Problem, wie man genügend Säure zurückbehält, um den natürlich hohen Zuckergehalt auszugleichen. In diesem Fall ist es nicht gelungen. Das zwar honigartige Bukett war etwas maderisiert.
*Mai 1980.*

TOKAY, VENDANGE TARDIVE HUGEL. Reiche Goldfarbe; rauchiges, honigartiges Bukett, das sich mit Nuancen nach warmem Toast öffnete; ursprünglich 150° Öchsle, inzwischen halbtrocken, vierschrötig, fest, dabei stilvoll, gerade genug Säure, um dem Abgang eine Spitze zu verleihen.
*Magnum bei Peter Zieglers Wochenende mit seltenen Weinen auf Burg Windeck, Mai 1983* ★★★★

## 1955 ★★★

*Guter Jahrgang. Hauptsächlich Ende der 50er Jahre verkostet und getrunken.*

RIESLING, RÉSERVE EXCEPTIONELLE HUGEL. Mild und vorzüglich.
*Anfang der 70er Jahre.*

## 1957 ★★★

*Ein von Natur aus säuerlicher Jahrgang.*

RIESLING:

RÉSERVE EXCEPTIONELLE HUGEL. Schönes frisches Traubenaroma und ebensolcher Geschmack, als er zum ersten Mal im Sommer 1959 bei Harvey's aufgenommen wurde. Bei der letzten Degustation die edelfaule Note und die gute Säure vermerkt.
*1961.*

RÉSERVE SPÉCIALE SCHLUMBERGER. Trocken, reizvoll, gut zu trinken.
*1968.*

## 1958 ★

*Mittelmäßiger Jahrgang. Zu wenig Säure. In jüngerer Zeit nicht mehr verkostet.*

## 1959 ★★★★★

*Großer Jahrgang. Aufgrund des heißen Sommers und der extrem reifen Trauben fehlte es einigen kleineren Weinen an Säure und Schwung, doch man bereitete große Dessertweine.*

*Die Elsässischen Weine gehen normalerweise im Faß an die Händler. Ich habe alle Sorten und Qualitätsstufen bewertet, vom Zwicker bis zum Gewurztraminer Réserve Exceptionelle, die bei Harvey's abgefüllt wurden (auf dem Etikett steht nicht der Herstellername sonder Harvey's). Die besten Weine können immer noch phantastisch sein.*

GEWURZTRAMINER, SGN HUGEL. Schöne reiche Goldfarbe; sehr süß, harmonisch, fast pudriger Duft, der an Eiercreme erinnert; am Gaumen zweifellos süß, körperreich, sogar kraftvoll, fest, vorzüglich, weich, würziger Traubengeschmack. Relativ trockener Abgang.
*Bei Hugels 350jährigem Jubiläum, Juni 1989* ★★★★★

RIESLING:

SÉLECTION EXCEPTIONELLE DOPFF & IRION. Meine Aufzeichnung dazu ist zwar alt, aber ich, und vielleicht auch der eine oder andere ältere Leser von Kathleen Bourkes *Wine*-Magazin, erinnere mich gut daran. Mit diesem Wein war eine Serie eröffnet worden, mit dem Titel «Dining with a Master of Wine». Unsere Gäste waren der Duke of St. Albans und Nubar Gulbenkian gewesen. Wir tranken die Flasche mit der Nummer 4277 (4683 waren insgesamt produziert worden): blasses Zitronen-Strohgelb: erfrischend, leicht fruchtig; trocken, aber nicht zu sehr, ziemlich eindringlicher Geschmack.
*April 1966. Damals* ★★★

RÉSERVE EXCEPTIONELLE HUGEL. Ausgesprochen trocken und perfekt trinkbereit.
*Oktober 1967* ★★★★

SÉLECTION SPÉCIALE, CUVÉE 27 SCHLUMBERGER. Feine Spätlese-Qualität.
*Juli 1968* ★★★

TRAMINER:

RÉSERVE EXCEPTIONELLE AUSLESE HUGEL. An dem Morgen, als er zur Degustation nach Burg Windeck gebracht wurde, leicht trübe. Er mußte dekantiert werden, doch es war nicht genügend Zeit vergangen. Schließlich gab sich die Geruchs- und Geschmacksnote von altem Stroh doch noch: reiche alte Muscatelle-Nuancen, vollmundige Frucht.
*Mai 1983* ★★★★

VON DEN VIELEN WEINEN, DIE ICH ENDE DER 60ER UND ANFANG DER 70ER JAHRE VERKOSTET HABE:

CUVÉE 37 SCHLUMBERGER. Reich, reif, kraftvoll ★★★

CUVÉE EXCEPTIONELLE BEYER. Spitzenklasse ★★★★

## 1960 ★

Bei Harvey's eine große Menge an leichten, ziemlich säurebetonten Weinen aufgeführt, 1961 zum ersten Mal verkostet. Anfang der 60er Jahre ausreichend erfrischend. Zu wenig Gehalt zur Lagerung.

## 1961 ★★★★★

Sehr guter Jahrgang. Weniger überreif und mit besserer Säure als der 59er. Lohnt sich immer noch, danach Ausschau zu halten, obwohl die meisten Weine Ende der 60er, Anfang der 70er Jahre auf dem Höhepunkt ihrer Entwicklung waren.

GEWURZTRAMINER, SGN HUGEL. Überraschend blaß, immer noch grünspurig; eigenartig käsige Nase, würzig (Gewurz), ohne Alterston; weder süß noch trocken (Restzucker 35 g/l), mittelschwerer Körper, reiner, würziger «Lychee»-Geschmack, perfekt ausgewogen, im Gesamteindruck trocken. Lange Lebenserwartung.
Bei Hugels 350jährigem Jubiläum, Juni 1989 ★★★★

RIESLING: OBWOHL ICH «RATIONALISIERUNGEN» VERABSCHEUE, KÖNNEN HUGELS QUALITÄTSBEZEICHNUNGEN DOCH RECHT VERWIRREND SEIN.

RÉSERVE EXCEPTIONELLE BEERENAUSLESE (Ob das wohl eine SGN ist?) HUGEL. Reiche, traubige Nase, ziemlich süß, relativ voll, fett und reichhaltig.
September 1973 ★★★★★

VENDANGE TARDIVE, SÉLECTION PERSONNELLE HUGEL. Ein raffinierter Wein von großer Tiefe.
Mai 1968 ★★★★★

GEWURZTRAMINER:

CUVÉE EXCEPTIONNELLE BEYER. Delikate Honignote; wunderbar reich und tief.
März 1973 ★★★★★

TRAMINER SÉLECTION SCHLUMBERGER. Vor allem deswegen erwähnt, weil der alte Sortenname immer noch verwendet wird. Weich und vorzüglich.
Ende der 60er Jahre ★★★★★

## 1962 ★★

Ziemlich harte, dabei eher leichte Weine mit lebhafter, erfrischender Säure.

VOR ALLEM MITTE BIS ENDE DER 60ER JAHRE BEWERTET. DIE BESTEN BEI DEN VERKOSTUNGEN WAREN:

GEWÜRZTRAMINER SPÄTLESE HUGEL. (Man beachte dabei das deutsche «Spätlese») ★★

RIESLING RÉSERVE SPÉCIALE SCHLUMBERGER. Ein Charmeur ★★

## 1963 ★

Bei Deinhards umfassender Degustation von Trimbach-Weinen im März 1965 als «gutes Jahr» bezeichnet. Tatsächlich waren die Weine leicht und säurebetont. Erfrischend. Zum raschen Konsum. In jüngerer Zeit nicht mehr verkostet.

PINOT GRIS RIQUEWIHR SÉLECTION DOPFF & IRION. Geruch und Geschmack nach Seetang.
Juli 1973.

## 1964 ★★★★

Heißes Jahr. Sehr reife Trauben. Besser für die reicheren Weine, vor allem Gewurztraminer.

ZWISCHEN 1965 UND 1973 VIELE DEGUSTATIONEN. BESONDERS HERVORZUHEBEN:

GEWURZTRAMINER, VENDANGE TARDIVE, RÉSERVE EXCEPTIONELLE AUSLESE, SÉLECTION PERSONNELLE JEAN HUGEL, BOTTLE NO 14 (Sehr viel, was da auf einem kleinen Etikett Platz finden muß). Eine Verbindung aus großer Reichhaltigkeit und Delikatesse.
April 1966. Damals ★★★★

TRAMINER HUGEL. Dem Gegenstück aus der Pfalz sehr ähnlich, duftig, aber erdig ★★★

RIESLING, CUVÉE EXCEPTIONENELLE BEYER. Attraktiv.
März 1973 ★★★

# 1965

*Trostloses Wetter. Schlechter Jahrgang, einer der schlimmsten aller Zeiten.*

# 1966 ★★★

*Ein sehr zufriedenstellender Jahrgang: Weine mit guter Struktur und Säure. Die geringeren Weine waren bis Ende der 60er Jahre getrunken, die Weine besserer Qualität erwiesen sich Anfang bis Mitte der 70er Jahre als hervorragend.*

RIESLING:

RÉSERVE EXCEPTIONNELLE HUGEL. Zum Mittagessen in der Britischen Botschaft in Paris zusammen mit Christopher Soames getrunken. Hervorragend.
*Juni 1972* ★★★★

RÉSERVE EXCEPTIONELLE AUSLESE SÉLECTION PERSONNELLE HUGEL. 1971 bei meinem Vortrag anläßlich der Gedächtnisdegustation für André Simon bei Christie's als bester Riesling bezeichnet, den ich jemals verkostet habe. Bei einer erneuten Degustation 1973 bestätigte sich diese Beurteilung.
*Oktober 1973* ★★★★★

GEWURZTRAMINER, RÉSERVE EXCEPTIONNELLE VENDANGE TARDIVE SÉLECTION PERSONNELLE HUGEL. Reich, reif, fabelhaft.
*Oktober 1974* ★★★★★

# 1967 ★★★★

*Ein sehr guter Jahrgang mit einigen hervorragenden spätgelesenen Weinen. Doch, wie auch in Deutschland, Anfang der 70er Jahre auf dem Höhepunkt der Entwicklung. Mehrere attraktiv duftende Gewurztraminer bewertet, außerdem einen besonders vorzüglichen* Tokay Réserve Exceptionnelle Spéciale Sélection *von JEAN HUGEL im Oktober 1974.*

GEWURZTRAMINER:

RÉSERVE EXCEPTIONNELLE VENDANGE TARDIVE SÉLECTION PERSONNELLE JEAN HUGEL. Geruch nach alten Äpfeln und Honig, sehr reich, sehr fein.
*September 1973* ★★★★

SGN HUGEL. 16 Jahre nach dem oben erwähnten Wein verkostet: warme Goldfarbe; beträchtliches Flaschenalter in der Nase, wie Stroh, sehr ähnlich einem Tokaij Asz, weich pfirsichartig; jetzt halbsüß – am Austrocknen, körperreich, etwas hart.

Lange schon über die Bestzeit hinaus, aber interessant.
*Zuletzt bei Hugels 350jährigem Jubiläum verkostet, Juni 1989* ★★

# 1968

*Fast so schlecht wie 1965.*

# 1969 ★★

*Durchschnittlich, wenn auch einige ansprechende Weine zwischen 1971 und 1976 bewertet; die Riesling-Weine waren trocken und stahlig, die Gewurztraminer hatten mehr Säure als gewöhnlich.*

MUSCAT D'ALSACE Nachlässigerweise habe ich mir den Hersteller nicht notiert; interessant indes einen 17 Jahre alten Muscat zu trinken: positives Gelb, das durch das Alter beträchtlich an Tiefe gewonnen hat; gut ausgereiftes Traubenbukett; eher trocken, aber nicht knochentrocken oder spröde, wie manche elsässische Muscats. Schöne Qualität. Gut gehalten. Ansprechend.
*Juni 1986* ★★★

# 1970 ★★

*Späte Blüte, zum Teil Durchrieseln, schöner Sommer, Ernte ab Mitte Oktober mit einem hohen Ertrag an reifen Trauben. Die Weine ließen sich gut vermarkten, doch es fehlte ihnen an Schwung. Die Mehrzahl 1972 und 1973 bewertet, als sie am besten zu trinken waren, dabei «dumpf» und «kurz» notiert. Inzwischen ermüdet.*

GEWURZTRAMINER:

DOPFF. Weich und würzig.
*1974.*

EICHBERG RÉCOLTE TARDIVE DOPFF. Sehr gut, sehr würzig, stilvoll.
*1973.*

‹OWN HARVEST› DOPFF. Relativ blasses Gelb; in der Nase ziemlich enttäuschend und am Gaumen recht dumpf und vierschrötig. Ein schwergewichtiger Bauerntölpel.
*Zuletzt im März 1980 verkostet* ★

# 1971 ★★★★

*Aufgrund von Durchrieseln und einem sehr trockenen Sommer sehr geringer Ertrag; das heiße Wetter während der Reifezeit im Herbst ermöglichte die Herstellung von Weinen höchster Qualität. Viele Aufzeichnungen aller Rebsorten und einer ganzen Reihe von Produzenten, hauptsächlich aus den Jahren 1973 bis 1978. Kein Wein, der nicht zumindest bewunderungswürdig gewesen wäre. Unter den besten:*

GEWURZTRAMINER:

CUVÉE ANNE SCHLUMBERGER. Der feinste unter all den Weinen, wie man sie nur in großen Jahren herstellen kann, wenn das Potential der *Grand-Cru*-Lagen zu hundert Prozent ausgeschöpft werden kann: sehr gelb; reifes, honigartiges Bukett; ziemlich süß, würzig, reich, dabei delikat. Superb.
*Juli 1978* ★★★★★ *Zweifellos immer noch hervorragend.*

RÉSERVE EXCEPTIONNELLE KUENTZ-BAS. Vorzüglich, weich, duftig, reif, mehrere Notizen.
*Zuletzt im April 1982 verkostet* ★★★★

CLOS ST-LANDELIN, GRANDE RÉSERVE Vorzüglich.
*Bei Hellmers jährlicher Degustation, September 1975.*

CUVÉE DES SEIGNEURS DE RIBEAUPIERRE TRIMBACH. Wies die typische Delikatesse auf.
*September 1974* ★★★★

DIE FOLGENDEN WEINE STAMMEN ALLE VON HUGEL. AUF JEDER QUALITÄTSSTUFE HERVORRAGEND IN IHRER ART:

RÉSERVE EXCEPTIONNELLE VENDANGE TARDIVE Halbtrocken, delikat, würzig.
*Zuletzt 1978 verkostet* ★★★★

SGN Für das Alter blaß; eigenartige, hochgetönte, käsige und minzige Nase mit einem Hauch Kerosin, wie ein Riesling, öffnete sich im Glas aber sehr schön; ziemlich süß, fett, merkwürdig erdiger Stil, voll entwickelt.
*Zuletzt im Juni 1989 verkostet* ★★★

SÉLECTION PREMIER Weich und köstlich.
*1973* ★★★

SPÄTLESE Überraschend trocken, aber hervorragend.
*1976 und 1977 mehrere Male verkostet* ★★★★

MUSCAT:

GRAND CRU PREISS-ZIMMER. Typisch für diesen superben Jahrgang der pikanten Weine mit sehr traubigem Aroma und unvermittelt trockenem Gaumen. Mitte der 70er Jahre am schönsten zu trinken.

RÉSERVE EXCEPTIONNELLE VENDANGE TARDIVE HUGEL. Bei der letzten Degustation vorzüglich.
*1978* ★★★★

RIESLING: EIN PERFEKTER RIESLING-JAHRGANG, VIELE WEINE VERKOSTET, DAVON MITTE DER 70ER JAHRE KEINER WENIGER ALS GUT.

RÉSERVE CUVÉE FRÉDERICK EMILE TRIMBACH TRIMBACH. Trocken, fest und delikat ★★★

CUVÉE PARTICULIÈRE LEON BEYER. Für das Alter überraschend blaß (Schwefel?), eigenartig parfümiert, weder Riesling-Charakter noch Flaschenalterung; trocken, schönes Gewicht, delikat, durch die hervorragende Säure bei guter Verfassung gehalten.
*September 1989* ★★

CLOS STE-HUNE TRIMBACH. Mit der Flaschenalterung gelber geworden, dabei immer noch frisch und, trotz der Reife und des relativ vollen Körpers, im Stil leicht.
*Zuletzt im Januar 1983* ★★★

RÉSERVE EXCEPTIONNELLE VENDANGE TARDIVE HUGEL. Erreichte eine seltene Raffinesse ★★★★

TOKAY: (HEUTE ALS TOKAY D'ALSACE BEKANNT). 1971 EBENFALLS SEHR GUT.

RÉSERVE EXCEPTIONNELLE VENDANGE TARDIVE HUGEL. 1973/74 hervorragend, seitdem zwar nicht mehr verkostet, hat aber sicherlich überlebt.

# 1972

*Großer Ertrag. Schlechte, säurebetonte Weine waren das Ergebnis einer Kombination aus starken Regenfällen, Kälte und austrocknendem Wind von Mitte August an über die ganze Zeit der Traubenreife hinweg. Mitte der 70er Jahre mehrere Aufzeichnungen gemacht: «harte», «grüne» Sylvaner; stark säurebetonte Riesling-Weine; Gewurztraminer ohne Würze und Gehalt, die Muscat-Weine rochen nach «kalten Katzen» und waren spröde.*

## 1973 ★★★

Rekordernte dank guter Blüte und einem zufriedenstellenden Sommer. Zweifellos, wie in Bordeaux, eine Überproduktion, doch man stellte auch einige hübsche Weine her. Meine Aufzeichnungen entstanden hauptsächlich zwischen 1974 und 1978. Unter den Gewurztraminern ragte Trimbachs Seigneurs de Ribeaupierre heraus, mit einem Aroma wie Geleebonbons, auch wenn er am Gaumen kurz war; einige ansprechende Muscats, auch hier der von Trimbach wieder sehr duftig. Trockene Rieslinge, doch leicht etwas zu kurz.

RIESLING, VENDANGE TARDIVE HUGEL. Der einzige 73er, den ich in den 80er Jahren verkostet habe. Bei beiden Gelegenheiten: blaß; pikantes, minziges Aroma, fast wie ein Sauvignon Blanc; trocken, schönes Gewicht, fest und lebhaft. Gut, wenn auch nicht umwerfend.
*Zuletzt im Januar 1983 verkostet* ★★★

## 1974 ★

Geringe Ernte. Schlechte Weine. Nach einem kalten Jahresbeginn war der Sommer zwar angenehm, aber die erhoffte Qualität stellte sich nicht ein, da es während des letzten Monats der Traubenreife ununterbrochen regnete. Überhaupt nur drei 74er verkostet: 1976 und 1977 zwei kurze, trockene und harte Riesling-Weine und 1978 einen einigermaßen fruchtigen Tokay Kuentz-Bas, der abflaute. Vermeiden.

## 1975 ★★★

Guter Sommer. Ernte Ende Oktober. Gefällige Weine, wenn es auch manchen, vor allem den Muscats, bei den Degustationen Ende der 70er Jahre an Säure mangelte. Zu dem Zeitpunkt sollte die meisten bereits getrunken sein. Keine weitere Aufzeichnung bis auf einen angenehm duftenden Gewurztraminer (Hugel) im Juli 1980.

## 1976 ★★★★★

Ein großes Jahr. Gute Blüte Mitte Juni, sonniger Sommer, Ernte Anfang Oktober. Ideale Bedingungen für spätgelesene Weine hoher Qualität, die immer noch hervorragend sind. Viele degustiert, wobei ich nur über die Spitzenprodukte berichte.

GEWURZTRAMINER, VENDANGE TARDIVE, SÉLECTION GRAINS NOBLES PAR JEAN HUGEL, FÛT 20 Hugels bestes Faß: 137° Öchsle, eine «Beerenauslese», 13,7% Alkohol, Restzucker 53 g/l. Mehrere Aufzeichnungen: lebhafter Goldschimmer; herrliches Bukett, Honig- und Gerstenzuckernuancen aus Trauben, die vollständig von der Edelfäule befallen waren – köstlicher Feigensirup! Nicht so süß wie erwartet, geschmacksintensiv und sehr reichhaltig, weicher, reifer Pfirsichgeschmack, duftig.
*Zuletzt im Januar 1990 verkostet* ★★★★★ *Bis 2000 und länger.*

MUSCAT, RÉSERVE PERSONNELLE HUGEL. Überraschend blaß, sehr hell; entwickelte ein traubiges Pfefferminzaroma; trocken, wohl blumig und schmackhaft, aber doch etwas flach.
*Zuletzt im April 1985 verkostet. Austrinken.*

RIESLING:

CLOS STE-HUNE TRIMBACH. Relativ blaß; leicht parfümiert; trocken, weich, wohlriechend, sehr gefällig.
*Essen auf Ch. Lynch-Bages, Mai 1986* ★★★

SGN HUGEL. Einer von Hugels größten Riesling-Weinen. Spät gelesene Trauben mit 142° Öchsle, die aber 20. Oktober bis Mitte Juli 1977 vergoren wurden. Restzucker 51 g/l. Ab 1982 sechs Aufzeichnungen: ausgeprägtes Butterblumengelb; ursprünglich ein überraschend delikates, traubiges Aroma, reif, duftig, mit der honigartigen Reichaltigkeit, die den Trauben durch die Edelfäule verliehen wird, zusätzliche Dimension durch die Flaschenalterung; halbsüß, schönes Gewicht, phantastische Säure.
*Zuletzt im Juni 1989 verkostet* ★★★★★ *Bis nach 2000.*

VENDANGE TARDIVE HUGEL. Aus dem *Grand-Cru*-Weinberg Schoenenberg. Goldgelb; harmonisch, reich, eine Spur ölig; halbtrocken, weich, Frucht und Zitrone.
*Zuletzt im Januar 1990 verkostet* ★★★

TOKAY PINOT GRIS, SGN HUGEL. Hugels erste SGN seit 1865. Bukett von würziger Pfirsichhaut, Rosenpastillen, kandierten Veilchen; sehr süß, mittelschwerer Körper, phantastisch zart, reich, weich, abgerundet.
*Zuletzt im Juni 1989 verkostet* ★★★★★ *Bis 2000.*

## 1977 ★

Leidlich große Produktion, mittelmäßige Qualität. Einige ausreichend ansprechende Gewurztraminer, vor allem von Boekel, Hugel und Trimbach. Den trockenen, leichten Riesling von letztgeannter Kellerei 1979 verkostet. Seitdem nur einen Wein probiert, einen charakterlosen Gewurztraminer von René Schmitt im Jahre 1980. Den 77er Jahrgang kann man vergessen.

*Riquewihr*

## 1978 **

*Verzögerte und unbefriedigende Blüte, sehr späte und kleine Ernte. Nichtsdestoweniger wurden einige recht gute Weine erzeugt. Von den zwischen 1980 und 1982 verkosteten Gewurztraminern war der Dopff au Moulin sehr parfümiert und schmackhaft; am besten fiel der duftige Cuvée des Seigneurs de Ribeaupierre von Trimbach aus.*

TOKAY PINOT GRIS, CLOS ST-URBAN ZIND-HUMBRECHT. Der Ruf dieses Herstellers ist enorm gestiegen. Bestätigt wurde er zweifellos durch einen der besten 78er Elsässer: 105° Öchsle, 14,3 % Alkohol. Buttergold; Bukett von Milch und Honig, unterstützt durch eine gute Frucht; ziemlich trocken, dabei reich und recht kernig.
*September 1986* ★★★★

RIESLING, CLOS STE-HUNE TRIMBACH. Grünspurig; delikate, pikante Frucht; ziemlich trocken, leicht, lebhaft.
*Februar 1984* ★★

## 1979 **

*Großer Ertrag an guten Kommerzweinen. Am besten Anfang der 80er Jahre.*

GEWURZTRAMINER:

RÉSERVE PERSONNELLE HEYT. Zart, parfümiert, leichter Stil.
*Mai 1984* ★★★

CUVÉE SEIGNEURS DE RIBEAUPIERRE TRIMBACH. Gelb; vorzüglich, würzige Lychee- und weiche Traubennuancen; etwas kurz.
*Oktober 1984* ★★★

RIESLING:

RÉSERVE PERSONNELLE HUGEL. Delikat, leicht, trocken.
*Mai 1983.*

CLOS STE-HUNE TRIMBACH. Zitronengelb; ansprechend, geschmeidig, Lanolin, traubig; gefällig in Gewicht und Geschmack.
*Ein idealer, leichter Mittagswein, zusammen mit Ab Simon im Four Seasons, Juni 1985* ★★★

## 1980 *

*Geringer Ertrag. Muscat und Gewurztraminer durch eine schlechte Blüte stark reduziert. Kalter, nasser Sommer. Späte Ernte bei frostigem Wetter. Meine einzigen Notizen beziehen sich auf Hugels Gewurztraminer: duftig, für diese Traube säurebetont, trocken und ziemlich spröde, zuletzt im November 1982 verkostet.*

## 1981 ****

*Sehr gutes Jahr, sowohl in der Qualität wie in der Quantität. Gute Blüte, sonniger Sommer, frühe Ernte für das Elsaß, und die Wetterverhältnisse blieben auch weiterhin gut, so daß man auch hervorragende spätgelesene Weine herstellen konnte. Viele verkostet.*

GEWURZTRAMINER HUGEL. Muscat-artig, würzig; bessere Säure als gewöhnlich.
*Juli 1984* ★★
LEON BEYER. Stark duftend; leicht, schmackhaft.
*März 1983* ★★★

RÉCOLTE TARDIVE DOPFF AU MOULIN. Würzig, traubig, Lychee-Nuancen; relativ trocken, delikat, duftig.
*November 1984* ★★★

RÉSERVE HEIM. Traubig, würzig; trockener, vollmundiger Geschmack.
*November 1984* ★★★

RÉSERVE PERSONNELLE KUENTZ-BAS. Relativ blasses Zitronengelb; sehr stark parfümiert; relativ trocken, gute Säure.
*Mai 1984* ★★★★

SGN HUGEL. Hoher Gesamtalkohol von 19%, Restzucker 75 g/l. Relativ blaß; weich, klassisch, zarte Rosenpastillennote; halbsüß, würzig; harter Abgang.
*Juni 1989* ★★★(★) *Bis 1998.*

PINOT BLANC, LES LUTINS JOS. MEYER. Eine frühreife Sorte, die in der sandigen Ebene wächst. Im Juli 1982 abgefüllt. Gute Farbe; in der Jugend neutral, entwickelte sich schön in der Flasche, nach fünf Jahren gute Weinigkeit; trocken, relativ leicht, sauber, schöne Frucht, duftig, aber etwas hohl.
*September 1986* ★★

PINOT NOIR:

HUGEL Drei Monate im Eichenfaß: leicht, im Erscheinungsbild einem Beaujolais ähnlich; fruchtig, marmeladig – mehr wie ein Gamay als wie ein Pinot; leicht süß, relativ leicht, fruchtig.
*Mai 1983* ★★
KUENTZ-BAS. Relativ blaß, erdbeerähnlich; trocken, recht voll, eingenartiger Kartongeschmack und bitterer Abgang.
*September 1986* ★

RIESLING:

CUVÉE EMILE TRIMBACH. Grün, traubig, säurebetont; trocken, leicht, delikat, erfrischend.
*November 1984* ★★

RANGEN (WEINBERG) ZIND-HUMBRECHT, Zurückhaltend, ingwerartig; flach, Kerngeschmack.
*Juni 1990.*

SCHOENBERG DOPFF AU MOULIN. Sehr gute Nase; trocken, leichter Stil, lebhaft, fruchtig.
*Januar 1990.*

SÉLECTION PERSONNELLE HUGEL. Sehr blumig, fast wie ein Muscat; relativ trocken, leicht, schöne Säure.
*Februar 1983* ★★★

CUVÉE TRADITION HUGEL. Trocken, fest.
*Oktober 1983* ★★★

TOKAY D'ALSACE:

RÉSERVE MILLÉSIME ROLLY GASSMANN. Grasig; Röstgeschmack, hübsch.
*November 1984* ★★★

RÉSERVE PARTICULIÈRE PREISS-ZIMMER. Kernnote, schwefelig, ohne Charakter, teuer.
*Juli 1983* ★

CUVÉE TRADITION HUGEL. Neutral, aber sehr gefällig.
*Mai 1983* ★★

TOKAY PINOT GRIS, VENDANGE TARDIVE HUGEL. Geringe Produktion (100 Kisten). Vorzügliche Farbe; wunderschöne Nase, harmonisch, Kresse; halbtrocken, herrlicher Trauben- und Melonengeschmack, duftiger Nachgeschmack.
*Zuletzt im Januar 1990 verkostet* ★★★★ *Bis 2000.*

# 1982 ★★

*Riesige Ernte, größte seit 1944. Im Elsaß sagt man, daß bei großen Erträgen die Trauben schier aus den Pfosten sprießen – 1982 haben sie zweifellos aus den Drähten getrieben! Gute frühe Blüte, heißer Sommer, phantastische Reifezeit. Dennoch keine aufregenden Weine, Hauptsächlich Mitte der 80er Jahre verkostet. Mittlerweile passé.*

GEWURZTRAMINER:

HUGEL. Weich, würzig, langweilig.
*Mai 1985* ★★
GUSTAV LORENTZ. gELB; WüRZIG; fest und lebhaft ★★★
ZIEGLER. Weich, zart, pudrig; duftig ★★
ZIND-HUMBRECHT. Goldspurig; blumig, Veilchenpastillen; reich, 13% Alkohol, etwas stumpf ★★★

CUVÉE DES EVÊQUES HUGEL. Goldgelb. parfümiert, traubig; exotisch, dennoch fehlte was
*Mai 1985* ★★★

RÉSERVE PERSONNELLE HUGEL. Goldgelb; würzige Pastillennote; trocken, weich, schlicht.
*September 1985* ★★

PINOT NOIR, BRANDBERG R. JOGGERST. Rosé, gekochtes Obst; relativ hoher Alkoholgehalt, sauber, gefällig.
*Juli 1984* ★★

RIESLING:

BRAND ZIND-HUMBRECHT. Trocken, spröde, gut; kurz.
*Zuletzt im August 1985 verkostet* ★★
TRIMBACH. Neutral, spröde, geschmacklos.
*Februar 1985* ★

VENDANGE TARDIVE HUGEL. Halbtrocken, gute Säure.
*Mai 1983* ★★

## 1983 ★★★★★

*Der wärmste Winter, nasseste Frühling und trockenste Sommer seit Menschengedenken. Die Trauben reiften unter idealen Bedingungen; Lese von Anfang Oktober bis Mitte November. Wohlausgewogene, aufregende Weine, die Spitzenprodukte – spätgelesene Gewurztraminer und Tokay d'Alsace – immer noch hervorragend und mit guter Zukunft.*

### GEWURZTRAMINER:

ALTENBERG GUSTAV LORENTZ. Tiefes Gelb; weich wie Regenwasser; ziemlich süß, reif schön.
*Mai 1990* ★★★★

CUVÉE DES COMTES D'EGUISHEIM BEYER. Butterblumengelb; pudriger Duft; mächtig, großes Potential.
*September 1986* ★(★★★★)

HENGST Würzig, Rosenpastillen; überraschen trocken, spröde.
*Juni 1990* ★★★(★)

KESSLER SCHLUMBERGER. Relativ blaß; gute Nase; gefällig, zugänglich.
*Oktober 1987* ★★★

CUVÉE PARTICULIÈRE RENEE SCHMITT. Goldgelb; pudriger Duft, harmonisch; relativ trocken, traubig, Qualität und Geschmack gut, braucht Zeit.
*Januar 1986* ★★(★★)

RANGEN Zarte, harmonische, traubige Nase; reich, kraftvoll, vorzüglich.
*Juni 1990* ★★★★(★)

RÉSERVE PREISS-ZIMMER. Relativ trocken, solide gemacht.
*Oktober 1986* ★★(★)

RÉSERVE PERSONNELLE ‹JUBILÉE› HUGEL. Sechs Aufzeichnungen. Grasig, würzig; trocken, ziemlich kerniger Stil, gute Länge.
*Zuletzt im Januar 1990 verkostet* ★★★

RIBEAUPIERRE TRIMBACH. Ausgeprägtes Gelb; reifer Gewurztraminer, wie aus dem Bilderbuch, würzige Nase, Rosenpastillen, leicht exotisch; eine Spur Restzucker, der würzige, traubige Geschmack schwoll im Mund an, kernig, Gesamteindruck trocken, fester Abgang.
*Oktober 1987* ★★★(★★)

SGN HUGEL. Herrliche Farbe, blasses Gold; wunderschönes Bukett, desgleichen der Geschmack; halbsüß, große Länge.
*Juni 1989* ★★★★★

VENDANGE TARDIVE BLANCK DOM. COMTES DU LUPFEN. Herrlich reich, parfümiert; halbsüß, kernig, üppig.
*September 1988* ★★★★(★)

VENDANGE TARDIVE M. KREIDENWEISS. Blaß; Lychee-Note; gut gemacht, aber spröde, braucht Zeit.
*September 1986* ★★(★★)

VENDANGE TARDIVE GUEBERSSCHWIR ZINDHUMBRECHT. Zurückhaltende Nase; sehr trocken, eindringlich, lang, ganz hervorragender Nachgeschmack.
*Juni 1990* ★★★(★)

VENDANGE TARDIVE, RÉSERVE PERSONNELLE HUGEL. Pfirsichartig, aromatisch, hoher Alkoholgehalt (14,5 %), harter, trockener Abgang.
*Zuletzt im Januar 1990 verkostet* ★★★(★)

MUSCAT HUGEL. Auffallend traubiges Kateraroma, so köstlich wie einnehmend.
*Oktober 1986* ★★★

RÉSERVE TRIMBACH. Blaß; sehr blumig, pikant, knochentrocken, Geschmack dehnte sich im Mund aus.
*Oktober 1986* ★★★(★)

### TOKAY PINOT GRIS:

CRYSTAL DOPFF & IRION. Ungleichmäßig, benötigt Zeit.
*1986* ★★

CRYSTAL GISSELBRECHT. Trocken, schöne Qualität, benötigt Zeit.
*1986* ★★(★)

JUBILÉE HUGEL. Trocken, kraftvoll, gute Säure.
*Juni 1989* ★★(★)

RÉSERVE BEYER. Gelb; immer noch jugendlich, Ananasnote, blumig; trocken, kraftvoller, aber neutraler Geschmack.
*Zuletzt im Juni 1989 verkostet* ★★(★)

RÉSERVE PERSONNELLE HUGEL. Schwer zu definieren, aber ein sehr individueller Geschmack, ziemlich trocken, guter Nachgeschmack.
*Januar 1990* ★★★(★)

RÉSERVE PERSONNELLE KUENTZ-BAS. Duftig, sahnig, leicht parfümiert; voller Geschmack, traubig, lebhaft.
*Zuletzt im Juni 1993 verkostet* ★★★★

SGN 192° Öchsle, 220g/l Restzucker. Relativ tiefes Gelb; weich, leicht rauchig, harmonisch, wie Williams-Birnen und -Äpfel auf einem Dachbo-

den; fabelhaft süß und reich, fett, füllig, konzentriert, perfekte Säure. Groß, TBA-Qualität.
*Juni 1989* ★★★★★

RIESLING. AUS DEN NOTIZEN VON 1986:

CUVÉE DES ECAILLERS BEYER. Knochentrokken, lebhaft, schlank.
*Juni 1986* ★★(★★)

CUVÉE FRED EMILE TRIMBACH. 90° Öchsle. Trotz Vorhandensein aller Komponenten leichter Stil, wohlriechend, braucht Zeit.
*September 1986* ★★(★★★)

JUBILÉE HUGEL. Trocken, fest, gute Säure. Benötigt Zeit.
*September 1985* ★★(★)

PRINCES ABBÉS SCHLUMBERGER. Spröde, aber gut.
*September 1986* ★★(★★)

CUVÉE STE-CATHERINE MME THEO FALLER. 92° Öchsle, hoch für eine spätreifende Sorte, grünspurig; sehr gut in Geschmack, Länge, Säure und Nachgeschmack.
*1986* ★★★(★)

TRADITION HUGEL. Fest, hart, gute Säure.
*September 1985* ★★(★)

VENDANGE TARDIVE HUGEL. Selbst in einem guten Jahrgang entfällt darauf nur ein Prozent von Hugels Produktion. Gelangt erst nach sechs Jahren in den Verkauf. Stark glänzendes Goldgelb; harmonisch, honigartig, lebhaft, traubig; ziemlich trocken trotz Spuren von Restzucker, körperreich, würzig, abgerundet, Gehalt überdeckt die Säure.
*Juli 1992* ★★★★(★)

## 1984 ★

*Später Frühling, verschleppte Blüte, sonnenloser Sommer, Fäule, doch der sonnige und trockene Oktober wendete die Misere ab.*

RIESLING:

BRAND ZIND-HUMBRECHT. Etwas Farbe; Weinigkeit und etwas Flaschenalter; trocken, immer noch frisch, gute Länge und Säure. Bewies, was ein guter Winzer aus einem mittelmäßigen Jahrgang herausholen kann.
*Juni 1990* ★★★

RANGEN ZIND-HUMBRECHT. Relativ blaß; leicht erdig, Flaschenalternase, halbtrocken, offener Traubengeschmack.
*Juni 1990* ★★

RIESLING DE WOLXHEIM, ALTENBERG JUSTIN-REGIN. Sehr trocken, säurebetont, eher wie ein Sauvignon Blanc.
*Mai 1986* ★

TOKAY PINOT GRIS, RÉSERVE TRIMBACH. Walnüsse, Karton und Schwefel – doch er öffnete sich; relativ leicht, ausdrucksarm.
*Juni 1986* ★

## 1985 ★★★★

*Nach einem schlechten Jahresbeginn mit einem kalten Frühling, Frostschäden und einer schwierigen Blüte war es ab Ende Juni bis zum Abschluß der Ernte warm und sonnig. Großer Ertrag, die besten Weine, vor allem die spätgelesenen, sind immer noch phantastisch und haben Zukunft.*

GEWURZTRAMINER:

ZIND-HUMBRECHT. Machte sich in der Jugend gut, sehr parfümierte Nase wie kandierte Veilchen; ziemlich trocken, gute Frucht, bei der letzten Degustation immer noch etwas hart.
*Januar 1988* ★★(★)

DES EVÊQUES HUGEL. Parfümiert, pudrig; trocken, spröde.
*Februar 1988* ★(★★)

GUEBERSCHWIHR, VENDANGE TARDIVE ZIND-HUMBRECHT. Eigenartige Nase, sehr ausgeprägter Duft nach Lychee und Rosenpastillen, gleiche Note im Geschmack; trockener als erwartet, körperreich.
*Juni 1990* ★★★(★)

CLOS ST-LANDELIN SGN MURE. Ein 1,6 Hektar großer Terrassenweinberg auf Kreideboden mit Ausrichtung nach Süden in einem Gebiet, das für seinen Regenmangel bekannt ist. Ein «Knüller»: Goldgelb, mit einer Spur Orange; reich, erdig, duftende Gewurztraminer-Note; halbsüß, 15,8 % Alkohol, fast zu stark zum Trinken. Beeindruckkend.
*September 1988* ★★★(★★)

SGN HUGEL. Tief, reich, pfirsichartig; süß, herrlich in Geschmack und Länge.
*Februar 1991* ★★★★★

CUVÉE TRADITION HUGEL. Leicht spritzig; schwer, spitzig, üppig; trocken, zart duftig, erfrischend.
*März 1987* ★★(★★)

VENDANGE TARDIVE HUGEL. Überraschend blaß; zurückhaltend; Pfirsichkerne.
*Februar 1991* ★★

WEITERE WEINE, DIE SICH BEI DEGUSTATIONEN ZWISCHEN 1986 UND 1988 ALS GUT ERWIESEN:

HATSCHBOURG MARC KREIDENWEISS. *Grand Cru*. Blumig ★★★

GRAND CRU J. LORENTZ. Zart, parfümiert, pudrig, Rosen, Lychees; ziemlich trocken, relativ hoher Alkoholgehalt, köstlicher Geschmack ★★★★

GRAND CRU PREISS-ZIMMER. Blaß; duftend; relativ leicht ★★★

GRAND CRU R. SCHMITT. Blumig, traubig, ein Hauch von Himbeeren; trocken, würzig ★★★

MUSCAT:

RANGEN ZIND-HUMBRECHT. Vorzüglicher Duft, Vanille; halbtrocken, voll, eindringlich, würzig, traubig – glänzende Verbindung von *Grand-Cru*-Weinberg und Winzer.
*Juni 1990* ★★★★(★)

RÉSERVE PREISS-ZIMMER. Blaß; leicht, aber duftig (die Muscat ist eine schwierige Traube. Das Aroma liegt in der Schale und kommt in einem schlechten Jahr ausgeprägter heraus); trocken (85° Öchsle) und leicht (11,5 %). Duftig. Schlank.
*September 1986* ★★★

ROTHENBERG, VENDANGE TARDIVE ZIND-HUMBRECHT. Tiefere Farbe; reif, fett, in der Nase fast Anklänge von Ziegengeruch, traubig; halbsüß, reich, würzig, vorzüglicher Wein.
*Juni 1990* ★★★★(★)

PINOT NOIR, RÉSERVE PERSONNELLE HUGEL. Relativ blaß, maulbeerfarben; sehr süßer Erdbeerduft; leicht süßer Eingangsgeschmack, guter, trockener, säurebetonter Abgang, schmackhaft. Wenn man schon einen roten Elsässer trinken muß, dann sollte es ein Wein sein wie dieser.
*Zuletzt im Juni 1990 verkostet* ★★★ *Jetzt trinken.*

RIESLING:

CUVÉE ECAILLERS BEYER. Trocken, eine Spur Pfirsichkerne, unbeeindruckend.
*April 1991* ★★

CUVÉE FRÉDERICK EMILE TRIMBACH. Delikat, traubig; ziemlich trocken, relativ leicht, schöne Frucht, vorzügliche Säure.
*Oktober 1989* ★★★★

FURSTENTUM, VIEILLES VIGNES, LATE-PICKED DOM. COMTES DE LUPFEN, M. BLANCK. Sehr blaß; köstlich duftig; knochentrocken, lebhaft, schlank.
*September 1988* ★★★(★)

CLOS HANSERER ZIND-HUMBRECHT. Ziegengeruch; halbtrocken, ziemlich trist.
*Juni 1990.*

RANGEN GRAND CRU ZIND-HUMBRECHT. Blaß; reife, käsige, süße, Ananasnase; dennoch trocken, körperreich, spröde.
*Juni 1990* ★★★(★)

RESERVE DOM. L. ALBRECHT. Sehr gut in Geschmack, Ausgewogenheit und Säure.
*März 1990* ★★★★

SPOREN HUGEL. Blaß, reich, ziemlich tief, schmackhaft.
*Januar 1990* ★★★

VENDANGE TARDIVE HUGEL. Einem Moselwein sehr ähnlich, lebhaft, traubig; leichter Stil, delikater Geschmack, gute Säure. Einer der besten Riesling-Weine von Hugel.
*Februar 1991* ★★★★ *Bis 1995.*

TOKAY, MOENCHBERG, VENDANGE TARDIVE KREIDENWEISS. Blaß; kräuterwürzig, lebhaft; halbsüß, weich, zarter Stil, dabei sehr gute Säure. Hervorragend zu *foie gras*, benötigt aber Flaschenalter.
*Juni 1987* ★★★(★★)

TOKAY PINOT GRIS, JUBILÉE, RÉSERVE PERSONNELLE HUGEL. Sehr blaß; subtiler Duft; trocken, weich, leicht pfirsichartig.
*Zuletzt im Juli 1990 verkostet* ★★★

VENDANGE TARDIVE HUGEL. Geruch nach Kresse; zwischen trocken und süß, ziemlich kernig, Länge und Nachgeschmack gut.
*Februar 1991* ★★★(★)

## 1986 *Im besten Fall* ★★★★

*Knifflige Wachstumsbedingungen: harter Winter, Frostschäden, zurückgebliebener Pflanzenwuchs, schlechter, später Frühling, doch ab Mitte Juni ideales Wetter, perfekte Blüte, drei kalte und feuchte Wochen ab Mitte August förderten die Fäulnis, dann eine Rückkehr zu idealen Bedingungen, Lesebeginn ab 9. Oktober. Nebel und Sonne begünstigten die Botrytis. Die meisten Weine sind jetzt gut zu trinken, die besten werden sich aber noch weiter steigern.*

GEWURZTRAMINER:

ZIND-HUMBRECHT. Viele Aufzeichnungen. Im Alter von zwei Jahren ein ansprechendes reines Goldgelb; sehr blumig, parfümiert, Bilderbuchnase mit Nuancen von pudrigem Rosenpastillenduft und Lychees; ziemlich trocken, schönes Gewicht, vorzüglicher Geschmack.
*Zuletzt im Mai 1989 verkostet* ★★★(★)
M. SCHOECH. Blaßgold; üppig, eindringlich; trocken, alkoholstark, blumig, harter, trockener Abgang, der aber das Aroma im Mund hinterläßt.
*Mai 1988* ★★★

CLOS DES CAPUCINS, CUVÉE THÉO DOM. WEINBACH. Sehr blaß; blumig, parfümiert; trokken relativ voll, fest, ziemlich spröde.
*September 1989* ★★(★)

GOLDERT, VENDANGE TARDIVE Lebhaft, würzig, traubig; sehr süß, körperreich, sehr guter eindringlicher Geschmack, doch etwas kurz.
*Juni 1990* ★★★★

HENGST, VENDANGE TARDIVE Reich, dennoch zart; süß, voll, abgerundet, vorzüglicher Nachgeschmack.
*Juni 1990* ★★★★(★)

HERRENWEG, VENDANGE TARDIVE Süß, reich, erdig, rustikal.
*Juni 1990* ★★★★

‹JUBILÉE›, RÉSERVE PERSONNELLE Blaß; Lychee und Pastillen; trocken, würzig, gut in Geschmack und Länge.
*Zuletzt im Januar 1991 verkostet* ★★★(★)

KITTERLÉ GRAND CRU SCHLUMBERGER. Blaß; großartig, harmonisch; halbtrocken, kraftvoll, herrlich parfümierter Geschmack, gute Länge, viele Jahre Lebenserwartung.
*Februar 1991* ★★★★(★) *Bis 2000.*

MÉDAILLE D'OR CAVE CO-OP RIBEAUVILLE. Sehr schönes Bukett; trocken, parfümiert, harter Abgang anstelle von Säure, verdient aber die Medaille.
*November 1989* ★★★

‹TRADITION› HUGEL. Viele Aufzeichnungen. Ursprünglich sehr blaß, jetzt ein leicht glänzendes Goldgelb; pudriger Rosenpastillenduft; ziemlich trocken, überraschender Alkoholgehalt von 13,2 %, gute Frucht, samtig, doch mit eher hartem Abgang.
*Zuletzt im November 1992 verkostet* ★★★

PINOT BLANC HUGEL. Leicht, wohlriechend; knochentrocken, gewisser Körper, positiv, leicht karamelartiger Endgeschmack.
*Oktober 1989* ★★

RIESLING:

CUVÉE DES EVÊQUES HUGEL. Trocken, leicht, direkt.
*November 1990* ★★

CLOS HAUSERER ZIND-HUMBRECHT. Nussig, schwefelig; sehr trocken, lebhaft, etwas kurz und säurebetont.
*Juni 1990* ★★

KITTERLÉ GRAND CRU SCHLUMBERGER. Relativ blaß; sehr wohlriechend, pikante Traubigkeit; trocken, schlank, fest, hervorragende Säure.
*Februar 1991* ★★★(★)

RANGEN GRAND CRU ZIND-HUMBRECHT. Geringe Nase; trocken, fruchtig, ansprechend.
*Juni 1990* ★★★

SCHLOSSBERG DOM. COMTES DE LUPFEN, M. BLANCK. Knochentrocken, spröde, aber sehr gut.
*September 1988* ★★(★★)

TOKAY PINOT GRIS: DIESE WEINE SIND DIE VERLÄSSLICHEN ACKERGÄULE, UNAUFDRINGLICH, ABER KONTINUIERLICH WIE EIN PIANIST IM HINTERGRUND. SCHWER ZU BESCHREIBEN. VON ALLEN ELSÄSSISCHEN WEINEN PASSEN SIE WAHRSCHEINLICH AM BESTEN ZU SPEISEN.

JUBILÉE HUGEL. Grasig, kresseartig; ziemlich trocken, weich, gute Länge, interessanter Nachgeschmack.
*Februar 1991* ★★★

RÉSERVE PERSONNELLE HUGEL. Relativ blasses Gelb, wächserner Glanz; vorzügliche Nase, pfirsichartig; halbtrocken, mittelschwerer Körper, etwas vierschrötig, aber gefällig.
*Mai 1991* ★★★

# 1987 ★ bis ★★★

*Ein schwieriger Jahrgang. Rekordblüte (Hugel berichtet von fünf Tagen, wobei alle Sorten geblüht haben), danach Kälte. Anschließend heißer Juli, nasser und kalter August; Hitzewelle im September bis Anfang Oktober. Lese ab Mitte Oktober bei unterschiedlichen Witterungsverhältnissen. Hugel erntete sehr spät bei herrlichem Wetter, unterbrach aber am 9. November und der beste Weinberg wurde für später gelassen. Nicht sehr viele Weine verkostet. Unterschiedlich. Austrinken.*

## GEWURZTRAMINER:

HUGEL. Parfümiert; trocken, leicht schmackhaft.
*Zuletzt im Oktober 1989 verkostet ★*

HENGST GRAND CRU ZIND-HUMBRECHT. Kraftvoll, parfümiert; trocken, relativ voll, fein, benötigt Zeit.
*Juni 1990 ★★(★)*

RANGEN GRAND CRU ZIND-HUMBRECHT. Blaßgold; weich, honigartig, traubig; halbsüß und mittelschwerer Körper, reich, schöner Geschmack und Nachgeschmack.
*Juni 1990 ★★★*

RÉSERVE G. LORENTZ. Parfümiert; trocken, hohl, leicht holzig.
*Oktober 1989 ★*

RÉSERVE ROLLY-GASSMANN. Traubig, Rosenpastillen, Lychee; halbtrocken, mittelschwerer Körper, relativ trockener, würziger Abgang.
*Januar 1990 ★★*

VIEILLES VIGNES DIETRICH. Gelbgrün; sehr entgegenkommend, Lychees; trocken, ziemlich voll und eindringlich, würzig, mangelnde Länge, aber würziger Nachgeschmack.
*März 1989 ★★★*

## RIESLING:

HUGEL. Knochentrocken. Spröde.
*Oktober 1989 ★(★)*

CLOS HAUSERER ZIND-HUMBRECHT. Frisch, jugendlich, Ananasnote; lebhaft, trocken, guter Geschmack, hart, stahlig.
*Juni 1990 ★★*

## TOKAY PINOT GRIS:

CUVÉE PARTICULIÈRE KUEHN. Nase wie so oft beim Pinot Gris schwer festzulegen, aber gut; positiver Geschmack, griffig, guter Körper, hübsche Länge.
*Juli 1989 ★★(★)*

‹JUBILÉE› HUGEL. Bemerkenswert gut, da ein Anteil spätgelesener Trauben hinzugefügt wurde.
*Februar 1991 ★★★*

# 1988 ★★★ bis ★★★★★

*Wunderbarer Sommer: schöner Ertrag an reifen Trauben, dann starke Regenfälle kurz vor der Ernte Anfang Oktober, die man unter heißen, feuchten Bedingungen begann. Das Wetter kühlte sich ab, ein paar Fröste, doch ein heißer November mit Botrytis; die Spitzengüter konnten eine gute Anzahl erstklassiger Spätlese-Weine herstellen. Die billigen Weine der ersten Lese sollte man vermeiden und sich an die besten halten – für künftigen Trinkgenuß.*

## GEWURZTRAMINER:

CLAUDE DIETRICH. Mehrere Aufzeichnungen: sehr ausgeprägter Wohlgeruch; ziemlich trocken, spröde, doch mit pudrigem Duft.
*Zuletzt im April 1990 verkostet ★★(★)*
HUGEL. Blaß, jugendlich, grünspurig; leicht parfümiert, Rosenpastillen und Lychee; ziemlich trocken, guter Abgang.
*Januar 1990 ★★*

CUVÉE ANNE SCHLUMBERGER. Zu hundert Prozent aus edelfaulen Trauben bereitet, das letzte Mal war das 1976 der Fall gewesen (Schlumberger gab 1983 für die besten Weine 97% an, 1985 98%). Lese am 16. November: Ertrag gerade ein sechzig-Liter-Faß. Goldgelb; himmlische *Botrytis*-Nase mit Honignuancen; ziemlich süß, körperreich, vorzüglicher Geschmack, weich. Komplett.
*Mai 1991 ★★★★★ Bis gut ins 21. Jahrhundert hinein.*

GOLDERT GRAND CRU ZIND-HUMBRECHT. Ähnlich, doch zurückhaltendere Nase; süßer, weich, vorzüglich.
*Juni 1990 ★★★(★)*

‹JUBILÉE› HUGEL. Erfrischend; halbtrocken, weich, dennoch kraftvoll, gute Länge.
*Februar 1991 ★★★(★)*

RODELSBERG DIETRICH. Blaß; deutlich Pfirsichnote, Vanille- und Lycheeduft; ausgesprochen trocken, schönes Gewicht, fest. Überraschend gut zu Roastbeef.
*Zuletzt im März 1991 verkostet ★★(★)*

SGN HUGEL. Im Stil einem deutschen Wein sehr ähnlich: honigartige Traminer-Note; süß, eindringlich, fabelhaft in Geschmack, Säure, Abgang und Nachgeschmack.
*Februar 1991 ★★★★★ Bis 2000.*

CUVÉE TRADITION HUGEL. Reine Lychee-Note und parfümierte Pastillen; weich, duftig.
*Februar 1991* ★★★

CUVÉE TRADITION KUENTZ-BAS. Parfümiert, delikat; duftig.
*Juni 1991* ★★★

CLOS WINDSHUH ZIND-HUMBRECHT. Weich, parfümiert; halbtrocken, körperreich, reichhaltig, duftig, dabei hart. Benötigt Zeit.
*Juni 1990* ★★(★★)

PINOT BLANC:

DIETRICH. Sehr ansprechend, Ananas, Williams-Birne; trocken, relativ leicht, weicher Mittelgaumen.
*August 1989* ★★

CUVÉE AMOURS HUGEL. Sehr blaß; frisch, minzig, anregend, mit einem Hauch nach Schwefel wie von einem abgebrannten Streichholz; sehr trocken, leicht, etwas spritzig, erfrischende Säure. Trinkfertig.
*Januar 1990* ★★

CUVÉE TRADITION KUENTZ-BAS. Ein überaus erfreuliches Gewächs.
*März 1992* ★★★

RIESLING:

HUGEL. Auf leichtem Boden gewachsen: blaß; feine Traubigkeit; knochentrocken, relativ leicht, sehr gute Säure, anständige Länge.
*Zuletzt im November 1990 verkostet* ★★

‹JUBILÉE› (FRÜHER RÉSERVE EXCEPTIONNELLE PERSONNELLE) HUGEL. Lehm- und Kalksteinboden: blaß, glanzhell; zurückhaltende Riesling-Nase, doch mit einem Hauch «Kerosin», eine Spur Honig, traubig, gute Tiefe; sehr trocken – vollkommen vergoren – eindringlich, «Kalkstein»-Geschmack, ziemlich spröde, feste Säure. Kann eine Flaschenalterung gut vertragen.
*Zuletzt im Februar 1991 verkostet* ★★★(★)

SGN HUGEL. 17,4% Gesamtalkohol, 19 g/l Restzucker: glänzendes, mittelblasses Gelb; vorzügliche, frische, minzige Nase, eine Spur Vaseline; ziemlich süß, vorzüglich lebhafter, fester Geschmack, etwas fett und würzig.
*Juni 1989* ★★★★★ *Bis über das Jahr 2000 hinaus.*

TRADITION› HUGEL. Gefällig leichte Traubigkeit; trocken, lebhafte Säure ★★

VENDANGE TARDIVE HUGEL. Herrliche Nase mit Pfirsichnuancen; halbtrocken, vorzüglich, weich, wie das Fruchtfleisch einer reifen Traube, duftiger Nachgeschmack.
*Februar 1991* ★★★★(★) *Bis 2000.*

TOKAY PINOT GRIS DIETRICH. Sehr entgegenkommender, jugendlicher, traubiger Wohlgeruch; ziemlich trocken, überraschend weich – sogar eine Spur fett, doch mit hartem Abgang. Duftig.
*April 1990* ★★(★)
HUGEL. 15 Monate nach der Ernte jugendliche Säure und ziemlich neutral. Nase schwer zu fassen, doch leicht traubiger Geschmack, fest, duftiger Nachgeschmack.
*Zuletzt im Februar 1991 verkostet* ★★(★)

CLOS JEPSAL ZIND-HUMBRECHT. Lebhafte Frucht, parfümiert; weder trocken noch süß, ziemlich körperreich, vorzüglich reicher Mittelgaumen, harter Abgang. Benötigt Zeit.
*Juni 1990* ★★(★★)

‹JUBILÉE› HUGEL. Minzig; ziemlich trocken, würzig, weich, Länge und Nachgeschmack gut.
*Februar 1991* ★★★(★)

VENDANGE TARDIVE HUGEL. Aroma wie gemähtes Gras, Minze und Kleehonig; trockener als erwartet, relativ voller Körper, fabelhafter Geschmack und Duft.
*Februar 1991* ★★★★★

VIN DE PAILLE DU JUBILÉE HUGEL. Zweihundert halbe Flaschen hergestellt. Blaßgold; herrlich in Duft, Nase und Geschmack. Eine Mischung aus Muscat, Gewurztraminer und Riesling; leicht süß, delikat, vorzüglich.
*Zum Abschluß des Dinners anläßlich des 350jährigen Jubiläums von Hugel in der Auberge de L'Ill serviert, Juni 1989* ★★★★(★) *Hält sich noch Jahrzehnte.*

## 1989 ★★★★★

*Sowohl großer Ertrag wie auch hohe Qualität. Selbst die kleineren Weine sind attraktiv, die Erzeugnisse der Grand-Cru-Weinberge und die spätgelesenen Weine sind außergewöhnlich und haben eine große Zukunft. Der Sommer war heiß und trocken, die leichten Regenfälle Anfang September ließen die Trauben anschwellen, die Lese erfolgte ungewöhnlich früh ab 27. September. Im folgenden eine Auswahl aus der recht großen Weinpalette:*

## GEWURZTRAMINER:

CUVÉE ANNE Bereits fertig, doch noch nicht verkostet. Auf den 88er Jahrgang hin, der leider ausverkauft ist, bestellte ich einige Flaschen. TRIMBACH. Pastillenduft; gut in Geschmack, Säure und Nachgeschmack.
*Juni 1991* ★★★

BRAND GRAND CRU DOPFF AU MOULIN. Reich, erdig, Lycheenote; guter Geschmack.
*Juni 1991* ★★★(★)

CUVÉE CHRISTINE SCHLUMBERGER. Himmlische Nase, weich, würzig; halbtrocken, hohe Qualität, gute Zukunft.
*Mai 1991* ★★★★(★)

MUSCAT SCHLUMBERGER. Réserve-Qualität. Pikante Traubigkeit wie ein Sauvignon Blanc; trocken, dabei reich und duftig.
*Mai 1991* ★★(★★)

PINOT BLANC, RÉSERVE (MÉDAILLE D'OR, COLMAR) PIERRE SPARR. Positiv, weinig; trocken, sauber, gute Frucht.
*Februar 1991* ★★★ *Zum baldigen Genuß.*

## RIESLING:

BRAND GRAND CRU ZIND-HUMBRECHT. Ein bemerkenswertes Jahr: Olivier Humbrecht war der erste Franzose, der die Prüfung zum *Master of Wine* bestand. Der Wein: sehr frisch, jung, traubig; Ananasaroma; trocken, gute Frucht, stahlig, feste, lebhafte Säure.
*Juni 1990* (★★★★)

BUHL DIETRICH. Sehr blaß, fast farblos; knochentrocken, leicht.
*März 1991* ★(★★)

PRINCES ABBÉS SCHLUMBERGER. Parfümiert, ansprechend; trocken, fest.
*Juni 1991* ★★★(★)

SAERING GRAND CRU SCHLUMBERGER. Sehr parfümiert, jugendlich, stachelbeerartig; ziemlich trocken, fest, kraftvoller, trockener Abgang. Benötigt Zeit.
*Mai 1991* (★★★★) *Bis 2000.*

SCHLOSSBERG DIETRICH. Blaß, grünspurig; gleichermaßen trocken, spröde, gute Länge.
*März 1991* ★★(★★)

## TOKAY PINOT GRIS:

ZIND HUMBRECHT Jetzt helles Gelb; reif, honigartig; mittelsüß, herrlicher Geschmack.
*Januar 1991* ★★★★

KITTERLÉ GRAND CRU SCHLUMBERGER. Früh abgefüllt, im Januar 1991. Relativ blasse, vorzügliche Farbe, glänzend; wohlriechend mit der jugendlichen Ananasnote; überraschend süß (halbtrocken, reife Trauben) und hoher Alkoholgehalt (13,7 %), vorzüglich würziger Geschmack, gute Länge, duftender Nachgeschmack.
*Zuletzt im Mai 1991 verkostet* ★(★★★★) *Bis 2000.*

## 1990 ★★★★★

*Noch ein weiterer phantastischer Jahrgang nach einem Jahr mit fast einzigartigen Wachstumsbedingungen: milder Winter ohne Schnee und Frost, zeitiger Austrieb, wobei Muscat, Tokay d'Alsace und Gewurztraminer allerdings von Durchrieseln und Verrieseln betroffen waren, als es eine Woche lang während der Blüte kalt war. Dadurch wurde die Ernte im Vergleich zu 1989 um etwa 25 % reduziert. Ansonsten ein schöner Sommer mit einer hervorragenden Ernte gesunder Trauben ohne Fäule. Das einzige Problem: Der sehr hohe Zuckergehalt und die niedrige Säure erforderten eine überaus sorgfältige Weinbereitung. Bis jetzt erst verhältnismäßig wenige Weine verkostet. Davon eine Auswahl:*

## GEWURZTRAMINER:

RIQUEWIHR DOPFF AU MOULIN. In der Nase eine Mischung aus geschälten Trauben, Lychees und Rosenpastillen; halbtrocken, ziemlich körperreich, schmackhaft, harter Abgang.
*Juni 1991* ★(★★★)

CUVÉE ST-LEON WOLFBERGER. Blaß; traubig; halbsüß, hohl, kurz.
*Juni 1991* ★★

## PINOT BLANC:

HUGEL. Sehr blaß, Pfirsichfrucht; leicht, zugänglich.
*Juni 1991* ★★

LES CUVELIERS WOLFBERGER. Relativ trocken und leicht, ausreichend gefällig, «scharfer» Abgang.
*Juni 1991* (★★)

MÉDAILLE D'OR DIVINAL. Gedämpft, Ananas; trocken, leicht, angemessene Säure.
*Juni 1991* (★★)

RIESLING:

CAVES RIBEAUVILLE. Grün, traubig; trocken, hart, säurebetont.
*Juni 1991* (★★★)

CUVÉE FRÉDERIC EMILE TRIMBACH. Frisch, traubig; trocken, körperreich, weich, große Länge.
*Mai 1993* ★★★★

GRAND CRU, SAERING SCHLUMBERGER. Sehr gute reife Nase; gut gemacht, klassisch, aber etwas langweilig.
*März 1993* ★★★ *Bald trinken.*

CUVÉE DES SEIGNEURS WOLFBERGER. Reich, Ziegengeruch, trocken, künstlich, schrecklich.
*Juni 1991.*

MÉDAILLE D'OR DIVINAL. Wohlriechend, parfümiert, vorzüglich; ziemlich trocken, delikat, elegant, gute Säure.
*Juni 1991* ★(★★★)

TOKAY PINOT GRIS:

CAVES RABELAIS PFAFFENHEIM Feuchte Pappe; halbtrocken, relativ voll, weiche Mitte, harter Abgang.
*Juli 1991* (★★★)?

## 1991 ★

*Dem breiten Rheintal zugewandt, sind die Elsässer Weinberge gegen Westen vom Vogesengebirge geschützt, wodurch diese Region vom Frost, der anderen französischen Weinbaugebieten so arg zusetze, verschont blieb. Die Blüte fand unter günstigen Bedingungen statt, obwohl nach drei Dürrejahren der Boden ausgetrocknet war und die Trauben klein blieben. Später verschlechterte sich das Wetter, und einige Weingärten wurden im August vom Hagel vernichtet. Wenn es regnete, dann zu heftig und zum falschen Zeitpunkt, was die Entwicklung beeinträchtigte. Weiterer Regen im September schob den Lesebeginn bis in den Oktober hinaus. Das Ergebnis dieses Jahres war eine geringe Menge von bescheidenen Weinen, die meist zum frühen Verbrauch bestimmt sind.*

## 1992 ★★★★

*Dieser Jahrgang schrieb im Elsaß eine Erfolgsgeschichte und steht damit in Frankreich einzigartig da. In kürze: Der Vegetationsbeginn war von einer früh einsetzenden Knospenbildung nach einem milden Winter geprägt, worauf eine problemlose Blüte, ein trocken-warmer Sommer und der heißeste August seit 1921 folgten. Aber es kam noch besser: Die sintflutartigen Regenfälle, die so viel Schaden in Südfrankreich anrichteten, verschonten das Elsaß, wo die früheste Weinlese seit 1976 verzeichnet wurde. Resultat: angenehme, gut ausgewogene Weine, darunter einige feine und reichhaltige SGN (Sélection de grains nobles). Die Wirtschaftslage hält die Preise niedrig, die Weine sind wahrhaftig preiswert.*

## 1993 ★★★

*Erneut die Ausnahme in Frankreich. Die hohen Vogesen, die die westliche Seite der Elsässer Weinberge schützen, milderten die Auswirkungen der schweren Regenfälle zu Herbstbeginn. Es wird berichtet, daß die Menge niedriger, dafür die Qualität höher sei als 1992; trotzdem wird es weniger Grand Crus und und kaum Sélection de grains nobles geben. Das Rebenwachstum begann mit vorzeitiger Knospenbildung und einer guten Blüte zwei Wochen vor der gewohnten Zeit. Am linken Rheinufer war der Sommer sehr heiß und trocken, 2000 ha Weinfläche wurden aber von einigen lokalen Hagelstürmen heimgesucht. Bis Mitte September schien es, als würde die Qualität an den 1971er herankommen, doch das ein Monat lang anhaltende Schlechtwetter machte die Hoffnung zunichte. Die Lese begann unter Regenschauern am 23. September, dem frühesten Zeitpunkt seit 1976. Die Reife erreichte in den besten Fällen das Niveau von 1988 und 1990. Fazit: einige gute, würzige Weißweine für den eher baldigen Genuß.*

# WEITERE FRANZÖSISCHE WEINE

In Frankreich gibt es eine Fülle von Weinbaugebieten. Darunter finden sich historische Namen, wie Jurançon, Weine mit einer sehr langen Ahnentafel, wie der Cahors, der Muscat und die *Vins doux naturels* vom Mittelmeer, und die ganz speziellen *Vins jaunes* aus dem Jura. In meinen Notizbüchern finden sich immer wieder Aufzeichnungen zu all diesen Weinen. In den meisten dieser kleineren Anbaugebiete produziert man Weine, die von lokaler Bedeutung sind und jung getrunken werden. Die Jahrgänge werden genommen, wie sie kommen. Ich beschränke mich daher auf kurze Beschreibungen einiger der geringeren Klassiker und werfe noch einen kurzen Blick auf wichtige neue Entwicklungen, vor allem im Languedoc und im Hérault.

## CHÂTEAU CHALON

Der Außenseiter. Es ist der Name einer Ortschaft, keines Weinguts. Der Wein aus Savagnin-Trauben (Traminer) verbringt sechs Jahre im Faß, wobei auf der Oberfläche eine Florhefeschicht wächst, die den unnachahmlichen *Vin jaune* erzeugt. Mehrere Aufzeichnungen aus verschiedenen Jahrgängen. Im folgenden ein paar «Stilproben».

**1961** HENRI MAIRE. (Dieser Betrieb ist führend in der Weinproduktion des Jura). Blaßgelb, wie ein Fino Sherry; sehr malzig, spitzig, aber wohlriechend; äußerst trocken, eigenartig oxydierter, tiefer Geschmack, der an Sherry und Stroh erinnerte, relativ hohe, pappige Endsäure.
*Februar 1985 ★ bis ★★★★ Geschmackssache.*

## CH. D'ARLAY LAGUICHE. Ein weiterer *Vin jaune* aus dem Jura.

**1978** 1985 abgefüllt: feine Farbe; ausgeprägt Sherry-ähnliche Florhefenase; trocken, außergewöhnlich langer Geschmack, geschmacksintensiv wie ein Manzanilla, eine Spur zitronenartiger Säure.
*August 1986 ★★★*
**1983** Wächsernes Strohgelb und entsprechender Geruch, eine Spur Walnuß; trocken, etwas fett, Sherry-artiger Geschmack.
*Juni 1988 ★★*
Von den vielen weiteren französischen Weinen, die ich verkostet habe, empfehle ich folgende besonders. FITOU, BANDOL und FAUGÈRES: Die Rotweine aus diesen drei Distrikten trinkt man am besten jung, sie halten sich aber auch. CH. VIGNE-LAURE, ein Pionier in der Provence: Die intensiv sinnlichen Roten erinnerten mich an Taltarni in Westaustralien. Der Rosé der DOMAINES OTT hat seinen Ruf verdient. Bei Zimmertemperatur servieren (gekühlt fehlt es ihm an Geschmack). Ein weiterer ansprechender Roter aus der Provence ist

der CH. SAINTE ROSELINE: rote Johannisbeeren, Orangenblüte, eine anregende Säure; relativ leicht, ausgeprägt, ungewöhnlich, vorzüglich. Bei den Jurançon-Weinen bevorzuge ich den süßen DOMAINE CAUHAPÉ MOELLEUX. Der 85er hat ein Bukett wie Kiwifrüchte; in Körper und Stil einem Vouvray recht ähnlich, dennoch fetter und weniger säurebetont. Der *Sec* ist blumig, eher wie ein Elsässer, mit intensivem Geschmack und guter Säure. Von den jüngeren Cahors-Jahrgängen gefällt mir besonders der 86er der DOMAINES LES HAUTS DE CHAMBERT: tief; vorzüglich lebhafte Frucht. Wird sich halten.

## MAS DE DAUMAS GASSAC AIME GUIBERT

Ein bemerkenswerter neuer *Vin de Pays d'Hérault,* der beweist, was man mit guten Trauben, einem geeignetem Boden und Untergrund und einer intelligenten Weinbereitung in einem Gebiet erreichen kann, das bisher für seine hohe Produktion leidlicher Weine bekannt war. Interessant ist es auch, die Entwicklung der Gewächse zu verfolgen! In den ersten Jahren von jungen Rebstöcken stammten sie von jungen Reben, jüngere Jahrgänge dann schon von erwachsenen Rebstöcken. Der Besitzer, Monsieur Guibert, wird von bedeutenden Agrarwissenschaftlern und Önologen aus Bordeaux beraten.
**1978** Der erste Jahrgang, der in den Handel kam. Der Wein verliert mittlerweile seine ursprüngliche Farbtiefe, ist aber immer noch jugendlich; medizinale, zurückhaltende Nase ohne viel Entwicklung; ziemlich trocken, schönes Gewicht, gute Frucht, ansprechend, immer noch tanninbetont.
*Zuletzt im Mai 1990 verkostet ★★★ Weitere Entwicklung unwahrscheinlich.*
**1979** Tief, pflaumenfarben; Tannin und Frucht; mitteltrocken und -schwer, schlank, spröde, doch mit gewisser Weichheit, ledrige Tannine.

*Château d'Arlay*

*Zuletzt im Juli 1990 verkostet ★★ Verbesserung unwahrscheinlich.*

**1980** Erstmals 1987 verkostet: starkfarben; beladen mit Frucht und Tannin, wobei letzteres einen Geruch nach nassem Leder und Achselschweiß abgibt. Rauh. Zwei Aufzeichnungen später: immer noch pflaumenfarbenes Purpurrot; reich, rustikal, hochgetönt; die «Süße» reifer Früchte, sehr griffig, tanninbetont, eisenartiger Abgang.
*Zuletzt im Mai 1990 ★★(★)*

**1981** Der erste Jahrgang, der mir 1984 zur Verkostung zugeschickt worden war. Intensives Purpurrot; Würze neuer Eichenfässer; straff und sehr tanninbetont. Berater ist Professor Peynaud, natürlich muß der Wein einem jungen Bordeaux ähneln. 1987 jugendliches Kirschrot, erkennbare Cabernet-Frucht, Stachelbeeren und Rettich! Schlank, aber gut gebaut. Mittelschwerer Körper (12,5 % Alkohol). Mittlerweile pflaumenfarben; wohlriechend, Nase entwickelte sich im Glas; immer noch sehr tanninbetont.
*Zuletzt im Juli 1990 verkostet ★★★(★)*

**1982** 80 % Cabernet Sauvignon, der Rest Cabernet Franc, Merlot, Malbec, Pinot Noir, Syrah und Tannat. Sieben Aufzeichnungen. Erstmals im Juli 1986 bei einer Vorverkaufsdegustation verkostet, und zufällig einen Monat später bei Hugh Johnson, allein aufgrund der außergewöhnlich intensi-

ven Purpurfarbe erraten. Leicht, lebhafte Frucht; vollgepackt, tanninbetont, tintig, beeindruckend. In jüngster Zeit immer noch tief, reich, samtig, dabei am Rand Anzeichen der Reife; dick, reiche Frucht, Sattelgeruch des Tannins, der auch durch Dekantieren und an der Luft nicht nachließ; relativ «süß», reif, ziemlich körperreich, hoher Extraktgehalt, reich, doch spröde.
*Zuletzt im Oktober 1990 verkostet ★★★(★)?*

**1983** Ähnlicher Traubensatz wie der 82er, doch ohne Tannat. 1987 reich, ausgebaut; sehr wohlriechend, voller Saft und Kraft, später allerdings käsige Tanninnote vermerkt. Doch im Gegensatz zu früheren Jahrgängen entfaltete er sich im Glas mit Zedernholz- und Zitrusnuancen; reich, relativ voll (13 %), extrem hoher, trockener Extraktstoffgehalt, elegant, vorzüglicher Geschmack, Zimt, trockener, tanninbetonter Abgang. Daumas Gassac kommt langsam in Schwung, was nicht nur am Jahrgang, sondern auch an den älter werdenden Rebstöcken liegt.
*Zuletzt im Mai 1990 verkostet ★★★(★★)*

**1984** Drei Aufzeichnungen, die erste von 1987. Weniger intensiv; etwas stielig, Sellerie. In jüngster Zeit leicht, «brandig». Ziemlich trocken, käsig, mit der Zeit weniger rauh, aber kurz.
*Zuletzt im Oktober 1992 verkostet ★★*

**1985** Fünf Notizen. Im Mai 1987 eine im Januar abgezogene Probe aus dem Faß: starkfarben; bela-

den mit Frucht, «süß», rauh, schwarze Johannisbeeren, dann feigenartig, etwa wie Portwein. Voll (13,3 %), dabei überraschend sehnig. In jüngster Zeit immer noch tiefes Purpurrot; Frucht und Sattelgeruch der Tannine; ziemlich süß, sehr reich, voll, weich, füllig, Frucht, Extraktstoffe, Tannin und Säure gut. Wird ausnehmend gut.
*Zuletzt im April 1991 verkostet ★★★★(★) Bis 2000 und länger.*
**1986** Weniger Cabernet Sauvignon (75 %). Sehr tief und fein; wohlriechend, würzig, Frucht- und Eichentöne; relativ «süßer» Eingangsgeschmack, trockener, tanninbetonter Abgang, lebhafte Frucht.
*Mai 1990 ★★(★★)*
**1987** Pflaumiges Purpurrot; gedämpft, weich, ausreichend gefällig.
*Mai 1990 ★★ Bald trinken.*
**1988** Zwei Aufzeichnungen: starkfarben; beladen mit Frucht-, Eichen- und Würznuancen; mitteltrocken, körperreich, reichhaltig, tanninbetont, dennoch füllig. Sehr gutes Potential.
*Zuletzt im Juni 1991 verkostet ★(★★★★) Bis 2000 und länger.*
**1989** Im Mai 1990 etwas rauhe Struktur. In jüngster Zeit: herrlich tiefes Kirschrot; Aroma von Pfirsichen und schwarzen Johnnisbeeren; relativ voll, weich, füllig, ein vorzüglicher Wein ohne Speisen.
*Zuletzt im Juni 1991 verkostet ★★★(★★) Jetzt oder warten.*

### MAS DE DAUMAS GASSAC, BLANC

**1988** Goldnuance; Vanille, Walnüsse, mitteltrocken und mittelschwerer Körper, leicht bitter, ausreichende Länge, ansprechender Geschmack.
*Zuletzt im Mai 1990 verkostet ★★(★)*
**1989** (Chardonnay bis zu 40 %, 25 % Viognier). Drei Aufzeichnungen: rauhe Ananasschalen, ansprechende junge Frucht; reich, vollmundig, erkennbare Chardonnay-Note, würziger Abgang mit Eichennuancen.
*Zuletzt im Juli 1990 verkostet ★(★★★)*
**1990** Sehr attraktiv, jugendlich, Ananas- und Vanille-Nuancen in der Nase und im Geschmack, fast zu reich, unreif, dabei weich, starke Eichennote im Nachgeschmack.
*April 1991 (★★★★)?*

### MAS DE DAUMAS GASSAC, BLANC DE RAISINS BLANCS

**1986** (Viognier 80 %, Chardonnay 10 %, Muscat 10 %, zwei Monate im Holz). Blasses Wachsgelb; jugendlich, Ananasnote; relativ trocken, sehr gute Frucht und würziger Geschmack, gute Länge und Säure.
*Juni 1987 ★(★★)*
**1987** (Chardonnay auf 30 % erhöht, Viognier auf 60 % reduziert). 1988 blaß, stahlig, wohlriechend. Zuletzt: strohgelb; gehaltvoll, minzig, wachsartig,

ungewöhnliche Nase; ziemlich trocken, guter, doch abflauender Mittelgaumen.
*Zuletzt im November 1990 verkostet ★★*

### MAS DE DAUMAS GASSAC, ROSÉ FRISANT

Hauptsächlich aus Cabernet Sauvignon bereitet, ein Drittel Syrah, ausreichend Kontakt mit den Schalen, um dem Wein eine helle Rosétönung zu verleihen.
**1985** Leicht moussierend; sauber, aber unbestimmt; trocken, leicht säurebetont.
*November 1986 ★*
**1986** Der Korken gab einen Laut von sich, doch der Wein war ohne *mousse*; erdbeerartig; trockener, leicht salziger Abgang. Sehr erfrischender Sommerwein.
*Mai 1987 ★★*
**1989** Sehr blasses Rosé; leicht, blecherne Frucht, recht ansprechend, aber kurz.
*Mai 1990 ★*
**1990** Blasses Rosé, leicht *pétillant;* wohlriechend; trocken, spröde.
*Mai 1991 ★★ Solange er jung und erfrischend ist trinken.*

### PRIEURÉ DE ST-JEAN DE BEBIAN A. ROUX

Ein weiterer phantastischer neuer Wein aus dem Süden, diesmal aus der Coteaux du Languedoc. Im Gegensatz zum Daumas Gassac hat er keine Ähnlichkeit mit einem Bordeaux, sondern folgt vielmehr den 13 *cépages* von Châteauneuf, im wesentlichen mit Grenache (30 %), Mourvèdre (18 %) und Syrah (18 %).
**1985** Der erste Jahrgang, im Dezember 1986 verkostet: vorzügliche Brombeerfarbe; *nouveau*, fast Gamay-artige Frucht; voller Geschmack, würzig, ansprechend. Zwei Monate später: mitteltiefes, reiches Rubinrot; sehr lebhaft, fruchtig; wirkte sehr «süß», relativ voll, reiche Frucht. Köstlich, zugänglich.
*Zuletzt im Juli 1989 verkostet ★★★★*
**1988** Im Juli 1989, auf den Rat von Monsieur Roux hin dekantiert und eine Stunde stehengelassen, damit sich überschüssige Kohlensäure verflüchtigen kann: intensives Purpurrot, spritzig; vorzügliche Frucht, wie mazeriert; würzig, tanninbetont. Bereits wohlriechend, robust, ein guter, fruchtiger Wein.
*Zuletzt im Februar 1990 verkostet (★★★)*
**1989** Zwei Aufzeichnungen: lebhafter Purpur; sehr minzig, würzig, gute Frucht; ausgesprochen «süßer» Anfangsgeschmack, sehr trockener, tanninbetonter Abgang, dazwischen eine füllige Frucht.
*Zuletzt im April 1990 verkostet ★(★★★)*
**1990** ‹Brut› Tief, reich; faszinierende Frucht, ein Hauch Mandarine, Eichennote; weich, füllig, doch würzige Tannine. Ansprechend.
*Januar 1990 (★★★★)*

# ITALIEN

Italien ist zwar eines der ältesten, größten und vielfältigsten Weinländer, doch es scheint auch als letztes aus seinem Dornröschenschlaf erwacht zu sein; einen Wandel seiner Weinwelt hat man erst im letzten Jahrzehnt beobachten können. Als ich in das Weingeschäft einstieg, waren die italienischen Weine kaum stärker vertreten als die spanischen: Man kannte gerade den Chianti mit der merkwürdigen Korbflasche, vielleicht noch den Soave. In London gab es praktisch nur in Soho italienische Lokale; dort standen vielleicht auch ein Orvieto auf der Theke oder die witzig geformten Flaschen des Verdicchio – der Inhalt war zumeist von schlechter Qualität. Die besten Weine blieben im Land, wurden in den feineren Restaurants von Florenz oder Mailand serviert. Für den Handel zeichneten sich die italienischen Weine vor allem durch notorische Unzuverlässigkeit aus. Ich erinnere mich gut an unseren ersten Italienbesuch Mitte der 50er Jahre. Während ich bei einer der größten und bekanntesten Firmen in Asti müßig dem Abfüllfließband zusah, hatte meine Frau beobachtet, daß man unterschiedliche Jahrgangsetiketten auf Flaschen mit demselben Inhalt klebte. Wenig vertrauensfördernd, wie man verstehen wird.

Damals wie heute waren die Toskana und Piemont die wichtigsten klassischen Weinbauregionen. In beiden gab und gibt es Hersteller mit einem hohen Qualitätsniveau. Für den britischen Geschmack sind die Rotweine mit ihrer ausgedehnten Faßlagerung und dem strengen, tanninbetonten Abgang trotz allem ungewohnt. Und die italienischen Weißweine waren oft trist und oxydiert. Mit dem Aufkommen der Önologen änderte sich die Situation, denn sie räumten gründlich auf – vielleicht zu gründlich. Bei einer Degustation für Weinautoren in der Vintners Hall 1979 stellten einige herausragende Erzeuger eine Reihe von roten und weißen Spitzenprodukten vor. Die Weißen allerdings schienen alle gleich zu schmecken, egal ob sie aus Sizilien kamen oder aus dem Veneto: blaß, sauber, trocken, einheitlich. Ein Triumph moderner Weinbereitung, doch auf Kosten der regionalen und sortentypischen Charakteristika.

Zum Glück ist das Pendel wieder auf eine gesunde Mittelposition zurückgeschwungen. Die Weinszene wird inzwischen sowohl von verständigen Besitzern wie von kompetenten Winzern gestaltet. Dabei handelt es sich nicht nur um Neulinge, sondern auch um alte Familien, wie die Antinori und Frescobaldi, und um ungewöhnliche Persönlichkeiten, wie Angelo Gaja. Und die wesentlichen Fortschritte finden alle in den bereits erwähnten klassischen Regionen statt.

Ein Vierteljahrhundert lang habe ich mit italienischen Weinen nichts zu tun gehabt; die folgenden Notizen sind das Resultat einer oberflächlichen Beschäftigung mit Gewächsen aus den letzten 15 Jahren. Sie sind alles andere als umfassend, berichten vielmehr von dem einen oder anderen unerwarteten Vergnügen und künden von einem neu entfachten Interesse. Ich liebe Italien und ich schätze die Italiener; ich würde gerne mehr Zeit in diesem Land, mit diesen Menschen und ihren Weinen verbringen wollen.

## 1930

CARMIGNANO RISERVA CAPEZZANA, BONA-COSSI. 1960 auf dem Gut neu verkorkt. Blasses, rosafarbenes Tawny; zunächst schwache, weder fruchtige noch erdige Weißdornnase, die ich mit vielen italienischen Roten in Verbindung bringe. Danach ein bißchen wie ein alter Barchent, «süß», salbeiduftend; vorzüglich zarter Charakter, leicht rauchiger Geschmack, der mich an einen alten, neuverkorkten Lafite erinnerte. Später wirkte er «süß»; verblaßt, aber sauber und köstlich.
*Essen mit Ted Hale, Oktober 1983* ★★★★

## 1947 ★★★★ bis ★★★★★

CHIANTI RUFINA SELVAPIANA. Tief, reich; vorzügliche alte Nase, erinnerte mich an Milch und alte Ställe; reicher, intensiver Geschmack. Lang. Immer noch tanninbetont.
*Mai 1982* ★★★★

VIN SANTO BROLIO RICASOLI. Ehrlich gesagt bin ich noch nie ein großer Freund von diesem merkwürdig hergestellten Weißwein gewesen, aber die alten Jahrgänge können köstlich sein. Altgoldene Farbe mit einer Spur Tawny; süße, reiche, schokoladige Nase, harmonische, angesengte Oloroso-Note, später wie warmes Stroh; halbsüß, glatt. Eine Merkwürdigkeit, aber auf seine Art gut.
*Bei der Eröffnungsprobe bei Rodenstocks fünfter Jahresdegustation in Mülheim, Oktober 1984* ★★★★

## 1952 ★★★★

PIA BAROLO MARCHESI DI BAROLO. Wunderschöne Farbe. Durch hohe flüchtige Säure verdorben.
*Oktober 1984.*

## 1954 ★★★

SPANNA VALLANA. Mit den 54er Weinen aus Bordeaux und Burgund im Hinterkopf, hatte ich keine hohen Erwartungen. Ich wurde angenehm überrascht. Tiefe Pflaumenfarbe; hochgetönte Brombeernase, nach 30 Jahren immer noch nachhaltig. Füllig, fruchtig, zum Kauen. Mehr Eisen als Tannin. Bemerkenswert guter Wein.
*Mit Elin und John Walker in Spark's Steakhouse in New York, Oktober 1984* ★★★★

## 1955 ★★★ bis ★★★★ (Toskana)

SPANNA VALLANA. Sehr tiefes, reiches Erscheinungsbild; eigenartig angesengte Nase; körperreich, reichhaltig, weich, leicht malzig, sehr alkoholstark. Interessant, aber nicht richtig genießbar.
*Oktober 1984* ★★

## 1957 ★★★ bis ★★★★ (Toskana)

CHIANTI POGGIO. Erdiges Rot; reiche, eigenartige Nase. Sehr trocken.
*Juli 1982* ★★

## 1958 ★★★ bis ★★★★★

Großes Barolo-Jahr, im Chianti weniger gut.

CHIANTI POGGIO. Relativ blaß; reich, aber stielig; trocken, hart.
*Juli 1982* ★(★)

## 1959 ★★ bis ★★★ (Toskana)

CHIANTI POGGIO. Ziemlich blaß, sehr reifes Erscheinungsbild; schöne, Pinot-artige Nase; gefälliges Gewicht, positiver Geschmack, sehr trockener Abgang.
*Juli 1982* ★★★

## 1960 ★★

CHIANTI CLASSICO FOSSI. Ein ganz anderer Wein. Eine frühe DOC. Herbstliches Rot; reiches, angesengtes, wohlriechendes, ausgebautes Bukett; ansprechender Geschmack, wie ein reifer Graves und mit einer Nuance von warmen Ziegeln. Gefälliges Gewicht, hervorragende Säure.
*Zuhause, mit David Peppercorn, perfekt, Mai 1983* ★★★★

## 1961 ★★ bis ★★★★★ (Piemont)

BARBARESCO GAJA. Einer der herrlichsten italienischen Weine, den ich je getrunken habe. Feines, ausgebautes Rot; weiche, warme Nase, darunter angesengte Frucht, sehr schön nachhaltig im Glas; mit der Süße reifer Trauben, mittelschwerer Körper, weich, mit einem Geschmack, der sich wie ein Crescendo entfaltete. Vorzügliche Struktur. Zartes Tannin.
*Von dem überaus großzügigen Besitzer Pat Cetta zur Verfügung gestellt. Im Spark's, Oktober 1984* ★★★★★

# 1962 ★★ bis ★★★★★ (Toskana)

CHIANTI RUFINA CASTELLO DI NIPOZZANO, FRESCOBALDI. Der einzige, seit 1980 verkostete 62er. Bei der Degustation um 13.30 fand ich ihn leicht oxydiert und ich stellte fest, daß das Personal des Savoy Hotels aus übergroßem Diensteifer die Weine bereits um sieben Uhr morgens dekantiert hatte. Pech für die Frescobaldis und ihre Kunden. Hätte eigentlich köstlich sein müssen.
*September 1983.*

# 1964 ★★★★★

*Ein bemerkenswerter Jahrgang, in ganz Italien erfolgreich.*

BAROLO RISERVA GIACOMO BORGOGNO. Ansprechendes, intensives Rubinrot; leichte Vanille-Note in der Nase, die hohe flüchtige Säure wird vom überaus großen Gehalt überdeckt.
*Oktober 1983* ★★
CONTERNO. Reich in Farbe, Nase und Geschmack. «Süßes», nussiges und leicht pfeffriges Bukett, relativ voller, malziger Geschmack, guter Tannin- und Säuregehalt.
*Oktober 1983* ★★★★

BAROLO RISERVA PARTIC CANTINA ROSSA. Geruch nach alten Stiefeln, Alterston; sehr trokken, hohe Säure, schroff.
*August 1982.*

# 1967 ★★★★ bis ★★★★★ (Toskana)

BAROLO RISERVA BORGOGNO. Feines, tiefes Rubinrot; eigenartig, hohe flüchtige Säure; guter Geschmack, aber scharf.
*Oktober 1983* ★

BRUNELLO DI MONTALCINO RISERVA COL D'ORCIA. «Süße», schokoladige Nase; am Gaumen eine Verbindung aus Reichhaltigkeit und dem typischen, ziemlich bitteren, tanninbetonten Abgang.
*Juli 1986* ★★★(★)

CHIANTI CLASSICO RISERVA VILLA ANTINORI. Magnum: sehr tiefe Farbe; in Nase, Gewicht und Stil einem Bordeaux sehr ähnlich. Wiederum sehr tanninbetont.
*September 1986* ★★★(★)
BROLIO RICASOLI . Relativ blasses und sehr ausgebautes Erscheinungsbild; eigenartiger, gehaltvoller Stil; eher leicht, aber mit hübscher fester Struktur und dem gewohnten tanninbetonten Abgang.
*März 1982* ★★★(★)

# 1968 ★★ bis ★★★★

*Unterschiedlich, schließlich ist Italien ein Land mit sehr gegensätzlichen geographischen und klimatischen Bedingungen. In der Toskana herausragend.*

BRUNELLO DI MONTALCINO COL D'ORCIA. Sehr guter Brunello-Jahrgang. Reich, aber bitter.
*Juli 1982* ★★★(★)

RUBESCO TORGIANO LUNGAROTTI. 1976 erstmals bewertet: wie ein roter Bordeaux, sehr ansprechend. Nase mit der unmittelbaren, vertrauten «Meeresbrise», wie ein Médoc; sehr gefälliges Gewicht, und, um bei meinen Bordeaux-Vergleichen zu bleiben, eine Struktur wie ein Pomerol. Guter eisenartiger/tanninbetonter Abgang.
*Zuletzt im Januar 1981* ★★★(★)

# 1969 ★★ bis ★★★

VIN SANTO POGGIO ROMITA. Nach 1980 nur einen 69er verkostet. Aus Malvasia- und Trebbiano-Trauben hergestellt, die man, wie Rosinen, unter dem Dach auf Gestellen zum Trocknen ausgelegt hat, danach fünf Jahre Ausbau in kleinen Eichenfässern. Orangefarbener Rand; seltsame Nase und wachsartiger Geschmack; halbsüß, hohe Säure. Geschmack ist auch Gewohnheitssache.
*Juli 1981* ★

# 1970 ★★★

BAROLO RISERVA FRANCO FIORINA. Sehr schöner, reicher Geschmack nach wilden Rosen, angesengter Charakter; reif, doch zu hart und mit ziemlich hoher flüchtiger Säure. Wurde mit Speisen nicht weicher. Ich fragte mich, ob er jemals rund werden würde und man sagte mir, daß er es tatsächlich geschafft habe – allerdings erst nachdem er drei Tage hatte atmen können!
*August 1982* ★★?

BAROLO RISERVA SPECIALE GIACOMO CONTERNO. Feine, tiefe, reiche Farbe, alte Eiche, ausgebaut – doch ohne Depot; reifer, wirklich alter Geruch, wie ein 24er Bordeaux, außerdem ein Hauch flüchtiger Säure; positiver, eindringlicher Geschmack, der im Mund anschwoll, aber säurebetont. Fast phantastisch.
*Januar 1987* ★★★★

CHIANTI RUFINA CASTELLO DI NIPOZZANO, FRESCOBALDI. Ende der 50er Jahre besuchte ich zum ersten Mal Florenz. Als ich in den Gärten des Frescobaldi-Palazzos mitten in Florenz eine Brunelleschi-Kirche sah, konnte ich sie, mit all meinen frischen architektonischen Eindrücken, nur anstarren. Der Wein war gut, mit einer reichen Nase wie Portwein, guter Länge und schönem Abgang. *Zuletzt im September 1983 verkostet* ★★★★

RUBESCO TORGIANO LUNGAROTTI. Tiefes Rubinrot; reiche, kraftvolle Nase und ebensolcher Geschmack. Ansprechend trotz einer starken, rustikalen Note, die an Schweinestall erinnerte. *Januar 1984* ★★★

# 1971 ★★★★★

*Ein hervorragender Jahrgang in Piemont und der Toskana.*

BARBARESCO GAJA. Ein paar Tage, nachdem ich den 61er von Gaja getrunken hatte, ging ich mit meinen Gästen Sam und Michael Aaron wiederum zu Spark's. Der 71er hatte einen guten Ruf, war aber lange nicht so teuer. Ein vorzüglicher Wein, nahezu perfekt in Gewicht und Ausgewogenheit. Im Abgang eine Spur Eisen. Hätte ich nicht kurz zuvor den 61er getrunken, würde ich ihn wohl noch höher bewertet haben. *Oktober 1984* ★★★★ *Zweifellos immer noch vorzüglich.*

BARBARESCO PRUNOTTO. Wunderschöne Farbe; eigenartige Nase, hohe Säure; trocken, mit festem, ziemlich hartem Rückgrat. Auf seine Art gut, benötigt zweifellos noch Zeit. *November 1981. Damals* ★★★(★)

BARBARESCO RISERVA OVELLO CANTINA SOCIALE. Geruch und Geschmack erinnerten mich an Hühnerdurd und Algen, dennoch weich, füllig und reich. *Oktober 1986* ★★★

BAROLO RISERVA PRUNOTTO. ‹Selezione 1981 dei Vini dell'Albese›. 1981 erstmals verkostet: immer noch tief; Nase nach wie vor ziemlich verschlossen, viel Alkohol, ganz anders als irgendein klassischer französischer Rotwein, nicht weinig, nicht fruchtig, erinnerte an Walnüsse; wuchtig, streng, sehr tanninbetont, kraftvoll, griffig, phantastisch in Länge und Abgang. 1985 ganz hervorragend, «braucht noch zwanzig Jahre» vermerkte ich. Bei der letzten Gelegenheit; vorzügliche Farbe, weiches Rot, warm, reich; wunderschöne Nase mit dem Duft nach warmen Ziegeln, hochgetönte Frucht, wurde nach einer Zeit im Glas «süßer», eine Mischung aus Verdelho, Madeira und Fondant, wunderbar duftig. Die Härte schwächte sich ab. Mittlerweile offenbar «süß», füllig, mit weicher Frucht und weichen Tanninen, gute Säure. *Zuletzt im Februar 1991 verkostet* ★★★★(★)

BAROLO RISERVA SPECIALE CONTERNO. Tief; mächtig, beeindruckend, aber nicht sehr fruchtig. *Februar 1987* ★★★★

RUBESCO TORGIANO LUNGAROTTI. Vorzügliche, rubinrote Farbe; warmes, ansprechendes Bukett und ebensolcher Geschmack; reif, gefälliges Gewicht, elegant, hervorragende Frucht und Säure. Einer dieser (für mich) seltenen Rotweine, der mit und ohne Speisen gleich schön zu trinken ist. *Oktober 1987* ★★★★★

TIGNANELLO ANTINORI. Trotz ihres alten Stammbaums haben die Antinoris nie die anderen Weine auf der Welt aus dem Blick verloren und ließen sich auch ohne zu zögern auf Experimente ein. Dieser Wein ist ihr erfolgreichster *vino da tavola.* Erstmals im Juni 1977 mit Piero Antinori verkostet: fest, fein. Drei Aufzeichnungen: «süße», gehaltvolle, marmeladige Nase; reif, elegant, trockener, tanninbetonter Abgang mit Eisennote. *Zuletzt im August 1982 verkostet* ★★★(★) *Zweifellos jetzt voll ausgebaut.*

# 1973 ★★★

*Seit 1980 nur einen 73er verkostet. Toskanische Weine haben einen besseren Ruf als die aus Piemont.*

CHIANTI CLASSICO RISERVA VILLA ANTINORI. Hervorragend in Geschmack und Ausgewogenheit. Im Alter von neun Jahren komplett, doch noch weitere Lebenserwartung. *Mai 1982* ★★★

# 1974 ★★★ *bis* ★★★★

*Ein gutes Jahr für die Toskana, in Piemont sehr gut.*

BARBARESCO GAJA. Nach acht Jahren etwas stielig und mit Alterston. Voll in Körper und Geschmack, mit extrem trockenem Abgang. *September 1982* ★★★(★) *Wahrscheinlich jetzt auf dem Gipfel.*

BRUNELLO DI MONTALCINO BARBI. Leicht angesengte, «scharfe» Nase, reich, ein Hauch Honig; reife «Süße», relativ voll, aber nicht schwer, weich, samtig, tatsächlich sehr gut. *Februar 1983* ★★★(★)

CABERNET SAUVIGNON DI MIRALDUOLO LUNGAROTTI. Sehr tief, starkfarbenes Zentrum; ausgeprägtes, aber unnachgiebiges, hartes Cabernet-Aroma, eher wie ein kalifornischer Wein als

wie ein Bordeaux, gute Frucht dahinter; leicht «süß», körperreich, hervorragender Geschmack, mit einem erfrischenden Prickeln am Ende, ohne die gewohnte tanninbetonte Bitterkeit de italienischen Weine.
*Oktober 1982* ★★(★)

## 1975 ★ *bis* ★★★★★

*In Piemont ein mittelmäßiger Jahrgang, in der Toskana hervorragend.*

**BRUNELLO DI MONTALCINO** CASTELGIOCONDO, FRESCOBALDI. Sehr parfümiert, würzig; ledrige Satinstruktur, elegant.
*März 1982* ★★★(★)
ISABELLA DE MEDICI. Ziemlich braun; ebenfalls parfümiert, «süße», dabei stielige Nase und ebensolcher Geschmack. Beladen mit ledrigen Tanninen.
*September 1982* ★★(★)
RIGUARDO . Wirkte maderisiert, Reichhaltigkeit überdeckte die hohe Säure.
*August 1983.*
CASTELLO POGGIO ALLE MURA. Ziemlich blaß; Walnuß- und Pflaumennase; gefälliges Gewicht, guter Geschmack, sehr tanninbetont.
*Juni 1984* ★★(★)
TENUTA CAPARZO. Schöne Farbe, reif; sehr gefällige Frucht, nach einer Stunde Kaffeenuancen; gut gemacht, ansprechend, aber immer noch mit streng tanninbetontem Abgang.
*Juni 1988* ★★(★★)

**CARMIGNANO** CAPEZZANA, BONACOSSI. Ein toskanischer Wein, ein Chianti, der seinen eigenen Weg geht und einen individuellen Traubensatz und Stil verfolgt. Nach noch nicht einmal sechs Jahren bereits sehr ausgebautes Erscheinungsbild, ein relativ «süßer», wohlerzogener, sehr gut zu trinkender Wein.
*Juli 1981* ★★★ *Mittlerweile wahrscheinlich am Ermüden.*

**MONTEPULCIANO D'ABRUZZO** VALENTINI. Starkfarben, immer noch unreif; «süße», alkoholstarke Nase mit Nuancen von Feigen und Brombeeren; ein sehr eigener Wein, körperreich, gehaltvoll, zum Kauen, mit einem starken Geschmack nach Kaffee.
*Januar 1987* ★★(★)

**VIN SANTO** AVIGNONESI. Hatte bei der Degustation den weiten Weg von Montepulciano ins Napa Valley hinter sich. Einer von Hugh Johnsons «Schnellschüssen» bei einer Blindprobe auf Trefethens jährlichem Picknick. Langweiliges orangespuriges Strohgelb; maderisierte Nase; ziemlich «süß», recht trüber Abgang, kurz, aber schmackhaft. Ich hatte keine Ahnung, was für ein Wein das sei, hielt ihn für recht absonderlich, aber nicht ohne Reiz. Dann fiel der Groschen.
*Im Nappa Valley, Oktober 1982, auf seine Art* ★★★

## 1976 ★★

**TORRICINO** PIO. Rubinrot; wohlriechend, reizvoll; schmackhaft, mit einer trockenen Spitze leicht spritziger Säure und einem gefälligen Nachgeschmack.
*Februar 1982.*

**VENEGAZZU** GASPARINI LOREDAN. Gilt als der herausragende venetische Rotwein und wird aus Trauben bereitet, die dem Bordeaux-Liebhaber nur allzu vertraut sind: Cabernet Sauvignon, Cabernet Franc, Merlot und Malbec. Tief, inzwischen reif; sehr ausgebaute Nase, die erwartungsgemäß an einen roten Bordeaux erinnerte; trocken, mittelschwerer Körper, eigenartige Geschmacksspitze, die man bei französischen Weinen nicht findet und mit Alterston.
*Januar 1988* ★★ *Muß getrunken werden.*

## 1977 ★★ *bis* ★★★★

*Sehr guter Jahrgang in der Toskana. Seit Anfang der 80er Jahre nur einen Wein verkostet.*

**CHIANTI RUFINA RISERVA** SELVAPIANA. Sehr ansprechendes, weiches, ausgebautes Rot; das Bukett erinnert an ein Stück abgelagertes Holz mit einem vagen Hauch blühender Sträucher; mitteltrocken, gefälliges Gewicht und schöner Geschmack.
*Juli 1983* ★★★

## 1978 ★★★★(★)

*Bester Jahrgang für Gesamtitalien in den 70er Jahren. Ursprünglich hart und tanninbetont. Beginnt sich abzurunden. Viele Aufzeichnungen.*

**BARBERA D'ALBA** ALDO CONTERNO. Sehr tiefes Purpurrot; stielige Nase wie ein Wein von der Rhone; rauh, extrem tanninbetont. Beeindruckend, benötigte noch zehn Jahre.
*Bei einer VIDE-Degustation, Mai 1980* (★★★★)

**BARBARESCO** SORI TILDIN, GAJA. Bei der ersten Degustation 1982 immer noch jugendliches Rubinrot, mit einem «süßen», eigenartig ansprechenden Geruch nach Reispudding, Vanille-Töne, öffnete sich im Glas, mit Nuancen von Fenchel und Walnüssen. Durchdringender Geschmack, schlank, aber fruchtig – paßte hervorragend zu Lancashire-Eintopf und Piccalilli! Bei der letzten Degustation vielschichtiger in der Farbe und im

Ausbau; Flaschenalter in der Nase, aber immer noch tanninbetont, weinig; ganz eigenartig lebhafte Frucht im mittleren Geschmackseindruck, schlank, mit sehr trockenem, tanninbetontem Abgang. Kein zugänglicher Wein, aber beeindruckend.
*Zuletzt im Januar 1987 verkostet ★★★(★)?*

BAROLO CERETTO. Vorzüglich in Farbe und Bukett; trocken, fein, tanninbetont.
*April 1986 ★★★*

BAROLO RISERVA VIGNA SAN GIUSEPPE, CAVALLOTTO. Mitteltief, kirschfarben, doch im Ausbau; angesengtes, tiefes, reiches Bukett, das an Kaffee erinnerte; etwas «süß», ein reicher, gehaltvoller Wein, man vermeint ihn geradezu kauen zu können, kraftvoll, komplett, auch ohne Speisen vorzüglich.
*Januar 1987 ★★★★*

BRUNELLO DI MONTALCINO BARBI. Tief, ausgebaut, ziemlich «süß», schmackhaft, tanninbetont.
*Februar 1988 ★★★★*
CASTELGIOCONDO, FRESCOBALDI. Aus Brunello-Trauben, einem Sangiovese-Klon, der auf einem anderen Gut der Frescobaldis wächst. Mindestens vierjähriger Ausbau in Slawonischer Eiche. Relativ blaß, bereits entwickeltes Erscheinungsbild, guter Geschmack und schöne Länge, doch mit walnußbitterem Abgang.
*Februar 1983 ★★★*

CARMIGNANO RISERVA VILLA DI CAPEZZANA, BONACOSSI. Eigenartig wenig Frucht in der Nase, eher wie Dornen und Gebüsch; am Gaumen dagegen weich, abgerundet, sehr gefällig.
*Oktober 1983 ★★(★)?*

CHIANTI RUFINA RISERVA CASTELLO DI NIPOZZANO, FRESCOBALDI. Eines der feinsten Weingüter in dem Gebiet des Chianti Rufina; nur die besten Jahrgänge werden unter dem Etikett des Guts abgefüllt. Einheimische Reben plus Cabernet Sauvignon. Leider zu früh geöffnet (über die Geschichte habe ich bereits berichtet, siehe S. 489).
*Im Hotel Savoy, September 1988. Potentiell ★★★★*
MONTESODI, FRESCOBLADI . Aus einem kleinen Ertrag einheimischer Reben und Cabernet Sauvignon, der in den Hügeln des Weinguts Nipozzano wächst. 18 Monate in kleinen Eichenfässern. Tiefere Farbe; Walnüsse; etwas «süß», guter Mittelgaumen, Länge und Nachgeschmack schön. Ansprechender Stil.
*Februar 1983 ★★★*

SASSICAIA TENUTA SAN GUIDO, MARCHESI INCISA DELLA ROCCHETTA. Ein sehr modischer italienischer Rotwein aus Cabernet-Trauben, die ungewöhnlicherweise an der Küste westlich des Chianti-Classico-Gebiets wachsen. Erstmals nach zehn Jahren verkostet; starkfarben, Farbe wie dunkle Kirschen; klassisch in Nase und Geschmack, das bedeutet eine perfekte Ausgewogenheit im Bukett und am Gaumen. Bei dem Weinwochenende von Rodenstock 1988 setzte ich diesen Wein bei einer Blindprobe von zehn Roten, darunter einem 77er Pétrus und einem 60er Vega Sicilia (der von der Gruppe auf Rang zwei plaziert wurde), auf den ersten Platz, die Gruppe billigte ihm den zweiten zu. Bei der letzten Gelegenheit weniger tief, doch immer noch reiche Farbe; eigenartig hochgetönte Nase, die an die äußere Schicht bei einem Brie erinnerte; «mittelsüß», griffig und mit schönem Gewicht, muß aber getrunken werden.
*Ältester Wein bei der Sassicaia-Degustation im Brook's, März 1990 ★★★*

SOLAIA ANTINORI. Eine einzelne Lage unmittelbar neben der des Tignanello auf dem Gut der Antinori im Chianti Classico; 75 % Cabernet Sauvignon, 25 % Cabernet Franc, 18 bis 24 Monate in kleinen französischen Eichenfässern. Geringe Produktion. Der 78er kam nie auf den Markt (erst der 79er). Ursprünglich starkfarben. Immer noch gute, tiefe, reiche Farbe; prachtvoll reiche Nase mit einem unmißverständlichen Bordeaux-Charakter, wie ein 82er; mitteltrocken, mittelschwerer Körper, würzig (Eiche), reich, zum Kauen, zitrusartige Säure, immer noch tanninbetont.
*Zuletzt im Oktober 1992 verkostet ★★★(★)*

TIGNANELLO ANTINORI. Ein Chianti ohne den traditionellen Zusatz der weißen Trauben Malvasia und Trebbiano, dafür mit Cabernet Sauvignon, in französischen *Barriques* ausgebaut. «Süße» Nase, trockener Gaumen, hervorragender Geschmack.
*Februar 1988 ★★★★*

RECIOTO AMARONE DELLA VALPOLICELLA BERTANI. Ich habe nie eine Neigung für Recioto oder Amarone, egal ob sie süß oder trocken sind. Tiefes, ausgebautes Rot; eigenartig warmes, stieliges Bukett, das an Gebüsch und Honig erinnert und sich interessant entwickelte; leicht süß, körperreich (15 % Alkohol), ein eigenartig kraftvoller Wein, sehr trockener Abgang. Gut zu frischen Feigen.
*September 1988. Auf seine Art ★★★*

# 1979 ★★★★

*Guter Jahrgang, die neuen «Klassiker» und die roten Tafelweine kommen in Schwung: Ghiaie della Furba, Torre Ercolana, Rubesco und allen voran Sassicaia und Tignanello. Doch die klassischen älteren DOC- und DOCG-Weine fielen ebenfalls gut aus.*

BARBARESCO ASILI, CERETTO. Parfümierte, ansprechende Nase; trocken, schöne Qualität.
*Juli 1983* ★★★
GAJA. Außergewöhnlicher Duft mit Zitrus- und Feigennuancen, hochgetönt, aber auch sehr tief; mittelsüß, voll, sehr reich und fruchtig, immer noch etwas schroff und tanninbetont.
*Zuletzt verkostet im März 1992* ★★★(★)

BAROLO GIACOMO CONTERNO. Sehr tief, pflaumenfarben; hart, trocken, alkoholstark, tanninbetont. Ein kompromißloser Wein im alten Stil, der viele Jahre Flaschenalterung benötigt.
*Februar 1985* ★(★★★★) *1995 bis nach 2000.*

CHIANTI CLASSICO RISERVA VILLA ANTINORI. Nur um zu zeigen, daß Antinoris Chianti Classico ebenfalls gut ist: mitteltiefes Kirschrot; sehr wohlriechende Nase, zarte Frucht, trocken, relativ leicht, komplett in Gewicht und Ausgewogenheit.
*März 1984* ★★★★ *Wahrscheinlich jetzt über den Höhepunkt hinaus.*

DOLCETTO D'ALBA PRUNOTTO. Starkfarben; trocken, voll, sehr griffig, verlangt Flaschenalterung.
*März 1982* (★★★★)

GHIAIE DELLA FURBA CAPEZZANA, BONACOSSI. Ein Tafelweinverschnitt aus Cabernet und Merlot. In der Jugend sehr eindrücklich. Hervorragend in Geschmack und Ausgewogenheit.
*Leider nach dem Juli 1981 nicht mehr verkostet* (★★★★)

RUBESCO LUNGAROTTI. Immer noch ziemlich tief; brombeerartige Nase; ein außerordentlich gefälliger Wein.
*Abendessen im Breakers, Palm Beach, Januar 1991* ★★★

SASSICAIA ROCCHETTA. Mit Abstand der beste Sassicaia-Jahrgang zwischen 1978 und 1987: mitteltiefe, sehr reiche, ausgebaute Farbe – wie ein guter roter Bordeaux vom Jahrgang 1959; «süßes», herrliches, harmonisches Bukett mit phantastischer Fülle und Frucht; für einen roten Tafelwein sehr «süß», mittelschwerer Körper, reich, füllig, abgerundet, komplett, dabei mit wohlbemessenem Tannin- und Säuregehalt, der noch ein weiteres Jahrzehnt Lebenserwartung verleiht.
*März 1990* ★★★★★ *Bis 2000.*

TIGNANELLO. ANTINORI. Wunderschöne Farbabstufung; «mittelsüß», Gewicht und Stil gefällig wie ein Bordeaux, dennoch anders. Gute Struktur, erfrischende Säure, trockener, tanninbetonter Abgang.
*Zuletzt im April 1984 verkostet* ★★★(★) *Wahrscheinlich jetzt auf dem Höhepunkt.*

# 1980 ★

*Späte Ernte. Mit der am wenigsten zufriedenstellende Jahrgang dieser Periode. Austrinken.*

CHIANTI NOZZOLE. Körper, Ausgewogenheit und Geschmack gut für Jahrgang und Preis.
*Februar 1986* ★★

CHIANTI CLASSICO RISERVA BADIA A COLTIBUONO. Relativ blaß; ausreichend gefällig, kurz.
*Januar 1987* ★★

SASSICAIA ROCCHETTA. Mehrere Notizen. Machte sich Mitte der 80er Jahre recht gut, zeigte aber eine unverwobene, kräuterwürzige Nase mit einer leichten Teenuance und grüner Stieligkeit; vergleichsweise schlank und kurz bei der vertikalen Sassicaia-Degustation.
*März 1990* ★★

# 1981 ★★★

*Ein relativ leichter, aber ansprechender Jahrgang. Vor allem einige recht reizvolle Chianti-Weine, auch wenn praktisch immer eine auffallende Säure vorhanden war.*

CHIANTI CLASSICO CASTELLO DI VOLPAIA. Meine erste Einführung in die Volpaia-Weine erhielt ich durch Christopher Tatham. Ein köstlicher Wein, wohlriechend, zugänglich, gefällig.
*März 1986* ★★★

RISERVA BADIA A COLTIBUONO. Voll duftendes Bukett; Geschmack und Länge sehr gut. Tannin und deutliche Säure.
*Oktober 1987* ★★★

RISERVA PRIMA VIGNA CASTELLO DI VICCHIOMAGGIO. Leicht «süß», elegant, gute Länge.
*November 1987* ★★★

CHIANTI RUFINA RISERVA MONTESODI, FRESCOBALDI. Immer noch jugendlich; gefällige «Süße», relativ leicht, sehr attraktive Frucht, gute Säure.
*März 1987* ★★★★

SASSICAIA ROCCHETTA. Reiche Tönung, guter Extraktstoffgehalt; eigenartige, reiche, «süße», leicht käsige Nase; am Gaumen ausgesprochen «süß». Ein recht robuster Wein. Sehr tanninbetont.
*März 1990* ★★(★)

TIGNANELLO ANTINORI. Drei Magnumflaschen, eine mit Korkgeruch. Die beiden anderen ziemlich tief, intensiv; «süß», Erdbeernuancen in

der Nase; glatte Struktur, duftige Frucht, aber doch irgendwie nicht ganz in Ordnung.
*September 1988 ★★?*

TORCOLATO MACULAN. ‹Passito Naturale, Vino Liquoroso›. Ein halbsüßer Dessertwein, den ich bislang nicht kannte und den ich dem Vin Santo bei weitem vorziehe. Relativ blasses Goldgelb; Nase erinnert schwach an eine Beerenauslese, mit einem Hauch Vanille; ziemlich süß, sehr ausgeprägter, eindringlicher Geschmack und hervorragende Säure.
*Abendessen mit den Rhodes, Oktober 1986 ★★★*

# 1982 ★★★ *bis* ★★★★★

*Nur eine nicht ganz gute Notiz; die meisten (Roten) sind jetzt gut zu trinken. In Piemont besonders fein.*

BARBARESCO SORI TILDIN, GAJA. Sehr eigen (wenn man an Bordeaux gewöhnt ist!): reiche, seltsame, fruchtige Nase mit leichten Rosinen-, Feigen und Teeranklängen; intensiv, sehr lang, scharfe, fast brennende Alkoholbetonung im Abgang. Überaus beeindruckend, benötigt sehr viel Flaschenalterung.
*Juni 1987 ★★(★★) 1995 bis gut über das Jahr 2000 hinaus.*

BAROLO CAVALLOTTO. Sehr «süße» und tanninbetonte Nase, dabei große Fruchtfülle; hoher Extraktstoffgehalt, reich, aber viel zu rauh und tanninbetont – vielleicht geht es in 15 Jahren mit Wildschwein!
*August 1987 (★★★★) Nach 2000.*
FONTANAFREDDA. Ein mächtiger, sehr fruchtiger Langstreckenläufer.
*Januar 1988 (★★★★)*
MONPRIVATO, GIUSEPPE MASCARELLO. Recht unterschiedlicher Stil: körperreich, dabei weich, füllig und köstlich.
*Juni 1987 ★★★★ Bis 1997?*

GRANBUSSIA ALDO CONTERNO. Ein Wein, der gewöhnlich erstaunliche vier bis sieben Jahre in Eichenfässern verbringt. Als ich diesen Wein sechs Jahre nach der Ernte probiert habe, hätte ich vier oder fünf Jahre Holzlagerung geschätzt. Ziemlich tiefe, leuchtende, lebhafte Farbe mit starken Tränen in Spitzbogenform; frisch, fruchtig: Feigen, Grapefruit; vom reifen Eingangsgeschmack aus spannt sich ein überaus fruchtiger Bogen zu dem trockenen, sehr tanninbetonten Abgang. Beeindruckend ist noch untertrieben.
*September 1988 (★★★★★) 1995 bis 2000 und länger.*

BRUNELLO DI MONTALCINO BANFI. Ein Purist mag von dem Konzept, in großem Umfang einen klassischen Wein zu produzieren und dafür viele Hektar Land zu planieren, eher seltsam angerührt sein. Wenn dann aber die neueste Verarbeitungstechnologie installiert und die Verantwortung einem Önologen vom Rang eines Ezio Rivella anvertraut, dann bleiben auch die Ergebnisse nicht aus. Bei meiner ersten Probe fand ich zweifellos die gute, robuste Reichhaltigkeit des 82er Jahrgangs bestätigt. Desgleichen bei der letzten Degustation.
*September 1989 ★★★ Bis etwa 1996.*

SAN GIORGIO LUNGAROTTI. Ein weiterer Tafelwein dieses berühmten Herstellers. Vorzügliche Farbe; ansprechende Nase, reiche Frucht, Bienenwabe; ausgeprägt «süße» Note, schönes Gewicht, interessanter Geschmack, lebhaft, erfrischend, mit seidig-ledrigem Tannin.
*Zuletzt im April 1991 verkostet ★★★(★) Bis 1996.*

SASSICAIA ROCCHETTA. Tiefe, reiche Pflaumenfarbe; sehr «süße», tanninbetonte Nase von großer Tiefe; am Gaumen «süß», sehr viel Frucht und Extraktstoffe, seidige Tannine.
*Zuletzt bei der vertikalen Sassicaia-Degustation verkostet, März 1990 ★★★(★★) Bis nach 2000.*

VINTAGE TUNINA BIANCO SILVIO JERMANN. Ein interessanter Weißwein, ein Verschnitt aus Chardonnay und anderen Trauben aus dem Collio. Blaß; sehr frische, minzige Nase; ziemlich trocken, relativ leicht, sehr sauber und gefällig, mit guter Säure. Ein gutes Beispiel für die «neue Welle» bei den Weißweinen. In jüngerer Zeit nicht verkostet, doch es lohnt sich sicherlich jüngere Jahrgänge zu probieren.
*Oktober 1984 ★★★*

# 1983 ★★★

*Dieser Jahrgang hat mein Interesse für italienische Weine neu aufleben lassen. Vor allem der Chianti ist wohlausgewogen, mit Rasse und Charme.*

BARDOLINO CLASSICO MASI. Sehr ansprechendes helles Rubinrot; eingenartige, stielige Nase, die an Gebüsch erinnert, die aber nur ein italienischer Wein aufweisen kann; am Gaumen angenehm «süß», in Stil und Gewicht erfrischend leicht, weicher, zugänglicher, eigenartiger, dabei gefälliger Geschmack. Im Endgeschmack etwas bitter. Ein guter Begleiter zum Essen.
*Januar 1986 ★★★*

BRUNELLO DI MONTALCINO BARBI. Vorzüglich, aber adstringierend.
*April 1990 (★★★)*
CASTELGIOCONDO, FRESCOBALDI. Wiederum hervorragende Namen. In der Farbe nicht sehr tief; in der Nase Nuancen von Früchten, Wildrose und

Sattelgeruch aus den Tanninen; «süß», relativ voll, lebhaft, fruchtig, ansprechend.
*Dezember 1989* ★★(★)
POGGIO ANTICO . Parfümiert, ansprechend.
*Mai 1990* ★★★

RISERVA COL D'ORCIA. Gute Frucht und Tanninbetonung.
*April 1990* (★★★)

CEPPARELLO ISOLE E OLENA. Ein Vino da Tavola di Toscana, ein reinsortiger Sangiovese mit einem Namen wie eine Figur aus einer Mozartoper. Und eine Farbe wie ein Komödiant: ein hübsches Kirschrot; lebhafte Nase, frisch, fruchtig; schlank, lebhaft und wohlschmeckend, aber mit mehr Tannin als erwartet. Er benötigte Luft und Speisen.
*Juli 1987* ★★(★)

CHIANTI CLASSICO ISOLE E OLENA. Ein weicher, zugänglicher, köstlicher Wein zu einem interessanten Preis.
*September 1987* ★★★

RISERVA CASTELLO DI VOLPAIA. Hübsche Farbe, dabei recht eindringlich. Guter Wein.
*September 1988* ★★★

RISERVA SELVANELLA. Ausgezeichnete Frucht, abgerundet.
*Januar 1988* ★★★

SASSICAIA ROCCHETTA. Zwei neuere Aufzeichnungen. 1989 trocken, schlank, tanninbetont, Cabernet-Geschmack. Machte sich bei der vertikalen Degustation nicht gut, unangenehm riechende Nase, rauh, leicht oxydiert.
*Zuletzt im März 1990* ?

VALPOLICELLA CLASSICO PALAZZO DELLA TORRE, ALLEGRINI. Soave und Valpolicella, die guten, preisgünstigen weißen und roten Konsumweine der 5oer und 6oer Jahre, bringt man heute eher mit billigen und freundlichen italienischen Lokalen in Verbindung. Ein gutgemachter Valpolicella kann köstlich sein. Am besten trinkt man ihn recht jung. Dieser hier hatte eine bittersüße Note in der Nase und am Gaumen, sehr schmackhaft, gute Frucht, erfrischende Säure.
*August 1988* ★★★

RECIOTO DELLA VALPOLICELLA AMARONE SEREGO ALIGHIERI. Wunderschöner Name, wunderschönes Etikett, auf seine Art ein sehr guter Wein. Doch wer trinkt ihn? Und wann? Duftendes Bukett, nussig, ein Hauch Mandelkerne und Walnüsse; halbsüß.
*April 1990* ★★★

CA' DEL BOSCO MAURIZIO ZANELLA. Ein sehr schickes, neues, teures Designeretikett für diesen weißen *vino da tavola*. Sehr ungewöhnliche, ansprechende Frucht, lebhaft, schönes Gewicht (nicht schwer: 12,2 % Alkohol), desgleichen der Stil, große Länge und ein kraftvoller Abgang. Muß sicher ernst genommen werden und verfügt, nach dem sehr langen Korken zu schließen, über Alterungsqualitäten.
*Januar 1987* ★★(★★) Bis 1998.

TIGNANELLO ANTINORI. Tief; brombeerähnlich; sehr schön in Geschmack, Körper und Gleichgewicht.
*Januar 1992* ★★★

# 1984 ★★

*Eingeklemmt zwischen den reizvollen 83er Weinen und den glänzenden 85er Produkten, ist dieser Jahrgang verständlicherweise untergegangen, auch wenn er ganz im Norden (Piemont) und ganz im Süden (Sizilien) nicht schlecht war.*

DUCA ENRICO CORVO-SALAPARUTA. Ich erwähne diesen Wein, weil es der erste Jahrgang eines sizilianischen Tafelweins war, der eine entschieden bessere und sehr willkommene Qualität aufwies. Tiefes, beeindruckendes, immer noch jugendliches Erscheinungsbild; «süße», scharfe, würzige Nase; am Gaumen ebenfalls «süß», mittelschwerer Körper, sehr schmackhaft, würzige Tannine.
*Dezember 1989* ★★(★)

# 1985 ★★★★★

*Dieser Jahrgang markiert in meinen Augen einen Wendepunkt. Alle Verbesserungen, die gut gemeinten und ernsthaften Experimente mit einheimischen und französischen Rebsorten und der neue Ansatz in der Weinbereitung gipfelten in diesem vorzüglichen Jahrgang. Es wurde deutlich, daß Besitzer und Erzeuger Hand in Hand arbeiteten – fast wie in Kalifornien.*

*In Piemont phantastisch, doch in der Toskana sogar noch erfolgreicher. Meine Aufmerksamkeit wurde vor allem durch ein besonderes Angebot an toskanischen Weinen des 85er Jahrgangs der Londoner Gesellschaft Wine Cellars erregt, die sich auf italienische Weine spezialisiert haben. Ich bestellte verschiedene Weine, verkostete und trank sie. Wie zuvor fand ich allerdings – und finde auch immer noch -, daß der Zusammenhang zwischen Preis und Trinkbarkeit recht willkürlich ist.*

BARBARESCO GAJA. Ein sehr tiefer Wein. Vollmundig. Langer, trockener Abgang.
*September 1988* ★★(★★★)

DI GRESSY. Zwei Weinberge des Guts Martinenga; der Wein vom Camp Gros: marmeladige Nase; außerordentlich «süß», körperreich (13 bis 14 % Alkohol), pfeffrig, eine Spur flüchtige Säure im Abgang. Aus stark beschnittenen Nebbiolo-Unterarten, bis zu drei Jahren Ausbau in Eiche, benötigt deutlich eine lange Flaschenreifung.
*Juni 1989 ★(★★★) Etwa 1995 bis 2010.*
Der Wein aus dem Weinberg Gaiun ist anders: weicheres Rot; «süße», brombeerartige Nase; «mittelsüß», körperreich und kraftvoll, hoher Tannin- und Säuregehalt.
*Zuletzt im Juni 1990 verkostet ★(★★)*

BAROLO PIO CESARE. Wohlriechend, «süß», fruchtig, mit allen Komponenten ausgestattet.
*Zuletzt im April 1990 verkostet ★★★(★)*
MONPRIVATO, GIUSEPPE MASCARELLO. Nase wie die Rinde von Brie; relativ süß, hoher Alkoholgehalt (14 %), doch im Stil nicht schwer, Geschmack öffnete sich, mit pfeffrigem, extrem tanninbetontem Abgang.
*April 1990 ★(★★★) 1995 bis nach 2000.*

BRUNELLO DI MONTEPULCIANO BANFI. Tief; reich; gute Frucht; eine Spur Bitterkeit.
*April 1990 ★★(★)*
CASTELGIOCONDO, FRESCOBALDI. Tief; vorzüglich reiche Frucht; voll, sehr attraktiv.
*Zuletzt im Juni 1990 verkostet ★★★(★)*
IL POGGIO. Voll, weich, füllig, überaus griffig und fruchtig, ein kerniger Wein, der sich gut als Nachttrunk eignet.
*Zuletzt im Mai 1990 verkostet ★★★(★)*
TALENTI. Vorzügliches Rubinrot; ziemlich medizinale, eisenhaltige Nase; relativ «süß», doch mit extrem trockenem Abgang.
*April 1990 ★★(★★)*

CHIANTI CLASSICO CASTELLO DI CACCHIANO. Eines der ältesten Weingüter im Chianti. Mittelblasses, ausgebautes Erscheinungsbild; sehr «süß», erdbeerartige Frucht; relativ leichter Stil, dennoch eindringlich und tanninbetont.
*Dezember 1989 ★★(★)*
CASTELLO DI VOLPAIA. Fest. Gut gemacht. Weich, «süß» – schien am nächsten Tag viel besser zu sein.
*Zuletzt im Februar 1990 verkostet ★★★*
ISOLE E OLENA. Ziemlich tief, ausreichend gefällig.
*Zuletzt im November 1987 verkostet ★(★★)*

POGGIO SAN FELICE. Hübsche Farbe; Nase erinnerte an den Geruch von Bäumen; im Stil relativ leicht, gefällige Frucht, erfrischende Säurespitze.
*Zuletzt im Mai 1990 verkostet ★★★*

RISERVA FELSINA BERARDENGA (Besitzer Giuseppe Mazzocolin, Weinfachman Franco Bernabei). Mitteltiefe, reichhaltige Tönung mit ersten Anzeichen des Ausbaus; wohlriechend, aber hart; sehr «süß», körperreich (13 % Alkohol), in der Nase besser als im Geschmack, der extrem hohe Tanningehalt wird durch «Süße» und Extraktstoffe verdeckt.
*Dezember 1991 ★★★(★)*

RISERVA DI FIZZANO ROCCA DELLE MACIE. Sehr schlank, trocken, tanninbetont, bitter, aber gut.
*Dezember 1993 ★(★★)*

RISERVA MILLENIO CASTELLO DI CACCHIANO. «Süße», sehr reiche, fruchtige, leicht marmeladige Nase mit Brombeernuancen; relativ «süß», gefälliges Gewicht, schön fruchtig und griffig. Jetzt schön, wird sich noch halten. Der Spitzenwein bei einer Degustation von dreißig Riservas der Zeitschrift Decanter.
*Dezember 1991 ★★★(★)*

SER LAPO FONTERUTOLI. Rubinrot, harmonisch, weich, füllig, ausgezeichnet.
*Dezember 1991 ★★★★*

CHIANTI RUFINA:

BANDA BLU GRATI. Mild, zu einnehmend weich und zugänglich.
*August 1987 ★★*
MONTESODI, FRESCOBALDI. Duft nach Feigen und Stielen; reich, zum Kauen, dabei schlank und eichen.
*Zuletzt im April 1990 verkostet ★★(★)*
SELVAPIANA. Reiches Rubinrot; «süß», reich und zum Kauen, doch mit trockenem, tanninbetontem Abgang, wie «rostige Nägel». Gutes Qualität-Preis-Verhältnis.
*Zuletzt im September 1990 verkostet ★★(★)*

RISERVA VILLA DI VETRICE, GIAN FRANCO GRATI. Ein Spitzengut. Doch den 85er fand ich hart, staubig, mit einer Nase wie Beton; ein relativ leichter, pikanter Wein mit einem merkwürdigen Geschmack.
*März 1992 ★★*

DOLCETTO D'ALBA MASCARELLO. Überaus beeindruckend. Starkfarben; reife «Süße», beladen mit Frucht, doch auch mit Härte.
*Januar 1987 ★(★★★) Bis 2000.*

MONTEPULCIANO D'ABRUZZO BIANCHI. Sehr tief; wohlriechend, elegant, gute Frucht. Unbeschreiblich gutes Qualität-Preis-Verhältnis.
*Januar 1987 ★★(★)*

VINO NOBILE DI MONTEPULCIANO POLIZIANO. Brombeeren; zunächst zurückhaltend, doch dann duftige Entfaltung; köstlich.
*September 1988 ★★★★*

TENUTA TREROSE. Reich in Farbe, Nase und Geschmack, fast zu «süß» dafür, daß er kein Dessertwein ist, weich, doch mit einem ansprechenden Hauch mandarinenartiger Säure.
*Mai 1990* ★★★

## VINO DA TAVOLA:

CEPPARELLO ISOLE E OLENA. Weiche, rubinrote Farbe; harmonisch; relativ leichter, gefälliger Stil.
*Januar 1990* ★★★

DUCA ENRICO CORVO-DUCA DI SALAPARUTA. Dieser relativ neue sizilianische Tafelwein machte sich 1985 sehr gut: ausgesprochen wohlriechend, Himbeernote und starke Eichenanklänge in der Nase; gut, lebhaft, brombeerartige Frucht, würzig, sehr gut zu trinken. Mehrere Aufzeichnungen.
*Zuletzt im Juni 1990 verkostet* ★★★

FONTALLORO FELSINA BERARDENGA. Aus Sangiovese-Trauben, lief bei Wine Cellars als «Spitzentoskaner». Vorzüglich weiches Rot; würzige Nase mit Salbeianklängen; ziemlich «süß», relativ voll, reiche, brombeerartige Frucht, seidige Tannine. Hervorragend zu Osso buco.
*Dezember 1989* ★★(★★)

FRANCIACORTA ROSSO MARTINONI. Ein unglaublich preisgünstiger Roter aus Piemont. Köstlich!
*August 1987* ★★★

GHIAIE DELLA FURBA CAPEZZANA, BONACOSSI. 40% Merlot, 30% Cabernet Sauvignon, 30% Cabernet Franc. Viele Aufzeichnungen. Wein mit einem sehr tiefen und reichen Erscheinungsbild, was sich durch den Geschmack bestätigte. Ziemlich «süß», köstlich, zum Kauen, fruchtig, ein vorzüglicher Wein.
*Zuletzt im März 1991 verkostet* ★★★★

LA POJA ALLEGRINI. Rubinrot; schokoladig; süß, voll (13,5°) gute frische Frucht. Einmalig unter Veroneser Weinen: zu 100% aus alten Corvino-Reben und spät gelesenen Trauben erzeugt (November). Ein Wein «di meditazione».
*Zuletzt verkostet Januar 1993 verkostet* ★★★(★)

SASSICAIA. Sehr süß, tief, voll, zum Kauen.
*Oktober 1992* ★★★

TIGNANELLO ANTINORI. Tief, intensiv; gute Frucht; tanninbetont, aromatisch.
*Januar 1993* ★★★★

CHARDONNAY GAIA & REY GAJA. Schönes, elegantes Bukett; ebenso in Geschmack und Textur. Anflug von Lemon.
*Januar 1993* ★★★★

CA' DEL BOSCO MAURIZIO ZANELLA. Ein neuer Weißer aus Chardonnay-Trauben, die im Oktober gelesen wurden, in kleinen Eichenfässern vinifiziert. Positive goldgelbe Farbe; sehr wohlriechende, delikate, würzige Nase mit Eichentönen; ziemlich trocken, köstlicher Geschmack, gute Struktur und Säure.
*Zuletzt im Mai 1987 verkostet* ★★★

# 1986 ★★★★

*Ein sehr zufriedenstellender Jahrgang, ein guter Nachfolger für den 85er, wobei die Weine anders ausfielen, deren Zugänglichkeit im Stil zunächst weniger erkennbar war. Piemont, Barolo und Barbaresco sind überraschend gutentwickelt und mittelfristig schöne Weine; in der Toskana fehlte es den Chiantis und besten Vini da tavola zunächst an Reiz, jetzt weisen sie eine gewisse Eleganz auf. Äußerst bemerkenswert war der Preisanstieg; die führenden Güter bewiesen ihre Zuverlässigkeit und honorierten damit den willkommenen Anstieg der Nachfrage.*

BALIFICO CASTELLO DI VOLPAIA. Eine weitere neue toskanische Komposition: zwei Drittel Sangiovese, ein Drittel Cabernet Sauvignon, ein Jahr im Holz, ein Drittel neue Eiche. «Süß», fruchtig, weich, in der Nase eine Spur Pfeffer; «süßer», reizvoller, tanninbetonter Abgang.
*Dezember 1991* ★★★(★)

BRICCO DELL'UCCELLONE GIACOMO BOLOGNA. Ich weiß genau, daß ein paar Flaschen Wein von meinem alten Freund Graf Riccardo Riccardi immer phantastische Tropfen sind. Diesen hier kannte ich noch nicht, ein Tafelwein aus Barbera, und obwohl kein DOCG, hat er den Ruf, der beste aller Barberas zu sein. Im Piemonteser Dialekt bedeutet *bricco* Hügelspitze, ein *uccellone* ist ein großer Vogel – oder Worte mit dieser Wirkung. Schöne Farbe, immer noch unreif; phantastische Nase, sehr fruchtig. «süß», Anklänge von Erdbeeren und angesengtem Packpapier, ein Hauch von Anissamen und Lakritze; sicherlich nicht trocken, hervorragend in Gewicht und Ausgewogenheit, fruchtig, füllig, mit der Zimtwürze der neuen Eiche.
*Zuletzt im Juli 1989 verkostet* ★★★(★★) *Bis nach 2000.*

CARMIGNANO, CAPEZZANA BONACOSSI. Lakritze; mitteltrocken und mittlerer Körper, weich. Eine herrliche Komposition. Sangiovese/Cabernet.
*Zuletzt verkostet im Oktober 1992* ★★★(★)

CEPPARELLO ISOLE E OLENA. Weiches Kirschrot; gute Nase, öffnete sich im Glas; gute Frucht, fest.
*Zuletzt im Oktober 1990 verkostet* ★★(★)

CHIANTI CLASSICO:

SER LAPO FONTERUTOLI. Köstlicher Wein. Gute Frucht, Länge, duftiger Nachgeschmack.
*Oktober 1990* ★★★

RISERVA DUCALE RUFFINO. Ebenfalls wohlriechend; gute, straffe Frucht und Länge, desgleichen Tannin- und Säuregehalt.
*April 1990* ★★(★)

CHIANTI RUFINA, RISERVA VILLA DI VETRICE. Ziemlich unverwoben und stielig; relativ leicht, zugänglicher Stil, kurz, doch ein gefälliger Wein.
*November 1990* ★★

FONTALLORO FELSINA BERARDENGA. Ein inzwischen gut etablierter Tafelwein. Tief, reich, samtig, jugendlich; in der Nase reiche Frucht; sehr eindringlich, relativ voll, gute, lebhafte Frucht und Länge. Eine Spur tanninbetonter Bitterkeit.
*Oktober 1990* ★★(★★) *Bis 2000.*

SAMMARCO CASTELLO DEI RAMPOLLA. Ein sehr ambitiöser Tafelwein aus dem Chianti: 75 % Cabernet Sauvignon, 25 % Sangiovese. Tiefes, fülliges Erscheinungsbild; «süß», sehr reich, in der Nase und am Gaumen vorzügliche Frucht, «süß», körperreich, hoher Extraktgehalt, füllig, samtige Struktur. Bittere Tannine im Abgang. Gut, teuer.
*Dezember 1990* ★★★(★) *Bis 2000.*

SASSICAIA ROCCHETTA. Kirschrot, «süß», vorzügliche Frucht, lebhaft, beerenartig; ausgeprägt «süß», mittelschwerer Körper, Frucht, Extraktstoffe, Tannin und Säure gut. Machte sich auf der vertikalen Sassicaia-Degustation gut, doch ohne den Glanz und Reichhaltigkeit des 85ers.
*März 1990* ★★★(★)

PIODILEI, CHARDONNAY DELLE LANGHE PIO CESARE. Aus einer Palette ansprechender trockener Weißweine habe ich diesen sehr reizvollen, duftigen Chardonnay ausgewählt. Eine Spur reifer «Süße», mittelschwerer Körper, vorzüglich weicher Geschmack und Nachgeschmack mit Eichennote.
*April 1990* ★★★

TIGNANELLO ANTINORI. Tief; weich und reich, reife Trauben, exzellenter Abgang.
*Juni 1992* ★★★(★)

## 1987 ★★ *bis* ★★★

*Einige hübsche Weine. Fruchtig, ansprechend, zum baldigen Genuß. Mehr Weiße als Rote verkostet. Einige der neueren Weine sind interessant:*

BIANCO DI VALGUARNERA CORVO-SALAPARUTA. Der Weiße Riserva ist die Entsprechung zu dem roten Duca Enrico dieses Betriebs. Mittelblasses Gelb; sehr parfümiert, pfirsichartige, butterige, sehr ansprechende Nase mit einem Hauch Vanille; sehr gute Form im Mund – das heißt, mit zartem Eingangsgeschmack, anschwellendem Mittelgaumen und einem schönen Abgang. Gefälliges Gewicht, schöner Geschmack, gute Länge.
*Zuletzt im April 1990 verkostet* ★★★

BORRO DELLA SALA ANTINORI. Schöne Frucht. Paßte großartig zu einem Mittagessen im Restaurant Tandoor des Holiday Inns in Singapur.
*Oktober 1989* ★★

CHARDONNAY DI GRESY. Im August 1988 abgefüllt. Fünf Jahre alte Rebstöcke. Relativ blaß; jugendlich; Ananasaroma mit leichter Eichennote; spröde, dabei sehr schmackhaft, gute Länge, sehr trockener, säurebetonter Abgang, duftiger Nachgeschmack.
*Zuletzt im Juni 1990 verkostet* ★★★

GAIA & REY CHARDONNAY GAJA. Nach Angelo Gajas bemerkenswerter Großmutter benannt und nach seiner Tochter, die 1979, in dem Jahr, als man die Reben setzte, geboren wurde. Ungefiltert abgefüllt. Sehr blaß, leicht grünspurig; Pfirsicharoma und genau die richtige Eichennote; ziemlich trocken, duftig, ein vorzüglicher Wein.
*Mit Gaja zwanzig Tage nach der Abfüllung auf dem Internationalen Weinfestival in Frankfurt verkostet, September 1988* ★(★★)

PIODILEI, CHARDONNAY DELLE LANGHE PIO CESARE. Schöne reiche, butterige Nase mit deutlicher Eichennote; mittelschwerer Körper (13 % Alkohol), eine Spur Fett, lebhaft, harter, trockener Abgang. Wie muß dieser Wein erst in einem perfekten Jahrgang ausfallen?
*April 1990* ★★★

TOCAI FRIULANO, COLLI ORIENTALI DEL FRIULI LIVIO FELLUGA. Bis an die Grenze zu Jugoslawien bin ich geeilt, um diesen Weißen zu trinken; ich fand ihn bewundernswert: sehr ungewöhnlicher Duft, würzig, originell; halbtrocken, leicht, delikat, sehr frisch, vorzüglicher Geschmack mit Pfirsichnuancen.
*September 1988* ★★★

DOLCETTO D'ALBA DI GRESY. Tiefes Kirschrot; zurückhaltend, immer noch hart, aber schön tief; nicht gerade ein weicher, zugänglicher, rasch zu trinkender Wein. Recht kraftvoll. Benötigt Flaschenlagerung.
*Auf der Rotweindegustation beim Internationalen Weinfestival in Frankfurt, September 1988* ★(★★)

SASSICAIA ROCCHETTA. Mitteltief; «süß», recht gute Frucht; gefällig in Gewicht und Stil, ein Schnellentwickler.
*Der jüngste Jahrgang bei der vertikalen Sassicaia-Degustation, März 1990* ★★

# 1988 ★★★★★

*Ein feiner, klassischer Jahrgang. Ich sehe bei den 88er und den 85er Weinen Ähnlichkeiten zwischen der Toskana und Burgund, wobei der frühere Jahrgang über einen großartigen Stil und Charme verfügte und sehr schön ausgewogen war. Der 88er ist fester strukturiert und auf lange Zeit gesehen wahrscheinlich besser. Man wird sehen.*

*Erstmals im Frühling 1990 verkostet; die Roten waren noch unfertig, benötigten Flaschenlagerung, die trockenen Weißen machten sich gut.*

BRICCO DELL'UCCELLONE BRAIDA. Giacomo Bologna, der brillante Hersteller dieses piemontesischen Tafelweins, starb 1991. Tief, jugendlich, vorzügliche Farbe wie dunkle Kirschen; herrliche Frucht, himbeerartig; ausgesprochen «süß», körperreich, vorzüglicher, lebhafter, fruchtiger Geschmack, würzig, tanninbetont, säurebetonter Abgang.
*Juni 1991* ★(★★★)

CEPPARELLO ISOLE E OLENA. Ein tiefer, reicher, voller, fruchtiger Wein, 100 % Sangiovese.
*Januar 1992* ★★★(★)

CHIANTI RUFINA, RISERVA VILLA DI VETRICE. Bereits reifes Erscheinungsbild, markante Nase, spitzig, Walnuß; trocken (was man vom Aussehen nicht erwarten würde), tanninbetont. Bescheiden im Preis.
*Bei einer Probe im Keller, im Januar 1992* ★★(★) *1995 bis 1999.*

ROSSO DI MONTALCINO TENUTA IL POGGIONE. Herrliche Frucht, Teernote; lebhaft, sehr tanninbetont.
*April 1990* (★★★★)

SAN GIOCONDO, NOVELLO DI TOSCANA ANTINORI. Niemand könnte Antinori vorwerfen, daß er nicht mit der Zeit gehe. Zeitgemäß heißt in diesem Fall: ein italienischer *novello*, am 26. September gelesen und am 7. November im Verkauf; zuhause zwölf Tage später zusammen mit einigen neuen Beaujolais verkostet. Leicht «süß», Pudding- und Himbeernase, recht schöner, weicher Fruchtgeschmack. Frizzante, ein deutliches Prikkeln.
*November 1988* ★★

GAVI PIO CESARE. Blaß, grünspurig; sehr gefälliges, frisches, jugendliches Ananas- und Minzearoma; ziemlich trocken, relativ leicht, hervorragend in Geschmack uns Säure. Überaus annehmbarer Stil. Mehrere Aufzeichnungen.
*Zuletzt im April 1991 verkostet* ★★★

LE MOIE FAZI-BATTAGLIA. Sehr blaß; trocken, relativ leicht, erfrischend, beträchtliche Länge. Welten liegen zwischen diesem recht neuen *vino da tavola* und den langweiligen, flachen alten Soava-Weinen.
*Einer von vielen Weißen, die ich im April 1990 verkostet habe* ★★★

TORCOLATO MACULAN. Warmes Gold; traubig, honigartig, *Botrytis*; süß, frisch, exzellent in Länge und Säure.
*Januar 1993* ★★★★★

VALPOLICELLA CLASSICO «LA GROLA» ALLEGRINI. Der einzige Familienbesitz, aus welchem der wahre Valpolicella herkommt – so kann man hören. Blasses, helles Rubinrot; sehr markante Nase, stielig, minzig; fest, trocken, attraktiv, tanninbetont.
*Januar 1992* ★★(★★)

VINTAGE TUNINA SILVIO JERMANN. Verschnitt aus Sauvingon Blanc, Chardonnay, Picolit und anderen einheimischen Rebsorten. Etwas würzig, leichte Kümmelnote; trocken, frisch, gut, doch – nicht überraschend – eine eher vage Frucht, hervorragende Säure.
*Port Hole, Bowness, Mai 1991* ★★★

# 1989 ★ *bis* ★★★★

*Nicht so erfolgreich wie der Sommer in Frankreich. Unterschiedliche Ergebnisse: In Piemont produzierte man ansprechende Weiße und einige sehr gute Rote, die man zu den besten des Jahrzehnts rechnen kann. In der Toskana hingegen wirkte sich das schlechte Wetter nachteilig aus, die Weine gelten als leichte Frühentwickler. Überraschend wenige verkostet.*

BARBERA D'ASTI, AI SUMA BRAIDA. Ziemlich tiefes Purpurrot; vorzügliche Frucht, «süß», gute Eichennote; ziemlich «süß», kernig (14,5 % Alkohol), dabei flotte, herrliche Frucht und Eichentöne. Mittlerweile ein lebhafter Wein. Wird sich noch entwickeln.
*Juni 1990* ★★★(★)

PINOT BIANCO PUIATTI. Ungewöhnlich, originell, minzig; trocken, markant, Pfirsichkerne und Marzipan. Gefälliger Abgang.
*Juni 1992* ★★★

PINOT GRIGIO JERMANN. Sehr blaß. Walnuß, Frucht; trocken, frisch, fehlende Länge.
*Dezember 1991* ★★★

# 1990 ★★★★

*David Gleave und Nicolas Belfrage – beide tragen sie den Titel* Master of Wine *–, die Direktoren von Wine Cellars in London, berichten von einem hervorragenden Jahrgang für Piemont, der die 89er und 90er Weine zu bemerkenswerten Zwillingen machen wird. Aus der Toskana wird ebenfalls ein außergewöhnlicher Jahrgang gemeldet.*

CHIANTI CLASSICO ISOLE E OLENA. Tief; sehr gute junge Frucht; überraschend weich und trinkbar.
*Januar 1992* ★★★

CHIANTI RUFINA SELVAPIANA. Opak; rohe Frucht; trocken, Geschmack nach Birnen, roh, tanninbetont.
*Januar 1992* (★★★)? *Schwierige Prognose.*

SOAVE CLASSICO PIEROPAN. Die *Superiore*-Qualität sehr gut, «Vigneto Calvarino» exzellent: Nase nach Honig und Stroh; trocken, gute Säure und Länge.
*Januar 1992* ★★★★

TOCAI FRIULANO PUIATTI. Minzig; mitteltrocken und mittleres Gewicht, kräftig und doch weich.
*Januar 1992* ★★(★)

VINTAGE TUNINA JERMANN. Blaß; sehr blumig; mitteltrocken, eher leicht im Stil, köstlich.
*Januar 1993* ★★★★

# 1991 ★

*Unter Konzentration auf die zwei klassischen und wichtigsten Rotweinanbaugebiete Italiens zeigt sich folgendes Bild: In Piemont gab es einen kalten Frühling mit später und unregelmäßig verlaufender Blüte, auf den ein langer, heißer und trockener Sommer folgte. Zur Erntezeit heftige Regenfälle. Die Produktionsmenge lag im Durchschnitt, und es entstanden zumeist leichte Weine von unterschiedlicher Qualität. In der Toskana herrschten ähnliche Bedingungen, allerdings traten hier auch Frühlingsfröste auf, und Regen beeinträchtigte die Lese. Unterdurchschnittliche Menge von wechselhafter Qualität und frühreifen Chianti. Die Weißweine sollten jetzt ausgetrunken sein.*

VON DEN VERSCHIEDENEN ATTRAKTIVEN WEINEN, DIE ICH AM ERSTEN WELTKONGRESS DER WEINJOURNALISTEN IN GORIZIA (FRÜHLING 1993) VERKOSTETE:

MARCO FELLUGA, PINOT BIANCO AZIENDA RUSSIZ. Ein DOC Collino mit einer kleinen Nase, trocken, aber überraschend mundfüllend (13° Alkohol), leicht minziger Geschmack und guter Textur.
*März 1993* ★★(★)

RUSSIZ SUPERIORE, RONCUZ AZIENDA RUSSIZ. Ein *Vino di tavola*, komponiert aus Chardonnay und lokalen Rebsorten: sehr blaß, spritzig; duftend; ziemlich leicht und trocken; fruchtig, gefällig.
*März 1993* ★★ *Jetzt trinken.*

TURIA COLLAVINI. Ein heller, erfrischender Wein aus der Ribolla-Rebe im Collio Orientale des Friaul: originell, schwer zu beschreiben, aber typisch für die saubere Bereitung frischer Weine in Norditalien – welch ein Fortschritt im Vergleich zu den oxydierten Weißen vor dreißig Jahren!
*März 1993* ★★★

# 1992 ★★ *bis* ★★★★

*Die klassischen Rotweine Norditaliens, wie Barbaresco und Barolo, und die Weine aus der Toskana im Zentrum des Landes beherrschen weiterhin das Interesse der internationalen Weinszene. 1992 dominierte im Norden des Landes eine ungünstige Wetterlage, der heiße und trockene Sommer konnte die Auswirkungen des kalten und nassen Frühlings nicht mehr wettmachen, und zur Lesezeit kamen noch schwere Regenfälle hinzu. Die Weißweine aus frühgelesenen Trauben haben am wenigsten gelitten. Ähnliche Bedingungen herrschten auch in der Toskana; der ausgezeichnete Sommer beschleunigte jedoch die Reife. Winzer, die ihre Reben ertragsmindernd beschnitten hatten, konnten sehr gute Weine erzeugen. Wenige 92er verkostet.*

DEI SASSICAIA COLLOVINI. Man sagt, daß ihr 91er Friuli der beste italienische Chardonnay dieses Jahrganges gewesen sei. Ich wünschte, ich hätte ihn verkosten können. Der 92er zeigte sich trocken, mild, sauber, jugendlich – gut, aber keineswegs so beeindruckend.
*März 1993* ★★(★)

## 1993 ★ bis ★★★

*Wenn man bedenkt, daß das Weinbauland Italien von den Abhängen der Alpen bis hin zur Spitze Siziliens mit seinem bereits nordafrikanischen Klima reicht, so ist es verständlich, daß man hier nur schwer allgemein gültige Aussagen machen kann. Es wird berichtet, daß im Nordosten, nämlich im Trentino-Südtirol sowie Friaul-Julisch-Venetien, zufriedenstellende Weißweine erzielt wurden, und weiter, daß die geringe Ernte an frühreifenden roten Sorten in Piemont eine gute Qualität aufweist. Dem Barbaresco und Barolo gab der Regen schwer zu schaffen; diese Weine haben einen niedrigeren Zuckergehalt und höhere Säurewerte, als es wünschenswert wäre. Das Problem dieses Jahrganges, wie überall in Europa, war der Regen, der einem normalen Frühling und warmen Sommer folgte. In der Toskana fiel in den ersten zwei Wochen Oktober mehr Regen als in den gesamten elf Monaten zuvor. Trotzdem: Die Sommerhitze führte zu konzentrierten Trauben mit dicken Häuten, die früh gelesen werden konnten. Im Chianti erreichte die Produktion das Niveau von 1992, die Qualität wird mit gut bis sehr gut beurteilt. Weiter gegen Süden und auf der Adriaseite konnten einige außerordentliche Weine erzeugt werden. Ja, je weiter südlich, desto überzeugender präsentieren sich die Weine dieses Jahrgangs.*

# SPANIEN

Wir sind so sehr an die großen Entwicklungen in der Neuen Welt gewöhnt, daß wir die – önologisch durchweg positiven – Veränderungen in der Alten Welt gern vergessen. Und hier ist an erster Stelle Spanien zu nennen.

Wenn in meiner Anfangszeit im Weingeschäft, zu Beginn und Mitte der 50er Jahre, ein Weinhändler außer Sherry überhaupt spanischen Wein im Angebot führte, dann war es sicherlich der billigste und allzu häufig auch der unerfreulichste. Spanische Weiße bei Blindproben zu erkennen, war leicht: sie rochen nach Erbrochenem.

In Rioja begann die «Neuzeit». Dort wurde ein Qualitätsniveau erreicht, das die negative Besetzung des Begriffes «spanischer Wein» ausblendete – meines Erachtens nicht bloß als Resultat einer Verkaufsmasche. Dann kam Torres und festigte das Qualitätsimage fast im Alleingang.

## RIOJA

*Bis vor kurzem war das Leben noch einfach. Es gab den Rioja. Nun ist es kompliziert geworden. Bei den Roten reicht die Palette vom Bordeaux-Typ bis hin zur süffigen Variante einer Kreuzung zwischen einem Côtes du Rhône und einem unter Kohlensäure (macération carbonique) vergorenem Beaujolais. Bei den Weißen reicht der Bogen von «modern» und «ausdrucksarm» bis zu solchen im alten Stil, die fast schon maderisiert sind. Es gibt «Jahrgänge», und natürlich fallen sie unterschiedlich aus. Doch auch wenn man alte Jahrgänge finden kann, die gut trinkbar sind (der älteste in neuerer Zeit verkostete war eine 1925er Reserva des Marquès de Riscal), schmecken die meisten jung und fruchtig am besten.*

*Was die Erzeuger anbelangt, so hat mir der Stil der traditionsreichen Häuser Riscal und Murrieta stets zugesagt, wahrscheinlich weil sie eher in Richtung roter Bordeaux gehen, aber es gibt einige bemerkenswerte neue Kellereien, zu deren intelligentesten Remelluri zählt, der sogenannte «Boutique-Weine» erzeugt. Manche der reifen Roten von CUNE sind attraktiv, ihr samtiger 1973er Gran Reserva beispielsweise. Aus den weißen Riojas, zumal wenn sie älteren Jahrgangs sind, mache ich mir nicht viel.*

## PENEDÈS

*In diesem Teil Spaniens weilte ich 1959 zum ersten Mal. Es war eine andere Welt damals. Die besten Hotels kosteten ein Pfund am Tag und für zwei Pennies das Glas trank man den Wein der Gegend und stellte keine Fragen. Es war die Familie Torres, die dafür sorgte, daß Penedès heute in jedem Weinatlas aufgeführt wird. Von ihren*

*unterschiedlichen Rotweinsorten kommt mir ihr preiswerter, unkomplizierter Coronas am meisten entgegen. Das andere mittlerweile prominente Haus ist jenes von Jean León. Doch war ich kürzlich leicht entsetzt über den Preis seines Cabernet Sauvignon und beschloß, beim Bordeaux zu bleiben.*

## VEGA SICILIA

*Es hat wenig Sinn, sich über spanische Jahrgänge im allgemeinen zu verbreiten, denn Handel wie Verbraucher leben hier zumeist von der Hand in den Mund. Ich werde mich daher auf Spaniens einzigen wirklich großen, klassischen Rotwein konzentrieren, auf Vega Sicilia, und möchte zunächst den Vorwürfen begegnen, sie vielleicht gar zu entkräften suchen, dieser Wein sei maßlos überschätzt, überteuert, schlecht gemacht und übersäuert. Er ist teuer. Er ist anachronistisch. Er ist nun einmal groß. Im Unterschied zu dem einzigen anderen, neulich in Mode gekommenen Rivalen vom Duero (einem Fluß, der nach Portugal fließt und dort zum Douro wird) verarbeitet Vega Sicilia ausschließlich Trauben vom hauseigenen Weinberg.*

*Vega Sicilia ist ein Weingut von 1000 ha, von denen 150 ha mit Reben bestockt sind; auf dem kreidehaltigen Boden werden Bordeaux-Reben und lokale Sorten angebaut. Eigentümlich ist die Weinbereitung, insbesondere die Länge der Reifung im Holz. Der Spitzenwein, Vino Finho «Uniquo» (der Einzigartige), liegt acht Monate in großen Holzfässern, gefolgt von ungefähr zehn Jahren in barriques (25 % aus französischer und 75 % aus amerikanischer Eiche), wobei die Weine alle sechs Monate abgestochen und die Fäs-*

ser «jeden Freitag» aufgefüllt werden. Es ist nicht verwunderlich, daß dieser Wein einen ganz eigenen Charakter und eine fabelhafte Intensität besitzt. Der weniger teure Valbuena liegt drei Jahre in neuer Eiche. Der «Unico», manchmal als der Lafite Spaniens bezeichnet, hat die Fähigkeit, sich im Glas duftig zu entfalten. Australische Verkoster, die zwar berühmt sind für ihren Sachverstand, die aber gern nach Fehlern und Abweichungen Ausschau halten, müssen den Wein bestimmt verabscheuen. Ich bewundere Vega Sicilia wegen seiner Individualität: ein aufregender Flamencotänzer in der Welt des klassischen Balletts.

Ich habe Vega Sicilia im Laufe der Jahre immer wieder verkostet, zuletzt auf zwei beinahe parallelen vertikalen Degustationen, die erste in der Kellerei selbst im Oktober 1989, die zweite an einer Vorverkaufsprobe bei Christie's im September 1990, bei der sogar eingefleischte Kritiker schwach wurden, vor allem als sie den frisch eingeschenkten Wein mit einem verglichen, der etwa eine Stunde lang im Glas war. Es folgt eine Überschau von Jahrgängen, die, sofern nicht anders angegeben, zweimal bewertet wurden, 1989 und 1990.

*Vega Sicilia Vinho Fino «Unico»*

**1941** In der tiefsten Depression nach dem Bürgerkrieg gemacht. Ungewöhnlich hohe flüchtige Säure. Regelmäßig fällt mir der in der Flasche fest ge-

La Horra

wordene Bodensatz auf; die Farbe ein warmes, weiches Hagebuttenrot; Duft und Eleganz im Wettstreit mit der Säure. Ein ruhiger trockener Abgang ★★

**1942** Vollkommen andere, reichere Farbe; Nase nach aromatischen Walnüssen, Honig und Brenzelgeruch, im Glas schöne Bukettentwicklung; ein charmanter alter *Señor* ★★★

**1948** Eine Flasche aus John Arlotts Weinkeller, 1980 geöffnet und verkostet. Reiches, ins Orange spielendes Rot. Neun Jahre später erinnerte er mich an einen 48er Cheval Blanc, schmeckte aber intensiver, wobei sein hoher Extraktgehalt die hohe Säure kaschierte ★★★

**1953** 1979 erstmals verkostet: erstaunlich kraftvoll, beeindruckend. Bei zwei neueren Degustationen ein außergewöhnliches Bukett, zuerst angesengt, schokoladig, Anflug von Minze, öffnete sich zu großem Reichtum und war nach 90 Minuten im Glas sehr aromatisch, mit Nuancen von Rosen und schwarzen Johannisbeeren. Feigenartige Frucht am Gaumen ★★★★

**1957** Nase nach dem Einschenken malzig, Sherryähnlich, darauf Pinot-Frucht, dann Weiterentwicklung, wie ein gepflegter roter Bordeaux. Ziemlich «süß», voll, weich, schmackhaft. Immer noch tanninbetont ★★★(★)

**1960** Schöne Farbe; erdige Nase wie ein Graves; sehr «süß» für einen Rotwein, lebhaft, sehr eigen ★★★★

**1962** Halbtrocken, mittelgewichtig, Geschmack und Struktur gut ★★★

**1964** Vier Bewertungen im Laufe des letzten Jahrzehnts, 1980, 1984 und bei den zwei erwähnten vertikalen Degustationen. Jedesmal «duftig». Schöne «süße», reiche Nase; tanninbetont und unfertig bei der ersten Bewertung. Jetzt «süß», weich und köstlich, aber noch mehr *in petto* ★★★(★)

**1965** Ein schwieriger Jahrgang, Auslese wichtig und längere Lagerung des Weines in alten Fässern. Anthocyane wiegen noch vor, Farbe röter als beim 66er. Angesengtes, würziges, wohlgeformtes Bukett; reiche Frucht, aber insgesamt trocken ★★★

**1966** Erstmals 1980 verkostet, aus einer Flasche von Lamont and Shaw, den englischen Maklern, und seitdem dreimal. Machte auf der Vorverkaufsdegustation dem 64er den Rang des allgemeinen Favoriten streitig. Gute Farbe, Orangeton der Reife, reiche «Tränen»; exzellentes Bukett, eindeutig Lafite-artig in seiner Feinheit und der Art, wie er im Glas aufblühte: schöne Frucht, Veilchenduft und nach einer Stunde immer noch rein und komplett riechend; ziemlich «süß», perfekt ausgewogen, große Tiefe, stilvoll, mit «Unico»-Säure – aber vorzüglich ★★★★★

**1967** Außerordentlich «süß», zum Kauen, ansprechend, aber es fehlte an Länge ★★

**1969** Aus einer typischen Mischung von Cabernet Sauvignon, Merlot, Malbec, Albillo und Tinta Fino (Tempranillo) bereitet; ebenso typische – und außergewöhnliche – Nase: «süß», zum Kauen (Tannine), angesengt, Vanille (Eiche), Sahnebonbons und dampfende Pferdeleiber! Am Gaumen relativ «süß», elegant, aber immer noch tanninbetont ★★(★★)?

1973 Kurzer Wachstumszyklus, späte Blüte, interessanter Temperaturwechsel: heiße Tage, sehr kalte Nächte. Gute Ernte. Drei übereinstimmende Bewertungen 1988, 1989 und 1990. Zweifellos ein schöner Wein, leichter als viele der älteren Jahrgänge, elegant, mit guter Struktur, jetzt köstlich ★★★★

Wenn man es sich leisten kann, sollte man einige davon probieren. Will man nicht soviel auslegen: Spanien bietet viele ausgezeichnete, relativ günstige Rotweine. Zum Glück sind sie leicht zu finden.

1980 Tief und dickfarben; verschlossen, Johannisbeere; reich, voll (15,5 %°), mit Frucht und Säure, sehr tanninbetont.

*Pesquera (Ribera del Duero)*
Ich gestehe, daß ich vom spanischen «Pétrus» bisher sehr wenig degustiert habe. Im Gegensatz zu Vega Sicilia wird für diesen Wein auch zugekauftes Traubengut verwendet.

*Tinta Reserva*
1985 Pflaumig; heiße, stielige Nase; süß und weich, angenehme Frucht.
1986 Opak, noch unreif; gute feste Frucht, süß, gute Tannine und Säure.
*Mai 1992* ★★(★★)
1988 Aroma nach Brombeeren, würzig, peffrig; sehr trocken, sehr viel Tannin, eher italienisch im Stil, wohlschmeckend im Abgang.
*September 1992* ★★(★)

# PORTUGAL

Für die Engländer, für die Franzosen – nach wie vor die größten Importeure – und neuerdings für die Amerikaner ist Portugal gleichbedeutend mit Portwein. Früher jedoch waren die Tafel- und Dessertweine, die in Mittelportugal und um Lissabon herum angebaut wurden, überaus populär. Calcavella, Colares und Bucelas tauchen beispielsweise von der zweiten Hälfte des 18. Jahrhunderts an regelmäßig in Christie's Katalogen auf, was Rückschlüsse auf die Bestände in den Weinkellern des Landadels zuläßt. Diese Weine sind heute in den Hintergrund getreten oder sogar völlig von der Bildfläche verschwunden, und ihre Stelle in der Beliebtheitsskala haben die leichten, säurebetonten *Vinhos verdes* aus dem Norden und die verläßlichen wie auch preisgünstigen *Dãos* aus der Gegend südlich des Douro eingenommen. Alles in allem hätten portugiesische Rote mehr Anerkennung verdient. Die meisten sind sorgfältig bereitet, und alle liegen sehr anständig im Preis. Alte Jahrgänge, bis zurück in die 40er Jahre, können hervorragend sein; die aus den 60er und 70er Jahren scheinen alterslos zu sein und und werden sogar in den Lissaboner Spitzenrestaurants praktisch verschenkt.

Das zwar alte, aber neu abgesteckte Gebiet Bairrada ist beachtenswert. Die Caves São João erzeugen ausgezeichneten Wein. Weiter im Süden ist J.M. da Fonseca (nicht zu verwechseln mit der gleichnamigen Portweinmarke) vertrauenswürdig mit dem lebhaften Periquita und dem weicheren, an einen roten Graves erinnernden Pasmados. Vor dem

*In einem portugiesischen Weinkeller*

*Vinho maduro,* einem voll ausgebauten Weißwein, sollte man sich in acht nehmen, denn er ist meistens strohgelb und nach modernen Maßstäben als «müde» zu bezeichnen.

Der herausragende trockene Weiße ist der João Pires aus Palmella, abgefüllt von dem allgegenwärtigen J.M. da Fonseca. Der erste Jahrgang, den ich 1985 probierte, war der 83er. Der 89er ist köstlich: minzig, mit einem Hauch von Muskateller-Traubigkeit. *Der klassische Rote ist der Barca Velha von Ferreira, aus Douro-Trauben bereitet. Mit zwanzig Jahren war der 66er sehr erfreulich: schöne tiefe Farbe; aromatisches, wildrosenartiges Bukett; in Fülle, Gewicht und Ausgewogenheit perfekt. Ein Beigeschmack von Heidekraut. Andere gute Jahrgänge sind der 78er; der 82er, weich und rund; der 83er; der 85er, undurchsichtig, schön, aber 1988 noch unfertig; der 86er, wie ein junger roter Bordeaux; und der 87er, der im März 1988 im Faß einen guten Eindruck machte.

Wie bei Spanien und Vega Sicilia will ich mich auf einen Wein konzentrieren, der den meisten Lesern völlig unbekannt sein wird, ein weiterer «Klassiker» ganz eigener Art: der Buçaco. Meine erste Bekanntschaft mit ihm geht zurück auf einen Besuch in den Weinkellern von Gorhambury, wo John Grimston eine Sammlung verschiedener Jahrgänge aufgebaut hatte. Es war Johns Sohn, der dritte Earl of Verulam, den ich überredete, ein paar Flaschen auf einer Auktion zu verkaufen – um prompt selber welche zu erstehen, vor allem die 45er. Mit dem Etikett als einzigem Anhaltspunkt faßte ich den Entschluß, Buçaco ausfindig zu machen. 1979 war ich zum erstenmal dort.[1] Und es war nicht das letzte Mal. Der Romantiker in mir fühlte sich wohl in diesem Palasthotel, erbaut um die Jahrhundertwende im üppigen «Emanuelstil» als königliches Jagdschloß in einem herrlichen Waldstück auf einem Hügel in der Mitte Portugals. Von jeher hat man dort aus hauseigenen Reben einen roten und einen weißen Wein erzeugt, der aber nur an Hotelgäste verkauft wird.

*Palace Hotel do Buçaco*

1 Bei meinem ersten Besuch fragte ich Senhor Almeida, den Hoteldirektor, der auch den Wein bereitet und den Weinkeller unter dem Hotel hütet, wie lange er schon in Buçaco lebte. «Zu lange», winkte er ab: «seit 1934!» 1985 war er immer noch da, und zu meinen schönsten Erinnerungen zählt ein Samstagnachmittag im Keller in Gesellschaft von Senhor Almeida, der Würstchen in Aguardiente (destilliert aus seinem eigenen Wein) kochte und dazu einen jungen Buçaco Tinto reichte. Ich kann's kaum erwarten, wieder hinzufahren.

Ganz zufällig stammte der älteste Wein auf der Weinkarte aus meinem Geburtsjahr, 1927, berühmt für Portwein, sonst aber verblichenen.

### BUÇACO TINTO

**1927** Dekantiert, mit einem Depot wie «Bienenflügel»-Häutchen, etwa wie bei altem Portwein. Relativ blaß, attraktiv, lebhaft, voll ausgebaut; betonter Geruch nach «grünen Oliven», leicht überaltert; ein Hauch von «Süße», relativ leicht, insgesamt zart und delikat. Recht hohe Endsäure. Köstlich, aber dekadent.
*November 1979* ★★★
**1940** Leichter Schwund, schwach würzig, weich, doch säuerlich.
*November 1979* ★

**1945 Reserva Especial** Erstmals im Palace Hotel do Buçaco im November 1979 verkostet: schöne Farbe, komplette Reife; Nase zunächst etwas staubig als Zeichen des Alters, dann gehaltvoll; ziemlich trocken, körperreich – eindeutig ein heißes Jahr wie im übrigen Europa auch, pfeffrig und doch weich, reich, wohlausgewogen. Ein Jahr später aus dem Keller von Gorhambury: gute Nase, Hauch von «Süße», schöner Geschmack, von dem folgenden Pichon Lalande 1920 keineswegs in den Schatten gestellt.
*Zuletzt zu Hause verkostet, Juli 1980* ★★★★

**1950** Mit Schwund und oxydiert.
*November 1979.*

**1951 Reserva** Relativ blasse, aber schöne Farbe; leicht milchsaure Nase; weich, leicht, würziger Zimtgeschmack, aber im Laufe des Abends drang die Säure immer stärker durch.
*November 1979.*

**1953** Schöne Farbe, nicht unähnlich einem 53er roten Bordeaux der Spitzenklasse: rubinrotes Zentrum, ziemlich intensiv, obwohl ausgebaut; Zedernholzgeruch mit guter Entwicklung; Gewicht, Form und Struktur sehr schön. Viel Charme.
*Zum Essen bei unserem zweiten Besuch im Mai 1985* ★★★★★

**1959** Ebenfalls eine herrliche Farbe, rubinrotes Zentrum, ausgebauter Rand; außergewöhnliche Nase: erst wie Pilze in Butter gekocht, Haselnuß, dann ein klassischer Duft wie Bordeaux, «zum Kauen»; nachgerade perfekt am Gaumen: halbtrocken, mittelgewichtiger Körper, sehr origineller hochgetönter, feiner, leicht firnisartiger Geschmack, schöne Struktur, Tanningehalt und Säure perfekt.
*Mai 1985* ★★★★★

**1960** Fast genauso gut, ein Hauch von Stroh in der Nase, aber schöne, weiche, himmlische Frucht, weniger tannin- als säurebetont.
*Mai 1985* ★★★★

**1963** Immer noch ein wenig jugendlich und pfeffrig in der Nase; sehr positiv stürmischer, überfallartiger Geschmack, «süß», zum Kauen, unfertig. Benötigt zehn bis zwanzig Jahre Flaschenalter.
*Mai 1985* ★★(★★★)

WIE BEI DEN MEISTEN PORTUGIESISCHEN WEISSWEINEN SIND DIE ÄLTEREN JAHRGÄNGE EHER INTERESSANT ALS GENÜSSLICH. AUS NEUGIER HABE ICH ZUM ESSEN DIE FOLGENDEN GETRUNKEN:

### BUÇACO BRANCO

**1934** Bernsteinfarben; Geruch nach altem Stroh und Stall; trocken, reich, aber säurebetont.
*November 1974* ★

**1944** Ungefiltert, hieß es: tiefes Goldgelb wie ein 37er Climens, hell, warm und attraktiv; faszinierendes Bukett, zart, wächsern, harzig: ein Hauch von Tokajer, von Ch. Chalon, eine Idee Fenchel; rauchiger, nussiger Geschmack. In exzellentem Zustand.
*November 1979* ★★★

**1956** Strohgelb; Geruch und Geschmack erinnerten an Sherry, aber ansonsten war das Alter nicht zu merken. Auf seine Art gut.
*Mai 1985* ★★

**1958** Strohgelb mit einem Stich ins Orange; harzig, es fehlte an Frucht.
*November 1979* ★

**1966** Jan Read, ein ebenfalls in Buçaco weilender Iberien-Spezialist, meinte, die leicht harzige Nase stamme von dem Bical (einer einheimischen Traube); halbtrocken, Körper, Geschmack und Säure gut.
*Mai 1985* ★★★

**1977** Frischer, leichter Stil.
*Mai 1985* ★★

# DEUTSCHLAND

Wenn man Burgund als «reich an Falltüren» bezeichnen kann, dann wäre Deutschland ein «Labyrinth», aber eines, das es wert ist, erforscht zu werden. Die besten deutschen Weine sind herrlich; selbst die kleineren, eher kommerziellen Vertreter sind selten untrinkbar – ausdrucksarm vielleicht, oder ein bißchen zu süß, aber ohne Schaden anzurichten.

Als eine der großen Wasserstraßen Europas hat der Rhein eine überaus lange Handelsgeschichte. Rheinweine wurden im Mittelalter in beträchtlichen Mengen nach London verschifft. Diese Route war sicherer als jene vom Mittelmeer her und durch den Golf von Biskaya, die man, beispielsweise von Bordeaux aus, besser nur zweimal im Jahr befuhr – und dann mit Begleitschutz.

Alte Rheinweine waren im 18. und frühen 19. Jahrhundert groß in Mode – und teuer: Für ehrwürdige Jahrgänge wurden bei Christie's hohe Preise bezahlt. «Old Hock» (und niemals bloß «Hock», soweit ich weiß) wurde auf die silbernen Umhängeschildchen der damaligen Dekantiergefäße graviert, wobei man wissen muß, daß «Hock» der gängige Name für weißen Rheinwein war. Der Wein muß wie Sherry oder Rancio aus Südfrankreich geschmeckt haben (siehe den Rüdesheimer von 1727, S. 510). «Hock» war auch in viktorianischen Zeiten außerordentlich beliebt, eine berühmte Hochheimer Lage wurde nach einem Besuch der Königin sogar Königin-Victoria-Berg getauft. Die deutschen Spitzenweingüter beschrifteten ihre Etiketten zu der Zeit sinnvollerweise auf englisch.

Mit dem Ersten Weltkrieg läutete die Totenglocke für alles, was deutsch war. Die Wiederbelebung ging nur langsam vor sich, verzögert zudem durch den vom Zweiten Weltkrieg ausgelösten Rückfall. Wenig bekannt ist, daß die Engländer am Ende des letzten Krieges wirksam mithalfen, die deutschen Weinberge vor der Verwüstung durch ihre eigenen Alliierten zu retten.

Bedauerlicherweise haben deutsche Bürokratie, Kommerzwut und «Rationalisierung» im Gefolge des verheerenden Weingesetzes von 1971 einen Schaden angerichtet, der zwar nicht irreparabel ist, aber doch außerordentlich entmutigend für qualitätsbewußte Erzeuger und Verbraucher gleichermaßen. Durch die Vereinfachung der Namen ist es in der Praxis für den Nichtfachmann schwierig geworden, den Unterschied zwischen einem gewöhnlichen Bereichswein und dem Spitzengewächs von einer Einzellage im Besitz eines großen Weingutes zu erkennen. Und die Flut billiger, wenn auch halbwegs genießbarer Importe hat den Ruf deutscher Weine verdorben.

## WIE DEUTSCHE WEINE GENOSSEN WERDEN WOLLEN

So wenig wie man roten Burgunder mit rotem Bordeaux vergleichen soll, so wenig soll man etwa an weißen Burgunder denken, wenn man guten Rhein- oder Moselwein verkostet und trinkt. Die Trauben-, Boden- und Klimaunterschiede einmal beiseite gelassen, ist das Ziel des deutschen Winzers ganz einfach nicht dasselbe wie das seines französischen Kollegen. Alkohol spielt keine wesentliche Rolle, und Trockenheit ist nicht das Ein und

Alles. Was der deutsche Winzer anstrebt, ist das Gleichgewicht von Frucht und Säure. Das Endprodukt ist letztlich kein «Wein zum Essen», sondern ein schmackhaftes Getränk. Weißen Burgunder trinkt man zur Mahlzeit, eine Flasche Moselwein öffnet man zum «Süffeln» und «Höckeln», in Gesellschaft von Freunden und (nach denen zu urteilen, die an Rhein oder Mosel leben oder Urlaub machen) zu jeder Tageszeit, vom Frühstück bis in die späte Nacht. Der Alkoholgehalt ist niedrig, manchmal um 8 % gegenüber den 14 % eines Montrachet, weshalb er einem auch nicht so zu Kopfe steigt.

Anstrengungen, von gefälligen, leichten und fruchtigen Tropfen auf Weine zum Essen umzustellen, hat es gegeben, mit mäßigem Erfolg. Nimmt man die zartsüße Frucht weg, bleibt in vielen Fällen nicht mehr viel übrig. Diese trockenen, mehr oder weniger voll durchgegorenen Weine interessieren mich nicht sehr und kommen in den folgenden Aufzeichnungen kaum vor. Anders die durchaus nicht trockenen Trockenbeerenauslesen. Sie werden aus den seltenen, spät und einzeln gelesenen Beeren bereitet, die von Edelfäule befallen sind, derselben *Botrytis cinerea,* dank der die großen Sauternes-Weine erzeugt werden können. Diese hochwertigen und sehr teuren Trockenbeerenauslesen (etwas vulgär, aber praktischerweise TBA abgekürzt) sollten schlückchenweise auf die Zunge genommen und dort gerollt werden, bevor man sie hinunterschluckt und in dem Nachgeschmack schwelgt, vielleicht mit einer reifen Nektarine, *niemals* bei Mahlzeiten zu Süßspeisen – es sind keine Nachtischweine. Mit Pudding sabotiert man edle süße Gewächse.

Die Qualitätsstufen sind auf allen deutschen Weinetiketten deutlich angegeben. Vergessen Sie die geringeren QbA-Weine, fangen Sie mit den QmP, den Prädikatsweinen, an: Kabinett, Spätlese, Auslese. Die ersten beiden sind im allgemeinen eher etwas trocken, aber Auslesen können verwirrenderweise halbtrocken oder halbsüß sein. Als nächstes kommen die Beerenauslesen, immer süß, in der Regel mit einem schönen Bukett, und schließlich die Trockenbeerenauslesen. Alle sind herrlich unbeschwerte Trinkgenüsse.

Ich gehöre zu denen, die gepflegte deutsche Weine schätzen, und trinke sie regelmäßig, hauptsächlich am Wochenende auf dem Lande. Die folgenden Bewertungen sind zu den verschiedensten Anlässen abgegeben worden, viele, insbesondere die der jüngeren Jahrgänge, bei Handelsdegustationen, manche bei Vorverkaufsproben. Am denkwürdigsten aber und sicherlich unwiederholbar war eine Degustation mit dem Titel *Hommage à Ch. d'Yquem und Schloß Johannisberg 1984,* veranstaltet von dem Fürsten von Metternich und dem Comte de Lur-Saluces. Die Weine wurden überwiegend paarweise präsentiert, von 1967 an rückwärts bis zum Yquem-Jahrgang 1892 und dem Johannisberg von 1846.

## 1727

RÜDESHEIMER APOSTELWEIN Diesen Wein (nicht der älteste, das war der Rüdesheimer von 1653, verkostet 1977) habe ich bisher sechsmal probiert, zweimal seit Anfang der 80er Jahre. Von Zeit zu Zeit kommt eine vereinzelte halbe Flasche auf den Markt, fünf oder mehr bei Christie's im Laufe der letzten 15 Jahre. Alle stammen aus dem berühmten Bremer Ratskeller. Winzige Mengen werden von dem riesigen Original-Mutterfaß abgezapft, das hin und wieder mit jüngerem Rüdesheimer eines guten Jahrgangs aufgefüllt wird. So wird die große Menge älteren Weins ständig aufgefrischt. Mein zweiter Besuch dieser mittelalterlichen Weinkeller war 1981. Direkt vom Faß hatte der Wein eine strohgelbe Bernsteinfarbe, den Geruch von alten Äpfeln und ein nussigen, apfelartigen Geschmack. Trocken. Gute Länge. Hohe Säure. Danach aus einer halben Flasche «Reserve du Bremer Ratskeller»: blasser als zuvor beschrieben, ähnlich wie ein Sercial; das Bukett erinnerte mich auch an alten Madeira, dann mehr an einen *Raya*-Sherry. Nach zwei Stunden im Glas ein Geruch wie in alten Ställen; eine Stunde danach hing noch ein erstaunlich intensiver Ton im leeren Glas. Am Gaumen halbtrocken, relativ leichtes Gewicht, ein weicher, zarter, leicht getoasteter Geschmack nach altem Stroh, erträgliche Säure und sauberer Abgang.
*Zuletzt auf dem von Albert Reichmuth gegebenen Dinner in Zürich zur Feier des Erscheinens der ersten deutschen Ausgabe dieses Buches im Oktober 1983 verkostet, für Genuß ★★, für das Privileg ★★★★★*

## 1748 ★★★★★

*Steht im Ruf, der herausragende Jahrgang des 18. Jahrhunderts zu sein.*

SCHLOSS JOHANNISBERGER CABINETS-WEIN FÜRST METTERNICH. Originalflasche («Flûte») mit dem ältesten Etikett in den Weinkellern des Schlosses. Kurzer, schwarz gewordener Originalkorken. Sehr helle und warme Farbe alten Bernsteins, rein rosiger Schimmer, fast als wäre er ein verblaßter alter Rotwein; Geruch nach nassen Hasel- und Walnüssen; unerträglich hohe Säure und nicht trinkbar.
*Aus den Weinkellern des Schlosses, vorgestellt bei Hardy Rodenstocks jährlicher Degustation in Wiesbaden, Oktober 1985.*

## 1846 ★★★★

SCHLOSS JOHANNISBERGER BLAULACK (Blaues Etikett). Der älteste Jahrgang auf der Johannisberg-Yquem-Degustation. Fürst von Metternich erzählte uns, daß die Beeren nach den Unterlagen im Schloß am 12. Oktober gelesen wurden. Mittleres Bernsteingold; unmittelbar nach dem Einschenken leicht, aber sauber, ein Hauch von Linoleum und verblühter Frucht, aber duftig, Umschlag nach zehn Minuten: Eindruck von Holzkohle und Sultaninen; trockener, positiver Geschmack wie ein feiner alter Amontillado, gute Länge und bemerkenswert für sein Alter.
*Auf Schloß Johannisberg, November 1984. Als Getränk ★★★ für sein Alter ★★★★★*

## 1862 ★★★

*Sehr reiche Ernte. In Massen nach England verschifft.*

SCHLOSS JOHANNISBERG GOLDBLAULACK (Auslese). Schöne Farbe, warmes Bernsteingelb; sehr reiches, leicht rauchiges, minziges Sultaninenbukett, Minuten später Entwicklung einer Nase wie altes Stroh, ähnlich wie ein fünfbuttiger Tokaji Aszú. Umschlag 15 Minuten nach dem Einschenken, angekohlt, Eindruck von altem Feuer in einem offenen Kamin, dann spitzer Stallgeruch. Halbsüß, sehr eindringlicher Geschmack, hohe Säure, duftend, aufregend.
*Auf dem Schloß, November 1984 ★★★★*

## 1868 ★★★

SCHLOSS JOHANNISBERG MANSKOPF & SÖHNE, FRANKFURT. Älter als 1880, vermutlich 1868. Tiefbraune Farbe; volle, reiche, honigartige und harmonische Nase mit einer Prise schwarzem Pfeffer; immer noch recht süßer, exzellenter Geschmack, langer trockener Abgang und herrlicher Nachgeschmack.
*Oktober 1984 ★★★*

## 1893 ★★★★★

*Nach 1811 und 1865 der beste Jahrgang des Jahrhunderts.*

SCHLOSS JOHANNISBERGER GOLDLACK Sehr reife Beeren, sehr hoher Zuckergehalt: 130° Öchsle. Noch immer überraschend hell für sein Alter, wenn auch tiefer als der 1921er; anfangs ein Duft von kaltem Tee und leicht pulverigem Muskateller. Nach 30 Minuten ein würziges, komplexes Bukett, Honig, Tee, Sultaninen; halbtrocken beim ersten Schluck, aber zu einem sehr trockenen

Abgang übergehend; zu hager, zu spröde trotz seines entfliehenden Wohlgeschmacks.
*Auf dem Schloß, November 1984* ★★

MARCOBRUNNER CABINET RIESLING FEINSTE AUSLESE Prachtvolle, warme, helle Hagebuttenfarbe; Bukett von Sultaninen und Aprikosen; trockener, reicher, recht gehaltvoller Geschmack und hohe, pappige Säure.
*Eine von drei Flaschen aus einem englischen Privatkeller, gekauft von Hardy Rosenstock und verkostet auf Ch. d'Yquem im September 1986* ★★

# 1897 ★

STEIN AUSLESE BÜRGERSPITAL ZUM HEILIGEN GEIST. Ziemlich tief, bernsteinfarben, wie starker Tee, trüb und leblos; zu Tode oxydiert, dennoch würziger Duft nach alten Pfirsichen. Nur gerochen, nicht verkostet.
*Bei Christie's gekauft, auf Yquem beurteilt, September 1986.*

# 1904 ★★★

GEISENHEIMER MÄUERCHEN RIESLING BEERENAUSLESE FRIEDRICH VON LADER. Sehr kurzer Korken, etwas über 1 cm. Sehr tiefbraun, wie schwarzer Rübensirup; ein erstaunlicher Geruch, zart und doch kraftvoll, überraschend frisch, muskatellerartig; süß, sehr reich, angesengt traubig.
*Im Restaurant Fuente in Mülheim, Oktober 1984* ★★★

# 1911 ★★★★★

*Großartiger Jahrgang, der beste zwischen 1900 und 1921.*

STEINBERGER CABINET BEERENAUSLESE H. SICHEL SÖHNE. Farbe von Orange-Pekoe-Tee, nicht richtig hell; sehr kraftvoll, aber am Abbauen, Böcksergeschmack; halbsüß, reich, hochgetönt, leicht spitzig, aber mit duftigem Schwung beim Abgang.
*In Mülheim, Oktober 1984* ★

# 1920 ★★★

FORSTER UNGEHEUER RIESLING AUSLESE VON BUHL. Ziemlich tiefer Orangeton, wie getrocknete Aprikosen; Sultaninenbukett mit einer Verbindung von honigartiger Edelfäule und Flaschenalter; halbsüß, recht körperreich, schöner alter Gerstenzuckergeschmack, reich, Extrakt, Länge und Nachgeschmack gut.

*Bei Christie's gekauft, zum Essen zu Hause serviert, Oktober 1988* ★★★★

SCHLOSS JOHANNISBERG GOLDLACK (Auslese). 57 % Riesling, 43 % Sylvaner, der reifste mit 115° Öchsle. In Eiche bis zur Flaschenfüllung 1930. Warmes, lebhaftes Bernsteingold; schöne, zarte, honigartige, traubige Nase – keine Zeichen des Alters, hielt sich eine Stunde lang gut im Glas; halbsüß, Geschmack und Säure sehr eindringlich. Schmissig und duftig, einiger Charme, aber ein bißchen spröde nach der schönen Nase.
*Auf dem Schloß, November 1984* ★★★★

# 1921 ★★★★★

*Nach wie vor der größte Jahrgang des Jahrhunderts. Kleine Ernte extrem reifer, gesunder Trauben, früh gelesen nach einem glühend heißen Sommer. Reiche Weine.*

SCHLOSS JOHANNISBERGER CABINET 105° Öchsle. Farbe wie pures blankpoliertes Gold; schöne, leicht traubige Nase, bemerkenswert frisch für sein Alter, aber nach dreißig Minuten ermattend, etwas eigenartig, leiser Harzton; trocken, ziemlich eindringlich, «Kerosin» (Rieslinge haben oft einen leicht öligen Geruch und Geschmack nach Petroleum). Gute Säure.
*Auf dem Schloß, November 1984* ★★★

JOHANNISBERGER WEIHER AUSLESE WEINGUT KOMMERZIENRAT KRAYER ERBEN. Kaputter Verschluß, schlechter Korken, knapp 13 cm Schwund. Trübes Bernsteingelb, oxydiert.
*August 1989.*

LIEBFRAUMILCH FEINSTE AUSLESE B.M. & J. STRAUSS (London). Golddurchwirkte Bernsteinfarbe, schwacher Rand; erstaunlicher Duft nach Lilien und nach Rosinen, leichte Erinnerung an Tokaijer und Firnis; halbsüß, sehr guter, reicher, angesengter Traubengeschmack, der sich dann verlor, wie schon das Aussehen vermuten ließ.
*Auf einer Auktion gekauft, in Mülheim serviert, Oktober 1984* ★★

NIERSTEINER AUFLANGEN RIESLING AUSLESE FRANZ KARL SCHMITT. Guter Korken, Füllhöhe 5 cm darunter. Farbe, Geruch und Geschmack wunderbar reich. Strahlendes pures Gold, Anflug von Orange; süße, honigartige Gerstenzuckernase, dann Grüne Minze; halbsüß, recht körperreich und doch zart, weich, gute Länge, perfekte Säure.
*Aus den Weinkellern von Schloß Aalholm in Dänemark, verkostet vor der Katalogisierung, August 1989* ★★★★★

## 1929 ★★★★

*Ein «nerviges» Jahrzehnt in Deutschland, in dem 1929 das zweitbeste war nach 1921. Aus naheliegenden Gründen wurden diese reifen und ansprechenden Weine praktisch alle in den 30er Jahren weggetrunken. Wenige je gesehen und nur zwei in den letzten Jahren verkostet.*

LIEBFRAUMILCH SUPERIOR H. & J. BROOKS. Altgolden; Karamel unter alte Walnuß; süßlich, weich, unkompliziert, müde, aber trinkbar.
*Mai 1991* ★

NIERSTEIN (sic) RIESLING H. SICHEL SÖHNE. Füllhöhe und allgemeines Aussehen sehr gut. Schöne goldene Farbe; reiches, leicht rauchiges Bukett; sehr trocken, sehr guter Geschmack für seinen relativ niedrigen Rang. Bemerkenswert gesund und interessant.
*Aus einem amerikanischen Weinkeller bei Christie's Vorverkaufsdegustation in Chicago, Juni 1983* ★★★

## 1933 ★★★

*Ein Überflußjahr. Gefällige Weine. Mehrere verkostet, die drei und vier Sterne wert waren, nur einen in den letzten Jahren.*

RAUENTHALER BAIKEN AUSLESE STAATSWEINGUT ELTVILLE. Relativ blaß, dennoch reiches und warmes Gold; zurückhaltend, Pilznote; trocknet aus, jetzt halbsüß, Geschmack angesengter Sultaninen, gute Säure.
*Bei Peter Zieglers Clubtreffen auf Burg Windeck, Mai 1983* ★★

## 1934 ★★★★

*Sehr zufriedenstellender Jahrgang. Mehrere frühere gute Beurteilungen: bis zu fünf Sterne für Qualität und Zustand. Nur zwei in den letzten Jahren degustiert.*

SCHLOSS JOHANNISBERG DUNKELBLAU-LACK (Dunkelblaue Kapsel). Lesebeginn am 3. Oktober, frühester Termin für Auslesen seit dreißig Jahren. Schöne goldene Farbe, blaß für sein Alter; delikat, rauchig, aber ein wenig überlriechend – am Umschlagen. Reines Lanolin nach einer Stunde. Halbtrocken, relativ leicht, ein seltsamer öliger Geschmack mit einer Spur Limone und einem Hauch von Bitterkeit. Kurz.
*Auf dem Schloß, November 1984* ★

PIESPORTER GOLDTRÖPFCHEN AUSLESE BOTTLED IN LONDON BY BERRY BROS. Blaßgoldene, exzellente Farbe für sein Alter; butterige, wächserne Nase, fast wie Sémillon; halbtrocken, Geschmack und Säure ausgezeichnet, trockener Abgang.
*Vorverkaufsdegustation in Chicago, Juni 1983* ★★★

## 1937 ★★★★★

*Ein erstklassiger Jahrgang in Deutschland wie auch sonst für Weißweine in Europa. Prachtvolle Weine, voller Frucht, Konzentration, Säure. Die besten sind bei guter Lagerung immer noch ausgezeichnet. Fraglos mein deutscher Lieblingsjahrgang.*

BRAUNEBERGER JUFFER SONNENUHR RIESLING AUSLESE FRITZ HAAG. Orangegold; vorzüglich, honigartig, Orangenblüten, Pfirsiche; austrocknend, Geschmack nach Pfirsichhaut, fest, erdig, herrliche Säure.
*Juni 1992* ★★★★

ERBACHER MARCOBRUNN RIESLING AUSLESE SCHLOSS RHEINHARTSHAUSEN. Schönes warmes Orangegold; perfekter Duft: Pfirsichblüte, Aprikosen, Hauch von Vanille, dann rosinenartig; noch ziemlich süß, ordentliches Gewicht, köstlicher Geschmack, trocknet ein wenig aus.
*Auf Rodenstocks Festival des Jahrgangs 1937 in Arlberg, September 1988* ★★★★

SCHLOSS JOHANNISBERGER AUSLESE Abgefüllt nach zwei Jahren in Eiche. Immer noch relativ blaß, ein perfekt poliertes Gold, wäßriger Rand; Bukett eines alten Rieslings, dessen Eiche und Rauch mich an einen ehrwürdigen Chardonnay erinnerte, mit einem Hauch von Karamel und Lanolin; süßer als erwartet, mit sehr lebhaftem, frischem, fruchtigem Geschmack und guter Länge, aber knapp hinter der Ausdauer und dem Nachgeschmack eines wahrhaft großen Weines zurückbleibend.
*Auf dem Schloß, November 1984* ★★★★

RAUENTHALER BAIKEN AUSLESE STAATSWEINGUT. Warme, tiefe Farbe, fast Tawny; perfektes *Crème-brûlée*-Bukett, ausgesprochen Sauternes-artig; süßer, vollmundiger Geschmack, frischer, rosinenartiger Stil, Zustand und Säure perfekt, großartig.
*Bei Peter Ziegler auf Burg Windeck, Mai 1983* ★★★★★

WACHENHEIMER GOLDBÄCHEL-GERÜMPEL ALLERFEINSTE GOLDBEEREN-TBA J.L. WOLF ERBEN. Sehr dunkles, aber schönes Tawny mit bernsteingrünem Rand; prachtvolle konzentrierte Essenz von Honig und Rosinen; recht süß, sehr reich, sehr konzentriert und mit intensivem Extrakt und Geschmack. Spur von Dörrpflaume. Fabelhafte Länge.

*Bei Rodenstocks jährlicher Degustation auf Ch. d'Yquem, September 1986* ★★★★★★

## WACHENHEIMER MANDELGARTEN NATUR

WINZERVEREIN DÜRKHEIM. Importiert von Kjaer und Sommerfeldt, Kopenhagen. Extrem gute Füllhöhe. Guter, ungestempelter Korken. Halbdunkles Bernsteingold; reiches honigartiges Bukett, Aprikosen und Lanolin, keine Fehler; halbtrocken, dennoch reicher, weicher, honigartiger Flaschenaltergeschmack. Guter trockener Abgang. Typisch für die sorgfältig bereiteten naturreinen Weine der guten 30er Jahrgänge.
*Aus den Weinkellern von Schloß Aalholm, August 1989* ★★★★

## 1943 ★★

*Wie in Frankreich der beste Kriegsjahrgang.*

## SCHLOSS JOHANNISBERG BEERENAUSLESE, FASS NR. 92

Sehr gute Farbe, lebhaftes Gold; schönes zartes Bukett, das herrlich aufblühte: verströmte fast die Würzigkeit eines Gewürztraminers, ziemlich nachhaltig, und hatte selbst nach zwei Stunden noch einen himmlischen Duft wie Rosenpastillen und Litschis; halbsüß, gut, aber etwas einbahnig, hat sich gut gehalten, aber zu wenig Fett – dünnt regelrecht aus, etwas mager, schmeckte nach Gewürz und Farnen.
*Bei der Degustation Schloß/Yquem, November 1984* ★★★★

## SCHLOSS JOHANNISBERG GOLDLACK BEERENAUSLESE

900 Liter erzeugt. 1973 neu verkorkt. Schönes reiches Gold; delikates Blumenbukett, aromatischer reifer Riesling. Halbsüß, reich und doch delikat angehaucht – Alkohol nur 5,5 %. Trinkt sich leicht, gute Säure, aber eine Spur Erdigkeit, sogar Fäule.
*Zum Mittagessen bei Eigensatz in Wiesbaden, Juni 1987* ★★★★

## STEINBERGER KABINETT NATURREIN

STAATSWEINGUT. Sehr helles Goldgelb; harmonisch, weich, sauber, erinnerte mich ein bißchen an einen Chenin Blanc mit fruchtigem Einschlag. Trocken, ziemlich fester gesunder Kern, milde Frucht, gute Struktur, aber es fehlte an Länge und Pfiff.
*Von Hugh Johnson zu einem Mittagessen mit Maynard Amerine in unserem Haus bei Bath mitgebracht, Mai 1984* ★★★

## STEINBERGER

Halbe Flasche. Reines helles Goldgelb; eigentümliches, leichtes, delikates Bukett; völlig ausgetrocknet, aber erfrischend und makellos.
*Eine der sechs alten TBA, die Ziegler bei seiner großartigen Degustation auf Burg Windeck in Baden kredenzte, Mai 1983* ★★★

## WEHLENER SONNENUHR FEINSTE AUSLESE

J.J. PRÜM. Pures Gold, mit Orange überhaucht; würzig, honigartig, ruhig; recht trockener, guter, aber ungewöhnlicher Geschmack, vollkommen ausgebaut, aber ein bißchen kurz – stumpf, wie die roten Bordeaux-Weine von 1943.
*Auf Burg Windeck, Mai 1983* ★★★★

## 1945 ★★★★★

*Ein großer, aber kläglich ertragsarmer Jahrgang dank eines heißen, trockenen Sommers und des Mangels an Arbeitskräften in den Weinbergen. Wenige exportiert, wenige gesehen. Ich habe im Laufe des letzten halben Jahrhunderts nur sieben verkostet, seit 1980 nur einen.*

## SCHLOSS JOHANNISBERG AUSLESE, FASS NR. 62

Leicht dumpfes Bernsteingelb, eher schwacher Rand; Nase zunächst zurückhaltend, teigig, ohne Fruchtunterstützung, dann puderig, reich, doch ein Hauch von Verfall. Erinnerte mich nach einer Stunde an weiße Schokolade, nach zwei Stunden apfelartig, wie Tokajer, schließlich nach drei Stunden leicht, honigartig und sehr nachhaltig. Überraschend süß am Gaumen, ein alter rauchiger Geschmack, lebhafter, trockener Abgang mit reichlich Säure.
*Auf dem Schloß, November 1984* ★★★

## 1947 ★★★★

*Ein sehr heißes Jahr mit der Hälfte der normalen Regenmenge. Sehr reiche, weiche Weine von hoher Qualität.*

## SCHLOSS JOHANNISBERG TBA, FASS NR. 163

155° Öchsle. Sehr helles Bernsteingold; tiefes, honigartiges Bukett mit einem Hauch von Würze, Duftentwicklung, nach einer Stunde zurückhaltende Vollendung, dann Geruch ähnlich einem zitronigen *Eau de Cologne*. Wunderbar nachhaltig am Gaumen, trocknet aus, jetzt halbsüß, aber mit hervorragendem Geschmack und Gleichgewicht, einer markanten Note und hoher mundwässernder Säure. Zuletzt ein wunderbarer Karamelnachgeschmack.
*Auf dem Schloß, November 1984* ★★★★★

## SCHLOSS VOLLRADS TBA

Tiefe Bernsteinfarbe mit apfelgrünem Rand; kraftvolles Bukett von großer Tiefe, angesengte Rosinen und Honig; süß, voll im Geschmack, hoch im Extrakt, doch delikat. Länge und Nachgeschmack prächtig.
*Mit Graf Matuschka und anderen Mitgliedern der Weingütergruppe «Vintners Pride» auf Vollrads, September 1988* ★★★★★

## 1949 *****

*Ein herrlicher Jahrgang. Perfekt ausgewogene Weine. Bis 1949 hatten sich die Weinberge erholt und der Handel ebenso. Ein sehr populärer Jahrgang – viele meiner Aufzeichnungen beginnen 1954. Die meisten zwischen Mitte der 50er bis Anfang der 60er Jahre entstandenen Notizen sind nicht mehr von Belang, wenn auch zehn der besten, die zwischen 1961 und 1973 bewertet wurden, mit in die erste Auflage kamen. Es ist recht eigenartig, daß die einzigen seit 1980 verkosteten 49er alle von der Mosel stammten.*

LEIWENER LAURENTIUSLAY FEINE AUSLESE (Winzer nicht bekannt). Sehr helles Goldgelb; reifes, traubiges, lanolinartiges Bukett; leicht süß, Geschmack und Säure vorzüglich.
*Vorverkaufsdegustation, Februar 1984* ***

TRIERER KREUZBERG NATURREIN, FASS NR. 41 LANDESWEINBAUANSTALT. Farbe wie Apfelsaft; Duft nach Bratäpfeln und Sultaninen; trocken, aber reich. Geschmack ein bißchen dumpf. Gute Säure.
*Vorverkaufsdegustation, Februar 1984* **

WEHLENER SONNENUHR RIESLING AUSLESE J.J. PRÜM. Reines Gold; schönes, honigartiges, florales Bukett; ebenso im Geschmack; vollkommene Harmonie. Mittelsüß.
*Juni 1992* ****

WEHLENER ZELTINGER SONNUHR (sic) TBA J.J. PRÜM. Goldgelb; Geruch nach ambrosischem Zitronenbrotaufstrich, leicht spitzig, Hauch von Limone und Vanille; sehr süß, ungeheuer reich, fett, mit köstlichem Geschmack nach Zitrone und Honig.
*Auf Burg Windeck, Mai 1983* *****

## 1950 **

*In der Einzelhandelspreisliste vom Herbst 1954 stellte Harvey's den 1950er auf eine Stufe mit dem 1947er, als man schrieb, beide «erwiesen sich als hervorragende Jahrgänge». Trotz dieser vorschnellen Feststellung war das aufgeführte Angebot vergleichsweise bescheiden, und die meisten verschwanden Mitte der 50er Jahre spurlos. Dennoch kostete zu der Zeit eine originalabgefüllte Schloß Johannisberg Spätlese mehr als jeder rote Premier-Cru-Bordeaux von 1950 und eine Auslese aus Deidesheim mehr als doppelt soviel. Wenige probiert seit Ende der 50er Jahre und nur einen seit Anfang der 80er.*

WEHLENER NONNENBERG NATUR S.A. PRÜM. Goldgelb, Stich ins Grüne; saubere, hübsche Frucht, honigartiges Flaschenalter, einige Tiefe; betont trocken, schlank, spröde, ein bißchen scharf. Der älteste Jahrgang, mit dem Raimond Prüm jr. aufwartete, um die Verschiedenartigkeit der Weine darzustellen, die auf den 12,5 ha ihrer Weinberge an der Mittelmosel erzeugt wird.
*In Wehlen, September 1988* *

## 1951

*Schlechte dünne Weine. Wenige, wenn überhaupt, exportiert. Bei Harvey's Mitte bis Ende der 50er Jahre keine verzeichnet.*

GRAACHER HUMBERG NATUR S.A. PRÜM. Graacher Humberg (jetzt Teil der Lage Himmelreich). Butterig golden; leicht erdiges, schweres honigartiges Flaschenalter; halbtrocken, relativ leicht, schmeckte älter, als er roch. «Natur» bedeutet ungezuckert. Wie sie das ohne Chaptalisierung schafften, weiß ich nicht, aber er ist offensichtlich – dem Geschmack nach zu urteilen – mit Schwefel haltbar gemacht worden. Trotzdem nicht schlecht.
*Bei Prüm, September 1988* **

## 1952 ***

*Ein guter Jahrgang. Harvey's führte 1954 nicht weniger als 18 auf, über die Hälfte davon in Bristol abgefüllt. Viele verkostet, überwiegend Mitte bis Ende der 50er Jahre verkauft und ausgetrunken. In neuerer Zeit wenige.*

GRAACHER ABTSBERG NATUR S.A. PRÜM. Ein unfaires Beispiel, denn der Korken war schlecht, der Wein leicht trüb, ein Geruch wie Frischkäse, dann Kuhfutter. Trocken. Unsauber.
*September 1988.*

HATTENHEIMER STABEL SPÄTLESE SCHLOSS RHEINHARTSHAUSEN. Gute Füllhöhe. Pures Gold; zunächst schal, dann Bienenwaben, nach 1½ Stunden schön, sahnig; recht strenge 52er Rheingauer Art, guter Körper, wächsern, sauberer, trockener Abgang.
*März 1991* ***

## 1953 *****

*Weine von großem Charme und Reiz, zu Recht beliebt, als sie auf den Markt kamen. Zu der Zeit war es üblich, daß ein Jahrgang im Frühling des zweiten Jahres nach der Ernte erstmals auf die Einzelhandelsliste gesetzt wurde. Ich verkostete damals Massen und viele seither. Eine Warnung: Die Qualität der von den Deutschen in den 50er Jahren benutzten Korken war unterschiedlich, häufig schlecht; andererseits ging man davon aus, daß die Weine überwiegend jung getrunken und* nicht zehn oder zwanzig Jahre eingekellert würden. Mit dieser Einschränkung sind die besten heute immer noch herrlich zu trinken.

### ASSMANNSHÄUSER HÖLLENBERG SPÄTBURGUNDER ROTWEIN KABINETT STAATSWEINGUT ELTVILLE.
Aus der Spätburgundertraube (Pinot Noir) in dem wichtigsten Rotweinbereich am Rhein nördlich von Bingen gemacht. Tawny, kein Rot mehr zu sehen; sehr ausgeprägtes, aufregendes Bukett, weich und doch pikant, himbeerartige Frucht in Geruch und Endgeschmack. Geschmack wie alter Cognac. Eigentümlich harter, trockener Abgang.
*Bei Zieglers spektakulärem Weinessen auf Burg Windeck, Mai 1983* ★★

### BERNKASTELER DOCTOR UND GRABEN HOCHFEINE AUSLESE THANISCH.
Blaß für sein Alter; bemerkenswerte frische Pfirsichnase, etwas Schwefeldioxid; halbsüß, weich und reif, doch mit hartem, erdigem Abgang wie ein Graves.
*Auf Burg Windeck, Mai 1983* ★★★

### BURG WINDECKER SPÄTBURGUNDER AUSLESE WEINBAUSCHULE WEINSBERG.
Blaß und hübsch; völlig andere, leichte, uneinheitliche Frucht, von mir dem Assmannshauser vorgezogen; trocken, gut, wenn auch dünn, schöne Säure.
*Auf Burg Windeck, Mai 1983* ★★

### EITELSBACHER KARTHÄUSERHOFBERGER BURGBERG FEINSTE AUSLESE
Frisches, pfirsichartiges Bukett; halbtrocken, leicht im Gewicht, doch voll im Geschmack. Recht kurz, stumpfer Endgeschmack.
*Auf Burg Windeck, Mai 1983* ★★★

### EITELSBACHER MARIENHOLZ KABINETT BISCHÖFLICHES KONVIKT.
Schönes helles Gelb; genauso schönes honigartiges Flaschenalterbukett, Pfirsich und Ananas; trocken, guter Geschmack, aber es fehlte an Länge.
*Mit Simon Smallwood in Bath, Mai 1984* ★★★

### GRAACHER DOMPROBST FEINE AUSLESE MEYER-HÖRNE.
Orangegolden; Nase wie Pfirsiche und Sahne; halbtrocken, relativ leicht, vorzüglich.
*Auf Christie's Vorverkaufsdegustation in Chicago, Februar 1984* ★★★★

### HOCHHEIMER STEINERN KREUZ NATURREIN DOMDECHANT WERNER.
Viele Bewertungen zwischen 1978 und 1982. Korken unterschiedlich, manche hart. Füllhöhe meistens gut. Alle ein relativ blasses Goldgelb; Nase unterschiedlich, von alten Äpfeln bis würzig und pfirsichartig; trocken, relativ leicht, einige lebhafter als andere, aber attraktiv.
*Zuletzt im August 1982 verkostet* ★★ *bis* ★★★

### KANZEMER BERG FEINE AUSLESE VON OTHEGRAVEN.
Nase hart und schweflig; relativ trocken, delikat, bringt es fertig, flach und säurebetont zugleich zu sein.
*Mai 1983* ★

### MAXIMIN GRÜNHÄUSER HERRENBERG BEERENAUSLESE VON SCHUBERT.
Goldgelb; Hauch von Vanille, himmlisch reife Pfirsiche; halbsüß, voller, ja eindringlicher Geschmack. Kraftvoll, noch Jahre zu leben, auch wenn er am Austrocknen ist.
*Auf Burg Windeck, Mai 1983* ★★★★

### RAUENTHALER PFAFFENBERG TBA STAATSWEINGÜTER ELTVILLE.
Wunderbar reiches, ausgedehntes, blasses Orange-Tawny; sahniges Bukett, perfekt; süß, reich, fett, Länge, Gleichgewicht und Geschmack fabelhaft. Eine der drei TBA aus Rauenthal bei Peter Zieglers Clubtreffen. Ebenbürtig dem 37er Baiken, wenn auch ohne dessen Intensität.
*Auf Burg Windeck, Mai 1983* ★★★★★

### WEHLENER SONNENUHR BEERENAUSLESE J.J. PRÜM.
Von Manfred Prüm zu Peter Zieglers Degustation mitgebracht. Gelb; fabelhaftes Bukett, wie ambrosische Zitronencreme; entsprechender Geschmack. Recht süß, füllig, butterige Struktur. Köstlich.
*Auf Burg Windeck, Mai 1983* ★★★★★

### WEHLEN-ZELTINGER SONNENUHR FEINSTE AUSLESE J.J. PRÜM.
Gelb; weiches, reifes, honigartiges Bukett, das sich wunderschön öffnete; halbsüßer, leichter Stil, bezaubernd, delikate, passende Säure, attraktiver Geschmack.
*Auf Burg Windeck, Mai 1983* ★★★★

## 1954

*Verheerendes Wetter. Nur einen jemals probiert, 1955 zu Neujahr. Von Alterung natürlich keine Rede.*

## 1955 ★★

*Ein mäßig guter Jahrgang, der um den Herbst 1957 einen bescheidenen Platz in den Einzelhandelsweinlisten erhielt. Alle zu raschem Genuß verkauft, und seit Ende der 50er Jahre keinen mehr probiert.*

## 1956

Noch schlimmer als 1954. Frostschäden, elend naßkalter Sommer – mein erster Deutschlandbesuch im Juni: alle Tage kalt und regnerisch – Fäule durch Feuchtigkeit, Weinberge größtenteils verlassen. Keinen verkostet.

## 1957 **

Mäßige Qualität. Schwere Frostschäden Anfang Mai, Sommermitte warm und sonnig, den ganzen August und September fast ständig Regen. Einige wurden 1959 als Ersatz für die 55er gekauft und in den frühen 60ern weitgehend ausgetrunken. Die meisten meiner Aufzeichnungen sind zwischen 1958 und 1967 entstanden.

WEHLENER SONNENUHR RIESLING NATUR S.A. PRÜM. Wachsgelb; reich, honigartig, traubig; trocken, aber honigartiges Flaschenalter. Eher vierschrötig.
*Juni 1992* **

GRAACHER DOMPROBST NATUR S.A. PRÜM. Goldgelb; Minzeblatt und honigartiges Flaschenalter, unverwoben, aber interessant; relativ trocken, sauber, ansprechend, aber es fehlte etwas an Säure und mit einem Anflug von Bitterkeit.
*Bei Prüm in Wehlen, September 1988* *

## 1958 **

Mittelmäßig, aber ertragreich. Nach einem wackligen Anfang ein schöner August und ein verheißungsvoller September. Regen während einer ungewöhnlich langgezogenen Ernte machte die Beeren prall, aber verwässerte die Qualität. Hätte der Handel nach der später aufgekommenen Sitte die Weine gleich im Frühling nach dem Erntejahr gekauft – und sogar angeboten -, wäre mehr importiert worden. Zum Glück vergewisserte man sich über die Qualität des Jahrgangs 1959, bevor größere Ankäufe getätigt waren. Wenige 58er probiert.

GRAACHER HIMMELREICH NATUR S.A. PRÜM. Goldgelb; weich, sahnig, milchsauer, am Schluß ein kühler Duft; ziemlich trocken, immer noch einigermaßen frisch und ansprechend. Der Geschmack erinnerte mich an Vaseline und Vanille. Fester, trockener Abgang.
*Bei Prüm, September 1988* **

## 1959 *****

Zum Abschluß eines gemischten und größtenteils enttäuschenden Jahrzehnts ein großartiger Jahrgang, obwohl der übermäßig heiße Sommer für die Weinbereitung ungewöhnliche, beispiellose Bedingungen schuf. Jedoch aus sonnengesättigtem Traubensaft mit einem außerordentlich hohen Zuckergehalt wurden prachtvolle Weine erzeugt, die eine Rekordzahl von Beeren- und Trockenbeerenauslesen im Mosel-Saar-Ruwer-Gebiet erbrachten.

Mein Lieblingsjahrgang nach 1937, mit sehr viel mehr Beurteilungen als von jenem. Die Spitzenweine sind nach wie vor köstlich und werden es auch noch auf viele Jahre hinaus bleiben.

AFFENTALER SPÄTBURGUNDER-ROTWEIN AUSLESE WINZER EISENTHAL. Aus Baden. Relativ blaß, ein hübsches rötliches Leuchten; süß, angesengt, das Bukett erinnerte mich an Pudding und Fruchtkonfekt; am Gaumen süß, gehaltvoller, angekohlter Geschmack, rauchiger Pinot-Nachgeschmack.
*Auf Burg Windeck, Mai 1983* ***

BERNKASTELER DOCTOR FEINE AUSLESE DR. H. THANISCH. Blaß für das Alter; eigenartig, minzig, Kerosin; am Austrocknen, erdig, enttäuschend.
*Juni 1992* *

BRAUNEBERGER JUFFER FEINSTE SPÄTLESE LICHTWEILER PRÜM. Fett, reiche Ernte, Flaschennase; halbsüß, relativ voll, mollig, sehr reizvoll, es fehlt etwas an Säure.
*September 1981* ****

BRÜSSELE LEMBERGER AUSLESE GRAF ADELMANN. Ansprechende Farbe, schwacher Rand; sehr süße, fast überwältigende Nase, wie Erdbeermarmelade, verschwitzt; trocken, relativ voll, fest. Im Geschmack neutraler. Aus der Lemberger Traube in Würzburg bereitet.
*Noch eine Kuriosität bei Peter Zieglers Weinessen auf Burg Windeck, Mai 1983, auf seine Art* ***

ERBACHER MARCOBRUNN RIESLING AUSLESE CABINET SCHLOSS RHEINHARTSHAUSEN. Schönes Orangegold; süßes, reifes Bukett mit honigartigem Flaschenalter und Edelfäule; süß, voller Körper und prachtvoller Geschmack, reif, reich, perfekt ausgewogen.
*Auf Rodenstocks 9. jährlicher Degustation in Arlberg, September 1988* *****

ERBACHER MARCOBRUNN SPÄTLESE CABINET, FASS NR. 59/24 EBERHARD RITTER UND EDLER VON OETINGER. Sehr gute Füllhöhe. Ausgezeichneter Korken, gestempelt Kjaer & Sommerfeldt. Relativ blaß, immer noch grün – unge-

wöhnlich für einen dreißigjährigen Rheinwein eines Jahrgangs wie 1959; Nase immer noch frisch und jugendlich, Minzeblätter; trocken, mittelgewichtig, mild, Hauch von Pfirsichkernen.
*Von Schloß Aalholm in Dänemark, August 1989* ★★

RAUENTHALER BAIKEN TBA STAATSWEINGÜTER. Erstaunliche 248° Öchsle, 13° Gesamtsäure. Warmes reiches Gold; mächtiges, intensives Bukett, Geruch nach angesengten Rosinen; süß, körperreich, hoch im Extrakt, konzentriert, rosinenartig als Gegengewicht zur Säure. Großartig.
*Der beste aus einer hervorragenden Palette von Weinen, präsentiert von Peter Ziegler auf Burg Windeck, Mai 1983* ★★★★★★

DOM. SCHARZHOFBERGER HOHE DOMKIRCHE. Bei seinem Goldglanz und seiner prickelnden Säure dachte ich 1972, er würde umschlagen. 13 Jahre später, aus einem guten englischen Weinkeller: ein schönes helles Gelb; honigartiges Flaschenalter und Minze; trocken, ordentliches Gewicht, fest, sehr gute Säure für einen 59er.
*August 1985* ★★★★

SCHLOSS STAUFENBERGER SCHLOSSBERG SPÄTBURGUNDER SPÄTLESE, FASS NR. 2 MARKGRAF VON BADEN. Relativ blasses, weiches, reifes Rot; eigentümliche Nase, zunächst keine Frucht, dann himbeerartig, bezaubernd, Weiterentwicklung im Glas; betont süß, recht «scharf» und alkoholisch, dennoch leicht im Stil, mit sehr guter Säure. Zweite Flasche positiver, kraftvoller.
*Auf Burg Windeck, Mai 1983* ★★★

STEINBERGER AUSLESE STAATSWEINGÜTER. In alter, hoher, schlanker, bernsteinfarbener Flasche. Gelb; reiche Flaschenalternase, reich, rauchig, exzellent; halbsüß, relativ voll, reich, tief, rauchig, gute Säure, trockener Abgang. Großer Klassiker.
*September 1987* ★★★★★

STEINBERGER TBA STAATSWEINGÜTER. Reiche Bernsteinfarbe mit ausgeprägtem apfelgrünen Rand; fabelhaft reich, rosinenartig, wie Tokajer-Essenz; sehr süß, vollmundig, prachtvoller Gerstenzuckergeschmack, große Länge, ausgezeichnete Säure.
*Zwei Bewertungen, zuletzt in Michael's Restaurant, Santa Monica, September 1989* ★★★★★

WEHLENER SONNENUHR FEINSTE AUSLESE J.J. PRÜM. Bemerkenswert blaßgelbe Farbe für einen 59er, hat sich noch einen jugendlichen Grünschimmer bewahrt; ruhig, leicht kräuterwürzig, traubig; halbsüß, füllig, weich, perfekter Geschmack, eben genug Säure.
*Bei einem Essen, das Jim Craig von der Hollywood Wine Society veranstaltete, Februar 1985* ★★★★

WEHLENER SONNENUHR FEINSTE AUSLESE S.A. PRÜM. Eine herzerfrischend ähnliche feinste Auslese von einem anderen Prüm. Ziemlich blaßgelb; Ton zuerst mild, aber reich, pfirsichartig, dann eine Duftexplosion; halbsüß, mollig, aber nicht fett, gute Länge und Säure. In Burgund hätte ich in so einem Falle damit gerechnet, daß aus derselben Traubensorte erzeugte Weine, gewachsen auf benachbarten Teilen desselben Weinbergs, sehr verschieden ausfallen würden.
*Verkostet in Wehlen, September 1988* ★★★★

ZELTINGER SONNUHR (sic) BEERENAUSLESE J.J. PRÜM. Farbe wie altes Stroh; Vanille; halbsüßer, ansprechender, wenn auch leicht verblassender Geschmack.
*Juli 1988* ★★

## 1960 ★

*Rückkehr zu schlechtem Wetter. Mittelmäßiger Wein in rauhen Mengen, nicht unähnlich 1958. In neuerer Zeit keinen verkostet.*

## 1961 ★ bis ★★

*Kommt nicht im entferntesten an die Bordeaux-Qualität heran. Wieder ein schlechter Sommer in Deutschland, eingerahmt von einem hoffnungsvollen Frühling und einem außergewöhnlich heißen September, der das Schlimmste verhinderte. Große Qualitätsunterschiede, von ziemlich gewöhnlich bis zu Spätlesequalität; keine großen Süßweine. In letzter Zeit keine verkostet.*

## 1962 ★ bis ★★★

*Ein mäßiger Jahrgang, am bekanntesten für seinen Eiswein. Wieder ein schwieriges Weinjahr; später, kalter Frühling, ungleiche Blüte, Extreme, trocken, aber nicht heiß, Beeren unreif, und nachdem schon alle die Hoffnung aufgegeben hatten, ein plötzlicher Umschwung Anfang Oktober, so daß bis weit in den November hinein gelesen werden konnte, die letzten Trauben Anfang Dezember bei Temperaturen unter Null.*

BAUDENBERG SYLVANER AUSLESE EISWEIN WIRTH. Farbe und Bukett tiefer als beim Wöllsteiner unten; fleischiger, voller und reicher.
*September 1987* ★★★★

FORSTER MÜLWEG RIESLING AUSLESE BÜRKLIN-WOLF. Die Lage Mülweg gibt es nicht mehr. Gute Farbe für sein Alter; leicht ölige Nase; betont trocken, Pfirsichsteingeschmack, rauh.
*Auf dem Weingut, September 1980.*

WEHLENER SONNENUHR RIESLING FEINE AUSLESE S.A. PRÜM. Im November gelesen und zuerst bewertet als eine feinste Auslese, die, wie man mir sagte, ein Eiswein hätte werden sollen: zurückhaltend, mild, mollig, keineswegs süß. Zufällig sechs Jahre später auf dem Weingut eine halbe Flasche: relativ blasses Limonengold; schön, warm, harmonisch, traubig, leicht honigartig – Hauch von Kerosin; halbsüßer, schöner Geschmack, weich und doch fest, komplett, niedrig gehaltene Säure.
*Zuletzt verkostet in Wehlen, September 1988* ★★★

WÖLLSTEINER ÄFFCHEN SÄMLING AUSLESE EISWEIN WEINGUT WIRTH. Ein prämierter Wein; strohgelbes Gold; reifer, reicher Nektarinenduft, Hauch von «Petroleum», sehr süß, wenn auch leicht im Stil und ein wenig enttäuschend am Gaumen, Strohgeschmack.
*September 1987* ★★★

# 1963 ★ *bis* ★★★

*Erstaunlich, wie nach einem derartigen Witterungsverlauf noch trinkbare Weine entstehen können: der Rhein zugefroren, kalter Frühling, späte Blüte, sonniger Juli, dann die ganze Zeit Regen bis zu einem abrupt eintretenden Altweibersommer Ende Oktober. Dennoch liegt eine gewisse Anzahl guter Bewertungen vor, wenn auch wenige aus jüngerer Zeit.*

SCHLOSS VOLLRADS Blaß für sein Alter; immer noch jugendlich und traubig, ein herrlich duftender Riesling; trocken, relativ leicht, mild, unkompliziert, noch frisch, aber am Austrocknen.
*September 1988* ★★

UNGSTEINER MICHELSBERG SCHEUREBE AUSLESE KARL FUHRMANN. Gute gelbe Farbe; sehr üppig duftendes traubiges Scheureben-Aroma, wie Grapefruit mit Zucker; halbsüß, sehr schmackhaft, intensiv.
*Januar 1981* ★★★

WACHENHEIMER RECHBÄCHEL RIESLING CABINET BÜRKLIN WOLF. Sehr helles tokajerartiges Bernsteingelb; sehr duftig, bemerkenswert frisch, leicht traubig, würzig, wie eine Meeresbrise; trocken, relativ leicht, fest, frisch, aber kernig.
*Auf Burg Windeck, Mai 1983* ★★

# 1964 ★★★★

*Ein reicher, reifer Jahrgang nach einem fast zu guten Sommer, das heißeste und sonnigste Jahr aller Zeiten, mehr Sonnenstunden als 1959, wenn auch die dabei herausgekommenen Weine nicht so wuchtig gebaut sind. Dafür dieselben Pro-*

*bleme: knifflige Weinbereitung, reife Trauben, hoher Zuckergehalt und niedrige Säure.*

*Zweifellos am erfolgreichsten im nördlichen Mosel-Saar-Ruwer-Gebiet, wo die von Natur aus hohe Säure des an steilen Schieferhängen angebauten Rieslings ein Gegengewicht zu der ungewöhnlich reifen Süße bildet. Beliebt, attraktiv, der beste Jahrgang zwischen 1959 und 1971, viele immer noch köstlich.*

ALSHEIMER RHEINBLICK BEERENAUSLESE THEO LAUTH. Mandelkernartiger Geruch und Geschmack. Halbsüß. Nicht gut genug.
*Oktober 1988.*

BERNKASTELER DOCTOR AUSLESE DEINHARD. Relativ blasses Strohgelb; reife, süße Unterlage; reif, fruchtig, überraschend feste Säure für einen 64er.
*August 1981* ★★★

EITELSBACHER KARTHÄUSERHOFBERG KRONENBERG RIESLING FEINSTE AUSLESE RAUTENSTRAUCH. Eigenartiges Bukett, sehr lebhaft; halbsüß, frisch für sein Alter. Nicht genug Länge.
*Juni 1992* ★★★

ERBACHER HOHENRAIN RIESLING SPÄTLESE CABINET SCHLOSS RHEINHARTSHAUSEN. Wachsgelb; reich, honigartig, weich, traubig; halbtrockener, recht angenehmer Geschmack, aber es fehlt an Pfiff.
*September 1988* ★★

NIERSTEINER HIPPING U. OELBERG TBA H. SEIP. Ein alarmierend tiefes Bernsteingold; Muskatellerduft; sehr süß, doch fängt an auszutrocknen, köstlich fett, genügend ausgleichende Säure.
*Dezember 1987* ★★★★

NIERSTEINER HIPPING U. REHBACH TBA REINHOLD SENFTER. Mitteltiefes, helles Gelb; honigartig, an Rosinen erinnernd; halbsüß, eher auf der Stufe einer «feinen Auslese» – sehr enttäuschend.
*Oktober 1980* ★★

OPPENHEIMER SCHÜTZENHÜTTE RIESLING SPÄTLESE NIKOLAUSWEIN NATURWEIN GUNTRUM. Lockerer Korken. Wachsgelb; hart und doch honigartig; trocken, Geschmack nach altem Stroh, gute Länge. Etwas enttäuschender Zustand.
*Oktober 1988* ★★

DOM. SCHARZHOFBERGER RIESLING, FASS NR. 7 HOHE DOMKIRCHE. Gut, reich, gelb; butterig, duftig, harmonisch; trocken, schöner Geschmack, exzellente Säure.
*Juli 1983* ★★★★

**WEHLENER SONNENUHR FEINE AUSLESE**
S.A. PRÜM. Sehr ausgeprägtes Gold mit Stich ins Limonengelbe; schönes honigartiges Flaschenalter, Edelfäule, pfirsichartig, Entwicklung zu Heidekraut und Bienenwaben; halbsüß, schöner milder, traubiger und leicht rauchiger Geschmack, mit sehr gutem sauberen, trockenen Abgang.
*September 1983* ★★★★

**WEHLENER SONNENUHR SPÄTLESE** J.J. PRÜM. Immer noch bemerkenswert blaß und grünschimmernd; sehr zarte Frucht; trocken, relativ leicht, mild, ein bißchen verblaßt, aber gut ausgewogen.
*Ein sonniges Sonntagsessen auf dem Lande, Gäste Herbert (Screwpull) Allen und Ted Hale, Juni 1983* ★★★

# 1965

*Abermals schlechte Zeiten. Rivale von 1956 als einer der schlechtesten Jahrgänge dieses Jahrhunderts. Wachstum ungleichmäßig und verzögert, naßkalter Sommer. Ernte aufgeschoben bis November, Behang dann größtenteils an den Stöcken gelassen. Ein paar ganz trinkbare Weine verkostet zwischen 1966 und 1974, seitdem keine mehr.*

# 1966 ★★★

*Gut, aber völlig anders im Stil als der 64er: blasser, fester, stahliger, gute stützende Säure. Relativ kleine Ernte, spät eingebracht wegen Kälte und Regen am Ende einer ansonsten wohl ausgewogenen Wachstumssaison. Wenige süße Dessertweine bereitet bis auf ein gewisses Quantum Eiswein aus sehr spät gelesenen Beeren.*

*An Bewertungen aus den späten 60er und frühen 70er Jahren fällt die Gleichmäßigkeit der Qualität auf: Weine von Stil. Wenige in neuerer Zeit verkostet; was folgt, ist ein kontrastreicher Querschnitt.*

**BERMATINGER LEOPOLDSBERG RIESLING X SYLVANER NATURREIN** MARKGRAF VON BADEN. Positives Gelb; schöne, wächserne, traubige Nase, honigartiges Flaschenalter, leicht rauchig; halbtrocken, eher dumpf und flach. Eine Kuriosität. Badener Weine können sehr gut und preisgünstig sein, aber dieser hatte nicht den natürlichen Schwung, um nach 22 Jahren noch mehr als von schwachem Interesse zu sein, wenn auch ohne weiteres trinkbar.
*Juli 1988* ★★

**ERDENER PRÄLAT RIESLING FEINSTE AUSLESE** DR. LOOSEN. 90 bis 94° Öchsle, aus 100% ungepfropftem Riesling, gepflanzt in rote Sandsteinerde. Weine in 1000-Liter-Fudern gereift. Relativ blasses Gelb; ziemlich kernige, leicht malzige Nase; trocken, mittelvoll in Gewicht und Geschmack. Endgeschmack wie Farnkraut.
*Der älteste Jahrgang einer breiten Palette Loosenscher Weine, vorgestellt von Stuart Piggot, September 1988* ★★

**HATTENHEIMER HINTERHAUS RIESLING BEERENAUSLESE** HATTENHEIMER WINZERVEREIN. Sehr gute Farbe für sein Alter, Stich ins Zitronengelbe; gute saubere, ansprechende Frucht; süß, frisch, unspektakulär, sauber.
*März 1980* ★★★

**RÜDESHEIMER BISCHOFSBERG RIESLING CABINET** VON RITTER. Gute blasse Farbe; Nase nach Grapefruit und Ananas; halbtrocken, delikat und köstlich.
*Vorverkaufsdegustation, Oktober 1984* ★★★

**WÜRZBURGER NEUBERG SILVANER** WEINGUT BÜRGERSPITAL. Butterblumengelb; Duft nach Pfirsichen und Rosenpastillen; trocken, relativ leicht, bitterer Ton nach Pfirsichkernen, verliert langsam an Griff.
*August 1986* ★★

# 1967 ★ *bis* ★★★★★

*Ziemlich gewöhnlich, im unteren Qualitätsbereich, aber einige exzellente, spät gelesene Süßweine aus Trauben mit Edelfäulebefall (Botrytis) wegen der extrem unbeständigen Witterung: sehr wechselhafter Frühling, verzögerter Austrieb, schöner Sommer, aber Vereitelung der großen Hoffnungen durch starke Regenfälle im September, die viele Weinberge auswuschen. Die großen Weingüter, die bis zum spätherbstlichen Sonnenschein ausharrten, erzeugten hervorragende TBA.*

*Kaum Notiz von den 67ern nahm der englische Handel, der offenbar, abgesehen von Spezialisten für deutschen Wein, psychologisch von dem beeinflußt wird, was in den französischen Anbaugebieten passiert, und 1967 war in Bordeaux nicht sonderlich bemerkenswert. Ich habe viele deutsche 67er Weine 1969 vor und während einer Rundfahrt probiert, in erster Linie auf einer gut bestückten Weinauktion in jenem Frühjahr, die mir wirklich die Augen für die Qualität der Spitzenweine dieses Jahrgangs öffnete. Vergessen Sie die kleinen Weine, aber halten Sie Ausschau nach den großen Kalibern: Sie sind stark unterschätzt. Die folgenden verkostet seit Anfang der 80er Jahre.*

**CASTELLER HOHNART SILVANER NATUR** FÜRST CASTELL. Relativ blaß; breite Milch-und-Honig-Nase; trocken, kraftvoll, eigenartig, ungewöhnlicher, aber reizvoller Frankenwein.

*Verkostet mit anderen Weinen der Gruppe «Pride of Germany» auf Schloß Vollrads, September 1988*
\*\*\*

### DEIDESHEIMER LEINHÖHLE RIESLING TBA

VON BUHL. Erstmals probiert 1973, damals ein mittelblasses Zitronengold mit einer reichen, doch delikaten und traubigen Pfälzer Nase; sehr süß, reich. Mehrere Beurteilungen seitdem: jetzt ein reiches Bernsteingold; Bukett inzwischen reicher, schwerer, wie Sahnebonbons, mit der Frucht angesengter Rosinen, große Tiefe; noch immer sehr süß, voll, fett, mit hoher flüchtiger Säure und Karamelnachgeschmack.
*Zuletzt verkostet September 1988* \*\*\*\*\* *Prachtvoll, aber muß getrunken werden.*

### FORSTER KIRCHENSTÜCK RIESLING TBA

BÜRKLIN-WOLF. Eigenartig, daß ich den von von Buhl zweimal Mitte der 70er und den von Bürklin-Wolf zweimal Anfang der 80er Jahre probierte. Die letzteren beiden waren tiefer in der Farbe und rosinenartiger in der Nase: sehr tiefe, warme Bernsteinfarbe mit einem Anflug von Orange und grünem Bernsteinrand, nicht unähnlich einem 21er oder 29er Yquem; Bukett und Geschmack fabelhaft reich. Süß, konzentriert, fett, Karamelgeschmack, schön in Säure und Nachgeschmack.
*Zuletzt verkostet Januar 1981* \*\*\*\*\* *Müßte immer noch hervorragend sein.*

### FORSTER PECHSTEIN RIESLING AUSLESE

BÜRKLIN-WOLF. Schönes Bernsteingold; herrliches Bukett: überreife Beeren, Edelfäule und honigartiges Flaschenalter; halbsüß, reich, in Geschmack, Länge, Säure und Endgeschmack vorzüglich.
*Oktober 1982* \*\*\*\*

### JOHANNISBERGER ERNTEBRINGER RIESLING CABINET

DEINHARD. Ziemlich tiefes Goldgelb; Alter und Säure etwas überwiegend, aber mit tiefer, reicher, traubiger Unterstützung; trockene, gute Mitte, honigartig. Sehr trockener Abgang mit etwas zuviel Säure.
*April 1982* \*\*

### OPPENHEIMER SACKTRÄGER RIESLING U. SILVANER BEERENAUSLESE

JACOB GERHART. Helles Gelb, Orangeschimmer; reiche, leicht traubige Nase; süß, recht voll, reich; fett, fast eine TBA.
*Juni 1984* \*\*\*\*

### RAUENTHAL HERBERG AUSLESE CABINET

VON SIMMERN. Herrliches, relativ blasses Goldgelb; schönes reifes, honigartiges Bukett, mit Rauenthaler Fülle; ziemlich süß, fett, aber nicht schwer, hervorragend ausgewogen: komplette Frucht und Säure.
*Auf der Vorverkaufsdegustation im März 1980* \*\*\*\*\* *Müßte immer noch köstlich sein.*

### SCHLOSS JOHANNISBERGER RIESLING TBA

Er wurde zum Auftakt des unvergeßlichen Johannisberg-Yquem-Marathons im November 1984 auf dem Schloß zusammen mit dem Ch. d'Yquem 1967 serviert. Beide Weine waren superb. Jeder sehr besonders in seiner ganz eigenen Art. Sobald ich aus den zwei vor mir stehenden Gläsern gekostet hatte, war mir klar, daß es keinen Wettstreit geben würde, eher einen Stilvergleich. Im Herbst darauf ganz zufällig noch einmal zusammen mit dem Yquem getrunken. Da die Bewertungen der TBA beidesmal ähnlich waren, fasse ich sie zusammen: mitteltiefes, lebhaftes Bernsteingold mit einer Idee Orange; prachtvolles Bukett, fein, Orangeblüten und Entwicklung einer reichen, lebhaften Sultaninentraubigkeit im Glas, intensive Würze, Zimt, Tee; süß und reich, doch delikat, fabelhafte Säure, Hauch von Karamel, duftiger Abgang.
*Zuletzt bewertet bei Rodenstocks jährlicher Degustation seltener Weine im Nassauer Hof, Wiesbaden, Oktober 1985* \*\*\*\*\*

### WACHENHEIMER RECHBÄCHEL RIESLING TBA

BÜRKLIN-WOLF. Trauben gelesen am 12. November, 184° Öchsle, Säure 9,3 g/l. Drei Erfahrungen mit diesem außergewöhnlichen Wein, zuerst bei H. Sichels «Weinprobe des Jahrhunderts» im Jahre 1975; glorios, aber fast zu fett. Kürzlich bei Sichels Wiederholung der gleichen Probe: Tawny-gold; Süße und Konzentration von braunem Sirup.
*Zuletzt verkostet September 1992* \*\*\*\*\*

### WEHLENER SONNENUHR FEINSTE AUSLESE

S. A. PRÜM. Mein Gastgeber erzählte mir, daß trotz 50 bis 60% Fäule in seinen Weinbergen die spät gelesenen Beeren hervorragend gewesen seien. Mir fielen viele Weinsäurekristalle am Grund der Flasche auf, natürlich völlig harmlos. Mittelgelb; zunächst zurückhaltend, Unterlage aus Wachs und grüner Unreife, die mich an Sauvignon Blanc erinnerte; halbsüß, Geschmack und Säure lebhaft, wie Stachelbeeren.
*Bei Prüm, September 1988.*

## 1968

*Ein schlechtes Jahr in praktisch allen europäischen Weinbaugebieten, und zwar wegen jener Witterung (naßkalt, Fäule – Schwarzfäule, keine «edle»), die dem Winzer das Leben gründlich vergällen kann. Größtenteils dünne, rohe, kurzlebige Weine niedriger Qualität. Ein oder zwei trinkbare Weine in den frühen 70er Jahren, seitdem keine mehr probiert.*

# 1969 *Im besten Fall* ★★★

*Halbwegs gute, feste, säurereiche Weine. Eine gute Vegetationszeit verdorben durch zuwenig Regen, dann verschwand in der entscheidenden Reifeperiode die Sonne drei Wochen lang im dichten Nebel. Die Pfalz und Rheinhessen litten am meisten, vor allem bei ihren früh reifenden Sorten, doch den Weingütern im Rheingau und an der Mosel mit ihrem klassischen, spätreifenden Riesling gereichte die Sonne Ende Oktober, Anfang November zum Nutzen.*

*Als die 71er kamen, waren die 69er größtenteils vergessen. Viele verkostet, als sie noch jung waren, etliche machten Mitte bis Ende der 70er Jahre einen guten Eindruck. Die besten können immer noch sehr angenehm zu trinken sein.*

BERNKASTELER DOCTOR DEINHARD. Zart, mehlig, Flaschenalterbukett, Spur von Mandelkernen in Geruch und Endgeschmack. Trocken, relativ leicht, lebhafte Säure, kurz.
*Bei einem Vergleich der Weine von Deinhard und von Buhl für die Zeitschrift Decanter, vor einer Werbeauktion bei Christie's, August 1981* ★★

ERBACHER RHEINHELL RIESLING CABINET SCHLOSS RHEINHARTSHAUSEN. Relativ blaß, leichter Stich ins Grüne; lebhaftes «grünes» Traubenaroma, Anflug von Kerosin, entsprechend am Gaumen. Trocken, flach, wächsern, kernartig.
*September 1988* ★

ERDENER PRÄLAT RIESLING HOCHFEINE AUSLESE DR. LOOSEN. Natürlicher Zuckergehalt der Trauben 100 bis 105° Öchsle, dicht an der Beerenauslese, daher der Zusatz «hochfein». Heute geben 83 bis 110° dem Winzer das Recht auf die Bezeichnung Auslese. Gerade die Abschaffung dieser feinen Unterscheidungen und die Änderung der Weinberggrenzen und -namen durch das deutsche Weingesetz von 1971 haben wesentlich dazu beigetragen, das Image und das Ansehen deutscher Weine zu verwischen und zu schädigen, indem sie die großen Weingüter im Interesse einer falsch verstandenen «Chancengleichheit» für alle, auch für die unwissende Allgemeinheit, benachteiligten. Aber zurück zum Wein: eine ansprechende gelbe Farbe; honigartiges Flaschenalter und reife Trauben; halbsüß, ziemlich körperreich für einen Moselwein, fett sogar, aber mit sehr guter Säure. Ein Hauch von Farnkraut im Endgeschmack.
*Bei der Loosen-Degustation, September 1988* ★★★

ERDENER TREPPCHEN RIESLING FEINSTE AUSLESE MÖNCHHOF. Goldgelb; reich, reif, kerosinartige Traubigkeit; halbsüß, voll, reich, cremige Frucht, Honig. Trockener Abgang.
*Juni 1992* ★★★★★

GRAACHER HIMMELREICH RIESLING HOCHFEINE AUSLESE NATUR VON SCHORLEMER. Gelb; gute süße Nase; halbsüß, schöne Frucht, gefällige Säure.
*Juli 1983* ★★★★

OBEREMMELER HÜTTE RIESLING FEINSTE AUSLESE VON HÖVEL. Gelb; pfirsichartig, weiches süßes Bukett; süßer Ersteindruck, fester trockener Abgang. Honigartig.
*Juni 1992* ★★★★

WACHENHEIMER MANDELGARTEN SCHEUREBE BEERENAUSLESE BÜRKLIN-WOLF. Golden; himmlisch, honigartig, hochgetönt, mit einem Hauch des Scheurebe-typischen traubigen «Katergeruchs»; süß, reich, das Fett heruntergespielt von der hohen Säure (12°).
*September 1980* ★★★★

WEHLENER ABTEI HOCHFEINE AUSLESE NATURREIN KLOSTERHOFGUT WEHLEN. Helles Zitronengold; tief, reich, leicht ölig; halbsüß, ziemlich reich, etwas Fett, Hauch von Mandelkernen, möglicherweise alter Schwefel, aber ein sauberer Abgang mit guter Säure. Müßte ein erfreuliches Sommergetränk abgeben.
*März 1987* ★★

WEHLENER ABTEI RIESLING HOCHFEINE AUSLESE NATURREIN MICHEL SCHNEIDER, ZELL. Interessanter Vergleich. Zuerst verkostet einen Monat nach jenem vom Klosterhofgut, und dann noch einmal zwei Jahre später. Relativ blasses, aber leuchtendes Butterblumengelb, vielleicht ein bißchen goldener durch zusätzliches Flaschenalter; wächsern, honigartig, Edelfäule und Flaschenalter mit einem Hauch von Pfirsichkernen – erinnerte mich an bestimmte Jahrgänge von Ch. Climens; ziemlich süß, reich, etwas Fett, gute Säure.
*Zuletzt verkostet Oktober 1989* ★★★

# 1970 ★★

*Eindeutig nicht vergleichbar mit den besten französischen Gebieten. Recht schwerfällige Weine wegen der späten Blüte, einem trockenen Sommer und milden Herbst. Frühe Lesen gaben passablen Wein zum raschen Konsum. Einige Winzer nützten den spätherbstlichen Sonnenschein aus; einer oder zwei lasen sogar erst am 6. Januar 1971! Einige haben sich gehalten, aber wenige sind noch von Interesse.*

DEIDESHEIMER HOFSTÜCK RIESLING SPÄTLESE VON BUHL. Sehr gelb; butterig, leicht maderisiert; halbtrocken, reich, gute Säure. Bekam in jungen Jahren eine Silberne Medaille. Nach einem Jahrzehnt nicht mehr preiswürdig.
*Auf dem Weingut, September 1980* ★★

ERBACHER RHEINHELL RIESLING BEEREN-
AUSLESE STROHWEIN SCHLOSS RHEINHARTS-
HAUSEN. Für diesen Wein wurden die einzeln ver-
lesenen, sehr reifen Beeren auf Wellasbestdach-
platten ausgebreitet! Von den 280 erzeugten Flaschen habe ich nur zwei getrunken und, wie ich
gestehen muß, *leichte* Unterschiede festgestellt –
die an mir oder an den Flaschen gelegen haben
mögen. Die erste (Mai 1982) tief strohgolden;
wächserner Flaschenalter- und Edelfäulegeruch;
ziemlich süß, exzellent in Geschmack, Konsistenz
(Struktur), Gleichgewicht und Nachgeschmack.
Gute Entwicklung im Glas. Leicht pappige Endsäure. 18 Monate später ein pures Goldgelb; sehr
duftige, entgegenkommende Nase, die muskat-
ähnlich im Glas süßer zu werden schien; durchaus Süße und Gewicht trotz des leichten Stils.
Die ursprüngliche Säure inzwischen offenbar gut
eingebunden. Duftig. Perfekt.
*Zuletzt verkostet Oktober 1983. Bestes Urteil*
*****

FORSTER PECHSTEIN RIESLING AUSLESE
BÜRKLIN-WOLF. Der Schwefelgehalt ist niedrig
geblieben, weil die Trauben 3 ½ Stunden nach der
Lese schon im Faß waren. Ein unglaubliches Gelb;
prachtvolles, breites, butteriges, leicht pfirsichartiges, honig- und rosinartiges Bukett; halbtrocken,
mittelgewichtiger Körper. Schöner Geschmack.
*In der Weinkellerei, September 1980* ***

FORSTER UNGEHEUER RIESLING SPÄTLESE
VON BUHL. Altgoldene Farbe; süß, honigartig,
gehaltvoll – ein erztypischer fetter Pfälzer Wein;
halbtrocken, recht reich, aber ein bißchen schwerfällig und vierschrötig.
*August 1981* **

GEISENHEIMER KIRCHGRUBE RIESLING
FEINSTE AUSLESE SCHUMANN VON HORA-
DAM. Blaß für sein Alter; schön, honigartig in
Bukett und Geschmack.
*Bei einer Degustation von Christie's in Chicago,*
*Juni 1985* ***

HATTENHEIMER NUSSBRUNNEN RIESLING
SPÄTLESE BALTHASAR RESS. Recht ölige Ries-
lingnase; trocken, fest, nicht eben interessant.
*Oktober 1981* *

SCHLOSSBÖCKELHEIMER KUPFERGRUBE
RIESLING KABINETT DEINHARD. Sehr gelb,
goldüberhaucht; butterig, harmonisch, trocken,
vierschrötig, mit genug Säure zum Überleben.
*August 1986* **

TRIERER THIERGARTEN UNTERM KREUZ
AUSLESE, WEIHNACHTS-EISWEIN – EDEL-
WEIN FRITZ VON NELL. Ein bemerkenswerter
Wein aus Beeren, die am 24. und 25. Dezember gelesen wurden. Relativ blaß; Flaschenalter und Eis-
weinhonig; ziemlich süß, gute Säure. Es beschämt
mich etwas, daß meine Vorverkaufsnotiz kürzer ist
als der Name des Weines.
*Bei Christie's, Juli 1983.*

WACHENHEIMER LUGINSLAND RIESLING
KABINETT BÜRKLIN-WOLF. Zwei Bewertungen
zu verschiedenen Anlässen. Beide Male schlecht.
«Hinüber» und beißend.
*Zuletzt verkostet Oktober 1981.*

## 1971 *****

*Ein großartiger Jahrgang. In der Art eher wie*
*der 49er und der 53er als wie der schwergewichti-*
*ge 59er und der süße, reife 64er. Frühe Blüte und*
*gut entwickelt; ein schöner Sommer mit Sonnen-*
*schein und Wärme von Anfang Juli bis in den*
*Herbst hinein, durch den ausbleibenden Regen*
*konzentrierte sich das Fruchtfleisch. Vollkommen*
*gesunde, vollreife Beeren, in idealem Zustand ge-*
*lesen. Dürfte der vollendetste Wein an der Mosel*
*und ihren Nebenflüssen sein, der beste an Saar*
*und Ruwer seit Jahrzehnten; die Frühmorgen-*
*nebel sorgten für Feuchtigkeit, nach der Sonnen-*
*trocknung konnte die Reifung weitergehen. Ins-*
*gesamt war die Qualität hoch, fast zu hoch für*
*die größeren Handelshäuser.*

*Meine Empfehlung: Die Spätlesen und minde-*
*ren Prädikatweine sollte man austrinken, dafür*
*Ausschau halten nach Auslesen von besseren*
*Weingütern, ja sogar von Winzervereinen. Alle*
*werden auf Auktionen bedauerlich unterbewer-*
*tet, obwohl sie seit Jahren schon nicht mehr auf*
*den Händlerlisten stehen. Die Beeren- und Trok-*
*kenbeerenauslesen sind nach wie vor herrlich,*
*aber seltener und teurer, allerdings nicht im Ver-*
*gleich zum Preis eines Yquem. Von den Dutzen-*
*den, die ich seit Anfang der 80er Jahre verkostet*
*habe, soll die folgende Auswahl Entwicklung,*
*Qualität und Zustand deutlich machen.*

AVELSBACHER ALTENBERG KABINETT HO-
HE DOMKIRCHE. In einem weniger guten Jahr wäre ein Wein aus dem Ruwertal bei Trier hart und
säurereich. 1971: traubig, reich, sogar eine Spur
von Öligkeit; ziemlich trocken, schmackhaft, sehr
erfreulich nach einem Jahrzehnt.
*Oktober 1981* *** *Mittlerweile wahrscheinlich*
*ausgedünnt und ausgetrocknet.*

AYLER KUPP SPÄTLESE PAUL AY. Eine Sprosse
höher auf der Qualitätsleiter deutscher Weine, von
der benachbarten Saar, die ebenfalls in die obere Mosel mündet. Prächtiges Butterblumengelb; schöne
honigartige, reiche Jahrgangsnase; halbsüß, relativ
leicht in Gewicht und Stil, traubig, mild – eben genug
Säure, weit entfernt von der Schärfe eines geringeren
Jahrgangs. Mußte getrunken werden.
*Februar 1986* ***

AYLER HERRENBERGER AUSLESE BISCHÖF-
LICHES KONVIKT. Eine Nachbarlage im selben
Bereich und eine weitere Sprosse höher auf der
Qualitätsleiter. Mehrere Bewertungen, fester und
säurehaltiger als die Spätlese. Als Zehnjähriger
immer noch recht blaß; delikat, doch mit reifem
Pfirsichbukett; halbtrocken – trockener als Ays
Spätlese: Auslesen sind reich, aber nicht unbedingt
süß. Schöner Geschmack. Lebhafter, trockener
Abgang.
*Oktober 1981* ★★★★ *Dürfte immer noch gut sein.*

BERNKASTELER[1] BADSTUBE AUSLESE DR.
PAULY-BERGWEILER. Schönes Zitronengold; wür-
ziges Bukett; mittel – weder süß noch trocken,
Geschmack und Säure vorzüglich.
*Juni 1985* ★★★★ *Wird immer noch gut sein.*

1 Die Schreibung von Bernkastel auf den Etiketten ist
  unterschiedlich.

BERNKASTELER DOCTOR SPÄTLESE DR. THA-
NISCH. Sehr blaß, mit leichtem Stich ins Grüne;
sehr duftig; halbtrocken, relativ leicht, sehr attraktiv.
*Februar 1986* ★★★

BERNKASTELER BADSTUBE BEERENAUSLESE
KARL DILLINGER. Dieselbe Großlage, aber ein anderer Winzer: die vierte Sprosse auf der Prädikats-
leiter. Jedoch eine enttäuschende halbe Flasche:
blaß; reich, aber mit einem harten, stieligen Mißton; halbsüß, kurzer, trockener Abgang.
*Oktober 1982* ★★

BERNKASTELER BRATENHÖFCHEN RIES-
LING AUSLESE DEINHARD. Ein Jahrgang wie
1971 verleiht einem Wein dieser Qualität zusätz-
liche Dimensionen. Vollständige, reife, leicht
Vanille-artige Nase; halbtrocken, große Länge.
*August 1981* ★★★★

BERNKASTELER DOCTOR AUSLESE DEIN-
HARD. Relativ blaß, hell; gute zarte Frucht; halb-
süß, Frucht, Gleichgewicht und Säure vorzüglich.
*Oktober 1981* ★★★★

BERNKASTELER DOCTOR SPÄTLESE DEIN-
HARD. (Der zweite von den drei Besitzern der berühmten Einzellage namens «Doctor». Der dritte
ist Lauerberg.) Gut entwickelte blumige Nase,
gute Fruchttiefe; halbtrocken, guter Geschmack,
ausgeprägt trockener Abgang.
*August 1981* ★★★

ELTVILLER SONNENBERG RIESLING AUSLE-
SE SCHLOSS ELTZ. Vier Beurteilungen eines klassischen Rheingauers. Buttergelb im Sommer 1980,
mit honigartiger Nase, sehr guter Frucht, perfektem Gleichgewicht. 1989 die Farbe einer Beerenauslese, tiefes, warmes Gold; reiches, honigartiges

Bukett nach Edelfäule; halbsüß, schön und lebhaft,
sehr duftiger Nachgeschmack. Vor dem Wein-
gesetz von 1971 wäre er bestimmt eine «feinste
Auslese» gewesen. Beim letztenmal einen Orange-
schimmer bemerkt; prachtvolles Bukett nach
Pfirsichen und Pfirsichhäuten; ein himmlischer
Wein, schlecht passend zu *Crème brûlée*.
*September 1992* ★★★★

ELTVILLER TAUBENBERG SPÄTLESE SCHLOSS
ELTZ. Goldgelb; traubig, honigartig, weich,
blumig in Bukett und Geschmack. Harmonisch,
aber es fehlt minimal an Säure.
*März 1981* ★★★

ERBACHER MICHELSBERG RIESLING BEE-
RENAUSLESE WINZERGENOSSENSCHAFT ER-
BACH. Anflug von Orange; weiches Aprikosen-
bukett; halbsüß, weich, leichter Karamelton. Ein
Genossenschaftswein, hübsch, aber auf der Kippe
zum Austrocknen und unbedingt auszutrinken.
*Juli 1988* ★★★

ERBACHER SIEGELSBERG WEISSHERBST
BEERENAUSLESE SCHLOSS RHEINHARTSHAU-
SEN. Mächtiges Bukett; intensiv süß, zuckerig,
aber es fehlt an Länge.
*Oktober 1992* ★★★

ERBACHER SCHLOSSBERG RULÄNDER TBA
SCHLOSS RHEINHARTSHAUSEN. Alkohol 10%,
147 g/l Zucker, 8,9° Säure. Eine der wenigen und
wahrscheinlich die letzte Ruländer tba. Dieses
Weingut unternahm offensichtlich große Experimente, siehe den «Trockenen» oben und jetzt eine
TBA aus Pinot Gris. Zwei Bewertungen, die erste
bei einem denkwürdigen Dinner, gegeben 1983
von Christopher York bei Boodle's, unter den
Gästen auch Prinz Nikolaus von Preußen vom
Schloß selbst (der TBA waren etliche prachtvolle
rote Bordeaux vorausgegangen). Praktisch identische Beschreibung im Jahr darauf. Ziemlich tiefes, deutlich orangegetöntes Tawny mit leichtem
zitronengrünen Rand; Bukett wie von einem anderen Stern: hochgetönt, honigartig, Sultaninen; sehr
süß, sehr reich, recht konzentriert, fabelhafter
Geschmack und Karamelnachgeschmack.
*Juli 1984* ★★★★★

ERDENER PRÄLAT RIESLING AUSLESE DR.
LOOSEN. Zurück an die Mittelmosel. Schön, klassisch, leicht «kerosinartige» Riesling-Traubigkeit,
gut entwickelt; halbsüß, köstlicher Geschmack,
etwas harter Abgang.
*September 1988* ★★★★ *Bis 1996.*

GEISENHEIMER KLÄUSERWEG RIESLING
TBA DEINHARD. Zwei Bewertungen im Abstand
von einem Jahr: schönes helles Goldgelb; herrliche, reiche und doch zarte, honigartige, würzige Nase – man konnte die prallreifen Trauben

riechen; süß, relativ voll, reich, fett, doch mit perfekt ausgleichender Säure.
*Zuletzt verkostet März 1984* ***** *Wird immer noch köstlich sein.*

### GEISENHEIMER SCHLOSSGARTEN RIESLING BEERENAUSLESE SCHÖNBORN. Positives Gelb; fabelhafter, honigartiger Edelfäulegeruch; recht süß, sehr ansprechend, aber eher eine «feinste Auslese» als eine Beerenauslese (nicht so reich wie ein fünf Jahre später verkosteter von der Lage Mäuerchen, mit tieferer Farbe und Gerstenzuckergeschmack).
*Bewertet März 1980* ***

### GRAACHER DOMPROBST RIESLING AUSLESE WEINS-PRÜM. Melonengelb; tief, reich, honigartig; guter reifer und traubiger Geschmack. Harter trockener Abgang.
*Juni 1992* ***(*)

### GRAACHER HIMMELREICH RIESLING TBA VON SCHORLEMER. Relativ blaß für eine TBA; lebhafte, konzentrierte traubige Nase; sehr süß, reich, exzellente Säure. Ausgewogen genug für weitere zwanzig Jahre.
*Nach einem Mittagessen in Kies mit Karl Meyer, September 1980* ***** *Wird immer noch gut sein.*

### HATTENHEIMER WISSELBRUNN TBA SCHLOSS RHEINHARTSHAUSEN. Alkohol 11%. Verkostet beim ersten von Christopher Yorks Wein-Dinners im April 1982: außerordentliche Farbe, warm, orangerot, eindeutig durch die Extraktion von Pigment aus den verschrumpelten, sonnengebackenen Beerenhäuten während der Gärung. Sehr hell, sehr aufregend, mit etwas Weinstein; ambrosisches Bukett, Hauch von Muskateller-Traubigkeit; süß, relativ leicht im Stil, doch mit 71er Fett, wunderbare Säure. Zwei weitere kürzlich. Identisch. Viele Lebensjahre vor sich.
*Zuletzt im Oktober 1992 bewertet* ****(*)

### HOCHHEIMER KÖNIGIN-VICTORIA-BERG AUSLESE PABSTMANN. 100° Öchsle. Vom oberen Ende des Rheingaus, praktisch schon außerhalb, gar nicht weit von Frankfurt entfernt. Mit zehn Jahren Bukett zurückhaltend, aber reich; halbtrocken – insgesamt viel trockener als erwartet. Gute Länge.
*Juli 1981* ***

### HOCHHEIMER KÖNIGIN-VICTORIA-BERG BEERENAUSLESE Beeren mit 148° Öchsle gelesen, 2° unter dem TBA-Niveau: tiefere Farbe; ein Bukett aus einer anderen Welt, reich, traubig, honigartig, durchdringend; recht süß, mittelgewichtiger Körper, ziemlich kraftvoll, immer noch eine Spur von Härte. Noch viele Jahre zu leben.
*Verkostet Juli 1981* ****(*) *Langsam auf dem Gipfel.*

### KREUZNACHER ST. MARTIN RIESLING AUSLESE LUDWIG HERF. Helles Gelb; ölige Riesling-Frucht, honigartiges Flaschenalter und etwas Edelfäule; mitteltrocken, sehr schmackhaft.
*Dezember 1992* *** *Bald trinken.*

### KREUZNACHER STEINWEG RIESLING BEERENAUSLESE LUDWIG HERF. Ziemlich blaß, mittelsüß, gefällig im Gewicht, köstlicher Geschmack..
*Dezember 1992* **** *Bald trinken.*

### NIERSTEINER KLOSTERGARTEN SILVANER U. HUXELREBE TBA WINZERGENOSSENSCHAFT NIERSTEIN. 235° Öchsle, Säure 12,5°, 250 Flaschen erzeugt von der örtlichen rheinhessischen Winzergenossenschaft. Zuerst 1975 bei H. Sichels Degustation verkostet. Weitere übereinstimmende Beurteilungen von den frühen und mittleren 80er Jahren an: unglaublich tiefe Farbe alten Bernsteins, wie ein Verdelho-Madeira; Bukett nicht zu unterscheiden von einem alten Sauternes, *Crème brûlée,* zart karamelisiert; sehr süß, reich, fett und füllig, Geschmack nach angesengten Rosinen, dazu passende Säure.
*Zuletzt verkostet April 1984* *****

### OESTRICHER LENCHEN RIESLING AUSLESE JOS. SPREITZER. Sehr gelb; schöne honigartige Rheingauer Rieslingnase; halbsüß, Geschmack, Qualität, Gleichgewicht gut.
*März 1981* ***

### OESTRICHER LENCHEN BEERENAUSLESE JOS. SPREITZER. Selbe Lage und selber Winzer wie beim vorigen. Goldene Farbe mit Andeutung von Orange; schöne ruhige, harmonische, honigartige Verbindung von Edelfäule und Flaschenalter; ziemlich, aber nicht sehr süß, mittelgewichtiger Körper, Geschmack und Säure sehr gut, letztere ein bißchen hart, mit einer Idee Zitronenschale, was dem Wein einen trockenen Abgang gibt.
*Januar 1983* **** *Jetzt zweifellos gut zu trinken.*

### OESTRICHER LENCHEN BEERENAUSLESE EISWEIN DEINHARD. Goldgelb; prachtvolles Bukett; süß, reich, köstlich in Geschmack und Säure.
*Dezember 1981* *****

### OESTRICHER LENCHEN RIESLING TBA DEINHARD. Fünf Bewertungen bei verschiedenen Essen. Helles Goldgelb, das sich zu einem prächtigen Altgold vertieft; Bukett voller Frucht, Pfirsiche, Aprikosen, Zucker und Würze. Reiner Nektar; unglaublich süß, reich, konzentriert, fett, aber nicht unangenehm, da die großartige Säure entgegenwirkt. Noch viele Jahre zu leben.
*Zuletzt im August 1985 bewertet* ***** *Kommt wahrscheinlich jetzt auf den Gipfel, aber noch einmal zehn bis 15 Lebensjahre.*

**RAUENTHALER BAIKEN RIESLING SPÄTLESE** STAATSWEINGUT. Mit zehn Jahren: gelb, leicht spritzig; zunächst reich, fast fleischig, entwickelte Honig und Frucht – ein Hauch von Ananas; halbtrocken, leichter Stil, die Spur von Kohlensäure gibt dem Abgang einen erfrischenden Schwung.
*Mit Willi Reitz in seinem Landhaus bei Bingen, September 1981* ★★★

**RAUENTHALER BAIKEN AUSLESE** STAATSWEINGUT. Warmes Gold; reich, drall, Bukett nach altem Honig; süßer Geschmack wie Eiercreme, recht hohe Säure.
*Bei einem Essen in Miami nach Bob Pauls Mammutdegustation von roten 1970er Bordeaux-Weinen im Februar 1993* ★★★★

**RAUENTHALER BERG AUSLESE** SCHLOSS ELTZ. Stich ins Orange; ansprechend, «Kerosin»; halbsüß, mittelgewichtig, guter Geschmack.
*April 1991* ★★★ *Austrinken.*

**RAUENTHALER STEINMÄCHER RIESLING KABINETT** HANS GALLO (Unbekannter Name, aus Hochheim). Tief; delikate Honig- und Ananasnase; relativ trocken und leicht, hübsch, aber ausdrucksarm, bräuchte mehr Säure. Hält sich noch zehn Jahre, trotzdem kein Wein zum Aufheben.
*September 1981* ★★

**RÜDESHEIMER BERG ROTTLAND RIESLING SPÄTLESE** SCHLOSS GROENESTEYN. Schon ein ausgeprägtes Goldgelb; gepflegte honigartige Nase; halbtrocken, lebhaft, leicht, beschwingt.
*Juli 1980* ★★★

**RÜDESHEIMER BERG ROTTLAND RIESLING SPÄTLESE** DEINHARD. Sehr gutes klares Aussehen, eher blaß für sein Alter; leicht honigartige Nase; mittel – weder süß noch trocken, etwas süßer als der von Groenesteyn, weich, unkompliziert, sehr gefällig.
*Oktober 1985* ★★★

**SAARBURGER RAUSCH RIESLING AUSLESE** FORSTMEISTER GELZ. Gelb; weich, pfirsichartig, reiner Riesling; mittelsüß, geschmackvoll, reife Frucht, herrliche Säure.
*Juni 1992* ★★★★

**SCHLOSS SAARSTEIN RIESLING BEERENAUSLESE** Goldgelb; sehr reich, warm, Pfirsiche und Honig; nicht sehr süß, machtvoll, gute Säure.
*Juni 1992* ★★★★

**SCHARZHOFBERGER SPÄTLESE** Ungefähr wie ein Adliger seinen Vornamen wegläßt, wenn er einen Brief unterschreibt, so setzt Egon Müller, der Alleineigentümer, nicht den Namen des Dorfes, Wiltingen, vor den seines Weingutes. Ein erlesener und kompletter Jahrgang: reife, traubige Nase; ein wenig süß, mollig für einen Saarwein, sehr attraktiv.
*Ein «einfaches Weinchen», das bei Dr. Lou Skinners Degustation von 61er roten Bordeaux zum Mittagessen gereicht wurde, Februar 1981* ★★★★

**SCHLOSS JOHANNISBERGER RIESLING BEERENAUSLESE** Goldgelb, etwa wie ein 67er Yquem; prachtvoll honigartiges Flaschenalter, Edelfäule, Hauch von Sultaninen; süß, angenehm leicht im Stil, lebhaft, schöne Säure. Wie ein vollendeter Ballettänzer.
*Unmittelbar vor zwei klassischen Yquems bei Rodenstocks Degustationsdîner in dem Restaurant «Die Ente vom Lehel» in Wiesbaden serviert, Oktober 1985* ★★★★★ *Jetzt und noch viele Jahre perfekt.*

**SCHLOSS VOLLRADS RIESLING BEERENAUSLESE** Der andere aristokratische Rheingauer, zufällig einen Monat später verkostet. 133° Öchsle. Prächtiges Bernsteingold; fast dasselbe Bukett wie der Schloß Johannisberger, vorzüglich; etwas weniger süß, aber ähnlich in Gewicht und Stil, herrlicher Geschmack, fest, Säure und Nachgeschmack sehr gut.
*Gekauft bei Christie's und getrunken mit der Familie, März 1985* ★★★★★ *Bis über das Jahr 2000 hinaus.*

**TRITTENHEIMER ALTÄRCHEN SPÄTLESE** BISCHÖFLICHES PRIESTERSEMINAR. Buttergelb; roch wie Sahnetorte, reif, gute Frucht; halbtrocken, köstlich; trockener, säurebetonter Abgang. Ich fügte auch bei: jetzt vollkommen reif, was auch für meine Frau zutrifft: es war an ihrem 49. Geburtstag bei Brooks.
*Juli 1980* ★★★ *Inzwischen ein bißchen dünn und müde. (Was für meine Frau nicht gilt…)*

**WALLHÄUSER FELSENECK RIESLING AUSLESE** SCHLOSS WALLHAUSEN. Angebaut an steilen Hängen mit blauem Schieferboden an einem Nebenfluß der Nahe. Sehr blaß für sein Alter; äußerst charakteristische Nase, geographisch und im Stil zwischen Rhein und Mosel; halbsüß, ziemlich leicht, sehr frisch für einen 17jährigen, Holzton im Abgang.
*Mit Michael, Prinz zu Salm-Salm auf dem Schloß, September 1988* ★★★

**WILTINGER BRAUNE KUPP AUSLESE** LE GALLAIS. Relativ blaß; gute Frucht, leicht öliger Riesling; recht süß, weich, doch exzellente Säure.
*Juni 1984* ★★★

**WILTINGER HASENSPRUNG RIESLING TBA** DEINHARD. Warmes Altgold; fabelhaftes Bukett, honigartig, sahnig, aber lebhaft und fruchtig; süß, aber nicht zu süß, großartiger Wein, vorzüglich in Geschmack und Länge.

*März 1983* ***** *Wird immer noch hervorragend sein.*

### ZELTINGER SCHLOSSBERG RIESLING SPÄTLESE EHSES-BERRES. Einer der Spitzenwinzer. Verrät sein Alter in Farbe, Geruch und Geschmack, leicht «braun» überhaucht und müde.
*Juli 1989* * *Hätte vor 1980 getrunken werden müssen.*

KURZNOTIZEN ZU EINIGEN DER 28 BEMERKENSWERTESTEN 71ER AN DER GROSSEN PROBE VON H. SICHEL IN LONDON VOM SEPTEMBER 1992, WOMIT DIESER SEINE «DEGUSTATION DES JAHRHUNDERTS» VON 1975 ZUM ZWEITEN MAL ORGANISIERTE:

### EITELSBACHER MARIENHOLZ SPÄTLESE BISCHÖFLICHES KONVIKT. Pfirsiche und Creme; mittelsüß, exzellente Säure. Köstlich.

### FORSTER KIRCHENSTÜCK R. AUSLESE BÜRKLIN-WOLF. Toast und Honig in der Nase; süß, sehr reich, mächtig. Noch viele Lebensjahre vor sich.

### HATTENHEIMER PFAFFENBERG RIESLING TBA VON SCHÖNBORN. Vollkommen harmonisches, honigartiges *Botrytis*-Bukett; unbeschreiblich schöner «petroliger» Riesling-Geschmack, intensiv süß, konzentriert. Nicht von dieser Welt.

### IPHÖFER JULIUS-ECHTER-BERG SILVANER BEERENAUSLESE JULIUSSPITAL, WÜRZBURG. Tiefes Orangegold; ein erstaunliches Bukett; sehr süß, überaus körperreich, wie goldener Sirup.

### MÜNSTERER DAUTENPFLÄNZER R. AUSLESE STAATSWEINDOMÄNE. Zitronengelb, perfektes «Fruchtsalat»-Bukett und ebenso im Geschmack.

### NIERSTEINER PETTENTHAL R. AUSLESE F. K. SCHMITT. Komplett; reif; süß, sehr reich, wohlschmeckend.

### NIERSTEINER SPIEGELBERG SILVANER TBA BEZIRKSWINZERGENOSSENSCHAFT. Unglaublich süß, von herrlichem Reichtum, perfekt in der Säure. Wird wohl ewig leben…

### PIESPORTER GOLDTRÖPFCHEN R. AUSLESE TOBIAS. Weiches, reiches Bukett; mittelsüß. Perfekt.

### PIESPORTER GOLDTRÖPFCHEN BEERENAUSLESE TOBIAS. Voll, reif; sehr süß, pfirsichartig, herrlicher Geschmack.

### RAUENTHALER BAIKEN R. SPÄTLESE GRAF ELTZ. Vorzüglich, reich, ölige Rieslingfrucht; eindringlich, gut passende Säure.

### RÜDESHEIMER BERG ROTTLAND R. AUSLESE STAATSWEINGUT ELTVILLE. Strohgold, klassisch reifer Rheingauer; ziemlich süß, voll pfirsichartig, fest.

### WACHENHEIMER LUGINSLAND R. BEERENAUSLESE BÜRKLIN-WOLF. Tiefes Gold; reich, rosinenartig; süß, reich und machtvoll, große Länge.

## 1972 *

*Unbedeutend und nicht besonders erwähnenswert, wenn es auch nach der teuren Qualität der 71er den Handel mit einer großen Menge geringerer Weine versorgte. Nur etwa zwei Dutzend verkostet, hauptsächlich Mitte der 70er Jahre. In neuerer Zeit keine mehr. Meiden!*

## 1973 **

*Eine reiche Ernte – die größte, die je verzeichnet wurde! – und einige reizvolle leichte Weine zum raschen Konsum. Später Frühling; beinahe tropische Sommerhitze machte die späte Blüte wieder wett und Regen Ende September die dürreähnlichen Zustände. Trotzdem enttäuschende Weine, verwässert durch Überproduktion (wie in Bordeaux) und fehlende Säure.*

### AVELSBACHER ALTENBERG KABINETT HOHE DOMKIRCHE. Dieser Saarwein wurde als Aperitif gereicht, vermutlich seiner Säure wegen. Nicht schlecht auf seine Art, aber wirklich zu alt.
*Saintsbury Club, April 1987* *

### BERNKASTELER DOCTOR RIESLING BEERENAUSLESE EISWEIN DEINHARD. Mehrere Bewertungen von 1981. Schönes warmes, leuchtendes Goldgelb, das sich zu Altgold vertieft; außerordentliches Bukett: Lanolin, Zitrone, Rosen, Würze; süß, ein Geschmack wie goldener Sirup, lebhaft und köstlich, mit guter Frucht und kribbelnder Säure.
*Erworben auf einem Wohltätigkeitsverkauf und zuletzt bewertet bei einem Essen nach dem Theater im März 1984* ****

### FORSTER JESUITENGARTEN RIESLING SPÄTLESE VON BUHL. Zwei Beurteilungen. Ziemlich blaß, hell; Geruch von Lavendelwachs-Möbelpolitur; halbtrocken, relativ leicht, gefällig, kurz.
*April 1981* **

### HOCHHEIMER KÖNIGIN-VICTORIA-BERG SPÄTLESE PABSTMANN. 88° Öchsle. Breites, offenes, honigartiges, leicht öliges Bukett; relativ trocken, nicht schlecht, kurz.
*Juli 1981* *

**Scharzhofberger Riesling Auslese Eiswein** EGON MÜLLER. Altgold; floral, Sauternes-ähnlich; süß, geschmackvoll, herrliche Säure.
*Juni 1992* ★★★★

**Schloss Johannisberg Gelblack** Frisch und gefällig für einen 73er.
*Juni 1981* ★★★

**Ockfener Bockstein Spätlese** Leider den Winzer nicht aufgeschrieben, aber wieder ein Fall, wo ein alter Weißer, diesmal von der Ruwer, als Aperitif serviert wurde. Ein sehr erfreuliches, leichtes und unkompliziertes Getränk.
*Beim 106. Treffen des Saintsbury Club, April 1985* ★★

**Wallhäuser Mühlenberg Grauer Burgunder Eiswein** SALM-DALBERG. Die Pinot-Gris-Beeren wurden Anfang Dezember gelesen. Michael zu Salms erster Jahrgang in dem 800 Jahre alten Weingut der Familie. Relativ blasses Buttergelb; entzückendes Pfirsich- und Melonenbukett; süß, schön in Geschmack und Säure. Perfekt.
*Auf dem Schloß, September 1988* ★★★★

**Wallhäuser Mühlenberg Ruländer Eiswein tba** SALM-DALBERG. Sehr positives Gelb; ausgeprägt minziges, duftiges Bukett; süß, reich, aber nicht fett, mit einer angenehm leichten Delikatesse, köstlichem Aprikosengeschmack und schöner Säure. Halbe Flasche: ein perfekter Dessertwein für nach dem Theater.
*Oktober 1988* ★★★★★

# 1974

*Witterung das Gegenteil von 1973: ein trostloser Sommer und einer der nassesten Herbste seit Menschengedenken. In den 70er Jahren ein paar glanzlose Weine verkostet. Seitdem keine mehr.*

# 1975 ★★★★

*Ein guter Jahrgang, aber sobald die sehr ansprechenden 76er auf den Markt kamen, schienen die Käufer das Interesse zu verlieren. Aber die festen, in der Säure etwas höher liegenden 75er haben die weicheren, einnehmenderen 76er überholt.*

*Später Frühling, aber warm, zügige Blüte. Extrem heißer, später Sommer, starker Regen Anfang September, gefolgt von reifungsgünstigem Sonnenschein. Einige sehr gute Weine erzeugt, wenn auch Unterschiede in Stil und Qualität wegen der miteinander im Streit liegenden Weinbereitungsmethoden: Altmodische gegen Süßmacher.*

*Bei der Durchsicht meiner Aufzeichnungen sieht es auch so aus, als wäre es eine Periode gewesen, in der das Experimentieren – hauptsächlich in der Rheinpfalz, wie es scheint – mit unüblichen Rebsorten und Kreuzungen einen Höhepunkt erreichte: Ehrenfelser (Riesling x Sylvaner), Kanzler und Perle, Optima, Ruländer, eine Traube, die ich immer gern mag, die ältere Müller-Thurgau (Riesling x Sylvaner) und natürlich die Silvaner oder Sylvaner, die in Franken am besten zur Geltung kommt. Sie alle tauchen in meinen Beurteilungen von 75ern auf. Durch Abwesenheit glänzt der Traminer oder Gewürztraminer, eine aromatische, exotische Traube, die ich mit den rustikalen, manchmal nach Ziege riechenden Pfälzer Weinen verbinde.*

*Gute 75er sind unglaublich unterschätzt, und die von echter Auslesequalität sind immer noch vorzüglich. Zunächst eine kleine, überwiegend in den letzten Jahren verkostete Auswahl:*

**Ayler Kupp Riesling Spätlese** HUESGEN. Noch ein unpassender, voll ausgereifter Saarwein, ansprechend, aber zu süß, um zum Essen serviert zu werden.
*Oktober 1988* ★★

**Bernkasteler Doctor Riesling Spätlese** DEINHARD. Mehrere neuere Bewertungen. Relativ blasses, helles Goldgelb; vorzüglich, Kleehonig, Pfirsich und Flaschenalter; recht trocken, mit ansprechendem weichen, traubigen Geschmack, noch immer frisch dank lebhafter Säure.
*Zuletzt verkostet Juli 1989* ★★★

**Bernkasteler Johannisbrünnchen Müller-Thurgau Beerenauslese** S.A. PRÜM. Relativ blasses Zitronengold; schönes, duftiges, pfirsichartiges, reifes Bukett mit unglaublicher Fruchttiefe, blumiger als ein einfacher Riesling; ziemlich süß, recht leicht und schlank für eine Beerenauslese, elegant, blumig, mit leicht kernartigem Abgang und Nachgeschmack nach Rosinen.
*Auf dem Weingut, September 1988* ★★★

**Brauneberger Juffer Sonnenuhr Riesling Beerenauslese** FRITZ HAAG. Abermals nicht sehr süß und ein ziemlich leichter Stil, aber schön, frisch und vollkommen ausgewogen.
*November 1982* ★★★★

**Deidesheimer Letten Optima Auslese** WINZER FORST. Gewinner eines Goldenen Preises, bereitet aus der ziemlich exotischen Optimatraube von der Forster Winzergenossenschaft. Nach fünf Jahren tiefgolden wie alte Äpfel; überreifer honigartiger Geruch; recht süß, reich, reif – ausgesprochen pfälzisch. Im Grunde eine «feinste Auslese», beinahe eine Beerenauslese.
*Zum Essen, Oktober 1980* ★★★★

*Deidesheim*

**EITELSBACHER KARTHÄUSERHOFBERG SPÄTLESE** RAUTENSTRAUCH. Wahrscheinlich die kleinste, die hübscheste von allen klassischen Weinetiketten. Trocken, frisch, ansprechend.
*April 1983 *** und wird immer noch gut sein.*

**ERDENER PRÄLAT RIESLING AUSLESE** DR. LOOSEN. Gewinner von zwei bedeutenden Auszeichnungen, und es war zu merken, warum: ein außergewöhnlicher Duft, sahnig, Vanille, Pudding und Frucht, Alter nicht anzumerken; insgesamt betont trocken, schöne Frucht in der Mitte, eine Idee Fett, aber Säure, Länge und Nachgeschmack gut.
*Im Juni und September 1988 **** Bis 1998.*

**FORSTER FREUNDSTÜCK RIESLING SPÄTLESE** VON BUHL. Relativ blasses Gelb; klassische, süße, honigartige Rieslingnase, «Kerosin»; halbtrocken, sehr gefällig, aber ziemlich zurückhaltend, etwas zu wenig Säure, duftiger Nachgeschmack.
*September 1988 *** Bald trinken.*

**WACHENHEIMER KÖNIGSWINGERT RIESLING BEERENAUSLESE** Erzeugt von der Wachenheimer Winzergenossenschaft, ausgewählt von H. SICHEL. Recht tief, ins Orange spielend; schönes honigartiges Bukett; süß, recht körperreich, voll, gute Säure. Eine klassische Pfälzer Beerenauslese.
*Mai 1987 ****

**WILTINGER SANDBERG RIESLING AUSLESE** VON SCHORLEMER. Blasses Zitronengelb, pfirsichartig, im Frühling 1980 hübsch entwickelt. 1986 hatte sich das Bukett prachtvoll entfaltet, duftig, leichter «Katergeruch» wie bei einem Sauvignon Blanc; halbsüß, mittelgewichtig. Geschmack und Säure vorzüglich.
*Zuletzt verkostet April 1986 *** Bald trinken.*

**EINIGE ANDERE 1975ER, VERKOSTET ANFANG BIS MITTE DER 80ER JAHRE:**

**AYLER KUPP RIESLING AUSLESE** LEONARD KREUSCH. Frucht und Geschmack erfreulich, leichter Stil **

**KANZEMER ALTENBERG RIESLING AUSLESE** BISCHÖFLICHES PRIESTERSEMINAR. Zwei Bewertungen: erstaunlich reich trotz seines Schwefels; weich, reich, doch delikater als der 76er. Sehr erfreuliche leichte Frucht ***
*Wahrscheinlich immer noch gut.*

**FORSTER SCHNEPFENFLUG AN DER WEINSTRASSE RULÄNDER AUSLESE** WINZER FORST. Ein wuchtig beeindruckender Pfälzer Genossenschaftswein, der seine Goldmedaille allein schon seines Namens wegen verdient hätte. Mehrere Beurteilungen: tiefes orangeschimmerndes Bernsteingold; reiche, stark honigartige Nase mit Ruländer Grasigkeit und Traubigkeit, sehr in Richtung Beerenauslese; halbsüß, drall, eindringlicher Geschmack ****
*Ein Wein für Wagnersche Rheintöchter.*

**GRAACHER HIMMELREICH RIESLING AUSLESE** DEINHARD. Zwei Bewertungen: weicher, fetter Edelfäulegeruch; halbtrockener, guter, reicher, reifer durchdringender Geschmack, der auf halbem Wege stehenzubleiben schien. Aber fest und erfrischend ***

**HOCHHEIMER KÖNIGIN-VICTORIA-BERG AUSLESE** 106° Öchsle, mehr Farbe; reich, grasig, honigartig, altmodischer Stil; mittlerer bis trockener Abgang, etwas Fett, aufregender Geschmack, überragend, wird sich lange halten ***(*)

**HOCHHEIMER KÖNIGIN-VICTORIA-BERG SPÄTLESE** PABSTMANN. 87° Öchsle, keine Edelfäule. Irgendwie hohl, randvoll mit Schwefel; eindringlich, einige Fülle, aber ein wenig kurz **

**KALLSTADTER KOBNERT SILVANER KABINETT** EDUARD SCHUSTER. Ein interessanter Wein, Bronzemedaillengewinner, aus Silvanertrauben, die auf Kalksteinboden gewachsen sind. Sehr ausgeprägtes Gelb; Würze fast wie ein Traminer, mit Erdbeeren und honigreicher Fruchttiefe; relativ leicht, sauber, frisch, fest und trocken ***

KASELER HITZLAY RIESLING VON BEULWITZ.
Sehr ansprechend, leichter Stil, angenehme Säure.
*Oktober 1984 ★★★, aber damals besser als heute.*

NIERSTEINER KLOSTERGARTEN TBA H.F.
SCHMITT. Strohfarben; Geruch und Geschmack
süß, sultaninenartig, dennoch (trotz seinem Fett)
leichter Stil und hübsche Säure.
*Oktober 1984 ★★★★*

RUPPERTSBERGER LINSENBUSCH EHREN-
FELSER SPÄTLESE VON BUHL. Relativ blaß;
leichtes, duftiges, ungewöhnlich aromatisches
Bukett; halbtrocken, unkompliziert, attraktiv,
komplett – auf dem Höhepunkt.
*August 1981 ★★★*

SERRIGER VOGELSANG SPÄTLESE VEREINIG-
TE HOSPITIEN. Trocken, wenig dran.

SERRIGER VOGELSANG AUSLESE Trocken
und kurz ★

UERZIGER WÜRZGARTEN RIESLING AUS-
LESE CHRISTOFFEL-BERRES. Pfirsiche und
Fruchtsalat in der Nase; mittlere Süße, am mittle-
ren Gaumen eher mild und doch mächtig. Harter
trockener Abgang.
*Juni 1992 ★★★*

# 1976 ★★★★

*Ein wunderbar reifer Jahrgang. Weiche, füllige,
außerordentlich attraktive Weine, die einzige
Schwäche ist ein gewisser Mangel an Säure. Ein
Jahr wie dieses läßt die Mosel und besonders ihre
Nebenflüsse Saar und Ruwer mit ihrem normal-
erweise säurereichen Wein in ihrem hellsten
Licht erstrahlen.*

*Ein Jahrgang mit überdurchschnittlich vielen
köstlichen Auslesen und herrlichen Beeren- und
Trockenbeerenauslesen. Diese sind im großen
und ganzen immer noch vorzüglich, manche sind
auf dem Gipfel, manche lassen sich sogar noch
Zeit. Die meisten Kabinettweine und Spätlesen
hätten eigentlich schon getrunken werden müssen. 1976 war ein großes Hitze- und Dürrejahr in
Nordeuropa, wenn auch das Wetter Ende August
umschlug und den heißersehnten Regen brachte.
In Süddeutschland jedoch mit seinem milderen
Kontinentalklima war das Wetter von Mitte September bis Anfang Oktober angenehm und die
frühmorgendliche Feuchtigkeit begünstigte die
Bildung von Edelfäule.*

*Obwohl 1976, was die Qualitätstiefe anbelangt,
etwas unter dem festeren, vielleicht größeren Alles-
könner 1971 rangiert, wüßte ich keinen deutschen
Weinjahrgang, dessen Weine mir mehr Genuß bereitet haben. Daher das Bestreben, ein möglichst
breites Spektrum aufzuführen und zu beschreiben.*

BURGHORNBERGER WALLMAUER TRAMI-
NER AUSLESE FREIHERR VON GEMMINGEN-
HORNBERG. Einige sehr individuelle und ansprechende Weine werden in Württemberg erzeugt,
wenn auch wenige nach England gelangen. Die
Wallmauer ist ein sehr steiler, in Terrassen angeleg-
ter Weinberg mit Südlage, die Traminertrauben
wurden am 4. November gelesen. Mit zwölf Jahren
eine sehr positive gelbe Farbe; aromatische
Gewürznase, ein bißchen erdig, leicht malzig;
halbtrocken, mittelgewichtig, weich, Geschmack
und Struktur offen. Eher harter als säurebetonter
Abgang – ein Traminermerkmal.
*September 1988 ★★★ Bis 1995.*

DEIDESHEIMER KIESELBERG RIESLING
BEERENAUSLESE WINZERGENOSSENSCHAFT
NIEDERKERK. Schönes Bernsteingold; süßes,
honigartiges Edelfäule- und Flaschenalterbukett;
ziemlich süß, reich, dennoch mit einer schlanken
Note, pfirsichartiger Geschmack und gute Säure.
*Januar 1988 ★★★★ Jetzt perfekt.*

ERBACHER SIEGELSBERG RIESLING SPÄT-
LESE SCHLOSS REINHARTSHAUSEN. Goldfarben;
Wachs und Honig in der Nase; überraschend süß,
eher wie eine «Feine Auslese», attraktiv.
*Bei einem Mittagessen bei Berry Bros im Septem-
ber 1993 ★★★★*

ERBACHER SIEGELSBERG WEISSHERBST TBA
SCHLOSS REINHARTSHAUSEN. Bernstein; reich,
rosinenart; süß, Rahmbonbon, mächtig, trockener
Abgang.
*Oktober 1992 ★★★(★)*

ERDENER PRÄLAT RIESLING AUSLESE DR.
LOOSEN. Verschwitzte, bittere Mandelnase; mit-
tel, weder süß noch trocken, mit scharfer Säure am
Schluß. Ein enttäuschender Wein bei einer ansons-
ten hervorragenden Loosen-Degustation.
*September 1988.*

ERDENER TREPPCHEN RIESLING BEEREN-
AUSLESE DR. PAULY-BERGWEILER, C.H. BERRES
ERBEN. Mehrere neuere Bewertungen: relativ
blasses Gelb; reiche, minzige, ölige Rieslingnase;
ziemlich süß, trocknet vielleicht ein wenig aus,
zart, schmackhaft, aber es fehlte an Säure.
*Zuletzt verkostet Dezember 1991 ★★★ Muß ge-
trunken werden.*

FORSTER JESUITENGARTEN RIESLING AUS-
LESE BASSERMANN-JORDAN. Schöne altgoldene
Farbe; zuerst eine ölige, petroleumartige Riesling-
nase, aber sehr parfümiert, Verbindung von zitrusartiger Pikanz und Honig. Nach einer Stunde im
Glas ein schöner ruhiger, reifer Fruchtgeruch mit einer Idee Himbeere; halbsüß, reich, schmackhaft, mit
einem Hauch Zitrone und Cayennepfeffer am Ende.
*Juni 1988 ★★★*

GRAACHER DOMPROBST AUSLESE MAX
FERD. RICHTER. Reiche «Kerosin»-Riesling-
Nase, mit honigartiger Edelfäule und Flaschen-
alter; mittelsüß, köstlich.
*März 1992 *** Bald trinken*

HATTENHEIMER NUSSBRUNNEN RIESLING
AUSLESE VON SIMMERN. Mehrere Bewertungen:
komplett mit zehn Jahren. Immer noch köstlich:
ein herrliches Butterblumengelb; weiches, reiches,
pfirsichartiges Bukett mit einer Spur Gerstenzuk-
ker; halbsüß, reif, füllig, gute Länge und Säure.
Nicht zum Essen trinken, egal zu welchem, auf gar
keinen Fall ein Nachtischwein.
*Zuletzt im Juni 1988 verkostet **** Bis 1996.*

HATTENHEIMER WISSELBRUNN RIESLING
TBA SCHLOSS RHEINHARTSHAUSEN. Strohgolden; Hauch von Kerosin; sehr süß, rosinenartig,
aber nicht durchdringend genug.
*September 1990 *** Bald trinken.*

IPHÖFER JULIUS-ECHTER-BERG SPÄTLESE
JULIUSSPITAL. Ein typisch fester, stahliger Fran-
kenwein, 1976 vollauf gelungen: relativ blasses
Zitronengelb; duftige, pfirsichartige, butterige,
honigartige Reife; halbtrocken, sehr duftig, große
Länge, hervorragender Nachgeschmack.
*August 1986 ****

SCHLOSS JOHANNISBERGER RIESLING RO-
SALACK (AUSLESE) Zwei Bewertungen: butter-
blumengelb; köstlich reiche, petroleumartige
Honig- und Ananasnase; halbsüß, attraktiv, gute
Säure.
*Zuletzt verkostet April 1986 *** Dürfte immer
noch gut sein.*

LORCHER BODENTAL-STEINBERG RIES-
LING AUSLESE VON KANITZ. Das einzige
herausragende Weingut im nördlichsten Rhein-
weinbereich, flußabwärts von Assmannshausen.
Ziemlich tiefes Orangegold von reifen, edelfaulen
Beeren; reiche Petroleum-, Honig-, Pfirsich- und
Aprikosennase; recht süß, vollendeter Edelfäule-
geschmack, schön, aber ein bißchen flach am Ende.
Es fehlt an Säure.
*September 1988 *** Austrinken.*

MAXIMIN GRÜNHÄUSER ABTSBERG AUSLE-
SE VON SCHUBERT. Halbsüß, reiche Frucht, aber
zarter, leichter Stil. Eine perfekte Verbindung: die
Ruwer, ein reifer Jahrgang und ein großes Wein-
gut.
*Zuletzt im Juli 1987 verkostet **** Bald trinken.*

MAXIMIN GRÜNHÄUSER HERRENBERG
RIESLING AUSLESE VON SCHUBERT. Prachtvoll
mit zehn Jahren, mollig für den Wein von einem
Nebenfluß der Obermosel. Ein schönes, positives
Goldgelb; reiches, reifes, honigartiges Bukett; mit-

tel – weder süß noch trocken, herrliche Frucht und
Struktur, gut gefaßte, ausreichende Säure.
*Zuletzt im Mai 1988 verkostet **** Bald trinken.*

MEDDERSHEIMER RHEINGRAFENBERG
KERNER TBA Ein exotischer Wein von der Nahe,
erzeugt von der Meddersheimer Winzergenossenschaft. Ein schönes Butterblumengelb; himmlisches, sehr entgegenkommendes Bukett, duftig,
Honig und Säure; süß, ordentliches Gewicht,
schöner lanolinartiger Geschmack, lebhaft, frisch
wie ein Gänseblümchen.
*Zuletzt verkostet September 1989 ****

MÖRZHEIMER PFAFFENBERG GEWÜRZ-
TRAMINER BEERENAUSLESE EISWEIN Wenig
bekannt und noch exotischer, wieder von einer
Genossenschaft, diesmal aus der Rheinpfalz. Ein
herrliches Bernsteinorange mit goldenem Fun-
keln; weiche, weit offene, gemütliche pfirsichartige
Apfelstrudelnase; ziemlich süß, kraftvoller Ge-
schmack noch mit zehn Jahren, braucht mehr Zeit.
*Bei Rodenstocks Degustation seltener Weine, im
September 1986 ****

NEUMAGENER ROSENGÄRTCHEN RIESLING
BEERENAUSLESE JOSEF SCHMITT. Zurück an die
Mittelmosel. Sechs Beurteilungen im Lauf von
fünf Jahren. Jetzt goldgelb, mit starkem – völlig
harmlosem – Weinstein; angenehmer pfirsich-
artiger Geruch und Geschmack. Eher eine «feine
Auslese» der Süße und Qualität nach. Trotz guter
Säure auf dem Gipfel.
*Juni 1989 *** Bald trinken.*

NIERSTEINER HÖLLE SPÄTLESE GUNTRUM.
In einer eigentümlich pummeligen Flasche. Pfirsichartig, weich, Hauch von Öligkeit, Veilchenpastillen; Spur von Mandeln, unkompliziert, reif.
Eben genug Säure. Weine dieser Art müssen früh
getrunken werden.
*September 1988 **

NIERSTEINER FINDLING SCHEUREBE BEE-
RENAUSLESE GUNTRUM. Rheinhessen entwikkelte eine besondere Vorliebe für die verschiedenen neuen Kreuzungen, so daß in den 70er Jahren
der klassische Riesling nur noch etwa 5 % der Ge-
samtmenge ausmachte. Mit ihrer ausgeprägten
Traubigkeit erscheint mir die Scheurebe (benannt
nach ihrem Züchter Georg Scheu) immer als eine
gewinnende Unterhaltungskünstlerin im Stil einer
Wasserstoffblondine, aber in ihrer Bestform froh-
beschwingt exotisch. Zwei ganz neue Beurteilungen: wächsernes Goldgelb; köstliches Bukett:
frische Trauben, Pfirsiche und Honig; sehr süß,
fast wagnerisch in seiner sinnlichen Wucht. Eben
genug Säure.
*Zuletzt im August 1990 verkostet **** Austrinken.*

NIERSTEINER FINDLING HUXELREBE BEE-
RENAUSLESE Erzeugt von der Winzergenossenschaft Rheinfront in Nierstein. 10,7 % Alkohol,
Säure 8,2°. Zufällig eine andere exotische Kreuzung von derselben Lage. Die Huxelrebe, ebenfalls
entwickelt von Georg Scheu und seit 1968 gesetz-
lich zugelassen, wird nur für die besseren Prädikatweine verwandt, von Auslese bis TBA. Ziemlich tief orangegolden; fabelhafte, runde, pfirsichartige reife Nase mit einem Hauch von Malz, sahnig, Honig und Aprikosen; sehr süß, vollmundiger
traubiger Geschmack, ein bißchen sehr traubig.
Exzellente Säure.
*September 1988 ***** Bis 1996 oder länger.*

NIERSTEINER ÖLBERG GEWÜRZTRAMINER
U. SILVANER BEERENAUSLESE GEORG AL-
BRECHT SCHNEIDER. Süß, weich, duftig in Bukett
und Geschmack. Reif, fett.
*August 1987 **** Bald trinken.*

NIERSTEINER ÖLBERG RIESLING AUSLESE
TROCKEN GUNTRUM. Relativ blaß; reiche,
blumige Nase; trocken, voller Geschmack, ein
bißchen erdig.
*September 1988 ** Hält sich gut.*

OCKFENER BOCKSTEIN RIESLING TBA
FORSTMEISTER GELZ ERBEN. Ungewöhnliches
Bukett; sehr süß, geschmackvoll, herrlich.
*September 1992 *****

OESTRICHER DOOSBERG RIESLING BEE-
RENAUSLESE WEGELER-DEINHARD. Golden;
honigartiges Edelfäulebukett, lebhafte Säure; süß,
perfekt in Gewicht, Geschmack und Säure. Ich
schätze es nicht, wenn köstliche Süßweine zu
Süßspeisen gereicht werden, aber dieser paßte
vortrefflich zu Holunderblütenküchlein.
*Beim Deinhard Heritage Selection Lunch im Lon-
doner Hilton, Juli 1988 ****

OPPENHEIMER HERRENGARTEN RULÄN-
DER TBA RUHLING-GILLOT. Ich kann mich nicht
erinnern, je zuvor eine TBA aus dieser Traube
getrunken zu haben. Farbe von Altgold; reicher,
rosinenartiger Geruch und Geschmack; sehr süß,
weich, es fehlte an Länge und Säure, aber ansprechend.
*Juli 1987 *** Austrinken.*

OPPENHEIMER SACKTRÄGER GEWÜRZ-
TRAMINER TBA GUNTRUM. Buttergelb; die
TBA-Fülle erschlägt den Gewürzcharakter; süß,
reich, aber nicht so fett, wie erwartet. Gute Länge.
Vorzüglich.
*September 1988 ***** Bis 1996 oder länger.*

OPPENHEIMER SACKTRÄGER BEERENAUS-
LESE STAATSWEINGUT (Goldene Kammerpreismünze 1979, Großer Preis DLG). Warmes Orange; Bukett nach Creme, Honig und Aprikose, süß,
weich, reif, vorzüglich. Es fehlt etwas Säure.
*Dezember 1991 **** Jetzt trinken.*

PIESPORTER GOLDTRÖPFCHEN AUSLESE
WELLER-WEIT. Schönes Zitronengelb, blaß für
sein Alter; duftige Minzeblattnase; halbsüß,
ansprechend. Zu süß zu Fisch oder Huhn, nicht
trocken genug für einen Aperitif, nicht süß genug
zum Dessert. Schlicht und einfach ein selbständi-
ges gefälliges Getränk.
*Bei Christie's Vorverkaufsdegustation im Juli 1988
** Austrinken.*

SCHLOSS VOLLRADS AUSLESE Weich, zart,
duftig in Bukett und Geschmack. Halbsüß. Subtiler traubiger Geschmack und Nachgeschmack.
*März 1986 *** Austrinken.*

SCHLOSS VOLLRADS BEERENAUSLESE Meh-
rere Bewertungen im Lauf der letzten fünf Jahre.
Jetzt ein recht tiefes Bernsteingold mit limonengrünem Rand; schönes Bukett, Minzeblatt, pfirsichartig, Hauch von Rosinen, Gerstenzucker-
stange; recht süß, perfektes Gewicht, leicht kara-
melierte Mitte, weich, Andeutungen von Lapsang-
Souchong-Tee, Sevilla-Orangen, Marmelade! Ein
großartiger Wein!
*Zuletzt verkostet Oktober 1990 ***** Bis 1996.*

SCHLOSS VOLLRADS TBA Ziemlich tief, ins
Orange spielend; sehr kraftvolle Nase, ein bißchen
hart und die Malzigkeit von bayerischem Bier; süß,
voll, sehr reich, gehaltvoll, Sahnebonbons und
Schokolade, sehr eindringlich, aber auch sehr duftig, außerordentlicher Minzeblattnachgeschmack.
*September 1990 ***(**) Von 1996 bis weit über
2000 hinaus.*

WACHENHEIMER LUGINSLAND RIESLING
BEERENAUSLESE WINZERGENOSSENSCHAFT
WACHTENBURG-LUGINSLAND. Nur um noch
einmal zu demonstrieren, daß Winzergenossen-
schaften genauso gute Weine erzeugen wie große
Weingüter und Goldmedaillen gewinnen können.
Zwei Bewertungen. Herrlich reif mit zehn Jahren.
Beim zweitenmal: schönes reiches Gold; süßes
Vanille- und Orangenblütenbukett; süß, wenig
Alkohol, reich, prachtvolle Frucht und Säure.
*Zuletzt im März 1988 verkostet ***** Bis 1996.*

WEHLENER SONNENUHR RIESLING AUSLE-
SE S. A. PRÜM. Die Lese fing am 4. Oktober an, und
der Zuckergehalt war so hoch, daß er von Anfang
an als Auslese klassifiziert wurde. Buttergolden;
reich, reif, leichter Hauch von Kerosin, tief,
duftige Frucht, fast wie Stachelbeeren; ziemlich
süß, eigentlich eine «feinste Auslese», sehr gute
Säure. Ein bißchen hart im Abgang. Mehr Zeit
würde ihm gut tun.
*In Wehlen, September 1988 *** Bis 1996.*

*Haus in Wehlen*

**WEHLENER SONNENUHR RIESLING TBA**
MAXIMINHOF. Mitteltiefes Orange; konzentriert, rosinenartig, große Tiefe, süß; sehr reich, fett, mächtig, lang und mit exzellenter Säure.
*Juni 1992* ★★★★★

**WINKELER HASENSPRUNG RIESLING AUSLESE** DEINHARD. Als ich ihn Anfang der 80er Jahre kaufte, brauchte er noch mehr Flaschenalter. Mitte der 80er ein helles Gelb mit Weinstein; fabelhaft reifes Bukett; Geschmack nach Pfirsichen und Sahne, eben genug Säure.
*Zuletzt verkostet Juli 1988* ★★★★

**WINKELER HASENSPRUNG RIESLING TBA** DEINHARD. Wunderbare goldene Farbe, sehr süß, konzentriert, brauchte 1984 noch mehr Zeit. Zuletzt ein ziemlich tiefes, warmes Orangegold; sehr reiche, intensive Nase fast wie ein Tokaji Aszú; süß, drall, eindringlich, rosinenartig, große Länge, duftiger Nachgeschmack. Abgang ein wenig hart. Braucht noch mehr Flaschenalter.
*September 1990* ★★★★(★) *Bis über 2000 hinaus.*

**ZELTINGER SONNENUHR RIESLING TBA** EHSES-BERRES. Sehr ähnliche Farbe wie der Winkeler; prachtvolle, reife, pfirsichartige Nase, mandelölige Fülle; süß, überraschend delikat, fein, sehr gute Säure.
*September 1990* ★★★★★ *Bis 2000.*

VON DEN UNGEFÄHR 200 ANDEREN WEINEN, DIE IN DEN FRÜHEN UND MITTLEREN 80ER JAHREN BEWERTET WURDEN, LAGEN DIE FOLGENDEN DEUTLICH ÜBER DEM DURCHSCHNITT:

**BERNKASTELER BADSTUBE AUSLESE** J.J. PRÜM. Reif, vorzüglich ★★★★

**BERNKASTELER GRABEN RIESLING AUSLESE** DEINHARD. Sehr schön, fest.
*August 1981* ★★★

**DEIDESHEIMER HERRGOTTSACKER RIESLING AUSLESE** VON BUHL. Gewinner des Großen Preises der DLG. Zwei Bewertungen. Perfekt ★★★★★

**DEIDESHEIMER HOFSTÜCK AUSLESE** Blumig, honigartig und perfekt ausgewogen ★★★★★

**DÜRKHEIMER HOCHMESS RIESLING SPÄTLESE** Ein Genossenschaftswein. Sauber, traubig ★★★

**EITELSBACHER KARTHÄUSERHOFBERGER BURGBERG SPÄTLESE** Vorzüglich, komplex ★★★

**ESSINGER RULÄNDER TBA EISWEIN** WINFRIED FREY. 174° Öchsle, Zucker 225 g/l, Säure 9,1°: tiefes Bernsteinorange, Ton von verschrumpelten braunen Häuten; honigartig, aromatisch; sehr süß vom Auftakt bis zum Abgang, dennoch mit einer schwungvollen Note ★★★★★

**FORSTER FREUNDSTÜCK RIESLING AUSLESE** VON BUHL. Noch ein Gewinner eines Großen Preises; vorzüglich ★★★★

**FORSTER KIRCHENSTÜCK RIESLING AUSLESE** VON BUHL. Gewinner des Großen Preises der DLG von 1979: tief buttergelb; reife Frucht und Honig. Köstlich ★★★★★

**GEISENHEIMER MÄUERCHEN RIESLING BEERENAUSLESE** BASTING-GIMBEL. Prächtig, süß, voll, reich – am Schluß ein Hauch von Bitterkeit.
*Mai 1986* ★★★★

**GRAACHER HIMMELREICH TBA** S.A. PRÜM. Golden; paradiesisches Bukett, weich, erlesener Geschmack ★★★★(★)

**HATTENHEIMER WISSELBRUNN BEERENAUSLESE** MOLITOR. Reich. Perfektes Gleichgewicht ★★★★

**HOCHHEIMER KÖNIGIN-VICTORIA-BERG RIESLING BEERENAUSLESE** PABSTMANN. 130° Öchsle. Butterblumengelb; honigartig, Pfirsich, Aprikose, pikant, würzig; halbsüß, schöner lebhafter Geschmack, trockener Abgang, duftiger Nachgeschmack. Mehrere Bewertungen ★★★★(★)

**HOCHHEIMER KÖNIGIN-VICTORIA-BERG TBA** 164° Öchsle. Nur 144 Flaschen erzeugt: goldgelb; herrliches Bukett; süßer, fabelhafter Geschmack, der sich im Mund ausdehnte, große Länge ★★★★★

JOHANNISBERGER HÖLLE RIESLING AUSLESE TROCKEN VON MUMM. Aus voll durchgegorenen reifen Beeren bereitet. Schöne pfirsichartige Nase; trocken, guter, fester und langer Geschmack ★★★

KESTENER PAULINSHOFBERGER RIESLING BEERENAUSLESE JOS. SELBACH. Mehrere Bewertungen: relativ blaß für seinen Stil und sein Alter; hochgetönt, pfirsichartig, mit einem Geruch, der mich auch an reifende Tomaten in einem Gewächshaus erinnerte; halbsüß, schöner Geschmack, Säure mit Zitroneton ★★★(★)

KIEDRICHER GRÄFENBERG RIESLING SPÄTLESE DR. WEIL. Reich, reif, harmonisch, honig- und rosinenartig in Geruch und Geschmack. Formt sich schön im Mund. Relativ trocken und leicht, zart. Eher wie eine Auslese ★★★

KIEDRICHER SANDGRUB AUSLESE SCHLOSS GROENESTEYN. Reif und exzellent ★★★★

KÖNIGSCHAFFHAUSER STEINGRÜBLE SPÄTBURGUNDER WEISSHERBST TBA Ein außergewöhnlicher Roséwein aus der Pinot-Noir-Rebe, erzeugt von einer Badener Genossenschaft und Gewinner zweier hoher Auszeichnungen. Mehrere Bewertungen: reiche, warme, rötliche Tawny-Farbe; fabelhafte Nase, traubig, honigartig, Anflug von Gras und Stroh; sehr süß, immens reich, etwas herrlich Wagnerhaftes, schöne Säure ★★★★★

MÜLHEIMER HELENENKLOSTER RIESLING AUSLESE MAX. FERD. RICHTER. Schön, reif, blumig; Hauch von Lanolin, hübsche Säure ★★★

MÜLHEIMER SONNENLAY AUSLESE MAX. FERD. RICHTER. Delikater und traubiger; zwei Bewertungen ★★★

NIERSTEINER AUFLANGEN SCHEUREBE TBA STAATSWEINGUT. Pures Goldgelb; überwältigendes und doch lebhaft honigartiges Bukett; sehr süß, fett, satt, große Länge und beschwingte Säure. Mehrere Bewertungen ★★★★★

RANDERSACKERER PFÜLBEN SILVANER BEERENAUSLESE JULIUSSPITAL. Gewinner des Großen Preises der DLG von 1977 und einer Würzburger Goldmedaille. Mehrere halbe Flaschen: golden; reiche, rosinenartige, würzige Nase; halbsüß, Geschmack ähnlich wie ein Sauternes, fett, aber ein durch und durch harter, kurzer, trockener Abgang ★★★

RÜDESHEIMER BERG ROSENECK RIESLING AUSLESE NAEGLER. Ziemlich tiefes Goldgelb; Bienenwachsfülle fast wie bei einer Beerenauslese, harmonisch, wie Ananas in Sirup, aromatisch, würzig; halbsüß, mollig und doch zart und duftig. Perfekt ★★★★

RUPPERTSBERGER LINSENBUSCH MÜLLER-THURGAU SPÄTLESE BÜRKLIN-WOLF. Schöner pfirsichartiger Geruch und Geschmack, aber ein bißchen dumpf und flach im Abgang. Ein zu reifes Jahr für Müller-Thurgau ★★

RUPPERTSBERGER LINSENBUSCH SCHEUREBE BEERENAUSLESE VON BUHL. Süß, weich, mollig und schön ★★★★

SCHARZHOFBERGER KABINETT RUDOLF MÜLLER. Hübsch ausgewogen ★★★

SCHARZHOFBERGER KABINETT VEREINIGTE HOSPITIEN. Überraschend trocken, spröde und Unterschiedlich ★ bis ★★★

SCHARZHOFBERGER AUSLESE VON HÖVEL. Halbtrocken, exzellent ★★★★

SCHARZHOFBERGER RIESLING AUSLESE VEREINIGTE HOSPITIEN. Blaß golden; zart, honigartig plus reine Limone; halbtrocken, reif, sehr schmackhaft ★★★★

SERRIGER VOGELSANG RIESLING TBA STAATSDOMÄNEN TRIER. Konzentriert, sirupartig, schöne Fülle und rassige Säure. *August 1982* ★★★★★

Die 1980 in Bernkastel und vor der Auktion verkostete breite Palette von 1976ern aus den Häusern Meyerhof, Franz Duhr, Schloß Lieser und von Schorlemer war den 1975ern bei weitem überlegen, vor allem weil sie sich auf Auslese- bis Beerenauslesequalität beschränkte. Die ungefähr 120 oben noch nicht erwähnten Weine weiter zu kommentieren, erscheint mir sinnlos.

# 1977★

*Mäßige Weine zum raschen Konsum. Späte Blüte und schlechter Sommer, gefolgt von herrlicher Wärme Anfang Oktober. Dann im November die richtigen Bedingungen zur Erzeugung von Eiswein. Durchschnittliche Menge, sehr wenige Qualitätsweine. Eine Anzahl 77er 1980/81 verkostet, darunter viel zu viele rauhe und säurereiche Moselweine, aber ein paar ganz passable aus der südlichen Rheinpfalz. Alle hätten schon längst getrunken werden sollen.*

FORSTER ELSTER RIESLING SPÄTLESE VON BUHL. 1978 Gewinner eines Ehrenpreises, der mehr zählt als eine Goldmedaille. Zuerst 1980 in Deidesheim verkostet: gute Farbe, guter Geschmack. 1982 zum Mittagessen daheim: ausge-

prägter gelber Farbton; ziemlich dralle, traubige Nase; mittel, weder süß noch trocken, hübscher Geschmack, Säure und Abgang ganz anständig. Zuletzt ein reiches, positives, ansprechendes, aber nicht ganz harmonisches Obstsalatbukett, mit Flaschenalter – mehr Mango als Honig. Ein sehr fruchtiger, komplexer Geschmack, lebhafte Säure. Michael Hiller, der Amerikaner, der das Weingut zu der Zeit leitete, beschrieb ihn als einen «Wein mit Bart»!
*Zuletzt bei von Buhl verkostet, September 1988* ★★★

## 1978 ★★

*Mittelmäßige Qualität. Schlechter Frühling, späte Blüte, nasser Sommer, aber schönes, mildes Sonnenwetter von September an den ganzen Oktober hindurch. Späte Lese. Kleine Ernte brauchbarer, kommerzieller Weine. Ein einigermaßen repräsentatives Spektrum von Anbaugebieten und Gütern zwischen 1980 und 1983 verkostet, in letzter Zeit sehr wenige. Gesamteindruck: recht gefällig, die meisten mild und zart, es fehlt an Besonderheit und Länge. Austrinken.*

BERNKASTELER BADSTUBE RIESLING DEINHARD. Dies ist zwar eine alte Aufzeichnung, aber ich nehme sie mit auf, weil es ein deklassierter «Doktor» mit einem zuckerfreien Extrakt von 29 g/l war. Er hatte das typisch duftige, etwas rauhe Rieslingaroma, aber schmeckte untypisch leicht nach Pappe wegen des Frostes am 10. Oktober, der die Blätter kaputt machte. Die Trauben entwickelten sich etwa drei Wochen lang weiter, in denen die Reben Mineralstoffe aus dem Boden zogen, die Trauben Extrakt, aber nicht Zucker zulegten und die Säure abnahm.
*Auf dem Weingut Deinhard in Bernkastel verkostet, September 1982* ★

DÜRKHEIMER SPIELBERG SCHEUREBE BEERENAUSLESE EISWEIN KLOSTER LIMBURG. Gelb; sehr traubiges Scheureben-Aroma plus Honig; süß, reich, weich, fruchtig, schöne Säure.
*Mai 1981* ★★★★ *Könnte sich durchaus gehalten haben.*

FORSTER MARIENGARTEN SCHEUREBE BEERENAUSLESE NIKOLAUS-EISWEIN BÜRKLIN-WOLF. Gelesen am 6. Dezember, 140° Öchsle, 12° Säure, Gewinner einer goldenen Medaille. Hochgetönte und doch delikate, würzige Nase; sehr süß, etwas Fett, erstaunlicher Geschmack und beschwingte Säure.
*Auf dem Weingut, September 1980* ★★★★

HOCHHEIMER KIRCHENSTÜCK SPÄTLESE ASCHROTT. Zwei Bewertungen: traubige Nase, nach saurer Sahne, ein bißchen rauh, aber eigentümlich ansprechend; halbsüß, relativ leicht, weich, unkompliziert, ein wenig milchsauer. Mußte getrunken werden.
*Zuletzt verkostet November 1986* ★★

JOHANNISBERGER SCHWARZENSTEIN RIESLING AUSLESE EISWEIN G.H. MUMM. Sehr helles Gelb; einzigartig sahnige, erdige, nagellackartige Nase, wie Brombeerbrause, es fehlt an Fruchtunterstützung; halbsüß, schlank, recht gute Länge, leicht, säurebetonter Abgang. Wirklich eher rauh.
*Nach dem Theater zum Essen, Mai 1984* ★

OPPENHEIMER SCHÜTZENHÜTTE RIESLING KABINETT GUNTRUM. Recht erfreulicher traubiger Geruch und Geschmack; ein bißchen flach. Müßte getrunken werden.
*September 1988* ★★

SCHLOSS VOLLRADS GRÜNSILBER TROKKEN Blaß; ein wenig wie ein Sylvaner, recht erfreulich; trocken, leicht, schnörkellos.
*September 1988* ★★

WALLHÄUSER JOHANNISBERG TROCKEN SALM-DALBERG. Sehr blaß; blumiger Nahegeruch nach Obstsalat; trocken, relativ leicht, ziemlich flach.
*September 1988* ★★

WINKELER HASENSPRUNG RIESLING AUSLESE EISWEIN BASTING-GIMBEL. Relativ blaß, immer noch ein leichter Stich ins Grüne; süß, fett, pfirsichartig; recht süß, ansprechend, eine Spur Fäule (?) aber hübsche lebhafte Säure.
*Mai 1986* ★★★

## 1979 ★★★

*Erfreuliche, im ganzen leichte und unkomplizierte Weine. Sehr strenger Frost im Januar schadete den schlafenden Reben. Unfreundlicher Frühling, späte Blüte, schlechter Sommer, aber schönes, sonniges Reifewetter im Herbst, das die späte Lese rettete. Gebietsunterschiede, Rheingau und Pfalz mehr und besser, Rheinhessen wenig, aber gut, Mosel wenig, recht gut.*

*Nicht soviel Edelfäule wie 1983 und, wie Guntrum mir sagte, Probleme mit einer Invasion der roten Spinne.*

*Ein breites Spektrum von Aufzeichnungen Anfang der 80er Jahre. Beim Durchgehen sehe ich, daß mir die Weine recht gut gefielen, sicher mehr positive als ungünstige Bewertungen. Die Spannung, die Grandeur, die Finesse eines guten klassischen Jahrgangs fehlten. Trotzdem angenehm zu trinken. Eine Auswahl ungewöhnlicher neuerer Beurteilungen folgt. Mittlerweile billig und immer noch den Preis wert.*

### BRAUNEBERGER JUFFER RIESLING KABINETT WILLI HAAS.
Blaß; reich, aromatisch in Bukett und Geschmack. Recht trocken.
*Juni 1990* ★★

### DHRONER HOFBURG RIESLING AUSLESE MILZ-LAURENTIUSHOF.
Frisch, köstlich, frische Traubigkeit; mitteltrocken, vollkommen in Gewicht und Geschmack, delikat, charmant.
*Juni 1992* ★★★★

### ERDENER PRÄLAT RIESLING AUSLESE DR. LOOSEN.
Hochgetönter, recht petroleumartiger Riesling, Veilchenduft, Fruchttiefe; halbtrocken, gute positive Frucht, keine Anzeichen von Alter, mit hübscher Säure.
*September 1988* ★★★

### GRAACHER HIMMELREICH RIESLING KABINETT DEINHARD.
Erstmals 1981 verkostet: sehr blaß; reiche, ansprechende Frucht und einige Tiefe; ziemlich trocken, fast saarweinähnliche Säure. Man konnte die Schiefererde schmecken. Der Winzer meinte, er werde ihn nicht vor 1983 trinken. Dennoch 1982 recht erfreulich. Mitte der 80er Jahre immer noch blaß; Nase sehr frisch; trocken, gute, erfrischende Säure.
*Zuletzt im Mai 1985 verkostet* ★★

### GRAACHER HIMMELREICH RIESLING KABINETT J.J. PRÜM.
Immer noch sehr blaß; sehr trocken, Mandelkerngeschmack. So sehr ich «J.J.» auch bewundere: nichts Aufregendes und nicht mein Geschmack.
*Mit Manfred Prüm, Juni 1990* ★

### HATTENHEIMER PFAFFENBERG RIESLING SPÄTLESE SCHLOSS SCHÖNBORN.
Der Weinberg liegt nach Süden mit Blick auf den Rhein an seiner breitesten Stelle. Im Weinberg werden keine Chemikalien eingesetzt, späte und selektive Lese, individuelle Eichenfässer. Das Ergebnis ist eine schöne, relativ blaßgelbe Farbe; eine reiche honigartige Nase mit Flaschenalter und reifen Trauben; halbsüß, weich, traubig, ansprechend, mit duftigem Nachgeschmack. Voll ausgebaut.
*September 1988* ★★★

### KREUZNACHER BREITENWEG RIESLING KABINETT TROCKEN FINKENAUER.
Obwohl die Nahe ungefähr parallel zur Mosel und südlich davon fließt, haben wir hier Sandsteinhänge statt der steilen Schieferhänge der Mosel: daher auch der andere Stil. Ich bin kein großer Trocken-Fan, aber dieser hier ist einer der besten, die ich je probiert habe: zurückhaltende, (damals) unreife Nase mit einer Spur von «Obstsalat» à la Nahe und Minze. Nach dem einnehmenden Duft ein Schock: knochentrocken, spröde.
*Bei Lay & Wheeler, Oktober 1982* ★★★, *aber inzwischen wahrscheinlich müde.*

### MEERSBURGER SONNENUFER RULÄNDER TBA STAATSWEINGUT MEERSBURG.
Ein außergewöhnlicher Wein, erzeugt aus Reben, die in ziemlicher Höhe (500m) über Deutschlands größtem See, dem Bodensee, angebaut werden. Erstaunlich tief, fast rötlich, mit intensivem apfelgrünen Rand, erinnerte mich an australischen «Likörmuskat»; prachtvolles Bukett: kräftig reiche Mischung von Aprikosen, Gerstenzucker, Vanille, Muskatellerhäuten und Feigensirup; natürlich süß, als ob der Most konzentriert worden wäre, Fleisch gemildert durch gute Säure, Geschmack nach schwarzem Sirup. Nichts für Leute, die Länge, Finesse und Delikatesse suchen. Ein satter Tropfen.
*Juli 1988* ★★★★

### NIERSTEINER AUFLANGEN SILVANER BEERENAUSLESE EISWEIN GUNTRUM.
Am 31. Dezember gelesen, dennoch nicht viel Edelfäule. 148° Öchsle, 1800 Flaschen erzeugt. Ein großartiges tiefes Gold; herrliche honigsüße, reine Rosinennase; ziemlich, aber nicht sehr süß, relativ voll, etwas mollig, trotzdem immer noch hart. Gute Säure.
*Nach dem Mittagessen bei «Hajo» Guntrum, September 1988* ★★★★ *Bis 1999.*

### NIERSTEINER BERGKIRCHE RIESLING SPÄTLESE GUNTRUM.
Im Weinberg auf dem Hügel bei der Kirche (die einen der hübschen süddeutschen Zwiebeltürme hat) probiert. Gute Farbe, positives Gelb; leichtes, zartes, honigartiges Flaschenalterbukett; relativ trocken, eine Spur Fett – Lehmboden, leicht petroleumartiger Rieslinggeschmack, weich.
*Mit Guntrum und seinem Weinbergsdirektor, im September 1988* ★★★ *Muß getrunken werden.*

### SCHLOSS VOLLRADS BLAUSILBER HALBTROCKEN KABINETT
Relativ blaß und grünschimmernd; lebhaft, grün, Säure erinnerte an Sauvignon Blanc; sehr trocken, leicht, schlank und fast scharf. Nach meinem Urteil sehr trocken, nicht halb.
*Auf Vollrads, September 1988* ★★

### WÖLLSTEINER ÄFFCHEN OPTIMA RULÄNDER BEERENAUSLESE P. MÜLLER.
Eine exotische Rebenverbindung: die körperreiche saftige Ruländer (Pinot Gris) und die neuere traubige Optima. Zwei Bewertungen 1987: helles Goldgelb; sehr ansprechender aromatischer, pfirsichartiger Geschmack; ein recht süßer, molliger Wein mit Muskatellergeschmack und hervorragender Säure. Beim letzten Mal wie oben, aber ein etwas tieferes wächsernes Gold; faszinierend neuartiges Bukett, Grüne Minze, vielleicht zuwenig Länge, aber mit kribbelnder Säure.
*Zuletzt im August 1990 verkostet* ★★★

# 1980

Ein merkwürdiger und schwieriger Jahrgang für den Winzer. Nach einem naßkalten Winter kam der Frühling nur zögernd, aber im Mai schönes warmes Wetter, das bis Anfang Juni hielt. Dann schlug das Wetter um, gerade als Hoffnungen auf eine Rekordernte aufkeimten, und von Mitte Juni an war es kalt und naß, was zur spätesten Blüte seit Menschengedenken führte: Ende Juli erst fertig und Fruchtansatz im Durchschnitt nur bei der Hälfte. Außerdem fielen Trauben und Beeren in der Größe sehr unterschiedlich aus, was trotz des guten Reifewetters im Herbst die Weinbereitung schwierig gestaltete. Die Ernte war spät und mager, die kleinste seit 1962.

Sehr wenige probiert, nur einen, der auch nur Spätlesequalität hatte, aber ganz schmackhaft, mit erfrischender Säure. Jetzt passé.

### HOCHHEIMER KÖNIGIN-VICTORIA-BERG[1] RIESLING KABINETT PABSTMANN.
1980 wurde nur QbA- und Kabinettqualität erzeugt, aber die Weine hatten einen ungeheuer hohen zuckerfreien Trockenextrakt, teils oder hauptsächlich deswegen, weil die Ernte nur 30% der normalen Menge betrug. Blaß; unausgereift, Amylacetat und Schwefeldioxid; ziemlich trocken, mager, leichte, erfrischende Säure.
*Bei einer Victoria-Berg-Degustation in London, Juli 1981.*

1 Vor dem Besuch von Königin Viktoria und dem Prinzgemahl im Jahre 1850 hieß der 2-Hektar-Weinberg Hochheimer Dechantenruhe. Die 1857 begonnene Tradition, die königliche Familie mit dem Wein zu beschenken, wurde 1950 wieder aufgenommen, als man zur Taufe von Prinzessin Anne die Auslese präsentierte. Als Königin Elisabeth II. 1965 Wiesbaden besuchte, bekam sie Wein geschenkt, und der Jahrgang 1975 wurde 1977 auf dem Jubiläumsbankett in der Guildhall, dem Rathaus von London, getrunken. In neuerer Zeit wurde die 76er Beerenauslese dem Prinzen von Wales und Lady Diana Spencer als Hochzeitsgeschenk überreicht.

# 1981 **

Unterschiedlich, überwiegend dürftige bis mittelmäßige Qualität. Leicht unterdurchschnittliche Ernte. Warmes Wetter begünstigte frühes Wachstum im April, aber am Ende des Monats Frostschaden an den vorzeitigen Trieben. Ungewöhnlich feuchtes, aber warmes Wetter Mai bis Mitte Juni führte zu früher Blüte bei einem Teil der verbliebenen Reben, die übrigen hinkten in nicht gerade idealer Verfassung hinterher. Als ich den Königin-Victoria-Berg am 2. September besuchte, meinte Herr Hupfeld zu mir, er habe in seinem ganzen Leben noch nie so früh reife wohlgeformte und dicht sitzende Beeren gesehen – sie lagen wenigstens einen Monat vor der normalen Zeit, da die Blüte bei ihm früher war als im übrigen Rheingau. Er rechnete mit einer durchschnittlichen Ernte. Leider wurde das Wetter am Ende des Monats kalt und naß. Wahrscheinlich am besten in der Rheinpfalz.

Vor allem 1983 und 1984 eine ziemlich breite Palette durchprobiert, wenige von höherer Qualität als Spätlese und recht unterschiedlich. Ein paar in den letzten Jahren verkostet und unten aufgeführt: eine Auswahl der Deinhard-Weingüter degustiert, um die Gebietsunterschiede in Stil und Qualität deutlich zu machen.

Kurzum, nicht schlecht. Einige werden jetzt ganz erfreulich sein, aber einen besonderen Aufwand rechtfertigen sie nicht.

### FORSTER PECHSTEIN GEWÜRZTRAMINER AUSLESE TROCKEN VON BUHL.
Eine dralle, üppige, erdige Gewürztraminernase; sehr trocken, recht körperreich, spröde.
*September 1988 ***

### FORSTER UNGEHEUER SCHEUREBE SPÄTLESE TROCKEN VON BUHL.
Relativ blaß, gelb; honigartiges Flaschenalter und Säure, delikat, reif und doch «grün», unaufdringliches Scheureben-Aroma; trocken, recht hoch im Alkohol, mit gepflegtem duftigen Geschmack und Nachgeschmack.
*September 1988 ***

### HALLGARTENER SCHÖNHELL GREEN/GOLD CAPSULE QBA GRAF MATUSCHKA-GREIFFENCLAU.
(Früher das alte Weingut Löwenstein.) Relativ trocken, eher leicht, weich, unkompliziert.
*Besser wird er nicht mehr, November 1985 ***

### HATTENHEIMER NUSSBRUNNEN RIESLING QBA
Es wäre eine läßliche Sünde, wenn man den Namen des Dorfes und des Weinbergs übersehen würde, so sehr dominiert «Schloß Rheinhartshausener» das Etikett. Sehr helles Gelb; Geruch eines altmodischen wächsernen, kommerziellen Sauternes, mit Mandelkernen, die ebenso an weißen Bordeaux erinnern; betont trocken, stahlig, lebhaft, fast schon scharf.
*September 1988 ***

### OPPENHEIMER SCHÜTZENHÜTTE RIESLING KABINETT GUNTRUM.
Gewinner einer Silbermedaille: lebhaftes, hochglänzendes Gelbgrün; ansprechend, lebhaft; relativ trockener Auftakt, trockener, leicht säurebetonter Abgang, aber frisch für sein Alter, mit einer angenehmen delikaten Note.
*September 1988 ***

### RUPPERTSBERGER LINSENBUSCH SCHEUREBE SPÄTLESE DEINHARD.
Zuerst bei Deinhards Handelsdegustation von 81ern verkostet: Aroma ein wenig wie die «Litschi» eines Gewürztraminers; ausladender, duftiger Geschmack. In-

zwischen gelber; schöne traubige Nase, Spur von Passionsfrucht; mittel, weder süß noch trocken – ein bißchen zu süß als Getränk zum Essen, mollig und doch lebhaft und mit ausreichender Säure. Ein schmackhaftes Gewächs.
*Zuletzt verkostet Januar 1989* ★★★

### Schloss Vollrads Green Capsule qba
Die niedrigste Qualitätssprosse auf der Vollradsleiter. Präsentiert von Erwein Graf Matuschka-Greiffenclau – dem 29. Nachfolger des ersten Grafen –, der erklärte, daß der Wein selbst bei dieser Qualität nach drei Jahren am besten sei. Blaß, sehr hell; Nase immer noch jugendlich, entwickelte aber im Glas einen pfirsichartigen, weichen Duft; ziemlich trocken, leicht, recht erfreuliche Säure, aber kurz.
*Im Castle Hotel, Taunton, Wine Weekend, November 1985* ★★

### Wehlener Sonnenuhr Riesling Spätlese
J.J. PRÜM. Manfred Prüms Linie ist zwar nicht so alt wie die der Greiffenclaus, aber er verkörpert immerhin die 10. Generation. Breite, süße, fruchtige Nase von erfreulicher Tiefe; halbsüß, relativ leicht, schmackhaft, fruchtig, sehr gute Säure.
*September 1988* ★★★

### Aus der breiten Palette von 1983/84 verkosteten Deinhard-Weinen die Besten:

### Bernkasteler Doctor Riesling Spätlese
Der Duft von Gras im Wind; durchaus Geschmacksreichtum und -breite, mit angenehmem traubigen Nachgeschmack ★★★

### Bernkasteler Graben Riesling Beerenauslese Eiswein
Aromatisches, reiches Bukett; süß, mollig, fruchtig, vorzüglich ★★★★

### Forster Ungeheuer Ruländer Auslese
Duftig, grasig, eben genug Fruchtunterlage; mittel – weder süß noch trocken, weich, füllig ★★★

### Oestricher Lenchen Riesling Auslese Eiswein
Gewinner eines Goldenen Preises mit einer ziemlich prickelnden honigartigen Nase; süß, weich, zerfasernde Säure und ein Hauch von Bitterkeit ★★

## 1982 ★

*Noch ein mäßiger Jahrgang. Diesmal eine Rekordernte, wenn auch kein Qualitätsrekord wegen des starken Regens – solche Mengen, daß manche Winzer Lagerprobleme bekamen. Die Weine so unberechenbar wie das Wetter, das von tiefstem Winterfrost über Sonnenschein und Trockenheit bis zum bereits erwähnten Regen zur Erntezeit*
*alles bescherte. Die größte in Deutschland jemals verzeichnete Ernte, noch einmal halb soviel wie 1973. Eine breite Palette verkostet, als sie im Sommer und Herbst des Jahres 1983 auf den Markt kamen. Wenige auf Langlebigkeit angelegt und noch weniger seit 1984 verkostet.*

### Bernkasteler Doctor Riesling Spätlese Trocken
DEINHARD. Blaß, durchsichtig; würzig – aber Geruch und Geschmack für mich verdorben durch Mandelkerne. Igitt! «Exklusiv» für das ausgezeichnete Restaurant «Die Ente vom Lehel». Er sei ihnen gegönnt.
*In Wiesbaden, Oktober 1985.*

### Casteller Kugelspiel Rieslaner Spätlese
FÜRST CASTELL. Noch eine Rebenkreuzung. Aus Franken. Gelb; ein außergewöhnlich blumiges Aroma plus Bananenduft; trocken, eigenartig spitzig, Geschmack und Nachgeschmack merkwürdig nach Aprikosenhaut.
*September 1988* ★?

### Ingelheimer Spätburgunder
J. NEUS. Ein Bereich in Rheinhessen, der sich auf weiche Rote aus Pinot-Noir-Trauben spezialisiert hat. Dieser hatte eine marmeladige, leicht karamelartige Nase; halbtrocken, recht ansprechend, aber mit einem Abgang wie rostige Nägel, der an manche südaustralische Rote erinnerte.
*Mai 1987* ★★

### Kaseler Kehrnagel Riesling Spätlese
B. SIMON. Mild, traubig, halbtrocken, leicht, recht säurebetont.
*Zuletzt im November 1987 verkostet* ★★

### Maximin Grünhäuser Herrenberg Spätlese
Dem Kaseler nicht unähnlich, eine Idee süßer. Frisch, aber besser wird er nicht mehr.
*Juli 1985* ★★

### Schlossböckelheimer Felsenberg Riesling Spätlese
H. CRUSIUS. Noch ein recht gefälliger Wein, aber der nahetypische Fruchtgeruch und -geschmack war nach nur einem Jahr besser als nach zweien – da kam er mir mager und trinkbedürftig vor.
*Zuletzt im Juli 1984 verkostet.*

### Schlossböckelheimer Königsfels Riesling
ANHEUSER & FEHRS. Traubig und grapefruitartig im Winter 1984; im Frühling 1985 zu leicht, um sich noch zu halten, mußte den Sommer getrunken werden. Meine ursprünglichen zwei Sterne verschmolzen zu einem.
*Zuletzt im Juli 1985 verkostet* ★

### Wehlener Sonnenuhr Kabinett
J.J. PRÜM. Ein relativ trockenes, leichtes, unkompliziertes, recht erfreuliches Getränk.

Zu einem – wegen der Zeitumstellung – frühen Abendessen im University Club von Chicago, Februar 1988 **

WEHLENER SONNENUHR RIESLING SPÄT-LESE J.J. PRÜM. Blaß; Aroma nach nassen Tüchern (!), trocken, eindringlich, sehr säurereich. *Juni 1992* *

DIE BESTEN (***) 82ER, BEURTEILT BEI FRÜHEN HANDELSDEGUSTATIONEN:

BERNKASTELER GRABEN RIESLING SPÄTLESE DEINHARD. Nase wie Kresse und Traubenschalen; fest, guter Geschmack und Nachgeschmack ***

GRAACHER HIMMELREICH RIESLING SPÄTLESE FRIEDRICH-WILHELM-GYMNASIUM. Reich und doch delikat, trocken, fest, sehr erfreulich ***

OESTRICHER LENCHEN RIESLING SPÄTLESE DEINHARD. Nase nach Ei und Kresse; guter Geschmack und leicht ***

WEHLENER SONNENUHR AUSLESE DEINHARD. Erdig, Sattelgeruch, aber ansprechend ***

# 1983 ***

Endlich ein richtiger Jahrgang, der beste seit 1976. Wenn ich «richtig» sage, meine ich damit respektabel, natürlich, aus eigener Kraft gut – dank besserer Wachstumsbedingungen.

Auf einen relativ milden Winter ohne Frostschäden folgte ein naßkalter Frühling mit Regen im April und Mai. Auf gute Blütebedingungen in der zweiten Junihälfte folgte eine lange Trockenperiode im Juli und August. Ein glückliches Zusammenspiel von Regen und Sonne im September machte die Beeren prall und reif. Gute Ernte. Allerdings wenig oder gar keine Edelfäule.

Obwohl er seinerzeit hoch bewertet wurde, ist der Ruf des 1983ers insgesamt ein wenig zurückgegangen. Er war jedoch uneingeschränkt erfolgreich an Saar und Ruwer, ebenso an der Nahe. Wie immer machten die besten Winzer den besten Wein. Eine breite Palette und eine große Zahl verkostet, die folgenden sind ein neuerer Querschnitt, darunter einige der Sonderlinge. Ein äußerst belebender Wein, der es noch immer verdient, gesucht und getrunken zu werden.

AVELSBACHER HAMMERSTEIN RIESLING AUSLESE STAATSWEINGUT. Schwach traubig, eindringlich, immer noch hart, braucht mehr Zeit. *September 1990* **(*)

AVELSBACHER HAMMERSTEIN RIESLING AUSLESE PETER JOS. HAUTH. Vorzüglich, delikate Frucht und Säure. *September 1988* ****

BERNCASTLER (sic) DOCTOR RIESLING AUSLESE LAUERBERG (Etikett für den japanischen Markt?). Immer noch blaß, ein Stich ins Limonengrüne; positive, reiche, reife, traubige Nase mit Honig, Melone; halbsüß und doch ein hübscher leichter Stil, angenehmer traubiger Geschmack, ein ganz kleiner Hauch von Bitterkeit. *Auf einer Degustation für Shibata, den japanischen Verleger von Wine Tasting, in Tokio, November 1989* ***

BERNKASTELER BRATENHÖFCHEN RIESLING AUSLESE DEINHARD. Schöne pfirsichartige Nase und angenehme Säure, als er im Juli 1983 erstmals dem Handel vorgeführt wurde. 1986 fehlte es etwas an Finesse, und mit fünf Jahren hatte er mehr Farbe bekommen; hübsche Frucht, aber ein bißchen ölig. Mußte gut gekühlt serviert werden, um ihn aufzufrischen. *Zuletzt im Mai 1988 verkostet* **

BRAUNEBERGER JUFFER SONNENUHR RIESLING AUSLESE FRITZ HAAG. Ein außergewöhnlich blasses Grün; sehr attraktiv. Jetzt vollkommen in seinem 10. Lebensjahr. *April 1993* ****

BRÜSSELE KLEINBOTTWARER LEMBERGER KABINETT TROCKEN GRAF ADELMANN. Ein Weinberg in Württemberg, der auf die Römerzeit zurückgeht; Lemberger ist eine rote Traube (Blaufränkisch). Mitteltiefes, jugendliches Kirschrot; ziemlich grüne Frucht, brombeerartig, mit einem Hauch frischer Banane; leicht süß, mittelgewichtiger Körper, eigenartige Erdigkeit und blecherne Tannine. Es fehlte an Länge, aber immerhin mehr Mumm und Reiz als die meisten Roten vom Rhein. *Auf dem Zweiten Europäischen Wein-Festival in Frankfurt, September 1988* **

CASTELLER FEUERBACH DOMINA KABINETT FÜRST CASTELL. 95° Öchsle. Nicht chaptalisiert. Noch ein eigenartiger Rotwein, diesmal aus Franken, die Rebe eine Kreuzung von Portugieser mit Spätburgunder. Ein überraschend tiefes Rot, leicht spritzig; lebhafte Frucht ähnlich wie Gamay; trocken, halbleicht, ordentliches Gleichgewicht von Tannin und Säure. Ansprechend. Wie ein junger Chinon ohne die kratzende Säure. Zwei Bewertungen. *Zuletzt im September 1988 verkostet* ***

EITELSBACHER MARIENHOLZ RIESLING SPÄTLESE BISCHÖFLICHES KONVIKT. Mehrere übereinstimmende Bewertungen: zuletzt gelb-

grün, aber immer noch leicht spritzig; weiche, grasige, traubige Nase, eine «grüne» Unterlage; halbtrocken, traubig, Pfirsichkerne, sehr trockener, stachelbeerartiger, säurebetonter Abgang.
*Zuletzt im Juli 1989 verkostet* ★★★

FORSTER PECHSTEIN GEWÜRZTRAMINER AUSLESE VON BUHL. Blaß; Bukett und Geschmack delikat, harmonisch, puderiges Gewürz mit Rosenpastillenton. Halbsüß – aber nicht süß genug für Zwetschgenknödel mit Erdbeeren und Schlagsahne – eine delikate Note, parfümiert.
*Zum Mittagessen in Deidesheim, September 1988* ★★★

GAILINGER RITTERHALDE SPÄTBURGUNDER ROTWEIN SPÄTLESE TROCKEN STAATSWEINGUT MEERSBURG. Ein Badener Rotwein vom Bodensee, Silbermedaillengewinner 1984. Ein krasser Gegensatz zum Casteller: relativ blasse, ausgereifte Hagebuttenfarbe; duftig, Himbeerton; ziemlich trocken, relativ leicht, schmackhaft, nicht unähnlich einigen leichteren 83er Burgundern. Schwache Bläschenbildung.
*November 1986* ★★

GAU-HEPPENHEIMER PFARRGARTEN EISWEIN CHRISTMANN-ROLL. Weinsäurekristalle am Korken. Ausgeprägt gelber Farbton, eine Idee Grün; aromatisch und ein wenig schweflig; süßer, angenehmer, wenn auch etwas künstlicher Geschmack.
*April 1988* ★★

GEISENHEIMER KLÄUSERWEG RIESLING EISWEIN FORSCHUNGSANSTALT GEISENHEIM. Relativ blasses Goldgelb; tiefe, minzige, brotartige Nase; sehr süß, reich, recht konzentriert, mit ausgleichender Säure. Mehrere Bewertungen.
*Zuletzt im Oktober 1987 verkostet* ★★★

GRAACHER HIMMELREICH RIESLING AUSLESE HALBTROCKEN S.A. PRÜM. Neutral; ordentlich «halbtrocken», weich, schmackhaft.
*September 1988* ★★ *Austrinken.*

HALLGARTENER HENDELBERG RIESLING SPÄTLESE HALBTROCKEN FÜRST LÖWENSTEIN. Die Beeren werden mittlerweile auf Schloß Vollrads gekeltert. Duftig, aber trocken und säurebetont, und wie üblich ist Matuschka-Greiffenclaus Vorstellung von «halbtrocken» nicht die meinige. Dieser hier ist trocken. Aber schmackhaft.
*September 1988* ★★

HOCHHEIMER DOMDECHANEY RIESLING SPÄTLESE WERNER. Silberner Preis der DLG von 1986 für Dr. Franz Werner Michel in der 7. Generation der Familie Werner: blaß; zurückhaltend;

ziemlich trocken, schlank, lebhaft, sehr schmackhaft, gute Säure.
*September 1988* ★★(★)

HOCHHEIMER DOMDECHANEY RIESLING SPÄTLESE SCHLOSS SCHÖNBORN. Mehr Frucht und etwas süßer, weich, reif.
*Juni 1987* ★★★

HOCHHEIMER HÖLLE RIESLING SPÄTLESE WERNER. Schöne zarte, fruchtige, lebhafte Säure.
*Februar 1988* ★★★

HOCHHEIMER KIRCHENSTÜCK RIESLING SPÄTLESE HALBTROCKEN WERNER. Diese Lage grenzt unmittelbar an die Domdechaney, ein schwerer Boden, der angeblich selbst in trockenen Jahren frische und elegante Weine hervorbringt. Werner produziert nicht zuviel. Die Weine gären und reifen 1 ½ Jahre in alten Eichenfässern. Pfirsichartige Nase, aber ein bißchen dumpf.
*September 1988* ★★

HOCHHEIMER KÖNIGIN-VICTORIA-BERG RIESLING SPÄTLESE PABSTMANN. Erstmals im Juli 1984 verkostet. Er war duftig, recht ungewöhnlich und unverbunden, aber weich, zart und gefällig im Geschmack. Mehrere Jahre nach der Ernte hatte er Farbe gewonnen, ein ansprechendes, helles Goldgelb; tief, warm, erdig, grasig in Bukett und Geschmack. Wirkte süßer.
*Zuletzt im Oktober 1990 verkostet* ★★ *Bald trinken.*

HOHENTWIELER OLGABERG RULÄNDER AUSLESE STAATSWEIN MEERSBURG. Ein mit Gold prämierter Badener Wein mit überraschend tiefer bernsteingoldener Farbe; sehr reiches, traubiges, köstliches Bukett; halbsüß – paßte gut zu Parmaschinken und Melone, reich und doch schön ausgewogen, perfekte Säure.
*Juni 1988* ★★★★

HOHENTWIELER OLGABERG TRAMINER AUSLESE Gelb und weich; Bukett nach Pfirsichen und Aprikosen; halbsüß, prachtvoller Geschmack, füllig, traubig, gute Säure.
*Juli 1989* ★★★★

HOHENTWIELER OLGABERG WEISSBURGUNDER SPÄTLESE Strohgelb. Reich, weich, füllig, ein bißchen zu drall süß.
*August 1987* ★★

KASELER DOMINIKANERBERG RIESLING AUSLESE VON NELL. Gelbgrün; ansprechende zurückhaltende Traubigkeit; mittel – weder süß noch trocken, frisch gehalten von seiner recht deutlichen, stachelbeerartigen Ruwersäure.
*September 1989* ★★★

KASELER DOMINIKANERBERG RIESLING
AUSLESE HALBTROCKEN Ein schönes, weiches
Gelb; weiche, wächserne Frucht; halbtrocken,
leichter, trockener, säurebetonter Abgang, ein
Hauch von Bitterkeit.
*September 1989* ★

KASELER DOMINIKANERBERG RIESLING
AUSLESE TROCKEN Trocken, relativ leicht,
lebhaft, sehr trockener, säurebetonter Abgang
und ein wenig harter, gummiartiger Endgeschmack.
*Mai 1989* ★

KASELER DOMINIKANERBERG RIESLING
SPÄTLESE TROCKEN Blaß; nussig; knochen-
trocken, aber duftig.
*September 1988* ★★

MAXIMIN GRÜNHÄUSER ABTSBERG KABI-
NETT VON SCHUBERT. Ein perfekter leichter,
erfrischender Mittagswein an einem heißen Tag im
Zoorestaurant von Johannesburg (in Südafrika,
nicht am Rhein).
*Dezember 1987* ★★★

MAXIMIN GRÜNHÄUSER ABTSBERG RIES-
LING AUSLESE Mehrere Bewertungen: Geruch
und Geschmack herrlich, pfirsichartig, wie Ananas, dennoch sehr delikat, erfrischender, duftiger
Nachgeschmack.
*Zuletzt im April 1987 bewertet* ★★★(★) *Wird immer
noch köstlich sein.*

OCKFENER BOCKSTEIN RIESLING AUSLESE
GOLDKAPSEL GELZ-ZILLIKEN. Eher blaß; grasi-
ge Nase; mittelsüß. Enttäuschend.
*April 1993* ★★

RAUENTHALER BAIKEN RIESLING SPÄTLESE
VON SIMMERN. Helles, ansprechendes, pures Gelb
mit goldenem Funkeln; zarte Traubigkeit, zurückhaltend, Anflug von Honig, gute Tiefe; halbtrock-
ken, schöne feste Frucht, lebhafter, harter, stahliger Abgang. Ein «Hock» nach meinem Herzen.
Hat noch Zeit.
*Oktober 1987* ★★★(★) *Dürfte inzwischen perfekt
sein.*

SCHARZHOFBERGER VON VOLXEM. Leicht und
trocken, perfekt zu Austern Rockefeller.
*Bei Antoine's in New Orleans, April 1986* ★★★

SCHARZHOFBERGER SPÄTLESE HOHE DOM-
KIRCHE. Halbsüß, mit ergötzlich leichter Traubig-
keit und schönem Gleichgewicht von Frucht und
Säure.
*Mai 1980* ★★★

SCHLOSSBÖCKELHEIMER FELSENBERG DEIN-
HARD. Reizvoll, mit leicht honigartiger Nase und
dem eigenen Nahegeschmack nach Ananas und
Grapefruit. Säure ausreichend.
*Dezember 1988* ★★

SCHLOSSBÖCKELHEIMER FELSENBERG
RIESLING SPÄTLESE H. CRUSIUS. Schwefel-
dioxid verdeckte im Juli 1984 die Frucht; 1986
nach wie vor ein wenig enttäuschend, besser im
Geschmack.
*Zuletzt: ziemlich trocken, eher leicht, so la la.
Zuletzt im Juli 1989 verkostet* ★

SIEBELDINGER IM SONNENSCHEIN SPÄT-
BURGUNDER WEISSHERBST AUSLESE ÖKO-
NOMIERAT REBHOLZ. Ein zuverlässiger Winzer
laut Schoonmaker. Macht ansprechenden, trockenen Weißwein aus reifen roten Beeren. Weiß ist
nicht der richtige Ausdruck: ein relativ blasses,
warmes, orangegetöntes Bernsteingold; schöne,
harmonische, honigartige, traubige Nase; überraschend trocken, fest, Länge und Nachgeschmack
gut. Hervorragende Säure. Paßte gut zu Feigen.
*September 1988* ★★★★

WINKELER HASENSPRUNG RIESLING SPÄT-
LESE DEINHARD. Zwei sehr übereinstimmende
Bewertungen, die erste bei der Eröffnungsdegu-
station im Juli 1984: sehr aromatisch, Veilchen;
trocken, Geschmack nicht so aufregend wie der
Geruch. 1988 ein tieferes Gelb, aber ansonsten
ähnlich. Auch so la la.
*Zuletzt im Dezember 1988 verkostet* ★★

WINKELER HASENSPRUNG RIESLING SPÄT-
LESE WILM WASUM. Deutlich süßer, aber recht
ölig und wie Pfisichkerne. Knapp danebenn.
*März 1987* ★

WINKELER HONIGBERG RIESLING SPÄTLE-
SE Im Laufe von drei Jahren degustiert. Gelb-
schimmer; traubig, mild und doch fett; halbtrock-
ken, ein bißchen vierschrötig, leicht kernartig, aber
einigermaßen reich. Muß getrunken werden.
*Mai 1990* ★★

Sämtliche Weine abzuspulen, die 1984 bis 1986
verkostet wurden, wäre überflüssig und Platzver-
schwendung. Sie reichten von QbA bis Auslese,
aber die meisten waren Spätlesen und Auslesen,
von denen ich verallgemeinernd behaupten würde,
daß letztere reizvoller waren, ob von der Mosel
oder aus der Rheinpfalz.

# 1984

Kümmerliche Weine mit viel Säure; einer der schlechtesten Jahrgänge des Jahrzehnts, wenn nicht der schlechteste überhaupt. Das Wetter spielte in ganz Nordeuropa verrückt. In Deutschland später Austrieb, späte Blüte, schlechter Sommer, verzögerte Ernte (Mitte Oktober) bei einigermaßen warmen und trockenen Bedingungen. Ich habe nur vier verkostet und verspüre kein brennendes Verlangen nach mehr.

ASSMANNSHÄUSER FRANKENTAL SPÄTBURGUNDER TROCKEN R. KÖNIG. Relativ blaß, Stich ins Kastanienbraun; delikat, fruchtig, erkennbar Pinot, ein bißchen grün und malzig; unverwoben, eigentümlich käsig, Geschmack nach verfaulten Trauben.
*April 1989.*

RUPPERTSBERGER REITERPFAD RIESLING SPÄTLESE VON BUHL. Zugegebenermaßen ein verpatztes Jahr. Eigentümlicher Ton in Geruch und Geschmack. Ich dachte, es wäre Scheurebe mit drin, aber mußte mir sagen lassen, daß diese Traube von ihnen 1983 das letzte Mal benutzt worden war. Hohe Säure.
*In der Kellerei, September 1988* ★

SCHARZHOFBERGER EISWEIN EGON MÜLLER. Bernsteinorange, apfelgrüner Rand; erstaunlich, Aprikosen, Honig; intensiv süß, wächserne Frucht, sehr hohe Säure.
*Mit Hugh Johnson, Juni 1991* ★★★★

WEHLENER SONNENUHR RIESLING KABINETT J.J. PRÜM. Leicht, unkompliziert, fruchtig, säurebetont.
*Abendessen nach der Auktion im Cape Cod Room des Chicagoer Drake Hotel, Februar 1990* ★

# 1985 ★★★

Ein attraktiver Jahrgang. Um Ian Jamieson im Decanter zu zitieren: «Die Weinberge wurden von Frost, Hagel und Trockenheit heimgesucht und bekamen zum Schluß mit das beste Erntewetter der letzten 20 Jahre.» Der lange heiße Sommer erstreckte sich bis in den Herbst hinein, was ideale Reifebedingungen ergab: sonnige Tage, kühle Nächte, diesige Morgen. Ein paar willkommene Schauern halfen den Beeren auf die Sprünge. Die besten Weine sind eher reiz- als gehaltvoll. Im schlimmsten Fall läßt sich über einige sagen, daß sie ein wenig dumpf, mangelhaft, kurz sind. Die meisten sind oder waren sehr gefällig. Was die Gebiete anbelangt, liegt eine ziemliche Bandbreite von Bewertungen vor, hauptsächlich der Prädikate Kabinett, Spätlese und Auslese, wobei es für meinen Geschmack zu viele trockene Weine gab. Es folgt eine Auswahl meiner neueren Aufzeichnungen.

BERNKASTELER DOCTOR RIESLING SPÄTLESE DEINHARD. Leicht kerosinartiges Rieslingaroma, wurde an der Luft schokoladig; halbsüß, weich, schwacher Pfirsichkerngeschmack, dazu Veilchen.
*Oktober 1990* ★★

BRAUNEBERGER JUFFER SONNENUHR RIESLING SPÄTLESE WILLI HAAG. Sechs neuere Bewertungen. Stahliges Graugrün, glanzhell; gedämpftes kerosinartiges, traubiges Aroma, aber bei genauem Hinschnuppern ein Hauch von Kleehonig; halbsüß, leicht (Alkohol 7,8 %), dennoch mit verstecktem Rückgrat. Eleganter Wein, frisch und fruchtig. Ein köstliches Getränk.
*Bei Christie's Wine Course. Zuletzt im Juni 1991 verkostet* ★★★

CASTELLER BAUSCH MARIENSTEINER EISWEIN FÜRST CASTELL. Eigentlich ein 86er, denn die Mariensteiner Main-Rieslingbeeren (eine Kreuzung von Sylvaner und Rieslaner, welcher seinerseits Riesling und Sylvaner ist) wurden am 31. Dezember 1985 und am 1. Januar 1986 gelesen, der erste Eiswein «made in Franconia». Sylvaner ist die vorherrschende Rebsorte in Franken. Sie hat dicke Stiele und Häute und ist sehr resistent gegen Krankheiten. Zuerst mit Michael Prinz zu Salm-Salm verkostet, dem Schwiegersohn des Fürsten Castell, dem die Weinbereitung seit 1983 untersteht. Ein paar Monate später eine halbe Flasche. Helles Butterblumengelb; sehr kräftige Honig- und Gewürznase, mit jugendlicher, Reineclaudeartiger Frucht; sehr süß, sehr reich, mit hoher geschmacksintensivierender Säure, sauber und lebhaft.
*Zuletzt im November 1988 verkostet* ★★★★

DHRONER HOFBERGER RIESLING SPÄTLESE BISCHÖFLICHES PRIESTERSEMINAR. Blaß und blank; kraftvoller, aber rustikaler Bauernhofgeruch, etwas Traube und Honig; insgesamt trocken, plump, wenig beeindruckend, adstringierender Abgang.
*Februar 1988* ★

ERDENER PRÄLAT RIESLING AUSLESE DR. LOOSEN. Milder, zarter, traubiger Geruch und Geschmack. Relativ trocken. Eher enttäuschend.
*September 1988* ★★

FORSTER MARIENGARTEN KABINETT BÜRKLIN-WOLF. Etwas weich, trinkt sich aber noch immer gut.
*Am Staatsbankett im Buckingham-Palast, April 1993* ★★★

**FORSTER MUSENHANG RIESLING KABINETT TROCKEN** VON BUHL. Nicht viel Farbe; aromatisch, Mandeln; trocken, eindringlich, duftig, aber rauh und beißend.
*September 1988* ★

**INGELHEIMER SCHLOSS WESTERHAUS RIESLING EISWEIN** VON OPEL. Am 31. Dezember und 1. Januar (1986) gelesen. Alkohol 6,1 %. Reines Goldgelb; herrlich, beschwingt, Traube, Pfirsich, Mango und Honig; sehr süß, köstlicher, lebhafter, fruchtiger Geschmack, perfekte Säure. Der beste Eiswein, an den ich mich erinnern kann.
*September 1988* ★★★★★

**JOSEPHSHOFER RIESLING AUSLESE** VON KESSELSTATT. Exklusive Lage in Graach. 8,5 % Alkohol. Silberner Preis der DLG 1988, Silberne Kammerpreismünze 1987. Reiche, dralle, ziegenartige Nase; halbtrocken, Fülle durch sehr gute Säure ausgeglichen. Vanille-Nachgeschmack. Hält sich gut.
*November 1990* ★★★(★) *Bis 1995.*

**JOSEPHSHOFER SPÄTLESE** VON KESSELSTATT. Blaß; halbtrocken, leicht, zart trinkbar.
*Mai 1991* ★★

**MAXIMIN GRÜNHÄUSER HERRENBERG RIESLING KABINETT** VON SCHUBERT. Mehrere Bewertungen. Ziemlich blaß, schwach spritzig; Pfirsichhaut, Erdbeere, appetitliche Säure; insgesamt trocken, leicht, ein bißchen zu starkes Kohlensäureprickeln, aber bezaubernder Geschmack und schneidige Säure. Mäßige Länge.
*Zuletzt im Mai 1985 verkostet* ★★★ *Gerade noch.*

**OPPENHEIMER HERRENBERG SILVANER EISWEIN** GUNTRUM. Relativ blasses Gelb; Stachelbeere und Honig; süß, eine Spur Fett, doch angenehm delikat, gute Säure. Ein bißchen kurz.
*Dezember 1988* ★★★

**SCHARZHOFBERGER RIESLING SPÄTLESE** EGON MÜLLER. Halbtrocken, leicht, frisch, delikat, pfirsichartiger Geschmack. Zu Rochen serviert, aber viel besser allein.
*September 1988* ★★★

**SCHLOSSBÖCKELHEIMER FELSENBERG RIESLING SPÄTLESE** CRUSIUS. Sehr blaß; spröde und doch aromatisch, Duft nach Gesichtspuder; relativ trocken, sehr gefällige Frucht; gute Länge.
*August 1988* ★★★

**SCHLOSS JOHANNISBERG GRÜNLACK RIESLING SPÄTLESE TROCKEN** Trocken, fest, leichte Frucht, schön bereitet.
*März 1989* ★★★ *Bald trinken.*

**SERRIGER SCHLOSS SAARSTEINER RIESLING KABINETT** Grünschimmerndes Gelb; mild fruchtig; leicht, erfreulich. Ziemlich viel Schwefeldioxid.
*Zuletzt im Januar 1989 verkostet* ★★

**TRAISER BASTEI RIESLING AUSLESE TROCKEN** CRUSIUS. Säure 8,5°. Die Lage Bastei ist eine 1 ha große Sonnenfalle, sie soll die wärmste sein in ganz Deutschland. Relativ blasses Gelb; delikate, warme, traubige Nase, viel Charme; trocken, leicht, lebhaft, ein bißchen erdig und ein harter Mißton. Benötigte noch mehr Flaschenalter.
*September 1988* ★★(★) *Bis 1995.*

*Ürzig*

**ÜRZIGER WÜRZGARTEN RIESLING AUSLESE** MÖNCHHOF. Kerosinartiges Rieslingaroma plus einer Spur Flaschenalter; ansprechend, fest, immer noch hart. Kurzer, aber guter Abgang.
*Juni 1990* ★★(★★) *Bis 1995.*

**VERRENBERGER VERRENBERG LEMBERGER SPÄTLESE TROCKEN** FÜRST ZU HOHENLOHE-OEHRINGEN. Das Dorf und der Weinberg in Württemberg sind gleichen Namens. Eindrucksvoll tiefe, intensive kirsch-rubinrote Farbe mit unreifem Purpurrand; scharf, tiefe Frucht, Sattel-

geruch der Tannine, Vanille und eine explosive Tiefe; trocken, rauh, tanninreich – ein eigenartiger, irgendwie schimmliger Geschmack. Zu trinken zu deutscher Wurst oder Wildschwein.
*Rotweindinner und Degustation in Frankfurt, September 1988 *? Schwer einzustufen. Benötigt Flaschenalter.*

### VERRENBERGER VERRENBERG RIESLING SPÄTLESE TROCKEN HOHENLOHE-ÖHRINGEN.
Sehr blaß; ähnliche Erdigkeit wie der Lemberger, Camembert-Rinde; sehr trocken. Auch ein ähnlicher eigentümlich schimmliger Geschmack. Prinz Kraft zu Hohenlohe-Öhringen, der Sohn des Fürsten, meinte, es könnte am Boden liegen. Ich dachte eher an die Fässer.
*Auf dem Zweiten Europäischen Wein-Festival in Frankfurt, September 1988?*

### WEHLENER SONNENUHR RIESLING SPÄTLESE DEINHARD.
Erstmals im August 1986 verkostet: sehr blaß, recht gute Frucht, noch zu jugendlich. Sechs Bewertungen seitdem, gewinnt etwas Farbe, «Traubigkeit» kommt immer wieder vor, süß, delikat; halbtrocken, relativ leicht, huscht über den Gaumen. Ein Charmeur.
*Zuletzt im November 1988 verkostet ★★★*

### WILTINGER BRAUNE KUPP KABINETT EGON MÜLLER.
Schöner, reifer, leicht öliger Riesling; ziemlich trocken, leicht, nicht viel Geschmack.
*November 1990 ★★ Austrinken.*

### WINKELER HASENSPRUNG RIESLING KABINETT DEINHARD.
Angenehmer traubiger Geschmack und guter trockener, säurebetonter Abgang. Ein sehr gefälliges Sommergetränk.
*Juni 1990 ★★★*

# 1986★ bis ★★★

*Ein Jahrgang der zerschlagenen Hoffnungen. Prächtige Blüte im Juni, sehr heißer August, leidlicher September mit Regen, der Fäule begünstigte, und sehr wechselhaftes Wetter im Oktober – schwere Stürme rissen die Trauben von den Stöcken. Die Erntehelfer mußten retten, was sie konnten. Unterschiedliche, hauptsächlich leichte, dünne, ziemlich säurereiche Weine, obwohl in Deutschland die Säure ein ausschlaggebender Faktor ist. Die Rheinpfalz soll die erfolgreichste Region gewesen sein, aber die Weine sind mir entgangen.*

*Ich habe diesen Jahrgang bestimmt nicht besonders ins Auge gefaßt und besitze nur ein paar Dutzend Bewertungen, größtenteils von 1988, danach kaum mehr welche.*

### ERDENER TREPPCHEN RIESLING SPÄTLESE MÖNCHHOF.
Mittel – weder süß noch trocken, leicht ölig, chaptalisierter Geschmack und Charakter.
*Juni 1990 ★*

### JOSEPHSHOFER RIESLING SPÄTLESE VON KESSELSTATT.
8% Alkohol. Säurereiche Nase: Stachelbeere, Ananas; etwas Süße und Frucht zur Milderung der Säure, aber ein prickelnder Abgang. Erfrischend!
*November 1990 ★*

### KANZEMER SONNENBERG RIESLING KABINETT TROCKEN CARL GRAFF.
Leicht aromatisch, duftig; betont trocken, etwas traubig. Ein gelungener Wein. (Früher hätte man den Saarwein eines säurereichen Jahrgangs den Sektfabrikanten überlassen, aber die Winzer können es sich nicht leisten, ihn billig zu verkaufen, und die Sekthersteller können günstigeren Wein importieren.)
*Oktober 1989 ★★*

### OBEREMMELER HÜTTE RIESLING KABINETT VON HÖVEL.
Blaß; grasig; knochentrocken, hart, säurebetont. (Siehe die vorgängigen Bemerkungen.)
*Juni 1990 ★*

### PIESPORTER GOLDTRÖPFCHEN RIESLING KABINETT VON KESSELSTATT.
Schwer, sich damit zu betrinken: Alkohol 7,5 Vol.%, etwas mehr als halb so stark wie ein guter weißer Burgunder (und ein Fünftel des Preises!). Leichte traubige, pfirsichartige Nase; ziemlich trocken, leicht, fest, gute Säure. Kurz.
*November 1990 ★★*

### SICHELS TBA
Eine neue Marketingidee: Die Namen des Anbaugebiets und des Weinbergs sind weggelassen. Dies ist H. Sichels TBA, und noch dazu eine sehr gute: recht tiefes orangeschimmerndes Gold; reiche, reife Pfirsich- und Aprikosennase; sehr süß, fett, reich, schöner Geschmack, traubig, minzig, hervorragende Säure. Mir sagte zwar die Etikettenverstümmelung nicht zu, der Wein jedoch sehr.
*Juni 1989 ★★★(★). Bis 2000.*

### VON DEN 1988 VERKOSTETEN WEINEN LAGEN DIE FOLGENDEN ÜBER DEM DURCHSCHNITT:

### HALLBURGER SCHLOSSBERG SILVANER QBA DR. GRAF KARL VON SCHÖNBORN (Schloß Hallburg in Franken).
Das reinste Silvaner-Aroma, duftig; knochentrocken, sauber, lebhaft ★★

### HATTENHEIMER PFAFFENBERG RIESLING SPÄTLESE VON SCHÖNBORN.
Weingut im Rheingau. Gewinner eines Goldenen Preises.

Schönes «grünes» Fruchtaroma; ziemlich trocken, relativ leicht, mild und zart ★★★

KESTENER PAULINSBERG RIESLING KABINETT PETER JOS. HAUTH. Trocken, sauber, ansprechend ★★

RAUENTHALER BAIKEN RIESLING KABINETT TROCKEN STAATSWEINGUT. Traubenlese 26. bis 28. Oktober. In Edelstahl. Am 27. April 1987 auf Flaschen gezogen. Der Boden der Lage Baiken ist, nach dem Bernkasteler Doktor, der teuerste in ganz Deutschland. Relativ blasses Gelb; frische, fruchtige Säure mit «Katergeruch» fast wie ein Sauvignon Blanc; trockener, positiver, klassischer Geschmack, aber spröde ★★(★)

SCHLOSSBÖCKELHEIMER KUPFERGRUBE RIESLING HALBTROCKEN STAATSWEIN. Die Lage Kupfergrube rühmt sich eines mediterranen Kleinklimas. Die Beeren wurden am 23. Oktober gelesen, nicht behandelt, in Eiche gelagert, Stärke 11 %. Ein außergewöhnlicher Duft, wie Gesichtspuder, fast gewürzartig; halbtrocken, chaptalisiert, aber perfekt, attraktiver Geschmack ★★★

SPÄTBURGUNDER LINGENFELDER (genau genommen: GROSSKARLBACHER BURGWEG). Ein Pinot Noir aus der Rheinpfalz, 8 bis 10 Tage auf den Schalen, dann «malolaktische» Gärung, gefolgt von 12 Monaten in kleinen Eichenfässern (keine neue Eiche). Ansprechende Farbe; fruchtiges Aroma, etwa wie Gamay; ziemlich trocken, fest, gute Länge, harter, trockener Abgang. Braucht Flaschenalter ★(★)

WACHENHEIMER MANDELGARTEN SCHEUREBE SPÄTLESE BÜRKLIN-WOLF. Außergewöhnliches, exotisches Bukett, Brombeeren; mitteltrocken, sehr markanter Geschmack und ein Nachgeschmack wie kristallisierte Veilchen.
*April 1993* ★★★★

WEHLENER SONNENUHR KABINETT S.A. PRÜM. Relativ blasses Gelb; weiche, harmonische, fruchtige Nase; relativ trocken, recht leicht, gute Frucht und Säure ★★

## 1987

*Wieder ein wenig begeisternder Jahrgang. Beim Durchgehen meiner Aufzeichnungen werde ich immer deprimierter. Ich mag deutsche Weine, aber die armen Winzer tun mir leid. Guter Blattaustrieb und gute Blüte, aber ein naßkalter Sommer. Von Mitte September an besserte sich das Wetter jedoch und blieb bis Anfang Oktober relativ trocken. Hauptsächlich leichte, relativ trockene, säurereiche Weine mäßiger Güte. Wenige Spätlesen, noch weniger Auslesen erzeugt, aber,*

*um gerecht zu sein, ein paar brauchbare stahlige, ansprechende Kabinettweine, von denen sich die besten halten werden. Die meisten meiner Aufzeichnungen sind 1988 entstanden, seitdem relativ wenige.*

EITELSBACHER KARTHÄUSERHOFBERG RIESLING KABINETT 7,4 % Alkohol. Relativ blasses Gelb; unangenehm hart, das aufgezuckerte Traubenaroma sitzt auf grüner, stachelbeerartiger Fruchtsäure. Offensichtlich kann nicht eimal ein Weingut dieses Formats in einem Jahr wie 1987 viel ausrichten. Der Wein war unbedingt trinkbar.
*Oktober 1990* ★

HATTENHEIMER PFAFFENBERG RIESLING KABINETT VON SCHÖNBORN. Gefällig, leicht, grün und traubig in Aroma und Geschmack. Ziemlich trocken, Rheingauer Stahligkeit, gute Säure.
*Oktober 1989* ★★

KESTENER PAULINSHOFBERGER RIESLING EISWEIN Gute Farbe; mild traubige Nase; recht süß, durchaus intensiv, ordentliches Gewicht, köstlicher Geschmack, gute Länge.
*Eine halbe Flasche, die Hugh Johnson unterwegs nach Tokio als Überraschung aus der Aktentasche holte, Juni 1989* ★★★

MAXIMIN GRÜNHÄUSER RIESLING KABINETT VON SCHUBERT. Außergewöhnlich penetranter Duft nach Katzenpipi; ziemlich trocken, leicht, schmackhaft, aber kurz.
*Zum Nachtessen mit Magnus von Kühlmann auf Schloß Ramholz, im Dezember 1993* ★★

WALDRACHER RÖMERLAY RIESLING PETER SCHERF. Erstmals 1988 verkostet: sehr blaß; weiches, sahniges, traubiges Aroma; lebhaft, ansprechend. Im folgenden Herbst bei der Rückkehr aus Los Angeles einen duftigen Nachgeschmack bemerkt. Zuletzt, auch auf einem BA-Flug serviert, hatte er ein wenig Farbe angenommen. Leicht und fruchtig. Hervorragend zu Curry-Suppe!
*Mai 1990* ★★

WEHLENER SONNENUHR RIESLING SPÄTLESE J.J. PRÜM. Knochentrocken. Spröde.
*Juni 1990.*

WESTHOFENER BERGKLOSTER SILVANER HALBTROCKEN WINZERGENOSSENSCHAFT WESTHOFEN. Praktisch farblos; minzig, leicht würzig; mild fruchtig, kurz bei der ersten Verkostung 1988. 1989 passabel. Danach überraschend trocken für einen Halbtrockenen, mittelmäßige Qualität.
*Zuletzt im Juni 1990 verkostet* ★

EIN QUERSCHNITT DURCH DIE 1988 VER-
KOSTETEN 87ER:

BERNKASTELER LAY RIESLING KABINETT
ZACH. BERGWEILER PRÜM (Das Weingut von
Ernst Loosens Mutter, jetzt mit Dr. Loosen unter
einem Hut als Weingut St. Johannishof). Sämtliche
Loosen-Weine werden in 1000-Liter-Fudern gela-
gert. Angenehme frische Frucht, geradezu blumig;
Anflug von Erdigkeit, sehr trockener, säurebeton-
ter Abgang ★★

DEIDESHEIMER LEINHÖHLE RIESLING
SPÄTLESE VON BUHL. Trocken, relativ leicht,
gefällig, aber eher ein Kabinett. Säurebetonter
Abgang ★★

ERDENER PRÄLAT RIESLING KABINETT
HALBTROCKEN DR. LOOSEN. Prälat ist der beste
Teil der Großlage Treppchen, unter den Felsen, in
Südlage: sehr blaß; sehr aromatisch; ein überra-
schend warmer, reicher Wein mit breitem, trocke-
nem Abgang ★★★

ERDENER PRÄLAT RIESLING SPÄTLESE LOO-
SEN. Geerntet, bevor der Regen kam; mildes, traubiges Brombeerenaroma; halbtrocken, relativ
leicht, hübscher Geschmack, sehr gute Endsäure,
trocknete einem geradezu den Mund aus ★★★

ERDENER TREPPCHEN RIESLING KABINETT
LOOSEN. Rote Erde, Sandstein: der Wein hatte
kaum Farbe; jugendlich, traubig, ein Hauch von
Vanille; trocken, leicht, schlank, lebhaft, aber kurz
★★

GRAACHER HIMMELREICH RIESLING KA-
BINETT LOOSEN. Tiefer Boden, Lehm und grauer
Schiefer: sehr ansprechende Frucht, traubig, Spur
von Litschi, säurebetont; delikater, lebhafter, sehr
trockener Abgang ★★★

ROXHEIMER BERG RIESLING HALBTROK-
KEN DALBERG. Nicht ausgereift, Nagellack;
trocken, leicht, hager, traubig, gute Säure ★★

WALLHÄUSER JOHANNISBERG RIESLING
DALBERG. Ebenfalls nicht ausgereift; relativ trokken, leicht, traubig, frisch und unkompliziert,
trockener Abgang ★★

WEHLENER SONNENUHR RIESLING KABI-
NETT LOOSEN. Flacher Boden, einen halben
Meter dick, Devonschiefer, gute Entwässerung:
lebhaftes, delikates und doch hartes Ananasaroma;
ganz wenig Restzucker, lebhaft, hohe Weinsäure
(70%).

## 1988 ★★★★

*Alles in allem ein sehr guter Jahrgang, der nur
wegen unbeständiger Witterung zu einem kritischen Zeitpunkt mitten in der Ernte kein großer
wurde. Bestimmt in mancher Hinsicht der beste
seit 1983 und in manchen Gebieten in Stil und
Qualität auf gleichem Niveau wie 1975.*

*Es ist Unfug, sich allgemein über «den Jahr-
gang» in Deutschland zu verbreiten, weil das Klima an den milderen Pfälzer Hängen im Süden
(allerdings nördlich des Elsaß) anders ist als das
an der sich weiter nördlich dahinschlängelnden
Mosel, bei der jede Flußbiegung ihr eigenes Klein-
klima hat, und das ihrer Nebenflüsse Saar und
Ruwer. Ganz zu schweigen von den Riesenunter-
schieden, was Bodenart, Unterböden und Entwässerung anbelangt.*

*Die Entwicklung bis zur Ernte war ausge-
zeichnet: erfolgreiche Blüte im Juni, angenehmer
Juli, dann warmes, sonniges, trockenes Wetter im
August und September, weitverbreitete Edelfäule
gegen Ende September. Was fehlte, war der
Regen. Der willkommene Regen kam Anfang
Oktober, gefolgt von unwillkommenen 10 bis
14 Regentagen zur Erntemitte. Wer früh las,
hatte Glück. Wer tapfer bis zum Ende des Monats ausharrte, bekam hervorragende Auslesen.
Am 7. November, beispielsweise, überraschte an
der Nahe der Frost einige mitten in der Ernte.
Aber der Frost kann auch sein Gutes haben. So
wurden einige prachtvolle Eisweine erzeugt.*

*Ich gestehe, daß ich keine so breite Palette ver-
kostet habe, wie ich gern hätte. Und was ich verkostet und gekauft oder getrunken habe, gefiel
im großen und ganzen gut. Wie viele andere auch
liebe ich Mosel-Saar-Ruwer-Weine. Aber ich
glaube, es ist ziemlich dumm von uns, daß wir
nicht die anderen klassischen Anbaugebiete wieder neu entdecken. Dort wird so mancher schöne
Wein bereitet.*

BERNKASTELER BADSTUBE KABINETT J.J.
PRÜM. Sehr blaß; jugendlich, grasig, Hauch von
Lanolin, harmonisch; leichter, traubiger Ge-
schmack, hart, sehr trocken, leicht metallischer,
säurebetonter Abgang. Lebhaft. Erfrischend.
*März 1991* ★★

BERNKASTELER BADSTUBE RIESLING SPÄT-
LESE DR. THANISCH. Sehr blaß; mildes, sehr trau-
biges Aroma; ziemlich trocken, ordentliches
Gewicht, ein guter positiver Geschmack, weich
und doch sehr säurebetont.
*Zuletzt im Oktober 1990 verkostet* ★★(★)

BRAUNEBERGER JUFFER AUSLESE WILLI
HAAG. Pfirsichartige Nase; halbsüß, reich, gute
Länge.
*Juni 1990* ★★★

**BRAUNEBERGER JUFFER RIESLING KABINETT** WILLI HAAG. Blaß, leicht spritzig; sehr milde, traubige Nase; halbtrockener Auftakt, der zu einem sehr trockenen, säurebetonten Abgang mit Schwung führte. Duftig, aber es fehlte an Länge.
*März 1991* ★★

**BRAUNEBERGER JUFFER SONNENUHR SPÄTLESE** WILLI HAAG. Sehr blaß; rieslingtypische Kerosinnote, hübsche Frucht, angenehme Säure; halbtrocken, leicht (7,8 % Alkohol), fruchtig, sehr gefällige Endsäure, bezaubernd.
*Januar 1990* ★★★★

**EITELSBACHER KARTHÄUSERHOFBERG RIESLING KABINETT** RAUTENSTRAUCH. Stich ins Grüne; leichte, jugendliche Frucht – Ananas, Pfirsich, duftig, obwohl schweflig; sehr trocken, ziemlich leicht (9 % Alkohol), delikate Frucht und Säure.
*Oktober 1990* ★★

**EITELSBACHER KARTHÄUSERHOFBERG RIESLING SPÄTLESE** Sehr trocken, delikat, fest, gute Länge und Säure.
*Januar 1993* ★★★

**ERDENER PRÄLAT RIESLING AUSLESE** DR. F. WEINS-PRÜM. Erdiges, Bukett mit Sattelgeruch; halbsüß, reich, reif, duftiger Nachgeschmack.
*Juni 1990* ★★★

**FORSTER UNGEHEUER RIESLING SPÄTLESE** DEINHARD. Reich, süß, warm leicht honigartig und würzig; mittel – weder süß noch trocken, mittelschwerer Körper, exzellenter Geschmack, Veilchennote, Säure und Nachgeschmack gut. Bei ihrer Neuaufteilung im Anschluß an das Weingesetz von 1971 wurden die Weinbergparzellen neu bestockt; in dem Wein kommt der schwere, mineralreiche Boden der Rheinpfalz zum Ausdruck – ein riesiger Unterschied zu den leichten, stahligen, säurereichen Moselweinen.
*Oktober 1990* ★★★★ Bis 1998.

**GRAACHER HIMMELREICH RIESLING KABINETT** LAUERBERG. Relativ blaß; ölige Rieslingtraubigkeit; mittel – weder süß noch trocken, halbleicht, schmackhaft. Ordentlich. Gut gekühlt servieren!
*Oktober 1990* ★★

**GRAACHER HIMMELREICH RIESLING SPÄTLESE** DEINHARD. Blaß; delikat, würzig, säurebetont, stachelbeerartig; trocken, leicht in Gewicht und Stil, duftig, gute Säure.
*Oktober 1990* ★★★

**HOCHHEIMER KÖNIGIN-VICTORIA-BERG RIESLING KABINETT** PABSTMANN. Relativ blasses Gelb; traubig, Vanille, Anflug von Schwefeldioxid; trocken, recht spröde, stahlig.
*Oktober 1990* ★★

**HOCHHEIMER KÖNIGIN-VICTORIA-BERG RIESLING SPÄTLESE** Reife Beeren, aber eigenartige Nase (Schwefel?); halbtrocken, mittelgewichtig, Spur von Fett, sehr positiver, recht erdiger Hochheimer Geschmack, sehr guter Nachgeschmack.
*Oktober 1990* ★★★

**MAXIMIN GRÜNHÄUSER ABTSBERG KABINETT** VON SCHUBERT. Für meinen Geschmack vielleicht das schönste Weinetikett der Welt. Auch ein schöner Wein. Ziemlich blaß, glanzhell; schöne duftige Frucht, Hauch von Melone, Ananas; recht trocken, sehr leicht, trockener Abgang. Unscheinbar, aber charmant.
*März 1991* ★★★

**MAXIMIN GRÜNHÄUSER ABTSBERG SPÄTLESE** Süße, molligere, pfirsichartige Nase; Hauch von Süße, schwerer, traubiger im Stil, recht harter, säurebetonter Abgang. Braucht mehr Zeit.
*September 1990* ★★★(★)?

**NIERSTEINER AUFLANGEN SILVANER SPÄTLESE TROCKEN** GUNTRUM. Blaß; intensiv traubiger Geruch, rauhe, jugendliche Säure; nach dem Fanfarenstoß in der Nase urplötzlich trocken am Gaumen, recht hohl, stahlig, mit festem Abgang.
*September 1989* ★(★)

**NIERSTEINER ÖLBERG RIESLING KABINETT TROCKEN** GUNTRUM. Frische, junge, traubige, pfirsichartige Nase; trocken, leicht, recht spröde. Ein «Guntrum Classic» in einer hübschen hohen Flûte-Flasche alter Art.
*Februar 1990* ★★

**OBEREMMELER HÜTTE RIESLING SPÄTLESE** VON HÖVEL. Einige Fruchttiefe; trocken, schlank, spröde, gute Länge. Braucht Zeit.
*Juni 1990* ★★(★)

**OBEREMMELER HÜTTE RIESLING AUSLESE** Schönes helles Goldgelb; honigartige, wächserne Melonennase, immer noch hart; mittel – weder süß noch trocken, reiche Frucht, obwohl immer noch leicht, erfrischend. Braucht Zeit.
*März 1991* ★★(★★)

**OBEREMMELER HÜTTE RIESLING EISWEIN** Reiches, honigartiges Bukett; intensiv süß, köstliches Gleichgewicht von Frucht und Säure. Fast eine TBA.
*Juni 1990* ★★★(★★)

**OPPENHEIMER SACKTRÄGER RIESLING KABINETT TROCKEN** GUNTRUM. Jugendliches, pfirsichartiges Aroma, zitronenartige Säure; trocken, leicht, traubiger Geschmack, duftig, aber kurz. *Mai 1990* ★★

**OPPENHEIMER SACKTRÄGER GEWÜRZTRAMINER AUSLESE TROCKEN** GUNTRUM. Relativ blaß; aromatische Litschi, mittel – nicht süß und bestimmt nicht trocken, reif, mit ziegenartigem, erdigem Duft. Ein sonderbarer Stil, aber gut auf seine Art. *April 1990* ★★★

**OPPENHEIMER SACKTRÄGER SILVANER AUSLESE** GUNTRUM. Wachsgelb; dralle Silvaner Frucht; mittel – weder süß noch trocken, reich, recht kraftvoll, fruchtig, trockener Abgang. Verlor etwas seinen Reiz. Ich ziehe einen Wein vor, der mit jedem Schluck interessanter wird. *Juli 1990* ★★

**RAUENTHALER BAIKEN RIESLING SPÄTLESE** STAATSWEINGUT. Eine reizvolle Erscheinung, grün überhaucht; klassisches Rieslingaroma, Anflug von Pfirsich und reifem Traubenhonig; auch von Süße, Traubenschalengeschmack, trockener Abgang. Ruhig, ausgewogen. *November 1989* ★★★(★) *Bis 1998.*

**SCHARZHOFBERGER RIESLING EISWEIN** EGON MÜLLER. Bernsteinfarben; erstaunliche honigartige Süße; intensiv süß, sehr reich, mollig für einen Saarwein, gute Länge, fabelhafte Säure. *Juni 1990* ★★★★★

**SERRIGER SCHLOSS SAARSTEINER RIESLING SPÄTLESE** Blaß, spritzig; delikat, traubig; leicht und charmant. *An Freddie Prices 60. Geburtstag, im März 1992* ★★★ *Jetzt trinken.*

**WEHLENER SONNENUHR RIESLING KABINETT** DEINHARD. Blaß; schönes positives Traubenaroma, Pfirsich und eine Idee Vanille; ziemlich trocken, lebhaft, delikat, sehr gute Säure. Annehmbare Länge für einen Kabinett. *Oktober 1990* ★★★

**WEHLENER SONNENUHR RIESLING SPÄTLESE** DR. LOOSEN. Mehrere Notizen: hübsches traubiges Aroma; mittelsüß, sehr attraktiv in Frucht und Säure. Ganz mein Stil! *Letztmals im Juni 1992* ★★★★

**WEHLENER SONNENUHR RIESLING AUSLESE** MARIENHOF. Faszinierendes Bukett nach Walnüssen und Veilchen; halbsüß, mittelgewichtig, immer noch hart. *Juni 1990* ★★(★★)

**WEHLENER SONNENUHR RIESLING AUSLESE GOLDKAPSEL** J.J. PRÜM. J.J. erzeugt Auslesen mehrerer Qualitätsstufen, von denen die Flaschen mit der langen Goldkapsel die besten sind. Köstlich traubig; halbsüß, gute Länge. Vorzüglicher Wein. *Juni 1990* ★★★★

**WINKELER HASENSPRUNG RIESLING KABINETT** DEINHARD. Relativ blaß, grünschimmernd; gute reife, würzige Traubigkeit mit annehmbarer Tiefe für einen Kabinett; ziemlich trocken, ordentliches Gewicht, guter lebhafter, positiver Geschmack und Nachgeschmack. Immer noch ein bißchen hart. *Oktober 1990* ★★★(★)

## 1989 ★★★★★

*Wie Bordeaux seine Zwillingsjahrgänge hat, so auch die deutschen Weinbaugebiete: 1975 und 1976 z. B. und jetzt 1988 und 1989. Tatsächlich erinnert der Vergleich von 1989 mit 1988 mich an etwas, nämlich an das gleiche Jahrgangsverhältnis in Bordeaux und Burgund: 88er sind fest, 89er haben Anmut und Charme. 1989 verband Qualität und Quantität. Vor allen Dingen ist es ein klassischer Rieslingjahrgang. Er könnte durchaus als bester des Jahrzehnts bezeichnet werden: er hat die weiche Reife des 76ers und kommt fast und manchmal ganz – denn es gibt Unterschiede – an die Qualität von 1971 heran. Man füge dem noch die reichste Ernte seit 1983 hinzu, und man kann den 89er als «Erfolg» verbuchen.*

*Ein ungewöhnlich milder Winter, früher Wachstumsbeginn, zufriedenstellender Blütenansatz im April, wenn auch das naßkalte Wetter die Vegetation verlangsamte. Ausgezeichnete Blüte Anfang Juni, gefolgt von einem sonnigen, relativ trockenen Sommer. Im südlich liegenden Baden fing die Müller-Thurgau-Lese am 11. September an, an der Saar pflückten manche Weingüter vom 22. an (der früheste Zeitpunkt seit Menschengedenken), an der Ruwer ein paar Tage später, an der Mittelmosel und in den meisten anderen klassischen Gebieten Anfang Oktober bei gutem Wetter. Gegen Ende des Monats ließen warme Südwinde die mit Edelfäule befallenen Trauben schrumpeln, wodurch der Saft konzentriert und die Bereitung von festen Auslesen, Beeren- und Trockenbeerenauslesen ermöglicht wurde. Seit 1976 hatte es nicht mehr so viele Weine dieser Qualität gegeben. Wegen des strengen Frosts Ende November konnte auch Eiswein gemacht werden.*

*Obwohl die großen TBA bei den kleinen Mengen, in denen sie erzeugt werden, immer teuer sein müssen, liegen selbst in einem Jahr wie 1989 die Prädikatsweine der unteren Stufen zum Leidwesen des Erzeugers und zur Freude des Verbrauchers im Preis zu niedrig. Meine Empfehlung: kosten, kaufen und trinken!*

**Bernkasteler Badstube Riesling Kabinett** WWE. DR. THANISCH. Spröde. Braucht Zeit.
*Juni 1990 ★★(★★)? Bis 1998.*

**Bernkasteler Doctor Riesling Spätlese** THANISCH. Sehr blaß – wenig Farbe; guter, positiver Geruch und Geschmack, sehr gute Säure, trockener Abgang.
*Juni 1990 ★★★*

**Bernkasteler Doctor Riesling Auslese** THANISCH. Jugendlicher Duft; halbtrocken, gute Fucht, gepflegt, ansprechend.
*Juni 1990 ★★★★*

**Bernkasteler Doctor Riesling Auslese** THANISCH. Ein anderes Fuder. Unglaublich viel reicher: reife, honigartige Nase; süß, große Länge. Vor 1971 wäre er wahrscheinlich als «feinste Auslese» auf den Markt gekommen, aber dank des unsinnig restriktiven Weingesetzes kann er nur als Auslese verkauft werden, deshalb bleibt dieses Faß speziellen Freunden und Kunden vorbehalten!
*Auf der Degustation «Großer Ring» in London, Juni 1990 ★★★★(★)*

**Brauneberger Juffer Riesling Kabinett** WILLI HAAG. Praktisch keine Farbe; leichter, duftiger, würziger Geruch und Geschmack. Trocken. Leicht. Ein bißchen kurz.
*Juni 1990 ★★*

**Brauneberger Juffer Sonnenuhr Riesling Kabinett** FRITZ HAAG. Trocken, mild, duftig.
*Juni 1990 ★★★*

**Brauneberger Juffer Sonnenuhr Riesling Spätlese** FRITZ HAAG. Sehr blaß; traubige Nase; ziemlich trocken, fest, gut, immer noch hart.
*Juni 1990 ★★(★★)*

**Brauneberger Juffer Sonnenuhr Riesling Auslese Goldkapsel** FRITZ HAAG. Reifes, kerosinartiges Rieslingaroma; ziemlich süß, fast ölig reich, köstlich, eher rund als lang.
*Juni 1990 ★★★(★)*

**Casteller Feuerbach Domina qba Trocken Rotwein** FÜRST CASTELL. Ein überraschend tiefer, jugendlich purpurroter Wein aus Franken; süßes, marmeladiges Aroma, durchaus Tiefe, im Glas bleibt ein Duft zurück; trocken, relativ voll, fruchtig, aber stahlig, gut ausgestattet mit Tannin und Säure. Haltbarkeit? Ich bin mir nicht sicher, aber er scheint alle erforderlichen Komponenten zu besitzen.
*April 1990 ★★(★) 1995 bis 2000?*

**Casteller Kugelspiel Müller-Thurgau qba Trocken** FÜRST CASTELL. Jugendlich, leicht traubig, Hauch von Bienenwaben; trocken, stahlig, spröde, kurz.
*April 1990 ★★*

*Bernkastel*

CASTELLER KUGELSPIEL KERNER SPÄTLESE
CASTELL. Blumig, etwas honigartige Reife; trocken, überraschend eindringlich, langer trockener Abgang.
*April 1990* ★★★

CASTELLER KUGELSPIEL RIESLANER AUSLESE CASTELL. Mehr Farbe; delikate, honigartige Nase; halbsüß, mittelgewichtig, schön in Geschmack, Länge und Nachgeschmack.
*Auf der Degustation «Pride of Germany» in London, April 1990* ★★★★

DALBERGER RITTERHÖLLE MÜLLER-THURGAU KABINETT TROCKEN SALM-DALBERG. Jugendlich, pfirsichartig, Grapefruit und ein Hauch Schwefeldioxid, der sich verlieren wird; trocken, spröde, kurzer, aber duftiger Nachgeschmack. Preiswert.
*April 1990* ★★

DALBERGER RITTERHÖLLE SCHEUREBE KABINETT HALBTROCKEN SALM-DALBERG. Schwach, lebhaft, es fehlt der ausgeprägte Scheureben-Charakter in der Nase, aber ein angenehmer leichter, traubiger Geschmack. Trocken, nicht halbtrocken. Gute Säure.
*April 1990* ★★★

DALBERGER SCHLOSSBERG RIESLING SPÄTLESE SALM-DALBERG. Nicht ausgereift, pfirsichartig, Spur der nahetypischen Obstsalatnase; halbtrocken, schmackhaft, säurereich. Braucht Zeit.
*April 1990* ★★(★)

EITELSBACHER KARTHÄUSERHOFBERG RIESLING KABINETT RAUTENSTRAUCH. Schönes, delikates Bukett; sehr trocken, duftig, köstlich, beschwingende Säure am Schluß.
*Juni 1992* ★★★(★) *Bis 1998.*

EITELSBACHER KARTHÄUSERHOFBERG RIESLING AUSLESE Praktisch farblos, aber wird sich zweifellos mit mehr Flaschenalter vertiefen; jugendlich, traubig, «Katergeruch» beinahe wie Sauvignon Blanc; halbtrocken, überraschend mild, eingängig und reizvoll, aber mir schien es an Länge zu fehlen.
*Juni 1992* ★★★

ERDENER PRÄLAT RIESLING SPÄTLESE VEREINIGTE HOSPITIEN. Sehr blaß; jugendlich, pfirsichartig, halbtrocken, leicht, sehr gute Säure. Köstlich.
*Juni 1990* ★★★★ *Bis 1998.*

ERDENER TREPPCHEN RIESLING KABINETT MÖNCHHOF. Jung, lebhaft, traubig in Aroma und Geschmack. Ziemlich trocken. Leicht. Nicht viel Länge, aber ein leicht eingängiger Schmeichler.
*Juni 1990* ★★★ *Bald trinken.*

NIERSTEINER FINDLING SILVANER AUSLESE GUNTRUM. Goldgelb; weich, aromatisch, pfirsichartig; halbsüß, gute, reiche Mitte, harter, trockener Abgang.
*März 1991* ★(★★)

NIERSTEINER ÖLBERG RIESLING KABINETT TROCKEN GUNTRUM. Sehr attraktiver pfirsichartiger Geruch und Geschmack; halbtrocken, nicht trocken, reizvolle Frucht, jugendliche Säure.
*April 1990* ★★★

NIERSTEINER ÖLBERG RIESLING SPÄTLESE TROCKEN REINHOLD SENFTER. Attraktive Farbe; trocken, minzig, komplett, würzig. Die Geschmackstiefe aus Früchten von alten Stöcken.
*April 1993* ★★★

NIERSTEINER PATERBERG MÜLLER-THURGAU KABINETT HALBTROCKEN GUNTRUM. Puderig, parfümiert, Vanille; halbtrocken, gut ausgewogen, obwohl immer noch hart.
*April 1990* ★★★

OBEREMMELER HÜTTE RIESLING KABINETT VON HÖVEL. Leicht, jugendlich, traubig, säurebetont, immer noch ein bißchen schweflig; trocken, schlank, säurebetont, hart. Braucht Flaschenalter.
*Juni 1990* ★(★)?

OBEREMMELER HÜTTE RIESLING EISWEIN Überraschend zurückhaltende Nase, jedoch beträchtliche Tiefe; schmeckt unglaublich süß, pfirsichartig. Prachtvoll. Braucht Zeit.
*Juni 1990* ★★★(★) *Bis 2000.*

OCKFENER BOCKSTEIN RIESLING KABINETT DR. FISCHER. Sehr blaß; reich, rustikal, fast ziegenartig; knochentrocken. Interessant zu sehen, wie er sich entwickeln wird.
*Juni 1990* ★(★★)

OCKFENER BOCKSTEIN RIESLING SPÄTLESE FISCHER. Traubige, nussige Nase; eindringlich, doch mild. Braucht Zeit, um seine Gangart zu finden.
*Juni 1990* ★★(★) *mindestens.*

OPPENHEIMER HERRENBERG SCHEUREBE SPÄTLESE GUNTRUM. Ziemlich reich, pfirsichartig; halbsüß, köstlich traubiger Geschmack, sehr gute Säure für eine Scheurebe und duftiger Nachgeschmack.
*April 1990* ★★★★ *Wird sich bestimmt weiter ausdehnen, etwa bis 1998.*

OPPENHEIMER SACKTRÄGER SILVANER AUSLESE GUNTRUM. Noch ein Beispiel für einen Wein, der eine «feinste Auslese» geworden wäre,

wenn er gedurft hätte: ausgeprägt gelber Farbton; wunderbar reicher, honigartiger, fabelhafter Geschmack, Länge, Nachgeschmack wie Sahnebonbons.
*April 1990* ★★★(★)

### OPPENHEIMER SACKTRÄGER RIESLING TBA

GUNTRUM. Goldgelb; ganz außergewöhnliche Nase, würzig, honigartig; große Süße ausgeglichen durch hohe Säure, großartig in Konzentration, Länge und Nachgeschmack. Und genau zehnmal so teuer wie eine Auslese!
*April 1990* ★★★★(★) *Bis über 2010 hinaus.*

### SCHARZHOFBERGER RIESLING KABINETT

EGON MÜLLER. Praktisch farblos; breiter, pfirsichartiger, grasiger Geruch und Geschmack. Trocken.
*Juni 1990* ★★★

### SCHARZHOFBERGER RIESLING SPÄTLESE

EGON MÜLLER. Blaß; pfirsichartig, ansehnliche Tiefe; trocken, Geschmack und Länge gut.
*Juni 1990* ★★★★

### SCHARZHOFBERGER RIESLING AUSLESE

EGON MÜLLER. Ausgeprägter Gelbton; genauso ausgeprägte würzige Nase; sehr reiche, honigartige Edelfäule.
*Juni 1990* ★★★(★) *Bis 2000.*

### SCHARZHOFBERGER RIESLING SPÄTLESE

VON HÖVEL. Leichte, feste, traubige Nase. Halbtrocken, frisch wie ein Gänseblümchen, gute Länge.
*Juni 1990* ★★(★)

### SCHARZHOFBERGER RIESLING AUSLESE

VEREINIGTE HOSPITIEN. Schweflige Nase; ziemlich süß, reich, gute Länge und Säure.
*Juni 1990* ★(★★★) *Bis über 2000 hinaus.*

### SOMMERLOCHER RATSGRUND SPÄTBURGUNDER SPÄTLESE TROCKEN ROSÉ SALM-DALBERG.

Es überrascht mich, daß es nicht mehr deutsche Rosés gibt. Dieser hier ist von der Nahe: sehr blaßrosa; recht reizvoll duftend, Hauch von Himbeeren, Bonbons; ziemlich trocken, nicht besonders leicht oder eigen, aber gefällig.
*April 1990* ★★ *Jung trinken.*

### ÜRZIGER WÜRZGARTEN RIESLING KABINETT

F. WEINS-PRÜM. Überhaupt keine Farbe; jugendliches, hartes, traubiges Aroma; trocken, spröde, fest, aber anständige Länge. Braucht Zeit.
*Juni 1990* ★★(★)

### ÜRZIGER WÜRZGARTEN RIESLING SPÄTLESE

MÖNCHHOF. Halbtrocken, durchaus reich, «rautenförmig»: Was ihm an Länge fehlt, hat er an Umfang.
*Juni 1990* ★★★

### WALLHÄUSER JOHANNISBERG RIESLING AUSLESE

SALM-DALBERG. Zwiespältig, uneinheitliche Nase: Kresse und etwas Edelfäule; ziemlich süß, weich, gefälliger Geschmack. Mehr Säure wäre besser. Aber sollte halten.
*April 1993* ★★(★)

### WAWERNER HERRENBERGER RIESLING EISWEIN

DR. FISCHER. Würziges, traubiges Aroma; unglaublich süß, doch mit einer feschen Note, Kraft und Säure.
*Juni 1990* ★★★(★★) *Bis über 2000 hinaus.*

### WEHLENER SONNENUHR RIESLING SPÄTLESE

J.J. PRÜM. Leicht, fruchtig, attraktiv.
*Juni 1993* ★★★

### WEHLENER SONNENUHR RIESLING SPÄTLESE

MARIENHOF. Kühles traubiges Aroma; ziemlich trocken, schnörkellos, ein bißchen kurz.
*Juni 1990* ★(★★)?

### WEHLENER SONNENUHR RIESLING SPÄTLESE

DR. F. WEINS-PRÜM. Leicht, meines Erachtens auch traubig, kurz, aber gefällig.
*Juni 1990* ★(★★)?

### WEHLENER SONNENUHR RIESLING AUSLESE

DR. LOOSEN. Beinahe farblos; schöner traubiger, pfirsichartiger Geruch und Geschmack, halbsüß, Säure, Länge und Nachgeschmack hervorragend. Ein Moselwein nach meinem Herzen.
*Von John Boys, Juni 1991* ★★★★

### WEHLENER SONNENUHR RIESLING AUSLESE

S. A. PRÜM. Mittelblaß; sehr eigene, sehr duftige, leicht pfirsichartige Nase; halbtrocken, lebhaft, gut in Geschmack und Länge, trockener Abgang. Braucht Zeit. Die «Goldkapsel»-Version hat eine reiche, honigartige Nase; sehr süß.
*Zuletzt verkostet im April 1993* ★★★★ *Bis 2000.*

### WILTINGER BRAUNE KUPP RIESLING SPÄTLESE

EGON MÜLLER. Breiter, kraftvoller, pfirsichartiger Geruch und Geschmack. Gute Säure. Gute Zukunft.
*Juni 1990* ★★(★★)

### WILTINGER HÖLLE RIESLING SPÄTLESE

VEREINIGTE HOSPITIEN, TRIER (Alleinbesitzer der Lage Hölle). Sehr blaß; frisch, leicht, traubig, Hauch von jugendlicher Ananas; halbtrocken, leicht in Gewicht und Stil, noch ein bißchen hart.
*Juni 1990* ★★(★) *Bis 1999.*

### WILTINGER HÖLLE RIESLING RIESLING AUSLESE

Blaß; überraschend erdig; halbsüß, voller im Körper, sehr angenehmer traubiger Geschmack, ordentliche Länge.
*Juni 1990* ★★★(★) *Bis 1999 trinken.*

# 1990★★★★?

*Der dritte gute Jahrgang hintereinander, aber in vieler Hinsicht ganz anders als 1989. Zunächst einmal eine viel kleinere Ernte, unter dem Zehnjahresdurchschnitt, aber fester, da viele der großen Weingüter die höchsten Zucker- und Säuregehalte hatten, aber wenig Edelfäule.*

*Wieder ein milder Winter und frühes Wachstum. Frühe Blüte an der Mosel, gefolgt von einem heißen, trockenen Sommer, in Rheinhessen später, und gelegentlich starkem Regen. Ein wenig wie 1976 in England endete der heiße Sommer Ende August abrupt mit heftigen Regenfällen, gefolgt von einem naßkalten September und Fäule. Die noch verbliebenen Trauben kamen Ende September und Oktober in den Genuß von Sonne und Wärme. Wieder ein klassischer Rieslingjahrgang. Leider war ich nicht in der Lage, die vielen guten Meldungen nachzuprüfen.*

**BRAUNEBERGER JUFFER RIESLING SPÄTLESE** FRITZ HAAG. Milder als der 91er; ziemlich trocken, sehr gut.
*Juni 1992* ★★★

**DORSHEIMER GOLDLOCH RIESLING AUSLESE** SCHLOSSGUT DIEL. Ein Anflug von Gelb; hübsches honigartiges Bukett; mitteltrocken, schön in Gewicht und Gleichgewicht. Positiv und attraktiv. Mein Weinstil!
*April 1993* ★★★(★)

**EITELSBACHER KARTHÄUSERHOFBERG RIESLING SPÄTLESE** RAUTENSTRAUCH. Fast farblos; sehr markantes, delikates Riesling-Aroma; ziemlich trocken, schöner Geschmack, länger und substantieller als der 91er.
*April 1993* ★★★

**EITELSBACHER KARTHÄUSERHOFBERG RIESLING AUSLESE** NR. 23. (Das ist nun nicht mehr die Nummer des «Fuders» [Holz], sondern die *Tank*nummer!) Schön in Frucht und Säure. Mein Stil!
*April 1993* ★★★(★)

**FORSTER JESUITENGARTEN RIESLING SPÄTLESE** VON BUHL. Ein 6 ha großer Weinberg im Besitz von Buhl. Blaß, grünspurig; oberflächlich leicht, aber hart, unterlegt mit jugendlicher Frucht; 95° Öchsle, mitteltrocken, kräftiger Wein (Alkohol 10,2°) mit Pfirsich-ähnlichem Geschmack und Nachgeschmack. Säure 8,9 g/l.
*April 1993* ★★(★)?

**FORSTER JESUITENGARTEN RIESLING SPÄTLESE** BÜRKLIN-WOLF. Ein bißchen schweflig. Ziemlich trocken, gute Säure, noch immer hart.
*April 1993* ★★

**FORSTER UNGEHEUER RIESLING SPÄTLESE TROCKEN** VON BUHL. Sehr blaß; Vanille und Minze; trocken, positiv, spröde. Gute Länge, guter Abgang.
*Juni 1992* ★★★

**GIMMELDINGER MANDELGARTEN SPÄTLESE TROCKEN** Bleiches Gold; nicht zu trocken, feiner Geschmack, große Länge.
*Mai 1993* ★★★★

**GROSSKARLBACHER BURGWEG SCHEUREBE AUSLESE** K & L LINGENFELDER. Herrliche Farbe; mehr honigartige als Scheu-Traubigkeit; mittelsüß, weich, wohlschmeckend, aber enttäuschender Abgang – zweifellos wegen der Rebsorte.
*April 1993* ★★★

**HOCHHEIMER HÖLLE AUSLESE TROCKEN** FRANZ KÜNSTLER. Aroma nach Creme und Frucht; trocken, fest, wohlschmeckend, attraktiv.
*Mai 1993* ★★★ *Auf dem Weg.*

**IPHÖFER JULIUS-ECHTER-BERG SPÄTLESE TROCKEN** JULIUSSPITAL WÜRZBURG. Cremiges Riesling-Aroma; trocken, spröde, aber «warm». Große Länge.
*Mai 1993* ★★★★

**IPHOFER KALB SCHEUREBE TBA** Sehr süß und weich, aber mit etwas hartem Abgang.
*Mai 1993* ★★★(★★)

**KLEINBOTTWARER SÜSSMUND RIESLING SPÄTLESE TROCKEN** GRAF ADELMANN. Sehr markante «Brüsseler Spitzen» aus Württemberg mit gefälliger Traubigkeit, trocken, fest, leicht erdig, mit gutem Nachgeschmack.
*April 1990* ★★★

**KREUZNACHER ST. MARTIN SPÄTBURGUNDER TROCKEN** PAUL ANHEUSER. Schrecklich!
*März 1992.*

**NIERSTEINER BRUDERSBERG SPÄTLESE TROCKEN** HEYL ZU HERRNSHEIM. Trocken, fest, leicht traubiger Abgang. Ich bin kein Anhänger der trockenen Weine – diesen aber mochte ich.
*Mai 1993* ★★

**NIERSTEINER HIPPING RIESLING SPÄTLESE** REINHOLD SENFTER. Von sechs Jahre alten Rebstöcken; sehr attraktiv, blumig in Aroma und Geschmack. Reich und würzig. Es wurde mir gesagt, daß jüngere Reben blumigere, ältere dagegen tiefere Weine ergäben – was eigentlich logisch ist.
*April 1993* ★★★(★)

**OPPENHEIMER HERRENBERG SILVANER EISWEIN** L. GUNTRUM. Traubenlese am 19. Januar 1991. Gelb; reich, rosinenartig; sehr süß,

10% Alkohol, herrlich eindringlicher Geschmack, gute Säure.
*Juli 1992 ***(*) Jetzt bis 1999.*

**Rauenthaler Nonnenberg Charta**
GEORG BREUER. Ein exklusiver, 5 ha großer Weinberg, erworben 1990. Positiv, leicht erdig und würzig, fest.
*April 1993 **(*)*

**Rüdesheimer Schlossberg Charta**
GEORG BREUER. Blaß; typisch öliges Riesling-Aroma; sehr trocken, sehr mächtig, obwohl nur 11°, mit aggressiver Säure. Benötigt vielleicht noch Flaschenalter.
*April 1993*(**)?*

**Serriger Schloss Saarsteiner Riesling Kabinett** Sehr blaß; weicher und fetter als der 91er. Mitteltrocken, 9° Alkohol. Fest und trocken im Abgang.
*Juni 1992 **(*)*

**Wallhäuser Mühlenberg Grauer Burgunder Eiswein** SALM-DALBERG. Sehr ungewöhnliche Nase: Rosen, Schmoräpfel; sehr süß, reich strukturiert. Braucht Flaschenalter.
*Juni 1991 **(**) Bis 2000.*

**Wehlener Sonnenuhr Riesling Auslese** J. J. PRÜM. Fast farblos; grasig, minzig, traubig; mitteltrockener Ersteindruck, sehr trockener Abgang. Guter Geschmack.
*Bei der Probe «Großer Ring VDP» in London, Juni 1992 **(*)*

**Wehlener Sonnenuhr Riesling Spätlese** J. J. PRÜM. Klassische «Kerosin»-Riesling-Nase, leicht honigartig; mittlere Süße, leicht, frisch, köstlich.
*Zuletzt im November 1993 ****

**Wehlener Sonnenuhr Riesling Auslese Lange Goldkapsel** J. J. PRÜM. Blaß; reich, honigartig; süß, glorioser pfirsichähnlicher Geschmack und Nachgeschmack.
*Juni 1993 ***(**) Jetzt bis 2000 und länger.*

**Serriger Schloss Saarsteiner Riesling Kabinett** Wenig Farbe; traubig, grasig, minzig – Grapefruitsäure; mitteltrocken, leicht (8°), frisch, säuerlich.
*Juni 1992 ***

**Wachenheimer Goldbächel Riesling Spätlese Trocken** GEHEIMRAT DR. ALBERT BÜRKLIN. Sehr markanter Kleehoniggeruch; knochentrocken, spröde und eindringlich – aber gut zum Essen.
*April 1993 ****

**Wehlener Sonnenuhr Riesling Kabinett** S. A. PRÜM. Sehr blaß; neutrale Nase; sehr trocken, viel Säure. Eigentlich hätte man in diesem Jahr keine trockenen Weine erzeugen sollen.
*Zuletzt im April 1993 ***

## 1991 ** bis ****

*Sehr unterschiedliche Ergebnisse, je nach Weinbaugebiet und Lesezeit. Nach den vorangegangenen drei Jahren mit hohen Qualitäten konnte nun eine große Produktion der dringend benötigten QBA-Weine erzielt werden. Verglichen mit den 1990ern haben jedoch viele Weine wenig Körper und ein Übermaß an Säure. Im Saar- und Ruwergebiet halbierte der strenge Frost in der Nacht vom 20./21. April den Ertrag, was aber die Konzentration in den verbleibenden Trauben erhöhte und ihnen ermöglichte, die Sommerdürre zu überleben, die in den meisten anderen Regionen das Reifen beeinträchtigte. Auch Anfang Juni gab es etwas Frost; die Blüte verlief dennoch im großen und ganzen erfolgreich. Das Wetter blieb heiß und trocken bis Mitte September, dann setzte der Regen ein. Der richtige Lesezeitpunkt wurde zum entscheidenden Faktor, denn die besten Bedingungen dauerten nur eine Woche, Ende Oktober bis Anfang November. Weinbauern mit geeigneten Lagen konnten die Botrytis nützen, und einige Betriebe im mittleren Moselgebiet schafften es, Weine in allen Qualitätsstufen bis hin zur Trockenbeerenauslese zu erzeugen.*

**Brauneberger Juffer Sonnenuhr Riesling Spätlese** FRITZ HAAG. Zurückhaltend, jugendlich, Ananas; deutlich trocken und erfrischend. Leicht, attraktiv.
*April 1993 *** Bald trinken.*

**Dorsheimer Pittermännchen Riesling Spätlese** SCHLOSSGUT DIEL. Für mich ein neuer Weinberg. Ein interessanter *mittel*trockener Wein mit tiefem Alkohol (7,5°, 10 g/l Säure und 40 g Restzucker).
*April 1993 ****

**Eitelsbacher Karthäuserhofberg Riesling Kabinett** RAUTENSTRAUCH. Sehr blaß; roh, sauer in Aroma und Geschmack. Trocken. Schlank.
*Juni 1992 ***

**Eitelsbacher Karthäuserhofberg Riesling Spätlese** Sehr blaß; leicht, aber markant, Limone und Ananas; trocken, frisch, mit zähnebeschlagender Säure.
*April 1993 ****

FORSTER JESUITENGARTEN RIESLING KA-
BINETT TROCKEN BÜRKLIN-WOLF. Stachel-
beeraroma; sehr trocken, mit einem leichten
Endgeschmack von Mandelkernen. Geeignet
zum Essen.
*April 1993* ★★

OBEREMMELER HÜTTE RIESLING SPÄTLESE
VON HOVEL. Fast keine Farbe; Melone und Gra-
pefruit; mitteltrocken, eher leicht, frisch, fruchtig,
Säure.
*Juni 1992* ★★

SCHARZHOFBERGER RIESLING AUSLESE
GOLDKAPSEL (vor 1971 war das die «Feinste
Auslese»), blaß; überaus stark pfirsich- und honig-
artig, Geruch nach Beerenauslese; süß, Honig und
Trauben, perfektes Gleichgewicht.
*Juni 1992* ★★★(★) Jetz bis 2000.

SCHLOSS SAARSTEIN RIESLING TROCKEN
SCHLOSS SAARSTEIN. Extrem blaß; sehr trocken,
eher hart, aggressiv.
*April 1993* ★★

# 1992 ★★ *bis* ★★★★

*Ein überaus unterschiedlicher Jahrgang; die Be-
wertung reicht von schwach und wäßrig bis sensationell gut. Ersteres ist zum Teil auf eine Überproduktion und schwere Regenfälle zur Erntezeit
zurückzuführen. Letzteres auf rigorose Ertragsbeschränkung und Botrytis. Offen gesagt ist es
die Kluft zwischen den gut geführten großen
Weingütern und den vielen mittelmäßigen Wein-
baubetrieben, obwohl dies leider von den Verbrauchern in und außerhalb Deutschlands nicht
ausreichend erkannt wird und ebensowenig Niederschlag in den Preisen findet. Die Weinbausai-
son begann gut, mit ideal sprießenden, blühenden
und reifenden Reben. Probleme ergaben sich um
die Lesezeit, nicht nur aufgrund des kalten und
nassen Oktoberwetters, sondern auch durch den
früh einsetzenden Frost um die Mitte des Monats.
Am besten waren jene Winzer daran, die zeitig
gelesen haben oder die arbeitsintensive Selektion
der edelfaulen Beeren durchführten. Überall fiel
die Produktion reichlich aus, aber die Weine zeigen unterschiedliche Qualität. Die besten erinnern an den 1983er oder sogar an die charmanten, runden 1964er und 1953er.*

WACHENHEIMER RECHBÄCHEL TBA BÜRK-
LIN-WOLF. Goldgelb; glorios in Aroma und Ge-
schmack, *sehr* süß trotz Absenz von Edelfäule.
Tiefe Säure. Nur sechzig halbe Flaschen erzeugt!
*April 1993* ★★★★

«LOUIS G» OPPENHEIMER AUSLESE
TROCKEN L. GUNTRUM. Neuer Weinstil in neu-
gestylten Halbliterflaschen. Trocken, sauber, fest.
Bei einem Alkoholgehalt von 12,5° ein guter Wein
zum Essen.
*Januar 1994* ★★★

MUSSBACHER ESELSHAUT RIESLANER AUS-
LESE MÜLLER-CATOIR. Bläßlich; jugendlich,
honigartig; ein mittelsüßer, reich eindringlicher
und würziger Wein. Deutlich ein Qualitäts- und
nicht ein Mengenerzeuger.
*April 1993* ★★(★★)

UNGSTEINER BETTELHAUS RIESLANER TBA
KURT DARTING. Hart, jugendlich, leicht schweflige Nase, sehr süß, fetter Wein mit einer Gegen-
steuer gebenden, frischen Säure.
*April 1993* ★★(★★★)

# 1993 ★★

*Es wäre ein hübscher Zufall gewesen, wenn sich
der 93er als genauso großartig entpuppt hätte wie
der 1893er, und beinahe wäre es dazu gekommen. Bedingt durch den extrem warmen Frühling begann die Blüte Anfang Juni, also fast drei
Wochen früher als sonst. In manchen Regionen
gab es trockene Bedingungen im Sommer, im
August regnete es. Aber Mitte September folgten
schwere Regenfälle, die ein Dreifaches einer
normalen Monatsniederschlagsmenge brachten.
Trotz der Schwierigkeiten, des Aufwandes und
der Sorgen bei der Selektion wurden in Rheinhessen und im Rheingau hohe Öchsle-Werte erreicht. Auf den steilen Schieferabhängen im
Moseltal konnte das Wasser durchsickern, und
der Boden wurde nicht so durchtränkt wie in den
flacheren Weingärten im Süden, wodurch die
Spitzenwinzer einige gute Auslesen aus spätge-
ernteten Trauben erzielen konnten. Im allgemeinen lag die Produktion in den größeren
Weinbaugebieten am Rhein und an der Mosel
um ein Drittel unter dem Vorjahresniveau, bei
meist unterschiedlicher Qualität. Darunter
befinden sich einige gute Süßweine, einschließlich
Eisweine.*

# CHAMPAGNER

E s gibt eine überraschend große Zahl von Champagnertypen: die *De-Luxe-Marken* für die Reichen, mit Dom Pérignon als hervorstechendstem Beispiel; reine Jahrgangs-Champagner der großen Häuser; ihre bekannten und vielgekauften, nicht jahrgangsgebundenen Champagner *(Non-Vintage)*; die *sous-marques* (die Untermarken der Großen); die weniger bekannten Namen der kleineren Firmen; die BOB's *(buyer's own brands,* Eigenmarken von Ankäufern), die manchmal von den Großen im Geschäft beliefert werden, manchmal auch nicht; und die kleinen, eher artisanalen Champagnerhersteller, von denen einige sehr gefragt sind, andere eher rustikal-bäuerliche mit einer kleinen, aber treuen Privatkundschaft.

In diesem Buch jedoch geht es um Jahrgänge – was einen guten Jahrgang ausmacht, welche Jahrgänge groß sind und warum, welche Weine immer noch trinkbar sind und – von den jüngeren Jahrgängen – welche sich halten und noch verbessern werden.

Es ist ohne weiteres zuzugeben, daß der meiste Champagner entweder des Namens oder des Preises wegen gekauft wird, vielleicht auch wegen beidem. Wenig wird verkostet, und viel vergeudet, von Siegern bei Autorennen beispielsweise. Die kritischen Fähigkeiten zur Beurteilung können sich bei festlichen Anlässen kaum entfalten, und selbst vor einem Essen, das ernsthafter Weinbegutachtung gewidmet ist, finde ich es schwierig, sich ausreichend auf das schäumende Entree zu konzentrieren, um ein stichhaltiges Urteil abzugeben. Ich versuche es, aber die Dürftigkeit einiger meiner Aufzeichnungen legt Zeugnis für diese Schwierigkeit ab. Es ist mir auch klar, daß nicht jeder, nicht einmal jeder Engländer, sich leidenschaftlich für alten Champagner erwärmt. Wer also keinen Drang in dieser Richtung verspürt, sollte lieber gleich zu den jungen und aktuellen Jahrgängen weiterblättern.

## DER ZUSTAND VON ALTEM CHAMPAGNER

Ein kühler, dunkler Keller, in dem der Champagner seit der Lieferung gelegen hat, ist für einen guten Werdegang unabdingbar. Wie bei anderen Weinen wirkt sich auch der Zustand des Korkens direkt auf das aus, was er schützen soll. Champagnerkorken sind so beschaffen, daß sie nicht nur das Eindringen von Luft, sondern auch das vorzeitige Entweichen des großen Druck ausübenden Kohlendioxids verhindern. Zusätzlich festgehalten werden sie dabei von dem Draht, der um den Flaschenhals gespannt ist. Champagnerkorken neigen mit zunehmendem Alter dazu, hart zu werden und zu schrumpfen, woraus folgt, daß dieser Befestigungsdraht unverzichtbar ist.
Das häufigste Mißverständnis im Zusammenhang mit Champagner betrifft den Schwund. Im Lauf der Zeit versucht das Kohlendioxid sich aus der Flüssigkeit herauszulösen. Davonstehlen kann es

sich nicht, solange der Korken dicht hält. Die ursprünglich gebundenen winzigen Bläschen bilden so ein kleines Kohlendioxid-Reservoir zwischen Korkboden und Oberfläche des Inhalts. Wie groß es ist, sieht man am besten, wenn man die Flasche auf den Kopf stellt und die Bläschen wieder nach oben zu ziehen zwingt: deutliches Anzeichen für die Lebendigkeit, wenn auch nicht unbedingt für die Lebenserwartung und die Trinkbarkeit des Weines. Mitunter ist soviel Kohlendioxyd im Hals, daß die Füllhöhe unter der Drahtfolie zu sehen ist. In diesem Stadium, wie in anderen auch, ist die Qualität des Korkens entscheidend. Hält er nicht dicht, entweicht das Kohlendioxid. An seiner Stelle entsteht ein Luftkissen, der Wein oxydiert, seine Farbe wird strohbraun-trüb und selbst flach, mit einem schmuddeligen, bierigen Endgeschmack. Wenn der Korken jedoch gut verschlossen hat, wird der Champagner eher wie ein alter weißer Burgunder sein: er wird ein ganz schwaches Lebensprickeln aufweisen und – mit etwas Glück – einen exquisit honigartigen Geruch und viel Charakter im Geschmack.

*Remuage in einer Campagnerkellerei*

## 1815 bis 1910

Ich muß betonen, daß von allen Weinen gerade Champagner von jeher ein unverändert hohes Ansehen genießt: immer in Mode, immer eher teuer. Champagner wurde in England das ganze 18. Jahrhundert hindurch in den besten Häusern serviert. Die Spitzenqualitäten waren sehr gefragt und erzielten bemerkenswert hohe Preise. «Champagner» wurde von James Christie erstmals 1768 verkauft, gerade zwei Jahre, nachdem er sein Auktionshaus gegründet hatte. Im Katalog dieses Jahres und der folgenden sind die gefragtesten Champagnertypen und die Preise, die bezahlt wurden, getreulich festgehalten. Im letzten Viertel des 18. Jahrhunderts wurde bester Champagner für den doppelten Preis von erstklassigem roten Bordeaux verkauft, und zu Beginn des 19. Jahrhunderts lagen die Preise doppelt so hoch wie für guten Portwein.

Um die Mitte des 19. Jahrhunderts zog der Verkauf im Sog eines Wirtschaftsaufschwungs stark an. Die Folge war unvermeidlich. Im Januarheft 1872 von Ridleys Weinhandelszeitschrift meldeten die Vertreter von Veuve Clicquot: «Der Champagnerkonsum nimmt in allen Teilen der Welt konstant zu, während das Anbaugebiet zwangsläufig begrenzt bleibt. Dieses Ungleichgewicht, eine der Ursachen für die überzogenen Forderungen unserer Winzer ist, droht einen permanenten Charakter anzunehmen. Daher das Steigen der Preise.»

Im dritten Viertel des 19. Jahrhunderts dann und in der Zeit vor dem Ersten Weltkrieg war Champagner das fashionable Getränk der feinen Gesellschaft Europas, eines der Glanzlichter ihres verschwenderisch-luxuriösen Lebensstils, personifiziert durch den Prinz von Wales, den späteren König Edward VII., und seinem Kreis. Selbst in den damals reichen Ländern Südamerikas – Chile, Argentinien, Brasilien – floß Champagner in Strömen. Chile war zu Beginn unseres Jahrhunderts das Land mit dem größten Champagnerimport und -konsum der Welt!

Neben dem Auf und Ab in der geografischen Verbreitung scheint mir auch jenes in der Mode von Interesse zu sein – nicht in bezug auf den Weinstil, sondern auf die Reputation der einzelnen Häuser. Der teuerste, der gefragteste Champagner aller Zeiten war Perrier-Jouët. Delbeck und Ayala hießen früher die großen Namen, nicht Krug und Bollinger. Die Standhaftesten sind Clicquot und Moët. Der zweite tauchte erstmals 1835 in einem Katalog von Christie's auf – mit dem berühmten «Waterloo»-Jahrgang 1815.

Die Bewertungen für die Jahre 1815 bis 1910 sind unten zusammengefaßt:

| 1815 **** | 1868 **** | 1892 ***** |
|---|---|---|
| 1822 ** | 1874 ***** | 1893 **** |
| 1825 *** | 1875 bis 79 alle scheußlich | 1894 * |
| 1837 ** | 1880 *** | 1895 ** |
| 1842 ** | 1881 ** | 1898 *** |
| 1846 ***** | 1882 * | 1899 ***** |
| 1857 ***** | 1884 *** | 1900 **** |
| 1858 *** | 1887 ** | 1904 ***** |
| 1864 ** | 1889 *** | 1906 **** |
| 1865 ***** | | |

## 1911 *****

Ein großer Jahrgang, der beste seit dem berühmten und extrem teuren 1874er. Frühe Blüte, heißer, trockener Sommer, frühe Lese ab 9. September. Geringe Menge, aber perfektes Erntegut. Durchschnittsertrag 1600 kg/ha.

POL ROGER Etwa 1955 degorgiert. Füllhöhe unter der Folie (siehe Bemerkung zum «Zustand» oben). Strohgolden, gute Farbe für sein Alter, keine

Bläschen, nur ein leichtes Prickeln; Nase einwandfrei, kein «altes Stroh», keine Oxydation; halbtrocken, immer noch recht körperreich, exzellent in Geschmack, Länge und Säure. Geruch und Geschmack immer schwierig in Worte zu fassen, aber ich will es versuchen: weich und nussig (Walnuß, Haselnuß), etwa wie sahniger alter Chardonnay. *Eine perfekte Flasche bei Hugh Johnson, im Juli 1993* ★★★★★

## 1914 ★★★★

*Eine schwierige Wachstumssaison, nicht eben erleichtert durch den Einmarsch der deutschen Wehrmacht. Trotzdem erzeugte man sehr gute Weine nach der Lese, die am 21. September begann. Durchschnittsertrag 2640 kg/ha.*

POL ROGER 1944 degorgiert. Golden wie altes Stroh, gerade noch mit allerschwächsten Lebenszeichen. Nase reserviert, aber sauber, obwohl er im Glas den reichen, feuchten Baumgeruch entwickelte, den Champagner nach beträchtlicher Flaschenalterung bekommt. Ausgeprägt süß am Gaumen. Reich. Geschmack nach alter Eiche. Gute Länge und Säure. Vielleicht sollte ich hinzufügen: absolut trinkbar und höchst erfreulich – wenn man die besondere Art alten Champagners mag. *März 1989* ★★★

## 1921 ★★★★★

*Wahrscheinlich der größte Weißweinjahrgang dieses Jahrhunderts in Europa, Champagner eingeschlossen. Ein langer, sehr heißer Sommer. Kleine Ernte, Lesebeginn 19. September. Durchschnittsertrag 1800 kg/ha.*

POL ROGER 80% Pinot Noir, 20% Chardonnay. Zwei Flaschen, etwa im Juni 1979 degorgiert, im Januar 1981 von Hugh Johnson vor dem Abendessen in Saling Hall geöffnet, um die Diskussionswürdigkeit meiner Beurteilung in der ersten Ausgabe von *Das Große Buch der Weinjahrgänge* zu demonstrieren! Tja, keine Flasche ist wie die andere. Wie es der Zufall wollte, entsprach die erste Flasche, die Hugh öffnete, mehr oder weniger meiner damaligen Beschreibung. Der Wein war eindeutig ziemlich blaß für sein Alter und ein bißchen kurz im Geschmack, mit einem alten, leicht angekohlten Bukett. Der zweite war tiefer bernsteingolden und weniger lebhaft, erinnerte im Geruch eher an altes, feuchtes Stroh, aber war am Gaumen viel voller, schmackhafter und vollendeter. In neuerer Zeit bei einer Pol-Roger-Degustation eine im September 1988 degorgierte Flasche: mittelblasses Strohgold, anscheinend wenig Leben; recht gehaltvolle Nase nach altem Stroh; halbtrocken, mittelgewichtig, guter Geschmack

und überraschende Lebhaftigkeit, ein erfrischendes Prickeln. *Zuletzt im März 1989 verkostet* ★★ *bis* ★★★★

## 1923 ★★★★

*Gute Qualität. Kleine Ernte.*

VEUVE CLICQUOT, BRUT Mehrere Flaschen, einige bleich, einige bernsteinfarben, keine Perlen; rauchig; trocken, frisch, variabel. *Zuletzt verkostet im Dezember 1992. Im besten Fall* ★★★

HEIDSIECK, DRY MONOPOLE Von sieben Flaschen öffnete ich jene mit dem stärksten Schwund. Füllhöhe bis zur unteren Schulter, deutlich unter der Folie, schlechter Korken. Riskant. Im Aussehen trübes Altgold, mit wenigen Lebenszeichen; reiche, wenn auch maderisierte Nase, wie alte Äpfel. Ein bißchen zu weit abgebaut, um ihm durch Zusatz eines jungen Non-Vintage neues Leben einzuflößen – ein Trick, der manchmal klappt. *März 1980.*

## 1928 ★★★★★

*Hervorragender Jahrgang nach einem schönen Sommer. Vorzügliche, feste, langlebige Weine. Viele 28er verkostet. Wenn sie gut gelagert wurden, können sie immer noch großartig sein.*

VEUVE CLICQUOT, ROSÉ Relativ blasses, orange getöntes Rosé, leichtes Perlen; deutlicher Alterston, dennoch bemerkenswert süß, weich, sauber und einwandfrei. Der ganze Charakter des Weines teilte sich mit jedem Schluck mehr mit. Er war reif und köstlich. *Vor dem Abendessen bei Peter Palumbo im Mai 1987* ★★★

PERRIER-JOUËT, RÉS. CUVÉE Gutes Füllniveau und sehr blaß für sein Alter, keine Perlen; alte strohartige Nase; sehr trocken, spröde, guter Geschmack, aber zähnebeschlagende Säure. *Vor einem Abendessen im Mai 1993* ★★

POL ROGER Zwei Flaschen bei der vertikalen Degustation von Pol Roger, die im Restaurant L'Escargot in Soho stattfand. Die erste: schöne goldene Farbe, doch kein Zeichen von Leben; leicht apfel- und pilzartige Nase; deutlicher Anflug von Süße am Gaumen, mit weichem, honigartigem Flaschenaltergeschmack. Nicht das leiseste Zeichen von Kohlendioxyd, aber ein köstliches Getränk. Die zweite: etwas blassere Farbe, frischer in der Nase, trockener, lebhafter und säurebetonter, ein Hauch von Spritzigkeit. *März 1987* ★★ *bis* ★★★

ROEDERER Um 1954/55 organisierte ich eine Degustationsgruppe junger Weinhändler, alle ungefähr im gleichen Alter. Roederer war der erste wirklich alte Champagner, ganz gewiß der erste 28er, den ich je probiert hatte. Er war eine Offenbarung und kann immer noch eine sein. Eine 1981 geöffnete Magnum, beispielsweise: immer noch reich, mit hervorragender Säure. In neuerer Zeit ein 28er Roederer Brut mit einer Farbe wie ein guter 66er, immer noch hell, mit ermutigenden Zeichen von Leben; ein exzellentes, tiefes, sahniges Bukett; reich und doch trocken. Fabelhaft.
*Zuletzt im Februar 1984 verkostet *** bis ****

## 1929 ****

*Völlig anders im Charakter als der 1928er. Ein ertragreicher Jahrgang mit weichen, schmeichelnden Weinen.*

AVIZE Erzeuger unbekannt. Wahrscheinlich ein reiner *Blanc nature*. Mittlerweile eindeutig ein Stillwein. Farbe wie ein alter aufgeschnittener Apfel, Geruch dazu passend. Etwas weinig. In etwa wie ein Tokaji Szamorodni. Trocken. Leider durch seinen bierigen Abgang verdorben.
*März 1984.*

BOLLINGER Magnum: für sein Alter blaß, aber Alterston im Geruch. Trotzdem ein reiches, ansprechendes Bukett; relativ trocken, mittelgewichtig, weich, ausgebaut. Reich.
*In einer Loge in der Albert Hall getrunken – beim Ringkampf! Februar 1981 ***

## 1934 ****

*Ein schöner, ertragreicher Jahrgang, der nach der Wirtschaftskrise genau richtig kam, um die Nachfrage zu befriedigen.*

BOLLINGER 1976 eine superbe, sahnig riechende, frisch degorgierte Flasche, in neuerer Zeit in Magnumflaschen und zweifellos ebenfalls kurz davor degorgiert: mitteltiefe gelbe Farbe; trocken, körperreich, mit schönem, rauchigem Geschmack.
*Zuletzt im März 1988 bei einem Bollinger-Mittagessen in der Vintners Hall verkostet ****

POL ROGER Zwei Flaschen: die erste bernsteinfarben, ein bißchen trüb, maderisiert, aber nicht gänzlich ungenießbar. Die zweite Flasche mit einer Füllhöhe knapp über dem unteren Folienrand hatte eine schöne Farbe, hell, golddurchwirkt, und ließ durchaus noch Leben erkennen. Rauchiges Bukett nach altem Chardonnay und Walnüssen; halbtrocken, mittelgewichtig, guter reifer Geschmack und mit erfreulichem Schwung.
*März 1984. Beste Note ***

## 1937 *****

*Gemeinsam mit 1921 ein Jahrgang der Superlative für alle europäischen Weißweine, Champagner eingeschlossen. Feste, gut gebaute Weine mit lebenserhaltender Säure.*

VEUVE CLICQUOT, BRUT Erstmals 1978 verkostet, zwei 1976 degorgierte Flaschen. Unterschiedlich. In neuerer Zeit den «Bicentenaire 1772 bis 1972», 1986 degorgiert: relativ blasse, warme Strohfarbe. Nicht viel Leben. Reicher Geruch nach altem Stroh, süß, ein Hauch von Sahnebonbons, sehr ähnlich wie ein ausgebauter Tokaji Aszú. Am Gaumen trocken, relativ voll, fest, mit einem guten, langen, reichen, alten Geschmack und exzellenter Säure. Ganz kürzlich: trocken, gut.
*Zuletzt im Dezember 1992. Im besten Fall ****

MUMM Trocken, frisch, gut.
*Im Dezember 1992 ***

POMMERY & GRENO Aus einem Bestand in fast unberührtem Zustand aus den Dubliner Weinkellern eines früheren Pommery-Vertreters. Originalkorken, dessen oberer Teil abbrach. Aber Füllhöhe gut und ein ordentlicher Knall. Relativ blasses Gold, gute *mousse* und ein stetiges Perlen. Tiefes, sahniges Flaschenalterbukett; ein Hauch von Süße, ordentliches Gewicht, fest, positiv, sauber und mit sehr guter Säure.
*Auf Christie's Vorverkaufsdegustation im Dezember 1987 ****

## 1941 **

*Trotz der Kriegsprobleme wurden Weine von recht guter Qualität erzeugt.*

POMMERY & GRENO Orangegoldene Kriegsfolie, gute Füllhöhe. Ein müder Korken wurde mühelos gezogen. Er hatte den Wein in der Flasche halten können, aber nicht die Perlen. Ansprechende, wenn auch flache goldene Farbe; süße, reiche, honigartige alte Nase; ein Hauch von Süße, sauber, gute Säure. Vermutlich unmittelbar nach dem Krieg an Pommerys irischen Vertreter geliefert.
*Auf der Vorverkaufsdegustation vom Dezember 1987 ***

ROEDERER, BRUT Farbe wie altes Stroh. Keine *mousse*. Lebhaft, aber nicht aufregend. Schönes Flaschenalterbukett; ziemlich trocken, reich, sauber. Hervorragende Säure.
*Oktober 1987 ***

## 1942 ★★★

*Ein guter Jahrgang.*

VEUVE CLICQUOT, DRY Eher blaß; gut in der Nase und am Gaumen. Sehr schöne Säure.
*Im Dezember 1992* ★★★★

POMMERY & GRENO Eine halbe Flasche aus demselben irischen Bestand wie der 37er und der 41er. Korken ging kaputt. Kein Knall. Etwas müde, aber mit guter Farbe für sein Alter und einem leichten Kohlendioxyddruck. Gutes altes Bukett. Korrekt. Ziemlich trockener, sehr positiver Geschmack. Sauber, mit guter Länge und Säure.
*Auf der Vorverkaufsdegustation vom Dezember 1987* ★★★

## 1943 ★★★★

*Ein sehr guter Jahrgang, gerade rechtzeitig, um die stark gelichteten Kriegsbestände wieder aufzufüllen. Größtenteils zu jung getrunken.*

VEUVE CLICQUOT Eine exzellente Flasche 1975. 1977 eine flache, dumpfe *Jéroboam*, die man hätte trinken sollen, als sie 1953 zur Krönung von Königin Elisabeth II. geliefert wurde. Die nächste neben dem Lanson: eine tiefe Bernsteinfarbe mit Kupferschimmer; Nase nach altem Stroh; relativ trocken, reich, tief. Alterserscheinungen, aber mit Charakter. Hochgehalten von seiner sehr guten Säure.
*Zuletzt im Dezember 1992 verkostet. Im besten Fall* ★★★★

DELBECK Eine gute, reiche halbe Flasche.
*Dezember 1992* ★★★★

LANSON Mit Wachssiegel über der Folie. Gute gelbe Farbe, wenn auch nicht so hell wie der Clicquot oben. Schönes sahniges Bukett. Halbtrocken, mittelgewichtig. Wunderschön in Struktur und Geschmack, aber ein bißchen kurz.
*Vor dem Abendessen zusammen mit dem 43er Clicquot bei «Barney» Wilson, einem reizenden Anwalt und Weinliebhaber, Mai 1985* ★★★★

MOËT & CHANDON Originalflasche: rauchig; trocken, fabelhafter Geschmack ★★★★★ «Coronation Cuvée 1953»: Eher blaß; alte Strohnase und ebensolcher Geschmack ★★ Interessant, daß die 1953 degorgierte Flasche nicht so gut war wie die nicht-degorgierte Originalabfüllung, die in England gelagert hatte.
*Beide nebeneinander verkostet an einer Vorverkaufsdegustation, im Dezember 1992. Im besten Fall* ★★★★★

POMMERY & GRENO Zwei Flaschen aus dem Dubliner Lager. Beide mit guter Füllhöhe. Die erste mit guter Farbe, aber ohne rechte *mousse;* schöne, sahnige Nase nach nasser Pappe und Karamel; ein Hauch von Süße, relativ leicht, von einem trüben Abgang verdorben. Die zweite hatte eine bessere Farbe und Nase; etwas süßer, weich, aber ebenfalls ein bißchen unsauber im Abgang.
*Auf der Vorverkaufsdegustation vom Dezember 1987* ★

## 1945 ★★★★★

*Eine kleine Ausbeute exzellenter, fester, zu Beginn harter, langlebiger Weine.*

POL ROGER Magnum: immer noch ziemlich blaß, trotz seines Alters, und recht lebhaft; sauberer Geruch; sehr trocken, Körper und Säure gut, fest.
*Ein ausgezeichneter Pausenfüller zwischen den Ringkämpfen in der Albert Hall, Februar 1981* ★★★★

POMMERY & GRENO Mehrere Flaschen. 1955 verständlicherweise gut, voll, fruchtig und köstlich geschmeidig, 1968 immer noch reizvoll, aber ein Jahr später eine Flasche «auf der Kippe». Danach noch eine extrem gute Flasche aus dem ursprünglich nach Dublin gelieferten und bis zum Verkauf an Christie's nie vom Fleck bewegten Bestand. Probeflasche aus einer bis dahin ungeöffneten und mit Metallbändern verschlossenen Kiste: guter Korken, ausgezeichnete Füllhöhe, ein guter Knall und dann ein stetiges Perlen schöner Bläschen. Blaß für sein Alter. Vorzügliches sahniges Bukett. Keine Fehler. Trocken, fest, gute Säure.
*Zuletzt auf der Vorverkaufsdegustation vom Dezember 1987 bewertet* ★★★★

RUINART Eher blaß; mitteltrocken, gute Fülle, frisch, exzellent in Geschmack und Zustand.
*Dezember 1992* ★★★★

## 1947 ★★★★

*Trotz seiner weichen Frucht bei guter Lagerung immer noch ein wunderbares Getränk. Schöne reiche Weine, das Produkt eines sehr guten Sommers mit Rekordsonnenschein im August. Früher Lesebeginn am 5. September unter hervorragenden Bedingungen. Unterdurchschnittliche Menge wegen des ausbleibenden Regens, aber einhellig als qualitativ hervorragend betrachtet.*

VEUVE CLICQUOT Erstmals 1955 verkostet: gewichtig. Hatte mehr Flaschenalter nötig. 1959 mit dem Ausbau fertig, verbesserte sich aber weiter und veränderte dabei seinen Charakter. 1981 hatte

eine Magnum eine reiche goldene Farbe angenommen und sich dennoch sehr viel Leben bewahrt. So reich und beeindruckend er war, der Säuregehalt erschien mir ein bißchen hoch. 1989: immer noch eine gute Farbe, aber sehr wenig *mousse*; tiefes, nussiges Bukett (Walnuß); der abgerundete, warme, nussige Geschmack erinnerte mich ein bißchen an guten alten Cognac.
*Zuletzt im Dezember 1992 verkostet. Im besten Fall* ★★★★★

POL ROGER 1948 abgefüllt, im Mai 1981 degorgiert: ein herrlich edler Wein. Im Juni 1981 relativ blasse Farbe, schöne Bläschen; «fischiger» Pinot und sahniger Chardonnay verbanden sich zu einem schönen, harmonischen Bukett. Trocken und doch voll im Geschmack, Länge und Abgang exzellent. Ein Monat später eine tiefer getönte, gehaltvollere, reichere Flasche. Zuletzt auf der Pol-Roger-Degustation in Soho eine gegen Ende September 1988 degorgierte Flasche: relativ blasse goldene Farbe, sehr schöne *mousse;* duftiges Austernschalen- und Walnußbukett; trocken, ziemlich hoch im Alkohol, fest, ein bißchen spröde.
*Zuletzt im März 1989 verkostet* ★★★★★

ROEDERER Farbe nach altem Stroh, leicht trüb. Obwohl etwas oxydiert, war die Nase noch immer voll und cremig. Reich. Ein alter Jahrgangschampagner mit Präsenz, dank guter Säure gut über die Runden gekommen.
*April 1986.*

## 1949 ★★★★

*Ein sehr gutes Jahr; mit witterungsbedingtem Langsamstart, verlängerter Blüte, gefolgt von einem ungewöhnlich warmen und trockenen Sommer.*

*In meinen frühen Weinhändlerjahren war dieser Jahrgang einer der populärsten, weshalb ich auch viele Notizen aus jener Zeit besitze, wenige dagegen aus den 80er Jahren.*

VEUVE CLICQUOT Leichte Unterschiede von Flasche zu Flasche, zunächst eine von hübsch schimmerndem Gold mit regelmäßigem Kleinperlenstrom: Nase wie frisch gepflückte Pilze; trocken, sehr fester Geschmack, gute Säure, ein bißchen apfelig. Die zweite etwas blasser, mit weicherem Bukett und Alterstönen. Trocken, fest, wohlschmeckend. Frischer und besser ausbalanciert.
*Beide verkostet im Januar 1984. Im besten Fall heute* ★★★

CHARLES HEIDSIECK Strohfarben, mit Goldfunken, die wenigen Bläschen sehr klein. Cremig, leicht honigartig in Bukett und Geschmack; leicht süß, körperreich. Hervorragende Säure.
*Aus einem guten englischen Keller, März 1990* ★★★

POMMERY & GRENO Perfektes Füllniveau. Blaß für sein Alter, mit einem schönen Perlenstrom. Leicht in der Nase, aber sauber. Trocken, fest, leiser Mandelkerngeschmack. In bemerkenswertem Zustand. Aus dem bereits erwähnten unberührten Dubliner Bestand.
*Auf einer Vorverkaufsdegustation im Dezember 1987* ★★★

SALON LE MESNIL Überraschend blaß; Geruch nach alten Pilzen; weicher, altertümlicher Geschmack. Nachlassend, aber trinkbar.
*Oktober 1981* ★

## 1952 ★★★★★

*Sehr gute, feste, langlebige Weine als Folge günstiger Wachstumsbedingungen. Es lohnt sich immer noch, danach Ausschau zu halten, mit den üblichen Vorbehalten bezüglich der Herkunft.*

BOLLINGER Mehrere Bewertungen, seit er 1957 erstmals auf den Markt kam. Er hat mit den Jahren seinen Charakter völlig verändert. 1958: ziemlich tief, deutlich orange im Farbton; schönes, ruhiges, reiches, harmonisches Bukett; relativ voll, weich, reich, zum Kauen. Köstlich. Beim letzten Mal schlicht vollkommen.
*Zuletzt im Januar 1991 vor dem Abendessen mit Camilla und Alistair Sampson getrunken (mit unendlichem Genuß)* ★★★★★

GOSSET, BRUT Degorgiert 1974. Trocken, mächtig, gute Länge.
*Im Dezember 1991* ★★★★

KRUG Viele Bewertungen seit 1957, neun seit 1980, in Flaschen, halben Flaschen und Magnumflaschen. Am großartigsten von Mitte der 60er bis Mitte der 70er Jahre, aber immer noch – trotz der Alterserscheinungen – ein bemerkenswert gutes Getränk. Der beste war eine 1983 genossene Magnum «Private Cuvée, Extra Sec for Great Britain»: blaß für sein Alter, Nase nach Sahne, Toast und feinem Stroh, ein Hauch von Zitrone; reich und doch spröde, mit schönem lebhaften, trockenen, säurebetonten Abgang. Inzwischen fallen die Flaschen natürlich unterschiedlich aus. Von den letzten zwei verkosteten war eine maderisiert, mit einer trüben Bernsteinfarbe und einem Geschmack nach altem Stroh; die zweite und bisher letzte 1987: reiche, goldene Farbe mit lebhafter *mousse;* sahniges, gehaltvolles und doch edles Bukett; halbtrocken, ziemlich voll im Körper, fest, reich, gute Länge und ein kraftvoller Abgang.
*Zuletzt im November 1987 verkostet. Beste Note* ★★★★★

MAILLY, ROSÉ Eine Kuriosität. Der Wein hatte seit Mitte der 50er Jahre ungestört in dem kühlen,

trockenen Weinkeller von Schloß Aalholm in Dänemark gelegen. Die zwei verkosteten Flaschen waren Teil eines gemischten Loses, zu dem auch einige große Klassiker gehörten: Krug 1928, Roederer 1928, Dry Monopole 1929 und Goulet 1937. Aber der Mailly war eindeutig ursprünglich zum eigenen baldigen Genuß gekauft worden, wie es sich für rosé Champagner eigentlich gehört, und nicht für die Nachwelt. Die Korken waren ungewöhnlich kurz und hielten nur noch schwach. Relativ blasse Bernsteinfarbe, weder golden noch rosa. Das Kohlendioxid hatte sich mehr oder weniger verflüchtigt. Wenig Geruch, aber kein schlechter Geschmack, obwohl die Füllhöhen etwa 13 und 15 cm unter dem unteren Rand lagen. Erstaunlich.
*Verkostet im November 1989. Moral: Rosé Champagner trinken, nicht aufheben!*

POL ROGER Ein gleichbleibend guter Wein, der Mitte der 60er Jahre seinen Zenit überschritten, sich aber gut gehalten hat. Mit 31 Jahren immer noch recht blaß, aber mit einem sehr feinen, stetigen Perlen. Ein kühles, zurückhaltendes, mildes, sahniges Bukett, dazu eine Idee Walnuß. Betont trocken, fest und lebhaft. Länge und Zustand hervorragend. Bin mir nicht sicher, wo ich ihn erworben habe.
*Ein exzellenter Aperitif, Februar 1983* ★★★★★

# 1953 ★★★★

*Ein sehr guter Jahrgang. Nicht so fest und stabil wie die 52er, aber genau wie in Bordeaux geschmeidige, elegante Weine.*

*Eine gute Vegetation mit dem vollendeten Gleichgewicht von Sonnenschein und Regen und einer ungewöhnlich frühen Lese vom 14. September an. Ein verdientermaßen beliebter Champagner in der Zeit zwischen 1960 und 1970 und einer, der in Ehren alt wird.*

VEUVE CLICQUOT Eine interessante Entwicklungskurve: weich, aber erfrischend mit sechs Jahren, voll entwickelt mit 14, gut für noch einmal zehn. Eine einzelne halbe Flasche mit hervorragender Füllhöhe und Erscheinung und einem guten, festen Korken im reifen Alter von 31 Jahren verkostet: schönes Goldgelb; gutes, nussiges Chardonnay-Bukett nach altem Stroh, Geschmack entsprechend. Ordentliche Säure. Clicquot ist einer von den Langlebigen.
*Zuletzt im April 1984 verkostet* ★★★★

CHARLES HEIDSIECK Mehrere Bewertungen von 1960 an, bei denen häufig das Adjektiv «gehaltvoll» auftaucht. Ende der 70er, Anfang der 80er Jahre auf jeden Fall noch ein Hochgenuß. Füllhöhe in der Regel ausgezeichnet. Bernsteingoldene Farbe mit lebhafter und stetiger *mousse*, gute Nase, sahniger, rauchiger alter Chardonnay; leicht süß, frisch, ziemlich reich, ordentliches Gleichgewicht, gute Säure, trockener Abgang. Gelegentliche Unterschiede zwischen einzelnen Flaschen.
*Zuletzt im Oktober 1981 verkostet. Beste Note damals* ★★★ *Inzwischen wahrscheinlich verblaßt.*

KRUG Der Vater von Rémi und Henri Krug hielt diesen für seinen besten Jahrgang zwischen 1945 und 1955. Mit vier Jahren ganz gewiß ein schöner, abgerundeter Wein und zehn Jahre später die Perfektion schlechthin. In englischen Weinkellern gelagerte Flaschen halten sich gut, wenn auch das Perlen im Glas in der Regel nach ungefähr fünf Minuten nachläßt. Die jüngsten zwei Proben waren beide Magnumflaschen der «Private Reserve», die zum normalen Zeitpunkt degorgiert, aber in Krugs eigenen Weinkellern gelagert wurden. Beide waren herausragend: gute blaßgoldene Farbe für ihr Alter, wenig *mousse*, nur ein Prickeln – aber genauso mögen es englische Freunde alten Champagners ja. Das Bukett verband reiche Sahne mit rauchigem Chardonnay; ziemlich trocken, guter Körper, reich, mit einem nussigen, getoasteten Geschmack, in Länge und Abgang perfekt.
*Zuletzt im Oktober 1983 verkostet, anläßlich des von Albert Reichmuth in Zürich gegebenen Diners zum Erscheinen der ersten Ausgabe dieses Werkes* ★★★★★ *Dürfte immer noch gut sein.*

POMMERY & GRENO Guter, fester Korken. Blaß für sein Alter. Rauchiges Bukett. Sehr trocken, mittleres Gewicht, guter Geschmack, schön im Biß.
*Juli 1981* ★★★

# 1955 ★★★★

*Hohe Qualität. Fester, trockener und säurereicher als die 53er. Naßkalter Frühlingsanfang, später hervorragend. Zweite Junihälfte heiß, was eine gute Blüte Anfang Juli zur Folge hatte. Ausgeglichener Sommer. Reiche Ernte, Ende September, Anfang Oktober gelesen. Viele Bewertungen, hauptsächlich und verständlicherweise von Anfang bis Mitte der 60er Jahre. Doch sie hielten sich die ganzen 70er Jahre hindurch gut, und wenn sie in kalten Kellern lagern, können sie weiterhin zu Gaumenfreuden aufsteigen.*

BOLLINGER, RD Dies war einer der Pionierjahrgänge der inzwischen längst etablierten Serie von «kürzlich degorgierten» (*récemment dégorgé*) Weinen, die einen reichen, mir manchmal pervers erscheinenden Stil einführten. Meine erste Bewertung (einer 1968 degorgierten Flasche) stammt aus dem Jahre 1969. Die beste – vielleicht mit aufgrund des Rahmens, in dem sie getrunken wurde – hatte eine gute gelbe Farbe und war immer noch lebhaft.

Süße, sahnige Nase; mollig und reich, sehr gepflegt und insgesamt sehr trocken.
*Zuletzt im Oktober 1982 bei einem Abendessen in Tawfig Khourys Sommerhaus in San Diego bewertet ★★★★*

DE CASTELLANE Eine in England nicht häufig anzutreffende Marke. Nur eine Bewertung. Etwas Leben, aber leicht trüb; Nase nach altem Stroh. Trotzdem ein relativ süßer, sehr angenehm reifer Geschmack.
*Juni 1987 ★★★*

VEUVE CLICQUOT Obwohl man uns auf einer Clicquot-Degustation mitteilte, 1955 sei «eine herausragende und außergewöhnliche Ernte» gewesen, können meine Aufzeichnungen das nicht ganz bestätigen. Von den seit 1980 verkosteten: eine im Februar 1980 degorgierte und den Monat darauf in London kredenzte Magnum war beinahe zu blaß, hatte eine ziemlich gewöhnliche Nase und schmeckte ein bißchen blechern. 1984 allerdings hatte ich es mit einer nachgerade perfekten Flasche zu tun. Ganz zuletzt: immer noch sehr lebhaft; ein fischiger Pinot-Geruch; lebhaft, gute Länge und Säure. «Fischig» hört sich wenig reizvoll an, aber Pinot Noir zeigt häufig diesen Charakter, zum Beispiel in Chambertin. Andere werden ihn anders beschreiben. Aber er steht in krassem Gegensatz zu der rauchigen, sahnigen, mitunter butterigen Nase, die von der Chardonnay-Traube erzeugt wird.
*Zuletzt im September 1989 verkostet. Beste Note ★★★★*

DOM PÉRIGNON Da ich kein aufgeblasener Plutokrat bin, habe ich den großen Dom nicht im Keller liegen, und den 55er konnte ich mir ganz gewiß nicht leisten, als er damals in den Handel kam. Leider bezieht sich meine neueste Bewertung auf eine Magnum, die trotz ihrer guten Füllhöhe deutlich von ihrem lockeren Korken diskreditiert wurde. Sie hatte kein Leben und eine dumpfe, maderisierte, strohbraune Farbe. Sherry-artige Nase. Kraftvoll, aber im Abgang hefig.
*Januar 1986. Aber besser aufbewahrte Flaschen dürften immer noch gut sein.*

CHARLES HEIDSIECK Mehrere Bewertungen in den 60er und 70er Jahren. Die letzte 1981. Drei Flaschen, unterschiedlich. Eine, deren Inhalt sich gegen einem ziemlich losen Korken behaupten mußte, hatte eine blasse Strohfarbe und einen dazu passenden Geruch. Sauber. Gehaltvoll und doch sehr trocken. Eine andere mit einem festeren Korken war lebhafter, aber hatte einen ähnlichen Geschmack. Und die dritte, einen Monat später, die mit einem guten, festen, harten Korken und einem lauten Knall aufwarten konnte, hatte eine gute *mousse*, ein duftiges Bukett, einen leichten Stil und eine ordentliche Struktur. Schmackhaft, aber kurz.

*Zuletzt im Juli 1981 verkostet. Mittlerweile bestenfalls ★★*

KRUG Ich denke, ich sollte wiederholen, was Rémi Krug mir über die Zusammensetzung des 55ers bei ihnen sagte, denn es verdeutlicht den wesentlichen Unterschied zwischen großem Champagner und selbst dem allerbesten Schaumwein. Jede Firma, die eine Bezugsquelle für Trauben besitzt und über geeignete Herstellungsmethoden verfügt, kann anständigen Schaumwein erzeugen. Doch selbst die vollkommensten Chardonnay-Trauben werden nach ihrer Umwandlung durch die künstlich herbeigeführte und genauestens kontrollierte zweite Gärung nur einen monotonen Geschmack ergeben. Überdies kommt kaum ein Schaumwein, und sei er noch so gut, nur im entferntesten an die Finesse und die Länge von Champagner heran. Des Rätsels Lösung liegt in der Komposition. Für den Jahrgang 1955 machte Krug eine solche aus 23 verschiedenen Weinen unterschiedlichen Stils und von verschiedenen Lagen. Mischungsverhältnis der *Cépages* insgesamt: Pinot Noir 59%, Chardonnay 26%, Pinot Meunier 15%. Ich kostete das Ergebnis des Endverschnitts erstmals im Oktober 1957 im Degustationsraum des Hauses in Reims, obwohl er erst 1962 nach Großbritannien exportiert wurde. Ich bin seit jener Zeit mehreren größtenteils exzellenten Flaschen und Magnumflaschen begegnet. Nur eine Kritik sei angebracht: Die Korken war nicht immer einwandfrei.
*Zuletzt bei Louis Hughes Essen zum 60. Geburtstag verkostet, im März 1992 ★★★★★*

LAURENT-PERRIER Guter Geruch nach altem Stroh mit einer Idee Aprikose. Halbtrocken, schön in Körper und Geschmack. Guter Eindruck.
*Juni 1986 ★★★*

POMMERY & GRENO Sehr guter Wein, erstmals bewertet 1962. Zuletzt eine Flasche aus dem unangebrochenen Bestand in Dublin. Ausgezeichnete Füllhöhe. Gesunder Knall. Blasses, lebhaftes Aussehen. Leicht angesengtes Bukett, «Holzkohle»; trocken, sauber, mit guter Säure, aber ein etwas eigenartiger Pfirsichkerngeschmack.
*Zuletzt auf der Vorverkaufsdegustation vom Dezember 1987 bewertet. Heute ★★*

# 1959 ★★★★

*Ein gewaltiger Jahrgang in der Champagne wie überhaupt in Frankreich. Ein langer, heißer Sommer, ausgezeichnete frühe Ernte.*

*In Großbritannien ein außerordentlich beliebter Jahrgang, weil er nicht nur gut war, sondern auch genau rechtzeitig kam, als nämlich die Vorräte der Jahrgänge 1952, 1953 und 1955 zur Neige gingen.*

*Mittlerweile überwiegend ausgetrunken – zu Recht. Nach den besten, etwa Dom Pérignon, und den am besten aufbewahrten kann man noch ein Auge offenhalten.*

**BOLLINGER** Mitte der 60er Jahre perfekt und zwanzig Jahre später immer noch hervorragend. 1985 Anflug von Orangegold; ein wuchtiger Geruch, reich, offen, wie Karamelcreme; ein Wein mit großer Tiefe. Zuletzt eine Magnum: bemerkenswert blaß für sein Alter und den gewichtigen Jahrgang, strohgelb, lebhaft; sahnige Nase; trockener, als früher notiert, ziemlich körperreich, schöner alter, rauchiger, angekohlter Geschmack, gute Länge und Säure.
*Zuletzt im Juli 1988 verkostet* ★★★★

**VEUVE CLICQUOT** Der bislang letzte, 1980 degorgiert: gute blasse Farbe für sein Alter, aber ein bißchen leblos; Bukett nach feinem alten Stroh; exzellenter Geschmack, ansehnliche Länge, schöner Schwung, gute Säure.
*März 1983* ★★★

**CHARLES HEIDSIECK** Bewertungen von Mitte der 60er Jahre an und die ganzen 70er hindurch. Die zuletzt verkostete Flasche feierte im 21. Jahr ihre Auferstehung: sehr lebhaft schäumende *mousse*, relativ blasse Strohfarbe, große Perlen. Sehr gute, tiefe, reiche, typisch gehaltvolle Nase à la Chas Heidsieck. Ein guter, mächtiger, schmackhafter Wein. Dennoch half ich ihm etwas nach, indem ich ihn mit Laurent-Perrier Non-Vintage auffrischte. Sehr wirkungsvoll: Bukett und Geschmack bekamen neuen Schwung.
*Zuletzt vor einem Arbeitsessen im Dezember 1980 bewertet* ★★

**GOSSET, BRUT** Degorgiert 1974. Vanille-Geruch; sehr trocken, spröde.
*Dezember 1991* ★★★

**LANSON** Ursprünglich für etwas schlaff gehalten, aber eine Magnum zeigte sich dem Niveau eines sehr vornehmen Festessens gewachsen, das Woodrow (nunmehr Lord) Wyatt zur Feier seines zigsten Geburtstages gab. Der Wein hatte eine gute Farbe für sein Alter und zeigte durchaus noch Leben; eine tiefe, rauchige Nase (seine Lordschaft raucht unaufhörlich Zigarren); ein gepflegter, tiefer, reicher, klassischer Wein.
*Zuletzt im Juli 1980 verkostet* ★★★★

**MOËT & CHANDON** Guter Wein. Zuletzt in einer *Jéroboam* verkostet: relativ blasses Strohgelb, gut, hell, recht lebhaft; Nase zwar nicht jugendlich, aber immer noch keine starke Alterssignale; ein deutlicher Hauch von Süße, ordentliches Gewicht, fest, lebhaft, mit sehr guter Säure.
*Zuletzt im Februar 1986 verkostet* ★★★★

**PAILLARD** Gute Farbe und Lebhaftigkeit für sein Alter; Anflug von altem Stroh im Geruch, der sich dann öffnete und schließlich einen leicht malzigen Charakter annahm. Trocken, fest, Stil Montagne de Reims, Körper, Länge und Säure gut.
*September 1983* ★★★

**POL ROGER** Früher Lesebeginn am 10. September. Produktion 7000 kg/ha. Hoher Alkoholgehalt, der beste seit 1893. Ein guter Wein von Anfang an. Zuletzt verkostet aus einer im September 1988 degorgierten Flasche: überraschend blasses Goldgelb. Schöne *mousse* unmittelbar nach dem Einschenken, die aber zurückging. Frischer, lebhafter Austernschalengeruch, ziemlich trocken, körperreich, Geschmack und Säure hervorragend. Nussiger, trockener Abgang.
*Zuletzt im März 1989 bewertet* ★★★★

**POMMERY, ROSÉ** Ausgezeichnete Füllhöhe, guter Korken. Das laute Knallen erwies sich als Strohfeuer, denn der anfangs lebhaften *mousse* ging bald die Luft aus. Eine Farbe wie eine blasse tote Rose und nicht glanzhell. Dennoch war er sauber in der Nase und am Gaumen, mit einem relativ vollen, angesengten Geschmack. Trotz seiner guten Herkunft (aus dem Dubliner Bestand) gilt meine alte Regel: Keine Rosés aufheben!
*Bewertet auf der Vorverkaufsdegustation vom Dezember 1987* ★★

**SALON LE MESNIL** Nur einmal verkostet auf einer Salon-Präsentation, die der verstorbene britische Weinhändler Colin Fenton im Travellers' Club gab. Er entsprach in nichts meiner Vorstellung von Salon, der elegant und schneidig zu sein hat. Er hatte eine ziemlich tiefe Farbe, war relativ stämmig und ließ meines Erachtens in der Länge zu wünschen übrig.
*Im Oktober 1981 verkostet* ★★

# 1961 ★★★★

*Diesem Jahrgang gab ich 1980 nur drei Sterne. Die besten 61er veranschlage ich mittlerweile höher als die 59er. Sie sind zwar nicht so auffällig, aber edler.*

*Die Wachstumsbedingungen waren ganz anders als 1959. Ein guter, milder Saisonanfang trotz Gewittern im April und Kälte im Mai. Zum Glück erfolgte die Blüte im Juni bei warmem, sonnigem Wetter. Juli wechselhaft, dann schön und warm, etwas erfrischender Regen und eine glänzende Ernte.*

*Als der Jahrgang schließlich auf den Markt kam, hatte der Ruf des 61er roten Bordeaux bereits sehr positiv auf ihn abgefärbt. Aber seine Beliebtheit war durchaus verdient und sein Stil ein erfrischender Kontrast zu den fast wagnerhaften 59ern.*

*Seine Bestform hatte er in den 70er Jahren. Doch auch im reifen Alter immer noch ein vorzügliches Getränk, wenn man auch mit Unterschieden zwischen den Flaschen rechnen muß.*

BOLLINGER Mehrere Bewertungen seit der ersten Verkostung 1966 bei Mentzendorff, Bollingers alteingesessenem Londoner Vertreter. Deutlich leichter und schlanker als der 59er. Mit zehn Jahren war er voll entwickelt und dem 62er weit überlegen. 1975 ein schöner, reifer Wein, und nur eine Bewertung zehn Jahre später: angesengtes, eichenes Bukett; ein wenig locker verwoben, weich und doch mit lebhaftem, trockenem Abgang.
*Zuletzt im August 1985 verkostet* ★★★

BOLLINGER, RD 1982 einfach als «dumpf» beurteilt. 1984 bei John Avery hatte er die Farbe von Apfelsaft, wenn auch ein recht stetiges, gut verteiltes Perlen; und er roch nach alten Äpfeln. Ein gemischter Eindruck am Gaumen: ziemlich gehaltvoller Geschmack, etwas Länge, trockener Abgang. Zuletzt in einer Magnum: strohfarben, spröde und säurebetont. Wahrscheinlich kamen mir um die Zeit die ersten Zweifel an diesen RDs. Ein Stil, den ich im Grunde abseitig finde. Ein frisch degorgierter Wein sollte meines Erachtens – in etwa wie LBV-Portwein – bald, nachdem er auf den Markt gekommen ist, getrunken werden.
*Zuletzt im März 1990 verkostet* ★★

DE BONNEVILLE Ein Champagner, den ich nicht kannte, aber bei einem Abendessen mit Meeresfrüchten in Fort Lauderdale mit Genuß getrunken habe, obwohl man ihm sein Alter anmerkte. Reich, nussig. Geringes Sprudeln, wenn überhaupt, aber sehr ansprechend – wenn man alten Champagner mag.
*Mai 1981* ★★★

DOM PÉRIGNON Erstmals 1971 verkostet. Edel. Klassisch. Genau zehn Jahre später verschenkte Moët & Chandon (UK) Ltd. eine begrenzte Anzahl von Magnumflaschen zur königlichen Hochzeit an Freunde und spezielle Kunden. Auf dem Etikett stand «Specially shipped to honour the marriage of His Royal Highness the Prince of Wales and Lady Diana Spencer, 29 July 1981. Champagne Cuvée Dom Pérignon Vintage 1961. Disgorged 1981». Und sehr gut waren sie außerdem. Meine eigene Magnum und eine als Geschenk mitgebrachte wurden mit pflichtschuldigen königstreuen Toasts im selben Juli getrunken. Es war ein relativ blasser, trockener, fester, nachgerade straffer Wein. 1984 eine ausgezeichnete Flasche mit einem schwer zu ziehenden Korken. Sie hatte ein sahniges, eichenes, fruchtiges Bukett, das den charakteristischen strohartigen Geruch alten Champagners entwickelte. Reich. Vollmundig. Geschmack und Länge perfekt. Die nächste Flasche wurde zusammen mit dem unten erwähnten 61er Krug serviert. Der Wein war göttlich. Blaß für sein Alter. Lebhaft; ein wunderschönes Bukett, sahnig, harmonisch, mit Anflügen von «fischigem» Pinot Noir und rauchigem Chardonnay. Nach kurzer Zeit im Glas wurde er noch sahniger, mit einer Idee Gerstenzucker. Ein wenig süß für Dom, Gewicht, Geschmack und Länge perfekt. Ich stufte ihn so hoch ein wie meinen bis dahin besten Champagner aller Zeiten, den 1957 verkosteten 28er Krug. Nachdem ich ihn auf einer Auktion ergattert hatte, hielt ich weiter die Augen nach ihm offen, aber eine Flasche und später eine Magnum, die ich beide teuer bezahlte, waren zwar gut, blieben jedoch knapp unter dem früheren Zenit. Beide hatten eine ausgebautere goldgelbe Farbe, trotz der sehr feinen Bläschen. Altes Stroh mischte sich unter das sahnige Bukett. Dennoch waren beide reich, mit einem guten, trockenen, säurebetonten Abgang. Aber es war, als wollte man eine alte Liebe wieder anfachen. Besser, man geht weiter.
*Zuletzt im Oktober 1988 verkostet. Beste Note* ★★★★★★

GOSSET, BRUT Degorgiert 1961. Keine *dosage*. Fleischig, nussiges Bukett, ebensolcher Geschmack. Weniger trocken als erwartet.
*Im Dezember 1991* ★★★★

KRUG Zwölf Bewertungen und überraschenderweise nicht so groß, wie er hätte sein sollen. Ein Langsamentwickler, der Anfang bis Mitte der 70er Jahre auf seine beste Zeit zuging. Hat zweifellos Charakter. Aber der beste in meinen Augen war ohne Frage eine 1982 genossene Magnum. Der Wein hatte eine schöne goldgelbe Farbe, aber sein anfängliches Sprudeln legte sich bald. Ein ebenso schönes Bukett, gehaltvoll, rauchig, fast angekohlt. Trocken, ziemlich körperreich, ein guter, tiefer Geschmack. Reich und doch spröde. Dann zwei alternde, schleppende, halbe Flaschen mit einem Anflug von altem Stroh, eine Flasche mit Nußgeschmack und ein paar Monate später eine andere, die ich zusammen mit dem 61er Dom Pérignon servierte. Der Wein hatte eine tiefere Farbe als der Dom, aber war durchaus lebhaft, mit einem sehr gehaltvollen, reichen Bukett, das mich an den Geruch eines Holzlagers erinnerte. Deutlich süß, voll, reich, geschmacksintensiv, sehr gute Säure. Aber neben seinem Rivalen wirkte er schwerfällig und plump.
*Zuletzt im Dezember 1986 verkostet. Beste Note* ★★★★

POMMERY & GRENO Erste Bewertungen 1967 und 1969, dann eine Lücke. Als das bemerkenswerte Pommery-Lager in Dublin ans Licht kam, fand sich in dem breiten Spektrum von Jahrgängen auch ein Quantum des 61ers, von dem ich einige für spezielle Bankette bei Christie's kaufte. Ich habe zwölf Aufzeichnungen, vom Februar 1988

an. Trotz Unterschieden zwischen den Flaschen ein prachtvoller Wein. Blaß für sein Alter, mit einem grüngoldenen Glanz und guter *mousse.* In Bestform ein zartes, duftiges, sahniges Bukett; eine Idee Süße an der Zungenspitze, aber insgesamt trocken. Schöner Geschmack. Weich und doch mit lebhafter Säure. Einige müssen von einem von Christie's deutschen Kunden gekauft worden sein, denn die letzte Flasche wurde vor der La-Mission-Degustation in Wiesbaden gereicht. Nach der Beurteilung goß ich ihn in mein Glas mit dem 52er, um den älteren Wein neu zu beleben.
*Zuletzt im Juni 1990 verkostet. Beste Note ★★★★*

POMMERY & GRENO AVIZE Blaß für sein Alter. Nicht das geringste Sprudeln mehr, vermutlich also ein purer Chardonnay aus dieser Gemeinde. Ein Hauch von Vanille und leicht maderisiert. Halbtrocken, ziemlich leicht in Gewicht und Stil. Rauchiger Geschmack. Ordentliche Säure.
*Mit den Rhodes in Bella Oakes, Napa Valley, im Juni 1983 ★★*

ROEDERER Durchweg eine meiner Lieblingsmarken. Ihr 61er war nahezu komplett. Er siegte 1967 in der ersten Blindprobe von 61ern, und trotz einiger Unterschiede zwischen den Flaschen genoß ich Mitte der 70er Jahre eine ganze Menge. Mit 21 Jahren in einer Magnum hatte er eine tiefe Farbe, aber dennoch eine ganz annehmbare Frische für sein Alter. Ein außerordentlich gutes Bukett. Insgesamt trocken. Ein Wein mit großem Stil und Charakter. Ein Hauch von Endsäure.
*Vor dem Mittagessen bei den Stevens' (David ist inzwischen geschäftsführender Leiter des* Institute of Masters of Wine), *Mai 1982. Beste Note ★★★★★ Dürfte immer noch gut sein.*

TAITTINGER Extra dry: strohgolden, wenig Leben. Auch in Geruch und Geschmack war das Leben im Abflauen, der alte, reiche, honigartige Strohgeschmack führte einen aussichtslosen Kampf mit Säure und Oxydation.
*Juni 1987.*

TAITTINGER, COMTES DE CHAMPAGNE Bernsteinfarben. Kaum mehr ein Fünkchen Leben. Geruch maderisiert. Zu lange aufgehoben, der einzige Hinweis auf seine ursprüngliche Qualität war die Länge. Flach, ein bißchen scharf.
*November 1989.*

## 1962 ★★★★

*Wieder ein sehr guter Jahrgang, machte dem 61er Konkurrenz. Vielleicht trockener und spröder, aber wie der 52er fest und langlebig. Nach einem kalten Frühling, einem trockenen Juni, einem milden Juli und ausbleibender Sommersonne, die von einem schönen, heißen, reifungsgünstigen September wettgemacht wurde, war dies das Resultat. Es lohnt sich, nach ihm Ausschau zu halten.*

BOLLINGER Ein edler, recht stahliger Wein in der Jugend. Zuletzt: tiefere Farbe und schlanker als der 64er; «fischiger» Pinot-Noir-Geruch; gute Säure.
*Zuletzt im August 1985 verkostet ★★★ Dürfte immer noch gut sein.*

VEUVE CLICQUOT Ist mir anscheinend entgangen, als er jung war. Auf einer neueren Clicquot-Degustation notierte ich, daß die Trauben vom 4. Oktober an «bei wunderschönem Herbstwetter» gelesen worden seien. Beschrieben als ein Wein «mit Eleganz und Finesse». Und das war er immer noch. Ein nussiges Bukett, wie Krustenbrot; viel Geschmack und Charakter, gute Säure.
*September 1989 ★★★★*

HENRIOT Eine Magnum, ein Geschenk von M. Henriot. Ein wunderbar helles, blasses Goldgelb mit einem zarten Fächer hübscher Bläschen. Nase nicht besonders erwähnenswert. Ziemlich trocken, ordentliches Gewicht, guter Geschmack, stilvoll, ein bißchen kurz.
*April 1990 ★★★*

LANSON Eine bezeichnend extravagante *Methusalem* zur Begrüßung der Gäste beim Eröffnungs-Diner von Hardy Rodenstocks Marathon-Wein-Wochenende: sehr blaß; wenig Geruch, ein Hauch von Stroh; ziemlich knochentrocken, mit guter Länge und Säure.
*September 1987 ★★★*

DOM PÉRIGNON Mehrere Bewertungen von 1971 an, bei denen immer wieder «knochentrocken» und «sehr trocken» vorkommen. Ein gepflegter, fester, hochfeiner Champagner. Dann zehn Jahre lang nicht mehr verkostet, aber immer noch blaß, mit schöner *mousse.* Grob vereinfacht: ein «trockener» Chardonnay-Charakter in der Nase. Am Gaumen sehr trocken, mittelgewichtig, edler, exzellenter Geschmack und beträchtliche Länge – was die Franzosen *Persistance* nennen.
*Eine Magnum im Marie-Antoinette in New Orleans. Mein Gastgeber war der allzeit freigebige Lloyd Flatt. Zuletzt im Mai 1981 verkostet ★★★★★*

# 1964 *****

*Ein sehr guter Jahrgang, aber völlig anders im Charakter als der 61er und der 62er, so reich wie der 59er, aber nicht so fett. Reiche, fruchtige, großartige Weine nach einem warmen Frühling, einer frühen Blüte, einem heißen, trockenen Sommer, in dem doch im August genug Regen fiel, um die Beeren prall zu machen, und einer nachgerade perfekten frühen Ernte.*

AYALA, BRUT Eine erkleckliche Zahl von Bewertungen Anfang bis Mitte der 80er Jahre. Alle in Magnumflaschen. Teil eines umfangreichen Vorrats, der von Ayala verkauft wurde, vermutlich weil es in Frankreich keinen Markt für alten Champagner gibt. Er machte auf Christie's Vorverkaufsdegustationen einen gleichbleibend guten Eindruck. Blaß für sein Alter und den Jahrgang, sehr lebhaft; gehaltvolle Nase; trocken, relativ voll, fest, Geschmack und Säure gut.
*Zuletzt im Mai 1985 bewertet *** Müßte immer noch gut sein.*

BOLLINGER Viele Bewertungen, hauptsächlich in den 70er Jahren. Legte den gehaltvollen Stil an den Tag, den ich mit Bollinger verbinde. Zuletzt: ein erfreuliches Strohgold, das anfänglich lebhafte Schäumen klang zu einem leisen Perlen ganz feiner Bläschen ab; stämmiger, reicher, gehaltvoller Geruch und Geschmack, leichtgewoben, trockener Abgang.
*Zuletzt im August 1985 verkostet ****

BOLLINGER, RD Erstmals verkostet 1979 beim Weihnachtstreffen von David Allans 45er Club auf Gravetye Manor. Gut, nussig, reich. In neuerer Zeit: halbtrocken, gute Länge.
*Zuletzt verkostet August 1985 ****

BOLLINGER, TRADITION Magnumflaschen, an den Schalen gelegen, bis er im Juli 1978 degorgiert wurde. Farbe deutlich golden, schöne Bläschen; ziemlich reiches, gehaltvolles Bukett; reicher Auftakt, trockener Abgang. Schmackhaft. Eichen. Ein Hauch von Säure. Mußte getrunken werden.
*November 1980 ***

RENÉE BRISSET, BRUT Hell. Strohfarbe und guter Geruch nach altem Stroh. Trocken, gehaltvoll, blitzsauber, gute Säure.
*August 1989 ***

GOSSET, BRUT Degorgiert 1979, *dosage* 1%. Klassische, «fischige» Pinot-Nase; überraschend trocken und spröde.
*Im Dezember 1991 ***

CHARLES HEIDSIECK Ein locker sitzender Korken. Gute Farbe, immer noch schäumend, mit großen, gemächlichen Blasen; prachtvolles altes Eichenspanbukett; halbtrocken und mittelgewichtig, schöner gehaltvoller 64er Geschmack und Charakter. Sehr ansprechend.
*Oktober 1980 *** Wahrscheinlich immer noch gut.*

KRUG Viele Bewertungen, hauptsächlich in den 70er Jahren. Eine recht unglücklich verkorkte Magnum 1980, die zweite dagegen war einwandfrei. Ein reicher Wein mit großem Charakter. Und sieben sehr gute Bewertungen seither. Mitte der 80er Jahre immer noch relativ blaß für sein Alter, mit gleichmäßig verteilten hübschen Bläschen. Außergewöhnlich gutes Bukett, reich, gehaltvoll, schöne Entfaltung im Glas. Durchweg große Länge vermerkt. Bei einem Abendessen des Bordeaux Club im Christ's College von Cambridge 1986 brach der Draht, kaum daß die Folie entfernt war, und der mit bemerkenswertem Elan herausschießende Korken verfehlte knapp unseren Gastgeber Jack (Sir John) Plumb und sein kostbares Porzellan. 1990: die Farbe vertieft sich jetzt zu einem deutlichen Strohgold, dennoch ein sehr gutes, altes Bukett. Trocken, gute Länge.
*Zuletzt im Juni 1991 verkostet. Heute ****

LANSON Bernsteingelb; rauchig; fremder Geschmack, gute Länge, aber säuerlich.
*Im Juli 1992? Riskant.*

POL ROGER Viele Bewertungen, Flaschen, halbe Flaschen und Magnumflaschen, wobei letztere mein hypothetisches Niveau von Perfektion mit zwölf Jahren erreichte. Ein vorzüglicher Wein. In neuerer Zeit ein relativ blasses Strohgold; rauchig und mit einem süßen, leicht karamelisierten Geruch, der an den braunen Rand von Milchreis erinnerte. Guter, alter Geschmack. Gut umhüllt.
*Zuletzt im Juni 1986 bewertet. Beste Note ****

POMMERY & GRENO Seltsamerweise nur eine Bewertung. Füllhöhe, Korken und Frische sehr gut. Rauchiges Bukett. Trocken, ein bißchen spröde. Guter Abgang.
*Oktober 1980 ***

ROEDERER, CRISTAL BRUT Erlesener Wein. Mitte der 70er Jahre komplett. Lebhaft; ein Bukett mit vielen Dimensionen, Chardonnay, Frucht, Pikanterie, Flaschenalter; reich und reizvoll. Langer, trockener Abgang.
*Zuletzt im Mai 1981 verkostet ***** Wahrscheinlich immer noch gut.*

SALON LE MESNIL Ein wunderbarer Wein. Erstmals 1987 bei einem Abendessen verkostet, zu dem die Rhodes' eingeladen hatten: blaß für sein Alter; ziemlich trocken, fest, gepflegt – sehr fein für einen 64er. Perfekt. Und ein Jahr später, ebenfalls in einer Magnum aus dem Weinkeller der Rhodes': Farbe pures Gold, mit sehr schöner

*mousse.* Trocken, guter Körper, fest, sehr nachhaltiger Geschmack.
*Zuletzt im November 1988 bei einem Abendessen des Bordeaux Club bei Christie's bewertet* ★★★★★

## 1966 ★★★★

*Es ist interessant, wie ähnlich sich die klassischen 66er im Charakter sind - nicht nur die Champagner, sondern auch roter Bordeaux, Burgunder, sogar Jahrgangsportwein. Eine Eigenheit, die sich übrigens 1985 wiederholte, nur in einem ganz anderen Stil. Die 66er Champagner waren fest, manchmal stahlig, schlank, lang und langlebig. Ein Kontrast zu den 64ern mit ihrem Gehalt und ihrer reifen Frucht. Wenn ich die besten mit einem Wort beschreiben sollt, so würde ich «Finesse» wählen.*

*Sehr heißer Juni, frühe Blüte. Nasser und ziemlich sonnenloser August. Schönes Wetter vor der Lese.*

**Paul Barron** In den frühen 80er Jahren fingen einige der kleineren Erzeuger und weniger bekannten Markenhäuser an, auf sich aufmerksam zu machen. Dieser hier stammt aus dem Weindorf mit dem wohl klangvollsten Namen: Bouzy. Gehaltvolle, rauchige Nase. Weicher, alter Geschmack. Müßte getrunken werden.
*September 1982* ★★

**Bollinger** Der erste 66er, den ich probierte. Anders als Bordeaux und Burgunder wird Jahrgangschampagner auf den Markt gebracht, wenn der Hersteller meint, daß die Zeit reif dafür sei, im Falle von Champagner etliche Jahre nach der deklarierten Ernte. Die 66er wurden 1971 ausgeliefert. Dieser Wein war gut und entwickelte sich die ganzen 70er Jahre über bestens. Nur eine neuere Bewertung: Farbe ein mittleres Strohgelb, mit einem stetigen, aber breit gefächerten Perlen schöner Bläschen; recht «kühle», harte Nase; trocken, immer noch schäumend, fest.
*Zuletzt im August 1985 verkostet* ★★★★ *Eindeutig noch viel Leben vor sich.*

**Veuve Clicquot** Einige gute, feste, elegante Flaschen Mitte bis Ende der 70er Jahre, aber nur zwei nicht ganz perfekte halbe Flaschen seitdem. Das Alter war zu merken, aber trinkbar.
*Zuletzt im Juni 1985 verkostet. Beste Note wahrscheinlich immer noch* ★★★★

**Deutz & Gelderman, Brut** Viele Bewertungen. Gefällig Mitte der 70er Jahre und eine gute Flasche 1985: blaß für sein Alter; etwas scharfe, Chardonnay-typische, brotartige Nase; trocken, gute Säure. Und eine einzelne halbe Flasche mit sehr leichter *mousse,* aber schönen Bläschen, was immer ein Zeichen von Qualität ist; warm, krustig,

harmonisch in Bukett und Geschmack. Trocken. Anflug von altem Sherry im Endgeschmack.
*Zuletzt im Juli 1988 verkostet. Beste Note* ★★★

**Dom Pérignon, Rosé** «DPR», der gefragteste Champagner in Palm Beach! Und sehr gut außerdem. Einer der relativ wenigen Rosés, die ich mag und die sich halten werden. Zwei recht neue Bewertungen. Außergewöhnliche Farbe, ein rosiges Orange, nicht unähnlich – wie ich zugeben muß – einem Mateus Rosé. Sehr reicher, eindringlicher Geruch, in dem seine Pinot-Noir-Basis durchdringt; ein Hauch von Süße für den Geschmack von Palm Beach, ordentliches Gewicht, weich, sanft. Ein unbeschwerter Genuß.
*Zuletzt im September 1990 auf der Vorverkaufsdegustation der Sammlung Flatt in Chicago bewertet* ★★★★

**Alfred Gratien, Crémant Brut** Nur der letzte Rest eines Perlens, kaum ein Aufschäumen. Auch der Geruch verriet das Alter. Besser am Gaumen, aber der Pfiff fehlte. Moral: Crémant jung trinken!
*Im März 1987 in Stockholm* ★

**Charles Heidsieck** Die 60% Pinot Noir sind ihm anzumerken. Schmackhaft. Die ganzen 70er Jahre hindurch gut zu trinken. Eine Magnum *à point* Anfang der 80er Jahre, aber eine enttäuschende frisch degorgierte Flasche bei einer neueren Charles-Heidsieck-Degustation: strohgolden; Tokajer-artiger Geschmack und Abgang.
*Zuletzt im März 1990 verkostet. Beste Note* ★★★

**Lanson, Red Label** Guter Wein. Näherte sich mit zehn Jahren der «Reiseflughöhe». Magnum: gutes, blasses, immer noch jugendliches Zitronengelb; recht harte Nase, Kräuter; trocken, fest, Geschmack und Länge gut.
*Zuletzt im September 1986 verkostet* ★★★★ *Noch jede Menge Leben.*

**Laurent-Perrier** Nicht ganz die Qualität eines Spitzenjahrgangs, aber gefällig. Leicht süß, sehr schmackhaft, doch es fehlte an Länge.
*Zuletzt im Januar 1981 verkostet* ★★

**Roederer, Cristal Brut** Spitzenwein in einer Champagnerdegustation 1972 und zehn Jahre später trotz leichten Alterserscheinungen der Inbegriff von Eleganz: relativ blaß, fein, delikate *mousse;* Nase zunächst ein bißchen hart, leicht nussig, öffnete sich sehr schön; trocken, mittlerer Körper, der Geschmack schwoll an, analog zur Entfaltung des Buketts. Länge und Abgang wunderbar.
*Zuletzt im Oktober 1982 verkostet* ★★★★★ *Müßte immer noch exzellent sein.*

# 1967

*Wachstumsbedingungen nicht schlecht, aber die Ernte verdorben durch starken Regen, der nicht nur das Reifwerden verhinderte, sondern auch weitverbreitete Fäule bewirkte. Nur einen in neuerer Zeit verkostet.*

ROEDERER Alter zu merken, strohgolden, dennoch lebhaft; leicht, feuchtes Stroh; halbtrocken und mittelgewichtig, guter Geschmack, hervorragende Säure.
*Januar 1991* ★★★

# 1969 ★★★

*Ich habe das Gefühl, daß die Champagnerhäuser zwei Motive dafür hatten, einen Jahrgang 1969 auf den Markt zu bringen: Erstens wollten sie zwei Jahre ohne Jahrgangswein wettmachen und zweitens einen extrem aufgeblähten Weinmarkt versorgen, aus dem allerdings, als der Wein 1974 herauskam, die Luft schon weitgehend heraus war.*

*Schlechter Frühling, späte Blüte, gefolgt von einer naßkalten Periode, die sich bis Mitte Juli hinzog. Ein heißer Sommer mit ein paar kühlen Intermezzi im August. Die Beeren wurden rechtzeitig für eine späte Lese im Oktober reif. Ein mäßig guter Jahrgang. Schmackhaft, aber säurereich.*

BOLLINGER Nicht der gehaltvolle Bollingerstil. Glasklar und trocken. Erstmals bewertet kurz nach seiner Auslieferung 1974 und noch etliche Male in dem Jahrzehnt. Alle hatten noch Flaschenalter nötig. Dann recht passend in Magnumflaschen serviert bei Christie's zum Erscheinen der ersten Ausgabe von *The Great Vintage Wine Book* am 27. Oktober 1980. Zu dem Zeitpunkt ein sehr ansprechendes Goldgelb, mit gutem Geruch und Geschmack. Strebte auf den Gipfel der Perfektion zu. Einige recht unterschiedliche halbe Flaschen, ein leiser Eindruck von Spröde hielt Mitte der 80er Jahre an, allerdings schien der Wein umgekehrt auch süßer zu werden. Zuletzt eine ansprechende halbe Flasche, weich, dennoch ein langgezogener Abgang mit reichlich Zitronensäure.
*Zuletzt im März 1988 verkostet. Beste Note* ★★★

BOLLINGER, ROSÉ Nur einmal verkostet. Immer noch ziemlich blaßrosa. Trocken, Gewicht und Stil sehr ordentlich. Ein guter Rosé, nachhaltig.
*August 1986* ★★★

BOLLINGER, TRADITION Speziell degorgiert im Januar 1980 und fünf Monate später geöffnet. Sehr gut, lebhaft, trocken.
*Zuletzt im April 1981 verkostet* ★★★★

BOLLINGER, VIEILLES VIGNES FRANÇAISES (Eine Idee von Cyril Ray zu Mme Bollingers 70. Geburtstag) Bereitet aus ungepfropften Reben aus der Zeit vor der Reblausplage, die in einem 2 ha großen Weinberg wachsen. Rar und teuer. Ein ganz anderer Weinstil. Reiche, hochgetönte Nase, beträchtliche Länge, ein Hauch von Holz, pikante Säure.
*August 1985* ★★★★

VEUVE CLICQUOT, BRUT Machte Mitte und Ende der 70er Jahre einen guten Eindruck. Nur eine neuere Bewertung: relativ blasses Strohgelb; etwas gehaltvolle Nase; halbtrocken, guter, langer Geschmack und gefällige Säure.
*Zuletzt im Februar 1987 verkostet* ★★★★ *Dürfte immer noch in Topform sein.*

DOM PÉRIGNON Mittelblaß, stetiges Perlen schöner Bläschen; überraschend parfümiertes Bukett; halbtrocken und mittelgewichtig. Reich. Hervorragende Länge. Exzellente Säure.
*Zuletzt verkostet im September 1993* ★★★★★ *Dürfte weiter besser werden.*

CHARLES HEIDSIECK Das jährliche Abendessen der *Champagne Academy*, von dem ich seit 1958 nur eines verpaßt habe, ist für die Häuser der *grandes marques* gewöhnlich eine Gelegenheit, ihr neuestes Produkt vorzuführen. Der 69er wurde erstmal im Mai 1974 ausgeliefert. Mir fiel seine ungewöhnlich reife gelbe Farbe auf. Ein ordentlicher Wein. Mehrere Bewertungen, aber keine in neuerer Zeit. Er kam mir bei der letzten Verkostung lebhaft und völlig entwickelt vor.
*November 1981* ★★★

ALFRED GRATIEN Ein Champagner, den ich mit der Wine Society und ihrem früheren Vorsitzenden Edmund Penning-Rowsell verbinde. Ich servierte ihn vor einem neueren Bordeaux-Abendessen mit 45er *Premiers Crus*. Er hatte eine gute Farbe für einen 21jährigen, nicht sprudelnd, aber mit einem stetigen Perlen kleiner Bläschen; ein angenehmes ausgebautes Bukett, aber am Gaumen mehr Alter zu merken. Halbtrocken und mittelgewichtig. Gefälliger, wenn auch leicht beißender Abgang.
*Juni 1990* ★★★

KRUG Machte einen guten Eindruck, wie es sich mit zehn Jahren ja auch gehört. 1981, vor einem anderen von Penning-Rowsells Abendessen mit *Premiers Crus* Bordeaux, lebhaft, mit einem duftigen, aber recht zurückhaltenden und für Krug delikaten Bukett; rauchiger Geschmack, aber mit leicht säurebetontem Abgang. Mit zwanzig Jahren, präsentiert als «Krug Collection» in einer hübschen Schachtel mit Jahrgangsinformation: «kalter Winter, kalter, regnerischer Frühling, Sommer trocken und schön, September ähnlich». Es ist

erwähnenswert, daß der Zeitpunkt der Blüte mehr oder weniger das Erntedatum diktiert. Krug meldete, daß die Blüte zwischen dem 16. Juni und dem 7. Juli stattfand und die Lese – mit geringer Ausbeute – vom 1. bis 13. Oktober. Und der Wein: mittelblasses Strohgelb mit sehr schöner *mousse*. Ein vorzügliches, reiches, gehaltvolles Bukett nach Walnuß und mit großer Tiefe. Hervorragende Länge. überraschend niedriger Alkoholgehalt, um die 10 %.
*Zuletzt im Oktober 1989 verkostet **** Wird sich halten.*

**PERRIER-JOUËT, BELLE EPOQUE** Diese hübsche und attraktive Flasche mit *Art-nouveau*-Blumenschmuck sah ich zum erstenmal 1978 in den Weinkellern eines bekannten dänischen Weinkenners, Holger Ewald aus Hobro.[1] Wir bewunderten die Flasche außerordentlich – und tranken den Wein mit Genuß. In neuerer Zeit: immer noch ziemlich blaß; starker Geruchseindruck: gut, sauber, ein deutlich «fischiger» Pinot-Noir-Ton; trockener, fester, guter Geschmack, aber ein bißchen mager und mit ausgeprägter Säure.
*Zuletzt im August 1986 verkostet *** Austrinken.*

1 Der erste Jahrgang, der in die inzwischen allseits bekannte Blumenflasche kam, war der 64er, der 1969 ausgeliefert wurde, aber anfangs exklusiv für Maxim's und Fauchon in Paris. Der Allgemeinheit zugänglich gemacht wurde er im Jahr darauf. Ohne Zweifel hat diese brillante Marketingidee – das Design basierte auf einer originalen *Art-nouveau*-Flasche – dem sehr alten, traditionsreichen Haus Perrier-Jouët neuen Aufschwung verliehen.

**POL ROGER** Seltsamerweise nur eine Bewertung. Magnum. Schmackhaft, gute Länge.
*September 1986 ***

**ROEDERER** Mehrere Notizen, inklusive eine aus einer *Jéroboam*: blasses Gold, feine Perlen; feiner rauchiger Geruch, wie von einem eben ausgegangenen Holzfeuer; reicher Ersteindruck, trockener Abgang. Vorzüglich in Geschmack, Länge und in seiner herrlichen Säure.
*Zuletzt verkostet zu Beginn des 15. Farr Vintner's Dinner, im April 1993 *****

**SALON LE MESNIL** Erstmals bewertet bei seiner Neu-Lancierung 1978 in London. Ich habe mehrere Bewertungen vor und nach 1980, alle gut. Einer, degorgiert unmittelbar vor dem Export und ohne Dosage, hatte einen ausgeprägten Walnußduft und einen lebhaften, schäumenden Stil. Kurz danach eine sehr denkwürdige Magnum mit einem ausgezeichneten Bukett. Diesmal eindeutig mit etwas Dosage, denn er hatte einen Hauch von Süße, mehr Körper, war reich und sehr schmackhaft.
*Zuletzt im Oktober 1981 verkostet **** Könnte immer noch exzellent sein.*

## 1970 ****

*Ein gewichtiger Jahrgang, aber nicht so stämmig, wie ich zunächst dachte. Trotzdem «breiter» und nicht so säurereich wie die 69er. Kalter Frühling, späte Blüte, starker Regen im Juni, dann gute Wachstumsbedingungen bis zur Ernte. Feine Weine, die besten noch gut haltbar.*

**BOLLINGER** Erstmals 1977 verkostet und bis in die 80er Jahre hinein etwas spröde bis gut. Gewann an Farbe, mit rasch abklingender *mousse*; Geruch sahnig und reich, doch immer noch mit einem harten Kern; recht kraftvoll, große Ausdauer. Trockener Abgang.
*Zuletzt im August 1985 verkostet ***(*) Wird sich noch weiterentwickeln.*

**BOLLINGER, TRADITION, RD**[2] Mehrere Bewertungen, die erste von 1979, vermutlich war also der Wein im selben Jahr oder 1978 degorgiert worden. Den nächsten 1980 verkostet: lebhaft, sahnig, ein Hauch von Vanille, reicher, im Mund anschwellender Geschmack. Weitere 70er wurden 1980 degorgiert, und einen davon trank ich im Jahr darauf: Bukett von Sahne und Walnuß. Trocken. Gute Länge. Sehr stilvoll. Meine neuesten Bewertungen sind von 1978 degorgierten Magnumflaschen: die Strohfarbe unterstrich 1989 das Alter, aber immer noch gut zu trinken; nussig; trocken, fest, exzellent in Geschmack und Säure.
*Zuletzt im Juni 1991 verkostet. Beste Note ****

2 Der Name «Tradition» ist aufgegeben worden; jetzt einfach «RD» mit dem Datum des *dégorgement* auf dem Rückseitenetikett.

**BOLLINGER, VIEILLES VIGNES FRANÇAISES** Erstmals 1979 verkostet. 1981 zwei Bewertungen: ziemlich blaß. Stark schäumend nach dem Einschenken, aber rasch abklingend zu einem leisen, gemächlichen, gleichmäßigen Perlen kleiner Bläschen. Eine süße, mehlige Nase; süßer und reicher als die RDs, weich und doch vollmundig. Zuletzt: strohfarben; weich, vorzüglich, jetzt perfekt.
*Zuletzt im Juni 1991 verkostet ****

**DEUTZ, BRUT** Dank der energischen Verkaufsanstrengungen meines Kollegen, des «Master of Wine» Kit Stevens, war Deutz (und ist er wahrscheinlich immer noch) in ganz Australien verbreitet, wo ich den 66er und den 70er verkostete. Ich nehme an, daß letzterer kurz davor degorgiert worden war, denn er hatte eine blasse, ziemlich zitronengelbe Farbe und war trocken, leicht, sauber, aber kurz.
*Vor einer «Museumsdegustation» in Yalumba im April 1985 ** Nicht annähernd so gut wie die Cuvée William Deutz.*

ALFRED GRATIEN, CRÉMANT Blaß und lebhaft für einen 14jährigen Crémant. Frischer, lebhafter Chardonnay-Geruch und -Geschmack. Relativ leicht.
*Oktober 1984* ★★★

CHARLES HEIDSIECK, BRUT 56% Pinot Noir. Schmeckte mir gut, als er auf den Markt kam. Zuletzt eine am 6. September 1989 degorgierte Magnum: gute feine *mousse;* krustiger, herrlich «fischiger» Pinot-Geruch von großartiger Tiefe. Ein wenig «süß» beim ersten Schluck, körperreich, hervorragend in Geschmack, Länge und Nachgeschmack. Nussiger, trockener Abgang.
*Zuletzt im März 1990 verkostet* ★★★★ *Jetzt gut zu trinken.*

KRUG Überraschenderweise nur eine knappe Bewertung. Blaß für sein Alter; etwas Gewicht, große Klasse.
*August 1983* ★★★★ *Wird sich halten.*

# 1971 ★★★★★

*Ich habe diesen Jahrgang hoch eingestuft. In seinen besten Vertretern, um aus meinen Aufzeichnungen unten zu zitieren, «der Inbegriff von Eleganz». Besser geformt als die 70er, nicht so säurebetont wie die 69er, fester als die 73er. Kurzum, Champagner mit Finesse. Ein rauher Beginn: Gewitter im Mai, Juni heiß und schwül, Blüte ungleichmäßig. Weitere Gewitter im August, aber September heiß und trocken.*

*Wahrscheinlich von 1979 an bis Mitte der 80er Jahre auf dem Gipfel. Die besten sind immer noch herrlich zu trinken.*

DEUTZ, CUVÉE WILLIAM DEUTZ Blaß, lebhaft; schöne rauchige Pinot-Nase; trocken, gute Länge, beachtliche Finesse, wenn auch nicht umwerfend.
*Zuletzt im Mai 1980 verkostet* ★★★★

DOM PÉRIGNON Immer noch blaß, leichter Stich ins Grüne; Spur von Zitrone und Stroh in der Nase (ich bezweifle allerdings, ob sich Moët oder der Leser mit so einer banalen Bemerkung zufrieden geben werden); deutliche Süße, exzellenter Geschmack und beachtliche Länge. Edel. Genießt seinen Ruf bestimmt zu Recht.
*September 1990* ★★★★★

CHARLES HEIDSIECK, BLANC DE BLANCS Blaß, mit auffällig großen Blasen; sauberer, frischer Geruch; trockener, relativ leichter Stil, nussiger Endgeschmack.
*April 1980* ★★★ *Wird inzwischen müde sein. Champagner Blanc de Blancs sollten eher jung getrunken werden.*

HEIDSIECK, DIAMANT BLEU Diese Heidsiecks sind sehr verwirrend. Der Diamant Bleu ist die De-Luxe-Version von Heidsieck Dry Monopole, es besteht keine Verbindung zu Chas Heidsieck. Trotz seiner gräßlichen kegelförmigen Flasche ein guter Wein. Relativ blaß, ungleichmäßige, aber recht schöne Bläschen; wahrscheinlich ziemlich viel Chardonnay, der Nase nach zu urteilen; recht trocken, relativ leicht, gute Geschmacksmitte, aber selbst mit zehn Jahren noch etwas spröde.
*Januar 1981. Damals* ★★(★★) *Jetzt voll ausgebaut und wahrscheinlich immer noch gut zu trinken.*

KRUG Wie die meisten 1978 zum erstenmal beurteilten 71er eindrücklich. Erreichte mit elf Jahren den Höchststand: relativ blaß, lebhaft; erlesenes Bukett, gute Frucht, vollkommen entfaltet; ziemlich trocken, mittelschwer, herrlich ausgewogen, vorzüglich in Geschmack, Säure und Länge.
*Zuletzt im September 1982 verkostet* ★★★★★ *Krug in seiner besten Form. Ist selbst heute noch wert, daß man sich danach umschaut.*

MOËT & CHANDON 1977 zur Feier des Silbernen Jubiläums der Königin exportiert. Streng genommen hätte er um die Zeit des Jubiläums getrunken werden sollen, denn elf Jahre später war die Farbe etwas tiefer geworden und hatte sich sein makelloses Sprudeln verflüchtigt. Auch im Geruch Alterserscheinungen. Leicht süß, voll ausgebaut, gute Säure. Ein gefälliges Getränk, aber ein wenig nachlassend.
*Juni 1988* ★★

MUMM, CORDON ROUGE Nicht sehr aufregend bei der ersten Verkostung 1977, obwohl ich dachte, etwas Flaschenalter könnte ihm durchaus gut tun. In der Zeit, die ich für seine beste halte, hatte ich nur eine Flasche. Der Wein war ansprechend goldgelb; hatte eine «warme» Nase, ungefähr wie nasser Flanell; gehaltvolle Mitte, mit trockenem, leicht säurebetontem Abgang.
*Zuletzt im Februar 1984 verkostet* ★★ *Ich glaube nicht, daß es sich lohnt, nach Flaschen oder selbst nach Magnumflaschen zu suchen.*

ROEDERER, CRÉMANT Privat importiert von dem verstorbenen Jack Rutherford, damals Chef von Roederers Londoner Vertreterbüro. Blaß für sein Alter, Zitronenton und lebhaft; schönes Bukett, nussig, mit einem Hauch von honigartigem Flaschenalter. Gewöhnlich ist der Crémant-Stil leicht und trocken. Dieser hier war es nicht. Schöner Geschmack und Abgang. Nur ein Spitzenwein wird sich so gut halten wie dieser.
*Januar 1990* ★★★★

ROEDERER, CRISTAL BRUT 1979 Als den «Gipfel an Vornehmheit» beurteilt. Zwei und dann drei Jahre später eine gute Farbe; reich und den-

noch erfrischend, rauchiger Chardonnay-Ton, ein Hauch von pikanter Frucht, Geschmack dazu passend. Große Länge, fest, erfrischende Säure, trockener Abgang.
*Zuletzt im Oktober 1982 verkostet* ***** *Dürfte immer noch großartig sein.*

SALON LE MESNIL Begeistert bewertet bei seiner Vorstellung 1978. Prunkte in seiner ganzen Eleganz beim 91. Treffen des Bordeaux Club, zu dem Harry Waugh 1981 einlud. Sahnige Vollendung in Flasche und Magnum Mitte der 80er Jahre, aber 1990 eine enttäuschende Flasche: Farbe wie altes Stroh, flach, Geruch und Geschmack entsprechend.
*Zuletzt im November 1993 bewertet. Beste Note* *****

TAITTINGER, COMTES DE CHAMPAGNE, BLANC DE BLANCS Drei Bewertungen, alle in den frühen 80er Jahren. Relativ blaß, lebhaft; Nase ein bißchen spröde, etwas sahnig. Leichter Stil, recht durchsichtiger, aber ausreichend langer Geschmack. Ansprechend, aber trügerisch. Bei der letzten Probe zog ich den 73er vor.
*Zuletzt im Juli 1983 bewertet* **

# 1973 ***

*Zweitgrößter Ertrag des Jahrhunderts. Die reinste Schwemme, möglicherweise fehlt es wegen der Überproduktion etwas an Griff. Die Qualität war dem heißen, trockenen Sommer zu verdanken, die Quantität dem starken Regen im September. Die meisten 73er sind mittlerweile müde, aber wenn sie gut gelagert wurden, können die besten immer noch köstlich sein.*

BOLLINGER, BRUT Ich vermute, daß «fleischig» und «fischig» nicht eben anregende Adjektive sind, aber der alte klassische Bollingerstil wurde oft als fleischig oder gehaltvoll bezeichnet, d. h. als reich, fast zum Kauen, im Gegensatz zu den leichteren, schlankeren Champagnerstilen. Und «fischig» (oder Austernschalen) ist eine recht exakte Beschreibung des von der Pinot-Noir-Traube ausgehenden Geruchs. Für mich hatten die 73er diese Dufteigenschaften. Am Gaumen ziemlich trocken. Fest.
*Zuletzt im August 1985 verkostet* ***

BOLLINGER, TRADITION, RD Ich muß gestehen, daß ich lange meinte, es gebe im Grunde nur einen RD pro Jahrgang, weshalb ich in meinen Aufzeichnungen häufig bloß «73 RD» schrieb, obwohl mir jetzt, wo sie geordnet sind, beim erneuten Durchgehen «73 RD 1981», verkostet 1984, und «73 RD 1983», verkostet drei Jahre später, ins Auge fällt. Das Ganze ist ziemlich verwirrend.

Ich begreife RD jetzt, botanisch gesprochen, so etwas wie eine stets neu blühende Blume. Das ist meine Eselsbrücke... Von meinen sieben Bewertungen der 73er RDs waren alle bewundernswert, wobei ich allerdings zusätzlich zu dem Bollingerschen «Fleisch» auch Schlankheit und Spröde vermerkt habe.
*Zuletzt im August 1986 verkostet. Beste Note* **** *Sollten inzwischen alle getrunken sein.*

BOLLINGER, VIEILLES VIGNES FRANÇAISES, BLANC DE NOIRS Der letzte Teil dieser Beschriftung teilt uns mit, daß die ungepfropften Reben alle von der Sorte Pinot Noir sind. Von Anfang an (erstmals verkostet 1981) eine viel tiefere Farbe als der *Brut* oder der 73er RD und breiter und reicher in Geruch und Geschmack als sogar der letztere. Ziemlich eindringlich, mit leichter, zitronenartiger, kribbelnder Säure. 1984 ähnlich. Zuletzt: ein vielschichtiges kräuterwürziges Bukett und der nachhaltigste Geschmack der gesamten Bollinger-Kollektion.
*Zuletzt im August 1985 verkostet* ****

VEUVE CLICQUOT, GOLD LABEL BRUT Ein typischer Clicquot-Jahrgang und ein sehr guter dazu, machte auf der Eröffnungspräsentation 1978 und danach einen guten Eindruck. Kein mächtiger Wein, mittelschwer, edel. Im großen und ganzen stellte ich eine allgemeine Trockenheit fest, vielleicht eine Idee zu säurebetont. Schöne Farbe, lebhaftes Bukett, gute Länge.
*Zuletzt im Januar 1984 verkostet. Damals* **** *Wahrscheinlich kurze Zeit später am besten.*

VEUVE CLICQUOT, LA GRANDE DAME Dies ist Clicquots De-Luxe-Marke, und die auf dem Etikett abgebildete «Grande Dame» ist natürlich die sagenhafte Witwe höchstpersönlich. Der Wein hat den erwarteten Clicquot-Charakter im Geruch, vielleicht mehr Chardonnay und möglicherweise edler, sehr trocken und stahlig. Leider nur eine ziemlich alte Bewertung.
*November 1980. Damals* ***(*) *Wahrscheinlich immer noch sehr gut.*

DEUTZ, BLANC DE BLANCS Zarte *mousse;* süße, sahnige Nase; relativ trocken, leicht in Stil und Gewicht. Elegant. Ein mustergültiger *Blanc de Blancs*, perfekt mit sechs bis sieben Jahren.
*August 1980. Damals* **** *Es lohnt sich, nach neueren Jahrgängen zu schauen.*

DOM PÉRIGNON Magnumflaschen: Farbe und Bukett vorzüglich. Überraschend süß und reich, mit herrlichem Geschmack und ansehnlicher Länge. Mit 13 Jahren ein perfektes Getränk.
*November 1986* *****

DOM RUINART, BLANC DE BLANCS Die relativ neue De-Luxe-Marke des ältesten Champa-

gnerhauses, jetzt Teil des Moët-Hennessy-Vuitton-Imperiums. Soll vielleicht als *Blanc de Blancs* Taittingers Comtes de Champagne Konkurrenz machen. Bestimmt nicht in derselben De-Luxe-Kategorie wie das Flaggschiff Dom Pérignon. Erstmals 1981 genossen. Zwei Jahre später ähnliche Notizen: sehr blaß, leichter Stich ins Zitronengelbe, lebhaft, mit sehr feinen Bläschen; sahnige Nase; trocken, relativ leicht, frisch und schmackhaft. Perfekt mit acht bis zehn Jahren, aber nicht dafür gemacht, länger zu altern.
*Zuletzt im Januar 1983 verkostet. Damals* ★★★★

### GEORGE GOULET, CUVÉE DE CENTENAIRE
Viele Bewertungen Mitte bis Ende der 80er Jahre, weil mein Kollege Duncan McEuen ein gewisses Quantum für das Sitzungszimmer von Christie's gekauft hatte. Die anfängliche Blässe hatte sich 1978 zu purem Gold vertieft, die Lebhaftigkeit blieb auf der Strecke. Bei der ersten Bewertung beschrieb ich das Bukett als «Sahne und Rauch», und ein dänischer Freund fügte «Schwarzbrot und Walnüsse» hinzu. In neuerer Zeit gehaltvoller, ausgebauter in der Nase. Reich, weich, doch mit guter Säure. Mir war er ein Genuß.
*Zuletzt im Juli 1989 verkostet* ★★★

### GOSSET, BRUT
Degorgiert 1991. Zwei geringe Flaschen, eine seltsam, eine hefig.
*Bei der Gosset-Probe im Dezember 1991.*

### GOSSET, GRANDE MILLÉSIME
Mehrere neuere Bewertungen: entwickeltes blasses Goldgelb, lebhaft, perlende *mousse*. Sehr gute Nase, Frucht, Walnuß. Halbtrocken, relativ leicht in Körper und Stil, weich und doch nachhaltig. Erfreuliche Qualität. Beweist, daß nicht nur die berühmten Marken den verwöhnten Gaumen befriedigen können.
*Zuletzt im März 1989 verkostet* ★★★★

### CHARLES HEIDSIECK, LA ROYALE, BRUT
Der inzwischen gut eingeführte «Champagne Charlie» wurde 1973 aus der Taufe gehoben. Seine Eltern waren «Royal Charles» und «La Royale». Beide Namen tauchten auf den (wahrscheinlich für unterschiedliche Märkte bestimmten) De-Luxe-Verschnitten von Charles Heidsieck auf. Beide sind meines Erachtens durch den edwardianischen *roué* völlig verdrängt worden. Meine erste Bewertung des 73er «La Royale» im Januar 1985 liest sich, als hätte ich sie einer Schauspielerin auf die Slippersohle gekritzelt: sehr golden, lebhaft schäumend, großzügige Perlen; sahnige, rauchige Nase; frisch, mit leicht säurebetontem Abgang, aber faserte etwas aus. Sechs Monate später probierte ich «La Royale» und «Royal Charles» nebeneinander. Sie waren verschieden. Letzterer hatte eine sehr helle, angenehme gelbe Farbe, mit frischem Vanille-Geruch und -Geschmack. Betont trocken. «La Royale» hatte eine warme, strohgoldene Farbe und war lebhafter; eine gehaltvollere, Brotkrusten-

artige Nase; weicher und ausgebauter. Eine ähnliche Bewertung ein Jahr später.
*Zuletzt im April 1986 verkostet* ★★★

### KRUG
Die Blüte, meldete Krug, war vom 14. bis 19. Juni, die Lese vom 28. September bis zum 15. Oktober. Erstmals im Mai 1980 verkostet: wunderbarer, tiefer, nussiger Geschmack, der mich an einen guten Corton-Charlemagne erinnerte. Gute Bewertungen anschließend. Dann wurden 1989 Bestände des reinen Jahrgangsweines herausgebracht, die nicht frisch degorgiert und in individuellen Holzschachteln mit dem Aufdruck «Krug Collection» verpackt waren. Farbe immer noch blaß, mit sehr schöner *mousse*, kleine Bläschen; ordentlich entwickeltes, sehr duftiges Bukett; halbtrocken, ziemlich körperreich für einen 73er, voller, vorzüglicher Geschmack, gute Länge und Säure, mit nussigem Abgang.
*Zuletzt im Oktober 1989 verkostet* ★★★★★ *Lohnt sich, danach umzuschauen.*

### PERRIER-JOUËT, FLEUR DE CHAMPAGNE
Erstmals 1978 bei einem Abendessen der *Champagne Academy* verkostet. Ein Charmeur. Zuletzt, genau zehn Jahre später: immer noch blaß, rauchiges Bukett, ziemlich trocken, sehr attraktiv.
*Zuletzt im Februar 1988 verkostet* ★★★★

### POL ROGER, CHARDONNAY
Das muß einer ihrer ersten reinen Jahrgangs-Chardonnays gewesen sein, jedenfalls der erste, den ich verkostete. Mein erster Eindruck: frischer Geruch, aber kein großer Charakter. Ziemlich trocken, relativ leicht, charmant und eingängig. Mit elf Jahren nahezu perfekt auf seine Art.
*Seit Dezember 1984 nicht mehr verkostet* ★★★

### POL ROGER, EXTRA DRY
Buchstäblich Dutzende von Aufzeichnungen, angefangen mit der ersten Flasche der Partie, die ich 1983 kaufte. Meine letzte erst kürzlich ausgetrunken. Anfangs blaß, lebhaft, leichter in Körper und Stil als der 76er, von dem ich auch mehrere Kisten kaufte; der 73er erschien mir dünner oder säurereicher. Aber Mitte der 80er Jahre hatte er sich für mein Gefühl wunderbar ausgerundet. Er war offenbar ein wenig süßer geworden, hatte sich eindeutig geöffnet, war weich und reich. Ein charmanter, unbeschwert zu trinkender Champagner, ja die Perfektion schlechthin. In neuerer Zeit hatte sich die Farbe zu einem strohigen Gelb vertieft, die Bläschen stiegen langsamer, wenn auch stetig, und Ende der 80er Jahre hatte sich das Bukett voll entfaltet, es wallte förmlich aus dem Glas und war mit Malz, Lanolin, Stroh und Honig gespickt. Leichte Unterschiede zwischen den Flaschen, eine oder zwei müder als andere, aber die Säure, das Nervensystem, gab ihm weiter Auftrieb. 1989 wartete Pol Roger bei einer Degustation mit ein paar im Vorjahr degorgierten 73ern auf. Ein ganz anderer Wein. Immer noch ein

relativ blasses Grüngold. Trocken. Sprudelnd und frisch. Offen gesagt, spätes *dégorgement* gleicht einem Gesichtslifting. Mir ist ein gut gelagerter, unmanipulierter Originalwein mit Originalkorken lieber.
*Zuletzt im Juli 1993 verkostet. Beste Note ★★★★*

SALON LE MESNIL 1981 in einer neuen Flasche präsentiert. Er hatte eine ziemlich blasse Farbe mit einem Stich ins Grüne. Eine leichte, recht gemächliche *mousse*. Etwas rauh und apfelartig in der Nase. Trocken. 1988 Alterserscheinungen, altes Stroh in Geruch und Geschmack.
*Zuletzt im Juni 1988 bewertet ★★*

MAXIM'S SALON LE MESNIL, BLANC DE BLANCS Maxim's in Paris hatten ein oder zwei Exklusivitäten (siehe auch Perrier-Jouëts Blumenflasche, S. 568), darunter Salon, den man stark mit diesem *Fin-de-Siècle*-Restaurant verband. Mir erschien Maxim's 73er Salon sahnig, trocken, ziemlich leicht, elegant und sehr stilvoll.
*Februar 1983 ★★★*

TAITTINGER, COMTES DE CHAMPAGNE, BLANC DE BLANCS Perfekt um die Mitte der 80er Jahre herum. Blaß für sein Alter, lebhaft; ein reiches, sahniges Bukett mit einer Prise Würze dazu; leicht süß – eindeutig *nicht* trocken, ordentliches Gewicht, weich, ganz köstlich. Obwohl über den Gipfel hinaus ein schöner, eingängiger, unaggressiver und sehr einladender Champagner.
*Zuletzt im Februar 1986 verkostet ★★★★★*

EINIGE ANDERE IN DEN 80ER JAHREN VERKOSTETE 73ER:

LANSON, RED LABEL Fest, lebhaft, gute Länge.

LAURENT-PERRIER Gute, rauchige Chardonnay-Nase, gute Frucht und Säure.

MUMM, RENÉ LALOU Kein Moussieren. Enttäuschend.

PERRIER-JOUËT, FLEUR DE CHAMPAGNE Blaß, rauchig, relativ trocken, gut.

JOSEPH PERRIER, RÉSERVE ROYALE Unterschiede zwischen den Flaschen, manche wie altes Stroh und spröde, andere sahnig, mit angenehmem angekohlten Geschmack.

## 1974 ★

*Ein solcher Jahrgang kann dem Ruf des Champagners nachhaltig schaden. In die Mitte genommen von 1973 und 1975, wäre es wohl klüger gewesen, mit ihm die Non-Vintage-Bestände aufzufüllen. Die Witterung eine einzige Berg- und Talfahrt. Schlechtes Wetter gleich nach Beginn der Blüte, dann unmäßig heiß und trocken. Willkommener Regen im August und sehr unwillkommener Regen zur Erntezeit. Den 74er läßt man am besten aus.*

DE CASTELLANE, CUVÉE COMMODORE Recht gut.
*September 1982 ★★*

ROEDERER, CRISTAL BRUT Erstmals 1982 in Cognac verkostet nach Überprüfung eines großen Vorrats von ehrwürdigen Jahrgängen und alten Verschnittweinen. Er war recht willkommen nach der staubigen Arbeit, aber mehr nicht. 1984 ziemlich blaß, lebhaft, gefällig. Zuletzt: immer noch blaß für sein Alter, schöne Bläschen; verschwitztes, aber harmonisches Bukett nach altem Stroh; eindringlich, gute Säure. Nicht das, was man von Roederer Cristal erwartet.
*Zuletzt im März 1991 bei einer Cristal-Brut-Degustation bewertet ★★*

ST-MARCEAUX Beurteilt ohne Begeisterung bei einem Abendessen in der Vintners Hall und leider kurz danach beim 104. Treffen des Saintsbury Club im selben Saal. Weder beeindruckend noch erinnerungswürdig.
*April 1984 ★*

## 1975 ★★★

*Guter Jahrgang. Stilvolle Weine mit einem Hang zu hoher Säure wie die 69er, aber befriedigender im Charakter, harmonischer. Ein kühler, feuchter Vegetationsbeginn, mit Schnee im März. Ende April jedoch heiß und sonnig. Sommertemperaturen über dem Durchschnitt, aber wenig Sonne und eine nasse zweite Septemberhälfte zögerten die Lese bis zum Oktober hinaus.*

*Mir sind nicht viele 75er untergekommen, aber solche, die Körper und lebenserhaltende Säure haben, dürften immer noch köstlich zu trinken sein.*

BOLLINGER, BRUT Meine Einführung in den Jahrgang 1975 war 1981 eine wenig beeindruckende halbe Flasche. Flachte ab. 1982 eine relativ blasse, lebhafte Flasche mit einer guten, rauchigen, angekohlten Nase; schmackhaft, elegant, aber ein bißchen spröde. Gewann nach zehn Jahren Farbe, das Bukett verband sich und wurde reich und sahnig. Ein vorzüglicher Wein. Gute Frucht. Blumig. Noch mehr Charakter 1986 in einer Magnum, Pinot-Noir-Art notiert, ebenso seine gute Länge und Säure. In neuerer Zeit eine blasse, schäumende Magnum, Geruch mittlerweile perfekt. Trocken. Sehr guter Geschmack.
*Zuletzt im Juli 1987 verkostet ★★★★ Es lohnt sich, danach zu schauen.*

BOLLINGER, RD Mehrere Bewertungen von 1984 an, aber bei wenigen festgehalten, wann degorgiert. Andere Art als der *Brut*: positive goldgelbe Farbe von Anfang an, sehr schöne *mousse*. Nase von beachtlicher Tiefe, reich, duftig, vollendet – an Walnüsse erinnernd. Reicher, klassischer, gehaltvoller Bollinger-Stil. Gute Länge. Eine aus der Art geschlagene *Jéroboam* im September 1986: blaß, sahnig, trocken, relativ leichter Stil, ein bißchen mager und recht neutral. Nicht das, was man von RD erwartet. Im Herbst darauf eine Flasche mit Korkgeruch, eine andere sehr gut.
*Zuletzt im März 1992 im Meridien Hotel in Boston verkostet, degorgiert 1984. Im besten Fall* ★★★

VEUVE CLICQUOT Fünf Bewertungen, alle Magnumflaschen. 1982 und 1983 erschien er mir parfümiert, blumig, ein wenig künstlich in Geruch und Geschmack. Sehr schmackhaft, etwas säurebetont. Ähnliche Ausdrücke, «parfümiert», «säurebetont», ganz unabhängig 1987 gebraucht, und zuletzt bei einem sehr gepflegten Sekt- und Austernfrühstück im Scott's: «Trotz schlechten Wetters zu Jahresanfang einer von Clicquots denkwürdigeren Jahrgängen. Säure 8,5 g/l.» Obwohl ich ein Bewunderer von Clicquot bin, finde ich den 75er leider aus den falschen Gründen denkwürdig.
*Zuletzt im September 1989 verkostet* ★★

DOM PÉRIGNON Jung aus einer Magnum verkostet: ein leichter, erfrischender Geruch mit einer Idee Zitrone; trocken, nussig, spröde, lang, mit leicht säurebetontem Abgang.
*Oktober 1983. Damals* ★★(★★) *Wahrscheinlich jetzt auf dem Gipfel.*

KRUG Gute, sahnige, reiche Nase; überraschend hoher Säuregehalt.
*Ein Geburtstagstrunk mit John Arlott, Juli 1987* ★★★(★)

LANSON, RED LABEL Herausgebracht im Frühjahr 1987 in einer grauenhaft deformierten kegelförmigen Flasche. Trotz des albernen Marketingspleens ein guter, fester Wein. Spätere Bewertungen aus Magnumflaschen. Zuletzt: blaß für sein Alter, feine *mousse;* der Spritzer Zitrone im Bukett löste sich in einen lebhaften, erfrischenden Wein auf. Trocken. Fest. Viel Zeit zur Verfügung.
*Zuletzt im Juli 1992 bewertet* ★★★(★)

MOËT & CHANDON Ich habe den normalen Jahrgangs-Moët oft bewundert, obwohl er – eingekeilt zwischen dem ungemein beliebten und verläßlichen Moët Non-Vintage und dem piekfeinen Dom Pérignon – gern übersehen wird. Ich empfehle ihn der Qualität und des Preises wegen. Schöner Wein.
*Getrunken, ohne viel Notizen zu machen, bei einem großen Hennessy-«Paradis»-Cognac-Abendessen im Mansion House, Januar 1981. Damals* ★★★★ *Wahrscheinlich immer noch sehr gut.*

LAURENT-PERRIER, GRAND SIÈCLE Blaß, elegant, sahnig, fest, lang, sehr reizvoll.
*Februar 1985* ★★★★

PERRIER-JOUËT, BRUT Hervorragender, rauchiger Geruch und Geschmack. Sehr attraktiv.
*Mai 1985* ★★★★

POL ROGER Der 75er Pol muß recht früh auf den Markt gekommen sein, denn ich habe ihn im Mai 1980 beurteilt. Ein sehr edler Wein. Guter Körper und saubere Linien zwei Monate später und im Jahr darauf ein überraschender Unterschied zwischen zwei Flaschen, eine ziemlich leblos und schlaff, die andere schwungvoll. Er schien mit dem Alter größer zu werden, vollmundige Perfektion mit einem leicht rauchigen Nachgeschmack.
*Zuletzt im Oktober 1986 verkostet. Damals* ★★★★, *aber fest genug, um noch lange zu leben.*

POL ROGER, CHARDONNAY Der zweite Jahrgang von Pol Rogers Chardonnay. Blaß, jugendlich, trocken, ziemlich leicht in Gewicht und Stil. Hervorragende Säure.
*Besser konnte er nicht mehr werden als im Dezember 1984* ★★★

POL ROGER, CUVÉE SIR WINSTON CHURCHILL Bekanntlich Churchills Lieblingschampagner, daher war es durchaus angebracht, daß Pol seine De-Luxe-Marke nach ihm benannte. Erstmals bewertet im Dezember 1984: relativ blaß, überraschend wenig *mousse*, und das Wenige verflüchtigte sich rasch. Jedoch ein sehr attraktiver Geruch, parfümiert, Walnüsse und ein «fischiges» Pinot-Aroma. Halbtrocken und mittelschwer, reich, schmackhaft, Länge und Abgang gut. Sehr gut! In neuerer Zeit immer noch ziemlich blaß, mit schönem Bukett und frischem Geschmack. Weicher als der 76er Pol Roger.
*Zuletzt im Mai 1987 verkostet* ★★★★★ *Dürfte immer noch in Topform sein.*

ROEDERER, CRISTAL BRUT Der Eröffnungswein bei einem fabelhaften Abendessen, zu dem Lenoir Josey von der Ortsgruppe Houston der Wine & Food Society im Oktober 1983 einlud. In Magnumflaschen: zartes, sahniges Bukett, nicht so «getoastet» wie der 76er. Reich, schäumend und doch sehr elegant, mit mäßiger Länge und Säure. Eine ähnliche Bewertung zwei Jahre später, nur daß die Säure stärker spürbar war.
*Zuletzt im Juni 1985 verkostet* ★★★★

TAITTINGER, COMTES DE CHAMPAGNE, BLANC DE BLANCS Spendiert zu unserem 30. Hochzeitstag 1984 bei einem Festessen im luxuriösen Bel-Air Hotel in Hollywood von einem alten Freund, dem mittlerweile leider verstorbenen George Reese. Köstlich. Zwei Jahre später in einer Magnum: relativ blasses Gelb, wie zuvor mit

*Vallée de la Marne*

recht geringer *mousse*; trockener, leichter Stil, fest, hart sogar. Hatte mehr Zeit in der Flasche nötig. Ich zog den 73er vor.
*Zuletzt im Februar 1986 verkostet. Damals ★★(★★) Erreicht jetzt wahrscheinlich seinen Gipfel.*

### EINIGE ANDERE IN DEN 80ER JAHREN VERKOSTETE 75ER:

DE CASTELLANE, BRUT Ziemlich trocken, elegant, fest, Gleichgewicht und Abgang gut.

DE CASTELLANE, ROSÉ Ein etwas künstliches Rosa mit Orange überhaucht. Ziemlich stielige, gehaltvolle Nase. Ziemlich trocken. Recht gute Länge.

DEUTZ, CUVÉE WILLIAM DEUTZ Positive gelbgrüne Farbe, golddurchwirkt, feine *mousse*; Nase ein bißchen hart, aber wieder «fein» vermerkt. Trocken, zurückhaltend, wirklich subtil, elegant.

DOM RUINART, BLANC DE BLANCS Gute Farbe, exzellenter Geruch, anständige Länge, aber der Stil und die Delikatesse von Taittinger fehlten.

GOSSET Sehr ungewöhnlicher Stil und Muskateller-Traubigkeit – aber denkwürdig, weil er auf Ch. Pavie in Gesellschaft von Douglas Fairbanks jr. serviert wurde.

J. JASSALLE, BLANC DE BLANCS Einer der etlichen kleinen Erzeuger, die Mitte der 80er Jahre auf dem englischen Markt eingeführt wurden. Anfängliches lebhaftes Schäumen legte sich rasch. Zitronenartige, säurebetonte Nase. Sehr trocken, recht gefällig, gute Länge. Ein bißchen einspurig.

LAURENT-PERRIER Blaß, lebhaft; ein Hauch von Holz, der von der Sahne und Frucht ablenkt. Etwas säurebetont.

MUMM Schwacher Geruch. Trocken. Ziemlich leicht. Geschmack dehnte sich im Mund aus, aber schien recht schnell abzuflauen. Kein wirklich befriedigender Wein.

PERRIER-JOUËT, FLEUR DE CHAMPAGNE In *Jéroboam*-Flaschen: relativ blaß, lebhaft, frisch, jugendliche Nase ohne große Tiefe; trocken, relativ leicht, schäumend und ohne rechte Länge. Warum sich jemand mit *Jéroboam*-Flaschen abgibt, weiß ich nicht. Immerhin weiß ich, daß die beste Maximalgröße für Champagner die Magnum ist.

PERRIER-JOUËT, ROSÉ Sehr lebhaftes Rosa, «errötend», wie Tavel Rosé, in einem Silberbecher. Der luxuriöse Kelch ließ die Nase kalt, aber der Wein war überraschend gut in Geschmack, Frucht und Abgang. Einer der besten Rosé-Champagners, die ich je probiert habe.

JOSEPH PERRIER, BRUT Zur Feier der Silbernen Hochzeit der Königin importiert. Magnumflaschen mit Magnumbläschen, aber sehr gut und gehaltvoll in Geruch, Geschmack und Länge.

ROEDERER Eine neuere Bewertung: gute Farbe; reifer, sehr ausgebauter Geruch; deutlich süß, mittlerer Körper, sehr reich, köstlich. Es lohnt sich, danach zu suchen.

## 1976 ★★★★

*Einer meiner Lieblingsjahrgänge bei Champagner. Feste, gut gebaute Weine. Wer ein gutes Gedächtnis hat, weiß vielleicht noch, daß dies das Jahr der Hitzewelle und Trockenheit war, in dem der prächtige englische Wonnesommer zu einer alarmierenden Wasserknappheit führte – und der Sportminister zum Bewässerungsminister wurde. Das Wetter im Süden Englands ist nicht unähnlich dem der Champagne, die schließlich unter den großen französischen Weinbaugebieten das nördlichste ist. In England endete die Hitze und*

*Trockenheit schlagartig am 31. August, und danach regnete es unaufhörlich bis zum folgenden Frühjahr. Zum Glück kam der Regen in der Champagne ein bißchen später und ließ die früh reif gewordenen Beeren anschwellen.*

*Ich habe nie dazu geraten, Rosé oder Blanc de Blancs aufzuheben, aber bei einem solchen Jahrgang können sich die besten immer noch gut gehalten haben. Was die erstklassigen reinen Vintage- und die De-Luxe-Champagner betrifft, so sind die 76er inzwischen superb und werden sich halten und weiter verbessern – sofern man ausgebauten Champagner mag.*

BOLLINGER Mehrere Bewertungen von der Londoner Premiere im Juni 1982 mit Christian Bizot bei Mentzendorff an. Sehr beeindruckend. Wunderbar reich in dem gehaltvollen Bollinger-Stil. Wirklich kraftvoll, ein geradezu betäubender Effekt am Gaumen. 1983 und 1984 wenigstens dreimal «braucht mehr Zeit» notiert, besonders in Magnumflaschen. Am besten dürfte er mit zehn bis zwölf Jahren gewesen sein, denn vor einiger Zeit fand ich ihn spürbar alt geworden und ein wenig enttäuschend in der Nase, recht hohl am Gaumen und schwach säurebetont im Abgang. *August 1990. Beste Note* ★★★★

BOLLINGER, RD Der erste: an der Hefe gereift, im März 1987 degorgiert und sechs Monate später dann getrunken. Sehr trockener, strohartiger Geschmack. Im Jahr darauf eine Magnum mit dem gleichen Geruch nach altem Stroh, aber guter Länge. *Zuletzt im März 1988 verkostet* ★★★

BOLLINGER, ROSÉ Positive Farbe, orange überhauchtes Rosa; Nase recht hart und holzig; insgesamt trocken, fest, ziemlich fleischig für einen Rosé, ein Hauch von Bitterkeit im Abgang. Kein Wein, der mich zu Rosé-Champagner bekehren könnte. *Februar 1985* ★★

VEUVE CLICQUOT Der 76er «Gold Label» wurde im Juli 1982 mit großem Aufwand von Clicquot bei der Henley Royal Regatta vorgestellt – bei drückender Hitze, Spiegelbild des Sommers 1976. Dennoch machten die ersten Magnumflaschen keinen allzu großen Eindruck, allerdings hat sich der Wein dann in der Flasche gut entwickelt. Nussig und fest Mitte der 80er Jahre, beim letzten Mal meines Erachtens auf dem sehr erfreulichen Höhepunkt: gute Farbe, extrem feine Bläschen, ansprechendes Bukett; reich, schmackhaft. *Zuletzt im Oktober 1989 bewertet* ★★★★ *Bis 1996.*

CLICQUOT, ROSÉ Unecht aussehendes orange Rosé; leicht pfirsichkernartige Nase; trockener, eigentümlicher Geschmack, leicht bitterer Abgang. Nicht eben angenehm. *Juli 1982* ★

DEUTZ, BLANC DE BLANCS Relativ blaß, sehr wenig *mousse*, fast crémant; sehr saubere, frische, schwach parfümierte Nase; leicht in Stil und Gewicht, elegant, frisch, vorzüglich. *April 1982* ★★★★ *Seine beste Zeit wird vorbei sein.*

DEUTZ, BRUT Vielleicht das Schulbeispiel eines 76ers, aber wie und warum ich ihn bei einer Blindprobe im April 1982 auch richtig als Deutz bestimmte, weiß ich nicht. Er war ziemlich blaß, mit einem jugendlichen Grünschimmer; sahnige Nase von guter Qualität; trocken, eher leicht, sehr direkt. «Sahne» immer noch spürbar, aber entwickelte einen gehaltvolleren Flaschenalterton in Geruch und Geschmack. *Zuletzt im Juli 1988 verkostet* ★★★ *Jetzt.*

DOM PÉRIGNON Champagner ist der Wein für festliche Anlässe. Entsprechend begrüßten Magnumflaschen mit dem 76er Dom die Gäste auf einem großen Empfang mit Abendessen, der im September 1984 auf Ch. Margaux gegeben wurde, um fünfzig Jahre Weinhandel zwischen Bordeaux und den USA zu feiern. Der Champagner war trocken, fest und eindrücklich lang. Nur zweimal seitdem verkostet und dabei die Entwicklung der goldgelben Farbe vermerkt, sein exzellentes frisches Chardonnay- und Walnußbukett; etwas irgendwie Feminines und unnachahmliche Finesse und Länge. *Zuletzt im April 1985 verkostet* ★★★★★ *Müßte immer noch hervorragend sein.*

DOM RUINART, BLANC DE BLANCS Sehr positives grünschimmerndes Gelb mit einem gemächlichen Perlen nicht sehr kleiner Bläschen. Positiver im Geschmack als in der undefinierbaren Nase. Passable Länge. Zwei Bewertungen, Gipfel meines Erachtens bald nach der Auslieferung. *Zuletzt im Dezember 1984 verkostet* ★★★

DOM RUINART, ROSÉ Rosa, als er jung war, später eher ein orangegetöntes Rosé. Frischer Geruch und Geschmack. Gute Frucht. Für einen Rosé gut. *Zuletzt im Dezember 1987 verkostet* ★★★

CHARLES HEIDSIECK, ROSÉ Recht künstliche Farbe, mäßig lebhaft; angenehmer Geruch; weiche, zarte, ordentliche Qualität, aber es fehlte an Länge. Hätte bald nach der Premiere getrunken werden sollen. *November 1982* ★★★

HEIDSIECK MONOPOLE, DIAMANT BLEU Der *apéritif d'honneur* beim Abendessen der Champagne Academy im Mai 1983. Ein sehr gut komponierter Wein. Relativ blaß, sehr schöne, winzige Bläschen; sehr positive, elegante Nase mit Stil und Tiefe, erinnerte an Walnüsse. Trocken und doch reich. Gute Länge.

*Zuletzt im Dezember 1984 verkostet* ★★★★ *Dürfte immer noch gut sein, wenn sich auch mit zunehmendem Flaschenalter Charakter und Lebhaftigkeit ändern.*

HEIDSIECK MONOPOLE, ROSÉ Blaßrosa; etwas verblühte Nase, dennoch fruchtig. Leicht, trocken, fest, kurz.
*Anfang der 80er Jahre* ★

HENRIOT'S RÉSERVE BARON PHILIPPE DE ROTHSCHILD Derselbe Ausdruck, «sahnig und krustig», bei zwei verschiedenen Degustationen ein Jahrzehnt nach der Lese für Geruch und Geschmack gebraucht. Schon Anzeichen des Alters, ziemlich gelb. Weicher, toastartiger Geschmack.
*Zuletzt im April 1986 verkostet* ★★★ *Seine beste Zeit dürfte vorbei sein.*

KRUG Erstmals vorgestellt beim Abendessen der Champagne Academy im Mai 1982. Farblich tiefer und gelber als der davor gereichte 76er Pol Roger (siehe unten); eindrücklicher Geruch, wenn auch immer noch hart und ein wenig stielig. Deutlich ein mächtiger Wein, reiche Mitte, «besser in fünf Jahren». Das nächste Mal serviert beim *Dîner Classique*, gegeben von Albert Reichmuth im Oktober 1983 im Züricher Dolder Grand zum Erscheinen der ersten deutschen Ausgabe des *Großen Buchs der Weinjahrgänge*. Schönes sahniges, klassisches Bukett, das seinen Duft im Glas zwei Stunden lang hielt. Ein Wein, der Substanz und Eleganz verband. 1986 perfekt und beim letzten Mal immer noch ein lebhafter jugendlicher Schimmer; köstliches Bukett mit Pinot-noir- typischen Elementen und rauchigem Charakter; ziemlich körperreich, fest, beachtliche Länge, lebhafter Abgang. Trotz seines Körpers wirkte er neben einer recht enttäuschenden Flasche Dom Pérignon 1961 schlanker.
*Zuletzt verkostet im Juni 1988 mit Lloyd Flatt in unserem Haus bei Bath* ★★★★(★) *Bis über 2000 hinaus.*

LANSON, RED LABEL Gut über zwei Dutzend Bewertungen seit dem Frühjahr 1985. Damals eher blaß, mit schöner *mousse*; frisch, jugendlich und fruchtig in Geruch und Geschmack. Insgesamt trocken. Gute Säure und Länge. Abgesehen von einer ziemlich beißenden Flasche, ein ungemein befriedigender Champagner. Gewinnt jetzt Farbe, gelber; Nase immer noch frisch, minzig; füllig und doch mit festem, vollmundigem Geschmack. Leiser Eichenton. Hervorragend gebaut.
*Zuletzt im November 1993 verkostet* ★★★★ *Bis 1998.*

MOËT & CHANDON Erstmals beurteilt vor dem Abendessen auf einem Weinwochenende im November 1982 im Castle Hotel von Taunton. Ein blasser, zitronengelb überhauchter und einigermaßen lebhafter Wein, der aus *Jéroboam*-Flaschen eingeschenkt wurde. Schwacher Geruch. Trocken, nicht so körperreich, wie von einem 76er erwartet, aber vielleicht war das nur eine Reaktion auf den kalifornischen Domaine Chandon. Im Vergleich jedenfalls delikat. Doch der Geschmack schwoll im Mund an, zum Schluß kam eine erfrischende, zitronenspritzige Endsäure. Das nächste Mal in Magnumflaschen bei einem Abendessen der Wine & Food Society im Max au Triangle in Hollywood. 1985 hatte sich der Wein gut entfaltet. Sahnig. Hervorragend in Geschmack, Gleichgewicht und Abgang. Beim letzten Mal Zeichen des Alters, aber immer noch ein sehr gutes Getränk: schöne goldene Farbe, immer noch lebhaft; lebhaftes, nussiges Bukett; genauso lebhaft und fest, mit gutem Körper und exzellentem Geschmack.
*Zuletzt im Juni 1989 bei David Searle in Hongkong verkostet* ★★★★ *Bis 1996 trinken.*

MOËT & CHANDON, ROSÉ Bereits ein ziemlich tiefes, orangeschimmerndes Strohgold – nicht viel Rosa zu sehen. Eine gelinde gesagt eigenartige Nase, die mich an Hybride aus dem Bundesstaat New York erinnerte; plumper Stil, leicht bitterer Abgang. Schlimm.
*Mai 1982.*

PERRIER-JOUËT Da alle drei Sorten binnen zwei Jahren nach ihrer Auslieferung verkostet wurden, werde ich sie in einem Absatz zusammenfassen. Der «normale» Perrier-Jouët hatte jung eine sehr gute, fruchtige Nase, Pinot-Noir- und Chardonnay-Elemente waren beide erkennbar. Der *«Fleur de Champagne rosé»* hatte eine verblaßte Rosenfarbe, beinahe *pelure d'oignon* – die große Mode Ende des 18. Jahrhunderts; eher ein Pinot-Noir-Aroma; nussig und fruchtig im Geschmack. Zur Abwechslung einmal ein guter Rosé. Und schließlich ein reizvoller «Belle Epoque», auf dem schon erwähnten Ch.-Margaux-Empfang recht unglücklich in den Hintergrund gedrängt vom 76er Dom Pérignon.
*Zuletzt im September 1984 verkostet. Alle* ★★★

PIPER HEIDSIECK, RARE Blaß, sehr wenig Leben; eine ungewöhnlich parfümierte, recht künstliche, an Asti Spumante erinnernde Nase; trocken, ziemlich leicht, gewöhnlich und kurz.
*Dezember 1984* ★

POL ROGER Ich erinnere mich noch gut an die Premiere des 76ers an einem sonnigen Frühlingstag im März 1982 mit Blick auf Kensington Gardens. Er hatte eine gute Farbe, eine schöne und nicht enden wollende *mousse*, einen vorzüglichen Geruch und Geschmack. Trocken, aber nicht zu trocken, bemerkenswert eindrucksvolle Mitte, hervorragender Abgang. «Wird in fünf Jahren perfekt sein», urteilte ich zu der Zeit und kaufte kurz darauf mehrere Kisten. Aus diesem Grund habe

ich buchstäblich Dutzende von Aufzeichnungen. Ich trank ihn mit großem Behagen. In letzter Zeit etwas tiefere Farbe, strohgelb, aber immer noch lebhaft; ein herrlich reiches, gesundes Bukett; ziemlich, aber nicht zu trocken, gut gebaut, jede Menge Charakter und gute Länge. Einer meiner Lieblingschampagner.
*Zuletzt im Dezember 1991 verkostet* ★★★★ *Bis 1996.*

RENARD-BARNIER, BRUT Privat importiert von einem Erzeuger, der sich weigert, an den Handel zu verkaufen. Er war gut: sahnig riechend, trocken und fest. Blanc-de-Blancs-Stil.
*Mit George Rainbird in Whichford im August 1984* ★★★

ROEDERER, CRISTAL BRUT Leider nur einmal jung verkostet – denkwürdig! Es war bei meinem ersten Besuch im Haus von Herbert Allen, dem Erfinder des Schraubspindel-Korkenziehers (Screwpull). Superb. Sehr ansprechendes blasses Gold mit stetigem Perlen. Faszinierende Nase: frisches Stroh, rauchig, leicht getoastet; trocken, positiv, recht eindringlich sogar, ziemlich körperreich, stahlig und doch elegant, mit guter Länge und Säure.
*Im Oktober 1983 immer noch ein bißchen hart und jugendlich. Jetzt zweifellos* ★★★★★ *Ich muß die Augen danach offenhalten, sowohl wegen seiner Qualität als auch zum Andenken an den sanften Riesen, der 1990 verstarb.*

ST-MARCEAUX Ziemlich flach, dumpf und trist.
*April 1988.*

SALON LE MESNIL Recht markante gelbe Farbe, reiche, sahnige, mehlige, gehaltvolle Nase, ein Hauch von Süße, gute Länge. Ein sehr stilvoller Wein, interessant, brauchte mehr Zeit, um zu sich selbst zu kommen.
*Vor dem Mittagessen bei Christie's im November 1983. Damals* ★★★(★) *Dürfte jetzt seinen Höhepunkt überschreiten.*

TAITTINGER, COMTES DE CHAMPAGNE, BLANC DE BLANCS Meine zweitbeste Note 1984 auf einer Blindprobe von 18 De-Luxe-Champagnern der Jahrgänge 1975 bis 1979. Das nächste Mal als Zehnjährigen beurteilt: ein schönes Zitronengold, edel; Geruch immer noch ein bißchen hart; relativ leichter Blanc-de-Blancs-Stil.
*Zuletzt im Juni 1986 verkostet* ★★★★★ *Fest, aber langes Aufheben nicht anzuraten.*

# 1977

*Der Regen vom Herbst des Vorjahres wollte bis zum Frühling nicht abreißen. Ein durch und durch feuchte und trostlose Vegetation, die sich im September verbesserte – leider zu spät.*

ROEDERER, CRISTAL BRUT Ein Verschnitt von Pinot Noir, gelesen am 9. Oktober, und Chardonnay, gelesen am 13. Oktober. Relativ blasses Goldgelb; sahnig, krustig, entwickelte sich gut; halbtrocken und mittelschwer, weich und doch gute Säure, leicht malziger Abgang. Überraschend gut für einen 77er.
*März 1991* ★★

# 1978 ★★

*Ein komischer Jahrgang. Wetterentwicklung nicht unähnlich wie 1977. Schlechte Blüte, verzögertes Wachstum. Ein dürftiger Sommer, aber Sonne, wenn auch keine große Hitze, den ganzen September über, wodurch das Schlimmste verhindert wurde, genau wie in Bordeaux. Der Most war süß, aber der Säuregehalt hoch. Es kommt mir merkwürdig vor, daß 1978 De-Luxe-Marken erzeugt wurden, aber wie wir gleich sehen werden, waren sie durchaus nicht schlecht. Es war offensichtlich ein Marketingschachzug, ich vermute hauptsächlich für die USA, denn es gelangte vergleichsweise wenig nach Großbritannien.*

VEUVE CLICQUOT Ich habe mir nie etwas aus Segeln gemacht, auch nicht auf azurblauen Meeren und unter einem wolkenlosen blauen Himmel. Der 78er Clicquot war auch nicht in Topform.
*Zusammen mit Robin Blackburn in Bermuda, September 1985* ★

DOM PÉRIGNON Mehrere Bewertungen. Gutes, sauberes Vergnügen 1985, frisch und fischig riechend 1987. Zuletzt: blasses Gelbgrün; schöne zarte, getoastete, sahnige Nase; trocken, aber nicht zu trocken, reich und doch nicht übertrieben. Gute Länge.
*Zuletzt im September 1989 verkostet* ★★★

DOM PÉRIGNON, ROSÉ Nur einmal verkostet. Ein recht positives, ziemlich tiefes Rosa, die Bläschen hatten ein wenig zu kämpfen. Nussiges, reiches Bukett mit einiger Tiefe. Recht süß, ziemlich körperreich, ein überraschend köstlicher (für einen 78er und für einen Rosé), vollmundiger Geschmack und exzellente Säure.
*Abendessen mit David Allan, September 1990* ★★★★

DOM RUINART Überraschend trocken, spröde und recht säurebetont.
*Serviert auf Château Loudenne, Juni 1988* ★

**MOËT & CHANDON, BRUT IMPÉRIAL** Ganz ordentlich, als er 1982 auf den Markt kam. 1984 machte er einen extrem guten Eindruck, obwohl er auf der schon erwähnten Blindprobe von De-Luxe-Champagnern streng genommen nichts zu suchen hatte. Bei eben dieser Blindprobe wurde mir klar, wie gut und dabei wie unterschätzt der normale Vintage-Moët sein kann, der sich kommerziell zwischen dem Non-Vintage und Dom Pérignon bewegt. Er hatte eine ziemlich tiefe strohgelbe Farbe, aber eine feine *mousse*, winzige Bläschen. Eine reiche, duftige, von Pinot beherrschte Nase mit großer Tiefe. Weicher, abgerundeter, exzellenter Geschmack, gute Länge und Säure. Bei der nächsten Gelegenheit handelte es sich um eine Degustation nicht von Weinen, sondern von fünf Sorten Austern, Kaviar und dergleichen: vollmundig; sehr schmackhaft, aber nicht sehr *brut*.
*März 1986. Damals* ★★★ *Seine beste Zeit ist wahrscheinlich vorbei.*

**MOËT & CHANDON, DRY IMPERIAL, ROSÉ** Ein Titel, wie er den Zaren zugesagt hätte, nur daß sie einen süßen rosé Champagner bevorzugt hätten. *Dieser* war ohne Frage trocken. Relativ blaß, mit deutlichem Stich ins Orange und mangelnder Vitalität. Nase recht blechern, wenn auch etwas Frucht am Gaumen.
*Januar 1985* ★

**PERRIER-JOUËT, BELLE EPOQUE** Machte 1984 auf der Blindprobe von De-Luxe-Champagnern einen ungemein guten Eindruck, reich und voll im Geschmack. Der *Brut* war blaß, sehr trocken und säurebetont.
*Zuletzt im März 1986 verkostet* ★★★ *bzw.* ★

**ROEDERER, BLANC DE BLANCS** Eine für den französischen Markt produzierte und normalerweise nicht nach Großbritannien exportierte Kuriosität. Etwas Farbe, eigentümliche Nase und sonderbarer Geschmack. Schäumend und doch gealtert. Ich bin von jeher ein Bewunderer von Roederer, aber solchen *Blanc de Blancs* können die Franzosen behalten.
*Mai 1985.*

**ROEDERER, CRISTAL BRUT** Nur zwei Bewertungen Mitte der 80er Jahre. Der erste Wein, wahrscheinlich zu warm gelagert, war sehr enttäuschend, leicht karamelartig, dumpf. Der andere relativ blaß, mit schöner *mousse;* köstliche sahnige Nase; leicht süß, gute Länge, sehr ansprechend.
*Zuletzt im April 1985 verkostet. Beste Note* ★★★

## 1979 ★★★★

*Einer der besseren Jahrgänge. Stilvolle Weine, bemerkenswert wegen ihrer erfrischenden Säure. Harter Winter, kalter Frühling, strenger Frost im Mai. Wachstum verzögert, aber gute Blüte, die eine reiche, spät gelesene Ernte erwarten ließ, was auch der Fall war. Sommerliche Wärme und Sonne ausreichend.*

*Champagner ist ein von Natur säurereicher Wein. Wenn die Bläschen den Schwung geben, dann ist es die Säure, die den unnachahmlichen Schmiß verleiht. Säure ist auch ein Lebenserhalter – bis zu einem gewissen Grad. Die besten 79er lassen sich perfekt trinken, werden sich aber auch halten.*

**BOLLINGER, BRUT** Deutlich nicht der fleischige Stil von «Bolly», sondern trocken und stilvoll. Gute Länge. Mehrere Bewertungen.
*Zuletzt im August 1988 verkostet* ★★★

**BOLLINGER, GRANDE ANNÉE** Positive gelbe Farbe; sehr frischer, aber strohartiger Geruch und Geschmack. Ich fand ihn ziemlich enttäuschend.
*März 1986. Neu verkosten.*

**BOLLINGER, RD** Sieben Bewertungen über die letzten zwei Jahre und überraschende Unterschiede bei Flaschen und Magnumflaschen. Überwiegend ein ungewöhnliches tiefes Strohgold in der Farbe. Bei wenigstens zwei Anlässen karamelartig und mit einem seltsam öligen, malzigen Geruch. In einer Reihe erstklassiger Jahrgangschampagner fiel er deutlich aus dem Rahmen. Manchmal als zu stämmig beurteilt, manchmal als ein bißchen mager. Ich muß wirklich die Daten des *dégorgement* sorgfältiger festhalten, sonst kann ich die Weine nicht – ich hasse das Wort – «definitiv» beurteilen.
*Zuletzt im März 1990 verkostet.*

**CHARBAUT, CERTIFICATE** Zusätzlich bezeichnet als «Blanc de Blancs Brut» und präsentiert in einer klaren Glasflasche. Für mich eine neue Marke und der erste Jahrgang, den ich probierte – gleich als er 1986 auf den Markt kam. Blasses Zitronengold, lebhaft, kleine Bläschen; intensiver, teigartiger Geruch; betont trocken, mit sauberem, leichtem Blanc-de-Blancs-Stil, gute Säure und Länge.
*Zuletzt im April 1987 verkostet* ★★★★ *Wahrscheinlich jetzt in Bestform.*

**VEUVE CLICQUOT** Mehrere neuere Bewertungen. Gute Farbe, golden, lebhaft; exzellente Nase, die jetzt Flaschenalter zu verraten beginnt, frisch und doch reich, sahnig; halbtrocken, ordentliches Gewicht, Geschmack, Stil und Gleichgewicht gut.
*September 1990* ★★★(★) *Bis 1996 oder darüber hinaus.*

VEUVE CLICQUOT, LA GRANDE DAME Erstmals auf der Degustation von De-Luxe-Champagnern im Dezember 1984 bewertet. Damals schäumend; reiche, walnußartige Nase mit einem Unterton von puderigem Rosenpastillenduft; faszinierend reicher Geschmack nach Walnüssen und Pilzsuppe! Ziemlich hoher Säuregehalt. Bei einem späteren Anlaß ausgeprägte Fülle und Süße notiert.
*Zuletzt im November 1986 verkostet. Damals ★★★★ Jetzt wahrscheinlich ★★★★★ auf seine ganz eigene Art.*

DOM RUINART, BLANC DE BLANCS Sehr parfümierte, recht künstliche Nase; stark schäumend, jugendlich, mit zitronenartiger Säure.
*November 1986 ★★*

DOM RUINART, ROSÉ Reiche, orangegetönte Roséfarbe, das anfängliche Schäumen legte sich ziemlich rasch; reicher Geruch, wie Fleischextrakt; trockener, eindringlicher Geschmack, aber kurz und leicht bitter.
*Der älteste Jahrgang auf einer Degustation von Roséchampagnern in Tokio, November 1989 ★*

CHARLES HEIDSIECK Gute Farbe, sehr schöne *mousse;* tiefe, reiche, nussige Pinot-Nase; guter, fester, positiver Geschmack, mit lebhafter Säure. Noch im Anstieg zur «Reiseflughöhe».
*März 1990 ★★★(★) Bis 1996.*

CHARLES HEIDSIECK, CUVÉE CHAMPAGNE CHARLIE Machte 1984 auf der Blindprobe von De-Luxe-Champagnern Eindruck. Gute Frucht. Im Jahr darauf in Magnumflaschen: verführerisch frische und fruchtige Nase; trocken, fest, gute Länge.
*Zuletzt im Mai 1986 verkostet. Damals ★★★(★) Jetzt zweifellos hervorragend, wird sich weiter entwickeln.*

GOSSET, GRAND MILLÉSIME Degorgiert 1991. *Dosage,* 1,2%. Geruch nach Tapioka. Seltsamer Geschmack.
*Bei der Gosset-Probe im Dezember 1991.*

KRUG Zwei neuere Bewertungen. Relativ blasses Gelb, lebhaft; weiches, reiches, gehaltvolles Bukett; sehr reicher, sehr markanter, leicht parfümierter Geschmack, sehr weinig und gute Länge.
*Zuletzt vor dem Mittagessen auf Ch. Pétrus mit Colin Parnell und dem Gastgeber Christian Moueix im November 1990 verkostet ★★★★(★) Bis 2000.*

KRUG, LE MESNIL Le Mesnil liegt im Herzen der Côte des Blancs, dies muß also ein reiner Jahrgangs-Chardonnay sein. Relativ blaß, mit Zitronenton; eigenartiger, ein wenig parfümierter Geruch und Geschmack. Ich fand ihn frisch und ansprechend, aber es fehlte ihm die Länge.

Bei Peppercorns im Dezember 1984. Damals ★★★ *Müßte inzwischen getrunken sein.*

LANSON, NOBLE CUVÉE Schöne Farbe, Länge und Biß gut.
*April 1986 ★★★★(★) Bis 1998.*

LANSON, RED LABEL Lebhaft; klassisches Bukett; jetzt trocken, fest, exzellent, wird sich halten.
*Juli 1992 ★★★(★) Jetzt trinken.*

MUMM, RENÉ LALOU Mehrere Bewertungen Mitte der 80er Jahre. Blaß. War mir jung, frisch und schäumend lieber. Nicht ganz das, was man von einem De-Luxe erwartet.
*Zuletzt im September 1986 verkostet ★★*

PIPER HEIDSIECK, BRUT SAUVAGE Man ist versucht zu sagen, daß der Name den Geschmack adäquat beschreibt, denn obwohl mir seine parfümierte, pfirsichartige Nase recht gut gefiel, fand ich ihn sehr trocken und spröde, mit einem kurzen, harten, säurebetonten Abgang.
*Zwei Bewertungen, die letzte im November 1986 ★*

PIPER HEIDSIECK Rare apfelgrüne Farbe; genauso «grüner», stieliger Geruch mit starkem Korkgeschmack. Es könnte nur die eine Flasche gewesen sein, aber er war einer der schlechtesten Champagner in einer großen blind verkosteten Jahrgangspalette.
*September 1988.*

POL ROGER Erstmals im Mai 1985 verkostet. Erstklassig. 1986 als trocken, schön, lebhaft und eichen beurteilt.
*Dezember 1993 ★★★★ Jetzt perfekt.*

POL ROGER, CUVÉE BLANC DE CHARDONNAY Untertitel «Cuvée Prestige». Erstmals im April 1984 bewertet: relativ blaß, leicht ins Grüne spielend; sehr duftige, sahnige Nase; ziemlich trocken und leicht, schöner Geschmack. Mehrere ähnliche Bewertungen über die nächsten zwei Jahre, was wahrscheinlich seine beste Zeit war: lebhaft, stilvoll, elegant.
*Zuletzt im März 1986 verkostet ★★★★*

POL ROGER, CUVÉE SIR WINSTON CHURCHILL Mehrere Bewertungen. Es ist immer wieder ein Vergnügen, die Familie Pol Roger an ihrem Stand auf der VinExpo zu treffen, und im Juni 1985 stellten sie mir dort ihre neue 79er De-Luxe-Cuvée vor. Der Wein war wirklich köstlich, mit hervorragender Länge und Säure, aber hatte – für meinen Geschmack – noch einmal fünf Jahre Flaschenalter nötig. Eine Ansicht, die von Magnumflaschen im Jahr darauf bestätigt wurde. Er war immer noch ziemlich spröde. Auf der VinExpo 1987 überraschte mich ein apfelartiger, geradezu apfelsaurer Geruch und fand ich ihn

rundum zu scharf. Zuletzt, ebenfalls in Magnum-flaschen, auf einem chinesischen Bankett in Hong-kong. Er war sehr gut.
*Oktober 1989 **** Dürfte noch besser werden.*

POL ROGER, ROYAL WEDDING CUVÉE Ich meinte, einen Anishauch in der Sahne eingebettet entdecken zu können. Etwas süßer als normal. Weich. Ordentliches Gewicht. Gute Länge. Zwei gute Bewertungen.
*Zuletzt im Januar 1987 verkostet* ****

ROEDERER, CRISTAL BRUT Erstmals 1984 ver-kostet, überraschend gelb; schäumend, schmack-haft. Drei neuere Bewertungen: golden, feines, stetiges Perlen; schöner, süßer, weicher, krustiger Geruch; exzellenter, langer, toastartiger Ge-schmack. Perfekte Säure.
*Zuletzt im Juli 1992 verkostet* ****

SALON LE MESNIL Blaß für das Alter; cremig, Geruch nach frischgeschnittenen Pilzen; perfekt in Gewicht, Stil und Geschmack.
*Bei Berry Bros, im September 1983* ****

TAITTINGER, COMTES DE CHAMPAGNE, BLANC DE BLANCS Hätte ich ihn auf einem Empfang getrunken und mir nur beiläufig eine Notiz dazu gemacht, hätte ich ihn nicht mit aufge-nommen. Jedoch Bewertungen auf einer großen vergleichenden Degustation, bei der Weine ähnli-cher Klasse blind verkostet werden, sind für mich bedeutsamer und aufschlußreicher. Dies ist die Präambel zu der recht dürftigen Vorstellung des 79er «Comtes»: hohle, grasige Nase; leicht süß, mit künstlichem Geschmack.
*November 1986. Theoretisch wäre eine Neuver-kostung fair, obwohl er jetzt für einen* Blanc de Blancs *ziemlich alt ist.*

TAITTINGER, LA FRANÇAISE Viel besser: gelb-schimmernd, hell und reizvoll; gute Nase, schöner Stil, gut gealtert; ein Hauch von Süße, guter Kör-per, exzellenter Geschmack. Sanft.
*April 1990 **** Bis 1998.*

KURZBEWERTUNGEN EINIGER ANDERER 79ER:

BINET, BLANC DE BLANCS Sehr gut, sauber, trok-ken.
*November 1985* ***

DEUTZ, BLANC DE BLANCS Sahnige, teigartige Nase. Trocken, spröde, schlank, recht säurebetont.
*Januar 1986* **

ANDRÉ DRAPIER, CARTE D'OR, BRUT Trocken, ordentliches Gewicht, frisch schmecken-de, hervorstechende Säure.
*Januar 1985* ***

GOSSET, GRAND MILLÉSIME Recht trocken, ordentliches Gewicht, sehr gefällig.
*Oktober 1989* ***

A. GRATIEN Magnumflaschen in einem aus-sichtslos erscheinenden Kampf: gegen Spargel und Sauce hollandaise. Gut. Fest. Besser nicht zum Essen trinken.
*Juli 1987* ***

ABEL LEPITRE, BLANC DE BLANCS, CRÉ-MANT, BRUT Undefinierbarer und reizloser Geruch; besserer Geschmack. Trocken. Leicht.
*März 1985* *

ABEL LEPITRE, PRINCE DE BOURBON PAR-ME, BRUT Ein verblüffendes Butterblumengelb mit goldenem Glanz, aber lebhafte, schöne *mous-se;* frische, recht säurebetonte Nase, die Geschmei-digkeit und Gehalt verband. Eigentümlicher Ge-schmack. Recht rauh und säurereich, und es fehlte die Länge, die man von einem De-Luxe erwartet.
*Dezember 1985* **

G. H. MUMM Sehr erfreulicher Wein.
*März 1987* ***

MUMM, CRÉMANT DE CRAMANT Ein halb schäumender Chardonnay aus Cramant in der Côte des Blancs: ansprechende, leicht rosinenarti-ge Nase; sehr erfrischend, leichtes Gewicht, aber vollkommen ausgewogen. Am besten zu trinken, als er jung und frisch war.
*November 1986* ****

PERRIER-JOUËT, BRUT
*September 1989* ***

PERRIER-JOUËT, BELLE EPOQUE, ROSÉ Orangerosa, angenehmer Geruch sowie Ge-schmack. In Magnumflaschen.
*Mai 1985* ***

POMMÉRY LOUISE Der neue De-Luxe-Ver-schnitt von Pommery & Greno. Blaß, trocken, leichter, als erwartet.
*Mai 1985* ****

THÉOPHILE ROEDERER, JAMIN, BRUT Gelbe Strohfarbe; sahnige, teigartige Nase; im Mund sowohl schäumend als auch zum Kauen, mit leichtem, trockenem, säurebetontem Abgang. Angenehm erfrischend.
*Februar 1985* ***

## 1980 *

*Offen gesagt, dieser Jahrgang hätte niemals «deklariert» werden dürfen. Größtenteils zuwenig Körper und ein Übermaß an Säure, dennoch gelegentlich erfrischend, ungefähr in der Art von Brausepulver.*

*Im Mai 1980 sah in den Weinbergen alles ideal und vielversprechend aus: kein Frost, gesunde Reben. Vom 15. Juni an, eigentlich die Zeit des Blütebeginns, bis zum 21. Juli war das Wetter verheerend – kalt und naß, und die Folgen für den potentiellen Ertrag waren katastrophal. Danach folgte ein ganz angenehmer Sommer, aber die Ernte war klein und eine der spätesten aller Zeiten.*

VEUVE CLICQUOT, TEXAN ANNIVERSARY CUVÉE Was nicht noch alles?! Doch die unternehmungslustige Witwe wäre bestimmt einverstanden gewesen. Blaß; trocken. Sehr gefälliger rauchiger Geschmack. Gute Säure.
*Vor dem Abendessen in San Francisco mit meinem Sohn und M. Stephan Lambert, dem Repräsentanten von Clicquot. Februar 1989 ** Assez bien.*

DOM PÉRIGNON Drei Bewertungen. Erstmals verkostet um die Zeit seiner Auslieferung herum: sehr säurereicher Duft nach unreifen Zitronen; schmackhaft, gute Länge, aber mit an den Zähnen kribbelnder Säure. Die Säure wirkt jetzt weniger rauh, und er hat mehr Sahne im Geruch und mehr Nuß im Geschmack.
*Oktober 1989 *** Aber Preis und Qualität stehen in keinem Verhältnis.*

LANSON, RED LABEL Nur einmal verkostet, kurz nachdem er herausgekommen war. Frische, saubere, positive, sahnige Nase, immer noch jugendlich, mit einem Hauch von Eiche und Nuß. Ein junger, schäumender Schampus, bei dem man unwillkürlich an die Slipper von Schauspielerinnen denken muß, recht kurz, mit zähnebeschlagender Säure.
*Juni 1986 ***

LÉCHÈRE, GRAND CRU, BLANC DE BLANCS BRUT Dieser Champagner mit dem imposanten Namen war mir nie zuvor untergekommen, aber er ist eine Erwähnung wert, und zwar aus einem einfachen Grund: er ist der beste 8oer, den ich verkostet habe. Blaß, trocken, leicht, lebhaft, fein.
*Januar 1990 ****

MOËT & CHANDON Eine einzige Bewertung überzeugte mich schon davon, daß es kurzsichtig von Moët war, einen Wein, der keine Jahrgangsqualität hat, als «Vintage» auf den Markt zu bringen. Blaß, mit großen, schwerfälligen Perlen. Trocken, locker verwoben. Es fehlte an Stil und Überzeugungskraft.
*Juli 1985 ***

POMMERY & GRENO In Magnumflaschen. Ziemlich blaß, Stich ins Grünliche; eigenartiger hefiger Geruch mit traubigem, säurebetontem Aroma, eher wie ein Sauvignon Blanc. Trocken, leicht, unausgebaut, säurereich, nicht beeindruckend.
*Mai 1986.*

POMMERY, LOUISE POMMERY, ROSÉ Zwei neuere Bewertungen. Hagebuttenfarbe; gehaltvolle Nase; halbtrocken, etwas Frucht, leidlicher Abgang.
*Zuletzt im September 1990 verkostet.*

SALON LE MESNIL, BLANC DE BLANCS Blaß, trocken, fein, erfrischend.
*März 1987 ***

## 1981 ***

*Kleine Ernte, überwiegend für die Verschnittweine von mehreren Jahrgängen aufgehoben. Eine begrenzte Anzahl qualitativ hochstehender Weine bereitet und herausgebracht. Das Wetter – stets der große Diktator – während der ersten Monate des Jahres mild, was ein starkes und vorzeitiges Wachstum begünstigte. Ein einziger Nachtfrost Ende April sorgte dafür, daß die Reben in der Knospe erfroren. Vereinzelte Hagelgewitter im Mai richteten weiter blindwütig Schaden an. Um das Ganze noch schlimmer zu machen, bewirkte ein Kälteeinbruch Anfang Juli eine unregelmäßige Blüte. Zum Glück war der August heiß und sonnig, der September allerdings naß. Die besten aus der begrenzten Zahl von 81ern haben beachtliche Finesse. «Edel» ist ein Wort, das mehrmals in meinen Aufzeichnungen auftaucht. Die 81er sind fest und werden lange halten.*

HENRIOT, CUVÉE BACCARAT Gute Farbe; interessante, aber unverwobene Nase, gehaltvoll, malzig, krustig, zuletzt ein Duft wie auf dem Speicher gelagerte Äpfel. Am Gaumen eine reiche Mischung, aber schwer zu sagen, wie er sich entwickeln wird.
*Oktober 1989 ***

KRUG Bei der Premiere des Jahrgangs im Mai 1988 wurde mitgeteilt, daß die Pinot-Noir- und die Meunier-Reben unter Frost im Mai und schlechten Blütebedingungen besonders zu leiden gehabt hatten, daher der hohe Anteil von Chardonnay (50%) in ihrer 81er Komposition. Ich vermerkte eine sehr positive Farbe mit einem Stich ins Limonengelbe und eine eigentümlich alte, strohartige Nase, die mich an einen 55er erinnerte. Halbtrocken, ein leichterer Stil als gewöhnlich wegen des Überwiegens von Chardonnay, aber ein sehr markanter und ansprechender Geschmack

und gute Länge. Entwickelte sich in der Flasche gut, ein paar Monate später notierte ich walnußartigen Duft, einen nussigen, gehaltvollen Charakter und große Länge. Ein gepflegter Wein mit guter Lebenserwartung.
*Januar 1990* ★★★(★) *Bis über 2000 hinaus.*

KRUG, CLOS DE MESNIL Ein einzigartiger Clos (umfriedeter Weinberg) von etwas unter 2 ha mitten im Dorf Mesnil-sur-Oger. 100% Chardonnay. Produktion 1981 12.793 Flaschen. Blaß, Stich ins Limonengelbe, sehr lebhaft; unmittelbar einsetzender und faszinierender Geruch nach Austernschalen und Limonen; trocken, ziemlich leicht, aber stahlig und recht spröde. Frisch. Säurebetont. Braucht mehr Flaschenalter.
*Oktober 1989* ★★(★★) *Jetzt bis 1996.*

LANSON Markant gelb; reich, fleischig, Toast in der Nase und am Gaumen. Gute Säure und Länge.
*Im Juli 1992* ★★★

MOËT & CHANDON, DRY IMPERIAL, ROSÉ Erstmals im Mai 1987 bewertet. Recht gefällige Farbe, wenn auch ziemlich blaß. Süß riechend. Ein bißchen vierschrötig, aber für jemand, den Rosés sonst nicht begeistern, besser als erwartet. In neuerer Zeit in Magnumflaschen: blaßrosa, trocken, spröde, rauh, reizlos.
*Zuletzt im Juni 1989 verkostet* ★

PANNIER BRUT Blaß, trocken, fest.
*Juni 1987* ★★★

POMMERY, LOUISE POMMERY, CUVÉE SPÉCIALE Mehrere nicht ganz übereinstimmende Bewertungen, was meines Erachtens am Rahmen lag. Beim zweiten Mal z.B. wurde er von *Crème d'avocat froid* beeinträchtigt. Aber in seiner besten Form eine gute helle, goldgelbe Farbe; lebhafte, krustige Nase mit delikater Frucht; halbtrocken, ordentliches Gewicht, gute Länge, hervorragende Säure.
*Zuletzt im Februar 1992 an Bord einer Concorde verkostet. Im besten Fall* ★★★★

ROEDERER, CRISTAL BRUT Erstmals im Oktober 1987 bewertet. Sehr lebhaft, mit starkem weißen Schaum wie die Krone bei einem Glas Guinness; klassische sahnige, krustige, ganz leicht malzige Nase; erfrischender Geschmack, gute Länge und lebhafte Säure. Zuletzt in Magnumflaschen: ziemlich blasse, weiche, wächserne gelbe Farbe, die *mousse* ein bißchen gedämpfter. Nussiges Bukett. Gute Länge. Edel.
*Zuletzt im März 1991 bewertet* ★★★★ *Bis 2000.*

TAITTINGER, COMTES DE CHAMPAGNE, BLANC DE BLANCS In neuerer Zeit bewertet, in Magnumflaschen und einmal in einer Flasche. Fest und doch lebhaft. Schöne Qualität. Trocken. Edel.

*Zuletzt im September 1989 verkostet* ★★★★ *Bis 1998.*

## 1982 ★★★★

*Ein wichtiger und gewichtiger Jahrgang in jeder Hinsicht. Zur Abwechslung einmal fast perfekte Witterungsbedingungen nach einem kalten Winter mit Schnee und Frost, den die Reben gut überstanden. Der Frühling begann kühl, wurde aber mild und sonnig. Juni perfekt für die Blüte, mit leichtem Regen am Ende des Monats. Juli warm und trocken, August sonnig und trocken. Die Beeren waren im September vollreif, nachdem Regen Mitte des Monats geholfen hatte, sie anschwellen zu lassen und die bis dahin größte Ernte überhaupt zu bringen, dreimal soviel wie 1981. Obwohl eine Dosis der 81er Säure nicht geschadet hätte, sind die Weine gut gebaut, und die besten werden in der Flasche weiterhin besser.*

BOLLINGER, GRANDE ANNÉE Erstmals im November 1986 bewertet. Recht tiefe Farbe; süße, breite, gehaltvolle Bollinger-Nase des alten Stils mit einem ganz leisen Hauch von Sultaninen; halbtrocken, ziemlich voll im Körper, reich, zum Kauen. In neuerer Zeit: ziemlich blaß, lebhaft; gute, reiche, sahnige Nase; trocken, mittelvoller Körper. Machte einen guten Eindruck. Die letzten Male fand ich ihn etwas säurebetont in Geruch und Geschmack, aber ein Wein von edler Art.
*Zuletzt im Juli 1992 verkostet* ★★★(★) *Bis 1998.*

BOLLINGER, GRANDE ANNÉE, ROSÉ, BRUT Tiefer Roséton. Deutlicher Anflug von Süße am Gaumen. Recht schwer und plump, es fehlte an Finesse.
*September 1988.*

BOLLINGER, RD Relativ blasses Gelb; Stroh in Geruch und Geschmack.
*Mai 1991* ★★

CHARBAUT Ziemlich grün und unausgebaut bei der ersten Verkostung 1988, schmackhaft, sehr parfümiert und mit sehr trockenem Abgang. Zuletzt: blaß, nicht beeindruckende Nase; eine Spur des mir unangenehmsten Geschmacks, Pfirsichkerne, und ein recht lasches Ende. Könnte der Rahmen gewesen sein.
*Zuletzt im Oktober 1990 in New York verkostet. Beste Note* ★★(★)

VEUVE CLICQUOT Viele Bewertungen ab September 1988; getrunken als Aperitif, zur Stärkung, zu warmen Käsegerichten, auf einer British-Airways-Degustation – und er machte sich immer und überall gut. Man sagte mir, für hundert Liter Saft seien 160 kg Trauben ausgepreßt worden. Gute Farbe von Anfang an, als er einen leicht grünen, jugendlichen Schimmer hatte, kommt jetzt langsam zu sich selbst. Schöne Nase, recht eindringlich, krustig, parfümiert, beachtliche Tiefe. Ein betont trockener Wein, fest, Gewicht und Länge gut. Kann sehr viel mehr Flaschenalter vertragen. *Zuletzt im Januar 1994 aus Magnum verkostet* ★★★(★★) *Bis über 2000 hinaus.*

DOM RUINART Lebhaft; parfümiert; trocken, zufriedenstellend in Länge und Säure. *Zuletzt verkostet im Januar 1992* ★★★

DOM PÉRIGNON ROSÉ In Magnumflaschen: Eher dunkles Rosa; überraschend fleischig, angesengt, rauchig; trocken, fest und modisch. Knapp und unglaublich teuer. Ich bin froh, diese violetten Perlen den Millionären überlassen zu können. *Im September 1993* ★★★★

DOM PÉRIGNON Vier neuere Bewertungen. Sehr lebhaft, kleine Bläschen; frisch, stahlig; betont trocken, ziemlich körperreich, recht spröde. *Zuletzt im Mai 1993 verkostet* ★★(★★★) *Jetzt bis mindestens 2005.*

CHARLES HEIDSIECK Im November 1982 eine Degustation einiger frisch bereiteter Weine, die für den Brut Réserve oder möglicherweise für die Jahrgangs-Cuvée bestimmt waren. Der biologische Säureabbau hatte noch nicht stattgefunden, daher das Rauhe und Saure bei einigen Proben. Ein Grand Blanc Chardonnay aus Avize, 100% klassifiziert, der ungefähr 20% des Brut Réserve ausmachen sollte; Petit Blanc, ein 85% klassifizierter Chardonnay aus Sézanne; ein Grand Noir Pinot Noir aus Bouzy, 100% eingestuft, der ungefähr 30% des Non-Vintage-Verschnitts ausmachen sollte. Die anderen waren ein Petit Noir von Pinot-Meunier-Trauben aus dem Vallée de la Marne. Die in der Jugend reizvollen Meunier-Weine sind schnell ausgebaut und halten nicht so lange, deshalb nur 10% im endgültigen Verschnitt; ein anderer Pinot Noir, aus dem Montagne de Reims, 94% klassifiziert, der 20% des endgültigen Verschnitts ausmachen könnte; zuletzt Taille Noir, das Ende der ersten Pressung einer Pinot-Noir-Mischung aus dem Vallée de la Marne und dem Grand Noir: die natürliche Rosé-farbe verblaßt in dem endgültigen Verschnitt, was dem Wein einen goldenen Farbton gibt. Der Geruch dieser Weine war unterschiedlich, manche waren süß, fruchtig und duftig, manche wie Birnenbonbons, Amylacetat. Der Kompositeur hat eine entscheidende und schwierige Aufgabe. Ich bin froh, daß meine lediglich darin besteht, die Früchte seiner Arbeit zu beurteilen und zu genießen. Meine erste Probe der 82er Jahrgangs-Cuvée erfolgte im September 1988: gefällige Farbe, goldgelb; sahnige, duftige Nase; überraschend süß, fast zu süß, aber ansprechend. Ein recht komplexer, kraftvoller Wein. *Zuletzt im März 1990 verkostet* ★★(★★) *Bis 1998.*

CHARLES HEIDSIECK, CUVÉE CHAMPAGNE CHARLIE Mehrere Bewertungen. Ein gewichtigerer Wein als der normale Jahrgangsverschnitt. Immer noch ein bißchen roh und apfelartig in der Nase, wenn auch gehaltvoll am Gaumen, doch der genauso teure und zur gleichen Zeit (Oktober 1989) verkostete «Cuvée Charlie» hatte eine nussige, klassische Nase von einiger Tiefe, war weich, schmackhaft und sehr attraktiv. Zwei neuere Bewertungen. Sehr markante gelbe Farbe, trocken, immer noch voll von jugendlichem Schmiß und exzellent in Geschmack und Länge. Inzwischen ein famoses Getränk, allerdings würde ich ihm noch mehr Zeit geben. *Zuletzt im September 1991 auf dem Flug nach Bangkok mit British Airways verkostet* ★★★(★) *Bis 2000.*

CHARLES HEIDSIECK, ROSÉ Bereitet mit 10% Pinot Noir. Zwei Bewertungen. Eigentümliche herbstliche Orangetöne, ziemlich blaß, fast *Pelure d'oignon*. Fester, positiver Geschmack, erträgliche Säure, zuwenig Länge, aber ein ganz guter Rosé. *Zuletzt im März 1990 verkostet* ★★ *Bald trinken.*

KRUG In der Magnum besser als in der Flasche, in der er ein seltsames, parfümiertes Bukett hatte. In der Magnum: schönes toastartiges Bukett; guter, reicher Geschmack, langer, trockener Abgang. Gute Zukunft. *Zuletzt im Mai 1992 verkostet* ★★★★(★) *Bis über 2000 hinaus.*

LANSON Der im November 1986 verkostete «Special Anniversary Cuvée» war stilvoll, aber säurereich und hatte mehr Flaschenalter nötig. Der 1989 verkostete «Brut» hatte eine bemerkenswerte Farbtiefe, ausgeprägt gelb. In anderer Hinsicht fand ich ihn allerdings eigen, recht neutral im Geruch, hart, ein Hauch von Zitrone und nasser Pappe. Ein seltsam parfümierter, etwas künstlicher Geschmack, aber gute Länge. *Oktober 1989* ★★?

LANSON, BRUT, ROSÉ Drei Bewertungen. Blaßrosa, fest, sehr gut. *Zuletzt im Februar 1993 verkostet* ★★★ *Austrinken.*

MUMM, CUVÉE RENÉ LALOU Vier Bewertungen, eine denkwürdige in einer Concorde nach dem Abflug von Shannon Airport Richtung Barbados. Die Vorfreude siegte über den nicht ganz idealen Inhalt der British-Airways-Gläser. Relativ blasses Gelb, ins Strohgelbe spielend, lebhaft; gute Nase; ganz entschieden trocken – wenn nicht brutal trocken, dann jedenfalls knochentrocken. Geschmack und Länge gut. Immer noch ein bißchen spröde. Weitere Flaschenalterung würde ihm gut tun. *Zuletzt im Januar 1989 verkostet* ★★★(★) *Bis 1998.*

PERRIER-JOUËT, BELLE EPOQUE, FLEUR DE CHAMPAGNE Nur einmal verkostet, nach der Auslieferung. Damals ein Stich ins Limonengelbe und lebhaft. Süße, sahnige Nase; erfreulicher Wein. Ziemlich hohe Bewertung. Dürfte mittlerweile auf dem Höhepunkt sein.
*November 1986. Wahrscheinlich ★★★★ Bis 1998.*

PIPER HEIDSIECK «Brut Millésime» zu süß, recht leicht und kurz, der «Brut Sauvage» lebhafter, fruchtiger, nicht so trocken wie erwartet und mit einem ausgedehnteren Geschmack. Ziemlich hart zu der Zeit.
*Im September 1988 bzw. im Januar 1992 verkostet ★★★★*

POL ROGER, BLANC DE CHARDONNAY Erstmals im Dezember 1987 verkostet. Geruch nach Sahne und Walnuß, reich, hübsche Frucht, aber ein wenig unverwoben. Schöne Farbe, gute Länge. Viele Bewertungen seither. Gewinnt jetzt Farbe und ist nicht mehr so energisch: schönes Goldgelb, gemächlich. Ich stellte häufig einen besonderen Geruch fest, den ich zuletzt als Flieder bestimmte. Trocken, versteht sich, aber ziemlich körperreich für einen reinen Chardonnay, mit schönem durchdringenden, rauchigen Geschmack, ein Spritzer Zitronensäure im Abgang. Ein sehr gelungener und stilvoller Wein.
*Zuletzt im Januar 1993 verkostet ★★★★ Bis 1996.*

POL ROGER, CUVÉE DE RÉSERVE Nur eine Bewertung, seit ich ihn zum erstenmal im Juni 1987 am Stand von Pol Roger auf der VinExpo kostete. Schöne Farbe; Bukett und Geschmack schnörkellos, klassisch. Halbtrocken, ziemlich voll im Körper, reich.
*Zuletzt im April 1992 verkostet ★★★(★) Bis über 2000 hinaus.*

POL ROGER, CUVÉE SIR WINSTON CHURCHILL Sechs neuere Bewertungen. Ziemlich blasses Zitronengelb mit einem stetigen Perlen ultrafeiner Bläschen; unmittelbar einsetzendes, duftiges Bukett, immer noch mit jugendlichem Schwung und einer Spur von Härte; wie der normale Jahrgangswein halbtrocken, mittelschwer, abgerundet, Geschmacksausdehnung im Mund. Spitzenklasse.
*Zuletzt im Mai 1990 verkostet ★★★★(★) Bis über 2000 hinaus.*

POL ROGER, ROSÉ Die Farbe von Mateus Rosé oder einem orangerosa Tavel. Leichtes, frisches, fruchtiges Aroma mit einem Anflug von Stachelbeeren. Ziemlich trocken, halbleicht, recht neutraler Geschmack, leidliche Länge, ganz ordentlich, mehr nicht.
*Juni 1989 ★★ Austrinken.*

POMMERY, CUVÉE LOUISE POMMERY Blaßgold; frisch, überraschend jugendlich; sehr trocken, spröde, stahlig, verfeinert.
*Im März 1993 ★★★(★★)? 1996 bis 2000.*

POMMERY, LOUISE POMMERY, ROSÉ Zwei neuere Bewertungen. Rosa und lebhaft; sehr ansprechendes, positives Krustenbrotbukett; ziemlich trocken, halbleicht, angenehmer fruchtiger Geschmack, mäßige Länge.
*Bei Rodenstocks Weinwochenende im Arlberg Hospiz in Österreich, September 1990 ★★★ Jetzt.*

ROEDERER, BRUT In Magnumflaschen und halben Flaschen. Lebhaft und sahnig, fest, trocken, exzellent in Geschmack und Länge.
*Zuletzt im Mai 1988 verkostet ★★★(★) Bis 2000.*

ROEDERER, CRISTAL BRUT In Magnum und Flaschen. Hell, lebhaft und reizvoll; sahnig, ein Hauch von Minze; ziemlich trockener, relativ leichter Stil trotz seiner Festigkeit, mit Zitrone und Apfel im Geschmack.
*Zuletzt im Januar 1993 bewertet ★★★★*

TAITTINGER, BRUT Gute Farbe, lebhaft. Frisch und ansprechend, sehr reizvoller Geschmack bei der ersten Verkostung im Herbst 1987. Im folgenden Jahr gut, aber unter gar keinen Umständen *brut*. Eher eine Idee zu süß. Die «Künstlerserie»: trocken.
*Zuletzt notiert im März 1992 ★★★*

TAITTINGER, COMTES DE CHAMPAGNE, BLANC DE BLANCS Extrem gut, nach drei neueren Bewertungen zu urteilen. Blasses Strohgelb, lebhaft; sehr duftig in Bukett und Geschmack. Frisch. Stilvoll. Mit kribbelnder Säure.
*Letztmals im Juni 1990 in Ascot an unserem 36. Hochzeitstag verkostet ★★★★ Bis 1998.*

TAITTINGER, COMTES DE CHAMPAGNE, ROSÉ Bei weitem der beste aus einer kleinen, aber hochklassigen Auswahl von Rosés, die ich zu einigen hervorragend zusammengestellten Gerichten in einem der Spitzenrestaurants von Tokio verkostete. Blasse lachsrosa Farbe, sehr feine *mousse*; festes, parfümiertes Bukett von einiger Tiefe; ziemlich trockener, relativ leichter, aber fester, guter Geschmack und duftiger Nachgeschmack.
*Mit Mme Arisaka von der Zeitschrift* Vinothèque *im November 1989 ★★★★ Bis 1996.*

ANDERE BEWERTUNGEN:

BRICOUT Trocken, lebhaft, Frucht, Länge und Nachgeschmack gut.
*September 1986 ★★★(★)*

CHARBAUT Zwei schlechte Bewertungen. Blaß; grüne, dünne, nicht beeindruckende Nase; leicht

parfümierter, pfirsichkernartiger Geschmack, trockener, säurebetonter Abgang beim ersten Mal, ziemlich flach beim zweiten.
*Oktober 1990.*

DEUTZ, BLANC DE BLANCS Ziemlich blaß, lebhaft; sahnige Nase; trocken, eher leicht, fest, säurebetont. Wahrscheinlich jetzt auf dem Gipfel.
*Aus Magnumflaschen, Oktober 1987 ★★★*

DOM RUINART, BLANC DE BLANCS Nichts Aufregendes.
*Juni 1989 ★*

ALFRED GRATIEN, BRUT Gelbgrün, schöne *mousse;* sehr gutes, duftiges Bukett, wenn auch immer noch ein bißchen hart; hochgetönter, eindringlicher Geschmack, gute Länge, aber recht säurebetonter Abgang. Braucht mehr Flaschenalter.
*Oktober 1989 ★★(★)*

HEIDSIECK, DRY MONOPOLE, BRUT Nicht besonders beeindruckend. Mit mehr Flaschenalter wäre er vielleicht besser gewesen.
*Mai 1987 ★★*

HEIDSIECK, DIAMANT BLEU Eine sehr enttäuschende Flasche bei einer Blindprobe: harte, hefige Nase; trockener, merkwürdiger Geschmack, blechern.
*Oktober 1989.*

MOËT & CHANDON Extrem gut in Geschmack, Körper und Länge.
*November 1989 ★★★(★)*

MUMM Recht blaß, aber lebhaft. Trocken. Sauber. Nichts Besonderes.
*Januar 1988 ★★★*

JOSEPH PERRIER, CUVÉE ROYALE Nussig; leicht süß, sehr positiv, lang, reich und doch schlank, außerordentlicher Kern und gemilderter Abgang.
*September 1988 ★★★*

LAURENT-PERRIER Gefällig.
*Januar 1990 ★★★*

LAURENT-PERRIER, CUVÉE ALEXANDRE Relativ blasses orangegetöntes Rosé; sehr schwacher Geruch, trocken, neutral, kurz.
*Oktober 1989 ★*

PERRIER-JOUËT, ROSÉ Blaßrosa und harmlos.
*Januar 1988 ★★*

PHILIPPONAT, CLOS DES GOISSES, BRUT Sehr blaß; eigentümlich stark parfümierter Geruch und Geschmack. Trocken, recht leicht, schlank,

flaute ab. Völlig ausgestochen von einer Krabbenterrine.
*Januar 1990 ★*

POMMERY, BRUT ROYALE Sahnige, getoastete Nase; leicht süß, zum Kauen, eingängig, gefällig, aber Länge und Finesse Fehlanzeige.
*Mai 1987 ★★*

POMMERY, LOUISE POMMERY, CUVÉE SPÉCIALE Sehr blumig in Bukett und Geschmack. Ein Hauch von Süße.
*September 1985 ★★★*

RUINART «R» Apfelartig, nicht besonders.
*Februar 1989 ★*

## 1983 ★★★

*Wieder ein besserer Jahrgang und die größte Ernte, die es je in der Champagne gab: eine Ausbeute von ungefähr 300 Millionen Flaschen. Die frühen Ankündigungen «ungewöhnlicher» Qualität kaum gerechtfertigt, obwohl die Weine erfreulich in Stil und Gewicht, schmackhaft und ordentlich ausgewogen sind – im großen und ganzen.*

*Ein naßkalter Frühling auf einen trostlosen Winter. Die Blüte begann um den 25. Juni, für spätere Sorten vom 3. Juli an, und fand unter hervorragenden Bedingungen statt. August ebenfalls warm und sonnig, mit ausreichend Regen. Anfang September feucht und recht kühl, doch die zweite Hälfte sonnig, so daß die Lese an der Côte des Blancs am 25. September und andernorts am 3. Oktober beginnen konnte.*

BOLLINGER, GRANDE ANNÉE Blaß; sahnig; sehr gut. Bollinger, wie ich ihn mag.
*Zuletzt aus Jéroboam März 1992 ★★★(★) Bis 1998.*

VEUVE CLICQUOT Ein Verschnitt von 20 *Crus,* Traubensatz 62 % Pinot Noir, 33 % Chardonnay und 5 % Meunier. Lebhaft; warme, krustige, brotartige Nase; halbtrocken und mittelschwer, frisch, jugendlich, vielleicht nicht ganz die Länge eines großen Jahrgangs.
*September 1989 ★★★ Bis 1998.*

VEUVE CLICQUOT, ROSÉ, BRUT *Pelure d'oignon,* große Perlen; recht süße, teigartige Nase, die mit abnehmender Kühle eindringlicher wurde; trocken, ein bißchen penetrant, ziemlich säurebetont.
*November 1989 ★★(★) Jetzt trinken.*

DOM PÉRIGNON Schöne Farbe, lebhaft, kleine Bläschen; eichenes, rauchiges, weiches, fruchtiges Bukett; ganz anders als der 82er, viel süßer, mittelschwer, weich, zarte Frucht, langer rauchiger Abgang.

*Vor einem Abendessen des Bordeaux Club bei Gonville and Caius im November 1990 in Cambridge* ★★★★ *Bis 1998.*

**CHARLES HEIDSIECK, BLANC DE MILLÉNAIRES** Gute Farbe, schöne *mousse;* krustig, Zitronenton; trocken, fest, Gleichgewicht und Länge hervorragend.
*Zuletzt verkostet im April 1992* ★★★★

**CHARLES HEIDSIECK, BRUT** Erstmals verkostet im Frühjahr 1990 mit dem Kellermeister Daniel Thibault bei Mosimann. Man sagte uns, daß es beim Pinot Noir leichte Edelfäule gegeben habe. Das Ergebnis war unbedingt attraktiv. Köstlich. Duftig.
*Zuletzt im April 1992 verkostet* ★★★(★) *Bis 2000.*

**CHARLES HEIDSIECK, CHAMPAGNE CHARLIE** Blaß. Ziemlich trocken. Leichter in Gewicht und Stil als üblich. Sehr guter Geschmack.
*Februar 1990* ★★★(★) *Bis 2000.*

**CHARLES HEIDSIECK, ROSÉ** Drei neuere Bewertungen. Blasses orangegetöntes Rosa. Ansehnlicher Charakter im Geruch. Betont trocken.
*Zuletzt im Mai 1990 verkostet* ★★★ *Jetzt.*

**POL ROGER** Sehr blaß; rauchig, Walnüsse; trocken, leicht, lebhaft, kurz, säurereich; Gewicht und Stil nicht unähnlich dem 73er. Gute Länge und Säure. Entschieden elegant. Im Vergleich ein Frühentwickler, der wahrscheinlich mittelfristig ein köstlicher Wein bleiben wird.
*Zuletzt im November 1990 verkostet. Knapp* ★★★★ *Bis 1998.*

**ROEDERER, CRISTAL BRUT** Zitronengolden, hervorragendes Perlen; frisch, ansprechend, reich; nussiger Duft; trocken, fest, säurebetont, genüßlich.
*Zuletzt im März 1991 verkostet* ★★★(★)

**TAITTINGER** Klassischer Geruch. Halbtrocken, gefälliges Gewicht, positiver Charakter, fest, Gleichgewicht und Länge gut. Machte bei einer vergleichenden Degustation einen guten Eindruck.
*Oktober 1989* ★★★(★) *1991 bis 2000.*

**KURZBEWERTUNGEN EINIGER ANDERER 83ER:**

**DE CASTELLANE** Sehr gute Nase; trockener, ansprechender Geschmack, aber es fehlte an Länge.
*September 1988* ★★★

**GOSSET, GRAND MILLÉSIME** Blaß; Anflug von Limone; mitteltrocken, parfümiert:
*Im Dezember 1991* ★★(★)

**JACQUART, BRUT** Farbe, Geruch, Geschmack und Länge gut. Trocken.
*Februar 1990* ★★★

**LANSON, BLANC DE BLANCS** Sehr markant; eindringlich, mundfüllend, aber seltsamer Geschmack. Scharf.
*Im Juli 1993* ★★★

**LANSON, BRUT** Ziemlich voller, reicher Geruch und Geschmack. Eindringlich. Nicht der Lanson-Stil, wie ich ihn kenne. Säurehaltig.
*Zuletzt verkostet im Juli 1992* ★★

**ABEL LEPITRE** Eine auf dem englischen Markt selten anzutreffende Marke. Er wurde im Marina Club von Aberdeen auf der Insel Hongkong nach einer Hafenrundfahrt, «Fragrant Harbour», serviert. Der Champagner war duftiger als der «duftige Hafen», wenn auch nicht so bunt. Trockener, leichter Stil, parfümiert, ein Spritzer Zitronensäure.
*November 1989* ★★★

**MAILLY, GRAND CRU, BRUT RÉSERVE** Ziemlich tiefes Goldgelb; bin mir über den Geruch nicht ganz sicher. Zwei einander widersprechende Bemerkungen, beide nicht besonders schmeichelhaft. Betont trockener, spröder, parfümierter Geschmack, ausgeprägte Säure.
*Oktober 1989* ★★

**MOËT & CHANDON, BRUT IMPÉRIAL** Angenehme Nase, Blanc-de-Blancs-Stil; ansprechend.
*September 1993* ★★★

**BRUNO PAILLARD, BLANC DE BLANCS, BRUT** Ziemlich blaß, grünschimmernd; unausgebaute, recht künstliche Nase; sehr trockener, bitterer Geschmack, gute Länge, merkliche Säure.
*September 1988* ★★

**POMMERY, BRUT** Blaß, lebhaft.
*Juni 1988* ★★★

**TAILLEVENT, BLANC DE BLANCS** Ziemlich blasses Goldgrün; faszinierender Geruch nach Brot und Limonen; trockener, parfümierter Geschmack, säurebetont, aber ansprechend.
*Mai 1990* ★★★

# 1984

*Schlechtes Wachstumsbedingungen. Kein Jahrgang für Champagner.*

# 1985 *****

*Ein extrem guter Jahrgang, sehr stilvolle Weine. Könnte meiner Meinung nach der ausgewogenste und eleganteste Wein der 80er Jahre sein. Ein Jahr extremer Witterungsbedingungen. Mitte Januar sank die Temperatur auf –25°C, der niedrigste Stand seit 150 Jahren. Eine weitere sehr kalte Periode im Februar (–15°C). Beide Male lagen die Weinberge unter einer Schneedecke, die einen gewissen Schutz gab, denoch mußten 65000 Weinstöcke ausgemerzt werden. Die Nachttemperaturen fielen gegen Ende April auf –5°C, was weiteren Schaden anrichtete. Blüte und Beerenansatz jedoch erfolgten unter guten Bedingungen, und das sonnige Wetter dauerte den ganzen Juli hindurch an. Die Trauben begannen von Mitte August an reif zu werden, auch im September wurden hohe Temperaturen gemessen, am 30. fing die Lese an. Trotz relativ hoher Preise lohnt es sich durchaus, ihn zu probieren, auszusuchen und zu kaufen. Mehrere Bewertungen, die günstigsten auf einer Blindprobe, die die Zeitschrift* Decanter *im April 1991 veranstaltet hatte.*

BOLLINGER Vier Bewertungen. Beim *Decanter* eine leicht oxydierte, unsaubere Flasche. Zwei spätere recht gut: schöne Farbe; reich, krustig, leicht parfümiert; relativ trocken, reich, gehaltvoll, Länge und Stil gut.
*Zuletzt im März 1992 verkostet ***(*)*

VEUVE CLICQUOT Trocken, geradlinig, gut.
*Zuletzt verkostet im Juli 1993 ****(*)*

VEUVE CLICQUOT, LA GRANDE DAME Vier Spitzenbewertungen. Machte auf einer vergleichenden Blindprobe von De-Luxe-Champagnermarken neuerer Jahrgänge im Oktober 1989 einen guten Eindruck. Sauber, klassisch, duftig; jugendliches Schäumen, trocken, gute Säure. Zuletzt: schöne, warme blaßgoldene Farbe; markant, duftig, rauchig – wie ein verbranntes Steichholz; halbtrocken, einigermaßen körperreich, schöne Frucht, abgerundet, gute Säure. Erstklassiger Wein mit guten Lebensaussichten.
*Zuletzt im September 1993 verkostet ***(**) Jetzt hervorragend, noch besser etwa 1995 bis 2005.*

DEUTZ, BLANC DE BLANCS Blaß, lebhaft; leicht duftend; ziemlich trocken, Leichtgewicht.
*Zuletzt verkostet aus Magnumflaschen zu Beginn des 350. Dîners der «Aquitaine Society», November 1992 *** Bald trinken.*

DOM PÉRIGNON Krustig, rauchig, duftend; trocken, lebhaft, sehr gut.
*Im Juli 1993 ***(*)*

CHARLES HEIDSIECK, BRUT Gute, positive Farbe; leicht, nussig (Walnuß); ziemlich trocken, mittelvoll, schöner schwungvoller Geschmack, gute Säure, hart, braucht Zeit.
*Zuletzt im Juli 1993 verkostet **(**)*

CHARLES HEIDSIECK, BLANC DES MILLÉNAIRES Positiv, aber säuerlich. Ich zog den *Brut* vor, *An der Blindprobe bei British Airways, Juli 1993 *(**)?*

CHARLES HEIDSIECK, CHAMPAGNE CHARLIE Gummiger Geruch und Nachgeschmack.
*Zuletzt verkostet im Juli 1993 * Nochmals probieren.*

JACQUART, CUVÉE NOMINÉE Reiche Nase; gute Länge und Säure.
*Im Juli 1993 **(**)*

LANSON, NOBLE CUVÉE Gelb; strohähnlich; körperreich, harter trockener Abgang.
*Im Januar 1992 *(***)?*

MOËT & CHANDON, BRUT IMPÉRIAL Wenig beeindruckend 1989, ging aber gut zusammen mit Pudding am Staatsbankett im Buckingham-Palast.
*Im Juli 1993 **(***)*

MUMM, CORDON ROUGE, BRUT Relativ blasses Gelbgrün, lebhaft, kleine Bläschen; angenehmer, offener Stil, lebhaft, frisch, leicht duftiges und sahniges Bukett; trocken, relativ leicht in Gewicht und Stil, immer noch jung und schäumend, ein Rest von unausgebauter Härte, gute Säure und Hauch von Süße im Abgang.
*Blind verkostet im Oktober 1989 **(**) Bis 2000.*

MUMM, RENÉ LALOU Unreif, apflig, säuerlich im Jahr 1989. Weicher, aber nicht eindrucksvoll.
*Zuletzt verkostet, auch blind, im Juli 1993 ***

MUMM DE MUMM Mehr angemaßte als wirkliche Klasse. Zu seinen Gunsten sei gesagt, daß er nicht kalt genug serviert wurde.
*Mai 1991 ****

MUMM, GRAND CORDON Charaktervolle Nase; ungewöhnlich, markanter Geschmack, noch hart.
*Im Juli 1993 **(***)*

LAURENT-PERRIER, BRUT Klassisch, attraktiv.
*Im Januar 1992 ***(*)*

LAURENT-PERRIER, GRAND SIÈCLE Trocken, lebhaft, schlank, aber gut.
*Im Juli 1993 **(**)*

PERRIER-JOUËT, BELLE EPOQUE Komplettes Aussehen; leicht, trocken, hart, stahlig, duftig, aber spröde. Braucht Zeit.
*April 1991 **(***)*

**PERRIER-JOUËT, BELLE EPOQUE, BRUT, ROSÉ** Blasse Hagebuttenfarbe mit stetigem feinen Perlen; Nase immer noch hart, aber wurde im Glas süßer, erdbeerartig; trocken, mittelschwer, lebhaft, sauber, mit guter Säure.
*In Tokio im November 1989* ★★(★★) *Bis 1995.*

**PERRIER-JOUËT, RÉSERVE CUVÉE, BRUT** Strohgolden; reich, gehaltvoll; interessanter Charakter, guter Geschmack, ausgewogen.
*Zuletzt im April 1991 verkostet* ★★★

**POL ROGER** Leuchtendes Aussehen, schöne *mousse;* vorzügliche sahnige Nase; trockener, leichter und doch fester Stil, sehr reiche Frucht. Jetzt attraktiv, aber mit guten mittelfristigen Lebensaussichten.
*Zuletzt im Januar 1993 verkostet* ★★★(★) *Bis 2000.*

**POL ROGER, BLANC DE CHARDONNAY** Schöne *mousse;* markant, krustig; trocken, recht hart und säurebetont. Dennoch stilvoll.
*Juli 1993* ★★★(★)

**POL ROGER, CUVÉE SIR WINSTON CHURCHILL** Gelb; nussig, reich, mundfüllend.
*Im Mai 1992* ★★★(★)

**POL ROGER, GRANDE RÉSERVE, BRUT** Frisch, fruchtig; nicht *brut,* leichter Stil, charmant.
*Juni 1991* ★★★★

**POMMERY, BRUT** Blaß; fleischig, süß; reich, markanter Geschmack. Klassische Zusammenstellung von 50% Pinot Noir, 50% Chardonnay.
*Im März 1993* ★★★

**POMMERY, CUVÉE LOUISE POMMERY** Blaß; positiv; blumig, leicht «fischiger» Pinot-Geruch; reich, schmackhaft, hübsch am Mittelgaumen und beim Abgang.
*Im März 1993* ★★★★

**ROEDERER, BLANC DE BLANCS** Extrem blaß, *mousse* wie ein *Crémant;* etwas Zitrone und Honig; duftig, aber ein bißchen hohl und stielig.
*Februar 1991* ★(★)

**ROEDERER, BRUT** 66% Pinot Noir, 34% Chardonnay aus 100% eingestuften Lagen an der Côte des Blancs. Blaß. Sahnige, leicht parfümierte Nase, immer noch ein bißchen unausgebaut und hart; halbtrocken, sehr gut in Körper, Geschmack und Länge. Exzellente Säure. Ein sehr befriedigender Wein mit einer guten Zukunft.
*Zuletzt im Februar 1991 verkostet* ★★★(★★) *Bis gut über 2000 hinaus.*

**ROEDERER, CRISTAL BRUT** 55% Pinot Noir, 45% Chardonnay. Blaß; schöne Frucht, wenn auch unterdrückt, unnachgiebig; halbtrockener, leichter Stil, jugendliches Schäumen, dennoch weich und betörend, sahnig, leicht parfümierter Nachgeschmack.
*Zuletzt im Dezember 1993 verkostet* ★★★(★★) *Jetzt bis 2000.*

**ANDERE 85ER AUF DER BLINDPROBE DES DECANTER IM APRIL 1991:**

**AVÉRY** Zwar *brut,* aber ein Hauch von Süße, frische Säure ★★

**BEAUMONT, BLANC DE NOIRS, BRUT** Zurückhaltend, trocken, fest, schlank ★★(★)

**BILLECART-SALMON, BRUT** Attraktive, klassische Nase, reich im Geschmack, gute Länge ★★★★

**BINET, BLANC DE BLANCS** Markant, sehr parfümiert, stilvoll in Geruch und Geschmack. Trocken, schlank, stahlig ★★★(★)

**CHARBAUT, CUVÉE DE RÉSERVE, BRUT** Krustiger, gehaltvoller Stil; halbtrocken und mittelschwer ★★(★)

**MARGUERITE, CRISTAL, BRUT** Sehr merkwürdig, leichter Korkgeschmack; trocken.

**GOSSET, BRUT** «Warm», Walnüsse; trocken, relativ voll, hart, leicht kernartiger Abgang ★★

**JACQUESSON, PERFECTION** Blaß; süß, rauchig, viel Charakter, sehr trocken, schlank, stahlig, hart, zuwenig Länge? ★★(★)

**LANG-BIÉMONT, BLANC DE BLANCS** Gelbgrün; blumig, attraktiv, eichen/rauchig; positiv, gute Länge, sehr trockener, säurebetonter Abgang ★★(★★)

**BRUNO PAILLARD, BRUT** Fast orangeschimmernd; unmittelbar einsetzend, reich, beinahe zu gehaltvoll; trocken, stämmig in Gewicht und Stil, gute Mitte und Länge ★★(★)

**JOSEPH PERRIER, CUVÉE ROYALE, BRUT** Blaß; wie kaltes Fischfilet, Walnuß; halbtrocken, schäumend, positiv, aber recht gewöhnlich, trockenes, säurebetontes Ende ★★

**RUINART, BRUT** Durchdringend, erstklassig; relativ trocken, stahlig, gute Mitte, immer noch jugendlich hart.
*April 1991* ★★(★★)

**DE SAINT GALL, CRU PREMIER, BRUT** Sich rasch auflösende Bläschen; ansprechend, obwohl unverwoben, rauchig; relativ leicht, reizvoll, rauchiger, angekohlter Geschmack ★★(★★)?

ALAIN THIÉNOT, BRUT Parfümiert, Veilchen; trocken, schlank, ansprechend, immer noch hart ★★(★)

ALAIN THIÉNOT, ROSÉ Relativ blaß, orange überhaucht; recht gewöhnlich; trocken, kurz ★

DE VENOGE Schönes Gold; leicht parfümiert, fischiger Pinot-Geruch, Walnuß; trockener, guter nussiger Geschmack, gute Länge ★★★

## 1986 ★★★★

*Wieder ein harter Winter. Später Austrieb, aber ein warmer Mai brachte das Wachstum voran. Nach einer weiteren kühlen Periode Sonnenschein und Hitze, Blüte gegen Ende Juni bei idealen Bedingungen. Dennoch hatte die Kälte zu Verrieseln und die Wärme zu Durchrieseln geführt. Auf hohe Temperaturen während der Sommermonate folgte Regen vor der Lese, die am 28. September begann und Anfang November beendet war.*

MOËT & CHANDON Sehr angenehm in Gewicht und Geschmack. Der Gehalt wird von der spürbaren Säure in Schach gehalten.
*Im September 1993* ★★★(★)

POL ROGER, BLANC DE CHARDONNAY Blaß; kühl, «Brotkruste»; ziemlich trocken, frisch, gute Länge.
*Im November 1993* ★★★★ *In seiner frischen Jugend zu trinken.*

POL ROGER, EXTRA DRY Fest, frisch, stilvoll. Braucht noch Zeit.
*Zuletzt verkostet im Juli 1993* ★★★(★) *1996 bis 2000.*

TAITTINGER, COMTES DE CHAMPAGNE Wachsfarben mit Grünspuren; zurückhaltend, aber harmonisch; mitteltrocken, eindringlich, gut in Geschmack und Länge.
*Im Juli 1993* ★★★(★)

TAITTINGER, COMTES DE CHAMPAGNE, ROSÉ Ziemlich tiefes Violett; seltsame Nase; trocken, spröde.
*Im Juli 1993* ★(★)

## 1987 ★★

*Der Austrieb erfolgte im April, zügig und unter hervorragenden Bedingungen, aber ein ungewöhnlich nasser Frühling schloß sich an. Das Wetter wurde zur Blüte besser, in der zweiten Julihälfte allerdings kam der Regen zurück. Auf drei Wochen prachtvolles Wetter im August folgte eine naßkalte Periode, die sich bis in den September hineinzog. Vom 8. bis zum 22. ein hei-ßer und schwüler Altweibersommer, woraufhin manche Winzer am 28. zu lesen anfingen, während andere bis zum 10. Oktober warteten. Obwohl es während der Lese regnete, waren die Trauben gesund. Eine brauchbare Ausbeute zum Auffüllen der Non-Vintage-Bestände, aber wenige Weine dürften als «Vintage» auf den Markt kommen.*

JACQUART Klassisch, geradlinig.
*Im Juli 1993.*

MUMM, CORDON ROUGE Sehr trocken, spröde, kurz.
*Im Januar 1992* ★

POMMERY Blaß; sehr aufschäumend; jung, frisch, Creme und Limone; trocken, frisch, säuerlich.
*Zuletzt im März 1993* ★★★

POMMERY, CUVÉE LOUISE Blaß; hart, krustige Nase; trocken und doch reich, eine gewisse Delikatesse. Attraktiv, aber nicht groß.
*Zuletzt verkostet im Juli 1993* ★★(★)

## 1988 ★★★★

*Wie überall in Frankreich ein Jahrgang von hoher Qualität, wenn auch die Quantität um mehr als 10% unter der von 1987 lag. Angesichts der gegenwärtigen überhitzten Weltnachfrage war das eine herbe Einbuße. Befriedigende Wachstumssaison, früher Erntebeginn am 19. September.*

*Einige 88er wurden 1993 auf den Markt gebracht: beständige Weine von hoher Qualität.*

LANSON Recht gut in Geschmack, Gewicht und Länge, aber säuerlich.
*Im Juli 1988* ★★(★★)

LAURENT-PERRIER Seltsame, spargelähnliche Nase; schäumend, wenig eindrucksvoll.
*Im Juli 1993* (★★)?

MOËT & CHANDON Markant, interessant; positiv, attraktiv. Säure gut.
*Im Juli 1993* ★(★★★)

PERRIER-JOUET Reiche Nase, Vanille und Frucht. Gefällig in Geschmack und Gleichgewicht.
*Im Juli 1993* ★★(★★)?

POMMERY & GRENO Hart, stahlig, duftend; attraktiver Geschmack.
*Im Juli 1993* ★★(★)

TAITTINGER Unverwoben, aber interessant. Braucht Zeit.
*Im Juli 1993* ★(★★)?

DE VENOGE Starke *mousse*; zurückhaltend, Säure gut.
*Im Juli 1993 (★★★)?*

# 1989 (★★★★★)

*Zweifellos ein Vintage-Jahr. Mildes Wetter, der zeitige sonnige Frühling brachte das Wachstum voran. Leider suchte gegen Ende April strenger Frost etwa 20% der Champagner-Weinberge heim, was den potentiellen Ertrag reduzierte. Der Mai war sonnig, aber mitten in der Blüte gab es einen Kälteeinbruch. Der Sommer war wie in England außergewöhnlich heiß und sonnig, aufgelockert durch leichten Regen, was eine ungewöhnlich frühe Ernte zur Folge hatte, die in der Côte des Blancs am 4. September anfing (Chardonnay) und beim Pinot Noir eine Woche später. Genauso ungewöhnlich war eine zweite Lese zwischen dem 10. Oktober und Anfang November, das Ergebnis der unterbrochenen Blüte früher im Jahr. Beide Male waren die Beeren voll ausgereift und von hoher Qualität. Das Endergebnis der doppelten Ernte war eine große Produktion, ausreichend für 274 Millionen Flaschen, aber in den Augen der Champagnerhäuser nicht ausreichend zur Auffüllung der Vorräte, die einem Dreijahresverkauf entsprechen sollten.*

*Sie sollten sich als ausgezeichnete Jahrgangsweine erweisen.*

# 1990 (★★★★)

*Wieder ein außergewöhnliches Jahr. Eine Riesenernte von fast 330 Millionen kg Trauben, entsprechend 288 Millionen Flaschen, allerdings nicht so reichlich wie 1982 (295 Millionen) oder 1983 (302 Millionen).*

*Abermals weit verbreitete Frostschäden im April, die 45 % der Region in unterschiedlichem Ausmaß betrafen, und nicht jahreszeitgemäßes Wetter während der Blüteperiode, was zu Durchrieseln und später zu Verrieseln führte. Trotzdem stellte man Mitte Juli fest, daß es nicht nur eine bemerkenswert große Zahl von Trauben gab, sondern daß auch die Beeren außerordentlich dick waren. Der Sommer war heiß und trocken. Auf Regen im September folgten kühlende Winde, was beides den gesunden Reifungsprozeß förderte.*

*Wegen der langgezogenen und unterbrochenen Blütezeit schon von Ende Mai noch bis Anfang Juli zog sich die Lese genauso lange hin. Beginn war am 11. September in der Côte des Blancs und am 24. für die Pinot Noirs.*

*Bemerkenswert am Jahr 1990 war auch, daß langfristige Verträge zwischen négociants und Winzern nicht erneuert wurden, was Umwälzungen auf dem freien Markt zur Folge hatte – eine*

*Situation ähnlich dem Ende der Aufschwungsperiode, über die die englische Wirtschaftspresse genau 119 Jahre davor berichtet hatte. Plus ça change . . .*

# 1991 ★★

*Eine reichliche Produktion von eher leichten Weinen, die aber dazu beitragen wird, den Markt zu stabilisieren und die leeren Regale an Weinen ohne Jahrgangsangabe wieder zu füllen. Der Frühlingsfrost richtete im April Schäden an den Knospen an und schlug Ende Mai erneut über Nacht zu. Dank des darauf folgenden, günstigeren Wetterverlaufs konnte jedoch eine zweite Knospenbildung einsetzen. Die Chardonnay-Blüte begann unter eher schwierigen Umständen um den 25. Juni, während die Pinot-Noir- und Meunier-Blüte eine Woche später bessere Bedingungen fand. Der heiße Sommer ermöglichte eine perfekte Entwicklung. Das Wetter verschlechterte sich am 21. September, wodurch Fäulnisprobleme aufkamen; aufgrund des Regens quollen die Beeren auf. Die Sonne kehrte zur Lese zurück, die am 30. September begann. Die Weine sind brauchbar, aber die Qualität reicht nicht für Vintage-Qualitäten der großen Marken.*

# 1992 ★★★

*Nach einem schönen Sommer begann die Lesezeit früh, um den 14. September, und endete Anfang Oktober. Alle drei Rebsorten brachten eine reichliche Menge mit zufriedenstellender Qualität. Die Erntezeit war von heftigen Diskussionen begleitet: über wirtschaftliche Probleme, über die Notwendigkeit der Beschränkung der Produktion, über die Sorge um sogar weiter wachsende Erträge, wobei es über Letzteres heißt, dies sei eine Folge der verbesserten Weingartenpflege. Es bleibt abzuwarten, ob der 92er auch als Jahrgangs-Champagner auf den Markt kommen wird.*

# 1993 ★

*Der Jahresbeginn war außerordentlich günstig, mit einem milden Winter und einem warmen Frühling ohne Frost. Die Blüte erfolgte zum richtigen Zeitpunkt; danach gab es einen besonders warmen und einigermaßen trockenen Sommer. Die frühzeitig begonnene Lese in den Côtes des Blancs wurde begleitet von extrem starken Regenfällen, die während der gesamten Erntezeit anhielten. Die Weine sind bestimmt als Cuvées ohne Jahrgangsbezeichnung gut genug, dürfen sich aber kaum als Jahrgangsweine vermarkten lassen.*

# Jahrgangsportwein

Jahrgangsportwein (Vintage Port) stand von jeher an der Spitze des «Portweinmarktes», dessen Geschichte Höhen und Tiefen gekannt hat. Aus dem anspruchslosen roten Tischwein des späten 17. Jahrhundert wurde der süße, alkoholverstärkte Wein, den wir kennen, kreiert von unternehmungslustigen englischen Kaufleuten, die den Handel während des 18. Jahrhunderts in einem Maße ausdehnten, wie wir uns das heute kaum mehr vorstellen können. Der Geschmack an Portwein hielt sich das ganze 19. Jahrhundert hindurch und erreichte in den 20er Jahren dieses Jahrhunderts neue Höhepunkte. Dann folgten drei entmutigende Dekaden: Weltwirtschaftskrise, Kriege, Nachkriegsrestriktionen und ein interesseloser Markt hatten zur Folge, daß es bei meinem ersten Besuch in Oporto im Herbst 1953 so aussah, als ob der einstmals blühende Portweinhandel in den letzten Zügen läge. Bis heute aber hat er sich mehr als erholt.

Obwohl er gern als «the Englishman's wine» bezeichnet wird – ein stärkender, herzerwärmender Wein, von Engländern für Engländer erfunden –, importierten ihn andere genauso kalte und windige Länder Nordeuropas ebenfalls, insbesondere die skandinavischen. Neuerdings beginnt man in den Vereinigten Staaten Port zu entdecken, – und an der Spitze liegt Vintage Port. Erwähnenswert ist auch, daß die Erzeugung dieser Spezialität, einstmals fast ausschließlich Domäne der englischen Handelshäuser, heutzutage fairerweise zu einem großen Teil in portugiesischen Händen liegt. Schrittmacher von Stil und Charakter jedoch, zumindest beim Jahrgangsportwein, sind die ausgesprochen britische Familie Symington, der die Marken Dow, Graham, Warre, Quarles Harris, Smith Woodhouse und Gould Campbell gehören, die Robertsons und (trotz des unenglischen Namens) die Guimaraens, verbunden mit Taylor und Fonseca, des weiteren die multinationalen Cockburn, Croft, Martinez und Sandeman. Exzellente Weine kommen aus portugiesischen Firmen, von denen Noval und Ferreira für Jahrgangsport die bekanntesten sind.

Es ist nicht der Zweck dieses Kapitels, alle Typen von Portwein zu behandeln, sondern die Weine und ihre Jahrgänge in Entstehung und Entwicklung zu beleuchten. Ich muß die Leser daran erinnern, daß der größte Teil der Produktion als «Wood port» exportiert wird, dessen Ausbau in Holzfässern und nicht in der Flasche vor sich geht, der also zum sofortigen Konsum bestimmt ist. Junger «Ruby Port», älterer «Tawny Port»: beide Typen werden unter Markennamen verkauft. Das gleiche gilt verwirrenderweise für «Crusted port» und «Late-bottled vintage» (LBV), wobei letzterer im Grunde nur ein Pseudonym für einen relativ jungen Ruby ist. Ein Schritt in die richtige Richtung ist meiner Ansicht nach die Einführung von «Altersstufen-Tawnys» gewesen: von zehn, zwanzig und sogar dreißig Jahre alten Weinen. Ich mag den unnachahmlichen, blaßfarbenen, nach Nuß riechenden alten Tawny. Aber Gipfel werden nur von echten Vintage Ports erklommen: die *Crème de la crème* der *lotes* in den Lagerhäusern nach einem besonders guten Jahrgang, die nach zwei Jahren auf Flaschen gezogen und bis zur Reife gelagert werden. Die Rede ist hier von solchen Weinen und Jahrgängen.

# ETWA 1700

HANDELSHAUS UNBEKANNT Zeitgenössische Flasche mit fast steinartigen, pockennarbigen Wänden, hohem Hals und oben breitem, auskragendem Rand. Tawny, trüb; merkwürdige unweinige Nase; ein Hauch von Marzipan. Aller Geschmack verflogen. Abgelebt.
*Oktober 1985.*

HANDELSHAUS UNBEKANNT Zwiebelflasche aus der Zeit. Sehr gute Füllhöhe. Überraschend tiefe, undurchsichtige Mitte, Farbe wie Backpflaumen, Bernsteinrand; verblaßt, sauber und ganz eindeutig ein Portwein; immer noch ziemlich süß und durchaus mit Körper, hervorragender alter Portweingeschmack und hohe, Madeira-artige Säure.
*September 1987* ★★★

# ETWA 1720

HANDELSHAUS UNBEKANNT In zeitgenössischer mundgeblasener Flasche. Tiefe, intensive Farbe, Braun mit apfelgrünem Rand; Bukett schwach, leicht rosinenartig, ein Hauch von Zimt; immer noch süß, recht körperreich, würzige Note im Geschmack.
*Juni 1987* ★★★

# 1734 ★★★★★

*Ein großer Jahrgang des 18. Jahrhunderts.*

# 1755 ★★★

*Reiche Ernte, aber Krisenzeit.*

# 1771 bis 1774

*Alle als Jahrgangsweine ausgeliefert.*

# 1775 ★★★★★

*Höchste Qualität, gute Quantität, laut den Unterlagen.*

# 1779, 1788, 1790

*Alle in London als Jahrgangsweine angeboten.*

# 1791 bis 1796

*Der Portweinhandel erreichte seinen Höhepunkt: 45 000 «Pipes» wurden 1792 nach England verschifft.*

# 1797 ★★★★★

*Laut George Sandeman im Jahre 1809 «der beste Portwein-Jahrgang, den wir je hatten».*

# 1804 bis 1809

*Recht gute Jahrgänge, besonders 1804 und 1806.*

# 1811 ★★★★

*Wie in praktisch sämtlichen europäischen Weinbaugebieten brachten extrem gute Witterungsbedingungen großartige Weine hervor.*

# 1815 ★★★★

*Von den Engländern als «Waterloo-Jahrgang» bezeichnet.*

FERREIRA Nach einer Faßlagerung von ungefähr fünfzig Jahren auf Flaschen gezogen und alle vierzig Jahre neu verkorkt. (Diese alten Weine brauchen zwei Jahre, um nach dem Neuverkorken ihr Bukett wiederzugewinnen.) Blasse, aber gesunde Bernsteinfarbe mit Stich ins Zitronengelbe; zunächst holzig und säurereich, aber fing sich nach dem Dekantieren, reich, wächsern, hat immer noch Frucht, leicht esterig, wie alte Spitze; halbsüß, halbleicht, wunderbar würziger und doch weicher, langer Geschmack, Madeira-artige Säure, trockener Abgang.
*Vier gleichbleibende Bewertungen, alle kamen aus den Weinkellern von Ferreira, zuletzt im Juli 1991 verkostet* ★★★★

# 1816 bis 1819

*Schlechte Jahrgänge.*

# 1820 ★★★

*Nach vielen «Unjahren» wurde dieser gute Jahrgang eifrig gekauft.*

FERREIRA Schöne helle, blasse Bernsteinfarbe; reich; hochgetönt, ein bißchen firnisartig; halbsüß, mittelgewichtig, weich, gefällig.
*Auf einer Vorverkaufsdegustation im April 1981* ★★★

## 1834 ★★★★★

*Einer der berühmtesten Jahrgänge aus der Mitte des 19. Jahrhunderts.*

FERREIRA Zuletzt 1980 neu verkorkt. Dem Vernehmen nach aus einer einzigen Traubensorte bereitet. Relativ blaß, ein bißchen wolkig; hochgetönt; immer noch süß.
*Verkostet in einem BBC-Aufnahmestudio für die Sendung Today im April 1981* ★★

«C&S» (F. CHAMISSO FILHO & SILVA) VELHO PARTICULAR Bernstein bis Tawny-Farbe mit einem Rand, der wie Olivenöl aussah; hochgetönt, Madeira-artig, angesengt, zitronig; süß, vollmundig und trotz eines Geschmacks wie flüssiges Linoleum, Firnis, Leinöl und Met hervorragende Säure. Sehr gut – auf seine Art.
*April 1986* ★★★

RORIZ, QUINTA Kopkes Roriz, der Star des Jahrgangs, aber nach anderthalb Jahrhunderten ein wenig welk geworden. Eine von 13 dreiviertel verschimmelten Flaschen, die aus einem Landhaus in Nordwales geborgen wurden. Im Januar 1878 neu verkorkt. Blasses, reines Bernstein; verblüht, ziemlich medizinal und sauber zunächst, aber nach 30 Minuten Gewürznelken und Nagellack; vollkommen ausgetrocknet, mager.
*Auf einer Auktion bei Christie's gekauft und im Dezember 1983 verkostet* ★

## 1840 ★★★

FERREIRA Warmes Bernstein; reich, pfefferig, würzig (Nelken); ein reicher Wein mit sehr guter Endsäure.
*Vor einer Auktion im April 1981* ★★★

## 1847 ★★★★★

*Eindeutig der größte Jahrgang seiner Zeit, um die 30000 «Pipes» wurden nach England verschifft (aber vgl. 1792).*

FERREIRA Unterlagen machen deutlich, daß dies Ferreiras süßester Wein des Jahrhunderts war. Mitteltiefes, reiches Bernsteingelb; reich, fett und fruchtig in Bukett und Geschmack. Immer noch sehr süß, vollkommen ausgewogen.

*Zuletzt im Juli 1990 verkostet* ★★★★★ *des Alters wegen.*

HANDELSHAUS UNBEKANNT Auf dem Etikett steht «‹Rare old port› Vintage 1847, guaranteed over 65 years in wood. Bottled in Oporto 1913 for Marten & Co., New York». Kurzer Korken. Schöne alte Tawny-Farbe mit grünem Rand; süße, pudrige, spitzige und leicht harzige Nase; halbsüß, mittelgewichtig. Reich, aber ein Böckserton in der Nase und am Gaumen, der stärker wurde, ansonsten jedoch exzellenter Geschmack.
*Mit Jack Strauch in New York, April 1983* ★★★

HANDELSHAUS UNBEKANNT 1847 oder 1851, wird vermutet. In einer Magnum. Gute, lebhafte Hagebuttenfarbe; hochgetöntes, leicht firnisartiges, ätherisches Lakritzbukett, das schließlich völlig harmonisch wurde; halbsüß und mittelgewichtig, aber kraftvoller Geschmack, gewaltige Wirkung am Gaumen.
*1983 bei Christie's gekauft und im September 1987 auf einer Rodenstock-Weinprobe geöffnet* ★★★★

## 1851 ★★★★

*Prinz Alberts «Great Exhibition», die 1. Weltausstellung, übertrug ihren Namen auf diesen exzellenten Jahrgang.*

FERREIRA Bernsteinfarben, leicht wolkig; ein bißchen abgebaut; ziemlich süß und kraftvoll. Ausgeprägte, doch gute Säure.
*Vor der Auktion vom April 1981* ★★★

STIBBARD Zweimal verkostet, einmal mit Freddie Cockburn, der nicht glauben konnte, daß es kein neuerer Nachkriegsjahrgang war – trotz des deutlich geprägten Wachssiegels und des Kistenetiketts sowie der hohen Wahrscheinlichkeit, daß die Flasche vor ihrem Verkauf an Christie's im Jahre 1972 niemals aus dem Gladstoneschen Weinkeller in Schottland herausgekommen war. Das nächste Mal 1975 zum Mittagessen bei Christopher's, wo ich den Wein wiedererkannte. Bei beiden Gelegenheiten eine erstaunlich tiefe Farbe; makellos, fruchtig; süßer, reicher, eindringlicher Geschmack. Nach wie vor der prachtvollste alte Portwein, den ich je getrunken habe.
*Alte Bewertungen, eine Neuverkostung würde sich lohnen.*

HANDELSHAUS UNBEKANNT Blasses Tawny, nur ein Schimmer Rot; alt, hochgetönt, halbsüß, verblaßt, hohe Säure auf der Kippe zum Essigstich.
*Oktober 1981.*

## 1853 ★★★★

HANKEY BANNISTER Eine von drei halben Flaschen aus den Weinkellern von Kingston Lyle Park. Deutlich neu abgefüllt, Kapselverschluß mit der Namensprägung dieses Weinhändlers in Sackville Street. Füllhöhe bis über die Schulter. Warme Bernsteinfarbe mit blassem, apfelgrünem Rand; süßes, weiches, Vanille-artiges, würziges und wächsernes altes Bukett mit hochgetöntem, pudrigem Duft, der sich im Glas ausrundete; recht süß, mit wunderbar langem, würzigem Geschmack, der die ziemlich hohe Säure kaschierte. Der Geschmack erinnerte mich an einen köstlichen alten Cognac.
*Eher zufällig und ohne große Erwartungen in Chippenham Lodge für Walter Eigensatz geöffnet, Mai 1988* ★★★★★

## 1854 ★★★

*Wieder ein guter «Kometen»-Jahrgang.*

FERREIRA Leicht trüb; recht zurückhaltend; etwas Süße, schön griffig.
*Vor der Auktion vom April 1981* ★★★

## 1858 ★★★

FERREIRA Die erste Flasche braun, mit maderisierter Nase. Unsauber und viel Säure. Die zweite einen Monat später: helles Bernsteinmahagoni mit grünem Rand; makellos, zart, süß, «warm», exzellent.
*Vor der Auktion vom April 1981. Beste Note* ★★★★

## 1863 ★★★★★

*Ein großer Jahrgang.*

FERREIRA Zweimal verkostet, das eine Mal auf der großen Vorverkaufsdegustation von 1981: leichter Pilzgeruch, süß, hoher Säuregehalt. In neuerer Zeit: relativ blasses Bernstein; Muskateller- und Limonenbukett. Ein schöner alter Wein, halbsüß (1,4 Baumé), mit limonenartiger Säure, nachhaltig.
*Zuletzt im März 1988 verkostet* ★★★★

JOHNSTONE & SADLER'S Wahrscheinlich 1866 von ihnen abgefüllt. Aus einem Weinkeller in Norfolk, zweimal verkostet. Unterschiede zwischen den Flaschen. Die erste von 1977 war am Austrocknen, ätherisch, sauber. Die zweite hatte das Originalwachssiegel mit der Prägung «PORT, Johnstone & Sadler». Schwund fast bis zur unteren Schulter. Schwammiger Korken. Blaß, doch immer noch mit einem rötlichen Leuchten; verblaßt, alt und firnis

artig; ein Rest von Süße, leicht und verblüht, dennoch zarter, alter Geschmack, gute Säure. Er war nachhaltig und bezauberte meine Gäste.
*Zuletzt im September 1982 verkostet* ★★★

HANDELSHAUS UNBEKANNT Neuer Wachsverschluß. Harter Korken. Recht tief für sein Alter, etwas trüb; das saubere, schöne, artige, überraschend «unspitzige» Bukett erinnerte mich an Lakritze; immer noch süß, alkoholisch, schöne Frucht, wenn auch verblaßt. Sauber. Sehr schön. Herausragend für sein Alter.
*April 1986* ★★★★

TAYLOR Bleich; firnisartig; noch etwas Süße und eine gute Länge vorhanden, obwohl jetzt dünn, mager.
*Der älteste Jahrgang bei Taylors «Dreihundertjahrprobe», im März 1992* ★★

## 1864, 1865 und 1867

*Die ersten beiden Jahrgänge waren nicht sehr gut, aber 1867 gab es einige gute Weine. Keine verkostet.*

## 1868 ★★★★

*Ein großer Jahrgang vor der Reblauskatastrophe. Von allen, mit Ausnahme von Croft, deklariert. Sandeman, «der größte aller Zeiten» und «sehr trocken», gilt als der beste.*

MARTINEZ Eine alte Bewertung. Der einzige 1868er, den ich je verkostet habe. Verblaßt, am Austrocknen, doch immer noch Spuren der früheren Kraft. Viel Säure.
*Von Sherborne Castle, September 1976* ★★★

## 1869 ★★★

*«Von Qualität nicht die leiseste Spur», hieß es im Handelsblatt Ridley's. Nur von Croft deklariert und verkauft.*

## 1870 ★★★★★

*Unter äußerst günstigen Bedingungen bereitet, allerdings «waren Verwüstungen durch die Reblaus zu verzeichnen – eine Quinta, deren Produktion Mitte der 40er Jahre im Schnitt bei fünfzig Pipes lag, brachte es 1870 nur noch auf 2 Pipes» (Ridley's Wine Trade Monthly). 19 Portweinhäuser deklarierten und exportierten diesen Jahrgang, den größten zwischen 1863 und 1878.*

WARRE Auf dem Etikett steht «Warre's 1870 Vintage Port matured, and bottled in 1918». Zu einem späteren Zeitpunkt in Oporto neu verkorkt. Tawny mit Stich ins Gelbe; süß, recht gut trotz dem gealterten Bukett mit Nagellackton; ziemlich süß, sehr reich und würzig, aber mit Arzneigeschmack, ein Mittelding zwischen Hustenmittel und *Punt e Mes*.
*März 1985* ★★

AGRELLO (José Carlos Agrello). Relativ blasse Tawny-Bernsteinfarbe; gealtertes, gehaltvolles Lakritzbukett; ziemlich süß, sehr reich, zitrusartig und rosinenartig im Geschmack, ätherisch, gute Qualität und Länge.
*Januar 1985* ★★★

# 1871

*Naßkalter Frühling*, Oïdium *(Mehltau) in den Weinbergen, August brennend heiß, schwere Regenfälle während der Ernte. Nicht deklariert.*

DELAFORCE'S ROYAL PALACE PORT Königlicher Hoflieferant Seiner Majestät des Königs von Portugal. Kistenetikett «*PORT 1871*»: Ich habe diesen Wein wegen seiner Herkunft mit aufgenommen. Er war entweder ein alter weißer Portwein oder eher noch ein im Faß gealterter «Vintage Tawny». Zweimal verkostet: beide Male gute Füllhöhe; relativ blasses, warmes Bernstein, apfelgrüner Rand; hochgetönt, rosinenartig; halbsüß, mittelgewichtig, gute, reiche Mitte, schöner, wärmender Endgeschmack. Eher hoher Gehalt an flüchtiger Säure.
*Aus den Weinkellern von Schloß Aalholm in Dänemark, April 1989* ★★

# 1872 ★★★

*Von 16 Handelshäusern deklariert. Nicht verkostet, genießt aber einen guten Ruf.*

# 1873 ★★★

*Ebenfalls von 16 Portweinhäusern ausgeliefert. Nur einen verkostet, Meyer's, der zwar austrocknet, aber immer noch gut zu trinken ist.*
*1972 verkostet.*

# 1874 ★

*Nach der ganzen Geschäftigkeit in den Jahren 1870, 1872 und 1873 lieferten nur drei Portweinhäuser diesen Jahrgang aus. Keinen verkostet.*

# 1875 ★★★★

*Von 18 Firmen deklariert. Leichte, gepflegte, elegante Weine – wie in Bordeaux -, aber geringe Produktion. Nur einen verkostet, der von Bell, Rannie aus Perth für die Familie Gladstone abgefüllt worden war. Das Alter war ihm (1972) anzumerken, aber er besaß nach wie vor etwas Süße und war zart und blaß, aber fein.*

# 1877 ★★★

FERREIRA Ansprechende Bernsteinfarbe; Bukett und Geschmack gut und würzig, immer noch süß. Köstlicher Nachgeschmack.
*Vor der Auktion vom April 1981* ★★★★

# 1878 ★★★★★

*Von 20 Portweinhäusern deklariert und ausgeliefert. In neuerer Zeit keinen verkostet, aber die älteren Bewertungen gelten noch.*

COCKBURN 1920 neu verkorkt. Köstlich, makellos, würzig, nachhaltig.
*1972* ★★★★

DOW Laut George Saintsbury in seinen *Notes on a Cellarbook* «einer der besten Portweine des Jahrhunderts». Immer noch voller Kraft und Elan.
*1967* ★★★

HARVEY'S Siegelaufdruck «Port, 1878, Rich», immer noch süß, kraftvoll und vorzüglich.
*1978* ★★★★

# 1880 ★★

*Kein allgemein, sondern nur von sechs Häusern deklarierter Jahrgang.*

VINHO VELHO DO PORTO, FRASQUEIRA PARTICULAR 1980 aus einem Faß in den Weinkellern des Herzogs von Palmela abgefüllt. Zweimal verkostet: relativ blasse Bernstein-Tawny-Farbe; süß, ein Hauch von Muskateller, hochgetönt, spitzig; am Gaumen süß, weich und zart, schöner angesengter Geschmack und Madeiraartige Säure. Duftiger Abgang.
*Zuletzt vor der Auktion im März 1986 verkostet.* ★★★★

## 1881 ★★★

*Voller Optimismus von 20 Portweinhäusern deklariert, doch die hohen Erwartungen erfüllten sich nicht.*

MARTINHO (QUINTA DE SAO) Bernsteinfarben, trüb (nicht dekantiert); gehaltvolles Lakritzbukett; ziemlich süßer, fabelhaft rassiger Geschmack, Länge, Säure und Nachgeschmack hervorragend.
*Juni 1985 ★★★*

## 1882 bis 1883

*Jahrgänge unter Niveau. Nicht deklariert.*

## 1884 ★★★★★

*21 Handelshäuser sahen diesen Jahrgang richtig, aber ich bin mir nicht sicher, ob Charles Walter Berry ihn richtig sah, als er ihn (1935) als «den letzten der klassischen Jahrgänge» bezeichnete.*

COCKBURN Zweifellos hervorragend.
*1972 verkostet.*

HANDELSHAUS UNBEKANNT Hervorragend.
*1967 verkostet.*

## 1885 ★

*Mäßig. Nur von fünf Firmen deklariert.*

## 1886

*Nicht deklariert.*

## 1887 ★★★

*Beliebter und guter Jahrgang. Zwanzig Portweinhäuser lieferten ihn zu Ehren von Königin Viktorias goldenem Jubiläum aus.*

NIEPOORT Abgefüllt 1897, umgefüllt 1991. Geruch nach Lakritze; mittlere Süße und mittelgewichtig, nussiger Geschmack, exzellente Säure.
*Eine halbe Flasche, im Mai 1992 ★★★★*

SANDEMAN Vier Flaschen aus Tim und David Sandemans Weinkellern wurden um halb sieben Uhr abends dekantiert, nachdem sie sechseinhalb Stunden gestanden hatten. Bröcklige Korken. Reiche Bernstein-Tawny-Farbe in den Dekantiergefäßen, in den Gläsern eher gelbbraun. Nagellack- und Lakritzbukett; am Austrocknen, verblaßt, nussiger Geschmack, gute Länge. Um Mitternacht wirkte er besser.
*Auf dem Dîner, gegeben von Albert Reichmuth zum Erscheinen des Großen Buchs der Weinjahrgänge in Zürich, im Oktober 1983 ★★★*

SCHOFIELD Handelshaus unbekannt, aber abgefüllt von Schofield Bros in Manchester, die wie so viele gute Weinhändler in den 50er Jahren das Geschäft aufgeben mußten. Wachskapsel mit dem Aufdruck «1887 PORT». Dreiviertel verschimmelte Flasche. Füllhöhe bis in den Hals hinein. Schöne ausgebaute Farbe; positiver alter, alkoholischer Geruch, würzig, Muskatnuß; verliert an Zucker, Gewicht und Frucht, aber sehr sauber. Hervorragend.
*Von einer Auktion bei Christie's im September 1985 ★★★★*

«STARLING» In der im Saug-Blas-Verfahren hergestellten Originalflasche mit schwerem Boden. Auf dem weitgehend schwarz gewordenen Korken der Stempel «Starling» (der Name eines Schiffes der *General Steam Navigation Company*, die alle nach Vögeln benannt waren – dieses nach dem Star). Mai 1981: blasses Tawny, Anflug von Rot; ein Rest von Frucht; immer noch Reserven an Süße, Körper und Kraft. Nachhaltig. Eine zweite Flasche, etwa 1934 von Oliver & Laver neu verkorkt, war trotz eines leicht firnisartigen Buketts in exzellentem Zustand. Ausgewogen. Muß ein mächtiger Wein gewesen sein.
*März 1982 ★★★★*

## 1888 bis 1889

*Nicht deklariert.*

## 1890 ★★★

*Harte, tanninreiche Weine. Zwanzig Firmen.*

COCKBURN Unterschiedlich, einer ansprechend, einer «stichig».
*Frühe 70er Jahre.*

DOW Abgefüllt von Schofield: duftig und fein.
*Verkostet 1979.*

## 1891 bis 1892 ★

*1891 nicht deklariert, 1892 von zehn Firmen deklariert. Nicht verkostet.*

## 1893 ★★★

*Anzahl der Firmen unbekannt.*

DOW Relativ blaß, Tawny-farben, gelber Rand; zurückhaltend, aber einwandfrei; am Austrocknen, zart, verblaßt, aber ansonsten in hervorragendem Zustand.
*September 1983* ★★★★

# 1894 ★★

*Mäßig gut. 13 Firmen.*

SANDEMAN Hält bemerkenswert gut an, zweimal verkostet.
*1966 verkostet.*

# 1895

*Nicht deklariert, was aber nicht bedeutet, daß nur dürftige Weine erzeugt wurden, sondern daß wie immer kommerzielle Faktoren eine Rolle spielten. Auf jeden Fall waren sich die großen Handelshäuser zum Zeitpunkt, wo eine Deklaration in Frage gekommen wäre, über die höhere Qualität und das große Potential des Jahrgangs 1896 im klaren.*

# 1896 ★★★★

*Ein guter, dankbar angenommener Jahrgang, von 24 Häusern deklariert.*

COCKBURN Mehrmals verkostet. Durchweg gut für sein Alter. Blasses, aber reiches Tawny – besser als beim 1900er; süßes, schokoladiges, lakritzartiges Bukett; immer noch etwas Süße und ansehnlicher Körper vorhanden. Ein reicher und betont kraftvoller Wein.
*Zuletzt im Februar 1990 verkostet* ★★★★

COCKBURN (Vermutlich). Kapseln mit der Jahreszahl 1896. Eine Flasche zur genaueren Feststellung geöffnet, aber der Korken war zu bröcklig. Ausgezeichnete Füllhöhe, bis in den Hals hinein. Mitteltiefes, sehr reiches Tawny, Bernsteinrand; sehr deutliche Altersanzeichen im Geruch, gehaltvoll, reich, schokoladig; halbsüß, körperreich für sein Alter und mit kräftigem Geschmack. Trockener, leicht säurebetonter Abgang. Angabe auf dem Kistenetikett stimmt wahrscheinlich.
*Februar 1990* ★★★★

CROFT Gestempelter Korken. Blasse herbstliche Tawny-Farbe, kein Rot; sehr süße Nase, schöne Art, Alter zu merken, aber makellos und nach acht Stunden immer noch duftig; halbsüß, gute Mitte und ein exzellenter «warmer», trockener Abgang.
*Halbe Flasche, Oktober 1984* ★★★★

EIRA VELHA, QINTA Eine der ältesten Quintas in der Douro-Region, Weinbau seit 1588 und seit 1809 im Besitz der Familie Newman, die 1735 ihren Woll- und Weinhandel in Oporto eröffnete. Verwirrend ist, daß ihr Geschäftsname Hunt, Roope lautete und ihre Vintage-Port-Marke Tuke Holdsworth hieß. Zwei Magnumflaschen aus den Weinkellern der Familie Newman in Devon, wahrscheinlich aus demselben Bestand wie die 1952 und 1968 verkosteten Magnumflaschen des 1896er Tuke. Mit 84 Jahren hatten beide Weine ein relativ blasses, aber gesundes Aussehen. Der erste hatte eine süße, alte, alkoholische Nase mit einem Pilzton; pflaumig, pfeffrig, aber leichte Verfallserscheinungen. Der zweite hatte ein weiches, süßes Bukett, unter dem sich eine Idee Härte und Alkohol verbarg. Am Austrocknen, leichter als die andere Magnum, verblaßt, aber einwandfrei.
*Beide im Oktober 1980 verkostet* ★★

SANDEMAN Leider in zwei Fällen unsauber und «hinüber», einmal 1967, der spätere mit trübem, ungesundem Aussehen; gedämpfte, malzige Nase; der erste Schluck nicht schlecht, aber ein trüber, hefiger Abgang.
*Zuletzt im März 1982 verkostet.*

SKINNER & ROOK'S Handelshaus unbekannt, abgefüllt von dieser alteingesessenen Weinhandlung in Leicester. Bis zur unteren Schulter. Blaß, kein Rot; süßer Geruch und Geschmack, ein bißchen firnisartig, mit dünner gewordenem würzigen Abgang. Gut für das Alter und die Füllhöhe.
*Aus dem Weinkeller der Familie Forman-Hardy bei Nottingham, Juni 1984* ★

TAYLOR Bleikapsel mit der Prägung «Skinner & Rook» (die Abfüllfirma). Blasse Hagebutten-Orangefarbe; zunächst leicht, pfeffrig, öffnete sich reich und parfümiert, nach einer Stunde herrlich; immer noch überraschend süß, schlank, dennoch gute Frucht und Struktur, elegant, exzellente Säure.
*Aus dem Weinkeller von Bernard Rhodes, April 1991* ★★★★★

# 1897 ★★★★

*Da er dem kräftig vermarkteten 1896er dicht auf den Fersen folgte, mußte der 1897er, obwohl er sehr gut war, im Hintergrund bleiben. Nur sieben Portweinhäuser lieferten den Jahrgang zur Feier des königlichen diamantenen Jubiläums aus.*

SANDEMAN Nach der Schwemme des Jahrgangs 1896 war der Branntwein für den 1897er knapp. Sandeman griff in seiner Verzweiflung zu Scotch Whisky. Eine *Tregnum* (Dreierflasche) aus Tim Sandemans Weinkeller war 1976 hervorragend. Danach in einer recht absonderlich aussehenden Flasche mit der Prägung «Sandeman» auf einem erhabenen Glassiegel: immer noch ein Hauch von Rubinrot; makellose, gehaltvolle, aber Madeira-artige Nase; halbsüß, voll im Körper, reich, fruchtig, mit einem kraftvollen, intensiven Abgang. *Zuletzt im September 1987 verkostet* ★★★★

## 1898 bis 1899

*Der erste Jahrgang nicht deklariert, der zweite nur von einem Handelshaus. Auf jeden Fall waren der Markt und die allgemeine Trinkfreudigkeit gesättigt.*

## 1900 ★★★★★

*Der erste von vier klassischen Jahrgängen, die in fein säuberlichen Vierjahresabständen deklariert wurden. 22 Firmen.*

COCKBURN Süßes, weiniges Bukett, das gut vorhielt. Am Austrocknen, elegant, sehr gefällige Struktur, vollendet und sauber. *März 1982* ★★★★

FERREIRA Ganz entschieden ein pflaumigerer Wein im portugiesischen Stil im Vergleich zu denen der britischen Häuser. *April 1981* ★★★

NIEPOORT Ein *Colheita*, in Holz gelagert, 1955 in *Demijohns* gefüllt und schließlich 1972 auf Flaschen gezogen. Eine Farbe wie ein guter alter «Vintage Tawny»: tiefer Bernsteinton mit grünlichem Rand und dicken Tränen; Bukett und Säure hochgetönt, Madeira-artig; süß, Alter zu merken, dennoch füllig. Der älteste von mehreren ausgezeichneten, wenn auch manchmal sehr eigenen Niepoort Vintages. *März 1988* ★★★

NOVAL, QUINTA Ungefähr vierzig Jahre lang im Faß. Flaschen mit Schablonenaufdruck. Vor nicht allzu langer Zeit neu verkorkt. Relativ blasses Bernstein; hochgetönt, firnisartig, duftig, würzig; immer noch süß, obgleich recht leichtgewichtig, sehr guter rosinenartiger Geschmack, exzellent in Tiefe und Nachgeschmack. Sehr stark und säurereich. *Bei einer Noval-Degustation in der portugiesischen Botschaft im November 1989* ★★★

## 1901 bis 1902

*Nicht als Jahrgangsweine ausgeliefert.*

*Kellerei von Port Lodge*

# 1903

*Im allgemeinen nicht deklariert.*

GONZALEZ BYASS Abgefüllt 1906 in Oporto. Ziemlich blasses Tawny mit Stich ins Orange; alkoholisch, keine Frucht; halbsüß, relativ leicht, etwas unsauberer Abgang.
*Aus dem Weinkeller des Hauses, November 1980.*

# 1904 ★★★★

*25 Firmen. Wurde seinerzeit für leichter gehalten als der Jahrgang 1900, dennoch haben sich die Weine sehr gut gehalten.*

COCKBURN Wegen der Knappheit an einheimischem Branntwein nahm Cockburn für seinen Jahrgang 1904 Branntwein von den Azoren. Zweimal verkostet, 1972 alt, aber fest. Danach eine Abfüllung der Army & Navy Cooperative Society: relativ blaß, aber mit einem gesunden Leuchten; rauchig, hochgetönt, leicht firnisartig, der Branntwein völlig bloßgelegt; halbsüß, elegant, sauber, trockener Abgang.
*Zuletzt im März 1982 verkostet ★★★★*

MARTINEZ «Martinez Gassiot & Co Ltd/Oporto/Finest 1904». Neu verkorkt. Sehr blaß, kein Rot, aber gesundes Aussehen; alt, ziemlich Sherryartig, ein Hauch von Lakritze; recht süß, guter, reicher, alter Geschmack, aber keine Frucht mehr übrig.
*März 1985 ★★★*

SANDEMAN Mehrmals verkostet, abgefüllt von verschiedenen Händlern. Die von Harvey's und Avery's sind beide sehr gut. Zuletzt: rundum gestempelter Korken; blaß, aber sehr lebhaft; delikates Bukett, das im Glas aufblühte; süßer, als erwartet, schlank, mit einem trockenen, alkohol- und säurebetonten Abgang, aber sehr gut für sein Alter.
*Zuletzt im März 1982 verkostet ★★★★*

SMITH WOODHOUSE Ungewöhnlich die Glasplakette auf der Schulter, in die der Name der Abfüllfirma «R. W. Taylor (& Co.) Barton/1904» eingeprägt ist. Korken mit dem Stempel «Smith Woodhouse». Blaß, aber gesund; süß, reich, würzig, duftig; halbsüß, mittelvoller Körper, etwas Fett und Frucht, guter langer Abgang. Immer noch ein kraftvoller Wein.
*Oktober 1984 ★★★★*

TAYLOR Ausgezeichnete Füllhöhe, der Originalkorken zerfiel. Relativ blaß, sehr wenig Rot; süß und staubig, verhalten, wenn auch ätherisch; süß, relativ leicht und dennoch ein kraftvoller, alkoholischer, trockener Abgang. Makellos. Duftig.

*Taylors Dreihundertjahr-Degustation bei Christie's im April 1991 ★★★★*

# 1905 bis 1907

*Nicht deklariert, aber später dennoch einige abgefüllt.*

SANDEMAN (1906). Unbekannte Zeit im Faß, abgefüllt in ihrem Lagerhaus. Blasses Tawny; leicht, alkoholisch; immer noch überraschend süß trotz Körper- und Fruchtverlust. Schöner zarter Geschmack, ordentliche Länge, leicht angesengter Nachgeschmack.
*Mai 1983 ★★*

# 1908 ★★★★★

*Ein großer Jahrgang. 26 Firmen.*

CÁLEM CHANCELEIROS Wahrscheinlich im Faß gealtert. Relativ blasses pures Bernstein, apfelgrüner Rand; hohe, Madeira-artige Säure; immer noch süß. Guter, alter Geschmack. Sauber.
*Mit Dr. Cálem im März 1988 ★★★*

COCKBURN Dürfte wohl der größte Cockburn aller Zeiten sein. Mehrmals verkostet. 1984 auf einer Vorverkaufsdegustation eine Abfüllung von Skinner & Rook, Füllhöhe knapp unter der oberen Schulter: relativ blaß, orange überhaucht, attraktiv; duftig, sultaninenartig, ein Ton wie Terpentin verriet das Alter; immer noch recht süß, eindringlich, kraftvoll. Zuletzt aus einer alten, dreiviertel verschimmelten Flasche, auf der Bleikapsel oben die Prägung «Cockburn's 1908 Port», rundum gestempelter Korken, Füllhöhe bis zur oberen Schulter. Relativ blasses, rötliches altes Tawny; gute Frucht, ein Hauch von Minze und Lakritze, öffnete sich nach vierzig Minuten voll, süß, leicht rosinenartig, prachtvoll und am nächsten Tag immer noch ausgezeichnet. Halbsüß, voll im Körper, sehr reich, gute Struktur. Ein sehr eindringliches Schwergewicht, ätherischer, cognacartiger, fabelhafter Geschmack. Ein großer Wein.
*Zuletzt im November 1990 verkostet ★★★★★*

CROFT Vier gleichbleibend gute Bewertungen, die erste und die letzte zufälligerweise aus demselben Bestand. Die letzte Flasche zur Feier von Dr. John Potters 70. Geburtstag geöffnet. Der Port war nach dem Dekantieren (durch den Seidenstrumpf einer Dame!) hell und hatte immer noch eine schöne Farbe; eine Spur des Alters, alte Lakritze, in der Nase; immer noch süß und füllig, obgleich verblassend, mit gutem, trockenem, etwas pfeffrigem Abgang.
*Zuletzt im März 1990 im Wadham College von Oxford verkostet ★★★★*

DOW Ursprünglich als unbekannter 1908er gekauft. Wachssiegel mit der spröden und zarten Prägung «Hill Thompson, PORT 1908, Edinburgh». Nachdem ich den Hals abgeschlagen und zerbrochen hatte, damit der Korken heil blieb, fand ich den deutlichen Brandstempel «DOW's Vintage 1908 bottled 1910». Die Füllhöhe war gut gewesen, bis weit in den Hals hinein, aber die Farbe war blaß, rosig. Beim Einschenken ein Geruch nach altem Korken, ein bißchen pilzig. Er blieb verhalten, zurückgenommen. Halbsüß, mittelgewichtig, elegant, sehr schmackhaft, gute Länge, aber mit einem betont trockenen Abgang. Ein Jahr später einen, der genau gleich war.
*Zuletzt im April 1991 verkostet* ★★★

FERREIRA Schöne warme Tawny-Farbe; immer noch süß, reich und köstlich in Bukett und Geschmack.
*Zuletzt im März 1989 verkostet* ★★★★

GOULD CAMPBELL Relativ blaß; harmonisch, verblaßt, aber makellos; süßer, als erwartet. Sehr schmackhaft. Ein Genuß.
*März 1982* ★★★★

GRAHAM 1967 sehr gut. Immer noch eine hervorragende warme, rötliche Farbe; prachtvolles Bukett, würzig, feiner Branntwein; ein wenig am Austrocknen, nicht füllig, aber große Länge, exzellenter Abgang.
*Zuletzt 1985 verkostet* ★★★★★

OFFLEY Erstmals im März 1984 verkostet: entkorkt in einem umfangreichen privaten Weinkeller, um ihn zu bestimmen. Abgefüllt von Skinner & Rook, rundum gestempelt, der Wein makellos. Eine andere drei Monate später auf der Vorverkaufsdegustation geöffnet. Die dritte stammte vermutlich aus demselben Weinkeller. Gleichbleibende Bewertungen: blasse Bernstein-Tawny-Farbe; leicht; Bukett und Geschmack einwandfrei, Lakritze. Halbsüß, verblassend, aber fest. Gute Säure. Aus einem anderen Weinkeller: ungeprägte Wachskapsel, aber Stempel «Offley Boa Vista 1908» auf dem Korken, Füllhöhe bis in den Hals hinein. Relativ blasses altes Tawny, apfelgrüner Rand; ein süßes, zartes, staubiges Bukett, das sich erfreulich öffnete; immer noch süß am Gaumen, kraftvoller Geschmack, schlank und doch etwas Fülle, Geschmack nach Lakritze, trockener Abgang. Leise Anklänge des Alters und Säure im Aufholen.
*Zuletzt im November 1990 verkostet. Beste Note* ★★★★

TAYLOR Erstmals 1991: Korken zerfiel beim Herausziehen völlig. Relativ blasses Bernstein, grüner Rand; reiche, pfeffrige alte Frucht, dann gehaltvoll, schokoladig; halbsüß, mittelvoller Körper, wie ein alter Verdelho.

*Zuletzt bei Taylors Dreihundertjahrprobe: blaß, aber gehaltvoll; schönes würziges Bukett; noch immer süß und kraftvoll, im März 1992* ★★★★

HANDELSHAUS UNBEKANNT Neu verkorkt von Skinner & Rook in den 30er Jahren. Sehr gute Füllhöhe. Relativ blaß, lebhaft, rötlicher Glanz; zurückhaltend, wächsern, einwandfrei; halbsüß, mittelvoller Körper, aber es fehlte an Länge, wahrscheinlich wegen der Wiederverkorkung.
*Im März 1984 im Forman-Hardyschen Weinkeller.*

## 1910 ★★★

*Gut, aber nicht deklariert.*

GONZALEZ BYASS Abgefüllt 1913. Relativ blaß, ein zartes Erröten; hübsches, leichtes, rosinenartiges Bukett; süß, relativ leicht, köstlich.
*Vorverkaufsdegustation, November 1980* ★★★

## 1911 ★★★

*Guter Jahrgang, aber nur eine königstreue Firma gab den Jahrgang heraus (Krönung von George V.). Die anderen Portweinhäuser konzentrierten sich auf die Auslieferung des 1912ers.*

SANDEMAN In den 60er Jahren mehrmals verkostet, vor der Entdeckung einer bemerkenswerten Kistevoll in *Hopetoun House,* die 1967 von Christie's verkauft wurde. Vorzüglicher Wein.
*November 1964* ★★★★

## 1912 ★★★★★

*Der letzte große klassische Jahrgang aus der Serie. 25 Firmen. Die besten sind immer noch hervorragend.*

COCKBURN Viele Male verkostet. Die letzten beiden Bewertungen Mitte der 80er Jahre, beide Flaschen mit rundum gestempeltem Korken und ausgezeichneter Füllhöhe. Ziemlich blaß, aber mit einem ansprechenden rosigen Farbton; duftig, entgegenkommend, einer mit leichter, frischer Frucht im Geruch, der andere ein bißchen hochgetönt, firnisartig und mit pfeffrigem Alkohol. Beide jedoch fabelhaft am Gaumen, immer noch süß, fest, mit der Kraft und dem Rückgrat, die ich normalerweise mit Taylor verbinde, dazu Zimtwürzigkeit und große Länge.
*Zuletzt auf einer Vorverkaufsdegustation im Juni 1984* ★★★★★

FERREIRA Vier Bewertungen, alles Flaschen aus Ferreiras bemerkenswertem Keller mit alten Weinen, dem größten und besten Bestand alter Jahr

gänge in Oporto[1]. Zwar blaß und voll ausgebaut, aber trotzdem pflaumenfarbener und rosiger als das übliche Bernstein-Tawny, das ich mit der Faßlagerung verbinde; auch pflaumigere, backpflaumenartige Frucht in der Nase. Am Gaumen süß, Frucht, Kraft, Länge und Nachgeschmack gut.
*März 1988* ★★★★★

1 Ich sage Oporto, obwohl alle Portwein-Lagerhäuser in Wirklichkeit im Süden dieser ausgedehnten, recht tristen Stadt liegen, auf dem linken Ufer des Douro, in Vila Nova de Gaia.

TAYLOR Im Laufe der letzten zwanzig Jahre elfmal verkostet, alle außerordentlich gut bis auf einen. Zwei 1987 mit Bleikapseln, denen «PORT 1912» aufgeprägt war, und rundum gestempelten Korken. Einer allerdings mit einem sehr wurmstichigen Korken und Schwund bis zur oberen Mittelschulter. Er hatte einen Essigstich im Geruch, trotzdem immer noch Klasse, aber einen hefigen Endgeschmack. Der andere, aus demselben Weinkeller, hatte einen einwandfreien Korken und sehr gute Füllhöhe, eine schöne warme, rosig schimmernde Tawny-Farbe mit bernsteingelbem Rand; alkoholisch, staubig und zurückhaltend nach dem Entkorken, aber 15 Minuten nach dem Dekantieren reich und würzig – und er behielt seine Fülle den ganzen Tag über. Noch immer recht süß, schlank, kraftvoll, aber edel, große Länge, schöne Säure. Perfekt. Ganz zuletzt einen neu verkorkten. Sehr süßer, vorzüglicher, leicht rosinenartiger Geschmack, gute Länge, öffnete sich sehr schön.
*Juni 1987* ★★★★★

# 1913 bis 1916

*Die ersten drei Jahre hatten das erste unter Dürre, das zweite unter Mehltau und das dritte unter glühender Hitze zu leiden. Der Jahrgang 1916 war gut, aber zweifellos wegen des Krieges und wirtschaftlicher Faktoren nicht deklariert.*

# 1917 ★★★

*Ein relativ leichter, geschmeidiger und ansprechender Jahrgang, der von 15 Firmen deklariert wurde.*

CAPUCHO, FONSECA & FRIAS LDS'S «CELEBRATION PORTO VELHO» Eine gefällige Kuriosität aus einem privaten portugiesischen Weinkeller. Helles Bernstein; rosinenartige Nase; süß, etwas Fett und Fleisch, guter Geschmack und Erhaltungszustand.
*November 1980* ★★★

DELAFORCE Bei zwei Gelegenheiten verkostet, beide Male in Oporto. Beide gut. Beide tiefer in der Farbe, als von einem 1917er erwartet; sehr sauberes und reizvolles Bukett, mit der Fülle von (Back)Pflaumen; beide am Austrocknen, aber immer noch füllig. Frucht, Geschmack und Gleichgewicht hervorragend, fest.
*Zuletzt im November 1979 verkostet* ★★★★

FERREIRA Blaß; süß und delikat in Geruch und Geschmack. Eigenartiger Nachgeschmack.
*Auf der Vorverkaufsdegustation im April 1981* ★★

QUARLES HARRIS Blaß, nur mehr sehr wenig Rot vorhanden; halbsüß, relativ leichtes Gewicht. Verblaßt und Anzeichen des Alters in Geruch und Geschmack, aber einwandfrei.
*Bei David Rutherford, März 1981* ★★★

TAYLOR Der erste von 1989 vermutlich ein Taylor: altes Tawny; sehr alte Nase; am Austrocknen und verblaßt. Beim nächsten, 1991, Kapsel und Korken mit Stempel 1917. Gut. Überraschend tief, warm, rötlich; angesengt, gehaltvoll, schokoladig; süß, relativ voll, guter, langer, reicher Geschmack.
*Ähnlich März 1992 bei einer Taylor-Degustation bewertet* ★★★

# 1918 bis 1919

*1918 – glutheißer Sommer, kleine Menge. Jahrgang nicht deklariert. Im folgenden Jahr reicher Ertrag, aber nur wenige als «Vintage» herausgebracht. Offley soll gut sein.*

# 1920 ★★★★

*23 Firmen. Kleine Produktion, aber hohe Qualität. Robust, kann bei richtiger Lagerung immer noch sehr gut sein.*

CROFT 1952 erstmals verkostet, sieben Bewertungen, unterschiedlicher Zustand. Von den drei seit 1980 degustierten Flaschen hatte eine zuviel flüchtige Säure. Die anderen beiden: relativ blasses altes Tawny; schönes, weiches, harmonisches Bukett; immer noch süß und kraftvoll, füllig, vollendet in Geschmack und Zustand.
*November 1986* ★★★★

GRAHAM Vier gleichbleibend gute Bewertungen. Bleikapsel mit der Prägung «Graham 1920»: gute Farbe, einige Tiefe und ein sehr schöner Rotschimmer; lebhaftes Bukett mit Lakritzegeschmack; ziemlich süß, verlor an Gewicht, ein bißchen alkoholisch, aber delikat und schmackhaft.
*November 1980; dürfte bei richtiger Einkellerung immer noch gut sein* ★★★★

TAYLOR Mehrere Bewertungen. 1991, abgefüllt von Skinner & Rook: relativ blasse, warme Bernsteinfarbe; Alter anfangs zu merken, duftig, Lakritze, öffnete sich sehr schön, harmonisch, ein Hauch wie von Havannazigarren; halbsüß, mittelgewichtig, glatt, fein.
*Ähnlich bei der Taylor-Degustation im März 1992 bewertet* ★★★★★

## 1921

*Anders als in Frankreich und Deutschland, wo die Gluthitze die Reben verbrannte, wurden in Portugal die Trauben nicht ganz reif. Das heißt nicht, daß kein Portwein bereitet wurde. Tatsächlich war Rebello Valente mit vierzig Jahren delikat und köstlich.*

## 1922 ★★★

*Wieder eine kleine Ernte von dennoch ordentlicher Qualität. Relativ leicht im Stil wie der 1917er. 18 Firmen.*

AVERY Abfüllfirma, eine Mischung verschiedener Weine. Mittleres Tawny; recht alkoholische Nase; halbsüß, mittelgewichtig, sehr trockener Abgang. Mit Alterserscheinungen in Magnum, 1981 aber sehr schöne Magnumflaschen bei Averys Zweihundertjahr-Dinner.
*Zuletzt notiert im Mai 1993* ★★★

MARTINEZ Eines der Probleme bei altem Jahrgangsportwein ist die Bestimmung. Der Besitzer meinte, er sei von 1919 oder 1922. Er hatte ein ungeprägtes Wachssiegel. Der Korken bestätigte «Martinez», aber vom Jahrgang war nichts zu sehen. Füllhöhe gut. Blaß, wenig Rot übrig. Alter in Geruch und Geschmack stark zu merken. Alkoholisch, recht säurebetont, aber etwas Süße und gute Frucht. Wir tippten auf 1922.
*Bei Christie's, Oktober 1990* ★★

PORTO VELHO Unbekanntes portugiesisches Haus. Tawny-Braun; Nase zunächst sauer, aber entwickelte ein reiches Stallbukett. Nicht gerade ansprechend.
*Vila Nova de Gaia, November 1980.*

WARRE Abgefüllt von Justerini & Brooks: eher blaß, rosa Reflexe; spritzig, Lakritzbukett, halbsüß, eindringlich, mit Griff, hohe Säure.
*Im September 1993* ★★

## 1923 ★★

*Größere Ernte als 1922, aus der Wein von guter Qualität bereitet wurde. Trotzdem – wahrscheinlich aus kommerziellen Gründen – nicht deklariert. Jedoch das Haus Offley, das angefangen hatte, seinen Single-Quinta-Wein als guten, aber nicht deklarierten Jahrgangswein zu verkaufen (eine Sitte, die später von Taylor mit Vargellas und von Graham mit Malvedos übernommen wurde), brachte seinen Boa Vista auf den Markt. Bei gelegentlichen Verkostungen in den späten 70er Jahren war er leicht, ein wenig ätherisch, aber dabei sehr gefällig.*

## 1924 ★★★★

*Unterdurchschnittliche Produktion. Gute Qualität. 18 Firmen. Der Portweinmarkt erreichte wieder eine neue Hochphase. Im großen und ganzen halten sich die Weine gut.*

GRAHAM Sechs Bewertungen. Alle bis auf einen gut. Sehr reizvolle, lebhafte Farbe; wunderbar reiches, reifes Bukett; immer noch süß, sehr deutlicher Graham-Stil, warm, weich, köstlich.
*Zuletzt im März 1983 verkostet* ★★★★★

TAYLOR 14 Bewertungen von 1953 an, aber nur fünf seit 1980. Ungewöhnlich süß für Taylor und für sein Alter. Ein Bukett mit einer gewissen Unmittelbarkeit, die besten reich, sanft, ätherisch, parfümiert; sehr positiver Geschmack, das typische Taylor-Rückgrat, trockener Abgang. Eine malzige, aber oxydierte Flasche.
*Im März 1992. Im besten Fall* ★★★★

## 1925 ★

*Ein Jahr der Schädlinge und Krankheiten. Der schlechte Sommer gerettet durch gute Bedingungen zur späten Lese. Nicht deklariert.*

OFFLEY BOA VISTA Abgefüllt von der Army & Navy Cooperative Society (später umbenannt in Army & Navy Stores: ihre Weinabteilung war legendär). Blaß, aber ansprechend, ein Tawny-Farbton; Nase leicht, immer noch fruchtig, ein bißchen «staubig»; immer noch süß, makellos, sehr erfreulicher Geschmack, trockener, leicht alkoholischer Abgang.
*Zuletzt vor der Auktion im November 1979 verkostet* ★★★

## 1926 ★

*Wettermäßig fast das Gegenteil von 1925. Zu heiß, zu trocken, kleiner Ertrag. Nicht deklariert.*

# 1927 *****

*Ein großer Klassiker, der beste zwischen 1912 und 1935. Deklariert, angesichts einer Spitzennachfrage, von einer Rekordzahl von dreißig Firmen.*

COCKBURN Ein großer Klassiker. Mehrmals seit 1959 verkostet (und getrunken), und nie eine Enttäuschung. Von den vier Mitte bis Ende der 80er Jahre verkosteten war der beste eine Abfüllung von Arnold Perret & Co. aus Gloucester, die wir zu meinem 60. Geburtstag im Mai 1987 mittags tranken. Ein hauchdünner Film, dekantiert klar und hell. Mittlere Tiefe, lebhafter rubinroter Farbton; perfektes Bukett, zunächst zurückhaltend und alkoholisch, aber Öffnung nach zwanzig Minuten, würzig, nussig; halbsüß (wie immer, daher seine außerordentliche Jugendfrische), aber ein relativ voller Körper, fest, schlank, geschmeidig, herrlich reich und würzig, seidiges Tannin und Säure, großartige Länge.
*Zuletzt im Dezember 1989 verkostet* *****

CROFT Viele Bewertungen. Zwei in neuerer Zeit: wenig bestechende Farbe, wolkig; süß, sahnig, hochgetönt; immer noch süß und ziemlich kraftvoll, schlank, alkoholisch und ein bißchen hart. Trockener, säurebetonter Abgang. Klassisch, wird aber dünn.
*Zuletzt im Dezember 1989 verkostet* ***

DOW Erstmals 1955 verkostet: weich, voll, ansprechend. In neuerer Zeit: voll ausgebaute Farbe, ziemlich blasses, rosig schimmerndes Tawny; leichtes, würziges, hochgetöntes, Madeira-artiges Bukett; immer noch ziemlich süß, mittleres Gewicht, verblaßt, wenn auch noch Reste von Kraft übrig, gute Länge und Säure.
*Zuletzt im Dezember 1989 verkostet* ***

FONSECA Ebenfalls 1955 zum erstenmal verkostet. Viele gute Bewertungen bis auf eine dürftige Flasche 1971. Die beste, abgefüllt von Grantham's in Sherborne, aus einem guten privaten Weinkeller in Dorset geborgen und 1988 vor der Auktion verkostet. Zuletzt: schöne Farbe, immer noch ziemlich tief; extrem gute, reiche, klassische Nase (Lakritze); immer noch süß, relativ voll, großartiger Geschmack, ein Hauch von Eukalyptus, mit Biß und Länge. Ein großer 27er.
*Zuletzt im November 1992 verkostet* *****

GRAHAM Drei Bewertungen Mitte der 50er Jahre: sehr süß, reich, schokoladig, aber der Branntwein stach durch. Eine angenehm schokoladig riechende, sehr schön ausgewogene Flasche 1967 in Oporto und 1971 voll ausgebaut, mit gutem, reichem Bukett und Geschmack, wenn auch ein wenig am Austrocknen. Eine merkwürdige, hoffentlich nicht repräsentative Flasche 1989 bei einer großen Degustation von 1927ern. Befremdend klare Glasflasche. Hagebutten-Tawny-Farbe; eine leicht parfümierte, malzige und säurebetonte Nase; relativ süß, schlank, eine Idee Anis. Zuletzt eine etwas andere Flasche: süß, schokoladig, wächsern, alkoholisch; Struktur und Geschmack vorzüglich.
*Zuletzt auf der Graham-Degustation vom Mai 1991 bewertet. Beste Note* ****

MARTINEZ Mehrere Bewertungen von der Mitte der 60er Jahre an, einige Unterschiede. Der beste hervorragend. Immer noch ziemlich tiefe Farbe; hochgetönt, zunächst stach der Branntwein durch, aber Ausrundung im Glas; halbsüß, elegant, würzig.
*Zuletzt verkostet im April 1992* ****

NIEPOORT Rolf Niepoort ist wie ich 1927 geboren, und sein Vater legte ein Faß beiseite und füllte 1941 360 Flaschen ab, die allesamt 1978 neu verkorkt wurden. Mehrere von diesen deutlich gedrungenen Flaschen sind mir im Laufe der letzten fünf Jahre geschenkt und von mir getrunken worden. Fünf gleiche Bewertungen: ziemlich tiefe, reiche Mahagonifarbe; gut entwickelter, sehr ansprechender, leicht rosinenartiger, schokoladiger, würziger alter Wachs- und Lakritzgeruch; beachtliche Süße, ausgewogen durch lebhafte, ein wenig zitrusartige Elemente, eine Spur Teer, hoher Alkoholgehalt. Ein verblüffender Kontrast zu den klassischen Portweinen der englischen Handelshäuser, aber auf seine Art außerordentlich gut.
*Dezember 1989* ****

NOVAL, QUINTA Sieben Bewertungen. Eine Flasche von einem schlechten Korken verdorben. Immer noch ziemlich tiefe, reiche Farbe; beeindruckendes, durchdringendes Bukett, leicht medizinal, aber duftig, reich, würzige Vanille, schwarzer Sirup; halbsüß – leicht am Austrocknen, trotzdem ziemlich körperreich. Intensiv, Rückgrat und Tannin fast wie Taylor. Feste Frucht. Gute Länge. Trockener Abgang.
*Zuletzt im Januar 1991 verkostet* ****

REBELLO VALENTE «REBELLO VALENTE PORT» stand auf der Original-Bleikapsel eingeprägt. Der Besitzer meinte, es wäre ein 35er, aber der Korken brachte es ans Licht: er war deutlich «1927» gestempelt. Füllhöhe bis zur oberen Schulter; blasse, warme Bernsteinfarbe, kein Rot mehr übrig; Geruch schwach, aber einwandfrei; immer noch sehr süß am Gaumen. Relativ leicht, schlank, aber schmackhaft. Die Säure im Aufholen.
*September 1990* **

ROSA, QUINTA Abgefüllt in Oporto. Eine hübsche Farbe; entgegenkommende, ätherische Nase, aus der das Alter sprach; halbsüßer, weicher, merkwürdiger Geschmack, trockener Abgang.
*Im Dezember 1989 verkostet* **

SANDEMAN Sechs Bewertungen, die beste eine *Tregnum* (Dreierflasche, auch «cock» genannt) aus den Weinkellern der Familie Sandeman. Zuletzt: relativ blasse, aber schöne Farbe mit einer Idee Kirschrot und ausgebautem gelben Rand; Nußgeruch, öffnete sich im Glas; ziemlich süß, jetzt relativ leicht, lang, schlank, alkoholisch, aber elegant. Trockener Abgang.
*Zuletzt im Dezember 1989 verkostet* ★★★★

TAYLOR Erstmals 1954 verkostet und seitdem bei 21 Gelegenheiten. Leichte Unterschiede, die teils an der Abfüllfirma, aber hauptsächlich an der Lagerung zu liegen scheinen. Einer der besten war eine 1973 verkostete Abfüllung von Justerini & Brooks. Ein anderer aus den Weinkellern von Earl Bathurst in Cirencester Park war ein Wunder in einer halben Flasche, herrlich nach dem Entkorken, reich, würzig, fünf Stunden später Entwicklung einer erdbeerartigen Nase. Eine Flasche im Jahre 1989: ziemlich tief, lebhaftes Rubinrot, schöne Farbabstufung; sehr ansprechend das klassische «britische» Lakritzbukett; am Austrocknen, körperreich, scharf, hoher Alkoholgehalt, feigenartige Frucht, gute Länge, trockener Abgang. Ganz zuletzt reich, unglaubliche Tiefe und Kraft; sehr süß, vollmundig, rund, immer noch tanninreich. Hervorragend.
*Zuletzt im November 1993 verkostet* ★★★★★

WARRE Mehrere Bewertungen, alle gut. Jetzt relativ blaß, aber wie alle 27er der Spitzenklasse lebhaftes Aussehen mit Stich ins Rubinrote; zartes, duftiges, klassisches Bukett von großer Tiefe; sehr süß, körperreich. Hoher Gehalt an Alkohol, Extrakt, Tannin und Säure. Eindrücklich.
*Zuletzt im Dezember 1989 verkostet* ★★★★★ *Wird sich noch verbessern.*

## 1928 ★★

*Ein guter Jahrgang, aber zum Zeitpunkt einer möglichen Deklaration schlug die Weltwirtschaftskrise zu und war der damals noch ausschließlich britische Markt für Jahrgangsportwein durch den reichlich importierten 1927er übersättigt.*

LAGRIMA DO DOURO José Francisco Frias da Fonseca. Sehr portugiesisch im Stil, im Faß ausgebaut: tiefes, festes Bernsteingold mit einem Hauch von Orange und reichem grünen Rand; fabelhafte süße, honigartige Nase; ein wenig am Austrocknen und Verblassen, aber immer noch etwas Fett, sauberer, wenn auch kurzer Abgang.
*November 1980* ★★★

## 1929 ★★

*Kleine Quantität, gute Qualität, aber aus ähnlichen Gründen wie 1928 nicht deklariert. Boa Vista wurde ausgeliefert: war 1967 schmackhaft.*

## 1930

*Unbeständige Witterung. Starke Hitze griff die Trauben an. Nicht deklariert. Nur einen 1977 aus einem Quarter-Faß Vargellas verkostet.*

## 1931 ★★★★★

*Ein vorzüglicher – nein, ein großer – Jahrgang, aber die oben genannten Gründe, Krisenzeiten und mit 27ern reich bestückte Weinkeller, bewogen die britischen Portweinhäuser, die zu der Zeit den Handel dominierten, nicht zu deklarieren. Dennoch wurde guter Wein erzeugt, aber der überragende Ruf dieses Jahrgangs beruht auf Noval, einem Wein, den ich schon vor langer Zeit als den Mount Everest der Vintage Ports angesehen und beschrieben habe.*

FOZ, QUINTA Warmes Bernsteinbraun; süßes, schönes, harmonisches Bukett, ein Hauch von braunem Sirup; recht süß, voll, exzellent in Geschmack, Gewicht und Zustand.
*März 1988* ★★★★★

MARTINEZ Überraschend blaß, sehr reifes Aussehen, dennoch schöne, reiche Farbe; ätherisch, wächsern, Anflug von Frucht; süß, relativ leicht und delikat, vollendet und makellos, obwohl verblühend. Gute Säure. Wirklich sehr gut, aber mußte getrunken werden.
*Januar 1981* ★★★★★

NIEPOORT Mehrere Bewertungen. Ein Etikett sagte deutlich, daß der Wein 1938 abgefüllt und 1979 dekantiert (d.h. neu abgefüllt) worden war: schönes, süßes, weiches, duftiges Bukett; süß am Gaumen. Ein Charmeur. Ein anderer farblich blasser, mit delikater, traubiger Nase und fabelhaftem sultaninenartigen Geschmack. Noch ein anderer mit sehr tiefem Farbton; ein Geruch wie Feigensirup, sehr süß, voll, reich und artig. Aber alle gut zu trinken.
*Zuletzt im Januar 1993 verkostet, Flasche 1935 abgefüllt* ★★★★

NOVAL, QUINTA Ich hatte die Ehre, diesen Wein seit 1972 zu nicht weniger als 17 Anlässen und in ziemlich regelmäßigen Abständen beurteilen zu dürfen. Eine Vielzahl von Abfüllungen, alle gut, einige weder auf Korken noch Kapsel genannt, aber darunter solche von Justerini & Brooks, von H. & G. Simonds aus Reading und

(vielleicht die überragende Version dieses typischen Stils) von Fearen, Block, Bridges, Routh, getrunken 1985. Ferner einer 1982 bei einem Mittagessen der Wine & Food Society in Chicago, «ausgeliefert von Avery's und importiert aus Bristol, wo er 1933 von Louis Glunz aus Lincolnwood, Ill., abgefüllt worden war». Beide immer noch sehr tief, undurchsichtig in der Mitte; mächtiges, süßes, alkoholisches Bukett, das mich an karamelisierte Rosinen erinnerte und dann mit der Öffnung im Glas an Backpflaumen und Gewürznelken. Immer noch süß, aber nicht übersüß, körperreich, eindringlicher backpflaumenartiger Geschmack, pfeffrig, vollmundig, immer noch mollig, mit großartiger Säure.
*Zuletzt im September 1993 verkostet* ★★★★★ *Noch viele Jahre zu leben.*

NOVAL NACIONAL Einige der obigen Novals könnten aus den 10 % des Weinbergs erzeugt worden sein, die traditionell mit den lokalen ungepropften Rebsorten bestockt sind. Gewöhnlich jedoch steht irgendwo auf dem Kistenetikett, dem Wachssiegel und/oder dem Korken «Nacional». Diese spezielle Flasche kam aus einer Nacional-Holzkiste, hatte ein schwarzes Wachssiegel und einen Korken mit dem Stempel «Noval 1931 bottled 1933». Mir fiel sein erstaunliches hochgetöntes Bukett auf, das mich an Eau de Cologne, Armagnac und extrem feine Lakritze erinnerte. Nur halbsüß, aber trotzdem unglaublich voll im Körper, ein reicher, bittersüßer Wein, würzig, mit großer Länge.
*Zum Abendessen bei Tawfig Khoury in San Diego, Oktober 1982* ★★★★★

# 1932

*Schlechtes Jahr, nicht deklariert.*

GONZALEZ BYASS Abgefüllt in Oporto. Recht dumpfe Bernstein-Tawny-Farbe; nicht schlecht, aber keine Frucht; verblaßt, aber makellos. Trockener Abgang.
*November 1980* ★

# 1933 ★★★

*Frühe Blüte, Hitzewelle, frühe Lese. Nicht deklariert – wegen der Marktsituation und wegen der Qualität, die die 1934er und dann noch mehr die 1935er verhießen.*

NIEPOORT Abgefüllt 1936 in Oporto. Blässe, aber warmes, altes Tawny; sehr gutes Bukett, süß, nussig, rosinenartig; immer noch angenehm süß, trotz Dünnwerden und Verblassen. Geschmack und Länge hervorragend.
*Zuletzt im September 1992 verkostet* ★★★★

# 1934 ★★★★

*Einer meiner Lieblingsjahrgänge. Ziemlich rar, weil nur von zwölf Firmen deklariert. Es lohnt sich, danach Ausschau zu halten.*

FERREIRA Beträchtlicher Farbverlust; Duft wie Kahlua-Likör; halbsüß, mittelvoller Körper, doch eindringlicher, als sein Aussehen erkennen ließ.
*März 1981* ★★★

FONSECA Mehrere gleichbleibend gute Beurteilungen von 1953 an. 1983: immer noch tiefer Farbton; lebhafte, pfeffrige Nase; ziemlich süß, recht voller Körper, kraftvoll, reich, ein bißchen unnachgiebig.
*Zuletzt im Juli 1983 verkostet* ★★★★(★)

FOZ, QUINTA Ein wenig schwacher Rand; leichte Anzeichen des Alters; süß, ganz erfreuliches Gewicht, voll ausgebaut.
*März 1988* ★★★

MARTINEZ Mehrere Bewertungen, 1957 tiefe Färbung. Dreißig Jahre später relativ blasses, vollreifes Aussehen; Bukett nach angesengtem Karamel; immer noch ziemlich süß, im Begriff, würdevoll alt zu werden, elegant, sehr gute Länge.
*Zuletzt im Juni 1987 verkostet* ★★★★

NOVAL, QUINTA Mehrere Bewertungen. Lebhafte Farbe, ein Hauch von Rosa; ein wenig am Austrocknen, schlank, fest, schmackhaft. Exzellente Länge, schöner Nachgeschmack.
*Zuletzt im August 1984 verkostet* ★★★★

TAYLOR Nur zweimal verkostet. 1966 reich, sehr schön, ferner sonderbarerweise eine späte Abfüllung von 1977: blasses, altes Tawny vom langen Liegen im Faß; reizvolles, altes Bukett nach goldbraunen Haselnüssen; ziemlich süßer, schöner Geschmack, trockener Abgang. Ein alter «Vintage Tawny» von hoher Qualität.
*Chez Morales-Doria in Mexico City, April 1980* ★★★★

HANDELSHAUS F. S. UNBEKANNT Vermutlich Fonseca, möglicherweise auch Warre. Weiche, wächserne Nase mit unterschwelligem Branntwein; entwickelte sich reich; süßer, weicher, seidiger Lakritze-Geschmack, langer, verweilender Nachgeschmack.
*Oktober 1987* ★★★★★

# 1935 ★★★★★

*Ein klassisches Jahr. Ähnliche Erntebedingungen wie 1934, aber kleinerer Ertrag. Der Markt erholte sich langsam. 15 Firmen. Die besten immer noch superb, noch viele Lebensjahre vor sich.*

COCKBURN Die Aufzeichnungen fangen 1953 an, vier seit 1980. Schmackhaft, aber alkoholisch, war nie mein Lieblings-35er. Jetzt voll ausgebaut in Aussehen, Bukett und Geschmack. Süßes, zartes Bukett; halbsüß, relativ leicht und schlank. Branntwein und Säure ein bißchen aufdringlich. Gute Länge.
*November 1990* ★★★

C. S. C. CAMPBELL Von W. & T. Restell's (Londoner Auktions- und Großhandelshaus): Tawny mit Stich ins Rosa; zart, Vanille, immer noch ziemlich süß.
*«Aus dem Hut gezaubert» von Bill Skitt, der früher für Restell's arbeitete, zu seinem 65. Geburtstag im August 1984* ★★★

DELAFORCE Gut und gesund; etwas austrocknend und -dünnend, aber attraktiv.
*Im November 1992* ★★★

FOZ, QUINTA Ähnliche Farbe wie der 31er; schöne Frucht, harmonisch, Vollendung; ziemlich süß und körperreich, gute Struktur und Länge.
*Zweimal im März 1988 verkostet* ★★★★

GRAHAM Mehrere Bewertungen seit 1955. Prachtvoll. Gute, reiche, ausgebaute Farbe; herrliches Bukett, Lakritze und Backpflaumen, der Alkohol stach etwas durch; recht süß, Branntwein in fülliger Fruchthülle, duftig, perfekte Säure und Länge.
*Beim Abendessen zu Marvin Overtons 50. Geburtstag in Fort Worth, Februar 1985* ★★★★★

NIEPOORT Colheita (im Faß gealtert). Bernsteinorange; sehr reich, nussig, esterig, fast Madeira-artige Säure; besser im Geschmack als im Geruch, reich, ätherisch, edel, langer, trockener Abgang.
*Zuletzt im Oktober 1986 verkostet* ★★★

SANDEMAN Mehrere Bewertungen. Jetzt relativ blaß, sehr Tawny-farben; angenehmes lakritziges Bukett; immer noch süß, recht voll, klassischer, weicher, wächserner Geschmack.
*Zuletzt im Mai 1987 verkostet* ★★★★

SMITH WOODHOUSE Abgefüllt von Laing aus Sunderland. Ziemlich müdes Aussehen; süß, zart, reif in Bukett und Geschmack. Relativ leicht, trocken, pfeffrig, etwas säurebetonter Abgang.
*Vorverkaufsdegustation Juni 1980* ★★

TAYLOR Der bei weitem beste 1935er und einer der größten Portweine dieses Jahrhunderts. Seit 1953 bei 25 Gelegenheiten verkostet (und getrunken). Meine Aufzeichnungen beschreiben sein Aussehen als mittel- bis sehr tief, aber das könnte durchaus die Folge unterschiedlicher Lichtverhältnisse in den diversen Räumlichkeiten wie auch verschiedener Abfüllungen gewesen sein. Bukett und Geschmack dagegen konstant großartig: voll, reich, würzig, ein Hauch von Vanille und Lakritze, rundum harmonisch, Tiefe und Kraft; immer noch süß, ziemlich körperreich, beinahe zum Kauen, mit dem unnachahmlichen Taylor-Rückgrat, großer Länge und ätherischem Nachgeschmack. Vollendung. Das letzte Mal ein Paar, abgefüllt in Oporto und 1986 neu verkorkt. Einer war gräßlich: Lebertran und Malz, der andere superb.
*November 1992. Beste Note* ★★★★★ *Noch Jahre zu leben.*

## 1936 ★★

*Gute Weine, aber keine Vintage-Qualität und jedenfalls zu früh, um nach den 1934ern und 1935ern schon wieder zu deklarieren.*

## 1937 ★★

*Gesunde, ordentliche Qualität; von den britischen Firmen nicht deklariert.*

GONZALEZ BYASS Abgefüllt 1940. Blasses Tawny; recht ordentlich, etwas Frucht; halbsüß, mittleres Gewicht, etwas Fülle und Geschmeidigkeit.
*Vorverkaufsdegustation November 1980* ★★

FLAGMAN'S «PORTO» Colheita, abgefüllt 1986. Warmes Bernstein; reich und doch schlank, geschmacksintensiv, wie Verdelho.
*Vor der Auktion vom September 1988 in Chicago* ★

HOOPER Abgefüllt 1972. Hagebuttenfarbe; hochgetönt; halbsüßer, scharfer, traubiger Geschmack. Ordentliche Qualität.
*Chicago, September 1988* ★★

NOVAL, QUINTA In Holzfässern ausgebaut. Warmes Bernsteingold; nussiger Geruch und Geschmack; Mittelgewicht, eher schlank, sehr trockener Abgang.
*September 1988* ★

SILVA, A. J. DA Abgefüllt etwa 1980. Wahrscheinlich derselbe Wein wie Noval (da Silva hieß die Handelsgesellschaft). Ähnlicher Stil. Ein bißchen rosinenartiger.
*April 1987* ★

TAYLOR Genau genommen keine Beurteilung von Taylors Vintage, sondern eine faszinierende Degustation unverschnittener 37er aus verschiedenen Traubensorten und Quintas. Leichte Unterschiede in der Farbtiefe, manche (Tinta Francisca) wunderbar reich, süß, lang, aber schlank, andere wie Rori mit mehr Nagellack im Geruch, dafür ge-

haltvoller im Geschmack, und ein fabelhafter Wein von geringer Menge, aber hoher Qualität, der in Cão aus drei Rebsorten bereitet wurde.
*Im November 1979 bei Taylor verkostet.*

## 1938 ★★

*Ganz gute Weine, der kriegsbedingten Restriktionen zufolge jedoch nicht deklariert oder importiert. In neuerer Zeit keinen verkostet.*

## 1939

*Dürftige Quantität und Qualität. Offiziell nicht deklariert.*

GONZALEZ BYASS Abgefüllt 1942. Sehr ansprechend. Reicher, fruchtiger Geruch und Geschmack, ausgewogen, trockener Abgang.
*Einer aus der breiten Palette von Jahrgangsweinen aus dem Lagerhaus von Gonzalez Byass auf der Vorverkaufsdegustation im September 1980* ★★★

## 1940 ★★

*Kleine Ernte. Recht gute Weine. Kein Export.*

NIEPOORT Abgefüllt 1945. Altes Tawny; malzig, gehaltvoll, angesengte Rosinen; sehr süßer, relativ voller, guter nussiger Geschmack, hohe, beißende flüchtige Säure.
*Januar 1989* ★

NIEPOORT 1945 in *Demijohns* gefüllt, 1970 auf Flaschen gezogen. Merkwürdigerweise wenig Geruch; halbsüß, mit guter, fester Frucht und Säure.
*März 1988* ★★★

TAYLOR Wachssiegel «4xx Taylor», neu etikettiert, Korken rundum gestempelt. 1986 neu verkorkt. Mitteltief, reich, rosiger Farbton; reich, warm, Stallgeruch; sehr süß, recht voll, guter, reicher Geschmack, Länge und Zustand exzellent.
*April 1991* ★★★

## 1941 ★

*Mäßige Qualität. Nicht exportiert.*

NOVAL 1944 abgefüllt und zehn Jahre später verkostet: reich und üppig. Inzwischen wahrscheinlich verblüht.

## 1942 ★★★

*Ein gutes Jahr zu Kriegszeiten. Von zehn Firmen deklariert und in Oporto abgefüllt, trotzdem sehr wenig ausgeliefert. Es lohnt sich, ein Auge danach offen zu halten.*

GRAHAM 1955 und 1971 beurteilt als stilvoll, aber ohne die gewohnte Molligkeit. Zuletzt: relativ blasse, rosige Tawny-Farbe; zurückhaltende, alte Tawny-Nase; halbsüß, mittelvoll im Körper, makellos, reich, stilvoll. Nach Farbe und Geruch wahrscheinlich 1945 abgefüllt.
*Zuletzt im April 1990 verkostet* ★★★

NIEPOORT Zwei sehr ähnliche Bewertungen. Erstmals 1985 verkostet. Tiefe Farbe; süße, entgegenkommende, weinige Nase; sehr süß, ziemlich körperreich, weich, füllig, leicht getoastet im Geschmack.
*Zuletzt im April 1990 verkostet* ★★★

NOVAL, QUINTA 1945 abgefüllt. Relativ blasses, sehr reifes Aussehen; Nase harmonisch, aber ein bißchen staubig; halbsüß, mittelgewichtig, ordentliche Frucht, stilvoll – im Grunde dem Graham bemerkenswert ähnlich, aber mit höherem Säuregehalt.
*Zuletzt im April 1990 verkostet* ★★★

REBELLO VALENTE Rundum gestempelter Korken (er ging kaputt beim Ziehen – nicht ungewöhnlich). Auf dem Etikett Robertson Bros & Co. – Rebello war ihre Vintage-Marke. 1960 vorzüglich und zwanzig Jahre später immer noch köstlich: süß, wächsern, hochgetönt; nach wie vor süß, relativ leicht, Frucht und Säure.
*Bei der letzten Verkostung im April 1980 voll ausgebaut und ohne weitere Reserven* ★★★

TAYLOR Ziemlich blasses Tawny; reiche, geröstete Nase; süß, ziemlich körperreich, dennoch relativ leicht im Stil. Gute Länge. Noch immer Tannin im Hintergrund und merkliche Säure. Jüngst eine von Taylor 1986 neu verkorkte Flasche: bernsteinfarben; staubig, dann ätherisch; elegant, aber am Austrocknen.
*Zuletzt im April 1991 verkostet* ★★

## 1943 ★★

*Nicht schlecht, aber nicht das Format eines Jahrgangsweins. Nicht deklariert.*

DOW Ziemlich tief, ausgebaut; wächserne Nase, Lakritze; süß, relativ leicht, weich, mit sehr gefälligem schokoladigen Geschmack. Kurz, doch gut im Abgang. Für einen vierzigjährigen «Non-Vintage» gut.
*März 1983* ★★★

EIRA VELHA, QUINTA Ich habe von jeher eine Schwäche für diese schöne alte Quinta gehabt, die auf einem Bergvorsprung oberhalb von Pinhão sitzt und nach Noval hinüberblickt. Wäre 1943 deklariert worden, so hätten ihn Hunt, Roope als ihren Tuke Holdsworth Vintage exportiert. Blasses Tawny; wunderschönes Bukett, das sich im Glas ausdehnte, duftig, nussig; halbsüß, relativ leicht, elegant, gefällige Struktur, harmonisch, schöner Abgang.
*Februar 1986* ****

# 1944 ****

*Hervorragende Qualität, aber die Mehrzahl der Handelshäuser konzentrierte sich auf den 1945er. Auf jeden Fall brauchte man guten Wein, um die Vorräte aufstocken und die britische Nachkriegsnachfrage decken zu können. In neuerer Zeit keinen verkostet.*

# 1945 *****

*Der erste Jahrgang nach Kriegsende war qualitativ hervorragend, wenn auch unergiebig, wie in anderen europäischen Weinbaugebieten. Perfekter Vegetationsablauf. Die große Hitze zur Erntezeit gab einige Probleme bei der Kelterung auf, was zu einem übermäßig hohen Gehalt an flüchtiger Säure führen konnte. Alle wurden in Oporto abgefüllt. Von 22 Firmen deklariert. Cockburn war das einzige große Haus, das nicht mitzog.*

*Straff gebaute, konzentrierte Weine, die – bei guter Lagerung – immer noch herrlich sind, wie auf der horizontalen Degustation von 1945ern bewiesen, die ich im Februar 1989 für die Wine Society von Hollywood (Florida) kommentierte.*

BUTLER NEPHEW Der geringste 45er auf der oben erwähnten Degustation. Blaß, nur noch sehr wenig Rot; Geruch nach *garrafeira* (Holzalterung), linoleumartig, verblüht; ausgetrocknet. Zu lange im Faß.
*Februar 1989. Austrinken.*

CROFT 17 ziemlich gleichbleibende Beurteilungen. Gute Farbe, lebhaft, rosig; delikates, zurückhaltendes, aber duftiges Bukett, große Tiefe; immer noch recht süß, mittelgewichtig, schlank, aber fest, interessante Struktur mit ledrig bis seidigen Tanninen, gute Qualität, lebhafter, trockener Abgang.
*Oktober 1991* **** *Bis 2000 trinken.*

DOW Seit 1959 häufig bewertet. Nur fünf Pipes zur Abfüllung nach England geliefert. Ein Wein von British Transport Hotels, 1989 verkostet, zeigte einen erheblichen Farbverlust, einen relativ blassen Tawny-Ton; süße, überraschend fruchtige Nase, schlank, Lakritze, doch nach einer Stunde ungefähr wurde er immer duftiger. Überraschend süß für Dow, relativ leicht für den Jahrgang, wunderbare Säure, schlank, trockener Abgang. Zuletzt eine Abfüllung vom Oktober 1947 von Rigby & Evens mit rundum gestempeltem Vorkriegskorken: recht blaß, kein Rot mehr übrig; gehaltvoll, schlank, ein Hauch von Nagellack in Geruch und Geschmack. Trockener Abgang.
*Zuletzt im März 1991 mit Jim Hood verkostet. Beste Note* ****

EIRA VELHA, QUINTA Sehr duftig, fruchtig, der Branntwein schlug etwas durch; halbsüß, sehr schmackhaft, recht hoher Säuregehalt.
*Oktober 1980* ** *Austrinken.*

FERREIRA 1966 noch nicht fertig, Mitte der 70er Jahre schön, Anfang der 80er perfekt. Zuletzt: relativ blaß, voll ausgebaut, nicht mehr viel Rot übrig und etwas schwacher Tawny-farbener Rand; lebhaftes, pfeffriges Bukett mit viel barem Branntwein; mehr Frucht und Leben am Gaumen, als die Farbe vermuten ließ. Ein angesengter, rußiger Geschmack nach verbrannten Beeren, mit Endsäure und einem Hauch von Bitterkeit. Ein kraftvoller und interessanter Wein, der etwas von Grahams Süße und Taylors Rückgrat hatte. Guter, trockener Abgang.
*Zuletzt im Februar 1989 verkostet* *** *Jetzt trinken.*

FONSECA Ziemlich verblühte Erscheinung, doch recht gesund. Wie beim Dow die Farbe wieder ein wenig irreführend, da reicherer und positiverer Geruch, als erwartet. Ein Hauch von angesengtem Karamel und eine Spur von flüchtiger Säure infolge der großen Hitze zur Erntezeit, entwickelte im Glas einen eigentümlichen, explosiven Duft; scharf, hochgetönt, das Verblassen der Frucht legte den Alkohol bloß. Recht enttäuschend.
*Februar 1989* ** *Austrinken.*

GRAHAM Mit Abstand der schönste 45er. Über die letzten zwanzig Jahre viele Male verkostet. Sieben gleichbleibend gute Bewertungen seit 1980. Tiefe Färbung, recht intensiv, lebhaft, attraktiv, lange Tränen; unmittelbar entgegenkommender Duft, Würze, Süße und Frucht hielten den hohen Alkoholgehalt in Schach; der süßeste der elf in Florida verkosteten 45er. Ein außerordentlich kraftvoller Wein und trotzdem mit wunderbarer Ausgewogenheit und Harmonie.
*Oktober 1992* ***** *Bis 2020 trinken.*

NIEPOORT Im März 1948 abgefüllt. Vier halbwegs neuere Bewertungen: immer noch ziemlich tief, reich und intensiv; reiche, sehr eigene, backpflaumenartige Nase, eher nach Fleisch als nach Frucht; süß, voll, robust, samtig, gute Länge und noch einiges an Leben vor sich.

*Zuletzt im November 1988 verkostet* **** *Bis 2020 trinken.*

NOVAL, QUINTA Seit 1956 mehrmals verkostet und ziemlich durchgängig «Charme» notiert. Auf der Degustation in Hollywood eine Abfüllung von Churtons aus Liverpool: relativ blaß, aber immer Schimmer von Jugend; duftiges, reiches, vollkommen harmonisches Bukett; süß, perfektes Gewicht, schöne Frucht, guter, trockener Abgang. Ein Wein mit femininer Grazie. Das letzte Mal «da Silva» auf dem Etikett, mit kurzem Korken: recht unansehnliche Farbe; unverwobenes und würziges Bukett, Orangeblüten und Kerzenwachs; süß, relativ voll, schlank, intensiv, zitrusartige Säure.
*Zuletzt im November 1989 auf der Noval-Degustation bewertet. Beste Note* ***** *Bis 1995 trinken.*

REBELLO VALENTE In den späten 50er Jahren überwältigend, Mitte der 60er schön. Zuletzt: ein attraktives, lebhaft rosiges Aussehen von einiger Intensität; zunächst schüchtern, lebhafte, erfrischende Nase, mager, aber fruchtig; schlank, schmackhaft, ein Hauch von Lakritze, merkliche Säure. Ein agiler, geschmeidiger Charmeur.
*Zuletzt im Februar 1989 verkostet* **** *Bis 2000 trinken.*

SANDEMAN Mehrere Bewertungen, darunter zwei gute Londoner Abfüllungen. Anfang der 70er Jahre robust, hatte weitere zehn Jahre nötig. Und nach fast zwanzig Jahren: reife Erscheinung, Hagebuttenfarbton, schöne Farbabstufung; verbindliches, seidiges, harmonisches Bukett; geschmacklich am Austrocknen, jetzt eher leicht, zart, ein Hauch von Vanille, lebhaft, es fehlte an Länge.
*Zuletzt im September 1989 verkostet* *** *Bis 1995 trinken.*

TAYLOR Ein mächtiger, strammer Wein, Mitte der 60er Jahre völlig unreif, Ende der 70er großartige Tiefe und Konzentration. Neuere Aufzeichnungen ziemlich gleichbleibend: immer noch schöne tiefe, lebhafte, pflaumige Farbe; ein schön ausgebreitetes, herrlich sublimes Bukett mit einem Hauch von Lakritze, leicht malzig; ziemlich süß, beladen mit Frucht und Alkohol, fest, intensiv, nussig, große Länge.
*Zuletzt verkostet im März 1992* ****(*) *1995 bis 2030.*

WARRE Unterschiedliche Bewertungen, einer z.B. mit Himbeerduft, ein anderer holzig. Machte auf der Degustation von 45ern in Florida eine prächtige Figur: herrliche Farbe, lebhaft, schöne Abstufung; sehr entgegenkommender, geradezu ungestümer Geruch, Branntwein deutlich zu merken; ein kraftvoller Wein mit herzerwärmendem Alkohol, lebhaft, schöne Struktur und Eleganz –

für mich die Erkennungszeichen von Warre. Gute Länge. Bei guter Lagerung glänzende Lebensaussichten.
*Zuletzt im Februar 1989 verkostet* ***** *Bis 2000 trinken.*

## 1946 *

*Ungleiche Qualität, nicht deklariert und in neuerer Zeit keinen mehr verkostet.*

## 1947 ****

*Ein sehr guter Jahrgang, obgleich nur von elf Firmen deklariert. In den weinarmen 50er Jahren bestimmt sehr begehrt und beliebt, deshalb nur noch wenig übrig und so wenige in neuerer Zeit verkostet. Gute Witterungsbedingungen: nasser Frühling, langer, heißer Sommer, ein wenig Regen vor der Lese, die gegen Ende September bei hervorragenden Bedingungen begann.*

COCKBURN Bis dahin hatte Cockburn mit der Deklaration von Vintages geknausert: 1927, 1935–1945 nicht – und dann 1947. Mehrere Bewertungen. Leichte Unterschiede, die eher an der Abfüllfirma als am Zustand lagen. Manchmal ein recht komischer medizinaler Bukett- und Geschmackseindruck, ziemlich hohe, stechende Säure. Zuletzt: voll etikettiert und Haus und Jahrgang auf dem Wachssiegel eingeprägt. Bröckliger Korken. Gute, warme Tawny-Farbe, ziemlich starke «Kruste» (Depot). Weicher Gerstenzuckergeruch, der einen schönen, pudrigen Vanilleduft entwickelte. Ziemlich süß, schön in Gewicht, Fülle, Geschmack und Gleichgewicht. Trockener, lakritzartiger Abgang. Reizvoll.
*Oktober 1990* ****

DELAFORCE Nur drei Aufzeichnungen. Relativ blasses, orange überhauchtes Tawny; ätherisch, duftig, aber unverwoben; süß, mittelgewichtig, ein positiver, aber recht esteriger Geschmack und relativ hoher Säuregehalt.
*Zuletzt auf einer Delaforce-Degustation im April 1989 bewertet* *** *Austrinken.*

SANDEMAN Überraschend tiefes, reiches Erscheinungsbild; ausgeprägtes Lakritz- und Vanille-Bukett; sehr süß, erfreulich in Gewicht und Ausgewogenheit. Sehr schön entwickelt.
*September 1990* ****

TAYLOR'S SPECIAL QUINTA (Abgefüllt 1949). Obwohl Taylor den Jahrgang 1947 nicht offiziell deklarierte, eine begrenzte Menge davon exportiert. Mehrere Bewertungen, zuletzt mit Wachssiegel, auf das «1947 S. P. Quinta Taylor, Dolamore Ltd London W1» geprägt war, wahrscheinlich von

Dolamore abgefüllt. Gute, warme Tawny-Farbe mit rotem Anhauch; reiches, duftiges Bukett, ein bißchen alkoholisch, wirkte sehr süß, körperreich, eindringlicher Taylor-Geschmack und -Rückgrat, daher vermutlich von Vargellas. Scharfer, trockener Abgang.
*Zuletzt im Oktober 1990 verkostet* ★★★★

TUKES HOLDSWORTH Mehrere Bewertungen. Nun recht blaß, rosig, mit schwachem Rand; verblaßt, trotzdem Öffnung, weich und süß. Relativ leichter, wenn auch ziemlich eindringlicher Geschmack, mit dünn gewordenem alkoholischen und leicht säurebetonten Abgang. Eher wie ein 34er.
*Zuletzt im März 1992* ★★★★

WARRE Mehrere Bewertungen seit 1958, in neuerer Zeit keine mehr. Der letzte, abgefüllt von Berry Bros, voll ausgebaut, aber lebhaftes Aussehen; ein zart wächsernes, harmonisches Bukett; recht süß, relativ leicht; perfektes Gleichgewicht.
*Januar 1982* ★★★★ *Austrinken.*

## 1948 ★★★★

*Ein sehr guter Jahrgang, aber nur von neun Firmen deklariert, was sich rückblickend als bedauerliches Fehlurteil erwies, da er sich fabelhaft gut entwickelte. Es dauerte sieben Jahre, bis wieder ein Jahrgang von echter Qualität deklariert wurde.*

*Die drei Spitzen-48er waren Fonseca, Graham und Taylor. Den ersten, einen tiefen, würzigen Wein, seit 1979 nicht mehr verkostet.*

FONSECA Ein Dutzend Notizen seit Mitte der 50er Jahre. Kürzlich: duftend, würzig; kraftvoll, aber schlank, Anflug von Zimt.
*Zuletzt probiert im Mai 1992* ★★★★ *Jetzt bis 2000.*

GRAHAM Das erste Mal zehn Jahre nach der Lese verkostet, damals überaus tief, großartig. Seitdem 18 gleichbleibend gute Beurteilungen. Eine neuere Abfüllung von Christopher's immer noch ziemlich tief; duftig, würzig, ein bißchen alkoholisch; halbsüß, mittelvoller Körper, ein bißchen schlank und gerbstoffreich für Graham, guter, fester, wenn auch abrupter Abgang. Zuletzt: tiefer, reichere Frucht; süß, warm und stark, mit einem Rückgrat fast wie Taylor.
*Zuletzt im November 1992 verkostet* ★★★★ *Bis 2000 trinken.*

TAYLOR Seit 1958 21mal verkostet, jedesmal großartig. Immer noch recht tief und intensiv; sehr schönes Bukett, vorzügliche Frucht, parfümiert, Zitrus, Vanille; süß, körperreich, kraftvoll und doch komplett in Geschmack und Gleichgewicht, prachtvolle brombeerartige Reife. Das letzte Mal schön, wohlgeformt, ätherisch.

*Zuletzt bei einem Essen der Bacchus Society in Boston, im März 1992 verkostet* ★★★★★

## 1949

*Nicht deklariert. Abnorme Witterungsbedingungen. Trockenheit vom Herbst des Vorjahrs bis zum Juni, gefolgt von einer selbst für Portugal beispiellosen Hitzewelle. Keinen verkostet.*

## 1950 ★★

COCKBURN 16 Bewertungen seit 1959 und stets für schlank und alkoholisch befunden. Blaß, voll ausgebaut, wäßriger Rand; duftig, aber an einen alten Sercial-Madeira erinnernd; halbsüß, recht schmackhaft, trockener Abgang. Die jüngste Flasche war eher gesichtslos.
*Zuletzt im Mai 1992 verkostet. Beste Note* ★★ *Austrinken.*

CROFT Vier Notizen, die erste 1962. Variabel, jetzt blaß; alte Lakritze; süß, überraschend reich.
*Zuletzt verkostet im Oktober 1991. Im besten Fall* ★★★ *Austrinken.*

DOW Mehrere Bewertungen, früher voll und reich, jetzt recht blaß und sehr reif aussehend. Die letzte Flasche ein wenig pilzig; am Austrocknen und Verblassen, ein bißchen zuviel Säure.
*September 1983* ★★ *Austrinken.*

FERREIRA Blaß, rotschimmernd. Köstlich, leicht parfümierte Frucht.
*April 1981* ★★★ *Jetzt trinken.*

GRAHAM'S MALVEDOS Abgefüllt 1952. Relativ blaß, orange überhaucht; reich, verschwitzt, rosinenartig; halbsüß, mittelgewichtig, zum Kauen, sandige Struktur, trockener, säurebetonter Abgang.
*Mai 1991* ★

NOVAL Schöner Wein. Zuletzt eine Abfüllung von James Hawker in Plymouth. Füllhöhe obere Mittelschulter. Warme, schokoladige Tawny-Farbe; Bukett entsprechend. Sehr süß, ordentliches Gewicht, weich, gefällig.
*Zuletzt im November 1988 verkostet* ★★★

SANDEMAN Öfter verkostet als jeden anderen 50er. Duftig, süß, aber ein bißchen alkoholisch und säurereich.
*Juli 1986* ★★★ *Austrinken.*

SANDEMAN Eine Kuriosität: eine 1952 nach Wales gelieferte und erst 1985 nach dem Tod des Besitzers auf Flaschen gezogene Pipe (500l). Der Wein war auf 230l geschwunden und wurde

ungefiltert abgefüllt. Obwohl er an Volumen verloren hatte, hatte er an Stärke gewonnen. Schöne Farbe; Bukett reich, geruchsintensiv, feurig, nach angesengten Sahnebonbons; süß, voll, sehr reich. Fast brennender Alkohol- und Säuregehalt, trotzdem fett, glatt und samtig.
*Bei zwei Gelegenheiten verkostet: mit David Sandeman kurz nach der Abfüllung, dann fünf Monate später im August 1985* ★★★★

## 1951 ★

*Nicht schlecht, aber keine Vintage-Qualität. Keiner offiziell deklariert.*

GRAHAM'S MALVEDOS Relativ blaß, schwacher Rand; duftig, aber unverwoben, pudrig, esterig; halbsüß, mittelvoller Körper, alkoholisch, spitzig, hoher Säuregehalt.
*Magnum auf einer Graham-Degustation im Juli 1986* ★

## 1952

*Feuchtes und trostloses Jahr. Nicht offiziell deklariert.*

GRAHAM'S MALVEDOS Tiefer und intensiver als der 51er; komplizierte, unharmonische, aber interessante Nase; Bonbons, Karamel, reich, erdig, zuviel des Guten; süß, voll, weich, mit recht scharfem Alkohol und Säure.
*Auf der Graham-Degustation vom Juli 1986* ★★

NIEPOORT Spät abgefüllt (1984). Blasses Tawny; scharfer, esteriger, flüchtiger Geruch, aber süß und nussig; am Austrocknen, leicht, etwas weich.
*August 1985* ★★

## 1953 ★★

*Zu trocken, übermäßige Hitze im August. Besser als die beiden Jahre davor, aber kein Vintage-Format.*

EIRA VELHA, QUINTA Sehr blaß, Farbe verliert sich; reiches, geröstetes, entgegenkommendes Bukett; halbsüß, weich, sehr gefälliger Geschmack, pfeffriger Abgang.
*Oktober 1988* ★★★

GRAHAM'S MALVEDOS Schöne, lebhafte Farbe, tiefer als der 52er; zunächst straff und hart, aber das Bukett öffnete sich erfreulich; süß, recht voll, weich, füllig, gute Frucht, ordentlicher Abgang.
*Auf der Graham-Degustation vom Juli 1986* ★★★

## 1954 ★★★

*Hervorragende Ernte, aber kleiner Ertrag. Nach so vielen schlechten bis mittelmäßigen Jahrgängen gab es Überlegungen, den 54er zu deklarieren, aber die verfügbare Menge reichte nicht aus (was potentielle Käufer nur verärgert hätte). Außerdem kannte man zu dem Zeitpunkt schon die Qualität und Quantität des 55ers – daher keine Deklaration. Ist mir selten begegnet.*

FOZ, QUINTA Zweimal verkostet, 1977 voll, fruchtig; immer noch recht tief, rötlich; relativ alkoholische Nase; ziemlich süß und körperreich, charaktervoll.
*Zuletzt im März 1988 verkostet* ★★★

GRAHAM'S MALVEDOS Reich und rötlich; zartes, duftiges, pudrig riechendes Bukett, aber es fehlte etwas; süß, relativ voll, Frucht-, Tannin- und Säuregehalt sehr gut.
*Auf der Graham-Degustation vom Juli 1986* ★★★★

## 1955 ★★★★★

*Endlich ein Jahrgang, dessen Qualität und Quantität einen genauso reifen und dankbar reagierenden Markt befriedigen konnten. Der beste seit 1948, der meistdeklarierte – 26 Firmen – seit 1927. Und das bei merkwürdigen Witterungsbedingungen mit teilweise übermäßiger Hitze. Manche halten den 54er immer noch für besser. Sie irren sich zweifellos. Ohne Frage mein aktueller Lieblingsjahrgang.*

COCKBURN Ich durfte die Entwicklung dieses Portweins vom Faß (spitzig und purpurfarben) zur Reife mitverfolgen. Eine willkürliche Auswahl: abgefüllt von Hunter and Oliver, 1980 immer noch tief und pflaumenfarben; von der IECWS (The Wine Society), Anfang der 80er Jahre verkostet: Geschmack und Gleichgewicht gut; und in neuerer Zeit von unbekannten Abfüllfirmen: alle mitteltief, mit warmem, leuchtendem Tawny-Rand; Branntwein in der Nase spürbar; immer noch ziemlich süß, eindringlich, gute Frucht, passable Länge, aber ein bißchen scharf und kratzend. Letztens «Cockburn's 1955 Vintage» auf die Bleikapsel geprägt und auf den Korken gestempelt, aber Abfüller unbekannt: ausgezeichnete Füllhöhe, schöne Farbe, herrliche Abstufung; weich, duftig, dennoch ein Hauch von Pfeffer und Lakritze; süß, mittelvoller Körper, Geschmack und Struktur schön. Langgezogener trockener Abgang.
*Zuletzt im November 1990 verkostet. Beste Note* ★★★★

CROFT 13 Bewertungen. Leicht unterschiedliche Abfüllungen. Mitteltief, ausgebaut; fest und doch

fruchtig; ziemlich süß, mittelgewichtig, Geschmack und Gleichgewicht hervorragend. Trockener, leicht alkoholischer Abgang.
*Zuletzt im Oktober 1991 verkostet. Beste Note ★★★★ Schön jetzt bis 2000.*

DELAFORCE 1961 tief und dicht. Jetzt ein warmes, reifes Aussehen; verhaltener, aber harmonischer Duft; sehr süßer, schöner Geschmack, geschmeidiger, blumiger Stil.
*Zuletzt im April 1989 verkostet ★★★★ Bis 2000 komplett.*

DOW Zehn gute Bewertungen von Mitte der 60er Jahre an. Sehr ausgebaut, trotzdem immer noch ein Anflug von Ziegelrot; fabelhaft reiches, voll entwickeltes Bukett; immer noch ziemlich süß und relativ voller Körper, weich, gute Struktur und Länge, trockener Abgang. Mein Lieblingsjahrgang von Dow.
*September 1990 ★★★★★ Bis 2010.*

FERREIRA Mehrere Bewertungen. Immer noch ziemlich tief, klassisch; süß, recht voller Körper, reich, fruchtig, schön.
*Zuletzt verkostet im Januar 1985 ★★★★ Bis 2000.*

FONSECA Fast so tief und voll wie bei der ersten Verkostung 1958. Lebhaft aussehend und reich; perfektes, vollendetes, harmonisches Bukett mit einem Hauch von Tabak und Lakritze; süß, kraftvoll – fast Taylor-artiges Rückgrat –, aber wohlgeformt und füllig.
*Zuletzt im Mai 1992 verkostet ★★★★★ Bis 2020 und darüber perfekt.*

GOULD CAMPBELL Farbe, Bukett und Geschmack vorzüglich. Immer noch ziemlich tief; entgegenkommendes Bukett, wächsern, Lakritze; süß, voll, weich, füllig, gute Länge, scharfer Abgang.
*Zuletzt im Dezember 1988 verkostet ★★★★*

GRAHAM Über zwanzig Bewertungen seit 1958, 14 seit 1980. Die letzte, abgefüllt von Harvey's: mitteltief, ausgebaut, aber leicht rotbackig; prachtvolles Bukett, glatt, reich, aus den Tiefen Eruption eines fabelhaften Duftes. Süß, fein, seidig, dennoch immer noch tanninbetont, füllig und doch fest. Einer meiner Lieblings-Ports.
*Mai 1991 ★★★★★ Bis 2020 perfekt.*

NOVAL, QUINTA Elf Bewertungen, gut, aber nicht groß. Relativ blaß, leichter Rand; zurückhaltend und delikat, trotzdem etwas Tiefe, getoastete Lakritze; süß, schlank, stacheliger, würziger Geschmack, gute Länge, trockener Abgang.
*Zuletzt eine Oporto-Abfüllung auf der Noval-Degustation vom November 1989 ★★★ Bis 2000.*

NOVAL NACIONAL Nicht so intensiv, wie erwartet; sehr reicher Geruch, Lakritze; süß, relativ voll, wunderbar in Geschmack und Art. Alkoholischer Abgang.
*November 1989 ★★★★*

TAYLOR Trotz gut über zwei Dutzend Beurteilungen bin ich mir über diesen Wein noch immer nicht klargeworden. Ein in der Tiefe schlummerndes Potential in jungen Jahren, adstringierend und unfertig bis Anfang der 80er Jahre. Immer noch ziemlich tiefer Farbton; ein ungemein ausladender, tiefer, hochgetönter, würziger Geruch; recht süß, körperreich, vollgepackt mit Frucht, Extrakt, Tannin und Säure. Das Taylor-Rückgrat und die 55er Fülle werden seinen Alkohol- und Tanningehalt bestimmt überleben.
*Zuletzt verkostet am Staatsbankett, gegeben von Ihrer Majestät, der Königin, zu Ehren des Staatspräsidenten von Portugal, im April 1993 ★★★★(★) Jetzt bis 2020.*

TUKE HOLDSWORTH In neuerer Zeit zwei Flaschen mit rundum geprägten Wachssiegeln und langen, gestempelten Korken, Streifbandetikette von Gough Bros: mitteltief, ausgebaut und doch reich und lebhaft im Aussehen; Bukett nach Wachs und Lakritze; ziemlich süß – einer war ein wenig am Austrocknen –, mittelgewichtig, gute Frucht, aber schlank, mit hohem Alkohol- und Säuregehalt. Dennoch ein guter Wein.
*Zuletzt im April 1990 verkostet ★★★ Austrinken.*

WARRE Aus irgendeinem unerfindlichen Grund alle vier Bewertungen relativ neu, drei sogar von 1990. Die erste mit einem rundum gestempelten Korken, aber mit einem allzu seltenen Druckfehler auf dem Etikett der Newcastle Breweries «WARNE 1955»! Mitteltiefe Farbe; duftiges Bukett, ein Hauch von Vanille; ein wenig am Austrocknen, aber elegant, schön, große Länge. Von den neueren: unbekannte Abfüllung, sehr süß, seidig. Ganz zuletzt: auffällig langer Korken (5 cm) mit Stempel; zunächst etwas sauer, bis er sich öffnete. Eindringlich. Gute Struktur. Ein bißchen pfeffrig und säurebetont.
*Oktober 1990. Beste Note ★★★★★*

EIN WEITERER 1955ER:

BERRY BROS' OWN SELECTION Süß, weich, reich, pfeffrig.
*März 1989 ★★★*

# 1956

*Die schlechtesten Witterungsbedingungen der ganzen Periode. Auf Schnee folgte ein naßkalter Frühling, Sommer und Herbst. Buchstäblich ins Wasser gefallen.*

## 1957

*Unbeständiges Wetter. Wein ohne Vintage-Format.*

CÁLEM Abgefüllt 1990. Mittleres Tawny; ziemlich hoher Gehalt an flüchtiger Säure; süßer, recht voller, reicher, rosinenartiger Geschmack. Sehr gut auf seine Art.
*Dezember 1990* ★★★

GRAHAM'S MALVEDOS Sehr pfeffrige, alkoholische, plumpe Nase; süß, relativ voll, weich, kurz.
*Zuletzt im Mai 1992* ★★

SANDEMAN Pfeffrig; sehr schmackhaft, charmant, ordentliche Frucht, trockener Abgang.
*Zuletzt im Mai 1991 verkostet* ★★ *Fertig.*

## 1958 ★★★

*Ein ganz gefälliger Vintage aus einem ungewöhnlich nassen Jahr, von zwölf Firmen deklariert. Ein leichter Lückenbüßerjahrgang, derzeit gut, aber muß getrunken werden.*

DELAFORCE Neun Bewertungen. Bester Stand Mitte der 70er Jahre, aber immer noch angenehm, rosiger Farbton; leicht medizinales Bukett; halbsüß, weich.
*Zuletzt im März 1986 verkostet* ★★ *Austrinken.*

GRAHAM'S MALVEDOS Relativ blaß; ein bißchen unnachgiebig; recht ansprechend, kurzer, pfeffriger Abgang.
*Zuletzt im Juli 1992 verkostet* ★★

HARVEY'S (Angeblich von Graham geliefert) Schlank, fehlende Frucht, enttäuschend.
*Im November 1992* ★

MARTINEZ Neun Bewertungen. Von Anfang an mächtiger als die anderen 58er. Immer noch eine schöne Farbe; gutes, fruchtiges Bukett; ziemlich süß und voll, würziger, exzellenter Geschmack.
*Zuletzt im Januar 1983 verkostet* ★★★ *Bis 2000 gut.*

NOVAL, QUINTA Mehr als zwölf positive Bewertungen. Zuletzt eine Abfüllung von Berry Bros: sehr süß, guter, würziger Geschmack, aber kurz.
*Zuletzt im November 1989 verkostet* ★★ *Austrinken.*

NOVAL NACIONAL Zwei leicht unterschiedliche Flaschen. Beide sehr tief für 58er; eine mit Zitrusgeruch, eine mit einer ziemlich berauschenden Wirkung. Beide besaßen eine wunderbar intensive Traubigkeit.
*Beide im Mai 1980 verkostet* ★★(★)

TUKE HOLDSWORTH Zwei neuere Bewertungen, beide abgefüllt in Oporto von Hunt, Roope: relativ blaß, voll ausgebaut; angesengtes, gewichtiges Bukett; süß, ordentliches Gewicht, reich, gute Frucht, molliger, als erwartet. Ein sehr gefälliger 58er.
*Zuletzt im Januar 1991 verkostet* ★★★ *Bis 1998.*

Porto

WARRE Er ist mir am häufigsten begegnet. 19 Bewertungen, die alle beweisen, daß er von jeher ein süßer, relativ leichter, weicher und sehr gefälliger Wein war.
*Zuletzt im April 1992 verkostet* ★★★ *Jetzt trinken.*

ANDERE 58ER:

SANDEMAN Süß, weich, schlank und ein bißchen nervös.
*März 1986* ★★

TAYLOR'S VARGELLAS Reichlich Frucht, trockener Abgang.
*Januar 1985* ★★★

## 1959

*Die Ausnahme in Europa: enttäuschende Portweinernte 1959. Nicht deklariert. Keinen verkostet.*

## 1960 ★★★

*Ein mit Begeisterung deklarierter und aufgenommener Jahrgang. 24 Firmen. Das Wetter diktierte den Stil des Weines. Ein sehr heißer Sommer. Die Lese, die in manchen Gegenden schon am 12. September und mit einer Hitzewelle anfing, endete im Regen. Die Hitze ist verantwortlich für die gelegentlich vorherrschende Säure und, sofern spät gelesen wurde, für gewisse Schwächeanfälle. Trotzdem gefällige, schmackhafte Weine. Mehr oder weniger voll entwickelt.*

**COCKBURN** Über zwanzig Bewertungen seit 1966. Fing Anfang der 8oer Jahre an, seine tiefe Farbe zu verlieren. Jetzt relativ blaß, voll ausgebaut und voll entwickeltes Bukett. Immer noch recht süß, schlank, aber elegant, trocken, leicht säurebetonter Abgang.
*Zuletzt im Dezember 1993 verkostet ★★★ Bis 2000.*

**CROFT** Viele Bewertungen. Lange Zeit ein ziemlich tieffarbiger, rubinroter Wein. Jetzt im Ausbau. Ein stilvoller, ansprechender Wein, süß, aber schlank, ordentliches Gewicht, fester, trockener Abgang.
*Zuletzt im Oktober 1991 verkostet ★★★ Bis 2000 und länger.*

**DOW** 29 Bewertungen. Jetzt vollständig reifes Aussehen, mit einer Idee Orange am Rand; ansprechende, aber hochgetönte Nase; ziemlich süß, schlank, schmackhaft, trockener Abgang. Recht hoher Gehalt an flüchtiger Säure.
*Oktober 1992 ★★★ Austrinken.*

**FONSECA** Im Laufe der letzten zwanzig Jahre nur siebenmal verkostet. Regen am Ende der Ernte, deshalb ein leichterer Wein als gewöhnlich. Dennoch sehr schmackhaft und ansprechend, wenn auch ein wenig mager und in Struktur und Länge nicht ganz befriedigend.
*Zuletzt im November 1987 verkostet ★★★ Bis 1995 trinken.*

**GRAHAM** 28 Notizen. Von Anfang an vorzüglich zu trinken. Lebhaft, attraktiv, süß, aber es fehlte ein bißchen an Konzentration. Eine seltene Abnormität: eine Flasche mit einem trockenen und wurmigen Korken, was zu Farbverlust und scharfer Säure führte. Abgefüllt in Oporto, desgleichen die bislang letzte: reife Erscheinung; duftiges Bukett, Veilchen, Zitrusfrucht; halbsüß, mittelvoller Körper, recht schlank für Graham, aber gute Länge und Säure.
*Zuletzt im Oktober 1992 verkostet ★★★★ Bis 2000 trinken.*

**MARTINEZ** Viele Bewertungen. Leicht unterschiedliche Abfüllungen, aber in Bestform ein guter Wein, schöne Weinigkeit, ziemlich süß, kör-

perreich, schlank, hart, Rückgrat ein wenig wie Taylor, markanter Stil.
*Zuletzt verkostet im Mai 1992 ★★★ Bis 2000.*

**NOVAL, QUINTA** «Charme» taucht in mehreren der elf Beurteilungen auf. Jetzt relativ blaß, ausgebaut; intensiver, ansprechender Geruch; immer noch ziemlich süß, mittelgewichtig, recht eigener, würziger Veilchengeschmack. Spürbare 1960er Säure.
*Zuletzt im November 1989 verkostet ★★★ Bis 1995 trinken.*

**NOVAL NACIONAL** Glorioser Duft; vorzüglich in Frucht, Geschmack, Länge. Elegant. Perfekt.
*Zuletzt verkostet im April 1992 ★★★★★ Jetzt und für ewig!*

**SANDEMAN** Häufig verkostet. Hat das Hochgetönte und Schlanke, die ich mit den 6oern verbinde. Immer noch süß, ordentliches Gewicht, attraktiv, schmackhaft.
*Zuletzt im Dezember 1989 verkostet ★★★ Bis 2000.*

**SMITH WOODHOUSE** Noch immer pfeffrig, Lakritznase; mittlere Süße und Körper ebenso, gute Frucht, etwas scharfer Abgang.
*An einer Vorverkaufsdegustation im November 1993 ★★★ Bald trinken.*

**TAYLOR** Viele Bewertungen, leichte Unterschiede, hauptsächlich dank verschiedener Abfüllfirmen. Drei Mitte der 8oer Jahre verkostete Flaschen aus den Weinkellern derselben Londoner Zunft waren Variationen eines Themas. Der, den ich für eine Oporto-Abfüllung halte, sah am reifsten aus; stämmig, süß, schokoladig im Geruch; halbsüß, ziemlich körperreich. Die Abfüllung der Army & Navy Stores war tiefer und pflaumenfarbener; verhaltene, aber alkoholische Nase; süßer, voller, mit besserem und längerem Geschmack. Der dritte, Abfüller unbekannt, nicht so süß, schlank und kompromißlos am Gaumen, Struktur und Endgeschmack gut. In neuerer Zeit eine Oporto-Abfüllung: immer noch süß, füllig, aber scharf, pfeffrig und alkoholisch. Bin gespannt, wie er sich auswächst.
*Zuletzt im März 1992 verkostet ★★(★★) 1995 bis 2010.*

**TUKE HOLDSWORTH** Drei Bewertungen, zwei neuere, beide Male Oporto-Abfüllung von Hunt, Roope, beide voll ausgebaut, rosig, der erste (Juli 1989) hatte eine reiche, rosinenartige Nase, der zweite ein parfümiertes, fast ätherisches Bukett. Beide waren halbsüß, halbleicht, mit guter Länge und trockenem, leicht säurebetontem Abgang.
*Zuletzt im Januar 1991 verkostet ★★★ Bis 1996.*

**WARRE** Ebenfalls viele Bewertungen, verschiedene Abfüllungen. Unterschiedlich: eine, abgefüllt in Oporto, hatte starken Korkgeschmack, eine andere

sehr schmackhaft. Im Durchschnitt mitteltiefes, im Ausbau befindliches Erscheinungsbild; ein ziemlich süßer, klassischer und eleganter Wein, manchmal mit einem Spritzer der 1960er Säure. Die bislang letzte Flasche hatte ein schönes, leicht angesengtes Aroma, fast wie Muskateller; sehr süßer, schöner Geschmack, gute Struktur und Länge.
*Zuletzt im September 1990 verkostet ★★★(★) Bis 2010.*

## ANDERE 60ER:

**BURMESTER** Im März 1962 in Oporto abgefüllt; duftig, ein Hauch von Lakritze in der Nase, reizvoll, frisch und fruchtig.
*Zuletzt im Oktober 1983 verkostet ★★★*

**CALÈM** Bernsteinfarben, ätherisch, rosinenartig; überraschend fett und süß.
*März 1980 ★★★*

**DELAFORCE** Abgefüllt von Harvey's, rötlicher Farbton; zweierlei Geruchseindruck: hart und doch sehr entgegenkommend; süßer, schlanker, leichter Stil, ein säuerlicher Ton im Abgang.
*April 1989 ★★*

**FERREIRA** Gute Farbe; schöne Frucht, hochgetönt, duftig; süß, relativ voll, lebhaft, schmackhaft, scharfe, pfeffrige Endsäure.
*März 1981 ★★*

**SERRAS** Single-Quinta-Port, recht ordentlich, süß, weich, fruchtig.
*Oktober 1986 ★★*

## 1961 ★★★

*Gute Weine, aber der Jahrgang wurde nicht deklariert. Er folgte zu rasch auf den 60er, und zudem wußte man, als die Entscheidungen getroffen wurden, schon um die hohe Qualität des 63ers. Irgendwie schade, denn der Jahrgang 1961 war andernorts, besonders in Bordeaux, so brillant, daß dieser Umstand auf den Verkauf abgefärbt hätte. Dafür war dies das Jahr, in dem nicht nur die Single-Quinta-Weine anfingen zu zeigen, was in ihnen steckt, sondern auch die LBVs (Late-bottled Vintage Ports) nachhaltig auf sich aufmerksam machten.*

**DOW** 1965 abgefüllt. Sehr alkoholisch; pflaumige Frucht, ein bißchen rauh.
*Zuletzt im Juni 1984 verkostet, keine Zukunft in den 90er Jahren.*

**GRAHAM'S MALVEDOS** Abgefüllt 1963. 1971 riet ich «austrinken». Das war ein vorschnelles Urteil, denn Mitte der 80er Jahre besaß er immer noch ein schönes, tiefes, ziemlich intensives Aussehen; hervorragende süße, duftige Frucht- und Lakritznase; sehr süß, körperreich, weich, füllig, gute Länge.
*Zuletzt im Mai 1992 verkostet ★★★ Jetzt trinken.*

## 1962 ★★

*Eine recht gute Wachstumssaison, aber, eingekeilt zwischen dem vielverkauften 60er und dem ihn überstrahlenden 63er, nicht deklariert. Einige ordentliche Weine, immer noch angenehm zu trinken. Ein einziger großer Klassiker.*

**GRAHAM'S MALVEDOS** Fünf Bewertungen. Jetzt relativ blaß, sehr ausgebaut; leicht, alkoholisch, süß, reich, schöne Struktur, ein Spritzer Zitrone.
*Zuletzt im Mai 1992 verkostet ★★★★*

**FONSECA GUIMARAENS RESERVE** Relativ blaß, schwacher Rand; esterig, schwarzer Sirup; sehr süß, zum Kauen, rosinenartig, pappige Struktur, leicht säurebetont.
*Zuletzt im März 1992 verkostet ★★*

**HARVEY'S** Ein interessanter Verschnitt von Cockburn und Martinez, importiert und abgefüllt in Bristol. («Harvey's 1962» auf den Korken gestempelt). Recht schwacher Rand; angesengter, rosinenartiger Geruch, Gewürznelken; süß, würzig, weich und doch alkoholisch.
*Zuletzt zweimal 1991 verkostet ★★★*

**NOVAL NACIONAL** Ein großer Wein. Die Trauben stammen aus den 10 % der Lagen der Quinta, die mit den ungepfropften lokalen Rebsorten bestockt sind. Drei Bewertungen: 1969 tief und verschlossen, 1979 kaum eine Veränderung und 1989 immer noch tief, dick und intensiv, allerdings mit ausgebautem Rand; ein ungewöhnliches Bukett, pfeffrig, alte Würze, staubig, alkoholisch und mit einem deutlichen teeähnlichen Duft – ein Qualitätsmerkmal. Süß, körperreich, kraftvoll, konzentriert, schokoladig, ein Anflug von schwarzem Sirup, hervorragende Säure, die ihn weit ins nächste Jahrhundert bringen wird.
*Zuletzt im Dezember 1993 verkostet ★★★★(★) 1995 bis 2050.*

**OFFLEY BOA VISTA** Nach einem altbewährten Brauch kommt bei einem guten, aber nicht deklarierten Jahrgang Wein aus der Quinta Boa Vista auf den Markt. Fünf Bewertungen: elegant, schmackhaft, ordentliches Gewicht.
*Zuletzt im Oktober 1985 verkostet ★★★ Jetzt trinken.*

## ANDERE 62ER:

**FERREIRA RESERVE** Trotz schlechtem Korken duftig in Bukett und Geschmack, relativ leicht, mit

gutem Schwung in der Mitte und hervorragendem Nachgeschmack.
*In Oporto, November 1985* ★★★

NIEPOORT 1985 abgefüllt. Ein typisch eigener, aber guter Colheita von Niepoort: Orange-Tawny; hochgetönte, rosinenartige Nase; süß, gute Länge, leicht säurebetont, karamelartiger Abgang.
*Oktober 1990* ★★★

ROYAL OPORTO Süß, pflaumig, angenehm.
*September 1987* ★★

WARRE Abgefüllt 1966. Relativ blaß, rosiger Farbton, scharfer, alkoholischer Geruch und Geschmack.
*August 1987.*

WARRE'S GRANDE RESERVE Abgefüllt 1984. Sehr blasses Tawny; schönes, nussiges, alkoholisches Bukett; süß, weich, reich, Geruch und Geschmack nach Sultaninen.
*April 1985* ★★

# 1963 ★★★★★

*Ein außerordentlich guter Jahrgang. 25 Firmen. Unkomplizierte Wachstums- und Erntebedingungen, Lese gegen Ende September. Reichlich Vintage Port erzeugt, wahrscheinlich die größte Menge seit 1927. Einige sehr schöne Weine. Die Spitzenklasse: Dow, Warre, Fonseca, Graham und Taylor. Die meisten sind inzwischen voll ausgebaut. Diese Weine müssen etwas ruhen vor dem Dekantieren. Der 63er Dow von kürzlich war weit entfernt von seiner Bestform, weil er am selben Tag sowohl angeliefert wie auch serviert wurde.*

COCKBURN 1965 starkfarben, Lakritze und purer Branntwein. 1986: lebhaftes Aussehen, rubinrotes Leuchten; interessantes Bukett, Tee, Schokolade, Lakritze, Zitrusfrucht. Nie sehr süß oder stämmig, schlank, sehnig, trockener Abgang.
*Zuletzt im August 1993 verkostet* ★★★★ *Bis 2000.*

CROFT Viele Beurteilungen seit 1965, neun seit Anfang der 8oer Jahre. Alle gut, allerdings leichte Unterschiede zwischen den Flaschen. Jetzt mitteltief, ausgebaut; Nase ein bißchen hart. Manche betont süß, manche ein wenig am Austrocknen – aber das könnte am Kontext gelegen haben, in dem sie getrunken wurden. Fest, lebhaft, die Fülle fehlte etwas, aber gefällige Struktur. Zwei fast identische neuere Bewertungen: Lakritzbukett, sehr süß, reich, weich, hervorragende Länge, pfeffriger Abgang. Gut, nicht groß.
*Zuletzt im Januar 1993 verkostet* ★★★★ *Bis 2000.*

DELAFORCE Acht Bewertungen, gefiel mir sehr. Duftig, süß, elegant. Hübsch in der Jugend, Mitte der 8oer Jahre perfekt. Lakritze- und Mandarinengeschmack, gute Länge. Ein bißchen am Magerwerden und Austrocknen, ansonsten hält er sich gut.
*Zuletzt im August 1993 verkostet* ★★★★ *Bis 2000.*

DOW Von 1965 an eine Unmenge von Aufzeichnungen, 29 seit Anfang der 8oer Jahre. Im ganzen sehr gut, nur einer mit einem wurmigen Korken war deutlich «stichig». Warmes rötliches Braun mit langen, klebrigen Tränen; schöne Nase: ein Tunnel an Gerüchen, honigartig, harmonisch, duftig – aber viel Zeit zur Verfügung; süßer Auftakt, langer, trockener Abgang, wohlgeformt, würzig. Trinkt sich gut.
*Zuletzt im November 1993 verkostet* ★★★★★ *Bis 2020.*

FONSECA Von Anfang bis Ende ein gleichbleibend herrlicher Wein. Einer der Spitzen-63er und einer der besten Fonsecas aller Zeiten. Immer noch ziemlich tief; groß, klassisch in Bukett und Geschmack. Gewicht und Struktur perfekt. Große Finesse.
*Zuletzt im August 1993 verkostet* ★★★★★ *Bis 2020.*

GOULD CAMPBELL Londoner Abfüllung. Mehrere Notizen, alle in den 9oer Jahren. Ein eindrücklich süßer und ziemlich kraftvoller Wein. Reich, schmackhaft. Reif, aber noch gute Zeitreserve.
*Zuletzt im Dezember 1993* ★★★★ *Jetzt bis über das Jahr 2000 hinaus.*

GRAHAM 35 idyllische Aufzeichnungen seit 1968, einerlei wo oder von wem abgefüllt. Unter den jüngsten eine superbe Abfüllung von Corney & Barrow, sogar mit dem Abfülldatum auf dem Korken, und ein exzellenter in Oporto abgefüllter Wein: mitteltief, leicht pflaumenfarben, entwickelt sich bestens; süßes, reiches, kompaktes, leicht schokoladiges Bukett; sehr süß im Vergleich zum 6oer und 66er, ziemlich körperreich, robuste Frucht, reich und doch geschmeidig, große Kraft und Tiefenwirkung. Noch immer große Reserven für die weitere Entwicklung.
*Zuletzt im August 1993 verkostet* ★★★★★ *1995 bis 2025 und länger.*

NIEPOORT Fünf Bewertungen seit Mitte der 8oer Jahre. Die erste, obwohl eindeutig eine Zweijahres-Abfüllung, hatte einen rosigen Tawny-Ton, die letzte war ziemlich tief und intensiv. Aber beide waren süß, mit vollem, fruchtigem Geschmack und guter Länge.
*Zuletzt im August 1993* ★★★ *Jetzt bis 2000 und länger.*

NIEPOORT 1987 abgefüllt. Eine der vielen Permutationen dieses wenig, aber hohe Qualität

produzierenden Familienunternehmens. Ein *Colheita*, ein «Vintage Tawny», wie ich es nenne, mit charakteristischer blasser Bernsteinfarbe und hochgetöntem Walnußbukett, sehr süß, lebhaft im Geschmack.
*August 1990* ★★ *Bald trinken.*

NOVAL, QUINTA Erstmals 1965 verkostet. Schon damals weich und süß. Viele Bewertungen, aber nur wenige seit den frühen 8oer Jahren. Mit Ausnahme einer ziemlich scharfen Abfüllung von Cockburn & Campbell duftig, elegant, schlank und relativ leicht im Stil, würzig und mit etwas scharfem, alkoholischem, trockenem Abgang. Inzwischen voll ausgebaut; süßes Bukett, Vanille und Lakritze; immer noch süß, reizend.
*Zuletzt verkostet im September 1993* ★★★

NOVAL NACIONAL Ein Unterschied wie Tag und Nacht: ein tiefer, intensiv aussehender Wein, der eben erst Anstalten macht, sich auszubauen; immenser, ausgedehnter, feigenartiger Geruch von großer Tiefe; halbsüß, aber sehr körperreich. Ein enormer, konzentrierter würziger Wein mit großer Länge.
*Auf der Noval-Degustation vom Oktober 1992* ★★★★(★) *1995 bis 2050.*

OFFLEY BOA VISTA Mehrere sehr gleichbleibende Bewertungen. Mitteltief, lebhaft, ausgebaut; würzig, duftig; ziemlich süß, mittelgewichtig, gute Länge. Duft und Geschmack nach angesengten Rosinen und Lakritze. Lebhaft. Sehr schmackhaft.
*Zuletzt im Januar 1990 verkostet* ★★★★ *Bis 2000.*

SANDEMAN Acht leicht unterschiedliche Bewertungen seit den frühen 8oer Jahren. Recht gute Farbe; ziemlich pfeffrig und alkoholisch (meine Frau bemerkte einen Hauch von Karamel und Feigen); nicht sehr süß oder voll. Ich sagte «schlank», mein Gastgeber sagte «elegant». Gute Säure.
*Zuletzt im Dezember 1990 verkostet* ★★★(★) *Bis 2000 und länger.*

TAYLOR Gut über zwei Dutzend Bewertungen seit 1968, die meisten nach 1980. Anfänglich eine Bombe, einerlei ob in England oder in Oporto abgefüllt. Zwar tief, aber von der Mitte der 8oer Jahre an plötzliche Reife. Der bislang letzte, eine Oporto-Abfüllung, war relativ blaß und hatte sich nur noch sehr wenig Rot bewahrt. Pfeffriger Alkohol, Sahnebonons und Tabak in der Nase kündigen einen kraftvollen, lebhaften Wein an, der nicht nur das Taylor-Rückgrat, sondern auch eine ziemliche Rauschwirkung besitzt. Noch immer ein recht süßer Tropfen.
*Zuletzt im August 1993 verkostet* ★★★★ *Bis 2015.*

WARRE Für mich einer der besten und elegantesten von allen 63ern. 15 Bewertungen seit Anfang der 8oer Jahre. Hat eine Menge Farbe verloren: schönes warmes, rötliches Tawny; frisches, fruchtiges, gerundetes, entgegenkommendes Bukett; süß, erfreuliches Gewicht, schöner und lebhafter Geschmack, seidige Struktur.
*Zuletzt im November 1993 verkostet* ★★★★★ *Bis 2010.*

ANDERE 63ER:

AVERY'S Feigen und Lakritze in Geruch und Geschmack. Guter Wein.
*April 1988* ★★★

BERRY BROS SELECTION (Angeblich von Taylor). Süß, weich, schön.
*Zuletzt im März 1990 verkostet* ★★★★

BORGES Bläßlich, Orange-spurig; sehr eigenartig in der Nase und am Gaumen, sehr süß, aber mit trockenem saurem Abgang.
*Im August 1993* ★ *Nicht zu empfehlen.*

BURMESTER Weiche Tawny-Farbe; hochgetönt; sehr süß zu Beginn, doch trockener, säuerlicher Abgang.
*Letztmals probiert im August 1993* ★ *Austrinken.*

CALÈM Tief; reich, pflaumig; sehr süß, weich, füllig.
*August 1993* ★★★★

HUNT'S (Hunt, Roope). Blaß für einen 63er; ausgebaut; süß, relativ leicht, weich und doch würzig.
*Juli 1985* ★★★

KROHN Orange-Spuren; Trauben, Feigen, mittelmäßig.
*Zwei Notizen im August 1993* ★ *Nicht zu empfehlen.*

MACKENZIE Relativ blaß, ausgebaut, nicht überzeugend; einwandfrei, wenn auch etwas hochgetönt, Vanille, duftig; süß, recht leicht, schlank, schmackhaft. Merklich scharfer alkoholischer und säurebetonter Abgang.
*November 1992* ★★

MARTINEZ Mehrere gleichbleibende Bewertungen. Relativ blaß, nicht bestechend; zurückhaltend; süß, hohl, kurz. Enttäuschend.
*Zuletzt im August 1993 verkostet* ★★

ROSA, QUINTA DE LA Ein kurzes Stück flußabwärts von Pinhão, der Wein wird erst seit kurzem als Single-Quinta-Wein auf den Markt gebracht. Eine Idee Rubinrot mit Tawny-Rand; weiche, süße Nase, ein Hauch von Lakritze; ein sehr süßer, kraftvoller Wein mit sehr viel «Griff», Tannin und Säure.
*November 1988* ★★★(★)

ROYAL OPORTO Sehr süß, backpflaumenartig, fruchtig.
*Juni 1987* ★★

SMITH WOODHOUSE Nur eine neuere Beurteilung: mitteltief, ausgebaut, etwas schwacher Rand; ansprechend, hochgetönt, gut entwickelt, Zitrusnote; süßer Auftakt, trockener Abgang, lebhaft, immer noch ein bißchen hart.
*Dezember 1990* ★★★

## 1964 ★

*Wie in Frankreich ein heißer Sommer und eine sehr heiße Septembermitte. Nicht offiziell deklariert.*

GRAHAM'S MALVEDOS Abgefüllt 1966 in Oporto. Sechs Bewertungen. Tiefe Farbe Anfang der 80er Jahre, jetzt ein sehr ausgebautes, orange überhauchtes Aussehen; sehr duftig; halbsüß, Gewicht, Geschmack und Stil sehr ordentlich. Erfrischender Abgang.
*Mai 1991* ★★★ *Austrinken.*

### EIN WEITERER 64ER:

GUIMARAENS RESERVE 1966 abgefüllt. Das erste Mal kurz nach der Abfüllung verkostet, und Mitte der 80er Jahre immer noch dick und pflaumig und sehr süß. Hochgetönt.
*Zuletzt im Februar 1984 verkostet* ★★★

## 1965 ★

*Einige ordentliche, reife Weine, aber eingekeilt zwischen den 63ern und den 66ern und daher nicht deklariert.*

GRAHAM'S MALVEDOS Sieben Bewertungen: schöner langer Geschmack bis auf eine scharfe und holzige Flasche.
*Zuletzt im Oktober 1992 verkostet. Im besten Fall* ★★★ *Austrinken.*

TAYLOR'S VARGELLAS Das kraftvolle Taylor-Rückgrat war Mitte der 80er Jahre spürbar. Eine neuere Magnum tief rubinrot, süß, lebhaft und fruchtig, außerdem eine Flasche mit einem ausgebauteren, weicheren und flacheren Wein.
*Beide im April 1988 verkostet. Im besten Fall* ★★★

### ANDERE 65ER:

BORGES & IRMÃO Zwanzig Jahre im Faß: bernsteinfarben, hoher Gehalt an flüchtiger Säure, erinnerte an Madeira.
*Mai 1985.*

CALÈM 1990 abgefüllt: Hagebutten-Tawny-Farbe; Bukett nach Orangen und Haselnüssen; süß, weich, rosinenartig, dünner geworden.
*Dezember 1990* ★★★

## 1966 ★★★★★

*Ein großartiger Jahrgang, von zwanzig Firmen deklariert. Cockburn und Martinez entschieden sich dagegen. Feste und doch elastische Weine mit perfektem Gewicht. Sehnig, dem besten roten Bordeaux von 66 nicht unähnlich, und langlebig. Einige werden wahrscheinlich die 63er überleben, manche könnten sich zum Schluß sogar als größer erweisen. Grund dafür ist ein heißes Jahr, das die Trauben gut reif werden ließ, aber nicht verbrannte, und etwas Regen zur Erntezeit, der etwas Konzentration wegnahm. Leicht unterschätzt und unterbewertet. Während des letzten Jahrzehnts in der Wertschätzung gestiegen.*

BERRY BROS SELECTION Ein hervorragend ausgewogener Wein, verschnitten und abgefüllt im Berry-Bros-Stil und zu beziehen selbstverständlich nur über No. 3, St. James's Street. Noch immer tief, relativ jugendlich für sein Alter; harmonisches, wächsernes Bukett; recht süß, ordentliches Gewicht, elegant, wohlausgewogen. Kurzum, köstlich. (Auf dem Weg über Percy Fox & Co., damals Makler von Warre, importiert.)
*Mehrere Bewertungen, zuletzt im Februar 1989 verkostet* ★★★★★ *Bis 2010.*

CALÈM Reif, schöner Wein, langer, trockener Abgang.
*Zuletzt im August 1993 verkostet* ★★★★ *Jetzt bis 2010.*

COCKBURN Obwohl nicht «deklariert», kam eine Musterflasche zu mir. Attraktiv, aber unbefriedigend. Sauercreme, flüchtige Säure. Schlank, etwas «verklemmt». Ich konnte verstehen, warum er nicht als Vintage-Port auf den Markt kam.
*August 1993* ★★

CROFT Mittlere Farbtiefe; fremde, pfeffrige Nase; ziemlich süß, schlank, etwas hart.
*Zuletzt im August 1993* ★★★ *Jetzt bis 2000.*

DELAFORCE Tief, fest, Zitrusnote; süß, voll, robust für Delaforce, Länge, Alkohol und Säure gut.
*Zuletzt im August 1993 verkostet* ★★★(★) *Jetzt bis 2010.*

DOW Mehrere Bewertungen, mehrere Abfüllungen, alle gut. Etwas Farbverlust im Laufe der letzten zehn Jahre, aber reich und reizvoll; schön entwickelt, sehr duftig; halbsüß, mittelgewichtig, schlank, elegant, sehr attraktiv.
*Zuletzt im August 1993 verkostet* ★★★★(★) *Bis 2010.*

FERREIRA Sehr schönes Bukett; süß, recht voll, fest, stilvoll, elegant.
*Zuletzt verkostet im August 1993* ★★★★ *Bis 2010.*

FONSECA Immer noch ziemlich tief; feigenartige Frucht. Der Duft hing fünf Stunden lang im Glas: würzig, reife Maulbeeren. Sehr süß, sehr reich. Großartig.
*Zuletzt im August 1993 verkostet* ★★★★★ *Bis 2020 und länger.*

GOULD CAMPBELL Anfang der 8oer Jahre überraschend tief, praktisch undurchsichtig, gut verwoben, mollig und pfeffrig. Jetzt mitteltief, ausgebaut; sehr parfümiertes Bukett mit leichter Zitrusnote; sehr süß, reich, schöne Struktur. Noch immer ein beeindruckend kraftvoller Wein.
*Zuletzt im August 1993 verkostet* ★★★(★) *Bis 2010.*

GRAHAM 26 Bewertungen seit 1968. Alle – bis auf eine Flasche mit Holzton – exzellent. Immer noch recht tief, wenn auch nicht so rot wie der 63er; duftig, Zitrusfrucht, Chinatee und Lakritze im Bukett; immer noch süß und voll. Hübsche mollige Fülle, wenn auch schlanker als der 63er. Reich, würzig, vorzüglich in Geschmack und Struktur, vollendetes Gleichgewicht.
*Zuletzt im August 1993 verkostet* ★★★★★ *Bis 2020.*

NIEPOORT Abgefüllt 1969. Tief, scharf, recht hoher Säuregehalt – brauchte im Dekantiergefäß viel Zeit. Süß. Form, Gewicht und Abgang gut.
*Zuletzt im August 1993 verkostet* ★★★ *Jetzt bis 2010.*

NOVAL, QUINTA Viele Bewertungen seit 1968. Noch immer tief und reich aussehend; feigenartig, Lakritzegeschmack; sehr süß und körperreich für Noval, ja eindringlich. Intensiv.
*Zuletzt im Mai 1992 verkostet* ★★★(★) *1995 bis 2010?*

OFFLEY Vollreif, aber noch immer eher hart. Frucht, Körper. Unterschiedliche Notizen.
*Im August 1993* ★★★? *Jetzt bis 2000.*

SANDEMAN Sechs Bewertungen, vier seit Mitte der 8oer Jahre: süße Nase, Vanille, Lakritze; leichterer Stil, schlank, elegant, ordentliches Gleichgewicht, scharf, trocken, etwas säurebetonter Abgang, köstlich.
*Zuletzt im Februar 1991 verkostet* ★★★★ *Bis 2000.*

SMITH WOODHOUSE Mitteltief, ausgebaut, obgleich rötlicher als der Gould Campbell; reiche Frucht; sehr süß, ordentliche Struktur. Sehr guter Wein.
*Dezember 1990* ★★★★ *Bis 2000.*

TAYLOR 16 Bewertungen. Tief, reich, im Ausbau; süß, körperreich, wohlgeformt, fest, gute Länge, immer noch gerbstoffreich.
*Zuletzt im August 1993 verkostet* ★★★(★) *Bis 2020.*

WARRE Die am häufigsten bewerteten waren offenbar Oporto-Abfüllungen und ausnahmslos attraktiv und elegant. Ein Wein von geschmeidiger und ein wenig angeberischer Art. Entwickelt sich gut, ziemlich süß, schlank, stilvoll.
*Zuletzt im August 1993 verkostet* ★★★★(★) *Bis 2010.*

# 1967 ★★

*Die Witterungsbedingungen begünstigten die Erzeugung eines guten Weines, allerdings war der Ertrag klein. Ich frage mich, ob Cockburn und Martinez gut daran taten, sich gegen den 66er-Trend zu stellen und nur den 67er zu deklarieren. Marktstrategisch war es kein Geniestreich. Sandeman (dort gilt der 67er immer noch als einer der am meisten unterschätzten Jahrgänge) und Noval schlossen sich an, und damit waren es vier Deklarationen von großen Häusern. Graham und Taylor behandelten ihn als zweitklassigen Jahrgang.*

COCKBURN 19mal verkostet, wenn auch nicht in jüngster Zeit, und durchweg wenig beeindruckt. Seine anfängliche Farbtiefe und Sattheit fiel die 8oer Jahre hindurch konstant ab. Seit 1985 relativ blaß und ausgebaut im Aussehen; recht harte, pappige, alkoholische Nase; am Austrocknen, mittleres Gewicht, schlank, wenn auch etwas Fülle und ordentliche Struktur. Trockener Abgang.
*Zuletzt im November 1992 verkostet* ★★ *Jetzt trinken, doch er könnte sich durchaus noch halten.*

CROFT'S QUINTA DA ROEDA Fünf Beurteilungen während der 8oer Jahre. Immer noch tief; schlanker, alkoholischer Geruch, die Säure stach etwas durch. Süß, relativ voll, überraschend kraftvoll, etwas rauh, aber schmackhaft.
*Zuletzt im Oktober 1988 verkostet* ★★★ *Jetzt bis 1998.*

MARTINEZ Abgefüllt in Oporto und ansonsten, glaube ich, nur von Harvey's in Bristol. Letzterer war 1980 sehr gut. Insgesamt in Farbe, Süße und Gewicht besser als der Cockburn. Ein eigentümliches, duftiges, würziges, kiefernfrisches Bukett; komplex und doch ausgewogen. Öffnete sich schön.
*Oktober 1987* ★★★(★) *Jetzt bis 1998.*

NIEPOORT Ein *Garrafeira* «Vintage Tawny»), 1971 in *Demijohns*[1] getan zur Abfüllung nach Bedarf. Alles sehr kompliziert, aber es geht. Schöne Granatfarbe; Walnuß und Frucht; süßer, voller, üppiger feigenartiger Duft. Sehr gut auf seine Art.
*Oktober 1985* ★★★

---

1 Ein sehr großes Flaschenformat, ähnlich einer Korbflasche

NOVAL, QUINTA Lebhaftes Rubinrot; entwikkelte, reiche, intensive Nase mit einem Hauch von Traubenschalen; halbsüß, schlank, würzig, etwas kurz, trockener Abgang.
*Januar 1991 *** Bald trinken.*

NOVAL NACIONAL Sehr tief, intensiv; stämmiger, aber etwas unverwobener Geruch; ziemlich süß, kraftvoll, trotzdem schlanker Lakritzgeschmack und trockener, tanninbetonter Abgang.
*Auf der Noval-Degustation vom November 1989 **(*) Bis 2010.*

SANDEMAN Anfangs tief, jetzt im Ausbau, aber reich; recht harter Geruch; sehr süß, relativ voll, füllig, ansprechend.
*Zuletzt im Oktober 1988 verkostet *** Bis 1995.*

TAYLOR'S VARGELLAS Mehrere Bewertungen. Noch immer recht tief; ein ziemlich süßer, sehr positiver und ansprechender Wein. Nach wie vor ein wenig hart.
*Zuletzt im Juli 1989 verkostet ***(*) Bis 1995 und länger.*

TAYLOR Aufzeichnungen über eine ungewöhnliche Degustation dreier Weine aus unterschiedlichen Rebsorten, fünf Jahre im Faß in der Douro-Region, fünf Jahre in Gaia. Alle hatten sichtlich Farbe verloren, blasses Tawny. Der Verdelho in Aussehen und Geruch. Der beste, süß, fett und vorzüglich, war aus einem Rebsatz von u.a. Nacional, Tinta Francisca, Bastardo, Sousão und Flor de Douro bereitet.
*November 1979.*

# 1968 **

*Ungewöhnlich heißer Sommer, dann eine unbeständige Periode mit rechtzeitiger Wetterbesserung zur Lese. Es wurden einige ordentliche Weine bereitet, aber nicht deklariert. Ein Jahr der LBVs und Single-Quinta-Weine.*

CROFT Spät abgefüllt, Mitte der 80er Jahre relativ blaß, Stich ins Rosa; rosinenartig; angenehmer, leichter, eingängiger Stil. Nichts zum Aufheben **

GRAHAM'S MALVEDOS Anfangs penetrant hart, ohne den Graham-Charme. Eine neuere Flasche schien nussig zu sein und auszutrocknen, aber zwei andere waren köstlich, mit duftiger, würziger Nase wie ein alter *garrafeira;* süß, relativ voll, dennoch schlank, sich ausdehnender Geschmack.
*Zuletzt im Mai 1992 verkostet ** Jetzt trinken.*

GUIMARAENS RESERVE Tief, unausgebaut, körperreich und tanninbetont Mitte der 80er Jahre. Wahrscheinlich inzwischen weich geworden.
*Mai 1985 ** Austrinken.*

# 1969

*Heißer Sommer flankiert von Kälte und Regen. Beeren unreif, Weine säurereich. Nicht deklariert.*

TAYLOR'S VARGELLAS Taylors Spitzenlagen-Quinta weiter oben am Douro schaffte es, genug gute Trauben zu produzieren, um einen tiefen, süßen und kraftvollen Wein zu bereiten, den ich Anfang bis Mitte der 80er Jahre mehrmals verkostete. Immer noch gut.
*Zuletzt im März 1992 verkostet ***

WARRE LBV Erwies sich um die gleiche Zeit als leidlich: ziemlich tief, ordentliches Gewicht, erfrischend.
*Zuletzt im März 1986 verkostet. Austrinken.*

# 1970 *****

*Ideale Wachstums- und Erntebedingungen. Ein ernst zu nehmender Jahrgang, immer noch ein wenig unterbewertet. 23 Firmen. Er war auch ein Wendepunkt. Nach 1970 wurden keine Pipes mehr nach England geliefert, um vom dortigen Weinhandel abgefüllt zu werden. Es wurde eine einseitige Entscheidung getroffen, die Abfüllung im Herkunftsland, das heißt in den Lagerhäusern der Portweinfirmen, zur Vorschrift zu machen.*
*Ich hatte dem Jahrgang keine große Aufmerksamkeit geschenkt, bis Justerini & Brooks eine Degustation der 70er und 75er aus einigen großen Handelshäusern veranstalteten. Für mich war es eine Offenbarung. Ein viel robusterer Jahrgang, als ich erwartet hatte, und nachfolgende Proben bestätigten das. Klassisch. Gute Zukunft.*

CALÈM'S QUINTA DO FOZ Sehr eindrücklich. In den frühen 80er Jahren undurchsichtig; backpflaumenartige Frucht; sehr süß und voll. Noch immer sehr tief, doch am Rand war beginnende Reife zu erkennen. Außerordentliche Frucht, erinnerte mich an Feigen. Körperreich und füllig.
*Zuletzt im August 1990 verkostet ***(*) Bis über 2000 hinaus.*

COCKBURN Zum Zeitpunkt der Abfüllung undurchsichtig, wie es sich gehört. Mit zehn Jahren immer noch ziemlich tief, obgleich im Ausbau; harte, recht unnachgiebige Nase nach Pappe; halbsüß, mittelvoller Körper. Sein anfängliches Feuer flaute ab, aber immer noch hart. Ein guter, langer, schlanker, tanninbetonter Abgang. Zehn Bewertungen seit 1980. Wenig aufregend.
*Juni 1993 *** Jetzt bis 2010.*

CROFT Beeindruckend in der Jugend. Anfang bis Mitte der 80er Jahre süß, Geschmack, Struktur und Länge gut. Zwei neuere Bewertungen: inzwi-

schen mitteltief, ein bißchen schwach an den Rändern; hochgetönter, zitrusartiger Geruch und Geschmack mit einem Hauch von flüchtiger Säure. Süß, mittelgewichtig, schlank und doch füllig, gute Länge.
*Zuletzt im Oktober 1991 verkostet* ★★(★) *Bis 2000.*

DELAFORCE Mehrere Bewertungen, die interessanteste bei einer Delaforce-Degustation im Jahre 1989, ein Vergleich einer Flasche und einer Magnum. Der Wein aus der Flasche hatte einen sehr deutlichen Zitrusgeschmack (eine Idee Mandarine), während die Magnum im Aussehen deutlich tiefer, pflaumenfarbener, nicht so ausgebaut war; ein ziemlich hartes Käserindenbukett, das sich reich entfaltete. Beide waren ziemlich süß, aber die Magnum besaß größere Kraft und Länge. Zuletzt: entgegenkommendes, reiches, hochgetöntes Bukett; süß, körperreich, sehr griffig. Guter, trockener Abgang.
*August 1990* ★★(★★) *1995 bis 2010.*

DOW Zwanzig gut verteilte und ziemlich gleichbleibende Bewertungen. Noch immer recht tief und mit jugendlicher Pflaumenfarbe; exzellente Nase, duftig, entgegenkommend, Frucht fast wie Cabernet Sauvignon, dazu Lakritze. Süß, körperreich, ordentliche Struktur, füllig – für Dow. Ein reiches, aufregendes Getränk mit beträchtlicher Zukunft.
*Zuletzt im Dezember 1993 verkostet* ★★★★(★) *1995 bis 2020.*

FONSECA In der Jugend buchstäblich schwarz und immer noch sehr tief, mit dem Pflaumenton des bevorstehenden Ausbaus; verhaltene, obgleich fruchtige Nase; anfangs sehr süß, jetzt nur noch süß, voll im Körper, reich, reif, füllig, fruchtig und griffig. Zehn Bewertungen über die 80er Jahre, zwei neuere. Exzellent.
*Zuletzt im April 1991 verkostet* ★★★(★★) *Jetzt (wenn es sein muß) bis weit ins 21. Jahrhundert zu trinken.*

GOULD CAMPBELL Erstmals 1973 verkostet: tief, schön, reich. Drei gute Beurteilungen Mitte der 80er Jahre, zwei Abfüllungen von Clode & Baker: langsam im Ausbau, aber Gleichgewicht und Länge gut. Drei neuere Bewertungen, der letzte, möglicherweise beide in Oporto abgefüllt: jetzt mitteltief, aber interessanterweise mit stärkerem jugendlichen Purpurschimmer als der 75er. Sehr süße, fruchtige Nase, leicht hochgetönt, teeartig; am Gaumen auch süß und ziemlich voll, dennoch schlank. Sehr schmackhaft. Trockener Abgang. Guter Wein. Gute Zukunft.
*Zuletzt im Januar 1993 verkostet* ★★★(★) *Bis gut über 2000 hinaus.*

GRAHAM Der Familie Graham letzter Jahrgang. Ursprünglich undurchsichtig, immer noch tief, pflaumenfarben und recht intensiv, mit reichem Extrakt, duftiges, hochgetöntes und doch harmonisches Bukett, wenn auch noch ein bißchen hart; sehr süß, körperreich, viel Frucht, «Griff», Länge, Tannin und Säure. Schokolade und Würze. Wird einmal prachtvoll sein. Über zwanzig Bewertungen seit 1982, alle gleichbleibend gut.
*Zuletzt im November 1993 verkostet* ★★★★(★) *1995 bis 2050.*

MARTINEZ Sieben Bewertungen seit 1977. Hat sich seine ursprüngliche Farbtiefe weitgehend bewahrt, wenn auch unterschiedlich je nach Abfüllung. Die von Gilbey Vintner z. B. war 1988 mitteltief und sah reif aus. Eine spätere von einer unbekannten Abfüllfirma (wahrscheinlich Harvey's) war undurchsichtig. «Alkoholisch» in bezug auf den Geruch taucht über die letzten elf Jahre immer wieder auf. Ungewöhnlicher Stil, weinig, duftig. Eine Flasche wurde mit unreifen Cox-Orange-Äpfeln und Roggenkeksen serviert und dadurch verdorben.
*Zuletzt im Februar 1991 bewertet* ★★(★) *1995 bis 2015.*

NIEPOORT «Purer» Vintage, Zweijahres-Abfüllung in merkwürdig attraktiven, gedrungenen Flaschen mit Schablonenaufdruck. Zwei Bewertungen, die erste 1985 auf einer sehr ausgedehnten Niepoort-Degustation. Immer noch tief, reicher Farbton; recht verhaltene Nase, damals und später noch einmal «klassisch» notiert. Sehr süß, ziemlich körperreich, fest, füllig, immer noch ein bißchen pfeffrig.
*Zuletzt im August 1990 verkostet* ★★★(★) *Bis gut über 2000 hinaus.*

NOVAL, QUINTA Viele Bewertungen, neun seit 1981. Kein mächtiger 70er, ein Charmeur. Nicht tief, weich genug, wie schon 1972, als er abgefüllt wurde, trinkbar zu sein. Zuletzt nicht weniger als zehnmal in Gläsern unterschiedlichen Typs beurteilt. Eher eine Glas- als eine Port-Degustation, aber Georg Riedel führte einen wichtigen Beweis: Form und Größe des Glases bewirken sehr wohl eine unterschiedliche Wahrnehmung von Farbtiefe, Geruch und Geschmack. Ironischerweise mußte Christiano van Zeller zugeben, daß sein eigenes «Noval»-Glas nicht ideal war. Noch ironischer war, daß die Übung es schwer machte, den Wein zu resümieren: Es gab zu viele Variationen zum Thema. 1991: mitteltief, im Ausbau; ziemlich süß, mittelgewichtig, ein bißchen schlank, aber weich und glatt, stilvoll und einnehmend.
*Zuletzt verkostet im Dezember 1993* ★★★★ *Jetzt bis 2010.*

NOVAL NACIONAL Nicht so tief wie der 67er Nacional, aber reich, sichtlich hoher Extraktgehalt; Bukett hart, mit feigenartiger Frucht und beträchtlicher Tiefe; ziemlich süß, körperreich. Beeindruckend.

*Auf der Noval-Degustation vom November 1989*
*★★★(★★) Von 1995 bis weit ins 21. Jahrhundert.*

OFFLEY BOA VISTA Viele Bewertungen. Ursprünglich sehr tief, nach zehn Jahren ging die Farbe ins Pflaumige, und um die Mitte der 8oer Jahre
fing er an, Reife zu zeigen. Jetzt voll entwickelt,
mittelblasses Tawny. Auch weich geworden, Ende
der 8oer Jahre war das Bukett voll entfaltet. Immer
noch süß, aber die ursprünglich schlanke, gedros-
selte Säure war durchweg zu merken. Fest.
Schmackhaft.
*Zuletzt im August 1990 verkostet ★★★ Bis 2000.*
*Bald trinken.*

REBELLO VALENTE Nie sehr tief, jetzt voll ausge-
baut. Harte, alkoholische Nase nach fünf Jahren
in der Flasche. Später recht übelriechend, auf der
Kippe zur Oxydation, obwohl er sehr gut am
Gaumen war, immer noch sehr süß, ziemlich
körperreich, weich, samtig und doch kraftvoll.
Viele Bewertungen. Viel besser zu kosten als anzu-
schauen oder zu riechen.
*Zuletzt im November 1993 verkostet. Im besten*
*Fall ★★★ Bis 1998.*

SANDEMAN Elf Bewertungen, die Unterschiede
zwischen den Abfüllungen zutage brachten. Eine,
abgefüllt von Paten aus Peterborough, mit kurzem
Korken, sah 1986 vollreif aus und war robust bei
einer eher lockeren Struktur. Andere in neuerer
Zeit verkostete Abfüllungen: mitteltief, aber immer noch ein wenig unreif im Aussehen; süßes,
harmonisches Bukett mit einnehmender Frucht,
die einen harten Kern und beträchtliche Tiefe kaschierte. Süßer, relativ voller, guter Geschmack,
fest, mit viel Tannin und Säure. Ansprechender
Wein.
*Zuletzt im August 1990 verkostet. Im besten Fall*
*★★(★★) 1995 bis 2015.*

SMITH WOODHOUSE Sechs Bewertungen.
Nach fünf Jahren in der Flasche tief, hart im
Geruch, und zehn Jahre später wenig verändert.
Allerdings seit 1987 etwas Farbverlust, sieht jetzt
reif aus. Das Bukett hat sich geöffnet; Minze, La-
kritze, Frucht. Noch immer ziemlich süß, ordent-
liches Gewicht, schmackhaft, aber Tannin und
Säure geben dem Wein einen trockenen Abgang.
*Zuletzt im Dezember 1990 verkostet ★★(★) Bis*
*2000.*

TAYLOR Erstmals 1972 verkostet, viele Aufzeichnungen, 15 seit den frühen 8oer Jahren. Ursprünglich opak, buchstäblich schwarzpurpurfarben,
dann blieb er fast zwanzig Jahre lang pflaumenfarben und – mit Ausnahme einer ungewöhnlich
frühreifen Abfüllung von Russell and McIver 1983
– hat immer noch einen kräftigen rubinroten Farbton. Neuere Bewertungen, wahrscheinlich verschiedene Abfüllungen, leicht unterschiedlich,

vor allem im Geruch: Anflug von Böcksergeruch,
Rauheit und flüchtige Säure, die besten harmo-
nisch, wenn auch zurückhaltend. Jedenfalls süß,
voll im Körper, reich, gute Frucht, schöne
Geschmacksmitte, immer noch kraftvoll, hoher
Alkoholgehalt, Länge, Tannin und Säure gut.
Beeindruckend.
*Zuletzt im Dezember 1993 verkostet ★★★(★) Mög-*
*licherweise ★★★★★, aber nicht vor dem 21. Jahrhun-*
*dert.*

WARRE Viele Bewertungen. 21 seit den frühen 8oer
Jahren, alle positiv. Der ursprüngliche Purpur
schwindet jetzt ein wenig, beginnende Reife; schöne Frucht, duftige und weinige Art. Meine Urteile
gehen von halbsüß bis sehr süß, aber wie so oft hängt
das vom Kontext ab, in dem der Wein verkostet und
getrunken wird. Einigen wir uns auf süß, voll im
Körper, reich, fast zu reich, trotzdem nicht erschla-
gend, mit dem perfekten Gewicht und Gleichgewicht, das ich von den besten Warres erwarte.
*Zuletzt im Dezember 1993 verkostet ★★★(★★) Bis*
*2020.*

ANDERE 7OER:

BARROS Mitteltief, pflaumenfarben; süße,
weiche, gut entwickelte, duftige Nase; sehr süß
am Gaumen, exzellente Frucht, lebhaft, ein Hauch
von zitrusartiger Säure, Länge und Nachgeschmack gut.
*August 1990 ★★★★ Bis 2000.*

BERRY BROS SELECTION (Vermutlich Warre).
Mittlere Farbtiefe und Süße, relativ voller Körper.
Sehr gut.
*Dezember 1990 ★★★★*

BORGES & IRMÃO Pflaumenfarben; sehr süß, relativ voll, lebhaft, voll Frucht, gute Struktur.
*November 1985 ★★★*

BURMESTER 1973 abgefüllt. 1981 recht gut: ausladende, angesengte Nase; halbsüß, trockener Abgang. Zuletzt ein Paar, der eine reich, aber holzig,
der andere im Ausbau, mit rosinenartiger Nase.
*August 1990. Im besten Fall ★★*

BUTLER NEPHEW Rosinenartig, süß, annehmbare Frucht und Fülle.
*Zwei Bewertungen in den frühen 8oer Jahren ★★*

DALVA Voll ausgebautes Erscheinungsbild; zu
hoher Gehalt an flüchtiger Säure; halbsüß, beißend.
*1990.*

FEIST Relativ tief, im Ausbau; reicher, pfeffriger,
klassischer Geruch und Geschmack. Sehr süß,
weich.
*August 1990 ★★★★*

HUTCHESON Unmenge von Aufzeichnungen die ganzen 8oer Jahre hindurch bis in die 9oer. Sein anfängliches tiefes Rubinrot jetzt mitteltief und pflaumenfarben; reservierter Geruch; süß, füllig, recht ansprechend und preisgünstig für die Qualität.
*August 1990 ★★(★)*

KOPKE'S QUINTA LUIZ Voll ausgebaut; Schokolade und Lakritze; sehr süß, recht voll, Geschmack, Struktur, Weiche und Abgang schön.
*1990 ★★★(★)*

KROHN 1979 pflaumenfarben, jetzt Tawny-farben; ursprüngliche Härte gemildert, angesengtes, minziges, rosinenartiges Bukett; sehr süß – wie viele Ports aus portugiesischen Häusern, schlank, schmackhaft.
*1990 ★★★*

OSBORNE Bukett nach Raya-Sherry und Sultaninen; süß, relativ voll, Endgeschmack nach getrockneten Rosinen.
*August 1990 ★*

ROSA, QUINTA DE LA Nicht sehr tief; Geruch immer noch hart und unentwickelt; halbsüß, ziemlich körperreich, pikant, schmackhaft.
*November 1988 ★(★★)*

ROYAL OPORTO Im ersten Urteil recht kümmerlich in Aussehen, Geruch und Geschmack. Zwei neuere Bewertungen: jetzt mitteltiefes, aber voll ausgebautes Tawny mit Bernsteinrand; sehr süß, recht hochgetönt, rosinenartig in Bukett und Geschmack. Eine Flasche war meines Erachtens schlank und säurebetont.
*September 1990 ★★*

SANTOS JUNIOR Mitteltief, pflaumenfarben, im Ausbau; reiche Frucht, leicht säurebetont; süß, guter Körper, dennoch schlank. Ansprechend.
*August 1990 ★★★*

SOUZA Mitteltief, baut sich schön aus; kraftvoll, Frucht, Weinigkeit; sehr süß, sehr reich, weich, fruchtig. Ein wenig scharfer und säurebetonter Abgang. Trotzdem ein sehr ordentlicher Wein.
*August 1990 ★★★*

## 1971 ★

*Brauchbare Weine für Standard-Verschnitte erzeugt. Nicht deklariert.*

## 1972 ★

*Hitze und Dürre zwischen starken Regenfällen. Einige passable Weine. Nicht allgemein deklariert.*

DOW Der Außenseiter. Nachdem man einen ordentlichen Wein bereitet hatte, deklarierte man ihn hinterher. Nur zwei Bewertungen. Tief, brauner Farbton; backpflaumenartige Nase; ziemlich süß, gut komponiert, annehmbare Länge.
*Oktober 1983 ★★ Austrinken.*

DOW RESERVE Abgefüllt 1985. Das Aussehen eines sehr alten, ins Rosé spielenden Tawny; süßer Geruch, Feigen und Malz; am Austrocknen, schlank, schmackhaft. Eher eine Kuriosität.
*Im Februar 1986 verkostet ★★*

EIRA VELHA, QUINTA Schöne Farbe, süß, pfeffrig, sehr schmackhaft.
*1980 ★★(★)*

REBELLO VALENTE Ziemlich süß, hübsches Gewicht, weich, elegant, recht schlank, gute Säure.
*Zwei Bewertungen 1985 ★★★*

ROSA, QUINTA DE LA Mittelblaß, gute Entwicklung in der Farbe, aber immer noch recht hart und alkoholisch in der Nase. Setzt süß ein, geht trocken ab. Angenehmer Geschmack in der Mitte, aber mager und ohne Länge.
*November 1988 ★★*

## 1973

*Witterungsverlauf dem Vorjahr 1972 nicht unähnlich. Nicht deklariert.*

## 1974 ★

*Jahrgang verdorben durch starken Regen. Reichliche Ernte, aber meist von mittelmäßiger Qualität.*

WARRE Spät abgefüllt. Sehr tief, schnörkellos, angenehm.
*Juli 1987 ★★*

EIRA VELHA, QUINTA Süß, positiv, recht ordentlich.
*1980 ★★*

FEIST (Barros Almeida). Süß, schmackhaft, schmeichelnd.
*Oktober 1986 ★★*

ROZES Süß, voll im Geschmack, rosinenartig.
*1982 ★★*

# 1975 **

*Milder Winter, warmer Frühling, heißer und trockener Sommer. Regen Anfang und Ende September. Lese Anfang Oktober. Seltenes Beispiel für einen Portwein-Jahrgang, der die ursprünglichen begeistert optimistischen Erwartungen nicht erfüllte. Ich vermute, daß die 17 großen Handelshäuser, die den Wein trotz der qualitativen Nähe zu den hervorragenden 77ern deklarierten, vor dem starken Regen im Frühherbst die Augen verschlossen. Gewissermaßen ins Wasser gefallen. Die erste offiziell im Herkunftsland vorzunehmende Abfüllung eines von vielen Häusern deklarierten Jahrgangs hatte keinen guten Start. Wenn die 75er nicht einen «zweiten Frühling», einen «Altweibersommer» oder einen «Schwanengesang» erleben, sehe ich keine große Zukunft für sie.*

**COCKBURN** Undurchsichtig zum Zeitpunkt der Abfüllung, aber beträchtlicher Farbverlust bis Mitte der 80er Jahre. Seltsame, stielige Nase, wie nasses Stroh; süß, fruchtig, alkoholisch.
*Zuletzt im Dezember 1993 verkostet ★★ Bald trinken.*

**CROFT** Zwei Bewertungen, in den frühen 80er Jahren. Pflaumenfarben; hübsche Frucht; gut umhüllt und gute Länge. Ganz kürzlich: unentschieden, obwohl frisch und ganz attraktiv.
*Zuletztmals probiert im Dezember 1993 ★★★ Bald trinken.*

**DELAFORCE** Relativ blaß, ins Rötliche spielend, ansprechend; schokoladige, malzige Nase; süßer, relativ leichter Muskatellergeschmack, schlank.
*Zuletzt bewertet auf einer Delaforce-Degustation im April 1989 ★★ Jetzt trinken.*

**DOW** Bei der Abfüllung verkostet, gut über 15 Bewertungen. Sehr eindrücklich in jungen Jahren, gleichbleibend gute Urteile, aber schien im Alter von zehn Jahren seine beste Zeit zu haben. Etwas Farbverlust, aber trotzdem immer noch jugendlich und leuchtend im Aussehen; duftiges Bukett, Haselnüsse und Lakritze; ziemlich süß, ordentliches Gewicht, weich und doch lebhaft, schlank, würzig, gute Länge, attraktiv.
*Zuletzt im November 1993 verkostet ★★★(★) Jetzt bis 2010.*

**FERREIRA** 1977 undurchsichtig, rauh, kraftvoll. Elf Jahre später mitteltief, immer noch etwas Rot; sehr süß, mittelgewichtig, recht schmackhaft. Fernando d'Almeida, der ehrenwerte Kellermeister, meinte, er sei nicht sehr gut, ungefähr wie der 1917er, werde aber, paradoxerweise, am besten sein, wenn er sehr alt sei.
*Zuletzt im März 1988 verkostet ★★★(★)*

**FONSECA** Anfangs mächtig, undurchsichtig, sehr süß, jetzt ein mitteltiefes Rubinrot; mäßig in Süße und Körper, lebhafter, guter Geschmack, aber nicht Fonsecas in Bestform.
*Zuletzt im September 1992 verkostet ★★★ Bis 1995 trinken.*

**GOULD CAMPBELL** 1977 purpurfarben und gefällig, Mitte der 80er Jahre schön im Ausbau. Jetzt blaß, ziemlich schwach; nussig – Walnüsse; halbsüß, voller, als er aussieht, recht origineller Geschmack.
*Zuletzt im Dezember 1992 verkostet ★★★ Bald trinken.*

**GRAHAM** Ebenfalls eindrucksvoll purpurfarben in jungen Jahren, aber 16 Bewertungen seit 1983 lassen erkennen, daß er wahrscheinlich mit zehn bis zwölf Jahren am besten war. Jetzt sichtlich weit ausgebaut, etwas schwach am Rand; Geruch nach braunem Zucker und Feigen, nicht völlig verwoben; immer noch ziemlich süß, es fehlt ein wenig an Fülle, aber recht gut, schmackhaft, mit erfrischend trockenem Abgang.
*Zuletzt im Dezember 1993 bewertet ★★★ Bald trinken.*

**NOVAL, QUINTA** Das Purpurrot der Jugend jetzt blasser und schön gereift; Bukett wahrscheinlich optimal entfaltet; ziemlich süß, Walnußgeschmack, gut strukturiert.
*Zuletzt im November 1989 verkostet ★★ Bald trinken.*

**NOVAL NACIONAL** Zwei Bewertungen. Ziemlich tief und reich in Farbe, Geruch und Geschmack. Merkwürdige süße, feigenartige Nase; kraftvoll, konzentriert, gerbstoffreich, unfertig.
*Zuletzt auf der Noval-Degustation vom November 1989 bewertet ★(★★★) Von 1995 bis ins 21. Jahrhundert.*

**REBELLO VALENTE** Nie sehr tief und voll gewesen, jetzt recht schwach und wäßrig mit einem Hauch von Malz und Eisen in der Nase. Relativ süß, ziemlich leicht. Trockener Abgang.
*Zuletzt im November 1988 verkostet ★ Austrinken.*

**SANDEMAN** Blaß, ausgereift; sehr süße Vanille-Nase; intensive Süße am Gaumen trotz leichtem Stil und Gewicht. Eingängig. Attraktiv. Trockener Abgang.
*Zuletzt im Oktober 1988 verkostet. Austrinken.*

**SMITH WOODHOUSE** Jetzt gefällig, aber pflaumenfarben; traubig, Anflug von Mandarine; süß, überraschend kraftvoll, trotzdem weich und eingängig. Trockener Abgang.
*Zuletzt im Dezember 1990 verkostet ★★★ Bis 1998.*

TAYLOR Bei weitem der beste 75er. 1977 ungemein eindrücklich, und trotz Abnahme Anfang der 8oer Jahre in Konzentration, Reichtum und Süße, immer noch relativ tief, jugendliche Pflaumenfarbe; hart, backpflaumenartige Frucht; sehr süß, recht kraftvoll, streng, schlank und doch füllig für einen 75er, trockener, tanninbetonter Abgang. Zeigt jetzt etwas Reife, obwohl noch immer hart. Hübscher Geschmack, mit dem Taylor-«Griff».
*Zuletzt probiert im Dezember 1993* ★★★(★) *1995 bis 2010.*

WARRE Mehr Aufzeichnungen als über jeden anderen, 16 seit 1980. Seine Veränderung im Aussehen ging von undurchsichtig 1977, pflaumenfarben 1980, nicht so tief, aber immer noch ziemlich pflaumenfarben 1983, eine Idee Rot 1987 bis zu mitteltief, ausgebaut, mit schwachem Tawny-Rand 1988. Parallel dazu ist der Geruch von einer jugendlich stieligen, alkoholischen Art ausgegangen, hat Mitte der 8oer Jahre Duftigkeit entwickelt und neuerdings eine erfrischende Zitrusnote und eine schlanke, fruchtige Art erhalten. Am Gaumen ging es von süß, voll und reich über eine elegante, ansprechende Phase mit zehn Jahren zu einer gewissen Schlankheit, zu Gewichtsverlust, immer noch elegant, aber ohne die Länge eines wirklich guten Jahrgangs.
*Januar 1993* ★★★ *Bis 2000.*

ANDERE 75ER:

BUTLER NEPHEW Anfang der 8oer Jahre wenig beeindruckend.

EIRA VELHA, QUINTA Mit fünf Jahren blaß, Böcksergeruch, hoher Säuregehalt. Zugegeben nur einmal verkostet.

FOZ, QUINTA Recht ordentlicher, leichter Mittagsport.
*Im März 1988 verkostet* ★★

GONZALEZ BYASS 1980 rubinrot, süß, fett, nicht schlecht ★★

GOULD CAMPBELL 1977 purpurfarben und einnehmend, Mitte der 8oer Jahre schön im Ausbau, recht origineller Geschmack ★★

MARTINEZ 1977 eindrucksvoll, 1986 gute Entwicklung, schöne Farbe, ein bißchen hart, schlank und pfeffrig. Neuverkostung ★★★ ?

OFFLEY 1977 voll, fett und reich, mit zehn Jahren ansprechend und eben fertig, 1987 halbsüß, relativ leicht und erfrischend ★★

POCAS JUNIOR Schwacher Rand; angesengter, rosinenartiger Geruch und Geschmack, sehr süß, recht ordentlich in den frühen 8oer Jahren, seitdem nicht mehr verkostet ★★

QUAYLES HARRIS Hohe flüchtige Säure, aber süß und angenehm.
*Im Dezember 1992* ★★

ROZES Hochgetönt, alkoholisch, sehr süß, voll im Geschmack und ordentliche Qualität, fruchtig, kirschenartig in den frühen 8oer Jahren ★★

# 1976 ★

*Trockenheit vom Winter bis Ende August. Starker Regen Ende September. Nicht deklariert, aber es gab einige ordentliche Weine, von denen die besten als Single-Quinta-Weine oder LBVs herauskamen. Zum Trinken, nicht zum Aufheben.*

GRAHAM'S MALVEDOS Mehrere Bewertungen von Mitte der 8oer Jahre an. Lebhaft in Farbe und Art. Süßer, guter Geschmack, ordentliche Struktur. Erfrischende, zitrusartige Elemente, eine Spur Gerbstoffbitterkeit.
*Zuletzt im Mai 1992 verkostet* ★ *Bald trinken.*

NOVAL Spät abgefüllt, wahrscheinlich 1980/81. Relativ tiefes Rubinrot, trinkbar, aber nicht denkwürdig.
*Verkostet 1982. Inzwischen nicht mehr auf dem Markt. Wohl nicht schade drum.*

SMITH WOODHOUSE 1980 abgefüllt. Ein schlanker, ansprechender LBV.
*Juni 1988* ★★

WARRE 1980 abgefüllt. Recht eindringlicher Geschmack. Frisch. Gute Länge.
*Juni 1988* ★★★

# 1977 ★★★★★

*Nasser Winter, kalter Frühling und kühler Sommer verzögerten die Entwicklung. Das Wetter besserte sich Anfang September, und darauf folgte der heißeste Herbst seit 1963. Deklariert von zwanzig Firmen, wichtige Ausnahmen waren Martinez, Noval und Cockburn. Letzterer hat zugegeben, daß das ein Fehlurteil war. Aber es war überhaupt eine Zeit recht merkwürdiger marktpolitischer Entscheidungen. Ob das an den Leitern von Cockburn und Martinez vor Ort oder an ihren Chefs in England lag, habe ich nicht herausgebracht. Die großen Portweinhäuser und ihre Londoner Makler führten im November 1979, kurz nachdem die 77er abgefüllt worden waren, eine Degustation bei Christie's durch, bei der die Mehrzahl meiner ersten Aufzeichnungen über den Jahrgang entstand.*

CROFT Auf der Degustation von 77ern bei Christie's: dicht schwarz, backpflaumenartig, geschmacksintensiv, hoher Säuregehalt. Acht Jahre später immer noch ziemlich tief und relativ unreif; Nase verhalten; süß, körperreich, elegant, gute Länge, pfeffriger Alkohol, Tannin und Säure. Beim letzten Mal Beginn der Reife; Bukett öffnete sich; reicher, ziemlich schokoladiger Geschmack. Gute Zukunft.
*Zuletzt im Oktober 1991 verkostet ★★(★★) 1995 bis 2050.*

DELAFORCE 1979 täuschend leichter Stil. Mehrere Bewertungen zehn Jahre später. Immer noch jugendlich; Feigen, Lakritze und Malz; süß, voll im Geschmack, reichlich Tannin und Säure.
*Zuletzt im September 1989 verkostet ★(★★★) 1995 bis 2015.*

DOW 1979 lebhaftes Rubin-Purpurrot; alkoholischer Geruch; süß, voll, dabei geschmeidig. Alle Weinkomponenten in Hülle und Fülle. 16 gut verteilte Bewertungen belegten später für die Mitte der 80er Jahre den beginnenden Farbverlust, trotzdem immer noch rubinrot, intensiv, durchscheinend. Geruch unendlich faszinierend, süße, feigenartige Frucht, ein Spritzer Mandarine, cognacartiger Alkohol, fest verwoben, aber Duftentwicklung. Abgesehen von einer holzigen Flasche mit leichtem Korkgeschmack kürzlich sonst durchweg aufregender Geschmack, jetzt halbsüß, ziemlich voller Körper, reich, intensiv, fast explosive Eindringlichkeit, mit dem «Griff» eines guten Vintage und einem langen, schlanken, trockenen Abgang.
*Zuletzt im Oktober 1992 verkostet ★★★(★★) 1995 bis 2050.*

FERREIRA Im November 1979 tiefes pflaumiges Purpurrot; süß, aber roh. Proben aus zwei halben Flaschen 1980 waren voll Frucht, beeindruckend. Zuletzt: mitteltief; Nase leicht, aber angenehm, teeartiger Duft; süß, ordentliches Gewicht, relativ leichter Stil, dennoch Tannin und Säure spürbar.
*Zuletzt im Juli 1990 verkostet ★★★(★) Bis 2010.*

FONSECA Sehr eindrücklich auf der Eröffnungs-Degustation: tief purpurfarben; harte, alkoholische Nase; kraftvoll, ausgewogen. Zuletzt: perfekte Farbe, immer noch ziemlich tief, Pflaumenton; klassischer, immer noch hart Fruchtgeruch, schwarze Kirschen; sehr süß, ziemlich voller Körper, reich, schöne Struktur. Große Zukunft.
*Zuletzt im April 1990 verkostet ★★★(★★) Bis 2020 oder darüber hinaus.*

GOULD CAMPBELL Ungemein beeindruckend bei zwei Degustationen im November 1979 und mit Sicherheit einer meiner Lieblings-77er: sehr tief, rotschwarzes Zentrum, purpurfarbener Rand. Trotz dieser Erscheinung in Geruch und Geschmack ein süßer, eingängiger, ansprechender Wein. Erst 1990 wieder verkostet bei einem Vergleich von Smith-Woodhouse- und Gould-Campbell-Jahrgängen im Symington-Degustationsraum in Vila Nova de Gaia. Immer noch bemerkenswert tief, purpurfarben, intensiv; süße, zurückhaltende Nase mit einem sonderbaren Ton, der mich an Speckrinde erinnerte (1979 notierte ich noch «gehaltvoll»). Teeähnliches Bukett. Pfeffrig. Schlank. Trockener Abgang. Gute Zukunft – zweifellos vom Rang einer *Grande marque*.
*Zuletzt im Dezember 1992 verkostet ★★(★★) 1995 bis gut über 2010 hinaus.*

GRAHAM 14 Bewertungen seit 1979, als er noch eine schwarzrote Farbe hatte; mächtiger, fruchtiger, fast apfelartiger Geruch, grüne Blätter; sehr süß, voll, reich, aber eckig. Ganz allmählicher Farbverlust, aber immer noch ziemlich tief, pflaumenfarben und gerade die ersten Anfänge des Ausbaus; außerordentliche Mélange von Düften, reine Lakritze, Feigen, Erdbeeren, mit zitrusfruchtiger Lebhaftigkeit; süß, körperreich, füllig, weich, Frucht, Gleichgewicht und Rückgrat vorzüglich. Geschmack wie *«Pontefract cakes»* – wie man sie früher in Yorkshire machte. Große Zukunft.
*Zuletzt im Oktober 1992 verkostet ★★(★★★) 1995 bis 2050.*

NIEPOORT Zwei Bewertungen, die erste 1985: tief kirschrot, reich; gute Nase, Walnüsse; süß, voll, ungewöhnlich, aber schön in Geschmack und Säure. Abermals «ungewöhnlich« notiert, sehr duftig, Extrakt und Tiefe ansehnlich. Gut, wenn auch etwas sehr eigen.
*Zuletzt im April 1990 verkostet ★★(★★) Bis 2010.*

OFFLEY BOA VISTA Ein überraschend kurzer Korken für einen Vintage, der Flaschenalterung benötigt. Tief, pflaumenfarben; merkwürdiger Geruch, malzig, nasse Decken und Feigen; süß, relativ voll, schlank, scharf, würzig.
*Zuletzt im Dezember 1988 verkostet ★(★★) 1995 bis 2010, sofern die Korken mitmachen.*

QUARLES HARRIS Extrem gut. Schien sich rasch entwickeln zu wollen, aber das täuschte, denn er ist immer noch sehr tief; reich, voll Frucht; ein süßer, wuchtiger, gut bepackter Wein mit hohem Alkoholgehalt und guter Länge.
*Zuletzt im Dezember 1993 verkostet ★★★(★) 1995 bis 2020.*

SANDEMAN Auf der Eröffnungsdegustation bei Christie's: undurchsichtig, rostbraun-purpurfarben; ein bißchen schlank und alkoholisch, aber mit gutem Potential. Fünf Jahre später köstlich, aber unfertig. Jetzt mitteltief, immer noch jugendlich im Aussehen trotz Anfängen von Reife; Nase reich und doch immer noch hart, Lakritze, Tiefe; sehr

süß, ziemlich körperreich, gute Entwicklung, alkoholischer, pfeffriger Abgang.
*Zuletzt im November 1989 verkostet ★★(★★) 1995 bis 2010.*

SMITH WOODHOUSE 1980 abgefüllt, eine Probe allerdings schon auf der Degustation von 1979 vorgeführt: schwarz, Rubinrand; leicht angesengte Nase, Backpflaumen und Brombeeren; sehr fett, üppig. 1983 lebhafter, fruchtiger, ausgeprägter Geschmack. Zwei neuere Bewertungen: sehr tief, immer noch unreif im Aussehen; reiche, feigenartige, leicht malzige Nase und Geschmack entsprechend. Süß, körperreich, scharfe, alkoholische Art, immer noch gut mit Tannin und Säure versehen. Der 77er ist eindeutig keine Symington-Marke zweiter Wahl.
*Zuletzt im Dezember 1990 verkostet (★★★★) Von 1995 bis gut über 2015 hinaus.*

TAYLOR 1979 auf der Eröffnungsdegustation bei Christie's schwarz; harmonisch, aber verschlossen; konzentriert, aber gezügelt. Tief und ziemlich intensiv nach einem Jahrzehnt; genauso tiefe und reiche Nase, angesengte Rosinen und Lakritze; süß, körperreich, kraftvoll, bepackt mit allen erforderlichen Komponenten, energisch, große Länge. Klassisch.
*Zuletzt verkostet im März 1992 (★★★★★) 2000 bis 2050.*

WARRE 1979 sehr tief, hart, Teeblattgeschmack. Zwanzig Aufzeichnungen zeigen eine langsame, aber stetige Entwicklung. Jetzt heranreifend; duftig, wieder «Tee» notiert, parfümierte, die Speicheldrüsen anregende Säure; süß, relativ voll, ein phantastischer Wein, geschmeidig, zitrusartig, würzig, schöne Struktur, Länge und Abgang gut.
*Zuletzt verkostet im Dezember 1993 ★★★★(★) 1995 bis 2040*

ANDERE 77ER:

CALÈM Süß, beladen mit Frucht. Eindrucksvoll.
*Oktober 1986 (★★★★)*

DIEZ Schöne Farbabstufung; Geruch zögerlich, aber einiges Potential; süß, körperreich – merklich hoher Alkoholgehalt, reich, gute Länge.
*April 1990 ★(★★★)*

FEUERHEERD Blaß und wenig eindrücklich.
*Juli 1987.*

FOZ, QUINTA Sehr süß, voll Frucht, schön.
*März 1988 ★★(★★)*

ROYAL OPORTO Recht tiefes Purpurrot; süß, rosinenartig, harmonisch; backpflaumenartiger Geschmack.
*Februar 1986 ★(★★)*

# 1978 ★★

*Kein leichtes Jahr. Auf naßkalten Winter, Frühling und Frühsommer folgte Trockenheit von Ende Juni bis Anfang Oktober. Große Hitze im September. Ergebnis: eine kleine Ernte fülliger Weine. Noval, das den 77er nicht deklarierte, tat es dafür beim 78er – mit gutem Grund. Aber das Jahr fällt auf durch eine wachsende Anzahl von weiteren Single-Quinta-Weine.*

CROFT'S QUINTA DA ROEDA Dieses schöne Weingut ist Crofts Gegenstück zu Malvedos von Graham und Vargellas von Taylor. Relativ blaß, jugendlich, ein bißchen schwach; leicht alkoholisch, süß, anständige Qualität und Länge.
*April 1988 ★★*

DELAFORCE'S QUINTA DA CORTE Der erste Jahrgang, den Delaforce als Single-Quinta-Wein auf den Markt brachte. Zweimal verkostet. Relativ blaß, Stich ins Rosige; «warme», rosinen- und feigenartige Nase; ziemlich süß, eingängig, trocken, leicht bitterer Abgang.
*Zuletzt im April 1988 verkostet ★★*

DOW'S QUINTA DO BOMFIM Wenige Fußminuten von dem bezaubernden Bahnhof in Pinhão entfernt liegt Dows Weinbereitungszentrum am Douro. Der 78er Bomfim hat eine gute Farbe, eine gehaltvolle Nase und ist süß, recht körperreich, mit Feigen- und Brombeergeschmack. Reich und doch mit trockenem Abgang.
*Juni 1988 ★★(★)*

FERREIRA Zwei Bewertungen, die erste zehn Jahre nach der Lese: überraschend tiefe Farbe; große Kraft; süß, mächtig, voll Frucht, Tannin und Säure. Immer noch sehr eindrucksvoll; füllig, schön.
*Zuletzt im Juli 1990 verkostet ★★(★★★) 1995 bis 2020.*

GRAHAM'S MALVEDOS Sieben Bewertungen. Ein köstlicher Wein. Gute Farbe; sehr attraktive Nase, leicht rosinenartig, ein Hauch von Lakritze; ziemlich süß, mittelgewichtig, weich, füllig.
*Zuletzt im November 1992 verkostet ★★★(★) Bald trinken.*

HARVEY'S EIRA VELHA Abgefüllt im Januar 1981. Ein eher irreführender Name, da diese berühmte alte Quinta nach wie vor der Familie Newman gehört. Aber der Wein wird von Cockburn ausgebaut und abgefüllt und jetzt exklusiv von *Harvey's of Bristol* vertrieben. Bei der ersten Verkostung vor der Abfüllung, genau zwei Jahre nach der Ernte, war er recht eindrücklich, erfreulich in Gehalt und Gleichgewicht. Mitte der 80er Jahre ein tiefes, lebhaftes Rubinrot; Bukett verhalten; halbsüß, mittelgewichtig, ein wenig schlanker

als erwartet. Ich fand den Stil eigenartig. Neuverkostung erforderlich.
*Zuletzt im Oktober 1986 verkostet ★★?*

KOPKE Noch ein berühmter alter Name, aber einer, der in England relativ wenig bekannt ist. Ich fand den 78er sehr süß, aber kurz.
*Oktober 1986 ★★*

NOVAL, QUINTA Reife; recht harter Geruch, ein Hauch von Mandarine; süß, ordentlich in Gewicht und Stil. Feminin und schmackhaft.
*Auf der Noval-Degustation vom November 1989 ★★(★) Kann jetzt getrunken werden, wird sich aber halten.*

NOVAL NACIONAL Pflaumenfarben; reiche, ausladende, sehr feigenartige Nase von großer Tiefe; sehr süß, voller Körper, reich, fett, konzentriert.
*November 1989 ★(★★★) Große Zukunft.*

ROSA, QUINTA DE LA Überraschend blaß; unreifer Geruch, erinnerte mich an Apfelgriebs; halbsüß, ziemlich kraftvoll, frische Frucht, immer noch tanninreich. Ich vermute, die Farbe ging auf der Quinta im Faß verloren.
*November 1988 (★★)*

ROYAL OPORTO Ein Massenproduzent, eines der größten Portweinhäuser. Von den Briten (zu Hause und vor Ort) ein wenig abschätzig betrachtet, aber in Amerika ein Verkaufsschlager. Vier Bewertungen Mitte der 8oer Jahre. Voll ausgebaut im Aussehen; hatte die Süße und (fast) den Reichtum von Feigensirup, weich und gefällig.
*Zuletzt im Juni 1987 verkostet ★★*

TAYLOR'S VARGELLAS Ich hatte im November 1979 die ungewöhnliche Gelegenheit, einzelne Traubensorten, die in unterschiedlichen Lagen dieses berühmten Weinguts gewachsen waren, aus dem Faß zu probieren. «TN» (Touriga Nacional) war farblich unglaublich tief, ein frisch hervortretendes Purpurrot, süß und fest. «Roris» (Tinta Roriz) war ebenfalls tief, aber nicht so lebhaft. Geruch und Geschmack weicher, offener strukturiert. «Mistura» (Mischung verschiedener Sorten) der entgegenkommendste in der Nase, süß, Fett und Frucht schön. Sicherlich vielversprechende Komponenten. Noch immer jugendlich; ziemlich süß, gut trotz gewisser Schlankheit.
*Zuletzt probiert am «Benevolent Banquet», das ich im Mai 1992 präsidierte ★★★*

WARRE'S QUINTA DA CAVADINHA Ein alter Weinberg, dessen Wein früher jedoch nicht als Single-Quinta-Wein vermarktet wurde. Die Trauben werden hier spät reif. Nach acht Jahren in der Flasche fand ich die Nase ein bißchen alkoholisch und wie nasse Pappe. Sehr süß, relativ voll, lebhaft, schlank und ansprechend. Noch immer eine

ganze Menge Tannin und zitrusartige erfrischende Säure.
*Juni 1988 ★★(★)*

## 1979 ★★

*Wieder ein Dürresommer bis zum starken Regen kurz vor der Ernte Ende September. Reiche Menge, überdurchschnittliche Qualität, aber nicht deklariert. Es kamen ein paar brauchbare LBVs auf den Markt. Sie sollten wirklich ziemlich bald getrunken werden.*

DOW'S LBV Scheint über einen Zeitraum von drei Jahren abgefüllt worden zu sein: 1983 (bald nach der Abfüllung verkostet) herzhaft, aber roh; die Abfüllung von 1984 war 1985 angenehm fruchtig; und die Abfüllung von 1985: eine Mélange in der Nase, sehr süß und weich, betont traubiger Geschmack, aber kurz.
*Verkostet 1986 und 1987.*

GRAHAM'S MALVEDOS Sehr schöner süßer, relativ voll, lebhaft, fruchtiger Geschmack. Erfrischend säurebetonter Abgang.
*Zuletzt im Mai 1992 verkostet ★★*

## 1980 ★★★

*Ein guter Jahrgang, jetzt aktuell und gut zu trinken, weil der Tanningehalt unter dem 83er liegt und weil man noch auf den Ausbau der 85er und 77er warten muß. Ein besonders trockener Sommer, die Lese begann gegen Ende September bei schönem, trockenem Wetter. Cockburn, Martinez und Noval deklarierten den Jahrgang nicht, die Symington-Gruppe dagegen tat es und hält ihn für einen sehr unterbewerteten Jahrgang. Die meisten meiner neueren Aufzeichnungen über die Jahrgänge 1980, 1982, 1983 und 1985 stammen von einer Degustation für Weinautoren und den Handel, die Tim Stanley-Clark im Juni 1990 bei Christie's veranstaltete.*

BARROS Ein sehr portugiesischer Port im Gegensatz zum britischen Stil, tief, intensiv; süßer, voller, pflaumiger, schokoladiger Wein mit duftigem Nachgeschmack.
*Oktober 1986 ★★★ Bis 2000.*

CALÈM Mitteltief, baut sich gut aus; sehr süß, Schokolade und Vanille in Bukett und Geschmack. Reich, feigenartig, weich, gute Länge. Machte einen guten Eindruck.
*Juni 1990 ★★★ Bis 2000.*

CROFT Keine Deklaration, dafür wurde ein LBV erzeugt. Undurchsichtig, backpflaumenartig, süß, Zitrus, scharfer, säurebetonter Abgang.

*Zuletzt im Januar 1988 verkostet ★ Bald zu trinken.*

**DOW** Erstmals auf einer Degustation bewertet, die Michael Symington bei Christopher's gab, um den Dow-Jahrgang 1980 vorzustellen. Vor der endgültigen Komposition gab es sechs *lotes* aus den Lagerhäusern, Weine aus verschiedenen Traubensorten und verschiedenen Anbaugebieten, alle natürlich von 1980. Beispielsweise «BFQTA», ein Wein von zwei niedrigen Lagen am Nordufer des Douro bei Pinhão, bereitet auf Dows do Bomfim: ein zäher, bitterer Wein, allein unausgewogen, aber ein wesentlicher Bestandteil des Ganzen. «URT», ein Single-Quinta-Wein vom oberen Rio Torto. Ein hoher Anteil alter Reben: undurchsichtig, für mich sehr klassisch. Eine ähnliche Degustation von individuellen Rebsorten des Jahrganges und dem endgültigen 8oer Vintage wurde von Michael Symington im September darauf veranstaltet. Nach einem Jahr in der Flasche war die Komposition immer noch hart und feigenartig in der Nase, süß, scharf und alkoholisch am Gaumen. Nach noch einmal zwei Jahren in der Flasche: entwickelte sich gut, weicher, zeigte mehr Fülle. Zuletzt: immer noch eindrucksvoll tief und intensiv; recht stielig in der Nase, ein Hauch von Lakritze; sehr süß, relativ voll, schmackhaft. Viel Alkohol, Tannin und Säure. Braucht Zeit.
*Zuletzt im Juni 1990 verkostet (★★★) 1995 bis 2020?*

**FERREIRA** Recht tief, aber baut sich rasch aus; eigentümlich hochgetönte, aber harmonische Nase; süß, relativ voll, gefällig, ordentliche Säure.
*März 1988 ★★(★) Bald trinken.*

**FONSECA** Nicht sehr tief, aber nach sechs Jahren in der Flasche immer noch ein jugendlicher Farbton; zurückhaltend, feigenartig, reich, obgleich immer noch hart; süß, mittelschwer, schnörkellos, scharfer, trockener Abgang. Nach weiteren zwei Jahren: beträchtliche Reife zu erkennen; süß, schokoladig; alkoholische, pfeffrige Nase, parfümiert, attraktiv. Sehr süß neben anderen 8oern, voller, als er aussah, aber doch eher auf der schlanken Seite. Trockener Abgang.
*Zuletzt im Juni 1990 verkostet ★(★★) Bis 2010.*

**FOZ, QUINTA** Weiche, reiche, gehaltvolle Nase; sehr süß, voll, fruchtig.
*Oktober 1986 ★★(★) Bald trinken.*

**GOULD CAMPBELL** Drei neuere Bewertungen. War auf der großen Degustation im Juni und sechs Monate später recht gut. Praktisch undurchsichtig, immer noch ein pflaumiges, unreifes Purpurrot; reiche, feigenartige, harmonische Nase; süß, voll Geschmack und Körper, sehr reich, gute Frucht, fett für einen 8oer, gute Länge.
*Zuletzt im Dezember 1992 verkostet ★★★(★) Jetzt bis gut über das Jahr 2000 hinaus.*

**GRAHAM** Sieben Bewertungen von Mitte der 8oer Jahre an. Noch immer eindrücklich tief und intensiv, doch ist etwas Entwicklung zu erkennen; recht harte, würzige, eigentümliche, gedämpfte, leicht rosinenartige Nase; süß, ziemlich körperreich, jugendlicher, feigenartiger Geschmack. Schlank, pfeffrig, würzig, gerbstoffreich.
*Zuletzt im Mai 1991 verkostet ★(★★★)? Jetzt bis 2010.*

**HUTCHESON** (Im Besitz von Barros Almeida). Tief, lebhaft, pflaumenfarben; sehr süß, alkoholisch; süß, reich, fest. Harter Abgang.
*Oktober 1986 ★★(★) Bis 2000.*

**NIEPOORT** Vier Bewertungen Mitte der 8oer Jahre: angesengte Walnüsse und Rosinen; sehr süß, reich, weich. Sehr ordentlicher Wein. Zwei in neuerer Zeit: immer noch tief und jugendlich; fast übermäßig süß im Geruch, reife Feigen; mittelvoller Körper, sehr ansprechende Frucht. Trockener Abgang.
*Zuletzt im Oktober 1990 verkostet ★★★(★) Bis 2000.*

**OFFLEY** Recht tief, immer noch leicht pflaumenfarben; schlank, scharfe Frucht in der Nase. Später ein leiser Holzton. Süß, ziemlich körperreich, recht stielig und alkoholisch.
*Juni 1990 ★ Austrinken.*

**QUARLES HARRIS** Mitteltief, pflaumenfarben; süß, leicht schokoladig, feigenartig in Geruch und Geschmack. Duftig. Reich. Guter Tannin- und Säuregehalt.
*Zuletzt verkostet im Dezember 1992 ★★★(★) Jetzt bis 2000.*

**REBELLO VALENTE** Mitteltief, im Ausbau; süße, klassische, vanillartige Nase mit etwas Tiefe; süß, mittelgewichtig, schlank, aber wohlgeformt, schöner Geschmack, gute Länge.
*Juni 1990 ★★★ Bis 2000.*

**ROYAL OPORTO** Nach nur vier Jahren in der Flasche schon fast reif. Geruch nach warmen Nüssen und Rosinen; süß, füllig. Zwei dürftige Flaschen bei der vergleichenden Degustation vor einiger Zeit: blaß, schwacher Rand; hoher Gehalt an flüchtiger Säure; süß, dünn und scharf. Nicht zu empfehlen.
*Zuletzt im Juni 1990 verkostet.*

**SANDEMAN** Tiefe, Gewicht und Frucht vor und kurz nach der Abfüllung eindrücklich. Nach sechs Jahren in der Flasche immer noch tief, intensiv und unreif aussehend; zurückhaltend, wenn auch etwas Tiefe; ziemlich süß, ziemlich körperreich, schmackhaft, mäßige Länge, Tannin und erfrischende Säure. Zuletzt: erste Anzeichen des Aus-

baus; schnörkellose, recht alkoholische Nase; ordentliches Gewicht, nervig, schmackhaft.
*Zuletzt im Mai 1991 verkostet ★★(★) Bis 2000.*

SMITH WOODHOUSE Meine höchste Note von den 14 im Juni 1990 bei Christie's blind verkosteten 8oern. Genauso eindrucksvoll bei dem von James Symington veranstalteten Vergleich: bemerkenswert tief, pflaumenfarben; sehr entgegenkommende Frucht in der Nase, reich, fast malzig; sehr süß, körperreich, schöner Geschmack, mit Intensität und Länge.
*Dezember 1990 ★★(★★) Jetzt bis 2000 und länger.*

TAYLOR Undurchsichtig, purpurfarben; sehr alkoholreich, aber stumm; süß, körperreich, mit bitterem, tanninbetontem Abgang im Dezember 1982. Jetzt mitteltief, pflaumenfarben; zurückhaltendes, harmonisches, reiches und doch ätherisches Bukett; ziemlich süß, öffnete sich sehr gefällig, guter Geschmack, Länge und Abgang passabel. Schlanker als der 83er.
*Zuletzt im März 1992 verkostet ★★(★) 1995 bis 2010.*

WARRE Nur eine neuere Bewertung: mitteltief, reich, pflaumenfarben; süße, recht duftige Nase, allerdings immer noch mit unverbundenem pfeffrigen Alkohol; sehr süß, ziemlich körperreich, trotz seiner «Schärfe», sehr attraktiv. Gefällig und bald fertig.
*Juni 1990 ★(★★) Bis 2000.*

# 1981

*Nicht deklariert. Bekannt für einige einigermaßen erfolgreiche LBV-Ports. Der Rest wurde wie gewohnt für Standard-Verschnitte genommen.*

DOW'S Spät abgefüllt, 1986. Relativ blaß; unverwoben; sehr süß, angenehm, eingängig, kurz. Trockener, säurebetonter Abgang.
*April 1987 ★ Austrinken.*

GRAHAM'S LBV Etwas Tiefe, lebhaft.
*Zuletzt im April 1988 verkostet ★★*

NIEPOORT 1986 abgefüllt. Mitteltief, im Ausbau; gute Frucht, erinnerte mich an *Mincemeat* (süße Pastetenfüllung aus Dörrobst und Sirup). Sehr süß. Gute Frucht. Körper und Gleichgewicht ordentlich. Trockener Abgang.
*Januar 1993 ★★★*

SMITH WOODHOUSE «TRADITIONAL LBV» Acht Notizen. Bukett nach Zitrusfrucht und schwarzem Sirup; süß, gut in Frucht, Geschmack, Länge.
*Zuletzt verkostet Oktober 1992 ★★★*

TAYLOR'S LBV Sehr tief, sehr süß, körperreich, fruchtig und energisch.
*Bei der letzten Verkostung im November 1987 extrem gut ★★★*

# 1982 ★★★ bis ★★★★

*Zwölf Firmen. Einige – Cockburn, Graham, Warre, beispielsweise – fielen durch Absenz auf. Sie setzten auf den 83er. Sehr trockener Winter, etwas Frühlingsregen, aber der Sommer außergewöhnlich heiß und trocken. Eine der frühesten Weinlesen seit Menschengedenken, Anfang bis Mitte September. Die Ergebnisse sind, offen gesagt, gemischt, einige haben vier Sterne verdient. Doch diese Unsicherheit, was Qualität und Stil betrifft, wirkt verwirrend. Folglich werden einige derzeit deutlich unter Wert verkauft.*

CALÈM'S QUINTA DO FOZ Siehe Foz.

CHURCHILL GRAHAM Die Heirat zwischen Angehörigen der Familien Graham und Churchill rechtfertigte den Namen einer neuen Portweinmarke – der erste Neuling seit vielen Jahren. Es gab allerdings starke Einwände gegen die Verwendung von «Graham», wegen der möglichen Verwechslung. Ich war von Churchills neuer Portweinpalette nicht übermäßig beeindruckt, wenn auch der 82er bei seiner Verkostung 1984 eine recht beachtliche Farbtiefe besaß; jugendliche, stielige Nase, Feigensirup; hart, schlank, alkoholisch, aber ausreichend Länge und Potential. Auf der großen Degustation bei Christie's machte er mit einem hohen Gehalt an flüchtiger Säure und einem holzigen Ton einen schlechten Eindruck.
*Juni 1990. Noch mal probieren?*

CROFT Erstmals 1985 verkostet: ausladende, malzige Sultaninennase; süß, voll, Fülle und Frucht ordentlich. Gute Länge. Vier neuere Bewertungen: relativ blaß, rosiger Farbton, recht weit fortgeschritten für sein Alter. Bukett ebenfalls sehr entgegenkommend, rosinenartig, attraktiv auf seine Art. Sehr süß, beinahe schokoladig, voll Geschmack, stilvoll, seidige Tannine und lebhafte Säure. Mehr dran, als zunächst ins Auge fällt.
*Zuletzt im Dezember 1993 verkostet ★★★ Bis 2000.*

DELAFORCE Die erste Deklaration seit 1977. Begrenzte Menge. Zwei neuere Bewertungen: mitteltief, ansprechend, baut sich rasch aus; süßer, rosinenartiger, leicht malziger Geruch; süß am Gaumen, relativ voll, aber nervig, mit lebhaftem, fruchtigem Geschmack, Tannin und recht hohem Säuregehalt.
*Zuletzt im Juni 1990 verkostet ★★(★) Bis 2000.*

DOW Nur eine Bewertung, drei Jahre nach der Abfüllung: damals noch undurchsichtig, intensiv;

süß, voll, reich, ein wenig kurz und mit einer Idee Säure.
*April 1987 (★★)?*

FERREIRA Tief, immer noch unreif; stämmiger Geruch, Schmorpflaumen; sehr süß, körperreich, vollgepackt mit Frucht.
*März 1988 ★(★★) Bis 2010.*

FOZ, QUINTA 1986, nach zwei Jahren in der Flasche: tief, lebhaft, intensiv; jugendlich, fruchtig, alkoholisch. Zuletzt: immer noch eindrücklich tief, pflaumenfarben; gute Frucht; sehr süß, mittelvoller Körper, schöner Geschmack. Ein köstlicher Wein.
*Zuletzt im Juni 1990 verkostet ★★(★★) Bis 2010.*

GRAHAM'S MALVEDOS Tief, reich, pflaumenfarben; eigentümlich entfaltetes und offenes Aroma nach dicker Frucht, Feigen, Rosinen; sehr süß, glatt, mit etwas Fleisch und voll Frucht, Tannin und Säure.
*Zuletzt verkostet im Mai 1992 ★★★ Jetzt bis 2000.*

GRAHAM'S LBV Leider das Abfüllungsdatum nicht vermerkt. Ich fand ihn ziemlich schlank und zu trocken. Wie RD-Champagner: trinken, sobald er auf den Markt kommt. Nicht zum Aufheben.
*Verkostet im Juni 1990 ★*

GUIMARAEN'S QUINTA DO CRUZEIRO Tief; warme, krustige Nase; angenehm.
*Mai 1985. Damals (★★★) Bis 2000.*

MARTINEZ Spielt gegenüber dem mit viel Reklame promovierten Cockburn immer die zweite Geige, obwohl er denselben Besitzer hat. Meistens hervorragend – wie mit diesem 82er. Machte auf der großen Blindprobe im Juni 1990 und danach bei Cockburn einen guten Eindruck. Ziemlich tief, pflaumenfarben, beginnende Reife; sehr guter, reicher, intensiver, recht hochgetönter, feigen- und rosinenartiger Geruch; ein mächtiger, süßer Wein mit sehr attraktivem, leicht rosinenartigem Geschmack, ein bißchen schlank, doch hervorragend im Gleichgewicht.
*Zuletzt im Dezember 1990 verkostet ★★(★★) Beinahe eine Fünfsternezukunft. 1995 bis 2015.*

NIEPOORT Abfüllung nach zwei Jahren, wie üblich. Fünf Bewertungen seit Mitte der 8oer Jahre. Trotz einer intensiven Maulbeerfarbe im Jahr nach der Abfüllung schien ihm eine frühe Reife beschieden zu sein. Ein ungewöhnlicher Stil, schmeckte nach angesengten, stieligen Rosinen, ingwerartig, gehaltvoll. Attraktiv auf seine Art. Er paßte in seinem fünften Jahr sehr gut zu Erdbeeren, aber ich fand ihn in dem kürzlichen Vergleich von zehn 82ern ein bißchen hart und dumpf.
*Zuletzt im Juni 1990 verkostet ★★ Möglicherweise ★★(★) Jetzt bis 1998.*

NOVAL, QUINTA Der erste Jahrgang, der von der neuen Generation der Familie van Zeller deklariert wurde. Vier bewundernde Beurteilungen aus der Mitte der 8oer Jahre. Anfangs undurchsichtig, nach fünf Jahren in der Flasche immer noch ziemlich tief und sehr beeindruckend, intensiv, jugendlich; viel dran: tiefe, pflaumige Frucht mit einem Tanningeruch wie weiches Schuhleder, Feigen sowie Walnüsse. Süß, voller Körper, reich, hoher Extraktgehalt, Länge, Tannin und Säure exzellent. Zuletzt: wie beschrieben, jetzt mit ersten Anzeichen beginnender Reifung. Intensiv. Gutes Potential. Ein Spitzen-82er.
*Zuletzt im Juni 1990 verkostet ★(★★★) Jetzt bis 2020.*

NOVAL NACIONAL Im Februar 1985 abgefüllt. Überraschenderweise ein wenig blasser als der «normale» Noval, aber mit reichem, würzigem Geruch von großer Tiefe; süß, voll, reich, trockener Abgang.
*Auf der Noval-Degustation vom November 1989 (★★★★) 2000 bis 2030.*

OFFLEY Sehr tief, intensiv; zurückhaltend, immer noch recht hart und alkoholisch; süß, körperreich, eindringlich. Schöner Geschmack, aber unfertig.
*Juni 1990 ★(★★) Bis 2000.*

OFFLEY BOA VISTA LBV Malzig und – für mich – nicht attraktiv.
*Oktober 1990 verkostet (★★★) 1995 bis 2005.*

RAMOS-PINTO Zwei neuere Bewertungen: tief, unreif, süß, aber hart am Gaumen, mit einem Hauch von Minze und Feigen; süße, frisch, gut zur Geltung kommende Frucht, mächtig, schlank, aber wohlgeformt. Unfertig.
*Zuletzt verkostet im Oktober 1990 (★★★) 1995 bis 2005.*

«RIO TINTO» Ein namenloser Single-Quinta-Wein vom Rio Tinto, einem Nebenfluß des Douro, importiert von Eldridge Pope und aufgenommen, um ein interessantes neues Marketingkonzept vorzustellen. Gute Farbe, schöne Frucht, preisgünstig für die Qualität.
*Juli 1990 ★★★ Bald trinken.*

ROYAL OPORTO Meine niedrigste Wertung in der Blindprobe von 82ern. Beide Flaschen dürftig, eine übelriechend, Sulfid, die andere oxydiert. Beide unsauber.
*Juni 1990.*

SANDEMAN Vier Bewertungen. Undurchsichtig, mächtig, hart und pfeffrig um die Zeit der Abfüllung herum. Nach vier Jahren in der Flasche immer noch ein jugendliches, reiches Rubinrot; eigenartige Nase, immer noch hart, Feigen und Brombeeren; betont süß, relativ voll, eine erfrischende Zitrusnote, gute Länge. Zuletzt: nicht

mehr so tief, jetzt pflaumenfarben; schnörkellose, zurückhaltende Nase, *Spanish Root*.
*Zuletzt im Juni 1990 verkostet ★(★★) Jetzt bis 2000 und länger.*

TAYLOR'S LBV Halbsüß, schlank, aber fruchtig und schmackhaft, mit dem für Taylor charakteristischen bitteren Abgang.
*Mai 1987 ★★ Austrinken.*

TAYLOR'S VARGELLAS Schon mit weniger als drei Jahren ziemlich gut entwickelt. Süß, weich, einnehmend.
*Mai 1985. Wahrscheinlich jetzt in Bestform.*

## 1983 ★★★★

*Ein sehr attraktiver Jahrgang. Oberflächlich gesehen ähnlich wie 1982, aber überschattet von den hervorragenden 85ern. Ungefähr zehn große Firmen, dazu kleine und LBVs. Ein guter Wein auf mittlere Sicht. Ein kalter, nasser Mai verursachte desavinho (Durchrieseln). Der September war schön und sonnig mit Durchschnittstemperaturen über 30°C fast den ganzen Monat hindurch. Die heißen und staubigen Beeren wurden durch ein paar vereinzelte Gewitter in den letzten paar Septembertagen «aufgefrischt» (um Michael Symington zu zitieren), aber die waren nur eine Unterbrechung des langen, heißen Herbstes. Gute, aber außergewöhnlich späte Lese im Oktober, mit hohen Zuckerwerten.*

*Eine ganze Menge Aufzeichnungen, aber erst ins rechte Verhältnis gesetzt auf einer Blindprobe von neun der größeren 83er in Oporto im Mai 1985 und auf der umfassenderen Blindprobe bei Christie's im Juni 1990, auf der ein Dutzend 83er vertreten waren.*

*Wie der 82er zur Zeit unterbewertet, und das wird wohl so bleiben, bis der durcheinander geratene Markt wieder ins Lot gekommen ist.*

CALÈM Ziemlich tiefe, angenehme Farbe, baut sich gut aus; Geruch zunächst eher hart, entwickelte sich aber im Glas und wurde süßer; sehr süß, körperreich, lebhafter Geschmack mit Zitrusnote, schlank. Gut. Im Familienbesitz, traditionell, recht britisch im Stil, sehr gut.
*Juni 1990 ★(★★★) Jetzt bis über 2000 hinaus.*

COCKBURN Cockburns erste Deklaration seit 1975, «Produktion klein, aber von erstklassiger Qualität» (Peter Cobb). Drei Bewertungen aus dem Sommer 1985 bestätigten seine Schwärze und seine außergewöhnliche Süße und Konzentration samt Charakter, Länge und Tannin – alles Hinweise auf ein langes Leben. Im folgenden November (1986) immer noch intensiv, mit harter, unreifer, alkoholischer Nase. Süß, körperreich, pfeffrig (Alkohol) und trockener, tanninbetonter Abgang.

Zwei neuere Bewertungen: immer noch eindrücklich tief und jugendlich im Aussehen; süße, parfümierte, reizvoll pikante Nase, immer noch pfeffrig. Bei beiden Gelegenheiten als halbsüß und mittelvoll im Körper beurteilt. Ein relativ schlanker, langer und geschmacksintensiver Wein.
*Dezember 1990 (★★★★) 1998 bis 2020.*

CROFT Keine Deklaration, dafür wurde ein LBV produziert. Drei neuere Bewertungen: immer noch tief, pflaumenfarben, ziemlich süß, ein bißchen schlank und roh, aber recht schmackhaft. Wird jetzt eingängiger und angenehm zu trinken.
*Mai 1990 ★★ Austrinken.*

DOW Im Mai 1985 veranstaltete Michael Symington wieder eine seiner faszinierenden, aber arbeitsintensiven Degustationen der einzelnen *Lotes*, aus denen ihr Verschnitt des 83er Vintage komponiert war. Sie reichten im Aussehen von tief purpurfarben zu undurchsichtig mit intensiv violettem Rand. Die Aromen schwankten zwischen den stummen, aber alkoholischen und den breiten, weichen Tönen mit Lakritze, Feigen, Sultaninen, dem Charakter eines heißen Jahres und kräuterwürzigen Düften. Im Geschmack die Süße in Schach gehalten von Tanninen und Säure. Einige waren schlank, einige füllig, die meisten hatten eine gute Länge. Sieben Bewertungen seither. 1987 immer noch undurchsichtig, aber vollendeter und entfalteter in der Nase. Süß für Dow. Zuletzt: immer noch ziemlich tief, lebhaft, jugendlich; das sehr reiche, harmonische Bukett erinnerte mich an Schmorpflaumen; süß, scharf, eindringlich, fast malzig reich, gute Frucht und Länge. Trockener, tannin- und säurebetonter Abgang.
*März 1991 (★★★★) 1998 bis 2010.*

FONSECA Sieben Bewertungen. 1985 erwartungsgemäß undurchsichtig; reichlich Weinigkeit und Fülle; süß, voll, fruchtig. Jetzt tief und pflaumenfarben; ein stämmiges, reiches Bukett nach Backpflaumen und Feigen, Geschmack desgleichen. Wirkt sehr süß, ziemlich kraftvoll, immer noch recht hart und doch elegant. Vorzüglicher Wein.
*Zuletzt im Juni 1990 verkostet (★★★★) 1998 bis 2010.*

GOULD CAMPBELL Erstmals in Symingtons Degustationsraum im Mai 1985 beurteilt. Er war so undurchsichtig wie die Warre und fetter als Fonseca und Graham. Zweifellos reich und beeindruckend. Zwei Monate später in der Nase einen gehaltvollen, fast malzigen Reichtum gepaart mit Branntwein. Ein guter Eindruck auch auf der Blindprobe bei Christie's: schön griffig, fest. Zuletzt: immer noch eindrücklich tief, unreif; beachtliche Fruchttiefe; ziemlich süß, schmackhaft, wie ein hübsches Kind mit einer Stupsnase. Trockener Abgang.

## 1984

*Zuletzt im Dezember 1992 verkostet ★★★(★) 1995 bis 2015.*

GRAHAM Neun Bewertungen. 1985 und 1986 schwarzer Samt, gepflegter Wein, große Länge. Später: immer noch eindrücklich tief, schönes lebhaftes Aussehen mit jugendlicher Note; ziemlich zurückhaltende Nase, feigenartig, fruchtig, pfeffrig, nicht unähnlich dem 80er. Süß, voller Körper, reich, zum Kauen, schlank und doch gut in Fleisch, Tannin und Säure. Grahams hohem Niveau entsprechend.
*Zuletzt im Mai 1991 verkostet (★★★★) Jetzt bis 2015.*

NIEPOORT 1985 tief purpurfarben mit eigentümlicher malziger Nase, Kaffeebohnen; weich und doch relativ hoher Säuregehalt, gute Länge. Machte auf der Blindprobe von 83ern vor einiger Zeit einen guten Eindruck: immer noch ziemlich unausgebaut; gute, pfeffrige, fruchtige Nase; sehr süß, voll Frucht, Extrakt und Geschmack. Gute Länge. Ein attraktiver Wein.
*Zuletzt im Juni 1990 verkostet ★(★★★) Bis 2015.*

QUARLES HARRIS Tief, intensiv; sehr schmackhaft.
*Zuletzt im Dezember 1993 ★★★ Jetzt bis 2005.*

RAMOS-PINTO Zwei neuere Bewertungen. Tief, pflaumenfarben, fängt an zu reifen; ordentliche Nase, gute Frucht, leicht rosinenartig, Feigen, ein wenig stielig, aber im Kern weich und harmonisch. Betont süß im portugiesischen Stil, mittelvoller Körper, eindringlich fruchtig, nach wie vor hart, trotzdem füllig. Trockener Abgang. Braucht Zeit.
*Oktober 1990 ★(★★) Möglicherweise mit der Zeit ★★★★ Jetzt bis 2015.*

REBELLO VALENTE Nur eine Bewertung: mitteltief, beachtliche Reife erkennbar; voll entfalteter, ausladender, feigenartiger Geruch und Geschmack. Eine Note, die mich an einen Raya-Sherry erinnerte. Sehr süß. Recht ordentlich auf seine Art. Nicht begeisternd.
*Juni 1990 ★★ Bald trinken.*

ROYAL OPORTO Wie bei den 80ern und 82ern bei weitem meine niedrigste Wertung auf der Blindprobe bei Christie's. Mitteltief, immer noch ziemlich unreif; viel flüchtige Säure in Geruch und Geschmack. Süße und Frucht, aber... Nicht zu empfehlen.
*Juni 1990.*

SMITH WOODHOUSE Sechs Bewertungen. Machte auf der ersten Blindprobe im Mai 1985 einen guten Eindruck, reich, fett, attraktiv. Süß, gefällig kurze Zeit später. Trotz eindrücklicher Tiefe, Intensität und immer noch jugendlichem Aussehen bei Christie's entdeckte ich eine stielige Note in Geruch und Geschmack. Zuletzt ein besseres Urteil: sehr fruchtig in der Nase; süßer, reicher, schöner Geschmack.
*Zuletzt im September 1992 verkostet. Alles in allem ★(★★★) Jetzt bis 2015.*

TAYLOR Neun Bewertungen. 1985 undurchsichtig; hochgetönt, alkoholisch; guter, reicher, frischer Geschmack. Im Juni 1990 die Farbe weniger tief, entwickelte sich schneller, als erwartet, und recht schwach am Rand. Reiche, pfeffrige, lakritzartige Nase; mittelvoller Körper, schnörkellos. Zuletzt: weich, sehr süß, füllig.
*Zuletzt verkostet im September 1992 (★★★★) Bis 2015.*

WARRE Acht Bewertungen. 1985 die übliche klassische Erscheinung: undurchsichtige Mitte und violetter Rand. Sehr tiefes, pflaumiges Purpurrot im Herbst 1986. Noch immer ziemlich tief, mit unreif pflaumigem Farbton; kraftvolle und doch reservierte Nase von faszinierendem Charakter, zum Kauen verführend; süß, aber in Maßen, ordentliches Gewicht, Geschmack und Struktur schön, ein bißchen schlank, aber mit der charakteristischen Warre-Eleganz und einem festen, trockenen, gerbstoffreichen Abgang.
*Zuletzt verkostet im Dezember 1993 ★ (★★★) 1998 bis 2010.*

ANDERE 83ER:

CALÈM LBV Sehr gut.
*März 1988 ★★★*

CHURCHILL Mittelsüß, ganz hübsche Frucht.
*Im März 1992 ★★★*

FERREIRA'S QUINTA DO SEIXO Fabelhaft intensives Aussehen; sehr kraftvolle Nase; süß, recht voll, schöne Frucht mit Zitrusnote.
*März 1988 ★★(★★)*

FOZ, QUINTA Schöner, mächtiger, klassischer Wein.
*Oktober 1986 ★(★★★)*

HUTCHESON Malzig, pfeffrig, feigenartig.
*Mai 1989 ★(★)*

NOVAL LBV Gut, reich, schmackhaft.
*Oktober 1989 ★★★*

## 1984

*Nicht deklariert.*

FONSECA GUIMARAENS 1989 abgefüllt. Tief, unreif. Gräßlicher Geruch. Geschmack nach Backpflaumen und Feigen. Hat mir nicht zugesagt. Ich zog den Käse und Sellerie vor.

*Auf dem Wohltätigkeitsbankett des Weinhandels im Mai 1989.*

GRAHAM'S MALVEDOS Sehr tief; höchst ungewöhnlich in der Nase und am Gaumen. Süß. Attraktiv.
*Im Mai 1992 ★★ Bald trinken.*

QUARLES HARRIS Wahrscheinlich LBV. Dick. Rubinrot. Recht ordentlich.
*Juli 1990 ★★*

TAYLOR'S VARGELLAS Aus dem Faß verkostet. Typisch wuchtige und zähe Taylor-Art. Wird sich wahrscheinlich entwickeln und gut halten.

# 1985 ★★★★★

*Ein unerhört attraktiver, lebenssprühender Jahrgang. Der beste seit 1977 und einer der besten Nachkriegsjahrgänge. 26 Firmen. Sehr kalter und langer nasser Winter, feuchter Frühling, heißer Sommer und ausgezeichnete Bedingungen zur Lese, die um den 30. September begann.*

*Zwanzig 85er im Juni 1990 auf einer Degustation blind verkostet, die von Tim Stanley-Clark in Zusammenarbeit mit den Handelshäusern und ihren Maklern durchgeführt wurde. Bei dieser und anderen Degustationen davor und danach traten die Qualität und der große Stil des Jahrgangs deutlich zutage.*

CALÈM Drei Bewertungen im Sommer und Herbst 1987. Guter Wein. Auf der Degustation bei Christie's: immer noch recht tief, wenn auch in die Kurve zum Reifebeginn eingeschwenkt; fruchtige Nase mit der lebhaften Säure, die bei einer ganzen Menge von 85ern zu verzeichnen war. Sehr süßer, voller, großartiger Geschmack. Reich, der Extrakt kaschierte die Säure.
*Zuletzt im Juni 1990 verkostet (★★★★) 1995 bis 2010.*

CHURCHILL Intensiv und duftig im Juli 1987. Später undurchsichtig, jugendliches Aussehen; hochgetönt, gute Frucht in Geruch und Geschmack. Ziemlich süß, körperreich. Der beste Vintage des Hauses bis jetzt.
*Juni 1990 (★★★) Möglicherweise in Zukunft ★★★★ Wird sich herausstellen. 1995 bis 2010.*

COCKBURN Im Juli 1987 undurchsichtig, intensiv; sehr markante Nase – Fischhaut und Eisen; ziemlich vollgepackt, insgesamt trocken. Zwei neuere Bewertungen: einen deutlichen Hauch flüchtiger Säure auf der Blindprobe im Juni und sechs Monate später in Cockburns Degustationsraum notiert. Immer noch eindrücklich tief und jugendlich; gute Frucht und fortgeschrittener in Geruch und Geschmack als der 83er. Sehr

schmackhaft, aber ein recht scharfer, dünn werdender Abgang.
*Zuletzt im Dezember 1990 verkostet (★★★) 1995 bis 2005.*

CROFT Mit nur zwei Jahren: tiefes, dickes, reiches Aussehen; süße, weiche, malzige Nase; voll, fett, ordentliche Struktur. Zuletzt immer noch ziemlich tief und natürlich noch unausgebaut, aber trotzdem hatte ich den Eindruck eines Weines, der sich wahrscheinlich ziemlich rasch entwickeln würde. Außerordentlich gute, reiche Nase und schöner Geschmack. Ein attraktiver, ausgewogener Wein.
*Zuletzt im Oktober 1991 verkostet ★★★(★★) 1995 bis 2010.*

DELAFORCE Vier Bewertungen. Sehr tiefes, pflaumiges Purpurrot; Rote Bete und Tabak, tanninbetonte Nase; sehr süß, mollig, füllig und glatt im Juli und August 1987. Im Frühling 1989 immer noch jugendlich im Aussehen; reiche Malz- und Fruchtnase; ziemlich körperreich, etwas Fülle, Frucht, Gleichgewicht, Tannin für ein langes Leben und Säure. Auf der Blindprobe bei Christie's: schöne Farbe, etwas Entwicklung zu erkennen; die gleiche reiche, gehaltvolle Nase; sehr süß, reich – einer der besten Vintages von Delaforce, an die ich mich erinnern kann.
*Zuletzt im November 1992 verkostet (★★★★) 1995 bis 2015.*

DOW Zwei Bewertungen im Frühling und Sommer 1987: energisch, sehr griffig. Zwei im Februar 1989: immer noch sehr tief und purpurfarben; Geruch verhalten, aber würzige, feigenartige Frucht unter dem Branntwein und schweißigen Tanninen verborgen. Sehr süß, intensiv und kraftvoll. Füllig und doch immer noch roh. Sehr tanninreich. Langsamer Anfang, langes Leben. Auf der Degustation bei Christie's: tief, pflaumenfarben; Geruch und Geschmack im wesentlichen wie beschrieben, obgleich ich den ersteren besser beurteilte, als ich ihn sieben Stunden später erneut versuchte (immer noch blind). Mit einem gut Teil der Schlankheit und Säure – seinem vibrierenden Nervensystem -, die ich mit Dows Stil verbinde. Sehr schmackhaft.
*Zuletzt im Juni 1990 verkostet (★★★★★) Von frühestens 2000 bis über 2030 hinaus.*

FONSECA Tief, intensiv; malzig; kraftvoll, großes Potential im Juli 1987. Hohe Wertungen auf der Degustation vom Juni 1990, besonders für den Geschmack, im Geruch trotz der reichen, feigenartigen Frucht etwas reserviert. Körperreich. Kraftvoll. Noch immer undurchsichtig; weich, süß, füllig. Gut ausgestattet mit Frucht, Alkohol und Tannin für ein langes Leben. Ein Wein nach meinem Herzen. Großartig.
*Zuletzt bewertet im Dezember 1993 (★★★★★) 1998 bis 2030.*

## 1985

GOULD CAMPBELL Im Juli 1987 beladen mit Tannin. Sehr hohe Wertungen auf der Degustation vom Juni 1990: tief, reich, samtig; gute Nase, die sich über drei Stunden hin im Glas reich auszudehnen schien; süß, körperreich, viel Frucht, lebensverlängerndes Tannin und gute Säure. Beim letzten Mal alles bestätigt. Ein schöner, tiefer, reicher Wein.
*Zuletzt im Dezember 1992 verkostet ★★(★★) Möglicherweise ★★★★★ in der Zukunft. 1998 bis 2025.*

GRAHAM Viele Bewertungen. Markanter Stil. Sehr blumige, malzige Fülle, reich und fett im April und Juli 1987. Prachtvoll samtige purpurfarbene Farbe; tiefe, genauso samtige, harmonische Nase, die im Glas eine Honigwabensüße entwickelte. Ein wunderbar vollendeter Wein im Februar und März 1989. Ein Jahr später auf einer vertikalen Graham-Degustation superb. Bukett entfaltete sich gut und sehr attraktiv; Geschmack, Struktur, Länge und Säure vorzüglich. Hochgetönt. Perfektes Gewicht, Fülle, duftiger Nachgeschmack. Schon jetzt herrlich zu trinken – aber eine Sünde, denn er hat künftig noch soviel mehr zu bieten.
*Zuletzt im November 1993 verkostet ★★★(★★) 1995 bis 2025.*

MARTINEZ Bei der ersten Verkostung (im Juli 1987) vermerkte ich einen sehr eigentümlichen Geruch und markanten Geschmack, mit trockenem, recht säurebetontem Abgang. Drei Jahre später: der Zitruston der Säure immer noch spürbar, aber ansonsten recht hoch benotet. Tiefe, reiche Pflaumenfarbe; Fruchtfülle, die so oft an reife Feigen denken läßt; süß, relativ voller Körper, scharfer, fruchtiger Geschmack.
*Zuletzt im Juni 1990 verkostet ★(★★), möglicherweise ★(★★★) 1995 bis 2010.*

NIEPOORT Im April, Mai und August 1987 aus halben Probierflaschen verkostet, auf denen Angaben aus der Zeit der Gärung standen. 12,9 % natürlicher Alkohol, Trockenextrakt 27,0 g/l, Gesamtsäure 3,5 g/l, flüchtige Säure 0,52 g/l und 6,2 g/l Eisen. Undurchsichtig, was nicht überraschte; reich, gute Frucht, aber mit unreifer Stieligkeit und Branntwein; süß, konzentriert, würzig und füllig. Machte darauf einen guten Eindruck auf der Blindprobe bei Christie's: immer noch undurchsichtige Mitte mit unreifem purpurfarbenen Rand; hohen Alkoholgehalt in der Nase vermerkt, dazu Feigen, Lakritze. Süß, ordentliches Gewicht, Gleichgewicht und Frucht gut.
*Juni 1990 (★★★★) 1995 bis 2015.*

NOVAL, QUINTA Die Lese begann am 27. September bei ausgezeichneten Bedingungen. Erstmals im Juli 1987 verkostet. Aufregender Geschmack. Schöne Frucht. Zwei Herbste später: kraftvolle, feigenartige Nase; sehr süß, körperreich, ein gepflegter, wohlgeformter Wein, gute Länge. Machte sich gut auf der Degustation bei Christie's: attraktive Farbe, fing gerade an zu reifen; tiefe, reiche Nase; ein Hauch von eleganter Schlankheit, langer, trockener, fruchtsäurebetonter Abgang. Sehr reizvoll.
*Zuletzt im Juni 1990 verkostet ★(★★★) Bis 2015.*

NOVAL NACIONAL Mitteltief, reich, fing gerade zu reifen an; reiche, harmonische, leicht zurückhaltende Nase mit einem Anklang von Walnuß; sehr süß, enorm kraftvoll, vollgepackt mit Frucht und Elan.
*Auf der Noval-Degustation vom November 1989 (★★★★★) 1995 bis 2030.*

OFFLEY Gute Bewertung im Juli 1987 und außergewöhnlich gut auf der Blindprobe bei Christie's, wo er sich ebensolche Spitzennoten verdiente. Immer noch undurchsichtig, intensiv, unausgebaut; klassischer Geruch, der reiche, feigenartige, beinahe malzige Ton sehr reifer Beeren; sehr süß, körperreich, beladen mit Frucht, Extrakt, Tannin und Säure. Gute Länge. Scharfer Abgang.
*Juni 1990 (★★★★★), wenn er die Gangart durchhält. 1996 bis 2020.*

QUARLES HARRIS Mitteltief, fing gerade an zu reifen; sehr entgegenkommende, schlanke, rosinenartige Nase, die mich nach Stunden im Glas an einen spätgelesenen Zinfandel erinnerte. Ziemlich süß, mittelvoller Körper. Guter, schnörkelloser Geschmack. Langer, schlanker, trockener säurebetonter Abgang.
*Zuletzt verkostet im Dezember 1992 ★★(★) 1995 bis 2015.*

RAMOS-PINTO Zwei neuere Bewertungen. Tief, attraktiv, deutlich jugendlich; zunächst staubig und hart, aber reiche Frucht darunter; sehr süß, ziemlich körperreich, schöner Geschmack, weich und füllig trotz seines Tannin- und Säuregehalts. Gute Länge.
*Zuletzt im Oktober 1990 verkostet (★★★★) Bis 2015.*

REBELLO VALENTE Gute Eingangsbewertung im Juli 1987. Auf der Degustation bei Christie's ziemlich tief, aber sah mir trotz der immer noch vorhandenen purpurfarbenen Färbung wie ein Schnellentwickler aus; merkwürdiger Geruch, wie eine nasse Decke, hart, alkoholisch, aber mit Frucht im Hintergrund. Im Geschmack viel besser: sehr süß, voll, mit schöner, würziger Frucht, guter Länge, scharfem Abgang.
*Zuletzt im Juni 1990 verkostet ★(★★) Möglicherweise ★★★★, wenn er ins Lot kommt. 1995 bis 2000 und länger?*

ROYAL OPORTO Noch eine fragwürdige Vorstellung auf der Blindprobe bei Christie's. Einer der am wenigsten tiefen und beeindruckenden

85er. Pflaumenfarben, aber ein ziemlich schwacher Rand. Nase unverwoben. Nach einiger Zeit im Glas verschwitzt, schroff. Im Geschmack besser. Ein sehr süßer, kraftvoller Wein, voll Frucht. *Juni 1990 *(*)?? Neu verkosten.*

SANDEMAN Erstmals im Juli 1987 verkostet: süß und würzig. Ein Jahr später auf einer vertikalen Degustation von Sandeman-Vintages: sehr reiche, gehaltvolle, malzige, leicht angesengte Nase, Backpflaumen und Feigen; süß, körperreich, beladen mit Tannin, Säure und Alkohol, Vanille und Würze. Ich gab ihm meine höchste Note, Haarbreit über dem 77er. Auf der Degustation bei Christie's immer noch ziemlich tief, bereit zur Reife; reichlich Frucht, Pfeffer und hochgetönte Säure in Geruch und Geschmack. Sehr schmackhaft. *Zuletzt im Juni 1990 verkostet (****) 1995 bis 2015.*

SMITH WOODHOUSE Erstmals im Juli 1987 beurteilt; stilvoll, ordentlich komponiert. Machte auf der Blindprobe vor einiger Zeit einen guten Eindruck: ziemlich tief, jugendlich, aber kurz vor dem Übergang zur Reife; schöne, reiche Nase, aber immer noch kantig unreif; süß, mittelvoller Körper, gute Frucht. Bestätigt, ferner eine Notiz über sein gutes Gleichgewicht und seine schöne Struktur. *Zuletzt im Dezember 1990 verkostet *(***) Jetzt bis 2015.*

TAYLOR Im Juli 1987 ein erwartungsgemäß gewichtiger Wein. Gerbstoffreich. Große Länge, großer Nachgeschmack. Machte auf der horizontalen Verkostung von 85ern vor einiger Zeit einen guten Eindruck. Blind verkostet, einer der acht ersten Weine, die nur einen halben bis anderthalb Punkte Abstand voneinander hatten. Immer noch eindrücklich tief, intensiv, pflaumenfarben; reiche, feigenartige, konzentrierte Nase; ziemlich süß, voller Körper, reich, gute Länge, immer noch hart, aber mit dem gewissen Taylor-Nachgeschmack. Großes Potential. *Zuletzt im Mai 1991 verkostet (*****) 1998 bis 2030.*

WARRE Vier Bewertungen seit April 1987. Ein Hauch von Sahnebonbons in der Nase (Malz, Gehalt, Sahnebonbons drücken alle den beinahe fettigen Reichtum des Jahrgangs aus, desgleichen eine gewisse farbliche Dicke). Noch immer ein schönes tiefrotes Purpurrot; außerordentliche Nase, ein Hauch von nassem Öltuch, große Weinigkeit, Backpflaumen, Feigen; süß, ziemlich körperreich, füllig, elegant, sehr schön ausgewogen. Hervorragender Tannin- und Säuregehalt. Ein urtypischer Warre. Ich sah ihn von den 85ern auf dem ersten Platz. *Februar 1989 (*****) 1995 bis 2030.*

ANDERE 85ER:

FERREIRA Tief, frisch; pflaumig, süß, voll, feigenartig. *März 1988 (***)*

FOZ, QUINTA (Von Cálem). Undurchsichtig, mächtig, üppig, sehr süß, voll, aber nervig. *März 1988 (****)*

HOOPER'S Undeutliche Nase; süß, voll, fett, glatt, aber es fehlte an Länge. *Juli 1987 *(*)*

HUTCHESON Pflaumige Farbe und Nase; sehr süßer, feigenartiger Geschmack. *September 1989 *(*)*

KOPKE Mitteltiefe Farbe; hart, schlank, alkoholisch; nicht sehr süß, schlank, lebhaft, ordentliche Länge. *Juli 1987 *(*)*

MESSIAS Dick, pflaumenfarben; süß, mit glatter Struktur, recht merkwürdiger, leicht stieliger Geschmack. *Juli 1987 *(*)*

POCAS Undurchsichtig, süß, voll und feigenartig. *September 1987 *(*)*

DA SILVA Sehr süß, eindrucksvoll. *Juli 1987 *(**)*

# 1986

*Kein sehr günstiges Jahr. Nach dreieinhalb Monaten praktisch ununterbrochener Trockenheit drehte der Wind plötzlich nach Süden, und während der zweiten Septemberwoche floß der Douro – überhaupt ganz Portugal – vor Regen über; in Pinhão wurden über das Wochenende des 13./14. Septembers über 5 cm Niederschlag gemessen! Die Lese ging am oberen Douro vom 24. September an unter guten, frischen herbstlichen Bedingungen zügig voran. Nicht deklariert.*

DOW Faßproben im Frühling nach der Lese verkostet, um zwei der führenden klassischen Rebsorten zu vergleichen. Touriga Nacional schien mir die bessere zu sein: extrem tief und intensiv; ungemein ausladendes Aroma von Backpflaumen und Feigen; ziemlich süß, sehr voller Körper, sehr reich, streng. Touriga Francesca, die brauchbare Verschnittweine ergibt: völlig undurchsichtig; weicherer, femininerer Zitrusgeruch und -geschmack; etwas weniger süß, leichterer Körper, schlanker, sehr schmackhaft. Je mehr ich junge Portweine verkoste, um so mehr bewundere ich das unglaubliche Stehvermögen und die Erfahrung der «Nasen», der meisterlichen Kompositeure, deren Arbeit in allen großen Portweinhäusern einer Gratwanderung gleichkommt.

FOZ, QUINTA Ein intensiv purpurfarbener Wein aus einer Probe-Pipe. Ein süßer, stürmischer und doch schlanker Wein. Eindrucksvoll.
*März 1988.*

GRAHAM'S MALVEDOS Opak; feigenähnlich; süß, voll, reich.
*Zuletzt im Oktober 1992* ★★(★) *Jetzt bis 1998.*

NIEPOORT LBV 1990 abgefüllt. Tief, jugendlich; Feigensirup; sehr süß, weich, füllig, lang, scharf, leicht säurebetontes Ende.
*Oktober 1990* ★★(★)

SANDEMAN 1990 abgefüllt. Pflaumenfarben; feigenartig, gräßlich; süß, hat mir nicht zugesagt.
*Februar 1991.*

# 1987

*Wieder ein unruhiges Jahr. Die frühe Entwicklung der Reben gehemmt durch die geringe Niederschläge des vorausgehenden Winters. Dann eine lange Heißwetterperiode, die Anfang August mit 38° C in Oporto fast Rekordwerte erreichte. Zeitweise heftige Gewitter im Juli und August. An den schwer beladenen Reben hingen recht kleine, vertrocknete Beeren, die Mitte September bei übermäßiger Hitze (bis zu 40° C in Pinhão), gefolgt von Regen, gelesen wurden. Dennoch waren manche Erträge über dem Durchschnitt und die Zuckerwerte der früh gelesenen Beeren hoch, außerdem es gab beträchtliche Unterschiede zwischen den einzelnen Gebieten. Bis jetzt nur von Martinez deklariert.*

FOZ, QUINTA Interessante Kostproben aus den Lagen an den heißen, kahlen Hängen in dem hervorragenden *Cima Corgo* und am unteren *Baixa Corgo*, beide undurchsichtig, erstere mit scharfer, jugendlicher, strohartiger Nase; voll und schlank, beladen mit Tannin und Säure; letztere in Geruch und Geschmack offener verwoben, etwas süßer, nicht so voll im Körper.
*Verkostet im April 1998.*

GRAHAM'S MALVEDOS Undurchsichtig, intensiv; sehr reiche, junge Frucht; süß, rosinenartig, trotzdem schlank.
*Mai 1992* ★★(★)

MARTINEZ Undurchsichtig, intensiv; recht harte, eichene Nase mit feigenartiger Frucht und ziemlich hohem Säuregehalt; halbsüß, mittelvoller Körper, schlanker, trockener Abgang.
*Dezember 1990* (★★★)

NIEPOORT Rolf Niepoort empfahl mir, einmal jungen Portwein zum *Steak au poivre* zu trinken. Ich probierte es im Februar 1990 mit seinem 87er, einem bulligen, intensiven Wein von unreifem Aussehen; überraschend duftig nur wenige Monate nach der Abfüllung; süß, körperreich, massenhaft Frucht, Tannin und Säure, die sich hervorragend mit dem Pfeffersteak vertrug. Er schien sogar den Pfeffer noch schärfer zu machen. Zuletzt: wie beschrieben, ein guter Wein mit einer vielversprechenden Zukunft.
*Zuletzt im Oktober 1990 verkostet* (★★★) *Von 1995 bis gut über 2000 hinaus.*

NOVAL LBV Ich bin kein großer Bewunderer der sogenannt «spät abgefüllten» Vintage Ports.
*Im November 1993* ★ *Für schnellen Konsum, nicht zur Lagerung.*

TUA, QUINTA DA Cockburns erster Single-Quinta-Jahrgangsportwein. Gordon Guimaraens teilte mir mit, daß die Trauben zu 100 % von ihrer Quinta am Tua stammten, gegenüber von Malvedos auf der anderen Seite dieses Douro-Nebenflusses. Ein beeindruckender, vollmundiger Wein: undurchsichtig, intensiv; sehr gute Frucht; süß, ziemlich körperreich. Ein guter Anfang.
*Bei Cockburn im Dezember 1990* (★★★)

# 1988 (★★) *Nicht deklariert*[1]

*Nach der Überfülle der Vorjahre relativ spärlicher Austrieb, gefolgt von drei ungewöhnlich feuchten und gewittrigen Monaten, was Mehltau und desavino (Durchrieseln) verursachte. Dazu Hagelschäden. Anfang September Verbrennungen durch eine starke Hitzewelle, aber auch Beschleunigung der Reife. Die Lese begann gegen Ende September. Der kleinste Ertrag seit Menschengedenken. Eine finanzielle Katastrophe für die Winzer, schwere Engpässe für die Handelshäuser.*

[1] Michael Symington, Bill Warre und der Zeitschrift *Decanter* danke ich für die neueren Wetter- und Jahrgangsberichte.

DOW'S, QUINTA DO BOMFIN Acht Notizen. Opak; weich; köstlich, aber sehr tanninbetont.
*Zuletzt verkostet im Oktober 1992* (★★★★)

GRAHAM'S MALVEDOS Schwarz! Herrlich; süß und entgegenkommend in Aroma und Geschmack, schlanker als der 87er. Trockener Abgang.
*Zuletzt im Oktober 1992* (★★★★) *1998 bis 2008?*

## 1989 (★★★) *Nicht deklariert*

*Übermäßig trockener Winter, sporadischer Früh-lingsregen. Der Sommer begann früh und war lang und heiß, trotz starker Regenfälle im Juni. Die Ernte begann etwa drei Wochen früher als gewöhnlich und wurde Anfang Oktober bei idealen Bedingungen abgeschlossen. Zwar hohe Qualität, aber unterdurchschnittliche Produktion.*

*Die Handelshäuser brauchten Vorräte für die Standard-Verschnitte, und daher wurde der Jahrgang nicht deklariert.*

## 1990 (★★★★) *Nicht deklariert*

*Günstige Bedingungen: Austrieb und Blüte bestens; eine potentiell reiche Ernte. Jedoch die sengende Hitze vom späten Juli bis in den August hinein «verbrannte» die reifenden Beeren und ließ die jungen Reben vertrocknen. Der erneute starke Regen Mitte und Ende des Monats ließ die Beeren prall werden. Eine große, gesunde Ernte, Erträge überraschend hoch. Probleme verursachte mitten in der Lese ein unvorhergesehener Branntweinengpaß, doch dann wurden paradoxerweise amtliche Genehmigungen für Mengen ausgegeben, die weit über der ursprünglichen Bewilligung lagen.*

*Ob 1990 zum Vintage deklariert wird oder nicht, wird von der Marktsituation 1992 abhängen.*

GRAHAM'S MALVEDOS Zehn Notizen; duftend, würzig; süß, lebhaft.
*Zuletzt im Oktober 1992* ★★★ *1996 bis 2000 und länger.*

VESUVIO, QUINTA Der erste Vintage erzeugt von den Symingtons nach ihrem Kauf dieser berühmten alten Quinta. Viele Notizen entstanden auf einer Reise durch die USA zusammen mit meinem Sohn Bartholomew. Opak; kraftvoll und doch harmonisch; sehr süß, voll, schöne Textur, fleischig.
*Zuletzt verkostet im Oktober 1992 (★★★★★)*

GRAHAM Verkostung von Wein aus getrennt gekelterten Trauben. Tinta Barroca aus Malvedos: undurchsichtig, purpurfarben; rohe, stielige Nase; süß, schlank, ungemein gerbstoffreich. Tinta Roriz, ebenfalls aus Malvedos: weicher, dennoch mit ziemlich berauschender Wirkung. Touriga Nacional: noch intensiver, feigenartige Frucht; nicht so süß, körperreich, fest, klassisch. Tinta Francesca: ganz unglaubliches Aroma, Veilchen; fabelhaft in Geschmack und Länge.
*Im Mai 1991 verkostet.*

## 1991 ★★★★

*Ein hervorragendes Jahr, das erste seit 1985, das diese Bezeichnung wirklich verdient. Seit der 90er Ernte verlief das Wetter trocken, aber es folgte eine sehr feuchte Periode von Januar bis April. Warme und trockene Witterung im Mai zur Blütezeit; heißer und trockener Sommer. Hitze und Regenmangel bewirkten eine Verdikkung der Beerenhaut und ließen das Fruchtfleisch schrumpfen. Ein leichter Regen am 10./11. September und gegen Ende des Monats half jedoch, die Trauben wieder richtig reifen zu lassen. Das Ergebnis sind Weine von tiefdunkler Farbe und einem erheblichen Potential.*

*Die meisten dieser frühen Notizen entstanden etwas schnell an der Degustation, die vom «East India and Sports Club», London, im Juni 1993 zum Anlaß der Deklaration des 91er als Vintage Port organisiert worden war. Alle Weine zeigen eine tiefe purpurrandige Farbe. Die Verleihung von Sternen in diesem frühen Stadium muß mit Vorsicht genommen werden, ebenso wie die Angabe der möglichen Lebensspanne.*

CALÈM Aroma nach Feigen und Pflaumen; süß, spritzig gutes Tanning und gute Säure. Im gewohnten britischen Stil, als Gegensatz zum etwas plumperen portugiesischen.
*Im Juni 1993 (★★★★) 2001 bis 2020.*

COCKBURN Reiches Erscheinungsbild; gut, geradlinig. Mit Länge.
*Im Juni 1993 (★★★★) 2003 bis 2025.*

CROFT Kraftvoll, Stroh, Lakritze. Deutlich süß, vorzüglich im Fleisch, schöne Textur.
*Im Juni 1993 (★★★★★) 2001 bis 2025.*

DOW Opak; reich, Feige, markant; voll, peffrig, sehr fruchtig, zähnebeschlagend trockener Abgang.
*Zuletzt verkostet im Juni 1993 (★★★★★) 2010 bis 2030.*

FERREIRA Hart, etwas stielig; guter Geschmack, pfeffriger Abgang.
*Im Juni 1993 (★★★★) 2001 bis 2020.*

FONSECA GUIMARAENS (Fonseca hatte nicht deklariert) Markante Tiefe und Nase; eine Idee Schlankheit, sehr elegant.
*Im Juni 1993 (★★★★) 2000 bis 2020.*

GOULD CAMPBELL Opak; hart, nervig, geschmeidig; sehr süß, kraftvoll, fruchtig, reich, gute Länge.
*Im Mai 1993 (★★★★★) 2003 bis 2025.*

GRAHAM Opak; gutes jugendliches Aroma; sehr süß, voll, reich, langer tanninbetonter und säurereicher Abgang. Herausragend.
*Im Mai 1993 (*****) 2003 bis 2030 und länger.*

MARTINEZ Stielig; etwas trocken, schlank, aber fruchtig.
*Im Juni 1993 (***) 2000 bis 2015.*

NIEPOORT Reich, tiefe Nase; guter Geschmack, trockener Abgang.
*Im Juni 1993 (****) 2000 bis 2025.*

NOVAL, QUINTA Beeindruckend; reich, Feige, entgegenkommend; sehr süß, fleischig, scharfer Abgang.
*Im Juni 1993 (*****) 2000 bis 2025.*

POCAS JUNIOR Feige, Frucht; mittelsüß, peffrig.
*Im Juni 1993 (***) 1999 bis 2015.*

QUARLES HARRIS Opak; intensive Frucht, Feigen, Pflaumen; sehr süß, voll, reich pikante Säure.
*Im Mai 1993 (****) 2000 bis 2025.*

SMITH WOODHOUSE Opak; reich, gehaltvolle Nase, Feige; schlanker Stil, gut geformt, trockener Abgang.
*Im Mai 1993 (****) 2000 bis 2025.*

VARGELLAS, QUINTA (Taylor hatten nicht deklariert) Intensiv; sehr markant, Veilchen; delikate Frucht. Vorzüglich. Soll während der nächsten zehn Jahre nicht freigegeben werden. Schade.
*Im Juni 1993 (****) 1999 bis 2015.*

VESUVIO, QUINTA Opak; leichter Hauch von flüchtiger Säure, reich, Feige; sehr süß, weich trotz lebenserhaltenden Tanninen, attraktiv.
*Im Mai 1991 (*****) 1999 bis 2025.*

WARRE Opak, intensiv; zurückhaltend, nervig, Feigen; sehr süß, seidige, tanninbetonte Textur, langer «heißer» Abgang. Archetypisch für die Eleganz von Warre.
*Im Mai 1993 (*****) 2003 bis 2030 und länger.*

## 1992 ★★★

*Trotz eines klimatisch launenhaft verlaufenden Jahres war das Ergebnis zufriedenstellend und brachte Weine von guter Qualität. Angesichts des wenig überzeugend ausgefallenen 93ers gilt es als ziemlich sicher, daß jene Abfüller – vor allem Taylor und Fonseca – die ihren 92er nicht deklarierten, nun eben dies tun werden. Bei Taylor zieht man nämlich den 92er Jahrgang dem 91er vor, obwohl ich vermute, daß bei dieser Entscheidung der glückliche Zufall des 1992 stattfindenden 300. Gründungsjubiläums die Hauptrolle gespielt haben dürfte. Was war so launenhaft an diesem Jahr? Zuerst die schlimmste Wintertrockenheit seit Menschengedenken, mit fast keinem Tropfen während sechs Monaten; einer kalt-feuchten Periode im späten Frühling, gefolgt von einem sehr heißen und trockenen Frühsommer. Zum Glück fiel Ende August der erlösende Regen, der die Reife wieder in Gang brachte und die Trauben füllte. Sie begannen dann zwar wieder auszutrocknen, aber da war die relativ kühle Erntezeit bereits angebrochen.*

## 1993 *Im besten Fall* ★

*Eines der schlechtesten Jahre in der jüngsten Geschichte, das sicher nicht deklariert werden dürfte. Die Häuser, die ihren 91er deklariert haben, werden von ihrer Voraussicht profitieren, denn die Nachfrage nach den 91er bzw. den älteren Jahrgängen wird voraussichtlich steigen. Die Wetterbedingungen Portugals unterschieden sich merklich von jenen der nördlicher gelegenen Weinbaugebiete Europas. Der Jahresbeginn und der Frühling waren trocken, aber feuchtes Wetter im Mai verhinderte die Blüte. Der Sommer war weniger heiß als sonst; es folgte recht unbeständiges Wetter. Wer früh genug erntete, wie z. B. Quinta do Vesuvio oder Malvedos, hatte Glück, denn ab dem 2. Oktober setzten außerordentlich starke Regenfälle ein, die ohne Unterbruch zwei Wochen lang anhielten. Das erschwerte die Erntearbeit und brachte schlechte Resultate. Der dramatische Produktionseinbruch wird sich auf jeden Fall auf die Überproduktion der letzten Jahre ausgleichend auswirken und vielleicht helfen, den Markt zu stabilisieren.*

# MADEIRA

Madeira war das ganze 18. Jahrhundert hindurch bis zur Mitte des 19. ein ungemein beliebter Wein und der vielseitigste überhaupt: vormittags zum Gabelfrühstück, am Nachmittag zum Kuchen, sowie vor, während und nach den Mahlzeiten. Er war auch der einzige Wein, der sowohl kalte Keller wie auch Tropenhitze überlebte. Aus diesem Grund wurde er in großen Mengen nach amerikanischen Ländern, auf die Plantagen in Westindien, zu den Handelsniederlassungen der *East India Company* und den britischen Regimentsmessen in Indien und anderswo verschifft und dort konsumiert.

Zwischen 1850 und 1875 wurden die Madeira-Weinberge zweimal stark beschädigt, zuerst durch den Befall mit dem tödlichen Mehltaupilz *Oïdium*, dann durch den Einfall der Reblaus *Phylloxera*. Stark dezimiert überlebten dennoch einige Reben, und entgegen allen Erwartungen wurden danach ein paar ausgezeichnete Weine erzeugt. Der amerikanische Bürgerkrieg machte den umfangreichen Lieferungen in die Südstaaten ein Ende, und mit geringerer Produktion ging auch die Beliebtheit des Madeiras zurück. Eine Ausnahme bildeten die britischen Regimentsmessen.

## EIN WORT ZUR ANORDNUNG

Die Weine sind chronologisch aufgelistet, einerlei ob es sich um «echte» oder *straight vintages* oder Soleras handelt. Dies deshalb, weil man aus der Angabe nur des Jahrgangs auf dem Etikett nicht sagen kann, ob der Inhalt aus einem Jahrgang *(vintage)* stamme oder aus dem Solera-System. Zudem ist es nicht immer einfach festzustellen, ob ein alter Jahrgangswein von kundiger Hand im Faß aufgefrischt worden war. Solera-Madeiras sind oft schwungvoller und ein größerer Trinkgenuß als unverschnittener Jahrgangswein, der austrocknen und einen Holzton aus den Faßdauben annehmen kann. Trotzdem erzielen Jahrgangs-Madeiras auf Auktionen gewöhnlich höhere Preise.

## DEGUSTATIONEN

Ich habe Madeiras bei den verschiedensten Gelegenheiten verkostet. Viele allein, viele mit Freunden und ein paar aus meiner eigenen bescheidenen Sammlung; bei Madeira-Degustationen für die Zeitschrift *Decanter* und andere Gruppen, eine veranstaltet von einem kleinen belgischen Unternehmen, das auf gute Madeiras spezialisiert ist, und als denkwürdigstes Probe jene aus Dr. Robert Maliners Sammlung, mit der er ein von der Hollywood Wine Society in Florida veranstaltetes Weinwochenende eröffnete: elf Weine aus den seltensten und «schüchternsten» aller Madeira-Trauben, Terrantez und Bastardo. Als wir die Korken zogen, füllte sich der Raum mit einem geradezu berauschenden Duft.

Bei mehreren Reisen nach Madeira habe ich auch die Gelegenheit ergriffen, an Ort und Stelle (nicht in den Quintas, sondern in den Degustationsräumen in Funchal, der Hauptstadt der Insel) Weine der *Madeira Wine Association (MWA)* zu verkosten, zu deren Marken Blandy, Cossart Gordon, Leacock, Rutherford & Miles gehören, ferner solche von *Henriques & Henriques*, einer immer noch unabhängigen Firma, und von dem Familienbetrieb Barbeito.

## WIE MAN MADEIRA VERKOSTET

Die Korken von Inselabfüllungen sind oft elend kurz, aber scheinen ihren Zweck zu erfüllen. Die Farbe des Weines reicht in der Regel vom blassen Gelb des Sercial über das Bernsteingelb des Verdelho bis zum Bernsteingold des Bual und Bernsteinbraun des Malmsey. So springt Qualität ins Auge, und eines ihrer Erkennungsmerkmale ist – neben dem intensiven Glanz – ein markant apfelgrüner oder goldgelber Rand. Eine weitere Eigenart von Madeira ist: Im Gegensatz zu den meisten anderen Weinen kann man Alter und Reifezustand weder aus der Farbtiefe noch aus der Farbtönung ableiten.

Die Ausdrücke «hochgetönt», «ätherisch» und «spitzig» kehren immer wieder. Ich entschuldige mich nicht dafür. Der Grund ist der hohe Gehalt an fester wie flüchtiger Säure, die als wesentlicher Bestandteil zur Konstitution eines Madeiras der Spitzenklasse gehört und manchmal Grade erreicht, die in jedem anderen Wein unerträglich wären, hier aber, kaschiert von reichem Extrakt und «trockener Frucht» und unterstützt vom hohen Alkoholgehalt, das Bukett und den Geschmack zu beispiellosen Höhen emporheben. Geschmacklich reicht die Palette von extrem trockenen alten Sercials (man muß einen Geschmack für sie entwickeln, aber die besten sind das Edelste vom Edlen) über relativ trockene Verdelhos und reichere Buals bis zu süßen Malmseys. Alles in allem prachtvolle Variationen zum Thema bernsteinwarme Geschmacksintensität.

## 1746

VERDELHO, SOLERA JUSTINO HENRIQUES. Im Dekantiergefäß hatte der Wein eine rötliche Farbe, im Glas reines Bernstein; angesengtes altes Bukett, das sich im Glas entfaltete, reich, an alte Ställe erinnernd, ein Hauch von Malz; immer noch etwas Süße, aber am Ausdünnen, Geschmack nach gebranntem Rahmzucker und typisch hoher Säuregehalt. Meine Frau erriet das Jahrhundert, ich die richtige Rebe!
*Serviert von Dr. Louis Skinner am Ende eines Abendessens der Commanderie de Bordeaux in Miami, Januar 1990* ★★★★

## 1792 ★★★★

*Ein qualitativ hochwertiger Jahrgang, berühmt für seinen Zusammenhang mit Napoleons letztem Verbannungsort.*

«MADEIRA, BLANDY, 1792 BIS 1840» Einer der seltensten und geschichtsträchtigsten Weine überhaupt. Am 7. August 1815 stach das Linienschiff *HMS Northumberland* mit Napoleon an Bord in Funchal in See in Richtung St. Helena, um frisches Obst und Wein einzukaufen. Der britische Generalkonsul Henry Veitch überredete Napoleon, ein Fäßchen des exzellenten 1792ers mitzunehmen. Der gestürzte Kaiser hatte ein Magenleiden und rührte den Wein nicht an. Nach seinem Tod im Jahre 1821 wurde das Faß unangestochen nach Madeira zurückgeschickt, von Charles Blandy gekauft und nach weiterer Lagerung 1840 von seinem Sohn abgefüllt. Eine oder zwei von diesen Flaschen, mit dem ursprünglichen Etikett, haben überlebt. Der Wein hat noch immer eine reiche, wunderschöne Farbe, und obwohl er inzwischen einen Ton von Nagellack im Geruch aufweist und ausgetrocknet ist, ist er geschmacklich gut.
*In der «Weinbibliothek» der* MWA *im Dezember 1983 verkostet.*

MALMSEY, SOLERA BLANDY. Das Haus Blandy hatte offensichtlich zusätzliche Bestände des 1792ers, die es als Basis für seinen vielleicht berühmtesten Solera benutzte. Die letzte Abfüllung anno 1957 ergab 1228 Flaschen, und mir wurde die Ehre zuteil, aus zweien trinken und probieren zu dürfen: schöne, ins Braune spielende Bernsteinfarbe; reiches, gehaltvolles, spitzes Bukett; im-

mer noch ziemlich süß und voll im Körper, reich, intensiv und doch weich am Gaumen, scheinbar endlos anhaltender Geschmack.
*Dezember 1983* ★★★★★

## 1795 ★★★★

*Allgemein sehr gut.*

TERRANTEZ Mehrere Bewertungen. Eine Flasche mit dem Etikett «South Side Madeira Association Ltd Funchal» erwies sich als ziemliche Kuriosität: ein bißchen zu tief in der Farbe, eigentümliche Nase, ein Mittelding zwischen leicht malziger Kalbsfußsülze und einem eher tristen Raya-Sherry; ziemlich süß, reich, ein ordentlicher, grauhaariger Wein. Bei sechs anderen Gelegenheiten habe ich einen ausgezeichneten Solera verkostet, der ursprünglich aus den Weinkellern der Familie Vasconcellas stammte, davon einer, wie ich notierte, 1980 abgefüllt. Sie hatten ähnliche Merkmale: mittelblasses Bernstein mit schöner Farbabstufung bis zu einem weichen, limonengoldenen Rand; ein fabelhaftes Bukett, das sich im Glas ausdehnte, hochgetönt, ätherisch, würzig; ziemlich süß, unglaubliche Intensität, dennoch fein, hoher Alkohol-, sehr hoher Säuregehalt, große Länge. Ganz kürzlich von Lomelino: schokoladig; süß, voll, weich, fleischig.
*Zuletzt im April 1993. Im besten Fall* ★★★★★

## 1802

TERRANTEZ ACCIAIOLY. Etikettaufschrift «Special Reserve 1802 Produced, bottled and guaranteed by Oscar Acciaioly». Ich hatte noch nie von dieser Firma gehört gehabt, bevor ich von einem der zwei noch lebenden Söhne ersucht wurde, eine größere Auswahl aus den Familienweinkellern in Funchal über Christie's zu verkaufen. Alle Weine waren von überragend hoher Qualität. Die Acciaiolys sind eine der ältesten Familien auf der Insel (vielmehr sie waren es, denn sie leben nicht mehr dort), die Nachfahren eines gewissen Simon Acciaioli (sic) aus Florenz, der sich 1525 dort niederließ. Da der England- und der Kolonialhandel praktisch das Monopol der britischen Familienunternehmen war, konzentrierte sich Acciaioly auf Skandinavien, einige Etiketten weisen ihn als Hoflieferanten des schwedischen Königs Gustav VI. Adolf aus. Ich habe zwei recht neue Aufzeichnungen, eine von vor der Katalogaufnahme. Beide mitteltiefes Bernstein mit sehr ausgeprägt apfelgrünem Rand; fein, ätherisch, hochgetönt, ein Duft wie kandierte Veilchen; süß, körperreich, wie alle Terrantez' es sein sollten, und gut imstande, seinen hohen Säuregehalt zu verkraften. Ein Wein von großer Kraft und Ausdauer im Geschmack.

*Zuletzt im Januar 1990 auf der Terrantez-Degustation der Hollywood Wine Society bewertet* ★★★★★

## 1808 ★★★★★

*Ein hervorragender Jahrgang. Malmsey «der beste, den wir je hatten» (Cossart).[1]*

[1] Noël Cossart, Madeira, the Island Vineyard (Christie's Wine Publications, 1984).

MALMSEY, SOLERA COSSART GORDON. Drei Bewertungen. Sehr reiches, tiefes Tawny-Braun; herrlich harmonische Nase mit Karamel, Kaffee, Gehalt darin, dennoch der unnachahmliche «ätherische» Duft alten Madeiras; sehr süß, die charakteristisch hohe Säure wurde ausgeglichen von seiner Fülle und Kraft. Ein schöner, ein wärmender Wein.
*Oktober 1984* ★★★★★

SERCIAL LOMELINO. Etikettaufschrift «Sercial de 1808 Do Velho Conde do Carvalhal, Re-engarrafado an 1914 Recorked 1962. Tarquinio T. da C. Lomelino». Große Namen, großer Jahrgang. Leider hatte er das Umfüllen und Neuverkorken nicht überlebt. Er roch nach Leim auf Linoleum. Ich probierte ihn nicht.
*Dezember 1983.*

## 1811 ★★★

BLANDY, SOLERA Eine Komposition aus dem Jahr 1961 von über hundert Jahre alten Weinen, zurück bis 1788. Bernsteinfarben; reich, Stall, hohe flüchtige Säure; süß, ätherisch am Mittelgaumen.
*Bei Bill Baker's; im April 1993* ★★★★

## 1815 ★★★

*Bekannt als «Waterloo-Jahrgang»; der Bual fiel besonders gut aus. Mehrere verkostet, aber in neuerer Zeit keinen mehr.*

BUAL, SOLERA COSSART GORDON. Leicht im Stil, sehr elegant.
*1980* ★★★★

## 1821 ★★★★★

*Ein exzellenter Jahrgang. Mehrere Bewertungen, aber keine neuen.*

BUAL, SOLERA COSSART GORDON. Unterschiedlich, aber die besten reich, elegant und geschmacksintensiv.
*1979* ★★★

BUAL, SOLERA RUTHERFORD & MILES. Gut, wenn auch recht scharf.
*1965* ★★

BUAL, SOLERA BLANDY. Zweimal verkostet, großartig, duftig, ätherisch, exquisit.
*1976* ★★★★★

## 1822 ★★★★★

VERDELHO COSSART GORDON. Unterschiedliche Flaschen. Bleiches Bernstein; eine glorios, mittelsüß, große Länge, die andere schokoladig.
*Im Dezember 1993. Im besten Fall* ★★★★

BOAL, SOLERA BLANDY. Bernsteinbraun; ein Bukett wie Pferdepipi fabulös!; voll, reich, geschmacksintensiv.
*Im April 1993* ★★★★

## 1827 ★★★★★

BOAL, QUINTA DE SERRADO 108 Jahre in Eichenfässern, dann in *Demijohns* gefüllt und zuletzt 1988 auf Flaschen gezogen. Teil eines ansehnlichen Bestands vom Weingut eines Mitglieds der Familie Henriques. Fünfmal verkostet. Ein fabelhafter Wein: reiches, leuchtendes Bernstein mit ausgeprägt apfelgrünem Rand; süß, leicht karamelartig, ein Duft nach Vanille und Alkohol, der an einen guten, alten Cognac erinnert; immer noch ziemlich süß, körperreich – viel Alkohol, Extrakt, Durchhaltevermögen, Intensität, unglaubliche Länge und kribbelnde Säure.
*Zuletzt auf einer Vorverkaufsdegustation bei Christie's im Juni 1990 bewertet* ★★★★★

VERDELHO «V. L.» Zwar nicht eindeutig als 1827er identifiziert, aber ein prachtvoller Wein, ungefähr ein Jahrhundert alt, abgefüllt 1927. Bukett wie ein ehrwürdiger Cognac. Duftig, delikat, schöne Struktur.
*Im* MWA-*Degustationsraum, Dezember 1983* ★★★★★

## 1830 ★★★★

MALMSEY Wieder ein Wein der Familie Henriques, 105 Jahre in Eichenfässern, dann in *Demijohns* und 1988 kurz vor der Verschiffung nach London in Flaschen gefüllt. Kurze, ungestempelte Korken. Wie beim 1823er kam im Laufe von zwei Jahren eine sehr große Menge zum Verkauf. Sieben Bewertungen: eine tiefe, reiche, Oloroso-artige Farbe; stämmiges, konzentriertes Bukett, Limonenblüten, leicht schokoladig; sehr süß, voll, reich, lecker und lang.
*Zuletzt im Juni 1990 verkostet* ★★★★

MALMSEY RESERVE Abgefüllt aus *Demijohns* bei Harveys, etwa 1959: Bernstein; Veilchen; noch süß, perfekte Säure. Superb.
*Im April 1992* ★★★★★

## 1832

TERRANTEZ, «SPECIAL RESERVE MEDIUM-SWEET» ACCIAIOLY. Kurzer, recht lockerer, tiefschwarz gewordener Korken. Gute Füllhöhe. Reiches Bernstein; spitze Nase; deutlich der originale sortentypische Geschmack, halbsüß, mittelvoller Körper, spröde, gute Länge, aber scharfer, trockener, säurebetonter Abgang.
*April 1989* ★★★

## 1834 ★★★★

*«Allgemein sehr gut, besonders Bual» (Cossart).*

TERRANTEZ BARBEITO. Ein großartiger Wein, siebter im Terrantez-Vergleich; reiche Färbung, doch nicht tief; sehr schönes, harmonisches, zurückhaltendes Bukett; sehr süß, wunderbare Mitte, sehr kraftvoll, viel Säure, die ein sauberes und trockenes Mundgefühl hinterließ.
*Florida, Januar 1990* ★★★★★

## 1835 ★★★★

SERCIAL, SOLERA BLANDY. Drei Bewertungen. Bernsteinfarben, süß, spitzig; trockener, leichter Stil, großartige Länge, schöner, lang anhaltender Geschmack und Nachgeschmack.
*Zuletzt im Oktober 1984 verkostet* ★★★★★

## 1836 ★★★★

*«Allgemein sehr gut, besonders Sercial» (Cossart).*

MALMSEY, «SPECIAL RESERVE SWEET» ACCIAIOLY. Tiefschwarz gewordener, aber deutlich gestempelter Korken. Tiefer als der 1802er Terrantez, aber nicht so gestochener Rand; reiches, glattes, harmonisches Bukett von beträchtlicher Tiefe; sehr süß, ziemlich körperreich, glatte, reiche Struktur, fabelhafter Geschmack und hervorragender Abgang.
*April 1989* ★★★★★

## 1837 ★★★★

*Mitten in einer Hochwasserperiode auf Madeira, einer von acht Jahrgängen, die von Cossart als «sehr gut» in allen Bereichen und für alle Rebsorten beurteilt werden.*

BOAL BARBEITO. Warmes Bernsteinbraun; weich, pudrig, ein Hauch von Cognac; ziemlich süß, sehr reich, Geschmack und Säure exzellent. *April 1991* ★★★★

BUAL, SPECIAL, «MEDIUM-SWEET» ACCIAIOLY. Kurzer Korken mit schwachem Stempel «Oscar Acciaioly». Bernsteingolden, grüner Rand; prachtvolles, hochgetöntes, feines Bukett; halbsüß, wie das Etikett sagt, mittleres Gewicht, exquisiter Geschmack und große Länge. Hervorragende Säure und ein Abgang wie kandierte Veilchen. *Ein Favorit unter dem halben Dutzend vor der Katalogaufnahme im April 1989 verkosteter alter Acciaioly-Madeiras* ★★★★★

TERRANTEZ BARBEITO. Tiefes Bernstein, apfelgrüner Rand; sehr duftiges Bukett, wie ein alter *Bas Armagnac*, ein Hauch von Vanille; halbsüß, schöner spitzer Geschmack, dünn geworden, mit einem Spritzer Zitronensäure. *Mit Doña Maria Manuela de Freitas und ihrem Sohn Riccardo nach dem Besuch ihres Christoph Columbus gewidmeten Museums mit Bücherei in Funchal, im Dezember 1990* ★★★★

## 1838 ★★★★

BUAL Aus dem Bereich Companario. Sehr warmer, roter Orangefarbton mit stark bernsteingrünem Rand; außergewöhnliches, reiches, kräuterartiges, ein wenig medizinales Bukett; sehr reich, konzentriert, wie Feigensirup. MWA, *Dezember 1983* ★★

## 1839 ★★★★

*Wieder ein sehr guter Jahrgang.*

VERDELHO, «SPECIAL RESERVE, DRY» ACCIAIOLY. Erstmals 1986 verkostet. Reich, warm, bernsteingrüner Rand; feines, leicht «angesengtes» Bukett, Sahnebonbons und Cognac; halbsüßer Auftakt, langer, trockener Abgang, dazwischen eine schöne Geschmacksmitte mit einiger Fülle. Edel. Große Länge, großer Duft. *Zuletzt im April 1989 bewertet* ★★★★★

## 1840 ★★★★

*«Allgemein sehr gut, besonders Sercial und Verdelho» (Cossart).*

«THE REBEL» NEWTON, GORDON, COSSART & CO. Abgefüllt von William H. Fearing, 24 Old Broad Street. In alter schimmeliger Flasche mit Wachssiegel und Originaletikett. Die Cossarts firmierten zwischen 1828 und 1835 unter diesem Namen und müssen den Wein gegen Ende dieser Zeit zur Abfüllung nach London zur Weinhandlung Fearing geschickt haben. Es war ziemlich üblich damals, den Wein nach dem Schiff zu benennen, in dem er transportiert worden war, in diesem Falle *The Rebel*. Der Wein hatte überlebt. Die Füllhöhe lag über der oberen Schulter, die Farbe war gut, Geruch und Geschmack sehr hochgetönt und firnisartig. *Juni 1984* ★★

## 1845 ★★★

*«Allgemein sehr schön, besonders Bual» (Cossart).*

BUAL, «CENTENARY SOLERA» COSSART GORDON. Recht verwirrende Angabe, der 1844er sei der «Mutterwein» gewesen, doch das Solera-System sei 1845 angelegt worden, im Jahr von Cossarts einhundertjährigem Jubiläum. Einige 1975 abgefüllte mehrmals verkostet: ziemlich malzige Nase mit spitzer Säure, halbsüß, attraktiv. *Oktober 1985* ★★★

BOAL BLANDY. Andere Schreibweise der Rebsorte (beide sind richtig), aber auch wie der obige als «Hundertjahrfeier-Solera» etikettiert. 85 Jahre in Eiche, verschifft und abgefüllt entweder kurz vor oder kurz nach dem Krieg (dazwischen vermutlich in *Demijohns*) und 1988 neu abgefüllt. Alkohol 21 %, Süße 4° Baumé. Zurückhaltend, reich, relativ weich und zart. *Auf einer für MADAS in Brügge durchgeführten Degustation im Mai 1990* ★★★

## 1846 ★★★

*Ein großer Jahrgang. Berühmt für seinen Terrantez, Bual und Verdelho.*

TERRANTEZ, VINTAGE H.M. BORGES. 1900 abgefüllt. Mehrere Bewertungen seit 1973. Großartig. Reiches, leicht orangeschimmerndes Bernstein; fabelhaftes Bukett, reich, intensiv, edel, ein Spritzer Limone; erstaunlich kraftvoller Wein, große Intensität, wunderbare Länge und Säure. Vertreibt jede Erkältung! So sollte ein großer Madeira sein. *Zuletzt auf der für Robert Maliners Weinwochenende geleiteten Terrantez-Degustation in Florida im Januar 1990 bewertet* ★★★★★

TERRANTEZ H.M. BORGES. 1950 abgefüllt. Diese spätere Abfüllung hatte eine viel tiefere Farbe, wie Eichenmöbel aus der Zeit JakobsI.; im ersten Schnuppern wie ein Tinta Negra Mole; süßer, sehr reich und konzentriert. Sehr griffig. *Zuletzt im Dezember 1983 verkostet* ★★★

TERRANTEZ BLANCY Unterschiedliche Flaschen: eine verfeinert, Veilchen, die andere dick und schokoladig; kraftvoll.
*Im Dezember 1993. Im besten Fall*★★★★★

VERDELHO, VAL DE PARISO, AVERY LABEL
Fast sicher 1846, erster Besitzer Dr. Grabham, dann Sir Stephen Gaselee (beides bekannte Sammler), gekauft von Ronald Avery und weiterverkauft an Harry John Johnson. Blasses Bernstein; ätherischer Duft nach Cognac und Veilchen; intensiv, eindringlich und doch delikat. Langer, trockener Abgang.
*Dezember 1982* ★★★★★

## 1850★★★★

*«Allgemein sehr gut, besonders Verdelho» (Cossart).*

VERDELHO PERREIRA D'OLIVEIRA. 130 Jahre in Eiche. Abgefüllt 1980. Alkohol 21 %, 6° Baumé. Ein Adjektiv gilt gleichermaßen für Aussehen, Geruch und Geschmack: intensiv. Fabelhafte, sehr tiefe Farbe für einen alten Verdelho, sehr reich, kraftvoll, pfeffrig und säurebetont in Bukett und Geschmack.
*Auf der MADAS-Degustation in Brügge vom Mai 1990* ★★★★

### ANFANG BIS MITTE DER 1850ER JAHRE:

*1851 war der letzte rundum erfolgreiche Jahrgang vor dem Mehltaubefall. 1852 ging die Weinproduktion auf der Insel von durchschnittlich 50 Millionen Hektolitern auf 8 Millionen hl, 1853 auf 3 Millionen hl und 1854 auf nur noch 600 hl zurück, was eine Wirtschaftskrise, Arbeitslosigkeit und eine «Weinnot» zur Folge hatte, wenn auch ein paar hohe Lagen manch guten Sercial erzeugten. 1855 waren von den siebzig britischen Handelshäusern, die 1850 im Geschäft waren, nur noch 15 übrig geblieben. Die jedoch profitierten von der Situation, indem sie alte Bestände aufkauften.*

LEACOCK Hier nicht am Platz, aber aufgenommen, um zu zeigen, daß die Sitte langer Schiffstransporte, die im 18. Jahrhundert gang und gäbe waren, weit bis ins 19. Jahrhundert andauerte. Original-Wachssiegel mit der Prägung «MADEIRA», Anhänger und Kistenetikett mit der Aufschrift «Leacock, shipped for the W. Indies, Sept 13 (18)52, bottled at Antony House Aug 6 (18)55». Ebenfalls in Weiterführung einer Tradition aus dem 18. Jahrhundert in einer Flasche mit dem Familienwappen der Carews auf einem Glassiegel. Lebhaftes Bernstein; makellose, alte, spitze Nase. Am Austrocknen und ziemlich leicht, aber Geschmack, Säure und Abgang gut.

*Zum Mittagessen mit Sir John Carew Pole im Januar 1981 nach Durchsicht der Weinkeller von Antony House in Cornwall* ★★★

## 1856★★★

*Sehr kleine Produktion, dennoch gab es einige schöne Weine.*

BOAL BLANDY. 65 Jahre in Eiche, abgefüllt 1921. 19 % Alkohol, 3,1° Baumé. Relativ blasses Bernstein; ein fabelhaftes, ätherisches Bukett, Limone, Vanille, Cognac; anfängliche Süße überholt von einem scharfen, trockenen Abgang. Sehr hoher Gehalt an flüchtiger Säure, aber großartig auf seine Art.
*Auf der Degustation in Brügge vom Mai 1990* ★★★

## 1860★★★★

*Kleine Produktion. Einige sehr gute Weine, besonders aus den Sercial-Trauben.*

BUAL BLANDY. Zwei gleichbleibende Bewertungen im Abstand von 16 Jahren. Schönes warmes Bernstein; reich, hocharomatisch in Bukett und Geschmack. Anfängliche Süße, sehr trockener Abgang.
*Juli 1987* ★★★★

SERCIAL, SOLERA COSSART GORDON. Drei Bewertungen seit Mitte der 80er Jahre, der letzte 1988 neu abgefüllt. 65 Jahre in Eiche, importiert und abgefüllt von Cossarts Londoner Makler Evans Marshall. Viel Alkohol (21 %), wenig Zukker (1,4°). Gleichbleibende Bewertungen: ziemlich blasses Bernstein; prachtvolles, parfümiertes, feines, zartes, aber hochgetöntes, die Speicheldrüsen anregendes Bukett. Eindringlich, eine Idee Süße überholt von dem langen, scharfen, schneidigen, trockenen, säurebetonten Abgang. Schlank, aber elegant. Gute Struktur. Nicht eben leicht verständlich, aber auf seine Art ganz ausgezeichnet.
*Zuletzt im Mai 1990 verkostet* ★★★★

## 1862★★★★★

*Obwohl keineswegs alle Weinberge schon wieder produzierten, gab es einige exzellente Weine, wobei der Terrantez allgemein als der beste aller Zeiten angesehen wird.*

MALVAZIA «VELHO» Flasche mit Schablonenaufdruck. Kurzer Korken, also zweifellos auf der Insel abgefüllt. Fabelhaft; hochgetönter Duft; süß, mollig, samtig. Struktur und Süße wächsern, Bienenwaben. Perfekter Geschmack.
*Januar 1983* ★★★★★

SERCIAL PERREIRA D'OLIVEIRA. 120 Jahre in Eiche, 1982 abgefüllt. 21,2 %, 3,4° Baumé. Bernsteinfarbe mit grünem Rand; reiche, intensive, säurebetonte Nase; ziemlich süß für Sercial. Fabelhafte, ätherische Qualität. Große Länge.
*In Brügge im Mai 1990* ★★★★★

TERRANTEZ H. M. BORGES. Vier großartige Flaschen Mitte der 80er Jahre und eine kürzlich. Die für ihre Bestände an Jahrgangsweinen berühmte Firma Borges wurde erst 1877 gegründet. Sie kaufte diesen speziellen Wein von T. T. de Camara Lomelino, «Nachfolger von Mr. Robert Leal», dem Gründer von Lomelino, dessen Enkel der Großvater mütterlicherseits von Noël Cossart war. So ist das Inselleben. Wie sieht einer der größten Madeiras aus, wie riecht und schmeckt er? Eigentlich unmöglich in Worte zu fassen: eine mitteltiefe, warme Bernsteinfarbe mit goldenen Reflexen – wunderschön im Sonnenschein oder bei Kerzenlicht – und limonengrünem Rand; ein überwältigendes Bukett, spitzig, Karamel und Honig, hochgetönter Duft nach kandierten Veilchen. Dies alles wiederholt sich am Gaumen. Immer noch ziemlich süß, sehr reich, vereint Kraft und Delikatesse, Intensität und Duftigkeit. Unendliche Länge, sehr schöne Säure. Kein Wein, den man ausspuckt. Und selbst wenn, würde ein unauslöschlicher Eindruck zurückbleiben.
*Zuletzt im April 1993 bei Bill Bakers Madeira-Probe* ★★★★★★ *(sechs Sterne!)*

TERRANTEZ COSSART GORDON. Intensives Bukett wie ein gegrilltes Lammkotelett; sehr langer trockener säurebetonter Abgang.
*Zwei Flaschen, im Dezember 1993* ★★★★

## 1863 ★★★★

*Wieder ein kleiner, aber sehr feiner Jahrgang, wobei der Malmsey besonders gut ist.*

BOAL, VELHO BLANDY. Süß, delikat, hochgetönt; hoher Alkohol- und Säuregehalt. Reich, wärmend.
*Mai 1984* ★★★★

MALMSEY, FINEST OLD, SOLERA BERRY BROS. Bis ich die Aufzeichnungen verglich, dachte ich, es müsse derselbe sein wie der von Blandy unten, aber er wirkte blasser und ätherischer im Geruch.
*Januar 1990* ★★★★★

MALMSEY, SOLERA BLANDY. 15 Bewertungen. Der letzte hatte 68 Jahre in Eiche gelegen und war 1988 neu abgefüllt worden. Alkohol 21 %, hoher Zuckergehalt: 5,8° Baumé. Ziemlich tiefes Bernsteingold; weicher, reicher, gehaltvoller, schokoladiger Geruch; sehr süß, ziemlich kraft-

voll, Geschmacksintensität, Länge, Säure und Nachgeschmack vorzüglich.
*Zuletzt im Mai 1990 verkostet* ★★★★★

SERCIAL COSSART GORDON. Prachtvolles Bernsteingold; Minze und Schokolade, Bukett und Geschmack lang, fein, nach nassem Stroh. Angesengt, spitz, schlank, aber schneidig verlaufender, säurebetonter Abgang. Ein ungewöhnlicher Geschmack, ist den Kauf wert.
*Dezember 1985* ★★★★

## 1864 ★★★

*Ein dem 1863er nicht unähnlicher Jahrgang, klein, aber gut, «besonders für Bual und Malmsey» (Cossart).*

GRAN CAMA DE LOBOS Siebenmal verkostet, notiert (vermutlich nach den Etiketten) entweder unter dem Namen dieses berühmten Anbaugebietes (des «Pauillac» von Madeira) oder als «Verdelho Blandy's» oder beides. Mit Ausnahme einer Flasche mit üblem Böcksergeruch alle vorzüglich, mit aufregendem intensiven, rauchigen, leicht teerigen, verfeinert «geistvollem» Bukett; halbsüßer, fabelhafter Geschmack, große Länge, herzerwärmend und exquisit.
*Zuletzt im April 1993 verkostet* ★★★★★

MADEIRA BERRY BROS. 1869 abgefüllt, ungewöhnlich früh, und 1933 neu verkorkt. Ziemlich blasses Bernstein; ein recht firnisartiger, knorriger alter Charakter; immer noch ziemlich süß, aber schwer zu sagen, ob alter Sherry oder Madeira, wenn nicht die typisch hohe Säure des letzteren wäre.
*März 1982* ★★

SERCIAL BLANCY. Variabel. Eine Flasche halbsüß, schokoladig, die andere mit hoher, scharfer flüchtiger Säure. Trocken, schneidiger Abgang.
*Im Dezember 1993. Im besten Fall* ★★★

## 1865 ★★★

*Wieder ein kleiner, aber guter Jahrgang. Immer noch Ebbe im Handel.*

MALMSEY, SOLERA RUTHERFORD & MILES. Interessant, eine MWA-Abfüllung von der Insel zu vergleichen mit einer «Bristol bottling» von Harvey's im Jahr 1963. Letztere blaß, die der MWA brauner; beide mit leichter Nase; die der MWA auch süßer, ein wenig wie Feigensirup, möglicherweise bei höheren Lagertemperaturen geschwunden und konzentrierter geworden.
*Die von Harvey's 1967 verkostet, die der MWA im Dezember 1983. Beide auf ihre Art* ★★★

# 1866 und 1867 ★★★

*Kleine Erträge, gute Qualität.*

TERRANTEZ Ein Verschnitt der beiden Jahrgänge, abgefüllt 1900, neu verkorkt 1962 von der MWA. Sehr schön, lebhaft hell. Geringer, krümeliger Bodensatz; unglaublich reich, intensiv, hochgetönt; Geschmack ebenfalls reich, doch mit langem, trockenem, recht firnisartigem Abgang.
*Dezember 1983. Geruch ★★★★, Geschmack ★★*

# 1868 ★★★

*Guter Jahrgang, Bual besonders hervorragend.*

BOAL, VERY OLD ‹EBH› COSSART Durchsichtig; ätherisch, kräuterwürzig; süß, voll, reich, schöne Textur, große Länge.
*Bei Bakers, im April 1993 ★★★★★*

CAMA DE LOBOS Abgefüllt 1883. Schöner, edler, ätherischer Geruch. Zurückhaltend am Gaumen.
*Dezember 1983. Geruch ★★★★, Geschmack ★★*

# 1869 ★★★

*Kleine Ernte. Gut in allen Bezirken. Bual wieder an der Spitze.*

MALMSEY Identifiziert nach dem Kistenetikett. Zart, makellos in der Nase und am Gaumen. Immer noch sehr süß, etwas Fett, Geschmack und Länge gut. Es fehlte die übliche spitzige Säure. Eine halbe Flasche, wahrscheinlich Ende des 19. Jahrhunderts in die Kiste gepackt.
*Entkorkt und verkostet in den Weinkellern von Badminton House im September 1989 ★★★*

# 1870 ★★★★

*Obwohl Winzer und Händler sich zu jener Zeit darüber nicht im klaren waren: der letzte einer Reihe von guten, aber kleinen Jahrgängen nach dem Mehltaubefall und das letzte erstklassige Jahr vor der Reblausplage.*

BUAL, SOLERA LOMELINO. Gehaltvoll, reich, aber nicht überragend.
*November 1980 ★★*

SAN MARTINHO 1893 abgefüllt, 1962 neu verkorkt. Zwei Bewertungen: ziemlich blaß; dünner, stachliger Geruch nach Verbandszeug und Wundtinktur. Trocken, relativ leicht, schlank, mit schneidiger Säure. Zweifellos ein alter Sercial.
*Zuletzt im August 1985 verkostet ★★*

SAN MARTINHO «CHALLENGER» So genannt, weil es auf dem Schiff Challenger zur Insel *zurückkehrte*. Und ich weiß auch den Grund: starker Nagellackgeruch.
*Dezember 1983.*

SERCIAL, SOLERA LOMELINO. Ebenfalls gehaltvoll und nicht trocken genug, aber ein duftiger Abgang.
*November 1980 ★★*

TERRANTEZ ADEGAS DO TORREO. Blaß; karamelartig, kränklich, es fehlte an Intensität; süß, rosinenartig, hoher Säuregehalt, bitterer Abgang.
*Januar 1990.*

TERRANTEZ BLANDY. Bernsteingold; Butter und Karamel; enttäuschend dann, mit hartem Abgang.
*Bei Bakers, im April 1993 ★★*

# 1872 ★★★

*Wieder ein Wendepunkt: das Jahr, in dem die Reblaus kam und die nach der Verwüstung durch Oïdium gepflanzten Reben zerstörte. Erneut ein harter Schlag für die Winzer und den Handel. Der Jahrgang selbst wurde 1872 als «gut» gemeldet; verkostet habe ich keinen.*

# 1874 ★★

*Sehr kleine Produktion, aber Reben aus Lagen, die nicht vollständig von der Reblaus verseucht waren, gaben guten Wein.*

BOAL HANDELSHAUS UNBEKANNT. Spitzig, rauchig. Süßer, gehaltvoller, fabelhafter Geschmack.
*März 1980 ★★★★*

MALMSEY BLANDY. Fleischig, malzig; origineller Geschmack. Süß und doch nicht süß. Große Länge.
*Im Dezember 1993 ★★★★*

# 1875 ★★★★

*Winzige Ernte, aber in geschützten Lagen wurden einige herausragende Weine bereitet.*

BASTARDO COSSART GORDON. Aus dem Traubenanbau auf der Quinta do Satão in Cama de Lobos. Ein exquisiter Wein: grünrandiges reines Bernstein; außergewöhnliches Bukett, vollendet, harmonisch, verfeinert «geistvoll», prächtige Entfaltung im Glas. Ziemlich süß, reich und doch schlank. Große Länge.

*Einer der Spitzenweine auf der großartigen Degustation alter Terrantez- und Bastardo-Weine in Hollywood, Florida. Januar 1990* ★★★★★

SERCIAL D'OLIVEIRA. 107 Jahre in Eiche, 1982 abgefüllt. 22 % Alkohol, 3,3° Baumé. Reich, spitz, tief und süß für einen Sercial. Großartige Länge und Säure.
*Auf der Degustation in Brügge im Mai 1990* ★★★★

## 1877 ★★★

TERRANTEZ H.M. BORGES SUCRS. Flasche mit Schablonenaufdruck «T 1877». Sehr kurzer Korken, Inselabfüllung. Relativ blasses Bernstein; zurückhaltende Nase, doch weich, süß und ätherisch; halbsüß, doch ein ungeheuer trockener Abgang mit einem Spritzer Limone. Eindrucksvoll und erfrischend.
*Januar 1990* ★★★

VERDELHO, «MISTURA», TORRE BELLA Das genaue Datum ist schwer festzulegen, aber der älteste Wein in dem bemerkenswerten Bestand, den Captain Fairlie erbte, als er in die Familie Blandy einheiratete. Alle Weine stammten von dem berühmten Weingut Casa Torre Bella in Camara (oder Cama) de Lobos. *Mistura* heißt Mischung: in diesem Falle ein Verschnitt von reinen Verdelho-Jahrgängen. Schokoladige Nase, gute Länge.
*Vor der Katalogaufnahme im November 1988 verkostet* ★★★

## 1878 ★★

BUAL, SOLERA Abgefüllt von der Wine Society (IECWS). Ein recht annehmbarer Wein, ziemlich süß.
*Zum 92. Abendessen der Wine & Food Society, Ortsgruppe Miami, im Februar 1981* ★★

## 1879 ★★★★

VERDELHO, TORRE Aus Trauben bereitet, die von dem Weinberg Torre der Casa Torre Bella in Camara de Lobos stammten, gelagert in der *Frasqueira* der Familie und 1987 kurz vor dem Transport nach Großbritannien neu verkorkt. Bei der Ankunft in Felixstowe wurde die ganze Fracht aus Versehen auf ein Schiff geladen, das durch den Panamakanal nach San Francisco fuhr. Sie wurde schließlich unbeschädigt wieder zurückbefördert und als vorletzte Station auf das Schloß der Familie Fairlie in Schottland geliefert, von wo es zuletzt zu Christie's gelangte. (Siehe auch 1877 und 1905.) Zwei Bewertungen, eine aus einer Probeflasche, die ich vor dem Transport zur Verkostung erhielt,

und die nächste auf einer Vorverkaufsdegustation. Fabelhafte Farbe, Bernstein mit limonengrünem Rand, das Erkennungszeichen für Ausbau und Qualität; wunderschönes Bukett, Rosenpastillen, ätherisch wie ein Grande Champagne Cognac und hoher Gehalt an flüchtiger Säure. Ziemlich süß, ein Hauch von Karamel, hoher Alkohol- und Säuregehalt. Lupenrein.
*November 1988* ★★★★★

## 1880 ★★★

*Ein Jahrgang mit sehr gutem Ruf, aber nach meinen Aufzeichnungen anscheinend von dem ungewöhnlich hohen Säuregehalt beeinträchtigt. Cossart, Gordon & Co. waren bei weitem die größten Lieferanten, 1880 exportierten sie 1073 Pipes, fast ein Drittel des Gesamtvolumens der Insel.*

MALMSEY BLANDY. Flasche mit Schablonenaufdruck. Geruch wie nasses Stroh in einem Vollblüterstall. Ziemlich süß, intensiv, ein bißchen zu scharf.
*Oktober 1985* ★★

MALMSEY, SOLERA JUSTINO HENRIQUES. Nur 700 Flaschen erzeugt. Nicht glanzhell; Fleischextraktgeruch; süß, weich und knuddelig, die Klasse fehlte, zumal der Malmsey von 1880 im Ruf stand, der beste seit 1808 gewesen zu sein.
*In Savannah, April 1980* ★

SERCIAL VEIGA FRANCA. Kurzer Korken. Altes Bernstein; reich, stark flüchtiger Geruch, aber sehr säurebetont, unsauberer Abgang.
*Februar 1981.*

TERRANTEZ D'OLIVEIRA. «Über 100 Jahre in Eichenfässern gelagert.» Nicht eben hell; vulkanische Nase; mittlerer Auftakt, sehr trockener Abgang, scharf, mit ungeheuer viel Säure, fester wie flüchtiger.
*Januar 1990* ★★

VERDELHO, SOLERA BLANDY. Neun Bewertungen im Laufe von zehn Jahren. Die meisten in England abgefüllt, wahrscheinlich zum Großteil Ende der 50er Jahre, ein Jahrzehnt nach der Verschiffung. Unterschiedlich. Zwei deutlich malzig, oxydiert, einer gummiartig und mit Böckergeschmack, ein anderer recht gut. Die besten intensiv duftend, ätherisch in Geruch und Geschmack, eine Ausdehnung im Mund wie La Tâche 1962, aber der Reichtum hielt die sehr hohe Säure nur mit Mühe und Not in Schach.
*Zuletzt im Oktober 1992 verkostet. Im besten Fall* ★★★★

## 1883 ★★★★

*Nach zehn Jahren vergeblichen Antichambrie-*
*rens setzte die portugiesische Regierung in Lissa-*
*bon einen Inspektor ein und begann einen Feld-*
*zug gegen die Reblaus. Unterdessen schafften es*
*die kämpfenden Winzer, eine kleine Menge qua-*
*litativ hochstehender Weine zu erzeugen.*

VINHO VELHO, CHROZINHA Altes Bernsteinbraun, kräftiger grüner Rand; schönes, hochgetöntes Bukett; sehr süß und reich, daher vermutlich Malmsey, sehr hoher Säuregehalt, große
Länge.
*Dezember 1986 ★★★★*

## 1884 bis 1889

*Die schlechteste Periode für die Winzer und den*
*Handel. Sehr kleine Produktion, obwohl Cossart*
*meldet, daß 1884 guter Sercial gemacht wurde*
*und 1885 guter Malmsey. Keinen verkostet.*

## 1890 ★★

*Kleine Menge. Annehmbare Qualität.*

MALMSEY, SOLERA BARBEITO. Das hervorragende Familienunternehmen Barbeito wurde
erst im Zweiten Weltkrieg gegründet, aber da
die Familie reich war, konnte sie ansehnliche Bestände an altem Wein aufkaufen, zum einen von
anderen Händlern, aber hauptsächlich, vermute
ich, von Winzern, die damals wie heute dazu neigen, Fässer mit Madeira zu horten. Bernsteinfarben mit olivgrünem Rand; schöner Geruch;
süß, weich, füllig, gute Länge und Säure.
*Mai 1985 ★★★*

VERDELHO D'OLIVEIRA. 96 Jahre im Faß. 1986
abgefüllt. 20% Alkohol, 5,3° Baumé. Alkohol
hervorstechend, Geruch gezügelt, Vanille. Halbtrocken, recht pappiger Geschmack und bitterer
Abgang.
*In Brügge, Mai 1990 ★*

## 1891 ★★★

CAMA DE LOBOS 1897 abgefüllt, 1953 neu verkorkt, 1960 neu abgefüllt. Drei Bewertungen. Obwohl Anbau und Bereitung in Cama de Lobos
stattfanden, hatte der Wein in einem heißen Schup-
pen in Santana auf der Nordseite der Insel gelagert.
Erstmals 1983 im MWA-Degustationsraum beurteilt: die mittelblasse Bernsteinfarbe reinen Verdelhos, bestätigt vom Geruch nach «trockenen Mandeln», fein, duftig; ebenfalls typisch «mittel»,
weder trocken noch süß, auch mittleres Gewicht,

weich, sanft, aber mit madeiratypischem trockenem Abgang nach «Nagellack». Zuletzt eine ähnliche Bewertung, Geruch erstaunlich spitzig –
durchdringend – mein ganzes Büro war von dem
Duft erfüllt; reich, geschmacksintensiv, gute
Länge.
*Den zuletzt bewerteten Wein bekam ich in Madei-*
*ra von Richard Blandy zu Weihnachten geschenkt.*
*Im Januar 1991 zum einhundertsten Geburtstag*
*des Weines für das Wine Department bei Christie's*
*Verkostung geöffnet ★★★★*

## 1892 ★★★

*Wieder eine kleine Ernte. Wie immer wurde*
*durchaus interessanter Wein erzeugt.*

SERCIAL Einfache Flasche mit anonymem
Schablonenaufdruck. Exquisit in Geschmack und
Länge. Trocken. Hinreißende Säure.
*Juli 1980 ★★★★*

## 1893 ★★★★

*Der erste bedeutende Jahrgang seit dem Reblaus-*
*befall des Jahres 1872.*

MALMSEY COSSART GORDON. Sehr reich, intensiv; ziemlich süß, gute Länge.
*Im Dezember 1993 ★★★★*

## 1895 ★★★

MALMSEY D'OLIVEIRA. 92 Jahre in Eiche. 1987
abgefüllt. 20,6% Alkohol, 5,6° Baumé. Ziemlich
tief, reich; spitze Säure; sehr süß, relativ voll und
doch fein. Sehr dünn gewordener, trockener,
säurebetonter Abgang.
*In Brügge, Mai 1990 ★★★★*

## 1898 ★★★★

*Alles in allem der gelungenste Jahrgang seit dem*
*Auftreten der Reblaus auf der Insel.*

BOAL, SOLERA HENRIQUES & HENRIQUES.
Zwei Beurteilungen in den frühen 8oer Jahren.
Reiche Bernsteinfarbe; reiches, aber feines Bukett;
süßer, sehr auffälliger Geschmack, gebacken, spit-
zig, ätherisch. Natürlich hoher Säuregehalt.
*Zuletzt im Dezember 1983 verkostet ★★★★*

CAMA DE LOBOS 1921 abgefüllt. Zart und doch
hochgetönt, sehr trockener Abgang. Wahrscheinlich Verdelho.
*Dezember 1983 ★★*

VERDELHO, SOLERA HENRIQUES & HENRIQUES. Trübes Tawny; sehr viel flüchtige Säure; nussiger Geschmack, schmuddeliger Abgang.
*Mai 1988.*

## 1899 ★★★★

*Eine dunkle Zeit endete mit einen hellen Ton.*

TERRANTEZ BLANDY. Schablonenaufdruck «AO-SM». Prächtiger Wein. Fabelhaftes Bukett, leicht schokoladig, eine Spur von Sahnebonbon, als hätte er einen Schuß Malmsey bekommen. Ätherisch, Austernschalen. Sehr süß, hoher Alkoholgehalt, an den Zähnen ziehende Säure.
*Auf Robert Maliners Großem Weinseminar in Florida im Januar 1990 ★★★★*

TERRANTEZ COSSART GORDON. Kraftvoll, teerig; süß, stark, zähnebeschlagend.
*Im Dezember 1993 ★★★★*

## 1900 ★★★★★

*Ein großer Jahrgang, der die volle Erholung der Weinberge signalisierte, wenn auch nicht die Auferstehung des Handels.*

BOAL, VELHO RESERVA MIGUEL JARDIM. Erstmals 1906 abgefüllt, von Henriques & Henriques verschifft (es gibt dort immer noch einen Jardim in der Firma). Süß, reich, spitz, hoher Säuregehalt.
*Februar 1989 ★★★★*

MALMSEY JUSTINO HENRIQUES. Relativ tiefes Bernstein; ätherisches Bukett; süß, fett, reich, lang, säurebetont.
*Februar 1990 ★★★★*

MALVAZIA Recht blasse Stroh-Bernsteinfarbe; merkwürdiger Senf- und Kressegeruch; ziemlich süß, sauber, geradlinig im Geschmack.
*Dezember 1983 ★★*

MOSCATEL D'OLIVEIRA. Erstmals 1980 kurz nach der Verschiffung in Flaschen verkostet. Sehr süß als Gegengewicht zur sehr hohen Säure. Der nächste mit den Angaben: 87 Jahre in Eiche, abgefüllt 1987. Alkohol 20,6 %. Sehr hohe 6,8° Baumé, der höchste Wert in der Gruppe. Angesengtes, intensives Bukett. Sehr süß, mit gewaltigem Schwung im Geschmack und exzellenter Säure, die bewirkte, daß der Gaumen nach so viel Fülle doch sauber und trocken blieb.
*Zuletzt auf der Degustation in Brügge im Mai 1990 bewertet ★★★★*

MOSCATEL POWER DRURY. 60 Jahre in Eiche, abgefüllt 1985. 19,6 %, 5,4° Baumé. Weiche, angesengte, seifige Nase; süß, große Länge, hoher Säuregehalt. Eigenartig, daß ich über zwei aus Moscatel-Trauben gemachte Madeiras zu reden habe, beide vom selben Jahrgang – der älteste Moscatel, den ich je verkostet habe. Eigenartig auch, daß der erwartete traubige Geruch und Geschmack sich nicht einstellte.
*In Brügge, Mai 1990 ★★★★*

VERDELHO BLANDY. Gelbes Bernstein; lebhaft, faszinierend in Bukett und Geschmack. Mitteltrocken. Große Länge.
*Im Dezember 1993 ★★★★★*

## 1901

*Ein unbedeutendes Jahr.*

CAMA DE LOBOS MWA. Aussehen und Geruch wie kaltes, nasses Stroh. Trocken, vermurkst. Hefig.
*Dezember 1983.*

MALMSEY RUTHERFORD & MILES. Starke Farbe, kräftiger Geschmack, süß, eindringlich, hohe Säure. Große Länge.
*Im Dezember 1993 ★★★★★*

## 1905 ★★★

*Klein, aber gut.*

SERCIAL MWA. Blasses Bernstein; eine Idee Zitrone und Veilchen; duftig, schmackhaft, sehr trocken.
*Dezember 1983 ★★★*

VERDELHO, NOGUEIRA Von der Lage Nogueira des Weingutes Torre Bella in Camara de Lobos. Aus dem Bestand von Captain Fairlie (siehe auch 1877 und 1879). Überraschend süß, reich, schokoladig. Hervorragende Säure.
*Vor der Auktion vom November 1988 ★★★*

VERDELHO, TORRE Wie oben, aber vom Weinberg Torre. Vollkommen anders. Eher die Pikanterie eines Sercial. Trocken. Geschmack wie feuchte Pappe und trotzdem irgendwie exquisit.
*November 1988 ★★★★*

## 1906 ★★

*Wieder eine kleine Ernte. «Malmsey besonders gut» (Cossart).*

MALVAZIA LEACOCK. Es gibt mehrere Arten der Malvasia- oder Malvaziarebe. Die älteste, *Malvasia babosa*, wurde von Simon Acciaioli (sic) nach Madeira gebracht (siehe 1802) und wird für die französische *malvoisie* gehalten. Sie werden gemeinhin zusammen ausgepreßt und zu einem reichen Malmsey verarbeitet, für den dieser ein gutes Beispiel ist. Bernsteinbraun; spitzig; intensiv. Großartiger Geruch und Geschmack.
*November 1980* ★★★★★

## 1907 ★★★

BOAL, VINTAGE BLANDY. Zwei neuere Bewertungen. Sehr tiefe, leuchtende Mahagonifarbe, intensiv; wunderschönes Bukett nach Kräutern und Würze; süß, reich im Geschmack; Kaffee, Schokolade, Branntwein. Ein warmer, vollmundiger Wein, kraftvoll und doch fein.
*Zuletzt im Februar 1989 verkostet* ★★★★★

MALVAZIA, RESERVA D'OLIVEIRA. Sehr tief im Farbton; stämmig, unglaublich süß, voll, reich, schokoladig. Es fehlte an Feinheit.
*Zuletzt im Mai 1990 verkostet* ★★★

BUAL BLANDY. Starkfarben; Minze und Mokka; mittelsüß, fett, kraftvoll.
*Im Dezember 1993* ★★★★

## 1910 ★★★★★

*Ein großer Jahrgang und für alle Arten von Wein ein Erfolg.*

BUAL COSSART. Nase wie Senf und Kresse, dennoch reich und intensiv; süß, reich, zum Kauen, mit hoher Endsäure. Schöner Wein.
*Dezember 1990* ★★★★

MALVAZIA BLANDY. Abgefüllt 1984. Ätherisch; sehr süß, reich, weich, köstlich.
*Im April 1992* ★★★★

SERCIAL COSSART. Sehr eindringlich. Gepflegt. Hoher Säuregehalt.
*Dezember 1993* ★★★

SERCIAL MWA. Duftig, blumig; schöner langer, trockener, sauberer, säurebetonter Abgang.
*Dezember 1983* ★★★

## 1911 ★★★★

BUAL BLANDY. Prachtvoll in Farbe und Bukett; süß, reich und doch fast mit der Schlankheit eines Sercial.

*Aus dem Weinkeller des verstorbenen Mills B. Lane aus Savannah, Juni 1990* ★★★★

## 1912 ★★★

MALMSEY COSSART. Sehr reiches Bernstein; wunderbarer Geruch, angesengt, kandierte Veilchen, die sich im Geschmack zeigten und bis zum Nachgeschmack durchhielten. Schöner, reicher, charaktervoller Wein.
*November 1983* ★★★★

## 1913 ★★★

VERDELHO MWA. Bernsteingold; feines Bukett wie ein alter Cognac; genauso feiner Geschmack, lang, schneidige Säure. Eine Flasche oxydiert.
*Beide im Dezember 1983 verkostet. Im besten Fall* ★★★

## 1914 ★★★

*Kleine Ernte. Berühmt für seinen Bual.*

BUAL MWA. Halbsüß, fest, reich, stilvoll.
*Dezember 1983* ★★★

## 1915 ★★★

*Allgemein gut für alle Arten von Wein.*

BUAL COSSART. Fabelhafter, hochgetönter Geruch, Zitrone und «Kater»; halbsüß, mittleres Gewicht, dennoch ein leichter, eleganter Stil. Lebhaft. Schmackhaft. Drei Beurteilungen.
*Zuletzt verkostet Dezember 1993* ★★★★

BUAL RUTHERFORD & MILES. Bis 1978 im Faß und 1983 erstmals verkostet. Schöner Wein. Hoher Säuregehalt. Später: gehaltvolle Nase, süßer als der von Cossart, fein, säurebetonter Abgang.
*Zuletzt im September 1989 verkostet* ★★★

## 1916 ★★★

*Ein exzellentes Jahr für Malmsey. Die besten, die reichsten Weine waren für den russischen Zarenhof bestimmt gewesen, aber dieser Markt verschwand über Nacht. Eine davon abgezweigte, erfreuliche Flasche von Cossarts Jahrgangs-Malmsey war 1979 süß, weich, reich und geschmacksintensiv.*

## 1917

**BALTHAZAR** Der Name eines Schiffs, nicht die Flaschengröße. Abgefüllt 1930, 1962 neu verkorkt. Stark nagellackartige Nase. Ziemlich süß, lebhaft, sauber.
*Dezember 1983* ★★

## 1920 ★★★★

**BUAL** BLANDY. Dreißig Jahre im Faß. Alkohol 19,5 %, 2,9° Baumé. Bernsteinfarben; *Crème brûlée*, Vanille und Minze; halbsüß, delikat, duftig.
*Mai 1990* ★★★★

**BOAL** BLANDY. Bernsteinbraun; getoastet, intensiv; süß, voll, weich, sehr reich. Schöner Abgang. Eindeutig ein anderes Faß.
*Dezember 1990* ★★★★

**MALMSEY** COSSART. Ein berühmter Wein, bereitet aus der letzten Malvasia-Candida-Sorte von Faja dos Padres und nach Ansicht von Noël Cossart so gut wie der 1880er. Sechsmal verkostet: lebhafte Farbe, reiches Bernstein, goldenes Funkeln, apfelgrüner Rand; stark parfümiert, Veilchen, Erdbeeren, guter Cognac; süß, aber nicht zu süß als Ausgleich für die pikante Säure, gehaltvoll, angesengt, füllig und doch ätherisch.
*Zuletzt im September 1987 verkostet* ★★★★★

**MALVAZIA** MWA. Kandierte Früchte; sehr süß, vorzüglich.
*Dezember 1983* ★★★★

## 1926 ★★★★

*Sehr guter Jahrgang.*

**MALMSEY (VINTAGE)** COSSART. Großartig. Bereitet wie Portwein, die Gärung gestoppt und den Zucker erhalten, keine Zusätze, keine *Estufa*. Vierzig Jahre im Faß, zehn Jahre in *Demijohns*, abgefüllt 1976.
*1976* ★★★★

## 1927 ★★★

**BASTARDO** LEACOCK. Das ist Leacock zuzutrauen, in meinem Geburtsjahr von einer Traube dieses Namens einen Wein zu bereiten! Eine seltene, sich schüchtern gebärdende und schwierige schwarze Traube. Bernstein; ein Hauch von Honig, ein edles Bukett wie der feinste Cognac, das sich nach zwanzig Minuten herrlich im Glas entfaltete, aber nach einer weiteren Stunde

leicht schokoladig. Süß, reich, dick, exzellenter, intensiver Geschmack. Trockener, säurebetonter Abgang.
*Auf Maliners Madeira-Degustation im Januar 1990* ★★★★

## 1931 ★

**VERDELHO** BLANDY. 1979 abgefüllt. Aus John Blandys privaten Weinkellern. Zwei Bewertungen. Gelbes Bernstein; reich, malzig, ein Hauch von Nagellack; süß für Verdelho, geschmacksintensiv, langgezogener säurebetonter Abgang.
*Zuletzt im Juni 1990 verkostet* ★★

## 1932 ★★

**VERDELHO** BLANDY. Vergeistigt, nach Veilchen duftend; halbsüß, mit genug Fülle und Fett für einen langgezogenen trockenen Abgang – wie eine freitragende Konstruktion.
*Juni 1989* ★★★

## 1933 ★★★

**BUAL** BLANDY. 1979 abgefüllt. Limone und Linoleum, Minze und Schokolade; sehr süß, weich, besser am Gaumen als in der Nase. Gute Länge. Duftiger Nachgeschmack. Eine Spur von altem Holz.
*Zuletzt im Juni 1990 verkostet. Im besten Fall* ★★★★

## 1934 ★★★★

*Alle Rebsorten und Bereiche ausgezeichnet.*

**BUAL** COSSART GORDON. Zwei Bewertungen: reich, gehaltvoll, süß, weich.
*Zuletzt im Dezember 1983 verkostet* ★★★

**BUAL** LEACOCK. Sehr schönes, vergeistigtes Bukett, ein Spritzer Limone; süß, voll im Geschmack, intensiv, gute Länge, hervorragende Säure.
*Dezember 1990* ★★★★★

**MALVAZIA** HENRIQUES & HENRIQUES. Tief; reich, hochgetönt; sehr süß, fett, warm, «angesengt» im Geschmack.
*Dezember 1983* ★★★★

**VERDELHO** HENRIQUES & HENRIQUES. 21,4 % Alkohol, 2,5° Baumé. Harmonisch, halbtrocken, mittelgewichtig. Elegant. Geschmacksintensiv. Gute Länge.
*Dezember 1983* ★★★

VERDELHO COSSART. Spritzige Nase; mittelsüß, schön im Fleisch, reich, intensiv.
*Im Dezember 1993* ★★★★

## 1936 ★★★★★

*Allgemein sehr gut. Cossart Sercial «der beste dieses Jahrhunderts» (Cossart).*

CAMA DE LOBOS BLANDY. Ohne Etikett, aber Korken rundum gestempelt. Schönes Bernsteingold, guter apfelgrüner Rand; herrliches, feines, ätherisches Bukett; halbsüß, mittleres Gewicht, schöner Geschmack, füllig, sehr hoher Säuregehalt, trockener Abgang.
*März 1986* ★★★★★

## 1939 ★★★★

CALHETA (sic). Abgefüllt 1979. Aus John Blandys Weinkeller. Calheta, nicht zu verwechseln mit *colheita* (in Holz gealtert), ist der Name eines Dorfes an der Südküste, hinter Magdelena. Reiches Bernstein, grüner Rand; prachtvolles Bukett, sehr süß, hochgetönt, mit zitrusartiger Säure; halbtrocken, dennoch sehr reich und voll im Geschmack. Länge, Säure und Nachgeschmack gut.
*Zuletzt im Juni 1990 verkostet* ★★★★★

## 1940 ★★★★

*Besonders berühmt für seinen Sercial.*

SERCIAL RUTHERFORD & MILES. Die Farbe von schwachem Tee, ein bißchen wolkig, mit kristallinem Bodensatz. Geruch wie Karamelbonbons mit Zitronegeschmack, wurde im Glas weicher und dadurch fruchtiger. Halbtrocken, schlank, die Säure schnitt durch den Mund, aber mit einem schönen, wärmenden Nachgeschmack. Prachtvoll.
*September 1987* ★★★★

## 1941 ★★★★

*Gut, besonders Bual und Malmsey.*

BUAL BLANDY. Reich, käsig; halbsüß, leicht für Bual, duftiger, leicht schokoladiger Geschmack, gute Säure.
*Mai 1989* ★★★★

BUAL «CDGC» COSSART. Ein purer unverschnittener Jahrgangs-Bual, den Noël Cossart anläßlich der Geburt seines Sohnes David bereitete. Weiches und doch ätherisches Bukett; in Süße und Gewicht

genauso wie der von Blandy. Exquisiter Geschmack, wie delikate Veilchenpastillen.
*Oktober 1984* ★★★★★

SERCIAL INSTITUTO DO VINHO DA MADEIRA. 1986 abgefüllt. 19,8 %, 2,7° Baumé. Relativ blaß; angenehmer Geruch und Geschmack.
*Mai 1990* ★★★

## 1944 ★★★

SERCIAL Alkohol 21,5 %. 1948/49 wurde *Vinho Surdo* zugesetzt, um die Süße auf 5° Baumé zu heben. (Surdo erhält man, indem man Branntwein zu unvergorenem Saft von Trauben derselben Qualität hinzugibt.) Ziemlich tief für Sercial; sehr intensiver, aufmunternder, stark nagellackartiger Geruch; schöner Geschmack. Trockener, säurebetonter Abgang.
*Bei der MWA-Verkostung im Dezember 1983 immer noch im Faß* ★★★

## 1950 ★★

SERCIAL LEACOCK. Sehr reicher, intensiver Geruch und Geschmack. Halbtrocken, ein Spritzer Zitronensäure.
*Februar 1989* ★★★

TINTA NEGRA MOLE, TORRE BELLA 1970 abgefüllt. Ein interessanter Wein aus der allgegenwärtigen und vielseitigen Tinta-Traube[1] vom Weinberg Torre in Camara de Lobos. Mittelblasses Bernstein; gehaltvoll und doch mit einer eigentümlich feinen Note; halbtrocken, schlank, Geschmack nach altem Stroh und altem Cognac. Ein recht harter Abgang.
*November 1988* ★★

1 Die Tinta Negra Mole ist sehr ergiebig und hat nützliche chamäleonartige Eigenschaften. Man sagt, beim Anbau in hohen Lagen gebe sie Weine wie Sercial, in niederen Lagen wie Bual usw., wenn auch zweifellos die Beigabe von süßendem Wein hilft. Die Tradition, Wein aus der Tinta-Traube Sercial, Verdelho, Bual oder Malmsey zu nennen, gilt heute, besonders seit dem Beitritt Portugals zur EG, als unzulässig.

## 1952 ★★★

*Ein guter Jahrgang, Malmsey und Verdelho besonders bemerkenswert.*

MALMSEY, «JUBILEE SELECTION» LEACOCK. Sehr reiche, aber deutlich essigstichige und nicht voll verbundene Nase; sehr süß, geschmacksintensiv, trocken, säurebetonter, aber annehmbarer Abgang.
*Dezember 1983* ★★

MALVAZIA RUTHERFORD. Glorioses Bukett nach Veilchen; ziemlich süß, Hauch von Karamel.
*Im Dezember 1993 Bukett* ★★★★★ *Geschmack* ★★★★

VERDELHO, «JUBILEE SELECTION» LEACOCK. Recht tief, bernsteinbraun; hochgetönte, angesengte, alkoholische, nagellackartige Nase; halbsüß, reich, spitz.
*Zuletzt im Dezember 1983 verkostet* ★★

## 1954 ★★★★

BUAL BLANDY. Sehr reich, kraftvoll. Besser am Gaumen als in der Nase.
*Im Dezember 1993* ★★★

MALVAZIA 19,3 %, 5° Baumé. Ausgeprägt braun; schwerer, schokoladiger Geruch; sehr süß, reich, schöner intensiver Geschmack.
*Bei der MWA im Dezember 1983* ★★★

MALVAZIA INSTITUTO DO VINHO DA MADEIRA. 32 Jahre in Eiche, 1986 abgefüllt. Hoher Alkohol: 21 %, und ungewöhnlich hoher Zuckergehalt: 10,1° Baumé. Hochgetönt, ein bißchen zu scharf. Nicht so süß am Gaumen, wie erwartet, ein eigenartiger Geschmack, flaute ab.
*Bei der Degustation in Brügge im Mai 1990* ★

SERCIAL, VINTAGE MWA. Warmes Bernstein; reiche, hochgetönte, nagellackartige Nase, mit Karamel und Alkohol; schmackhaft. Ein langer, sehr trockener, säurebetonter Abgang.
*MWA, Dezember 1983* ★★

TERRANTEZ BLANDY. Ziemlich tiefes Bernstein, goldenes Funkeln, gelber Rand; leichter Malz- und Karamelgeruch; sehr reich, geschmacksintensiv. Süßer Auftakt und süßer Abgang trotz seiner spitzen Säure.
*Der Eröffnungswein bei Robert Maliners denkwürdiger Terrantez-Degustation in Florida im Januar 1990* ★★★

## 1957 ★★★★

BOAL RUTHERFORD & MILES. Herrlich reiches, ätherisches Bukett nach kandierten Veilchen; sehr süß für Bual, sehr reicher, schöner, vergeistigter Geschmack und fabelhafte Länge. Trockener Abgang.
*Dezember 1990* ★★★★

## 1960 ★★★

BUAL BARBEITO. Tawny-farben, bernsteingrüner Rand; sehr reich, spitz in Geruch und Geschmack.

Halbsüß. Pointierter Geschmack, fein, ausgeprägt trockener Abgang.
*Zuletzt im Dezember 1985 verkostet* ★★★★

## 1964 ★★★

BUAL BLANDY. Reiches Gelb; ziemlich süß, gefällig, trockener säurebetonter Abgang.
*Im Dezember 1993* ★★★★

MALVAZIA Erstaunlich kraftvoll, 27,4 % Alkohol, und hoher Gehalt an flüchtiger Säure, 2,57 g/l, aber genug reicher Geschmack, um sich gelassen vom Alkohol tragen zu lassen und die Säure zu kaschieren. Was ja das ganze Geheimnis von Madeira ist.
*MWA, Dezember 1983* ★★★

## 1967 ★★★★

BOAL 21,4 %, flüchtige Säure 0,89 g/l. Fabelhaft reich und duftig in Bukett, Geschmack sowie Abgang.
*MWA, Dezember 1983* ★★★★

VERDELHO 20 %, Extrakt 101,4 g/l, flüchtige Säure 0,73 g/l. Helles Bernsteingold; duftig, hochgetönt, halbtrocken, gute feste geschmackliche Mitte. Langer trockener Abgang.
*MWA, Dezember 1983* ★★★★

## 1968 ★★★★

BOAL PERREIRA D'OLIVEIRA. Zwanzig Jahre in Eiche, 20,4 %, 2,4° Baumé. Herrliche Nase, reich und doch delikat, ein Hauch von Vanille. Geschmack entsprechend. Süß, exzellente Säure.
*Auf der Degustation in Brügge im Mai 1990* ★★★★

SERCIAL RUTHERFORD & MILES. Blaß; schokoladig, trocken, aber reich, intensiv.
*Im Dezember 1993* ★★

## 1971

BUAL COSSART. Halbsüß, gute Länge, reicher Abgang.
*Im Dezember 1993* ★★★★

SERCIAL HENRIQUES & HENRIQUES. 19,4 %. Sercial pur, null Baumé, daher knochentrocken, mit einem recht erschlagenden säurebetonten Abgang. Duftig.
*Mit dem verstorbenen Peter Cossart im Dezember 1983 bei Henriques in Funchal.*

## 1972

SERCIAL Duftig, klar; knochentrocken, schneidige Säure. Neben der Tinta-Negra-Version verkostet: mehr Nagellack in der Nase; gesüßt, gehaltvoller.
*Bei der* MWA *im Dezember 1983.*

## 1973

BUAL 19,2%, null Baumé, dennoch halbtrockener Geschmack wegen seines Reichtums. Leichte, recht neutrale Nase.
MWA, *Dezember 1983.*

VERDELHO Ähnlich im Alkohol und null Baumé. Zurückhaltende, alkoholische Nase nach trockenenen Mandeln; ausgeprägt trocken.
*Bei der* MWA *im Dezember 1983.*

## 1974

BUAL Ungesüßt und daher trocken; duftig, flüchtig, säurereich.
*Bei der* MWA *im Dezember 1983.*

MALVAZIA 23,1%, flüchtige Säure 1,9g/l, was sehr deutlich in der Nase zu spüren war. Sehr trocken, Essigton. Man sagte mir, ein ganz winziger Prozentsatz davon käme in Cossarts Malmsey und den Bual «Old Company», vermutlich, um diese Verschnitte aufzupeppen.
*Bei der* MWA *im Dezember 1983.*

VERDELHO Ein reiner Sortenwein, mit hohem Gehalt an flüchtiger Säure – viel zu scharf am Gaumen.
*Bei der* MWA *im Dezember 1983.*

## 1977

MALVAZIA Relativ niedrige 17,2% Gay-Lussac, Extrakt 19,4g/l, flüchtige Säure 1,2g/l. Gelborange. Essigton. Man sagte mir, er sei bei Regen gelesen worden. Er hatte eindeutig in einem frühen Stadium einen nagellackartigen Mißton angenommen.
*Kostprobe bei der* MWA *im Dezember 1983.*

## 1978

BUAL «SRD» 18,6%, flüchtige Säure 0,79g/l. Bernsteinfarben und nicht sehr hell; geradlinig, klassisch, angesengt, gehaltvoll in Geruch und Geschmack. Halbsüß. Es fehlte an Länge.
*Bei der* MWA *im Dezember 1983.*

VERDELHO Grünes Bernstein; eine kühle, an feuchtes Stroh und Weinkeller erinnernde Nase, alkoholisch. Eine Spur von Rosinen. Sehr trocken.
*Bei der* MWA *im Dezember 1983.*

## 1980

BUAL Mit Zusatz von *Boal Surdo.* Eigentümlich schaler, staubiger Geruch nach kalten Teeblättern im Teekessel. Ziemlich süß, reich, gehaltvoll.
*Bei der* MWA *im Dezember 1983.*

MALMSEY Die warme Bernsteinfarbe einer *Malvasia tinta,* ein Hauch von Orange; reich, feigen- und muskatellerartig in Geruch und Geschmack. Süß. Reich. Ordentliche Säure.
*Bei der* MWA *im Dezember 1983.*

VERDELHO Relativ blaß, ins Orange spielend; unreif, leicht kränklich süß; trockener, teigartiger Geschmack.
*Bei der* MWA *im Dezember 1983.*

## 1981

BUAL, «VERY OLD», SPECIAL RESERVE Kein Vintage, aber Teil eines alten Solera, den Cossart Gordon 1981 zur Hochzeitsfeier ins englische Königshaus lieferte. Der erstmals im Juli desselben Jahres verkostete Wein hatte ein Bukett, das man fast buchstäblich treffend als «königstreuen Toast» beschreiben könnte: angesengt, gehaltvoll, ätherisch. Ein Wein mit einem schönen, langen warmen Leuchten.
*Zuletzt im März 1988 verkostet* ★★★★

## 1982 bis 1988

*Die Weine reifen noch im Faß. Keinen verkostet.*

## 1989

BOAL Gelbes Bernsteingold; sichtlich unreif, dennoch schon eine deutliche gehaltvolle Note in der Nase. Halbsüß. Geruch und Geschmack erinnerten mich an einen Raya-Sherry.
*Faßprobe im Lagerhaus der Madeira Wine Association in São Francisco, Weihnachten 1990.*

SERCIAL Warme Bernsteinfarbe; trocken, nicht rauh, aber sehr spröde am Gaumen, mit extrem und durchschlagend trockenem, säurebetontem Abgang.
*Weihnachten 1990.*

## 1990

**BUAL** Aus Trauben von der windgepeitschten Nordküste, die Ende August gelesen wurden. Sehr markantes Gelb; harmonische, leicht honigartige Nase mit zitronenartiger Säure; halbsüßer, schöner Geschmack, nussig, honigartig, ein Anflug von Muskatellertraubigkeit, gute Säure.
*Weihnachten 1990.*

**MALVASIA** Hauptsächlich von Lagen an der Südküste. Kleine Menge. Ein schönes, helles Goldgelb; sehr entgegenkommender, schwungvoller, fruchtiger Geruch; süß, geschmacksintensiv, gute Länge. Leicht hefiger Abgang.
*Weihnachten 1990.*

**SERCIAL** Ebenfalls von der Südküste. Sommer ungewöhnlich warm. Frühe Lese für Sercial, gegen Ende September. Vergoren bis ungefähr 11 % und gleich im Anschluß verstärkt auf 17 %. Blaßgelb; Geruch nach Ananas und Birnenschalen – wie Williams Christbirne, auch Honig und Zitrone. Sehr duftig. Brutale Trockenheit und Säure.
*Weihnachten 1990.*

# TOKAJER

Die winzige Weinregion um Tokaj in Ostungarn, nahe der ukrainischen Grenze, ist von allen großen klassischen Weinbaugebieten Europas das unbekannteste. Diese feinsten Dessertweine haben eine nahezu unbegrenzte Lebensdauer und sind sogar geöffnet während Monaten trinkbar. Die älteren, konzentrierteren Weine können einen sehr schweren und hartnäckigen Bodensatz haben, weshalb man die Flaschen stehend lagern sollte.

Alle Tokajerflaschen, abgesehen von den sehr alten glattwandigen, gedrungenen Typen, haben die markante traditionelle Halbliterform mit schlankem Hals, die von Anfang des 19. Jahrhunderts an bis heute in Gebrauch ist. Fast immer werden geringwertige kleine Korken benutzt, aber sie scheinen ihren Zweck zu erfüllen. Wenn nicht anders angegeben, sind alle Weine aus der traditionellen Furmint-Traube bereitet.

Es gibt verschiedene Klassen von Tokajer: *Szamorodni* («wie gewachsen») kann trocken oder süß sein. Die markantesten Weine sind *Aszú;* ihnen wird eine Art Traubenbrei hinzugefügt, und zwar in *Puttonyos (putts)* genannten Maßeinheiten: drei Putts sind halbsüß, vier süß, fünf wie Sauternes, sechs (mittlerweile ziemlich selten) noch süßer. *Aszú Essencia* ist wie eine ziemlich konzentrierte Beerenauslese, und die extrem seltene «Essenz» (*Esszencia, Eszencia* oder *Essencia*) ist intensiv reich und gleicht einer Trockenbeerenauslese.

Mád, Tolcsva, Tarcal und Tolestan sind alles Namen von Dörfern.

Ich habe mich durchweg an die Schreibweisen gehalten, die auf den Etiketten oder im Falle sehr alter Weine in den Katalogbeschreibungen stehen. Die trockenen Weine sind merkwürdig, manchmal Sherry-artig. Man sollte sich an die süßen Aszú-Weine halten, die köstlich sind, wenn man sich einmal an ihren Stil gewöhnt hat. Ihre besten Vertreter sind herrlich, durchdringend, beglückend und denkwürdig.

## ETWA 1650

IMPERIAL TOKAY Man vermutet 1649. Aus dem königlich-sächsischen Weinkeller (verkauft bei Christie's im November 1968). Gedrungene, glattwandige Flasche, auf dem ein Glassiegel mit Waffen prangt. Mitteltiefes Bernstein, lebhafter gelbgrüner Rand; das Alter schlug in der Nase durch (was nicht überrascht), Malmsey-artig, malzig, dann der deutliche rosinenartige Duft von *Aszú Essencia*, nachhaltig; halbsüß, am Austrocknen, unsauberer Abgang.
*Bei der Rodenstock-Weinprobe im Oktober 1985*
★★

## ETWA 1790

TOKAY Man vermutet 1794. Aus den Weinkellern des Grafen Radziwill. Gedrungene Flasche, Stumpenhals. Tiefes, reiches, warmes Bernstein, mahagonifarbene Abstufung bis zum olivgrünen Rand; prachtvolles altes Bukett, süß, geschmeidig, rosinenartig; süß, körperreich, exzellenter Honig- und Rosinengeschmack, gute Länge, die hervorragende Säure hält ihn in Schwung.
*September 1987* ★★★★★

## 1811 *****

ESSENCE Abgefüllt etwa 1840. Aus den Weinkellern der «fürstlichen Familie zu Bretzenheim». 1849 eingemauert, 1925 von Berry Bros freigelegt und importiert. Bernsteinfarben; ambrosisch; süß, konzentriert, anhaltend.
*Zuletzt im Mai 1973 verkostet* *****

## 1825

ASZÚ Zwei Flaschen, eine bis zur mittleren Schulter, braun, Essigton, die andere mit 6,5 cm Schwund, kurzer, aber fester Originalkorken, wolkiges Tawny; eher wie ein sehr alter Sherry; hoher Säuregehalt. Nicht Aszú wie im Katalog erwähnt.
*Vorverkaufsdegustation bei Heublein Inc. im Mai 1981.*

## 1834

ESSENCE Herkunft Bretzenheim, Berry Bros. Hell, mitteltiefes Bernstein, leichter Stich ins Orange; hochgetönt, intensiv, angesengt; am Austrocknen, delikater, hervorragender Muskatellergeschmack, Säure, Abgang und Nachgeschmack perfekt. Eher vier Putts als Essenz.
*Bei Hans Jorissens Degustation «Vinum Tokayens» in Leiden im November 1982* ****

## 1865

ASZÚ, 5 PUTTS HERCZEG WINDISCH-GRAETZ, SAROSPATAK. Mittlere Schulter. Schönes, warmes Bernstein; wunderbares Bukett trotz einem leicht firnisartigen Unterton, reich, facettenreich nach einer Zeit im Glas; nicht mehr süß, aber reich, etwas bieriger Abgang.
*Leiden, November 1982* *

ASZÚ (Putts unbekannt). Bernsteinfarben, Stich ins Grüne; hervorragend, harmonisch, wie ein weicher und doch intensiver Sauternes; halbsüß, relativ leicht, am Austrocknen und Verblassen, großartige Säure.
*Bewertet auf Etienne Hugels Degustation seltener Dessertweine in Riquewihr im September 1985* ****

## 1876

TOKAY AUSBRUCH MILLUM VINUM NISI HUNGERICUM. Importiert (vor 1914) von Lorenz Reich, New York. Drei Flaschen. Kurze, rundum gestempelte Korken. Sehr helles Bernstein; prachtvolles angesengtes, Madeira-artiges Bukett, leicht harzig und spitzig; süß, gewaltiger Extraktgehalt,

schöner Geschmack – ein Mittelding zwischen altem Bual und altem Yquem. Hoher Säuregehalt.
*Vor der Auktion bei Heublein Inc. im Mai 1980* ****

## 1885

IMPERIAL TOKAY Aus dem Weinkeller des Grafen Potulicki, Gex. Schöne Farbe, Bual-artiges Bernstein, krümeliges Depot; gute, aber eigentümliche Nase, harzig; halbtrocken und doch reich, gerundet und weich, mit säurebetontem Abgang wie ein Madeira.
*Dezember 1969* **

## 1889 *****

TOKAY ESSENCIA ZIMMERMANN LIPOT. Mehrere einigermaßen gleichbleibende Bewertungen. Tiefes, ziemlich intensives, warmes Bernstein; herrlicher Duft, tief, reich, schokoladig, würzig; süß, fett, konzentriert, gehaltvoll, angesengte Sultaninen, hervorragend in Gleichgewicht, Säure und Abgang.
*Zuletzt im November 1982 in Leiden verkostet* *****

TOKAY SZAMORODNI WINDISCH-GRAETZ. Aus einem schwedischen Weinkeller, mit Originallieferschein des Handelshauses von 1924. Nur mit Streifbandetikett. Trübe Strohfarbe und Geruch entsprechend: spitzig, maderisiert, wenn auch immer noch süß, rosinenartig; trocken, fest, wie alter Sherry. Ein Anflug von Säure.
*Vor der Auktion bei Christie's im November 1983* *

## ETWA 1900

TOKAY AUSBRUCH «MEDICAL WINE» UJVEDIK, TOLCSVA, A. ADAMOVITCH. Fabelhaft, wie ein großer alter Sercial, kandierte Veilchen, alter Cognac; halbtrocken, reich, ausgesprochen fett im Mund, dennoch ätherischer und leichter Stil. Komplett.
*Bei Jorissens Degustation in Leiden in November 1982* *****

## 1901 ***

TOKAY SZAMORODNI GROWTH OF THE TOKAJ-HEGYALIA COURT VINEYARDS BOTTLED BY THE IMPERIAL AND ROYAL COURT CELLARS, HOFBURG, VIENNA. Relativ blasses Bernstein; warm, würzig, Honig, alte Äpfel; dazu passender Geschmack, ziemlich trocken, reich, vorzüglich.
*Vor der Auktion vom August 1981* ****

## 1904 ★★★★

SWEET SZAMORODNI BORSAI MIKLOS, MAD. Tiefes, reiches Tawny; erstaunlich tief, gehaltvoll, fast malzig; honigsüß, reich, hoher Extraktgehalt, Geschmack, Gleichgewicht und Abgang vorzüglich.
*In Leiden, November 1982* ★★★★

## 1905 ★★★

DRY SZAMORODNI STAATLICHE HOFKELLEREI, WIEN. 1981 bei Christie's gekauft. Goldene Stroh-Bernsteinfarbe; außergewöhnlich, sehr entgegenkommend, wie frisch gepflückte Pilze und eine Geschirrkammer; fest, hervorragende Duftigkeit, angesengte Rosinen, trockener, säurebetonter Abgang. Seltsamer Stil, aber auf seine Art exzellent.
*Leiden, November 1982* ★★★★

## 1906 ★★★★★

*Der letzte große Jahrgang der österreichisch-ungarischen Monarchie.*

TOKAJ-HEGYALJAI-AUSBRUCH TERINYI HENRIK PINCZEJEBOL, TALLYA. Vor 1918, möglicherweise 1906. Helles Bernstein; reich, getoastet; immer noch süß, Geschmack und Säure gut.
*D. Zivkos Sammlung, Chicago, Oktober 1982* ★★★

ASZÚ, 4-BUTTIG ZIMMERMANN LIPOT. Bernstein, alt, Trauben, Stroh; mittelsüß, sehr gute Säure.
*Im Dezember 1991* ★★★

## 1920 ★★★★

DRY SZAMORODNI ZIMMERMANN LIPOT. Staubig, holzig, rauchig in Geruch sowie Geschmack. Sehr trocken, spröde, unsauber.
*Leiden, November 1982.*

## 1924 ★★★★★

ASZÚ, 6 PUTTS ZIMMERMANN. Warme, intensive Oloroso-Farbe; erstaunlich süß, reich in Bukett und Geschmack, große Tiefe, ätherischer Cognac und Sauternes. In Geschmack, Gleichgewicht und Säure perfekt.
*In Leiden im November 1982* ★★★★★

## 1937 ★★★★★

ASZÚ ESSENCIA Mitteltief, wolkig; kalt, würzig, Geruch nach zerquetschten Rosinen, Stielen, mit einem Hauch Zitrus; ziemlich süß, reich, lebhaft, hochgetönt, Nachgeschmack wie Fischhaut.
*In Leiden im November 1982* ★★

## 1943 ★★★

ASZÚ, 3 PUTTS FLEGMANN SV ES FIA, ABAUJSZANTO. Zwei Bewertungen. Herrliches Bernstein; schön, zart, reich, traubig, honigartig; halbsüß, delikater Reichtum, ordentlicher, passabler Abgang.
*Zuletzt im Januar 1981 verkostet* ★★★

## 1945 ★★★★★

ASZÚ, 5 PUTTS CHARLES MONTROSE & CO., LONDON. Gelbes Bernstein; süß, gehaltvoll, reich, ein Hauch von Raya-Sherry und feuchter Pappe; süß, weich, angesengt, erdiger Nachgeschmack.
*Juli 1989* ★★

ESSENCIA Warm, Oloroso-artig, ein Anflug von Orange, dickflüssig; süß, leicht rosinenartig, ein Hauch von Äpfeln; süß, sehr reich, fett, Geschmack, Länge und Nachgeschmack perfekt.
*Mit Soufflé Rothschild, der elfte und letzte Wein am großen Dîner, gegeben von Albert Reichmuth in Zürich zur Lancierung der ersten deutschen Ausgabe dieses Buches, im Oktober 1983* ★★★★★

## 1947 ★★★★★

*Steht im Ruf, der beste Jahrgang nach dem Krieg zu sein.*

ASZÚ, 5 PUTTS Reich, hochgetönt, Nagellack, gehaltvoll; süß, Sultaninen und Oloroso, trockener Abgang.
*Bei Etienne Hugel im September 1985* ★★

ESSZENCIA TOKAJI WINE TRUST. Mitteltiefes Bernstein, apfelgrüner Rand; Äpfel, Honig, ein Hauch von Gewürznelken; sehr süß, weich, samtig, fett, reif, lecker, gute Länge. Prachtvoll.
*Zuletzt im Juli 1992 verkostet* ★★★★★

## 1956 ★★★

ASZÚ, 4 PUTTS HUNGARIAN STATE WINE TRUST. Zwei Bewertungen. Grünrandiges reiches Bernstein; süß, komplex, alte Äpfel, Stroh, Kalbsfußsülze, brauner Rohrzucker; ziemlich süß, reich, aber nicht schwer, fein, langer, trockener Abgang.

*Zuletzt vor einer Auktion im September 1989 verkostet* ★★★

ASZÚ, 5 PUTTS Zwei Bewertungen von 1985 und 1989, beide auf Vorverkaufsdegustationen bei Christie's für den ungarischen Weinverband. Ähnliche Farbe wie bei den 4 Putts; sehr volles, reiches, leicht Oloroso-artiges Bukett; sehr süß, reich, weich, füllig, ausgeprägt, leicht traubig, Länge, Abgang und Nachgeschmack gut.
*Zuletzt im September 1989 verkostet* ★★★★

## 1957 ★★★★

ASZÚ, 6 PUTTS Drei Bewertungen von 1982. Bernsteinfarben; reich, lebhaft, Sultaninen, Siruptörtchen; ziemlich süß, prachtvoll.
*September 1989* ★★★★

ASZÚ ESSZENCIA Mehrere Bewertungen von 1973 an. Warmes Bernstein, goldenes Funkeln; sehr reich, Bratäpfel, rosinenartig, wie eine Trockenbeerenauslese; intensiv süß, voll und doch nicht schwer, weich, fett, Geschmack und Nachgeschmack herrlich.
*Zuletzt im September 1989 bewertet* ★★★★★

## 1958 ★★★

MUSKOTÀLYOS ASZÚ, 4 PUTTS Aus der Muskattraube. Drei Bewertungen. Tawny-Bernstein, oranges Funkeln, apfelgrüner Rand; reich, traubig, wie eine Beerenauslese, Mark, Unterton von Grüner Minze; ziemlich süß, weich, traubig, wie ein reicher, feiner Verdelho, herrlich schwungvoller Abgang. Vorzüglich.
*Zuletzt im November 1990 verkostet* ★★★★

## 1959 ★★★★★

ASZÚ, 5 PUTTS Zwei Bewertungen. Sehr tiefe Orange-Bernsteinfarbe; reif, honigartig, angesengte Sultaninen; süß, voll, intensiv, fabelhafte Säure. Ein großer Wein.
*Beide im August 1986 verkostet* ★★★★★

ASZÚ, 6 PUTTS Orange-Bernsteinfarbe; süß, Raya-Sherry, Malmsey, Schokolade; sehr süß, voller Geschmack und Körper, trotzdem feiner als der Geruch, fabelhafte Säure.
*Zuletzt vor der Auktion im September 1989 verkostet* ★★★★

ASZÚ ESSZENCIA Schöne Farbe; reich, harmonisch, komplett rund, traubig, große Tiefe; sehr süß, lecker, dennoch klar, fett und doch mit ausgleichender Säure.

*Zuletzt vor der Auktion im September 1989 verkostet* ★★★★★

DRY SZAMORODNI MONIMPEX. Tiefes Bernstein; Walnüsse, alte Äpfel; trocken. Muß man mögen.
*Januar 1985* ★

EDES SZAMORODNI Zwei Bewertungen. Bernsteingold; prachtvoll, honigartig, Orangeblüten, Tiefe; halbsüß, schön in Geschmack, Lebhaftigkeit, Gewicht und Länge, trockener Abgang.
*Zuletzt vor der Auktion im September 1989 verkostet* ★★★★

SWEET SZAMORODNI MONIMPEX. Reines Bernstein, warm, lebenssprühend; fabelhaft, reich, honigartig, gebacken, wie Sahnebonbons, Aprikosen; halbsüß, reich und doch schlank, trockener Abgang. Geruch am besten.
*November 1984* ★★★

SZÁRAZ SZAMORODNI Erstmals 1976 bei Heublein Inc. vor einer Auktion verkostet: oxydiert. Die nächsten beiden 1985 und 1989 vor Werbeverkäufen bei Christie's. Relativ blasses Gelb; malzig, Kalbsfußsülze, wie Fino, Birnen; trocken, Geschmack wie *Vin jaune* und Sherry, gute Länge, geschmacksintensiv.
*Zuletzt im September 1989 bewertet* ★★

## 1962 ★★★★

EDES SZAMORODNI/SZAMORODNI SWEET Sieben ziemlich gleichbleibende Beurteilungen, egal wie etikettiert. Warme Orange-Bernsteinfarbe, reiche Tränen; sehr süß, honigartig, Rosinen und Karamel; halbsüß, mittelgewichtig, schöner Geschmack, gute Säure.
*Zuletzt im August 1990 verkostet* ★★★★

## 1963 ★★★★★

MUSKOTÀLYOS ASZÚ, 5 PUTTS Drei Bewertungen. Leuchtendes Bernsteingold; gut verwoben, würzig, rosinenartig, wie eine Beerenauslese, Gerstenzucker, sehr süß, große Finesse und doch intensiv, Muskateller und Pfirsich. Vorzüglich.
*Zuletzt im September 1990 verkostet* ★★★★★

MUSKOTÀLYOS ASZÚ, 6 PUTTS Vier Bewertungen. Relativ tiefes Bernstein; eigentümlich, süß, rieslingartige Traubigkeit, angesengte Rosinen, Ananasschale; süß, reich, dennoch lebhaft und schlank, Geschmack, Länge, Säure und Nachgeschmack gut.
*Zuletzt im Juli 1990 bewertet* ★★★★

EDES SZAMORODNI Honigartig, wie Stroh; halbsüß, lebhaft, exzellent.
*Vor der Auktion vom November 1985* ★★★★

SWEET SZAMORODNI Reich, sehr rosinenartig, intensiv; ziemlich süßer Stroh- und Rosinengeschmack, trockener, säurebetonter Abgang.
*Dezember 1989* ★★★

## 1964 ★★★★

ASZÚ, 5 PUTTS Gelbes Bernstein; weich, honigartig, harmonisch, alte Ställe; süß, reich, gut verwoben, lebhaft. Wird sich weiter entwickeln.
*Bei den zwei großen Vorverkaufsdegustationen im November 1988 und September 1989* ★★★(★)

ASZÚ ESSENCIA Sechs Bewertungen von der ersten Präsentation durch Berry Bros im Jahre 1972 an. Damals gut, aber nach weiteren zehn Jahren Flaschenalter noch besser: ätherischer Duft; konzentriert, rosinenartig, ambrosisch. Ich dachte, er hätte noch mehr auf Lager, aber nach zwei neueren Bewertungen (honigartig, altes Stroh) zu urteilen, hatte er seine beste Zeit möglicherweise in den frühen 80er Jahren.
*Zuletzt im Juni 1989 verkostet* ★★★★

SZARAZ SZAMORODNI Zitronengelb; wie alte braune Äpfel und maderisierter Graves; trocken, Geschmack zu zwei verschiedenen Anlässen als «eigentümlich» bewertet, hervorragende Säure.
*Zuletzt im Januar 1986 verkostet* ★★

## 1966 ★★★

ASZÚ, 5 PUTTS Aus Tolestan, einem der ersten Tokajer-Weindörfer. Mitteltiefes Bernstein; reich, gehaltvoll, scharf, leicht rosinenartig; süß, intensiv, gute Länge, hoher Säuregehalt.
*In Leiden im November 1982* ★★★(★)

## 1967 ★★

ASZÚ, 5 PUTTS Fünf Bewertungen aus den frühen 80er Jahren. Unterschiedlich: strohgelb; Rosinen, alte Äpfel; süß, gute Säure. Einer von einem anderen Erzeuger, aber auch exportiert von Monimpex: tiefes Bernstein; herrlich süße Nase, wie eine Beerenauslese; nicht so süß am Gaumen, aber sehr reicher, kompletter Geschmack.
*Zuletzt im Januar 1981 verkostet. Im besten Fall* ★★★★

ASZÚ ESSENCIA Helles Bernstein; rosinenartig; süß, relativ leicht, ansprechend, schöne Säure.
*Juli 1980* ★★★★

## 1968 ★★★★★

ASZÚ ESSENCIA Ziemlich tiefes Orange-Tawny; reich, alte, honigartige Äpfel, *Crème brûlée* wie der 37er Yquem; ziemlich süß, sehr reich, das Fett gekappt von der hervorragenden Säure.
*Oktober 1983* ★★★★(★)

## 1972 ★★★★★

ESSENCE Eine seltene Kostprobe der puren Essenz: mitteltiefes Bernstein, immer noch in Bewegung; ungeheuer reich, rosinenartig, ein durchdringender intensiver Duft blieb im leeren Glas zurück; intensiv süß, nur 2% Alkohol, der hohe Säuregehalt wird völlig kaschiert durch den unglaublich hohen Traubenzucker. Bemerkenswert.
*Eine von John Lipitch im März 1985 mitgebrachte Kostprobe* ★★★★(★★)

## 1973 ★★★

ASZÚ, 5 PUTTS Überraschend tiefes, ins Orange spielendes Bernstein; süß, honigartig, reich, rosinenartig, mit dem charakteristischen Geruch und Geschmack nach alten Äpfeln auf dem Dachboden.
*November 1980* ★★★

ESSENCIA, FROM MÁD Relativ blasses Bernstein-Tawny; unerwarteter Geruch nach Walnußöl, salzig, intensiv, ledriges Tannin, mit Sattelgeruch doch auch Zitrusduft; sehr süßer, sehr fetter, eigentümlicher Geschmack, konzentrierte Frucht, hohe Endsäure.
*November 1982* ★★★??

## 1975 ★★★★

ASZÚ, 5 PUTTS Relativ tiefe Strohfarbe; süß, reich, weich, Muskateller, schön.
*Juli 1983* ★★★★

## 1976 ★★★

ASZÚ, 4 PUTTS Strohfarbe und -geruch; halbsüß.
*Mai 1983* ★★★

ASZÚ, 5 PUTTS Drei Bewertungen. Orange-Bernsteinfarbe; spitzig, angesengte Äpfel und Rosinen; ziemlich süß, leicht malzig, gute Säure.
*Zuletzt im August 1985 verkostet* ★★★

## 1978

SZAMORODNI, DRY Strohgelb, wäßriger Rand; sehr eigenartig, Siegelwachs, nasses Stroh; sehr trocken, von der Säure über die Runden gebracht. Wie ein *Vin jaune*.
*November 1982* ★★

DIE BESTEN NEUEREN JAHRGÄNGE:

1979, 1981, 1982, 1983 (exzellent), 1988 (exzellent), 1989 und 1990.

## 1981 ★★★★

ASZÚ, 5 PUTTS Orange-Gold; Honig und Stroh; mittelsüß, herrlich in Geschmack und Säure.
*Januar 1993* ★★★★

# KALIFORNIEN

Kalifornien besuchte ich erstmals im Jahre 1970. Damals waren die Tage von Pionieren wie André Tchelistcheff oder Maynard Amerine bereits vorbei, doch die Kellermeister waren noch immer am Ringen, und etliche unter ihnen, wie etwa der respektgebietende Robert Mondavi, unermüdlich am Experimentieren. Im Rückblick muß ich sagen: Es war eine andere Welt. Schon 1980 hatte sich der Wandel vollzogen. Und von da an gab es eine Schwemme – an Kellereien wie an Wein.

Meine Bekanntschaft mit dem kalifornischen Geschmack machte ich unter der großzügigen Anleitung der Doktoren Adamson und Rhodes sowie 13 Jahre lang, vom Mai 1969 an, dank der Vorverkaufsdegustationen zu Auktionen, die von Heublein Inc. organisiert worden waren. Später kamen die Napa-Valley-Weinauktionen, die ich von 1980 an die ersten fünf Jahre über leitete. Sie hatten eine Magnetwirkung.

Meine Aufzeichnungen sind viel zu zahlreich, um sie alle zu erfassen, und doch nicht im entferntesten tief oder breit genug, um auch nur einigermaßen verbindlich, geschweige denn definitiv sein zu wollen. Ich habe daher beschlossen, sehr selektiv vorzugehen.

## ROTWEIN

Ursprünglich hatte ich die Absicht, die Roten nach Rebsorten einzuteilen, deren wichtigste natürlich Cabernet Sauvignon gewesen wäre. Aber angesichts der zunehmenden Sitte, sie mit anderen im Bordelais verwendeten Trauben (Merlot, Cabernet Franc und gelegentlich auch Petit Verdot) zu Roten von oftmals hoher Qualität zu verschneiden und mit dem allumfassenden Begriff «Tafelwein» zu bezeichnen, habe ich mich dafür entschieden, die Rotweine jahrgangsweise zusammenzufassen. Der Kürze halber habe ich den älteren Jahrgängen keine Kurzbeschreibung der Witterungsbedingungen vorangestellt, doch können diese, wie das Jahrzehnt der 80er Jahre zeigt, ungemein variieren, mit interessanten Konsequenzen. Die Sternwertungen der Jahrgänge beruhen auf historischer, selbst erlebter oder nachgesagter Qualität, wobei das Napa Valley die zentrale Rolle spielte. Wie bei allen alten Weinen sind Unterschiede von Flasche zu Flasche zu erwarten.

Da ich nie eine breite Palette von Weinen vor Ort durchprobieren konnte, habe ich zur Einschätzung der Jahrgänge auf Notizen zurückgegriffen, die bei vertikalen Degustationen entstanden, insbesondere von Beaulieu Vineyard, Charles Krug und Robert Mondavi, und diese mit einzelnen Gelegenheitsverkostungen erhärtet. Um die «Klassiker» von heute zu beurteilen, habe ich mich auf große horizontale Degustationen der Jahrgänge 1982 und 1985 konzentriert, letztere von Cabernets in denkbar einheitlicher Bestform.

Eine der Fragen, die man mir häufig stellt, lautet: «Werden sich kalifornische Weine halten?» Darauf erwidere ich stets, daß diejenigen – und es sind viele –, die gut bereitet und gut gebaut sind, sich bestimmt halten werden. Fraglicher ist, ob das lange Aufheben einen Zugewinn bringt. Die folgenden Aufzeichnungen geben ein paar Hinweise dazu.

## 1941 ★★★★

*Kann mit einigem Recht als der erste der «modernen» klassischen Jahrgänge des Napa Valley angesehen werden.*

BEAULIEU VINEYARD[1], CABERNET SAUVIGNON Zucker 23,5° Balling. Erstmals 1972 auf einer Vorverkaufsdegustation bei Heublein bewertet: ein tiefer, gepflegter, reicher Wein in großartigem Zustand. Zuletzt: immer noch tief und intensiv, wenn auch voll ausgebaut und mit orangebraunem Rand, der mich an Feigensirup erinnerte; kraft- und gehaltvolles Bukett, das inzwischen ein erhebliches Alter verrät, malzig, teerig, wie ein alter brauner Sherry; am Gaumen trocken, immer noch ziemlich körperreich, obwohl er fast ein halbes Jahrhundert alt ist, sauber, tanninreich, aber die Säure holt auf.
*Zuletzt im Juni 1990 bei einer unvergeßlichen «Open-Air-Degustation» von BV in den Gärten von Inglenook bewertet ★★*

1 Beaulieu, «schöner Ort», benannt nach der Frau des Gründers Georges de Latour, wird je nachdem bezeichnet als Beaulieu Vineyard, Beaulieu Vineyards (denn es gibt mehrere) oder von Kennern und Liebhabern neuerdings schlicht und intim als BV. Ich schreibe im folgenden immer Beaulieu.

## 1943 ★★★★

BEAULIEU, CABERNET SAUVIGNON Schöne, tiefe, intensive und lebhafte Erscheinung; genauso tiefe, reiche, angesengte Nase, dann Honigwaben und Frucht notiert, gute Entfaltung im Glas im Verlauf einer Stunde: reich, duftig, ein großartiger Geruch; ein deutlicher Hauch von «Süße», die Süße von sehr reifen Trauben und Alkohol, ziemlich voll im Körper, ein schöner, reicher Geschmack, exzellente Tannine und Säure.
*Juni 1990 ★★★★*

INGLENOOK, CABERNET SAUVIGNON Alte Reben. Unglaublich tief und intensiv; warmes, würziges Bukett, ganz leichter Eukalyptuston, keine Anzeichen des Alters; mitteltrocken, mächtig, reif, samtig, mit einem alkoholbepackten, trockenen Abgang. Eine Art Napa-Latour.
*Juni 1982 ★★★★★*

## 1944 ★★★★

CHARLES KRUG, CABERNET SAUVIGNON Immer noch sehr tief, Mitte fast undurchsichtig, schön ausgebauter Mahagonirand; Nase zunächst alt und eichen, mit einer eigenartigen Öffnung, nach 15 Minuten «süß», Schokolade und Kaffee, nach dreißig Minuten im Glas prachtvoll; geschmacklich am Austrocknen, mittlerer Körper,

nachhaltig. Der älteste Wein auf einer, wie man wohl sagen darf, historischen vertikalen Degustation von Charles-Krug- und Robert-Mondavi-Jahrgängen zur Feier der Wiedervereinigung der beiden Brüder Peter und Robert Mondavi.
*Juni 1985 ★★★★*

## 1945 ★★★

BEAULIEU, CABERNET SAUVIGNON Tief, schön, lebhaft, sehr reifer Rand; großartige Weinigkeit, wie ein alter Pétrus, aber der Geruch kippte um, oxydierte nach vierzig Minuten, nach einer Stunde im Glas wie abgestandener Tee; trocken, robust, komplett, immer noch mit Frucht und angenehm nach dem Einschenken, aber recht kurz.
*Juni 1990 ★★*

SEBASTIANI, CASA DE SONOMA Undurchsichtig, reifer Rand; zurückhaltende, sehr «süße», malzige Nase; trocken, voll im Körper und sehr reich. Eigenartig, aber gut. Gerbstoffreich.
*September 1988 ★★★*

## 1946 ★★★★★

CHARLES KRUG, CABERNET SAUVIGNON VINTAGE SELECTION Voll vergoren, mit Eiweiß geschönt. Schöne tiefe Farbe, immer noch rubinrot; herrlich würzige Nase, Zimt, Eukalyptus; perfektes Gewicht, schöne Weinigkeit, glatte, seidige Struktur, Länge und hervorragender Endgeschmack. In seinem vierzigsten Jahr ein vollendetes Getränk.
*Juni 1985 ★★★★★*

## 1947 ★★★★

CHARLES KRUG, CABERNET SAUVIGNON Ziemlich tief, schön, reich, reif; zunächst staubig und mit Zedernholzton, ein Hauch von Fleischextrakt, gute Entwicklung im Glas; «süß», voll, weich, samtig, gute Länge, hervorragende Säure.
*Juni 1985 ★★★★★*

## 1950 ★★

CHARLES KRUG, CABERNET SAUVIGNON VINTAGE SELECTION Schöne Farbe, breiter ausgebauter Rand; zurückhaltend, elegant, ein Hauch von altem Firnis, etwas Entwicklung, Anflug von Würze, Nelken; mittleres Gewicht, schlanke Note, beschlug die Zähne. Wird nicht mehr besser.
*Bei der Krug-Mondavi-Degustation im Juni 1985 ★★ Austrinken.*

## 1951 *****

BEAULIEU, CABERNET SAUVIGNON PRIVA-TE RESERVE Ein großer Wein, reich und vorzüglich mit zwanzig Jahren und bei drei Gelegenheiten seitdem. Zuletzt: fabelhaftes Aussehen, große Tiefe und Fülle; zurückhaltend, wuchtig und konzentriert, das Bukett wie geballt, gab sich nur langsam preis, Walnüsse, beinahe rauchig, eine Art rußiger Reichtum; die Süße reifer Trauben und maximaler Alkoholgehalt, mächtig, füllig, samtig, perfekte Säure, aber eine Spur von überreifer Bitterkeit, wenn man ihn zu lange im Glas ließ. In gewisser Weise eine Verbindung eines 55er Latour und eines 59er Cheval Blanc.
*Zuletzt bewertet bei einem Abendessen mit Zelma Long und Louis Martini mit Frau bei Maynard Amerine im Juni 1984* *****

CHARLES KRUG, CABERNET SAUVIGNON Sehr ansprechende Farbe, intensiver als der 50er; der Geruch ein bißchen holzig; merkwürdiger, zurückhaltender, pilziger Geschmack.
*Juni 1985.*

CHARLES KRUG, CABERNET SAUVIGNON VINTAGE SELECTION Farbe ein bißchen zu braun; eichen, aber auch blumiger, kräuterwürzig, mit Fruchttiefe trotz Malzton, wie Haut-Brion 1929; große Fülle und Konzentration, aber oxydiert.
*Juni 1985.*

## 1952 **

CHARLES KRUG, CABERNET SAUVIGNON Schöne Farbe, leicht gewobenes Granatrot, Mahagonirand; «süß», Vanille, gut entwickelt, nach Minuten sehr attraktiv, komplett; ordentliches Gewicht, lebhaft, frisch, schöne Frucht, Tannin und Säure erfrischend.
*Juni 1989* *****

CHARLES KRUG, CABERNET SAUVIGNON VINTAGE SELECTION Blasser, reifer im Aussehen; gehaltvoll, weiter oxydiert, aber duftig; es fehlte hier und da ein wenig, am Austrocknen und Dünnwerden.
*Juni 1985* **

## 1956 ****

CHARLES KRUG, CABERNET SAUVIGNON VINTAGE SELECTION Mitteltief, rosiges Leuchten, reiche Tränen; lebhafte Bordeaux-artige Nase, Vanillin, Eisen, medizinal, entfaltete sich schnell und prächtig, maulbeerartig reiche Frucht; «süß», mittelvoller Körper, füllig, Frucht, Gleichgewicht, Länge und Abgang hervorragend.
*Zuletzt im Juni 1985 verkostet* *****

## 1957 **

CHARLES KRUG, CABERNET SAUVIGNON VINTAGE SELECTION Tief, intensiv, reifer Rand; würziges Bukett, Zimt, Eukalyptus; relativ voller, lebhafter, positiver Geschmack, Tannin und Säure gut.
*Juni 1985* ***

## 1958 *****

BEAULIEU, CABERNET SAUVIGNON PRIVA-TE RESERVE GEORGES DE LATOUR Sechs Bewertungen seit 1975. Schien um 1980 am besten zu sein. Ein großer Jahrgang und großer Ruf, wenn auch Barney Rhodes mir 1986 verriet, daß André Tchelistcheff meine, er sei nicht gut gealtert, und er kein Bedürfnis verspüre, ihn zu kosten. Tatsächlich hatte die Flasche, die Barney an dem Abend auftischte, einen Anflug von Böcksergeruch, den ich weiter als hochgetönt, gedämpft maulbeerartig und ein bißchen scharf beschrieb. Vier Jahre später: immer noch eindrücklich tief; sehr reiche, feigenartige Nase, zunächst leicht staubig, aber aus seinen Tiefen stieg ein prachtvolles Bukett auf; trocken, körperreich, dennoch mit einer gewissen Schlankheit und geschmeidig für BV. Gute Länge und großartige lebenserhaltende Säure.
*Bei der BV-Degustation im Juni 1990. Beste Note* *****

INGLENOOK, CABERNET SAUVIGNON CASK F10 Erstmals 1967 verkostet: stark, pikant. Dann mehrere gute Beurteilungen zwischen 1969 und 1979. In neuerer Zeit: sehr tief und doch leicht gewoben; tief, feigenartige Fruchtfülle, zunächst verschlossen, im Laufe von 45 Minuten Öffnung im Glas; ein mächtiger und doch weicher, würziger Wein mit einem attraktiven, trockenen Abgang.
*Bei Maynard Amerine im Juni 1986* ****

CHARLES KRUG, CABERNET SAUVIGNON Peter Mondavi sagte uns, daß Preßwein zugesetzt worden sei. Kraftvoller, aber eigentümlicher Geschmack, Meersalz, ein bißchen stielig. Sehr trockener Abgang.
*Juni 1981* **(*)

CHARLES KRUG, VINTAGE SELECTION Undurchsichtig, rubinrot; würzig, hochgetönt, Tiefe und Substanz wie Ch. Latour, bedurfte langer Atemzeit im Dekantiergefäß; mittel«süß», körperreich, hoher Extraktgehalt, schöner trockener Abgang.
*Zuletzt auf der Krug-Mondavi-Degustation im Juni 1985 bewertet* ****(*) *Von jetzt bis 2000.*

LOUIS MARTINI, CABERNET SAUVIGNON SPECIAL SELECTION Mitteltief, ausgebaut; eine zarte, leicht würzige Nase, die sich sehr schön öff-

nete, reiche, reife maulbeerartige Frucht; Gewicht, Gleichgewicht und Geschmack perfekt. Weich. Zart. Auf dem Gipfel.
*Zum Abendessen mit den Rhodes' in Napa, Juni 1981* ★★★★★

## 1959 ★★★★

**HEITZ, CABERNET SAUVIGNON** Schöne tiefe, kirschrote Farbe eines reichen Jahrgangs; prachtvolles minziges Bukett; trocken, voll, duftig, würzig, gerbstoffreich.
*Oktober 1985* ★★★★

**INGLENOOK, CABERNET SAUVIGNON** Undurchsichtig, intensiv; würzig, tabakartig, Alter zu merken, ein Anflug von flüchtiger Säure; sehr «süß», mächtig, weich, füllig, köstlich. Trockener, leicht beißender Abgang.
*Juni 1986* ★★★★

**CHARLES KRUG, CABERNET SAUVIGNON** Erstmals 1967 im Rahmen der Reihe «Dining with the Masters of Wine» verkostet: schön, tief, reich im Geschmack. 1977 perfekt. Acht Jahre später: pflaumenfarben; sehr Bordeaux-artig, eichen, hart, reich, entwickelte sich gut; reich, zum Kauen, dick, Tannin und Säure wie ein Médoc.
*Juni 1985* ★★★

**CHARLES KRUG, CABERNET SAUVIGNON VINTAGE SELECTION** Ein wenig blassere, aber bestimmtere Farbe; leichter, offener, hochgetönter, elegant, fabelhafte Duftentwicklung; ein bißchen «süßer», Länge, Struktur und Abgang gut. Elegant. Vollkommene Entwicklung.
*Juni 1985* ★★★★

**CHARLES KRUG, VINTAGE SELECTION LOT B** Tiefer, rubinrot; staubig, reiche Frucht, aber zuviel Eiche in der Nase; «süß», Frucht, Mittel- und Endgeschmack und Länge sehr gut.
*Im Juni 1985 verkostet* ★★★★(★) *Wird sich halten.*

**LOUIS MARTINI, CABERNET SAUVIGNON «CALIFORNIA MOUNTAIN»** Schön, tief, ausgebaut; fest, ein Hauch von maulbeerartig reifer Frucht; relativ trocken, mittelvoll, zurückhaltend, aber vollkommen ausgebaut und komplett.
*Zum Abendessen mit Maynard Amerine im Juni 1982* ★★★★

## 1960 ★★★

**BEAULIEU, CABERNET SAUVIGNON PRIVATE RESERVE GEORGES DE LATOUR** Erstmals 1967 mit den Rhodes' verkostet: duftig, ansprechend. Wurde mit 21 erwachsen: sehr tief, immer noch pflaumenfarben; «süß», reich, wächsern,

leicht würzig; auch am Gaumen «süß», voll, reif, samtig, guter Extrakt. Fünf Jahre später: mitteltief, reich, ausgebaut; malziger, marmeladig in Geruch und Geschmack. Gute Frucht, gute Länge.
*Zuletzt im Oktober 1986 verkostet* ★★★ *Austrinken.*

**HEITZ, CABERNET SAUVIGNON** Tiefrot; kirschartige Frucht in der Nase, ein Hauch von flüchtiger Säure, aber nach einer Stunde im Glas groß; ordentliches Gewicht, Pfiff und Pep.
*Mit Belle und Barney Rhodes in 47 Park Street im Oktober 1986* ★★★★

**CHARLES KRUG, CABERNET SAUVIGNON** Ausgedehntes Granatrot, orange überhaucht; duftig, entwickelte sich wunderschön, dann gedämpft, schokoladig; «süß», positiver Eingang und Mittelgeschmack, gute Länge, ordentliche Säure.
*Juni 1985* ★★★ *Austrinken.*

## 1961 ★★★

**HEITZ, PINOT NOIR** Der älteste seit 1980 verkostete kalifornische Pinot Noir. Joe Heitz kaufte die Trauben und kelterte sie. Mitteltief; etwas muffige, verschwitzte Nase, Pinot-Charakter nicht zu erkennen; «süß», körperreich, zweifellos beeindruckend. Wie die Burgunder von Jean Grivot, besser im Mund, Geschmacksausweitung durch die Wärme.
*Oktober 1986* ★★

**CHARLES KRUG, CABERNET SAUVIGNON** Tief, pflaumenfarben; zurückhaltend, aber öffnete sich gut, schöne Frucht; insgesamt trocken, seidige, lederige tanninbetonte Struktur.
*Juni 1985* ★★★

**CHARLES KRUG, CABERNET SAUVIGNON VINTAGE SELECTION** Nicht so tief, weiter entwickelt; großartiges, voll entfaltetes Bukett, ein Hauch von Vanillin; trocken, seidige Tannine, zitrusartige Säure. Reichlich Lebenszeit.
*Juni 1985* ★★★★

## 1962 ★★

**CHARLES KRUG, CABERNET SAUVIGNON** Mitteltief, rubinrotes Zentrum, sich ausbauender Rand – wie ein 62er Médoc; würzig, lebhaft, aber etwas rustikal, käsig, medizinal. Erinnerte mich an Brane-Cantenac; «süß», weich, zum Kauen, nervöse Säure.
*Juni 1985* ★★

**CHARLES KRUG, VINTAGE SELECTION** Tieferer Farbton; holzig – zuviel Eiche, aber

entwickelte sich reich; nicht so «süß», elegant, zu eichen, sehr gerbstoffreich.
*Juni 1985* **

## 1963 ★★★★

INGLENOOK, CABERNET SAUVIGNON Mehrere Bewertungen in den 70er Jahren, alle gut. Undurchsichtig, intensiv, ausgebauter Rand; fabelhaftes, reifes Cabernet- und Eukalyptusbukett, dazu Lapsang Souchong! Insgesamt trocken, ziemlich voll im Körper, reich, zum Kauen, energisch.
*Zuletzt (blind) verkostet mit Hugh Johnson und Bob Thompson beim alljährlichen Picknick der Trefethens im Oktober 1982* ★★★★

CHARLES KRUG, CABERNET SAUVIGNON Gleiche Farbtiefe wie der 60er, aber ein bißchen schwach am Rand; sehr entgegenkommendes, voll entfaltetes Bukett mit Duft und Charme; ordentliches Gewicht, frisch und doch seidig, perfektes Gleichgewicht, elegant. Wird sich halten.
*Juni 1985* ★★★★

## 1964 ★★★★

BEAULIEU, CABERNET SAUVIGNON PRIVATE RESERVE GEORGES DE LATOUR Zucker 23,5°. Bei der ersten Verkostung 1970 mächtig, spröde, unfertig, aber Ende des Jahrzehnts hatte er sich gefällig entwickelt. Zuletzt: mitteltief; Nase ein bißchen unnachgiebig, lebhaft, tief; trocken, Gewicht und Stil wie ein Médoc.
*Zuletzt auf Christie's Vorverkaufsdegustation im April 1986 bewertet* ★★★★

CHARLES KRUG, CABERNET SAUVIGNON Erstmals 1979 verkostet: ausgezeichnet. 1984 bemerkenswert gut, würzig, wohlgeformt. Zwölf Monate später auf der Krug-Mondavi-Degustation im Napa Valley: jetzt mitteltief, aber eine prachtvolle Farbe; die schöne Würze und Frucht überwand den anfänglichen Flaschengestank nach Linoleum; perfektes Gewicht, lebhaft; elegant, dem 63er nicht unähnlich, vielleicht trockener.
*Zuletzt im Juni 1985 verkostet* ★★★★

## 1965 ★★★★★

BEAULIEU, CABERNET SAUVIGNON PRIVATE RESERVE GEORGES DE LATOUR Mit nur fünf Jahren vorzüglich, mit zehn schön im Ausbau. Ende der 70er Jahre und abermals 1983 komplett, wenn auch blasser, als erwartet, voll entfaltetes Bukett mit einem Hauch von Anis; fest, lebhaft. Zuletzt: ein frisches, lebhaftes Aussehen, Geruch und Geschmack desgleichen. Zarte, maulbeer-

artige Frucht, Entwicklung eines lakritzartigen Buketts; trocken, lebhaft, schöne Struktur, fest. Noch viel Leben.
*Zuletzt auf einem Abendessen bewertet, das Christie's im September 1989 bei Michael's in Santa Monica gab* ★★★★

CHARLES KRUG, CABERNET SAUVIGNON Herrlich leuchtende Farbe, reiches Granatrot, ausgebauter Rand; zuerst staubig und tanninbetont, Bukett entflocht sich, gute Frucht und vollendete Harmonie, dann warm, toastartig, eine Spur Vollkornmehl und Ingwer, deutlich Minze, nach dreißig Minuten himmlisch; recht «süß», relativ leicht in Gewicht und Stil, höchst elegant, hinreichend Tannin und Säure.
*Juni 1985* ★★★★★

## 1966 ★★★★

BEAULIEU, CABERNET SAUVIGNON PRIVATE RESERVE GEORGES DE LATOUR Frühe Lese, Zucker 23°. Erstmals 1972 verkostet, ordentlich ausgewogen, aber unfertig. Zuletzt: ziemlich tief, eine Idee Rubinrot, reifer brauner Rand; zurückhaltend, aber reich. Die Nase erinnerte mich an Portwein. Entwickelte sich gut, würzig, eine Spur von Tabak; «süß», ordentliches Gewicht, weich, eingängig, elegant, immer noch gerbstoffreich, aber ohne die Länge eines großen Jahrgangs.
*Zuletzt auf der BV-Degustation zur Fünfzigjahrfeier der Private Reserve-Weine im Juni 1990 bewertet* ★★★★

CHARLES KRUG, CABERNET SAUVIGNON 1972 unreif, aber ansprechend. Neun Jahre später: weniger tief, ausgebauter; elegant, duftig, aber Anzeichen des Alters; sehr schmackhaft, aber mit einem trockenen, kratzenden Abgang.
*Zuletzt im März 1981 verkostet* ★★

ROBERT MONDAVI, CABERNET SAUVIGNON Die erwähnte vertikale Degustation bei Peter Mondavi über 21 Jahre Charles-Krug-Weine schloß mit dem Jahrgang 1965, woraufhin er den Taktstock an seinen Bruder Robert weiterreichte, dessen Palette mit dem 66er anfing. Zuerst aus einer Flasche: tief, undurchsichtig im Zentrum, aber ausgebaut und müde aussehend; ölige Eukalyptusnase, die eine feigenartige Frucht entfaltete, aber binnen einer Stunde dahin war; etwas «Süße» und Eleganz, zum Kauen, scharfer, trockener Abgang. Viel besser aus einer Magnum: nicht so tief, aber roter und lebhafter; frische, fruchtige Nase, die sich ansprechend öffnete, aber ebenfalls nach einer Stunde verblaßte; mittlere «Süße» und Schwere, weich, füllig.
*Bei der Krug-Mondavi-Degustation in Napa im Juni 1985. Beste Note* ★★★

ROBERT MONDAVI, ZINFANDEL Das war Bobs erster Zinfandel: undurchsichtiges Zentrum, aber reifer Rand; ruhiges, harmonisches Bukett, «süß», marmeladig; relativ trocken, recht voll, samtig. Bemerkenswert gut.
*Juni 1983* ★★★★

MARTIN RAY, CABERNET SAUVIGNON Unglaublich tief, pflaumenfarben; sehr kraftvoller, aber sehr merkwürdiger, übler, pfeffriger Geruch; grauenhaft viel Säure. Ungenießbar.
*Am Ende einer ausgedehnten Degustation von 66er Bordeaux-Rotweinen im November 1986 in San Diego nachgereicht.*

## 1967 ★★★

INGLENOOK, CABERNET SAUVIGNON Erstmals kurz nach der Flaschenfüllung verkostet: duftig, elegant. 16 Jahre später: schöne Farbe; angenehme Weinigkeit, feigenartig reiche Frucht; trocken, mittleres Gewicht, erdig wie ein Graves.
*Zuletzt im September 1985 verkostet* ★★★

ROBERT MONDAVI, CABERNET SAUVIGNON (10% Cabernet Franc) Wunderschöne Farbe; einnehmendes, offenes, reifes Fruchtaroma, entwickelte rasch einen an *Blancmanger* erinnernden Vanille-Duft, nach dreißig Minuten voll entfaltet, nach einer Stunde prachtvoll; mittlere «Süße» und Schwere, sehr positiver, lebhafter Geschmack, leicht bitterer Abgang. Einer von Bobs älteren Sortenverschnitten.
*Juni 1985* ★★★

## 1968 ★★★★★

BEAULIEU, CABERNET SAUVIGNON PRIVATE RESERVE GEORGES DE LATOUR Mehrere Bewertungen in den 70er Jahren, «das Beste, was Napa zu bieten hat». Zweimal in den frühen 80er Jahren. Unglaublich tief, das Erscheinungsbild eines großen Jahrgangs, orange überhauchter, ausgebauter Rand; Nase zunächst stumm, gut verwoben, ein Hauch von Eukalyptus, Schmorpflaumen; «süß», reich, konzentriert, mit schöner Struktur und warmem, alkoholischem Glühen. Ein wunderbarer Wein. Noch Jahre zu leben.
*Zuletzt im Oktober 1982 verkostet* ★★★★★

BEAULIEU, «SPECIAL BURGUNDY» Von den Lagen 2 und 4 in Rutherford. Das beste Faß. Erstmals 1980 auf einer Vorverkaufsdegustation bei Heublein bewertet: tief, reif, ausgewogen. Das nächste Mal: so undurchsichtig wie ein mächtiger Ch.-Latour-Jahrgang; feigenartiges, minziges, gehaltvolles, erdiges Bukett; «süß», relativ voll, reich, Eisenton. Komplett. Köstlich.
*Zuletzt im Februar 1986 verkostet* ★★★

FREEMARK ABBEY, CABERNET BOSCHÉ Der erste Jahrgang bei Freemark wurde mit Cabernet-Sauvignon-Trauben von John Boschés Weinberg bestritten. Ansprechende Farbe; ausladende, fruchtige Nase; samtig, duftig – eine Spur von Überreife. Ein wenig müde.
*Juni 1981* ★★

HARBOUR WINERY, ZINFANDEL Bereitet von Charles Myers aus Trauben der Doktoren Adamson und Rhodes; letzterer besorgte Medizinalalkohol zur Verstärkung des Weines. Undurchsichtig; «süße», pudrige Vanillin-*Blancmanger*-Nase; ziemlich «süß», relativ voll, frisch, fruchtig und gekonnt gemacht. Erstaunlich, auf was diese Akademiker so kommen.
*Juni 1981* ★★★

HEITZ, CABERNET SAUVIGNON Erstmals 1974 verkostet. Überaus eindrücklich. 1979 als ein Mittelding zwischen Ch. Pétrus und Mouton-Rothschild beschrieben. In neuerer Zeit: immer noch herrlich tief; fabelhaft, würzig – Eukalyptus, auch wenn Joe Heitz diese Beschreibung verabscheut; voll, intensiv, vollgepackt mit Frucht und lebenserhaltendem Tannin.
*Zuletzt im September 1986 verkostet* ★★★★★ *Von jetzt bis über 2000 hinaus.*

INGLENOOK, CABERNET SAUVIGNON 1979 tief; konzentriert; «süß». Nach sechs Jahren nicht mehr so tief; ausladende, offene, käsige, gerbstoffreiche Nase; Gewicht, Gleichgewicht und Geschmack hervorragend.
*Zuletzt im März 1985 verkostet* ★★★★

LOUIS MARTINI, CABERNET SAUVIGNON Tief, lebhaft; pflaumig, ziemlich «süß» und voll, reif, überzeugend, Abgang dominiert von Tannin und Eisen.
*Juni 1982* ★★★

LOUIS MARTINI, MOUNTAIN, CABERNET SAUVIGNON Schönes tiefes, reiches Aussehen; Bukett und Geschmack desgleichen. Prachtvoll.
*Februar 1987* ★★★★

ROBERT MONDAVI, CABERNET SAUVIGNON (8% Cabernet Franc) Vier Bewertungen, die erste 1985 bei der Krug-Mondavi-Degustation: wunderschöne Farbe; reiche, sich rasch entwickelnde Nase; am Gaumen ebenfalls reich und doch fest, viel Zeit vor sich. Zweimal 1986: wieder die bemerkenswert rasche Entwicklung im Glas, der tanninbetonte Abgang erinnerte ein wenig an rostige Nägel.
*Zuletzt bei einem Mittagessen, das Andie Lawlor im Januar 1988 im Chicagoer O'Hare Sofitel gab* ★★★★

SOUVERAIN, CABERNET SAUVIGNON Tief, reich; genauso reiche Nase; Napas vulkanische Erde und Eisen, marmeladige Frucht; merkwürdig stieliger, trockener, rauher Abgang. Ein wenig unverwoben.
*Juni 1981 ★★?*

## 1969 ★★ *bis* ★★★★★

BEAULIEU, CABERNET SAUVIGNON PRIVATE RESERVE GEORGES DE LATOUR Immer noch ein lebhaftes Rubinrot; feigenartig, dann ein lebhafter beerenähnlicher Duft; mittlere «Süße», angenehmes Gewicht, hervorragende Frucht, lebhaft – das Ergebnis kühler Wachstumsbedingungen, vorzüglich ausgewogener Cabernet-Frucht, amerikanischer Eiche und eines höheren Tanningehalts. Bordeaux-artig in Stil, Gewicht, Tannin und Säure.
*Juni 1985 ★★★★*

HEITZ, MARTHA'S VINEYARD CABERNET SAUVIGNON Abgefüllt vier Jahre nach der Lese im September 1973. Erstmals 1981 verkostet. Ähnliche Beurteilung vier Jahre später: wunderbar reich, dick, rubinrotes Zentrum, im Ausbau; großes Bukett: unverwechselbar Cabernet mit Würze, Nelken, Kiefer, Zimt, Eukalyptus, entwickelte im weiteren gar Anklänge an alte Ställe; voll Extrakt und Geschmack, elegant trotz seiner Massigkeit, schöner Geschmack, Länge. Trockener Abgang. Die letzte Flasche ein Geschenk von Tom und Martha May von Martha's Vineyard (Heitz macht den Wein aus ihren Trauben).
*Zuletzt im Juni 1985 verkostet ★★★★★*

ROBERT MONDAVI, CABERNET SAUVIGNON (15 % Cabernet Franc, 3 % Merlot) Sehr tief, nahezu ausgebaut; reich, Vanille, Eiche, öffnete sich duftig, nach dreißig Minuten schokoladig, nach einer Stunde verblaßt. Körperreich. Sehr tanninbetont.
*Juni 1985 ★★(★)*

ROBERT MONDAVI, CABERNET SAUVIGNON UNFINED Etwas kräftigeres Rubinrot; pfeffriger, würzig, Duft nach Earl-Grey-Tee und Cabernet Sauvignon, dann verblaßt; sehr schmackhaft, hochgetönt, sehr pikant. Weder er noch der normale Verschnitt waren im Grunde sehr gelungen. Nach den stetigen Fortschritten der früheren Charles-Krug-Jahrgänge zeitigten Bob Mondavis jährliche Experimente sehr unterschiedliche Ergebnisse.
*Bewertet auf der Krug-Mondavi-Degustation im Juni 1985.*

ANDERE, NUR EINMAL VERKOSTETE 69ER:

CHAPPELLET, CABERNET SAUVIGNON Undurchsichtig, reich; lebhaft, leicht medizinal, fast

wie Portwein, alkoholisch; trockener, ziemlich schlanker, lebhafter Eukalyptusgeschmack, etwas viel flüchtige Säure.
*Bei den Chappellets in Napa im Juni 1982 ★★*

FREEMARK ABBEY, CABERNET SAUVIGNON «Süße», keksartige Vanillinnase mit Zitruspikanterie und Würze; mittlerer Körper, frisch, fruchtig, lebhaft, trocken, säurebetont.
*Oktober 1982 ★★(★) Muß wahrscheinlich jetzt getrunken werden.*

FREEMARK ABBEY, PETITE SIRAH Undurchsichtig; mächtiger, alkoholischer Geruch und Geschmack, vierschrötig, noch Jahre zu leben.
*Juni 1983 ★★(★★)*

CHARLES KRUG, CABERNET SAUVIGNON Gutes Gewicht und guter Geschmack, aber gerbstoffreich.
*Juni 1984 ★★(★★)*

STERLING, CABERNET SAUVIGNON Ausladende, ledrige, käsige (gerbstoffreiche) Nase; weich, Struktur und Gewicht ordentlich.
*Juni 1983 ★★(★)?*

## 1970 ★★★★

BEAULIEU, BOSCHÉ CABERNET SAUVIGNON Der letzte BV-Jahrgang, der aus John Boschés Trauben bereitet wurde. Tief, samtig; gute Frucht, aber etwas unnachgiebig; weich, fruchtig, harter Abgang.
*Zum Abendessen mit Maynard Amerine im Juni 1981 ★★(★★)*

BEAULIEU, CABERNET SAUVIGNON PRIVATE RESERVE GEORGES DE LATOUR Erstmals 1972 aus dem Faß verkostet: tief purpurfarben, voll Frucht, stielig. Gegen Ende der 70er Jahre immer noch tief, aber harmonisch, reich, tanninbetont. Machte Anfang der 80er Jahre einen sehr guten Eindruck, weich, schöne Konsistenz. Zuletzt auf der Degustation zum Jahrestag des BV Private Reserve: reiche Färbung, aber Reife erkennbar; Nase ein bißchen hart, feigenartig, deutlich bemüht, aus der Schale zu kriechen, ein Anflug würziges Cabernets; sehr «süß» und doch sehr tanninbetont – konzentriert (nur ein Drittel der normalen Ernte), teerig, intensiv, seidig und doch ledrig. Noch Jahre zu leben.
*Zuletzt im Juni 1990 bewertet ★★★★(★)*

HEITZ, MARTHA'S VINEYARD CABERNET SAUVIGNON Vier Sommer nach der Lese abgefüllt, im August 1974. Undurchsichtiges Zentrum; extrem fruchtig, würzig, parfümiert; fabelhafter, vollmundiger Geschmack. Prächtig.
*Vor der Auktion in Chicago im März 1985 ★★★★★*

**ROBERT MONDAVI, CABERNET SAUVIGNON** (83 %) UNFILTERED Tief rubinrot; zunächst staubig und hart, gute, maulbeerartige Frucht; körperreich, fruchtig, zum Kauen, hervorragender Geschmack.
*Zuletzt im Juni 1985 verkostet ★★★*

**ROBERT MONDAVI, UNFINED** (80 % Cabernet Sauvignon) Noch tiefer, dennoch reifer; pfeffrig, Vanille, eine Andeutung von Himbeeren; trockener, wuchtigerer, exzellenter Geschmack, scharfer alkoholischer Abgang.
*Juni 1985 ★★★(★)*

**RIDGE, FULTON ZINFANDEL** Ordentliches Gewicht, schöne Struktur, elegant.
*Mai 1980 ★★★★*

**ANDERE, NUR EINMAL VERKOSTETE 70ER CABERNET SAUVIGNONS:**

**CHAPPELLET** Tief, rubinrot; gut verwobenes, duftiges Bukett von einiger Fülle und Tiefe; körperreich und doch weich und samtig, gute Länge, gutes Leben, komplett.
*Juni 1982 ★★★*

**INGLENOOK** Undurchsichtig, immer noch unreif; schönes harmonisches Bukett, ein Hauch von Eisen; voller, fleischiger, sehr angenehmer Geschmack, Tannin und Säure gut.
*Juni 1986 ★★★(★)*

**MAYACAMAS** 13 % Alkohol. Tiefe Färbung, beladen mit Tannin.
*Juni 1982 ★(★★)*

**SEBASTIANI, NORTH COAST, SONOMA** Recht blaß; marmeladig.
*September 1986 ★★*

# 1971 ★★★

**ROBERT MONDAVI, CABERNET SAUVIGNON** (4 % Cabernet Franc, 5 % Merlot) Ziemlich tief, aber unbestimmt in Aussehen und Geruch, letzterer allerdings sehr «süß», fruchtig; gutes Gewicht, aber überladen mit Tannin und Säure, sehr trocken, recht rauh.
*Bei der Krug-Mondavi-Degustation im Juni 1985 ★(★)*

**ROBERT MONDAVI, RESERVE** (60 % Cabernet Sauvignon, 40 % Franc) Tiefer, kräftigeres Rubinrot; staubige Cabernet-Frucht, hoher Alkoholgehalt, darunter Frucht und Fülle wie ein Pétrus; «süßer», weicher, mehr zum Kauen und besser ausgewogen.
*Bei der Krug-Mondavi-Degustation 1985 und noch einmal im November 1986 ★★★*

**RIDGE, GEYSERVILLE ZINFANDEL** Im Oktober 1972 abgefüllt. Mittelblaß; delikate, erfrischende Frucht, ein Anflug von Zitrone, ein Hauch von «Arznei», reif, «süß». Auch am Gaumen leicht «süß», weich, elegant, schmackhaft.
*Februar 1989 ★★★★*

**RIDGE, MONTEBELLO CABERNET SAUVIGNON** Im Oktober 1973 abgefüllt. Der Weinberg Montebello liegt in den Hügeln südlich von San Francisco in ungewöhnlicher Höhe, 700 m über dem Meeresspiegel. Die Weine haben einen relativ bescheidenen Alkoholgehalt, dieser 71er lag bei 12,2 Vol.-Prozent. Erstmals im Juli 1984 bei einem Abendessen daheim bewertet, als er noch ein jugendliches Aussehen mit ganz leichter Bläschenbildung hatte. Der vorherrschende Eindruck der Nase war Eisen, was sich am Gaumen wiederholte. Ein schlanker, konzentrierter Wein. Das nächste Mal im Jahr darauf bei meinem ersten Besuch des Weinbergs zusammen mit Paul Draper verkostet – nach dem langen Aufstieg zu dieser hundertjährigen Weinkellerei, einem wuchtigen Holzbau. Die sehr markante Art des Weines kommt nicht nur von der Höhe des Weinbergs, sondern auch von der Kalkstein-«Insel» im Boden. Der Gedanke, dann zu ernten, wenn der Rebstock voll ausgereift ist, war mir neu. Die Nase hat einen Ton nach Arznei, nach Bäumen – eine Art pikanter Lorbeer. Ziemlich körperreich, beträchtliche Länge, komplett, insgesamt trocken.
*Zuletzt im Juni 1985 verkostet. Damals ★★(★★) Nähert sich zweifellos dem Gipfel, aber mit langem Leben.*

# 1972 ★★★ *bis* ★★★★

**HEITZ, MARTHA'S VINEYARD CABERNET SAUVIGNON** Ein vollkommener Gegensatz zu Ridges Zinfandel mit seinen klassischen zwei Jahren im Faß und früher Flaschenfüllung: Heitz füllte diesen Wein im Juni 1976 ab. Mit zehn Jahren immer noch undurchsichtig, intensiv, der jugendliche Farbton stemmte sich gegen die Wand des Glases wie ein Ringrichter bei dem Versuch, zwei Schwergewichte auseinanderzuhalten; sehr attraktiv, entgegenkommend, Minze, Eukalyptus, Cabernet; körperreich, konzentriert, fast übertriebene Bordeaux-artige Frucht, aber trotz seines Tannins viel «süßer». Unverhohlen, leicht durchschaubar, reizvoll, brillant. Das nächste Mal machte er bei einer Vorverkaufsdegustation in Chicago einen guten Eindruck, aber wurde für 320 Dollar die Kiste verschenkt.
*Zuletzt im Mai 1985 bewertet ★★★(★) Wahrscheinlich inzwischen auf dem Gipfel.*

**MAYACAMAS, LATE HARVEST ZINFANDEL** 17,5 % Alkohol. Einer von Napas sonderbaren Klassikern, häufig portweinartig und, nebenbei

gesagt, sehr gut zu Stiltonkäse. Mitteltief, nicht so tief wie erwartet, vollreifes Aussehen; «süß», duftig, Frucht wie Zwetschgen und Damaszenerpflaumen; mittel«süß», nicht so stämmig, wie die Stärke vermuten ließ, frisch, schöne Säure.
*März 1985 **** Dürfte inzwischen perfekt sein. Wird sich halten.*

ROBERT MONDAVI, CABERNET SAUVIGNON (5% Cabernet Franc, 2% Merlot) Sehr tief; zweierlei Geruch, viel Frucht und Käserindentannin; ziemlich «süß», voll im Körper, stämmig, reich, zum Kauen, trockener Abgang.
*Krug-Mondavi-Degustation, Juni 1985 **(*)*

MOUNT EDEN, PINOT NOIR 1975 ausgeliefert. Mit neun Jahren eine fabelhafte Farbe; unglaublich reiche, harmonische Nase; fabelhafte Frucht, üppiger Stil. Nicht im entferntesten ein Côte de Beaune, aber vorzüglich.
*Zum Abendessen mit den Dierkhisings im Silverado Restaurant von Calistoga, Juni 1981 ****

KURZE BEWERTUNGEN VON DREI 72ER CABERNET SAUVIGNONS:

LOUIS MARTINI Ein Charmeur.
*Juni 1982 ***

MAYACAMAS 13%; tiefes, dickes, pflaumiges Purpurrot; sehr «süße», marmeladige Frucht, würzig, ansprechend. Ein ziemlicher Kontrast im Mund, kurze, scharfe Frucht in der Mitte, sehr trocken, ein bißchen rauh.
*Juni 1983 *(*)*

RIDGE, MONTEBELLO Tief; «vulkanischer» Geruch; sehr schmackhaft, sehr stilvoll.
*März 1985 ***(*)*

# 1973 ****

CHAPPELLET, CABERNET SAUVIGNON Mit elf Jahren undurchsichtig; stilvoll, erdbeerartige Frucht; gerbstoffreich. Später: immer noch tief, reiche Färbung; sehr duftige, ungewöhnliche, leicht rosinenartige Nase.
*Zuletzt (in Eile) vor der Auktion in Chicago vom Februar 1987 bewertet **(*)*

FETZER, PETITE SIRAH Immer noch undurchsichtig und jugendlich; kein starkes sortentypisches Aroma, verschwitzt, alkoholisch, erinnerte mich an Rhone- und Portwein; reich, voll, dick, pfeffrig. Schwer einzuordnen.
*Oktober 1983 **(*)?*

FORMAN'S, CABERNET SAUVIGNON ‹GRAND VIN› Erzeugt von Ric Forman von einem 0,8-Hektar-Weinberg im Grass Valley, das

zum Lake Tahoe hinaufführt. Brillant: immer noch undurchsichtig, in 13 Jahren kaum gealtert; erstaunliche Frucht, Leinöl, ein Schwall von Brombeeren, dann von Schwarzen Johannisbeeren! Hervorragende Frucht am Gaumen, schön in Fülle und Struktur, immer noch sehr gerbstoffreich.
*Mit den Dierkhisings in Calistoga im Juni 1986 ***(*) Wahrscheinlich immer noch in der Entwicklung.*

FREEMARK ABBEY, CABERNET BOSCHÉ (Trauben vom Weinberg der Familie Bosché.) Sehr tief; ein bißchen rustikale, «süße» Nase wie Brane-Cantenac; ordentliches Gewicht, schöne Struktur.
*Juni 1983 *** Austrinken.*

HEITZ, CABERNET SAUVIGNON 1980 wunderbare Farbe; würzig und interessant. 1983 immer noch intensiv; delikate, fruchtige, würzige Nase; relativ voll, schlank, aber eindringlich, mit streng trockenem Abgang. Letzthin bemerkte ich mehr Eukalyptus als in seinem Martha's Vineyard. Weniger trocken, gehaltvoll, fruchtig. Baut sich schön aus.
*Zuletzt im Januar 1989 verkostet ****

HEITZ, MARTHA'S VINEYARD CABERNET SAUVIGNON Im Juni 1977 abgefüllt und erstmals 1981 verkostet. Das Aussehen eines «mächtigen Jahrgangs»; eindringlicher, charakteristischer Eukalyptusgeruch; reich, reif, weich, voll. 1985 reiche Komplexität notiert und ganz zuletzt: pure Minze, «süß», sehr duftig; schlank, sehr gerbstoffreich, schöner Nachgeschmack. Noch Jahre zu leben.
*Februar 1989 **(***)*

ROBERT MONDAVI, CABERNET SAUVIGNON (5% Cabernet Franc, 6% Merlot) Tief, ausgebaut; prachtvoll, reich, würzig, fruchtig und gerbstoffreich in Geruch und Geschmack. Weich und füllig.
*Juni 1985 **** Jetzt vorzüglich.*

ROBERT MONDAVI, RESERVE CABERNET SAUVIGNON (12% Cabernet Franc) 23° Brix, 13,2% Alkohol, 2 g/l Restzucker. Drei Tage bei 88°F (31°C) vergoren, zwölf Tage Schalenkontakt, 29 Monate in neuen 60-Gallonen-Fässern aus Nevers-Eiche gelagert. Erstmals im Juni 1985 neben dem «normalen» verkostet: undurchsichtig, intensiver; eine mächtige eichene Nase, tanninbetont, pfeffrig; gewaltig, vollgepackt mit Frucht. 1986 ein wenig «hart» notiert, aber danach bemerkenswert rasche Entwicklung. Zuletzt: nicht mehr so tief, Anzeichen des Ausbaus; schönes, weiches, würziges Bukett; wirkte weit weniger wuchtig, erfrischend, köstlich.
*Zuletzt auf einer Degustation von Mondavi-Reserve-Weinen bewertet, die Michael Mondavi im Februar 1988 für Southern Wine in Miami durchführte ****

JOSEPH PHELPS, PINOT NOIR Feigenartiger Geruch und Geschmack, mild, kein Burgunder, aber sehr gefällig.
*Juni 1981* **

STERLING, MERLOT (100%) Die erste Flasche oxydiert, die zweite heller; Zitrusduft; «süß», ordentliches Gewicht, füllig, gute Tannine.
*Beide Sterlings kredenzt von Ric Forman auf einem Seminar der Hollywood Wine Society im Februar 1989* ***

STERLING, RESERVE CABERNET Duftige, erfrischende Nase, vom Kellermeister als «hauchzarte Würze» beschrieben; «süß», sehr füllig und wohlgeformt, eher rund als nachhaltig.
*Februar 1989* ***

DREI ANDERE 73ER CABERNET SAUVIGNONS:

BEAULIEU, PRIVATE RESERVE Reserviert, gehaltvoll, mit Anzeichen des Alters.
*Februar 1987* *** *Austrinken.*

CHATEAU MONTELENA Von der Redwood Ranch in Sonoma. Nicht auf den Markt gebracht. Immer noch praktisch undurchsichtig; minzig, pfeffrig, ein Hauch von Harz, Lakritze, «Benzin»; trocken, schlank, nervös, ansprechend, aber rauh.
*Februar 1986* *(*)

STAG'S LEAP WINE CELLARS Mittlere Tiefe, im Ausbau; gehaltvolle Nase nach Zedernholz. Attraktiv.
*Chicago, September 1985* ***

## 1974 *****

*Dieser Jahrgang bedarf einer Vorbemerkung. Lange, kühle Wachstumsperiode, sehr heißes Wetter während der Lese. Gilt als das beste Jahr im Napa Valley seit 1968, aber ein Faß voll endloser Fragen («Ist er wirklich so groß?») und Zweifel an seiner Haltbarkeit. Leider konnte ich 1990 an Dr. Steve Mandys horizontaler Verkostung von über achtzig Cabernet Sauvignons nicht teilnehmen. Sie war insofern bemerkenswert, als so viele Kellereien dabei waren und so viele Weine Anzeichen von Ermüdung zeigten. Ich habe kaum fünfzig Aufzeichnungen über die Weine dieses Jahrgangs. Die interessantesten entstanden auf einer Blindprobe von elf bedeutenden Cabernets bei der «California Wine Experience» zu ihrem 10. Jahrestag. Hier ist die kürzeste und aktuellste Zusammenfassung, mit der ich dienen kann.*

BEAULIEU, CABERNET SAUVIGNON PRIVATE RESERVE GEORGES DE LATOUR 1979 und 1981 beschrieben als tief, pflaumig purpurfarben, tanninreich, «großes Potential», doch mit zehn Jahren war er trotz seiner reichen Färbung nicht mehr tief und hatte er einen rotbraun reifen Rand; die Nase reich und würzig, dann nach einer Stunde weich, harmonisch, etwas unterspielt; ziemlich «süß», stämmig, hübsch strukturiert, stilvoll. Drei andere Bewertungen Mitte der 80er Jahre wiederholten, «weich», «süß», «reich» und warnten vor schwerem Bodensatz. Zuletzt: Nase malzig, gehaltvoll; ziemlich medizinaler Médoc-Geschmack, große Tiefe, gute Länge. Trockener Abgang. Ich würde sagen, er hatte mit zwölf Jahren seine beste Zeit.
*Februar 1989* ***** *Jetzt trinken.*

CAYMUS, CABERNET SAUVIGNON Ziemlich tiefe, unbestimmte pflaumige Farbe, langsam im Ausbau; zunächst eklatant «süß» und marmeladig, über eine Stunde später hochgetönt, pfeffrig, Cabernet-Ton nach Schwarzen Johannisbeeren – gefiel mir; ein köstlicher, faszinierender Wein mit ordentlicher Struktur und Länge, gutem Tannin- und Säuregehalt. Elegant. Sehr schön bereitet. Hatte Zeit nötig.
*Oktober 1984* ****(*) *Wahrscheinlich von jetzt bis 1998 auf dem Gipfel.*

CLOS DU VAL, CABERNET SAUVIGNON Zwei Bewertungen 1980: eindrücklich tief, gute Frucht, unfertig. Auf der Zehnjahres-Degustation zeigte er seinen Bordeaux-Charakter in Gewicht und Stil: Nase zunächst zurückhaltend, Médoc-artiger «Fruchtbusch» mit Pomerol-artigen Maulbeeren, füllige Frucht, das Bukett entfaltete sich herrlich im Glas, lebhaft, duftig; ein schöner Wein, seidige Struktur, schlank für einen 74er, elegant. Tanninreich, aber keine Bitterkeit. Bestätigt auf einer Vorverkaufsdegustation.
*Zuletzt im November 1986 bewertet. Damals* ****(*) *Dürfte inzwischen superb sein.*

CONN CREEK, CABERNET SAUVIGNON Trauben angebaut von Milton und Barbara Eisele in Lyncrest, ihrer kieshaltigen Hanglage. Der Wein wurde von John Henderson bereitet und bekam in Conn Creek den «letzten Schliff», im Februar 1977 abgefüllt. Machte auf der Degustation der California Wine Experience einen sehr guten Eindruck: der tiefste in der Reihe, wie Ch. Latour aus einem mächtigen Jahrgang; kraftvolle, entgegenkommende Nase mit schweißigem Tannin; ein prachtvoller Wein, sehr positive Frucht, lebhaft, gute Länge, duftiger Nachgeschmack. «Wird sich zwanzig Jahre halten.» Erster Platz bei Dr. Mandys Verkostung von 74ern im Februar 1990. Danach: immer noch sehr tief, fast undurchsichtig; ein sehr ausgeprägter «medizinaler» Geruch, der im Glas sehr Bordeaux-artig wurde; mitteltrocken, mittleres Gewicht (12,5%), füllig, samtig, reifer Geschmack und Nachgeschmack. Seidige Tannine. Trockener Abgang.

## 1974

*Zuletzt im Mai 1991 verkostet* ★★★★(★) *Von jetzt bis 2000.*

### FREEMARK ABBEY, CABERNET SAUVIGNON

Dies war der Wein, der bei der «Olympiade» von Gault-Millau im Jahr 1979 in der Cabernet-Sauvignon-Klasse den zweiten Platz nach dem 61er Ch. Trotanoy belegte. Er war vorzüglich. Fünf Jahre später: reich, reif in Aussehen und Geruch, leicht parfümiert, ziemlich eindringlich, mit tanninbetontem, eisenhaltigem Abgang.
*Vor der Auktion im April 1984* ★★★★

### FREEMARK ABBEY, CABERNET BOSCHÉ

Im Oktober 1984 helles Kirschrot; ziemlich kühler Geruch, Austernschalen, fest verwoben, schlank noch nach einer Stunde im Glas; ein bißchen zu rauh und gerbstoffreich, nicht vollkommen ausgewogen und, offen gesagt, gegenüber der Konkurrenz nicht brillant. 1986 jedoch gefiel er mir besser. Das letzte Mal: schöne Frucht und Zimt in der Nase.
*Zuletzt im September 1986 verkostet* ★★★★

### HANZELL, PINOT NOIR

Süß, mächtig, herrlich.
*Mai 1993* ★★★★★

### HEITZ, CABERNET SAUVIGNON

Erstmals 1979 in der Weinkellerei verkostet: würzig; wuchtig, großartig. Drei Jahre darauf in einer Magnum: undurchsichtig, pflaumenfarben; duftig, Eukalyptus; schöner reicher Geschmack, aber unfertig. Joe Heitz lehnte Marvin Shankens Einladung zu der Zehnjahres-Degustation ab. Von den Kosten abgesehen, vermute ich, daß seine Einstellung in etwa die der Besitzer von *Premier-Cru*-Châteaux in Bordeaux ist: er wie sie brauchen keine Konkurrenz als Ansporn. Zuletzt: eine Flasche als Geschenk von den Rhodes', die mir mitteilten, der Wein stamme von Martha's Vineyard (sie müssen es wissen, sie pflanzten den Weinberg an und unterhalten enge Beziehungen zu Heitz). Das erste, was mir auffiel, war der tiefschwarz gewordene, verkrustete Korken – 5 cm lang, was für einen *Premier Cru Bordeaux* kurz wäre. Der Wein sah so dick aus, daß ich dachte, ich hätte ihn durch Filterpapier dekantieren sollen, aber er war in Wirklichkeit durchscheinend, die Dicke machte nur drastisch auf seinen Gehalt an Extraktstoffen und anderen Komponenten aufmerksam. Tief, wenn auch mit einem reifen Orangeschimmer am Rand. Duftiges, reiches, würziges und parfümiertes Bukett, Zedernholz; vollmundiger Geschmack, glutvoll berauschend (13,5 % Alkohol), unglaublich reich, fast zum Kauen, lederige, tanninbetonte Struktur. Die Nase erinnerte mich später am Haut-Brion, erdig, leicht tabakartig. Eukalyptus (das Erkennungssignal) am Gaumen spürbar. Ein fabelhafter Mundvoll, zeigt Altersreife.
*Ostern 1991* ★★★★★ *Wird sich halten, aber kann er noch besser werden? Jetzt trinken.*

### INGLENOOK, CABERNET SAUVIGNON CASK A 9

Markante, bezaubernde Farbe, reich, lebhaft, Orangereflexe als Zeichen der Reife; reich, Feigensirup, sublimiert nach einer Stunde, aber sehr schön, das eleganteste und harmonischste Bukett von den elf vorgeführten Spitzen-Cabernets; «süßer» Auftakt, angenehmes Gewicht, würzig, feine Qualität. Wunderschön.
*Oktober 1984* ★★★★★ *Von jetzt bis 2000.*

### CHARLES KRUG, CABERNET SAUVIGNON

Herzhafter und immer noch jugendlicher Neunjähriger.
*Juni 1983* ★★★(★)

### CHARLES KRUG, CABERNET SAUVIGNON VINTAGE SELECTION LOT F 1

War auf der Zehnjahres-Degustation der Wine Experience nicht allzu gut. Zwar zunächst beeindruckend in seiner Erscheinung und schön in der Nase, entwickelte dann aber einen überreifen, mit Jod versetzten Gestank nach Schweinemist und Bauernhof. Zwei Bewertungen später: sehr weich, samtig, aber mit Vogelkotgeschmack, obwohl ich als nächstes «Frucht und Stil schön» notierte.
*Zuletzt im November 1986 verkostet* ★★ *oder* ★★★★ *Geschmackssache.*

### ROBERT MONDAVI, CABERNET SAUVIGNON

(Ungefähr 5 % Cabernet Franc, 9 % Merlot) Sechs Bewertungen: 1980 undurchsichtig, unreif; 1981 (zweimal) herrlich würzige Nase, zimtige neue Eiche, spröde; 1982 und 1984 maulbeerartig reif, aber trocken. Immer noch tief, aber im Ausbau, mit Vanille und Frucht, seidig-lederige Tanninstruktur.
*Zuletzt im Juni 1985 verkostet* ★★★(★)

### ROBERT MONDAVI, CABERNET SAUVIGNON RESERVE

Begann in seinem zehnten Jahr, sich auszubauen: blumig, ein Hauch von Himbeere; ordentliches Gewicht, 74er Reichtum, sehr trinkbar. Im Juni 1985 neben der «Normalqualität»: tiefer, intensiver; ein wunderschön entfaltetes Bukett, «süßer», wuchtig, vollgepackt mit Frucht. In neuerer Zeit die unverwechselbare 74er Dicke, das Bukett brauchte Zeit zur Enwicklung, gut zu trinken.
*Zuletzt im Januar 1988 verkostet* ★★★★

### JOSEPH PHELPS, INSIGNIA

(Cabernet Sauvignon 94 %, Merlot 6 %) 1985 «süß», vielschichtig. (Einer der drei besten Weine in Mandys umfassender Degustation von 74ern.) Letztens: sehr tief, samtiges Rubinrot; duftiger, reicher Geruch, gar nicht nach Bordeaux; sehr «süß» am Gaumen, zu süß zum Essen, aber köstlich allein zu trinken. Körperreich (13,5 %), Frucht und Fülle prachtvoll. Hoher Extraktgehalt, große Länge. Ich kann verstehen, warum er in einer vergleichenden Degustation gut abschnitt.
*Mai 1991* ★★★★★

SIMI, CABERNET SAUVIGNON SPECIAL RESERVE Spitzenwertungen auf der Zehnjahres-Degustation. Pflaumiges Purpurrot; zunächst kühl, zurückhaltend, aber verströmte dann ein sehr ausgeprägtes Cabernet-Aroma, wie ein durchgeseihter 59er Mouton-Rothschild, doch reserviert, daß es fast schon arrogant wirkte; schöner Geschmack nach Schwarzen Johannisbeeren, wie Mouton. Ein vorzüglicher Wein.
*Oktober 1984 ★★★★(★) Dürfte jetzt perfekt sein.*

STAG'S LEAP WINE CELLARS, CABERNET SAUVIGNON Erstmals zwei Jahre nach der Lese verkostet: fraglos beeindruckend. 1979 immer noch undurchsichtig, großartige Frucht, vollendetes Gleichgewicht, große Zukunft. Auf der Zehnjahres-Degustation reiche Färbung, intensiv, im Ausbau; eine sofort warme Nase nach Vanillin, die sich im Glas entwickelte und gut anhielt. Klassisch. Sehr ausgeprägter, etwas eigener Charakter, schöne Frucht, fließt gut über die Zunge.
*Juni 1985 ★★★★★*

STAG'S LEAP WINE CELLARS, CABERNET SAUVIGNON CASK 23 1981 undurchsichtiger, herrlicher «Mantel», reiche maulbeerartig reife Frucht, Harmonie, Tiefe; voll, samtig, schöne Säure. Drei Jahre darauf: reiches Rubinrot; die gleiche «süße», samtige Frucht; weicher, wunderschöner Geschmack, reich, Tannin und Säure für ein langes Leben.
*Mai 1984 ★★★★(★) Nähert sich zweifellos dem Gipfel. Bis über 2000 hinaus.*

STERLING, CABERNET SAUVIGNON Erstmals 1981 bewertet: dickes, robustes 74er Aussehen; duftig, komplex; reich, wenn auch unverwoben und mit rauher Säure. 1984 fruchtige Nase, aber sehr tanninbetont. Zuletzt: nicht mehr so tief, ausgebauter, aber eine Flasche mit leichtem Korkgeschmack.
*Zuletzt im Februar 1989 bewertet. Beste Note ★★(★)*

STERLING, RESERVE CABERNET Mitteltief, ausgebaut; zitrus- und erdbeerartige Frucht; recht «süß», voll, reich, mit schöner, reifer Frucht.
*Ric Formans Degustation im Februar 1989 ★★★★*

KURZE BEWERTUNGEN EINIGER ANDERER 74ER:

CAPARONE, CABERNET SAUVIGNON Von dreijährigen Reben, 25 Monate in 50-Gallonen-Eichenfässern, ungeschönt, ungefiltert. Ich wußte gar nicht, daß man aus so jungen Reben Wein machen kann, aber in Paso Robles geht alles. Reiche, getoastete, pflanzliche Nase; «süß», fabelhaft reich, zum Kauen, mehr Säure als Tannin. Interessant.
*Juli 1985 ★★? Zukunft ungewiß.*

CHATEAU MONTELENA, CABERNET SAUVIGNON Gut entwickelt; kräuterwürzig, schöne Frucht; Gewicht und Stil ordentlich, ziemlich weich und reif, ging trocken ab.
*Februar 1986 ★★★(★)*

CLOS DU BOIS, CABERNET SAUVIGNON (1964 angepflanzt) Tief, mit zwölf Jahren nicht ausgebaut; zurückhaltend, gute Frucht, Tiefe; mächtig, füllig; weiche Tannine.
*Juni 1986 ★★(★★)*

CLOS DU BOIS, PINOT NOIR Weich, würzig, ansprechend, aber nicht ganz in Ordnung, etwas hohl, «aufgeblasen».
*Dezember 1984 ★*

MAYACAMAS, MOUNTAIN CABERNET 1986 undurchsichtig; voll Frucht und Tannin. Zuletzt: immer noch jugendlich im Aussehen; «süß», füllig, harmonisch, wenn auch tanninbetont im Geruch; ein gewaltiger, extrem trockener, gerbstoffreicher Wein. Ich hoffe, er findet zu sich.
*Zuletzt im Februar 1989 verkostet (★★★★)?*

RAYMOND, CABERNET SAUVIGNON 1981 reich und attraktiv.
*Zum baldigen Trinken? ★★★★*

RIDGE, MONTEBELLO, CABERNET SAUVIGNON Fabelhaftes Potential.
*April 1980. Damals ★(★★★★)?*

SONOMA VINEYARDS, CABERNET SAUVIGNON Backpflaumenartige Nase, fiel im Glas leicht ab, aber duftig; gute Frucht, viel Tannin.
*Juni 1985 ★★(★★)*

## 1975 ★★★

BEAULIEU, CABERNET SAUVIGNON Kalte Saison, Reben zurückgeblieben, die späteste Lese, die es je gab. Dennoch 1980 zwei gute Bewertungen, ausgewogener Wein. Zehn Jahre später: immer noch eine schöne, tiefe Farbe; weiches, duftiges, voll entwickeltes Bukett, Veilchen; mittlere «Süße» und Schwere, lebhaft, zitrusartige Frucht.
*Juni 1990 ★★★ Bald trinken.*

HANZELL, PINOT NOIR Schön im Geschmack, Struktur und Säure.
*Mai 1993 ★★★★*

HOFFMANN MOUNTAIN RANCH, PINOT NOIR Ein schöner Wein, erstmals 1979 bewundert. Mitte der 80er Jahre duftig, reich. Zuletzt: immer noch sehr tief, mit sichtlich reichen Tränen; tiefe, schöne fruchtige Nase; erstaunlich «süß», weich, köstlich.
*Zuletzt im Mai 1989 verkostet ★★★★ Jetzt trinken.*

ROBERT MONDAVI, CABERNET SAUVIGNON
Sechs Bewertungen. 1982 rubinrot. 1987 nicht
mehr so tief, reifer; warme, füllige, harmonische
Nase und weicher, schöner Geschmack. Eine sehr
reizvolle «Normalqualität».
*Zuletzt im September 1987 verkostet ★★★*

ROBERT MONDAVI, CABERNET SAUVI-
GNON RESERVE (10 % Cabernet Franc, 5 %
Merlot) 33 Monate in Eiche (zu 24 % neu). Anfangs fehlte es an Weinigkeit und Charme. 1983
ließ einem die Säure das Wasser im Mund zusammenlaufen, würzig, guter Abgang. Tiefer, intensiver als der «normale», auch würziger und bessere
Länge. Zuletzt: Frucht zeigt sich schön; trocken,
schlank, elegant, aber ein bißchen hart. Geeignet
zum Essen.
*Zuletzt im Februar 1988 verkostet ★★★(★) Von
jetzt bis 1995 trinken.*

KURZE BEWERTUNGEN EINIGER ANDERER
75ER:

ALEXANDER VALLEY, ZINFANDEL Bukett wie
Avocado und Thymian; etwas «Süße», frische
Minze.
*Juni 1981 ★★★*

CAYMUS, CABERNET SAUVIGNON Erschla-
gend.
*Juni 1982 (★★★)*

CHATEAU MONTELENA, CABERNET SAUVI-
GNON (74 % aus Napa, 26 % aus Sonoma) Tief,
schmackhaft, tanninbetont, es fehlte an Länge.
*Februar 1986 ★(★)*

CLOS DU VAL, CABERNET SAUVIGNON Erst-
mals 1980 verkostet. Sehr markanter Stil. Eisentannat. Tief, nach acht Jahren immer noch unreif;
maulbeerartig reich in der Nase und am Gaumen,
hervorragender Geschmack. Immer noch eine
Idee Eisen.
*Oktober 1983 ★(★★★)*

CUVAISON, SPRING MOUNTAIN RESERVE
CABERNET SAUVIGNON Tief purpurfarben;
lebhafte Cabernet-Frucht; sehr trocken, hoher
Säuregehalt.
*Februar 1987 ★(★)*

EISELE VALLEY, CABERNET SAUVIGNON
(5 % Merlot) Vollgepackt mit Frucht; eine Tannin-
bombe.
*März 1985 ★★★?*

FREEMARK ABBEY, CABERNET SAUVIGNON
BOSCHÉ Tiefes Rubinrot; «süß», harmonisch;
voll, reif, weich, fruchtig.
*Zuletzt im September 1986 verkostet ★★★(★)*

FREEMARK ABBEY, PINOT NOIR Der letzte,
den sie machten. Relativ blaß, dickflüssig; authen-
tisches «fischiges» Pinot-Aroma, leicht parfümiert; sehr fest, schöne Säure, sehr gut.
*Juni 1983 ★★★*

HEITZ, MARTHA'S VINEYARD CABERNET
SAUVIGNON Im Juli 1979 abgefüllt: undurchsich-
tig; würzig; wuchtig, trocken.
*Vor der Auktion im März 1985 (★★★★)*

MAYACAMAS, MOUNTAIN CABERNET SAU-
VIGNON Tief und reich, portweinartig, tannin-
betont.
*Vor der Auktion im September 1986 ★(★★)*

JOSEPH PHELPS, CABERNET SAUVIGNON
(5 % Merlot) Im August 1977 abgefüllt. Duftig,
reich, sehr tanninbetont.
*März 1985 ★★(★)*

RIDGE, GEYSERVILLE ZINFANDEL Sonoma,
100 Jahre alte Reben. Wunderschönes Rubinrot;
tiefes, erdbeerartiges Aroma; reife Traubensüße
ausgeglichen durch Eisentannat. Eigentümlich
reizvoll.
*Juni 1985 ★★(★)*

RIDGE, MONTEBELLO CABERNET SAUVI-
GNON Im November 1977 abgefüllt. Sehr duftig,
leichtgewichtig (nur 11,7 % Alkohol), schlank,
erfrischend, ansprechend. Fertig.
*Juni 1985 ★★★*

SEBASTIANI, PROPRIETOR'S RESERVE CA-
BERNET SAUVIGNON Viereinhalb Jahre in Redwood und Eiche. Schöne Farbe, voll ausgebaut
aussehend; «süß», karamelartig, erdig; weich,
attraktiv, seidige Tannine.
*Januar 1990 ★★★*

JOSEPH SWAN, ZINFANDEL Tief rubinrot;
lebhafte beerenartige Frucht in Geruch und
Geschmack. Eine Idee Eisen und deutlich gerbstoffreich.
*Februar 1989 ★(★)*

TREFETHEN, CABERNET SAUVIGNON (25 %
Merlot) Tief, pflaumenfarben; reich, ein Anflug
von Möbelpoliturwürze; robust (13,3 % Alkohol),
schmackhaft, gute Länge.
*Oktober 1982 ★(★★)*

# 1976 ★★★

BEAULIEU, CABERNET SAUVIGNON PRIVA-
TE RESERVE GEORGES DE LATOUR Strapa-
zierte Reben, kleine Ernte. Unglaublich tief, intensiv, reich; schöne Frucht, frisch, zurückhaltend,
deutlich mehr in Reserve, harmonisch, aber ver-

schlossen; sehr «süß», ein gewaltiger Wein, voll-
gepackt mit Frucht und seidigen Tanninen.
Beeindruckend.
*Auf der BV-Degustation im Juni 1990* **(**)**

CALERA, ZINFANDEL, ESSENCE Abgefüllt von
La Noche, Soledad. Wird als Kuriosität in halben
Flaschen verkauft. Extrem fruchtig; «süß», Ex-
trakt von Zinfandel, aber statt einen Ausgleich zu
bewirken, war die Säure aggressiv und rauh.
*Zum Abendessen mit den Adamsons in The
Ahwahnee, Yosemite, im Juni 1983.*

HANZELL, PINOT NOIR Vegetal; erdig, «süß»,
massiv (15,1 % Alkohol).
*Mai 1993* ****

HEITZ, BELLA OAKS CABERNET SAUVI-
GNON Der erste Jahrgang von Bella Oaks. 1980
abgefüllt. Eine außergewöhnliche Geschichte: Belle und Barney (Dr. Bernard) Rhodes kauften ein
Grundstück im Napa Valley, fällten die Zwetsch-
genbäume und pflanzten 1971 Cabernet Sauvignon. Dann verkauften sie es an Tom und Martha
May, die es Martha's Vineyard tauften. Die Trauben wurden an Heitz verkauft. Die Rhodes' kauften ein neues Stück Land weiter oben im Tal, rode-
ten wiederum einen Zwetschgengarten, bauten ein
Haus und pflanzten Cabernet Sauvignon. Das sind
die Trauben von Bella Oaks. Auch sie gehen an
Heitz. Gemeinsam haben sie in Bella Oaks einen
Wein geschaffen, der Martha's Vineyard fast den
Rang abläuft! Den 76er Bella Oaks erstmals 1981
verkostet: duftig, jung und ein bißchen stielig, aber
guter Geschmack. Eindrücklich tief; lebhaft, recht
rauhe, jugendliche Frucht, würzig, aber unreif;
reich, stilvoll. Bella Oaks ist eine gute Zukunft zu
prophezeien, vor allem wenn erst einmal die
Reben erwachsen sind.
*Zuletzt im Oktober 1984 verkostet* *(**)? Am besten austrinken.*

HEITZ, MARTHA'S VINEYARD CABERNET
SAUVIGNON Vier Jahre im Faß und ein wenig
vorzeitig von den Mays in Martha's Vineyard zum
Abendessen gereicht. Undurchsichtig, «süß»,
wuchtig – um die 14,5 % Alkohol. Ich notierte, er
«braucht zehn Jahre, könnten auch zwanzig und
mehr sein!»
*Juni 1981, damals* **(***)

JORDAN, CABERNET SAUVIGNON Noch ein
Erstling und ein «Übernacht»-Erfolg. Erstmals
kurz nach der Auslieferung in New York verkostet und sehr beeindruckt. Das nächste Mal mit
Tom Jordan in der Kellerei (fast ein Château) im
Alexander Valley. Maulbeerartig reife Frucht;
weich, samtig, komplett. Mitte der 80er Jahre
Weichheit und Eleganz notiert und ein Bukett
zunächst wie kalter Tee, das hernach im Glase
aufblühte.

*Zuletzt im September 1986 verkostet. Ist die beste
Zeit schon vorbei? Etwa* ***

LOUIS MARTINI, CABERNET SAUVIGNON
SPECIAL SELECTION Ich hatte schon immer
eine Schwäche für die Martinis. Alteingesessen,
anständig, erfahren, machen sie gleichbleibend
gute und preislich stets im Rahmen bleibende
Weine, die sich zudem gut halten. Der 76er immer
noch beeindruckend tief; ein Hauch von Pilzsuppe
nach dem Einschenken, aber er öffnete sich, füllig,
brombeerartige Frucht; «süß», reich, gute Struktur, ein angenehmer Mundvoll.
*Februar 1989* *** *Von jetzt bis 1996.*

ROBERT MONDAVI, CABERNET SAUVIGNON
Großartige Farbe; kühl, lebhaft, attraktive Frucht;
wohlgeformt, sehr trockener Abgang.
*Zuletzt im September 1986 verkostet* **** *Jetzt
hervorragend.*

ROBERT MONDAVI, CABERNET SAUVIGNON
(100 %) RESERVE Zwar sehr tief, aber schon 1982
braunrandige Reife erkennbar. Zu Neujahr 1983
lobte ich ihn über die Maßen: «Mouton-Charak-
ter, Pétrus-Gewicht und -Fülle, köstlich, aber wird
sich weiter entwickeln.» Neben der «Normalqualität» auf der Krug-Mondavi-Degustation von
1985 war er deutlich reicher, mit einem Geruch,
der mich an Feigensirup erinnerte. Mächtig.
Schmackhaft.
*Zuletzt im Juni 1985 verkostet* ****

STERLING, RESERVE CABERNET SAUVI-
GNON Sehr offen, entgegenkommend, Eukalyptus und Eisen in der Nase; ziemlich «süß», füllig,
köstlich, aber kurz und mit einem scharfen, merklich säurereichen Abgang.
*Februar 1989* *** *Austrinken.*

EINIGE ANDERE MITTE DER 80ER JAHRE
VERKOSTETE 76ER CABERNETS:

BERINGER Füllig, schmackhaft, aber Endgeschmack nach rostigen Nägeln **

CHAPPELLET Sehr tief, reich, duftig ***

CHATEAU MONTELENA Reiche Nase, Lakritze
und Kaffeebohnen. Stämmig (13,7 % Alkohol),
aber hübsch in Struktur und Stil. Gute Länge.
Schmackhaft ****

CHATEAU ST. JEAN Kirschrot; gute Frucht, aber
sehr gerbstofffrei und mit hohem Säuregehalt
(***)

CLOS DU VAL Lebhaft, in der Art wie Médoc ***

CONN CREEK Undurchsichtig; stämmig; ziemlich «süß», füllig, schöne Frucht ****

CUVAISON Undurchsichtig; angesengt, würzig; zum Kauen, sehr fruchtig, attraktiv ★★★★

RIDGE, MONTEBELLO Typisch und eigen in Duft, Gewicht und Qualität ★★★(★)?

# 1977 ★★

*Dürrejahr.*

BEAULIEU, CABERNET SAUVIGNON PRIVATE RESERVE GEORGES DE LATOUR Tief, intensiv, reich rubinrot, im Ausbau; massenhaft Frucht, Anflug von Birnenschalen, vulkanisch, sehr im Napa-Stil; voll, samtig, feigenartige Frucht, seidige Tannine. Guter Abgang. Eindrucksvoll.
*Oktober 1984 ★★★(★) Wahrscheinlich jetzt auf dem Gipfel.*

ROBERT MONDAVI, CABERNET SAUVIGNON Wunderschön bereitet.
*Juni 1985 ★★★*

ROBERT MONDAVI, CABERNET SAUVIGNON RESERVE (3 % Cabernet Franc, 5 % Merlot) 1983 tief, minzig, pikant, duftig. Würziger und schmackhafter als der «normale» bei der Degustation von 1985. Immer noch eine herrlich intensive Farbe; füllig, reif in Geruch und Geschmack, gute Länge, trockener Abgang.
*Bei der letzten Verkostung im Oktober 1987 exzellent ★★★(★) Von jetzt bis 1997 trinken.*

HEITZ, BELLA OAKS, CABERNET SAUVIGNON Schöne Farbe; ausladend, minzig, harmonisch; schöne Frucht, ausgezeichnete Geschmacksmitte, Länge und «Griff» gut.
*Zuletzt verkostet im März 1992 ★★★(★)*

RIDGE, MONTEBELLO CABERNET SAUVIGNON Ein erstaunlicher Geruch, kandierte Veilchen, und wie immer ein markanter Anflug von «Eisen» in Geruch und Geschmack. Trocken, lebhaft, mittelgewichtig, schlank. Guter Abgang.
*Februar 1989 ★★★(★) Von jetzt bis 2000.*

STERLING, CABERNET SAUVIGNON Sehr reife Trauben aus der Calistoga-Gegend. Schönes, weiches Rot, im Ausbau; Geruch nach Fleischextrakt und Malz, zitrusartige Frucht, Veilchen; krautiger Geschmack, Eisentannat. Hat mir nicht sehr zugesagt.
*Februar 1989 ★(★)*

EINIGE ANDERE MITTE DER 80ER JAHRE VERKOSTETE 77ER CABERNETS:

BURGESS, VINTAGE SELECTION Undurchsichtig; stumm, aber gut; schwer, fruchtig, tanninbetont ★(★★)

CLOS DU VAL Hochgetönt, rauh, feigenartig, eine Spur von flüchtiger Säure ★?

CUVAISON Undurchsichtig; alt, eichen, Bordeaux-artig; eigenartiger Geschmack nach altem roten Bordeaux, käsig, ausgesprochen tanninbetont ★★

FIRESTONE Im Oktober 1984 besucht, an dem Morgen, nachdem ein Erdbeben gewaltsam riesige Stahltanks verschoben und Gestelle voll Flaschen umgeworfen hatte. Reich, purpurfarben; mollig, reif, körperreich, füllig, eindrucksvoll ★(★★)

FIRESTONE, VINTAGE RESERVE «Süßer». Gut gebaut, gute Länge ★★★(★)

JORDAN Tief, voll Frucht, aber anfangs schien es mir an Länge zu fehlen.
*Zuletzt verkostet im Februar 1993 ★★★*

RAYMOND Undurchsichtig; sehr «süßer» Geruch und Geschmack, voll, reich, schokoladige Frucht ★★★

SILVER OAK Gute Frucht, Geruch eindrücklich entwickelt, gut bereitet ★★(★)

TREFETHEN Undurchsichtig; sehr fruchtig, würzig; trocken, schlank, elegant, schmackhaft ★★★

ZACA MESA Gute Frucht, ordentliche Qualität ★★★

ANDERE UM DIE MITTE DER 80ER JAHRE VERKOSTETE REINSORTIGE WEINE:

INGLENOOK, CHARBONO Eine ungewöhnliche, praktisch auf Inglenook beschränkte Traube: medizinal, rustikal, reif; trocken, streng. «Robust» auf dem Rücketikett eine Untertreibung (★)

CARNEROS CREEK, PINOT NOIR Pflaumenfarben; schokoladig; «süß», sehr schmackhaft, guter Nachgeschmack ★★★

MARK WEST, PINOT NOIR Relativ blasse, orange überhauchte *pelure d'oignon*; duftig; trockener, lebhafter, ansprechender Geschmack ★★

MAYACAMAS, PINOT NOIR Schwarzdorngeruch; hervorragender Geschmack, samtig, aber bitterer tanninreicher Abgang ★(★)

NICHELINI, ZINFANDEL Kirschrot; Schweinestal[1] und Roheisen in Geruch und Geschmack. Grauenhaft.

# 1978 ★★★★

*Ein guter Jahrgang, ein mächtiger Jahrgang, ein später Jahrgang – Heitz las seinen Cabernet Sauvignon vor dem Chardonnay. Ich besitze über dieses Jahr wahrscheinlich mehr Aufzeichnungen als über jedes andere und erinnere mich, an einem frühen horizontalen Vergleich teilgenommen zu haben (78er kalifornische Cabernets gegen 78er rote Bordeaux), die von den Holländern für einen Artikel in einer Illustrierten veranstaltet wurde. Aus Platzgründen beschränke ich mich auf einen Querschnitt der bekannteren Kellereien, von denen ich neuere Aufzeichnungen habe.*

*Die 78er sind zwar nicht so üppig wie die 74er, aber mir gefällt ihre Festigkeit und ihr Stil. Die besten werden sich gewiß gut halten.*

BEAULIEU, CABERNET SAUVIGNON PRIVATE RESERVE GEORGES DE LATOUR Mitte der 80er Jahre immer noch undurchsichtig, wie Pflaumensaft; gute Frucht, aber harter Kern, Flaschenalter erforderlich. Voll, reich, reif. Letztens: Nase wärmer, «süß», duftig; Gewicht und Geschmack sehr gut, aber übermäßig trockener, tanninbetonter Abgang.
*Februar 1989 ★★★(★) Bis über 2000 hinaus.*

DIAMOND CREEK, RED ROCK TERRACE Ich erinnere mich noch sehr gut an den unerhörten Preis, der 1980 bei der von mir geleiteten ersten Napa-Valley-Weinauktion gefordert und überboten wurde. Was ich später entdeckte, war kein übersteigertes Selbstbewußtsein, sondern die bescheidenere Leidenschaft, in einem nicht mehr zu Napa Valley gehörenden Tal die besten 100% reinen Cabernets zu erzeugen. Red Rock Terrace beschreibt das Gelände: rotes Gestein. Mit zehn Jahren hatte der 78er immer noch einen tiefen Farbton; kraftvoll, tanninbetont.
*Februar 1988 ★★(★★)*

DIAMOND CREEK, VOLCANIC HILL Die andere Seite des Baches gegenüber der winzigen Kellerei hat einen sehr vulkanischen Boden. Tief, lebhaft, immer noch jugendlich; frische, beerenartige Nase; überraschend «süß», ziemlich voll im Körper, ein reicher Stil, lebhaft, schmackhaft, mit einem Abgang, der seinen Ursprung widerspiegelte, vulkanische Asche, dazu Eisen.
*Zum Abendessen in Miami nach Bob Pauls Mammutdegustation von 82er Pomerols im Februar 1989 ★★★(★) Von jetzt bis 2000.*

GRACE FAMILY VINEYARD, CABERNET SAUVIGNON Gekeltert von Caymus. Ich vermute, daß der Wein nicht geschönt und gefiltert wurde, denn er hatte einen dicken, wolkigen Bodensatz, der ihn schwer zu dekantieren machte, obwohl ich ihm Zeit ließ. Staubige Nase, ziemlich hoher Gehalt an flüchtiger Säure; robust, fruchtig, aber ein bißchen zu rauh und säurebetont.
*April 1990 ★*

HANZELL, PINOT NOIR Süß, voll, reich, Länge und Abgang.
*Mai 1993 ★★★★★*

CHARLES KRUG, CABERNET BOSCHÉ Schöne Farbe, hochglänzendes Rubinrot; Bukett und Geschmack sehr schön, harmonisch. Genau die richtige «Süße», perfektes Gewicht, schöne Struktur im Mund, gute Länge.
*Zum Mittagessen mit Maynard Amerine im Bohemian Club, Oktober 1983 ★★★★ Von jetzt bis 1998.*

ROBERT MONDAVI, CABERNET SAUVIGNON Es besteht ein erheblicher Unterschied in Preis und Qualität zwischen Mondavis «normalen» und seinen Reserve-Weinen, ob Cabernet, Chardonnay oder Fumé Blanc, wenn auch manchmal die Unterschiede verwischt werden. 1978 nicht. Der «normale», den ich von 1982 bis 1985 verkostete, war gut, schmackhaft ★★★

ROBERT MONDAVI, RESERVE CABERNET 11 detailliertere Bewertungen von 1983 an waren Lobeshymnen, ausgenommen bei einer oxydierten Flasche. Nie sehr tief, ein angenehmes, sich ausbauendes Kirschrot; duftig, würzige Frucht, Öffnung im Glas; reich, hübsches Gewicht, frisch. Brillant.
*Zuletzt im Oktober 1992 verkostet ★★★★ Von jetzt bis 1998.*

RIDGE, YORK CREEK CABERNET SAUVIGNON Sehr tief; Geruch von entsprechender Tiefe, reich, verschwitzt vor Tanninen; wirkte sehr «süß», voll im Körper, reich, gute Länge, vorzüglich.
*Februar 1988 ★★★★(★) Von jetzt bis gut über 2000 hinaus.*

RUTHERFORD HILL, CABERNET SAUVIGNON Ihre immer verläßlichen und preislich anständigen Chardonnays sind mir vertrauter. Dieser Cabernet war ebenso gefällig, Farbe, Nase, Geschmack, Gewicht und Gleichgewicht gut.
*Januar 1990 ★★★ Von jetzt bis 1996.*

STAG'S LEAP WINE CELLARS, CABERNET SAUVIGNON LOT 2 Ich gestehe, daß er mir in neuerer Zeit nicht mehr vorgekommen ist. Er war mein Spitzenwein von acht 78er Cabernets bei einer Blindprobe, die ich 1982 auf der California Wine Experience durchführte. Zwei Jahre später notierte ich dann, daß seine Farbe mich an den 75er Pichon Lalande erinnerte, aber natürlich am Gaumen weicher, runder, fülliger. Hervorragende Tiefe in Geruch und auch Geschmack. Voll im Geschmack, aber nicht schwer oder übertrieben.

*Zuletzt im September 1984 verkostet. Damals ★★(★★) Möglicherweise ★★★★★ und zweifellos inzwischen perfekt.*

VON DEN VIELEN ANFANG BIS MITTE DER 80ER JAHRE VERKOSTETEN 78ER CABERNETS RAGEN DIE FOLGENDEN HERAUS:

BERINGER, KNIGHT'S VALLEY PRIVATE RESERVE ★★★★

DAVID BRUCE Aus den Hügeln hinter Santa Cruz, erstaunlich duftig ★★★

CHATEAU MONTELENA, NAPA ‹CENTENNIAL› Mächtig, 14,3 % Alkohol, massiv und doch duftig ★★(★★)

CLOS DU VAL Wunderschön bereitet, schnörkellos ★★★

FREEMARK ABBEY, CABERNET BOSCHÉ (Mit etwas Merlot) Einer der besten, an die ich mich erinnern kann ★★★★

HEITZ, MARTHA'S VINEYARD ★★★★(★)

JORDAN Ein typischer Goldmedaillengewinner. Dimensionen wie ein Latour. Mächtig. Füllig ★★(★★)

LOUIS MARTINI Im Stil ein vollkommener Gegensatz zu Jordan, unaggressiv, Geschmack und Struktur schön ★★★★

PHELPS Elegant ★★★★

SILVER OAK Bordeaux-artig ★★★★

VON DEN MEHREREN, SEHR UNTERSCHIEDLICHEN 78ER PINOT NOIRS, DIE ICH ANFANG BIS MITTE DER 80ER JAHRE VERKOSTET HABE:

FIRESTONE, «STIRRUP CUP» Portweinartig, 17,2 % Alkohol, prachtvolle Nase, brombeerartig, kraftvoll, mit einem unglaublichen Nachgeschmack ★★(★)

CHARLES KRUG Sehr trinkbar ★★★

ROBERT MONDAVI Würzig, parfümiert ★★★

STERLING Nussig, sehr gut ★★

ZD Auf seine Art hervorragend ★★★★

VON DEN NICHT SEHR AUFREGENDEN 78ER ZINFANDELS IST NUR EINER ERWÄHNENSWERT:

RIDGE, LATE HARVEST Backpflaumen, Feigen in der Nase; ziemlich «süß» und doch immer noch mit der feschen Ridge-Note. Vorzüglich. *Dezember 1982* ★★★(★)

## 1979 ★★★

*Mäßig gut, mit den üblichen Unterschieden zwischen den Weinkellereien, einige davon unerwartet. Ein brauchbarer Jahrgang.*

BEAULIEU, CABERNET SAUVIGNON PRIVATE RESERVE GEORGES DE LATOUR Tief, samtig; sehr reiche Frucht; voll, robust, schmackhaft. *Zuletzt im Juni 1990 verkostet* ★★★(★) *Von jetzt bis 1999.*

BEAULIEU, RUTHERFORD CABERNET Grün und gerbstoffreich. *Juni 1990* ★★

BUENA VISTA, CABERNET SAUVIGNON SECTION SELECTION Im November 1981 abgefüllt. Alkohol 13,2 %, pH-Wert 3,45, Gewinner von sechs Goldmedaillen. Zugegebenermaßen eine frühe Beurteilung: undurchsichtig; mächtig, pflaumenartig, alkoholisch in Geruch und Geschmack. Massenhaft Frucht, sehr trockener, tanninbetonter Abgang. Überwog das dazu verzehrte Lamm und demonstrierte damit, daß Goldmedaillengewinner nicht unbedingt höchsten Trinkgenuß bieten. Gerade als Begleiter zum Essen – hier ist den Gewächsen aus Bordeaux ein weites Feld offen. *Oktober 1983* ★(★★) *Ich nehme an, er wird sich halten und ein bißchen mäßigen.*

HANZELL, PINOT NOIR Erdig. Hoher Säuregehalt. *Mai 1993* ★★

HEITZ, MARTHA'S VINEYARD CABERNET SAUVIGNON Zwei Bewertungen, beide unbefriedigend, Mitte der 80er Jahre. Merkwürdig, unverwoben; recht metallisch, sonderbar. Ein dritter: Eukalyptus; trocken, würzig. *Zuletzt im November 1987 verkostet. Beste Note* ★★(★) *Neuverkostung erforderlich.*

JORDAN Erstmals aus dem Faß verkostet: purpurfarben, hochgetönt, «vollfruchtig», es fehlte an Länge. Machte mit sechs Jahren einen guten Eindruck, deutlicher Bordeaux-Stil, tanninbetont, mit ansprechendem Gemüsepaprikageschmack, gute Frucht. *Zuletzt verkostet im Januar 1993* ★★★★

ROBERT MONDAVI, CABERNET SAUVIGNON (6% Cabernet Franc, 6% Merlot) Die Trauben sind auf Lehmboden in der Nähe von Oakville gewachsen. 12,9 % Alkohol, 6,8 g/l Gesamtsäure,

niedriger pH-Wert 3,4, 24 Monate in neuer französischer Eiche. Was mir an Bob Mondavi neben seiner grenzenlosen Begeisterung schon immer gefallen hat, ist sein Streben nach Perfektion innerhalb kommerzieller Grenzen, sowie die völlige Offenlegung von allem, was seinen Wein, in den «wichtigen statistischen Angaben» betrifft. Ein guter Wein. Sein Bukett entwickelte sich fabelhaft im Glas. Würzig, schlank – erinnerte mich an einen 66er Médoc –, mit guter Länge, «Ausdauer».
*September 1986 ★★(★) Von jetzt bis 1998.*

ROBERT MONDAVI, RESERVE CABERNET Im Vergleich zum «normalen» zusätzliche Dimensionen, herrlicher Duft, mehr Würze, größere Länge. Mehrere Bewertungen.
*Februar 1987 ★★★(★)*

OPUS I Der erste Jahrgang des Mondavi-Rothschildschen Gemeinschaftsunternehmens. Erstmals im Juni 1984 bei George Reeces Geburtstagsessen im Restaurant Skandia bewertet. Er und der 80er bildeten den Auftakt zu einer Reihe großer klassischer Bordeauxweine! Er war gerbstoffreich. Nicht allzu eindrücklich. Interessanter, duftig, voll im Geschmack auf der Krug-Mondavi-Degustation 1985. In neuerer Zeit auf einer vertikalen Verkostung von Opus I: gute Frucht, «süß», ordentliches Gewicht.
*September 1988 ★★★ Jetzt trinken.*

## ANDERE ANFANG BIS MITTE DER 80ER JAHRE VERKOSTETE CABERNETS:

CHATEAU MONTELENA NAPA Weiter, weiniger, gehaltvoller als der nachstehende, größere Länge, aber rauh.
*1986 ★★(★)*

CHATEAU MONTELENA SONOMA Undurchsichtig, intensiv, Gewicht wie ein Latour (13,2% Alkohol). Sehr tanninreich.
*1986 ★(★★)*

CLOS DU VAL Zuverlässiger trockener Bordeaux-Stil ★★(★)

DURNEY Sehr voll, füllig ★★★

FISHER Reich, schmackhaft ★★(★★)

FREEMARK ABBEY Der zu 100% aus John Boschés Trauben bereitete Wein ist in amerikanischer Eiche gealtert: würzig, Tabakhauch und -geschmack wie ein Graves. Der mit 10% Merlot ist in französischer Eiche gealtert: tiefere Farbe, fülligerer, ausladenderer Stil. Und der Verschnitt mit 40% Merlot: «süßer», fülliger, fetter. Sehr schmackhaft ★★★

JEKEL Ansprechend ★★★

NIEBAUM-COPPOLA Intensiv, spröde ★(★)

SHAFER Von siebenjährigen Reben aus Stag's Leap. Mächtig, würzig, vollbeladen ★(★★★)

SIMI Ich mochte den «normalen» lieber als die Reserve, die ich 1983 zu rauh fand, aber ersterer ist wahrscheinlich inzwischen überholt worden. Sagen wir ★★★

## DIE ZWEI BESTEN ANFANG DER 80ER JAHRE VERKOSTETEN MERLOTS:

LOUIS MARTINI Leichter Stil, schöner Geschmack, gute Struktur ★★★

STAG'S LEAP WINE CELLARS Schmackhaft, aber sehr tanninreich ★(★★)

## EINIGE PINOT NOIRS, ALLE IN DEN FRÜHEN 80ER JAHREN BEWERTET:

ACACIA Hervorragendes reiches Pinot-Aroma, guter Geschmack, ein Hauch von Bitterkeit ★★★(★)

CHALONE, PINNACLES Echter Pinot-Charakter, hoher Alkoholgehalt und doch elegant ★★★(★)

HACIENDA Voll (14%), schmackhaft, aromatisch, aber ein bißchen kurz ★★

JEKEL Trocken, elegant, schmackhaft, eichener Nachgeschmack ★★(★)

KISTLER Schokoladige Nase, guter Geschmack, aber sehr bitter ★

ROBERT MONDAVI Ein gefälliger Wein, aber nicht sehr nach Pinot und nicht im entferntesten burgundisch.

ZACA MESA Mächtig, samtig, beeindruckend ★★(★)? Wird interessant sein zu sehen, wie er sich entwickelt.

## VON DEN VIELEN ZINFANDELS NUR ZWEI:

MASTANTUONO, DUSI VINEYARD Ungeschönt, ungefiltert: undurchsichtig; weich, reich, pflaumig. Nach einem exzellenten 75er Brunello beschrieb ich den 79er Zinfandel recht überschwenglich als den Cheval Blanc, dann als den Pétrus Kaliforniens. Lag vielleicht am Anlaß.
*1982 zum Abendessen mit Robert Sakowitz ★★★★ Wie es ihm wohl ergangen ist?*

RIDGE, YORK CREEK (12% Petite Sirah) Im Mai 1981 abgefüllt. Minzige, eisenhaltige Nase mit einem Anflug von verschwitzten Sätteln, was mich an einen Hunter Valley Shiraz erinnerte. Schön,

reich, sehr fruchtig, jede Menge Eisen, feste Endsäure.
*Juni 1987 ★★(★★)*

## 1980 ★★★★

*Einige Winzer meldeten den merkwürdig-
sten Frühling und Frühsommer, den sie je
erlebt hatten. Nach einem milden Winter begann die Vegetation früh. Eine gute, aber lang-
gezogene Blüte. Ein langer kühler Sommer mit
Nebel, der fast täglich vom Pazifik herange-
weht wurde. Der September war wärmer, mit
einer Hitzewelle zum Ende, die den Zuckergehalt in die Höhe trieb. Geoffrey Roberts, der
führende britische Importeur kalifornischer Weine, berichtete, daß nahezu vollkommene Wachstumsbedingungen Beeren mit hervorragenden
Zucker- und Säurewerten hervorgebracht hätten, wenn auch nicht so große Mengen, und fügte hinzu: «Zweifellos der beste Jahrgang seit
1974.»*

*Meiner Ansicht nach ein ausgeglicheneren
Jahrgang als viele andere, wenn auch die Hitze
für einige recht stämmige Weine sorgte: Kraft
statt Eleganz. Aber es lohnt sich durchaus,
danach zu suchen.*

BEAULIEU, CABERNET SAUVIGNON Immer
noch undurchsichtig, intensiv, rotrandig; ein bißchen stumm und staubig, aber schöne Frucht im
Hintergrund; kraftvoll, die anfängliche «Süße»
ging in einen stark adstringierenden, trockenen,
tanninbetonten Abgang über.
*Auf der BV-Degustation im Juni 1990 (★★)*

CARNEROS CREEK, PINOT NOIR Hart, rauh
und deutlich unharmonisch bei der ersten Verkostung 1983, wenn ich auch dachte, er hätte Potential. Das erfüllte sich nur zum Teil. Nase immer
noch «grün», minzig; etwas «Süße», reicher Geschmack, angesengter Pinot-Abgang, Resttannin
und Restsäure.
*September 1989 ★★ Austrinken.*

JORDAN, CABERNET SAUVIGNON Angenehm
voller und reicher Wein, gute Textur, noch immer
tanninbetont.
*Zuletzt verkostet im Januar 1993 ★★★(★)*

HANZELL, PINOT NOIR In der Mitte der 80er
Jahre eher wie ein roter Rhonewein. Noch immer
«süß», floral, Holunderbeerennase; hübsch,
pikant, es fehlt aber an Länge.
*Zuletzt im Mai 1993 ★★★*

KALIN, PINOT NOIR CUVÉE DD Mitteltief,
lebhaftes Aussehen; frische, rauchige, torfige
Pinot-Nase, recht italinisiert; etwas «Süße», hoher
Alkoholgehalt, sehr gute Frucht, mit einem

schwungvollen, aber harten, tanninbetonten Abgang.
*Auftakt zu einigen exzellenten Burgundern bei
den Peppercorns im Januar 1990 ★★★(★)*

MAYACAMAS, PINOT NOIR Relativ blaß, sehr
reif; reiche, erdige, parfümierte Nase; mittel-
«süß», ordentliches Gewicht, «warm», mit seidi-
gem Tannin im Abgang. Einer der am wenigsten
wuchtigen, am wenigsten tanninbetonten Weine
aus dieser großartigen Kellerei auf dem Hügel.
*November 1988 ★★★ Wird wahrscheinlich länger
halten, als seine typische Pinot-Farbe vermuten
lassen könnte. Bis etwa 1996.*

OPUS I, CABERNET SAUVIGNON (4 % Merlot)
Sieben Bewertungen im Zeitraum von fünf Jahren.
Ich zog ihn bei der ersten Verkostung 1984
dem 79er vor, obwohl er noch ein bißchen hart
war. 1985 auf der Krug-Mondavi-Degustation
undurchsichtig und immer noch jugendlich, als
trocken, schlank und sehnig wie ein gepflegter
66er Médoc beschrieben. Zuletzt in Magnumflaschen: immer noch ein lebhaftes Rubinrot; ein
verhaltener Charmeur; schnitt bei einer vertikalen
Degustation von Opus I gut ab.
*Auf dem Rodenstock-Weinwochenende vom Sep-
tember 1988 in Österreich ★★★ Trinkt sich gut. Am
besten natürlich zum Essen. Bis 1995.*

PHELPS, INSIGNIA (Ein Cabernet-Sauvignon-
Verschnitt) Mitte der 80er Jahre fand ich ihn trotz
der Tannine fast zu «süß». Das letzte Mal immer
noch ein schönes tiefes Rubinrot; gute Frucht,
duftig, Schwarze Johannisbeere; körperreich
(13,8 %), vorzüglicher Geschmack, gutes Gleichgewicht, schöne Säure mit Zitruston.
*Eine Doppelmagnum aus Robert Charpies Wein-
keller bei einem Vorstandsessen der Wine & Food
Society in London im August 1989 ★★★(★) Von jetzt
bis 1998.*

EIN QUERSCHNITT VON MITTE DER 80ER
JAHRE VERKOSTETEN CABERNETS:

CAYMUS Vom Grace Family Vineyard. Intensiv,
dicht; alkoholisch, wie Backpflaumen und Portwein, aber bei dieser letzten Gelegenheit ein deutlicher Anflug von flüchtiger Säure; innen «süß»,
außen trocken, massiv, fleischig, alkoholisch,
fabelhafte Mitte – eindrücklich, aber es fehlte an
Anmut ★★(★★)

CLOS DU VAL Frucht, Länge und Abgang hervorragend. Gut gebaut – nie ein Schwergewicht
★★(★★)

CONN CREEK «Süß», füllig, eindrucksvoll
★★(★★)

CUVAISON Seine 8 % Merlot haben ihn nicht weich gemacht ★(★★)

DRY CREEK Voll, füllig ★★(★)

ROBERT MONDAVI RESERVE Würzig, lebhaft, schmackhaft ★★★

RIDGE, YORK CREEK (15 % Merlot) Großartiger Geschmack, aber anders als der Montebello-Stil: stämmig (14,1 % Alkohol), ein Wein mit zusätzlichen Dimensionen, aber sehr tanninbetont ★★(★★)

ST. CLEMENT Sehr gut, mächtig, tanninbetont ★★(★★)

SIMI (10 % Merlot) Sehr markant, pflanzlich; «süß», reich, schöne Art ★★★(★)

STAG'S LEAP WINE CELLARS Klassisch ★★★(★)

EINE AUSWAHL VON PINOT NOIRS, VERKOSTET ZWISCHEN DER AUSLIEFERUNG UND DER MITTE DER 80ER JAHRE:

ACACIA Gut. Ich hoffe, die anfängliche Säure und Bitterkeit hat sich gemäßigt ★(★★)?

DAVID BRUCE Pomerol-artiger Pinot, wenn so ein Vergleich zulässig ist; «süß», reich, gehaltvoll ★★

CALERA Fast eine Karikatur, geschmorter Pinot im Grivelet-Stil, bemerkenswert, sehr schmackhaft, wie ein 72er Côte de Nuits – aus Santa Barbara County ★★★

CALERA, JENSEN 1983 mustergültiger Rote-Bete-Geruch, wie es sich für Pinot Noir gehört; ein bißchen zu streng im Abgang. Hoffentlich inzwischen weicher geworden ★(★)

CHALONE Bei weitem der beste auf einer großen horizontalen Degustation im Oktober 1983: Geruch fast wie La Tâche; mustergültiger Pinot-Charakter, wunderbarer Geschmack und Abgang, duftiger Nachgeschmack ★★★★

CLOS DU BOIS PROPRIETOR'S RESERVE Weich, füllig, stilvoll ★★★

CLOS DU VAL Ihr erster, aus siebenjährigen Reben in Carneros, ein Jahr in neuer Eiche gealtert. Besser im Geschmack als im Geruch ★★

EDNA VALLEY Reiche, reife Nase, erinnert stark an Borschtsch, voll im Geschmack, leicht bitteres Ende ★★(★)

FIRESTONE Sehr reich, marmeladig; kraftvoll, duftig, tanninbetont ★★(★)

IRON HORSE Einnehmender leichter Stil, wenn auch eine etwas künstliche Note ★★

MONDAVI Gefällig, seidig, kurz ★★

PEDRONCELLI Harmonisches, kräuterwürziges Pinot-Aroma; mollig, gut bereitet, außerordentlich gefällig ★★★

VON DEN VIELEN ZINFANDELS VIER BEWERTET:

RIDGE, PASO ROBLES (5 % Petite Syrah) Zwei Bewertungen. Rustikal, erdig, durch seine Bitterkeit verdorben. Ich mochte ihn einfach nicht. *Zuletzt im Juni 1986 verkostet.*

SUTTER HOME, AMADOR COUNTY Eine Unmenge von Geruchs- und Geschmackseindrücken: Leder, Shiraz, Erdbeeren, Portwein; Frucht wie Himbeermarmelade. Ansprechend auf seine Weise ★★

SUTTER HOME, EL DORADO COUNTY ‹DESSERT› (100 % Zinfandel) Tief purpurfarben; sehr «süße» Nase, Feigen, Rosinen, Karamel; süß – hoher Restzuckergehalt, körperreich und dennoch weich und sehr gefällig ★★★

WENTE Sanftes Rot; duftig, kräuterwürzig; deutlich «süß», Pinot-artig, Säure, bei der man sich die Lippen leckt. *April 1991* ★★★

## 1981 *Im besten Fall* ★★★

*Füllige Rote. Mäßige Qualität. Das Ergebnis einer heißen Wachstumssaison mit der frühesten Lese in neuerer Zeit: Mitte August. Anhaltend warme Temperaturen brachten viele Rebsorten zur gleichen Zeit zur vollen Reife, was hektische Aktivitäten bei den Kellereien zur Folge hatte. Das Wetter schlug Ende September um (siehe 81er kalifornische Weiße).*

*Zwischen 1983 und 1987 ein ziemlich breites Spektrum verkostet, in neuerer Zeit nur fünf Weine. Austrinken.*

HANZELL, CABERNET SAUVIGNON Reiche, schokoladige Cabernet-Nase, tanninhaltig und tief; süß, hübsch im Gewicht, guter frischer Geschmack. *Im Mai 1993* ★★★

HANZELL, PINOT NOIR Warm, reich, erdig; ziemlich süß, attraktiv, gute Säure. *Im Mai 1993* ★★★

JEKEL, HOME VINEYARD PRIVATE RESERVE CABERNET SAUVIGNON Bill Jekel rümpft die

## 1982

Nase über französische «Terroir»-Theorien. Er glaubt, Charakter sei auf die Rebsorte und auf die Weinbereitung zurückzuführen. Dieser Wein wurde aus 500 Tonnen seiner eigenen, in Monterey gewachsenen Trauben erzeugt. Drei Jahre in kleinen Eichenfässern. Erstmals im Frühling 1986 bewertet: undurchsichtig, intensiv purpurfarben; würzige, maulbeerartige Frucht; ein mächtiger Wein, frisch, sehr gerbstoffreich. Nach drei weiteren Jahren in der Flasche immer noch ziemlich tief, pflaumenfarben; sehr gute Frucht und zitrusartige erfrischende Säure in Geruch und Geschmack. Schien «süßer» werden zu wollen.
*Januar 1989 ★★★ Jetzt bis 1996.*

JORDON, CABERNET SAUVIGNON Beeindruckend in der Mitte der 80er Jahre. Bordeaux-ähnlich, reif, aber noch immer tanninbetont, sehr guter Geschmack.
*Zuletzt verkostet im Januar 1993 ★★(★★)*

OPUS I Zwei Bewertungen 1985, einmal blind verkostet: Frucht, Fülle und Würze gut, aber viel Säure. Zuletzt: nicht mehr so tief; merkwürdige Nase, ein bißchen stielig; trocken und zu beißend.
*Zuletzt im September 1988 verkostet ★ Austrinken.*

EINEN GUTEN EINDRUCK MACHTEN MITTE DER 80ER JAHRE:

Caymus, Cabernet Sauvignon; Clos du Bois, Briarcrest (100 Prozent Cabernet Sauvignon); Clos du Bois, Marlestone Vineyard (55 Prozent Cabernet Sauvignon, 40 Prozent Merlot, 5 Prozent Cabernet Franc); Clos du Val, Cabernet Sauvignon; Gundlach-Bundschu, Cabernet Sauvignon; Kalin, Pinot Noir; Joseph Phelps, Cabernet Sauvignon – prachtvoll; Ridge, Montebello (92 Prozent Cabernet Sauvignon, 8 Prozent Merlot); Simi, Cabernet Sauvignon Reserve – sehr tanninbetont; Trefethen, Valley Floor Cabernet Sauvignon.

# 1982 ★★★★

*Nach den schwersten Winterregenfällen des Jahrhunderts ein nasser, wenn auch im allgemeinen frostfreier Frühling. Gutes Wetter zur Blüte, gefolgt von einem langen kühlen Sommer, Temperaturanstieg von Ende August an den ganzen September hindurch in der Haupterntezeit. Schwere örtlich begrenzte Regenfälle Mitte September und ein tropisches Gewitter, das vom 23. bis 25. September durch Kalifornien brauste. Hoher Luftdruck, starke Winde und warme Temperaturen trockneten und reiften die verbliebenen Beeren aus. Große, qualitativ annehmbares Erntegut, das vor dem heftigen Herbstregen gelesen wurde. Einige ansprechende Weine. Bemerkenswert wenige, die mir nicht zusagten, sogar unter den günstigeren und einfachen. Bald trinken.*

*Eine große Zahl von Aufzeichnungen, wobei die für mich vielleicht interessantesten und lehrreichsten auf zwei horizontalen Blindproben im November 1986 entstanden. Die erste, auf einer meiner jährlichen Degustationen bei der California Wine Experience, galt acht führenden 82er Cabernets. Die zweite am Tag darauf (4. November) war eine Verkostung 26 kalifornischer Cabernet Sauvignons und aller Spitzengewächse aus Bordeaux, veranstaltet in San Francisco von The Wine Spectator. Anders als bei einem früheren Vergleich von 74ern entsprachen sich die 82er aus Bordeaux und Kalifornien gut: beide waren reich an Frucht, Extrakt und Tanninen. Die besten waren und sind lecker und werden sich vermutlich halten, trotz aller Bedenken, das Tannin könne die Frucht überleben. Bewertungen von diesen Blindproben und neuere Notizen folgen.*

BEAULIEU, CABERNET SAUVIGNON PRIVATE RESERVE G. DE LATOUR Gelesen bei optimaler Reife. Gut auf der Degustation vom November 1986, exzellenter Geschmack, leichtverständlich. Zuletzt: immer noch sehr tief, eine Farbe wie intensiver Schwarzer Johannisbeersaft; sehr «süße» Nase, öffnete sich gut; auch am Gaumen «süß», körperreich, seidig-lederige Tannine umhüllten die herrliche Frucht.
*Zuletzt auf der Degustation von BV Private Reserves in Napa im Juni 1990 bewertet ★★★(★) Jetzt bis 2000.*

BERINGER, KNIGHT'S VALLEY CABERNET SAUVIGNON Ich und ein ganzer Tanzsall voll ernsthafter Degustatoren setzten ihn auf der Wine-Experience-Probe von acht namhaften Cabernets auf den zweiten Platz, und er machte auch auf der umfassenderen Degustation am Tag darauf einen guten Eindruck. Natürlich vollmundig und voller Tannin, das wie die Achselhöhlen eines gesunden, sauberen Jugendlichen nach dem Sport roch. Zwei Bewertungen seitdem, aber keine in neuerer Zeit. Frucht und Geschmack sehr gut.
*Zuletzt im Juli 1987 verkostet. Jetzt ★★★(★) Jetzt bis 2000.*

CAYMUS, SPECIAL SELECTION CABERNET SAUVIGNON Nach allgemeinem Urteil dritter von den acht 82ern am 2. November 1986, aber nach meinem achter; am Tag darauf fand ich ihn ziemlich verschroben. Extrem würzige Nase, Zimt und Eukalyptus, kräuterwürzig, sehr parfümiert – ein bißchen «künstlich» notierte ich nach einer Stunde im Glas. Ein Mundvoll Frucht wie Erdbeermarmelade und ein übertrieben trockener Abgang.
*Im November 1986 zweimal bewertet. Damals ★★(★) Jetzt bis 2000.*

**CAYMUS, GRACE FAMILY VINEYARD CABERNET SAUVIGNON** Ein hervorragender, robuster Wein.
*Juli 1988 ★★(★★)*

**CHATEAU MONTELENA, CABERNET SAUVIGNON** Herrlich tiefe Farbe, lebenssprühend, lange Tränen; klassische «medizinale» Cabernet-Nase, aber brauchte Zeit, um sich zu harmonisieren; etwas metallischer und sehr reifer «Hühnerkotgeschmack», Länge und Nachgeschmack gut. Ich hatte den Eindruck, er werde ins Lot kommen, und bewertete ihn insgesamt recht hoch.
*Auf der Degustation vom 3. November 1986. Damals ★(★★★) Bin gespannt, wie er sich entwickelt hat.*

**DIAMOND CREEK, RED ROCK VINEYARD** Konnte sich neben dem 82er Lafite behaupten, aber natürlich ein völlig anderer Stil. Schönes, tiefes Kirschrot; reiche, duftige Nase von außerordentlicher Wucht; schlank, trocken, tanninbetont.
*November 1986. Damals ★★(★★) Jetzt bis über 2000 hinaus.*

**DOUGLAS VINEYARD, CABERNET SAUVIGNON** Abgefüllt von Zaca Mesa. Sehr tief, reich, pflaumenfarben; eigentümlich, hochgetönt; trocken, körperreich, schöne Frucht, köstlich allein, nicht zum Essen.
*Juni 1991 ★★★(★) Jetzt bis 2000.*

**DUNN VINEYARDS, HOWELL MOUNTAIN CABERNET SAUVIGNON** Die große Entdeckung bei der Blindprobe von 82ern. In einer Gruppe mit Lafite, Latour, Mouton, BV, Heitz Martha's und zwischen Haut-Brion und La Mission plaziert (blind), hielt ich ihn für den besten der gesamten Degustation. Undurchsichtig, schwarz im Kern, intensiver purpurfarbener Rand; Tanningeruch wie nach verschwitzten Achselhöhlen, zunächst stumm, aber mit dem klassischen Aroma von Bordeaux-Cabernet, prachtvolle Öffnung im Glas; mächtig und doch elegant, mit schöner Form und Struktur. «Eisenfaust im Samthandschuh.» Als alle Namen bekannt gegeben wurden, war ich überrascht. Ich hatte noch nie von Dunn gehört! Hält sich weiterhin gut.
*Zuletzt verkostet im Juli 1992 ★★★★(★)*

**GROTH, CABERNET SAUVIGNON** Ein Wein, der sehr «in» ist (siehe 1985). Ich bewertete ihn auf einem Stehempfang bei Christa und Bob Paul am Abend vor seiner großen Degustation von 82er Pomerols und St-Emilions schlicht als «recht ansprechend».
*Februar 1989 ★★★ (Wahrscheinlich unterschätzt.)*

**HEITZ, MARTHA'S VINEYARD CABERNET SAUVIGNON** Wunderschöne Farbe; würzige, minzige, schlanke Nase; vollgepackt mit minziger Frucht, Geschmack, Extrakt und Tannin.
*Auf der Degustation vom 3. November 1986 ★★★(★★) Bis gut über 2000 hinaus.*

**WILLIAM HILL, CABERNET SAUVIGNON** Mr. Hill wirbt mit dem positiven Abschneiden seines Weines gegen bekanntere Konkurrenten, darunter Spitzen-Bordeaux, bei Blindproben. Mein sechster in dem vom *Wine Spectator* organisierten Vergleich von acht guten Cabernets. Hier das Destillat aus meinen siebzig Worten Beschreibung: «süße», harmonische, Pomerol-artige Nase; ordentliche Struktur, gute Frucht, leicht bittere Tannine, elegant. Eher ein Schnellentwickler.
*2. November 1986 ★★★ Jetzt bis 1995.*

**INGLENOOK, RESERVE CASK CABERNET SAUVIGNON** Einstimmig der erste der acht 82er am 2. November und schnitt auch am folgenden Tag gut ab – zwischen Chateau Montelena und Chateau Palmer, wie sich herausstellte (welch letzteren ich übrigens hervorragend fand). Würzige Napa-Nase; außergewöhnliche Struktur und faszinierender Geschmack.
*Zweimal im November 1986 bewertet ★★★★ Jetzt bis 1998.*

**JORDAN, CABERNET SAUVIGNON** (15,5 Prozent Merlot) Gelagert in 60 Prozent französischer, 40 Prozent amerikanischer Eiche. Ein lebhaftes Rot; frühreife Nase: fischig, fruchtig, intensiv; reife Frucht, schön, frisch, schmackhaft. Sehr gefällig, aber es fehlte vielleicht an Länge.
*Zweimal im November 1986 verkostet ★★★ Jetzt bis 1996.*

**ROBERT MONDAVI, RESERVE CABERNET SAUVIGNON** (7 Prozent Merlot, 2 Prozent Cabernet Franc) 13 Prozent Alkohol, Gesamtsäure 0,65 g/l, pH-Wert 3,4, 100 Prozent neue Eiche. Faßprobe im Juni 1985: lebhaft, gute Frucht. 1986 auf der Blindprobe von acht 82er Cabernets mein vierter und Gruppenvierter. Fruchtig, pikant, ansprechend und verbindlich, doch mit an den Zähnen ziehender Säure und Pfeffrigkeit im Abgang. Eindeutig kein Schwergewicht. Für kalifornische Verhältnisse ein Wein zum Mittagessen. Am Tag darauf, plaziert zwischen Lynch-Bages und Beringer, machte er sich gut: ein schöner Geschmack, eine unmittelbar anziehende Art, aber nicht zum langen Aufheben. Später noch einmal: schöner, weicher, zarter, würziger Duft, ein Hauch von Teer. Eindrucksvoll, aber trinkfertig.
*Auf einer Reserve-Degustation mit Michael Mondavi in Miami, Februar 1988 ★★★ Jetzt bis 1996.*

**OPUS I** Zwei Bewertungen im Juni 1986, eine Flasche holzig und rauh, die andere: tiefe Kirschhautfarbe; reich, staubig; würzig, neue Eiche. Im November 1986 ein sehr duftiger, schmackhafter

Charmeur geworden. Bei späterer Gelegenheit in einer Magnum und in einer Flasche: helles Kirschrot; trocken, gute Frucht und Länge.
*September 1988 *** Jetzt bis 1996.*

SIMI, CABERNET SAUVIGNON Ich bin ein großer Bewunderer von Zelma Long. Wie Bob Mondavi ist sie eine unermüdliche Sucherin nach der Wahrheit im Wein. Den 82er verkostete ich erstmals in der Kellerei aus Versuchsfässern: das erste Faß aufrecht, hoher Schwefeldioxydgehalt, das nächste mit niedrigem Schwefeldioxydgehalt, dann eine Probe aus einem Faß, das alle drei Monate gerollt und abgestochen wurde. Dieser Wein besaß die am wenigsten eindrucksvolle Farbe, aber herrlich reiche Frucht. Der Reserve-Verschnitt war hervorragend. Von den acht 82ern im Jahr darauf wählte ich ihn zusammen mit Mondavi auf den vierten Platz. Seidige Struktur, fest zupackende Tannine, wenn auch ein Wein von mittlerer, nicht langer Haltbarkeit.
*Zuletzt im November 1986 verkostet *** Jetzt bis 1996.*

STERLING, DIAMOND MOUNTAIN RANCH CABERNET SAUVIGNON Gute Frucht, aber hart. Die Nase öffnete sich genüßlich. Gut bereitet. Trocken. Hatte Zeit nötig. Für mich der siebte von den acht zur Wine-Experience-Degustation ausgewählten 82ern.
*November 1986. Damals *(**) Jetzt bis 1998.*

VILLA MOUNT EDEN, CABERNET SAUVIGNON (100 Prozent) Sechs Bewertungen. 1984 sehr voll, reich, zum Kauen und tanninbetont. Im Laufe der letzten drei Jahre explosiv aufregende Frucht notiert, aber auch eine fischige, blecherne, medizinale Note, in der Mitte zwischen einem reifen Ch. Talbot und einem südaustralischen Roten mit «rostigen Nägeln». Zum Käse wurde er keineswegs besser, eher schlechter.
*Januar 1990 **(*) auf seine Art, aber nicht nach meinem Geschmack.*

VON DEN VIELEN ANDEREN MITTE DER 80ER JAHRE VERKOSTETEN CABERNETS MACHTEN DIE FOLGENDEN EINEN GUTEN EINDRUCK:

Chateau Bouchaine, Private Reserve; Clos du Bois, Briarcrest; Cuvaison, Dry Creek (24 Prozent Merlot); Mayacamas; Ridge, Montebello; Ridge, York Creek; Shafer, Hillside Res.

EINIGE DER PINOT NOIRS:

David Bruce – schöne Frucht, exzellente Säure; Robert Mondavi, Reserve – zu «süß» und marmeladig; Saintsbury, Carneros – eher beschränkt.

EINIGE DER MERLOTS:

Clos du Val – weich, fruchtig; Duckhorn – schlank, elegant; Sterling – weich, füllig.

# 1983 **

*Mäßig. Ungewöhnlicher Vegetationsverlauf nach dem nassesten Winter, so weit man zurückdenken kann. Der Sommer eher frühlinghaft. Starker Regen Mitte August. Die meisten meiner Aufzeichnungen entstanden zwischen 1985 und 1987. Relativ wenige seitdem.*

CHALONE, PINOT NOIR Gutes Pinot-Aroma, Geschmack desgleichen. Seidig-lederige Tannine, aber für mich verdorben durch eine stielige Note, obgleich man mir versicherte, daß sie sich verlieren würde.
*November 1988 ?*

DUCKHORN, MERLOT Sehr tief; hart riechend; rauh, tanninbetont. Pétrus ohne Fülle.
*Februar 1988 (**)?*

JORDAN, CABERNET SAUVIGNON Gute Frucht und Länge. Sehr tanninbetont.
*Zuletzt verkostet im Januar 1993 *(**)*

KALIN, PINOT NOIR CUVÉE DD Gutes, breites Pinot-Aussehen; sehr duftig, markante Pinot-typische Rote-Bete-Nase; «süß», ziemlich voll im Körper (13,2 Prozent Alkohol), reich, sehr guter Geschmack, aber eine Idee Bitterkeit, säurebetonter Abgang.
*Februar 1991 **(*) Jetzt bis 1998.*

ROBERT MONDAVI, CABERNET SAUVIGNON (13,8 Prozent Cabernet Franc, 9,3 Prozent Merlot) Kleine Ernte nach Regenfällen im August. Alkoholgehalt ungewöhnlich niedrig: 12,2 Prozent, Säure 0,6 g/l, pH-Wert 3,45. Trauben nach der Gärung 19 Tage an den Schalen. Kein Schwefeldioxyd benutzt. 24 Monate in neuer französischer Eiche. Im Juni 1985 sehr würziger, eindringlicher, minziger Geschmack, Eukalyptus und Gewürznelken (neue Eiche). In neuerer Zeit: überaus erfreuliche Harmonie von erdbeerartiger Frucht, Gewürzen und Leder; lebhaft, erfrischend, sauberes Mundgefühl von Tanninen und Säure. Ordentliches Gewicht, elegant, aber unfertig.
*Februar 1988 **(*) Jetzt bis 1998.*

OPUS I Im Juni 1985 stumm, aber schmackhaft. In neuerer Zeit: leichter, offener Geruch nach Gemüsepaprika, ansprechend, gut verwoben; gute Struktur, tanninbetont, schlank und trocken.
*Zuletzt im September 1988 bewertet *(**) Bis 2000.*

**TREFETHEN, CABERNET SAUVIGNON** Zwei Bewertungen. Ziemlich tief, immer noch jugendlich; recht reicher, kraftvoller Geruch und Geschmack mit marmeladiger Frucht. Gute Tannine. Es fehlte an Länge.
*März 1989 *(*)*

EINIGE ANDERE 1986 BIS 1987 VERKOSTETE WEINE:

**CUVÉE BELLEROSE** (80 Prozent Cabernet Sauvignon, 13 Prozent Cabernet Franc, 5 Prozent Merlot, 2 Prozent Petit Verdot und Malbec) Ein sehr an Bordeaux erinnernder Rebsatz, gepflanzt 1978 auf einem 14-Hektar-Weinberg in Nord-Sonoma mit einer überraschenden Vielfalt von Böden auf Hügelrücken ebenso wie in der Talsohle. Einmannbetrieb, Besitzer und Kellermeister in einer Person, für kalifornische Verhältnisse klein, doch verglichen mit einem durchschnittlichen burgundischen Weinbesitz sehr ansehnlich. Vergoren in Stahl, bis zu 20 Monaten in 60-Gallonen-Fässern aus französischer Eiche. Gute füllige Frucht, ordentliches Gleichgewicht. Zweifel an seiner Länge **

**BERINGER, CABERNET SAUVIGNON** Gut, tanninbetont *(*)

**CARMANET, CABERNET SAUVIGNON** Rauh, tanninbetont (*)

**CLOS DU BOIS, MARLSTONE CABERNET SAUVIGNON** Duftig, schmackhaft, eingängig, reizvoll **

**CLOS DU BOIS, MERLOT** Reicher Geruch nach verschwitzten Sätteln; marmeladig, ansprechend **

**CLOS DU VAL, PINOT NOIR** Außergewöhnlicher, kraftvoller, thymianartiger Geruch; trotz seiner Kraft nicht schwer. Hoher Säuregehalt ***

**CLOS DU VAL, ZINFANDEL** Ein schöner Wein, mit interessanten Farbabstufungen; die Speicheldrüsen anregender, delikater Duft nach Minzeblättern; köstlicher fruchtiger Geschmack und trotz reichlich Tannin und sehr guter Säure ein Charmeur, trinkfertig ***

**CUVAISON, CABERNET SAUVIGNON** (100 Prozent) «Süß», füllig, sehr tanninbetont, gut **(*)

**DRY CREEK, CABERNET SAUVIGNON** Reich, marmeladige Frucht, tanninbetont *(*)

**DUCKHORN, CABERNET SAUVIGNON** Undurchsichtig; würzig; wuchtig, spröde, sehr tanninbetont (**)

**FORMAN, CABERNET SAUVIGNON** Scharf, pfeffrig, voll Frucht, «süß», mit gut kaschierten Tanninen **

**CHARLES KRUG, CABERNET SAUVIGNON** Himmlische Frucht, sehr schmackhaft, wie Lynch-Bages **(*)

**MONTICELLO, CABERNET SAUVIGNON** Lebhaft, fruchtig, sehr gut ***

**NEWTON, MERLOT** Ungewöhnlich hübsche Farbe; weich, füllig, duftig **

**RIDGE, PASO ROBLES ZINFANDEL** Trocken, sehr schmackhaft, große Länge **(**)

## 1984 ***

*Ein mittelmäßiger und, gemessen an meinen relativ wenigen Aufzeichnungen von 1985 bis 1987, wenig begeisternder Jahrgang. Abgesehen von einem nassen Winter, waren die Witterungsbedingungen fast das Gegenteil von 1983. Lange Trockenperiode vom Frühlingsanfang bis zum Ende der Lese. Wärme im März begünstigte frühen Austrieb. Kein Frost. Rekordtemperaturen im Mai. Beeren klein, dennoch durchschnittliche Saftausbeute.*

**DOMINUS, ‹NAPA VALLEY RED TABLE WINE›** (75 Prozent Cabernet Sauvignon, 25 Prozent Merlot) Ein neuer Kandidat im großen Profilierungsrennen, erzeugt von der John Daniel Society, einem Gemeinschaftsunternehmen mit Christian Moueix. Mit vier Jahren ziemlich tief und intensiv, kirschschwarzes Zentrum, immer noch unreifes Purpurrot am Rand; gute, «süße» Frucht, etwas Würze, Zimt (neue Eiche), Tannin und Tiefe; am Gaumen «süß», voll in Körper und Geschmack, reich und kraftvoll, mit viel Frucht und Fülle, gute Länge, Tannin und zitrusartige Säure am Ende. Kein schlechter Anfang.
*August 1988 **(**) Bis 1998, würde ich meinen.*

**FREEMARK ABBEY, CABERNET SAUVIGNON** Mitteltief; gute Nase; ordentliches Gewicht, guter Geschmack.
*September 1988 *** Jetzt bis 1994.*

**HEITZ, BELLA OAKS CABERNET SAUVIGNON** Spiel mit Variationen, eine Flasche deutlich hölzern, die andere nur leicht, beide mit guter Farbe, weich und füllig.
*Februar 1990. Urteil vorbehalten.*

**HESS COLLECTION CABERNET SAUVIGNON** Tief; «süß», voll, beeindruckend.
*Mai 1991 ***

**ROBERT MONDAVI, CABERNET SAUVIGNON**
(11,3 Prozent Merlot, 5,4 Prozent Cabernet Franc)
Im Februar 1988: sehr würzig, harmonisch, selbstbewußt und ordentlich komponiert; allerdings mit
eher grober Struktur und trotz seiner maßvollen
12,5 Prozent nachgerade alkoholisch auf der Zunge. Ein anderes Mal: dummerweise eisgekühlt serviert. Er war schwer zu verkosten und gewöhnlich.
*Zuletzt im Oktober 1989 bewertet. Beste Note*
**(*) *Jetzt bis 1996.*

**OPUS I** Undurchsichtig; eigentümlicher Geruch,
aber weich, «süß» und schmackhaft bei der ersten
Verkostung, einer Faßprobe im Juni 1985. In neue-
rer Zeit bei einem Rodenstock-Abendessen in
Österreich: noch ziemlich tief; diskrete Frucht,
leicht pfeffrig; guter Körper, lang, aber beißend.
*Zuletzt im September 1988 verkostet. Damals*
**(***) *Hat wahrscheinlich gerade seinen zweiten*
*Frühling.*

**TREFETHEN, PINOT NOIR** Korrektes breites,
offenes Pinot-Aussehen; zurückhaltender Pinot-
Ton nach Roter Bete in Aroma und Geschmack,
«süß», ordentliches Gewicht, recht einnehmend,
aber ein blecherner, bitterer Abgang.
*März 1989* *(*)

**ZACA MESA, CABERNET SAUVIGNON** Mehrere recht neue Bewertungen. Tief rubinrot; positive,
aber verschwitzte Nase, wie Talbot; gute Frucht,
aber Endgeschmack blechern, rostige Nägel.
*September 1988. Nicht mein Geschmack.*

**EINE KLEINE AUSWAHL VON 1987 VER-
KOSTETEN BESSEREN CABERNETS:**

Caymus **(*); Clos du Bois ***; Inglenook **(*);
Ridge, Montebello **(**)

**EIN ZULETZT 1987 VERKOSTETER MERLOT:**

**CUVAISON** (14 Prozent Cabernet Sauvignon)
Ungeschönt. Weich, füllig, gerbstoffreich, gute
Frucht **(*)

**ZULETZT 1988 VERKOSTETE PINOT NOIRS:**

**ACACIA, IUND VINEYARD** Entgegenkommend,
duftig; «süß», kraftvoll, reich, backpflaumenartige
Frucht, hervorragender Geschmack ***

**BOUCHAINE** Nichtssagend im Geruch, aber guter, frischer Geschmack **

**CALERA, JENSEN VINEYARD** Brandige, angesengte Pinot-Nase; trocken, kraftvoll, schmackhaft ***

**CALERA, SELLICK** Sehr duftig; «süß», schmackhaft, reizvoll ***

**KALIN, POTTER VALLEY** Angesengt riechende
Nase; italienisierter Stil, recht ansprechend **

**SANFORD** Sehr ausgeprägtes, parfümiertes Aroma; «süßer», voller, reifer Pinot-Geschmack, tanninbetonter, eisenhaltiger Abgang **(*)

**VON DEN SEHR WENIGEN VERKOSTETEN
1984ER ZINFANDELS:**

**RIDGE, GEYSERVILLE** Eine höchst außergewöhnliche Nase: stämmig, Feigen, Backpflaumen
und Teer; reichlich «Griff» und Würze. Fabelhaft
– auf seine Art.
*November 1987* *(***) *1994 bis 2000.*

## 1985 *****

*Ein durch und durch befriedigender Jahrgang.*
*Viele gute Weine. Zeitiger Frühling, schöner Som-*
*mer, sehr trocken, relativ kühl bis auf eine Hitze-*
*welle im Juni. 5 cm Regen unterbrachen die Lese*
*im September, die anschließend in kurzen kühlen*
*Perioden weiterging. Gegen Ende des Monats*
*kehrte die Sonne zurück und vollendete die Rei-*
*fung. Vor die unmögliche Aufgabe gestellt, die*
*Art und Qualität kalifornischer Jahrgänge und*
*Kellereien einzuschätzen, hatte ich beschlossen,*
*das Problem von zwei Seiten anzugehen: Ich*
*wollte anhand einiger Klassiker wie BV versu-*
*chen, die verschiedenen Jahrgänge, ihre Qualität*
*und ihren aktuellen Zustand zu beurteilen, und*
*einen guten Jahrgang aussuchen, um den Stil und*
*die Qualität der wichtigsten Akteure zu verglei-*
*chen. Der außerordentlich großzügige Bob Paul*
*kam mir zu Hilfe. Er half mir bei der Auswahl*
*eines Querschnitts von 55 Weinen, alle Cabernet*
*Sauvignon und verwandte reinsortige Weine, von*
*weit über hundert 1985er Cabernet Sauvignons*
*in seinem geräumigen klimatisierten Weinkeller*
*in Florida. Ich verkostete sie blind ohne bestimm-*
*te Reihenfolge. Wo es zwei oder mehr Weine aus*
*derselben Kellerei gab, wurden diese am Ende ne-*
*beneinander gestellt, was, rückblickend gesehen,*
*ein Fehler war. Um jedoch eine Voreingenom-*
*menheit vom ersten Wein zu vermeiden, nahm*
*ich zunächst von allen nur die Nase und fing*
*dann wieder von vorne an, um die Farbe zu*
*beurteilen, dann die Geruchsentwicklung und*
*schließlich den Geschmack. Insgesamt ein groß-*
*artige Palette vorzüglicher Weine. Die kaliforni-*
*schen Roten sind wirklich erwachsen geworden.*
*Und die 85er empfehle ich unbedingt – jedenfalls*
*die Cabernet Sauvignons. Die Merlots und Pinot*
*Noirs machten einen weniger befriedigenden Ein-*
*druck.*

**ARROWOOD, SONOMA CABERNET SAUVI-
GNON** 1988 etwas anmaßend, aber schmackhaft.
Machte bei Bob Paul einen guten Eindruck: sehr

reiche Frucht in Geruch und Geschmack. *Zuletzt im Januar 1991 verkostet* ★★★

**BEAULIEU, CABERNET SAUVIGNON PRIVATE RESERVE G. DE LATOUR** Tief, sehr reich, im Ausbau; attraktive Frucht, öffnete sich schön, sehr gut, gehaltvoll; mitteltrocken, sehr schmackhaft, mit recht pikantem, säurebetontem Abgang. *Januar 1991* ★★★(★)

**BERINGER, PRIVATE RESERVE CABERNET SAUVIGNON** Sehr tief, immer noch jugendlich; voll Frucht, Brombeeren, Eiche, Tannin, öffnete sich reich und duftig; «süß», körperreich, lebhaft. *Mai 1991* ★★★

**BERINGER, KNIGHT'S VALLEY PROPRIETOR GROWTH CABERNET SAUVIGNON** Noch besser: reiche, ziegelrote Farbe, etwa wie Graves; weiche, gehaltvolle, harmonische Nase; sehr «süß», voll Frucht, Extrakt, Fülle, mit seidig-lederigen Tanninen. *Januar 1991* ★★★★ *Bis über 2000 hinaus.*

**BUENA VISTA, PRIVATE RESERVE CARNEROS CABERNET SAUVIGNON** Entgegenkommend, duftig, großartiger erster Geschmackseindruck, fabelhafte Entwicklung im Glas; hübsches Gewicht, elegant, voll Charakter, gute Länge, sehr tanninbetont, exzellente Säure. *Januar 1991* ★★★(★) *Jetzt bis 2005.*

**CAYMUS, SPECIAL SELECTION NAPA CABERNET SAUVIGNON** Pflaumenfarben; schöne, frische, eichen-würzige Nase, elegant, große Tiefe, die sich sensationell im Glas eröffnete; ziemlich «süß», 13%, voll Frucht und Geschmack, würzige Eiche, duftiger Nachgeschmack. *Januar 1991* ★★★★ *Bis über 2000 hinaus.*

**DIAMOND CREEK, GRAVELLY MEADOW** Sehr tief, mit einer sonderbaren Nase; trocken, schwungvoll, hochgetönt, aber mager und hohl. *Januar 1991?*

**DIAMOND CREEK, RED ROCK TERRACE** Erstmals im Oktober 1987 bewertet: schöne Frucht, aber rauh und gerbstoffreich, hatte Flaschenalter nötig. Bei Bob Paul: obwohl noch rauh, beginnende Reife; Nase näher an Gravelly Meadow, aber ansprechend auf ihre Weise; ordentliches Gewicht (12,5%), weich und reich trotz ziemlich ausgeprägtem Tannin- und Säuregehalt. *Zuletzt im Januar 1991 verkostet* ★★★(★) *Zwar blind verkostet, aber dennoch wollte ich speziell Weine vergleichen, die von drei unterschiedlichen Bodentypen auf diesem kleinen Weinberg bereitet worden waren. Sie waren die letzten in der Verkostung, und Ermüdung setzte ein, weshalb ich vielleicht Al Brounstein (oder mir) nicht ganz gerecht wurde.*

**DIAMOND CREEK, VOLCANIC HILL NAPA CABERNET SAUVIGNON** Undurchsichtig, eindrücklich in seiner Erscheinung; entgegenkommende, fruchtige, tanninreiche Nase mit Zitrusnote; trotz «12½ Grad» Alkohol auf dem Etikett ein mächtiger Wein, füllig, voll Frucht. *Januar 1991* ★★(★★) *1995 bis 2005.*

**DOMINUS, NAPA TABLE WINE** Weder Traubensatz noch Alkoholgehalt auf dem Etikett (siehe auch 1984). Tief, pflaumenfarben, schwere Tränen; duftige, aber krautige Frucht und käsige Tannine, nicht ganz verbunden. Trocken, voll, massenhaft Frucht und «Griff». Eindrucksvoll. Braucht Zeit. *Im Januar 1991* ★★(★★)? *Bin gespannt, wie sich Moueix' relativ neuer Wein entwickeln wird.*

**DUNN VINEYARDS, HOWELL MOUNTAIN CABERNET SAUVIGNON** Undurchsichtig; sehr «süße» Nase, reiche Entwicklung, stallartige Untertöne; «süßer» am Gaumen, dennoch sehr rauh, tanninbetont und scharf. Als bekanntgegeben wurde, er sei von Dunn, war ich nach meiner Erfahrung mit seinem großartigen 82er sehr überrascht. Ich werde seine weitere Entwicklung mit Interesse verfolgen. *Im Januar 1991 bei Bob Paul verkostet* (★★)??

**DUNN VINEYARDS, NAPA VALLEY CABERNET SAUVIGNON** Tief, frisch, jugendlich; stumm, pfeffrig, schweißige Tannine; ziemlich körperreich und doch schlank, gefälliger Geschmack, erfrischende Säure. *Januar 1991* ★★(★)

**FREEMARK ABBEY, CABERNET BOSCHE** Gute Nase, stämmig tanninbetont, aber öffnete sich gut; relativ voll, beißend scharfer Alkohol (13,3%), annehmbarer Tannin-, beträchtlicher Säuregehalt. *Januar 1991* ★(★★)

**FREEMARK ABBEY, NAPA CABERNET SAUVIGNON** Grauenhaft in der Nase, schrecklich am Gaumen. Die Flasche oder der Wein? *Januar 1991.*

**FREEMARK ABBEY, SYCAMORE VINEYARDS NAPA CABERNET SAUVIGNON** Undurchsichtig, reich; recht gute Frucht, leicht rosinenartig; ziemlich «süß», voll, pfeffrig. Der beste von den dreien, aber mit Vorbehalten. *Januar 1991* ★(★★)?

**GRGICH HILLS, NAPA CABERNET SAUVIGNON** Ich bewundere Mike Grgich schon lange (vor allem für seine Weißen). Schönes, tiefes Kirschrot; feine Brombeerfrucht in der Nase; in Struktur, Geschmack, Länge und Eleganz schön. *Januar 1991* ★★★(★) *Bis 2000.*

## 1985

GROTH, NAPA RESERVE CABERNET SAUVIGNON Dies ist der Wein, «für den manche Leute einen Mord begehen», meinte Bob Paul! Selten und teuer. Meine Notizen von 1991 bestätigen seinen Ruf nicht ganz. Opak; Nase leicht karamelartig, *Blancmanger*; «süß» und reizvoll auch im Geschmack. Ein eigentümlich eingängiger doch reicher Stil, aber einen Mord hierfür würde ich nicht begehen.
*Zuletzt verkostet im Oktober 1993* **** *Von jetzt bis 1996.*

HEITZ, BELLA OAKS Tief und immer noch jugendlich; schöne, reiche, feigenartige Nase; «süß», voll Frucht, Extrakt, Tannin und Säure. Ganz kürzlich eine sehr herbe, hölzerne Flasche.
*Zuletzt verkostet im März 1992. Im besten Fall* ***(**) *Bis über 2000 hinaus.*

HEITZ, MARTHA'S VINEYARD Sehr tief, reich, im Ausbau; zunächst leicht holzig, aber ansprechende Eukalyptusnase; relativ «süß», voll (13,5 %), gehaltvoll, fruchtig.
*Januar 1991* ***(*)

HEITZ, NAPA CABERNET SAUVIGNON «Süßer», voller, reicher, stämmiger Stil, zum Kauen.
*Januar 1991* ***

HESS COLLECTION, CABERNET SAUVIGNON «Süß», weich, Tannine und Säure hervorragend. Ein vorzüglicher Wein.
*Mai 1991* ****

INGLENOOK, RESERVE CASK NAPA CABERNET SAUVIGNON Unverwoben; trocken, rauh, tanninbetont – hat mir nicht zugesagt.
*Januar 1991.*

INGLENOOK, REUNION NAPA VALLEY TABLE WINE Gute Frucht, aber zuviel Tannin.
*Januar 1991. Braucht Zeit* *(**) *Bis 1998.*

KENDALL-JACKSON, ‹CARDINALE› LAKE PORT, LAKE COUNTY CABERNET SAUVIGNON Sehr tiefes, pflaumiges Purpurrot; harte, sehr frische, exzellente würzige Cabernet-Nase, die sich prächtig öffnete – seltene Höchstpunktzahl für den Geruch; trocken, relativ voll (13 %), lebhaft, schlank, Frucht, Länge und Nachgeschmack hervorragend.
*Januar 1991* ****(*) *Jetzt bis über 2000 hinaus.*

MAYACAMAS, NAPA CABERNET SAUVIGNON Tiefes, pflaumiges Purpurrot, reiche Tränen; ebenfalls Höchstpunktzahl für seine schöne, sehr weiche, wenn auch etwas aufdringliche Nase, tanninbetont, aber wunderschön entwickelt; ziemlich «süß», ordentliches Gewicht (12,5 %), voll und doch geschmeidig, schlank, fruchtig, gerbstoffreich.
*Januar 1991* ***(**) *1995 bis 2005.*

ROBERT MONDAVI, NAPA VALLEY CABERNET SAUVIGNON Sechs gute Bewertungen, schmackhaft, weich, erfrischend.
*Januar 1991* *** *Von jetzt bis 1996.*

ROBERT MONDAVI, RESERVE CABERNET SAUVIGNON Tiefer als der «normale», immer noch jugendlich aussehend; gute, duftige Brombeernase; nicht so «süß» und so weich, voller im Körper, schöne Frucht. Komplett.
*Januar 1991* ***(*) *Von jetzt bis 2000.*

OPUS I Mit dem bescheidenen Untertitel ‹Napa Valley Table Wine› (d. h. nicht mehr 100 % Cabernet Sauvignon). Drei gute Bewertungen und bei Bob Paul blind verkostet. Eindrücklich tief, jugendlich, mit Tränen wie gotische Bögen; schöne, reiche, würzige, fruchtige Nase; voll Frucht und Fülle, jedoch entspannend leicht im Alkohol (12,1 %), alles im Gleichgewicht.
*Zuletzt verkostet im Februar 1992* ****(*) *Von jetzt bis 2010.*

JOSEPH PHELPS, ‹INSIGNIA› AUCTION RESERVE (50 % Cabernet Sauvignon, 10 % Cabernet Franc, 40 % Merlot) Undurchsichtig; vorzüglich, Anflug von Eukalyptus, ausgewogen.
*April 1990* ****

JOSEPH PHELPS, ‹INSIGNIA› NAPA VALLEY RED (60 % Cabernet Sauvignon, 15 % Cabernet Franc, 25 % Merlot) Außergewöhnlicher Geruch, Gemüsepaprika, ein Hauch von Grüner Minze, dann Limonenblüte; schöner, sehr markanter Geschmack, eine Idee von «rostigem» Tannin im Abgang.
*Januar 1991* ***(**) *Bis 2000.*

ROMBAUER, ‹LE MEILLEUR DU CHAT› NAPA VALLEY RED WINE Herrliche Moutonartige Nase; elegant, schmackhaft, stilvoll, seidige Tannine, aber zu scharf.
*Januar 1991* ***

RUTHERFORD HILL ‹XVS›, NAPA CABERNET SAUVIGNON Mit Rutherford Hill verbinde ich normalerweise ordentlich gemachte, preislich anständige Chardonnays. Der XVS war eine Überraschung: beeindruckend tief und reich; sehr duftiges Bukett; Frucht und Geschmack sehr gut, mit angenehmem Schwung im Abgang und lebensverlängernden Tanninen.
*Eine meine besten Noten bei Bob Paul im Januar 1991* ****(*) *Bis über 2000 hinaus.*

SCHAFER, HILLSIDE SELECTION CABERNET SAUVIGNON Ansprechende Nase, die sich öffnete, reich, betörend; voll, zum Kauen, frische Frucht, eher schlank, sehr tanninbetont.
*Januar 1991* ***(*) *Bis über 2000 hinaus.*

**SCHAFER, STAG'S LEAP DISTRICT CABERNET SAUVIGNON** 1973 begonnen, 1978 neu bestockt. Erstmals aus dem Faß verkostet. Vollgepackt mit Frucht.
*Juni 1986 (★★★)*

**SILVER OAK, ALEXANDER VALLEY CABERNET SAUVIGNON** Gut entwickelte Farbe; Nase duftig, aber zögernd, dann prachtvolle Entfaltung im Glas; «süß», voll, zum Kauen, voll Frucht, der Reichtum kaschierte die erheblichen Tannine.
*Januar 1991 ★★★(★) Bis über 2000 hinaus.*

**SIMI, ALEXANDER VALLEY RESERVE CABERNET SAUVIGNON** Schönes, offenes, weiniges Bukett; trocken, körperreich, lebhaft, strenge Tannine. Gute Qualität. Braucht Zeit.
*Januar 1991 ★★(★★) 1995 bis 2005.*

**STAG'S LEAP WINE CELLARS, CASK 23** Fabelhaftes Aussehen; sehr reiche, pflaumige, hochgetönte, minzige Nase. Beladen mit Frucht. «Süß», körperreich (13,8 %), reich, reif, medizinaler Geschmack wie Médoc. Klassisch.
*Januar 1991 ★★★★(★) Bis über 2000 hinaus.*

**STERLING, RESERVE RED TABLE WINE** Undurchsichtig; reiche, stämmige Nase, immer noch stumm; «süß», reich, voll, aber es fehlte an Finesse.
*Januar 1991 ★★★(★) Bis 2000.*

**STERLING, ‹THREE PALMS›** «Süß» und vollgepackt mit Frucht, aber immer noch ein bißchen rauh.
*Februar 1989 ★★★*

**ANDERE IM JANUAR 1991 BEI EINER BLINDDEGUSTATION VERKOSTETE CABERNET SAUVIGNONS:**

**BUEHLER, NAPA** Trocken, schlank, frische Frucht ★★★

**BURGESS, NAPA, VINTAGE SELECTION** Gute brombeerartige Frucht, gerbstoffreich ★★(★)

**CARNEROS CREEK, LOS CARNEROS** Sehr gute Frucht, ordentliches Gewicht (12,5 %), sehr tanninbetont ★(★★)

**CHATEAU MONTELENA, NAPA** Sehr tief, eindrucksvoll, jugendlich; duftige Nase mit Eukalyptuston; ziemlich körperreich (13,5 %), sehr gut in Frucht und Geschmack, vollendet, tanninbetont ★★★(★)

**CLOS DU BOIS, MARLSTONE, ALEXANDER VALLEY** (28 % Merlot, 7 % Cabernet Franc) Nicht sehr tief; blumig; einnehmender Frühentwickler ★★

**CLOS DU VAL, NAPA, RESERVE** «Süß», stilvoll, gute Frucht, Ausgewogenheit ★★★

**DONN CHAPPELLET, NAPA** Hochgetönt, verschwitzt, gerbstoffreich, wurde im Glas besser; trocken, mittelvoll (12,8 %), schlank, es fehlte an Fülle, sehr tanninbetont ★(★)

**DUCKHORN, NAPA** Reich, stämmig (13,2 %), gute Frucht, sehr tanninbetont ★★(★)

**FAR NIENTE, NAPA** Leider leichter Korkgeschmack, sauer: kurzum, dürftig. Eine schlechte Flasche?

**WILLIAM HILL, NAPA RESERVE** Staubige, krautige Nase; sehr trocken, rauh, wenn auch mit lebhafter Frucht ★★

**JORDAN, ALEXANDER VALLEY** Reiche, obgleich zurückhaltende Nase, schwer zu fassen; trocken, mittelvoller Körper (12,8 %), lebhafte Frucht, Tannin und Säure ★★(★)

**KALIN, SONOMA RESERVE** Fortgeschrittene Reife; sehr attraktiv, entgegenkommend, würzige, angesengte, Graves-artige Nase, die sich voll öffnete; «süß», 13 %, ungewöhnlicher Geschmack, gute Struktur. Erfreulich auf seine Art. Neuverkostung erforderlich ★★★

**LYETH, ALEXANDER VALLEY** Pflaumenfarben; weiche, offene, leicht seifige Nase, recht wohlgeformte Frucht und Vanille; ziemlich körperreich (13,7 %), füllig, Tannin und Säure gut. Ein angenehmer Wein von mittlerer Haltbarkeit ★★★

**LOUIS MARTINI, NORTH COAST** «Süße» Nase und doch Härte im Hintergrund; gute Frucht, ein Hauch von Holz, tanninbetont ★★(★)

**NEWTON** Schneller Ausbau; Geruch zunächst merkwürdig, aber mir gefiel er recht gut; ziemlich «süß», anständiges Gewicht (12,5 %), schöne Struktur, recht guter Geschmack, vielleicht fehlte es etwas an Länge ★★★

**NIEBAUM-COPPOLA, ‹RUBICON›, NAPA VALLEY RED WINE** Sehr sonderbarer, verschwitzter und tanninreicher Rindsgeruch, nicht ansprechend und dennoch nicht schlecht. Ob er in der Flasche besser wird? ★

**RIDGE, MONTEBELLO** (7 % Merlot) Mit der üblichen sehr eigenen Note. Blecherner, medizinaler Geruch, Fischhaut. Das sich entfaltende Bukett war, als hätte man einen Lafite aus Pinot Noir gemacht. Eigenartiger, leicht metallischer Geschmack, sehr duftig. Ich bewundere Ridge, aber manchmal ist er nicht nach meinem Geschmack. Oder vielmehr sollte er, genau wie Haut-Brion, nicht neben den anderen *Premiers crus* verkostet werden. Er ist anders ★★(★)??

RUTHERFORD ESTATE, NAPA Merkwürdig, pflanzlich, flüchtig, wenn er auch an der Luft besser wurde; trocken, eigenartig, nicht schlecht, aber hart, rauh (★★)

ST. CLEMENT, NAPA Straff, würzig, stämmig; reich, voll Frucht, aber irgendwie trampelig, zuwenig Finesse. Tanninbetont ★★(★)

VICHON ‹SLD›, NAPA Sehr tief, dennoch weit fortgeschritten; reich, gehaltvoll, ein Geruch, der sich gut entfaltete; leicht «süß», guter Geschmack und Stil, lebhafte Frucht ★★★(★)

PINOT NOIR: BEI DEM VERKOSTETEN GUTEN DUTZEND ZU VIELE FEHLER UND SCHWÄCHEN. EINIGE NEUERE BEWERTUNGEN, ALLE VON 1988:

BUENA VISTA, CARNEROS Marmeladig ★★

CALERA, LOS ALAMOS Orange überhaucht; verblüht, obwohl mit echtem Pinot-Aroma und -Geschmack; duftig, aber überdreht.

CARNEROS QUALITY ALLIANCE Eine unharmonische Allianz, es fehlte an Gleichgewicht, säurebetont.

CAYMUS «Süß», weich, feine erdbeerartige Frucht ★★★

DAVIS BYNUM, ARTISTS SERIES Reicher Kohl und Hühnerkot, blechern.

ETUDE Ein bißchen stielig, ansprechende Frucht ★★

CHARLES KRUG, LOS CARNEROS Ansprechender Geschmack, aber unverwoben ★

MIRASSOU, MONTEREY ‹5TH GENERATION HARVEST RESERVE› Jean-Grivot-Stil, gute Frucht ★★

ROBERT MONDAVI Guter Pinot-Geschmack, scharfer, trockener Abgang ★★

SCHUG, CARNEROS-NAPA Schöne, intensive Pinot-Frucht; schmackhaft, guter Abgang, aber irgendwie fehlte etwas ★★

WILD HORSE, SANTA BARBARA Duftig, gut bereitet, guter lebhafter Geschmack und Abgang ★★(★)

## 1986 ★★ bis ★★★

*«Lange und kühle Wachstumsperiode, langsame Reifung, optimaler Sortencharakter» (um Beaulieu Vineyard zu zitieren). Der kühlste Sommer aller Zeiten. «Ein einziger langer Frühling», sagte ein anderer. Obwohl die Ernte früh begann, zog sie sich länger hin als sonst, weil die Winzer abwarteten, um die idealen Mostgewichte zu erzielen. Die letzten Cabernet-Sauvignon-Trauben wurden im frühen Oktober eingebracht.*

*Relativ wenige, größtenteils unspektakuläre Cabernets, aber Merlot und Pinot Noir anscheinend attraktiver als 1985. Im November 1988 ein gutes Spektrum von Pinot Noirs auf einer Degustation der Wine Appreciation Guild in San Francisco bewertet und am gleichen Abend eine Blindprobe von zwölf Pinot Noirs aus Kalifornien und Oregon im Vintners Club. Entgegen den Erwartungen schnitt Kalifornien besser ab und belegte die ersten vier Plätze.*

BEAULIEU, CABERNET SAUVIGNON PRIVATE RESERVE GEORGES DE LATOUR Der jüngste Jahrgang beim Private-Reserve-Vergleich: undurchsichtig, intensiv purpurfarben; «grünes», unausgebautes Cabernet-Aroma, minzig, «Mottenkugeln»; lebhafte junge Frucht, mäßige Länge, völlig unreif.
*Juni 1990 (★★★) Von 1995 bis über 2000 hinaus.*

FORMAN, CABERNET SAUVIGNON (15% Merlot, 10% Cabernet Franc und ein winziger Anteil Petit Verdot) Angebaut auf tiefem Kieselboden (bis zu 30,5 m tief). Sehr helles Kirschrot; frischer, schöner Geruch, beerenartig, würzige Eiche; lebhaft, jugendlich, sehr duftig.
*Februar 1989 ★★(★★) Bis 1998.*

ANDERE KURZ UND NUR EINMAL VERKOSTETE CABERNET SAUVIGNONS:

HESS COLLECTION Hart, sehr gerbstoffreich.
*Mai 1991 ★★★*

ROBERT MONDAVI Tiefes Rubinrot; Tannin und Frucht; trocken.
*Februar 1989 ★(★)*

MOUNT VEEDER Tief; Nase nach frischen Erbsen; süß, voll, reich, tanninbetont. Unkompliziert und attraktiv.
*Im November 1992 ★★★*

SEQUOIA GROVE Weich, attraktiv.
*Juni 1990 ★★(★)*

EINIGE MERLOTS:

CUVAISON Derselbe Wein in sechs verschieden geformten Trinkgläsern. Interessante Unterschie-

de in der Intensität von Farbe, Geruch und Geschmack je nach der Form des Glases. Unterm Strich ein schöner weicher, fruchtiger Wein.
*Rodenstocks Weinwochenende, September 1990*
★★★ *Von jetzt bis 1996.*

DUCKHORN Tief; schöne Frucht; «süß», füllig.
*November 1989* ★★★

GUNDLACH BUNDSCHU Schöne Frucht; mittlere «Süße» und Schwere, reich.
*November 1988* ★★★

SHAFER Ziemlich marmeladig.
*November 1988* ★★

PINOT NOIRS:

ACACIA, CARNEROS Duftig, schlank, relativ hoher Säuregehalt.
*Juni 1988* ★(★★)

ACACIA, ST. CLARE VINEYARD Beeindruckkend tief; schöne erdige, reiche, weiche Nase, viel Charakter. Ein wunderschöner Wein.
*November 1988* ★★★★

CHATEAU BOUCHAINE, CARNEROS NAPA Relativ blaß; gutes Pinot-Aroma; «süß», weich, köstlich.
*Zuletzt im Juni 1990 verkostet* ★★★

ROBERT MONDAVI, RESERVE Lebhafte, fruchtige Nase, entwickelte eine «Süße» und Frucht, die fast zu schön war, um wahr zu sein; frisch, fruchtig, aber nicht sehr nach Pinot, bitterer Abgang.
*Oktober 1989* ★★

SAINTSBURY, CARNEROS Als Mitglied des Saintsbury Club betrachte ich den Diebstahl des Namens des Professors mit gemischten Gefühlen. Aber sie machen einen ansprechenden Wein (und Branntwein). Relativ blasses, leuchtendes Rosa; gut entwickelte, «süße», leicht karamelartige Nase; schlägt trotz relativ leichter Art kräftig zu. Gute Frucht.
*Zuletzt im November 1988 verkostet* ★★★

STERLING, WINERY LAKE Hochglänzendes Rubinrot; Walnüsse, Karamel, alkoholisch; schmackhaft, aber schlank. Drei Bewertungen.
*Februar 1989* ★★(★)

ANDERE IM NOVEMBER 1988 NUR EINMAL VERKOSTETE PINOT NOIRS:

CALERA, JENSEN Wunderbar in Aroma und Geschmack, Pinot-Ton nach Roter Bete. «Süß». Voll. Reich. Etwas blecherner, scharfer, alkoholischer Abgang ★★(★)

CARNEROS CREEK, LOATH'S Farbe und Aroma echt Pinot; gut in Geschmack, Fülle und Tannin ★★(★)

SANFORD, SANTA BARBARA Tief, reich; sehr üppiges, parfümiertes Pinot-Aroma – ein La-Tâche-Doppelgänger; frisch, sehr schmackhaft, stilvoll ★★★★

SINSKY, CARNEROS NAPA Geschmack, Struktur, Länge und Nachgeschmack vorzüglich. Mein Favorit auf der Blindprobe im Vintners Club ★★★★

WILLIAMS SELYEM, RUSSIAN RIVER Pudrig, künstlich, reizlos.

ZACA MESA, SANTA BARBARA RESERVE Pflanzliches Pinot-Aroma, dann wie Roastbeef; sehr schmackhaft, ein Spur von blechernem Tannin, duftiger Nachgeschmack ★★★(★)

## 1987 ★★

*Mäßige Qualität. Milder Winter, frostfreier Frühling, aber Einbußen bei den potentiellen Erträgen durch eine Reihe von Hitzewellen im Mai. Sommer trocken. September kühl, dann Regen und übermäßige Hitze. Frühe Lese. Kleinste Saftmenge seit fünf Jahren. Leider nur wenige verkostet,*

BEAULIEU, CARNEROS PINOT NOIR RESERVE Relativ blaß, weich; «süße» Nase; sehr «süß», körperreich und alkoholisch, dennoch – vorbildgetreu – ein entwaffnend leichter Stil.
*Juni 1990* ★★★

HESS COLLECTION, CABERNET SAUVIGNON Tief; «süß», würzig, brombeerartige Frucht. Hervorragend zum Essen.
*Mai 1991* ★★(★)

ROBERT MONDAVI, PINOT NOIR Tief; «süße», zarte, duftige Nase; ziemlich körperreich, angenehmer und positiver Geschmack, aber durchweg einen Hauch von Bitterkeit im Abgang vermerkt.
*Zuletzt im September 1990 verkostet* ★★

SAINTSBURY, ‹GARNET› CARNEROS PINOT NOIR Eher rubinrot als granatrot (garnet); schöne Frucht; ziemlich «süß», mittelvoller Körper, reicher Pinot-Geschmack, duftiger, eichener Nachgeschmack.
*Zuletzt im November 1988 verkostet* ★★★

SHAFER, MERLOT (Enthält einen gewissen Anteil der beiden Cabernets.) Schönes tiefes, samtiges Rot; weich, füllig, gehaltvoll in Geruch und Geschmack. Sehr gut, aber mit ziemlich strengem, tanninbetontem Abgang.
*Januar 1990* ★★(★★)

# 1988

*Ein schwieriges Jahr für die Winzer. Den ganzen Winter hindurch bis zum Frühling warm und trocken. Kalte Schauer, dann hinausgezögerte Blüte. Scharfe Temperaturschwankungen während der Sommermonate mit einer Hitzewelle Ende August/Anfang September. Danach ein warmer, trockener Herbst. Wieder kleine Ausbeute. Nur zwei Rote verkostet.*

CARMENET (85% Cabernet Sauvignon, 9% Cabernet Franc, 6% Merlot). Sehr tief; hübsch, Gelee-artig, klassisch; herrlich. Beladen mit Frucht, Extrakt, Tannin, Säure, Alkohol.
*Im April 1992* ★★★(★★)

CARNEROS CREEK, PINOT NOIR ‹FLEUR DE CARNEROS› Trocken. Geschmack von Roten Beten. Langweilig.
*Mai 1991* ★

CHARLES SHAW, GAMAY BEAUJOLAIS NOUVEAU Bis jetzt hat der reinsortige kalifornische «Gamay Beaujolais» keine Verbindung zu den köstlichen Weinen erkennen lassen, die im Beaujolais aus der Gamay-Traube bereitet werden. Die wenigen, die ich verkostet habe, sind eine Travestie. Als ich «Nouveau» sah, stöhnte ich auf. Aber obwohl der Wein farblich zu tief war, hatte er ein sehr positives Gamay-Aroma – marmeladig, erdbeerartig, säurebetont –, aber war mittelmäßig am Gaumen und kurz. Ein tapferer oder vielmehr tollkühner Versuch.
*November 1988* ★

# 1989

*Das dritte trockene Jahr, gelindert durch Frühlingsregen. Sommer kühl, ausgeglichen. Unterbrechung der frühen Lese durch starke Regenfälle, worauf die übrig gebliebenen Trauben unter Kälte, Nebel und Fäule zu leiden hatten. Dann Erdbebenschäden. Die Qualität wird von der Auswahl abhängen. Noch nicht verkostet.*

AU BON CLIMAT, PINOT NOIR Reich, schmackhaft.
*Zuletzt verkostet Juni 1992* ★★★(★)

KENDALL-JACKSON, CABERNET SAUVIGNON Halbsüß, weich, leicht fruchtig.
*Im April 1992* ★★★(★)

PETER MICHAEL ‹LES PAVOT› Ein Cabernet Sauvignon aus dem Knight's Valley. Reich, fleischig, würzig, mit seidigen Tanninen. Ein wenig zu süß.
*Im November 1993* ★★★(★) *1995 bis 2000 und länger.*

SANFORD, PINOT NOIR Hervorragend in Frucht, Geschmack, Abgang.
*Im April 1993* ★★★★★

STAG'S LEAP WINE CELLARS Weiches würziges Bukett; vorzüglich im Geschmack, gute Tannine und Säure, meisterlich, wie immer.
*Im Februar 1993* ★★★(★★)

# 1990

*Die Trockenheit dauerte an; und als der Regen schließlich kam, da zur falschen Zeit, so daß er die Blüte hemmte. Dennoch eine gute frühe Lese bei steigenden Temperaturen. Qualität allgemein gut.*

AU BON CLIMAT, PINOT NOIR Sanftes Rot; klassisches Pinot-Aroma, Rote Bete und schwarze Trüffeln; schmackhaft, Weine aus einem heißen Land, tanninbetonter Abgang.
*Zuletzt probiert im November 1993* ★★★(★)

JADE MOUNTAIN, SYRAH Opak, intensiv; tief, feigenähnlich; beladen mit Frucht, Alkohol, der Extraktgehalt maskiert das Tannin. Massiv. Großartig.
*Zuletzt im November 1993* ★★(★★★)

OLIVET LANE, RUSSIAN RIVER PINOT NOIR Neu für mich: hervorragend. Süß, markantes Pinot-Aroma, ebenso im Geschmack. Reich, im Abgang Tannin und Eisen.
*Im Februar 1993* ★★(★★)

SANFORD, PINOT NOIR Gut im Geschmack, aber noch immer hart. Stets einer von Kaliforniens Spitzen-Pinots.
*Im Februar 1993* ★★(★★)

SANFORD AND BENEDICT VINEYARD, BARREL SELECT, PINOT NOIR Tief, beeindruckend; lebhaftes Pinot-Aroma; trocken, frisch, würzig, tanninbetont.
*Im Februar 1993* ★★(★★★)

SHAFER, CABERNET SAUVIGNON Hübsche Frucht; weich, voll und fleischig, würzig. Zur Mahlzeit etwas zu süß.
*Im November 1993* ★★★(★) *Jetzt bis 2000?*

SHAFER, MERLOT Weich, etwas marmeladig, aber gut.
*Im Februar 1990* ★★★

# 1991 ★★★★★

*Ein sehr überzeugendes Jahr, so mancher Wetterlaune zum Trotz. Es begann mit einer Rekord-*

kälte im Winter und einem zu trockenen Jahresanfang; der zeitige Frühlingsbeginn wurde von schweren Regenfällen im März unterbrochen. Die gut verlaufende Blüte deutete jedoch auf einen reichlichen Ertrag hin. Ein langer und für kalifornische Verhältnisse eher kühler Sommer gipfelte in einem wunderbaren, ungetrübten Spätsommer (Indian Summer, etwa unserem Altweibersommer entsprechend). Die vor den Regenfällen Ende Oktober eingebrachten Trauben waren reif, mit gutem Säuregehalt. Eines der wenigen Probleme, vor allem im Napa Valley, ist die zunehmende Verbreitung der Reblaus (Phylloxera). Den besten Cabernet Sauvignons und Pinot Noirs dürfte eine zufriedenstellende, eher langfristige Zukunft bestimmt sein.

SHAFER, MERLOT (Mit 18 % Cabernets) Voll, weich, fleischig, gerundet. Sehr schön, aber besser allein als mit Essen zu trinken.
*Im November 1993* **** *Jetzt bis 1998.*

ROBERT MONDAVI, WOODBRIDGE ZINFANDEL Süß, weich, fruchtig, attraktiv. Gutes Preis-Qualität-Verhältnis.
*Im Dezember 1993* ***

SAINTSBURY, PINOT NOIR Karamel; gute Frucht, voll, tanninbetonter Abgang.
*Im April 1992* **(**)

## 1992 ****

*Überall ein sehr überzeugender Jahrgang, in dem sich alle Sorten von der guten Seite zeigten: Die klassischen Cabernets mit guter Fruchtfülle eignen sich für mittlere Lagerung, was nach kalifornischen Maßstäben ungefähr vier Jahre nach der Weinernte bedeutet. Natürlich gibt es auch einige wohlstrukturierte Weine, die beträchtlich länger halten werden. Die Wachstumsphase begann gut.*

Zum ersten Mal seit sechs Jahren gab es genügend Regen im Winter, wodurch der ausgetrocknete Boden sich erholen konnte. Im Napa Valley belebte der Frühlingsregen die Landschaft. Die Blüte verlief gut, reichlich Sonne und milde Temperaturen waren normal. Der Sommerbeginn war etwas unbeständig, aber gegen Mitte Juli setze sich die gewohnte warme Periode fort, die jedoch im August kritische Temperaturen erreichte. Die Zeit der warmen Tage und kühlen Nächte kam dennoch wieder und brachte eine perfekte, relativ früh einsetzende Lese. Die zwei Hauptprobleme für die Weinbauern in Napa sind die Rezession und die Reblaus. Von den 13 500 Hektar Rebfläche dieses Tales sind schon fast 2000 davon befallen. Das systematische Ausreißen der Wurzeln und Einsetzen neuer Pflanzen ist kostspielig: Die Schätzungen reichen von 40 000 $ bis 60 000 $ pro Hektar.

## 1993 **?

*Wer meint, die Weinbauern im «sonnigen» Kalifornien hätten es leicht, der wird für das Jahr 1993 diese Aussage revidieren müssen. Das Wetter war vom Frühling bis zur Weinlese «bizarr», launenhaft, unvorhersehbar. Der Sommerbeginn brachte ungewohnt kalte und regnerische Perioden, die vom starken Wind begleitet waren. Der Reifeprozeß im Sommer wurde durch abwechselnde Hitzewellen und Kälteeinbrüche bis hinein in den Oktober mal beschleunigt, mal verzögert. Die unzufriedenstellend verlaufene Blüte hatte einen geringeren Ertrag zur Folge; in Südkalifornien hingegen erreichte die Produktionsmenge fast das übliche Niveau. Die Qualität schwankt, und es bleibt abzuwarten, was die Spitzenbetriebe zustande gebracht haben. Die Wetterbedingungen in den Staaten Washington und Oregon waren gegenüber Kalifornien viel günstiger.*

## WEISSWEIN

Chardonnay ist für Kaliforniens Weißweine, was Cabernet Sauvignon für die Roten ist – ein überaus erfolgreicher, zu Recht beliebter reinsortiger Wein und einer der ersten dazu, der an der Westküste Anerkennung fand. Die besten stammen aus den 60er Jahren, wobei ich meine erste Erfahrung mit Stony Hill machte. Riesling (Johannisberg Riesling) wurde erst in den 70er Jahren ein wirklicher Erfolg, wobei jedoch der Fortschritt seitdem fast einem Wunder gleichkommt, mit derart erstaunlichem Geschick gehen die Winzer mit Säure und Edelfäule um. Sauvignon Blanc, manchmal auf den Etiketten als Fumé Blanc bezeichnet, war in den 70er Jahren einigermaßen erfolgreich und ist jetzt allgegenwärtig und gut. Chenin Blanc kann ebenfalls gut sein, er wird allerdings weder viel angebaut noch verkauft. Gewürztraminer ist alles in allem kein Erfolg und nichts im Vergleich zu den Klassikern aus dem Elsaß.

Wie bei den Roten hatte ich zunächst vor, meine Aufzeichnungen nach Sorten einzuteilen, entschied mich aber schließlich dafür, sie nach Jahrgängen aufzulisten.

Die meisten Weißen sind zum baldigen Verbrauch gedacht, wenn auch einige der Spitzen-Chardonnays sich nicht nur lagern lassen, sondern mit Flaschenalter sogar besser werden. Obwohl ich eine große Zahl von Bewertungen früherer Jahrgänge besitze, habe ich hier nur solche aufgeführt, die neuer, wichtig oder lehrreich sind.

## 1962 **

HEITZ, PINOT CHARDONNAY Bereitet von Brad Webb bei Hanzell und «den letzten Schliff bekommen» (élevé) von Joe Heitz. Dem Vernehmen nach der erste kommerzielle Chardonnay, der in (französischer) Eiche lagerte. Erstmals 1967 verkostet, im März mit Darryl Corti, dann im Mai mit den Rhodes'. Parfümiert. Attraktiv. Danach unterschiedliche Flaschen: die erste ein gutes, helles, mittelblasses Gelb; sehr guter lebhafter, eichener Geruch und Geschmack. Trocken. Nachhaltig. Die andere deutlich tief, strohgelbe Reflexe; leicht oxydierter «Strohgeruch». Neutral. Kurz.
*Zuletzt im Juni 1983 verkostet, wieder mit den Rhodes'. Beste Note ***

## 1965 **

BEAULIEU, DRY SAUTERNES Weiter beschrieben als «ein leichter Wein aus der Sémillon-Traube». Sehr ausgeprägtes Butterblumengelb, in etwa wie ein alter Vouvray; zurückhaltend, harmonisch, wächserner Sémillon-Ton, Anflug von Böcksergeruch; trocken, mittelblasser Körper, recht neutraler Geschmack. Leicht pfeffriges, schwefeliges Ende. Interessant, mehr nicht.
*Bei Christie's im Dezember 1987 ***

## 1969 **

FREEMARK ABBEY, CHARDONNAY 1977 gut und fest. Aber sechs Jahre später: strohgolden, zu tief; Geruch nach alten Äpfeln; trocken, nicht schlecht; recht sauber, aber *passé*.
*Oktober 1983.*

ROBERT MONDAVI, FUMÉ BLANC Butterblumengelb und Limone; harte, ölige Nase. Erinnerte mich an Dosenspargel. Dann wurde er weicher und pfirsichartiger – aber kein Schimmer von Sauvignon-Blanc-Frucht. Merkwürdiger Geschmack, sehr trockener, bitterer Abgang. Extrem viel Säure.
*Zum Abendessen mit den Rhodes' in Napa im Juni 1986. Bitte nicht an diesem Weinstil festhalten!*

## 1970 ****

HANZELL, CHARDONNAY Relativ tiefes Gelb; einwandfrei, nichts Ungewöhnliches; trocken, sehr frisch für sein Alter. Ausgezeichnetes Gleichgewicht. Beweist, daß ein gut gemachter Chardonnay sich über zwanzig Jahre lang hält, aber damit hat es sich.
*Zum Abendessen mit Maynard Amerine im Juni 1981 ***

## 1971 ★★★

**FREEMARK ABBEY, CHARDONNAY** Warmes Gelb; ordentliche Qualität, makellos, immer noch ein gefälliger Wein.
*Juni 1983 ★★★*

**HEITZ, CHARDONNAY Z 1 1** Wunderschöne zitronengoldene Farbe; wächsern, minzig, *Lemon-Curd*-Bukett, etwas butterig, eher wie ein alter Sémillon; trocken, mittlerer Körper, harmonisch, eine Spur von Pfirsichkernen. Fast wie ein altmodischer Graves.
*Zum Abendessen vor einer Auktion von Christie's/Schaefer in Chicago, Februar 1986 ★★★*

**MAYACAMAS, CHARDONNAY** Relativ blaß, mit butterigem Goldglanz; immer noch frisch, leicht, sortentypische Entwicklung, dann ein Hauch von Nagellack; trocken, gute Mitte, aber kurz.
*Oktober 1981 ★★*

**STONY HILL, CHARDONNAY** Die Chardonnay-Pioniere im Napa Valley. Allerdings nicht besonders eindrücklich in der Nase, weder butterig noch sortentypisch noch eichen, aber gut; mitteltrocken, extrem attraktiv am Gaumen, guter Geschmack, füllig und doch fest.
*Bei den Rhodes' im Juni 1981 ★★★*

## 1972 ★★

**CHAPPELLET, CHENIN BLANC** Gutes, reiches Gelb; schöne wächserne, ölige, kresseartige Nase; mittel (Trockenheit und Körper), hervorragender Geschmack, leicht mollig und doch mit guter Säure. Die Süße und Säure erinnerten an Loire.
*Juni 1984 ★★★*

**FREEMARK ABBEY, CHARDONNAY** Sehr minziges Bukett; trocken, recht streng.
*Zum Abendessen in der Kellerei, Juni 1983 ★★*

## 1973 ★★★★

*Ein Meilenstein, dieser Jahrgang.*

**CHATEAU MONTELENA, CHARDONNAY** Dies ist der Wein, der 1976 bei Steven Spurriers Blindprobe in Paris die weißen Burgunder aus dem Feld schlug. Welch ein Schock für die Franzosen! Mit sieben Jahren: ziemlich ausgeprägtes Gelb; ausladende, süße, butterige Nase, ein Chardonnay, wie ich ihn liebe; mitteltrocken, ziemlich voll im Körper, gepflegte, reiche, gehaltvolle Nase, sehr gute Säure.
*April 1980 ★★★★*

**FREEMARK ABBEY, CHARDONNAY** Sehr gelb; etwas Fett und honigartiges Flaschenalter; ein überraschend süßer, wächserner Chardonnay-Geschmack, gute Säure.
*Juni 1983 ★★★★*

**FREEMARK ABBEY, RIESLING EDELWEIN** In einer Zeit, in der man in Napa aus Riesling nicht viel machte, ein überaus gelungener erster Einsatz von edelfaulen Trauben. Mit neun Jahren: relativ tiefes Gold mit warmem Orangeschimmer; reiches, honigartiges Bukett; halbsüß, hervorragendes Gleichgewicht von Frucht und Säure. Schöner Wein.
*Juni 1982 ★★★★*

## 1974 ★★★★★

*Ein sehr guter Jahrgang. Viele Aufzeichnungen, aber nur ungefähr ein Dutzend in den 80er Jahren. Die folgenden sind die neuesten.*

**ROBERT MONDAVI, RESERVE CHARDONNAY** Wie üblich jede Menge Informationen: in der dritten Septemberwoche gelesen, kein Schalenkontakt, Saft geschleudert, um ihn schlanker zu machen, 16 Monate in französischer Eiche. Alkohol 13,6% – der Durchschnitt bei einem weißen Burgunder eines Spitzenjahrgangs. Gesamtsäure 7,4 g/l. Restzucker 0,2 g/l. Ziemlich hoher Schwefeldioxydgehalt, der die relativ blasse Farbe erklärt. Erstmals bei «California Wines and the Pursuit of Excellence» im Palais du Congrès von Straßburg bewertet, dann zwei Jahre später noch einmal. Blaß für sein Alter; köstliche wächserne Lanolinnase, eine Verbindung von Delikatesse und Kraft, beide Male schöne ananasartige Frucht notiert, ferner viel Säure; mitteltrocken und trotz seines Alkoholgehalts nicht schwer, wenn auch gewichtig. Scharfer Abgang.
*Zuletzt auf einer von Michael Mondavi «moderierten» Degustation in Miami im Februar 1988 bewertet ★★★★*

**ROBERT MONDAVI, FUMÉ BLANC** 1984 im Zenit, immer noch bemerkenswert frisch, trocken, lebhaft. Jedoch einer Flasche zwei Jahre darauf war das Alter anzumerken: gelber; Nase nicht mehr sortentypisch, ein bißchen firnisartig, würzig; recht ausdrucksarm, flach und fett, mit lockerer Säure.
*Im Juni 1986 war seine beste Zeit vorbei.*

**STERLING, CHARDONNAY** Bereitet von Ric Forman. 1981 sehr helles, relativ blasses Zitronengelb, fast widerlich süßer Geruch und immer noch hart. Zuletzt: jetzt ein tieferes Gelb; gute Weinigkeit, Vanille, Walnüsse; mittelsüß, ziemlich voll und fett, reicher, toastartiger Geschmack, sehr gute Säure.

*Formans Präsentation auf dem Seminar der Hollywood Wine Society im Februar 1989* ★★★

EINE ZUSAMMENFASSUNG VON 74ER CHARDONNAYS AUF EINER DEGUSTATION IM JUNI 1981:

DAVID BRUCE Nicht sehr hell, leicht oxydiert.

CHALONE Der blasseste in der Gruppe, Stich ins Zitronengelbe; klassische sortentypische Chardonnay-Nase, leiser Eichenton, butterig; mittel, weder trocken noch süß, reich, exzellent im Geschmack, frisch wie ein Gänseblümchen. Säure zugesetzt? ★★★★

CHAPPELLET Delikat, trocken, Gleichgewicht und Länge gut ★★★

FREEMARK ABBEY Süß, ein Hauch von Ananas, leicht öliger Geruch und Geschmack. Ananas und Zitrone – erinnerte mich an die Nahe ★★★

HEITZ Im Februar 1976 abgefüllt. Sehr gelb; harmonisches, honigartiges Bukett; trocken und doch reich, Geschmack und Säure exzellent ★★★★

MOUNT EDEN Zurückhaltend, kühl, hart; trocken, mitreißender Geschmack, schöner (eichen) würziger Abgang ★★★★

STONY HILL Sehr erfrischender *Lemon-Curd*-Geruch; hochgetönt, ein bißchen firnisartig, hervorragender Nachgeschmack ★★★

# 1975 ★★★

*In den 80er Jahren nicht viele verkostet.*

HILLS CELLARS, PINOT CHARDONNAY Noch ein Meilenstein, mehr wegen seines Hintergrunds als wegen des Weins. Dieser wurde von Mike Grgich (der sich bei Chateau Montelena einen Namen gemacht hatte) für Austin Hills bereitet: der Anfang der Partnerschaft Grgich/Hills. Der Wein alterte in 60-Gallonen-Fässern aus Limousin-Eiche. Zucker 24,g/l, Gesamtsäure 1,23 g/100 ml. pH-Wert 3,32. Trocken, relativ leicht, gute Säure.
*Februar 1981* ★★

MAYACAMAS, NAPA MOUNTAIN CHARDONNAY Gelb; Chardonnay-Nase; trocken, hervorragende Säure. Nachhaltig.
*Februar 1986* ★★★

JOSEPH PHELPS, SELECTED LATE HARVEST JOHANNISBERG RIESLING Einer der erfolgreichen Wegbereiter von edelfaulen, spät gelesenen Rieslingen. (Phelps experimentierte auch damit, früh zu lesen, solange die Säurewerte noch hoch waren.) Schönes, warmes Gold, mit Orange überhaucht; honig- und pfirsichartige Nase; süß, ordentliches Gewicht, exzellenter Geschmack, mitreißende Säure. Komplett und nach meinem damaligen Urteil lagerfähig.
*Juni 1981* ★★★★★

EINIGE ANDERE 1981 BIS 1982 VERKOSTETE 75ER CHARDONNAYS:

CHATEAU MONTELENA Gut gemacht, weich und doch gute Säure ★★★

FREEMARK ABBEY 1978 frisch und köstlich. Bis Oktober 1982 hatte er an Farbe gewonnen; reiche, wächserne Nase; stämmiger Stil, aber überraschend säurereich ★?

SPRING MOUNTAIN Würzig, aromatisch ★★

# 1976 ★★

*Wenige trockene Weiße von Interesse in meinen neueren Aufzeichnungen, aber vier interessante bis große süße Weine.*

CHATEAU MONTELENA, LATE HARVEST JOHANNISBERG RIESLING Frisches, honigartiges Bukett, überraschenderweise nicht süß, eher wie eine halbtrockene Rheingauer Spätlese. Ziemliche reine Rieslingnase, aber «ausländischer» am Gaumen. Fest. Schwungvoller säurebetonter Abgang.
*Januar 1982* ★★

FREEMARK ABBEY, EDELWEIN SWEET JOHANNISBERG RIESLING Sehr helles und attraktives Gold; wunderbar süßes, reifes Edelfäulebukett mit Honig und Wachs; süß, reich, exzellent in Geschmack und Nachgeschmack.
*April 1980* ★★★★★

MONTEREY VINEYARD, BOTRYTIS SAUVIGNON BLANC Bernstein-Orange; sehr parfümierte, traubige Nase, fast wie Muskateller; ziemlich süß, in etwa wie ein Tokaji Aszú von 4 Putts.
*Februar 1987* ★★

JOSEPH PHELPS, LATE HARVEST JOHANNISBERG RIESLING Erstmals 1980 aus einer halben Flasche verkostet: intensives Goldgelb; sehr reiche Edelfäulenase; süß, intensiv, wie eine gute Beerenauslese. In neuerer Zeit eine Flasche mit der Etikettaufschrift «Selected Late Harvest and Botrytis». Beide ein ziemlich tiefes, warmes Bernstein, fast Hagebutte; prachtvolles, reiches, rosinen- und honigartiges Bukett; sehr süß, fett, voll im Geschmack, faszinierender Schwung und exzellente Säure.
*Zuletzt im Januar 1990 verkostet* ★★★★★

ERWÄHNUNG VERDIENEN:

CHAPPELLET, NAPA CHARDONNAY Blasses Goldgelb; stilvoll, wächsern, Chardonnay-Frucht; trocken, sehr schmackhaft. Vorzüglicher Wein.
*Juni 1984* ★★★★

INGLENOOK, GEWURZTRAMINER Hell, honigfarben; leicht parfümiert; weich, mild traubig, nicht würzig. Molliger als sein Elsässer Namensvetter.
*April 1980* ★★

## 1977 ★

*Einige schlaffe und ziemlich nichtssagende Chardonnays, seit 1986 keinen mehr verkostet. Aller Wahrscheinlichkeit nach inzwischen müde.*

ZU DEN EIGENTÜMLICHSTEN UND BESTEN GEHÖREN:

CUVAISON, NAPA CHARDONNAY Die erstaunlichen 15,1 % Alkohol geben dem Wein einen deutlich süßen Geschmack wie auch Körper. Jung unverbunden, aber mit sieben Jahren recht einnehmend und schmackhaft.
*Zuletzt im Juni 1984 verkostet* ★★

ROBERT MONDAVI, LATE HARVEST JOHANNISBERG RIESLING Zwei Bewertungen. Schon mit noch nicht vier Jahren ein tiefes Bernsteingold, wie ein 47er Climens oder ein alter Tokaji Aszú, Farbton des Saftes durch überreife Beeren; sehr reicher, sehr reiner, honigartiger Edelfäulegeruch; intensiv süß, voll im Geschmack, weich und doch gute Säure, Geschmack und Abgang fabelhaft. Kaum ein Unterschied zwischen ihm und einer Trockenbeerenauslese aus einem deutschen Spitzenweingut.
*Zweimal im Juni 1981 verkostet* ★★★★★

ST. CLEMENT, CHARDONNAY Machte jung einen guten Eindruck. Bukett und Geschmack öffneten sich im Glas. Reich, nussig, butterig. Der alte Stil, den ich mag.
*März 1980* ★★★

SMITH-MADRONE, JOHANNISBERG RIESLING Obwohl ich nichts von «Botrytis» auf dem Etikett sah, muß er spät gelesen sein. Gute Farbe, nicht tief, immer noch mit grünen Reflexen; schöne, frische, fruchtige Nase, honigartig; halbsüß, schönes Gleichgewicht von Frucht und Säure.
*Juni 1986* ★★★★

## 1978 ★★★★

*Ein sehr befriedigender Jahrgang. Ich besitze viele Aufzeichnungen, und alle Traubensorten scheinen erfolgreich gewesen zu sein. Da jedoch die meisten um 1981 bis 1983 herum verkostet und getrunken wurden, werde ich mich in der Liste auf diejenigen beschränken, die ich besonders interessant fand.*

DAVID BRUCE, SANTA CRUZ CHARDONNAY Dr. Bruces Weinberg und Kellerei liegen hoch oben in den Hügeln, ein gutes Stück südlich von San Francisco und nahe dem Epizentrum des Erdbebens von 1989. Tief und butterig gelb, wie ein junger Yquem eines guten Jahrgangs; großartige Nase: duftig, Vanille, ein Hauch von Gras, von Eiche; reicher, kraftvoller, rauchiger Geschmack, immer noch ein bißchen hart.
*Zuletzt im November 1981 verkostet. Damals* ★★(★★) *Ich frage mich, wie es ihm ergangen ist.*

FIRESTONE, CHARDONNAY Noch weiter im Süden, landeinwärts von Santa Barbara. Gute butterige Farbe; sehr ausgeprägte reiche, wächserne, fruchtige Nase, erinnerte mich in Gewicht und Stil an einen 59er Bâtard-Montrachet. Sehr reicher, honigartiger Chardonnay mit einem schönen, rauchigen Nachgeschmack. Es fehlte ein wenig an Säure. Heutzutage ein sehr unmoderner Stil.
*Januar 1983. Damals* ★★★★ *Wahrscheinlich weit über die beste Zeit hinaus.*

TREFETHEN Ebenfalls mehrere Bewertungen, einer ihrer besten, guter Geschmack und Abgang.
*Zuletzt im April 1987 verkostet* ★★★

ANDERE 78ER CHARDONNAYS, DIE BEI DER VERKOSTUNG ANFANG DER 80ER JAHRE EINEN GUTEN EINDRUCK MACHTEN:

CARNEROS CREEK Schwer, aber schmackhaft ★★

CHAPPELLET Grasig, butterig ★★★

CHATEAU MONTELENA Schwerer, butteriger Stil (14,3 % Alkohol), gut, aber im Abgang mangelhaft ★★

CHATEAU ST. JEAN Sehr gelb, wächsern ★★

FREEMARK ABBEY Schön, aber Säure zugesetzt? ★★★

GRGICH HILLS Hochglänzendes Zitronengelb; reich, ölig; faszinierend und ansprechend, aber ein bißchen unausgeglichen ★★(★)

LAMBERT BRIDGE Butteriges Gelb; Krustenbrot-Chardonnay; guter Geschmack, es fehlte an Länge ★★★

MARK WEST Ordentliche Qualität, gute Länge ★★

MATANZAS CREEK Prachtvolles reifes Bukett; zarter, pfirsichartiger Duft, vollendetes Gleichgewicht ★★★★

ROBERT MONDAVI, RESERVE Mehrere Bewertungen. Altmodisches Butterblumengelb; gute Nase; rauchiger, eichener Geschmack. Gute Säure ★★★

ST. CLEMENT Sehr guter Geruch und Geschmack. Lebhaft. Gute Länge ★★★(★)

STAG'S LEAP WINE CELLARS Ein herrlicher Mundvoll Wein. Überragend in Geschmack, Extrakt, Länge ★★(★★)

STONY HILL Viele Bewertungen, denkwürdig davon die in der Oyster Bar bei Grand Central Station in New York entstandenen. Schmackhaft, gut, nicht groß ★★★

ANDERE REBSORTEN UND STILE:

ROBERT MONDAVI, FUMÉ BLANC Bob war der Pionier und große Werbetrommler dieses sinnig benannten Sauvignon Blanc, und der 78er war einer seiner besten. Trocken, fest, schmackhaft. Immer gewichtiger als das Gegenstück von der Loire, aber, wie wir gesehen haben, nicht gut haltbar.
*Zuletzt im Oktober 1981 verkostet* ★★★ *Das war wahrscheinlich die beste Zeit.*

ROBERT MONDAVI, JOHANNISBERG RIESLING Erstmals 1984 als «Special Bunch Selection» bewertet. Warmes, orange überhauchtes Gold; schöner, honigartiger Edelfäulegeruch; süß, voll, fett, reich und doch sehr fest, mit guter Säure ★★★★★

ROBERT MONDAVI, JOHANNISBERG RIESLING LATE HARVEST Tiefes Orangegold; tiefes, rosinen- und honigartiges Bukett; am Gaumen ebenfalls süß, mit Geschmack nach angesengten Sultaninen und parfümiertem Abgang, immer noch recht hart.
*Im Januar 1988 verkostet* ★★★★(★) *Wird sich halten.*

PHELPS, SELECTED LATE HARVEST JOHANNISBERG RIESLING Alkohol 10%, Restzucker außergewöhnliche 30%. Erstmals im Juni 1981 verkostet. Trotz seiner Jugend komplett. Vier Jahre später: erstaunliche Farbe, leuchtendes, orange überhauchtes Bernstein; fabelhaft reiche Nase, honigartig; unglaublich süß und doch nicht schwer oder plump wegen der lebhaften ausgleichenden Säure. Wie eine große Trockenbeerenauslese.
*Zuletzt im März 1985 verkostet* ★★★★★

RUTHERFORD HILL, GEWURZTRAMINER Relativ blasses Gelb; delikat, pikant, parfümiert – nicht sehr würzig, aber gut; mitteltrocken, delikater traubiger Geschmack, guter, trockener Abgang. Einer der befriedigendsten, an die ich mich erinnern kann.
*Juni 1981* ★★★

ANDERE RIESLINGE:

MONTEREY, THANKSGIVING HARVEST Sehr gelb; Geruch nach Kerosin, wie der Maschinenraum eines alten Fischerbootes, bei dem das Meerwasser hereinkommt; halbsüß, positiv und doch hohl. Interessant.
*Juni 1984* ★

TREFETHEN Halbtrocken, mollig für einen Riesling, aber ordentliche Säure. Zum baldigen Trinken.
*Oktober 1982* ★★

## 1979 ★★★

*Eine überraschend umfangreiche Palette von Chardonnays verkostet, aber fast alle zwischen 1981 und 1983, nur wenige mit fünf oder sechs Jahren, meistens recht angenehm, wenn auch etliche «Zwei-Schluck-Weine» waren, wie ich sie nenne: nach dem zweiten Schluck verliert man das Interesse.*

CHATEAU ST. JEAN, ROBERT YOUNG VINEYARD SELECTED LATE HARVEST JOHANNISBERG RIESLING Warmes Orange-Bernstein; hervorragendes Bukett, Frucht und Honig; süß, Pfirsich- und Aprikosengeschmack, beschwingte Säure.
*April 1987* ★★★★ *Jetzt vorzüglich. Wird sich halten.*

STONY HILL Gut bereitet, wenn auch wenig aufregend, jung besser, denke ich.
*Zuletzt im Februar 1987 verkostet* ★★

KURZE BEWERTUNGEN EINIGER ANFANG BIS MITTE DER 80ER JAHRE VERKOSTETER 79ER CHARDONNAYS:

ACACIA Nase viel zu kräuterwürzig; trockener, kraftvoller Wein ★★★

CHALONE Reich, duftig, attraktiv ★★(★)

CHATEAU ST. JEAN Duftig, wohlgeformt, reizvoll ★★★(★)

CONN CREEK Fest und schmackhaft ★★★

FREEMARK ABBEY Sehr guter Geschmack, reich, gute Säure ★★★

GRGICH HILLS Sahnig, elegant, stilvoll; leicht getoasteter Geschmack, hervorragende Säure ★★★★

LAMBERT BRIDGE Vanille und Ananas ★★(★)

MATANZAS CREEK 73 % aus Sonoma, 27 % aus Napa. Duftig, wie frisches Krustenbrot; guter, lebhafter, eichener Geschmack, flaut allerdings etwas ab ★★★

ROBERT MONDAVI, RESERVE Butterblumengelb; butterig, ein Hauch von Süße, weich und relativ fett ★★★

J. W. MORRIS, BLACK MOUNTAIN VINEYARD Sehr blaß; zitronig; trocken, säurereich, dürftig.

MOUNT EDEN, SANTA CRUZ Sehr trocken, schlank, ausgewogen ★★★

STAG'S LEAP WINE CELLARS Gute Farbe; wunderschöne Geruchsentwicklung; hervorragender Geschmack, ausgewogen ★★★★

STONEGATE Guter Geschmack, Gleichgewicht ★★★

## ANFANG DER 80ER JAHRE VERKOSTETE FUMÉ BLANCS:

CHATEAU ST. JEAN Überragend. Ganz anders als alle anderen Fumé Blancs: außergewöhnliche Nase, Ananas, sehr reife Trauben, reich, entwickelte einen würzigen Sauvignon-Blanc-Duft; vorzüglicher Geschmack, reiche Mitte, trockener Abgang. Zu kalt serviert, aber wurde mit Erwärmung besser, ganz wie ein erstklassiger weißer Burgunder ★★★★★

ROBERT MONDAVI Grasartiger Sauvignon Blanc; gut bereitet ★★★

## 1980 ★★★

*Wieder eine breite Palette von Chardonnays, größtenteils zwischen 1982 und 1984 verkostet und getrunken, dazu andere reinsortige Weine. Allgemein gut bis sehr gut.*

## EINIGE VON 1985 AN VERKOSTETE BESSERE 80ER CHARDONNAYS:

ACACIA Ausgeprägt gelb; sehr reicher, kräuterwürziger Geruch und Geschmack. Ein kraftvoller Wein.
*September 1985* ★★★

CLOS DU BOIS, FLINTWOOD Spät gelesen, 100 % biologischer Säureabbau, im März 1981 immer noch tätig, zwölf Monate in Holz. Reiche, leicht ölige Vanillinnase; weich, ansprechend, es fehlte etwas an Länge.
*Juni 1986* ★★

MARK WEST, RUSSIAN RIVER Weiche Vanillinnase; sehr schmackhaft, gute Länge, zitronenartige Säure.
*Zuletzt im Februar 1987 verkostet* ★★★

STONY HILL Mehrere Bewertungen Mitte der 80er Jahre. Nimmt jetzt Farbe an, wachsgelb; auch recht wächserne Nase; trocken, ziemlich voller Körper, eine Idee Eiche im Abgang. Gut bereitet und nachhaltig.
*März 1989* ★★★

ZD Sehr ausgeprägtes Gelb; Nase wie Krustenbrot; trocken, ziemlich stämmig, der Geschmack dehnte sich im Mund aus, Frucht und Nachgeschmack gut.
*Zuletzt im April 1987 bewertet* ★★★

## EINIGE 80ER CHARDONNAYS, DIE IN DEN FRÜHEN 80ER JAHREN EINEN GUTEN EINDRUCK MACHTEN:

BERINGER, PRIVATE RESERVE Bei 24,4 Brix gepflückt, sieben Monate in Nevers- und Limousin-Eiche gealtert: mitteltrocken und -gewichtig, etwas butteriger Stil, schmackhaft, frische Säure, die ein sauberes Mundgefühl gab ★★★(★)

EDNA VALLEY Viele Bewertungen: angekohlter, toastartiger, rauchiger Geruch und Geschmack. Ziemlich trocken, gut und, vermute ich, mit zugesetzter Säure. Sehr schmackhaft ★★★

GRGICH HILLS Attraktiver altmodischer Stil; trocken, lebhaft, fabelhafter Nachgeschmack ★★★★

RUTHERFORD HILL Geradlinig, attraktiver Geschmack und entsprechende Struktur ★★★

TREFETHEN Duftig in Aroma und Nachgeschmack. Trocken. Schmackhaft ★★(★)

## ANDERE REINSORTIGE WEINE:

BERINGER, NIGHTINGALE BOTRYTISED NAPA VALLEY SEMILLON Benannt nach dem namhaften Kellermeister Myron Nightingale. Ein rechtschaffener Versuch, einen Napa-«Sauternes» zu machen. Frische, grasige Nase, eher Sauvignon Blanc als Sémillon, Vanille und lebhafte Frucht. Halbsüß, exzellent in Geschmack, Gleichgewicht und Säure.
*Juni 1984* ★★★

CHRISTIAN BROTHERS, FUMÉ BLANC Mont-La-Salle-Hundertjahresflasche. Außerordentlich

nachhaltig: gute, mittelblasse Farbe; reiche, grasige, parfümierte Nase; mitteltrocken, reicher, minziger Geschmack, kurzer, harter Abgang.
*April 1991* ★★★

JEKEL, LATE HARVEST JOHANNISBERG RIESLING 1984 überragend, im Stil einer Beerenauslese. Danach: reiches Bernstein, goldenes Funkeln, grüner Rand; reiche, honigartige Rieslingnase, «Kerosin»; sehr süß, schöner pfisichartiger Geschmack, eher pappig, leicht künstlich, säurebetonter Abgang. Sehr attraktiv. Mit fünf bis sieben Jahren wahrscheinlich am besten gewesen.
*März 1990* ★★★★

PHELPS, EARLY HARVEST RIESLING Eine interessante Entwicklung. Früh gelesen, um die Säure einzufangen, bevor sie so tief fiel, daß ein Säurezusatz erforderlich gewesen wäre. Ziemlich blaß; leicht traubiges Aroma, ziemlich trocken, leicht (11% Alkohol), guter, sauberer, säurebetonter Abgang.
*Juni 1981* ★★★

STONY HILL, WHITE RIESLING Sehr duftig, blumig, etwas minzig; relativ leichter, sehr ansprechender Geschmack, fester, trockener Abgang. Ein Stil, den ich mag.
*Juni 1983* ★★★

# 1981 ★★★★

*Ein faszinierender, reizvoller Jahrgang. Beim Durchlesen meiner Aufzeichnungen läuft mir das Wasser im Mund zusammen. Ein heißer Sommer und eine frühe Lese sind der Bereitung von frischen, trockenen Weinen nicht förderlich, aber die besten Kellermeister wurden bewundernswert damit fertig, wenn ich auch etliche Säurezugabe vermerkte – die Endsäure war nicht ganz verbunden. Der Witterungsumschwung Mitte September, der mit einem mächtigen Gewitter im späten Oktober endete, ermöglichte die Bereitung einiger superber Spätleseweine aus Beeren, die man zur Entwicklung von Edelfäule hängengelassen hatte.*

*Die meisten meiner Bewertungen entstanden 1983 und 1984. Einige der neueren folgen.*

CHALONE, CHARDONNAY Immer noch blaß, mit deutlichem Stich ins Grüne; sehr entgegenkommendes duftiges Bukett und entsprechender Geschmack. Trocken, recht schlank, eichen.
*April 1987* ★★★

FRANCISCAN, CHARDONNAY Der erste originalabgefüllte Chardonnay aus siebenjährigen Reben auf ihrem Alexander Valley Vineyard. Der Wein bekam den «letzten Schliff» von Tom Farrell, zuvor Kellermeister bei Inglenook. Erstmals im

Oktober 1982 verkostet: ein hochglänzender, schmackhafter Wein mit einem schönen, butterigen, eichenen Nachgeschmack. Im Frühling darauf parfümierte Vanille. Zuletzt trotz eines merkwürdig gestempelten Pilzkorkens, den ich ohne die Hilfe eines Schraubspindel-Korkenziehers herausbrachte, immer noch sehr gut: mittelblasses Gelb; leicht ölige, ziemlich germanische Nase, Vaseline, honigartiges Flaschenalter; mitteltrocken, überraschend gefälliger Geschmack, gute Länge, trockener, locker säurebetonter Abgang. Die beste Zeit vorbei, aber ganz gut.
*April 1991* ★★★

GRGICH HILLS, FUMÉ BLANC Ein unerhört aufregender Wein: glanzhell; sehr ausgeprägtes blumiges, minziges, kräuterwürziges Aroma; trocken, köstlich, sehr gute Säure.
*Mit Marvin Shanken und Fritz Hatton in der Oyster Bar bei Grand Central Station im Februar 1986* ★★★★

KISTLER, CHARDONNAY Ziemlich tiefes Gelb; reife, wächserne Nase; ein ziemlich stämmiger, reicher Wein, schmackhaft, aber mit Alterserscheinungen.
*Februar 1989* ★★

ROBERT MONDAVI, CHARDONNAY Höchst ungewöhnlicher Geruch und Geschmack, wie Litschis; mitteltrocken, relativ mollig, es fehlte an Pfiff.
*Januar 1988* ★★

ROBERT MONDAVI, RESERVE CHARDONNAY 13,6% Alkohol, 7,4 g/l Gesamtsäure, neun Stunden Schalenkontakt, nicht geschleudert, 100% neue französische Eiche. Absolut superb bei der ersten Verkostung im April 1985. Reich, große Kraft, Länge. Ein Jahr später: sehr positives Goldgelb; schöne Nase, reife Chardonnay-Trauben, sehr eichen; exzellenter Geschmack, weich, relativ hoher Gehalt an Endsäure.
*Zuletzt im September 1986 verkostet* ★★★★

SONOMA-CUTRER, CHARDONNAY Diese Russian-River-Kellerei hat sich auf Chardonnay spezialisiert. Eine wunderbare Farbe; sahnige, butterige Nase; fabelhafter Geschmack, kraftvoll, eichen.
*Juni 1984* ★★★★

SONOMA-CUTRER, CUTRER VINEYARD Chardonnay-Geruch und -Geschmack mit einem Spritzer Zitrone; süßer, vorzüglich.
*Juni 1984* ★★★★★

SONOMA-CUTRER, LES PIERRES VINEYARD Anfangs härter, verschlossener; große Länge, großes Potential. Zwei Jahre später ein prachtvolles Goldgelb mit einer Idee Limone; süße, reiche,

toastartige Nase; ziemlich trocken, körperreich (14,2% Alkohol), mit einer feschen Note leichtmachender Säure.
*In der Kellerei, Juni 1986. Damals* ***(**) *Bin gespannt, wie er sich entwickelt hat.*

TREFETHEN, CHARDONNAY Gute Tiefe, sehr duftig; schmackhaft, butterig.
*März 1989* ***

EINIGE ANDERE CHARDONNAYS, DIE ANFANG BIS MITTE DER 80ER JAHRE EINEN GUTEN EINDRUCK MACHTEN:

ACACIA, WINERY LAKE Gelb; blumig, parfümiert, elegant ****

S. ANDERSON Pures Gold; hohe Qualität ***(*)

BERINGER, PRIVATE RESERVE Reich, Kräuter; weich, Geschmack dehnt sich im Mund, geschickter Einsatz von Eiche, duftig ****

DELOACH, RUSSIAN RIVER Überwältigende, parfümierte, duftige Nase; mitteltrocken, sehr schmackhaft, hervorragender Nachgeschmack **(**)

DOLAN (Bereitet von Fetzers Kellermeister von Trauben aus seinem eigenen kleinen Weinberg.) Himmlische, duftige Nase; nussig, eleganter Eichenton ***

KALIN, CUVEE D Blaß; frisch, immer noch jugendlich; gutes Anschwellen des Geschmacks, eine Idee Eiche ***

STAG'S LEAP WINE CELLARS Wunderschön bereitet. Harmonisch, elegant, schöner Geschmack, Struktur, Länge und Nachgeschmack gut ****

ANDERE ANFANG BIS MITTE DER 80ER JAHRE VERKOSTETE REINSORTIGE WEINE: MEHRERE NICHT BESONDERE CHENIN BLANCS UND RECHT GUTE GEWÜRZTRAMINER, VON DENEN PHELPS DER BESTE WAR.

CHALONE, PINOT BLANC Hochglänzend, sehr burgundisch, trocken, großartiger Säure, spröde ***(*)

DELOACH, ZINFANDEL BLANC Erste Probe eines der «errötenden» Weine. Blasses, leicht orangegetöntes Rosé; guter frischer, fruchtiger Geruch und Geschmack. Sehr ansprechend ***

STONY HILL, WHITE RIESLING Wunderschön gemacht, attraktiv, leicht traubige Nase, halbtrocken, perfektes Gleichgewicht ****

DESSERTWEINE:

FELTON EMPIRE, SELECT LATE HARVEST Riesling Goldgelb; hervorragender honigartiger Edelfäulegeruch; süß, reich und doch schlank. Geschmack nach Honig und Rosinen. Hervorragende Säure.
*Juni 1986* ****

FIRESTONE, SELECTED HARVEST JOHANNISBERG RIESLING ‹THE AMBASSADORS› VINEYARD 23,5 Brix. Mitteltiefes Orangegold; sehr reiche, traubige Nase; süß, mollig, Geschmack, Länge, Säure und Nachgeschmack fabelhaft.
*Im Oktober 1984 in der Weinkellerei verkostet* *****

ROBERT MONDAVI, BOTRYTIS JOHANNISBERG RIESLING Vom Weinberg Oakville. Zukker 34 Brix, 9% Alkohol. Einnehmende apfelgoldene Farbe; sehr guter Edelfäulegeruch, Aprikosen, honigartig; halbsüß, gute, reiche Mitte, scharfer, trockener, säurebetonter Abgang.
*Juni 1985* ***(*)

ROBERT MONDAVI, BOTRYTIS SAUVIGNON BLANC (15% Sémillon) Ebenfalls von ihrem Weinberg Oakville. Zucker bei der Lese 34,6 Brix, gemessener Restzucker 95 g/l. Erstmals im November 1984 verkostet: vorzüglich. Hatte mehr Flaschenalter nötig. Im Frühling darauf blind vorgesetzt: Abgesehen von der ein wenig unverwobenen Nase kam es mir gar nicht in den Sinn, daß es etwas anderes als Sauternes sein könnte. Er hatte die Duftnote eines 67er Yquem, die Qualität eines Climens aus einem Spitzenjahr. In neuerer Zeit: strahlend helles Goldgelb; stämmige, ölige, minzige, reiche Feigen- und Honignase; süß, fast aufdringlich, voll, reich, lebhafte Säure mit Honig und Zitrone. Bemerkenswert.
*November 1987* ****(*)

QUADY, ORANGE ESSENCIA Die erste kommerzielle Orange-Muscat-Abfüllung in Kalifornien, inzwischen natürlich gut bekannt. Auffälliges Etikett. Bernsteinfarbe; der erste Hauch erinnerte mich an Tee, aber süß, ganz leicht karamelartig; halbsüß, an Tokajer erinnernd, hervorragende Säure. Trotz 15% Alkohol leicht im Stil. Für mein Gefühl weder von Orangenblüten noch von Muskat viel zu merken, aber sehr ansprechend.
*Ahwahnee Lodge, Yosemite, mit den Adamsons im Juni 1983* ***

# 1982 ★ bis ★★★

*Der lange kühle Sommer verlangsamte die Reifung, trotz Erwärmung Ende August und Anfang September. Dann Regen, ein tropisches Gewitter. Laut meinen Urteilen kein gutes Chardonnay-Jahr, «hart», «säurereich», «bitterer Abgang», «kurz», «scharf» tauchen häufig auf. Für einige der anderen reinsortigen Weine besser. Die meisten meiner Aufzeichnungen entstanden um 1984/85.*

CUVAISON, CHARDONNAY Trocken, eichen, eindringlich, aber hart und kurz.
*Zuletzt im Januar 1987 verkostet* ★

HANZELL, CHARDONNAY Goldgelb; Honig und Ananas; reich, butterig, auf seine Art köstlich.
*Mai 1993* ★★★

ROBERT MONDAVI, RESERVE CHARDONNAY Nussiger, aber nicht sehr ausgeprägter Geruch und Geschmack. Trocken. Passable Länge.
*Zuletzt im Januar 1990 verkostet* ★★

ST. CLEMENT, CHARDONNAY Ziemlich tiefes Strohgelb mit Anzeichen der Oxydation; müder Geruch; kein schlechter Geschmack, aber Alterserscheinungen.
*November 1988.*

SIMI, CHARDONNAY Sehr ansprechende Nase, Zitrone, Vanille, krustiges Brot; Geschmack, Länge und Säure gut.
*Zuletzt im April 1987 verkostet* ★★★

SONOMA-CUTRER, LATE HARVEST CHARDONNAY Ungewöhnlich, ein Chardonnay mit Edelfäule, und der erste bei Sonoma-Cutrer: goldgelb; zurückhaltend, Honig; ziemlich süßer, relativ voller Geschmack, reiche Struktur, exzellente Säure.
*Zuletzt verkostet im März 1992* ★★★

ÜBERWIEGEND MITTE DER 80ER JAHRE VERKOSTET:

ACACIA, CHARDONNAY Eher wie ein fetter Sancerre, sehr trocken, «grün», bitter.

FREEMARK ABBEY, RIESLING EDELWEIN Der vierte Edelwein-Jahrgang. Ich verkostete ihn als Traubensaft im Oktober 1982: immer noch milchig, wolkig, aber sehr süß, köstlich und überhaupt nicht hefig.

GRGICH HILLS, LATE HARVEST JOHANNISBERG RIESLING Lebhafter, jugendlicher, öliger Rieslinggeruch und -geschmack. Rauhe Säure. Der einzige Grgich-Wein, aus dem ich mir nichts machte.

JORDAN, CHARDONNAY Aufdringlich, eichen, unverwoben ★

MIRASSOU, LATE HARVEST RIESLING (25% mit Edelfäule) Gelb; zart, duftig, grasiger Unterton; halbsüß, ganz angenehm, aber kurz ★

ROBERT MONDAVI, MOSCATO D'ORO Relativ blasses Gelb; angenehmes leichtes Muskatelleraroma; mittelsüß, recht leicht, erfreulicher Geschmack, aber kurz ★★

ROBERT PECOTA, MOSCATO DI ANDREA Sehr blaß, ins Grüne spielend; in Aroma und Geschmack ähnlich wie der von Mondavi. Ein Charmeur mit hübschem Schwung, ganz leichte Bläschenbildung ★★★

PHELPS, GEWURZTRAMINER Blaß; hervorragender Geruch – ich dachte, er wäre von Trimbach; trocken, in Körper und Säure besser als manche Elsässer Gewürztraminer, sehr attraktiv★★★

SHAFER, CHARDONNAY Delikat, sehr gut ★★★

SONOMA-CUTRER, LES PIERRES CHARDONNAY Sehr duftig, aber zu aufdringlich ★★

SOUVERAIN, MUSCAT CANELLI Ausgeprägte Traubigkeit mit «Katerton»; mittelsüß, leicht in Stil und Gewicht, sehr schmackhaft, duftiger Nachgeschmack. Ein Goldmedaillengewinner ★★★★

# 1983 ★★ bis ★★★★

*Mäßiger Jahrgang, nach meinen Aufzeichnungen zu urteilen: fast alle 1985 bis 1987 verkostet und getrunken. Allerdings spektakuläre Spätleseweine.*

GRGICH HILLS, CHARDONNAY Positive gelbe Farbe; Vanillinnase; weniger rund als eckig, aber guter Geschmack und sehr trockener, eichener Abgang.
*Zuletzt im Februar 1988 verkostet* ★★★

HANZELL, CHARDONNAY Wiederum ein außergewöhnlicher Hanzell-Wein im alten Stil. Wohlriechend, stilvoll, alkoholreich (13,9%), aber erfrischend.
*Mai 1993* ★★★

ROBERT MONDAVI, RESERVE CHARDONNAY 96% im Faß vergoren, «über 90%» zehneinhalb Monate in französischer Eiche. Alkohol 13,6%. Sehr positives Gelb; attraktive blumige Nase mit lebhafter, frischer Frucht; mitteltrocken, klar, schöner Chardonnay-Geschmack, Eiche, ein Anflug von Ananas.

*Im Februar 1988 auf dem Mondavi-Seminar in Miami auf dem Gipfel* ★★★★

SIMI, RESERVE CHARDONNAY Stilvolle, vielleicht reichere und «öligere» Nase als Mondavi; in Trockenheit und Gewicht ähnlich, eichen.
*Juli 1990* ★★★★

EINE AUSWAHL DER BESTEN VOR 1988 VERKOSTETEN 83ER CHARDONNAYS:

S. ANDERSON Duftig, honigartig; trockener, positiver Geschmack, merkliche Säure ★★★

DAVID BRUCE Trocken, frisch, schön in Geschmack und Nachgeschmack ★★(★)

CHALONE, MONTEREY Kräuterwürzig; körperreich, frisch, trocken ★★(★)

CUVAISON Erfrischend, schmackhaft, gute Länge ★★★

FAR NIENTE Urteile reichen von «mit leichtem Korkgeschmack»/holzig bis «wie Leflaive», klassisch in Gewicht und Stil im besten Fall. Zuletzt in einer *Jéroboam*: reich, doch es fehlte an Pfiff. Beste Note ★★★ ?

MAYACAMAS Gut, aber teuer ★★★

PHELPS Frucht, Geschmack, Länge gut ★★★

SHAFER Harmonisch, schön ★★★

SONOMA-CUTRER, LES PIERRES Frisch, mitteltrocken, ordentliche Qualität ★★★

STONY HILL Duftig ★★★

VICHON Trocken, fest, elegant ★★★

ANDERE MITTE DER 80ER JAHRE VERKOSTETE REINSORTIGE WEINE:

CHALONE, PINOT BLANC Eine interessante Rebsorte, die um die frühen 80er Jahre erstmals auf sich aufmerksam machte. Nicht leicht zu bestimmen, aber Chalone ist extrem angenehm, weich und doch mit vollendeter Säure ★★★

DRY CREEK, FUMÉ BLANC Gute Frucht und Säure, typisch für Sauvignon Blanc die Schwarzen Johannisbeeren, das Wasser lief mir im Mund zusammen ★★★

GRGICH HILLS, FUMÉ BLANC Nicht der erste Jahrgang, den ich von Grgichs Fumé Blanc verkostete, aber derjenige, der im Juni 1985 mein Interesse weckte: ein (kräuter)würziger, beschwingter Wein, lebhaft, mitreißend, neben dem das Vorbild

Mondavi – der 83er bestimmt – leider Gottes schwerfällig und stumm wirkt.
*Im Casablanca, Santa Cruz* ★★★★ *Der jugendliche Charme ist inzwischen wahrscheinlich verflogen.*

KÖSTLICHE SPÄTLESEWEINE:

BERINGER, NIGHTINGALE BOTRYTIS RIESLING Aroma nach Wachs, Honig, Ananasschalen und Stachelbeeren, «Jungmädchenachselhöhlen»! Traubiger Geschmack, seidige Struktur.
*Dezember 1989* ★★★★

CHATEAU ST. JEAN, GEWURZTRAMINER Der erste Spätlesewein von dieser Rebsorte, den ich je probiert habe. Schön parfümiert, honigartige Edelfäule, Rosenpastillen und Litschis in Geruch und Geschmack. Süß. Reich. Vorzüglich.
*Februar 1985* ★★★★

CHATEAU ST. JEAN, RIESLING SPECIAL SELECTION Großartig. Sahnig; fett, lecker.
*November 1987* ★★★★★

CLOS DU BOIS, JOHANNISBERG RIESLING Im Dezember 1983 abgefüllt, hat die frische Frucht und Säure eingefangen. Aprikosen, Honig, süß, ein bißchen rauh.
*Juni 1986* ★★

PHELPS, SPECIAL SELECTION JOHANNISBERG RIESLING Süß, stilvoll, elegant.
*November 1987* ★★★★

STAG'S LEAP WINE CELLARS, SELECT LATE HARVEST WHITE RIESLING Zucker 31 Gew.-Prozent. Ein «Glückswein» in kleinster Menge von Dirk Meyers Weinberg, die Süße einer feinsten Auslese, feine Rosinen, schlank verglichen mit anderen in dieser Art. Mehrere Bewertungen.
*Zuletzt im März 1986 verkostet* ★★★★

## 1984 ★ *bis* ★★★★

*Ein ziemlich stämmiger, heißer Jahrgang, Bedingungen ungünstig für Edelfäule, daher keine meiner geliebten Spätleseweine. Die meisten meiner Aufzeichnungen entstanden 1986 und 1987. Allgemeine Urteile über die Chardonnays sind unmöglich: manchen fehlt es an Säure, andere wieder sind sehr säurereich. Die Rieslinge scheinen weich zu sein, die Sauvignon Blancs genauso unterschiedlich, aber jedenfalls jung zu trinken.*

EDNA VALLEY, CHARDONNAY Ein Beispiel für die zunehmende Komplexität kalifornischer Weine. Eine interessante Partnerschaft zwischen Paragon Vineyard, dem bedeutendsten Weinbaubetrieb der Gegend, und Chalone, verantwortlich für die Weinbereitung und den Verkauf. Sehr

reiche, grasige Nase, die sich im Glas prachtvoll entwickelte, Butter und Ananas; körperreich (13,9% Alkohol), aber nicht stämmig, sehr attraktiver eichener Geschmack und Nachgeschmack, gute Länge und Säure.
*April 1987* ★★★★

IRON HORSE, CHARDONNAY Angebaut in West-Sonoma, einer kühlen Küstenregion. Beeren früh gelesen, am 2.September, zwölf Stunden an der Maische, 65% in kleinen französischen Eichenfässern vergoren, der Rest in französischen und jugoslawischen Kufen. Vier Monate in kleinen französischen *barriques* gealtert. Erste Notiz über seinen außerordentlichen Geruch im Februar 1987. Zuletzt: jetzt mittelblasses Gelb; Geruch immer noch schön, wächserne Weinigkeit, eine Schicht «grüne» Frucht darunter; mittel – nicht sehr trocken, relativ voll, sehr guter, reicher Chardonnay- und Eichengeschmack, trockener Abgang. Hat sich gut gehalten.
*März 1991* ★★★★

KURZE BEWERTUNGEN EINIGER CHARDONNAYS:

GRGICH HILLS Knochentrocken und sehr säurebetont.
*Juni 1986* ★

JORDAN Stämmiger Stil.
*Juli 1987* ★★

KISTLER Betont trocken, gute Frucht, spröde.
*Februar 1987* ★★(★)

ROBERT MONDAVI, RESERVE Viele Bewertungen. Schöner rauchiger, eichener, angekohlter Geschmack.
*Zuletzt im Februar 1988 verkostet* ★★★★

MONTICELLO, JEFFERSON RANGE CHARDONNAY Schöner Geschmack.
*Zuletzt im Februar 1987 verkostet* ★★(★)

SIMI, CHARDONNAY Sehr trocken, unter dem Niveau.
*Juli 1987* ★

EINE ERWÄHNUNG VERDIENEN:

GRGICH HILLS, FUMÉ BLANC Leicht, fesch, der beste von neun Sauvignon Blancs.
*Februar 1988* ★★★

QUADY, ORANGE MUSCAT ESSENCIA Orange überhauchtes Bernsteingold; sehr fremdartiger Geruch nach Gerstenzucker und Zelluloid; ziemlich süßer, kraftvoller Geschmack, Aprikosen, eine Spur von Muskat, sehr hohe Endsäure. Originell, aber nicht ganz aus einem Guß.
*Juni 1987* ★★

**1985** ★★★★★

*Für Weiße ein genauso guter Jahrgang wie für Rote, überhaupt für alle reinsortigen Weine. Die besten Chardonnays nähern sich ihrem Gipfel, aber werden sich weiterentwickeln und gut halten. Es ist schwer, einen Anfang zu machen, so daß ich mich auf die interessanteren Chardonnay-Degustationen konzentrieren werde.*

CLOS DU BOIS, CHARDONNAY Die ich für ihre «Normalqualität» halte, war recht neutral, dumpf und zu knapp in der Länge.
*Februar 1987.*

CLOS DU BOIS, FLINTWOOD Ziemlich ausgeprägte gelbe Farbe, aber ein merkwürdiger, dünner, leicht medizinaler Vanillingeruch und -geschmack.
*Juli 1987.*

CLOS DU BOIS, CALCAIRE Im Juli 1987: klassischer Chardonnay-Geruch und -Geschmack. Im selben Jahr noch: sahnig, kraftvoll, aber ohne Grobheit. Zuletzt: gelb; gute «wächserne» Nase, mitteltrocken, sehr attraktiv.
*Januar 1990* ★★★

NEWTON Eine sehr interessante Degustation im Juni 1986 in der neuen Weinkellerei (gebaut von dem Engländer, der Sterling geschaffen hatte und dann verkaufte), und zwar von mehreren «natürlichen», das heißt nicht «gesäuerten» Chardonnays von verschiedenen Lagen: Hudson in Carneros, gelesen bei 23 Brix, jugendlich, Ananas, formt sich im Mund angenehm aus; von Konsgaard im Napa Valley, einem Stony-Hill-Klon, pfirsichartiger, fetter und eindringlich; und zwei von Dr. Bob Adamsons Rutherford Vineyard, einer bei 21 Brix gelesen, der nächste zwei Wochen später bei 23 Brix, der erste mit merklich höherer, rauher Säure, der zweite weicher, voller, fleischiger. Das Ergebnis schließlich, in das noch Trauben von zwei anderen Winzern kamen, kombinierte sich in der Nase gefällig, voll und pfirsichartig, war am Gaumen aber zu ausdrucksarm (neutral, weich). Zuletzt: hat sich gut gemacht, reicher Chardonnay-Geruch; ziemlich trocken und körperreich, Gleichgewicht und Länge gut.
*April 1990* ★★★

SONOMA-CUTRER, FOUNDER'S RESERVE CHARDONNAY Cremig, reich; trocken, eichen.
*Doppelmagnum beim Dîner der Bacchus Society, Boston, März 1992* ★★(★★)

SONOMA-CUTRER, LES PIERRES Dreimal verkostet: blaß, Stich ins Grüne, glanzhell; sehr markanter Geruch und Geschmack: wuchtig, reich, eichen, Ananas- und Zitronensäure. Köstlich. Viel Zeit zur Verfügung.
*November 1987. Damals* ★★(★★)

### Domaine Woltner, Woltner Estate

Nach langjähriger Bekanntschaft mit François Dewavrin und seiner Frau Françoise, geborene Woltner, den früheren Eigentümern von Ch. La Mission-Haut-Brion, war ich sehr gespannt darauf, ihren Weinberg mit Kellerei auf den Howell Mountains zu sehen. Erstmals im Juni 1986 neben dem Thomas und dem Titus (siehe unten) aus dem Faß verkostet: kraftvolle junge Weine. Im August 1986 abgefüllt; im Frühling darauf köstlich, mit sehr gutem Eichengeschmack und Länge. Dann auf der VinExpo im Juni 1987: Geißblattgeruch, trocken, fest, stahlig.
*Zuletzt vor der Auktion bei Christie's im Oktober 1988 bewertet.*

### Domaine Woltner, St. Thomas Vineyard

15. bis 20. September 1986 abgefüllt. Im Juni 1987: mehr Farbe als der Woltner Estate, ganz anders im Geruch, duftig, delikat und doch fest; deutlich eichen, mehr Körper und Länge.
*Zuletzt im Oktober 1988 bewertet.*

### Domaine Woltner, Titus

Der Wein von ihrer Spitzenlage. Auf der VinExpo im Juni 1987: zurückhaltend, pfirsichartig, Eiche und Ananas, gute Länge, brauchte Zeit. Zuletzt: attraktive goldene Butterblumenfarbe; zarte, wächserne, harmonische Nase; mitteltrocken, körperreich, eindringlicher Geschmack, recht rauh im Abgang und mit Säure, daß man sich die Lippen leckt. Stahlig. Am Tag nach dem Entkorken fand ich ihn besser. Bin gespannt, wie dieser relativ neue und kostspielige Wein weiter in der Flasche altert.
*April 1991 ★★(★★)?*

### Einige andere 85er:

### Acacia, Chardonnay

Eher wie ein Sauvignon Blanc. Der «neue» Stil? Ich ziehe den alten vor, den butterigen.
*Zuletzt im Februar 1987 verkostet ★★*

### Clos du Bois, Early Harvest Gewurztraminer

Prachtvoll, weich, mit Pfirsichen und Litschis in Duft und Geschmack. Gute Säure.
*Juni 1986 ★★★★*

### Edna Valley, Chardonnay

Vorzüglich.
*Februar 1987 ★★(★★)*

### Girard, Chardonnay

Sehr duftig, ausgesprochen eichen.
*November 1988 ★★★*

### Kendall-Jackson, Barrel Fermented Chardonnay

Überraschend blaß; jugendliche Nase; voll im Geschmack, eichen.
*Februar 1988 ★★★*

### Kenwood, Sauvignon Blanc

Sehr blaß; blumiges Sauvignon-Aroma; trocken, sauber, klassisch.
*November 1986 ★★★*

### Robert Mondavi, Botrytis Sauvignon Blanc

Minzig; süß, reich, kraftvoll.
*Februar 1989 ★★★★*

### Sutter Home, White Zinfandel

Blaßrosa; frisch, fruchtig; leicht, lebhaft, sehr schmackhaft.
*Februar 1986 ★★*

## 1986 ★★ *bis* ★★★

*Dies war das Jahr mit dem «einen einzigen langen Frühling», einem der kühlsten Sommer in der Geschichte. Höchst ungewöhnlicherweise waren unter den frühesten Beeren, die gelesen wurden, Rieslinge mit Edelfäule, zum Beispiel bei Jekel im Salinas Valley. Sie kamen als «Spätlese» auf den Markt, während die «normalen» Rieslinge in der zweiten Oktoberwoche noch gelesen wurden. Die Chardonnays, viele davon eher schlank, sind befriedigend und nachhaltig, obwohl ich der zunehmenden Tendenz kritisch gegenüberstehe, einen stahligen, spröden Stil zu produzieren und die Fülle wie auch den schönen butterigen, eichenen Charakter zu opfern. Die Deutschen haben dasselbe getan, indem sie die Frucht opferten, um trockene Weine zu erzeugen. Ehrlich gesagt, wenn ich Chablis trinken will, kaufe ich auch Chablis, das Original. Die Sauvignon Blancs sind besonders frisch, säurebetont und formtreu.*

### Seit 1988 verkostete Chardonnays:

### Chateau Bouchaine

Trocken, minzig, säurebetont – nicht sehr nach Chardonnay, aber erfrischend.
*August 1990 ★★*

### Cuvaison

Eigenartiger Geruch, leicht nach Minze und Vanille, und zweierlei Geschmack. Trocken, dumpf.
*März 1991 ★★*

### Forman

Schöner würziger Wein.
*Februar 1989 ★★★*

### Grgich Hills

Schöne Weinigkeit, ausgewogen.
*Zuletzt im Mai 1990 verkostet ★★★*

### Hess Collection

Mitteltrocken, gute Fülle, fesche Eiche.
*Mai 1991 ★★★*

ROBERT MONDAVI, RESERVE Acht Monate in neuer Eiche. Schöne gelbe Farbe; nussiger Geruch und Geschmack, Veilchen, Vanille-Soße; trocken, blaß, viel würzige Eiche. Köstlich.
*Zuletzt im September 1989 verkostet* ★★★(★)

RUTHERFORD HILL So erfreulich und zuverlässig wie immer.
*Zuletzt im September 1989 verkostet* ★★★

STERLING, WINERY LAKE Höchst ungewöhnliche Farbe, pures wächsernes, blasses Gold; schöner, weicher, butteriger, würziger Wein.
*Februar 1989* ★★★★

ANDERE 1988 VERKOSTETE CHARDONNAYS:

ACACIA Sehr trocken, Sauvignon-artig in Geruch, Geschmack und Säure. Nicht meine Vorstellung von einem Chardonnay, aber gut auf seine Art ★★

CLOS DU BOIS Spröde.

CLOS DU BOIS, FLINTWOOD Würzig, eichen, attraktiv ★★★

CLOS DU BOIS, CALCAIRE Blumiges, jugendliches Ananasaroma; trocken, frisch, schmackhaft, beschwingt, lang ★★(★)

MATANZAS CREEK Stahlig. Typisch für die kalifornischen Chardonnays der neuen Art.

NEWTON Zu blaß; kein Geruch; trocken, schlank ★★

SANFORD Attraktiv ★★★

SONOMA-CUTRER Spröde ★(★)

WOLTNER, ESTATE RESERVE Vom 29. Juni bis 2. Juli 1987 abgefüllt, sehr blaß, positiv ★★

WOLTNER, ST. THOMAS VINEYARD Am 21./22. Juli 1987 abgefüllt, trocken, stahlig ★(★★)

WOLTNER, TITUS Am 12. August 1987 abgefüllt, sehr blaß; trocken, kraftvoll, schlank, aber eindringlich ★(★★)?

EINIGE ANDERE VERKOSTETE REINSORTIGE WEINE:

BANDIERA, WHITE ZINFANDEL Eine Kellerei, die eher für ihre außergewöhnlich schönen Etiketten bekannt ist. Blaßrosa; rauhe, hohle Nase; relativ trocken, leicht, eingängig. Drei Tage vor der Degustation abgefüllt.
*2. November 1986. (Läßt an das Motto der Whiskey-Schwarzbrenner denken: Not a drop is sold till it's three days old. – Kein Tropfen wird verkauft, solange er nicht drei Tage alt ist.)*

INGLENOOK, LATE HARVEST GEWURZTRAMINER Fabelhaft reicher Edelfäulegeruch; ziemlich süß, aber nicht so süß, wie erwartet, schöner Geschmack, kurz.
*Juni 1990* ★★★

KONOCTI, FUMÉ BLANC Eine Winzergenossenschaft in Mendocino, die auf Sauvignon Blanc spezialisiert ist. Ich verstehe, warum. Trocken, relativ leicht, lebhaft, frisch, köstlich.
*Februar 1988* ★★★

LAKESPRING, SAUVIGNON BLANC Sehr blaß; parfümierte, minzige Nase; eigentlich eine Idee zu süß für den Stil, aber blumig, mit einer Traubigkeit fast wie Scheurebe, attraktiv. Mehrere Bewertungen.
*Zuletzt im Januar 1990 verkostet* ★★★

SANFORD, SAUVIGNON BLANC Eigentümliche, gehaltvolle, nussige Nase; trocken, sehr ansprechend, gar nicht der übliche Fumé-Blanc-Stil.
*Februar 1988* ★★★

## 1987 ★★★

*Frühe Lese. Sommer trocken. September kühl. Weine schlank, nicht fett, was der nouvelle vague im Chardonnay zu entsprechen scheint. Nicht viele verkostet, deshalb unfair, über den Jahrgang zu urteilen.*

UNTER DEN WENIGEN CHARDONNAYS:

CUVAISON Blaß; trockener, eichener, fast holziger, spröder, aber gefälliger Wein.
*Zuletzt im Mai 1990 verkostet* ★★(★)

FORMAN Von Ric Forman aus Trauben bereitet, die im Weinberg Rutherford Star angebaut und von dem respektgebietenden Dr. Robert Adamson gekauft wurden. Sechs Monate in Eiche, leicht gefiltert. Würzig, duftig, lebhaft, eichen.
*Februar 1989* ★★(★)

ROBERT MONDAVI Reich, toastartig, trocken, beherrscht von Eiche und mit einem Hauch von Bitterkeit, von dem ich zuversichtlich hoffe, daß er sich verlieren wird.
*August 1989* (★★)?

PHELPS Sehr blaß; in Geruch und Geschmack eher wie ein Sauvignon Blanc. Grasig. Trocken. Duftig.
*September 1990* ★★

EINIGE ANDERE WEINE:

JEKEL, LATE HARVEST RIESLING Golden; reich, honigartig; süß, fett, schöner Geschmack, gute Säure.
*Februar 1989* ★★★★

ROBERT PECOTA, MOSCATO DI ANDREA Geruch nach Pfirsich und Grüner Minze; süß, aber leicht, frisch, köstlicher traubiger Geschmack.
*Februar 1989* ★★★

QUADY, ORANGE MUSCAT ESSENCIA Delikate, parfümierte Nase wie Litschis und Traubenschalen; halbsüß, ordentliches Gewicht, fesch, wenn auch eine Spur von Fett. Trockener Abgang.
*Februar 1989* ★★★★

# 1988 ★★★

*Wenig Chardonnay, aber recht ordentliche Qualität. Sauvignon Blanc passabel. Wenige verkostet.*

VON DEN CHARDONNAYS:

ACACIA NAPA CARNEROS Reiche butterige Nase; trocken, fest, attraktiv.
*Im Februar 1993* ★★★(★)

CHATEAU ST. JEAN Gut, positiv, nussig, interessante Zukunft.
*Januar 1990* ★★(★)

CUVAISON Gute Länge und Säure. Sehr stilvoll.
*Zuletzt verkostet im Februar 1993* ★★★

DE LOACH Sehr angenehme Nase; mitteltrocken, weich, eichen, ordentliche füllige Mitte, recht hoher Alkoholgehalt (13,5 %, wie sich herausstellte), rauchiger Nachgeschmack.
*Januar 1990* ★★★★

EDNA VALLEY Eine Idee Vaselingelb; Nase noch unverwoben; voll im Geschmack, reich, attraktiv – ein Weinstil nach meinem Herzen.
*August 1989* ★★(★)

GLEN ELLEN, PROPRIETOR'S RESERVE Erstaunliche Produktion: Gesamtverkäufe um die 3 Millionen Kisten im Jahr, zu sehr anständigen Preisen. Minzeblätter, weinig. Ziemlich stämmig und durchschaubar, aber frisch und sehr griffig.
*August 1989* ★★

HESS COLLECTION Trocken, fest, säurereich.
*Mai 1991* ★★★

RAYMOND Schöne Farbe: wächsernes Melonengelb; eichener, fast holziger Ton, aber gute Länge.
*September 1989* ★(★)

SWANSON Ein relativ neuer Name, aber der Kellerei Cassayre-Forni «aufgepfropft». Der erste Jahrgang war der 87er. Den 88er erstmals nach der Napa-Valley-Weinauktion an einem glutheißen Tag im Juni 1990 in der Kellerei verkostet.
*Zuletzt bei Andrew Lloyd Webbers Hochzeitsempfang im Februar 1991* ★★

NOCH EIN PAAR REINSORTIGE WEINE:

GRGICH HILLS, FUMÉ BLANC Mein Lieblings-Sauvignon-Blanc: lebhaft, köstlich fruchtig, ziemlich hohe Säure.
*Zuletzt auf einem Vorstandsessen der International Wine & Food Society in Palm Beach im Januar 1991 verkostet* ★★★

KENDALL-JACKSON SAUVIGNON BLANC Eindringlich, fest.
*Januar 1991* ★(★★)

KONOCTI, FUMÉ BLANC Sehr blaß; grasig; ein bißchen zu süß und ein recht durchschaubarer, parfümierter Geschmack, der ein wenig langweilig wurde, aber ansprechend.
*Zuletzt im August 1990 verkostet* ★★

MATANZAS CREEK, SAUVIGNON BLANC Grasig; trocken, relativ leicht, minzig, gute Säure.
*Januar 1991* ★★★

STONY HILL, WHITE RIESLING Trocken, erfrischend, immer gut gemacht.
*Juni 1990* ★★★

# 1989

*Das dritte trockene Jahr. Ein langer kühler Sommer. Starke Regenfälle Mitte September unterbrachen die Ernte. Zum Glück wurden viele Chardonnays vollreif eingebracht, bevor sie Schaden nahmen. Eine Woche Sonne ermöglichte die Fortsetzung der Lese, dann wieder starker Regen. Gut entwässerte Hanglagen kamen am besten zurecht, aber es mußte viel ausgelesen werden, und die Zuckerwerte waren für Kalifornien niedrig. Bis jetzt wenige verkostet.*

CONN CREEK CARNEROS CHARDONNAY Reich, sehr fruchtig; trocken, eigenartiger Geschmack.
*Im Februar 1993* ★★? Austrinken.

‹ELDORADO GOLD› Buttergelb; Kleehonig, sehr süß, Geschmack nach Edelfäule, hervorragende Säure.
*Im Februar 1992* ★★★★

FETZER, SUNDIAL VINEYARD CHARDONNAY Wenn man sich einen weichen, eichenen,

leicht traubigen, ziemlich kurzen Sauvignon-Blanc-artigen Chardonnay vorstellen kann, dann hat man ihn. Ein ungemein erfolgreiches großes Familienunternehmen, das selbst die australischen Brown Brothers in den Schatten stellt, mit einem erstklassigen Kellermeister, der sehr gute und erschwingliche Weine erzeugt.
*April 1990* **

HESS COLLECTION Jugendliche Vanille, Ananas; mitteltrocken, attraktiv, gute Säure.
*Mai 1991* ***

KENDAL JACKSON, PROPRIETOR'S RESERVE CHARDONNAY Gute Farbe; mit Substanz und doch elegant, schmackhaftes Nachklingen.
*Im März 1992* ****

KALIN, CUVEE LD CHARDONNAY Unverwoben; trocken, fest.
*Im Februar 1993* **

J. LOHR, CHARDONNAY Duftig; eigenartiger, angesengter, getoasteter Geschmack. Eindringlich.
*Zuletzt im Oktober 1990 verkostet* **

LOUIS MARTINI, SAUVIGNON BLANC Zu blaß; Vanille, weiße Korinthen und «Kater»; mitteltrockener, traubiger Geschmack, säurebetont.
*April 1990* **

MONTEREY, CLASSIC CHARDONNAY Wachsgrün; leichte, weiche, grasige Nase; mild, eingängig. Ein gefälliger massenproduzierter Seagram-Wein.
*März 1991* **

SWANSON, SAUVIGNON BLANC Grasig; trocken, sehr schmackhaft, säurebetont.
*Juni 1990* **

TREFETHEN, CHARDONNAY Sehr blaß; sehr leichte, parfümierte Nase; ziemlich eindringlich, aber sehr trocken, spröde. Hat Flaschenalter nötig.
*Januar 1991* **(*)

# 1990

*Im allgemeinen sind die Aussichten für kalifornische Weißweine gut, auf jeden Fall soweit es den Verbraucher betrifft. Wenn der Verbrauch im selben Tempo zunehmen würde wie die Produktion, wäre alles in Ordnung. Aber der Zustand der Wirtschaft und die heimtückischen Maßnahmen der Antialkohol-Lobby wirken sich aus. Die Bodenpreise sind zu hoch gewesen, die Kellereineubauten zu extravagant, und ich kann nicht umhin, Schwierigkeiten vorauszusehen. Doch auf der positiven Seite werden sich erstklassige Weinbereitung und gesunder*

*Wettbewerb um die Erzeugung immer besserer Weine langfristig auszahlen.*

EINE AUSWAHL VON KÜRZLICH DEGUSTIERTEN CHARDONNAYS:

AU BON CLIMAT Trocken, fest ***

CAMBRIA, ST. CATHERINE VINEYARD Aus dem Santa Maria Valley. Neu für mich und anregend; voll, reich, nussig. Markanter Geschmack und Abgang ***(*)

EBERLE, PASO ROBLES Gelb; süß, eichen, butterig; füllig (13,2°), rauchig, butteriger Geschmack ***

PETER MICHAEL, ‹CUVÉE INDIGÈNE› Eine Komposition von Weinen mit Wildhefegärung – von daher der etwas prätentiöse Name. Frisch; hübscher eichener Geschmack und gute Säure. Begrenzte Produktion. Teuer (**)

PETER MICHAEL, HOWEL MOUNTAIN Weich, reich, warm, Toast in der Nase und am Gaumen. Stämmig (14° Alkohol) und nicht nach meinem Geschmack. Teuer *(**)?

NEWTON, RESERVE, UNFILTRIERT Reich, butterig; mächtig, Vanille, harter Abgang **(**)

SANFORD, BARREL SELECT Wohlduftend, blumig; leicht süß, sehr gut, körperreich ***

SEQUOIA GROVE, ESTATE Pfirsich und Ananasnase; ebenso im Geschmack. Körperreich ****

ST. THOMAS VINEYARD Große Länge, gute Säure ***

TITUS VINEYARD (der Kleinste) Schmackhaft, machtvoll, große Länge **(**)

CHATEAU WOLTNER, ESTATE RESERVE Überraschend blaß; sehr schmackhaft, gute Länge, schöner Nachgeschmack ***

UND EIN SAUVIGNON BLANC:

KENWOOD Grasig, säurebetont; trocken, leicht im Stil, wohlschmeckend ****

# 1991 *****

*Die Sauvignons Blancs aus früh geernteten Trauben sind frische und säurereiche Weine, die jetzt hervorragend munden. Die Chardonnays präsentieren sich je nach Erzeugerbetrieb unterschiedlich, sind zum Teil jetzt schon trinkbar, haben aber auch Ausbaupotential.*

**PETER MICHAEL WINERY ‹L'APRÈS MIDI›**
Ein sehr eigenartiger Sauvignon Blanc aus den Howell Mountains. Sehr rauh. Etwas aufdringlich.
*Im Dezember 1993* ★★★(★)

**KENDAL-JACKSON, CHARDONNAY, PROPRIETOR'S GRAND RESERVE** Reich, Ananas; mitteltrocken, fest, guter trockener, säurebetonter Abgang.
*Im Februar 1993* ★(★★)

**KISTLER, DUTTON RANCH CHARDONNAY**
Aufregend, eine Offenbarung, duftend; überaus geschmackvoll, reich, gut in Länge und Nachgeschmack.
*Im Februar 1993* ★★★(★★)

**CHATEAU WOLTNER, FRÉDÉRIQUE VINEYARD, CHARDONNAY** Der neueste Weinberg im Besitz der Familie Woltner in den Howell Mountains. Blaß; entgegenkommend, blumig; geschmackvoll, harter trockener Abgang. Braucht Zeit.
*Im Februar 1993* ★★(★★★)?

**EINIGE ANDERE GUTE CHARDONNAYS, KÜRZLICH PROBIERT:**

**SHAFER** Trocken, nussig, fest.

**CHATEAU WOLTNER** Geschmackvoll, sehr trocken.

**OLIVET LANE ESTATE** Nussig, eichen, geschmackvoll, vom Russian River.

# 1992 ★★★

*Die Wachstumsbedingungen waren sowohl für die weißen wie auch für die roten Sorten gleichermaßen gut. Nach europäischen Maßstäben beginnt die Erntezeit für manche weiße Sorten ziemlich früh. 1992 zum Beispiel haben die Schaumweinerzeuger am 5. August mit der Lese begonnen, als die Säurewerte noch hoch waren. Die Sauvignon-Blanc-Trauben sind gegen Mitte August, die Chardonnays etwas später gelesen worden; letztere waren nicht gerade überreif und säurebetonter wie üblich, was dem Wein auf keinen Fall schadete.*

**SHAFER, BARREL SELECT, CHARDONNAY**
Blaß; frisch, sauber, jugendlich; lebhafter eichener Geschmack, leicht im Stil, obwohl ziemlich alkoholisch. Mild und doch würziger Abgang.
*Im Dezember 1993* ★★(★)

# AUSTRALIEN

Wie kann man einen Kontinent zusammenfassen? Die Entfernungen sind gewaltig, 1300 km vom Hunter Valley in Neusüdwales, der Wiege der australischen Weine, quer durch das heiße Nordost-Victoria bis zum breiten Barossa Valley in Südaustralien, weitere 2100 km zu den relativ neuen Weingegenden südlich von Perth in Westaustralien. Der verfügbare Platz läßt nicht einmal eine Zusammenfassung der Klimaunterschiede in allen größeren Weingebaugebieten zu. Meine knappen Bemerkungen zeigen bis zu einem gewissen Grade die Wirkung auf, nicht aber die Ursache.

Obwohl der Weinbau hier alt ist und schon zu Zeiten der Sträflingskolonien eingeführt wurde, begann das wirkliche Wiedererwachen des Interesses langsam in den 50er Jahren, gewann dann in den 60er Jahren an Stärke und kam in den 70er Jahren richtig in Fahrt. Es gibt nur wenige alte Weine, die noch verkostet und getrunken werden können. Ein Wein aus den 50er Jahren ist eine Seltenheit und hat sich nach meiner begrenzten Erfahrung höchstwahrscheinlich nicht so gut gehalten wie sein französisches Gegenstück. Rote werden durch das Verschneiden verschiedener reinsortiger Weine aus verschiedenen Anbaugebieten kompliziert. Wie in Kalifornien sind superbe Rieslinge eine relativ neue Errungenschaft; den Chardonnays gebührt die Krone.

Ich war nur zweimal in Australien, habe aber dank guter Freunde wie Len Evans alle großen Gebiete bis auf Westaustralien besucht. Genauso wichtig waren die Degustationen, denen ich beiwohnte, insbesondere das Marathon *View Australia*. Was folgt, ist daher eine Beschreibung der seit 1980 verkosteten älteren Weine und äußerst selektive Notizen zu jüngeren Jahrgängen. Man denke daran, daß in Australien die Lese stattfindet, wenn bei uns der Frühling anfängt.

## 1900

PENFOLDS' ‹BURGUNDY› Zweidrittel verschimmelte Bauchflasche mit Schraubverschluß. Ausgezeichnetes Etikett: «Dr. Penfold, Grange». In Fässern verschifft, in London abgefüllt. Füllniveau bis zur oberen Schulter. Ziemlich tiefes, gesundes Leuchten, aber kein Rot mehr übrig; hervorragender, reicher, leicht keksartiger Geruch und Geschmack, keine Fehler. Am Austrocknen, Körperverlust, aber einwandfrei. Nicht der älteste australische Wein, den ich je verkostet habe, aber ein Beweis für die makellose Qualität einiger früher kommerzieller Roter.
*Gekauft bei Christie's, bewertet auf Rodenstocks Weinprobe vom September 1987* ★★★

## 1922

YALUMBA, ‹OLD CONSTANTIA› Zwei Flaschen, beide bernsteinbraun, eine malzig, oxydiert, die andere besser, süß, weich, konzentriert, feigenartig.
*Bei der Yalumba-Museumsverkostung im April 1985* ★

## 1927

YALUMBA, ‹ADELAIDE SHOW TAWNY PORT› Altes Bernstein; firnisartig, angesengte Sultaninen; immer noch ziemlich süß, weich und doch alkoholisch.
*Bei Yalumba im April 1985* ★★

## 1932

YALUMBA, ‹SAUTERNES› Ein früher süßer Weißer, Gärung abgebrochen oder gesüßt mit Mistella, abgefüllt im März 1932 bald nach der Lese: warmes Gold; sehr süß, *Crème brûlée*, Karamel, ein Hauch von Mandarine; halbsüß, weich, zart, ordentliche Säure. Recht bemerkenswert.
*Bei Yalumba im April 1985* ★★★

## 1933

QUELLTALER, RIESLING Schönes mitteltiefes Gold; saures altes Stroh; trocken, rauchig, fischig, hefig.
*Bei Yalumba im April 1985.*

YALUMBA, RIESLING F8 Der erste versuchsweise «Carte d'Or», bereitet von Rudi Kronberger, der 1929 nach Australien kam und dort Hefekulturen und die frühe Flaschenfüllung einführte. Zwei Flaschen: ein Wein in Farbe und Geruch wie altes Stroh, malzig. Der andere mit besserer Farbe, karamelisiert, aber sauber. Beide am Gaumen rauh, schrecklich.
*Bei Yalumba im April 1985.*

## 1943

O'SHEA'S HUNTER VALLEY ‹BURGUNDY› Tief, Bernsteinrand; reiche Nase, malzig; sehr süß, zum Kauen, Nachgeschmack nach alter Rinde und Arznei. O'Sheas legendärer Ruf überlebt seinen Wein.
*Bei Yalumba im April 1985* ★

## 1944

SEPPELT'S ‹GREAT WESTERN› SPARKLING ‹BURGUNDY› Orange, das Schäumen nur mehr ein schwaches Perlen; schöner süßer, alter Pinot-Geruch und -Geschmack. Süß. Weich. Eine Idee Eisen im Nachgeschmack.
*Auf der Yalumba-Museumsdegustation im April 1985* ★★★

YALUMBA, ‹CARTE D'OR› RIESLING Orangegolden, kupferfabriges, krümeliges Depot; eher wie ein rauchiger alter Sémillon in Geruch und Geschmack. Es fehlte an Säure. Trocken.
*Yalumba, April 1985* ★★

## 1945

HARDY'S ‹VINTAGE PORT› Schöne tiefe, reiche Farbe; weich, süß, Sultaninen und Eukalyptus; halbsüß, voll im Körper, würzig, reich, große Länge. Prachtvoll.
*Bei Yalumba im April 1985* ★★★★★

## 1953

MCWILLIAMS' MARIA MONTILS SHIRAZ Ein seltener Verschnitt von Montils und weißem Shiraz. Tief, gelb; rauchig, eichen, angesengt, honigartig, Kokosnuß; trocken, ein Anflug von altem Stroh, das heißt Oxydation (wenig überraschend), gute Säure.
*April 1985* ★★

WYNNS' COONAWARRA ESTATE ‹CLARET› Tief, reich; verschwitzt, schokoladig; sehr reich, hochgetönt, überaus trockener Abgang. Unausgewogen, aber interessant, weil man die Trauben von jenem schmalen Streifen roter Erde in Coonawarra zu der Zeit noch nicht voll zu schätzen wußte.
*Bei Yalumba im April 1985.*

## 1955

*Sehr trockenes Jahr. Buschfeuer.*

PENFOLDS' GRANGE HERMITAGE Ein berühmter Wein, ein Wendepunkt. Der in Südaustralien gebürtige Max Schubert bereiste Bordeaux und kehrte mit dem Entschluß zurück, einen erstklassigen, zwanzig Jahre haltbaren Wein zu erzeugen. Sein erster entstand 1951 aus Hermitage-Trauben (Shiraz) vom Weinberg Grange. Der neue Stil kam nicht an. Penfolds gab beinahe auf, aber 1962 meldete man nach zehnjähriger Abstinenz von Weinwettbewerben den 55er Grange für die Sydney Wine Show an. Er gewann einen goldenen Preis und anschließend 170 wichtige Auszeichnungen auf australischen Weinschauen. Von nun an ging es mit Max Schubert und Grange Hermitage bergauf. 100% Shiraz. Acht Monate in großen Fässern *(hogsheads)* aus neuer amerikanischer Eiche. 1956 abgefüllt. Drei bemerkenswert gleichbleibende Bewertungen, die erste 1985 bei Yalumba. Nicht so tief wie erwartet; exzellent, voll entfaltet, in etwa wie ein alter Bordeaux, aber nach zwanzig Minuten verblüht, sehr schokoladig; mittlere «Süße» und Schwere, warmer, getoasteter Geschmack etwa wie ein Graves, gute Länge, voll entwickelt.
*Zuletzt auf Bob Berensons Grange-Degustation im Oktober 1990 in New York bewertet* ★★★★★

## 1956

LINDEMAN'S ‹PORPHYRY›, HUNTER VALLEY Angeblich ist in dem Verschnitt aus spätgelesenen Trockenbeeren auch 49er. Wachsgelb wie

*Lemon Curd*; Honig und ein Hauch von Malz; süß, lebhaft.
*April 1985* ★★★

Yalumba, ‹Carte d'Or› Riesling Reicher, reifer Riesling, Kerosin und Flaschenalter; trocken, mild, sauber, kurz. Wie ein Chenin Blanc von der Loire. Nachgeschmack nach getrockneten Pfirsichen.
*April 1985* ★★

# 1958

Saltram's Dry Red, Bin 23 Aus Shiraz bereitet, im November 1962 abgefüllt. Großartige Farbe, undurchsichtiges Zentrum, reifer Rand; sehr gut, komplett, weinig, altes Leder; nicht trocken, mit den Jahren «süß» und weich geworden, zum Kauen, köstlich, lang.
*April 1985* ★★★★

Yalumba, Galway ‹Vintage Claret›
Relativ tief, schön, ausgebaut; recht trocken, mild, zum Kauen, ein Hauch von Endsäure.
*April 1985* ★★

# 1959

Lindeman's Hunter River ‹Burgundy›, Bin 1590 (Die australischen «Bin»-Nummern sind sehr verwirrend. Eine höhere Nummer scheint höhere Qualität anzuzeigen.) Ein Klassiker, erstmals 1977 mit Len Evans verkostet. Sehr reich, Orangereflexe, Tränen; sehr süßer Hunter-Valley-Geruch nach verschwitzten Sätteln, daher vermutlich aus Shiraz, nicht aus Pinot Noir bereitet. Süß, reich, rustikal – wie ein Melkraum.
*Zuletzt bei Yalumba im April 1985 verkostet. Knapp* ★★★

Lindeman's Hunter River Shiraz Entweder ohne «Bin» oder Nummer nicht vermerkt. Sehr tief, sehr reich und reif; relativ süß, weich, voll, reif, füllig. Schöne samtige Tannine.
*April 1985* ★★★★

Yalumba, Cabernet Sauvignon Einer ihrer ersten 100%igen Cabernets: tief, ausgebaut; eigentümliche minzige, käsige Nase, flüchtig; rauh, sauer, gerbstoffreich.
*April 1985.*

# 1960

Penfolds' Grange Hermitage Eine meiner ersten Bewertungen des berühmten Grange, blind vorgesetzt – nicht Burgunder, nicht Bordeaux, kein offensichtlicher «ausländischer»

Geschmack. Sehr reich, eindeutig von guter Qualität.
*Bei John Avery im August 1973* ★★★

Yalumba, Galway ‹Vintage Claret›, Special Reserve Stock Verschnitt von Cabernet und Shiraz, aus dem später die Serie «Signature» werden sollte. Neutral, mit eigenartigem Ochsenschwanzton im Hintergrund. Am Gaumen besser: «süß», recht guter Körper und Abgang.
*April 1985* ★

# 1962 ★★★★

*Ein weiterer Wendepunkt. Auf der Grundlage der wenigen verbliebenen und der wenigen verkosteten Weine geurteilt, schien vor diesem Jahrgang den älteren Australiern im allgemeinen das Stehvermögen ihrer europäischen Gegenstücke zu fehlen.*

Hardy's C 407 Cabernet Sauvignon Trauben aus Coonawarra und McLaren Vale, gelagert in französischer Eiche, abgefüllt im März 1965. Die gleiche Farbe wie ein 62er roter Bordeaux. In Gewicht, Länge und Gleichgewicht vollkommen.
*Mit Len Evans auf dem Weg ins Hunter Valley, März 1985* ★★★★★

Mildara, ‹Golden Bower›, Bin 10, Vintage Riesling Fabelhafte Farbe, pures, reiches Gold; eine gute, aber außerordentlich verwirrende Nase, die an Chenin Blanc erinnerte, gleichzeitig ein deutlicherer Rieslingcharakter als die Hunter-Sémillon-Traube, aus der er gemacht wurde! Trocken, zitronig, auf dem absteigenden Ast. Kurz, aber gut für sein Alter.
*April 1985* ★★

Penfolds' Bin 60 A Ein weiterer Erfolg von Max Schubert, eine Komposition von Cabernet Sauvignon aus Coonawarra mit Shiraz aus Kalimna. Zwei Bewertungen. Undurchsichtig, reif; duftiges, blumiges Bukett, das sich herrlich verdichtete; ziemlich körperreich, aber schlank, vollendetes Gleichgewicht von Eiche und Frucht, Tannin und frischer Säure.
*Zuletzt im April 1985 verkostet* ★★★★★

Penfolds' Grange Hermitage Meine erste Probe von Grange überhaupt – 1972, dank Hugh Johnson. Danach eine denkwürdige Verkostung 1977 vor Ort in Grange. Ein wunderbarer Wein.
*Zuletzt in Grange im März 1977 verkostet* ★★★★★

# 1963 ****

**Lindeman's Hunter River ‹Burgundy›**
Relativ blaß, orange; süß, verschwitzt; weich, ein Hauch von Bitterkeit.
*Zum Abendessen beim Wine Press Club in Melbourne, April 1985* ★

**Mildara, Cabernet Shiraz, Bin 32**
Ziemlich tief, sehr reich; eine imposante Nase, angesengt; relativ voller, exzellenter, langer, schokoladiger Geschmack. Großartig.
*Bei den Crittendens im April 1985* ★★★★★

**Penfolds' Grange Hermitage, Bin 95**
Undurchsichtig; reich, voll im Körper, hoher Extraktgehalt. Ein ungemein ausladender Wein, erinnerte in Farbe, Geruch und Geschmack an Backpflaumen. Zeigt jetzt sein Alter.
*Zuletzt verkostet im Mai 1992* ★★

**Wynns' Ovens Valley ‹Burgundy›**
Schönes Rubinrot; hart, firnisartig, würzig; ziemlich «süß», Geschmack, Gleichgewicht, Länge und Säure hervorragend.
*Bei Berek Segan im April 1985* ★★★★

# 1965 ***

*Durchschnittliche Regenfälle im Frühling und Sommer, warme Reifeperiode.*

**Brown Bros' Cabernet Shiraz** Undurchsichtig, intensiv; verschwitzte Sättel, Bauernhof; gewaltig und doch weich und reich. Erdig. Eindrücklich.
*April 1985* ★★★(★)

**McWilliams' Mount Pleasant O. H. Hermitage** Reich, harmonisch, keine Spur von «verschwitzten Sätteln»; hervorragend in Geschmack und Gleichgewicht. Tanninbetont.
*Oktober 1981* ★★★(★)

**Seppelt's Grange Hermitage** 95 Prozent Shiraz, 5 Prozent Cabernet Sauvignon, angebaut in Magill, Kalimna, Southern Vales und den Barossa-Regionen. 18 Monate in neuer amerikanischer Eiche. Tief, reich, ausgebaut; schlank, staubig, wie trockene Ziegel, dann Lakritze; süß, mittleres Gewicht und grobe Textur, massenhaft Tannin, säurebetont.
*Bei Berenson in New York im Oktober 1990* ★★

**Tyrrell's Vat 11** Sehr tief; pfefferig, reich; trocken, relativ voll, sehr schmackhaft.
*Juli 1981* ★★★

# 1966 ****

*Sehr trockene Saison. Zähe Reben ergaben hervorragende Qualität (Südaustralien).*

**Penfolds' Grange Hermitage** 12% Cabernet Sauvignon. 1977 undurchsichtig; mächtig, aber samtig. Jetzt mitteltief, reif; «süß», elegant, harmonisch, mit Klasse und Tiefe; sehr «süß» am Gaumen, Gewichtsverlust, schöner Geschmack, seidige Struktur.
*Für mich auf der Grange-Degustation vom Oktober 1990 in New York zusammen mit dem 71er auf dem ersten Platz, seine Festigkeit jedoch einbüßend bei der Master-of-Wine-Degustation im Mai 1992* ★★★

# 1967 ***

*Normales Jahr. Leicht unterdurchschnittliche Regenfälle. Warmer Sommer. Voll ausgereifte Beeren.*

**Chateau Tahbilk Cabernet Sauvignon**
Pittoreske alte Weinkellerei in Nordost-Victoria. Reicher Farbton, aber sah eher aus wie ein reifer Pinot; überreife Nase, Schweinestall; weich, auf dekadente Art reizvoll, ein Hauch von Bitterkeit.
*April 1985* ★★

**Penfolds' Grange Hermitage** 6% Cabernet Sauvignon. 16 Monate in neuer amerikanischer Eiche. Tief, lebhaft, schwarzer Kirschton; gute reife Frucht, Kaffee, schön; mitteltrocken und -gewichtig, schokoladiger Geschmack, ein wenig kurz, aber sehr griffig.
*Auf Berensons Degustation im Oktober 1990* ★★★

**Tyrrell's Vat 61 Shiraz** Fabelhafte Farbe; pfeffrig, weinig, gute Frucht; köstlich.
*Juli 1981* ★★★(★)

# 1968 ***

*Extrem trockene Wachstumssaison, die Hälfte der durchschnittlichen Regenmenge.*

**Chateau Tahbilk Shiraz** Verschwitzt; weich, füllig, eisenhaltig.
*Melbourne, April 1985* ★★★

**Lindeman's Semillon** Ausgeprägtes Goldgelb; rauchiger, eichener Geruch und Geschmack, relativ trocken, voll, schon Alterserscheinungen und verwirrenderweise Ähnlichkeit mit einem ausgebauten Chardonnay.
*April 1985* ★★★

ORLANDO, ‹STEINGARTEN› RIESLING Zweimal verkostet und hier aufgenommen, weil australische und kalifornische Rieslinge um diese Zeit ungefähr auf dem gleichen Entwicklungsstand waren. Sie haben beide seitdem unglaubliche Schritte vorwärts gemacht. Gelb, reiche Fino-Farbe; ölig, wächsern, Flaschenalter anzumerken; trocken, lebhafter am Gaumen als in der Nase, allerdings knapp an Säure.
*April 1985* ★

PENFOLDS’ GRANGE HERMITAGE 5% Cabernet Sauvignon, zwanzig Monate in *hogsheads* aus neuer amerikanischer Eiche. Mitteltief, offener Rand; «süße», voll ausgebauter Ingwerkeksgeruch, der sich prächtig öffnete, Kaffee, dann sehr schokoladig; «süß», wie Graves, Gewicht, Struktur und Säure gut.
*Auf Berensons Degustation im Oktober 1990* ★★★★
*Jetzt trinken.*

ROTHBURY, SEMILLON Der älteste verkostete Rothbury-Jahrgang. Sehr gelb; eichen, rauchig, wie Chardonnay, aber weder Chardonnay noch Eiche benutzt. Trocken.
*Bei Doyle in Sidney im April 1985* ★★★

## 1970 ★★

*Durchschnittliches Jahr. Guter Regen, gute Reifebedingungen.*

PENFOLDS’ GRANGE HERMITAGE 10% Cabernet Sauvignon, 18 Monate in Eiche. Mitteltief, ausgebaut; entgegenkommend, käsig, dann wie Sahnebonbons; mittel in Trockenheit und Gewicht, irgendwie unvollständig, dennoch ansprechend.
*Bei Berenson im Oktober 1990* ★★ *Austrinken.*

## 1971 ★★★★★

*Allgemeine Wachstumsbedingungen und Regenfälle in allen Regionen leicht unter dem Durchschnitt. Für Rote hervorragend.*

PENFOLDS’ GRANGE HERMITAGE, BIN 95 Mit dem 79er der höchste Prozentsatz an Cabernet Sauvignon: 13%. Mehrere Bewertungen, alle gut, zuerst 1977 auf meiner ersten Reise nach Australien beim Abendessen mit Len Evans: undurchsichtig; vollgepackt, pfeffrig; mächtig, samtig – rückblickend ein Mittelding zwischen Latour und Pétrus. 1982 und 1985 immer noch sehr intensiv und gerbstoffreich. Zweimal in neuerer Zeit: tief, reich, «dick» – hoher Extraktgehalt; alkoholreiche Pfeffrigkeit, aber «süß», gute Frucht, große Tiefe, nach einer Stunde perfekt, wie ein reifer Latour; sehr «süß», voll Alkohol, Extrakt, Frucht, füllig, große Länge, alles gut gerundet. Ein großer Wein.
*Zuletzt auf der Master-of-Wine-Degustation vom Mai 1992 in London bewertet* ★★★★★ *Von jetzt bis 2010.*

## 1972

ROTHBURY, SEMILLON Mehrere Bewertungen. Diese Sémillons aus dem Hunter Valley sind zwar jung manchmal wenig beeindruckend, aber altern gut und gewinnen dabei einen anderen Charakter, einen rauchigen, eichenen Geruch und Geschmack wie Chardonnay, obwohl weder diese Traube noch Eiche benutzt wird. Sehr gelb, gut bereitet, ziemlich trocken.
*Zuletzt im Juli 1988 verkostet* ★★★

SEPPELT’S ‹GREAT WESTERN HERMITAGE› Schönes tiefes Rubinrot; sehr reich, marmeladig; Gewicht wie ein roter Bordeaux, eigentümliche Geschmacksmitte, trocken, zitrusartig, leicht bitterer Abgang.
*April 1985* ★★

## 1973 ★★★

LEEUWIN, CHARDONNAY Der Preis der Weine von diesem relativ neuen Weingut machte die Australier fassungslos, die günstige Angebote infolge chronischer Überproduktion und harten Wettbewerbs gewohnt sind. Zudem blaß, nicht die übliche butterige Farbe; ansprechend, wurde im Glas «süßer», ein klein wenig künstlich, Vanille; ziemlich trocken, recht voller Körper, guter eichener Chardonnay-Geschmack.
*Auf der Tagung der Wine & Food Society im Oktober 1989 in Hongkong zu Haifischflosse* ★★★

LEO BURING’S RESERVE BIN DWC 17 RHINE RIESLING Gewinner von sechs Goldmedaillen im ersten Jahr, einer silbernen und einer bronzenen im zweiten. Relativ blasses Gelb; sehr guter wächserner Rieslington, der Honig reifer Beeren und etwas Flaschenalter; ziemlich trocken, ausgezeichneter fester, eichener, Chardonnay-artiger Geschmack, trockener Abgang. Eindrucksvoll. Es fehlte ein klein wenig an Finesse, aber Rieslinge sind deutlich im Aufwind.
*Juli 1982* ★★★

LINDEMAN’S HUNTER RIVER ‹BURGUNDY›, BIN 4810 Undurchsichtig, ausgebauter Rand; reich, medizinal, erdig; relativ voll, samtig, gut bereitet.
*Silbermedaillengewinner auf der View Australia im April 1985* ★★★★

PENFOLDS' GRANGE HERMITAGE BIN 95
Tief, reich, wunderschön ausgebaut; «süß», schokoladig; gewaltig, zum Kauen, konzentriert, Eisen im Abgang.
*Auf Doug Crittendens Mammutdegustation im April 1985* ★★★★(★)

## 1974

*Katastrophale Witterung: sehr starke Regenfälle im Frühling und Sommer; heiß, schwül, weit verbreiteter Mehltau.*

PENFOLDS' GRANGE HERMITAGE 100% Shiraz, 18 Monate in Eiche, Produktion 30% des 71ers. Ziemlich tief, reifer Rand; käsige Nase, Tee, Minze, Brombeeren, schwer festzulegen; ziemlich trockener, fülliger, Graves-artiger Tabakgeschmack, passable Länge, robust, tanninbetont.
*Auf der Grange-Degustation im Oktober 1990 in New York* ★★

## 1975 ★★★★

CHATEAU TAHBILK CABERNET SAUVIGNON, BIN 62 Kirschrot; ein Hauch flüchtiger Säure, allerdings gut in die Frucht eingebunden; leicht «süß», sehr angenehm in Geschmack und Gewicht, erfrischend trockener Abgang.
*Mai 1982* ★★★

PENFOLDS' GRANGE HERMITAGE, BIN 95
Zwei erste Bewertungen auf der Verkostung zu Christie's New-World-Weinauktion und zufällig einen Monat später: dunkler Maulbeerton; knorrige Eiche, tanninbetont, stumm, pfeffrig; trocken, wuchtig, adstringierend, großartig, aber untrinkbar!
*Zuletzt auf Rodenstocks Weinprobe vom Oktober 1984* (★★★★★)

ROTHBURY ‹INDIVIDUAL PADDOCK› Aus Hunter-Hermitage-Trauben. 1981 im Ausbau, trotz hartem Eisentannat. Später ein zartes, relativ helles Granatrot; ein bißchen verblüht, mastig; weich, besserer Geschmack als Geruch, aber verdorben durch zuviel Tannin und Säure.
*Zuletzt im Januar 1984 verkostet. Ob er sich wieder fangen konnte?*

STANLEY LEASINGHAM, CABERNET SAUVIGNON, BIN 49 Sehr attraktiv, leichter Stil, würzig.
*Vor der Auktion bei Christie's im September 1984* ★★★★

WYNNS' OVEN'S VALLEY (NE VICTORIA) SHIRAZ Ausgebaut; passenderweise ein Geruch nach heißem Backofen *(oven)*; «süß», reich,

Geschmack, Länge und Nachgeschmack vorzüglich.
*September 1984* ★★★★

## 1976 ★★★★

*Guter Frühlingsregen. Warme Tage und kühle Nächte sorgten für einen überdurchschnittlichen Jahrgang. Viele Aufzeichnungen. Mächtige, hervorragende Rote. Wenige gute Weiße verkostet.*

HICKINBOTHAM'S ANAKIE SHIRAZ Tiefes, reiches Rubinrot; Gemüsepaprika; «süß», voll Frucht, Eisentannat.
*Dezember 1989* ★★★(★)

LINDEMAN'S LIMESTONE RIDGE CABERNET SAUVIGNON Opak; eigentümlich, aber ansprechend, hochgetönt; sehr süß, voll Frucht, perfekte Fülle, schöner Geschmack. Superb in der Mitte der 80er Jahre, jetzt ein großer Klassiker.
*Zuletzt verkostet aus Magnum, im Mai 1993* ★★★★★

PENFOLDS' GRANGE HERMITAGE 11% Cabernet Sauvignon, große Produktion. Tief, im Ausbau; zurückhaltend, pflanzlich, dann Brombeeren, Teer, schwarzer Sirup, duftige Entfaltung über eine Stunde hin; leicht «süß», ordentliches Gewicht und Gleichgewicht, offener schokoladiger Geschmack, seltsamer trocken werdender Abgang.
*Zuletzt verkostet im Mai 1992* ★★★★

HILL-SMITH, CABERNET SAUVIGNON Tief, pflaumenfarben; gut, klassisch; relativ voll, guter Geschmack, mit Biß ★★★(★)

HILL-SMITH, SIGNATURE PARTNER'S BLEND 55 Prozent Cabernet Sauvignon, 45 Prozent Shiraz. Sehr gut in Geschmack und Struktur ★★★(★)

MCWILLIAMS' (HUNTER) CABERNET MERLOT Geschmacksintensiv, kraftvoll ★★(★★)

MILDARA, COONAWARRA CABERNET SAUVIGNON Relativ blaß, früh beginnender Ausbau, schön in Stil und Geschmack ★★★

PENFOLDS' ST. HENRY CABERNET SHIRAZ
Schwarz; reich, mächtig, aber weich, exzellent im Geschmack, tanninbetont ★★★(★)

TYRRELL'S PINOT NOIR Drei Bewertungen, zunächst stark, angesengt, nach Pinot riechend, lederig. Am besten nach neun Jahren: schön, ausgebaut; reich, feigenartig; ein guter, wärmender Wein ★★★

WYNNS' COONAWARRA CABERNET SAUVIGNON Tief, reich, erdig, brauchte Zeit **(**)

## 1977 ***

PENFOLDS' GRANGE HERMITAGE 9% Cabernet Sauvignon. Schöner, dunkler, intensiver Kirschton; beerenartige Frucht, Jod, duftige Entfaltung; Pomerol-artige seidig-lederige Tannine, «süß» und doch mit erfrischend säurebetontem Abgang.
*Auf der Grange-Degustation vom Oktober 1990 in New York ****

TYRRELL'S CHARDONNAY Nach den ganzen Sémillons, die wie Chardonnay schmeckten, das Original: sehr hell; fabelhafter rauchiger, eichener Geruch, Geschmack und Nachgeschmack. Eiche zu dominant? Dennoch eine leichte, schwungvolle Note am Ende.
*Seit Oktober 1981 nicht mehr verkostet, aber ein gelungener Wein **** Wahrscheinlich inzwischen hinüber.*

EINIGE MITTE DER 80ER JAHRE VERKOSTETE GUTE WEISSE:

McWILLIAMS' AUSLESE RIESLING Orangegolden; reich, Kerosin und Honig; relativ süß, parfümiert ***

ORLANDO Fand mit einem delikat parfümierten «Gewurztraminer/Rhine Riesling» zu sich selbst ***

EINIGE INTERESSANTE ROTE MITTE DER 80ER JAHRE:

MOUNT MARY, LILLYDALE CABERNET SAUVIGNON Reich; würzig, Eukalyptus; sehr gefälliger Geschmack, gute Qualität ***

MOUNT MARY, LILLYDALE PINOT NOIR Sehr burgunderartig; rote Bete, kräuterwürzig; köstliche Frucht, ein wenig flüchtig ***

TYRRELL'S VAT 5 HUNTER RED Sehr tief; stämmig, Rhone-artig, gut bereitet, ausgewogen ***

## 1978 ****

*Regenfälle unter dem Durchschnitt, niedrigere Erträge in allen Regionen.*

BROWN BROS' MILAWA CABERNET SAUVIGNON Tief; harmonisch; ein sehr kompletter, schöner Wein. Brown ist zuverlässig und günstig für die Qualität.
*September 1988 ****

PENFOLDS' GRANGE HERMITAGE 10% Cabernet Sauvignon. Sehr tief, im Ausbau; zunächst schwach, schwer zu fassen, dann duftig, später herrlich reich; deutlich «süß», ordentliches Gewicht, lederige Tannine.
*Zuletzt verkostet im Mai 1992 ***

EINIGE ANDERE ROTE, DIE ANFANG BIS MITTE DER 80ER JAHRE EINEN GUTEN EINDRUCK MACHTEN:

BLASS, GREY LABEL 80% Cabernet Sauvignon, 20% Shiraz. Typisch gekonnter Verschnitt, «süß»; gute Frucht, weich ***

CAPE MENTELLE CABERNET SAUVIGNON Undurchsichtig; reich, maulbeerartig reif; trocken, voll, schmackhaft ***(*)

CHATEAU TAHBILK, SHIRAZ Verschwitzt, medizinal; «süß», reich, pflaumig, zum Kauen ***

HARDY'S PINOT NOIR Eigentümlicher Geruch; schokoladig – dennoch Gewinner einer Silbermedaille ***

MOUNT MARY, PINOT NOIR Schmackhaft, gute Länge ***

TALTARNI CABERNET SAUVIGNON Mehrere Bewertungen. Beeindruckend tief; sehr gut, aber zweimal als nicht deutlich sortentypisch in Geruch oder Geschmack vermerkt. Voll, zum Kauen – hatte 1985 noch zehn Jahre Flaschenalter nötig. Bin gespannt, wie sich die neuen Klassiker auswachsen *(***)?

TYRRELL'S VAT 70 CABERNET SAUVIGNON Tief; trocken, Geschmack und Länge gut ***

EINIGE ANFANG BIS MITTE DER 80ER JAHRE GENOSSENE WEISSE:

ORLANDO, RHINE RIESLING Goldgelb; reich, honigartig; halbsüß, «fischig», schmackhaft ****

PETALUMA, CHARDONNAY Elf Bewertungen, einer meiner Lieblingsweine, bereitet von Brian Crozer in den Hügeln über Adelaide. Ich spreche häufig vom «Petaluma-Stil», der für mich typisch ist für die hellgelben, butterigen, rauchigen, australischen Chardonnays. Prachtvoller Duft, üppiger, angekohlter Geschmack. Beste Zeit bis zum fünften Lebensjahr ****

TYRRELL'S VAT 47 CHARDONNAY Zitronengelb; duftig; relativ leicht, hoher Säuregehalt. Ansprechend, aber der 76er war mir lieber **

## 1979 ★★★

*Guter Regen, normale Wachstumsbedingungen, dennoch unterdurchschnittliche Produktion bei allen Rebsorten.*

**PENFOLDS' GRANGE HERMITAGE** 13% Cabernet Sauvignon. Schöne Farbe, tief, reich, im Ausbau; zurückhaltend, gehaltvoll, öffnete sich «süß»; mittlerer Reichtum und Körper, weiche Tannine, elegant.
*New York, Oktober 1990* ★★★★

EINIGE ANFANG BIS MITTE DER 80ER JAHRE VERKOSTETE ROTE:

**CAPE MENTELLE, HERMITAGE** Tief purpurfarben; verschwitzte Sättel, Frucht; etwas «süß», voll, füllig ★★★(★)

**HARDY'S CLARET** Klassische Bordeaux-Art in Gewicht und Gleichgewicht ★★(★)

**LINDEMAN'S ‹ROUGE HOMME› CABERNET SAUVIGNON** Schön in Geschmack, Gewicht, Gleichgewicht ★★★(★)

**MOSS WOOD, CABERNET SAUVIGNON** Purpurfarben; starker Geruch nach rostigen Nägeln; reich, weich, guter Geschmack, wenn auch «eiserne» Art ★★(★)

**TYRRELL'S VAT 70 CABERNET SAUVIGNON** «Süß», feigenartig; duftig, würzig ★★(★)

**WARRENMANG CABERNET SAUVIGNON** Tief; sehr duftiger Eukalyptusgeruch und -geschmack. Trocken. Anfängliche Wucht aufregend, aber ein bißchen eindimensional, bald langweilig ★★

EINIGE ANFANG BIS MITTE DER 80ER JAHRE VERKOSTETE WEISSE:

**BROWN BROS' RHINE RIESLING BOTRYTIS** Orangegolden; exzellent, honigartig; ziemlich süß, reich, aber fest. Gute Säure ★★★★

**MONTROSE, CHARDONNAY** Gelbgrün; schön, duftig, esterig, *Lemon Curd* in Geruch und Geschmack ★★★★

**PETALUMA RHINE RIESLING** Trauben aus dem Clare Valley. Appetitliches Gelbgrün; delikate Frucht, ein Hauch von Riesling-Kerosin, eine Prise Würze; ziemlich trocken, schöner frischer, schwungvoller Geschmack. Mehrere Bewertungen ★★★★

**TYRRELL'S VAT 47 PINOT CHARDONNAY** Duftig, aber schweflig (Murray Tyrrell erzählte mir, er habe den Kellermeister gefeuert, weil er die Fässer zu stark geschwefelt hatte). Sehr trockener, eichener Geschmack und Nachgeschmack. Gute Säure ★★★

*Tyrrell*

# 1980****

*Kühle Wachstumssaison. Guter Ruf. Langlebige Rote.*

PENFOLDS' GRANGE HERMITAGE Hoher Prozentsatz Shiraz, nur 4% Cabernet Sauvignon. Gesäuert, aber nicht geschönt. 1982 abgefüllt. Zwei neuere Bewertungen. Dunkles Kirschrot, intensiv; zunächst pfeffrig, nach einer Stunde besser; trotz feigenartigem Geschmack ein schlanker, voller und harter tanninbetonter Abgang – erinnerte mich an einen 79er Médoc.
*Zuletzt im Mai 1992 verkostet* **(*)

EINIGE ANDERE MITTE DER 80ER JAHRE VERKOSTETE ROTE:

LEO BURING'S PINOT NOIR In Holz gelagert. Sehr gut. Nase erinnerte mich an einen guten Côte de Nuits von Grivot; leicht «süß», relativ voll, Geschmack, Struktur, Länge und Abgang hervorragend ***(*)

TALTARNI, CABERNET SAUVIGNON Würzig; trocken, zum Kauen, robust (***)

WAKEFIELD RIVER ESTATE Shiraz und Cabernet Sauvignon. Undurchsichtig; Eukalyptus; weich, samtig und doch tanninbetont ***(*)

WYNNS' COONAWARRA CABERNET SAUVIGNON Sehr «süßer», glatter, wenn auch recht blecherner Cabernet-Geschmack *(**)?

YALUMBA, SHIRAZ Aus einer *Impériale*: Gewicht und Struktur ordentlich, ein Anflug von Eisen, Erdigkeit ***

EINIGE ANFANG BIS MITTE DER 80ER JAHRE VERKOSTETE WEISSE:

BROWN BROS' CHARDONNAY Petaluma-Stil; trocken, relativ leicht, angenehm **

BROWN BROS' NOBLE RIESLING Goldgelb; ölig, Minzeblätter; ziemlich süß, recht klobig und stumpf. Hartes Ende. Ohne den Elan der Spätlese-Rieslinge aus dem Napa Valley. Zwei Bewertungen.
*1980 verkostet* **

BROWN BROS' SPECIAL LIMITED PRODUCTION CHARDONNAY Gelber; zart, sahnig, angekohlte Eiche und Vanille; relativ trockener, leicht getoasteter Geschmack, gute lebhafte Säure ****

LEEUWIN, CHARDONNAY Hochgetönt, parfümiert, sehr eichen; ziemlich trockener, leichter Stil, vorzüglich; nussiger, eichener Abgang ****

ORLANDO, PREMIUM CHARDONNAY Eine prachtvolle Farbe; reicher, butteriger, eichener Stil ****

TYRRELL'S VAT 1 HUNTER SEMILLON Gelb; harmonisch, rauchig, Walnüsse; trocken, weich, voll entwickelt (1986), vielleicht etwas zuwenig Säure **

TYRRELL'S VAT 47 CHARDONNAY Nussig; mild, weich, köstlich, mit einem trockenen Abgang ***

YERINGBERG, CHARDONNAY Ein historischer Weinberg, 1860 angepflanzt, 1920 ausgehackt, 1970 neu bestockt. Vanille, Frucht; leichter, butteriger, eichener Geschmack. Außerordentlich attraktiv ****

# 1981**

*Trockenheit in Südaustralien und im Osten. Heiße frühe Lese. Geringe Erträge.*

HILL-SMITH ESTATE, CABERNET SAUVIGNON Depot an der Flaschenwand hart geworden. Mittleres Kirschrot; «süß», würzig, ein Hauch von Eisen; «süß» am Gaumen, angenehm allein zu trinken, nicht zum Essen, ordentliches Gewicht, frischer, fruchtiger Geschmack.
*März 1990* ***

PENFOLDS' GRANGE HERMITAGE 11% Cabernet Sauvignon. Zwei Bewertungen. 1988 unmittelbar entgegenkommender Geruch, außergewöhnlicher Geschmack, sehr gerbstoffreich. Zuletzt: immer noch tief; merkwürdige, apfelartige Nase, wie ein Rhonewein; beerenartige Frucht, grobkörnige Struktur, tanninbetont. Hat mir von der gesamten Palette bei Berensons Degustation am wenigsten zugesagt.
*Zuletzt im Oktober 1990 bewertet* *(*)?

WYNNS' COONAWARRA CABERNET SAUVIGNON Gut ausgebaut; zart, weich, harmonisch in Geruch und Geschmack. Hat seine Goldmedaille verdient, wenn es ihm auch geschmacklich an Ausdauer fehlte. Fertig.
*Juni 1987* ***

EINIGE ANDERE MITTE DER 80ER JAHRE VERKOSTETE ROTE:

McWILLIAMS' LIMITED RELEASE COONAWARRA CABERNET SAUVIGNON Tief; «süß», karamelartig; Frucht, Geschmack, Tannine und Säure gut ***

MEADOWBANK, TASMANIAN CABERNET Von Hickinbotham bereitet. Orange überhauchtes Rubinrot; Gras, Eukalyptus; stilvoll, tanninbetont ★(★)

MILDARA, COONAWARRA CABERNET SAU-VIGNON Sehr tief, intensiv; gute Frucht; relativ «süß», körperreich, Länge und Abgang gut ★★★(★)

TYRRELL'S HUNTER PINOT NOIR Mehrere Bewertungen. Ganz jung tief, 1986 breiter, reifer rosiger Farbton; zunächst neutral, dann nach Himbeeren duftend. Schmackhaft, rund ★★

WYNNS' OVENS VALLEY SHIRAZ Gute Frucht; weich, einnehmend, eingängig ★★★

EINIGE ANFANG BIS MITTE DER 80ER JAHRE VERKOSTETE WEISSE:

EVANS FAMILY, COONAWARRA BOTRYTIS RHINE RIESLING 156° Öchsle. Süß, weich, ansprechend; es fehlte an Durchhaltekraft ★★★

LINDEMAN'S, PADTHAWAY RHINE RIES-LING, BIN 5814 Golden; parfümierte Pastillen, Honig, mehr wie überreife Sémillon-Trauben; süß, sehr reich, ein Hauch von Karamel ★★★★

PETALUMA, CHARDONNAY Mehrere Bewertungen. Helles Gelb; zunächst etwas Öligkeit und Nagellack, unverwoben, aber aufregend. Stilvoll, schmackhaft, aber brauchte Zeit, um sich zu finden ★★(★)

PRIMO ESTATE, BEERENAUSLESE Aus von *Botrytis* befallenen Beeren bereitet. Schwaches Goldgelb; guter Edelfäulegeruch, wenn auch mit rauhem, grünem Unterton; ziemlich süß, relativ leicht, guter Geschmack, ordentliche Säure ★★

## 1982 ★★★★★

*Nach der Trockenheit von 1981 ließen Regenfälle im Winter die strapazierten Weinberge wieder genesen. Gute Wachstumssaison, Wärme, gute Frucht. Gilt als einer der Spitzenjahrgänge des Jahrzehnts.*

BROWN BROS' LATE-PICKED MUSCAT BLANC Weiches Butterblumengelb; eindringlich, Grüne Minze, traubig, honigartig; ziemlich süß, jedoch leicht (10% Alkohol), attraktiver Geschmack.
*August 1990* ★★★

PENFOLDS' BIN 707 Cabernet Sauvignon aus dem Barossa Valley und Coonawarra. Gewinner von fünf Auszeichnungen und zehn Goldmedaillen. Wunderschönes tiefes Rubinrot; prachtvoller Geruch nach reifen Maulbeeren; relativ «süß», gutes Gewicht, weich, samtig, schöne Frucht.
*März 1988* ★★★★★

PENFOLDS' GRANGE HERMITAGE 6% Cabernet Sauvignon. Wie üblich 18 Monate in *hogsheads* aus neuer amerikanischer Eiche. Zwei eindrückliche Bewertungen, die erste 1987. Immer noch praktisch undurchsichtig, intensiv; vollgepackt mit gut entwickelter Frucht, «süß», wunderbare Weinigkeit, Tiefe; anfangs «süß» am Gaumen, körperreich, hoher Extraktgehalt. Tannin verbesserte sich.
*Zuletzt im Mai 1992 bewertet* ★★★(★★)

PETALUMA, CHARDONNAY 1985 harmonisch, eichen, komplettes Gewicht, sehr guter Geschmack. Schien bei der letzten Verkostung kräftiger zu sein.
*Februar 1989* ★★★★

TYRRELL'S VAT 47 CHARDONNAY Viele Bewertungen von 1984 an. Wächsernes, butteriges Gelb; süße, weiche Nase, Karamellbonbons; mittel – nicht trocken, voll im Geschmack, Minze und Butter, hervorragende Länge.
*Zuletzt im Oktober 1987 verkostet* ★★★★

WYNNS' COONAWARRA JOHN RIDDOCK (LIMITED RELEASE) CABERNET SAUVIGNON Undurchsichtig; reich, fruchtig, «süß», beladen mit Frucht, wohlgeformt – ein herrlicher Mundvoll.
*Zuletzt im März 1988 bewertet* ★★★★(★)

EINIGE ANDERE 1985 BIS 1987 VERKOSTETE ROTE:

MAXWELL WINES, CABERNET SHIRAZ Intensiv schwarz; großartige Nase; «süß», mächtig, große Länge ★★★(★★)

ORLANDO, ST. HUGO COONAWARRA CA-BERNET SAUVIGNON Undurchsichtig; gute, marmeladige Frucht; voll, füllig ★★(★)

ROSEMOUNT, COONAWARRA SHOW RESER-VE CABERNET SAUVIGNON Pflaumenfarben; Maulbeeren; Geschmack wie Ruby Port, aber trocken, rauh, tanninbetont ★(★★)

SEAVIEW, CABERNET SAUVIGNON (100%) Weich, Holzton; relativ «süß», weich, samtig, Tannine und Säure ordentlich ★★★

TALTARNI, SHIRAZ Tief; frisch, fruchtig, stilvoll; Geschmack nach Himbeermarmelade, sehr tanninbetont und rauh (1987) ★(★★)?

WYNNS' COONAWARRA CABERNET HER-MITAGE Weich, zu «süß», der schöne Geschmack verdorben durch den bitteren Nachgeschmack nach rostigen Nägeln.

## EINIGE DER MITTE DER 80ER JAHRE VERKOSTETEN BESSEREN CHARDONNAYS:

WOLF BLASS Butterblumengelb; alte Eiche; nicht trocken, voll, weich, eichen ★★★

MCWILLIAMS' MOUNT PLEASANT Guter, sich ausdehnender Geschmack ★★★

PENFOLDS Butterig, eichen; fest ★★★

QUELLTALER, WOOD-AGED Gelb; klassische australische Chardonnay-Art; eindringlicher, guter Nachgeschmack ★★(★)

SAXONVALE Gelb; schön, duftig; reich, stilvoll ★★★★

## IM FRÜHLING 1985 VERKOSTETE SPÄTLESEN:

LEO BURING'S BAROSSA RESERVE RIESLING AUSLESE Tief golden; fabelhaftes pfirsichartiges, butteriges, Sauternes-artiges Bukett; süß. Überragend ★★★★★

PETALUMA, BOTRYTIS RIESLING Im März 1983 abgefüllt. Zwei Bewertungen: relativ blasses Zitronengelb; Nase wie Schokoladeneis, honigartig, darunter lebhafte Frucht; süß (13,5 % Restzucker), leicht (9,9 % Alkohol), frisch, lebhaft, schön, wie eine Beerenauslese ★★★★

ROSEMOUNT, RHINE RIESLING TBA Zu tief, zu orange; Aprikosen; unglaublich süß, reich, lecker, ein Hauch von «Kerosin», zitrusartig? ★★★★

YALUMBA, HEGGIES VINEYARD BOTRYTIS-AFFECTED LATE-HARVEST RHINE RIESLING Blasses Zitronengelb; süß, honigartig, ein Spritzer Zitrone; ziemlich süß, recht scharf, säurebetont, aber duftiger Nachgeschmack ★★★

# 1983 ★★

*Ein verheerender Beginn mit extremer Trockenheit, Buschfeuern und Überschwemmungen in vielen Weinbergen. Am besten im Hunter Valley.*

LAKE'S FOLLY, HUNTER CABERNET SAUVIGNON Sehr markante Farbe, leichter purpurfarbener Rand; «süß», marmeladig, Tannin und Eisen; ordentliches Gewicht (12 % Alkohol), genauso markante Frucht, trockener, säurebetonter Abgang.
*Mai 1991* ★★

PENFOLDS' GRANGE HERMITAGE 6 % Cabernet Sauvignon. Sehr tief; staubig, pfeffrige Frucht, Pfirsichkern; trocken, schlank, ein bißchen rauh. Reich, voll, fleischig; aber sehr tanninbetont.
*Zuletzt verkostet im Mai 1992* ★★(★)

ROSEMOUNT, ROXBURGH CHARDONNAY In Stahlbehältern vergoren, im März (1983) in Fässer, im Januar 1984 in Flaschen gefüllt. Goldgelb; reiche Gerstenzuckernase; etwas «süß», voll (13,5 % Alkohol), reich, gut entwickelt, gute Säure.
*Juni 1989* ★★★

TALTARNI, SHIRAZ Tief; trotz seinem Alter immer noch rauh.
*Dezember 1990* (★★)?

## EINIGE 1985 BIS 1987 VERKOSTETE GUTE ROTE:

BRIDGEWATER MILL, CABERNET SAUVIGNON «Süß»; frische Frucht ★★(★)

HENSCHKE, CABERNET SAUVIGNON Undurchsichtig; medizinal, feigenartig; voll, reich, samtig ★★★(★)

KRONDORF, CABERNET FRANC Prachtvoll, gerbstoffreich; sehr fruchtig ★★(★)

LINDEMAN'S ROUGE HOMME PINOT NOIR Pflaumenfarben; duftig, wie von Grivot; außerordentlich gut in Geschmack, Gleichgewicht und Länge ★★★★

PENFOLDS' BIN 707 CABERNET SAUVIGNON Reich, entgegenkommend, pflaumig, schön; körperreich, ein wenig eigenartige Tannine, Eisen. Gute Frucht ★★(★★)

PENFOLDS' DALWOOD CABERNET SHIRAZ Wie ein Rhonewein; ich empfand ihn als äußerst gefällig ★★★

ROSEMOUNT, CABERNET SAUVIGNON Aus dem Hunter Valley. Undurchsichtig; pfeffrig, nach Cabernet, Gewürznelken; würzig, eisenhaltig, sehr tanninbetont ★(★★)

ROSEMOUNT, CABERNET SAUVIGNON Aus Coonawarra. Rubinrot; klassischer, fruchtig; besser in Geschmack und Gleichgewicht, Länge und Abgang gut ★★(★★)

WYNDHAM ESTATE, HUNTER BIN 444 Tief; «süßes», marmeladiges Cabernet-Sauvignon-Aroma; reich, relativ voll, weich ★★★

EINIGE 1985 BIS 1987 VERKOSTETE GUTE WEISSE:

WOLF BLASS, CHARDONNAY Zu tief, golden; schön, eichen, wächsern; prachtvoller Geschmack, hervorragend in Abgang und Säure ★★★★

COOPER'S CREEK, FUMÉ BLANC Pikant, «Kater», Stachelbeeren und Pappe; trocken, sauber ★★★

HOUGHTON, FRANKLAND RIVER CHARDONNAY Gelb; eichen, aufregend; gut in Geschmack und Länge ★★★★

MATTHEW LANG, FUMÉ BLANC Sehr blaß, grün; trocken, leicht, säurebetont. Bemerkenswert ähnlich wie ein Loire ★★

LEEUWIN, CHARDONNAY Relativ blaß; Ananas; eher leichter Stil, ordentliche Frucht, etwas Delikatesse ★★★

LILLYDALE, CHARDONNAY Relativ blaß; schön, duftig; perfekt in Geschmack und Länge ★★★★

ORLANDO, ST. HILARY CHARDONNAY Butterblumengelb; stämmig, butterig ★★★

ROTHBURY, COWRA CHARDONNAY Wächsern, zitronig; weicher, eingängiger Petaluma-Stil ★★★

ROTHBURY, SEMILLON Goldgelb; esterig, reich, honigartig, wie Suduiraut; sehr süß (270° Baumé), voll im Körper (14,8 % Alkohol), reich, fett, leicht flüchtig. Eine Hunter-Trockenbeerenauslese!

SALTRAM'S MAMRA BROOK CHARDONNAY Süß, reich, kraftvoll ★★★

S. SMITH'S PEWSEY VALE BOTRYTIS RHINE RIESLING Bernsteingolden; Minze, ein Hauch von Karamel; süß, etwas Fett und doch leichter Stil, sehr duftig ★★★

TYRRELL'S CHARDONNAY (Vermutlich Vat 47) Schöne Farbe; frisch, fruchtig; etwas Fett, köstlich ★★★★

## 1984 ★★★★

*«Ideal kühl während der Reifeperiode, mit Spätsommerregen», hört sich für europäische Ohren paradox an, bis einem Hitze, Dürre, Buschfeuer ... einfallen. Ein gutes Jahr, im Hunter Valley feucht. Viele verkostet, eine Zusammenfassung des breiten Spektrums von Erzeugern und Stilen in den folgenden Aufzeichnungen.*

WOLF BLASS, BILYARA, BROWN LABEL (SHIRAZ) «Wolfie» hat den Erfolg verdient; ein relativ süßer, weicher, leicht zu trinkender Wein, mit Weinigkeit und überlegtem Einsatz von Eiche. *November 1988* ★★★

*Stanley Wine Co., Barossa Valley*

## 1984

CHATEAU TAHBILK, SHIRAZ Dunkles Kirschrot; entgegenkommend, pfeffrig, marmeladig; eigentümlicher Geschmack nach Veilchen, Himbeeren, Eisen. Ein klein wenig «süß».
*November 1988 *** auf seine Art.*

LEEUWIN, CHARDONNAY Zwei neuere Bewertungen: strohgolden; rauchig, eichen, beide Male «Blancmanger» notiert, etwas Würze; leicht süß, doch ausgeglichen durch gute Säure, voll im Geschmack, wächsern, fast Sémillon-artig.
*Oktober 1989 ****

PENFOLDS' GRANGE HERMITAGE 95 % Shiraz, 5 % Cabernet Sauvignon. Angebaut in Magill, Kalimna, Clare, Barossa und Southern Vales. Sehr tief; pfeffrig, gute Frucht und Tiefe; sehr «süß» für einen «trockenen Roten», körperreich, Frucht, Tannine und Säure gut, aber geht abrupt ab wie ein 43er Médoc.
*Auf Berenson vertikaler Grange-Degustation im Oktober 1990 ***(*) Von jetzt bis 2010.*

ROSEMOUNT, BOTRYTIS SEMILLON Nicht ausgeliefert, nicht etikettiert. Aprikosen-Bernsteinfarbe; warm, wächsern, honigartig, mit lebhafter Fruchtstütze; süß, eindringlich, langer, harter Abgang. Hatte Zeit nötig.
*Juli 1988 **(**)*

ROSEMOUNT, ROXBURGH CHARDONNAY Fünf Bewertungen von 1985 an. Wurde farblich tiefer, butterblumengelb. Die anfängliche Nase nach Vanille, Quark und Molke jetzt voll entwickelt, butterig, eichen; Geschmack entsprechend, Körper und Länge gut. Ein bißchen spröde.
*Zuletzt im Juni 1989 verkostet ****

VON DEN 1985 BIS 1987 VERKOSTETEN 84ER CABERNET SAUVIGNONS FAND ICH DIE FOLGENDEN ANSPRECHEND:

BROWN BROS' KOOMBALA Minzig, einnehmender, relativ leichter Stil, würzig ***

LINDEMAN'S LIMESTONE RIDGE COONAWARRA Tief, reizvoll, wohlgeformt, mit lebhafter Säure ****

LINDEMAN'S ST. GEORGE'S VINEYARD, COONAWARRA Würzig, Vanille; trocken, schlank, schmackhaft, tanninbetont ***(*)

PETALUMA Klassisch, stilvoll **(*)

VON DEN 1985 BIS 1987 VERKOSTETEN 84ER PINOT NOIRS:

YARRA BURN Duftig, Veilchen; relativ leichter, weicher, eichener Pinot-Geschmack ***

ROTHBURY Rote Bete; schmackhaft **

ZWEI SHIRAZ:

BRAND'S LAIRA, OLD VINEYARD Undurchsichtig; riesig, «süß», reich, große Länge ****

PENFOLDS' MAGILL ESTATE Schöne Frucht; relativ «süß», elegant ****

VON DEN 36 ANDEREN 1985 BIS 1987 VERKOSTETEN CHARDONNAYS WAREN VIELE ENTTÄUSCHEND. DIE BESTEN:

WOLF BLASS Getoastete Eiche, reich ****

CRAIGMOOR Weich, schön in Geschmack, Länge und Nachgeschmack ****

EDINGLASSIE ROXBURGH VINEYARD Goldgelb; prachtvoll, Butter, Honig; Geschmack entsprechend *****

ANDREW GARRETT Der erste von mir verkostete Jahrgang. Trocken, aber reich, eichen ***

HILL-SMITH ESTATE Hoch in den Barossa-Hügeln angebaut. Sechs Monate in Quarter-Fässern aus Nevers-Eiche. Duftig, würzig; sehr trocken, frisch ***

STANLEY LEASINGHAM Esterig; seidige Struktur, exzellent in Geschmack und Länge ****

PETER LEHMANN Sehr duftig, schlank, eichen ***

LILLYDALE Voll, esterig; duftig, blumig, superb *****

LINDEMAN'S, PADTHAWAY Ananas, Limousin-Eiche; schön in Geschmack, Frucht, Länge und Säure ****

ROBERT & BUTLER Ananas, Pfirsiche; schmackhaft, stilvoll ***

ROTHBURY COWRA, ORIGINAL PADDOCK Voll, Säure und Nachgeschmack gut ***

SEPPELT'S SHOW CHARDONNAY Duftig, stilvoll ****

TULLOCH Gelb, wächsern, trocken, eichen ***

TYRRELL'S VAT 47 Einer meiner Favoriten. Lang, trocken, vollmundig ****

Von den Spätlesen sind die folgenden nur einige von vielen, die zeigen sollen, dass Mitte der 80er Jahre Fortschritte zu verzeichnen waren:

**De Bortoli, Beerenauslese Riesling** Sehr Sauternes-artige Nase; süß, klassisch ★★★★

**De Bortoli, Beerenauslese Traminer** Goldgelb; pfirsichartig; süß, voll im Geschmack, Pastillenduft des Gewürztraminers ★★★★★

**Krondorf Special Late Harvest Riesling** Wunderschön ausgewogen ★★★★

**Peter Lehmann, Riesling Auslese** Halbsüß; pfirsichartiger Geruch und Geschmack, schön ★★★★

**Petaluma, Botrytis Coonawarra Riesling Gold Cap** Honigartig, wie ein Tokajer; süß, weich, schön ★★★★

**St. Hubert, Rhine Riesling, Beerenauslese** Süß, Geschmack und Säure gut ★★★★

**Seppelt's Rhine Riesling Auslese** Schön, reif; fast zu süß, aber gute Säure ★★★★

## 1985 ★★★★

*Wieder ein guter Jahrgang. Ungewöhnlich kühler, trockener Sommer. Regen verzögerte die Lese im Barossa Valley. Chardonnay Mitte März gepflückt, Cabernet Sauvignon Mitte April.*

**Wolf Blass, President's Selection, Cabernet Sauvignon** Tief rubinrot; reiche Frucht, pfeffrig; «süßer» Auftakt, trockener Abgang, voll in Körper und Geschmack. Reich.
*Oktober 1989* ★★★(★)

**Brown Bros' Floral and Orange Muscat** Ein neuer Dessertwein, ziemlich süßer, leichter, origineller, ansprechender Geschmack, gute Säure.
*Oktober 1989* ★★★

**‹The Hardy Collection›, Padthaway Rhine Riesling Beerenauslese** Relativ blasses Gold, deutlich spritzig; Gerstenzucker; süß, voll, reich, fett, schön.
*Oktober 1989* ★★★★

**Lake's Folly Chardonnay** Max Lake ist ein Pionier unserer Tage. Wenn er Coonawarra auch nicht entdeckt hat, so doch jedenfalls zum Blickfang gemacht; von den australischen Chardonnays war seiner einer der ersten, die gut gelangen, und sicher der erste, den ich je verkostete.

Lakes 85er Hunter Chardonnay ist extrem gut: sehr helles Gelb; duftiger, butteriger, fruchtiger Geruch und Geschmack. Würzig. Säure und Nachgeschmack gut.
*Zuletzt im Dezember 1988 bewertet* ★★★★

**Montrose, Shiraz** Lebhaft; positiv; attraktiv.
*Juli 1989* ★★★

**Penfolds' Grange Hermitage** Fast gänzlich aus Shiraz, nur 1 % Cabernet Sauvignon. Tief; zunächst ein bißchen firnisartig, aber gute Frucht, harmonisch; relativ trocken, gut in Gewicht, Stil und Struktur. Elegant. Relativ rasch in seiner Entwicklung?
*Mai 1992* ★★★(★) *Von jetzt bis 2010.*

**Penfolds' Magill Estate Shiraz** Tief; lebhaft, würzige Frucht; füllig, Walnüsse, relativ voll, duftig.
*Dezember 1988* ★★(★★)

**Petaluma, Coonawarra Red** 70 % Cabernet Sauvignon, 30 % Merlot, getrennt in neuer Nevers-Eiche gekeltert. Immer noch jugendlich; gute Frucht; mitteltrocken und -gewichtig, lebhaft, trockener, eichenwürziger Abgang.
*Juli 1989* ★★(★★)

**Rosemount, Roxburgh Chardonnay** Hart, verschlossen, trocken, voll, fest, aber es fehlte an Frucht. Der 1986/87 verkostete Show Reserve Chardonnay entsprach mir viel mehr.
*Zuletzt im Juni 1989 bewertet* ★★(★)??

**Rouge Homme, Coonawarra Cabernet Sauvignon** Tief; stämmig, voll Frucht, aber es fehlte an Pfiff und Stil.
*September 1989* ★★

**Rouge Homme, Shiraz/Cabernet Sauvignon** Tief, reich; herrlich reife Frucht; weich, ein Hauch von Eisen, sehr gefällig.
*Juli 1990* ★★(★★)

**Wynns' Coonawarra Estate Cabernet Sauvignon** Tief, samtig; duftig; deutlich «süß», relativ voller Körper (13 % Alkohol), schlank, aber sehr fruchtig. Guter, trockener, erfrischender Abgang.
*August 1990* ★★★(★)

Von den anderen 1986/87 verkosteten 85ern ragen heraus:

**Petaluma, Chardonnay** Lebhaft, schlank, schmackhaft; lang ★★★(★)

**Seppelt's ‹Black Label›** Aus Padthaway, Barossa, Langhorne Creek. Lebhaftes Rubinrot; sehr duftig; fruchtig, stilvoll ★★★(★)

# 1986 ★★★★★

*Hervorragende Witterungsbedingungen. Kühler, trockener Sommer. Eine der trockensten und spätesten Lesen aller Zeiten. Langlebige Weine voll Kraft und Gleichgewicht.*

Coldstream Hills, Chardonnay Ein relativ neuer Wein von James Hallidays Yarra Ridge Vineyard. Relativ blasses Gelb; wächserne, parfümierte sortentypische Nase, nachhaltig; trocken, voll, ein bißchen spröde und klobig, attraktiver rauchiger, eichener Geschmack.
*April 1991 ★★(★★)*

Penfolds' Grange Hermitage Relativ hoher Prozentsatz von Cabernet Sauvignon (13 %). Sehr tief; merkwürdig, verhalten, brombeerartige Frucht; sehr «süß», gewaltig, vollgepackt mit weicher Frucht, hoher Extraktgehalt kaschierte den hohen Tanningehalt. Wie Pétrus.
*Zuletzt im Mai 1992 verkostet ★★(★★★) 1996 bis 2020.*

Penfolds' Shiraz Bin 28 Tief, reich; «süß»; weich, reich, schön.
*Juli 1990 ★★★(★)*

Petaluma, Chardonnay 20 % im hauseigenen Weinberg Piccadilly Valley gewachsen, 40 % in Clare, 40 % in Coonawarra. Ein Jahr in Limousin- und Vogesen-Eiche. Markantes Gelb; ein Hauch von Vaseline, Zitrone, wächserner Chardonnay-Ton, angekohlte Eiche, Ananas; positiver Auftakt, gute Mitte, trockener Abgang, mit Säure, daß man sich die Lippen leckt.
*Mai 1991 ★★★(★)*

Rosemount, Roxburgh Chardonnay Mehrere Bewertungen. Jung kraftvoll. Ein altmodisches Schwergewicht: goldgelb; kühle, frische, sich üppig öffnende Nase; mitteltrocken, recht voller Körper, schöne Verbindung von Frucht und Eiche, gute Länge, angekohlter Vanille-Nachgeschmack.
*Juni 1989 ★★★★*

Tyrrell's Vat 47 Chardonnay Prachtvoller ausgedehnter und sich ausdehnender Geschmack im Oktober 1987. Butterblumengelb und Gold; eichen, würzig, Lanolin; eindringlicher angekohlter Abgang, gute Länge, trockener Abgang.
*Zuletzt im November 1989 verkostet ★★★★*

Andere 1987/88 verkostete besonders bemerkenswerte Weine:

Andrew Garrett's Chardonnay Butteriger, eichener, üppiger Geruch und Geschmack. Länge und Nachgeschmack gut ★★★★

Heggie's Vineyard, Barossa Botrytis-affected Late-harvest Riesling Zitronengolden; Orangeblüte und Pfirsich; süß, prachtvoller Geschmack, Gerstenzucker ★★★★

Stephen Hickinbotham's Anakie Shiraz Tief, pflaumenfarben; reich, marmeladig; gute, reiche Frucht, gute Länge, stilvoll, gefällig ★★★(★)

# 1987 ★★★★

*Der vierte und letzte kühle, trockene Sommer im Anschluß an einen verregneten Frühling. Späte Lese, vollendete Beeren.*

Einige grossartige Chardonnays zu Anfang:

Evans Family Vineyard Ausgeprägtes Gelb; köstlich butterig, Ananas, Eiche; relativ trocken, würzige Nelken, ein Hauch von Bitterkeit im Abgang.
*April 1990 ★★(★)*

Andrew Garrett Erstmals im Oktober 1988 verkostet. Unmengen von Aufzeichnungen, weil ich mehrere Kisten kaufte. Schönes Gelb; Vanille, Ananas, fescher Eichenton; reicher, eindringlicher, butterig-eichener Geschmack sowie Nachgeschmack. Köstlich.
*Zuletzt im Oktober 1990 verkostet ★★★(★)*

Lake's Folly Butterig; öffnete sich; trockener, schöner Geschmack, gute Säure.
*Oktober 1989 ★★★★*

Lindeman's Padthaway Hochglänzendes Gelb; sehr frisch, fruchtig, kein Eichenton; «süß», relativ voll, ein Anflug von Fett, schön.
*Zuletzt im November 1988 verkostet ★★★(★)*

Lindeman's Victoria, Bin 65 Aroma in etwa wie Sauvignon Blanc; weich, schmackhaft, eigentümlich.
*November 1987 ★★*

Rosemount, Giant's Creek Blaß; frisch; trocken, lebhaft, wie Chablis.
*Juni 1989 ★★*

Rosemount, Roxburgh Butterig; gute Nase, ein Hauch von Eiche; ziemlich trocken, voll im Geschmack, reich, ein wenig harter Abgang.
*Zuletzt im April 1990 verkostet ★★★(★)*

Rothbury Estate Reserve Bottling Erstmals im November 1988 verkostet. Jetzt voll entwickelt, butterig gelb; prachtvolles, süßes,

honigartiges, fettes, wächsernes Bukett; deutlicher Anflug von Süße, lecker, mollig.
*Zuletzt im Mai 1991 verkostet* ★★★★

SEPPELT'S OAK-MATURED Blaßgelb; delikate Eiche, Vanille; recht trocken, schön, gute Säure, duftiger Nachgeschmack.
*Dezember 1988* ★★★(★)

TOLLEY'S Relativ blaß; immer noch unreif; recht trocken, sauber, ansprechend.
*Januar 1989* ★★(★)

ANDERE REBSORTEN:

BROWN BROS' CHENIN BLANC Wachsgrün; ziemlich trocken, recht voll, sehr schmackhaft.
*Oktober 1989* ★★★

CAPE MENTELLE, SEMILLON AND SAUVIGNON BLANC Der klassische Traubensatz beim weißen Bordeaux. Leicht wächsern, harmonisch, aber «kalt». Trocken, relativ voll, Sémillon überwiegend, wurde mit Erwärmung besser.
*Oktober 1989* ★★

LEN EVANS' ROTHBURY VINEYARDS, SEMILLON CHARDONNAY Gutes Wachsgelb; zurückhaltend, weich, parfümiert, Pfirsiche, Eiche; knochentrocken, relativ leicht (11,5 %), recht spröde.
*Juli 1990* ★(★)?

HEGGIE'S VINEYARD, ADELAIDE HILLS CABERNET SAUVIGNON Tief; Frucht und Tannin gut, frische Säure. Sehr attraktiv.
*Mai 1991* ★★★

HILL-SMITH, BOTRYTIS SEMILLON Relativ blasses Bernstein; feuchte Pappe; süßer, reicher, rosinenartiger Geschmack, gute Säure.
*Juli 1990* ★★★

LEEUWIN, RIESLING Blaß, grün; Vanille, grasig, säurebetont; sehr trocken, leicht, kurz, eindimensional.
*Oktober 1989* ★

PETALUMA, RHINE RIESLING Gewachsen in Clare im kühlsten von vier kühlen Jahren. Im Oktober 1987 abgefüllt. Leicht parfümiert; ziemlich trocken, angenehm, frisch.
*Januar 1990* ★★

ROSEMOUNT, PINOT NOIR Mitteltief, unreif, weiches Pinot-Aussehen; Aroma und Geschmack fast wie Gamay. Ein Hauch von Erdbeere; trocken, schmackhaft, leicht bitterer Abgang.
*Juni 1989* ★★(★)

TALTARNI, FUMÉ BLANC Wohlriechend; recht trocken, kraftvoll, ein bißchen zu aufdringlich.
*Oktober 1989* ★(★)

## 1988 ★★★

*Nasser Frühling. Außerordentlich heißer Sommer, der zu einer ungewöhnlich frühen Lese führte, allerdings Regenschäden im Hunter Valley. Bis jetzt wenige verkostet.*

COLDSTREAM HILLS, CHARDONNAY 100% aus dem Yarra Valley, handgelesen. Kaltgärung in Edelstahl, beendet in *barriques* aus Vogeseneiche. Lange an der Maische. Relativ blasses Gelb; Zitrone, Ananas, Eiche, leicht honigartig; voller Geschmack, eindringlich und doch maßvoll. 11,8% Alkohol. Harter Abgang. Flaschenalter wird ihm gut tun.
*Juni 1991* ★★(★★)?

COLDSTREAM HILLS, FOUR VINEYARDS PINOT NOIR Mitteltief; parfümiert, eigentümlich, Tiefe; ziemlich «süß», voll im Körper, reich, gehaltvoll, eine Idee Eisen und Säure. Am Abend darauf besser. Braucht Zeit.
*Mai 1989* ★★(★)? *Etwa 1994 bis 1999.*

KRONDORF, LATE-PICKED MUSCAT Extrem minzig; halbsüß, sehr parfümiert, aber rauh.
*Juli 1990* ★★(★)?

PENFOLDS' BARREL-FERMENTED CHARDONNAY Butteriges Gelb; *Blancmanger*; mitteltrocken, voller Körper und Geschmack, sehr eichen.
*Oktober 1990* ★★(★)

PETALUMA, BOTRYTIS RIESLING Blaß; Grüne Minze und Honig; in etwa wie eine Gewürztraminer-Beerenauslese. Sehr gute Säure, Köstlich.
*Oktober 1989* ★★★★

ROTHBURY, SEMILLON Relativ blaß; ansprechend, butterig, ganz schmackhaft, weich, eingängig, wächsern, kurz.
*Juni 1991* ★★

## 1989

*Nach fünf guten Jahrgängen fürchterliche Wachstumsbedingungen, Unterbrechung der Blüte durch Regen, Wind, Hitzewelle im Sommer, Wolkenbrüche zur Erntezeit. Alle Gebiete betroffen.*

THOMAS HARDY, ‹BIRD SERIES› RIESLING GEWÜRZTRAMINER BLEND Schön, duftig, die exzellente Säure gibt dem Gewürztraminer Auftrieb.
*Juli 1990* ★★★

**HENRY LINDEMAN, TRAMINER RIESLING** Weiche, würzige Traminernase; fester und doch weicher Rieslinggeschmack.
*Juli 1990* ★★★

**PENFOLDS' BIN 202 GEWURZTRAMINER RIESLING** Aroma und Geschmack sehr ansprechend. Würziger Abgang.
*Juli 1990* ★★★

**ROTHBURY, EXPORT SHIRAZ** Extrem tief; großartige Frucht; schöner Geschmack, trocken, brombeerartig, großer Stil, Tannin und Säure gut.
*April 1991* (★★★★)

**ROTHBURY, RESERVE SHIRAZ** Undurchsichtig; im Geruch verhalten, brombeerartig; mitteltrocken, körperreich, sehr füllig, attraktiv, Veilchen und Eiche im Nachgeschmack.
*April 1991* (★★★★)

**TOLLEY'S PEDARE LATE-HARVEST MUSCAT** Sehr blaß, grün überhaucht; grasiger, minziger Geruch und Geschmack. Halbsüß, leicht, eingängig, kurz.
*Januar 1991* ★★

**WYNNS' COONAWARRA CHARDONNAY** Gute Farbe; Chardonnay und Eiche; relativ trocken, ziemlich körperreich, guter Geschmack, ein bißchen streng. Braucht Zeit.
*September 1990* ★★(★)

## 1990 ★★★★

*Hohe Qualität, große Produktion.*

**MORNINGTON VINEYARDS, CHARDONNAY** Neuer Weinberg. Einer der ersten Weine. Nur hundert Kisten produziert. Helles Gelb; jugendlich, Speicheldrüsen anregend, Vanille und Birnenbonbons; relativ trocken, nussig, eichen, schlank, ein Anflug von unreifer Grobheit, gute Säure. Es fehlt vielleicht an Länge.
*Januar 1991* (★★★)?

**ROTHBURY, BARREL-FERMENTED CHARDONNAY** Im September (1990) abgefüllt. Positives Goldgelb; wächsern, kräuterwürzig, minzig, butterig; süß, weich, fett, mild. Genug Säure. Trockener Abgang.
*Zuletzt verkostet im April 1992* (★★★)

## 1991 ★★★★

*Ein im allgemeinen warmes und trockenes Jahr, mit einem unterdurchschnittlichen Ertrag, wobei die Weine besondere Kraft und Konzentration aufweisen. Es sind körperreiche, vollmundige und duftende Rotweine, darunter einige, die jung getrunken werden sollten und andere, die von einer langen Flaschenlagerung profitieren würden. Auch die Weißweine sind extraktreich und bereits trinkbar.*

**COLSTREAM HILLS, RESERVE CHARDONNAY** Gloriose Ananas- und Vanille-Aromen; reich und doch frisch, exzellenter rauchiger Eichengeschmack.
*Im Dezember 1993* ★★★(★)

**COLSTREAM HILLS, RESERVE PINOT NOIR** 100% handgelesene Trauben aus dem Yarra-Tal, Faßgärung der ganzen Frucht. Ein prächtiger Wein. Ja, James Halliday ist nicht nur Australiens bester Weinjournalist, sondern auch ein erstklassiger Weinproduzent. Reiches Rubinrot; hübsche weiche Frucht, reife Maulbeeren mit einem Anflug

*Rothbury Estates, Hunter Valley*

von roter Bete; ziemlisch süß, frisch und fruchtig im Geschmack, erfrischend trockener und säurebetonter Abgang.
*Im Dezember 1993* **(*) *Jetzt gut bis 2000?*

EVANS FAMILY, PINOT NOIR Aus einem Rebstück unterhalb des sehr originellen Evans-Hauses «Loggerheads» bei Rothbury. Sehr «süße», marmeladige Frucht; mittel in Trockenheit und Körper, weich und doch sehr tanninreich.
*April 1991* (***)?

MICHELTON, RHINE RIESLING Sehr attraktive jugendliche Frucht.
*Im Januar 1993* ***

PETALUMA, CHARDONNAY Gelb; Vanille; ziemlich voll, schön im Geschmack, kluger Einsatz von Eiche. Kurz.
*Im Juni 1992* ***

ROSEMOUNT, SHOW RESERVE CHARDONNAY Ein guter, stilvoller Wein.
*Zuletzt verkostet im November 1992* ****

ROTHBURY, BARREL-FERMENTED CHARDONNAY Zwölf Monate an der Maische. Ziemlich tiefes Gelb, immer noch wolkig; süß, reich, honigartig, überwältigend; süß am Gaumen, weich – die malolaktische Gärung ist vorbei, schon ein eichener Geschmack, fett, würziger Nachgeschmack.
*April 1991* (****)

ROTHBURY, BROKENBACK VINEYARD CABERNET SAUVIGNON Rothburys bester Jahrgang für Rote seit 1965. Undurchsichtig; weich, Brombeeren, intensive Veilchen; köstlicher, recht pikanter, origineller Geschmack. Leicht feigenartige Frucht. Lederige Tannine.
*April 1991* (****)

ROTHBURY, RESERVE CHARDONNAY Zum Teil in Fässern aus neuem Holz vergoren. Keine «Malo», daher wolkig; schlanker, jugendlicher, Ananas; ziemlich kraftvoll, gute Form, kurz, trockener Abgang.
*April 1991* (***)?

ROTHBURY, SHIRAZ Undurchsichtig, intensiv purpurfarben; zurückhaltend, minzig, brombeerartig; enormer, portweinartiger Geschmack, massenhaft Tannin und Säure, guter Nachgeschmack.
*April 1991* (****)

SHAW & SMITH CHARDONNAY Brot und Gewürznelken; Chardonnay und neue Eiche; körperreich, rauchig-eichener Geschmack, reich.
*Zuletzt degustiert im Februar 1993* ***(*)

TYRRELL, VAT 47, CHARDONNAY Eher blasses Gelb; reich, wächsern, butterige Nase; voll in Geschmack und Körper, Butter und Vanille. Stets gut gemacht und sehr meinem Geschmack entsprechend.
*Bei Averys Zweihundertjahrfeier, Bristol, im Mai 1993* ****

## 1992 ★ bis ★★★

*Einer der schwierigsten Jahrgänge der letzten zwanzig Jahre, so daß eine allgemein gültige Aussage unmöglich ist. Es gab einige gute Weine, einige sind möglicherweise groß, doch viele haben nur mittelmäßige Qualität. In New South Wales haben der strenge Winter und die Frühjahrsdürre die Ertragserwartungen reduziert. Schwere Regenfälle begleiteten fast die gesamte Erntezeit. In Südaustralien gab es den kältesten Sommer seit Menschengedenken und einen weit verbreiteten Mehltaubefall, was durch drei Regenperioden Anfang März, Ende März und Ende April hervorgerufen wurde. Dies erschwerte die Entscheidung über den Zeitpunkt der Lese. Trotzdem wurden einige würzige und kompakte Weine produziert. Der Regen erschwerte die Lesearbeit im westlichen Teil des Kontinents, aber Victoria im Süden blieb davon verschont und hatte daher bessere Bedingungen.*

SHAW & SMITH CHARDONNAY Der sehr gut bereitete südaustralische Chardonnay eines Gespanns von Weinexperten. Jugendliches Ananasaroma; schöne Frucht, Honig, Vanille, Säure.
*Zuletzt im November 1993* ***(*)

## 1993 ★ bis ★★★

*Es überrascht mich immer wieder festzustellen, daß die Wetterbedingungen in der südlichen Hemisphäre häufig jenen in der nördlichen Halbkugel «nacheifern», trotz des umgekehrten Kalenders, wo zum Beispiel der Frühling mit dem Herbst in Europa und Kalifornien zusammenfällt. Ich muß aber hinzufügen, daß angesichts der riesigen Fläche dieses Kontinents Verallgemeinerungen immer ein riskantes Unterfangen sind. Mit Ausnahme des Hunter Valleys wurde der australische Sommer von einer ununterbrochenen Regenwelle geplagt, die nicht nur den Reifeprozeß behinderte, sondern auch Mehltauprobleme verursachte. Die überlebenden Trauben profitierten dafür von einer späten Heißwetterperiode. Die Rotweinproduktion sank, und die Preise stiegen.*

# NEUSEELAND

Das Land der Butter und der Schafe ist jetzt das Land des Weines. Im Unterschied zu Australien ist seine Weinindustrie jung. Aber sie kommt zur rechten Zeit, denn Winzer und Kellermeister können auf neueren weltweiten Erfahrungen aufbauen, ohne zuviel Zeit und Geld mit Experimenten vergeuden zu müssen. Kurzum, die Pionierarbeit ist geleistet. Neuseeland muß nur noch die richtige Antwort auf sein Klima finden – und die richtigen Standorte für Rebflächen.

Trotz vieler Einladungen bin ich noch nicht in Neuseeland gewesen, sowenig wie ich, mangels geschäftlicher Notwendigkeit, an den großen Degustationen teilgenommen habe, die in den letzten Jahren von offizieller Seite und vom Handel veranstaltet wurden, um Werbung für das Land zu machen. Aus diesen Gründen sind meine Aufzeichnungen begrenzt und willkürlich. Dennoch war es interessant (wenigstens für mich), den Fortschritt seit den frühen 70er Jahren und die immer selbstbewußter und erfolgreicher werdenden 80er Jahre hindurch zu beobachten – wenn auch von ferne. Die eindrücklichen, aber bis jetzt relativ unerprobten Roten haben noch zuwenig Tradition; die Weißen, die alle jung getrunken werden sollten, sind unmittelbar ansprechend, wenn auch Chenin Blanc, der einen guten Start hatte, anscheinend auf der Strecke geblieben ist und von dem gefragteren und zuverlässigen Sauvignon Blanc sowie neuerdings von Chardonnay überholt wurde.

Es ist bezeichnend, daß im Jahrgangsführer 1991 der Zeitschrift *Decanter* erstmals auch über Neuseeland berichtet wurde. Neuseeland ist erwachsen geworden!

## 1970

*Fast schon prähistorisch.*

NOBILO'S COLLECTOR'S CABERNET SAUVIGNON Der älteste von mir verkostete Jahrgang: tief, pflaumenfarben, reif; eigenartig, brandig, wie gekochte Milch, dennoch harmonisch; trocken, mittleres Gewicht. Alterserscheinungen.
*November 1987.*

## 1975

MONTANA, PINOTAGE Noch ein Pionier. Relativ blaß, voll ausgebaut; reiche, «süße», rauchige Nase; mittlere «Süße» und Schwere, schmackhaft, eingängig, kurz.
*September 1987* ★★

## 1976

COOKS, CABERNET SAUVIGNON Am 2. Mai, meinem Geburtstag, gelesen. Purpurrot; unreif in Farbe, Geruch und Geschmack. Recht gute Frucht. Trockener, leichter Stil, schmackhaft.
*April 1980. Damals* (★★★)

MONTANA, CABERNET SAUVIGNON Der erste Jahrgang von dem 1973 angepflanzten Weinberg Marlborough. 1983 jugendlich, rauh, zuwenig Intensität. Pikante und doch reife sortentypische Nase; leicht, schmackhaft, marmeladig, kurz.
*Zuletzt im September 1987 verkostet* ★★

## 1978

*Zögernde Schritte.*

COOKS, TE-KAUWHATA PINOT GRIS Merkwürdige Farbe; eigentümlich, nicht ansprechend.
*September 1984.*

### COOKS, MATAWHERO GEWURZTRAMINER

Rosinenartiger, aromatischer Geruch und Geschmack. Relativ trocken, leicht, sauber. Deutlich ein früher Schritt in die richtige Richtung.
*1982 und 1984 verkostet* ★★★

### NOBILO'S ‹CLASSIC CLARET› CABERNET

SAUVIGNON Pflaumenfarben; brandig; trocken, recht künstlich. Sicher nicht klassisch.
*November 1982.*

### NOBILO'S PINOTAGE

Schon ausgebaut; ausladender, marmeladiger Pinot-artiger Geruch und Geschmack. Trocken. Abgang wie rote Tinte.
*November 1982.*

## 1979

### COOKS, TE-KAUWHATA PINOT GRIS

Am 26. März gelesen, am 27. September (1979) abgefüllt. Eine Verbesserung: köstliches, parfümiertes Aroma; trocken, spröde, kurz, aber schmackhaft.
*November 1982* ★★

### CORBANS, HENDERSON CHENIN BLANC

Gute Farbe; brandig; leicht süß, guter sortentypischer Geschmack, Säure desgleichen. Meine erste Probe einer, wie sich herausstellte, erfolgreichen neuseeländischen Traube.
*September 1984* ★★★

## 1980

*Allgemein durchschnittlich für Weiße und Rote.*

### COOKS, GEWURZTRAMINER

Sehr gelb; schön, würzig in Aroma und Geschmack. Trocken. Noch ein früher Erfolg mit einer anderen Rebsorte. (Ihr Traminer Riesling war apfelartig und dumpf.)
*September 1984.*

## 1985 ★★★★

*Allgemein überdurchschnittlich, einige hervorragend.*

### BABICH, HENDERSON VALLEY CHARDON-

NAY Goldgelb; hochgetönter Geruch und Geschmack, ähnlich wie australischer Petaluma. Leicht spritzig.
*Juli 1986* ★★★

### DELEGAT'S PROPRIETOR'S RESERVE CHAR-

DONNAY Positives Gelb; reich, wächsern; trocken, ordentlich bereitet.
*November 1987* ★★★

### MONTANA, FAIRHALL ESTATE CABERNET

SAUVIGNON Tief, pflaumenfarben; «süß», weinig, leicht marmeladig, Minzeblätter, Spargel; relativ voll, sehr ansprechend, fruchtig, aber irgendwie merkwürdig.
*Mai 1988* ★★

## 1986 ★★★★★

*Das Tempo wird flotter. Verkostete den ersten Spitzen-Cabernet (meinen ersten) und einige hervorragende Chardonnays.*

### BABICH, HAWKES BAY SAUVIGNON BLANC

Angenehm, grasig; relativ trockener, deutlich fülliger (anders als Loire) Geschmack, Schwarze Johannisbeeren.
*Mai 1988* ★★★

### CLOUDY BAY, CHARDONNAY

Meine erste Bekanntschaft mit einer neuen, sehr gefragten Weinkellerei. Und ein guter Start: einnehmende Farbe, lange Tränen; sehr ausgeprägter sortentypischer Geschmack, Länge und Endgeschmack gut.
*Mai 1988* ★★★(★)

### MATUA VALLEY, CABERNET SAUVIGNON

(plus kleiner Prozentsatz Merlot) Undurchsichtig; lebhaftes, sehr gutes, leicht eisenhaltiges, hervorragendes sortentypisches Aroma, Geschmack desgleichen. Reich, voll im Körper, gute Länge, würzig.
*Mai 1988 (★★★★) Bin gespannt, wie er sich in der Flasche entwickelt.*

### MATUA VALLEY, YATES ESTATE CHARDON-

NAY Jugendlicher, duftiger, sortentypischer Geruch und Geschmack. Trockener, schlanker, eichener Nachgeschmack.
*Ein Geschenk von der unermüdlichen Margaret Harvey, jetzt «Master of Wine», im November 1987* ★(★★★)

### MATUA VALLEY, LATE-HARVEST MUSCAT

Ziemlich süßer, relativ leichter, angenehmer, nach Pastillen duftender Muskat. Gute Säure.
*Zuletzt im Mai 1988 verkostet. Knapp* ★★★

### MORTON ESTATE, HAWKES BAY CHAR-

DONNAY Tiefes Butterblumengelb; reich, Vanille; recht voll, sehr eichen, schmackhaft, attraktiv. Ein Wein nach meinem Geschmack.
*September 1988* ★★★(★)

### NOBILO'S CHARDONNAY

Relativ blaß; weich, sahnig; guter Geschmack, etwas Eiche.
*Mai 1988* ★★★

# 1987 *****

*Einige ausgezeichnete Rote und überragende Weiße.*

## EINIGE CHARDONNAYS:

COLLARD, ROTHESAY VINEYARD Goldgelb; Ananas und Eiche; wuchtiger, angekohlter Vanille-Geschmack, trockener Abgang. Beeindruckend, aber zu aufdringlich.
*November 1989 **(*)*

KUMEU RIVER Gelb; sehr gut, leicht parfümiert, eichen; sehr attraktiver rauchiger, eichener Geschmack und Nachgeschmack.
*März 1990 ****

NOBLE HUNTER, BOTRYTIS Bernsteingolden; honig- und pfirsichartig; süß, schön in Geschmack und Säure.
*Eine von Margaret Harvey mitgebrachte superbe halbe Probeflasche. Zum Abendessen mit Dr. Norman Burrows im Juli 1991 ****

STONELEIGH (Gehört zu COOKS) Petaluma-Stil. Frucht und Gewicht einnehmend.
*Mai 1988 ***

## MEHRERE SAUVIGNON BLANCS:

CORBANS, MARLBOROUGH Gelb; süß, honigartig; weder genug Trockenheit noch Säure, aber ein angenehmer grasiger Geschmack.
*Mai 1990 **

DELEGAT'S HAWKES BAY Blaß; gutes sortentypisches Aroma; reicher, reifer, grasiger, rauher Geschmack nach Schwarzen Johannisbeeren.
*Mai 1988 ***

MATUA VALLEY, BROWNLIE BAY ESTATE Relativ trockener, leichter, sauberer, grasiger Sauvignon-Charakter. Ausreichende Säure.
*April 1988 ***

MORTON ESTATE, HAWKES BAY Sehr blaß; knochentrocken.
*Mai 1988 ***

NOBILO'S, HAWKES BAY Stämmig, blumig, eichen, recht trocken.
*Mai 1989 ***

## EIN SÉMILLON:

SELAKS Ungewöhnlicherweise parfümiert, eher wie ein Sauvignon Blanc, gute Säure, einspurig.
*Mai 1988 **

# 1988 * *bis* ****

*Zyklon auf der nördlichen Insel, auch Hawkes Bay betroffen, hatte Qualitäts- und Quantitätseinbußen zur Folge. Hervorragende Rote und Weiße in den Anbaugebieten der südlichen Insel.*

BABICH, HAWKES BAY SAUVIGNON BLANC Ziemlich ausgeprägtes «Kater»-Aroma; trocken, fest, gut in Geschmack und Säure.
*Juni 1990 ***

NOBILO'S GEWURZTRAMINER Gelb, zu tief, zu süß. Stämmiges sortentypisches Gewürztramineraroma, ein bißchen zu mollig, schmackhaft, aber es fehlte an Anmut.
*September 1988 *

REDWOOD VALLEY ESTATES, LATE-HARVEST RIESLING Blaß; hervorragender, pfirsichartiger, reifer Rieslinggeruch und -geschmack, ziemlich süß, sehr gute Säure.
*Mai 1991 ***

# 1989 *****

*Herausragender Jahrgang, insgesamt der beste des Jahrzehnts für Weiße und Rote, in allen Anbaugebieten.*

CLOUDY BAY, SAUVIGNON BLANC Erstmals im Oktober 1989 beim Eröffnungsdiner der Tagung der Wine & Food Society in Hongkong verkostet. Sehr blaß; fast übertriebener minziger, «katerartiger» Sauvignon-Ton in Aroma und Geschmack. Ziemlich trocken, schmackhaft, kurz. Das nächste Mal blind auf einer Degustation des III Form Club. Dann Weihnachten zu Hause.
*Zuletzt im Dezember 1989 bewertet ***

KUMEN RIVER, CHARDONNAY Hübsche Farbe; rauchig, harmonisch; eher trocken, 13° Alkohol, guter Geschmack. Ein herausragendes Beispiel der neuen Chardonnays aus Neuseeland.
*In Gidleigh Park, Dezember 1991 *** *Jetzt trinken.*

MONTANA, CHARDONNAY Relativ blaß; gute Nase; mittel in Trockenheit und Körper, sehr guter Geschmack, passable Säure.
*September 1990 ***

VIDAL, HAWKES BAY PRIVATE BIN CHARDONNAY Relativ blaß; mildes, traubiges Aroma, ein Hauch von Vanille; ziemlich trocken, perfektes Gewicht, nussiger Chardonnay-Geschmack, guter Abgang.
*Zuletzt im Januar 1993 verkostet ***(*)*

## 1990 ** bis ****

*Mäßig guter Jahrgang. Rote unterschiedlich; einige hervorragende Weiße.*

AOTEA, HAWKES BAY SAUVIGNON BLANC
Blaß; leicht parfümiertes, sortentypisches Aroma; trocken, leicht, lebhaft, erfrischende Säure.
*Juli 1991* ***

CLOUDY BAY, CHARDONNAY Leicht duftend; gut in Geschmack, Gewicht und Säure.
*Im Juni 1993* ***

REDWOOD VALLEY ESTATES, CHARDONNAY Relativ blaß, leicht strohgelb überhaucht; junger, parfümierter Chardonnay; trocken, ordentliches Gewicht, fest, stahlig, dennoch gute Frucht und dezente Eiche.
*Juli 1991* **(**)

REDWOOD VALLEY ESTATES, RHINE RIESLING Relativ blaß; hart, krümelig, unverwoben; halbsüß, schöner traubiger Geschmack, langer süßer Abgang.
*Juli 1991* ***

RONGOPAI, TE KAUWHATA, SAUVIGNON BLANC Gelb; stark nach Katzenpipi und Minze; trocken, kurz.
*Zuletzt degustiert im Mai 1992* **

TE MATA, HAWKES BAY, ELSTON CHARDONNAY Hübsche Farbe, ebenso in der Nase und am Gaumen.
*Im Januar 1992* **** *Jetzt trinken.*

## 1991 ****

*Ein relativ kleines Land, verglichen mit dem riesigen Australien, doch mit einer großen Vielfalt an Weintypen dank seiner geologischen Struktur, die – würde sie auf die nördliche Hemisphäre übertragen – vom Rheintal über das Elsaß sowie die Champagne bis nach Burgund, Bordeaux, ja sogar bis nach Südspanien reichen würde. Kein Landstrich Neeseelands liegt weiter als 200 km vom Meer entfernt, daher profitieren die meisten Weingärten von einem maritimen Klima. 1991 war nach einem unterschiedlichen, aber im allgemeinen guten Wetterverlauf, trotz später Ernte, ein überdurchschnittlicher Jahrgang.*

CLOUDY BAY, SAUVIGNON BLANC Sehr stark duftend, traubiges Aroma; mitteltrocken, ziemlich leicht, stachelbeerähnliche Säure.
*Im September 1992* ***

WAIRU RIVER, SAUVIGNON BLANC Delikat, Aroma nach Katzenpipi duftend; gut in Geschmack und Säure.
*Im Januar 1992* **** *Bald trinken.*

## 1992 ****

*Überall gab es zufriedenstellende bis sehr gute Ergebnisse, wobei die Weißweine durch einen etwas höheren Säuregehalt als üblich auffallen. Ein kühler und windiger Frühling verzögerte die Blüte und millerandage führte zu Ertragseinbußen. So wie 1991 gab es weniger Sonne und niedrigere Sommertemperaturen als im Durchschnitt, was – wie man sagt – vielleicht eine Folge des Pinatubo-Vulkanausbruches ist. Angenehmes, obwohl kühles Wetter während der Lesezeit war verantwortlich für den hohen Säuregehalt, während die späte Lese für den höheren Zuckergehalt sorgte. Interessante Weine.*

DASHWOOD, SAUVIGNON BLANC Frisches, stachelbeerähnliches Aroma; trocken, frisch, gut in Geschmack und Säure. Viele Notizen.
*Zuletzt probiert im November 1993* ***

## 1993 ** bis ****

*Im Gegensatz zu Europa begann hier der Frühling spät und war eher niederschlagsarm; dies verzögerte die Knospenbildung und die Blüte. In vielen Gebieten verringerte sich dadurch der Ertrag, mit Ausnahme von Auckland, wo eine große Menge Rotweintrauben mit einem Rekordzuckergehalt gelesen wurden. Angesichts der großen Entfernungen, die auf den beiden Inseln zwischen den nördlich und südlich gelegenen Weinbaugebieten liegen, überrascht es nicht, daß die Qualität auch 1993, so wie in den meisten Jahren, recht unterschiedlich ausgefallen ist. Die Weißweine Neuseelands haben zweifellos den Markt beherrscht, wie die charmanten und gutvermarkteten Chardonnays und Sauvignon Blancs, die irgendwie aber den exzellenten Chenin Blanc unverdienterweise überschattet haben. Die Roten sind beeindruckend, aber nicht ausreichend strukturiert.*

# KAPWEINE

Für Südafrika ist die Zeit der internationalen Ächtung vorbei. Bald werden wir wieder mit weniger Einschränkungen einige der guten und äußerst preisgünstigen Weine trinken können, die in einem der schönsten Weinländer der Welt erzeugt werden.

Südafrikanische Weine gehören nicht in die Kategorie «Neue Welt». Die im 17. Jahrhundert gegründeten Weinfarms sind älter als die meisten Châteaux von Bordeaux. Kapweine, vor allem Constantia, waren im 18. Jahrhundert ebenso gefragt wie teuer. Geschichtliche Betrachtungen beiseite gelassen, hatte man in der Zeit nach 1945 Erfolge hauptsächlich mit gutem und günstigem «Sherry». Die Verbesserung der Tafelweine ist wie in Australien ein relativ modernes Phänomen.

Südafrika kann sehr heiß sein, aber die Jahrgänge sind durchaus unterschiedlich. Widersinnigerweise scheinen die weniger guten und eindeutig kühleren Jahre – nach dem Zeugnis hauptsächlich vertikaler Degustationen vor allem von Pinotage – befriedigendere Ergebnisse zu zeitigen.

Die meisten meiner Aufzeichnungen entstanden 1977 und – etwas aktueller und relevanter – 1987 am Kap, ferner zuletzt auf einer exzellenten Degustation, organisiert von der Cape Independent Wine Makers Guild in London. Für Witterungs- und Qualitätsmeldungen zu neueren Jahrgängen habe ich John Platter zu danken.

## ETWA 1750

CONSTANTIA Viele Preise, hoher Preis: eines der klassischen Spitzengewächse des 18. Jahrhunderts. Zwei Flaschen verschiedener Herkunft im Oktober 1985 verkostet: die eine pures Bernstein; erdige, schokoladige Nase wie ein alter Tinta-Negra-Mole-Madeira; ziemlich süß, ordentliches Gewicht, nussiger, Sherry-artiger Geschmack; hervorragende Säure; der andere ein tieferes Tawny, wolkiger; ähnlicher Geruch und Geschmack, gehaltvoller, sehr reich, intensiv, wie ein alter Bual. Ein dritter, ursprünglich aus dem Weinkeller von Hopetoun House (im Mai 1967 bei Christie's verkauft): charakteristische gedrungene, glattwandige Flasche mit hohem, schwellendem Hals. Exzellente Füllhöhe. Tiefes Bernstein, olivgrüner Rand, sehr reiche Tränen, leicht trüb; deutlich würzig, ingwerartig, reich, intensiv; süß, kraftvoll, eindringlich, sehr hoher Säuregehalt, fast brennender Abgang.
*Zuletzt auf einer Raritäten-Weinprobe von Rodenstock im September 1987 verkostet. Beste Note ★★★★*

## 1940

CH. LIBERTAS Schwarzes Kirschrot; prachtvolle alte Nase trotz dem ganz leichten Böcksergeruch; «süß», voll im Körper (über 14% Alkohol), reicher, fetter, angesengter Geschmack. Tannin und Säure gut.
*Stellenbosch Farmers Winery, Dezember 1987 ★★★*

## 1945 ★★★★

STELLENBOSCH FARMERS, CABERNET SAUVIGNON Farbe eines Spitzenjahrgangs; angesengtes, würziges Bukett, das duftend im Glas hängenblieb; trocken, reich, fest, tanninbetont.
*März 1977, damals ★★★★ Zweifellos immer noch gut.*

## 1959

CH. LIBERTAS Ziemlich tief, ausgebaut; entgegenkommend, lebhaft, kirschartige Säure; ziemlich tief, würzig, marmeladig, zitrusartig – leicht flüchtig. Zweimal am selben Tag, einmal auf einer Degustation, das andere Mal zum Abendessen.
*Dezember 1987 ★★*

## 1961

ZONNEBLOEM, CABERNET Sehr tief, reich, ausgebaut; zurückhaltend, firnisartig; relativ trokken, ziemlich körperreich, gute Frucht, tanninbetont.
*Dezember 1987* ★★★

## 1963

LANZERAC, PINOTAGE Schöne alte Kap-Farm, heute ein Hotel. Tief; öffnete sich allmählich, «süß», lederige Frucht; ordentliches Gewicht, elegant, gute Struktur.
*Dezember 1987* ★★★★

CH. LIBERTAS Offen, reif; schön, fest, feigenartige Frucht; leichter Stil, lebhaft, schmackhaft, kurzer, trockener, säurebetonter Abgang.
*Dezember 1987* ★★★

RUSTENBERG, DRY RED (50% Cabernet Sauvignon, 50% Cinsault) Mitteltief, ausgebaut; duftig, hochgetönt, stilvoll; ordentliches Gewicht – wie ein 55er roter Bordeaux, zarte, verblaßte Frucht, trockener Abgang.
*Zum Abendessen bei Peter Devereux im November 1987* ★★★★

## 1966

ALTO ESTATE Undurchsichtig; tiefe, reiche, portweinartige Nase; trocken, recht voll.
*Verkostet mit Dr. Julius Laszlo in der Bergkelder, Dezember 1987* ★★★

## 1967

ALTO ESTATE Tief; reich, ungewöhnlich, wie Kleehonig; relativ «süß», körperreich, fett, medizinal.
*Dezember 1987* ★★

## 1969

NEDERBURG, CABERNET SAUVIGNON, SPECIAL SELECTION Schön, tief; duftig; trockener, frischer und doch üppiger Geschmack.
*Zum Abendessen in Stellenbosch im Dezember 1987* ★★★★

NEDERBURG, EDELKEUR Im November 1969 abgefüllt. Der erste von mir verkostete Jahrgang dieses großartigen Chenin Blanc aus edelfaulen Trauben.
*März 1977* ★★★★

## 1970 ★★★

KWV, PINOTAGE Erstmals im März 1977 verkostet: tief, pflaumenfarben, stumm, recht neutral. Zehn Jahre wirkten Wunder: harmonisch, duftig; mittel«süß», relativ voll, recht feigenartige Frucht, hoher Extraktgehalt, reich und doch tanninbetont. Gewiß eindrücklich.
*Zuletzt im Dezember 1987 verkostet* ★★★(★)

CH. LIBERTAS Durchscheinend; pflanzlich; füllig, weiche Frucht, ein bißchen unzulänglich.
*Dezember 1987* ★★

## 1971 ★★★

*Ein guter, aber relativ leichter Jahrgang, nach einer vertikalen Degustation von 1977 zu urteilen.*

KWV, PINOTAGE Intensiv; gezügelt, wie rote Bete; relativ «süß», sehnig, Geschmack und Länge gut.
*Dezember 1987* ★★★

NEDERBURG, CABERNET SAUVIGNON Ausgebaut; wie frische Farbe; positiv, interessant.
*September 1984* ★★

## 1972 ★★ *bis* ★★★★

*Heißes Jahr. Weiche, schlaffe Weiße; gute bis exzellente Rote.*

GROOT CONSTANTIA, SHIRAZ Das berühmteste alte Weingut am Kap, hinter dem Tafelberg. Schöne Farbe; frisch, leicht pfeffrig; mitteltrocken, leichter, weicher, eingängiger, als erwartet. Schön, doch es fehlte an Länge.
*Zum Abendessen in Stellenbosch, Dezember 1987* ★★★

KWV, PINOTAGE Tief; klobig, schwerfällig, plump, kurz.
*Dezember 1987* ★

OUDE LIBERTAS, PINOTAGE Rubinrot; zart, «süß», angesengt; marmeladiger Geschmack, enorm tannin- und säurebetonter Abgang, allerdings lang anhaltender Nachgeschmack.
*November 1987* ★★?

ZONNEBLOEM, CABERNET Delikat, Austernschalen, gute Fruchtstütze; schöner, leicht angesengter Geschmack, gute Länge, gute Tannine.
*Dezember 1987* ★★★

# 1973 ★★★

*Kühler Jahrgang.*

KWV, PINOTAGE Mitteltief, voll ausgebaut, Stich ins Orange; Bordeaux-artig, harmonisch; ein wenig «süß», relativ leicht trotz guter Weinigkeit, ordentliche Struktur, sehnig, schmackhaft, gute Länge. Ein perfektes Getränk.
*Dezember 1987* ★★★★

VERGENOEGD (Ein Name, der nicht ankommen wird) CABERNET SAUVIGNON Tiefes Rubinrot; brombeerartiges Aroma; trocken, energisch, wenig Alter zu merken.
*Dezember 1987* ★★(★★)

VERGENOEGD, SHIRAZ Ziemlich kraftvoll, reich, füllig.
*Dezember 1987* ★★

# 1974 ★ *bis* ★★★★★

*Durchschnittliche Weiße, aber einige große Rote. Cabernet Sauvignon besonders erfolgreich.*

KWV, CABERNET SAUVIGNON Sauber, weich, füllig.
*Dezember 1987* ★★

KWV, PINOTAGE Duftig; schlank, sehnig, elegant. Gut zu trinken.
*Dezember 1987* ★★★

NEDERBURG, CABERNET SAUVIGNON (Außerdem 10% Shiraz, 25% Cinsault und Pinotage) Erstmals im März 1977 auf dem Weingut verkostet: pflaumenfarben; voll im Geschmack. Danach: eindrücklich tief; Zitruston; leicht «süßer», rustikaler, überreifer Geschmack, weich, betörend.
*Zuletzt im Dezember 1987 verkostet* ★★★

OVERGAAUW, CABERNET SAUVIGNON (10% Cinsault) Erstmals im März 1977 verkostet: Nase unverwoben; reich, reif, Geschmack nach angebranntem Eisen. Ein Jahrzehnt später: rubinrot; weich, «süß», gefällige Frucht. Mittlere «Süße» und Schwere, weich, füllig, «rostig», Jod im Endgeschmack.
*Zuletzt im Dezember 1987 verkostet* ★★★★ *auf seine Art.*

ZONNEBLOEM, PINOTAGE Dick, pflaumenfarben; eindringlich, angesengt, stämmige Fruchtunterlage; wuchtig, kraftvoll (14,7% Alkohol), rauhe Tannine, erinnerte mich an Underberg-Magenbitter. Ein Vertreter des «unannehmbaren Gesichts» der Kap-Rotweine!
*Dezember 1987* ★(★)

# 1975 ★★

*Durchschnittlich.*

KWV, PINOTAGE Fleischextrakt und doch frische Frucht; «süß», reich, gute Länge.
*Dezember 1987* ★★★

NEDERBURG, CABERNET SAUVIGNON Gleichbleibend gute Weinbereitung. Duftig; sehr attraktiv.
*September 1984* ★★★★

# 1976 ★ *bis* ★★★★

*Mäßige Weiße, hervorragende Rote.*

KWV, PINOTAGE Tief, aber Orange-Reflexe überhaucht; «süß», warm, schmackhaft, gute Frucht und Struktur.
*Dezember 1987* ★★★

MEERLUST, CABERNET SAUVIGNON Eine wunderschöne Kap-Weinfarm, der das Seeklima zugute kommt; sie hat angeblich den größten Tauniederschlag der Welt: 35 cm. Drei Bewertungen, die erste im März 1977 auf dem Weingut: überraschenderweise nicht besonders tief, hochgetönt; trocken, immer noch rauh. Dann 1982: gut in Geschmack und Gewicht, aber sehr gerbstoffreich. Zuletzt: guter, aber nicht offensichtlicher (etwa kalifornischer) Cabernet-Charakter, immer noch hart, pfeffrig; fiel in der Mitte ab, strenger Abgang mit Eisen und Tabak. Braucht Flaschenalter.
*Zuletzt im April 1983 beim Abendessen in Miller Howe, Windemere, bewertet* ★★(★)?

NEDERBURG, EDELKEUR Drei Bewertungen. Erstmals im März 1977 aus dem Faß verkostet: fabelhafte Farbe, pures Gold; Nase fast wie eine Trockenbeerenauslese; intensiv süß, reich. In neuerer Zeit: reich, dickflüssig, Orange-Tawny-Farbe mit grünem Rand; fabelhaft reiche, honigartige Nase; süß, an der Grenze zu fetting, schöner reifer, traubiger Geschmack, lebhafte Säure.
*Zuletzt im April 1984 verkostet* ★★★★★

RUSTENBURG (Zwei Drittel Cabernet Sauvignon und ein Drittel Cinsault) Relativ blaß, schwacher, ausgebauter Rand; käsig, fruchtig; etwas «süß», leicht in Gewicht und Stil, weich, eingängig, trockenes Mundgefühl unmittelbar nach dem Abgang.
*Stellenbosch, Dezember 1987* ★★★

UITKYK, CARLONET Ein Stadthaus aus dem späten 18. Jahrhundert auf einem Landgut. Ausgeprägte Note nach Haferkeksen. Der Besitzer, von Carlowitz, verschnitt Cabernet und Cinsault und

taufte den Wein Carlonet. Relativ blaß, ausgebaut; leicht marmeladig; trocken.
*Auf der Vorverkaufsdegustation «New World» bei Christie's im September 1984* ★★

## 1977 ★ *bis* ★★

*Sehr naß zur Erntezeit. Dürftige Rote, passable Weiße.*

KWV, PINOTAGE Orange überhaucht; der erste korkelte, der andere war stielig, Fäule? Wie ein nasser Spüllappen; leicht, eigentümlich elegant, aber wenig dran.
*Dezember 1987.*

## 1978 ★★★ *bis* ★★★★

*Guter Jahrgang, besonders für Rotweine.*

ALLESVERLOREN, CABERNET SAUVIGNON Ein anderes Weingut aus dem 18. Jahrhundert, ein gutes Stück nördlich von Paarl. Attraktive Frucht, rauchig, hohe Qualität; eher wie ein reicher Burgunder. Tanninbetont.
*Februar 1988* ★★(★★)

KWV, PINOTAGE «Süß», marmeladig, wie Feigensirup, wenn auch schlanker als erwartet. In diesem Stadium der vertikalen Degustation gelangte ich zu der Ansicht, daß Pinotage am besten in kühleren Sommern gemacht wird.
*Dezember 1987* ★★★

MEERENDAL, PINOTAGE Ein anderes altes Weingut, das recht weltentrückt liegt und erst seit Ende der 40er Jahre guten Wein erzeugt. Undurchsichtig; reich, kraftvoll, voll Frucht.
*Dezember 1987* ★★★(★)

## 1979 ★★ *bis* ★★★

*Kühles Wachstumsjahr. Der Ruf der Roten allgemein besser.*

KWV, PINOTAGE Bestätigte meine Ansicht über die Vorzüge eines kühlen Jahres. Duftig, reizvolle Frucht; ordentliches Gewicht, elegant.
*Dezember 1987* ★★★★

DE WETSHOF, NOBLE LATE HARVEST (50% Riesling, 50% Chenin Blanc) Butterig golden; reiner Kleehonig; süß, fest, lebhaft. Leicht spritzig.
*Juli 1981* ★★★(★)

## 1980 ★★ *bis* ★★★★

*Sehr heißer Sommer. Extreme reife Trauben. Trockene Weiße durchschnittlich, zuwenig Säure. Rote sehr gut.*

KWV, PINOTAGE Tiefes, dickes Aussehen; «süß», wie reife Feigen, firnisartig; körperreich (13,7% Alkohol), eindringlich, recht merkwürdig, portweinartig.
*Dezember 1987* ★★★

NEDERBURG, EDELKEUR Günter Brözel setzte seine brillante Weinbereitung unter Verwendung von natürlich edelfaulen Beeren fort. Wunderschöne Bernsteinfarbe, leichte Weinsteinablagerung; himmlisches Bukett, reiche, honigartige Edelfäule, ein Hauch von Zimt, stärker duftend als eine deutsche Beerenauslese; süßer, schöner Geschmack, hoher Säuregehalt als Ausgleich des natürlichen Restzuckers.
*Beim Master-of-Wine-Symposium im März 1982 in Oxford zum Abendessen* ★★★★★

## 1981 ★★ *bis* ★★★★

*Kühler Jahrgang, der gute, natürlich säurereiche Weine hervorbrachte. Rote weniger bemerkenswert. Von den mehreren verkosteten nur zwei als Beispiel:*

KWV, PINOTAGE Ausgehend von einer vertikalen Degustation dieses Weines als eine Art Jahrgangsbarometer: weitaus eleganter als der füllige 80er, harmonisch, gute Weinigkeit, schlank, schmackhaft.
*Dezember 1987* ★★★★

UITKYK, CARLSHEIM Der Weißwein, der auf diesem Gut gemacht wird – hauptsächlich aus der allgegenwärtigen Kultursorte Steen, der ursprünglichen Chenin Blanc. Blaß; schwach parfümiert; trockener, relativ leichter, angenehmer Geschmack. Zwar nicht sehr markant, aber sauber und nicht langweilig werdend.
*Zum Abendessen in Miller Howe im April 1983* ★★

## 1982 ★★★★

*Rote, insbesondere Cabernets, wirklich sehr gut. Eine breite Palette kommerzieller Weine und Weine von einzelnen Gütern verkostet.*

BLAAUWKLIPPEN, CABERNET SAUVIGNON Zwei Bewertungen. Tief rubinrot; gute Frucht; relativ voll, füllig, bittere, metallische Tannine (gezähmt durch Schweinebraten).
*Zuletzt im September 1988 bewertet* ★★(★)

BLAAUWKLIPPEN, RESERVE Cabernet Franc vom selben Weinberg und zur gleichen Zeit gereift wurde dem Cabernet Sauvignon hinzugegeben und ergab diesen Reserve-Verschnitt: eindrucksvoll tief; reich, weinig, reife Frucht; weich, reif, relativ «süßer» Anfang, gute Struktur, sehr duftig, ein Hauch von Würze, warmer, trockener Abgang. *Bei der Degustation der Cape Independent Wine Makers' Guild auf Laborie im Dezember 1987* ★★★★

BLAAUWKLIPPEN, ZINFANDEL Rubinrot; sehr guter, fruchtiger Mundvoll, aber ein blecherner, tanninbetonter Abgang. Einer von mehreren Weinen, die ich von Collinsons in London, Spezialisten für Kapwein, kaufte. *Zuletzt im Juni 1989 verkostet* ★★

KWV, PINOTAGE Zurückhaltend, harmonisch, feigenartig; duftig, schmackhaft, Länge, Fülle und Nachgeschmack gut. *Dezember 1987* ★★★

MEERLUST, RUBICON Der Verschnitt Rubicon hat jeden Jahrgang eine andere Zusammensetzung, aber besteht hauptsächlich aus Cabernet Sauvignon. Bei einem Besuch des Weingutes schlug ich boshaft vor, es in Petrus umzubenennen, da dies der Vorname eines Ahnen der Familie aus dem 18. Jahrhundert war. Nach dem Dekantieren Kekse, Ingwer, Vollkornmehl im Bukett; ein wenig «süßer», eigentümlicher Geschmack nach braunen Blättern, hoher Säuregehalt, Eisentannat. *Zuletzt im April 1990 verkostet. In der Hoffnung auf* ★★★★ *die letzte Flasche aufgehoben. 1995 bis 2000.*

# 1983 ★★

*Reichliche Ernte, Weine mit niedrigem Säuregehalt, die meisten von mäßiger Qualität. Viele Bewertungen. Abermals ein Querschnitt.*

BLAAUWKLIPPEN, ZINFANDEL Zunächst ganz eigentümlich, medizinal, aber entfaltete sich duftig; ordentliches Gewicht, hervorragende Struktur, sehr gerbstoffreich. Wurde bei näherer Bekanntschaft und zu gebratener Ente besser. *Dezember 1987* ★★(★★)

DELHEIM, GRAND RESERVE (Cabernet Sauvignon plus Franc) Extrem gut, wenn auch fast zu «süß». Voll, reich, zum Kauen. *Dezember 1987* ★★★(★)

KWV, NOBLE LATE HARVEST (Chenin Blanc) Goldgelb; exzellent, wie ein edelfauler Coteaux du Layon; süß, lebhaft, wächserne Frucht, schön in Geschmack und Säure. *Dezember 1987* ★★★★

KWV, PINOTAGE Pflaumenfarben, unreif; zitrus- und kirschartige, lebhafte Frucht; zur Abwechslung trocken, lebhaft, frisch. *Dezember 1987* ★★(★)

STELLENRYCK, BLANC FUMÉ Nicht gerade ein Loire-Doppelgänger, zu tief, goldgelb; Aroma eher wie ein reifer, blumiger Riesling; aber sehr trocken, mit dem ausgeprägtem «Kater»-Geschmack eines Sauvignon Blanc und guter Säure. *Dezember 1987* ★★

# 1984 ★★ *bis* ★★★★

*Große Hitze zur Erntemitte, überreife Weiße mit niedrigem Säuregehalt, bessere Rote. Interessante Entwicklungen Mitte der 80er Jahre und mehr Aufzeichnungen als über jeden anderen Jahrgang. Eine Auswahl:*

DELHEIM, EDELSPATZ, NOBLE LATE HARVEST, SUPERIOR «Superior» stimmt: er war überragend. Golden; Honig, Ananas, Gewürze; süß, relativ voll, wenn auch mit einer feschen Note, sehr gute Säure. Köstlich. *Zum Abendessen bei den Devereux' in Johannesburg im November 1987* ★★★★★

GROOT CONSTANTIA, CABERNET SAUVIGNON Harmonisch, aber statisch; relativ «süß», erfreuliches Gewicht, glatt, gute Struktur, angenehm trockener Abgang. *Dezember 1987* ★★★

NEIL ELLIS, CABERNET SAUVIGNON (aus angekauften Trauben) Tief; schöne frische Frucht. Eine neue Generation von «Boutique»-Kellermeistern. *Dezember 1987* ★★★

KANONKOP ESTATE Ein Verschnitt nach Bordeaux-Art: 75 % Cabernet Sauvignon, 15 % Franc, 10% Merlot. 18 Monate in Nevers-Eiche. Tief rubinrot; sehr «süße» Frucht, fast marmeladig, eisenhaltig; ansprechend, ordentlich in Gewicht und Säure. Eindeutig kein Médoc, aber gelungen. *Zuletzt im März 1988 verkostet* ★★(★)

MEERLUST, RUBICON (Merlot und Cabernet) Erstmals auf dem Weingut verkostet. Zuletzt eine Flasche, die ein Geschenk von Hannes Myburgh war: immer noch tief purpurfarben; die ursprüngliche Würze jetzt eingebunden, füllig, erdbeerartig; reich, hoher Extraktgehalt, vollgepackt mit Frucht, lebhaftem Tannin und Säure. *Zusammen mit den Rhodes' im April 1991* ★★★★(★)

JOHN PLATTER, RESERVE (Cabernet) Ich bewundere den seltenen Kritiker, der selbst ein Stück schreiben kann. Selbstverständlich immer

noch jugendlich, würzig, Zimtton nach neuer Eiche; trocken, lebhaft, tanninbetont.
*Mit dem «Autor» im Dezember 1987 ★(★★)?*

## 1985 ★★ *bis* ★★★

*Kühler Sommer. Unterschiedlich. Recht gute Weiße, weniger gute Rote. Viele Experimente in der Weinbereitung, neue Verschnitte, alte europäische Sorten. Einige ausgezeichnete Schaumweine.*

BACKSBERG, CHARDONNAY Sydney Backs erste Chardonnay-Ernte. Nevers-Eiche von Siquin Moreau verwendet. Ein Geruch fast wie Morio-Muskat. Trocken. Spröde.
*Dezember 1987 (★★)?*

BACKSBERG, ‹JOHN MARTIN› (100% Sauvignon Blanc, im Faß vergoren, auf den Schalen gelassen) Benannt nach einem «sehr schwierigen» Gutsdirektor! Sehr blaß, Stich ins Grüne; stämmiges sortentypisches Aroma; trocken, spröde, kurz.
*Dezember 1987 ★(★)*

BLAAUWKLIPPEN, PINOT NOIR (Ihr erster Pinot war von 1979.) Breite, offene, sortentypische Farbe; Haselnüsse, Erdbeeren; leicht «süß», guter, warmer Pinot-Geschmack, trockener Abgang.
*Dezember 1987 ★★(★★)*

DELHEIM, GRAND RESERVE (Rotweinverschnitt) Voll ausgebaut; trocken, ordentliches Gewicht, attraktiv, etwas kurz, fertig.
*August 1991 ★★★*

## 1986 ★★ *bis* ★★★★★

*Heißer Jahrgang. Durchschnittliche Weiße. Gute bis exzellente Rote.*

*Viele Bewertungen, die meisten auf den Weingütern oder in den Degustationsräumen der Kellereien aus dem Faß verkostet. Große Fortschritte. Neun Kultursorten bewertet, besonders gute Chardonnays, die zuvor als zu schwierig gegolten hatten.*

BACKSBERG, CHARDONNAY Große Verbesserung gegenüber Backs erstem (1985): delikat, jugendlich, Ananas; trocken, schlank, eichen. Sehr gut, klassisch in Geschmack, Länge und Säure.
*Dezember 1987 ★(★★)*

BLAAUWKLIPPEN, CABERNET SAUVIGNON Tief, reich; hervorragende Nase; mittel«süß», recht voller Körper, füllig; sehr gute Frucht.
*August 1991 ★★★★*

BOSCHENDAL, CHENIN BLANC Relativ blasses Gelb; wie milde Grapefruit plus Eiche; mittlere

Trockenheit und Schwere, reiche Frucht, klug eingesetzte Eiche, sehr gut bereitet. Ein Sonderangebot von Cavendish Wines im Jahre 1988.
*Im April 1991 getrunken ★★★★ für seine Klasse und seinen Preis.*

DELHEIM, GRAND RESERVE (Rotweinverschnitt) Relativ «süß», ziemlich körperreich, weich, füllig und doch sehr tanninbetont.
*August 1991 ★★★(★)*

GROOT CONSTANTIA, SPECIAL LATE PICKED SUPERIOR FURMINT Interessante Verwendung der Tokajer-Traube. Relativ blasses Gelb; zurückhaltend, leicht würzig; ziemlich süß, recht voll, jugendliche, ananasartige Frucht, sehr gute Säure.
*Mit dem Kellermeister Pieter de Toit im Dezember 1987 (★★★)? Würde liebend gern wissen, wie er sich entwickelt hat.*

HAMILTON RUSSELL, CHARDONNAY Erstmals im November 1987 bei den Devereux' aus einer Magnum verkostet. Jugendlich, elegant, rauchig, eichen, eindrucksvoll. Fünf Bewertungen seither. Relativ blaß; trocken, fest, gut bereitet.
*Zuletzt im April 1989 verkostet ★★★*

KLEIN CONSTANTIA, SAUVIGNON BLANC Vier Bewertungen, zwei im Dezember 1987 aus verschiedenen Behältern in der spektakulären modernen Weinkellerei. Beide blaß, einer knochentrocken, säurereich, der andere süßer und mit erstaunlichen 14% Alkohol. Das nächste Mal aus einer Flasche, gut: Minze, Sauvignon, «Kater», Kleehonig; trocken, leidliches Gewicht. Zuletzt blind verkostet: wächsern, grasig, parfümiert; ziemlich trocken, recht kraftvoll, eindringlich, aber guter Geschmack und Abgang.
*Zuletzt mit Nils Sternby im Mai 1991 in Grasmere bewertet ★★★*

MEERLUST, CABERNET SAUVIGNON (100%) Undurchsichtig, intensiv; eigentümlich, markant, Austernschalen; Zimt, Gewürznelken, vollgepackt mit Frucht. Mit großer Zukunft.
*Im Dezember 1987 aus dem Faß (★★★★) Sollte zweifellos mit Merlot zum 86er Rubicon verschnitten werden. In dem Fall dürfte er erstklassig sein.*

MEERLUST, MERLOT Sehr tief; hoher Säuregehalt; Merlot-Frucht und -Fülle, komplett, tanninbetont.
*Im Dezember 1987 aus dem Faß (★★★)?*

NEDERBURG, AUCTION RESERVE CABERNET SAUVIGNON Gute Farbe, im Ausbau; scharf, marmeladig, alkoholisch; reich, eindringlich, sehr tanninbetont. Eindrücklich, aber nicht mein Stil.
*Mai 1991 ★★(★)*

L'ORMARINS BLANC FUMÉ ‹VIN DE NUIT› (bei Nacht gelesen) Im Faß blaß, jetzt ein schönes leuchtendes Gelb; jugendlich, grasig, ananasartig, entfaltet, tiefe Frucht, Eiche; ziemlich trocken, aber verliert seine Frische, weich.
*Zuletzt im August 1991 verkostet. Jetzt* ★★

SCHOONGEZICHT, CHARDONNAY Mit Montrachet-Hefe geimpft. Schöne Farbe; Vanille; ansprechend, exzellente Säure. Gutes Potential.
*November 1987* ★(★★)

ZEVENWACHT (Rotweinverschnitt) Mit geschlossenen Augen der Geruch eines feinen alten Madeiras – kandierte Veilchen, edler Cognac. Eher metallisch am Gaumen, aber eigentümlich ansprechend.
*August 1991* ★★(★)?

ZEVENWACHT, CABERNET SAUVIGNON Reich, aber blechern, metallisch in Geruch und Geschmack.
*August 1991* (★★)?

## 1987 ★ *bis* ★★★★

*Unterschiedliche Wachstumssaison und Ergebnisse. Für Rote besser. Ein breites Spektrum im Dezember 1987 hauptsächlich aus dem Faß verkostet (gelesen etwa im März). Einige bemerkenswert gute Rieslinge und Spätlesen, wenige verkostet.*

BLAAUWKLIPPEN, CABERNET SAUVIGNON Reich; schöne brombeerartige Frucht; «süß», voll, weich, füllig.
*August 1991* ★★★★

GROOT CONSTANTIA, GEWURZTRAMINER Neubelebung des alten Weingutes mit einer weiteren klassischen europäischen Sorte. Relativ blasses Gelb; sehr guter, pudriger Rosenwasserduft; mittelsüß, typisch ausladender Gewürzcharakter, fetter als sein Elsässer Gegenstück. Genauso typisch trocken und säurearm.
*Dezember 1987* ★(★★)

HAMILTON RUSSELL, PINOT NOIR Dem Vernehmen nach der beste. Sicher ein sehr gutes Pinot-Aroma wie rote Bete; körperreich, attraktiv, eichen, ein etwas bitterer, tanninbetonter Abgang.
*Juli 1990* ★★(★★)

HAMILTON RUSSELL, VIN BLANC Blaß; trocken, gut bereitet, aber wenig Charakter. Kein Vergleich zu seinen Chardonnays.
*In Port Hole, Windermere, im Mai 1991* ★★

RUSTENBERG GOLD (Rotweinverschnitt) «Süß», weich, eingängig, fertig.
*August 1991* ★★★

WARWICK ‹TRILOGY›, SPECIAL RESERVE Praktisch undurchsichtig; lebhafte Frucht, gut kaschierte Tannine, Eiche; voll im Körper, reif, reich, schöne Frucht und Kraft, guter Abgang.
*August 1991* ★★★★

## 1988 ★★★ *bis* ★★★★

*Heißes Jahr. Einige sehr gute Weine.*

BLAAUWKLIPPEN «CABRIOLET» (Rotweinverschnitt) Gute Frucht, «süß», relativ voll, sehr attraktiv, fertig.
*August 1991* ★★★★

HARTENBERG, CABERNET SAUVIGNON RESERVE Offen entfaltet, marmeladig – eher wie der Pinotage alten Stils; relativ «süß», füllig, eigenartige Untertöne.
*August 1991* ★

KANONKOP (Rotweinverschnitt) Pflaumenfarben; Geruch und Nachgeschmack nach kandierten Veilchen. Trocken, tanninbetont.
*August 1991* ★★★★

RUST EN VREDE, CABERNET SAUVIGNON Viel Frucht, gut in Gleichgewicht und Abgang.
*August 1991* ★★★

RUST EN VREDE, SHIRAZ Praktisch undurchsichtig; kraftvoll; frische Frucht, hoher Alkohol- und Tanningehalt.
*August 1991* ★★(★)

VILLIERA, AUCTION RESERVE (Rotweinverschnitt) Tief, fest; sehr gut, große Tiefe brombeerartiger Frucht; reich, exzellent in Geschmack und Gleichgewicht, trockener Abgang.
*August 1991* ★★★★

VILLIERA, CABERNET SAUVIGNON Tief, reich; gutes sortentypisches Aroma; trocken, beißende Tannine.
*August 1991* ★(★)?

## 1989 *Rot* ★★★★★ *weiß* ★★★

*Mäßige Weiße, einige sehr gute Rote.*

BUITENVERWACHTING, CABERNET SAUVIGNON Tief; brombeerartige Frucht; weich, füllig, gute Frucht und Säure.
*August 1991* ★★★

**BUITENVERWACHTING, GEWURZTRAMINER**
Blaß; sehr guter, parfümierter Litschigeruch;
trocken, weich, verdorben durch Kerngeschmack.
*August 1991* ★

**BUITENVERWACHTING, RESERVE** (Merlot)
Tief, intensiv; sehr gut, brombeerartig; relativ
«süß», voller, fülliger Geschmack; Frucht, Tannin
und Säure hervorragend.
*August 1991* ★★★(★)

**DELHEIM, MERLOT** Tief, pflaumenfarben;
reiche Frucht, aber schweißige Tannine; trocken,
relativ voller Körper, guter Geschmack. Harter,
tanninbetonter Abgang.
*August 1991* ★★(★)

**GROOT CONSTANTIA, CABERNET SAUVI-
GNON** Recht holzig; trocken, hart.
*August 1991.*

**LIEVLAND, SHIRAZ** Purpurfarben; marmeladig;
körperreich, gute Frucht, Gleichgewicht.
*August 1991* ★★★

**OVERGAAUW, CHARDONNAY RESERVE** Mar-
kanter «brotartiger» Stil; voll, weich; duftiger
Nachgeschmack.
*August 1991* ★★★

**OVERGAAUW, DC (TRIA CORDA) CLASSIC**
Jugendlich; gehaltvoll, unverwoben; weicher, fülli-
ger, eingängiger Wein.
*August 1991* ★★

**RUST EN VREDE** (Rotweinverschnitt) Sehr tief,
jugendlich; gute Frucht, sehr tanninbetont in der
Nase und am Gaumen, reich, füllig.
*August 1991* ★★★(★)

**SIMONSIG, CHARDONNAY** Nussig, geräucherte
Eiche; duftig, Veilchen und Pfirsichkerne. Merk-
würdig.
*August 1991.*

**SIMONSIG PINOTAGE** Gute brombeerartige
Frucht, aber eigenartiger Geschmack: Rhabarber,
Bonbons. Relativ «süß».
*August 1991* ★

**THELEMA, CABERNET SAUVIGNON RESER-
VE** Tief, reich; dramatisches sortentypisches
Aroma und Geschmack wie Mouton, firnisartig;
füllig, weiche Frucht, duftig.
*August 1991* ★★★(★)

**VRIESENHOF** (Rotweinverschnitt) Gute Frucht,
eigenartig ansprechend.
*August 1991* ★★★

## 1990 *Rot ★★★★ weiß ★★★*

*Heiße Wachstumssaison. Mäßige Weiße, aber
dürfte sich als hervorragender Cabernet-Jahr-
gang erweisen. Nur wenige Weiße der Cape
Winemakers' Guild verkostet, aber deutliche
Weichheit, ja Seifigkeit vermerkt. Zog den einzigen verkosteten Roten bei weitem vor.*

**BOSCHENDAL, CHARDONNAY** Reif, butterig;
guter Geschmack, eichen.
*Im September 1992* ★★★

**BOSCHENDAL, PAVILLON BLANC** Ein großes
Weingut, aber dieser Sémillon gleicht eher einem
Sauvignon Blanc: außerordentlich blaß; rauhe Sta-
chelbeernase; trocken, weiche Mitte, Geschmack
und Säure gut.
*August 1991* ★★

**BUITENVERWACHTING, CHARDONNAY** Auch
stachelbeerartig – der Säure halber früh gelesen?
Ansprechend, erfrischend, aber nicht der sortentypische Geschmack, den man erwartet.
*August 1991* ★★

**GLEN CARLOU, CHARDONNAY RESERVE**
Parfümierter Geruch und Endgeschmack, aber gut
bereitet. Hoher Alkoholgehalt.
*August 1991* ★★★

**GLEN CARLOU, PINOT NOIR RESERVE**
Walnüsse, Eiche; relativ voll, weich, gute Fülle,
Frucht und Abgang hervorragend.
*August 1991* ★★(★)

**KANONKOP PINOTAGE** Undurchsichtig; herrlich reich, Brombeeren; relativ «süß», körperreich,
erstklassig.
*August 1991* ★★★(★)

**NEIL ELLIS, CHARDONNAY** Jugendlich, ananasartig; trocken, fest, lebhaft, guter Abgang.
*August 1991* ★★(★)

**THELEMA, CHARDONNAY** Schwach eichen,
aber nicht sehr sortentypisch. Mild, weich.
*August 1991.*

## 1991 *Rot ★★★★★ weiß ★★★★*

*Ein Rekordwinter, was Nässe betrifft. Auch Mai
und Juni waren ziemlich feucht, aber der zeitige
Frühling – gefolgt von einem relativ kühlen, trok-
kenen Sommer – sorgte für gesunde Trauben. Die
Weißweine sind bereits trinkfertig, die besten
Roten haben ein beträchtliches Ausbaupotential.*

## 1992

EINE GROSSE AUSWAHL VON RELATIV PREISGÜNSTIGEN WEINEN, IM AUGUST/ SEPTEMBER 1992 VERKOSTET!

CABERNET SAUVIGNON GLEN CARLON Gut. NEIL ELLIS Exzellent.

CHARDONNAY GLEN ARLON, DE WETSHOF, HAMILTON-RUSSELS, RUSTENBERG, VAN LOVEREN Alle gefällig, aber nicht nach meinem Geschmack war der SIMONSIG.

KWV, CAPE NOUVEAU BLANC Blaß; rauh, Ananasschalen; trocken, recht hohl, gute Säure. *Ungefähr einen Monat nach der Lese im Mai 1991 verkostet.*

GEWURZTRAMINER SIMONSIG. Fremd.

PINOT BLANC Nur einen probiert: VRESENHOF Dumpf.

RHINE RIESLING DANIE DE WET Süß, gut.

SAUVIGNON BLANC KLEIN CONSTANTIA Beeindruckend, hoher Alkohol, OVERGRAAUW Enttäuschend.

## 1992 *Rot ★★★★ weiß ★★★*

*Eine Rekordernte (10 Mio. hl: mehr als die Gesamtproduktion Deutschlands in einem durchschnittlichen Jahr). Insgesamt hohe Qualität mit guten Säurewerten dank der kühlen Wetterbedingungen zur Erntezeit.*

**III Form Club** Der führende britische Club für Handelsdegustationen, gegründet 1947. Regelmäßige Verkostungen, jährliche Abendessen.

**Beaulieu Vineyard** Fünfzigjahrfeier des Georges de Latour Private Reserve, zwölf Jahrgänge 1941 bis 1986. Im Beaulieu Vineyard Garden im Napa Valley, Juni 1990.

**Bob Berenson** Penfolds' Grange Hermitage, Jahrgänge 1955 bis 1980. Restaurant Le Montrachet in New York im Oktober 1990.

**Johann Bjürklunds «Stockholmer» Gruppe** Ch. Pétrus, 28 Jahrgänge von 1945 bis 1986. 47 Park Street, London, April 1990.

‹Bin-Club›-Proben, hauptsächlich Burgunder.

**Bordeaux Club** Sechs Mitglieder laden der Reihe nach ein. In der behandelten Zeit: Michael Behrens (gest. 1989), John Jenkins, Hugh Johnson, Dr. Neil McEndrick, Jack (Sir John) Plumb, Harry (Lord) Walston (gest. 1991), Harry Waugh und ich. Ungefähr drei Abendessen im Jahr, bei denen wir alle nacheinander unsere besten Weine auftischen.

**British Airways Wine Committee** Leitendes Mitglied der Weinjury seit 1982; die häufigen und regelmäßigen Verkostungen reichen von Viertelflaschen der Economy Class über Club bis Erste Klasse und den Concorde-Weinkeller.

**Brook's (Club) Wine Committee** Regelmäßige Degustationen, Wein-*Dîners* für Ch. Margaux (April 1988), Ch. Léoville-Barton (November 1989), Ch. Haut-Brion (März 1991), Ch. Cos d'Estournel (März 1993).

**Champagne Academy** Ein Verein «alter Kameraden» mit jährlichen *Grande-Marque*-Abendessen seit 1957.

**Christie's Vorverkaufsdegustationen** Häufige, regelmäßige Degustationen (im Durchschnitt fünfzig Weinauktionen im Jahr), die hauptsächlich in London abgehalten werden, ferner in Genf, Amsterdam und jetzt auch (sehr wichtig) in Chicago, Tokio und Los Angeles.

**Christie's Weinkurs** Seit 1982 das ganze Jahr über regelmäßige Sitzungen bei Christie's in South Kensington in Verbindung mit *L'Académie du Vin.*

**Commanderie de Bordeaux** Mehrere Abendessen und Degustationen, die denkwürdigste: roter Bordeaux des Jahrgangs 1966, 106 Châteaux nach Gemeinden verkostet, die Médocs nach der Klassifizierung. 1986 in San Diego.

*Decanter* (Zeitschrift) Weinpodien: Ch. La Tour-de-Mons, September 1982; St-Emilion, Jahrgänge 1979/80, 52 Châteaux, September 1983; Ch. Lagrange, September 1988; 85er roter Bordeaux, Januar 1989; 80er Vintage Port, August 1990; 85er Médoc, 54 Châteaux, Dezember 1990.

**Bipin Desai** Regelmäßiger Veranstalter bedeutender vertikaler und horizontaler Degustationen: 59er roter Bordeaux, 31 Châteaux nach Gemeinde, November 1983; 45er roter Bordeaux, eine Retrospektive, 57 Châteaux gruppenweise nach Gemeinde, Los Angeles im Februar 1986; Ch. La Mission-Haut-Brion, 66 Jahrgänge 1878 bis 1982, unter Anwesenheit des Duc und der Duchesse de Mouchy, Los Angeles im Februar 1985; Ch. Margaux, 61 Jahrgänge 1771 bis 1984, mit Pavillon Rouge und Pavillon Blanc, unter Anwesenheit von Corinne Mentzelopoulos und Paul Pontallier, im Beverley-Wilshire in Hollywood, Mai 1987; Ch. Figeac, 34 Jahrgänge 1905 bis 1988, unter Anwesenheit von M. Thierry Manoncourt im Verlauf eines ausgedehnten Mittagessens, Le Taillevent in Paris, Dezember 1989.

**Walter Eigensatz** Einer aus der Gruppe passionierter deutscher Weinliebhaber. Lebt in Wiesbaden. Verschwenderische Degustationen großer Flaschen von 1893ern, 1926ern, 61ern im Juni 1987; 1899ern, 1929ern, 59ern im Mai 1989; und mit Maurice Renaud, *Cercle de Vingt*, Versailles, im Mai 1988. Die sensationellste, perfekt organisierte Probe aller erstklassierten roten Bordeaux in Magnumflaschen der Jahrgägne 1945, 1947, 1949, 1953, 1959, 1961.

**Len Evans** Australiens «Mr. Wine», erstklassiger Verkoster, Leiter von Rothbury, Autor, TV-Prominenter, Plauderer, Schlaukopf - organisierte bei meinen beiden Australienreisen Degustationen, Besuche von Weinkellereien und gastfreundliche Aufnahme.

**Farr Vintners** Doppelmagnum-Dinner zum 15. Geburtstag, April 1993; im September 1993 dann auch Mouton und Latour.

**Fête du Ch. Latour** 86 Jahrgänge von Ch. Latour 1861 bis 1979, präsentiert von Kerry Paine und Denis Foley im Clift Hotel von San Francisco, Juni 1981.

**Lloyd Flatt** Einer der ernsthaftesten und großzügigsten Gastgeber. Viele Abendessen und drei herausragende Degustationen: Ch. Mouton-Rothschild, 75 Jahrgänge von 1867 bis 1984, zwei Tage, April 1986; Ch. Ausone, 56 Jahrgänge von 1877 bis 1985, zwei Tage, Oktober 1987; Ch. Lafite, 116 Jahrgänge von 1784 bis 1986, mit Carruades, drei Tage, Oktober 1988.

**Hans-Peter Frericks** Ch. Pétrus, 27 Jahrgänge in Magnumflaschen von 1945 bis 1983, außerdem 1900, 1908, 1921, 1923 und 1926. 1986 in München.

**Hans-Peter Frericks und Hans-Peter Wodarz** Alle Jahrgänge von Latour und Mouton von 1945 bis 1986 paarweise verkostet. Acht Proben über zwei Tage. Im März 1989 in Wiesbaden.

**Arthur Hallé** Langjähriger Sammler, Kenner und Gastgeber erstklassiger Wein-*Dîners* und Degustationen, von denen ich nur wenigen beiwohnen konnte; denkwürdig roter Bordeaux, *Premiers Crus* der Jahrgänge 1929, 1945, 1961 und 1982. Im April 1987 in Memphis.

**Ch. Haut-Brion** Degustationen und Auktion zur Fünfzigjahrfeier des Kaufes des Château durch die Familie Dillon. 25 Jahrgänge von 1953 bis 1982, trockener weißer Haut-Brion: sieben von 1978 bis 1983. Im Mai 1985 bei Christie's.

**Heublein Inc.** Von 1969 bis 1984 alljährlich im Mai Vorverkaufsdegustationen in verschiedenen Städten der USA. Dies waren die großen jährlichen Weinereignisse Amerikas in der Zeit - umfassende Degustationen, die spektakulären Weinauktionen vorausgingen.

**Hollywood Wine Society** Degustation von 53er roten Bordeaux im Februar 1985. Ich war auch der «Moderator» von zwei großen Weinseminaren im Februar 1989 und Januar 1990, u.a. über große Portweine des Jahrgangs 1945, seltene und herausragende Terrantez- und Bastardo-Madeiras und andere Weine. Abgehalten in Hollywood (Florida) und in Miami.

**Hommage á Ch. d'Yquem und Schloß Johannisberg** Denkwürdige Degustation, zu der Comte Alexandre de Lur-Saluces und Fürst Metternich gemeinsam einluden: zehn große Yquem-Jahrgänge 1892 bis 1967, elf von Schloß Johannisberg 1847 bis 1947. Im November 1984 auf Schloß Johannisberg.

**Hans Jorissen** *siehe* Vinum Tokayens.

**Tawfig Khoury** Besitzer eines der besten privaten Weinkeller in den USA. Mehrere große Wein-*Dîners* und eine bedeutende De-Vogüé-Degustation: Bonnes Mares und Musigny, dreißig Jahrgänge von 1934 bis 1979. Im Oktober 1984 in San Diego.

**Charles Krug/Robert Mondavi** Historische Degustation zur Feier der Wiedervereinigung der Brüder Peter und Robert Mondavi: 16 Jahrgänge von Krug 1944 bis 1965, 16 Jahrgänge von Mondavi 1966 bis 1991. «Moderiert» in der Weinkellerei Mondavi im Napa Valley, Juni 1985.

**Leroy** Lalou Bizes jährliche Degustationen von Burgundern in Burgund. Besonders bemerkenswert die vom September 1984 und September 1988.

**MW** Vom *Institute of Masters of Wine* veranstaltete Degustationen, darunter: 76er roter Bordeaux im März 1980; italienische VIDE-Weine im Mai 1980; 78er roter Bordeaux, 46 Châteaux, im Mai 1982; 79er roter Bordeaux, 37 Châteaux, im Mai 1984; 79er roter Bordeaux im Juni 1987; Symposien in Oxford im Juli 1986 und in Cambridge im Juli 1990, rote Bordeaux 1989, im November 1993.

**Dr. Robert Maliner** Ein bedeutender Sammler und treibende Kraft hinter der *Hollywood Wine Society* (*siehe dort*).

**Bud Moons Yquem-Degustation** 51 Jahrgänge 1825 bis 1983. Im University Club von Chicago, Februar 1988.

**Parkers 100** Degustation von 30 von Robert Parkers 100-Punkte-Rotweinen in Hamburg, Oktober 1993.

**Robert Paul** Besitzer eines riesigen privaten Weinkellers. Große vertikale und horizontale Degustationen von Weinen hauptsächlich aus seiner eigenen

Sammlung. Verkostung von 78er rotem Bordeaux, 59 Châteaux, im Februar 1988 in Coral Gables; von 82er St-Emilions und Pomerols, 95 Châteaux, im Februar 1989 in Coral Gables; von 85er kalifornischen Cabernet Sauvignons, 55 Weine, im Januar 1991 in Coral Gables, 76 rote Schloßabzüge des Jahrgangs 1970, Februar 1993.

**Edmund Penning-Rowsell** Der «Dekan» der Bordeaux-Weinautoren, mit einem großartigen Weinkeller in seinem Landhaus in Oxfordshire. Abendessen mit Degustationen von roten *Premiers Crus Bordeaux*: acht Châteaux, verkostet mit Jancis Robinson (beiderseits mit Gatte/Gattin) zehn Jahre nach der Lese. Alljährlich in Wootton. Außerdem im März 1983 die 61er und im Juni 1990 die 45er *Premiers Crus*.

**Portwein-Degustationen** Organisiert hauptsächlich von einzelnen Handelshäusern. Sandeman im Juni 1988; Delaforce 1947 bis 1985 im April 1989; Noval 1900 bis 1985, mit Nacional, im November 1989; James Suckling 27er, elf Handelshäuser, im Dezember 1989; Graham 1945 bis 1985, mit Malvedos, im Februar 1990 und Mai 1991; Verkostung von 56 Portweinen der Jahrgänge 1980, 1982, 1983 und 1985 bei Christie's im Juni 1990; Taylor 1896 bis 1985 im April 1991; und 1863 bis 1980 im März 1992.

**Hardy Rodenstock** Ein außerordentlich großzügiger Gastgeber, der ein ganzes Jahr damit beschäftigt ist, verschwenderische jährliche Degustationen zu organisieren, von denen ich zwischen 1984 und 1993 an acht teilgenommen habe. Insgesamt tausend Weine verkostet, darunter einige der größten, seltensten und herrlichsten. Das erste Mal (Rodenstocks 5. Raritäten-Weinprobe) im Restaurant Fuente in Mülheim, dann in «Die Ente vom Lehel» in Wiesbaden, auf Ch. d'Yquem und neuerdings Wochenenden im Arlberg Hospiz in Österreich.

**Saintsbury Club** Gegründet 1931 von André Simon und Freunden zum Gedenken an Professor George Saintsbury. Fünfzig Mitglieder aus der Welt der Literatur, der Justiz, usw. Alle zwei Jahre «Treffen» (Abendessen) in Vintners Hall. Seit dem Frühjahr 1969 jedesmal teilgenommen.

**Dr. Louis C. (Lou) Skinner** Gründer und Mitglied der Ortsgruppen Miami der *International Wine & Food Society* und der *Commanderie de Bordeaux*. Unermüdlicher, außerordentlich sachkundiger und großzügiger Gastgeber und Veranstalter. Zwei bedeutende Degustationen: beide Male *Crus Classés Bordeaux* des Jahrgangs 1961, 50 Châteaux, jeweils im Februar 1981, 1986 und 1992 in Coral Gables.

**Sotheby's** Degustation von 78er roten Bordeaux, 93 Châteaux, im Mai 1985; von 75er roten Bordeaux, 77 Châteaux, im Mai 1984.

**«Stockholmer» Gruppe** *siehe* Johann Björklund.

**Union des Grands Crus de Bordeaux** Bei Christie's im Oktober 1984, März 1987, Mai 1988, Mai 1989. In Bordeaux im März 1989, April 1991. In London im April 1990, April 1991.

**V.D.P.** und **L'Union des Grands Crus de Bordeaux** Seminar und Probe, Straßburg-Frankfurt, im April 1993.

View Australia Internationale Verkostung mit internationalen Verkostern: 325 Weine über drei Tage. Im April 1985 in Melbourne.

Vintners Club Wöchentliche Degustationen für Amateure und Professionelle, von denen ich an ein paar bedeutenden Sitzungen teilgenommen habe: weiße Burgunder, *Premiers Crus Bordeaux*, Pinots Noirs usw. In San Francisco.

Vinum Tokayens Eine Degustation alter und seltener Tokajer. Im November 1981 in Leiden.

Manfred Wagners Weinprobe zum Geburtstag: 19 Jahrgänge Yquem von 1891 bis 1985, Zürich, im Januar 1992.

Weinfeste Degustationen, vor allem in Übersee, geleitet, u.a.: *Wine Japan* in Tokio, Juni 1989 und Mai 1990; 2. Europäisches Wein-Festival im September 1988 in Frankfurt; Svensk Vinfest im März 1986 in Malmö; Tagungen der *International Wine & Food Society* in Boston, Kopenhagen, Hongkong und Singapur, Oktober 1989; Lake District, Juni 1991.

Weinwochenenden in Hotels Studley Priory im November 1980; Gidleigh Park im November 1980, Januar 1982, Januar 1983, Januar 1984; The Castle in Taunton im Oktober 1983, Oktober 1985.

*Wine* (Zeitschrift) Weinpodien. Zwei bemerkenswerte Blindproben: 82er und 83er Margaux, 50 Châteaux, im August 1990; 86er Sauternes, 34 Châteaux, im Oktober 1990.

*The Wine Spectator* Acht bedeutende Blindproben geleitet, vom *First Annual Grand Award Seminar* 1981 in New York an, auf der *California Wine Experience* in San Francisco, dann im Wechsel zwischen New York und San Francisco. Dies ist jetzt das wichtigste jährliche Weinereignis in den USA. Tausende nehmen daran teil, und durchschnittlich 900 Personen sitzen bei den einzelnen Blindproben zusammen. Außerdem eine große Blindprobe von 82er roten Bordeaux gegen kalifornische Cabernet Sauvignons, 26 Spitzengewächse und Spitzenkellereien. Im November 1986 in San Francisco.

Karl-Heinz Wolf Einer aus der Gruppe deutscher Sammler, aber auch im Handel. La Mission-Haut-Brion, 74 Jahrgänge von 1877 bis 1987; Ch. Laville-Haut-Brion, 37 Jahrgänge von 1928 bis 1982, und Ch. La Tour-Haut-Brion, 18 Jahrgänge von 1943 bis 1979, plus 13 Jahrgänge von Ch. Haut-Brion, im Juni 1990 in Wiesbaden.

Peter Ziegler Ein deutscher Lehrer und Veranstalter von «Clubtreffen», von denen ich nur an einem teilnehmen konnte – es war spektakulär. 36 große Weine im Verlauf eines ausgedehnten Mittagessens. Mit Jean Hugel. Im Mai 1983 auf Burg Windeck in Baden.

Im folgenden einige andere private Gastgeber, die bedeutende Degustationen und Abendessen ausgerichtet haben und über deren Weine in diesem Buch berichtet wird: Mutsuo Okabayashi, Tokio; Dr. Maynard Amerine, viele im Napa Valley; Dr. und Mrs. Bernard L. Rhodes - zwei große Kenner und Liebhaber, viele erstklassige Degustationen und Abendessen; der verstorbene Mills B. Lane, Madeira Club, Savannah; Dr. und Mrs. Robert Adamson; Christopher York, vier überragende Wein-*Dîners* bei Boodle's 1982 bis 1984; Berek Segan, DRC-Degustation und -Abendessen, Melbourne; Dr. Marvin Overton; Doug Crittenden, vierzig seltene australische Weine im Verlauf eines «leichten Mittagessens» in seinem Haus am Meer bei Melbourne im April 1985.

*Und zuletzt habe ich den vielen britischen Handelshäusern und Weinhändlern für ihre Handelsdegustationen zu danken; ferner vielen Château-Besitzern, Négociants und Domänen in Burgund; im Elsaß insbesondere Hugel; Weinkellereien in den USA; Domaine de la Romanée Conti (DRC) und ihren Londoner Maklern; Weingütern in Australien; nicht zu vergessen Erzeugern, die mir gelegentlich Flaschen zur Begutachtung schicken.*

# ANHANG II

*Die Jefferson-Flaschen*

Thomas Jefferson, nachmaliger dritter Präsident der USA, war vom Mai 1784 bis Oktober 1789 Gesandter in Frankreich. Er war ein renommierter Weinkenner, und bei einem Bordeaux-Besuch im Mai 1787 bestellte er an Ort und Stelle den Jahrgang 1784 von Ch. Margaux und andere *Premiers Crus* mit der Auflage, sie müßten auf dem Château abgefüllt werden, da er den Weinhändlern nicht traute. Er bestellte außerdem weitere Spitzengewächse und andere Weine für sich und den Präsidenten George Washington, wobei er seinen Makler in Bordeaux anwies, die Weine mit dem Namen des Weines und den Initialen «T. J.» und «G. W.» beschriften zu lassen, um Inhalt und Eigentümer der Flaschen identifizieren zu können. Für den Transport zum Eigenverbrauch bestimmter, preislich günstiger Weine ordnete er an, man möge den Anfangsbuchstaben des Weines (zum Beispiel F. für Frontignac) mit einer Diamantnadel in die Flasche ritzen lassen.[1] Man folgert daraus, daß für teure *Premiers Crus* (seine Briefe erwähnen den unerhört hohen Preis für Ch. Margaux 1784 und andere) das etwas kostspieligere Verfahren der Gravur mit einem Rädchen durchgeführt wurde, vermutlich von einem einheimischen Künstler aus Bordeaux.

Die im Haupttext erwähnten 1784er Ch. Margaux und Yquem und 1787er Lafite und Branne-Mouton stammen aus einem kleinen Weinlager, das angeblich ursprünglich im Besitz von Thomas Jefferson war oder wenigstens von ihm bestellt wurde. Obwohl der derzeitige Eigentümer sich über die Herkunft ausschweigt, gibt es eine beträchtliche Menge von Indizien, die für ihre Authentizität sprechen. Die Flaschen selbst, von denen drei unabhängig von zwei Glasexperten bei Christie's untersucht wurden, stammen zweifellos aus der Zeit. Wichtiger noch, diese Experten erklären, daß die praktizierte Art der Gravur mit einem Rädchen nach dem Ende des 18. Jahrhunderts nicht mehr gepflegt wurde; und ein namhafter Experte für Schriftformen und Buchstaben von der British Library bestätigt den zeitgenössischen Stil der gravierten Buchstaben und Figuren.

Hardy Rodenstock, ein bekannter deutscher Sammler, kannte die Bedeutung der Initialen T. J. nicht und erfuhr sie erst, als die erste Flasche (des Jahrgangs 1784) auf Ch. d'Yquem geöffnet wurde. Der Comte de Lur-Saluces stellte anhand der Archive fest, daß Thomas Jefferson Wein dieses Jahrgangs direkt vom Château bestellt hatte. Die Überreste der Wachskapsel, der Korken und der Wein, die alle für original gehalten werden, wurden zur Laboranalyse nach Deutschland geschickt, und die Ergebnisse waren zufriedenstellend, wenn auch nicht abschließend. Die Weine selbst werden in meinen Degustationsnotizen geschrieben (siehe Seite 22).

---

[1] *Alle diese Fakten sind bestens belegt. Jefferson bewahrte Kopien von seinen sämtlichen Briefen auf; die Archivforschungen sind veröffentlicht, vor allem in* Jefferson and Wine *(The Vinifera Wine Growers Association, Virginia 1989).*

# Index der Weine

Weinjahrgänge sind gerade, Seitenzahlen kursiv gedruckt.